Handkommentar der Reichssteuergesetze

Herausgegeben von

Mitgliedern des Reichsfinanzhofes in München

Zweite Auflage

Band II
Das Körperschaftsteuergesetz
vom 16. Oktober 1934

Springer-Verlag Berlin Heidelberg GmbH
1939

Das Körperschaftsteuergesetz

vom 16. Oktober 1934

Die
Erste Verordnung zur Durchführung des Körperschaftsteuergesetzes
vom 6. Februar 1935

und

die ergänzenden Vorschriften des
Einkommensteuergesetzes 1934, 1938 und 1939

erläutert von

Geh. Regierungsrat **Ludwig Mirre**
Präsident des Reichsfinanzhofs in München

und

Dr. jur. **Hans Dreutter**
Oberregierungsrat beim Rechnungshof des Deutschen Reichs
in Potsdam

Springer-Verlag Berlin Heidelberg GmbH
1939

Alle Rechte vorbehalten.

ISBN 978-3-642-52531-5   ISBN 978-3-642-52585-8 (eBook)
DOI 10.1007/978-3-642-52585-8

Vorwort.

Meine Berufsgeschäfte ließen es nicht zu, die neue Auflage meines Kommentars selbst auszuarbeiten. Zu meiner großen Freude habe ich in Herrn Oberregierungsrat Dr. Dreutter einen Mitarbeiter gefunden, der durch seine langjährige Verwaltungspraxis und seine 5½ jährige Tätigkeit am Reichsfinanzhof die besten Vorbedingungen für die Erledigung dieser Aufgabe erfüllte. In dem Kommentar wird versucht, die Rechtsprechung der beiden mit Gewinnermittlung und Bilanzfragen befaßten Senate des Reichsfinanzhofs in einer für die Praxis brauchbaren Weise auszuwerten. Dabei wurde die Rechtsprechung berücksichtigt, soweit sie bis Juli 1938 veröffentlicht worden ist.

München, im März 1939.

Ludwig Mirre.

Inhaltsverzeichnis.

A. Gesetzestexte.

Körperschaftsteuergesetz 1
Gesetz zur Änderung des Körperschaftsteuergesetzes 8
Gesetz zur Erhöhung der Körperschaftsteuer für die Jahre 1938—1940 9

B. Erläuterungen.

Einleitung 10
  I. Überblick über die gesetzliche Regelung der Einkommensbesteuerung der Körperschaften 10
  II. Auslegungsgrundsätze 11

Körperschaftsteuergesetz (KStG) 14
  I. Steuerpflicht 14
    § 1. Unbeschränkte Steuerpflicht 14
    § 2. Beschränkte Steuerpflicht 56
    § 3. Abgrenzung der persönlichen Steuerpflicht 90
    § 4. Persönliche Befreiungen 112
  II. Einkommen 152
    1. Allgemeines 152
    § 5. Veranlagungszeitraum 153
    § 6. Einkommen 166
      1. Einkunftsarten, Einkünfte, Einkommen 166
      2. Gewinnbegriff im allgemeinen 181
      3. Gewinn bei buchführungspflichtigen Kaufleuten 208
        I. Einleitung 210
        II. Die Grundsätze ordnungsmäßiger Buchführung 211
        III. Die Gewinnermittlung 241
          A. Einleitung 241
          B. Das Betriebsvermögen am Schluß des Wirtschaftsjahrs . 245
            1. Bedeutung der Handelsbilanz für die Steuerbilanz . . 245
            2. Bilanzberichtigung 256
            3. Bilanzänderung 261
          C. Das Betriebsvermögen am Schluß des vorangegangenen Wirtschaftsjahrs 266
          4. Bewertung. 278
            I. Einleitung. 282
            II. Wirtschaftsgüter des Anlagevermögens und des Umlaufvermögens 288
              A. Die Aktivierungspflicht 288
              B. Die Bewertungsvorschriften 311
              C. Die Bewertungsmaßstäbe 332
              D. Einzelne Wirtschaftsgüter des Betriebsvermögens . . . 358

Inhaltsverzeichnis VII

III. Verbindlichkeiten 409
   A. Grundsätze der Passivierung 409
   B. Bewertung der Verbindlichkeiten 422
IV. Entnahmen und Einlagen 435
V. Bewertung bei Eröffnung oder Erwerb eines Betriebs . . . 438
5. Absetzung für Abnutzung oder Substanzverringerung 440
6. Überschuß der Einnahmen über die Werbungskosten 462
7. Sonderausgaben 470
8. Vereinnahmung und Verausgabung 475
9. §§ 13—24 Einkommensteuergesetz 482
10. Verdeckte Gewinnausschüttung 512
   § 7. Einkommen 539
2. Sachliche Befreiungen 541
   § 8. Bei Personenvereinigungen 541
   § 9. Bei Schachtelgesellschaften 544
   § 10. Bei Kapitalverwaltungsgesellschaften 554
Anhang zu den §§ 6—10 Körperschaftsteuergesetz 554
3. Abzugsfähige Ausgaben 559
   § 11. 559
4. Nichtabzugsfähige Ausgaben 574
   § 12 574
5. Anteilige Abzüge 590
   § 13 590
6. Auflösung und Abwicklung (Liquidation) 594
   § 14 594
7. Verschmelzung (Fusion) und Umwandlung 601
   § 15 601
8. Verlegung der Geschäftsführung ins Ausland 611
   § 16 611
9. Mindestbesteuerung 615
   § 17 615
III. **Steuertarif** 626
   § 18. Abrundung 626
   § 19. Steuersätze 627
IV. **Veranlagung und Entrichtung der Steuer** 633
   § 20. Allgemeines 633
   § 21. Pauschbesteuerung 652
V. **Übergangs- und Schlußvorschriften** 653
   § 22. Ausdehnung des Kreises der Steuerpflichtigen 653
   § 23. Genossenschaften 654
   § 24. Inkrafttreten 664
   § 25. Inkrafttreten 667

C. Anhang: Gesetze, Verordnungen, Erlasse.

1. Erste Verordnung zur Durchführung des Körperschaftsteuergesetzes 669
2. Steueranpassungsgesetz 677
3. Einkommensteuergesetz 1938 683
4. Zweite Verordnung zur Durchführung des Einkommensteuergesetzes 694
5. Verordnung über die Abgrenzung des eigentlichen Sparkassenverkehrs im Sinne der Reichssteuergesetze 697
6. Verordnung über die Sicherung der von Sparkassen im eigentlichen Sparkassenverkehr gewährten Personalkredite 698

Inhaltsverzeichnis

7. Verordnung über landwirtschaftliche Buchführung 699
8. Verordnung über die Führung eines Wareneingangsbuchs 701
9. Verordnung über die Verbuchung des Warenausgangs 702
10. Liste kurzlebiger Wirtschaftsgüter des Anlagevermögens 703
11 a) Gesetz über die Gewinnverteilung bei Kapitalgesellschaften (Anleihestockgesetz) 722
   b) Verordnung zur Durchführung und Ergänzung des Anleihestockgesetzes . . . 724
   c) Zweite Verordnung zur Durchführung und Ergänzung des Anleihestockgesetzes 728
   d) Dritte Verordnung zur Durchführung und Ergänzung des Anleihestockgesetzes 729
12. Gesetz über die Umwandlung von Kapitalgesellschaften 733
13 a) Gesetz über Steuererleichterungen bei der Umwandlung und Auflösung von Kapitalgesellschaften 735
   b) Zweite Durchführungsverordnung zum Umwandlungs-Steuergesetz 736
   c) Dritte Durchführungsverordnung zum Umwandlungs-Steuergesetz 739
   d) Vierte Durchführungsverordnung zum Umwandlungs-Steuergesetz 739
   e) Fünfte Durchführungsverordnung zum Umwandlungs-Steuergesetz 739
14. Verordnung zur Durchführung des Steuerabzugs vom Kapitalertrag (Kapitalertragsteuer) 740
15. Verordnung über den Steuerabzug von Einkünften bei beschränkt Steuerpflichtigen 743
16. Verordnung über den Steuerabzug von Aufsichtsratsvergütungen 745
17. Richtlinien für die Veranlagung zur Einkommensteuer und Körperschaftsteuer für 1937 747
18. Körperschaftsteuer und Vermögensteuer der Versicherungsunternehmen 785
19 a) Gesetz über die Finanzierung nationalpolitischer Aufgaben des Reichs (Neuer Finanzplan) 791
   b) Durchführungsverordnung zum Neuen Finanzplan 794
   c) Bedeutung des Neuen Finanzplans für die Körperschaftsteuerpflichtigen . . 804

Schlagwörterverzeichnis 810

Abkürzungen.

AB	=	Ausführungsbestimmungen.
Abf.	=	Absatz.
AG.	=	Aktiengesellschaft.
AktG	=	Gesetz über Aktiengesellschaften und Kommanditgesellschaften auf Aktien (Aktiengesetz).
EinfGAktG	=	Einführungsgesetz zum Gesetz über Aktiengesellschaften und Kommanditgesellschaften auf Aktien.
a. M.	=	anderer Meinung.
Anh.	=	Anhang.
Anl.	=	Anlage.
Anm.	=	Anmerkung.
AO	=	Reichsabgabenordnung.
Art.	=	Artikel.
AufwG	=	Aufwertungsgesetz vom 16. 7. 1925 (RGBl. I 117).
BGB	=	Bürgerliches Gesetzbuch.
AGBGB	=	Ausführungsgesetz zum Bürgerlichen Gesetzbuch.
EGBGB	=	Einführungsgesetz zum Bürgerlichen Gesetzbuch.
Begr.	=	amtliche Gesetzesbegründung.
DB	=	Durchführungsbestimmungen.
DStZ.	=	Deutsche Steuerzeitung.
E.	=	Sammlung der Entscheidungen des Reichsfinanzhofs.
EinfGRealStG	=	Einführungsgesetz zu den Realsteuergesetzen.
Entsch.	=	Entscheidung.
ErbStG	=	Erbschaftsteuergesetz.
ErgR (34)	=	Ergänzung der Veranlagungsrichtlinien zur Einkommensteuer und Körperschaftsteuer (für 1934).
Erl.	=	Erlaß.
Erl.RdF.	=	Erlaß des Reichsministers der Finanzen.
EStG	=	Einkommensteuergesetz.
EStDB	=	Durchführungsbestimmungen zum Einkommensteuergesetz.
EStDVO	=	Verordnung zur Durchführung des Einkommensteuergesetzes.
FA.	=	Finanzamt.
FÄ.	=	Finanzämter.
FG.	=	Finanzgericht.
GenG	=	Gesetz betreffend die Erwerbs- und Wirtschaftsgenossenschaften.
Gef.	=	Gesetz.
GewStG	=	Gewerbesteuergesetz.
GewStDVO	=	Verordnung zur Durchführung des Gewerbesteuergesetzes.
GmbH.	=	Gesellschaft mit beschränkter Haftung.
GmbHG	=	Gesetz betreffend die Gesellschaften mit beschränkter Haftung.
GS.	=	Gesetzsammlung.
GVBl.	=	Gesetz- und Verordnungsblatt.
HGB	=	Handelsgesetzbuch.
i. d. F.	=	in der Fassung.

Abkürzungen.

KapStDVO	=	Verordnung zur Durchführung des Steuerabzugs vom Kapitalertrag.
KO	=	Konkursordnung.
KoG.	=	Kommanditgesellschaft.
KoGaA.	=	Kommanditgesellschaft auf Aktien.
KrSV	=	Kreditversicherungsordnung.
KStG	=	Körperschaftsteuergesetz.
KStDVO	=	Verordnung zur Durchführung des Körperschaftsteuergesetzes.
KVG	=	Kapitalverkehrsteuergesetz.
KVDB	=	Durchführungsbestimmungen zum Kapitalverkehrsteuergesetz.
NF	=	Gesetz über die Finanzierung nationalpolitischer Aufgaben des Reichs (Neuer Finanzplan) v. 20. 3. 1939.
NFDVO	=	Durchführungsverordnung zum Neuen Finanzplan v. 26. 4. 1939.
OFPräs.	=	Oberfinanzpräsident.
OHG.	=	offene Handelsgesellschaft.
OVG.	=	Oberverwaltungsgericht.
RBewG	=	Reichsbewertungsgesetz.
Rderl.	=	Runderlaß.
RdF.	=	Reichsminister der Finanzen.
RFH.	=	Reichsfinanzhof.
RG.	=	Reichsgericht.
RGBl. I oder II	=	Reichsgesetzblatt Teil I oder Teil II.
RGZ.	=	Entscheidungen des Reichsgerichts in Zivilsachen.
RMBl.	=	Reichsministerialblatt.
RStBl.	=	Reichssteuerblatt.
S.	=	Seite.
s.	=	siehe.
Sp.	=	Spalte.
SpKV	=	Sparkassenverordnung.
StAnpG	=	Steueranpassungsgesetz.
StW.	=	Steuer und Wirtschaft.
UmwG	=	Gesetz über die Umwandlung von Kapitalgesellschaften v. 5. 7. 1934 (Umwandlungsgesetz).
UmwDVO	=	Durchführungsverordnung zum Gesetz über die Umwandlung von Kapitalgesellschaften v. 5. 7. 1934.
UmwStG	=	Gesetz über Steuererleichterungen bei der Umwandlung und Auflösung von Kapitalgesellschaften v. 5. 7. 1934 (Umwandlungsteuergesetz).
UmwStDVO	=	Durchführungsverordnung zum Gesetz über Steuererleichterungen bei der Umwandlung und Auflösung von Kapitalgesellschaften v. 5. 7. 1934.
UStG	=	Umsatzsteuergesetz.
UStDB	=	Durchführungsbestimmungen zum Umsatzsteuergesetz.
VO	=	Verordnung.
VR (37)	=	Richtlinien für die Veranlagung der Einkommensteuer und Körperschaftsteuer (Veranlagungsrichtlinien) (für 1937).
Ziff.	=	Ziffer.
ZPO	=	Zivilprozeßordnung.

A. Gesetzestexte.

Körperschaftsteuergesetz
(KStG)

Vom 16. Oktober 1934 (RGBl. I S. 1031, RStBl. 34 S. 1287).

Die Reichsregierung hat das folgende Gesetz beschlossen, das hierdurch verkündet wird:

I. Steuerpflicht

§ 1
Unbeschränkte Steuerpflicht

(1) Unbeschränkt körperschaftsteuerpflichtig sind die folgenden Körperschaften, Personenvereinigungen und Vermögensmassen, die ihre Geschäftsleitung oder ihren Sitz im Inland haben:
1. Kapitalgesellschaften (Aktiengesellschaften, Kommanditgesellschaften auf Aktien, Gesellschaften mit beschränkter Haftung, Kolonialgesellschaften, bergrechtliche Gewerkschaften);
2. Erwerbs- und Wirtschaftsgenossenschaften;
3. Versicherungsvereine auf Gegenseitigkeit;
4. sonstige juristische Personen des privaten Rechts;
5. nichtrechtsfähige Vereine, Anstalten, Stiftungen und andere Zweckvermögen;
6. Betriebe gewerblicher Art von Körperschaften des öffentlichen Rechts.

(2) Die unbeschränkte Körperschaftsteuerpflicht erstreckt sich auf sämtliche Einkünfte.

§ 2
Beschränkte Steuerpflicht

Beschränkt körperschaftsteuerpflichtig sind:
1. Körperschaften, Personenvereinigungen und Vermögensmassen, die weder ihre Geschäftsleitung noch ihren Sitz im Inland haben,
    mit ihren inländischen Einkünften;
2. Körperschaften, Personenvereinigungen und Vermögensmassen, die nicht unbeschränkt steuerpflichtig sind,
    mit den inländischen Einkünften, von denen ein Steuerabzug zu erheben ist.

§ 3
Abgrenzung der persönlichen Steuerpflicht

Nichtrechtsfähige Personenvereinigungen, Anstalten, Stiftungen und andere Zweckvermögen sind dann körperschaftsteuerpflichtig, wenn ihr Einkommen weder nach diesem Gesetz noch nach dem Einkommensteuergesetz unmittelbar bei einem anderen Steuerpflichtigen zu versteuern ist.

§ 4
Persönliche Befreiungen

(1) Von der Körperschaftsteuer sind befreit:

1. die Deutsche Reichspost, die Deutsche Reichsbahn-Gesellschaft, das Unternehmen „Reichsautobahnen", die Monopolverwaltungen des Reichs und die staatlichen Lotterieunternehmen;
2. die Reichsbank, die Deutsche Rentenbank, die Deutsche Rentenbank-Kreditanstalt;
3. Staatsbanken, soweit sie Aufgaben staatswirtschaftlicher Art erfüllen;
4. die öffentlichen oder unter Staatsaufsicht stehenden Sparkassen, soweit sie der Pflege des eigentlichen Sparverkehrs dienen;
5. Hauberg-, Wald-, Forst- und Laubgenossenschaften und ähnliche Realgemeinden. Unterhalten sie einen Gewerbebetrieb, der über den Rahmen eines Nebenbetriebs hinausgeht, oder haben sie einen solchen Gewerbebetrieb verpachtet, so sind sie insoweit steuerpflichtig;
6. Körperschaften, Personenvereinigungen und Vermögensmassen, die nach der Satzung, Stiftung oder sonstigen Verfassung und nach ihrer tatsächlichen Geschäftsführung ausschließlich und unmittelbar kirchlichen, gemeinnützigen oder mildtätigen Zwecken dienen. Unterhalten sie einen wirtschaftlichen Geschäftsbetrieb, der über den Rahmen einer Vermögensverwaltung hinausgeht, so sind sie insoweit steuerpflichtig;
7. rechtsfähige Pensions-, Witwen-, Waisen-, Sterbe-, Kranken-, Unterstützungskassen und sonstige rechtsfähige Hilfskassen für Fälle der Not oder Arbeitslosigkeit nach näherer Anordnung des Reichsministers der Finanzen.

(2) Die Befreiungen nach Absatz 1 sind nicht anzuwenden, soweit die inländischen Einkünfte dem Steuerabzug unterliegen (§ 2 Ziffer 2).

(3) Die Befreiungen nach Absatz 1 Ziffern 3 bis 7 sind auf beschränkt Steuerpflichtige (§ 2 Ziffer 1) nicht anzuwenden.

II. Einkommen

1. Allgemeines

§ 5

(1) Die Körperschaftsteuer bemißt sich nach dem Einkommen, das der Steuerpflichtige innerhalb eines Kalenderjahrs bezogen hat.

(2) Weicht bei Steuerpflichtigen, die Bücher nach den Vorschriften des Handelsgesetzbuchs zu führen verpflichtet sind und solche tatsächlich ordnungs-

mäßig führen, das Wirtschaftsjahr, für das sie regelmäßig Abschlüsse machen, vom Kalenderjahr ab, so gilt der Gewinn aus Gewerbebetrieb als in dem Kalenderjahr bezogen, in dem das Wirtschaftsjahr endet. Das gilt entsprechend bei buchführenden Steuerpflichtigen, die Land- und Forstwirtschaft betreiben.

§ 6

Was als Einkommen gilt und wie das Einkommen zu ermitteln ist, bestimmt sich nach den Vorschriften des Einkommensteuergesetzes und den §§ 7 bis 16 dieses Gesetzes. Hierbei sind auch verdeckte Gewinnausschüttungen zu berücksichtigen.

§ 7

Für die Ermittlung des Einkommens ist es ohne Bedeutung, ob das Einkommen verteilt wird oder nicht. Ausschüttungen jeder Art auf Genußscheine, mit denen das Recht auf Beteiligung am Gewinn und am Liquidationserlös der Kapitalgesellschaften verbunden ist, dürfen das Einkommen nicht mindern.

2. Sachliche Befreiungen

§ 8
Bei Personenvereinigungen

Bei Personenvereinigungen, die unbeschränkt steuerpflichtig sind, bleiben für die Ermittlung des Einkommens die auf Grund der Satzung erhobenen Beiträge der Mitglieder außer Ansatz.

§ 9
Bei Schachtelgesellschaften

(1) Ist eine unbeschränkt steuerpflichtige Kapitalgesellschaft nachweislich seit Beginn des Wirtschaftsjahrs ununterbrochen an dem Grund- oder Stammkapital einer anderen unbeschränkt steuerpflichtigen Kapitalgesellschaft in Form von Aktien, Kuxen oder Anteilen mindestens zu einem Viertel unmittelbar beteiligt, so bleiben die auf die Beteiligung entfallenden Gewinnanteile jeder Art außer Ansatz. Ist ein Grund- oder Stammkapital nicht vorhanden, so tritt an seine Stelle das Vermögen, das bei der letzten Veranlagung zur Vermögensteuer festgestellt worden ist.

(2) Soweit die Gewinnanteile außer Ansatz bleiben, ist der Steuerabzug vom Kapitalertrag nicht vorzunehmen.

(3) Diese Vorschriften gelten entsprechend, wenn Reich, Länder, Gemeinden und Gemeindeverbände oder Betriebe von inländischen Körperschaften des öffentlichen Rechts an unbeschränkt steuerpflichtigen Kapitalgesellschaften beteiligt sind.

§ 10
Bei Kapitalverwaltungsgesellschaften

(1) Für Kapitalverwaltungsgesellschaften kann der Reichsminister der Finanzen besondere Vorschriften erlassen.

(2) Kapitalverwaltungsgesellschaften im Sinn des Absatzes 1 sind Kapitalgesellschaften, die ausschließlich den Erwerb, die Verwaltung und die Veräußerung von Aktien, Kuxen, Anteilen oder Genußscheinen anderer Kapitalgesellschaften oder von Schuldverschreibungen zum Gegenstand haben.

3. Abzugsfähige Ausgaben

§ 11

Bei Ermittlung des Einkommens sind die folgenden Beträge abzuziehen, soweit sie nicht bereits nach den Vorschriften des Einkommensteuergesetzes abzugsfähige Ausgaben sind:
1. bei Kapitalgesellschaften
 die Kosten der Ausgabe von Aktien und sonstigen Gesellschaftsanteilen, soweit sie nicht aus dem Ausgabeaufgeld gedeckt werden können;
2. bei Versicherungsunternehmen
 Zuführungen zu versicherungstechnischen Rücklagen, soweit sie für die Leistungen aus den am Bilanzstichtag laufenden Versicherungsverträgen erforderlich sind;
3. bei Kommanditgesellschaften auf Aktien
 der Teil des Gewinns, der an persönlich haftende Gesellschafter auf ihre nicht auf das Grundkapital gemachten Einlagen oder als Vergütung (Tantieme) für die Geschäftsführung verteilt wird;
4. Vermögensmehrungen, die dadurch entstehen, daß Schulden zum Zweck der Sanierung ganz oder teilweise erlassen werden.

4. Nichtabzugsfähige Ausgaben

§ 12

Nichtabzugsfähig sind:
1. die Aufwendungen für die Erfüllung von Zwecken des Steuerpflichtigen, die durch Stiftung, Satzung oder sonstige Verfassung vorgeschrieben sind;
2. die Steuern vom Einkommen und die Vermögensteuer;
3. die Vergütungen jeder Art, die an Mitglieder des Aufsichtsrats, Verwaltungsrats, Grubenvorstands oder andere mit der Überwachung der Geschäftsführung beauftragte Personen gewährt werden;
4. die Ausgaben zu gemeinnützigen, mildtätigen, kirchlichen und ähnlichen Zwecken.

5. Anteilige Abzüge

§ 13

Ist das Einkommen nur zu einem Teil steuerpflichtig, so dürfen Ausgaben nur insoweit abgezogen werden, als sie mit steuerpflichtigen Einkünften in unmittelbarem wirtschaftlichem Zusammenhang stehen. Besteht das Einkommen nur aus Einkünften, von denen ein Steuerabzug zu erheben ist (§ 2 Ziffer 2), so ist ein Abzug von Ausgaben nicht zulässig.

6. Auflösung und Abwicklung (Liquidation)

§ 14

(1) Wird eine Kapitalgesellschaft, die ihre Auflösung beschlossen hat, abgewickelt, so ist der im Zeitraum der Abwicklung erzielte Gewinn der Besteuerung zugrunde zu legen. Der Besteuerungszeitraum soll drei Jahre nicht übersteigen.

(2) Zur Ermittlung des Gewinns im Sinn des Absatzes 1 ist das zur Verteilung kommende Vermögen (Abwicklungs-Endvermögen) dem Vermögen am Schluß des der Auflösung vorangegangenen Wirtschaftsjahrs (Abwicklungs-Anfangsvermögen) gegenüberzustellen.

(3) Von dem Abwicklungs-Endvermögen sind die steuerfreien Vermögenszugänge abzuziehen, die dem Steuerpflichtigen in dem Abwicklungszeitraum zugeflossen sind.

(4) Abwicklungs-Anfangsvermögen ist das Betriebsvermögen, das am Schluß des vorangegangenen Wirtschaftsjahrs der Veranlagung zur Körperschaftsteuer zugrunde lag. Hat der letzten Veranlagung ein Wert des Betriebsvermögens nicht zugrunde gelegen, so tritt an seine Stelle der Betrag des eingezahlten Grund- und Stammkapitals oder, wenn ein solches nicht vorhanden ist, die Summe der Einlagen oder der Anschaffungs- oder Herstellungspreis im Sinn des Einkommensteuergesetzes. Das Abwicklungs-Anfangsvermögen ist um den Gewinn des vorangegangenen Wirtschaftsjahrs zu kürzen, der im Abwicklungszeitraum ausgeschüttet worden ist.

(5) Auf die Gewinnermittlung sind im übrigen die sonst geltenden Vorschriften anzuwenden.

7. Verschmelzung (Fusion) und Umwandlung

§ 15

(1) Geht das Vermögen einer Kapitalgesellschaft mit oder ohne Abwicklung (Liquidation) auf einen anderen über, so ist § 14 entsprechend anzuwenden. Für die Ermittlung des Gewinns tritt an die Stelle des zur Verteilung kommenden Vermögens der Wert der für die Übertragung des Vermögens gewährten Gegenleistung nach dem Stand im Zeitpunkt der Übertragung.

(2) Der beim Übergang sich ergebende Gewinn scheidet für die Besteuerung insoweit aus, als die folgenden Voraussetzungen erfüllt sind:
1. das Vermögen einer inländischen Kapitalgesellschaft muß als Ganzes auf eine andere inländische Kapitalgesellschaft gegen Gewährung von Gesellschaftsrechten der übernehmenden Gesellschaft übergehen;
2. es muß sichergestellt sein, daß dieser Gewinn später der Körperschaftsteuer unterliegt.

8. Verlegung der Geschäftsleitung ins Ausland

§ 16

(1) Verlegt eine unbeschränkt steuerpflichtige Kapitalgesellschaft ihre Geschäftsleitung und ihren Sitz oder eins von beiden ins Ausland und scheidet sie dadurch aus der unbeschränkten Steuerpflicht aus, so ist § 14 entsprechend anzuwenden. An die Stelle des zur Verteilung kommenden Vermögens tritt der gemeine Wert des vorhandenen Vermögens.

(2) Absatz 1 gilt entsprechend, wenn die inländische Betriebsstätte einer beschränkt steuerpflichtigen Kapitalgesellschaft aufgelöst oder ins Ausland verlegt oder ihr Vermögen als Ganzes an einen anderen übertragen wird.

9. Mindestbesteuerung

§ 17

(1) Als Mindesteinkommen werden der Besteuerung zugrunde gelegt:
1. die Ausschüttungen (auch verdeckte Gewinnausschüttungen), soweit sie mehr als 4 vom Hundert des eingezahlten Grund- oder Stammkapitals,

wenn ein solches nicht vorhanden ist, des bei der letzten Veranlagung zur Vermögensteuer festgestellten Vermögens betragen, ohne Rücksicht darauf, aus welchen Mitteln die Ausschüttungen stammen;
2. die Vergütungen jeder Art, die an Mitglieder des Aufsichtsrats, Verwaltungsrats, Grubenvorstands oder andere mit der Überwachung der Geschäftsführung beauftragte Personen gewährt werden;
3. die Vergütungen jeder Art, die an Mitglieder des Vorstands oder an andere Angestellte in leitender Stellung für ihre Tätigkeit gewährt werden, soweit die Vergütungen außer Verhältnis zu ihrer Arbeitsleistung stehen.

(2) Die Mindestbesteuerung ist nur dann vorzunehmen, wenn der Gesamtbetrag des Mindesteinkommens höher ist als das nach § 6 ermittelte Einkommen.

III. Steuertarif

§ 18
Abrundung

Zur Berechnung der Körperschaftsteuer wird das Einkommen auf volle 10 Reichsmark nach unten abgerundet.

§ 19
Steuersätze

(1) Die Körperschaftsteuer beträgt 20 vom Hundert des Einkommens.
(2) Die Körperschaftsteuer beträgt 10 vom Hundert des Einkommens:
1. bei Kreditanstalten des öffentlichen Rechts für Einkünfte aus dem langfristigen Kommunalkredit-, Realkredit- und Meliorationskreditgeschäft;
2. bei reinen Hypothekenbanken,
bei gemischten Hypothekenbanken für die Einkünfte aus den im § 5 des Hypothekenbankgesetzes genannten Geschäften,
bei Schiffspfandbriefbanken.

(3) Die Körperschaftsteuer für Einkünfte, die dem Steuerabzug unterliegen, ist durch den Steuerabzug abgegolten, wenn der Bezieher der Einkünfte nur beschränkt körperschaftsteuerpflichtig ist und die Einkünfte nicht in einem inländischen gewerblichen, land- oder forstwirtschaftlichen Betrieb angefallen sind.

IV. Veranlagung und Entrichtung der Steuer

§ 20
Allgemeines

Auf die Veranlagung zur Körperschaftsteuer und auf die Entrichtung der Körperschaftsteuer sind entsprechend die Vorschriften anzuwenden, die für die Einkommensteuer gelten.

§ 21
Pauschbesteuerung

Das Finanzamt kann die Körperschaftsteuer in einem Pauschbetrag festsetzen, wenn das steuerpflichtige Einkommen offenbar geringfügig ist und die genaue Ermittlung dieses Einkommens zu einer unverhältnismäßig großen Verwaltungsarbeit führen würde.

V. Übergangs- und Schlußvorschriften

§ 22
Ausdehnung des Kreises der Steuerpflichtigen

Der Reichsminister der Finanzen wird ermächtigt, andere Personenvereinigungen als die im § 1 genannten für unbeschränkt steuerpflichtig zu erklären und ihre Besteuerung zu regeln.

§ 23
Genossenschaften

Der Reichsminister der Finanzen wird ermächtigt, für bestimmte Gruppen von Erwerbs- und Wirtschaftsgenossenschaften eine Befreiung von der Körperschaftsteuer oder die Anwendung eines ermäßigten Steuersatzes vorzuschreiben oder die Ermittlung ihres Einkommens besonders zu regeln.

§ 24
Inkrafttreten

(1) Das Gesetz ist erstmalig auf Veranlagungen für das Kalenderjahr 1934 anzuwenden.

(2) Der Reichsminister der Finanzen wird ermächtigt, einzelne Vorschriften des Gesetzes erst für spätere Veranlagungen in Kraft zu setzen und für die Übergangszeit die Anwendung von Vorschriften des Körperschaftsteuergesetzes vom 10. August 1925 (Reichsgesetzbl. I S. 208) zuzulassen.

§ 25

(1) Bei Steuerpflichtigen, bei denen die Körperschaftsteuer für einen vom Kalenderjahr 1933 abweichenden Steuerabschnitt festgesetzt worden ist, erhöht sich die Körperschaftsteuerschuld für das Kalenderjahr 1934 um ein Zwölftel für jeden Monat, der seit dem Ende des Steuerabschnitts 1932/33 bis zum 31. Dezember 1933 verstrichen ist.

(2) Auf die nach Absatz 1 erhöhte Steuerschuld werden angerechnet:
1. die für die Zeit seit dem Ende des Steuerabschnitts 1932/33 bis zum Ende des Kalenderjahrs 1934 entrichteten Vorauszahlungen;
2. die durch Steuerabzug einbehaltenen Beträge, soweit sie auf die in der Zeit seit dem Ende des Steuerabschnitts 1932/33 bis zum Ende des Kalenderjahrs 1934 bezogenen Einkünfte entfallen.

Berlin, 16. Oktober 1934.

Der Führer und Reichskanzler
Adolf Hitler

Der Reichsminister der Finanzen
Graf Schwerin von Krosigk

Gesetz
zur Änderung des Körperschaftsteuergesetzes
Vom 27. August 1936 (RGBl. I S. 701, RStBl. 36 S. 873).

Die Reichsregierung hat das folgende Gesetz beschlossen, das hierdurch verkündet wird:

Artikel 1
Änderung des Steuersatzes

§ 19 des Körperschaftsteuergesetzes vom 16. Oktober 1934 (Reichsgesetzbl. I S. 1031) wird wie folgt geändert:
1. Im Absatz 1 werden die Worte „20 vom Hundert" ersetzt durch die Worte „30 vom Hundert".
2. Im Absatz 2 werden die Worte „10 vom Hundert" ersetzt durch die Worte „15 vom Hundert".

Artikel 2
Anwendung des Steuersatzes

§ 19 des Körperschaftsteuergesetzes in der Fassung des Artikels 1 dieses Gesetzes ist auch auf die Körperschaften, Personenvereinigungen und Vermögensmassen anzuwenden, bei denen bisher die Anwendung von Vorschriften des Körperschaftsteuergesetzes vom 10. August 1925 (Reichsgesetzbl. I S. 208) zugelassen war.

Artikel 3
Sondervorschrift für 1936

Bei der Veranlagung für das Kalenderjahr 1936 beträgt die Körperschaftsteuer — abweichend vom Artikel 1 —:
1. in den Fällen des § 19 Absatz 1 des Körperschaftsteuergesetzes . . . . 25 vom Hundert,
2. in den Fällen des § 19 Absatz 2 des Körperschaftsteuergesetzes . . . . 12,5 vom Hundert

Artikel 4
Vorauszahlungen

Die Vorauszahlungen, die ab 10. September 1936 bis zur Bekanntgabe des Körperschaftsteuerbescheides für 1936 fällig werden, erhöhen sich um die Hälfte.

Artikel 5
Inkrafttreten

Das Gesetz ist erstmalig auf die Vorauszahlungen und die Veranlagungen für das Kalenderjahr 1936 anzuwenden.

Berchtesgaden, 27. August 1936.

Der Führer und Reichskanzler
Adolf Hitler

Der Reichsminister der Finanzen
Graf Schwerin von Krosigk

Gesetz
zur Erhöhung der Körperschaftsteuer für die Jahre 1938 bis 1940 *
Vom 25. Juli 1938 (RGBl. I S. 952, RStBl. 38 S. 729).

Die Reichsregierung hat das folgende Gesetz beschlossen, das hierdurch verkündet wird:

§ 1

Für Körperschaften (§ 1 des Körperschaftsteuergesetzes vom 16. Oktober 1934, Reichsgesetzbl. I S. 1031), deren Einkommen den Betrag von 100 000 Reichsmark übersteigt, wird die Körperschaftsteuer erhöht:

1. in den Fällen, in denen sie nach geltendem Recht 30 vom Hundert beträgt,
   für das Kalenderjahr 1938 . . . . auf 35 vom Hundert,
   für die Kalenderjahre 1939 und 1940 . . . . . . auf 40 vom Hundert,
2. in den Fällen, in denen sie nach geltendem Recht 15 vom Hundert beträgt,
   für das Kalenderjahr 1938 . . . . auf 17,5 vom Hundert,
   für die Kalenderjahre 1939 und 1940 . . . . . . auf 20 vom Hundert.

§ 2

Die Vorauszahlungen, die ab 10. September 1938 bis zur Bekanntgabe des Körperschaftsteuerbescheides für 1938 fällig werden, erhöhen sich um ein Drittel.

Bayreuth, 25. Juli 1938.

Der Führer und Reichskanzler
Adolf Hitler

Der Reichsminister der Finanzen
In Vertretung:
Reinhardt

---

* Betrifft nicht das Land Österreich.

B. Erläuterungen.

Einleitung.

I. Überblick über die Gesetzliche Regelung der Einkommensbesteuerung der Körperschaften.

In den früheren Landesgesetzen wurden seit 1891 (Preußen) auch die juristischen Personen z. T. der Einkommensteuer unterworfen. Die Reichssteuergesetzgebung stand dagegen von vornherein auf dem Standpunkt, daß die Besteuerung des Einkommens der nichtphysischen Personen in ein besonderes Gesetz gehöre. Dem verdankt das KStG v. 30. 3. 1920 seine Entstehung. Es ist durch das Gesetz v. 8. 4. 1922 und durch das Geldentwertungsgesetz v. 20. 3. 1923 geändert. Für 1923 galt es nicht mehr, vielmehr wurde statt der Körperschaftsteuer für 1923 nach der II. Steuernotverordnung eine nach der allgemeinen Leistungsfähigkeit zu berechnende Abschlußzahlung erhoben. Dieselbe Verordnung führte für 1924 Vorauszahlungen nach dem Umsatz ein. Das Steuerüberleitungsgesetz erklärte diese Vorauszahlungen im wesentlichen für Ablösungen der Körperschaftsteuer für die 1924 endigenden Wirtschaftsjahre. Erst für die 1925 endigenden Wirtschaftsjahre wurde wieder eine richtige Körperschaftsteuer nach dem KStG v. 10. 8. 1925 (RGBl. I S. 208) erhoben. Das hier zu behandelnde KStG v. 16. 10. 1934 ist im ersten Abschnitt der nationalsozialistischen Steuerreform ergangen, in dem am 16. 10. 1934 zehn neue Steuergesetze verabschiedet wurden. Die neuen Gesetze sind der erste Schritt auf dem Weg zur Neugestaltung des gesamten deutschen Steuerrechts und stellen insbesondere eine Vereinfachung der Sprache und Darstellungsweise, eine Vereinfachung des Rechts und eine Entlastung der Verwaltung dar. Die Mängel der bisherigen Gesetzgebung (Unübersichtlichkeit durch zahlreiche Änderungen und Ergänzungen, Auseinandergehen von Rechtsprechung und Wortlaut der Gesetze, erhebliche Schwierigkeiten bei der verwaltungsmäßigen Durchführung einzelner Vorschriften) sind bei der Fertigstellung der neuen Gesetze beseitigt worden (Pressenotiz des RdF. zu den neuen Steuergesetzen v. 17. 10. 1934, RStBl. 34 S. 1197). Auf Grund der Ermächtigung in § 12 AO, § 4 Abs. 1 Ziff. 7 und § 24 Abs. 2 KStG erließ der RdF. die Erste Verordnung zur Durchführung des KStG v. 6. 2. 35, in der für einzelne Vorschriften des Gesetzes mit rechtsverbindlicher Kraft Begriffsbestimmungen und Durchführungsanweisungen gegeben werden.

Das KStG 1934 enthält in seinem Aufbau die bei Steuergesetzen übliche Gliederung in die Unterabschnitte: (persönliche) Steuerpflicht, Einkommen (sachliche Steuerpflicht), Steuertarif, Veranlagung und Entrichtung der Steuer und Übergangs- und Schlußvorschriften. Die persönliche Steuerpflicht erstreckt sich nicht nur auf die Körperschaften, d. h. die juristischen Personen des privaten und öffentlichen Rechts, und die nichtrechtsfähigen Vereine und Stiftungen, sondern es werden auch als besondere steuerrechtliche Gebilde sonstige Zweckvermögen und die eine tatsächliche Einheit bildenden Betriebe gewerblicher Art von öffentlichrechtlichen Körperschaften erfaßt (§ 1). Das Gesetz unterscheidet zwischen der unbeschränkten, sämtliche Einkünfte umfassenden Steuerpflicht (§ 1) und die nur bestimmte Einkünfte erfassende beschränkte Steuerpflicht (§ 2). § 3 bezweckt die Abgrenzung der persönlichen Steuerpflicht von nichtrechtsfähigen Personenvereinigungen, Anstalten usw. gegenüber anderen Steuerpflichtigen als Einkommensträgern. § 4 enthält Befreiungen von der persönlichen Steuerpflicht. Die Vorschriften über die sachliche Steuerpflicht bestimmen zunächst, von welcher Größe die tarifmäßige Steuer zu berechnen ist. Dies ist in erster Linie das in einem bestimmten Zeitraum bezogene Einkommen (§ 5), jedoch kommen daneben als Maßstäbe für die Mindestbesteuerung nach § 17 die Gewinnausschüttungen, die Aufsichtsratsvergütungen und übermäßigen Vergütungen an leitende Beamte und Angestellte in Betracht. Das KStG kennt keinen eigenen Einkommensbegriff, sondern es verweist grundsätzlich auf die Vorschriften des EStG (§ 6). Die allgemeinen Einkommensermittlungs- und Bewertungsvorschriften des EStG werden teils durch allgemeine, teils nur für einzelne Arten von Körperschaften geltende Vorschriften über die Unbeachtlichkeit der Verteilung des Einkommens (§ 7), über sachliche Befreiungen (§§ 8—10), über abzugsfähige (§ 11) und nichtabzugsfähige Ausgaben (§ 12), über anteilige Abzüge (§ 13) ergänzt. Eine Besonderheit des KStG ist auch die im § 14 geregelte Liquidations- (Abwicklungs-)steuer, die Fusions- (Verschmelzungs-)steuer des § 15, die allerdings in der Regel nicht zur Erhebung gelangt, und die Besteuerung bei Verlegung der Geschäftsleitung ins Ausland (§ 16). Der ursprünglich in § 19 vorgesehene allgemeine Steuersatz von 20 bzw. 10 v. H. des nach § 18 abgerundeten Einkommens wurde durch das Gesetz zur Änderung des KStG v. 27. 8. 36 mit Wirkung für das Kalenderjahr 1936 auf 30 bzw. 15 v. H. unter Einfügung einer Zwischenstufe für 1936 erhöht. Eine weitere Erhöhung der Körperschaftsteuer für Körperschaften, deren Einkommen den Betrag von 100 000 RM. übersteigt, wurde durch das Gesetz zur Erhöhung der Körperschaftsteuer für die Jahre 1938 bis 1940 v. 25. 7. 38 angeordnet. Danach beträgt der Steuersatz für die genannten Körperschaften statt 30 v. H. für das Kalenderjahr 1938 35 v. H. und für die Kalenderjahre 1939 und 1949 40 v. H. und statt 15 v. H. für 1938 17,5 v. H. und für 1939 und 1940 20 v. H. Auch für die Veranlagung zur Körperschaftsteuer sind die für die Einkommensteuer geltenden Vorschriften anzuwenden (§ 20). § 21 sieht zur Verwaltungsvereinfachung die Möglichkeit einer Pauschbesteuerung für Körperschaften mit geringfügigem Einkommen vor. Die §§ 22—25 enthalten Übergangs- und Schlußvorschriften, unter denen die in § 23 enthaltene Ermächtigung des RdF. zur Regelung der Besteuerung der Erwerbs- und Wirtschaftsgenossenschaften hervorzuheben ist.

II. Auslegungsgrundsätze.

Allgemeine steuerrechtliche Begriffe und Grundsätze, die einheitlich für alle oder mehrere Steuergesetze gelten, sind in Unterabschnitt I: Allgemeines Steuerrecht des Steueranpassungsgesetzes v. 16. 10. 34 (RGBl. I S. 925) geregelt. Für die Auslegung aller Steuergesetze und für die Beurteilung des der Besteuerung zu unterwerfenden Tatbestands gelten die allgemeinen Grundsätze des **§ 1 StAnpG**:

„Die Steuergesetze sind nach nationalsozialistischer Weltanschauung auszulegen.

Dabei sind die Volksanschauung, der Zweck und die wirtschaftliche Bedeutung der Steuergesetze und die Entwicklung der Verhältnisse zu berücksichtigen.

Entsprechendes gilt für die Beurteilung von Tatbeständen."

In der Begr. zu § 1 StAnpG (RStBl. 34 S. 1398) wird dazu erklärt: „Die nationalsozialistische Weltanschauung beherrscht und durchdringt das Leben der Volksgemeinschaft und jedes Volksgenossen. Sie bietet die sichere Grundlage zur Beurteilung und Wertung aller Erscheinungen. Die Unsicherheit und Zwiespältigkeit, die sich früher aus dem Fehlen einer einheitlichen Weltanschauung ergeben hatten, sind überwunden. Im Steuerrecht, das nach der Beendigung des Weltkriegs und vor der nationalsozialistischen Revolution entstanden ist, spiegeln sich die Strömungen wieder, die der damaligen Zeit das Gepräge gaben: Unser Steuerrecht ringt nach Klarheit und Rechtssicherheit. Diese Ziele waren nicht erreichbar, solange es an einer einheitlichen Weltanschauung fehlte. Der Sieg der nationalsozialistischen Weltanschauung wird auf allen Gebieten des Steuerwesens, insbesondere auch im Steuerrecht, Wandel schaffen. Demgemäß beginnt das StAnpG mit dem Satz: „Die Steuergesetze sind nach nationalsozialistischer Weltanschauung auszulegen."

Entsprechendes gilt für die Beurteilung von Tatbeständen (§ 1 Abs. 3 StAnpG). Für die Auslegung der Steuergesetze, für die Fortentwicklung des Steuerrechts und für die Beurteilung von Tatbeständen sind die im Volk bestehenden gesunden Anschauungen von wesentlicher Bedeutung. Dies spricht das StAnpG im § 1 Abs. 2 besonders aus. Dadurch wird hervorgehoben, daß die Steuergesetzgebung insbesondere die beiden folgenden Ziele hat:

1. Volkstümlichkeit des Rechts. Das Recht soll im Einklang stehen mit den gesunden Volksanschauungen;

2. Übereinstimmung zwischen Recht und Moral (Treu und Glauben). Das Rechtsgewissen des Volks ist Quelle des Rechts. Daß Recht und Moral nicht im Widerstreit miteinander stehen dürfen, hat der Führer in der Rede auf dem Leipziger Juristentag 1933 besonders betont. Volk und Recht, Recht und Moral sind untrennbar miteinander verbunden."

Die Auslegung nach nationalsozialistischer Weltanschauung bedingt nach der Einführung A der VR 34 (RStBl. 35 S. 379) die Auslegung nach folgenden Grundsätzen:

„1. Nach staatspolitischen; denn der Staat braucht zur Erfüllung der ihm obliegenden Aufgaben Geld. Die Erfüllung steuerlicher Pflichten durch den Einzelnen ist die Voraussetzung für das Sein des Volksganzen, jedes einzelnen Berufsstandes und schließlich jeder Familie, jedes einzelnen Volksgenossen und jeder einzelnen Volksgenossin;

2. nach sozialpolitischen; denn soziale Gerechtigkeit bei der Verteilung der öffentlichen Lasten ist eine der Voraussetzungen, auf denen der Gedanke der Volksgemeinschaft und damit des Nationalsozialismus beruht;

3. nach bevölkerungspolitischen; denn bevölkerungspolitisches Denken ist eine der wesentlichen Voraussetzungen für die Sicherung der Zukunft unseres Volkes und angemessene Berücksichtigung des Familienstandes bei der Verteilung der öffentlichen Lasten ist eine der Grundbedingungen sozialer Gerechtigkeit;

4. nach wirtschaftspolitischen; denn wirtschaftspolitisches Denken ist eine der Voraussetzungen für die Hebung der wirtschaftlichen Leistungsfähigkeit und des Lebenshaltungsstandes der Volksganzheit und für die soziale Hebung der breiten Massen unseres Volkes."

Auf der fachwissenschaftlichen Tagung für Reichssteuerbeamte in Eisenach (6. 5. 35) hat Staatssekretär Reinhardt nach Darstellung des Wesens der nationalsozialistischen Weltanschauung folgende 5 Leitsätze für die nationalsozialistische Steuerpolitik und für die Gestaltung und Auslegung der Steuergesetze nach nationalsozialistischer Weltanschauung aufgestellt und näher erläutert (vgl. St.Warte 1935 S. 225 ff. und DStZ. 35 S. 570, 599, 625, 653):

„1. Ohne Steuern kein Staat, ohne Staat keine Daseins- und Entwicklungsmöglichkeit des Einzelnen.

2. Die Steuern müssen sozial gerecht sein.

3. Die Steuern müssen dem bevölkerungspolitischen Gedanken entsprechen.

4. Die Steuern müssen dem Gedanken des Wertes der Persönlichkeit entsprechen.

5. Die Steuern müssen dem Gedanken der sozialen, wirtschaftlichen und finanziellen Gesundung der Dinge unseres Volkes entsprechen."

Die alte AO enthielt in § 9 AO 1931 (§ 4 AO 1919) eine Vorschrift über die Auslegung der Steuergesetze, die unter Berücksichtigung des Zweckes und der wirtschaftlichen Bedeutung der Steuergesetze und der Entwicklung der Verhältnisse zu erfolgen hatte. Diese Vorschrift ist nunmehr ersetzt durch die Vorschrift des § 1 Abs. 1 und 2 StAnpG, die die Auslegung der Steuergesetze nach nationalsozialistischer Weltanschauung unter Berücksichtigung der Volksanschauung, des Zweckes und der wirtschaftlichen Bedeutung der Steuergesetze und der Entwicklung der Verhältnisse vorschreiben.

Neu ist die Vorschrift des § 1 Abs. 3 StAnpG, nämlich die Beurteilung von Tatbeständen nach nationalsozialistischer Weltanschauung und unter Berücksichtigung der Grundsätze des Abs. 2. Wegen der Bedeutung des § 1 Abs. 3 StAnpG wird insbesondere auf den von Staatssekretär Reinhardt auf der fachwissenschaftlichen Tagung der Großbetriebsprüfer der Reichsfinanzverwaltung in Eisenach gehaltenen Vortrag über § 1 StAnpG (vgl. St.Warte 1936 S. 545 ff. und DStZ. 1936 S. 1207) und einen weiteren Vortrag, gehalten auf der 3. Jahrestagung der Akademie für Deutsches Recht v. 23. 10. 36 in München (RStBl. 36 S. 1041 ff. und DStZ. 1936 S. 1291), verwiesen. Die Bedeutung des § 1 Abs. 3 StAnpG legt Reinhardt wie folgt fest:

„§ 1 StAnpG enthält außerdem einen Beurteilungsgrundsatz. Früher stand die Beurteilung der Tatbestände im Ermessen des Einzelnen, heute ist ausdrücklich vorgeschrieben, daß die Beurteilung der Tatbestände nach einheitlichen Gesichtspunkten, und zwar nach nationalsozialistischer Weltanschauung, zu erfolgen hat. Diese Vorschrift ist zur Verwirklichung und zur Wahrung des Grundsatzes der steuerlichen Gleichmäßigkeit und als Grundlage für die richtige Anwendung des § 1 Abs. 1 StAnpG unerläßlich. Die Rechtserneuerung i. S. der nationalsozialistischen Weltanschauung (unter besonderer Berücksichtigung der Volksanschauung) hat für das Gebiet des Steuerrechts ihren sichtbaren Ausdruck, insbesondere im § 1 Abs. 3 StAnpG gefunden. Der allgemeine Beurteilungsgrundsatz des § 1 Abs. 3 bedeutet eine grundsätzliche Abkehr von formalrechtlichen Gesichtspunkten, die aus der Zeit vor der staatlichen Machtübernahme durch den Nationalsozialismus stammen. § 1 Abs. 3 StAnpG hat den Vorrang vor formalrechtlichen Regelungen einschließlich Gesetzesvorschriften von früher. Durch den allgemeinen Beurteilungsgrundsatz des § 1 Abs. 3 StAnpG wird die liberalistische Denkungsweise aus der Beurteilung der Tatbestände für steuerliche Zwecke ausgeschlossen."

Der Begriff der Beurteilung von Tatbeständen umfaßt die Beurteilung in tatsächlicher und in rechtlicher Hinsicht. Zur Beurteilung in tatsächlicher Hinsicht führt Reinhardt (RStBl. 36 S. 1048) aus:

„In allen Fällen, in denen es sich um eine Beurteilung in tatsächlicher Hinsicht handelt, sind die Beweggründe, die zu dem gegebenen Tatbestand geführt haben, von großer Bedeutung. Es ist Sache des Rechtswahrers, zu prüfen, ob diese Beweggründe mit nationalsozialistischer Weltanschauung in Einklang zu bringen sind und im Fall der Verneinung dieser Frage den Tatbestand nach nationalsozialistischer Weltanschauung zu beurteilen."

Zur Beurteilung in rechtlicher Hinsicht erklärt Reinhardt u. a. (RStBl. 36 S. 1049):

„§ 1 Abs. 3 ist ein unmittelbar anwendbarer Rechtssatz. Infolgedessen muß, wenn eine bestimmte steuergesetzliche Vorschrift zur rechtlichen Beurteilung eines Tatbestands nicht ausreicht oder wenn die Anwendung der bestimmten steuergesetzlichen Vorschrift zu einem mit der nationalsozialistischen Weltanschauung nicht zu vereinbarenden Ergebnis führt, auf den allgemeinen Beurteilungsgrundsatz des § 1 Abs. 3 StAnpG zurückgegriffen werden. Der Grundgedanke dieses unmittelbar anwendbaren Grundsatzes ist: Herstellung und Wahrung der steuerlichen Gleichmäßigkeit. Diesem elementaren Grundsatz des Steuerrechts gemäß darf Besteuerungsmaßnahmen nichts zugrunde gelegt werden, was geeignet ist, zu einer Bevorteilung oder Benachteiligung zu führen, die nach nationalsozialistischer Weltanschauung der Gesetzgeber nicht gewollt haben kann. Ausgangspunkt haben auch bei der Anwendung dieses elementaren Grundsatzes des Steuerrechts stets die allgemeinen Interessen des Volksganzen zu sein."

Bei den Auslegungsvorschriften des § 1 Abs. 1 und 2 StAnpG handelt es sich nach Reinhardt (RStBl. 36 S. 1055) nur um Auswirkungen (Folgeerscheinungen) des im § 1 Abs. 3 StAnpG enthaltenen allgemeinen Beurteilungsgrundsatzes.

Der Beurteilungsgrundsatz des § 1 StAnpG ist auf dem Gebiet der Körperschaftsteuer, wie auch die von Reinhardt in RStBl. 36 S. 1050 ff. gegebenen Beispiele zeigen, für die Beurteilung von Tatbeständen in rechtlicher Hinsicht von entscheidender Bedeutung. Dies gilt vor allem für die Beurteilung von Rechtsbeziehungen zwischen einer Kapitalgesellschaft und ihren Gesellschaftern (f. Anm. 14 zu § 1 KStG), für die Beurteilung der Gesellschaftsrechte an Kapitalgesellschaften (f. Anm. 15 zu § 1 KStG), für die steuerliche Ablehnung der Rechtsform der Kapitalgesellschaft (f. Anm. 16 zu § 1 KStG), für die Beurteilung der Steuerbefreiung wegen Gemeinnützigkeit und Mildtätigkeit (f. Anm. 13, 14 a, aa zu § 4 KStG), für die Feststellung einer Verkehrsauffassung (f. Anm. 3 b zu § 2 EStG), für die Schätzung des Einkommens (f. Anm. 11 c zu § 4 EStG), für die Bilanzberichtigung (f. Anm. 60 zu § 5 EStG), die Berichtigung der Anfangsbilanz (f. Anm. 72 a, bb und c, bb zu § 5 EStG) und insbesondere für die verdeckte Gewinnausschüttung (f. Anm. 158 b, bb zu § 20 EStG und Anm. 169 zu § 6 Satz 2 KStG).

§ 6 StAnpG verbietet die Umgehung oder Minderung der Steuerpflicht durch Mißbrauch von Formen und Gestaltungsmöglichkeiten des bürgerlichen Rechts und schreibt die Erhebung der Steuern vor, wie sie bei einer den wirtschaftlichen Vorgängen, Tatsachen und Verhältnissen angemessenen rechtlichen Gestaltung zu erheben wären. Dadurch wird in einer besonderen Vorschrift ein Anwendungsfall des § 1 Abs. 3 StAnpG gebracht, in dem die von den Steuerpflichtigen gewählte Gestaltung für die Besteuerung auf ihren wirklichen Inhalt zurückgeführt wird. Ob im Einzelfall ein Mißbrauch von Formen oder Gestaltungsmöglichkeiten vorliegt, ist nach dem Grundsatz des § 1 Abs. 3 StAnpG zu beurteilen.

Von den sonstigen Vorschriften des StAnpG sind für die Körperschaftsteuer noch die Vorschriften des § 3 über die Entstehung der Steuerschuld, der §§ 15, 16 über die Begriffe Geschäftsleitung, Sitz und Betriebsstätte und der §§ 17—19 StAnpG über die Begriffe gemeinnützige, mildtätige und kirchliche Zwecke von besonderer Bedeutung.

Körperschaftsteuergesetz.
(KStG)

I. Steuerpflicht.

§ 1.
Unbeschränkte Steuerpflicht.

(1) Unbeschränkt körperschaftsteuerpflichtig sind die folgenden Körperschaften, Personenvereinigungen und Vermögensmassen, die ihre Geschäftsleitung oder ihren Sitz im Inland haben:
1. Kapitalgesellschaften, (Aktiengesellschaften, Kommanditgesellschaften auf Aktien, Gesellschaften mit beschränkter Haftung, Kolonialgesellschaften, bergrechtliche Gewerkschaften);
2. Erwerbs- und Wirtschaftsgenossenschaften;
3. Versicherungsvereine auf Gegenseitigkeit;
4. sonstige juristische Personen des privaten Rechts;
5. nichtrechtsfähige Vereine, Anstalten, Stiftungen und andere Zweckvermögen;
6. Betriebe gewerblicher Art von Körperschaften des öffentlichen Rechts.

(2) Die unbeschränkte Körperschaftsteuerpflicht erstreckt sich auf sämtliche Einkünfte.

Anmerkung 1. 15

Inhaltsübersicht.

I. Einleitung.
1. Körperschaftsteuer als Einkommensteuer.
2. Körperschaftsteuer als Personensteuer.
3. Wirtschaftliche Doppelbesteuerung.

II. Steuerpflicht.
A. Begriff.
4. Begriff der Steuerpflicht.
5. Persönliche Steuerpflicht.
6. Steuergegenstand der Körperschaftsteuer.
B. Unbeschränkte Steuerpflicht.
7. Geschäftsleitung.
8. Sitz.

III. Persönliche Körperschaftsteuerpflicht.
9. Rechtsbegriffliche Voraussetzungen.
A. Kapitalgesellschaften (§ 1 Abs. 1 Ziff. 1).
10. Begriff der Kapitalgesellschaft.
11. Maßgeblichkeit der Rechtsform der Kapitalgesellschaft.
12. Kommandtigesellschaft auf Aktien und GmbH. & Co. Kommanditgesellschaft als Mischformen.
13. Trennung zwischen Gesellschaft und Gesellschaftern.
14. Rechtsbeziehungen zwischen Gesellschaft und Gesellschaftern.
   a) Möglichkeit der Rechtsbeziehungen.
   b) Beurteilungsgrundsatz (§ 1 Abs. 3 StAnpG).
   c) Erfordernis der Klarheit.
15. Gesellschaftsrechte an Kapitalgesellschaften.
   a) Begriff.
   b) Genußrechte.
   c) Forderungen auf Gewinnbeteiligung.
   d) Sonstige Forderungen (insbes. aus Darlehen der Gesellschafter).
   e) Kommanditanteile der Gesellschafter (insbes. GmbH. und Co.).
16. Steuerliche Nichtanerkennung einer Kapitalgesellschaft.
17. B. Erwerbs- und Wirtschaftsgenossenschaften (§ 1 Abs. 1 Ziff. 2).
18. C. Versicherungsvereine auf Gegenseitigkeit (§ 1 Abs. 1 Ziff. 3).
19. D. Sonstige juristische Personen des privaten Rechts (§ 1 Abs. 1 Ziff. 4).
   E. Nichtrechtsfähige Vereine, Anstalten, Stiftungen und andere Zweckvermögen (§ 1 Abs. 1 Ziff. 5).
20. Nichtrechtsfähige Vereine.
21. Nichtrechtsfähige Zweckvermögen.
   a) Zweckvermögen.
   b) Zweckvermögen zu Gunsten bestimmter Personen.
   c) Zuwendungen und Anfälle im Sinn des Erbschaftsteuerrechts als Zweckvermögen.
   d) Familienfideikommisse.
   F. Betriebe gewerblicher Art von Körperschaften d. öffentlichen Rechts (§ 6 Abs. 1 Ziff. 6).
22. Bedeutung und Verhältnis zum bisherigen Recht.
23. Körperschaften des öffentlichen Rechts.
24. Betriebe gewerblicher Art.
   a) Begriff.
   b) Bedeutung der Rechtsform.
   c) Verpachtung eines Betriebs gewerblicher Art.
25. Von der Steuerpflicht ausgenommene Betriebe.
   a) Land- und forstwirtschaftliche Betriebe.
   b) Hoheitsbetriebe.
   c) Kirchliche, gemeinnützige oder mildtätige Betriebe.
26. Versorgungsbetriebe.
   a) Verhältnis zum bisherigen Recht (Begründung).
   b) Begriff.
   c) Verpachtung eines Versorgungsbetriebs.
   d) Überweisung der Körperschaftsteuer.
27. Steuerliche Selbständigkeit der Betriebe gewerblicher Art.
   a) Gegenüber der öffentl.-rechtl. Körperschaft und ihren sonstigen Betrieben gewerblicher Art.
   b) Hinsichtlich des Betriebsvermögens und der Unkosten.
   c) Abführung des Gewinns (verdeckte Gewinnausschüttung).
28. Einkommensermittlung.

IV. Beginn und Ende der persönlichen Körperschaftsteuerpflicht.
29. Beginn der Steuerpflicht.
   a) Grundsätze.
   b) Keine steuerliche Anerkennung der vereinbarten Rückwirkung einer Gründung.
30. Beendigung der Steuerpflicht.

I. Einleitung.

1. Körperschaftsteuer als Einkommensteuer.

Im § 1 sind die Körperschaften, Personenvereinigungen und Vermögensmassen im einzelnen aufgezählt, die der unbeschränkten Steuerpflicht unterliegen. Der § 1 KStG 1925, der den allgemeinen Inhalt des Gesetzes anzeigte, ist als entbehrlich weggefallen. Unter Körperschaftsteuer ist die der Einkommensteuer der natürlichen Personen entsprechende, gewisse juristische Gebilde treffende Steuer zu verstehen. Bezeichnet man das Einkommen als das Ergebnis der Verrechnung bestimmter innerhalb eines bestimmten Zeitraums erfolgter Vermögensänderungen einer Person, so ergibt sich, daß ein derartiges Ergebnis nicht nur bei natürlichen Personen, sondern auch bei juristischen Personen und andern irgendwie juristisch abgegrenzten oder auch nur abgrenzbaren Vermögensmassen festgestellt werden kann. Es besteht daher die Möglichkeit, der Einkommensteuer auch juristische Gebilde zu unterwerfen. Dementsprechend waren vor der Übernahme der direkten Steuern auf das Reich in Deutschland vielfach juristische Personen der Einkommensteuer unterworfen. Die Reichssteuergesetzgebung ging jedoch von vornherein von dem richtigen Gedanken aus, daß eine nach dem Einkommen bemessene Steuer bei juristischen Personen usw. eine andere Bedeutung hat als bei natürlichen Personen. Das EStG ist von dem Grundgedanken der Leistungsfähigkeit der steuerpflichtigen Person beherrscht, der insbesondere im gestaffelten Tarif und in der Berücksichtigung des Familienstandes und in der Berücksichtigung besonderer wirtschaftlicher Verhältnisse in Erscheinung tritt. Bei den Körperschaften dagegen ist allein der erzielte Gewinn für die Besteuerung maßgebend. Anderseits ist der für natürliche Personen zweifellos richtige Satz, daß einem höheren Einkommen eine verhältnismäßig größere Leistungsfähigkeit entspricht, bei juristischen Personen nicht in demselben Maße richtig. Bei den letzten kommt es eher auf das Verhältnis des Einkommens zu dem Vermögen an. Endlich sind aber überhaupt nur diejenigen juristischen Personen und sonstigen Gebilde mit natürlichen Personen einigermaßen vergleichbar, welche selbständig dastehen, nur Personen, nicht gleichzeitig auch Gegenstände des Vermögens anderer Personen sind. Es sind das die sogenannten Stiftungen. Die große Mehrzahl der juristischen Personen, z. B. AG., GmbH., haben eine Doppelnatur, sie sind nicht nur Personen, sondern auch Vermögensgegenstände. Jede sie treffende Personensteuer ist gleichzeitig für diejenigen Personen, für die sie Vermögen sind, d. h. für die Aktionäre usw., eine Objektsteuer, die sich von andern Objektsteuern nur dadurch unterscheidet, daß sich die Aktionäre usw. um ihre Entrichtung nicht zu bekümmern haben. Wirtschaftlich besteht zwischen z. B. einer Grundsteuer und einer die Aktiengesellschaften treffenden Personensteuer kein Unterschied. Eine neu eingeführte Steuer von 10 v. H. des Wertes würde genau so, wenn sie vom Vermögen der Aktiengesellschaften, wie wenn sie vom Grundvermögen zu entrichten wäre, den Erfolg haben, daß mancher weit weniger als 10 v. H. seines Reinvermögens, mancher weit mehr, ja sogar das ganze Reinvermögen und darüber hinaus verlieren würde. Ja es gilt sogar der für Objektsteuern gültige Satz, daß längere Zeit bestehende Objektsteuern für den derzeitigen Inhaber nicht wie Steuern wirken, weil sie seit ihrer Einführung als wertmindernde Umstände anzusehen sind. Auch der Wert der Aktien wird durch eine bestehende Körperschaftsteuer beeinflußt. So bietet die Frage der Regelung der Einkommensbesteuerung der Körperschaften Schwierigkeiten, die ganz verschieden sind von den bei der Einkommensteuer der natürlichen Personen zu lösenden.

Daher hat auch die Steuerreform vom Oktober 1934 aus Zweckmäßigkeitsgründen an der gesetzlichen Zweiteilung der Einkommensbesteuerung für natürliche und juristische Personen festgehalten.

2. Körperschaftsteuer als Personensteuer.

Wenn in Anm. 1 ausgeführt ist, daß die Körperschaftsteuer zum Teil als Objektsteuer anzusehen ist, so darf dies nicht mißverstanden werden. Da die Aktionäre usw. nicht Steuerschuldner, nicht einmal Haftende sind, sondern Steuerschuldner die Körperschaft selbst ist, so kommt es für die rechtliche Beurteilung der Steuer grundsätzlich nur darauf an, als was sich die Körperschaftsteuer für die Körperschaft selbst darstellt. Und da kann es, da sie die ganze Leistungsfähigkeit der Körperschaft als Person berücksichtigt, nicht zweifelhaft sein, daß eine Personensteuer vorliegt. Dem entspricht das Verbot des Abzugs der Körperschaftsteuer bei der Ermittlung des Einkommens (§ 12 Ziff. 2). Objektsteuer ist sie nur für die an der Körperschaft

Beteiligten, die aber nicht Steuerschuldner sind. Immerhin muß der wirtschaftliche Charakter der Steuer betont werden, da er bei der Auslegung der gesetzlichen Bestimmungen von Bedeutung sein kann. Auch ist es nicht ausgeschlossen, daß der Objektcharakter der Steuer für die Beteiligten unmittelbar von Bedeutung ist, wie folgendes Beispiel zeigt. Eine Gesellschaft sei im Lande ihres Sitzes der Körperschaftsteuer unterworfen, ein Gesellschafter wohne in einem Lande, das derartige Gesellschaften nicht als Körperschaften ansieht und den Gesellschafter mit dem Anteil am Gewinn der Gesellschaft zur Einkommensteuer heranzieht. Für diesen Gesellschafter ist die Körperschaftsteuer keine Personen-, sondern eine Objektsteuer, die vom Gewinn abzuziehen ist.

3. Wirtschaftliche Doppelbesteuerung.

Die Einführung der Körperschaftsteuer als einer besonderen Einkommensteuer der juristischen Personen hat zur Folge, daß das von diesen erzielte Einkommen insoweit wirtschaftlich doppelt besteuert wird, als es von der juristischen Person den an ihr beteiligten Gesellschaftern oder sonstigen Bezugsberechtigten als Ertrag ihrer Beteiligung ausgeschüttet wird. Der ausgeschüttete Gewinn wird bei den Empfängern, soweit sie natürliche Personen sind, nach dem EStG als Einkünfte aus Kapitalvermögen (§§ 2 Abs. 3 Ziff. 5, 20 Abs. 1 Ziff. 1 EStG) und soweit die Beteiligten juristische Personen sind, nach §§ 5 ff. KStG und den genannten Vorschriften des EStG zur Einkommensteuer oder Körperschaftsteuer herangezogen. Diese wirtschaftliche Doppelbesteuerung ist vom Gesetzgeber gewollt. Sie wurde für natürliche Personen nach § 57 EStG 1925 dadurch gemildert, daß für Gewinne aus Anteilen an GmbH. solchen Steuerpflichtigen Steuerermäßigung gewährt wurde, deren Gesamteinkommen 20 000 RM. nicht überstieg. Im EStG 1934 ist eine entsprechende Vorschrift nicht mehr enthalten. Hinsichtlich unbeschränkt steuerpflichtiger Kapitalgesellschaften, die an dem Grund- oder Stammkapital einer anderen unbeschränkt steuerpflichtigen Kapitalgesellschaft mindestens zu einem Viertel unmittelbar beteiligt sind (Schachtelgesellschaften) vgl. § 9 KStG.

II. Steuerpflicht.

A. Allgemeines.

4. Begriff der Steuerpflicht.

Die §§ 1—4 des Gesetzes tragen die allgemeine Überschrift „Steuerpflicht". Die Bezeichnungen Steuerpflicht und steuerpflichtig werden vielfach in verschiedenem Sinn gebraucht. Der Ausdruck Steuerpflicht bezeichnet regelmäßig in den einzelnen Steuergesetzen, wie z. B. auch in den §§ 1—4 KStG, die unter das Steuergesetz fallenden Personen, doch wird er auch zur Kennzeichnung der Steuerbemessungsgrundlagen im Sinn der sachlichen Steuerpflicht gebraucht, z. B. § 7 VStG: „Steuerpflichtiges Vermögen." Die Vorschriften über die persönliche Steuerpflicht bestimmen den Kreis der natürlichen oder juristischen Personen, die beim Vorliegen der im Steuergesetz geforderten Voraussetzungen steuerpflichtig werden, d. h. steuerliche Rechtsfähigkeit im Sinn der einzelnen Steuergesetzes besitzen. Es gibt keine allgemeine steuerliche Rechtsfähigkeit; diese richtet sich vielmehr nach den einzelnen Steuergesetzen und kann nach diesen für dieselbe Person z. B. für Einkommen- oder Körperschaftsteuer einerseits und Umsatzsteuer andererseits verschieden zu beurteilen sein. Das Vorliegen der Voraussetzungen der persönlichen Steuerpflicht nach einem Steuergesetz genügt, um eine Person zum „Steuerpflichtigen" im Sinn des Ermittlungsverfahrens der AO zu machen (§§ 204 ff. AO) oder sie der Steueraufsicht zu unterwerfen (§§ 190 ff., insbes. § 201 AO). Eine Steuer wird erst geschuldet, wenn zu der persönlichen Steuerpflicht auch die nach dem Steuergesetz geforderten Voraussetzungen der sachlichen Steuerpflicht hinzutreten. Beim Zusammentreffen der Merkmale der persönlichen und sachlichen Steuerpflicht in einer Person ist ein Steuerpflichtiger im Sinn des § 97 AO vorhanden, der „nach den Steuergesetzen eine Steuer als Steuerschuldner zu entrichten hat."

5. Persönliche Steuerpflicht.

Die persönliche Steuerpflicht, d. h. die steuerliche Rechtsfähigkeit nach dem KStG ist an zwei Voraussetzungen geknüpft, nämlich an das Vorhandensein einer im Gesetz als steuerpflichtig bezeichneten Körperschaft, Personenvereinigung oder Vermögensmasse und an bestimmte Beziehungen dieser juristischen Person zum Inland, zum Deutschen Reich. Das Gesetz unterscheidet zwischen der unbeschränkten (§ 1) und der beschränkten Steuerpflicht (§ 2). Die unbeschränkte Steuerpflicht umfaßt sämtliche Einkünfte des Steuerpflichtigen (§ 1 Abs. 2), während der beschränkten Körperschaftsteuerpflicht nur die inländischen Einkünfte (§ 2 Ziff. 1) oder bestimmte inländische Einkünfte (§ 2 Ziff. 2) unterliegen. Weitere Vorschriften über die sachliche Steuerpflicht sind in den §§ 1—4 KStG nicht enthalten. Diese haben im übrigen ausschließlich die persönliche Steuerpflicht und persönliche Befreiungen zum Gegenstand.

6. Steuergegenstand der Körperschaftsteuer (Entstehung der Steuerschuld).

Die Frage nach dem Gegenstand der Körperschaftsteuer ist für die Entstehung der Steuerschuld von Bedeutung. Nach § 3 Abs. 1 StAnpG entsteht die Steuerschuld, sobald der Tatbestand verwirklicht ist, an den das Gesetz die Steuer knüpft. Würde man als Gegenstand der Körperschaftsteuer lediglich das „Einkommen" im Sinn des § 5 KStG ansehen, dann könnte die Körperschaftsteuerschuld erst in dem Zeitpunkt entstehen, in dem frühestens festgestellt werden kann, daß Einkommen erzielt ist, also mit dem Ablauf des für die Besteuerung maßgebenden Kalenderjahrs. Die nunmehr in § 3 Abs. 5 Ziff. 1 StAnpG getroffene Regelung der Entstehung der Steuerschuld bei Einkommen- und Körperschaftsteuer zeigt, daß der Steuergegenstand der Körperschaftsteuer sämtliche Voraussetzungen der persönlichen und sachlichen Steuerpflicht umfaßt. Die Körperschaftsteuer wird ebenso wie die Einkommensteuer in drei Formen erhoben, nämlich nicht nur durch Zahlung auf die veranlagte Steuerschuld nach Ablauf des Kalenderjahrs als des Veranlagungszeitraums, sondern auch bereits im Lauf des Kalenderjahrs durch Vorauszahlungen und Steuerabzüge. Die Körperschaftsteuerschuld entsteht für Vorauszahlungen mit Beginn des Kalenderjahrs, für das die Vorauszahlungen zu entrichten sind, oder, wenn die Steuerpflicht erst im Lauf des Kalendervierteljahrs begründet wird, mit Begründung der Steuerpflicht (Ziff. 1 b a. a. O.), für Steuerabzugsbeträge im Zeitpunkt des Zufließens der steuerabzugspflichtigen Einkünfte (Ziff. 1 a a. a. O.). Nur für die veranlagte Steuer entsteht die Steuerschuld erst mit Ablauf des Kalenderjahrs, für das die Veranlagung vorgenommen wird, soweit nicht die Steuerschuld nach Buchstabe a oder nach Buchstabe b schon früher entstanden ist (Ziff. 1 c a. a. O.). Es muß also zur Entstehung der Körperschaftsteuerschuld nach der einzelnen Erhebungsart eine steuerpflichtige Person im Sinn des KStG vorhanden sein, der gegenüber der Steueranspruch auch sachlich z. B. durch Bezug von steuerabzugspflichtigen Einkünften oder durch Bezug eines steuerpflichtigen Einkommens im Sinn des § 5 KStG entstanden ist. Daß auch die Vorauszahlungen nicht unabhängig von den steuerpflichtigen Einkünften geschuldet werden, beweist die Möglichkeit der anderweiten Festsetzung der Vorauszahlungen unter Anpassung an das voraussichtliche Einkommen des laufenden Kalenderjahrs nach § 37 EStG (vgl. Anm. 4 u. 5 c zu § 20 KStG).

B. Unbeschränkte Steuerpflicht.

7. Geschäftsleitung.

Als für den Eintritt der unbeschränkten Steuerpflicht erforderliche Beziehungen zum Inland werden bezeichnet, daß die Geschäftsleitung oder der Sitz im Inland liegt. Inland ist das Gebiet des Deutschen Reichs einschließlich der Teile, die für Zollgesetze als Ausland gelten. Die Begriffe der Geschäftsleitung und des Sitzes sind durch § 15 StAnpG festgelegt. Geschäftsleitung im Sinn der Steuergesetze ist der Mittelpunkt der geschäftlichen Oberleitung (§ 15 Abs. 1 St= AnpG). Diese Vorschrift entspricht dem § 2 Abs. 2 der AusführBest. zum KStG 1925. Die Frage, wo sich der Mittelpunkt der geschäftlichen Oberleitung (die Geschäftsleitung) befindet, beantwortet sich nach den tatsächlichen Verhältnissen (Begr. zu § 15 StAnpG Abs. 2, RStBl. 34 S. 1410). Es kommt also auf die tat= sächliche Gestaltung der Betriebsführung an. Soweit kein Sitz im Inland ange= nommen werden kann, also bei ausländischen Unternehmen, ist entscheidend, von welchem Ort aus das ausländische Unternehmen tatsächlich geleitet wird. Die Feststellung des Mittelpunktes der geschäftlichen Oberleitung ist oft schwierig. Man ist nur zu leicht geneigt, äußere Merkmale für entscheidend zu halten. Mit Recht wird in RFH. I A 462/30 v. 16. 6. 31 (E. 29 S. 78; RStBl. 31 S. 848, StW. 31 Nr. 913) ausgeführt, daß die Führung des Hauptbuchs oder der Haupt= kasse zwar einen gewissen Schluß zulasse, aber nicht eigentlich entscheidend sei. Es kommt grundsätzlich darauf an, wo die Person tätig ist, die in den Hauptfragen die maßgebende Entschließung zu fassen hat. In dem zu entscheidenden Falle lag die Fabrik in Deutschland, ihr Leiter mußte sich jedoch in allen zu entscheidenden Fragen an den Geschäftsführer im Ausland wenden. Darnach war das Vorhanden= sein der Leitung im Inland zu verneinen. Nach diesen Grundsätzen ist auch nicht etwa der Ort maßgebend, an dem die Willenserklärungen der Beteiligten wirk= sam werden, sondern der Ort, von dem aus diese Willenserklärungen abgegeben werden. In RFH. I A 129/33 v. 3. 7. 34 (E. 36 S. 244, RStBl. 34 S. 1078 StW. 34 Nr. 620) hat deshalb der RFH. den Ort als maßgebend angesehen, wo die Büroräume des oder der leitenden Geschäftsführer einer Gesellschaft liegen. Sind zur Ausübung der geschäftlichen Oberleitung einer Gesellschaft Büroräume nicht erforderlich und nicht vorhanden, muß angenommen werden, daß diese Tä= tigkeit am Wohnsitz des oder der leitenden Geschäftsführer ausgeübt wird. Da es dabei auf die tatsächliche Ausübung der geschäftlichen Oberleitung ankommt, kann diese nach RFH. I A 150/36 v. 3. 7. 36 (RStBl. 36 S. 804, StW. 36 Nr. 377) auch in den Händen anderer als zur Vertretung der Körperschaft gesetzlich berufe= nen Personen (Vorstand oder Geschäftsführer) liegen. Der Mehrheitsbesitz an Kapitalanteilen einer ausländischen Kapitalgesellschaft macht diesen Gesellschafter noch nicht zum leitenden Geschäftsführer der Gesellschaft, auch wenn er nach aus= ländischem Brauch den Titel Direktor führt. Dementsprechend hat der RFH. die Tatsache, daß der Besitzer sämtlicher oder der meisten Kapitalanteile an einer Gesellschaft, deren Sitz im Ausland liegt, seinen geschäftlichen Aufenthaltsort im Inland hat, noch nicht als ausreichend für die Feststellung erklärt, daß sich der Ort der Leitung der Gesellschaft im Inland befindet, selbst wenn noch hinzu= kommt, daß sich an dem geschäftlichen Aufenthaltsort des alleinigen oder Haupt= gesellschafters die meisten oder wichtigsten Geschäftsvorfälle abspielen. Der Um= stand, daß der alleinige oder Hauptgesellschafter auf Grund seiner Beteiligung die Möglichkeit hat, einen beherrschenden Einfluß auf das Unternehmen auszuüben, rechtfertige es noch nicht, ihn ohne weiteres als Leiter des Unternehmens anzu= sehen (RFH. I A 344/32 v. 9. 1. 34, E. 35 S. 133, RStBl. 34 S. 382, StW. 34 Nr. 235). Wenn der Fall dagegen so liegt, daß sich der die Gesellschaft beherr= schende Gesellschafter nicht auf seinen Einfluß aus den Gesellschaftsrechten be= schränkt, sondern bei wichtigen Geschäften selbst das entscheidende Wort spricht, sodaß die gesetzlichen Vertreter nur seine Organe sind, dann hat man nach RFH. I A 150/36 (s. oben) in dem beherrschenden Gesellschafter den wirklichen Leiter des Unternehmens zu sehen. Wenn eine ausländische Aktiengesellschaft mit Sitz und Ort der Leitung im Ausland Gesellschafter einer inländischen offenen Handels= gesellschaft ist, so ist sie natürlich mit dem Gewinn aus der OHG. beschränkt steuer= pflichtig, weil sie im Inland eine Betriebsstätte hat. Hat sie keinen anderen Ge= werbebetrieb als den der inländischen OHG., so folgt nach RFH. I A 395/31 v.

22. 3. 33 (RStBl. 33 S. 1318, StW. 33 Nr. 514) noch nicht, daß der Ort der Geschäftsleitung der AG. mit dem Ort der Leitung der OHG. zusammenfiele und sie deshalb unbeschränkt steuerpflichtig wäre. Sie entfaltet immerhin selbst noch eine andere Tätigkeit, wenn sich diese auch auf die Verwaltung ihres Vermögens und auf die Entscheidung über die Verteilung der an sie ausgeschütteten Gewinne der OHG. beschränken sollte. Einen Vorteil hat sie davon nicht, da infolgedessen weder Einnahmen noch auch Ausgaben zu berücksichtigen sind, die außerhalb des Gewerbebetriebs der OHG. angefallen sind.

§ 15 Abs. 2 StAnpG enthält eine Sonderregelung für abhängige Körperschaften und Personenvereinigungen:

„Hat eine Körperschaft oder Personenvereinigung, die nach bürgerlichem Recht selbständig ist, die sich aber wirtschaftlich als ein in der Gliederung eines Unternehmens gesondert geführter Betrieb darstellt, weder ihre Geschäftsleitung noch ihren Sitz im Inland, so wird sie im Sinn der Steuergesetze so behandelt, als befände sich ihre Geschäftsleitung an dem Ort, an dem

1. die beherrschende natürliche Person ihren Wohnsitz oder, wenn ein Wohnsitz im Inland fehlt, ihren gewöhnlichen Aufenthalt,

2. die beherrschende Körperschaft, Personenvereinigung oder Vermögensmasse ihre Geschäftsleitung oder, wenn eine Geschäftsleitung im Inland fehlt, ihren Sitz hat."

Diese Vorschrift „behandelt einen Fall, in dem ein inländisches Unternehmen (ein Unternehmen, das seine Geschäftsleitung oder seinen Sitz im Inland hat), sich auf das Ausland erstreckt. Die steuerpflichtige Beurteilung eines solchen Falles bereitet keine Schwierigkeiten dann, wenn das inländische Unternehmen seine Auslandsgeschäfte entweder vom Inland aus betreibt oder aber sich dazu einer Betriebsstätte bedient, die im Ausland belegen ist. Die ausländische Betriebsstätte bildet einen unselbständigen Teil des inländischen Unternehmens. Demgemäß stellt das Betriebsvermögen, das in der ausländischen Betriebsstätte arbeitet, einen unselbständigen Teil des Betriebsvermögens dar, das dem inländischen Unternehmen gehört. Die Geschäftsergebnisse (Gewinne oder Verluste), die in der ausländischen Betriebsstätte erzielt werden, sind Rechnungsposten, die das inländische Unternehmen in seine Gewinn= und Verlustrechnung einrechnet. Die ausländische Betriebsstätte eines inländischen Unternehmens kann der inländischen Besteuerung nicht dadurch entzogen werden, daß der Unternehmer die Betriebsstätte einem anderen zu treuen Händen übereignet (§ 11 Ziff. 2 StAnpG). Wird die ausländische Betriebsstätte in eine Körperschaft oder Personenvereinigung, die nach bürgerlichem Recht selbständig ist, umgewandelt, so kommt es für die Besteuerung darauf an, ob dieser rechtlichen Selbständigkeit auch eine wirtschaftliche Selbständigkeit entspricht. Fehlt es daran, stellt vielmehr die ausländische Körperschaft oder Personenvereinigung sich wirtschaftlich als ein in der Gliederung des inländischen Unternehmens gesondert geführter Betrieb dar, so liegt der Fall ähnlich, als habe das inländische Unternehmen die ausländische Betriebsstätte einem Treuhänder übereignet. Wenn eine ausländische Körperschaft oder Personenvereinigung, die nach bürgerlichem Recht selbständig ist, sich wirtschaftlich als ein in der Gliederung eines inländischen Unternehmens gesondert geführter Betrieb darstellt, so kann man das inländische Unternehmen als „beherrschendes" Unternehmen bezeichnen. Demgemäß werden im § 15 Abs. 2 StAnpG die Ausdrücke „beherrschende natürliche Person" und „beherrschende Körperschaft, Personenvereinigung oder Vermögensmasse" verwendet. Es handelt sich dabei um abgekürzte Bezeichnungen für das, was der § 15 Abs. 2 im ersten Satzteil näher umschreibt" (Begr. § 15 StAnpG Abs. 3—5, RStBl. 34 S. 1410). Für die abhängige Gesellschaft ist grundsätzlich nicht Sitz oder Ort der Geschäftsleitung der beherrschenden Gesellschaft oder Wohnsitz oder Aufenthalt der beherrschenden Person, sondern ihrer körperschaftsteuerrechtlichen Selbständigkeit entsprechend ihr eigener Sitz oder Ort der Geschäftsleitung maßgebend. Liegen diese aber nicht im Inland, dann gilt als Ort der Geschäftsleitung der abhängigen Gesellschaft nach § 15 Abs. 2 a. a. O. der inländische Wohnsitz oder Aufenthaltsort der beherrschen=

den Person oder der inländische Sitz oder Ort der Geschäftsleitung der beherrschenden Körperschaft.

8. Sitz.

Den Sitz im Sinn der Steuergesetze hat eine Körperschaft, Personenvereinigung oder Vermögensmasse an dem Ort, der durch Gesellschaftsvertrag, Vereinssatzung, Stiftungsgeschäft oder dergleichen bestimmt ist. Fehlt es an einer solchen Bestimmung, so gilt als Sitz der Ort, an dem sich die Geschäftsleitung befindet oder die Verwaltung geführt wird (§ 15 Abs. 3 StAnpG). Bei den Handelsgesellschaften muß sich der Sitz aus der Satzung oder deren Gesellschaftsvertrag ergeben (§§ 182, 322 HGB, bzw. §§ 5, 16 Abs. 3 Ziff. 1 AktG, § 3 GmbHG, § 6 GenG). Es kommt aber nur der Sitz der Hauptniederlassung in Frage. Über rechtsfähige Vereine und Stiftungen vgl. §§ 24, 80 BGB.

III. Persönliche Körperschaftsteuerpflicht.

9. Rechtsbegriffliche Voraussetzungen der Steuerpflicht.

Das Gesetz stellt in § 1 als Steuerpersonen für den Bereich der Körperschaftsteuer voran: Körperschaften, Personenvereinigungen und Vermögensmassen, während in § 1 KStG 1925 nur Körperschaften und Vermögensmassen benannt waren. Da unter Körperschaften nur mit Rechtsfähigkeit ausgestattete Personenvereinigungen verstanden werden, wird nunmehr durch die Benennung der Personenvereinigungen insofern eine Lücke geschlossen, als durch den Zusatz auch die nichtrechtsfähigen Personenvereinigungen erfaßt werden, die bisher weder unter Körperschaften noch unter Vermögensmassen unterzubringen waren.

Nach juristischen Begriffen kommen als Körperschaften in Frage: a) juristische Personen, b) Gesamthandgemeinschaften und c) Zweckvermögen. Stellt man die Beziehungen einer Person zu Gegenständen in der Form dar: A: Eig. x, Forderung gegen B, Schuld an C (= A hat das Eigentum an der Sache x, hat eine Forderung gegen B und ist dem C etwas schuldig), so kommen bei der Beteiligung mehrerer folgende Darstellungen in Frage: Nämlich erstens die Beteiligung nach Bruchteilen (§ 741 BGB) = A: ½ Eig. x B: ½ Eig. x, A und B können über ihr ½ Eig. x grundsätzlich unabhängig von einander verfügen. Eine Körperschaft liegt niemals vor. Zweitens Gesamthandeigentum (AB): Eig. x usw. Hier können A und B nur gemeinsam über das Eigentum an der Sache verfügen (natürlich kann einer zur Vertretung der Gesamthand befugt sein), A und B können höchstens über ihre Beteiligung an der Gesamthand verfügen, was aber dann für alle der Gesamthand gehörigen Gegenstände wirkt. Gesamthand (AB) und die einzelnen Beteiligten können miteinander Rechtsgeschäfte abschließen, die Gesamthand tritt vielfach im Verkehr als besondere Persönlichkeit auf, das Steuerrecht behandelt sie bisweilen als Einheit, bisweilen stellt es das Verhältnis dem Bruchteilseigentum gleich (vgl. § 11 Ziff. 5 StAnpG). Die Gesamthand ist grundsätzlich, aber nicht in der Regel ein körperschaftsteuerpflichtiges Gebilde. Drittens kann das Eigentum usw. auch von den Einzelpersonen ganz getrennt sein und einer besonderen „juristischen" Person zustehen, die gewissermaßen zwei Rollen hat, einmal als Person, der etwas gehört, und weiter als Objekt, das anderen gehört. Darstellung: Jur. Person: Eig. x, A: ½ jur. Person, B: ½ jur. Person. Der Hauptunterschied zwischen juristischer Person und Gesamthand besteht darin, daß grundsätzlich bei der Gesamthand die Beteiligten für die Schulden haften, bei der juristischen Person nicht. Ersteres gilt jedoch nicht ausnahmslos, es läßt sich aber nicht erzielen, daß keiner der Beteiligten mit seinem sonstigen Vermögen haftet. Begrifflich ist wichtig, daß bei der Gesamthand durch Übertragung der Beteiligung von A auf B Alleineigentum des letzten entsteht (B: Eig. x usw.) und die Gesamthand verschwindet, während die juristische Person in einem solchen Fall bestehen bleibt (jur. Person: Eig. x, B: jur. Person). Die juristische Person wird im Steuerrecht stets als Einheit behandelt, sie ist entsprechend im Sinn der Körperschaftsteuer stets eine Körperschaft. Beteiligte an einer Gesamthand wie an einer juristischen Person können auch Gesamthandgemeinschaften und juristische Personen sein. Man spricht dann von Verschachtelung.

Es gibt auch juristische Personen, die lediglich den Charakter von Personen haben, das sind die rechtsfähigen Stiftungen. Form: Jur. Person: Eig. x und weiter nichts. Sie sind zur Erfüllung irgend welcher Zwecke da. Soweit diese Zwecke die Folge haben, daß Einzelpersonen Ansprüche erwachsen, sind diese nicht als Inhaber anzusehen, vielmehr entstehen höchstens zu gewissen Zeitpunkten Forderungsrechte gegen die Stiftung, ähnlich wie z. B. bei der juristischen Person der AG. von Zeit zu Zeit echte Forderungsrechte der Aktionäre (Anspruch auf die festgesetzte Dividende) entstehen. Vor der Entstehung der Forderungsrechte haben die durch die Stiftungen Begünstigten keine Vermögensrechte im Rechtssinn, die sich auf die Stiftung beziehen. Einen ähnlichen Erfolg wie durch Errichtung einer rechtsfähigen Stiftung kann jemand auch dadurch erzielen, daß er einem anderen Vermögen mit der Auflage überträgt oder hinterläßt, das Vermögen in bestimmter Weise zu verwalten oder zu verwenden. Der andere wird dann zwar Inhaber des Vermögens, aber die Auflage bildet für ihn eine Last, so daß sich Recht und Verpflichtung ausgleichen. Die Last hat die Eigentümlichkeit, daß keine Person vorhanden ist, der eine der Last entsprechende Berechtigung zusteht. Wirtschaftlich liegt die Sache genau so, wie bei einer rechtsfähigen Stiftung, das betreffende Vermögen ist für einen Zweck festgelegt, man spricht deshalb auch von nichtrechtsfähigen Stiftungen. Bei einem solchen Zweckvermögen können auch Vermehrungen vorkommen, die unter den Begriff der Einkünfte fallen. Zwar wird der juristische Inhaber des Vermögens Eigentümer der zufließenden Einkünfte, da er sie aber auch nur mit der Auflage belastet erwirbt, so erwirbt er tatsächlich keinen Wert. Deshalb wird das Zweckvermögen für die Steuer als rechtsfähig behandelt und die Einkünfte gelten als solche einer Körperschaft. Die Zweckvermögen sind jedoch nicht immer körperschaftsteuerpflichtig, weil es möglich ist, daß die Einkünfte bestimmten Personen unmittelbar zustehen (vgl. Anm. 21).

Die Frage, ob eine angebliche juristische Person vorhanden ist, kann man immer nur in der Weise beantworten, daß man fragt, ob die gesetzlichen Voraussetzungen für ihre Entstehung tatsächlich vorliegen (und keine gesetzlichen Voraussetzungen für ihren Untergang). In der Regel erkennt jedoch jedes bürgerliche Recht außer den nach seinen Vorschriften entstandenen juristischen Personen auch solche an, die im Ausland nach ausländischem Recht entstanden sind (f. Anm. 5 zu § 2 KStG) und endlich die auf Grund öffentlichen Rechts bestehen. Bestand zur Zeit des Inkrafttretens des BGB eine juristische Person, so besteht sie grundsätzlich auch nach dem Inkrafttreten des BGB weiter. Ob sie besteht, ist darnach den Vorschriften zu beurteilen, die zur Zeit ihrer Entstehung galten. Wenn eine juristische Person seinerzeit als eine des öffentlichen Rechts entstanden ist, so ist damit noch nicht gesagt, daß sie für alle Ewigkeit als eine solche des öffentlichen Rechts zu gelten hat. Wenn später solche juristische Personen grundsätzlich als Vereine nach den Vorschriften des BGB entstanden, wäre es nicht gerechtfertigt, die früher entstandenen weiterhin als Körperschaften öffentlichen Rechts und nicht als solche des bürgerlichen Rechts anzusehen (vgl. Anm. 23).

Im § 1 sind die Körperschaften, Personenvereinigungen und Vermögensmassen im einzelnen aufgezählt, die der unbeschränkten Steuerpflicht unterliegen. Die Aufzählung ist erschöpfend. Durch § 22 des Gesetzes wird der RdF. jedoch ermächtigt, den Kreis der Steuerpflichtigen auch noch auf andere Personenvereinigungen als die im § 1 genannten auszudehnen und ihre Besteuerung zu regeln.

A. Kapitalgesellschaften (§ 1 Abs. 1 Ziff. 1).

10. Begriff der Kapitalgesellschaft.

„Neu für die Körperschaftsteuer ist der Begriff „Kapitalgesellschaften". Gegen den bisherigen Begriff „Erwerbsgesellschaften" bestanden Bedenken, weil eine

Hauptgruppe der auf Erwerb gerichteten Gesellschaften nämlich die offenen Handelsgesellschaften, nicht darunter fielen. Es ist mit dem Ausdruck „Kapitalgesellschaften" auch eine Übereinstimmung mit anderen Gesetzen erzielt worden." (Begr. B zu § 1 Abs. 2 RStBl. 1935 S. 82.)

Der Begriff „Erwerbsgesellschaften" der §§ 2 Ziff. 1 und 4 KStG 1925 hatte für den Steuertarif des § 21 Ziff. 1 KStG 1925 Bedeutung. Bisher gebrauchte bereits das KVG 1925 den Ausdruck „Kapitalgesellschaften". Nunmehr stimmt der Begriff „Kapitalgesellschaften" des § 1 Abs. 1 Ziff. 1 KStG überein mit dem gleichen Begriff des § 56 Abs. 1 Ziff. 1 RBewG 1934, des § 1 Ziff. 2a VStG 1934 und des § 5 Abs. 1 Ziff. 1—5 KVG 1934. Die Kapitalgesellschaften sind Handelsgesellschaften, die auf einem in Anteile zerlegten Vermögen beruhen. Bei ihnen hat nur die Gesamtheit Rechte und Pflichten; daher ist ihr Bestand von der Person des einzelnen Gesellschafters unabhängig. Dem Gläubiger der Kapitalgesellschaft haftet nur das aufgebrachte Kapital, nicht der einzelne Gesellschafter persönlich. Im Gegensatz zu ihnen beruhen die **Personengesellschaften** (offene Handelsgesellschaften, Kommanditgesellschaften) auf der persönlichen Haftung ihrer Mitglieder, neben der noch eine Kapitalbeteiligung besteht. Ihr Bestand ist daher grundsätzlich an die Person des einzelnen Mitglieds geknüpft. Zu den Kapitalgesellschaften privaten Rechts gehören die Aktiengesellschaften, Kommanditgesellschaften auf Aktien, die Gesellschaften mit beschränkter Haftung und die bergrechtlichen Gewerkschaften. Die Kolonialgesellschaften sind Kapitalgesellschaften öffentlichen Rechts. Über Aktiengesellschaften und Kommanditgesellschaften auf Aktien siehe §§ 178 ff., § 320 HGB, an deren Stelle vom 1. Oktober 1937 an die Vorschriften der §§ 1 ff., § 219 des Gesetzes über Aktiengesellschaften und Kommanditgesellschaften auf Aktien (Aktiengesetz) v. 30. 1. 37 (RGBl. I S. 107, RStBl. 37 S. 177) treten, über Gesellschaften mit beschränkter Haftung GmbHG v. 20. 4. 92 i. d. F. v. 20. 5. 98 (RGBl. 846), abgeändert durch Gesetz v. 24. 12. 22 (RGBl. 23 S. 22) und v. 28. 6. 26 (RGBl. I S. 315), über Kolonialgesellschaften das Schutzgebietsgesetz v. 17. 4. 86 i. d. F. v. 10. 9. 1900 (RGBl. S. 812). Für die bergrechtlichen Gewerkschaften ist das Landesrecht maßgebend (Art. 67 EGBGB), z. B. das preuß. allg. Berggesetz v. 24. 6. 65. Die Aktiengesellschaft ist eine Gesellschaft mit eigener Rechtspersönlichkeit, deren Gesellschafter mit Einlagen auf das in Aktien zerlegte Grundkapital beteiligt sind, ohne persönlich für die Verbindlichkeiten der Gesellschaft zu haften (§ 1 AktG). Die Kommanditgesellschaft auf Aktien ist eine Gesellschaft mit eigener Rechtspersönlichkeit, bei der mindestens ein Gesellschafter den Gesellschaftsgläubigern unbeschränkt haftet (persönlich haftender Gesellschafter) und die übrigen mit Einlagen auf das in Aktien zerlegte Grundkapital beteiligt sind, ohne persönlich für die Verbindlichkeiten der Gesellschaft zu haften (Kommanditaktionäre) (§ 219 Abs. 1 AktG). Die Gesellschaft mit beschränkter Haftung ist ebenfalls eine Gesellschaft mit eigener Rechtspersönlichkeit, deren Gesellschafter mit Einlagen (Stammeinlagen) auf das in Geschäftsanteile zerlegte Stammkapital beteiligt sind, ohne persönlich für die Verbindlichkeiten der Gesellschaft zu haften (§ 3 Abs. 1 Ziff. 3 und 4, §§ 13, 14 GmbHG).

11. Maßgeblichkeit der Rechtsform der Kapitalgesellschaft.

Auch das KStG 1934 knüpft für die persönliche Steuerpflicht der Kapitalgesellschaften an das Vorhandensein einer bestimmten Rechtsform an, ohne daß es für die Steuerpflicht im übrigen auf die Art und den Zweck des Betriebs der Kapitalgesellschaft ankäme. Die Rechtsform der Kapitalgesellschaft bestimmt grundsätzlich deren Behandlung als steuerliche Rechtsperson. Regelmäßig wird der Gegenstand des Unternehmens ein Gewerbebetrieb sein. Die Kapitalgesellschaft kann aber auch wie eine natürliche Person in den verschiedenen Beteiligungsformen am Wirtschaftsleben teilnehmen. Sie kann sich mit anderen Körperschaften oder natürlichen Personen an einem gemeinschaftlichen Gewerbebetrieb als Mitunternehmer in der Form des persönlich haftenden Gesellschafters einer OHG. oder KoG. oder als Kommanditist einer KoG. beteiligen. Sie kann an einem fremden Unternehmen als stiller Gesellschafter teilnehmen oder aber auch kapitalistisch durch Erwerb von Anteilen an einer anderen Kapitalgesellschaft. Auch eine Beteiligung an Gesellschaften bürgerlichen Rechts, z. B. Interessengemeinschaften ist möglich. Die steuerliche Rechtsfähigkeit im Sinne des KStG hat im Gegensatz zum UStG auch nicht die wirtschaftliche Selbständigkeit der Kapitalgesellschaft zur Voraussetzung. Eine Kapitalgesellschaft kann daher auch Angestellte (Organ) einer anderen natürlichen oder juristischen Person sein (s. Anm. 11 zu § 3 KStG).

12. Kommanditgesellschaft auf Aktien und GmbH. u. Co., Kommanditgesellschaft als Mischformen.

Die Kommanditgesellschaft auf Aktien stellt eine Mischform zwischen Kapital- und Personengesellschaft dar. Wenn sie auch nach § 1 Ziff. 1 KStG unbeschränkt körperschaftsteuerpflichtig ist, so unterliegt doch nicht der gesamte, von ihr erzielte Gewinn der Körperschaftsteuer. Die Teile des Gewinns, die an den oder die persönlich haftenden Gesellschafter auf ihre nicht auf das Grundkapital gemachten Einlagen oder als Vergütung (Tantiemen) für die Geschäftsführung verteilt werden, sind nach § 15 Ziff. 3 EStG gewerbliche Einkünfte des oder der persönlich haftenden Gesellschafter und nach § 11 Ziff. 3 KStG bei der Gesellschaft abzugsfähige Ausgaben (vgl. Anm. 153c Abs. 2 zu § 11 EStG, Anm. 155b Abs. 4 zu § 15 EStG und Anm. 9 zu § 11 KStG. Das gleiche gilt von der GmbH. und Co., Kommanditgesellschaft, soweit sie steuerrechtlich als Kommanditgesellschaft anerkannt wird (vgl. Anm. 15e).

13. Trennung zwischen Kapitalgesellschaft und Gesellschaftern.

Die Kapitalgesellschaften stellen kraft ihrer Rechtsform für Körperschaft- und Einkommensteuerrecht selbständige Steuerpersonen dar, die nicht mit ihren Gesellschaftern vertauscht werden können. Es hat vielmehr eine scharfe Trennung zwischen Kapitalgesellschaft und ihren Gesellschaftern zu erfolgen. Wenn ein Unternehmen in Form einer Kapitalgesellschaft betrieben wird, liegt persönliche Steuerpflicht der Kapitalgesellschaft vor, auch wenn nur eine natürliche Person als Gesellschafter oder sonst maßgebliche Persönlichkeit die Kapitalgesellschaft allein nach ihrem Willen leitet. Die gewerbliche Tätigkeit wird grundsätzlich von der Kapitalgesellschaft und nicht von den hinter ihr stehenden Gesellschaftern ausgeübt. Die Gesellschaft erzielt Gewinne und Verluste und soweit diese mittelbar die Gesellschafter betreffen, handelt es sich bei ihnen um Vorgänge auf dem Gebiet des Kapitalvermögens, sofern die Beteiligung nicht zu einem Betriebsvermögen der Gesellschafter gehört. Eine GmbH. z. B. kann rechtlich, insbesondere steuerrechtlich nicht als unselbständiges Organ ihrer Gesellschafter und bei Vereinigung aller Geschäftsanteile in der Hand eines Gesellschafters nicht als dessen unselbständiges Organ angesehen werden (vgl. dazu auch RFH. I B 38/26 v. 8. 6. 26, E. 19 S. 139, RMBl. 26 S. 232, StW. 26 Nr. 421 und VI A 769/30 v. 4. 6. 30, E. 27 S. 89, RStBl. 30 S. 675, StW. 30 Nr. 1073). Daher hat der RFH. auch grundsätzlich die GmbH., deren sämtliche Anteile sich in einer Hand befinden, die sog. Einmann-GmbH., als selbständige Rechtsperson im Sinn des KStG anerkannt und nicht mit ihrem einzigen Gesellschafter identifiziert (vgl. z. B. RFH. I A 126/30 v. 3. 6. 30, RStBl. 30 S. 440, StW. 30 Nr. 1113). Die grundsätzliche Maßgeblichkeit der Rechtsform der Kapitalgesellschaft schließt aber nicht aus, daß die Gesellschaft Beauftragter, Kommissionär oder Treuhänder ihres Gesellschafters ist (RFH. VI A 576/37 v. 6. 10. 37, E. 42 S. 214, RStBl. 38 S. 103, StW. 37 Nr. 632 unter Hinweis auf § 11 StAnpG). Die Ehefrau des einzigen Gesellschafters einer GmbH. leistet in einem fremden Betrieb und nicht im Betrieb des Ehemannes Dienste, wenn sie im Betrieb der GmbH. arbeitet (RFH. I A 18/31 v. 8. 9. 31, RStBl. 31 S. 741, StW. 31 Nr. 869). Die persönliche Steuerpflicht von zwei steuerrechtlich selbständigen Gebilden wird nicht dadurch beseitigt, daß diese ihr Unternehmen in denselben Räumen ausüben, die gleichen Angestellten in beiden Betrieben beschäftigt werden, daß ein Geschäftsführer die beiden Betriebe leitet, die gleichen Reisenden für beide Betriebe verkaufen und werben und das gleiche Geschäftsinventar benutzt wird. Diese Umstände könnten wohl Einfluß auf die Berechnung der Gewinne der einzelnen Gesellschaften, nicht aber auf ihre persönliche Steuerpflicht haben (RFH. I A 206/34 v. 20. 11. 34, RStBl. 35 S. 615, StW. 35 Nr. 48).

14. Rechtsbeziehungen zwischen Gesellschaft und Gesellschaftern.
a) Da die Kapitalgesellschaften und ihre Gesellschafter für das Steuerrecht verschiedene Personen sind, **kann die Kapitalgesellschaft mit ihren Gesellschaftern ebenso wie mit dritten Personen in Rechtsbeziehungen jeder Art treten,** bei denen die Rechte und Pflichten der Gesellschaft und ihrer Gesellschafter als Vertragsgegner einander bürgerlich-rechtlich und steuerrechtlich selbständig gegenüberstehen. Die Gesellschafter einer GmbH. können daher grundsätzlich mit der GmbH. oder für sie Rechtsgeschäfte abschließen und können für besondere Leistungen an ihre Gesellschaft das gleiche Entgelt fordern, wie wenn sie für eine fremde Gesellschaft geleistet hätten oder ihre Gesellschaft mit einem Fremden die Leistung vereinbart hätte. Deshalb hat der RFH. in einem Fall, in dem die Gesellschafter einer GmbH. für Bankschulden der Gesellschaft die Bürgschaft übernommen hatten, anerkannt, daß die Provisionen, die die Gesellschaft ihren Gesellschaftern wegen der Bürgschaftsübernahme gezahlt hatte, Betriebsausgaben der Gesellschaft darstellen können, wenn die Gesellschafter mit der Bürgschaft ein Risiko übernommen hatten (RFH. I A 205/30 v. 28. 4. 32, RStBl. 32 S. 549, StW. 32 Nr. 693). Ebenso können auch Pachtverträge zwischen Gesellschaft und ihren Gesellschaftern nicht ohne weiteres als nicht bestehend behandelt werden (vgl. RFH. I A 88/31 v. 14. 6. 31, StW. 32 Nr. 1089 und I A 324/31 v. 28. 6. 32, RStBl. 32 S. 949, StW. 33 Nr. 119). Die Grenze für die Anerkennung solcher Rechtsgeschäfte zwischen einer Gesellschaft und ihren Gesellschaftern hat der RFH. bisher zunächst nach § 5 AO 1919 (§ 10 AO 1931) und später nach § 4 AO 1919 (§ 9 AO 1931) gezogen. Wenn die Aktionäre einer AG. oder Gesellschafter einer GmbH. auf Grund ihrer Herrschaftsstellung zur Gesellschaft beschließen, deren Vermögen zu ihren Gunsten zu vermindern, „so liegt nicht mehr ein Vertrag zwischen Gesellschaftern und Gesellschaft vor, sondern lediglich ein Rechtsgeschäft der Gesellschafter, das nach Gesellschaftsrecht die Wirkung der Verminderung des Vermögens der Gesellschaft hat. Was die Gesellschafter auf diese Weise erworben, ist eine Frucht ihrer Beteiligung an der Gesellschaft und deshalb als Kapitaleinkünfte von den Gesellschaftern zu versteuern. Schließen nun die Aktionäre mit der Gesellschaft einen offenbar das Vermögen der Gesellschaft mindernden Vertrag ab, so bedeutet das eine nur aus dem Herrschaftsverhältnis der Aktionäre zu erklärende Verminderung des Gesellschaftsvermögens, und es ist deshalb das den Aktionären auf Kosten der Gesellschaft Zufließende als deren Kapitaleinkünfte anzusehen (Entsch. VI A 1121/28 v. 11. 1. 29, RStBl. 29 S. 325, StW. 29 Nr. 351).

b) Wenn auch nach geltendem Recht das im Wirtschaftsleben bestehende Recht der Vertragsfreiheit und, die Beziehungen nach eigener Wahl zu regeln, mit Wirkung für das Rechtsverhältnis zwischen Kapitalgesellschaft und ihren Gesellschaftern anerkannt wird, so kann es doch anderseits **steuerrechtlich nicht zugelassen werden, daß die Gesellschafter dieses Recht zu ihren Gunsten und zum Nachteil des Steuergläubigers ausüben.** Die Kapitalgesellschaft hat trotz ihrer bürgerlich-rechtlichen und steuerrechtlichen Selbständigkeit selbst keinen eigenen Willen, sie bekommt ihr Handeln von den Gesellschaftern vorgeschrieben und zwar auch bei Ausgestaltung ihrer Rechtsbeziehungen zu den Gesellschaftern. Geschieht dies in einer Form, die unter den gleichen Umständen bei dritten, an der Gesellschaft nicht beteiligten Personen nicht gewählt würde, bedingen sich insbesondere die Gesellschafter von der Gesellschaft vertragliche Gegenleistungen aus, die dritte Personen nicht erhalten würden, dann ist diese Regelung Ausfluß der Herrschaftsstellung der Gesellschafter mit dem Ziele, diesen in ihrer Eigenschaft als Gesellschafter nicht gerechtfertigte Vorteile zu gewähren. Durch die steuerliche Anerkennung der vertraglichen Gegenleistung in dem vereinbarten Ausmaß würde zwar regelmäßig nicht das Einkommen der Gesellschaft, wohl aber der Gewinn der Kapitalgesellschaft durch Abzug der übermäßig hohen Gegenleistung als Betriebsausgabe und damit die steuerliche Vorbelastung des den Gesellschaftern Zugewendeten in ungerechtfertigter Weise geschmälert werden. Es tritt eine Verkürzung der Körperschaftsteuer ein, die nur aus der Abweichung von der unter gewöhnlichen Verhältnissen üblichen Gestaltung der Verhältnisse zu erklären ist. Dadurch verstoßen die Beteiligten gegen die allgemeinen Interessen der Volksgemeinschaft und damit gegen die nationalsozialistische Weltanschauung. Der allgemeine Beurteilungsgrundsatz des § 1 Abs. 3 StAnpG (vgl. Einleitung II) bedingt daher, daß in diesem Fall der Tatbestand so beurteilt wird, wie wenn bei Regelung der Beziehungen von der allgemein üblichen Gestaltung nicht abgewichen worden wäre, d. h. die vertraglichen und sonstigen Beziehungen zwischen Gesellschaft und Gesellschaftern sind steuerrechtlich auf das nach der gesunden Volksanschauung und dem Grundsatz der gerechten Gleichmäßigkeit der Besteuerung vertretbare Ausmaß zurückzuführen oder erforderlichenfalls steuerrechtlich überhaupt nicht anzuerkennen (vgl. auch Reinhardt in RStBl. 1936 S. 1041 ff., insbes. S. 1049—51). Zur steuerrechtlichen Ablehnung der getroffenen Regelung ist es daher nicht erforderlich, daß ein Mißbrauch von Formen und Gestaltungsmöglichkeiten des bürgerlichen Rechts im Sinn des § 6 StAnpG vorliegt, der zur Umgehung oder Minderung der Steuerpflicht bewußt gewählt worden ist. Der § 6 a. a. O. ist ein Anwendungsfall des § 1 Abs. 3 a. a. O. Zu einer von der vereinbarten Gestaltung abweichenden Beurteilung des Tatbestandes genügt vielmehr das Vorliegen einer ungewöhnlichen Regelung, die sich sachlich zum Nachteil des Steuergläubigers auswirkt. Im einzelnen wird dazu auf die Ausführungen über die Gesellschaftsrechte (Anm. 15) und insbesondere über die verdeckte Gewinnausschüttung (Anm. 167 ff. zu § 6 KStG) verwiesen.

c) **Als formelle Voraussetzung für die steuerliche Anerkennung von Rechtsgeschäften und Rechtsbeziehungen zwischen einer Kapitalgesellschaft und ihren Gesellschaftern** hat der RFH. in RFH. I A 415/32 v. 8. 5. 34 (RStBl. 34 S. 857, StW. 34 Nr. 457) gefordert, daß die Rechtsgeschäfte zwischen Gesellschaft und ihrem einzigen oder mehreren Gesellschaftern klar, insbesondere auch buchmäßig zum Ausdruck kommen müssen. Es geht nicht an, daß derartige Geschäfte in irgendwelchen internen Aufzeichnungen beurkundet werden, um je nach den Umständen als geschehen oder nicht geschehen behandelt zu werden. Auch die bloße Umbenennung eines Kontos genügt in der Regel nicht. Die doppelte Buchführung verlangt für die Vorbuchung eines Vorfalls einen richtigen Buchungssatz: X-Konto links — Y-Konto rechts. Diese Buchung muß unzweideutig und unverzüglich erfolgen. Der buchmäßige Niederschlag der Geschäfte zwischen Gesellschaft und Gesellschaftern wird in RFH. VI A 725/34 v. 23. 10. 35 (StW. 35 Nr. 699) insbesondere für Familiengesellschaften gefordert, doch kann ein Vorfall auch in anderer Weise, z. B. durch Benachrichtigung des Schuldners von einer Forderungsabtretung belegt werden. Gerade im Fall unklar gehaltener vertraglicher Abmachungen zwischen einer Gesellschaft und ihren Gesellschaftern kommt den schlüssigen Handlungen der Vertragsparteien und damit in letzter Linie der buchmäßigen Behandlung erhöhte Bedeutung zu (RFH. I A 30/33 v. 24. 4. 34, RStBl. 34 S. 861). Die buchmäßige Behandlung, z. B. die Abbuchung von Auszahlungen an die Gesellschafter über Unkosten steht der Anerkennung der nachträglichen Behauptung, die Beträge seien als Darlehen gewährt, entgegen. Ist ein Geschäftsvorfall zwischen Gesellschaft und Gesellschaftern tatsächlich und buchmäßig durchgeführt, z. B. eine als Gewinnausschüttung zu betrachtende Zuwendung erfolgt, dann kann dieser Vorfall nicht in einem späteren Wirtschaftsjahr mit Wirkung für das frühere Wirtschaftsjahr rückgängig gemacht werden. Die vereinbarte Rückgängigmachung (Stornierung) wird steuerlich nicht als solche mit rückwirkender Kraft anerkannt, sondern sie bedeutet als neuer Geschäftsvorfall die Einlage der früheren Gewinnausschüttung durch den Gesellschafter (RFH. VI A 1878/31 v. 21. 6. 33, RStBl. 33 S. 1173, StW. 33 Nr. 711). Für die Bewertung der in Verträgen zwischen Gesellschaft und Gesellschaftern übernommenen Lasten wird in RFH. I A 372/32 v. 25. 4. 33 (E. 33 S. 102, RStBl. 33 S. 1020, StW. 34 Nr. 252) mit Recht gefordert, daß diese Lasten in den Bilanzen der Gesellschaft nicht ohne weiteres nach dem vereinbarten Ausmaß, sondern nach dem wirklichen wirtschaftlichen Gewicht zu bewerten seien. Auch die Rechtsgeschäfte zwischen zwei Gesellschaften mit den gleichen oder einander nahestehenden Ge-Gesellschaftern müssen klar zum Ausdruck kommen, wenn sie steuerlich anerkannt werden sollen (RFH. I A 191/36 v. 25. 5. 37, E. 41 S. 253, RStBl. 37 S. 739, StW. 37 Nr. 364).

15. Gesellschaftsrechte an Kapitalgesellschaften.

Schrifttum. Mirre, Beziehungen zwischen Körperschaftsteuer und Gesellschaftsteuer, DStZ. 35 S. 1319.

a) Das **Kapitalverkehrsteuergesetz** hat eine besondere **Begriffsbestimmung für die Gesellschaftsrechte** an Kapitalgesellschaften (§ 6 KVG). Als Gesellschaftsrechte gelten nämlich außer Aktien, Kuxen und sonstigen Anteilen auch Genußrechte, Forderungen, die eine Beteiligung am Gewinn der Gesellschaft gewähren, und Anteile der Kommanditisten an einer Kommanditgesellschaft, wenn zu den persönlich haftenden Gesellschaftern der Kommanditgesellschaft eine Kapitalgesellschaft gehört (§ 6 Abs. 1 KVG). Als Gesellschafter gelten die Personen, denen die bezeichneten Gesellschaftsrechte zustehen (§ 6 Abs. 2 KVG). Auch werden von der Gesellschaftsteuer bestimmte Forderungen der Gesellschafter gegen die Gesellschaft getroffen (§ 3 KVG). Hierher gehören Darlehensforderungen der Gesellschafter an die Gesellschaft, wenn die Darlehensgewährung eine durch die Sachlage gebotene Kapitalzuführung (Beispiele: Kapitalerhöhung, weitere Einzahlungen, Zubußen) ersetzt (§ 3 Abs. 1 KVG), unter den gleichen Voraussetzungen auch Darlehen eines Dritten, wenn ein Gesellschafter dafür Sicherheit leistet, und Darlehen eines Ehegatten des Gesellschafters (§ 3 Abs. 2 a. a. O.). Der Gewährung von Darlehen steht es gleich, wenn der Gesellschafter gestundete Forderungen Dritter gegen die Gesellschaft erwirbt oder Forderungen, die ihm selbst gegen die Gesellschaft zustehen, stundet (§ 3 Abs. 3 a. a. O.). Es sollte damit jeder Umgehung der Gesellschaftsteuer vorgebeugt werden. Das KStG hat diese Regelung nicht übernommen. Jedoch dürfen nach § 7 Satz 2 KStG die Ausschüttungen auf aktienähnliche Genußscheine das Einkommen nicht mindern; damit sind Genußscheine dieser Art den Beteiligungen gleichgestellt (s. unter b). Weiter können unter Anwendung des § 1 StAnpG (s. Anm. 14b) auch Forderungen mit Beteiligung am Gewinn, sonstige Forderungen gegen die Gesellschaft und auch Kommanditanteile als Gesellschaftsrechte angesehen werden (s. unter c—e).

b) Wenn auch das KStG keine dem § 6 Abs. 1 Ziff. 2 KVG entsprechende Vorschrift enthält, daß **Genußrechte** als Gesellschaftsrechte an Kapitalgesellschaften gelten, so bestimmt doch § 7 Satz 2 KStG, daß Ausschüttungen jeder Art auf Genußscheine, mit denen das Recht auf Beteiligung am Gewinn und am Liquidationserlös der Kapitalgesellschaften verbunden ist, das Einkommen nicht mindern dürfen. Berücksichtigt man noch die Vorschrift des § 20 Abs. 1 Ziff. 1 EStG, wonach Gewinnanteile und sonstige Bezüge aus Genußscheinen zu den Einkünften aus Kapitalvermögen und zwar aus der Beteiligung an Kapitalgesellschaften gehören, dann ergibt sich, daß Genußscheine, die ihrem Inhalt nach das Recht auf Beteiligung am Gewinn einer Kapitalgesellschaft darstellen, körperschaft- und einkommensteuerrechtlich den Gesellschaftsrechten an Kapitalgesellschaften gleich zu behandeln sind. Genußrechte dieser Art, die insbesondere bei AG. und auch GmbH. vorkommen, sind regelmäßig im Genußschein beurkundet, sie müssen es aber nicht sein. Der Genußschein ist deshalb gleich der Aktie ein Wertpapier. Für die steuerliche Gleichstellung der Genußscheine mit Gesellschaftsrechten an Kapitalgesellschaften, kommt es also entscheidend auf den Inhalt des im Genußschein verbrieften Genußrechts an. Die bürgerlich-rechtliche Anschauung sieht in den Genußscheinen Gläubigerrechte von eigentümlicher Art; dazu paßt aber wenig, daß sie in der Bilanz nicht unter den Passiven zu berücksichtigen sind (s. Anm. 121 Abs. 1 zu § 6 EStG). Die Genußscheine sind im allgemeinen auch keine Aktien, weil sie keine Mitgliedsrechte, insbesondere kein Stimmrecht gewähren, und was wichtiger ist, ihnen kein Teil des Grundkapitals entspricht. Sie müssen jedoch als aktienähnliche Urkunden, als Aktien minderen Rechts bezeichnet werden, soweit sich aus ihnen oder dem Gesetz nicht ein anderes ergibt (vgl. dazu Mirre, Zentralblatt für Handelsrecht 1927, S. 264). Geht man von der Objekt=Subjekt=Theorie der AG. aus, d. h. davon, daß sie einerseits ein Rechtssubjekt ist, das Eigentum, Forderungen, Schulden usw. haben kann, und andererseits ein Rechtsobjekt, das der Gesamtheit der Aktionäre gehört, so erkennt man, daß es der Gesellschaft als dem Inhaber des Betriebs= vermögens gleichgültig sein kann, ob Genußscheine bestehen oder nicht. Die echten Genußscheine haben lediglich zur Folge, daß Beträge, die andernfalls unter die Aktionäre als Dividende oder Liquidationserlös zu verteilen sind oder verteilt werden könnten, an die Genußscheininhaber zu zahlen sind. Sie sind deshalb nur für die Aktionäre eine Last, nicht für die Gesellschaft selbst, sobald man streng unter= scheidet zwischen der Rechtsperson der Gesellschaft und der Gesamtheit der Aktionäre. Bezeichnet man die Aktionäre kurz als Miteigentümer der Gesellschaft, so kann man im Fall des Bestehens von Genußscheinen einfach sagen, daß auch die Genußschein= inhaber Miteigentümer sind, nur ohne Stimmrecht. Und es folgt daraus dann, daß die Gesellschaft die an die Genußscheininhaber zu zahlenden Beträge von ihrem Gewinn nicht abziehen darf. Mit Recht wird daher in RFH. I A 316/32 v. 17. 4. 34 (E. 36 S. 43, RStBl. 34 S. 773, StW. 34 Nr. 454) ausgesprochen: Wenn die Rechte von Genußscheinen so ausgestaltet sind, daß die Steuerkraft der Gesell= schaft durch die Genußscheine nicht anders, insbesondere nicht mehr belastet wird als durch die Rechte der Aktionäre, dann mindern die Bezüge, die auf die Genuß= scheine entfallen, nicht das steuerpflichtige Einkommen. Dem entspricht nunmehr die oben erwähnte Vorschrift des § 7 Satz 2 KStG 1934. Bei echten Genußscheinen liegen diese Voraussetzungen immer vor. Zum Begriff des echten Genußscheins gehört, daß die Gesellschaft bei Lebzeiten an die Genußscheininhaber nur Beträge zahlen muß, die ihr andernfalls die Aktionäre durch Beschließen einer Dividende wegnehmen könnten und daß bei einer Abwicklung (Liquidation) an sie nur Beträge zu zahlen sind, die andernfalls unter die Aktionäre zu verteilen wären. Gewähren sie mehr Rechte, können die Genußscheininhaber unter Umständen eine Dividende verlangen, während die Aktionäre auch beim Fehlen von Genußscheinen keine beschließen könnten, oder konkurrieren sie bei der Abwicklung etwa mit anderen Gläubigern, dann liegen keine echten Genußscheine vor, dann müssen sie aber auch irgendwie unter den Passiven berücksichtigt werden, und dann mögen die an sie zu zahlenden Beträge den Gewinn der Gesellschaft mindern, falls der Mehrberechti= gung eine wirkliche Bedeutung zukommt.

c) Zu den **sonstigen Forderungen, die eine Beteiligung am Gewinn ge= währen,** gehört an sich auch die Beteiligung des stillen Gesellschafters. In RFH. I A 140/25 v. 12. 1. 26 (StW. 26 Nr. 26) wurden mit Recht bei einer GmbH., der das zur Erreichung ihres wirtschaftlichen Zweckes erforderliche Kapital nicht in Form des Stammkapitals, sondern durch stille Beteiligungen der Gesellschafter zur Verfügung gestellt wurde, die stillen Beteiligungen der Gesellschafter als Stammkapital behandelt. Aber auch sonstige Gläubigerrechte, die Anspruch auf Gewinnbeteiligung gewähren, können ähnlich wie die Ge= nußrechte als eine Art Beteiligung aufgefaßt werden. In RFH. I A 124/32 v. 15. 11. 32 (E. 32 S. 85, RStBl. 32 S. 1145, StW. 33 Nr. 108) ist der Rechtssatz aufgestellt: „Besteht eine verdeckte Gewinnausschüttung in fortlaufenden Lei= stungen, dann verlieren die Leistungen die Eigenschaft verdeckt verteilter Gewinne nicht dadurch, daß das Recht auf die Leistungen an einen Nichtgesellschafter ab= getreten wird oder daß der Leistungsberechtigte seinen Geschäftsanteil aufgibt". Wenn in diesem Fall das Rechtsverhältnis des Gesellschafters zur Gesellschaft zu= nächst in die Form eines Pachtverhältnisses oder eines ähnlichen laufenden Ver= trags gekleidet ist, der steuerlich nicht als gegenseitig anerkannt werden kann, weil der Gesellschafter selbst nichts leistet, dann stellt der Vertrag inhaltlich nur die Einräumung einer laufenden Gewinnbeteiligung dar. Er behält die Eigenschaft einer verschleierten Beteiligung auch dann, wenn der begünstigte Gesellschafter als solcher ausscheidet oder sein Gewinnbezugsrecht veräußert (vgl Anm. 178c Abs. 2 zu § 6 KStG). Die Behandlung dieser Forderungen auf Gewinnbeteiligung als Gesellschaftsrechte erfolgt nach § 1 Abs. 3 StAnpG.

d) An sonstigen Forderungen, die als Gesellschaftsrechte behandelt werden können, kommen in erster Linie die **Gesellschafterdarlehen** in Betracht. Wie bereits unter a erwähnt, hat das KStG eine dem § 3 KVG entsprechende Regelung nicht übernommen. Mangels einer ausdrücklichen Gesetzesbestimmung können daher für die Körperschaftsteuer Gesellschafterdarlehen dann den Beteiligungen der Gesellschafter gleichgestellt werden, wenn der Tatbestand nach § 1 Abs. 3 StAnpG abweichend von der bürgerlich-rechtlichen Form, die die Beteiligten gewählt haben, beurteilt wird. Nach RFH. I A 272/31 v. 19. 9. 33 (E. 34 S. 194, RStBl. 33 S. 1220, StW. 34 Nr. 65) hatte bei Anwendung der §§ 4 und 5 AO 19 (§§ 9 und 10 AO 31) stets der Gedanke im Vordergrund zu stehen, daß die Steuerpflichtigen grundsätzlich nicht beschränkt seien in der Wahl der Mittel, mit denen sie den Betrieb führten. Sei schon bei Anwendung der §§ 4 und 5 AO 19 auf Rechtsakte des laufenden Geschäftsverkehrs (z. B. Pachtverträge) zurückhaltende Vorsicht geboten, so müsse dies in um so höherem Maße bei Beurteilung der die innere Struktur der Erwerbsgesellschaften bestimmenden Verträge der Fall sein. Hierzu zwängen auch die sich aus einer abweichenden Beurteilung ergebenden weiteren Folgen auf steuerlichem und handelsrechtlichem Gebiet. Es wurde u. a. verwiesen auf die rechtliche Beurteilung des „verdeckten Stammkapitals" im Konkurs sowie auf die Frage, ob die Rückzahlung der Darlehen eine Rückzahlung von Stammkapital sei. An die den Finanzbehörden obliegende Beweisführung, daß Gesellschafterdarlehen auf Grund des § 4 (§ 9) AO als Stammkapital zu behandeln seien, seien besonders strenge Anforderungen zu stellen. Die Steuerbehörden hätten darzutun, daß in der Lage des Steuerpflichtigen nach rechtlichen und wirtschaftlichen Gesichtspunkten nicht die gewählte Rechtsform, sondern eine andere „zwingend" gewesen sei. Der eingeschlagene Weg müsse ungewöhnlich sein. Bei öffentlichen Betrieben hat der RFH. die Behandlung von Darlehen als Stammkapital nicht an die gleichen Voraussetzungen geknüpft (s. Anm. 27b).

Es bestehen Bedenken, ob diese zu § 4 bzw. 9 AO a. F. aufgestellten Grundsätze in allen Punkten mit dem jetzt maßgebenden **allgemeinen Beurteilungsgrundsatz** des § 1 Abs. 3 StAnpG in Einklang zu bringen sind (vgl. Einleitung II). Der Grundsatz der Maßgeblichkeit der Rechtsform hat, wie der RFH. selbst ausführt, in erster Linie Bedeutung für die persönliche Steuerpflicht (vgl. Anm. 11 u. 16), er kann aber nicht auch schlechthin auf die Beziehungen zwischen Kapitalgesellschaft und Gesellschafter ausgedehnt werden. Die Möglichkeiten von verdeckten Gewinnausschüttungen, die sich aus der Herrschaftsstellung des Gesellschafters ergeben, sind so vielgestaltig wie die Möglichkeiten von Rechtsbeziehungen zwischen Gesellschaft und Gesellschaftern. Sie zu erfassen ermöglicht § 1 Abs. 3 StAnpG (Anm. 167 ff zu § 6 KStG), ohne daß dabei die gewählte bürgerlich-rechtliche Form erschwerend ins Gewicht fallen könnte oder der Steuerbehörde eine besondere Beweislast aufgebürdet würde. Nach den gleichen Grundsätzen müssen auch die Rechtsbeziehungen beurteilt werden, die den Aufbau, die „Struktur" der Gesellschaft regeln. Wählt der Gesellschafter dabei Formen des bürgerlichen Rechts, die für die einzelne Maßnahme nach ihrer Zweckbestimmung ungewöhnlich sind, dann muß die Steuerbehörde als nach § 1 Abs. 3 StAnpG berechtigt angesehen werden, den Tatbestand für die Besteuerung so zu beurteilen, wie er nach der Bedeutung des vorliegenden Sachverhalts unter Beachtung der nationalsozialistischen Weltanschauung und der Auffassung und Belange der Volksgesamtheit aufzufassen ist. Es muß also die auch vom RFH. geforderte Voraussetzung vorliegen, daß die Gesellschafter ihre Rechtsbeziehungen in eine für den verfolgten Zweck ungewöhnliche Rechtsform gekleidet haben. Dies kann auch durch Zuführung des erforderlichen

Betriebsvermögens an die Kapitalgesellschaft durch entgeltliche Überlassungsverträge statt durch Einbringung geschehen, die zur Folge haben, daß der Gewinn der Gesellschaft durch das Entgelt als Betriebsausgabe vermindert wird und der Gesellschafter auch in Verlustjahren eine Verzinsung des überlassenen Kapitals erhält. Nicht zu fordern ist, daß die Beteiligten diese Folgen absichtlich (Mißbrauch im Sinn des § 6 StAnpG) oder auch nur bewußt herbeigeführt haben. Weiter kann der Steuerbehörde wohl auch nicht eine Beweislast dafür auferlegt werden, daß die von ihr unterstellte Form nach dem gegebenen Sachverhalt zwingend gewesen sei. Irgend einen wirtschaftlichen Grund werden die Beteiligten immer für ihre Maßnahme anführen und damit den Nachweis der Steuerbehörde, daß eine einzige Rechtsform zwingend sei, vereiteln können. Die Beteiligten werden dagegen nachzuweisen haben, daß und aus welchen Gründen die von ihnen gewählte Rechtsform in ihrem Fall das Gegebene war. Diese Beurteilung entspricht auch dem aus § 1 StAnpG abzuleitenden Grundsatz der Gerechtigkeit der Besteuerung, indem die durch die Beteiligten getroffene Gestaltung auf die Rechtsform zurückgeführt wird, die als die sachlich gebotene Rechtsform auch von anderen Steuerpflichtigen angewendet wird und daher für deren Besteuerung maßgebend ist. Die Folgen einer von der bürgerlich-rechtlichen Beurteilung abweichenden steuerrechtlichen Beurteilung, auf die der RFH. verweist, stehen der vertretenen Auffassung nicht entgegen. Die abweichende steuerrechtliche Beurteilung ist nur für das Steuerrecht maßgebend und läßt daher ebenso wie in den Fällen der verdeckten Gewinnausschüttung, in denen der RFH. eine Abweichung von der gewählten Rechtsform als erforderlich angesehen hat, die Gültigkeit der gewählten Rechtsform für das bürgerliche Recht und damit auch für den Konkurs unberührt. Anderseits muß aber auch die Steuerbehörde ihre abweichende Beurteilung folgerichtig zugunsten wie zu Lasten der Steuerpflichtigen bis zur Abwicklung des Rechtsgeschäfts durchführen. Bei Behandlung eines Darlehens als verdeckte Stammeinlage sind daher die Darlehenszinsen steuerrechtlich Gewinnausschüttung und die Rückzahlung des Darlehens ist Rückzahlung der verdeckten Einlage.

Für die Frage, unter welchen Voraussetzungen Gesellschafterdarlehen als verdeckte Stammeinlage angesehen werden können, kann nicht ohne weiteres die in § 3 KVG getroffene Regelung herangezogen werden. Mit Recht hat sich der RFH. in RFH. I A 60/32 v. 14. 7. 32 (StW. 33 Nr. 110) auf den Standpunkt gestellt, daß die Gesellschaftsteuerpflicht von Gesellschafterdarlehen nicht zur Folge habe, daß diese Darlehen auch für die Körperschaftsteuer als Stammeinlagen zu gelten hätten. Der Gesetzgeber hat sich offenbar bisher gescheut, die bei der Gesellschaftsteuer für richtig gehaltene Regelung auch für das KStG zu übernehmen. Um ein Gesellschafterdarlehen für die Körperschaftsteuer als Stammeinlage behandeln zu können, muß die gewählte Rechtsform des Darlehens nach den besonderen Umständen des Einzelfalles im Sinn obiger Ausführungen ungewöhnlich sein. Dies wird dann der Fall sein, wenn die Gesellschafter ihrer nur mit unzureichendem Grund- oder Stammkapital ausgestatteten Kapitalgesellschaft das zur Erfüllung des Betriebszweckes erforderliche Kapital durch Darlehen zuführen. Damit soll aber nicht jede Darlehensgewährung, die sich als durch die Sachlage gebotene Kapitalzuführung im Sinn des § 3 KVG darstellt, als Einlage behandelt werden, sondern nur solche Darlehen, die die Ausrüstung der Gesellschaft mit den für ihren Gesellschaftszweck benötigten Mitteln bezwecken; nicht dagegen, wenn die Darlehensgewährung als solche aus besonderen Gründen, z. B. zu Versuchszwecken oder für die Dauer eines nur vorübergehenden Kapitalbedarfs als Maßnahme der vorübergehenden Kapitalbeschaffung anerkannt werden muß. Weiter sind aber Gesellschafterdarlehen steuerlich in allen Fällen als Stammkapital zu behandeln, in denen aus besonderen Umständen hervorgeht, daß die Gesellschaft und Gesellschafter selbst nicht die Form des Darlehens klar und einwandfrei durchführen (Erfordernis der Klarheit der Rechtsbeziehungen vgl. Anm. 14 c).

Als solche Umstände kommen insbesondere Unkündbarkeit des Darlehens, unregelmäßige Verzinsung (Unterlassung in Verlustjahren oder Anpassung an die

Gewinnverteilung), Darlehensgewährung zum Verlustausgleich und sonstige Regelungen, die mit einem Dritten als Darlehensgläubiger nicht getroffen würden oder auf die sich auch ein wirklicher Darlehensgläubiger nicht einlassen würde, in Betracht. Auch der Grad der Aufzehrung des Geschäftsgewinns durch die Darlehenszinsen kann ein wichtiger Anhaltspunkt für die Beurteilung sein. Auf diese Weise würde nicht nur eine Annäherung an die Grundsätze erreicht, die der RFH. in der gleichen Frage für die Einheitsbewertung aufgestellt hat (vgl. z. B. RFH. III A 159/32 v. 7. 12. 32, RMBl. 33 S. 50, StW. 33 Nr. 152, III A 355/32 v. 26. 5. 33, RStBl. 33 S. 1167, StW. 33 Nr. 670, III A 194/35 v. 14. 5. 36, RStBl. 36 S. 692, StW. 36 Nr. 301), sondern auch z. T. an die Grundsätze des § 3 KVG. Diese Annäherung erscheint in einem einheitlichen Steuersystem als wünscht.

Nach den gleichen Grundsätzen wie die Gesellschafterdarlehen sind steuerrechtlich auch die Pachtverträge zu beurteilen, durch die die Gesellschafter Wirtschaftsgüter des Betriebsvermögens ihrer Kapitalgesellschaft zur entgeltlichen Nutzung überlassen. In RFH. I A 412/32 v. 30. 1. 34 (E. 36 S. 89, RStBl. 34 S. 742, StW. 34 Nr. 450) wird die Möglichkeit, die Verpachtung von Gegenständen durch die Gesellschafter an die Gesellschaft als verschleierte Sachgründung zu behandeln, grundsätzlich anerkannt, diese aber unter Hinweis auf RFH. I A 272/31 (s. Abs. 1) ebenso wie die Behandlung der Gesellschafterdarlehen als versteckte Stammeinlagen von besonders strengen Voraussetzungen abhängig gemacht. Es wird hierzu auf die grundsätzlichen Ausführungen in Absatz 2 verwiesen. Ist die Rechtsform der Verpachtung ungewöhnlich oder wird sie von den Beteiligten selbst nicht folgerichtig und eindeutig durchgeführt, dann ist sie nach § 1 Abs. 3 StAnpG als Einbringung der verpachteten Gegenstände zu behandeln. Dies wird insbesondere von solchen Wirtschaftsgütern zu gelten haben, ohne die der Betrieb der Kapitalgesellschaft nicht denkbar ist und die daher, wenn sie im Eigentum der Gesellschafter stehen, als eingebracht anzusehen sind. Aus diesen Erwägungen hat der RFH. das Recht zur Wegebenutzung, das einer von Körperschaften des öffentlichen Rechts gegründeten AG. (Elektrizitätswerk) gegen Entgelt (Wegemiete) eingeräumt worden war, mit Recht als in die AG. eingebracht angesehen, weil dieses Recht der notwendige Bestandteil und selbstverständliche Voraussetzung für den Betrieb war (RFH. I A 37/34 v. 9. 7. 35, RStBl. 35 S. 1128, StW. 35 Nr. 483 u. III A 54/34 v. 27. 6. 35, RStBl. 35 S. 1105, StW. 35 Nr. 459). Im übrigen wird aber gerade bei Verpachtungen auch das Verhältnis der vereinbarten Pachtzinsen zum mutmaßlichen laufenden Ergebnis des Betriebs einen brauchbaren Anhaltspunkt für die Beurteilung geben. Ist darnach auf eine Absaugung des Gewinns der Gesellschaft durch den Pachtzins zu schließen, dann ist das Pachtverhältnis steuerrechtlich nicht maßgebend. Dagegen werden Pachtverträge regelmäßig anzuerkennen sein, wenn es sich um die Überlassung der Nutzung von zeitlich begrenzten Rechten (Patenten, Erfindungen u. a.) oder auch von zeitlich beschränkt benötigten Gegenständen handelt.

In RFH. I A 104/24 v. 15. 5. 25 (E. 16 S. 306, RStBl. 25 S. 140, StW. 25 Nr. 432) wird auch die Möglichkeit bejaht, daß für die Körperschaftsteuer eine bürgerlich-rechtlich lediglich als Gläubiger an dem Vermögen einer Kapitalgesellschaft interessierte Person nach § 5 AO 19 (§ 6 StAnpG) als Gesellschafter angesehen werden könne. In Anm. c wurde ausgeführt, daß auch Dritten zustehende Forderungen auf Gewinnbeteiligung nach § 1 Abs. 3 StAnpG als Gesellschaftsrechte behandelt werden können. Dies muß auch von sonstigen Gläubigerrechten eines Dritten gelten, die nicht eine Gewinnbeteiligung verkörpern, wenn nach den besonderen Umständen des Falles oder auch nach dem tatsächlichen Verhalten der Beteiligten zu unterstellen ist, daß dem Gläubiger ohne gleichzeitige Begründung eines Gesellschafterverhältnisses durch das Gläubigerrecht im Ergebnis eine gesellschafterähnliche Stellung eingeräumt wurde.

e) Auch **Kommanditanteile** können als Gesellschafterrechte behandelt werden. Dies gilt insbesondere, wenn bei einer GmbH. und Co., Kommanditgesellschaft die Kommanditisten mit den Gesellschaftern übereinstimmen oder mit ihnen verwandt sind, während die GmbH. als der alleinige persönlich haftende Gesellschafter der KoG. erscheint. Die GmbH. und Co., KoG. ist von den Zivilgerichten als zulässig anerkannt. In RFH. I A 18/25 v. 15. 7. 25 (E. 17 S. 91, RStBl. 25 S. 198, StW. 25 Nr. 475) hat der RFH. eine GmbH. und Co., bei der die GmbH. als einzige persönlich haftende Gesellschafterin und ihre sämtlichen Gesellschafter als Kommanditisten beteiligt waren, für die Körperschaftsteuer als eine GmbH. mit einem das eigentliche Stammkapital der GmbH. und die Kommanditeinlagen umfassenden Stammkapital angesehen und den gesamten Gewinn der KoG. als Gewinn der GmbH. behandelt. Die Entnahmen der Kommanditisten wurden als Vorwegentnahmen der ihnen zustehenden Gewinnanteile und damit als steuerpflichtige Gewinnausschüttung der GmbH. bestimmt. Ebenso hat der RFH. in RFH. I B 83/26 v. 24. 2. 27 (E. 21 S. 92, RStBl. 27 S. 169, StW. 27 Nr. 508) die Gründung einer GmbH. und Co., KoG., deren sämtliche Inhaber bzw. Gesellschafter untereinander nahe verwandt waren, als eine Steuerumgehung im Sinn des § 5 AO 1919 angesehen und die KoG. ebenfalls als GmbH. behandelt. In neueren Entscheidungen hat sich der RFH. auf den Standpunkt gestellt, daß auch beachtliche wirtschaftliche Belange zur Errichtung einer GmbH. und Co., KoG. führen könnten. Wie in RFH. I A 427/30 v. 30. 5. 32 (StW. 32 Nr. 1183) bemerkt ist, verdankt die Rechtsform der GmbH. und Co., KoG. zweifellos steuerlichen Gründen ihre Entstehung. Das überhaupt sehr fortschrittliche Kapitalverkehrsteuergesetz hat diese Form berücksichtigt (§ 5 Abs. 2 KVG 25, § 6 Abs. 1 Ziff. 4 KVG 34). Das KStG hat bisher davon abgesehen und es ist billig, sie nicht ohne weiteres als ein Gebilde zu behandeln, das zur Umgehung von Steuern ins Leben gerufen wird. Nachdem diese Rechtsform einmal erfunden ist und von den Steuergesetzgebern hätte berücksichtigt werden können, steht es den Beteiligten frei, von ihr Gebrauch zu machen, wenn es ihnen nützlich erscheint. Der RFH. lehnt es ab, der Gesellschaft die Beweislast dafür aufzuerlegen, daß sie ihr Ziel nur mit einer GmbH .und Co. erreichen konnte. Es bestehe zwar die Möglichkeit, in der Gründung einer GmbH. und Co. eine Steuerumgehung zu erblicken — die ganze Gesellschaft wird dann als sog. große GmbH. behandelt —, es spreche aber keine vom Pflichtigen zu widerlegende Vermutung für eine Umgehungsabsicht. Der RFH. spricht aus, daß an den den Finanzbehörden obliegenden Beweis, daß die Gesellschaft nur zur Umgehung der Steuerpflicht gegründet worden sei, ein strenger Maßstab zu legen sei (RFH. I A 422/30 v. 18. 2. 33, RStBl. 33 S. 375, StW. 33 Nr. 326, I A 174—176/28 v. 13. 3. 29, RStBl. 29 S. 329, StW. 29 Nr. 479). Die Gesellschaft muß natürlich dartun, weshalb die von ihr verfolgten Zwecke am zweckmäßigsten durch Gründung einer GmbH. und Co erreicht werden konnten. In der Regel wird auch der GmbH. und Co., KoG. steuerrechtlich nicht die Anerkennung zu versagen sein, wenn ihre Gründung sachlich gerechtfertigt erscheint und daher die Wahl der Rechtsform der KoG. an Stelle der reinen GmbH. nicht als ungewöhnlich anzusehen ist. Dies hat die Gesellschaft darzutun. Andernfalls wird wie in den Fällen zu b—d die Steuerbehörde berechtigt sein, in Anwendung des § 1 Abs. 3 StAnpG ohne Festlegung einer besonderen Beweislast für sie die GmbH. u. Co. als eine einzige GmbH. unter Gleichstellung der Kommanditanteile mit Gesellschaftsrechten zu behandeln. Im übrigen ist aber mit der Anerkennung der GmbH. und Co. noch nicht ausgesprochen, daß alle Vereinbarungen über die Gewinnverteilung als angebene hinzunehmen sind. Es darf weder so sein, daß die GmbH. einen ihrer Beteiligung nach viel zu geringen Gewinnanteil erhält, es ist dann eine verschleierte Dividende anzunehmen, noch auch so, daß die GmbH. viel zu viel erhält und als Sparbüchse für die Kommanditisten wirkt, es kommt dann eine verschleierte Einlage der Kommanditisten in Frage.

16. Steuerliche Nichtanerkennung einer Kapitalgesellschaft.

Das KStG knüpft die persönliche Steuerpflicht in § 1 Abs. 1 Ziff. 1 an die bürgerlich-rechtliche Form der Kapitalgesellschaft, d. h. die Rechtsform ist für die Besteuerung der Personenvereinigung maßgebend (vgl. Anm. 11). Es fragt sich, ob und unter welchen Voraussetzungen eine Kapitalgesellschaft steuerrechtlich als nicht vorhanden und ihre Gesellschafter an ihrer Stelle als Steuerpflichtige behandelt werden können. Der Steuerpflichtige hat grundsätzlich freie Wahl hinsichtlich der ihm für seine wirtschaftliche Betätigung zusagenden Rechtsform. Wenn er wegen der Möglichkeit, seine Haftung zu beschränken, oder aus sonstigen, auch steuerlichen Gründen seinen Gewerbebetrieb als Kapitalgesellschaft einrichtet, dann muß die Kapitalgesellschaft nach Erfüllung der bürgerlich-rechtlichen Voraussetzungen für ihre Gründung auch steuerrechtlich als solche anerkannt werden. Eine steuerliche Ablehnung der Rechtsform könnte auch nicht unter Hinweis auf § 1 StAnpG mit der Begründung geschehen, daß nach nationalsozialistischer Wirtschaftsauffassung in der Wirtschaft die Persönlichkeit des Unternehmers im Gegensatz zur anonymen Kapitalgesellschaft wieder mehr zur Geltung kommen müsse und daß infolgedessen die unbeschränkt haftende natürliche Person als Einzelunternehmer oder Mitunternehmer einer Personengesellschaft die zu erstrebende Unternehmerform sei. Den Weg zur Herbeiführung dieses Zustandes weisen das Gesetz über die Umwandlung von Kapitalgesellschaften vom 5. 7. 34 (RGBl. I S. 569) und das Gesetz über steuerliche Erleichterungen bei Umwandlung und Auflösung von Kapitalgesellschaften v. 5. 7. 34 (RGBl. I S. 572, vgl. Anm. 7 u. 8 zu § 15 KStG). Aus der Begründung zu diesem geht auch hervor, daß auch Kapitalgesellschaften, deren Tätigkeit auf die reine Vermögensverwaltung beschränkt ist, durch diese Gesetze angeregt werden sollen, die ihrer Eigenart entsprechende Verwaltung ihres Vermögens oder Grundbesitzes durch Einzelpersonen herbeizuführen. Solange eine Umwandlung nicht erfolgt ist, sind auch die als Kapitalgesellschaften gegründeten Vermögensverwaltungsgesellschaften in ihrer Rechtsform grundsätzlich steuerrechtlich beachtlich.

Der RFH. hat zunächst eine Kapitalgesellschaft steuerrechtlich mit Recht dann nicht anerkannt, wenn die formell durchgeführte Gründung der Gesellschaft nicht auch tatsächlich durch Aufnahme eines Geschäftsbetriebs vollzogen wurde, wenn also die Kapitalgesellschaft nur auf dem Papier bestand. In RFH. VI A 1878/31 v. 21. 6. 33 (RStBl. 33 S. 1173, StW. 33 Nr. 711) wurde in einem Fall, in dem in eine Familien-GmbH. der Nießbrauch an dem der Familie gehörigen Vermögen eingebracht worden war, auf die frühere Rechtsprechung verwiesen, wonach Gesellschaften innerhalb der Familie steuerrechtlich nur dann anzuerkennen seien, wenn steuerrechtlich in allen Beziehungen Klarheit geschaffen und mit der Durchführung der Gesellschaft Ernst gemacht worden sei. Nach dem Tatbestand von RFH. VI A 819/33 v. 20. 12. 33 (RStBl. 34 S. 51, StW. 34 Nr. 66) hatte ein Pflichtiger, der Anteile an einer inländischen GmbH. besaß, zunächst eine ausländische AG. gegründet und dann dem FA. bekanntgegeben, er verlege die Verwaltung der AG. in seine Wohnung in Deutschland. Kurz vor Ausschüttung der auf seine GmbH.-Anteile entfallenden Gewinnanteile veräußerte der Pflichtige die GmbH.-Anteile an die AG. Nach der Entsch. handelt es sich bei der Gründung der AG. um einen Mißbrauch der Rechtsform der AG., weil abgesehen von den Bedenken, die gegen das Bestreben, inländisches Einkommen und Vermögen in das Ausland zu verbringen, bestehen, es vor allem mißbräuchlich gewesen sei, die GmbH.-Anteile kurz vor der Gewinnausschüttung an die neu gegründete, an sich unbedeutende AG., zu übertragen. Ferner war hier bedeutsam, daß aus der geltend gemachten Gründung der AG. wirtschaftlich keine ersichtlichen Folgerungen gezogen wurden, vielmehr alles nach wie vor ungehemmt in der Hand des Pflichtigen verblieb. In einem andern Fall (RFH. VI A 76/34 v. 10. 1. 35, RStBl. 35 S. 148, StW. 35 Nr. 135) hatte der Pflichtige den Mantel einer ausländischen Gesellschaft erworben und unter der Firma dieses Mantels gewisse Kapitalgeschäfte gemacht. Eine ernsthafte wirtschaftliche Betätigung der ausländischen Gesellschaft fand nicht statt und ihre sämtlichen Unkosten wurden tatsächlich vom Pflichtigen bestritten. Nach der Entsch. wird er in RFH. VI A 1773/29 v. 18. 6. 30 (RStBl. 31 S. 483, StW. 30 Nr. 972) aufgestellte Grundsatz, daß es einkommensteuerrechtlich stets zu beachten sei, wenn jemand zwischen sich und den Verkehr eine selbständige Rechtspersönlichkeit einschiebe, durch die §§ 5 und 6 StAnpG wesentlich eingeschränkt. Es werde stets zu prüfen sein, ob ein Scheingeschäft vorliege und ob zum Zwecke der Steuererjparnis mit Vorschriften des bürgerlichen Rechts Mißbrauch getrieben werde. Dies werde in der Regel vorliegen, wenn wie hier eine Gesellschaft nur zum Zweck der Steuerersparnis gegründet werde, während ein eigentlicher Geschäftsbetrieb der Gesellschaft nicht stattfinde.

Neuerdings hat der RFH. auch in der Gründung einer zur Verwaltung von Aktienbesitz bestimmten Familien-GmbH., die nicht nur zum Schein, sondern ernstlich als Kapitalverwaltungsgesellschaft eingerichtet worden war, insbesondere im Hinblick auf die Schachtelvergünstigung eine mißbräuchliche Rechtsgestaltung im Sinn des § 6 StAnpG gesehen (RFH. VI A 30/36 v. 21. 10. 36, E. 40 S. 290, RStBl. 37 S. 73, StW. 37 Nr. 75). Der Steuerpflichtige und seine Mutter hatten eine GmbH. mit 800 000 RM. Stammkapital gegründet und in diese gegen Gewährung von je 400 000 RM. Stammeinlagen ihre gesamten 815 000 RM. A-Aktien eingebracht, die eine Beteiligung von 36,2 v. H. an der A. AG. darstellten. Auf die Aktien waren in einem Jahre 404 000 RM. Dividenden ausgeschüttet worden, die in der GmbH. verblieben und nach § 11 Abs. 1 Ziff. 3 KStG 1925 steuerfrei zu belassen waren, wenn sie als Einkünfte der GmbH. zu gelten hatten. Nach Auffassung des RFH. kann wegen der Maßgeblichkeit der Rechtsform die von den Beteiligten gewählte Rechtsform einer GmbH. nicht ohne weiteres unter Berufung auf den allgemeinen Beurteilungsgrundsatz des § 1 Abs. 3 StAnpG schon deshalb beiseite geschoben werden, weil die Gründung der GmbH. sich für die Beteiligten vorteilhaft auswirkt. Jedoch erkannte der RFH. die vom Pflichtigen für die Zwischenschaltung der GmbH. vorgebrachten Gründe nicht als wirtschaftliche Rechtfertigung einer Maßnahme an, die sich, insbesondere infolge der Schachtelvergünstigung, in der Hauptsache dahin auswirkt, daß der Pflichtige und seine Mutter auf Kosten der Volksgesamtheit auf Jahre hinaus hohe Steuerbeträge ersparen. Er sei vielmehr der Überzeugung, daß für die von den Beteiligten gewählte Rechtsgestaltung im wesentlichen steuerliche Gründe maßgebend gewesen seien. Die Gründung und Einschiebung der — nach nationalsozialistischer Auffassung an sich schon unerwünschten — Familien-GmbH. stelle daher im vorliegenden Fall einen Mißbrauch einer Gestaltungsmöglichkeit des bürgerlichen Rechts im Sinn des § 6 StAnpG dar. Für die Annahme eines solchen Mißbrauchs brauche nicht unbedingt festgestellt zu werden, daß ausschließlich steuerliche Gründe für die gewählte Rechtsgestaltung maßgebend gewesen seien. Es genüge, daß tatsächlich — wenn auch vielleicht nicht ausschließlich — die steuerlichen Auswirkungen für ihn maßgebend gewesen seien.

Wie bereits in Anm. 13 erwähnt, kann auch eine Einmanngesellschaft oder auch eine Familiengesellschaft steuerrechtlich nicht ohne weiteres als Gewerbebetrieb ihres einzigen Gesellschafters oder der Familienmitglieder behandelt werden. Auf diesen Grundsatz wird in RFH. VI A 141/36 v. 26. 2. 36 (RStBl. 36 S. 682, StW. 36 Nr. 271) verwiesen. Er wird insbesondere dann gelten, wenn eine von mehreren Gesellschaftern gegründete Kapitalgesellschaft infolge Ausscheidens von Gesellschaftern Einmanngesellschaft geworden ist. Dagegen können gegen eine Einmanngesellschaft, die lediglich zur Übertragung von Vermögensbestandteilen ihres Gesellschafters gegründet wird, steuerlich Bedenken erhoben werden. Wenn z. B. ein Steuerpflichtiger zur Verwaltung eines umfangreichen Einfamilienhauses eine Wohnhaus-GmbH. gründet, an der er allein oder mit Familienangehörigen beteiligt ist, und das Einfamilienhaus nach Einbringung in die GmbH. von dieser mietet, dann kann sich die steuerliche Beurteilung dieses Tatbestandes nicht auf die Prüfung der Angemessenheit des vereinbarten Mietzinses und sonstiger Leistungen beschränken, sondern eine derartige Gründung kann steuerrechtlich nicht anerkannt werden. Die GmbH. ist steuerrechtlich nicht vorhanden und der Steuerpflichtige nach wie vor Eigentümer seiner Villa. In diesem Zusammenhang wird auch auf die Ausführungen von Reinhardt über die Anerkennung von Pachtgesellschaften in RStBl. 36 S. 1051 verwiesen: „Einzelunternehmer bildeten eine ganz kleine GmbH., deren Gesellschafter sie selbst und ihre Familienmitglieder waren, und verpachteten ihren bisherigen Betrieb an die GmbH. Sie entnahmen in Form von Pachtzinsen und Gehalt die Beträge, die sie zur Bestreitung ihres Lebensunterhalts brauchten. Die darüber hinausgehenden Gewinnbeträge wurden in der GmbH. aufgespeichert und niemals ausgeschüttet. Der Vorteil lag darin, daß der hohe Steuertarif für Einzelunternehmer vermieden wurde und die Doppelbesteuerung wegen der völligen Beherrschung der GmbH. durch die Familienmitglieder nicht eintrat. Außerdem wurde infolge der Abzüge der Pachtzinsen und der Gehälter an den geschäftsführenden Gesellschafter die Gewerbesteuer geschmälert... Soweit nicht diesem Treiben durch Erhöhung der Körperschaftsteuer, die unlängst erfolgt ist, ohnedies ein Ende bereitet worden ist, kann solche Steuerschmälerung künftig nicht mehr geduldet werden, weil sie dem Grundsatz der Gleichmäßigkeit der Besteuerung widerspricht und demgemäß nicht mit der nationalsozialistischen Weltanschauung in Einklang steht." Bemerkt sei, daß Reinhardt den Fall der Pachtgesellschaft als eines der Beispiele für das Eingreifen des allgemeinen Beurteilungsgrundsatzes des § 1 Abs. 3 StAnpG anführt. Während der RFH. bisher einer Kapitalgesellschaft die steuerrechtliche Anerkennung unter Berufung auf die §§ 5 u. 6 StAnpG (mit § 1 StAnpG) versagt hat, kann dies nach Reinhardt auch allein unter Anwendung des § 1 Abs. 3 StAnpG geschehen, ohne daß die Gründung der Kapitalgesellschaft als Scheingründung im Sinn des § 5 a. a. O. oder als Mißbrauch im Sinn des § 6 a. a. O. nachzuweisen ist.

B. Erwerbs- und Wirtschaftsgenossenschaften (§ 1 Abs. 1 Ziff. 2).

17. Vgl. dazu Gesetz betr. die Erwerbs- und Wirtschaftsgenossenschaften v. 20. 5. 98 (RGBl. S. 810), geändert durch Gesetz vom 1. 7. 22 (RGBl. I S. 567), v. 19. 1. 26 (RGBl. I S. 91) und v. 16. 12. 29 (RGBl. I S. 219). Nach § 1 des GenG sind die Erwerbs- und Wirtschaftsgenossenschaften „Gesellschaften von nicht geschlossener Mitgliederzahl, welche die Förderung des Erwerbs oder der Wirtschaft ihrer Mitglieder mittels gemeinschaftlichen Geschäftsbetriebes bezwecken (Genossenschaften), namentlich:
1. Vorschuß- und Kreditvereine,
2. Rohstoffvereine,
3. Vereine zum gemeinschaftlichen Verkaufe landwirtschaftlicher oder gewerblicher Erzeugnisse (Absatzgenossenschaften, Magazinvereine),
4. Vereine zur Herstellung von Gegenständen und zum Verkauf derselben auf gemeinschaftliche Rechnung (Produktivgenossenschaften),
5. Vereine zum gemeinschaftlichen Einkauf von Lebens- oder Wirtschaftsbedürfnissen im großen und Absatz im kleinen (Konsumvereine),
6. Vereine zur Beschaffung von Gegenständen des landwirtschaftlichen oder gewerblichen Betriebs und zur Benutzung derselben auf gemeinschaftliche Rechnung,
7. Vereine zur Herstellung von Wohnungen." Die Genossenschaften im Sinn des GenG erlangen ihre bürgerlich-rechtliche Rechtsfähigkeit durch Eintragung ins Genossenschaftsregister, körperschaftsteuerpflichtig sind sie kraft ihrer Rechtsform. Für das KStG 1925 hat der RFH. als Erwerbs- und Wirtschaftsgenossenschaften im Sinn der §§ 4 Abs. 2b, 21 Ziff. 2 und 3a nur Genossenschaften im technischen Sinn, d. h. Genossenschaften, die entweder nach dem GenG Rechtsfähigkeit erlangt oder die als Erwerbs- und Wirtschaftsgenossenschaften auf Grund der früheren Landesgesetze bestehen geblieben sind, anerkannt (RFH. I A 35/31 v. 28. 5. 31, RStBl. 31 S. 650, StW. 31 Nr. 919, I A 236/36 v. 9. 3. 37, S. 41 S. 148, RStBl. 37 S. 628, StW. 37 Nr. 270). Dieser Grundsatz dürfte auch für das KStG 1934 maßgebend sein, da der in der Übergangsregelung des § 36 I. KStDVO für Erwerbs- und Wirtschaftsgenossenschaften und Zentralen von Genossenschaften enthaltene Zusatz: „auch wenn sie nicht eingetragene Genossenschaften sind" sich wohl nur auf die Genossenschaftszentralen beziehen. Jedoch bleibt hierzu die abschließende gesetzliche Regelung auf Grund des § 23 KStG abzuwarten. Andere

als Genossenschaften bezeichnete Gebilde sind im juristischen Sinn Vereine und auch für die Körperschaftsteuer als solche zu behandeln.

„Nach dem bisherigen Recht waren diejenigen Genossenschaften begünstigt, die einem Revisionsverband angeschlossen waren und deren Geschäftsbetrieb sich auf den Kreis der Mitglieder beschränkte (§ 4 Abs. 2 zu b, § 11 Abs. 1 Nr. 4 und § 21 Nr. 3 a KStG 1925). Dem neuen Gesetz gemäß sollen Erwerbs- und Wirtschaftsgenossenschaften voll steuerpflichtig sein. Jedoch ist der Reichsminister der Finanzen ermächtigt, für bestimmte Gruppen von Erwerbs- und Wirtschaftsgenossenschaften eine Befreiung von der Körperschaftsteuer oder die Anwendung eines ermäßigten Steuersatzes vorzuschreiben oder die Ermittlung ihres Einkommens besonders zu regeln (§ 23)." (Begr. A Ziff. 3 RStBl. 35 S. 81).

In § 36 I. KStDVO hat den RdF. angeordnet, daß für Erwerbs- und Wirtschaftsgenossenschaften und für Zentralen von Genossenschaften, auch wenn sie nicht eingetragene Genossenschaften sind, bei der Veranlagung für die Kalenderjahre 1934 und 1935 die Vorschriften des Körperschaftsteuergesetzes vom 10. 8. 25 anzuwenden sind (vgl. Anm. 2—14 zu § 23 KStG).

C. Versicherungsvereine auf Gegenseitigkeit (§ 1 Abs. 1 Ziff. 3).

18. Vgl. über sie das Gesetz über die privaten Versicherungsunternehmungen v. 12. 5. 01 (RGBl. S. 139).

„Nach dem bisherigen Recht waren die Versicherungsvereine auf Gegenseitigkeit, die nur Mitglieder versichern, weitgehend begünstigt (§ 4 Abs. 2a, § 15 Abs. 1 Nr. 5 u. 7, § 21 Nr. 3a KStG 1925).... Dem neuen Gesetz gemäß sollen die Versicherungsvereine auf Gegenseitigkeit voll steuerpflichtig sein" (Begr. A Ziff. 4 RStBl. 35 S. 82).

Eine Begriffsbestimmung der Versicherungsvereine auf Gegenseitigkeit gibt das Gesetz ebenso wie auch das KStG 1925 nicht. Wegen der für sie geltenden Sonderbestimmungen (§ 22 Abs. 2 I. KStDVO mit § 9 KStG, § 11 Abs. 2 I. KStDVO und die für alle Versicherungsunternehmen geltenden § 11 Ziff. 2 KStG mit §§ 24 bis 28 I. KStDVO) ist jedoch eine Abgrenzung gegenüber den Kapitalgesellschaften und sonstigen Personenvereinigungen nach dem Zweck des Unternehmens erforderlich. Die Versicherungsvereine auf Gegenseitigkeit dienen nur der Vermittlung zwischen den gegenseitigen Ansprüchen der Versicherungsnehmer. Die Beteiligten bilden eine Gefahrengemeinschaft; daß der Verein den Versicherungsnehmern gegenübertritt, ist nur eine praktische technische Veranstaltung. Bei eingetretenen Schadensfällen müssen die Mitglieder des Vereins einen Zuschuß leisten, soweit das vorhandene Vereinsvermögen für die Deckung des Schadens nicht ausreicht. Es muß natürlich geprüft werden, ob nicht der angebliche Versicherungsverein auf Gegenseitigkeit in Wirklichkeit Erwerbszwecke verfolgt. Das wäre der Fall, wenn auf Überschüsse hingearbeitet würde, die nicht allen Versicherungsnehmern gleichmäßig zugute kommen sollten, oder anders ausgedrückt, wenn man unter den Beteiligten Unternehmer und Nichtunternehmer unterscheiden könnte. Nach RFH. I A 231/30 v. 24. 6. 30 (RStBl. 30 S. 551) genügt aber nicht die Nichtverteilung der Überschüsse und die ungünstige Behandlung Ausscheidender. Das sind Bedingungen, die noch im Wesen eines Versicherungsvereins auf Gegenseitigkeit liegen. Man hat das ja auch bei offenen Handelsgesellschaften, daß der Ausscheidende verhältnismäßig schlecht wegkommt. Ist einem Versicherungsverein auf Gegenseitigkeit durch die Aufsichtsbehörde gem. dem Ges. v. 12. 5. 01 die Erlaubnis zum Geschäftsbetrieb als Versicherungsverein a. G., durch die er nach § 15 a. a. O. die Rechtsfähigkeit erlangt, erteilt worden, dann spricht nach der erwähnten Entsch. des RFH. zum mindesten eine tatsächliche Vermutung dafür, daß die genehmigte Satzung den Voraussetzungen eines Versicherungsvereins a. G. entspricht. Zwar seien die Steuerbehörden an die einmal erfolgte Anerkennung durch die Aufsichtsbehörde nicht ohne weiteres und für immer gebunden. Aber in einem solchen Fall könne die Steuerbehörde nur dann die Anerkennung als „Versicherungsverein a. G."

versagen, wenn entweder einzelne Satzungsbestimmungen oder das tatsächliche Geschäftsgebaren dem allgemein anerkannten Grundbegriff des Versicherungsvereins auf Gegenseitigkeit widersprächen. In weiterer Entwicklung dieser Rechtsgedanken wird in RFH. I A 390/31 v. 30. 9. 33 (RStBl. 33 S. 1243, StW. 34 Nr. 139) ausgesprochen, daß einem Verein der Charakter als Versicherungsverein a. G. nicht schon deshalb abgesprochen werden könne, weil er nicht den Vorschriften des Gesetzes vom 12. 5. 01 unterliege. In einem solchen Fall sei jedoch die Anerkennung als Versicherungsverein a. G. von strengen Voraussetzungen abhängig zu machen. Es gehöre zum Begriff der Versicherung, daß der Versicherungsnehmer einen Rechtsanspruch auf die nach Eintritt des Versicherungsfalles fällig werdende Leistung des Vereins habe. Mit dem Wesen der Gegenseitigkeit sei es auch unvereinbar, wenn das Mitglied eines Versicherungsvereins zwar verpflichtet wäre, bei Schadensfällen anderer Mitglieder Umlagen zu entrichten, dagegen im Fall eines eigenen Schadens keinen Anspruch auf Ersatz hätte.

D. Sonstige juristische Personen des privaten Rechts (§ 1 Abs. 1 Ziff. 4).

Schrifttum. Heinz, Die Besteuerung der Vereine nach dem alten und dem neuen KStG, DStZ. 37 S. 29.

19. „Im Abs. 1 Ziff. 4 ist der Ausdruck „privaten Rechts" für die bisherige Bezeichnung „bürgerlichen Rechts" gesetzt worden, um klarzustellen, daß nicht nur die im Bürgerlichen Gesetzbuch geregelten Rechtsformen darunter fallen" (Begr. B zu § 1 Abs. 3 RStBl. 35 S. 82).

Hierher gehören die nach bürgerlichem (privatem) Recht mit Rechtsfähigkeit ausgestatteten Personenvereinigungen, Anstalten und Stiftungen. Über Vereine vgl. §§ 21, 22 BGB. Vereine, deren Zweck nicht auf einen wirtschaftlichen Geschäftsbetrieb gerichtet ist, erlangen die Rechtsfähigkeit durch Eintragung in das Vereinsregister, Vereine mit wirtschaftlichem Geschäftsbetrieb in Ermangelung besonderer reichsgesetzlicher Vorschriften durch staatliche Verleihung. Stiftungen und Anstalten sind mit Rechtsfähigkeit ausgestattete, durch Rechtsgeschäft eines anderen Rechtssubjekts begründete Einrichtungen, die einem bestimmten dauernden Zweck dienen. Das Stiftungsgeschäft ist entweder Rechtsgeschäft unter Lebenden oder Verfügung von Todes wegen. Bei der Stiftung unterstellt man ein dem Zweck gewidmetes Kapital, bei der Anstalt eine dauernde Einrichtung. Nach § 80 BGB erlangt eine privatrechtliche Stiftung Rechtsfähigkeit durch staatliche Genehmigung (vgl. im übrigen Anm. 9 Abs. 3). Unter Ziff. 4 fallen auch die beim Inkrafttreten des BGB bestehenden, nach Landesrecht begründeten juristischen Personen, insbesondere Vereine, soweit sie nicht den Kapitalgesellschaften oder Erwerbs- und Wirtschaftsgenossenschaften zuzurechnen sind (vgl. Art. 163 ff., und 82 EGBGB u. Anm. 9 Abs. 4).

E. Nichtrechtsfähige Vereine, Anstalten, Stiftungen und andere Zweckvermögen (§ 1 Abs. 1 Ziff. 5).

20. Nichtrechtsfähige Vereine.

Nichtrechtsfähige Vereine haben die Form der Gemeinschaft zur gesamten Hand, d. h. die Beteiligten gelten in ihrer Zusammenfassung als Träger der Rechte und Pflichten; also wenn A, B und X beliebige (auch juristische) Personen sind, muß man sich die Rechtslage als (A, B, X): Eig. s, Forderungen gegen N usw. vorstellen (vgl. Anm. 9). Die „stille Gesellschaft" kommt als Körperschaft schon deshalb nicht in Frage, weil sie nicht die Form der Gesamthand hat, der stille Teilhaber ist nicht Träger der Rechte und Pflichten der sogenannten Gesellschaft. Ob im Einzelfall ein nichtrechtsfähiger Verein im Sinn des Gesetzes vorliegt, ist nach § 1 Abs. 3 des StAnpG zu beurteilen. Dabei sind nach Abs. 2 a. a. O. insbesondere die Volksanschauung und die Entwicklung der Verhältnisse zu berücksichtigen. Dem entspricht es, wenn nach der Rechtsprechung die Frage, ob eine Personenvereinigung i. S. des

§ 1 KStG. Unbeschränkte Steuerpflicht.

KStG 25 vorhanden ist, nicht nach rechtlichen, sondern nach wirtschaftlichen Gesichtspunkten zu entscheiden ist. Maßgebend sei, welcher Art der in der Beteiligung an der Personenvereinigung liegende Vermögensbestandteil sei, ob er als Miteigentum, als Teilrecht an dem den vereinigten Mitgliedern persönlich unmittelbar gehörenden Vermögen oder als Anrecht an einer fremden Vermögensmasse anzusprechen sei. Das letzte werde dann der Fall sein, wenn die Verkehrsanschauung das Vorliegen eines selbständigen neben und über den Personen ihrer Mitglieder bestehenden Organismus annehme, oder wenn — mit anderen Worten ausgedrückt — die Beteiligten zu Kapitalisten gemacht seien und der Beteiligung des Einzelnen der Charakter eines ihm gehörenden Gegenstands genommen sei (RFH. I A 172/32 v. 4. 4. 33, RStBl. 33 S. 990, StW. 33 Nr. 517). Zur Annahme einer körperschaftsteuerpflichtigen Personenvereinigung ist erforderlich, daß die Personen, die zu der Vereinigung zusammengeschlossen sind, zu Erreichung eines bestimmten Zweckes planmäßig und dauernd zusammenwirken müssen (RFH. I Aa 238/29 v. 26. 7. 29, E. 25 S. 284, RStBl. 29 S. 572, StW. 29 Nr. 833). Die Volksanschauung nimmt einen selbständigen Verein regelmäßig nur an, wenn die Entfaltung einer besonderen Tätigkeit den Zweck des Zusammenschlusses bildet. Darnach ist ein Verein vor allem in den häufigen Fällen des Miteigentums, insbesondere an Grundstücken nicht gegeben, wenn es den Miteigentümern nur darauf ankommt, den Ertrag des Eigentums zu halten und wenn die dazu notwendige gemeinsame Verwaltung nur eine Folge des Miteigentums ist. Nach RFH. I A 170/31 v. 2. 5. 31 (RStBl. 31 S. 390, StW. 31 Nr. 860) liegt daher regelmäßig keine körperschaftsteuerpflichtige Personenvereinigung vor, wenn Miteigentum an einer Reihe von Wertpapieren begründet wird, um auch kleineren Kapitalisten die Vorteile einer verschiedenartigen Geldanlage zur Verminderung der Verlustgefahr zu verschaffen. Die zur Annahme eines Rechtssubjekts im Sinn des KStG bei Zusammenschlüssen von Personen erforderliche Entfaltung einer besonderen Tätigkeit fehlt hier. Auch Verwaltungsabteilungen eines eingetragenen Vereins können als rechtsfähig i. S. des Gesetzes angesehen werden. Die Organisation von Sportvereinigungen ist vielfach in der Weise aufgezogen, daß ein eingetragener Verein besteht und sich der Gesamtbestand in Gaue gliedert, die eine mehr oder minder große Selbständigkeit haben. Nach RFH. I A 102/34 v. 8. 8. 34 (StW. 35 Nr. 232) führt in solchen Fällen der Gau als Glied der in die Form eines rechtsfähigen Vereins gekleideten Gesamtorganisation ein steuerlich selbständiges Dasein im Sinn des KStG nach Art eines nichtrechtsfähigen Vereins und ist dann selbständig körperschaftsteuerpflichtig. Dieser Standpunkt kann wohl auch in Frage kommen, wenn bei einem allgemeinen Sportverein einzelne Abteilungen für besondere Sports eine erhebliche Selbständigkeit haben. Meist werden derartige Abteilungen freilich als gemeinnützig anzuerkennen sein.

Am Zusammenschluß zu einem nichtrechtsfähigen Verein können sich als Mitglieder natürliche oder juristische Personen oder auch nichtrechtsfähige Vereine beteiligen. Nach Auffassung des RFH. kann eine nichtrechtsfähige Personenvereinigung i. S. des Gesetzes vorliegen, ohne daß die Form der Vereinigung eine ausdrückliche gesetzliche Regelung gefunden hat, oder daß die zusammengeschlossenen Personen sich in ihrem Zusammenschluß zu einer besonderen Rechtsform bekennen. Nach RFH. I B 73/24 v. 23. 1. 25 (E. 15 S. 311, RStBl. 25 S. 88, StW. 25 Nr. 287) kann daher eine Waldinteressentengemeinschaft, deren Mitglieder seit Jahren zusammenwirken, ein nichtrechtsfähiger Verein sein. Weil eine genaue Feststellung der Rechtsnatur des betreffenden Gebildes entbehrlich sei, hat es der RFH. für den Karnevalsverein der Bürger einer Stadt dahingestellt gelassen, ob eine Personenvereinigung vorliegt, da keinesfalls bestritten werden konnte, daß eine Vermögensmasse vorhanden war, die den besonderen Zwecken des Vereins dienen sollte, also ein Zweckvermögen. Mangels eines anderen Steuerpflichtigen, der für die Einkünfte des Zweckvermögens in Frage kam, wurde die Rechtsfähigkeit des vom Verein vertretenen Vermögens angenommen (RFH. I Aa 281/29 v. 28. 9. 29, StW. 29 Nr. 1019). In der erwähnten Entsch. I A 172/32 wird mit Rücksicht auf die Feststellung des Finanzgerichts, daß das in der Beteiligung an einem von 35 Personen gegründeten „Brauhaus" liegende Vermögensbestandteil lediglich ein Teilrecht an dem den vereinigten Mitgliedern persönlich unmittelbar gehörigen Vermögen darstelle, eine Körperschaftsteuerpflicht der Personenvereinigung ohne Eingehen auf ihre Rechtsnatur verneint.

Erbengemeinschaften und eheliche Gütergemeinschaften sind keine nichtrechtsfähigen Vereine. Auch Gesellschaften des bürgerlichen und Handelsrechts fallen nicht hierunter, wie schon aus der Wahl des engeren Begriffs „nichtrechtsfähige Personenvereinigungen" in § 5 KStG 1925 hervorgeht.

21. Nichtrechtsfähige Zweckvermögen.

a) Nichtrechtsfähige Anstalten, Stiftungen und andere Zweckvermögen fallen unter den Oberbegriff **„Zweckvermögen"**. Während sich nichtrechtsfähige Vereine als Zusammenschlüsse von natürlichen oder juristischen Personen darstellen, die vom Willen dieser Personen abhängig sind, sind Anstalten und Stiftungen besondere, mit einer meist dauernden Zweckbestimmung gegründete Vermögensmassen, wobei unter Anstalten mit einer Organisation ausgestattete Einrichtungen verstanden werden. Zweckvermögen im weiteren Sinn ist eine selbständige, einem bestimmten Zweck dienende Vermögensmasse, die aus dem Vermögen des Widmenden ausgeschieden ist und eigene Einkünfte besitzt (RFH. I A 227/35 v. 7. 4. 36, E. 39 S. 202, RStBl. 36 S. 442, StW. 36 Nr. 239). Eine nichtrechtsfähige Stiftung liegt vor, wenn einer natürlichen oder juristischen Person von einem Dritten durch Rechtsgeschäft unter Lebenden oder von Todes wegen Vermögen mit der Auflage übertragen wird, das Vermögen in bestimmter Weise zu verwalten oder zu verwenden (vgl. Anm. 9 Abs. 3, RFH. I A 227/35 und VI a 76/37 v. 18. 12. 37, E. 43 S. 41, RStBl. 38 S. 284, StW. 38 Nr. 61 u. unter b). Ein „anderes Zweckvermögen" liegt nach den beiden Entsch. des RFH. dann vor, wenn eine natürliche oder juristische Person einen Teil ihres eigenen Vermögens aus dem sonstigen Vermögen aussondert und einem bestimmten Zweck widmet. Dieses Ausscheiden muß derart sein, daß es eine gewisse Sicherheit der Erfüllung des Verwendungszwecks verbürgt. Dies ist der Fall, wenn der Eigentümer gehindert ist, die Zweckzuwendung jederzeit rückgängig zu machen und das Sondervermögen wieder mit seinem übrigen Vermögen zu vereinigen. Diese Voraussetzung wurde in VI a 76/37 bei einer öffentlich-rechtlichen Körperschaft wegen satzungsmäßiger Festlegung des Verwendungszwecks für das Sondervermögen als erfüllt angesehen. Durch bloße Absonderung und getrennte Verwaltung allein wird kein selbständiges Zweckvermögen geschaffen. Auch der Beschluß der Mitgliederversammlung eines Vereins, einen Teil des Vereinsvermögens nur zu einem bestimmten Zweck zu verwenden, genügt nicht zur Begründung eines Zweckvermögens (RFH.I A 130/30 v. 29.1.32, StW. 32 Nr. 769, verweist auf E. 7 S. 80 und E. 10 S. 240). Eine spätere Versammlung kann den Beschluß ohne weiteres aufheben. Durch die geforderte Sicherung des abgesonderten Vermögens für den Zweck unterscheidet sich das andere Zweckvermögen von einer Rücklage, die der Eigentümer nach Belieben bilden und wieder auflösen kann. Ein körperschaftsteuerlich selbständiges Zweckvermögen liegt stets dann vor, wenn die Sicherung für den Verwendungszweck die Einkünfte des Sondervermögens erfaßt, so daß diese weder dem bürgerlich-rechtlichen Eigentümer des Vermögens noch einer sonstigen Person zugerechnet werden können (§ 3 KStG). Die Begr. zum KStG 1920 erwähnte als nichtrechtsfähiges Zweckvermögen auch das Sammelvermögen nach § 1914 BGB (ein durch öffentliche Sammlung für einen vorübergehenden Zweck aufgebrachtes Vermögen). Wird Vermögen für mehrere Verwendungszwecke übertragen oder ausgesondert, so ist die Annahme eines oder mehrerer nichtrechtsfähiger Zweckvermögen davon abhängig, ob für die verschiedenen Zwecke im einzelnen besondere Vermögensteile bestimmt sind und getrennt verwaltet werden oder ob die verschiedenen Zwecke aus einer einzigen Vermögensmasse bestritten werden. Im letzten Fall liegt nur ein Zweckvermögen vor.

Bei einer **Konkursmasse** fehlen die Voraussetzungen für die Begründung eines steuerlich selbständigen Zweckvermögens. Die Konkursmasse wird nicht aus dem Vermögen des Gemeinschuldners ausgeschieden, um dadurch für die Verwendung zu einem besonderen, von dem Vermögensbereich des Gemeinschuldners zu trennenden Zweck gesichert zu werden. Sie bleibt nicht nur im Eigentum des Gemeinschuldners, sondern wird auch vom Konkursverwalter zur Befriedigung der Gläubiger des Gemeinschuldners, also unmittelbar zu dessen eigenwirtschaftlichen Zwecken verwaltet und verwendet. Die Verwaltung der Konkursmasse kommt also allein dem Gemeinschuldner zugute. In RFH. VI 687/37 v. 22. 6. 38 (E. 44 S. 162, RStBl. 38 S. 669, StW. 38 Nr. 401) wird ebenfalls die Eigenschaft der Konkursmasse als eines selbständigen Zweckvermögens auch unter Hinweis auf die Rechtsprechung des Reichsgerichts (RGZ. Bd. 53 S. 352 und 8) S. 418) verneint, weil die Konkursmasse nach wie vor Vermögen des Gemeinschuldners sei und durch die vom Konkursverwalter vorgenommenen Rechtshandlungen allein der Gemeinschuldner berechtigt und verpflichtet werde. Der Gemeinschuldner bleibe daher auch Träger der Einkünfte der Konkursmasse.

b) Ein Zweckvermögen liegt auch vor, **wenn ein Vermögen einer Mittelsperson zur Verwendung für bestimmte Personen übertragen ist**, sofern der Mittelsperson eine längere Verwaltungstätigkeit zugemutet wird (RFH. E. 11 S. 257). Es ist aber zwischen Auftragsverhältnis und Auflage zu unterscheiden (vgl. RFH. E. 12 S. 39, ferner Mirre DRZ. 15 S. 49). Übergibt A dem B (einer Bank) einen Geldbetrag unter der Bedingung, daß B die Zinsen an gewisse Verwandte verteilen und nach Erreichung eines gewissen Zeitpunktes an diese oder andere herausgeben soll, so ist es eine Frage der Auslegung, ob B einen Auftrag hatte oder mit einer Auflage belastet war. Ein Auftrag liegt vor, wenn sich A vorbehält, nach Belieben anders zu verfügen, er bleibt dann Eigentümer des Vermögens bzw. wird Gläubiger des B und hat die Einkünfte als Einkommen zu versteuern. B hat nur die Ermächtigung, die Einkünfte an die im Vertrag genannten Personen abzuführen, die als von A in jedem Einzelfall beschenkt anzusehen sind. Anders, wenn A auf Rückforderung verzichtet hat. Dann scheidet das Geld aus seinem Vermögen aus, und B ist nicht Schuldner des A, sondern eine mit einer Auflage beschwerte Mittelsperson (vgl. RFH. E. 11 S. 257). Es wird so angesehen, als wenn der Zweck der Unterstützung der Verwandten des A eine Forderung gegen B besäße. Die erwachsenden Zinsen gelten als Einkommen aus einem Zweckvermögen. Eine Verwendung des Vermögens für einen bestimmten Zweck liegt nach RFH. VI A 2067/29 v. 9. 4. 30 (RStBl. 30 S. 365, StW. 30 Nr. 591) auch dann nicht vor, wenn bei einem Familienfonds die Berechtigten für mehrere Jahre über das ihnen vom Stifter überwiesene Vermögen und seine Einkünfte nicht nach Belieben verfügen können, wenn aber die Verwaltung des Vermögens ausschließlich in ihrem Interesse erfolgt und das Vermögen nach Ablauf der festgesetzten Frist ihnen oder, falls sie nicht mehr leben, ihren Erben auszuhändigen ist. Ein selbständiges Zweckvermögen könnte nur dann angenommen werden, wenn bei der Verwaltung des Vermögens anderweitige Interessen wahrzunehmen gewesen wären oder bei Beendigung der Verwaltung das Vermögen u. U. anderen Personen als den Berechtigten oder ihren Erben auszuhändigen wäre.

c) Bei einer **Zweckzuwendung im Sinn des § 4 ErbStG 1925** entsteht nicht immer ein Zweckvermögen. Ausschlaggebend für die Annahme eines Zweckvermögens ist nach RFH. VI A 119/25 v. 1. 4. 25 (E. 16 S. 67), daß weder die Verwaltung des Nachlasses noch auch dessen Nutzung den Erben zusteht, so daß sie durch den Erwerb des Vermögens nicht bereichert wurden. In dem Falle hatte ein Testamentsvollstrecker den Nachlaß zu verwalten und die Einkünfte dem Bestand zuzuschlagen. Der RFH. erwog, daß trotzdem Einkünfte der Erben vorliegen würden, wenn das Vermögen später unter die Erben oder ihre Erben zu verteilen war. Tatsächlich war aber das Vermögen an vom Erblasser eingesetzte Nacherben herauszugeben. Danach waren die Erben nicht nur in der Verfügung über das Nachlaßvermögen beschränkt, vielmehr mit einer Auflage zugunsten der noch nicht feststehenden Nacherben beschwert. Deshalb wurde ein Zweckvermögen angenommen. Aus dem gleichen Grunde wird in RFH. I A a 204/29 v. 28. 5. 29 (RStBl. 29 S. 467, StW. 29 Nr. 909) in der Anordnung der Nacherbschaft verbunden mit der Einsetzung eines Testamentsvollstreckers regelmäßig dann kein selbständiges Zweckvermögen gesehen, wenn dem Vorerben die Nutzung des Nachlasses zusteht. Ist den Testamentserben, die zugleich als Testamentsvollstrecker ernannt sind, in nicht schlechthin verbindlicher Weise auferlegt, die Einkünfte aus dem Nachlaß (Beteiligung an OHG.) bis auf einen bestimmten Betrag für verschiedene und wechselnde Zwecke zu verwenden, dann wird in RFH. VI A 1717/29 v. 13. 11. 29 (StW. 30 Nr. 14) mit dem Vorhandensein eines steuerrechtlich selbständigen Zweckvermögens gerechnet. Solange sich die Beteiligten an die Bestimmungen des Testaments hielten und dementsprechend verführen, seien sie zwar Beteiligte der Gesellschaft, aber belastet mit der Auflage, die Erträgnisse im Sinn des Testaments zu verwenden.

d) Bei **Familienfideikommissen** liegt keine steuerlich selbständige Stiftung vor. Nach § 11 Ziff. 4 StAnpG ist der Inhaber eines Fideikommißvermögens als Eigenbesitzer wie der Eigentümer zu behandeln. Dagegen gehören Familienstiftungen zu den Körperschaften (vgl. dazu Sondervorschrift des § 12 StAnpG), sie fallen unter Ziff. 4 oder 5 des Gesetzes. Stiftungen, die an die Stelle von Familienfideikommissen getreten sind, sind persönlich steuerpflichtig, nach der VO v. 13. 2. 26 (RGBl. I S. 101) sind jedoch sachliche Befreiungen vorgesehen (f. Anm. 2 Abs. 2 zu § 7 KStG u. VR 37 H IV 3, RStBl. 38 S. 233, s. Anh. 17).

F. Betriebe gewerblicher Art von Körperschaften des öffentlichen Rechts (§ 1 Abs. 1 Ziff. 6).

22. Bedeutung und Verhältnis zum bisherigen Recht.

In Übereinstimmung mit dem bisherigen Recht sind die Körperschaften des öffentlichen Rechts selbst nicht körperschaftsteuerpflichtig. „Nach Abs. 1 Ziff. 6 sind „Betriebe gewerblicher Art von Körperschaften des öffentlichen Rechts" steuerpflichtig. Bisher lautete die Bezeichnung „Betriebe und Verwaltungen von Körperschaften des öffentlichen Rechts und öffentliche Betriebe und Verwaltungen mit eigener Rechtspersönlichkeit". Dabei konnten die Gruppen „Verwaltungen von Körperschaften des öffentlichen Rechts" und „öffentliche Betriebe und Verwaltungen mit eigener Rechtspersönlichkeit" als entbehrlich gestrichen werden. Mit der neuen Fassung „Betriebe gewerblicher Art" ist beabsichtigt, alle Betriebe der öffentlichen Hand der Körperschaftsteuer zu unterwerfen, die das äußere Bild eines Gewerbebetriebs bieten. Nach dieser Fassung können in geeigneten Fällen auch Verwaltungsstellen erfaßt werden. Die bisherige Ausnahmevorschrift für die Betriebe, die der Ausübung der öffentlichen Gewalt dienen (die sogenannten Hoheitsverwaltungen), ist überflüssig geworden, da die Ausübung der öffentlichen Gewalt nicht unter die Gruppe „Betriebe gewerblicher Art" fällt. Hat jedoch eine Hoheitsverwaltung sich einen Betrieb gewerblicher Art angegliedert (z. B. eine Kantine), so ist dieser Betrieb steuerpflichtig. Die neue Fassung schließt nicht aus, daß ein Betrieb gewerblicher Art, der selbst eine öffentlich-rechtliche Körperschaft ist, zur Körperschaftsteuer herangezogen wird. Kapitalgesellschaften, deren Anteile einer Körperschaft öffentlichen Rechts gehören, fallen unter Absatz 1 Ziff. 1 (Kapitalgesellschaften). Die im bisherigen § 2 den „Betrieben" und „Verwaltungen" gleich gestellten „Unternehmungen, deren Erträge ausschließlich Körperschaften des öffentlichen Rechts zufließen", bedürfen im neuen Gesetz keiner besonderen Erwähnung mehr" (Begr. B zu § 1 KStG Abs. 4, RStBl. 35 S. 82).

Die Besteuerung der Betriebe gewerblicher Art von Körperschaften des öffentlichen Rechts dient dem Gedanken der steuerlichen Gleichmäßigkeit. Jedes Unternehmen, das sich privatwirtschaftlich betätigt, soll — auch wenn es sich im Besitz der öffentlichen Hand befindet — die dabei erzielten Gewinne versteuern (VR 34 G 1 Abs. 1, RStBl. 35 S. 407). Daher sind im Gegensatz zum bisherigen Recht auch die öffentlich-rechtlichen Kreditanstalten mit Ausnahme der in § 4

Abs. 1 Ziff. 2 KStG befreiten (vgl. Anm. 4 zu § 4 KStG) und auch die öffentlich-rechtlichen Versicherungsanstalten (vgl. § 4 Abs. 2 und § 23 I. KStDVO und Anm. 6 Abs. 2 zu § 11 KStG) grundsätzlich unbeschränkt steuerpflichtig (vgl. auch Begr. z. KStG A Ziff. 2 Abs. 2 und Ziff. 4 Abs. 2, RStBl. 35 S. 81, 82).

23. Körperschaften des öffentlichen Rechts.

Unter die Körperschaften des öffentlichen Rechts fallen Personenvereinigungen, Anstalten und Stiftungen. Nach RFH. I A 4/27 v. 8. 3. 27 (E. 20 S. 282, RStBl. 27 S. 113, StW. 27 Nr. 323) können auch Vermögensmassen (Anstalten und Stiftungen) Betriebe gewerblicher Art unterhalten. Öffentlich-rechtlich sind solche Körperschaften, die staatliche oder staatswichtige Zwecke erfüllen und wegen dieses Aufgabenkreises durch Ausstattung mit öffentlichen Rechten und Pflichten (insbes. bestimmte Hoheitsrechte gegenüber ihren Mitgliedern, Zwangsmitgliedschaft, Staatsaufsicht) aus dem Gebiet des Privatrechts herausgehoben und in den Organismus des Staates eingegliedert sind. Die Entstehung der Körperschaft durch staatlichen Hoheitsakt ist also nicht unbedingt entscheidend, auch ist die Verleihung der Rechtsfähigkeit nach dem Rechte vor dem BGB nicht der Verleihung der öffentlich-rechtlichen Eigenschaft gleichzusetzen. Klarheit über die rechtliche Natur besteht bei allen Körperschaften, denen seit 1933 die Rechte von Körperschaften des öffentlichen Rechts durch Reichsgesetz verliehen sind (s. Abs. 2). Die vor dem Umbruch entstandenen Körperschaften sind an sich nach Landesrecht zu beurteilen. Da aber für ihre öffentlich-rechtliche Natur neben der Ausstattung mit öffentlichen Befugnissen die Bedeutung der von der Körperschaft verfolgten Aufgaben für den heutigen Staat und die durch ihn vertretene Volksgesamtheit maßgebend ist, ist bei Körperschaften des Landesrechts, soweit ihnen die Eigenschaft einer Körperschaft des öffentlichen Rechts nicht bereits aberkannt worden ist (wie z. B. den jüdischen Kultusvereinigungen und ihren Verbänden durch Gesetz v. 28. 3. 38, RGBl. I S. 338, RStBl. 38 S. 369 mit Wirkung vom 1. 4. 38) zu prüfen, ob ihre Aufgabe noch als öffentlich und staatswichtig und deshalb die Körperschaft noch als öffentlich-rechtlich anzuerkennen ist (vgl. auch RFH. I A 128/28 v. 6. 6. 28, E. 23 S. 301, RStBl. 28 S. 332, StW. 28 Nr. 664). Historischen Gebilden, deren Eigenschaft nicht eindeutig feststeht, wird im Zweifel immer privat-rechtliche Natur und öffentlich-rechtliche nur dann zugebilligt werden können, wenn anzunehmen ist, daß das Reich diesen Körperschaften wegen ihres Aufgabenkreises auch heute noch die Rechte einer Körperschaft des öffentlichen Rechts verleihen würde. Die Verleihung der sogen. „Korporationsrechte" in Preußen erschöpfte sich in der Regel im Erwerb der privaten Rechtsfähigkeit, soweit nicht bei der Verleihung besondere Privilegien vorgesehen wurden, die an sich im Begriff der Korporationsrechte nicht enthalten waren (Preuß. OVG. Bd. 90 S. 10). Auch die Baptisten- und Mennonitengemeinden haben in Preußen durch die Verleihung der Korporationsrechte nicht die Stellung von Körperschaften des öffentlichen Rechts erlangt (RGZ. Bd. 62 S. 355, Preuß. OVG. Bd. 74 S. 130), wohl aber der Bund der Baptistengemeinden Deutschlands durch den Beschluß des Preuß. Staatsministeriums vom 18. 8. 1930. Der Begriff einer „öffentlichen Stiftung" im Sinn des Bayerischen Rechts umfaßte sowohl Stiftungen des öffentlichen als auch privaten Rechts, die wegen des öffentlichen Interesses ihrer Zweckbestimmung Gegenstand einer besonderen staatlichen Fürsorge waren, er war also nicht gleichbedeutend mit Körperschaft des öffentlichen Rechts (Slg. von Entsch. des Bayr. Verwaltungsgerichtshofs Bd. 47 S. 33). Auch inländische Betriebe von ausländischen Körperschaften des öffentlichen Rechts fallen unter Ziff. 6 (RFH. I A 25/31 v. 10. 3. 31, RStBl. 31 S. 552, StW. 31 Nr. 1057), wobei für die Frage, ob eine öffentlich-rechtliche Körperschaft vorliegt, das ausländische Recht mit heranzuziehen ist.

Zu den Körperschaften des öffentlichen Rechts gehören außer dem Reich die Gebietskörperschaften wie Länder, Gemeinden und Gemeindeverbände (Kreise, Provinzen), die christlichen Religionsgesellschaften des öffentlichen Rechts (die Deutsche Evangelische Kirche nach § 2 des Ges. v. 14. 7. 33, RGBl. I S. 471), die Träger der Reichsversicherung (z. B. Krankenkassen, Berufsgenossenschaften und Versicherungsanstalten nach § 4 RVersO), die Industrie- und Handelskammern, Handwerker- und Landwirtschaftskammern, Zwangsinnungen u. a. Durch Reichsgesetz wurde die Eigenschaft einer Körperschaft des öffentlichen Rechts u. a. verliehen der NSDAP. durch Ges. zur Sicherung von Partei und Staat v. 1. 12. 33 (RGBl. I S. 1016), der Akademie für Deutsches Recht durch Ges. v. 11. 7. 34 (RGBl. I S. 605), dem Unternehmen Reichsautobahnen durch Ges. v. 27. 6. 33 (RGBl. II S. 509), dem Reichsnährstand durch VO v. 8. 12. 33 (RGBl. I S. 1060), dem Deutschen Gemeindetag durch Ges. v. 15. 12. 33 (RGBl. I S. 1065), der Reichskulturkammer mit den in ihr vereinigten Kammern durch Ges. v. 22. 9. 33 (RGBl. I S. 661), ferner den berufsständischen Vertretungen wie der Reichsärztekammer nach der Reichsärzteordnung v. 13. 12. 35 (RGBl. I S. 1435), der Reichsrechtsanwaltskammer, „rechtsfähig" nach § 46 Abs. 2 der Reichsrechtsanwaltsordnung v. 21. 2. 36 (RGBl. I S. 107), der Reichsnotarkammer nach der Reichsnotarordnung v. 13. 2. 37 (RGBl. I S. 191), der Reichsapothekerkammer nach der Reichsapothekerordnung v. 18. 4. 37 (RGBl. I S. 457). Die Deutsche Filmakademie ist nach dem Ges. v. 18. 3. 38 (RGBl. I S. 305) eine Anstalt des Reichs. Zu erwähnen sind auch die (unbeschränkt steuerpflichtigen) Kreditanstalten, die auf öffentlichem Recht beruhen, wie die Landschaften, Stadtschaften und Ritterschaften. Die Dampfkesselüberwachungsvereine in Preußen sind nach RFH. I A 92/31 v. 7. 5. 31 (E. 28 S. 346, RStBl. 31 S. 392, StW. 31 Nr. 915) keine Körperschaften des öffentlichen Rechts, sondern Vereine.

24. Betriebe gewerblicher Art.

Schrifttum. Breyhan, Die Besteuerung der öffentlichen Betriebe, DStZ. 1935, S. 718.

a) Den Begriff der Betriebe gewerblicher Art von Körperschaften des öffentlichen Rechts bestimmt **§ 1 Abs. 1 und 2 I. KStDVO:**

„Zu den Betrieben gewerblicher Art von Körperschaften des öffentlichen Rechts gehören alle Einrichtungen, die einer nachhaltigen wirtschaftlichen Tätigkeit zur Erzielung von Einnahmen oder anderen wirtschaftlichen Vorteilen dienen. Die Absicht, Gewinn zu erzielen, ist nicht erforderlich.

Die Einrichtung ist als Betrieb gewerblicher Art nur dann steuerpflichtig, wenn sie sich innerhalb der Gesamtbetätigung der Körperschaft wirtschaftlich heraushebt. Diese wirtschaftliche Selbständigkeit kann in einer besonderen Leitung, in einem geschlossenen Geschäftskreis, in einer Buchführung oder in einem ähnlichen auf eine Einheit hindeutenden Merkmal bestehen. Daß die Bücher bei einer anderen Verwaltung geführt werden, ist unerheblich".

Nach der Begriffsbestimmung des Abs. 1 unterscheidet sich der Begriff des Betriebs gewerblicher Art einer öffentlich-rechtlichen Körperschaft von dem Begriff des Gewerbebetriebs im Sinn des Einkommensteuerrechts dadurch, daß die Absicht der Gewinnerzielung, die für den Gewerbebetrieb wesentliche Voraussetzung ist, für den Betrieb gewerblicher Art nicht erforderlich ist. Der Begriff Betrieb gewerblicher Art umfaßt also nicht nur Gewerbebetriebe, sondern auch jede ohne Gewinnerzielungsabsicht ausgeübte wirtschaftliche Tätigkeit, die der Erzielung von sonstigen wirtschaftlichen Vorteilen dient. Es genügt, wie in der Begr. hervorgehoben wird (vgl. Anm. 22), für die Steuerpflicht das äußere Bild eines Gewerbebetriebs.

Die in Abs. 2 geforderte wirtschaftliche Selbständigkeit bestimmten Umfangs ist für die Steuerpflicht aller Betriebe gewerblicher Art entscheidend, die nicht schon kraft ihrer privatrechtlichen Rechtsform steuerliche Selbständigkeit besitzen. Bei diesen Betrieben gewerblicher Art hängt die persönliche Steuerpflicht grundsätzlich von den organisatorischen Maßnahmen ab, die die öffentlich-rechtliche Körperschaft hinsichtlich der Verselbständigung eines bestimmten Tätigkeitsgebiets getroffen hat (RFH. I A 4/32 v. 19. 4. 32, RStBl. 32 S. 522, StW. 32 Nr. 1086 u. I A 62/37 v. 23. 2. 37, RStBl. 37 S. 966, StW. 37 Nr. 207). Es kommt also grundsätzlich auf die tatsächliche Gestaltung der Verhältnisse an. Die Begriffsbestimmung des § 1 I. KStDVO deckt sich im wesentlichen mit der, die der RFH.

§ 1 KStG. Unbeschränkte Steuerpflicht.

für den Betrieb im Sinn des § 2 Abs. 1 Nr. 3 KStG 1925 gegeben hat. Danach war als ein Betrieb ein Inbegriff fortdauernder wirtschaftlicher Verrichtungen anzusehen, die unter einem einheitlichen Willen auf ein bestimmtes sachliches Ziel gerichtet sind, dadurch in sich wirtschaftlich zusammenhängen und eine funktionelle Einheit bilden, innerhalb der Gesamtbetätigung aber sich als etwas Besonderes herausheben müssen. Es muß sich bei dem Betrieb um eine Tätigkeit von einigem wirtschaftlichen Gewicht handeln, so etwa, daß auch eine einzelne Person als Inhaber gedacht werden kann (RFH. I A a 644/29 v. 22. 10. 29, RStBl. 29 S. 666, StW. 29 Nr. 1017). Wenn dazu in RFH. I A 294/32 v. 9. 12. 32 (RStBl. 33 S. 53 StW. 33 Nr. 232) gefordert wird, daß das Unternehmen umfangreich genug sei, um einer einzelnen Person eine, wenn auch bescheidene Existenzmöglichkeit zu gewähren, so bestehen gegen die Anwendung dieses Grundsatzes für das neue Gesetz Bedenken. Die wirtschaftliche Selbständigkeit des Betriebs beruht nach § 1 Abs. 2 a. a. O. ausschließlich auf organisatorischen Maßnahmen. Es ist demnach kein Begriffsmerkmal, daß er einen Mindestverdienst, d. h. einen Mindestgewinn abwirft. Durch diese Forderung würde die jetzt festgelegte allgemeine Steuerpflicht von Betrieben gewerblicher Art eingeschränkt und außerhalb des Gesetzes eine Art Mindesteinkommen geschaffen, was als unzulässig erachtet wird. Keine wirtschaftliche Tätigkeit wird in RFH. I A 53/38 v. 29. 3. 38 (E. 43 S. 118, RStBl. 38 S. 471, StW. 38 Nr. 375) in dem Besitz und in der Verwaltung von Anteilen an einer Kapitalgesellschaft gesehen.

Das gesetzliche Erfordernis der Nachhaltigkeit der Tätigkeit schließt die Steuerpflicht einer gelegentlichen wirtschaftlichen Betätigung aus. Der Verkauf alter Akten durch eine Behörde ist daher kein Betrieb gewerblicher Art im Sinn des Gesetzes. Als Betriebe gewerblicher Art sollen diejenigen Betriebe steuerlich erfaßt werden, die sich privatwirtschaftlich betätigen (vgl. Anm. 22 Abs. 2). Ein Wettbewerb mit Privatbetrieben liegt nach RFH. I A 24/30 v. 6. 5. 30 (E. 26 S. 334, RStBl. 30 S. 637, StW. 30 Nr. 855) nicht nur dann vor, wenn ein Gemeindebetrieb (z. B. eine Ziegelei) nach außen hin unmittelbar mit anderen Privatbetrieben in Wettbewerb tritt, sondern auch dann, wenn er das mittelbar in der Weise tut, daß er durch Absatz an die eigene Gemeindeverwaltung zu Eigenverbrauchszwecken dieser die Notwendigkeit erspart, ihren Bedarf auf dem freien Wirtschaftsmarkt einzudecken.

b) Betriebe gewerblicher Art von Körperschaften öffentlichen Rechts werden regelmäßig nicht selbständig in einer bestimmten **Rechtsform** in Erscheinung treten, sondern lediglich über die für ihre Steuerpflicht erforderliche wirtschaftliche Selbständigkeit bestimmten Grades verfügen. Aber auch in der Rechtsform der Körperschaft öffentlichen Rechts fallen sie unter die unbeschränkte Steuerpflicht nach Ziff. 6 (§ 5 Abs. 1 I. KStDVO). In diesem Fall unterscheiden sich die steuerpflichtigen öffentlichen Betriebe oder Verwaltungen mit eigener öffentlich-rechtlicher Rechtspersönlichkeit von den an sich steuerfreien Körperschaften des öffentlichen Rechts nach RFH. I A 92/34 v. 26. 11. 35 (E. 38 S. 317, RStBl. 36 S. 203, StW. 35 Nr. 39) dadurch, daß sie zur Erfüllung einer oder einiger bestimmt umgrenzter Verwaltungsaufgaben oder zur Führung eines bestimmten Betriebs ins Leben gerufen sind, während die steuerfreien Körperschaften des öffentlichen Rechts ein viel weiteres, in der Mehrzahl der Fälle sogar praktisch unbegrenztes Tätigkeitsfeld besitzen. Sind die Betriebe gewerblicher Art dagegen in eine privatrechtliche Form, z. B. der AG. oder GmbH. gekleidet, so werden sie nach den für diese Rechtsform geltenden Vorschriften besteuert (§ 5 Abs. 2 I. KStDVO). Zur privatrechtlichen Form im Sinn dieser Vorschrift ist nicht nur die der Kapitalgesellschaft, sondern insbesondere auch die der sonstigen juristischen Personen des privaten Rechts nach § 1 Abs. 1 Ziff. 4 KStG, z. B. als rechtsfähiger Verein oder als rechtsfähige Stiftung zu rechnen. Für das KStG 1925 wird in RFH. I A 95/33 v. 8. 5. 34 (RStBl. 34 S. 873, StW. 34 Nr. 448) weiter als möglich angesehen, in einer der äußeren Form nach von einer nichtrechtsfähigen Personenvereinigung betriebenen Unternehmung den Betrieb einer Körperschaft öffentlichen Rechts zu erblicken, und zwar auch dann, wenn die öffentliche Körperschaft nach Gesetz oder Satzung ein solches Unternehmen nicht unterhalten darf; denn steuerlich sei das Wesen eines Gebildes nicht darauf zu beurteilen, als was es rein äußerlich erscheine, sondern darnach, was es in Wirklichkeit bedeute. Nach RFH. I A 163/35 v. 14. 1. 36 (E. 39 S. 6, RStBl. 36 S. 268, StW. 36 Nr. 87) kann von dem in der äußeren Form einer nichtrechtsfähigen Personenvereinigung betriebenen Unternehmen einer Körperschaft öffentlichen Rechts (Hefebezugsvereinigung einer Bäckerinnung) die nur für Personenvereinigungen geltende Steuerbefreiung der Mitgliederbeiträge (§ 8 KStG) nicht beansprucht werden. Für das KStG 1934 erscheint es zweifelhaft, ob im Hinblick auf die in § 5 Abs. 2 I. KStDVO angeordnete Maßgeblichkeit der privaten Rechtsform, unter die auch der nichtrechtsfähige Verein im Sinn des § 54 BGB fällt, der in die Rechtsform des auch für die Körperschaftsteuer beachtlichen nichtrechtsfähigen Vereins (vgl. § 1 Abs. 1 Ziff. 5 KStG) gekleidete Betrieb einer öffentlich-rechtlichen Körperschaft auch dann nach § 1 Abs. 1 Ziff. 6 und nicht nach Ziff. 5 des Gesetzes behandelt werden kann, wenn in der Wahl der Rechtsform kein Mißbrauch im Sinn des § 6 StAnpG zu erblicken ist.

c) **Die Verpachtung eines Betriebs gewerblicher Art, sowie jede andere entgeltliche Überlassung** steht nach **§ 1 Abs. 3 I. KStDVO** für die Steuerpflicht der Ausübung des Betriebs durch die Körperschaft des öffentlichen Rechts selbst gleich:

„Die Verpachtung eines Betriebs, der nach den Absätzen 1 und 2 steuerpflichtig wäre, wenn er vom Verpächter unmittelbar betrieben würde, steht einem Betrieb gewerblicher Art gleich. Das gleiche gilt für jede andere entgeltliche Überlassung von Einrichtungen, Anlagen oder Rechten zu Betriebszwecken dieser Art."

Zur Begründung der Steuerpflicht werden Einrichtungen und Anlagen in einem Umfang überlassen werden müssen, daß sie die Grundlage zur selbständigen Ausübung eines Betriebs gewerblicher Art bilden. Persönlich steuerpflichtig ist aber im Fall der Verpachtung nicht wie sonst bei Verpachtung eines ganzen Gewerbebetriebs durch einen Unternehmer dieser als Verpächter, also hier die öffentlich-rechtliche Körperschaft, sondern der verpachtete Betrieb oder die Gesamtheit der gegen Entgelt überlassenen Einrichtung usw. als Betrieb gewerblicher Art.

25. Von der Steuerpflicht ausgenommene Betriebe.

a) Befreit von der unbeschränkten Körperschaftsteuerpflicht nach Ziff. 6 sind **land- und forstwirtschaftliche Betriebe von Körperschaften des öffentlichen Rechts** (§ 3 I. KStDVO), soweit sie nicht in privatrechtlicher Form betrieben werden. Hierunter fallen nach den VR 37 H I 1 Abs. 2 (RStBl. 38 S. 230, f. Anh. 17) auch die Nebenbetriebe. Das EStG 1934 versteht unter einem land- und forstwirtschaftlichen Nebenbetrieb einen Betrieb, der dem land- und forstwirtschaftlichen Hauptbetrieb zu dienen bestimmt ist (§ 13 Abs. 2 Ziff. 1 EStG). Was im einzelnen Fall als Nebenbetrieb zu gelten hat, richtet sich nach der Verkehrsauffassung (vgl. dazu auch VR 37 C I, 1 Abs. 7—11, RStBl. 38 S. 202, f. Anh. 17). Land- und forstwirtschaftliche Einkünfte, die in einem Betrieb gewerblicher Art anfallen, sind steuerpflichtig, wenn nicht durch die land- und forstwirtschaftlichen Einkünfte der Betrieb zu einem land- und forstwirtschaftlichen Betrieb — sei es Hauptbetrieb oder Nebenbetrieb — wird (VR 37 H I 1 a. a. O.). Die Tätigkeit der Jagdgenossenschaften des öffentlichen Rechts ist als land- und forstwirtschaftlicher Betrieb im Sinn des § 3 I. KStDVO anzusehen (VR 37 H I 4, RStBl. 38 S. 231, f. Anh. 17).

b) **Hoheitsbetriebe.**

§ 4 I. KStDVO bestimmt:

„Betriebe von Körperschaften des öffentlichen Rechts, die überwiegend der Ausübung der öffentlichen Gewalt dienen (Hoheitsbetriebe), gehören nicht zu den Betrieben gewerblicher Art. Eine Ausübung der öffentlichen Gewalt ist insbesondere anzunehmen, wenn es sich um Leistungen handelt, zu deren Annahme die Leistungsempfänger auf Grund gesetzlicher oder behördlicher Anordnung verpflichtet ist. Hierher gehören z. B. Forschungsanstalten, Wetterwarten, Schlachthöfe, Friedhöfe, Anstalten zur Nahrungsmitteluntersuchung, zur Desinfektion, zur Leichenverbrennung, zur Müllbeseitigung, zur Straßenreinigung und zur Abführung von Spülwasser und Abfällen.

Die Steuerpflicht der Versorgungsbetriebe (§ 2 Abs. 1) und der öffentlich-rechtlichen Versicherungsanstalten (§§ 23 ff.) bleibt unberührt."

Für den Begriff der Ausübung der öffentlichen Gewalt wird die Verpflichtung des Empfängers zur Annahme der Leistung, wie aus dem Zusatz „insbesondere" in Abs. 1 Satz 2 hervorgeht, nicht unter allen Umständen als Merkmal zu fordern sein. Unter der Ausübung der öffentlichen Gewalt ist jetzt im Gegensatz zu § 2 KStDVO 1926, der nur die Gebietskörperschaften aufführte, nicht nur die Ausübung der politischen und staatlichen Gewalt (Staatsführung, öffentliche Gewalt im eigentlichen Sinn) durch die NSDAP. und die Gebietskörperschaften zu verstehen, sondern auch die Wahrnehmung derjenigen staatswichtigen Aufgaben, deren Bedeutung für die Volksgesamtheit den Staat veranlaßt, den Trägern dieser Aufgaben die Eigenschaft der öffentlich-rechtlichen Körperschaften zu verleihen oder auch zu belassen. § 3 Abs. 1 UStDB bezeichnet die Ausübung der öffentlichen Gewalt in diesem weiteren Sinn als Erfüllung „öffentlich-rechtlicher Aufgaben". Wenn nach RFH. I 70/37 v. 14. 12. 37 (E. 43 S. 10, RStBl. 38 S. 333, StW. 38 Nr. 24) eine öffentlich-rechtliche Körperschaft mit nur beschränktem Tätigkeitsbereich, die ihre satzungsmäßigen Aufgaben selbst erfüllt und bei der sich daher Körperschaft und Betrieb gewissermaßen decken, sich nicht auf die grundsätzliche Befreiung der öffentlich-rechtlichen Körperschaften berufen kann, so besteht anderseits noch die Möglichkeit, daß der Betrieb gewerblicher Art bei Erfüllung öffentlich-rechtlicher Aufgaben als Hoheitsbetrieb anerkannt werden kann. Wie bisher muß zwischen der Ausübung öffentlich-rechtlicher Aufgaben und der sonstigen Betätigung einer öffentlich-rechtlichen Körperschaft streng unterschieden werden. Der Begriff der Ausübung öffentlicher Gewalt ist eng auszulegen und die Wahrnehmung privatrechtlicher Interessen der Inhaber öffentlicher Gewalt gehört nicht zur Ausübung öffentlicher Gewalt (RFH. I A 240/31 v. 17. 11. 31, RStBl. 32 S. 61, StW. 32 Nr. 518). Zur Unterscheidung zwischen Hoheitsbetrieb und Betrieb gewerblicher Art einer Gemeinde kommt es nach RFH. I A 391/36 v. 22. 6. 37 (RStBl. 37 S. 982, StW. 37 Nr. 430) darauf an, ob die entfaltete Tätigkeit sich nach ihrem Inhalt unter den gegebenen Verhältnissen überwiegend als eine privatgeschäftliche Verkehrshandlung oder als bewußte Erfüllung einer hoheitlichen Aufgabe darstellt. Stehe die Förderung des privatwirtschaftlichen Verkehrs im Vordergrund der Tätigkeit, so sei die Steuerpflicht als Betrieb gewerblicher Art auch dann gegeben, wenn die Betriebsausübung durch Verwaltungsmaßnahmen der Gemeinde oder durch polizeiliche Anordnung mit einem Annahmezwang für die beteiligten Personenkreise umkleidet sei. Daher ist der Vieh- und Krammarktbetrieb einer Gemeinde und nach RFH. I A 299/36 v. 16. 11. 37 (RStBl. 38 S. 15, StW. 37 Nr. 636) auch im allgemeinen der städtische Markthallenbetrieb kein Hoheitsbetrieb. Die Rechtsbegriffe des Gemeindefinanzrechts werden in der letzten Entsch. mit Recht als für das Steuerrecht nicht maßgebend erklärt. In den VR 37 H I 1 Abs. 3, RStBl. 38 S. 230, s. Anh. 17) wird darauf hingewiesen, daß § 4 I. KStDVO Beispiele für Hoheitsbetriebe enthält und daß zu den Hoheitsbetrieben auch die Betriebe der öffentlich-rechtlichen Träger der Reichsversicherung (Sozialversicherung) gehören. Unterhalte ein Hoheitsbetrieb einen Betrieb gewerblicher Art (z. B. eine Kantine, eine Verkaufsstelle, ein Erholungsheim), so sei dieser Betrieb steuerpflichtig. Wenn ein Truppenteil eine Kantine betreibt, liegt ein Betrieb einer öffentlich-rechtlichen Körperschaft, nämlich des Reiches vor, auch wenn dem Truppenteil in dieser Hinsicht eine gewisse Selbständigkeit eingeräumt ist. Wie die Entsch. RFH. I A 275/30 v. 15. 10. 31 (RStBl. 32 S. 82, StW. 32 Nr. 51) bemerkt, werden vielfach Betriebe nicht durch die öffentlich-rechtliche Körperschaft, sondern durch einzelne Verwaltungsstellen begründet. Sie gelten dann steuerrechtlich als Betriebe der Körperschaft, zu der die Stelle gehört. Auch der Kantinenbetrieb an Bord eines Kriegsschiffs ist trotz seiner Monopolstellung kein Hoheitsbetrieb (RFH. I 149/37

v. 1. 3. 38, RStBl. 38 S. 477). Die Verpachtung der Kantine ist jetzt nach § 1 Abs. 3 I. KStDBO ein Betrieb gewerblicher Art. Nach RFH. I A 57/34 v. 29. 4. 35 (RStBl. 35 S. 857, StW. 35 Nr. 367) dient eine von der Marineverwaltung eingerichtete Offizierskleiderkasse nicht überwiegend der Ausübung der öffentlichen Gewalt. Dagegen wird in RFH. I A 159/36 v. 1. 12. 36 (RStBl. 37 S. 321, StW. 37 Nr. 154) als möglich anerkannt, daß die von der Deutschen Reichsbahn-Gesellschaft errichteten Kleiderkassen Hoheitsbetriebe und nicht steuerpflichtige Betriebe gewerblicher Art sind, wenn die Leistungen der Kleiderkassen an die zum Bezug der Dienstkleidung verpflichteten Mitglieder gegenüber den Leistungen an die nur zum Bezug der Dienstkleidung aus der Kleiderkasse berechtigten Personen überwiegen.

Nach Abs. 1 Satz 1 muß der Betrieb der **Ausübung der öffentlichen Gewalt nicht ausschließlich**, sondern **überwiegend** dienen. Überwiegend bedeutet an sich mehr als 50 v. H. Es wird jedoch zu fordern sein, daß sich der Betrieb seinem Wesen nach als Hoheitsbetrieb darstellt, daß also seine Hauptaufgabe in der Erfüllung öffentlich-rechtlicher Aufgaben besteht.

e) **Persönliche Steuerbefreiung wegen Verfolgung kirchlicher, gemeinnütziger oder mildtätiger Zwecke** im Sinn des § 4 Abs. 1 Ziff. 6 KStG ist an sich auch bei Betrieben gewerblicher Art von Körperschaften des öffentlichen Rechts möglich. Voraussetzung ist, daß der Betrieb selbst entsprechend seiner steuerlichen Selbständigkeit und nicht etwa die hinter ihm stehende öffentlich-rechtliche Körperschaft alle zur Steuerbefreiung erforderlichen Voraussetzungen erfüllt (vgl. auch RFH. I A 172/27 v. 6. 12. 27, RStBl. 28 S. 98, StW. 28 Nr. 314). Daran wird es aber regelmäßig insbesondere auch hinsichtlich der satzungsmäßigen Sicherstellung der Verwendung des Vermögens bei Auflösung des Betriebs usw. fehlen.

Wegen der Gemeinnützigkeit von öffentlichen Betrieben im besonderen vgl. Anm. 14a, cc Abs. 3 und dd zu § 4 KStG.

26. Versorgungsbetriebe (§ 2 I. KStDBO).

Schrifttum. Breyhan, Die Körperschaftsteuer der Versorgungsbetriebe, DStZ. 1935 S. 815 Reinhardt, Körperschaftsteuer der öffentlichen Versorgungsbetriebe, DStZ. 1936 S. 469.

§ 2 I. **KStDBO** bestimmt:

„Zu den Betrieben gewerblicher Art gehören auch die Betriebe, die der Versorgung der Bevölkerung mit Wasser, Gas, Elektrizität oder Wärme, dem öffentlichen Verkehr oder dem Hafenbetrieb dienen.

Die Körperschaftsteuer der öffentlichen Versorgungsbetriebe wird nach Maßgabe des Steueranpassungsgesetzes v. 16. 10. 34 und der §§ 38 bis 40 dieser Verordnung den Körperschaften überwiesen, denen die Erträge dieser Betriebe zufließen."

a) **Verhältnis zum bisherigen Recht.**

„Nach dem bisherigen Recht waren die öffentlichen Versorgungsbetriebe grundsätzlich steuerfrei. Als Versorgungsbetriebe wurden sie aber nur insoweit behandelt, als sie diesen Aufgaben dienten (§ 2 Nr. 3b und § 7 Abs. 1 Satz 1 KStG 1925). Hiernach waren Versorgungsbetriebe insoweit steuerpflichtig, als der Kreis der Versorgung über die Gebietskörperschaft hinausging. Sie waren auch steuerpflichtig mit den sogenannten versorgungsfremden Geschäften. Dem neuen Gesetz gemäß sollen die öffentlichen Versorgungsbetriebe in vollem Umfang körperschaftsteuerpflichtig sein und mit Einkünften jeglicher Art dem Steuersatz von 20 v. H. unterliegen. Andererseits soll aber das Aufkommen an Körperschaftsteuer der Versorgungsbetriebe von Gebietskörperschaften im Wege des Finanzausgleichs den Körperschaften überwiesen werden, denen die Erträge dieser Betriebe zufließen" (Begr. z. KStG 1934 A Ziff. 1 RStBl. 35 S. 81) Nunmehr sind die öffentlichen Versorgungsbetriebe in vollem Umfang körperschaftsteuerpflichtig. „Der steuerliche Unterschied zwischen Versorgung innerhalb der Gebietskörperschaften und Geschäften, die lediglich der Versorgung dienen, einerseits und versorgungsfremden Geschäften anderseits ist beseitigt worden. Die Gebietskörperschaften sind auf die Einnahmen aus ihren Versorgungsbetrieben angewiesen. Die steuerliche Neuregelung darf nicht zu einer Erhöhung der Werktarife führen. Deshalb wird § 39 StAnpG und §§ 38—40 I. KStDVO gemäß das Aufkommen an Körperschaftsteuer aus öffentlichen Versorgungsbetrieben restlos den Körperschaften überwiesen, denen die Erträge aus diesen Betrieben zufließen. Eine Ausscheidung von Einkünften, die auf irgendwelche Geschäfte entfallen, findet dabei nicht statt. Es wird demnach auch die Körperschaftsteuer von dem Gewinn aus solchen Geschäften, die bereits dem KStG 1925 gemäß körperschaftsteuerpflichtig gewesen sind (aus Versorgung außerhalb der Gebietskörperschaft und aus versorgungsfremden Geschäften), den Gebietskörperschaften überwiesen" (VR 34 G. Ziff. 1 Abs. 1 u. 2), RStBl. 35 S. 407). Fließen die Erträge eines öffentlichen Versorgungsbetriebs mehreren Körperschaften zu, so wird das Steueraufkommen auf diese Körperschaften nach dem Verhältnis ihrer Ertragsbeteiligung verteilt (§ 39 Abs. 1 Satz 2 StAnpG).

b) Der Begriff des Versorgungsbetriebs hat keine Bedeutung mehr für die Steuerpflicht; das Vorhandensein eines „Versorgungsbetriebs" ist aber Voraussetzung für die Überweisung der vom Betrieb gewerblicher Art entrichteten Körperschaftsteuer an die öffentlich-rechtliche Körperschaft, der die Einkünfte des Betriebs zufließen. Als Versorgungsbetriebe kommen nach **§ 39 Abs. 2 StAnpG** nur die Betriebe von Gebietskörperschaften oder Zweckverbänden in Frage:

„Öffentliche Versorgungsbetriebe im Sinn des Absatzes 1 sind Betriebe des Reichs, eines Landes, einer Gemeinde, eines Gemeindeverbandes oder eines Zweckverbandes, die der Versorgung der Bevölkerung mit Wasser, Gas, Elektrizität oder Wärme, dem öffentlichen Verkehr oder dem Hafenbetrieb dienen. Als öffentliche Versorgungsbetriebe gelten auch solche Betriebe der in Satz 1 bezeichneten Art, die in privatrechtlicher Form geführt werden, wenn die Anteile an ihnen ausschließlich dem Reich, einem Land, einer Gemeinde, einem Gemeindeverband oder einem Zweckverband gehören und die Erträge ausschließlich diesen Körperschaften zufließen."

Nach den VR 37 H I 1 Abs. 1 RStBl. 38 S. 230 f. Anh. 17) ist für die Beurteilung der Frage, ob es sich im Einzelfall um einen „Versorgungsbetrieb" handelt, bis auf weiteres von dem bisherigen Rechtszustand auszugehen. Der Begriff des Versorgungsbetriebs in § 2 Abs. 1 I. KStDVO deckt sich mit dem gleichen Begriff des § 7 Abs. 1 KStG 1925, jedoch wurden Betriebe zur Versorgung der Bevölkerung mit Wärme neu aufgenommen. Erläuterungen gab im übrigen § 3 KStDVO 1926. Darnach galten Betriebe, denen die Versorgung der Bevölkerung mit Wasser, Gas und Elektrizität obliegt, auch insoweit als Versorgungsbetriebe, als sie Wasser, Gas und Elektrizität an gewerbliche oder landwirtschaftliche Betriebe lieferten (§ 3 Abs. 1 Ziff. 1 u. Abs. 2 a. a. O.). Auch wird der bisher in der Rechtsprechung des RFH. aufgestellte Grundsatz gelten, daß von einem Versorgungsbetrieb nur dann gesprochen werden kann, wenn die Versorgung der Bevölkerung mit Gas, Wasser usw. der eigentliche Zweck des Unternehmens ist oder dieser Zweck mindestens so überragt, daß er dem ganzen Betrieb den Stempel des Versorgungsbetriebs aufdrückt. Der Versorgungszweck muß also mindestens überwiegen. Eine den Betrieben von öffentlich-rechtlichen Körperschaften gleichgestellte AG. ist dabei als Einheit anzusehen, sie muß im ganzen hauptsächlich der Versorgung dienen; sie kann nicht mehreren Betrieben gleichgestellt werden, von denen einer als Versorgungsbetrieb anerkannt werden könnte (RFH. I A 89/30 v. 14. 7. 31, E. 29, S. 164, RStBl. 31 S. 634, StW. 31 Nr. 1054). Weiter wird auch noch für den Begriff des Versorgungsbetriebs maßgebend sein, daß die Bevölkerung zur Befriedigung eines lebenswichtigen Bedürfnisses auf den Versorgungsbetrieb der öffentlich-rechtlichen Körperschaft angewiesen sein muß. Nach RFH. I A 165/33 v. 18. 12. 34 (RStBl. 35 S. 491, StW. 35 Nr. 228) kommt es darauf an, ob das Fehlen des Versorgungsbetriebs einen wirtschaftlichen Mangel darstellen würde. Gibt es Privatbetriebe, die die in Frage kommenden Personen unter nicht wesentlich ungünstigeren Bedingungen benutzen könnten, dann ist der von einer öffentlich-rechtlichen Körperschaft betriebene nur ein Wettbewerbsunternehmen der Privatbetriebe und als Versorgungsbetrieb nicht anzuerkennen. Wenn auch das Merkmal der Versorgung der Bevölkerung des eigenen Bezirkes der Körperschaft öffentlichen Rechts weggefallen ist (vgl. auch RFH. I A 400/36 v. 16. 3. 37, E. 41 S. 155, RStBl. 37 S. 487, StW. 37 Nr. 265), muß es sich doch um den Betrieb einer Gebietskörperschaft oder eines Zweckverbandes im Sinn des § 39 Abs. 2 StAnpG handeln. Aus diesem Grunde kann auch jetzt ein Elektrizitätswerk einer religiösen Genossenschaft, die öffentlich-rechtliche Körperschaft ist, kein Versorgungsbetrieb sein. Daran kann auch nichts ändern, daß eine Gemeinde durch langfristigen Vertrag die Versorgung ihrer Bevölkerung mit Elektrizität auf die Genossenschaft übertragen hat. Dadurch wird das Elektrizitätswerk kein Betrieb der Gemeinde (vgl. RFH. I A 200/31 v. 11. 7. 33, RStBl. 33 S. 1038, StW. 34 Nr. 390). Auch Betriebe von ausländischen Körperschaften öffentlichen Rechts können danach nicht als Versorgungsbetriebe gelten (vgl. RFH. I A a 10/29 v. 26. 2. 29, RStBl. 29 S. 232, StW. 29 Nr. 430), da sich § 39 StAnpG nur auf Betriebe deutscher Gebietskörperschaften und Zweckverbände bezieht. Ein öffentlich-rechtlicher Verband, der die einheitliche Wahrnehmung der Interessen der in ihm zusammengeschlossenen Gemeinden auf dem Gebiet der Elektrizitätsversorgung und gegebenenfalls die Übernahme der Elektrizitätsversorgung dieser Gemeinden bezweckt, ist nach RFH. I A 92/34 v. 26. 11. 35 (E. 38 S. 317, RStBl. 26 S. 203, StW. 36 Nr. 39) kein Versorgungsbetrieb, weil er die Bevölkerung der ihm angeschlossenen Gemeinden nicht selbst mit Elektrizität versorgt.

An einem in privatrechtlicher Form geführten Versorgungsbetrieb müssen nach § 39 Abs. 2 S. 2 StAnpG ausschließlich Gebietskörperschaften (Zweckverbände) unmittelbar oder mittelbar (vgl. § 38 Abs. 2 I. KStDVO) beteiligt sein. Beteiligung von natürlichen oder sonstigen juristischen Personen schließt die Behandlung als Versorgungsbetrieb aus. Ist eine der beteiligten Gebietskörperschaften nicht dividendenberechtigt, so wird sie von der Überweisung der Körperschaftsteuer nach § 39 StAnpG ausgeschlossen (vgl. dazu VR 37 H I 3 a Abs. 3—5, RStBl. 38 S. 230 f. Anh. 17).

Auch der Begriff des „öffentlichen Verkehrs" ist nach früherem Recht zu beurteilen (RFH. I A 400/36, s. oben). Für die Anerkennung von Betrieben, die dem öffentlichen Verkehr dienen, als Versorgungsbetriebe war nach § 3 Abs. 1 Ziff. 2 KStDVO 1926 vorausgesetzt, daß sie überwiegend die Beförderung von Personen zum Gegenstande haben, nach ihren Tarifen von der Gesamtbevölkerung benützt werden können und mangels allgemeiner Verkehrsverbindungen von ihr benutzt werden müssen, wie Eisenbahnen des allgemeinen und des nicht allgemeinen Verkehrs einschließlich der Straßenbahnen und Hoch- und Untergrundbahnen, Kraftfahrlinien, Omnibusbetriebe, Personenschiffahrtsbetriebe, Fährbetriebe; Eisenbahnen und Kraftfahrlinien galten auch dann als Versorgungsbetriebe, wenn sie überwiegend der Beförderung von Gütern dienen. Die Eisenbahnen gelten danach nicht als Versorgungsbetriebe, wenn sie lediglich dem Güterverkehr dienen. Dies gilt auch von Kraftfahrlinien (RFH. I A 839/28 v. 25. 6. 30, E. 27 S. 28, RStBl. 30 S. 552, StW. 30 Nr. 1030). Es genügt also ein geringfügiger Personenverkehr zur Anerkennung als Versorgungsbetrieb. Straßenbahnen rechnen zu den Eisenbahnen im Sinn der Vorschrift; sie gelten also auch dann als Versorgungsbetriebe, wenn sie überwiegend dem Güterverkehr dienen (RFH. I A 559/28 v. 20. 3. 29, RStBl. 29 S. 281, StW. 29 Nr. 434).

Nach § 3 Abs. 1 Ziff. 3 KStDVO 1926 waren weiter Versorgungsbetriebe, Betriebe, die dem Hafenbetriebe dienten, d.h., die dem Güterumschlag oder der Unterhaltung von Anlagen dienen, die zur sicheren und zweckmäßigen Aufnahme von Schiffen bestimmt sind, wie insbesondere Unterhaltung von Hafenbauten, Kaianlagen und Schleusenanlagen, Stromregulierung, Kennzeichnung und Offenhaltung (Eisbrecher, Baggerei usw.) des Fahrwassers, Lotsenwesen. Als Betriebe im Sinn des Abs. 1 Ziff. 3 waren nicht anzusehen Betriebe, die den Bau, die Ausrüstung und die Reparatur von Schiffen zum Gegenstande haben, wie Werften, Docks, Maschinen- und sonstige Schiffsbedarfsfabriken, ferner Betriebe, die dem Transporte von Schiffen dienen, wie Schlepperei und Bugsierbetrieb, endlich die Taucherei (§ 3 Abs. 3 a. a. O.). Ein Lagerhausbetrieb wurde vom RFH. nicht als

Versorgungsbetrieb anerkannt, weil die Lagergeschäfte nicht ohne weiteres zum Güterumschlag und damit zum Hafenbetrieb gehören; er könnte nur insoweit als solcher anerkannt werden, als die Lagerung ein wesentliches Zwischenglied in der Weiterbeförderung vom Kai aus bildet (RFH. I A 126/27 v. 24. 5. 27, StW. 27 Nr. 488).

c) Die Verpachtung eines Betriebs gewerblicher Art hindert dessen persönliche Steuerpflicht nach Ziff. 6 des Gesetzes nicht (§ 1 Abs. 3 I. KStDBO). Die **Verpachtung eines Versorgungsbetriebs** wird dessen Anerkennung als solchen dann nicht entgegenstehen, wenn trotz der Verpachtung das Wesen des Betriebs als Versorgungsbetriebs gewahrt bleibt. Auch in den VR 37 H I 3 b (RStBl. 38 S. 230 f. Anh. 17) wird zugelassen, daß die Körperschaftsteuer für das Einkommen aus Verpachtung eines Versorgungsbetriebs im gleichen Umfang überwiesen wird wie die Körperschaftsteuer für den öffentlichen Versorgungsbetrieb. „Voraussetzung ist allerdings, daß es sich um die Verpachtung eines Betriebs handelt, der öffentlicher Versorgungsbetrieb wäre, wenn er vom Verpächter unmittelbar betrieben würde."

d) Die Anerkennung der Versorgungsbetriebe als solche hat unter den Voraussetzungen des § 39 StAnpG die **Überweisung der von den Versorgungsbetrieben entrichteten Körperschaftsteuer** an die Körperschaften zur Folge, denen die Erträgnisse der Versorgungsbetriebe zufließen. Zu überweisen ist die volle Körperschaftsteuer ohne Rücksicht darauf, ob und inwieweit sie aus Einkünften aus versorgungsfremden Geschäften herrührt. Die Voraussetzungen des § 39 StAnpG müssen nach § 38 Abs. 1 S. 1 I. KStDBO während des ganzen Kalender- oder Wirtschaftsjahrs bestanden haben. Die Überweisung von Steuerabzugsbeträgen ist ausgeschlossen (§ 38 Abs. 3 I. KStDBO). Wegen dieses „Finanzausgleichs" bei öffentlichen Versorgungsbetrieben wird auf die §§ 38—40 I. KStDBO, auf den Erl. RdF. v. 14. 6. 35 S. 1611—171 I (RStBl. 35 S. 853) und die VR 37 H I 3 (RStBl. 38 S. 230, f. Anh. 17) verwiesen.

Die Überweisung der Körperschaftsteuer der Versorgungsbetriebe ist durch das Dritte Gesetz zur Änderung des Finanzausgleichs v. 31. 7. 38 (RGBl. I S. 966, RStBl. 38 S. 745) zeitlich auf die Körperschaftsteuer aus den Veranlagungen für die Kalenderjahre 1934 bis 1938 beschränkt und für das Kalenderjahr 1938 auch der Höhe nach begrenzt worden. Art. 4 a. a. O. „Körperschaftsteuer der öffentlichen Versorgungsbetriebe" bestimmt:

„Die Vorschriften des § 39 des Steueranpassungsgesetzes vom 16. Oktober 1934 (RGBl. I S. 925, 940) über die Überweisung des Aufkommens an Körperschaftsteuer der öffentlichen Versorgungsbetriebe an die Körperschaften, denen die Erträge dieser Betriebe zufließen, sind letztmalig auf die Veranlagungen für das Kalenderjahr 1938 anzuwenden. Dabei wird die Körperschaftsteuer für dieses Jahr nur mit einem Viertel des Aufkommens überwiesen."

27. Steuerliche Selbständigkeit der Betriebe gewerblicher Art.

a) Wenn durch § 1 Abs. 1 Ziff. 6 KStG die Betriebe gewerblicher Art von Körperschaften des öffentlichen Rechts für unbeschränkt körperschaftsteuerpflichtig erklärt werden, so sind damit die **Betriebe gewerblicher Art selbst persönlich steuerpflichtig** und nicht etwa die hinter ihnen stehenden Körperschaften des öffentlichen Rechts. Die öffentlich-rechtliche Körperschaft und ihr Betrieb gewerblicher Art haben deshalb steuerlich als zwei getrennte Rechtspersonen zu gelten. Es ist daher erforderlich, daß für Steuerzwecke der Bereich der Betriebe als selbständiger Gebilde gegenüber den andern Geschäftsbereichen der öffentlich-rechtlichen Körperschaft und besonders gegenüber Eingriffen dieser Körperschaft selbst abgegrenzt wird. Da die Betriebe regelmäßig lediglich für das Steuerrecht besondere Vermögensmassen darstellen, ist die Abgrenzung nicht schon infolge irgendwelcher rechtlicher Beziehungen gegeben. Der Betrieb ist aber nicht nur gegenüber der öffentlich-rechtlichen Körperschaft als selbständiger Steuerpflichtiger abzugrenzen, sondern auch gegenüber weiteren Betrieben gewerblicher Art der gleichen Körperschaft, die ebenfalls selbständige Steuerpflichtige sind. Daher kann eine Stadtgemeinde nicht verlangen, daß zwei Betriebe, die miteinander nichts weiter zu tun haben, als daß sie derselben Gemeinde gehören, als ein Betrieb zu behandeln sind (RFH. I A 564/29 v. 17. 6. 30, E. 27 S. 14, RStBl. 30 S. 466, StW. 30 Nr. 1028). Daraus folgt weiter, daß die Ergebnisse von zwei oder mehr steuerpflichtigen Betrieben derselben Körperschaft nicht miteinander ausgeglichen werden können; denn es handelt sich um die Einkommen verschiedener Steuerpflichtiger. Auch kann nach RFH. I A 290/31 v. 15. 9. 31 (RStBl. 32 S. 297, StW. 32 Nr. 50) nicht ein Betrieb angenommen werden, wenn hinter der einen Unternehmung andere öffentlich-rechtliche Körperschaften stehen als hinter der anderen. Sind bei einer Kreisbank der Kreis und ein Giroverband am Gewinn und Verlust beteiligt, so kann man sie nicht als Zweiganstalt einer nur vom Giroverband betriebenen Kommunalbank ansehen, es sei denn, daß die Beteiligung des Kreises wirtschaftlich einer stillen Beteiligung im Sinn des Handelsrechts gleich zu erachten ist.

b) Entsprechend der steuerlichen Selbständigkeit des Betriebs gewerblicher Art ist das seiner Ausübung dienende **Betriebsvermögen** besonders festzustellen und als sein eigenes Vermögen (nach Art des Grund- oder Stammkapitals der AG. oder GmbH.) zu behandeln. Eine öffentlich-rechtliche Körperschaft kann grundsätzlich Betriebe so bilden, wie sie es für zweckmäßig hält. Sie kann insbesondere auch verschiedene Unternehmen zu einem Betrieb vereinigen (RFH. I A 553/31 v. 16. 2. 32, RStBl. 32 S. 305, StW. 32 Nr. 517). Nach RFH. I A 148/35 v. 21. 7. 36 (RStBl. 36 S. 923, StW. 36 Nr. 422) ist davon auszugehen, daß der öffentliche Betrieb das, was zur Führung seiner Geschäfte notwendig war, bei seiner Gründung als Eigenkapital erhalten hat. Dieses Eigenkapital ist gegenüber der öffentlich-rechtlichen Körperschaft auch dann nicht zu verzinsen, wenn diese dem Betrieb haushaltsmäßig Zinsen zur Last schreibt. Eine entgeltliche schuldrechtliche Überlassung der betriebsnotwendigen Wirtschaftsgüter an den Betrieb kann also regelmäßig steuerlich nicht anerkannt werden. Nach der Entsch. ist deshalb auch die nachträgliche Umwandlung des Rechts zur unentgeltlichen Benutzung von Straßen und Plätzen in eine entgeltliche Überlassung steuerlich nicht beachtlich, dagegen soll die Vereinbarung der entgeltlichen Straßenbenutzung bei Errichtung des Betriebs auch steuerrechtlich maßgebend und ein angemessenes Entgelt abzugsfähig sein. Die vom RFH. aufgestellte Vermutung ist also, worauf auch in RFH. I A 118/35 v. 21. 7. 36 (RStBl. 36 S. 922, StW. 36 Nr. 421) hingewiesen wird, widerlegbar. Die Zuführung der im Betrieb benötigten Geldmittel wird in steuerlich beachtlicher Weise nur dann durch Darlehnsgewährung erfolgen können, wenn ein vorübergehender Geldbedarf zu befriedigen ist (RFH. I A 317/36 v. 27. 4. 37, RStBl. 37 S. 979, StW. 37 Nr. 331). Nach RFH. I A 60/36 v. 26. 10. 37 (RStBl. 38 S. 365, StW. 37 Nr. 638) ist das Betriebskapital insoweit als Eigenkapital zu behandeln, als es nach der Form seiner Zurverfügungstellung oder den Zwecken, die es zu erfüllen hat, wirtschaftlich betrachtet, dem Stammkapital einer privatrechtlichen Körperschaft gleichsteht oder ähnlich ist. Hierfür könnten aber nicht die gleichen Voraussetzungen verlangt werden wie für die Beurteilung eines einer Kapitalgesellschaft von den Gesellschaftern gewährten Darlehens als verdeckten Stammkapitals. Zur Anerkennung eines Darlehens muß es sich aber um die wirkliche Zuführung von Mitteln und nicht nur um willkürliche Schuldenzuweisung handeln (vgl. RFH. I A 564/29 f. unter a und I A 610/29 v. 9. 11. 1. 30, RStBl. 30 S. 111, StW. 30 Nr. 386). Die Überlassung der vom Betrieb benötigten Gegenstände durch einen Pachtvertrag ist nach gleichen Grundsätzen zu beurteilen (RFH. I A 198/35 v. 7. 4. 36, RStBl. 36 S. 769, StW. 36 Nr. 334 und RFH. I A 158, 159/32 v. 13. 2. 34, RStBl. 35 S. 806 für die Verpachtung von Anschlagsäulen durch eine Stadtgemeinde an eine von ihr zum Betrieb des Anschlagwesens gegründete GmbH.). Die Darlehns- und Pachtverträge über betriebsnotwendige Wirtschaftsgüter können nach ähnlichen Grundsätzen beurteilt werden wie die Verträge, durch die einer Kapitalgesellschaft von ihren Gesellschaftern Betriebsvermögensteile entgeltlich überlassen werden (vgl. Anm. 15 d). Die Überbürdung von **Schulden oder sonstigen Lasten** (einschließlich Unkosten) der **öffentlich-rechtlichen Körperschaft** auf den Betrieb ist steuerlich anzuerkennen, wenn die Schulden usw. mit dem Betrieb selbst in wirtschaftlichem Zusammenhang stehen. Zinsen für eine von der Körperschaft aufgenommene Anleihe sind nur insoweit Betriebsausgaben des Betriebs, als die Anleihe dem Betrieb zugeflossen ist (RFH. I A 317/36 f. oben). Löhne und Gehälter können beim Betrieb nur in dem Umfang als Unkosten abgesetzt werden, als die entlohnten Arbeiten tatsächlich für den Betrieb geleistet wurden. Die in RFH. I A 317/36 offen gelassene Frage der Zulässigkeit von Pensionsrückstellungen wird dahin zu entscheiden sein, daß der Betrieb wegen künftiger Pensionsverpflichtungen Rückstellungen nur für solche Arbeitskräfte machen kann, die ständig und ausschließlich bei ihm und nicht bei der Körperschaft Dienste leisten, denn nur insoweit belastet die künftige Pensionslast den Betrieb. Ein Installationsgeschäft, das als unselbständiger Teil eines Versorgungsbetriebs geführt wird, kann als Betrieb gewerblicher Art bei gesonderter Gewinnberechnung nach RFH. I A 11/32 v. 19. 4. 32 (RStBl. 32 S. 525, StW. 32 Nr. 768) mit Generalunkosten des Gaswerks, die auch dem Installationsgeschäft zugute kommen, anteilig belastet werden, auch wenn besondere Vereinbarungen über die Belastung des Betriebs mit derartigen Unkosten nicht bestehen. Alle Vorteile, die sich die Körperschaft vom Betrieb nur kraft ihrer Herrschaftstellung gewähren läßt, sind steuerlich als verdeckte Gewinne zu behandeln (s. unter c).

Aus der steuerlichen Selbständigkeit des Betriebs gewerblicher Art folgt weiter, daß die Veräußerung von **Wirtschaftsgütern des Anlagevermögens**, das dem Betrieb dient, steuerlich auch dann als Betriebsvorgang zu behandeln ist, wenn die Betriebsleitung über die Wirtschaftsgüter nicht verfügen darf. Ist die Direktion eines staatlichen Kurbetriebs nicht berechtigt, die zum Betrieb benutzten Grundstücke zu verkaufen, so bedeutet das nicht, daß die Grundstücke dem Betrieb gewissermaßen nur verpachtet sind, sondern daß die Direktion nur beschränkte Vertretungsmacht hat. Infolgedessen kann bei der Veräußerung eines Grundstücks gegen die Heranziehung eines erzielten Buchgewinns nicht eingewendet werden, es handle sich nicht um ein Rechtsgeschäft des Betriebs oder aus der Notwendigkeit einer Entschließung des Ministeriums sei die Nichtzugehörigkeit des Grundstücks zum Betrieb zu ersehen. Es handelt sich vielmehr nach RFH. I A 409/30 v. 8. 3. 32 (RStBl. 32 S. 439, StW. 32 Nr. 764) um ein Rechtsgeschäft des Betriebs und, wenn für die Besteuerung der kaufmännische Gewinnbegriff des § 5 EStG. maßgebend ist, unterliegt der Buchgewinn der Steuerpflicht. Es ist ähnlich, wie wenn ein Vormund, dessen Mündel ein kaufmännisches Geschäft besitzt, zur Veräußerung eines dazu gehörigen Grundstücks der Genehmigung des Vormundschaftsgerichts bedarf.

c) Eine weitere Folge der selbständigen Steuerpflicht des Betriebs gewerblicher Art ist schließlich, daß die **Abführung des vom Betrieb erzielten Gewinns an die öffentlich-rechtliche Körperschaft**, die den Betrieb unterhält und den Gewinn zur Erfüllung der ihr obliegenden Aufgaben verwendet, vom Standpunkte des steuerpflichtigen Betriebs aus grundsätzlich als Verwendung von Einkommen zu behandeln ist, die der Verwendung des Einkommens von Kapitalgesellschaften zur Verteilung als Dividende und dergleichen entspricht (vgl. auch Anm. 2 Abf. 2 zu § 12 KStG). Dabei macht es keinen Unterschied, ob die Verpflichtung zur Abführung des vom Betrieb erzielten Gewinns an die öffentlich-rechtliche Körperschaft in der Satzung oder Verfassung des Betriebs besonders vorgeschrieben ist oder nicht. Die abgeführten Beträge dürfen deshalb bei der Ermittlung des steuerpflichtigen Einkommens des Betriebs nicht abgezogen werden (RFH. I A 60/30 v. 27. 7. 31, RStBl. 31 S. 652, StW. 31 Nr. 1055). Dies gilt auch für den Gewinn, den die Hefebezugsvereinigung einer Bäckerinnung (öffentlich-rechtliche Körperschaft) aus dem Ein- und Verkauf der Hefe erzielt und an die Innung abführt, und gegen die Steuerpflicht des Gewinns kann auch nicht eingewendet werden, die der Innung verbleibenden Zuschläge auf den Einkaufspreis der Hefe stellten steuerfreie Beiträge der Mitglieder dar (RFH. I A 171/33 v. 29. 5. 34, RStBl. 34 S. 875, StW. 34 Nr. 563). Auch als Sonderabgaben oder unter sonstiger Benennung geleistete Zahlungen des Betriebs gewerblicher Art an die zugehörige Körperschaft öffentlichen Rechts sind als Gewinnabführung und damit als Teil des steuerpflichtigen Gewinns zu behandeln, wenn sie nicht nachweisbar auf Grund eines zwischen dem Betrieb und der öffentlich-rechtlichen Körperschaft bestehenden und steuerlich anzuerkennenden schuldrechtlichen Vertrags geleistet werden (RFH. I A 412/32 v. 30. 1. 34 unter II b, E. 35 S. 89, RStBl. 34 S. 742, StW. 34 Nr. 450). Führt der Betrieb einer öffentlich-rechtlichen Körperschaft an diese einen Betrag ab, der den vom Betrieb infolge der VO v. 6. 5. 31 ersparten Besoldungsausgaben entspricht, so mindert der abgeführte Betrag den steuerpflichtigen Gewinn des Betriebs nicht (RFH. I A 316/33 v. 11. 12. 34, RStBl. 35 S. 326, StW. 35 Nr. 101). Der Abführung des Gewinns an die öffentliche Körperschaft ist es nach RFH. I A 28/32 v. 19. 4. 32 (RStBl. 32 S. 526, StW. 32 Nr. 849) steuerrechtlich gleich zu erachten, wenn der Betrieb gewerblicher Art nach den Anordnungen der öffentlich-rechtlichen Körperschaft, der er zugehört, gezwungen ist, seinen Gewinn an einen anderen Betrieb derselben öffentlich-rechtlichen Körperschaft abzuführen.

Der RFH. hat das Verhältnis der Körperschaft des öffentlichen Rechts zu ihrem steuerlich selbständigen Betrieb zutreffend mit dem Verhältnis des Einmanngesellschafters zu seiner GmbH. verglichen und hieraus geschlossen, daß es zwischen der öffentlich-rechtlichen Körperschaft und ihrem Betrieb auch eine verdeckte Gewinnausschüttung geben kann (RFH. I A 190/33 v. 12. 9. 33, E. 34 S. 84, RStBl. 33 S. 1118, StW. 34 Nr. 133). Die Körperschaft könne sich daher für ihre Leistungen an den Betrieb nur den wirklichen Wert ersetzen lassen; nötige sie aber den Betrieb, die Leistung mit einem höheren Preise zu bezahlen als handelsüblich sei, so liege in dem Preisunterschied ein steuerpflichtiger verdeckter Gewinn. Andererseits muß aber der Betrieb die Preise, die er für seine Waren von Dritten nimmt, auch der hinter ihm stehenden Körperschaft anrechnen (RFH. I A 74/33 v. 25. 7. 33, E. 34 S. 79, RStBl. 33 S. 1060, StW. 34 Nr. 391). Als verdeckter Gewinn kommt auch hier jeder Vorteil in Betracht, den sich die Körperschaft kraft ihrer Herrschaft von ihrem Betrieb ohne entsprechende Gegenleistung gewähren läßt, den der Betrieb also Dritten nicht gewähren würde (vgl. Anm. 172 zu § 6 KStG). Insbesondere sind als verdeckte Gewinnausschüttungen auch alle Leistungen anzusehen, die der Betrieb gewerblicher Art auf Grund steuerlich nicht anerkannter Verpflichtungen, z. B. als Pacht für zum Betrieb benötigte Wirtschaftsgüter (vgl. unter b) an die öffentlich-rechtliche Körperschaft zu entrichten hat (RFH. I A 37/34 v. 9. 7. 35, RStBl. 35 S. 1128, StW. 35 Nr. 483 für eine Stromabgabe, die ein Elektrizitätswerk als Vergütung für die Einräumung des Rechts, Stromleitungen über öffentliche Wege zu führen, an den ihm als Gesellschafter angeschlossenen Wegeigentümer entrichtet). Auch Zinsen für das dem gewerblichen Betrieb überlassene Eigenkapital sind Gewinne wie die auf das Grund- oder Stammkapital eines privatwirtschaftlichen Betriebs gezahlten Dividenden (RFH. I A 317/36 s. unter b).

28. Einkommensermittlung.

Wenn auch der Begriff des Betriebs gewerblicher Art nicht gleichbedeutend ist mit dem Begriff des Gewerbebetriebs im Sinn des § 2 Abs. 3 Ziff. 2 EStG, so hat doch die Einkommensermittlung grundsätzlich nach den für die Ermittlung des Gewinns geltenden Vorschriften der §§ 4—7 EStG zu erfolgen. Besitzt eine öffentlich-rechtliche Körperschaft Kaufmannseigenschaft, dann ist sie verpflichtet, Handelsbücher nach den Vorschriften der §§ 39—41 HGB mit der besonderen Ermächtigung in § 42 HGB zu führen (RFH. I A 89/25 v. 28. 9. 25, E. 17 S. 179, StW. 25 Nr. 706). Der aus ihrem Betrieb gewerblicher Art erzielte Gewinn ist daher in diesem Fall nach § 5 EStG. zu ermitteln. Im übrigen ist nach den Grundsätzen des

§ 4 EStG zu verfahren. Bei der Gewinnermittlung sind auch die Sondervorschriften des KStG zu beachten. Eine Übergangsvorschrift enthält **§ 6 I. KStDBO**:

„Wird ein Betrieb gewerblicher Art erst nach den Vorschriften des KStG v. 16. 10. 34 steuerpflichtig, so ist der Unterschiedsbetrag zwischen dem Betriebsvermögen am Schluß des Wirtschaftsjahrs und dem Betriebsvermögen am Schluß des vorangegangenen Wirtschaftsjahrs (§ 4 des EStG) festzustellen. Die hierbei zu vergleichenden Betriebsvermögen sind nach den gleichen Grundsätzen zu ermitteln."

Die Vorschrift wird insbesondere für die in die Steuerpflicht neu eintretenden Versorgungsbetriebe von Bedeutung und verhindert eine Feststellung des Anfangsvermögens nach den zum Teil abweichenden Grundsätzen des EStG 1925.

Mit Rücksicht darauf, daß öffentliche Betriebe ihre Abschlüsse nach der Haushaltsatzung vielfach auf das Rechnungsjahr abstellen, ist in den WR 37 H I 2 (RStBl. 38 S. 230, f. Anh. 17) eine Sonderregelung getroffen. Bei buchführungspflichtigen Betrieben, die auch tatsächlich Handelsbücher ordnungsmäßig führen, gilt nach der Regel des § 5 Abs. 2 KStG das Rechnungsjahr als abweichendes Wirtschaftsjahr und Ermittlungszeitraum. In den WR a. a. O. wird zugelassen, daß auch bei kleineren Betrieben und Stiftungen, die von einer öffentlich-rechtlichen Körperschaft verwaltet werden, und bei Verbänden oder Vereinen, die einer öffentlich-rechtlichen Körperschaft angeschlossen sind oder von einer solchen verwaltet werden, die Regelung des § 5 Abs. 2 KStG entsprechend angewendet wird, soweit bei ihnen nicht die Buchführungspflicht nach dem HGB vorliegt. Dies gilt auch für Dampfkesselüberwachungsvereine, die durch Anordnung von Aufsichtsbehörden gezwungen sind, ihre Abschlüsse abweichend vom Kalenderjahr aufzustellen.

Beim Fehlen brauchbarer Unterlagen für die Berechnung des Einkommens des Betriebs gewerblicher Art ist Schätzung erforderlich. Auch kann die Pauschbesteuerung nach § 21 KStG unter den dort geforderten Voraussetzungen angewendet werden.

IV. Beginn und Ende der persönlichen Körperschaftsteuerpflicht.

29. Beginn der Körperschaftsteuerpflicht.

a) Die Körperschaftsteuerpflicht beginnt mit der Entstehung eines körperschaftsteuerpflichtigen Gebildes. Es braucht noch nicht die endgültig in Aussicht genommene Form zu haben. Wenn auch eine GmbH., deren Gründung die Teilhaber im Auge hatten, mangels Eintragung ins Handelsregister bürgerlich-rechtlich noch nicht entstanden ist, so muß sie doch steuerrechtlich schon von dem Augenblick an als entstanden behandelt werden, in dem der ihre grundsätzlichen Rechtsbeziehungen regelnde Vertrag abgeschlossen wurde und auf Grund dieses Vertrags die geschäftliche Betätigung dieser Gesellschaft begonnen hat (RFH. I A 236/22 v. 16. 1. 23, E. 11 S. 249, StW. 23 Nr. 316a und VI e A 85/23 v. 19. 9. 23, E. 12 S. 326, RStBl. 24 S. 146, StW. 23 Nr. 884). An dieser Rechtsprechung hat der RFH. auch unter dem Geltungsbereich des KStG 1925 festgehalten und ausgesprochen, daß die rechtsfähigen Gesellschaften des Handelsrechts im Gründungsstadium zwar vor ihrer Eintragung, aber erst von ihrer Errichtung (dem Abschluß des Gesellschaftsvertrags) an als steuerpflichtige Personen anzusehen seien. Bei dem vor Abschluß des Gesellschaftsvertrags entstandenen Gewinn käme in Frage, ob mit diesem Teilgewinn etwa eine andere körperschaftsteuerpflichtige Person zur Körperschaftsteuer heranzuziehen wäre oder ob er etwa bei der Veranlagung der beteiligten natürlichen Personen zur Einkommensteuer hätte miterfaßt werden sollen (RFH. I A 129/33 v. 3. 7. 34, E. 36 S. 244, RStBl. 34 S. 1078, StW. 34 Nr. 620). Das KStG 1934 knüpft die unbeschränkte Steuerpflicht aus Ziff. 1 an das Vorhandensein einer dort genannten Kapitalgesellschaften. Folgt der Errichtung einer Kapitalgesellschaft auch ihre Eintragung ins Handelsregister und ist sie damit auch im Sinn des bürgerlichen Rechts rechtsfähig geworden, dann bestehen keine Bedenken sie in Anwendung der vorstehenden Grundsätze auch körperschaftsteuerrechtlich von ihrer Errichtung und der Aufnahme ihrer Tätigkeit ab als Kapitalgesellschaft zu behandeln. Anders dagegen, wenn die Gesellschaft zwar errichtet, aber vor ihrer Eintragung ins Handelsregister wieder aufgelöst wird. Der RFH. hat in dem Beschlusse I B 87/25 v. 5. 3. 26 (StW. 25 Nr. 295) in einem solchen Fall für das Gebiet der Einkommensteuer-Vorauszahlungen 1924 ausgesprochen, daß eine errichtete, aber nicht eingetragene GmbH. von der Errichtung ab eine nach § 1 KStG 1920/22 steuerrechtlich rechtsfähige Erwerbsgesellschaft sei. Eine Erwerbsgesellschaft auch im Sinn des § 2 Ziff. 1 KStG 1925 mag diese GmbH. geworden sein, da zu den Erwerbsgesellschaften im Sinn der Vorschrift nach § 4 Abs. 1 a. a. O. nicht nur die GmbH., sondern auch sonstige Personenvereinigungen mit wirtschaftlichem Geschäftsbetrieb ... zu rechnen waren. Eine Kapitalgesellschaft ist aber die Gesellschaft bei fehlender Eintragung nicht geworden, sie kann daher auch nicht als Kapitalgesellschaft im Sinn des § 1 Abs. 1 Ziff. 1 KStG 1934 behandelt werden. Es könnte nur in Frage kommen, ob eine Kapitalgesellschaft, die nach ihrer Errichtung, aber vor Eintragung ins Handelsregister wieder aufgelöst wird, als nichtrechtsfähiger Verein im Sinn des § 1 Abs. 1 Ziff. 5 KStG selbständige Rechtsperson ist. Im Hinblick darauf, daß vom Zeitpunkt der Errichtung der Kapitalgesellschaft ab bereits tatsächlich die im Gesellschaftsvertrag niedergelegte Verfassung für das Rechtsverhältnis zwischen Gesellschaft und beteiligten natürlichen Personen maßgebend sein wird, wird man im Sinn des Körperschaftsteuerrechts in der im Gründungsstadium befindlichen Gesellschaft von ihrer Errichtung ab einen selbständig steuerpflichtigen nichtrechtsfähigen Verein und nicht eine Gesellschaft bürgerlichen Rechts erblicken können, die steuerrechtlich gegenüber ihren Mitgliedern in den Hintergrund tritt (vgl. Anm. 5 zu § 3 KStG).

b) Eine Vereinbarung, daß der Betrieb einer neu gegründeten Kapitalgesellschaft von einem früheren Zeitpunkt als der Errichtung an als für Rechnung der neu gegründeten Gesellschaft geführt gelten soll, bewirkt steuerrechtlich nicht, daß der Beginn des ersten Geschäftsjahrs auf diesen früheren Zeitpunkt vorverlegt wird. Der bis zum Gründungstag gemachte Gewinn gilt als den Vorbesitzern zugeflossen (RFH. I A 68/32 v. 18. 4. 34 unter II und die dort genannte Entsch., E. 36 S. 64, RStBl. 34 S. 840, StW. 34 Nr. 455). Ist z. B. eine Gesellschaft am 7. Juli gegründet, gilt aber der Betrieb als vom 1. Januar ab für Rechnung der Gesellschaft geführt, dann ist die steuerrechtliche Anfangsbilanz zum 7. Juli aufzustellen. Nach RFH. I A 149/31 v. 8. 10. 31 RStBl. 31 S. 966, StW. 32 Nr. 57 sollen in der Eröffnungsbilanz die Rechte und Pflichten aus der Vereinbarung berücksichtigt werden. Das gilt zweifellos, aber wenn die Bilanz den wirklichen Stand des Geschäfts am 7. Juli wiedergibt, braucht natürlich nicht berücksichtigt zu werden, daß der Gewinn oder Verlust seit 1. Januar der Gesellschaft anzurechnen ist. Dieser ist ja schon in dem Stand zum 7. Juli enthalten. Nur wenn man der Einfachheit halber eine Bilanz zum 1. Januar benützt, muß man berücksichtigen, daß der bis zum 7. Juli erzielte Gewinn nicht als Gewinn der Gesellschaft zu gelten hat, und deshalb den geschätzten Betrag als Aktivum einsetzen (Gegenposten ein Reservefonds). Das Aktivum paßt zwar eigentlich nicht in eine Bilanz, weil ein Aktivum Gewinn keinen rechten Sinn hat, das Ergebnis ist aber doch richtig; es handelt sich um einen Korrekturposten zur Darstellung des Standes am 7. Juli, der seinen Zweck genügend erfüllt; um diesen Betrag müssen eben am 7. Juli mehr Aktiva oder weniger Passiva da sein als am 1. Januar.

30. Ende der Körperschaftsteuerpflicht.

Die persönliche Steuerpflicht erlischt, wenn das steuerpflichtige Gebilde aufhört zu bestehen. Der Eintritt einer Kapitalgesellschaft in Abwicklung (Liquidation) hat diese Bedeutung nicht. Sie besteht bis zur Beendigung der Abwicklung fort und diese kann nicht vor Ablauf des Sperrjahrs eintreten. Die Löschung im Handelsregister vernichtet die Existenz der Gesellschaft nicht; die Gesellschaft verschwindet erst endgültig aus dem Rechtsleben, wenn sie völlig vermögenslos geworden ist. Schüttet der Abwickler das Vermögen der Gesellschaft vorzeitig aus, so hat die Gesellschaft mindestens bis zum Ablauf des Sperrjahrs als fortbestehend zu gelten

(RFH. I A 69/25 v. 30. 10. 25, E. 17 S. 240, StW. 25 Nr. 765 und die dort genannten Entscheidungen, I B 130/26 v. 11. 1. 27, StW. 27 Nr. 184). Wegen der Auflösung der Kapitalgesellschaften im einzelnen vgl. Anm. 3 zu § 14 KStG. Auch im Konkursverfahren gilt eine Kapitalgesellschaft steuerrechtlich als fortbestehend, obwohl sie bürgerlich-rechtlich durch die Konkurseröffnung aufgelöst wird (s. Anm. 3 Abs. 2 zu § 5 KStG).

Über die Auflösung eines eingetragenen Vereins vgl. §§ 41 ff. BGB; insbesondere ist nach § 73 BGB dem Verein die Rechtsfähigkeit zu entziehen, wenn die Zahl der Vereinsmitglieder unter drei herabsinkt.

Bei Gesamthandgemeinschaften ist zu beachten, daß sie verschwinden, wenn nur ein Beteiligter übrig bleibt. Wenn also bei Bohrgesellschaften der vorletzte Gesellschafter seine Ansprüche an den letzten abtritt, so wird dieser sofort Alleineigentümer und die Gesellschaft ist gleichzeitig aufgelöst und verschwunden. Dieser hat dann nach § 106 AO für die Versteuerung zu sorgen. Über Auflösung einer Stiftung siehe §§ 86—88 BGB. Wenn die Stiftung eine andere Zweckbestimmung erhält, so ist dies keine Auflösung.

Bei Zweckvermögen kommt hauptsächlich die Endigung mit Rücksicht auf eine Satzungsbestimmung, daß das Vermögen nach Ablauf bestimmter Zeit oder mit dem Eintritt bestimmter Ereignisse an gewisse Personen herauszugeben ist, in Frage. Das Zweckvermögen hört ferner auf, als solches zu bestehen, wenn es aus irgend einem Grund freies Vermögen des Inhabers wird.

§ 2.
Beschränkte Steuerpflicht.

Beschränkt körperschaftsteuerpflichtig sind:
1. **Körperschaften, Personenvereinigungen und Vermögensmassen, die weder ihre Geschäftsleitung noch ihren Sitz im Inland haben,**
   mit ihren inländischen Einkünften;
2. **Körperschaften, Personenvereinigungen und Vermögensmassen, die nicht unbeschränkt steuerpflichtig sind,**
   mit den inländischen Einkünften, von denen ein Steuerabzug zu erheben ist.

Inhaltsübersicht.

1. Verhältnis zum bisherigen Recht.
2. Wesen der beschränkten Steuerpflicht.
3. Entstehung der beschränkten Steuerpflicht.
4. Wechsel in der Steuerpflicht und Veranlagungszeitraum.
5. Ausländische Rechtsformen von Körperschaften.
6. Doppelbesteuerung.
   a) Allgemeines.
   b) Doppelbesteuerungsabkommen.
   c) Aus der Rechtsprechung.
   I. Die beschränkte Steuerpflicht nach § 2 Ziff. 1 KStG.
   A. Die Einkunftsarten.
7. Einkünfte aus Land- und Forstwirtschaft.
8. Einkünfte aus Gewerbebetrieb.
   a) Arten der gewerblichen Einkünfte.
   b) Betriebsstätte.
      aa) Zu § 16 Abs. 2 Ziff. 1 u. 2 StAnpG.
      bb) Selbständige Gesellschaften als inländische Betriebsstätten.
      cc) Zu § 16 Abs. 3 StAnpG.

dd) Anderweite Regelung in Doppelbesteuerungsabkommen.
c) Ständiger Vertreter.
d) Ermittlung der im Inland erzielten gewerblichen Einkünfte.
   aa) Allgemeines.
   bb) Berechnung oder Schätzung.
   cc) Mindestbesteuerung.
   dd) Erhöhte Aufklärungspflicht.
e) Ermittlung der inländischen Einkünfte beschränkt steuerpflichtiger Versicherungsgesellschaften.
   aa) Berechnung des technischen Ergebnisses.
   bb) Zu- und Abrechnungen.
   cc) Schätzung der inländischen Einkünfte.
   dd) Ausgabenabzug; Personensteuern.
   ee) Mindestbesteuerung.
9. Anfall gewerblicher Einkünfte ohne inländische Betriebsstätte.
10. Einkünfte aus selbständiger und nichtselbständiger Arbeit.
11. Einkünfte aus Kapitalvermögen.

Anmerkung 1—2.

a) im Sinn des § 20 Abs. 1 Ziff. 1 und 2 EStG.
  aa) Allgemeines.
  bb) Zurechnung der Kapitalanlage bei inländischer Betriebstätte.
  cc) Beteiligung als stiller Gesellschafter.
b) im Sinn des § 20 Abs. 1 Ziff. 3 und 4 EStG.
  aa) Allgemeines.
  bb) Sicherung der Kapitalforderung.
c) Befreite Einkünfte aus Kapitalvermögen.
12. Einkünfte aus Vermietung und Verpachtung.
13. Sonstige Einkünfte im Sinn des § 22 Ziff. 1 und 2.
  B. Ermittlung des Einkommens und Steuerfestsetzung.
14. Ermittlung der Einkünfte (insbesondere Ausgabenabzug).
  a) Allgemeines.
  b) Schuldzinsen als Werbungskosten.
15. Ermittlung des Einkommens.
16. Pauschbesteuerung nach § 30 EStG.
  a) Verhältnis zum EStG 1925 und Bedeutung.
  b) Sachliche Voraussetzungen.
  c) Veranlagungsrichtlinien für 1934.
17. Ermächtigung des Finanzamts zur Pauschbesteuerung und zum Erlaß der Steuer nach § 50 Abs. 5 EStG.
18. Abgeltung des Steueranspruchs.
19. Sicherstellung des Steueranspruchs.
  II. Die beschränkte Steuerpflicht nach § 2 Ziff. 2.
20. Bedeutung der Vorschrift.
21. Persönlicher Geltungsbereich.
22. Sachlicher Geltungsbereich.
23. Kein Ausgabenabzug.
24. Abgeltung des Steueranspruchs.
25. Zusammentreffen der beschränkten Steuerpflicht nach Ziff. 1 und 2.

1. Verhältnis zum bisherigen Recht.

„§ 2 entspricht im wesentlichen dem § 3 des bisherigen Gesetzes. Beschränkt körperschaftsteuerpflichtig können alle Körperschaften, Personenvereinigungen und Vermögensmassen sein, soweit sie inländische Einkünfte haben, da hier — im Gegensatz zu § 1 — nicht bestimmte Körperschaften usw. aufgezählt sind" (Begr. zu § 2 Abs. 1 und 2 RStBl. 35 S. 82).

Beim EStG kann man einfach sagen: Inländer sind unbeschränkt einkommensteuerpflichtig, Ausländer beschränkt steuerpflichtig und § 1 EStG bestimmt, wer im Sinn dieses Gesetzes als Inländer anzusehen sei. Inländer und unbeschränkt Steuerpflichtige bezeichnen hier denselben Begriff. Das ist beim KStG anders. Voraussetzung der unbeschränkten Steuerpflicht ist nach § 1 KStG nicht bloß, daß ein Gebilde bestimmte Beziehungen zum Inland hat, kurz gesagt Inländer ist, sondern daß es auch noch unter eine bestimmte Kategorie juristischer Gebilde fällt. Infolgedessen bleiben für die beschränkte Steuerpflicht übrig: a) Gebilde der im § 1 genannten Art ohne die betreffenden Beziehungen zum Inland, b) Gebilde, die nicht zu den im § 1 genannten Kategorien gehören. § 2 Ziff. 1 KStG erklärt für beschränkt körperschaftsteuerpflichtig alle Körperschaften, Personenvereinigungen und Vermögensmassen, die weder ihre Geschäftsleitung noch ihren Sitz im Inland haben. Nach dem entsprechenden § 3 Abs. 1 Ziff. 1 KStG 1925 war dagegen die beschränkte Körperschaftsteuerpflicht nur auf die Körperschaften, Vermögensmassen, Betriebe und Verwaltungen „der im § 2 bezeichneten Art" erstreckt. Diese Änderung hat zur Folge, daß nunmehr nicht nur die Körperschaften usw. des ausländischen Rechts, die den in § 1 KStG für unbeschränkt steuerpflichtig erklärten Körperschaften usw. entsprechen, sondern sämtliche ausländischen Körperschaften, Personenvereinigungen und Vermögensmassen mit ihren inländischen Einkünften beschränkt steuerpflichtig sind. In Zukunft unterliegen also auch ausländische Körperschaften des öffentlichen Rechts der beschränkten Körperschaftsteuerpflicht des § 2 Ziff. 1 KStG, während nach der Fassung des KStG 1925 nur Betriebe und Verwaltungen von ausländischen öffentlich-rechtlichen Körperschaften für die beschränkte Körperschaftsteuerpflicht in Frage kommen konnten.

2. Wesen der beschränkten Steuerpflicht.

Von einer beschränkten Steuerpflicht spricht man, wenn nur bestimmte Einkünfte als Bemessungsgrundlage gelten (vgl. Anm. 5 zu § 1 KStG). Wegen des unmittelbaren Zusammenhangs der Einkünfte mit bestimmten Einkommensquellen hat das deutsch-italienische Doppelbesteuerungsabkommen v. 31. 10. 25 für die beschränkte Einkommen- und Körperschaftsteuerpflicht den Begriff der „Sachsteuern" eingeführt. Als Sachsteuern im Sinn des Abkommens gelten die direkten Steuern, die im Hinblick auf die einzelnen Gegenstände der Besteuerung und auf Grund ihrer wirtschaftlichen Zugehörigkeit zu dem Gebiet eines Staates erhoben werden (Art. 1 Abs. 4 a. a. O.). Für die Sachsteuern werden als Gegenstände der Besteuerung genannt Einkünfte aus unbeweglichem Vermögen (Art. 2), aus dem Betrieb von Handel, Industrie oder sonstigem Gewerbe jeder Art (Art. 3), dem Betrieb von Unternehmen der Seeschiffahrt (Art. 4), Dividenden von Handelsgesellschaften (Art. 5), Tantiemen (Art. 6), Einkünfte aus Arbeit einschließlich der Einkünfte aus freien Berufen (Art. 7), aus der Verwendung beweglichen Kapitalvermögens (Art. 8), Zinsen aus Spareinlagen und Kontokorrenten bei Banken usw., und sonstige Einkünfte einschließlich der Leibrenten (Art. 10). Vielfach wird angenommen, daß bei beschränkter Steuerpflicht keine Personensteuer vorliegt, sondern eine Realsteuer (vgl. OVG. 12 S. 23 für preußische Einkommensteuer). Hierfür scheint auch zu sprechen, daß die persönlichen Befreiungen nach § 4 Abs. 1 Ziff. 3 bis 7 KStG auf beschränkt Steuerpflichtige (§ 2 Ziff. 1) nicht anzuwenden sind (§ 4 Abs. 3 KStG). Zu einer Realsteuer würde aber gehören, daß der einzelne Ertrag steuerpflichtig wäre, ohne Rücksicht darauf, ob der Steuerschuldner bei anderen Einkünften Verluste erlitten hat. So liegt es aber nur bei dem Steuerabzug vom Kapitalertrag (§ 2 Ziff. 2 KStG). Dieser erscheint nach seiner gesetzlichen Ausgestaltung nicht nur als eine besondere Erhebungsform der Einkommen- und Körperschaftsteuer, sondern nähert sich stark einer Objektsteuer (Gutachten des Großen Senats des RFH. Gr. D I 1/26 v. 25. 10. 26, G. 19 S. 315, RStBl. 26 S. 327, 333, StW. 26 Nr. 619), die nur die Eigentümlichkeit hat, daß sie auf die Einkommen- und Körperschaftsteuer angerechnet wird. Aus diesem Grunde ist dem Steuerabzug vom Kapitalertrag jeder unterworfen, mag er eine natürliche (§ 49 EStG) oder juristische Person oder sonst ein Rechtsgebilde sein. Im übrigen liegt rechtlich eine Personensteuer vor.

3. Entstehung der beschränkten Steuerpflicht.

Zweifeln kann man, ob jedes ausländische Gebilde, das unter die in § 2 Ziff. 1 bezeichneten Gebilde fällt, an sich beschränkt steuerpflichtig ist und nur keine Steuerschuld entsteht, solange es in den Veranlagungszeiträumen keine inländischen Einkünfte hat oder ob das Zufließen von inländischen Einkünften erst die Steuerpflicht begründet. Die Frage ist u. a. für die Bemessung der Vorauszahlungen nach § 36 EStG (§ 20 KStG) von Bedeutung. Wenn eine ausländische Körperschaft am 1. Juli mit dem Bezug von inländischen Einkünften beginnt und ihr Geschäftsjahr am 31. Dezember endigt, so hat sie nach dem für den ersten Veranlagungszeitraum empfangenen Steuerbescheid nach § 36 Abs. 2 EStG. halb so viel an Vorauszahlungen zu leisten, wenn man annimmt, sie war während des ganzen Jahres steuerpflichtig, als bei der Annahme des Beginns der Steuerpflicht am 1. Juli. Entsprechend den in Anm. 6 zu § 1 KStG gemachten Ausführungen wird der Eintritt der beschränkten Steuerpflicht nicht schon an das Vorhandensein eines als Körperschaft im Sinn des § 2 zu behandelnden Gebildes im Ausland geknüpft werden können. Es muß vielmehr die Körperschaft, Personenvereinigung oder Vermögensmasse zum Inland, also zum Deutschen Reich in Beziehungen getreten sein, die die Erzielung inländischer Einkommens bezwecken und die Möglichkeit des Bezugs von inländischen Einkünften, die der beschränkten Steuerpflicht unterliegen, schaffen. Dazu gehört insbesondere bei den Tatbeständen, die einen Zustand von einer gewissen Dauer voraussetzen, daß das ausländische Gebilde mit dem Betrieb einer Land- oder Forstwirtschaft oder eines Gewerbes im Inland begonnen hat, daß es Kapitalvermögen bestimmter Art im Inland erworben oder durch inländischen Grundbesitz gesichert oder daß es inländischen Grundbesitz erworben oder eine Tätigkeit zur Erzielung sonstiger Einkünfte im Sinne des § 22 Ziff. 2 EStG begonnen hat. Es erscheint deshalb auch nicht gerechtfertigt, für den Beginn der beschränkten Steuerpflicht erst auf das tatsächliche Zufließen von Einkünften abzustellen. Im übrigen ist der Zeitpunkt des Eintritts in die beschränkte Steuerpflicht insbesondere auch für die Frage von Bedeutung, von wann ab abzugsfähige Betriebsausgaben oder Werbungskosten entstehen können.

4. Wechsel in der Steuerpflicht und Veranlagungszeitraum.
§ 12 Abs. 3 Satz 2 KStG 1925, der eine Verkürzung des 12monatigen Steuerabschnitts beim Übergang von der beschränkten zur unbeschränkten Steuerpflicht und beim Übergang von der unbeschränkten zur beschränkten Steuerpflicht vorschrieb, sofern nicht der Übergang mit dem Ende des regelmäßigen Steuerabschnitts zusammenfiel, ist in das KStG 1934 nicht mehr übernommen worden. Dies ist daraus zu erklären, daß in § 5 Abs. 1 KStG 1934 das Kalenderjahr schlechthin als Veranlagungszeitraum bestimmt worden ist (vgl. Anm. 2 zu § 5 KStG). Danach ist es für den Veranlagungszeitraum (Kalenderjahr) ohne Bedeutung, wenn im Lauf des Kalenderjahrs ein Wechsel in der Art der Steuerpflicht (Übergang von der unbeschränkten zur beschränkten Steuerpflicht oder umgekehrt) eingetreten ist. Hat für die Dauer des ganzen Kalenderjahrs die Steuerpflicht, sei es in Form der beschränkten oder unbeschränkten oder im Wechsel der beiden Formen, bestanden, dann kann der Steuerpflichtige für das Kalenderjahr mit den im Kalenderjahr bezogenen Einkünften zur Körperschaftsteuer veranlagt werden. Dies ist bei der Körperschaftsteuer im Gegensatz zur Einkommensteuer wegen des einheitlichen Steuersatzes des § 19 KStG ohne weiteres möglich. Eine andere Auffassung braucht auch nicht aus der Vorschrift des § 33 Abs. 3 Ziff. 2 I. KStDVO abgeleitet zu werden, wonach beim Übergang von der beschränkten zur unbeschränkten Steuerpflicht und beim Übergang von der unbeschränkten zur beschränkten Steuerpflicht eine Steuererklärung abzugeben ist. Diese Vorschrift ist deshalb gerechtfertigt, weil das Einkommen bei beschränkter und unbeschränkter Körperschaftsteuerpflicht nicht nach denselben Grundsätzen zu ermitteln ist. Der Unterschied besteht insbesondere in dem bei der beschränkten Steuerpflicht allgemein eingeschränkten Abzug von Ausgaben (vgl. Anm. 14) und in dem für beschränkt steuerpflichtige Körperschaften geltenden Ausschluß des Abzugs der Mitgliederbeiträge bei Personenvereinigungen (§ 8 KStG) und in dem Ausschluß der Vergünstigung für Schachtelgesellschaften (§ 9 KStG).

5. Ausländische Rechtsformen von Körperschaften.
Die Frage, ob ein ausländisches Gebilde als Körperschaft, Personenvereinigung oder Vermögensmasse im Sinn des KStG steuerpflichtig ist, ist in erster Linie danach zu beurteilen, welcher Rechtsform es nach deutschem Recht wirtschaftlich entspricht. Nach der Begr. zum KStG 1925 sollte die Entscheidung der Frage, ob die Voraussetzungen der beschränkten Steuerpflicht vorliegen, grundsätzlich nach deutschem Recht getroffen werden. Dies schließe aber nicht aus, daß für die Bestimmung privatrechtlicher und öffentlich-rechtlicher Begriffe die ausländischen Rechtssätze mit heranzuziehen seien. Denn es entspreche z. B. dem deutschen Recht, die nach ausländischem Recht begründete Rechtsfähigkeit von Personenvereinigungen und Vermögensmassen im Inland ohne weiteres anzuerkennen, soweit dem nicht besondere deutsche Vorschriften entgegenständen (vgl. z. B. Art. 10 EGBGB hinsichtlich ausländischer rechtsfähiger Vereine). Soweit dagegen lediglich wirtschaftliche oder steuerrechtliche Begriffe für die Entscheidung in Betracht kämen, sei für ihre Bestimmung ausschließlich das deutsche Recht maßgebend. Nach diesen Grundsätzen kann auch jetzt noch verfahren werden. Nach ihnen wurde in RFH. I A 92/24 v. 17. 4. 25 (E. 16 S. 212, StW. 25 Nr. 460) eine Korporation amerikanischen Rechts mit Sitz und Ort der Leitung in den Vereinigten Staaten als juristische Person des amerikanischen Rechts und als solche für körperschaftsteuerpflichtig erklärt, da sich ihre persönliche Steuerpflicht aus ihrer Rechtsform ergebe. Weiter ist nach der Entsch. die Beteiligung der Korporation an einer inländischen Kommanditgesellschaft ausschließlich nach deutschem Steuerrecht zu beurteilen, ohne Rücksicht darauf, wie das Gesellschaftsverhältnis nach amerikanischem Recht aufzufassen ist.

Nach RFH. I A 25/31 v. 10. 3. 31 (RStBl. 31 S. 552, StW. 31 Nr. 1057) sind auch

§ 2 KStG. Beschränkte Steuerpflicht.

für die Entscheidung der Frage, ob eine ausländische Körperschaft als Körperschaft des öffentlichen Rechts anzusehen sei, die ausländischen Rechtssätze mit heranzuziehen. Dagegen wurde die nach ausländischem Recht begründete Rechtsfähigkeit von Personenvereinigungen in RFH. VI A 899/27 v. 12. 2. 30 (E. 27 S. 73, RStBl. 30 S. 444, StW. 30 Nr. 593) für die deutsche Besteuerung nicht anerkannt. Zur Frage, ob die Gesellschafter einer venezolanischen OHG. oder KoG. als Mitunternehmer im Sinn des ESTG gelten oder ob diese Gesellschaften, die nach venezolanischem Recht juristische Personen darstellen, auch nach deutschem Recht als solche anzuerkennen sind, wird der Grundsatz aufgestellt, die Entscheidung über die einkommensteuerrechtliche Behandlung einer ausländischen juristischen Person oder ihrer Gesellschafter sei im Einzelfall nach den leitenden Gedanken des ESTG und KStG zu treffen. Dabei sei in erster Linie zu untersuchen, ob die betreffende ausländische Gesellschaft sich mit einer Gesellschaft des deutschen Rechts vergleichen lasse. Wenn danach zahlreiche juristische Personen des ausländischen Rechts nach ihrem Aufbau und ihrer Stellung im Wirtschaftsleben mit bestimmten juristischen Personen des deutschen Rechts gleichgestellt und daher unbedenklich als Körperschaften im Sinn des Gesetzes behandelt werden könnten, so bestehe doch bei anderen Personenvereinigungen, insbesondere den OHG. und KoG. des romanischen Rechts zwischen ausländischem und deutschem Recht insofern ein grundsätzlicher Unterschied, als diese Gesellschaften nach romanischem Recht die Stellung einer juristischen Person hätten. Für das Steuerrecht sei darauf abzustellen, ob sich die betreffende ausländische Gesellschaft mehr dem Typ der Personengesellschaft oder der Kapitalgesellschaft nähere, da diese Unterscheidung im Grunde auch für die gesetzliche Regelung der Besteuerung der Gesellschaften und Gesellschafter bestimmend sei. Für die venezolanische OHG. und KoG. träfen alle typischen Merkmale einer Personengesellschaft ebenso wie auf eine deutsche OHG. zu, und ihre Gesellschafter seien daher den Gesellschaftern einer deutschen OHG. gleich zu behandeln. Eine unterschiedslose Behandlung der ausländischen juristischen Personen als Körperschaften im Sinn des KStG hat der RFH. ausdrücklich abgelehnt. Im Hinblick auf den auch vom RFH. betonten Grundsatz, daß wirtschaftlich gleiche Verhältnisse nach Möglichkeit auch steuerlich gleich zu behandeln seien, und mit Rücksicht darauf, daß die Frage der Stellung eines Gesellschafters als Mitunternehmers oder kapitalistisch Beteiligten weniger nach der Benennung als nach der tatsächlichen und wirtschaftlichen Ausgestaltung beurteilt werden kann, erscheint in diesen Fällen die Außerachtlassung der ausländischen Rechtsform gerechtfertigt.

6. Doppelbesteuerung.

a) Die beschränkte Steuerpflicht dient dem Zweck, möglichst alles, was an Einkünften aus dem Inland herausgewirtschaftet wird, der inländischen Besteuerung zuzuführen. Vor Anwendung der Vorschriften über die beschränkte Steuerpflicht ist jedoch ebenso wie bei der Veranlagung von unbeschränkt Steuerpflichtigen, die Einkünfte aus dem Ausland beziehen, stets zu prüfen, ob nicht durch **besondere Vereinbarungen des Deutschen Reichs mit ausländischen Staaten** die beschränkte Steuerpflicht ausgeschlossen (vgl. § 9 Ziff. 2 StAnpG und Anm. 28 a zu § 4 KStG) oder anderweitig geregelt ist. Ein Doppelbesteuerungsvertrag begründet erst dann ein von den deutschen Behörden anzuwendendes Recht, wenn er nicht nur abgeschlossen, sondern als deutsches Gesetz verkündet ist (RFH. I e A 832/29 v. 3. 7. 30, E. 27 S. 85, RStBl. 30 S. 556, StW. 30 Nr. 1261 und I A 217/32 v. 14. 7. 32, RStBl. 32 S. 831, StW. 32 Nr. 1169). Die vom Deutschen Reich hinsichtlich der Einkommensbesteuerung geschlossenen Doppelbesteuerungsverträge sind von dem gemeinsamen Grundsatz beherrscht: Aufteilung der Steuerquellen in der Art, daß für die Gesamteinkommensbesteuerung der Wohnsitzstaat zuständig ist, daß aber sowohl für das Recht der Personensteuern wie für das Gebiet der Ertragsteuern dem Belegenheitsstaat die Besteuerung des unbeweglichen Gutes und des Gewerbebetriebs vorbehalten wird (RFH. VI A 414/35 v. 26. 6. 35, E. 38 S. 64, RStBl. 35 S. 1358, StW. 35 Nr. 460). Durch die Doppelbesteuerungs=

abkommen wird lediglich die Kapitalertragsteuer als Sachsteuer auch insoweit nicht berührt, als dies in den Abkommen nicht ausdrücklich vorgesehen ist (vgl. RFH. I Aa 383/29 und I A 253/31 unter c Abs. 2).

Das Saargebiet untersteht ab 1. März 1935 wieder der deutschen Steuerhoheit (vgl. Anm. 3 zu § 24 KStG). Österreich ist durch das Gesetz über die Wiedervereinigung Österreichs mit dem Deutschen Reich v. 13. 3. 38 (RGBl. I S. 237) ein Land des Deutschen Reichs geworden (s. Anm. 4 zu § 24 KStG).

b) Abkommen zur Vermeidung der Doppelbesteuerung sind auf dem Gebiet der Einkommensbesteuerung mit folgenden Staaten geschlossen:

Dänemark, vorl. Abk. v. 14. 2. 28, Bek. v. 29. 2. 28 (D. Reichsanz. 28 Nr. 57),

Danzig, VO v. 19. 11. 23 (RGBl. 23 II S. 426), geändert durch VO v. 29. 7. 26 (RGBl. 26 II S. 428), II. VO v. 15. 7. 37 (RGBl. II S. 519, RStBl. 37 S. 853),

Finnland, Abk. v. 25. 9. 35 (RGBl. 36 II S. 28, RStBl. 36 S. 91),

Frankreich für die Einkünfte aus dem Schiffahrtsbetrieb durch VO v. 30. 7. 34 (RGBl. 34 II S. 421, 438), vorläufige Anwendung des Abk. zur Vermeidung der Doppelbesteuerung auf dem Gebiet der direkten Steuern v. 9. 11. 34 nach Rderl. d. RdF. v. 12. 3. 38 (S 1301 B Fr. — 400 III d, RStBl. 38 S. 329),

Großbritannien für Einkommen aus Schiffahrtsbetrieb durch Abk. v. 17. 1. 28 (D.Reichsanz. 28 Nr. 31) u. VO v. 27. 6. 29 (RGBl. 29 II S. 506; vgl. D. Reichsanz. 29 Nr. 152), für Einkünfte aus Luftverkehrsbetrieb durch Abk. v. 10. 11. 37 (D. Reichsanz. 37 Nr. 266) u. VO v. 14. 12. 37 (RStBl. 37 S. 1263),

Italien, Abk. v. 31. 10. 25, Gesetz v. 7. 12. 25 (RGBl. 25 II S. 1145, 1159),

Japan für Einkünfte aus dem Schiffahrtsbetrieb durch Bek. v. 30. 9. 34 (D. Reichsanz. 34 Nr. 238) und durch VO v. 26. 10. 36 (RStBl. 36 S. 1037),

Kanada für Einkünfte aus dem Schiffahrtsbetrieb durch Bek. v. 21. 5. 30 (D. Reichsanz. 30 Nr. 119) und durch VO v. 26. 10. 36 (RStBl. 36 S. 1037),

Österreich, Abk. v. 23. 5. 22 u. Gesetz v. 4. 2. 23 (RGBl. 23 II S. 69, 90),

Polen (RStBl. 23 S. 143, aufgehoben durch Erl. RdF. v. 6. 4. 34 S. 1301 B Pl — RStBl. 34 S. 401; v. 1. 1. 35 ab Erl. RdF. v. 29. 2. 36 S 1301 B Pl RStBl. 36 S. 196; Sonderregelung für die Einkommensteuerveranlagung natürlicher Personen vom Kalenderjahr 1934 ab durch Erl. RdF. v. 25. 6. 35 (RStBl. 35 S. 901),

Rumänien, vorläufige Anwendung des Abk. zur Vermeidung der Doppelbest. auf dem Gebiet der direkten Steuern v. 8. 2. 37 nach Rderl. d. RdF. v. 4. 1. 38 (S 1301 B Rm — 126 III d, RStBl. 38 S. 17),

Schweden, Abk. v. 25. 4. 28, Gesetz v. 25. 7. 28 (RGBl. 28 II S. 521, 603),

Schweiz, Abk. v. 15. 7. 31 und Zusatzprotokoll v. 11. 1. 34 (RGBl. 34 II S. 37, RStBl. 34 S. 199),

Tschechoslowakische Republik, Vertr. v. 31. 12. 21 und Gesetz v. 14. 2. 23 (RGBl. 23 II S. 69),

Ungarn, Vertr. v. 6. 11. 23 und Gesetz v. 29. 6. 25 (RGBl. 25 II S. 641),

Union der Sozialistischen Sowjet-Republiken, Vertr. v. 20. 10. 25 u. Ges. v. 6. 1. 26 (RGBl. 26 II S. 1),

Vereinigte Staaten von Nordamerika wegen Befreiung nordamerikanischer Reedereien (Erl. RdF. v. 10. 8. 23 — III C 7412, v. 5. 1. 24 — III C 14722 und vom 9. 12. 24 — III Dk 11366).

c) Aus der Rechtsprechung. Im Fall eines Doppelbesteuerungsabkommens sind die Gewinne ausländischer Betriebsstätten der deutschen Besteuerung entzogen. Dem entspricht es, daß Verluste ausländischer Betriebsstätten nicht abzugsfähig sind (RFH. I A 135/34 v. 12. 11. 35, StW. 35 Nr. 698 zum deutschrussischen Doppelbesteuerungsabkommen mit dem Zusatz, daß dieser Grundsatz bereits für das Wirtschaftsjahr gilt, in dem der Vertrag in Kraft getreten ist; RFH. VI A 473/35 v. 21. 10. 36, RStBl. 37 S. 424, StW. 36 Nr. 541 für eine tschechische Betriebsstätte). Nach der letzten Entsch. ist die Finanzierung der ausländischen Betriebsstätte durch das inländische Hauptunternehmen als Entnahme beim inländischen Betrieb und als Einlage bei der ausländischen Betriebstätte anzusehen. Die in der ausländischen Betriebstätte angelegten Mittel können aber auch nicht als Darlehen des inländischen Unternehmens behandelt werden, von denen wegen schlechten Geschäftsgangs der ausländischen Betriebstätte abgeschrieben werden könnte (RFH. VI A 842/36 v. 23. 6. 37, RStBl. 37 S. 831, StW. 37 Nr. 417 für eine tschechoslowakische Betriebstätte). Über den Begriff der Betriebstätte im Sinn des deutsch-italienischen und deutsch-schweizerischen Doppelbesteuerungsabkommens vgl. Anm. 8 b, dd.

Eine österreichische Erwerbsgesellschaft war durch das deutsch-österreichische Doppelbesteuerungsabkommen nicht vom Steuerabzug vom Kapitalertrag hinsichtlich deutscher Wertpapiere befreit (RFH. I Aa 383/29 v. 19. 12. 29, E. 26 S. 163, RStBl. 30 S. 147, StW. 30 Nr. 264). Das gleiche gilt für Danziger Erwerbsgesellschaften bezüglich ihrer inländischen, steuerabzugspflichtigen Kapitalerträge (RFH. I A 253/31 v. 31. 3. 33, RStBl. 33 S. 910, StW. 33 Nr. 520).

Zum deutsch-italienischen Doppelbesteuerungsabkommen vgl. RFH. VI A 988/31, 1252/31 v. 25. 4. 33 (E 35 S. 114, RStBl. 34 S. 417) wegen der Beteiligung an einer deutschen GmbH. und RFH. VI A 804/32 v. 9. 5. 34 (RStBl. 34 S. 902) wegen des Verkaufs von Anteilen an einer deutschen GmbH.

Die Bestimmungen des deutsch-schweizerischen Doppelbesteuerungsabkommens v. 12. 2. 34 sind auch auf solche Steuerfälle anzuwenden, die vor dem Inkrafttreten des Abkommens liegen und noch nicht rechtskräftig erledigt sind (RFH. VI A 1381/33 v. 11. 7. 34, E. 36 S. 298, RStBl. 34 S. 993, StW. 34 Nr. 538 und I A 286/33 v. 24. 4. 34, RStBl. 34 S. 944, StW. Nr. 486), nicht dagegen auf rechtskräftig erledigte Körperschaftsteuerfälle, auch soweit sie Steuern für die Zeit vom 1. 1. 32 an betreffen (RFH. I A 187/37 v. 5. 5. 36, RStBl. 36 S. 892, StW. 36 Nr. 261). Die Bestimmungen des deutsch-schweizerischen Doppelbesteuerungsvertrags verhindern weder die Mindestbesteuerung beschränkt steuerpflichtiger Gesellschaften nach § 17 KStG (RFH. I A 347/36 v. 25. 5. 37, E. 41 S. 255, RStBl. 37 S. 934, StW. 37 Nr. 370), noch eine Besteuerung von Zinsen für Hypothekenforderungen, die auf deutschen Grundstücken sichergestellt sind, nach § 49 Ziff. 5 EStG (RFH. IV 187/37 v. 13. 12. 37, E. 43 S. 6, RStBl. 38 S. 109, StW. 38 Nr. 12).

Das deutsch-polnische Abkommen über Oberschlesien v. 15. 5. 22 (RGBl. II S. 238 ff.) enthält keine Bestimmungen, die der Heranziehung eines polnischen Vereins zur deutschen Körperschaftsteuer entgegenständen (RFH. I A 128/37 v. 6. 7. 37, RStBl. 37 S. 1011).

Die Bestimmungen des deutsch-tschechoslowakischen Doppelbesteuerungsabkommens stehen der Besteuerung einer tschechoslowakischen Gewerkschaft mit ihren Anteilen am Gewinn einer deutschen GmbH. nicht entgegen (RFH. I A 355/37 v. 26. 10. 37, E. 42 S. 204, RStBl. 38 S. 188, StW. 37 Nr. 614).

I. Die beschränkte Steuerpflicht nach § 2 Ziff. 1 KStG.

A. Die Einkunftsarten (§ 49 EStG, § 6 KStG).

§ 49 EStG 1934.

Beschränkt steuerpflichtige Einkünfte.

Inländische Einkünfte im Sinn der beschränkten Einkommensteuerpflicht (§ 1 Absatz 2) sind:
1. **Einkünfte aus einer im Inland betriebenen Land- und Forstwirtschaft** (§§ 13, 14);
2. **Einkünfte aus Gewerbebetrieb** (§§ 15, 16), für den im Inland eine Betriebstätte unterhalten wird oder ein ständiger Vertreter bestellt ist, und **Einkünfte aus der Veräußerung eines Anteils an einer inländischen Kapitalgesellschaft** (§ 17);

3. Einkünfte aus selbständiger Arbeit (§ 18), die im Inland ausgeübt oder verwertet wird oder worden ist;
4. Einkünfte aus nichtselbständiger Arbeit (§ 19), die im Inland ausgeübt oder verwertet wird oder worden ist, und Einkünfte, die aus inländischen öffentlichen Kassen einschließlich der Kassen der Deutschen Reichsbahn=Gesellschaft und der Reichsbank mit Rücksicht auf ein gegenwärtiges oder früheres Dienstverhältnis gewährt werden;
5. Einkünfte aus Kapitalvermögen im Sinn des § 20 Absatz 1 Ziffern 1 und 2, wenn der Schuldner Wohnsitz, Geschäftsleitung oder Sitz im Inland hat, und Einkünfte im Sinn des § 20 Absatz 1 Ziffern 3 und 4, wenn das Kapitalvermögen durch inländischen Grundbesitz, durch inländische Rechte, die den Vorschriften des bürgerlichen Rechts über Grundstücke unterliegen, oder durch Schiffe, die in ein inländisches Schiffsregister eingetragen sind, unmittelbar oder mittelbar gesichert ist. Ausgenommen sind die Dividenden aus Vorzugsaktien der Deutschen Reichsbahn=Gesellschaft und Zinsen aus Anleihen und Forderungen, die in ein öffentliches Schuldbuch eingetragen sind oder über die Teilschuldverschreibungen ausgegeben sind;
6. Einkünfte aus Vermietung und Verpachtung (§ 21), wenn das unbewegliche Vermögen, die Sachinbegriffe oder Rechte im Inland belegen oder in ein inländisches öffentliches Buch oder Register eingetragen sind oder in einer inländischen Betriebstätte verwertet werden;
7. sonstige Einkünfte im Sinn des § 22 Ziffer 1, soweit sie dem Steuerabzug unterworfen werden (§ 45);
8. sonstige Einkünfte im Sinn des § 22 Ziffer 2, soweit es sich um Spekulationsgeschäfte mit inländischen Grundstücken oder mit inländischen Rechten handelt, die den Vorschriften des bürgerlichen Rechts über Grundstücke unterliegen.

Durch Art. I Ziff. 11 des Ges. zur Änderung des EStG v. 1. 2. 38 (RGBl. I S. 99, RStBl. 38 S. 97) wurde in § 49 Ziff. 5 EStG folgender Satz angefügt, der inhaltlich der Vorschrift des § 33 I. EStDVO entspricht:

§ 49 Ziff. 5 Satz 3 EStG 1938.

Die Einkünfte aus Teilschuldverschreibungen unterliegen aber der beschränkten Steuerpflicht, wenn bei ihnen neben der festen Verzinsung ein Recht auf Umtausch in Gesellschaftsanteile (Wandelanleihen) oder eine Zusatzverzinsung eingeräumt ist, die sich nach der Höhe der Gewinnausschüttungen des Schuldners richtet (Gewinnobligationen), und wenn der Schuldner Wohnsitz, Geschäftsleitung oder Sitz im Inland hat.

7. Einkünfte aus einer im Inland betriebenen Land= oder Forstwirtschaft (§ 49 Ziff. 1 EStG).

Wegen des Begriffs der Einkünfte aus Land= und Forstwirtschaft vgl. §§ 13, 14 EStG und Anm. 155a zu § 6 KStG. Es fallen hierunter die Einkünfte aus einer für Rechnung der Körperschaft betriebenen Land= und Forstwirtschaft, mag die Körperschaft Eigentümerin oder Pächterin oder Nießbraucherin des Betriebs sein. Aus dem Hinweis auf § 14 EStG ergibt sich, daß auch Gewinne aus der Veräußerung und Aufgabe einer im Inland betriebenen Land= und Forstwirtschaft der beschränkten Steuerpflicht nach Maßgabe des § 14 unterliegen (Begr. zu § 49 EStG Abs. 2, RStBl. 35 S. 59). Maßgebend für die Besteuerung ist der nach § 4 EStG ermittelte Gewinn.

§ 2 KStG. Beschränkte Steuerpflicht.

8. Einkünfte aus einem inländischen Gewerbebetrieb (§ 49 Ziff. 2 EStG).

Schrifttum. Kratz, Die steuerliche Prüfung von Auslandsbeziehungen der deutschen Wirtschaft, DStZ. 35 S. 805; Reuter, Die körperschaftsteuerliche Beurteilung wirtschaftlicher Beziehungen des Auslands zum Inland und umgekehrt, DStZ. 36 S. 1073; Kratz, Steuerliche Beurteilung von Auslandsbeziehungen, DStZ. 37 S. 821, 853.

Wegen des Begriffs des Gewerbebetriebs vgl. Anm. 155b zu § 6 KStG.

a) Zu den **Einkünften aus Gewerbebetrieb** gehören nicht nur die Einkünfte aus dem eigenen gewerblichen Unternehmen, sondern auch solche Einkünfte, die eine ausländische Körperschaft als persönlich haftende Gesellschafterin einer inländischen OHG. oder KoG. oder als Kommanditistin einer inländischen KoG. oder als persönlich haftende Gesellschafterin einer inländischen KoGaA. bezogen hat (§ 15 Ziff. 2, 3 EStG). Auch der Gewinnanteil des Kommanditisten einer steuerrechtlich anerkannten GmbH. und Co., KoG. gehört hierher. Im übrigen wird wegen des Begriffs der gewerblichen Einkünfte auf Anm. 155b zu § 6 KStG verwiesen. Diese Einkünfte sind bei der Veranlagung der ausländischen Körperschaft in dem Kalenderjahr anzusetzen, in dem das für den Gewinn maßgebende Wirtschaftsjahr der inländischen Personengesellschaft oder sonstigen Gesellschaft endet (§ 5 Abs. 2 KStG).

Die Vorschrift des § 19 I. KStDVO, wonach bei den nach dem HGB buchführungspflichtigen Steuerpflichtigen alle Einkünfte als Einkünfte aus Gewerbebetrieb zu behandeln sind, ist für die beschränkte Steuerpflicht ausländischer Kapitalgesellschaften ohne Bedeutung. Abgesehen davon, daß ausländische Kapitalgesellschaften nur ausnahmsweise bei Bestehen einer inländischen Zweigniederlassung nach deutschem Handelsrecht buchführungspflichtig sind (vgl. Anm. 4 Abs. 3 zu § 5 KStG), können sie nur unter den Voraussetzungen des § 49 Ziff. 2 EStG inländische gewerbliche Einkünfte beziehen, also aus einer inländischen Betriebstätte oder in Verbindung mit einem Vertreter im Inland (vgl. auch RFH. I A 255, 256/30 v. 28. 10. 30, RStBl. 31 S. 25, StW. 31 Nr. 220 für das KStG 1925). Denn bei der beschränkten Steuerpflicht kommt es ausschließlich auf das Wesen der aus dem Inland bezogenen Einkünfte an, die persönlichen Eigenschaften des Steuerpflichtigen und damit die Eigenschaft einer ausländischen Kapitalgesellschaft und die Art ihres ausländischen Betriebs beeinflussen die beschränkte Steuerpflicht nicht (vgl. Anm. 15 Abs. 1). Wegen der inländischen Einkünfte ausländischer Unternehmen beim Fehlen einer inländischen Betriebsstätte vgl. Anm. 9.

b) Betriebstätte.

Schrifttum. Reinhardt, Betriebstätte DStZ. 1936 S. 245, 273, 301.

Den Begriff der Betriebstätte bestimmt § 16 StAnpG:

„Betriebstätte im Sinn der Steuergesetze ist jede feste örtliche Anlage oder Einrichtung, die der Ausübung eines stehenden Gewerbes dient.

Als Betriebstätten gelten:

1. die Stätte, an der sich die Geschäftsleitung befindet;
2. Zweigniederlassungen, Fabrikationsstätten, Warenlager, Ein- und Verkaufsstellen, Landungsbrücken (Anlagestellen von Schiffahrtsgesellschaften), Kontore und sonstige Geschäftseinrichtungen, die dem Unternehmer (Mitunternehmer) oder seinem ständigen Vertreter (zum Beispiel einem Prokuristen) zur Ausübung des Gewerbes dienen;
3. Bauausführungen, deren Dauer zwölf Monate überstiegen hat oder voraussichtlich übersteigen wird.

Ein Eisenbahnunternehmen hat eine Betriebstätte nur in den Gemeinden, in denen sich der Sitz der Verwaltung, eine Station oder eine für sich bestehende Betrieb- oder Werkstätte oder eine sonstige gewerbliche Anlage befindet, ein Bergbauunternehmen nur in den Gemeinden, in denen sich oberirdische Anlagen befinden, in welchen eine gewerbliche Tätigkeit entfaltet wird.

Ein Unternehmen, das der Versorgung mit Gas, Wasser, Elektrizität oder Wärme dient, hat keine Betriebstätte in den Gemeinden, durch die nur eine Zuleitung geführt, in denen aber Gas, Wasser, Elektrizität oder Wärme nicht abgegeben wird."

§ 49 EStG. Anmerkung 8. 65

aa) Nicht erforderlich ist, daß sich die **Betriebstätte im Sinn des Abs.** 2 Ziff. 1 **und** 2 in eigenen oder gemieteten Räumen des ausländischen Unternehmens befindet. Verfügungsmöglichkeit, soweit sie die Ausübung der gewerblichen Tätigkeit, für die die Betriebstätte bestimmt ist, erfordert, genügt. Auch braucht eine inländische Betriebstätte nicht nach außen als unselbständige Geschäftseinrichtung des ausländischen Betriebs zu erscheinen; sie muß nur auf Rechnung des ausländischen Betriebs geführt werden. Dabei genügt jede Tätigkeit, die sich als Ausfluß der gewerblichen Tätigkeit des Unternehmers darstellt, auch wenn es sich nur um nebensächliche, rein technische oder handwerksmäßige Arbeiten handelt (RFH. I B 1/27 v. 4. 3. 27, E. 20 S. 310, RStBl. 27 S. 112, StW. 27 Nr. 324). Darunter fallen nicht nur die unmittelbar auf die Hervorbringung der den Gegenstand des Unternehmens bildenden Waren oder Leistungen gerichteten Arbeiten, sondern auch alle Hilfsarbeiten, die nur mittelbar den Zweck des Unternehmens zu fördern bestimmt sind. Ob die Verrichtungen kaufmännischer, buchhalterischer, technischer oder bloß handwerklicher Art sind, ist unerheblich; erforderlich ist nur, daß es sich um Verrichtungen handelt, die dem Betrieb, der Erreichung des Zweckes des Unternehmens, planmäßig dienen. Nicht erforderlich ist, daß an der Betriebstätte Verhandlungen mit Dritten geführt oder Geschäftsabschlüsse getätigt werden. Unerheblich ist auch, welche wirtschaftliche Bedeutung die örtliche Tätigkeit der Betriebstätte im Rahmen des Gesamtbetriebs hat. Insbesondere kommt es nicht darauf an, ob an der Betriebstätte eine gütererzeugende oder — bei Verkaufsunternehmungen — eine güterumsetzende Tätigkeit stattfindet; auch Lagerräume, Speditionskontore u. dgl. können Betriebstätten bilden. Dasselbe gilt auch von Räumen, in denen nur Listen geführt oder Löhne ausgezahlt werden oder in denen technische Berechnungen oder Konstruktionszeichnungen verfertigt oder andere Hilfsarbeiten des gewerblichen Unternehmens verrichtet werden. Auch ein Büro, das in Deutschland lediglich zur persönlichen Unterstützung des Direktors dienen sollte, ist eine Geschäftseinrichtung im Betrieb des ausländischen Unternehmens, mit der das Unternehmen in die deutsche Volkswirtschaft eingeordnet ist. (RFH I A a 648/29 v. 5. 11. 29, RStBl. 30 S. 54, StW. 30 Nr. 407 u I A 217/32 v. 14. 7. 32, RStBl. 32 S. 831, StW. 32 Nr. 1169).

Bezüglich der Warenlager führt die Begr. zu § 16 StAnpG (RStBl. 34 S. 1411) aus, es sei allgemein anerkannt, daß zu den Betriebstätten des Steuerpflichtigen auch diejenigen Warenlager gehörten, die der Steuerpflichtige unter seinem Namen unterhalte (sogen. „eigene" Warenlager). Fraglich sei es dagegen, inwieweit Warenlager, die ein Steuerpflichtiger bei einem Spediteur oder einem Agenten habe, als Betriebstätten des Steuerpflichtigen anzusehen seien. Diese Frage lasse sich weder allgemein bejahen noch allgemein verneinen. Vielmehr sei aus den besonderen Umständen des einzelnen Falles zu entnehmen, ob der Spediteur oder Agent, bei dem sich das Kommissionslager befinde, als ständiger Vertreter (Angestellter) des Steuerpflichtigen anzusehen sei. Sei dies der Fall, so stelle sich das beim Spediteur oder Agenten unterhaltene Warenlager als Betriebstätte des Steuerpflichtigen dar. Es wird dazu auf die Ausführungen in RFH. IV B 47/33 v. 22. 3. 34 (RStBl. 34 S. 523) hingewiesen. Wegen der Landungsbrücken (Anlegestellen von Schiffahrtsgesellschaften) wird in der Begr. zu § 16 StAnpG a. a. O. auf RFH. I B 159/26 v. 12. 10. 26 (RStBl. 26 S. 333, StW. 26 Nr. 650) verwiesen, wo als Grundsatz aufgestellt ist: „Bei einer Schiffahrtsgesellschaft gilt als Betriebstätte jede bestimmte Anlegestelle, an der regelmäßig oder fortlaufend Personen oder Güter angenommen werden. Der Umstand, daß die Anlegestelle der Steuerpflichtigen nicht gehört oder ihr nicht ausschließlich zur Verfügung steht, spielt dabei keine Rolle." Treibstoffzapfstellen, die von selbständigen Gewerbetreibenden nebenberuflich verwaltet werden, sind Betriebstätten der Hersteller- oder Großbetriebfirma (Entsch. des Thür. OVG. v. 9. 5. 34, RStBl. 35 S. 528).

Wenn eine ausländische Kapitalgesellschaft (Sitz und Ort der Leitung im Ausland) Gesellschafter einer inländischen OHG. ist, so hat sie als Mitunternehmer des Betriebs der inländischen OHG. im Inland eine Betriebstätte und ist mit dem aus der OHG. bezogenen Gewinn beschränkt steuerpflichtig und zwar einschließlich des Gewinns aus einer ausländischen Betriebstätte der inländischen OHG. (RFH. I A 395/31 v. 22. 3. 33, RStBl. 33 S. 1318, StW. 33 Nr. 514).

bb) Als inländische Zweigniederlassungen und damit als Betriebstätten im Sinn der beschränkten Steuerpflicht hat der RFH. auch rechtlich selbständige Gesellschaften angesehen, die sich im Inland befinden, aber von einem ausländischen Gesamtunternehmen wirtschaftlich und organisatorisch beherrscht werden. Unter dieser Voraussetzung sind die deutschen Gesellschaften trotz ihrer juristischen Selbständigkeit Zweigniederlassungen der ausländischen Gesellschaften, d. h. die Rechtsform tritt zurück und die Betriebe der deutschen Gesellschaft gelten als Teil des Gewerbebetriebs der ausländischen Gesellschaften. Infolgedessen stellt sich das deutsche Einkommen der ausländischen Gesellschaften nicht als Einkünfte aus Kapitalvermögen, sondern als Einkünfte aus Gewerbebetrieb dar. Eine doppelte Erfassung der Einkünfte sowohl aus Gewerbebetrieb als auch als Einkünfte aus Kapitalvermögen ist unstatthaft.

Die geforderte wirtschaftliche und organisatorische Beherrschung der inländischen Kapitalgesellschaft durch ein ausländisches Unternehmen liegt vor, wenn die inländische Gesellschaft das Organ des ausländischen Unternehmens ist (RFH. I A 129/30 v. 16. 9. 30, RStBl. 30 S. 757, StW. 30 Nr. 1224). Die inländische Gesellschaft braucht aber nicht diejenigen Merkmale der Abhängigkeit aufzuweisen, die für die Anerkennung der Organgesellschaft nach der Rechtsprechung des RFH. Voraussetzung sind (vgl. E. 22 S. 187). Es genügt Zugehörigkeit zu einem ausländischen Konzern, „der unter einheitlicher Leitung steht und dessen einzelne Teile als autonome Einheiten aus sich selbst nicht mehr begriffen werden können, so daß zur Klärung ihrer Stellung in der Gesamtwirtschaft eine Bezugnahme auf den planmäßig aufgebauten Konzern notwendig ist" (RFH. I A 226/29 v. 30. 1. 30, RStBl. 30 S. 148, StW. 30 Nr. 321). Der Konzern muß eine wirtschaftliche Einheit der in ihr zusammengefaßten, rechtlich selbständigen Gesellschaften darstellen (RFH. I A 293/31 v. 22. 3. 32, RStBl. 32 S. 711, StW. 32 Nr. 695). Es reicht also nicht aus, daß die ausländische Gesellschaft das ganze Gesellschaftskapital der deutschen Gesellschaften hat, es muß sich vielmehr um einen Konzern handeln, dessen Spitze die ausländische Gesellschaft ist. Dies ist nach RFH. I A 186/35 v. 5. 5. 36 (RStBl. 36 S. 837), z. B. dann der Fall, wenn eine deutsche GmbH. als Verkaufsstelle eines weitverzweigten ausländischen Unternehmens von diesem allein abhängig ist, was sich insbesondere darin zeigte, daß die GmbH. trotz geringen Stammkapitals durch hohe rechnungsmäßige Verluste nicht zum Erliegen kam, weil die Verluste vom Stammhaus durch ein besonderes Abrechnungsverfahren bestritten wurden. Während das Konzernverhältnis zwischen inländischen Gesellschaften ebenso wie auch das Organverhältnis zwischen inländischer Organgesellschaft und herrschendem inländischen Unternehmen grundsätzlich die steuerliche Selbständigkeit der abhängigen Gesellschaft unberührt läßt (vgl. Anm. 11 und 12 zu § 3 KStG), wird für die beschränkte Steuerpflicht im Verhältnis von inländischer abhängiger Gesellschaft und ausländischem herrschenden Unternehmen die Selbständigkeit der inländischen abhängigen Gesellschaft verneint. Regelmäßig dürfte aber allein die Annahme, die ausländische Kapitalgesellschaft sei ständiger Vertreter des ausländischen Unternehmens, ausreichen, um eine Steuerpflicht des tatsächlich im Inland erzielten Einkommens zu begründen.

Wenn die inländische Gesellschaft steuerrechtlich als Zweigniederlassung des ausländischen herrschenden Unternehmens behandelt wird, dann liegt steuerrechtlich nur eine Rechtsperson vor, wo zivilrechtlich zwei Personen gegeben sind. Gegenseitige Verträge zwischen beiden Gesellschaften sind deshalb steuerrechtlich nicht maßgebend und dürfen zu keiner Verkürzung des Gewinns der inländischen Betriebstätte führen. Daher sind nach RFH. I 9/37 v. 26. 10. 37 (RStBl. 38 S. 46, StW. 37 Nr. 637) Darlehnszinsen und Zahlungen, die die abhängige Gesellschaft für die Benutzung der Firma und die Führung der Warenmarken an die ausländische Gesellschaft leistet, dem Bilanzgewinn wieder hinzuzurechnen. Die

§ 49 EStG. Anmerkung 8.

zivilrechtliche Dividendenausschüttung der abhängigen Gesellschaft an die ausländische Gesellschaft ist steuerrechtlich eine Überführung von Vermögen der inländischen Zweigniederlassung auf die ausländische Hauptniederlassung. Diese Dividende unterliegt daher nicht der Kapitalertragsteuer (RFH. I A 198/36 v. 22. 7. 36, E. 39 S. 300, RStBl. 36 S. 899, StW. 36 Nr. 428) und die Schachtelvergünstigung scheidet für die herrschende Gesellschaft aus.

cc) Durch § 16 Abf. 3 StAnpG. ist die frühere Rechtsprechung, nach der sich bei **Bergbauunternehmen** die Betriebstätten auch auf unterirdische Anlagen erstreckten, überholt (vgl. RFH. I A 218/34 v. 20. 2. 35, RStBl. 35 S. 572, StW. 35 Nr. 299).

dd) **Der Begriff der Betriebstätte kann auch in den Doppelbesteuerungsabkommen anderweit geregelt sein.** Dann ist für die Beurteilung der beschränkten Steuerpflicht von Angehörigen des betreffenden ausländischen Staates der im Abkommen festgelegte Begriff maßgebend. Der deutsch-italienische Doppelbesteuerungsvertrag vom 31. 10. 25 und das deutsch-schweizerische Doppelbesteuerungsabkommen vom 15. 7. 31 haben den Begriff der Betriebstätte insofern enger gefaßt, als für die Annahme einer Betriebstätte eine betriebseigene Geschäftseinrichtung vorausgesetzt wird (RFH. I A 13/35 v. 30. 4. 35, E. 37 S. 320, RStBl. 35 S. 840, StW. 35 Nr. 327).

e) Unterhält ein ausländisches Unternehmen keine inländische Betriebstätte, so kann nach § 49 Ziff. 2 EStG die beschränkte Steuerpflicht mit Einkünften aus Gewerbebetrieb auch durch die **Bestellung eines ständigen Vertreters** begründet werden. Die gewerbliche Tätigkeit des ausländischen Unternehmens kann im Inland auch von einer Mittelsperson ausgeübt werden, die als sein ständiger Vertreter, als sein Organ tätig ist, d. h. in einem Abhängigkeitsverhältnis zu ihm steht, und an Stelle des Unternehmers in dessen Betrieb fallende Handlungen vornimmt. Dies kann sowohl ein abhängiger Angestellter des ausländischen Unternehmens als auch ein mit Vollmacht versehener, selbständiger Gewerbetreibender, z. B. ein Agent oder ein Spediteur, sein, soweit die von ihm ausgeübte Tätigkeit über den Rahmen eines eigenen Gewerbebetriebs hinausgeht. Auch Angestellte einer inländischen Firma können als Organe der ausländischen Auftraggeber tätig werden und für diese eine Betriebstätte im Inland begründen. Der ständige Vertreter braucht in Deutschland weder Wohnsitz noch dauernden Aufenthalt zu haben. Erstreckt sich die Tätigkeit des Vertreters über mehrere Orte Deutschlands, so ist es unerheblich, wenn er sich infolgedessen an den einzelnen Orten nicht längere Zeit aufhalten kann (vgl. RFH. I B 1/27, E. 20 S. 310 u. I Aa 263/29 v. 13. 9. 29, E. 25 S. 352, RStBl. 29 S. 589, StW. 30 Nr. 87). Ständiger Vertreter kann auch sein, wer nicht zum Abschluß von Geschäften ermächtigt ist, sondern — als Agent, Generalagent — lediglich zur Vermittlung von Kaufverträgen und sonstigen Geschäften und damit mindestens zur Einholung von Kaufangeboten zwecks Weitergabe an den Auftraggeber und Lieferer ermächtigt ist. Wie weit die Ermächtigung des ständigen inländischen Vertreters geht, ist grundsätzlich bedeutungslos (RFH. I Aa 648/29 v. 5. 11. 29, RStBl. 30 S. 54, StW. 30 Nr. 407). Wenn eine ausländische Firma gelegentlich Reisende nach Deutschland zum Besuch ihrer Kundschaft sendet, ist ein ständiger Vertreter auch dann nicht anzunehmen, wenn die Reisenden sich auch mit der Prüfung der Waren und Beanstandungen der Kunden befassen. Ein inländischer Betrieb liegt nur vor, wenn eine ständige Einrichtung vorhanden ist; der inländische Vertreter muß eine ähnliche Bedeutung haben wie die inländische Betriebstätte. Dies ist aber nur dann der Fall, wenn die ausländische Firma durch eine dauernde Einrichtung für ihre Vertretung gesorgt hat. Nicht erforderlich ist, daß der ständige Vertreter immer die gleiche Person ist (RFH. I A 56/33 v. 29. 6. 34, RStBl. 34 S. 1125, StW. 34 Nr. 622). Auch eine Kapitalgesellschaft kann als ständige Vertreterin eines ausländischen Unternehmens tätig werden (RFH. I A 254/26 v. 13. 5. 27, E. 21 S. 166, StW. 27 Nr. 738).

Bei einer Metaverbindung zwischen einem inländischen und einem ausländischen Unternehmen hat es der RFH. mit Recht abgelehnt, in der inländischen

Firma einen ständigen Vertreter der ausländischen Firma zu sehen. Es folgt aus dem Begriff der Metaverbindung, daß die deutsche Firma, die jedes Geschäft jeweils nach vorheriger Vereinbarung mit der ausländischen Firma für gemeinsame Rechnung abschließt, wohl als Vertreter der ausländischen Firma, nicht aber als ihr ständiger Vertreter handelt, sondern nur auf Grund der Vertretungsmacht, die ihr durch die besondere Vereinbarung für das betreffende Geschäft eingeräumt ist. Als ständiger Vertreter der ausländischen Unternehmung kann dagegen der inländische Metist dann angesehen werden, wenn eine Geschäftsverbindung von längerer Dauer und Stetigkeit vorliegt, bei der die Geschäfte auf Grund eines laufenden Vertragsverhältnisses, nicht dagegen auf Grund besonderer Abmachungen für das einzelne Geschäft abgeschlossen werden (RFH. VI A 2120/29 v. 23. 7. 30, RStBl. 30 S. 716, StW. 30 Nr. 1054 und VI A 1934/29 v. 25. 3. 31, StW. 31 Nr. 434). In einem Fall, in dem eine ausländische Gesellschaft mit 50 v. H. am ganzen Gewinn und Verlust einer deutschen GmbH. beteiligt war und die deutsche Gesellschaft sich nicht auf gemeinschaftliche Geschäfte, bei denen die ausländische Gesellschaft beteiligt war, beschränkt hat, hat der RFH. mit Recht ein über eine Metaverbindung hinausgehendes Mitunternehmerverhältnis angenommen, bei dem die ausländische Gesellschaft als Mitunternehmerin eine Betriebsstätte am Ort der vom deutschen Geschäftsinhaber unterhaltenen Geschäftseinrichtungen besitzt (RFH. I A 277/32 v. 25. 4. 33, RStBl. 33 S. 1019, StW. 34 Nr. 137).

Nach den **BR** sind die Einkommensteuerveranlagungen und Körperschaftsteuerveranlagungen ausländischer Unternehmen, die nur wegen des Vorhandenseins eines ständigen Vertreters im Inland der beschränkten Einkommensteuerpflicht unterliegen, für die Kalenderjahre 1934—1937 und die folgenden Jahre auf Antrag auszusetzen, wenn der ständige Vertreter als Großhändler, Handelsagent oder Kommissionär im deutschen Handelsregister eingetragen ist. Eine Aussetzung findet nicht statt, wenn der ständige Vertreter Angestellter der ausländischen Firma ist, oder wenn die ausländische Firma schon bisher (spätestens also für das vorangegangene Kalenderjahr) zur Einkommensteuer oder Körperschaftsteuer herangezogen worden ist (BR 37 G I, RStBl. 38 S. 229, f. Anh. 17).

Zu b) und c). In § 49 Ziff. 2 EStG sind als beschränkt steuerpflichtig ausdrücklich die Einkünfte aus der **Veräußerung eines Anteils an einer inländischen Kapitalgesellschaft** aufgeführt. Wie die Begr. zu § 49 EStG (RStBl. 35 S. 59) betont, war die besondere Hervorhebung dieser Einkünfte, die an sich zu den Einkünften aus Gewerbebetrieb gehören, wenn der Veräußerer an der Kapitalgesellschaft wesentlich beteiligt war, doch notwendig, weil für die beschränkte Steuerpflicht weder die Unterhaltung einer inländischen Betriebstätte noch die Bestellung eines ständigen Vertreters im Inland vorausgesetzt wird. Dies entspricht der vom RFH. bisher vertretenen Auffassung (vgl. RFH. VI A 804/32 v. 9. 5. 34, RStBl. 34 S. 902, StW. 34 Nr. 429). Daß im übrigen auch für die Begründung der beschränkten Steuerpflicht die sonstigen Voraussetzungen des § 17 EStG, insbesondere die Tatsache der wesentlichen Beteiligung des Veräußerers, erfüllt sein müssen, ergibt sich aus dem Hinweis auf § 17 in § 49 Ziff. 2 EStG (vgl. Anm. 155 b Abs. 6 zu § 6 KStG).

d) Ermittlung der im Inland erzielten gewerblichen Einkünfte. Da sich die Rechtsverhältnisse ausländischer Gesellschaften mit Sitz im Ausland ausschließlich nach ausländischem Recht richten, kommt für sie eine Verpflichtung zur Führung von Büchern nach den Vorschriften des HGB meist nicht in Frage (s. unter a Abs. 2). Eine Gewinnermittlung nach § 5 EStG scheidet daher regelmäßig aus, es greift § 4 EStG Platz. Dabei sind die allgemeinen Vorschriften des EStG und die besonderen Grundsätze des KStG über die Gewinnermittlung zu beachten (s. Anm. 14a). Das Ergebnis der inländischen Betriebstätte wird häufig in der im Ausland geführten Buchhaltung des Unternehmens miterfaßt werden. Da aber nur der in einem Teil des gewerblichen Unternehmens erzielte Gewinn zu ermitteln ist, werden die allgemeinen Grundsätze der Gewinnermittlung in vielen Fällen nicht ausreichen. Diesen Schwierigkeiten sollte durch die Vorschriften der §§ 33, 34

§ 49 EStG. Anmerkung 8.

EStG 1925 gesteuert werden, die eine Angleichung des Gewinnergebnisses insbesondere auch einer inländischen Zweigniederlassung eines ausländischen Unternehmens (§ 34) an die sonst von inländischen Geschäften gleicher oder ähnlicher Art erzielten Gewinne ermöglichen sollten. Das EStG 1934 hat diese Vorschriften nicht übernommen. An ihre Stelle ist vielmehr der § 30 „Besteuerung bei ausländischen Beziehungen" getreten, der sich nicht nur auf Einkünfte aus Gewerbebetrieb, sondern auch auf solche aus Land- und Forstwirtschaft und aus freiem Beruf erstreckt (vgl. Anm. 16).

aa) **Ziel der Gewinnermittlung** ist die Erfassung des aus dem Inland herausgewirtschafteten Gewinns. Es soll der Gewinn besteuert werden, der nach der Bedeutung der inländischen Betriebstätten für das gesamte Unternehmen von dessen Gesamtgewinn auf die inländische Betriebstätte anteilig entfällt.

bb) Als Einkünfte aus inländischem Gewerbebetrieb ist nur das im Inland erzielte Einkommen der deutschen Besteuerung zu unterwerfen. Nach Möglichkeit soll die **gesonderte Berechnung der inländischen Einkünfte** die Grundlage der Besteuerung bilden (vgl. auch unter e, aa). Eine genaue Berechnung bis ins einzelne wird meist nicht möglich sein, es sei denn, daß eine inländische Betriebstätte etwa als Zweigniederlassung nach Art eines selbständigen Betriebs im Inland ihre Geschäfte wirtschaftlich getrennt vom Betrieb der ausländischen Hauptniederlassung erledigt. Dabei können Zweifel hinsichtlich der Zurechnung von einzelnen Wirtschaftsgütern des Betriebsvermögens entstehen. Es gibt Gegenstände, die nur einer bestimmten Betriebstätte zugerechnet werden können, wie Maschinen, Fabrikgrundstücke. Bei anderen Wirtschaftsgütern hängt es vom Willen der Geschäftsleitung ab, ob sie der Hauptniederlassung oder einer bestimmten Betriebstätte zuzurechnen sind wie z. B. nach RFH. I A 236/35 v. 19. 12. 35 (E. 39 S. 1, RStBl. 36 S. 590, StW. 36 Nr. 88) bei den zur Bekämpfung von Wettbewerbsunternehmen erworbenen Beteiligungen. Hier entscheidet nur der aus der buchmäßigen Behandlung sich ergebende Wille der Geschäftsleitung. Wegen der Berücksichtigung des im Ausland liegenden Zentralvermögens bei Versicherungsgesellschaften vgl. unter e, aa. Weiter wird man auch über die Verteilung gewisser Generalunkosten oder auch gewisser Einnahmen keinen Maßstab besitzen, der als allein richtig angesehen werden kann. Eine gesonderte Berechnung der inländischen Einkünfte kann aber auch dann noch als möglich anerkannt werden, wenn einzelne Posten der Rechnung, z. B. der auf die deutsche Zweigniederlassung entfallende Teil der Generalunkosten der ausländischen Hauptniederlassung, geschätzt werden muß (RFH. I A 177/27 v. 21. 12. 27, E. 22 S. 331, RStBl. 28 S. 109, StW. 28 Nr. 166). Wenn ein ausländisches Unternehmen an die Angestellten seines deutschen Zweigbetriebs hohe, nur aus den Verhältnissen des Gesamtbetriebs zu erklärende Gehälter zahlt, so liegen nach RFH. VI A 1338/33 v. 23. 10. 35 (RStBl. 36 S. 214, StW. 35 Nr. 711) trotzdem regelmäßig Betriebsausgaben des inländischen Zweigbetriebs vor; denn im allgemeinen seien Gehaltszahlungen an die Angestellten des Zweigunternehmens als dessen Betriebsausgaben anzuerkennen.

Schwieriger gestaltet sich die Ermittlung der inländischen Einkünfte, wenn die inländische Betriebstätte den unselbständigen Teil eines einheitlichen Gesamtunternehmens darstellt, so daß der Gewinn nur unter Berücksichtigung des Gesamtergebnisses des einheitlichen Unternehmens festgestellt werden kann. Dies gilt insbesondere, wenn der inländischen Betriebstätte entweder nur der Einkauf oder nur der Verkauf für die ausländische Hauptniederlassung obliegt. Auch kann es für die deutsche Besteuerung nicht abschließend darauf ankommen, welche Einkünfte rein äußerlich im Inland und welche im Ausland gebucht werden, denn sonst würde die Leitung des Gesamtunternehmens, wie in RFH. I A 186/35 v. 5. 5. 36 (RStBl. 36 S. 837) mit Recht betont wird, allein darüber entscheiden, wie sie Gewinne in Erscheinung treten lassen und welche Gewinne sie in Deutschland versteuern will. In diesen Fällen ist der im Inland erzielte Gewinn durch Verteilung des Gesamtgewinns auf in- und ausländische Betriebstätten nach einem geeigneten Zerlegungsmaßstab (Schätzung) zu ermitteln.

Dabei ist der Gewinn des Gesamtunternehmens zunächst soweit als möglich unter Anwendung der für die deutsche Besteuerung maßgebenden Vorschriften festzustellen (vgl. unter e, cc Abs. 2). Wenn eine ausländische AG. in Deutschland ein Büro unterhält, das die in Deutschland gekauften Waren prüft und zum Verkauf durch die AG. ins Ausland versendet, hat die inländische Betriebstätte überhaupt keine Einnahmen. Dieser Umstand schließt nach RFH. I A 76/35 v. 29. 10. 35 (RStBl. 35 S. 1516, StW. 35 Nr. 723) die deutsche Körperschaftsteuerpflicht nicht aus. Denn ebensogut könne man sagen, bei einem inländischen Verkaufsbüro als Betriebstätte seien die gesamten Einnahmen abzüglich lediglich der Bürounkosten steuerpflichtig. Genau so, wie das Einkaufsbüro die Waren, ohne etwas dafür zu erhalten, ins Ausland verschickt, erhält das Verkaufsbüro die Waren aus dem Ausland, ohne etwas dafür zu bezahlen. In diesen Fällen ist steuerpflichtig der Anteil am Gesamteinkommen des ausländischen Unternehmens, der durch die Tätigkeit der inländischen Betriebstätte erzielt wird. So einleuchtend dieser Grundsatz ist, so schwierig kann seine Anwendung werden, sobald etwa alle in Frage kommenden Zahlen gegeben sind. Man kann etwa so vorgehen. Zunächst ist der Rohgewinn an den in Deutschland gekauften Waren festzustellen (oder zu schätzen), sodann ein entsprechender Teil der gemeinsamen Unkosten abzuziehen. Damit erhält man den Reingewinn an der deutschen Ware. Aber an diesem Reingewinn ist die inländische Betriebstätte nur beteiligt. Selbst wenn sie die Ware selbst eingekauft hätte, wäre ihr wohl nicht die Hälfte des Reingewinns zuzurechnen, weil es im allgemeinen schwerer ist, gut zu verkaufen als gut einzukaufen. In dem entschiedenen Fall kaufte das Büro aber nicht ein, sondern sorgte nur für die Abwicklung der Käufe und für die Beförderung der Kohle ins Ausland. Es ist demnach schwer zu sagen, welcher Bruchteil des Reingewinns dem inländischen Büro zuzurechnen ist. Vielleicht wäre es richtiger, das steuerpflichtige Einkommen mehr nach der Größe und der Bedeutung der Betriebstätte zu schätzen. Wird das inländische Einkommen in einem Hundertsatz des Gesamteinkommens des ausländischen Unternehmens geschätzt, dann kann der ausländischen Gesellschaft nicht grundsätzlich ein Voraus von 10 v. H. für die ausländische Hauptniederlassung zugebilligt werden (RFH. I A 506/27 v. 7. 2. 28, E. 23 S. 6, RStBl. 28 S. 196, StW. 28 Nr. 317). Schätzung des inländischen Einkommens wird trotz dem Vorhandensein einer technisch sorgfältigen Buchführung auch bei eng verflochtenen in- und ausländischen Unternehmungen, insbesondere bei inländischen Tochtergesellschaften und ausländischen Muttergesellschaften erforderlich sein, da eine rechnerische Ermittlung des im Inland wirklich erzielten Einkommens nicht immer möglich sein wird. Wenn eine inländische Tochtergesellschaft von der ausländischen Muttergesellschaft Halb- und Fertigfabrikate bezieht und Kredite von der Muttergesellschaft erhält, dann ist nach RFH. I A 129/30 v. 16. 9. 30 (RStBl. 30 S. 757, StW. 30 Nr. 1224) zu prüfen, ob die Ansätze für die Entgelte angemessen sind. Ergibt sich die Unmöglichkeit einer Berechnung, so würde es bei der dann vorzunehmenden Schätzung nicht der Billigkeit widersprechen, wenn von dem Gewinn der Muttergesellschaft oder gar nur von der meist den Gewinn nicht aufzehrenden Dividende der Muttergesellschaft ausgegangen wird. Das Inlandseinkommen einer ausländischen Gesellschaft darf aber nicht ohne weiteres geschätzt werden. Ist eine ausländische Gesellschaft bereit, der Steuerbehörde jeden Einblick in ihre Verhältnisse zu gewähren, so sind die von ihr angebotenen Beweise zu erheben (RFH. I A 449/32 v. 3. 2. 34, RStBl. 34 S. 665, StW. 34 Nr. 498). Bei der Schätzung des inländischen Einkommens in einem Teilbetrag des Gesamteinkommens der ausländischen Gesellschaft sind die von dem Gesamtunternehmen gezahlten in- und ausländischen Personensteuern dem Gesamtgewinn hinzuzurechnen und der Gesamtgewinn zuzüglich sämtlicher Personensteuern ist verhältnismäßig auf in- und ausländische Betriebstätten zu verteilen (vgl. im einzelnen unter e, dd Abs. 2 u. Anm. 7 zu § 12 KStG).

cc) Wie bereits unter aa bemerkt, gelten für die Ermittlung der beschränkt steuerpflichtigen Einkünfte auch die Vorschriften des KStG über die **Mindestbesteuerung** (§ 17 KStG). Soweit im Einzelfall zwischen dem Deutschen Reich

§ 49 EStG. Anmerkung 8.

und dem Staate, in dem sich die ausländische Hauptniederlassung befindet, Doppelbesteuerungsabkommen bestehen, ist vor Anwendung der Mindestbesteuerung zu prüfen, ob nicht durch Abkommen eine anderweitige Regelung getroffen ist (RFH. I A 347/36 v. 25. 5. 37 (E. 41 S. 255, RStBl. 37 S. 934, StW. 37 Nr. 370). Bei Anwendung der Mindestbesteuerung kommt es regelmäßig darauf an, die Bemessungsgrundlagen des § 17 KStG (Ausschüttungen, Aufsichtsratsvergütungen, übermäßige Vergütungen an leitende Angestellte) in der vom Gesamtunternehmen geleisteten Höhe anteilig auf ausländische und inländische Betriebstätten zu verteilen. Wegen der allgemeinen Grundsätze vgl. Anm. 6 Abs. 2 zu § 17 KStG, wegen der beschränkt steuerpflichtigen Versicherungsunternehmen vgl. unter e, ee.

dd) Als Steuerpflichtige in Anspruch genommene Gesellschaften, die ihren Sitz im Ausland haben, sind in erhöhtem Maße zur **Mitwirkung bei der Aufklärung von Tatsachen** verpflichtet, die für die Beurteilung der Steuerpflicht von Bedeutung sind. Versagen sie ihre Mitwirkung, so ist die Steuerbehörde berechtigt, einen bestimmten steuerlichen Tatbestand, auf dessen Vorliegen das Ergebnis ihrer Ermittlungen mit einem hohen Grad von Wahrscheinlichkeit einen Rückschluß gestattet, als festgestellt anzusehen (RFH. I A 344/32 v. 9. 1. 34, E. 35 S. 133, RStBl. 34 S. 382, StW. 34 Nr. 235, I A 449/32 v. 3. 2. 34, RStBl. 34 S. 665, StW. 34 Nr. 498 und VI A 827/34 v. 23. 1. 35, RStBl. 35 S. 306, StW. 35 Nr. 137).

e) Für die **beschränkt steuerpflichtigen Versicherungsunternehmen**, mit deren Einkommensermittlung sich der RFH. für das KStG 1925 in zahlreichen Entscheidungen beschäftigt hat, sind in § 28 I. KStDVO besondere Vorschriften über die Ermittlung des Inlandseinkommens enthalten. Diese sollen die Schwierigkeiten, die sich bisher bei der Veranlagung von beschränkt steuerpflichtigen Versicherungsunternehmen ergeben haben, beseitigen (vgl. WR 34 G Ziff. 8 Abs. 4, RStBl. 35 S. 409). Außerdem enthält der RdErl. RdF. v. 25. 7. 36 S. 2511—45 III Abschn. V (RStBl. 36 S. 825, f. Anh. 18) Einzelheiten zur Gewinnermittlung nach § 28 a. a. O.

aa) Grundlage für die Gewinnermittlung der beschränkt steuerpflichtigen Versicherungsunternehmen bildet das sogen. **technische Ergebnis** des inländischen Geschäfts, das auch als Betriebsergebnis oder industrielles Ergebnis bezeichnet wird. Die Berechnung des technischen Ergebnisses soll in erster Linie auf Grund der im Inland vorhandenen buchmäßigen oder sonstigen Unterlagen ermittelt werden (vgl. RFH. I A 13/35 v. 30. 4. 35, E. 37 S. 320, RStBl. 35 S. 840, StW. 35 Nr. 327). Da es sich um die Ermittlung gewerblicher Einkünfte handelt, hat diese nach den Grundsätzen der §§ 4, 5 EStG durch Betriebsvermögensvergleich zu erfolgen (vgl. auch RFH. I A 214/34 v. 18. 12. 34, E. 37 S. 200, RStBl. 35 S. 774, StW. 35 Nr. 229). Für die gesonderte Berechnung des technischen Ergebnisses ordnet § 28 **Abs. 1 Satz 1 I. KStDVO** an:

„Bei beschränkt steuerpflichtigen Versicherungsunternehmen ist, wenn für das inländische Versicherungsgeschäft eine steuerlich einwandfreie gesonderte Ermittlung des Inlandseinkommens möglich ist, für die Berechnung des inländischen steuerpflichtigen Einkommens von dem technischen Ergebnis des inländischen Versicherungsgeschäfts auszugehen."

Im genannten RdErl. wird in Abschn. V Abs. 1 darauf hingewiesen, daß das technische Ergebnis des inländischen Geschäfts an Hand von besonderen Verlust- und Gewinnübersichten ermittelt wird und welche Einnahme- und Ausgabeposten in diesen Übersichten für Sach- und Lebensversicherung enthalten sind. Nach RFH. I A 177/27 v. 21. 12. 27 (E. 22 S. 331, RStBl. 28 S. 109, StW. 28 Nr. 166) kann die gesonderte Berechnung des technischen Ergebnisses auch dann noch als möglich anerkannt werden, wenn Einzelposten der Rechnung, wie z. B. die Verteilung gewisser Generalunkosten geschätzt werden müssen. Nach dem RdErl. a. a. O. Abs. 2 dürfen die einzelnen geschätzten Ausgabe- und Einnahmeposten nicht zu zahlreich und so groß sein, daß sie das ganze Bild bestimmen, auch müssen sie im Verhältnis zu den Rechnungsposten von untergeordneter Bedeutung sein. In der Verlust- und Gewinnübersicht ist weiter das Ergebnis der Rückversicherung mitzuerfassen (RdErl.

Abs. 3). Die abzugsfähigen versicherungstechnischen Rücklagen und Zuführungen sind dabei nach den für die inländische Besteuerung geltenden Grundsätzen anzusetzen (vgl. Rderl. Abs. 4 und Anm. 6—8 zu § 11 Ziff. 2 KStG).

bb) Bei dem nach vorstehenden Grundsätzen ermittelten technischen Ergebnis können noch **Zu- und Abrechnungen** erforderlich werden. Für den Fall der gesonderten Berechnung des technischen Ergebnisses bestimmt § **28 Abs. 1 Satz 2 und 3 I. KStDVO:**

„Hinzuzurechnen ist der dem Inlandsgeschäft entsprechende Anteil an den Vermögenserträgen des Gesamtunternehmens. Abzuziehen ist der dem inländischen Versicherungsgeschäft entsprechende Anteil an den Generalunkosten des Gesamtunternehmens, soweit sie nicht im technischen Ergebnis des inländischen Versicherungsgeschäfts enthalten sind."

Die Hinzurechnung eines Teiles der Erträgnisse des im Ausland liegenden Gesamtvermögens ist nach RFH. I A 123/31 v. 25. 4. 33 (E. 33 S. 91, RStBl. 33 S. 1017, StW. 34 Nr. 136) insbesondere dann erforderlich, wenn die inländische Betriebstätte nach der Eigenart ihres Geschäfts einen Kapitalstock braucht, aber nicht zugewiesen erhalten hat; denn dann erfülle der beim Hauptsitz verwaltete Kapitalstock Aufgaben für die Betriebstätte in Deutschland. In diesen Fällen ist der der inländischen Betriebstätte dienende Kapitalstock (regelmäßig aus Wertpapieren und guten Hypotheken bestehend) nur als verhältnismäßig zu bestimmender Anteil am Gesamtvermögen errechenbar und die auf diesen Anteil entfallenden Zinserträgnisse sind dem inländischen Gewinn hinzuzurechnen. Umgekehrt dienen nach RFH. I A 456/31 v. 28. 11. 33 (E. 34 S. 326, RStBl. 34 S. 620, StW. 34 Nr. 393) auch die im Inland befindlichen Vermögenswerte der inländischen Betriebstätte nur bis zur Höhe eines, ebenfalls verhältnismäßig zu berechnenden Kapitalstocks, wie er zum Betrieb eines Versicherungsunternehmens von der Größe der inländischen Betriebstätte notwendig und üblich ist. Die darüber hinausgehenden Vermögenswerte stellen nach der Entsch. eine Kapitalanlage der ausländischen Betriebstätte dar, ihre Erträgnisse ständen insoweit nicht im wirtschaftlichen Zusammenhang mit den inländischen Betriebstätten und seien beim Vorliegen der Voraussetzungen der beschränkten Steuerpflicht (§ 2 KStG und § 49 Ziff. 5 u. 7 EStG) als Einkünfte aus Kapitalvermögen zu versteuern. Wenn nach deutschen Verwaltungsanordnungen oder gesetzlichen Bestimmungen im Inland Sicherheiten zu stellen sind (z. B. § 8 Abs. 2 des Ges. über die Beaufsichtigung der privaten Versicherungsunternehmen und Bausparkassen v. 6. 6. 31, RGBl. I 315), dann liegt nach der Entsch. in der Bestimmung der Höhe der Sicherheiten zugleich der behördliche Ausspruch, daß ein Kapitalstock von der Größe der Sicherheiten für den inländischen Betrieb für notwendig erachtet wird. Die aus dem Gesamtvermögen den Betriebszwecken der inländischen Niederlassung zur Verfügung gestellten Vermögensgegenstände, welche die Sicherheiten verkörpern, bilden, sofern die verhältnismäßige Berechnung keine höhere Ziffer ergibt, mindestens den Kapitalstock der inländischen Betriebstätte. Die Erträgnisse der Wertpapiere, die von der ausländischen Versicherungsgesellschaft für den inländischen Betrieb als Sicherheit gestellt sind, gelten daher als im inländischen Betrieb angefallen (vgl. RFH. I A 214/34 unter aa).

Der Umstand, daß das Gesamtunternehmen, insbesondere die Hauptniederlassung, auch für die inländische Betriebstätte tätig ist, und dadurch für sie Aufwendungen macht, findet seine steuerliche Anerkennung in dem nach § 28 Abs. 1 Satz 3 a. a. O. zugelassenen Abzug der anteiligen Generalunkosten, soweit sie nicht bereits bei Berechnung des technischen Ergebnisses des inländischen Geschäfts berücksichtigt sind.

cc) Ist die gesonderte Berechnung des technischen Ergebnisses des Inlandsgeschäfts nicht möglich, dann muß **Schätzung der inländischen Einkünfte** erfolgen. Hierzu bestimmt § 28 **Abs. 2 I. KStDVO:**

„Wenn für das inländische Versicherungsgeschäft eine steuerlich einwandfreie gesonderte Ermittlung des Inlandseinkommens nicht möglich ist, so ist als inländisches steuerpflich-

§ 49 EStG. Anmerkung 8.

tiges Einkommen der dem Verhältnis der inländischen Prämieneinnahme zur Gesamt-
prämieneinnahme entsprechende Teil des ausgewiesenen Gewinns des Gesamtunternehmens zugrunde zu legen."
Die Schätzung des inländischen technischen Ergebnisses geschieht also nach der
Formel:
    Steuerpflichtiger Gewinn: Gesamtgewinn = inländische Prämieneinnahmen:
    Summe aller Prämieneinnahmen.
Auch diese Regelung entspricht der bisherigen Rechtsprechung (vgl. RFH. I A
453/30 v. 28. 5. 31, RStBl. 31 S. 846, StW. 31 Nr. 918, I A 13/35 v. 30. 4. 35,
E. 37 S. 320, RStBl. 35 S. 840, StW. 35 Nr. 327). Das auf Grund der Schätzung
ermittelte Betriebsergebnis stellt den Gewinn im Sinn der §§ 4, 5 EStG dar.
Daher müssen vor der Berechnung des anteiligen inländischen Gewinns etwaige
Unrichtigkeiten der Berechnung des Gesamtgewinns, die sich nach deutschem Steuerrecht ergeben und festgestellt werden können, vorher berichtigt werden. Nach dem
Rderl. a. a. O. Abs. 6 sind zu diesem Zweck dem Bilanzgewinn die Zuführungen
zu echten Reserven (= Rücklagen), die auch aus dem Geschäftsbericht ersichtlich
sind, hinzuzurechnen. Unzulässig ist nach RFH. I A 453/30 (s. oben) der Abzug
eines sogen. Voraus am Gesamtgewinn für den ausländischen Hauptsitz der Versicherungsgesellschaft; denn die Tätigkeit der Hauptverwaltung kommt dem gesamten Versicherungsbetrieb gleichmäßig zugute (s. unter d).

dd) Sowohl bei der gesonderten Berechnung als auch bei der Schätzung des
inländischen Einkommens aus dem Inlandsgeschäft der ausländischen Versicherungs-
gesellschaft sind nur die mit der inländischen Zweigniederlassung im wirtschaftlichen
Zusammenhang stehenden **Betriebsausgaben** abzugsfähig und **§ 28 Abs. 3
I. KStDBO** stellt klar:
    „Dem nach den Absätzen 1 und 2 berechneten Betrag sind die nach dem Gesetz und dieser
    VO nicht abzugsfähigen Ausgaben hinzuzurechnen."
Ausgaben oder Aufwendungen, die nach dem KStG oder der DBO nicht abzugs-
fähig sind, dürfen auch nicht in der Berechnung oder Schätzung des inländischen
Einkommens den der inländischen Besteuerung zu unterwerfenden Gewinn mindern.
Hat also die Gesellschaft bei Aufstellung ihrer Bilanz derartige Ausgaben (vielleicht
nach ausländischem Recht mit Recht) abgesetzt oder auch einen nach deutschem
Recht unzulässigen Schuldposten gebildet, dann ist für die Gewinnberechnung der
Betrag der Ausgabe oder der Schuld wieder dem Bilanzgewinn hinzuzurechnen.
Nicht abzugsfähig sind nach § 12 Ziff. 2 KStG die Steuern vom Einkommen und
Vermögen. Wenn das inländische Einkommen ausländischer Gesellschaften in einem
Teilbetrag des Gesamteinkommens (hier nach der Regel des § 28 Abs. 2 I. KStDBO)
zu schätzen ist, dann sollten nach RFH. I A 449/32 v. 3. 2. 34 (RStBl. 34 S. 665,
StW. 34 Nr. 498) die von dem Gesamtunternehmen gezahlten Personensteuern
zunächst ausgeschieden, sodann die in Deutschland entrichteten Personensteuern
dem deutschen Teilbetrag des Gesamteinkommens wieder hinzugerechnet werden.
Dem unter cc) entwickelten Grundsatz, daß der Gesamtgewinn vor Berechnung des
auf das Inland entfallenden anteiligen Gewinns nach den Grundsätzen des deutschen Einkommensteuerrechts zu berichtigen ist, entspricht es aber, dem Bilanzgewinn den Gesamtbetrag der Personensteuern wieder hinzuzurechnen, wenn die
ausländische Gesellschaft ihren Gesamtgewinn (Bilanzgewinn) unter Absetzung
der deutschen und auch der ausländischen Personensteuern berechnet hat. Dieses
Verfahren entspricht weiter auch dem Grundgedanken des § 12 Ziff. 2 KStG,
nämlich, daß die Entrichtung der Personensteuern die Gewinnermittlung nicht
beeinflussen darf. Das Verfahren steht aber auch mit dem Verfahren im Einklang,
das der RFH. in RFH. I A 225/34 v. 3. 12. 35 (RStBl. 36 S. 205, StW. 36 Nr. 40)
für den ähnlich gelagerten Fall der Ermittlung der steuerpflichtigen Einkünfte eines
Versorgungsbetriebs aus dem Gesamtgewinn in Abweichung von seiner früheren
Auffassung mit Recht als zutreffend angesehen hat (vgl. im einzelnen Anm. 7 zu
§ 12 KStG).

§ 2 KStG. Beschränkte Steuerpflicht.

ee) Für die **Mindestbesteuerung** der beschränkt steuerpflichtigen Versicherungsunternehmen sieht § 28 **Abs.** 4 I. **KStDVO** noch die schätzungsweise Errechnung des inländischen Mindesteinkommens vor:

„Das Mindesteinkommen, das nach § 17 des Gesetzes der Besteuerung zugrunde gelegt wird, kann bei beschränkt steuerpflichtigen Versicherungsunternehmen nach dem Verhältnis der inländischen Prämieneinnahme zu der Gesamtprämieneinnahme des ganzen Unternehmens errechnet werden."

Im übrigen gilt für Lebensversicherungsunternehmen, die im Inland das Lebensversicherungsgeschäft betreiben, auch die Sondervorschrift über das Mindesteinkommen nach § 26 I. KStDVO (vgl. Anm. 8b zu § 11 Ziff. 2 KStG).

9. Anfall gewerblicher Einkünfte ohne inländische Betriebstätte.

Fallen Einkünfte der im § 49 Ziff. 3—8 EStG bezeichneten Art in einem ausländischen Gewerbebetrieb an, so sind sie unter den Voraussetzungen des § 49 Ziff. 2 a. a. O. bei der Veranlagung der inländischen gewerblichen Einkünfte mitzuerfassen. Unterliegen sie aber als inländische gewerbliche Einkünfte nicht der beschränkten Steuerpflicht, weil die Gesellschaft keine Betriebstätte im Inland unterhält oder keinen inländischen Vertreter bestellt hat, dann sind diese Einkünfte nach Ziff. 3—8 unter den dort geforderten Voraussetzungen selbständig steuerpflichtig. Sie werden dann für die beschränkte Steuerpflicht so behandelt, als wenn ein Gewerbebetrieb nicht vorhanden wäre (vgl. RFH. I A 377/28 v. 7. 2. 29, RStBl. 29 S. 193, StW. 29 Nr. 359, VI A 391—393/29 v. 14. 5. 30, RStBl. 30 S. 546, StW. 30 Nr. 594, VI A 208/36 v. 5. 8. 36 (E. 39 S. 326, RStBl. 36 S. 1132, StW. 36 Nr. 412). In der letzten Entsch. wird zutreffend darauf verwiesen, daß es der Absicht des Gesetzgebers, nämlich die aus dem Inland bezogenen Einkünfte möglichst restlos zu erfassen, widersprechen würde, Einkünfte ausländischer Gewerbetreibender, die ihrer Art nach ebenso gut außerhalb eines Gewerbebetriebs erzielt werden können, deshalb steuerfrei zu lassen, weil keine inländische Betriebstätte besteht.

Wegen des Ausgabenabzugs vgl. Anm. 14a Abs. 2.

10. Einkünfte aus selbständiger und nichtselbständiger Arbeit (§ 49 Ziff. 4 EStG).

Einkünfte aus selbständiger Arbeit, die im Inland ausgeübt oder verwertet wird oder worden ist (§ 49 Ziff. 3 EStG), und Einkünfte aus nichtselbständiger Arbeit, die im Inland ausgeübt oder verwertet wird oder worden ist, kommen bei Körperschaften usw. kaum vor.

11. Einkünfte aus Kapitalvermögen (§ 49 Ziff. 5 EStG).

a) **Einkünfte aus Kapitalvermögen** im Sinn des § 20 Abs. 1 Ziff. 1 und 2, wenn der Schuldner Wohnsitz, Geschäftsleitung oder Sitz im Inland hat.

aa) Zu diesen **Einkünften** gehören Gewinnanteile (Dividenden), Zinsen, Ausbeuten und sonstige Bezüge aus Aktien, Kuxen, Genußscheinen, Anteilen an GmbH., an Erwerbs- und Wirtschaftsgenossenschaften und Kolonialgesellschaften, aus Anteilen an der Reichsbank und an Bergbau treibenden Vereinigungen, die die Rechte einer juristischen Person haben (§ 20 Abs. 1 Ziff. 1 EStG). Ausgenommen sind nach § 49 Ziff. 5 Satz 2 EStG die Dividenden aus Vorzugsaktien der Deutschen Reichsbahn-Gesellschaft. Weiter gehören hierher die Einkünfte aus der Beteiligung an einem Handelsgewerbe als stiller Gesellschafter (§ 20 Abs. 1 Ziff. 2 EStG). Es sind dies dieselben inländischen Kapitalerträge, von denen die Einkommensteuer nach § 43 Abs. 1 Ziff. 1 und 2 EStG durch Abzug vom Kapitalertrag (Kapitalertragsteuer) erhoben wird. Ausgenommen sind auch hier wieder die Dividenden aus Vorzugsaktien der Deutschen Reichsbahngesellschaft (§ 43 Abs. 1 Ziff. 1 Satz 2 EStG). Wegen der Einkünfte im Sinn des § 20 Abs. 1 Ziff. 1 EStG vgl. Anm. 157 bis 163 zu § 6 KStG.

§ 49 EStG. Anmerkung 9—11. 75

Der Schuldner der Kapitalerträge muß Wohnsitz, Geschäftsleitung oder Sitz im Inland haben. Den Begriff des Wohnsitzes einer natürlichen Person bestimmt für das Steuerrecht § **13 StAnpG**:

„Einen Wohnsitz im Sinn der Steuergesetze hat jemand dort, wo er eine Wohnung innehat unter Umständen, die darauf schließen lassen, daß er die Wohnung beibehalten und benutzen wird."

Nach der Begr. zu § 13 StAnpG (RStBl. 34 S. 1407) ist für den Wohnsitzbegriff folgendes wesentlich: „Der Sachverhalt muß so liegen, daß sich daraus der Schluß ergibt: der Wohnungsinhaber werde die Wohnung beibehalten, und er werde (sei es persönlich, sei es durch seine mit ihm in Haushaltsgemeinschaft lebenden Angehörigen) die Wohnung auch in Zukunft benutzen." Die Begriffsbestimmung des § 13 a. a. O. ist ausschließlich auf den äußeren Tatbestand abgestellt. „Dagegen kommt es in Zukunft nicht mehr auf die Absicht und die Willensfähigkeit an" (Begr. a. a. O.). Wegen der für Körperschaften usw. maßgebenden Begriffe „Geschäftsleitung" vgl. Anm. 7 zu § 1 KStG und „Sitz" vgl. Anm. 8 zu § 1 KStG.

bb) Hat der ausländische Gläubiger eines inländischen Kapitalertrags gleichzeitig im Inland eine gewerbliche Betriebstätte, so gehören die Kapitalanlage und ihre Erträge nicht ohne weiteres zum inländischen Betriebsvermögen. Unterhält z. B. eine ausländische Versicherungsgesellschaft in Deutschland mehr Vermögen, als es dem Umfang der deutschen Betriebstätte entspricht, dann dienen die in Deutschland befindlichen Vermögenswerte auch der ausländischen Betriebstätte und bieten ihr den Rückhalt, ohne den sie nicht bestehen kann. Der inländischen Betriebstätte dienen die in Deutschland befindlichen Vermögensgegenstände nur bis zur Höhe eines Kapitalstocks, wie er zum Betrieb eines Versicherungsunternehmens von der Größe der deutschen Betriebstätte notwendig und üblich ist. Die darüber hinausgehenden Vermögensgegenstände stellen eine Kapitalanlage der ausländischen Betriebstätte dar. Ihre Erträgnisse stehen insoweit nicht im wirtschaftlichen Zusammenhang mit der inländischen Betriebstätte und sind beim Vorliegen der sonstigen Voraussetzungen nach § 49 Ziff. 5 EStG von der ausländischen Versicherungsgesellschaft selbständig ohne Rücksicht auf das Ergebnis der inländischen Betriebstätte zu versteuern (RFH. I A 456/31 v. 28. 11. 33, E. 34 S. 326, RStBl. 34 S. 620, StW. 34 Nr. 393).

Wegen der Kapitaleinkünfte, die in einem ausländischen Gewerbebetrieb anfallen, der im Inland keine Betriebstätte unterhält, vgl. Anm. 9.

cc) Unter der **Beteiligung an einem Handelsgewerbe als stiller Gesellschafter** ist von dem technischen Begriff des Handelsrechts auszugehen (vgl. auch Anm. 164 a zu § 6 KStG). Der stille Gesellschafter muß daher stets am Gewinn beteiligt sein, Umsatzbeteiligung genügt nicht (RFH. VI A 1024/33 v. 16. 8. 34, RStBl. 34 S. 1236, StW. 34 Nr. 665). Eine stille Beteiligung wird in RFH. VI A 477/36 v. 10. 3. 37 (StW. 37 Nr. 253) für den Fall angenommen, daß eine norwegische Gesellschaft einer deutschen GmbH., die sich mit der Einfuhr von Heringen in Deutschland befaßt, alljährlich für das Heringsgeschäft durch selbstschuldnerische Bürgschaft bei einer norwegischen Bank einen Devisenkredit zur Verfügung stellt, wogegen die norwegische Gesellschaft an dem Gewinn der von ihr finanzierten Geschäfte und auch an einem etwaigen Verlust zu einem Drittel beteiligt wird.

Die Unterscheidung des Handelsrechts zwischen partiarischem Darlehen und stiller Gesellschaft hat der RFH. für die Frage der beschränkten Steuerpflicht bei Beteiligung an einem inländischen Handelsgewerbe nicht übernommen. Nach den zum gleichlautenden § 3 Abs. 2 Ziff. 8 EStG 1925 ergangenen Entscheidungen RFH. VI A 788/27 v. 11. 7. 28 (RStBl. 28 S. 329, StW. 28 Nr. 507) und VI A 1934/29 v. 25. 3. 31 (StW. 31 Nr. 434) sollte durch die Vorschrift erreicht werden, daß die Erträge eines inländischen Gewerbebetriebs nicht dadurch vollkommen der deutschen Besteuerung entzogen würden, daß Personen, die nicht unbeschränkt steuerpflichtig sind, an den Erträgen beteiligt würden. Unter Einkünften aus der Beteiligung an einem Handelsgewerbe als stiller Gesellschafter seien daher auch

§ 2 KStG. Beschränkte Steuerpflicht.

Einkünfte eines Darlehengebers zu verstehen, dem als Gegenleistung für die Gewährung des Darlehens Beträge entrichtet würden, deren Höhe sich nach den Erträgen des inländischen Handelsgewerbes richteten (partiarisches Darlehen). Jedoch wird in RFH. I A 264/31 v. 12. 1. 32 (RStBl. 32 S. 531, StW. 32 Nr. 520) für die Behandlung eines nach Gewinnanteilen bemessenen Entgelts für Vermittlertätigkeit als stille Beteiligung mit Recht verlangt, daß, wenn auch nicht lückenlos alle Erfordernisse zur Annahme einer stillen Gesellschaft im handelsrechtlichen Sinn erfüllt seien, doch der Wille der Vertragschließenden erkennbar sein müsse, ein Rechtsverhältnis zu begründen, das wie bei entsprechender Ausgestaltung des partiarischen Darlehens der stillen Gesellschaft ganz wesentlich ähnlich sei. Bei einem Lizenzvertrag, bei dem, falls nur Inländer beteiligt waren, niemand an eine stille Beteiligung denken würde, kann man nicht deshalb stille Beteiligung annehmen, weil dem Patentinhaber Kontrollrechte eingeräumt sind, die eine gewisse Ähnlichkeit mit denen stiller Gesellschafter haben. Der Entsch. RFH. I A 328/30 v. 9. 12. 30 (RStBl. 31 S. 236, StW. 31 Nr. 268) ist durchaus zuzustimmen, daß Lizenzverträge ihrem Wesen nach mit einer stillen Gesellschaft nichts zu tun haben und die stille Gesellschaft nicht die Form ist, in die derartige Verträge gekleidet werden. Wird vereinbart, daß die bisherige Einlage eines stillen Gesellschafters als fest, nicht als partiarisch verzinsliches Darlehen stehen bleiben soll, und wird dem bisherigen beschränkt steuerpflichtigen stillen Gesellschafter weiter für die vorzeitige Überlassung der stillen Beteiligung eine Abfindung in Teilbeträgen gezahlt, so unterliegt die Entschädigung für die Aufgabe einer Gewinnbeteiligung nach § 24 Abs. 1b mit §§ 2 Abs. 3 Ziff. 5 und 20 Abs. 1 Ziff. 2 EStG wie die Einkünfte aus der stillen Beteiligung selbst der beschränkten Steuerpflicht nach § 49 Ziff. 5, während die Darlehnszinsen wegen fehlender Sicherung durch ausländischen Grundbesitz nicht steuerpflichtig sind (RFH. VI A 1163/31 v. 14. 10. 31, RStBl. 32 S. 12, StW. 32 Nr. 240).

b) Einkünfte aus Kapitalvermögen im Sinn des § 20 Abs. 1 Ziff. 3 und 4 EStG.

aa) Einkünfte im Sinn dieser Vorschrift, also Einkünfte aus Hypotheken, Grundschulden und Renten aus Rentenschulden sowie Zinsen aus sonstigen Kapitalforderungen jeder Art, z. B. aus Darlehen, Anleihen, Einlagen, Guthaben bei Sparkassen, Banken und anderen Kreditanstalten, unterliegen der beschränkten Steuerpflicht, wenn das Kapitalvermögen durch inländischen Grundbesitz, durch inländische Rechte, die den Vorschriften des bürgerlichen Rechts über Grundstücke unterliegen, oder durch Schiffe, die in ein inländisches Schiffsregister eingetragen sind, unmittelbar oder mittelbar gesichert sind. Nicht aufgeführt sind die Kapitaleinkünfte des § 20 Abs. 1 Ziff. 5 EStG (Diskontbezüge von Wechseln usw.). Ausgenommen von der Steuerpflicht sind nach § 49 Ziff. 5 Satz 2 EStG die Zinsen aus Anleihen und Forderungen, die in ein öffentliches Schuldbuch eingetragen sind oder über die Teilschuldverschreibungen ausgegeben sind. „Zu den Teilschuldverschreibungen im Sinn dieser Vorschrift gehören auch Pfandbriefe. Zinsen aus Pfandbriefen unterliegen also nach dem neuen EStG der beschränkten Steuerpflicht nur, wenn die Pfandbriefe zu einem inländischen Betriebsvermögen gehören" (ErgR 34 D XVI, RStBl. 35 S. 796). Dagegen unterliegen nach § 33 I. EStDVO bzw. nach § 49 Ziff. 5 Satz 3 EStG 1938 die Einkünfte aus Teilschuldverschreibungen der beschränkten Steuerpflicht, wenn bei ihnen neben der festen Verzinsung ein Recht auf Umtausch in Gesellschaftsanteile (Wandelanleihen) oder eine Zusatzverzinsung eingeräumt ist, die sich nach der Höhe der Gewinnausschüttungen des Schuldners richtet (Gewinnobligationen) und wenn der Schuldner Wohnsitz, Geschäftsleitung oder Sitz im Inland hat.

In RFH. I A 12/32 v. 12. 5. 32 (RStBl. 32 S. 581, StW. 32 Nr. 850) wird ausgesprochen, daß es gleichgültig sei, wo und zu welchem Zweck die Kapitalforderung begründet worden sei, ob sie in Zusammenhang mit einem inländischen Betrieb stehe und wo die Zinsen bezahlt würden. Auch wäre es dann nicht gerade schwer, der beschränkten Steuerpflicht zu entgehen. Es kommt also ausschließlich darauf an, daß die Einkünfte die im Gesetz geforderten Merkmale der beschränkten Steuerpflicht haben, nämlich die **Sicherung der Forderung durch inländischen Grundbesitz** usw. Es genügt, daß die Einkünfte, wenn die Sicherung in Anspruch genommen wird, aus im Inland befindlichen Werten zu decken sind. Gleichgültig ist daher auch, daß sich die gesicherte Forderung in persönlicher Hinsicht zwischen Gläubiger und Schuldner im Ausland abgewickelt hat, daß es sich z. B. um die Verzinsung einer Forderung aus einer im Ausland ausgeführten Werklieferung handelt (RFH. VI A 2143/31 v. 19. 12. 31, RStBl. 32 S. 442, StW. 32 Nr. 239). Ebensowenig kann nach RFH. I A 134/34 v. 4. 9. 34 (RStBl. 34 S. 1244, StW. 34 Nr. 667) gegen die Besteuerung eingewendet werden, die Zinsen seien aus ausländischen Einkünften entrichtet. Selbst wenn der Schuldner ein Ausländer ist, das verpfändete Grundstück seinen einzigen inländischen Besitz bildet und zur Zeit keine Einkünfte gewährt, sind die an den ausländischen Gläubiger gezahlten Zinsen steuerpflichtig. Es entspricht das nicht nur dem Wortlaut des Gesetzes, sondern auch dem Grundsatz, daß es nicht angängig ist, in ein Steuergesetz spitzfindige Unterscheidungen hineinzutragen. Es kann nur auf die Sicherung abgestellt werden, es ist nicht möglich, der inländischen Besteuerung etwa alle Zinsen zu unterwerfen, zu deren Bezahlung Einkünfte aus inländischem Grundbesitz verwendet werden (ein Rittergutsbesitzer hat eine ungesicherte Schuld an einen Ausländer), deshalb kann es anderseits bei gesicherten Forderungen nicht darauf ankommen, woher die Mittel zur Bezahlung der Zinsen stammen.

bb) Die Sicherung der Kapitalforderung durch inländischen Grundbesitz usw. muß unmittelbar oder mittelbar sein. Die unmittelbare Sicherung eines Rechts durch Grundbesitz liegt dann vor, wenn der Berechtigte sich aus dem Grundbesitz unmittelbar befriedigen kann, wenn der Grundbesitz also dinglich haftet. Die dingliche Haftung des Grundbesitzes wird aber abgesehen von den Fällen, in denen eine dingliche Haftung auch ohne Eintragung in das Grundbuch besteht (z. B. Art. 22 preuß. AGBGB), nur durch Eintragung von Hypotheken oder Grundschulden in das Grundbuch begründet werden können. Nach RFH. VI A 391/29 v. 14. 5. 30 (RStBl. 30 S. 546, StW. 30 Nr. 594) und I A 213/30 v. 17. 6. 30 (RStBl. 30 S. 687, StW. 30 Nr. 991) kann die Sicherung auch durch Eintragung einer Sicherungshypothek zum Höchstbetrag erfolgen. Auch eine Forderung, die durch eine Vormerkung auf Eintragung einer Sicherungshypothek gesichert ist, ist als durch inländischen Grundbesitz gesichert anzusehen (RFH. VI A 505/30 v. 25. 6. 30, RStBl. 30 S. 604, StW. 30 Nr. 992). Ist eine Hypothek auf einem zu einem Nachlaß gehörigen inländischen Grundbesitz zur Verfügung des Testamentsvollstreckers eingetragen, so ist nach RFH. VI A 1302/31 v. 15. 7. 31 (StW. 31 Nr. 935) dadurch auch die Forderung eines im Ausland lebenden letztwillig Bedachten gegen den Nachlaß im Sinn des Gesetzes dinglich gesichert, weil die zur Verfügung des Testamentsvollstreckers geschaffene dingliche Sicherung auch unmittelbar für den Anspruch des Bedachten geschaffen ist. Eine Rente, die für einen Verzicht auf die Rechte aus einem Familienfideikommiß auf Grund eines vor dem Auflösungsamt für Familiengüter abgeschlossenen Vertrags gezahlt wird, fällt, wenn sie nicht in das Grundbuch eingetragen ist, nicht unter § 49 Ziff. 5. In diesem Fall hatte das Finanzgericht angenommen, daß die fehlende dingliche Sicherung im Rechtssinn dadurch ersetzt würde, daß das Auflösungsamt gegebenen Falles auf Erfüllung der Verträge hinwirken würde. Dies hat der RFH. mit Recht als nicht genügend angesehen (RFH. VI A 975/28 v. 5. 12. 28, StW. 29 Nr. 224). Hat der Grundstückseigentümer die Eintragung einer Abfindungsrente in das Grundbuch vor dem Grundbuchamt bewilligt und beantragt, diese Erklärung aber vor der Eintragung in das Grundbuch wieder zurückgezogen, dann liegt zweifellos keine dingliche Sicherung vor. Die Frage, ob in diesem Fall eine Sicherung durch inländischen Grundbesitz auch schon dann angenommen werden könnte, wenn der Grundstückseigentümer dem Abfindungsberechtigten eine formgerechte Eintragungsbewilligung ausgehändigt hätte, so daß dieser jederzeit durch einfachen Antrag beim

Grundbuchamt die Eintragung hätte herbeiführen können, blieb unerörtert (RFH. VI A 670/31 v. 14. 4. 31, StW. 32 Nr. 123). Sie dürfte zu bejahen sein.

Das Gesetz läßt auch mittelbare Sicherung genügen. Diese liegt bei Sicherung einer Forderung durch Verpfändung oder Sicherungsübereignung von Hypotheken und Grundschulden an inländischen Grundstücken vor. Zur Verpfändung einer Briefgrundschuld gehört nicht nur Übergabe des Grundschuldbriefs, die Verpfändung muß auch schriftlich erklärt werden. Nach RFH. I A 162/35 v. 24. 9. 35 (RStBl. 35 S. 1451, StW. 35 Nr. 674) ist jedoch keine förmliche Verpfändungserklärung erforderlich; es genügt, wenn der Verpfändungswille zum Ausdruck kommt. Eine inländische Firma hatte in Briefen an die ausländische Bank mehrfach erklärt, daß der Grundschuldbrief als Sicherheit für den Kredit bei der Bank hinterlegt werden solle. Das genügt als schriftliche Verpfändungserklärung und zur Begründung der Steuerpflicht der ausländischen Bank mit den Zinsen aus dem sichergestellten Kredit. Nach RFH. I A 117/34 v. 31. 7. 34 (RStBl. 34 S. 1080, StW. 34 Nr. 681) genügt es jedoch nicht, daß der Inländer das entliehene Geld zur hypothekarischen Beleihung inländischer Grundstücke benützt. Das gewährt dem ausländischen Gläubiger keine Sicherung im juristischen Sinn und der Umstand, daß jemand, der sichere Anlagen sucht, als Schuldner eine gewisse Sicherheit bietet, reicht natürlich nicht aus, auch nur eine Sicherung seines Gläubigers im wirtschaftlichen Sinn anzuerkennen. Anders liegt es, wenn die Hypothekenbriefe einem Treuhänder übergeben und von diesem für Rechnung von Gläubiger und Schuldner verwaltet werden. Obwohl man zweifeln kann, ob eine solche treuhänderische Verwaltung dieselben Wirkungen hat wie eine Verpfändung, hat der RFH. I A 116/34 v. 31. 7. 34 (RStBl. 34 S. 1205, StW. 34 Nr. 680) in ihr eine mittelbare Sicherung eines Darlehens durch Grundstücke als gegeben erachtet.

Wegen des Begriffs der grundstücksgleichen Rechte vgl. Anm. 156b Abs. 3 a. E. zu § 6 KStG. Die Sicherung des Kapitalvermögens durch das Schiffspfandrecht wird in § 49 Ziff. 5 EStG zur Klarstellung im Anschluß an die Rechtsprechung erwähnt (Begr. zu § 49 Abs. 6, RStBl. 35 S. 59).

Nach RFH. VI A 33/34 v. 19. 12. 34 (StW. 35 Nr. 201) soll sich die dingliche Sicherung durch inländischen Grundbesitz usw. auf die Einkünfte erstrecken, d. h. es muß dem Gläubiger rechtlich möglich sein, wegen der Zinsen die besondere Haftung des Grundstücks geltend zu machen. Eine Erstreckung der dinglichen Sicherung auf die Einkünfte kann nach dem EStG 1934 nicht mehr als Voraussetzung der beschränkten Steuerpflicht gefordert werden, da in § 49 Ziff. 5 EStG nunmehr ausdrücklich nur die Sicherung des Kapitalvermögens, nicht auch die der Einkünfte verlangt wird.

e) **Von der beschränkten Steuerpflicht befreit** sind die in § 49 Ziff. 5 Satz 2 EStG genannten Kapitaleinkünfte, die nach § 43 EStG auch nicht der Kapitalertragsteuer unterliegen (f. unter a, aa Abs. 1 und b, aa Abs. 1). Außerdem sind nach § 45 Abs. 3 des Bankgesetzes v. 30. 8. 24 (RGBl. II S. 235) auch die Dividenden und sonstigen Vermögensvorteile, die auf die im Besitz von Ausländern ohne Wohnsitz im Deutschen Reich befindlichen Reichsbankanteile entfallen, von der Einkommensteuer und damit von der beschränkten Steuerpflicht befreit.. Forderungen oder Rechte aus inländischen Hypotheken usw., die unter die deutschen Forderungen oder Rechte aus inländischen Hypotheken usw., die unter die deutschen Kreditabkommen (Stillhalteabkommen) fallen, sind durch RdErl. d. RdF. v. 7. 6. 32 S 1918 — 1 III Ziff. IV (RStBl. 32 S. 563) und RdErl. RdF. v. 26. 6. 37 S 1918 — 67 III (RStBl. 37 S. 754) in bestimmtem Umfang von der beschränkten Steuerpflicht freigestellt.

12. Einkünfte aus Vermietung und Verpachtung (§ 49 Ziff. 6 EStG).

Wegen des Begriffs der Einkünfte aus Vermietung und Verpachtung im allgemeinen vgl. Anm. 156b zu § 6 KStG. Jede der im Gesetz genannten Voraussetzungen, nämlich die Belegenheit des Mietgegenstands im Inland, dessen Eintragung in ein inländisches öffentliches Register oder Buch oder auch dessen

Verwertung in einer inländischen Betriebstätte genügt für sich allein zur Begründung der beschränkten Steuerpflicht. Nach RFH. VI A 124/35 v. 22. 5. 35 (StW. 35 Nr. 398) ist das Jagdrecht als ein Teil des Eigentumsrechts an Grund und Boden zu behandeln. Wenn ein Ausländer das Jagdrecht an seinem inländischen Grundbesitz verpachtet, so bezieht er, soweit es sich um eigenbewirtschaftete Flächen handelt, Einkünfte aus dem Betrieb der Land- und Forstwirtschaft und, soweit sich das Jagdrecht nicht auf eigenbewirtschaftete Flächen erstreckt, nimmt die Entsch. unter Hinweis auf den Zweck der beschränkten Steuerpflicht Einkünfte aus Verpachtung von inländischem Grundbesitz im Sinn des § 49 Ziff. 6 an. Ein Schiff, das im bürgerlichen Recht einen beweglichen Gegenstand darstellt, gilt nach § 21 Abs. 1 Ziff. 1 EStG als unbewegliches Vermögen, wenn es in ein inländisches Schiffsregister eingetragen ist. In RFH. VI A 1815/31 v. 27. 9. 32 (StW. 33 Nr. 335) wird die Auffassung abgelehnt, daß das Schiff ein „Sachinbegriff" im Sinn des § 38 Abs. 1 Nr. 2 EStG 1925 (§ 21 Abs. 1 Ziff. 2 EStG 1934) sei. Wird ein holländischer, in ein holländisches Schiffsregister eingetragener Schleppkahn an einen Inländer zum Betrieb auf dem Rhein vermietet, so könnte der Eigentümer des Kahnes als unbeweglichen Vermögens mangels Eintragung des Kahnes in ein deutsches Schiffsregister mit den Einkünften aus der Vermietung nur dann beschränkt steuerpflichtig sein, wenn man annimmt, der Kahn sei im Inland belegen. Dies hat der RFH. mit Recht verneint und die Belegenheit des Kahnes nur für den Ort angenommen, an dem er in das Schiffregister eingetragen ist, also in Holland. Auch könnte die Steuerpflicht wegen der fehlenden Eintragung des Schiffes in ein inländisches Register nicht aus der Verwertung in einer inländischen Betriebstätte abgeleitet werden, weil das Schiff erst durch die Eintragung in ein inländisches Register zu einem Mietgegenstand im Sinn des § 49 Ziff. 6 EStG wird.

Während die Voraussetzung der Belegenheit im Inland in erster Linie bei Grundstücken und Sachinbegriffen zutrifft, knüpft die beschränkte Steuerpflicht bei Rechten und gewerblichen Erfahrungen an die Eintragung in ein inländisches öffentliches Buch oder Register oder an die Verwertung in einer inländischen Betriebstätte an. Für die Annahme einer Verpachtung genügt auch die entgeltliche Einräumung von Lizenzen von Fall zu Fall. Räumt ein Ausländer auf Grund ihm erteilter deutscher Patente Inländern Lizenzen im Sinn eines quasidinglichen Nutzungsrechts ein, so ist er mit den aus dem Inland bezogenen Lizenzgebühren beschränkt steuerpflichtig (RFH. VI A 725, 726/28 v. 12. 11. 30, S. 28 S. 3, RStBl. 31 S. 234, StW. 31 Nr. 74). Es ist also nicht die Gewährung einer ausschließlichen Lizenz erforderlich, die Gewährung einer einfachen Lizenz genügt. Wenn der Ausländer der deutschen Firma die Verfügung über die Erfindung usw. vollständig übertragen hätte, könnte natürlich von einer Verpachtung keine Rede sein, die Gebühren wären dann wiederkehrende Bezüge. Für die Eintragung kommen als inländische öffentliche Bücher und Register neben dem Grundbuch vor allem die beim Reichspatentamt geführte Patentrolle, Warenzeichen- und Gebrauchsmusterrolle in Frage. Nicht erforderlich ist, daß der Bezieher der Einkünfte auch ins inländische Register als Berechtigter eingetragen ist. Der eingetragene Berechtigte kann auch der Schuldner des Pachtzinses oder eine dritte Person sein. Die Steuerpflicht ist gegeben, wenn eine ausländische Firma einer inländischen Firma ein Warenzeichen überläßt, auch ohne daß dieses Warenzeichen für die ausländische Firma im Ausland oder international eingetragen ist, unter der Voraussetzung, daß die inländische Firma, die zu einem Rezept gehörige Wortmarke beim Reichspatentamt eintragen läßt (RFH. I A 56/32 v. 28. 6. 32, RStBl. 32 S. 742, StW. 32 Nr. 1171, vgl. auch nächsten Abs.). Auf den Zeitpunkt des Abschlusses eines Lizenzvertrags und der Eintragung des Rechts in ein deutsches Register kommt es nicht an. Für die Steuerpflicht genügt es, daß die Eintragung des Rechts und die Überlassung des durch die Eintragung geschützten Rechts in Zusammenhang miteinander stehen (RFH. I A 274/31 v. 7. 6. 32, RStBl. 32 S. 739, StW. 32 Nr. 1170). Die gesetzliche Voraussetzung der Eintragung liegt nach der Entsch. vor, wenn die Eintragung beim Zufließen der Einkünfte gegeben ist; nicht erforderlich ist, daß das Recht zur Zeit der Verpachtung eingetragen war. Wegen der Höhe der Einkünfte kann nach RFH. I A 244/32 v. 29. 1. 35 (RStBl. 35 S. 759, StW. 35 Nr. 230) davon ausgegangen werden, daß bei den Einkünften aus der Überlassung eines Warenzeichens Ausgaben, die mit diesen Einkünften in wirtschaftlichem Zusammenhang stehen, im allgemeinen nicht anfallen.

Nach § 49 Ziff. 6 EStG genügt ebenso wie nach der späteren Fassung des § 3 Abf. 2 Nr. 3 EStG 1925 zur Begründung der Steuerpflicht, daß gewerbliche Erfahrungen zur Verwertung in einer inländischen Betriebstätte überlassen werden. Es wird daher in dem unter I A 56/32 (f. vorst. Abf.) entschiedenen Fall nunmehr die Überlassung eines Rezepts auch ohne Eintragung der Schutzmarke in ein inländisches Register die Steuerpflicht begründen. Unter die gewerblichen Erfahrungen fallen Erfindungen, Geheimverfahren, Herstellungsverfahren (Rezepte) und ähnliche. Für den Begriff der inländischen Betriebstätte ist die örtliche Lage der Betriebstätte maßgebend. Eine im Ausland gelegene Betriebstätte wird nach RFH. I A 309/36 v. 13. 7. 37 (E. 42 S. 10, RStBl. 37 S. 1020, StW. 37 Nr. 478) nicht dadurch zu einer inländischen Betriebstätte, daß sie rechtlich und wirtschaftlich einen unselbständigen Teil eines inländischen Unternehmens darstellt. Nach RFH. I A 242/35 v. 13. 10. 36 (RStBl. 37 S. 340, StW. 37 Nr. 46) setzt die steuerpflichtige Verwertung von Rechten in einer inländischen Betriebstätte keine im Inland unterhaltene Betriebstätte eines ausländischen Gewerbebetriebs voraus; es genügt, daß die gewerbliche Verwertung im Inland erfolgt. Wenn der Herstellung einer in Deutschland für den Inländer patentamtlich geschützten Maschine, in der sich der erfinderische Gedanke eines besonderen chemischen Verfahrens verkörpert, einem Ausländer überlassen wird, und der Ausländer die Maschine wieder in Deutschland miet- oder pachtweise zur Ausnützung des Verfahrens gegen Gebühren überläßt, so ist nach der Entsch. der Tatbestand des § 49 Ziff. 6 EStG gegeben. Durch die Überlassung des Gebrauchs der Maschine an eine deutsche Gesellschaft sei der in der Maschine enthaltene Gedanke zur Ausnützung überlassen.

Wegen des Steuerabzugs vom Kapitalertrag bei Einkünften aus der zeitlich begrenzten Überlassung von literarischen und künstlerischen Urheberrechten vgl. Anm. 7 zu § 20 KStG.

13. Sonstige Einkünfte (§ 49 Ziff. 7 u. 8 EStG).

Ziff. 7 betrifft wiederkehrende Bezüge im Sinne des § 20 Ziff. 1 EStG, soweit sie nach § 45 a. a. O. dem Steuerabzug unterworfen sind. Eine derartige Anordnung ist bis jetzt nicht ergangen. Ziff. 8 betrifft Spekulationsgeschäfte über inländische Grundstücke oder inländische grundstücksgleiche Rechte. Wegen der Begriffe der Spekulationsgeschäfte und der grundstücksgleichen Rechte vgl. Anm. 156c Abf. 5 bzw. b Abf. 3 zu § 6 KStG.

B. Ermittlung des Einkommens und Festsetzung der Steuer.

§ 50 EStG 1934.
Sondervorschriften für beschränkt Steuerpflichtige.

(1) Beschränkt Steuerpflichtige dürfen Werbungskosten (§ 9) nur insoweit abziehen, als sie mit inländischen Einkünften in wirtschaftlichem Zusammenhang stehen. Die Vorschriften des § 10 (Sonderausgaben), des § 33 (Besondere wirtschaftliche Verhältnisse) und des § 34 (Steuersätze bei außerordentlichen Einkünften) sind nicht anwendbar.

(2) Bei Einkünften, die dem Steuerabzug unterliegen und bei Einkünften im Sinne des § 20 Absatz 1 Ziffern 3 und 4 ist für beschränkt Steuerpflichtige ein Ausgleich (§ 2 Absatz 2) mit Einkünften aus anderen Einkunftsarten nicht zulässig.

§ 49 EStG. Anmerkung 13 — § 50 EStG. Anmerkung 14.

(5) Das Finanzamt kann die Einkommensteuer bei beschränkt Steuerpflichtigen ganz oder zum Teil erlassen oder in einem Pauschbetrag festsetzen, wenn es aus volkswirtschaftlichen Gründen zweckmäßig ist oder eine gesonderte Berechnung der Einkünfte besonders schwierig ist.

(6) Das Finanzamt kann die Einkommensteuer von beschränkt steuerpflichtigen Einkünften, soweit diese nicht bereits nach §§ 38 bis 45 dem Steuerabzug unterliegen, im Weg des Steuerabzugs erheben, wenn dies zur Sicherstellung des Steueranspruchs zweckmäßig ist. Das Finanzamt bestimmt hierbei die Höhe des Steuerabzugs.

14. Ermittlung der steuerpflichtigen Einkünfte (insbesondere Ausgabenabzug).

a) Die **Ermittlung der Einkünfte** hat im allgemeinen nach den für die einzelne Einkunftsart geltenden Vorschriften des EStG zu erfolgen, wobei für Körperschaften auch die Vorschriften des KStG, insbesondere über abzugsfähige und nichtabzugsfähige Ausgaben (§ 11, 12 KStG), über die Mindestbesteuerung (s. Anm. 8 d, cc) u. a. anzuwenden sind. Wegen der Ermittlung der gewerblichen Einkünfte vgl. Anm. 8 d u. e.

Hinsichtlich des Ausgabenabzugs bestimmt § 50 Abs. 1 Satz 1 EStG, der nach § 20 KStG auch bei der Veranlagung zur Körperschaftsteuer anzuwenden ist (VR 37 Anl. 3 Ziff. 16b, RStBl. 38 S. 239), daß beschränkt Steuerpflichtige Werbungskosten nur insoweit abziehen dürfen, als sie mit inländischen Einkünften in wirtschaftlichem Zusammenhang stehen. Der Fall der beschränkten Steuerpflicht ist aber auch ein Anwendungsfall des § 13 KStG, wonach dann, wenn das Einkommen nur zu einem Teil steuerpflichtig ist, Ausgaben nur insoweit abgezogen werden dürfen, als sie mit steuerpflichtigen Einkünften in unmittelbarem wirtschaftlichen Zusammenhang stehen. Hinsichtlich der Werbungskosten besagen beide Vorschriften das Gleiche; denn wenn auch § 50 a. a. O. nur den wirtschaftlichen Zusammenhang fordert, so ist doch für den Werbungskostenabzug stets der unmittelbare wirtschaftliche Zusammenhang begrifflich vorausgesetzt (vgl. Anm. 150 a, b zu § 6 KStG), der auch in § 13 KStG verlangt wird. Für die Abzugsfähigkeit von „Ausgaben" besteht ein wesentlicher Unterschied je nachdem, ob bei der betreffenden Einkunftsart als Einkünfte der Gewinn (§ 2 Abs. 4 Ziff. 1 EStG) oder der Überschuß der Einnahmen über die Werbungskosten zu ermitteln ist (§ 2 Abs. 4 Ziff. 2 EStG). Bei den Einkünften aus Land- und Forstwirtschaft, Gewerbebetrieb und selbständiger Arbeit, für die der Gewinn maßgebend ist, sind Betriebsausgaben die Aufwendungen, die durch den Betrieb veranlaßt sind (§ 4 Abs. 3 EStG 1934 = § 4 Abs. 4 EStG 1938). Der nach § 13 Satz 1 geforderte unmittelbare wirtschaftliche Zusammenhang der Ausgaben mit den beschränkt steuerpflichtigen Einkünften aus Gewerbebetrieb z. B. liegt dann und nur insoweit vor, als die Ausgaben durch die inländische Betriebsstätte veranlaßt sind, deren Gewinn allein der beschränkten Steuerpflicht unterliegt (vgl. auch Anm. 8 d, bb Abs. 1). Bei den Einkünften des § 49 Ziff. 4—8 EStG, die nach dem Überschuß der Einnahmen über die Werbungskosten zu ermitteln sind, liegt der unmittelbare wirtschaftliche Zusammenhang der Ausgaben mit den Einkünften nur dann vor, wenn die Ausgaben zur Erwerbung, Sicherung und Erhaltung der Einnahmen gemacht sind (vgl. § 9 EStG u. Anm. 150 zu § 6 KStG). Insofern ist auch noch die bisherige Rechtsprechung des RFH. von Bedeutung. Unmöglich ist ein Ausgabenabzug bei beschränkt steuerpflichtigen Einkünften, die dem Steuerabzug unterliegen, da für diese Einkünfte der Steueranspruch durch den Steuerabzug abgegolten ist (§ 19 Abs. 3 KStG u. Anm. 18). Ein Abzug der mit den steuerabzugspflichtigen Einkünften zusammenhängenden Werbungskosten bei anderen beschränkt steuerpflichtigen Einkünften, die veranlagt werden, ist ausgeschlossen (§ 50 Abs. 2 EStG u. Anm. 15).

Sind die beschränkt steuerpflichtigen Einkünfte in einem ausländischen Gewerbebetrieb angefallen, für den die Voraussetzungen der beschränkten Steuerpflicht aus Gewerbe fehlen, dann sind die Einkünfte wie solche zu versteuern, die außerhalb eines Gewerbebetriebs angefallen sind (vgl. Anm. 9). Es hat deshalb der wirtschaftliche Zusammenhang, der durch das Vorhandensein des Gewerbebetriebs unter den einzelnen, im Gewerbebetrieb abgeschlossenen Geschäften gegeben ist, auszuscheiden. Es muß vielmehr ein wirtschaftlicher Zusammenhang zwischen den einzelnen Ausgaben und den einzelnen Einnahmen, bei denen die ersten abgezogen werden sollen, nachgewiesen werden (RFH. I A 114/32 v. 27. 6. 33, RStBl. 33 S. 1070, StW. 34 Nr. 135 und I A 213/30 v. 17. 6. 30, RStBl. 30 S. 687, StW. 30 Nr. 991). Daher sind auch nach RFH. I A 230/34 v. 15. 10. 35 (RStBl. 36 S. 431, StW. 35 Nr. 724) die Generalunkosten einer ausländischen Hypothekenbank bei ihren inländischen Kapitaleinkünften nicht als Werbungskosten anzusehen, sondern nur die aus der Einziehung der Hypothekenzinsen unmittelbar herrührenden Ausgaben.

b) Bei den Einkünften aus Kapitalvermögen und Vermietung und Verpachtung gehören die Kosten der Anschaffung der Kapitalanlage oder des Gegenstands der Vermietung oder Verpachtung nicht zu den Werbungskosten; denn sie stehen mit den steuerpflichtigen Einnahmen nicht in einem unmittelbaren, sondern nur in einem mittelbaren wirtschaftlichen Zusammenhang (vgl. Anm. 150 b zu § 6 KStG). Daher gehören die aus der Beschaffung der Kapitalanlage oder des Mietgegenstands herrührenden **Schuldzinsen** grundsätzlich nicht zu den Werbungskosten. Diese Rechtslage wirkt sich jedoch bei der unbeschränkten Steuerpflicht deshalb nicht aus, weil die Schuldzinsen auf jeden Fall nach § 10 Abs. 1 Ziff. 2 EStG am Gesamtbetrag der Einkünfte als Sonderausgaben abzuziehen sind, während die Vorschriften des § 10 EStG bei beschränkt Steuerpflichtigen nach § 50 Abs. 1 Satz 2 EStG unanwendbar sind (vgl. Anm. 15). Der RFH. hat jedoch in ständiger Rechtsprechung für die beschränkte Steuerpflicht einen unmittelbaren wirtschaftlichen Zusammenhang zwischen Geldbeschaffung und inländischer Hypothek oder auch zwischen inländischem Grundbesitz und der auf ihm lastenden Hypothek insofern anerkannt, als der ausschließliche Zweck der Geldbeschaffung nur die Begebung der inländischen Hypothek oder aber der Erwerb oder sonstige Zwecke (wie z. B. Bauarbeiten) des inländischen Grundbesitzes gewesen ist und diese unmittelbare Verbindung zwischen Schuld und Forderung bzw. Grundbesitz im Zeitpunkt der Geltendmachung der Schuldzinsen als Werbungskosten fortbestanden hat (vgl. z. B. für inländischen Hypotheken RFH. I A 377/28 v. 7. 2. 29, RStBl. 29 S. 193, StW. 29 Nr. 359, VI A 23/31 v. 5. 7. 33, RStBl. 33 S. 1080, StW. 33 Nr. 780; für inländischen Grundbesitz VI A 967/29 v. 8. 8. 29, RStBl. 29 S. 587, StW. 29 Nr. 780, VI A 1638/29 v. 22. 10. 31, E. 30 S. 29, RStBl. 32 S. 134, StW. 32 Nr. 251). Verschafft sich weiter ein Ausländer, der unter Aufnahme eines Darlehens inländischen Grundbesitz erworben hat, später die Mittel zur Rückzahlung der Darlehnsschuld durch Aufnahme einer Hypothek auf seinem Grundbesitz, so tritt nach RFH. VI A 244/31 v. 5. 7. 33 (RStBl. 33 S. 1080, StW. Nr. 799) die Hypothekenschuld an die Stelle der Darlehnsschuld und der wirtschaftliche Zusammenhang zwischen Schuld und Grundbesitz besteht weiter, so daß die für die Hypotheken geschuldeten Zinsen als Werbungskosten der Einkünfte aus Vermietung zu behandeln sind. Ein wirtschaftlicher Zusammenhang zwischen dem Mietgrundstück und der auf ihm lastenden Hypothek wird also nicht schon durch die Tatsache der rechtlichen Verbindung hergestellt, die die Belastung des Grundstücks mit Hypotheken darstellt. Auch ist nach der Rechtsprechung ein Zusammenhang zwischen verzinslichen Darlehen und ausgeliehenen Hypotheken dann ausgeschlossen, wenn die Möglichkeit besteht, daß die Hypotheken als Kapitalanlagen aus anderen, mit Schuldzinsen nicht belasteten Mitteln gewährt worden sind. Der beschränkt Steuerpflichtige muß den erforderlichen Zusammenhang zwischen inländischen Einkünften und Schuldzinsen nachweisen. Zur Vermeidung ungerechtfertigter Steuervorteile sind an diesen Nachweis strenge Anforderungen zu stellen (RFH. I A 377/28 und VI A 23/31 f. oben, I A 114/32 v. 27. 6. 33, RStBl. 33 S. 1070, StW. 34 Nr. 135 und I A 31/35 v. 29. 4. 35, RStBl. 35 S. 942, StW. 35 Nr. 368).

§ 50 EStG. Anmerkung 14—15.

Gegenüber dieser Rechtsprechung können Bedenken erhoben werden, ob die Ausdehnung des Ausgabenabzugs über den gesetzlichen Werbungskosten= begriff und den im § 13 KStG geforderten unmittelbaren wirtschaftlichen Zu= sammenhang hinaus auf die aus der Geldbeschaffung herrührenden Schuldzinsen, die bei unbeschränkt Steuerpflichtigen in diesen Fällen Sonderausgaben darstellen, gerechtfertigt ist. Nach dem Tatbestand zu RFH. I A 230/34 v. 15. 10. 35 (RStBl. 36 S. 431, StW. 35 Nr. 724) z. B. hatte eine ausländische Hypothekenbank nur in Deutschland Geld auf Hypotheken ausgeliehen und zur Beschaffung der Geldmittel im Ausland zu 6 v. H. verzinsliche Pfandbriefe ausgegeben. Nach dem Tatbestand zu RFH. I A 31/35 (s. oben) hatte weiter eine ausländische Schiffshypothekenbank einer deutschen Firma ein durch Schiffspfandrechte an deutschen Schiffen gesichertes Darlehen gewährt. Insbesondere auch im Hinblick auf den Zweck der beschränkten Steuerpflicht, nämlich der Erfassung der aus dem Inland herausgewirtschafteten Einkünfte, erscheint es bedenklich, die Besteuerung der von den ausländischen Firmen aus Deutschland bezogenen Zinsen davon abhängig zu machen, daß im ersten Fall der Betrag der ausgegebenen Hypotheken abzüglich eines Abgeldes (Damnum) den Betrag der Pfandbriefe übersteigt oder daß im zweiten Fall die in= ländischen Darlehnszinsen die passiven Pfandbriefzinsen übersteigen. Wenn A dem B Geld zu 5 v. H. leiht, damit dieser es in Deutschland zu 6 v. H. ausleiht, erscheint es angebracht, die volle 6 v. H. der deutschen Besteuerung zu unterwerfen. Dies gilt umsomehr als das inländische Hypotheken= oder Darlehnsgeschäft der aus= ländischen Bank losgelöst vom ausländischen Gewerbebetrieb zu beurteilen ist. Mindestens könnte aber nach dem Zweck und Wesen der beschränkten Steuerpflicht als einer Art Objektsteuer auf inländische Einkünfte der Ausgabenabzug nur auf die im Inland erwachsenen Aufwendungen beschränkt bleiben.

15. Ermittlung des Einkommens.

Nach dem Wesen der beschränkten Steuerpflicht als einer Art Objektsteuer (vgl. Anm. 2) bleiben bei der Veranlagung die persönlichen Verhältnisse des Steuer= pflichtigen unberücksichtigt. Wie daher bei der Einkommensteuer Familienstand oder besondere wirtschaftliche Verhältnisse des Steuerpflichtigen außer Betracht bleiben (§ 50 Abs. 1 Satz 2 u. Abs. 3 EStG), so sind nach § 4 Abs. 3 KStG die persönlichen Befreiungen nach § 4 Abs. 1 Ziff. 3—7 KStG auf beschränkt steuerpflichtige Körperschaften (§ 2 Ziff. 1) nicht anzuwenden. Auch ein Abzug von Sonderausgaben, die an sich eine Verwendung von Einkommen bedeuten und bei der Körperschaftsteuer als Schuldzinsen usw. im Sinn des § 10 Abs. 1 Ziff. 2 EStG vorkommen können (vgl. Anm. 151 zu § 10 EStG), ist durch § 50 Abs. 1 Satz 2 EStG ausgeschlossen.

Weiter wird durch § 50 Abs. 2 EStG der Ausgleich der Einkünfte nach § 2 Abs. 2 EStG eingeschränkt. Nach § 2 Abs. 2 a. a. O. ist Einkommen der Gesamt= betrag der Einkünfte aus den im Abs. 3 bezeichneten Einkunftsarten nach Ausgleich mit Verlusten, die sich aus einzelnen Einkaufsarten ergeben ... Dieser Gesamtbetrag der Einkünfte ist grundsätzlich auch bei beschränkt Steuerpflichtigen zu errechnen. Jedoch ist nach § 50 Abs. 2 a. a. O. bei Einkünften, die dem Steuerabzug unter= liegen und bei Einkünften im Sinne des § 20 Abs. 1 Ziff. 3 u. 4 a. a. O. (Zinsen aus Hypotheken und Grundschulden und Renten aus Rentenschulden; Zinsen aus sonstigen Kapitalforderungen, Darlehen, Anleihen usw.) für beschränkt Steuer= pflichtige ein Ausgleich mit Einkünften aus anderen Einkunftsarten nicht zulässig. Das Ausgleichsverbot erstreckt sich also auf Verluste (Werbungskostenüberschüsse) aus allen beschränkt steuerpflichtigen Kapitaleinkünften (§ 49 Ziff. 5 EStG) und, da die steuerabzugspflichtigen Einkünfte aus nichtselbständiger Arbeit (§ 49 Ziff. 4 a. a. O.) für Körperschaften keine Bedeutung haben, aus den durch den RdF. nach § 45 EStG für steuerabzugspflichtig erklärten Einkünften, soweit sie bei Körperschaften vorkommen (vgl. Anm. 7 zu § 20 KStG). In allen übrigen Fällen, also bei beschränkt steuerpflichtigen Einkünften im Sinne des § 49 Ziff. 1, 2, 3, 6, 7 und 8 EStG ist ein Ausgleich des Ergebnisses der einzelnen Einkunftsarten untereinander auch bei beschränkter Steuerpflicht möglich, soweit nicht einzelne Einkünfte durch VO des RdF. einem Steuerabzug unterliegen. Dies bedeutet eine Vergünstigung gegen= über dem bisherigen Rechtszustand, bei dem nach der aus § 60 EStG 1925 abgelei= teten Rechtsprechung des RFH. ein Ausgleich nur bei den Einkünften aus Land= und Forstwirtschaft, Gewerbebetrieb und selbständiger Berufstätigkeit unterein= ander, nicht aber mit und bei den übrigen beschränkt steuerpflichtigen Einkünften stattfinden konnte (vgl. z. B. RFH. VI A 967/29 v. 8. 8. 29, RStBl. 29 S. 587, StW. 29 Nr. 780).

16. Pauschbesteuerung nach § 30 EStG.

§ 30 EStG.
Besteuerung bei Auslandsbeziehungen.

Der Oberfinanzpräsident kann bei Einkünften aus Land= und Forstwirtschaft, aus Gewerbebetrieb oder aus selbständiger Arbeit ohne Rücksicht auf das ausgewiesene Ergebnis die Einkommensteuer in einem Pauschbetrag fest= setzen, wenn besondere unmittelbare oder mittelbare wirtschaftliche Beziehungen des Betriebs zu einer Person, die im Inland entweder nicht oder nur beschränkt steuerpflichtig ist, eine Gewinnminderung ermöglichen. Der Oberfinanzpräsident entscheidet nach seinem Ermessen.

a) **Verhältnis zum EStG 1925 und Bedeutung.** Diese Vorschrift ist an die Stelle der §§ 33, 44 EStG 1925 getreten, sie gilt für unbeschränkt und beschränkt Steuerpflichtige. Die Begr. zu § 30 EStG (RStBl. 35 S. 48) führt über die Bedeutung der Vorschrift aus: „§ 30 soll die Schwierigkeiten beheben, die sich bei der Besteuerung von Betrieben ergeben haben, die besondere wirt= schaftliche Beziehungen zum Ausland unterhalten. Die bisherige Regelung des §§ 33, 34 hat sich als unzulänglich erwiesen... Hinzu kam, daß die Durch= führung sowohl des § 33 als auch des § 34 dadurch erheblich erschwert war, daß ein Gewinn ermittelt werden mußte, der ohne die besonderen Beziehungen zum Ausland erzielt worden war. Hierzu bedurfte es der Heranziehung von Ver= gleichsbetrieben, die in der Regel nicht vorhanden oder schwer zu ermitteln waren. Die Neuregelung hat die Voraussetzungen und die Durchführung weitgehend ver= einfacht. Es genügt zur Anwendung der Vorschrift des § 30, daß besondere unmittel= bare oder mittelbare wirtschaftliche Beziehungen des Betriebs zu einer im Inland nicht oder nur beschränkt steuerpflichtigen Person bestehen und daß diese Beziehungen eine Gewinnminderung ermöglichen. Besondere Beziehungen sind solche, die von den üblichen sich aus dem Wirtschaftsverkehr ergebenden Beziehungen, wie sie zwischen In= und Ausland, z. B. bei Ein= und Ausfuhr, zu bestehen pflegen, ab= weichen und eine Verlagerung des Gewinns ins Ausland ermöglichen. Die Vor= schrift, deren Anwendung in das Ermessen des Landesfinanzamts gestellt ist, gibt diesem eine weitgehende Befugnis. Das Ermessen ist so auszuüben (zu vgl. § 2 des StAnpG), daß das Reich an Einkommensteuer das erhält, was ihm gebührt — nicht mehr, aber auch nicht weniger —. Hieraus und aus der Fassung der Vorschrift als Kannvorschrift ist weiter zu folgern, daß sie nicht etwa in jedem Fall, in dem die Beziehungen so gestaltet sind, daß die Möglichkeit einer Gewinnminderung besteht, angewendet werden soll, sondern nur in den Fällen, in denen Anhalts= punkte dafür bestehen, daß der Gewinn tatsächlich gemindert worden ist. Es sei ausdrücklich darauf hingewiesen, daß besondere Beziehungen zum Ausland zu einer Besteuerung nach § 30 nicht führen sollen, wenn die tatsächliche wirtschaftliche Lage derartige gewinnmindernde Bindungen verlangt (hierher gehört z. B. die Gewinnminderung infolge sogenannter Kampfpreise bei der Ausfuhr). Einwand= freie Beziehungen sollen durch den § 30 nicht getroffen werden. Daß eine Anwen= dung des § 30 nur möglich ist, wenn die Voraussetzungen der persönlichen Steuer= pflicht gegeben sind, soll nur der Vollständigkeit halber erwähnt werden. Die Vor=

§ 30 EStG. Anmerkung 16.

schriften der §§ 33, 34 EStG 1925 bezogen sich nur auf Einkünfte aus Gewerbebetrieb. § 30 hat den Tatbestand auch auf Einkünfte aus Land- und Forstwirtschaft und aus selbständiger Arbeit ausgedehnt. Die Vorschrift erstreckt sich also auf alle Einkunftsarten, bei denen die Einkünfte Gewinn sind. Die Erweiterung ist auf systematische Erwägungen zurückzuführen."

b) **Voraussetzung für die Anwendung der Pauschbesteuerung** nach § 30 EStG ist, daß der beschränkt oder unbeschränkt Steuerpflichtige zu einer im Inland nicht oder nur beschränkt steuerpflichtigen Person besondere unmittelbare oder mittelbare Beziehungen unterhält, die eine Gewinnminderung ermöglichen. Eine Gewinnminderung ermöglicht z. B. nach RFH. VI A 675 u. 730/36 v. 20. 1. 37 (E. 41 S. 37, RStBl. 37 S. 779, StW. 37 Nr. 199) die Vereinbarung einer inländischen OHG. mit einer ausländischen AG., wonach diese die ganze Erzeugung der OHG. in der Weise übernehmen sollte, daß die OHG. dabei weder Gewinn noch Verlust hatte. Das Vorliegen dieser sachlichen Voraussetzung der Pauschbesteuerung hat nach der Entsch. der RFH. im Rechtsbeschwerdeverfahren nachzuprüfen, nicht aber, ob auch tatsächlich eine Gewinnminderung eingetreten ist. In der Entsch. wird noch darauf hingewiesen, daß durch die Sondervorschrift des § 30 EStG im Einzelfall die einheitliche Gewinnfeststellung nach § 215 AO ausgeschlossen wird. Als besondere Beziehungen im Sinn der Vorschrift sind auch die in RFH. VI A 1683/32 v. 18. 10. 33 (E. 34 S. 286, RStBl. 34 S. 422, StW. 34 Nr. 34) zu § 33 EStG 1925 behandelten Vereinbarungen eines inländischen Steuerpflichtigen mit Ausländern anzusehen, nach denen der Inländer seine Waren an den ausländischen Geschäftsfreund unter dem Marktpreis verkauft. Wegen der erhöhten Auskunftspflicht des Steuerpflichtigen in diesen Fällen s. Anm. 8 d, dd und wegen der allgemeinen Grundsätze der Pauschbesteuerung s. Anm. 4 zu § 21 KStG.

c) Zu § 30 EStG führen die **BR** 34 F 5 (RStBl. 35 S. 401) aus:

„Die Besteuerung der Auslandsbeziehungen ist durch § 30 EStG 1934 wesentlich vereinfacht worden... Die Vorschrift des § 30 EStG 1934 gemäß kann ein Pauschbetrag schon dann festgesetzt werden, wenn besondere unmittelbare oder mittelbare wirtschaftliche Beziehungen des Betriebs zu einer Person, die im Inland nicht unbeschränkt steuerpflichtig ist, eine Gewinnverminderung ermöglichen. Die Anwendung des § 30 hat nicht offene und einwandfreie, sondern besondere wirtschaftliche Beziehungen zu Personen, die nicht unbeschränkt einkommensteuerpflichtig sind, zur Voraussetzung. Die Vorschrift darf nur dann angewendet werden, wenn Billigkeit und Zweckmäßigkeit es erfordern (§ 2 Abs. 2 StAnpG). Es muß Grund zu der Annahme bestehen, daß infolge der Beziehungen zu einem nicht unbeschränkt Steuerpflichtigen eine Gewinnminderung möglich ist, und es muß der Grundsatz der steuerlichen Gleichmäßigkeit und Gerechtigkeit unter Beachtung der Grundsätze von Billigkeit und Zweckmäßigkeit die Pauschbesteuerung bedingen. Zu der Annahme, daß infolge der besonderen wirtschaftlichen Beziehungen eine Gewinnminderung möglich ist, wird insbesondere dann Anlaß bestehen, wenn das Gewinnergebnis des Steuerpflichtigen im Verhältnis zu anderen Betrieben gleicher Art und gleicher Größe als viel zu niedrig erscheint. Es ist in dem Fall zu prüfen, ob die Möglichkeit besteht, daß auf Grund der besonderen wirtschaftlichen Beziehungen gewinnmindernde Vereinbarungen getroffen worden sind (z. B. Vereinbarung zu niedriger Verkaufspreise bei Lieferungen ins Ausland oder zu hoher Einkaufspreise bei Erwerb aus dem Ausland). Ist diese Möglichkeit zu bejahen, so ist es Sache des Steuerpflichtigen, nachzuweisen, daß nicht die Beziehungen zu dem nicht unbeschränkt Steuerpflichtigen, sondern andere Umstände das Geschäftsergebnis beeinträchtigt haben, oder daß besondere Vereinbarungen nicht durch steuerliche Gründe, sondern durch die tatsächliche wirtschaftliche Lage bedingt waren. Bei Zweigniederlassungen beschränkt Steuerpflichtiger wird der Gewinn auch so ermittelt werden können, daß der Gesamtgewinn nach Maßgabe der Umsatzgrößen zwischen Zweigniederlassung und Gesamtbetrieb aufgeteilt wird. § 30 EStG 1934 bezieht sich sowohl auf Betriebe, deren Inhaber unbeschränkt steuerpflichtig sind, als auch auf Betriebe oder Betriebstätten, deren Inhaber nur beschränkt steuerpflichtig sind. Gegen den Bescheid, durch den § 30 EStG 1934 gemäß ein Pauschbetrag festgesetzt wird, den Einspruch gegeben, über den das LFA. entscheidet (§ 236 Abs. 2 AO in der Fassung des § 21 Ziff. 27 StAnpG). Gegen den Einspruchsbescheid des LFA. ist die Rechtsbeschwerde an den RFH. gegeben. Ein Rechtsmittel ist nicht gegeben, soweit die Festsetzung des Pauschbetrags auf einer Vereinbarung beruht, die der Steuerpflichtige mit dem LFA. getroffen hat."

17. Ermächtigung zur Pauschbesteuerung und zum ganzen oder Teil-Erlaß der Steuer (§ 50 Abf. 5 EStG).

§ 50 Abf. 5 EStG.

Das Finanzamt kann die Einkommensteuer bei beschränkt Steuerpflichtigen ganz oder zum Teil erlassen oder in einem Pauschbetrag festsetzen, wenn es aus volkswirtschaftlichen Gründen zweckmäßig ist oder eine gesonderte Berechnung der Einkünfte besonders schwierig ist.

Diese Berechtigung des FA. zur Pauschbesteuerung besteht neben und unabhängig von der dem FA. in § 21 KStG erteilten Ermächtigung zur Festsetzung der Körperschaftsteuer in einem Pauschbetrag. Die letzte greift Platz, wenn das Einkommen offenbar geringfügig ist und die genaue Ermittlung dieses Einkommens zu einer unverhältnismäßig großen Verwaltungsarbeit führen würde. Für die Pauschbesteuerung nach § 50 Abf. 5 EStG kommt es dagegen auf die Höhe der festzusetzenden Steuer nicht an. Schwierigkeit der gesonderten Berechnung oder Zweckmäßigkeit aus volkswirtschaftlichen Erwägungen genügen zur Pauschbesteuerung oder zum völligen oder teilweisen Erlaß der Steuer.

Nach der in den WR 34 D 4 (RStBl. 35 S. 396) erteilten Anweisung des RdF. ist in Fällen von größerer Bedeutung die vom FA. vorgesehene Regelung dem Oberfinanzpräsidenten zur Zustimmung vorzulegen. Dieser hat, wenn es sich um Fälle von besonders weitgehender Tragweite handelt, die Zustimmung des RdF. einzuholen.

18. Abgeltung des Steueranspruchs.

Nach § 19 Abf. 3 KStG ist die Körperschaftsteuer für Einkünfte, die dem Steuerabzug unterliegen, durch den Steuerabzug abgegolten, wenn der Bezieher der Einkünfte nur beschränkt körperschaftsteuerpflichtig ist und die Einkünfte nicht in einem inländischen gewerblichen, land- oder forstwirtschaftlichen Betriebe angefallen sind. Die Vorschrift entspricht der für beschränkt einkommensteuerpflichtige natürliche Personen geltenden Vorschrift des § 50 Abf. 4 EStG 1934 mit § 34 I. EStDVO bzw. § 50 Abf. 4 EStG 1938, die für beschränkt steuerpflichtige Körperschaften usw. nicht nach § 20 KStG entsprechend anzuwenden sind. Die Ausnahme für steuerabzugspflichtige Einkünfte, die in einem Gewerbebetrieb oder in einem Land- oder Forstwirtschaftsbetriebe anfallen, ist durch § 20 Abf. 3 EStG veranlaßt, wonach Einkünfte aus Kapitalvermögen, soweit sie zu den Einkünften aus Land- und Forstwirtschaft, aus Gewerbebetrieb ... gehören, diesen Einkünften zuzurechnen sind (vgl. im übrigen Anm. 24).

Nach § 32 I. KStDVO unterliegen Gewinnanteile und sonstige Bezüge, die beschränkt Steuerpflichtigen aus Anteilen an einer GmbH. bis zum 31. Dezember 1934 zufließen, einem Steuersatz von 10 v. H., es sei denn, daß sie in einem inländischen gewerblichen, land- oder forstwirtschaftlichen Betriebe angefallen sind. Die Gewinnanteile aus GmbH.-Anteilen sind nach § 51 Abf. 3 EStG 1934 erst seit dem 1. 1. 35 dem Steuerabzug vom Kapitalertrag unterworfen. Sie sind daher, soweit sie im Kalenderjahr 1934 zugeflossen sind, noch zu veranlagen, und zwar mit einem Steuersatz von nur 10 v. H., wenn sie nicht in einem Gewerbebetrieb oder land- oder forstwirtschaftlichen Betrieb angefallen sind.

19. Sicherstellung des Steueranspruchs.

Nach § 50 Abf. 6 EStG kann das FA. die Einkommensteuer von beschränkt steuerpflichtigen Einkünften, soweit diese nicht bereits nach §§ 38 bis 45 a. a. O. dem Steuerabzug unterliegen, im Wege des Steuerabzugs erheben, wenn dies zur Sicherstellung des Steueranspruchs zweckmäßig ist. Das FA. bestimmt hierbei die Höhe des Steueranspruchs.

Nach der in den WR 34 D 5 (RStBl. 35 S. 396) erteilten Anordnung des RdF. ist von dieser Vorschrift nur in Einzelfällen Gebrauch zu machen. „Das FA.

ist nicht befugt, gewisse Einkünfte allgemein dem Steuerabzug zu unterwerfen. Die Vorschrift des § 50 Abs. 6 kommt nur zur Anwendung, soweit eine Steuer noch nicht festgesetzt ist, nicht auch zur Beitreibung bereits festgesetzter Steuern. Für die Beitreibung festgesetzter Steuern gelten die Vorschriften der AO und der Beitreibungsordnung. Die durch den angeordneten Steuerabzug zu erhebenden Steuerbeträge sind wie die übrigen Steuerabzüge eine Art Vorauszahlung auf die noch festzusetzende Einkommensteuer. Die Einkommensteuer, zu deren Sicherung der Steuerabzug festgesetzt wird, ist also in jedem Fall noch festzusetzen. Gegen die Festsetzung ist das ordentliche Rechtsmittelverfahren gegeben. Gegen die Festsetzung des Steuerabzugs selbst ist nur das Beschwerdeverfahren gegeben. Der Steuerabzug des § 50 Abs. 6 EStG 1934 unterscheidet sich von anderen Steuerabzügen dadurch, daß auf ihn die Vorschrift des § 47 Abs. 3 Satz 2 EStG 1934 nicht Anwendung findet. Er ist erstattungsfähig wie die Vorauszahlungen."

II. Beschränkte Steuerpflicht nach § 2 Ziff. 2 KStG.

20. Bedeutung der Vorschrift.

Beschränkt körperschaftsteuerpflichtig sind nach § 2 Ziff. 2 KStG „Körperschaften, Personenvereinigungen und Vermögensmassen, die nicht unbeschränkt steuerpflichtig sind, mit den inländischen Einkünften, von denen ein Steuerabzug zu erheben ist."

„Ebenso wie nach dem bisherigen Körperschaftsteuerrecht können Reich, Länder, Gemeinden und andere Körperschaften des öffentlichen Rechts beschränkt körperschaftsteuerpflichtig sein, wenn sie inländische Einkünfte beziehen, von denen ein Steuerabzug zu erheben ist. Es werden hier im wesentlichen nur steuerabzugspflichtige Dividenden in Frage kommen. Für diesen Hauptfall ist — entsprechend dem bisherigen § 3 Abs. 3 KStG 1925 — eine Befreiungsvorschrift im § 9 Abs. 3 aufgenommen, wenn diese Körperschaften des öffentlichen Rechts an unbeschränkt steuerpflichtigen Kapitalgesellschaften mindestens zu einem Viertel beteiligt sind" (Begr. zu § 2 Abs. 2, RStBl. 35 S. 83).

21. Persönlicher Geltungsbereich.

Die Steuerpflicht nach Ziff. 2 umfaßt sämtliche nicht unbeschränkt steuerpflichtigen Körperschaften usw., also insbesondere auch die in § 1 KStG nicht als steuerpflichtig aufgeführten Körperschaften des öffentlichen Rechts wie Reich, Länder, Gemeinden, Gemeindeverbände ebenso wie die nach § 4 KStG von der Körperschaftsteuer befreiten Körperschaften. Für die letzten wird in § 4 Abs. 2 a. a. O. bestimmt, daß die Befreiungen nach Abs. 1 nicht anzuwenden sind, soweit die inländischen Einkünfte dem Steuerabzug unterliegen (§ 2 Ziff. 2). Zu dem entsprechenden § 3 Abs. 1 Nr. 2 KStG 1925 hat der RFH. ausgesprochen, daß die beschränkte Steuerpflicht der Kapitalerträge neben der unbeschränkten Steuerpflicht einer Körperschaft bestehe und zur Folge haben könne, daß unbeschränkt steuerpflichtige Körperschaften auch in Verlustjahren die Kapitalerträge, die ihnen zugeflossen seien, zu versteuern hätten (RFH. I A 212/27 v. 5. 7. 27, E. 21 S. 281, RStBl. 27 S. 217, StW. 27 Nr. 680, I A 167/31 v. 12. 5. 31, RStBl. 31 S. 499, StW. 31 Nr. 981, I A 249/34 v. 8. 1. 35, E. 37 S. 115, RStBl. 35 S. 776, StW. 35 Nr. 104). Diese Auffassung läßt sich nach dem Wortlaut des § 2 Ziff. 2 für das neue Gesetz nicht mehr aufrechterhalten, da das Gesetz ausdrücklich nur die Körperschaften usw. für beschränkt steuerpflichtig erklärt, „die nicht unbeschränkt steuerpflichtig sind". Dagegen verbleibt es bei den unbeschränkt steuerpflichtigen Körperschaften wegen des in § 47 Abs. 3 Satz 2 EStG enthaltenen Erstattungsverbots für Steuerabzugsbeträge bei der durch Steuerabzug erhobenen Steuer (vgl. Anm. 8 d zu § 20 KStG). Allerdings kann ein unterlassener Steuerabzug nicht durch nachträgliche Veranlagung des Empfängers der Einkünfte nach § 2 Ziff. 2 KStG nacherhoben werden, sondern durch nachträgliche Abforderung des Steuerabzugsbetrags durch Haftungsbescheid.

Die Betriebe gewerblicher Art von Körperschaften des öffentlichen Rechts erhalten insoweit, als sie nicht nach Handelsrecht eigene Rechtspersönlichkeit, z. B. als Kapitalgesellschaften besitzen, ihre steuerrechtliche Selbständigkeit durch die Vorschrift des § 1 Abs. 1 Ziff. 6 KStG. Daher muß sich die beschränkte Steuerpflicht nach § 2 Ziff. 2 KStG auch auf solche Betriebe gewerblicher Art erstrecken, die zwar die gesetzlichen Voraussetzungen der persönlichen Steuerpflicht als Betrieb gewerblicher Art erfüllen, die aber auf Grund besonderer Vorschriften nicht unbeschränkt körperschaftsteuerpflichtig sind. Hierzu gehören die land- und forstwirtschaftlichen Betriebe von Körperschaften des öffentlichen Rechts (§ 3 I. KStDVO), die Hoheitsbetriebe (§ 4 a. a. O.) und Betriebe gewerblicher Art, die die Voraussetzungen der persönlichen Befreiung nach § 4 Abs. 1 KStG, z. B. wegen Gemeinnützigkeit erfüllen (vgl. Anm. 25 zu § 1 KStG). In diesen Fällen ist also der nicht steuerpflichtige Betrieb gewerblicher Art und nicht die hinter ihm stehende Körperschaft beschränkt Steuerpflichtiger. Daher ist auch der Steuerabzug vom Kapitalertrag beim Betrieb vorzunehmen und, wenn die öffentlich-rechtliche Körperschaft selbst Schuldnerin des Kapitalertrags ist, sind Gläubiger und Schuldner nicht im Sinne des § 2 Abs. 1 Ziff. 2 KapStDVO personengleich. Auch Sparkassen, die von öffentlich-rechtlichen Körperschaften unterhalten werden und nach § 4 Abs. 1 Ziff. 4 KStG steuerbefreit sind, sind ohne Rücksicht darauf, ob sie nach öffentlichem oder privatem Recht rechtsfähig sind oder nicht, nach den gleichen Grundsätzen beschränkt steuerpflichtig (RFH. I A 84/32 v. 25. 10. 32, RStBl. 33 S. 336, StW. 33 Nr. 101). Staatsbanken unterliegen ebenfalls der beschränkten Steuerpflicht der Ziff. 2 (RFH. I A 215/32 v. 21. 2. 33, E. 32 S. 321, RStBl. 33 S. 335, StW. 33 Nr. 411) und können daher auch die Schachtelvergünstigung nach § 9 Abs. 3 KStG für sich in Anspruch nehmen (s. Anm. 22 und RFH. I A 383/36 v. 16. 3. 37, E. 41 S. 153, RStBl. 37 S. 629, StW. 37 Nr. 269).

22. Sachlicher Geltungsbereich.

Die beschränkte Steuerpflicht des § 2 Abs. 2 erstreckt sich auf die inländischen Einkünfte, von denen ein Steuerabzug zu erheben ist. Dies ist der Fall nach §§ 38 ff. EStG beim Arbeitslohn (Lohnsteuer) und nach §§ 43 ff. a. a. O. bei den in § 43 bezeichneten inländischen Kapitalerträgen (Kapitalertragsteuer). Auf Grund der Ermächtigung in § 45 EStG hat der RdF. die VOen v. 6. 2. 35 über den Steuerabzug von Einkünften bei beschränkt Steuerpflichtigen und von den Aufsichtsratsvergütungen erlassen (s. Anm. 7 zu § 20 KStG). Für Körperschaften kommen hauptsächlich die steuerabzugspflichtigen Kapitalerträge in Betracht. Inländische Kapitalerträge liegen vor, wenn der Schuldner Wohnsitz, Geschäftsleitung oder Sitz im Inland hat (vgl. Anm. 11a, aa und § 1 Abs. 3 KapStDVO). Nicht beschränkt steuerpflichtig sind solche Kapitalerträge, die nach § 2 KapStDVO nicht steuerabzugspflichtig sind, nämlich Kapitalerträge, deren Gläubiger und Schuldner im Zeitpunkt des Zufließens personengleich sind (Abs. 1 Ziff. 1 a. a. O. und Anm. 6 a, cc zu § 20 KStG), und Kapitalerträge von Schachtelbeteiligungen entsprechend der sachlichen Befreiung nach § 9 KStG (Abs. 1 Ziff. 2 und Abs. 2 a. a. O.). Die Schachtelvergünstigung, die in § 9 Abs. 3 KStG auf Reich, Länder, Gemeinden und Gemeindeverbände ausgedehnt wird, wirkt sich also auch auf die unbeschränkte Steuerpflicht dieser öffentlich-rechtlichen Körperschaften nach § 2 Abs. 2 KStG aus. „Zu erheben" ist der Steuerabzug, wenn die Kapitalerträge dem Gläubiger zufließen (§ 6 KapStDVO). Daher erstreckt sich die beschränkte Steuerpflicht des Abs. 2 bei Beteiligung einer Gemeinde an einer GmbH. sachlich nicht etwa anteilig auf den Gewinn, den die GmbH. erzielt und nicht versteuert hat, sondern erst auf die von der GmbH. ausgeschütteten Gewinnanteile (RFH I A 41/32 v. 23. 2. 32, E. 31 S. 59, RStBl. 32 S. 630, StW. 32 Nr. 851).

23. Verbot des Ausgabenabzugs.

Nach § 13 Satz 2 KStG ist bei der Veranlagung der beschränkt steuerpflichtigen Einkünfte im Sinne des § 2 Ziff. 2 jeder Abzug von Ausgaben ausgeschlossen:

„Besteht das Einkommen nur aus Einkünften, von denen ein Steuerabzug zu erheben ist (§ 2 Ziff. 2), so ist ein Abzug von Ausgaben nicht zulässig." Diese Regelung entspricht dem Wesen der Steuer nach § 2 Ziff. 2 als einer Objektsteuer.

Beim Steuerabzug werden selbstverständlich keine Ausgaben berücksichtigt. Durch die Sondervorschrift des § 13 Satz 2 ist aber auch bei der Veranlagung dieser Körperschaften jeder Abzug von Werbungskosten, Schuldzinsen oder sonstiger Ausgaben von den Einnahmen ausgeschlossen (vgl. z. B. RFH. I A 176/32 v. 24. 5. 32, RStBl. 32 S. 638, StW. 32 Nr. 1172). Es ist auch nicht angängig, eine Ausnahme für die in wirtschaftlicher Beziehung zu den Einkünften stehenden Schuldzinsen zu machen. Auch etwaige Leistungen, die der Gewinnempfänger aus besonderen Verträgen einer GmbH. schuldet, können an den Dividenden nicht abgezogen werden (RFH. I A 26/32 v. 12. 4. 32, RStBl. 32 S. 500, StW. 32 Nr. 1087).

24. Abgeltung des Steueranspruchs.

Eine Vereinfachung des Verfahrens bedeutet die Vorschrift, daß die Körperschaftsteuer für Einkünfte, die dem Steuerabzug unterliegen, durch den Steuerabzug abgegolten ist, wenn der Bezieher der Einkünfte nur beschränkt körperschaftsteuerpflichtig ist und die Einkünfte nicht in einem inländischen gewerblichen, land- oder forstwirtschaftlichen Betriebe angefallen sind (§ 19 Abs. 3 KStG).

Die Festlegung der beschränkten Steuerpflicht von Einkünften, von denen ein Steuerabzug zu erheben ist, in § 2 Ziff. 2 ist eine Veranlagungsvorschrift, d. h. die nach dieser Vorschrift beschränkt körperschaftsteuerpflichtigen sollen mit diesen Einkünften veranlagt werden. Von diesem Grundsatz enthält § 19 Abs. 3 eine Ausnahme. Bei tatsächlicher Einbehaltung des Steuerabzugs von den Kapitalerträgen, die nicht in einem inländischen gewerblichen, land- oder forstwirtschaftlichen Betrieb angefallen sind, ist die Körperschaftsteuer durch die einbehaltene Kapitalertragsteuer abgegolten, es beruht also beim Steuerabzug. Da dieser nur in Höhe von 10 v. H. vorgenommen ist (§ 3 KapStDVO), bedeutet diese Regelung gegenüber dem Körperschaftsteuersatz des § 19 KStG von 30 v. H. eine tarifliche Vergünstigung für die davon betroffenen Körperschaften. Ist der Steuerabzug vom Kapitalertrag zu Unrecht unterblieben, dann hat das FA. die Kapitalertragsteuer nach § 12 KapStDVO von dem Schuldner oder von dem Gläubiger (§ 5 Abs. 1 und 2 a. a. O) durch Haftungsbescheid nachzufordern. Ist dies bis zur Veranlagung nicht geschehen, dann dürfte trotz der Fassung dieser Vorschrift als Sollvorschrift eine sofortige Veranlagung des Empfängers der Kapitalerträge unter Ausschluß der Abgeltung nach § 19 Abs. 3 in diesem Fall nicht ausgeschlossen sein. Das FA. kann nach Billigkeit und Zweckmäßigkeit entscheiden (§ 2 StAnpG), ob es Haftungsbescheid erlassen oder den Empfänger der steuerabzugspflichtigen Beträge veranlagen will.

Steuerabzug vom Kapitalertrag und beschränkte Steuerpflicht nach Ziff. 2 sind also grundsätzlich zu unterscheiden (vgl. auch RFH. I A 339/28 v. 9. 4. 29, RStBl. 29 S. 367, StW. 29 Nr. 738). Der Steuerabzug stellt zunächst eine besondere Erhebungsform der von bestimmten Kapitalerträgen zu entrichtenden Einkommensteuer dar, die nicht ausschließt, daß diese Einkünfte trotzdem zu veranlagen sind. Da nach § 47 Abs. 1 und 3 Satz 2 EStG die durch Steuerabzug einbehaltenen Beträge, soweit sie auf die im Kalenderjahr bezogenen Einkünfte entfallen, angerechnet, anderseits aber bei Überzahlung der Einkommensteuerschuld nicht erstattet werden, handelt es sich bei dem Steuerabzug weiterhin um eine selbständige Besteuerung und zwar eine Art von Mindestbesteuerung der ihm unterworfenen Kapitalerträge. Der Steuerabzug nähert sich dadurch einer Objektsteuer (vgl. auch Gutachten des RFH. VI D 2/26 v. 14. 12. 26, S. 20 S. 164, RStBl. 27 S. 57, StW. 27 Nr. 71).

25. Zusammentreffen der beschränkten Steuerpflicht nach Ziff. 1 und 2.

§ 2 Ziff. 2 gilt für Körperschaften, Personenvereinigungen und Vermögensmassen, die nicht unbeschränkt steuerpflichtig sind. Es ist möglich, daß eine nicht unbeschränkt steuerpflichtige ausländische Körperschaft nach § 2 Ziff. 1 KStG und § 49 Ziff. 5 EStG beschränkt steuerpflichtig ist mit Kapitalerträgen im Sinn des § 20 Abs. 1 Ziff. 1 und 2 EStG, deren Schuldner Wohnsitz, Geschäftsleitung oder Sitz im Inland haben. Diese Kapitalerträge unterliegen auch nach § 43 Abs. 1 Ziff. 1 und 2 a. a. O. dem Steuerabzug vom Kapitalertrag. Bestehen die inländischen Einkünfte dieser Gesellschaft ausschließlich aus den steuerabzugspflichtigen Kapitalerträgen, dann sind gleichzeitig die Voraussetzungen der beschränkten Steuerpflicht nach § 2 Ziff. 2 KStG erfüllt. Für das Zusammentreffen der Voraussetzungen für die beschränkte Steuerpflicht nach § 3 Abs. 1 Nr. 1 und Nr. 2 KStG 1925 hat der RFH. den Grundsatz aufgestellt, daß in erster Linie die Steuerpflicht nach Nr. 2 in Anspruch zu nehmen sei. Bei der Veranlagung einer ausländischen Erwerbsgesellschaft ohne Betriebstätte oder ständige Vertretung im Inland, die Gesellschafterin einer inländischen GmbH. sei, sei daher der Abzug von Werbungskosten, Schuldzinsen oder sonstigen Ausgaben von den inländischen Kapitalerträgen unzulässig (EFH. I A 176/33 v. 19. 9. 33, E. 34 S. 110, RStBl. 33 S. 1241, StW. 34 Nr. 134). Diese Grundsätze sind auch noch für das neue Gesetz maßgebend. Ausländische Körperschaften, die nur inländische steuerabzugspflichtige Einkünfte beziehen, fallen in erster Linie unter die beschränkte Steuerpflicht des § 2 Ziff. 2 KStG. Dies hat zur Folge, daß beim Vorliegen der im Gesetz geforderten Voraussetzungen einerseits bei der Veranlagung dieser Einkünfte Ausgaben nicht berücksichtigt werden können (§ 13 Satz 2 KStG, s. Anm. 23 Abs. 2) und andererseits nach Vornahme des Steuerabzugs die Körperschaftsteuer durch den Steuerabzug abgegolten ist (§ 19 Abs. 3 KStG, s. Anm. 24). Dadurch wird die Anwendbarkeit des § 19 Abs. 3 auf die Fälle des § 2 Ziff. 2 beschränkt.

§ 3.
Abgrenzung der persönlichen Steuerpflicht.

Nichtrechtsfähige Personenvereinigungen, Anstalten, Stiftungen und andere Zweckvermögen sind dann körperschaftsteuerpflichtig, wenn ihr Einkommen weder nach diesem Gesetz noch nach dem Einkommensteuergesetz unmittelbar bei einem anderen Steuerpflichtigen zu versteuern ist.

Inhaltsübersicht.

1. Bedeutung und Verhältnis zum bisherigen Recht.
2. Grundgedanke.
3. Begriffe „Steuerpflichtiger" und „zu versteuerndes Einkommen".

    I. Nichtrechtsfähige Personenvereinigungen.

    A. Allgemeine Grundsätze.
4. Unmittelbare Einkommensteuerpflicht der Gesellschafter einer Mitunternehmerschaft (insbesondere offenen Handelsgesellschaft und Kommanditgesellschaft).
5. Abgrenzung zwischen körperschaftsteuerpflichtiger nichtrechtsfähiger Personenvereinigung und nicht körperschaftsteuerpflichtiger Gesellschaft des bürgerlichen Rechts (Mitunternehmerschaft).
6. Persönlich haftende Gesellschafter der Kommanditgesellschaft auf Aktien, der GmbH. & Co. und Partenreeder als Mitunternehmer.
7. Rechtsgebilde des früheren Rechts.
8. Gesellschaftsformen des ausländischen Rechts.

    B. Zusammenschlüsse von Unternehmen.
9. Formen der Zusammenschlüsse.
    a) Konsortien, Interessengemeinschaften und Metaverbindungen.
    b) Kartelle (Syndikate).
    c) Konzerne.
10. Das Verhältnis von Mutter- und Tochtergesellschaft.
    a) Wesen.
    b) Steuerrechtliche Folgerungen.
11. Organverhältnis.
    a) Organtheorie.
    b) Voraussetzungen der steuerlichen Anerkennung eines Organverhältnisses.
    c) Anerkennung des Organverhältnisses für ein bestimmtes Wirtschaftsjahr.
    d) Folgen des Organverhältnisses für die Körperschaftsteuer.
        aa) Selbständigkeit der abhängigen Gesellschaft.
        bb) Anerkennung der Gewinnübertragung auf die herrschende Gesellschaft.
        cc) Gewinnermittlung.

e) Organeigenschaft für einen Teil einer Gesellschaft.
12. Ein- und Verkaufsgesellschaften von Kartellen (Syndikaten).
a) Allgemeines.
b) Eigenes Einkommen der Verkaufsgesellschaft.
c) Beschränkung auf echte Ein- und Verkaufsgesellschaften.
d) Ausdehnung der Grundsätze auf Einkaufsgenossenschaften und sonstige Körperschaften.
13. Interessengemeinschaften.
14. **II. Nichtrechtsfähige Anstalten, Stiftungen und andere Zweckvermögen.**
15. **III. Einheitliche Beurteilung der Körperschaftsteuerpflicht.**

1. Bedeutung und Verhältnis zum bisherigen Recht.

„Bei nichtrechtsfähigen Vereinen, bürgerlich-rechtlichen Gesellschaften und anderen nichtrechtsfähigen Gebilden ist es oftmals schwierig festzustellen, wem das Einkommen zuzurechnen ist. Bisweilen geht das Einzelrecht dem Gesamthandsverhältnis vor. In diesen Fällen soll das Einkommen unmittelbar bei den einzelnen Gesellschaftern, die ihrerseits sowohl Körperschaften wie Einzelpersonen sein können, erfaßt werden. Die Vorschrift vermeidet daher die Doppelbesteuerung. Sie entspricht im wesentlichen dem § 6 des bisherigen Gesetzes. Anderseits besteht jedoch die Möglichkeit, durch besondere Anordnung zu bestimmen, daß das Einkommen bei der Personenvereinigung selbst erfaßt wird (§ 22)" (Begr. RStBl. 35 S. 83).

Die Vorschrift bezieht sich ebenso wie § 6 KStG 1925 nur auf nichtrechtsfähige Anstalten, Stiftungen und andere Zweckvermögen, nicht etwa auf rechtsfähige Stiftungen und andere Zweckvermögen, die als sonstige juristische Personen des privaten Rechts im Sinn des § 1 Abs. 1 Ziff. 5 KStG stets körperschaftsteuerpflichtig sind.

2. Grundgedanke.

Erwirbt irgend eine Körperschaft im weitesten Sinn Einkommen, so wird dies meist die Folge haben, daß irgendwelche natürliche Personen davon Vorteil haben, der früher oder später bei ihnen zu Einkünften führt. Diese Einkünfte werden natürlich dadurch vermindert, daß die Körperschaft das Einkommen versteuern mußte. Wirtschaftlich werden die Einkünfte der natürlichen Personen also zweimal getroffen, einmal bei der Entstehung ihrer Grundlage in der Körperschaft durch die Körperschaftsteuer, das zweite Mal bei dem Zufließen an die Beteiligten von der Einkommensteuer oder wenn die Beteiligten selbst Körperschaften sind, von einer zweiten Körperschaftsteuer (vgl. Anm. 3 § 1 KStG). Diese doppelte Belastung zu beseitigen, ist nicht der Zweck des § 3 (vgl. aber § 9 KStG). Seine Bedeutung liegt vielmehr in der Vermeidung eines Widerspruchs mit dem EStG, das das Einkommen gewisser Personenvereinigungen als den Beteiligten unmittelbar zugeflossen auffaßt. Logisch richtig wäre es, wenn das KStG selbständig bestimmte, welche Personenvereinigungen und Vermögensmassen als besondere Steuerpersonen anzusehen seien, und es dem EStG überließe, daraus die nötigen Folgerungen zu ziehen. Da aber das Einkommensteuerrecht das Ursprüngliche war und das Körperschaftsteuerrecht sich erst allmählich entwickelt hat, ist die Frage, welche Personenvereinigungen Steuerpersonen sein sollen, in der Weise geregelt, daß KStG von der grundsätzlichen Steuerpflicht gewisser Gebilde ausgeht, aber die Einschränkung macht, daß sie wegfällt, soweit dies den Anschauungen des EStG widerspricht. Es ist also so: Das KStG erklärt die Gesamthand (AB) für steuerpflichtig, das EStG erklärt aber, bei einer solchen Gesamthand sei alles Einkommen ohne weiteres als Einkommen von A und B aufzufassen. Das KStG weicht zurück, weil es nicht will, daß dasselbe Einkommen als solches von (AB) und von A und B behandelt werden soll. Da nun A und B ihrerseits Körperschaften sein können, so mußte in § 3 nicht nur von dem nach dem EStG zu versteuernden Einkommen, sondern auch von dem nach dem KStG selbst zu versteuernden Einkommen gesprochen werden.

3. Begriffe „Steuerpflichtiger" und „zu versteuerndes Einkommen".

Der Wortlaut des § 3 verlangt als Voraussetzung der Körperschaftsteuerpflicht, daß das Einkommen der nichtrechtsfähigen Personenvereinigung usw. nicht unmittelbar bei einem anderen Steuerpflichtigen zu versteuern ist. Nach dem Zweck der Vorschrift (Anm. 2) wird beides nicht wörtlich aufzufassen sein. „Zu versteuerndes Einkommen" soll nur bedeuten, daß Einkommen im Sinn des § 2 EStG vorliegen muß. Dagegen ist nicht zu verlangen, daß das Einkommen auch tatsächlich durch Veranlagung zur Einkommen- oder Körperschaftsteuer herangezogen wird. Ist z. B. bei einem Mitglied einer nichtrechtsfähigen Personenvereinigung das von diesem aus der Personenvereinigung bezogene Einkommen aus besonderen, in seiner Person liegenden Gründen, z. B. wegen einer sachlichen Steuerbefreiung, nicht der Einkommensteuer unterworfen, so kann daraus nicht die Körperschaftsteuerpflicht der nichtrechtsfähigen Personenvereinigung für dieses Einkommen abgeleitet werden (s. Anm. 5 Abs. 5). Ebensowenig ist zu verlangen, daß bei Beteiligung beschränkt Steuerpflichtiger an einer Personenvereinigung die den einzelnen Beteiligten nach dem EStG zuzurechnenden Einkünfte von ihnen auch tatsächlich versteuert werden.

Auch das Wort „Steuerpflichtiger" ist nicht wörtlich zu nehmen. Auch der Ausländer, der in keiner Weise steuerpflichtig ist, gehört in diesem Sinn zu den Steuerpflichtigen. Aber selbst öffentlich-rechtliche Körperschaften, die überhaupt nicht unter das Körperschaftsteuergesetz fallen, müssen in dem Sinn des § 3 als Steuerpflichtige angesehen werden. Die Beteiligung einer Stadtgemeinde an einer Gesellschaft bürgerlichen Rechts hat deshalb, auch wenn bei dem Betrieb die Voraussetzungen des § 1 Abs. 1 Ziff. 6 KStG nicht vorliegen, nicht die KörpStPflicht der Gesellschaft zur Folge. Das Gleiche hat zu gelten, wenn an einer Gesellschaft eine andere nicht körperschaftsteuerpflichtige beteiligt ist.

I. Nichtrechtsfähige Personenvereinigungen.

A. Allgemeine Grundsätze.

4. Unmittelbare Einkommensteuerpflicht der Gesellschafter einer Mitunternehmerschaft (insbes. offenen Handelsgesellschaft und Kommanditgesellschaft).

Nichtrechtsfähige Personenvereinigungen haben die Rechtsform der Gemeinschaft zur gesamten Hand, d. h. die Beteiligten sind in ihrer Zusammenfassung als Träger der Rechte und Pflichten anzusehen (vgl. Anm. 20 zu § 1 KStG). Die Frage ist nun: Wann behandelt das EStG eine Gesamthand so, daß ihr Einkommen als Einkommen der Beteiligten erscheint? Die Antwort ist nicht etwa aus § 11 Ziff. 5 StAnpG zu entnehmen. Denn er sagt nur, wie Steuerpflichtige im Fall einer Gesamthand zu besteuern sind, überläßt aber die Frage, ob Steuerpflichtige die Beteiligten oder die Gesamthand sind, den einzelnen Steuergesetzen. Eine ausdrückliche Vorschrift enthält § 15 Ziff. 2 EStG: „Einkünfte aus Gewerbebetrieb sind die Gewinnanteile der Gesellschafter einer offenen Handelsgesellschaft, einer Kommanditgesellschaft und einer anderen Gesellschaft, bei der die Gesellschafter als Unternehmer (Mitunternehmer) anzusehen ist." Diese Vorschrift sagt nichts anderes, als daß bei Gesellschaften dieser Art für das Einkommensteuerrecht der Betrieb nicht als den Gesellschaftern nur mittelbar zustehend anzusehen ist, daß das Gesellschaftseinkommen vielmehr ohne weiteres Einkommen der Gesellschafter ist. Damit scheidet die Körperschaftsteuerpflicht der offenen Handelsgesellschaften und Kommanditgesellschaften zweifellos aus. Bei ähnlichen Vereinigungen von Minderkaufleuten und Handwerkern kann an dem Fehlen der Körperschaftsteuerpflicht ebenfalls kein Zweifel sein. § 15 Ziff. 2 EStG spricht nur vom Gewerbebetrieb. Man muß ihn aber als Ausfluß eines allgemeinen Gedankens auffassen. Denn es wäre ganz unverständlich, wenn die doch tatsächlich im Verkehr im wesentlichen als von den Gesellschaftern verschiedene Persönlichkeit angesehene und auf die Dauer berechnete OHG. nicht als Einheit zu gelten hätte, während dies bei Gesamtverhältnissen ohne Gewerbebetrieb der Fall wäre. Man wird also sagen müssen, das EStG erklärt das Einkommen aller Gesellschaften, bei denen die Gesellschafter als Mitunternehmer anzusehen sind, für bei diesen unmittelbar steuerpflichtig. Nach diesem Grundsatz werden aber auch die ausschließlich auf familien= und erbrechtlicher Grundlage beruhenden Gesamthandgemeinschaften (Güter= und Erbengemeinschaften) stets aus der persönlichen Körperschaftsteuerpflicht ausscheiden.

Während hiernach die Fragestellung grundsätzlich zu lauten hat, ob die Personenvereinigung als solche oder ihre Mitglieder als Bezieher der Einkünfte zu behandeln sind, kann in besonderen Fällen auch eine Einzelperson an Stelle der Personenvereinigung Einkommensträger sein. In RFH. VI A 29/36 v. 28. 10. 36 (RStBl. 36 S. 1093, StW. 36 Nr. 533) wird der Vorsitzende eines nichtrechtsfähigen Vereins als alleiniger Unternehmer des vom Verein betriebenen Altersheims behandelt, weil der Verein von den ihm satzungsmäßig zustehenden Rechten und Pflichten tatsächlich ausgeschaltet war. Unter Berufung auf § 1 Abs. 3 StAnpG hat der RFH. mit Recht den Verein als nicht vorhanden und seinen Vorsitzenden als Gewerbetreibenden angesehen.

5. Abgrenzung zwischen körperschaftsteuerpflichtiger nichtrechtsfähiger Personenvereinigung und nicht körperschaftsteuerpflichtiger Gesellschaft des bürgerlichen Rechts (Mitunternehmerschaft).

Wann sind nun Gesellschafter als Mitunternehmer anzusehen und wann nicht? Man sagt vielfach, dann nicht, wenn ein Verein vorliegt und sieht das Wesen des Vereins in der besonderen Organisation. Der nichtrechtsfähige Verein unterscheidet sich von der Gesellschaft bürgerlichen Rechts durch die körperschaftähnliche Verfassung und die begrifflich nicht geschlossene Mitgliederzahl (RGZ. Bd. 60 S. 94). Die Gesellschaft des bürgerlichen Rechts dagegen ist ein auf wechselseitigem Vertrauen beruhendes und darum streng persönliches Rechtsverhältnis, bei dem die Beteiligten nach dem Gesellschaftsvertrag wie durch eine schuldgeschäftliche Bindung vereinigt werden. Da den Gesellschaftern wider ihren Willen kein fremder Teilhaber aufgedrängt werden soll, sind das Teilnahmerecht und die Ansprüche aus dem Gesellschaftsverhältnis nach § 717 BGB im allgemeinen nicht übertragbar.

Diese bürgerlich=rechtliche Unterscheidung kann jedoch für die steuerliche Beurteilung nicht ausschlaggebend sein; denn der grundlegende Unterschied kann nicht in derartigen Äußerlichkeiten, die immerhin willkürlich herausgestellt werden können, liegen. Dies gilt umso mehr, als einerseits nach § 54 BGB die Vorschriften über die Gesellschaft auch auf einen nichtrechtsfähigen Verein Anwendung finden und andererseits bei den Gesellschaftern einzelne Vorschriften des BGB durch Gesellschaftsvertrag ausgeschaltet und die Verhältnisse anderweitig geregelt werden können. Für die Besteuerung kommt es auf die tatsächliche Gestaltung im Wirtschaftsleben an, wobei auch die Volksanschauung (§ 1 StAnpG) entscheidend zu berücksichtigen ist (RFH. I A 30/26 v. 10. 8. 26, E. 19 S. 281, RStBl. 26 S. 321, StW. 26 Nr. 483, I A a 238/29 v. 26. 7. 29, E. 25 S. 284, RStBl. 29 S. 572, StW. 29 Nr. 833 und I A 172/32 v. 4. 4. 33, RStBl. 33 S. 990, StW. 33 Nr. 517). Es sind im wesentlichen zwei Gründe, die die Beteiligten nicht mehr als Mitunternehmer erscheinen lassen, nämlich einmal das Bestehen von Vereinbarungen, die die Beteiligten in die Rolle von Kapitalisten herabdrücken und zweitens das Bestehen von solchen, die der Beteiligung des Einzelnen die Eigenschaft eines ihm gehörigen Vermögensgegenstands nehmen.

Zu Kapitalisten werden die Beteiligten, wenn Vorkehrungen getroffen werden, daß die Gesellschafter nur mit ihrem Anteil für die Schulden der Gesellschaft haften. Die Beschränkung der Haftung bewirkt, daß sich auch Personen beteiligen können, denen die Art des betriebenen Unternehmens fern liegt, die in ihm lediglich eine Gelegenheit zur Kapitalanlage sehen. Regelmäßig wird mit der Haftungsbeschränkung auch die Übertragbarkeit der Anteile verbunden sein. Für die Anwendung des § 5 Abs. 2 Ziff. 3 KVG ist dieses wesentlich; für die Körperschaftsteuerpflicht von Gesellschaften des bürgerlichen Rechts dürfte es aber darauf nicht ankommen. Wie RFH. E. 15 S. 106 zu § 3 h KVG 1925 (§ 5 Abs. 2 Ziff. 3 KVG 1934) mit Recht ausführt, ist die Frage, ob eine Haftungsbeschränkung tatsächlich für das bürgerliche Recht wirksam vereinbart werden kann, für das Steuerrecht nicht zu entscheiden. Für dieses genügt es, wenn die Haftungsbeschränkung im Gesellschaftsvertrag ausgesprochen ist.

Die Beteiligung an einer Gesellschaft (einem Verein) hat nicht die Eigenschaft eines dem Gesellschafter gehörigen Vermögensgegenstands (Miteigentums- oder Teilrechts, an dem den Mitgliedern persönlich unmittelbar gehörenden Vermögen), wenn die Mitgliedschaft durch den Tod erlischt, ohne daß den Erben ein Anspruch auf eine dem Wert der Vermögensbeteiligung entsprechende Abfindung zusteht, und wenn neue Mitglieder gegen eine Aufnahmegebühr oder gar ohne eine solche aufgenommen werden können. Hierher gehören alle zum Zweck der Veranstaltung von Vergnügungen, zu Spiel- und Sportzwecken gegründeten Vereine, ausnahmsweise auch zu Erwerbszwecken gegründete. Wenn die Beteiligung eines Gesellschafters jederzeit durch Aufnahme neuer Mitglieder geschmälert werden oder durch seinen Tod ganz wegfallen kann, so kann man nicht sagen, daß er einen seiner gerade vorliegenden Beteiligung entsprechenden Anteil am Gesellschaftsvermögen besitzt.

Selbstverständlich ist, daß eine nach § 15 Ziff. 2 EStG nicht selbständig steuerpflichtige offene Handelsgesellschaft auch nicht deshalb für körperschaftsteuerpflichtig erklärt werden kann, weil ihre Gesellschafter z. B. als Körperschaften des öffentlichen Rechts körperschaftsteuerfrei sind und der aus der OHG. bezogene Gewinn aus diesem Grunde bei ihnen nicht erfaßt werden kann (RFH. I A 382/26 v. 13. 7. 27, StW. 27 Nr. 504).

6. Persönlich haftende Gesellschafter der Kommanditgesellschaft auf Aktien, der GmbH. und Co., Kommanditgesellschaft und Partenreeder als Mitunternehmer.

Mitunternehmer eines gewerblichen Betriebs ist nach § 15 Ziff. 3 EStG auch der persönlich haftende Gesellschafter einer Kommanditgesellschaft auf Aktien. Seine Gewinnanteile, soweit sie nicht auf Anteile am Grundkapital entfallen, und die Vergütungen, die er von der Gesellschaft für seine Tätigkeit im Dienst der Gesellschaft oder für die Hingabe von Darlehen oder für die Überlassung von Wirtschaftsgütern bezogen hat, sind bei ihm unmittelbar als Einkünfte aus Gewerbebetrieb und nicht etwa als Teil des gewerblichen Gewinns der Körperschaft von dieser zu versteuern. Das gleiche gilt für den persönlich haftenden Gesellschafter einer GmbH. und Co., Kommanditgesellschaft, wenn diese als solche steuerrechtlich anerkannt wird (vgl. Anm. 12 und 15 e zu § 1 KStG).

Der RFH. hat die Partenreederei, die als eine zu Erwerbszwecken gebildete Personenvereinigung ihrem Wesen nach zwischen der OHG. und der AG. steht, für die Vermögensteuer der OHG. gleichgestellt (Gutachten I D 2/26 v. 16. 11. 26, E. 20 S. 35, RStBl. 27 S. 36, StW. 27 Nr. 337) und sie auch einkommensteuerrechtlich als Gesellschaft im Sinn des § 29 Nr. 3 EStG 1925 (§ 15 Ziff. 2 EStG 1934) und demgemäß die Partenreeder als Mitunternehmer im Sinn dieser Vorschrift angesehen (RFH. VI A 1772/30 v. 5. 11. 30, RStBl. 31 S. 193). Dagegen ist die Tätigkeit des Korrespondentreeders, des geschäftsführenden Reeders einer Partenreederei, der nicht notwendig zu den Mitreedern gehören muß, nicht der Tätigkeit des geschäftsführenden Gesellschafters einer OHG. gleichzuachten, sondern eine selbständige gewerbliche Tätigkeit. Dies wird in Anlehnung an die Verkehrsauffassung für die Einkommensteuer ausgesprochen und die Verwaltungsgebühren des Korrespondentreeders werden als gewerbliche Einkünfte besonderer Art erklärt (RFH. VI A 421/33 v. 22. 2. 35, StW. 35 Nr. 216).

7. Rechtsgebilde des früheren Rechts.

Auf Gebilde, die dem früheren Rechte angehören, passen die Begriffe juristische Person, Gesamthand, Bruchteilgemeinschaft, wie sie sich im BGB herausgebildet haben, nicht ohne weiteres. In diesem Fall soll die Frage, ob die Erträge zunächst auf Grund eines eigenen Nutzungsrechts der als Genossenschaft bezeichneten Personenvereinigung zufließen und die Genossen ein bloßes Gewinnbezugsrecht haben, oder ob die Nutzungsrechte der Genossen die Erträge unmittelbar, d. h. unter Ausschluß der Genossenschaft, erfassen, danach beurteilt werden, wie im Einzelfall die Rechtsverhältnisse der Genossen ihrem Wesen nach gestaltet sind (RFH. VI A 41/28 v. 11. 7. 28, RStBl. 29 S. 35, StW. 28 Nr. 571, verw. auf I A 93/23 v. 28. 9. 23, E. 12 S. 343, RStBl. 24 S. 146, StW. 23 Nr. 883).

8. Gesellschaftsformen des ausländischen Rechts.

Schwierigkeiten können auch entstehen, wenn es sich um eine Beteiligung an einer Gesellschaftsform ausländischen Rechts handelt. Die offenen Handelsgesellschaften und Kommanditgesellschaften romanischen Rechts haben die Eigenschaft einer juristischen Person. Die Frage, ob inländische Teilhaber einer solchen OHG. oder KoG. als Gesellschafter einer Kapitalgesellschaft zu behandeln und damit bloß mit den ihnen zugeflossenen Gewinnanteilen als Einkünften aus Kapitalvermögen zu besteuern seien, hat der RFH. in der bereits in Anm. 5 zu § 2 KStG erwähnten Entsch. VI A 899/27 verneint. Der deutsche Gesetzgeber habe keinen Anlaß gehabt, eine besondere Bestimmung über die Behandlung der juristischen Personen des ausländischen Rechts zu treffen und sie etwa ohne weiteres ausdrücklich den deutschen juristischen Personen gleichzustellen. Es wird deshalb mit Recht als entscheidend angesehen, ob die in einem ausländischen Recht als juristische Personen bezeichneten Gebilde ihrem Wesen nach mehr den OHG. und KoG. als den GmbH., AG. und Genossenschaften des deutschen Rechts entsprechen (s. auch Anm. 5 zu § 2 KStG). Dadurch wird auch dem Grundsatz der Gleichmäßigkeit der Besteuerung Rechnung getragen.

B. Zusammenschlüsse von Unternehmen.

9. Formen der Zusammenschlüsse.

Schrifttum. Schultze-Schlutius, Die Besteuerung der Kartelle und Syndikate und ihrer Mitglieder, DStBl. 35 9 K S. 1 ff.; Schultze-Schlutius, Die Körperschaftsteuerpflicht der Syndikate, DStZ. 35 S. 434; Reinhardt, DStZ. 36 S. 279 ff.; Veiel, Organfragen bei der Einkommensteuer auf Betriebsgewinne StW. 37 I Sp. 825 (854 ff.).

Nach den in Anm. 4—6 aufgeführten Grundsätzen sind auch die verschiedenen Formen der Unternehmerzusammenschlüsse, wie Konsortien, Kartelle (Syndikate) und Konzerne (Interessengemeinschaften) auf ihre steuerliche Selbständigkeit im Sinn des KStG zu beurteilen. Bei diesen Wirtschaftsgemeinschaften handelt es sich regelmäßig um Zusammenschlüsse von wirtschaftlich selbständigen Unternehmungen, die vielfach in der Form der Gesellschaft des bürgerlichen Rechts geschehen. Auch in diesen Fällen kann aus den in Anm. 5 angeführten Gründen nicht die Rechtsform der Gesellschaft bürgerlichen Rechts allein für die steuerliche Behandlung maßgebend sein. Es ist vielmehr nach wirtschaftlichen Gesichtspunkten zu entscheiden, ob sich die Gemeinschaft tatsächlich als eine von ihren Mitgliedern betriebene Mitunternehmerschaft darstellt oder sich einheitlich nach außen nach Art einer Körperschaft betätigt und damit als nichtrechtsfähige Personenvereinigung selbst körperschaftsteuerpflichtig ist. Erfolgen die Zusammenschlüsse in Form juristischer Personen wie der GmbH. oder AG. oder auch eines rechtsfähigen Vereins, dann sind diese auf Grund ihrer Rechtsform körperschaftsteuerpflichtig.

Auch das KStG hat, wie das KStG 1925, davon Abstand genommen, die Gesellschaften bürgerlichen Rechts und Gemeinschaften, in denen regelmäßig die Unternehmerzusammenschlüsse erfolgen, für selbständig körperschaftsteuerpflichtig zu erklären. Der RdF. ist in § 22 KStG ermächtigt worden,

§ 3 KStG. Abgrenzung der persönlichen Steuerpflicht.

andere Personenvereinigungen als die im § 1 genannten für unbeschränkt steuerpflichtig zu erklären und ihre Besteuerung zu regeln. In der Begr. zu dieser Vorschrift (RStBl. 35 S. 86) wird darauf hingewiesen, daß es Fälle gibt, in denen Gesellschaften bürgerlichen Rechts, Gemeinschaften usw. als solche eine so erhebliche Rolle im Wirtschaftsleben spielen, daß ihre Heranziehung zur Körperschaftsteuer gerechtfertigt ist. Die Frage könne bei der Körperschaftsteuer besondere Bedeutung für die Besteuerung der Kartelle, Syndikate und Interessengemeinschaften gewinnen, wenn diese als bürgerlich-rechtliche Gesellschaften gegründet sind, ihre persönliche Steuerpflicht bestreiten und auch das Einkommen bei den einzelnen Mitgliedern nicht hinreichend erfaßt wird. Der RdF. hat von der ihm erteilten Ermächtigung bisher noch keinen Gebrauch gemacht. Auch die Rechtsprechung hat bisher den Unternehmerzusammenschluß, insbesondere das Syndikat, noch nicht als eine steuerpflichtige Rechtsperson behandelt (vgl. Veiel, Zukunftsfragen zur Besteuerung der Syndikate, in StW. 38 I Sp. 421). Es sind daher die Unternehmerzusammenschlüsse noch nach den bisher geltenden Grundsätzen zu beurteilen, wobei auch die bisherige Rechtsprechung weiterhin von Bedeutung ist.

a) **Konsortien** sind Gesellschaften bürgerlichen Rechts, bei denen die Vereinigung vorübergehend zur Durchführung eines bestimmten einzelnen Geschäfts, das auch eine Kette einzelner Geschäfte bilden kann, erfolgt. Das Konsortium ist als solches regelmäßig nicht steuerlich rechtsfähig. Die aus dem Konsortium bezogenen Einkünfte sind daher bei den am Konsortium Beteiligten unmittelbar einkommen- oder körperschaftsteuerpflichtig (RFH. VI A 201/34 v. 4. 12. 35, RStBl. 36 S. 217, StW. 36 Nr. 265). In RFH. I A 24/25 v. 15. 7. 25 (E. 17 S. 109, RStBl. 25 S. 198, 214, StW. 25 Nr. 473) hat der RFH. einen zwischen einer GmbH. und einer von ihren Gesellschaftern gegründeten Kommanditgesellschaft geschlossenen Konsortialvertrag, nach dem beide Gesellschaften das Geschäft der GmbH. auf gemeinsame Rechnung betreiben sollten, steuerrechtlich für beachtlich und es deshalb für nicht angängig erklärt, in diesem Fall ohne weiteres den für Rechnung des Konsortiums erzielten Gewinn als solchen des einen Konsorten, nämlich der GmbH., zu behandeln. Maßgebend sei vielmehr für die Besteuerung der nach dem Konsortialvertrag auf die GmbH. entfallende Gewinnanteil. Es erscheint zweifelhaft, ob in dem hier vorliegenden Fall in der Vereinigung von zwei Unternehmen zum dauernden Betrieb eines Unternehmens auf gemeinsame Rechnung noch eine Gelegenheitsgesellschaft (Konsortium) gesehen werden kann, da hier kaum noch von einem Einzelgeschäft oder einer Kette von Einzelgeschäften gesprochen werden kann. Trotzdem würde die anderweitige Beurteilung der Gemeinschaft als Mitunternehmerschaft steuerrechtlich keine andere Behandlung bedingen.

Auch die in einer Interessengemeinschaft zusammengeschlossenen Unternehmen bilden regelmäßig eine Gesellschaft bürgerlichen Rechts, die aber einkommensteuerrechtlich nicht Mitunternehmerschaft ist (f. Anm. 13). Noch loser ist der Zusammenschluß der Unternehmen bei einer Metaverbindung, die die Verbindung zur Ausführung einer unbestimmten Anzahl von Geschäften im eigenen Namen, aber für gemeinsame Rechnung ist. Die Metaverbindung kann nach RFH. VI A 1934/29 v. 25. 3. 31 (StW. 31 Nr. 434) nicht als ein besonderes Rechtsgebilde angesehen werden, an dem die Metisten als Mitunternehmer beteiligt sind. Ebensowenig könne angenommen werden, daß der eine Metist im Innenverhältnis an dem Unternehmen des anderen Metisten beteiligt sei (vgl. auch Anm. 8 c zu § 2 KStG).

b) Als **Kartelle** werden bezeichnet vertragsmäßige Vereinigungen von selbständig bleibenden Unternehmern derselben Art zum Zweck der beherrschenden Beeinflussung des Marktes (Marktordnung). Den Kartellmitgliedern werden in ihrer wirtschaftlichen Betätigung in irgend einer Hinsicht bestimmte Beschränkungen auferlegt, z. B. hinsichtlich der Geschäftsbedingungen im Verkehr mit ihren Kunden (Konditionenkartell), hinsichtlich der Errechnung und Höhe der Preise (Kalkulations- und Preiskartell), hinsichtlich der Erzeugung (Produktionskartell), der örtlichen Regelung des Absatzes (Gebietskartell) u. a. Nach der Art der Bindung der Unternehmen unterscheidet man Kartelle ohne mengenmäßige Beschränkung (Kontingentierung) des Absatzes (Konventionen) und Kartelle mit mengenmäßiger Absatzbeschränkung. Während im ersten Fall die Bindung durch bloße Vereinbarungen zwischen den Unternehmern herbeigeführt wird, wird im zweiten Fall das Gesamtangebot, die Gesamtnachfrage oder auch der Gesamtgewinn an die Mitglieder verteilt (Verteilungskartell). Die Verteilung wird in der Regel durch ein besonderes Organ besorgt. In diesem Fall spricht man von Verkaufskartellen oder Syndikaten. Das Verkaufsorgan wird vielfach in der Form der AG. oder GmbH. errichtet. Im juristischen Sinn wird in diesem Fall von einer Doppelgesellschaft gesprochen, weil neben der durch den Kartellvertrag geschaffenen Gesellschaft bürgerlichen Rechts oder auch nichtrechtsfähigen Personenvereinigung noch das Syndikat als Handelsgesellschaft besteht. Vom Konzern unterscheidet sich das Kartell dadurch, daß das Kartell den Markt beherrschen will, der Konzern das Vermögen. Beim Kartell werden nur einzelne wirtschaftliche Betätigungen (Einkäufe, Verkäufe, Preisgestaltung usw.) der Kartellmitglieder vereinigt, während bei Konzernen die organisatorische Zusammenfassung regelmäßig weiter geht. Wie weit sie beim Konzern geht, ist aus dem Begriff des Konzerns nicht abzuleiten; denn der Begriff des Konzerns ist — ebenso wie der Begriff des Gesamtunternehmens — ein Zweckbegriff (vgl. RFH. I A 226/29 v. 30. 1. 30, RStBl. 30 S. 148, StW. 30 Nr. 321). Wie in RFH. I A 402/32 v. 22. 1. 35 (E. 37 S. 169, RStBl. 35 S. 523, StW. 35 Nr. 171) für ein als nichtrechtsfähige Personenvereinigung des bürgerlichen Rechts gegründetes Syndikat näher ausgeführt wird, kann man auch für das Körperschaftsteuerrecht im allgemeinen nicht annehmen, daß die Gesellschafter in ihrer nichtrechtsfähigen, bürgerlich-rechtlichen Kartellgesellschaft ein neues Wirtschaftssubjekt, das ihren Mitgliedern gegenüber ein selbständiges, gleichgeordnetes Unternehmen darstellt, ins Leben rufen wollten. Der RFH. verweist dazu im einzelnen auf das Auseinandergehen der Meinungen in der bürgerlich-rechtlichen Beurteilung des Syndikats. Für das Steuerrecht sei die tatsächliche Gestaltung unter Berücksichtigung der Verkehrsauffassung entscheidend.

c) Eine Begriffsbestimmung des **Konzerns** als des wirtschaftlichen Zusammenschlusses von selbständigen Unternehmen gibt nunmehr § **15 Abs. 1 AktG**:

„Sind rechtlich selbständige Unternehmen zu wirtschaftlichen Zwecken unter einheitlicher Leitung zusammengefaßt, so bilden sie einen Konzern; die einzelnen Unternehmen sind Konzernunternehmen."

Diese Begriffsbestimmung ist als allgemein gültig anzusehen, wenn sie auch unmittelbar für die Sondervorschriften des AktG bei Konzernverhältnissen von AG. maßgebend ist. Die erforderliche einheitliche Leitung braucht nicht in einem gemeinsamen leitenden Organ bestehen. Es genügt, daß ein Unternehmen seinen beherrschenden Einfluß auf ein anderes oder mehrere Unternehmen zu wirtschaftlichen Zwecken ausübt. Hier kommt in erster Linie die ausschließliche oder beherrschende kapitalistische Beteiligung eines Unternehmens an einem anderen in Betracht. Dieses Verhältnis zwischen herrschender und abhängiger Gesellschaft bezeichnet man als Mutter- und Tochtergesellschaft. Weiter kann die Konzernbildung durch vertragliche Bestimmungen, insbesondere auch durch die vertragsmäßige Vereinbarung von Interessengemeinschaften, durch personelle Verbindung (Entsendung von leitenden Angestellten in den Vorstand oder Aufsichtsrat der anderen Gesellschaft) oder durch die Verwaltung oder Pachtung eines Unternehmens oder eines Teiles durch ein anderes herbeigeführt werden, wobei eine besondere Verwaltungs- oder Pachtgesellschaft errichtet werden kann. Voraussetzung ist aber dabei immer, daß diese Maßnahmen die einheitliche Leitung gewährleisten; es dürfen sich also z. B. bei Bildung einer Interessengemeinschaft nicht etwa die Unternehmen völlig gleichberechtigt gegenübertreten (vgl. Anm. 13). Verfolgt der Konzern außerdem noch das Ziel der Marktbeherrschung, dann wird er zum Trust, der durch Verschmelzung der bisher selbständigen Unternehmen oder durch Bildung einer einheitlichen Leitung nach Art des Konzerns entsteht. In RFH. I A 226/29 (s. unter b) wird als ein Großunternehmen auch ein Konzern bezeichnet, der unter einheitlicher Leitung steht und dessen einzelne Teile als autonome Einheiten aus sich selbst heraus nicht mehr begriffen werden können, so daß zur Erklärung ihrer Stellung in der Gesamtwirtschaft eine Bezugnahme auf den planmäßig aufgebauten Konzern notwendig ist.

Durch § 15 Abs. 2 AktG werden die aktienrechtlichen Sondervorschriften über „Konzern" und „Konzernunternehmen" noch auf folgenden Fall erstreckt:

„Steht ein rechtlich selbständiges Unternehmen auf Grund von Beteiligungen oder sonst unmittelbar oder mittelbar unter dem beherrschenden Einfluß eines anderen Unternehmens, so gelten das herrschende und das abhängige Unternehmen zusammen als Konzern und einzeln als Konzernunternehmen."

Wenn auch hier nicht wie bei der Konzerngemeinschaft des Abs. 1 ausdrücklich gefordert wird, daß die unmittelbare oder mittelbare Beherrschung eines selbständigen Unternehmens durch ein anderes „zu wirtschaftlichen Zwecken" ausgeübt wird, so wird dies doch tatsächlich regelmäßig der Fall sein. Jedenfalls kommt es körperschaftsteuerrechtlich auf die wirtschaftliche Beherrschung des abhängigen Unternehmens entscheidend an, wenn das Bestehen eines Organverhältnisses zwischen herrschenden und abhängigen Unternehmen und damit die Überführung der Ergebnisse des abhängigen Unternehmens auf das herrschende anerkannt werden soll (vgl. Anm. 11). Mittelbare Beherrschung durch Beteiligung liegt vor, wenn z. B. alle Aktien der AG. A im Besitz der GmbH. B und sämtliche Anteile der GmbH. B im Besitz der GmbH. C sind. Dann gilt nicht nur B (Tochtergesellschaft), sondern auch A (Enkelgesellschaft) als abhängiges Unternehmen von C (Muttergesellschaft).

10. Das Verhältnis von Mutter- und Tochtergesellschaft.

a) Die Konzernbildung durch Beteiligung geschieht durch Erwerb von Aktien oder sonstigen Gesellschaftsanteilen eines Unternehmens durch ein anderes Unternehmen. Die Bezeichnung **Mutter- und Tochtergesellschaft** wird überall da angewendet, wo sich in den Händen einer Gesellschaft die Mehrheit der Anteile einer anderen Gesellschaft befindet. Der Mehrheitsbesitz von Anteilen einer Gesellschaft bedeutet gleichzeitig für diese Gesellschaft Abhängigkeit. Irgendeine andere Verbindung als der Mehrheitsbesitz an Gesellschaftsanteilen wird nicht verlangt, insbesondere ist ein gemeinschaftlicher Gewerbebetrieb oder ein sonstiger Zusammenschluß nicht erforderlich. Abhängigkeit setzt beherrschenden Einfluß auf die Geschäftsführung der Gesellschaft voraus. Sie ist nicht gleichbedeutend mit Organeigenschaft im steuerrechtlichen Sinn, die abhängige Gesellschaft braucht nicht willenloses Organ (Angestellte) der beherrschenden Gesellschaft zu sein. Das Unterordnungsverhältnis geht bei der abhängigen Gesellschaft nicht so weit wie beim Organ, es genügt jede Form tatsächlicher Abhängigkeit. Wenn z. B. eine AG. X sämtliche Anteile der GmbH. Y besitzt, so ist X die Mutter- und Y die Tochtergesellschaft. Die GmbH. besteht trotzdem weiter, sie ist jetzt nur sogenannte Einmann-GmbH. Die Einmann-GmbH. ist der Sklave ihrer Muttergesellschaft, aber nicht ohne weiteres ihr Organ. Dazu gehört, daß zwischen Mutter- und Tochtergesellschaft ein Rechtsverhältnis besteht, wonach die Tochtergesellschaft auf Anweisung und für Rechnung der Muttergesellschaft tätig zu sein hat. Natürlich besteht ein solches Rechtsverhältnis, sobald die Muttergesellschaft es will, weil die Tochtergesellschaft ihr Sklave ist. Aber die Muttergesellschaft braucht das nicht zu wollen. Übt die Muttergesellschaft diese Herrschaft über die Tochtergesellschaft zu wirtschaftlichen Zwecken aus, dann liegt ein Konzern vor.

b) **Steuerrechtliche Folgen.** Im Verhältnis zwischen Mutter- und Tochtergesellschaft gelten im allgemeinen die für die Beziehungen zwischen einer Kapitalgesellschaft und ihren Gesellschaftern geltenden Grundsätze (vgl. Anm. 14 zu § 1 KStG). Zuwendungen der Muttergesellschaft an die Tochtergesellschaft, die ohne Gegenleistung folgen, sind Einlagen und Zuwendungen, die die Tochtergesellschaft an die Muttergesellschaft ohne entsprechende Gegenleistung macht, sind verdeckte Gewinne.

Forderungen der Muttergesellschaft gegen die Tochtergesellschaft und umgekehrt sind möglich; sie dürfen nicht als im Grunde sinnlos irgendwann einfach gestrichen werden. Sie gehen vielmehr auf dieselbe Weise unter wie andere Forderungen, durch Erfüllung, Erlaß usw. Nur daß der Erlaß keine Schenkung ist, sondern Erlaß einer Forderung der Mutter- gegen die Tochtergesellschaft ist eine nach § 2 Ziff. 3, b KVG steuerpflichtige Einlage, der Erlaß einer Forderung der Tochter- gegen die Muttergesellschaft eine Dividendenausschüttung. Besitzt eine Gesellschaft A alle Anteile zweier Gesellschaften B und C, so nennt man A die Muttergesellschaft, die anderen B und C die Tochtergesellschaften und diese im Verhältnis zueinander Schwestergesellschaften. A, B und C sind steuerrechtlich selbständig. Hat die Gesellschaft B eine Forderung gegen ihre Schwester C und stößt die Mutter A die Tochtergesellschaft C gegen Übernahme ihrer Schulden ab, so handelt es sich nunmehr bei der Forderung B gegen A um eine Forderung gegen die Muttergesellschaft. Dies ist eine neue Forderung. Die Minderwertigkeit der Forderung B gegen C z. B. ist für die Bewertung der Forderung gegen die Muttergesellschaft A ohne Bedeutung; es kommt hierfür allein auf die Zahlungsfähigkeit der Muttergesellschaft A an (RFH. I A a 147/29 v. 2. 12. 30, RStBl. 31 S. 320, StW. 31 Nr. 372). Wenn eine Kapitalgesellschaft die Anteile einer anderen Kapitalgesellschaft fast ausschließlich im Besitz hat und ihr außerdem noch Forderungen an diese zustehen, kann sie in ihren Bilanzen die Beteiligung und die Forderungen zusammen mit dem Wert ansetzen, der dem Wert des zu ihrer Deckung vorhandenen Vermögens der abhängigen Gesellschaft entspricht. Ist die Summe der Buchwerte beider Vermögensbestandteile höher als der wirkliche Gesamtwert, dann kann die Angleichung an diesen durch entsprechende Absetzungen entweder an den Forderungen oder an der Beteiligung oder an beiden Vermögenswerten erfolgen. Aufwendungen, die die Muttergesellschaft für die Tochtergesellschaft macht, sind insoweit steuerfreie Betriebsausgaben, als sie zur Abwendung der Entwertung des Beteiligungskontos dienen (RFH. I A 393/31 v. 31. 10. 33, RStBl. 34 S. 686).

Mutter- und Tochtergesellschaften können auch voneinander Kapitalerträge beziehen. Dividendenbezüge der Tochtergesellschaft aus Aktien der Muttergesellschaft, die zum Vermögen der Tochtergesellschaft gehören, unterliegen dem Steuerabzug vom Kapitalertrag in jedem Fall, auch wenn die Muttergesellschaft alle Aktien oder sonstigen Anteile der Tochtergesellschaft besitzt. Der wirtschaftlichen Verflechtung, die sich in dem Verhältnis zwischen Mutter- und Tochtergesellschaft ausspricht, trägt das KStG nur bei der Muttergesellschaft Rechnung, indem § 9 KStG Kapitalerträge, die der Muttergesellschaft, nicht aber der Tochtergesellschaft zufließen, unter gewissen Voraussetzungen steuerfrei beläßt (RFH. I A 25/28 v. 25. 9. 28, E. 24 S. 125, RStBl. 29 S. 57, StW. 29 Nr. 128). Für den Fall, daß die Tochtergesellschaft persönlich steuerfrei ist, wird jedoch in RFH. I A 70/34 v. 30. 7. 35 (StW. 35 Nr. 550) die Anwendung der Schachtelvergünstigung für die Muttergesellschaft zutreffend mit der Begründung abgelehnt, daß die Schachtelvergünstigung die persönliche Steuerpflicht der Tochtergesellschaft voraussetze (vgl. auch Anm. 2 b zu § 9 KStG).

In dem der Entsch. RFH. I A 336/32 v. 10. 10. 1933 (RStBl. 34 S. 46, StW. 34 Nr. 248) zugrunde liegenden Fall hat eine Muttergesellschaft ihrer Tochtergesellschaft als Beitrag zu den Kosten der Propaganda, die die Tochtergesellschaft für die von ihr vertriebenen und von der Muttergesellschaft hergestellten Erzeugnisse gemacht hat, eine Vergütung gewährt. Der RFH. hat diese Vergütung nicht als steuerfreie Einlage im Sinn des KStRechts angesehen, sondern zu den steuerpflichtigen Betriebseinnahmen der Tochtergesellschaft gerechnet. Der II. Senat des RFH. dagegen hat sich mehrfach auf den Standpunkt gestellt, eine Vergütung, die eine Muttergesellschaft ihrer Tochter als Beitrag zu den Propagandakosten gewährt, unterliege der Gesellschaftsteuer nach § 6 b KVG 1925

(§ 2 Ziff. 3 b KVG 1934). Ob sich diese Rechtsprechung aufrecht erhalten läßt, kann sehr zweifelhaft sein. Man müßte grundsätzlich annehmen, wenn eine Zuwendung der Gesellschaftsteuer unterliege, so könne sie nicht gleichzeitig eine körperschaftsteuerpflichtige Vermögensmehrung darstellen. Die Entsch. stellt sich jedoch auf den Standpunkt, gesellschaftliche Einlage im Sinn des KStG und der Gesellschaftsteuer unterliegende Rechtsvorgänge seien zwei Begriffe, die sich nicht notwendig decken müßten (s. die Bespr. in Anm. 8 a Abs. 1 zu § 2 EStG).

11. Organverhältnis.

Schrifttum. Mirre, Zur sogenannten Organtheorie, Ind. Mitt. 1930 S. 308; Wirckau, Zum geltenden Steuerrecht der Organgesellschaften, StW. 36 I Sp. 589 (726 ff.); Heider, Die Besteuerung der Schachtelgesellschaften und Organschaften, DStZ. 36 S. 879; Schultze-Schlutius, Organschaft im Steuerrecht, DStZ. 36 S. 1347; Bender, Die steuerlichen Auswirkungen der Organeigenschaft im Körperschaftsteuerrecht, StW. 37 I Sp. 481; Becker, Kapitalgesellschaften als Teile von Betriebsvermögen, StW. 38 I Sp. 1; Kennerknecht, Die Auswirkungen der Organlehre auf dem Gebiet der Körperschaftsteuer DStBl. 38 0632 S. 1.

Ein Organverhältnis kann nicht nur bei Konzernen bestehen, sondern die Organgesellschaft tritt auch als geschäftsführende Gesellschaft bei den Konsortien, Kartellen und Interessengemeinschaften auf. Es liegt dann regelmäßig die Form der Doppelgesellschaft vor, nämlich der Gesellschaft bürgerlichen Rechts, in der die beteiligten Unternehmen zusammengeschlossen sind, als der beherrschenden Gesellschaft und der Organgesellschaft, meist einer geschäftsführenden AG. oder GmbH. (vgl. Anm. 9 b). Bei den Kartellen spricht man in diesen Fällen von Syndikaten. Durch den Syndikatsvertrag wird die herrschende Gesellschaft bürgerlichen Rechts gebildet, geschäftsführendes Organ ist die Kartell-AG. oder GmbH.

a) Die sogenannte **Organtheorie** besagt im wesentlichen folgendes: An sich ist das Verhältnis zwischen einer Kapitalgesellschaft und ihren Gesellschaftern nicht so, daß Gewinne und Verluste der Gesellschaft steuerrechtlich als Gewinne und Verluste der Gesellschafter gelten, es unterliegen Lieferungen der Gesellschaft an Gesellschafter oder umgekehrt unter denselben Bedingungen der Umsatzsteuer, unter denen sie bei Lieferungen unter ganz Fremden der Umsatzsteuer unterlägen. Es gilt dies auch, wenn ein einziger Gesellschafter alle Anteile der Kapitalgesellschaft besitzt. Es ist aber möglich, daß zwischen einem Gesellschafter und der Gesellschaft vereinbart wird, — ist es der einzige Gesellschafter, bedarf es keiner ausdrücklichen Vereinbarung — die Gesellschaft habe ihren Betrieb lediglich nach Weisungen des Gesellschafters zu führen und alle Geschäfte hätten als für Rechnung des Gesellschafters geschlossen zu gelten, so daß die Gesellschaft entweder gar kein Einkommen — freilich auch keine Verluste — erzielen kann oder nur in Höhe der vereinbarten Entschädigung für ihre Tätigkeit. Wenn es so liegt, dann ist die Kapitalgesellschaft für das Gebiet der Umsatzsteuer, die die persönliche Steuerpflicht ausschließlich an die nach außen in Erscheinung tretende wirtschaftliche Selbständigkeit eines Unternehmens knüpft, kein selbständiger Unternehmer; Lieferungen von dem Gesellschafter an sie oder umgekehrt unterliegen nicht der Umsatzsteuer. Es ist mißlich, wenn man die Gesellschaft als Angestellte bezeichnet und, falls ihr eine Vergütung gewährt wird, von Arbeitseinkünften spricht. Aber es sei dahingestellt, ob das Verhältnis nicht besser anders zu fassen wäre. Jedenfalls war für die Umsatzsteuer kaum ein Interesse an der Frage vorhanden, ob denn der Geschäftsherr gerade ein Unternehmen haben müßte, da ja ohne ein solches steuerpflichtige Umsätze nicht in Betracht kommen konnten. Für die Körperschaftsteuer liegt es anders. Wenn irgendein Unternehmer mit einer Körperschaft vereinbart, daß sie irgendwelche Geschäfte in ihrem Namen, aber für seine Rechnung abschließen soll, so bedarf es keiner besonderen Theorie, um dazu zu gelangen, daß die Körperschaft den erzielten Gewinn nicht als eigenen anzusehen hat, und man kann höchstens zweifeln, ob, wenn die Körperschaft eine derartige Vereinbarung mit ihrem Haupt- oder einzigen Gesellschafter trifft, in ihr nicht Gewährung einer versteckten Dividende liegt, weil sie unter Umständen zur Folge hat, daß das beträchtliche Vermögen der Gesellschaft keinen Gewinn abwirft. Die Anerkennung der Organtheorie bedeutet körperschaftsteuerrechtlich eine Ausnahme von dem Grundsatz, daß steuerrechtlich eine Vereinbarung zwischen Gesellschaftern und Gesellschaft, wonach die Gesellschaft alle Geschäfte unmittelbar für Rechnung der Gesellschafter macht und daher keine eigenen Gewinne und Verluste haben soll, nicht anzuerkennen ist.

b) Zur Annahme, daß eine juristische Person, z. B. eine GmbH. als bloßes Organ (Angestellte, eines anderen geschäftlichen Unternehmens, z. B. einer AG.) angesehen werden kann, genügt nach der Rechtsprechung des RFH. nicht die Eigenschaft der GmbH. als einer Tochtergesellschaft der AG., die Vereinigung sämtlicher Geschäftsanteile der GmbH. in der Hand der AG. und die Bestellung eines Vorstandsmitglieds der AG. zum Geschäftsführer der GmbH., auch nicht Gleichheit der Gesellschafter bei den verschiedenen Gesellschaften und der auf dem Besitz ihrer Geschäftsanteile beruhende Einfluß der anderen Handelsgesellschaften. Es müssen sich vielmehr beide Gesellschaften zueinander wie die mehreren Abteilungen eines Großunternehmens verhalten, es muß die Herrschaft der einen Gesellschaft über die andere finanziell, wirtschaftlich und organisatorisch so weit gehen, daß ein Handeln der Untergesellschaft auf eigene Rechnung und eigene Gefahr im Innenverhältnis der beiden Gesellschaften ausgeschlossen ist. Maßgebend für die Frage, ob ein Angestelltenverhältnis vorliegt, ist daher in jedem Fall, daß der Angestellte in den Organismus des von seinem Dienstherrn betriebenen Unternehmens als ein unselbständiges Glied eingeordnet ist, daß ein persönliches Unterordnungsverhältnis gegenüber dem Dienstherrn besteht, dessen Weisungen der Angestellte in allen von dem Anstellungsverhältnis erfaßten geschäftlichen Angelegenheiten zu folgen hat, daß er ein Eingreifen des Dienstherrn in dem von ihm geleiteten Betrieb sich gefallen lassen muß, daß seine Kündigung und Entlassung aus diesem Verhältnis möglich sein muß. Dabei ist eine Beseitigung der den AG. oder GmbH. als juristischen Personen zukommenden, rechtlichen Selbständigkeit durch Schaffung eines Angestelltenverhältnisses, falls dieses nach außen nicht in Erscheinung tritt, jedenfalls nicht zu vermuten (RFH. I A 147/26 v. 11. 8. 26, E. 19 S. 267, RStBl. 27 S. 65, 69, StW. 26 Nr. 486, I B 101/26 v. 23. 11. 26, E. 20 S. 46 ff., RStBl. 28 S. 166, StW. 26 Nr. 570, I A 623/28 v. 26. 3. und 14. 11. 29, E. 26 S. 124 ff., RStBl. 30 S. 41, StW. 30 Nr. 165). „Eine Organgesellschaft liegt dann vor, wenn eine Gesellschaft in die beherrschende Gesellschaft finanziell, wirtschaftlich und organisatorisch derart eingegliedert ist, daß man sie als unselbständige Gesellschaft, als Glied (Organ) oder Angestellte des beherrschenden Unternehmens ansehen muß. Dabei muß ein Handeln der Untergesellschaft auf eigene Rechnung und Gefahr im Innenverhältnis ausgeschlossen sein. Sie muß in den geschäftlichen Angelegenheiten grundsätzlich den Weisungen der beherrschenden Gesellschaft zu folgen haben" (Begr. zu § 9 KStG Abs. 3, RStBl. 35 S. 84). Für die Beurteilung des Abhängigkeitsverhältnisses ist nicht die äußerliche Fassung von Satzungen und Verträgen entscheidend, also nicht, ob darin eine Gesellschaft als Organ oder Angestellte ausdrücklich bezeichnet wird, sondern das Wesen des Verhältnisses zwischen den Beteiligten, die wirkliche Stellung dessen, um dessen Selbständigkeit oder Unselbständigkeit es sich handelt. (RFH. I A 75/27 v. 11. 11. 27, E. 22 S. 183 ff., RStBl. 28 S. 52, StW. 27 Nr. 669).

Das herrschende Unternehmen muß nicht wie das Organ selbst eine Kapitalgesellschaft oder sonstige juristische Person sein. Die Organgesellschaft kann auch in den Betrieb eines Einzelkaufmanns oder einer OHG. eingegliedert sein oder für eine Mehrheit von Betrieben natürlicher oder juristischer Personen tätig sein (RFH. I A 245/37 v. 19. 10. 37, RStBl. 38 S. 184, StW. 37 Nr. 558, VI 673/37 v. 1. 12. 37, E. 42 S. 319, RStBl. 38 S. 182, StW. 38 Nr. 21). Bei Beteiligung natürlicher Personen oder Personengesellschaften unterliegt der an diese abzuführende Gewinn der Organgesellschaft nicht der Körperschaftsteuer, sondern der Einkommensteuer.

Bei einer Mehrheit von Dienstherren ist erforderlich, daß sich diese in Gesellschaften bürgerlichen Rechts zusammenschließen. Diese haben die Aufgabe,

§ 3 KStG. Abgrenzung der persönlichen Steuerpflicht.

die Dienstherren zu einer gleichmäßigen Behandlung der Organgesellschaft zu nötigen. Dagegen ist nicht erforderlich, daß die Gesellschaft bürgerlichen Rechts, zu der sich die Dienstherren zusammengeschlossen haben, ein eigenes Unternehmen besitzt. Dann muß aber jeder Dienstherr ein Unternehmen besitzen, in das sich die Organgesellschaft finanziell, wirtschaftlich und organisatorisch einfügt (RFH. I A 147/26 f. oben und I A 641/29 v. 18. 9. 30, RStBl. 30 S. 714, StW. 30 Nr. 1223). Nach der letzten Entsch. ist es ausgeschlossen, daß die Gesellschafter einer GmbH. von vornherein beschließen, daß die GmbH. alle Geschäfte im eigenen Namen, aber für gemeinsame Rechnung der Gesellschafter abzuschließen hat, auch wenn die Gesellschafter ein Unternehmen nicht besitzen. Würden dann nicht die Gesellschafter eine Personengesellschaft bilden, die der eigentliche Unternehmer ist? Viel Zweck hätte ja die Sache nicht; denn die beschränkte Haftung fiele dann tatsächlich weg, weil zwar die Gesellschafter für die Schulden der GmbH. nicht hafteten, diese aber gegen ihre Gesellschafter Ansprüche auf Deckung der in dem Betrieb entstandenen Verluste hätte, auf die sie natürlich nicht zum Nachteil ihrer Gläubiger verzichten könnte. Der RFH. lehnt diese Möglichkeit ab. Kommt ein Organverhältnis nicht in Frage, so sieht der RFH. in der Vereinbarung, daß alle Geschäfte der GmbH. für Rechnung der Gesellschafter abgeschlossen werden, eine Umgehung der Steuerpflicht (§§ 6, 1 StAnpG). Man kann auch sagen, die Anerkennung einer Personengesellschaft der Gesellschafter einer GmbH., für deren Rechnung der Betrieb der GmbH. geführt würde, gewähre ein Mittel, den Betrieb der GmbH. unter Vermeidung der Liquidationssteuer aus einem körperschaftsteuerpflichtigen in einen nicht körperschaftsteuerpflichtigen zu verwandeln. Der Betrieb gewerblicher Art einer öffentlich=rechtlichen Körperschaft kann zu dieser nur dann in einem Organverhältnis stehen, wenn die übergeordnete Körperschaft auch selbst einen Geschäftsbetrieb unterhält, in den der Betrieb gewerbl. Art als Organ eingegliedert ist (RFH. I A 60/36 v. 26. 10. 36, RStBl. 38 S. 365, StW. 37 Nr. 638).

c) **Für ein bestimmtes Wirtschaftsjahr** können steuerliche Folgen eines Organverhältnisses nur dann anerkannt werden, wenn bis zum Schluß des Wirtschaftsjahrs alle Voraussetzungen für die Anerkennung des Organverhältnisses und weiter die zur Herbeiführung steuerlicher Folgen notwendigen Vereinbarungen oder Anweisungen über die Behandlung des Geschäftsertragnisses der Organgesellschaft vorliegen. Die Vereinbarungen oder Anweisungen der Obergesellschaft müssen in vollkommen klarer und unzweideutiger Form getroffen sein und der Steuerbehörde nachgewiesen werden können (RFH. I A 141/33 v. 15. 9. 33, RStBl. 33 S. 1119, StW. 34 Nr. 147). In RFH. I A 144/32 v. 25. 7. 34 (RStBl. 35 S. 585, StW. 35 Nr. 54) läßt der RFH. die Erteilung einer Vollmacht, wonach die herrschende Gesellschaft über das Vermögen der abhängigen wie ein Eigentümer verfügen kann, zur Annahme eines Organverhältnisses nicht genügen. Durchaus zutreffend, denn eine Vollmacht sagt nur, was man kann, nicht aber, was man soll oder darf.

d) **Folgen des Organverhältnisses für die Körperschaftsteuer.**

aa) **Selbständigkeit der Organgesellschaft.** Als Auswirkung des Organverhältnisses hat der RFH. für die Körperschaftsteuer die Weiterführung der Organtheorie zur sog. Filialtheorie, nach der die Organgesellschaft nur als Zweigniederlassung der Obergesellschaft anzusehen wäre, abgelehnt (Gutachten I D 2/31 v. 26. 7. 32, E. 31 S. 297, RStBl. 33 S. 136, StW. 32 Nr. 1093 und RFH. I A 391/31 v. 31. 3. und 31. 10. 33, E. 34 S. 228, RStBl. 34 S. 684). Eine Ausnahme gilt nur für die beschränkte Steuerpflicht, bei der die inländische Organgesellschaft eines ausländischen Unternehmens nicht als selbständige Gesellschaft, sondern als inländische Betriebstätte des ausländischen Unternehmens zu behandeln ist (vgl. Anm. 8 b, bb zu § 2 KStG). Die Eigenschaft einer Gesellschaft als Organ, als Angestellte eines anderen Unternehmens, schließt für die unbeschränkte Körperschaftsteuerpflicht weder die persönliche Steuerpflicht der abhängigen Gesellschaft aus, noch auch die Möglichkeit, daß sie eigenes Einkommen bezieht. Zahlungen der herrschenden Gesellschaft an die abhängige Gesellschaft sind daher stets Einnahmen der letzten. Auch können nach dem Gutachten I D 2/31 echte Forderungen und Schulden zwischen den selbständigen Gesellschaften eines Organverhältnisses bestehen. Das Einkommen einer Organgesellschaft ist stets wie gewerbliches Einkommen zu behandeln. An diesen zum KStG 1925 aufgestellten Grundsätzen ist auch für das KStG 1934 festzuhalten. „Die Organeigenschaft ermöglicht es den Gesellschaften, Gewinne und Verluste miteinander auszugleichen. Dadurch wird die Steuer gemindert. Die Rechtsprechung des Reichsfinanzhofs hat auf diesem Gebiet scharfe Anforderungen an die Voraussetzungen gestellt und insbesondere die Organeigenschaft in den Fällen nicht anerkannt, in denen es sich um Vereinbarungen zum Zweck der Steuerumgehung handelt. Bei der Umsatzsteuer ist die Organeigenschaft im Gesetz ausdrücklich abgegrenzt worden (§ 2 Abs. 2 UStG). Die Neugestaltung des allgemeinen Steuerrechts (insbesondere §§ 1, 5 und 6 StAnpG) gibt die Möglichkeit, in geeigneten Fällen die steuerliche Anerkennung gewinnmindernder Vereinbarungen abzulehnen. Bei der Körperschaftsteuer ist zunächst davon abgesehen, durch eine besondere Bestimmung die Anerkennung von Organgesellschaften zu verhindern" (Begr. zu § 9 KStG Abs. 3, RStBl. 35 S. 84).

Aus dem Grundsatz des selbständigen Bestehens der persönlichen Körperschaftsteuerpflicht des Organs folgt, daß die Körperschaftsteuerpflicht der abhängigen Gesellschaft nicht abhängig gemacht werden kann von den Eigenschaften, z. B. der Gemeinnützigkeit der herrschenden Gesellschaft, die das Organ ins Leben gerufen hat (RFH. I A a 279/29 v. 6. 8. 29, RStBl. 29 S. 558, StW 29 Nr. 830).

bb) Die steuerliche Behandlung der von einer Organgesellschaft erarbeiteten Erträgnisse hängt davon ab, wie die Vereinbarung zwischen der herrschenden und der abhängigen Gesellschaft oder die für die letzte erteilte bindende Weisung des Dienstherrn lauten. Sollen hiernach die erzielten Einkünfte — gleich wie Arbeitseinkünfte — dauernd der abhängigen Gesellschaft überlassen bleiben, so haben sie als Einkünfte der abhängigen Gesellschaft zu gelten. Ist diese aber zur Ablieferung der Reinerträge an das herrschende Unternehmen verpflichtet, so ist dies eine schuldrechtliche Verpflichtung, die wie jede andere als Passivum und damit als gewinnmindernd in ihrer Bilanz berücksichtigt werden muß (RFH. I A 395/27 v. 13. 3. 1928, E. 23 S. 91, RStBl. 29 S. 521, StW. 28 Nr. 318, I A 473/27 v. 11. 10. 28, RStBl. 28 S. 360, StW. 28 Nr. 846 und I A 531/28 v. 11. 6. 29, RStBl. 29 S. 558, StW. 29 Nr. 1014). Für die Frage, ob eine Organgesellschaft ihre Dienste dem Dienstherrn unentgeltlich zur Verfügung zu stellen hat, oder ob sie dafür eine und gegebenenfalls welche Entlohnung zu beziehen hat, gilt der Grundsatz der Vertragsfreiheit (RFH. I A 623/28 v. 26. 3. u. 14. 11. 29, E. 26 S. 124, RStBl. 30 S. 41, StW. 30 Nr. 165, und I A 641/29 v. 18. 9. 30, RStBl. 30 Nr. 714, StW. 30 Nr. 1223). Wenn also eine Gesellschaft A alle Anteile einer Gesellschaft B (beide sind Körperschaften) besitzt und die B den Gewinn ihres Betriebs an A abführt, dann ist zweierlei möglich: Die B steht in keinem Organverhältnis zu A. Dann hat die B den Gewinn zu versteuern, der abgeführte Betrag ist für A eine Schachteldividende, die A erst mit dem Beschluß, den Betrag abzuführen, erwirbt. Zweitens: Die B ist Organ der A und hat deshalb den Betrag abzuführen. Dann ist der Betrag kein Gewinn der B, vielmehr von vornherein und unmittelbar gewerblicher Gewinn der A, der mit dem Ende des Geschäftsjahrs zugeflossen ist; von Ausschüttung einer Dividende und von Anwendung der Schachtelvergünstigung kann keine Rede sein (ebenso RFH. I A 477/31 v. 12. 7. 32, E. 31 S. 238, RStBl. 32 S. 946, StW. 33 Nr. 124). Trotzdem die B Organ der A ist, kann sie natürlich Einkommen haben. Die A könnte ihr eine Vergütung für ihre Tätigkeit überlassen.

Wie steht es nun mit den Personensteuern der Organgesellschaft B, die ja jedenfalls Vermögensteuer zu entrichten hat, sowie mit etwaigen Auf-

§ 3 KStG. Abgrenzung der persönlichen Steuerpflicht.

sichtsratsvergütungen? Die letzte Entsch. meint, in der Regel habe die herrschende Gesellschaft die Steuern und Aufsichtsratsvergütungen zu tragen. Diese seien dann bei der herrschenden Gesellschaft zu erfassen. Der Betriebsgewinn der B sei 20 000 RM., der Aufsichtsrat von B habe 10 v. H. = 2 000 RM. zu erhalten und die B 600 RM. Vermögensteuer zu bezahlen. Sie führt deshalb an A nur 17 400 RM. ab. Es ist ganz zweckmäßig, die 2 600 RM. einfach dem Gewinn von A zuzurechnen und B steuerfrei zu lassen. Rechtlich ist das nicht unbedenklich. Man kann allenfalls sagen, der Aufsichtsrat von B gelte nach Lage der Sache als Aufsichtsrat von A. Aber es ist nicht möglich, bezüglich der 600 RM. von einer Vermögensteuer der A zu sprechen, da die abhängige Gesellschaft eine steuerlich selbständige Rechtsperson ist. Nach den Abmachungen mit A sind der B die Mittel zur Bezahlung ihrer Vermögensteuer verblieben, der Betrag ist ihrem sonst 0 betragenden Gewinn zuzurechnen, so daß also die B von den 600 RM. Körperschaftsteuer bezahlen müßte. Wenn man glaubt, die A müßte auch diese Körperschaftsteuer für B bezahlen, so wäre der Erfolg nur, daß die Körperschaftsteuer der B bei einem Steuersatz von 20 v. H. nicht 20 v. H. von 600 RM. = 120 RM., sondern 150 RM. betrage, weil ihr steuerlicher Gewinn 750 RM. war; davon ab 20 v. H., bleiben 600 RM. Bei einem Steuersatz von 30 v. H. wäre der Gewinn der Organgesellschaft mit 857 RM. anzunehmen, so daß nach Abzug von 30 v. H. = 257 RM. Körperschaftsteuer 600 RM. verbleiben.

cc) Für die Körperschaftsteuer erschöpft sich die Bedeutung der Organschaft darin, daß die Erträgnisse, die vertragsgemäß kraft des Organverhältnisses an die herrschende Gesellschaft abzuführen sind, unmittelbar Gewinn der herrschenden Gesellschaft sind. Hat die Organgesellschaft einen Verlust im Sinn des KStG, so vermindert dieser den Gewinn der herrschenden Gesellschaft. Zur **Ermittlung des steuerpflichtigen Gewinns** der herrschenden Gesellschaft ist dabei nicht von einer, die sämtlichen Gesellschaften umfassenden Gesamtbilanz, sondern von den Einzelbilanzen der Gesellschaften auszugehen (vgl. das Gutachten I D 2/31 unter aa). Da die rechtlich selbständigen Gesellschaften eines Organverhältnisses persönlich steuerpflichtig bleiben, ihre selbständigen Bilanzen führen und die Körperschaftsteuerpflicht von der Rechtsform der Gesellschaft abhängt, ist das Ergebnis für jede Organgesellschaft besonders nach den Vorschriften des KStG und EStG über die Gewinnermittlung zu berechnen und es ist dann das steuerlich maßgebende Ergebnis der herrschenden Gesellschaft zum Zweck der gemeinsamen Veranlagung zuzurechnen (RFH. I A 439/32 v. 18. 2. 33, E. 33 S. 63, RStBl. 33 S. 647, StW. 33 Nr. 523). Unrichtige Bilanzansätze der abhängigen Gesellschaft sind zu berichtigen. Ergibt sich daraus ein höherer Gewinn, dann ist dieser unmittelbar als Gewinn der herrschenden Gesellschaft zu behandeln. Dem Wesen des Organverhältnisses entspricht es, daß auch körperschaftsteuerrechtlich der Gewinn oder Verlust des Organs als solcher der herrschenden Gesellschaft zugerechnet wird. Es kann sich daher für die Zurechnung nicht etwa wie bei einer Gewinnausschüttung darum handeln, welche Beträge von der abhängigen Gesellschaft tatsächlich an die herrschende abgeführt wurden, sondern nur darum, welches Erträgnis die herrschende Gesellschaft im Betrieb ihrer Organgesellschaft nach steuerlich richtiger Berechnung erzielt hat. Hat z. B. die Organgesellschaft im Geschäftsjahr I eine steuerlich unzulässige Rücklage gebildet, dann ist der Betrag der Rücklage dem Gewinn der Organgesellschaft für das Geschäftsjahr I hinzuzurechnen und unmittelbar als solcher der herrschenden Gesellschaft zu behandeln. Führt das Organ diese Rücklagen tatsächlich im Geschäftsjahr II an die herrschende Gesellschaft ab, dann ist dieser Vorgang steuerlich ohne Wirkung, da die Rücklagen bereits im Jahre I als Gewinn des Organs behandelt wurden und die steuerliche Schlußbilanz des Jahres I für die Gewinnermittlung des Jahres II als Anfangsbilanz maßgebend ist. Aus dem Grundsatz, daß der Gewinn der Organgesellschaft unmittelbar als solcher der herrschenden Gesellschaft zu behandeln ist, folgt weiter für den Veranlagungszeitraum, daß der Gewinn des Organs bei der Veranlagung der herrschenden Gesellschaft für dasjenige Wirtschaftsjahr der herrschenden Gesellschaft anzusetzen ist, in dem das Wirtschaftsjahr des Organs endet; denn das Organverhältnis und seine Auswirkungen sind Vorgänge im Betrieb der herrschenden Gesellschaft.

Da grundsätzlich auch echte Schulden und Forderungen zwischen den rechtlich selbständigen Gesellschaften eines Organverhältnisses anzuerkennen sind (s. unter aa), kann und muß eine Organgesellschaft eine Schuld an das herrschende Unternehmen solange passivieren, als sie nicht durch Erlaß oder sonstwie erloschen ist (RFH. I A 208/31 v. 17. 1. 33, RStBl. 33 S. 331, StW. 33 Nr. 414).

Entsprechend dem Erfordernis der steuerlich richtigen Berechnung des Gewinns der Organgesellschaft sind nach RFH. I A 439/32 (s. oben) auch die Vorschriften des § 9 KStG über die Schachtelvergünstigung anzuwenden, wenn die Organgesellschaft ihrerseits an einer anderen Kapitalgesellschaft wesentlich beteiligt ist. Dagegen kann die herrschende Gesellschaft nicht die Zurechnung des vom Organ erzielten Gewinns mit dem Hinweis auf ihre herrschende Beteiligung am Organ bestreiten; denn sie bezieht den Gewinn nicht als Ertrag ihrer Beteiligung, sondern auf Grund der Vereinbarungen über das Organverhältnis. Bei Anwendung des § 9 KStG bleiben die von der Organgesellschaft bezogenen Schachteldividenden bei der Gewinnberechnung außer Ansatz, so daß sich z. B. bei einem Gesamtgewinn von 4 000 RM. nach Abzug der eingerechneten Schachteldividenden von 10 000 RM. ein Verlust des Organs von 6 000 RM. ergibt, der der herrschenden Gesellschaft als Verlust zuzurechnen wäre. Der RFH. steht aber in RFH. I A 207/37 v. 17. 9. 37 (E. 42 S. 117, RStBl. 37 S. 1303, StW. 37 Nr. 513) auf den Standpunkt, daß — in Abweichung von der gesetzlichen Berechnungsregel — die herrschende Gesellschaft die sachliche Steuerbefreiung nur in Höhe des vorhandenen Gewinns des Organs (im Beispiel 4 000 RM.) in Anspruch nehmen könne, nicht aber darüber hinaus sich einen Verlust anrechnen dürfe.

Zweifelhaft kann sein, ob auch die Grundsätze des § 17 KStG über die Mindestbesteuerung bei Berechnung des Gewinns der Organgesellschaft anwendbar sind. Wenn die abhängige Gesellschaft nach den bestehenden Vereinbarungen keinen eigenen Gewinn erzielen kann, sondern alle Erträgnisse an das herrschende Unternehmen abzuführen hat, dann kann für sie auch die Mindestbesteuerung als eine Besteuerung nach der Leistungsfähigkeit nicht in Frage kommen. Daher wird in RFH. I A 477/31 v. 12. 7. 32 (E. 31 S. 238, RStBl. 32 S. 946, StW. 33 Nr. 124) auch mit Recht angenommen, daß unter der Voraussetzung des vertraglichen Gewinnausschlusses für das Organ die Aufsichtsratsvergütungen nur bei der herrschenden Gesellschaft erfaßt werden könnten. Soweit dagegen die Organgesellschaft nach dem Vertrag eigenen Gewinn erzielen kann, den sie auch selbständig zu versteuern hat, erscheint auch die Anwendung der Mindestbesteuerung als möglich. Insoweit könnte dann auch wieder im Verhältnis von herrschender Gesellschaft zur abhängigen Gesellschaft die Schachtelvergünstigung Platz greifen (vgl. vorst. Abs.).

e) **Organeigenschaft für einen Teil einer Gesellschaft.** In RFH. I A 254/26 v. 13. 5. 27 (E. 21 S. 166, StW. 27 Nr. 738) wird auch die Möglichkeit bejaht, daß eine juristische Person ebenso wie eine natürliche Person zum Teil einen selbständigen Gewerbebetrieb ausübt, also eigengewerblichen Gewinn erzielt, zum Teil als Angestellte eines anderen Unternehmens tätig ist. Nach RFH. I A 391/31 v. 31. 10. 33 (E. 34 S. 228, RStBl. 34 S. 684) ist auch der Fall denkbar, daß nach den Vereinbarungen zwischen herrschender und abhängiger Gesellschaft diese nur einen Teil der Erträgnisse an die herrschende Obergesellschaft abzuführen verpflichtet ist. Solche Vereinbarungen müßten sich aber auf ein bestimmt abgegrenztes Tätigkeitsgebiet beziehen, grundsätzlich für eine längere Dauer bestimmt sein und sich auf das volle Geschäftsergebnis des bestimmten Teilgebiets der Tätigkeit des Organs erstrecken. Dagegen könnten Vereinbarungen, etwa in dem Sinn, daß nur der Gewinn an die Obergesellschaft abzuführen, der Verlust aber von der Untergesellschaft zu tragen sei, oder umgekehrt, daß der Gewinn der Untergesellschaft dieser verbleiben, der Verlust aber zu Lasten der Obergesellschaft gehen solle, als steuerlich wirksam nicht anerkannt werden. Übernehme eine Obergesellschaft von Fall zu Fall zweifelhafte Forderungen ihres Organs, so könne darin eine verdeckte Gewinnausschüttung an das Organ liegen. Auch die Übernahme eines einzelnen Verlusts wie z. B. einzelner Abschreibungen durch die herrschende Gesellschaft ist nach RFH. I A 207/37 (f. unter d, cc Abs. 3) unzulässig, wenn der steuerpflichtige Gewinn der herrschenden Gesellschaft dadurch beeinflußt wird. Man könnte auch sagen: Übernahme eines einzelnen Verlusts des Organs sei grundsätzlich unzulässig; es sei aber eine Beanstandung solange nicht erforderlich, als sich im Ergebnis nichts ändere, d. h. solange vorweg übernommener Verlust und danach berechneter Gewinn zusammengerechnet den steuerlich richtigen Gesamtgewinn ergeben (vgl. Bespr. StW. 37 I Sp. 1210). Eine willkürliche Regelung der Gewinne der beteiligten Gesellschaften von Fall zu Fall ist also steuerlich unstatthaft.

Ein „bestimmt abgegrenztes Teilgebiet der Tätigkeit" der Organgesellschaft im Sinn der Entsch. liegt nach RFH. I A 128/36 v. 3. 11. 36 (E. 40 S. 185, RStBl. 37 S. 167, StW. 37 Nr. 50) nur dann vor, wenn das Teilgebiet eine so abgegrenzte betriebswirtschaftliche Einheit bildet, daß es auch als selbständiger Betrieb denkbar wäre. Diese Voraussetzung hat der RFH. nicht als gegeben anerkannt, wenn die AG. X, die alle Aktien der AG. Y besaß, die gesamte Leitung von Y gegen eine Entschädigung ausübt. Die vereinbarte Vergütung habe mit dem gesamten Geschäftserfolg und auch mit dem Erfolg eines bestimmten Geschäftszweigs von Y nichts zu tun. Der gezahlte Betrag sei Pauschvergütung für die einzelnen Dienstleistungen des X und könne nicht gleichzeitig abgeführter Geschäftsertrag sein. Die Entschädigung wurde daher als verdeckte Gewinnausschüttung behandelt, soweit sie unangemessen hoch war.

12. Ein- und Verkaufsgesellschaften von Kartellen (Syndikaten).

a) Die für das Organverhältnis eingeräumte Anerkennung von Gewinnausschlußvereinbarungen zwischen einer Kapitalgesellschaft und ihren Gesellschaftern gilt auch für **Ein- und Verkaufsgesellschaften mbH. von Kartellen (Syndikaten)** als Organgesellschaften. Aber auch wenn diese Gesellschaften nicht alle Merkmale von Organgesellschaften aufweisen, sollen doch diese Grundsätze Platz greifen.

Das Syndikat ist die höchstentwickelte Art der Kartelle. Die Firmen verzichten auf jeglichen unmittelbaren und offenkundigen Kundenverkehr und geben den Absatz ihrer Erzeugnisse an die eigens geschaffene Verkaufsstelle des Syndikats ab. Als juristische Form wird, wie in Anm. 9 b erwähnt, meist die sog. Doppelgesellschaft gewählt. Die Firmen bilden eine Gesellschaft bürgerlichen Rechts oder auch einen nichtrechtsfähigen Verein, außerdem gründen sie noch eine juristische Person, gewöhnlich eine GmbH., die den Verkauf besorgt. Die Gesellschafter haben ihre gesamten Erzeugnisse an die GmbH. zu verkaufen und jeden bei ihnen einlaufenden Auftrag an sie weiterzuleiten. Die Gesellschafterversammlung bestimmt den Preis zwischen GmbH. und Gesellschaftern (Verrechnungspreis) und den Verkaufspreis. Tatsächlich führt die GmbH. die vereinbarten Beträge an die Gesellschafter, die geliefert haben, abzüglich ihrer Unkosten ab oder zieht von ihnen nach den Lieferungen bemessene Beiträge zur Deckung der Unkosten ein. Auch ein Verlust der Verkaufsgesellschaft geht also zu Lasten der Gesellschafter. Die Verkaufsgesellschaft ist wie die Organgesellschaft eine körperschaftsteuerpflichtige Person, ihr Einkommen ist wie bei der Organgesellschaft nach den Vorschriften über den Gewinn buchführender Kaufleute zu berechnen und den Mitgliedswerken anteilig als steuerpflichtiger Gewinn zuzurechnen (vgl. Anm. 11 d), soweit es nicht nach der Satzung der Verkaufsgesellschaft zur freien Verfügung verbleibt (s. unter b). Man könnte ja sagen, es sei steuerlich nicht anzuerkennen, daß die Betätigung der GmbH. so geregelt sei, daß sie keinen Gewinn erziele, man müsse einen ihrem Vermögen entsprechenden Gewinn unterstellen, der nur deshalb nicht in Erscheinung trete, weil ihr von den Gesellschaftern ungünstige Betätigungsbedingungen auferlegt seien, es liege eine verdeckte Gewinnausschüttung vor. Aber die Rechtsprechung hat das nicht getan, es hätte ja auch nicht viel Zweck und würde nur unnütze Umständlichkeiten machen. Mindestens für den Fall, daß die GmbH. schon als Organ ohne Gewinnmöglichkeit gegründet worden ist, wird die Sache nicht beanstandet (vgl. RFH. I A 556/28 v. 27. 2. 29, RStBl. 32 S. 57, I A 247/31 v. 27. 10. 31, RStBl. 32 S. 58, StW. 32 Nr. 48 und die dort genannten Entscheidungen). Ob das auch gelten würde, wenn eine bisher selbständige GmbH. zu einer Organgesellschaft ohne Gewinn gemacht würde, kann dahingestellt bleiben, da sehr zweifelhaft ist, ob das jemals vorkommen wird. Wie ist es nun aber, wenn die als gewinnlose Organgesellschaft gegründete GmbH. doch in einem Jahr mit Gewinn abschneidet? Man könnte sagen, das gehe nicht mit rechten Dingen zu, die Gesellschafter müßten ihr dann irgendwelche Vergütungen gewährt haben, die nicht nötig gewesen seien, der angebliche Gewinn beruhe auf freiwilligen Zuwendungen der Gesellschafter und sei deshalb nach § 2 Ziff. 3 b KStG steuerpflichtig, was seine Körperschaftsteuerpflicht ausschließe. In RFH. I A 100/32 v. 6. 12. 32 (RStBl. 33 S. 80, StW. 33 Nr. 235) wird dieser Gedanke nicht berührt. Das war auch nicht nötig, da in dem Fall die Körperschaftsteuerpflicht schon aus einem anderen Grunde verneint werden konnte. Zur Deckung der Unkosten waren Umlagebeträge erhoben worden, die in den einzelnen Geschäftsjahren nicht voll verbraucht waren. Der übrig gebliebene Betrag war in einem Passivposten „schwebende Verpflichtungen" verbucht, so daß sich also bilanzmäßig kein Überschuß ergab. Die Entsch. meint mit Recht, nach den Vereinbarungen sei die GmbH. verpflichtet gewesen, den Überschuß an die Syndikatsmitglieder herauszuzahlen; wenn sie eine Bilanz aufstelle, aus der die Syndikatsmitglieder nicht ersehen könnten, daß sie noch Forderungen gegen die GmbH. hätten, gebe das der Steuerbehörde kein Recht, diese Schulden der GmbH. als nicht bestehend zu behandeln. Mißlich ist natürlich, daß die Steuerbehörde hätte feststellen müssen, wieviel jedes Syndikatsmitglied von der GmbH. zu fordern hat und daß sie dann alle Veranlagungen der Syndikatsmitglieder berichtigen mußte, da die genannten Ansprüche natürlich in den Bilanzen der Syndikatsmitglieder nicht berücksichtigt sind. Ebenso wurde bereits in RFH. I A 401/30 v. 9. 4. 31 (RStBl. 32 S. 57, StW. 32 Nr. 166) anerkannt, daß das Organ (GmbH.) eines Verkaufskartells den Überschuß aus den ihm zur Bestreitung seiner Auslagen zur Verfügung gestellten Beträgen in der Bilanz als Schuld ausweisen darf, wenn er vom Kartell möglicherweise zurückgefordert werden kann.

Weiter sind nach Auffassung des RFH. auch Vereinbarungen zu beachten, wonach die der abhängigen GmbH. von ihren Gesellschaftern gewährten Beträge in vollem Umfang an die für die GmbH. tätigen Personen auszuzahlen sind. Das seien bei der GmbH. nur durchlaufende Gelder. Wenn diese Personen Teilhaber oder Inhaber der Gesellschafter-Firmen seien, so berühre das die GmbH. nicht. Nur bei den Gesellschafter-Firmen könne eine verdeckte Gewinnausschüttung (bei Personengesellschaften oder Einzelfirmen muß es natürlich Entnahme heißen) in Frage kommen (RFH. I A 363/30 v. 20. 9. 32, RStBl. 32 S. 1068, StW. 33 Nr. 99).

Nach RFH. I A 401/32 v. 22. 1. 35 (E. 37 S. 151, RStBl. 35 S. 517, StW. 35 Nr. 170) ist für die geschäftsführende GmbH. eines Syndikats körperschaftsteuerrechtlich nicht nur die Vereinbarung anzuerkennen, daß sie die Erzeugnisse der Lieferwerke ohne eigenen Gewinn für Rechnung der Lieferwerke absetzen soll. Darüber hinaus sei für die Körperschaftsteuer auch eine Vereinbarung rechtserheblich, wonach die abhängige GmbH. das ihr für ihre übrige Tätigkeit syndikatseigenen Charakters überlassene und das durch diese Tätigkeit entstehende sog. gebundene Vermögen nur zu treuen Händen ihrer Mitglieder besitzen solle. Das gelte auch für den Fall, daß die geschäftsführende GmbH. nicht alle Merkmale einer Organgesellschaft aufweise. Die aus der Verwaltung und Verwendung dieses Vermögens fließenden Einkünfte seien kein Einkommen der GmbH. Das in dem Betrieb der GmbH. erzielte Einkommen müsse bei den Gesellschaftern voll versteuert werden. Es sei nicht etwa der nach der Handelsbilanz der GmbH. ausgewiesene und an die Gesellschafter abgeführte Gewinn maßgebend. Der Gewinn der Verkaufs=GmbH. sei vielmehr nach den Grundsätzen des KStG selbständig und einheitlich festzustellen und in dem Feststellungsbescheid anzugeben, wie sich der festgestellte Betrag auf die beteiligten Werke verteilt.

b) **Ob eine Ein= oder Verkaufs=GmbH. eines Syndikats eigenes Einkommen bezieht,** richtet sich nach den Satzungen und der tatsächlichen Geschäftsgebarung. Beträge, die die GmbH. eines Verkaufskartells von den Mitgliedern des Kartells bezieht, brauchen nicht steuerfreie Mitgliederbeiträge oder Unkostenvorschüsse zu sein. Bei der GmbH. als Kapitalgesellschaft gibt es regelmäßig nur Kapitaleinlagen der Mitglieder oder Gegenleistungen für besondere Leistungen der Gesellschaft. Eigenes Einkommen einer Verbands=GmbH. wurde in RFH. I A 566/28 v. 27. 2. 29 (RStBl. 32 S. 57, StW. 32 Nr. 303) in einem Teilbetrag des von den Mitgliederwerken erhobenen Unkostenvorschusses gesehen, den der Verband in bestimmter Höhe (2 v. H.) zur eigenen Verwendung behielt. Dieser Teilbetrag des Unkostenvorschusses, der mindestens äußerlich als Entschädigung für die einzelne Leistung der GmbH., nämlich die Zuweisung eines bestimmten Auftrags und Einziehung des einzelnen Rechnungsbetrags, erschien, wurde nicht als Mitgliedsbeitrag oder auch als Unkostenvorschuß anerkannt, weil dies in der Satzung nicht klar und deutlich zum Ausdruck kam. Die Satzung hatte nämlich weder einen Mitgliederbeitrag noch einen Unkostenvorschuß in dieser Höhe vorgesehen. Der RFH. hat daher den in einem Wirtschaftsjahr erzielten Überschuß über die Kosten der Geschäftsführung als freies Eigentum der GmbH., über das sie verfügen kann, und damit als steuerpflichtigen Gewinn der GmbH. angesehen. Steuerpflichtiger Gewinn eines Kartellorgans wird auch in RFH. I A 196/32 v. 6. 12. 32 (E. 32 S. 161, RStBl. 33 S. 329, StW. 33 Nr. 234) angenommen. Hier hatten zahlreiche Werke einen nichtrechtsfähigen Verein zur Regelung des Vertriebs von Verbandswaren, insbesondere zur Erzielung einheitlicher Verkaufsbedingungen und Verkaufspreise gegründet. Es handelt sich also nicht um ein Syndikat, sondern um ein Kartell niederer Ordnung. Um Wettbewerbs= und Kampfmaßnahmen gegen Außenseiter durchzuführen, wurde ein Dispositionsfonds ins Leben gerufen, der durch Umlagen der Mitglieder in Höhe von ½ v. H. bestimmter Lieferungen gespeist wurde. Das Vermögen des Vereins sollte also nicht gleich bleiben, sondern ständig wachsen; ob die Vermögensmehrung infolge Erzielung von Gewinn eintrat oder auf Beiträgen der Vereinsmitglieder beruhte, war zweifelhaft, weil der Verein seinen Mitgliedern etwas leistete und von ihnen Geldzahlungen empfing. Man könnte nun sagen, ein Überschuß beruhe doch nur darauf, daß die Mitglieder mehr zahlten, als nötig sei; die Mitglieder vergüteten dem Verein also nicht nur seine Leistungen, sondern wendeten ihm mehr oder minder versteckt freiwillige Beträge zu, die der Verein deshalb nicht durch seinen Betrieb verdient habe. Die Entsch. stellt sich nicht auf diesen Standpunkt. Soweit Zahlungen nach der tatsächlichen Inanspruchnahme der Gesellschaftseinrichtungen und nicht nach der Leistungsfähigkeit der Gesellschafter abgestuft seien, müßten die Zahlungen in der Regel als Gegenleistungen und nicht als steuerfreie Mitgliederbeiträge angesehen werden.

c) Die vorstehend entwickelten Grundsätze gelten nur für **echte Ein= und Verkaufsgesellschaften mbH.** Die steuerliche Anerkennung, daß Ein= und Verkaufsgesellschaften für Rechnung ihrer Gesellschafter tätig sein sollen, ohne selbst Gewinn zu erzielen, ist keineswegs selbstverständlich. Wenn eine Gesellschaft nur gegen Ersatz ihrer Unkosten für ihre Gesellschafter tätig ist, stellt sie ihnen doch ihr Vermögen unentgeltlich zur Verfügung und man könnte deshalb eine verschleierte Dividende in Höhe einer angemessenen Verzinsung ihres Reinvermögens annehmen genau so, wie wenn eine Kapitalgesellschaft ihren Gesellschaftern unverzinsliche Darlehen gewährt (s. auch unter a Abs. 2). Infolgedessen ist die steuerliche Anerkennung derartiger Vereinbarungen mit RFH. I A 135/32 v. 19. 12. 33 (RStBl. 34 S. 663, StW. 34 Nr. 389) nur auf die Fälle echter Ein= und Verkaufs=

gesellschaften mbH. zu beschränken. Als echte Ein- und Verkaufsgesellschaften sind solche Gesellschaften anzuerkennen, denen nach dem Gesellschaftsvertrag tatsächlich der Ein- und Verkauf für ihre Gesellschafter obliegt. Betätigen sie sich auch für Nichtgesellschafter, so können sie ihren Gesellschaftern die Rabatte, die sie infolge der Größe ihres Einkaufs erhalten, nicht zuwenden, ohne daß darin eine verschleierte Dividende erblickt würde. Außerdem muß nach RFH. I A 35/30 v. 16. 9. 32 (RStBl. 32 S. 1066, StW. 33 Nr. 111) bei echten Ein- und Verkaufsgesellschaften in der Satzung vorgeschrieben sein, daß, abgesehen von den Geschäftsunkosten und den zur Schaffung oder Erhaltung der vorgeschriebenen Rücklage benötigten Beträgen der gesamte Gewinn unter die Gesellschafter verteilt werden muß. Nur unter dieser Voraussetzung dürfen die den Gesellschaftern gutgeschriebenen Kaufpreisvergütungen als Passivum in der Bilanz der Ein- und Verkaufsgesellschaft erscheinen; sonst sind sie als Gewinnanteil der Gesellschafter nicht passivierungsfähig. Weiter kann nach RFH. I A 93/34 v. 30. 10. 34 (RStBl. 35 S. 808, StW. 35 Nr. 49) die Vergünstigung für Ein- und Verkaufsgesellschaften mbH. nicht solchen Gesellschaften zugebilligt werden, die neben dem An- und Verkauf für ihre Mitglieder noch auf eigene Rechnung Geschäfte machen. Die Tätigkeit einer Erwerbsgesellschaft könne mangels einer gesetzlichen Vorschrift steuerlich nur einheitlich beurteilt werden; eine Teilung dieser Tätigkeit in einen steuerbegünstigten und einen anderen Teil erscheine unzulässig. Der RFH. will also offenbar die für das Organverhältnis vertretene Auffassung, daß eine Gesellschaft zum Teil Organ einer anderen und zum Teil selbständig sein könne (vgl. Anm. 11 e) für den Fall der Ein- und Verkaufsgesellschaften nicht gelten lassen.

d) Die steuerliche Anerkennung von Vereinbarungen zwischen einer Einkaufs-GmbH. und ihren Gesellschaftern, wonach die Gesellschaft ohne Entgelt für die Gesellschafter tätig sein soll und nur den Ersatz ihrer Unkosten erhalten soll, wird in RFH. I A 378/30 v. 16. 9. 32 (RStBl. 32 S. 1025, StW. 33 Nr. 100) auch auf **Einkaufsgenossenschaften** erstreckt, sofern sie ihren Geschäftsbetrieb auf den Kreis ihrer Mitglieder beschränken und ausschließlich unter den gleichen Voraussetzungen arbeiten wie echte Ein- und Verkaufsgesellschaften mbH. Nach RFH. I A 93/34 (s. unter c) sollen diese Grundsätze bei allen Körperschaften Anwendung finden.

13. Interessengemeinschaften.

Interessengemeinschaften sind vertragsmäßige Vereinbarungen zwischen zwei oder mehreren selbständigen Unternehmen, die zwar ihre Betriebe selbständig weiterführen, aber die Gewinne untereinander nach einem bestimmten Schlüssel verteilen (gegenseitige Gewinngemeinschaft, vgl. auch § 256 AktG). Die Interessengemeinschaft ist nicht Kartell, da sie in der Regel nicht zum Zweck der Marktbeherrschung gegründet wird. Tritt zur Gewinngemeinschaft noch eine einheitliche Leitung der Unternehmen z. B. durch kapitalistische Beteiligung oder Entsendung von Verwaltungspersonen hinzu, dann liegt ein Konzern vor und nicht mehr eine Interessengemeinschaft im eigentlichen Sinn. Die Interessengemeinschaft ist regelmäßig eine Gesellschaft des bürgerlichen Rechts. In RFH. VI A 833/33 v. 9. 5. 34 (E. 36 S. 128, RStBl. 34 S. 658, StW. 34 Nr. 434) wird in der Interessengemeinschaft kein gemeinsames Unternehmen der beteiligten Unternehmer gesehen. Obwohl der Vertrag als Gesellschaftsvertrag und die verschiedenen Unternehmen als gemeinsamer Besitz der Vertragschließenden bezeichnet wurden, nahm der RFH. mit Recht verschiedene Gewerbebetriebe an, die jeder für sich, wenn auch in gewissem Umfang beeinflußt durch den Interessengemeinschaftsvertrag, betrieben werden und für die je selbständig auf Grund eigener Buchführung das Ergebnis ermittelt wird. Aus der Interessengemeinschaft würden die beteiligten Firmen und Inhaber von solchen nicht Mitunternehmer der anderen Betriebe und der Interessengemeinschaft. Sie beteiligten sich weder mit Kapital noch im wesentlichen mit eigenen Arbeitsleistungen an anderen Betrieben. Der an die Interessengemeinschaft abgeführte und von dieser wieder verteilte Gewinn sei daher nicht als selbständiger Gewinn der Interessengemeinschaft, sondern als solcher der beteiligten Unternehmen zu behandeln, auch soweit er über die Interessengemeinschaft aus anderen Firmen verteilt werde. Interessengemeinschaften zwischen gewerblichen Unternehmen sind also selbst dann keine **einkommensteuerrechtlichen Mitunternehmerschaften**, wenn vertragsmäßig das gesamte Einkommen der beteiligten Unternehmen als gemeinsames Einkommen der Beteiligten behandelt wird und die beteiligten Unternehmen als gemeinsamer Besitz bezeichnet werden. Die Interessengemeinschaft selbst ist aber als Gesellschaft bürgerlichen Rechts auch nicht körperschaftsteuerpflichtig, sondern die durch sie verteilten Gewinne der beteiligten Unternehmen sind bei den Empfängern je nach ihrer Eigenschaft als natürliche oder juristische Personen **unmittelbar einkommen- oder körperschaftsteuerpflichtig**, wobei die im Interessengemeinschaftsvertrag geregelte und auch tatsächlich beachtete Gewinnverteilung **auch steuerrechtlich maßgebend bleibt**. Im gleichen Sinn wird in RFH. I A 18/28 v. 11. 10. 28 (RStBl. 28 S. 367, StW. 29 Nr. 122) ein zwischen zwei AG. bestehender Interessengemeinschaftsvertrag dahin ausgelegt, daß er zwar die steuerliche Selbständigkeit der AG. unberührt lasse, daß jedoch der Gewinn, den die eine AG. auf Grund des Interessengemeinschaftsvertrags an die andere abzuführen verpflichtet sei, bei der abliefernden AG. kein steuerpflichtiger Betriebsgewinn sei. Auch nach RFH. I A 113/31 v. 24. 10. 33 (Mrozek, Kartei, Rechtssprüche 250—252 zu § 13 KStG 1925) sind ernstlich und ohne Steuerumgehungsabsicht geschlossene Interessengemeinschafts- (Gewinnpoolungs-)verträge grundsätzlich auch dann anzuerkennen, wenn an dem Vertrag inländische und ausländische Gesellschaften beteiligt sind. Einem Interessen- oder Gewinnverteilungsvertrag sei aber die steuerliche Anerkennung zu versagen, wenn der Vertrag weniger den Belangen der Gesellschaften als denen der Gesellschafter dienen solle. Dies ist nach Auffassung des RFH. dann der Fall, wenn die Gesellschafter sämtlicher am Interessengemeinschaftsvertrag beteiligten in- und ausländischen Gesellschaften die gleichen Personen sind. Dann könnten die Interessengemeinschaftsverträge die Deckung der Verluste der weniger günstig stehenden Gesellschaften aus dem Überschuß der wirtschaftlich stärkeren Gesellschaften bezwecken, an der nur die Gesellschafter, nicht aber die einzelnen Gesellschaften ein Interesse hätten. In einem solchen Fall stellten Zuwendungen, die eine Überschußgesellschaft an eine zuschußbedürftige Gesellschaft machen müsse, verdeckte Gewinnausschüttungen der Überschußgesellschaft dar. Vereinbaren die Gesellschafter, die gleichzeitig an zwei GmbH. beteiligt sind, den gegenseitigen Gewinn- und Verlustausgleich beider Gesellschaften, so besteht nach RFH. I A 261/31 v. 4. 4. 33 (RStBl. 33 S. 969, StW. 33 Nr. 522) keine Interessengemeinschaft, weil die Vereinbarung nicht von den rechtlich selbständigen Unternehmen (GmbH.) selbst getroffen sei. Da von vornherein mit einem Gewinn der einen GmbH. nicht gerechnet worden sei, habe die vereinbarte Deckung der Verluste dieser GmbH. ausschließlich im Interesse der Gesellschafter gelegen. Die zur Verlustdeckung gemachten Zuwendungen der zweiten GmbH. an die erste wurden daher als verdeckter Gewinn behandelt.

II. Nichtrechtsfähige Anstalten, Stiftungen und andere Zweckvermögen.

14. Bei nichtrechtsfähigen Anstalten, Stiftungen und anderen Zweckvermögen ist die Rechtslage dahin aufzufassen, daß eine — natürliche oder juristische — Person oder auch eine Personenvereinigung (die Mittelsperson) Träger eines bestimmten Vermögens ist, dieses aber zu einem ihr fremden, wenn auch ihr vielleicht naheliegenden Zweck zu verwenden hat (vgl. Anm. 21 zu § 1 KStG). Was mit den Einkünften eines solchen Vermögens zu geschehen hat und wem sie daher auch steuerrechtlich zuzurechnen sind, hängt von der Anordnung dessen ab, der das Zweckvermögen geschaffen hat. Zunächst ist möglich, daß die Einkünfte der Mittelsperson als freies Vermögen verbleiben. Derartige Fälle dürften allerdings selten sein. Ein Beispiel wäre etwa: Jemand hinterläßt einer AG. einen größeren Betrag, mit dem sie ein Gasthaus errichten soll. Die Bestimmungen können so sein, daß mit dem Betrieb Überschüsse erzielt werden, die der AG. verbleiben sollen. Es liegt ein Zweckvermögen vor; denn die Auflage belastet die AG. Aber die vorhandenen Überschüsse fallen der AG. unmittelbar zu.

Unmittelbares Einkommen anderer Steuerpflichtiger, nämlich der bedachten Personen, liegt dann vor, wenn entweder die Erträgnisse eines Vermögens nach der Anordnung des Zuwendenden unmittelbar bestimmten Personen zufallen sollen, so daß sie steuerlich als Einkünfte dieser Personen gelten, oder wenn die Erträge zwar zunächst angesammelt, nach Ablauf einer bestimmten Zeit aber mit dem Vermögen an bestimmte, von vornherein bezeichnete Personen auszuhändigen sind (vgl. die Beispiele in Anm. 21 b und c zu § 1 KStG). In beiden Fällen entfällt die Steuerpflicht der Zweckzuwendung als nichtrechtsfähigen Zweckvermögens.

Wenn dagegen ein Zweckvermögen durch Übertragung oder Aussonderung derart verselbständigt ist, daß es trotz fehlender bürgerlich-rechtlicher Rechtsfähigkeit steuerlich als nichtrechtsfähige Anstalt, Stiftung oder sonstiges Zweckvermögen Steuerperson ist, so folgt hieraus, daß auch die Einkünfte im Sinn des § 3 dem Zweckvermögen und nicht anderen Personen zuzurechnen sind. Bei einer nichtrechtsfähigen Stiftung, die durch Zuwendung unter einer Auflage entsteht, ist der Empfänger durch die Annahme der Zuwendung gezwungen (vgl. §§ 525, 2194 BGB), die Auflage zu erfüllen, d. h. das Vermögen zu dem angeordneten Zweck zu verwenden. Daher sind auch die Einkünfte seiner freien Verfügung entzogen. Bei dem sonstigen Zweckvermögen wird der bürgerlich-rechtliche Eigentümer durch die von der Rechtsprechung geforderte Sicherstellung der zweckentsprechenden Verwendung des Vermögens für die Dauer dieser Sicherung ebenfalls an der freien Verfügung über die Einkünfte gehindert. In beiden Fällen können also die Einkünfte nur als Einkommen des Zweckvermögens selbst erfaßt werden. Wirtschaftlich wird man auch dann noch Einkommen des Zweckvermögens annehmen können, wenn das Zweckvermögen tatsächlich eine Einkommensquelle für andere Personen ist, wie z. B. in dem in Anm. 21 b zu § 1 KStG erwähnten Fall, daß jemand einer Mittelsperson Wertpapiere mit der Auflage hinterläßt, sie erst nach 30 Jahren seinen dann lebenden Geschwistern herauszugeben und bis dahin die Zinsen an die zurzeit lebenden Geschwister zu verteilen. Wegen der längeren Verwaltungstätigkeit der Mittelsperson war an dem Bestehen eines Zweckvermögens bis zur Herausgabe der Wertpapiere nicht zu zweifeln. Wirtschaftlich ist jedoch die Mittelsperson nur Verwalter des Vermögens für ganz bestimmte Personen, das Zweckvermögen ist nur die Form der Festlegung des Vermögens für diese. Körperschaftsteuerpflicht des Zweckvermögens ist gegeben, sobald nach den Bestimmungen des Zuwendenden (der Satzung) nicht ohne weiteres festgestellt werden kann, wem die Einkünfte herauszugeben sind, wenn also z. B. die Mittelsperson die Einkünfte an Personen zu verteilen hat, die im Zeitpunkt der Verteilung bestimmte Bedingungen erfüllen. Infolge der Ungewißheit, bei welchen Personen das der Fall sein wird, verwaltet die Mittelsperson das Vermögen nicht für bestimmte Personen, denen die Einkünfte zugerechnet werden könnten, sondern für einen nach Merkmalen festgesetzten, aber in seiner Zusammensetzung unbestimmten Personenkreis.

III. Einheitliche Beurteilung der Körperschaftsteuerpflicht.

15. Die Körperschaftsteuerpflicht kann, wie der Wortlaut deutlich erkennen läßt, nur einheitlich festgestellt werden. Die Personenvereinigungen und die Zweckvermögen sind entweder körperschaftsteuerpflichtig oder nicht. Bei einer Personenvereinigung kann nicht ein Teil der Mitglieder als Unternehmer und der andere als Kapitalisten angesehen werden. Wie ist es nun, wenn nach dem

Gesellschaftsvertrag ein Teil von ihnen mit dem ganzen Vermögen, der andere nur beschränkt haftet? Einen Anhalt zur Beantwortung dieser Frage gibt die Erwähnung der KoG. in § 15 Ziff. 2 EStG. Aus ihr ergibt sich, daß die beschränkte Haftung einzelner Gesellschafter die Annahme, daß alle Gesellschafter Mitunternehmer seien, nicht ausschließt. Man wird aber daraus nicht zu folgern haben, daß eine Körperschaftsteuerpflicht schon dann zu verneinen ist, wenn ein Gesellschafter unbeschränkt haften soll. Daß bei einer KoG. die Körperschaftsteuerpflicht unbedingt ausgeschlossen ist (was übrigens auf die Mischformen der KoG. a. A. und der GmbH. und Co., Kommanditgesellschaft nicht zutrifft vgl. Anm. 6), wird als eine Besonderheit dieser Rechtsform aufzufassen sein. Man wird also zu entscheiden haben: Die Regel bildet jedenfalls die Körperschaftsteuerpflicht. Zu verneinen ist sie nur, wenn die Beteiligung von beschränkt Haftenden so geringfügig ist, daß die Vereinigung dem Regelfall einer KoG. entspricht.

Bei den Zweckvermögen liegt die Frage etwas anders. Die Verneinung der Körperschaftsteuerpflicht würde hier nicht unbedingt die Folge haben, daß sämtliche Einkünfte anderen Personen zuzurechnen wären. Ist z. B. der größte Teil der Einkünfte an bestimmte Personen abzuführen, der Rest aber zu anderen Zwecken zu verwenden, so würde bei Verneinung der Körperschaftsteuerpflicht der genannte Rest weder der Einkommensteuer noch der Körperschaftsteuer unterworfen sein. Deshalb muß bei Zweckvermögen Körperschaftsteuerpflicht stets angenommen werden, wenn nicht alle Einkünfte als unmittelbares Einkommen anderer Personen angesehen werden können. Es schließt also z. B. die Bestimmung, daß ein Teil der Einkünfte von der Verteilung ausgeschlossen sein soll, die Befreiung von der Körperschaftsteuer unbedingt aus.

§ 4.
Persönliche Befreiungen.

(1) Von der Körperschaftsteuer sind befreit:

1. die Deutsche Reichspost, die Deutsche Reichsbahn-Gesellschaft, das Unternehmen „Reichsautobahnen", die Monopolverwaltungen des Reichs und die staatlichen Lotterieunternehmen;

2. die Reichsbank, die Deutsche Rentenbank, die Deutsche Rentenbank-Kreditanstalt;

3. Staatsbanken, soweit sie Aufgaben staatswirtschaftlicher Art erfüllen;

4. die öffentlichen oder unter Staatsaufsicht stehenden Sparkassen, soweit sie der Pflege des eigentlichen Sparverkehrs dienen;

5. Hauberg-, Wald-, Forst- und Laubgenossenschaften und ähnliche Realgemeinden. Unterhalten sie einen Gewerbebetrieb, der über den Rahmen eines Nebenbetriebs hinausgeht, oder haben sie einen solchen Gewerbebetrieb verpachtet, so sind sie insoweit steuerpflichtig;

6. Körperschaften, Personenvereinigungen und Vermögensmassen, die nach der Satzung, Stiftung oder sonstigen Verfassung und nach ihrer tatsächlichen Geschäftsführung ausschließlich und unmittelbar kirchlichen, gemeinnützigen oder mildtätigen Zwecken dienen. Unterhalten sie einen wirtschaftlichen Geschäftsbetrieb, der über den Rahmen einer Vermögensverwaltung hinausgeht, so sind sie insoweit steuerpflichtig;

7. rechtsfähige Pensions-, Witwen-, Waisen-, Sterbe-, Kranken-, Unterstützungskassen und sonstige rechtsfähige Hilfskassen für Fälle der Not oder Arbeitslosigkeit nach näherer Anordnung des Reichsministers der Finanzen.

Anmerkung 1.

(2) Die Befreiungen nach Absatz 1 sind nicht anzuwenden, soweit die inländischen Einkünfte dem Steuerabzug unterliegen (§ 2 Ziffer 2).

(3) Die Befreiungen nach Absatz 1 Ziffern 3 bis 7 sind auf beschränkt Steuerpflichtige (§ 2 Ziffer 1) nicht anzuwenden.

Inhaltsübersicht.

1. Bedeutung des § 4.
2. Abweichungen gegenüber dem bisherigen Recht.
3. I. **Zu Abs. 1 Ziff. 1 und 2.**
4. II. **Öffentlich-rechtliche Kreditanstalten** (Ziff. 2 u. 3).
   III. **Öffentliche Sparkassen (Ziff. 4).**
5. Bedeutung der Vorschrift und Verhältnis zum bisherigen Recht.
6. Begriff der öffentlichen Sparkassen.
7. Eigentlicher Sparverkehr.
8. Verhältnis zu § 4 Abs. 1 Ziff. 6 (Gemeinnützigkeit).
9. Eigentlicher Sparkassenverkehr nach dem KStG 1925.
   a) Eigentlicher Sparkassenverkehr.
   b) Mittelstandskredit (Personalkredit).
   c) Realkredit.
   d) Anlage der Sparkassengelder.
10. Gewinnermittlung.
11. IV. **Realgemeinden (Ziff. 5).**
    V. **Körperschaften, die kirchlichen, gemeinnützigen, oder mildtätigen Zwecken dienen (Ziff. 6).**
12. Verhältnis zum bisherigen Recht.
13. Anzuwendendes Recht.
    A. Die steuerbegünstigten Zwecke.
14. Gemeinnützige Zwecke.
    a) Förderung der Allgemeinheit.
       aa) Förderung des Wohles der Deutschen Volksgemeinschaft.
       bb) Beurteilung nach der Anschauung der Volksgesamtheit.
       cc) Beispiele für gemeinnützige Betätigung.
       dd) Abführung der Erträge an eine öffentlich-rechtliche Körperschaft.
    b) Keine Beschränkung auf einen geschlossenen oder eng begrenzten Personenkreis.
    c) Verbot der eigennützigen Betätigung.
15. Mildtätige Zwecke.
16. Kirchliche Zwecke.
    B. Gemeinsame Voraussetzungen.
17. Ausschließlichkeit.

18. Unmittelbarkeit.
19. Satzungsmäßige Sicherung der Zwecke und der Verwendung des Vermögens.
20. Tatsächliche Geschäftsführung.
21. Steuerpflicht bei Unterhaltung eines wirtschaftlichen Geschäftsbetriebs (Ziff. 6 Satz 2).
    a) Begriff des wirtschaftlichen Geschäftsbetriebs.
    b) Hinausgehen über den Rahmen einer Vermögensverwaltung.
    c) Mittelbare und unmittelbare Beziehungen des wirtschaftlichen Geschäftsbetriebs zu den steuerbegünstigten Zwecken.
    d) Beispiele für wirtschaftliche Geschäftsbetriebe.
    e) Ermittlung der steuerpflichtigen Einkünfte.
22. Gemeinnützige Wohnungs- und Siedlungsunternehmen.
    VI. **Rechtsfähige Pensions- und sonstige Hilfskassen.**
23. Verhältnis zum bisherigen Recht.
24. Begriffliche Voraussetzungen.
25. Die in den §§ 13—17 I. KStDVO geforderten Voraussetzungen.
    a) Allgemeine Voraussetzungen.
    b) Hilfskassen mit Rechtsanspruch der Leistungsempfänger.
    c) Hilfskassen ohne Rechtsanspruch der Leistungsempfänger.
    d) Zeitpunkt der Erfüllung der Voraussetzungen.
    e) Übergangsregelung.
    f) Hinweis wegen Zuwendungen an Hilfskassen.
    VII. **Keine persönliche Befreiung bei beschränkter Steuerpflicht.**
26. Ausschluß der Befreiung hinsichtlich steuerabzugspflichtiger Einkünfte (Abs. 2).
27. Ausschluß der Befreiung für beschränkt steuerpflichtige Körperschaften (Abs. 3).
28. VIII. **Außerhalb des KStG geregelte persönliche Befreiungen.**
    a) aus völkerrechtlichen Gründen.
    b) sonstige Befreiungen.

Schrifttum: Kennerknecht, Persönliche Befreiungen, DStBl. 37 061 S. 1.

1. Bedeutung des § 4.

§ 4 enthält die persönlichen Befreiungen. Beim Vorliegen der Voraussetzungen tritt die Steuerpflicht überhaupt nicht ein, d. h. die Körperschaft ist für das Kalenderjahr, in dem die gesetzlichen Voraussetzungen der persönlichen Befreiung vorliegen, mit sämtlichen Einkünften steuerbefreit. Nur der Steuerabzug vom Kapitalertrag, der dem Wesen nach eine auf die Einkommensteuer anzurechnende Ertragsteuer ist, trifft auch die befreiten Körperschaften (vgl. § 4 Abs. 2).

Auch sind die Befreiungen nach Abs. 1 Ziff. 3—7 auf beschränkt Steuerpflichtige (§ 2 Ziff. 1) nicht anzuwenden (vgl. § 4 Abs. 3). Die persönliche Befreiung erstreckt sich nur auf die im Gesetz steuerbegünstigte Körperschaft selbst, nicht etwa auf die von ihr abhängigen Körperschaften, wie z. B. eine Organgesellschaft (vgl. Anm. 11 d, aa Abs. 2 zu § 3 KStG). Ebensowenig kann eine eingetragene Gepäckträgergenossenschaft ihre persönliche Steuerpflicht durch Berufung auf die persönliche Befreiung der Reichsbahn-Gesellschaft bestreiten, deren „Angestellte" sie sei (RFH. I A 395/27 v. 13. 3. 28, E. 23 S. 91, RStBl. 29 S. 521, StW. 28 Nr. 318). Die im Gesetz geforderten Voraussetzungen der persönlichen Befreiung müssen grundsätzlich während des ganzen Veranlagungszeitraums bestanden haben (Ausnahmen nur für formale Voraussetzungen vgl. Anm. 19 u. 20 und nach besonderer Anordnung vgl. Anm. 25 d Abs. 2).

Der RFH. hat zum KStG 1925 den Grundsatz aufgestellt, daß eine Körperschaft nicht teilweise persönlich steuerfrei und teilweise persönlich steuerpflichtig sein könne. Sie sei entweder ganz steuerfrei oder — soweit nicht sachliche Steuerbefreiungen eingriffen — mit dem ganzen Einkommen steuerpflichtig. Dies folge aus dem Wesen der persönlichen Steuerpflicht (RFH. I A 459/31 v. 28. 6. 32, E. 31 S. 204, RStBl. 32 S. 828, StW. 32 Nr. 1176). Nun sind in § 4 Abs. 1 Ziff. 3 und 4 KStG die dort genannten Körperschaften von der Steuer befreit, soweit sie bestimmte Aufgaben erfüllen, bzw. in Ziff. 5 und 6 die dort unter bestimmten Voraussetzungen befreiten Körperschaften steuerpflichtig, soweit sie eine bestimmte Tätigkeit ausüben. Diese Regelung scheint den vom RFH. aufgestellten Grundsatz nicht zu bestätigen, sondern auf das Bestehen der persönlichen Steuerpflicht ein und derselben Körperschaft neben der persönlichen Steuerfreiheit schließen zu lassen. Dieser Schluß ist aber nicht gerechtfertigt. Denn wie aus der Begr. zu § 4 Abs. 5 (RStBl. 35 S. 83) hervorgeht, enthält die persönliche Befreiung in den Ziff. 3 und 6 zugleich eine sachliche Abgrenzung. Dies sei aus Gründen der Vereinfachung geschehen, da sonst der systematische Aufbau zwei Vorschriften an verschiedenen Stellen erfordert hätte. Die Rechtslage soll also auch nach dem neuen Gesetz die gleiche wie bisher sein, d. h. Körperschaften, die neben den in Ziff. 3 und 4 begünstigten Tätigkeiten noch andere Tätigkeiten, oder neben den begünstigten Tätigkeiten die nach den Ziff. 5 und 6 nicht steuerbegünstigten Tätigkeiten ausüben, sind persönlich steuerpflichtig und mit den aus den begünstigten Tätigkeiten stammenden Einkünften sachlich steuerbefreit, so daß sie nur mit den Einkünften, die aus den nicht steuerbegünstigten Tätigkeiten stammen, zur Steuer heranzuziehen sind.

2. Abweichungen gegenüber dem bisherigen Recht.

Nicht mehr aufgeführt ist die Bank für Deutsche Industrieobligationen (§ 9 Abs. 1 Nr. 2 KStG 1925); die Befreiung der Deutschen Golddiskontbank wurde bereits durch die VO v. 1. 12. 30 (RGBl. I S. 517) beseitigt.

„Unter die persönlichen Befreiungsvorschriften sind die öffentlich-rechtlichen Versicherungsanstalten, die auf Gegenseitigkeit gegründet sind und die nur Mitglieder versichern, nicht mehr aufgenommen worden. Sie sollen im gleichen Umfang wie alle übrigen öffentlich-rechtlichen Versicherungsanstalten und wie die Versicherungsvereine auf Gegenseitigkeit zur Körperschaftsteuer herangezogen werden. Sie gehören zu den „Betrieben gewerblicher Art von Körperschaften des öffentlichen Rechts" (§ 1 Abs. 1 Ziff. 6 des Gesetzes). Die bisherige Befreiung der Berufsverbände ohne öffentlich-rechtlichen Charakter und ihrer Verwaltungsgesellschaften (§ 9 Abs. 1 Nr. 8 u. 9 KStG 1925) ist in das neue Gesetz nicht übernommen worden. Wenn Berufsverbände ohne öffentlich-rechtlichen Charakter über die nach § 8 des Gesetzes allgemein befreiten Beiträge hinaus Einkommen erzielen, so ist es billig, daß sie dieses Einkommen versteuern. Auch führte die Unterscheidung des bisherigen Rechts zwischen solchen Berufsverbänden, deren Zweck nicht auf einen wirtschaftlichen Geschäftsbetrieb gerichtet ist, und den anderen Berufsverbänden in der Praxis zu zahlreichen Streitigkeiten. Wenn künftig die Berufsverbände ohne öffentlich-rechtlichen Charakter steuerpflichtig sind, so muß das gleiche auch für ihre

Verwaltungsgesellschaften gelten. Öffentlich-rechtliche Berufsverbände sind nach wie vor von der unbeschränkten Steuerpflicht befreit, es sei denn, daß sie Betriebe gewerblicher Art unterhalten (§ 1 Abs. 1 Ziff. 6 des neuen Gesetzes)" (Begr. zu § 4 KStG Abs. 7 u. 8, RStBl. 35 S. 83). Weggefallen ist auch die Befreiung der nichtrechtsfähigen sozialen Kassen im Sinn des § 9 Abs. 1 Nr. 10 KStG 1925 (vgl. § 4 Abs. 1 Ziff. 7 u. Anm. 23). Die bisherige Befreiung aus völkerrechtlichen Gründen (§ 9 Abs. 1 Nr. 11 KStG 1925) ist in § 9 StAnpG übernommen worden.

I. Zu Abs. 1 Ziffern 1 und 2.

3. Die Befreiungen in Ziffern 1 und 2 beruhen nach der Begr. (RStBl. 35 S. 83) auf den besonderen staatswirtschaftlichen Aufgaben der aufgeführten Körperschaften. Die Befreiung der Reichspost ist in deren geschichtlicher, politischer und juristischer Eigenart begründet, die der Monopolverwaltungen aus dem Gedanken, daß es sich bei ihnen um eine Form der Besteuerung handelt, die der staatlichen Lotterieunternehmungen, daß etwas ähnliches vorliegt. Die Reichsbahn-Gesellschaft ist durch § 14 des Ges. über die Deutsche Reichsbahn-Gesellschaft v. 30. 8. 24 (RGBl. II 272) befreit. Über das Unternehmen „Reichsautobahnen" vgl. das Ges. über die Errichtung des Unternehmens „Reichsautobahnen" v. 26. 6. 33 (RGBl. II S. 509). Über die Reichsbank vgl. Reichsbankgesetz v. 30. 8. 24 (RGBl. II S. 235) § 45, über die Rentenbank das Rentenbankgesetz v. 15. 10. 23 (RGBl. I S. 963), über die Rentenbank-Kreditanstalt das Gesetz über die Errichtung der Rentenbank-Kreditanstalt v. 18. 7. 25 (RGBl. I S. 145/156).

II. Öffentlich-rechtliche Kreditanstalten (Ziff. 2 und 3).

4. „Bisher waren die öffentlich-rechtlichen Kreditanstalten zwar grundsätzlich steuerpflichtig, aber durch eine Reihe von Ausnahmevorschriften befreit oder steuerlich begünstigt (§ 2 und § 9 Abs. 1 Ziff. 2—4 KStG 1925). Dem neuen Gesetz gemäß (§ 4 Abs. 1 Ziff. 2) sollen, wie bisher, von der unbeschränkten Körperschaftsteuerpflicht befreit sein: Die Reichsbank, die Deutsche Rentenbank und die Deutsche Rentenbank-Kreditanstalt. Nicht befreit sollen sein: Die Bank für Deutsche Industrieobligationen (bisher befreit gewesen), die Deutsche Golddiskontbank (bis 31. Dezember 1930 befreit gewesen), die Landesbanken (Provinzialbanken), Girozentralen, Girokassen, Kommunalbanken, Kreisbanken, Stadtbanken, Landschaften und Stadtschaften. Staatsbanken waren bisher befreit, wenn sie ihrer Bestimmung nach in der Hauptsache Geschäften staatswirtschaftlicher oder allgemeiner wirtschaftlicher Art dienten (§ 9 Abs. 1 Nr. 3 KStG 1925). Es gibt Staatsbanken, die zum Teil die gleichen Geschäfte wie Privatbanken machen. Dem neuen Gesetz gemäß (§ 4 Abs. 1 Ziff. 3) sollen die Staatsbanken nur insoweit frei sein, als sie Aufgaben staatswirtschaftlicher Art erfüllen. Hypothekenbanken haben wegen ihres besonderen Geschäftskreises bisher dem ermäßigten Körperschaftsteuersatz von 10 v. H. unterlegen. Diese Vergünstigung für Hypothekenbanken ist auch im neuen Gesetz enthalten (§ 19 Abs. 2 Ziff. 2). Sie führt dazu, auch die öffentlich-rechtlichen Kreditanstalten hinsichtlich der Einkünfte aus dem langfristigen Kommunalkredit-, Realkredit- und Meliorationskreditgeschäft nur mit 10 v. H. zu besteuern (§ 19 Abs. 2 Ziff. 1)" (Begr. unter A Ziff. 2, RStBl. 35 S. 81).

Während nach bisherigem Recht die Staatsbanken entweder in vollem Umfang körperschaftsteuerfrei oder voll steuerpflichtig waren, sind sie nunmehr nach Ziff. 3 nur insoweit steuerbefreit, als sie Aufgaben staatswirtschaftlicher Art erfüllen. In Zukunft ist also neben der Steuerpflicht (sachliche) Steuerbefreiung möglich; daher ist zwischen den einzelnen Aufgaben der Staatsbanken zu unterscheiden In RFH. I A 124/33 v. 17. 5. 33 (RStBl. 33 S. 973, StW. 34 Nr. 239) wird für den § 9 Abs. 1 Nr. 3 KStG 1925 der Begriff der Staatsbank dahin festgelegt, daß unter Staatsbanken im Sinn dieser Vorschrift grundsätzlich alle Banken zu verstehen seien, die sich ausschließlich im Besitz eines Staates befinden. Hierunter fallen also nicht nur solche Banken, die sich ausdrücklich als Staatsbanken bezeichnen. Es gehören hierher nicht die Privatnotenbanken. In den Richtlinien für die Durchführung der Gewerbesteuer wird unter VII 1 (RStBl. 38 S. 253) über die Behandlung der Staatsbanken bei der Körperschaftsteuer folgendes ausgeführt: „Staatsbanken sind von der Körperschaftsteuer... befreit, soweit sie Aufgaben staatswirtschaftlicher Art erfüllen. Alle übrigen Geschäfte sind voll steuerpflichtig. Steuerpflichtig sind insbesondere alle Geschäfte, die den Geschäften der Privatbanken ähnlich sind und zu einem Wettbewerb führen können... Welche Geschäfte im einzelnen als Geschäfte anzusehen sind, die den Aufgaben staatswirtschaftlicher Art dienen, bestimmt sich nach den zur Körperschaftsteuer und Vermögensteuer ergangenen Verwaltungsanweisungen. Demgemäß sind Aufgaben staatswirtschaftlicher Art die Geschäfte, die mit dem wirtschaftlichen Eigenleben des Landes unmittelbar zusammenhängen. Alle sonstigen Geschäfte sind auch dann steuerpflichtig, wenn sie dem Wohl des Volksganzen dienen oder Zwecke erfüllen, die von dem Reich oder von dem Gewährträger (Land) gefördert werden. Die Ausgliederung der Geschäfte staatswirtschaftlicher Art erfolgt bei der Körperschaftsteuer und Vermögensteuer nach einem durchschnittlichen Hundertsatz, der für mehrere Jahre gilt. Der durchschnittliche Hundertsatz wird anläßlich der Betriebsprüfung festgestellt..." Als Staatsbanken werden nach dem Stand vom April 1937 folgende Banken aufgeführt:

Bayerische Staatsbank in München,
Braunschweigische Staatsbank (Leihhausanstalt) in Braunschweig,
Bremer Landesbank (Staatsbank) in Bremen,
Hessische Landesbank-Staatsbank in Darmstadt,
Lippische Landesbank (Staatliche Kreditanstalt) in Detmold,
Lübeckische Kreditanstalt (Staatsanstalt) in Lübeck,
Preußische Staatsbank (Seehandlung) in Berlin,
Sächsische Staatsbank in Dresden,
Staatliche Kreditanstalt Oldenburg (Staatsbank) in Oldenburg,
Thüringische Staatsbank in Weimar.

III. Öffentliche Sparkassen (Ziff. 4).
5. Bedeutung der Vorschrift und Verhältnis zum bisherigen Recht.

Nach Ziff. 4 sind die öffentlichen oder unter Staatsaufsicht stehenden Sparkassen von der Körperschaftsteuer befreit, soweit sie der Pflege des eigentlichen Sparverkehrs dienen. Danach „sind die öffentlichen oder unter Staatsaufsicht (d. h. der Aufsicht der Landesregierung) stehenden Sparkassen nur mit den Geschäften befreit, die der Pflege des eigentlichen Sparverkehrs dienen. Die im bisherigen Gesetz enthaltene Bezeichnung „die öffentlichen oder dem öffentlichen Verkehr dienenden Sparkassen" ist in Angleichung an andere Gesetze neu gefaßt" (Begr. zu § 4 KStG Abs. 3 RStBl. 35 S. 83). § 7 I. KStDVO stellt in seinem Satz 2 klar, daß die öffentlichen oder der Staatsaufsicht unterstehenden Sparkassen mit den Geschäften steuerpflichtig sind, die der Pflege des eigentlichen Sparverkehrs nicht dienen. Im KStG 1925 war durch § 11 Nr. 2 vorgeschrieben, daß bei den nicht unter die Befreiungsvorschrift des § 9 Abs. 1 Nr. 4 fallenden öffentlichen oder dem öffentlichen Verkehr dienenden Sparkassen sowie den Sparkassen der Genossenschaften und Genossenschaftszentralen bei der Ermittlung des Einkommens der Teil der Einkünfte außer Ansatz blieb, der auf den eigentlichen Sparkassenverkehr entfiel. Eine entsprechende Vorschrift war nach der Regelung in Ziff. 4 des Gesetzes für öffentliche oder unter Staatsaufsicht stehende Sparkassen überflüssig (f. Anm. 1 Abs. 2). Sparkassen der Genossenschaften und Genossenschaftszentralen sind in Zukunft, soweit sie nicht unter Staatsaufsicht stehen, wie die Erwerbs- und Wirtschaftsgenossenschaften selbst (vgl. § 1 Abs. 1 Ziff. 2 KStG) voll steuerpflichtig, falls nicht der RdF. auf Grund der ihm in § 23 erteilten Ermächtigung auch für die Sparkassen der Genossenschaften eine Steuervergünstigung anordnet. Wegen der Übergangsregelung für die Kalenderjahre 1934 bis 1939 f. Anm. 1 u. 13 zu § 23 KStG.

Für die Besteuerung der öffentlichen oder unter Staatsaufsicht stehenden Sparkassen ist in § 8 I. KStDBO eine Übergangsregelung getroffen. Zur Ermittlung der steuerfreien und steuerpflichtigen Geschäfte sind bei der Veranlagung für das Kalenderjahr 1934 anzuwenden a) die Verordnung über die Abgrenzung des eigentlichen Sparkassenverkehrs im Sinn der Reichssteuergesetze (Sparkassenverordnung) vom 22. März 1928 (RGBl. I S. 109, b) die Verordnung über die Sicherung der von Sparkassen im eigentlichen Sparkassenverkehr gewährten Personalkredite (Kreditsicherungsverordnung) vom 4. Mai 1928 (RGBl. I S. 155). Diese Übergangsregelung gilt nach den VR 35 J II (RStBl. 36 S. 54) auch bei der Veranlagung für das Kalenderjahr 1935. Nach der in den VR 34 G 2 (RStBl. 35 S. 407), ErgR 34 E III (RStBl. 35 S. 797) und VR 35 J II (s. oben) erteilten Anordnung des RdF. sind bei der Veranlagung für die Kalenderjahre 1934 und 1935 nicht nur diese beiden Verordnungen, sondern auch die dazu ergangenen Verwaltungsanordnungen, insbesondere der Rderl. v. 4. 5. 28 III e 6900, betreffend Veranlagung der öffentlichen und dem öffentlichen Verkehr dienenden Sparkassen zur Körperschaftsteuer und Vermögensteuer, anzuwenden. Der Unterschied zwischen „Sparverkehr" und „Sparkassenverkehr" war demnach bei den Veranlagungen für 1934 und 1935 ohne Bedeutung. Erstmals bei der Veranlagung für 1936 sind die öffentlichen oder unter Staatsaufsicht stehenden Sparkassen nur noch insoweit steuerbefreit, als sie der Pflege des eigentlichen Sparverkehrs dienen. Mit den Geschäften, die der Pflege des eigentlichen Sparverkehrs nicht dienen, sind sie steuerpflichtig (vgl. auch VR 37 H II Abs. 1—3, RStBl. 38 S. 231, s. Anh. 17).

6. Begriff der öffentlichen Sparkassen.

Sparkassen sind Einrichtungen, die dazu dienen, im wesentlichen kleine Geldbeträge entgegenzunehmen, zu verzinsen und insbesondere auch sicher anzulegen. Um das eingenommene Geld verzinsen zu können, müssen sie Geld ausleihen oder in Wertpapieren anlegen oder endlich auch das Geld der Körperschaft, in deren Eigentum sie stehen, zur Verfügung stellen. Die Sparkassen sind jedoch dazu übergegangen, auch andere Rechtsgeschäfte abzuschließen. Sie waren dazu zum Teil genötigt, um ihre Kunden nicht an Bankgeschäfte zu verlieren. In RFH. I A 224/30 v. 19. 8. 30 (RStBl. 30 S. 814, StW. 30 Nr. 1225) wird die Aufgabe der Sparkassen als eine doppelte bezeichnet: sie sollen sowohl den Sparern wie den Kreditbedürftigen dienen. Das sei in dem Gutachten E. 19 S. 342 (StW. 26 Nr. 653) auch nach der geschichtlichen Entwicklung dargelegt. Auf S. 353 ff. heiße es: „Diese Kapitalien im Wege des Real= und Personalkredits unter Wahrung gemeinnütziger Gesichtspunkte für die Volkswirtschaft fruchtbar zu machen, war eine bald erfaßte und von den Sparkassen auch im allgemeinen tatkräftig durchgeführte Aufgabe. Die Kreditgewährung an Angehörige solcher Kreise, die auch als Spareinleger in Betracht kommen, gehört daher heute nach der Auffassung des Senats grundsätzlich zu den Sparkassenaufgaben." Bausparkassen sind insbes. wegen der Verpflichtung des Kunden, monatlich einen bestimmten Betrag einzuzahlen, keine Sparkassen im Sinn der Ziff. 4 (RFH. I 103/38 v. 10. 5. 38, E. 44 S. 10, RStBl. 38 S. 631, StW. 38 Nr. 308). Weiter hat der RFH. die Sächsischen Girokassen nicht als Sparkassen im Sinn des § 9 Abs. 1 Nr. 4 KStG 1925 anerkannt, weil die Girokassen nicht das eigentliche Spargeschäft pflegen, sondern der Verwendung vorübergehend müßiger Gelder dienen sollen (RFH. I A 261/27 v. 24. 1. 28, RStBl. 28 S. 100, StW. 28 Nr. 316, bestätigt durch I A 250/34 v. 23. 5. 35, RStBl. 35 S. 1049, StW. 35 Nr. 428). Es kommt weniger auf die Aktivgeschäfte als auf die Passivgeschäfte an. Ohne echte Spareinlagen keine Sparkasse. Den grundsätzlichen Unterschied zwischen einer Sparkasse und einer Kreditgenossenschaft hat der RFH. darin erblickt, daß die Sparkasse dem Sparer dienen soll, die Kreditgenossenschaft jedoch den kreditbedürftigen Genossen. Zwar sollen die Sparkassen auch den Real= und Personalkredit pflegen, aber damit ist der Kredit der Allgemeinheit gemeint und die Kreditaufgabe der öffentlichen Sparkassen darf den „Dienst am Sparer" nicht beeinträchtigen. Die Genossenschaft würde jedoch gegen § 1 GenG und ihre ganze Zweckbestimmung handeln, wenn sie den Spareinlegern mehr Vorteile zukommen ließe, als unbedingt nötig ist. Die Kreditgenossenschaft soll eben nur für ihre Genossen sorgen; der Spareinleger darf ihr lediglich Mittel zum Zwecke sein (RFH. I A a 208/29 v. 4. 6. 29, E. 26 S. 38, RStBl. 29 S. 610, StW. 29 Nr. 1027).

Öffentliche Sparkassen sind solche Sparkassen, die von Körperschaften öffentlichen Rechts betrieben werden oder für die eine öffentlich-rechtliche Körperschaft die Garantie übernommen hat (vgl. RFH. I A 877/29 v. 11. 3. / 5. 6. 30, RStBl. 30 S. 442, StW. 30 Nr. 1109). Die sichere Anlage der Spargelder wird bei den öffentlichen Sparkassen durch besondere Bestimmungen und durch die behördliche Aufsicht erreicht. Nach dem neuen Gesetz werden daher nun noch die unter Staatsaufsicht stehenden privaten Sparkassen den öffentlichen Sparkassen gleichbehandelt, während nach bisherigem Recht neben den öffentlichen Sparkassen die dem öffentlichen Verkehr dienenden Sparkassen genannt waren. Eine Sparkasse dient dem öffentlichen Verkehr, wenn ihre Einrichtungen jedermann zur Verfügung stehen, nicht nur einem begrenzten Personenkreis, wie Fabriksparkassen oder Sparkassen von Berufsverbänden (vgl. RFH. I A 866/29 v. 5. 6. 30, RStBl. 30 S. 442, StW. 30 Nr. 1103 und I A 877/29). Diese Beschränkung der Befreiungsvorschrift gilt jetzt nicht mehr, da ausschließlich die Stellung der Sparkassen unter Staatsaufsicht gefordert ist. Unter dieser Voraussetzung könnte also nunmehr auch eine Fabrik- oder Vereinssparkasse steuerbefreit sein.

7. Eigentlicher Sparverkehr.

Nach bisherigem Recht war Voraussetzung der Steuerfreiheit, daß sich die Sparkassen auf die Pflege des eigentlichen Sparkassenverkehrs beschränkten (§ 9 Abs. 1 Ziff. 4 KStG 1925), während das neue Gesetz nur die Pflege des eigentlichen Sparverkehrs begünstigt. Der Begriff des eigentlichen Sparverkehrs ist enger als der des eigentlichen Sparkassenverkehrs. Der eigentliche Sparverkehr wird sich auf die Hereinnahme und sichere Anlage der Spargelder zu beschränken haben, während der eigentliche Sparkassenverkehr auch alle diejenigen Geschäfte mitumfaßt, die die Sparkassen über den eigentlichen Sparverkehr hinaus im Interesse ihrer Kundschaft oder auch im Wettbewerb mit den Banken üblicherweise aufgenommen haben. Bei strenger Anwendung dieser Grundsätze erscheint es ausgeschlossen, daß in Zukunft noch die in der SpKV v. 22. 3. 28 zum eigentlichen Sparkassenverkehr gerechneten Geschäfte der Verwahrung und Verwaltung von Wertpapieren und anderen Wertgegenständen, die Vermietung von Sicherheitsfächern, der Kontokorrentverkehr ohne Krediteinräumung, die Einlösung fälliger Zins- und Gewinnanteile und der Ein- und Auszahlungsverkehr für fremde Rechnung (Giro- und Scheckverkehr) (§ 1 Abs. 1 Ziff. 2, 3, 4, 5, 6) auch zum eigentlichen Sparverkehr im Sinn des Gesetzes gezählt werden können. Dagegen gehören zum eigentlichen Sparverkehr die Annahme und die Auszahlung der Spareinlagen und die Anlegung der Sparkassenbestände (Ziff. 1 und 7 a. a. O.). Zum Begriff des eigentlichen Sparverkehrs wird in der BR 37 H II Abs. 4 (RStBl. 38 S. 232, Anh. 17) auf die Vorschrift der §§ 22 ff. des Reichsgesetzes über das Kreditwesen (KWG) v. 5. 12. 34 (RGBl. I S. 1203) verwiesen. Spareinlagen seien demnach Geldeinlagen auf Konten, die nicht den Zwecken des Zahlungsverkehrs, sondern der Anlage dienten und als solche, insbesondere durch Ausfertigung von Sparbüchern gekennzeichnet seien. Im § 25 KWG sei bestimmt:

„Kreditinstitute, welche Spareinlagen annehmen, sind verpflichtet, das Spargeschäft (Spareinlagen und die zu ihrer Deckung bestimmten Anlagen) in der Buchführung von dem übrigen Geschäft getrennt zu führen sowie in den Monatsausweisen, in den Jahresbilanzen und in den Gewinn- und Verlustrechnungen gesondert auszuweisen; in den Jahresabschlüssen müssen sämtliche Kosten des Spargeschäfts ersichtlich gemacht werden."

Nähere Bestimmungen zur Durchführung des § 25 KWG seien noch nicht erlassen. Auch hiernach beschränkt sich das Spargeschäft auf die Spareinlagen und die zu ihrer Deckung bestimmten Anlagen. In RFH. I A 250/ 34 v. 23. 5. 35 (RStBl. 35

S. 1049, StW. 35 Nr. 428) wird vom RFH. für das KStG 1925 aus der im KWG erfolgten Klarstellung der eigentlichen Wesensart des Spargeschäfts mittelbar für den Begriff der Sparkasse mit Recht der Schluß gezogen, daß eine weitherzige Auslegung dieses Begriffs nicht gerechtfertigt sei. Für das KStG 1934 ist der Begriff des eigentlichen Sparverkehrs in strenger Anlehnung an die Grundsätze des KWG zu bestimmen.

8. Verhältnis zu § 4 Abs. 1 Ziff. 6 (Gemeinnützigkeit).

Wenn die Sparkassen unter den besonderen Voraussetzungen der Ziff. 4 von der Körperschaftsteuer befreit werden, so kann man daraus schließen, daß auch der eigentliche Sparverkehr an sich nicht als gemeinnützig oder mildtätig anzusehen ist. Sonst hätte es einer besonderen Befreiung nicht bedurft. Es ist zwar erfreulich, wenn jemand kleinen Sparern Gelegenheit zur verzinslichen Anlegung von Geld gibt und dabei verhältnismäßig billigen Kredit solchen Personen gewährt, denen die Erlangung solchen Kredits besonders schwer fällt; indessen ist es nicht ausgeschlossen, daß er dabei gut auf seine Kosten kommt. Es müssen deshalb, wie in RFH. I A 224/30 v. 19. 8. 30 (RStBl. 30 S. 814, StW. 30 Nr. 1225) ausgeführt wird, schon besondere Umstände vorliegen, wenn eine Sparkasse als ausschließlich gemeinnützigen Zwecken dienend anerkannt und ihr Steuerfreiheit über den für Sparkassen geltenden Umfang hinaus zugestanden werden soll (vgl. auch) RFH. I A 866/29 v. 5. 6. 30, RStBl. 30 S. 442, StW. 30 Nr. 1103). Diese Grundsätze gelten auch für das neue Gesetz.

9. Eigentlicher Sparkassenverkehr nach dem KStG 1925.

a) Sparkassenverordnung (SpKV) und Kreditsicherungsverordnung (KrSV), die auch noch bei den Veranlagungen für die Kalenderjahre 1934 und 1935 anzuwenden sind, haben für das KStG 1925 den **eigentlichen Sparkassenverkehr** gegenüber den sparkassenfremden Geschäften abgegrenzt (s. Anh. 5 u. 6). Nach § 1 Abs. 1 SpKV gehören zum eigentlichen Sparkassenverkehr insbesondere die Annahme und Auszahlung von Spareinlagen (Ziff. 1), die Verwahrung und Verwaltung von Wertpapieren und anderen Wertgegenständen (Ziff. 2), die Vermietung von Sicherheitsfächern (Ziff. 3), der Kontokorrentverkehr, sofern er jedoch mit Krediteinräumung verbunden ist, nur unter den Voraussetzungen der Nr. 7 (Ziff. 4), die Einlösung fälliger Zins- und Gewinnanteile (Ziff. 5), der Ein- und Auszahlungsverkehr für fremde Rechnung (Giro- und Scheckverkehr) (Ziff. 6), die Anlegung der Sparkassenbestände (Ziff. 7). Hierzu gehört die Einräumung von Personalkredit an den Mittelstand (Mittelstandskredit) soweit a) der Kredit durch Sicherungshypothek, durch Faustpfand, durch eine oder mehrere Bürgschaften oder durch Dreimonatswechsel mit einem oder mehreren anderen wechselmäßig Haftenden nach den näheren, vom RdF. zu erlassenden Bestimmungen gesichert ist oder b) der Gesamtbetrag der Krediteinräumungen 5 v. H. der im Depositen-, Giro- und Kontokorrentverkehr bei der Sparkasse vorhandenen Guthaben nicht übersteigt. Nach § 1 Abs. 2 SpKV gehören zum eigentlichen Sparkassenverkehr insbesondere nicht der Ankauf von Wertpapieren ohne sofortige Bezahlung (Ziff. 1), der Verkauf von Wertpapieren ohne sofortige Hinterlegung (Ziff. 2), der An- und Verkauf von ausländischen Zahlungsmitteln für fremde Rechnung (Ziff. 3), die Einräumung von Personalkredit, soweit die in Abs. 1 Ziff. 7 bezeichneten Voraussetzungen nicht gegeben sind (Ziff. 4), Geldgeschäfte spekulativen Charakters (Ziff. 5). Die KrSV bestimmt, wann ein von einer öffentlichen oder dem öffentlichen Verkehr dienenden Sparkasse an den Mittelstand eingeräumter Personalkredit (Mittelstandskredit) als gesichert im Sinn des § 1 Abs. 1 Ziff. 7, a SpKV gilt. Sie enthält im einzelnen Anweisungen für Darlehen gegen Sicherungshypotheken (§ 2), Darlehen gegen Verpfändung von beweglichen Sachen und Rechten (§ 3), Darlehen gegen Bürgschaft (§ 4), Darlehen gegen Wechsel (§ 5) und ungesicherte Kredite (§ 6). Beide VO geben keine lückenlose Aufzählung der sparkassenfremden und sparkasseneigenen Geschäfte, sie geben nur Beispiele. Im übrigen gibt es zur Zeit darüber, welche Geschäfte von den Sparkassen in der Regel vorgenommen zu werden pflegen, noch keine für das ganze Reich bindenden Bestimmungen. Die vom Deutschen Sparkassen- und Giroverband ausgearbeitete Mustersatzung v. 26. 7. 27 gilt nur für das Preußische Staatsgebiet. Sie ist aber insofern von allgemeiner Bedeutung, als sie der SpKV und der KrSV zugrunde gelegt wurde. Bis zu ihrer Einführung in den übrigen Ländern gelten die für diese Länder maßgebenden Mustersatzungen, jedoch mit der Einschränkung, daß Sparkassengeschäfte, die über den Rahmen der SpKV und KrSV hinausgehen, keine Steuerfreiheit genießen, selbst wenn sie nach Landesrecht ausdrücklich erlaubt sein sollten (vgl. auch RFH. III A 509/31 v. 3. 3. 32, RStBl. 32 S. 429, StW. Nr. 718). Nach RFH. I A a 208/29 v. 4. 6. 29 (E. 26 S. 38, RStBl. 29 S. 610, StW. 29 Nr. 1027) muß bei der Auslegung des Begriffs eigentlicher Sparkassenverkehr auch auf allgemeine Anschauungen zurückgegriffen werden (vgl. Gutachten des RFH. I D 4/26 v. 12. 11. 26, E. 19 S. 342, StW. 26 Nr. 653). Der eigentliche Sparkassenverkehr werde nach der SpKV und der KrSV und nach der allgemeinen Verkehrsauffassung sowohl durch die Art der Hereinnahme der Gelder wie durch die Art der Anlegung der Gelder gekennzeichnet.

b) Als **Mittelstandskredit** sind nach Erl. RdF. v. 4. 5. 28 — III e 6900 — solche Kredite anzusehen, die einer einzelnen Person oder Firma bis zum Gesamtbetrag von 15 000 RM. eingeräumt sind, ein höherer Kredit nur dann, wenn er weder ½ v. H. des Gesamteinlagebestands der Sparkasse noch den Betrag von 30 000 RM übersteigt. Diese Regelung wird in RFH. I A 881/29 v. 25. 2. 30 (E. 26 S. 304, RStBl. 30 S. 203, StW. 30 Nr. 860) als bis auf weiteres verbindlich erklärt. Da diese Begrenzung des Mittelstandskredits nicht an die Person des Empfängers, sondern an die Höhe des Kredits anknüpfe, könnten auch juristische Personen Empfänger von Mittelstandskrediten sein, anderseits könnten aber Kredite an Genossenschaften nicht etwa um deswillen stets Mittelstandskredite sein, weil sich in den Genossenschaften vorzugsweise Angehörige des Mittelstands oder ärmerer Volksschichten zusammenfänden (ebenso RFH. I A a 719—720/29 v. 10. 3. 31, RStBl. 31 S. 351, StW. 31 Nr. 831). Die Grenze für den Mittelstandskredit mit 5 v. H. des Einlagenbestands der einzelnen Sparkassen gilt auch dann, wenn an demselben Ort mehrere Sparkassen vorhanden sind (RFH. I A 398/30 v. 7. 5. 31, RStBl. 31 S. 390, StW. 31 Nr. 863). Übersteigt der Gesamtbetrag der ungesicherten Krediteinräumungen an den Mittelstand 5 v. H. der in § 1 Abs. 1 Ziff. 7 b SpKV bezeichneten Guthaben, so gehören nach RFH. I A 162/37 v. 15. 6. 37 (E. 41 S. 290, RStBl. 37 S. 958, StW. 37 Nr. 377) diese Krediteinräumungen nur insoweit nicht zum eigentlichen Sparkassenverkehr, als sie die zulässige Höchstgrenze übersteigen. Für den Begriff der Krediteinräumung im Sinn des § 1 Abs. 1 Ziff. 7 SpKV kommt es nicht darauf an, in welcher Höhe Kredit von der Sparkasse in Aussicht gestellt (zugesichert) worden ist, sondern darauf, in welcher Höhe der Kredit tatsächlich in Anspruch genommen worden ist (RFH. I A 706—708/29 v. 20. 12. 30, RStBl. 31 S. 229, StW. 31 Nr. 510). Überschreitet in einem etwa 4 Jahre währenden Kontokorrentverhältnis der Kredit nur im 3. Jahre die Grenze des Mittelstandskredits, so tritt nach der Entsch. nur für dieses 3. Jahr Steuerpflicht ein. Diese ergreift aber in diesem 3. Jahr auch sämtliche Einkünfte aus dem Kontokorrentkredit, also auch die Einkünfte in der Zeit, während der im 3. Jahr der Kontokorrentkredit sich innerhalb der Mittelstandskreditgrenze bewegt hat. Die Steuerpflicht entsteht also für die Einkünfte desjenigen Veranlagungszeitraums, in dem die Mittelstandskreditgrenze überschritten wurde.

Der Begriff des Mittelstandskredits hat nach der SpKV nur Bedeutung für den Personalkredit. Personalkredit ist die Gewährung kurzfristiger Darlehen (kurzfristigen Kredits) gegen Bestellung anderer Sicherheiten (vgl. auch RFH. III A 186/29 v. 5. 6. 30, RStBl. 30 S. 545, StW. 30 Nr. 1050). Die KrSV zählt als Arten des Personalkredits die Darlehen gegen Sicherungshypothek, gegen Verpfändung von beweglichen Sachen und Rechten, gegen Bürgschaft und gegen Wechsel auf und fügt schließlich noch die ungesicherten Kredite an. In RFH. I A 7/30 v. 11. 3. 30 (RStBl. 30 S. 276, StW. 30 Nr. 861) wird unter Bezugnahme auf Simon, Das neue Sparkassenrecht S. 278 Anm. 2 zu § 24 der Mustersatzung, ausgeführt, daß der sogen. Personalkredit gegen Sicherungs= und insbesondere Höchstbetragshypotheken rechtlich unzweifelhaft wirklicher Realkredit im Sinn der Mustersatzung sei. Soweit die durch Sicherungshypotheken gedeckten Kredite als Realkredite in Betracht kämen, brauchten sie nach § 1 Abs. 1 Nr. 7 SpKV nicht Mittelstandskredite zu sein, sie müßten aber den Grundsätzen entsprechen, die für die Zulässigkeit der Realkredite im Sparkassenverkehr allgemein gelten. Diese seien in den VO und in sonstigen reichsrechtlichen Vorschriften nicht festgelegt. Der RFH. hat daher Darlehen gegen Sicherungshypothek als Realkredit für Anlegung der Sparkassenbestände im eigentlichen Sparkassenverkehr für zulässig erklärt, falls sie den durch die Mustersatzung v. 27. 6. 27 §§ 24, 25 und durch die Beleihungsgrund= sätze nach § 25 Abs. 1 der Mustersatzung aufgestellten Erfordernissen entsprechen. Dagegen sei die Kreditgewährung gegen Verpfändung einer Hypothek ein Dar= lehen gegen Faustpfand, daher als Personalkredit aufzufassen. Die Krediteinräumung im Kontokorrentverkehr ist immer Personalkredit; sie wird nicht dadurch zu Real= kredit, daß sie durch Sicherungshypothek oder durch Verpfändung oder Abtretung von Grundschulden gesichert wird. Darum gehören die Kontokorrentkredite nur dann zu den steuerfreien sparkasseneigenen Geldanlagen, wenn sie die Höhe der Mittelstandskredite nicht überschreiten (vgl. RFH. III A 186/29 [oben] und I A 318/30 v. 11. 6. 31, E. 29 S. 74, RStBl. 31 S. 557, StW. 31 Nr. 864). Konto= korrentkredite, die lediglich durch Bürgschaft gedeckt sind, können nur unter den in § 1 Nr. 7 b SpKV und in § 4 KrSV bezeichneten Voraussetzungen als sparkassen= eigene Anlagen angesehen werden, also innerhalb der Grenzen des Mittelstands= kredits und bei Sicherung durch Bürgschaft, wenn die Darlehen auf höchstens 6 Monate oder als Tilgungsdarlehen gewährt werden (RFH. I A 320/31 v. 5. 1. 32, RStBl. 32 S. 143, StW. 32 Nr. 523 und I A 307/33 v. 13. 3. 34, RStBl. 34 S. 828, StW. 34 Nr. 241). Wegen der Vereinbarung von Kündigungsfristen und festen Rückzahlungsterminen bei Mittelstandskrediten vgl. RFH. I A 328/36 v. 1. 6. 37 (E. 41 S. 260, RStBl. 37 S. 966, StW. 37 Nr. 386).

c) Realkredit: In RFH. I A 7/30 (s. unter b Abs. 2) wird das unterscheidende Merkmal zwischen Real= und Personalkredit in der Kurz= oder Langfristigkeit des Darlehens gesehen und ausgesprochen, daß derjenige, der eine Sicherungshypothek eintragen lasse für Darlehen, die sich als eine Anlage von Sparkassenbeständen darstellten, im Gegensatz z. B. zur Krediteinräumung im Kontokorrentverkehr, regelmäßig ein Kreditverhältnis auf längere Zeit eingehen wolle. Ebenso fällt nach RFH. III A 186/29 (s. unter b Abs. 2) unter den Realkredit die Gewährung lang= fristiger Darlehen gegen Bestellung oder Abtretung von Hypotheken (auch Sicher= ungshypotheken), Grundschulden oder Rentenschulden, nicht auch gegen Ver= pfändung von Hypotheken= und Grundschuldforderungen. Nach RFH. I A 265/30 v. 19. 8. 30, RStBl. 30 S. 620, StW. 30 Nr. 1428) ist unter einem langfristigen Kredit in diesem Zusammenhang nicht etwa nur ein solcher zu verstehen, der auf lange Zeit unkündbar festgelegt ist, sondern ein solcher, der seinem Wesen nach offen= bar für längere Zeit gedacht ist. Das letzte werde insbesondere dann anzunehmen sein, wenn eine bei den üblichen Verkehrshypotheken gebräuchliche Kündigungsfrist vereinbart sei. Zweifelhaft kann sein, ob die Gewährung von Realkredit auch bei Grundstücksbeleihungen außerhalb des Bezirks des Gewährverbands noch als sparkasseneigenes Geschäft anzuerkennen ist. Die VO und die Mustersatzung enthalten keine Bestimmung darüber. Man muß aber wohl berücksichtigen, daß es sich bei Ausleihung der Gelder in gewissem Sinn um Gegengeschäfte (Hauptgeschäft die Annahme von Spargeldern) handelt und deshalb kein zu strenger Maßstab am Platze ist. Es ist deshalb nichts dagegen einzuwenden, wenn die Entsch RFH. I A 113/34 v. 4. 9. 34 (StW. 34 Nr. 685) die Satzung der Sparkasse darüber entscheiden läßt, ob Grundstücksbeleihungen außerhalb des Bezirks als sparkasseneigene Ge= schäfte angesehen werden können.

d) Die **Anlage der Sparkassengelder** in festverzinslichen Wertpapieren ist in der Regel sparkasseneigenes Geschäft. Nach RFH. I A 149/30 v. 15. 7. 30

(RStBl. 31 S. 113, StW. 30 Nr. 1430) werden im allgemeinen zu den sparkassenfremden Anlagen nur solche Wertpapiere gehören, die aus spekulativen Gründen angekauft sind. Derartige Käufe seien aber nicht zu vermuten. Meist sei den Sparkassen vorgeschrieben, daß sie einen nicht unerheblichen Teil der Spargelder in mündelsicheren Wertpapieren anlegen müßten. Regelmäßig werde aber keine Sparkasse mehr festverzinsliche Wertpapiere kaufen als vorgeschrieben. Darlehen, die von einer Sparkasse einem Kommunalverband gewährt werden, gehören nach RFH. I A 318/30 v. 11. 6. 31, (E. 29 S. 74, RStBl. 31 S. 557, StW. 31 Nr. 864) dann zu den sparkasseneigenen Anlagen, wenn die Einschränkungen des § 29 der Mustersatzung für Sparkassen beobachtet und etwa vorgeschriebene aufsichtsrechtliche Genehmigungen von der Sparkasse eingeholt sind. Darlehen, für die ein Kommunalverband Bürgschaft übernommen hat, gehören unter denselben Voraussetzungen wie die Kommunaldarlehen zu den sparkasseneigenen Anlagen. Bei Umwandlung eines sparkassenfremden Kommunalkredits in Gemeindeumschuldungsanleihestücke ist nach RFH. I A 162/37 v. 15. 6. 37 (E. 41 S. 290, RStBl. 37 S. 958, StW. 37 Nr. 377) ein hierdurch entstehender Buchverlust dem sparkassenfremden Kreditgeschäft zuzurechnen und bei Ermittlung des Gewinns aus den sparkassenfremden Geschäften abzusetzen. Nach RFH. I A 319/30 v. 11. 6. 30 (E. 29 S. 78, RStBl. 31 S. 616, StW. 31 Nr. 865) können auch Darlehen an Produktivgenossenschaften sparkasseneigene sein, wenn der Gesamtbetrag der an Genossenschaften gewährten Kredite nicht mehr als 10 v. H. des Gesamteinlagenbestands (§ 30 der Mustersatzung) beträgt. Bei anderen Genossenschaften sind die Grenzen für den Mittelstandskredit einzuhalten.

10. Gewinnermittlung.

Sparkassen, die sparkasseneigene und sparkassenfremde Geschäfte betreiben, sind mit den aus den sparkassenfremden Geschäften bezogenen Einkünften körperschaftsteuerpflichtig. Für die **Ermittlung des steuerpflichtigen Teiles des Gewinns** ist § 13 Satz 1 KStG zu beachten, wonach Ausgaben nur insoweit abgezogen werden dürfen, als sie mit den steuerpflichtigen Einkünften in unmittelbarem wirtschaftlichem Zusammenhang stehen. Einkünfte aus dem eigentlichen Sparverkehr die dem Steuerabzug unterliegen, sind nach § 4 Abs. 2 KStG nicht befreit; sie sind daher zu den steuerpflichtigen Einkünften zu rechnen.

Die Berechnung der außerhalb des eigentlichen Sparverkehrs erzielten steuerpflichtigen Einkünfte ist regelmäßig ohne weiteres möglich, wenn für den eigentlichen Sparverkehr besondere Buchführung vorhanden ist. Der in Anm. 7 aufgeführte § 25 KWG verpflichtet die Kreditinstitute, die Spareinlagen annehmen, das Spargeschäft in der Buchführung von dem übrigen Geschäft getrennt zu führen. Bestimmungen zur Durchführung dieser Vorschrift sind aber noch nicht ergangen.

Solange eine Sparkasse für das Spargeschäft noch keine gesonderte Buchführung hat, müssen die außerhalb des eigentlichen Sparverkehrs erzielten steuerpflichtigen Einkünfte durch Schätzung ermittelt werden. In den WR 37 H II Abs. 5—7 (RStBl. 38 S. 232, f. Anh. 17) wird es als zweckmäßig erachtet, bei der Ausgliederung des steuerpflichtigen Teiles des Gewinns von der Schuldenseite auszugehen. „Demgemäß gilt als Gewinn aus den Geschäften, die dem eigentlichen Sparverkehr nicht dienen, der Teil des Gesamtgewinns, der sich aus dem Verhältnis ergibt, in dem die nicht in Spareinlagen bestehenden Einlagen und die eingegangenen Verbindlichkeiten einerseits und die gesamten Einlagen und die eingegangenen Verbindlichkeiten anderseits stehen... Der Gesamtgewinn ist nach den Vorschriften des KStG zu ermitteln. Bei der Ermittlung des steuerpflichtigen Anteils am Gesamtgewinn ist von der steuerlichen Betriebsergebnisbilanz am Schluß des Wirtschaftsjahrs auszugehen (für 1937 also von der Steuerbilanz auf 31. Dezember 1937). Die Schuldenseite dieser Bilanz ist nach den für die Vermögensteuer in dem Rderl. v. 8. 8. 35 S 3300 — 530 III unter Ziff. 13 (RStBl. 35 S. 1074, 1079) aufgestellten Grundsätzen in „Spareinlagen", in „nicht in Spareinlagen bestehende

Verbindlichkeiten" und in „sonstige Verbindlichkeiten" aufzuteilen. Der steuerpflichtige Teil des Gesamtgewinns ergibt sich aus dem Verhältnis, in dem die nicht in Spareinlagen bestehenden Einlagen und die eingegangenen Verbindlichkeiten einerseits zu den gesamten Einlagen und den eingegangenen Verbindlichkeiten andererseits stehen".... Wenn die einzelnen Schuldenposten einer Sparkasse am Stichtag von dem Jahresdurchschnitt erheblich abweichen, „kann auf Grund der Zweimonatsbilanzen der Sparkasse ausnahmsweise der Jahresdurchschnitt der einzelnen Schuldenposten festgestellt und der Aufteilung zugrunde gelegt werden". Auf das in den VR gegebene Berechnungsbeispiel wird hingewiesen (s. Anh. 17).

Bei Berechnung des Gesamtgewinns der Sparkasse sind die Personensteuern wie auch sonstige nichtabzugsfähige Ausgaben dem Gesamtgewinn vor der Zerlegung hinzuzurechnen. Der RFH. hat den von ihm ursprünglich vertretenen anderen Standpunkt in RFH. I A 225/34 v. 3. 12. 35 (RStBl. 36 S. 205, StW. 36 Nr. 40) mit Recht aufgegeben und erklärt, daß die Körperschaftsteuer und sonstige Personensteuern zum Gesamtgewinn vor der Schlüsselung zu rechnen sind. Dies kommt einer anteiligen Zurechnung der nichtabzugsfähigen Personensteuern zu dem steuerpflichtigen Teil des Gewinns nach demselben Verhältnis gleich, in dem der Gesamtgewinn in einen steuerpflichtigen und einen steuerfreien Teil zerlegt wird (vgl. dazu Anm. 7 zu § 12 KStG und RFH. I A 162/37 v. 15. 6. 37, E. 41 S. 290, RStBl. 37 S. 958, StW. 37 Nr. 377).

Für die Gewinnermittlung nach dem KStG 1925, die auch noch bei den Veranlagungen für die Kalenderjahre 1934 und 1935 maßgebend war, hat der RFH. folgende Grundsätze aufgestellt. Nach RFH. I A 272/28 v. 13. 11. 28 (E. 24 S. 251, RStBl. 29 S. 65, StW. Nr. 280) ist zunächst der auf das sparkasseneigene Geschäft entfallende Rohgewinn (Zinseinnahmen) zu ermitteln. Waren die Spargelder nicht getrennt angelegt, dann kann bis zum Beweis des Gegenteils unterstellt werden, daß die Sparkasse mit den Spargeldern den gleichen Verdienst erzielt hat wie mit den übrigen ihr zur Verfügung stehenden Geldern. In diesem Fall ist als Rohgewinn der Teil des Gesamtrohgewinns anzurechnen, der im Verhältnis zu den gesamten, der Kasse zur Verfügung stehenden Kapitalien, auf die Spareinlagen entfällt. Von dem so ermittelten Rohgewinn sind die Zinszahlungen an die Sparer und der auf das Spargeschäft entfallende Anteil an den allgemeinen Unkosten abzuziehen. Der auf diese Weise ermittelte Reingewinn aus dem Spargeschäft ist am Gesamtgewinn der Sparkasse zu kürzen. Wenn bei einer Sparkasse, die für ihre sparkasseneigenen Geschäfte keine getrennte Buchführung besitzt, Verluste entstanden sind, die ausschließlich oder ganz überwiegend aus den steuerpflichtigen sparkassenfremden Geschäften herrühren, so werden auch bei einer Schätzung die Verluste hauptsächlich bei den sparkassenfremden Geschäften zu berücksichtigen sein (RFH. I A 554/29 v. 3. 12. 29, E. 26 S. 152, RStBl. 30 S. 65, StW. 30 Nr. 166). Diese Schätzung nach dem Rohgewinn wird sich nach RFH. I A 117/32 v. 30. 5. 33, (RStBl. 33 S. 1034, StW. 34 Nr. 146) in allen Fällen anwenden lassen, in denen die Sparkassen sich in ihren Passivgeschäften auf sparkasseneigene Geschäfte beschränkt und nur bei den Aktivgeschäften sparkassenfremde Geschäfte vorgenommen haben. Hat sich eine Sparkasse bei ihren Aktivgeschäften auf sparkasseneigene Geschäfte beschränkt, dann wird sich die Zerlegung nach dem Verhältnis der sparkasseneigenen und sparkassenfremden Einlagen vornehmen lassen. Wenn jedoch die Sparkasse neben dem sparkasseneigenen Verkehr gleichzeitig sparkassenfremde Aktiv- und Passivgeschäfte macht, dann ist nach der Entsch. zunächst das Einkommen nach dem Verhältnis der Roheinnahmen aus den sparkasseneigenen sowie aus den sparkassenfremden Aktivgeschäften zu zerlegen. Bei der Schätzung des aus sparkassenfremden Einlagen stammenden Gewinns ist auszugehen von dem Reingewinn, der nach Abzug des Reingewinns aus sparkassenfremden Geschäften verbleibt, da sparkassenfremde Aktivgeschäfte mit sparkassenfremden Einlagen gemacht sein könnten und der daraus erzielte Gewinn bei der Schätzung nur einmal erfaßt werden sollte. Beispiel: Reingewinn 100 000 RM, Rohgewinn aus sparkassenfremden Aktivgeschäften $^1/_{10}$

des gesamten Rohgewinns; steuerpflichtiger Reingewinn aus sparkassenfremden Aktivgeschäften $^1/_{10}$ von 100 000 RM = 10 000 RM. Hat die Sparkasse auch sparkassenfremde Einlagen hereingenommen, die $^1/_{10}$ der gesamten Einlagen ausmachen, so erhöht sich der steuerpflichtige Gewinn noch um $^1/_{10}$ des Restgewinns von 90 000 RM. = 9 000 RM auf insgesamt 19 000 RM. In RFH. I A 398/30 v. 7. 5. 31 (RStBl. 31 S. 390, StW. 31 Nr. 863) wird auch die unmittelbare Zerlegung des Reingewinns nach dem Verhältnis der Roheinnahmen aus den sparkasseneigenen zu den Roheinnahmen aus den sparkassenfremden Geschäften gebilligt und darauf hingewiesen, daß eine Ermittlung der für jeden einzelnen Kredit angefallenen Werbungskosten regelmäßig nicht mit Sicherheit durchführbar sei.

IV. Realgemeinden (Ziff. 5).

11. Nach § 2 Abf. 2 Ziff. 5 KStG sind von der Körperschaftsteuer befreit Hauberg-, Wald-, Forst- und Laubgenossenschaften und ähnliche Realgemeinden. Die Befreiungsvorschrift war zum erstenmal in § 9 Abs. 1 Ziff. 6 KStG 1925 enthalten und mit Rücksicht auf RFH. E. 12 S. 346 eingefügt worden. Bis dahin waren derartige Realgemeinden je nach der historischen Entwicklung in den einzelnen Landesteilen als Körperschaften anzusehen oder nicht. Nunmehr können sie neben der eigentlichen Befreiung steuerpflichtig sein, nämlich wenn und soweit sie einen Gewerbebetrieb, der über den Rahmen eines Nebenbetriebs hinausgeht, unterhalten oder einen solchen Gewerbebetrieb verpachtet haben.

Aus der mit der jetzt geltenden Fassung gleichlautenden Fassung des KStG 1925 „Hauberg-, Wald-, Forst- und Laubgenossenschaften und ähnlichen Realgemeinden" wird in RFH. I A 408/32 v. 29. 5. 34 (RStBl. 34 S. 1060, StW. 34 Nr. 565) mit Recht geschlossen, daß die gemeinschaftliche Nutzung sich auf etwas der Forst- und Landwirtschaft ähnliches erstrecken müsse. Nach RFH. I 383/37 v. 31. 5. 38 (E. 44 S. 93, RStBl. 38 S. 736, StW. 38 Nr. 485) können als Realgemeinden grundsätzlich nur Vereinigungen des älteren agrarwirtschaftlichen Genossenschaftsrechts anerkannt werden, bei denen mit der Mitgliedschaft das Recht zur gemeinsamen land- und forstwirtschaftlichen Nutzung des Grund und Bodens (im Weg der Selbstbewirtschaftung) verbunden ist. Das Vorliegen dieser Voraussetzung wurde in I A 408/32 verneint für eine am Elbufer gelegene Grundstücksfläche, die den Miteigentümern seit alters her gehörte. Diese hatten nach Einsetzung eines Vorstands unter Aufnahme von Kredit ein Wirtschaftsgebäude und eine Dampferanlegestelle gebaut und das Gelände verpachtet. Der RFH. zieht die Gesamtheit der Eigentümer zur Körperschaftsteuer heran und läßt es dahingestellt, ob eine Realgemeinde im Sinn des betreffenden Landesgesetzes vorliegt. Zu beachten ist, daß es sich um eine von alters her bestehende Gemeinschaft handelte, die man nicht als eine Gemeinschaft nach Bruchteilen im Sinn des BGB ansehen konnte. In I 383/37 wird eine Personenvereinigung, deren Mitglieder nach der Satzung die Feldgrundstücke verpachten und den Ertrag der Wiesen auf dem Stock versteigern müssen, ebenfalls nicht als Realgemeinde anerkannt. Nach RFH. I A 459/31 v. 28. 6. 32 (E. 31 S. 204, RStBl. 32 S. 828, StW. 32 Nr. 1176) sind unter Realgemeinden solche öffentlichen und solche bürgerlichen Rechts zu verstehen. Der Gesetzgeber habe sie gleichmäßig behandeln wollen, weil der Wesensunterschied zwischen öffentlich-rechtlichen und privatrechtlichen Realgemeinden nur gering sei. Die öffentlich-rechtlichen Realgemeinden würden infolgedessen anders behandelt als sonstige öffentlich-rechtliche Körperschaften; es gelte nicht der Grundsatz, daß nur ihre Betriebe steuerpflichtig seien.

Während nach dem EStG. 1925 einer Realgemeinde die Körperschaftsteuerfreiheit ganz zu versagen war, wenn sie einen über einen Nebenbetrieb hinausgehenden Gewerbebetrieb unterhielt, wird sie nunmehr nur mit den aus dem Gewerbebetrieb bezogenen Einkünften körperschaftsteuerpflichtig; im übrigen bleibt sie körperschaftsteuerfrei. Wegen des Begriffs des Gewerbebetriebs vgl. Anm. 155 b Abf. 2 zu § 6 KStG).

Als Nebenbetrieb ist ein Betrieb anzusehen, der dem land- oder forstwirtschaftsähnlichen Betrieb zu dienen bestimmt ist (vgl. hierzu § 13 Abs. 2 Ziff. 2 EStG und VR 34 B I Ziff. 5, RStBl. 35 S. 382). Was im einzelnen Fall als Nebenbetrieb zu gelten hat, ist unter Berücksichtigung der Verkehrsauffassung zu entscheiden. Nach RFH. I A 459/31 muß ein Nebenbetrieb im Zusammenhang mit einem Hauptbetrieb stehen. Er müsse überwiegend die Aufgabe haben, den Zwecken eines anderen Betriebs zu dienen, ihn zu fördern und sein Erträgnis zu erhöhen. Der RFH. hat die betreffende Realgemeinde für steuerpflichtig gehalten, weil ihr Vermögen hauptsächlich aus Forsten bestand und sie eine Saline betrieb, in der nur wenig Holz aus den Forsten und in der Hauptsache Briketts verfeuert wurden. Ob die Saline dann als Nebenbetrieb anzusehen war, wenn nur Holz aus den Forsten verfeuert wurde, läßt der RFH. dahingestellt. Die Frage war auch wohl zu verneinen. Man kann nicht gut sagen, die Saline diene den Zwecken des Forstbetriebs, wenn sie das Holz zur Feuerung verwendet. Selbst wenn das Holz auf andere Weise nicht zu verwenden war, könnte man das nicht sagen. Nach dem KStG 1934 würde die Realgemeinde mit ihren Einkünften aus dem Forstbetrieb steuerfrei zu belassen und mit den Einkünften aus der Saline steuerpflichtig sein.

V. Körperschaften, die kirchlichen, gemeinnützigen oder mildtätigen Zwecken dienen (Ziff. 6).

Schrifttum: Weisensee, Körperschaftsteuer bei Körperschaften, die kirchlichen, gemeinnützigen oder mildtätigen Zwecken dienen, DStZ. 35 S. 813; Bender, Zur Besteuerung der Körperschaften mit ausschließlich kirchlichen, gemeinnützigen oder mildtätigen Zwecken, StW. 37 I Sp. 1.

12. Verhältnis zum bisherigen Recht.

Die Steuerbefreiung nach Ziff. 6 erstreckt sich auf Körperschaften, Personenvereinigungen und Vermögensmassen, die nach der Satzung, Stiftung oder sonstigen Verfassung und nach ihrer tatsächlichen Geschäftsführung ausschließlich und unmittelbar kirchlichen, gemeinnützigen oder mildtätigen Zwecken dienen. Unterhalten sie einen wirtschaftlichen Geschäftsbetrieb, der über den Rahmen einer Vermögensverwaltung hinausgeht, so sind sie insoweit steuerpflichtig.

„Bisher war eine Körperschaft, die ausschließlich kirchlichen, gemeinnützigen oder mildtätigen Zwecken diente, nur dann steuerfrei, wenn sie keinen über eine Vermögensverwaltung hinausgehenden wirtschaftlichen Geschäftsbetrieb unterhält (§ 9 Abs. 1 Nr. 7 KStG 1925). Lag ein solcher Geschäftsbetrieb vor, so wurden die gesamten Einkünfte der Körperschaft zur Körperschaftsteuer herangezogen. Bei der Vermögensteuer war eine solche Körperschaft nur mit dem Teil des Vermögens steuerpflichtig, der diesem Geschäftsbetrieb diente. Dem neuen Gesetz gemäß (§ 4 Abs. 1 Ziff. 6) soll sich die Steuerpflicht auf den wirtschaftlichen Geschäftsbetrieb beschränken, d. h. es sollen nicht mehr die gesamten Einkünfte der Körperschaft, sondern nur noch diejenigen zur Körperschaftsteuer herangezogen werden, die sich aus dem wirtschaftlichen Geschäftsbetrieb ergeben" (Begr. A Ziff. 5, RStBl. 35 S. 82).

13. Anzuwendendes Recht.

§ 9 I. KStDVO gibt in Abs. 1 den Inhalt des § 4 Abs. 1 Ziff. 6 wieder und verweist dann in den Abs. 2—4 auf die für die einzelnen Begriffe maßgebenden Vorschriften:

„Ob ein Zweck als kirchlich, gemeinnützig oder mildtätig anzusehen ist, bestimmt sich nach den §§ 17 bis 19 des Steueranpassungsgesetzes v. 16. Oktober 1934. Ob eine Körperschaft ausschließlich den vorgenannten Zwecken dient, bestimmt sich nach § 10 dieser Verordnung.

Für die Frage, ob ein wirtschaftlicher Geschäftsbetrieb vorliegt, gilt § 11 dieser Verordnung."

Die Vorschriften der §§ 17—19 StAnpG enthalten die allgemeine Begriffsbestimmung für die steuerbegünstigten Zwecke. Ihr Vorliegen ist im Einzelfall nach dem Beurteilungsgrundsatz des § 1 Abs. 3 StAnpG zu entscheiden. In welchem

§ 4 KStG. Persönliche Befreiungen.

Umfang und unter welchen sonstigen Voraussetzungen die Verfolgung kirchlicher, gemeinnütziger oder mildtätiger Zwecke zur Steuerbefreiung führt, ist nach den Vorschriften der einzelnen Steuergesetze und den dazu erlassenen Durchführungsbestimmungen, hier also nach dem KStG und den genannten §§ der I. KStDVO zu beurteilen. Eine Körperschaft braucht sich nicht ausschließlich auf die Verfolgung eines steuerbegünstigten Zwecks beschränken, sie kann gleichzeitig mehreren dieser Zwecke dienen. Dann müssen aber für jeden dieser Zwecke die Voraussetzungen der Steuerbefreiung vorliegen. Bemerkt sei noch, daß der Ausdruck „Körperschaft" in §§ 9 Abs. 3 und 10 I. KStDVO als Sammelbezeichnung für Körperschaften, Personenvereinigungen und Vermögensmassen gebraucht ist (vgl. § 9 Abs. 1 Satz 1 I. KStDVO).

A. Die steuerbegünstigten Zwecke.

14. Gemeinnützige Zwecke.

Den Begriff der gemeinnützigen Zwecke bestimmt § 17 StAnpG:

„Gemeinnützig sind solche Zwecke, durch deren Erfüllung ausschließlich und unmittelbar die Allgemeinheit gefördert wird.

Eine Förderung der Allgemeinheit ist nur anzunehmen, wenn die Tätigkeit dem gemeinen Besten, das heißt dem Wohl der Deutschen Volksgemeinschaft auf materiellem, geistigem oder sittlichem Gebiet, nutzt. Ob dies der Fall ist, beantwortet sich nach den Anschauungen der Volksgesamtheit.

Unter den Voraussetzungen des Absatzes 2 sind als Förderung der Allgemeinheit anzuerkennen insbesondere:

1. die Förderung der öffentlichen Gesundheitspflege, der Jugendpflege und Jugendfürsorge sowie der körperlichen Ertüchtigung des Volks durch Leibesübungen (Turnen, Spiel, Sport);

2. die Förderung der Wissenschaft, Kunst und Religion, der Erziehung, Volks- und Berufsbildung, der Denkmalpflege, Heimatpflege und Heimatkunde und des Deutschen Volkstums im Ausland. Hierunter fällt auch die Förderung derjenigen Theater, die im öffentlichen Interesse von einer Körperschaft des öffentlichen Rechts geführt oder unterhalten werden.

Ein Personenkreis ist nicht als Allgemeinheit anzuerkennen, wenn er durch ein engeres Band, wie Zugehörigkeit zu einer Familie, zu einem Familienverband oder zu einem Verein mit geschlossener Mitgliederzahl, durch Anstellung an einer bestimmten Anstalt und dergleichen fest abgeschlossen oder wenn infolge seiner Abgrenzung nach örtlichen oder beruflichen Merkmalen, nach Stand oder Religionsbekenntnis oder nach mehreren dieser Merkmale die Zahl der in Betracht kommenden Personen dauernd nur klein sein kann.

Gemeinnützigkeit liegt nicht vor, wenn eine Tätigkeit nur den Belangen bestimmter Personen oder eines engeren Kreises von Personen dient oder in erster Linie eigenwirtschaftliche Zwecke (zum Beispiel gewerbliche oder sonstige Erwerbszwecke) verfolgt.

Der Umstand, daß die Erträge eines Unternehmens einer Körperschaft des öffentlichen Rechts (zum Beispiel dem Reich, einer Gemeinde oder einem Gemeindeverband) zufließen, bedeutet für sich allein noch keine unmittelbare Förderung der Allgemeinheit."

a) Förderung der Allgemeinheit.

aa) Begriffliche Voraussetzung der Gemeinnützigkeit ist nach § 17 Abs. 1 u. 2 a. a. O. eine **Förderung der Allgemeinheit**, die dann vorliegt, wenn die Tätigkeit dem gemeinen Besten, d. h. dem Wohl der Deutschen Volksgemeinschaft auf materiellem, geistigem oder sittlichem Gebiet nützt. Ob diese Voraussetzung im Einzelfall vorliegt, ist nach den Anschauungen der Volksgesamtheit zu entscheiden. Diese Entscheidung kann nach § 1 Abs. 3 StAnpG nur nach nationalsozialistischer Weltanschauung getroffen werden. Daher ist unter dem gemeinen Besten ausschließlich das Wohl der durch die Rasse verbundenen Deutschen Volksgemeinschaft zu verstehen und aus der Gemeinnützigkeit sind alle Zwecke ausgeschlossen, die fremdrassigen Personen, also insbesondere Juden, nützen (vgl. auch RFH. I A 227/35 v. 7. 4. 36, E. 39 S. 202, RStBl. 36 S. 442, StW. 36 Nr. 239 u. VI a 45/37 v. 17. 3. 38, E. 43 S. 288, RStBl. 38 S. 378, StW. 38 Nr. 173 für jüdische Sportvereine). In RFH. I A 28/34 v. 26. 3. 35 (RStBl. 35 S. 855) wird noch zum KStG

1925 zutreffend darauf hingewiesen, daß es nicht im Zuge nationalsozialistischer Rechtsentwicklung liege, durch eine weitherzige Gesetzesauslegung den Steuerpflichtigen die gemeinnützige Betätigung zu Lasten der Allgemeinheit zu erleichtern; vielmehr sollten, wie die Beseitigung der Steuerfreiheit für Zuwendungen zu gemeinnützigen und mildtätigen Zwecken in KStG 1934 zeige, an den Opfersinn der Steuerpflichtigen stärkere Anforderungen gestellt werden (vgl. auch das Gutachten Gr. S. D 8/36 v. 31. 10. 36, abgedruckt in RFH. III A 101/36 v. 19. 11. 36, E. 41 S. 59, RStBl. 37 S. 483, StW. 37 Nr. 290). An das Vorliegen der gesetzlichen Voraussetzungen der Steuerfreiheit sind daher strenge Anforderungen zu stellen. Ein Verhalten, das nach nationalsozialistischer Auffassung und daher unter Beachtung des § 1 Abs 3 StAnpG als eine selbstverständliche Pflicht des Einzelnen oder einer Körperschaft gegenüber anderen Volksgenossen oder der Volksgemeinschaft aufzufassen ist, ist nicht gemeinnützig. Nur besondere, aus selbstloser Gesinnung entspringende Leistungen zur Förderung der Allgemeinheit können die Steuerbefreiung wegen Gemeinnützigkeit rechtfertigen.

bb) Wenn es für die Entscheidung über die Gemeinnützigkeit nach § 17 Abs. 2 Satz 2 a. a. O. auf die **Anschauung der Volksgesamtheit** ankommt, so deckt sich das mit dem vom RFH. für das bisherige Recht aufgestellten Grundsatz, daß als gemeinnützig nur solche Zwecke anerkannt werden können, die von der Allgemeinheit oder doch von der überwiegenden Mehrheit des deutschen Volkes als dem Gemeinwohl dienend angesehen werden, nicht dagegen solche Zwecke, über deren Eigenschaft in dieser Hinsicht unter größeren Teilen der Volksgenossen Streit herrscht. Eine Personenvereinigung, deren Zweck ausschließlich darauf gerichtet ist, den Alkoholmißbrauch zu bekämpfen, insbesondere Schäden, Mißstände und besondere Gefahren auf dem Gebiet des Alkoholismus zu beseitigen, ist zweifellos als gemeinnützig anzuerkennen. Dagegen wird nach dem erwähnten Grundsatz in RFH. I A 42/34 v. 10. 7. 34 (StW. 34 Nr. 682) mit Recht erklärt, daß ein Verein, der nach seinem satzungsmäßigen Zweck das Volk zur völligen Enthaltung vom Alkoholgenuß erziehen will, auch im heutigen Staate nicht als eine ausschließlich gemeinnützigen Zwecken dienende Körperschaft anerkannt werden kann (ebenso RFH. I A a 547/29 v. 5. 11. 29, RStBl. 29 S. 670, StW. 30 Nr. 164). Solange größere Teile des deutschen Volkes der Feuerbestattung ablehnend gegenüberstehen, können auch Feuerbestattungsvereine, die die Förderung des Feuerbestattungswesens zum Ziele haben, nicht als gemeinnützig anerkannt werden (RFH. I A 458/30 v. 9. 1. 31, RStBl. 31 S. 230, StW. 31 Nr. 512). Aus den gleichen Erwägungen hat der RFH. einen Verein zur Bekämpfung der Vivisektion nicht als gemeinnützig angesehen (RFH. I A 468/31 v. 24. 5. 32, StW. 32 Nr. 1095). Bestehen über den Wert einer neuen Heilweise unter erheblichen Teilen der Volksgenossen Meinungsverschiedenheiten und Zweifel, dann muß einem Verein zur Anwendung und Verbreitung der Heilweise nach RFH. I A a 175/29 v. 11. 11. 29 (RStBl. 30 S. 62, StW. 30 Nr. 163) und I A 91/37 v. 23. 3. 37 (RStBl. 37 S. 485) die Anerkennung der ausschließlichen Gemeinnützigkeit versagt werden, und zwar nach der letzten Entsch. auch dann, wenn der Verein der Reichsarbeitsgemeinschaft der Verbände für naturgemäße Lebens- und Heilweise angehört, von deren Stellen wie auch von Reichsbehörden beaufsichtigt wird und die von ihnen aufgestellten Richtlinien einhalten muß. Nach RFH. VI a 13/36 v. 23. 10. 37 (E. 42 S. 268, RStBl. 38 S. 47, StW. 38 Nr. 8) kann die Überzeugung von der Heilwirkung der Naturkräfte und von den gesundheitlichen Vorteilen einer den natürlichen Bedingungen entsprechenden Lebensweise als herrschende Volksanschauung angesehen werden. Vereine zur Förderung der naturgemäßen Heil- und Lebensweise müssen sich aber, um gemeinnützig zu wirken, bei ihrer Werbung für die natürliche Heil- und Lebensweise in den Grenzen halten, die der Anwendung dieser Maßnahmen nach dem Stand der heutigen wissenschaftlichen Erkenntnis gezogen sind.

cc) § 17 Abs. 3 StAnpG führt die wesentlichen **Ziele einer gemeinnützigen Betätigung** auf. Die Aufzählung ist nicht erschöpfend. Für die Anerkennung eines gemeinnützigen Zweckes werden folgende Fälle, insbesondere auch aus der Recht-

§ 4 KStG. Persönliche Befreiungen.

sprechung erwähnt: **Förderung der öffentlichen Gesundheitspflege** durch staatliche Bäderverwaltungen und von Körperschaften des öffentlichen Rechts betriebene Kurbäder (RFH. I A a 306/29 v. 28. 5. 29, RStBl. 29 S. 394, StW. 29 Nr. 857), nach RFH. I A 137/30 v. 9. 9. 30 (RStBl. 31 S. 114, StW. 30 Nr. 1286) einschließlich des Brunnenversands und der Herstellung von Pastillen, wenn dieser Nebenbetrieb nicht ganz offenbar der dahinter stehenden Körperschaft Überschüsse abwerfen, sondern die Allgemeinheit mit Heilmitteln versorgen soll; der Betrieb von Krankenhäusern (vgl. Anm. 21 c Abs. 2), Lungenheilstätten (RFH. VI a 25/36 v. 23. 10. 37, E. 42 S. 224, RStBl. 37 S. 1159, StW. 37 Nr. 608) und städtischen Volksbadeanstalten (RFH. II B 30/20 v. 22. 12. 20, E. 4 S. 181); Veterinärkliniken (RFH. I B 66/21 v. 15. 7. 21, E. 6 S. 322); Förderung einer naturgemäßen Heilweise (s. unter bb); Förderung der körperlichen Ertüchtigung durch einen Turnverein (vgl. Anm. 21 c Abs. 1), weiter bei ausschließlicher und planmäßiger Pflege des Segelsports durch einen Verein (RFH. I A 148/31 v. 28. 5. 31, RStBl. 31 S. 553, StW. 31 Nr. 920), wenn die Mitgliedschaft weder nach Zahl noch nach anderen Merkmalen beschränkt ist und die verlangten Beiträge nicht das zur Erfüllung der Vereinszwecke notwendige Maß übersteigen. Eine Förderung des Wohls der Volksgemeinschaft auf materiellem Gebiet ist in der Versorgung der minderbemittelten Bevölkerung mit Lebensmitteln oder sonstigen Gegenständen des täglichen Bedarfs (vgl. RFH. VI a A 42/37 v. 24. 9. 37, E. 42 S. 131, RStBl. 37 S. 1104, StW. 37 Nr. 536 für Speiseanstalten) weiter auch in einem städtischen Markthallenbetrieb zu erblicken, wenn er nicht von der Stadt als Einnahmequelle benutzt wird (vgl. unter c Abs. 4); denn die Beschaffung oder Erhaltung einwandfreier Lebensmittel für die Bevölkerung ist objektiv gemeinnützig (RFH. I A 259/33 v. 23. 3. 34, RStBl. 34 S. 683, StW. 34 Nr. 237); ein von einer Stadtgemeinde unterhaltener Schlachthof ist dagegen Hoheitsbetrieb. Ein Rennverein, der den Zweck hat die Pferdezucht im Deutschen Reich durch Abhaltung von Pferderennen und sonstige geeignete Maßnahmen zu fördern, ist wegen seiner Bedeutung für Pferdezucht und Landesverteidigung ausschließlich gemeinnützig (RFH. I A 47/22 v. 19. 5. 22, RStBl. 22 S. 231, StW. 22 Nr. 996 und III A 351/33 v. 11. 1. 34, E. 35 S. 147, RStBl. 34 S. 246, StW. 34 Nr. 339). Gemeinnützig ist weiter ein Verein zur Linderung der durch den Krieg usw. hervorgerufenen Not des deutschen Offiziersstandes und seiner Angehörigen, insbesondere auch der Kriegsbeschädigten und Hinterbliebenen, einschließlich der Unterhaltung von Erholungs-, Unterkunfts- und Altersheimen und einer Verwertungsstelle, mit diesen Betrieben jedoch nur, wenn sie ausschließlich den gemeinnützigen Zwecken der Körperschaft dienen (vgl. Gutachten RFH. Gr. S. D 8/36 v. 31. 10. 36, abgedruckt in RFH. III A 101/36 v. 19. 11. 36, E. 41 S. 59, RStBl. 37 S. 483, StW. 37 Nr. 290 und für Altersheime, Waisenhäuser und Kindergärten VI a 70/37 v. 23. 10. 37, E. 42 S. 226, RStBl. 37 S. 1160, StW. 37 Nr. 609). Beispiele für die **Förderung der Allgemeinheit auf geistigem und sittlichem Gebiet**: Förderung durch städtische Theater (RFH. I B 273/21 v. 15. 7. 21, E. 6 S. 290), durch gemeindliche Lichtbildbühnen (RFH. V A 564/28 v. 28. 5. 29, E. 25 S. 247, StW. 29 Nr. 749); Förderung der bildenden Kunst durch Unterstützung unbemittelter bildender Künstler (RFH. VI A 67/37 v. 27. 11. 37, E. 42 S. 299, RStBl. 38 S. 36, StW. 38 Nr. 7), Förderung des deutschen Kunstgewerbes (RFH. I A 113/21 v. 2. 12. 21, E. 8 S. 339, StW. 22 Nr. 651), Förderung und Erhaltung des Deutschtums im Ausland (RFH. I A 25/22 v. 14. 7. 22, E. 10 S. 85), Förderung der Religion (im Gegensatz zu kirchlichen Zwecken, vgl. Anm. 16 Abs. 2) durch einen eingetragenen Verein (RFH. III A 58/33 v. 16. 3. 33, RStBl. 33 S. 702, StW. 33 Nr. 576), wobei jedoch die Befreiung auf die religiöse Betätigung im Sinn der öffentlich-rechtlichen, christlichen Religionsgemeinschaften zu beschränken sein wird; Betrieb einer Körperschaft öffentlichen Rechts zur Förderung der Heimatpflege und Heimatkunde (vgl. unter c Abs. 4); Betrieb eines Ausstellungsunternehmens als GmbH., deren Hauptgesellschafterin eine Stadtgemeinde war, wegen selbstloser Schaffung von Gelegenheit zu geistiger Anregung und Belehrung (RFH. I A 70/32

j. unter c Abs 3), Tiergartengesellschaften und Tiergartenvereine (RFH. II B 45/20 v. 22. 12. 30, E. 4 S. 150).

Keine Förderung der Allgemeinheit ist, wie auch schon aus der besonderen Befreiungsvorschrift des § 4 Abs. 1 Ziff. 6 KStG hervorgeht, in dem eigentlichen Sparverkehr der öffentlichen und unter Staatsaufsicht stehenden Sparkassen zu erblicken (vgl. Anm. 8). Daher kann nach RFH. I A 213/35 v. 17. 11. 36 (E. 40 S. 189, RStBl. 36 S. 1206, StW. 37 Nr. 49) auch nicht als gemeinnützig angesehen werden, wenn der gleiche Zweck, nämlich die Hebung des Sparsinns der Bevölkerung, von einem nicht öffentlichen Verband innerhalb seines Mitgliederkreises verfolgt wird. Hauptzweck einer Girozentrale ist Pflege des bargeldlosen Verkehrs, ihre Kreditgeschäfte sind nicht Sonderzweck, sondern dienen nur der vorteilhaften Anlage der zur Verfügung stehenden Gelder. In RFH. I A 95/31 v. 1. 10. 31 (RStBl. 32 S. 333, StW. 32 Nr. 52) wurde die Gemeinnützigkeit der Sächsischen Girozentrale als einer Einrichtung eines Zweckverbands mit Recht verneint. Gemeinnützigkeit ist auch stets zu verneinen für Kreditinstitute und Versicherungsunternehmen (vgl. § 11 Abs. 2 I. KStDVO und Anm. 21 d). Daher ist der Betrieb der allgemeinen Lebensversicherung, ebenso wie der Kranken-, Unfall-, Haftpflicht- und Autokaskoversicherung niemals gemeinnützig. Auch können im Gegensatz zu RFH. I A 421/27 v. 28. 11. 27 (StW. 28 Nr. 165) die von landwirtschaftlichen Berufsgenossenschaften gegründeten Haftpflichtversicherungsanstalten nicht mehr als gemeinnützig anerkannt werden. Sie dienen den Erwerbszwecken der Mitglieder der Berufsgenossenschaft. Ein Unternehmen, das neben der Volksversicherung die allgemeine Lebensversicherung betreibt, ist nicht ausschließlich gemeinnützig (RFH. I A 323/31 v. 11. 7. 33 und die dort erwähnten Entsch., RStBl. 33 S. 1039, StW. 34 Nr. 132 und I A 225/33 v. 11. 7. 32, RStBl. 33 S. 1054, StW. 34 Nr. 243). Zweck der Hagelschadensversicherungsgesellschaften auf Gegenseitigkeit ist Versicherung der Mitglieder gegen Schäden im Erwerbsleben, sie sind daher nicht gemeinnützig (RFH. I A 615/28 v. 10. 10. 28, RStBl. 29 S. 170, 177, StW. 28 Nr. 872).

In den neuen Vorschriften sind nicht mehr als gemeinnützig genannt Betriebe und Verwaltungen, die zur Beseitigung einer wirtschaftlichen Notlage bestimmter Volkskreise bestimmt und infolge dieser Zweckbestimmung in ihrer Ertragsfähigkeit beschränkt sind, z. B. Pensions- und Altersrentenbanken sowie Kreditanstalten, die satzungsgemäß der Vermittlung billiger Personal- und Realkredits zu dienen bestimmt sind und die Gewinne überhaupt nicht oder nur in Rahmen der gesetzlichen Grenzen verteilen oder etwaige Überschüsse zu gemeinnützigen und mildtätigen Zwecken verwenden (§ 11 Ziff. 2 KStDVO 1926). Wie die zu dieser Vorschrift ergangene Rechtsprechung des RFH. zeigt, wurde die Befreiungsvorschrift insbesondere von öffentlich-rechtlichen Kreditanstalten in Anspruch genommen, deren Betrieb nunmehr nach § 11 Abs. 2 I. KStDVO stets einen wirtschaftlichen Geschäftsbetrieb darstellt und somit die Befreiung wegen Gemeinnützigkeit ausschließt (vgl. auch Anm. 21 d). Abgesehen davon ist die Gewährung billigen Personal- oder Realkredits vielleicht gemeinnützig, niemals aber ausschließlich gemeinnützig (wirtschaftliche Zwecke des Kreditnehmers und Erwerbsabsicht der Kreditanstalt). Während nach § 1 Abs. 3 KStDVO 1926 für Betriebe und Verwaltungen von Körperschaften des öffentlichen Rechts die überwiegende Bestimmung für gemeinnützige Zwecke zur Steuerbefreiung genügte, ist nach geltendem Recht ausschließlich Gemeinnützigkeit gefordert, die in diesen Fällen nicht vorliegt.

dd) Der Umstand, daß die Erträge eines Unternehmens einer Körperschaft des öffentlichen Rechts (zum Beispiel dem Reich, einer Gemeinde oder einem Gemeindeverband) zufließen, bedeutet nach § 17 Abs. 6 StAnpG für sich allein noch keine unmittelbare Förderung der Allgemeinheit. Die Körperschaften des öffentlichen Rechts unterliegen selbst nicht der Körperschaftsteuer, wohl aber ihre Betriebe gewerblicher Art nach § 1 Abs. 1 Ziff. 6 KStG. Für diese Betriebe ist die Steuerfreiheit aus Ziff. 6 selbständig und unabhängig von

der öffentlich-rechtlichen Körperschaft zu prüfen (f. Anm. 25 c zu § 1 KStG). Sie können, wenn sie ihre Erträge an die übergeordnete Körperschaft öffentlichen Rechts abführen, nicht schon aus dieser Tatsache ihre Gemeinnützigkeit ableiten. Das Gleiche gilt für sonstige Körperschaften, die ihre Überschüsse an öffentlich-rechtliche Körperschaften zur Erfüllung von Aufgaben abliefern, die diesen Kraft Gesetzes obliegen RFH. I A 388/32 v. 11. 7. 33, RStBl. 33 S. 1055). In diesen Fällen könnte, wenn überhaupt, höchstens mittelbare Gemeinnützigkeit vorliegen. Versorgungs=
betriebe, die der Versorgung der Bevölkerung mit Wasser, Gas, Elektrizität oder Wärme, dem öffentlichen Verkehr oder dem Hafenbetrieb dienen, sind aus diesem Grunde nicht als gemeinnützig anzuerkennen (vgl. auch RFH. I A 234/36 v. 8. 9. 36, RStBl. 36 S. 1181, StW. 36 Nr. 462); denn ihre Steuerpflicht ist wegen ihrer privatwirtschaftlichen Betätigung aus Gründen des Wettbewerbs eingeführt (vgl. Anm. 26 zu § 1 KStG).

Auch eine Förderung der Belange einer Körperschaft des öffent=
lichen Rechts, z. B. einer Stadtgemeinde durch eine Körperschaft bedeutet nicht die Verfolgung gemeinnütziger Zwecke (RFH. VI a A 33/37 v. 24. 9. 37, E. 42 S. 147, RStBl. 37 S. 1105, StW. 37 Nr. 535). Ein öffentlich-rechtlicher Verband, der die einheitliche Wahrnehmung der Interessen der in ihm zusammengeschlossenen Gemeinden auf dem Gebiet der Elektrizitätsversorgung und gegebenenfalls die Übernahme der Elektrizitätsversorgung dieser Gemeinden bezweckt, dient nach RFH. I A 92/34 v. 26. 11. 35 (E. 38 S. 317, RStBl. 36 S. 203, StW. 36 Nr. 39) nicht gemeinnützigen Zwecken; denn er fördert in erster Linie bestimmte wirtschaft=
liche Belange seiner Mitglieder (Gemeinden) auf dem Gebiet der Elektrizitäts=
wirtschaft. Aus den gleichen Gründen können auch die von Zwangsinnungen und sonstigen Berufsverbänden als öffentlich-rechtlichen Körperschaften unterhaltenen Betriebe nicht als gemeinnützig anerkannt werden (vgl. unter c Abs. 2).

b) Die Förderung der gemeinnützigen Zwecke muß der Allgemeinheit zu=
gute kommen, sie darf daher **nicht auf einen eng begrenzten oder geschlos=
senen Personenkreis beschränkt** sein. Ist der durch die gemeinnützige Betätigung begünstigte Personenkreis durch ein engeres Band wie die Zugehörigkeit zu einer Familie, einem Familienverband, zu einem Verein mit geschlossener Mitgliederzahl, durch Anstellung an einer bestimmten Anstalt und dergleichen fest abgeschlossen, so ist der Personenkreis nach § 17 Abs. 1 4. Halbsatz StAnpG nicht als Allgemeinheit anzuerkennen. Wenn sich bei einer Stiftung der Kreis der Bezugsberechtigten auf die Familien der Stifter beschränkt, so kann sie wegen dieser Beschränkung des be=
dachten Personenkreises auch dann nicht als gemeinnützig anerkannt werden, wenn sich unter gewissen Umständen der Kreis der bedachten Personen erweitern soll, die Erweiterung aber erst in Zukunft beim Nichtvorhandensein eines geeigneten Bewerbers des eigenen Familienkreises eintritt (RFH. I A a 355/29 v. 19. 7. 29, RStBl. 29 S. 571, StW. 29 Nr. 1024).

Erfolgt die Abgrenzung des bedachten Personenkreises nach ört=
lichen oder beruflichen Merkmalen, nach Stand oder Religions=
bekenntnis oder nach mehreren dieser Merkmale, dann liegt nach § 17 Abs. 4 2. Halbsatz StAnpG keine Allgemeinheit vor, wenn nach der Art dieser Abgrenzung die Zahl der in Betracht kommenden Personen dauernd nur klein sein kann. Daher wird in dem Gutachten des RFH. G. S. D 8/36 (f. Anm. 14 a, cc Abs. 1) mit Recht anerkannt, daß der Verein „Nothilfe des Reichsverbandes deutscher Offiziere", der über 100 000 Mitglieder hat, der Allgemeinheit dient und die Zahl der von ihm betreuten Personen dauernd groß sein wird. Unbedenklich kann unter Umständen auch bei einem Pfarrerverein Gemeinnützigkeit vorliegen, obwohl er nur die Interessen seiner Mitglieder verfolgt. Wenn jeder ordinierte evangelische Geistliche berechtigt ist, durch bloße Erklärung gegenüber dem Vorstand Mitglied zu werden, verfolgt der Verein die Förderung der Interessen aller evangelischen Geistlichen und diese bilden einen genügend großen Teil der Allgemeinheit, um Annahme von Gemeinnützigkeit rechtfertigen zu können (RFH. I A 130/30 v. 29. 1. 32, StW. 32 Nr. 769). Dagegen wird regelmäßig die Beschränkung des Personenkreises auf die

Anmerkung 14.

Beamten oder Angestellten einer Behörde oder eines Unternehmens die Annahme einer Allgemeinheit im Sinn der Vorschrift ausschließen, da in diesen Fällen die Zahl der begünstigten Personen fest umgrenzt ist. Mit Recht wird es deshalb in RFH. I A 86/25 v. 19. 1. 26 (StW. 26 Nr. 92) als unerheblich erklärt, ob das Unternehmen und damit der festumgrenzte Personenkreis groß oder klein ist, und werden die sächsischen Eisenbahnbediensteten nicht als Allgemeinheit anerkannt.

e) Eine Förderung der Allgemeinheit liegt nur dann vor, wenn die als gemeinnützig geltend gemachte Tätigkeit **keine eigennützige Betätigung** darstellt. Nach § 17 Abs. 5 StAnpG liegt Gemeinnützigkeit nicht vor, wenn eine Tätigkeit nur den Belangen bestimmter Personen oder eines engeren Kreises von Personen dient oder in erster Linie eigenwirtschaftliche Zwecke (zum Beispiel gewerbliche Zwecke oder sonstige Erwerbszwecke) verfolgt. Unter dieser Voraussetzung ist das Handeln der Körperschaft nicht mehr selbstlos, sondern von ihrem oder auch vom Standpunkt der bedachten Personen aus gesehen, ausschließlich oder überwiegend eigennützig.

Nach diesem Grundsatz sind die häufigen Fälle zu entscheiden, in denen Angehörige eines Berufsstandes oder Erwerbszweigs sich zu einer Vereinigung zusammenschließen, die sowohl den Belangen der Allgemeinheit als auch den Erwerbszwecken der Mitglieder zu dienen geeignet ist. Mit Recht wird in RFH. I A 92/31 v. 7. 5. 31 (E. 28 S. 346, RStBl. 31 S. 392, StW. 31 Nr. 915) betont, daß nach allgemeiner Erfahrung im Wirtschaftsleben Stehende das, was er in seinem Beruf tut, um des Erwerbs willen tut. Es würde etwas ganz Ungewöhnliches und daher besonders zu Beweisendes sein, wenn ein Geschäftsmann geschäftliche Maßnahmen aus Gründen des öffentlichen Wohles ergriffe. Daraus sei zu folgern, daß ein Dampfkesselüberwachungsverein, dessen Mitglieder sämtlich als Dampfkesselbesitzer oder Landwirte im Wirtschaftsleben tätig seien, in erster Linie den geschäftlichen Belangen seiner Mitglieder dienen wolle, selbst wenn die im geschäftlichen Interesse geschaffenen Einrichtungen auch von der Regierung im Interesse des allgemeines Wohles mitbenutzt würden. Aus dem gleichen Grunde ist eine als GmbH. gegründete Milchversorgungsgesellschaft, deren Stammkapital zu $1/3$ in den Händen der Milchhändler eines bestimmten Stadtteils und mit $2/3$ im Besitz der Stadtgemeinde war, nicht gemeinnützig, da nicht die Stadt, sondern die übrigen Gesellschafter (Milchhändler) das Wesen des Unternehmens bestimmten (RFH. I A 226—227/32 v. 28. 3. 33, StW. 33 Nr. 518 und I A 161/32 v. 21. 6. 33, RStBl. 33 S. 1117, StW. 34 Nr. 242). Ein Schlachthaus dient der Gesundheit der ganzen Bevölkerung. Wird der Schlachthausbetrieb von einer freien Metzgerinnung, einer öffentlich-rechtlichen Körperschaft, unterhalten, so liegt kein gemeinnütziger Betrieb vor, weil er unmittelbar den gewerblichen Belangen der Mitglieder und nur mittelbar der Allgemeinheit zugute kommt (RFH. I A 482/30 v. 2. 6. 31, RStBl. 31 S. 502, StW. 31 Nr. 858 und I A 145/28 v. 8. 5. 28, StW. 28 S. 215, StW. 28 Nr. 665). Diese Grundsätze gelten allgemein für die Betriebe von Zwangsinnungen (RFH. I A 270/31 v. 14. 7. 31, RStBl. 31 S. 822, StW. 31 Nr. 1053). Wegen überwiegender Förderung der eigengewerblichen oder eigenwirtschaftlichen Belange der Mitglieder wurde ferner die Gemeinnützigkeit nicht anerkannt: für einen Verein, dessen Mitglieder alle Käufer, alle Verkäufer, sowie alle übrigen, einen Schlacht- und Viehhof besuchenden Gewerbetreibenden werden können und dessen Zweck die Vermittlung des Zahlungsausgleichs zwischen Käufern und Verkäufern ist (RFH. I A a 238/29 v. 26. 7. 29, E 25 S. 284, RStBl. 29 S. 572, StW. 29 Nr. 833); für eine Stiftung, welche die Aufrechterhaltung und den Ausbau eines großen industriellen Betriebs und die Pflege einer besonderen Arbeitsweise bezweckt (RFH. I A a 694/28 v. 23. 10. 28, StW. 29 Nr. 118); für eine GmbH., die von einer Stadtgemeinde, deren Wasserwerk zur Versorgung der Industriebetriebe mit Wasser nicht ausreicht, in Gemeinschaft mit den Industriewerken zur Herstellung eines zweiten Wasserwerks, das der Industrie Gebrauchswasser zuführen soll, gegründet wurde (RFH. I A 882/29 v. 15. 9. 31, RStBl. 31 S. 391, StW. 32 Nr. 161); für einen Rabattsparverein, dessen Mitglieder sich aus dem Handwerkerstand, aus Groß-, Mittel- und Kleinkaufleuten zusammensetzen, weil es sich bei den Vereinsbestrebungen um Unterstützung des Konkurrenzkampfes einer Gruppe gegen andere Gruppen desselben Berufs handelt (RFH. I A 56/27 v. 4. 3. 27, E. 20 S. 308, RStBl. 27 S. 112, StW. 27 Nr. 326); für die üblichen Vereine „Creditreform" (RFH. I A 326/32 v. 23. 5. 33, RStBl. 33 S. 910); für die üblichen Konsumvereine wegen des Wettbewerbs mit dem freien Handel als einer ihrer Bestrebungen, wenn man nicht überhaupt lediglich die Erzielung privatwirtschaftlicher Vorteile für ihre Mitglieder als ihr Ziel annehmen will (RFH. I A 296/26 v. 9. 12. 26, E. 20 S. 70, RStBl. 27 S. 83, StW. 27 Nr. 128); für Vereine, die von einer Behörde ins Leben gerufen werden, da sie nur im Interesse ihrer Mitglieder tätig sein werden, selbst wenn die Behörde mit der Gründung solcher Vereine ihrerseits gemeinnützige Zwecke verfolgen sollte (RFH. I A 142/31 v. 13. 10. 31, RStBl. 31 S. 967, StW. 32 Nr. 49); ebenso für einen Post- Spar- und Darlehensverein, dessen Zweck günstige Verzinsung der Spargelder seiner Mitglieder und Gewährung billiger Darlehen an diese ist (RFH. I A a 336/29 v. 19. 7. 29, RStBl. 29 S. 521, StW. 29 Nr. 831); für einen Automobilklub, dessen Zweck nach der Satzung u. a. die Förderung und Verbreitung des Kraftfahrwesens durch „Gewährung und Verschaffung wirtschaftlicher Vorteile an die Mitglieder" ist (RFH. I A 112/34 v. 8. 8. 34, RStBl. 34 S. 991); für eine von der Marineverwaltung eingerichtete Offizierskleiderkasse, weil abgesehen von dem Wettbewerb der Kasse mit dem freien Gewerbe die Tätigkeit der Kasse den eigenen Belangen der Mitglieder und der Marineverwaltung entspricht, die dahin gehen, den Offizieren eine angemessene Bekleidung zu ermöglichen, deren Kosten mit dem Gehalt im Einklang stehen (RFH. I A 57/34 v. 29. 4. 35, RStBl. 35 S. 857, StW. 35 Nr. 367).

Auch Aktiengesellschaften, Gesellschaften mbH. und Genossenschaften können ausschließlich gemeinnützig sein; dies geht aus der Anführung des allgemeinen Begriffs „Körperschaften" in Ziff. 6 hervor. In RFH. I A 70/32 v. 16. 9. 32 (RStBl. 32 S. 1106, StW. 33 Nr. 103) wurde z. B. ein in Gestalt einer GmbH. betriebenes Ausstellungsunternehmen, dem die Stadtgemeinde als Hauptgesellschafterin Gelände und Hallen kostenlos, ferner ein zum Reichsbankdiskont verzinsliches Darlehen zur Verfügung gestellt hatte, als gemeinnützig anerkannt. Die Gemeinnützigkeit des Unternehmens wurde mit Recht aus dessen selbstlosem Handeln, das ausschließlich in der Förderung fremder Belange und in der Schaffung von Gelegenheit zu geistiger Anregung und Belehrung bestand, abgeleitet. Sind jedoch die Anteile einer Kapitalgesellschaft in beherrschendem Maße in Händen von Kreisen, die an der Tätigkeit der Gesellschaft privatwirtschaftlich interessiert sind, so ist anzunehmen, daß diese die Anteile erhalten, um die Tätigkeit der Gesellschaft im Sinn ihrer Unternehmerinteressen zu lenken. Sie haben daher Vorteile von der AG., die außerhalb des auf die Förderung der Allgemeinheit gerichteten Zwecks liegen und eine Anerkennung der Gesellschaft als gemeinnützig ausschließen (RFH. I A 664/28 v. 3. 6. 29, RStBl. 29 S. 493, StW. 29 Nr. 832). Eine Genossenschaft ist nicht schon deshalb gemeinnützig, weil sie ihren Mitgliedern die Befriedigung lebenswichtiger Bedürfnisse ermöglicht. Nach § 1 GenG gehört es zum Wesen der Genossenschaft, daß die Förderung des Erwerbs oder der Wirtschaft ihrer Mitglieder durch gemeinschaftlichen Geschäftsbetrieb bezweckt wird. Regelmäßig wird sich daher der Betrieb der Genossenschaft in der Förderung der eigenwirtschaftlichen Belange ihrer Genossen erschöpfen. Ausnahmsweise könnten aber auch durch eine Genossenschaft durchaus gemeinnützige Zwecke verfolgt werden, deren Erreichung aus praktischen Gründen aber nur in der Form des genossenschaftlichen Zusammenschlusses möglich oder wahrscheinlich ist. In diesen Fällen ist nach RFH. I A 331/27 v. 27. 9. 27 (E. 22 S. 86, RStBl. 27 S. 226, StW. Nr. 674) Anerkennung der ausschließlichen Gemeinnützigkeit am Platz, obwohl die Erreichung der gemeinnützigen Zwecke durch die wirtschaftliche Sphäre der Genossen führt (vgl. auch RFH. I A 78/26 v. 28. 9. 26, RStBl. 27 S. 69, 70, StW. 26 Nr. 651 für eine Genossenschaft, deren Zweck die Beschaffung von gesunden Wohnungen für minderbemittelte Familien oder Personen in eigens erbauten oder angeschafften Häusern war).

Eine eigennützige Betätigung liegt aber nicht nur in den Fällen vor, in denen die Tätigkeit einer Körperschaft ausschließlich oder vorwiegend den Erwerbszwecken der Leistungsempfänger, also insbesondere eines auf ihre Gesellschafter oder Mitglieder beschränkten Personenkreises dient. Um die persönliche Gemeinnützigkeit des Handelnden anerkennen zu können, muß zur Gemeinnützigkeit des Zwecks auch die Selbstlosigkeit der sich betätigenden Körperschaft vorhanden sein. Die an sich gemeinnützige Tätigkeit wird dann eigennützig, wenn die Körperschaft mit ihr ausschließlich oder in erster Linie ihre eigenwirtschaftlichen Zwecke, z. B. gewerbliche oder sonstige Erwerbszwecke verfolgt. Kommt es daher einer Körperschaft des öffentlichen Rechts, die ein der Heimatpflege und der Heimatkunde dienendes Unternehmen unterhält, darauf an, aus dem Betrieb möglichst hohe Einnahmen zu ziehen, dann ist der Betrieb auch, soweit er der Heimatpflege dient, nicht gemeinnützig. In diesem Fall rechtfertigt es auch die Verwendung der Überschüsse des Betriebs zu gemeinnützigen Zwecken nicht, den Betrieb als gemeinnützig anzusehen, einerlei ob die Erträge auf Grund eines einmaligen, für immer geltenden Beschlusses oder von Fall zu Fall für diese Zwecke verwendet werden (RFH. I A 294/30 v. 18. 11. 30, RStBl. 31 S. 263, StW. 31 Nr. 217 und I A a 610/29 v. 11. 1. 30, RStBl. 30 S. 111, StW. 30 Nr. 386). Das Gleiche gilt, wenn die Überschüsse eines an sich gemeinnützigen städtischen Markthallenbetriebs nicht für die Zwecke des Betriebs verwendet, sondern an die Gemeinde abgeführt werden. Daraus kann geschlossen werden, daß die Gemeinde mit der Gründung und Führung des Betriebs die Erzielung von Überschüssen bezweckt hat (RFH. I A 259/33 v. 23. 3. 34, RStBl. 34 S. 683, StW. 34 Nr. 237).

15. Mildtätige Zwecke.

§ 18 StAnpG in der Fassung des Einführungsgesetzes zu den Realsteuergesetzen v. 1. 12. 36, Abschn. III § 29 Ziff. 4 (RGBl. I S. 961, RStBl. 36 S. 1137) bestimmt:

„Mildtätig sind solche Zwecke, die ausschließlich und unmittelbar darauf gerichtet sind, bedürftige Deutsche Volksgenossen zu unterstützen.

Bedürftig sind solche Personen, die infolge ihrer wirtschaftlichen Lage der Hilfe bedürfen.

Mildtätigen Zwecken dienen insbesondere Betriebe und Verwaltungen, die ausschließlich zur persönlichen und wirtschaftlichen Hilfeleistung für bedürftige Personen bestimmt sind."

Die Anerkennung der Mildtätigkeit nach § 17 Abs. 1 StAnpG wird im Gegensatz zur Gemeinnützigkeit nicht davon abhängig gemacht, daß der Kreis der unterstützten Personen nicht nach bestimmten Merkmalen fest abgeschlossen ist oder auf die Dauer nur klein sein kann. Es ist daher unschädlich, wenn sich die unterstützten Personen lediglich aus den Angehörigen einer bestimmten Familie oder einer örtlichen Personenvereinigung mit geschlossener oder nur kleiner Mitgliederzahl zusammensetzen. Dagegen muß es sich nach der Änderung des § 18 StAnpG durch das EinfGRealStG um bedürftige Deutsche Volksgenossen handeln, nicht wie bisher „um bedürftige, im Inland befindliche Personen und Deutsche Volksgenossen im Ausland". Die Unterstützung fremdrassiger Personen, insbesondere von Nichtariern, führt nicht zur Steuerbefreiung. Anderseits ist es gleichgültig, ob sich die unterstützten Deutschen Volksgenossen im Inland oder im Ausland befinden. § 18 Abs. 1 a. a. O. ist in der geänderten Fassung auch auf Tatbestände anzuwenden, die vor dem Inkrafttreten des EinfGRealStG liegen (RFH. VI a 35/37 v. 17. 3. 38, E. 43 S. 276, RStBl. 38 S. 393).

Bedürftigkeit liegt nach § 18 Abs. 2 StAnpG dann vor, wenn die unterstützten Personen infolge ihrer wirtschaftlichen Lage der Hilfe bedürfen. Nach der Fassung der Vorschrift vor der Änderung durch das EinfGRealStG waren bedürftig solche Personen, die „infolge ihrer körperlichen oder geistigen Beschaffenheit oder ihrer wirtschaftlichen Lage der Hilfe bedürfen." Durch die Änderung ist klargestellt, daß geistige oder körperliche Gebrechen nur dann die Bedürftigkeit im Sinn des Gesetzes begründen, wenn die Person dadurch auch wirtschaftlich hilfsbedürftig wird. Ein Geisteskranker oder körperlich Behinderter, der ein großes Vermögen besitzt und sich deshalb nicht in wirtschaftlich bedrängter Lage befindet, ist zwar der (körperlichen) Hilfe bedürftig, aber nicht bedürftig im Sinn des § 18 Abs. 2 a. a. O. Mit Recht wurden in RFH. I A 128/28 v. 6. 6. 28 (E. 23 S. 301, RStBl. 28 S. 332, StW. 28 Nr. 664) auch körperlich und geistig gesunde Frauen, die über ein hinlängliches Vermögen verfügen, nicht als hilfsbedürftig anerkannt, weil ihnen die Familie oder ein Heim in ihrer Familie fehlt. Über das Vorliegen der Hilfsbedürftigkeit ist nach RFH. VI a 5/38 v. 26. 2. 38 (E. 43 S. 221, RStBl. 38 S. 322) bei allen Volksgenossen gleichmäßig zu entscheiden ohne Rücksicht darauf, ob der Volksgenosse aus „großbürgerlichen" oder aus kleineren Verhältnissen stammt. Sind Kinder, die sich in der Berufsausbildung befinden, die bedachten Personen, so sind nach RFH. VI a 62/37 v. 31. 5. 38 (RStBl. 38 S. 597, StW. 38 Nr. 523) für die Beurteilung der Bedürftigkeit der Kinder auch die Einkommens- und Vermögensverhältnisse der Eltern mit heranzuziehen. Ein Zweck, der darauf gerichtet ist, die Kosten des Besuchs höherer Schulanstalten durch unbemittelte Zöglinge zu bestreiten, wird in RFH. I A 227/35 v. 7. 4. 36 (E. 39 S. 202, RStBl. 36 S. 442, StW. 36 Nr. 239, im übrigen zu § 10 KStDVO 1926 ergangen und durch § 18 Abs. 2 StAnpG n. F. überholt) nicht als mildtätig anerkannt, weil der Mangel höherer Schulbildung noch nicht als Bedürftigkeit anzuerkennen sei. Wenn jedoch die unterstützten Personen infolge ihrer wirtschaftlichen Notlage nicht an einer entsprechenden Berufsausbildung teilnehmen können, dann ist doch wohl auch die Unterstützung zum Zweck der Berufsausbildung mildtätig. § 18 Abs. 3 StAnpG führt beispielsweise als mildtätig Betriebe und Verwaltungen auf, die ausschließlich zur persönlichen oder wirtschaftlichen Hilfeleistung für bedürftige Personen bestimmt sind.

16. Kirchliche Zwecke.

Schrifttum. Ulrichs, Kirchen und Orden im Körperschaftsteuerrecht, StW. 36 I Sp. 1465, 1609.

§ 19 StAnpG enthält folgende Begriffsbestimmung:

„Kirchlich sind solche Zwecke, durch deren Erfüllung eine christliche Religionsgesellschaft des öffentlichen Rechts ausschließlich und unmittelbar gefördert wird.

Zu diesen Zwecken gehören insbesondere die Errichtung, Ausschmückung und Unterhaltung von Gotteshäusern und kirchlichen Gemeindehäusern, die Abhaltung des Gottesdienstes, die Ausbildung von Geistlichen, die Erteilung von Religionsunterricht, die Beerdigung und die Pflege des Andenkens der Toten, ferner die Verwaltung des Kirchenvermögens, die Besoldung der Geistlichen, Kirchenbeamten und Kirchendiener, die Alters- und Invalidenversorgung für diese Personen und die Versorgung ihrer Witwen und Waisen."

Es bestand bereits für das bisherige Recht kein Zweifel, daß nicht jede Pflege einer Weltanschauung (z. B. Atheismus) zu den kirchlichen Zwecken gehörte. Durch die gesetzliche Festlegung auf christliche Religionsgesellschaften ist die Befreiungsvorschrift für die Förderung jüdischer Glaubensgemeinschaften in Zukunft ausgeschlossen. Nicht erforderlich ist, daß die Körperschaft usw., die kirchlichen Zwecken dient, selbst öffentlich-rechtlicher Natur ist; die Befreiung kann auch eine privatrechtliche Körperschaft oder Personenvereinigung für sich in Anspruch nehmen, wenn sie z. B. als Kirchenbauverein einer christlichen Religionsgemeinschaft des öffentlichen Rechts zu deren Zwecken unmittelbar dienen würde (RFH. I A 5/30 v. 15. 12. 31, RStBl. 32 S. 142, StW. 32 Nr. 297).

Die Aufzählung von Beispielen für kirchliche Zwecke in § 19 Abs. 2 StAnpG zeigt, daß es sich allgemein um eine Förderung der Einrichtungen usw. handeln muß, die in den Aufgabenbereich der christlichen Religionsgesellschaften des öffentlichen Rechts fallen. Zu beachten ist auch, daß eine Förderung der Religion im allgemeinen nach § 17 Abs. 3 Ziff. 2 StAnpG als Förderung der Allgemeinheit im Sinn des Gemeinnützigkeitsbegriffs anerkannt wird. Danach ist zwischen religiösen und kirchlichen Zwecken zu unterscheiden. Mit Recht wird in RFH. III A 58/33 v. 16. 3. 33 (RStBl. 33 S. 702, StW. 33 Nr. 576) ein Verein, der die Pflege der christlichen Lehre, Liebe und Wohltätigkeit u. a. im Bereich der Glaubensfreunde bezweckt, nicht als kirchlichen Zwecken dienend anerkannt. Für die Anerkennung als gemeinnützig wird aber außer der Förderung der Religion im Sinn der christlichen Religionsgesellschaften des öffentlichen Rechts die Förderung der Allgemeinheit durch die religiöse Betätigung zu fordern sein, d. h. eine Beschränkung auf einen eng begrenzten Personenkreis schließt bei Vereinigungen mit religiösen Zielen die Gemeinnützigkeit aus. Ob die kirchliche Liebestätigkeit zu den kirchlichen Zwecken zu rechnen ist, kann dahingestellt bleiben, da bei ihr regelmäßig mildtätige oder gemeinnützige Zwecke vorliegen werden. Die Herausgabe eines Diözesanblattes kann kirchlichen Zwecken dienen (RFH. I A 178/34 v. 5. 12. 34, StW. 35 Nr. 103); für die Befreiung nach § 4 Abs. 1 Ziff. 6 KStG ist die ausschließliche Verfolgung der kirchlichen Zwecke zu fordern, mit der nach der Entsch. politische Auslassungen unvereinbar sind. Die Orden und sonstigen religiösen Genossenschaften sind als kirchlichen Zwecken dienend nur anzuerkennen, wenn sie der Abhaltung von Gottesdiensten oder der Ausbildung von Geistlichen oder sonstigen rein kirchlichen Zwecken im Sinn des § 19 StAnpG ausschließlich dienen. Orden, deren Mitglieder sich lediglich einem beschaulichen Lebenswandel hingeben oder besondere Gelübde befolgen, sind nicht befreit; denn auch die Gemeinnützigkeit wegen Verfolgung religiöser Zwecke scheidet schon im Hinblick auf den geschlossenen Personenkreis aus. Die Mission fällt in den Aufgabenkreis der christlichen Religionsgesellschaften des öffentlichen Rechts und ist damit als kirchlicher Zweck im Sinn der Vorschrift anzusehen.

B. Gemeinsame Voraussetzungen.

17. Ausschließlichkeit.

Zunächst fordern die §§ 17, 18, 19 StAnpG in ihren Absätzen 1 zur Bestimmung des Begriffs der gemeinnützigen, mildtätigen und kirchlichen Zwecke die unmittelbare und **ausschließliche** Förderung der Allgemeinheit oder der christlichen Religionsgesellschaften oder die unmittelbare und **ausschließliche** Unterstützung bedürftiger Volksgenossen. Dies bedeutet, wie im besonderen in Anm. 14 c zu § 17 Abs. 5 StAnpG ausgeführt wurde, daß die Betätigung nicht eigennützig sein darf, indem ein Zweck, der an sich kirchlich, gemeinnützig oder mildtätig ist, durch die persönliche Einstellung der sich betätigenden Körperschaft oder der sie beherrschenden Gesellschafter usw. den eigenwirtschaftlichen Belangen eines bestimmten Personenkreises oder auch der Körperschaft selbst dienstbar gemacht wird. Diese Ausschließlichkeit des Zwecks ist also gleichbedeutend mit der Selbstlosigkeit des Handelnden.

Weiter verlangt aber § 4 Ziff. 6 KStG als Voraussetzung der Steuerfreiheit, daß die Körperschaften den steuerbegünstigten Zwecken **ausschließlich** dienen. Dazu bestimmt § 10 I. KStDVO:

„Ausschließlich dient eine Körperschaft kirchlichen, gemeinnützigen oder mildtätigen Zwecken nur dann, wenn sie andere als die in den §§ 17 bis 19 des StAnpG bezeichneten Zwecke nicht verfolgt und außerdem die folgenden Voraussetzungen erfüllt sind.

1. Der Anteil der Mitglieder oder Gesellschafter (Mitglieder) am Reingewinn darf satzungsmäßig und tatsächlich 4 v. H. der eingezahlten Kapitalanteile und, bei nicht voll eingezahlten Kapitalanteilen, 4 v. H. der Einlagen nicht übersteigen. Außerdem muß sichergestellt sein, daß den Mitgliedern sonstige Vermögensvorteile nicht zugewendet werden.

2. Es darf niemand durch unverhältnismäßig hohe Vergütungen (z. B. Aufsichtsratsvergütungen, Vorstandsgehälter) oder durch Verwaltungsausgaben, die dem Zweck der Körperschaft fremd sind, begünstigt werden.

3. Es muß satzungsmäßig vorgeschrieben und tatsächlich sichergestellt sein

a) daß die Mitglieder bei ihrem Ausscheiden oder bei Auflösung der Körperschaft nicht mehr als ihre Kapitalanteile und, wenn die Kapitalanteile nicht voll eingezahlt sind, nicht mehr als die Einlagen zurückerhalten,

b) daß bei Auflösung der Körperschaft oder bei Wegfall der bisherigen Zwecke das Vermögen der Körperschaft für kirchliche, gemeinnützige oder mildtätige Zwecke verwendet wird, soweit es in diesem Zeitpunkt die Kapitalanteile der Mitglieder und, bei nicht voll eingezahlten Kapitalanteilen, die eingezahlten Einlagen übersteigt.

Bei einer Körperschaft, die vor dem 30. November 1923 errichtet worden ist, tritt an die Stelle des Kapitalanteils (Abs. 1 Ziff. 1 und 3) der Goldwert der eingezahlten Einlagen, wenn dieser niedriger ist als der Kapitalanteil."

Während die in Abs. 1 behandelten Vorschriften der §§ 17—19 StAnpG die ausschließliche Verfolgung der steuerbegünstigten Zwecke, d. h. um ihrer selbst und nicht um des Erwerbs willen fordern, verbietet § 10 Abs. 1 1. Halbsatz I. KStDVO als Voraussetzung der persönlichen Befreiung, daß eine Körperschaft anderen als den in den §§ 17—19 StAnpG bezeichneten Zwecken dient. Verfolgt sie neben den gemeinnützigen, mildtätigen oder kirchlichen Zwecken noch andere Zwecke, dann dient sie den steuerbegünstigten Zwecken nicht ausschließlich. Das Verbot der Verfolgung von nicht gemeinnützigen usw. Nebenzwecken entspricht dem § 16 Abs. 1 KStDVO 1926. Daher ist auch die Rechtsprechung zum KStG 1925 noch von Bedeutung. Nach RFH. I A 296/26 v. 9. 12. 26 (E. 20 S. 70, RStBl. 27 S. 83, StW. 27 Nr. 128) würde es allerdings mit dem Begriff der ausschließlichen Gemeinnützigkeit verträglich sein, wenn nicht gerade alle einzelnen Handlungen der betreffenden Personenvereinigung den Charakter der Gemeinnützigkeit tragen und wenn eine Spur Selbstsucht an dem Unternehmen entdeckt werden sollte. Dazu wird in RFH. I A 143/30 v. 27. 11. 30 (E. 27 S. 299, RStBl. 31 S. 29, StW. 31 Nr. 216) noch ausgeführt, daß fast allen menschlichen Einrichtungen irgendwie der Gedanke an die eigene Person anhaftet, auch wenn es sich z. B. nur um die Eitelkeit des Gründers einer Stiftung handeln sollte. Würden diese allgemein menschlichen Schwächen bei Stiftungen usw. mitberücksichtigt, dann würde es keine ausschließlich gemeinnützigen Stiftungen geben und die Befreiungsvorschrift des KStG wäre gegenstandslos. Diese Erwägungen werden aber auf den Beweggrund des Handelns zu beschränken sein; denn nach Wortlaut und Sinn des Gesetzes ist für die Art der Betätigung die Ausschließlichkeit im strengen Sinn zu fordern. Insbesondere muß sich die tatsächliche Geschäftsführung ganz auf den steuerbegünstigten Zweck beschränken. Es genügt daher ein einziger Ausnahmefall, wie z. B. die Unterstützung einer einzigen, nicht hilfsbedürftigen Person, um die Steuerbefreiung auszuschließen (RFH. VI a 5/38 v. 26. 2. 38, E. 43 S. 221, RStBl. 38 S. 322, StW. 38 Nr. 293). Dieser Grundsatz gilt insbesondere auch beim Vorhandensein eines steuerlich unschädlichen wirtschaftlichen Geschäftsbetriebs (s. Anm. 21 c Abs. 2). Wenn eine Stiftungssatzung mehrere Zweckbestimmungen aufweist, von denen eine oder mehrere offensichtlich nicht gemeinnützig oder mildtätig sind, dann macht der nicht steuerbegünstigte Zweck die Stiftung steuerpflichtig und das Wort „ausschließlich" hindert die Rechtsmittelbehörden daran, im Weg der Auslegung zu helfen (RFH. I A 434/32 v. 21. 12. 32, StW. 33 Nr. 418, bei Pflege einer Familiengrabstätte, RFH. VI a A 28/37 v. 24. 9. 37, E. 42 S. 133, RStBl. 37 S. 1104, StW. 37 Nr. 537 für eine an sich gemeinnützige Stiftung bei Grabpflege und Rentenzahlungen an stiftungsfremde Personen und RFH. I A a 801/28 v. 8. 1. 29, RStBl. 29 S. 143, StW. 29 Nr. 436 für eine gemeinnützige Stiftung bei Rentenzahlung an die Stifter und weitere Familienmitglieder). Dagegen wird in RFH. III A 399/32 v. 12. 1. 33 (E. 32 S. 255, RStBl. 33 S. 193, StW. 33 Nr. 258) mit Recht die ausschließliche Gemeinnützigkeit einer Stiftung für den Fall bejaht, daß die zuständige staatliche Stelle eine Stiftung mit der Auflage genehmigt, daß an Verwandte des Stifters Abfindungssummen bzw. jährliche Renten gezahlt werden. Diese Auflage berühre nicht die Zwecke einer im übrigen ausschließlich gemeinnützigen, kirchlichen oder mildtätigen Stiftung. Dieser Fall unterscheidet sich von dem vorher erwähnten Fall darin, daß hier die Verwendung von Mitteln der Stiftung zu stiftungsfremden Zwecken durch den Staat erzwungen wird, daß also der Stiftungszweck gewahrt bleibt, während im anderen Fall die Rentenzahlung an Verwandte des Stifters nach der Satzung zu erfolgen hat und damit die ausschließliche Gemeinnützigkeit des Zweckes beseitigt. Die nach der staatlichen Auflage geleisteten Zahlungen der Stifter sind etwaigen aus der Verwaltung der

Stiftung entstehenden Kosten gleichzuerachten, die ebenfalls keine Beeinträchtigung des Stiftungszwecks bedeuten können (RFH. VI a 34/37 v. 26. 4. 38, E. 44 S. 6, RStBl. 38 S. 573, StW. 38 Nr. 344 für übliche Verwaltungskosten).

Wenn eine Körperschaft als ausschließlich gemeinnützig, mildtätig oder kirchlich anerkannt werden soll, dann muß ihr Handeln selbstlos sein. Daher bestimmt § 10 Abs. 1 I. KStDVO in den Ziff. 1—3 als weitere Voraussetzungen der Ausschließlichkeit einen Höchstsatz für den an die Mitglieder (Gesellschafter) der Körperschaft zu verteilenden Reingewinn (Ziff. 1), er verbietet die Begünstigung von Personen durch unverhältnismäßig hohe Vergütungen oder durch dem eigentlichen Zweck fremde Verwaltungsausgaben (Ziff. 2) und schreibt die satzungsmäßige und tatsächliche Sicherstellung des Vermögens der Körperschaft für die steuerbegünstigten Zwecke beim Ausscheiden von Mitgliedern und bei Auflösung der Körperschaft vor (Ziff. 3). Eine Gewinnausschüttung in den vorgeschriebenen Grenzen ist unschädlich. In den VR 34 G Ziff. 3 Abs. 2 (RStBl. 35 S. 407) wird als Übergangsregelung bestimmt, daß bei der Veranlagung zur Körperschaftsteuer 1934 bei den im § 4 Abs. 1 Ziff. 6 KStG genannten Körperschaften die Steuerfreiheit nicht ausgeschlossen wird, wenn für den der Veranlagung zugrunde liegenden Zeitraum der Gewinnsatz 5 v. H. (wie nach § 16 Abs. 2 KStDVO 1926) betrug. Die Sicherung der Verwendung des Vermögens für die steuerbegünstigten Zwecke bei Auflösung der Körperschaft oder Wegfall des Zwecks muß satzungsmäßig und tatsächlich erfolgt sein. Nach RFH. I A 78/36 v. 12. 5. 36 (E. 39 S. 242, RStBl. 36 S. 626, StW. 36 Nr. 340) gelten die Vorschriften des § 10 I. KStDVO nicht nur für Körperschaften und Personenvereinigungen, sondern auch für Vermögensmassen; daher muß auch eine Stiftung den durch § 10 Abs. 1 Ziff. 3 b a. a. O. an die Satzung und die tatsächliche Geschäftsgebarung gestellten Anforderungen genügen. Die in § 10 a. a. O. aufgestellten Erfordernisse müssen als Voraussetzungen der Steuerbefreiung erfüllt sein. Daher kann auch eine fehlende Satzungsbestimmung bei einer Stiftung nicht anderswie ersetzt werden (RFH. VI A 34/37, f. Abs. 3, vgl. auch Anm. 19). Die Satzungsbestimmung und tatsächliche Sicherung muß sich auf das gesamte im Zeitpunkt der Auflösung usw. vorhandene Vermögen erstrecken (RFH. VI a A 6/36 v. 7. 8. 37, RStBl. 37 S. 1178, StW. 37 Nr. 610). Nach RFH. I A 148/31 v. 28. 5. 31 (RStBl. 31 S. 650, StW. 31 Nr. 920) brauchte für das KStG 1925 die Verwendung des Vermögens im Fall der Auflösung der Körperschaft nicht zu ausschließlich gemeinnützigen usw. Zwecken sichergestellt sein, es genügte vielmehr die Sicherstellung für kirchliche, gemeinnützige oder mildtätige Zwecke. Auch in § 10 Abs. 1 Ziff. 3 b I. KStDVO fehlt das Wort „ausschließlich". Trotzdem muß der Verwendungszweck in der Satzung so klar bestimmt sein, daß er zweifelsfrei und uneingeschränkt als gemeinnützig, mildtätig oder kirchlich im Sinn der §§ 17—19 StAnpG festgestellt werden kann. Auf die Ausschließlichkeit, die sich im übrigen aus der tatsächlichen Geschäftsführung ergibt, kommt es dann bei Auflösung usw. der Körperschaft nicht mehr an. Die geforderte tatsächliche Sicherstellung der Verwendung des Vermögens bei Auflösung oder Wegfall des Zwecks wird vor allem danach zu beurteilen sein, ob die Verwaltungs- und Aufsichtsorgane der Körperschaft die Gewähr dafür bieten, daß das bei Auflösung usw. vorhandene Vermögen auch tatsächlich nach den Bestimmungen der Satzung im Sinn der Ziff. 3 verwendet wird. Bei Vereinen, die ihre Satzung jederzeit ändern können, ist die tatsächliche Sicherstellung mit besonderer Sorgfalt zu prüfen (RFH. VI A 17/38 v. 26. 4. 38, RStBl. 38 S. 810, StW. 38 Nr. 343).

§ 10 Abs. 2 I. KStDVO enthält eine Sonderregelung für Körperschaften, die vor dem 30. November 1923 errichtet worden sind. Bei diesen tritt an die Stelle des Kapitalanteils der Mitglieder im Sinn des Abs. 1 Ziff. 1 und 3 der Goldwert der eingezahlten Einlagen, wenn dieser niedriger ist als der Kapitalanteil. Dadurch wird eine Begünstigung der Mitglieder durch Berücksichtigung des Mehrbetrags der Kapitalanteile gegenüber ihrem Einzahlungs- (Gold-) Wert ausgeschlossen (vgl. auch § 16 KStDVO 1926). Im ErlRdF. v. 24. 6. 26 III e 7200 war unter III c Abs. 2 über die Berechnung des Goldwerts der eingezahlten Kapital-

einlagen angeordnet: „Hat die Personenvereinigung ihr Kapital nach dem Gold=
werte der eingezahlten Einlagen umgestellt, so kann die der Umstellung zugrunde
gelegte Meßziffer (z. B. der Lebenshaltungsindex) auch für die Anwendung des § 16
Abs. 5 VO verwendet werden. Hat aber die Personenvereinigung ihr Kapital nach
dem Nennwerte der Mitgliederanteile umgestellt, so ist der Goldwert der eingezahlten
Einlagen nach Maßgabe des Wertverhältnisses zu berechnen, das in der Anlage
zum Aufwertungsgesetz vom 16. Juli 1925 (RGBl. I S. 117) für den Tag der Ein=
zahlung bestimmt ist; ist ein Umrechnungsverhältnis für diesen Tag nicht bestimmt,
so ist das letztvorhergehende Umrechnungsverhältnis maßgebend."

18. Unmittelbarkeit.

Eine unmittelbare Förderung der steuerbegünstigten Zwecke liegt nur dann
vor, wenn die Körperschaft die kirchlichen, gemeinnützigen oder mildtätigen Auf=
gaben selbst durchführt. Es genügt also nicht, daß eine Körperschaft einer anderen
Körperschaft dadurch die Möglichkeit zu gemeinnütziger usw. Betätigung verschafft,
daß sie ihr die Mittel dazu in Geld oder Sachwerten zur Verfügung stellt. Dies ist
nur mittelbare Förderung der Allgemeinheit usw., die für die Steuerfreiheit nicht
ausreicht (RFH. I A a 484/29 v. 22. 10. 29, RStBl. 29 S. 669, StW. 29 Nr. 1022
bei Zuführung der Erträge eines Unternehmens an die gemeinnützige Anstalt einer
öffentlich-rechtlichen Körperschaft; RFH. I A 261/27 v. 24. 1. 28, RStBl. 28 S. 100,
StW. 28 Nr. 316, III A 32/30 v. 17. 12. 30, StW. 31 Nr. 611 und I A 136, 137/32
v. 27. 2. 34, RStBl. 34 S. 667, StW. 34 Nr. 315). Klosterbrauereien, Klostermühlen
und sonstige Klosterbetriebe dienen daher nicht deshalb unmittelbar kirchlichen
Zwecken, weil sie nach der Verfassung des Klosters dazu da sind, um ihre Erträgnisse
an das Kloster abzuführen (RFH. I A a 423/29 v. 30. 7. 29, RStBl. 29 S. 573,
StW. 29 Nr. 1016). Eine Stiftung, deren Zweck es ist, gewerbliche Tätigkeit jeder
Art in christlichem Sinne und Geiste, den Grundsätzen der brüderlichen Gemeinde
entsprechend, auszuüben und die zu diesem Zweck besonders gewerbliche Teil=
betriebe unterhält, verfolgt nicht unmittelbar kirchliche oder gemeinnützige Zwecke,
wenn sie ihre Erträgnisse an Brüderorganisationen zur Erfüllung der ihnen ob=
liegenden Aufgaben abführt (RFH. I A 136, 137/32 v. 27. 2. 34, RStBl. 34 S. 667,
StW. 34 Nr. 315). Eine unmittelbare und nicht nur mittelbare Förderung der ge=
meinnützigen usw. Zwecke will der RFH. dann annehmen, wenn die Körperschaft,
die einer anderen durch Zuführung der Mittel die Gelegenheit zur gemeinnützigen
Betätigung verschafft, sich die Ziele des anderen Vereins satzungsmäßig zu eigen
gemacht hat und sich des anderen Vereins nur als ihres Mittelsmannes bedient,
um ihre eigenen Ziele zu erreichen (RFH. I A 439/27 v. 25. 11. 27, E. 22 S. 204,
RStBl. 29 S. 331, StW. 28 Nr. 20 und I A 506/27 v. 7. 2. 28, E. 23 S. 6, RStBl. 28
S. 196, StW. 28 Nr. 317). In RFH. III A 373/29 v. 10. 7. 30 (RStBl. 30 S. 632,
StW. 30 Nr. 1522) wird jedoch mit Recht dieser Grundsatz dahin verschärft, daß
eine Vereinigung, die anderen Vereinen ihr Heim zur Verfügung stellt, damit
diese dort gemeinnützig wirken könnten, nur dann unmittelbar gemeinnützig sei,
wenn sie aus besonderen Gründen ihre eigenen gemeinnützigen Zwecke nicht selbst
erfüllen könne, sondern sich hierzu der anderen Vereine, die gleiche Zwecke ver=
folgten, bediene. Um zu verhindern, daß die gesetzlichen strengen Anforderungen an
das gemeinnützige usw. Eigenwirken der Körperschaften umgangen werden, wird
man aber im Einzelfall neben den besonderen Gründen für das Unterbleiben einer
eigenen gemeinnützigen Betätigung auch verlangen müssen, daß die Körper=
schaft, die die Mittel zur gemeinnützigen Betätigung zur Verfügung stellt, zu der
unterstützten Körperschaft tatsächlich und rechtlich in einem Verhältnis steht, aus
dem heraus das gemeinnützige Wirken der unterstützten Körperschaft wie das eigene
Wirken der unterstützenden Körperschaft angesehen werden kann. Ist dies nicht der
Fall, dann handelt es sich für die unterstützende Körperschaft bei der Zuführung
der Mittel an die andere Körperschaft lediglich um eine steuerrechtlich nicht berück=
sichtigungsfähige Verwendung von Einkünften, nicht um eigene gemeinnützige
Betätigung.

19. Satzungsmäßige Sicherung der Zwecke und der Verwendung des Vermögens.

Die Körperschaften, Personenvereinigungen oder Vermögensmassen müssen, um steuerbefreit zu sein, nach **ihrer Satzung, Stiftung oder sonstigen Verfassung** den kirchlichen, gemeinnützigen oder mildtätigen Zwecken dienen. Die Mittel und Wege, die zu dem erstrebten und allgemein gekennzeichneten Ziel führen sollen, müssen in der Satzung, Stiftungsurkunde usw. so fest umrissen sein, daß eine Nachprüfung möglich ist, ob es sich bei den verfolgten Zwecken auch wirklich um ausschließlich gemeinnützige usw. handelt (RFH. I A 265/31 v. 23. 5. 33, RStBl. 33 S. 1033, StW. 34 Nr. 240). Nach § 85 BGB wird die Verfassung einer Stiftung, soweit sie nicht auf Reichs- oder Landesgesetz beruht, durch das Stiftungsgeschäft bestimmt, das beim Abschluß unter Lebenden der Schriftform bedarf (§ 81 BGB). **Satzungsmäßige Festlegung der Anteile der Mitglieder oder Gesellschafter einer Körperschaft am Reingewinn, der Kapitalauszahlungen an die Mitglieder bei ihrem Ausscheiden oder bei Auflösung der Körperschaft und der Verwendung des Vermögens der Körperschaft im letzten Fall oder bei Wegfall des begünstigten Zwecks** ist auch nach § 10 Abs. 1 Ziff. 1 u. 3 I. KStDVO gesetzliche Voraussetzung für die Ausschließlichkeit der steuerbegünstigten Betätigung der Körperschaft (s. Anm. 17 Abs. 4). Daher muß die in RFH. I A 388/32 v. 11. 7. 33 (RStBl. 33 S. 1055) offen gelassene Frage, ob beim Fehlen einer Satzung oder Stiftung die ausschließlich kirchliche, gemeinnützige oder mildtätige Betätigung einer Körperschaft lediglich nach einer, wenn auch vielleicht schon sehr lange gepflegten Übung entschieden werden darf, verneint werden. Denn ohne satzungsmäßige Bindung könnte eine Körperschaft trotz langjähriger Übung nach ihrem Belieben eine andere Tätigkeit aufnehmen oder aber nach ihrer Auflösung nicht nach § 10 Abs. 1 Ziff. 1 u. 3 a. a. O. verfahren. Die im Gesetz geforderte Satzungsbestimmung kann nicht anderswie ersetzt werden (vgl. auch Anm. 17 Abs. 4), und zwar nach RFH. I A 319/36 v. 17. 11. 36 (RStBl. 37 S. 273, StW. 37 Nr. 56) bei einer Stiftung die fehlende Satzungsbestimmung über die Verwendung des Vermögens bei Auflösung usw. auch nicht durch die Vorschriften der §§ 87, 88 mit § 46 BGB. Dagegen genügt es, wenn die Schenkungsurkunde oder die letztwillige Verfügung, durch die ein Zweckvermögen begründet wurde, auch eine Anordnung über die Verwendung des Vermögens bei Auflösung enthält. Die Stiftungsurkunde ist auch im Fall des § 10 a. a. O. der Satzung gleichzustellen. In RFH. I A 128/28 v. 6. 6. 28 (E. 23 S. 301, RStBl. 28 S. 332, StW. 28 Nr. 664) wurde der Grundsatz aufgestellt, bei **historischen Gebilden** könne man es gelten lassen, daß die Satzung nicht in einer erschöpfenden schriftlichen Aufzeichnung der für die betreffende Körperschaft maßgebenden Bestimmungen zu bestehen brauche, sondern daß an Stelle solcher Aufzeichnungen ganz oder zum Teil auf das Herkommen verwiesen werde. Aus der tatsächlichen Geschäftsgebarung einer Körperschaft könne im allgemeinen mit hinreichender Sicherheit auf das Herkommen geschlossen werden. Bei Anerkennung dieses Grundsatzes wird man aber auch in diesem Fall nicht auf die satzungs- und stiftungsmäßige Festlegung der Erfordernisse des § 10 Abs. 1 Ziff. 1 und 3 a. a. O. verzichten können. Ist bei einer Stiftung die in der Satzung vorgesehene Verpflichtung, daß aus der Stiftung die Grabstätten der Stifter in Ordnung gehalten werden müssen, abgelöst, so beeinträchtigt diese abgelöste Last die Ausschließlichkeit des mildtätigen Zwecks der Stiftung nicht mehr (RFH. I A a 355/29 v. 19. 7. 29, RStBl. 29 S. 571, StW. 29 Nr. 1024). Bei tatsächlicher Weiterbefolgung dieser Satzungsvorschrift würde die ausschließliche Mildtätigkeit des Satzungszwecks und der Geschäftsgebarung zu verneinen sein.

Für die Beurteilung der Steuerfreiheit ist die am Ende des Veranlagungszeitraums, bei Kapitalgesellschaften die am Bilanzstichtag gültige, nicht etwa die im Zeitpunkt der Veranlagung vorhandene Satzung maßgebend (RFH. I A 147/25 v. 16. 10. 25, StW. 25 Nr. 732). Es ist also die für die Verhältnisse des Veranlagungszeitraums gültige Satzungsbestimmung heranzuziehen und nicht eine Bestimmung, die erst von einem nach dem Ende des Veranlagungszeitraums liegenden Zeitpunkt an wirksam wird (RFH. VI a 79/37 v. 17. 3. 38, RStBl. 38 S. 510, StW. 38 Nr. 294). Anderseits genügt es jedoch für die persönliche Befreiung einer Körperschaft für einen Veranlagungszeitraum nicht, wenn die sonstigen Voraussetzungen dafür, also die unmittelbare und ausschließliche Verfolgung gemeinnütziger usw. Zwecke, erst am Ende des Veranlagungszeitraums vorliegen. Die Steuerbefreiung tritt im übrigen, ebenso wie in anderen Fällen des § 4 Abs. 1 Ziff. 3—7 KStG von dem Zeitpunkt ab ein, in dem die in diesen Vorschriften geforderten Voraussetzungen der Befreiung vorliegen, also im Fall der Ziff. 6 mit dem ausschließlich und unmittelbar gemeinnützigen, kirchlichen oder mildtätigen Wirken einer Körperschaft. Dabei kann es ausschließlich für das Formerfordernis der satzungsmäßigen Sicherung genügen, wenn diese am Ende des Veranlagungszeitraums vorhanden ist (s. auch Anm. 20).

20. Tatsächliche Geschäftsführung.

Zur Festlegung der steuerbegünstigten Betätigung einer Körperschaft und der sonstigen gesetzlichen Voraussetzungen in der Satzung, Stiftung oder sonstigen Verfassung muß aber nach Ziff. 6 auch die entsprechende tatsächliche Geschäftsführung hinzukommen. Es genügt nicht, wenn die ausschließliche Verfolgung gemeinnütziger Zwecke usw. nur in der Satzung steht und sich die Körperschaft in Wirklichkeit um die in der Satzung oder im Gesellschaftsvertrag vorhandenen Vorschriften nicht kümmert. Das satzungsmäßige Ziel gemeinnützigen Wirkens usw. muß vielmehr auch die ganze Geschäftsführung beherrschen. In RFH. I A 36/31 v. 31. 1. 33 (RStBl. 33 S. 159, StW. 33 Nr. 419) wird deshalb eine GmbH., die dem als gemeinnützig anerkannten Zweck der Wohnungsbeschaffung dienen will, aber eine Reihe von Jahren hindurch nichts unternimmt, um ihre satzungsmäßigen Zwecke erfüllen zu können, mit Recht für steuerpflichtig erklärt. Ebenso wird eine Stiftung, die jahrelang nur einen Teil ihrer Einkünfte für gemeinnützige Zwecke verwendet hat und für die Aufspeicherung der übrigen Einkünfte keinen durch den Stiftungszweck gerechtfertigten Grund anzugeben vermag, nicht als ausschließlich gemeinnützig anerkannt (RFH. I A a 665/29 v. 29. 10. 29, RStBl. 30 S. 249, StW. 29 Nr. 1023). Nach RFH. VI a 87/37 v. 17. 3. 38 (RStBl. 38 S. 372, StW. 38 Nr. 174) kann die Beschaffung der Geldmittel zur Erfüllung eines gemeinnützigen Zwecks nur dann als Beginn und Teil der unmittelbar gemeinnützigen Betätigung angesehen werden, wenn die Körperschaft sich nachdrücklich mit der Ansammlung der Gelder befaßt und nach den gegebenen Umständen mit der Beschaffung der nötigen Geldmittel in angemessener Zeit zu rechnen ist. Selbstverständlich darf auch nach RFH. I A a 355/29 (s. Anm. 14 b Abs. 1) das tatsächliche Verhalten einer Stiftung mit den in der Satzung festgelegten mildtätigen Zwecken nicht im Widerspruch stehen. Nach der gleichen Entsch. kommt es für die Beurteilung, ob bei einer Körperschaft oder Vermögensmasse die Voraussetzungen der Befreiungsvorschrift des § 4 Abs. 1 Ziff. 6 KStG gegeben sind, nur auf die gegenwärtig, d. h. auf die zur Zeit der Entstehung der Steuerschuld verfolgten Zwecke an; ob beispielsweise eine gegenwärtig lediglich dem Interesse einer bestimmten Familie dienende Stiftung nach der Satzung in Zukunft einmal zu gemeinnützigen Zwecken Verwendung finden soll, sei, solange diese letzte Zweckbestimmung noch nicht wirksam geworden sei, belanglos. Gegen den 1. Halbsatz bestehen insofern Bedenken, als es nicht nur auf die am Ende des Veranlagungszeitraums verfolgten Zwecke ankommen kann, sondern auf die **während des ganzen Veranlagungszeitraums verfolgten Zwecke** (vgl. auch Anm. 19 Abs. 3). Denn nur nach der tatsächlich während des ganzen Veranlagungszeitraums wahrgenommenen Führung der Geschäfte kann beurteilt werden, ob eine Körperschaft in ihrer Geschäftsgebarung nicht auch andere als ausschließlich steuerbegünstigte Zwecke verfolgt hat, und ob ihr deshalb die persönliche Befreiung versagt werden muß. Nach RFH. I A 43/33 v. 17. 10. 33 (RStBl. 34 S. 59) sind solche zweckwidrigen, schädlichen Handlungen einer Körperschaft, die nach der Satzung ausschließlich gemeinnützige Zwecke verfolgt, keine die Steuerpflicht begründenden Verfehlungen der Körperschaft, wenn sie sich als nicht abwendbare Folgeerscheinungen einer bereits in einem früheren Veranlagungszeitraum vorgenommenen zweckwidrigen Handlung darstellen, die natürlich für den früheren Veranlagungszeitraum die Anerkennung der persönlichen Befreiung ausschloß. Wenn dagegen in dem späteren Verhalten der Körperschaft Verstöße gegen den satzungsmäßigen Zweck erkennbar seien, zu denen auch im Hinblick auf die früheren zweckwidrigen Handlungen keine zwingende Veranlassung vorgelegen habe, dann könne die Körperschaft die Befreiung nicht für sich in Anspruch nehmen.

21. Steuerpflicht bei Unterhaltung eines wirtschaftlichen Geschäftsbetriebs (Ziff. 6 Satz 2).

Nach § 4 Abs. 1 Ziff. 6 Satz 2 KStG sind die den steuerbegünstigten Zwecken dienenden Körperschaften, Personenvereinigungen und Vermögensmassen insoweit steuerpflichtig, als sie einen wirtschaftlichen Geschäftsbetrieb unterhalten, der über den Rahmen einer Vermögensverwaltung hinausgeht. Die Unterhaltung eines derartigen wirtschaftlichen Geschäftsbetriebs schließt also die persönliche Befreiung aus; sie macht, wie bereits in Anm. 1 Abs. 2 ausgeführt, die Körperschaft persönlich steuerpflichtig unter sachlicher Beschränkung der Steuerpflicht auf die aus wirtschaftlichen Geschäftsbetrieben bezogenen Einkünfte bzw. unter sachlicher Befreiung der aus der ausschließlich kirchlichen, gemeinnützigen oder mildtätigen Betätigung erzielten Einkünfte.

a) Der **Begriff des wirtschaftlichen Geschäftsbetriebs** ergibt sich aus § 11 **Abs. 1 I. KStDBO:**

„Ein wirtschaftlicher Geschäftsbetrieb ist eine planmäßige wirtschaftliche Tätigkeit zur Erzielung von Einnahmen oder anderen wirtschaftlichen Vorteilen, die über eine einmalige Betätigung hinausgeht. Die Absicht, Gewinn zu erzielen, ist nicht erforderlich."

Diese Begriffsbestimmung deckt sich im wesentlichen mit der vom RFH. bisher gegebenen (vgl. z. B. RFH. I A 196/32 v. 6. 12. 32, E. 32 S. 161, RStBl. 33 S. 329, StW. 33 Nr. 234, wonach unter Geschäftsbetrieb eine planmäßige Erledigung von Geschäften und unter wirtschaftlichem Geschäftsbetrieb eine solche, welche Erwerbszwecke verfolgt, zu verstehen ist). Eine planmäßige Tätigkeit zur Erzielung wirtschaftlicher Vorteile setzt je nach ihrer Eigenart die erforderliche Einrichtung (Organisation, Betriebsvermögen) voraus, die der Erzielung der Einnahmen usw. dient. Das ist für die Gewinnermittlung wichtig (s. unter e). Die Planmäßigkeit erfordert hinsichtlich ihrer Dauer eine gewisse Nachhaltigkeit, eine einmalige oder nur ganz gelegentliche Betätigung genügt nicht. Die Absicht, Gewinn zu erzielen, ist Merkmal für den Gewerbebetrieb. Da sie hier nicht erforderlich ist, ist der Kreis der Steuerpflichtigen ebenso wie bei den Betrieben gewerblicher Art von Körperschaften des öffentlichen Rechts nach § 1 Abs. 1 I. KStDBO weiter gezogen und über die Gewerbebetriebe hinaus erstreckt. Die Absicht der Erzielung von Einnahmen genügt (vgl. z. B. RFH. I A 255/33 v. 29. 4. 35, RStBl. 36 S. 772, StW. 35 Nr. 429 für ein Bankunternehmen zur Gewährung von Realkredit an den hausbesitzenden Mittelstand). Dies gilt auch von Betrieben, die Körperschaften des öffentlichen Rechts als Einnahmequellen dienen (s. Anm. 14 c Abs. 4). Nach RFH. I A 384/30 v. 26. 1. 32 (RStBl. 32 S. 400, StW. 32 Nr. 767) ist für die Annahme eines wirtschaftlichen Geschäftsbetriebs nicht erforderlich, daß ein Unternehmen einen Gewerbebetrieb im Sinn des EStG darstellt. Es könne der Erwerbszwecke verfolgende Betrieb ein Betrieb der Land- oder Forstwirtschaft, sonstiger selbständiger Berufstätigkeit, geschäftsmäßiger Vermietung und Verpachtung sein. Ein Unternehmen, das nicht Erwerbszwecken (d. h. der Erzielung von Einnahmen oder anderen wirtschaftlichen Vorteilen) diene, sei kein wirtschaftlicher Geschäftsbetrieb. Andererseits stellten eine oder mehrere zur Verwaltung eines Vermögens vorgenommene Rechtshandlungen, auch wenn diese planmäßig erfolgten und auf Erlangung wirtschaftlicher Vorteile abzielten, noch keinen wirtschaftlichen Geschäftsbetrieb dar. Die Entsch. betraf eine Familienstiftung, die mit Hilfe von Darlehen und Bankkrediten, die das Stiftungskapital um ein Mehrfaches überstiegen, GmbH.-Anteile erworben, sich an kaufmännischen Unternehmungen still beteiligt, Darlehen aufgenommen und gegeben, Kapitaleinlagen zur nutzbringenden Anlage entgegengenommen, Termingeschäfte in erheblichem Umfang abgeschlossen hatte und einer Kommanditgesellschaft beigetreten war. Die Unterhaltung eines Geschäftsbetriebs lag schon insofern vor, als die Stiftung Kommanditist und damit Mitunternehmer (§ 15 Ziff. 2 EStG 1934) war, möglicherweise auch bezüglich der stillen Beteiligungen, sofern sie nicht sogenannte typische waren. Wird die Besteigung von Denkmälern oder Aussichtstürmen von einem an sich gemeinnützigen Verein nachhaltig gegen Entgelt gestattet, so liegt hierin ein wirtschaftlicher Geschäftsbetrieb (RFH. VI a 27/37 v. 26. 4. 38, E. 44 S. 67, RStBl. 38 S. 613, StW. 38 Nr. 342 für Denkmalbesteigung).

b) Die Unterhaltung eines wirtschaftlichen Geschäftsbetriebs macht die in Ziff. 6 genannten Körperschaften dann steuerpflichtig, **wenn der wirtschaftliche Geschäftsbetrieb über den Rahmen einer Vermögensverwaltung hinausgeht.** Insoweit ist noch die bisherige Rechtsprechung von Bedeutung, wonach der Begriff der Vermögensverwaltung eng auszulegen ist. Nach RFH. I A 218/32 v. 19. 12. 33 (RStBl. 34 S. 379) liegt eine Vermögensverwaltung dann nicht vor, wenn und solange jemand einen Betrieb wie ein selbständiger Unternehmer führt. Andererseits wird in RFH. I A 384/30 (f. unter a) mit Recht ausgeführt, daß auch ein Privatmann in dem Bestreben, sein Vermögen gut zu verwalten, sicher anzulegen und möglichst auch zu vermehren, planmäßig vorgehen und auch Gelegenheit zur günstigen (kapitalistischen) Anlage seiner Vermögenswerte suchen werde. In diesen Handlungen sei aber nicht ein Geschäftsbetrieb oder gar ein wirtschaftlicher Geschäftsbetrieb des Vermögensinhabers zu erblicken. Die Verwaltung von Kapitalvermögen im Sinn des § 20 EStG, mag sie planmäßig und noch so geschickt erfolgen und auch sehr umfangreich sein, stellt keinen Geschäftsbetrieb dar. Das Gleiche gilt in der Regel von der Verwaltung von Grundvermögen, doch kann hier die Tätigkeit des Eigentümers zu einem Geschäftsbetrieb werden (z. B. bei Kontorhäusern, Großgaragen vgl. auch Anm. 155 b Abs. 2 zu § 6 KStG). Dagegen überschreitet jede Betätigung oder Beteiligung, die den Inhaber zum Unternehmer oder, wie bei der Beteiligung an einer Personengesellschaft zum Mitunternehmer eines Gewerbebetriebs macht (vgl. § 15 EStG), den Rahmen einer Vermögensverwaltung. Nach RFH. I A 157/33 v. 29. 11. 33 (E. 34 S. 329, RStBl. 34 S. 377, StW. 34 Nr. 397) darf in Fällen, in denen eine Stiftung mit großem Forstbesitz die Forsten nicht anders als durch Selbstbewirtschaftung nutzen kann, aus der Selbstbewirtschaftung nicht gefolgert werden, daß die Stiftung mit dem in der Selbstbewirtschaftung liegenden wirtschaftlichen Geschäftsbetrieb andere Zwecke als die einer Vermögensverwaltung verfolge. Dieser Grundsatz könne aber für landwirtschaftliche Betriebe keine Anwendung finden, da ein Zwang zur Selbstbewirtschaftung landwirtschaftlichen Grundbesitzes nicht anerkannt werden könne. Wie die Entsch. mit Recht annimmt, kann eine Stiftung mit großem Forstbesitz gehindert sein, ihn anders als durch Selbstbewirtschaftung auszunutzen. Alsdann stempelt die Selbstbewirtschaftung des Forstes die Stiftung noch nicht zum Unternehmer eines wirtschaftlichen Geschäftsbetriebs. Es liegt das in der Eigenart des Forstbetriebs; die Entsch. kann daher bei anderen Betrieben nicht angewendet werden, auch nicht bei landwirtschaftlichen. Demgemäß wird auch in RFH. I A 388/32 v. 11. 7. 33 (RStBl. 33 S. 1055) als wirtschaftlicher Geschäftsbetrieb der land- und forstwirtschaftliche Betrieb einer Stiftung angesehen, deren Hauptzweck war, ihre Erträgnisse, die nach der Befriedigung der sonstigen Stiftungsleistungen übrig blieben, der Gemeinde zuzuführen, die nicht nur Hauptnutznießerin, sondern gleichzeitig auch Verwalterin des Stiftungsbetriebs war. Die Verpachtung eines ganzen landwirtschaftlichen oder gewerblichen Betriebs wird in der Regel eine Maßnahme der Vermögensverwaltung darstellen. Jedoch kann nach RFH. VI A 27/37 (f. unter a) die Verpachtung eines Betriebsvermögens den Rahmen der reinen Vermögensverwaltung dann überschreiten, wenn das Betriebsvermögen mit einem wirtschaftlichen Geschäftsbetrieb oder sonstigen Einrichtungen der Körperschaft im wirtschaftlichen Zusammenhang steht.

Anmerkung 21.

c) **Das Vorliegen eines über den Rahmen einer Vermögensverwaltung hinausgehenden Geschäftsbetriebs** macht die Körperschaft auch dann insoweit steuerpflichtig, wenn der Geschäftsbetrieb ausschließlich dazu bestimmt ist, der Körperschaft durch seine Erträgnisse die Mittel zu liefern, deren sie zur Erfüllung von ausschließlich kirchlichen, gemeinnützigen oder mildtätigen Zwecken bedarf (vgl. die in Anm. 18 erwähnten Klosterbetriebe und gewerblichen Teilbetriebe einer Stiftung). Die Körperschaft erwirbt dann die Mittel zur gemeinnützigen Betätigung durch Maßnahmen, die außerhalb dieser Betätigung liegen und die sich, wenn sie über eine bloße Vermögensverwaltung hinausgehen, als Beteiligung am wirtschaftlichen Verkehr und damit am Wettbewerb darstellen (vgl. auch RFH. III A 351/33 v. 11. 1. 34, E. 35 S. 147, RStBl. 34 S. 246, StW. 34 Nr. 339). Ein Turnverein, der eine allen Mitgliedern jederzeit offenstehendes Schank- und Gastwirtschaft betreibt und außerdem öffentliche und nichtöffentliche Veranstaltungen abhält, unterhält einen wirtschaftlichen Geschäftsbetrieb. Er ist mit den Erträgnissen dieses Betriebs steuerpflichtig, auch wenn diese zu den an sich ausschließlich gemeinnützigen Vereinszwecken verwendet werden (RFH. I A 208/33 v. 10. 10. 33, RStBl. 34 S. 58, StW. 34 Nr. 143). Verschafft sich also eine Körperschaft die Mittel für ihre an sich steuerbegünstigte Betätigung durch einen wirtschaftlichen Geschäftsbetrieb, so wird sie persönlich steuerpflichtig, und zwar mit dem aus dem wirtschaftlichen Geschäftsbetrieb erzielten Gewinn.

Dagegen schließt das Bestehen eines wirtschaftlichen Geschäftsbetriebs dann nicht die Steuerfreiheit aus, wenn der Geschäftsbetrieb unmittelbar die Erfüllung des gemeinnützigen oder mildtätigen Zwecks der Körperschaft darstellt. Wenn ein steuerbegünstigter Zweck nur durch die Führung eines wirtschaftlichen Geschäftsbetriebs erfüllt werden kann, wenn also Zweck und wirtschaftlicher Geschäftsbetrieb sich nicht von einander trennen lassen und gleichsam eine Einheit bilden, dann würde nach RFH. VI a A 1/35 v. 24. 7. 37 (E. 42 S. 64, RStBl. 37 S. 1103, StW. 37 Nr. 457) die Annahme, daß schlechthin jeder wirtschaftliche Geschäftsbetrieb eines an sich steuerbegünstigten Unternehmens eine Einengung der Begünstigung nach sich ziehen müßte, im Ergebnis zur Einschränkung der gemeinnützigen Betätigung selbst führen (vgl. auch RFH. III A 351/33 s. oben und II A 125/36 v. 26. 2. 37, E. 41 S. 95, RStBl. 37 S. 629, StW. 37 Nr. 264). Der RFH. verweist in VI a 1/35 auf den Grundgedanken von Satz 2 der Ziff. 6 (s. vorhergehenden Absatz) und fordert unter Anlegung eines strengen Maßstabs, daß der Geschäftsbetrieb nicht die steuerpflichtigen privaten Unternehmen im Wettbewerb schädigt (s. auch RFH. VI a 65/37 v. 7. 2. 38, E. 43 S. 185, RStBl. 38 S. 364, StW. 38 Nr. 168 für ein Verlagsunternehmen). In Anwendung dieser Grundsätze wird streng zu fordern sein, daß die gesamte Geschäftsgebarung des Betriebs, insbesondere in dessen Ausgestaltung, Umfang, in der Art der Leistungen und Preisgestaltung ausschließlich durch den steuerbegünstigten Zweck bestimmt ist und daß in jeder Hinsicht eigenwirtschaftliche, d. h. eigennützige Betätigung unterbleibt (vgl. auch RFH. VI a 27/36 v. 26. 4. 38, E. 44 S. 3, RStBl. 38 S. 582, StW. 38 Nr. 341). Nach RFH. VI a A 1/35 bilden Krankenanstalten, bei denen der Wettbewerbsgedanke eine besonders große Rolle spielt, dann einen steuerlich unschädlichen Geschäftsbetrieb, wenn sie im besonderen Maß der minderbemittelten Bevölkerung dienen. Dies ist zu vermuten, wenn die Voraussetzungen des § 8 Abs. 2 I. GewStDVO v. 26. 2. 37 erfüllt seien. Diese Voraussetzungen der Steuerbefreiung liegen bei den von Gebietskörperschaften (Gemeinden usw.) unterhaltenen Krankenanstalten regelmäßig vor. Auch die von Vereinen usw. unterhaltenen Lungenheilstätten müssen in besonderem Maß der minderbemittelten Bevölkerung dienen (RFH. VI a 25/36 v. 23. 10. 37, E. 42 S. 224, RStBl. 37 S. 1159, StW. 37 Nr. 608). Nach diesen Grundsätzen sind weiter auch die von gemeinnützigen Körperschaften unterhaltenen Erholungs-, Alters- und Unterkunftsheime und sonstige Anstalten zu beurteilen. Wegen des Verlags eines Sonntagsblattes durch einen Verein für Innere Mission s. RFH. VI a 1/37, 2/37 v. 27. 11. 37 (E. 42 S. 303, RStBl. 38 S. 35, StW. 38 Nr. 9). Der Betrieb einer Anstalt zur Versorgung

Minderbemittelter mit billiger Verpflegung (Volksküchen), dient nach RFH. VI a A 42/37 v. 24. 9. 37 (E. 42 S. 131, RStBl. 37 S. 1104, StW. 37 Nr. 536) aus den gleichen Erwägungen nur dann ausschließlich gemeinnützigen Zwecken, wenn die Verpflegung nur an solche Personen abgegeben wird, die sich in einer privaten Gaststätte keine ausreichende Verpflegung erstehen können. Bei einem Verein zur Förderung der bildenden Kunst und der bildenden Künstler wird in RFH. VI a 67/37 v. 27. 11. 37 (E. 42 S. 299, RStBl. 38 S. 36, StW. 38 Nr. 7) in der Veranstaltung von Ausstellungen der Werke von Mitgliedern und Nichtmitgliedern gegen Eintrittsgeld und in der Verkaufsvermittlung der Werke gegen Provision ein nicht unmittelbar und ausschließlich dem Hauptzweck dienender wirtschaftlicher Geschäftsbetrieb gesehen.

d) Nach § 16 Abs. 2 I. KStDVO **liegt ein wirtschaftlicher Geschäftsbetrieb, der über den Rahmen einer Vermögensverwaltung hinausgeht stets vor** bei Kreditinstituten, Versicherungsunternehmen, Pensions-, Witwen-, Waisen-, Sterbe-, Kranken-, Unterstützungskassen und sonstigen Hilfskassen für Fälle der Not oder Arbeitslosigkeit. Damit ist für die hier genannten Unternehmen und Kassen eine Befreiung wegen ausschließlicher Gemeinnützigkeit oder Mildtätigkeit ausgeschlossen. Eine Befreiung kann für sie nur unter dem Gesichtspunkt der Ziff. 3, 4 und 7 in Frage kommen. Als Kreditinstitute kommen außer den öffentlich-rechtlichen Kreditanstalten (vgl. Anm. 4) insbesondere Banken (Hypothekenbanken vgl. RFH. I A 255/33 v. 29. 4. 35, RStBl. 36 S. 772, StW. 35 Nr. 429) und Spar- und Darlehenskassen in Frage. Als Beispiele wirtschaftlicher Geschäftsbetriebe außer den unter a bis c aufgeführten land- und forstwirtschaftlichen, gewerblichen und sonstigen Betrieben werden erwähnt: die Erholungs-, Altersheime und Unterkunftshäuser eines gemeinnützigen Vereins, wenn sie durch die Aufnahme von Nichtmitgliedern außerhalb des gemeinnützigen Zwecks wirtschaftlich besser genutzt werden (Gutachten RFH. Gr. S. D 8/36 s. Anm. a, cc); der Rabattsparmarkenbetrieb der Rabattsparvereine (RFH. I A 220/33 v. 16. 1. 34, RStBl. 34 S. 712 und I A 88/34 v. 19. 6. 34, RStBl. 34 S. 1043, StW. 34 Nr. 562); der Betrieb einer Druckerei und der Verlag von Zeitungen, auch wenn der gesamte Reingewinn zu Zwecken der inneren Mission zu verwenden ist (RFH. I A 28/34 v. 26. 3. 35, RStBl. 35 S. 855).

e) Eine an sich steuerbefreite Körperschaft wird bei Unterhaltung eines über die reine Vermögensverwaltung hinausgehenden wirtschaftlichen Geschäftsbetriebs „insoweit", d. h. mit den aus diesem Betrieb bezogenen Einkünften steuerpflichtig, während die mit dem eigentlichen steuerbegünstigten Zweck zusammenhängenden Einnahmen und Ausgaben unberücksichtigt bleiben. Es unterliegen also nur die Betriebseinkünfte der Besteuerung, während bei Ablehnung der Steuerbefreiung überhaupt die Körperschaft mit sämtlichen unter das EStG fallenden Einkünften steuerpflichtig wird. Die **Ermittlung der aus dem wirtschaftlichen Geschäftsbetrieb bezogenen Einkünfte** richtet sich, wenn die Körperschaft nicht ohne weiteres wegen ihrer Rechtsform, z. B. als Kapitalgesellschaft nach Handelsrecht buchführungspflichtig ist, nach der Art der aus dem Geschäftsbetrieb bezogenen Einkünfte. Soweit nicht land- oder forstwirtschaftliche Einkünfte vorliegen, wird es sich regelmäßig um gewerbliche Einkünfte (z. B. auch bei geschäftsmäßiger Vermietung) handeln, so daß als Einkünfte der Gewinn nach §§ 4 und 5 EStG zu ermitteln ist. Kann er nicht nach einer Buchführung berechnet werden, dann ist er zu schätzen. Dabei wird ähnlich wie bei den Betrieben gewerblicher Art einer öffentlich-rechtlichen Körperschaft (vgl. Anm. 27 b zu § 1 KStG) davon auszugehen sein, daß die Körperschaft ihren wirtschaftlichen Geschäftsbetrieb mit dem Betriebsvermögen ausgestattet hat, dessen er zu einer wirtschaftlichen Betriebsführung bedarf. Dieses Betriebsvermögen ist in die steuerliche Vermögensübersicht oder Bilanz aufzunehmen und nach den Vorschriften der §§ 6, 7 EStG zu bewerten. Danach kann unter Umständen auch ein Teil des im übrigen den gemeinnützigen Zwecken der Körperschaft dienenden Kapitalvermögens als notwendiges Betriebsvermögen und sein Ertrag insoweit als Betriebseinnahme zu behandeln sein. Schuldverträge über das Betriebsvermögen sind zwischen Körperschaft und Betrieb nicht möglich, da steuerlich nicht zwei verschiedene Rechtspersonen vorliegen, sondern nur die Körperschaft als Steuerpflichtiger in Betracht kommt. Werden im Geschäftsbetrieb außer bezahlten Arbeitskräften auch Mitglieder der Körperschaft verwendet, denen, wie z. B. den Mitgliedern eines religiösen Ordens, freie Unterkunft und Verpflegung gewährt wird, dann kann der Wert dieser Sachbezüge je nach dem Umfang der im Betrieb geleisteten Arbeit ganz oder teilweise nach Art der landwirtschaftlichen Deputate als Betriebsausgabe in Betracht kommen. Dabei können für die im Betrieb beschäftigten Arbeitskräfte nur die tatsächlich geleisteten Bar- und Sachaufwendungen, nicht irgendwelche geschätzten Beträge, wie z. B. fiktive Löhne, abgezogen werden (s. auch RFH. VI a 22/36 v. 31. 5. 38, E. 44 S. 87, RStBl. 38 S. 735, StW. 38 Nr. 522). Führt die Körperschaft als Inhaberin des Betriebs (im Gegensatz zum Betrieb gewerblicher Art einer öffentlich-rechtlichen Körperschaft, die beide steuerrechtlich selbständig sind) den Gewinn oder Erzeugnisse des Betriebs ihren eigenen gemeinnützigen Zwecken zu, dann handelt es sich um Verwendung der im Betrieb erzielten Einkünfte oder um Sachentnahmen des Betriebsinhabers, die das steuerpflichtige Einkommen nicht mindern dürfen (vgl. Anm. 2 Abs. 1 zu § 12 KStG). Umgekehrt liegen bei Zuführungen an den Betrieb Einlagen des Unternehmers vor.

22. Gemeinnützige Wohnungs- und Siedlungsunternehmen.

Nach § 12 I. KStDVO sind wegen Gemeinnützigkeit folgende Wohnungs- und Siedlungsunternehmen von der Körperschaftsteuer befreit:

„1. Wohnungsunternehmen, solange sie auf Grund der Gemeinnützigkeitsverordnung vom 1. Dezember 1930 (RGBl. I S. 593) und der sie ergänzenden Vorschriften als gemeinnützig anerkannt sind,

2. Unternehmen, solange sie als Organe der staatlichen Wohnungspolitik (§ 28 der Gemeinnützigkeitsverordnung) anerkannt sind,

3. die von den zuständigen Landesbehörden begründeten oder anerkannten gemeinnützigen Siedlungsunternehmen im Sinn des Reichssiedlungsgesetzes,

4. die von den obersten Landesbehörden zur Ausgabe von Heimstätten zugelassenen gemeinnützigen Unternehmen im Sinn des Reichsheimstättengesetzes."

Für die gemeinnützigen Wohnungs- und Siedlungsunternehmen verbleibt es bei den bisherigen Bestimmungen (PR 34 G Ziff. 3 Abs. 3, RStBl. 35 S. 408). § 12 I. KStDVO entspricht im wesentlichen dem bisherigen § 17 KStDVO 1926 i. d. Fassung der VO über die Steuerbefreiung gemeinnütziger Wohnungsunternehmen v. 22. 5. 31 (RGBl. I S. 263). Ist ein Wohnungsunternehmen im Sinn der Ziff. 1 auf Grund der Gemeinnützigkeits-VO als gemeinnützig anerkannt, so sind bei ihm die Voraussetzungen für die persönliche Befreiung von der Körperschaftsteuer als erfüllt anzusehen. Die Veranlagungsbehörde hat daher nur die Tatsache der Anerkennung auf Grund der Gemeinnützigkeits-VO nachzuprüfen. Das Gleiche gilt im Fall der Ziff. 2 und 4 für die Anerkennung oder Zulassung der dort genannten Organe und gemeinnützigen Unternehmen. Wegen der Einzelheiten wird auf den Erl. RdF. S 2512 A – 40 III v. 31. 12. 31 (RStBl. 32 S. 30) verwiesen.

VI. Rechtsfähige Pensionskassen und sonstige Hilfskassen.

Schrifttum. Weisensee, Die steuerliche Behandlung der ... Kassen (Pensions-, Witwen-, Waisen- usw. Kassen), DStZ. 35 S. 709 (716); Frank, Das Steuerrecht der sozialen Kassen DStBl. 9 S. 1.

Nach Ziff. 7 sind von der Körperschaftsteuer befreit rechtsfähige Pensions-, Witwen-, Waisen-, Sterbe-, Kranken-, Unterstützungskassen und sonstige rechtsfähige Hilfskassen für Fälle der Not oder Arbeitslosigkeit nach näherer Anordnung des Reichsministers der Finanzen.

23. Verhältnis zum bisherigen Recht.

Die Befreiung nach Ziff. 7 erstreckt sich nur auf die rechtsfähigen Pensions- und sonstigen Hilfskassen. Nach § 9 Abs. 1 Nr. 10 KStG 1925 waren auch die nichtrechtsfähigen unter gewissen Voraussetzungen befreit. „Die Begünstigung dieser besonderen Kassen ist nur dann gerechtfertigt, wenn außer Zweifel gestellt ist, daß ihr Vermögen zugunsten der Hilfsbedürftigen gesichert ist. Diese Sicherung ist aber bei den nichtrechtsfähigen Hilfskassen nicht gegeben" (Begr. zu § 4 Abs. 6 RStBl. 35 S. 83).

„Die Steuerbefreiung von Pensionskassen und ähnlichen Kassen ist durch das KStG 1934 eingeschränkt worden. Steuerbefreit sind nur noch rechtsfähige Kassen. Wenn gewisse Vermögensteile zur Erfüllung sozialer Zwecke von der Besteuerung ausgenommen werden, kann — auch im Hinblick auf Erfahrungen in der Vergangenheit — nicht darauf verzichtet werden, daß die Erfüllung dieser sozialen Aufgaben durch stärkere Sicherungen zugunsten der Leistungsempfänger gewährleistet wird. Entsprechend dem Aufbau und der Wesensart der Kassen wird jetzt unterschieden zwischen Kassen mit Rechtsanspruch und Kassen ohne Rechtsanspruch der Leistungsempfänger. Kassen mit Rechtsanspruch werden dem Gesetz über die Berücksichtigung der privaten Versicherungsunternehmen und Bausparkassen vom 6. Juni 1931 (RGBl. I S. 315) gemäß beaufsichtigt. Für Kassen ohne Rechtsanspruch besteht eine solche allgemeine Berücksichtigung nicht. Welche Voraussetzungen zur Erlangung von Steuerbefreiung bei Kassen mit Rechtsanspruch der Leistungsempfänger gegeben sein müssen, ist im § 14 der I. KStDVO und, welche bei Kassen ohne Rechtsanspruch der Leistungsempfänger, im § 15 der I. KStDVO bestimmt" (WR 34 G Ziff. 4 Abs. 1, RStBl. 35 S. 408).

24. Begriffliche Voraussetzungen.

Nach der zu dem entsprechenden § 9 Abs. 1 Nr. 10 KStG 1925 ergangenen Entsch. des RFH. I A 347/28 v. 30. 10. 28 (E. 24 S. 173, RStBl. 28 S. 369, StW. 29 Nr. 119) fallen unter die Vorschrift nur solche Kassen, deren Leistungen dazu dienen sollen, in Zeiten helfend einzugreifen, in denen die wirtschaftliche Leistungsfähigkeit des Empfängers durch Wegfall der vollen Erwerbsfähigkeit (Pensionskassen) oder durch den Tod des Ernährers (Witwen- und Waisenkassen) erheblich beeinträchtigt ist oder wo gerade in dem Augenblick erheblicher Verringerung der Einnahmen außergewöhnlich hohe Ausgaben nötig werden (Sterbekassen). Daher sollen Pensions-, Witwen- und Waisenkassen unter die Befreiungsvorschrift fallen, auch wenn die Leistungen der Kasse im Einzelfall nicht vom Nachweis einer ausgesprochenen Not abhängig gemacht werden. Die Leistungen einer Pensionskasse müssen grundsätzlich in laufenden, im Regelfall lebenslänglichen Zahlungen bestehen. Eine einmalige Kapitalauszahlung entspricht nicht dem Pensionsgedanken, da sie die lebenslängliche Sicherheit des Bedachten nicht verbürgt (RFH. I A 410/27 v. 25. 10. 27, E. 22 S. 119, RStBl. 27 S. 262, StW. 27 Nr. 690). Nach RFH. I A 233/31 v. 8. 12. 31 (E. 30 S. 42, RStBl. 32 S. 499, StW. 32 Nr. 525) können unter Sterbekassen nur solche Einrichtungen verstanden werden, die eine einfache Versicherung auf den Todesfall betreiben, nicht dagegen solche Einrichtungen, die auf den Todes- und Erlebensfall versichern (gemischtes Lebensversicherungsgeschäft). Die Entsch. verweist dazu auf Manes, Versicherungslexikon S. 1199, wonach Sterbekassen Einrichtungen sind, die eine einfache Kapitalversicherung auf den Todesfall betreiben; sie bezwecken die Deckung der Beerdigungskosten ihrer Mitglieder und gewähren auch oft Unterstützungs- und Krankengelder. Sie unterscheiden sich von den sonstigen Lebensversicherungsbetrieben dadurch, daß sie den durch den Tod einer Person unmittelbar eintretenden Geldbedarf decken wollen, nicht auch den Hinterbliebenen die Mittel zur weiteren Versorgung gewähren wollen. Als eine Hilfskasse für die Fälle der Not oder Arbeitslosigkeit kann auch nicht ein Verein anerkannt werden, der die Vereinshilfe jedem Mitglied gewährt, gleichgültig, ob es sich in guter oder schlechter Lebenslage befindet. Daher wird in RFH. I A a 658/29 v. 14. 1. 30 (RStBl. 30 S. 145, StW. 30 Nr. 387) ein Versicherungsverein von Grundbesitzern a. G. gegen Prozeßkosten nicht als soziale Hilfskasse anerkannt. Eine Kasse, die verschiedene Versicherungsarten betreibt, ist nach RFH. I A 333/36 v. 8. 6. 37 (RStBl. 37 S. 989, StW. 37

Nr. 384) steuerbefreit, wenn alle Versicherungsarten unter § 9 Abs. 1 Nr. 10 KStG 1925 (§ 4 Abs. 1 Nr. 7 KStG 1934) fallen. Verfolge sie, wenn auch nebenher, Zwecke, die nicht unter die Befreiungsvorschrift fielen, so müsse die Steuerbefreiung versagt werden.

25. Die in den §§ 13—17 I. KStDVO geforderten Voraussetzungen.

Die unter Ziff. 7 genannten Hilfskassen sind nach näherer Anordnung des Reichsministers der Finanzen befreit. Diese Anordnungen sind in den §§ 13—17 I. KStDVO ergangen. Weiter hat der RdF. die Behandlung der Pensions- und Unterstützungskassen mit Wirkung ab der Veranlagung für das Kalenderjahr 1939 auch durch den Erl. v. 15.12.38 S 2513 — 40 III (RStBl. 38 S. 1181) geregelt.

a) § 13 I. KStDVO bestimmt die allgemeinen, für alle Hilfskassen geltenden Voraussetzungen:

„Rechtsfähige Pensionskassen und ähnliche rechtsfähige Kassen (rechtsfähige Witwen-, Waisen-, Sterbe-, Kranken-, Unterstützungskassen und sonstige rechtsfähige Hilfskassen für Fälle der Not oder Arbeitslosigkeit) sind von der Körperschaftsteuer unter den folgenden Voraussetzungen befreit:
1. Die Kasse muß für Zugehörige oder frühere Zugehörige eines einzelnen wirtschaftlichen Geschäftsbetriebs oder mehrerer miteinander verbundener Geschäftsbetriebe bestimmt sein. Zu den Zugehörigen im Sinn dieser Bestimmung rechnen auch deren Angehörige (§ 10 des StAnpG).
2. Die Mehrzahl der Personen, denen die Leistungen der Kasse zugute kommen sollen (Leistungsempfänger), darf sich nicht aus dem Unternehmer oder dessen Angehörigen und bei Gesellschaften nicht aus den Gesellschaftern oder deren Angehörigen zusammensetzen.
3. Bei Auflösung der Kasse darf ihr Vermögen satzungsmäßig nur den Leistungsempfängern oder deren Angehörigen zufallen oder für ausschließlich gemeinnützige oder mildtätige Zwecke verwendet werden.
4. Außerdem müssen bei Kassen mit Rechtsanspruch der Leistungsempfänger die Voraussetzungen der §§ 14, 16, bei Kassen ohne Rechtsanspruch der Leistungsempfänger die Voraussetzungen der §§ 15, 16 erfüllt sein."

Die Befreiungsvorschrift ist nunmehr auf die Betriebskassen eines einzelnen oder mehrerer wirtschaftlich miteinander verbundener wirtschaftlicher Geschäftsbetriebe beschränkt. Kassen, die von Angehörigen eines Berufs oder Standes oder von durch sonstige Merkmale verbundenen Personen ins Leben gerufen werden, können nicht unter die Befreiungsvorschrift der Ziff. 7 fallen, wenn das Merkmal der Bestimmung der Kasse für Zugehörige oder frühere Zugehörige eines oder mehrerer miteinander verbundener wirtschaftlicher Geschäftsbetriebe fehlt. Angehörige, die nach Satz 2 der Ziff. 1 zu den Zugehörigen im Sinn der Vorschrift zu rechnen sind, sind nach § 10 StAnpG die folgenden Personen: der Verlobte, der Ehegatte, auch wenn die Ehe nicht mehr besteht, Verwandte in gerader Linie und Verwandte zweiten und dritten Grades in der Seitenlinie, durch Annahme an Kindes Statt in gerader Linie Verbundene, Pflegeeltern und Pflegekinder.

Nach Ziff. 2 darf sich die Mehrzahl der Leistungsempfänger einer Kasse nicht aus dem Unternehmer oder dessen Angehörigen und bei Gesellschaften nicht aus den Gesellschaftern oder deren Angehörigen zusammensetzen. Dadurch werden Kassen von der Steuerbefreiung ausgeschlossen, die sich überwiegend als Hilfseinrichtung für den Unternehmer oder die Gesellschafter einer Gesellschaft darstellen. Der Grund ist klar, daß eine Kasse, soweit sie der Versorgung des Unternehmers oder der Gesellschafter dient, regelmäßig nicht soziale Zwecke verfolgt. Aus den gleichen Erwägungen hat der RFH. Unterstützungs-, Wohlfahrts- oder Pensionskassen im Sinn des § 14 Nr. 2 KStG 1925 nicht als vorliegend anerkannt, wenn die Pensionskasse einer Kapitalgesellschaft nur der Ruhestandsversorgung von Vorstandsmitgliedern (Geschäftsführern), die gleichzeitig an der Gesellschaft wesentlich beteiligt sind, dient (RFH. I A 140, 141/31 v. 19.5.31, E. 29 S. 3, RStBl. 31 S. 499, StW. 31 Nr. 925) oder wenn die Pensionskasse einer GmbH. ausschließlich zur Versorgung ihres Geschäftsführers, der zusammen mit seiner Ehefrau sämtliche Anteile der Gesellschaft besitzt, und der Familienangehörigen des Geschäftsführers eingerichtet ist. Beim Zusammentreffen von Gesellschafter- und Angestellteneigenschaft in der Person eines Leistungsempfängers muß für die Entscheidung nach Ziff. 2 die Angestellteneigenschaft des Gesellschafters sowohl für ihn wie für seine Angehörigen als Leistungsempfänger einer Betriebskasse unberücksichtigt bleiben. Wegen des Begriffs der gemeinnützigen und mildtätigen Zwecke vgl. Anm. 14 u. 15.

b) **Für rechtsfähige Hilfskassen mit Rechtsanspruch der Leistungsempfänger** bestimmt § 14 I. KStDVO:

„Für rechtsfähige Pensionskassen und ähnliche rechtsfähige Kassen, die den Leistungsempfängern einen Rechtsanspruch gewähren, müssen außer den in § 13 genannten noch die folgenden Voraussetzungen erfüllt sein:

1. Die Kasse muß als Versicherungsunternehmen nach dem Gesetz über die Berücksichtigung der privaten Versicherungsunternehmungen und Bausparkassen v. 6. Juni 1931 (RGBl. I S. 315) oder als öffentlich-rechtliche Versicherungsanstalt beaufsichtigt werden.

2. Der Betrieb der Kasse muß nach dem Geschäftsplan als soziale Einrichtung sichergestellt sein. Eine soziale Einrichtung im Sinn dieser Bestimmung liegt insbesondere dann nicht vor, wenn

a) das Arbeitseinkommen der Mehrzahl der Leistungsempfänger den Betrag von 6 000 RM. jährlich übersteigt oder

b) die Leistungen der Kasse die folgenden Beträge übersteigen:

   als Pension . . . . 4 000 RM. jährlich,
   als Witwengeld . . . . . . 3 000 RM. jährlich,
   als Waisengeld . . . . . . 1 200 RM. jährlich für jede Waise,
   als Sterbegeld. . . . . . . 500 RM. als Gesamtleistung."

Durch die Einführung von Höchstgrenzen für die Leistungen der Kasse ist der vom RFH. ausgesprochene Grundsatz Gesetz geworden, daß ein Versicherungsverein a. G., der die Lebensversicherung betreibt, höchstens dann zu den sozialen Kassen des § 9 Abs. 1 Nr. 10 KStG 1925 gehören könne, wenn die Versicherungssummen auf einen geringeren Höchstbetrag beschränkt würden (RFH. I A 865/29 v. 11. 2. 30, RStBl. 30 S. 166, StW. 30 Nr. 552 und I A 225/33 v. 11. 7. 33, RStBl. 33 S. 1054, StW. 34 Nr. 243). Nach neuem Recht können derartige Versicherungsunternehmen nur dann noch die Befreiung aus Ziff. 7 in Anspruch nehmen, wenn sie die Voraussetzungen der §§ 13, 14—16 I. KStDVO erfüllen, also insbesondere eine Betriebseinrichtung darstellen.

c) **Für rechtsfähige Hilfskassen ohne Rechtsanspruch der Leistungsempfänger** bestimmt § 15 I. KStDVO:

„Für rechtsfähige Unterstützungskassen und sonstige rechtsfähige Hilfskassen für Fälle der Not oder Arbeitslosigkeit, die den Leistungsempfängern keinen Rechtsanspruch gewähren, müssen außer den im § 13 genannten noch die folgenden Voraussetzungen erfüllt sein:

1. Die ausschließliche oder unmittelbare Verwendung des Vermögens und der Einkünfte der Kasse muß satzungsmäßig und tatsächlich für die Zwecke der Kasse dauernd gesichert sein.

2. Die Gefolgschaft darf zu laufenden Beiträgen oder zu sonstigen Zuschüssen nicht verpflichtet sein.

3. Der Gefolgschaft oder den Vertrauensmännern der Gefolgschaft muß satzungsmäßig und tatsächlich das Recht zustehen, an der Verwaltung sämtlicher Beträge, die der Kasse zufließen, beratend mitzuwirken."

Ausschließlichkeit im Sinn der Ziff. 1 bedeutet, daß Vermögen und Einkünfte der Kasse nach Satzung und tatsächlicher Geschäftsführung nur für den sozialen Zweck verwendet werden dürfen. Die unmittelbare Verwendung liegt nur vor, wenn die Kasse selbst die sozialen Zwecke durchführt und nicht etwa einer anderen Kasse oder Körperschaft die Mittel zur Verwendung für soziale Zwecke zuführt. Im übrigen vgl. wegen Ausschließlichkeit Anm. 17 Abs. 1, wegen Unmittelbarkeit Anm. 18 und wegen der Satzung und tatsächlichen Geschäftsführung Anm. 19 Abs. 1 und 20.

d) **Erfüllung der Voraussetzungen.**

Hinsichtlich des Eintritts der Steuerbefreiung nach Erfüllung der Voraussetzungen bestimmt § 16 I. KStDVO:

Anmerkung 25..

„Werden die in den §§ 13—15 genannten Voraussetzungen erst im Lauf eines Kalender-(Wirtschafts-)jahrs erfüllt, so tritt die Steuerbefreiung erst mit dem Beginn des folgenden Kalender-(Wirtschafts-)jahres ein."

Nach Errichtung einer rechtskräftigen Pensionskasse usw. müssen also die in der I. KStDVO geforderten Voraussetzungen während eines ganzen Kalender-(Wirtschafts-)jahrs vorgelegen haben; es wird daher Steuerbefreiung immer nur für einen vollen Veranlagungszeitraum, nicht für einen Teil des Veranlagungszeitraums gewährt. Diese Regelung gilt nach § 17 I. KStDVO erst für die Veranlagungen ab 1936.

In den VR 36 G III Ziff. 1 a Abs. 2 (RStBl. 37 S. 256) hat der RdF. angeordnet, daß Kassen, die im Kalenderjahr 1936 gegründet sind und die Voraussetzungen für die Steuerbefreiung erfüllen, schon bei der Veranlagung für das Kalenderjahr 1936 als steuerfrei zu behandeln sind. Diese Anordnung stellt eine Ausnahme von der Regel des § 16 I. KStDVO dar. Hierbei ist nach Anordnung des RdF. zu beachten:

„a) Die Erleichterung gilt nicht nur für neugegründete Kassen, sondern auch für bereits bestehende Kassen, die erst im Lauf des Kalenderjahrs 1936 umgestellt worden sind. Voraussetzung ist, daß die bestehenden Kassen nach den bisherigen Vorschriften von der Körperschaftsteuer befreit waren;

b) die Gründung oder Umstellung der Kasse muß für das Kalenderjahr 1935 (Wirtschaftsjahr 1934/35) oder für das Kalenderjahr 1936 (Wirtschaftsjahr 1935/36) beschlossen worden sein;

c) es ist nicht notwendig, daß der Beschluß über die Gründung oder Umstellung der Kasse gleichzeitig mit dem Beschluß über das Geschäftsergebnis der Kasse gefaßt worden ist;

d) in jedem Fall müssen die Unternehmen und die Kassen bis zum 31. 12. 36 alle Maßnahmen getroffen haben, um die für die Steuerfreiheit vorgesehenen Voraussetzungen zu erfüllen."

Nach den VR 37 H III 1 a (RStBl. 38 S. 232, s. Anh. 17) gilt für die in den Kalenderjahren 1937 und 1938 gegründeten und umgestellten Kassen Entsprechendes.

e) Übergangsregelung.

Eine Übergangsregelung enthält § 17 I. KStDVO:

„Bei der Veranlagung für die Kalenderjahre 1934 und 1935 sind für die Pensions-, Witwen-, Waisen-, Sterbe-, Kranken- und Unterstützungskassen und sonstige Hilfskassen für Fälle der Not oder Arbeitslosigkeit die Steuerbefreiungsvorschriften des § 9 Abs. 1 Nr. 10 des KStG v. 10. August 1925 (RGBl. S. 208) anzuwenden."

In den VR 37 H III 1 a Abs. 3 (RStBl. 38 S. 233, s. Anh. 17) hat der RdF. eine Verlängerung der Gültigkeit der Übergangsvorschrift angeordnet, weil die Umstellung der Hilfskassen auf die neuen Voraussetzungen der Steuerbefreiung eine lange Frist erfordert. Es sind daher bei der Veranlagung zur Körperschaftsteuer für die Kalenderjahre 1936 bis 1938 noch die Vorschriften des § 9 Abs. 1 Nr. 10 KStG 1925 anzuwenden. Diese Steuerfreiheit gilt aber nach der Anordnung des RdF. nur für Kassen, die am 1. Januar 1936 bereits bestanden und auch schon damals die Voraussetzungen des § 9 Abs. 1 Nr. 10 a. a. O. erfüllt haben. Die Übergangsregelung erstreckt sich auf rechtsfähige und nichtrechtsfähige Kassen. **§ 9 Abs. 1 Nr. 10 KStG 1925** lautet:

„Von der Körperschaftsteuer sind befreit rechtsfähige Pensions-, Witwen-, Waisen-, Sterbe-, Kranken-, Unterstützungs- und sonstige Hilfskassen für die Fälle der Not oder der Arbeitslosigkeit; das gleiche gilt für nichtrechtsfähige Kassen dieser Art, wenn die dauernde Verwendung der Einkünfte für die Zwecke der Kasse und für den Fall der Auflösung einer Kasse die Verwendung ihres Kapitals für entsprechende Zwecke gesichert ist."

Als Mindesterfordernisse, die an eine nichtrechtsfähige Wohlfahrtskasse zu stellen sind, hat der RFH. verlangt, daß die Kasse ein greifbares Gebilde mit eigener Form und einer gewissen Selbständigkeit gegenüber dem Gesamtbetrieb darstellt. Es muß sichergestellt sein, daß die Mittel der Kasse für keinen anderen Zweck verwendet werden und ihre Verwendung nicht von dem einstigen Belieben der Gründerin der Kasse abhängt. Es muß also entweder ein rechtlicher Zwang zur

Verwendung der Mittel beim Eintritt bestimmter Voraussetzungen festgelegt werden oder es müssen dort, wo das bedenklich oder untunlich erscheint, Sicherungen anderer Art geschaffen werden, um die Selbständigkeit der Stiftung gegenüber der Stifterin zu gewährleisten. Dazu gehört grundsätzlich, daß die Bedachten, also meist die Angestellten und Arbeiter von der Stiftung und deren Satzung Kenntnis haben und daß mindestens ein Vertreter der Bedachten Einblick und Einfluß auf die laufende Verwaltung erhält. Es müssen ferner der Kreis der Mitglieder der Kasse sowie Voraussetzungen und Höhe der Kassenleistungen genau festgelegt sein (vgl. u. a. RFH. I A 39/23 v. 29. 5. 23, E. 12 S. 231, StW. 23 Nr. 776 und 938, I A 659/29 v. 11. 2. 30, RStBl. 30 S. 272, StW. 30 Nr. 872, I A 96/30 v. 6. 5. 30, RStBl. 30 S. 445, StW. 30 Nr. 1114 und I A 137/37 v. 25. 5. 37, RStBl. 37 S. 957, StW. 37 Nr. 385).

In den VR 34 G Ziff. 4 Abs. 4 (RStBl. 35 S. 408) wird darauf hingewiesen, daß **Unterstützungsfonds**, die nach dem KStG 1925 als steuerfrei anerkannt worden sind, auch bei der Veranlagung für die Kalenderjahre 1934 und 1935 steuerfrei bleiben dürfen, wenn die Voraussetzungen, die nach dem KStG 1925 erforderlich sind, unbedingt fortbestehen und die Fonds nur zu den Zwecken verwendet werden, für die sie bestimmt sind. Nach den VR 37 H III 1 b (RStBl. 38 S. 233, s. Anh. 17) gilt dies auch noch bei der Veranlagung für die Kalenderjahre 1936 bis 1938. Unter einem **Fonds** ist ein aus dem Vermögen des Unternehmens für besondere Zwecke ausgeschiedener Vermögensbestandteil zu verstehen, der bilanzmäßig besonders ausgewiesen wird.

f) Wegen der **Abzugsfähigkeit von Zuwendungen** an Pensions- und ähnliche Kassen des Betriebs vgl. Anm. 17 d Abs. 1 zu § 6 KStG (§ 4 EStG).

VII. Keine persönliche Befreiung bei beschränkter Steuerpflicht.

26. Ausschluß der Befreiung hinsichtlich steuerabzugspflichtiger Einkünfte.

Nach § 4 Abs. 2 KStG sind die Befreiungen nach Abs. 1 nicht anzuwenden, soweit die inländischen Einkünfte dem Steuerabzug unterliegen (§ 2 Ziff. 2). Die nach Abs. 1 persönlich befreiten Körperschaften, Personenvereinigungen und Vermögensmassen haben also auf Grund ihrer persönlichen Befreiung keinen Anspruch auf Erstattung von Kapitalertragsteuer, die von ihren steuerabzugspflichtigen Einkünften einbehalten worden ist. Dadurch ist der objektsteuerartige Charakter des Steuerabzugs auch im geltenden Recht gewährt. Auch bisher konnten die Steuerabzugsbeträge von Einkünften, die dem Reich, einem Land, einer Gemeinde, der Deutschen Reichspost usw. zuflossen, nicht erstattet werden (vgl. auch Anm. 24 zu § 2 KStG).

27. Ausschluß der Befreiung für beschränkt steuerpflichtige Körperschaften.

Nach § 4 Abs. 3 KStG sind wie nach § 9 Abs. 2 Satz 2 KStG 1925 die persönlichen Befreiungen nach Abs. 1 Ziff. 3 bis 7 auf Steuerpflichtige, deren Sitz oder Ort der Leitung im Ausland liegt (beschränkt Steuerpflichtige im Sinn des § 2 Ziff. 1) nicht anzuwenden. Die in Abs. 1 Ziff. 1—2 aufgeführten Körperschaften haben ihren Sitz im Inland, sie kommen also für eine beschränkte Steuerpflicht nach § 2 Ziff. 1 des Gesetzes nicht in Frage. Auch im übrigen bleiben nach Abs. 3 die Befreiungen des Abs. 1 nur auf inländische Körperschaften anwendbar. Ausgeschlossen ist jedoch nicht, daß die Befreiungen auch auf ausländische Körperschaften gemäß § 9 StAnpG auf Grund völkerrechtlicher Vereinbarungen anzuwenden sind (vgl. Anm. 28 a).

VIII. Außerhalb des KStG geregelte persönliche Befreiungen.

28. a) Die **Befreiung aus völkerrechtlichen Gründen**, die in § 9 Abs. 1 Nr. 11 KStG 1925 enthalten war, ist in **§ 9 StAnpG** übernommen worden. Dieser lautet:

Anmerkung 26—28. 151

„Von den Steuern vom Einkommen und vom Vermögen sind Personen, Personenvereinigungen, Körperschaften und Vermögensmassen insoweit befreit, als ihnen ein Anspruch auf Befreiung von diesen Steuern zusteht
1. nach allgemeinen völkerrechtlichen Grundsätzen unter Wahrung der Gegenseitigkeit oder
2. nach besonderer Vereinbarung mit anderen Staaten."
§ 9 Abs. 1 Nr. 11 KStG 1925 kam bereits bei der Veranlagung für das Kalenderjahr 1934 nicht mehr zur Anwendung (§ 24 Abs. 1 KStG). Zu Ziff. 2 wird hinsichtlich der Doppelbesteuerung auf Anm. 6 zu § 2 KStG verwiesen.

b) Von der Körperschaftsteuer sind weiter befreit.
aa) die Zündwarenmonopolgesellschaft nach § 6 Abs. 6 des Zündwarenmonopolgesetzes v. 29. 1. 30 (RGBl. I S. 11, 12),

bb) die Deutsche Siedlungsbank und die preußische Landesrentenbank nach § 4 Abs. 1 Ziff. 1 des Gesetzes zur Förderung der landwirtschaftlichen Siedlung v. 31. 3. 31 (RGBl. I S. 122),

cc) die Konversionskasse für deutsche Auslandsschulden nach § 2 Abs. 3 des Gesetzes über Zahlungsverbindlichkeiten gegenüber dem Ausland v. 9. 6. 33 (RGBl. I S. 349),

dd) Unternehmen zur Entwicklung neuer Herstellungsverfahren oder zur Herstellung neuartiger Erzeugnisse nach der dem RdF. erteilten Ermächtigung auf Grund des **§ 3 des Gesetzes über Steuererleichterungen v. 15. 7. 33** (RGBl. I S. 491).
Dieser lautet:
„Steuerfreiheit für neue Unternehmungen
Der Reichsminister der Finanzen wird ermächtigt, Unternehmen zur Entwicklung neuer Herstellungsverfahren oder zur Herstellung neuartiger Erzeugnisse, wenn dafür ein überwiegendes Bedürfnis der gesamten Deutschen Volkswirtschaft anerkannt wird, für eine von ihm zu bestimmende Zeit von den laufenden Steuern des Reichs und der Länder, die vom Einkommen, vom Vermögen oder vom Umsatz erhoben werden, ganz oder teilweise zu befreien.
Ob ein überragendes Bedürfnis der gesamten Deutschen Volkswirtschaft im Sinn dieses Gesetzes vorliegt, wird im Einzelfall durch den Reichsminister der Finanzen im Benehmen mit dem Reichswirtschaftsminister, dem Reichsminister für Ernährung und Landwirtschaft und dem Reichsarbeitsminister bestimmt.
Die Freistellung von Steuern darf nicht zu einem unmittelbaren Wettbewerb mit Unternehmen, die am 15. Juli 1933 in der Deutschen Volkswirtschaft bereits bestanden haben, führen."
Den Umfang der Steuerbefreiung und den Zeitraum, für den die Steuerbefreiung gewährt wird, bestimmt der RdF. bei Reichs- und Landessteuern. Seine Entscheidung ist endgültig. Rechtsmittel dagegen sind nicht gegeben. Erläuterungen zu dieser Befreiungsvorschrift enthält der Erl. RdF. v. 20. 8. 33 S 2199—9 III/S 2174 — 10 III/S 1966 A — 11 III unter C (RStBl. 33 S. 819 [832 ff.]), auf den verwiesen wird.

ee) die öffentlichen Spielbanken nach § 2 der Zweiten VO über die öffentlichen Spielbanken v. 18. 8. 33 (RGBl. I S. 593),

ff) der Umschuldungsverband Deutscher Gemeinden nach § 1 Abs. 3 des Gesetzes über die Umwandlung kurzfristiger Inlandsschulden der Gemeinden (Gemeindeumschuldungsgesetz) v. 21. 9. 33 (RGBl. I S. 647),

gg) der Werberat der Deutschen Wirtschaft und die von ihm gegründeten Vereinigungen mit ausschließlich und unmittelbar gemeinnützigen Zwecken, sofern diese Vereinigungen keinen über die Vermögensverwaltung hinausgehenden wirtschaftlichen Geschäftsbetrieb unterhalten, nach § 3 der Zweiten VO zur Durchführung des Gesetzes über Wirtschaftswerbung v. 27. 10. 33 (RGBl. I S. 791),

hh) der Zweckverband Reichsparteitag nach § 8 des Gesetzes v. 29. 3. 35 (RGBl. I S. 459).

II. Einkommen.

1. Allgemeines.

§ 5.

(1) Die Körperschaftsteuer bemißt sich nach dem Einkommen, das der Steuerpflichtige innerhalb eines Kalenderjahrs bezogen hat.

(2) Weicht bei Steuerpflichtigen, die Bücher nach den Vorschriften des Handelsgesetzbuchs zu führen verpflichtet sind und solche tatsächlich ordnungsmäßig führen, das Wirtschaftsjahr, für das sie regelmäßig Abschlüsse machen, vom Kalenderjahr ab, so gilt der Gewinn aus Gewerbebetrieb als in dem Kalenderjahr bezogen, in dem das Wirtschaftsjahr endet. Das gilt entsprechend bei buchführenden Steuerpflichtigen, die Land- und Forstwirtschaft betreiben.

Inhaltsübersicht.

1. Bedeutung und Verhältnis zum bisherigen Recht.
   - I. Veranlagungszeitraum (Abs. 1).
2. Kalenderjahr als Veranlagungszeitraum.
3. Veranlagungszeitraum bei Beginn und Ende der persönlichen Steuerpflicht.
   - II. Bedeutung des Wirtschaftsjahrs bei buchführungspflichtigen Steuerpflichtigen (Abs. 2).
4. Buchführungspflichtige Steuerpflichtige.
5. Ordnungsmäßige Buchführung.
6. Regelmäßige Abschlüsse.
7. Bedeutung des Absatz 2 Satz 1.
8. Verkürzung des Wirtschaftsjahrs bei
   a) Eröffnung eines Betriebs.
   b) Aufgabe eines Betriebs.
   c) Verlegung des Geschäftsjahrs; Übergang zur Buchführung.
9. Buchführung ohne handelsrechtliche Buchführungspflicht.
10. Buchführende Körperschaften, die Land- und Forstwirtschaft betreiben (Abs. 2 Satz 2).

1. Bedeutung und Verhältnis zum bisherigen Recht.

§ 5 KStG bestimmt zunächst als Bemessungsgrundlage der Körperschaftsteuer das Einkommen (Steuerobjekt, sachliche Steuerpflicht) und legt weiter den Zeitraum fest, der für die Berechnung des Einkommens maßgebend ist. Hinsichtlich dieses Besteuerungszeitraums entspricht die Vorschrift dem § 12 KStG 1925. Der Begriff des Steuerabschnitts, wie er bisher gegolten hat, ist aufgegeben worden. Die Begründung zu den dem § 5 KStG entsprechenden Vorschriften des § 2 Abs. 1 und Abs. 5 EStG 1934 (RStBl. 35 S. 35) führt dazu aus: „Der Begriff des Einkommens setzt die Beziehung zu einem Zeitraum voraus im Gegensatz zum Vermögensbegriff, der Beziehung zu einem Zeitpunkt zur Voraussetzung hat. Eine der wichtigsten Bestimmungen eines jeden Einkommensteuergesetzes ist daher die Bestimmung des Zeitraums, innerhalb dessen das Einkommen, das zur Steuer herangezogen werden soll, bezogen sein muß. Das EStG 1925 hat den Begriff des Steuerabschnitts eingeführt und die für die einzelnen Steuerpflichtigen vorgesehenen Steuerabschnitte (bei Landwirten und buchführenden Gewerbetreibenden das Wirtschaftsjahr, sonst das Kalenderjahr) auch hinsichtlich der Einkünfte für maßgebend erklärt, die der Steuerpflichtige neben Einkünften aus Land- oder Forstwirtschaft oder aus Gewerbebetrieb bezogen hat. Das EStG 1934 ist von dem Begriff des „Steuerabschnitts" abgegangen, und zwar hauptsächlich im Hinblick auf die zahlreichen Zweifelsfragen, die sich bei Übergangsfällen (Tod, Aufgabe eines Betriebs usw.) sowie in den Fällen ergaben, in denen bei einem Steuerpflichtigen mehrere vom Kalenderjahr abweichende Wirtschaftsjahre vorliegen. § 2 Abs. 1 u. 5 sehen daher vor, daß die Einkommensteuer nach dem Einkommen bemessen wird, das der Steuerpflichtige innerhalb eines Kalenderjahrs bezogen hat. Den besonderen Belangen der buchführenden Gewerbetreibenden und der Land- und Forstwirte ist dadurch Rechnung getragen worden, daß bei ihnen der Gewinn aus Land- und Forstwirtschaft oder Gewerbebetrieb als in dem Kalenderjahr bezogen gilt, in dem das Wirtschaftsjahr endet. Hierbei gilt für die Land- und Forstwirtschaft als Wirtschaftsjahr der Zeitraum vom 1. Juli bis 30. Juni. Zur Klarstellung sei in diesem Zusammenhang darauf hingewiesen, daß für bestimmte landwirtschaftliche Spezialbetriebe abweichende Wirtschaftsjahre durch die Durchführungs-Verordnung zugelassen werden (z. B. für reine Weidebetriebe und reine Viehzuchtbetriebe als Wirtschaftsjahr der Zeitraum vom 1. Mai bis 30. April)."

I. Veranlagungszeitraum (Abs. 1).

2. Das Kalenderjahr als Veranlagungszeitraum.

Theoretisch wird zwischen dem Ermittlungszeitraum und dem Erhebungszeitraum unterschieden. Der erste ist der Zeitraum, dessen Ergebnis als Bemessungsgrundlage dient, der letzte ist derjenige, für den die Steuer erhoben wird. Beide Abschnitte sollten bereits nach dem KStG 1925 und EStG 1925 grundsätzlich in dem „Steuerabschnitt" zusammenfallen. Nach dem KStG 1934 und EStG 1934 bemißt sich die Körperschaft- bzw. Einkommensteuer einheitlich nach dem Einkommen, das ein Steuerpflichtiger innerhalb eines Kalenderjahrs bezogen hat (§ 5 Abs. 1 KStG, § 2 Abs. 1 EStG). Anderseits wird nach § 25 Abs. 1 EStG, der nach § 20 KStG auf die Veranlagung zur Körperschaftsteuer entsprechend anzuwenden ist, die Einkommensteuer nach Ablauf des Kalenderjahrs nach dem Einkommen veranlagt, das der Steuerpflichtige in diesem Kalenderjahr bezogen hat. Die Veranlagung zur Einkommen- und Körperschaftsteuer erfolgt also nunmehr für das Kalenderjahr nach dem in dem gleichen Kalenderjahr bezogenen Einkommen. Das Kalenderjahr ist demnach einheitlicher Veranlagungszeitraum im Sinn des Ermittlungszeitraums und des Erhebungszeitraums (vgl. auch ErgR 34 D II RStBl. 35 S. 790). Dies gilt grundsätzlich auch in den Fällen des § 5 Abs. 2 KStG und § 2 Abs. 5 EStG, die dem Umstand Rechnung tragen, daß Steuerpflichtige mit ordnungsmäßiger kaufmännischer Buchführung oder buchführende Land- und Forstwirte ihre Abschlüsse für ein Wirtschaftsjahr machen, das vom Kalenderjahr abweicht. In diesen Fällen gilt der in dem vom Kalenderjahr abweichenden Wirtschaftsjahr erzielte gewerbliche usw. Gewinn als in dem Kalenderjahr bezogen, in dem das Wirtschaftsjahr endet. Das Einkommen solcher Steuerpflichtiger bemißt sich also ebenfalls nach dem Kalenderjahr, wobei als gewerblicher oder land- und forstwirtschaftlicher Gewinn das Ergebnis des Wirtschaftsjahrs anzusetzen ist, das in dem für die Einkommensermittlung maßgebenden Kalenderjahr endet (s. dazu Anm. 7). Dieser Regelung entspricht es auch, daß nach § 3 Abs. 5 Ziff. 1 c StAnpG die Steuerschuld bei der Einkommensteuer und Körperschaftsteuer für die veranlagte Steuer mit Ablauf des Kalenderjahrs, für das die Veranlagung vorgenommen wird, entsteht. Bezieht also eine Körperschaft ausschließlich Einkünfte aus einem Gewerbebetrieb, dessen Wirtschaftsjahr vom Kalenderjahr abweicht, so entsteht die Steuerschuld für die veranlagte Körperschaftsteuer nicht bereits mit dem Ablauf eines Wirtschaftsjahrs, sondern erst mit Ablauf des Kalenderjahrs als des allein maßgebenden Veranlagungszeitraums, in dem das Wirtschaftsjahr geendet hat.

3. Veranlagungszeitraum bei Beginn und Ende der persönlichen Steuerpflicht.

Die Aufstellung des Kalenderjahrs als einheitlichen Veranlagungszeitraums hat zur Folge, daß dieser grundsätzlich 12 Monate umfaßt und daß sich während des Bestehens der persönlichen Steuerpflicht ein Veranlagungszeitraum ohne Lücke an den anderen anreiht. Es kann also zwischen 2 Veranlagungszeiträumen weder ein freier Zeitraum liegen, noch können sich 2 Veranlagungszeiträume teilweise decken. Ein Veranlagungszeitraum, der weniger als 12 Monate umfaßt, kann nur entstehen bei Beginn und Ende der persönlichen Steuerpflicht, wenn der Beginn der persönlichen Steuerpflicht nicht mit dem Beginn eines

Kalenderjahrs zusammenfällt oder wenn die persönliche Steuerpflicht in einem anderen Zeitpunkt als dem Ende des Kalenderjahrs erlischt. Es ist selbstverständlich, daß der erste Veranlagungszeitraum einer von Anbeginn steuerpflichtigen Körperschaft erst mit ihrer Entstehung beginnt, auch wenn diese in die Mitte eines Kalenderjahrs fällt. Dabei kommt es auf die Entstehung im Sinn des Steuerrechts, nicht im Sinn des bürgerlichen Rechts an (vgl. Anm. 29 zu § 1 KStG). Von Bedeutung ist dies für die Festsetzung der Vorauszahlungen nach § 36 Abs. 2 EStG. Aber auch wenn eine bereits bestehende Körperschaft neu persönlich steuerpflichtig wird, etwa wegen Wegfall der persönlichen Befreiung nach § 4 KStG, beginnt der Veranlagungszeitraum erst mit dem Eintritt der Steuerpflicht. Die Erlangung der Rechtsfähigkeit für einen Verein bedeutet keine Entstehung einer neuen Körperschaft. Dagegen ist auch bei Umwandlung einer Kapitalgesellschaft in eine andere ohne Abwicklung in der durch Umwandlung gebildeten Kapitalgesellschaft steuerlich eine neue Rechtsperson zu erblicken (vgl. Anm. 2 zu § 15 KStG). Beim Wegfall der persönlichen Steuerpflicht, der sowohl durch die Auflösung der Körperschaft als auch durch Eintritt der persönlichen Befreiung eintreten kann, dauert der letzte Veranlagungszeitraum vom Beginn des Kalenderjahrs, in dem die Steuerpflicht wegfällt, bis zum Eintritt des Ereignisses, das die persönliche Steuerpflicht beendet. Die Auflösung einer Kapitalgesellschaft kommt als Grund des Erlöschens der Steuerpflicht nur dann in Frage, wenn sie ohne Abwicklung erfolgt (vgl. § 14 KStG). Für die Beendigung des Veranlagungszeitraums durch Wegfall der Steuerpflicht bedeutet es keinen Unterschied, ob es sich um Beginn und Ende der beschränkten oder unbeschränkten Steuerpflicht handelt. Wegen des Übergangs von der beschränkten zur unbeschränkten Steuerpflicht und umgekehrt vgl. Anm. 4 zu § 2 KStG. Dem Umstand, daß ein Veranlagungszeitraum auch kürzer als 12 Monate sein kann, trägt § 25 Abs. 2 EStG, der nach § 20 KStG auch auf die Veranlagung zur Körperschaftsteuer anzuwenden ist, Rechnung. Danach wird, wenn die Steuerpflicht nicht während des vollen Kalenderjahrs bestanden hat, das während der Dauer der Steuerpflicht bezogene Einkommen zugrunde gelegt. In diesem Fall kann die Veranlagung bei Wegfall der Steuerpflicht sofort vorgenommen werden.

Nach neuem Recht beeinflußt also nur noch der Beginn und Wegfall der persönlichen Steuerpflicht die Dauer des Veranlagungszeitraums. Dagegen haben andere während des Bestehens der Steuerpflicht eintretende Ereignisse, die bisher eine Änderung des Steuerabschnitts herbeiführten, wie die Verlegung des Geschäftsjahrs eines buchführenden Betriebs, die Aufnahme einer Buchführung mit einem vom Kalenderjahr abweichenden Wirtschaftsjahr, die Einstellung eines von mehreren Betrieben mit einem besonderen Geschäftsjahr u. a. auf das Kalenderjahr als Veranlagungszeitraum keinen Einfluß mehr. Auch die Eröffnung des Konkurses, die nach der Rechtsprechung des RFH. zum EStG 1925 zwar nicht die Einkommensteuerpflicht beseitigt, wohl aber den laufenden Steuerabschnitt beendet hat (vgl. RFH. E. 23/70), berührt nach obigen Grundsätzen den Veranlagungszeitraum nicht. Auch wird nach RFH. VI 687/37 v. 22. 6. 38 (E. 44 S. 162, RStBl. 38 S. 669, StW. 38 Nr. 401) durch die Konkurseröffnung für einen Gewerbebetrieb des Gemeindeschuldners das einkommensteuerrechtlich maßgebende Wirtschaftsjahr nicht beendet. AG., GmbH. und Erwerbs- und Wirtschaftsgenossenschaften werden durch die Eröffnung des Konkursverfahrens kraft Gesetzes aufgelöst (§ 201 Abs. 1 Ziff. 3 AktG, § 60 Abs. 1 Ziff. 4 GmbHG, § 101 GenG), ohne daß eine Abwicklung oder Liquidation stattfindet (§ 205 Abs. 1 AktG, § 66 Abs. 1 GmbHG). Die Gesellschaften usw. gelten bürgerlichrechtlich bis zur Beendigung des Konkursverfahrens noch als fortbestehend und steuerrechtlich sind sie für das im Konkurs befangene Vermögen Träger der Einkünfte (s. Anm. 21 a Abs. 2 zu § 1 KStG). Es ist daher auch für die Körperschaftsteuer anzunehmen, daß das bei der Konkurseröffnung laufende Wirtschaftsjahr durch diese nicht beendet wird. Da die Regelung des § 14 KStG ausdrücklich nur für die Auflösung von Kapitalgesellschaften mit Abwicklung (Liquidation) gilt, sind die genannten Gesellschaften auch während des Konkursverfahrens mit dem Ergebnis des Massevermögens laufend weiter zu besteuern. Rechtsfähige Vereine und rechtsfähige Stiftungen verlieren durch die Konkurseröffnung die Rechtsfähigkeit (§§ 42, 86 BGB). Fällt ihr Vermögen nach Verlust der Rechtsfähigkeit nicht an den Fiskus, sondern an in der Satzung bestimmte Personen, dann muß eine Liquidation stattfinden (§§ 47, 88 BGB). Bis zur Beendigung der Liquidation gelten Verein und Stiftung bürgerlich-rechtlich als fortbestehend und laufen auch Veranlagungszeitraum und u. U. das Wirtschaftsjahr eines vorhandenen Betriebs unverändert weiter.

II. Bedeutung des Wirtschaftsjahrs bei buchführungspflichtigen Steuerpflichtigen (§ 5 Abs. 2).

4. Buchführungspflichtige Steuerpflichtige.

Weicht bei Steuerpflichtigen, die Bücher nach den Vorschriften des HGB zu führen verpflichtet sind und solche tatsächlich führen, das Wirtschaftsjahr, für das sie regelmäßig Abschlüsse machen, vom Kalenderjahr ab, so gilt nach § 5 Abs. 2 KStG der Gewinn aus Gewerbebetrieb als in dem Kalenderjahr bezogen, in dem das Wirtschaftsjahr endet. Die Steuerpflichtigen müssen zur Führung von Büchern nach den Vorschriften des HGB verpflichtet sein. Nach § 38 Abs. 1 HGB ist jeder Kaufmann verpflichtet, Bücher zu führen und in diesen seine Handelsgeschäfte und die Lage seines Vermögens nach den Grundsätzen ordnungsmäßiger Buchführung ersichtlich zu machen. Die Buchführungspflicht nach dem HGB obliegt also jedem Kaufmann mit Ausnahme der Minderkaufleute im Sinn des § 4 HGB, und zwar jedem Kaufmann kraft Gesetzes nach § 1 HGB und jedem Kaufmann kraft Eintragung im Handelsregister nach den §§ 2 und 3 Abs. 2 HGB. Die hinsichtlich der Kaufleute gegebenen Vorschriften und damit auch die Verpflichtung zur Führung ordnungsmäßiger Bücher finden auch auf Handelsgesellschaften Anwendung (§ 6 Abs. 1 HGB). Als solche kommen ohne Rücksicht auf den Gegenstand des Unternehmens kraft ihrer Rechtsform in Frage die AG. nach § 3 AktG, bisher nach § 210 Abs. 2 HGB, die KoGaA. § 219 Abs. 3 AktG, bisher nach § 320 Abs. 3 HGB und GmbH. nach § 13 Abs. 3 GmbHG. Als Kaufleute gelten auch die eingetragenen Erwerbs- und Wirtschaftsgenossenschaften nach § 17 Abs. 2 GenG und die Versicherungsvereine auf Gegenseitigkeit nach § 16 des Gesetzes über die privaten Versicherungsunternehmungen v. 12. 5. 01 (RGBl. S. 139) mit Ausnahme der kleineren Vereine im Sinn des § 53 a. a. O. Diese Körperschaften sind buchführungspflichtig, auch wenn der Gegenstand ihres Unternehmens nicht im Betrieb eines Handelsgewerbes oder sonstigen Gewerbes besteht oder ihr Betrieb nicht über den Umfang des Kleingewerbes hinausgeht. Dagegen sind Vollkaufleute die sonstigen juristischen Personen des privaten und öffentlichen Rechts, sofern sie ein unter § 1 HGB fallendes Gewerbe betreiben, es sei denn, daß der Betrieb über den Umfang des Kleingewerbes nicht hinausgeht (§ 4 HGB), oder wenn sie einen unter § 2 oder § 3 HGB fallenden Betrieb haben und in das Handelsregister eingetragen sind (z. B. RFH. I A 98/25 v. 28. 9. 25, E. 17 S. 179, StW. 25 Nr. 706 für eine öffentliche Sparkasse). Indessen brauchen sich Unternehmen des Reichs, eines Landes und von Kommunalverbänden nach § 36 HGB nicht eintragen zu lassen. In den BR 37 H I 2 (RStBl. 38 S. 230 f. Anh. 17) wird darauf hingewiesen, daß öffentliche Betriebe ihre Abschlüsse nach der Haushaltsatzung vielfach auf das Rechnungsjahr abstellen und daß das letzte, soweit die Voraussetzungen des § 5 Abs. 2 KStG erfüllt sind, als Wirtschaftsjahr auch steuerrechtlich maßgebend ist. Bei kleinen Betrieben und Stiftungen, die von einer öffentlich-rechtlichen Körperschaft verwaltet werden, und bei Verbänden oder Vereinen, die einer öffentlich-rechtlichen Körperschaft angeschlossen sind oder von einer solchen verwaltet werden, werden beim Fehlen der handelsrechtlichen Buchführungspflicht gegen eine entsprechende Anwendung der Vorschrift des § 5 Abs. 2

KStG keine Bedenken erhoben, weil diese Betriebe gezwungen sind, ihre Abschlüsse abweichend vom Kalenderjahr aufzustellen. Diese Regelung gilt auch für Dampfkesselüberwachungsvereine. Kaufleute im Sinn des HGB können dagegen nicht die Personenvereinigungen ohne Rechtspersönlichkeit, die nichtrechtsfähigen Vereine sein. Auf sie finden die Vorschriften über die Gesellschaft bürgerlichen Rechts Anwendung. Betreiben die Mitglieder einer nichtrechtsfähigen Personenvereinigung ein Handelsgewerbe, dann sind die Mitglieder als Gesellschafter Einzelkaufleute (Mitunternehmer im Sinn des Einkommensteuerrechts). Steuerpflichtige, die Handelsbücher führen, ohne nach Handelsrecht buchführungspflichtig zu sein, haben nach neuem Recht im Gegensatz zum bisherigen Recht keinen Anspruch auf die Berücksichtigung des Ergebnisses, das nach ihrer Buchführung für ein vom Kalenderjahr abweichendes Wirtschaftsjahr ausgewiesen wird (vgl. Anm. 9).

Über den Kreis der buchführungspflichtigen Steuerpflichtigen wird in den ErgR 34 D II (RStBl. 35 S. 790) ausgeführt:

„Aus § 38 in Verbindung mit den §§ 1 und folgenden HGB ergibt sich, welche Gewerbetreibenden zur Führung von Büchern nach den Vorschriften des Handelsgesetzbuchs verpflichtet sind (Vollkaufleute). Ist ein Steuerpflichtiger im Zeitpunkt der Veranlagung im Handelsregister eingetragen, so ist regelmäßig anzunehmen, daß es sich um einen Gewerbetreibenden, der zur Führung von Büchern nach den Vorschriften des Handelsgesetzbuchs verpflichtet ist, also um einen Vollkaufmann handelt. Ist ein Steuerpflichtiger im Zeitpunkt der Veranlagung nicht im Handelsregister eingetragen, so kann seinem Verlangen, den Gewinn eines vom Kalenderjahr abweichenden Wirtschaftsjahrs zugrunde zu legen, nur stattgegeben werden, wenn er unverzüglich die Eintragung seiner Firma in das Handelsregister betreibt. Voraussetzung ist auch hier, daß Bücher, die den Vorschriften des Handelsgesetzbuchs entsprechen, tatsächlich ordnungsmäßig geführt worden sind."

Körperschaften, deren Geschäftsleitung oder Sitz sich nicht im Inland befindet, unterliegen grundsätzlich nicht den Buchführungsvorschriften des HGB. Nach der Rechtsprechung des RG. ist aber eine ausländische Gesellschaft hinsichtlich einer inländischen Zweigniederlassung nach den Vorschriften des HGB buchführungspflichtig. Nach § 37 Abs. 1 AktG, bisher § 201 Abs. 5 HGB sind ausländische AG., die im Inland eine Zweigniederlassung unterhalten, zur Eintragung in das Handelsregister des für die Zweigniederlassung zuständigen Gerichts verpflichtet. Insoweit kann also auch ein vom Kalenderjahr abweichendes Wirtschaftsjahr einer ausländischen Gesellschaft steuerrechtlich maßgebend sein. Stellen dagegen die in Deutschland gelegenen Einrichtungen und Anlagen einer ausländischen Gesellschaft nur eine Betriebsstätte, keine Zweigniederlassung dar, so besteht für sie nach Handelsrecht keine Buchführungspflicht (vgl. auch RFH. IV A 165/33 v. 27. 9. 33, E. 34 S. 210, RStBl. 33 S. 1188, StW. 34 Nr. 5). Der Begriff der Zweigniederlassung ist enger als der der Betriebstätte im Sinn des § 16 StAnpG (vgl. Anm. 8 b zu § 2 KStG). Eine Zweigniederlassung im handelsrechtlichen Sinn liegt vor, wenn an einem vom Sitz der Hauptniederlassung verschiedenen Orte Handelsgeschäfte, wie sie zum Betrieb der Hauptniederlassung gehören, selbständig abgeschlossen und nicht nur vermittelt, vorbereitet oder ausgeführt werden. Weiter muß der abgezweigte Betrieb auf die Dauer berechnet und die Niederlassung mit einer äußerlich selbständigen Leitung, regelmäßig auch mit einem abgesonderten Geschäftsvermögen und eigener Buchführung ausgestattet sein (RGZ. Bd. 38 S. 263, 50 S. 429, JW. 02 S. 162).

5. Ordnungsmäßige Buchführung.

Weitere Voraussetzung für die Berücksichtigung des Ergebnisses eines vom Kalenderjahr abweichenden Wirtschaftsjahrs ist, daß die nach Handelsrecht buchführungspflichtigen Körperschaften auch tatsächlich ordnungsmäßige Bücher führen. Über den Inhalt der handelsrechtlichen Buchführungsvorschriften vgl. Anm. 26 und 27 zu § 5 EStG. Der handelsrechtlichen Buchführungspflicht muß durch das Vorhandensein ordnungsmäßig geführter Handelsbücher genügt sein.

Mängel dieser Bücher schließen aber die Anerkennung des vom Kalenderjahr abweichenden Wirtschaftsjahrs nicht ohne weiteres aus. Insbesondere ist dies nicht bei Versehen in der Buchführung der Fall, die auch bei geordneter Wirtschaftsführung nicht ganz vermieden werden können. Die Voraussetzungen, unter denen für das EStG 1925 das abweichende Wirtschaftsjahr nach der Rechtsprechung des RFH. als Steuerabschnitt anzuerkennen war, können auch noch für das geltende Recht bei der Gewinnermittlung nach dem abweichenden Wirtschaftsjahr maßgebend sein. Nach RFH. VI A 217/26 v. 15. 4. 26 (RStBl. 26 S. 322, StW. 26 Nr. 317) ist trotz mangelhafter Buchführung das Wirtschaftsjahr anzuerkennen, wenn von einem Geschäfts- oder Wirtschaftsjahr nach seiner wirtschaftlichen Bedeutung als zeitlicher Grundlage für die Berechnung des Betriebsgewinns gesprochen werden kann. Ist die Buchführung wegen Fehlens wesentlicher Bestandteile so mangelhaft, daß sie ihrem bestimmungsmäßigen Zweck nicht entsprechen kann, so können auch die auf einen bestimmten Zeitpunkt gefertigten Zusammenstellungen keinen Anspruch erheben, für die Besteuerung des Einkommens als regelmäßige Abschlüsse für das Wirtschaftsjahr angesehen zu werden; die bestimmten Zeiträume verlieren ihren Charakter als Wirtschaftsjahr im Sinn des Gesetzes. Diesen Grundsätzen entspricht es auch, daß nach RFH. VI A 1996/32 v. 1. 2. 33 (RStBl. 33 S. 576, StW. 33 Nr. 475) bei der Gewinnermittlung für die Zwecke der Einkommensteuer das Buchergebnis zugrunde zu legen ist, wenn ein Vollkaufmann vorschriftsmäßige Handelsbücher geführt, aber die Bestandsaufnahme und die Bilanzerrichtung unterlassen hat. Das Buchergebnis sei in diesem Fall durch Teilschätzungen der Warenbestände und Aufstellung der Bilanzen zu ergänzen. Kann bei einem buchführenden Steuerpflichtigen die Buchführung eines einzelnen Jahres infolge Mangelhaftigkeit der Besteuerung nicht zugrunde gelegt werden, so darf daraus nicht ohne weiteres die Folgerung gezogen werden, daß nunmehr der Steuerpflichtige auch für die Zukunft nicht mehr als buchführender Steuerpflichtiger zu behandeln sei und auch bei späterer ordnungsmäßiger Buchführung seine Einreihung unter die buchführenden Steuerpflichtigen nicht mehr erreichen könne (RFH. VI A 614/30 v. 19. 12. 31, StW. 32 Nr. 258).

6. Regelmäßige Abschlüsse.

Dem Erfordernis der Regelmäßigkeit der Abschlüsse ist nur dann genügt, wenn die Abschlüsse alljährlich, und zwar stets für ein Zeitjahr gemacht werden. Ist dies nicht der Fall und hat der Steuerpflichtige bei mehrjährigem Bestehen des Betriebs den Zeitpunkt, auf den Abschlüsse gemacht werden, mehrfach ohne erkennbaren wichtigen Grund geändert, dann ist nicht das von dem Steuerpflichtigen willkürlich gewählte Geschäftsjahr, sondern das Kalenderjahr der Gewinnermittlung zugrunde zu legen. Mit dieser Begründung wird in RFH. VI A 817, 818/31 v. 20. 5. 31 (RStBl. 31 S. 531, StW. 31 Nr. 778) das Kalenderjahr in einem Fall als maßgebend erklärt, in dem ein buchführender Steuerpflichtiger seit mehreren Jahren zu ganz verschiedenen Zeitpunkten und für verschieden große Zeitabschnitte, die teils mehr, teils weniger als 12 Monate umfaßten, Abschlüsse gemacht hat. Auch regelmäßige Abschlüsse für mehrere, z. B. zwei Geschäftsjahre, bieten keine zur Gewinnermittlung geeignete Grundlage, selbst wenn der Steuerpflichtige die fehlenden Bilanzen noch nachträglich anfertigt. Es fehlt an regelmäßigen Abschlüssen für ein vom Kalenderjahr abweichendes Wirtschaftsjahr (RFH. VI A 145/25 v. 28. 7. 25, StW. 25 Nr. 688). Das Erfordernis der Regelmäßigkeit der Abschlüsse schließt in sich, daß ein buchführender Steuerpflichtiger nicht willkürlich die Anfertigung von Abschlüssen vornehmen oder unterlassen kann mit der Folge, daß im einen Fall nach dem Ergebnis seiner Buchführung, im anderen Fall durch Schätzung zu veranlagen wäre. Würde ein Steuerpflichtiger mehrfach in der Richtung hin- und herschwanken, daß er das eine Mal buchmäßige Unterlagen vorlegt, das andere Mal sich darauf beruft, daß er mangels ordnungsmäßiger Buchführung zu schätzen sei, so könnte nach RFH. VI A 614/30

(f. Anm. 5) von einer ordnungsmäßigen Buchführung nicht mehr gesprochen werden. Wenn jedoch ein Steuerpflichtiger, der mehrere Jahre hindurch ordnungsmäßige Bücher geführt und Abschlüsse vorgelegt hat, in einem Jahre keinen Abschluß vorlegt, dann muß nach der Entsch. die Steuerbehörde gegebenenfalls durch Vernehmung des Pflichtigen feststellen, ob der Pflichtige nunmehr endgültig von der Buchführung abgegangen ist. Ist der Buchabschluß für das eine Jahr aus besonderen Gründen unterblieben, die nicht auf die Absicht des Steuerpflichtigen, die Buchführung in Zukunft überhaupt aufzugeben, schließen lassen, so ist der Steuerpflichtige noch als buchführend zu behandeln.

Wenn nach vorstehenden Ausführungen dem Erfordernis regelmäßiger Abschlüsse dadurch genügt werden muß, daß regelmäßig für jedes Geschäftsjahr ein Abschluß zu machen ist, so gilt dies für Betriebe, in denen bereits mehrere Geschäftsjahre hindurch Bücher geführt werden. Eröffnet ein Vollkaufmann einen Betrieb mit Buchführung oder richtet er in einem bereits bestehenden Betrieb Handelsbücher ein, so kann bei ihm die Anerkennung eines vom Kalenderjahr abweichenden Wirtschaftsjahrs für das 1. Geschäftsjahr noch nicht vom Vorliegen regelmäßiger, also laufender Abschlüsse abhängig gemacht werden. Die Vornahme regelmäßiger Abschlüsse kann in diesen Fällen auch schon vor Abschluß des Wirtschaftsjahrs angenommen werden, wenn nach den Umständen, namentlich auch nach der Art der Buchführung solche Abschlüsse zu erwarten sind (RFH. III A 9/23 v. 10. 7. 23, E. 13 S. 88, RStBl. 24 S. 134, VI A 166/25 v. 28. 4. 25, E. 16 S. 161, RStBl. 25 S. 167, StW. 25 Nr. 386). Das in Aussicht genommene Wirtschaftsjahr ist also auch dann zu beachten, wenn bis zum Ende des Kalenderjahrs ein Abschluß noch nicht vorliegt. Ein tatsächlich gemachter Abschluß ist nach RFH. VI A 1243/28 v. 31. 10. 28 (RStBl. 28 S. 380, StW. 29 Nr. 64) dann als regelmäßig anzuerkennen, wenn er nicht aus irgendwelchen Gründen als regelwidrig zu bezeichnen ist. Obwohl beim ersten Abschluß eine Regel noch nicht vorliegt, hat er als Beginn einer Reihe regelmäßiger Abschlüsse zu gelten. Liegen die Voraussetzungen für einen regelmäßigen Abschluß, nämlich eine ordnungsmäßige Buchführung vor, so endigt ein am 1. 7. eröffnetes Geschäftsjahr wegen des Fehlens eines Abschlusses nicht am 31. 12. des Jahres der Eröffnung. Nach der Entsch. muß für das Ende des ersten Geschäftsjahrs maßgebend sein, zu welchem Tage der ordnungsmäßige Abschluß tatsächlich vorgenommen ist. Nach dem HGB ist der späteste Tag, zu dem ein solcher Abschluß vorzunehmen ist, der 30. 6. des auf die Eröffnung folgenden Jahres. Hat der Steuerpflichtige weder zu diesem noch zu einem vorhergehenden Tag einen Abschluß vorgenommen, so gilt deshalb nicht das Geschäftsjahr als am 31. 12. beendigt. Denn dann würde der Steuerpflichtige noch am 30. 6. des folgenden Jahres die Wahl gehabt haben, ob er das Geschäftsjahr am 31. 12. oder am 30. 6. endigen lassen wollte. Ein solches Wahlrecht könnte ihm aber nicht zugebilligt werden. Bis zu der Zeit, in der die Kaufleute regelmäßig ihre auf den 31. 12. lautenden Jahresbilanzen aufzustellen pflegen oder spätestens bis zur Einreichung der Steuererklärung für das Kalenderjahr, in das der Beginn des Betriebs fällt, muß entschieden sein, ob das Geschäftsjahr am 31. 12. beendigt ist. Bei Kapitalgesellschaften wird ein den Abschluß zum 31. 12. bestimmender Gesellschafterbeschluß am 31. 12. vorliegen müssen (f. Anm. 8 c Abs. 2 a. E.). Sind diese Voraussetzungen nicht gegeben, dann läuft das erste Geschäftsjahr bis zu dem nach dem 31. 12. liegenden Zeitpunkt, zu dem binnen angemessener Frist ein Abschluß gemacht wird, und endigt spätestens mit dem Zeitpunkt, zu dem als letztem ein Abschluß zu machen ist, im Beispiel zum 30. 6. des auf die Eröffnung folgenden Kalenderjahrs. Hat, wie in dem vom RFH. entschiedenen Fall, der Steuerpflichtige den ersten Abschluß erst zum 31. 12. des folgenden Jahres, also nach 18 Monaten gemacht, dann würde trotzdem das erste Geschäftsjahr vom 1. 7. bis 30. 6. des folgenden Jahres laufen und an dieses würde sich ein Rumpfgeschäftsjahr vom 1. 7. bis 31. 12. anschließen.

Ein Buchabschluß liegt nach der letzten Entsch. bei doppelter Buchführung nur vor, wenn alle Konten abgeschlossen und ihre Salden unmittelbar oder mittelbar auf das Bilanzkonto übertragen sind. Aus der Aufstellung und dem Abschluß des Verlust- und Gewinnkontos ergibt sich nicht, daß alle Konten abgeschlossen sind. Vielmehr braucht dies nur auf die Erfolgskonten und die gemischten Konten zutreffen, während die reinen Bestandskonten wie das Kassenkonto unberührt geblieben sein können.

7. Bedeutung des Absatzes 2 Satz 1.

Führt die nach Handelsrecht buchführungspflichtige Körperschaft auch tatsächlich ordnungsmäßig Bücher und weicht das Wirtschaftsjahr, für das sie regelmäßig Abschlüsse macht, vom Kalenderjahr ab, so gilt nach Abs. 2 Satz 1 der Gewinn aus Gewerbebetrieb als in dem Kalenderjahr bezogen, in dem das Wirtschaftsjahr endet. Wie in Anm. 1 hervorgehoben wurde, bedeutet diese Vorschrift keine Abweichung von dem Grundsatz des Abs. 1 in dem Sinn, daß an Stelle des einheitlich als Veranlagungszeitraum eingeführten Kalenderjahrs in diesen Fällen das vom Kalenderjahr abweichende Wirtschaftsjahr als Veranlagungszeitraum tritt. Der Steuerpflichtige wird trotzdem noch mit seinem im Kalenderjahr bezogenen Einkommen veranlagt. Dabei ist aber als zeitliche Grundlage für die Ermittlung der im Kalenderjahr bezogenen gewerblichen Einkünfte das im Kalenderjahr beendete Wirtschaftsjahr zu verwenden. In diesem Fall deckt sich also die zeitliche Ermittlungsgrundlage für den Betriebsgewinn nicht mit dem Kalenderjahr als Veranlagungszeitraum. Der in dem abweichenden Wirtschaftsjahr erzielte Betriebsgewinn wird auch insoweit dem für das Kalenderjahr zu veranlagenden Einkommen hinzugerechnet, als er auf den Teil des Wirtschaftsjahrs entfällt, der vor dem Beginn des Kalenderjahrs, für das die Veranlagung erfolgt, liegt. Anderseits ist der Betriebsgewinn, der auf die Zeit von der Beendigung des Wirtschaftsjahrs bis zum Ende des zu veranlagenden Kalenderjahrs entfällt, als Teil des Betriebsgewinns des im folgenden Kalenderjahr endenden Wirtschaftsjahrs erst bei der Veranlagung für das folgende Kalenderjahr zu erfassen. Wenn man also das vom Kalenderjahr abweichende Wirtschaftsjahr als Ermittlungszeitraum bezeichnet, so gilt dies nur im Sinn der zeitlichen Grundlage für die Berechnung der Einkünfte aus einer Einkunftsart, nämlich für die Ermittlung des in diesem Wirtschaftsjahr erzielten gewerblichen Gewinns, nicht aber im Sinn des Ermittlungszeitraums für das Einkommen. Infolge dieses Auseinanderfallens des Ermittlungszeitraums für den Betriebsgewinn und des Veranlagungszeitraums besteht aber auch die Möglichkeit, daß der Ermittlungszeitraum in besonderen Fällen weniger als zwölf Monate umfaßt (vgl. Anm. 8 a—c), anderseits jedoch bei Beendigung von mehreren Wirtschaftsjahren in demselben Kalenderjahr auch mehr als zwölf Monate (vgl. Anm. 8 b und c), ohne daß dadurch der Umfang des Veranlagungszeitraums (Kalenderjahrs) berührt wird.

Das Verhältnis des § 5 Abs. 2 Satz 1 KStG zu § 2 Abs. 5 Ziff. 2 EStG, der nach der Anl. 3 Ziff. 1 zu den BR 37 (RStBl. 38 S. 238, s. Anh. 17) auch für die Veranlagung zur Körperschaftsteuer anzuwenden ist, besteht darin, daß an sich § 5 Abs. 2 Satz 1 KStG für die Körperschaftsteuer die gleiche Vorschrift enthält wie § 2 Abs. 5 Ziff. 2 EStG für die Einkommensteuer. Während jedoch nach der letzten Vorschrift das abweichende Wirtschaftsjahr nur für buchführende Gewerbebetriebe maßgebend sein kann, gilt § 5 Abs. 2 Satz 1 KStG für alle Arten von buchführungspflichtigen Körperschaften und damit auch für Handelsgesellschaften, die selbst dann nach Handelsrecht buchführungspflichtig sind, wenn der Gegenstand ihres Unternehmens kein Gewerbebetrieb ist (vgl. Anm. 4 Abs. 1).

Während in der bisherigen Verwaltungsübung die veranlagte Körperschaftsteuer nach der Jahreszahl des Steuerabschnitts gekennzeichnet wurde, z. B. als Körperschaftsteuer 1932/33 bei einem vom Kalenderjahr abweichenden Wirtschaftsjahr und damit auch Steuerabschnitt, wird man sie nunmehr auch beim Auseinanderfallen von Wirtschaftsjahr und Veranlagungszeitraum stets nach dem letzten, also nach dem Kalenderjahr im Sinn des § 5

Abs. 1 KStG zu benennen haben. Man wird also die Körperschaftsteuer, die nach der für das Kalenderjahr 1936 vorgenommenen Veranlagung erhoben wird, als Körperschaftsteuer 1936 bezeichnen. In gleicher Weise wird man aber auch bei einer Körperschaft, deren Wirtschaftsjahr vom 1. 7. bis 30. 6. läuft, bei der für das Kalenderjahr 1936 erfolgenden Veranlagung selbst dann von der Körperschaftsteuer 1936 sprechen, wenn die Körperschaft als Kapitalgesellschaft nur gewerbliches Einkommen hat, für dessen Ermittlung als zeitliche Grundlage ausschließlich das Wirtschaftsjahr 1935/36 maßgebend ist. In diesem Zusammenhang sei auch auf die Verwaltungsübung verwiesen, die Veranlagungen nach dem Jahre, in dem sie vorgenommen werden, zu bezeichnen, z. B. die Veranlagung, bei der im Jahre 1937 die Körperschaftsteuer für das Kalenderjahr 1936 festgesetzt wird, als die Veranlagung 1937.

8. Verkürzung des Wirtschaftsjahrs.

§ 1 I. und II. EStDVO, der nach § 18 I. KStDVO auch auf die Veranlagung zur Körperschaftsteuer anzuwenden ist, bestimmt:

„Das Wirtschaftsjahr umfaßt einen Zeitraum von 12 Monaten. Es darf einen Zeitraum von weniger als 12 Monaten nur umfassen, wenn

1. ein Betrieb eröffnet oder aufgegeben wird oder
2. ein Steuerpflichtiger von regelmäßigen Abschlüssen auf einen bestimmten Tag zu regelmäßigen Abschlüssen auf einen anderen Tag übergeht."

Die Vorschrift des Satz 1 deckt sich inhaltlich mit § 39 Abs. 2 Satz 1, 2. Halbsatz HGB, wonach die Dauer des Geschäftsjahrs 12 Monate nicht überschreiten darf. Die Aufstellung des Kalenderjahrs als einheitlichen Veranlagungszeitraums hat zur Folge, daß die in § 1 Ziff. 1 und 2 a. a. O. erwähnten Betriebsvorgänge der Eröffnung und Aufgabe eines Betriebs, soweit sie nicht mit Beginn und Ende der Steuerpflicht zusammenfallen, und der Umstellung des Abschlusses von einem bestimmten Tag auf einen anderen bestimmten Tag, nicht mehr wie bisher eine Änderung des Steuerabschnitts, also des Veranlagungszeitraums, zur Folge haben, sondern beim unveränderten Fortbestehen der persönlichen Steuerpflicht das Kalenderjahr als Veranlagungszeitraum unberührt lassen. Sie haben nur noch Bedeutung für die zeitliche Ermittlungsgrundlage, für das Wirtschaftsjahr selbst. Auch nach Handelsrecht kann das Geschäftsjahr kürzer als 12 Monate sein. Wann das steuerrechtlich maßgebende Wirtschaftsjahr weniger als 12 Monate umfassen darf, ist nunmehr durch § 1 I. u. II. EStDVO vorgeschrieben.

a) **Eröffnung eines Betriebs** (§ 1 Ziff. 1 I. und II. EStDVO):

Beispiel: Eine am 1. 3. 1936 errichtete AG. eröffnet am 1. 4. 36 als Handelsgesellschaft ihren Betrieb und macht ihren ersten, jeweils zum 30. 9. vorgesehenen Buchabschluß zum 30. 9. 36. Die AG. ist grundsätzlich für ein Kalenderjahr (Veranlagungszeitraum) nach dem Ergebnis des Wirtschaftsjahrs (vom 1. 4. bis 30. 9.) zu veranlagen, das am 30. 9. dieses Kalenderjahrs geendet hat. Bei Eröffnung des Betriebs ist nach § 1 Ziff. 1 I. und II. EStDVO das vom 1. 4. bis 30. 9. 36 laufende, verkürzte Wirtschaftsjahr (Rumpfwirtschaftsjahr) auch körperschaftsteuerrechtlich maßgebend. Da die Steuerpflicht nicht während des vollen Kalenderjahrs bestanden hat (vgl. § 25 Abs. 2 EStG, § 20 KStG) wird die AG. für die Zeit vom 1. 3. bis 31. 12. 36 mit dem im Wirtschaftsjahr vom 1. 4. bis 30. 9. 36 erzielten Gewinn veranlagt. Der nächste Jahresabschluß vom 30. 9. 37 ist maßgebend für die Zurechnung des in dem vom 1. 10. 36 bis 30. 9. 37 laufenden Wirtschaftsjahr erzielten Gewinns zum Kalenderjahr 1937 als Veranlagungszeitraum. Wegen der Anerkennung des vom Kalenderjahr abweichenden Wirtschaftsjahrs wird also der Teil des gewerblichen Gewinns, der in der Zeit vom Ende des ersten Wirtschaftsjahrs (30. 9. 36) bis zum Ende des Kalenderjahrs erzielt wird, bei der Veranlagung für das Kalenderjahr 1936 noch nicht erfaßt, sondern wegen seiner Zugehörigkeit zu dem im folgenden Kalenderjahr endenden Wirtschaftsjahr bei der Veranlagung für das folgende Kalenderjahr. Würde die AG. ihre Abschlüsse regelmäßig zum 31. 12. jedes Jahres erstellen, so würde das erste Rumpfwirtschaftsjahr nur 9 Monate umfassen und würden vom 2. Wirtschaftsjahr ab Veranlagungszeitraum und Wirtschaftsjahr zeitlich zusammenfallen. Werden die regelmäßigen Abschlüsse des am 1. 4. 36 eröffneten Betriebs jeweils zum 28. 2. gemacht, dann umfaßt das erste Wirtschaftsjahr nur 11 Monate. Im Kalenderjahr 1936 hat dann die persönliche Steuerpflicht vom 1. 3. bis 31. 12. 36 bestanden. Da aber in dieser Zeit von der AG kein Wirtschaftsjahr abgeschlossen wurde und anderes als gewerbliches Einkommen für sie nicht in Frage kommen kann, hat sie im Kalenderjahr 1936 überhaupt noch kein Einkommen bezogen. Der gewerbliche Gewinn, der in der Zeit vom 1. 4. bis 31. 12. 36 erzielt wurde, wird erst bei der Veranlagung für das Kalenderjahr 1937 erfaßt, bei der sich das zu veranlagende Einkommen ausschließlich nach dem Ergebnis des am 28. 2. 37 beendeten Wirtschaftsjahrs bemißt.

b) Unter Aufgabe eines Betriebs im Sinn des § 1 Ziff. 1 I, und II. EStDBO ist jede endgültige Einstellung des laufenden Betriebs zu verstehen, an die sich keine Abwicklung (Liquidation), auch nicht als Konkursverfahren (s. Anm. 3 Abs. 2) anschließt. Unter die „Aufgabe des Betriebs" im Sinn des verkürzten Wirtschaftsjahrs fällt also nicht nur die eigentliche Aufgabe im Sinn der §§ 14 Abs. 1, 16 Abs. 3 und 18 Abs. 3 EStG, die im Gegensatz zur Veräußerung des Betriebs die Einstellung des Betriebs unter Veräußerung der einzelnen Betriebsgegenstände oder unter Überführung des Betriebsvermögens in das Privatvermögen umfaßt, der bei Körperschaften die Verteilung an die Gesellschafter oder Mitglieder entspricht. Auch eine endgültige Aufgabe des Betriebs durch Veräußerung des Betriebs im Ganzen beendet das laufende Wirtschaftsjahr.

Beispiel: Gibt eine buchführungspflichtige Körperschaft mit Bilanzstichtag zum 30. 9. ihren Gewerbebetrieb zum 31. 3. 36 auf, so ist ihr letztes, vom 1. 10. 35 bis 31. 3. 36 laufendes Rumpfwirtschaftsjahr auch steuerrechtlich maßgebend und dessen Ergebnis bei der Veranlagung der Körperschaft für das Kalenderjahr 1936 zu veranlagen. Hat die Körperschaft ihre Abschlüsse regelmäßig zum 31. 3. gemacht und ihr letztes Wirtschaftsjahr vorzeitig am 30. 9. 36 beendet, so hat sie nach der Regel des § 5 Abs. 2 Satz 1 KStG im Kalenderjahr 1936 nicht nur den Gewinn des am 31. 3. 1936 beendeten, 12 Monate umfassenden Wirtschaftsjahrs, sondern auch den Gewinn des 6 Monate umfassenden letzten Rumpfwirtschaftsjahrs bezogen. Die Veranlagung für das Kalenderjahr 1936 hat sich also auf den gewerblichen Gewinn von zwei Wirtschaftsjahren, die insgesamt 18 Monate umfaßt haben, zu erstrecken, da eine Zurechnung des im Rumpfwirtschaftsjahr erzielten Gewinns nach dem Zeitpunkt der Beendigung des Rumpfwirtschaftsjahrs (30. 9. 36) zu einem anderen Veranlagungszeitraum als dem Kalenderjahr 1936 ausgeschlossen ist.

Der Fall, daß in einem Kalenderjahr oder Steuerabschnitt zwei Wirtschaftsjahre desselben Betriebs endigten, war auch nach dem EStG 1925 bzw. KörpStG 1925 bei Aufgabe des Betriebs oder bei Verlegung des regelmäßigen Geschäftsjahrs von einem Tag auf einen bestimmten anderen Tag möglich, wenn das Ende des letzten vollen Wirtschaftsjahrs und des sich daran anschließenden Rumpfwirtschaftsjahrs in dasselbe Kalenderjahr oder in denselben Steuerabschnitt fielen. In RFH. VI A 1243/28 v. 31. 10. 28 (RStBl. 28 S. 380, StW. Nr. 64) wurde zwar die Zurechnung zweier Wirtschaftsjahre zu demselben Steuerabschnitt insofern als bedenklich angesehen, als auf diese Weise das Gesamtergebnis von mehr als 12 Monaten derselben Steuer unterworfen werde. Jedoch konnten mit Recht keine genügenden Bedenken gegen die Auslegung des § 10 Abs. 2 EStG erhoben werden, daß, wenn zwei Wirtschaftsjahre in demselben Steuerabschnitt endigten, das Ergebnis beider zu dem Einkommen des Steuerabschnitts zu rechnen sei. Auch nach geltendem Recht bestehen keine Bedenken gegen die Berücksichtigung des Gewinns zweier Wirtschaftsjahre bei der Veranlagung für ein Kalenderjahr (s. auch RFH. VI A 476/37 v. 13. 10. 37, RStBl. 37 S. 1216, StW. 37 Nr. 617). Wegen der Möglichkeit eines Härteausgleichs in diesem Fall vgl. unter c Abs. 3. Ungerechtfertigt wäre es allerdings, die künftigen Vorauszahlungen nach der Körperschaftsteuer zu erheben, der ein gewerblicher Gewinn eines Zeitraums von mehr als 12 Monaten zugrunde liegt. Wenn bei Aufgabe des Betriebs die persönliche Steuerpflicht der Körperschaft bestehen bleibt, so wird regelmäßig die Tatsache der Aufgabe allein eine Herabsetzung der Vorauszahlungen nach § 37 Abs. 2 EStG (§ 20 KStG) rechtfertigen.

Wird die im Beispiel genannte Körperschaft als Kapitalgesellschaft gleichzeitig mit der Aufgabe des Betriebs ohne Abwicklung aufgelöst, so erlischt ihre persönliche Steuerpflicht. Sie ist dann nicht mehr für das Kalenderjahr 1936 zu veranlagen, sondern beim Wegfall der Steuerpflicht am 30. 9. 1936 für die Zeit vom 1. 1. bis 30. 9. 1936 (§ 25 Abs. 2 EStG mit § 20 KStG), wobei ebenfalls der gewerbliche Gewinn der beiden am 31. 3. und am 30. 9. 1936 beendeten Wirtschaftsjahre heranzuziehen ist. Darüber, welche Bedeutung der Eintritt einer Kapitalgesellschaft in die Abwicklung für den Besteuerungszeitraum und das laufende Wirtschaftsjahr hat, vgl. Anm. 4 zu § 14 KStG.

c) Übergang von regelmäßigen Abschlüssen auf einen bestimmten Tag zu regelmäßigen Abschlüssen auf einen anderen bestimmten Tag (§ 1 Ziff. 2 I. und II. EStDVO): Dieser Fall betrifft die Verlegung des Geschäftsjahrs. Grundsätzlich steht es im Belieben des buchführenden Kaufmanns für sein Wirtschaftsjahr den ihm geeignet erscheinenden Abschlußtag zu wählen und den Zeitpunkt regelmäßiger Abschlüsse von einem Tag auf einen anderen zu verlegen. Die Wirksamkeit der Verlegung des Abschlußtags ist jedoch steuerrechtlich von besonderen Voraussetzungen abhängig. Zunächst muß bei Kapitalgesellschaften die Verlegung des Geschäftsjahrs das zuständige Gesellschaftsorgan beschließen und der Beschluß in der gesetzlich vorgeschriebenen Form vorliegen. Ist bei einer AG. das Geschäftsjahr durch die Satzung bestimmt, dann muß die Verlegung des Geschäftsjahrs als Satzungsänderung nach § 274 Abs. 1 HGB durch die Generalversammlung bzw. nach § 145 Abs. 1 AktG durch die Hauptversammlung mit einer Mehrheit von mindestens drei Vierteln des vertretenen Grundkapitals (§ 146 Abs. 1 AktG) beschlossen werden. Nach § 259 Abs. 1 HGB bzw. § 111 Abs. 1 AktG bedarf jeder Beschluß der General- oder Hauptversammlung zu seiner Gültigkeit der Beurkundung durch eine über die Verhandlung gerichtlich oder notarisch aufgenommene Niederschrift. Ist das Geschäftsjahr der AG. nicht in der Satzung festgelegt, dann stellt seine Verlegung eine Maßnahme der Geschäftsführung dar, die nach § 70 Abs. 1 AktG dem Vorstand als dem gesetzlich berufenen Leiter der AG. zukommt. Auch für die GmbH. muß zur Gültigkeit der Verlegung des im Gesellschaftsvertrag bestimmten Geschäftsjahrs nach § 53 GmbHG der mit mindestens Dreiviertelmehrheit gefaßte, gerichtlich oder notariell beurkundete Beschluß der Gesellschafter vorliegen. Dementsprechend genügt nach RFH. I A 5/28 v. 7. 8. 28 (RStBl. 28 S. 313, StW. 28 Nr. 847) für die Wirksamkeit einer Verlegung des Geschäftsjahrs einer GmbH. noch nicht, daß die Gesellschafter beabsichtigten, das Geschäftsjahr zu verlegen, und daß infolge dieser Absicht eine Bilanz für den in Aussicht genommenen neuen Stichtag vorbereitet oder entworfen wird.

Weiter kann die Verlegung des Geschäftsjahrs nicht in jedem beliebigen Zeitpunkt mit sofortiger Wirkung für das laufende Geschäftsjahr beschlossen werden. In RFH. VI A 27/25 v. 28. 1. 25 (StW. 25 Nr. 228) wird es für das EStG 1920 nicht als genügend angesehen, daß der Steuerpflichtige nach Ablauf des Kalenderjahrs beschließt, für ein seit dem 1. 7. laufendes Wirtschaftsjahr auf den Schluß des Kalenderjahrs eine Bilanz aufzustellen. Denn ob mehrere Wirtschaftsjahre im Kalenderjahr noch endeten, müsse am Schluß des Kalenderjahrs, mit dem die Steuerpflicht feststehen müsse und die Veranlagung zulässig sei, beurteilt werden können. Die erst nach dem Schluß des Kalenderjahrs eingetretenen Tatsachen könnten nicht für die Beurteilung, in welchem Umfang das Einkommen zur Besteuerung heranzuziehen sei, verwendet werden. Aus RFH. I A 460/31 v. 31. 5. 32 (RStBl. 32 S. 668, StW. 32 Nr. 1185) und der Entsch. I A 5/28 (s. Abs. 1) ergeben sich für die zeitliche Wirksamkeit der Verlegung des Geschäftsjahrs die beiden Grundsätze, daß ein bereits abgelaufenes Geschäftsjahr nicht mit steuerrechtlicher Wirkung nachträglich verlängert werden kann und daß ein laufendes Geschäftsjahr nicht bis zu einem im Zeitpunkt des Beschlusses bereits vergangenen Zeitpunkt verkürzt werden kann. Zur Begründung seiner Auffassung weist der RFH. darauf hin, daß ebenso wie den nachträglichen Abmachungen über die Änderung eines Vertrags steuerlich keine Rückwirkung beigelegt werden könne, auch ein Steuerabschnitt nachträglich nicht geändert werden könne. Nach dem EStG 1925 und KStG 1925 war das Wirtschaftsjahr des buch=

Anmerkung 8.

führenden Steuerpflichtigen gleichzeitig sein Steuerabschnitt, also sein Veranlagungszeitraum. Mit Ablauf des Wirtschaftsjahrs als des Zeitraums, nach dem das Einkommen bei der Veranlagung zu bemessen war, war daher auch die Steuerschuld für diesen Steuerabschnitt nach § 99 Abs. 1 AO 1931 entstanden. Wäre also zugelassen worden, ein zum 31. 12. bereits beendetes Rumpfgeschäftsjahr nachträglich durch Verlegung des Abschlußtags zu verlängern, so wäre der Steuerpflichtige in der Lage gewesen, eine bereits entstandene Steuerschuld durch Vorkehrungen, die nach dem Entstehen der Steuerschuld getroffen wurden, zu beeinflussen, d. h. im Fall der Verlegung wieder zum Erlöschen zu bringen. Das ist aber unmöglich. In gleicher Weise hätte bei nachträglicher Zulassung der Einschiebung eines Abschlusses auf einen bereits vergangenen Zeitpunkt der Steuerpflichtige noch nachträglich eine Steuerschuld zum Entstehen bringen können, die tatsächlich bei Ablauf dieses Zeitpunktes gar nicht entstanden war. Nach dem EStG 1934 und KStG 1934 kommt dem Wirtschaftsjahr nicht mehr die Bedeutung eines Veranlagungszeitraums zu. Auch bei einem vom Kalenderjahr abweichenden Wirtschaftsjahr wird der Steuerpflichtige für das Kalenderjahr veranlagt, seine Steuerschuld für die veranlagte Einkommen- oder Körperschaftsteuer entsteht nicht bereits mit Ablauf des im Kalenderjahr endenden Wirtschaftsjahrs, sondern erst mit dem Ende des Kalenderjahrs (§ 3 Abs. 5 Ziff. 1 StAnpG). Für die zeitliche Wirksamkeit von Beschlüssen über die Verlegung des Geschäftsjahrs wird man daher das Ende des Kalenderjahrs als den allein maßgebenden Zeitpunkt ansehen müssen. Ein bereits abgelaufenes (Rumpf-)Wirtschaftsjahr kann dann mit steuerrechtlicher Wirkung noch nachträglich, aber vor Ablauf des Kalenderjahrs, in dem es geendet hat, verlängert werden. Dagegen muß beim Ablauf des Kalenderjahrs, im Zeitpunkt der Entstehung der Steuerschuld, der Verlegungsbeschluß vorliegen. Ebenso muß der Beschluß, ein im Lauf des Kalenderjahrs begonnenes Wirtschaftsjahr, nicht wie vorgesehen, im folgenden Kalenderjahr, sondern noch im laufenden Kalenderjahr abzuschließen, vor Ablauf des Kalenderjahrs, in dem das Wirtschaftsjahr noch vorzeitig beendet werden soll, gefaßt sein.

Entsteht durch eine steuerrechtlich maßgebende Verlegung des Geschäftsjahrs ein Rumpfwirtschaftsjahr, dann ergibt sich ebenso wie im Fall der Aufgabe eines Betriebs (s. unter b Abs. 3) die Möglichkeit, daß in demselben Kalenderjahr zwei Wirtschaftsjahre enden und daher bei der Veranlagung ein gewerblicher Gewinn aus einem zwölf Monate übersteigenden Ermittlungszeitraum anzusetzen ist. Eine anderweite Zuteilung der Wirtschaftsjahre zu einem anderen Veranlagungszeitraum ist nach dem Gesetz nicht möglich. Unter der Voraussetzung, daß beide Wirtschaftsjahre mit Gewinn abgeschlossen haben, könnte eine Härte nur darin erblickt werden, daß die Vorauszahlungen auf die Körperschaftsteuer des folgenden Veranlagungszeitraums nach einem Betriebsergebnis zu entrichten sind, das mehr als 12 Monate umfaßt. Diesem Umstand kann durch Herabsetzung der Vorauszahlungen nach § 37 Abs. 2 EStG (§ 20 KStG) Rechnung getragen werden. Eine steuerliche Härte ist jedoch nach den BR 36 B I Abs. 2 (RStBl. 37 S. 218) für den Fall der Umstellung dann anzuerkennen, wenn ein vom Kalenderjahr abweichendes Geschäftsjahr auf das Kalenderjahr umgestellt wird und die Steuerschuld des Steuerpflichtigen bei der Veranlagung für das Kalenderjahr 1934 nach § 53 Abs. 1 EStG um $^{1}/_{12}$ für jeden Monat, der seit dem Ende des Steuerabschnitts 1932/33 bis zum 31. 12. 1933 verstrichen ist, erhöht worden ist. Wenn in beiden, im Kalenderjahr der Umstellung beendeten Wirtschaftsjahren ein Gewinn vorliegt, kann auf Antrag im Billigkeitsweg in der Weise entgegen gekommen werden, daß die für das Kalenderjahr der Umstellung tabellenmäßig errechnete Einkommensteuer um den Betrag vermindert wird, um den die Einkommensteuerschuld für das Kalenderjahr 1934 nach § 53 EStG erhöht worden war. Mindestens ist jedoch die Einkommensteuer zu erheben, die sich ergibt, wenn der Gewinn auf ein Ergebnis von 12 Monaten umgerechnet wird. Auf das Berechnungsbeispiel wird verwiesen. Diese Grundsätze können nach der Anordnung des RdF. auch angewendet werden, wenn der Betrieb aufgegeben wird oder auf einen anderen Steuerpflichtigen übergeht oder der Steuerpflichtige aus der persönlichen Steuerpflicht ausscheidet und bei der Veranlagung für das Jahr der Aufgabe der Gewinn für einen 12 Monate überschreitenden Zeitraum zugrunde zu legen ist. Entsprechendes gilt auch für Land- und Forstwirte. Dieser Härteausgleich gilt nach RderI. RdF. v. 7. 1. 39 S. 2209 — 455 III (RStBl. 39 S. 122) für das Kalenderjahr 1937 und die folgenden Jahre nicht mehr.

Beispiel für die Verlegung des Geschäftsjahrs: Eine AG. mit regelmäßigen Abschlüssen zum 31. 3. stellt im Jahre 1936 ordnungsmäßig ihre Abschlüsse auf den 31. 10. um. Nach dem ersten Abschluß zum 31. 10. 36 ist das Rumpfwirtschaftsjahr vom 1. 4. bis 31. 10. 36 auch steuerrechtlich beachtlich. Im Kalenderjahr 1936 haben in diesem Fall zwei Wirtschaftsjahre geendet, nämlich am 31. 3. 36 das am 1. 4. 35 begonnene bisherige Wirtschaftsjahr und am 31. 10. 36 das am 1. 4. 36 begonnene neue (Rumpf-)Wirtschaftsjahr. Nach § 5 Abs. 2 Satz 1 KStG gilt für die AG. sowohl der Gewinn des am 31. 3. 36 abgelaufenen, 12 Monate umfassenden Wirtschaftsjahrs als auch der Gewinn des am 31. 10 36 abgelaufenen, 7 Monate umfassenden Wirtschaftsjahrs als von der AG. im Kalenderjahr 1936 bezogen. Die AG. wird also für das Kalenderjahr 1936 mit dem Betriebsergebnis von 19 Monaten veranlagt. Aus diesem Grunde kann eine Herabsetzung der nach der Steuerschuld zu leistenden Vorauszahlungen und nach der oben dargestellten Anweisung des RdF. unter der Voraussetzung, daß die AG. für das Kalenderjahr 1934 dem Zuschlag nach § 53 Abs. 1 EStG unterlegen hat, auf Antrag der AG. eine Herabsetzung der Steuerschuld für 1936 erfolgen.

Nicht erwähnt ist in § 1 I. und II. EStDVO der Fall, daß ein nach Handelsrecht buchführungspflichtiger Betrieb, der bisher noch keine Handelsbücher geführt hat, eine ordnungsmäßige Buchführung einrichtet. Hieraus kann geschlossen werden, daß beim Übergang zur Buchführung ein Wirtschaftsjahr, das weniger als 12 Monate umfaßt, steuerrechtlich nicht anzuerkennen ist, daß vielmehr der Betrieb erst nach Zurücklegung des ersten, 12 Monate umfassenden Wirtschaftsjahrs als ein Betrieb, der tatsächlich ordnungsmäßig Bücher führt und regelmäßige Abschlüsse macht, behandelt werden kann. Wenn eine nach Handelsrecht buchführungspflichtige Gesellschaft, die bisher keine Handelsbücher geführt hat und deshalb mit dem im Kalenderjahr erzielten Gewinn veranlagt wurde, z. B. ab 1. 4. 1935 eine Buchführung mit regelmäßigen Abschlüssen zum 30. 9. einrichtet, ist an sich das erste, nach der Buchführung vorliegende (Rumpf-)Wirtschaftsjahr der Gesellschaft vom 1. 4. bis 30. 9. 1935 für die Körperschaftsteuer nicht maßgebend. Bei der Veranlagung für das Kalenderjahr 1935 ist der gewerbliche Gewinn für die Zeit vom 1. 1. bis 30. 9. 1935 ohne Rücksicht auf die Buchführung zu ermitteln. Der Beginn des ersten, 12 Monate umfassenden Wirtschaftsjahrs am 1. 10. 1935 wäre dagegen auf jeden Fall zu beachten, da die Voraussetzungen für regelmäßige Abschlüsse auf einen vom Ende des Kalenderjahrs abweichenden Zeitpunkt (nämlich ordnungsmäßige Buchführung, vgl. Anm. 5) gegeben sind. Für das Kalenderjahr 1935 erfolgt also die Veranlagung nach dem Betriebsergebnis v. 1. 1. bis 30. 9. 1935 und der vom 1. 10. bis 31. 12. 1935 erzielte Gewinn ist erst bei der Veranlagung für das Kalenderjahr 1936 nach dem Ergebnis des Wirtschaftsjahrs vom 1. 10. 1935 bis 30. 9. 1936 zu erfassen. Die Einrichtung und Unterhaltung einer ordnungsmäßigen Buchführung berechtigt den buchführungspflichtigen Steuerpflichtigen zur Aufnahme eines vom Kalenderjahr abweichenden Wirtschaftsjahrs, auch ist er nicht gezwungen, den ersten Abschluß erst nach Ablauf von 12 Monaten seit der Eröffnung der Buchführung zu machen. Bei Einrichtung ordnungsmäßiger Buchführung und bei Vornahme eines ordnungsmäßigen Abschlusses auf den für die Zukunft ins Auge gefaßten Bilanzstichtag erscheint es daher zweckmäßig, den Steuerpflichtigen in entsprechender Anwendung der für die Verlegung des Geschäftsjahrs geltenden Grundsätze bereits für das erste Rumpfwirtschaftsjahr (1. 4. bis 30. 9.) als buchführenden Kaufmann nach dem Bilanzergebnis zu veranlagen und nur das Ergebnis vom 1. 1. bis 30. 3. zu schätzen. Andernfalls müßte der Gewinn für den ganzen Ermittlungszeitraum vom 1. 1. bis 30. 9. geschätzt werden. Die Eröffnung der Buchführung, die erst nach Beginn des Kalenderjahrs erfolgt, kann allerdings als Beginn eines Wirtschaftsjahrs nur dann anerkannt werden, wenn der Steuerpflichtige diesen Willen zu erkennen gibt (vgl. RFH. VI A 1896/29 v. 9. 4. 30, StW. 30 Nr. 765).

9. Buchführung ohne handelsrechtliche Buchführungspflicht.

Eine wesentliche Änderung gegenüber dem bisherigen Recht bedeutet die Vorschrift des § 5 Abs. 2 Satz 1 KStG für diejenigen Steuerpflichtigen, die Bücher nach den Vorschriften des HGB führen ohne dazu verpflichtet zu sein, dann, wenn das Wirtschaftsjahr dieser Steuerpflichtigen vom Kalenderjahr abweicht. Denn diese Steuerpflichtigen haben nunmehr keinen Anspruch auf Berücksichtigung des Buchergebnisses, da bei ihnen der steuerlichen Gewinnermittlung nur der im Kalenderjahr erzielte Gewinn zugrunde gelegt werden kann. In den VR 34 B II Ziff. 4 Abs. 3 (RStBl. 35 S. 387) wurde zur entsprechenden Vorschrift des § 2 Abs. 5 EStG 1934 u. a. ausgeführt, daß diese Steuerpflichtigen ihre Buchführung auf das Kalenderjahr umstellen müssen, wenn sie in Zukunft nach den Ergebnissen ihrer Buchführung besteuert werden wollen. Im übrigen wurden Anweisungen für die Feststellung des im Kalenderjahr erzielten Gewinns gegeben. Auch in den VR 37 B I (RStBl. 38 S. 194, s. Anh. 17) wird auf diese Notwendigkeit der Umstellung abweichender Wirtschaftsjahre verwiesen.

Wegen der Maßgeblichkeit eines vom Kalenderjahr abweichenden Wirtschaftsjahrs bei nichtbuchführungspflichtigen kleineren Betrieben, Stiftungen, Verbänden oder Vereinen, die von öffentlich-rechtlichen Körperschaften verwaltet werden oder solchen angeschlossen sind, und Dampfkesselüberwachungsvereinen s. Anm. 4 Abs. 1.

10. Buchführende Körperschaften, die Land- und Forstwirtschaft betreiben.

Nach § 5 Abs. 2 Satz 2 KStG gilt die Vorschrift des § 5 Abs. 2 Satz 1 entsprechend bei buchführenden Steuerpflichtigen, die Land- und Forstwirtschaft betreiben. Weicht also bei diesen Steuerpflichtigen das Wirtschaftsjahr, für das sie regelmäßig Abschlüsse machen, vom Kalenderjahr ab, so gilt der Gewinn aus Land- und Forstwirtschaft als in dem Kalenderjahr bezogen, in dem das Wirtschaftsjahr endet. Diese Vorschrift ist nur von Bedeutung für die Körperschaften usw., die nicht nach den Vorschriften des HGB buchführungspflichtig sind und deshalb unter Abs. 2 Satz 1 fallen, da für die buchführungspflichtigen Steuerpflichtigen auch die Einkünfte aus dem Betrieb einer Land- und Forstwirtschaft als Einkünfte aus Gewerbebetrieb zu behandeln sind (§ 19 I. KStDVO). Nach § 2 Abs. 5 Ziff. 1 EStG gilt als Wirtschaftsjahr bei Land- und Forstwirten, gleichviel, ob sie Bücher führen oder nicht, der Zeitraum v. 1. 7. bis zum 30. 6. Diese Vorschrift ist auch für alle Körperschaften, die Land- und Forstwirtschaft betreiben und nicht buchführungspflichtige Handelsgesellschaften sind, maßgebend. § 2 I. und II. EStDVO, der nach § 18 I. KStDVO auch auf die Veranlagung zur Körperschaftsteuer anzuwenden ist, regelt das landwirtschaftliche Wirtschaftsjahr in besonderen Fällen:

„Bei Land- und Forstwirten, die für ein Wirtschaftsjahr regelmäßig Abschlüsse in der Zeit vom 24. Juni bis 6. Juli einschließlich auf einen anderen Tag als den 30. Juni machen, gilt dieses Wirtschaftsjahr als Wirtschaftsjahr im Sinn des § 2 Abs. 5 Ziff. 1 des Gesetzes.

Bei Gewinn aus reiner Weidewirtschaft und reiner Viehzucht gilt als Wirtschaftsjahr der Zeitraum vom 1. Mai bis 30. April. Der Begriff der reinen Weidewirtschaft schließt nicht aus, daß neben Weide und Wiese auch in geringem Umfang Ackerland bewirtschaftet wird.

Die Präsidenten des Landesfinanzämter werden ermächtigt, bei Land- und Forstwirten für bestimmte Betriebsarten und für bestimmte Gebiete an Stelle der Wirtschaftsjahre, die im § 2 Abs. 5 Ziff. 1 des Gesetzes und in den vorstehenden Absätzen 1 und 2 genannt sind, einen anderen zwölfmonatigen Zeitraum zu bestimmen, wenn dies aus wirtschaftlichen Gründen nach der besonderen Gestaltung der Betriebe erforderlich ist. Die Bestimmung im Sinn des Satzes 1 kann auch im Einzelfall getroffen werden."

Voraussetzung für die Anerkennung des land- und forstwirtschaftlichen Wirtschaftsjahrs und damit des Buchergebnisses ist, daß die Bücher ordnungsmäßig geführt werden. Soweit eine Körperschaft, die Land- und Forstwirt-

schaft betreibt, als Handelsgesellschaft buchführungspflichtig ist, muß ihre Buch=
führung den für sie nach Handelsrecht maßgebenden Vorschriften entsprechen,
im übrigen ist die Ordnungsmäßigkeit der Buchführung nach den für buchführende
Land= und Forstwirte geltenden Grundsätzen zu beurteilen. § 11 I. EStDVO, der
nach § 18 I. KStDVO auch bei der Veranlagung zur Körperschaftsteuer anzu=
wenden ist, bestimmt:

„Als buchführende Land= und Forstwirte gelten diejenigen Land= und Forstwirte, die
über den Betrieb der Land= und Forstwirtschaft ordnungsmäßige Bücher führen, durch
die der Gewinn ausgewiesen wird. Die Bücher gelten als ordnungsmäßig, wenn sie
1. alle Vorgänge des Betriebs, nach bestimmten Grundsätzen geordnet, mit ihrem
Geldwert ausweisen, insbesondere auch Entnahmen und Einlagen im Sinn des § 4 des
Gesetzes;
2. auf Grund einer jährlichen Bestandsaufnahme, die Änderungen des Betriebsver=
mögens darstellen. Die Bestandsaufnahme braucht sich auf das stehende Holz nicht zu
erstrecken.

Die vorläufige VO über die Ordnungsmäßigkeit der landwirtschaftlichen Buchführung
v. 5. September 1925 (RMinBl. 1925 S. 1206, RStBl. 1925 S. 183) ist bis auf weiteres
anzuwenden."

Diese VO ist nunmehr ersetzt durch die VO über landwirtschaftliche
Buchführung vom 5. 7. 35 (RStBl. 35 S. 955, s. Anh. 7), die für die Buch=
führungspflicht der Land= und Forstwirte an die Voraussetzungen des § 161 AO
anknüpft. Sie gilt erstmals für das landwirtschaftliche Wirtschaftsjahr 1935/36
(§ 6 der VO). § 10 II. EStDVO, der an Stelle des § 11 I. EStDVO erstmalig
bei der Veranlagung für 1937 anzuwenden ist, lautet:

„Als buchführende Land= und Forstwirte gelten diejenigen Land= und Forstwirte, die
über den Betrieb der Land= und Forstwirtschaft Bücher nach der VO über landwirt=
schaftliche Buchführung v. 5. Juli 1935 (RGBl. I S. 908, RStBl. 35 S. 955) ordnungs=
mäßig führen".

§ 6.

**Was als Einkommen gilt und wie das Einkommen zu ermitteln ist, be=
stimmt sich nach den Vorschriften des Einkommensteuergesetzes und den §§ 7
bis 16 dieses Gesetzes. Hierbei sind auch verdeckte Gewinnausschüttungen zu
berücksichtigen.**

Hinsichtlich des Begriffs des Einkommens (und damit auch der Einkünfte)
schließt das KStG an die Begriffsbestimmung des EStG an. § 6 Satz 1 KStG
enthält die Bezugnahme auf die Vorschriften des EStG. In Anlage 3 der VR 37
(RStBl. 38 S. 238, s. Anh. 17) werden die Vorschriften des EStG im einzelnen
aufgeführt, die nach den §§ 6 u. 20 KStG bei der Ermittlung und Veranlagung des
Einkommens zur Körperschaftsteuer in Betracht kommen. Wegen § 6 Satz 2 KStG
s. Anm. 167 ff.

1. Abschnitt. Einkunftsarten, Einkünfte, Einkommen.
§ 2 EStG 1934 Abs. 2—5:

**Einkommen ist der Gesamtbetrag der Einkünfte aus den in Absatz 3 be=
zeichneten Einkunftsarten nach Ausgleich mit Verlusten, die sich aus den ein=
zelnen Einkunftsarten ergeben, und nach Abzug der Sonderausgaben (§ 10).**

Der Einkommensteuer unterliegen nur:
1. **Einkünfte aus Land= und Forstwirtschaft,**
2. **Einkünfte aus Gewerbebetrieb,**
3. **Einkünfte aus selbständiger Arbeit,**
4. **Einkünfte aus nichtselbständiger Arbeit,**
5. **Einkünfte aus Kapitalvermögen,**
6. **Einkünfte aus Vermietung und Verpachtung,**
7. **sonstige Einkünfte im Sinn des § 22.**

§ 2 EStG. Einkunftsarten, Einkünfte, Einkommen. Anmerkung 1. 167

Zu welcher Einkunftsart die Einkünfte im einzelnen Fall gehören, bestimmt sich nach den §§ 13 bis 24, in Zweifelsfällen nach der Verkehrsauffassung.
Einkünfte im Sinn des Absatzes 3 sind:
1. bei Land- und Forstwirtschaft, Gewerbebetrieb und selbständiger Arbeit der Gewinn (§§ 4 bis 7);
2. bei den anderen Einkunftsarten der Überschuß der Einnahmen über die Werbungskosten (§§ 8—9).

Bei Land- und Forstwirten oder bei Gewerbetreibenden, die Bücher nach den Vorschriften des Handelsgesetzbuchs zu führen verpflichtet sind und solche tatsächlich führen, gilt der Gewinn aus Land- und Forstwirtschaft oder aus Gewerbebetrieb als in dem Kalenderjahr bezogen, in dem das Wirtschaftsjahr endet. Als Wirtschaftsjahr gilt:
1. bei Land- und Forstwirten, gleichviel, ob sie Bücher führen oder nicht, der Zeitraum vom 1. Juli bis zum 30. Juni;
2. bei Gewerbetreibenden der Zeitraum, für den sie regelmäßig Abschlüsse machen.

Inhaltsübersicht.

1. Bedeutung und Verhältnis zum bisherigen Recht.
2. Begriff des Einkommens.
3. Einkunftsarten und ihre Abgrenzung.
   a) Nach Gesetz.
   b) Nach Verkehrsauffassung.
   c) Begriff der Einkünfte.
4. Einkünfte aus unsittlichen oder verbotenen Handlungen.
5. Feststellung des für die Besteuerung maßgebenden Tatbestands in besonderen Fällen.
6. Abgrenzung gegenüber Liebhaberei.
7. Vermögensanfälle.
   a) Voraussetzung ihrer Einkommensteuerpflicht. [ten.
   b) Bei buchführungspflichtigen Körperschaften.
   c) Einzelfälle: Schenkungen, Erbschaften, Lotteriegewinne u. a.
8. Veränderungen des Betriebsvermögens von Kapitalgesellschaften auf gesellschaftsrechtlicher Grundlage.
   a) Durch Einlage der Gesellschafter.
   b) Durch Herabsetzung des Grund- oder Stammkapitals.

1. Bedeutung und Verhältnis zum bisherigen Recht.

Das EStG 1925 hatte von einer allgemeinen Begriffsbestimmung des Einkommens abgesehen und unter Vermeidung jeder theoretischen Festlegung in § 6 diejenigen Einkünfte aufgezählt, die der Einkommensbesteuerung zu unterwerfen sind. Wenn auch das EStG 1934 in § 2 Abs. 2 eine Begriffsbestimmung des Einkommens enthält, so bedeutet das trotzdem keine Abweichung von den Grundsätzen des bisherigen Gesetzes. Denn auch das EStG 1934 beschränkt sich darauf, diejenigen Einkunftsarten aufzuzählen, aus denen steuerpflichtige Einkünfte erzielt werden. Der im Gesetz festgelegte Begriff des Einkommens dient lediglich der Klarstellung, inhaltlich deckt er sich mit dem aus dem EStG 1925 abzuleitenden Einkommensbegriff. Dieser ist also nicht nach einer bestimmten Einkommenslehre, wie z. B. der Quellenlehre zu bestimmen, sondern ausschließlich nach den im EStG aufgeführten Merkmalen.

„Der Einkommensbegriff des neuen Einkommensteuergesetzes ist im wesentlichen der gleiche wie der des bisherigen Einkommensteuergesetzes. Auch das neue Einkommensteuergesetz hat sich keiner der zahlreichen Lehrmeinungen über den privatwirtschaftlichen Einkommensbegriff angeschlossen. Der Begriff des Einkommens wird vielmehr im Gesetz ausschließlich in einer für die Zwecke der Besteuerung möglichst geeigneten Weise umgrenzt, und zwar im Anschluß an das bisherige Gesetz und seine Auslegung durch Verwaltung und Rechtsprechung. In der Begriffsbezeichnung ist allerdings eine Änderung insofern eingetreten, als der Begriff „Einkommen" (das Wort kommt nur in der Einzahl vor) aufgefaßt wird als der Gesamtbetrag der Einkünfte eines Steuerpflichtigen aus allen Einkunftsarten, in denen Einkünfte zu verzeichnen sind, nach Ausgleich mit Verlusten, die sich aus den einzelnen Einkunftsarten ergeben, und nach Abzug der Sonderausgaben. Unter „Einkünften" werden im neuen Einkommensteuergesetz die reinen Einkünfte aus den einzelnen Einkunftsarten verstanden. Damit ist klargestellt, daß „Einkommen" der Oberbegriff und „Einkünfte" der Unterbegriff sind. Gibt es aber nur ein Einkommen als Oberbegriff, nicht etwa mehrere Einkommen und ein Gesamteinkommen oder gesamtes Einkommen, so kann es natürlich keine Einkommensarten mehr geben. Deshalb sind auch in der Begriffsbezeichnung an die Stelle der „Einkommensarten" des EStG 1925 im neuen Einkommensteuergesetz „Einkunftsarten" getreten, da die Bezeichnung Einkommensarten wegen der unzutreffenden Verwendung des Wortes „Einkommen" hier irreführend war. Die Zahl der Einkunftsarten, die im EStG 1925 acht betrug, hat sich um eine vermindert. Die Verminderung ist lediglich auf technische Gründe zurückzuführen. So sind die beiden letzten Einkunftsarten des EStG 1925, nämlich „7. andere wiederkehrende Bezüge" und „8. sonstige Leistungsgewinne nach Maßgabe der §§ 41, 42" aus Gründen der Vereinfachung in einer Einkunftsart „7. sonstige Einkünfte im Sinn des § 22" zusammengefaßt worden. Die bisherige Einkunftsart: 3.„Einkünfte aus sonstiger selbständiger Berufstätigkeit" wird jetzt als „3. Einkünfte aus selbständiger Arbeit" bezeichnet. Die Bezeichnung „selbständige Berufstätigkeit" war wenig glücklich gewählt. Sie entsprach weder dem Sprachgebrauch des täglichen Lebens noch der Begriffsbildung der Volkswirtschaftslehre und der Statistik. Die neue Bezeichnung stellt nicht auf eine sonstige Berufstätigkeit, sondern auf die selbständige Arbeit ab und gestattet damit eine bessere Untergliederung des Begriffs.

Das neue Einkommensteuergesetz hat bei den Einkunftsarten im übrigen an dem Aufbau des alten Einkommensteuergesetzes festgehalten. Dementsprechend ist auch die Teilung der Einkunftsarten in zwei Hauptgruppen beibehalten worden. Es sind zu unterscheiden die Einkunftsarten, bei denen als Einkünfte der Gewinn und diejenigen, bei denen als Einkünfte der Überschuß der Einnahmen über die Werbungskosten anzusetzen sind. Abgesehen von einer anderweiten Abgrenzung der Begriffe der „Einnahmen" und „Werbungskosten", die im alten Gesetz zum Teil auch für die Einkunftsarten 1 bis 3 gelten, im neuen Gesetz aber ausschließlich für die Einkunftsarten 4 bis 7 verwendet werden, hat sich gegenüber dem alten Gesetz nichts geändert.

§ 6 Abs. 3 EStG 1925 ist weggefallen. Diese Vorschrift führte als Beispiele eine Reihe von Vermögenszuflüssen und Bereicherungen auf, die unter keine der Einkunftsarten (Einkommensarten) fielen, insbesondere nicht unter die Einkunftsarten 7 und 8 des § 6 Abs. 1 EStG 1925 (Einkunftsart 7 des neuen Einkommensteuergesetzes). Die Aufzählung hatte überwiegend nur rechtserklärenden Charakter, sie war auch nicht vollständig und zum Verständnis des Gesetzes nicht unbedingt erforderlich. Sie ist daher im neuen Einkommensteuergesetz als entbehrlich weggelassen worden. Diejenigen Vermögenszuflüsse, die als Kapitalzahlungen einer Einkunftsart nicht zugerechnet werden können, sind im Gesetz überhaupt nicht mehr behandelt, da ihre Steuerfreiheit sich bereits aus dem Einkommensbegriff ergibt. Weiter waren verschiedene Vermögenszuflüsse, die als Ersatz für entgangene oder entgehende Einnahmen oder für Aufgabe einer Tätigkeit, einer Gewinnbeteiligung oder einer Anwartschaft auf eine solche § 44 EStG 1925 gemäß an sich einer Einkunftsart zuzurechnen waren, noch im § 6 Abs. 3 EStG 1925 ausdrücklich von der Einkommensteuer freigestellt. Sie werden auch ferner als steuerfreie Einkünfte behandelt (z. B. Kapitalabfindungen auf Grund eines Beamtenpensionsgesetzes). Die sich hierauf beziehende Regelung ist aber aus systematischen Gründen nach § 3 (zu vgl. Ziff. 8) übernommen.

§ 7 Abs. 3 EStG 1925, der die Frage des Ausgleichs und der Zusammenrechnung der Ergebnisse der verschiedenen Einkunftsarten behandelte, ist in dieser Form in das neue Gesetz nicht aufgenommen worden. Seine sachliche Übernahme ergibt sich aus dem Wortlaut des § 2 Abs. 2 des neuen Einkommensteuergesetzes.

Auch die Aufnahme der Vorschrift des § 45 Satz 1 EStG 1925 in das neue Gesetz ist unterblieben. Danach war es für die Einreihung unter die Einkunftsarten ohne

§ 2 EStG. Einkunftsarten, Einkünfte, Einkommen, Anmerkung 2. 169

Bedeutung, ob der Unternehmer (oder Berufstätige) Eigentümer, Nießbraucher, Pächter oder sonstiger Nutzungsberechtigter war. Dies ergibt sich schon aus Sinn und Inhalt des Gesetzes. Es war daher eine besondere Vorschrift dieses Inhalts entbehrlich" (Begr. zu § 2 Abs. 2 EStG, RStBl. 35 S. 34, 35).

2. Begriff des Einkommens.

Der Begriff des Einkommens im Sinn des § 2 Abs. 2 EStG als Gesamtbetrag der Einkünfte aus allen Einkunftsarten im Sinn des Gesetzes, der sich nach Ausgleich mit Verlusten aus anderen Einkunftsarten und nach Abrechnung der Sonderausgaben ergibt, ist auf den einzelnen Steuerpflichtigen abgestellt. Er umfaßt die positiven und negativen Ergebnisse der im Gesetz aufgeführten Einkunftsarten, die die (natürliche oder juristische) Person als Steuerpflichtiger im Kalenderjahr als Veranlagungszeitraum bezogen hat. Dieser Einkommensbegriff ist auch für das KStG maßgebend. Die §§ 7—17 KStG enthalten durch die Eigenart der Körperschaftsteuer bedingte Grundsätze, die teils allgemeiner Natur sind, teils nur bestimmte Arten von Körperschaften oder von Geschäftsvorfällen betreffen. Ein Steuerpflichtiger kann die zu seinem Einkommen zu rechnenden Einkünfte nicht nur auf Grund Eigentums, sondern auch auf Grund eines Nießbrauchs oder Pachtrechts oder eines sonstigen Nutzungsrechts bezogen haben. Bei Nutzungsberechtigten richtet sich die Höhe der Einkünfte nach dem (bürgerlich-rechtlichen) Inhalt des Nutzungsrechts (wegen der Zurechnung von Wertsteigerungen und Wertverlusten bei Nießbrauch s. RFH. VI 87/37 v. 22. 12. 37, E. 43 S. 43, RStBl. 38 S. 77, StW. 38 Nr. 74), vorausgesetzt natürlich, daß die Beteiligten diesen Inhalt auch tatsächlich gelten lassen. Weiter ist für die Zurechnung von Wirtschaftsgütern und damit regelmäßig auch der Einkünfte daraus § 11 StAnpG maßgebend, wonach Wirtschaftsgüter bei der Sicherungsübereignung dem Veräußerer (Ziff. 1), bei der Übereignung oder dem Erwerb zu treuen Händen dem Treugeber (Ziff. 2 u. 3), weiter dem Eigenbesitzer (Ziff. 4) und bei Gemeinschaften zur gesamten Hand den Beteiligten nach Bruchteilen zuzurechnen sind (Ziff. 5).

Für die Feststellung des Einkommens sind zunächst die aus den einzelnen Einkunftsarten im Sinn des § 2 Abs. 3 EStG bezogenen Gewinne oder Einnahmeüberschüsse zusammenzurechnen und an dem Gesamtbetrag ist die Summe der aus anderen Einkunftsarten erzielten Verluste oder Ausgabenüberschüsse abzuziehen. Es findet also ein Ausgleich bei der im Veranlagungszeitraum erzielten Gewinne bzw. Einnahmenüberschüsse und Verluste bzw. Ausgabenüberschüsse statt. Dieser Ausgleich unterscheidet sich von dem Verlustvortrag, der für buchführende Land- und Forstwirte und Gewerbetreibende nach § 35 I. EStDVO nur noch in beschränktem Umfang galt, aber durch § 10 Abs. 1 Ziff. 6 EStG 1938 wieder eingeführt ist, dadurch, daß sich der Verlustausgleich auf Verluste und Ausgabenüberschüsse erstreckt, die in demselben Kalenderjahr, für das die Veranlagung erfolgt, eingetreten sind. Beim Verlustvortrag dagegen handelt es sich um die Kürzung von Verlusten, die in den beiden vorangegangenen Wirtschaftsjahren erzielt wurden, an dem Ergebnis eines späteren Wirtschaftsjahrs. Zu beachten ist, daß der Verlustausgleich nach dem EStG nicht unbeschränkt stattfindet. Verluste der natürlichen Personen aus Land- und Forstwirtschaft dürfen bei Ermittlung des Einkommens nach § 13 Abs. 3 Satz 3 nur ausgeglichen (§ 2 Abs. 2) werden, wenn sie 1000 RM. übersteigen. Nach § 17 Abs. 5 EStG dürfen Verluste, die bei der Veräußerung von Anteilen an einer Kapitalgesellschaft entstanden sind, bei Ermittlung des Einkommens (§ 2 Abs. 2) nicht ausgeglichen werden. Übersteigen weiter bei den Einkünften aus Leistungen, die nach § 22 Ziff. 3 EStG sonstige Einkünfte im Sinn des § 2 Abs. 3 Ziff. 7 a. a. O. sind, die Werbungskosten die Einnahmen, so darf der übersteigende Betrag bei Ermittlung des Einkommens nicht ausgeglichen werden (§ 22 Ziff. 3 Satz 3 EStG). Außerdem dürfen nach § 23 Abs. 4 Satz 3 EStG Verluste aus Spekulationsgeschäften nur bis zur Höhe des Spekulationsgewinns, den der Steuerpflichtige im gleichen Kalenderjahr erzielt hat, ausgeglichen werden. Endlich ist nach § 50 Abs. 2 EStG für beschränkt Steuerpflichtige bei Einkünften, die dem Steuerabzug unterliegen,

§ 6 KStG. Einkommen.

und bei Einkünften im Sinn des § 20 Abs. 1 Ziff. 3—4 ein Ausgleich (§ 2 Abs. 2) mit Einkünften aus anderen Einkunftsarten nicht zulässig (f. Anm. 15 zu § 2 KStG). An dem Gesamtbetrag der Einkünfte, der sich durch den Ausgleich der Ergebnisse der einzelnen Einkunftsarten ergibt, sind dann zur Feststellung des Einkommens noch die Sonderausgaben des § 10 EStG abzuziehen, von denen für die Körperschaftsteuer nur die in Abs. 1 Ziff. 2 u. 3 aufgeführten in Betracht kommen.

3. Einkunftsarten und ihre Abgrenzung.

a) Das EStG 1934 zählt in § 2 Abs. 3 ebenso wie das EStG 1925 in § 6 Abs. 1 diejenigen **Einkunftsarten** auf, die für die Einkommensbesteuerung überhaupt in Betracht kommen können. Entsprechend der im neuen EStG eingeführten Begriffsbestimmung des „Einkommens" als des Gesamtbetrags der „Einkünfte" aus den im § 2 Abs. 3 bezeichneten „Einkunftsarten" ist der Begriff der „Einkommensart" des bisherigen EStG beseitigt und eine klare Abgrenzung der Begriffe erreicht. Einkünfte, die sich unter keine der aufgeführten Einkunftsarten einreihen lassen, können der Einkommen- oder Körperschaftsteuer nicht unterworfen werden. Dagegen kann sich ihre Steuerpflicht aus einem anderen Steuergesetz ergeben (z. B. dem Erbschaftsteuergesetz). Für die Einreihung von Einkünften unter die Einkunftsarten des § 2 Abs. 3 ist es ohne Bedeutung, ob der Steuerpflichtige Eigentümer, Nießbraucher, Pächter oder ein sonstiger Nutzungsberechtigter ist (f. auch Anm. 2 Abs. 1).

Zu welcher Einkunftsart die Einkünfte im einzelnen Fall gehören, bestimmt sich nach den §§ 13 bis 24 EStG, in Zweifelsfällen nach der Verkehrsauffassung. Das EStG schreibt zunächst in den §§ 13—24 vor, welche Einkünfte im Einzelfall zu den Einkünften aus Land- und Forstwirtschaft, aus Gewerbebetrieb usw. zu rechnen sind. Es gibt aber nicht nur eine Bestimmung der unter die einzelnen Einkunftsarten fallenden Einkünfte, sondern es ordnet auch die Zurechnung von Einkünften, die an sich zu einer bestimmten Einkunftsart gehören, zu einer anderen Einkunftsart an, wenn die Einkünfte aus einer diese andere Einkunftsart begründenden Tätigkeit anfallen. Es schreibt also den Vorrang gewisser Einkunftsarten vor anderen vor. Soweit Einkünfte, die nach § 20 Abs. 1 u. 2 EStG zu den Einkünften aus Kapitalvermögen zu rechnen sind, zu den Einkünften aus Land- und Forstwirtschaft, aus Gewerbebetrieb, aus selbständiger Arbeit oder aus Vermietung und Verpachtung gehören, sind sie nach § 20 Abs. 3 a. a. O. diesen Einkünften zuzurechnen. Ebenso ist in § 21 Abs. 3 a. a. O. für die in § 21 Abs. 1 u. 2 a. a. O. aufgeführten Einkünfte aus Vermietung und Verpachtung angeordnet, daß sie Einkünften aus anderen Einkunftsarten zuzurechnen sind, soweit sie zu diesen gehören. „Sonstige Einkünfte" im Sinn des § 2 Abs. 3 Ziff. 7 und § 22 EStG sind als solche nur insoweit zu versteuern, als sie nicht zu anderen Einkunftsarten im Sinn des § 2 Abs. 3 Ziff. 1 bis 6 a. a. O. gehören (vgl. § 22 Ziff. 1, Ziff. 3 und § 23 Abs. 3 a. a. O.). Darüber hinaus wird für die Heranziehung der Einkünfte aus Leistungen im Sinn des § 22 Ziff. 3 EStG vorausgesetzt, daß sie weder zu den wiederkehrenden Bezügen nach § 22 Ziff. 1 a. a. O. noch zu den Einkünften aus Spekulationsgeschäften im Sinn des § 22 Ziff. 2 a. a. O. zu rechnen sind. Schließlich gilt als gemeinsame Vorschrift für alle Einkunftsarten **§ 24 EStG**. Dieser lautet:

„Zu den Einkünften im Sinn des § 2 Abs. 3 gehören auch:
1. Entschädigungen, die gewährt worden sind
a) als Ersatz für entgangene oder entgehende Einnahmen oder
b) für die Aufgabe oder Nichtausübung einer Tätigkeit, für die Aufgabe einer Gewinnbeteiligung oder einer Anwartschaft auf eine solche;
2. Einkünfte aus einer ehemaligen Tätigkeit im Sinn des § 2 Abs. 3 Ziff. 1 bis 4 oder aus einem früheren Rechtsverhältnis im Sinn des § 2 Abs. 3 Ziff. 5 bis 7, und zwar auch dann, wenn sie dem Steuerpflichtigen als Rechtsnachfolger zufließen."

§ 24 EStG stellt keine neue, selbständige Einkunftsart neben den in § 2 Abs. 3 a. a. O. aufgeführten Einkunftsarten auf, sondern er stellt klar, daß auch die in ihm aufgeführten Entschädigungen und Bezüge aus einer ehemaligen Tätigkeit im Sinn der Tätigkeiten und Rechtsverhältnisse des § 2 Abs. 3 unter die dort genannten Einkunftsarten einzureihen sind.

Außerdem ist in diesem Zusammenhang noch die Vorschrift des § 19 I. KStDBO zu erwähnen, wonach bei Steuerpflichtigen im Sinn des KStG, die nach den Vorschriften des HGB zur Führung von Büchern verpflichtet sind, alle Einkünfte als Einkünfte aus Gewerbebetrieb zu behandeln sind. Wegen der Bedeutung dieser Vorschrift s. Anm. 7 b.

b) Soweit die Zurechnung von Einkünften zu einer Einkunftsart nicht nach den Bestimmungen des Gesetzes erfolgen kann, ist sie nach § 2 Abs. 3 Satz 2 EStG nach der **Verkehrsauffassung** vorzunehmen. Diese Vorschrift entspricht dem § 6 Abs. 2 EStG 1925. Eine Verkehrsauffassung ist unter Beachtung der Grundsätze des § 1 Abs. 3 StAnpG nach nationalsozialistischer Weltanschauung festzustellen, wobei die Volksanschauung, der Zweck und die wirtschaftliche Bedeutung der Steuergesetze und die Entwicklung der Verhältnisse zu berücksichtigen sind. Eine Verkehrsauffassung oder auch eine „Auffassung der beteiligten Kreise", die mit der gesunden Volksanschauung und dem Grundsatz von Treu und Glauben in Widerspruch steht, kann danach für die Besteuerung nicht maßgebend sein. In RFH VI A 264/29 v. 27. 8. 30 (E. 27 S. 184 (187), RStBl. 31 S. 104, StW. 30 Nr. 1072) wurde die Bedeutung der Vorschrift des § 6 Abs. 2 EStG 1925 darin gesehen, daß sie nur der für einen besonderen Fall betonte Ausdruck des allgemeinen Gedankens sei, daß in Zweifelsfällen der Verkehrsauffassung weitgehendste Bedeutung für die Auslegung des EStG beizumessen sei. Nach der Verkehrsauffassung bestimme sich nicht nur die positive, sondern auch die negative Seite des Einkommens und mangels ausdrücklicher Vorschriften auch die Entscheidung, wann z. B. Einnahmen bezogen oder Ausgaben gemacht seien, ob und inwieweit einmalige Vermögensanfälle der Einkommensteuer unterlägen. Es richte sich also, soweit das Gesetz Zweifel offen lasse, nach der Verkehrsauffassung, ob und inwieweit bestimmte Vorgänge in ihren verschiedenen Auswirkungen die verschiedenen Einkunftsarten berührten. Alle diese mit der Einkommenbesteuerung zusammenhängenden Fragen sind jetzt nach § 1 Abs. 3 StAnpG zu beurteilen.

c) Das EStG 1934 hat in § 2 Abs. 4 die bisherige Unterteilung der Einkunftsarten in die beiden Hauptgruppen, bei denen die **Einkünfte** einerseits, der Gewinn (Land- und Forstwirtschaft, Gewerbebetrieb und selbständige Arbeit) und andererseits der Überschuß der Einnahmen über die Werbungskosten sind, beibehalten. Der Gewinnbegriff zerfällt wieder in zwei Untergruppen, nämlich den allgemeinen Gewinnbegriff für Land- und Forstwirtschaft, Gewerbetreibende, die nicht zur Buchführung nach den Vorschriften des HGB verpflichtet sind, und selbständige Berufstätige (§ 4 EStG) und den kaufmännischen Gewinnbegriff (§ 5 EStG). Der Gewinn wird für die erste Untergruppe grundsätzlich durch Betriebsvermögensvergleich unter Ausscheidung des Wertes von Grund und Boden ermittelt (§ 4 Abs. 1 EStG), in den einfach gelagerten Fällen dagegen, in denen das Betriebsvermögen nur geringfügigen Schwankungen unterworfen ist, nach dem Überschuß der Betriebseinnahmen über die Betriebsausgaben, wobei ausnahmsweise auftretende, wesentliche Schwankungen in der Höhe des Betriebsvermögens durch Zu- oder Abschläge zu berücksichtigen sind (§ 4 Abs. 2 EStG). Der Gewinn der buchführungspflichtigen Vollkaufleute wird stets durch Betriebsvermögensvergleich unter Berücksichtigung des Wertes von Grund und Boden ermittelt (§ 5 EStG). Das EStG kennt demnach drei Arten der Gewinnermittlung: nach dem allgemeinen Gewinnbegriff mit der Unterart der vereinfachten Gewinnermittlung nach dem Betriebseinnahmenüberschuß und nach dem kaufmännischen Gewinnbegriff.

Über die Beziehung des Einkommens zu einem bestimmten Zeitraum und die Bedeutung des § 2 Abs. 5 EStG für die Körperschaftsteuer s. Anm. 1—3, 7 Abs. 2, 10 Abs. 1 zu § 5 KStG.

4. Einkünfte aus unsittlichen oder verbotenen Handlungen.

Einkünfte sind auch dann den im § 2 Abs. 3 EStG aufgeführten Einkommensarten zuzurechnen und zur Einkommensteuer heranzuziehen, wenn sie durch eine unsittliche oder strafbare Tätigkeit erzielt sind. Denn nach § 5 Abs. 2 StAnpG wird die Besteuerung nicht dadurch ausgeschlossen, daß ein Verhalten (ein Tun oder ein Unterlassen), das den steuerpflichtigen Tatbestand erfüllt oder einen Teil des steuerpflichtigen Tatbestands bildet, gegen ein gesetzliches Gebot oder Verbot oder gegen die guten Sitten verstößt. Dieser Grundsatz entspricht der vom RFH. bisher vertretenen Auffassung. Setzt sich die Tätigkeit, durch die die Einkünfte erzielt sind, aus unerlaubten oder unsittlichen Leistungen zusammen, dann ist zunächst zu prüfen, ob sie überhaupt unter eine der in § 2 Abs. 3 genannten Einkunftsarten eingereiht werden kann (vgl. z. B. RFH. VI A 875/29 v. 3. 7. 29, RStBl. 29 S. 474, StW. 29 Nr. 628 für die gewerbsmäßige Kuppelei und RFH. VI A 1376/31 v. 16. 9. 31, StW. 31 Nr. 1029 für das zu unsittlichen Zwecken betriebene Vermietungsgewerbe). Wegen der Bedeutung der bürgerlich-rechtlichen Nichtigkeit von Rechtsgeschäften, die gegen ein gesetzliches Verbot (§ 134 BGB) oder gegen die guten Sitten (§ 138 BGB) verstoßen, vgl. Anm. 5.

5. Feststellung des für die Besteuerung maßgebenden Tatbestands in besonderen Fällen.

Scheingeschäfte und Scheinhandlungen sind nach § 5 Abs. 1 StAnpG für die Besteuerung nicht maßgebend, wohl aber der tatsächlich herbeigeführte Erfolg, der durch sie verdeckt wird: „Scheingeschäfte und andere Scheinhandlungen (zum Beispiel die Begründung oder die Beibehaltung des Scheinwohnsitzes) sind für die Besteuerung ohne Bedeutung. Wird durch ein Scheingeschäft ein anderes Rechtsgeschäft verdeckt, so ist das verdeckte Rechtsgeschäft für die Besteuerung maßgebend". Es kommt also in diesem Fall nicht auf die vorgetäuschte, sondern auf die tatsächliche Gestaltung der Dinge durch den Steuerpflichtigen an. Soll die Steuerpflicht durch Mißbrauch von Formen und Gestaltungsmöglichkeiten des bürgerlichen Rechts umgangen werden, dann sind die Steuern nach § 6 StAnpG so zu erheben, wie sie bei einer den wirtschaftlichen Vorgängen, Tatsachen und Verhältnissen angemessenen rechtlichen Gestaltung zu erheben wären. Die Beurteilung des für die Besteuerung maßgebenden Tatbestands hat auch in diesen Fällen nach § 1 Abs. 3 StAnpG zu erfolgen (s. Einleitung II).

§ 5 Abs. 2 bis 5 StAnpG regelt die steuerliche Behandlung von nichtigen und anfechtbaren Rechtsgeschäften. Ist ein Rechtsgeschäft wegen eines Formmangels oder wegen eines Mangels der Geschäftsfähigkeit oder der Rechtsfähigkeit nichtig, so ist dies nach § 5 Abs. 3 a. a. O. für die Besteuerung insoweit und solange ohne Bedeutung, als die Beteiligten das wirtschaftliche Ergebnis des Rechtsgeschäfts eintreten und bestehen lassen. Ist ein Rechtsgeschäft anfechtbar, so ist dies nach § 5 Abs. 4 a. a. O. für die Besteuerung insoweit und solange ohne Bedeutung, als nicht die Anfechtung mit Erfolg durchgeführt ist. § 5 Abs. 5 a. a. O. sieht die nachträgliche Zurücknahme oder Änderung der Steuerfestsetzung und die Erstattung entrichteter Steuern vor, soweit in den Fällen des Absatzes 3 das bereits eingetretene wirtschaftliche Ergebnis des nichtigen Rechtsgeschäfts nachträglich wieder beseitigt oder in den Fällen des Absatzes 4 das anfechtbare Rechtsgeschäft mit Erfolg angefochten worden ist. Nach Ablauf des Jahres, das auf die Beseitigung des wirtschaftlichen Ergebnisses oder auf die erfolgreiche Durchführung der Anfechtung folgt, kann der Steuerpflichtige die Zurücknahme der Steuerfestsetzung oder Steuerfeststellung und die Erstattung nicht mehr verlangen (§ 5 Abs. 5 Satz 2 a. a. O.).

Nach § 5 Abs. 6 StAnpG bleiben Sondervorschriften, die in Steuergesetzen enthalten sind, unberührt. Für die Einkommen- und Körperschaftsteuer bestehen zur Zeit keine Sondervorschriften.

In allen anderen, in § 5 Abs. 5 a. a. O. nicht genannten Fällen, in denen die Beteiligten ein wirtschaftliches Ergebnis in einem auf dessen Eintritt folgenden

Kalender- oder Wirtschaftsjahr wieder beseitigen oder ändern, ist dieser Umstand für die Besteuerung erst von seinem Eintritt ab und nicht mit rückwirkender Kraft für den bereits abgeschlossenen Veranlagungszeitraum maßgebend. Es greift der allgemeine Grundsatz Platz, daß der Besteuerung die tatsächlichen Verhältnisse so, wie sie bestanden haben, zugrunde zu legen sind. Eine Änderung der Besteuerung mit rückwirkender Kraft tritt außer in den Fällen des § 5 Abs. 5 a. a. O noch in den Fällen des bedingten Entstehens der Steuerschuld nach § 4 Abs. 1 bis 3 Ziff. 1 StAnpG und außerdem nach § 4 Abs. 3 Ziff. 2 a. a. O. dann ein, wenn ein Merkmal, dessen Vorliegen das Gesetz für die Steuerschuld fordert, nachträglich mit Wirkung für die Besteuerung weggefallen ist. Unter die letzte Vorschrift sind insbesondere Tatbestände einzureihen, die mit den Fällen des bedingten Entstehens einer Steuerschuld des Abs. 1 und 2 a. a. O. Ähnlichkeit haben, in denen also die für die Besteuerung maßgebenden Verhältnisse noch irgendwie in der Schwebe sind. Einer der wichtigsten Anwendungsfälle dieser Vorschrift liegt bei der Gewinnermittlung im Sinn der §§ 4 und 5 EStG dann vor, wenn das Betriebsvermögen vom Ende des vorangegangenen Kalender- oder Wirtschaftsjahrs, das der Gewinnermittlung für den folgenden Veranlagungszeitraum als Anfangsvermögen zugrunde gelegt wurde, durch Berichtigungsveranlagung usw. nachträglich geändert wird (s. Anm. 70 Abs. 2 zu § 5 EStG).

6. Abgrenzung gegenüber Liebhaberei.

Für die Einkunftsarten, bei denen die Einkünfte als das Ergebnis einer wirtschaftlichen Betätigung erscheinen, ist Voraussetzung für die Einkommensteuerpflicht, daß die Tätigkeit zum Zweck der Erzielung von Einkünften im Sinn eines nachhaltigen Ertrags und nicht nur zur Erzielung von Einnahmen ausgeübt wird. Fehlt dieses Merkmal, dann liegt nach RFH. VI A 1473/28 v. 14. 3. 29 (RStBl. 29 S. 329, StW. 29 Nr. 494) eine auf der ausgeübten Tätigkeit beruhende Einkunftsart im Sinn des EStG auch dann vor, wenn sich die Tätigkeit ihrer Art nach unter eine der gesetzlichen Einkunftsarten einreihen ließe. Es handelt sich um Liebhaberei und die dadurch erzielten Einnahmen dürfen das Einkommen ebensowenig berühren, wie die zur Erzielung der Einnahmen gemachten Aufwendungen als Betriebsausgaben oder Werbungskosten anerkannt werden könnten. Für die Frage, ob eine Tätigkeit Liebhaberei oder ein Betrieb von Land- oder Forstwirtschaft oder Gewerbe ist, ist nach RFH. VI A 608/37 v. 13. 10. 37 (RStBl. 37 S. 1232, StW. 37 Nr. 547) nicht der Wille des Steuerpflichtigen maßgebend, sondern entscheidend ist, ob der Betrieb nach seiner Wesensart und der Art seiner Bewirtschaftung, auf die Dauer gesehen, nachhaltig mit Gewinn zu arbeiten vermag. Nach RFH. VI A 1230/31 v. 24. 1. 34 (E. 35 S. 161, RStBl. 34 S. 501, StW. 34 Nr. 298) ist zur Abgrenzung des Betriebs der Landwirtschaft von der Liebhaberei für die Entscheidung, ob im Einzelfall mit einer Deckung der Ausgaben und einem Nutzen, wenn auch erst in späterer Zeit, ernstlich gerechnet werden kann, im wesentlichen ein objektiver Maßstab anzulegen, d. h. es kommt darauf an, ob der Betrieb nach betriebswirtschaftlichen Grundsätzen geführt wird. Den mehr subjektiven, auf die Person des einzelnen Steuerpflichtigen abgestellten Erwägungen, wie z. B. Beweggründe des Gutskaufs, Kapitalanlage, Sicherung der Kinder, Eigenschaft als Nichtberufslandwirt, meist auch weite Entfernung des Wohnsitzes von dem Besitz kommt nach der Entsch. nur noch in gewissen Grenzfällen Bedeutung zu (z. B. beim Ankauf eines kleinen bäuerlichen Besitzes in schöner Gegend als Erholungssitz, Alterssitz, Jagdsitz). Nach RFH. VI A 206/35 v. 21. 11. 35 (RStBl. 36 S. 203, StW. 36 Nr. 17) muß für die Beurteilung des erwähnten Grenzfalls entscheidend sein, welcher Grund beim Ankauf des Gutes im Vordergrund gestanden hat. Weiter ist das objektive Merkmal der Betriebsführung nach betriebswirtschaftlichen Grundsätzen nach RFH. VI A 9/35 v. 21. 11. 35 (RStBl. 36 S. 216, StW. 36 Nr. 16) nicht nur dann zu verneinen, wenn sachlich verfehlte Aufwendungen gemacht werden, sondern auch dann, wenn der geldliche Aufwand für wirtschaftlich an sich richtige Betriebsmaßnahmen höher ist, als sich rechtfertigen läßt. Denn auch die Leistung zu großer Ausgaben, die mit den Ertragsmöglichkeiten nicht in Einklang ständen, widerspreche wirtschaftlichen Grundsätzen. Danach kann der Betrieb eines verhältnismäßig kleinen landwirtschaftlichen Gutes, das nur bei Bewirtschaftung durch den Bauern und seine Familie auf die Dauer einen Ertrag abwirft, dann als Liebhaberei angesehen werden, wenn es von einem nicht selbst wirtschaftenden Eigentümer durch fremde, entlohnte Personen bewirtschaftet wird (RFH. VI A 315/37 v. 25. 5. 37, StW. 37 Nr. 419). Bei der Abgrenzung des Gewerbebetriebs von der Liebhaberei kommt es nicht so sehr auf die Beurteilung der einzelnen geschäftlichen Maßnahmen unter dem Gesichtspunkt der betriebswirtschaftlichen Richtigkeit an als darauf, ob der Betrieb als Ganzes objektiv mit dem ernstlichen Rechnen auf Ertrag geführt wird. Jedenfalls ist es nicht Sache der Steuerbehörde zu prüfen, ob die geschäftlichen Maßnahmen im einzelnen geeignet sind, der Gewinnerzielung zu dienen. d. h. ob sie zweckmäßig sind oder nicht. In RFH. VI A 288/34 v. 7. 8. 35 (StW. 35 Nr. 592) wird die Auffassung, daß in dem Betrieb eines Gestüts und eines Rennstalls kein selbständiger Gewerbebetrieb im Sinn des EStG zu erblicken sei, bestätigt, weil nach den ganzen Umständen auf die Dauer ein Überschuß der Einnahmen über die Ausgaben mit einer auch nur einigermaßen begründeten Wahrscheinlichkeit nicht zu erwarten sei. Gestüt und Rennstall wurden in diesem Fall aber auch nicht als Bestandteil des vom Steuerpflichtigen gleichzeitig unterhaltenen landwirtschaftlichen Betriebs anerkannt, weil sie den Rahmen des in landwirtschaftlichen Betrieben gleicher Art Üblichen erheblich überschritten und es daher unmöglich erschien, die Aufwendungen für das Gestüt mit dem Ergebnis der Landwirtschaft in Ausgleich zu bringen und Gestüt und Landwirtschaft als Einheit nach wirtschaftlichen Gesichtspunkten, d. h. also unter Erzielung eines auch nur geringfügigen Nutzens zu betreiben. Nach der das Gestüt und den Rennstall einer OHG. betreffenden Entsch. RFH. VI A 821/36 v. 6. 11. 36 (RStBl. 37 S. 391) können bei entsprechender buchmäßiger Behandlung gegen die Annahme eines wirtschaftlichen (Gewerbe-) Betriebs, der der Gewinnerzielung dient, um so weniger Bedenken erhoben werden, je größer der Betrieb ist.

7. Vermögensanfälle.

Schrifttum. Zitzlaff, Behandlung freigebiger Zuwendungen bei der Einkommensteuer, DStBl. 37 0129.

a) Nach § 6 Abs. 3 EStG 1925 unterlagen der Besteuerung des Einkommens insbesondere nicht **einmalige Vermögensanfälle**, wie Schenkungen, Erbschaften, Aussteuern, Ausschüttungen, Lotteriegewinne, Kapitalempfang auf Grund von Lebensversicherungen und Kapitalabfindungen, die als Entschädigungen für Unfälle und Körperverletzungen gezahlt wurden. In das EStG 1934 wurde eine Vorschrift gleichen Inhalts nicht aufgenommen. Dadurch wird jedoch keine neue Rechtslage geschaffen, da es sich bei der Vorschrift des § 6 Abs. 3 EStG 1925 insoweit — die oben nicht genannten weiteren Kapitalabfindungen wurden als sachliche Befreiungen in § 3 Ziff. 8 EStG 1934 aufgeführt — nicht um eine sachliche Rechtsvorschrift, sondern um eine erläuternde Erläuterung handelte. Wie in der Begr. zum EStG 1934 ausgeführt ist (vgl. Anm. 1 Abs. 4), ergibt sich die Steuerfreiheit von Vermögenszuflüssen, die als Kapitalzahlungen einer Einkunftsart nicht zugerechnet werden können, bereits aus dem Einkommensbegriff. Danach ist also zu untersuchen, ob Vermögenszuflüsse im unmittelbaren Zusammenhang mit einer Tätigkeit stehen, aus der steuerpflichtige Einkünfte im Sinn des § 2 Abs. 3 bezogen werden können. Beim Gewerbebetrieb sind z. B. Vermögenszuflüsse, die sich weder als Ergebnis der gewerblichen Tätigkeit des Kaufmanns noch als Ertragnis des dem Gewerbe dienenden Betriebsvermögens darstellen, den Einkünften aus Gewerbebetrieb nicht zuzurechnen.

b) Für die Körperschaftsteuer gewinnt in diesem Zusammenhang die Frage an Bedeutung, **ob und inwieweit vorstehende Grundsätze auch für Körperschaften gelten, die nach den Vorschriften des Handelsrechts zur Führung von Büchern verpflichtet sind.** Für diese Körperschaften gilt der kaufmännische Gewinnbegriff des § 5 EStG, außerdem sind bei ihnen nach § 19 I. KStDVO alle Einkünfte als Einkünfte aus Gewerbebetrieb zu behandeln. Der Einkommensteuersenat des RFH. hat für das EStG 1925 bei Prüfung der Steuerpflicht von Sanierungsgewinnen die Auffassung vertreten, daß nach § 13 EStG 1925 nur solche gewerbliche Einkünfte steuerpflichtig seien, die mit Vorgängen des Gewerbebetriebs in einem unmittelbaren Zusammenhang ständen und mit der Eigenart der gewerblichen Tätigkeit als solcher, deren Erträgnisse versteuert werden sollten, organische Verbindung hätten (vgl. z. B. RFH. VI A 1499/28 v. 12. 12. 28, RStBl. 29 S. 86, StW. 29 Nr. 186). Demgegenüber ist der Körperschaftsteuersenat des RFH. in RFH. I A 394/27 v. 5. 2. 29 (RStBl. 29 S. 228, StW. 29 Nr. 360) mit dem Hinweis, daß Erwerbsgesellschaften nur Betriebsvermögen haben können und bei ihnen neben der Gesellschaft als Rechtsperson keine Gesamtheit der Gesellschafter als weitere Rechtsperson besteht, der Auffassung, daß die Sanierung für den Gewerbebetrieb einen betriebsfremden Vorgang darstellt, für AG. nicht gefolgt. Er hat weiter darauf hingewiesen, daß nach § 13 EStG 1925 der Vermögenszuwachs, der bei ordnungsmäßiger Buchführung ausgewiesen wird, steuerpflichtig sei und danach auch zufällige Vermögenszugänge steuerpflichtig seien. Ausgenommen seien die Einlagen der Gesellschafter und das, was ihnen gleichzustellen sei, wie das Agio der Aktienausgabe (RFH. E. 12 S. 306). Denn dabei handle es sich gleich der steuerlich den Gegensatz hierzu bildenden Gewinnausschüttung um gesellschaftsrechtliche Vorgänge eigener Art zwischen den Gesellschaftern und ihrer Gesellschaft. Im übrigen läßt es der RFH. in dieser Entsch. dahingestellt, ob es bei den buchführenden Erwerbsgesellschaften überhaupt betriebsfremde Vorgänge nach Art einer Sanierung geben könne. Diese Frage dürfte aber zu bejahen sein. Körperschaften, die nach Handelsrecht buchführungspflichtig sind, können nur gewerbliche Einkünfte und kein anderes Vermögen als gewerbliches Betriebsvermögen haben. Trotzdem erscheint aber auch nicht mit der vom Körperschaftsteuer-Senat des RFH. gegebenen Begründung der Schluß gerechtfertigt, daß jeder Vermögenszufluß, der nicht von den Gesellschaftern herrührt, als Mehrung des Betriebsvermögens den steuerlichen Gewinn erhöht. Da die buchführungspflichtigen Körperschaften nur gewerbliches Betriebsvermögen haben können, werden Vermögensanfälle der oben genannten Art bei ihnen auf jeden Fall Betriebsvermögen. Die Vorschrift des § 19 I. KStDVO regelt für diese Körperschaften die Zurechnung von Einkünften zu den Einkunftsarten des § 2 Abs. 3 EStG in dem, daß alle von einer buchführungspflichtigen Körperschaft bezogenen Einkünfte gewerbliche Einkünfte im Sinn des Gesetzes sind. Es sind daher z. B. Einkünfte aus der Verwaltung eines Kapitalvermögens oder Grundvermögens nicht als Einkünfte aus Kapitalvermögen oder Vermietung und Verpachtung, sondern als Einkünfte aus Gewerbebetrieb zu behandeln. Weiter geht aber die Bedeutung der Vorschrift nicht; insbesondere ist aus ihr nicht abzuleiten, daß jede Mehrung des Betriebsvermögens einer solchen Körperschaft gewerblicher Gewinn sein müßte, auch wenn es sich um nicht von den Gesellschaften stammende Kapitalzugänge handelt, die sich nicht unter die aus einer gesetzlichen Einkunftsart bezogenen Einkünfte einreihen lassen. Durch die Vorschrift des § 19 I. KStDVO wird also der Begriff der Einkünfte im Sinn des § 2 EStG nicht erweitert. Außerdem läßt sich aber auch mit der Vorschrift des § 13 EStG 1925 entsprechenden § 5 EStG 1934 über den kaufmännischen Gewinnbegriff nicht die Auffassung begründen, daß bei buchführungspflichtigen Körperschaften jede Vermehrung des Betriebsvermögens zum steuerpflichtigen Gewinn zu rechnen sei. Denn ebenso wie nicht jede Verminderung des Betriebsvermögens, die nicht wie z. B. eine Gewinnausschüttung, auf das Verhältnis der Gesellschaft zu den Gesellschaftern zurückzuführen ist, als gewerblicher Verlust zu behandeln ist (z. B. Entrichtung von Personensteuern), so ist Voraussetzung für die Behandlung einer Betriebsvermögensmehrung als Gewinn, daß sie den Einkünften aus Gewerbebetrieb zugerechnet werden kann. Vermögenszuflüsse sind daher daraufhin zu untersuchen, ob sie sich als Ergebnis der gewerblichen Tätigkeit oder als Ertrag des Betriebsvermögens darstellen. Ist diese Frage zu verneinen, dann bedeutet ihr Anfall zwar eine Vermehrung des Betriebsvermögens, die aber nicht Teil des steuerpflichtigen Gewinns ist. Dagegen gehören diese Vermögensanfälle für die Anfangsbilanz des folgenden Wirtschaftsjahrs zum steuerlich maßgebenden Anfangsvermögen (vgl. Anm. 71 zu § 5 EStG). Obwohl also Kapitalgesellschaften nur gewerbliches Betriebsvermögen haben können, sind sie trotzdem mit ihren Betriebsvermögen nicht derart zu identifizieren, daß jede Vermehrung ihres Betriebsvermögens Einkommen darstellt. Vielmehr ist auch eine Kapitalgesellschaft im Sinn des Steuerrechts eine Person wie jede andere, der als Einkünfte aus Gewerbebetrieb nur angerechnet werden kann, was auch bei anderen Personen dazu zu rechnen wäre (vgl. auch Mirre, ZeitStfr. 1927 S. 223). Der Einkommensteuersenat des RFH. hat, wie in diesem Zusammenhang bemerkt sei, in ständiger Rechtsprechung ausgesprochen, daß das EStG den unentgeltlichen erbrechtlichen Erwerb überhaupt nicht behandelt habe. Daraus folge, daß der Vorgang des Erbens bewußt aus dem Bereich der Betriebsvorgänge ausgenommen sei und mithin auch alle mit dem Vorgang des Erbens verknüpften Ausgaben wie Kosten der Erbauseinandersetzung oder eines im Zusammenhang damit geführten Rechtsstreits selbst dann nicht Betriebsausgaben darstellten, wenn die Erbschaft nur aus einem gewerblichen Unternehmen bestehe (vgl. z. B. RFH. VI A 626—628/30 v. 28. 5. 30, RStBl. 30 S. 583, StW. 30 Nr. 998 und VI A 217/29 v. 12. 11. 30, RStBl. 31 S. 108, StW. 31 Nr. 449).

c) Einzelfälle. Wird einer GmbH. eine **Schenkung** im Werte von 5000 RM. gemacht, so wird der geschenkte Gegenstand notwendig Betriebsvermögen der GmbH., so daß bei einer Veräußerung um 6000 RM. ein Betriebsgewinn von 1000 RM. entsteht. Aber trotzdem darf der Erwerb dieses Gegenstands und die dadurch herbeigeführte Mehrung des Betriebsvermögens um 5000 RM. noch nicht ohne weiteres als unmittelbarer Ausfluß des Gewerbebetriebs und damit als Teil des Betriebsgewinns angesehen werden. In RFH. VI A 908/35 v. 8. 1. 36 (E. 39 S. 34, RStBl. 36 S. 416, StW. 36 Nr. 130) wird für den Fall des Erlasses einer Betriebsschuld darauf hingewiesen, daß der Erlaß einer Forderung wie jede andere Zuwendung, die ohne besondere Gegenleistung des Empfängers erfolgt, auf verschiedenen Gründen beruhen kann. Die Zuwendung kann gemacht werden, weil der Geschäftsfreund den Empfänger übervorteilt hat und dies wieder gutmachen will, also aus geschäftlichem Anstand heraus oder aber auch, um dadurch einen für ihn vielleicht aussichtslosen Rechtsstreit zu vermeiden. Es kann ein Gegenstand des Betriebsvermögens dem Betrieb unentgeltlich überlassen werden, damit durch die Benutzung des überlassenen Gegenstands im Betrieb des Empfängers für den Betrieb des Gebers geworben wird. In diesen Fällen handelt es sich um betriebliche Gründe und die durch die Zuwendung eintretende Vermehrung des Betriebsvermögens beeinflußt die Höhe des Betriebsgewinns. Das Gleiche gilt von den Zuwendungen von am Betrieb interessierten dritten Personen (nicht Gesellschaftern), durch die die Einrichtung, Fortführung oder Änderung des Betriebs bezweckt wird, z. B. Zuschüsse zur Einrichtung einer Bahnlinie, auch wenn es sich um einmalige handelt. Das sind keine Schenkungen, sondern Einnahmen des Betriebs. Ihnen steht aber auch in vielen Fällen eine Verpflichtung gegenüber, die gleich hoch zu bewerten ist. Geben mehrere Grundstückseigentümer das zum Bahnbau erforderliche Gelände unentgeltlich ab, dann ist beim Empfänger nicht nur das Gelände als Aktivposten, sondern auch die Verpflichtung zum Bahnbau als Schuld zu verbuchen, also etwa 50 000 RM. Grundstückskonto links — Interessentenkonto rechts. Nach Herstellung des Baus oder auch schon während des Baus wird bei nicht aktivierbaren Ausgaben Interessentenkonto links — Kasse rechts oder Unkostenkonto rechts zu buchen sein, u. U. kann auch eine Abschreibung bei irgendeinem oder mehreren Bestandskonten in Frage kommen, also Interessentenkonto links — Abschreibungen rechts. Nur in seltenen Fällen wird das Verschwinden der Schuld als Gewinn zu betrachten sein, also eine Buchung Interessentenkonto links — Verlust- und Gewinnkonto rechts in Frage kommen, weil Zuschüsse nur gewährt werden, wo die Rentabilität fraglich ist. Die mangelnde Rentabilität führt aber zu einer den Zuschüssen wahrscheinlich gleichzuerachtenden Minderbewertung von

Aktiven. Anders sind dagegen die Tatbestände zu beurteilen, in denen die Zuwendungen von dritten Personen nicht aus irgendwelchen mit dem Betrieb zusammenhängenden Gründen oder Rücksichten erfolgen. Dies kann z. B. wie in dem Fall der Entsch. VI A 908/35 aus den zwischen dem Geber und dem Empfänger bestehenden nahen verwandtschaftlichen Beziehungen geschehen, wobei für Kapitalgesellschaften verwandtschaftliche Beziehungen zwischen dem Geber und den Gesellschaftern in Frage kommen könnten. Erstreckt sich die Zuwendung in diesem Fall auf einen Gegenstand des Betriebsvermögens, was bei einer buchführungspflichtigen Körperschaft stets vorliegt, dann berührt die durch die Zuwendung eingetretene Mehrung des Betriebsvermögens die Höhe des steuerpflichtigen Gewinns nicht. Wenn z. B. in dem Fall von RFH. I A 83/36 (s. Anm. 8 a Abs. 2) eine Person, die der Vater einiger und der Onkel anderer Aktionäre einer AG. war, auf eine Forderung von etwa 325 000 RM. gegen die AG. verzichtete und irgendwelche eigennützigen Absichten des Schenkers ausschieden, dann konnten für den Erlaß der Betriebsschuld der AG. nur die verwandtschaftlichen Beziehungen zu den Gesellschaftern maßgebend sein. Unter dieser Voraussetzung ist es nicht gerechtfertigt, daß durch den Schulderlaß der steuerpflichtige Gewinn erhöht wird (über die Beurteilung durch den RFH. s. Anm. 8 a Abs. 2).

Ebenso würde eine der Körperschaft zufallende Erbschaft vom Bilanzgewinn abzuziehen sein (natürlich mit dem Reinwert nach Abzug der Erbschaftsteuer), weil sie weder ein Ergebnis des Betriebs noch des Betriebsvermögens ist. Es ist aber zu beachten, daß die Gegenstände der Erbschaft fortan zum Betriebsvermögen gehören, an ihnen also Absetzungen und Buchgewinne wie Buchverluste möglich sind. Es gilt auch nicht der der Berechnung der Erbschaftsteuer zugrunde gelegte Wert als der in der Bilanz aufzuführende. Vielmehr sind die Gegenstände nach § 6 I. EStDVO zu bewerten und ihre Summe vermehrt die Aktivseite, während auf der Passivseite derselbe Betrag unter Abzug der Erbschaftsteuer, die, wenn noch nicht gezahlt, eine in der Bilanz aufzuführende Schuld bildet, als steuerfreie Rücklage aufzuführen ist, deren Benutzung zur Gewinnverteilung allerdings nichts im Wege steht. Die Erbschaftsteuer darf weder als Schuld noch als Zahlung das Betriebsergebnis beeinflussen (vgl. Anm. 1 Abs. 1 zu § 13 KStG). Dagegen vermindert sie die steuerfreie Vermögensvermehrung. Sollte die Gesellschaft mit einem Nießbrauch belastetes Vermögen erben, so kann sie sofort die Erbschaftsteuer von der Substanz entrichten. In diesem Fall bedeutet das spätere Erlöschen des Nießbrauchs einen Bilanzgewinn. Hat sie dagegen Aussetzung nach § 34 ErbStG beantragt, so ist der Gegenstand im Sinn des Steuerrechts erst im Zeitpunkt des Erlöschens des Nießbrauchs erworben. Denkbar sind übrigens Fälle, in denen trotz Erhebung der Erbschaftsteuer ein Bilanzgewinn anzunehmen ist, nämlich wenn eine Gesellschaft Anwartschaften entgeltlich erworben hat. Der Eintritt der Nacherbfolge ist dann erbschaftsteuerpflichtig, der dabei gemachte Buchgewinn nach Abzug der Erbschaftsteuer einkommensteuerpflichtig.

Sollte eine Kapitalgesellschaft aus irgend einem Grunde Lotterielose erworben haben, so würde der Lotteriegewinn, der, für sich allein betrachtet, nicht zum Einkommen zu rechnen ist, in jedem Fall und nicht nur etwa bei planmäßigem Erstreben von Gewinn durch Erwerb von Lotterielosen den Jahresgewinn vermehren. Dasselbe würde z. B. auch von einem der Gesellschaft gehörigen Grundstück gefundenen Schatz gelten. Denn in beiden Fällen handelt es sich noch um Erträgnisse des Betriebsvermögens, wenn auch im weiteren Sinn.

8. Veränderungen des Betriebsvermögens von Kapitalgesellschaften auf gesellschaftsrechtlicher Grundlage.

Schrifttum. Mirre, Beziehungen zwischen Körperschaftsteuer und Gesellschaftsteuer DStZ. 36 S. 1319; Meilicke, Das Steuerrecht der Kapitalzufuhr und Kapitalentnahme der Aktiengesellschaften und Gesellschaften mit beschränkter Haftung StW. 36 I Sp. 1353.

a) Dem Wesen der Kapitalgesellschaften entspricht es, daß ihnen ebenso wie Erwerbs- und Wirtschaftsgenossenschaften das zur Erfüllung ihrer Gesellschaftszwecke erforderliche Betriebskapital durch **Einlagen der Gesellschafter** zugeführt wird. Das KVG will der Gesellschaftsteuer alle Vorgänge unterwerfen, die sich wirtschaftlich als gesellschaftliche Einlagen darstellen, anders ausgedrückt, alle Vorgänge, bei denen eine Vermögensvermehrung der Gesellschaft durch die Gesellschafter bezweckt wird und die deshalb nicht Schenkungen sind, weil eine Vermögensverminderung bei den Gesellschaftern nicht eintritt, da sie gleichzeitig Gesellschaftsanteile erwerben oder den Wert ihrer Gesellschaftsanteile durch die Einlage erhöhen. Bei solchen Vermögensvermehrungen der Kapitalgesellschaft liegt kein Betriebsgewinn vor, es ist also die Körperschaftsteuerpflicht ungerechtfertigt. Deshalb kann grundsätzlich nur eine gesellschaftliche Einlage oder aber eine körperschaftsteuerpflichtige Betriebseinnahme vorliegen, niemals aber beide gleichzeitig. Wegen der Möglichkeit eines Gewinns oder Verlusts bei Wiederausgabe entgeltlich erworbener Eigenaktien, die nicht der Kapitalverkehrsteuer unterliegt, vgl. Anm. 132b Abs. 2 zu § 6 EStG. In RFH. I A 149/33 v. 27. 2. 34 (RStBl. 34 S. 634, StW 34 Nr. 319) wird ausgesprochen, kein allgemeiner Rechtssatz verbiete die Unterwerfung desselben Vorgangs unter zwei Steuerarten und insbesondere zwinge die Verschiedenheit im Aufbau des KVG und KStG nicht dazu, den Begriff der gesellschaftlichen Einlage nach beiden Gesetzen gleichzustellen. Auch umfaßt nach RFH I A 336/32 v. 10. 10. 33 (RStBl. 34 S. 46, StW. 34 Nr. 248) der Begriff der gesellschaftlichen Einlagen im Sinn des KStG nicht alle Leistungen und Zahlungen der Gesellschafter, die in § 6 KVG 1925 (§ 3 KVG 1934) als steuerpflichtig erklärt sind. Es trifft zu, daß mangels einer gleichlautenden gesetzlichen Bestimmung im KStG für die Körperschaftsteuer insbesondere Forderungen der Gesellschafter nicht in demselben Umfang als verdeckte Stammeinlagen behandelt werden können wie bei der Gesellschaftsteuer (s. Anm. 15 zu § 1 KStG). Andererseits muß aber in einem einheitlichen Steuersystem auch ohne eine ausdrückliche Gesetzesvorschrift im allgemeinen an dem Grundsatz festgehalten werden, daß Kapitalverkehrsteuer und Körperschaftsteuer sich gegenseitig ausschließen, ohne daß allerdings im Einzelfall die Behandlung eines Vorgangs für eine Steuer, insbesondere auch bei unrichtiger Sachbehandlung, stets dessen gleichzeitige Behandlung für die andere Steuer ausschließt. Das Erfordernis der steuerfreien Einlage, nämlich daß sie vom Gesellschafter in dieser Eigenschaft, also auf gesellschaftsrechtlicher Grundlage, geleistet wird, fehlt, wenn die Leistung auf Grund schuldrechtlicher Verpflichtung des Gesellschafters gegenüber der Gesellschaft erfolgt. Wenn die Muttergesellschaft ihrer Tochtergesellschaft als Beitrag zu den Kosten der Werbung, die die Tochtergesellschaft für die von ihr vertriebenen Erzeugnisse der Muttergesellschaft aufgewendet hat, eine Vergütung gewährt, so könnte die Steuerpflicht der Beträge bei der Tochtergesellschaft nicht nur mit der Tatsache der Verausgabung der Beträge durch die Tochtergesellschaft begründet werden, sondern aus ihrer schuldrechtlichen Verpflichtung der Muttergesellschaft gegenüber der Tochtergesellschaft oder aus sonstigen Gründen, die die Annahme einer Einlage ausschließen (RFH. I A 336/32 v. 10. 10. 33, RStBl. 34 S. 46, StW. 34 Nr. 248).

Gesellschaftliche Einlagen können auch nur von den Gesellschaftern oder solchen Personen, die durch die Einlagen Gesellschafter werden, gemacht werden. Wenn jemand, der Vater einiger und Großvater anderer Aktionäre ist, auf eine Forderung von 350 000 RM gegen die AG. verzichtet, dann kann fraglich sein, ob und unter welchen Voraussetzungen diese Vermögensvermehrung bei Berechnung des steuerpflichtigen Gewinns der AG. ausgeschaltet wird. Die AG. sah die Vermögensvermehrung als auf Schenkung beruhend und deshalb als steuerfrei an. In RFH. I A 83/36 v. 28. 7. 36 (E. 39 S. 303, RStBl. 36 S. 951, StW. 36 Nr. 424) wird zu diesem Tatbestand der Grundsatz aufgestellt, daß Vorteile, die ein Gesellschafter der Gesellschaft zuwendet und die ein an der Gesellschaft nicht Beteiligter der Gesellschaft nicht eingeräumt hätte, den gesellschaftlichen Einlagen gleichzuerachten seien. Dasselbe gelte für Zuwendungen von Personen, die den Gesellschaftern oder einem der Gesellschafter nahe ständen. Die durch die Zuwendung herbeigeführte Vermögensvermehrung stelle daher keinen körperschaftsteuerpflichtigen Gewinn dar. Wenn Einlagen begrifflich nur von Gesellschaftern oder zur Begründung der Gesellschaftereigenschaft geleistet werden können, dann muß man bei den Zuwendungen, die von dritten, den Gesellschaftern nahestehenden Personen an die Gesellschaft gemacht werden, um sie als Einlagen ansehen zu können, unterstellen, daß die nahestehenden Personen die der Gesellschaft zugewendeten Beträge zunächst den Gesellschaftern durch Schenkung oder sonstwie übereignet und dann die Gesellschafter diese in die Gesellschaft als Einlage eingebracht haben. Das Naheliegende wäre allerdings im obigen Fall gewesen, eine Schenkung des Onkels und Großvaters der Gesellschafter an die AG. anzunehmen, die nicht aus betrieblichen, sondern aus persönlichen (verwandtschaftlichen) Gründen erfolgte und daher als echte Schenkung den Gewinn der AG. nicht beeinflussen konnte. Der RFH. hat aber diese, auch von der AG. vertretene Auffassung wohl deshalb nicht geteilt, weil er bisher steuerfreie Schenkungen an Kapitalgesellschaften nicht anerkannt hat (s. 7 b und c Abs. 1).

Einlagen der Gesellschafter sind die bei Gründung einer Kapitalgesellschaft gemachten Bar- und Sachleistungen, die die Gesellschafter zur Erlangung der Gesellschaftsrechte an die Kapitalgesellschaft leisten, weiter alle nachträglichen Einzahlungen der Gesellschafter, mögen sie auf Grund gesellschaftlicher Beschlüsse (Nachschüsse, Zubußen der Gewerken vgl. § 2 Ziff. 2 KStG) oder freiwillig erfolgen, mag dafür eine Gegenleistung in Gewährung von Gesellschaftsrechten gewährt werden (§ 2 Ziff. 3 a KStG) oder nicht. Den Einlagen gleichzustellen ist das bei Ausgabe von Gesellschaftsrechten (Aktien, Geschäftsanteilen) erzielte Ausgabeaufgeld (Agio), d. h. der Mehrbetrag, den AG. und GmbH. dadurch erzielen, daß sie neue Gesellschaftsrechte zu einem höheren Betrag als dem Nennwert ausgeben (RFH. I A 394/27 v. 5. 2. 29, RStBl. 29 S. 228, StW. 29 Nr. 360). Über den Begriff des Aufgelds s. Anm. 5 zu § 11 KStG. Den Einzahlungen steht der Verzicht auf Forderungen und auch die Umwandlung von Forderungen in Gesellschaftsrechte und die unentgeltliche Übertragung von Sachen und Rechten sowie die Überlassung von Wirtschaftsgütern an die Gesellschaft zu einer hinter dem Werte zurückbleibenden Gegenleistung, die Übernahme von Gegenständen der Gesellschaft zu einer den Wert übersteigenden Gegenleistung der Gesellschafter gleich (§ 2 Ziff. 3 b KStG). Unter die Einlagen können auch Leistungen fallen, die die Gesellschafter unmittelbar an die Gläubiger der Gesellschaft machen, z. B. durch Hingabe von Aktien an die Gläubiger einer AG. (RFH. I A 394/27 v. 5. 2. 29, RStBl. 29 S. 228, StW. 29 Nr. 360). Einlagen können also nicht nur in offener Form, sondern auch in versteckter Form gemacht werden und als letztere sind sie das Gegenstück zur verdeckten Gewinnausschüttung. Verdeckte Einlagen liegen immer dann vor, wenn die Gesellschaft mit ihren Gesellschaftern einen für die Gesellschaft günstigen Vertrag abschließt, während bei einem für die Gesellschaft ungünstigen Vertrag verdeckter Gewinn vorliegt. Wenn z. B. eine Genossenschaft von ihren Genossen höhere Preise nimmt als im üblichen Geschäftsverkehr die Regel ist, dann ist der Betrag, den sie zuviel erhält, nicht Gewinn, sondern verdeckte Einlage (oder Beitrag, RFH. I A 85/34 v. 25. 7. 34, StW. 34 Nr. 677). Machen die Aktionäre an ihre AG. Zuschüsse zur Abdeckung eines Verlustes der AG., ohne daß dabei das Grundkapital der AG. geändert wird, so stellen die Zuschüsse gesellschaftliche Einlagen dar (RFH. I A 217/33 v. 18. 9. 34, StW. 34 Nr. 761, ebenso für eine GmbH. RFH. VI A 829/33 v. 17. 10. 34, StW. 35 Nr. 11). Eine das Betriebsergebnis nicht berührende gesellschaftliche Einlage liegt nach RFH. I A 378/36 v. 8. 6. 37 (E. 41 S. 274, RStBl. 37 S. 980, StW. 37 Nr. 381) auch dann vor, wenn in einem Vergleichsverfahren einer Kapitalgesellschaft der Hauptgesellschafter sein Vermögen zur Abdeckung eines Teils der Gläubigerforderungen zur Verfügung stellt. Eine verdeckte Sacheinlage wurde in RFH. VI A 44/35 v. 6. 2. 35 (RStBl. 35 S. 941, StW. 35 Nr. 213) bei einer GmbH. und einer OHG. mit den gleichen Gesellschaftern für den Fall angenommen, daß zur Finanzierung des Betriebs der GmbH. aus dem Vermögen der OHG. der GmbH. Gelder zugeführt werden (Entnahme bei der OHG. und Einlage bei der GmbH. durch die Gesellschafter). Diese verdeckte mittelbare Sacheinlage kann an Stelle der wirtschaftlich gebotenen Erhöhung des Stammkapitals auch dadurch bewirkt werden, daß die OHG. an die GmbH. formell Sachwerte verkauft, an deren Bezahlung von vornherein nicht gedacht wird.

Wegen der Bewertung der nicht in Geld bestehenden Einlagen vgl. Anm. 132 b Abs. 2 zu § 6 EStG.

Über die Frage, ob als steuerfreie Einlage die gesamte Einlage oder nur das, was der Gesellschaft nach Bezahlung der Gesellschaftsteuer und etwaiger Gründungskosten verbleibt, anzusehen ist, vgl. Anm. 3 zu § 11 KStG.

b) Ebenso wie die bei einer Kapitalerhöhung herbeigeführte Vermögensvermehrung und ein dabei etwa aus dem Ausgabeaufgeld erzielter Gewinn nicht körperschaftsteuerpflichtig sind, kann auch der bei dem gesellschaftsrechtlichen Vorgang der **Kapitalzusammenlegung und der Kapitalherabsetzung** erwachsende Buchgewinn nicht steuerpflichtig sein. Denn die gesellschaftsrechtlichen Vorgänge, die die steuerliche Rechtsperson in ihrem Aufbau verändern, können wohl der Kapitalverkehrsteuer unterliegen, sie können aber nicht zu steuerlich beachtlichen Gewinnen oder Verlusten führen (RFH. I A 174/33 v. 8. 11. 33, E. 34 S. 304, RStBl. 33 S. 1321, StW. 34 Nr. 400). Bei der Kapitalzusammenlegung entsteht im Sinn der handelsrechtlichen Auffassung ein sogenannter Buchgewinn, weil auf der Passivseite ein Teil des Grundkapitals wegfällt. Von einem Gewinn im Sinn des Steuerrechts kann jedoch keine Rede sein, da sich das bilanzmäßige Reinvermögen nicht ändert. Hat eine Gesellschaft mit 1 000 000 RM. Grundkapital eine Unterbilanz von 300 000 RM., so ist ihr bilanzmäßiges Reinvermögen 700 000 RM und erfolgt nun eine Zusammenlegung 2:1, so ist das Grundkapital nur noch 500 000 RM., das bilanzmäßige Reinvermögen aber unvermindert 700 000 RM. und nur auf das Reinvermögen kommt es für die Körperschaftsteuer an. Natürlich ist die Unterbilanz infolge der Zusammenlegung verschwunden. In gleicher Weise fällt bei dem Posten Grundkapital der Passivseite der Betrag weg, um den eine AG. ihr Grundkapital herabsetzt. Bei Herabsetzung um 200 000 RM. z. B. muß sich dieser Betrag irgendwie auswirken. Hätte die Gesellschaft sonst einen Gewinn von 50 000 RM. auszuweisen, so ist sie jetzt in der Lage, 250 000 RM. als Gewinn zu bezeichnen. Aber auch hier bleibt das Reinvermögen durch die Kapitalherabsetzung unberührt, nur daß es sich jetzt bilanzmäßig anders darstellt, da der Posten Grundkapital um 200 000 RM. vermindert ist (vgl. auch Bespr. Mirre, StW. 35 I Sp. 115 ff.). Der durch die Kapitalherabsetzung erzielte Buchgewinn kann von der Gesellschaft nach Belieben verwendet werden, z. B. zur Verrechnung mit einem Verlustposten, zur Übertragung auf eine Rücklage u. a. Wird er zu steuerlich anzuerkennenden Abschreibungen benutzt, dann ist, wie in RFH. I A 268/33 v. 16. 10. 34 (E. 37 S. 73, RStBl. 35 S. 139, StW. 35 Nr. 55) zutreffend ausgeführt wird, der eigentliche Bilanzgewinn um ihren Betrag zu kürzen. Z. B. angeblicher Gewinn infolge Kapitalherabsetzung 200 000 RM., zu Abschreibungen in voller Höhe verwendet, berechneter Bilanzgewinn 250 000 RM. Die Abschreibungen von 200 000 RM. vermindern tatsächlich den Bilanzgewinn von 250 000 RM. auf 50 000 RM., die allein körperschaftsteuerpflichtig sind. Die Bezeichnung „Verwendung des steuerfreien Buchgewinns zu Abschreibungen" ist in Wirklichkeit sinnlos, es werden vielmehr gerade Abschreibungen in Höhe von 200 000 RM. vorgenommen, die steuerlich zulässig sind und daher den steuerpflichtigen Gewinn mindern.

Erfolgt die Kapitalherabsetzung durch Einziehung und Vernichtung eigener Aktien, so können auch im Zusammenhang mit der Einziehung entstehende Gewinne oder Verluste die Gewinnermittlung nicht berühren. Erwirbt die AG. ihre eigenen Aktien von den Gesellschaftern zu einem unter dem Nennbetrag liegenden Preis, so ist nach Vernichtung der Aktien und Herabsetzung des Grundkapitals der Unterschied zwischen den Anschaffungskosten und dem Betrag der Minderung des Grundkapitals kein steuerpflichtiger Gewinn (RFH. I A 194/28 v. 18. 12. 28, E. 24 S. 267, RStBl. 29 S. 220, StW. 29 Nr. 180). Der Erwerb von Aktien zum Zweck der Einziehung bedeutet eine Abfindung von Aktionären, im Grunde eine Verminderung des Vermögens der AG. um die vollen ausgegebenen Beträge und genau so wie die bei Ausgabe junger Aktien eintretende Vermögensvermehrung kein körperschaftsteuerpflichtiger Gewinn ist, ist auch das Umgekehrte, die infolge der Einziehung von Aktien gegen Entgelt eintretende Vermögensverminderung, kein Verlust im Sinn der Körperschaftsteuer. Da die Einziehung von Aktien auch eine Verminderung des auf der Passivseite stehenden Postens Grundkapital bewirkt, entsteht natürlich beim Erwerb der Aktien unter dem Nennbetrag ein Buchgewinn, beim Erwerb über dem Nennbetrag ein Buchverlust; aber in beiden Fällen vermindert sich das Reinvermögen der Gesellschaft um die vollen ausgegebenen Beträge, da die Änderung der Höhe des Grundkapitals für die Frage, wie hoch das Reinvermögen der Gesellschaft ist, keine Bedeutung hat, und diese Verminderung ist eben kein Betriebsverlust. Nach RFH. I A 143/33 v. 19. 12. 33 (E. 35 S. 33, RStBl. 34 S. 436, StW. 34 Nr. 249) macht es für die Anwendung dieser Grundsätze keinen Unterschied, ob formell eine Kapitalherabsetzung beschlossen und durchgeführt wird oder ob sich die Herabsetzung in anderer wirtschaftlicher Form, z. B. Ankauf eigener Aktien anläßlich einer Verschmelzung (=Einziehung) vollzieht. Wegen der Bewertung der zum Zweck der Einziehung erworbenen eigenen Aktien s. Anm. 117 c zu § 6 EStG.

2. Abschnitt. Gewinnbegriff im allgemeinen.

§ 4 EStG 1934.

Gewinn ist der Unterschiedsbetrag zwischen dem Betriebsvermögen am Schluß des Wirtschaftsjahrs und dem Betriebsvermögen am Schluß des vorangegangenen Wirtschaftsjahrs, vermehrt um den Wert der Entnahmen und vermindert um den Wert der Einlagen. Entnahmen sind alle Wirtschaftsgüter (Barentnahmen, Waren, Erzeugnisse, Nutzungen und Leistungen), die der Steuerpflichtige dem Betrieb für sich, für seinen Haushalt oder für andere betriebsfremde Zwecke im Lauf des Wirtschaftsjahrs entnommen hat. Einlagen sind alle Wirtschaftsgüter (Bareinzahlungen und sonstige Wirtschaftsgüter), die der Steuerpflichtige dem Betrieb im Lauf des Wirtschaftsjahrs zugeführt hat. Bei der Ermittlung des Gewinns sind die Vorschriften über die Betriebsausgaben (Absatz 3) und über die Bewertung (§ 6) zu befolgen. Der Wert des Grund und Bodens, der zum Anlagevermögen gehört, bleibt außer Ansatz.

Weicht das Betriebsvermögen am Schluß des einzelnen Wirtschaftsjahrs vom Betriebsvermögen am Schluß des vorangegangenen Wirtschaftsjahrs in der Regel nicht wesentlich ab, so kann als Gewinn der Überschuß der Betriebseinnahmen über die Betriebsausgaben angesetzt werden. Dabei können wirtschaftlich ins Gewicht fallende Schwankungen im Betriebsvermögen, die in einem Wirtschaftsjahr ausnahmsweise auftreten, durch Zuschläge oder Abschläge berücksichtigt werden.

Betriebsausgaben sind die Aufwendungen, die durch den Betrieb veranlaßt sind.

§ 4 EStG 1938.

Gewinn ist der Unterschiedsbetrag zwischen dem Betriebsvermögen am Schluß des Wirtschaftsjahrs und dem Betriebsvermögen am Schluß des vorangegangenen Wirtschaftsjahrs, vermehrt um den Wert der Entnahmen und vermindert um den Wert der Einlagen. Entnahmen sind alle Wirtschaftsgüter (Barentnahmen, Waren, Erzeugnisse, Nutzungen und Leistungen), die der Steuerpflichtige dem Betrieb für sich, für seinen Haushalt oder für andere betriebsfremde Zwecke im Lauf des Wirtschaftsjahrs entnommen hat.

Einlagen sind alle Wirtschaftsgüter (Bareinzahlungen und sonstige Wirtschaftsgüter), die der Steuerpflichtige dem Betrieb im Lauf des Wirtschaftsjahrs zugeführt hat. Bei der Ermittlung des Gewinns sind die Vorschriften über die Betriebsausgaben (Absatz 4) und über die Bewertung (§ 6) zu befolgen. Der Wert des Grund und Bodens der zum Anlagevermögen gehört, bleibt außer Ansatz.

Der Steuerpflichtige darf die Vermögensübersicht (Bilanz) auch nach ihrer Einreichung beim Finanzamt ändern, soweit sie den Grundsätzen ordnungsmäßiger Buchführung unter Befolgung der Vorschriften dieses Gesetzes nicht entspricht. Darüber hinaus ist eine Änderung der Vermögensübersicht (Bilanz) nur mit Zustimmung des Finanzamts, im Rechtsmittelverfahren mit Zustimmung der Rechtsmittelbehörde zulässig.

Weicht das Betriebsvermögen am Schluß des einzelnen Wirtschaftsjahrs vom Betriebsvermögen am Schluß des vorangegangenen Wirtschaftsjahrs in der Regel nicht wesentlich ab, so kann als Gewinn der Überschuß der Betriebseinnahmen über die Betriebsausgaben angesetzt werden. Dabei können wirtschaftlich ins Gewicht fallende Schwankungen im Betriebsvermögen, die in einem Wirtschaftsjahr ausnahmsweise auftreten, durch Zuschläge oder Abschläge berücksichtigt werden.

Betriebsausgaben sind die Aufwendungen, die durch den Betrieb veranlaßt sind.

Inhaltsübersicht.

9. a) Bedeutung und Verhältnis des § 4 EStG zum bisherigen Recht.
   b) Änderung des § 4 EStG 1934 durch Art. I Ziff. 1 des Gesetzes zur Änderung des EStG vom 1. 2. 1938.
10. Geltungsbereich.
11. Steuerrechtliche Buchführungspflicht.
    a) Inhalt.
    b) Vermutung der Ordnungsmäßigkeit.
    c) Schätzung.
    I. Der Betriebsvermögensvergleich (Abf. 1).
12. Ermittlung des Gewinns durch Betriebsvermögensvergleich.
    a) Betriebsvermögen am Schluß des Wirtschaftsjahrs.
    b) Betriebsvermögen am Schluß des vorangegangenen Wirtschaftsjahrs.
    c) Teilvermögensvergleich bei nachträglichen betrieblichen Einkünften.
    d) Fortführung der nach dem EStG 1925 maßgebenden Werte.
13. Wirtschaftsjahr.
14. Betriebsvermögen.
    a) Zurechnung nach Eigentum und anderen Merkmalen.
    b) Abgrenzung des Betriebsvermögens vom Privat- oder sonstigen Vermögen.
    c) Einzelfälle.
15. Wirtschaftsgüter.
16. Entnahmen, Einlagen.
17. Betriebsausgaben.
    a) Begriff.
    b) Abgrenzung.
    c) Laufende Betriebsausgaben.
    d) Einzelfälle.
18. Betriebseinnahmen.
19. Ausscheidung des Wertes von Grund und Boden.
    a) Grund und Boden und damit zusammenhängende Betriebsvorgänge.
    b) Besondere Anlagen.
    c) Ausgleichsposten im landwirtschaftlichen Rumpfwirtschaftsjahr; stehende Ernte (Feldinventar).
    d) Der stehende Wald.
    II. Überschuß der Betriebseinnahmen über die Betriebsausgaben (Abf. 2).
20. Bedeutung, persönliche und sachliche Voraussetzungen.
21. Überschuß der Betriebseinnahmen über die Betriebsausgaben.
    a) Regel.
    b) Solleinnahmen als Betriebseinnahmen.
22. Zu- und Abschläge wegen Schwankungen im Betriebsvermögen.
23. Wechsel zwischen den Regeln des § 4 Abs. 1 und Abs. 2 (insbesondere Übergang zum Vermögensvergleich).

9. a) Bedeutung und Verhältnis des § 4 EStG zum bisherigen Recht.

„Der Gewinnbegriff ist im § 4 gegenüber dem bisherigen § 12 in der Fassung völlig verändert worden. Bisher war Gewinn der Überschuß der Einnahmen über

§ 4 EStG. Gewinnbegriff im allgemeinen. Anmerkung 9.

die Ausgaben zuzüglich des Mehrwerts oder abzüglich des Minderwerts der Erzeugnisse, Waren und Vorräte des Betriebs und der dem Betrieb dienenden Gebäude nebst Zubehör und des beweglichen Anlagekapitals am Schluß des Wirtschaftsjahrs (Steuerabschnitt) gegenüber dem Stand am Schluß des vorangegangenen Wirtschaftsjahrs (Steuerabschnitt). An die Stelle des Vergleichs der Einnahmen und Ausgaben in Verbindung mit einem teilweisen Bestandsvergleich ist jetzt grundsätzlich der Vergleich des Betriebsvermögens am Schluß des Wirtschaftsjahrs mit dem Betriebsvermögen am Schluß des vorangegangenen Wirtschaftsjahrs getreten. Sachlich ist damit nichts Wesentliches geändert. Der Fassung nach ist die Begriffsbestimmung jetzt einfacher und klarer als die alte Bestimmung.

Der Kassenbestand muß jetzt in den Bestandsvergleich miteinbezogen werden, während er nach dem alten Recht nicht in dieser Form zu berücksichtigen war, denn dort ergab er sich bereits aus dem Überschuß der Einnahmen über die Ausgaben. Der Wert des Grund und Bodens, der zum Anlagevermögen gehört, bleibt wie bisher beim Bestandsvergleich außer Ansatz. Daraus folgt, daß auch Betriebseinnahmen anläßlich der Veräußerung von Grund und Boden und Betriebsausgaben anläßlich des Erwerbs von Grund und Boden den Bestandsvergleich nicht beeinflussen dürfen.

In den Fällen, in denen das Betriebsvermögen im Lauf des Wirtschaftsjahrs in der Regel nur geringfügige Änderungen aufzuweisen pflegt, kann an Stelle des Bestandsvergleichs der Überschuß der Betriebseinnahmen über die Betriebsausgaben treten. Diese Vorschrift entspricht der bisherigen Regelung nach § 12 Abs. 1 Satz 3.

Neu ist die Einführung des Begriffs „Wirtschaftsgüter". Dieser Begriff, den die Rechtsprechung des Reichsfinanzhofs entwickelt hat, umfaßt Gegenstände und wirtschaftliche Werte jeder Art" (Begr. zu § 4 EStG Abs 1—4, RStBl. 35 S. 36, 37).

b) Änderung des § 4 EStG 1934 durch Art. I Ziff. 1 des Ges. zur Änderung des EStG v. 1. 2. 38 (RGBl. I S. 99, RStBl. 38, S. 97).

Die in § 5 Abs. 2 EStG enthaltenen Grundsätze über die Änderung einer dem FA. eingereichten Bilanz wurden in den § 4 Abs. 2 EStG 1938 übernommen und auf alle dem FA. eingereichten Vermögensübersichten (Bilanzen) erstreckt. „§ 5 Abs. 2 EStG 1934 gemäß konnten die buchführungspflichtigen Kaufleute nach Einreichung der Bilanz beim FA. Ansätze, die steuerrechtlich zulässig sind, durch andere steuerrechtlich zulässige Ansätze nur ersetzen, wenn das FA., im Rechtsmittelverfahren die Rechtsmittelbehörde, zustimmt. Diese Vorschrift galt im System des EStG nicht für die unter § 4 EStG fallenden Steuerpflichtigen (das sind die nichtbuchführungspflichtigen Kaufleute, alle Land- und Forstwirte und die Steuerpflichtigen, die Einkünfte aus selbständiger Arbeit im Sinn des § 18 EStG beziehen). Diese unterschiedliche Behandlung hat in der Praxis zu unerwünschten Folgen geführt. Es war deshalb bereits durch die VR die Anwendung des § 5 Abs. 2 EStG auf Gewerbetreibende, die zwar nicht buchführungspflichtig sind, jedoch Bücher nach den Vorschriften HGB führen, ausgedehnt worden. Die Land- und Forstwirte und die Angehörigen der freien Berufe hatten nach der bisherigen Rechtsprechung und Verwaltungsübung die Möglichkeit, die Vermögensübersicht (Bilanz) ohne Zustimmung des FA. zu ändern. Durch Übernahme des § 5 Abs. 2 EStG 1934 in den § 4 EStG ist für alle Steuerpflichtigen, bei denen der Gewinn durch Vermögensvergleich ermittelt wird, gleiches Recht geschaffen worden" (Begr. zum Ges. v. 1. 2. 38 Ziff. 2, zu Art. I Ziff. 1 u. 2, RStBl. 38 S. 100).

Die Bedeutung der Gesetzesänderung liegt darin, daß die Grundsätze über die Bilanzänderung im eigentlichen Sinn, die bisher nur für die nach Handelsrecht buchführungspflichtigen und solche Steuerpflichtigen galten, die ohne Verpflichtung tatsächlich Handelsbücher führten, nach § 4 Abs. 2 EStG 1938 auf alle beim FA. eingereichten Vermögensübersichten und Bilanzen anzuwenden sind. Die in diesen enthaltenen, steuerrechtlich zulässigen Wertansätze können nur mit Zustimmung des FA. oder der Rechtsmittelbehörde durch andere, steuerrechtlich ebenfalls zulässige Wertansätze ersetzt werden. Die in den Anm. 64—68 zu § 5 EStG gemachten Ausführungen gelten daher allgemein für alle Steuerpflichtigen, deren Gewinn durch Betriebsvermögensvergleich ermittelt wird. Von der gleichzeitigen Änderung der Handelsbilanz kann jedoch die Zulässigkeit der Änderung des Wertansatzes nur bei solchen Steuerpflichtigen, die nach Handelsrecht buchführungspflichtig sind oder tatsächlich Handelsbücher führen, abhängig gemacht werden (vgl. Anm. 65 zu § 5 EStG). Die Grundsätze über die Bilanzberichtigung, d. h. über die Berichtigung sachlich unrichtiger Wertansätze von Amts wegen gelten wie bisher für Vermögensübersichten und Bilanzen (vgl. Anm. 59—63 zu § 5 EStG).

§ 4 EStG 1938 ist nach Art. IV Abs. 1 des Ges. v. 1. 2. 38 erstmalig bei der Veranlagung für das Kalenderjahr 1937 anzuwenden.

10. Geltungsbereich.

„Was das Geltungsgebiet des § 4 anlangt, so bezieht er sich grundsätzlich auf alle diejenigen Steuerpflichtigen, die Einkünfte aus den im § 2 Abs. 3 bezeichneten Einkunftsarten 1—3 zu versteuern haben. Freilich sind hier wesentliche Ausnahmen zu machen. Für die buchführungspflichtigen Kaufleute ist § 5 maßgebend. Daraus ergibt sich, daß auf sie § 4 Abs. 1 letzter Satz und § 4 Abs. 2 niemals Anwendung finden. Auf nichtbuchführungspflichtige Gewerbetreibende, buchführende und nichtbuchführende Landwirte und auf die Angehörigen freier Berufe findet § 4 Abs. 1 letzter Satz Anwendung" (Begr. zu § 4 EStG Abs. 5, RStBl. 35 S. 37).

Von der Gewinnermittlung nach § 4 sind lediglich ausgenommen die buchführungspflichtigen Kaufleute, deren Gewinn nach § 5 EStG zu ermitteln ist. Dazu gehören alle Handelsgesellschaften (s. Anm. 4 zu § 5 KStG). Unter § 4 fallen daher insbesondere auch alle diejenigen Steuerpflichtigen, die nach Handelsrecht nicht zur kaufmännischen Buchführung verpflichtet sind, die aber trotzdem kaufmännische Bücher führen. Ihre Abschlüsse sind bei ordnungsmäßiger Buchführung der Gewinnermittlung nach § 4 zugrunde zu legen, wenn die Abschlüsse für das nach § 4 maßgebende Kalenderjahr erfolgen (s. Anm. 9 zu § 5 KStG). Weiter ist die Vorschrift des § 4 für alle Körperschaften maßgebend, die ohne nach Handelsrecht buchführungspflichtig zu sein, Land- oder Forstwirtschaft betreiben ohne Rücksicht darauf, ob sie Bücher führen oder nicht.

11. Steuerrechtliche Buchführungspflicht.

Schrifttum. Reinhardt, Betriebsprüfung und Wareneingangsbuch, Industrieverlag Spaeth und Linde, Berlin; Reinhardt, Verordnung über Führung eines Wareneingangsbuchs vom 20. 6. 35, DStZ. 35 S. 793, Reinhardt, Die Warenausgangsverordnung vom 20. 6. 36, DStZ. 36 S. 783.

a) Für die Steuerpflichtigen, die nicht nach Handelsrecht buchführungspflichtig sind, also auch für die Land- und Forstwirte, ergibt sich, abgesehen von der durch die VO zur Durchführung des § 160 Abs. 2 AO v. 24. 3. 32 (RGBl. I S. 165, RStBl. 32 S. 320) eingeführten Verpflichtung zur Aufzeichnung der Einnahmen für Steuerpflichtige, die aus einer oder mehreren Einkunftsarten zusammen Reineinkünfte von mehr als 100 000 RM. bezogen haben, eine **steuerrechtliche Buchführungspflicht** aus § 161 AO. **§ 161 Abs. 1 Ziff. 1 AO** bestimmt:

„Außer denen, die unter die Vorschriften des § 160 fallen, sind die folgenden Unternehmer und Unternehmen zur Führung von Büchern und Aufzeichnungen nach näherer Maßgabe der folgenden Vorschriften verpflichtet:

1. Für Zwecke der Besteuerung nach dem Einkommen, dem Ertrag und dem Vermögen sind die Unternehmer und Unternehmen, die nach den bei der letzten Veranlagung getroffenen Feststellungen entweder

    a) Gesamtumsatz (einschließlich des steuerfreien Umsatzes) von mehr als 200 000 RM. oder

    b) Betriebsvermögen von mehr als 50 000 RM. oder

    c) landwirtschaftliches, forstwirtschaftliches und gärtnerisches Vermögen von mehr als 100 000 RM. oder

    d) Gewerbeertrag von mehr als 6 000 RM. oder

§ 4 EStG. Gewinnbegriff im allgemeinen. Anmerkung 10—11. 185

e) Einkünfte aus Land- und Forstwirtschaft von mehr als 6 000 RM. gehabt haben, verpflichtet Bücher zu führen und auf Grund jährlicher Bestandsaufnahmen regelmäßig Abschlüsse zu machen."

Nach § 161 Abs. 2 AO ist das FA. berechtigt, unter Abweichung von den Vorschriften des Absatzes 1 für einzelne Fälle Erleichterungen zu bewilligen. Eine solche Bewilligung kann jederzeit zurückgenommen werden, auch wenn dies bei der Bewilligung nicht vorbehalten ist. Die näheren Vorschriften, in welcher Art die Bücher und Aufzeichnungen zu führen sind, enthält § 162 AO in seinen Absätzen 2—8 (vgl. Anm. 29 b zu § 5 EStG). Für Unternehmen, die kaufmännische Bücher ohne eine handelsrechtliche Verpflichtung dazu führen, ist also die Ordnungsmäßigkeit ihrer Buchführung ebenfalls ausschließlich nach § 162 AO zu beurteilen. Wegen der buchführenden Land- und Forstwirte s. Anm. 10 zu § 5 KStG.

Eine bestimmte Art der Buchführung ist nicht vorgeschrieben. Wesentliches Erfordernis ist die fortlaufende, vollständige und richtige Führung der Bücher, insbesondere hinsichtlich der Betriebseinnahmen und Betriebsausgaben. Außerdem muß der Stand des Betriebsvermögens am Schluß des Wirtschaftsjahrs aufgenommen werden (Inventur). Auch die insbesondere bei forstwirtschaftlichen Betrieben übliche kameralistische Buchführung kann eine geeignete Unterlage für die Gewinnermittlung darstellen, wenn das Ergebnis der Buchführung durch Aufstellung eines Abschlusses, der dem § 4 gerecht wird, ergänzt wird (RFH. VI A 1061/30 v. 18. 2. 31, RStBl. 31 S. 459, StW. 31 Nr. 341). Beschränkt sich dagegen die kameralistische Buchführung ihrem Wesen entsprechend nur auf die Nachweisung der Einnahmen und Ausgaben, dann ist sie wegen des Fehlens der jährlichen Bestandsaufnahme keine ordnungsmäßige Buchführung im Sinn des § 11 I. EStDVO (RFH. VI A 991/31 v. 8. 11. 33, E. 34 S. 237, RStBl. 34 S. 293, StW. 34 Nr. 28).

Nach der VO über die Führung eines Wareneingangsbuchs v. 20. 6. 35 (RGBl. I S. 752, RStBl. 35 S. 881, s. Anh. 8) sind gewerbliche Unternehmer verpflichtet, für steuerliche Zwecke ein Wareneingangsbuch nach den Vorschriften der VO zu führen. Darüber, inwieweit Unternehmen mit kaufmännischer Buchführung ihre Wareneingänge nicht in der Form des Wareneingangsbuchs aufzuzeichnen brauchen, s. Anm. 29 b zu § 5 EStG). Weiter sind nach der VO über die Verbuchung des Warenausgangs (Warenausgangsverordnung) v. 20. 6. 36 (RGBl. I S. 507, RStBl. 36 S. 687, s. Anh. 9) Großhändler, d. h. diejenigen gewerblichen Unternehmer, die an andere gewerbliche Unternehmer Waren zur gewerblichen Weiterveräußerung liefern, verpflichtet, für steuerliche Zwecke die gelieferten Waren unter Eintragung bestimmter Angaben zu verbuchen und dem Erwerber einen Beleg mit den vorgeschriebenen Angaben zu erteilen (Belegzwang).

b) Über die **Beweiskraft der Buchführung** bestimmt § 208 **Abs. 1 Satz 1 AO**:

„Bücher und Aufzeichnungen, die den Vorschriften des § 162 entsprechen, haben die Vermutung ordnungsmäßiger Führung für sich und sind, wenn nach den Umständen des Falls kein Anlaß ist, ihre sachliche Richtigkeit zu beanstanden, der Besteuerung zugrunde zu legen."

§ 162 AO stellt für Steuerpflichtige, die nach den Vorschriften der §§ 160 und 161 AO Bücher zu führen haben, sachliche und Formvorschriften auf. Die Vermutung der ordnungsmäßigen Führung nach § 208 Abs. 1 Satz 1 AO gilt also sowohl für die nach Handelsrecht als auch für die nach besonderen steuerrechtlichen Vorschriften buchführungspflichtigen Steuerpflichtigen. Das Ergebnis der Buchführung ist unter dieser Voraussetzung für die Gewinnermittlung nach § 4 bzw. § 5 EStG maßgebend.

c) Erfüllen die Bücher die gesetzlichen Anforderungen nicht oder hat der Steuerpflichtige keine Buchführung, dann muß der Gewinn durch **Schätzung** ermittelt werden. § 217 **AO** bestimmt:

„Soweit das FA. die Besteuerungsgrundlagen (einschließlich solcher Besteuerungsgrundlagen, für die eine gesonderte Feststellung nicht vorgeschrieben ist) nicht ermitteln oder berechnen kann, hat es sie zu schätzen. Dabei sind alle Umstände zu berücksichtigen, die für die Schätzung von Bedeutung sind.

Zu schätzen ist insbesondere dann, wenn der Steuerpflichtige über seine Angaben keine ausreichenden Aufklärungen zu geben vermag oder weitere Auskunft oder eine Versicherung an Eidesstatt verweigert. Das gleiche gilt, wenn der Steuerpflichtige Bücher oder Aufzeichnungen, die er nach den Steuergesetzen zu führen hat, nicht vorlegen kann, oder wenn die Bücher oder Aufzeichnungen unvollständig oder formell oder sachlich unrichtig sind."

Diese Vorschrift ebenso wie die von Rechtsprechung und Verwaltung entwickelten Grundsätze über die Durchführung der Schätzung gelten ebenfalls für die Gewinnermittlung nach § 4 und § 5 EStG. Bei der Schätzung, d. h. der Festsetzung der Besteuerungsgrundlagen nach Wahrscheinlichkeitsgesichtspunkten ist zwischen der Zulässigkeit und Höhe der Schätzung zu unterscheiden. Die Frage der Zulässigkeit ist eine Rechtsfrage (vgl. § 217 AO), die Frage nach der Höhe der Schätzung dagegen eine Beurteilung in tatsächlicher Hinsicht, für die der Beurteilungsgrundsatz des §1 Abs. 3 StAnpG gilt (vgl. Reinhardt in RStBl. 36 S. 1048).

Inwieweit Mangelhaftigkeit der Buchführung eines Steuerpflichtigen die Verwendung der Buchergebnisse für die Gewinnfeststellung ausschließt, ob also ergänzende Teilschätzung oder Schätzung unter Verwerfung der ganzen Buchführung zu erfolgen hat, ist im allgemeinen nach den Umständen des Einzelfalls zu beurteilen. Sind nur einzelne Mängel in den Aufzeichnungen vorhanden und läßt sich die fehlende Einzelheit wenigstens schätzungsweise ergänzen, so besteht kein Grund, unabhängig von der Buchführung den Gewinn zu schätzen, vielmehr ist die Buchführung als Anhalt zu benützen und das Buchergebnis unter Schätzung der fehlenden Einnahmen oder Ausgaben zu berichtigen (RFH. VI A 770/25 v. 4. 11. 25, E. 17 S. 293, RStBl. 26 S. 34, 141, StW. 25 Nr. 620 und VI A 723/28 v. 27. 6. 28, StW. 28 Nr. 781). Auch einzelne besondere Umstände können das Vertrauen in die Ordnungsmäßigkeit einer Buchführung derart erschüttern, daß die Verwerfung der ganzen Buchführung gerechtfertigt ist (RFH. VI A 867/31 v. 22. 4. 31, E. 28 S. 267, RStBl. 31 S. 395, StW. 31 Nr. 625). Formverstöße in der Buchführung sind nur insoweit von Bedeutung, als sie zu Bedenken gegen die sachliche Richtigkeit der Buchführung Anlaß geben. Formell fehlerhafte Verbuchungen von Einnahmen, die nicht die sachliche Richtigkeit der Einnahmenseite erschüttern, können nach RFH, VI A 799/35 v. 28. 10. 36 (RStBl. 37 S. 262, StW. 37 Nr. 5) nicht ohne weiteres die Verwerfung der übrigen Buchführung (Ausgaben, Entnahmen, Inventur) rechtfertigen. Mit Unstimmigkeiten geringen Umfangs, die insbesondere erfahrungsgemäß bei einfach gearteten Buchführungen vorkommen, kann die Verwerfung der ganzen Buchführung vor allem dann nicht begründet werden, wenn die Mängel vom Steuerpflichtigen ohne weiteres richtiggestellt oder ohne Schwierigkeiten durch ergänzende Schätzungen beseitigt werden können, wie z. B. unvollständige Buchungssätze in einem Grundbuch, unterlassene Aufrechnung der Tauschgeschäfte im Tagebuch, Nichtbenennung der Darlehnsgeber im Tagebuch bei Ein- und Auszahlung von mit Darlehen zusammenhängenden Geldern (RFH. VI A 799/35 s. oben, VI A 12/37 v. 28. 1. 37, RStBl. 37 S. 332, StW. 37 Nr. 122 und VI A 348/37 v. 26. 5. 37, RStBl. 37 S. 756, StW. 37 Nr. 365). Werden Warenverkäufe auf Kredit bei Lieferung nur in einer Debitorenkladde festgehalten, so rechtfertigt das Fehlen der Debitorenkladde die Ergänzungsschätzung der Debitoren (RFH. VI 171/38 v. 27. 4. 38, RStBl. 38 S. 491, StW. 38 Nr. 282). Wegen der kaufmännischen Buchführung s. auch Anm. 31 zu § 5 EStG.

Eine formell ordnungsmäßige Buchführung kann wegen auffallenden Mißverhältnisses zu den Ergebnissen ähnlicher Betriebe, also wegen sachlicher Unrichtigkeit beiseite gesetzt werden bei Betrieben, in denen die Ein- und Verkaufspreise im allgemeinen einfach zu ermitteln und für alle gleichartigen Betriebe im wesentlichen dieselben sind, wie z. B. bei Bäckern, Metzgern. In anderen Fällen dagegen, hauptsächlich bei Fabrikationsbetrieben, aber auch bei Manufakturwarenhandlungen, die eine große Anzahl verschiedener Waren führen, wird eine Abweichung von dem Ergebnis ähnlicher Betriebe nicht ohne weiteres die Vermutung der sachlichen Unrichtigkeit der Buchführung mit sich bringen, da es hierbei in weitem

§ 4 EStG. Gewinnbegriff im allgemeinen. Anmerkung 11—12.

Maße auf die rationelle Betriebsführung, auf Ausnutzung der Konjunktur und das Geschick beim Einkauf der für den Betrieb geeigneten Waren ankommen wird. Man wird daher in diesen Fällen fragen müssen, ob es nach den Umständen des Falles offenbar unmöglich ist, daß nur der durch die Buchführung ausgewiesene Gewinn erzielt wurde (RFH. VI A 343/27 v. 28. 3. 28, RStBl. 28 S. 185, StW. 28 Nr. 213). Das gleiche gilt, wenn das buchmäßige Ergebnis zu den Erfahrungssätzen im offenbaren, durch besondere Umstände nicht hinreichend geklärten Mißverhältnis steht (RFH. VI A 686/27 v. 23. 11. 27, RStBl. 28 S. 28 und VI A 70/30 v. 9. 4. 30, RStBl. 30 S. 379). Voraussetzung ist, daß durch eine Nachprüfung der Einzelteile der Buchführung nicht besondere Verhältnisse festgestellt werden, die wie z. B. aus dem gewöhnlichen Rahmen fallende Ausgaben das Ergebnis ungünstig beeinflußt haben (RFH. VI A 522/35 v. 8. 1. 36, RStBl. 36 S. 166, StW. 36 Nr. 118). Nach RFH. VI A 765/36 v. 30. 9. 36 (RStBl. 36 S. 996, StW. 36 Nr. 482) kann eine offenbare Unmöglichkeit des Buchführungsergebnisses gegenüber dem Ergebnis ähnlicher Betriebe und den Erfahrungssätzen nicht angenommen werden, wenn bei einem Umsatz von über 100 000 RM. der Unterschied zwischen dem gebuchten und dem geschätzten Umsatz nur etwa 3 v. H. des Gesamtumsatzes beträgt; bei derartigen Betrieben müsse der Unterschied mindestens 10 v. H. sein, um wesentlich zu sein. In RFH. VI A 418/36 v. 13. 1. 37 (RStBl. 37 S. 317, StW. 37 Nr. 123) wird dieser Grundsatz mit Recht auf die Fälle beschränkt, in denen allein in der Unmöglichkeit des Umsatzergebnisses eine offenbare Unrichtigkeit zu erblicken ist. Werde aber das Mißverhältnis nicht in erster Linie im Umsatz, sondern in anderen Ergebnissen der Buchführung, z. B. in einem auffallend niederen Rohgewinnergebnis erblickt, so könne deshalb auch dann die Buchführung verworfen und geschätzt werden, wenn das Ergebnis nur durch eine Höherschätzung des Umsatzes geändert werde, die unter der Grenze von 10 v. H. liege.

Für die Höhe der Schätzung ist deren Ziel, nämlich der Wirklichkeit, also dem tatsächlich erzielten Gewinn möglichst nahe zu kommen, maßgebend. Dies geschieht in tatsächlicher Beurteilung aller für die Schätzung bedeutsamen Umstände. Wegen der Anwendung des inneren und äußeren Betriebsvergleichs als Gegenprobe vgl. RFH. VI A 392/37 v. 25. 8. 37 (RStBl. 37 S. 1109, StW. 37 Nr. 530) und VI 675/37 v. 30. 3. 38 (RStBl. 38 S. 595). Bei nichtbuchführenden Land- und Forstwirten ist der Gewinn nach Durchschnittsätzen (VO v. 31. 12. 36) und, soweit sie nicht unter die VO fallen, nach Richtsätzen zu ermitteln (vgl. VR 37 C I Ziff. 11, RStBl. 38 S. 204, f. Anh. 17, und Anm. 4 a zu § 20 EStG). Für nichtbuchführende Gewerbebetriebe sind Richtsätze zu verwenden (VR 37 C II Ziff. 1, RStBl. 38 S. 205 f. Anh. 17). Bei Land- und Forstwirten und sonstigen Steuerpflichtigen, die zur Buchführung verpflichtet sind, ordnungsmäßige Bücher jedoch nicht führen, ist der Gewinn im Einzelfall zu schätzen. Ob und inwieweit dabei die Richtsätze Anhaltspunkt für die Schätzung bieten können, ist nach Lage des einzelnen Falles zu entscheiden (vgl. dazu VR 37 a. a. O).

I. Der Betriebsvermögensvergleich (Abs. 1).

12. Ermittlung des Gewinns durch Betriebsvermögensvergleich.

a) Der Gewinn ist nach § 4 Abs. 1 Satz 1 EStG dadurch zu ermitteln, daß das **Betriebsvermögen am Schluß des Wirtschaftsjahrs** mit dem Betriebsvermögen am Schluß des vorangegangenen Wirtschaftsjahrs verglichen wird. Der hiernach angeordnete Vermögensvergleich erstreckt sich auf das gesamte Betriebsvermögen, so daß daneben für die im bisherigen Gesetz vorgeschriebene Feststellung des Überschusses der Betriebseinnahmen über die Betriebsausgaben kein Raum mehr ist. Betriebseinnahmen und Betriebsausgaben haben im Lauf des Wirtschaftsjahrs das Betriebsvermögen vermehrt bzw. vermindert, ihre Wirkung kommt daher am Schluß des Wirtschaftsjahrs im Stande der einzelnen Posten des Betriebsvermögens zum Ausdruck. Das Betriebsvermögen am Schluß des Wirtschaftsjahrs ist wie beim buchführenden Kaufmann durch Aufnahme des Standes aller Besitz- und Schuldposten festzustellen (Vermögensübersicht). Das hiernach errechnete Betriebsvermögen ist steuerlich zu berichtigen, wenn es unrichtig berechnet wurde, wenn z. B. Entnahmen oder sonstige durch den Betrieb nicht veranlaßte Aufwendungen als Betriebsvermögensverminderungen oder Einlagen als Betriebsvermögensvermehrungen behandelt wurden (f. Anm. 16 u. 17). Für den Wertansatz der Besitz- und Schuldposten sind nach § 4 Abf. 1 Satz 3 EStG die Vorschriften über die Bewertung (§ 6) zu befolgen. Der Wert des zum Anlagevermögen gehörenden Grund und Bodens bleibt außer Ansatz (§ 4 Abf. 1 Satz 4 EStG, f. Anm. 19).

b) Das auf diese Weise ermittelte Betriebsvermögen ist mit dem **Betriebsvermögen am Schluß des vorangegangenen Wirtschaftsjahrs** zu vergleichen. Dazu ist das Betriebsvermögen in dem Stande heranzuziehen, in dem es der Veranlagung für das vorangegangene Wirtschaftsjahr zugrunde gelegt wurde. Aus diesem Betriebsvermögen ist das zu vergleichende Anfangsvermögen erforderlichenfalls unter Weglassung der bei der Veranlagung hinzugerechneten Betriebsvermögensverminderungen und unter Hinzurechnung der bei der Veranlagung nicht berücksichtigten Einlagen abzuleiten (RFH. VI A 1019/34 v. 19. 2. 36, RStBl. 36 S. 788, StW. 36 Nr. 234, f. im einzelnen Anm. 71 zu § 5 EStG). Unverändert bleiben die Ansätze der einzelnen Vermögensposten und ihre Bewertung. Dadurch daß das Betriebsvermögen am Ende eines Wirtschaftsjahrs auch noch bei Ermittlung des Betriebsergebnisses für das folgende Wirtschaftsjahr dem am Ende dieses Wirtschaftsjahrs festgestellten Betriebsvermögen als Vergleichsgröße (Anfangsvermögen) gegenübergestellt wird, ist es für die Gewinnermittlung von zwei Wirtschaftsjahren von Bedeutung, seine Feststellung wirkt also zweischneidig. Eine zu niedrige Feststellung des Endvermögens vermindert zunächst den Gewinn des Wirtschaftsjahrs; seine Maßgeblichkeit als Anfangsvermögen des folgenden Wirtschaftsjahrs bewirkt daher, daß die zu niedrige Feststellung im gleichen Umfang für das folgende oder ein späteres Wirtschaftsjahr gewinnerhöhend wirkt. Die Vorschrift, daß das Betriebsvermögen vom Ende eines Wirtschaftsjahrs unverändert als Anfangsvermögen für das folgende Wirtschaftsjahr zu verwenden ist, hat zur Folge, daß der für die buchführungspflichtigen Kaufleute maßgebende **Grundsatz des Bilanzenzusammenhangs** (Bilanzidentität, allgemeine Bilanzkontinuität: Endvermögen eines Wirtschaftsjahrs = Anfangsvermögen des folgenden Wirtschaftsjahrs) auch für die unter § 4 Abf. 1 fallenden Steuerpflichtigen gilt (f. Anm. 69 ff. zu § 5 EStG). Wurde für das vorangegangene Wirtschaftsjahr I z. B. wegen eines Verlustes kein Gewinn ermittelt, dann ist bei der Veranlagung für das folgende Wirtschaftsjahr II das Anfangsvermögen II = Endvermögen I aus dem Betriebsvermögen zu entwickeln, das für das dem Wirtschaftsjahr I vorangegangenen Wirtschaftsjahr der Gewinnermittlung zugrunde gelegt wurde. Dies kann nicht durch willkürlichen Wertansatz, sondern nur unter Beachtung des Bilanzenzusammenhangs und der Bewertungsvorschriften geschehen (f. Anm. 72 b zu § 5 EStG).

c) Ein Betriebsvermögensvergleich, der sich nur auf einzelne Wirtschaftsgüter des Betriebsvermögens erstreckt (**Teilvermögensvergleich**), kann dann erforderlich werden, wenn einem Unternehmer nach Veräußerung oder Aufgabe seines Betriebs noch nachträglich mit dem ehemaligen Betrieb zusammenhängende Einkünfte erwachsen. Diese Möglichkeit besteht auch bei den Körperschaften, die nach ihrer Auflösung nicht, im Gegensatz zu den Kapitalgesellschaften, in Abwicklung treten. Ein Unternehmer, dessen Gewinn durch Betriebsvermögensvergleich nach § 4 Abf. 1 EStG ermittelt wurde, kann nach Aufgabe seines Betriebs nachträgliche gewerbliche Einkünfte dadurch erzielen, daß er die zur nachträglichen betrieblichen Verwertung zurückbehaltenen Gegenstände des Betriebsvermögens, z. B. das Inventar veräußert. In diesem Fall ist nicht der volle Verkaufserlös abzüglich etwaiger Verkaufskosten als nachträgliche gewerbliche usw. Einkünfte zu versteuern. Es ist vielmehr ein Teilvermögensvergleich durchzuführen, indem dem Reinerlös aus dem Verkauf als Anfangswert der Wert gegenübergestellt wird, mit dem der verkaufte Gegenstand bei der Gewinnermittlung für das letzte laufende Wirtschaftsjahr im Betriebsvermögen vom Schluß dieses Wirtschaftsjahrs angesetzt

§ 4 EStG. Gewinnbegriff im allgemeinen. Anmerkung 13.

war. War z. B. eine Forderung bereits auf 0 RM. abgeschrieben, dann ist der volle Erlös abzüglich der Kosten der Erhebung usw. nachträglicher gewerblicher Gewinn. In entsprechender Weise ist bei nachträglicher Bezahlung von Schulden durch den ehemaligen Unternehmer zu verfahren. Es ist nicht der ganze Schuldbetrag nachträgliche Betriebsausgabe, sondern er ist mit dem Wertansatz am Schluß des letzten Wirtschaftsjahrs zu vergleichen und danach ist der nachträgliche gewerbliche Verlust oder auch Gewinn (bei Tilgung mit einem niedrigeren Betrag) zu errechnen (vgl. auch RFH. VI A 1331/32 v. 11. 10. 34, RStBl. 35 S. 613, StW. 35 Nr. 19). Dagegen wird für die zwischen dem Schluß des letzten Wirtschaftsjahrs und der nachträglichen Verwertung bzw. Bezahlung liegenden Zeit in der bisw. die Vornahme von Absetzungen für Abnutzung oder Abschreibungen wegen Entwertung der zurückbehaltenen Wirtschaftsgüter mit Recht abgelehnt; denn Absetzungen und Abschreibungen können nur in einem bestehenden Betrieb gemacht werden (s. auch Anm. 156 d, aa zu § 24 EStG).

d) Hinsichtlich der **Fortführung der nach dem EStG 1925 maßgebenden Werte** bestimmt der auch für die Körperschaftsteuer maßgebende **§ 4 I. u. II. EStDVO**:

„Bei Ermittlung des Gewinns nach §§ 4 und 5 des Gesetzes für das Wirtschaftsjahr 1934 (1933/34) und die folgenden Wirtschaftsjahre ist für den Schluß des Wirtschaftsjahrs 1933 (1932/33) von dem Betriebsvermögen auszugehen, das nach den Vorschriften des EStG v. 10. August 1925 festgestellt ist oder festzustellen gewesen wäre."

Nach dieser Vorschrift ist bei der ersten, nach dem EStG bzw. KStG 1934 vorzunehmenden Veranlagung für das Kalenderjahr 1934 als „Betriebsvermögen am Schluß des vorangegangenen Wirtschaftsjahrs" das Betriebsvermögen anzusetzen, wie es für den Schluß des Wirtschaftsjahrs 1933 (1932/33) nach den Vorschriften des EStG 1925 tatsächlich festgestellt ist oder festzustellen gewesen wäre. Dadurch wird die Zweischneidigkeit der Endbilanz 1933 (1932/33) sichergestellt. Weiter folgt daraus, daß bei Berichtigung der Anfangsbilanz, die bei Veranlagungen für die Kalenderjahre von 1934 ab notwendig wird, dann, wenn der unrichtige Bilanzansatz zum 31. 12. 33 oder früher eingesetzt wurde, auch unter der Herrschaft des EStG 1934 die Berichtigung unter Beachtung der Vorschriften des EStG 1925, erforderlichenfalls also auch der §§ 104—109 EStG 1925 erfolgen muß (vgl. Anm. 73 Abs. 2 zu § 5 EStG u. Anm. 105 Abs. 5 zu § 6 EStG). Diese Grundsätze gelten für die Gewinnermittlung nach § 4 und § 5 EStG.

13. Wirtschaftsjahr.

Das Wirtschaftsjahr im Sinn des § 4 Abs. 1 EStG ist nur für die Land- und Forstwirte mit dem vom Kalenderjahr abweichenden Wirtschaftsjahr des § 5 Abs. 2 KStG gleichbedeutend, da für buchführende und nichtbuchführende Landwirte das gesetzliche Wirtschaftsjahr vom 1. 7. bis 30. 6. (§ 2 Abs. 5 Ziff. 1 EStG) bzw. das in § 2 I. u. II. EStDVO vorgeschriebene anderweit laufende Wirtschaftsjahr gilt (s. Anm. 10 zu § 5 KStG). Im übrigen, insbesondere für alle Gewerbetreibenden, die unter § 4 Abs. 1 EStG fallen, ist das Wirtschaftsjahr stets das Kalenderjahr. Für Körperschaften mit Ausnahme der Handelsgesellschaften, für Personenvereinigungen oder Vermögensmassen erfolgt also die Gewinnermittlung, soweit sie land- oder forstwirtschaftliche Betriebe unterhalten, nach dem vom Kalenderjahr abweichenden Wirtschaftsjahr und bei Gewerbebetrieben, die nicht über den Umfang des Kleingewerbes hinausgehen, nach dem Kalenderjahr.

Unter dem **Schluß des Wirtschaftsjahrs** im Sinn des § 4 Abs. 1 Satz 1 EStG ist im Regelfall der Zeitpunkt des Ablaufs des zwölf Monate umfassenden Wirtschafts- oder Kalenderjahrs zu verstehen. Bei Eröffnung oder Aufgabe eines Betriebs darf das Wirtschaftsjahr nach § 1 I. u. II. EStDVO auch einen Zeitraum von weniger als zwölf Monaten umfassen (s. Anm. 8 zu § 5 KStG). Dieser Rechtslage trägt die Vorschrift des **§ 5 I. u. II. EStDVO** auch für den Betriebsvermögensvergleich Rechnung:

„Wird ein Betrieb eröffnet oder erworben, so tritt an die Stelle des Schlusses des vorangegangenen Wirtschaftsjahrs der Zeitpunkt der Eröffnung oder des Erwerbs.

190 § 6 KStG. Einkommen.

Wird ein Betrieb aufgegeben oder veräußert, so tritt für die Berechnung des Gewinns aus diesem Betrieb an die Stelle des Schlusses des Wirtschaftsjahrs der Zeitpunkt der Aufgabe oder Veräußerung."

Dieser Grundsatz gilt für die Gewinnermittlung nach § 4 und § 5 EStG.

Da der allgemeine Gewinnbegriff eng an den kaufmännischen Gewinnbegriff anknüpft, ist die Frage, welchem Wirtschaftsjahr ein Betriebsvorgang zuzurechnen ist, unter entsprechender Anwendung der Grundsätze ordnungsmäßiger Buchführung zu entscheiden. Nach diesen Grundsätzen sind Geschäftsvorfälle regelmäßig dem Wirtschaftsjahr zuzurechnen, in dem sie sich vollenden, es sei denn, daß sie mit einem anderen Wirtschaftsjahr wirtschaftlich zusammenhängen. Für die Betriebseinnahmen und Betriebsausgaben kommt es darnach nicht auf die Vereinnahmung und Verausgabung im Sinn des § 11 EStG an, sondern auf ihre wirtschaftliche Zugehörigkeit (s. im einzelnen Anm. 35 zu § 5 EStG).

14. Betriebsvermögen.

Zum Betriebsvermögen sind alle dem Betrieb gewidmeten Wirtschaftsgüter zu rechnen. Dazu gehören die dauernd dem Betrieb gewidmeten Wirtschaftsgüter des Anlagevermögens wie Gebäude, gewerbliche Anlagen, Maschinen, Geräte, Beförderungsmittel, Patente, Erfindungen, Firmen= und Geschäftswert, Beteiligungen und die Wirtschaftsgüter des Umlaufvermögens wie Waren, Vorräte an Rohstoffen, Halb= und Fertigerzeugnissen, Betriebsstoffe, Heizungsmittel, Geld, Forderungen, Schulden u. a.

a) Die **Zugehörigkeit zum Betriebsvermögen** ist nicht davon abhängig, daß die Gegenstände auch im bürgerlich=rechtlichen Eigentum des Betriebsinhabers stehen. Darüber hinaus sind bei der Besteuerung auch solche Wirtschaftsgüter zu berücksichtigen, die dem Betriebsinhaber nach den Vorschriften des **§ 11 StAnpG** zuzurechnen sind.

„Für die Zurechnung bei der Besteuerung gelten, soweit nichts anderes bestimmt ist, die folgenden Vorschriften:
1. Wirtschaftsgüter, die zum Zweck der Sicherung übereignet worden sind, werden dem Veräußerer zugerechnet.
2. Wirtschaftsgüter, die zu treuen Händen (entgeltlich oder unentgeltlich) übereignet worden sind, werden dem Treugeber zugerechnet.
3. Wirtschaftsgüter, die durch einen Treuhänder zu treuen Händen für einen Treugeber erworben worden sind, werden dem Treugeber zugerechnet.
4. Wirtschaftsgüter, die jemand im Eigenbesitz hat, werden dem Eigenbesitzer zugerechnet. Eigenbesitzer ist, wer ein Wirtschaftsgut als ihm gehörig besitzt.
5. Wirtschaftsgüter, die mehreren zur gesamten Hand zustehen, werden den Beteiligten so zugerechnet, als wären die Beteiligten nach Bruchteilen berechtigt. Die Höhe der Bruchteile ist nach den Anteilen zu bestimmen, zu denen die Beteiligten an dem Vermögen zur gesamten Hand berechtigt sind, oder nach Verhältnis dessen, was ihnen bei Auflösung der Gemeinschaft zufallen würde."

b) Nicht alle Gegenstände, die dem Inhaber des Betriebs gehören oder ihm zuzurechnen sind, gehören zu seinem Betriebsvermögen. Bei natürlichen Personen ist die **Abgrenzung des Betriebsvermögens** gegenüber dem Privatvermögen wichtig. Bei juristischen Personen wird eine Abgrenzung des Betriebsvermögens vom sonstigen Vermögen bei solchen Körperschaften, Personenvereinigungen oder Vermögensmassen erforderlich, die nicht nach den Vorschriften des HGB buchführungspflichtig sind und neben einem land= oder forstwirtschaftlichen Betrieb oder Gewerbebetrieb noch sonstiges Vermögen besitzen. Es gehört z. B. zum Vermögen einer Stiftung ein forstwirtschaftlicher Betrieb, Kapital= und Grundvermögen. In diesem Fall ist die Frage, wie das forstwirtschaftliche Betriebsvermögen gegenüber dem Kapital= und Grundvermögen abzugrenzen ist, nach den Grundsätzen zu entscheiden, die der RFH über die Zurechnung von Gegenständen zum Betriebsvermögen aufgestellt hat. Körperschaften, die nach Handelsrecht buchführungspflichtig sind, haben nur gewerbliches Betriebsvermögen.

§ 4 EStG. Gewinnbegriff im allgemeinen. Anmerkung 14.

Über die Zugehörigkeit eines Gegenstands zum Betriebs- oder sonstigen Vermögen eines Unternehmers entscheidet die aus den Gesamtumständen des Falles zu entnehmende tatsächliche Widmung (RFH. VI e A 157/24 v. 17. 12. 24, E. 15 S. 152, StW. 25 Nr. 97). Die Zugehörigkeit zum Betriebsvermögen wird sich in den meisten Fällen, z. B. bei Fabrikgebäuden, Maschinen, Waren, Warenforderungen, Warenschulden ohne weiteres aus ihrer Zweckbestimmung, nämlich dem Betrieb zu dienen, ergeben. Die genannten Gegenstände gehören zum notwendigen Betriebsvermögen. Auf ihre steuerliche Zurechnung zum Betriebsvermögen ist es ohne Einfluß, wenn ein buchführender Steuerpflichtiger sie in seiner Buchführung nicht als zum Betrieb gehörig berücksichtigt. Bei Gegenständen, die keine unmittelbare Beziehung zum Betrieb haben, hat der buchführende Steuerpflichtige die Wahl, ob er sie als Gegenstände des Betriebsvermögens oder des Privatvermögens behandeln will. Die Zurechnung zum Betriebsvermögen hängt in diesen Fällen entscheidend von der buchmäßigen Behandlung durch den Steuerpflichtigen ab. Dieses Wahlrecht darf aber steuerlich nicht dazu mißbraucht werden, um durch die Überführung eines Wirtschaftsguts in das Betriebsvermögen diesem die Abschreibungen wegen der zu erwartenden Entwertung des Wirtschaftsguts zur Last zu legen. Der RFH. hat auch den Willen des Kaufmanns in den Fällen nicht für allein ausschlaggebend erklärt, in denen es sich um Grundstücke handelt, die der Befriedigung des privaten Wohnbedürfnisses zu dienen bestimmt sind (notwendiges Privatvermögen). Danach ergibt sich die dreifache Unterscheidung von Gegenständen,
a) die zum Betriebsvermögen gehören, auch wenn sie nicht durch die Betriebsbuchführung festgehalten werden,
b) die nur zum Privatvermögen gehören können, trotzdem sie in den Geschäftsbüchern festgehalten werden,
c) deren Zugehörigkeit zum Betriebsvermögen im wesentlichen davon abhängt, ob sie der Kaufmann als solche behandeln will (RFH VI A 2079/29 v. 14. 4. 31, E. 28 S. 252, RStBl. 31 S. 348, StW. 31 Nr. 642, VI A 565/33 v. 29. 11. 33, RStBl. 34 S. 404, StW. 34 Nr. 18). Danach muß ein Kaufmann oder Landwirt bei teilweise eigenbetrieblich genutzten Grundstücksflächen zum mindesten den der eigenbetrieblichen Benutzung entsprechenden ideellen Grundstücksteil als Betriebsvermögen behandeln, es sei denn, daß dieser Teil von untergeordneter Bedeutung ist. Ob der Kaufmann oder Landwirt dieserhalb ordnungsmäßige Buchführung hat oder nicht, ist unerheblich. Diese Grundsätze haben nach RFH. VI A 1041/31 v. 13. 4. 32 (RStBl. 32 S. 727, StW. 32 Nr. 617) auch für die unter § 4 EStG fallenden Gewerbetreibenden und Landwirte zu gelten, nur mit dem Unterschied, daß der betrieblich genutzte Gebäudeteil, nicht aber der auszuscheidende Grund und Boden mit einzurechnen ist. Dagegen werden Gegenstände, die niemals zum Betriebsvermögen gehören können, wie die Villa eines Kaufmanns, auch nicht dadurch Bestandteile des Betriebsvermögens, daß sie für betriebliche Zwecke belastet werden (RFH. VI A 778/35 v. 6. 11. 35, RStBl. 36 S. 278). Über die Zugehörigkeit von Grundstücken und Gebäuden zum Betriebsvermögen vgl. auch WR 37 B II (RStBl. 38 S. 195, f. Anh. 17).

c) **Einzelfälle.** Wirtschaftsgüter, die die Grundlage eines Betriebs bilden, wie ein Steinbruch, Patent oder Apothekenprivileg, sind im Fall der Ausübung des Betriebs durch den Eigentümer oder Berechtigten stets zum notwendigen Betriebsvermögen zu rechnen (RFH. VI A 602/31 v. 25. 3. 31, StW. 31 Nr. 734). Auch Diensterfindungen, die ein höherer Angestellter, z. B. das Vorstandsmitglied einer AG. macht, und die den Zwecken des Unternehmens dienen, gehören auch ohne besondere Bestimmung im Anstellungsvertrag steuerlich zum Betriebsvermögen des Unternehmens, das den Erfinder angestellt hat (RFH. I A 135/36 v. 11. 5. 37, RStBl. 37 S. 927, StW. 37 Nr. 332). Beteiligungen aller Art sind notwendiges Betriebsvermögen, wenn die Gesellschaft, an der die Beteiligung besteht, dem Betrieb des Gesellschafters tatsächlich förderlich ist oder seinen Zwecken, z. B. hinsichtlich der Erzeugung oder des Absatzes zu dienen bestimmt ist,

z. B. bei einer Kapitalgesellschaft zur Sicherung und Erweiterung der Absatzmöglichkeiten des Unternehmens nach RFH. VI A 562/35 v. 28. 10. 36, (RStBl. 37 S. 383, StW. 37 Nr. 30); weiter nach RFH. VI A 311/37 v. 16. 6. 37 (RStBl. 37 S. 1007) bei einer Kapitalgesellschaft, deren Tätigkeit in den Rahmen des Geschäftszweigs des Unternehmens fällt und deren Gesellschafter aus dem Firmeninhaber und dem leitenden Angestellten der Firma bestehen. Ebenso sind notwendiges Betriebsvermögen eines Landwirts die Anteile an einer Zuckerfabrik-GmbH., wenn mit ihrem Besitz eine der Zahl der Anteile entsprechende Verpflichtung zum Rübenbau verbunden ist (RFH. VI A 1858/32 v. 23. 5. 33, RStBl. 33 S. 1006, StW. 33 Nr. 649), ferner Anteile an einer dem Einkauf und Absatz des Betriebs förderlichen Genossenschaft (RFH. VI A 60/27 v. 9. 2. 27, E. 20 S. 208, StW. 27 Nr. 60) oder Anteile eines Landwirts an einer Gemüseverwertungsgenossenschaft (RFH. VI A 1459/32 v. 2. 3. 33, RStBl. 33 S. 585, StW. 33 Nr. 482). Dagegen hat der RFH. in Übereinstimmung mit einem Gutachten des Deutschen Landwirtschaftsrats für die Zugehörigkeit von Wertpapieren zum Betriebsvermögen des Landwirts in RFH. VI A 799/29 v. 25. 6. 30 (RStBl. 31 S. 5, StW. 30 Nr. 1055) entschieden, daß Wertpapiere regelmäßig zum Privatvermögen gehören, auch wenn sie mit Betriebsmitteln angeschafft sind, daß aber ein sich in der Buchführung äußernder abweichender Wille des Pflichtigen beachtlich sei. Hat ein Landwirt mit dem Erlös eines außerordentlichen Holzeinschlags ein Aktienpaket einer Ziegelei-AG. erworben, um den Erlös nicht brach liegen zu lassen, so ist der Erlös damit aus dem Betrieb herausgezogen worden und die Aktien sind nicht Betriebsvermögen. Selbst wenn der Pflichtige von der AG. in weit größerem Umfang als bisher Ziegel bezogen hätte, würden es nach RFH. VI A 1380/32 v. 12. 9. 34 (StW. 34 Nr. 657) Art und Verbundenheit beider Betriebe nicht rechtfertigen, die Aktien als notwendiges Betriebsvermögen zu behandeln. Etwas anderes würde unter Umständen zu gelten haben, wenn es Aufgabe der AG. gewesen wäre, etwa die im Rahmen des landwirtschaftlichen Betriebs des Pflichtigen gewonnene Ziegelerde zu verarbeiten. Anteile an einer Gesellschaft bürgerlichen Rechts dürfen dem Betriebsvermögen zugerechnet werden, wenn der Pflichtige die Anteile wegen des Zusammenhangs mit der Landwirtschaft, z. B. bei Beteiligung an einer Naphta-Gruben-Gesellschaft zwecks Holzverwertung, erworben hat (RFH. VI A 256/31 v. 10. 2. 32, StW. 32 Nr. 616).

15. Wirtschaftsgüter.

Das EStG 1934 spricht im Gegensatz zum EStG 1925 nicht mehr von Gegenständen des Betriebsvermögens, sondern von Wirtschaftsgütern, die dem Betrieb dienen, von Wirtschaftsgütern des Betriebs, des Anlagevermögens usw. Der Begriff „Wirtschaftsgüter" ist durch die Rechtsprechung des RFH. entwickelt und umfaßt Gegenstände, Rechte und wirtschaftliche Werte jeder Art (s. auch Begr. zu § 4 EStG Abs. 4 in Anm. 9 a). Dadurch wird zum Ausdruck gebracht, daß für die Besteuerung auch solche Güter als selbständige Teile eines Betriebsvermögens zu berücksichtigen sind, die nach den Begriffsbestimmungen des bürgerlichen Rechts, z. B. als wesentliche Bestandteile oder Zubehör einer Sache nicht oder nur beschränkt Gegenstand besonderer Rechte sein können, oder sich unter die bürgerlich-rechtlichen Begriffe von Sachen oder Rechten überhaupt nicht eingliedern lassen. Ein solches Wirtschaftsgut wird steuerrechtlich dann beachtlich, wenn zu seiner Anschaffung usw. vom Betrieb Aufwendungen gemacht werden. Nach RFH. RStBl. 28 S. 260, StW. 28 Nr. 417) besteht steuerrechtlich eine weitergehende Aktivierungspflicht als handelsrechtlich. Für einen kaufmännische Bücher führenden Gewerbetreibenden bestehe wegen derjenigen Wirtschaftsgüter, die er gegen eine Aufwendung, regelmäßig eine Geldleistung, erworben habe, steuerrechtlich eine Aktivierungspflicht dann, wenn sie nach allgemeiner Verkehrsanschauung an und für sich einer besonderen Bewertung zugänglich seien und nach dieser Verkehrsanschauung einen wesentlichen und über die Dauer des einzelnen Wirtschaftsjahrs wesentlich hinausreichenden Wert für das gewerbliche Unternehmen besäßen. Darunter könnten geeignetenfalls auch solche

Erwerbungen fallen, die weder körperliche Sachen seien, noch Rechte im bürgerlich-rechtlichen Sinn begründeten, z. B. ein Erwerb ungeschützter, aber wirtschaftlich bedeutungsvoller Erfindungen. Nach der zu § 12 Abs. 1 EStG 1925 ergangenen Entsch. RFH. VI A 189/27 v. 18. 5. 27 (E. 21 S. 195, StW. 27 Nr. 306) ist der Begriff des beweglichen Anlagekapitals nicht auf körperliche Gegenstände zu beschränken, sondern umfaßt alle Gegenstände, die nicht zur Veräußerung bestimmt, also dauernd dem Betrieb gewidmet sind. Dasselbe gelte vom Betriebsinventar. Auch das auf Grund eines Pachtvertrags erlangte Recht des Pächters könne, insoweit es durch einmalige Ausgaben erlangt oder in seinem Werte verbessert sei, z. B. wenn der Pachtzins für mehrere Jahre vorausbezahlt sei oder der Pächter erhebliche Investierungen gemacht habe, zum Anlagevermögen zu rechnen sein, während es, soweit ihm die Verpflichtung zur Zahlung des Pachtzinses gegenüber stehe, keinen beim Bestandsvergleich zu berücksichtigenden Wert darstelle (ebenso wegen der Aktivierung besonderer Aufwendungen des Pächters zur Verbesserung des Grund und Bodens, RFH. VI A 152/27 v. 11. 5. 27, E. 21 S. 163, StW. 27 Nr. 216). Den Ansatz der auf ein Wirtschaftsgut gemachten Aufwendungen als Besitzposten der Vermögensübersicht bezeichnet man als Aktivierung, den Ansatz einer Verbindlichkeit als Schuldposten als Passivierung. Die Grundsätze über Aktivierung und Passivierung gelten in erster Linie für die buchführenden Steuerpflichtigen (§ 5 EStG), sie sind im allgemeinen aber auch für die Gewinnermittlung nach § 4 Abs. 1 durch Betriebsvermögensvergleich maßgebend (vgl. auch Anm. 17 c).

Zur Frage, was im Einzelfall als aktivierungs- bzw. passivierungsfähiges Wirtschaftsgut in Betracht kommt, s. Anm. 78 ff. u. Anm. 119 ff. zu § 6 EStG.

16. Entnahmen, Einlagen.

Der Unterschiedsbetrag zwischen dem Betriebsvermögen am Schluß des Wirtschaftsjahrs und dem Betriebsvermögen am Schluß des vorangegangenen Wirtschaftsjahrs, wie er sich auf Grund des Betriebsvermögensvergleichs tatsächlich ergibt, ist nicht ohne weiteres als Gewinn im Sinn des Gesetzes anzusehen. Nach § 4 Abs. 1 Satz 1 EStG ist er vielmehr zu vermehren um den Wert der Entnahmen und zu vermindern um den Wert der Einlagen.

Entnahmen sind nach § 4 Abs. 1 Satz 2 EStG alle Wirtschaftsgüter (Barentnahmen, Waren, Erzeugnisse, Nutzungen und Leistungen), die der Steuerpflichtige dem Betrieb für sich, für seinen Haushalt oder für andere betriebsfremde Zwecke im Lauf des Wirtschaftsjahrs entnommen hat. Hat der Steuerpflichtige die im Lauf des Geschäftsjahrs entnommenen Bar- und Sachwerte in seiner Buchführung als Verminderungen des Betriebsvermögens behandelt, z. B. über Unkosten verbucht, dann ist die durch den Betriebsvermögensvergleich errechnete Vermehrung des Betriebsvermögens zu niedrig. Ebenso ergibt bei einem nichtbuchführenden Steuerpflichtigen das nach dem tatsächlichen Stand des Betriebsvermögens am Schluß des Wirtschaftsjahrs errechnete Betriebsergebnis den Gewinn ohne Berücksichtigung der Entnahmen. In diesen Fällen sind daher die Entnahmen dem Ergebnis des Betriebsvermögensvergleichs hinzuzurechnen. Die Vorschrift hat in erster Linie für die natürlichen Personen Bedeutung. Da die Körperschaften, Personenvereinigungen und Vermögensmassen keine private Lebenshaltung haben können, für die in der Regel die Entnahmen erfolgen, entfällt für sie das Hauptanwendungsgebiet der Entnahmen. Den Entnahmen entsprechen jedoch bei ihnen die Zuwendungen an Gesellschafter oder Mitglieder der Vereinigungen und sonstige Ausschüttungen, die als Gewinnausschüttungen bezeichnet werden. Auch die Gewinnausschüttungen der Körperschaften sind stets Bestandteil des steuerpflichtigen Gewinns, d. h. der Gewinn darf nicht um ihren Betrag vermindert werden (vgl. dazu Anm. 167 ff. zu § 6 KStG). Wegen der Bewertung der Entnahmen s. Anm. 132 a zu § 6 EStG.

Das Ergebnis des Betriebsvermögensvergleichs ist weiter zu vermindern um den Wert der im Lauf des Wirtschaftsjahrs gemachten Einlagen. Nach § 4 Abs. 1

Satz 3 EStG sind Einlagen alle Wirtschaftsgüter (Bareinzahlungen und sonstige Wirtschaftsgüter), die der Steuerpflichtige dem Betrieb im Lauf des Wirtschafts= jahrs zugeführt hat. Die Einlagen erhöhen das Betriebsvermögen am Schluß des Wirtschaftsjahrs, in dem sie in den Betrieb eingebracht wurden, ohne jedoch Ertrag und damit Gewinn dieses Wirtschaftsjahrs zu sein; daher müssen sie für die Gewinn= ermittlung außer Betracht bleiben. Die im EStG enthaltene Begriffsbestimmung der Einlage bezieht sich auf die von einer natürlichen Person ihrem eigenen Betrieb zugeführte Einlage. Nach den gleichen Grundsätzen sind aber auch die von den Mit= gliedern von juristischen Personen, insbesondere von Gesellschaftern einer Kapital= gesellschaft an ihre Körperschaft geleisteten Einlagen zu behandeln. Die Vorschriften über Einlagen sind nach § 5 Abs. 1 Satz 2 EStG auch bei der Ermittlung des Ge= winns von buchführungspflichtigen Steuerpflichtigen, zu denen insbesondere auch die Kapitalgesellschaften gehören, zu befolgen. Bei diesen beruhen die Einlagen der Gesellschafter und die dadurch herbeigeführte Betriebsvermögensvermehrung auf gesellschaftsrechtlicher Grundlage. Sie dürfen daher den steuerrechtlichen Gewinn nicht beeinflussen, s. Anm. 8 zu § 2 EStG. Wegen der Bewertung der Einlagen vgl. Anm. 132 b zu § 6 EStG.

17. Betriebsausgaben.

Bei der Ermittlung des Gewinns sind nach § 4 Abs. 1 Satz 4 EStG die Vor= schriften über die Betriebsausgaben und über die Bewertung zu befolgen. Wegen der Bewertungsvorschriften vgl. § 6 EStG.

a) Betriebsausgaben sind nach § 4 Abs. 3 EStG die Aufwendungen, die durch den Betrieb veranlaßt sind. Diese gesetzliche Begriffsbestimmung deckt sich mit der von der bisherigen Rechtsprechung des RFH. aufgestellten. Der Begriff der Be= triebsausgaben ist demnach umfassender als der Begriff der Werbungskosten, der nach § 2 Abs. 4 Ziff. 2 EStG für die Einkunftsarten maßgebend ist, bei denen die Einkünfte der Überschuß der Einnahmen über die Werbungskosten sind. Werbungs= kosten müssen als Aufwendungen zur Erwerbung, Sicherung und Erhaltung der Einnahmen in einem unmittelbaren Zusammenhang mit den aus der zugehörigen Einkunftsart gezogenen Einnahmen stehen. In RFH. VI A 60/27 v. 9. 2. 27 (E. 20 S. 208, RStBl. 27 S. 124, StW. 27 Nr. 60) wird darauf hingewiesen, daß grund= sätzlich alle durch einen Betrieb veranlaßten Aufwendungen, auch soweit sie nicht unmittelbar zum Zweck der Erzielung von Einkünften gemacht werden, sondern aus der Betätigung zur Erzielung von Einkünften überhaupt erwachsen, Betriebs= ausgaben sind. Alle Aufwendungen, die eine Folge der mit der Eröffnung des Betriebs verbundenen Gefahrenübernahme seien, würden abziehbar, sobald eine fällige Verpflichtung entstehe; es sei dabei nicht etwa nur an rechtliche Verpflich= tungen zu denken, es genüge jedes Genötigtsein oder Sichgenötigtfühlen zu einer Ausgabe. Die Anerkennung als Betriebsausgabe hängt lediglich davon ab, ob sie sachlich mit dem Geschäftsbetrieb zusammenhängt (s. auch RFH. VI A 727/25 v. 7. 7. 26, E. 19 S. 201, StW. 26 Nr. 427). Betriebsausgaben sind daher nicht nur die notwendigen, sondern die tatsächlich für den Betrieb gemachten Auf= wendungen. Ein Urteil über die Zweckmäßigkeit und Notwendigkeit von Be= triebsausgaben steht den Steuerbehörden grundsätzlich nicht zu. Es ist deshalb keine Grenze zu ziehen zwischen dem bei sachlicher Betrachtung zur Erreichung des Geschäftszwecks erforderlichen Ausmaß an Verzehr und dem darüber hinaus= gehenden tatsächlichen Verzehr, den ein Steuerpflichtiger, wenn auch vielleicht in persönlicher Verkennung des erforderlichen Maßes oder aus einem anderen Grunde, aber immer noch im Rahmen des Betriebs, z. B. mit dem Ziele der Geld= erwerbung oder Gelderhaltung gemacht hat (RFH. VI B 44/25 v. 18. 2. 25, E. 15 S. 291, RStBl. 25 S. 107, StW. 25 Nr. 182 und VI A 614/28 v. 13. 6. 28, RStBl. 29 S. 35, StW. 28 Nr. 522). Zu den Betriebsausgaben gehören auch die Ab= wehrkosten, die dazu dienen, eine weitere Verminderung der Einkünfte durch Erhöhung abzugsfähiger Ausgaben zu verhüten (RFH. VI A 576/37 v. 6. 10. 37, E. 42 S. 214, RStBl. 38 S. 103, StW. 37 Nr. 632). Die Zahlung krimineller

§ 4 EStG. Gewinnbegriff im allgemeinen. Anmerkung 17.

Strafen, d. h. von Strafen, die von Strafbehörden festgesetzt werden, kann nach ständiger Rechtsprechung des RFH. (z. B. RFH. VI A 1147/28 v. 31. 10. 28, RStBl. 29 S. 83, StW. 29 Nr. 163 a) nicht als Betriebsausgabe anerkannt werden, weil sich die kriminelle Bestrafung einschließlich der Bestrafung wegen Steuerhinterziehung oder Steuergefährdung gegen den schuldhaften Willen der bestraften Person wendet. Ausnahmen könnten nach der Entsch. auf dem Gebiet der Formal- und Polizeidelikte auch für die von Strafbehörden verhängten Strafen gerechtfertigt sein. Durch Erl. RdF. v. 4. 2. 39 — S 2118 — 254 III (RStBl. 39 S. 251) wird darauf hingewiesen, daß Ordnungsstrafen § 1 Abs. 3 StAnpG gemäß bei der Ermittlung des Einkommens nicht abgezogen werden können. Der nach dem Steuersäumnisgesetz v. 24. 12. 34 (RGBl. I S. 1271) auf rückständige Steuerschulden erhobene Säumniszuschlag ist keine Strafe. Seine Abzugsfähigkeit als Betriebsausgabe richtet sich daher danach, ob die rückständige Steuerschuld eine Betriebsschuld bzw. ihre Zahlung eine Betriebsausgabe darstellt.

Aus dem Erfordernis, daß Betriebsausgaben durch einen Betrieb veranlaßt sein müssen, ist nicht zu folgern, daß Betriebsausgaben ausschließlich während des Bestehens eines Betriebs anfallen könnten. In RFH. VI A 34/27 v. 19. 2. 27 (E. 20 S. 211, RStBl. 27 S. 133, StW. 27 Nr. 59) wird für das EStG 1925 der Grundsatz aufgestellt, daß auch Ausgaben, die vor Eröffnung eines Betriebs zum Zweck der Eröffnung gemacht sind, als Betriebsausgaben anzusehen sind. Dazu gehören nach RFH. VI A 4/35 v. 29. 1. 36 (RStBl. 36 S. 588, StW. 36 Nr. 123) auch die Kosten der Besichtigung des tatsächlich erworbenen Betriebs und anderer zum Verkauf stehender Betriebe. Vergeblich gemachte Aufwendungen müssen aber in einem ausreichenden Zusammenhang mit dem Betrieb stehen, für den sie als Betriebsausgaben anerkannt werden sollen. Kommen diese Ausgaben, wie z. B. eine Mietvorauszahlung für längere Zeit, dem Betrieb auch noch nach der Eröffnung zugute, dann ist die Ausgabe insoweit zu aktivieren und auf die Zeit, die sie wirtschaftlich belastet, zu verteilen.

Anderseits können auch nach Beendigung eines Betriebs noch nachträgliche Betriebsausgaben zum Abzug zugelassen werden, wenn sie erst nach dem Aufhören des Gewerbebetriebs, zu dem sie gehören, zutage treten (vgl. RFH. VI A 1730/29 v. 12. 11. 30, RStBl. 31 S. 485, StW. 31 Nr. 97 und VI A 1331/32 v. 11. 10. 34 unter Ziff. 4, RStBl. 35 S. 610, StW. 35 Nr. 19). Wegen des Teilvermögensvergleichs nach Aufgabe eines Betriebs s. Anm. 12 c.

Über die Zurechnung von Betriebsausgaben zum einen Wirtschaftsjahr vgl. Anm. 13 Abs. 3 und Anm. 35 zu § 5 EStG.

b) Das begriffliche Erfordernis, daß eine Aufwendung durch den Betrieb veranlaßt sein muß, um als Betriebsausgabe anerkannt zu werden, bedeutet auch eine **Abgrenzung.** Sie hat zur Folge, daß es insbesondere auch bei Kapitalgesellschaften nicht auf die Tatsache, daß die Ausgabe im Betrieb geleistet ist, entscheidend ankommt, sondern darauf, ob bei der Verausgabung die Belange des Betriebs maßgebend waren. Daher ist nach RFH. I A 105/27 v. 19. 7. 27 (StW. 27 Nr. 683) im Einzelfall zu prüfen, ob für die Maßnahme die Belange der Gesellschaft oder aber die Belange der Gesellschafter maßgebend waren. Sollte der Hauptgesellschafter von einer rechtlichen oder moralischen Verpflichtung entlastet werden, so sind die Aufwendungen keine Betriebsausgaben, sondern Entnahmen (Gewinnausschüttungen) des Gesellschafters. Weiter ist nach RFH. I A 30/27 v. 23. 3. 27 (StW. 27 Nr. 685) bei der Beweiswürdigung davon auszugehen, daß eine Gesellschaft nicht handgreiflich unwirtschaftlich handelt. Danach kann, wenn ein Unternehmen an einem Werbemittel festhält, das sich als wirkungslos erwiesen hat, aber z. B. wie eine Jagd auch der Liebhaberei der Angestellten und Aufsichtsratsmitglieder dient, geschlossen werden, daß in Wirklichkeit die Absicht des Unternehmers, die Aufwendungen für den Betrieb zu machen, nicht mehr vorhanden war. Während also bei den natürlichen Personen die Abgrenzung der Betriebsausgaben gegenüber den Entnahmen des Betriebsinhabers erforderlich ist, hat bei den juristischen Personen, insbesondere den Kapitalgesellschaften, die Abgrenzung gegenüber den Zuwendungen (Gewinnausschüttungen) an die Gesellschafter oder Mitglieder zu erfolgen. Nach RFH. I A 26/34 v. 11. 9. 34 (RStBl. 34 S. 1443, StW. 34 Nr. 688) kann z. B. als Betriebsausgabe einer GmbH. auch noch ein Betrag angesehen werden, der als Abfindung für die Entfernung eines den Bestand und das Gedeihen der Gesellschaft gefährdenden Gesellschafters gezahlt wird (s. auch Anm. 175 Abs. 2 zu § 6 KStG). In besonderen Fällen, wie in dem in Anm. 14 b erwähnten Fall der Stiftung mit eigenem landwirtschaftlichen Betrieb und sonstigem Vermögen, kann für die Körperschaftsteuer auch eine Scheidung der Betriebsausgaben von den auf die sonstigen Vermögens- und Einkunftsarten entfallenden Ausgaben notwendig werden.

c) Wenn alle Aufwendungen, die der Betrieb mit sich bringt, als Betriebsausgaben anzuerkennen sind, so hat dies zu Folge, daß auch **Aufwendungen zur Verbesserung oder Vermehrung des Betriebsvermögens** als Betriebsausgaben abzugsfähig sind. Der Abzugsfähigkeit steht allerdings insoweit, als die Aufwendungen sich auf Wirtschaftsgüter beziehen, deren Verwendung oder Nutzung durch den Steuerpflichtigen zur Erzielung von Einkünften sich erfahrungsgemäß auf einen Zeitraum von mehr als einem Jahr erstreckt, die Pflicht zu entsprechender Aktivierung der Aufwendungen mit der Möglichkeit der Absetzungen für Abnutzung (§ 7 EStG) oder des Ansatzes des niedrigeren Teilwerts (§ 6 EStG) gegenüber (vgl. auch RFH. VI A 1840/31 v. 24. 2. 32, E. 30 S. 267, RStBl. 32 S. 471, StW. 32 Nr. 620). Durch die Verteilung der Anschaffungs- oder Herstellungskosten auf die Dauer der Verwendung oder Nutzung des Wirtschaftsguts im Betrieb wirken sich die Absetzungen für Abnutzung in den einzelnen Wirtschaftsjahren wie Betriebsausgaben dieser Jahre aus.

Jedoch ist nicht jede Aufwendung, die das Betriebsvermögen im Augenblick verbessert und dem Betrieb über das Wirtschaftsjahr der Ausgabe hinaus zugute kommt, zu aktivieren. Vielmehr sind Ausgaben, durch die das Betriebsvermögen laufend instand gehalten wird, als **laufende Betriebsausgaben** oder **laufender Erhaltungsaufwand** voll abzugsfähig. In jedem Betrieb werden alljährlich bestimmte Aufwendungen auf Anlagegegenstände notwendig, die in einer bestimmten Jahreshöhe regelmäßig wiederkehren und bei denen es daher für die Endergebnisse der Gewinnermittlung gleichgültig ist, ob sie alle im einzelnen jeweils nach der Zeitdauer ihrer Verwendung für den Betrieb auf mehrere Jahre verteilt werden und dann als Summe dieser Anteile das einzelne Wirtschaftsjahr belasten, oder ob sie alsbald in voller Höhe des Gesamtjahresanfalls in dem Wirtschaftsjahr ihrer Verausgabung abgebucht werden. Das Jahresmaß der in diesem Sinn laufenden Aufwendungen ist nach Art und Umfang der einzelnen Betriebe verschieden. Daher wird in RFH. VI A 727/25 v. 7. 7. 26 (E. 19 S. 201, StW. 26 Nr. 427) für die Frage der Aktivierung dieser Aufwendungen der Gesichtspunkt der Wertsteigerung nicht als ausschlaggebend angesehen und eine Aufwendung insolange nicht für aktivierungspflichtig erklärt, als sie im Rahmen des Ganzen gesehen als laufende Ausgabe erscheint. Diese Grundsätze wurden in RFH. VI A 694/28 v. 15. 5. 29 (E. 25 S. 199, RStBl. 29 S. 553, StW. 29 Nr. 596) auch für die Behandlung von Aufwendungen auf nichtabnutzbare Gegenstände und Güter (Ausgaben für einen Fernsprechanschluß) als maßgebend erklärt. Der Pflichtige bleibt jedoch berechtigt, den laufenden Erhaltungsaufwand zu aktivieren (vgl. Anm. 102 a zu § 6 EStG). Wegen des Verhältnisses von laufendem Erhaltungsaufwand zu Absetzungen für Abnutzung vgl. Anm. 141 a Abs. 3 zu § 7 EStG.

d) **Einzelfälle.** Zuwendungen an Unterstützungs-, Wohlfahrts- und Pensionskassen des Betriebs waren bisher als Sonderleistungen abzugsfähig, wenn die dauernde Verwendung für die Kasse gesichert war. Das EStG 1934 enthält keine entsprechende Vorschrift mehr. Daher sind nunmehr derartige Aufwendungen nur noch unter dem Gesichtspunkt der Betriebsausgaben abzugsfähig. Nach den BR 37 H III 2 a (RStBl. 38 S. 233, s. Anh. 17) können diese Zuwen-

§ 4 EStG. Gewinnbegriff im allgemeinen. Anmerkung 17.

dungen bei der Ermittlung des Gewinns für die Kalenderjahre 1936 bis 1938 schon dann als Betriebsausgaben im Sinn des § 4 Abf. 3 EStG abgezogen werden, wenn die dauernde Verwendung für die Zwecke der Kasse gesichert ist (vgl. die ähnliche Vorschrift des § 17 Abs. 1 Ziff. 7 EStG 1925). Diese Voraussetzung ist stets gegeben bei den Leistungen an Pensionskassen, die von der Körperschaftsteuer befreit sind. Zuwendungen an Unterstützungsfonds des Betriebs des Steuerpflichtigen können nach den VR 37 H III 2 b (RStBl. 38 S. 233, s. Anh. 17) als Betriebsausgaben in der Höhe anerkannt werden, in der aus dem Fonds in demselben Wirtschaftsjahr an Gefolgschaftsmitglieder oder ehemalige Gefolgschaftsmitglieder des Betriebs Zuwendungen gewährt werden. Darüber hinaus können Zuwendungen an Unterstützungsfonds nicht als Betriebsausgaben angesehen werden. Die Behandlung der Zuwendungen an die Kassen ist mit Wirkung ab der Veranlagung für das Kalenderjahr 1939 durch den Erl. RdF. v. 15. 12. 38 S 2513 — 40 III (RStBl. 38 S. 1118) Ziff. 3 geregelt.

Die Behandlung der Schmiergelder als Betriebsausgaben bei der Gewinnermittlung oder als Werbungskosten bei Ermittlung des Überschusses der Einnahmen über die Werbungskosten ist jetzt in § 205 a AO, in der Fassung des § 21 Ziff. 21 StAnpG geregelt. Nach § 205 a Abs. 2 AO muß der Steuerpflichtige auf Verlangen des FA. die Empfänger genau bezeichnen, wenn er die Absetzung von Betriebsausgaben oder Werbungskosten bei Feststellung des Einkommens beantragt. Soweit der Steuerpflichtige die vom FA. verlangten Angaben nicht macht, werden die beantragten Absetzungen nach § 205 a Abs. 3 AO nicht vorgenommen. Nach Erl. RdF. v. 26. 1. 39 S 2118 — 255 III (RStBl. 39 S. 195) können entsprechend dem Beurteilungsgrundsatz des § 1 Abs. 3 StAnpG. Schmiergelder, die an Inländer gezahlt werden, bei der Ermittlung des Einkommens nicht abgezogen werden.

Die Kosten eines dem Betriebsinhaber aufgezwungenen Rechtsstreits über ein zum Betriebsvermögen gehöriges Wirtschaftsgut sind Betriebsausgaben, ohne daß eine aktivierungspflichtige Aufwendung auf das Wirtschaftsgut angenommen werden könnte (RFH. I A 182/31 v. 2. 6. 31, RStBl. 32 S. 16, StW. 31 Nr. 1060 und VI A 498/32 v. 13. 7. 32, RStBl. 33 S. 221, StW. 32 Nr. 909). Kosten eines Steuerprozesses müssen, soweit es sich um einen den Betrieb berührenden Steuerprozeß handelt, als Betriebsausgaben anerkannt werden; denn es handelt sich um eine durch den Betrieb veranlaßte Aufwendung im Sinn des § 4 Abs. 3 EStG. Selbstverständlich darf der Einzelkaufmann die Kosten des Steuerprozesses nur abziehen, soweit der Rechtsstreit eine Frage des gewerblichen Einkünfte betraf. Bei den AG. und GmbH. dürften alle Kosten eines Steuerprozesses den steuerpflichtigen Gewinn mindern. Unter Umständen könnten wegen eines solchen Rechtsstreits auch Rückstellungen in Handels- und Steuerbilanz geboten sein (vgl. Mirre in DStZ. 36 S. 334). Auch die Kosten der laufenden Steuerberatung bezüglich des Betriebs gehören zu den Betriebsausgaben (RFH. VI 626/37 v. 20. 10. 37, RStBl. 38 S. 93, StW. 37 Nr. 622).

Betriebsteuern, wie Gewerbesteuer, Aufbringungsumlage, die auf dem Gewerbebetrieb als solchem ruhen, gehören ebenso wie die Umsatzsteuer zu den Betriebsausgaben. Die Gewerbesteuer ist in dem Wirtschaftsjahr als Ausgabe abzugsfähig, das sie wirtschaftlich belastet. Die Frage war bisher nach dem maßgebenden Gewerbesteuergesetz zu untscheiden. Dies war nicht das Wirtschaftsjahr, nach dessen Gewinn usw. die Gewerbesteuer berechnet wurde, sondern das Wirtschaftsjahr, für das die Gewerbesteuer erhoben wurde (RFH. VI A 1074/28 v. 30. 7. 29, RStBl. 29 S. 596, StW. 29 Nr. 789 und VI A 721/34 v. 11. 10. 34, StW. 35 Nr. 9). Auch nach dem ab 1. 4. 37 anzuwendenden GewStG v. 1. 12. 36 (RGBl. I S. 979, RStBl. 36 S. 1149) belastet die Gewerbesteuer nicht das Wirtschaftsjahr, nach dessen Ertrag sie berechnet wird, sondern das Rechnungsjahr vom 1. April bis 31. März als Erhebungszeitraum (§ 14 Abs. 2 GewStG). Soweit bei einem Gewerbebetrieb Wirtschaftsjahr und Rechnungsjahr zeitlich verschieden sind, ist die für das Rechnungsjahr festgesetzte Gewerbesteuer bei der Gewinnermittlung anteilig nach dem Verhältnis der in das Wirtschaftsjahr fallenden Monate des Rechnungs=

jahrs als Betriebsausgabe abzusetzen. In den VR 36 C II 2 a (RStBl. 37 S. 230) wurde auf die Abzugsfähigkei der Gewerbesteuer als Betriebsausgabe hingewiesen: „Zu den Betriebsausgaben gehört auch die Steuer vom Gewerbebetrieb, insbesondere die Gewerbesteuer nach dem Gewerbeertrag und nach dem Gewerbekapital. Diese Steuern stellen auf das Vorhandensein des Gewerbebetriebs ab und lasten auf ihm. Die Steuern vom Gewerbebetrieb sind also bei der Ermittlung des Gewinns zu berücksichtigen und zwar nach der heute noch zutreffenden Rechtsprechung des RFH. mit dem Betrag, mit dem sie wirtschaftlich das betreffende Wirtschaftsjahr belasten (RStBl. 29 S. 596)." Für den Fall, daß auf Grund einer Buch- und Betriebsprüfung Gewerbesteuern für mehrere Jahre auf einmal nachgefordert werden, darf nach RFH. VI A 721/34 (s. oben) die Gewerbesteuer nicht allein dem Wirtschaftsjahr der Nachforderung zugerechnet werden. Die auf Grund der festgestellten Mehrgewinne sich ergebenden Gewerbesteuernachforderungen sind vielmehr bei der Gewinnermittlung für die einzelnen Wirtschaftsjahre, die sie wirtschaftlich belasten, zu berücksichtigen. Ist dies wegen der Rechtskraft der Veranlagungen für die früheren Jahre nicht mehr möglich, dann muß nach RFH. VI A 516/33 v. 12. 4. 34, RStBl. 34 S. 943, StW. 34 Nr. 358) eine unvermutete Nachforderung von Gewerbesteuer für die früheren Jahre ohne Rücksicht auf die buchmäßige Behandlung der laufenden Gewerbesteuerzahlungen im Abschluß des Wirtschaftsjahrs, in das die Nachforderung fällt, als Schuldposten oder bei Bezahlung als Betriebsausgabe erscheinen (vgl. auch Anm. 35 zu § 5 EStG). Die Gebäudeentschuldungsteuer, die für ein zum Betriebsvermögen gehörendes Gebäude zu entrichten ist, gehört zu den Betriebsausgaben (s. VR 37 C VI 3 Abs. 4, RStBl. 38 S. 220).

Darüber, daß Kirchensteuern bei den Körperschaften regelmäßig nicht Sonderausgaben, sondern Betriebsausgaben nach § 4 Abs. 3 EStG oder Werbungskosten nach § 9 Ziff. 2 EStG darstellen, s. Anm. 151 c zu § 10 EStG.

Kosten der Auflösung eines Familienfideikommisses, die infolge gesetzlicher Anordnung durchgeführt werden muß, sind nach RFH. VI A 857/27 v. 17. 10. 28 (RStBl. 29 S. 447, StW. 28 Nr. 799) dann, wenn das Fideikommißvermögen im wesentlichen aus land- und forstwirtschaftlichem Besitz besteht, als Betriebsausgaben des land- und forstwirtschaftlichen Betriebs anzuerkennen, weil ihre Zahlung die Voraussetzung für die Fortsetzung des Betriebs durch den Steuerpflichtigen ist. Wird dagegen an Stelle des aufgelösten Fideikommisses eine Familienstiftung errichtet, dann sind nach RFH. VI A 694/35 v. 2. 10. 35 (RStBl. 36 S. 107, StW. 35 Nr. 653) die Kosten der Stiftungserrichtung keine Betriebsausgaben; denn die Stiftung wurde im Interesse der Familie und nicht des landwirtschaftlichen Betriebs errichtet.

Die Kosten der fehlgeschlagenen Umgründung eines Unternehmens in eine GmbH. können nach RFH. VI A 288/37 v. 30. 6. 37, RStBl. 37 S. 1019, StW. 37 Nr. 461) Betriebsausgaben darstellen, sofern die Umgründung aus betrieblichen und nicht aus persönlichen Gründen der Inhaber, z. B. zur vermögensrechtlichen Auseinandersetzung erfolgen sollte.

18. Betriebseinnahmen.

Betriebseinnahmen sind alle in Ausübung eines land- und forstwirtschaftlichen Betriebs, eines Gewerbebetriebs oder einer selbständigen Arbeitstätigkeit erzielten Einnahmen, also der volle Erlös für die Veräußerung von zum Betrieb gehörigen Wirtschaftsgütern, nicht bloß der dabei erzielte Gewinn. Zu den Betriebseinnahmen zählen nicht nur die Bareinnahmen, sondern auch alle in Geldeswert bestehenden Einnahmen. Sie erstrecken sich nicht nur auf die durch die eigentliche Berufstätigkeit vereinnahmten Beträge, z. B. auf den Erlös der verkauften Erzeugnisse oder Waren oder das Entgelt für geschäftliche Leistungen, sondern es fallen darunter auch die aus einem Nebenbetrieb herrührenden Einnahmen, die aus der Veräußerung von Wirtschaftsgütern des Anlagevermögens erzielten Erlöse (sog. Hilfsgeschäfte), Zinsen und sonstige Bezüge aus Wertpapieren und Forderungen, die zum Betriebsvermögen gehören, kurz alle Einnahmen, die im Betrieb anfallen ohne Rücksicht

§ 4 EStG. Gewinnbegriff im allgemeinen. Anmerkung 18—19. 199

darauf, ob der Zweck des Unternehmens auf die Erzielung derartiger Einnahmen gerichtet ist oder nicht und ob der Pflichtige mit der Einnahme gerechnet hat oder nicht. Daher sind auch unerwartete Einnahmen auf Grund von Rechtsgeschäften, die den Betrieb betreffen, wie z. B. eine Abfindung für die Verlegung der Geschäftsräume, Betriebseinnahmen (RFH. VI A 758/28 v. 4. 7. 28, RStBl. 28 S. 311, StW. 28 Nr. 521). Weiter gehören dazu auch Zugänge auf Grund von Schadensersatzleistungen Dritter, wenn sie sich aus einem den Betrieb berührenden Vorgang ergeben (RFH. VI A 456/30 v. 16. 4. 30, RStBl. 30 S. 704, StW. 30 Nr. 597). Außer Ansatz bleiben die Einnahmen aus der Veräußerung von Grund und Boden, der zum Anlagekapital des Betriebs gehört (s. Anm. 19 Abs. 1).

Nicht zu den Betriebseinnahmen gehören die durchlaufenden Gelder, d. h. solche Einnahmen, die jemand im Namen und für Rechnung eines anderen vereinnahmt mit der Verpflichtung, sie an den Auftraggeber als den Berechtigten weiterzugeben. Er vereinnahmt also diese Gelder nicht kraft eigenen Rechts als eigene Einnahmen, sondern kraft Auftrags als fremde Einnahmen. Der Empfang des Geldes durch den Beauftragten stellt für diesen keine eigene Betriebseinnahme und die Weitergabe des Geldes keine Betriebsausgabe dar, es liegt vielmehr insoweit auftragsgemäße Behandlung fremden Geldes vor. Erlegt umgekehrt der Betriebsinhaber einen Kostenvorschuß, den sein Auftraggeber zu zahlen hat, an dessen Stelle und erhält er später den Betrag erstattet, so ist dieser keine Betriebseinnahme, sondern ebenfalls ein durchlaufender Posten (RFH. VI A 566/27 v. 28. 11. 27, RStBl. 27 S. 230, StW. 27 Nr. 754 und VI A 2035/32 v. 11. 1. 33, RStBl. 33 S. 477, StW. 33 Nr. 287). Die Unterscheidung zwischen durchlaufenden Posten und Betriebseinnahmen ist nur für die Gewinnermittlung nach dem Einnahmeüberschuß (§ 4 Abs. 2 EStG) von Bedeutung; beim Betriebsvermögensvergleich wird die Vereinnahmung dieser Posten durch Aufnahme eines gleich hohen Schuldpostens oder Ausgabebetrags ausgeglichen.

19. Ausscheidung des Wertes von Grund und Boden.

Das am Schluß eines Wirtschaftsjahrs tatsächlich vorhandene Betriebsvermögen ist steuerrechtlich auch noch insofern zu berichtigen, als der Wert des Grund und Bodens, der zum Anlagevermögen gehört, nach § 4 Abs. 1 Satz 5 EStG außer Ansatz bleibt. Gehört der Grund und Boden, wie beim gewerbsmäßigen Grundstückshandel, zum Umlaufvermögen, dann ist er als Ware beim Betriebsvermögensvergleich anzusetzen. Zweck der Ausschaltung des Grund und Bodens beim Betriebsvermögensvergleich ist, insbesondere die durch die Wirtschaftslage bedingten Wertschwankungen des Grund und Bodens von einer Einwirkung auf die Höhe des Gewinns auszuschalten. Aber auch die mit dem Erwerb und der Veräußerung von Grund und Boden zusammenhängenden Einnahmen und Ausgaben, Forderungen und Schulden, sind auf die Gewinnermittlung ohne Einfluß.

a) Die Vorschrift bezieht sich auf den nackten Grund und Boden. Die auf dem Grund und Boden befindlichen Gebäude und sonstigen Anlagen sind daher, wenn sie der Ausübung des Betriebs dienen, beim Betriebsvermögensvergleich zu berücksichtigen. Es ist also für die Gewinnermittlung zwischen dem eigentlichen Grund und Boden und den besonderen Anlagen, die trotz ihrer bürgerlich-rechtlichen Eigenschaft als wesentliche Bestandteile des Grund und Bodens selbständige Wirtschaftsgüter des Betriebsvermögens darstellen, zu scheiden. Aufwendungen auf den Grund und Boden sind nicht Betriebsausgaben. Wird das Restkaufgeld eines Landguts vorzeitig mit einem geringeren Betrag als dem Nennbetrag getilgt, so erhöht sich der Gewinn um den Betrag, um den die Schuld ermäßigt wird. Soweit sich die Schuld auf den Grund und Boden bezieht, ist sie zwar Betriebsschuld; ihre Tilgung darf aber ebensowenig wie der Erwerb des Grund und Bodens den Gewinn berühren. Der durch die vorzeitige Tilgung erzielte Gewinn ist, soweit er auf den Grund und Boden entfällt, außer Ansatz zu lassen (RFH. VI A 833/32 v. 15. 2. 33, StW. 33 Nr. 284). Wird dagegen der Gewinn bei der Tilgung einer im laufenden

§ 6 KStG. Einkommen.

Betrieb aufgenommenen Schuld erzielt, dann ist er in voller Höhe landwirtschaftlicher Betriebsgewinn (RFH. VI A 448/34 v. 14. 8. 35, RStBl. 36 S. 552, StW. 35 Nr. 591). Da die Veräußerung von Grund und Boden nicht den Gewinn beeinflussen darf, kann weder der Erlös aus der Veräußerung noch eine mit der Veräußerung von Grund und Boden zusammenhängende, vereinnahmte Schadensersatzleistung des Käufers als landwirtschaftliche Betriebseinnahme angesehen werden (RFH. VI A 2055/31 v. 9. 8. 32, StW. 32 Nr. 914). Auch die Kosten eines aus dem Erwerb oder der Veräußerung von Grund und Boden entstandenen Rechtsstreits sind nicht abzugsfähig. Dagegen können die Kosten eines um ein an sich wertloses Bodenstück geführten Rechtsstreits, das zur wirtschaftlichen Einheit eines Landguts gehört, dann abgesetzt werden, wenn sie zu den laufenden Betriebsausgaben des landwirtschaftlichen Betriebs zu rechnen sind (RFH. VI A 498/32 v. 13. 7. 32, RStBl. 33 S. 221, StW. 32 Nr. 909).

In RFH. VI A 851/32 v. 26. 7. 33 (E. 34 S. 51, RStBl. 33 S. 1144, StW. 33 Nr. 634) hat der RFH. unter Zustimmung des RdF. und des deutschen Landwirtschaftsrats die von ihm bis dahin vertretene Auffassung aufgegeben, daß der Grund und Boden des Landwirts wegen der dem § 4 Abs. 1 Satz 5 EStG 1934 entsprechenden Vorschrift des § 12 Abs. 1 Satz 2 EStG 1925 nicht zum Betriebsvermögen gehöre und daß daher Schulden, die mit dem Erwerb von Grund und Boden zusammenhängen, keine Betriebsschulden und die für diese Schulden zu zahlenden Zinsen keine Betriebsausgaben seien. Der Grund und Boden gehöre zum Betriebsvermögen und der Vorschrift des § 12 Abs.1 Satz 2 EStG 1925 sei dadurch Rechnung zu tragen, daß er im Bestandsvergleich stets mit dem gleichen Wert geführt werde. Dementsprechend sei eine beim Erwerb des landwirtschaftlichen Gutes übernommene Last, die in der Abtragung von jährlichen Renten auf die Dauer von 40 Jahren bestand, mit ihrem für den Stichtag der Einkommensteuer-Eröffnungsbilanz gegebenen Barwert zu passivieren und in den folgenden Jahren bis zum Ablauf der Verpflichtung abzuschreiben gewesen. Da die Jahresrenten als Ausgaben zum Erwerb des Grund und Bodens den Gewinn nicht mindern dürften, müßten die an sich den Gewinn erhöhenden Abschreibungen an der Schuld durch die Absetzung der jährlichen Rentenzahlung als Betriebsausgabe ausgeglichen werden. Die Schuldzinsen, die für die Schuld zu zahlen seien, seien als Betriebsausgaben abzusetzen. Die nach der früheren Rechtsprechung erforderliche Aufteilung der Schuld auf Grund und Boden und den übrigen Teil des landwirtschaftlichen Gutes entfällt nunmehr.

b) Beim Betriebsvermögensvergleich sind zu berücksichtigen, auf dem Grund und Boden vorhandene besondere Anlagen, insbesondere die Gebäude und sonstigen wirtschaftlichen Einrichtungen ohne Rücksicht darauf, ob sie im Sinn der sachenrechtlichen Vorschriften des BGB wesentliche Bestandteile oder Zubehör des Grundstücks sind. Aufwendungen des Landwirts für Bodenverbesserungen sind, soweit es sich um die laufende Instandhaltung der Verbesserungsanlagen handelt, ebenso wie Flurbereinigungskosten Betriebsausgaben. Dagegen sind die Aufwendungen für erstmalige Anlagen (Pumpen, Stauanlagen, Drainagen usw.) nach Maßgabe des § 6 Ziff. 1 EStG aktivierungspflichtig (vgl. VR 37 C I 3, RStBl. 38 S. 202, s. Anh. 17). Das Verbot des Wertansatzes für Grund und Boden erstreckt sich auch nicht auf die mit dem Grund und Boden verbundenen Rechte, die unter gewissen Umständen einer selbständigen Übertragung fähig sind, wie ein Brennrecht (RFH. VI A 693/28 v. 11. 7. 28, RStBl. 29 S. 172, StW. 28 Nr. 456), weiter nicht auf sonstige mit dem Grundstück verbundene Rechte, wie eine Wirtschaftskonzession (RFH. VI A 1494/31 v. 25. 5. 32, StW. 32 Nr. 734) und ein Apothekenprivileg (RFH. VI A 602/31 v. 25. 3. 31, StW. 31 Nr. 734). Die bürgerlich-rechtliche Einheit eines Grundstücks mit Tonvorkommen ist zu zerlegen in das Grundstück ohne Berücksichtigung des Tonvorkommens und in die im Grundstück anstehende, bürgerlich-rechtlich nicht von ihm zu trennende Tonsubstanz. Diese ist nach RFH. VI A 560/28 v. 17. 7. 29 (RStBl. 29 S. 585, StW. 29 Nr. 787) für das Einkommen-

§ 4 EStG. Gewinnbegriff im allgemeinen. Anmerkung 19.

steuergesetz als Vorrat zu betrachten. Die stehende Ernte des Landwirts wird erst mit ihrer Trennung vom Grund und Boden zum Vorrat, vorher bleibt sie also beim Vermögensvergleich außer Betracht (vgl. aber unter c Abs. 2). Dagegen ist der stehende Wald als besondere Anlage aktivierungsfähig (vgl. unter d). Besondere Anlagen, deren Nutzung von vornherein auf eine über ein Wirtschaftsjahr hinaus= gehende Zeitdauer berechnet ist, sind auch solche Pflanzenkulturen, die, einmal angepflanzt, eine ganze Reihe von Jahren Blüten oder Früchte zu tragen pflegen. Dagegen fallen hierunter nicht solche Anlagen, die regelmäßig nach kürzerer Zeit durch neue Saat oder Stecklinge zu ersetzen sind. Deshalb kommen für die Aktivie= rung mit den Gestehungskosten, d. h. mit dem Aufwand des Unternehmens bzw. mit dem niedrigeren Teilwert in Frage Spargelanlagen (RFH. VI A 152/27 v. 11. 5. 27, E. 21 S. 163, RStBl. 27 S. 176, StW. 27 Nr. 216), Korbweidekulturen (RFH. VI A 896/29 v. 24. 7. 29, RStBl. 29 S. 554, StW. 29 Nr. 688), Erdbeer= beete und sonstige Obstplantagen (RFH. VI A 273/28 v. 11. 1. 29, StW. 29 Nr. 185 und VI A 230/32 v. 15. 2. 33, RStBl. 33 S. 778, StW. 33 Nr. 476). Die aktivierten Aufwendungen sind durch Absetzungen für Abnutzung auf die voraussichtliche Nutzungsdauer zu verteilen (RFH. VI A 476/37 v. 13. 10. 37, RStBl. 37 S. 1216, StW. 37 Nr. 617 für eine Obstplantage). Nach RFH. VI A 1463/28 v. 10. 1. 29 (RStBl. 29 S. 225, StW. 29 Nr. 184) sind aus dem gleichen Grundgedanken heraus auch Aufwendungen, die eine dauernde Werterhöhung des Bodens bezwecken, aktivierungspflichtig, wenn durch sie ein besonderes, der Aktivierung fähiges Wirt= schaftsgut geschaffen ist. Ebenso kann ein Landwirt, der eine Einnahme für Ver= minderung des Bodenwerts erzielt, dieser Einnahme einen entsprechenden Passiv= posten gegenüber stellen, wenn die Verminderung im Wege der Passivierung als selbständiges passives Wirtschaftsgut erfaßt werden kann. Ausgeschlossen ist aber der Ansatz eines passiven Wertberichtigungspostens aus diesem Anlaß; denn dies würde eine unzulässige Abschreibung des Grund und Bodens auf den Teilwert be= deuten (vgl. Anm. 144 c zu § 7 EStG).

c) Aus dem Lauf des landwirtschaftlichen Wirtschaftsjahrs vom 1. Juli bis 30. Juni ergibt sich, daß der Landwirt zunächst die Ernte erzielt und danach bis zum Ende des Wirtschaftsjahrs den vollen Bestellungsaufwand für die Ernte des nächsten Wirtschaftsjahrs zu leisten hat. Durch eine vorzeitige Beendigung des Wirtschafts= jahrs durch Betriebsabgabe, Tod usw. können deshalb für den bisherigen und neuen Betriebsinhaber zwei **Rumpfwirtschaftsjahre** mit außergewöhnlichen Ergebnissen insofern entstehen, als das Rumpfwirtschaftsjahr des bisherigen Inhabers durch den Anfall der gesamten Ernte einen ungewöhnlich hohen Gewinn und das Rumpfwirt= schaftsjahr des neuen Inhabers infolge des gesamten Bestellungsaufwands einen ungewöhnlichen Verlust ausweist. Der RFH. hat in diesem Fall den übernehmen= den Pächter als berechtigt, aber nicht verpflichtet angesehen, im Endvermögen des Anfangsrumpfwirtschaftsjahrs in Höhe des üblichen Bestellungsaufwands einen Aktivposten einzusetzen und diesen bis zum Beginn des Endrumpfwirt= schaftsjahrs fortzuführen (RFH. VI A 350/27 v. 11. 7. 28, E. 24 S. 37, RStBl. 28 S. 311, StW. 28 Nr. 450 und 2180/31 v. 29. 3. 33, E. 33 S. 51, RStBl. 33 S. 6337, StW. 33 Nr. 478). Dadurch und durch den Wegfall des Ausgleichspostens im End= vermögen des Endrumpfwirtschaftsjahrs wird erreicht, daß Anfangs= und Endrumpf= wirtschaftsjahr des Pächters zu einem Wirtschaftsjahr mit einem regelmäßigen Betriebsergebnis zusammengefaßt werden. Aus dieser Aufgabe des Aktivpostens ergibt sich aber, daß er nicht ein besonderer, der Absetzung oder Abschreibung fähiges Wirtschaftsgut darstellt, sondern einen Posten zur Rechnungsausgleichung, der bis zum Beginn des letzten Wirtschaftsjahrs des Pächters unverändert fortzuführen ist (RFH. VI A 71/35 v. 5. 2. 36, E 39 S. 112, RStBl. 36 S. 49, StW. 36 Nr. 185). Der gleiche Erfolg kann auch dadurch erreicht werden, daß der Übernehmer in sein Anfangsvermögen ein Passivum in gleicher Höhe (Bestellungsaufwand als Last) einsetzt, das am Schluß des ersten Rumpfwirtschaftsjahrs wegfällt, aber im End= vermögen des letzten (Rumpf)=Wirtschaftsjahrs wieder in gleicher Höhe erscheinen muß. Der Ausgleichposten ist ausschließlich nach den Kosten der Felderbestellung, nicht nach den Kosten der gesamten Wirtschaftsführung zu bemessen (Kosten der Ackerarbeiten, Ausbringung des Düngers und des Saatguts und Kosten des hierfür benötigten Düngers und Saatguts, RFH. VI A 1268/33 v. 29. 1. 36, E. 39 S. 76, RStBl. 36 S. 586, StW. 36 Nr. 122). Diese Grundsätze gelten nach RFH. VI A 71/35 (s. oben) entsprechend für Zupachtungen von nicht unerheblichem Umfang. Dagegen ist nach RFH. VI A 915/34 v. 25. 3. 36 (RStBl. 36 S. 803, StW. 36 Nr. 262) die Anwendung der für den Pächter geltenden Grundsätze auf den entgeltlichen Erwerb eines landwirtschaftlichen Betriebs ausgeschlossen, da beim Eigentum ein Ausgleich zwischen einem Anfangs- und Endrumpfwirtschaftsjahr nicht in Betracht kommt. Härten könnten in diesem Fall nur durch Billigkeitsmaßnahmen ausgeglichen werden. Beim Eigentumsübergang durch Erbgang (Gesamtrechtsnachfolge) ist anderseits die Zusammenfassung des Endrumpfwirtschaftsjahrs des Erblassers und des Anfangsrumpfwirtschaftsjahrs des Erben in ein regelmäßiges Wirtschaftsjahr und anteilige Verteilung des in diesem Wirtschaftsjahr erzielten Gewinns auf Erblasser und Erben nach der Besitzzeit die gegebene Lösung (RFH. VI A 885/35 v. 9. 12. 36, StW. 37 Nr. 77). Doch ist hier auch Einsetzung eines Passivpostens in Höhe der Bestellungskosten in das Endvermögen des Erblassers und des gleichen Postens in das Anfangsvermögen des Erben möglich (vgl. auch BR 36 C I 2, RStBl. 37 S. 226). Über die vorstehend genannten Fälle hinaus hat der RFH. bei landwirtschaftlichen Rumpfwirtschaftsjahren keine Ausgleichsposten zur Beseitigung von ungewöhnlichen Ergebnissen zugelassen. In RFH. VI A 107/37 v. 17. 2. 37 (E. 41 S. 89, RStBl. 37 S. 832, StW. 37 Nr. 201) wird es für den wirtschaftlich gebotenen, freiwilligen Wechsel im Wirtschaftsjahr eines Gärtnereibetriebs abgelehnt, den im ersten Rumpfwirtschaftsjahr erzielten Gewinn durch eine Rückstellung in Höhe des künftigen Bestellungsaufwands im Endvermögen des ersten Rumpfwirtschaftsjahrs auszugleichen. Auch wenn in das gesetzliche Wirtschaftsjahr ausnahmsweise eine doppelte Kartoffelernte fällt, kann nach RFH. VI A 55/37 v. 17. 2. 37 (StW. 37 Nr. 195) der übermäßige Gewinn nicht durch eine Rückstellung ausgeglichen werden.

Das sogenannte **Feldinventar** (im Boden befindliche Saat und Düngemittel) **und die stehende Ernte** scheiden nach der Regelung des EStG als Bestandteil des Grund und Bodens grundsätzlich für den Betriebsvermögensvergleich zum 30. Juni aus. Die auf sie gemachten Aufwendungen sind laufende Betriebsausgaben des abgelaufenen Wirtschaftsjahrs, denen kein aktivierungspflichtiges Wirtschaftsgut gegenübersteht. Zu einem solchen wird die Ernte erst nach der Einbringung als Vorrat (RFH. VI A 538/34 v. 5. 2. 36, RStBl. 36 S. 622, StW. 36 Nr. 121). Aus dieser grundsätzlichen Regelung hat der RFH. weiter gefolgert, daß beim Erwerb eines Landguts zum 1. 7. der für die stehende Ernte vereinbarte besondere Kaufpreis Teil der Anschaffungskosten von Grund und Boden sei (z. B. RFH. VI A 831/35 v. 7. 10. 36, RStBl. 36 S. 1215, StW. 36 Nr. 493). Wird jedoch bei Aufgabe einer Pachtung auf Grund des Pachtvertrags eine Entschädigung für Bestellungsarbeiten bezahlt, dann ist die Entschädigung nach RFH. VI A 250/27 v. 30. 5. 27 (RStBl. 27 S. 190, StW. 27 Nr. 304) beim Pächter eine landwirtschaftliche Einnahme, umgekehrt der von ihm an den Vorpächter bzw. Eigentümer zu leistende Ersatz für dessen Bestellungsarbeiten landwirtschaftliche Betriebsausgabe. Da auch die beim Eigentumswechsel bezahlte besondere Vergütung für Bestellungsaufwand oder die stehende Ernte dieselbe wirtschaftliche Bedeutung hat wie beim Pächter und nicht etwa eine Teilzahlung auf den Boden darstellt, könnte erwogen werden, auch im Fall der Übernahme zum 1. 7. in der besonderen Vergütung der Ernte als Ausnahme von der Regel keine Aufwendung auf den Grund und Boden, sondern Ersatz der Aufwendungen des Vorbesitzers zu erblicken und sie, wie im Fall des Pächters, als laufende Betriebsausgabe bzw. Betriebseinnahme zu behandeln. Zu dem gleichen Ergebnis würde es führen, wenn man dem übernehmenden Landwirt die Aktivierung dieser Zahlung im Eröffnungsbestand gestattet.

d) Der stehende Wald ist als besondere Anlage aktivierungsfähig. Der Bestandsvergleich bezüglich des stehenden Holzes ist aber nicht Pflicht, er ist auch nicht Vor-

§ 4 EStG. Gewinnbegriff im allgemeinen. Anmerkung 19—20.

aussetzung der Ordnungsmäßigkeit der Buchführung; denn nach § 11 Abs. 1 Ziff. 2 I. EStDVO und § 2 Abs. 2 Ziff. 2 der VO über landwirtschaftliche Buchführung (f. Anm. 10 zu § 5 EStG) braucht sich die Bestandsaufnahme nicht auf das stehende Holz zu erstrecken. Die Folge der Aufnahme des stehenden Holzes als Bestand in den Betriebsvermögensvergleich ist, daß alle auf den Wald gemachten Aufwendungen, die nicht zu den laufenden Betriebsausgaben gehören, also insbesondere Aufforstungskosten, ebenfalls aktiviert werden müssen (RFH. VI A 1061/30 v. 18. 2. 31, RStBl. 31 S. 459, StW. 31 Nr. 341) und daß bei Veräußerung des Holzes mit oder ohne Grundstück der auf das stehende Holz entfallende Teil des Kaufpreises eine Betriebseinnahme darstellt, während der den Holzbestand darstellende Besitzposten wegfällt. Beim Käufer ist der auf den Holzbestand entfallende Teil des Kaufpreises als Aktivum zu behandeln, dessen Wegfall bei Verwertung des Holzes (Holzschlag, Weiterveräußerung) dem Erlös gegenübersteht (RFH. VI A 1411/29 v. 11. 12. 29, RStBl. 30 S. 213, StW. Nr. 15, VI A 1510/29 v. 11. 12. 29, RStBl. 30 S. 214, StW. 30 Nr. 16, VI A 2255/30 v. 3. 2. 32, E. 30 S. 180, RStBl. 32 S. 437, StW. 32 Nr. 441). Nach RFH. VI A 2250/30 ist der Bestandsvergleich bezüglich des stehenden Holzes zugelassen worden, weil in den Fällen einer außerordentlichen, über die laufende normale hinausgehenden Nutzung der forstwirtschaftliche Gewinn ohne diesen Bestandsvergleich nicht zutreffend ermittelt wird. Daher ist nach RFH. VI A 585/36 v. 12. 5. 37 (RStBl. 37 S. 926, StW. 37 Nr. 374) in den Fällen der außergewöhnlichen Nutzung größerer Bestände, der Veräußerung und des Erwerbs von Wäldern zur Vornahme des Teilbestandsvergleichs kein förmlicher Antrag des Steuerpflichtigen mehr erforderlich, wenn er auf das Vorliegen dieser besonderen Umstände hingewiesen hat. § 16 I. EStDVO, der den Gewinn aus einer bis zum 1. 1. 38 erfolgten Veräußerung eines land- oder forstwirtschaftlichen Betriebs nur unter bestimmten Voraussetzungen für steuerpflichtig erklärt, ist nach § 18 I. EStDVO nicht auf die Veranlagung zur Körperschaftsteuer anzuwenden, obwohl an sich die Voraussetzungen dieser Vorschrift (niedriger Vermögenssteuerwert von 1925 als Anfangswert) auch bei Körperschaften vorliegen können. Soweit Körperschaften, die nicht nach Handelsrecht buchführungspflichtig sind, einen forstwirtschaftlichen Betrieb oder Teilbetrieb veräußern, wird daher auf jeden Fall der Betriebsvermögensvergleich nach obigen Grundsätzen auf das stehende, mitverkaufte Holz zu erstrecken sein.

II. Überschuß der Betriebseinnahmen über die Betriebsausgaben (Abs. 2).

Schrifttum. Oeftering, Die vereinfachte Gewinnermittlung nach § 4 Abs. 2 EStG, DStZ. 36 S. 590.

20. Bedeutung, persönliche und sachliche Voraussetzungen.

Weicht das Betriebsvermögen am Schluß des einzelnen Wirtschaftsjahrs vom Betriebsvermögen am Schluß des vorangegangenen Wirtschaftsjahrs in der Regel nicht wesentlich ab, so kann nach § 4 Abs. 2 Satz 1 EStG als Gewinn der Überschuß der Betriebseinnahmen über die Betriebsausgaben angesetzt werden. Diese Vorschrift entspricht der bisherigen Regelung nach § 12 Abs. 1 Satz 3 EStG 1925. Sie bedeutet eine wesentliche Vereinfachung der Gewinnermittlung für die Betriebe mit geringem oder stets annähernd gleich hohem Betriebsvermögen.

Bei dem größten Teil der nichtbuchführenden Land- und Forstwirte, bei den Kleingewerbetreibenden und Handwerkern und den freien Berufen unterliegt regelmäßig das Betriebsvermögen keinen wesentlichen Schwankungen, so daß das Betriebsergebnis eines Wirtschaftsjahrs im Verhältnis von Einnahmen und Ausgaben zum Ausdruck kommt. Daher soll in diesen Fällen ein Betriebsvermögensvergleich unterbleiben und als Gewinn der Überschuß der Betriebseinnahmen über die Betriebsausgaben angesetzt werden. Auf Steuerpflichtige, die Bücher nach den Vorschriften des HGB zu führen verpflichtet sind, kann Abs. 2

nicht angewendet werden, da der Gewinn bei buchführungspflichtigen Kaufleuten stets nach § 5 EStG zu ermitteln ist. Ebenso scheiden die Steuerpflichtigen aus, die freiwillig auf Grund einer ordnungsmäßigen Buchführung Abschlüsse machen, und diejenigen, die nach § 161 AO zur Buchführung und Vornahme eines Vermögensvergleichs verpflichtet sind. Die Anwendung des § 4 Abs. 2 unterbleibt auch, wenn der Gewinn unter Verwendung von nach § 29 EStG aufgestellten Durchschnittsätzen zu ermitteln ist. Aufzeichnungen, die ein Steuerpflichtiger über seine Einnahmen und Ausgaben geführt hat, können, ihre Ordnungsmäßigkeit vorausgesetzt, bei der Feststellung des Überschusses der Einnahmen über die Ausgaben verwendet werden. Die bei Forstbetrieben übliche kameralistische Buchführung, die sich auf die Festhaltung von Einnahmen und Ausgaben beschränkt, ist keine ordnungsmäßige Buchführung im Sinn der landwirtschaftlichen Buchführungsvorschriften. Verfügt ein forstwirtschaftlicher Nachhaltsbetrieb über eine nur Einnahmen und Ausgaben umfassende kameralistische Buchführung, so kann, wenn am Schluß der einzelnen Wirtschaftsjahre das Betriebsvermögen, insbesondere der stehende Wald, wesentlichen Schwankungen nicht zu unterliegen pflegt, und auch Waren (insbesondere geschlagener Holzbestand) über das übliche Maß hinaus nicht vorhanden sind, der Gewinn nach § 4 Abs. 2 EStG durch Feststellung des Einnahmenüberschusses ermittelt werden (RFH. VI A 991/31 v. 8. 11. 33, E. 34 S. 237, RStBl. 34 S. 293, StW. 34 Nr. 28). Liegen die Voraussetzungen der genannten Vorschrift nicht vor, dann muß die kameralistische Buchführung durch Schätzung der Bestände ergänzt werden (RFH. VI A 491/26 v. 17. 3. 27, RStBl. 27 S. 146, StW. 27 Nr. 145).

Sachliche Voraussetzung für die Anwendung des Abs. 2 ist, daß nach der ganzen Art des Betriebs auf die Dauer nicht mit erheblichen Schwankungen des Betriebsvermögens zu rechnen ist. Schwankungen, die ausnahmsweise auftreten können, bleiben dabei außer Betracht; ihnen kann durch Zu- oder Abschläge nach Abs. 2 Satz 2 Rechnung getragen werden (RFH. VI A 634/33 v. 14. 11. 34, RStBl. 35 S. 413, StW. 35 Nr. 10). Unter dem Betriebsvermögen im Sinn der Vorschrift sind die dem Betrieb gewidmeten Wirtschaftsgüter mit Ausnahme des Kassenbestands, der Bank- und Postscheckguthaben usw. (der flüssigen Mittel) zu verstehen (vgl. VR 37 B IV Abs. 1, RStBl. 38 S. 196, s. Anh. 17).

21. Feststellung des Überschusses der Betriebseinnahmen über die Betriebsausgaben.

a) Auszugehen ist für die Gewinnermittlung nach Abs. 2 regelmäßig von den **im Wirtschaftsjahr tatsächlich erzielten Einnahmen und den tatsächlich geleisteten Ausgaben.** Einnahmen und Ausgaben wirken sich also in dem Wirtschaftsjahr aus, in dem sie zu- oder abfließen. Die vereinfachende Regelung der Gewinnermittlung bezweckt eine Gegenüberstellung der Isteinnahmen und Istausgaben, die auch deswegen besonders zweckmäßig ist, weil der Steuerpflichtige in der Regel auch für die Umsatzsteuer die Isteinnahmen aufzuzeichnen hat. Wegen des Begriffs der Betriebseinnahmen und Betriebsausgaben vgl. Anm. 18 und 17. Soweit Entnahmen als Betriebsausgaben bzw. Einlagen als Betriebseinnahmen behandelt wurden, ist der Überschuß der Einnahmen über die Ausgaben durch Hinzurechnen der Entnahmen und Abrechnen der Einlagen zu berichtigen. Daß Betriebseinnahmen und Betriebsausgaben, die auf den reinen Grund und Boden entfallen, nicht zu berücksichtigen sind, ist in Abs. 2 nicht ausgesprochen. Wegen der allgemeinen Regelung des Gewinnbegriffs in Abs. 1 muß aber auch für die vereinfachte Gewinnermittlung nach Abs. 2 der Grundsatz gelten, daß der Grund und Boden dabei außer Betracht bleibt und die durch den Erwerb oder die Veräußerung von Grund und Boden erzielten Betriebseinnahmen und Betriebsausgaben bei Feststellung des Überschusses der Einnahmen über die Ausgaben nicht anzusetzen sind. Die in § 7 EStG behandelten Absetzungen für Abnutzung von Wirtschaftsgütern des Betriebsvermögens, deren Verwendung oder Nutzung für den Betrieb sich erfahrungsgemäß auf einen Zeitraum von mehr als einem Jahr erstreckt, stellen die auf die mutmaß-

§ 4 EStG. Gewinnbegriff im allgemeinen. Anmerkung 21—22. 205

liche Nutzungsdauer des Wirtschaftsguts verteilten Anschaffungs- oder Herstellungskosten dar. Unter diesem Gesichtspunkt sind die Absetzungen für Abnutzung einschließlich der Absetzungen für außergewöhnliche oder wirtschaftliche Abnutzung und für Substanzverringerung auch zu den Betriebsausgaben im Sinn des Abs. 2 zu rechnen, wie sie ja auch nach § 9 Ziff. 6 EStG zu den Werbungskosten gehören. Dagegen setzt das Herabgehen auf den niedrigeren Teilwert einen Betriebsvermögensvergleich voraus und ist daher in den Fällen des Abs. 2 nicht zulässig.

b) Von der Regel, daß für die Gewinnermittlung nach Abs. 2 Isteinnahmen und Istausgaben maßgebend sind, ist einkommensteuerrechtlich dann eine Ausnahme zuzulassen, wenn der Steuerpflichtige die **Solleinnahmen** aufzeichnet und nach dem Ergebnis seiner Aufzeichnungen veranlagt zu werden wünscht. Diese Ausnahme erscheint erforderlich, weil der Steuerpflichtige auch nach § 14 UStG mit Genehmigung des FA. berechtigt ist, die Umsatzsteuer nicht nach den vereinnahmten Entgelten (Isteinnahmen), sondern nach den vereinbarten Entgelten für die bewirkten Umsätze ohne Rücksicht auf die Vereinnahmung (Solleinnahmen) zu berechnen. Voraussetzung für die Gewinnermittlung nach den Solleinnahmen ist allerdings, daß der Steuerpflichtige in der Besteuerungsart nicht willkürlich hin- und herschwankt. Bei Feststellung der Einnahmen nach den Solleinnahmen erscheinen die Betriebsforderungen, z. B. aus Warenlieferungen als Einnahmen ohne Rücksicht darauf, ob der Schuldner die Forderung voll bezahlt oder ganz oder teilweise schuldig bleibt. Wird eine Forderung uneinbringlich, dann geht der nach dem Soll als Einnahme anzusetzende oder in einem früheren Wirtschaftsjahr bereits angesetzte Betrag tatsächlich nicht als Einnahme ein. Daher wird in RFH. VI A 50/33 v. 4. 8. 33 (RStBl. 33 S. 1176, StW. 33 Nr. 633) unter der Voraussetzung, daß der Steuerpflichtige bei der Sollversteuerung verbleibt, als zulässig anerkannt, den Ausfall an Forderungen an den Einnahmen durch Nichteinsetzung bzw. Abbuchung des verlorenen Betrags auszugleichen.

Beim **Wechsel von der Istversteuerung zur Sollversteuerung und umgekehrt** dürfen weder Einnahmen der Versteuerung entzogen, noch Einnahmen doppelt herangezogen werden. Geht ein Steuerpflichtiger von der Verbuchung der Isteinnahmen zur Verbuchung der Solleinnahmen über, so muß er die im Zeitpunkt des Übergangs vorhandenen unfertigen Arbeiten sowie alle in diesem Zeitpunkt bestehenden Forderungen berücksichtigen, d. h. als Solleinnahmen ansetzen, da sie sonst der Besteuerung entgehen (vgl. auch RFH. VI A 1519/32 v. 23. 6. 33, StW. 33 Nr. 692). Umgekehrt braucht ein Steuerpflichtiger beim Übergang von der Sollversteuerung zur Istversteuerung Einnahmen, die auf im vorhergehenden Wirtschaftsjahr bereits unter den Solleinnahmen versteuerte Forderungen entfallen und nach dem Übergang zur Istversteuerung eingehen, nicht noch einmal nach dem Ist zu versteuern (vgl. auch RFH. VI A 2056/31 v. 26. 11. 31, RStBl. 32 S. 167, StW. 32 Nr. 124). In diesen Fällen sind also die einzelnen Wirtschaftsjahre nicht vollständig selbständig und starr in sich abgeschlossen zu betrachten, sondern bei der Frage, ob etwas vereinnahmt ist, kommt es auf die tatsächliche Behandlung in früheren Wirtschaftsjahren entscheidend an.

22. Zu- und Abschläge wegen Schwankungen im Betriebsvermögen.

Bei der Gewinnermittlung nach dem Überschuß der Betriebseinnahmen über die Betriebsausgaben können nach § 4 Abs. 2 Satz 2 a. a. O. wirtschaftlich ins Gewicht fallende Schwankungen im Betriebsvermögen, die in einem Wirtschaftsjahr ausnahmsweise auftreten, durch Zuschläge oder Abschläge berücksichtigt werden. Schwankungen im Betriebsvermögen bedeuten Veränderungen in der Höhe des Betriebsvermögens, hervorgerufen durch Zu- oder Abgänge an Wirtschaftsgütern des Betriebsvermögens (Mehr- oder Minderbestände an Waren und Vorräten, Veränderungen des Anlagevermögens), durch Zunahme an Forderungen oder Schulden u. a., weiter aber auch durch Veränderungen im Wert des vorhandenen Betriebsvermögens. Nach den VR 37 B IV Abs. 1 (s. Anm. 20 a. E.)

sind Schwankungen im Betriebsvermögen im Sinn des Gesetzes nicht Schwankungen in der Zusammensetzung des Vermögens, sondern nur solche im **Wert des Vermögens**. Bei der Entscheidung der Frage, ob wirtschaftlich ins Gewicht fallende Schwankungen im Wert vorliegen, dürfe nicht kleinlich verfahren werden. Der RdF. gibt dann die Anweisung, „wirtschaftlich ins Gewicht fallende Schwankungen" nur dann anzunehmen, wenn der Wert des Betriebsvermögens um etwa die Hälfte oder mehr höher oder niedriger ist als der Wert des Betriebsvermögens, das am Schluß des vorangegangenen Wirtschaftsjahrs vorhanden gewesen ist. Die Schwankungen im Betriebsvermögen dürfen in einem Wirtschaftsjahr nur ausnahmsweise auftreten. Bilden bei einem Betrieb wesentliche Schwankungen im Betriebsvermögen die Regel, dann ist für die Anwendung der vereinfachten Gewinnermittlung nach Abs. 2 kein Raum.

Den Schwankungen im Betriebsvermögen ist durch Zu- oder Abschläge Rechnung zu tragen. Der als Gewinn anzusetzende Überschuß der Einnahmen über die Ausgaben wird also durch Zurechnung eines der Schwankung des Betriebsvermögens entsprechenden Betrags erhöht oder vermindert. Dadurch, daß der Ausgleich nach dem Gesetz durch einen Zu- oder Abschlag zu schaffen ist, ist weiter klargestellt, daß die Schwankung im Betriebsvermögen sich nur in dem Wirtschaftsjahr auswirken kann, in dem sie ausnahmsweise aufgetreten ist. Wenn daher der RFH. in seiner Rechtsprechung zum bisherigen § 12 Abs. 1 Satz 3 EStG 1925 eine Auflösung des in einem Wirtschaftsjahr eingesetzten Korrektivpostens in den folgenden Wirtschaftsjahren für möglich und notwendig erachtete, so ist diese allmähliche Abwicklung eines Ausgleichspostens, die nach RFH. VI A 863/28 v. 17. 12. 30 (S. 28 S. 49, RStBl. 31 S. 448, StW. 31 Nr. 282) dem in § 16 Abs. 2 EStG 1925 ausgesprochenen Gedanken der Verteilung einer Aufwendung auf die Jahre der Nutzung ähneln sollte, nach dem jetzt geltenden Recht nicht mehr möglich. Auch würde eine derartige allmähliche Abwicklung in den folgenden Wirtschaftsjahren dem den Abs. 2 beherrschenden Grundsatz der Vereinfachung der Gewinnermittlung widersprechen. Im übrigen wird die in der gleichen Entsch. für möglich erachtete Ansetzung eines Ausgleichspostens für die Anschaffung von wesentlichen Anlagegegenständen dann hinfällig, wenn es sich um abnutzbare Wirtschaftsgüter des Betriebsvermögens im Sinn des § 6 Ziff. 1 EStG handelt und die über ein Jahr sich erstreckende Nutzungsdauer dieses Wirtschaftsguts durch Ansatz des auf ein Jahr entfallenden Teilbetrags der Anschaffungskosten unter den Betriebsausgaben berücksichtigt wird.

23. Wechsel zwischen den Regeln des § 4 Abs. 1 und Abs. 2 (insbesondere Übergang zum Betriebsvermögensvergleich).

Schrifttum. Theis, Der Übergang zum Betriebsvermögensvergleich und seine Auswirkungen auf die Einkommensteuer, DStZ. 36 S. 819; Theis, Aufsätze in StWarte 36 S. 438, S. 620; Kummer, Der Gewinnbegriff und der Übergang zur ordnungsmäßigen Buchführung, DStZ. 37 S. 1134; Hoffmann, Der Übergang zur Buchführung mit Bestandsvergleich, StW. 38 I Sp. 467 ff.

Der Steuerpflichtige, bei dem die Voraussetzungen des Abs. 2 vorliegen, hat grundsätzlich die **Wahl zwischen der Regel des § 4 Abs. 1 und der des Abs. 2**. Ein Hin- und Herschwanken zwischen diesen Regeln der Gewinnermittlung je nachdem das Ergebnis nach der einen oder anderen Art günstiger erscheint, ist nicht zulässig. Hat der Steuerpflichtige den Betriebsvermögensvergleich gewählt, so wird er nur aus besonderen Gründen später noch zur Gewinnermittlung nach dem Überschuß der Betriebseinnahmen über die Betriebsausgaben übergehen können. Dagegen wird nach RFH. VI A 863/28 (s. Anm. 22) ein ernsthaft und für die Dauer gewollter Übergang von der Regel des Abs. 2 zum Betriebsvermögensvergleich nicht zu beanstanden sein. Dafür, welche Wahl der Steuerpflichtige bezüglich der Besteuerungsart getroffen hat, ist in erster Linie sein tatsächliches Verhalten maßgebend (RFH. VI A 1789/31 v. 8. 10. 31, StW. 31 Nr. 1020).

Geht ein Steuerpflichtiger von der Besteuerung nach den Isteinnahmen nach Abs. 2 zum Betriebsvermögensvergleich nach Abs. 1 oder auch zur ordnungsmäßigen

§ 4 EStG. Gewinnbegriff im allgemeinen. Anmerkung 23.

Buchführung nach § 5 über, so dürfen auch durch diesen Übergang weder Einnahmen noch Ausgaben bei der Besteuerung vollständig unberücksichtigt bleiben. Der RFH. hat diesem Grundsatz zunächst dadurch Rechnung getragen, daß er Forderungen und Schulden zwar in die Eröffnungsbilanz einsetzen ließ, daß aber diese Maßnahme bei der steuerlichen Gewinnermittlung unbeachtet bleiben sollte. Der Gewinn sollte also um den Betrag der Forderungen erhöht und um den Betrag der Schulden gekürzt werden (RFH. VI A 634/33 v. 14. 11. 34, RStBl. 35 S. 413, StW. 35 Nr. 10). Danach ist zu untersuchen, ob die bei der Umstellung vorhandenen Bestände und Schulden bei ihrer Entstehung oder sonst bereits die bisherige Gewinnermittlung in Form von Betriebseinnahmen oder Betriebsausgaben einschließlich Abnutzungsabsetzungen beeinflußt haben oder nicht. Soweit dies nicht der Fall ist, ist ihr Betrag dem Gewinn hinzuzurechnen oder der Betrag der Schulden abzusetzen. Bereits voll abgesetzte Wirtschaftsgüter können nur in einem Erinnerungsposten festgehalten werden. Darüber hinaus führt der RFH. neuerdings die Gewinnberichtigung beim Übergang zum Betriebsvermögensvergleich oder zur ordnungsmäßigen Buchführung dadurch herbei, daß er den nach vorstehenden Grundsätzen festgestellten Beständen vom Zeitpunkt der Umstellung die bei der Eröffnung des Betriebs oder am Stichtag der Einkommensteuereröffnungsbilanz (regelmäßig 1. 1. 25; Verkoppelungswerte) vorhandenen Bestände gegenüberstellt und nur den Unterschiedsbetrag dem Gewinnergebnis hinzurechnet (RFH. VI A 127/37 v. 17. 3. 37, RStBl. 37 S. 1202, StW. 37 Nr. 307 und VI A 532/37 v. 15. 9. 37, RStBl. 37 S. 1203, StW. 37 Nr. 499). Während nach dem Verfahren von VI A 634/33 die bei der Eröffnung oder am 1. 1. 25 vorhandenen Bestände nur insoweit berücksichtigt wurden, als sie bei der Umstellung noch vorhanden waren, soll nunmehr durch Gegenüberstellung der Anfangs- und Endbestände des Zeitraums, für den der Gewinn nach dem Einnahmenüberschuß ermittelt wurde, im ganzen festgestellt werden, ob und in welcher Höhe sich das Betriebsvermögen des Steuerpflichtigen bis zum Zeitpunkt des Übergangs zur ordnungsmäßigen Buchführung verändert hat. Der Gewinnberichtigung soll dann nur der Unterschied, in dem der Bestand vom Zeitpunkt des Übergangs vom Eröffnungsbestand abweicht, zugrunde gelegt werden.

Für die zeitliche Vornahme dieser Gewinnberichtigung wurde in VI A 634/33 (s. oben) entsprechend der damaligen Beurteilung (Berichtigung nur hinsichtlich einzelner Besitz- und Schuldposten) der Zeitpunkt der Vereinnahmung oder Verausgabung des Gegenwerts als maßgebend angesehen. Der ergänzende Betriebsvermögensvergleich nach RFH. VI A 127/37 und VI A 532/37 kann nur bei der Gewinnermittlung für den ersten, auf die Umstellung folgenden Gewinnermittlungszeitraum vorgenommen werden, wie dies auch in dem BR 37 B IV Abs. 2 (RStBl. 38 S. 196, s. Anh. 17) vorgesehen ist. Denn wenn der Betriebsvermögensvergleich auch eine nachträgliche Berichtigung der nach dem Betriebseinnahmenüberschuß ermittelten Gewinne der Vorjahre darstellt, so ist doch für eine Berichtigung der Gewinne der Vorjahre kein Raum, da diese nach dem Betriebseinnahmenüberschuß richtig berechnet wurden.

Wurde in dem der Umstellung vorangegangenen Wirtschaftsjahr der Gewinn nicht nach den tatsächlichen Betriebseinnahmen und Betriebsausgaben, sondern durch Schätzung ermittelt, dann ist die Gewinnberichtigung davon abhängig, ob das Ziel der Schätzung der Einnahmenüberschuß nach Abs. 2 oder aber die Betriebsvermögensvermehrung nach Abs. 1 war. Dabei kann nach RFH. VI A 482/35 v. 8. 7. 36, StW. 36 Nr. 415) davon ausgegangen werden, daß die Schätzung des Gewinns nach Richtsätzen vom Umsatz in der Regel einer Gewinnermittlung durch Betriebsvermögensvergleich gleichkommt und daß daher die vorstehend behandelte Gewinnberichtigung unterbleibt. Dies trifft in allen Fällen zu, in denen die Richtsätze dadurch gebildet wurden, daß für den Vergleichsbetrieb das Verhältnis des durch Vermögensvergleich ermittelten Reingewinns zum Istumsatz festgestellt wurde.

3. Abschnitt. Gewinn bei buchführungspflichtigen Kaufleuten.

§ 5 EStG 1934.

Bei Steuerpflichtigen, die verpflichtet sind, Bücher nach den Vorschriften des Handelsgesetzbuchs zu führen, ist für den Schluß des Wirtschaftsjahrs das Betriebsvermögen anzusetzen (§ 4 Absatz 1 Satz 1), das nach den Grundsätzen ordnungsmäßiger Buchführung auszuweisen ist. Die Vorschriften über die Entnahmen und die Einlagen (§ 4 Absatz 1), über die Betriebsausgaben (§ 4 Absatz 3) und über die Bewertung (§ 6) sind zu befolgen.

Der Steuerpflichtige darf die Bilanz auch noch nach ihrer Einreichung beim Finanzamt ändern, soweit sie den Grundsätzen ordnungsmäßiger Buchführung unter Befolgung der im Absatz 1 Satz 2 bezeichneten Vorschriften nicht entspricht. Darüber hinaus ist eine Änderung der Bilanz nur mit Zustimmung des Finanzamts, im Rechtsmittelverfahren mit Zustimmung der Rechtsmittelbehörde zulässig.

§ 5 EStG 1938.

Bei Gewerbetreibenden, deren Firma im Handelsregister eingetragen ist, ist für den Schluß des Wirtschaftsjahrs das Betriebsvermögen anzusetzen (§ 4 Absatz 1 Satz 1), das nach den Grundsätzen ordnungsmäßiger Buchführung auszuweisen ist. Die Vorschriften über die Entnahmen und die Einlagen (§ 4 Absatz 1), über die Zulässigkeit der Bilanzänderung (§ 4 Absatz 2), über die Betriebsausgaben (§ 4 Absatz 4) und über die Bewertung (§ 6) sind zu befolgen.

Inhaltsübersicht.

I. Einleitung.
24. a) Bedeutung und Verhältnis des § 5 EStG 1934 zum bisherigen Recht.
    b) Änderung des § 5 EStG 1934 durch Art. I Ziff. 2 des Gesetzes zur Änderung des EStG vom 1. 2. 1938.
25. Persönlicher Geltungsbereich.

II. Die Grundsätze ordnungsmäßiger Buchführung.
    A. Die gesetzlichen Vorschriften.
26. Die Vorschriften des Handelsgesetzbuchs.
    a) Über die Buchführung im allgemeinen.
    b) Über Inventar und Bilanz.
27. Sondervorschriften des AktG für die Aktiengesellschaften und Kommanditgesellschaften auf Aktien.
    a) Jahresabschluß.
      aa) Feststellung des Jahresabschlusses.
      bb) Sachlicher Inhalt des Jahresabschlusses.
    b) Gliederung der Jahresbilanz und der Verlust- und Gewinnrechnung.
      aa) Gliederung der Jahresbilanz.
      bb) Gliederung der Verlust- und Gewinnrechnung.
    c) Wertansätze in der Jahresbilanz.
    d) Wertansätze im Fall der Verschmelzung.
    e) Sonstige Vorschriften.
      aa) Ermächtigung des Reichsministers der Justiz.
      bb) Prüfung und Bekanntmachung des Jahresabschlusses.
28. Sondervorschriften für die Gesellschaften mbH.
29. Ergänzung durch steuerrechtliche Vorschriften.
    a) Handelsrechtliche Buchführungspflicht als steuerrechtliche Pflicht.
    b) Steuerrechtliche Buchführungsvorschriften.
    c) Sonstige Pflichten, insbesondere Vorlagepflicht.
    B. Allgemeine Buchführungsgrundsätze.
30. Bedeutung der Grundsätze ordnungsmäßiger Buchführung.
31. Vollständigkeit und Richtigkeit der Buchführung.
    a) Vollständige und richtige Verbuchung aller Betriebsvorgänge.
    b) Anforderungen hinsichtlich der Belege.
    c) Rückgängigmachung von Buchungen (Stornierung).
32. Doppelte Buchführung:
    a) Grundbücher.
    b) Systematische Bücher.
      aa) Erfolgskonten.
      bb) Reine Bestandskonten.
      cc) Gemischte Konten.
33. Der Jahresabschluß (Inventar und Bilanz).
34. Inventur (Bestandsaufnahme).
35. Zurechnung der Betriebsvorgänge zum Wirtschaftsjahr.
    a) Grundsatz.
    b) Übergangsposten.

36. Stetigkeit der Bilanzgebarung (sog. innere Bilanzkontinuität).

C. **Die Handelsbilanz im besonderen.**
37. Wesen der Bilanz.
38. Arten der Bilanzposten.
39. Rücklagen (Reserven).
40. Reinvermögen.
    a) Einzelkaufmann und Personengesellschaften.
    b) Kapitalgesellschaften (AG. und GmbH.).
41. Bewertung der Bestandsposten.
42. Maßgeblichkeit der Verhältnisse am Bilanzstichtag.
43. Beurteilung von Unsicherheiten.
    a) Ermessen des Kaufmanns und seine Grenzen.
    b) Vorläufige Steuerfestsetzung.
    c) Rückstellung als vorläufige Bewertung.
44. Berücksichtigung der nachträglichen Entwicklung der Verhältnisse.
45. Vermutung der Richtigkeit der Buchführung und Bilanz.

III. **Die Gewinnermittlung.**

A. **Einleitung.**
46. Bedeutung des § 5 Abs. 1 EStG 1934.
47. Verhältnis der Grundsätze ordnungsmäßiger Buchführung zu den steuerrechtlichen Vorschriften.
48. Abzulehnende Bilanzauffassungen.
49. Das Endvermögen als Reinvermögen.

B. **Das Betriebsvermögen am Schluß des Wirtschaftsjahrs.**
1. Bedeutung der Handelsbilanz für die Steuerbilanz.
50. Verhältnis der Steuerbilanz zur Handelsbilanz im Allgemeinen.
51. Verwendung der Handelsbilanz der Kapitalgesellschaften in der von den zuständigen Organen bestimmten Fassung.
52. Abweichung der Handelsbilanz einer Kapitalgesellschaft vom Beschluß der Gesellschafterversammlung.
53. Anpassung der einzelnen Bilanzansätze.
54. Kein Ausgleich von Unterschieden zwischen Handelsbilanz und Steuerbilanz.
55. Umfang der Anpassung der Steuerbilanz an die Handelsbilanz.
    a) hinsichtlich der Betriebsvorgänge und Bilanzierungsgrundsätze.
    b) hinsichtlich der Höhe der angesetzten Werte.
    c) hinsichtlich der Absetzungen für Abnutzung.
56. Grenzen der Anpassung der Steuerbilanz an die Handelsbilanz im Einzelfall.
57. Nachträgliche Angleichung bei unterlassener Anpassung der Steuerbilanz an die Handelsbilanz in den Vorjahren.
    a) Bei gleichen Bewertungsgrundsätzen.
    b) Bei verschiedenen Bewertungsgrundsätzen.
58. Bedeutung der kaufmännischen Eröffnungsbilanz.

2. **Bilanzberichtigung.**
59. Begriff der Bilanzberichtigung; Unterschied von Bilanzänderung.
60. Voraussetzungen der Bilanzberichtigung.
61. Bilanzberichtigung von Amts wegen.
62. Nachweis der Unrichtigkeit der eingereichten Bilanz.
63. Durchführung der Bilanzberichtigung.

3. **Bilanzänderung.**
64. Begriff der Bilanzänderung.
65. Abhängigkeit von Änderung der Handelsbilanz.
66. Zustimmung des Finanzamts oder der Rechtsmittelbehörde.
67. Verbot des Ausgleichs einzelner Bilanzposten durch Bilanzänderung.
68. Möglichkeit der Änderung der Anfangsbilanz.
    a) Grundsätzlich keine Ausdehnung der Änderung der Endbilanz auf die Anfangsbilanz.
    b) Änderung der Anfangsbilanz.

C. **Das Betriebsvermögen am Schluß des vorangegangenen Wirtschaftsjahrs.**
69. Der Bilanzenzusammenhang.
70. Bedeutung des Grundsatzes des Bilanzenzusammenhangs.
71. Feststellung des Anfangsvermögens aus dem Endvermögen des vorangegangenen Wirtschaftsjahrs.
    a) Allgemeiner Grundsatz.
    b) bei Kapitalgesellschaften.
72. Ausnahme vom Grundsatz des Bilanzenzusammenhangs: Nachträgliche Feststellung und Berichtigung des Betriebsvermögens am Schluß des vorangegangenen Wirtschaftsjahrs.
    a) Allgemeine Grundsätze.
        aa) Durchbrechung des Bilanzenzusammenhangs nur bei Fehlerberichtigung.
        bb) Beurteilungsgrundsatz.
    b) Der unrichtige Bilanzansatz hat sich nicht ausgewirkt.
    c) Unrichtiger Bilanzansatz in Eröffnungsbilanz.
        aa) Ohne steuerliche Auswirkung.
        bb) Bei mittelbarer Auswirkung auf die Besteuerung.
    d) Unmittelbare Auswirkung des unrichtigen Bilanzansatzes in einer Endbilanz.
73. Die Eröffnungsbilanz.

Schrifttum. Reinhardt, Buchführung, Bilanz und Steuern, Lehr- und Nachschlagewerk, Bd. 1 bis 3, Industrieverlag Spaeth & Linde, Berlin W 35 (nachfolgend angeführt mit: Reinh., Buchf. I, II, III); Bühler, Bilanz und Steuer bei der Einkommens-, Gewerbe- und Vermögensbesteuerung, Verlag Franz Vahlen, Berlin.

Mirre-Dreutter, Körperschaftsteuergesetz

I. Einleitung.

24 a) Bedeutung und Verhältnis des § 5 EStG 1934 zum bisherigen Recht.

Die Vorschrift des § 5 Abs. 1 EStG enthält für die buchführenden Kaufleute keinen besonderen Gewinnbegriff, sondern schließt an die Begriffsbestimmung des § 4 Abs. 1 EStG 1934 an mit der Maßgabe, daß bei den nach Handelsrecht buchführungspflichtigen Kaufleuten bei dem nach § 4 Abs. 1 vorzunehmenden Betriebsvermögensvergleich für den Schluß des Wirtschaftsjahrs das Betriebsvermögen anzusetzen ist, das nach den Grundsätzen ordnungsmäßiger Buchführung auszuweisen ist.

„Schon das EStG 1925 wollte in seinem § 13 bei buchführenden Kaufleuten der Gewinnermittlung möglichst die Handelsbilanz zugrunde legen und schrieb deshalb vor, daß der nach den Grundsätzen ordnungsmäßiger Buchführung für den Schluß des Steuerabschnitts ermittelte Überschuß des Betriebsvermögens über das Betriebsvermögen am Schluß des vorangegangenen Steuerabschnitts als Gewinn im Sinn des EStG anzusehen war. Der Spielraum, den die Grundsätze ordnungsmäßiger Buchführung dem Kaufmann für die Gewinnberechnung insbesondere bei der Bewertung, gewähren, wurde jedoch durch die Bewertungsvorschriften des EStG 1925 stark eingeschränkt: In § 16 Abs. 2 bis 4, §§ 19 bis 20 waren Vorschriften gegeben, die eine den tatsächlichen Verhältnissen möglichst angepaßte Bewertung sicherstellen sollten. Da diese Bewertungsvorschriften befolgt werden mußten, mußten regelmäßig die Handelsbilanzen weitgehend verändert werden, so daß der ursprüngliche Gedanke, bei buchführenden Kaufleuten möglichst auf die Handelsbilanz abzustellen, meist nicht verwirklicht wurde.

Das neue Einkommensteuergesetz legt für die Gewinnermittlung bei buchführungspflichtigen Kaufleuten das nach den Grundsätzen ordnungsmäßiger Buchführung und nach den Vorschriften des § 4 Abs. 1 u. 3, § 6 für den Schluß des Wirtschaftsjahrs auszuweisende Betriebsvermögen zugrunde. Dieses Betriebsvermögen ist so unter Aufrechterhaltung des Grundsatzes der sogen. allgemeinen Bilanzkontinuität mit dem Betriebsvermögen zu vergleichen, das für den Schluß des vorangegangenen Wirtschaftsjahrs ebenfalls nach den Grundsätzen ordnungsmäßiger Buchführung und nach den Vorschriften des § 4 Abs. 1 und 3, § 6 ermittelt worden ist. Die Vorschrift des § 4 Abs. 1 Satz 5, wonach der Grund und Boden beim Bestandsvergleich außer Ansatz bleibt, gilt hier nicht. Bei dem Ansatz der Betriebsvermögen sind die im steuerlichen Interesse erlassenen Vorschriften über Entnahmen und Einlagen (§ 4 Abs. 1), über Betriebsausgaben (§ 4 Abs. 3) und Bewertung (§ 6) zu befolgen. Diese Vorschriften schließen sich den kaufmännischen Bewertungsgrundsätzen mehr an als die entsprechenden Vorschriften des EStG 1925.

§ 5 Abs. 2 enthält Vorschriften darüber, wie weit der Steuerpflichtige an seine beim FA. eingereichte Bilanz gebunden ist. Bisher war er nach der Rechtsprechung des RFH. berechtigt, in seiner beim FA. eingereichten Bilanz steuerrechtlich zulässige Ansätze durch andere ebenfalls steuerrechtlich zulässige Ansätze solange zu ersetzen (Bilanzänderung), als im Veranlagungs- und Rechtsmittelverfahren noch neue Tatsachen vorgebracht werden könnten. Durch diese Möglichkeit zu schwerwiegenden einseitigen Bilanzänderungen wurde die Erledigung der Veranlagungs- und Rechtsmittelverfahren häufig stark verzögert. § 5 Abs. 2 gestattet daher derartige Bilanzänderungen nur mit Zustimmung des FA., im Rechtsmittelverfahren mit Zustimmung der Rechtsmittelbehörde. Die Berichtigung von Bilanzansätzen hingegen, die den Grundsätzen ordnungsmäßiger Buchführung oder den steuerrechtlichen Vorschriften widersprechen, ist, wie bisher, einseitig bis zum Finanzgerichtsurteil zulässig geblieben. Hervorzuheben ist, daß das Wort „Berichtigung" im Gesetzestext nicht mehr vorkommt. Jede Veränderung der Bilanz ist im § 5 Abs. 2 als Änderung bezeichnet." (Begr. zu § 5 EStG, RStBl. 1935 S. 37, 38).

§ 5 EStG. Gewinn bei Vollkaufleuten. Anmerkung 24—26.

b) Änderung des § 5 EStG 1934 durch Art. I Ziff. 2 des Gesetzes zur Änderung des EStG vom 1. 2. 38 (RGBl. I S. 99, RStBl. 38 S. 97).

„§ 5 galt nach der bisherigen Fassung für alle Steuerpflichtigen, die den Vorschriften des HGB gemäß verpflichtet sind Bücher zu führen. Dieser Wortlaut entsprach nicht voll den Bedürfnissen der praktischen Anwendung des Gesetzes. Ob jemand verpflichtet ist, Bücher nach den Vorschriften des HGB zu führen, mußte im einzelnen Fall erst durch Prüfung festgestellt werden. Diese Feststellung ist schwierig, wenn der Betreffende nicht im Handelsregister eingetragen ist. Durch die Neufassung des § 5 ist diese Schwierigkeit beseitigt. Merkmal für die Anwendung des § 5 ist nunmehr, daß die Firma des Gewerbetreibenden im Handelsregister eingetragen ist. Die Reichsfinanzverwaltung ist damit einer Prüfung in dieser Richtung enthoben" (Begr. zum Ges. v. 1. 2. 38 Ziff. 2: zu Art. I Ziff. 2 (RStBl. 38 S. 100).

Wegen der Übernahme des § 5 Abs. 2 EStG 1934 in § 4 Abs. 2 EStG 1938 vgl. Anm. 9 b zu § 4 EStG.

§ 5 EStG 1938 ist nach Art. IV Abs. 1 des Ges. v. 1. 2. 38 erstmalig bei der Veranlagung für das Kalenderjahr 1937 anzuwenden.

25. Persönlicher Geltungsbereich.

Die Vorschrift des § 5 EStG 1934 gilt für alle Steuerpflichtigen, die verpflichtet sind, Bücher nach den Vorschriften des HGB zu führen. Über den Kreis dieser Steuerpflichtigen vgl. Anm. 4 zu § 5 KStG. Bemerkt sei, daß die Vorschrift des § 5 Abs. 2 Satz 1 KStG für die Anerkennung des Ergebnisses eines vom Kalenderjahr abweichenden Kalenderjahrs bei der Gewinnermittlung voraussetzt, daß die Steuerpflichtigen verpflichtet sind, Bücher nach den Vorschriften des HGB zu führen und solche tatsächlich führen. Diese letzte Voraussetzung fehlt in § 5 Abs. 1 EStG 1934. Für Steuerpflichtige, die nach den Vorschriften des HGB zur Führung von Büchern verpflichtet sind, ist der kaufmännische Gewinnbegriff maßgebend, ohne Rücksicht darauf, ob sie tatsächlich über eine ordnungsmäßige Buchführung verfügen oder nicht. Fehlt eine ordnungsmäßige Buchführung, so muß ihr Gewinn geschätzt werden, und zwar nicht nach der Regel des § 4 Abs. 1 oder Abs. 2, sondern nach der Regel des § 5 unter Berücksichtigung von Grund und Boden und den damit zusammenhängenden Einnahmen und Ausgaben.

Durch § 5 EStG 1938 wurde der unter diese Vorschrift fallende Kreis der Steuerpflichtigen mit Wirkung für die Veranlagung für das Kalenderjahr 1937 dahin geändert, daß der kaufmännische Gewinnbegriff des § 5 a. a. O. für solche Gewerbetreibende maßgebend ist, deren Firma in das Handelsregister eingetragen ist (f. Anm. 24 b). Es bedarf also nunmehr nur der Feststellung der tatsächlichen Eintragung im Handelsregister. Diese muß am Bilanzstichtag vorliegen.

II. Die Grundsätze ordnungsmäßiger Buchführung.

A. Die gesetzlichen Vorschriften.
26. Die Vorschriften des Handelsgesetzbuchs.

Für die Gewinnermittlung ist maßgebend das Betriebsvermögen, wie es nach den Grundsätzen ordnungsmäßiger Buchführung auszuweisen ist. Diese Grundsätze ergeben sich in erster Linie aus den Vorschriften des HGB und den Sondervorschriften des AktG und GmbHG über die Führung der Handelsbücher.

a) Die allgemeinen Buchführungsvorschriften sind in den §§ 38, 43 und 44 HGB enthalten.

Nach § 38 Abs. 1 HGB ist jeder Kaufmann verpflichtet, Bücher zu führen und in diesen seine Handelsgeschäfte und die Lage seines Vermögens nach den Grundsätzen ordnungsmäßiger Buchführung ersichtlich zu machen. Diese Vorschrift ist sachlicher Natur und gebietet die Führung richtiger Bücher. Die

Grundsätze ordnungsmäßiger Buchführung sind nach den Gepflogenheiten sorgfältiger Kaufleute zu beurteilen; die danach zu stellenden Anforderungen können nach Art, Gegenstand und Umfang des Geschäfts verschieden sein. Ein bestimmtes Buchführungssystem wird nicht vorgeschrieben, es braucht nicht doppelte Buchführung angewandt zu werden, es genügt die einfache. Sie muß aber dem Erfordernis der sachlichen Vollständigkeit und Richtigkeit genügen und die Aufstellung einer Bilanz mit Hilfe der Inventur zulassen.

Die Formvorschriften für die Führung der Handelsbücher gibt § 43 HGB:
„Bei der Führung der Handelsbücher und bei den sonst erforderlichen Aufzeichnungen hat sich der Kaufmann einer lebenden Sprache und der Schriftzeichen einer solchen zu bedienen.
Die Bücher sollen gebunden und Blatt für Blatt oder Seite für Seite mit fortlaufenden Zahlen versehen sein.
An Stellen, die der Regel nach zu beschreiben sind, dürfen keine leeren Zwischenräume gelassen werden. Der ursprüngliche Inhalt einer Eintragung darf nicht mittels Durchstreichens oder auf andere Weise unleserlich gemacht, es darf nichts radiert, auch dürfen solche Veränderungen nicht vorgenommen werden, deren Beschaffenheit es ungewiß läßt, ob sie bei der ursprünglichen Eintragung oder erst später gemacht worden sind."

Die Verpflichtung zur Aufbewahrung der Handelsbücher und ihrer Unterlagen ist in den §§ 38 Abs. 2 und 44 HGB festgelegt. Nach § 38 Abs. 2 a. a. O. ist jeder Kaufmann verpflichtet, eine Abschrift (Kopie oder Abdruck) der abgesandten Handelsbriefe zurückzubehalten und diese Abschriften sowie die empfangenen Handelsbriefe geordnet aufzubewahren. Nach § 44 Abs. 1 a. a. O. sind die Kaufleute verpflichtet, ihre Handelsbücher bis zum Ablauf von 10 Jahren, von dem Tage der darin vorgenommenen letzten Eintragung an gerechnet, aufzubewahren. Dasselbe gilt nach § 44 Abs. 2 a. a. O. in Ansehung der empfangenen Handelsbriefe und der Abschriften der abgesandten Handelsbriefe, sowie in Ansehung der Inventare und Bilanzen.

b) **Die Aufstellung von Inventar und Bilanz** ist in den §§ 39 bis 42 HGB geregelt.

§ 39 HGB enthält die Verpflichtung des Kaufmanns zur Aufstellung von Inventar und Bilanz und bestimmt die Dauer des Geschäftsjahrs und die Zeit, innerhalb der der Abschluß zu machen ist:
„Jeder Kaufmann hat bei dem Beginn seines Handelsgewerbes seine Grundstücke, seine Forderungen und Schulden, den Betrag seines baren Geldes und seine sonstigen Vermögensgegenstände genau zu verzeichnen, dabei den Wert der einzelnen Vermögensgegenstände anzugeben und einen das Verhältnis des Vermögens und der Schulden darstellenden Abschluß zu machen.
Er hat demnächst für den Schluß eines jeden Geschäftsjahres ein solches Inventar und eine solche Bilanz aufzustellen; die Dauer des Geschäftsjahres darf 12 Monate nicht überschreiten. Die Aufstellung des Inventars und der Bilanz ist innerhalb der einem ordnungsmäßigen Geschäftsgang entsprechenden Zeit zu bewirken.
Hat der Kaufmann ein Warenlager, bei dem nach der Beschaffenheit des Geschäfts die Aufnahme des Inventars nicht füglich in jedem Jahre geschehen kann, so genügt es, wenn sie alle zwei Jahre erfolgt. Die Verpflichtung zur jährlichen Aufstellung der Bilanz wird hierdurch nicht berührt."

Nach § 40 Abs. 1 HGB ist die Bilanz in Reichswährung aufzustellen. Die in § 39 Abs. 3 HGB zugelassene zweijährige Inventur für Warenlager gilt nicht für Gewerbetreibende, die unter die Vorschrift des § 161 AO fallen (vgl. Anm. 11 a zu § 4 EStG). Diese haben eine Bestandsaufnahme für Steuerzwecke auch dann jährlich zu machen, wenn sie nach § 39 Abs. 3 HGB eine Inventur nur alle zwei Jahre zu machen brauchten (ErgR 35 A I, RStBl. 36 S. 630).

Für die Bewertung schreibt § 40 Abs. 2 HGB vor, daß bei der Aufstellung des Inventars und der Bilanz sämtliche Vermögensgegenstände und Schulden nach dem Werte anzusetzen sind, der ihnen in dem Zeitpunkt beizulegen ist, für welchen die Aufstellung stattfindet. Danach wird also der Ansatz des gemeinen Wertes zum Bilanzstichtag gefordert. Zweifelhafte Forderungen sind nach § 40

§ 5 EStG. Gewinn bei Vollkaufleuten. Anmerkung 26—27.

Abs. 3 a. a. O. nach ihrem wahrscheinlichen Werte anzusetzen, uneinbringliche Forderungen abzuschreiben.

Als Formvorschriften für Inventar und Bilanz schreibt § 41 Abs. 1 HGB die Unterzeichnung durch den Kaufmann vor. Nach § 41 Abs. 2 a. a. O. können Inventar und Bilanz in ein dazu bestimmtes Buch eingeschrieben oder jedesmal besonders aufgestellt werden. Im letzten Fall sind sie zu sammeln und in zusammenhängender Reihenfolge geordnet aufzubewahren.

Eine Ausnahme von der Verpflichtung zur Aufstellung von Inventar und Bilanz sieht für die Unternehmen des Reichs, eines Deutschen Landes oder eines inländischen Kommunalverbandes § 42 HGB vor. Danach bleibt die Befugnis der Verwaltung eines solchen Unternehmens, die Rechnungsabschlüsse in einer von den Vorschriften der §§ 39—41 abweichenden Weise vorzunehmen, unberührt.

27. Sondervorschriften des Aktiengesetzes für die Aktiengesellschaften und Kommanditgesellschaften auf Aktien.

Schrifttum. Mirre, Die Besonderheiten der Bilanz der Aktiengesellschaft, DStZ. 36 S. 665; Mirre, Die Bedeutung der aktienrechtlichen Bewertungsvorschriften für die Körperschaftsteuer, StW. 37 I, Sp. 1423.

Die für AG. und KoGaA. geltenden Vorschriften des HGB sind mit Wirkung v. 1. 10. 37 durch die Vorschriften des AktG v. 30. 1. 37 (RGBl. I S. 107, RStBl. 37 S. 177) ersetzt worden. Bis zum 30. 9. 37 galten die §§ 260 b, 261 bis 261 e HGB i. d. F. der VO über Aktienrecht usw. (Aktiennovelle) v. 19. 9. 31 (RGBl. I S. 493), die nach § 320 HGB auch für KoGaA. maßgebend waren. Die Grundsätze für AG. sind nach § 219 Abs. 3 AktG auch auf die KoGaA. anzuwenden, soweit sich aus den besonderen Vorschriften des Aktiengesetzes oder dem Fehlen eines Vorstands nichts anderes ergibt.

a) Jahresabschluß.

aa) Während die **Feststellung des Jahresabschlusses** bisher ausschließlich Sache der Generalversammlung war (§ 260 HGB), erfolgt sie nach § 125 AktG grundsätzlich durch den Vorstand unter Billigung des Aufsichtsrats. Die Hauptversammlung beschließt über den Jahresabschluß in zwei Fällen, nämlich wenn der Aufsichtsrat den vom Vorstand aufgestellten Jahresabschluß nicht billigt und wenn sich Vorstand und Aufsichtsrat gemeinsam für eine Feststellung durch die Hauptversammlung entscheiden. Der Vorstand hat dann unverzüglich die Hauptversammlung zur Feststellung des Jahresabschlusses einzuberufen. Ausschließliche Zuständigkeit der Hauptversammlung ist in den Fällen der §§ 188 und 211 AktG gegeben. Der Beschluß über die Gewinnverteilung ist nach § 126 AktG stets der Hauptversammlung vorbehalten. Die Bilanz der AG. ist also entweder eine vom Aufsichtsrat genehmigte Vorstandsbilanz oder eine Hauptversammlungsbilanz. Der Beschluß der Hauptversammlung bedarf wie alle Beschlüsse zu seiner Gültigkeit der Beurkundung durch eine über die Verhandlung gerichtlich oder notarisch aufgenommene Niederschrift (§ 111 AktG, bisher § 259 HGB für den Beschluß der Generalversammlung). Bei der KoGaA. haben an sich die persönlich haftenden Gesellschafter die Befugnisse des Vorstands der AG.(§ 225 AktG); jedoch ist zur Feststellung des Jahresabschlusses allein die Hauptversammlung befugt (§ 228 AktG).

bb) Über den **sachlichen Inhalt des Jahresabschlusses** bestimmt der dem § 260b HGB entsprechende **§ 129 AktG:**

„Der Jahresabschluß hat den Grundsätzen ordnungsgemäßer Buchführung zu entsprechen. Er ist so klar und übersichtlich aufzustellen, daß er einen möglichst sicheren Einblick in die Lage der Gesellschaft gewährt.

Soweit in den folgenden Vorschriften nichts anderes bestimmt ist, sind die Vorschriften des Vierten Abschnitts des Ersten Buchs des Handelsgesetzbuchs über Handelsbücher anzuwenden."

Wegen der Vorschriften der §§ 38—44 HGB s. Anm. 26. Durch § 130 AktG wird die Bildung der gesetzlichen Rücklage (bisher gesetzlicher Reservefonds nach § 262 HGB) vorgeschrieben.

b) Gliederung der Jahresbilanz und der Verlust- und Gewinnrechnung.

aa) Die Gliederung der Jahresbilanz wird im **§ 131 AktG** (bisher §§ 261 a, 261 b HGB) vorgeschrieben:

„(1) In der Jahresbilanz sind, wenn der Geschäftszweig keine abweichende Gliederung bedingt, die gleichwertig sein muß, unbeschadet einer weiteren Gliederung folgende Posten gesondert auszuweisen:

A. Auf der Aktivseite:
I. Ausstehende Einlagen auf das Grundkapital.
II. Anlagevermögen:
  1. Bebaute Grundstücke mit
    a) Geschäfts- oder Wohngebäuden,
    b) Fabrikgebäuden oder anderen Baulichkeiten;
  2. unbebaute Grundstücke;
  3. Maschinen und maschinelle Anlagen;
  4. Werkzeuge, Betriebs- und Geschäftsausstattung;
  5. Konzessionen, Patente, Lizenzen, Marken- und ähnliche Rechte;
  6. Beteiligungen, gleichviel, ob sie in Wertpapieren verkörpert sind oder nicht. Aktien oder Anteile einer Kapitalgesellschaft, deren Nennbeträge insgesamt den vierten Teil des Grundkapitals dieser Gesellschaft erreichen, sowie Kuxe einer bergrechtlichen Gewerkschaft, deren Zahl insgesamt den vierten Teil der Kuxe dieser Gewerkschaft erreicht, gelten im Zweifel als Beteiligung;
  7. andere Wertpapiere des Anlagevermögens.
III. Umlaufvermögen:
  1. Roh-, Hilfs- und Betriebsstoffe;
  2. halbfertige Erzeugnisse;
  3. fertige Erzeugnisse, Waren;
  4. Wertpapiere, soweit sie nicht unter II Nr. 6 oder 7, III Nr. 5, 12 oder 13 aufzuführen sind;
  5. eigene Aktien und Aktien einer herrschenden Gesellschaft unter Angabe ihres Nennbetrags;
  6. Hypotheken, Grund- und Rentenschulden;
  7. von der Gesellschaft geleistete Anzahlungen;
  8. Forderungen auf Grund von Warenlieferungen und Leistungen;
  9. Forderungen an Konzernunternehmen;
  10. Forderungen aus Krediten, die nach § 80 nur mit ausdrücklicher Zustimmung des Aufsichtsrats gewährt werden dürfen;
  11. Forderungen an Aufsichtsratsmitglieder, soweit sie nicht aus Geschäften entstanden sind, die der Betrieb der Gesellschaft gewöhnlich mit sich bringt;
  12. Wechsel;
  13. Schecks;
  14. Kassenbestand einschließlich von Reichsbank- und Postscheckguthaben;
  15. andere Bankguthaben;
  16. sonstige Forderungen.
IV. Posten, die der Rechnungsabgrenzung dienen.

B. Auf der Passivseite:
I. Grundkapital; die Gesamtnennbeträge der Aktien jeder Gattung sind gesondert anzugeben; sind Mehrstimmrechtsaktien ausgegeben, so ist ihre Gesamtstimmenzahl und die der übrigen Aktien zu vermerken; bedingtes Kapital ist mit dem Nennbetrag zu vermerken.
II. Rücklagen:
  1. gesetzliche Rücklagen;
  2. andere Rücklagen (freie Rücklagen).
III. Wertberichtigungen zu Posten des Anlagevermögens.
IV. Rückstellungen für ungewisse Schulden.
V. Verbindlichkeiten:
  1. Anleihen unter Angabe ihrer dinglichen Sicherung;
  2. Hypotheken, Grund- und Rentenschulden;

§ 5 EStG. Gewinn bei Vollkaufleuten. Anmerkung 27.

3. von Arbeitern und Angestellten gegebene Pfandgelder;
4. Verbindlichkeiten aus Werkspareinlagen;
5. Anzahlungen von Kunden;
6. Verbindlichkeiten auf Grund von Warenlieferungen und Leistungen;
7. Verbindlichkeiten gegenüber Konzernunternehmen;
8. Verbindlichkeiten aus der Annahme von gezogenen Wechseln und der Ausstellung eigener Wechsel;
9. Verbindlichkeiten gegenüber Banken;
10. sonstige Verbindlichkeiten.

VI. Posten, die der Rechnungsabgrenzung dienen.

(2) Abschreibungen, Wertberichtigungen, Rücklagen und Rückstellungen, die für das Geschäftsjahr gemacht werden, sind bereits in der Jahresbilanz vorzunehmen.

(3) Der Überschuß der Aktivposten über die Passivposten (Reingewinn) oder der Überschuß der Passivposten über die Aktivposten (Reinverlust) ist am Schlusse der Jahresbilanz ungeteilt und gesondert auszuweisen. Ein vorjähriger Gewinn- oder Verlustvortrag ist zu vermerken.

(4) Beim Anlagevermögen sind nur die Gegenstände auszuweisen, die am Abschlußstichtag bestimmt sind, dauernd dem Geschäftsbetrieb der Gesellschaft zu dienen. Die auf die einzelnen Posten des Anlagevermögens entfallenden Zugänge und Abgänge sind gesondert aufzuführen. Gleiches gilt für Abschreibungen und Wertberichtigungen; diese können statt in der Jahresbilanz im Geschäftsbericht vermerkt werden.

(5) Unzulässig ist eine Verrechnung von Forderungen mit Verbindlichkeiten sowie von Grundstücksrechten mit Grundstückslasten. Rücklagen, Wertberichtigungen und Rückstellungen dürfen nicht als Verbindlichkeiten aufgeführt werden.

(6) Fällt ein Gegenstand unter mehrere Posten, so ist bei dem Posten, unter dem er ausgewiesen wird, die Mitzugehörigkeit zu den anderen Posten zu vermerken, wenn dies zur Aufstellung einer klaren und übersichtlichen Jahresbilanz nötig ist. Forderungen und Verbindlichkeiten gegenüber Konzernunternehmen sind in der Regel als solche (Absatz 1 A III Nr. 9; B V Nr. 7) auszuweisen; werden sie unter anderen Posten ausgewiesen, so muß die Eigenschaft als Konzernforderung oder -verbindlichkeit vermerkt werden. Eigene Aktien und Aktien einer herrschenden Gesellschaft dürfen nicht unter anderen Posten aufgeführt werden.

(7) Verbindlichkeiten aus Bürgschaften, Wechsel- und Scheckbürgschaften sowie aus Gewährleistungsverträgen sind, auch wenn ihnen gleichwertige Rückgriffsforderungen gegenüberstehen, in voller Höhe in der Jahresbilanz zu vermerken."

bb) Die Gliederung der Gewinn- und Verlustrechnung wird in § 132 AktG (bisher § 261 c HGB) vorgeschrieben:

„(1) In der Gewinn- und Verlustrechnung sind, wenn der Geschäftszweig keine abweichende Gliederung bedingt, die gleichwertig sein muß, unbeschadet einer weiteren Gliederung folgende Posten gesondert auszuweisen:

I. Auf der Seite der Aufwendungen:
  1. Löhne und Gehälter;
  2. soziale Abgaben;
  3. Abschreibungen und Wertberichtigungen auf das Anlagevermögen;
  4. Zinsen, soweit sie die Ertragszinsen übersteigen; den Zinsen stehen ähnliche Aufwendungen gleich;
  5. Steuern vom Einkommen, vom Ertrag und vom Vermögen mit Ausnahme derjenigen Steuern vom Einkommen, die regelmäßig durch Steuerabzug erhoben werden;
  6. Beiträge an Berufsvertretungen, wenn die Zugehörigkeit auf gesetzlicher Vorschrift beruht;
  7. Beträge zu
      a) Wertminderungen,
      b) sonstigen Verlusten,
      zu deren Ausgleich die gesetzliche Rücklage verwandt worden ist;
  8. außerordentliche Aufwendungen, soweit sie nicht in Nr. 1 bis 7 und 9 enthalten sind;
  9. Alle übrigen Aufwendungen, soweit sie den Teil des Jahresertrags unter II Nr. 1 übersteigen.

II. Auf der Seite der Erträge:
  1. der Jahresertrag nach Abzug der Aufwendungen, soweit sie nicht nach I

§ 6 KStG. Einkommen.

Nr. 1 bis 8 auf der Seite der Aufwendungen gesondert auszuweisen sind, sowie nach Abzug der Erträge, die unter Nr. 2 bis 6 gesondert auszuweisen sind;
2. Erträge aus Beteiligungen;
3. Zinsen, soweit sie die Aufwandszinsen übersteigen; den Zinsen stehen ähnliche Erträge gleich;
4. außerordentliche Erträge einschließlich der Beträge, die durch die Auflösung von Wertberichtigungen, Rückstellungen und freien Rücklagen gewonnen sind;
5. die aus der Auflösung der gesetzlichen Rücklage gewonnenen Beträge;
6. außerordentliche Zuwendungen.

(2) Der Reingewinn oder Reinverlust des Jahres ist am Schlusse der Gewinn- und Verlustrechnung ungeteilt und gesondert auszuweisen. Ein vorjähriger Gewinn- oder Verlustvortrag ist zu vermerken."

c) Hinsichtlich der **Wertansätze in der Jahresbilanz** schreibt § 133 AktG (bisher § 261 HGB) vor:

„Für den Ansatz der einzelnen Posten der Jahresbilanz gelten folgende Vorschriften:
1. Die im § 131 Abs. 1 A II Nr. 1 bis 4 bezeichneten Gegenstände des Anlagevermögens dürfen höchstens zu den Anschaffungs- oder Herstellungskosten angesetzt werden.

Auch bei geringerem Wert dürfen sie zu den Anschaffungs- oder Herstellungskosten angesetzt werden, wenn der Anteil an dem Wertverlust, der sich bei der Verteilung auf die voraussichtliche Gesamtdauer der Verwendung oder Nutzung für das einzelne Geschäftsjahr ergibt, in Abzug oder in Form von Wertberichtigungen in Ansatz gebracht wird.

Bei der Berechnung der Herstellungskosten dürfen im angemessenen Umfange Abnutzungen und sonstige Wertminderungen sowie angemessene Teile der Betriebs- und Verwaltungskosten eingerechnet werden, die auf den Zeitraum der Herstellung entfallen; Vertriebskosten gelten nicht als Betriebs- und Verwaltungskosten.

2. Die im § 131 Abs. 1 A II Nr. 5 bis 7 bezeichneten Gegenstände des Anlagevermögens dürfen höchstens zu den Anschaffungskosten angesetzt werden.

Auch bei geringerem Wert dürfen sie zu den Anschaffungskosten angesetzt werden, wenn nicht die Grundsätze ordnungsmäßiger Buchführung Abschreibungen oder Wertberichtigungen nötig machen.

3. Die Gegenstände des Umlaufvermögens (§ 131 Abs. 1 A III) dürfen höchstens zu den Anschaffungs- oder Herstellungskosten angesetzt werden. Für die Berechnung der Herstellungskosten gilt Nr. 1 Abs. 3.

Sind die Anschaffungs- oder Herstellungskosten höher als der Börsen- oder Marktpreis am Abschlußstichtag, so ist höchstens dieser Preis anzusetzen.

Ist ein Börsen- oder Marktpreis nicht festzustellen und übersteigen die Anschaffungs- oder Herstellungskosten den Wert, der den Gegenständen am Abschlußstichtag beizulegen ist, so ist höchstens dieser Wert anzusetzen.

4. Die Aufwendungen für die Gründung und die Kapitalbeschaffung dürfen nicht als Aktivposten eingesetzt werden. Die Kosten der Betriebseinrichtung dürfen, jedoch nur gesondert, unter die Posten des Anlagevermögens aufgenommen werden; der eingesetzte Betrag ist durch angemessene jährliche Abschreibungen oder Wertberichtigungen zu tilgen.

5. Für den Geschäfts- oder Firmenwert darf kein Aktivposten eingesetzt werden. Übersteigt jedoch die für die Übernahme eines Unternehmens bewirkte Gegenleistung die Werte der einzelnen Vermögensgegenstände des Unternehmens im Zeitpunkt der Übernahme, so darf der Unterschied, jedoch nur gesondert, unter die Posten des Anlagevermögens aufgenommen werden; der eingesetzte Betrag ist durch angemessene jährliche Abschreibungen oder Wertberichtigungen zu tilgen.

6. Anleihen der Gesellschaft sind mit ihrem Rückzahlungsbetrag unter die Passivposten aufzunehmen. Ist der Rückzahlungsbetrag höher als der Ausgabebetrag, so darf der Unterschied, jedoch nur gesondert, unter die Aktivposten, die der Rechnungsabgrenzung dienen, aufgenommen werden; der eingesetzte Betrag ist durch jährliche Abschreibungen oder Wertberichtigungen zu tilgen, die auf die gesamte Laufzeit der Anleihe verteilt werden dürfen.

7. Das Grundkapital ist auf der Passivseite zum Nennbetrag einzusetzen."

d) Eine Sondervorschrift über die **Wertansätze im Fall der Verschmelzung** bei der übernehmenden Gesellschaft enthält § 242 AktG:

„Die in der Schlußbilanz der übertragenden Gesellschaft angesetzten Werte gelten für die Jahresbilanzen der übernehmenden Gesellschaft als Anschaffungskosten im Sinne des § 133 Nr. 1 bis 3.

Übersteigt der Gesamtnennbetrag oder der höhere Gesamtausgabebetrag der für die Veräußerung des Vermögens der übertragenden Gesellschaft gewährten Aktien die in der Schlußbilanz angesetzten Werte der einzelnen Vermögensgegenstände, so darf der Unterschied, jedoch nur gesondert, unter die Posten des Anlagevermögens aufgenommen werden; der eingesetzte Betrag ist durch angemessene jährliche Abschreibungen zu tilgen."

e) Sonstige Vorschriften.

aa) § 134 AktG enthält eine Ermächtigung des Reichsministers der Justiz, die in ihrem Inhalt der in § 261 d HGB enthaltenen Ermächtigung der Reichsregierung entspricht, nämlich im Einvernehmen mit dem Reichswirtschaftsminister Formblätter für die Gliederung des Jahresabschlusses vorzuschreiben, Vorschriften, die von den §§ 131, 132 abweichen oder sie ergänzen, zu erlassen und weiter Vorschriften für Konzerngesellschaften über die Aufstellung des eigenen und über die Aufstellung eines gemeinschaftlichen Jahresabschlusses zu erlassen. Durch die erste Durchführungsverordnung zum Aktiengesetz v. 29. 9. 37 (RGBl. I S. 1026) Artikel IX wurden in Abweichung von den §§ 131 Abs. 1 und 132 Abs. 1 AktG besondere Formblätter für den Jahresabschluß folgender Unternehmungen vorgeschrieben: Hypothekenbanken, Kreditbanken, Eisenbahnen des allgemeinen Verkehrs und Kleinbahnen, Straßenbahnen, Linienverkehrsunternehmen und Güterkraftverkehrsunternehmen und Wohnungsunternehmen.

bb) Die **§§ 135—142 AktG** schreiben eine besondere **Prüfung des Jahresabschlusses** durch Abschlußprüfer (öffentlich bestellte Wirtschaftsprüfer oder Wirtschaftsprüfungsgesellschaften) und die §§ 143 und 144 AktG die Bekanntmachung des Jahresabschlusses durch Einreichung zum Handelsregister und Veröffentlichung in den Gesellschaftsblättern (§ 143 AktG, bisher § 265 HGB) vor. § 144 AktG regelt Form und Inhalt der Bekanntmachung des Jahresabschlusses (bisher § 262 f Abs. 2 HGB und 6. DVO zur Aktienrechtsnovelle v. 28. 2. 34).

28. Sondervorschriften für die Gesellschaften mit beschränkter Haftung.

Für die GmbH. sind in den §§ 41—42 GmbHG besondere Buchführungsvorschriften enthalten.

Die Geschäftsführer sind nach § 41 GmbHG verpflichtet, für die ordnungsmäßige Buchführung der Gesellschaft zu sorgen, und innerhalb der vorgeschriebenen Frist die Bilanz für das verflossene Geschäftsjahr nebst einer Verlust- und Gewinnrechnung aufzustellen. Danach sind also auch die GmbH. zur doppelten Buchführung verpflichtet. Eine Veröffentlichung der Bilanz ist nach Abs. 4 a. a. O. nur für Gesellschaften vorgeschrieben, bei denen Gegenstand des Unternehmens der Betrieb von Bankgeschäften ist. Nach § 46 Ziff. 1 GmbHG unterliegt die Feststellung der Jahresbilanz und die Verteilung des aus derselben sich ergebenden Reingewinns der Bestimmung der Gesellschafter. Der Beschluß kann formlos gefaßt werden; die Beurkundung durch eine Niederschrift ist gesetzlich nicht vorgeschrieben. Die im Zweifel durch Mehrheitsbeschluß erfolgende Feststellung (§ 47 GmbHG) kann durch Unterzeichnung der Bilanz durch die Gesellschafter ersetzt werden. Sind sämtliche Geschäftsanteile in einer Hand, so kann der alleinige Gesellschafter vollständig formlos beschließen, doch muß sein Entschluß irgendwie nachweisbar sein (RFH I A 17/34 v. 29. 6. 34, RStBl. 34 S. 1075, StW. 34 Nr. 628).

Über die Gliederung der Bilanz und der Verlust- und Gewinnrechnung enthält das GmbHG noch keine Vorschriften. Dagegen wird über die Wertansätze in der Bilanz in **§ 42 GmbHG** bestimmt:

„Für die Aufstellung der Bilanz kommen die Vorschriften des § 40 HGB mit folgenden Maßgaben zur Anwendung:

1. Anlagen und sonstige Vermögensgegenstände, welche nicht zur Weiterveräußerung, sondern dauernd zum Betrieb des Unternehmens bestimmt sind, dürfen höchstens zu dem

Anschaffungs- oder Herstellungspreise angesetzt werden; sie können ohne Rücksicht auf einen geringeren Wert zu diesem Preise angesetzt werden, sofern ein der Abnutzung gleichkommender Betrag in Abzug oder ein derselben entsprechender Erneuerungsfonds in Ansatz gebracht wird;
2. die Kosten der Organisation und Verwaltung dürfen nicht als Aktiva in die Bilanz eingesetzt werden;
3. das Recht der Gesellschaft zur Einziehung von Nachschüssen der Gesellschafter ist als Aktivum in die Bilanz nur insoweit einzustellen, als die Einziehung bereits beschlossen ist und den Gesellschaftern ein Recht, durch Verweisung auf den Geschäftsanteil sich von der Zahlung der Nachschüsse zu befreien, nicht zusteht; den in die Aktiva der Bilanz aufgenommenen Nachschußansprüchen muß ein gleicher Kapitalbetrag in den Passiven gegenübergestellt werden;
4. der Betrag des im Gesellschaftsvertrage bestimmten Stammkapitals ist unter die Passiva aufzunehmen. Das Gleiche gilt von dem Betrage eines jeden Reserve- und Erneuerungsfonds, sowie von dem Gesamtbetrag der eingezahlten Nachschüsse, soweit nicht die Verwendung eine Abschreibung der betreffenden Passivposten begründet;
5. der aus dem Vergleiche sämtlicher Aktiva und Passiva sich ergebende Gewinn oder Verlust muß am Schlusse der Bilanz besonders angegeben werden."

29. Ergänzung durch steuerrechtliche Vorschriften.

Diese handelsrechtlichen Vorschriften werden durch steuerrechtliche Vorschriften ergänzt.

a) Zunächst wird die **Erfüllung der handelsrechtlichen Buchführungsvorschriften** für die davon betroffenen Steuerpflichtigen durch § 160 Abs. 1 AO auch zu einer steuerrechtlichen Pflicht gemacht:

„Wer nach anderen Gesetzen als den Steuergesetzen Bücher und Aufzeichnungen zu führen hat, die für die Besteuerung von Bedeutung sind, hat die Verpflichtungen, die ihm nach anderen Gesetzen obliegen, auch im Interesse der Besteuerung zu erfüllen."

Allerdings kann die Erfüllung dieser steuerrechtlichen Pflicht nicht erzwungen werden (vgl. § 413 Abs. 1 Satz 2 AO).

b) Weiter enthält § 162 Abs. 1—8 AO noch eine Reihe von **einzelnen Buchführungsregeln,** die von den nach den §§ 160, 161 AO oder sonst nach den Steuergesetzen buchführungspflichtigen Steuerpflichtigen beachtet werden sollen. Die Vorschriften sind teils, wie in Abs. 2 Satz 1 und Abs. 3 sachlicher Natur, teils Formvorschriften, von denen einige, wie Abs. 2 Satz 2, Abs. 4 und 5 den Vorschriften des § 43 HGB entsprechen.

§ 162 Abs. 1—8 AO lautet:

„Wer nach den Vorschriften der §§ 160 und 161 oder sonst nach den Steuergesetzen Bücher zu führen oder Aufzeichnungen zu machen hat, soll die folgenden Vorschriften beachten.

Die Eintragungen in die Bücher sollen fortlaufend, vollständig und richtig bewirkt werden. Der Steuerpflichtige soll sich einer lebenden Sprache und der Schriftzeichen einer solchen bedienen.

Geschäftsbücher sollen keine Konten enthalten, die auf einen falschen oder erdichteten Namen lauten.

Die Bücher sollen, soweit es geschäftsüblich ist, gebunden und Blatt für Blatt oder Seite für Seite mit fortlaufenden Zahlen versehen sein.

An Stellen, die der Regel nach zu beschreiben sind, sollen keine leeren Zwischenräume gelassen werden. Der ursprüngliche Inhalt einer Eintragung soll nicht mittels Durchstreichens oder auf andere Weise unleserlich gemacht, es soll nicht radiert, auch sollen solche Veränderungen nicht vorgenommen werden, deren Beschaffenheit es ungewiß läßt, ob sie bei der ursprünglichen Eintragung oder erst später vorgenommen sind.

In Bücher soll, wo dies geschäftsüblich ist, mit Tinte eingetragen werden. Trägt der Pflichtige nach vorläufigen Aufzeichnungen ein, so soll er diese aufbewahren. Belege sollen mit Nummern versehen und gleichfalls aufbewahrt werden.

Kasseneinnahmen und -ausgaben sollen im geschäftlichen Verkehr mindestens täglich aufgezeichnet werden.

Die Bücher, Aufzeichnungen und, soweit sie für die Besteuerung von Bedeutung sind, auch die Geschäftspapiere und die sonstigen Unterlagen sollen 10 Jahre aufbewahrt wer-

§ 5 EStG. Gewinn bei Vollkaufleuten. Anmerkung 28—29.

ben; die Frist läuft vom Schluß des Kalenderjahrs an, in dem die letzte Eintragung in die Bücher und Aufzeichnungen gemacht ist oder die Geschäftspapiere oder die sonstigen Unterlagen entstanden sind."

Die Vorschrift über die Aufbewahrung der Bücher und Belege in § 162 Abs. 8 AO entspricht der in § 44 HGB enthaltenen Aufbewahrungsverpflichtung.

Die in der Dresdner Verordnung v. 20. 6. 35 und in der Warenausgangsverordnung v. 20. 6. 36 vorgeschriebene Pflicht zur Führung eines Wareneingangsbuchs und zur Verbuchung des Warenausgangs (vgl. Anm. 11 a zu § 4 EStG) ist auch für die nach Handelsrecht buchführungspflichtigen Vollkaufleute von Bedeutung. Nach § 1 Abs. 2 der Dresdner VO sind die zur Führung von Handelsbüchern verpflichteten Unternehmer von der Führung des Wareneingangsbuchs nur befreit, wenn sie auch tatsächlich Handelsbücher ordnungsmäßig führen. Ist dies nicht der Fall, dann müssen sie den Vorschriften der VO über die Führung des Wareneingangsbuchs im vollen Umfang nachkommen. Die nach der Warenausgangsverordnung bestehende Buchungspflicht erstreckt sich auf jeden einzelnen Warenausgang und ist auch von jedem Vollkaufmann, der wie insbesondere ein Fabrikunternehmen Großhändler ist, zu erfüllen.

Wegen der Verpflichtung zur jährlichen Bestandsaufnahme vgl. Anm. 26b.

Bücher und Aufzeichnungen, die den Vorschriften des § 162 entsprechen, haben nach § 208 Abs. 1 Satz 1 AO die Vermutung ordnungsmäßiger Führung für sich und sind, wenn nach den Umständen des Falles kein Anlaß ist, ihre sachliche Richtigkeit zu beanstanden, der Besteuerung zugrunde zu legen (vgl. dazu Anm. 45).

c) Steuerpflichtige, die zur Führung von Handelsbüchern verpflichtet sind, können von der Steuerbehörde im Verfahren zur Feststellung ihrer Einkommen- oder Körperschaftsteuerpflicht **zur Aufstellung und Vorlage ordnungsmäßiger handelsrechtlicher Bilanzen angehalten** werden. Diese Anordnung kann durch Geldstrafe nach § 202 AO erzwungen werden. Dieses Recht der Steuerbehörde hat der RFH. aus § 160 Abs. 1 AO abgeleitet, wonach die handelsrechtliche Buchführungspflicht auch im Interesse der Besteuerung zu erfüllen ist (RFH. VI A 158/27 v. 18. 5. 27, E. 21 S. 214, RStBl. 27 S. 195, StW. 27 Nr. 295 und I A 539/29 v. 23. 10. 30, RStBl. 30 S. 805, StW. 30 Nr. 1434).

Als ein Bestandteil der dem Steuerpflichtigen nach § 171 AO obliegenden Aufklärungs- und Nachweisungspflicht ist in § 171 Abs. 2 AO vorgesehen, daß er Aufzeichnungen, Bücher und Geschäftspapiere sowie Urkunden, die für die Festsetzung der Steuer von Bedeutung sind, auf Verlangen zur Einsicht vorzulegen hat. Auf Grund dieser Bestimmung kann der Pflichtige zur Vorlage der Bilanzurschrift mit Unterlagen durch Erzwingungsstrafen nach § 202 AO angehalten werden (RFH. I A 66/30 v. 20. 3. 30, StW. 30 Nr. 682). Nach § 172 Abs. 1 AO haben außerdem Steuerpflichtige, die Handelsbücher im Sinn des HGB führen, auf Verlangen eine Abschrift ihrer unverkürzten Bilanzen mit Erläuterungen einzureichen. Wenn sie nach ihrer Buchführung eine Gewinn- und Verlustrechnung aufstellen, ist auch diese beizufügen. Aus der Bilanz oder den Erläuterungen soll nach § 172 Abs. 2 AO klar hervorgehen, wie Gegenstände des Gebrauchs oder Lagerbestände bewertet und welche Beträge darauf und auf zweifelhafte und uneinbringliche Forderungen oder sonst abgeschrieben worden sind. Wenn Ausgaben für Anlagen als Unkosten gebucht sind, ist nach § 172 Abs. 3 AO der Betrag in den Erläuterungen anzugeben. Als Schuldposten dürfen nach § 172 Abs. 4 AO Verpflichtungen aus Bürgschaften, Gefälligkeitsakzepten und dergleichen in der Bilanz nur aufgeführt werden, wenn die Rückgriffsrechte berücksichtigt sind.

B. Allgemeine Buchführungsgrundsätze.

Schrifttum. Schmidt, Ordnungsmäßigkeit der Buchführung; Verstöße, Verwerfung und Schätzung, DStZ. 37 S. 57; Haefner, Aufzeichnung des Warenverkehrs im Rahmen der kaufmännischen Buchführung, DStZ. 37 S. 545; Henze, Kaufmännische Buchführung nach Handels- und Steuerrecht, DStZ. 37 S. 641; Baier, Über die gesetzliche Regelung der Aufzeichnung betrieblicher Vorgänge, DStZ. 38 S. 382.

§ 6 KStG. Einkommen.

30. Bedeutung der Grundsätze ordnungsmäßiger Buchführung.

Die Vorschriften über die kaufmännische Buchführung geben insbesondere in dem allgemein gültigen 4. Abschnitt des HGB über die Handelsbücher nur einen allgemeinen gesetzlichen Rahmen, innerhalb dessen dem Ermessen des Kaufmanns für die Einrichtung und Ausgestaltung seiner Buchführung Spielraum gelassen wird. § 38 Abs. 1 HGB verlangt die Führung der Handelsbücher nach den Grundsätzen ordnungsmäßiger Buchführung. Die gesetzlichen Vorschriften werden danach ergänzt durch die Gepflogenheiten sorgfältiger Kaufleute, durch den Handelsbrauch, der nach Art und Größe des einzelnen Geschäfts und für die einzelnen Handelszweige verschieden sein kann. Wenn daher Rechtsprechung oder Verwaltung über Buchführungsfragen zu entscheiden haben, hat dies, soweit keine bestimmte gesetzliche Regelung in Frage kommt, unter Feststellung der für den Einzelfall geltenden Grundsätze ordnungsmäßiger Buchführung zu geschehen. Dabei können aber nur die von sorgfältigen und rechtlich denkenden Kaufleuten befolgten Grundsätze maßgebend sein. Eine kaufmännische Gepflogenheit, die gegen das Erfordernis der richtigen und vollständigen Buchführung und Bilanzierung verstößt, wäre auch dann nicht als den Grundsätzen ordnungsmäßiger Buchführung entsprechend anzuerkennen, wenn sie von einem größeren Kreis von Kaufleuten geübt würde.

31. Vollständigkeit und Richtigkeit der Buchführung.

a) Zweck der Buchführung ist nach dem Gesetz, die Handelsgeschäfte des Kaufmanns und den Stand seines Betriebsvermögens ersichtlich zu machen. Die Buchführung muß **sachlich vollständig, richtig und übersichtlich** sein, so daß aus ihr die Lage des Geschäfts und die Höhe des Betriebsvermögens festgestellt werden kann. Dem entspricht für die Bilanz der Grundsatz der Bilanzwahrheit und Bilanzklarheit. Es müssen daher in der Buchführung alle Betriebsvorgänge nach bestimmten Grundsätzen geordnet mit ihrem Geldwert eingetragen werden und auf Grund des Jahresabschlusses muß die Änderung der einzelnen Bestandteile des im Betrieb angelegten Vermögens dargestellt werden. Die Wahl des Buchführungssystems und die Einrichtung der Buchführung stehen im Belieben des Kaufmanns. Allerdings muß er sich darnach richten, was nach der kaufmännischen Übung für seinen Betrieb als den Grundsätzen ordnungsmäßiger Buchführung entsprechend angesehen wird. Der Reichs- und Pr. Wirtschaftsminister hat im Erl. v. 11. 11. 37 II Pr. 19263/37 zur einheitlichen Ausgestaltung des Rechnungswesens aller Unternehmungen Grundsätze für Buchhaltungsrichtlinien und einen Kontenrahmen der Selbstkostenrechnung und Statistik bekannt gegeben. Nach RFH. VI A 560/37 v. 29. 9. 37 (RStBl. 37 S. 1117, StW. 37 Nr. 543) verstößt das Nichtführen eines Geschäftsfreundebuchs für Lieferanten nicht gegen die Regeln ordnungsmäßiger Buchführung, wenn in einem kleineren Einzelhandelsgeschäft die Lieferantenforderungen stets alsbald innerhalb einer Woche abgedeckt werden. Als ordnungsmäßige kaufmännische Buchführung ist, wie bereits erwähnt, außer für AG. und GmbH. auch die einfache Buchführung anzusehen (vgl. Anm. 32 Abs. 1). Auch die Buchführung auf losen Blättern (Karteiform) ist trotz Verstoßes gegen die Sollvorschrift des § 43 Abs. 2 HGB regelmäßig als eine ordnungsmäßige anzuerkennen, wenn ihre Richtigkeit und Vollständigkeit durch entsprechende Maßnahmen wie gegenseitige Verweisungen zwischen Grundbuchungen, Konten und Belegen, durch übersichtliche Gestaltung des Kontenplans und insbesondere durch Vorkehrungen gegen eine Umstellung oder Entfernung von Blättern oder Karteikarten sichergestellt ist (vgl. dazu Erl. RdF. III bb 2000 v. 7. 7. 1927, S. 19 und DStZ. 34 S. 1096, für buchführende Land- und Forstwirte Rderl. RdF. v. 5. 7. 35 S 2140—50 III unter IV Abs. 2 Ziff. 4, RStBl. 35 S. 954).

Für die Behandlung von Vorgängen als Betriebsvorgänge hat der RFH. entsprechend den für die Zugehörigkeit zum Betriebsvermögen aufgestellten Grundsätzen (s. Anm. 14 zu § 4 EStG) drei Möglichkeiten unterschieden.

Nach RFH. VI A 293/28 v. 25. 4. 28 (RStBl. 28 S. 280, StW. 28 Nr. 411) gelten gewisse Geschäfte unter allen Umständen als von Geschäfts wegen abgeschlossen, auch wenn es der Kaufmann nicht will. Das sind die Geschäfte, die wirtschaftlich mit dem Betrieb des Handelsgewerbes zusammenhängen. Andere Geschäfte gelten auch dann nicht als Betriebsvorgänge, wenn sie der Kaufmann buchmäßig als solche behandelt hat, nämlich die Vorgänge, die ausschließlich die private Lebenshaltung des Pflichtigen angehen. Bei einer dritten Art von Geschäften hat der Kaufmann die Wahl, ob er sie von Geschäfts wegen abschließen will oder nicht. Dies sind Geschäfte, die den Betrieb zum Teil oder nur mittelbar berühren. Bei buchführungspflichtigen Körperschaften, die unter § 19 I. KStDVO fallen, liegen regelmäßig Betriebsvorgänge vor (vgl. jedoch Anm. 7, b zu § 2 EStG).

Der Aufgabe der Buchführung, die Handelsgeschäfte fortlaufend und vollständig festzuhalten, wird durch vollständige und fortlaufende Verbuchung sämtlicher Betriebsvorgänge in den Grundaufzeichnungen oder Grundbüchern genügt. Ist dies geschehen, so kann nach RFH. VI A 171/27 v. 28. 5. 27 (StW. 27 Nr. 355) in dem Umstand, daß die im übrigen vollständigen Übertragungen nur von Zeit zu Zeit vorgenommen und öfters berichtigt wurden, kein Grund gefunden werden, um der gesamten Buchführung die Vermutung der Ordnungsmäßigkeit abzusprechen. Die verspätete Verbuchung einzelner Bareinnahmen stellt in Verbindung mit der Vernichtung der Unterlagen einen beachtlichen Verstoß gegen die formelle Ordnungsmäßigkeit der Buchführung dar (RFH. VI A 392/37 v. 25. 8. 37, RStBl. 37 S. 1109, StW. 37 Nr. 530). Im Kassenbuch muß der Buchungssatz das Datum enthalten, da ohne dieses ein Vergleich des buchmäßigen Bestands mit dem tatsächlichen Bestand jedes Tages unmöglich ist (RFH. VI 597/37 v. 24. 11. 37, RStBl. 38 S. 355). Nach RFH. VI A 799/35 v. 28. 10. 36 (RStBl. 37 S. 262) muß es dem Kaufmann überlassen bleiben, ob er auch die Tauschgeschäfte durch die Registrierkasse festhalten will. Nach den Grundsätzen ordnungsmäßiger Buchführung müßten die Tauschgeschäfte nicht im Kassenbuch als Bareinnahmen und gleichzeitig als Barausgabe gebucht werden. Dagegen seien sie ebenso wie die übrigen Handelsgeschäfte in den Grundbüchern, z. B. im Tagebuch, festzuhalten. Auch die Entnahmen sind vollständig und richtig zu verbuchen. Wenn sich daher eine Buchführung auch bezüglich der eigentlichen geschäftlichen Einnahmen und Ausgaben als völlig richtig erweist, so kann allein aus der Tatsache, daß der Privatverbrauch offenbar die aufgezeichneten Beträge weit überschritten haben muß, die Beiseiteschiebung des Buchergebnisses gerechtfertigt werden (RFH. VI A 604/31 v. 18. 3. 31, RStBl. 31 S. 467, StW. 31 Nr. 627). Dem Erfordernis der vollständigen Verbuchung aller Betriebsvorgänge wird auch nicht genügt, wenn ein Kaufmann die für Lieferungen seiner Kunden empfangenen Rechnungen erst bei der Bezahlung verbucht. Aus der Buchführung müssen unbedingt die Schulden ersichtlich sein. Wenn dem Kaufmann nach Empfang von Waren die Rechnung übersandt wird, dann soll nach RFH. VI A 570/27 v. 25. 1. 28 (StW. 28 Nr. 181) wie bei der einfachen Buchführung zwar eine Belastung des Warenkontos unterbleiben können, eine Gutschrift der Lieferanten sei aber wegen des Schuldennachweises unbedingt vorzunehmen. In einem verhältnismäßig einfachen Betrieb ist die Führung eines Geschäftsfreundebuchs nicht erforderlich (RFH. VI A 560/37 v. 29. 9. 37, RStBl. 37 S. 1117), jedoch müssen die Uraufzeichnungen über die Warenlieferungen (Debitorenkladde) aufbewahrt werden (RFH. VI 171/38 v. 27. 4. 38, RStBl. 38 S. 491, StW. 38 Nr. 282).

Ein Unterlassen der Verbuchung der verkauften Mengen im Kassenbuch erschwert nach RFH. VI A 371/25 v. 15. 7. 25 (StW. 25 Nr. 508) die Nachprüfung und kann bei Mißverhältnissen des Buchergebnisses auf Unzuverlässigkeit der Buchführung schließen lassen. Die Kassenbuchungen, d. h. die Eintragungen der Kasseneinnahmen und -ausgaben müssen täglich erfolgen, nicht dagegen ist eine tägliche Feststellung des Kassenbestands durch Nachzählen erforderlich. Wohl wird man aber nach RFH. VI A 1094/28 v. 24. 10. 29 (StW. 30 Nr. 63) bezüglich des Kassenbestands mindestens am Schluß des Geschäftsjahrs, vielleicht auch schon beim monatlichen

Abschluß des Kassenbuchs eine Abstimmung des buchmäßigen Kassenbestands mit dem tatsächlichen Kassenbestand verlangen können.

b) Welche Anforderungen an eine formelle ordnungsmäßige Buchführung bezüglich der **für die einzelnen Betriebsvorgänge zu fordernden Belege** zu stellen sind, richtet sich unter anderen auch nach der Üblichkeit in den einzelnen Geschäftszweigen (RFH. VI A 771/28 v. 20. 3. 29, StW. 29 Nr. 629). Zum Nachweis für die Richtigkeit und Vollständigkeit der über die Kasseneinnahmen geführten Aufzeichnungen kann von den Betrieben mit doppelter Buchführung, bei denen die richtige Übertragung der Kontrollstreifen der Registrierkassen in die Bücher durch Angestellte gewährleistet ist, nicht verlangt werden, daß sie die Kontrollstreifen aufbewahren. Auch ein allgemeiner Grundsatz, daß diese Gewähr nur dann gegeben ist, wenn die Eintragungen des Buchhalters durch einen zweiten Angestellten in den Büchern nachgeprüft werden, besteht nicht (RFH. VI A 1088—1092/31 v. 2. 6. 32, RStBl. 32 S. 591, StW. 32 Nr. 968). Dagegen kann in Fällen, in denen der Betriebsinhaber und seine Familienangehörigen die Kasse und Bücher selbst geführt haben, das Fehlen irgendwelcher verwertbarer Belege zur späteren Nachprüfung der Übernahme der richtigen Tageslosungen in die Bücher im Zusammenhang mit vielen Rasuren und Überschreibungen im Kassenbuch das Vertrauen in die Ordnungsmäßigkeit und Zuverlässigkeit der gesamten Buchführung erschüttern und deren völlige Verwerfung rechtfertigen (vgl. z. B. RFH. VI A 867/31 v. 22. 4. 31, E. 28 S. 267, RStBl. 31 S. 395, StW. 31 Nr. 625). Wird die bei einer Registrierkasse übliche Gegenkontrolle der Bareinnahmen durch Leerdruck auf den Kassenkontrollstreifen und Nichtfertigung einer Durchschrift der Kassenzettel ohne beachtlichen Grund unmöglich gemacht, ist die Verwerfung des gesamten Buchergebnisses gerechtfertigt (RFH. VI 675/37 v. 30. 3. 38, RStBl. 38 S. 595)

c) Nach dem Grundsatz der sachlichen Richtigkeit der Buchführung müssen in ihr die Betriebsvorgänge so ausgewiesen werden, wie sie tatsächlich eingetreten sind. Die **Rückgängigmachung einer Buchung,** die diesem Erfordernis entspricht, mit rückwirkender Kraft (Stornierung) ist daher grundsätzlich ausgeschlossen. Nach RFH. VI A 829/29 v. 17. 7. 30 (RStBl. 30 S. 633, StW. 30 Nr. 1006) stellt die Rückgängigmachung einer früheren Entnahme keine Bilanzänderung dar. Es sei daher dem Steuerpflichtigen grundsätzlich nicht zu gestatten, einen von seinem freien Willen abhängigen Betriebsvorgang unter bestimmten Umständen rückwirkend rückgängig zu machen, d. h. von vorneherein als nicht geschehen zu behandeln. Trotzdem könne es der Billigkeit entsprechen, ausnahmsweise im laufenden Steuerfestsetzungsverfahren sachliche Änderungen in den Besteuerungsgrundlagen zuzulassen, wenn nicht schon bestimmte weitere steuerliche Auswirkungen (z. B. bei der Einheitsbewertung) eingetreten seien, und wenn klar sei, daß die steuerliche Auswirkung eines Vorgangs nicht erkannt sei, sowie daß unlautere Machenschaften irgendwelcher Art nicht vorlägen (vgl. RFH. VI A 1238/30 v. 20. 8. 30, RStBl. 31 S. 19, StW. 30 Nr. 1185 und VI A 712/31 v. 22. 10. 31, RStBl. 31 S. 952, StW. 32 Nr. 414). Unter dieser Voraussetzung ist die Rückgängigmachung von Entnahmen des Einzelkaufmanns gebilligt. Die Frage könnte auch bei Gewinnausschüttungen von Kapitalgesellschaften bedeutsam werden. Jedoch wird man bei diesen regelmäßig nicht Unkenntnis über die steuerliche Auswirkung einer Ausschüttung annehmen können. Auch zeigt die Erfahrung, daß Kapitalgesellschaften die Rückgängigmachung von verdeckten Gewinnausschüttungen nach deren steuerlicher Erfassung versuchen, was abzulehnen ist.

32. Die doppelte Buchführung.

Bei der doppelten Buchführung unterscheidet man Grundbücher und systematische Bücher. Bei der einfachen Buchführung werden die Betriebsvorgänge buchmäßig (in den Grundbuchungen) wie bei der doppelten dargestellt, jedoch unterbleibt die Darstellung ihrer Einwirkung auf das Betriebsvermögen (Gewinn oder Verlust) in Erfolgskonten. Das Betriebsergebnis wird daher bei der

§ 5 EStG. Gewinn bei Vollkaufleuten. Anmerkung 32.

doppelten Buchführung zweimal (durch Bilanz und Erfolgsrechnung) ausgewiesen, während es bei der einfachen Buchführung nur an Hand der Bilanz durch den Betriebsvermögensvergleich errechnet werden kann.

a) In den **Grundbüchern** werden die Betriebsvorgänge im wesentlichen in zeitlicher Reihenfolge festgehalten und aus ihnen in die übrigen Bücher übertragen. Als solche kommen z. B. in Frage das Tagebuch, das Kassenbuch u. a. Neben den Grundbüchern werden Hilfsbücher oder Skontren nach Bedarf geführt. Zu ihnen gehören die Warenskontren, die die Waren mengenmäßig festhalten, die Kommissionsbücher, die die abgeschlossenen Geschäfte aufnehmen, ehe sie von irgend einer Seite erfüllt sind. In Würdigung der kaufmännischen Übung wird es in RFH. VI A 1756/32 v. 5. 7. 33 (E. 34 S. 17, RStBl. 33 S. 763, StW. 33 Nr. 583) mit Recht als unzulässig erklärt, daß die Steuerbehörde aus steuerlichen Gründen die Führung von Lagerbüchern verlangt. Das Fehlen von Lagerbüchern sei — abgesehen von Ausnahmen, z. B. von Effektenskontren im Bankgewerbe — nicht als Mangel der Buchführung anzusehen. Denn ob eine Lagerbuchführung notwendig sei, hänge allein von den Belangen des Betriebs ab, so u. a. von dem Geschäftszweig, von der Größe des Betriebs, von den Kosten und nicht zuletzt von der Einstellung des Betriebsinhabers zu den inneren Kontrollmaßnahmen, wie überhaupt zu der inneren Betriebsgestaltung. Grundbücher und Hilfsbücher sind in größeren Betrieben nicht zu entbehren, sie werden aber nicht nach einem besonderen eigentümlichen Gedanken geführt. Vielfach wird in den Grundbüchern der Buchansatz des Postens in den systematischen Büchern unter Benennung von Betrag und Konten (Buchungssatz) angegeben.

b) Bei den **systematischen Büchern** ist der leitende Gedanke, daß sie zusammen eine ständige Bilanz darstellen sollen, allerdings eine mit gewissen Ungenauigkeiten behaftete, die erst beim Abschluß beseitigt werden. Die doppelte Buchführung ist auf dem Grundsatz aufgebaut, daß jeder Betriebsvorgang sich in Leistung und Gegenleistung auswirkt und daher eine zweifache Verbuchung in den systematischen Büchern erfordert. Bei den systematischen Büchern unterscheidet man Bestandskonten, Erfolgskonten und gemischte Konten. Das Wort Konto bedeutet Rechnung. Reinhardt bezeichnet das Konto als eine Übersicht über den Rechnungsverkehr zweier Personen oder Parteien, eine „Rechnungsverkehrsübersicht" (Reinh. Buchf. I S. 5). Durch diese Rechnung werden im Lauf des Geschäftsjahrs die Veränderungen, die durch die geschäftliche Betätigung infolge der einzelnen Geschäftsvorfälle für die einzelnen aktiven und passiven Bestandteile des Betriebsvermögens herbeigeführt werden, zahlenmäßig dargestellt. Im Lauf des Geschäftsjahrs wird für jeden Einzelposten der Bilanz eine besondere Rechnung (ein besonderes Konto) geführt. Die Rechnung könnte an sich in der Weise geschehen, daß jeder Zugang zugerechnet, jeder Abgang abgezogen würde. Z. B. Kasse 10 000 RM., es gehen 2000 RM. ein, Kasse 12 000 RM., es werden 3000 RM. aus der Kasse gezahlt, Kasse 9000 RM. Man hätte dann eine ständige Bilanz, bei der nur jede Zahl auf einem anderen Blatt stünde. Da es aber nach kaufmännischem Brauch unzulässig ist, im Konto unmittelbar Beträge abzurechnen, werden auf jedem Konto 2 Seiten eingerichtet und die ursprüngliche Zahl (Bestand) und die Zugänge auf die eine Seite und die Abgänge auf die andere Seite gesetzt. Bei den Posten der Aktivseite (Besitz- oder Vermögensposten) stehen die Bestände und Zugänge links, die Abgänge rechts, bei den Posten der Passivseite (Schuldposten) stehen umgekehrt Bestände und Zugänge rechts, die Abgänge links. Zur Kennzeichnung der beiden Seiten eines Kontos sind die Ausdrücke gebräuchlich „Soll" für die linke, „Haben" für die rechte Seite, oder auch „Debet" und „Credit", oder „Zugänge" und „Ausgänge". Die Verbuchung links wird als „belasten", (zur Last schreiben) oder auch „bekommt" bezeichnet, die Verbuchung auf der rechten Seite als „entlasten", „gutschreiben", „erkennen" oder auch „gibt". Reinhardt (Buchf. I S. 3—22) prägt die Ausdrücke „bekommt Rechnung" für die linke und „gibt Rechnung" für die rechte Seite. In dem üblichen Buchungssatz wird für einen bestimmten Geschäftsvorfall zuerst das Konto benannt, auf dessen linke Seite eine Buchung erfolgt und dann das Konto, auf dem rechts eingetragen wird, z. B. „(per) Warenkonto an Kassenkonto". Soweit im Nachfolgenden die Angabe der Verbuchung einzelner Betriebsvorgänge notwendig wird, werden die in Betracht kommenden Konten der Einfachheit halber mit dem Zusatz „links" und „rechts" angeführt. Erst wenn ein Bedarf dafür vorhanden ist, werden die beiden Seiten eines Kontos je für sich zusammengezählt und ihre Summen voneinander abgezogen. Der Unterschiedsbetrag zwischen den Summen der beiden Seiten steht auf der Seite mit dem kleineren Betrag und bewirkt den Ausgleich der beiden Seiten. Er wird Saldo genannt. Die kleinere Seite, auf der der Saldo steht, hat also keinen Bestand, sondern die andere größere Seite. Reinhardt (Buchf. I S. 3 u. 5) bezeichnet den Saldo als Rechnungsüberschuß, und zwar nach der größeren Seite des Kontos als „bekommt Rechnungsüberschuß" oder als „gibt Rechnungsüberschuß".

aa) Es sei mit den **Erfolgskonten** angefangen. Zu den Passiven gehört auch das Kapitalkonto, welches den Wert der Beteiligung des Inhabers darstellt (Reinh. Buchf. I S. 51, 62, 72 u. a. „Betriebsvermögenskonto", welches das Betriebsvermögen als eine Schuld des Unternehmens an den Unternehmer ausweist, vgl. Buchf. I S. 25, 26). Es wäre nun an sich möglich, jeden Vorgang, der das Kapitalkonto berührt, unmittelbar auf Kapitalkonto zu buchen, also Einnahme einer Provision Kasse links — Kapitalkonto rechts und Ausgabe einer Provision Kapitalkonto links — Kasse rechts. Aber dann würde die Bilanz nur den Endbestand des Kapitalkontos ersichtlich machen, nicht den erzielten Gewinn und bei Beteiligung mehrerer müßte man jedesmal die Beträge teilen, was meist nach den Vereinbarungen über die Gewinnverteilung gar nicht möglich ist. Deshalb wird das — oder die Kapitalkonten im Lauf des Jahres durch ein Konto vertreten, das Verlust- und Gewinnkonto heißt. Es beginnt jedes Jahr mit Null, sein Saldo gelangt in die Bilanz und ist bei Wiedereröffnung der Bücher dadurch verschwunden, daß er dem Kapitalkonto zugeschrieben, unter die Kapitalkonten verteilt oder in richtige Forderungen der Beteiligten (Dividendenansprüche der Aktionäre) gegen die Gesellschaft verwandelt ist. Man sagt vielfach, das Verlust- und Gewinnkonto sei ein Unterkonto des Kapitalkontos, richtiger bezeichnet man es als einen Vertreter der ganzen Passiven, die nicht gewöhnliche, ohne Rücksicht auf die Lage des Geschäfts festzustellende Schulden sind. Bei größeren Geschäften hat das Verlust- und Gewinnkonto Unterkonten, d. h. es wird die Tatsache, daß einer Veränderung in irgend einem Bestand, hauptsächlich der Kasse, keine gleichzeitige entgegengesetzte Veränderung in einem Bestand gegenübersteht, auf einem Konto mit entsprechendem Namen, gebucht, das am Ende des Jahres seinen Überschuß der einen Seite durch Saldierung an das Gewinn- und Verlustkonto abgibt (Reinh. Buchf. II S. 175—185 „Betriebsergebnisteilkonten", die sich in Betriebsvermögensverminderungskonten (Verlustkonten) und Betriebsvermögenserhöhungskonten (Gewinnkonten) gliedern. Beispiel: Unkostenkonto am Ende des Jahres links 3000 RM. mehr als rechts (wo wahrscheinlich nichts steht), Einsetzung eines Saldos von 3000 RM. rechts und Gegenbuchung 3000 RM. Verlust- und Gewinnkonto links. Erfolg: Das Unkostenkonto besteht nicht mehr, weil beide Seiten gleich sind, und der Betrag steht auf dem Verlust- und Gewinnkonto links. Derartige Konten nennt man Erfolgskonten. Sie sind Unterkonten des Verlust- und Gewinnkontos, gewissermaßen Untervertreter der sämtlichen Kapitalkonten, also Passivkonten. Daher ist bei ihnen die positive Seite die rechte, Einsetzung eines Betrags rechts bedeutet Rohgewinn, eines Betrags links Rohverlust.

bb) Der Gegensatz sind die **reinen Bestandskonten** (Reinh. Buchf. II S. 80, 90 „Betriebsvermögensteilkonten"). Bei ihnen bedeutet Buchung links Vermehrung des betreffenden Bestands, Buchung rechts Verminderung, soweit es sich um Aktiva handelt. Soweit es sich um Passiva handelt, ist es zwar umgekehrt. Man unterscheidet aber nicht zwischen Aktiven und Passiven, sondern benutzt dasselbe Konto für Geschäftsfreunde, die bald Gläubiger, bald Schuldner sind. Es ist das ja gerade

§ 5 EStG. Gewinn bei Vollkaufleuten. Anmerkung 32.

ein Vorteil der ganzen doppelten Buchführung, daß man das kann. Man faßt also die Schulden nicht als positive Passiva, sondern als negative Aktiva auf. Erst am Jahresschluß ergibt sich bei den Personenkonten, ob sie dann Aktiv- oder Passivkonten sind. Deshalb ist die Buchung auf dem Personenkonto ganz gleich, ob die Person etwas bezahlt hat oder eine Forderung für sie entstanden ist und ebenso ob ihr etwas bezahlt ist oder sie etwas schuldig geworden ist. In den ersten beiden Fällen Buchung Personenkonto rechts, in den beiden letzten Personenkonto links. Es ist nicht richtig, daß nur Geldforderungen und Geldschulden in den Büchern stehen. Es sieht nur so aus. Wenn beim Verkauf von Waren der Abnehmer den Preis von 1000 RM. vorher bezahlt hat, so wird gebucht 1000 RM. Kasse links — Abnehmer rechts. Das Geschäft ist dem Abnehmer aber nicht Geld, sondern Ware schuldig und diese Schuld wird auf 1000 RM. bewertet. Es ist auch zutreffend, daß gerade derartige Fälle selten vorkommen und daß die häufig entstehenden Forderungen und Schulden, wie Ansprüche auf Dienstleistung der Angestellten, auf Überlassung des Gebrauchs von Sachen (bei Mietverträgen) und Verpflichtungen gegenseitigen Verträgen wie aus Mietverträgen nicht gebucht werden, vielmehr bei Bezahlung Erfolgskonto links — Kasse rechts und bei Vereinnahmung des Geldes Kasse links — Erfolgskonto rechts, gebucht wird. Die Nichtberücksichtigung dieser Forderungen und Schulden in der Bilanz ist solange gerechtfertigt, als sie einander gleichwertig sind und daher die Höhe des Betriebsvermögens nicht berühren. Sind dagegen Forderung und Schuld infolge von Rückständen oder Vorausleistungen nicht mehr gleich hoch, dann besteht die Verpflichtung zur Aktivierung oder Passivierung (f. Anm. 83—85, 87 zu § 6 EStG).

Das reine Bestandskonto gibt den wahren Wert nur dann zuverlässig an, wenn es bare Beträge verrechnet. Wenn im Kassekonto 300 RM. links stehen, weiß ich, daß ein Wert von 300 RM. gegeben ist. Wenn aber auf Konto des Schulze 10 000 Reichsmark stehen, weiß man nicht, ob die Forderung 10 000 RM. wert ist. Sie kann leicht weniger wert sein, ausnahmsweise auch, wenn sie hoch verzinslich ist und von Schulze nicht gekündigt werden kann, etwas mehr. Auch die Schulden können ausnahmsweise mehr oder weniger wert sein als der Nennbetrag, wenn sie längere Zeit unkündbar sind. Eine Bewertung läßt sich aber bei dem Personenkonto schlecht vornehmen. Außerdem ist es praktisch, den Minderwert von vielen Forderungen in einer Summe zu schätzen. Deshalb gibt es sogenannte **Wertberichtigungskonten**. Sie bedeuten auf der linken Seite Mehrwert von Aktiven oder Minderwert von Schulden gegenüber dem Buchwert, auf der rechten Seite Minderwert von Aktiven oder Mehrwert von Schulden gegenüber dem Buchwert. Verhältnismäßig häufig sind nur die Minderwert von Aktiven bedeutenden auf der rechten Seite. Soweit die Aktiven Sachen sind, bezeichnet man sie als **Abschreibungen**, soweit die Aktiven Forderungen sind, als Delkrederekonto. Sie werden meist erst beim Buchabschluß eingerichtet, nichts steht im Wege, auch im Lauf des Jahres Buchungen auf Bewertungskonto vorzunehmen, wenn das praktisch erscheint (z. B. wegen Aufstellung von Rohzwischenbilanzen).

cc) Wenn für 3000 RM. Flachs eingekauft ist und derselbe Flachs für 4000 RM. verkauft wird und dieser Verkauf 4000 RM. Kasse links — Flachskonto rechts gebucht wird, so stimmt offenbar das Flachskonto nicht mehr. Dazu wäre die Buchung 3000 RM. Kasse links — Flachskonto rechts, und 1000 RM. Kasse links — Erfolgskonto rechts, erforderlich. Trotzdem wird vielfach aus Bequemlichkeitsgründen in erster Weise verfahren; die Sache wird bei der Inventur in Ordnung gebracht. Bei einem solchen Verfahren ist das Warenkonto nicht mehr ein bloßes Bestandskonto, man spricht von einem **gemischen Konto.** Ein solches Konto kann nur in der Weise abgeschlossen werden, daß der Bestand anderweitig ermittelt, auf der rechten Seite eingesetzt wird (Gegenbuchung ein reines Bestandskonto oder die Bilanz selbst), wonach das Warenkonto mit den Beständen nichts mehr zu tun hat, also ein reines Erfolgskonto geworden ist. Es ist klar, daß sein Saldo auf dem Verlust- und Gewinnkonto erscheinen muß, bei Überwiegen der linken Seite als Verlust an Waren, bei Überwiegen der rechten Seite als Gewinn.

Als reines Bestandskonto wird das Warenkonto geführt, wenn man bei jedem Ausgang von Waren auf der rechten Seite den Anschaffungspreis bucht und den Unterschied auf Verlust- und Gewinnkonto oder einem besonderen Erfolgskonto. Im Beispiel also nur 3000 RM. Flachskonto rechts und 1000 RM. Erfolgskonto rechts; wäre der Flachs nur für 2500 RM. verkauft, so 2500 RM. links, 500 RM Erfolgskonto links — 3000 RM. Flachskonto rechts. Ein als reines Bestandskonto geführtes Warenkonto gibt immer im Saldo die Einkaufspreise der noch vorhandenen Waren an, von Diebstählen oder ähnlichen Verlusten abgesehen.

33. Der Jahresabschluß (Inventur und Bilanz)

Der Jahresabschluß ist nach § 39 Abs. 1 HGB durch Aufstellung von Inventar und Bilanz herbeizuführen. Das Inventar ist ein Vermögensverzeichnis, das sämtliche dem Betrieb gewidmeten Gegenstände aktiver und passiver Art, also Besitz und Schulden umfaßt. Die Tätigkeit der Aufstellung des Inventars, die Bestandsaufnahme wird Inventur genannt. Die Bilanz ist nach § 39 Abs. 1 a. a. O. der das Verhältnis des Vermögens und der Schulden darstellende Abschluß. Vom Inventar unterscheidet sich die Bilanz dadurch, daß sie in Kontenform erfolgt und nicht jeden einzelnen Gegenstand des Besitzes und der Schulden besonders aufführt, sondern sie nach gleichartigen Gruppen zusammenfaßt. Bei der Inventur wird zunächst der Wert für die auf einem Konto gebuchten Gegenstände ermittelt. In die übrige Buchführung wird das Inventar bei der doppelten Buchführung dadurch eingegliedert, daß der für einen Gegenstand des Besitzes ermittelte Wert im Konto rechts eingesetzt wird und Gegenbuchung (entweder unmittelbar oder über ein übergeordnetes Konto) in der Bilanz links erfolgt. Erst dann wird das Konto durch Feststellung des Überschusses (Saldo) ausgeglichen und durch Gegenbuchung des Überschusses auf Verlust- und Gewinnkonto abgeschlossen. Die Endbilanz kommt also formell dadurch zustande, daß jedes Konto durch Einsetzung des Überschusses (Saldo) auf der kleineren Seite ausgeglichen wird, wobei die Gegenbuchung auf einem höheren, zusammenfassenderen Konto erfolgt, und das solange fortgesetzt wird, bis nur ein Konto übrig bleibt, nämlich die Bilanz. Der Buchhalter sagt deshalb, das Bilanzkonto dient zum Ausgleich der Konten. Bei der Wiedereröffnung der Bücher wird nun vielfach das Bilanzkonto zum Ausgleich gebraucht. Dazu müssen die Posten, die in den Büchern links stehen sollen, auf dem Bilanzkonto rechts eingesetzt werden und umgekehrt. Daraus erklärt es sich, daß bei der Eröffnungsbilanz für das neue Jahr die Aktiven rechts und die Passiven links stehen. Von der Endbilanz unterscheidet sie sich nur dadurch, daß bei der Eröffnungsbilanz Gewinne und Verluste nicht mehr vorkommen. Der Gewinn hat sich teils in Schulden (Dividendenansprüche), teils in Vermehrung der Kapitalkonten verwandelt, der Verlust in Verminderung der Kapitalkonten, was unter Umständen zu negativen Größen führen kann; diese stehen dann in den Büchern unter dem Namen Unterbilanz auf der linken Seite. Bei mehreren Gesellschaftern kann der eine Unterbilanz haben, der andere nicht. Unterbilanz bedeutet nur formell Überschuldung, infolge der Bewertungen kann das Vermögen trotzdem mehr wert sein als die Schulden. Unterbilanz heißt also, wenn alles richtig bewertet wäre, wäre der Geschäftsinhaber oder der Gesellschafter überschuldet. Eine etwas andere Bedeutung hat das Wort Unterbilanz bei den AG. und GmbH. Bei diesen ist das Grundkapital (Stammkapital) in der Bilanz nach seinem Nennwert als Passivum aufzuführen. Die Folge ist, daß das Reinvermögen der Gesellschaft nicht in einer Summe erscheinen kann, sondern der Mehrbetrag oder Minderbetrag gegenüber dem Grundkapital besonders aufgeführt werden muß. Der Mehrbetrag wird als Rücklagen, Reservefonds, Reserven bezeichnet, für den Minderbetrag ist der Ausdruck Unterbilanz üblich, weil er wie die echte Unterbilanz auf der Aktivseite stehen muß. Hier bedeutet also Unterbilanz auch nicht formell Überschuldung.

Ein Buchabschluß ist demnach bei doppelter Buchführung nur dann ordnungsmäßig erfolgt, wenn alle Konten abgeschlossen und ihre Salden unmittelbar oder mittelbar auf Bilanzkonto übertragen sind. Dabei darf aber bei den Bestandskonten nicht einfach der Saldo auf Bilanzkonto übertragen werden, sondern der vorhandene Bestand ist durch die Inventur zu ermitteln und nach Einsetzung seines Wertes in das Bestandskonto und Übertragung in die Bilanz der sich dann noch ergebende Saldo auf Verlust- und Gewinnkonto zu übertragen (vgl. auch RFH. VI A 1243/29 v. 31. 10. 28, StW. 29 Nr. 64). Die Aufstellung des Verlust- und Gewinnkontos bedeutet nur den Abschluß der Erfolgskonten und gemischten Konten, nicht aber der reinen Bestandskonten. Sie ist also nur ein Teil des Abschlusses. Bei fehlerfreier Führung der Handelsbücher und ordnungsmäßigem Abschluß müssen Bilanz und Verlust- und Gewinnkonto insofern übereinstimmen, als die nach der Bilanz sich ergebende Veränderung des Endvermögens gegenüber dem Anfangsvermögen (Gewinn oder Verlust) gleich dem in der Verlust- und Gewinnrechnung ausgewiesenen Betriebsergebnis des Geschäftsjahrs sein muß. Wenn in RFH. VI A 496/25 v. 2. 12. 26 (StW. 26 Nr. 62) bei fehlender Übereinstimmung von Bilanz und Verlust -und Gewinnrechnung die steuerliche Verwendung des Ergebnisses der letzten gebilligt wird, so hat das keine grundsätzliche Bedeutung.

Werden Inventur und Bilanz in Buchform geführt, dann gehören sie nach RFH. VI A 1317/29 v. 29. 10. 30 (RStBl. 31 S. 133, StW. 31 Nr. 78) zu den Handelsbüchern im Sinn des HGB. Wenn sie jeweils beim Jahresabschluß besonders aufgestellt werden, dann stellen sie sonst erforderliche Aufzeichnungen im Sinn des § 43 Abs. 1 HGB dar, die zu den Handelsbüchern im weiteren Sinn, auf die sich der 4. Abschnitt des HGB bezieht, gehören. Auch sie müssen daher den Grundsätzen ordnungsmäßiger Buchführung entsprechen. Der Kaufmann ist grundsätzlich nicht verpflichtet, in seinen Büchern und Bilanzen anzugeben, mit welchem Wert er die Gegenstände des Betriebsvermögens angesetzt hat, ob er sie nach dem gemeinen Wert oder nach dem Anschaffungswert abzüglich Abnutzungsabsetzungen bewertet hat. Dagegen müssen nach RFH. I A 270/30 v. 22. 12. 31 (RStBl. 32 S. 253, StW. 32 Nr. 539) geschätzte Beträge, z. B. für Rückstellungen, der Höhe nach aus der Bilanz ersichtlich sein, wenn die Schätzung anerkannt werden soll.

Wird für einen inländischen Gewerbebetrieb die Buchführung in ausländischer Währung geführt, dann ist es nach RFH. VI A 108/27 v. 30. 3. 27 (E. 21 S. 62, RStBl. 27 S. 161, StW. 27 Nr. 148) nicht zulässig, den zunächst in einer fremden Währung errechneten Gewinn in Reichsmark umzurechnen. Dem steht die Vorschrift des § 40 Abs. 1 HGB entgegen, wonach die Bilanz in Reichswährung aufzustellen ist. Als Handelsbilanz für ein im Inland betriebenes Geschäft kann also nur die in RM. aufgestellte Bilanz angesehen werden. Es genügt die Umrechnung der Bilanzposten nach dem Umrechnungskurs vom Bilanzstichtag. Dies gilt auch für Devisen als Zahlungsmittel. Soweit jedoch für die Bewertung die Anschaffungs- oder Herstellungskosten eines Wirtschaftsguts von Bedeutung sind, sind diese grundsätzlich nach dem Kurse vom Tag der Anschaffung oder Herstellung umzurechnen. Wegen der Berechnung der Anschaffungskosten von Waren s. Anm. 116 a, wegen Währungsforderungen Anm. 118 g, aa und wegen Währungsschulden Anm. 128 zu § 6 EStG.

34. Inventur (Bestandsaufnahme).

Für die Inventur (Bestandsaufnahme) im besonderen wird in RFH. VI A 1317/29 (s. Anm. 33 Abs. 3) anerkannt, daß die Zusammenfassung wesentlich gleichartiger Waren im Inventurverzeichnis in gewissen Fällen den Grundsätzen ordnungsmäßiger Buchführung nicht widerspricht. Wenn aber eine Inventur nach der Art ihrer Aufstellung selbst für einen Fachmann eine Nachprüfung der eingesetzten Werte in der Richtung, ob es sich um Anschaffungspreise oder gemeine Werte oder um reine Schätzung handelt, nicht ermöglicht und wenn weiter der Wiederbeschaffungspreis der Waren am Stichtag nicht auch nur annähernd ermittelt werden kann, weil die einzelnen Waren nach Art und Menge in der Inventur nicht bezeichnet sind, dann kann eine solche Inventur nicht mehr den Anspruch auf Ordnungsmäßigkeit erheben. Hinsichtlich der Anforderungen an die Ordnungsmäßigkeit einer Inventur gibt RFH. VI A 1883—1885/31 v. 1. 2. 33 (RStBl. 33 S. 1062, StW. 33

Nr. 590) ein durch Vermittlung des Deutschen Industrie- und Handelstags erstattetes Gutachten wieder, aus dem hervorgeht, daß die Bezeichnung der Waren in der Inventur nicht immer so genau zu sein braucht, daß eine Feststellung der einzelnen Gegenstände nach den Einkaufsrechnungen möglich sei. Zu unterscheiden sei insbesondere zwischen Einzel- und Großhandel, Neben- und Hauptartikeln, einfachen und wertvollen Gegenständen. Zusammenfassung und Schätzung (Durchschnittswerte) sei insbesondere bei gleichartigen oder im einzelnen schwer zu ermittelnden Beständen und bei Ladenhütern zulässig. Auch in RFH. VI A 348/36 v. 28. 1. 37 (RStBl. 37 S. 332, StW. 37 Nr. 149) wird die Gewährleistung der Nachprüfbarkeit der Inventurwerte gefordert; jedoch müsse die Inventur bei Stapelware nicht die Fakturenbezeichnung der einzelnen Stücke, wohl aber die Angabe der Art der Ware und des durchschnittlichen Einkaufspreises enthalten. Wenn in RFH. VI A 745/36 v. 2. 12. 36 (RStBl. 36 S. 1217, StW. 37 Nr. 7) keine Angabe über Qualität und Einkaufspreis verlangt werde, so habe damit nur gesagt werden sollen, daß die Qualität nicht im einzelnen umschrieben und nicht für jedes einzelne Stück der besondere Einkaufspreis angegeben sein müsse.

Nach RFH. VI A 1756/32 v. 5. 7. 33 (E. 34 S. 17, RStBl. 33 S. 763, StW. 33 Nr. 583) genügt beim Fehlen der Uraufzeichnungen der Bestandsaufnahme (Aufnahmezettel oder Aufnahmelisten) die Reinschrift der Wareninventur den Anforderungen einer brauchbaren Inventur, wenn sich aus den angegebenen Mengen und Preisen keine Bedenken gegen die Richtigkeit ergeben. In vielen Fällen betrachte der Kaufmann die Uraufzeichnungen nach Eintragung in das Bestandsverzeichnis für erledigt. Ob diese Uraufzeichnungen der Inventur in allen Fällen zu den Aufzeichnungen gehören, die der Kaufmann nach § 162 Abs. 8 AO aufbewahren muß, hat der RFH. dahingestellt gelassen. Fehlten Lagerbücher, dann sei die Steuerbehörde in der Hauptsache auf die in der Inventur vermerkten Mengen angewiesen. Auch in dieser Entsch. wird anerkannt, daß eine Zusammenfassung von Waren in der Inventur dann nicht zu beanstanden sei, wenn es sich um gleichartige Waren handle. Gleichartig seien die Waren dann, wenn sie in ihren Preisen nur wenig voneinander abwichen, so daß auch unter Berücksichtigung der Art und Größe des Betriebs der angesetzte Durchschnittspreis überschlägig nachprüfbar sei.

35. Zurechnung der Betriebsvorgänge zu einem Wirtschaftsjahr; Übergangsposten.

a) Für die Zurechnung von Betriebsvorgängen zu einem Wirtschaftsjahr gilt der bereits in Anm. 13 zu § 4 EStG erwähnte Grundsatz, daß **Betriebsvorgänge** regelmäßig in dem Wirtschaftsjahr zu buchen sind, in dem sie sich vollenden. Darnach müssen z. B. Forderungen und Schulden nach dem Zeitpunkt ihres Entstehens, Betriebseinnahmen und Betriebsausgaben nach dem Zeitpunkt ihrer Bezahlung buchmäßig ausgewiesen werden. Das bedeutet aber nicht, daß Betriebsvorgänge auch stets den Gewinn des hiernach maßgebenden Wirtschaftsjahrs beeinflussen dürfen. Steht ein Betriebsvorgang mit einem anderen Wirtschaftsjahr als dem seiner Vollendung im wirtschaftlichen Zusammenhang, dann muß er, soweit möglich, auch steuerlich durch entsprechende Buchungen das Betriebsvermögen am Schluß des wirtschaftlich zugehörigen Wirtschaftsjahrs erhöhen oder vermindern. Dieser Ausgleich wird bei Betriebsvorgängen, die künftigen Wirtschaftsjahren zugute kommen oder zur Last fallen, durch Einsetzung von Bilanzposten, die der Rechnungsabgrenzung dienen, herbeigeführt (s. Anm. 87 zu § 6 EStG). Gewerbesteuerschulden sind hiernach in dem Wirtschaftsjahr zu berücksichtigen, das sie wirtschaftlich belasten (RFH. VI A 542/29 v. 10. 7. 29, StW. 29 Nr. 690). Eine Tantieme, die von den Gesellschaftern einer GmbH. beschlossen wird, ist von der GmbH. in dem Wirtschaftsjahr als Betriebsausgabe auszuweisen, für das sie bezahlt ist. Hier wird von Bedeutung, daß die Gesellschafterversammlung einer Kapitalgesellschaft mit rückwirkender Kraft für den Stichtag über die Bilanzaufstellung entscheidet. Infolge der Zurechnung der von der Gesellschafterversammlung beschlossenen Tantieme zum abgelaufenen Wirtschaftsjahr deckt sich

regelmäßig das Wirtschaftsjahr, in dem die Tantieme bei der GmbH. als Betriebs=
ausgabe erscheint, nicht mit dem Kalenderjahr, in dem sie der Empfänger als ihm
zugeflossen versteuern muß (RFH. VI A 473/27 v. 25. 4. 28, RStBl. 28 S. 213,
StW. 28 Nr. 512). Übernimmt eine AG. die von den Aufsichtsratsmitgliedern ge=
schuldete Aufsichtsratssteuer, so stellt dies eine Vergütung dar, die die AG. ihren
Aufsichtsratsmitgliedern gewährt. Die Vergütung mindert als Betriebsausgabe
der AG. den Gewinn des Wirtschaftsjahrs, in das die Tätigkeit des Aufsichtsrats
fällt, für welche die versteuerte Tantieme gewährt ist (RFH. I A 149/27 v. 22. 11. 27,
StW. 28 Nr. 117).

b) Der Grundsatz, daß Betriebsvorgänge in dem Wirtschaftsjahr zu verbuchen
sind, in dem sie voll vollenden, ist jedoch nach RFH. VI A 1641/29 v. 27. 11. 29
(RStBl. 30 S. 328, StW. 30 Nr. 23) nicht starr anzuwenden. Soweit es sich um
kleinere Werte handelt, die erst am Ende des Wirtschaftsjahrs zur Abwicklung und
Behandlung kommen, soll es nicht als den vernünftig anzuwendenden Grundsätzen
ordnungsmäßiger Buchführung widersprechend angesehen werden, wenn aus=
nahmsweise die Buchung erst bei Einlauf und Zahlung einer Rechnung oder son=
stiger Bekanntgabe des Schuldbetrags erfolgt. Es soll aber dabei nicht kleinlich
verfahren und beachtet werden, daß es im ganzen genommen regelmäßig ohne
erhebliche praktische Bedeutung sei, ob solche **kleinere Übergangsposten** im einen
oder andern Wirtschaftsjahr zum Abzug kämen (ebenso RFH. VI A 2008/29 v.
15. 5. 30, RStBl. 30 S. 481, StW. 30 Nr. 1066). Diese Grundsätze gelten ins=
besondere für die laufenden Betriebsausgaben wie Löhne, Mieten, Versicherungs=
beiträge, Umsatzsteuer, Gewerbesteuer, Aufbringungsumlage und ähnliches. In
diesen Fällen soll also der allgemeine Grundsatz, daß Schulden, die am Bilanzstichtag
bereits entstanden sind, ohne Rücksicht auf ihre Fälligkeit oder Entrichtung als
Schuldposten in die Bilanz einzusetzen sind, nicht zu Raum kommen. Die Aus=
nahme gilt aber nur für Ausgaben, die regelmäßig wiederkehren und deren Höhe
in den einzelnen Jahren keinen wesentlichen Schwankungen unterliegt. Diese darf
der Kaufmann erst bei der Zahlung verbuchen, wenn er stets so verfährt, also in der
Verbuchungsart nicht willkürlich wechselt. Dieses Verfahren erscheint solange als
gerechtfertigt, als durch die von der Regel abweichende Verbuchungsart die Höhe
des Gewinns der einzelnen Wirtschaftsjahre nicht oder nur ganz unwesentlich be=
einflußt wird. Die Ausnahme gilt daher nicht für einmalige Zahlungen in außer=
gewöhnlicher Höhe, wie z. B. für eine Umsatzsteuernachforderung aus früher nicht
versteuerten Umsätzen. Diese Nachforderung ist ohne Rücksicht auf die buchmäßige
Behandlung der laufenden Steuerzahlungen im Wirtschaftsjahr, in das die Nach=
forderung fällt, nach den allgemeinen Grundsätzen als Schuld bzw. Betriebsausgabe
zu behandeln (RFH. VI A 516/33 v. 12. 4. 34, StW. 34 Nr. 358 und wegen einer
möglichen Berücksichtigung der Betriebssteuer=Nachforderungen bei Berichtigungs=
veranlagungen der früheren Wirtschaftsjahre s. Anm. 17, d Abs. 4 zu § 4 EStG).
Hat ein Kaufmann seine Feuerversicherung auf Jahresdauer abgeschlossen und läuft
das Versicherungsjahr abweichend vom Wirtschaftsjahr des Kaufmanns, dann kann
die im Voraus zu entrichtende Feuerversicherungsprämie nach dem Grundsatz über
die Behandlung kleinerer Übergangsposten im Wirtschaftsjahr der Zahlung voll
unter den Unkosten abgebucht werden, obwohl sie zum Teil für das folgende Ge=
schäftsjahr entrichtet ist. (Wegen der grundsätzlich erforderlichen Verteilung dieser
Aufwendungen vgl. Anm. 87 zu § 6 EStG). Nach RFH. I A 144/25 v. 19. 1. 26
(E. 18 S. 186, StW. 26 Nr. 183) braucht der Kaufmann die Zahlung nicht auf das
abgelaufene und folgende Geschäftsjahr zu verteilen, wenn es sich nur um eine
Jahresprämie handelt. Prämien, die für längere Zeiträume als ein Jahr voraus=
bezahlt werden, sind dagegen stets zu verteilen, d. h. der Mehrbetrag ist als Posten
zur Rechnungsabgrenzung auf der Aktivseite einzusetzen.

36. Stetigkeit der Bilanzgebarung (sog. innere Bilanzkontinuität).

Der RFH. hat in verschiedenen Entscheidungen die Lehre von der Kontinuität
oder Stetigkeit der Bilanzgebarung (im Gegensatz zur allgemeinen und besonderen

Kontinuität die innere Kontinuität f. Anm. 69) ausgebildet, wonach es mit den Grundsätzen ordnungsmäßiger Buchführung nicht vereinbar sei, daß eine von mehreren zulässigen Arten der Verbuchung einmal gewählte Art ohne triftigen Grund zugunsten einer anderen an sich ebenfalls zulässigen Art aufgegeben wird. Ein solches Verfahren würde gegen den im Wesen einer jeden ordnungsmäßigen Buchführung liegenden Grundsatz der Stetigkeit verstoßen, die Buchführung würde sich daher insoweit als nicht ordnungsmäßig darstellen und müßte berichtigt werden (vgl. z. B. RFH. VI A 496/26 v. 22. 12. 26, E. 20 S. 179, RStBl. 27 S. 97, StW. 27 Nr. 34 und VI A 292/27 v. 7. 12. 27, RStBl. 28 S. 92, StW. 28 Nr. 233). Dieser Grundsatz soll für alle Fälle gelten, in denen handelsrechtlich mehrere Bilanzierungsarten möglich und zulässig sind. Dann habe zwar der Kaufmann das Recht, die ihm zusagende zu wählen, ohne daß die Steuerbehörde ihm eine bestimmte vorschreiben dürfe (RFH. I A 79, 80/30 v. 16. 9. 30, RStBl. 30 S. 717, StW. 30 Nr. 1228). Habe er aber die Wahl ausgeübt, dann solle er auch für die späteren Wirtschaftsjahre an diese Wahl gebunden sein. Ein Wechsel in der Bilanzierungsart sei nur dann gerechtfertigt, wenn der Übergang zu einer anderen, ebenfalls zulässigen Art der Verbuchung sachlich und wirtschaftlich begründet und nicht willkürlich sei (RFH. VI A 930/31 v. 10. 2. 32, RStBl. 32 S. 532, StW. 32 Nr. 622 und I A a 420/29 v. 29. 8. 29, RStBl. 29 S. 543, StW. 29 Nr. 778). Dieser Grundsatz wird vor allem bei der Behandlung der zweifelhaften Forderungen in der Bilanz und bei der Verbuchung der Übergangsposten nach dem Entstehen oder nach der Zahlung von Bedeutung. In der Entsch. I A a 420/29 erklärt der RFH. für die Bewertung zweifelhafter Forderungen nicht nur die Bewertungsart, sondern auch den Abschreibungssatz, nach dem in den vorhergehenden Wirtschaftsjahren von dem Gesamtbetrag der Forderungen abgesetzt wurde, als für die späteren Jahre bindend, wenn sich die Verhältnisse nicht wesentlich geändert haben.

Diese bisher vom RFH. vertretene Ansicht, daß der Kaufmann an einmal befolgte Bilanzierungsgrundsätze für spätere Bilanzen gebunden ist, dürfte nicht aufrechtzuerhalten sein. Denn sie läßt sich weder aus dem Steuerrecht noch auch — im Gegensatz zur Auffassung des RFH. — aus den Grundsätzen ordnungsmäßiger Buchführung ableiten. Im handelsrechtlichen Schrifttum ist über eine derartige Bindung an die Bilanzierung in früheren Bilanzen nichts zu finden. Schlegelberger-Quassowski bezeichnen in ihrem Erläuterungsbuch zum AktG (Anm. 6 zu § 129) die Bilanzkontinuität, d. h. die Aufstellung der Bilanzen für die einzelnen Geschäftsjahre hinsichtlich Gliederung und Bewertung nach denselben Grundsätzen, zur Ermöglichung einer richtigen Erfolgsrechnung als empfehlenswert. Die Wahrung der Bilanzkontinuität sei aber gesetzlich nicht vorgeschrieben und auch nicht durch Handelsgewohnheitsrecht oder nach Maßgabe der Grundsätze ordnungsmäßiger Bilanzierung den Gesellschaften zur Pflicht gemacht. Auch Baumbach erklärt in seinem Erläuterungsbuch zum HGB (2. Aufl. 1933) zur Bewertungsvorschrift des § 40 Abs. 2 HGB unter Wertansatz (Anm. 3, a S. 76): „Eine Bilanzkontinuität gibt es nicht; an frühere Bilanzen ist der Kaufmann nicht gebunden." Darnach gibt es nach Handelsrecht weder den Grundsatz des Wertzusammenhangs, noch den der Stetigkeit der Bilanzgebarung. Nicht die Grundsätze ordnungsmäßiger Buchführung verlangen die Bilanzstetigkeit; sie liegt eigentlich mehr im Sinn der Betriebswirtschaftslehre, deren Grundsätze aber für das Steuerrecht nicht maßgebend sind (vgl. auch Mirre, Industrie und Steuer 1935 I, 191). Das EStG 1934 hat die bisher in § 20 EStG 1925 enthaltene Bilanzstetigkeit (Wertzusammenhang) nur noch für abnutzbare Wirtschaftsgüter des Anlagevermögens aufrecht gehalten. Diese Erweiterung der Bewertungsfreiheit für die Steuerbilanz, die nunmehr durch § 6 zum Zweck der größeren Anpassung der Steuerbilanz an die Handelsbilanz eingeführt ist, läßt es aus den gleichen Gründen zweckmäßig erscheinen, dem Steuerpflichtigen für die Bewertung in der Steuerbilanz nicht darüber hinaus noch Bindungen an frühere Bilanzen aufzuerlegen, die nach dem Handelsrecht nicht vertretbar erscheinen. Man wird die bisherige Auffassung des RFH. auch schon aus Gründen der Richtigkeit der Bilanz und der Vereinfachung ablehnen müssen. Es kommt häufig vor, daß

§ 5 EStG. Gewinn bei Vollkaufleuten. Anmerkung 37—38.

ein Kaufmann zu der Einsicht gelangt, daß die von ihm bisher befolgten Bilanzierungsgrundsätze nicht zutreffen, insbesondere, daß er den vermutlichen Ausfall bei Außenständen bisher unterschätzt hat. Den in der Zwischenzeit gemachten Erfahrungen bei der Bilanzierung Rechnung zu tragen, sollte er nicht gehindert werden. Es mag ja sein, daß man nicht feststellen kann, ob es sich wirklich um Änderung der Einsicht handelt oder um eine Abweichung aus steuerlichen Gründen. Aber deshalb ohne weiteres in allen Fällen steuerliche Gründe anzunehmen und auf der Befolgung der bisherigen Bilanzierungsgrundsätze zu beharren, erscheint nicht gerechtfertigt. In RFH. VI A 892/25 v. 8. 1. 36 (E. 39 S. 58, RStBl. 36 S. 430, StW. 36 Nr. 201) hat der Einkommensteuersenat des RFH. hinsichtlich der Bewertung von Forderungen eine innere Bilanzkontinuität ausdrücklich abgelehnt und ausgesprochen, daß der Kaufmann für die Bewertung der neu hinzutretenden Forderungen nicht an die bisher bei der Bewertung von Forderungen befolgten Grundsätze (Delkredere) gebunden sei, sondern die Forderungen, die am Ende des vorangegangenen Wirtschaftsjahrs noch nicht vorhanden waren, selbständig bewerten könne.

C. Die Handelsbilanz im besonderen.
37. Wesen der Bilanz.

Unter Bilanz versteht man eine besondere Form der Darstellung der Lage eines Betriebsvermögens, eine **Betriebsvermögensübersicht**. Wesentlich sind zunächst zwei Seiten nebeneinander. Auf der einen Seite, der linken, werden die zu der Vermögensmasse gehörigen günstigen Gegenstände (der Besitz, die Aktiva), auf der anderen, der rechten, die ungünstigen Gegenstände (die Schulden, Passiva) berücksichtigt. Jede Seite besteht aus Posten (nicht Konten) und jeder Posten aus zwei Teilen, aus einer Benennung, die angibt, welche Gegenstände in ihm berücksichtigt werden, und einer Zahl, die einen Geldbetrag bedeutet, der in derselben Bilanz immer in derselben Währung angegeben ist. Der zu jedem Posten gehörige Geldbetrag ist der Bilanzwert der in dem Posten berücksichtigten Gegenstände. Der Bilanz wesentlich ist endlich, daß die Summe der Geldbeträge der Posten einer jeden Seite unten angegeben ist und daß die beiden Seitensummen gleich sind. Dieses ist der Fall, weil auf der rechten Seite außer den Passivposten noch mindestens ein Posten mit der Bedeutung Reinvermögen steht und das bilanzmäßige Reinvermögen begrifflich gleich dem Mehrbetrag der Bilanzwerte der Aktiva gegenüber denen der Passiva ist. Infolgedessen müssen die beiden Seiten ohne weiteres dieselbe Summe ergeben. Nicht immer gelangt jedoch der Posten Reinvermögen als Unterschied der Aktiva und der Passiva in die Bilanz. Im Falle der Anfangsbilanz ist es anders. Wenn man ein Geschäft mit Aktiven und Passiven gekauft und dafür 50 000 RM. bezahlt hat, ist man berechtigt, zunächst einmal rechts einzusetzen: Reinvermögen 50 000 RM., sodann die richtig bewerteten Passiven und die Summe der rechten Seite auf die vorhandenen Aktiven angemessen zu verteilen. Wenn dies ohne Überbewertung der tatsächlichen Aktiva nicht möglich ist, findet der Ausgleich dadurch statt, daß man den fehlenden Betrag auf der linken Seite als Firmenwert oder Geschäftswert einsetzt. Es ist das Recht des Kaufmanns, bei Aufstellung der steuerlichen Eröffnungsbilanz so zu verfahren und es empfiehlt sich, auch bei Aufstellung der Handelsbilanz so zu verfahren.

38. Arten der Bilanzposten.

Es gibt also zunächst drei Arten von Bilanzposten: links Aktivposten (Besitzposten), rechts Passivposten (Schuldposten) und Reinvermögensposten. Es ist aber seit langem anerkannte Übung, bei manchen Gegenständen den Wert nicht in einem Betrag anzugeben, sondern durch den Unterschied zweier Beträge auszudrücken, z. B. den Wert von Forderungen, indem man den Nennbetrag in die Bilanz setzt, und den Minderwert gegenüber dem Nennbetrag in einem besonderen Posten berücksichtigt. Denkbar wäre es bei einem Nennbetrag von 100 000 RM. und einem Minderwert von 20 v. H. unter den Aktiven aufzuführen: Nennbetrag der Forderungen 100 000 RM., Minderwert = 20 v. H. — 20 000 RM. Negative Zahlen sind jedoch in der Bilanz nicht üblich. Da es nun für die Größe Reinvermögen gleichgültig ist, ob auf der einen Seite 20 000 RM. mehr oder auf der anderen Seite 20 000 RM. weniger stehen, so gilt der allgemeine Grundsatz: Jede Bilanzseite dient auch zur Darstellung der negativen Größen der anderen Seite. Es gibt danach negative Aktivposten, negative Passivposten und negative Reinvermögensposten. In § 133 Ziff. 6 AktG (§ 261 Ziff. 5 HGB) finden wir z. B. die Aufführung eines negativen Passivpostens, indem dort vorgeschrieben ist, daß bei Anleihen der Rückzahlungsbetrag unter die Passiva aufzunehmen und ein etwaiger niedrigerer Ausgabepreis durch Aufnahme des Unterschieds unter die Aktiva zu berücksichtigen ist. Der einfachste Fall eines negativen Reinvermögenspostens liegt vor bei Übersteigen der Bilanzwerte der Passiva über die Aktivwerte (Unterbilanz). Danach gibt es also im ganzen 6 Arten von Posten: Links Aktivposten, negative Passivposten, negative Reinvermögensposten, rechts Passivposten, Reinvermögensposten, negative Aktivposten. Weitere Arten von Posten gibt es nicht. Alle in § 131 AktG (§ 261 a HGB) erwähnten Posten gehören zu einer dieser Arten. Nicht ausgeschlossen sei natürlich, daß ein Posten Verschiedenartiges berücksichtigt, z. B. teils drohende Verluste an Aktiven, teils solche durch Entstehen von Verpflichtungen, in Wirklichkeit also teils Minderwert von Aktiven, teils mögliche Schulden berücksichtigt und daher zum Teil als negativer Aktivposten, zum Teil als positiver Aktivposten aufzufassen ist. Die negativen Aktiv- und Passivposten fallen unter den Begriff der Wertberichtigungsposten. Dieser Begriff ist aber etwas weiter, es kommt auch vor, daß der wirkliche Wert eines Gegenstands nicht durch einen Unterschiedsbetrag, sondern durch eine Summe ausgedrückt wird, z. B. der Wert einer hochverzinslichen, längere Zeit unkündbaren Schuld durch Aufführung des Nennbetrags und besondere Aufführung des Mehrwerts der Belastung. Hier steht der Wertberichtigungsposten natürlich auf derselben Seite wie der Posten, dessen Bewertung berichtigt wird.

39. Rücklagen (Reserven).

Eine Bewertung gibt es nur bei positiven und negativen Aktiv- und Passivposten (Bestandsposten), die Reinvermögensposten werden grundsätzlich nicht auf Grund einer Bewertung festgestellt, höchstens in dem Ausnahmefall, daß man etwa eine Einlage in der Bilanz besonders aufführt. Diese sind entweder das Ergebnis einer Berechnung oder Vereinbarung oder es beruht ihre Aufführung auf gesetzlicher Vorschrift wie der Posten Grundkapital, oder auf Willkür der Bilanzaufstellenden. Da die Bilanzwerte der Aktiva, seltener auch der Passiva, großenteils den Verhältnissen am Bilanzstichtag nicht zu entsprechen brauchen, ja vielfach nicht einmal dürfen, drückt auch das bilanzmäßige Reinvermögen keineswegs aus, wie hoch das Reinvermögen wirklich zu schätzen ist. Das bilanzmäßige Reinvermögen bleibt regelmäßig hinter dem selbst vorsichtig geschätzten wirklichen Reinvermögen auch bei steuerlich und handelsrechtlich richtiger Bilanzierung zurück. Man spricht dann von Rücklagen (Reserven). Das Wort Rücklage ist dahin zu bestimmen: Es bedeutet einen Geldbetrag, der vom Standpunkt richtiger Vermögensbewertung entweder auf der Aktivseite fehlt oder auf der Passivseite zu Unrecht steht. Ist der Geldbetrag auf der Passivseite erkennbar angegeben, spricht man von offenen, ist er nicht erkennbar, von stillen Rücklagen. Die stille Rücklage kann auf zu niedriger Bewertung eines Aktivpostens oder Fehlen eines Aktivpostens oder zu hoher Bewertung eines Passivpostens beruhen. Von stillen Rücklagen gelten folgende Lehrsätze:

1. Wegfall einer stillen Rücklage gibt keinen Buchverlust (steuerlichen Verlust). Beispiel: Ein Gegenstand war in der Bilanz mit 50 000 RM. bewertet, aber mindestens 80 000 RM. wert. Der wirkliche Wert sinkt auf 50 000 RM. Steuerlich und buchmäßig ohne Bedeutung.

2. Veräußerung eines Gegenstands zum wirklichen Wert ergibt einen Buchgewinn in Höhe der etwaigen stillen Rücklage. Beispiel: Wie vorher, nur Verkauf des Gegenstands zu 80 000 RM. Ergibt einen Buchgewinn von 30 000 RM.

§ 5 EStG. Gewinn bei Vollkaufleuten. Anmerkung 39—40.

3. Außer bei Anlagegegenständen läßt sich eine zur Zeit des Bilanzstichtags vorhandene stille Rücklage zur Erzielung eines Buchgewinns benutzen, soweit der bisherige Buchwert hinter den Anschaffungs= oder Herstellungskosten zurückblieb. Beispiel: Wie vorher, nur noch Anschaffungskosten 70 000 RM. Durch Höher= bewertung läßt sich ein Buchgewinn von 20 000 RM. ausweisen.

Der RFH. spricht in RFH. VI A 1506/28 v. 6. 2. 30 (RStBl. 30 S. 267, StW. 30 Nr. 357) von einer Kontrareserve. Es kommt nämlich vor, daß der handelsrecht= lich und auch steuerrechtlich zulässige Wert höher ist als der wirkliche Wert (vgl. § 133 Ziff. 1 Abs. 2 und Ziff. 2 Abs. 2 AktG, bisher § 261 Ziff. 1 Abs. 1 und 2 HGB). Bei Bewertung über den wirklichen Wert durch Überbewertung auf der Aktivseite und Unterbewertungen auf der Passivseite kann man in Höhe des Mehrbetrags gegen= über dem natürlich nur zu schätzenden wirklichen Werte von einer Kontrareserve sprechen. Von der Kontrareserve gelten folgende Lehrsätze:

1. Wegfall (Steigen des wirklichen Wertes) ergibt keinen Buchgewinn,
2. Verkauf zum wirklichen Wert ergibt einen unvermeidlichen Buchverlust,
3. Solange eine Kontrareserve vorhanden ist, kann sie zur Herbeiführung eines Buchverlusts benutzt werden. Ein Aktienpaket, das eine Anlage darstellt und einen Anschaffungspreis von 500 000 RM. hat, bleibt in der Bilanz mit diesem Betrag bewertet, obwohl der Kurswert 350 000 RM. ist. Weist nun die Bilanz in einem Wirtschaftsjahr einen hohen Gewinn aus, so kann die Gesellschaft diese Gelegenheit benutzen und die Kontrareserve durch Bewertung des Aktienpakets mit 350 000 RM. beseitigen, vorausgesetzt, daß diese Bewertung auch nach Steuerrecht zulässig ist. Ist der Teilwert wirklich nur 350 000 RM., dann ist in keiner Weise etwas dagegen einzuwenden, daß in dieser Weise der Ausweis eines hohen Gewinns vermieden wird.

Zu betonen ist, daß das Wort Rücklage nicht bedeutet, daß es sich um einen Reinvermögensposten handelt. Richtig ist, daß die gesetzliche Rücklage im Aktienrecht und der Reservefonds im Recht der GmbH. einen Reinvermögens= posten bedeuten. Wenn ich feststelle, daß ein Passivposten vom Standpunkt wirk= licher Vermögensbewertung unbegründet ist, so ergibt sich freilich, daß das wirkliche Reinvermögen um diesen Betrag höher sein muß als die Summe der etwa in der Bilanz aufgeführten Reinvermögensposten, soweit nicht etwa Kontrareserven vor= handen sein sollten. Aber darum ist der Posten nicht als Reinvermögensposten an= zusehen, er bleibt vielmehr nur ein vom Standpunkt richtiger Vermögensbewertung unberechtigter, für die Steuerbilanz mangels besonderer Vorschriften über die Zu= lässigkeit derartiger Posten zu streichender Passivposten der Handelsbilanz.

40. Reinvermögen.

a) Nicht immer wird das Reinvermögen in einem Posten aufgeführt. Der **Einzelkaufmann** kann z. B. in der Bilanz das Anfangskapital und etwaige Einlagen während des Jahres auf der rechten, etwaige Entnahmen auf der linken Seite auf= führen. Der Mehrbetrag des bilanzmäßigen ganzen Reinvermögens gegenüber der Summe von Anfangskapital und Einlagen, vermindert um die Entnahmen ist dann der wirkliche Gewinn des Jahres, ein etwaiger Minderbetrag der Verlust. Bei einer solchen Bilanzaufstellung brauchen im übrigen, richtige Bewertung vorausgesetzt, steuerliche Berichtigungen nicht vorgenommen zu werden. Bei der **OHG.** braucht die Handelsbilanz nur das Reinvermögen der Gesellschaft aufzuführen. Für die Steuerbilanz gibt es jedoch keine Bilanz der OHG., es ist vielmehr die Kapital= beteiligung eines jeden einzelnen Gesellschafters aufzuführen. Ist vereinbart, daß die Kapitalbeteiligungen fest sein sollen, d. h. daß etwaige Gewinne den Kapital= beteiligungen der einzelnen Gesellschafter nicht zuzuschreiben sind, so entstehen bei jeder Bilanzaufstellung Forderungen der Gesellschafter gegen die Gesellschaft in Höhe des Gewinns. Immer ist dies der Fall bei Kommanditbeteiligungen. Hier entsteht ein Problem, wenn die dem Gesellschaftsvertrag entsprechend auf= gestellte Bilanz einen niedrigeren Gewinn ergibt, als steuerlich anerkannt werden kann. Z. B. Kommanditbeteiligung des Gesellschafters Schulze 30 000 RM, Gewinnanteile des Schulze 5000 RM., der Minderwert der Außenstände ist auf 20 v. H. des Nennwerts bemessen, was dem Gesellschaftsvertrag entspricht, die Steuerbehörde erkennt jedoch nur einen Minderwert von 5 v. H. als berechtigt an, wonach sich für Schulze ein Gewinn von 7000 RM. ergibt. Die steuerliche Beanstandung kann nicht zur Folge haben, daß eine höhere Forderung des Schulze gegen die KoG. entsteht als 5000 RM. Wie ist es nun mit dem Grundsatz zu halten, daß die Kapitalbeteiligung des Schulze eine feste ist, also der Gewinn ihr nicht zugeschrieben werden kann. U. E. gilt der Grundsatz nur für die Handelsbilanz, die steuerliche Kapitalbeteiligung des Schulze beträgt jetzt 32 000 RM.

b) Es ist **unzutreffend, die AG. und GmbH. als Gesellschaften mit festem Kapital** zu bezeichnen. Die AG. sowohl wie die GmbH. sind juristische Personen, und sie haben sowohl handelsrechtlich wie steuerrechtlich allein Reinvermögen, während ihre Gesellschafter in der Bilanz grundsätzlich nicht zu berücksichtigen sind. Die AG. und GmbH. haben als juristische Personen Aktiva und Passiva. Die Gesellschafter stehen in keiner unmittelbaren Beziehung zu dem Gesellschaftsvermögen. Die juristische Person ist aber nicht nur Rechtssubjekt, sondern auch Rechtsobjekt und gehört als solches der Gesamtheit der Gesellschafter. Das ist im Handelsrecht vielleicht nicht so ganz klar, aber für das Steuerrecht ist das die einzig mögliche Auffassung, die allen Schwierigkeiten gerecht wird (s. auch Anm. 15 b zu § 1 RStG).

Wenn in der Bilanz einer GmbH. auf der rechten Seite steht: Stammanteil Schulze 30 000 RM., Stammanteil Müller 20 000 RM., so ist damit etwas angegeben, was eigentlich in die Bilanz nicht gehört. In diese gehört lediglich: Stammkapital 50 000 RM. Nach gesetzlicher Vorschrift ist das Reinvermögen der GmbH. in der Bilanz so darzustellen, daß unbedingt der Betrag des Stammkapitals auf der Passivseite aufgeführt wird. Sollte das Reinvermögen hinter diesem zurückbleiben, so ist der Minderbetrag auf der Aktivseite als negativer Reinvermögensposten aufzuführen, etwa unter der Bezeichnung Verlust oder Unterbilanz oder wenn man etwas verschleiern will, Ausgleichsposten. Ist das Reinvermögen größer als das Stammkapital, so sind positive Reinvermögensposten wie Gewinn oder Rücklage (Reservefonds) aufzuführen.

Ähnlich wie bei der GmbH. ist es bei der AG.: Grundkapital, gesetzliche Rücklage, sonstige Rücklagen, Gewinnvortrag und Gewinn sind hier Reinvermögensposten. Es muß unbedingt in die Bilanz eingesetzt werden das Grundkapital und die etwaige gesetzliche Rücklage, es müssen aber ferner alle Rücklagen hinein, die als zu Anfang des Jahres bestehend zu betrachten sind. Und nach neuerer Vorschrift muß auch der Gewinnvortrag des Vorjahrs aufgeführt werden. Wenn bei einem Grundkapital von 1 000 000 RM. eine Dividende von 6 v. H. beschlossen wird, entsteht eine Schuld der AG. in dieser Höhe an die Aktionäre, die für die AG. als mit dem Beginn des Jahres entstanden anzusehen ist. Der Beschluß hat also zur Folge, daß in der Anfangsbilanz eine Schuld von 60 000 RM. erscheint. Da nach dem Grundsatz des Bilanzenzusammenhangs an den Bestandsposten der Endbilanz nichts geändert werden darf, muß dieses Entstehen eines neuen Passivpostens zwischen Endbilanz und nächstjähriger Anfangsbilanz durch Verminderung von Reinvermögensposten ausgeglichen werden. Es muß also zunächst der Posten Gewinn, wenn dies möglich, um die 60 000 RM. vermindert werden. Sollte der Posten Gewinn dadurch nicht im wesentlichen beseitigt sein, kommt in Frage, ihn zum Teil zugunsten einer Rücklage zu vermindern. Soweit dies nicht geschieht, gilt der Posten Gewinn dem bisherigen Posten Gewinn als Vortrag zugeschrieben. Denn ein Posten Gewinn ist in der Anfangsbilanz unmöglich. In die nächste Endbilanz gehören alle Reinvermögensposten, wie sie sich als in der Anfangsbilanz auf Grund der Hauptversammlungsbeschlüsse zustande gekommen darstellen. Es ist handelsrechtlich nicht zulässig, einen dieser Reinvermögensposten im Lauf des Jahres zugunsten der Gewinn- und Verlustrechnung zu vermindern. Soweit der Posten Gewinn zum Ausgleich der Dividendenschuld von 60 000 RM. nicht ausreicht, ist ein anderer Reinvermögens=

§ 5 EStG. Gewinn bei Vollkaufleuten. Anmerkung 41. 235

posten zu vermindern. Dies kann ohne weiteres mit dem Posten Gewinnvortrag geschehen. Bei den freiwilligen Rücklagen ist zu untersuchen, ob die Voraussetzungen für ihre Verminderung gegeben sind. Sind sie nicht gegeben oder müßte man den Posten der gesetzlichen Rücklage vermindern, so ist der Dividendenbeschluß unzulässig und der Vorstand der Gesellschaft macht sich unter Umständen regreßpflichtig, wenn er den Beschluß nicht anficht. Er muß sogar darauf achten, ob es nicht infolge der beschlossenen Ausschüttung eine Erhöhung der Körperschaftsteuer (Mindeststeuer oder Ausschüttungssteuer) in Frage kommt und prüfen, ob die Einsetzung des erhöhten Betrags ohne Verminderung des Postens gesetzliche Rücklage möglich ist.

Vielfach liest man, daß in der Hauptversammlung beschlossen wurde, einen Teil des Gewinns zu Abschreibungen zu benutzen. Das ist grundsätzlich ein Widersinn. Denn nach dem Grundsatz des Bilanzenzusammenhangs kann sich die Anfangsbilanz von der vorhergehenden Endbilanz hinsichtlich der Bewertung von Gegenständen, die für die Endbilanz schon als vorhanden zu gelten haben, nicht unterscheiden. Gemeint ist, daß man die Möglichkeit, einen größeren Gewinn auszuweisen, benutzen will, unter Ausweis eines entsprechend geringeren Gewinns angebrachte, aber nicht unbedingt erforderliche Abschreibungen vorzunehmen. Die Gesellschaft darf sich nicht wundern, wenn die Steuerbehörde den Beschluß nicht so auffaßt und der Körperschaftsteuer den zunächst ausgewiesenen höheren Gewinn zugrunde legt. Man kann die Abschreibung nur dann als schon in der Endbilanz selbst vorgenommen ansehen, wenn sie in der veröffentlichten Bilanz gemacht ist (vgl. auch Anm. 52).

41. Bewertung der Bestandsposten.

Bei den Bestandsposten (Aktiv- und Passivposten) ist von Wichtigkeit, sich zunächst über den Begriff Wert klar zu werden. Unter Wert im Sinn des Rechts versteht man stets einen Geldbetrag, der für einen Gegenstand in irgend eine Berechnung einzusetzen ist. Beispiel einer solchen Berechnung: der Pflichtteil. An Stelle des Nachlasses muß ein Geldbetrag gesetzt werden, bei dessen Ermittlung sämtliche zum Nachlaß gehörige Rechte und Pflichten zu berücksichtigen sind. Danach muß nun jeder positive und negative, zum Nachlaß gehörige Gegenstand mit einem Geldbetrag berücksichtigt werden und diesen Geldbetrag nennt man den Wert im Sinn der Berechnung des Pflichtteils. Bei dieser Berechnung kommen nur Gegenwartswerte in Frage, d. h. solche Werte, die den zukünftigen Ausnützungsmöglichkeiten entsprechen. Die Vergangenheit kommt nur in Frage, um Schlüsse auf die Zukunft zu ziehen. Ganz anders liegt es bei der Wertermittlung im Bilanzrecht. Hier spielen historische Werte eine große Rolle, d. h. Geldbeträge, deren Höhe nur bei Kenntnis der Vergangenheit festzustellen ist. In der Hauptsache handelt es sich um die Bewertung nach den Anschaffungs- oder den Herstellungskosten. Der Bedeutung dieser historischen Werte liegt der Gedanke zugrunde, daß man aus den Aufwendungen für die Anschaffung oder Herstellung eines Gegenstands regelmäßig ersehen kann, daß der Kaufmann diesen Gegenstand wirklich bei sorgfältiger Überlegung so hoch geschätzt hat, während man bei einer Feststellung des Gegenwartswerts nicht wissen kann, ob der Kaufmann dabei mehr oder weniger sorgfältig vorgegangen ist. AktG, GmbHG und EStG führen die Anschaffungs- und Herstellungskosten als Wertmaßstab an, nicht dagegen das HGB (vgl. im übrigen Abs. 3 u. Anm. 97 ff. zu § 6 EStG).

Die Anschaffungs- oder Herstellungskosten sind aber natürlich im Bilanzrecht nicht allein maßgebend. Es kommt auch eine Bewertung nach dem Gegenwartswert in Frage. Das Steuerrecht kennt als Hauptgegenwartswert den gemeinen Wert, der sich nach dem erzielbaren Kaufpreis bestimmt. Man beachte, der gemeine Wert ist nicht etwa der erzielbare Kaufpreis, sondern er bestimmt sich nur nach dem erzielbaren Kaufpreis. Sonst müßte man berücksichtigen, wenn jemand 50 Aktien geerbt hat, daß, wenn er sie alle 50 verkaufen wollte, der augenblickliche Kurs natürlich nicht zu erzielen wäre. Der erzielbare Kaufpreis soll nur der Hauptanhaltspunkt für die allgemeine Schätzung im Verkehr sein und deshalb ist es bei Bewertung von

Aktien, falls es sich nicht um sogen. Aktienpakete handelt, unerheblich, ob man wenig oder viel Aktien derselben Art besitzt. HGB, AktG und GmbHG bezeichnen den Gegenwartswert (Zeitwert) allgemein mit dem „Wert" am Abschlußstichtag, dazu kommt nach dem AktG noch der „Markt= oder Börsenpreis" für Umlaufgüter. Für das Bilanzsteuerrecht hat die Rechtsprechung des RFH. den Begriff Teilwert herausgearbeitet, und dieser Begriff ist von dem neuen Einkommensteuergesetz für die Bewertung der Wirtschaftsgüter des Betriebsvermögens anerkannt worden (vgl. Anm. 106 ff zu § 6 EStG).

Die handelsrechtlichen Bewertungsvorschriften sind grundsätzlich nur als Höchstwertvorschriften anzusehen, d. h. sie geben an, wie hoch höchstens gegangen werden darf, ein Zurückbleiben bei Aktiven (bei Passiven natürlich eine Höherbewertung) ist zulässig, jedoch wohl nur so weit, daß man noch von einer ernst= haften Bewertung sprechen kann. Für AG. gelten andere Bewertungsvorschriften als für GmbH. und für diese andere als für Einzelkaufleute und OHG. Der im Steuerrecht geltende Grundsatz: keine Bewertung über den Anschaffungswert ist im Handelsrecht nicht allgemein anerkannt. Er gilt nach dem Wortlaut der Vorschriften nur für AG. und bei Gegenständen des Anlagevermögens auch für die GmbH. Im übrigen gilt er nach dem Wortlaut des § 40 Abs. 2 HGB nicht. Vielfach nahm man an, daß sich alle Kaufleute nach den Vorschriften des Aktienrechts in der Fassung der Aktienrechtsnovelle zu richten hätten. Für den § 261 HGB alter Fassung hat der RFH. die für die Bewertung von Wertpapieren und Waren mit einem Börsen= oder Marktpreis geltende Regelung der Ziff. 1 nicht als für Einzelkaufleute, Personen= gesellschaften usw. bindend angesehen (RFH. VI A 844/30 v. 13. 11. 30, RStBl. 31 S. 110, StW. 31 Nr. 85), wohl aber hat er die Vorschrift der Ziff. 3 über die Be= wertung von Gegenständen des Anlagevermögens, die der Abnutzung unterliegen, mit den um die Abnutzungsabsetzungen gekürzten Anschaffungs= oder Herstellungs= kosten trotz einem geringeren gemeinen Wert als eine für sämtliche buchführungs= pflichtigen Kaufleute geltende Buchführungsregel erklärt (RFH. VI A 594/27 v. 17. 4. 29, RStBl. 30 S. 449, StW. 29 Nr. 506), und diese Auffassung für den entsprechenden § 261 Ziff. 1 HGB i. d. F. der Aktienrechtsnovelle bestätigt (RFH. VI A 2002/32 v. 11. 1. 33, RStBl. 33 S. 372, StW. 33 Nr. 277). Ebenso ist die Bewertung von Beteiligungen (von Wertpapieren, die dauernd zum Geschäfts= betriebe bestimmt sind) nach RFH. VI A 500/32 v. 19. 5. 32 (RStBl. 32 S. 728, StW. 32 Nr. 822) auch für Einzelkaufleute und Personengesellschaften nach § 261 Ziff. 1 Abs. 2 HGB neuer Fassung vorzunehmen. Man kann davon ausgehen, daß die an sich nur für die AG. geltenden Bewertungsregeln des § 261 a. a. O. in der Fassung der Aktienrechtsnovelle und auch des § 133 AktG dem neuesten Stand sorg= fältiger kaufmännischer Übung und damit den Grundsätzen ordnungsmäßiger Buchführung entsprechen. Soweit in ihnen allgemeine Grundsätze wie z. B. für die Bewertung der Gegenstände des Anlage= und Umlaufvermögens enthalten sind, werden sie als allgemeine Regeln ordnungsmäßiger Buchführung von allen buch= führungspflichtigen Kaufleuten zu beachten sein. Der veraltete § 40 Abs. 2 HGB wird daher entgegen seinem Wortlaut so auszulegen sein, daß er den Grundsätzen ordnungsmäßiger Buchführung entsprechend den gemeinen Wert nur dann maß= gebend sein läßt, wenn er die Anschaffungs= oder Herstellungskosten nicht übersteigt.

42. Maßgeblichkeit der Verhältnisse am Bilanzstichtag.

Grundsätzlich sind die Bilanzansätze nach den Verhältnissen an dem Tage, für den die Bilanz aufzustellen ist, zu machen, nicht etwa nach den Verhältnissen des Tages der Bilanzaufstellung. Maßgebend ist also der sog. Bilanzstichtag, d. h. der Schluß des Kalenderjahrs ist oder des vom Kalenderjahr abweichenden Wirtschafts= jahrs, für das Handelsbücher geführt werden. Dies gilt sowohl von Ereignissen, wie auch von Bewertungen. Unzulässig ist es, Ereignisse, die erst nach dem Bilanz= stichtag eingetreten sind und am Bilanzstichtag noch nicht vorauszusehen waren, bei der Bilanzierung zu berücksichtigen. Wenn am Bilanzstichtag eine Verbindlichkeit überhaupt noch nicht besteht, so ist ein zwingender Grund für die Einsetzung eines

§ 5 EStG. Gewinn bei Vollkaufleuten. Anmerkung 42—43. 237

Passivums auch dann noch nicht gegeben, wenn am Stichtag unzweifelhaft feststeht, daß im folgenden Wirtschaftsjahr eine bestimmte Ausgabe erwachsen wird (RFH. I A a 582/28 v. 7. 3. 30, RStBl. 30 S. 279, StW. 30 Nr. 868). Das Gleiche gilt von einer am Bilanzstichtag noch nicht vorauszusehenden, im folgenden Wirtschaftsjahr eingetretenen Erhöhung einer Schuld, oder unter den gleichen Voraussetzungen von der nach dem Bilanzstichtag eingetretenen Entwertung von Wertpapieren. Ebensowenig liegt eine Betriebsausgabe vor, wenn am Stichtag ein Betrag noch nicht verausgabt ist, sondern die Mittel nur als Rücklage für etwaige künftige Ausgaben in der Bilanz bereitgestellt sind (RFH. VI A 491/25 v. 4. 11. 25, E. 17 S. 332, RStBl. 26 S. 33, 141, StW. 26 Nr. 14). Trägt der Kaufmann trotzdem diesen Umständen durch Einsetzen eines Passivums Rechnung, so handelt es sich um eine echte Rücklage, die den Gewinn des Wirtschaftsjahrs nicht vermindern darf, und nicht um eine Rückstellung.

In diesem Zusammenhang wird von Bedeutung, daß bei einer Kapitalgesellschaft grundsätzlich alles, was die Hauptversammlung für ein Geschäftsjahr beschließt, für die Kapitalgesellschaft selbst und damit für die Bilanzierung als bereits am Ende des abgelaufenen Geschäftsjahrs eingetreten gilt. Beschließt also die Hauptversammlung im Jahre 1938 für das Geschäftsjahr 1937 eine Aufsichtsratstantieme von 20 000 RM., so gilt diese Tantieme als im Geschäftsjahr 1937 beschlossen, gleichgültig, ob und inwieweit die Aufsichtsratsmitglieder einen Rechtsanspruch hatten. Man kann also in allen Fällen, in denen eine Versammlung der Gesellschafter mit verbindlicher Kraft über die Bilanzfeststellung entscheidet, nicht sagen, der Gewinn stehe mit Ablauf des Wirtschaftsjahrs bereits fest, da er nach den Vorschriften des HGB und den Grundsätzen ordnungsmäßiger Buchführung zu ermitteln sei. Durch die Hauptversammlung wird nicht nur über die Wahl zwischen verschiedenen zulässigen Bewertungsarten und Wertansätzen überhaupt, sondern auch über Ausgaben und sonstige Bilanzposten rückwirkend mit verbindlicher Kraft für den Stichtag entschieden. Dieser Grundsatz erfährt aber dann eine Ausnahme, wenn eine spätere außerordentliche Gesellschafterversammlung nach Genehmigung der Bilanz durch die Gesellschafterversammlung einer GmbH. für die Geschäftsführer eine nachträgliche Gehaltserhöhung für das abgelaufene Geschäftsjahr beschließt. In diesem Fall wird in RFH. I A a 349/29 v. 8. 10. 29, RStBl. 29 S. 600, StW. 29 Nr. 1028) die durch den Beschluß herbeigeführte Gehaltsschuld als eine nach dem Bilanzstichtag entstandene Verpflichtung angesehen, die die GmbH. weder zu einer Berichtigung noch zu einer Änderung der Schlußbilanz des vorangegangenen Geschäftsjahrs berechtigte.

Selbstverständlich ist, daß auch die Ergebnisse einer Betriebsprüfung, die für ein bereits abgeschlossenes Geschäftsjahr in einem späteren Jahre erfolgt, für das abgeschlossene Geschäftsjahr maßgebend sind, soweit Bilanzposten der Endbilanz dieses Geschäftsjahrs mit Erfolg beanstandet sind. Die beanstandeten Bilanzposten haben dann mit Wirkung für den Bilanzstichtag als abgeändert zu gelten. Nach RFH. VI A 2007/30 v. 9. 3. 32 (StW. 32 Nr. 735) sind aber auch etwaige weitere unmittelbare Auswirkungen der Betriebsprüfung für den Bilanzstichtag zu beachten, so z. B. eine dem erhöhten Betriebsgewinn entsprechende Erhöhung des Gewinnanteils eines stillen Gesellschafters als Betriebsschuld. In gleicher Weise müßte nach dieser Entsch. der Umstand, daß erst ein gewisser Mindestertrag eines Unternehmens die Verzinsungspflicht auslöst oder den Gläubiger zur Geltendmachung einer anderen Verbindlichkeit veranlaßt, berücksichtigt werden, wenn erst nachträgliche Erhebungen ergeben, daß dieser Mindestgewinn erreicht oder überschritten ist.

43. Beurteilung von Unsicherheiten (Ermessen des Kaufmanns).

a) Für die Beurteilung von am Bilanzstichtag bestehenden Unsicherheiten, die sich vor allem bei der Bewertung von unsicheren Schulden, von zweifelhaften Forderungen, der Möglichkeit von Inanspruchnahmen aus Haftpflichten, der Bewertung von im Rechtsstreit befindlichen Forderungen und Verbindlichkeiten ergeben, ist dem **Ermessen des Kaufmanns** nach der Rechtsprechung der RFH. ein weiter Spielraum gegeben. Es ist die Auffassung des buchführenden Kaufmanns für den Stichtag zu beachten; jedoch muß die Bewertung einer sachlichen Nachprüfung der gesamten Tatumstände nach den Grundsätzen ordnungsmäßiger Buchführung standhalten (RFH. VI A 169/34 v. 26. 6. 35, RStBl. 35 S. 1449). Nach RFH. I A 325/31 v. 1. 12. 31 (StW. 32 Nr. 772) z. B. kommt es bei der Bewertung von Forderungen vorzugsweise auf die Beurteilung durch den Pflichtigen selbst an; er müsse die Verhältnisse seiner Schuldner am besten kennen, auch sei ihm ein gewisser Spielraum in der Bewertung zu lassen. Es sei aber den Steuerbehörden nicht etwa jede Nachprüfung verwehrt, der schließliche Maßstab müsse doch ein sachlicher (objektiver) sein. Eine Forderung, die unbestritten entstanden und mit deren Ausfall nach den dem Gläubiger bekannten Verhältnissen des Schuldners nicht zu rechnen sei, dürfe nicht als uneinbringlich abgeschrieben werden. Bedenklich ist nur, daß von einer Prüfung gesprochen wird, ob die Bewertung den Grundsätzen ordnungsmäßiger Buchführung entspreche. Nach weitverbreiteter Auffassung des Handelsrechts widerspricht auch die niedrigste Bewertung nicht den Grundsätzen ordnungsmäßiger Buchführung, und wer nicht ganz so weit gehen will, wird doch immerhin handelsrechtlich manche niedrigere Bewertung zulassen, die steuerlich nicht anerkannt werden könnte. Nach RFH. I A 82/34 v. 8. 1. 35 (StW. 35 Nr. 112) bedeutet subjektives Ermessen nicht Willkür und darf es nicht dazu führen, den Gewinn innerhalb der einzelnen Steuerjahre nach Belieben zu regeln. Vielmehr sei es Sache der Steuerbehörde, nachzuprüfen, ob das behauptete Ermessen des Pflichtigen mit den jeweilig vorliegenden Tatsachen vereinbar sei. Der Steuerbehörde ist es also nicht verwehrt, bei der Bewertung einer rechtshängigen Forderung die Aussichten des Rechtsstreits zu beurteilen und dabei zu der Ansicht zu gelangen, daß die Forderung mit einem Teil des Nennwerts zu bewerten war. Für die Beurteilung der Verhältnisse am Bilanzstichtag kommen die Erfahrungen der Vergangenheit nur als Hilfsmittel in Frage, eine selbständige Bedeutung kommt ihnen nach RFH. VI A 407/27 v. 12. 8. 27 (E. 22 S. 27, RStBl. 28 S. 5, StW. 27 Nr. 405) nicht zu.

Wenn dem Kaufmann von der Rechtsprechung gestattet ist, den Wert unsicherer Bilanzposten, wie z. B. Forderungen, nach seinem sachlichen Ermessen zu schätzen, dann muß andererseits im allgemeinen davon ausgegangen werden, daß er als Bestunterrichteter die Schätzung zutreffend für den Bilanzstichtag vorgenommen hat (RFH. VI A 37/36 v. 26. 2. 36, StW. 36 Nr. 199). Eine Änderung der Schätzung insbesondere eine Erhöhung des Delkrederepostens ist deshalb auch nicht unter dem Gesichtspunkt der Bilanzänderung möglich; denn eine Bilanzänderung bedeutet regelmäßig die Wahl einer anderen Bewertungsart. Hier will aber der Steuerpflichtige kein ihm nach Handels- und Steuerrecht zustehendes Wahlrecht anders ausüben als in der eingereichten Bilanz, sondern er will im Rahmen des ihm für die Schätzung zustehenden Bewertungsspielraums, z. B. die Höhe der Forderung anders bestimmen, weil es ihm nunmehr steuerlich vorteilhafter erscheint. Das ist unzulässig. Ein Abgehen von der Schätzung kann ihm vielmehr nur gestattet werden, wenn er für den Bilanzstichtag den zwingenden Nachweis erbringt, daß seine Schätzung unrichtig war (RFH. VI A 146/36 v. 22. 4. 36, StW. 36 Nr. 279 und VI A 842/36 v. 23. 6. 37, RStBl. 37 S. 831, StW. 37 Nr. 417).

Wegen der Bemessung der Wertabschreibung bei zweifelhaften Forderungen vgl. Anm. 118 d, bb zu § 6 EStG und der Rückstellungen für der Höhe nach noch nicht feststehende Verbindlichkeiten Anm. 120 d zu § 6 EStG.

b) Den am Bilanzstichtag bestehenden Unsicherheiten ist nach diesen Grundsätzen bei der Bewertung des betreffenden Bilanzpostens Rechnung zu tragen. Ist eine bereits entstandene Forderung oder Schuld ihrer Höhe nach noch nicht bekannt, dann muß sie mit einem geschätzten Betrag in die Bilanz eingesetzt werden. § 100 Abs. 1 AO sieht eine **vorläufige Festsetzung der Steuer oder die Aussetzung der Steuerfestsetzung** gegen oder ohne Sicherheitsleistung vor, wenn ungewiß ist, ob jemandem ein Gegenstand gehört oder ob ein Recht verwirklicht werden kann oder wenn aus besonderen Gründen der Wert eines Gegenstands nicht sofort ermittelt werden kann. Danach soll bei besonderen Ungewißheiten ein vorläufiger Steuerbescheid zulässig und die tatsächliche Gestaltung der Dinge für die endgültige Steuerfestsetzung maßgebend sein. Nach RFH. VI A 713/28 v. 12. 6. 29 (StW. 29 Nr. 691) soll die Steuerbehörde jedoch wegen Unsicherheit der Bewertung nur ganz ausnahmsweise zur Vornahme einer vorläufigen Veranlagung dann berechtigt sein, wenn eine schätzungsweise Berücksichtigung der unsicheren Umstände wegen der besonderen Höhe und Bedeutung der in Betracht kommenden Beträge unangebracht erscheint, so daß der Kaufmann auch nach den Grundsätzen ordnungsmäßiger Buchführung seinen Gewinn bis zur Behebung der Unsicherheit in der Schwebe lassen darf.

c) Nicht in jedem Fall kann dem Steuerpflichtigen, wie in RFH. VI A 662/27 v. 14. 3. 28 (RStBl. 28 S. 278, StW. 28 Nr. 412) entschieden wurde, zugemutet werden, unsichere Bilanzposten z. B. mit Rücksicht auf einen schwebenden Rechtsstreit mit bindender Kraft zu schätzen. Ausnahmsweise müsse ihm auch überlassen bleiben, eine **Rückstellung** mit der Bedeutung zu machen, daß sie weder als ein Bewertungskonto (richtig Wertberichtigungsposten) noch als eine echte Rücklage anzusehen sei, sondern die Höhe des Reinvermögens und damit des Bilanzgewinns insoweit in der Schwebe lasse. Bei diesem Verfahren handle es sich um etwas ungewöhnliches und es dürfe nur ausnahmsweise so verfahren werden. Einen Anhaltspunkt für das Verfahren bei solchen Unsicherheiten gewinne man bei der Unterstellung, daß ein lediglich am Gewinn beteiligter Gesellschafter oder Angestellter am Bilanzstichtag ausscheide und das Guthaben des Ausscheidenden zu berechnen sei. Erscheine jede schätzungsweise Berücksichtigung der unsicheren Umstände nach Recht und Billigkeit insbesondere auch wegen der Höhe der in Betracht kommenden Beträge unangebracht, so daß nur eine vorläufige Festsetzung des Guthabens übrig bleibe, und sei nachträgliche Änderung der Bilanzen vorzubehalten, so sei es auch gerechtfertigt, eine Bilanz mit einem derartigen Vorbehalt in Gestalt einer Rückstellung aufzustellen.

44. Berücksichtigung der nach dem Bilanzstichtag eingetretenen Entwicklung der Verhältnisse.

Wenn darnach für die Bilanzaufstellung ausschließlich die Verhältnisse vom Bilanzstichtag maßgebend sind, so hindert dieser Grundsatz doch nicht, bei zweifelhaften Fragen die nach dem Bilanzstichtag bis zur Bilanzaufstellung oder Veranlagung eingetretene tatsächliche Entwicklung zu berücksichtigen. Nach kaufmännischer Gepflogenheit können bei der Wertermittlung im Sinn des § 40 Abs. 2 HGB auch Tatsachen berücksichtigt werden, die erst zwischen dem Bilanzstichtag und dem Zeitpunkt bekannt geworden sind, in dem die Bilanz aufgestellt wird. Dieser in kaufmännischen Kreisen herrschenden Auffassung haben sich RG. und RFH. angeschlossen (RFH. VI A 844/30 v. 13. 11. 30, RStBl. 31 S. 110, StW. 31 Nr. 85). Der RFH. hat diesen Grundsatz unter Berücksichtigung seiner bisherigen Rechtsprechung dahin ausgelegt, daß nur solche Tatsachen zu beachten sind, die objektiv bereits für den Bilanzstichtag gelten (RFH. VI A 533/31 v. 17. 6. 31, RStBl. 31 S. 813, StW. 31 Nr. 791). Nach RFH. VI A 381/31 v. 2. 3. 32 (RStBl. 32 S. 510, StW. 32 Nr. 623) ist die Berücksichtigung der zwischen dem Bilanzstichtag und der Bilanzaufstellung erlangten besseren Einsicht über die Verhältnisse am Bilanzstichtag für den Kaufmann nicht nur zulässig, sondern sogar geboten. Wenn in der Zeit Zeit zwischen Bilanzstichtag und Bilanzaufstellung ein Schuldner in Konkurs fällt, so muß danach regelmäßig die Forderung entsprechend bewertet werden, auch wenn am Bilanzstichtag der Konkurs für Außenstehende nicht vorauszusehen war. Anders liege es nur, wenn der Konkurs durch unerwartete, nach dem Bilanzstichtag eingetretene Umstände veranlaßt sein sollte. Es gilt also der Satz: Das Bekanntwerden ungünstiger Umstände ist zu beachten, nicht aber das nachträgliche Eintreten. Das bekannteste Beispiel ist: Nach dem Bilanzstichtag stellt sich das Vorhandensein von Hausschwamm heraus, zu beachten; nach dem Bilanzstichtag brennt das nichtversicherte Gebäude ab, nicht zu beachten. In RFH. I A 97/34 v. 4. 9. 34 (RStBl. 34 S. 1366, StW. 34 Nr. 686) wird die Frage behandelt, wie Forderungen in ausländischer Währung zu bewerten sind, wenn in der Zeit zwischen dem Bilanzstichtag und dem Tage der Bilanzaufstellung Maßnahmen des ausländischen Staates getroffen wurden, die ein Absinken des Kurses zur Folge hatten. Dieses Absinken darf nicht berücksichtigt werden. Zweifellos liegt der Fall anders als der, daß ein Schuldner am Stichtag für zahlungsfähig gilt und zur Zeit der Bilanzaufstellung Umstände bekannt waren, die ihn als schon am Bilanzstichtag in ungünstigen Verhältnissen befindlich erscheinen ließen. Es ist nicht zu verkennen, daß der vorliegende Fall mehr Ähnlichkeit mit dem zweiten Fall in dem Schulbeispiel hat. Aber ist diese Ähnlichkeit nicht mehr eine äußerliche (vgl. auch Anm. 118 g, aa zu § 6 KStG)? Nach den gleichen Grundsätzen kann für die Frage, ob nach den Verhältnissen am Bilanzstichtag eine Rückstellung wegen drohender Haftung zulässig ist, die nachträgliche Entwicklung der Dinge bis zur Beendigung der Tatsachenrechtstufe im Veranlagungsverfahren Rechnung getragen werden (RFH. VI A 2025/32 v. 13. 6. 33, RStBl. 33 S. 1014, StW. 33 Nr. 641). Das Gleiche gilt, wenn bis zu diesem Zeitpunkt eine bisher ihrer Höhe nach unbestimmte Forderung festgestellt wird.

45. Vermutung der Richtigkeit der Buchführung und Bilanz.

Eine Buchführung, die den Vorschriften des § 162 AO entspricht, hat die Vermutung ordnungsmäßiger Führung (vgl. § 208 AO; Anm. 11 b zu § 4 EStG), wenn nach den Umständen des Falles kein Anlaß besteht, ihre sachliche Richtigkeit zu beanstanden. Die Steuerbehörde muß sie daher anerkennen, wenn sie nicht ausreichende Gründe dafür vorbringen kann, daß die einzelnen Buchungen nicht den Tatsachen entsprechen oder die Bilanzposten unrichtig sind. Auch der Steuerpflichtige selbst, der nachträglich die Unrichtigkeit einer Buchung behauptet, muß diese zum mindesten glaubhaft machen. Die Anerkennung der Ordnungsmäßigkeit setzt grundsätzlich formelle Ordnungsmäßigkeit voraus. Nur über einzelne formelle Mängel kann insbesondere dann hinweg gesehen werden, wenn der Steuerpflichtige nachweist, daß sachliche Unrichtigkeiten nicht entstanden sind (vgl. RFH. I A 415/30 v. 31. 7. 31, StW. 32 Nr. 365). Wegen der Bedeutung der formellen Mängel vgl. auch Anm. 11 c zu § 4 EStG. Nach dem Gutachten RFH. Gr. S. D 10/36 v. 19. 12. 36 (E. 40 S. 264, RStBl. 37 S. 1, StW. 37 Nr. 71) hat eine Buchführung auch) dann nicht unbedingt die Vermutung ordnungsmäßiger Führung für sich, wenn sie durch einen vom FA. zurückgewiesenen Stundenbuchhalter erfolgt, dessen Weiterbeschäftigung das FA. dem Steuerpflichtigen untersagt hat. Die Buchführung könne jedoch aus diesem Grunde nicht ungeprüft als nicht vorhanden betrachtet werden. Verstößt eine Bilanz sachlich in wesentlichen Teilen gegen die Grundsätze ordnungsmäßiger Buchführung, hat z. B. eine Gesellschaft, um Gewinn ausweisen zu können, die Abschreibungen in ihrer Bilanz zu gering bemessen, so beseitigt diese Unrichtigkeit die Vermutung der Richtigkeit für die ganze Bilanz. In diesem Fall kann sich die Gesellschaft für die Richtigkeit einer von ihr schätzungsweise ermittelten Rückstellung nach RFH. I A 270/30 v. 23. 12. 31 (RStBl. 32 S. 253, StW. 32 Nr. 529) nicht mehr auf ihre Eigenschaft als sorgfältiger Kaufmann berufen und Anerkennung des geschätzten Postens verlangen. Infolgedessen durfte die Steuerbehörde die Rückstellung selbst schätzen und hatte die Gesellschaft nachzuweisen, daß ihre Schätzung richtig und die der Steuerbehörde falsch war.

Auch ein nachträglich durch Aufstellung von Bilanz und Verlust- und Gewinnrechnung vorgenommener Abschluß der im übrigen ordnungsgemäß geführten Bücher ist solange zu beachten, als im Verfahren noch neue Tatsachen vorgebracht werden können, und kann zur Folge haben, daß die Berechtigung zu einer ursprünglich gebotenen Schätzung wegfällt (RFH. VI A 590/27 v. 16. 5. 28, RStBl. 28 S. 266, StW. 28 Nr. 413).

Wegen der Möglichkeit der Schätzung des Gewinns bei fehlerhafter Buchführung wird im übrigen auf Anm. 11 c zu § 4 EStG. verwiesen.

III. Die Gewinnermittlung.
A. Einleitung.
46. Bedeutung des § 5 Abf. 1 EStG 1934.

Bei Steuerpflichtigen, die verpflichtet sind, Bücher nach den Vorschriften des HGB zu führen, ist Gewinn der Unterschied zwischen dem Betriebsvermögen, das für den Schluß des Wirtschaftsjahrs nach den Grundsätzen ordnungsmäßiger Buchführung auszuweisen ist und dem Betriebsvermögen am Schluß des vorangegangenen Wirtschaftsjahrs, vermehrt um den Wert der Entnahmen und vermindert um den Wert der Einlagen. Das EStG 1934 unterscheidet sich mit diesem aus den §§ 5 Abf. 1 S. 1 und 4 Abf. 1 S. 1 abzuleitenden kaufmännischen Gewinnbegriff dadurch vom EStG 1925, daß es nicht mehr einen besonderen kaufmännischen Gewinnbegriff aufstellt. Der kaufmännische Gewinnbegriff des § 5 schließt vielmehr unmittelbar an den allgemeinen Gewinnbegriff an, er unterscheidet sich von dem allgemeinen Gewinnbegriff jedoch dadurch, daß sich die Gewinnermittlung beim buchführungspflichtigen Kaufmann auf das gesamte Betriebsvermögen erstreckt und damit auch den Grund und Boden und alle mit ihm zusammenhängenden Betriebsvorgänge mitumfaßt. Anderseits ist aber der Vermögensvergleich auch beim Kaufmann auf das Betriebsvermögen beschränkt. In ihn sind deshalb nur die Wirtschaftsgüter einzubeziehen, die entweder der Ausübung des Betriebs dienen oder die der Kaufmann kraft seines Wahlrechts nach den Grundsätzen ordnungsmäßiger Buchführung in seinen Büchern als zum Betriebsvermögen gehörig behandelt (vgl. Anm. 14 zu § 4 EStG). Privatvermögen oder anderen Zwecken als dem Gewerbebetrieb gewidmetes Vermögen ist für die Gewinnermittlung auszuscheiden. Dieser Grundsatz ist für die Körperschaftsteuer von geringer Bedeutung; denn diejenigen Körperschaften, die nach den Vorschriften des HGB zur Führung von Büchern verpflichtet sind und bei denen deshalb nach § 19 I. KStDVO alle Einkünfte als gewerbliche Einkünfte zu behandeln sind, also insbesondere die Kapitalgesellschaften können aus dem gleichen Grunde ausschließlich Betriebsvermögen und kein sonstiges Vermögen haben. Weiter unterscheidet sich der kaufmännische Gewinnbegriff vom allgemeinen Gewinnbegriff noch dadurch, daß für die Gewinnermittlung das Betriebsvermögen nach den Grundsätzen ordnungsmäßiger Buchführung anzusetzen ist. Durch diese Vorschrift des § 5 Abf. 1 S. 1 a. a. O. sind die Grundsätze ordnungsmäßiger Buchführung, wie sie insbesondere für Inventar und Bilanz gelten, in gleicher Weise wie bisher durch § 13 EStG 1925 steuerliche Rechtsvorschriften geworden. Besteht für einen Steuerpflichtigen die handelsrechtliche Buchführungspflicht, dann muß für ihn die Gewinnermittlung nach § 5 EStG erfolgen ohne Rücksicht darauf, ob er dieser Buchführungspflicht nachkommt oder ob das Ergebnis des Betriebsvermögensvergleichs von dem Ergebnis einer anderen, im EStG vorgesehenen Berechnung, z. B. bei Berechnung des Überschusses der Betriebseinnahmen über die Betriebsausgaben abweicht (RFH. I A 384/30 v. 26. 1. 32, RStBl. 32 S. 400, StW. 32 Nr. 767 und VI A 694/27 v. 18. 11. 27, RStBl. 28 S. 46, StW. 1927 Nr. 561). Es kann deshalb das Ziel einer Schätzung, die beim Fehlen einer ordnungsmäßigen Buchführung erforderlich wird, nur sein, den wegen des Fehlens eines Jahresabschlusses nicht möglichen Vergleich der Betriebsvermögen durch eine entsprechende Schätzung durchzuführen. Der Gewinn kann dann nicht nach dem Überschuß der Einnahmen über die Ausgaben geschätzt werden, sondern das Betriebsvermögen am Schluß des Wirtschaftsjahrs ist durch Schätzung festzusetzen und mit dem Betriebsvermögen am Schluß des vorangegangenen Wirtschaftsjahrs zu vergleichen.

47. Verhältnis der Grundsätze ordnungsmäßiger Buchführung zu den Vorschriften über die Gewinnermittlung.

Fraglich kann sein, was gegenüber der vorgeschriebenen Ermittlung des Betriebsvermögens nach den Grundsätzen ordnungsmäßiger Buchführung die Vorschrift des § 5 Abs. 1 S. 2 bedeutet. Dieser lautet: „Die Vorschriften über die Entnahmen und die Einlagen (§ 4 Abs. 1), über die Betriebsausgaben (§ 4 Abs. 3) und über die Bewertung (§ 6) sind zu beachten". Die Vorschriften über die Entnahmen und Einlagen und über die Betriebsausgaben geben zu Zweifeln keinen Anlaß. Entnahmen gehören auch nach den Grundsätzen ordnungsmäßiger Buchführung bei einer richtigen Gewinnermittlungsbilanz zum Erfolg des Geschäfts, nicht aber die Einlagen (wegen des Begriffs vgl. Anm. 16 zu § 4 EStG). Entnahmen kommen auch nur bei Betrieben von Körperschaften des öffentlichen Rechts ernstlich in Frage; die Betriebe müssen danach bei Leistungen für die Bedürfnisse der Körperschaft, die nicht zum Betrieb gehören, die Körperschaft als Schuldner eines angemessenen Betrags behandeln. Im übrigen wird man insbesondere für die Bewertung von folgenden Grundsätzen ausgehen müssen. Soweit eine gleichzeitige Beachtung der Grundsätze ordnungsmäßiger Buchführung und der Vorschriften des EStG möglich ist, ist dementsprechend zu verfahren. Wenn also nach den Grundsätzen ordnungsmäßiger Buchführung mehrere Möglichkeiten gegeben sind, nach den Vorschriften des EStG aber nur eine und umgekehrt, so kommt nur die eine beiderseits gegebene in Betracht. In diesem Sinn hat auch der RFH. für das bisherige Recht entschieden und in RFH. VI A 108/27 v. 30. 3. 27 (E. 21 S. 62, RStBl. 27 S. 161, StW. 27 Nr. 148) ausgesprochen, daß eine nach § 19 EStG 1925 mögliche Bewertung, die nicht den Regeln ordnungsmäßiger Buchführung entspreche, auch für die Steuerbilanz unzulässig sei. Wenn dem Pflichtigen in § 19 ein Wahlrecht zwischen dem gemeinen Wert und dem Anschaffungspreis eingeräumt sei, so sei das Wahlrecht insoweit ausgeschlossen, als die Ansetzung des einen nach § 19 zulässigen Wertes den Grundsätzen ordnungsmäßiger Buchführung widerspreche. Durch die Vorschrift, daß die §§ 19 ff. zu beachten seien, sollte der durch die Grundsätze ordnungsmäßiger Buchführung gewährte beträchtliche Spielraum für die Bewertung eingeschränkt werden; dagegen habe das Steuerrecht keine Veranlassung gehabt, diese Bewertungsmöglichkeiten noch zu erhöhen. Lassen sich dagegen die Grundsätze ordnungsmäßiger Buchführung mit den Vorschriften des EStG nicht in dieser Weise vereinigen, so gehen die letzten vor. Dies ist deshalb anzunehmen, weil das Steuerrecht feste Bestimmungen enthält, die Grundsätze ordnungsmäßiger Buchführung aber im Einzelfall recht zweifelhaft sind. Bei Unvereinbarkeit der Grundsätze müssen unter Umständen eine Handelsbilanz und eine Steuerbilanz aufgestellt werden. Dann ist die letzte für die Steuer maßgebend. Dies gilt aber nur insoweit, als das Gesetz keine mit den Grundsätzen ordnungsmäßiger Buchführung vereinbare Auslegung gestattet. Soweit wie möglich ist es im Sinn dieser Grundsätze auszulegen. Dies gilt für das EStG 1934 um so mehr, als das Gesetz von dem Bestreben der möglichsten Anpassung der Steuerbilanz an die Handelsbilanz beherrscht ist. Außerdem ist immer zu beachten, daß die auf Grund ordnungsmäßiger Buchführung aufgestellten Bilanzen eine Vermutung für ihre Richtigkeit haben (s. Anm. 45).

48. Abzulehnende Bilanzauffassungen.

Bezeichnet man die einzelnen Wirtschaftsjahre mit römischen Ziffern, so ergibt sich aus dem kaufmännischen Gewinnbegriff des § 5 Abs. 1 S. 1 mit § 4 Abs. 1 EStG zunächst, daß der Gewinn des Wirtschaftsjahrs II = Endvermögen II — Endvermögen I ist.

Damit ist die in der Betriebswirtschaftslehre zum Teil und mit guten Gründen vertretene Ansicht, es sei zwischen Konjunkturgewinn und Betriebsgewinn zu unterscheiden, insofern abgelehnt, als für die Besteuerung diese Unterscheidung nicht in Betracht kommt. Die Lehre von der organischen Bilanz von Schmidt steht bekanntlich auf dem Standpunkt, daß die Jahresbilanz des Kaufmanns sowohl die wirkliche Lage des Vermögens als auch den Jahresgewinn darzustellen habe und daß man zwischen Gewinn und Vermögensmehrung unterscheiden müsse. Wenn z. B. eine Maschine, bei der man mit 10 v. H. Abnutzung zu rechnen hat,

§ 5 EStG. Gewinn bei Vollkaufleuten. Anmerkung 47—48.

für 10 000 RM. angeschafft ist, so hat man sie in die Endbilanz des ersten Jahres nicht einfach mit 9 000 RM. einzustellen, sondern mit dem Wiederbeschaffungspreis am Bilanzstichtag abzüglich 10 v. H. Dieser sei z. B. 12 000 RM., dann Bilanzwert 12 000 − 1 200 = 10 800 RM.; oder nur 8 000 RM., dann Bilanzwert 8 000 − 800 = 7 200 RM.; aber es sei nicht etwa im ersten Fall 800 RM. Gewinn und im letzten 2 800 RM. Verlust an der Maschine gegeben, vielmehr lägen nur Wertveränderungen vor, die nicht als Gewinn und Verlust zu gelten hätten. Den Betriebsgewinn dürfe nur die in beiden Fällen gleiche Abnutzung in Höhe von 10 v. H. von 10 000 RM. = 1 000 RM. berühren. (Genauer müßte man wohl die Entwicklung der Wiederbeschaffungspreise im abgelaufenen Jahre berücksichtigen und bei gleichmäßigem Steigen bzw. Fallen während des abgelaufenen Wirtschaftsjahrs die 10 v. H. vom Durchschnittspreis im abgelaufenen Jahre berechnen, d. h. im ersten Fall etwa von 11 000, im letzten etwa von 9 000 RM.; es sei aber der Einfachheit und Vergleichbarkeit halber unterstellt, daß Steigen und Fallen der Wiederbeschaffungspreise plötzlich in den letzten Tagen des Jahres erfolgt seien). Es war also zu buchen: 1 000 RM. Verlust- und Gewinnkonto links — Maschinenkonto rechts im ersten Fall, ferner 1 800 RM. Maschinenkonto links — Konto Wertveränderungen rechts, im letzten 1 800 RM. Konto Wertveränderungen links — Maschinenkonto rechts, worauf der Saldo des Maschinenkontos im ersten Fall 10 800, im letzten 7 200 RM. wäre. Es wäre allen Steuerpflichtigen recht, wenn man die Maschinen in der Endbilanz mit 10 800 RM. bewerten könnte, ohne einen Gewinn von 800 RM. ausweisen zu müssen, statt dessen vielmehr 1 000 RM. Abschreibung; dagegen wäre es ihnen wohl nicht recht, wenn sie sie mit 7 200 RM. bewerten müßten und nur eine Gewinnminderung um 1 000 RM. anerkannt würde. Es ist klar, daß auch ein fanatischer Anhänger Schmidts die Vorschriften des EStG nicht in seinem Sinn auslegen könnte. Ob man dem Gesetzgeber die Beachtung der Lehren Schmidts empfehlen sollte, mag dahingestellt bleiben. Ausgeschlossen dürfte es wohl bei der Warenbewertung sein. Hier müßte man nach Schmidt z. B. so rechnen: Anschaffungspreis 3 000, Verkaufspreis 4 500, Wiederbeschaffungspreis am Verkaufstag 4 000, gibt nur 500 RM. Betriebsgewinn gegenüber einer nicht als Gewinn geltenden Vermögensmehrung von 1 000 RM. Eine derartige Berechnung wäre schwer nachzuprüfen; dabei würden sich Fehler nicht ausgleichen; wenn ein Betrag einmal zu Unrecht als Nichtgewinn behandelt wäre, hätte der Pflichtige davon in der Folge keinen Schaden, während zurzeit mit jeder ungerechtfertigten Gewinnminderung eine Minderung des Endreinvermögens verbunden ist, was für die Folgezeit infolge des Grundsatzes des Bilanzenzusammenhangs ein Nachteil ist. Dazu kommt, daß zwar jeder gerne von Scheingewinnen spricht, aber keiner Scheinverluste anerkennen will, was man doch beim Fallen der Wiederbeschaffungspreise tun müßte und auch Schmidt verlangt. Z. B. Anschaffungspreis 3 000, Verkaufspreis 2 500, Wiederbeschaffungspreis am Verkaufstag 2 000, gibt 500 RM. Gewinn und 1 000 RM. Vermögensminderung. Wenn gar in einem Betrieb die Verkaufspreise den Wiederbeschaffungspreisen nur zögernd folgen, käme bei steigenden Preisen ein geringerer, bei fallenden ein größerer Gewinn heraus als bei gleichbleibenden Preisen. Es ist demnach zu billigen, wenn in RFH. I A 254/30 v. 22. 10. 31 (RStBl. 32 S. 22, StW. 32 Nr. 167) für die gleiche Rechtslage nach dem EStG 1925 die Schmidt'sche Auffassung ohne nähere Begründung abgelehnt wird. Eher könnte man sich mit dem Gedanken des eisernen Bestands befreunden. Hiernach wäre eine gewisse Mindestmenge, z. B. von gewissen Rohstoffen, in jeder Bilanz mit demselben Geldbetrag zu bewerten ohne Rücksicht auf den tatsächlichen Anschaffungspreis des wirklich vorhandenen Rohstoffs und die Preise am Bilanzstichtag. Man sieht gewissermaßen in der ursprünglich vorhandenen Menge einen Anlagegegenstand und stellt ihre dauernde Ergänzung einer Reparatur dieses Anlagegegenstands gleich. Sie wäre wie eine Maschine, bei der immer nur einzelne Teile erneuert werden müßten, die sich aber als Ganzes niemals abnützte (vgl. Anm. 79 b zu § 6 EStG).

Ferner werden die hauptsächlich von Schmalenbach (Grundlagen dynamischer Bilanzlehre) vertretenen Auffassungen über die Bilanz als einer Verrechnung der den späteren Jahren zugutekommenden Ausgaben und zur Last fallenden Einnahmen des abgeschlossenen Zeitraums nicht die Grundlage für die Versteuerung bilden dürfen. So nützlich eine nach dynamischer Bilanzauffassung aufgestellte Bilanz für die Beurteilung der Leistungen des Betriebs sein mag, so mutet die Nachprüfung den Steuerbeamten eine Denkweise zu, die ihnen fremd ist und der nur wenige einigermaßen gerecht werden können. Natürlich ist es nicht zu tadeln, wenn zweifelhafte Fragen auch im Sinn der dynamischen Bilanzlehre behandelt werden und versucht wird, im Wege der Auslegung der gesetzlichen Bestimmungen zu denselben Ergebnissen zu gelangen. Aber Ansichten, die sich in keiner Weise nach der Formel Gewinn = Endvermögen II — Endvermögen I begründen lassen, können für die Steuer nicht als richtig anerkannt werden. Dies gilt z. B. von der Verteilung von eingetretenen Verlusten auf mehrere Jahre und der Rücklagenbildung mit Rücksicht auf den Nichteintritt von wahrscheinlichen Verlusten im abgelaufenen Jahr (Selbstversicherung). Beides läßt sich vom Standpunkt der Vermögensbewertung nicht begründen. Weder kann bei Häufung von Unglücksfällen in einem Jahre angenommen werden, daß die nächsten Jahre verhältnismäßig verlustfrei sein werden, noch umgekehrt bei Fehlen von Unglücksfällen, daß sie in den nächsten Jahren um so häufiger sein werden. Die sogenannte Selbstversicherung (vgl. Anm. 120 b Abs. 3 zu § 6 EStG) läßt sich auch nicht damit begründen, daß bei Verkauf eines Betriebs berücksichtigt würde, daß er nicht versichert sei. Es ist für einen Erwerber offenbar gleichgültig, ob der Betrieb bis zum Erwerb versichert war oder eine neue Versicherung zu nehmen ist, vorausgesetzt, daß keine Prämien für spätere Zeit vorausbezahlt waren. Es sind also Aktiva, die nur mit einem eingetretenen Verlust begründet werden, und Passiva, die nur wegen der Möglichkeit eines Verlusts eingesetzt werden, in einer Steuerbilanz unzulässig.

49. Das Endvermögen als Reinvermögen.

In der aus § 5 Abs. 1 Satz 1 EStG abzuleitenden Gewinnformel: Gewinn des Wirtschaftsjahrs II = Endvermögen II — Endvermögen I bedeutet das Endvermögen stets das Reinvermögen. Die Bilanz beruht auf der Gleichung, daß das Reinvermögen (R) gleich der Summe der Werte der Aktiva (Besitz), vermindert um die Werte der Passiva (Schulden) ist, also R = A — P oder A = P + R. Wie bereits in den Anm. 38—40 erläutert, wird das Reinvermögen regelmäßig in der Bilanz nicht in einer Summe angegeben. Es kann vielmehr aus drei Teilen bestehen, dem Kapitalkonto (bei der AG. Grundkapital, der GmbH. Stammkapital), den Rücklagen und dem bei AG. und GmbH. besonders aufzuführenden Gewinn, wobei für AG. der Gewinnvortrag aus dem Vorjahr getrennt aufzuführen ist. Berücksichtigt man weiter die sog. Wertberichtigungsposten, die als Passivminderungen auf der Aktiv-(Besitz-)Seite und als Aktivminderungen auf der Passiv-(Schulden-)Seite stehen, so ergibt sich als Reinvermögen R = aktive Werte + Passivminderungen — Schulden — Aktivminderungen. Die Bezeichnung der einzelnen Bilanzposten in der Bilanz als Reserve, Rücklage, Rückstellung usw. ist für ihre steuerliche Beurteilung gleichgültig. Ihre Benennung ist für die Steuerbilanz ebenso wie für die Handelsbilanz nicht entscheidend, sondern es ist festzustellen, was die einzelnen Bilanzposten in Wirklichkeit darstellen (RFH. I A 157/26 v. 15. 2. 27, StW. 27 Nr. 329). Bei allen unklaren Posten der Passivseite wie Rückstellungen, Rücklagen, Abschreibungen, empfiehlt es sich, in Klammern zu bemerken, was sie für die Steuer bedeuten, ob Reinvermögensposten, Wertberichtigungsposten oder Schulden.

Das Zurückbleiben des Reinvermögens hinter dem Grundkapital muß besonders aufgeführt werden, und zwar, da bilanzmäßig keine andere Möglichkeit gegeben ist, auf der Aktivseite unter einem die Sachlage kennzeichnenden Namen wie Verlust oder besser Unterbilanz, da Verlust das Jahresergebnis an-

§ 5 EStG. Gewinn bei Vollkaufleuten. Anmerkung 49—50. 245

zeigen soll, während es für die Unterbilanz gleichgültig ist, wann sie entstanden ist. In der Bilanz I setzte sich das Reinvermögen zusammen aus Grundkapital (Stammkapital, Kapitalkonten) + Rücklagen + Gewinn oder b) Grundkapital + Reserven — Verlust oder c) Grundkapital — Unterbilanz + Gewinn oder d) Grundkapital + Rücklagen — Verlust. Dies Reinvermögen ist aber nicht das Endvermögen I in der Bilanz II. Vielmehr ist natürlich der auf Grund der Bilanz I verteilte Gewinn abzuziehen (s. Anm. 71). Der nicht verteilte Gewinn wird dann im Fall a) zu einer Rücklage, wozu auch der sog. Gewinnvortrag gehört; im Fall c) wird er mit der Unterbilanz verrechnet, der etwaige Rest bildet eine Rücklage; der Verlust im Fall b) wird mit den Rücklagen verrechnet, ein Mehrbetrag bildet Unterbilanz; im Fall d) vermehrt der Verlust die Unterbilanz. Wird mehr als der Gewinn ausgeschüttet, so vermindert der Mehrbetrag die Rücklagen, oder, was bei AG. und GmbH. nicht in Frage kommt, das Kapitalkonto. In der Bilanz II erscheint deshalb das Endvermögen I in der Form Grundkapital und Rücklagen einschließlich Gewinnvortrag im Passivum oder Grundkapital im Passivum und Unterbilanz im Aktivum (Bedeutung Endvermögen I = Grundkapital — Unterbilanz). Es ist aber dann nachzuprüfen, ob diese Bilanzansätze der Bilanz I entsprechen.

Wegen der steuerlich maßgebenden Grundsätze, insbesondere der Aktivierung und Passivierung, vgl. Anm. 78 ff. und 119 ff. zu § 6 EStG.

B. Das Betriebsvermögen am Schluß des Wirtschaftsjahrs.

1. Bedeutung der Handelsbilanz für die Steuerbilanz.

Schrifttum. Mirre, Steuerbilanz und Handelsbilanz, Industrie und Steuer 35 S. 185; Gebhardt, Steuerliche Bilanzfragen DStZ. 35 S. 1017; Bender, Grundsatz der Bindung der Steuerbilanz an die Handelsbilanz für das Körperschaftsteuerrecht nach der Rechtsprechung des RFH. StW. 36 I Sp. 1; Mühlhoff, Übertreibungen aus dem Grundsatz der Abhängigkeit der Steuerbilanz von der Handelsbilanz DStBl. 37 0200 S. 7; Zitzlaff, Einkommensteuerfragen: II. Handelsbilanz und Steuerbilanz StW. 38 I Sp. 559.

50. Verhältnis der Steuerbilanz zur Handelsbilanz im allgemeinen.

Nach § 5 Abs. 1 Satz 1 EStG 1934 ist bei der Gewinnermittlung der buchführungspflichtigen Kaufleute für den Schluß des Wirtschaftsjahrs das Betriebsvermögen anzusetzen, das nach den Grundsätzen ordnungsmäßiger Buchführung auszuweisen ist. Während nach der Begr. zum entsprechenden § 13 des Entwurfs zum EStG 1925 der Gewinnermittlung grundsätzlich die kaufmännische Bilanz mit den steuerrechtlich gebotenen Abweichungen zugrunde gelegt werden sollte, wird in der Begr. zu § 5 EStG 1934 (s. Anm. 24 a) darauf hingewiesen, daß der ursprüngliche Gedanke des § 13 EStG 1925, bei buchführenden Kaufleuten möglichst auf die Handelsbilanz abzustellen, wegen der angeordneten Befolgung der steuerrechtlichen Bewertungsvorschriften nicht verwirklicht wurde. „Das neue EStG legt für die Gewinnermittlung bei buchführungspflichtigen Kaufleuten das nach den Grundsätzen ordnungsmäßiger Buchführung und nach den Vorschriften des § 4 Abs. 1 und 3, § 6 für den Schluß des Wirtschaftsjahrs auszuweisende Betriebsvermögen zugrunde." Wenn daher der RFH. für das bisherige Recht den Grundsatz aufgestellt hat, die Steuerbilanz sei keine selbständige Bilanz, sondern eine nach den steuerlichen Vorschriften abgeänderte Handelsbilanz (z. B. RFH. VI A 879/27 v. 17. 4. 29, RStBl. 29 S. 455, StW. 29 Nr. 600, I A a 213/29 v. 12. 11. 29, RStBl. 29 S. 660, StW. 29 Nr. 1031, I A 345/31 v. 9. 12. 31, RStBl. 32 S. 147, StW. 32 Nr. 540), so liegt nunmehr nach der Begr. zum EStG 1934 kein Anhaltspunkt für die Unselbständigkeit der Steuerbilanz gegenüber der Handelsbilanz vor. Trotzdem bleibt auch jetzt noch die Handelsbilanz für die Steuerbilanz von Bedeutung. Die Handelsbilanz ist der Jahresabschluß der Betriebsbuchführung und ist nach den Grundsätzen ordnungsmäßiger Buchführung aufzustellen, die nach § 5 Abs. 1 Satz 1 auch für das Betriebsvermögen am Schluß des Wirtschaftsjahrs maßgebend sind. Soweit also die Bilanzansätze der Handelsbilanz diesen Grundsätzen entsprechen und auch nicht nach den steuerrechtlichen Vorschriften zu berichtigen sind (s. § 5 Abs. 1 Satz 2), sind sie auch der Besteuerung zugrunde zu legen. Dies gilt insbesondere dann, wenn in der Handelsbilanz das dem Kaufmann zustehende Ermessen oder auch ein Wahlrecht z. B. hinsichtlich des nicht notwendigen Betriebsvermögens von Einzelkaufleuten und im allgemeinen auch hinsichtlich der Bewertung ausgeübt wurde. Daß dann die Ansätze der Handelsbilanz in der Steuerbilanz nicht ohne Notwendigkeit geändert werden sollen, ergibt sich auch aus dem vom Gesetzgeber in der Begr. zu § 6 EStG 1934 Abs. 3 und 4 besonders betonten Bestreben der Anpassung der Steuerbilanz an die Handelsbilanz und „der Sicherstellung einer weitgehenden Verwendung der Handelsbilanz für Steuerzwecke", zu deren Herbeiführung die strengeren steuerrechtlichen Bewertungsgrundsätze für die kurzlebigen Wirtschaftsgüter und die nichtabnutzbaren Anlagegüter und die Umlaufgüter durch Übernahme handelsrechtlicher Grundsätze mehr als im EStG 1925 gelockert wurden. Dagegen sind im handels- und steuerrechtlichen Sinn unrichtige Ansätze der Handelsbilanz für die Steuerbilanz zu berichtigen. Dadurch verliert aber der von der Rechtsprechung aufgestellte Grundsatz der „Maßgeblichkeit der Handelsbilanz für die Steuerbilanz" oder der „Bindung der Steuerbilanz an die Handelsbilanz" (RFH. I A 145/36 v. 28. 7. 36, RStBl. 36 S. 1002, StW. 36 Nr. 429) im wesentlichen seine Bedeutung.

Die Handelsbilanzen der Kapitalgesellschaften kommen im Gegensatz zu den Handelsbilanzen der Einzelkaufleute und Personengesellschaften in besonderen, gesetzlich vorgeschriebenen Formen zustande (s. Anm. 27 a, 28). Ihre Bilanzansätze haben daher vor allem besondere Bedeutung, wenn sie wie die Bilanzen der AG. geprüft und veröffentlicht werden. Insoweit wurde in RFH. I A 257/31 v. 25. 10. 32 (StW. 33 Nr. 237) mit Recht der Standpunkt vertreten, daß die Bilanzen nicht, soweit sie sich als Handelsbilanz an die Öffentlichkeit wenden, ein günstiges und soweit sie als Steuerbilanz der Steuerbehörde vorgelegt werden, ein unvorteilhaftes Aussehen zeigen sollen. Was der Steuerpflichtige der Öffentlichkeit gegenüber geltend macht, muß er auch dem Staate gegenüber vertreten und gelten lassen, unbeschadet des Rechts der Steuerbehörde, die Bilanzen zu beanstanden, soweit sie gegen die steuerrechtlichen Vorschriften verstoßen.

51. Verwendung der Handelsbilanz der Kapitalgesellschaften in der von den zuständigen Organen bestimmten Fassung.

Der Anschluß der Steuerbilanz an die Handelsbilanz in dem Sinn, daß der Kaufmann keine von der Handelsbilanz abweichende Steuerbilanz aufstellen soll, gilt auch bei Einzelkaufleuten (RFH. VI A 842/36 v. 23. 6. 37, RStBl. 37 S. 831, StW. 37 Nr. 417 und VI A 447/37 v. 21. 7. 37, RStBl. 37 S. 1128, StW. 37 Nr. 463). Er bedeutet jedoch für diese nicht viel. Wollen sie irgendeinen steuerlichen Vorteil erreichen, der ihnen nach der Handelsbilanz zustände, so ändern sie einfach ihre Handelsbilanz, was sie im Rahmen des § 5 Abs. 2 EStG 1934 (§ 4 Abs. 2, EStG 1938) jederzeit können. Dies ist bei Einzelkaufleuten, OHG. usw. in formloser Weise möglich, so daß der Einkommensteuersenat in RFH. VI A 879/27 (s. Anm. 50) in einem an die Steuerbehörde gerichteten Antrag dieser Steuerpflichtigen auf Änderung der Steuerbilanz zu ihren Gunsten gleichzeitig die Erklärung gesehen hat, daß auch die Handelsbilanz entsprechend geändert werde. Anders liegt die Sache aber bei den AG. und GmbH. Bei AG. war die Feststellung des Jahresabschlusses bis zum 30. 9. 37 Sache der Generalversammlung (§ 260 HGB), vom 1. 10. 37 ab ist die Bilanz der AG. entweder eine vom Aufsichtsrat genehmigte Vorstandsbilanz oder eine Hauptversammlungsbilanz (§ 125 AktG, s. Anm. 27 a, aa). Die Feststellung der Jahresbilanz der GmbH. unterliegt der Bestimmung der Gesellschafter (§ 46 Ziff. 1 GmbHG, s. Anm. 28).

Für die Besteuerung kann nur eine Handelsbilanz verwendet werden, die in der gesetzlich vorgeschriebenen Form zustande gekommen ist, d. h. die Handelsbilanz in der Fassung, wie sie von den zuständigen Organen beschlossen wurde. Änderungen an der vom verfassungsmäßigen Organ der Gesellschaft beschlossenen Handelsbilanz könnten auch nur von diesem vorgenommen werden.

Eine Ausnahme von der Verwendung der Handelsbilanz in der von der Gesellschafterversammlung beschlossenen Form wird in RFH. I A 150/30 v. 20. 11. 30 (RStBl. 30 S. 815, StW. 31 Nr. 54) aus Billigkeitsgründen in dem Fall zugelassen, daß es einer Gesellschaft nicht möglich war, in einer für die Handelsbilanz gefaßten Entschließung auch die Steuerbilanz zu berücksichtigen. Wenn eine Generalversammlung, die über die Verwendung eines Zusammenlegungsgewinns beschloß, von einem in der Steuerendbilanz auszuweisenden Kapitalentwertungskonto noch keine Kenntnis hatte und deshalb die Verwendung des Zusammenlegungsgewinns u. a. zur Abschreibung des im Vorjahre erzielten Verlusts beschloß, dann muß man nach der Entsch. der Gesellschaft zubilligen, zunächst das Kapitalentwertungskonto und dann erst eine daneben bestehende Unterbilanz abzudecken. Wenn Handelsbilanz und Steuerbilanz übereinstimmen und in ihnen ein Kapitalentwertungskonto und eine Unterbilanz vorliegt, so wird man wohl, falls ausdrücklich bei der Kapitalherabsetzung „zur Beseitigung der Unterbilanz, nicht zur Beseitigung des Kapitalentwertungskontos" beschlossen wurde, annehmen müssen, infolgedessen sei auch steuerrechtlich die Unterbilanz verschwunden, nicht aber das Kapitalentwertungskonto. Wenn aber Steuerbilanz und Handelsbilanz so auseinandergehen, daß nur die erste ein Kapitalentwertungskonto enthält, wäre es unbillig, dem eigentlich bedeutungslosen Beschluß „zur Beseitigung der Unterbilanz" eine steuerlich ungünstigere Wirkung zuzuschreiben. Die Generalversammlung hat über die Handelsbilanz zu beschließen, die Steuerbilanz geht sie nichts an. Deshalb ist es Sache des Vorstands, über Beseitigung des steuerlichen Kapitalentwertungskontos zu befinden, und es ist eigentlich selbstverständlich, daß er sich für dessen Beseitigung entschließt. Was die Gesellschaft getan hätte, wenn ein handelsrechtliches Kapitalentwertungskonto vorlag, ist ganz unerheblich; denn ein solches hat eine ganz andere Bedeutung als ein bloß steuerliches.

52. Abweichung der Handelsbilanz einer Kapitalgesellschaft vom Beschluß der Gesellschafterversammlung.

Mit dem Fall, daß in der Handelsbilanz einem Beschluß der Gesellschafterversammlung nicht Rechnung getragen wurde, hat sich der RFH. in zwei Entscheidungen beschäftigt. Nach dem der Entsch. RFH. I A 81/30 v. 14. 7. 32 (RStBl. 32 S. 737, StW. 32 Nr. 1186) zugrunde liegenden Tatbestand hatte die Generalversammlung einer AG. die Aufnahme einer Delkredere-Rückstellung in die von ihr genehmigte Bilanz beschlossen, ohne aber die Rückstellung selbst aufzunehmen. Beschließt die Generalversammlung einer AG., gleichzeitig mit der Genehmigung der Bilanz einen Betrag des Gewinns zu einer Delkredere-Rückstellung zu verwenden, dann soll nach der Entsch. diese Rückstellung steuerlich so behandelt werden, als wenn sie in die Bilanz aufgenommen worden wäre. Die Frage ist nur, ob die Rückstellung als in der Handelsbilanz stehend gilt oder nicht. Die Entsch. meint, die Rückstellung sei wesentliche Voraussetzung der Bilanzgenehmigung gewesen und Bestandteil der Bilanz einschließlich der Gewinnverteilung geworden. Es wäre ein formalistischer Standpunkt, wenn die vom Vorstand, Aufsichtsrat und von der Generalversammlung für erforderlich gehaltene und durch Verwendung eines Teiles des Gewinns gebildete Rückstellung steuerlich nicht berücksichtigt würde. Diese Begründung ist nicht unbedenklich. Die AG. kann ihren Gewinn nur zur Dividendenausschüttung oder zur Bildung oder Erhöhung von Rücklagen verwenden (von der Verwendung zu Vergütungen an Angestellte oder Zuwendungen an Dritte abgesehen). Im ersten Fall wird das tatsächliche und das bilanzmäßige Reinvermögen der AG. vermindert, im letzten bleiben das tatsächliche wie das bilanzmäßige Reinvermögen unberührt und erhält das letzte nur eine andere Form. Dagegen ist es ein begrifflicher Widerspruch, wenn man von Verwendung von Gewinn zur Bildung eines wirklichen Passivpostens (negativen Aktivpostens) spricht (f. Anm. 40b Abf. 4). Soweit der Posten Gewinn als bilanzmäßiger Reinvermögensposten ohne Begründung neuer Schulden (d. h. außer im Fall der Dividendenausschüttung) durch einen Passivposten ersetzt wird, ist das nicht Gewinnverwendung, sondern nachträgliche Herabsetzung des zunächst ausgewiesenen Gewinns. Selbstverständlich kann die Generalversammlung die vorgelegte Bilanz mit der Abänderung genehmigen, daß ein Passivposten zugesetzt und entsprechend der ausgewiesene Bilanzgewinn herabgesetzt wird, und es wäre nicht nur formalistisch, sondern unbedingt falsch, wenn bei der Körperschaftsteuer die ursprüngliche Bilanz zugrunde gelegt würde; denn die Handelsbilanz enthält dann das Passivum und dieses ist, wenn es steuerlich zulässig war, zu berücksichtigen. Die Frage ist nur die, ob der Beschluß der Generalversammlung so aufzufassen war. Wenn er von Gewinnverwendung spricht, liegt es nahe, in der Rückstellung die Bildung einer Rücklage zu sehen. Daß alle Beteiligten eine solche Rückstellung für erforderlich hielten, schließt diese, dem Begriff der Gewinnverwendung allein entsprechende Auffassung nicht aus; denn die Bildung einer Rücklage genügte vollständig, um eine Schwächung des Gesellschaftsvermögens zu verhindern. Um festzustellen, wie der Beschluß gemeint war, hätte man eigentlich die Veröffentlichung der Bilanz berücksichtigen müssen. Wenn in der veröffentlichten Bilanz der Passivposten aufgeführt und nur ein entsprechend verminderter Gewinn ausgewiesen war, ist das für die Steuer unbedingt maßgebend. Auch in RFH. I A 297/30 v. 28. 3. 33 (RStBl. 33 S. 1259, StW. 33 Nr. 526) wird unter Berufung auf die Gründe der vorgenannten Entsch. der Beschluß der Generalversammlung einer AG. für die Handelsbilanz als maßgebend erklärt, daß an einem Gegenstand des Anlagevermögens die erforderlichen Abnutzungsabsetzungen vorgenommen werden, wenn diese auch bei der Pflichtigen regelmäßig erst nach ihrer Genehmigung durch die Generalversammlung buchtechnisch berücksichtigt worden sind, wenn also die Generalversammlung über eine Bilanz beschlossen hat, in der die Abnutzungsabsetzungen nach dem Anschaffungswert nicht vorgenommen waren. Auch hier erschien es dem RFH. als ein zu formalistischer Standpunkt, die vom Vorstand, vom Aufsichtsrat und von der Generalversammlung für erforderlich gehaltenen Abnutzungsabsetzungen, die durch „Verwendung eines Teiles des Gewinns" vorgenommen werden sollten, steuerlich nicht zu berücksichtigen. In diesem Fall ist jedoch wesentlich, daß die Handelsbilanz so, wie sie der Generalversammlung zur Genehmigung vorlag, hinsichtlich des Ansatzes eines Anlageguts mit den Anschaffungskosten ohne Abrechnung der auf das Wirtschaftsjahr entfallenden Abnutzungsabsetzungen sowohl handelsrechtlich wie steuerrechtlich unrichtig und daher auf jeden Fall zu berichtigen gewesen wäre. In dem oben besprochenen Fall dagegen handelte es sich darum, ob der in der Handelsbilanz nicht durchgeführte Beschluß der Generalversammlung, eine an sich zulässige Rückstellung zu machen, die aber ebensogut auch ohne Einfluß auf die Richtigkeit der Bilanz unterbleiben konnte, steuerlich anzuerkennen war.

53. Anpassung der einzelnen Bilanzansätze.

Die Steuerbilanz kann selbstverständlich nur insoweit an die Handelsbilanz anschließen, als mit den einzelnen Bilanzansätzen nicht gegen die Grundsätze ordnungsmäßiger Buchführung verstoßen wird und bei Aufstellung der Handelsbilanz die Vorschriften des Steuerrechts, insbesondere die im § 5 Abs. 1 Satz 2 EStG genannten, befolgt sind (f. Anm. 50). Auch ist ein Anschluß der Steuerbilanz an die Handelsbilanz für den Fall ausgeschlossen, daß ein Wirtschaftsgut des Betriebsvermögens, das in der Steuerbilanz angesetzt werden muß, in der Handelsbilanz überhaupt nicht berücksichtigt ist. Die vom Gesetzgeber erstrebte möglichste Anpassung der Steuerbilanz an die Handelsbilanz hat sich dem Grundsatz der Einzelbewertung entsprechend (vgl. Anm. 76 zu § 6 EStG) auf die einzelnen in der Handelsbilanz aufgeführten Wirtschaftsgüter und sonstigen Bilanzposten zu erstrecken, die in der Steuerbilanz nicht unabhängig von den Ansätzen der Handelsbilanz angesetzt werden sollen. Es gibt also keine

§ 5 EStG. Gewinn bei Vollkaufleuten. Anmerkung 53—54. 249

allgemeine Bindung der Steuerbilanz an die Handelsbilanz in dem Sinn, daß Steuerbilanz und Handelsbilanz zwar je für sich selbständig, aber insoweit voneinander abhängig wären, als das Betriebsvermögen im ganzen in der Steuerbilanz nicht niedriger ausgewiesen werden dürfte als in der Handelsbilanz. Daher ist auch eine Zusammenfassung mehrerer Bilanzposten bei Anknüpfung an die Handelsbilanz grundsätzlich ausgeschlossen und ausnahmsweise nur dann möglich, wenn es sich um Bilanzposten handelt, die in ihrem Ansatz und in ihrer Größe gegenseitig bedingt sind, wie dies z. B. bei sog. abhängigen Schulden, die durch einen Aktivposten bedingt sind, der Fall ist (f. Anm. 82 zu § 6 EStG).

54. Kein Ausgleich von Unterschieden zwischen Handelsbilanz und Steuerbilanz.
Die Anpassung der Steuerbilanz an die Handelsbilanz soll dadurch erreicht werden, daß möglichst die einzelnen Bilanzposten der Steuerbilanz nicht von den entsprechenden Posten der Handelsbilanz abweichen, nicht aber dadurch, daß das Ergebnis der Steuerbilanz mit dem der Handelsbilanz übereinstimmen müßte. Es besteht daher kein Recht zum Ausgleich von Unterschieden zwischen Steuerbilanz und Handelsbilanz. In dem Fall von RFH. I A 247/248/33 v. 3. 7. 34 (E. 36 S. 252, RStBl. 34 S. 1121, StW. 34 Nr. 566) hatte eine AG. den Antrag gestellt, die ihren Angestellten gegenüber bestehenden Ruhegehaltsverpflichtungen in ihre Steuerbilanz mit einem nach versicherungsmathematischen Grundsätzen berechneten Schuldposten aufzunehmen, während sie in ihrer Handelsbilanz bestimmte (niedrigere) Beträge einem Pensionsfonds zugewiesen hatte. Wenn es nun nicht unzulässig war, die Ruhegehaltsverpflichtungen in der Bilanz überhaupt nicht zu berücksichtigen, so ist es natürlich auch nicht unzulässig, sie mit einem Betrag zu berücksichtigen, der hinter dem nach versicherungsmathematischen Grundsätzen zu berechnenden zurückbleibt. Der Ansatz in der Handelsbilanz war also maßgebend. Die Gesellschaft hatte aber auch noch eingewendet, ihre Handelsbilanz enthalte auf der Aktivseite steuerlich unzulässige stille Rücklagen, es müsse ihr gestattet sein, einen Ausgleich in der Weise vorzunehmen, daß sie auf der Passivseite der Steuerbilanz ebensoviel zusetze, wie sie auf der Aktivseite zusetzen müsse. Der RFH. lehnt jedoch mit Recht für die Körperschaftsteuer einen derartigen Ausgleich grundsätzlich ab. Mit Rücksicht auf die Bindung der Steuerbilanz an die Handelsbilanz könne für das Gebiet der Körperschaftsteuer weder ein Ausgleich der Abschreibungen innerhalb verschiedener Bestandsposten zugelassen werden, noch könne ein Passivposten in die Steuerbilanz etwa deshalb mit einem seinen handelsbilanzmäßigen Ansatz übersteigenden Betrag eingestellt werden, weil in der Steuerbilanz ein oder mehrere Aktivposten erscheinen, die in der Handelsbilanz überhaupt fehlen oder hier mit niedrigeren Werten ausgewiesen sind. Aus den gleichen Erwägungen hat der RFH. den Ausgleich von in der Handelsbilanz aufgedeckten stillen Rücklagen mit einer möglichen, aber nicht durchgeführten Abschreibung oder mit einer entsprechenden Erhöhung der Delkredererückstellung, sowie den Ausgleich einer unterlassenen Aktivierung mit erhöhten Abschreibungsquoten untersagt (f. RFH. I A 138/35 v. 28. 4. 36, RStBl. 36 S. 757, StW. 36 Nr. 295 und die dort genannten Entsch.). Einen gegenseitigen Ausgleich zwischen den Abweichungen der Steuerbilanz von der Handelsbilanz gibt es nicht.

Der Einkommensteuersenat des RFH. hat in RFH. VI A 1714/29 v. 1. 7. 31 (StW. 31 Nr. 788) für das bisherige Recht die Möglichkeit des Ausgleichs von Unterschieden zwischen Handelsbilanz und Steuerbilanz erörtert und sich auf den Standpunkt gestellt, es komme in Frage und es sprächen gewichtige Gründe für die Bejahung dieser Frage, ob man nicht überall da, wo den Gewerbetreibenden berechtigte wirtschaftliche Gründe veranlaßten, in der Handelsbilanz höhere einzelne Bilanzansätze auszuweisen, eine Ausgleichung bis zur Spanne des Gesamtunterschieds zuzulassen habe. Dieser Ausgleich wäre aber nur unter dem in Anm. 53 abgelehnten Gesichtspunkt möglich, daß die Bilanz im Sinn der Maßgeblichkeit für die Besteuerung als eine Einheit aufzufassen sei, die die Größe „Betriebsvermögen" darstellt. Mit Rücksicht darauf, daß der Gesetzgeber für das EStG 1934 den Leitgedanken der immer stärkeren Angleichung der einzelnen Bilanzansätze der Steuerbilanz an die der Handelsbilanz in den Vordergrund gestellt hat, erscheint der vom RFH. für das EStG 1925 als möglich unterstellte Gesamtausgleich zwischen Handels- und Steuerbilanz als mit den Grundsätzen des EStG 1934 unvereinbar.

55. Umfang der Anpassung der Steuerbilanz an die Handelsbilanz.

a) Hinsichtlich der Betriebsvorgänge und Bilanzierungsgrundsätze: Eine Gesellschaft ist an ihre geschäftlichen Maßnahmen und Beschlüsse nicht nur für die Handelsbilanz, sondern auch für die Steuerbilanz gebunden. Es dürfen daher in der Steuerbilanz weder Betriebsvorgänge, die in der Handelsbilanz berücksichtigt sind, unbeachtet bleiben, noch dürfen in der Steuerbilanz Betriebsvorgänge vorgetäuscht werden (RFH. I A 150/30 v. 20. 11. 30, RStBl. 30 S. 815, StW. 31 Nr. 54). Weiter ist der Steuerpflichtige für die Steuerbilanz an die Wahl einer Bilanzierungsart gebunden, die er innerhalb der Grenzen eines ihm nach Handels- oder Steuerrecht zustehenden Wahlrechts ausgeübt hat und an der er in seiner Handelsbilanz festhält. Hat er sich in seiner Handelsbilanz für den Ansatz von Wirtschaftsgütern des Betriebsvermögens mit den Anschaffungskosten abzüglich Abnutzungsabsetzungen entschlossen, dann kann er in der Steuerbilanz nicht den ihm günstigeren Teilwert einsetzen (RFH. I A 856/29 v. 30. 4. 30, RStBl. 30 S. 354, StW. 30 Nr. 869). Umgekehrt kann er auch nicht in der Handelsbilanz den niedrigeren Teilwert ansetzen und diesen Ansatz für die Steuerbilanz auf ein späteres Wirtschaftsjahr verschieben (RFH. I A 223/31 v. 25. 7. 33, RStBl. 33 S. 1059, StW. 34 Nr. 255). Wenn es nach Handels- und Steuerrecht etwa dasselbe Wahlrecht, wie es z. B. bei der Wahl zwischen Anschaffungskosten und Teilwert im allgemeinen der Fall ist, gibt und der Kaufmann bei Anschaffungskosten von 50 000 RM. und einem Teilwert von 40 000 RM. in seiner Handelsbilanz die Anschaffungskosten mit 50 000 RM. gewählt hat, so darf er nicht mehr sagen, er wolle in der Steuerbilanz die Bewertung mit 40 000 RM. haben. In dieser Beziehung kann er die eingereichte Bilanz ohne die Genehmigung des FA. nicht mehr ändern. Wegen der Einschränkung der Bindung an die Bewertungsart s. Anm. 56. Auch ist der Steuerpflichtige für die Steuerbilanz an die Buchungs- und Bilanzierungsgrundsätze gebunden, nach denen er z. B. den Ausfällen bei seinen Forderungen Rechnung getragen hat (RFH. I A 182/32 v. 13. 6. 33, RStBl. 33 S. 1036, StW. 34 Nr. 148) oder nach denen er die ihm obliegenden Pensionslasten entweder durch Einstellung eines Schuldpostens in die Handelsbilanz oder durch Absetzung der laufend anfallenden Ruhegehaltsleistungen unter den Unkosten berücksichtigt hat (RFH. I A 247, 248/33 v. 3. 7. 34, E. 36 S. 252, RStBl. 34 S. 1121, StW. 34 Nr. 566). Wegen der Höhe dieser Rückstellung s. unter b) Abs. 1 a. E.

b) Für die Ansätze der Steuerbilanz besteht auch in gewissem Umfang eine **Bindung hinsichtlich der in der Handelsbilanz angesetzten Werte.** Den Wertansätzen der Handelsbilanz kommt dann für die Steuerbilanz besondere Bedeutung zu, wenn es sich um Schätzungen handelt, die der Kaufmann nach seinem Ermessen vorgenommen hat. Nach der Rechtsprechung des RFH. ist es nicht angängig, in der Steuerbilanz mit dem Werte eines Wirtschaftsguts des Betriebsvermögens unter den Wert der Handelsbilanz herabzugehen, solange der Wert der Handelsbilanz nicht sachlich unrichtig ist. Dies gilt zunächst, wenn in der Handelsbilanz ein unter die Anschaffungskosten gesunkener Teilwert angesetzt ist (RFH. I A 223/31, s. unter a). Beim Herabgehen auf den niedrigeren Teilwert bildet der Wertansatz der Handelsbilanz die untere Wertgrenze für den Ansatz in der Steuerbilanz. Unter diese Grenze kann eine Gesellschaft nur herabgehen, wenn sie eine entsprechende Änderung auch in ihrer Handelsbilanz vornimmt (RFH. I A 255/32 v. 6. 2. 34, RStBl. 34 S. 813). Aus den gleichen Gründen wird in RFH. I A 224/32 v. 20. 12. 33 (RStBl. 34 S. 380) gefordert, daß eine Kapitalgesellschaft den Wert einer ausländischen Beteiligung, die sie in der Steuerbilanz schon geringer als in der Handelsbilanz bewertet hatte, in der Steuerbilanz solange nicht noch weiter herabsetzt, als sie in ihrer Handelsbilanz an der höheren Bewertung festhält. Nach dem EStG 1934 ist weiter auch der Ansatz eines kurzlebigen Wirtschaftsguts in der Handelsbilanz Maßstab dafür, ob und inwieweit der Steuerpflichtige von dem Recht, die Abnutzungsabsetzungen höher als nach § 7 EStG und ohne Rücksicht auf den Teilwert vorzunehmen (§ 6 Ziff. 1 Satz 4 EStG), Gebrauch machen will, s. Anm. 95 c, bb zu § 6 EStG. Auch in diesem Fall ist der Ansatz in der Handelsbilanz die unterste Grenze für den Ansatz in der Steuerbilanz. Umgekehrt stellt der Handelsbilanzansatz die Obergrenze des Steuerbilanzansatzes dar, wenn der Steuerpflichtige Wirtschaftsgüter, die bereits am Schluß des vorangegangenen Wirtschaftsjahrs zum Betriebsvermögen gehört haben, nach § 6 Ziff. 2 Satz 3 EStG mit einem den letzten Bilanzansatz übersteigenden Teilwert, höchstens jedoch mit den Anschaffungs= oder Herstellungskosten ansetzt (vgl. Anm. 91 b, bb zu § 6 EStG). Der Teilwert der Handelsbilanz ist dann, seine Richtigkeit am Bilanzstichtag vorausgesetzt, auch für die Steuerbilanz maßgebend. Wenn der Steuerpflichtige in diesem Fall bereits in der letzten für das EStG 1925 maßgebenden Handelsbilanz v. 31. 12. 33 z. B. Wertpapiere nach den Grundsätzen ordnungsmäßiger Buchführung mit einem den Bilanzansatz v. 31. 12. 32 übersteigenden Teilwert angesetzt hatte, durfte der höhere Teilwert nach § 20 Abs. 1 EStG 1925 nicht in die Steuerbilanz übernommen werden. Nachdem das EStG 1934 in dieser Bewertungsfrage dem Handelsrecht bis zur Höchstgrenze der Anschaffungskosten folgt, ist der Steuerpflichtige im Kalenderjahr 1934 verpflichtet, auch in seine Steuerbilanz den in seiner Handelsbilanz angesetzten höheren Teilwert zu übernehmen, ohne daß der Unterschiedsbetrag, der im Jahre 1933 zwischen dem höheren Teilwert der Handelsbilanz und dem damals maßgebenden Steuerbilanzwert bestand, für die Zeit nach dem 31. 12. 33 durch Abrechnen von dem später maßgebenden Teilwert verewigt werden könnte (A. M. RFH. I A 145/36 f. im einzelnen Anm. 91 b, bb Abs. 2 zu § 6 EStG). Eine Schätzung des Teilwerts stellt auch die Bewertung zweifelhafter Forderungen in der Handelsbilanz dar. Nach der ständigen Rechtsprechung (vgl. RFH. VI A 842/36 v. 23. 6. 37, RStBl. 37 S. 831, StW. 37 Nr. 417) ist der Ansatz der zweifelhaften Forderungen in der Handelsbilanz solange maßgebend, als der Kaufmann selbst an ihm festhält. Er kann also nicht einwenden, er hätte den Teilwert der Forderungen innerhalb seiner Schätzungsbefugnis noch niedriger festsetzen können und könne deshalb in der Steuerbilanz unter den Handelsbilanzansatz herabgehen. Nur der Nachweis ist möglich, daß der Ansatz in der Handelsbilanz unrichtig und daher zu berichtigen ist.

Für die Bemessung von Rückstellungen für bestehende Verpflichtungen soll aus der Abhängigkeit der Steuerbilanz von der Handelsbilanz nach RFH. I A 169/33 v. 10. 10. 33 (RStBl. 33 S. 1338, StW. 34 Nr. 149) nicht folgen, daß steuerlich an sich zulässige Rückstellungen in der Steuerbilanz nur insoweit vorgenommen werden dürften, als solche Rückstellungen auch in der Handelsbilanz für das gleiche Jahr gemacht worden seien. Der Grundsatz bedinge vielmehr lediglich, daß der Gesamtbetrag der bisherigen Rückstellungen in der Steuerbilanz den entsprechenden Rückstellungsbetrag in der Handelsbilanz nicht übersteige (ebenso RFH. I A 22/37 v. 9. 3. 37, E. 41 S. 116, RStBl. 37 S. 590, StW. 37 Nr. 208). Der Posten Rückstellung z. B. für Pensionsverpflichtungen darf danach in der Steuerbilanz nicht höher sein als in der Handelsbilanz, auf das Rückstellen d. h. die Erhöhung des Postens Rückstellung kommt es nicht an.

Die Notwendigkeit, in der Steuerbilanz für die Bewertung an die in der Handelsbilanz angesetzten und beibehaltenen Werte anzuknüpfen, hat der Einkommensteuersenat des RFH. in RFH. VI A 879/27 v. 17. 4. 29 (RStBl. 29 S. 455, StW. 29 Nr. 600) auf den Fall beschränkt, daß in der Steuerbilanz ein Bilanzansatz für die Steuer ungünstiger (also ein Aktivposten niedriger oder ein Passivposten höher) ausgewiesen wird als in der Handelsbilanz. Der RFH.

stellt dabei ausschließlich auf die für das laufende Wirtschaftsjahr zu erhebende Steuer ab, die durch den höheren Ansatz eines Aktivums erhöht wird. Diese Auffassung, durch die das Auseinandergehen von Handelsbilanz und Steuerbilanz gefördert wird, erscheint für das EStG 1934, das die möglichste Anpassung der Steuerbilanz an die Handelsbilanz erstrebt, nicht mehr vertretbar. Abgesehen davon könnte aber die Höherbewertung eines Aktivums in einem Wirtschaftsjahr eine Verschiebung des Gewinns bezwecken, die mit Rücksicht auf die folgenden Wirtschaftsjahre dem Steuerpflichtigen zum Vorteil gereicht. Für das geltende Recht erscheint daher nur der Standpunkt als vertretbar, daß die Angleichung der Steuerbilanzwerte an die Werte der Handelsbilanz nicht nur zum Nachteil, sondern auch zum Vorteil des Steuerpflichtigen erfolgen muß (vgl. Anm. 63). Wenn in dem vom RFH. gegebenen Beispiel: Handelsbilanzwert (gemeiner Wert) 8 000 RM., Steuerbilanzwert (Anschaffungskosten) 12 000 RM. der Handelsbilanzwert von 8 000 RM. als Teilwert im Sinn des EStG zu niedrig ist, wohl aber ein solcher von 8 500 RM. anzuerkennen war, dann hätte in der Steuerbilanz nicht eine Bilanzberichtigung auf 12 000 RM., sondern, weil der Bewertungsgrundsatz der Handelsbilanz (Bewertung nach dem Teilwert) steuerlich maßgebend ist, mit dem auf 8 500 RM. berichtigten Teilwert zu erfolgen.

c) Hinsichtlich der **Absetzungen für Abnutzung** läßt der RFH. für die Steuerbilanz nicht die Höhe der in der Handelsbilanz abgesetzten Beträge maßgebend sein, sondern die gleiche Nutzungsdauer wie in der Handelsbilanz, es sei denn, daß der Kaufmann nachweist, daß die Berechnung der Lebensdauer in der Handelsbilanz falsch ist (RFH. I A 273/31 v. 28. 6. 32, RStBl. 32 S. 740, StW. 32 Nr. 1187). Es wird also auch für die Berechnung der Absetzungen in der Steuerbilanz die vom Kaufmann in der Handelsbilanz vorgenommene Schätzung der Nutzungs- oder Verwendungsdauer zugrunde gelegt. Einer Gesellschaft, die in Handels- und Steuerbilanz von gleichen Anfangswerten und gleicher Lebensdauer ausgegangen ist, wird vom RFH. in Anwendung dieses Grundsatzes selbst dann nicht gestattet, in der Steuerbilanz höhere Abnutzungsabsetzungen zu machen, wenn sie in ihrer Handelsbilanz bewußt zu niedrige Absetzungen für Abnutzung vorgenommen hat, um die Ausschüttung einer Dividende zu ermöglichen (RFH. I A 182/32 v. 13. 6. 33, RStBl. 33 S. 1036, StW. 34 Nr. 148; ebenso I A 294/31 v. 27. 6. 33, RStBl. 33 S. 1038, StW. 34 Nr. 152). Auch wenn die Werte von Handelsbilanz und Steuerbilanz wegen der steuerlichen Anfangswerte von 1925 nicht übereinstimmen, ist die in der Handelsbilanz unterstellte Restnutzungsdauer jetzt noch für die Steuerbilanz maßgebend.

56. Grenzen der Anpassung der Steuerbilanz an die Handelsbilanz im Einzelfall.

Aus dem Grundsatz der „Bindung der Steuerbilanz an die Handelsbilanz" hat der RFH. zum Teil strenge Folgerungen gezogen. Dem Kaufmann ist nach der herrschenden Lehre nicht verwehrt, in der Handelsbilanz sein Vermögen unterzubewerten; das darf er aber nicht in der Steuerbilanz. Der RFH. hat deshalb zwar den Bewertungsgrundsatz der Handelsbilanz z. B. nach den Anschaffungskosten für die Steuerbilanz als maßgebend erklärt, nicht aber den (zu niedrigen) Anschaffungspreis und auch nicht die Höhe der danach berechneten Abnutzungsabsetzungen. In RFH. I A 345/31 v. 9. 12. 31 (RStBl. 32 S. 147, StW. 32 Nr. 540) wird gebilligt, daß das FA. die Anschaffungskosten einer in der Handelsbilanz danach angesetzten Maschinenanlage um die unbestrittenen Montagekosten von 3 000 RM. erhöht hat und von diesen erhöhten Anschaffungskosten die nach der in der Handelsbilanz unterstellten Lebensdauer (erhöhten) Abnutzungsabsetzungen vorgenommen hat. Der Pflichtige könne die wegen der unterbliebenen Aktivierung vorgenommene Höherbewertung nicht damit ausgleichen, daß er die seiner Handelsbilanz zugrunde liegenden Absetzungsquoten erhöhe. Wenn er also nicht nachweisen kann, daß die Lebensdauer der Anlage bei Aufstellung der Handelsbilanz überschätzt ist, muß die Anlage nach Auffassung des RFH. in der Steuerbilanz nach den erhöhten Anschaffungskosten abzüglich Absetzungen für Abnutzung von z. B. 28 400 RM. bewertet werden, auch wenn der Teilwert der Anlage offenbar niedriger ist als der nach den zu niedrigen Anschaffungskosten berechnete Endwert in der Handelsbilanz (z. B. 26 000 RM.). Diese strenge Auffassung über die Abhängigkeit der Steuerbilanz von der Handelsbilanz dürfte zu weit gehen. Nach ihr müßte der Betrag, der in der Handelsbilanz steht, daraufhin geprüft werden, was er bedeutet, und dann, wenn er als Anschaffungskosten festgestellt ist, müßten die Anschaffungskosten selbständig ermittelt werden. Steht in der Handelsbilanz ein Gegenstand, der tatsächlich einschließlich gewisser Kosten 100 000 RM. gekostet hat, mit 100 000 RM. und ist unstreitig, daß der Teilwert niedriger ist, vielleicht nur 90 000 RM., so ist die Bewertung mit den Anschaffungskosten an sich zulässig. Beanstandet nun die Steuerbehörde die Anschaffungskosten, weil ihnen noch bestimmte Kosten hinzuzurechnen sind, so daß sie nicht 100 000, sondern 108 000 RM. betragen, so müßte nach der Auffassung des RFH. für die Steuerbilanz der Wert ebenfalls 108 000 RM. sein. Nach der Rechtsprechung des Einkommensteuersenats des RFH. dagegen bedeutet das Wahlrecht zwischen Anschaffungskosten und niedrigerem Teilwert, daß die Werte die beiden Grenzen sind und daß jede zwischen ihnen liegende Bewertung noch zulässig ist. Das entspricht auch den praktischen Bedürfnissen. Es gibt auch keine Vorschrift, was zu geschehen hat, wenn solche Werte zur Verfügung stehen, die etwa 10 000 RM. auseinander liegen und der Kaufmann zufällig einen gerade in der Mitte liegenden Betrag genommen hat. In dem oben genannten Fall ist also festzustellen, ob der vom Kaufmann in die Handelsbilanz eingesetzte Wert von 100 000 RM. nach Steuerrecht zulässig ist. Ist diese Frage, wenn auch unter dem Gesichtspunkt einer von der ursprünglichen Absicht des Kaufmanns abweichenden Bewertung zu bejahen, dann ist dieser Wertansatz in der Handelsbilanz auch für die Steuerbilanz maßgebend, ohne daß es auf die Absicht des Steuerpflichtigen entscheidend ankommt (vgl. auch Mirre, Bespr. in StW. 36 I Sp. 110). Nach diesem Grundsatz ist auch in anderen Fällen zu verfahren. Hat z. B. ein abnutzbarer Gegenstand 100 000 RM. gekostet und sind am Schluß des Jahres als Abnutzungsabsetzungen 15 000 RM. abgesetzt worden, so darf, wenn der Teilwert offensichtlich niedriger als die um die Abnutzungsabsetzungen gekürzten Anschaffungskosten ist, der Bilanzansatz ebenfalls nicht beanstandet und der Wert auf 90 000 RM. heraufgesetzt werden, wenn festgestellt wird, daß die Lebensdauer zu kurz geschätzt ist und tatsächlich 10 Jahre beträgt. Es hat in diesem Fall bei 85 000 RM. zu bleiben, weil dieser Wert zwischen Anschaffungskosten abzüglich Abnutzungsabsetzungen und dem niedrigeren Teilwert liegt (ebenso RFH. VI A 274/28 v. 12. 12. 28, RStBl. 29 S. 87, StW. 29 Nr. 13). Es hat weiter z. B. ein Kaufmann das Delkredere für seine Forderungen durch Einzelbewertung der Forderungen auf 100 000 RM. bemessen und hierbei versehentlich zweifellos bereits früher abgeschriebene Forderungen zu Unrecht nochmals berücksichtigt. In diesem Fall darf das FA. den Delkredereansatz dann nicht ohne weiteres um den Wert der zu Unrecht berücksichtigten Forderungen kürzen, wenn der Kaufmann nachweist, daß bei einer Bemessung des Delkredere nach einer nicht zu beanstandenden Gesamtabschreibung auf sämtliche Forderungen, also nach einem anderen, ebenfalls zulässigen Bilanzierungsgrundsatz ebenfalls 100 000 RM. betragen würde. Der Nachweis, daß der von der Steuerbehörde beanstandete Bilanzansatz nach einem anderen, ebenfalls zulässigen Verbuchungs- oder Bilanzierungsgrundsatz gerechtfertigt ist, ist vom Steuerpflichtigen zu erbringen.

57. Nachträgliche Angleichung bei unterlassener Anpassung der Steuerbilanz an die Handelsbilanz in den Vorjahren.

Die Wertansätze von Handelsbilanz und Steuerbilanz gehen vielfach auseinander. Dies ist vor allem wegen der besonderen Vorschriften des EStG 1925 über die steuerlichen Anfangswerte von 1925 für die Anlagegüter der Fall. Das Auseinandergehen der Werte kann aber auch darauf zurückzuführen sein, daß in den vorhergehenden Wirtschaftsjahren die Steuerbilanz nicht unter Verwendung der Handelsbilanz aufgestellt worden ist. Für diesen Fall hat der RFH. Grundsätze aufgestellt, wie eine nachträgliche Angleichung der Steuerbilanz an die Handelsbilanz herbeizuführen ist.

a) Der Fall, daß **sowohl in der Handelsbilanz als auch in der Steuerbilanz von dem gleichen Bewertungsgrundsatz,** und zwar nach den Anschaffungskosten abzüglich der Absetzungen für Abnutzung ausgegangen wird, daß aber wegen zu hoher Absetzungen für Abnutzung in den Steuerbilanzen der Vorjahre niedrigere Werte als in den Handelsbilanzen ausgewiesen werden, wird in RFH. I A 273/31 (s. Anm. 55 c) behandelt. Es waren auf Maschinen in der Handelsbilanz 10 v. H., in der Steuerbilanz aber 15 v. H. abgesetzt worden. Unterstellen wir als Anfangswert (für beide Bilanzen) 100 000 RM. und drei rechtskräftige Veranlagungen, bei denen eine Berichtigung nicht in Frage kommt. Die für das 4. Jahr maßgebende steuerliche Endbilanz des 3. Jahres, die sog. vorjährige Endbilanz enthielt also eine Bewertung der Maschinen zu 100 000 — 45 000 = 55 000 RM., während die entsprechende Handelsbilanz die Maschinen mit 100 000 — 30 000 = 70 000 RM. bewertet hat. In der Handelsbilanz des fraglichen 4. Jahres waren wieder 10 v. H. abgesetzt, handelsrechtlicher Endwert also 60 000 RM. Was hat nun steuerlich zu geschehen? Man könnte eine Berichtigung der vorjährigen steuerlichen Endbilanz für die jetzige Veranlagung für richtig halten; denn die Bewertung mit 55 000 RM. ist nach Ansicht des RFH. unbedingt falsch. Mit Recht wird dieser Gedanke gar nicht erwogen; denn der nicht zu bestreitende Fehler hat sich durch Verminderung der Gewinne der drei Jahre ausgewirkt, es wäre unbillig, von dem Grundsatz des Bilanzenzusammenhangs (Maßgeblichkeit der vorjährigen Endbilanz, wie sie war, nicht wie sie sein sollte) hier abzugehen. Maßgeblich sei, mit welcher Lebensdauer in der Handelsbilanz gerechnet sei. Das seien hier 10 Jahre seit der Anschaffung und 7 Jahre seit dem vorjährigen Bilanzstichtag. Die Maschinen müßten deshalb auch steuerlich in 10 Jahren abgeschrieben werden; da in den drei ersten Jahren zuviel abgeschrieben sei, müsse in den 7 letzten Jahren entsprechend weniger abgeschrieben werden, also in jedem Jahre 55 000:7 RM. Die Auffassung des RFH. steht jedenfalls im Einklang mit der Lehre vom steuerlichen Buchwert (s. Anm. 90 b, bb zu § 6 EStG) und entspricht dem Verfahren der Berichtigung von Abnutzungsabsetzungen (Verteilung des Restwerts auf die richtige Restnutzungsdauer). Von dem steuerlichen Buchwert sind stets die der ferneren Lebensdauer entsprechenden Absetzungen zulässig und geboten. Es muß daher die zutreffende (längere) Restnutzungsdauer festgestellt werden, auf die hier richtig aus den Absetzungen der Handelsbilanz geschlossen wurde (vgl. Mirre, Bespr. StW. 32 I Sp. 1169). Auch in RFH. I A 257/31 v. 25. 10. 32 (StW. 33 Nr. 237) handelte es sich darum, daß früher höhere steuerliche Abschreibungen zugelassen waren, als in der Handelsbilanz vorgenommen waren. Entsprechend der vorgenannten Entsch. hält es der RFH. auch hier nicht für billig, den vorhandenen Unterschied in der Bewertung mit einem Schlage zu beseitigen. Nach der Handelsbilanz war mit einer bestimmten Nutzungsdauer überhaupt nicht gerechnet. Es war vielmehr „willkürlich in Berücksichtigung auch des Ertrags des Betriebs" abgeschrieben worden. Das FA. wollte Ende 1928 einfach die höheren Aktivwerte der Handelsbilanz einsetzen, so daß also 14 000 RM. als Gewinn erschienen wären. Die Pflichtige hätte natürlich die 14 000 RM. für die Veranlagung 1928 gerne in die Endbilanz 1927 eingesetzt, so daß sie um die Steuerpflicht der 14 000 RM. ganz herumgekommen wäre, was an dem Grundsatz des Bilanzenzusammenhangs scheitert. Zur allmählichen Angleichung der Steuerbilanz an die Handelsbilanz setzt der RFH. in die steuerliche Endbilanz 1928 den höheren Bilanzwert der Handelsbilanz und auf die Passivseite einen Posten „steuerliche Zuvielabschreibungen", den man regelmäßig (hier mit 10 v. H. jährlich) abschreibt. Diese Abschreibungen auf einen Passivposten erhöhen natürlich den steuerlichen Gewinn. In der Endbilanz beträgt der Passivposten nicht 14 000 RM., sondern 14 000 RM. abzüglich der für 1928 geltenden Abschreibung, da mit der Angleichung der Steuerbilanz an die Handelsbilanz bereits im Jahre der Auf-

§ 5 EStG. Gewinn bei Vollkaufleuten. Anmerkung 57. 255

deckung der Unrichtigkeit begonnen werden muß. Wenn die GmbH. die Absetzungen für Abnutzung ihrer Maschinen in der Steuerbilanz im Gegensatz zur Handelsbilanz völlig willkürlich zu ihren Gunsten geregelt hat, dann dürfte die Aufdeckung dieser Tatsache ohne weiteres die Berichtigungsveranlagung für die früheren Jahre rechtfertigen. Andernfalls dürfte es aber auch hier geboten sein, unter Wahrung des Bilanzenzusammenhangs und des Wertzusammenhangs die künftigen Absetzungen vom steuerlichen Buchwert nach der als richtig festgestellten Restlebensdauer der Maschinen festzusetzen, zumal die bilanzrechtliche Natur und damit die Zulässigkeit des Passivpostens sehr zweifelhaft erscheint.

b) Der Grundsatz der Ausgleichung zu hoher Absetzungen in der restlichen Nutzungsdauer ist nicht anwendbar, **wenn in Handelsbilanz und Steuerbilanz nicht nach den gleichen Bewertungsgrundsätzen verfahren worden ist**, sondern der Steuerpflichtige in die Handelsbilanz den gemeinen Wert eines Wirtschaftsguts eingesetzt hatte, die Steuerbehörde aber in den Vorjahren versehentlich nach den um die Abnutzungsabsetzungen gekürzten Anschaffungs- oder Herstellungskosten bewertet hatte. Ist in diesem Fall der in der Handelsbilanz stehende Teilwert höher, so muß nach RFH. I A 1/33 v. 30. 4. 33 (RStBl. 34 S. 1106, StW. 34 Nr. 517) zunächst ebenfalls nach dem Grundsatz des Bilanzenzusammenhangs eine Berichtigung der niedrigeren Werte der Steuerbilanzen der Vorjahre unterbleiben. Es ist vielmehr für das maßgebende Wirtschaftsjahr von den steuerlichen (niedrigeren) Endwerten des Vorjahrs auszugehen. Für die Angleichung der Steuerbilanz an die Handelsbilanz soll nach der Entsch. folgendes beachtet werden: Soweit die steuerlichen Anfangswerte einschließlich Zugängen und abzüglich Abgängen unter den Schlußwerten der Handelsbilanz liegen, können in der Steuerschlußbilanz nicht die höheren Schlußwerte der Handelsbilanz eingesetzt werden. Das würde sowohl gegen den Grundsatz des Wertzusammenhangs als auch gegen Recht und Billigkeit verstoßen. Die Angleichung der niedrigeren Steuerbilanzwerte an die Handelsbilanzwerte kann, falls die Gesellschaft bei dem Teilwert bleibt, in der Weise vorgenommen werden, daß soweit die steuerlichen Anfangswerte einschließlich Zugängen unter dem Endwert der Handelsbilanzschlußwerte liegen, Abschreibungen bis zur völligen Angleichung unterbleiben (Beispiel 1). Da hier nach dem Teilwert bewertet ist, ist für Abnutzungsabsetzungen kein Raum (ebenso RFH. I A 141/34 v. 29. 10. 35, StW. 36 Nr. 42). Sind dagegen die steuerlichen Anfangswerte einschließlich Zugängen und abzüglich Abgängen höher als die Schlußwerte in der Handelsbilanz, dann können in die Steuerbilanz die (niedrigeren) gemeinen Werte der Handelsbilanz als Teilwerte eingesetzt werden. Gegen diese Bewertung läßt sich nach Auffassung des RFH. auch vom Billigkeitsstandpunkt nichts einwenden, zumal die Steuerpflichtige bereits in den Vorjahren aus der Zulassung zu hoher Abschreibungen steuerliche Vorteile gezogen hat (Beispiel 2).

Beispiel 1:	Handelsbilanz RM.	Steuerbilanz des FA. RM.
Anlagegegenstand A Anfangswert . .	5 000	1 204
Zugänge	2 625	2 625
	7 625	3 829
Abschreibungen	1 625	1 625
Endwert	6 000	2 204

Der Steuerbilanzanfangswert einschließlich Zugängen liegt mit 3829 RM. unter dem Handelsbilanzwert von 6000 RM. Unter Versagung von Abschreibungen verbleibt es bei dem Steuerbilanzwert von 3829 RM. bis zur völligen Angleichung des Handelsbilanzwerts an diesen Wert. Es bleibt aber zu beachten, daß der Handelsbilanzwert (Teilwert) in dem Augenblick falsch wird und zu berichtigen ist, in dem die Anschaffungskosten abzüglich Absetzungen unter den Betrag des Handelsbilanzansatzes sinken. Anderseits kann an dem niedrigeren Steuerbilanzwert (Teilwert) nur solange ohne Vornahme von Absetzungen für Abnutzung festgehalten werden, als am Bilanzstichtag die um die Absetzungen gekürzten Anschaffungskosten nicht unter den Betrag des Steuerbilanzwerts gesunken sind.

Beispiel 2:	Handelsbilanz	Steuerbilanz des FA.
	RM.	RM.
Anlagegegenstand B Anfangswert	26 000	19 992
Zugänge	23 500	23 500
	49 500	43 492
Abschreibungen	12 100	6 092
Endwert	37 400	37 400

Der Steuerbilanzanfangswert einschließlich Zugängen liegt mit 43 492 RM. über dem Handelsbilanzendwert von 37 400 RM. Einer Angleichung des Steuerbilanzendwerts an diesen niedrigeren Teilwert steht nichts im Wege.

58. Bedeutung der kaufmännischen Eröffnungsbilanz.

Auch die kaufmännische Eröffnungsbilanz muß den Grundsätzen ordnungsmäßiger Buchführung entsprechen. Soweit dies der Fall ist und die Ansätze der Handelsbilanz auch nicht steuerrechtlich zu berichtigen sind, ist die Steuerbilanz an die Handelsbilanz anzupassen. Wenn daher eine Kreditanstalt des öffentlichen Rechts, die unter der Herrschaft des KStG 1925 persönlich befreit war, nach dem KStG 1934 steuerpflichtig wird, ist ihre Handelsbilanz v. 31. 12. 1933 mit den durch zwingende Vorschriften des Handels- und Steuerrechts bedingten Abweichungen steuerliche Eröffnungsbilanz (RFH. I A 35/37 v. 17. 9. 37, E. 42 S. 112, RStBl. 37 S. 1210, StW. 37 Nr. 515). Auch bei einer Verschmelzung muß die Eröffnungsbilanz der übernehmenden Gesellschaft oder der neugebildeten Gesellschaft an die Handelsbilanz (Fusionseröffnungsbilanz) anknüpfen. Hat die übernehmende Gesellschaft bei der Verschmelzung auf den Zeitpunkt des tatsächlichen Vermögensübergangs keine handelsrechtliche Eröffnungsbilanz aufgestellt, dann ist für die steuerliche Anfangsbewertung des übertragenen Betriebsvermögens nach RFH. I A 219/35 v. 10. 12. 35 (RStBl. 36 S. 417, StW. 36 Nr. 41) von den Werten auszugehen, die für den Zeitpunkt des Vermögensübergangs aus den Ansätzen in der ersten auf diesen Zeitpunkt folgenden Handelsbilanz unter Beachtung der inzwischen eingetretenen Veränderungen abzuleiten sind.

2. Bilanzberichtigung.

Schrifttum. Genf, Bilanzberichtigung, DStBl. 35 025 S. 1; Knof, Bilanzberichtigung und Bilanzänderung, DStBl. 38 025 S. 9.

59. Begriff der Bilanzberichtigung; Unterschied von Bilanzänderung.

Die Handelsbilanz kann, wie erwähnt, nur dann der Steuerbilanz zugrunde gelegt werden, wenn sie durch das verfassungsmäßige Organ der Kapitalgesellschaft beschlossen und insbesondere in ihren Bilanzansätzen richtig ist. Die Handelsbilanz muß, um für die Gewinnermittlung maßgebend sein zu können, nach § 5 Abs. 1 EStG den Grundsätzen ordnungsmäßiger Buchführung entsprechen, außerdem müssen bei ihrer Aufstellung die Vorschriften über die Entnahmen und Einlagen (§ 4 Abs. 1), über die Betriebsausgaben (§ 4 Abs. 3) und über die Bewertung (§ 6) befolgt worden sein. Durch den Ausdruck „befolgen" ist in dem Streit darüber, was der Ausdruck „beachten" im entsprechenden § 13 Satz 2 EStG 1925 zu bedeuten hatte, für das geltende Recht in dem Sinn Klarheit geschaffen, daß die steuerlichen Vorschriften über die Entnahmen usw. beim Ansatz des Betriebsvermögens als maßgebend zu befolgen sind und daß damit die Steuerbehörde an eine Handelsbilanz, in der diese Vorschriften verletzt sind, nicht gebunden ist. Verletzt der Steuerpflichtige in seiner Handelsbilanz die Vorschriften des HGB einschließlich der Grundsätze ordnungsmäßiger Buchführung oder die Vorschriften des EStG, dann ist die Handelsbilanz insoweit unrichtig und die unrichtigen Bilanzposten müssen durch die den gesetzlichen Vorschriften entsprechenden Ansätze ersetzt werden. In § 5 Abs. 2

EStG 1934 (§ 4 Abs. 2 EStG 1938) wird die Änderung einer beim FA. eingereichten Bilanz (Vermögensübersicht) durch den Steuerpflichtigen behandelt, und zwar in Satz 1, soweit die Bilanz den Grundsätzen ordnungsmäßiger Buchführung und den im Abs. 1 Satz 2 bezeichneten Vorschriften nicht entspricht. Satz 2 schreibt vor, wann „darüber hinaus" Abänderungen der Bilanz zulässig sind. Hier wird der Ausdruck Bilanzänderung als Oberbegriff für jede Abänderung einer eingereichten Bilanz gebraucht und umfaßt sowohl die Bilanzberichtigung, als auch die Bilanzänderung im engeren Sinn. Unter Bilanzberichtigung ist der eingangs erwähnte Fall des Ersatzes eines gegen die Vorschriften des HGB einschließlich der Grundsätze ordnungsmäßiger Buchführung oder gegen die steuerlichen Vorschriften verstoßenden Bilanzansatzes durch einen diesen Vorschriften entsprechenden Bilanzansatz zu verstehen, während die Bilanzänderung im engeren Sinn den Ersatz eines steuerrechtlich und handelsrechtlich zulässigen Bilanzansatzes durch einen steuerrechtlich und handelsrechtlich ebenfalls zulässigen Bilanzansatz darstellt. Diese bisher gebräuchliche Unterscheidung soll trotz der Verwendung des Ausdrucks „Bilanzänderung" im allgemeinen Sinn auch für das geltende Gesetz noch beibehalten werden (vgl. auch VR 37 B III Abs. 1 u. 2, RStBl. 38 S. 195, s. Anh. 17).

60. Voraussetzungen der Bilanzberichtigung.

Voraussetzung der Bilanzberichtigung ist, daß die vom Steuerpflichtigen eingereichte Handelsbilanz gegen zwingende Vorschriften des Handelsrechts oder des Steuerrechts verstößt. Eine Berichtigung ist also steuerrechtlich zulässig und dann auch geboten, wenn der Pflichtige so, wie er bilanziert hat, handelsrechtlich nicht bilanzieren durfte. Nach RFH. I A 58/25 v. 16. 10. 25 (E. 17 S. 243, RStBl. 25 S. 215, StW. 25 Nr. 694) kann die Berichtigung einer zum Zweck der Steuerberechnung aufgestellten Bilanz von dem Steuerpflichtigen nur verlangt werden, soweit sie unrichtig ist, nicht aber soweit sie so, wie geschehen, und auch anders aufgestellt werden konnte. Daher ist der Kaufmann nach RFH. VI A 37/36 v. 26. 2. 36 (StW. 36 Nr. 199) an seine Schätzung des Delkrederepostens, die er in der dem FA. eingereichten Bilanz vorgenommen hat, gebunden; es sei davon auszugehen, daß der Kaufmann bei seiner Schätzung das Richtige habe treffen wollen und auch tatsächlich getroffen habe. Will er von der Schätzung abgehen, so muß der Nachweis erbracht werden, daß die Schätzung für den Bilanzstichtag falsch war.

Wann ist nun eine Bilanz handelsrechtlich unrichtig? In RFH. I A 388/27 v. 24. 4. 28 (RStBl. 28 S. 262, StW. 28 Nr. 460) wird für die Zulässigkeit einer Bilanzberichtigung mit Recht als entscheidend angesehen, ob das von einer Gesellschaft bei Aufstellung der Bilanz beobachtete Verfahren, sachlich gesehen, mit den Grundsätzen ordnungsmäßiger Buchführung vereinbar war, nicht aber, ob die Gesellschaft trotz der gegebenen Sachlage den Bilanzansatz mit einer kaufmännischen Bilanzgebarung noch für vereinbar hielt oder ob sie eine Abschreibung trotz besserer Erkenntnis unterließ. Sachliche Unrichtigkeiten liegen z. B. in der Nichtaufnahme eines Wirtschaftsguts oder einer Schuld, im Ansatz abnutzbarer Wirtschaftsgüter ohne die Berücksichtigung von Absetzungen (RFH. I A 216/35 v. 28. 7. 36, RStBl. 36 S. 989, StW. 36 Nr. 426), in der Abbuchung abzugsfähiger Betriebsausgaben von einer Rücklage (Reservekonto), nicht über Verlust- und Gewinnkonto (RFH. I A 22/37 v. 9. 3. 37, E. 41 S. 116, RStBl. 37 S. 590, StW. 37 Nr. 208 u. die dort genannten Entsch.), im Ansatz uneinbringlicher und zweifelhafter Forderungen mit dem Nennbetrag (vgl. Anm. 62).

In RFH. I A 807/28 v. 11. 2. 30 (RStBl. 30 S. 153, StW. 30 Nr. 557) hat der RFH. unter Voranstellung des Grundsatzes der „Bindung der Steuerbilanz an die Handelsbilanz" ausgesprochen, eine Bilanz sei nicht rechtsgültig, wenn sie gegen zwingende Vorschriften des Handelsrechts verstoße. Das Verbot der Überbewertung von Aktiven sei allerdings zwingendes Recht (§§ 261, 40 HGB). Ein Vergreifen in der Schätzung bedeute nach der Rechtsprechung des RG. noch keine Verletzung der mit Zwangscharakter ausgestatteten Bewertungsvorschriften des HGB und eine Handelsbilanz sei nach § 271 HGB lediglich anfechtbar, wenn die Abweichungen noch in den Grenzen einer allenfalls denkbaren Schätzung lägen und **Nichtigkeit der Handelsbilanz liege höchstens dann vor, wenn die Überbewertung geradezu phantastisch werde.** Selbst wenn die Generalversammlung einer AG. bewußt gegen das Verbot der Überbewertung verstoßen habe, so könne das noch keinen stichhaltigen Grund für eine steuerliche Bilanzberichtigung ohne Änderung der Handelsbilanz abgeben; denn im Sinn der Auffassung des RG. sei eine Bilanz auch dann nicht nichtig, wenn bei Schätzungsposten wider besseres Wissen geschätzt sei, nur dürfe eben die Schätzung keine phantastische sein. Der RFH. schließt sich dieser Auffassung auch für das Steuerrecht zur Vermeidung eines Auseinanderfallens von Steuerbilanz und Handelsbilanz in nicht unbedingt notwendigen Fällen und auch um deswillen an, weil vermieden werden müsse, daß eine Gesellschaft, die bewußt gegen das Gesetz verstoße, zu ihren Gunsten steuerliche Berichtigungen leichter herbeiführen könne, als eine Gesellschaft, die irrtümlich fehlgegriffen habe. Steht in einer Handelsbilanz einer GmbH. eine Beteiligung, die 100 000 RM. gekostet hat, mit 90 000 RM., so ist dieser Betrag handelsrechtlich und auch steuerrechtlich nicht zulässig, wenn es sich um eine ganz grobe Überbewertung handelt, wenn dieser Betrag in keiner Weise zu rechtfertigen ist. Erklärt nun die Gesellschaft, sie habe die Beteiligung nicht mit 90 000 RM. bewerten dürfen und bewerte sie daher nunmehr höchstens mit 70 000 RM., dann muß nach der Auffassung des RFH. in diesem Fall die Gesellschaft den Nachweis erbringen, daß ihre Handelsbilanz wegen des Postens Beteiligung mit 90 000 RM. nichtig sei, weil sie insoweit eine phantastische Überbewertung enthalte. Gegen diese Auffassung besteht schon einmal das Bedenken, daß die Gesellschaft, wenn sie ganz sicher gehen will, einfach statt 90 000 RM. oder 100 000 RM. 101 000 RM. setzt, dann hat sie ganz sicher eine unzulässige Bewertung. Auch in RFH. I A 110/33 v. 23. 5. 35 (RStBl. 35 S. 1467, StW. 35 Nr. 619) wird für die Bilanzberichtigung an der Unterscheidung zwischen nichtiger und anfechtbarer Handelsbilanz unter Berufung auf die neuere Entwicklung von Handels- und Steuerrecht festgehalten. Der RFH. übernimmt also für die Besteuerung vom RG. die Unterscheidung zwischen absoluten Unrichtigkeiten, die ohne weiteres die Nichtigkeit der Handelsbilanz zur Folge haben, und bedingten Unrichtigkeiten, deren steuerliche Anerkennung von einer Anfechtung der Bilanz abhängt.

Gegen diese Auffassung bestehen aus verschiedenen Gründen Bedenken. Zwar erstrebt das EStG 1934 noch stärker als das bisherige Gesetz eine Anpassung der Steuerbilanz an die Handelsbilanz. Voraussetzung ist aber eine den gesetzlichen Vorschriften und den Grundsätzen ordnungsmäßiger Buchführung entsprechende, nicht eine fehlerhafte Handelsbilanz. Eine im Sinn der Rechtsprechung des RFH. anfechtbare Bilanz ist jedoch in dem Bilanzansatz, der ihre Anfechtbarkeit begründet, unrichtig, wenn es sich um eine Überbewertung handelt. Diese Unrichtigkeit soll steuerlich nach der Rechtsprechung erst dann beachtet werden, wenn die Bilanz tatsächlich angefochten ist. Es soll also in diesem Fall die steuerliche Beseitigung einer offenkundigen Unrichtigkeit lediglich von dem äußerlichen Formerfordernis der Anfechtung abhängen. Zunächst wird die bürgerlich-rechtliche Nichtigkeit oder Anfechtbarkeit steuerrechtlich grundsätzlich erst nach ihrer erfolgreichen Geltendmachung beachtlich, nicht schon vorher (vgl. Anm. 5 Abs. 2 zu § 2 EStG). Weiter bedeutet es trotz der Nachweispflicht des Steuerpflichtigen keine Erleichterung der Veranlagungsarbeit, wenn die FA. über die nur sehr schwer zu treffende Abgrenzung zwischen nichtigen und anfechtbaren Handelsbilanzen entscheiden sollen. Außerdem handelt es sich in diesen Fällen meist um Überbewertungen. Zu hohe Bewertungen widersprechen, insbesondere wenn sie wissentlich erfolgt sind, dem auch vom RFH. betonten Grundsatz der Bilanzwahrheit und dem im HGB verankerten Grundsatz, daß der Kaufmann zum Schutz der Belange seiner Gläubiger seine Vermögenslage nicht günstiger ausweisen darf, als sie tatsächlich ist. Um das

Ziel der Einkommensbesteuerung, nämlich die Erfassung des im Wirtschaftsjahr tatsächlich erzielten Gewinns zu erreichen, kann aber auch für die Besteuerung nur von einer sachlich richtigen Bilanz ausgegangen werden. Mit dem Grundsatz der Bilanzwahrheit und mit dem aus § 1 StAnpG abzuleitenden Grundsatz von Treu und Glauben dürfte es aber nicht zu vereinbaren sein, es für die Besteuerung ausschließlich wegen des Fehlens eines nach Handelsrecht erforderlichen Formerfordernisses bei einem, womöglich absichtlich eingestellten, unrichtigen Bilanzansatz zu belassen. Dabei darf nicht übersehen werden, daß die Überbewertung eines Aktivums für den Steuerpflichtigen nicht nur von Nachteil sein kann. Vielmehr kann der Pflichtige durch einen in einem Verlustjahr eingestellten, zu hohen Bilanzansatz erreichen, daß sich der Ansatz in diesem Jahre nicht zu seinem Nachteil auswirkt, wohl aber in den folgenden Wirtschaftsjahren eine nicht gerechtfertigte Abschreibung oder zu hohe Abnutzungsabsetzungen, also zu Unrecht die Schmälerung des Gewinns dieser Jahre ermöglicht. Dabei wirkt für die Dauer der Beseitigung des Verlustvortrags die unzulässige Erhöhung des Betriebsvermögens im Verlustjahr gewinnmindernd, ohne daß diese Gewinnminderung durch eine entsprechende Kürzung des vortragsfähigen Verlusts wieder ausgeglichen würde. Nach den Grundsätzen des RFH. könnte das FA. dies nicht verhindern, wenn die Überbewertung im Rahmen einer allenfalls noch denkbaren Schätzung bleibt. Schließlich dürfte es auch dem Grundsatz der Gleichmäßigkeit und Gerechtigkeit der Besteuerung widersprechen, Kapitalgesellschaften in der Frage der Bilanzberichtigung ohne zwingende Notwendigkeit anders zu behandeln als die Einzelkaufleute, Personengesellschaften und buchführungspflichtigen Körperschaften, die nicht Kapitalgesellschaften sind. Es sollte daher für die Entscheidung, ob eine Bilanzberichtigung zulässig und auch von Amts wegen vorzunehmen ist, nur auf die sachliche Richtigkeit des einzelnen Bilanzansatzes ankommen. Die Fragestellung hätte also nicht zu lauten: Bewegt sich der Bilanzansatz als offenbar nicht gerechtfertigte Überbewertung im Rahmen einer allenfalls noch denkbaren Schätzung oder ist er geradezu phantastisch überbewertet? Sondern sie muß lauten: Ist die Bewertung bei Beachtung der einem vorsichtigen Kaufmann obliegenden Sorgfalt noch als sachlich gerechtfertigt anzuerkennen oder nicht? Ist die Bewertung nach Handelsrecht unrichtig im Sinn einer sachlichen (objektiven) Unrichtigkeit, dann ist sie auch für die Steuerbilanz nicht maßgebend.

61. Bilanzberichtigung von Amts wegen.

Nach § 5 Abs. 2 Satz 1 EStG 1934 (§ 4 Abs. 2 Satz 1 EStG 1938) darf der Steuerpflichtige die Bilanz (Vermögensübersicht) auch noch nach ihrer Einreichung beim FA. ändern, soweit sie den Grundsätzen ordnungsmäßiger Buchführung unter Befolgung der Vorschriften des EStG nicht entspricht. In der Gesetzesbegründung wird hervorgehoben, daß die Bilanzberichtigung im Gegensatz zur Bilanzänderung, wie bisher, einseitig bis zum Finanzgerichtsurteil zulässig geblieben sei, und in den VR 37 B III Abs. 3 (RStBl. 38 S. 195, s. Anh. 17) wird darauf hingewiesen, daß Bilanzberichtigungen an eine Zustimmung der Finanzbehörden nicht gebunden seien. Es genüge die einseitige Entschließung des Steuerpflichtigen und deren Mitteilung an das FA. Aus dem Gesetz und diesen Erläuterungen darf aber nicht gefolgert werden, daß es sich bei der Bilanzberichtigung nur um ein Recht des Steuerpflichtigen handelt, nach dem der Steuerpflichtige selbst seine Bilanz nach Einreichung beim FA. ändern darf, daß aber das FA. nicht verpflichtet ist, Fehler richtig zu stellen, wenn der Steuerpflichtige dies unterläßt. Dem FA. obliegt nach §§ 205 ff. AO die Verpflichtung, die Steuererklärungen und erforderlichenfalls auch ihre Unterlagen auf ihre Richtigkeit nachzuprüfen. Dazu gehört bei der Einkommen- und Körperschaftsteuererklärung auch die Prüfung, ob von einem buchführungspflichtigen Steuerpflichtigen die Vorschriften des § 5 EStG und damit bei der von ihm erstellten Bilanz die Grundsätze ordnungsmäßiger Buchführung und die sonstigen Vorschriften des EStG und KStG beachtet sind. Danach handelt es sich bei der Bilanzberichtigung durch den Steuerpflichtigen im Grunde nur um eine Anregung. Diese Auffassung entspricht auch dem bisherigen Rechtszustand, wonach eine Bilanzberichtigung beim Verstoß gegen zwingende Vorschriften des Handelsrechts und des Steuerrechts nicht nur zulässig, sondern auch geboten war. Daher ist auch in diesen Fällen die Bilanzberichtigung im Gegensatz zur Bilanzänderung im engeren Sinn nicht davon abhängig, daß der Pflichtige seine Handelsbilanz in förmlicher Weise durch Beseitigung des unrichtigen Bilanzansatzes ändert; denn eine fehlerhafte Handelsbilanz ist für die Steuerbilanz nicht maßgebend. Es kann daher der richtige Wert in die Steuerbilanz ohne Änderung der Handelsbilanz eingesetzt werden (vgl. z. B. RFH. I A 471/30 v. 16. 2. 32, RStBl. 32 S. 335, StW. 32 Nr. 546). Diese für die Berichtigung einer dem FA. vorgelegten Handelsbilanz geltenden Grundsätze sind auch dann anzuwenden, wenn der Steuerpflichtige eine besondere Steuerbilanz aufgestellt hat. In dem Fall von RFH. I A 238/31 v. 8. 3. 32 (RStBl. 32 S. 408, StW. 32 Nr. 773) enthielt die Steuerbilanz zulässige Abweichungen von der Handelsbilanz. Die Gesellschaft machte geltend, auch diese Steuerbilanz verstoße noch gegen die Grundsätze ordnungsmäßiger Buchführung. Wenn diese Behauptung richtig ist, ist auch die aufgestellte Steuerbilanz für die Besteuerung nicht maßgebend. Die Entsch. weist auch darauf hin, daß man die Behauptung, eine Bilanz sei falsch, nicht einfach damit abtun könne, der Steuerpflichtige habe die Bilanz ja selbst aufgestellt. Wenn er den Nachweis der Unrichtigkeit erbringt, muß dies beachtet werden.

62. Nachweis der Unrichtigkeit der eingereichten Bilanz.
Die Bilanzberichtigung hat durch Beseitigung des unrichtigen Bilanzansatzes zugunsten oder zu Ungunsten des Steuerpflichtigen zu erfolgen. Voraussetzung ist stets, daß der sie bedingende Verstoß gegen zwingende gesetzliche Vorschriften nachgewiesen wird. Nach RFH. I A 220/31 v. 28. 3. 33 (RStBl. 33 S. 1204, StW. 33 Nr. 524) muß den Nachweis der Unrichtigkeit führen, wer die Notwendigkeit der Berichtigung behauptet, sei es, daß dies der Steuerpflichtige oder das FA. ist. In dem in Anm. 60 Abs. 1 behandelten Fall, in dem der Steuerpflichtige die sachliche Unrichtigkeit einer von ihm selbst vorgenommenen Schätzung behauptet, werden für die Vornahme einer Berichtigung zugunsten des Steuerpflichtigen an dessen Nachweispflicht besonders strenge Anforderungen zu stellen sein. In RFH. I A 122/34 v. 4. 9. 34 (RStBl. 34 S. 1442, StW. 34 Nr. 687) wird zur Frage der Schätzung der zu erwartenden Ausfälle auf Außenstände ausgeführt, eine Handelsbilanz sei nicht deshalb unrichtig, weil sie keine Delkredererückstellung oder nur eine solche enthalte, die zur Deckung der zu erwartenden Ausfälle nicht ausreiche. Wenn die Handelsbilanz keine Delkredererückstellung enthalte, sei auch die Anerkennung einer solchen in der Steuerbilanz ausgeschlossen, und es sei auch gegenüber einer Delkredererückstellung in der Handelsbilanz der Einwand unbeachtlich, sie reiche zur Deckung der zu erwartenden Ausfälle nicht aus. Die Entsch. scheint sogar so weit zu gehen, eine Delkredererückstellung in der steuerlichen Endbilanz eines Jahres selbst dann zu streichen, wenn eine derartige Rückstellung in den Vorjahren anerkannt war. Dieser sehr strenge Standpunkt bezieht sich jedoch nur auf die im Wege der Schätzung erfolgende Berücksichtigung der nach irgendwelchen Erfahrungen zu erwartenden Ausfälle bei Außenständen, die einzeln betrachtet als nicht zweifelhaft anzusehen wären. Der Ansatz zweifelhafter Forderungen mit dem Nennbetrag verstößt gegen die Vorschrift des § 40 Abs. 3 HGB und die unterlassene Teilabschreibung erfüllt auch den strafbaren Tatbestand der unordentlichen Buchführung nach § 240 Abs. 1 Ziff. 3 KO (RG. 5. Straffenat v. 28. 10. 35, RStBl. 35 S. 1410). Auf Grund des Nachweises, daß bestimmte Forderungen am Bilanzstichtag als wertlos oder zweifelhaft anzusehen waren, aber trotzdem als vollwertig berücksichtigt sind, muß also der Ansatz der Forderungen in der Steuerbilanz berichtigt werden. Hat der Steuerpflichtige in seiner Bilanz den zu erwartenden Verlust auf eine Forderung in bestimmter Höhe, z. B. 150 000 RM., geschätzt und läßt er sich aus Entgegenkommen gegenüber dem FA. dazu herbei, den Verlust niedriger auf 100 000 RM. zu schätzen, so kann er noch im Lauf des Berufungsverfahrens die

§ 5 EStG. Gewinn bei Vollkaufleuten. Anmerkung 62—64. 261

Rückgängigmachung dieser Abänderung verlangen, wenn sich herausstellt, daß der Verlust tatsächlich noch höher als die ursprüngliche Schätzung, z. B. 200 000 RM. ist. In RFH. VI A 301/30 v. 26. 6. 30 (StW. 30 Nr. 982) wird in diesem Fall in dem Antrag des Steuerpflichtigen ein Antrag auf Bilanzberichtigung gesehen, da der Pflichtige nachweisen konnte, daß die vom Finanzamt veranlaßte Änderung seines ursprünglichen Bilanzansatzes den Grundsätzen ordnungsmäßiger Buchführung zuwiderlief und daß nach der tatsächlichen Entwicklung der Dinge ihre ursprüngliche Schätzung richtig war.

63. Durchführung der Bilanzberichtigung.

Die Bilanzberichtigung wird durchgeführt, indem der unrichtige Bilanzansatz durch den nach Handels- oder Steuerrecht gebotenen Bilanzansatz ersetzt wird. Kommt nur ein Wert als der richtige Bilanzansatz in Frage, dann bietet die Bilanzberichtigung keine Schwierigkeiten. Die Feststellung, daß die Handelsbilanz eine Überbewertung enthält, d. h. eine Bewertung, die steuerlich nicht zulässig ist, hat jedoch nicht die Folge, daß sich der Steuerpflichtige nunmehr aussuchen kann, welcher Wert in die Bilanz eingesetzt wird. Der Steuerpflichtige hat nicht unter den an sich steuerlich zulässigen Bilanzwerten die Wahl, sondern es hat nur eine Berichtigung stattzufinden, indem lediglich die nach den Vorschriften des Steuerrechts vorliegende Überbewertung beseitigt und der höchste steuerlich zulässige Bilanzwert angesetzt wird. Nur das Herabgehen auf den steuerlich zulässigen Höchstwert wird dem Begriff der „Berichtigung" gerecht. Aus dem gleichen Grunde darf bei einer nach Steuerrecht vorliegenden Unterbewertung der unrichtige Bilanzansatz nicht durch den höchsten, steuerlich zulässigen Bilanzansatz berichtigt werden, sondern es muß bis zum niedrigsten, steuerlich zulässigen Bilanzwert heraufgegangen werden (vgl. das Beispiel in Anm. 55 b a. E.). Die Berichtigung der Handelsbilanz hat sich für die Steuerveranlagung auf die Bilanzansätze, die gegen zwingende Vorschriften des Handelsrechts oder Steuerrechts verstoßen haben, zu beschränken. Der Steuerpflichtige kann also wegen des unrichtigen Bilanzansatzes nicht einwenden, daß seine Handelsbilanz überhaupt nicht mehr maßgebend sei. Außerdem darf er das Ergebnis der Bilanzberichtigung nicht dadurch ausgleichen, daß er andere zulässige Bilanzansätze lediglich mit Rücksicht auf die Bilanzberichtigung abändert (vgl. Anm. 67 und RFH. I A 207/33 v. 31. 7. 34, RStBl. 34 S. 981, StW. 34 Nr. 610).

3. Bilanzänderung.

Schrifttum. Mirre, Die Zulässigkeit von Bilanzänderungen DStZ. 30 S. 13; Schultze-Schlutius, Zulässigkeit von Bilanzänderungen bei Beanstandungen des FA., DStBl. 35 025 S. 5; Knof, Zulässigkeit von Bilanzänderungen bei Beanstandungen des FA. DStBl. 35 025 S. 7.

64. Begriff der Bilanzänderung.

Die Bilanzänderung im engeren Sinn liegt vor, wenn ein handelsrechtlich und steuerrechtlich zulässiger Bilanzansatz durch einen handelsrechtlich und steuerrechtlich ebenfalls zulässigen Bilanzansatz ersetzt wird. Dabei kann, wie in RFH. VI A 37/36 v. 26. 2. 36 (StW. 36 Nr. 199) mit Recht betont wird, die Änderungsbefugnis im allgemeinen nur für den Fall gelten, daß eine andere Bewertungsart gewählt wird. Der Kaufmann muß also ein ihm nach Handels- oder Steuerrecht zustehendes Bewertungswahlrecht in anderer Weise ausüben als in der eingereichten Bilanz. Diese Voraussetzung liegt aber nicht vor, wenn der Steuerpflichtige eine in der Bilanz vorgenommene Schätzung, z. B. des Delkrederepostens nach seinem Belieben, weil es ihm jetzt vorteilhafter erscheint, nachträglich ändern will. Eine derartige Änderung der Schätzung hat der RFH. in der Entsch. mit Recht von dem Nachweis abhängig gemacht, daß die Schätzung für den Bilanzstichtag falsch war. Auch die Frage, ob ein Gegenstand (gewillkürtes) Betriebsvermögen darstellt, fällt nicht unter den Begriff der Bilanzänderung (RFH. VI 620/37 v. 18. 11. 37, RStBl. 38 S. 133). Während eine Bilanzänderung bisher nach der Rechtsprechung unbeschränkt zulässig war, solange im Rechtsmittelverfahren noch neue Tatsachen vorgetragen werden konnten, also bis zum Erlaß des Finanzgerichtsurteils, ist sie nach § 5 Abs. 2 Satz 2 EStG 1934 (§ 4 Abs. 2 Satz 2 EStG 1938) nach Einreichung der Bilanz (Vermögensübersicht) nur mit Zustimmung des FA., im Rechtsmittelverfahren nur mit Zustimmung der Rechtsmittelbehörde zulässig (vgl. auch VR 37 B III Abs. 3, RStBl. 38 S. 195, f. Anh. 17). Dadurch sollte die Möglichkeit zu schwerwiegenden Bilanzänderungen, die sich vor allem aus der dem Kaufmann nach Handelsrecht eingeräumten, umfangreichen Bewertungsfreiheit ergeben und bisher die Erledigung von Veranlagungs- und Rechtsmittelverfahren stark verzögerten, erschwert werden. Der Unterscheidung zwischen Bilanzänderung und Bilanzberichtigung kommt nunmehr im Einzelfall erhöhte Bedeutung zu, weil die Bilanzänderung nicht nur, wie bisher, von einer gleichartigen Änderung der Handelsbilanz im Sinn der beantragten Änderung abhängig, sondern auch an die Genehmigung der Steuer- oder Rechtsmittelbehörde gebunden ist. In der Hauptsache werden die Bilanzänderungen die Bewertung der Wirtschaftsgüter des Betriebsvermögens im Rahmen der nach § 6 zulässigen Wertansätze, die Bewertung zweifelhafter Forderungen und auch den Übergang von einer zulässigen Bilanzierungsart zur anderen (z. B. Verbuchung nach Fälligkeit statt nach Verausgabung) zum Gegenstand haben. Dabei sind für die Beurteilung des Bilanzänderungsantrags ebenso wie für den ursprünglichen Bilanzansatz die Verhältnisse am Bilanzstichtag maßgebend. Der Steuerpflichtige kann daher die Bewertung von Aktiven und Passiven ändern, wenn die andere Bewertung nach den Verhältnissen, wie sie am Bilanzstichtag vorlagen, zulässig gewesen wäre (s. auch RFH. VI A 1537/30 v. 24. 6. 31, RStBl. 31 S. 816, StW. 31 Nr. 785).

Die Aufnahme des in § 5 Abs. 2 EStG 1934 enthaltenen Begriffs der Bilanzänderung in § 4 Abs. 2 EStG 1938 hat zur Folge, daß Bilanzänderungen im engeren Sinn in persönlicher Hinsicht nicht nur bei buchführungspflichtigen Kaufleuten (Handelsgesellschaften) möglich sind, sondern auch bei Gewerbetreibenden, die Bücher nach den Vorschriften des HGB führen, ohne dazu verpflichtet zu sein, bei buchführenden Land- und Forstwirten und buchführenden selbständig Tätigen (s. auch VR 37 B III Abs. 4, RStBl. 38 S. 196, f. Anh. 17).

65. Abhängigkeit von der Änderung der Handelsbilanz.

Das Wesen der Bilanzänderung besteht darin, daß der Kaufmann das ihm bezüglich eines Bilanzansatzes nach Handels- oder Steuerrecht zustehende Wahlrecht nach Einreichung seiner Bilanz beim FA. anders ausübt, als er es in der eingereichten Bilanz tatsächlich ausgeübt hat. Nach dem Grundsatz der Anpassung der Steuerbilanz an die Handelsbilanz ist die in der Handelsbilanz gewählte Bilanzierungsart auch für die Steuerbilanz maßgebend. Will der Kaufmann nachträglich zu einer anderen Bilanzierungsart übergehen, dann erfordert dieser Grundsatz, daß er den Bilanzansatz auch in seiner Handelsbilanz entsprechend abändert. Diese Notwendigkeit wurde auch in den VR 36 B IV Abs. 5 (RStBl. 37 S. 220) betont, wonach einer Änderung der Bilanz nur zugestimmt werden kann, wenn der Steuerpflichtige die Änderung auch für seine Buchführung gelten läßt. Dieser Grundsatz ist für die nach Handelsrecht buchführungspflichtigen Steuerpflichtigen auch nach Übernahme der Vorschrift über die Bilanzänderung in den § 4 Abs. 2 EStG 1938 aufrecht zu erhalten. Die Abänderung der Handelsbilanz im Sinn des Bilanzänderungsantrags hat für Einzelkaufleute und Personengesellschaften mangels besonderer Formerfordernisse keine besondere Bedeutung. Bei ihnen kann regelmäßig im Antrag auf Bilanzänderung auch die Erklärung gesehen werden, daß sie gleichzeitig für ihre geschäftlichen Zwecke ihre Handelsbilanz ändern wollen, wenn sie nicht das Gegenteil zu erkennen geben. Bei den Kapitalgesellschaften dagegen wird die Handelsbilanz als Teil des Jahresabschlusses durch die gesetzlich berufenen Organe (Vorstand oder Hauptversammlung bei der AG, Gesellschafterversammlung bei der GmbH., vgl. Anm. 51) festgestellt. Eine Bilanzänderung kann daher nicht formlos geschehen, sie bedarf vielmehr der für die Feststellung der Bilanz vorgeschriebenen Form (RFH. I A a 213/29 v. 12. 11. 29, RStBl. 29 S. 660, StW. 29

Nr. 1031). Es müssen darnach bei der AG. zur Änderung der Bilanz dieselben Organe als berufen angesehen werden, die die Bilanz festgestellt haben, wobei jedoch die ursprüngliche Vorstandsbilanz bei Meinungsverschiedenheit oder Einigung zwischen Vorstand und Aufsichtsrat wohl auch von der Hauptversammlung geändert werden kann, während über die Änderung der Hauptversammlungsbilanz nur die Hauptversammlung beschließen könnte. Nach RFH. I A 128/33 v. 12. 6. 34 (E. 36 S. 236, RStBl. 34 S. 1070, StW. 34 Nr. 567) ist der Beschluß der Hauptversammlung einer AG. auch dann rechtsgültig, wenn er zwar wegen Verstoßes gegen Gesetzes- oder Satzungsbestimmungen anfechtbar war, jedoch tatsächlich nicht angefochten worden ist. Befinden sich sämtliche Geschäftsanteile einer GmbH. in der Hand eines Gesellschafters, so kann im Hinblick auf die Vorschrift des § 46 Ziff. 1 GmbHG, nach der die Feststellung der Jahresbilanz der Bestimmung der Gesellschafter unterliegt, nicht unterstellt werden, daß die im Steuerverfahren abgegebenen Erklärungen den Entschluß, auch die Handelsbilanz zu ändern, zum Ausdruck bringen. Eine steuerlich wirksame Änderung kann vielmehr nach RFH. I A 17/34 v. 29. 6. 34 (RStBl. 34 S. 1075, StW. 34 Nr. 628) nur dann anerkannt werden, wenn sie durch Vorlage einer (gesetzlich nicht vorgeschriebenen) Niederschrift oder einer von dem alleinigen Gesellschafter unterzeichneten Handelsbilanz oder in sonstiger Weise nachgewiesen wird. Eine förmliche Änderung der Handelsbilanz ist natürlich nur dann Voraussetzung für die Bilanzänderung, wenn bezüglich des Bilanzansatzes eine Bindung der Steuerbilanz an die Handelsbilanz besteht, d. h. wenn der zu ändernde Bilanzposten in der Handelsbilanz überhaupt mit einem Werte berücksichtigt ist (vgl. Anm. 53).

66. Zustimmung des Finanzamts oder der Rechtsmittelbehörde.
Der Steuerpflichtige kann die Bilanzänderung nicht mehr, wie bisher, durch einseitige Erklärung gegenüber dem FA. vornehmen. Nach § 5 Abs. 2 Satz 2 EStG 1934 (§ 4 Abs. 2 Satz 2 EStG 1938) ist vielmehr die Änderung der Bilanz im engeren Sinn nur mit Zustimmung des FA., im Rechtsmittelverfahren mit Zustimmung der Rechtsmittelbehörde zulässig. Die Entscheidung des FA. oder der Rechtsmittelbehörde über die Zulassung der Bilanzänderung ist eine Ermessensentscheidung im Sinne des § 2 StAnpG. Dies bedeutet, daß trotz der allgemeinen Fassung des § 5 Abs. 2 Satz 2 a. a. O. Bilanzänderungen ebenso wie bisher nur bis zum Erlaß des Finanzgerichtsurteils zulässig sind und daß die Möglichkeit ihrer Durchführung im Rechtsbeschwerdeverfahren wegen der Vorschriften der §§ 297, 288 AO stark eingeschränkt ist. Im Rechtsbeschwerdeverfahren kann nämlich der Pflichtige die Vornahme einer Bilanzänderung nicht mehr beantragen, da dieser Antrag ein neues tatsächliches Vorbringen darstellen würde, auf das nach § 288 AO die Rechtsbeschwerde nicht gestützt werden kann. War der Antrag auf Bilanzänderung schon bis zum Ablauf des Berufungsverfahrens gestellt, dann könnte der RFH. nach § 297 AO über die Zulässigkeit einer Bilanzänderung nur dann entscheiden, wenn das FG. bei seiner Entscheidung über den Bilanzänderungsantrag von einer falschen Rechtsanschauung ausgegangen ist oder die Grenzen verletzt hat, die das Gesetz dem Ermessen zieht. Hat z. B. das Finanzgericht die beantragte Änderung der Bilanz als eine Berichtigung und nicht als eine Änderung im engeren Sinn angesehen und abgelehnt, so hat der RFH., wenn er zur Auffassung gelangt, daß der Antrag des Steuerpflichtigen eine Bilanzänderung im engeren Sinn bezweckt, nach Aufhebung des Finanzgerichtsurteils selbst über den Antrag nach Billigkeit und Zweckmäßigkeit zu entscheiden.

Zur Genehmigung einer Bilanzänderung durch die FA. wurde in den BR 36 B IV Abs. 5 (RStBl. 37 S. 220) ausgeführt, daß die Zustimmung insbesondere in allen denjenigen Fällen erteilt werden könne, in denen die Änderung der Bilanzansätze wirtschaftlich berechtigt sei und nicht den Grundsätzen von Treu und Glauben widerspreche. In dieser Anweisung erschöpft sich auch die vom RFH. für die Zulässigkeit einer Bilanzänderung erhobene Forderung, daß im Wechsel von einer steuerlich zulässigen Bilanzierungsart zu einer anderen kein willkürliches

Schwanken liegen darf. Unter diesem Gesichtspunkt sollte insbesondere nach RFH. VI A 876, 877/31 v. 24. 2. 32 (RStBl. 32 S. 533, StW. 32 Nr. 434) nicht gestattet werden, bei der Bilanzänderung auf das Gewinnergebnis Rücksicht zu nehmen. Der steuerliche Erfolg kann bei einer Bilanzänderung insbesondere für die Einkommensteuer wegen des gestaffelten Tarifs besonders ins Gewicht fallen. Aber auch für die Körperschaftsteuer darf es sich bei der Bilanzänderung um kein willkürliches Wechseln handeln, das durch Rücksichten auf das steuerliche Ergebnis der Geschäftsjahre bestimmt wird (RFH. I A 160/31 v. 15. 9. 32, E. 31 S. 353, RStBl. 32 S. 1024, StW. 32 Nr. 1181). Es soll sich vielmehr um eine auf die Dauer berechnete Änderung handeln. Erwägungen aus tariflichen Gründen kommen für die Körperschaftsteuer nicht in Betracht. Daher spielt hier die Absicht der Verschiebung des Gewinns von einem Wirtschaftsjahr in das andere regelmäßig (von den Jahren des Übergangs zu einem höheren Steuersatz, z. B. 1936—1939, abgesehen) keine Rolle, es sei denn, daß es sich um eine im Zusammenhang mit einem Verlustjahr beabsichtigte Gewinnverschiebung, z. B. um Vorverlegung einer Gewinnverwirklichung auf ein Verlustjahr handelt. In den VR 37 B III Abs. 5 (RStBl. 38 S. 196, s. Anh. 17) wird allgemein betont, daß wirtschaftlich begründete Bilanzänderungen außerordentlich selten seien.

Für Bilanzänderungen werden in den VR 36 B IV Abs. 6 (RStBl. 37 S. 220) und in den VR 34 B II 3 (RStBl. 35 S. 387) folgende **Beispiele** aufgeführt:

VR 36: Der Steuerpflichtige hat eine Forderung an seinen Abnehmer in Höhe von 100 000 RM. Er hat diese Forderung, da die Zahlungsfähigkeit des Abnehmers zweifelhaft war, nur mit 50 000 RM. bewertet. Nach Einreichung der Bilanz bei dem FA. ergibt sich, daß die Forderung uneinbringlich ist. Einer Bilanzänderung dahin, daß die Forderung mit 0 anzusetzen ist, wird stattgegeben werden können.

VR 34: Ein Steuerpflichtiger hat in seiner Bilanz die ihm gehörigen kurzlebigen Wirtschaftsgüter des Anlagevermögens mit insgesamt 1 RM. bewertet. Nach Einreichung der Bilanz beim FA. ist er gezwungen, Kredite aufzunehmen und der Kreditgeber verlangt von ihm Vorlage der Handelsbilanz für das abgelaufene Geschäftsjahr. Der Steuerpflichtige wünscht jetzt, den Bilanzansatz für die kurzlebigen Wirtschaftsgüter von 1 RM. in 5 000 RM. zu ändern. Dem Antrag wird stattgegeben werden können, vorausgesetzt, daß der Betrag von 5 000 RM. nicht über den Betrag hinausgeht, der nach § 6 Ziff. 1, Satz 1 bis 3 EStG 1934 angesetzt werden darf.

An einer offenen Handelsgesellschaft sind drei Brüder als Mitunternehmer beteiligt. Nach Einreichung der Bilanz stirbt einer der Brüder. Seine Erben und die beiden anderen Brüder bitten beim FA. um Zustimmung zur Änderung bestimmter Bilanzansätze, da ihnen die Änderung im Hinblick auf den Erbfall erwünscht wäre. Dem Antrag wird stattgegeben werden können.

67. Verbot des Ausgleichs einzelner Bilanzposten durch Bilanzänderung.

Der Steuerpflichtige darf Bilanzänderungen nicht zu dem Zweck vornehmen, um dadurch die steuerliche Auswirkung der vom FA. veranlaßten Bilanzberichtigungen wieder auszugleichen. Dieses Verhalten des Steuerpflichtigen würde gegen den Grundsatz von Treu und Glauben verstoßen. „Es widerspricht den Grundsätzen des § 1 StAnpG., daß sich ein Steuerpflichtiger auf Kosten der Volksgemeinschaft Vorteile zu verschaffen sucht dadurch, daß er, ohne durch das Verhältnisse seines Betriebs genötigt zu sein, nur zum Schaden des Reichs eine Buchung (Erhöhung der Abschreibungen auf Anlagewerte) vornimmt, die er ohne die Meinungsverschiedenheit mit der Steuerbehörde (Berichtigung einer Forderung) nie vorgenommen hätte" (RFH. VI A 491/36 v. 1. 7. 36, RStBl. 36 S. 779, StW. 36 Nr. 366, s. auch VR 37 B III Abs. 5 s. oben). Es kann daher auch ein Schuldposten in die Steuerbilanz nicht etwa deshalb mit einem seinen handelsbilanzmäßigen Ansatz übersteigenden Betrag eingestellt werden, weil in der Steuerbilanz ein oder mehrere Aktivposten erscheinen, die in der Handelsbilanz überhaupt fehlen oder hier mit niedrigeren Beträgen ausgewiesen sind (RFH. I A 247, 248/33 v. 3. 7. 34, E. 36 S. 252, RStBl. 34 S. 1121, StW. 34 Nr. 566). Ebensowenig kann ein Steuerpflichtiger, dessen Steuerbilanz hinsichtlich der Unterbewertung eines Aktivpostens berichtigt werden soll, mit Rücksicht auf diese Tatsache nunmehr beantragen, eine Forderung, die er innerhalb des dem Kaufmann zustehenden Bewertungsspielraums mit 75 v. H. ihres Nennbetrags angesetzt hat, wegen der Erhöhung des Aktivpostens nur mit 50 v. H. anzusetzen, auch wenn dieser Ansatz noch in den Grenzen der zulässigen Schätzung eines vorsichtigen Kaufmanns bliebe. Eine andere Bewertung der Forderung könnte nur erfolgen, wenn der Steuerpflichtige nachweist, daß er die Forderung auch bei günstigster Beurteilung der Verhältnisse des Schuldners am Bilanzstichtag nicht mehr mit 75 v. H. ansetzen durfte, daß also dieser Ansatz sachlich unrichtig war.

Zur Frage von Bilanzänderungen für den Fall, daß bereits rechtskräftig gewordene, auf den eingereichten Bilanzen beruhende Veranlagungen wieder aufgerollt werden, wird in RFH. VI A 629/32 v. 4. 4. 33 (E. 33 S. 110, RStBl. 33 S. 735, StW. 33 Nr. 388) Stellung genommen. Es werden die Anträge auf Änderung der Bilanz, die vom Steuerpflichtigen in dem gegen die Berichtigungsveranlagungen anhängigen Rechtsmittelverfahren gestellt werden, nicht als berechtigt anerkannt, weil die damit erstrebten Änderungen nicht etwa eine Art natürlicher Gegenwirkung auf die Berichtigung in dem Sinn seien, daß sie mit diesen in organischem Zusammenhang ständen, sondern von ihnen durchaus unabhängig seien. Der RFH. erwähnt dann noch, es sei nicht vorgebracht, daß der Pflichtige — vielleicht zum Zweck der Erzielung gleichmäßiger Gewinne — seinerzeit absichtlich gewisse „innerhalb der Grenzen ordnungsmäßiger Buchführung liegende Bewertungen" vorgenommen habe, an deren Änderung ihm jetzt gelegen sei, weil der gerade mit dieser Bewertung verfolgte Zweck nunmehr nicht erreicht sei. Der RFH. läßt jedoch dahingestellt, inwieweit Beweggründe der genannten Art beachtlich wären. Regelmäßig wird sich dieser Fall vom Fall der Gewinnregelung aus steuerlichen Gründen nicht unterscheiden. Kann der Steuerpflichtige für sein Verhalten und seinen Bilanzänderungsantrag keine zwingenden wirtschaftlichen Gründe angeben, dann wird auch diese Bilanzänderung nur dann zugelassen werden können, wenn es sich um Bilanzposten handelt, die von den berichtigten Bilanzposten notwendig abhängig sind.

68. Grundsätzlich keine Ausdehnung der Bilanzänderung auf die Anfangsbilanz.
Der Regelfall der Bilanzänderung wird die Bilanz betreffen, die für den Schluß des Wirtschaftsjahrs, dessen Gewinn ermittelt werden soll, aufgestellt und mit der Steuererklärung dem FA. eingereicht ist. Wird die Änderung zugelassen, dann hat sich ihre Durchführung folgerichtig auf die Endbilanz des Wirtschaftsjahrs zu beschränken. Die Wirkung der Bilanzänderung darf deshalb nicht durch die Durchführung der entsprechenden Bilanzänderung auch in der Anfangsbilanz des Wirtschaftsjahrs wieder ausgeglichen werden. Es wird z. B. einer Gesellschaft, die für ihre Warenlieferungen eine Garantie leistet und die auf Grund der Garantieverpflichtung angefallenen Aufwendungen bisher im Wirtschaftsjahr ihrer Leistung als Ausgaben berücksichtigt hat, gestattet, unter Abweichung von dieser zulässigen Verbuchungsart in handelsrechtlich ebenfalls zulässiger Weise nunmehr die aus den Warenlieferungen des Wirtschaftsjahrs zu erwartenden Garantieleistungen durch Rückstellung in geschätzter Höhe in der Endbilanz des Wirtschaftsjahrs zu berücksichtigen. Die Gesellschaft ist in diesem Fall berechtigt, für das Wirtschaftsjahr, für dessen Schluß die Bilanzänderung vorgenommen wird, nicht nur die Garantieausgaben, die im Wirtschaftsjahr auf Warenlieferungen früherer Wirtschaftsjahre zu leisten sind, entsprechend dem bisherigen Buchungsverfahren als Ausgaben abzuziehen, sondern auch in der Schlußbilanz die Rückstellung für die aus den Warenlieferungen des Wirtschaftsjahrs zu erwartenden Garantieaufwendungen zu machen. Die gleichzeitige Aufnahme einer Garantierückstellung in die Anfangsbilanz, der im übrigen regelmäßig der Grundsatz des Bilanzenzusammenhangs entgegenstehen würde, wurde in RFH. I A 40/31 v. 8. 10. 31 (RStBl. 32 S. 20, StW. 32 Nr. 59) mit Recht als unzulässig bezeichnet (ebenso RFH. I A 110/36 v. 23. 11. 37, E. 42 S. 328, RStBl. 38 S. 85, StW. 38 Nr. 30 beim Wechsel in der

Verbuchung der Berufsgenossenschaftsbeiträge). Auch wird es in RFH. VI A 930/31 v. 10. 2. 32 (RStBl. 32 S. 532, StW. 32 Nr. 622) beim Wechsel in der Verbuchungsart der Übergangsposten (rückständige Steuern, Mieten, Krankenkassenbeiträge usw.) nach der Verausgabung zur Verbuchung nach der Fälligkeit als ausgeschlossen erklärt, daß auch die Anfangsbilanz des Wirtschaftsjahrs, in dem der Wechsel vorgenommen wurde, entsprechend geändert werde, da es sich um eine Bilanzänderung und nicht um eine Bilanzberichtigung handle.

Eine Änderung früherer Bilanzen, also insbesondere der Endbilanz des Vorjahrs, ist nur insoweit möglich, als ihr nicht der Grundsatz des Bilanzenzusammenhangs entgegensteht (vgl. Anm. 72 b) oder wenn an Stelle des Betriebsvermögens vom Schluß des vorangegangenen Wirtschaftsjahrs das aus einer Eröffnungsbilanz zu ermittelnde Anfangsvermögen eines Betriebs zugrunde zu legen ist. Auch für die steuerliche Eröffnungsbilanz ist die Handelsbilanz maßgebend (s. Anm. 73). Da die Eröffnungsbilanz nur für die Zukunft wirkt, steht an sich der Änderung eines Bilanzansatzes in ihr der Grundsatz des Bilanzenzusammenhangs nicht entgegen. Anderseits muß aber der Grundgedanke der Einschränkung von Bilanzänderungen in § 5 Abs. 2 EStG 1934 (§ 4 Abs. 2 EStG 1938), nämlich den Kaufmann an die dem Finanzamt eingereichte Bilanz zu binden und schwerwiegende Bilanzänderungen hintanzuhalten, auch für Eröffnungsbilanzen gelten. Daher erscheint es erforderlich, daß Bilanzänderungen im engeren Sinn bei Eröffnungsbilanzen nicht unbeschränkt zugelassen werden, sondern auf sie § 5 Abs. 2 a. a. O. entsprechend angewendet wird. Danach ist die Änderung der eingereichten Eröffnungsbilanz von der Zustimmung des Finanzamts oder der Rechtsmittelbehörde abhängig. Zeitlich kann dann die Änderung der Eröffnungsbilanz nur bis zum Abschluß des Berufungsverfahrens für den mit der Eröffnung begonnenen ersten Veranlagungszeitraum, für den die Eröffnungsbilanz als Anfangsbilanz zu verwenden ist, beantragt werden. Bei dieser Behandlung ist eine nachträgliche Änderung der Eröffnungsbilanz mit Wirkung für die Anfangsbilanz eines späteren Veranlagungszeitraums (Änderung „nach rückwärts") ausgeschlossen, wie sie auch schon bisher nach der Rechtsprechung nicht zugelassen würde (vgl. Anm. 72 a, aa Abs. 1; anders RFH. VI A 899/35 s. Anm. 73). Nach den gleichen Grundsätzen kann auch die Endbilanz des vorangegangenen Wirtschaftsjahrs geändert werden, wenn der Grundsatz des Bilanzenzusammenhangs nicht entgegensteht. Dies ist dann der Fall, wenn für das vorangegangene Wirtschaftsjahr keine Veranlagung erfolgt ist oder die Veranlagung ohne Verwendung der eingereichten Bilanz durchgeführt wurde. Dann ist das Anfangsvermögen erst bei der Veranlagung für das folgende Wirtschaftsjahr aus der Endbilanz des Vorjahrs festzustellen (vgl. Anm. 72 b). Änderungen dieser Endbilanz können dann im gleichen Umfang wie bei der Eröffnungsbilanz beantragt werden.

C. Das Betriebsvermögen am Schluß des vorangegangenen Wirtschaftsjahrs.

Schrifttum. Mirre, Die verschiedenen Bilanzkontinuitäten, Zeitgemäße Steuer- und Bilanzfragen 30 S. 8; Mirre, Zur Bedeutung der Bilanzidentität, Der Wirtschaftsprüfer 32 S. 342; Mirre, Endbilanz und nächste Anfangsbilanz bei der Aktiengesellschaft, Bank-Archiv 1932/33, S. 481; Genf, Bilanzidentität DStZ. 34 S. 132; Reinhardt, Bilanzenzusammenhang, DStZ. 35 S. 1454.

69. Der Bilanzenzusammenhang.

Der aus § 4 Abs. 1 Satz 1 EStG abzuleitende Grundsatz der Gewinnermittlung: Gewinn des Wirtschaftsjahrs II = Endvermögen II — Endvermögen I hat zur Folge, daß für den Beginn eines Wirtschaftsjahrs nicht ein besonderes Anfangsvermögen festzustellen ist, sondern daß das Endvermögen des vorangegangenen Wirtschaftsjahrs gleichzeitig als Anfangsvermögen des folgenden Wirtschaftsjahrs zu verwenden ist. Es ergibt sich daraus als weiterer Grundsatz der steuerlichen Gewinnermittlung: Endvermögen I = Anfangsvermögen II. Dieser bisher in § 13 Satz 1 EStG 1925 enthaltene Grundsatz wurde in der Rechtsprechung als der Grundsatz der Bilanzidentität oder der allgemeinen Bilanzkontinuität und teilweise auch als Bilanzstetigkeit bezeichnet, dies aber zu unrecht, da unter Bilanzstetigkeit die Anknüpfung der Bewertung des einzelnen Gegenstands des Betriebsvermögens an den in der Endbilanz des Vorjahrs vorhandenen Wert zu verstehen ist (bisher § 20 EStG 1925, vgl. Anm. 90 a Abs. 3 zu § 6 EStG). Reinhardt (Buchf. I S. 120) bezeichnet den Grundsatz der Bilanzidentität mit dem deutschen Ausdruck „Bilanzenzusammenhang". In § 4 Abs. 1 Satz 1 EStG wird das Endvermögen I als das „Betriebsvermögen am Schluß des vorangegangenen Wirtschaftsjahrs" bezeichnet, in § 13 Satz 1 EStG 1925 dagegen als das Betriebsvermögen, „das am Schluß des vorangegangenen Steuerabschnitts der Veranlagung zugrunde gelegen hat". Diese abweichende Bezeichnung im EStG 1934 bedeutet jedoch keine Änderung gegenüber dem bisherigen Rechtszustand. Nach der in Anm. 24 a wiedergegebenen Begr. zu § 5 EStG 1934 ist das Betriebsvermögen am Schluß des Wirtschaftsjahrs — unter Aufrechterhaltung des Grundsatzes der sogenannten allgemeinen Bilanzkontinuität — mit dem Betriebsvermögen zu vergleichen, das für den Schluß des vorangegangenen Wirtschaftsjahrs ebenfalls nach den Grundsätzen ordnungsmäßiger Buchführung und den Vorschriften des § 4, § 6 ermittelt worden ist. Aus dem Hinweis auf die Grundsätze ordnungsmäßiger Buchführung und die steuerrechtlich zu beachtenden Vorschriften über Entnahmen, Einlagen, Betriebsausgaben und Bewertung sowie auf den Grundsatz der allgemeinen Bilanzkontinuität ergibt sich, daß mit dem Betriebsvermögen vom Schluß des vorangegangenen Wirtschaftsjahrs nur das Betriebsvermögen gemeint sein kann, das die Steuerbehörde bei der Veranlagung für das vorangegangene Wirtschaftsjahr unter Beachtung der genannten Vorschriften zugrunde gelegt hat. Weiter ist aber auch aus der ausdrücklichen Aufrechterhaltung des Grundsatzes des Bilanzenzusammenhangs zu schließen, daß die Grundsätze, die nach dem bisherigen Recht für die Bilanzidentität von der Rechtsprechung entwickelt wurden, im allgemeinen auch noch für das neue Recht Anwendung finden sollen.

Für die letzte nach dem EStG 1925 aufgestellte oder aufzustellende Vermögensübersicht oder Bilanz wird der Bilanzenzusammenhang und damit auch der Wertzusammenhang im Sinn des § 7 Ziff. 1 u. 2 EStG durch § 4 I u. II EStDVO hergestellt (f. Anm. 12 d zu § 4 EStG).

70. Bedeutung des Grundsatzes des Bilanzenzusammenhangs.

Der Grundsatz des Bilanzenzusammenhangs bedeutet also, daß bei der Gewinnermittlung nach der Formel: Gewinn = Endvermögen II — Endvermögen I das Endvermögen I nicht besonders festzustellen ist, sondern gleich dem der vorjährigen Veranlagung zugrunde gelegten Vermögen ist. Zweck dieses Grundsatzes ist, die Endbilanz eines Wirtschaftsjahrs zweischneidig zu machen, indem das bilanzmäßige Endvermögen in der Formel Gewinn = Endvermögen II — Endvermögen I eines Wirtschaftsjahrs für die Gewinnermittlung dieses abgelaufenen Wirtschaftsjahrs die positive Größe: Endvermögen II und für die Gewinnermittlung des nächsten Wirtschaftsjahrs die negative Größe: Endvermögen I bildet. Dadurch sollen die bei der Veranlagung eines Wirtschaftsjahrs beim Ansatz des Betriebsvermögens unterlaufenen Fehler in den folgenden Wirtschaftsjahren ausgeglichen werden. Eine zu hohe Bewertung des festgestellten Betriebsvermögens vermehrt den Gewinn des abgelaufenen Wirtschaftsjahrs und vermindert den Gewinn im folgenden Wirtschaftsjahr, umgekehrt vermindert eine zu niedrige Bewertung den Gewinn des abgelaufenen Wirtschaftsjahrs und vermehrt den eines der folgenden Wirtschaftsjahre. Eine unrichtige Bewertung verschiebt also nur die Steuerpflicht innerhalb der einzelnen Wirtschaftsjahre und es ist meist nicht abzusehen, ob ein Steuerpflichtiger infolge dieser Verschiebung gut oder schlecht fährt. Die Zweischneidigkeit der Bilanz soll demnach nicht nur eine besondere Ermittlung des Anfangsvermögens ersparen, sondern auch das Interesse des Steuerpflichtigen und der Steuerbehörde an der Richtigkeit der einzelnen Wertansätze in der Bilanz verringern.

§ 6 KStG. Einkommen.

Nach dem durch das Gesetz festgelegten Grundsatz des Bilanzenzusammenhangs bildet das Betriebsvermögen, das für den Schluß des vorangegangenen Wirtschaftsjahrs der Veranlagung für dieses Wirtschaftsjahr zugrunde gelegt worden ist, im verfahrensrechtlichen Sinn ein Tatbestandsmerkmal für die Gewinnberechnung des folgenden Wirtschaftsjahrs, für die regelmäßig nur noch das Endvermögen selbständig zu ermitteln ist. Wird das vorjährige Endvermögen I noch nachträglich nach Durchführung der Veranlagung für das folgende Wirtschaftsjahr II durch eine für das Wirtschaftsjahr I ergangene Rechtsmittelentscheidung oder Berichtigungsveranlagung geändert, so ist die für das folgende Wirtschaftsjahr II vorgenommene Gewinnrechnung im Rahmen der für das vorhergehende Wirtschaftsjahr I ergangenen Abänderung von Amts wegen zu berichtigen und zwar ohne Rücksicht auf die eingetretene Rechtskraft der Veranlagung für das Wirtschaftsjahr II. Diese Grundsätze, die der RFH. für § 13 EStG 1925 in Anwendung des § 214 Abs. 2 AO 1919 bzw. § 225 Abs. 2 AO 1931 aufgestellt hat (z. B. RFH. VI A 1664/30 v. 2. 9. 31, RStBl. 32 S. 159, StW. 32 Nr. 129), sind nach § 4 Abs. 3 Ziff. 2 mit Abs. 2 StAnpG auch für das geltende Recht maßgebend (nachträglicher Wegfall eines Merkmals mit Wirkung für die Vergangenheit).

71. Feststellung des Anfangsvermögens aus dem Endvermögen des vorangegangenen Wirtschaftsjahrs.

a) Der Grundsatz des Bilanzenzusammenhangs, der in der Formel Endvermögen I = Anfangsvermögen II zum Ausdruck kommt, bedeutet nicht schlechthin, daß das Endvermögen so, wie es der Gewinnberechnung für das Wirtschaftsjahr I nach Durchführung sämtlicher, steuerlich gebotener Berichtigungen zugrunde gelegt wurde, auch als das Anfangsvermögen des Wirtschaftsjahrs II anzusetzen ist. Die **Bindung des Anfangsvermögens des Wirtschaftsjahrs II an das Endvermögen des Wirtschaftsjahrs I** besteht hinsichtlich der in der Bilanz anzusetzenden einzelnen Bilanzposten und auch hinsichtlich ihrer Bewertung. Grundsätzlich darf für die Anfangsbilanz keine neue Bewertung durchgeführt werden und zwar weder für Besitzposten noch für Schulden. Dabei ist es als Bewertung mit 0 RM. anzusehen, wenn ein Gegenstand in der Endbilanz I nicht berücksichtigt wurde. Als Wert eines Wirtschaftsguts ist für die Anfangsbilanz II die Wertzahl der Endbilanz I maßgebend. Wurden Wirtschaftsgüter unter Ansatz eines Wertberichtigungspostens, z. B. Forderungen unter Ansatz eines Delkrederepostens bewertet, dann müssen beide Bilanzposten unverändert in die Anfangsbilanz II übernommen werden (RFH. VI A 360/37 v. 6. 10. 37, E. 42 S. 196, RStBl. 37 S. 1117, StW. 37 Nr. 526: Nichtbeachtung dieses Grundsatzes als offenbare Unrichtigkeit im Sinn des § 92 Abs. 3 AO). Es können natürlich auch ohne Verletzung des Bilanzenzusammenhangs Bilanzposten und zugehöriger Wertberichtigungsposten in der Anfangsbilanz II durch Ansatz des Rechnungsüberschusses (Saldos) zusammengefaßt werden (RFH. VI A 73/35 v. 6. 11. 36, E. 40 S. 226, RStBl. 37 S. 17, StW. 37 Nr. 31).

Andererseits ist aber zu beachten, daß das Endvermögen I insbesondere bei Befolgung der Vorschriften über die Entnahmen und Einlagen, die der richtigen Erfassung der im Wirtschaftsjahr I erzielten Vermehrung des Betriebsvermögens als Gewinn dienen, in dieser berichtigten Form nicht gleich dem Reinvermögen ist, das zu Beginn des folgenden Wirtschaftsjahrs II noch vorhanden ist. Soll aber für die Gewinnrechnung des Wirtschaftsjahrs II nur die tatsächliche Vermehrung des Betriebsvermögens erfaßt werden, dann ist in dem aus dem Endvermögen I abzuleitenden Anfangsvermögen II nur das tatsächlich vorhandene, kaufmännisch richtig errechnete Reinvermögen zu berücksichtigen, soweit es bei Beginn des Wirtschaftsjahrs II dem Betriebsinhaber noch zur Verfügung steht. Während also Zu- und Abrechnungen vom Vermögen durch Änderung der Bilanzansätze und -posten bei Überleitung der Endbilanz I in die Anfangsbilanz II grundsätzlich ausgeschlossen sind, haben alle steuerlich gebotenen Zu- und Abrechnungen zum Gewinn der Endbilanz I insoweit für die Anfangsbilanz II keine Bedeutung mehr, als sie zu Beginn des Wirtschaftsjahrs II nicht mehr Bestandteile des Reinvermögens sind. Dies gilt zunächst von den Entnahmen. Die während des Geschäftsjahrs entnommenen Beträge sind, soweit sie bei ihrer Entnahme über Unkosten verbucht und damit als Verminderungen des Betriebsvermögens behandelt wurden, bei der Gewinnermittlung dem Bilanzgewinn wieder hinzuzurechnen. Für die Feststellung des Anfangsvermögens II ist aber zu beachten, daß die Entnahmen trotz ihrer Zurechnung zum Endvermögen I zu Beginn des Wirtschaftsjahrs II nicht mehr im Betriebsvermögen vorhanden sind; das Endvermögen I ist also um die als Entnahmen hinzugerechneten Beträge zu kürzen. Umgekehrt sind die im Lauf des Wirtschaftsjahrs I gemachten Einlagen am Ende des Wirtschaftsjahrs im Betriebsvermögen tatsächlich vorhanden, das Betriebsvermögen ist um ihren Betrag erhöht. Da diese Mehrung des Betriebsvermögens aber keinen Erfolg des abgelaufenen Wirtschaftsjahrs darstellt, sondern aus der Zuführung von Kapital aus dem Privatvermögen des Inhabers oder der Gesellschafter stammt, kann sie nicht Bestandteil des steuerpflichtigen Gewinns sein und ist sie daher bei Feststellung des Endvermögens I auszuscheiden. Anderseits stehen die Einlagen dem Betrieb bei Beginn des Wirtschaftsjahrs II als Reinvermögen zur Verfügung. Sie sind deshalb dem Endvermögen I zur Feststellung des Anfangsvermögens II wieder zuzurechnen. Reinhardt (Buchf. I S. 121) bezeichnet das „Betriebsvermögen am Schluß des vorangegangenen Wirtschaftsjahrs", als das tatsächliche Betriebsvermögen, das aus dem alten Wirtschaftsjahr in das neue Wirtschaftsjahr übergeht und unter der Voraussetzung, daß das Bilanzvermögen unter Beachtung der Vorschriften über die Entnahmen und Neueinlagen festgestellt ist, gleich dem um die Privatentnahmen verminderten und um die Neueinlagen vermehrten Bilanzvermögen ist. Diese Grundsätze gelten nur für die während des Wirtschaftsjahrs I gemachten Einlagen, nicht aber für die zum Beginn des Wirtschaftsjahrs II erfolgten Einlagen, die als Betriebsvorgang des Wirtschaftsjahrs II erst für das Ende dieses Wirtschaftsjahrs im gleichen Sinn zu behandeln sind.

b) Entsprechend den Entnahmen bei Einzelkaufleuten und Personengesellschaften sind bei den **Kapitalgesellschaften** die Gewinnausschüttungen an die Gesellschafter zu behandeln. Wie in Anm. 40 ausgeführt, umfaßt das Endvermögen einer Kapitalgesellschaft nicht nur das Grund- oder Stammkapital, die Rücklagen u. a., sondern auch den besonders ausgewiesenen Gewinn des abgelaufenen Wirtschaftsjahrs. Beschließt die Hauptversammlung der Gesellschaft, diesen Gewinn voll vorzutragen, dann ist das Endvermögen I unverändert als Anfangsvermögen II anzusetzen. Ebenso ist der Teil des Jahresgewinns einer AG., der rechnerisch auf eigene Aktien entfällt und nicht ausgeschüttet, sondern vorgetragen wird, ein Reinvermögensposten, der als solcher nicht nur im Endvermögen I zu berücksichtigen ist, sondern auch das steuerlich in Betracht zu ziehende Anfangsvermögen II der AG. erhöht (RFH. I A 88/28 v. 4. 10. 28, E. 24 S. 145, RStBl. 28 S. 345, StW. 29 Nr. 121). Wenn die Hauptversammlung einer AG. für das Wirtschaftsjahr I beschließt, eine Dividende zu verteilen, so entsteht in Höhe der gemäß dem Beschluß auszuzahlenden Dividende eine Schuld der AG. an ihre Aktionäre. Dieser Beschluß gilt für die AG. selbst noch als ein zum abgelaufenen Wirtschaftsjahr I gehöriger Betriebsvorgang, während der Dividendenanspruch der Aktionäre erst im Zeitpunkt des Beschlusses, also im Wirtschaftsjahr II entsteht. Die Dividendenschuld der AG., die, soweit sie sich auf den Gewinn des Wirtschaftsjahrs I bezieht, eine Verpflichtung der Gesellschaft zur Ausschüttung des im Wirtschaftsjahr I bezogenen Gewinns darstellt, ist bei der Gewinnermittlung für das Wirtschaftsjahr I nicht abzugsfähig; denn für die Gewinnermittlung ist es ohne Bedeutung, ob das Einkommen verteilt wird oder nicht (§ 7 Satz 1 KStG). Aber die Gesellschaft geht infolge des Ausschüttungsbeschlusses in das Wirtschaftsjahr II mit einem durch die Dividendenschuld belasteten Reinvermögen. Das Endvermögen I ist daher in der Anfangsbilanz II um den Betrag der Dividendenschuld zu kürzen. Erstreckt sich der Ausschüttungsbeschluß nicht nur auf den Gewinn des Wirtschaftsjahrs I, sondern darüber hinaus auch auf vorgetragene Gewinne früherer Jahre, so sind auch diese Beträge am

Endvermögen durch Einfügung eines Schuldpostens I zu kürzen. In gleicher Weise ist auch in allen Fällen zu verfahren, in denen Beträge, die zu Unrecht am Bilanzgewinn abgesetzt worden waren, bei der Gewinnermittlung als nichtabzugsfähige Ausgaben dem Endvermögen I hinzugerechnet wurden. Wenn z. B. Vergütungen an Aufsichtsratsmitglieder usw. im Sinn des § 12 Ziff. 3 KStG als Unkosten behandelt worden und daher dem Bilanzgewinn zuzusetzen waren, sind sie bei Feststellung des Anfangsvermögens II aus dem Endvermögen I zu streichen vgl. auch Gutachten RFH. I D 5/26 v. 15. 2. 27, E. 20 S. 325, RStBl. 27 S. 117, StW. 27 Nr. 146). Anderseits sind Beträge, die als steuerfreie Vermehrungen des Betriebsvermögens im Endvermögen I nicht enthalten sind, dann in der Anfangsbilanz II zu berücksichtigen, wenn sie als Teile des Reinvermögens vorhanden sind. Dies gilt z. B. bei einer im Wirtschaftjahr I bezogenen Schachteldividende, die nach § 9 Abs. 1 KStG bei der Gewinnermittlung außer Betracht zu bleiben hat, dann, wenn sie nicht ausgeschüttet wurde, sondern als Rücklage eingestellt wurde. Auch etwaigen Veränderungen des Reinvermögenspostens Kapitalkonto (Grund- oder Stammkapital) ist in der Anfangsbilanz Rechnung zu tragen. Besitzt eine AG. eigene Aktien im Nennbetrag von 100 000 RM., die in der Endbilanz I mit 60 000 RM. stehen, und beschließt sie mit der Genehmigung der Endbilanz die Einziehung dieser Aktien, so hat dieser Beschluß für die Anfangsbilanz II Geltung. Mit der Einziehung fällt der Aktivposten der Endbilanz I eigene Aktien mit 60 000 RM. weg und das bilanzmäßige Reinvermögen wird dadurch um 60 000 RM. vermindert. Nach dem Gesetz vermindert sich der Reinvermögensposten Grundkapital um den Nennwert der eingezogenen Aktien von 100 000 RM. Es ist aber als neuer Reinvermögensposten eine besondere gesetzliche Rücklage von 40 000 RM. einzusetzen, die man als grundkapitalähnlich bezeichnen kann, weil ihre Verringerung nur nach den Grundsätzen über die Herabsetzung des Grundkapitals zulässig ist. In der Anfangsbilanz II erscheint also das Reinvermögen um 60 000 RM. niedriger als das Endvermögen I.

Setzt man das Endvermögen I = Grundkapital (Stammkapital oder Kapitalkonten) + Rücklagen + Gewinn + steuerliche Zurechnungen zum Bilanzgewinn I (Entnahmen bzw. Gewinnausschüttungen, Personensteuern (Einkommen-, Körperschaft- und Vermögensteuer), Aufsichtsratsvergütungen und sonstige nach § 12 KStG nichtabzugsfähige Ausgaben einschließlich verdeckter Gewinnausschüttungen) — steuerliche Abrechnungen vom Bilanzgewinn I (sachliche Befreiungen wie Schachteldividende), so ergibt sich daraus als Anfangsvermögen II = Grundkapital (Stammkapital oder Kapitalkonten) + Rücklagen (einschließlich Gewinnvortrag aus Endvermögen I) — Gewinnausschüttungsschuld — steuerliche Zurechnungen zum Bilanzgewinn I (Entnahmen, Personensteuern, Aufsichtsratsvergütungen usw., verdeckte Gewinnausschüttungen) + steuerliche Abrechnungen vom Bilanzgewinn I, soweit noch als Teile des Reinvermögens vorhanden (Erhöhung des Grundkapitals usw., Schachteldividende, soweit in Rücklage gestellt).

72. Ausnahmen vom Grundsatz des Bilanzenzusammenhangs.
Nachträgliche Feststellung und Berichtigung des Betriebsvermögens am Schluß des vorangegangenen Wirtschaftsjahrs.

a) Nach dem Grundsatz des Bilanzenzusammenhangs soll für die Anfangsbilanz II jede Abweichung der Bilanzposten und ihrer Bewertung von den Bilanzansätzen, wie sie in der Endbilanz des Wirtschaftsjahrs I der Steuerveranlagung für dieses Wirtschaftsjahr zugrunde gelegen haben, grundsätzlich ausgeschlossen sein. Auch unrichtige Bilanzansätze sollen nicht berichtigt werden, weil sich diese unrichtigen Ansätze wegen der Zweischneidigkeit der Endbilanzen in den folgenden Wirtschaftsjahren von selbst ausgleichen.

aa) Der RFH. hat jedoch in seiner Rechtsprechung zum EStG 1925 **Ausnahmen** von diesem Grundsatz zugelassen und in bestimmten Fällen eine Berichtigung unrichtiger Bilanzansätze „zurück bis zur Fehlerquelle" als möglich bzw.

notwendig erachtet. Voraussetzung ist dabei, daß es sich um **unrichtige Bilanz-ansätze im Sinn der Bilanzberichtigung** handelt, also um Ansätze, die gegen zwingende Vorschriften des Handels- oder Steuerrechts verstoßen. Grundsätzlich kommt dagegen nicht in Betracht eine Bilanzänderung nach rückwärts, bei der ein zulässiger Bilanzansatz durch einen ebenfalls zulässigen Ansatz ersetzt wird, auch nicht eine nachträgliche anderweitige Ausübung des dem Kaufmann zustehenden Ermessens (z. B. bei Schätzung der Pauschalabschreibung auf Forderungen). Denn der Grundsatz des Bilanzenzusammenhangs zielt, wie in RFH. VI A 441/30 v. 19. 8. 31 (E. 29 S. 249, RStBl. 31 S. 908, StW. 31 Nr. 943) betont wird, in erster Linie darauf ab, ein Auseinanderfallen des Endvermögens des Vorjahrs und des Anfangsvermögens des nächsten Jahres zu vermeiden, auch wenn die voneinander abweichenden Ansätze beide noch als zulässig im Sinn der steuerlichen Bilanzierungsvorschriften zu bezeichnen wären. Eine selbständige Nachprüfung der Anfangsbilanz komme daher nur dann in Frage, wenn für das Vorjahr ausnahmsweise überhaupt keine Feststellung des Endvermögens erfolgt sei, z. B. bei der ersten Veranlagung nach dem EStG 1925 (vgl. §§ 104 ff. EStG 1925 und auch Entsch RFH. I A a 420/29 v. 29. 8. 29, RStBl. 29 S. 543, StW. 29 Nr. 778) und in gewissen Grenzen auch bei Freiveranlagungen von Einzelkaufleuten infolge Verlustabschlusses (anders, wenn einheitliche Gewinnfeststellung erfolgt ist, wegen Bindung der Veranlagung der Gesellschafter an diese Gesellschafter s. unter b). In diesen Fällen handelt es sich um die erstmalige steuerliche Feststellung des Anfangsvermögens (s. das Beispiel unter b). Wegen der Möglichkeit einer Bilanzänderung in diesem Fall vgl. Anm. 68.

Der häufig gebrauchte Ausdruck „Berichtigung zurück bis zur Fehlerquelle" ist in diesen Fällen insofern mißverständlich, als mit steuerlicher Wirkung stets nur die Anfangsbilanz des Ermittlungszeitraums, nicht auch die Bilanzen der vorausgegangenen Wirtschaftsjahre berichtigt werden. Nur wenn für die zurückliegenden Jahre Berichtigungsveranlagungen stattfinden, findet eine Berichtigung der Bilanzansätze früherer Jahre mit steuerlicher Wirkung statt, es erübrigt sich dann aber die Berichtigung der Anfangsbilanz des Ermittlungszeitraums. Daher ist es auch auf die sogenannte Bilanzberichtigung nach rückwärts ohne Einfluß, wenn die Veranlagung für eines oder mehrere der zwischen dem erstmaligen fehlerhaften Ansatz und dem Beginn des Ermittlungszeitraums liegenden Wirtschaftsjahre wegen Verjährung nicht mehr berichtigt werden kann (RFH. VI A 1012/33 v. 30. 1. 35, RStBl. 35 S. 1111, StW. 35 Nr. 210).

bb) Da es sich bei dieser Berichtigung des Betriebsvermögens am Schluß des vorangegangenen Wirtschaftsjahrs um eine Ausnahme von der gesetzlichen Regelung handelt, kann ihre Vornahme auch nur auf zwingende Ausnahmefälle beschränkt bleiben. Die Berichtigung unrichtiger Bilanzansätze im Endvermögen des vorangegangenen Wirtschaftsjahrs, das der Veranlagung zugrunde gelegen hat, kann daher nur erfolgen, wenn dies **unter dem Gesichtspunkt des § 1 Abs. 3 StAnpG insbesondere zur Herbeiführung einer gleichmäßigen und gerechten Besteuerung und unter Beachtung des Grundsatzes von Treu und Glauben gerechtfertigt** werden kann. Weiter ist aber für eine Durchbrechung des Grundsatzes des Bilanzzusammenhangs durch Berichtigung des Anfangsvermögens solange kein Raum, als noch die Möglichkeit besteht, den unrichtigen Bilanzansatz durch eine Berichtigung der Veranlagung für das vorangegangene Wirtschaftsjahr zu beseitigen. Wenn also für das vorangegangene Wirtschaftsjahr die Voraussetzungen einer Berichtigungsveranlagung insbesondere nach § 222 Abs. 1 Ziff. 1 und 2 AO vorliegen, ist der Grundsatz des Bilanzenzusammenhangs für das folgende Wirtschaftsjahr durch Vornahme der Berichtigungsveranlagung für das vorangegangene Wirtschaftsjahr zu wahren (RFH. VI A 73/35 v. 6. 11. 36, E. 40 S. 226, RStBl. 37 S. 17, StW. 37 Nr. 31). Sind hinsichtlich der Behandlung eines Betriebsvorgangs, z. B. einer Tilgungshypothek die Bilanzen mehrerer zurückliegender Jahre, die aufeinander folgen, unrichtig, kann das Finanzamt die Veranlagungen für alle zurückliegenden Jahre berichtigen. Dann muß das für das eine Jahr festgestellte Endbetriebsvermögen als Anfangsvermögen für die Besteuerung des nächsten Jahres erscheinen. Nach RFH. VI A 348/36 v. 28. 1. 37 (RStBl. 37 S. 332, StW. 37 Nr. 149) ist es jedoch dem Finanzamt gestattet, infolge des Bilanzenzusammenhangs von den mehreren unrichtigen Veranlagungen in der Regel nur die letzte oder die letzten zu berichtigen. Eine Verpflichtung des Finanzamts zur Richtigstellung sämtlicher früherer Bilanzen bestehe nur, wenn sich der Fehler in den früheren Bilanzen steuerlich nicht ausgewirkt habe, so daß nur eine Berichtigung der früheren Bilanzen nicht aber der Veranlagungen in Frage komme (vgl. unter b).

b) Im Hinblick auf den Zweck des Bilanzenzusammenhangs — des selbsttätigen Ausgleichs von Unrichtigkeiten der Bilanz in den folgenden Wirtschaftsjahren — hat der RFH. in seiner Rechtsprechung zu § 13 EStG 1925 eine Ausnahme vom Grundsatz des Bilanzenzusammenhangs (Bilanzidentität) dann zugelassen, wenn die Unrichtigkeiten des vorjährigen Endbetriebsvermögens oder der vorjährigen Endbilanz die Veranlagung für das abgelaufene Wirtschaftsjahr nicht beeinflußt haben, wenn sich also **der unrichtige Bilanzansatz auf die Veranlagung für das Wirtschaftsjahr, in dessen Endbilanz er zum erstenmal erscheint nicht ausgewirkt hat.** Dies ist der Fall, wenn für das Wirtschaftsjahr, in dessen Endbilanz der unrichtige Bilanzansatz eingestellt wurde, eine Freiveranlagung erfolgt oder wegen Verlusts eine Veranlagung unterblieben ist oder wenn der Gewinn des Steuerpflichtigen unter Außerachtlassung der von ihm eingereichten Bilanz geschätzt wurde. Ein unrichtiger Bilanzansatz hat sich nach RFH. I 240/37 v. 21. 12. 37 (RStBl. 38 S. 533, StW. 38 Nr. 84) für die Körperschaftsteuer auch dann nicht ausgewirkt, wenn der nach der Bilanz erzielte Gewinn der Steuerfestsetzung nicht zugrunde gelegt wurde, sondern Mindestbesteuerung erfolgte. In diesen Fällen ist die unrichtige Bilanz nicht als Grundlage der Veranlagung verwendet worden. Der Berichtigung sind jedoch bestimmte Grenzen gezogen. Wurde der Pflichtige freigestellt, so wurde das Reinvermögen nur insoweit der Veranlagung zugrunde gelegt, als angenommen wurde, daß es eine bestimmte Höhe nicht erreicht hat. Ob und inwieweit es hinter dem Betrag, bei dessen Höhe eine Steuer gerade noch nicht in Frage kam, tatsächlich zurückgeblieben ist, hatte für die Steuerfestsetzung keine Bedeutung, gleichgültig, ob das Finanzamt diesen Mindestbetrag ermittelt hat oder nicht. Die Rechtskraft der Freiveranlagung steht deshalb nach RFH. VI A 365/29 v. 11. 4. 29 (RStBl. 29 S. 369, StW. 29 Nr. 507) einer nachträglichen Berichtigung der Endbilanz nur insoweit entgegen, als in dieser Endbilanz kein Reinvermögen nachgewiesen werden darf, das für das Wirtschaftsjahr, für das die Freiveranlagung erfolgt ist, eine Einkommensteuer zur Folge hätte. Dieser Grundsatz gilt aber nicht, wenn für mehrere Mitunternehmer nach § 215 Abs. 2 AO einheitlich ein Verlust festgestellt wurde; denn dann wurde nicht nur festgestellt, daß kein Einkommen vorhanden ist, sondern daß ein Verlust in bestimmter Höhe vorliegt, der für die Veranlagung der einzelnen Gesellschafter maßgebend ist (RFH. VI A 1033/30 v. 20. 5. 31, RStBl. 31 S. 674, StW. 31 Nr. 964 und VI A 73/35 f. unter a, bb). Anderseits darf in einem Jahr mit Mindestbesteuerung die Berichtigung nicht zu einem steuerpflichtigen Gewinn führen, der höher ist als das geschätzte Mindesteinkommen. Umgekehrt kann eine Berichtigung zugunsten des Pflichtigen nicht die Entstehung eines vortragsfähigen Verlusts mit Wirkung für ein nachfolgendes, bereits veranlagtes Gewinnjahr herbeiführen. Das Betriebsvermögen am Schluß des Vorjahrs hat auch dann der Veranlagung nicht zugrunde gelegen, wenn der Gewinn im Vorjahr durch Schätzung, z. B. nach Hundertsätzen des Umsatzes, ermittelt wurde, auch wenn dabei die Aufzeichnungen des Steuerpflichtigen berücksichtigt wurden (RFH. VI A 130/36 v. 26. 2. 36, RStBl. 36 S. 695).

Beispiel: Wirtschaftsjahr I Gewinn, Veranlagung durch Betriebsvermögensvergleich; Wirtschaftsjahr II Verlust, Freiveranlagung; Wirtschaftsjahr III Gewinn, der zu veranlagen ist. Der Gewinn für das Wirtschaftsjahr III ist nach der Formel zu ermitteln: Gewinn = Endvermögen III — Endvermögen II. Das Endvermögen II hat bisher noch keiner steuerlichen Gewinnermittlung zugrundegelegen, sondern nur der Verluststellung für das Wirtschaftsjahr II. Seine Höhe darf aber deshalb nicht willkürlich für die Veranlagung III angesetzt werden, sondern es bestehen Bindungen in doppelter Hinsicht. Das Endvermögen II muß unter Wahrung des Bilanzenzusammenhangs und Wertzusammenhangs aus dem Endvermögen I, das der Veranlagung für das Wirtschaftsjahr I zugrunde lag, fortentwickelt werden. Weiter besteht nach der obigen Rechtsprechung für Berichtigungen des Endvermögens die Höchstgrenze in dem Betrag, bei dessen Ansatz noch keine Einkommensteuerpflicht entsteht. Unterblieb für das Wirtschaftsjahr II auch eine Freiveranlagung oder wurde der Gewinn ohne Rücksicht auf das erklärte Endvermögen II geschätzt, dann besteht diese Höchstgrenze für die Berichtigung des Endvermögens II nicht, wohl aber die Möglichkeit einer Nachveranlagung für das Wirtschaftsjahr II bei unterbliebener Veranlagung bzw. der Berichtigungsveranlagung nach Schätzung. In diesen Fällen handelt es sich im Grunde nicht um eine Durchbrechung des Grundsatzes des Bilanzenzusammenhangs, sondern um seine nachträgliche Herstellung, allerdings regelmäßig ohne Einwirkung auf den Gewinn des vorangegangenen Wirtschaftsjahrs.

c) Eine **unmittelbare Beeinflussung des Gewinns der abgelaufenen Wirtschaftsjahre liegt auch dann nicht vor,** wenn der unrichtige Bilanzansatz, der noch in der Endbilanz des vorangegangenen Wirtschaftsjahrs enthalten ist, zum erstenmal in eine **Eröffnungsbilanz** (Einkommen- oder Körperschaftsteuereröffnungsbilanz 1925 oder Eröffnungsbilanz vom Zeitpunkt einer späteren Eröffnung des Betriebs) eingesetzt wurde. Eine Eröffnungsbilanz kann einkommensteuerrechtlich nicht zweischneidig wirken, weil sie den Stand des Betriebsvermögens am Beginn eines Wirtschaftsjahrs, nicht aber am Ende eines Wirtschaftsjahrs ausweist und daher nicht die Grundlage der Gewinnermittlung für ein Wirtschaftsjahr bilden kann.

aa) **Keine Auswirkung des fehlerhaften Bilanzansatzes.** Der Gewinn der Wirtschaftsjahre, die seit der Eröffnung des Betriebs bis zum Beginn des Ermittlungszeitraums abgelaufen sind, ist durch den in die Eröffnungsbilanz aufgenommenen unrichtigen Bilanzansatz auch nicht mittelbar beeinflußt worden, wenn der unrichtige Bilanzansatz in den Endbilanzen der folgenden Wirtschaftsjahre bis zum Beginn des Ermittlungszeitraums unverändert fortgeführt wurde und auch der richtige Bilanzansatz nach den Grundsätzen ordnungsmäßiger Buchführung und dem EStG unverändert, d. h. ohne Absetzungen und Abschreibungen bzw. bei Schulden ohne Ansatz des höheren Teilwerts fortzuführen gewesen wäre. Unter dieser Voraussetzung hat sich der unrichtige Bilanzansatz auf den Gewinn der abgelaufenen Wirtschaftsjahre auch nicht mittelbar ausgewirkt. In diesem Fall steht der Grundsatz des Bilanzenzusammenhangs einer Berichtigung des Fehlers mit Wirkung für das Anfangsvermögen oder die Anfangsbilanz des Wirtschaftsjahrs, dessen Gewinn zu ermitteln ist, nicht entgegen (vgl. z. B. RFH. VI A 1622/29 v. 3. 10. 29, RStBl. 30 S. 344, StW. 30 Nr. 21). Die Notwendigkeit der Berichtigung besteht für alle Eröffnungsbilanzen (1. 1. 25 oder später) und zwar zugunsten wie zu Ungunsten des Steuerpflichtigen, da der Gewinn bisher durch den unrichtigen Bilanzansatz nicht beeinflußt wurde.

Für diese Berichtigung kommen die Ansätze von nichtabnutzbaren Wirtschaftsgütern, z. B. Firmenwert, Forderungen und Schulden unter der Voraussetzung in Frage, daß sie bis zum Beginn des Ermittlungszeitraums nicht mit einem niedrigeren (Schulden mit einem höheren) Teilwert angesetzt wurden oder handelsrechtlich anzusetzen gewesen wären. Ist ein solcher Posten in der Eröffnungsbilanz überhaupt nicht enthalten, dann ist der Betrag seines bisherigen Ansatzes 0 RM. (s. Anm. 71 a). Ist eine bilanzierungspflichtige Schuld in die Eröffnungsbilanz (z. B. Umsatzsteuerschuld 1924 in die Eröffnungsbilanz v. 1. 1. 1925) nicht aufgenommen worden, dann hat nach RFH. VI A 80/35 v. 30. 6. 35 (RStBl. 36 S. 888, StW. 36 Nr. 370) Rückwärtsberichtigung durch Aufnahme der Schuld in die Anfangsbilanz des späteren Wirtschaftsjahrs zu erfolgen, so daß die Zahlung der Schuld in diesem Jahre den Gewinn nicht mindern kann. Nach der ständigen Rechtsprechung des RFH. waren auch die für die Einkommensteuereröffnungsbilanz von 1925 maßgebenden Bewertungsvorschriften der §§ 104—108 EStG 1925, insbesondere die Höchstwertvorschrift des § 108 Abs. 2 a. a. O. selbst dann zu beachten, wenn dies bei der ersten, nach dem EStG 1925 vorgenommenen Veranlagung nicht geschehen ist. Die Anfangsbilanz des späteren Wirtschaftsjahrs, für das die Gewinnermittlung erfolgt, war daher so aufzustellen, wie wenn die Wertansätze von der Eröffnungsbilanz 1925 an richtig durchgeführt worden wären (RFH. I A 208/30 v. 17. 6. 30, RStBl. 30 S. 550, StW. 30 Nr. 1031).

bb) Mittelbare Auswirkung des fehlerhaften Bilanzansatzes. Der fehlerhafte Bilanzansatz in der Eröffnungsbilanz kann sich auf die inzwischen rechtskräftig festgestellten Gewinne der bis zum Beginn des Ermittlungszeitraums abgelaufenen Wirtschaftsjahre dadurch mittelbar ausgewirkt haben, daß nach dem unrichtigen Bilanzansatz zu hohe oder zu niedrige Absetzungen für Abnutzung berechnet wurden. Nach RFH. VI A 1963/29 v. 16. 12. 31 (E. 30 S. 114, RStBl. 32 S. 528, StW. 32 Nr. 427) liegt bei einem solchen mittelbaren Einfluß des unrichtigen Bilanzansatzes auf das Ergebnis der dazwischen liegenden Wirtschaftsjahre kein Grund vor, die Rückwärtsberichtigung überhaupt auszuschließen. Wie regelmäßig in allen Fällen, in denen einer vorhergehenden Veranlagung unrichtige Bilanzansätze zugrunde gelegt wurden, widerstreiten sich nach Auffassung des RFH. auch in diesem Fall zwei grundsätzliche Erwägungen, nämlich ob nach dem Wesen der Einkommensteuer als einer laufenden Steuer auf einen längeren Zeitraum gesehen das Gesamtergebnis richtig sein müsse oder ob man davon ausgehen wolle, für das einzelne Wirtschaftsjahr den richtigen Gewinn, d. h. denjenigen Gewinn zu erfassen, wie er sich nach dem gerade dieses Wirtschaftsjahr angehenden Zufluß und Verzehr ergebe. Ein Ausweg aus diesem Widerstreit könne im Einzelfall durch Abwägung der beiden Grundsätze unter Beachtung des Grundsatzes von Treu und Glauben (§ 6, § 11 AO 1931 = § 1 StAnpG) gefunden werden. Hiernach werde z. B. dann, wenn der Pflichtige früher um die Anerkennung eines sachlich unrichtigen Bilanzansatzes gekämpft habe und durchgedrungen sei, oder wenn die Steuerbehörde dem Pflichtigen einen sachlich unrichtigen Bilanzansatz aufgedrängt habe, grundsätzlich eine Berichtigung der späteren Anfangsbilanz zugunsten dessen, der sich durchgesetzt habe, ausgeschlossen und an dem Grundsatz der Bilanzidentität festzuhalten sein. Umgekehrt werde in denjenigen Fällen, in denen ein Steuerpflichtiger in Kenntnis der Unrichtigkeit seiner Bilanzen und im Vertrauen darauf, daß der Fehler der Steuerbehörde entgehen werde, in einem früheren Jahre einen zu hohen Gewinn ausgewiesen hat (z. B. durch Ansatz einer wertlosen Forderung zum Nennbetrag), eine Berichtigung der späteren Anfangsbilanz zu erfolgen haben, während dann, wenn ein Pflichtiger in gleicher Weise einen zu niedrigen Gewinn, z. B. durch Weglassung einer guten Forderung ausgewiesen habe, die spätere Anfangsbilanz nicht durch Wiedereinstellung der Forderung berichtigt werden dürfe mit der Folge, daß der Eingang derselben den Gewinn des nächsten Jahres nicht beeinflußt. Im übrigen werde die Beachtung der Grundsätze von Treu und Glauben in vielen Fällen dazu führen, daß dann, wenn infolge Beibehaltung unrichtiger Ansätze, die bereits einer Veranlagung unterlagen, in der Anfangsbilanz späterer Wirtschaftsjahre nur eine geringere Verschiebung des richtigen Gewinns für die späteren Jahre eintrete, an dem Grundsatz der Bilanzidentität festzuhalten sein, während da, wo das Unterlassen einer Berichtigung durch Berichtigung der Anfangsbilanz eines späteren Wirtschaftsjahrs zu erheblichen Abweichungen vom richtigen Gewinn dieses Wirtschaftsjahrs führe, unter Durchbrechung des Grundsatzes der Bilanzidentität eine Berichtigung der späteren Anfangsbilanz vorzunehmen sein werde.

Bei Prüfung der Voraussetzungen für eine Berichtigung der unrichtigen Anfangsbilanz ist zunächst zu beachten, daß nach dem Willen des Gesetzgebers sowohl für das EStG 1925 als auch für das EStG 1934 Fehler, die bei einer Veranlagung durch unrichtige Bilanzansätze entstanden sind, infolge des Grundsatzes des Bilanzzusammenhangs bei den Veranlagungen für die folgenden Wirtschaftsjahre ausgeglichen werden sollen. Es ist daher unter dem Gesichtspunkt der Gleichmäßigkeit und Gerechtigkeit der Besteuerung (vgl. unter a, bb) nach dem steuerlichen Gesamtergebnis der Veranlagungen für eine Reihe von Wirt-

§ 5 EStG. Gewinn bei Vollkaufleuten. Anmerkung 72.

schaftsjahren zu untersuchen, ob bei Wahrung des Bilanzenzusammenhangs der der Ausgleich selbsttätig eintritt oder ob zur Herbeiführung des richtigen Gesamtergebnisses der Bilanzenzusammenhang ausnahmsweise durchbrochen werden muß. Ein unrichtiger Bilanzansatz in einer Eröffnungsbilanz beeinflußt zunächst den Gewinn auch nicht mittelbar; die mittelbare Beeinflussung des Gewinns tritt ein, wenn von dem unrichtigen Bilanzansatz unrichtige Absetzungen gemacht werden. Werden die Absetzungen von einem zu hohen oder zu niedrigen Wert gemacht, dann wird nicht nur der Gewinn der einzelnen Wirtschaftsjahre, sondern auch das Gesamtergebnis hinsichtlich des Gesamtbetrags der Absetzungen unrichtig. Soweit daher die Veranlagungen für die abgelaufenen Wirtschaftsjahre hinsichtlich der Absetzungen nicht mehr berichtigt werden können, muß der unrichtige Bilanzansatz in der Anfangsbilanz des Ermittlungszeitraums zur Erzielung des richtigen Gesamtergebnisses berichtigt werden.

Beispiele: a) Ansatz einer Maschine in der Eröffnungsbilanz I mit 50 000 RM. statt richtig 40 000 RM.; Lebensdauer 10 Jahre; Absetzung für Abnutzung in den Wirtschaftsjahren I — III je 5 000 = 15 000 RM. statt richtig je 4 000 = 12 000 RM. Wenn im Wirtschaftsjahr IV die Berichtigung der Veranlagungen für I — III nicht mehr möglich ist, muß der unrichtige Ansatz der Maschine in der Anfangsbilanz IV (= Endbilanz III) berichtigt werden, da sonst 50 000 RM. statt 40 000 RM. als Anschaffungskosten auf die Gesamtnutzungsdauer verteilt werden. In die Anfangsbilanz sind einzusetzen 40 000 RM., gekürzt um die tatsächlichen bisherigen Absetzungen von 15 000 RM. = 25 000 RM., die auf die Restlebensdauer zu verteilen sind. Die zu hohen Absetzungen in den Wirtschaftsjahren I — III werden dadurch ausgeglichen. b) Umgekehrter Fall: Anschaffungskosten der Maschine richtig 50 000 RM., Ansatz in der Eröffnungsbilanz I mit 40 000 RM.; Absetzungen in den Wirtschaftsjahren I — III nur je 4 000 = 12 000 RM. statt richtig je 5 000 = 15 000 RM. Der Gewinn I — III war also um je 1 000 RM. zu hoch. Ist keine Berichtigung dieser Gewinne möglich (vgl. § 222 Abs. 1 Ziff. 2 AO), dann wird das richtige Gesamtergebnis nur durch Berichtigung der Anfangsbilanz IV erreicht, indem die richtigen Anschaffungskosten von 50 000 RM. abzüglich der tatsächlichen bisherigen Absetzungen von 12 000 RM. = 38 000 RM. eingesetzt werden und dieser Restwert auf die Restnutzungsdauer der Maschine verteilt wird.

Die Bewilligung der Absetzungen für Abnutzung von dem durch die bisherigen Absetzungen noch nicht verbrauchten Restwert wird im Gegensatz zu RFH. I A 106/31 v. 17. 11. 31 (RStBl. 32 S. 24) nicht schlechthin versagt werden können, sondern ist entsprechend RFH. VI A 1963/29 (s. Abs. 1) nach dem Grundsatz von Treu und Glauben zu entscheiden. Danach ist die Absetzung vom vollen Restwert, die allein dem richtigen Gesamtergebnis entspricht, gerechtfertigt, wenn der Steuerpflichtige den unrichtigen Wert aus Unkenntnis und nicht aus steuerlichen Gründen in die Eröffnungsbilanz eingesetzt hatte, oder vom Finanzamt zu dem zu niedrigen Ansatz veranlaßt worden war. Hatte dagegen der Steuerpflichtige den unrichtigen Ansatz aus steuerlichen Gründen gewählt, z. B. um Vermögensteuer zu sparen oder hatte er um den Ansatz mit Erfolg gekämpft, dann hat er in den Wirtschaftsjahren I—III die Absetzungen bewußt von einem zu niedrigen Wert gemacht und nach dem Grundsatz von Treu und Glauben das Recht zur Nachholung der bewußt unterlassenen Absetzungen verloren. In die Anfangsbilanz IV sind deshalb einzusetzen 50 000 RM. gekürzt um die Absetzungen, wie sie in den Wirtschaftsjahren I—III zu machen gewesen waren, also 3 mal 5000 = 15 000 RM., ergibt Restwert 35 000 RM., der auf die Restnutzungsdauer zu verteilen ist. Es greifen also in diesem Fall ähnliche Erwägungen wie bei der Frage ein, ob dem Steuerpflichtigen, der bisher die Absetzungen nach einer zu niedrigen Lebensdauer bemessen hat, zu gestatten ist, die Absetzungen für die Restnutzungsdauer von dem tatsächlich noch nicht verbrauchten Restwert oder von dem bei richtiger Berechnung der Absetzungen verbleibenden geringeren Wert zu machen (vgl. Anm. 142 d Abs. 1 und 3 zu § 7 EStG).

Hat der unrichtige Bilanzansatz in der Eröffnungsbilanz den Gewinn eines bis zum Ermittlungszeitraum abgelaufenen Wirtschaftsjahrs dadurch mittelbar beeinflußt, daß von dem unrichtigen (zu hohen oder zu niedrigen) Bilanzansatz Abschreibungen auf den niedrigeren Teilwert gemacht wurden, dann ist die Richtigkeit des Teilwerts in der Endbilanz vorausgesetzt, der Ansatz des Wirtschaftsguts am Schluß des vorangegangenen Wirtschaftsjahrs richtig. In diesem Fall scheidet daher eine Berichtigung der Anfangsbilanz des Ermittlungszeitraums aus, es kommt lediglich die Berichtigungsveranlagung für den Veranlagungszeitraum, in dem die unrichtige Abschreibung gemacht wurde, in Frage. Handelt es sich um ein abnutzbares Wirtschaftsgut, das auf den Teilwert abgeschrieben wurde, dann ist bei der Frage, wann die um die Absetzungen gekürzten Anschaffungskosten unter den Teilwert sinken, von den richtigen Anschaffungskosten und den Absetzungen, die sich für die Zwischenzeit bei richtiger Berechnung ergeben, auszugehen.

d) Wird ein Wirtschaftsgut zum erstenmal in einer Endbilanz mit einem unrichtigen Wert angesetzt, dann beeinflußt der erste Bilanzansatz unmittelbar den Gewinn des Ermittlungszeitraums, wenn die Endbilanz einer Veranlagung oder auch einer einheitlichen Gewinn- oder Verlustfeststellung zugrunde gelegt wird. Die im RFH. VI A 1963/29 (s. unter c, bb) dargelegten Grundsätze sollen für alle Fälle gelten, in denen sich unrichtige Bilanzansätze ausgewirkt haben. Wurde der Gewinn des Ermittlungszeitraums I durch einen zu niedrigen Ansatz in der Endbilanz I gemindert, dann werden regelmäßig die Voraussetzungen für eine Berichtigungsveranlagung oder -feststellung nach § 222 Abs. 1 Ziff. 1 AO und vielfach auch für die zehnjährige Verjährungsfrist bei hinterzogenen Steuern nach § 144 AO vorliegen. Hat dagegen der Steuerpflichtige einen zu hohen Gewinn ausgewiesen, kann die Veranlagung I nur unter der Voraussetzung des § 222 Abs. 1 Ziff. 2 AO (Aufdeckung durch eine Betriebsprüfung) zu seinen Gunsten berichtigt werden. Ist eine Berichtigung der Veranlagung I ausgeschlossen, dann ist unter dem Gesichtspunkt der Gerechtigkeit der Besteuerung und nach dem Grundsatz von Treu und Glauben (s. unter a, bb) zu entscheiden. Unter dem Gesichtspunkt der Richtigkeit des Gesamtergebnisses muß in diesen Fällen eine Durchbrechung des Bilanzenzusammenhangs durch Berichtigung des unrichtigen Bilanzansatzes in einer späteren Anfangsbilanz grundsätzlich ausscheiden; denn die Berichtigung in einer Anfangsbilanz beeinflußt den Gewinn nicht unmittelbar und gleicht daher die unzulässige Beeinflussung des Gewinns eines früheren Wirtschaftsjahrs nicht aus.

Beispiel: a) Forderung von 10 000 RM. in Endbilanz I mit 5 000 RM. angesetzt, Kürzung des Gewinns I um 5 000 RM.; durch Erhöhung des Bilanzansatzes in der Anfangsbilanz II um 5 000 RM. würde bei Eingang der Forderung zum Nennbetrag (10 000 RM.) kein Gewinn entstehen, also der Gewinn der Wirtschaftsjahre I und II um 5 000 RM. gedrückt bleiben. Ist die Forderung auch am Ende des späteren Wirtschaftsjahrs noch vorhanden, kann der Ausgleich bei Unmöglichkeit der Berichtigungsveranlagung für I durch Ansatz der Forderung in der späteren Endbilanz mit dem richtigen Wert mit der Folge der Erhöhung des Gewinns um diesen Betrag erreicht werden. b) Tilgung einer Schuld von 5 000 RM. im Wirtschaftsjahr I ohne Streichung der Schuld in der Endbilanz I, Gewinn I um 5 000 RM. gedrückt; die Streichung der Schuld in der Anfangsbilanz eines späteren Wirtschaftsjahrs bleibt auf den Gewinn dieses Jahres ohne Einfluß, das Gesamtergebnis der Gewinne bleibt um 5 000 RM. zu niedrig. Bei Unmöglichkeit einer Berichtigung der Veranlagung I ist daher die Schuld in der Endbilanz des späteren Wirtschaftsjahrs mit der Folge der Erhöhung des Gewinns dieses Jahres um 5 000 RM. zu streichen.

Unter Aufrechterhaltung des Bilanzenzusammenhangs ist also in diesen Fällen entweder die Unrichtigkeit durch Berichtigungsveranlagung für das Wirtschaftsjahr des ersten Ansatzes zu beseitigen oder das Gesamtergebnis der Wirtschaftsjahre, deren Ergebnis von dem unrichtigen Bilanzansatz berührt wurde, durch Berichtigung des Ansatzes in einer späteren Endbilanz richtigzustellen. Möglich ist auch, daß der Ausgleich infolge des Bilanzenzusammenhangs von selbst eintritt. In dem Fall von RFH. VI A 1516/32 v. 20. 6. 34 (StW. 34 Nr. 544) hatte ein Kaufmann, um seiner Bank gegenüber als kreditwürdig zu erscheinen, seine Waren und seinen steuerpflichtigen Gewinn um 6000 RM. zu hoch ausgewiesen. Der RFH. hat unter Berufung auf Treu und Glauben die Berichti-

§ 5 EStG. Gewinn bei Vollkaufleuten. Anmerkung 73. 277

gung des Warenpostens in der Anfangsbilanz des nächsten Jahres gebilligt. Bei Belassung des zu hohen Ansatzes in der Anfangsbilanz II wäre der Gewinn des Wirtschaftsjahrs II nach Verkauf der Waren entsprechend niedriger gewesen, d. h. die Gewinne I und II hätten zusammen den gleichen Betrag ergeben, der bei richtigem Ansatz der Waren im Wirtschaftsjahr I erzielt worden wäre. Nach dem Verfahren des RFH. verblieb es bei dem zu hohen Gewinn I und bei dem richtigen (höheren) Gewinn II, so daß der Steuerpflichtige im Gesamtergebnis für 2 Jahre zuviel Gewinn versteuert hat. Diese Behandlung erscheint ausnahmsweise in Fällen der mit oder ohne Absicht herbeigeführten steuerlichen Gewinnverschiebung angebracht. Eine solche ist bei der Körperschaftsteuer wegen des einheitlichen Steuertarifs regelmäßig — von einer Änderung des Tarifs abgesehen — nur im Zusammenhang mit einem Verlustjahr möglich.

Eine Durchbrechung des Bilanzenzusammenhangs, indem in der Anfangsbilanz II zur Vermeidung eines Verlusts im Wirtschaftsjahr II die Forderungen mit einem niedrigeren Betrag als in der Endbilanz I angesetzt wurden, wird in RFH. VI A 479/37 v. 15. 9. 37 (RStBl. 37 S. 1143, StW. 37 Nr. 500) zugelassen. Der vom Finanzamt zunächst erzwungene höhere Ansatz der Forderungen in der Endbilanz wurde im Einspruchsverfahren mit Recht angefochten, jedoch wurde der Einspruch wegen Erlasses der Einkommensteuer für I zurückgenommen, so daß die ursprüngliche Veranlagung rechtskräftig wurde. Der RFH. stellt sich mit Recht auf den Standpunkt, daß sich der zu hohe Ansatz der Forderungen wegen des Steuererlasses nicht ausgewirkt habe und daß der unrichtige Ansatz in der Anfangsbilanz II zur Erzielung des richtigen Gewinns für das Wirtschaftsjahr II zu berichtigen sei. Ohne diese Berichtigung hätte sich ein tatsächlich nicht vorhandener Verlust ergeben. Trotz der Rechtskraft der Veranlagung I ist der vorliegende Fall eigentlich den Tatbeständen zuzurechnen, in denen der unrichtige Bilanzansatz den Gewinn nicht beeinflußt hat; denn die nach ihm berechnete Steuer wurde nicht erhoben.

73. Die Eröffnungsbilanz.

Wird ein Betrieb eröffnet oder erworben, so tritt nach § 5 Abs. 1 I. u. II. EStDVO an die Stelle des Schlusses des vorangegangenen Wirtschaftsjahrs der Zeitpunkt der Eröffnung oder des Erwerbs. Im Fall der Eröffnung eines Betriebs ist danach bei dem ersten seit der Eröffnung laufenden Wirtschaftsjahrs nach der Formel zu ermitteln Gewinn = Endvermögen — Vermögen zu Beginn des Wirtschaftsjahrs. Das Betriebsvermögen vom Beginn des ersten Wirtschaftsjahrs ist aus der Eröffnungsbilanz, die der Kaufmann nach § 39 Abs. 1 HGB zugleich mit einer Eröffnungsinventur bei dem Beginn seines Handelsgewerbes aufzustellen hat, festzustellen. Die kaufmännische Eröffnungsbilanz ist insoweit als Grundlage für die steuerliche Eröffnungsbilanz zu verwenden, als sie den Grundsätzen ordnungsmäßiger Buchführung und den steuerrechtlichen Vorschriften entspricht. Da die Eröffnungsbilanz einkommensteuerrechtlich nur als Anfangsbilanz für die Ermittlung des im 1. Wirtschaftsjahr erzielten Gewinns Bedeutung hat, greift für sie der Grundsatz des Bilanzenzusammenhangs, der sonst jede Bewertung in doppelter Richtung wirken läßt, nicht Platz. Es findet daher der sonst durch den Bilanzenzusammenhang herbeigeführte Ausgleich von unrichtigen Bilanzansätzen der Eröffnungsbilanz in den folgenden Wirtschaftsjahren nicht statt. Bewertet der Steuerpflichtige z. B. in der Eröffnungsbilanz seine Besitzposten zu Unrecht zu hoch oder seine Schulden zu niedrig, dann drückt er damit den Gewinn des ersten Geschäftsjahrs um den Mehrbetrag und außerdem kann er unter Umständen von den zu hoch bewerteten Wirtschaftsgütern in den folgenden Wirtschaftsjahren zu Unrecht zu hohe Abnutzungsabsetzungen oder Abschreibungen machen. Umgekehrt wirkt eine zu niedrige Bewertung der Besitzposten und eine zu hohe Bewertung der Schulden gewinnmindernd. Daher sind die Wertansätze der Eröffnungsbilanz sorgfältig auf ihre Richtigkeit zu prüfen. Die vom RFH. für die Einkommensteuereröffnungsbilanz von 1925 aufgestellten Grundsätze sind deshalb noch allgemein für die Eröffnungsbilanz von Bedeutung. Nach RFH. VI A 568/27 v. 14. 3. 28 (RStBl. 28 S. 278, StW. 28 Nr. 268) ist für die Eröffnungsbilanz wegen des Fehlens des Bilanzenzusammenhangs ein mehr sachlicher (objektiver) Maßstab anzulegen und zu ermitteln, wie hoch ein Kaufmann bei verständiger Würdigung des Falles den Wert eines Wirtschaftsguts geschätzt hätte. Für die Bewertung unsicherer Forderungen in der Eröffnungsbilanz ist nach RFH. VI A 713/28 v. 12. 6. 29 (StW. 29 Nr. 691) das Ermessen des Kaufmanns einzuschränken. Bis zur Veranlagung behobene Unsicherheiten sollen wegen der einseitigen Wirkung der Eröffnungsbilanz auf jeden Fall berücksichtigt werden, wenn die Höhe der Werte im gewöhnlichen Verlauf der Dinge festgestellt wurde und nach dem Stichtag keine außergewöhnlichen Umstände eingetreten sind, die die Höhe der Forderung oder Schuld erst nach dem Bilanzstichtag in unerwarteter Weise beeinflußt haben.

§ 108 Abs. 3 EStG 1925 gab dem Steuerpflichtigen das Recht, eine Erhöhung der in der Einkommensteuer-Eröffnungsbilanz von 1925 angesetzten Werte bis zu den in den §§ 106, 107 a. a. O. vorgeschriebenen Höchstwerten, jedoch nicht über den Betrag des Vermögensteuerwerts 1925 (§ 108 Abs. 2 a. a. O.) hinaus zu beantragen. Nach RFH. VI A 899/35 v. 25. 3. 36 (E. 39 S. 187, RStBl. 36 S. 860, StW. 36 Nr. 280) gilt der Grundsatz des § 108 Abs. 3 EStG 1925 sinngemäß für alle späteren Eröffnungsbilanzen. Darnach sei auch noch bei einer späteren Veranlagung eine Berichtigung oder Änderung der Eröffnungsbilanz mit Wirkung für eine spätere Anfangsbilanz geboten oder zulässig, wenn Wirtschaftsgüter in der Eröffnungsbilanz nach den einkommensteuerrechtlichen Bestimmungen mit einem anderen als dem tatsächlich angesetzten Betrag hätten angesetzt werden müssen oder dürfen. Unter der Herrschaft des EStG 1934 könnte eine unmittelbare Anwendung der Vorschrift des § 108 Abs. 3 EStG 1925 für am 1. 1. 1925 bereits vorhandene Wirtschaftsgüter nur mit Wirkung für die Endbilanz vom 31. Dezember 1933 oder vom Ende des entsprechenden Wirtschaftsjahrs nach § 4 I. u. II. EStDVO in Betracht kommen (s. Anm. 12 d zu § 4 EStG). Wurde im übrigen eine zeitlich unter die Herrschaft des EStG 1934 fallende Eröffnungsbilanz bei einer Gewinnermittlung als Anfangsbilanz im Sinn der Ausführungen unter a) verwendet, dann kann eine nachträgliche Berichtigung fehlerhafter Bilanzansätze der Eröffnungsbilanz mit Wirkung für eine spätere Anfangsbilanz nicht schlechthin, sondern nur nach den für die Berichtigung des Anfangsvermögens geltenden Grundsätzen erfolgen (vgl. Anm. 72 unter c). Dagegen kann für die Eröffnungsbilanz die Änderung eines Bilanzansatzes im engeren Sinn, also der Ersatz eines zulässigen Wertes durch einen steuerlich ebenfalls zulässigen Wert, nur solange beantragt werden, als im Veranlagungsverfahren für das Wirtschaftsjahr der Eröffnung noch neue Tatsachen vorgebracht werden können. Die Änderung eines Bilanzpostens der Eröffnungsbilanz, deren Wirkung ausschließlich auf das Anfangsvermögen eines späteren Wirtschaftsjahrs erstreckt werden soll, ist also nicht möglich (vgl. Anm. 68).

4. Abschnitt. Bewertung.

§ 6 EStG 1934.

Für die Bewertung der einzelnen Wirtschaftsgüter, die dem Betrieb dienen, gilt das folgende:

1. Wirtschaftsgüter des Anlagevermögens, die der Abnutzung unterliegen, sind mit den Anschaffungs- oder Herstellungskosten, vermindert um die Absetzungen für Abnutzung nach § 7, anzusetzen. Ist der Teilwert niedriger, so kann dieser angesetzt werden. Teilwert ist der Betrag, den ein Erwerber des ganzen Betriebs im Rahmen des Gesamtkaufpreises für das einzelne Wirtschaftsgut ansetzen würde; dabei ist davon auszugehen, daß der Erwerber den Betrieb fortführt. Bei Wirtschaftsgütern des Anlagevermögens, deren betriebsgewöhnliche Nutzungsdauer er-

jahrungsgemäß fünf Jahre nicht übersteigt, dürfen buchführende Gewerbetreibende im Sinn des § 5 und buchführende Land- und Forstwirte die Absetzungen höher als nach § 7 und ohne Rücksicht auf den Teilwert bemessen. Bei Wirtschaftsgütern, die bereits am Schluß des vorangegangenen Wirtschaftsjahrs zum Anlagevermögen des Steuerpflichtigen gehört haben, darf der Bilanzansatz nicht über den letzten Bilanzansatz hinausgehen.

2. Andere als die in Ziffer 1 bezeichneten Wirtschaftsgüter des Betriebs (Grund und Boden, Beteiligungen, Geschäfts- oder Firmenwert, Umlaufsvermögen) sind mit den Anschaffungs- oder Herstellungskosten anzusetzen. Statt der Anschaffungs- oder Herstellungskosten kann der niedrigere Teilwert (Ziffer 1 Satz 3) angesetzt werden. Bei Wirtschaftsgütern, die bereits am Schluß des vorangegangenen Wirtschaftsjahrs zum Betriebsvermögen gehört haben, kann der Steuerpflichtige in den folgenden Wirtschaftsjahren den Teilwert auch dann ansetzen, wenn er höher ist als der letzte Bilanzansatz; es dürfen jedoch höchstens die Anschaffungs- oder Herstellungskosten angesetzt werden. Bei land- und forstwirtschaftlichen Betrieben ist auch der Ansatz des höheren Teilwerts zulässig, wenn das den Grundsätzen ordnungsmäßiger Buchführung entspricht.

3. Verbindlichkeiten sind unter sinngemäßer Anwendung der Vorschriften der Ziffer 2 anzusetzen.

4. Entnahmen des Steuerpflichtigen für sich, für seinen Haushalt oder für andere betriebsfremde Zwecke sind mit dem Teilwert anzusetzen.

5. Einlagen sind mit dem Teilwert für den Zeitpunkt der Zuführung, höchstens jedoch mit den tatsächlichen Anschaffungs- oder Herstellungskosten anzusetzen.

6. Bei Eröffnung eines Betriebs oder entgeltlichem Erwerb eines Betriebs sind die Wirtschaftsgüter mit dem Teilwert, höchstens jedoch mit den tatsächlichen Anschaffungs- oder Herstellungskosten anzusetzen.

Inhaltsübersicht.

I. Einleitung.
74. Bedeutung und Verhältnis zum bisherigen Recht.
75. Persönlicher Geltungsbereich und Verhältnis zu anderen Bewertungsvorschriften.
76. Grundsatz der Einzelbewertung; Sammelbewertung.
77. Zulässigkeit der Sammelabschreibung; Verbot der Gesamtabschreibung.

II. Wirtschaftsgüter des Anlage- und Umlaufvermögens.
A. Aktivierung.
78. Steuerrechtliche Aktivierungspflicht.
79. Ausnahmen von der Aktivierungspflicht.
  a) laufende Betriebsausgaben.
  b) Festwerte.
  c) Kosten der Gründung einer Kapitalgesellschaft; Organisationskosten.
80. Gegenstand der Aktivierung.
81. Beispiele aus der Rechtsprechung.
  a) zu aktivierende Wirtschaftsgüter.
  b) Keine selbständigen Wirtschaftsgüter.
82. Abhängige Besitzposten und Schuldposten.
83. Aktivierung und Passivierung bei zweiseitigen, laufenden Verträgen.
84. Aktivierung und Passivierung bei Miet- und Pachtverträgen im besonderen.
  a) Allgemeiner Grundsatz.
  b) Aktivierung und Passivierung beim Mieter und Pächter.
  c) Aktivierung und Passivierung beim Vermieter und Verpächter.
  d) Sonderfälle.
85. Aktivierung und Passivierung bei schwebenden Geschäften.
  a) Allgemeiner Grundsatz.
  b) Behandlung bei teilweiser Erfüllung.
  c) Verwirklichung des Gewinns bei Erfüllung von einer Seite.
  d) Bewertung der Anzahlung auf Waren oder sonstige Gegenstände des Betriebsvermögens.
  e) Laufende Versicherungsverträge.

86. Behandlung des Kostgeschäfts als einer Unterart des schwebenden Geschäfts.
    a) Beim Hereinnehmer.
    b) Beim Hereingeber.
    c) Verwirklichung des Gewinns beim Kostgeschäft.
    d) Buchmäßige Behandlung.
87. Bilanzposten, die der Rechnungsabgrenzung dienen.
88. Sogenannte Ausgleichsposten.

B. Die Bewertungsvorschriften.

89. Einteilung der Wirtschaftsgüter des Betriebsvermögens für die Bewertung.
90. Wirtschaftsgüter des Anlagevermögens, die der Abnutzung unterliegen (§ 6 Ziff. 1).
    a) Bewertungsregeln nach Steuer- und Handelsrecht.
    b) Werte und Wertgrenzen.
        aa) Am Schluß des Wirtschaftsjahrs der Anschaffung oder Herstellung.
        bb) Am Schluß eines Wirtschaftsjahrs, das dem Wirtschaftsjahr der Anschaffung oder Herstellung nachfolgt.
    c) Unterschied zwischen Absetzung und Abschreibung.
91. Wirtschaftsgüter des Anlagevermögens, die nicht der Abnutzung unterliegen, und Wirtschaftsgüter des Umlaufvermögens.
    a) Bewertungsregeln nach Steuer- und Handelsrecht.
    b) Werte und Wertgrenzen.
        aa) Am Schluß des Wirtschaftsjahrs der Anschaffung oder Herstellung.
        bb) Am Schluß eines Wirtschaftsjahrs, das dem Wirtschaftsjahr der Anschaffung oder Herstellung nachfolgt.
92. Nämlichkeit eines Wirtschaftsguts als Voraussetzung des Wertzusammenhangs.
    a) Wahrung der Nämlichkeit bei Vornahme von Veränderungen.
    b) Wahrung der Nämlichkeit bei Teilung und Teilveräußerung.
93. Zeitpunkt des Übergangs zum niedrigeren Teilwert.
    a) Steuerpflichtige, die verpflichtet sind nach den Vorschriften des HGB Bücher zu führen.
    b) Steuerpflichtige, die nicht nach Handelsrecht zur Buchführung verpflichtet sind.
94. Verwirklichung von Gewinn und Verlust.
95. Bewertungsfreiheit bei kurzlebigen Wirtschaftsgütern.
    a) Persönlicher Geltungsbereich, Buchführung.
    b) Sachliche Voraussetzungen.
        aa) Allgemeine Voraussetzungen; Liste; Preisgrenze.
        bb) Alte Wirtschaftsgüter (Altanlagen).
        cc) Einzelfälle.
    c) Durchführung der Absetzung.
        aa) Recht zur Vornahme höherer als der gewöhnlichen Absetzungen für Abnutzung; Mindestabsetzung.
        bb) Maßgeblichkeit der Handelsbilanz für die Steuerbilanz.
        cc) Beginn der Absetzung für ein kurzlebiges Wirtschaftsgut.
        dd) Durchführung in besonderen Fällen.
    d) Buchmäßige Behandlung der kurzlebigen Wirtschaftsgüter des Anlagevermögens.
        aa) Sonderkonto.
        bb) Übertragung bereits vorhandener Bestände.
        cc) Übertragung der Neuzugänge.
    e) Einschränkung der Bewertungsfreiheit.
96. Bewertungsfreiheit bei unentgeltlicher Übertragung
    a) eines Betriebs oder Teilbetriebs,
    b) einzelner Wirtschaftsgüter.

C. Die Bewertungsmaßstäbe.

1. Die Anschaffungs- oder Herstellungskosten.

97. Begriff der Anschaffungskosten.
    a) Die eigentlichen Anschaffungskosten.
    b) Nebenkosten.
    c) Nachträgliche Herabsetzung der Anschaffungskosten.
98. Geldbeschaffungskosten.
99. Anschaffungskosten bei Übernahme von Wirtschaftsgütern des Betriebsvermögens oder Verbindlichkeiten in Anrechnung auf den Kaufpreis.
    a) Übernahme einer Hypothekenschuld durch den Käufer.
    b) Anrechnung von Wirtschaftsgütern des Betriebsvermögens auf den Kaufpreis.
    c) Stundung und niedrige Verzinsung der Kaufpreisforderung.
100. Anschaffungskosten beim Tausch.
    a) Allgemeiner Grundsatz.
    b) Hinausschiebung der Verwirklichung stiller Rücklagen.
101. Begriff der Herstellungskosten.
102. Nachträgliche Anschaffungs- oder Herstellungskosten.
    a) Hinzurechnung zum Buchwert.
    b) Streichung eines Teiles des Buchwerts bei Wegfall des Teiles eines Wirtschaftsguts?
    c) Nachträglicher Anfall von Anschaffungskosten.
103. Ermittlung der Anschaffungs- oder Herstellungskosten bei Zuschüssen Dritter.
    a) Mieterzuschüsse.
    b) Öffentliche Zuschüsse.
    c) Verwendung von durch billige Darlehen beschafften Geldmitteln.
104. Anschaffungs- oder Herstellungskosten der mit Hilfe einer Brandentschädigung beschafften Ersatzgegenstände.
    a) Grundsatz.
    b) Verfahren, wenn am Schluß des Wirtschaftsjahrs noch nicht Ersatz beschafft ist.
    c) Anschaffungs- und Herstellungskosten und Teilwert des Ersatzgegenstands.

§ 6 EStG. Bewertung. Inhaltsübersicht.

105. Gedachte (fiktive) Anschaffungs- oder Herstellungskosten.
  2. Der Teilwert.
106. Begriff des Teilwerts.
107. Grenzen des Teilwerts.
  a) Nach der Rechtsprechung des RFH.
    aa) Anlagegüter.
    bb) Umlaufgüter.
  b) Nach den Grundlagen des Teilwerts.
  c) Höhe der Wiederbeschaffungskosten.
108. Vermutung für die Höhe des Teilwerts.
109. Ansatz eines zwischen den Anschaffungs- oder Herstellungskosten und dem Teilwert liegenden Wertes (Zwischenwerts).
  a) Für Anlagegüter.
  b) Für Umlaufgüter.
  D. Einzelne Wirtschaftsgüter des Betriebsvermögens.
    1. Abnutzbare Wirtschaftsgüter des Anlagevermögens.
110. Gebäude.
  a) Anschaffungskosten.
  b) Herstellungskosten.
    aa) Neubau.
    bb) Umbau.
  c) Teilwert.
    aa) Allgemeines (insbesondere Baukosten).
    bb) Neu- und Umbauten.
    cc) Fehlmaßnahmen.
111. Maschinen und Anlagen.
  a) Eingebaute Maschinen und Anlagen als selbständige Wirtschaftsgüter.
  b) Anschaffungs- oder Herstellungskosten.
  c) Teilwert.
  d) Bahnanlagen.
112. Geschützte (Patente) und ungeschützte gewerbliche Urheberrechte, Erfindungen und sonstige Rechte.
  a) Voraussetzung der Aktivierung von Urheberrechten.
  b) Anschaffungs- oder Herstellungskosten.
  c) Teilwert.
    2. Nichtabnutzbare Wirtschaftsgüter des Anlagevermögens.
113. Grund und Boden.
  a) Anschaffungskosten.
  b) Teilwert.
114. Beteiligungen
  a) Allgemeine Grundsätze.
    aa) Anschaffungskosten.
    bb) Aufwendungen auf eine bestehende Beteiligung.
    cc) Teilwert.
  b) Junge Aktien.
  c) Aktienpaket.
  d) Beteiligung an einer Personengesellschaft.
  e) Erwerb von Beteiligungen an Kapitalgesellschaften gegen Einbringung von Sacheinlagen.
    aa) Allgemeiner Grundsatz.
    bb) Hinausschiebung der Verwirklichung von Gewinn.
    cc) Einbringung eines ganzen Betriebs.
115. Geschäfts- oder Firmenwert.
  a) Begriff.
  b) Voraussetzungen der Aktivierung.
  c) Abschreibungen von Geschäftswert.
    3. Wirtschaftsgüter des Umlaufvermögens.
116. Waren, Rohstoffe, Halb- und Fertigerzeugnisse.
  a) Anschaffungskosten.
  b) Teilwert.
  c) Verpflichtung zum Ansatz des niedrigeren Teilwerts.
117. Wertpapiere.
  a) Allgemeines.
  b) Sonderfälle.
  c) Eigene Aktien, eigene Anteile und eigene Schuldverschreibungen.
118. Forderungen.
  a) Allgemeine Aktivierungsgrundsätze.
  b) Anschaffungskosten.
  c) Teilwert.
    aa) Voraussetzungen des Ansatzes eines niedrigeren Teilwerts.
    bb) Minderwert bei bestimmten Arten von Forderungen:
      beim Bestehen einer Debitorenversicherung, durch Wechsel gesicherte Forderungen, hypothekarisch gesicherte Forderungen, rechtshängige Forderungen, Forderungen der Gesellschafter von Kapital- und Personengesellschaften gegen ihre Gesellschaften.
  d) Berücksichtigung des niedrigeren Teilwerts in der Bilanz.
    aa) Einzelbewertung oder Pauschalabschreibung.
    bb) Ermessen des Kaufmanns.
    cc) Bemessung des Wertberichtigungspostens.
    dd) Wechsel in der Bewertungsart.
  e) Verpflichtung der Berücksichtigung des Minderwerts von Forderungen.
  f) Wertzusammenhang bei Ansatz eines Wertberichtigungspostens.
  g) Einzelfälle.
    aa) Forderungen in ausländischer Währung.
    bb) Aufgewertete Forderungen und Schulden.
  III. Verbindlichkeiten.
    A. Passivierungsgrundsätze.
119. Schulden.
120. Rückstellungen.
  a) Begriff.
  b) Keine Rückstellung für künftige Ausgaben.
  c) Erstmalige Einstellung einer Rückstellung.
  d) Bemessung.
  e) Beispiele aus der Rechtsprechung.

121. Verbindlichkeiten, die aus dem Gewinn zu tilgen sind.
122. Rentenlasten.
123. Verpflichtung zur Ruhegehaltszahlung.
    a) Recht zur Passivierung.
    b) Pflicht zur Passivierung.
124. Verpflichtung zur entschädigungslosen Auflassung eines Unternehmens. Verweisung.

    B. Bewertung der Verbindlichkeiten.

125. Bedeutung des § 6 Ziff. 3 EStG.
126. Anschaffungskosten.
    a) Begriff.
    b) Niedrigere Anschaffungskosten als Nennbetrag.
    c) Übernahme einer Verbindlichkeit in Anrechnung auf den Kaufpreis.
127. Teilwert.
    a) Begriff.
    b) Einfluß der Zahlungsbedingungen auf den Teilwert.
    c) Wahlschulden.
    d) Sachwertschulden.
128. Verbindlichkeiten in fremder Währung.
129. Verpflichtung zu Renten- und Ruhegehaltszahlungen.
    a) Rentenverpflichtung.
    b) Ruhegehaltsverpflichtung.
130. Verpflichtung zur Einlösung von Rabattsparmarken.
131. Verwirklichung von Gewinn und Verlust bei Verbindlichkeiten.
    a) Allgemeiner Grundsatz.
    b) Einzelfälle.

    IV. Entnahmen und Einlagen.
    (§ 6 Ziff. 4 und 5 EStG).

132. a) Entnahmen.
    b) Einlagen.

    V. Bewertung bei Eröffnung oder Erwerb eines Betriebs.
    (§ 6 Ziff. 6 EStG 1934).

133. Eröffnung oder entgeltlicher Erwerb eines Betriebs.
    a) Grundsatz.
    b) Verschmelzung oder Umwandlung durch entgeltliche Übertragung.
134. Unentgeltlicher Erwerb eines Betriebs.

Schrifttum. Reinhardt, Buchführung, Bilanz und Steuern, Lehr- und Nachschlagewerk, Bd. 1 bis 3, Industrieverlag Spaeth & Linde, Berlin W 35 (nachfolgend angeführt mit Reinh. Buchf. I, II, III); Bühler, Bilanz und Steuer bei der Einkommens-, Gewerbe- und Vermögensbesteuerung, Verlag Franz Vahlen, Berlin.

I. Einleitung.

74. Bedeutung und Verhältnis zum bisherigen Recht.

Die Bewertungsvorschriften des EStG 1934 weisen gegenüber den Vorschriften der §§ 19, 20 EStG 1925 grundlegende Änderungen auf. Das Ziel dieser Änderungen wird in der Begr. zum EStG 1934 (Abschnitt I Abs. 3, RStBl. 35 S. 33) wie folgt dargelegt: „Hier ist versucht worden, durch Lockerung der bisherigen Starrheit bei der Bewertung den berechtigten Belangen der Wirtschaft Rechnung zu tragen, auf der anderen Seite aber durch Vorschriften über Mindestbewertung eine zu weitgehende Abbuchung der Gewinne zu verhüten. Der Rücksicht auf die Belange der Wirtschaft entspricht vor allem die Regelung der Abschreibung bei kurzlebigen Wirtschaftsgütern im § 6 Ziff. 1 des neuen EStG. Kurzlebig im Sinn dieser Vorschrift sind Wirtschaftsgüter, deren betriebsgewöhnliche Nutzungsdauer erfahrungsgemäß 5 Jahre nicht übersteigt. Ursprünglich war beabsichtigt, die Abschreibungsfreiheit für alle Wirtschaftsgüter zu gewähren, deren betriebsgewöhnliche Nutzungsdauer 10 Jahre nicht übersteigt. Darüber hinaus war eine Vergünstigung für langlebige Gegenstände insoweit geplant, als diese mit den Werten der Handelsbilanz übernommen werden sollten und das etwaige Zuhoch an Abschreibung außerhalb der Bilanz dem Gewinn nur mit 50 v. H. zugesetzt werden sollte. Dieser Plan hat sich wegen der dadurch bedingten, gegenwärtig nicht tragbaren Steuerausfälle nur in dem oben angedeuteten Umfang verwirklichen lassen. Seine volle Durchführung muß der Zukunft vorbehalten bleiben. Demselben Ziel wie die Bewertungsfreiheit bei kurzlebigen Gegenständen dient die Milderung der Bilanzkontinuität in § 6 Ziff. 2 des neuen EStG."

Über das Verhältnis der neuen Bewertungsvorschriften zum bisherigen Recht wird in der Begr. zu § 6 (RStBl. 35 S. 38, 39) ausgeführt:

„Hauptsächlichster Maßstab für die Bewertung des Betriebsvermögens war bisher der gemeine Wert, an dessen Stelle der Steuerpflichtige den Anschaffungs-

§ 6 EStG. Bewertung. Anmerkung 74.

ober Herstellungspreis unter Abzug der zulässigen Absetzungen für Abnutzung oder Substanzverringerung einsetzen konnte. Im § 6 sind diese Bewertungsvorschriften vollständig neu gestaltet worden mit dem Ziel, sie, soweit mit den fiskalischen Belangen vereinbar, an die kaufmännische Übung anzupassen. Deshalb sind an die Stelle des gemeinen Werts als grundsätzlicher Maßstab für die Bewertung die Anschaffungs= oder Herstellungskosten getreten. Unter Anschaffungskosten sind hierbei die Kosten des entgeltlichen Erwerbs einschließlich aller Nebenkosten, unter Herstellungskosten alle auf die Herstellung verwendeten Kosten zu verstehen. Bei abnutzbaren Wirtschaftsgütern des Anlagevermögens sind von den Anschaffungs= oder Herstellungskosten die Absetzungen für Abnutzung nach § 7 vorzunehmen. Der Steuerpflichtige kann aber auch den Teilwert ansetzen, wenn dieser niedriger ist als der nach dem Vorstehenden sich ergebende Wert. Diese Bewertungsgrundsätze entsprechen kaufmännischer Übung. Land= und Forstwirte können Wirtschaftsgüter des Anlagevermögens, die nicht der Abnutzung unterliegen, sowie Wirtschaftsgüter des Umlaufsvermögens auch mit einem die Anschaffungs= oder Herstellungskosten übersteigenden Teilwert („höherer Teilwert") ansetzen, falls dies den Grundsätzen ordnungsmäßiger Buchführung entspricht (zu vgl. das Urteil des RFH. v. 14. 2. 34 VI A 1296/32, Slg. Bd. 35 S. 287, RStBl. 1934 S. 551). Der Begriff des Teil= werts selbst war im Einkommensteuergesetz 1925 nicht enthalten. Er ist durch die Rechtsprechung des RFH. entwickelt worden (zu vgl. die zahlreichen Urteile des VI. Senats zu dieser Frage, z. B. RStBl. 1930 S. 59, 90, 348, 360, 436).

Von besonderem Einfluß auf die Praxis werden die Abschreibungsfreiheit für kurzlebige Gegenstände des Anlagevermögens und der Verzicht auf die Bilanz= stetigkeit (§ 20 EStG 1925) bei sonstigen Wirtschaftsgütern sein.

Was zunächst die Abschreibungsfreiheit für kurzlebige Wirtschaftsgüter anlangt, so war dem bisherigen Recht eine ähnliche Vorschrift fremd. Für alle abnutzbaren Wirtschaftsgüter des Anlagevermögens galt vielmehr einheitlich der Grundsatz, daß von den Anschaffungs= oder Herstellungskosten für ein Jahr nur jeweils der Teil abgesetzt werden kann, der bei der Verteilung der Anschaffungs= oder Her= stellungskosten auf die Gesamtdauer der betriebsgewöhnlichen Nutzungsdauer auf ein Jahr entfällt. Nach § 6 Ziff. 1 Satz 4 dürfen buchführende Gewerbetrei= bende im Sinn des § 5 und buchführende Land= und Forstwirte bei sogenannten kurzlebigen Gegenständen die Absetzungen für Abnutzung auf einen kürzeren Zeit= raum als denjenigen der betriebsgewöhnlichen Nutzungsdauer verteilen. Sie können auch die Anschaffungs= oder Herstellungskosten bereits im Jahr der An= schaffung oder Herstellung oder in einem folgenden Jahr die noch vorhandenen Werte voll absetzen. Kurzlebige Wirtschaftsgüter im Sinn dieser Vorschrift sind solche, deren betriebsgewöhnliche Nutzungsdauer erfahrungsgemäß fünf Jahre nicht übersteigt. Welche Wirtschaftsgüter im einzelnen hierzu gehören, ergibt sich aus dem Runderlaß v. 20. 12. 34 S 2158 — 45 III/ S 1430 B — 121 III (RStBl. 1935 S. 1). Auch soweit derartige Gegenstände in diesem Runderlaß nicht ge= nannt sind, werden sie im einzelnen Fall als kurzlebige Gegenstände zu behandeln sein, wenn der Steuerpflichtige nachweist, daß die Nutzungsdauer für seinen Be= trieb infolge besonderer Umstände 5 Jahre nicht übersteigt (z. B. infolge besonders starker Beanspruchung beim Arbeiten in Tag= und Nachtschichten, infolge schnellen Verschleißes durch Witterungseinflüsse u. dgl.). Diese Neuregelung bedeutet nicht nur ein Mittel im Kampf gegen die Arbeitslosigkeit, sie dient auch der Anpassung der Steuerbilanz an die Handelsbilanz und ist eine stark ins Gewicht fallende steuerliche Vereinfachung. Der Steuerpflichtige läuft jetzt nicht mehr Ge= fahr, daß, soweit die kurzlebigen Wirtschaftsgüter in Frage kommen, seine Ab= schreibungssätze im Veranlagungs= oder Rechtsmittelverfahren oder im Buch= und Betriebsprüfungsverfahren beanstandet werden. Dadurch werden zahlreiche Auseinandersetzungen wegen der Absetzungen für Abnutzung, die das Verhältnis zwischen Steuerpflichtigen und Finanzamt häufig so schwierig gestalteten, weg= fallen.

Die Bewertungsvorschriften des EStG 1925 waren von dem Gedanken strenger Bilanzstetigkeit beherrscht. Daraus folgte, daß es in keinem Fall zulässig war, über den letzten Bilanzansatz hinauszugehen. Dieser Grundsatz ist nur für die abnutzbaren Wirtschaftsgüter des Anlagevermögens übernommen worden. Bei allen anderen Wirtschaftsgütern darf der Steuerpflichtige bis zur Höhe des Teilwerts über den letzten Bilanzansatz hinausgehen, jedoch höchstens bis zum Betrag der Anschaffungs- oder Herstellungskosten. Auch hierdurch wird gegenüber dem bisherigen Zustand eine weitergehende Verwendung der Handelsbilanz für Steuerzwecke sichergestellt. Natürlich gilt auch hier die bereits oben dargestellte Sonderregelung für Land- und Forstwirte.

Kurzer Erwähnung bedarf noch die Bewertung der Verbindlichkeiten nach § 6 Ziff. 3. Das EStG 1925 enthielt keine besondere Vorschrift über die Bewertung von Schulden. Es galten insoweit die Grundsätze der §§ 19, 20 EStG 1925. Im neuen EStG ist im § 6 Ziff. 3 bestimmt, daß Verbindlichkeiten unter sinngemäßer Anwendung der Vorschriften in Ziff. 2 anzusetzen sind. Verbindlichkeiten sind also mit den Anschaffungskosten anzusetzen. Ist der Teilwert am Stichtag höher, so kann dieser Wert angesetzt werden. Hatten die Verbindlichkeiten bereits am Schluß des vorangegangenen Wirtschaftsjahrs zum Betriebsvermögen gehört, so darf der Teilwert auch dann angesetzt werden, wenn er niedriger ist als der letzte Bilanzansatz; mindestens sind aber die Anschaffungskosten anzusetzen. Daraus folgt, daß unrealisierte Gewinne, die sich bei Valutaschulden aus der Abwertung der Währung gegenüber dem Zeitpunkt der Schuldaufnahme ergeben, nicht berücksichtigt werden dürfen.

Die Bewertung von Entnahmen und von Einlagen des Steuerpflichtigen und die Bewertung von Wirtschaftsgütern bei Eröffnung eines Betriebs oder bei entgeltlichem Erwerb eines Betriebs ist in den Ziffern 4 bis 6 geregelt. Bisher mußten die Vorschriften über die Bewertung von Entnahmen, Einlagen usw. mittelbar aus den allgemeinen Bewertungsvorschriften entnommen werden, was für die Steuerpflichtigen und für die Finanzverwaltung zu mancherlei Unklarheiten geführt hat.

Die Neuregelung der Bewertungsvorschriften, insbesondere die Abschreibungsfreiheit für kurzlebige Wirtschaftsgüter, die Lockerung der Bilanzstetigkeit und die sich daraus ergebende Möglichkeit, den Gewinn in steuerlich zulässiger Weise zu beeinflussen, ließen die Beibehaltung bisheriger Steuervergünstigungen für bestimmte Gruppen von Steuerpflichtigen als entbehrlich erscheinen. Es ist daher der Verlustvortrag (§ 15 Abs. 1 Ziff. 4 EStG 1925) und die Steuerbegünstigung von Rücklagen (§ 58 a EStG 1925) bei buchführenden Betrieben weggefallen. Damit ist gleichzeitig eine gleichmäßigere Behandlung aller Steuerpflichtigen als bisher sichergestellt. Nichtbuchführende Steuerpflichtige, insbesondere Kleingewerbetreibende, nichtbuchführende Landwirte sowie Lohn- und Gehaltsempfänger haben die Möglichkeit des Verlustvortrags nie gehabt. Die Vorschrift des § 56 Abs. 1 Satz 3 EStG 1925 hat für diese Steuerpflichtigen keinen ausreichenden Ausgleich gewährt. Die Lohnsteuererstattungen in Höhe eines Zuviels von einbehaltener Lohnsteuer, das sich aus eingetretener Arbeitslosigkeit ergab, sind wegen der außerordentlich großen Verwaltungsarbeit und der finanziellen Belastung der Steuergläubiger im Jahre 1931 aufgehoben worden. Umsomehr war die Aufhebung von Sondervergünstigungen für einzelne andere Gruppen von Steuerpflichtigen geboten."

75. Persönlicher Geltungsbereich und Verhältnis zu anderen Bewertungsvorschriften.

Die Vorschriften des § 6 EStG über die Bewertung der einzelnen Wirtschaftsgüter, die dem Betrieb dienen, gelten sowohl für den Gewinnbegriff im allgemeinen als auch für den kaufmännischen Gewinnbegriff. Dies kommt auch in dem besonderen Hinweis des § 4 Abs. 1 Satz 4 und § 5 Abs. 1 Satz 2 EStG über die

§ 6 EStG. Bewertung. Anmerkung 75—76.

Befolgung der Vorschriften über die Bewertung (§ 6) zum Ausdruck. Die Bewertungsgrundsätze des Einkommensteuerrechts sind also für die Steuerpflichtigen, die Einkünfte im Sinn des § 2 Abs. 3 Ziff. 1—3, nämlich aus Land- und Forstwirtschaft, Gewerbebetrieb und aus selbständiger Arbeit, beziehen, die gleichen, soweit nicht in § 6 selbst einzelne Vorschriften auf bestimmte Gruppen dieser Steuerpflichtigen beschränkt sind.

Wie bereits in Anm. 47 zu § 5 EStG dargelegt, gehen die Bewertungsvorschriften des EStG den nach Handelsrecht bestehenden Bewertungsgrundsätzen vor. Jedoch darf eine nach § 6 EStG zulässige Bewertung dann nicht angewendet werden, wenn sie gegen eine ausdrückliche Vorschrift des Handelsrechts verstößt und eine andere Bewertung auch nach Steuerrecht zulässig ist. Wegen der Bedeutung der Handelsbilanz für die Steuerbilanz vgl. Anm. 50 ff. zu § 5 EStG. Die allgemeinen Bewertungsvorschriften des RBewG gelten nach § 1 a. a. O. für die Steuern des Reichs, soweit sich nicht aus den Steuergesetzen etwas anderes ergibt. Auch für die Anwendung dieser Vorschriften ist bei der Bewertung von Wirtschaftsgütern, die zu einem Betriebsvermögen gehören, wegen der ausschließlichen Regelung in § 6 EStG kein Raum. Soweit einzelnen Vorschriften des RBewG allgemein gültige Bewertungsgrundsätze zugrunde liegen wie z. B. der Bewertung bedingter Erwerbe und Lasten können diese nach den Grundsätzen ordnungsmäßiger Buchführung auch einkommensteuerrechtlich maßgebend sein.

76. Grundsatz der Einzelbewertung. Sammelbewertung.

§ 6 EStG gibt Vorschriften über die Bewertung der einzelnen Wirtschaftsgüter des Betriebsvermögens, er sieht also grundsätzlich Einzelbewertung vor. Damit schließt er sich der Regelung der §§ 19, 20 EStG 1925 an. Der für das einzelne Wirtschaftsgut des Betriebsvermögens angesetzte Wert hat dabei nicht nur für die Schlußbilanz des Wirtschaftsjahrs, sondern nach § 6 Ziff. 1 Satz 5 und Ziff. 2 Satz 3 auch für die Bilanzen der folgenden Wirtschaftsjahre Bedeutung. Auch nach den Grundsätzen kaufmännischer Buchführung ist jeder einzelne Gegenstand des Betriebsvermögens für sich festzustellen und zu erwägen, wie er zu bewerten ist. Es wäre daher einerseits nicht zu billigen, wenn ein Kaufmann nur den Rechnungsüberschuß (Saldo) eines Kontos feststellen und auf Bilanzkonto übertragen würde. Denn dadurch würde er nur einen Teil des wirklichen Wertes des Bestands in seiner Bilanz aufweisen. Es ist vielmehr der ganze vorhandene Bestand festzustellen und in die Bilanz einzusetzen. Anderseits ist es aber auch nicht statthaft, daß in der Bilanz verschiedene Gegenstände eines Betriebsvermögens in einem Sammelkonto zusammengefaßt werden, z. B. die Kasse und die Außenstände, oder daß überhaupt nur der Unterschied von Außenständen und Schulden in die Bilanz eingestellt wird. In § 131 Abs. 5 AktG wird eine Verrechnung von Forderungen mit Verbindlichkeiten sowie von Grundstücksrechten mit Grundstückslasten ausdrücklich verboten. Ein solches Vorgehen würde also auch die Grundsätze ordnungsmäßiger Buchführung verletzen. Die in unzulässiger Weise zusammengefaßten Bilanzposten sind zu trennen (vgl. auch RFH. I A 35/37 v. 17. 9. 37, E. 42 S. 112, RStBl. 37 S. 1210, StW. 37 Nr. 515 für einen Passivposten, der Rücklagen (Gewinnvorträge) und Wertberichtigungsposten enthielt).

Dagegen ist es allgemein üblich und auch vom steuerrechtlichen Standpunkt aus nicht zu beanstanden, daß zusammengehörige Wirtschaftsgüter des Betriebsvermögens in einem Posten zusammengefaßt und einheitlich bewertet werden (Sammel- oder Kollektivbewertung). Unter Sammelbewertung ist mehr zu verstehen, als die in der Bilanz übliche, lediglich rechnerische Zusammenfassung der getrennt ermittelten Einzelwerte gleichartiger Wirtschaftsgüter wie z. B. der Grundstücke, der Maschinen, des Inventars usw. Es kann insoweit steuerrechtlich keinen Unterschied machen, ob bei Aufstellung der Bilanz mehr oder weniger Posten gebildet werden. Immer handelt es sich bei der rech=

nerischen Zusammenfassung um die Bewertung der einzelnen Gegenstände. Sind zwei Maschinen mit je 100 000 RM. Anschaffungskosten und Teilwerten von 80 000 RM. und 120 000 RM. vorhanden, dann kann in der Bilanz die Maschine 1 mit 80 000 RM. und muß Maschine 2 mit 100 000 RM. angesetzt werden. Wählt der Kaufmann den Ansatz: „Maschinen 180 000 RM.", dann kann ihm nicht entgegengehalten werden, die Anschaffungskosten der Maschinen seien 200 000 RM. und ihr Teilwert ebenso hoch, folglich müsse er ansetzen: Maschinen 200 000 RM. Dem steht der Grundsatz der Einzelbewertung entgegen (vgl. auch RFH. I A 131/26 v. 14. 7. 36, RStBl. 36 S. 890, StW. 36 Nr. 427).

Eine Sammelbewertung liegt dann vor, wenn für gleiche oder im wesentlichen gleichartige Wirtschaftsgüter des Betriebsvermögens von der getrennten Ermittlung sämtlicher Einzelwerte abgesehen und ein einheitlicher Gesamtwert für sämtliche zusammenbewerteten Gegenstände durch Schätzung oder nach einem bestimmten Schlüssel, z. B. nach Zahl und Durchschnittspreis festgesetzt wird. Dies gilt insbesondere von den Waren, die in der Inventur des Kaufmanns regelmäßig zusammengefaßt in Mengen und Durchschnittspreisen erscheinen. Nach RFH. VI A 1756/32 v. 5. 7. 33 (E. 34 S. 17, RStBl. 33 S. 763, StW. 1933 Nr. 583) ist eine Zusammenfassung der Waren in der Inventur dann nicht zu beanstanden, wenn es sich um gleichartige Waren handelt. Gleichartig sind Waren dann, wenn sie in ihren Preisen nur wenig von einander abweichen, sodaß der angesetzte Durchschnittspreis auch unter Berücksichtigung der Art und Größe des Betriebs überschlägig nachprüfbar ist. Diese Voraussetzung wurde für den entschiedenen Fall nicht anerkannt, wenn für die Waren die Preisspanne zwischen 65 und 155 RM. lag. Hier wäre eine Gliederung der Menge und Preise zur Nachprüfung des Durchschnittspreises notwendig gewesen (wegen der Ermittlung von Einzelwerten bei der Sammelbewertung von Wertpapieren (Waren) vgl. Anm. 117 a Abs. 2). Ebenso wurde in RFH. VI A 274/28 v. 12. 12. 28 (RStBl. 29 S. 87, StW. 29 Nr. 13) für zusammengehörige Gegenstände des Betriebsvermögens wie Maschinen die Bildung von Gruppenwerten und die Verwendung von Erfahrungssätzen für die einzelnen Gruppen zugelassen. Dagegen wird in RFH. VI A 1557/30 v. 18. 12. 30 (StW. 31 Nr. 179) mit Recht eine Zusammenrechnung von Waren in dem Sinn für unzulässig erklärt, daß eine an sich berechtigte Abschreibung auf mit den Anschaffungskosten bewertete Waren abgelehnt wird, weil bei einem großen Teil des Warenlagers der Teilwert die Anschaffungskosten übersteige und daher der Gesamtwert des Warenlagers nicht niedriger als die Summe der Anschaffungskosten sei. Der Steuerpflichtige ist vielmehr nach den Grundsätzen ordnungsmäßiger Buchführung (vgl. § 133 Ziff. 3 AktG) verpflichtet, bei den Waren, deren Anschaffungskosten niedriger sind als der Teilwert, die Anschaffungskosten als Höchstwert und bei den Waren, bei denen es umgekehrt ist, den niedrigeren Teilwert anzusetzen. Grundstücke sind stets einzeln zu bewerten. Daher bilden neu angeschaffte Grundstücke immer besondere Wirtschaftsgüter des Betriebsvermögens, die für sich zu bewerten sind. Ihr Wert darf deshalb nicht mit dem Werte der vorhandenen alten Grundstücke ineinander gerechnet werden, und zwar auch dann nicht, wenn durch die Abtretung eines Teiles des alten Gebäudes für Straßenzwecke bei den alten Grundstücken ein Verlust eingetreten sein sollte (RFH. I A 62/31 v. 27. 9. 32, RStBl. 32 S. 1072, StW. 33 Nr. 133).

77. Zulässigkeit der Sammelabschreibung. Verbot der Gesamtabschreibung.

Dem Gebot der Einzelbewertung entspricht das Verbot einer für mehrere Wirtschaftsgüter des Betriebsvermögens zusammengefaßten Abschreibung. Von diesem Verbot wird eine rechnerisch in einem Betrag zusammengefaßte Abschreibung solange nicht berührt, als erkennbar ist oder dargelegt werden kann, wie sich der Gesamtbetrag auf die einzelnen dabei berücksichtigten Wirtschaftsgüter verteilt. Wenn z. B. ein Steuerpflichtiger Absetzungen

§ 6 EStG. Bewertung. Anmerkung 77.

für Abnutzung für verschiedene Wirtschaftsgüter in der Handelsbilanz in einem Betrag rechnerisch zusammenfaßt und im übrigen dartut, wie dieser Betrag auf die einzelnen Wirtschaftsgüter entfällt, so kann nach RFH. I A 179/34 v. 30. 10. 34 (StW. 35 Nr. 57) die Steuerbehörde die Zulassung dieser Absetzungen nicht mit der Begründung verweigern, es liege eine unzulässige Gesamtabschreibung auf mehrere verschiedenartige Gegenstände vor. Sie hat den Gesamtbetrag auf die einzelnen Gegenstände zu zerlegen und zu prüfen, ob die geltend gemachten Absetzungen für die einzelnen Gegenstände zulässig sind. Tatsächlich handelt es sich hier nicht um eine Sammelabsetzung, sondern um mehrere Abnutzungsabsetzungen, die für verschiedene Wirtschaftsgüter des Betriebsvermögens getrennt ermittelt und rechnerisch in einem Betrag zusammengefaßt werden.

Wie mehrere zusammengehörige oder ihrem Wesen nach gleichartige Wirtschaftsgüter in der Bilanz in zulässiger Weise in einem Posten ausgewiesen werden dürfen (Sammelbewertung), so kann für diese Wirtschaftsgüter auch eine Abschreibung ohne getrennte Ermittlung für jeden einzelnen Gegenstand in einem Betrage gemacht werden. Diese wird als Sammelabschreibung bezeichnet. Unzulässig ist die Sammelabschreibung, wenn sie auf wesensverschiedene Gruppen von Anlagewerten in einem Betrag vorgenommen wird (RFH. I A 529/31 v. 7. 11. 33, RStBl. 33 S. 1322, StW. 34 Nr. 251). Der typische Fall hierfür ist die Bewertung der Außenstände, bei denen der in der Unsicherheit der einzelnen Forderungen begründete Minderwert gegenüber der auf der Aktivseite der Bilanz ausgewiesenen Summe der Nennbeträge regelmäßig durch einen einzigen Wertberichtigungsposten (allgemeiner Delkrederepnosten, Pauschalabschreibung) auf der Passivseite ausgedrückt wird (vgl. Anm. 118 d). Wegen der Ermittlung des Einzelwerts einer Forderung in diesem Fall vgl. Anm. 118 d, aa Abs. 2. In RFH. VI A 118/28 v. 8. 2. 28 (RStBl. 28 S. 342, StW. 28 Nr. 150) wird es nach dem gleichen Grundsatz als zulässig angesehen, daß von der Summe der Anschaffungskosten von im wesentlichen gleichartigen Waren eine einheitliche Abschreibung für Wertminderung gemacht wird. Dagegen kann eine Zusammenfassung ihrer Art nach verschiedener Unsicherheiten für das Steuerrecht nicht zugelassen werden. In RFH. VI A 362/30 v. 7. 5. 30 (RStBl. 30 S. 549, StW. 30 Nr. 1009) wird es als zulässige Sammelabschreibung bezeichnet, wenn Gegenstände des Betriebsvermögens mit den Anschaffungskosten vermindert um die zulässigen Abnutzungsabsetzungen angesetzt werden und der niedrigere Teilwert einzelner beschädigter Gegenstände durch ein Passivum, das nach den Kosten der Beseitigung der Beschädigung bemessen ist, berücksichtigt wird. Ob es sich im vorliegenden Fall um gleichartige Gegenstände handelte, ist nicht ersichtlich. Da aber auch festgestellt werden konnte, welcher Teilbetrag des Wertberichtigungspostens auf den einzelnen Gegenstand entfiel, wäre das Verfahren auch unter dem Gesichtspunkt der rechnerischen Zusammenfassung mehrerer Einzelabschreibungen in einem Betrag zulässig gewesen.

Mit dem Grundsatz der Einzelbewertung ist nach geltendem Recht eine Gesamtabschreibung auf das ganze Unternehmen unvereinbar. Die Gesamtabschreibung setzt eine Gesamtbewertung des ganzen Unternehmens nach dem gemeinen Werte voraus. Das EStG 1934 kennt aber ebenso wie das EStG 1925 nur den Ansatz der einzelnen Wirtschaftsgüter des Betriebsvermögens mit dem Teilwert (vgl. auch RFH. I A 63/31 v. 17. 11. 32, E. 32 S. 173, RStBl. 33 S. 31, StW. 33 Nr. 236). Einer Gesamtabschreibung auf das ganze Unternehmen würde es gleichkommen, wenn eine Sonderabschreibung allgemein damit begründet wird, daß die Errichtung eines ausländischen Wettbewerbsunternehmens den Gesamtwert des Werkes in Deutschland entwertet habe. Der Steuerpflichtige müßte also in diesem Fall darlegen, daß durch die Tätigkeit des Wettbewerbsunternehmens der Wert bestimmter einzelner Wirtschaftsgüter des Anlage- oder Umlaufvermögens gemindert worden ist und in welcher Höhe (RFH. I A 44/32 v. 25. 10. 33, RStBl. 34 S. 410).

II. Wirtschaftsgüter des Anlagevermögens und des Umlaufvermögens.

A. Die Aktivierungspflicht.

Schrifttum. Troschke, Die Aktivierungspflicht im neuen EStG, DStZ. 35 S. 576; Senf, Aktivierungsrecht, -zwang, -verbot DStBl. 35 0202 S. 1.

§ 6 Ziff. 1 und 2 EStG schreiben vor, mit welchen Werten die Wirtschaftsgüter des Betriebsvermögens für die Besteuerung anzusetzen sind. Ob im Einzelfall durch eine Aufwendung ein in der Bilanz aktivierungspflichtiges oder im Betriebsvermögensvergleich anzusetzendes Wirtschaftsgut geschaffen wird, ist nach den für die Gewinnermittlung geltenden Vorschriften der §§ 4, 5 EStG zu beurteilen. Wegen des inneren Zusammenhangs der Fragen, ob überhaupt und mit welchem Werte ein Gegenstand des Betriebsvermögens oder eine Schuld anzusetzen ist, wird die Aktivierungs- und Passivierungspflicht bzw. -befugnis unmittelbar vor den Ausführungen über die Bewertung der einzelnen Wirtschaftsgüter behandelt.

78. Steuerrechtliche Aktivierungspflicht.

Die Grundsätze ordnungsmäßiger Buchführung gestatten es, ja verlangen zum Teil sogar, daß Ausgaben, die mehreren Jahren zugute kommen, nicht als Unkosten behandelt werden, sondern unter irgendeinem Namen aktiviert werden, auch wenn ein greifbarer Gegenstand für sie nicht erlangt wird. Es wird etwa Geld zu Versuchen mit Rücksicht auf eine zu machende Erfindung ausgegeben, gebucht: Erfindungskonto links — Kasse rechts und in die Bilanz das Erfindungskonto als Aktivum eingesetzt, obwohl eine Erfindung noch nicht gemacht ist. Ähnlich bei Bohrungen auf Mineralien, Buchung: Bohrungskonto links — Kasse rechts und Einsetzung des Bohrungskontos als Aktivum. Der Hauptfall ist, daß für den Erwerb einer Kundschaft etwas ausgegeben wird. Der Kaufmann bucht z. B. 40 000 RM. auf Firmenkonto und schreibt jedes Jahr 20 v. H. ab, wodurch er erreicht, daß die Ausgabe auf 5 Jahre verteilt wird. Vom Standpunkt der dynamischen Bilanzlehre ist dies zu billigen (vgl. Anm. 48 zu § 5 EStG).

Der nach den Grundzügen ordnungsmäßiger Buchführung regelmäßig bestehenden Aktivierungsbefugnis steht einkommensteuerrechtlich eine Aktivierungspflicht gegenüber. Das EStG gibt in den §§ 6 und 7 bindende Vorschriften darüber, wie die Wirtschaftsgüter des Betriebsvermögens, deren Verwendung für den Betrieb sich erfahrungsgemäß über ein Jahr erstreckt, beim Betriebsvermögensvergleich zu bewerten und wie die Absetzungen für Abnutzung zu bemessen sind. Darnach sind zwar Aufwendungen des Betriebsinhabers zur Anschaffung oder Herstellung von Wirtschaftsgütern, die dem Betrieb über das Jahr der Anschaffung oder Herstellung hinaus dienen, grundsätzlich Betriebsausgaben und als solche abzugsfähig. Anderseits besteht aber, soweit nicht die in Anm. 79 bezeichneten Ausnahmen vorliegen, die Pflicht zu einer dem Gesetz entsprechenden Aktivierung der Aufwendung im Endvermögen oder in der Endbilanz, wobei unter Umständen auf den niedrigeren Teilwert herabgegangen werden kann. Wie der RFH. in seiner zum EStG 1925 ergangenen Rechtsprechung, die noch gültig ist, betont hat, besteht für den buchführungspflichtigen Kaufmann wegen derjenigen Wirtschaftsgüter, die er gegen eine Aufwendung, also regelmäßig gegen eine Geldleistung erworben hat, steuerrechtlich dann eine Aktivierungspflicht, wenn die Wirtschaftsgüter nach allgemeiner Verkehrsauffassung an und für sich einer besonderen Bewertung zugänglich sind und für das gewerbliche Unternehmen einen über die Dauer des einzelnen Wirtschaftsjahrs hinausreichenden Wert besitzen. Das Wirtschaftsgut braucht dabei weder eine körperliche Sache, noch ein Recht im Sinn des bürgerlichen Rechts zu sein (vgl. z. B. RFH. I A 470/27 v. 27. 3. 28, RStBl. 28 S. 260, StW. 28 Nr. 417 und VI A 2002/29 v. 21. 10. 31, E. 30 S. 142, RStBl. 32 S. 305, StW. 32 Nr. 244). Jedoch soll nicht jeder gegen Entgelt erlangte wirtschaftliche Vorteil ein solches steuerrechtlich aktivierungspflichtiges Gut bilden. Die Aktivierungspflicht ist vielmehr danach abzugrenzen, ob bei einer Veräußerung des ganzen Betriebs das erworbene Wirtschaftsgut durch sein Vorhandensein mit Rücksicht auf seinen künftigen Nutzen für den Betrieb den Verkaufspreis günstig beeinflussen würde (ebenso RFH. VI 122/38 v. 9. 3. 38, RStBl. 38 S. 551, StW. 38 Nr. 181). Nicht dagegen soll für die Aktivierung nach VI A 2002/29 genügen, daß das erworbene Gut nur als eine Steigerung des Geschäftswerts des ganzen Unternehmens in Erscheinung tritt. Diese Grundsätze gelten für den Betriebsvermögensvergleich nach § 4 Abs. 1 EStG entsprechend. Die steuerrechtliche Aktivierungspflicht erstreckt sich demgemäß auf alle Werte schaffenden Aufwendungen, die auf Kosten des Betriebs gehen. Nach RFH VI A 147/30 v. 20. 3. 30 E. 27 S. 82, RStBl. 30 S. 671, StW. 30 Nr. 491) besteht sie auch dann, wenn die Aufwendungen nicht unmittelbar, sondern nur mittelbar durch den mit den Aufwendungen geschaffenen Gegenstand den Betrieb und seinen Umsatz zu fördern bestimmt sind. Danach sind z. B. Aufwendungen für Reklametafeln zu aktivieren, auch wenn sich der unmittelbare Nutzen nicht ohne weiteres errechnen läßt. Das letzte sei ebensowenig bei Erstellung eines Zugangswegs, einer Mauer oder einer besseren Büroeinrichtung möglich.

Der Pflicht zur Aktivierung von Aufwendungen steht nicht entgegen, daß die dafür errichteten Anlagen bürgerlichrechtlich in das Eigentum eines anderen als des Steuerpflichtigen, z. B. des Eigentümers von Grund und Boden, übergehen. Nach RFH. VI A 625/28 v. 17. 4. 29 (RStBl. 29 S. 370, StW. 29 Nr. 509) sind deshalb die Kosten, die durch die Errichtung von Transformatorenhäusern entstanden sind, zu aktivieren, auch wenn die Häuser bürgerlichrechtliches Eigentum des Eigentümers des Grundstücks werden (vgl. auch Anm. 84 unter b über Aktivierungspflicht des Mieters und Pächters).

79. Ausnahmen von der Aktivierungspflicht.

a) Wenn sich der Nutzen einer Ausgabe für den Betrieb auf das Wirtschaftsjahr ihrer Aufwendung beschränkt, so ist die Aufwendung als Betriebsausgabe ohne Aktivierung voll abzugsfähig. Das Gleiche gilt von Aufwendungen für Wirtschaftsgüter des Betriebsvermögens, deren Nutzungsdauer sich zwar über das Wirtschaftsjahr der Anschaffung oder Herstellung hinaus erstreckt, wenn aber die Ausgaben im Rahmen des einzelnen Betriebs gesehen als laufend zu betrachten sind, weil sie im Betrieb in einer bestimmten Höhe alljährlich wiederkehren. In diesem Fall ist der Kaufmann befugt, diese **laufenden Betriebsausgaben** im Wirtschaftsjahr ihrer Verausgabung voll abzusetzen (vgl. Anm. 17 c zu § 4 EStG). Vielleicht zu weitgehend werden in RFH. VI A 1255/29 v. 12. 3. 30 (StW. 30 Nr. 492) auch Aufwendungen, die zweifellos längere Jahre nutzbar bleiben, wie z. B. eine Hofpflasterung, zu den laufenden Betriebsausgaben gerechnet, weil sie in anderen Jahren in ähnlichen, andere ergänzungsbedürftige Teile des Betriebsvermögens betreffenden Maßnahmen ihren Ausgleich fänden; denn in den Fällen der Nachholung von Ausbesserungen, die infolge ungünstiger Umstände ungewöhnlich lange zurückgestellt worden seien, sei besonderes Entgegenkommen am Platz. Eine weitere Ausnahme vom Grundsatz der Verteilung der Anschaffungs- oder Herstellungskosten auf die Gesamtdauer der Verwendung für den Betrieb wird außerdem durch § 6 Ziff. 1 Satz 4 EStG für die sogenannten kurzlebigen Wirtschaftsgüter des Anlagevermögens geschaffen (vgl. Anm. 95). Durch diese gesetzliche Regelung sind nunmehr die Ausgaben für die Beschaffung von kurzlebigen Hilfsmitteln des Betriebs, wie Maschinen, Geräten, Werkzeugen usw. ohne weiteres voll abzugsfähig. Schließlich wird in diesem Zusammenhang noch auf die Steuerfreiheit für Ersatzbeschaffungen und die Aufwendungen zu Zwecken des zivilen Luftschutzes und des zivilen Sanitätsdienstes verwiesen (s. Anhang zu §§ 6—10 RStG Anm. 4 und 10).

b) Eine Ausnahme von der Aktivierungspflicht für Aufwendungen, die dem Betriebe über das laufende Wirtschaftsjahr hinaus zugute kommen, gilt auch für den Fall, daß Wirtschaftsgüter in der Bilanz oder in der Vermögensübersicht mit einem **Festwert (Standardwert)** geführt werden. Das Wesen des Festwerts besteht nach RFH. VI A 588/35 v. 16. 12. 36 (E. 40 S. 312, RStBl. 37 S. 272, StW. 37 Nr. 89) darin, daß für einen stets etwa in gleicher Höhe benötigten Bestand an Wirtschaftsgütern bestimmter Art zunächst der Anschaffungsaufwand aktiviert wird, daß weiter einerseits an dem aktivierten Festwert Absetzungen für Abnutzung unterbleiben und anderseits die Anschaffungskosten für Ersatzbeschaffungen usw. nicht aktiviert, sondern sofort über Unkosten abgebucht werden. Ein Festwert kann auch für ein einzelnes Wirtschaftsgut wie z. B. für eine Gleisanlage geführt werden (vgl. Anm. 111 d). Der Festwert bleibt nach der Entsch. solange unverändert, als der in ihm festgehaltene Bestand nicht durch eine Änderung des Betriebs wesentlich beeinflußt wird. Führt z. B. eine Erweiterung des Betriebs zu einer Vergrößerung des Festwertbestands in erheblichem Umfang, dann können die Anschaffungskosten der zur Bestandserweiterung angeschafften Gegenstände zum Schluß des Wirtschaftsjahrs, in das die Anschaffung fällt, dem bisherigen Festwert hinzugerechnet werden. Dagegen sind die zur Erhaltung des bisherigen Bestands gemachten Anschaffungen über Unkosten abzubuchen. Solange der Festwert hiernach unverändert fortzuführen ist, läßt eine Steigerung der Kosten für die Ersatzbeschaffungen die Höhe des Festwerts unberührt. Steuerlicher Höchstwert bleiben die ursprünglichen Anschaffungskosten. Anderseits wird ein erhebliches Sinken der Teilwerte für den gesamten im Festwert zusammengefaßten Bestand steuerlich dann beachtlich sein, wenn die Teilwerte voraussichtlich nicht nur vorübergehend, sondern auf längere Dauer gesunken sind. Dann kann der Festwert auf den niedrigeren Teilwert abgeschrieben werden. Die Möglichkeit der Annahme eines sog. eisernen Inventars für einen buchführenden Landwirt wird in RFH. VI A 228/33 v. 26. 9. 34 (StW. 34 Nr. 740) angedeutet. Auch hier wäre der ursprüngliche Bestand des Inventarkontos als Festwert zu führen, Neuanschaffungen an Inventarstücken wären über Unkosten zu verbuchen und Absetzungen für Abnutzung des Inventars müßten unterbleiben.

e) Die Kosten der Gründung einer Kapitalgesellschaft sind nach Handelsrecht nicht zu aktivieren (§ 133 Ziff. 4 Satz 1 AktG verbietet die Aktivierung der Aufwendungen für die Gründung und Kapitalbeschaffung). Nach § 11 Ziff. 1 KStG sind sie nur insoweit abzugsfähige Ausgaben, als sie nicht aus dem Ausgabeaufgeld gedeckt werden können (vgl. Anm. 3—5 zu § 11 KStG). Dazu gehören aber nur die reinen Gründungskosten. Solche liegen nicht mehr vor, wenn greifbare Vermögenswerte geschaffen werden, die für den Geschäftsbetrieb von Wert sind (RFH. I A 224/32 v. 20. 12. 33, RStBl. 34 S. 380). Wenn nach § 133 Ziff. 4 Satz 2 AktG die Kosten der Betriebseinrichtung gesondert unter die Posten des Anlagevermögens aufgenommen werden dürfen und dann durch angemessene jährliche Abschreibungen oder Wertberichtigungen zu tilgen sind, so ist dies steuerrechtlich nicht ohne weiteres maßgebend. Das EStG kennt keine aktivierbaren Ausgaben, sondern nur Wirtschaftsgüter. Es kommt also steuerrechtlich darauf an, ob durch die Kosten der Betriebseinrichtung (Organisationskosten) ein aktivierungspflichtiges Wirtschaftsgut geschaffen wurde. Es handelt sich um die Kosten der Einführung des Betriebs, insbesondere der Werbung. Diese wird man steuerlich regelmäßig nur als Ausgaben zur Herstellung eines Geschäfts- oder Firmenwerts ansehen und nach den für den Firmenwert geltenden Grundsätzen, vor allem auch hinsichtlich der Abschreibungen behandeln können (f. Anm. 115). Die durch den Erwerb von Grundbesitz entstandenen Kosten für Grunderwerbsteuer sind aus den Gründungskosten auszuscheiden und zu den Anschaffungskosten der Grundstücke zu rechnen, da sie nicht unmittelbar zu den Kosten der Ausgabe der Aktien gehören (RFH. I A 433/32 v. 27. 9. 33, RStBl. 34 S. 477).

80. Gegenstand der Aktivierung.

Die Frage, welche Aufwendungen im einzelnen zu aktivieren sind, ist danach zu entscheiden, ob mit den Aufwendungen nach den steuerrechtlichen Grundsätzen ein

§ 6 EStG. Bewertung. Anmerkung 80—81.

Wirtschaftsgut, das dem Betrieb dient, angeschafft oder hergestellt wurde. Wegen des Begriffs des Wirtschaftsguts im steuerrechtlichen Sinn vgl. Anm. 15 zu § 4 EStG und Anm. 78. Hierbei scheiden die in Anm. 38 zu § 5 EStG genannten Wertberichtigungsposten von vornherein aus. Es liegt bei ihnen lediglich eine Formfrage vor; denn sie könnten jedenfalls durch Abzug von einem Posten der anderen Seite berücksichtigt werden, sie sind also keine selbständigen Aktivposten, sondern bilden mit den berichtigten Bilanzposten eine Einheit. Beispiel: Eine Währungsschuld steht mit 10 000 RM. auf der Passivseite; da die Währung gefallen ist, stehen 600 RM. Kursunterschied als Wertberichtigungsposten auf der Aktivseite. Zweifellos Aktivposten sind alle Rechte einschließlich des Eigentums an Sachen (es ist üblich statt seiner von den Sachen selbst zu reden). Welcher Art die Rechte sind, ist ganz gleichgültig, es können Ansprüche auf Unterlassung, höchst persönliche Rechte wie Nießbrauch, beschränkt persönliche Dienstbarkeiten sein. Zu den Rechten gehören auch die Forderungen — sie brauchen nicht auf Geld zu lauten — (vgl. Anm. 118), und die Immaterialgüterrechte, wie Patente, Erfindungen (vgl. Anm. 112), Verlagsrechte, Warenzeichenrechte usw. Durch den Abschluß gegenseitiger Verträge entstehen gleichzeitig Ansprüche und Verbindlichkeiten. Die Aufführung der Ansprüche ist jedenfalls nicht grundsätzlich ausgeschlossen (vgl. Anm. 83), eine andere Frage ist, wie weit schwebende Verträge aus Bewertungsgründen unberücksichtigt zu bleiben haben (vgl. Anm. 85). Ebenso können bedingte Rechte als Aktivposten der Bilanz erscheinen. Zu den Aktiven gehören auch Gesellschaftsrechte, doch ist bei Gesamthandsverhältnissen § 11 Ziff. 5 StAnpG maßgebend, wonach der Anteil an einer Gesamthand theoretisch nicht als Einheit anzusehen ist (vgl. Anm. 2 zu § 2 EStG). Als Wirtschaftsgüter, die dem Betrieb dienen, sind auch Rechtslagen anzusehen. Beispiel: Der Firma ist ein Vertragsantrag mit einjähriger Annahmefrist gemacht, wofür sie 5 000 RM. gezahlt hat. Endlich können auch ungeschützte Erfindungen, Fabrikationsgeheimnisse, kurz alles, was einzeln bewertet werden könnte, als Aktiva in Betracht kommen. Dazu kommt schließlich noch der Geschäfts- oder Firmenwert, der sich regelmäßig aus verschiedenen einzelnen Umständen zusammensetzt, die eine Erhöhung des Gesamtwerts des Unternehmens zur Folge haben, und sich insofern von den einzelnen Wirtschaftsgütern des Betriebsvermögens mit ihrem Einzelwert unterscheidet (vgl. Anm. 115). Nicht zu aktivieren ist der nach dem Anleihestockgesetz von Kapitalgesellschaften gebildete Anleihestock, wohl aber der nach dem Kapitalanlagegesetz gebildete Anleihestock (s. Anm. 163 zu § 20 EStG).

Neben dieser Aktivierungspflicht für Aufwendungen zur Anschaffung oder Herstellung eines selbständigen Wirtschaftsguts besteht auch eine Aktivierungspflicht für solche Aufwendungen, die auf ein vorhandenes Wirtschaftsgut gemacht werden und über den laufenden Erhaltungsaufwand hinausgehen. Diese Aufwendungen sind grundsätzlich dem letzten Bilanzansatz des Wirtschaftsguts, dem „steuerlichen Buchwert" hinzuzurechnen (vgl. Anm. 90 b, bb und 102).

81. Beispiele aus der Rechtsprechung.
a) Als Wirtschaftsgüter, denen im Rahmen eines Betriebs selbständige Bedeutung zukommt, so daß Aufwendungen auf sie selbständig zu aktivieren sind, sind aus der Rechtsprechung des RFH. zu nennen:

Als besondere Wirtschaftsgüter und nicht etwa als Aufwendungen auf den Geschäftswert

ein von einem Wettbewerbsunternehmen gegen Entgelt erlangtes Wettbewerbsverbot (Konkurrenzverbot) unter Verteilung der Aufwendungen (RFH. I A 470/27 v. 27. 3. 28, RStBl. 28 S. 260, StW. 28 Nr. 417 und I A 976/33 v. 31. 10. 34, RStBl. 35 S. 745, StW. 35 Nr. 13; ebenso VI A 24/35 v. 6. 5. 36, RStBl. 36 S. 848, StW. 36 Nr. 278 trotz einer Stärkung des Geschäftswerts der berechtigten Firma durch das Wettbewerbsverbot);

die beim Erwerb eines Zeitschriftenvertriebs gegen Entgelt erworbenen laufenden, einzelnen Lieferungsverträge (Abonnentenstamm) sind zu aktivieren und auf die Dauer der Nutzung im Betrieb zu verteilen (RFH. VI A 790/33 v. 10. 1. 34, StW. 34 Nr. 207 und VI A 438/33 v. 3. 10. 34, StW. 34 Nr. 730);

Aufwendungen eines Lesezirkelunternehmens zur Gewinnung eines festen, für längere Dauer gesicherten Leserkreises als Ausgaben zur Geschäftsbegründung und Geschäftserweiterung (RFH. I A 217/33 v. 18. 9. 34, StW. 34 Nr. 761), wobei allerdings fraglich sein kann, ob man nicht den größten Teil der an Werber bezahlten Provisionen als verloren ansehen kann;

der Verlagswert (Zeitungstitel), insbesondere bei Lokalblättern mit einem gewissen örtlichen Kundenkreis (RFH. VI A 1044/30 v. 26. 6. 30, RStBl. 33 S. 476, StW. 30 Nr. 1011);

das von einem in Konkurs geratenen Wettbewerbsunternehmen gekaufte Adressenmaterial als nichtabnutzbares Anlagegut (RFH. VI A 692/36 v. 9. 12. 36, StW. 37 Nr. 37);

das Recht, Milch aus einer Gemeinde einziehen zu dürfen, als nichtabnutzbares (immaterielles) Anlagegut (RFH. VI A 531/37 v. 15. 9. 37, RStBl. 37 S. 1130, StW. 37 Nr. 503);

Aufwendungen, die einen Betrieb über eine Übergangszeit hinwegretten sollen, als Kapitalanlage für die Zukunft, die ihren Gegenwert erst in einem späteren Jahre hereinbringt (RFH. VI A 642/30 v. 21. 10. 31, StW. 32 Nr. 243);

Abtragung einer als Entgelt für die Übertragung einer Lotterieeinnahme übernommenen Schuld als Aufwendung auf die Berechtigung zum Losverkauf (RFH. VI A 2218/31 v. 20. 4. 32, StW. 32 Nr. 636);

die Zahlung von Abstandsgeldern zur Ermöglichung der Nutzung von Geschäftsräumen unter Verteilung (RFH. VI A 1328/29 v. 20. 11. 29, RStBl. 30 S. 60, StW. 30 Nr. 95);

die Möglichkeit, Räume gegen Entschädigung für Zwecke des eigenen Betriebs zu nutzen unter Verteilung auf die Zeit der mutmaßlichen Nutzung (RFH. VI A 804, 805/34 v. 19. 12. 34, StW. 35 Nr. 80);

Aufwendungen für die Aufstellung von Reklametafeln (RFH. VI A 147/30 s. Anm. 78);

das gegen Entgelt erlangte Recht zur Schaufensterbenutzung (RFH. I A 56/35 v. 7. 7. 35, RStBl. 35 S. 1237, StW. 35 Nr. 621);

das gegen Zahlung einer einmaligen Pauschalsumme (nicht aber gegen laufende Zahlungen) erlangte Recht, jederzeit Geschäftsräume gegen einen bestimmten Mietzins zu mieten (RFH. VI A 1751/31 v. 19. 12. 31, RStBl. 32 S. 308, StW. 32 Nr. 423);

entgeltlich erworbene Kaufrechte (Optionsrechte) bis zu ihrer Ausübung als selbständiges Wirtschaftsgut und nicht etwa Vorauszahlung auf das Grundstück, da bei der Zahlung der Erwerb des Grundstücks noch nicht feststeht (RFH. VI A 1315/31 v. 28. 6. 32, RStBl. 33 S. 651, StW. 33 Nr. 391);

die anläßlich eines Vertragsabschlusses aufgewendeten Reisekosten als Aufwendungen auf das immaterielle Wirtschaftsgut des Vertrags aktivierungsfähig, aber nicht -pflichtig (RFH. VI A 899/29 v. 15. 7. 31, RStBl. 31 S. 884, StW. 31 Nr. 941);

folgende gewerbliche Betriebsrechte ohne Verteilung: gewerbliche Brennrechte, die allgemein gehandelt werden und einen Marktpreis haben (RFH. I A a 707/28 v. 16. 1. 29, RStBl. 29 S. 171, StW. 29 Nr. 443); das Apothekenprivileg als selbständige Gerechtigkeit (RFH. VI A 602/31 v. 25. 3. 31, StW. 31 Nr. 734); das mit dem Eigentum an einem Betriebsgrundstück verbundene Wassernutzungsrecht (RFH. VI A 927/31 v. 25. 4. 33, RStBl. 33 S. 811, StW. 33 Nr. 479); ein nur mit dem Betrieb veräußerliches Branntweinbezugsrecht (RFH. VI 122/38 v. 9. 3. 38, RStBl. 38 S. 551, StW. 38 Nr. 181);

die von einem Kalibergbauunternehmen als Gegenleistung für die Stillegung des Betriebs erworbene festbestimmte und veräußerliche Kaliabsatzquote, deren Anschaffungskosten wegen der Befristung der Quote bis 1953 zu verteilen sind (RFH. I A 66/37 v. 17. 9. 37, E. 42 S. 115, RStBl. 38 S. 271. StW. 37 Nr. 561).

§ 6 EStG. Bewertung. Anmerkung 82.

b) als selbständige Wirtschaftsgüter des Betriebsvermögens sind nicht anerkannt:

die persönlich erteilte Schankerlaubnis (RFH. VI A 2002/29 v. 21. 10. 31, E. 30 S. 142, RStBl. 32 S. 305, StW. 32 Nr. 244);

die allgemeine Gewerbefreiheit (RFH. VI A 217/34 v. 18. 7. 34, RStBl. 34 S. 1454, StW. 34 Nr. 653);

die Verpflichtung, die der Veräußerer eines an einem Flußlauf liegenden Grundstücks, der gleichzeitig Eigentümer des Gewässers ist, ohne besonderes Entgelt übernommen hat, nämlich keine besonderen Veranstaltungen zu treffen, die die Wasserverhältnisse vor dem Grundstück wesentlich verschlechtern, und dem Erwerber die Benutzung der Wasserfläche vor dem Grundstück für Zwecke seiner auf dem Grundstück betriebenen Werft zu gestatten (RFH. VI A 1514, 1515/32 v. 19. 12. 34, RStBl. 35 S. 999, StW. 35 Nr. 78);

Aufwendungen zur Abwehr einer dem Betrieb drohenden Gefahr liegen im Rahmen des allgemeinen Risikos, das regelmäßig mit der Führung eines gewerblichen Betriebs verbunden ist; daher Unkosten (RFH. VI A 1840/31 v. 24. 2. 32, E. 30 S. 267, RStBl. 32 S. 471, StW. 32 Nr. 620), ebenso Prozeßkosten, die der Abwendung eines dem Steuerpflichtigen aufgezwungenen, für den Gegner aussichtslosen Rechtsstreits über ein Geschäftsgrundstück dienen; nachträgliche Erhöhung der Anschaffungskosten des Grundstücks (RFH. I A 182/31 v. 2. 6. 31, StW. 31 Nr. 1060);

eine Vergütung, die für die Befreiung eines Grundstücks aus den Fesseln der Zwangswirtschaft bezahlt ist (RFH. I A 364/27 v. 28. 3. 28, RStBl. 28 S. 209, StW. 28 Nr. 418);

Reklamekosten gewöhnlicher Art, wie sie in Warenhandelsunternehmen und ähnlichen Unternehmen mit flüchtigem und stark wechselndem Kundenkreis laufend anfallen, weil sie nur eine vorübergehende Erhöhung des Geschäftswerts herbeiführen (RFH. I A 217/33 s. unter a); vgl. jedoch wegen der Aktivierung von Aufwendungen für Reklametafeln Anm. 78 Abs. 2 a. E.

82. Abhängige Besitzposten und Schuldposten.

Sind Besitzposten und Verbindlichkeiten in ihrem Bestand, d. h. in ihrer Entstehung und in ihrer Höhe voneinander abhängig, dann ist es nicht angängig, nur einen Teil z. B. die Schuld in der Bilanz als Passivum zu berücksichtigen und die Forderung unberücksichtigt zu lassen. In ihrem Bestand von einer Verbindlichkeit abhängige Forderungen müssen in der Bilanz aktiviert werden, wenn ihnen Zahlungsverpflichtungen gegenüberstehen, die in die Bilanz als Schulden aufgenommen werden (RFH. I A a 147/29 v. 2. 12. 30, RStBl. 31 S. 320, StW. 31 Nr. 372). Dieser Grundsatz gilt insbesondere für die aus zweiseitigen Verträgen übernommenen Rechte und Verbindlichkeiten (vgl. Anm. 83), er gilt aber auch für Rechte und Verpflichtungen, die wegen eines einheitlichen Betriebsvorgangs nebeneinander eingegangen worden sind. Dies ist z. B. der Fall, wenn eine Firma selbst die Verpflichtung zur Altersversorgung ihrer Angestellten nach Maßgabe bestimmter Vertragsbedingungen übernimmt und zur Deckung der ihr hiernach obliegenden Verpflichtungen entsprechende Versicherungsverträge als Versicherungsnehmerin mit einer Versicherungsgesellschaft abschließt. In RFH. I A 19/32 v. 17. 11. 32 (RStBl. 32 S. 1146, StW. 33 Nr. 129) wird die Behandlung der Verträge bei der Firma erörtert. Diese hatte Ansprüche gegen die Versicherungsgesellschaft und Verpflichtungen gegen ihre Angestellten. Nach Auffassung des RFH. sind die Verpflichtungen an die Angestellten ebenso hoch zu schätzen und widerspricht es daher nicht den Grundsätzen ordnungsmäßiger Buchführung, wenn Aktivierung und Passivierung unterlassen werden; es wäre möglich, daß ein Angestellter vor Eintritt der seine Altersversorgung begründenden Bedingungen ausscheidet; wenn dann die Firma später eine Versicherungssumme erhielte, ohne sie weitergeben zu müssen, sei das Einkommen des Jahres der Fälligkeit (die gezahlten Prämien waren natürlich Unkosten). Nach den oben aufgestellten Grundsätzen müßte eine Passivierung der Versorgungslast die gleichzeitige Aktivierung des Rückkaufswerts der Versicherungen zur Folge haben. Sollte im übrigen wirklich ein Angestellter ausscheiden, ohne daß ihm die Rechte aus dem Versicherungsvertrag übertragen werden, so käme wohl Aktivierung des erreichten Rückkaufswerts der Versicherung in Frage; denn die Versorgungslast, die diesem bisher entsprach, und sein Wertausgleich ist weggefallen. Die gleichen Grundsätze gelten auch für den Fall der Schadensversicherung, wenn eine bedingte Schuld (z. B. des Halters eines Kraftwagens) durch eine gleichmäßig bedingte Forderung (Kraftwagenversicherungsgesellschaft) gedeckt ist. „Ernsthaft drohende Schadensverpflichtungen sind am Bilanzstichtag durch eine Rückstellung zu berücksichtigen. Ansprüche an eine Versicherungsgesellschaft auf Schadensdeckung sind regelmäßig in gleicher Höhe zu aktivieren, es sei denn, daß eine niedrigere Ansetzung deshalb gerechtfertigt erscheint, weil mit einiger Sicherheit oder wenigstens einiger Wahrscheinlichkeit erwartet werden muß, daß die Gesellschaft den Schaden nicht in voller Höhe deckt. Die nur entfernte Möglichkeit, daß der Schaden nicht voll gedeckt wird, berechtigt noch nicht zur niedrigeren Ansetzung des Anspruchs" (RFH. VI A 1413/32 v. 12. 7. 33, E. 34 S. 13, RStBl. 33 S. 1085, StW. 33 Nr. 638).

Dem Grundsatz, daß aus einem einheitlichen Anlaß entstandene Rechte und Verbindlichkeiten nicht nur teilweise berücksichtigt werden dürfen, trägt auch die Vorschrift des § 172 Abs. 4 AO Rechnung, wonach Verpflichtungen aus Bürgschaften, Gefälligkeitsakzepten und dergleichen in der Bilanz als Schuldposten nur aufgeführt werden dürfen, wenn die Rückgriffsrechte berücksichtigt sind. § 131 Abs. 7 AktG gebietet dagegen lediglich, Verbindlichkeiten aus Bürgschaften, Wechsel- und Scheckbürgschaften sowie aus Gewährleistungsverträgen in voller Höhe in der Jahresbilanz zu vermerken, auch wenn ihnen gleichwertige Rückgriffsforderungen gegenüberstehen. Die letzten sind also steuerlich in gleicher Höhe zu aktivieren. Dies entspricht auch der Rechtsprechung des RFH., nach der betriebliche Bürgschaftsverpflichtungen in der Bilanz festzuhalten sind, indem die Verpflichtung unter die Passiven und das Rückgriffsrecht unter die Aktiven aufgenommen wird, wenn nicht offenbar ist, daß kein Verlust aus der Bürgschaft in Frage kommt (RFH. VI A 846—848/35 v. 4. 12. 35, RStBl. 36 S. 316, StW. 36 Nr. 24). Die Gefahr des Verlusts aus der Bürgschaftsübernahme kann durch eine Rückstellung berücksichtigt werden (vgl. Anm. 120 e).

Die gegenseitige Abhängigkeit von Schuld und Besitzposten wird in RFH. I A 111/36 v. 26. 1. 37 (E. 41 S. 92, RStBl. 37 S. 503, StW. 37 Nr. 212) auch für den Fall angenommen, daß sich eine AG. als Pächterin eines Betriebs verpflichtet hatte, am Ende der Pachtzeit den gleichen Bestand an Häuten zurückzugeben, den sie bei Beginn der Pachtzeit von der Verpächterin übernommen hatte. Nach der Entsch. ist der entsprechende Bestand zu aktivieren und die Rückgabeverpflichtung mit demselben Betrag zu passivieren. Gehen also während der Pachtzeit die Preise für die Häute zurück, dann kann die Pächterin nach Auffassung des RFH. nicht etwa nur die billiger angeschafften Häute mit ihren niedrigeren Anschaffungskosten aktivieren, die Rückgabeverpflichtung dagegen in ihrem ursprünglichen (höheren) Betrag stehen lassen. Denn es handle sich bei der Schuld nicht um eine nach dem Wert der Häute zu bemessende Geldschuld, sondern um die Verpflichtung zur Rückgabe der als eiserner Bestand zu führenden Häute. Diese Verpflichtung stelle einen Gegenposten zu dem Aktivposten Häute dar und dürfe daher nicht höher bewertet werden als die Häute selbst. Es handelte sich hier nicht um einen „eisernen Bestand" (Festwert im bewertungstechnischen Sinn, vgl. Anm. 79 b). Da nach der in den Urteilsgründen enthaltenen Vertragsbestimmung die Pächterin lediglich bei Beendigung der Pacht die gleiche Anzahl Häute und Materialien in gleicher Güte und auf die gleichen Fabrikationsstadien verteilt zurückzugeben hatte, kann man auch nicht ohne weiteres eine Verpflichtung zur Führung eines „eisernen Bestands" als eines stets vorhandenen Bestands annehmen. Ist aber dann bei einem langfristigen Pachtvertrag anzunehmen, daß die z. B. nach 20 Jahren fällige Verpflichtung zur Rückgabe der nach Menge und Güte, nicht nach Geldwert bestimmten Häute von dem Wert der im Augenblick in Bearbeitung befindlichen Häute abhängig sei? Dies doch wohl nur dann, wenn die Pächterin jederzeit zur Abdeckung der Schuld aus den vorhandenen Beständen berechtigt wäre. Die Pächterin hat ein Sachdarlehen empfangen, bei dem die Anschaffungskosten der Rückgabeverpflichtung dem Wert der empfangenen Sachgüter entsprachen und ihm solange entsprechen, als nicht mit einer nachhaltigen Wertänderung der zurückzugebenden Sachgüter zu rechnen ist (vgl. auch Anm. 84 c Abs. 5 für den Verpächter). Durch den Wert der zufällig während der Pachtzeit vorhandenen Bestände ist dann der Wert der Rückgabeverpflichtung nicht unmittelbar bedingt. Im Fall der Entsch. kam aber noch in Betracht, daß Pächterin (AG.) und Verpächterin (KoG.) die gleichen Gesellschafter hatten und daher vertragliche Beziehungen zwischen beiden Gesellschaften nicht zu einer Minderung oder auch Verschiebung von Gewinnen mißbraucht werden durften.

Der den Hypothekenbanken nach Art. 77 der DVO zum Aufwertungsgesetz v. 29. 11. 25 zufließende Verwaltungskostenbeitrag ist nach RFH. I A 440/27 v. 29. 1. 29 (E. 25 S. 70, RStBl. 29 S. 275, StW. 29 Nr. 441) in der Steuerbilanz zu aktivieren und die ihm gegenüberstehende Belastung mit Unkosten für die noch ausstehenden Aufwertungsarbeiten, zu deren Abgeltung der Verwaltungskostenbeitrag bestimmt war, im Schätzungsbetrag zu passivieren.

83. Aktivierung und Passivierung bei zweiseitigen, laufenden Verträgen.

Zweiseitige laufende Verträge können regelmäßig in der Bilanz unberücksichtigt bleiben, weil davon auszugehen ist, daß sich der Wert der Rechte, die einem Steuerpflichtigen aus einem zweiseitigen Vertrag zustehen, und der Wert der ihm daraus obliegenden Verpflichtungen gegenseitig aufheben, so daß die Weglassung beider Posten in der Bilanz den Vermögensstand nicht beeinflußt (vgl. RFH. I A 58/25 v. 16. 10. 25, E. 17 S. 243, RStBl. 25 S. 215, StW. 25 Nr. 694). Bei einem laufenden Mietvertrag z. B. ist beim Eigentümer der Mietsache (Vermieter) regelmäßig weder das Recht auf den vereinbarten laufenden Mietzins in der Bilanz zu aktivieren noch die Verpflichtung, dem Mieter während der Dauer des Mietverhältnisses die Mietsache zum Gebrauch zu überlassen, zu passivieren, weil Recht und Pflicht gleichwertig sind. Umgekehrt braucht der Mieter als Kaufmann für das ihm nach dem Mietvertrag bestehende Recht zum Gebrauch der Mietsache (Mietrecht) kein Aktivum und für die Verpflichtung zur laufenden Entrichtung des Mietzinses kein Passivum in seine Bilanz einsetzen.

Vorstehende Grundsätze können nur solange gelten, als die aus einem zweiseitigen laufenden Vertrag sich für einen Beteiligten ergebenden Rechte und Pflichten den gleichen Wert haben. Verschiebt sich das Wertverhältnis zugunsten oder zu ungunsten des Steuerpflichtigen, dann muß dem Mehr- oder Minderwert durch Einsetzung eines Aktiv- oder Passivpostens in die Bilanz Rechnung getragen werden. Gibt eine Gesellschaft die Rechte aus laufenden Pachtverträgen auf und behält sie lediglich die Verpflichtungen bei, dann kann von einem gegenseitigen Ausgleich von Rechten und Pflichten aus dem Pachtvertrag keine Rede mehr sein. Die beibehaltene Verpflichtung ist deshalb in der auf die Aufgabe der Rechte folgenden Bilanz als Passivum einzustellen (RFH. I A 3/27 v. 19. 10. 27, RStBl. 28 S. 6, StW. 27 Nr. 677). Bei Beseitigung eines zweiseitigen Vertrags durch erhebliche Aufwendungen wird in RFH. VI A 1630/28 v. 19. 12. 28 (RStBl. 29 S. 139, StW. 29 Nr. 159) mit Recht unterstellt, der Betriebsinhaber gehe davon aus, daß der negative Wert seiner Verpflichtungen den positiven seiner Ansprüche erheblich übersteige. Durch die Aufhebung der Verträge werde der Erfolg erzielt, daß gleichzeitig seine Ansprüche und die von ihm höher geschätzten Verpflichtungen wegfielen. In diesem Fall wäre also der Kaufmann berechtigt gewesen, bei Fortbestehen des Mietvertrags den Mehrwert seiner Verpflichtungen zu passivieren. Statt dessen hat er aber den ganzen Betrag durch Kostenaufwand beseitigt, ohne daß die Befreiung von dem laufenden Vertrag als ein besonders zu bewertendes Wirtschaftsgut behandelt werden könnte; denn der gemachte Aufwand diente zur Beseitigung eines Passivums, zu dessen Einsetzung der Steuerpflichtige im Zeitpunkt der Aufwendung berechtigt war.

Im Fall von RFH. VI A 902/33 v. 21. 12. 33 (StW. 34 Nr. 90) hatte ein Kaufmann als Mieter für die vorzeitige Kündigung eines an sich noch 7 Jahre laufenden Mietvertrags eine Entschädigung erhalten, deren Höhe nach dem Mehrbetrag bemessen wurde, den der Kaufmann für die Restdauer des Mietverhältnisses für die gemieteten Ersatzräume als Miete zahlen mußte. Die Abfindungssumme ist im Wirtschaftsjahr ihrer Zahlung Betriebseinnahme. Doch ist sie nicht als Gewinn dieses Jahres anzusehen, da sie als Entschädigung für die in den folgenden Wirtschaftsjahren zu zahlende höhere Miete vereinnahmt wurde. In der Entsch. wird deshalb mit Recht zugelassen, daß der Kaufmann in der Schlußbilanz des Jahres der Zahlung der Entschädigung eine „Rückstellung" in Höhe der Entschädigung macht, von der in den folgenden Jahren die Mehrmiete abzubuchen ist. Es handelt sich um einen zur Rechnungsabgrenzung angesetzten Passivposten, durch den die Einnahme auf die Jahre verteilt wird, für die sie wirtschaftlich bestimmt ist.

84. Aktivierung und Passivierung bei Miet- und Pachtverträgen im besonderen.

a) Zu den zweiseitigen, laufenden Verträgen gehören auch die Miet- und Pachtverträge. Vielfach übernimmt im Miet- oder Pachtvertrag der Mieter oder Pächter die an sich nach den §§ 536, 581 Abs. 2 BGB dem Vermieter oder Verpächter obliegende Verpflichtung, **die vermietete oder verpachtete Sache in einem zu dem vertragsmäßigen Gebrauch geeigneten Zustand zu erhalten** oder die bei der Verpachtung eines Grundstücks samt Inventar dem Verpächter nach § 586 Abs. 2 BGB obliegende Verpflichtung zum Ersatz von einzelnen Inventarstücken, deren Abgang der Pächter nicht zu vertreten hat. Der in Anm. 83 dargelegte Grundsatz, daß sich bei zweiseitigen laufenden Verträgen für den Beteiligten regelmäßig die Rechte und Pflichten aus dem Vertrag gegenseitig aufheben, muß auch für die vertragliche Übernahme der laufenden Instandhaltung und Erneuerung der Miet- oder Pachtsache durch den Mieter oder Pächter gelten. In diesen Fällen gehört zu den laufenden vertraglichen Verpflichtungen des Mieters oder Pächters nicht nur die Entrichtung des Miet- oder Pachtzinses, sondern auch die laufende Bestreitung der anfallenden Instandhaltungs- und Erneuerungsaufwendungen. Wäre die laufende Instandhaltung und Erneuerung der Miet- und Pachtsache nicht dem Mieter oder Pächter auferlegt worden, dann müßte der Vermieter oder Verpächter dafür aufkommen. Die Folge wäre, daß der Mieter oder Pächter eine höhere Miete oder Pacht zu zahlen hätte, als er sie unter Übernahme der Instandhaltung und Erneuerung tatsächlich zahlen muß. Daraus ergibt sich, daß für Mieter oder Pächter einerseits und für Vermieter oder Verpächter anderseits grundsätzlich weder eine Aktivierung der gesamten aus dem Vertrag bestehenden laufenden Rechte noch eine Passivierung der gesamten, aus dem Vertrag bestehenden laufenden Pflichten in Betracht kommt.

b) **Aktivierung und Passivierung beim Mieter und Pächter.** Die vom Mieter oder Pächter auf Grund des Vertrags zu leistenden laufenden Aufwendungen, also in erster Linie die Entrichtung des Miet- oder Pachtzinses, stellen laufende Betriebsausgaben dar, denen keine Aktivierungspflicht gegenübersteht. Hat aber der Mieter oder Pächter Leistungen über seine laufenden vertraglichen Verpflichtungen hinaus, z. B. durch eine Miet- oder Pachtvorauszahlung für mehrere Jahre bewirkt, dann ist die Pachtvorauszahlung insoweit, als sie für einen längeren Zeitraum als die bis zum Ende des Wirtschaftsjahrs laufende Pachtzeit oder (unter dem Gesichtspunkt der Behandlung kleinerer Übergangsposten) das am Ende des Wirtschaftsjahrs laufende Pachtjahr vorausbezahlt wird,

§ 6 EStG. Bewertung. Anmerkung 84.

als Posten, der der Rechnungsabgrenzung dient, zu aktivieren (vgl. Anm. 87). Die Aktivierung einer derartigen Pachtvorauszahlung wird in RFH. VI A 189/27 v. 18. 5. 27 (E. 21 S. 195, RStBl. 27 S. 161, StW. 27 Nr. 189) als Aktivierung einer „Aufwendung auf das Pachtrecht" bezeichnet. Die laufenden Rechte und Verbindlichkeiten aus dem Miet= oder Pachtverhältnis sind auch dann nicht mehr gleichwertig, wenn die Miete nicht nur als Entgelt für die Überlassung der Mietsache zum Gebrauch anzusehen, sondern auf der Grundlage berechnet ist, daß die Mietzahlung als Vorauszahlung auf einen beabsichtigten Kauf der Mietgegenstände zu gelten hat. In diesem Fall wird es in RFH. VI A 360/30 v. 24. 9. 30 (RStBl. 31 S. 12, StW. 30 Nr. 1249) als den kaufmännischen Anschauungen entsprechend angesehen, daß solche Gegenstände, die in der Absicht demnächstigen Eigentumserwerbs zum größten Teil bezahlt sind und bei denen der Eigentumserwerb nur noch eine sicher in Aussicht genommene Formsache ist, in der Bilanz des Mieters aktiviert werden, und zwar mit dem vollen Wert und die Verpflichtungen auf die noch restlichen Zahlungen (Restmiete = Restkaufgeld) passiviert werden.

Grundsätzlich besteht aber auch keine Aktivierungs= oder Passivierungspflicht, wenn der Mieter oder Pächter die laufende Instandhaltung und Erneuerung der Miet= oder Pachtsache vertraglich übernommen hat. Mit Recht hat deshalb der RFH. in ständiger Rechtsprechung eine Passivierung der dem Pächter obliegenden Verpflichtung zur Erneuerung gepachteter Maschinen und Anlagen durch Einstellung einer Erneuerungsrücklage (= Rückstellung) in die Bilanz abgelehnt (z. B. RFH. I A 40/31 v. 8. 10. 31, RStBl. 32 S. 20, StW. 32 Nr. 59). Hinsichtlich der tatsächlichen Instandhaltungs= und Erneuerungsaufwendungen des Pächters bleibt zu untersuchen, ob und inwieweit sie innerhalb des Pachtbetriebs noch zum laufenden Erhaltungsaufwand, also zu den regelmäßig, wenn auch in größeren Zeitabständen, als einem Jahr wiederkehrenden Betriebsausgaben zu rechnen sind. Unter dieser Voraussetzung sind sie unter den Unkosten abzusetzen. Eine Aktivierung dieser Aufwendungen kommt nur insoweit in Frage, als die Aufwendung im einzelnen dem Pachtbetrieb für einen längeren Zeitraum als das Geschäftsjahr zugute kommt und auch nicht zum laufenden Erhaltungsaufwand gerechnet werden kann. Dies gilt insbesondere für wertvolle und technisch vollkommenere Neuanschaffungen (vgl. RFH. VI A 1573/31 v. 19. 8. 31, E. 29 S. 203, RStBl. 31 S. 925, StW. 31 Nr. 938). Schafft der Pächter z. B. eine Maschine von 10jähriger Lebensdauer an, dann hat er den Aufwand zu aktivieren und nach dem Nutzen, den die Aufwendung für ihn als Pächter hat, also längstens bis zum Ende der Pachtzeit und ohne Rücksicht auf eine etwa darüber hinausgehende gemeingewöhnliche Lebensdauer der Maschine zu verteilen. Bleibt dagegen der Pächter mit der Erfüllung der laufenden Erneuerungspflicht im Rückstand, dann ist in Übereinstimmung mit der ständigen Rechtsprechung des RFH. (vgl. RFH. I A 165/30 v. 10. 10. 30, RStBl. 31 S. 118, StW. 30 Nr. 1433, I A 324/31 v. 28. 6. 32, RStBl. 32 S. 949, StW. 33 Nr. 119 und I A 40/31 s. oben) dieser Rückstand ebenso wie ein etwaiger Mietrückstand als Schuld zu passivieren. Der Aktivierung der Aufwendungen, die vom Mieter oder Pächter zur Erfüllung seiner Erneuerungspflicht gemacht wurden, beim Mieter oder Pächter steht nicht der Umstand entgegen, daß die als Ersatz beschafften Gegenstände bürgerlichrechtlich oder auch nach den besonderen Bestimmungen des Pachtvertrags mit ihrer Einbringung in das Eigentum des Verpächters übergehen.

Eine Ausnahme von der für den Pächter grundsätzlich verneinten Möglichkeit, die ihm nach dem Pachtvertrag obliegende Erneuerungspflicht zu passivieren, erscheint dann als möglich, wenn der Eintritt der vom Pächter vertraglich übernommenen Pflicht zur Erneuerung eines Pachtgegenstands ganz sicher in Aussicht steht und vielleicht auch nur eine einmalig wiederkehrende Aufwendung darstellt, deren Höhe ziemlich genau geschätzt werden kann. Der Pächter hat z. B. die Verpflichtung übernommen, während der 10jährigen Pachtzeit die einzige vorhandene, hochwertige Maschine bei Unbrauchbarwerden oder Überalterung durch eine neue zu ersetzen, die ungefähr 10 000 RM. kostet. In diesem Fall rechnet der Pächter damit, daß er während der 10jährigen Pachtzeit nicht nur den vereinbarten Pachtzins in bar, sondern auch jährlich 1 000 RM. des anteiligen Erneuerungsaufwands für die Maschine als Entschädigung für die Pacht zu leisten hat. In diesem Fall muß er wohl als berechtigt, nicht aber als verpflichtet angesehen werden, schon vom 1. Jahre der Pacht ab mit Rücksicht auf die bestimmt in Aussicht stehende Erneuerung der Maschine eine jährliche Erneuerungsrückstellung von 1 000 RM. in seine Bilanz aufzunehmen. Tritt dann die Notwendigkeit der Ersatzbeschaffung z. B. nach 5 Jahren ein, dann ist bei der Erneuerung der Maschine eine Rückstellung von 5 000 RM. vorhanden. Wenn die Maschine tatsächlich um 10 000 RM. angeschafft wird, so werden 5 000 RM. der Anschaffungskosten mit der auf dem Erneuerungskonto rechts vorgetragenen Rückstellung verrechnet. Der Rest der Anschaffungskosten von 5 000 RM. ist zu aktivieren und auf die restliche Pachtzeit von 5 Jahren durch jährliche Absetzung von 1 000 RM. zu verteilen. Auf diese Weise wird der Erneuerungsaufwand des Pächters auf die ganze Pachtzeit gleichmäßig verteilt und zwar unabhängig von der gemeingewöhnlichen Lebensdauer, also dem natürlichen Verschleiß der als Ersatz beschafften Maschine, sondern allein unter dem Gesichtspunkt der für die ganze Pachtdauer vertraglich geschuldeten Geldleistung als zusätzlicher Pachtzahlung. Der Pächter kann also in diesem Fall Rückstellungen in Höhe des mutmaßlichen Wiederbeschaffungspreises machen, was dem Eigentümer grundsätzlich verwehrt ist; denn dieser kann nur von den Anschaffungskosten der alten Maschine Abnutzungsabsetzungen machen. Der Pächter verliert dagegen in jedem Jahre einen Teil der späteren Wiederbeschaffungskosten, den er schließlich einmal aufwenden muß, um seinen Verpflichtungen nachzukommen.

Vielfach wird in Miet- oder Pachtverträgen auch vereinbart, daß nicht nur die vom Mieter oder Pächter auf Grund der übernommenen Verpflichtung eingebrachten Ersatzgegenstände, sondern auch solche Gegenstände und Anlagen, die über diese Verpflichtung hinaus vom Pächter freiwillig eingebracht werden, Eigentum des Vermieters oder Verpächters werden. Wenn der Mieter oder Pächter auf diese Weise den Pachtbetrieb erweitert oder unbrauchbar gewordene Gegenstände durch andersartige weit wertvollere ersetzt, dann muß er den Mehrbetrag an Aufwendungen, zu denen er vertraglich nicht verpflichtet war, aktivieren und auf die mutmaßliche Dauer der Verwendung im Rahmen des Pachtverhältnisses, längstens für dessen Dauer, verteilen (vgl. z. B. RFH. I A 324/31 v. 28. 6. 32, RStBl. 32 S. 949, StW. 33 Nr. 119). Wenn z. B. noch mit einer 5jährigen Pachtzeit zu rechnen ist und die Pächterin für 20 000 RM. mehr Anlagegegenstände anschafft, als sie nach dem Vertrag verpflichtet ist, muß man annehmen, daß sich die Anlagen bereits in 5 Jahren bezahlt machen.

c) **Aktivierung und Passivierung beim Vermieter und Verpächter.** Beim Vermieter oder Verpächter sind die aus dem Vertrag bestehenden laufenden Rechte und Verbindlichkeiten ebenfalls solange nicht zu aktivieren und passivieren, als nicht die Gleichheit von Leistung und Gegenleistung aufgehoben wird, z. B. dadurch, daß der Mieter oder Pächter mit seiner laufenden Leistung im Rückstand bleibt. Dann ist eine Forderung des Vermieters in Höhe des Mietrückstands zu aktivieren. Aufwendungen, die der Verpächter als Eigentümer der Pachtsache auf diese macht, sind unter den allgemeinen Voraussetzungen der Aktivierungspflicht zu aktivieren und zu verteilen. Dies ist der Fall, wenn sich der Verpächter im Pachtvertrag verpflichtet hat, auf dem verpachteten Grund und Boden eine besondere Anlage, z. B. ein Arbeiterwohnhaus, zu errichten und dem Pächter zu überlassen. Da es sich nicht um laufenden Erhaltungsaufwand handelt, ist der Aufwand nach der gemeingewöhnlichen Nutzungsdauer — ohne Rücksicht auf das Pachtverhältnis — zu verteilen, vorausgesetzt, daß die Anlage nicht nach ihrer Eigenart nur für die Dauer des bestehenden Pachtverhältnisses genutzt werden kann (RFH. VI A 275/27 v. 26. 10. 27, RStBl. 27 S. 260, StW. 27 Nr. 572).

§ 6 EStG. Bewertung. Anmerkung 84.

Hinsichtlich des Rechts und der Pflicht des Vermieters oder Verpächters zur Vornahme von Absetzungen für Abnutzung an den vermieteten oder verpachteten Gegenständen hat der Einkommensteuersenat des RFH. für den Fall, daß der Pächter zur laufenden Instandhaltung und Ersatzleistung für die Abnutzung der vorhandenen Einrichtung, jedoch nicht zur Rückgabe einer gleichwertigen Einrichtung verpflichtet ist, grundsätzlich den Verpächter zur Vornahme der Absetzungen für Abnutzung der bei Abschluß des Vertrags vorhandenen und dem Verpächter zur Nutzung übergebenen Gegenstände für berechtigt erklärt, da der Verpächter den Verschleiß dieser Gegenstände zu tragen habe. Dementsprechend wurde in RFH. VI A 899/36 v. 2. 11. 36 (StW. 37 Nr. 90) dem Verpächter auch hinsichtlich der dem Pächter überlassenen Maschinen und Kraftwagen das Recht zur Absetzung für kurzlebige Wirtschaftsgüter zugebilligt. Bezüglich der vom Pächter vertragsgemäß als Ersatz für unbrauchbar gewordene Gegenstände beschafften Gegenstände hat der RFH. zunächst für Einkünfte aus Vermietung und Verpachtung den Grundsatz aufgestellt, daß der Verpächter für diese Gegenstände, die mit ihrer Einbringung durch den Pächter bürgerlich-rechtlich oder nach Vertrag in das Eigentum des Verpächters übergehen, keine Abnutzungsabsetzungen machen kann. Sie fließen dem Verpächter erst bei Beendigung des Pachtverhältnisses zu (vgl. z. B. RFH. VI A 517/28 v. 30. 1. 29, RStBl. 29 S. 367, StW. 29 Nr. 352). Weiter wurde in RFH. VI A 831/32 v. 7. 12. 32 (StW. 33 Nr. 292) und weiteren Entsch. auch bei einer innerhalb eines Gewerbebetriebs erfolgenden Verpachtung dem Kaufmann als Verpächter die Vornahme von Abnutzungsabsetzungen an den vom Pächter gemachten Ersatzbeschaffungen mit der Begründung versagt, der Verpächter habe für diese Neuanschaffungen nichts aufgewendet. In RFH. VI A 1573/31 v. 19. 8. 31 (RStBl. 31 S. 925, StW. 31 Nr. 938) und VI A 1020/31 v. 4. 8. 33 (StW. 33 Nr. 694) wird die ausschließliche Aktivierung und Absetzung der Neuanschaffungen des Pächters bei diesem im Hinblick auf das Bestehen langfristiger Pachtverträge damit begründet, daß der Pächter wirtschaftlicher Eigentümer dieser Gegenstände sei und er diese daher bis zu ihrer völligen wirtschaftlichen Abnutzung abschreiben könne. Der Körperschaftsteuersenat des RFH. dagegen hat in RFH. I A 475/27 v. 27. 3. 28 (E. 23 S. 196, RStBl. 28 S. 209, StW. 28 Nr. 674) für den Fall der Verpachtung eines Gewerbebetriebs, bei der der Pächter die Erhaltung des Betriebs in gebrauchsfähigem Zustand unter Ersatz abgängig gewordener Gegenstände übernommen hatte und die Ersatzgegenstände sowie sonstige vom Pächter angebrachte Anlagen und Verbesserungen mit ihrer Einbringung Eigentum des Verpächters geworden waren, den Grundsatz aufgestellt, daß die Neuanschaffungen des Pächters nach den Grundsätzen ordnungsmäßiger Buchführung beim Verpächter zu aktivieren seien, soweit nicht laufender Erhaltungsaufwand vorliege. Abnutzungsabsetzungen seien nach der gemeingewöhnlichen Nutzungsdauer vorzunehmen. Die Ertragslosigkeit dieser Gegenstände sei für den Verpächter durch Bewertung des Pachtrechts, und zwar wegen Überwiegens der Verpflichtungen durch Einsetzung eines passiven Wertberichtigungspostens zu berücksichtigen, der gleich dem Wert der unentgeltlichen Nutznießung durch die Pächterin sei und bis zum Ablauf der Pacht allmählich abnehme. Die Abnahme dieses Postens wirke gewinnerhöhend, was aber wieder durch Abnutzungsabsetzungen ausgeglichen werde. In der Entsch. wird ausdrücklich die Auffassung als rechtsirrig abgelehnt, daß die Anschaffung von Gegenständen durch den Pächter entweder nur beim Pächter oder nur beim Verpächter zu Buchungen führen und in der Bilanz berücksichtigt werden könne.

Das Verfahren des Einkommensteuersenats hat den Vorzug der Einfachheit. Allerdings erscheint die Auffassung, daß der Verschleiß der beim Abschluß des Pachtvertrags vorhandenen Pachtgegenstände dann, wenn der Pächter nicht zur Rückgabe gleichwertiger Pachtsachen verpflichtet sei, ganz auf Kosten des Verpächters gehe, nur bei solchen Gegenständen als zutreffend, deren Lebensdauer länger als die Pachtdauer ist, so daß sie wohl von der laufenden Instandhaltungspflicht, nicht aber von der laufenden Erneuerungspflicht betroffen werden. Umgekehrt dürfte die Annahme eines wirtschaftlichen Eigentums des Pächters an den von ihm beschafften Ersatzgegenständen nur insoweit berechtigt sein, als die Verwendungsdauer dieser Gegenstände vor Ablauf der Pacht endigt. Daher erscheint es bedenklich, das Recht des Verpächters zu Absetzungen für Abnutzung der Pachtsachen davon abhängig zu machen, ob die Pachtsachen von ihm oder im Lauf der Pachtzeit vom Pächter neu beschafft wurden. Auch trifft die Begründung des RFH., daß der Verpächter für die vom Pächter beschafften Gegenstände nichts aufgewendet habe, wohl nur insofern zu, als der Verpächter zur Anschaffung dieser Gegenstände keine Ausgabe geleistet hat. Denn der Pächter erfüllt mit der Beschaffung des Ersatzgegenstands im Verhältnis zum Verpächter eine vertragliche Gegenleistung (eine Art zusätzlicher Pachtzahlung), die dem Verpächter ebenso wie der entrichtete Pachtzins allerdings in Gestalt eines Sachwerts zufließt. Wenn man dem Verpächter als Eigentümer der verpachteten Sachen das Recht zur Vornahme von Abnutzungsabsetzungen an den Pachtsachen zugeht, dann dürfte dieses Recht auch auf die Ersatzbeschaffungen des Pächters, die in sein Eigentum übergegangen sind, auszudehnen sein. Dies setzt für die Neuanschaffungen des Pächters voraus, daß sie beim Verpächter mit ihrer Einbringung unter Ansatz der gedachten Anschaffungskosten (vgl. Anm. 105) aktiviert werden, wie es der Körperschaftsteuersenat für zulässig angesehen hat. Allerdings wäre gegenüber der Aktivierung der als Ersatz beschafften Gegenstände kein passiver Wertberichtigungsposten (= entzogene Nutzung) zulässig. Die Überlassung dieser Gegenstände an den Pächter zum Gebrauch bedeutet für den Pächter keine durch ein Passivum zu berücksichtigende Last, da dem Pächter die Nutzung dieser Ersatzgegenstände auf Grund des Pachtvertrags zusteht und durch den Pachtzins abgegolten wird. Die aus dem zweiseitigen Vertrag sich ergebenden laufenden Verbindlichkeiten (hier Überlassung der Pachtsachen zum Gebrauch) dürfen aber nicht passiviert werden (vgl. unter a).

Läßt man den Gedanken entscheidend sein, daß bei der Verpflichtung des Pächters, unbrauchbar gewordene Gegenstände nach dem Vertrag laufend zu ersetzen, für die Geltungsdauer des Vertrags der Verschleiß der Pachtgegenstände tatsächlich zu Lasten des Pächters und nicht des Eigentümers geht, so ergibt sich noch folgende Möglichkeit. Man kann sagen, durch die Abwälzung der laufenden Erneuerung auf den Pächter kann der Eigentümer als Verpächter damit rechnen, die Pachtsachen ungefähr in dem gleichen gebrauchsfähigen Zustand zurückzuerhalten, wie er sie dem Pächter bei Beginn der Pacht übergeben hat. Da ihm für die Dauer der Pacht im Endergebnis der Verschleiß nicht zur Last fällt, kann er von den vorhandenen Gegenständen keine Abnutzungsabsetzungen machen und braucht auch die Ersatzbeschaffungen des Pächters weder zu aktivieren noch von ihren Anschaffungskosten Absetzungen zu machen. Er führt also zunächst die beim Abschluß der Pacht vorhandenen Gegenstände nach Art eines eisernen Inventars mit ihrem Buchwert unverändert fort und eine durch Ersatzbeschaffungen des Pächters herbeigeführte Mehrung oder Minderung des Bestands würde sich grundsätzlich erst bei Beendigung der Pacht auswirken. Kann allerdings der Verpächter bereits während der Pachtzeit mit Sicherheit voraussehen, daß er bis zum Ende der Pacht aus bestimmten Gründen einen Verlust an der Pachtsache erleiden wird, dann ist er berechtigt, die mutmaßliche Wertminderung gegenüber dem Buchwert durch Einsetzung eines passiven Wertberichtigungspostens zu berücksichtigen. Dieser ist so zu bemessen, daß auf die Restdauer der Pacht verteilt alljährlich der auf ein Jahr der Restdauer entfallende Bruchteil des Gesamtverlusts auf die Passivseite der Bilanz gesetzt wird, so daß der Wertberichtigungsposten alljährlich wächst und bis zum Ende der Pacht die Gesamtminderung gegenüber dem unveränderten Buchwert der Pachtsachen zum Ausdruck kommt.

Dieses zuletzt genannte Verfahren, die vom Pächter errichteten Neuanlagen und sonstige Neuanschaffungen beim Verpächter unberücksichtigt zu lassen, auch wenn sie sofort in sein Eigentum übergehen und ihm jede Absetzung für Abnutzung an den verpachteten Sachen zu versagen, muß dann Platz greifen, wenn der Pächter vertraglich verpflichtet ist, dem Verpächter bei Beendigung der Pacht Gegenstände gleicher Art und Menge zurückzugeben. In diesem Fall geht nicht nur der Verschleiß der Pachtsachen, sondern überhaupt jede Gefahr ihrer Verschlechterung zu Lasten des Pächters; daher ist für Abnutzungsabsetzungen beim Verpächter kein Raum mehr. Der Vertrag nähert sich seinem Inhalt nach schon mehr einem in Sachen gewährten Darlehen (vgl. RFH. VI A 517/28, s. Abs. 2). Auch in diesem Fall muß aber dem Verpächter das Recht zugebilligt werden, seinen mit dem Buchwert der hingegebenen Pachtsachen gleichzusetzenden Rückgabeanspruch mit dem niedrigeren Teilwert zu bewerten, wenn z. B. feststeht, daß der Anspruch auf Lieferung von Sachen gleicher Art und Menge durch eine allgemeine Entwertung nicht mehr zum Buchwert der hingegebenen Sachen verwirklicht werden kann. Dies scheidet aber aus, wenn der Anspruch auf Rückgabe von gleichwertigen Sachen in einem bestimmten zahlenmäßig festgelegten Wert, z. B. in Höhe des letzten Buchwerts der Pachtsachen von 10 000 RM. lautet. Für Absetzungen für Abnutzung ist, da es sich um Forderungen handelt, kein Raum mehr.

Anlagen, die der Pächter ohne rechtliche Verpflichtung, d. h. nicht aus der vertraglich übernommenen Ersatzpflicht heraus, in den gepachteten Betrieb einbringt, werden trotz ihres sofortigen Übergangs in das Eigentum des Verpächters zweckmäßig stets erst dann beim Verpächter berücksichtigt, wenn sie ihm nach Ablauf der Pacht endgültig zufallen. Denn sie sind zunächst als Aufwendungen, die der Pächter nach seinem Gutdünken vorgenommen hat, trotz des bürgerlich-rechtlichen Eigentums ausschließlich in der Verfügungsgewalt des Pächters. Wollte man auch diese Gegenstände sofort beim Verpächter aktivieren, dann müßte in Übereinstimmung mit RFH. I A 475/27 (s. oben) dem Aktivum ein entsprechender Wertberichtigungsposten für die (ohne Entgelt) entzogenen Benutzungsmöglichkeit eingesetzt werden.

d) **Sonderfälle. Die Verpflichtung des Mieters, gemietete gewerbliche Räume nach Ablauf der Mietzeit in den früheren Zustand zurückzuversetzen,** kann als eine die Erträgnisse der ganzen Miet- oder Pachtzeit beeinträchtigende Last grundsätzlich durch eine Rückstellung berücksichtigt werden in der Art, daß die Kosten der Wiederherstellung auf die Dauer der voraussichtlich tatsächlichen Laufzeit der Miete durch Ansatz eines allmählich wachsenden Passivpostens verteilt werden. Voraussetzung der Rückstellung ist aber, daß mit Sicherheit oder großer Wahrscheinlichkeit mit den Kosten der Wiederherstellung des früheren Zustands nach Ablauf des Mietvertrags zu rechnen ist (RFH. VI A 1750/31 v. 6. 4. 32, RStBl. 32 S. 551, StW. 32 Nr. 614). Desgleichen kann der Pächter die Verpflichtung, die auf Pachtgrundstücken errichteten Gebäude nach Beendigung der Pacht zu entfernen als eine auf die Dauer der Pacht bestehende Last durch eine entsprechende, jährliche Erhöhung des Passivpostens berücksichtigen (RFH. VI A 129/31 v. 21. 1. 31, StW. 31 Nr. 451).

Wenn eine Gesellschaft ihre auf gepachtetem Grund und Boden errichteten Betriebsanlagen nach Ablauf des Pachtvertrags nach 99 Jahren) unentgeltlich abtreten muß, dann darf die Abtretungsverpflichtung unter den Passiven in einem jährlich wachsenden Sonderposten zum Ausdruck kommen. Die Absetzungen für Abnutzung und die Aktivierung für Verbesserungen usw. können ohne Berücksichtigung der Abtretungspflicht vorgenommen werden. Dagegen sind die steuerfreien Zuführungen zu dem Sonderposten so zu bemessen, daß der Posten im Jahre der Abtretung etwa mit dem dann in der Steuerbilanz vorhandenen Buchwert der abzutretenden Anlagen übereinstimmt (RFH. I A 79 u. 80/30 v. 16. 9. 30, RStBl. 30 S. 717, StW. 30 Nr. 1228; vgl. Mirre, Bespr., StW. 30 I Sp. 970 ff.).

85. Aktivierung und Passivierung bei schwebenden Geschäften.

Schwebende Geschäfte liegen dann vor, wenn zweiseitige Verträge, z. B. Kaufverträge noch von keiner Seite oder von beiden Seiten je zum Teil oder auch nur von einer Seite erfüllt sind, es sei denn, daß die einseitige Erfüllung sich als die Lieferung oder Leistung der geschuldeten Sache usw. darstellt (vgl. unter c). Die in RFH. I A 218/31 v. 24. 1. 33 (RStBl. 33 S. 337, StW. 33 Nr. 429) gegebene Begriffsbestimmung, wonach die Erfüllung von keiner Seite Voraussetzung des schwebenden Geschäfts sein soll, erscheint danach zu eng. Daß ein Geschäft noch als schwebend anzusehen ist, bedeutet einkommensteuerrechtlich, daß ein Gewinn noch nicht verwirklicht ist und daher auch steuerlich noch nicht erfaßt werden kann, während dagegen noch nicht verwirklichte Verluste geltend gemacht werden können.

a) Der Kaufmann bucht bekanntlich den **Abschluß eines Kaufvertrags** in den systematischen Büchern nicht. Das liegt an dem Wesen dieser Bücher. Wenn er für 3000 RM. Waren an den Schulze verkauft hat, so entsteht eine Geldforderung an Schulze und eine Warenschuld an denselben. Er müßte also Konto Schulze 3000 RM. links und rechts buchen. Das hat aber keinen Sinn, weil 3000 RM. links und 3000 RM. rechts auf demselben Konto = 0 sind. Im Augenblick des Abschlusses kann aber nicht angenommen werden, daß er ungünstig ist, und soll anderseits der Mehrwert der Forderung nicht als verwirklichter Gewinn angesehen werden. Es ist also falsch, wenn gesagt wird, im Sinn der kaufmännischen Buchführung erzeuge der Abschluß noch nicht Forderungen und Schulden (vgl. auch Anm. 83). Es hat bloß meist keinen Sinn, sie in den systematischen Büchern zu buchen, man hält sie besser in Nebenbüchern fest. Dementsprechend wird es auch in RFH. I A 58/25 v. 16. 10. 25 (E. 17 S. 243, RStBl. 25 S. 215, StW. 25 Nr. 694) für zulässig erklärt, daß der Kaufmann, solange er bei zweiseitigen Verträgen den vereinbarten Gegenwert noch nicht erhalten und auch seinerseits noch nicht geleistet hat, das ganze Vertragsverhältnis in der Bilanz unberücksichtigt lassen darf unter dem Gesichtspunkt, der auch die buchmäßige Behandlung der schwebenden Lieferungsverträge beherrscht, daß sich hier der Wert seiner Rechte und Verbindlichkeiten aus den noch laufenden Geschäften wegen der bestehenden Ungewißheit des wirtschaftlichen Erfolgs für ihn aufhebt, so daß die Weglassung beider Beträge in der Bilanz den Vermögensstand nicht beeinflußt. Den Gewinn aus einem schwebenden, noch nicht einmal rechtsgültig abgeschlossenen Rechtsgeschäft in der Bilanz auszuweisen, wird in RFH. VI A 2054/30 v. 3. 12. 31 (StW. 32 Nr. 426) mit Recht als den Grundsätzen ordnungsmäßiger Buchführung widersprechend abgelehnt. Bei der Bilanzaufstellung ist nun aber eigentlich jedes schwebende Geschäft darauf zu untersuchen, ob sich Forderung und Schuld noch immer ausgleichen. Ist die Forderung höher zu bewerten als die Schuld, so ist nichts zu unternehmen, weil nichtverwirklichte Gewinne nicht berücksichtigt werden dürfen. Ist die Schuld dagegen höher als die Forderung, so gilt der Grundsatz, daß nichtverwirklichte Verluste ausgewiesen werden dürfen, aber nicht müssen. Mit Recht wird deshalb in RFH. VI A 491/25 v. 4. 11. 25 (E. 17 S. 332, RStBl. 26 S. 33, StW. 26 Nr. 61) ausgesprochen, daß bei schwebenden Anschaffungsgeschäften über Gegenstände des Betriebsvermögens regelmäßig ein bei der Bilanzaufstellung zu berücksichtigender Verlust vorliegt, wenn der Teilwert des Gegenstands am Bilanzstichtag niedriger ist als die Kaufpreisschuld. Sonst würde der Anspruch auf den Gegenstand höher bewertet werden müssen als der schon erworbene Gegenstand selbst. Der umgekehrte Fall liegt jedoch nicht so glatt. Wenn ein Grundstück, das mit 100 000 RM. zu Buch steht, zu 150 000 RM. verkauft ist und sein Wert am Bilanzstichtag auf 180 000 RM. geschätzt wird, so darf nicht das Grundstück mit 100 000 RM. bewertet und gleichzeitig aus dem unerfüllten Kaufvertrag ein Verlust von 30 000 RM. herausgerechnet werden. Zweifelhaft ist, ob dies auch gilt, wenn Gegenstände nur gattungsweise verkauft sind. Ich besitze Kupfer zu 100, habe solches zu 120 zu liefern, der Kupferpreis steht am Bilanzstichtag 150. Es ist wohl anzunehmen, daß auch hier kein Verlust eingesetzt werden darf (vgl. Mirre, Zeitgemäße Steuerfragen 6, 123).

b) Ist bei einem zweiseitigen Vertrag **von einer Seite ganz oder teilweise oder von beiden Seiten nur teilweise geleistet,** dann sind die aus dem Vertrag bestehenden Forderungen und Verpflichtungen in der Bilanz beider Teile zu berücksichtigen. Hat der Lieferungs- oder Leistungsberechtigte (z. B. beim Kauf der Käufer) auf die vereinbarte Geldleistung eine Vorauszahlung geleistet, so bildet diese beim Leistungsverpflichteten eine Einnahme; anderseits muß aber dieser auf jeden

Fall auf der Passivseite eine Schuld in gleicher Höhe einsetzen. Durch diese Buchung wird der Gewinn nicht beeinflußt, sie muß aber wegen der Vollständigkeit und Richtigkeit der Buchführung erfolgen. Der Vertragsteil, der die Anzahlung geleistet hat, ist aber berechtigt, nunmehr seinen Lieferungsanspruch in seiner Bilanz mit dem Betrag auszuweisen, mit dem er den gekauften Gegenstand bewerten würde, wenn er in seinem Besitz wäre, also auch unter Umständen mit dem niedrigeren Teilwert (RFH. I A 157/25 v. 3. 3. 26, StW. 26 Nr. 224). Die Verbuchung des Vorschusses auf gekaufte Waren stellt rechtlich die Bewertung des Lieferungsanspruchs, vermindert um den Restbetrag der eigenen Schuld dar. Hat der zur Lieferung oder Leistung Verpflichtete nach Erteilung des Auftrags und vor dessen Ausführung bis zum Bilanzstichtag bereits Aufwendungen auf die geschuldete Leistung gemacht, so find diese zu aktivieren, anderseits sind aber auch bereits empfangene Vorauszahlungen zu passivieren (RFH. VI A 542/28 v. 10. 7. 29, StW. 29 Nr. 690). Die Einsetzung eines höheren Betrags als die gemachten Aufwendungen wäre als Ausweisung eines nichtverwirklichten Gewinns grundsätzlich unzulässig. Nach den gleichen Grundsätzen sind bei einem Vertrag über die Herstellung eines Bauwerks die vom Lieferungsverpflichteten (Bauunternehmer) gemachten Aufwendungen zu aktivieren, gleichgültig, ob unter halbfertigen Bauten oder unter Forderungen. Erst mit der Abnahme des Baus kann nach RFH. VI A 113/30 v. 5. 2. 30 (RStBl. 30 S. 328, StW. 30 Nr. 481) der Vertrag von seiner Seite als erfüllt angesehen werden und erst von da ab liegt eine von einer Gegenleistung abhängige Forderung gegen den Besteller des Bauwerks vor. Der Umstand, daß die Abrechnung noch aussteht oder daß bei der Abnahme einzelne Mängel gerügt wurden, steht der Annahme der Gewinnverwirklichung für den Bauunternehmer nicht entgegen (RFH. VI A 607/37 v. 18. 11. 37, StW. 38 Nr. 17). Die Aktivierung kann nach RFH. VI A 1052/28 v. 30. 10. 29 (RStBl. 30 S. 9, StW. 29 Nr. 981) beim Bauunternehmer nach dem tatsächlichen Aufwand oder dem niedrigeren Teilwert erfolgen. Durch die Fertigstellung des Baus wird nach der Entsch. das Geschäft nur dann erfüllt, wenn mit einer besonderen Abnahme nicht zu rechnen ist oder die Abnahme verweigert wird. Nur dann, wenn etwa nach dem Vertrag ein Bau in besonderen Abschnitten unter Gewährung entsprechenden Teilentgelts herzustellen wäre, könnte jeder Abschnitt als besondere Leistung angesehen werden, sofern wirtschaftlich auch eine Teilabnahme erfolgt. In diesem Fall könnte bereits ein entsprechender Teilgewinn ausgewiesen werden. Für das **Warenhandelsgeschäft** wird in RFH. VI A 1327/28 v. 20. 11. 29 (RStBl. 30 S. 107, StW. 30 Nr. 249) eine Erfüllung des Geschäfts dann angenommen, wenn ein Kaufmann Waren gekauft und sie gleichzeitig mit dem Auftrag, sie seinem Abnehmer zuzuleiten, verkauft hat. In diesem Fall war daher der Ankauf der Ware durch Passivierung der Kaufpreisschuld und Aktivierung der Ware buchmäßig auszuweisen, gleichzeitig konnte aber auch der Weiterverkauf durch Aktivierung der höheren Kaufpreisforderung und Abbuchung der Waren als erfüllt behandelt werden. Hat der zur Lieferung Verpflichtete bereits den vollen Kaufpreis vor Ausführung der Lieferung empfangen, dann kann nach den Umständen des Falles bereits Erfüllung des Geschäfts angenommen werden. Nach RFH. I A 96/27 v. 22. 4. 27 (E. 21 S. 123, RStBl. 27 S. 188, StW. 27 Nr. 681) ist ein buchführender Gewerbetreibender, der durch notariellen Vertrag ein zum Betriebsvermögen gehöriges Grundstück verkauft und den Kaufpreis empfangen hat, berechtigt, die Verpflichtung zur Überlassung des Grundstücks mit dem Betrag zu bewerten, mit dem das Grundstück zu Buch stand. Die Einsetzung eines höheren Passivpostens bis zum Betrag des Kaufpreises ist nur dann zulässig, wenn am Bilanzstichtag die Verpflichtung zur Zurückzahlung des Kaufpreises bereits entstanden war oder doch zum mindesten Tatsachen vorgelegen haben, die geeignet waren, eine solche Verpflichtung zu begründen.

c) Der zweiseitige Vertrag ist dann buchmäßig als erfüllt zu behandeln, wenn der Vertragsteil, der zur Lieferung oder Leistung verpflichtet ist, die geschuldete Lieferung oder Leistung ausgeführt hat. Dies ist regelmäßig mit der Übersendung der bestellten Ware oder auch (s. oben) mit der Abnahme des bestellten Bauwerks der Fall. Ist in diesem Fall vom Empfänger der Lieferung noch keine Zahlung erfolgt, dann steht dem Lieferer gegen den Empfänger der Ware eine Forderung in Höhe des vereinbarten Kaufpreises zu, die in der Bilanz ausgewiesen werden muß. In diesem Fall besteht also beim Empfänger der Lieferung die Pflicht zur Aktivierung bzw. zur Passivierung. Ausnahmsweise wird in RFH. VI A 610/32 v. 10. 1. 34 (StW. 34 Nr. 210) der Kaufmann beim Warenhandelsgeschäft schon dann als berechtigt angesehen, den Warenverkauf als erfüllt zu behandeln, wenn die Ware fest verkauft und spätestens zum 31. Dezember des Geschäftsjahrs abzunehmen war. Unter dieser Voraussetzung kann der Kaufmann den Gewinn dann als verwirklicht behandeln, wenn die Bezahlung der abgerufenen Ware in sicherer Aussicht stand und wenn weiter die Absendung der Ware nur aus praktischen Gründen nicht erfolgt und die Gefahr eines Verlusts der Ware den Käufer trifft. Weiter sollen nach der Entsch. RFH. VI A 935/30 v. 22. 10. 31 (E. 28 S. 276, RStBl. 32 S. 13, StW. 32 Nr. 7), die nach Anhörung des Deutschen Industrie- und Handelstags ergangen ist, Kaufleute vor Ausführung der von ihnen geschuldeten Lieferung oder Leistung, insbesondere im Warenhandel, berechtigt sein, Vorauszahlungen der Kunden auf später zu liefernde Waren als Verwirklichung des mit dem Geschäft bezweckten Gewinns anzusehen und buchmäßig entsprechend zu behandeln. Dies soll insbesondere bei einmaligen Lieferungen (Ware, im Gegensatz zu laufenden Lieferungsgeschäften, wie z. B. Bauverträgen) dann zulässig sein, wenn die geschuldete Ware fertig verpackt versandbereit ist.

Bei einem Tauschgeschäft ist nach RFH. VI A 1100/25 v. 20. 1. 26 (RStBl. 26 S. 192, StW. 26 Nr. 161) Erfüllung von beiden Seiten dann anzunehmen, wenn die Vertragsgegner zwar noch nicht im Eigentum der eingetauschten Gegenstände sind, wenn aber beide Teile das zur Erfüllung ihrer Verbindlichkeiten aus dem Vertrage Erforderliche getan haben. Denn dann sind sie in der Lage, das Eigentum ohne eine darauf gerichtete Handlung des Vertragsgegners zu erlangen. Dies ist der Fall, wenn z. B. der eine Teil ohne weiteres über das erworbene Holz durch Schlagen verfügen und der andere Teil die eingetauschte Feldbahn in seinem Betrieb verwenden kann.

d) Zur **Bewertung der Anzahlungen auf Waren oder sonstige Gegenstände des Betriebsvermögens** wird in den VR 37 B VI 3 b (RStBl. 38 S. 197, s. Anh. 17) darauf hingewiesen daß durch die Vorauszahlung der Gewinn nicht beeinflußt werde, wenn Anzahlung und Lieferung des bestellten Gegenstands in verschiedene Wirtschaftsjahre fielen; denn nach den Regeln ordnungsmäßiger Buchführung handle es sich bei einer solchen Vorauszahlung nicht um eine Betriebsvermögensveränderung, sondern um eine Betriebsvermögensumschichtung. Im Fall des Empfangs einer Vorauszahlung stehe der Erhöhung des in Betracht kommenden Besitzpostens (Postscheckkonto, Bankkonto, Wechselkonto o. dgl.) die Erhöhung oder Entstehung eines entsprechenden Schuldpostens gegenüber. Diese Erhöhung oder Entstehung des Schuldpostens bestehe darin, daß das Konto des Kunden, der die Vorauszahlung geleistet habe, entlastet werde. Im Fall der Leistung einer Vorauszahlung stehe der Verminderung des in Betracht kommenden Besitzpostens (Postscheckkonto, Bankkonto o. dgl.) die Erhöhung oder Entstehung eines anderen Besitzpostens in gleicher Höhe gegenüber. In der Regel würden die Vorauszahlungen nicht über besondere Sachkonten geführt, sondern es erscheine nur das Kundenkonto mit einem entsprechend niedrigeren Betrag auf der Besitzseite und das Lieferantenkonto mit einem entsprechend niedrigeren Betrag auf der Schuldenseite. Diese Grundsätze seien auch für Anzahlungen auf kurzlebige Wirtschaftsgüter des Anlagevermögens anzuwenden.

Außerdem wurde in den **VR 34 B II, 10** (RStBl. 35 S. 389) zur Bewertung von Anzahlungen auf Ersatzbeschaffungen ausgeführt:

„Anzahlungen auf Ersatzbeschaffungen im Sinn des Gesetzes über Steuerfreiheit für Ersatzbeschaffungen v. 1. 6. 33 können so behandelt werden, als ob der neue

Gegenstand bereits im Jahr der Anzahlung geliefert worden wäre. Voraussetzung ist nur, daß der neue Gegenstand vor dem 1. 1. 35 bestellt worden ist und daß mit Sicherheit zu erwarten ist, daß die Lieferung dieses neuen Gegenstands bis spätestens 31. 12. 35 erfolgen wird. Die Anweisung unter B II q der Veranlagungsrichtlinien für 1933 gilt entsprechend für die Veranlagung 1934."

e) Zu den schwebenden Geschäften gehören auch die **laufenden Versicherungsverträge** bis zum Eintritt des Versicherungsfalls. Hinsichtlich der buchtechnischen Behandlung der Prämien ist zu unterscheiden zwischen den Schadensversicherungen und den Kapitalversicherungen, zu denen auch die Lebensversicherungen zählt. Bei der Schadensversicherung (z. B. Feuerversicherung) wird die Jahresprämie nach der Wahrscheinlichkeit des Eintritts des Versicherungsfalls in dem betreffenden Jahre bemessen. Nach Ablauf des Jahres besitzt daher der Versicherungsnehmer für die etwaige weitere Dauer des Vertrags keine wertvolleren Ansprüche, als seinen noch ausstehenden Prämienverpflichtungen entspricht. Für seine im Wirtschaftsjahr gezahlte Prämie hat er den Gegenwert dadurch erlangt, daß die Versicherungsgesellschaft das ganze Jahr für eintretende Schäden haftete. Die Versicherungsprämie ist daher ohne Aktivierung über Unkosten abzubuchen (vgl. RFH. VI A 293/28 v. 25. 4. 28, RStBl. 28 S. 280, StW. 28 Nr. 411). Eine Aktivierung oder Passivierung von gezahlten Versicherungsprämien kommt nur unter dem Gesichtspunkt der Rechnungsabgrenzung in Frage (vgl. Anm. 87). Bei der Schadensversicherung entsprechen sich also Leistung und Gegenleistung, nämlich die Prämie des Versicherungsnehmers und die Haftung der Versicherungsgesellschaft für etwa eintretende Schäden. Mit Recht wird daher in RFH. VI A 1922/31 v. 28. 10. 31 (RStBl. 32 S. 308, StW. 32 Nr. 242) bei einer Debitorenversicherung, die zu den Schadensversicherungen zu rechnen ist, eine Aktivierung der Prämien nur insoweit als notwendig erklärt, als die Prämien für einen Zeitraum nach dem Bilanzstichtag gezahlt sind (Rechnungsabgrenzung).

Bei den Kapitalversicherungen dagegen, insbesondere bei der Lebensversicherung, stellt die Entrichtung der Versicherungsprämien die einseitige Teilleistung auf einen gegenseitigen Vertrag dar. Bei der Lebensversicherung ist die Jahresprämie nicht nach dem Grundsatz berechnet, daß der Versicherungsfall in dem Jahre der Entrichtung der Prämie eintritt. Bei der Kapitalversicherung stellt die Versicherungsprämie die Gegenleistung dafür dar, daß die Versicherungsgesellschaft für den Eintritt des Versicherungsfalls das vereinbarte Kapital an den Versicherungsnehmer auszahlt. Es ist daher unrichtig, wenn die Zahlung der Prämie auf eine Kapitalversicherung unter Unkosten gebucht wird. Das haben auch die Versicherungsgesellschaften zu beachten. Sie haben nicht nur die vermutlichen Schadensansprüche aus noch unbekannten Schadensfällen, die bis zum Bilanzstichtag eingetreten sind, als Passivum einzustellen. Sie haben ferner auch einzustellen, wieviel von den vereinnahmten Prämien als für die Zeit nach dem Bilanzstichtag gezahlt zu gelten hat (Prämienüberträge). Sie haben bei der Lebensversicherung zu berücksichtigen, daß sich mit jedem Jahre das Verhältnis zwischen den voraussichtlichen zukünftigen Prämienzahlungen und dem Versicherungsanspruch zugunsten der Gesellschaft verschiebt, was sich in dem sogenannten Rückkaufswert äußert, und deshalb einen nach versicherungsmathematischen Grundsätzen berechneten Betrag als Passivum einzustellen (Prämienreserve vgl. hierzu Mirre Ztg Stfr. 6, 145). Ein auf längere Zeit bestehendes Kapitalversicherungsverhältnis bedeutet also für den Versicherungsnehmer ein Wirtschaftsgut, das im Fall der Zugehörigkeit zum Betriebsvermögen in der Bilanz als Aktivum zu bewerten ist. In RFH. VI A 293/28 (s. Abs. 1) wird bei der Teilhaberversicherung einer OHG. als Versicherungsnehmerin als zulässig angesehen, daß der Wert der Versicherung mit ihrem Rückkaufswert angesetzt wurde. Anderseits sind bei der Versicherungsgesellschaft die gezahlten Prämien zunächst als vereinnahmt zu behandeln und dann ist zu berechnen, wie hoch die in dem schwebenden Versicherungsverhältnis bestehende Last für die Gesellschaft anzunehmen ist (vgl. auch RFH. VI A 223/29 v. 20. 2. 29 RStBl. 29 S. 268 StW. 29 Nr. 384 und I A 462/28

v. 29. 1. 29 RStBl. 29 S. 143, StW. 29 Nr. 291). Wegen der Bemessung der versicherungstechnischen Rückstellungen bei Versicherungsunternehmen vgl. Anm. 6 bis 8 zu § 11 KStG.

Ob es sich im Einzelfall um eine Schadensversicherung oder um eine Kapitalversicherung handelt, ist nach der wirtschaftlichen Bedeutung der bedungenen Versicherungsleistungen für den Versicherten zu entscheiden. Es können wie der in RFH. I A 433/31 v. 27. 6. 33 (RStBl. 33 S. 1083, StW. 34 Nr. 554) entschiedene Fall zeigt, Tatbestandsmerkmale der Schadensversicherung und Kapitalversicherung in einem Versicherungsverhältnis vereinigt sein. Eine Maschinenversicherung, die nicht nur Ersatz für unvorhergesehene, plötzlich eintretende Schäden, sondern auch Ersatzleistungen für die Minderung oder den Verlust der Gebrauchsfähigkeit der versicherten Gegenstände vorsieht, ist nach der Entsch. dem letztgenannten Hauptzweck entsprechend eine Kapitalversicherung. Die gezahlten Prämien sind daher bei dem Versicherungsnehmer zu aktivieren und die aktivierten Beträge jeweils um diejenigen Beträge zu kürzen, die für unvorhergesehene, plötzlich eintretende Schäden zu zahlen und daher satzungsgemäß auf die Versicherungssumme unter allen Umständen anzurechnen sind.

86. Kostgeschäft als Unterart der schwebenden Geschäfte.

Schrifttum. Mirre, Interessante schwierige Fälle bei der steuerlichen Gewinnermittlung: Ziff. 3 Kostgeschäft mit Aktien, Ziff. 4 Ausschüttung von Dividenden während des Schwebens eines Kostgeschäfts DStZ. 36 S. 867.

Das Kostgeschäft ist ein Vertrag, durch den sich der Käufer von vertretbaren Sachen — regelmäßig Wertpapieren — (der sogen. Hereinnehmer) verpflichtet, an den Verkäufer (den sogen. Hereingeber) dieselbe Art und Menge vertretbarer Sachen an einem bestimmten späteren Zeitpunkt zu einem in der Regel höheren Preis zurückzuliefern (Reportgeschäft). Rein vertraglich liegt ein Kauf und Rückkauf derselben Sachen vor; im Ergebnis stellt sich aber das Geschäft so dar, wie wenn ein Verkauf der Wertpapiere nicht stattgefunden hätte, weil es sich wirtschaftlich nur um eine Geldbeschaffung durch Verpfändung von vertretbaren Sachen (Wertpapieren) handelt, obwohl in Wirklichkeit die Wertpapiere gar nicht verpfändet, sondern zu Eigentum übertragen werden und bei Abwicklung des Geschäfts regelmäßig andere Wertpapiere als die ursprünglich hingegebenen zurückgeliefert werden. Dadurch erlangt sowohl der Lieferer wie der Empfänger die Möglichkeit, in der Zwischenzeit über die erworbenen Gegenstände, nämlich das Geld und die Wertpapiere selbständig zu verfügen. Will sich der Hereinnehmer die Gegenstände auf Zeit zu einem bestimmten Verwendungszweck verschaffen, also sie nicht nur als Sicherheit für das hingegebene Geld hinlegen, so hat das Geschäft auch für ihn, wirtschaftlich betrachtet, das Wesen eines Darlehens und zwar eines Sachdarlehens, nicht eines Gelddarlehens; der Sicherung des Hereingebers dient in diesem Fall der gezahlte Kaufpreis (vgl. Mirre, Mitt. d. St. St. d. Deutsch. Ind. Bd. 7 S. 111 ff.). Das Kostgeschäft stellt sich also dar nicht als ein Geschäft Lieferung jetzt gegen Zahlung jetzt und ein zweites Lieferung in einem Monat gegen Zahlung in einem Monat, sondern als Lieferung jetzt gegen Lieferung in einem Monat und Zahlung jetzt gegen Zahlung in einem Monat, d. h. das Kostgeschäft ist die Verbindung zweier Darlehen: eines Wertpapierdarlehens und eines Gelddarlehens, die deshalb miteinander verbunden sind, weil jedes als Sicherstellung des anderen dienen soll. Der RFH. hat die wirtschaftliche Seite des Kostgeschäfts auch für die steuerrechtliche Beurteilung maßgebend sein lassen.

a) Beim Hereinnehmer (Käufer der Wertpapiere). Der Hereinnehmer hat nach RFH. VI A 899/25 v. 18. 11. 25 (E. 18 S. 11, RStBl. 26 S. 190, 220, StW. 26 Nr. 64) die am Bilanzstichtag vorhandenen Gegenstände ohne Rücksicht auf das Vorhandensein des Kostgeschäfts zu bewerten. Er hat den Kauf über Waren- und Kassen- bzw. Kreditorenkonto zu verbuchen und beim Abschluß die noch vorhandenen Wertpapiere in die Inventur aufzunehmen. Wie in RFH. VI A 1047/28 v. 27. 10. 28 (RStBl. 29 S. 35, StW. 28 Nr. 802) hervorgehoben wird, ist aber der Hereinnehmer

§ 6 EStG. Bewertung. Anmerkung 86.

keineswegs verpflichtet, dem Hereingeber gerade die hereingenommenen Wertpapiere zurückzuliefern. Er ist durchaus berechtigt, sie zu verkaufen und andere bis zum Lieferungstag erworbene Wertpapiere derselben Art und Menge zu liefern. Er kann auch bestimmte Wertpapiere, d. h. ohne derartige Wertpapiere zu besitzen, auf Termin verkaufen und zur Erfüllung dieses Geschäfts ein Kostgeschäft als Hereinnehmer von Wertpapieren der blanko verkauften Art abschließen. Für den Hereinnehmer eines Kostgeschäfts besteht immer die Verpflichtung zur Lieferung bestimmter Wertpapiere zu einem bestimmten Preis, dagegen ist es sowohl möglich, daß er die zur Lieferung erforderlichen Wertpapiere am Bilanzstichtag besitzt, als auch, daß er sie nicht besitzt, und im ersten Fall kann er diese Wertpapiere sowohl vor Abschluß, als auch durch den Abschluß, als auch nach dem Abschluß des Kostgeschäfts erworben haben. Der Fall des Erwerbs durch den Abschluß des Kostgeschäfts ist nicht anders zu behandeln als die anderen Fälle. Er darf die in seinem Besitz befindlichen Wertpapiere nach den Anschaffungskosten bewerten und es ist ihm lediglich verwehrt, gleichzeitig einen niedrigeren Wert als die Anschaffungskosten einzusetzen und einen Verlust aus dem schwebenden Geschäft geltend zu machen.

b) Beim Hereingeber (Verkäufer der Wertpapiere). Das Hereingeben von Wertpapieren bedeutet nach RFH. VI A 1047/28 (s. unter a) wirtschaftlich eine Darlehensnahme unter Verpfändung der Wertpapiere. Nach Zurückerwerb der Wertpapiere ist der Hereingeber in derselben Lage wie vor Abschluß des Kostgeschäfts; denn daß er nicht dieselben Stücke zurückerhält, ist wirtschaftlich bedeutungslos, da eine X-Aktie genau denselben Wert hat wie eine andere. Es ist nicht anders, als wenn die Aktien nur verpfändet wurden. Deshalb ist der Hereingeber berechtigt, die zurückerhaltenen Stücke mit dem Buchwert der hingegebenen in die Bilanz einzusetzen (ebenso Mirre, DStZ. 36 S. 871). Es kann auch keinen Unterschied machen, wenn am Bilanzstichtag das Kostgeschäft noch in der Schwebe war. Der Hereingeber hatte dann am Bilanzstichtag einen Anspruch auf Wertpapiere und war verpflichtet, den Rückkaufswert zu zahlen. Der Anspruch auf Gegenstände ist nicht höher zu bewerten als das Eigentum an den Gegenständen. Außerdem entspricht es dem Wesen des Kostgeschäfts, die Wertpapiere nur als verpfändet anzusehen. Deshalb ist der Steuerpflichtige nach Auffassung des RFH. berechtigt, die Wertpapiere wie vorhandene mit den für sie geltenden Anschaffungskosten in die Bilanz einzusetzen und die Verpflichtung zur Bezahlung des Rückkaufpreises wie eine Darlehensschuld zu behandeln.

c) Durch den Abschluß des Kostgeschäfts selbst wird noch kein Gewinn erzielt, sondern der Erfolg des Geschäfts tritt erst ein durch den endgültigen Rückkauf der Wertpapiere. Hat z. B. ein Steuerpflichtiger unter Verkauf seiner Aktien an seine Bank ein Kostgeschäft geschlossen und dieses wiederholt verlängert, d. h. die Lieferung der Wertpapiere an ihn durch die Bank hinausgeschoben, so bleiben die Kursänderungen, die während der Dauer der Verlängerung, während der die Bank als Hereinnehmer des Kostgeschäfts tätig ist, eingetreten sind, auf das Ergebnis des Geschäfts ohne Einfluß. Ist der Kurs der Papiere während dieser Zeit gestiegen, so ist für den Hereingeber kein Gewinn entstanden, da er dann die Papiere zu einem entsprechend höheren Abwicklungskurs zurückkaufen muß (vgl. RFH. VI A 1864/32 v. 26. 10. 33, RStBl. 33 S. 1334). Dabei sind die zurückerworbenen Wertpapiere beim Hereingeber nicht mit dem höheren Abwicklungskurs als Anschaffungskosten anzusetzen, sondern, wie bereits unter b) erwähnt, mit dem Buchwert der hereingegebenen Wertpapiere; denn von einer Verwirklichung der Wertsteigerung kann keine Rede sein. Die Reportgelder stellen wirtschaftlich nur die Zinsen für vorübergehende Überlassung von Geld dar und können daher als Geldbeschaffungskosten nicht den Anschaffungskosten der Wertpapiere hinzugerechnet werden (RFH. VI A 1910/29 v. 26. 6. 30, RStBl. 32 S. 1028, StW. 30 Nr. 1005).

d) Über die **buchmäßige Behandlung der Termingeschäfte** werden in RFH. VI A 1793/30 v. 14. 1. 31 (E. 27 S. 340, RStBl. 31 S. 229, StW. 31 Nr. 184) nach Einholung eines Gutachtens des Deutschen Industrie- und Handelstags folgende Grundsätze aufgestellt: „Es widerspricht nicht den Regeln der ordnungsmäßigen, kaufmännischen Buchführung, wenn ein Kaufmann, dessen Geschäftsbetrieb sonst auf Geschäfte anderer Art gerichtet ist, gelegentlich gewerbliche Zeitgeschäfte über Wertpapiere und ihre Verlängerung durch Kostgeschäfte vor der endgültigen Abwicklung nicht durch seine sonstige Buchhaltung laufen läßt, sondern nur in seiner Bilanz in Höhe des bis dahin aufgelaufenen Verlustsaldos eine Delkredere-Rückstellung für eine schwebende, künftig zu erfüllende Schuld macht." Erst wenn das auf Termin gekaufte Wertpapier geliefert und bezahlt oder das blanko verkaufte Papier dem Vertragsgegner endgültig überlassen und mit diesem darüber abgerechnet ist, muß nach den Regeln der doppelten Buchhaltung das Geschäft spätestens gebucht werden, da erst in diesem Augenblick eine tatsächliche Vermögenswertleistung vor sich geht.

87. Posten, die der Rechnungsabgrenzung dienen.

Es ist gebräuchlich, Beträge, die in einem Geschäftsjahr fällig geworden, aber beim Unternehmer als Gläubiger noch nicht eingegangen sind, z. B. fällige Mieten für vermietete Räume oder fällige Zinsen einer Kapitalforderung, bei ihrer Berücksichtigung als Forderung in der Bilanz als Aktivantizipationen (antizipative Besitzposten) und Zahlungsverpflichtungen des Unternehmers unter der gleichen Voraussetzung wie rückständige Miete für die gemieteten Betriebsräume als Passivantizipationen (antizipative Schuldposten) zu bezeichnen. Unter den transitorischen Posten versteht man dagegen solche Bilanzposten, durch die Einnahmen oder Ausgaben, die im laufenden Geschäftsjahr vereinnahmt oder verausgabt wurden, die aber wirtschaftlich das oder die nachfolgenden Geschäftsjahre betreffen, ausgewiesen werden. Beispiel: Eine halbjährig im voraus fällige Mietzahlung ist an den Unternehmer am 1. 10. des Geschäftsjahrs geleistet worden; die Einnahme gehört wirtschaftlich zur Hälfte zum folgenden Geschäftsjahr. Oder die Jahresprämie zur Feuerversicherung ist für die Zeit v. 1. 10. bis 30. 9. des folgenden Jahres im voraus bezahlt und deshalb als Ausgabe zu ¾ für das folgende Geschäftsjahr geleistet worden. Soweit es sich hier in beiden Fällen um Leistungen aus zweiseitigen Verträgen handelt, liegen schwebende Geschäfte vor, bei denen die Gegenleistung noch aussteht. Je nachdem im Fall der Aktiv- oder Passivantizipationen der Kaufmann Gläubiger oder Schuldner der im abgelaufenen Wirtschaftsjahr fällig gewordenen, aber noch nicht bewirkten Gegenleistung ist, ist dem Schwebezustand durch Ansatz eines antizipativen Besitz- oder Schuldpostens Rechnung zu tragen. Dadurch wird der Gewinn des abgelaufenen Wirtschaftsjahrs erhöht oder vermindert und der Eingang der Zahlung oder die Tilgung der Schuld im folgenden Wirtschaftsjahr bewirken lediglich eine Betriebsvermögensumschichtung. Anderseits handelt es sich bei den transitorischen Posten um die vorzeitige Vereinnahmung und Verausgabung von Beträgen, für die bei gegenseitigen Verträgen die Gegenleistung ebenfalls erst im folgenden Wirtschaftsjahr bewirkt wird. Erhält der Kaufmann eine Mietvorauszahlung für 6 Monate des folgenden Jahres, dann erfolgt die Gegenleistung für diese Einnahme (Überlassung der Mietsache) erst im folgenden Jahr. Hat er umgekehrt Miete für 6 Monate des folgenden Jahres im voraus bezahlt, dann erhält er die Gegenleistung erst im folgenden Jahr. Die Einnahme oder Ausgabe hat aber den Gewinn des abgelaufenen Wirtschaftsjahrs erhöht oder vermindert; ihrer wirtschaftlichen Zugehörigkeit zum folgenden Wirtschaftsjahr muß daher dadurch Rechnung getragen werden, daß gegenüber der Einnahme ein transitorischer Schuldposten und gegenüber der Ausgabe ein transitorischer Besitzposten in die Bilanz eingestellt wird. Dadurch wird erreicht, daß die Einnahme oder Ausgabe insoweit als sie wirtschaftlich zum folgenden Wirtschaftsjahr gehört, den Gewinn des abgelaufenen Wirtschaftsjahrs unberührt läßt (Betriebsvermögensumschichtung) und erst den Gewinn des zugehörigen Wirtschaftsjahrs beeinflußt. Reinhardt bezeichnet die antizipativen und transitorischen Bilanzposten zusammenfassend als „Forderungen

§ 6 EStG. Bewertung. Anmerkung 87—88.

und Schulden an die kommende Geschäftszeit" (Buchf. I S. 134, 193 ff., 199 ff. wegen der buch- und bilanzmäßigen Darstellung vgl. Buchf. III S. 21—126). Im AktG werden diese Posten für Aktiv- und Passivseite einheitlich „Posten, die der Rechnungsabgrenzung dienen", genannt (§ 131 Abs. 1 A IV und B VI AktG).

Die Aufwendungen, die im Kohlenbergbau beim Tagbaubetrieb zur Entfernung der über der Kohle lagernden Erdschicht erforderlich werden, gehören nach RFH. VI A 2012/33 (RStBl. 35 S. 1111, StW. 35 Nr. 210) als sogenannter Kohlenabraum zu den Herstellungskosten der Kohlen. Die Kosten des am Bilanzstichtag vorhandenen Abraums stellen Vorausleistungen auf die im folgenden Geschäftsjahr zu fördernden Kohlen dar. Sie sind als Vorausleistungen als transitorische Aktivposten in der Bilanz zu aktivieren. Am häufigsten kommen für die Behandlung als Forderungen und Schulden an die kommende Geschäftszeit in Betracht noch nicht bezahlte Mietforderungen oder Mietschulden des laufenden Geschäftsjahrs oder Mieteinnahmen und -Ausgaben für einen über das Geschäftsjahr hinausreichenden Zeitraum, Feuerversicherungsprämien unter der gleichen Voraussetzung (z. B. RFH. I A 144/25 v. 19. 1. 26. E. 18 S. 186, RStBl. 26 S. 141, StW. 26 Nr. 183), das laufende Geschäftsjahr betreffende rückständige Betriebsteuern wie Gewerbesteuer, Umsatzsteuer, Berufsgenossenschaftsbeiträge, Löhne einschließlich der Lohnsteuer und der Sozialversicherungsbeiträge (RFH. VI A 2061/29 v. 28. 5. 30, RStBl. 30 S. 817, StW. 30 Nr. 1013), Provisionen (RFH. VI A 1098/28 v. 9. 10. 29, StW. 29 Nr. 979 und VI A 31/31 v. 15. 1. 31, RStBl. 31 S. 201, StW. 31 Nr. 180). Dagegen wird in RFH. VI A 1666/29 v. 25. 6. 30 (StW. 30 Nr. 1184) die Einsetzung eines transitorischen Besitzpostens dann nicht für erforderlich gehalten, wenn ein Unternehmer einem Reisevertreter in Form eines Reisekreditbriefs und sonstiger Vorschüsse Beträge zuwendet, die dieser erst im folgenden Geschäftsjahr für das Unternehmen verausgaben wird. Dies wird damit begründet, daß das Unternehmen über die Geldmittel mit der Aushändigung an den Reisenden nicht mehr verfügen könne. Diese Entsch. ist deshalb nicht unbedenklich, weil dann, wenn die Aushändigung der Vorschüsse an den Reisenden für den Betrieb als Verausgabung von Unkosten angesehen wird, diese Unkosten wirtschaftlich in das folgende Jahr gehören; denn die Tätigkeit des Reisenden, deren Kosten aus der Ausgabe gedeckt werden sollen, wird für den Betrieb erst im folgenden Geschäftsjahr ausgeübt. Posten der Rechnungsabgrenzung werden auch bei den Versicherungsgesellschaften in Gestalt der Prämienüberträge erforderlich (vgl. Anm. 85 e Abs. 2 und Anm. 6 und 7 d zu § 11 KStG).

Nach der ständigen Rechtsprechung des RFH. können die kleineren der oben genannten Übergangsposten bereits im Geschäftsjahr ihrer Verausgabung voll unter den Unkosten abgesetzt werden, auch wenn sie sich teilweise auf das folgende Geschäftsjahr beziehen. Voraussetzung ist, daß sie regelmäßig wiederkehren und der Steuerpflichtige stets so verfährt (vgl. Anm. 35 zu § 5 EStG).

88. Sogenannte Ausgleichsposten.

Der RFH. hat in verschiedenen Entsch. den Ansatz von „Ausgleichsposten" in der Steuerbilanz für zulässig oder notwendig erachtet, die je nach dem Zweck des Postens im Einzelfall eine verschiedene Bedeutung haben können. Fehlt bei der Bewertung zweifelhafter Posten, z. B. einer eingeklagten Forderung, für deren Schätzung am Bilanzstichtag jeder Anhaltspunkt, so kann nach RFH. VI A 568/27 v. 14. 3. 28 (RStBl. 28 S. 278, StW. 28 Nr. 268, ebenso I A 280/28 v. 30. 4. 29, RStBl. 29 S. 387, StW. 29 Nr. 601), insbesondere, wenn es sich um erhebliche Beträge handelt, eine „Rückstellung" in dem Sinn zulässig oder geboten sein, daß sie weder als Bewertungsposten noch als echte Rücklage aufzufassen ist, sondern den Höhe des Reinvermögens und damit des Bilanzgewinns in der Schwebe läßt. Einen gewissen Anhalt dafür, wann ein derartiges Verfahren geboten sei, gewinnt man nach der ersten Entsch., wenn man unterstellt, daß am Bilanzstichtag ein am Gewinn beteiligter Gesellschafter ausgeschieden und die Höhe seines Guthabens zu berechnen wäre. Wenn dann nach Recht und Billigkeit nichts anderes übrig bliebe, als das Guthaben vorläufig zu berechnen und eine Änderung nach Erledigung der zweifelhaften Angelegenheiten vorzunehmen, so würde eine Rückstellung der fraglichen Art bei Aufstellung der Bilanz geboten sein. Dieses Verfahren stellt die Bewertung eines dem Werte nach unsicheren Wirtschaftsguts, z. B. einer Forderung durch Schätzung dar, bei der die gegenüber dem voll aktivierten Betrag angesetzte „Rückstellung" die Bedeutung eines Wertberichtigungspostens hat. Wenn eine Kapitalgesellschaft bei ihrer Gründung eine passivierungspflichtige Rentenlast übernimmt, deren Kapitalwert das Geschäftsvermögen übersteigt, dann ist diesem Umstand nach RFH. I A 241/32 v. 13. 2. 34 (RStBl. 34 S. 596, StW. 34 Nr. 515) nicht etwa durch Einsetzung eines nicht vorhandenen Firmen- oder Geschäftswerts Rechnung zu tragen. Der Bilanzausgleich sei vielmehr durch Einsetzung eines reinen Ausgleichspostens herzustellen, der im Gegensatz zum Geschäftswert nicht abschreibungsfähig sei. Ohne diesen „Ausgleichsposten" würde die neu gegründete Gesellschaft mit Unterbilanz anfangen, weil die Passiva die Aktiva überstiegen. Wird diese Unterbilanz durch Ansatz eines Postens auf der Aktivseite ausgeglichen, dann kann dies nur unter der Voraussetzung geschehen, daß die Aktiva der Gesellschaft höher gewesen sein müssen, als sie von ihr angegeben wurden, d. h. der Ansatz ist nur gerechtfertigt, wenn ein Geschäfts- oder Firmenwert vorhanden oder eine Unterbewertung der sonstigen Besitzposten anzunehmen ist. Daher könnte dieser als echter Ausgleichsposten bezeichnete Posten nur als echter Besitzposten, d. h. Geschäftswert oder als aktiver Wertberichtigungsposten gerechtfertigt sein.

Als ein echter, schätzungsweise angesetzter Schuldposten, der bis zur Aufklärung einer am Bilanzstichtag bestehenden Ungewißheit beibehalten werden soll, stellt sich auch das in RFH. VI A 2050/31 v. 26. 11. 31 (StW. 32 Nr. 125) behandelte Fehlerausgleichskonto dar. Nach dem Tatbestand stimmte das Ergebnis der Einzelaufstellung der Kreditoren und der Saldo des Hauptbuchkontos nicht überein. Dieser Fehler, der bei der Übertragung der in Betracht kommenden Buchungen aus den Grundbüchern in Einzelkontokorrentrechnungen einerseits und in die Hauptbuchrechnungen andererseits unterlaufen ist, könne nicht ohne weiteres unter Verwendung des Ergebnisses einer dieser Rechnungen beseitigt werden. Er dürfe aber auch nicht sofort über Verlust- und Gewinnrechnung abgebucht werden, soweit und solange damit gerechnet werden dürfe, daß der Fehler über kurz oder lang z. B. bei der besonderen Abrechnung mit dem Gläubiger aufgedeckt werde. Zur Abgleichung des Bestands des Hauptbuchs mit dem der zusammengezählten Kontokorrentsalden werde vielfach das Hauptbuch per Kreditoren belastet und da nicht sicher sei, ob der Unterschied einen Gewinn darstelle, der Betrag des Unterschieds vorläufig auf einem besonderen Fehlerausgleichskonto, hier auf der rechten Seite, vorgetragen. Stelle sich der Fehler später heraus, dann werde das Ausgleichskonto berichtigt. Diese nach den Grundsätzen ordnungsmäßiger Buchführung angemessene Buchungsart dürfe nicht zu einer mißbräuchlichen Verschiebung von Gewinnen oder Verlusten von einem Wirtschaftsjahr in das andere verwendet werden. Die Belassung eines derartigen Fehlerausgleichspostens in der Steuerbilanz kommt nach der Entsch. nur dann in Frage, wenn der Fehler nicht bis zur Beendigung der Tatsachenrechtstufen aufgeklärt ist und wenn noch angenommen werden kann, daß die Fehlerquelle ermittelt wird. Ist dies nicht der Fall, dann muß sich der Pflichtige die Berichtigung seiner insoweit noch nicht einwandfreien Buchführung im Veranlagungsverfahren auch zu seinem Nachteil gefallen lassen.

Um Ausgleichsposten, die dem Rechnungsausgleich zwischen den einzelnen Wirtschaftsjahren dienen und daher unter die Posten, die der Rechnungsabgrenzung dienen, einzureihen sind, handelt es sich in folgenden Fällen. Erhält ein Kaufmann für die vorzeitige Auflösung eines Mietverhältnisses eine Entschädigung, die in ihrer Höhe der in den neuen Mieträumen zu zahlenden Mehrmiete für die ursprünglich vorgesehene Restdauer des aufgelösten Mietvertrags gleichkommt, dann ist er nach RFH. VI A 902/33 v. 21. 12. 33 (StW. 34 Nr. 90) berechtigt, der Einnahme einen Passivposten gegenüberzustellen, da andernfalls

§ 6 EStG. Bewertung. Anmerkung 89—90.

sowohl die Bilanz des Jahres, in dem die Einnahme zugeflossen ist, als auch die Bilanzen der folgenden Jahre ein falsches Bild ergeben würden. Die in das laufende Geschäftsjahr fallende Einnahme ist also zur Bestreitung der erhöhten Mietausgaben in den künftigen Geschäftsjahren bestimmt. Deshalb ist sie durch Passivierung (transitorischer Passivposten oder Schuld an die kommende Geschäftszeit) und entsprechende Verringerung des Schuldpostens auf die Jahre zu verteilen, in denen die erhöhten Ausgaben geleistet werden. In RFH. VI A 1678/28 v. 24. 9. 30 (StW. 30 Nr. 1245) wurde einem Frachten-Prüfungsunternehmen gestattet, wegen der im voraus vereinnahmten Frachtprüfungsgebühren, denen am Schluß des Geschäftsjahrs noch unerfüllte Prüfungsverpflichtungen gegenüber standen, einen Passivposten als „Rückstellung" einzusetzen. Dieser Schuldposten dient der Rechnungsabgrenzung und damit der Richtigstellung des Gewinns des abgelaufenen Jahres.

B. Die Bewertungsvorschriften.

89. Einteilung der Wirtschaftsgüter des Betriebsvermögens für die Bewertung.

Für die Zwecke der Bewertung werden die Wirtschaftsgüter des Betriebsvermögens in § 6 EStG in die beiden Hauptgruppen der Wirtschaftsgüter des Anlagevermögens und des Umlaufvermögens eingeteilt. Zum Anlagevermögen sind diejenigen Wirtschaftsgüter zu rechnen, die dazu bestimmt sind, dem Betrieb dauernd zu dienen. Hierher gehören insbesondere die Grundstücke, Gebäude, Maschinen und maschinellen Anlagen und Einrichtungen, Werkzeuge, Einrichtungsgegenstände für Betriebs- und Geschäftsinventar, der Geschäfts- oder Firmenwert, Konzessionen, Patente, Lizenzen, Marken- und ähnliche Rechte, Beteiligungen und Wertpapiere, die nicht zur Veräußerung, sondern zur Anlage von Geld bestimmt sind. Das Umlaufvermögen umfaßt alle Wirtschaftsgüter des Betriebsvermögens, die nicht zur dauernden Verwendung im Betrieb, sondern zum Verkauf, zur Verarbeitung oder zur sonstigen sofortigen Verwendung im Betrieb bestimmt sind. Das sind insbesondere Roh-, Hilfs- und Betriebsstoffe, halbfertige und fertige Erzeugnisse, Waren, Wertpapiere, die nicht zum Anlagevermögen gehören, Warenforderungen und sonstige Forderungen, Zahlungsmittel wie Kasse, Wechsel, Schecks, Bank- und Postscheckguthaben. Die Wirtschaftsgüter des Anlagevermögens werden weiter eingeteilt in die Untergruppen derjenigen, die der Abnutzung unterliegen (abnutzbare) und derjenigen, die nicht der Abnutzung unterliegen (nichtabnutzbare). Die abnutzbaren Wirtschaftsgüter des Anlagevermögens können schließlich nach verschiedenen Grundsätzen bewertet werden, je nachdem ihre betriebsgewöhnliche Nutzungsdauer 5 Jahre übersteigt (sog. langlebige) oder nicht (sog. kurzlebige Wirtschaftsgüter des Anlagevermögens). Die nichtabnutzbaren Wirtschaftsgüter des Anlagevermögens und die Wirtschaftsgüter des Umlaufvermögens werden nach einheitlichen Grundsätzen bewertet, die nach § 6 Ziff. 3 a. a. O. auch für den Ansatz von Verbindlichkeiten sinngemäß anzuwenden sind.

90. Wirtschaftsgüter des Anlagevermögens, die der Abnutzung unterliegen (§ 6 Ziff. 1).

a) Bewertungsregeln nach Steuer- und Handelsrecht. Abnutzbare Wirtschaftsgüter des Anlagevermögens sind mit den Anschaffungs- oder Herstellungskosten, vermindert um die Absetzungen für Abnutzung (§ 7), anzusetzen. Die Absetzungen für Abnutzung oder Substanzverringerung „können" nach § 7 Abs. 1 Satz 1 bzw. Abs. 2 mit dem Betrag, der bei Verteilung der Anschaffungs- oder Herstellungskosten auf die Gesamtdauer der Verwendung oder Nutzung auf ein Jahr entfällt, abgesetzt werden. Für den Betriebsvermögensvergleich kommen aber nach der Vorschrift nur die um die zwischenzeitlichen Absetzungen für Abnutzung gekürzten Anschaffungs- oder Herstellungskosten als Ausgangspunkt der Bewertung in Frage.

An Stelle dieser Anschaffungs- oder Herstellungskosten kann der Teilwert angesetzt werden, wenn er niedriger ist. Das EStG gibt also dem Steuerpflichtigen für die Bewertung der abnutzbaren Anlagegüter ein Wahlrecht zwischen den um die Absetzungen für Abnutzung gekürzten Anschaffungs- oder Herstellungskosten als Höchstwert und dem niedrigeren Teilwert, das nach der Rechtsprechung nur bei nachhaltiger Entwertung ausgeschlossen wird (s. Anm. 109 a). Es steht damit im Einklang mit den handelsrechtlichen Bewertungsgrundsätzen. Der nach Handelsrecht buchführungspflichtige Kaufmann hat nach der allgemeinen Vorschrift des § 40 Abs. 2 HGB die Wirtschaftsgüter des Betriebsvermögens ohne Unterschied mit dem Wert vom Abschlußstichtag (Zeitwert) anzusetzen. Wie bereits in Anm. 41 zu § 5 EStG bemerkt, sind jedoch die allgemeinen Grundsätze des § 261 HGB i. d. F. der Aktienrechtsnovelle und des jetzt an seiner Stelle gültigen § 133 AktG als allgemein gültige Bewertungsregeln aufzufassen. Nach § 133 AktG (bis 30. 9. 37 § 261 Ziff. 1 HGB) dürfen bebaute und unbebaute Grundstücke, Maschinen und maschinelle Anlagen, Werkzeuge, Betriebs- und Geschäftsausstattung höchstens zu den Anschaffungs- oder Herstellungskosten angesetzt werden. Auch bei geringerem (Zeit-)Wert dürfen sie trotz eines am Bilanzstichtag bestehenden niedrigeren Wertes nach Abs. 2 a. a. O. zu den Anschaffungs- oder Herstellungskosten angesetzt werden, wenn der Anteil an dem Wertverlust, der sich bei der Verteilung auf die voraussichtliche Gesamtdauer der Verwendung oder Nutzung für das einzelne Geschäftsjahr ergibt, in Abzug oder in Form von Wertberichtigungsposten in Ansatz gebracht wird. Danach stimmen die Bewertungsgrundsätze des Steuerrechts und des AktG für abnutzbare Anlagegüter überein. Wenn allerdings das AktG durch seine Verweisung auf § 131 A II Ziff. 2 AktG auch unbebaute Grundstücke in diese Vorschrift mit einbezieht, so ist das steuerrechtlich nicht maßgebend (vgl. § 6 Ziff. 2 Satz 1 EStG). Auch die Vorschrift des § 133 Ziff. 5 Satz 2 AktG, wonach ein aktivierter Geschäfts- oder Firmenwert durch jährliche Abschreibungen zu tilgen ist, ist steuerrechtlich unbeachtlich; denn der Geschäfts- oder Firmenwert gehört steuerrechtlich nach § 6 Ziff. 2 Satz 1 EStG zu den nichtabnutzbaren Anlagegütern.

Bei den sog. kurzlebigen abnutzbaren Wirtschaftsgütern des Anlagevermögens dürfen buchführende Gewerbetreibende im Sinn des § 5 und buchführende Land- und Forstwirte die Absetzungen für Abnutzung höher als nach § 7 und ohne Rücksicht auf den Teilwert bemessen (§ 6 Ziff. 1 Satz 4 EStG). Für die Bewertung der kurzlebigen Anlagegüter wird also nach unten keine Grenze gezogen; sie können deshalb bereits im Jahre der Anschaffung auf 0 RM. abgeschrieben werden. Diese Regelung entspricht insofern den Grundsätzen ordnungsmäßiger Buchführung, als danach allgemein eine Unterbewertung als zulässig erachtet wird, so daß auch noch die niederste Bewertung als mit den Grundsätzen ordnungsmäßiger Buchführung vereinbar angesehen werden kann (vgl. Anm. 95).

Bei abnutzbaren Wirtschaftsgütern des Anlagevermögens, die bereits am Schluß des vorangegangenen Wirtschaftsjahrs zum Anlagevermögen des Steuerpflichtigen gehört haben, darf der Bilanzansatz nicht über den letzten Bilanzansatz hinausgehen (§ 6 Ziff. 1 Satz 5 EStG). Abnutzbare Anlagegüter können demnach steuerrechtlich nicht unabhängig von ihrem Ansatz in der Schlußbilanz des vorangegangenen Wirtschaftsjahrs bewertet werden; der Betrag des letzten Bilanzansatzes darf vielmehr nicht überschritten werden. Damit wird der bereits im EStG 1925 enthaltene Grundsatz der Bilanzstetigkeit (auch besondere oder spezielle Bilanzkontinuität genannt) für die abnutzbaren Anlagegüter im vollen Umfang beibehalten. Reinhardt bezeichnet diesen Grundsatz als Wertzusammenhang (Buchf. I S. 165). Das Handelsrecht und die aus der kaufmännischen Übung abzuleitenden Grundsätze ordnungsmäßiger kaufmännischer Buchführung kennen den Grundsatz des Wertzusammenhangs nicht.

b) Aus diesen Vorschriften ergeben sich **folgende Werte und Wertgrenzen.**

aa) **Bewertung eines abnutzbaren Wirtschaftsguts des Anlagevermögens am Schluß des Wirtschaftsjahrs, in dem es angeschafft oder hergestellt wurde.**

§ 6 EStG. Bewertung. Anmerkung 90.

Höchstwert für alle abnutzbaren Anlagegüter sind die Anschaffungs- oder Herstellungskosten, vermindert um die Absetzungen für Abnutzung oder Substanzverringerung. Ein über diesen Betrag hinausgehender Teilwert ist grundsätzlich unbeachtlich. Eine Ausnahme gilt nur nach § 6 Abs. 1 I. u. II. EStDVO bei unentgeltlicher Übertragung eines Betriebs oder Teilbetriebs für die Gewinnermittlung des bisherigen Inhabers (vgl. Anm. 96). Während handelsrechtlich abgesehen von der Vorschrift des § 40 Abs. 2 HGB insbesondere in § 133 AktG keine untere Wertgrenze festgesetzt wird, ist steuerrechtlicher Niederstwert der Teilwert am Bilanzstichtag. Zwischen beiden Werten hat der Steuerpflichtige außer bei nachhaltiger Entwertung ein Wahlrecht. Der buchführungspflichtige Kaufmann kann auch einen zwischen diesen beiden Werten liegenden Wert (Zwischenwert) in die Bilanz einsetzen (s. Anm. 109). Der Grundsatz, daß für ein abnutzbares Anlagegut der unter den Anschaffungs- oder Herstellungskosten liegende Teilwert als Bilanzansatz nicht unterschritten werden darf, erleidet eine vom Willen des Steuerpflichtigen abhängige Ausnahme für die sog. kurzlebigen Anlagegüter, (s. Anm. 95), weiter für alle abnutzbaren gewerblichen Anlagegüter nach § 3 des Neuen Finanzplans (s. Anh. 19).

bb) Bewertung am Schluß eines Wirtschaftsjahrs, das dem Wirtschaftsjahr der Anschaffung oder Herstellung nachfolgt. Höchstwert sind auch hier grundsätzlich die Anschaffungs- oder Herstellungskosten, vermindert um die Absetzungen für Abnutzung oder Substanzverringerung, jedoch nach dem Grundsatz des Wertzusammenhangs mit der Einschränkung, daß die Wirtschaftsgüter mit keinem höheren Werte als dem Bilanzansatz vom Schluß des vorangegangenen Wirtschaftsjahrs angesetzt werden dürfen (Ausnahme auch hier für die Bewertung bei unentgeltlicher Übertragung eines Betriebs oder Teilbetriebs, vgl. Anm. 96). Ist der letzte Bilanzansatz niedriger als die um die Absetzungen für Abnutzung gekürzten Anschaffungs- oder Herstellungskosten, dann ist der letzte Buchwert als Höchstwert maßgebend. Der letzte Bilanzansatz deckt sich mit dem Begriff des steuerlichen Buchwerts, unter dem der Geldbetrag zu verstehen ist, mit dem das Wirtschaftsgut in der Bilanz vom Schluß des vorangegangenen Wirtschaftsjahrs angesetzt war, mögen es die Anschaffungs- oder Herstellungskosten oder der Teilwert oder ein Zwischenwert sein, mag der Betrag richtig oder falsch sein, vorausgesetzt, daß er nicht selbst für die Veranlagung zu berichtigen ist. Ist demnach in den Vorjahren der niedrigere Teilwert des abnutzbaren Anlageguts angesetzt worden und sind am Bilanzstichtag die um die Absetzungen für Abnutzung gekürzten Anschaffungs- oder Herstellungskosten höher als der letzte Buchwert, dann kann nur der letzte Buchwert oder der niedrigere Teilwert vom Bilanzstichtag als Niederstwert in die Bilanz eingesetzt werden. Aus dem Grundsatz des Wertzusammenhangs ergibt sich aber weiter, daß in späteren Wirtschaftsjahren Absetzungen für Abnutzung solange unterbleiben können und der letzte Buchansatz solange beibehalten werden kann, als die um die Absetzungen für Abnutzung gekürzten Anschaffungs- oder Herstellungskosten nicht unter den früher angesetzten niedrigeren Teilwert (letzten Buchwert) herabsinken. Insofern wirkt sich der früher vorgenommene Ansatz des niedrigeren Teilwerts wie eine Vorwegnahme der auf die folgenden Jahre entfallenden Absetzungen für Abnutzung aus. Erst wenn die um die Absetzungen für Abnutzung gekürzten Anschaffungs- oder Herstellungskosten am Bilanzstichtag den letzten Buchansatz nicht mehr erreichen, muß der Steuerpflichtige ihren Betrag als Wert ansetzen, wenn er nicht auf einen noch niedrigeren Teilwert gehen kann und will. Auch in späteren Wirtschaftsjahren ist für den Kaufmann der Ansatz eines zwischen der maßgebenden Anschaffungs- oder Herstellungskosten und dem niedrigeren Teilwert vom Bilanzstichtag liegenden Zwischenwerts zulässig. Schließlich ist auch hier der Teilwert als unterste Wertgrenze für kurzlebige Wirtschaftsgüter des Anlagevermögens beseitigt.

c) Das Gesetz kennt demnach folgende **Arten von Wertabsetzungen an einem abnutzbaren Anlagegut**: die Absetzung für Abnutzung oder Substanzverringerung im Sinn des § 7 und das Herabgehen auf den niedrigeren Teilwert. Jedes Wirtschaftsgut des Betriebsvermögens hat einen Anfangswert der durch die Anschaffungs- oder Herstellungskosten (unter Umständen durch die gedachten Anschaffungs- oder Herstellungskosten vgl. Anm. 105) dargestellt wird. Bei den nichtabnutzbaren Wirtschaftsgütern ist der Anfangswert eine unveränderliche Größe, bei den abnutzbaren Anlagegütern dagegen ist er eine stetig abnehmende Größe. Der steuertechnische Ausdruck für die Bezeichnung des Betrags der Abnahme ist Absetzung für Abnutzung oder Substanzverringerung, der aktienrechtliche ist „Wertverlust, der sich bei der Verteilung auf die voraussichtliche Gesamtdauer der Verwendung oder Nutzung ergibt". Diese Absetzung, die vielfach auch als „Abschreibung" bezeichnet wird, ist von der Abschreibung im technischen Sinn zu unterscheiden. Die Absetzung bedeutet ein Verfahren zur Verteilung eines eine Ausgabe darstellenden oder als Ausgabe gedachten Anfangswerts auf die Jahre der Benutzung oder Verwendung. Die Abschreibung dagegen bedeutet die Einsetzung des Betrags, um den der tatsächliche Wert eines Wirtschaftsguts hinter dem bisherigen Buchwert zurückbleibt. Die Absetzung entspricht der sog. dynamischen Bilanzauffassung, die Abschreibung der statischen. Die Absetzung ist grundsätzlich dahin zu berechnen: Für den Gegenstand sind 50 000 RM. ausgegeben; er ist zu 40 v. H. als abgesetzt anzusehen, folglich sind 20 000 RM. abzusetzen und sein noch vorhandener Anfangswert ist 30 000 RM. Was der Gegenstand gegenwärtig wert ist, kommt für die Rechnung nicht in Betracht. Der Gedanke der Abschreibung ist dagegen: Der Gegenstand steht mit 50 000 RM. zu Buch, ob das ein Anfangswert (Anschaffungs- oder Herstellungskosten, gekürzt um die Absetzungen für Abnutzung) oder ein Teilwert ist, ist ganz gleichgültig; er ist aber jetzt nur noch 30 000 RM. wert; folglich sind 20 000 RM. abzuschreiben, damit der Teilwert vom Bilanzstichtag in der Bilanz steht. Deshalb sind Abschreibungen auf 1 RM.-Konto nicht möglich. Bisweilen stimmen Absetzung und Abschreibung bei einem abnutzbaren Gegenstand überein, nämlich wenn der Anfangswert gleich dem Teilwert war und sich die Preise nicht geändert haben; denn der Teilwert nimmt natürlich mit der Abnutzung auch ab. Sind aber die Preise gestiegen, so kann eine Abschreibung ungerechtfertigt sein, während die Absetzung von der Entwicklung der Preise unabhängig ist.

91. Wirtschaftsgüter des Anlagevermögens, die nicht der Abnutzung unterliegen, und Wirtschaftsgüter des Umlaufvermögens.

a) Bewertungsregeln nach Steuer- und Handelsrecht. Die nichtabnutzbaren Anlagegüter (Grund und Boden, Beteiligungen, Geschäfts- oder Firmenwert) und die Umlaufgüter sind mit den Anschaffungs- oder Herstellungskosten anzusetzen. Statt der Anschaffungs- oder Herstellungskosten kann der niedrigere Teilwert angesetzt werden. Dieses Bewertungswahlrecht besteht grundsätzlich auch nach Aktienrecht für nichtabnutzbare Anlagegüter; denn nach § 133 Ziff. 2 AktG (bis 30. 9. 1937 § 261 Ziff. 1 HGB) dürfen die nichtkörperlichen Werte wie Konzessionen, Patente, Lizenzen usw., die Beteiligungen und andere Wertpapiere des Anlagevermögens höchstens zu den Anschaffungskosten angesetzt werden und zwar auch bei geringerem (Zeit-)Wert, wenn nicht die Grundsätze ordnungsmäßiger Buchführung Abschreibungen oder Wertberichtigungen nötig machen (ebenso bis 30. 9. 1937 § 261 Ziff. 1 Abs. 2 HGB). Gegenstände des Umlaufvermögens dagegen dürfen nach § 133 Ziff. 3 AktG (bis 30. 9. 1937 § 261 Ziff. 2 HGB) höchstens zu den Anschaffungs- oder Herstellungskosten angesetzt werden, jedoch sind sie höchstens mit dem Börsen- oder Marktpreis oder dem Zeitwert anzusetzen, wenn dieser am Abschlußstichtag niedriger ist als die Anschaffungs- oder Herstellungskosten. Bemerkt sei, daß Patente für das Steuerrecht als abnutzbare Anlagegüter anerkannt sind (vgl. Anm. 112). Auch die Anschaffungskosten sonstiger Rechte können gleichmäßig zu verteilen sein, wenn sie für den Betrieb eine zeitlich bestimmbare Nutzungsdauer haben.

§ 6 EStG. Bewertung. Anmerkung 91.

Bei Wirtschaftsgütern, die bereits am Schluß des vorangegangenen Wirtschaftsjahrs zum Betriebsvermögen gehört haben, kann der Steuerpflichtige in den folgenden Wirtschaftsjahren den Teilwert auch dann ansetzen, wenn dieser höher ist als der letzte Bilanzansatz; es dürfen jedoch höchstens die Anschaffungs- oder Herstellungskosten angesetzt werden (§ 6 Ziff. 2 S. 3 EStG). Durch diese Vorschrift wird für die nichtabnutzbaren Anlagegüter und die Umlaufgüter der Grundsatz des Wertzusammenhangs insofern eingeschränkt, als beim Ansatz des Teilwerts vom Bilanzstichtag der letzte Buchwert überschritten werden darf. Höchstgrenze des Ansatzes bleiben aber die Anschaffungs- oder Herstellungskosten. Der Wertzusammenhang bleibt also hinsichtlich der Anschaffungs- oder Herstellungskosten, nicht aber hinsichtlich des letzten Bilanzansatzes aufrechterhalten. (Wegen der Verwirklichung von Gewinn vgl. Anm. 94 Abs. 3). Reinhardt bezeichnet deshalb diesen Wertzusammenhang als „eingeschränkten Wertzusammenhang" (Buchf. I S. 169). Wie in Anm. 90 a a. E. bemerkt, kennt das Handelsrecht den Grundsatz des Wertzusammenhangs nicht. Nach Handelsrecht kann also der Zeitwert bis zur Höhe der Anschaffungs- oder Herstellungskosten auch dann angesetzt werden, wenn er höher ist als der letzte Buchwert. Damit stimmt die steuerrechtliche Regelung überein, die einen wesentlichen Schritt zur Angleichung von Handels- und Steuerbilanz bedeutet.

Bei land- und forstwirtschaftlichen Betrieben ist auch der Ansatz des höheren Teilwerts zulässig, wenn das den Grundsätzen ordnungsmäßiger Buchführung entspricht (§ 6 Ziff. 2 S. 4 EStG). Diese Vorschrift stellt die einzige Ausnahme von dem Grundsatz dar, daß die Anschaffungs- oder Herstellungskosten für die einkommensteuerrechtliche Bewertung Höchstwert sind. Der Ansatz eines über die Anschaffungs- oder Herstellungskosten hinausgehenden höheren Teilwerts wurde in RfH. VI A 1296/32 v. 11. 2. 34 (E. 35 S. 287, RStBl. 34 S. 569, StW. 34 Nr. 297) für die Bewertung der im abgelaufenen Wirtschaftsjahr geernteten Weinvorräte in buchführenden Weinbaubetrieben zugelassen. Diese Regelung ist, wie auch in der Entsch. betont wird, ausschließlich aus den Besonderheiten des land- oder forstwirtschaftlichen Betriebs zu erklären, bei dem für die Herstellung der Erzeugnisse des Betriebs und deren Weiterentwicklung dem Wirken der Naturkräfte eine wesentliche Bedeutung zukommt, die oft dem Werte dessen, was der Betrieb an Geld und Arbeit auf die Erzeugnisse aufwendet, gleichkommt oder ihn übersteigt. Im Gegensatz dazu kann in einem gewerblichen Betrieb der Wert eines Erzeugnisses regelmäßig ziemlich genau nach den Herstellungskosten berechnet werden. Die ordnungsmäßige landwirtschaftliche Buchführung kennt nicht den strengen Grundsatz der Niederstbewertung, wie er für die Inhaber gewerblicher Betriebe gilt. Nach Auffassung des RfH. können daher aus den Regeln ordnungsmäßiger Buchführung keine Bedenken gegen die Bewertung geernteter Weinvorräte zu einem gegenüber den Herstellungskosten höheren gemeinen Wert erhoben werden. Dem Steuerpflichtigen wurde deshalb ein Recht, nicht aber die Verpflichtung zum Ansatz des höheren Teilwerts eingeräumt, da es seiner freien Entscheidung vorbehalten bleiben müsse, ob die Versteuerung nichtverwirklichter Gewinne erfolgen solle. Diese Bewertungsfreiheit besteht für Land- und Forstwirte auch nach dem EStG 1934 ebenfalls als Recht und nicht als Verpflichtung (vgl. auch RfH. VI A 261/37 v. 4. 8. 37, E. 42 S. 67, RStBl. 37 S. 1176, StW. 37 Nr. 506), und zwar, wie auch aus der in der Begr. zu § 6 Abs. 1 (RStBl. 35 S. 38) enthaltenen Verweisung auf die erwähnte Entsch. zu schließen ist, sowohl im Wirtschaftsjahr der Anschaffung oder Herstellung eines Wirtschaftsguts, als auch in späteren Wirtschaftsjahren. Die Vorschrift bezieht sich nach ihrer Stellung im Gesetz auf nichtabnutzbare Anlagegüter und Umlaufgüter und könnte wegen der Verweisung in § 6 Ziff. 3 auch für Verbindlichkeiten in Frage kommen. Eine allgemeine Ausdehnung auf alle diese Wirtschaftsgüter hängt aber davon ab, daß der Ansatz eines über die Anschaffungs- oder Herstellungskosten hinausgehenden Teilwerts den Grundsätzen ordnungsmäßiger landwirtschaftlicher Buchführung entspricht. Aus dem oben dargelegten Grundgedanken dieser Vorschrift und der

Auffassung der beteiligten Berufskreise, wie sie aus der Entsch. hervorgeht, ist diese Bewertungsfreiheit grundsätzlich auf die eigenen Erzeugnisse des land- oder forstwirtschaftlichen Betriebs (geerntete Vorräte, insbesondere Weinbestände, Jungtiere während der Aufzucht) zu beschränken. Dabei ist aber die stehende Ernte auszuscheiden, weil sie noch nicht als selbständiges Wirtschaftsgut angesehen werden kann. Die Vorschrift gilt dagegen nicht für Beteiligungen und Verbindlichkeiten.

b) Hiernach ergeben sich folgende Werte und Wertgrenzen.

aa) Bewertung der nichtabnutzbaren Wirtschaftsgüter des Anlagevermögens und der Wirtschaftsgüter des Umlaufvermögens am Schluß des Wirtschaftsjahrs, in dem sie angeschafft oder hergestellt wurden. Höchstwert sind die Anschaffungs- oder Herstellungskosten, die grundsätzlich nicht überschritten werden dürfen (Ausnahme nur für Wirtschaftsgüter, die zu einem land- oder forstwirtschaftlichen Betrieb gehören, wenn der Ansatz zu einem die Anschaffungs- oder Herstellungskosten übersteigenden Teilwert den Grundsätzen der ordnungsmäßigen landwirtschaftlichen Buchführung entspricht, und gilt für die Bewertung bei unentgeltlicher Übertragung eines Betriebs oder Teilbetriebs vgl. Anm. 95). Steuerlicher Niederstwert ist der unter den Anschaffungs- oder Herstellungskosten liegende Teilwert vom Bilanzstichtag. Das nach dem EStG bestehende Wahlrecht zwischen den Anschaffungs- oder Herstellungskosten und dem niedrigeren Teilwert wird für den buchführungspflichtigen Kaufmann ausgeschlossen und der Ansatz zum niedrigeren Teilwert zur Pflicht, soweit dies die Grundsätze ordnungsmäßiger Buchführung bindend vorschreiben. Dies gilt zunächst für die nichtabnutzbaren Anlagegüter nach § 133 Ziff. 2 Abs. 2 AktG, wenn bei gesunkenem Wert das Festhalten an den Anschaffungs- oder Herstellungskosten den Grundsätzen ordnungsmäßiger Buchführung widerspricht, was bei einer unverkennbaren Entwertung der Fall ist, vgl. Anm. 93 a). Weiter wird nach der für die buchführungspflichtigen Kaufleute verbindlichen Regel des § 133 Ziff. 3 Abs. 2 und 3 AktG für alle Umlaufgüter der Markt- oder Börsenpreis oder beim Fehlen eines solchen der Zeitwert als Höchstwert bestimmt, wenn die Anschaffungs- oder Herstellungskosten höher sind als diese Werte. Wenn hier das AktG den Markt- oder Börsenpreis oder den Wert als Höchstwert bezeichnet, so geht daraus hervor, daß es auch noch einen niedrigeren Wert für die genannten Wirtschaftsgüter als zulässig erachtet. Markt- oder Börsenpreis oder Wert vom Bilanzstichtag sind aber grundsätzlich die niedrigeren Teilwerte im Sinn des EStG; das nach Handelsrecht zulässige Herabgehen unter diesen Wert ist durch Festlegung des Teilwerts als des niedersten zulässigen Wertes im EStG ausgeschlossen. Wegen der Möglichkeit des Ansatzes eines über dem Zeitwert liegenden Teilwerts für Rohstoffe und Waren vgl. Anm. 109 b Abs. 2 und 3.

bb) Bewertung am Schluß eines Wirtschaftsjahrs, das dem Wirtschaftsjahr der Anschaffung oder Herstellung nachfolgt. Für nichtabnutzbare Anlagegüter und für Umlaufgüter, die bereits am Schluß des vorangegangenen Wirtschaftsjahrs zum Betriebsvermögen gehört haben, gelten ebenfalls die Anschaffungs- oder Herstellungskosten als Höchstwert mit der für Land- und Forstwirte und bei unentgeltlicher Übertragung für den bisherigen Betriebsinhaber geltenden Befugnis des Übergangs zum höheren Teilwert, die hier eine vollständige Durchbrechung des Grundsatzes des Wertzusammenhangs bedeutet. Niederstwert ist der Teilwert, auf den in den bereits unter aa) aufgeführten Fällen buchführungspflichtiger Kaufleute übergehen müssen. Dabei gilt der Grundsatz des eingeschränkten Wertzusammenhangs, wonach ein Teilwert angesetzt werden kann, der über dem letzten Bilanzansatz liegt. Niemals aber kann ein Teilwert angesetzt werden, der die Anschaffungs- oder Herstellungskosten überschreitet.

Ein Fall der erstmaligen Anwendung des eingeschränkten Wertzusammenhangs nach § 6 Ziff. 2 Satz 3 EStG wird in RFH. I A 145/36 v. 28. 7. 36 (RStBl. 36 S. 1002, StW. 36 Nr. 429) behandelt. Eine AG. hatte ihre

§ 6 EStG. Bewertung. Anmerkung 92.

Wertpapiere in der Handelsbilanz 1933 um etwa 50 000 RM. höher bewertet als in der Handels- und Steuerbilanz 1932. Nach § 20 EStG 1925 war diese Erhöhung in der Steuerbilanz 1933 nicht zulässig und so blieb der Ansatz in der Steuerbilanz 1933 um 50 000 RM. hinter dem der Handelsbilanz zurück. In der Handelsbilanz 1934 bewertete die Gesellschaft die Wertpapiere um 70 000 RM. höher als in der Handelsbilanz 1933 und nun verlangte das Finanzamt dieselbe Bewertung für die Steuerbilanz, da nach dem EStG 1934 eine derartige Bewertung nicht mehr unzulässig ist (die Anschaffungskosten der Wertpapiere sind noch höher). Die Entsch. meint, die Gesellschaft habe das Recht, zwar nicht den Ansatz 1933 beizubehalten, aber doch denselben Unterschied zwischen Handelsbilanz und Steuerbilanz wie 1933, brauche also den Ansatz der Steuerbilanz nur um 70 000 RM. zu erhöhen. Soweit die steuerlichen Anfangswerte eines Steuerabschnitts deshalb von den Handelsbilanzansätzen abwichen, weil die steuerlichen Vorschriften diese Abweichung bedingten, müsse diese Verschiedenheit auch fernerhin beibehalten bleiben; die Beseitigung der Verschiedenheit würde die bis zum Inkrafttreten des EStG 1934 grundsätzlich nicht zulässige Versteuerung nichtverwirklichter Gewinne nachholen. Ob hier für den Wertansatz in der Steuerbilanz von dem Ansatz der Handelsbilanz abgewichen werden mußte, erscheint zum mindesten zweifelhaft. In erster Linie kam es auf die Zulässigkeit des Wertansatzes in der handelsrechtlichen Schlußbilanz 1934 an, der als Kurswert am Bilanzstichtag auch steuerrechtlich maßgebend war, solange er nicht die Anschaffungskosten überstieg, was hier nicht der Fall war (§ 6 Ziff. 2 Satz 3 a. a. O.). Auch das Verbot des Ausweises nichtverwirklichter Gewinne, das auch für das EStG 1934 gilt, steht dem Ansatz des gesetzlich zulässigen Wertes nicht entgegen. Denn eine Besteuerung nichtverwirklichter Gewinne könnte nur insoweit in Betracht kommen, als der Börsenkurs vom Bilanzstichtag den Betrag der ursprünglichen Anschaffungs- oder Herstellungskosten überschreitet (vgl. Anm. 94 Abs. 3, auch Reinhardt, Buchf. I S. 172). Durch den im § 6 Ziff. 2 Satz 3 EStG zugelassenen Ansatz eines den letzten Bilanzansatz übersteigenden Teilwerts wird kein nichtverwirklichter Gewinn ausgewiesen, sondern der in einem vorausgegangenen Wirtschaftsjahr erfolgte Ansatz eines niedrigeren Teilwerts und die dadurch erfolgte Ausweisung eines nichtverwirklichten Verlusts rückgängig gemacht. Es kam also lediglich auf die Zulässigkeit des in der Handelsbilanz gewählten Bilanzansatzes an und bei Bejahung dieser Frage war der Bilanzansatz in die Steuerbilanz zu übernehmen. Auf diese Weise wird dann die vom EStG 1934 gerade auch durch die Vorschrift des § 6 Ziff. 2 Satz 3 erstrebte Übereinstimmung von Handelsbilanz und Steuerbilanz hinsichtlich der Wertpapiere erreicht.

92. Nämlichkeit eines Wirtschaftsguts als Voraussetzung des Wertzusammenhangs.

a) Der Begriff des Wertzusammenhangs und des eingeschränkten Wertzusammenhangs bezieht sich auf Wirtschaftsgüter, die bereits am Schluß des vorangegangenen Wirtschaftsjahrs zum Betriebsvermögen gehört haben. Es ergibt sich hier die Frage, **wann ein Wirtschaftsgut im Sinn des EStG als dasselbe anzusehen ist**. Ebenso wie für den Begriff des steuerrechtlichen Wirtschaftsguts bürgerlich-rechtliche Begriffe nicht maßgebend sein können, kann auch die Frage der Nämlichkeit eines Wirtschaftsguts nicht im Sinne des bürgerlichen Rechts entschieden werden. Es ist ganz unmöglich, ein Grundstück, nachdem ein Haus darauf errichtet ist, mit dem ursprünglichen Wert des Grundstücks anzusetzen. Der Kaufmann trennt ja auch häufig Grundstückskonto und Gebäudekonto. Durch begriffliche Betrachtung kommt man zum richtigen Ergebnis. Was zu bewerten ist, sind eigentlich die Rechte an den Sachen, nicht die Sachen selbst, in der Hauptsache das Eigentum. Das Eigentum ist ein in der Zeit, nicht aber im Raum vorhandener Gegenstand, im Raum vorhanden ist die Sache selbst. Für das Eigentum bedeutet deshalb Zeitänderung keine Substanzänderung, wie ebenso für die Sache selbst Ortsänderung keine Substanzänderung bedeutet. Dagegen hat für das eigentlich zu bewertende Eigentum die Ortsänderung der Sache genau dieselbe Bedeutung wie jede andere Änderung der Sache. Bei Rechten kann jedoch die Zeit ebenfalls eine Änderung herbeiführen, nämlich wenn das Recht durch Zeitbestimmung näher bestimmt ist. Beispiel: Eine in 5 Jahren kündbare unverzinsliche Forderung. Im nächsten Jahre ist sie eine in 4 Jahren kündbare. Das ist eine Substanzänderung.

Die Substanzänderung darf steuerrechtlich nicht die Folge haben, daß die Bewertung des ganzen Wirtschaftsguts infolgedessen frei vom Wertzusammenhang im Sinn des § 6 Ziff. 1 u. 2 EStG zu erfolgen hat. Vielmehr ist dem Zweck des Gesetzes entsprechend, lediglich die Veränderung selbst zu bewerten. Das bewahrt im allgemeinen vor der Frage, wie groß die Veränderung sein müsse, um eine so einschneidende Wirkung wie die der Bewertungsfreiheit durch Loslösung aus dem Wertzusammenhang herbeizuführen, wie sie z. B. für die Unterscheidung zwischen Umbau eines vorhandenen Gebäudes und der Errichtung eines Neubaus von Bedeutung wird (vgl. Anm. 110 b) und es entspricht auch dem Wesen der Einkommensteuerbewertung, die ja grundsätzlich die Bewertung von Rechnungsfaktoren einer wirtschaftlichen Einheit vorschreibt. Für die Bewertung der Veränderung gilt der Grundsatz der Wahl zwischen den Anschaffungs- oder Herstellungskosten, d. h. den tatsächlichen Kosten, die dem bisherigen Buchwert zuzuschlagen sind, und dem Teilwert der veränderten Sache am Bilanzstichtag. Als derartige Veränderungen kommen insbesondere die über die laufende Unterhaltung hinausgehenden Instandsetzungen und Verbesserungen eines Wirtschaftsguts, dessen Verbringung an einen anderen Ort u. a. in Betracht (vgl. Anm. 102 a). Die Frage der Bewertung von Veränderungen wird vor allem bei der Vornahme von Umbauten von Bedeutung (s. Anm. 110 b und c). Wird auf einem Grundstück ein Gebäude errichtet, so ist die Tatsache der Errichtung des Gebäudes auf den Wert von Grund und Boden, der zu den nichtabnutzbaren Anlagegütern gehört, ohne Einfluß. Für ihn gilt der Grundsatz des eingeschränkten Wertzusammenhangs nach § 6 Ziff. 2 EStG. Der Neubau ist grundsätzlich unabhängig vom Wert des Grund und Bodens als abnutzbarer Anlagegegenstand, der am Schluß des vorangegangenen Wirtschaftsjahrs noch nicht vorhanden war, selbständig zu bewerten. Wenn in einem landwirtschaftlichen Betrieb aus Kälbern Kühe werden, so sind den Kälberwerten der Bilanz I in der Bilanz II die tatsächlichen Aufzuchtskosten des Jahres hinzuzurechnen, wobei aber nach der Regel des § 6 Ziff. 2 S. 4 a. a. O. nicht nur der Ansatz eines niedrigeren Teilwerts, sondern auch der Ansatz eines die Anschaffungs- und Herstellungskosten übersteigenden höheren Teilwerts in Frage kommen kann.

Tatsächlichen Verschlechterungen eines Wirtschaftsguts kann in derselben Weise wie sonstigen Wertveränderungen Rechnung getragen werden. Ist ein Gegenstand in der Bilanz I mit 10 000 RM. bewertet und im nächsten Jahre stark beschädigt, so kann er natürlich trotzdem mit 10 000 RM. in die Bilanz II eingesetzt werden, wenn er trotz der Beschädigung noch so viel wert ist, d. h. sein Teilwert nicht unter diesen Betrag gesunken ist und bei einem abnutzbaren Anlagegegenstand die um die Absetzungen für Abnutzung gekürzten Anschaffungs- oder Herstellungskosten nicht unter diesem Betrag liegen. Vgl. auch den in Anm. 113 a u. b angeführten Fall der unentgeltlichen Abgabe eines Grundstücksteils, die den Gesamtwert des Grundstücks nicht beeinflußt. Selbstverständlich kann nicht behauptet werden, infolge der Beschädigung sei ein anderer Gegenstand vor, der unabhängig vom Buchwert der Bilanz I bewertet werden könnte.

b) Wird ein in **der Bilanz stehendes Wirtschaftsgut geteilt und eine Bewertung der Teile erforderlich,** so ist der Bilanzwert angemessen zu verteilen. Soweit der bisherige Bilanzansatz auf die Werte der Teile zu übertragen ist, gilt für ihn der Grundsatz des Wertzusammenhangs weiter. Das Gleiche gilt bei Veräußerung des Teiles eines teilbaren Wirtschaftsguts für den verbleibenden Restwert. Als Teilung ist auch die Einräumung eines Bezugsrechts auf junge Aktien für den Besitzer der alten Aktien anzusehen. Es ist ein Verfahren, den z. B. $^{1}/_{1000}$ Anteil in zwei Teile zu zerlegen, allerdings unter Einziehung einer Zubuße. Der Bilanz=

wert der alten Aktien ist so zu verteilen, daß auf sie ein um den Bezugspreis der jungen Aktien höherer Betrag entfällt als auf das Bezugsrecht (vgl. Mirre, Allg. Steuer-Rundschau 5, 183 und Anm. 114 b Abs. 1 und 2). Bei Gratisaktien gilt dasselbe, nur sind sie als zum Nennwert zuzüglich Steuer vom Kapitalertrag erworben anzusehen (s. Anm. 114 b Abs. 3). Beispiel: Bilanzwert der alten Aktien 200, auf jede alte eine junge zu 100. Alte Aktie etwas über 150, Bezugsrecht um ebensoviel unter 50.

Die Feststellung des Buchwerts eines Restgrundstücks bei Abverkauf von Grundstücksteilen wird in RFH. I A 440/30 v. 12. 5. 32 (RStBl. 32 S. 639, StW. 32 Nr. 854 und VI A 723/31 v. 11. 10. 33 (RStBl. 34 S. 142, StW. 33 Nr. 787) behandelt. Z. B. Größe des Grundstücks 1 000 qm, Buchwert 10 000 RM., abverkauft 100 qm für 2 300 RM. Es ist nicht etwa das Restgrundstück als neuer Gegenstand anzusehen und mit gedachten Anschaffungskosten zu bewerten. Ebensowenig ist entsprechend der Buchung des Verkaufs 2 300 RM. Kasse (Debitoren) links — Grundstückskonto rechts der sich dann ergebende Saldo 10 000 — 2 300 = 7 700 RM. als Buchwert des Restes zu behandeln. Auch die Kürzung des Buchwerts in dem Umfang, wie die Größe abgenommen hat, d. h. hier um 1 000 RM., ist nur dann richtig, wenn dies dem Wertverhältnis des abgetretenen Teiles zum ganzen Grundstück d. h. hier 1:10 entspricht. Wenn aber gerade der wertvollere Teil oder ein geringwertigerer Teil verkauft ist, dann ist der gemeine Wert (Teilwert) sowohl des verkauften Teiles wie des ganzen Grundstücks festzustellen. Der Buchwertanteil des verkauften Teiles ist nach dem Verhältnis zu berechnen: X: bisheriger Buchwert = gemeiner Wert des verkauften Teiles : gemeiner Wert des ganzen Grundstücks. Nach RFH. VI A 723/31 ist regelmäßig nur die Senkung des bisherigen Buchwerts um den dem entfallenden Teile entsprechenden Wertteil zulässig, wenn nicht durch den Verkauf Verhältnisse geschaffen wurden, die eine weitere Minderung des Buchwerts des Restteils gerechtfertigt erscheinen lassen. Dieses Verfahren hat zur Folge, daß ein bei der Veräußerung des Teiles erzielter Gewinn sofort als verwirklicht behandelt wird. Der RFH. hat deshalb in der Entsch. die bei Teilveräußerungen häufig bestehende kaufmännische Übung, den dabei erzielten Gewinn durch Abzug des vollen Erlöses vom bisherigen Buchwert zur Bildung stiller Rücklagen zu verwenden, mit Recht als einkommensteuerrechtlich unzulässig erklärt. Es sei vielmehr erst der bei der Veräußerung erzielte Gewinn festzustellen und hiervon unabhängig, falls der anteilige Restbuchwert zu hoch sei, der niedrigere Teilwert des Restgrundstücks zu ermitteln. Wenn durch die unentgeltliche Abgabe eines Grundstücksteils der Wert des Grundstücks überhaupt nicht gemindert wird, so berechtigt nach RFH. I A 501/31 v. 14. 3. 33 (RStBl. 33 S. 651, StW. 33 Nr. 525) die Abgabe grundsätzlich nicht zu einer entsprechenden Absetzung in der Bilanz. Hier kommt zum Ausdruck, daß abgesehen von den Absetzungen für Abnutzung, die ohne Rücksicht auf eine wirkliche Wertminderung vorzunehmen sind, die aber für nichtabnutzbare Wirtschaftsgüter wie Grundstücke nicht in Frage kommen, Veränderungen von Eigenschaften eines Wirtschaftsguts einkommensteuerrechtlich unbeachtlich bleiben, wenn sie keine Änderung des Wertes (Teilwerts) des Wirtschaftsguts zur Folge haben.

93. Zeitpunkt des Übergangs zum niedrigeren Teilwert.

a) Steuerpflichtige, die verpflichtet sind, nach den Vorschriften des HGB Bücher zu führen. Wie in den Anm. 90 und 91 ausgeführt, wird das nach Steuerrecht grundsätzlich bestehende Bewertungswahlrecht zwischen den Anschaffungs- oder Herstellungskosten und dem niedrigeren Teilwert für den buchführungspflichtigen Kaufmann dann ausgeschlossen, wenn diesem nach Handelsrecht oder nach den Grundsätzen ordnungsmäßiger Buchführung der Übergang zum niedrigeren Zeitwert zwingend vorgeschrieben ist. Die in RFH. VI A 2002/32 v. 11. 1. 33 (RStBl. 33 S. 372, StW. 33 Nr. 277) vertretene Auffassung, daß die Bewertungsregeln des § 261 HGB an den derzeitigen Stand ordnungsmäßiger Buchführung anknüpfen und daher nicht nur für AG. und

KoGaA., für die sie zunächst bestimmt sind, sondern für alle nach Handelsrecht buchführungspflichtigen Kaufleute maßgebend sind, muß auch für die allgemeinen Bewertungsregeln des § 133 AktG gelten. Aus der Regelung des § 133 Ziff. 1 AktG ist bei den abnutzbaren Anlagegütern für den Übergang von den Anschaffungs- oder Herstellungskosten auf den niedrigeren Wert vom Abschlußstichtag kein bestimmter Zeitpunkt abzuleiten, der letzte steht im Belieben der AG. usw. Daher kann dieser Übergang auch allmählich durch Ansatz eines oder mehrerer zwischen den Anschaffungs- oder Herstellungskosten und dem Zeitwert liegender Zwischenwerte herbeigeführt werden (s. Anm. 109 a). Wann die Entwertung eingetreten ist, ist für den Übergang gleichgültig und die Steuerbehörde kann, wie in RFH. VI A 370/30 v. 20. 3. 30 (RStBl. 30 S. 348, StW. 30 Nr. 479) zutreffend ausgeführt wird, nicht entgegen halten, daß das Wirtschaftsgut, das mit dem Teilwert oder einem Zwischenwert angesetzt werden soll, bereits am Schluß des vorangegangenen Wirtschaftsjahrs weniger als die Anschaffungs- oder Herstellungskosten oder den Buchwert wert gewesen sei. Da es sich hier um die Ausübung eines Bewertungswahlrechts des Kaufmanns handelt, ist Voraussetzung für den Ansatz des niedrigeren Teilwerts oder eines Zwischenwerts in der Steuerbilanz ein entsprechender Ansatz in der Handelsbilanz. Jedoch hat der RFH. nach den Grundsätzen ordnungsmäßiger Buchführung den Ansatz eines über dem Teilwert liegenden Zwischenwerts untersagt und damit trotz des handelsrechtlichen Wahlrechts eine Verpflichtung zum Übergang zum Teilwert angenommen, wenn ein höherer Wert wegen eines offensichtlichen Wertverlusts nicht mehr gerechtfertigt werden kann (vgl. Anm. 109 a). Für nichtabnutzbare Anlagegüter gelten nach § 133 Ziff. 2 AktG (bisher § 261 Ziff. 1 HGB) die gleichen Grundsätze, wenn nicht die Grundsätze ordnungsmäßiger Buchführung Abschreibungen oder Wertberichtigungen nötig machen. Der Kaufmann kann also insbesondere bei Beteiligungen trotz niedrigerem Börsen- oder Marktpreis an den Anschaffungskosten festhalten; denn es kann sich um vorübergehende Schwankungen handeln, die bei Anlagegütern keine Bedeutung haben. Die Wertabschreibung auf den niedrigeren Teilwert ist aber nach RFH. VI A 500/32 v. 19. 5. 32 (RStBl. 32 S. 728, StW. 32 Nr. 822, ebenso RFH. I A 169/35 v. 20. 10. 36, StW. 37 Nr. 51) nach den Grundsätzen ordnungsmäßiger Buchführung dann erforderlich, wenn für die Dauer die Bewertung zu den Anschaffungskosten nicht zu rechtfertigen ist. Sei am inneren Wert der durch die Beteiligung verkörperten Substanz der Gesellschaft am Bilanzstichtag wesentlich und voraussichtlich dauernd gesunken, so sei regelmäßig dieser Tatsache durch angemessene Abschreibungen Rechnung zu tragen. Diese aus dem Aktienrecht sich ergebenden Grundsätze seien auch für die Bewertung von Beteiligungen nach § 40 Abs. 2 HGB, also für alle buchführungspflichtigen Kaufleute richtig (vgl. auch RFH. VI A 1459/32 v. 2. 3. 33, RStBl. 33 S. 585, StW. 33 Nr. 482 für sonstige nicht in Wertpapieren bestehende Beteiligungen). Daraus ergibt sich für diese die Verpflichtung, wesentlichen und nachhaltigen Entwertungen von Beteiligungen und anderen Wertpapieren des Anlagevermögens durch Herabgehen auf den niedrigeren Teilwert am Schluß desjenigen Wirtschaftsjahrs Rechnung zu tragen, in dem die Entwertung eingetreten ist.

Für Umlaufgüter wird in § 133 Ziff. 3 AktG wie bisher in § 261 Ziff. 2 HGB der Grundsatz des Niederstwerts streng durchgeführt, indem der unter die Anschaffungs- oder Herstellungskosten gesunkene Markt- oder Börsenpreis oder (Zeit-)Wert als Höchstwert vorgeschrieben wird. Diese Regel gilt ebenfalls für alle buchführungspflichtigen Kaufleute. Auch Reinhardt (Buchf. I S. 169) vertritt die Auffassung, daß die Vorschrift des § 261 Ziff. 2 HGB eine Mußvorschrift für alle Unternehmen ist, die nach den Vorschriften des HGB Bücher zu führen verpflichtet sind, und daß in diesem Fall für die Umlaufgüter nach dem Grundsatz der Maßgeblichkeit der Handelsbilanz für die Steuerbilanz der niedrigere Teilwert auch in die Steuerbilanz eingesetzt werden müsse. Daher ist der buchführungspflichtige Kaufmann gesetzlich verpflichtet, für Umlaufgüter, insbesondere für Warenvorräte, den am Abschlußstichtag bestehenden niedrigeren Teilwert zum Schluß desjenigen

Wirtschaftsjahrs anzusetzen, in dem der Teilwert unter die Anschaffungs- oder Herstellungskosten gesunken ist. Diese Notwendigkeit wird in RFH. VI A 116/30 v. 30. 1. 30 (RStBl. 30 S. 200, StW. 30 Nr. 288) unter der Voraussetzung anerkannt, daß der Pflichtige gewußt hat oder als vorsichtiger Kaufmann ohne grobe Fahrlässigkeit hätte feststellen müssen, daß Umlaufgüter z. B. Vorräte zum Teil verdorben oder nicht mehr brauchbar waren, und daß er nicht hoffen konnte, sie trotzdem noch im Betrieb ohne Verlust verwenden zu können.

b) Steuerpflichtige, die nicht nach Handelsrecht zur Buchführung verpflichtet sind. Der RFH. hat für das EStG 1925 hinsichtlich der übrigen, nicht buchführungspflichtigen Steuerpflichtigen (buchführende und nichtbuchführende Land- und Forstwirte, Gewerbetreibende, die nicht zur kaufmännischen Buchführung verpflichtet sind, selbständige Arbeitstätige) die Auffassung vertreten, daß bei der Gewinnermittlung nach § 12 EStG 1925 (§ 4 EStG 1934) in weitem Umfang vom kaufmännischen Gewinnbegriff auszugehen sei (vgl. z. B. E. 20 S. 179, StW. 1927 Nr. 34). In Anwendung dieses allgemeinen Grundsatzes auf den Fall der Bewertung wurde in RFH. VI A 594/27 v. 17. 4. 29 (RStBl. 29 S. 449, StW. 29 Nr. 506) ausgesprochen, daß ein buchführender Landwirt die im Lauf des Wirtschaftsjahrs erworbenen, zum Betriebsvermögen gehörigen Wertpapiere nicht mit den Anschaffungskosten bewerten dürfe, wenn der Kurs am Stichtag der Vermögensaufstellung erheblich unter den Anschaffungskosten liege (ebenso in RFH. VI A 1459/32 v. 2. 3. 33 (RStBl. 33 S. 585, StW. 33 Nr. 482 für Genossenschaftsanteile eines buchführenden Landwirts). Andererseits wurde in RFH. VI A 1296/32 v. 14. 2. 34 (E. 35 S. 287, RStBl. 34 S. 569, StW. 34 Nr. 297), in der für Erzeugnisse des landwirtschaftlichen Betriebs der Ansatz eines die Herstellungskosten übersteigenden Teilwerts für zulässig erachtet wurde (vgl. Anm. 91 a Abs. 3), ausdrücklich die Frage offen gelassen, ob für den Landwirt ein Recht oder die Verpflichtung besteht, seine Erzeugnisse mit dem gemeinen Wert anzusetzen, wenn dieser am Stichtag niedriger ist als die Anschaffungs- oder Herstellungskosten. Eine solche Verpflichtung des buchführenden Landwirts aus den für buchführungspflichtige Kaufleute geltenden Bestimmungen abzuleiten, erscheint bei der ausdrücklichen Beschränkung des kaufmännischen Gewinnbegriffs (§§ 4, 5 EStG) auf die in § 5 aufgeführten Steuerpflichtigen nicht mehr möglich. Buchführende Landwirte und Forstwirte könnten daher nur dann zum Ansatz eines niedrigeren Teilwerts verpflichtet sein, wenn dies den Grundsätzen ordnungsmäßiger landwirtschaftlicher Buchführung entsprechen würde. Eine derartige Buchführungsregel ist für sie aber bisher nicht festgestellt. Es ist daher für alle Steuerpflichtigen, die nicht nach Handelsrecht buchführungspflichtig sind, davon auszugehen, daß sie nicht nur hinsichtlich der Anlagegüter, sondern auch hinsichtlich der Umlaufgüter das nach § 6 Ziff. 1 und 2 EStG bestehende Wahlrecht zwischen den Anschaffungs- oder Herstellungskosten und einem niedrigeren Teilwert am Bilanzstichtag haben. Sie können daher in einem Wirtschaftsjahr den niedrigeren Teilwert auch dann wählen, wenn die Entwertung des Wirtschaftsguts bereits in einem früheren Wirtschaftsjahr eingetreten ist und der niedrigere Teilwert am Stichtag noch besteht. Jedoch wird dieses Wahlrecht dann auszuschließen sein, wenn die höheren Anschaffungskosten wegen einer nachhaltigen Entwertung des Wirtschaftsguts am Bilanzstichtag offenkundig nicht mehr zutreffen. Dann darf der Pflichtige an dem unrichtigen Wert der Anschaffungskosten nicht mehr festhalten, sondern er muß den Teilwert ansetzen.

94. Verwirklichung von Gewinn und Verlust.

Wird eine Ware, die um 100 RM. angeschafft oder hergestellt ist, um 125 RM. verkauft, so entsteht durch den gegenüber den Anschaffungs- oder Herstellungskosten erzielten Mehrerlös von 25 RM. oder durch den Teilbetrag der Kaufpreisforderung in gleicher Höhe ein Gewinn. Würde die Ware um nur 90 RM. verkauft, so würde ein Verlust von 10 RM. vorliegen. Gewinne und Verluste werden also dadurch verwirklicht (erzielt, realisiert), daß ein Wirtschaftsgut des

Betriebsvermögens bei seiner Veräußerung oder sonstigen entgeltlichen Verwertung mit Gewinn oder Verlust aus dem Betriebsvermögen ausgeschieden wird. Maßstab für die Feststellung, ob Gewinn oder Verlust erzielt ist, bilden im Vergleich zum Veräußerungserlös die Anschaffungs- oder Herstellungskosten, d. h. der Betrag, den der Betrieb auf das Wirtschaftsgut aufgewendet hat. Würde das mit 100 RM. hergestellte Wirtschaftsgut am Bilanzstichtag noch im Betriebsvermögen vorhanden sein und sein Teilwert 120 RM. betragen, so würde der Mehrbetrag des Teilwerts von 20 RM. einen nichtverwirklichten Gewinn darstellen. Denn der Gewinn würde erst dadurch verwirklicht werden, daß die Ware zum Preise von 120 RM. veräußert wird. Am Bilanzstichtag besteht aber dann nur die Aussicht auf eine entsprechende gewinnbringende Veräußerung. Nach den in den Anm. 90 u. 91 wiedergegebenen Bewertungsgrundsätzen, nach denen die Anschaffungs- oder Herstellungskosten grundsätzlich der Höchstwert sind, besteht sowohl handels- wie steuerrechtlich die Vorschrift, daß nichtverwirklichte Gewinne in der Bilanz nicht auszuweisen sind und daher auch nicht besteuert werden dürfen. Eine Ausnahme besteht nur für Land- und Forstwirte (vgl. Anm. 91 a Abs. 3) und bei unentgeltlicher Übertragung eines Betriebs oder Teilbetriebs für die Gewinnermittlung des bisherigen Inhabers (vgl. Anm. 96).

Ist der Teilwert der mit 100 RM. hergestellten Ware am Bilanzstichtag 90 RM., so beträgt der Aufwand des Betriebs auf dieses Wirtschaftsgut 10 RM. mehr als ihr Wert vom Stichtag. In Höhe dieses Betrags liegt also ein nichtverwirklichter Verlust vor. Nach Steuerrecht ist der Steuerpflichtige an sich berechtigt, diesen nichtverwirklichten Verlust durch Ansatz der Ware mit dem niedrigeren Teilwert auszuweisen. Dies gilt auch für buchführungspflichtige Kaufleute nach Handelsrecht mit der auch steuerrechtlich verbindlichen Maßgabe, daß für nichtabnutzbare Anlagegüter unter bestimmten Voraussetzungen und für Umlaufgüter unter allen Umständen der niedrigere Teilwert und damit der nichtverwirklichte Verlust zu bilanzieren ist. Alle übrigen Steuerpflichtigen sind berechtigt aber nicht verpflichtet, nichtverwirklichten Verlusten beim Betriebsvermögensvergleich durch Ansatz des niedrigeren Teilwerts Rechnung zu tragen.

Wird die um 100 RM. hergestellte Ware um 110 RM. veräußert, nachdem der Kaufmann am Ende des vorangegangenen Wirtschaftsjahrs den Teilwert von 90 RM. in der Bilanz angesetzt hatte, so entsteht durch die Veräußerung zunächst ein Buchgewinn von 20 RM. In diesem Betrag ist aber nur ein Gewinn von 10 RM. verwirklicht, da die weiteren 10 RM. des Buchgewinns lediglich den im vorangegangenen Wirtschaftsjahr ausgewiesenen, nichtverwirklichten Verlust von 10 RM. wieder ausgleichen. Nach diesem Grundsatz ist auch die Sondervorschrift des § 6 Ziff. 2 Satz 3 EStG zu beurteilen, die den Steuerpflichtigen zum Ansatz eines über dem letzten Bilanzansatz liegenden Teilwerts bis zur Grenze der Anschaffungs- oder Herstellungskosten ermächtigt. Da auch in diesem Fall die Anschaffungs- oder Herstellungskosten nicht überschritten werden dürfen, bleibt auch durch diese Vorschrift das Verbot des Ausweises eines nichtverwirklichten Gewinns gewahrt. Wenn der Steuerpflichtige in dem oben gegebenen Beispiel in einem späteren Wirtschaftsjahr den letzten Bilanzansatz von 90 RM. wieder durch Ansatz eines Teilwerts von 95 RM. oder auch 100 RM. ersetzt, so gleicht er damit den im vorangegangenen Wirtschaftsjahr bilanzierten, nichtverwirklichten Verlust ganz oder teilweise wieder aus. Ebenso wie er durch seine Buchung einen Buchverlust von 10 RM. erzielt hat, ergibt sich nun umgekehrt ein Buchgewinn von 5 bzw. 10 RM. Die Herstellungskosten der Ware von 100 RM. werden dadurch nicht überschritten, so daß auch bei dieser Vorschrift ein verwirklichter Gewinn und dessen Bilanzierung nicht vorliegt. Reinhardt bezeichnet daher diesen Vorgang als die Rückgängigmachung eines bilanzmäßig dargestellten nichtverwirklichten Verlustes (Buchf. I S. 172).

Über die Verwirklichung von Gewinn bei der Veräußerung des Teiles eines Wirtschaftsguts vgl. Anm. 92 b Abs. 2, beim Tausch Anm. 100 b und bei Ersatzbeschaffung mit Hilfe einer Brandentschädigung Anm. 104.

95. Bewertungsfreiheit bei kurzlebigen Wirtschaftsgütern (§ 6 Ziff. 1 Satz 4 EStG).

Schrifttum. Reinhardt, Erhöhte Absetzungen für Abnutzung kurzlebiger Wirtschaftsgüter des Anlagevermögens bei der Einkommen- und Körperschaftsteuer, DStZ. 34 S. 1165; Gebhardt, Kurzlebige Wirtschaftsgüter des Anlagevermögens, DStBl. 35 0233 S. 3; Reinhardt, Bewertungsfreiheit für die kurzlebigen Wirtschaftsgüter des Anlagevermögens DStZ. 35 S. 1301, DStZ. 37 S. 515.

a) Persönlicher Geltungsbereich, Buchführung. Buchführende Gewerbetreibende im Sinn des § 5 und buchführende Land- und Forstwirte dürfen nach § 6 Ziff. 1 Satz 4 EStG bei Wirtschaftsgütern des Anlagevermögens, deren betriebsgewöhnliche Nutzungsdauer erfahrungsgemäß 5 Jahre nicht übersteigt, die Absetzungen für Abnutzung höher als nach § 7 und ohne Rücksicht auf den Teilwert bemessen. Buchführende Gewerbetreibende im Sinn des § 5 sind die Steuerpflichtigen, die verpflichtet sind, Bücher nach den Vorschriften des Handelsgesetzbuches zu führen (vgl. dazu Anm. 4 zu § 5 KStG). Durch § 9 I. EStDVO (§ 6 Ziff. 1 Satz 4 EStG 1938) wird der Personenkreis, auf den die Vorschrift des § 6 Ziff. 1 Satz 4 EStG anzuwenden ist, weiter ausgedehnt auf Gewerbetreibende und Angehörige der freien Berufe, die Bücher nach den Vorschriften des HGB führen, ohne dazu verpflichtet zu sein. Bei Verpachtung eines Gewerbebetriebs ist der Verpächter, der die Einkünfte aus Verpachtung noch als gewerbliche Einkünfte bezieht, zur Absetzung für kurzlebige Wirtschaftsgüter insoweit berechtigt, als er die Absetzungen für Abnutzung an den Pachtsachen wie z. B. an den von ihm beschafften Wirtschaftsgütern vornehmen darf (RFH. VI A 899/36 v. 2. 12. 36, RStBl. 37 S. 435).

Voraussetzung für die Inanspruchnahme der Bewertungsfreiheit für kurzlebige Wirtschaftsgüter ist bei allen in Frage kommenden Steuerpflichtigen, daß sie in dem Wirtschaftsjahr, für dessen Schluß die Absetzung begehrt wird, auch tatsächlich ordnungsmäßige Buchführung im Sinn des HGB gehabt haben. Wenn daher ein Steuerpflichtiger im Wirtschaftsjahr II mit Wirkung vom Beginn des Wirtschaftsjahrs I nachträglich eine Buchführung einrichtet, kann er nach RFH. VI A 317/36 v. 27. 5. 36 (StW. 36 Nr. 371) nicht für das Wirtschaftsjahr I als buchführender Gewerbetreibender im Sinn der Bewertungsfreiheit anerkannt werden. Nach den VR 37 B VIII 1 Abs. 1 (RStBl. 38 S. 198, s. Anh. 17) ist für das Konto kurzlebiger Wirtschaftsgüter als solches formelle und sachliche Ordnungsmäßigkeit zu fordern. Für die anderen Teile der Buchführung genüge dagegen das Vorhandensein einer formell ordnungsmäßigen Buchführung, wenn nicht etwa die ganze Buchführung wegen schwerwiegender sachlicher Mängel verworfen werde. Auch Angehörige der freien Berufe müssen eine Buchführung, die den Vorschriften des HGB entspricht, eingerichtet haben, wenn sie die Bewertungsfreiheit in Anspruch nehmen wollen (vgl. VR 37 a. a. O.).

Die Bewertungsfreiheit des § 6 Ziff. 1 Satz 4 EStG galt für die Erwerbs- und Wirtschaftsgenossenschaften und die Zentralen von Genossenschaften noch nicht bei der Körperschaftsteuerveranlagung für die Kalenderjahre 1934 und 1935, wohl aber bei der Veranlagung für die Kalenderjahre 1936 und 1937 (VR 37 H XIII Abs. 1, RStBl. 38 S. 236, s. Anh. 17). Die Bewertungsfreiheit ist dabei nach dem Erl. RdF. v. 12. 3. 37 S 1430 B — 121 III (RStBl. 37 S. 438) nicht nur für Anschaffungen im Wirtschaftsjahr 1936 zuzulassen, sondern auch für solche Wirtschaftsgüter, die vor Beginn des Wirtschaftsjahrs 1936 angeschafft worden sind. Zur Verhinderung des Ansatzes zu hoher Anfangswerte ist bei allen Gegenständen, die auf das Sonderkonto übernommen werden sollen, von einer Höchstnutzungsdauer von 5 Jahren auszugehen. Wirtschaftsgüter, die schon 5 Jahre oder länger benutzt werden, dürfen daher nicht berücksichtigt werden. Die übernahmefähigen Wirtschaftsgüter sind bei der Eröffnung des Sonderkontos ihrer noch vorhandenen Nutzungsdauer entsprechend zu bewerten. Die Übernahme derartiger Altanlagen auf das Sonderkonto mußte bis spätestens 30. Juni durchgeführt sein.

b) Sachliche Voraussetzungen der Bewertungsfreiheit. Die Bewertungsfreiheit bezieht sich auf abnutzbare Wirtschaftsgüter des Anlagevermögens, deren betriebsgewöhnliche Nutzungsdauer erfahrungsgemäß 5 Jahre nicht übersteigt. Welche Wirtschaftsgüter im einzelnen diese Voraussetzungen erfüllen, ergibt sich zunächst aus dem Rderl. des RdF. v. 20. 12. 34. S 2158 — 45 III/ S 1430 B — 121 III (RStBl. 35 S. 1) und der darin enthaltenen „Liste kurzlebiger Wirtschaftsgüter des Anlagevermögens", die im Abschnitt A kurzlebige Wirtschaftsgüter, die bei einer Mehrzahl von Wirtschaftszweigen vorkommen (ergänzt durch VR 37 B VIII 5 Abs. 3, RStBl. 38 S. 200; s. Anh. 17) und im Abschnitt B kurzlebige Wirtschaftsgüter des Anlagevermögens für bestimmte Gewerbegruppen und für die Landwirtschaft aufführt (ergänzt durch VR 37 B VIII 5 Abs. 4, s. oben). Die ursprünglich mit Geltung für die Veranlagung für 1934 aufgestellte Liste gilt nach der in den VR 35 B I, 2 a enthaltenen Anordnung (RStBl. 36 S. 36) bis auf weiteres (s. Anh. 10).

Die Liste enthält, wie unter II, 1 des Rderl. ausgeführt wird, keine erschöpfende Aufzählung der kurzlebigen Wirtschaftsgüter im Sinn des Gesetzes. Die Steuerpflichtigen können deshalb dartun, daß auch Anlagegegenstände, die nicht in der Liste bezeichnet sind, nach den besonderen Verhältnissen des einzelnen Betriebs erfahrungsgemäß nicht länger als 5 Jahre genutzt werden. Für die Entscheidung, ob diese Voraussetzung vorliegt, kommt es auf die Nutzungsdauer des fertigen Wirtschaftsguts an, wie es im Betrieb verwendet wird. Daher können Roh- und Hilfsstoffe, die zur Herstellung von Wirtschaftsgütern bestimmt sind, nicht als kurzlebige Wirtschaftsgüter abgesetzt werden (RFH. VI A 466/36 v. 19. 11. 36, StW. 37 Nr. 36). Bei Feststellung der betriebsgewöhnlichen Nutzungsdauer ist sowohl die technische als auch die wirtschaftliche Nutzungsdauer zu berücksichtigen. Als Gründe für die Kurzlebigkeit bei in der Liste nicht aufgeführten Wirtschaftsgütern werden in der Begr. des Gesetzes beispielsweise besonders starke Beanspruchung beim Arbeiten in Tag- und Nachtschichten, besonders schneller Verschleiß durch Witterungseinflüsse und dergl. erwähnt. Die Bedeutung der Liste für die Veranlagung besteht nach dem Rderl. darin, daß für einen in der Liste genannten Anlagegegenstand die erleichterte Absetzung für Abnutzung ohne Nachweis der wirklichen betriebsgewöhnlichen Nutzungsdauer von den Finanzämtern anzuerkennen ist. Der Steuerpflichtige hat dann ein Recht auf Bewertungsfreiheit für das in der Liste bezeichnete kurzlebige Wirtschaftsgut. Jedoch kann nach den VR 37 B VIII 4 Abs. 1 (RStBl. 38 S. 199, s. Anh. 17) die Bewertungsfreiheit abgelehnt werden, wenn im Einzelfall feststeht, daß die betriebsgewöhnliche Nutzungsdauer wesentlich größer als fünf Jahre, und zwar mindestens zehn Jahre groß sein wird. Die Bezeichnung eines Wirtschaftsguts in irgend einer Gruppe der Abteilung B der Liste als kurzlebig gilt nur für diese, nicht auch für andere Wirtschaftszweige. Für andere Wirtschaftszweige muß ein besonderer Nachweis geführt werden. Voraussetzung für den Begriff der Kurzlebigkeit ist also bei Abschnitt B der Liste, daß das bezeichnete Wirtschaftsgut in dem bezeichneten Wirtschaftszweig vorkommt. Bestehen Zweifel darüber, zu welchem Wirtschaftszweig ein Unternehmen gehört, so ist entscheidend, welcher Wirtschaftsgruppe das Unternehmen im organisatorischen Aufbau der Deutschen Wirtschaft eingegliedert ist. Gegebenenfalls ist der Führer der betreffenden Wirtschaftsgruppe gutachtlich zu hören (VR 37 B VIII 5 Abs. 1 a. a. O.). Gehören Haupt- und Nebenbetrieb eines Unternehmens zu verschiedenen Gewerbegruppen, dann sind die Wirtschaftsgüter des Nebenbetriebs nach den für die Gewerbegruppe des Nebenbetriebs geltenden Grundsätzen zu beurteilen (s. VR 37 B VIII 2, RStBl. 38 S. 199, s. Anh. 17).

Zur weiteren Vereinfachung des Verfahrens wird im Rderl. v. 20. 12. 34 unter II, 2 eine Preisgrenze bestimmt, wonach Wirtschaftsgüter des Anlagevermögens mit Anschaffungs- oder Herstellungskosten von nicht mehr als 200 RM. ohne Nachweis als kurzlebige Wirtschaftsgüter anzuerkennen sind, auch wenn sie in der Liste nicht aufgeführt sind. Die Frage der betriebsgewöhnlichen Gesamtdauer der Verwendung oder Nutzung bedarf dabei keiner Prüfung. Die Anschaffungs- oder Herstellungskosten dürfen

§ 6 EStG. Bewertung. Anmerkung 95.

sich) nach Abs. 2 a. a. O. nicht nur auf einen Teil des Wirtschaftsguts beziehen; die 200 RM.-Grenze gilt nur hinsichtlich solcher Wirtschaftsgüter, die einer selbständigen Bewertung fähig sind. Bei einer Maschine bezieht sich die 200 RM.-Grenze beispielsweise ausschließlich auf die Maschine als Ganzes, nicht etwa auch nur auf einzelne Bestandteile der Maschine.

Die erhöhten Absetzungen für Abnutzung nach § 6 Ziff. 1 Satz 4 sind nach dem RdErl. v. 20. 12. 34, Abschn. III, 1 Abs. 1 nicht nur bei kurzlebigen Wirtschaftsgütern, deren Anschaffung oder Herstellung erst im Kalenderjahr 1934 oder in dem im Kalenderjahr 1934 endenden Wirtschaftsjahr 1933/34 erfolgt ist, sondern auch bei alten Wirtschaftsgütern (Altanlagen) zulässig. Dabei können aber langlebige Wirtschaftsgüter, deren Restnutzungsdauer 5 Jahre nicht übersteigt, nicht als kurzlebig behandelt werden. Dies gilt sowohl für die im Betrieb des Steuerpflichtigen bereits genutzten langlebigen Anlagen, als auch für diejenigen langlebigen Wirtschaftsgüter des Anlagevermögens, die als „gebraucht" erworben werden, sei es beim Erwerb des ganzen Betriebs oder des einzelnen Gegenstands (Abs. 3 a. a. O.). Wirtschaftsgüter, die in der Abteilung A oder B der Liste verzeichnet sind, gelten ohne Rücksicht auf ihre tatsächliche Nutzungsdauer als kurzlebig im Sinn des Gesetzes. Deshalb ist bei Altanlagen dieser Art die bisherige Bemessung der Absetzungen für Abnutzung unerheblich. Für die Restwerte solcher Altanlagen kann entweder die Bewertungsfreiheit in Anspruch genommen werden oder der Steuerpflichtige kann die Absetzungen für Abnutzung auch weiterhin nach der tatsächlichen Nutzungsdauer bemessen.

Die Abschreibungsfreiheit für kurzlebige Wirtschaftsgüter ist bei Altanlagen nach dem RdErl. v. 20. 2. 34 Abschn. III, 1 Abs. 2 auch dann zulässig, wenn die Bewertung dieser Anlagen in den Bilanzen durch Festbewertungen (Standardwerte) erfolgt war:

„Das Wesen der Festbewertung besteht darin, daß der Wertansatz unverändert gelassen wird, solange sich die betrieblichen Verhältnisse nicht wesentlich ändern. Absetzungen für Abnutzung werden von einem Festwert nicht vorgenommen. Andererseits unterbleibt jede besondere Aktivierung von Neuanschaffungen. Die Werte der Neuanschaffungen sind in den Festwert eingeschlossen. Festbewertungen können beispielsweise für die Ganzheit der dem Betrieb gewidmeten Werkzeuge, Stanzen, Modelle und dgl. in Betracht kommen. Festwerte können sowohl für kurzlebige als auch für langlebige Wirtschaftsgüter festgesetzt werden. Soweit es sich bei bereits vorhandenen Festwerten um kurzlebige Wirtschaftsgüter des Anlagevermögens handelt, braucht künftig an dem bisher gewählten Wert nicht festgehalten zu werden, sondern es kann von der Zulässigkeit der erhöhten Absetzung für Abnutzung nach § 6 Ziff. 1 Satz 4 Gebrauch gemacht werden."

Wegen des Begriffs des Festwerts vgl. Anm. 79 b und wegen der buchmäßigen Behandlung als kurzlebige Wirtschaftsgüter vgl. unter c, dd Abs. 3.

Einzelfälle:

Kraftwagen, die einem Kraftwagenhändler als Vorführwagen dienen, sind zwar für die Dauer dieser Verwendung Anlagegüter. Sie können aber dieserhalb nicht als kurzlebig anerkannt werden, weil sie nur vorübergehend als Vorführwagen verwendet und tunlichst bald als Ware veräußert werden sollen (RFH. VI A 676/36 v. 17. 3. 37, E. 41 S. 197, RStBl. 37 S. 955, StW. 37 Nr. 312 und VI 635/37 v. 22. 12. 37, RStBl. 38 S. 135, StW. 38 Nr. 67, ebenso PR 37 B VIII 5 Abs. 4 Ziff. 3, RStBl. 38 S. 200, s. Anh. 17). Wenn Kraftwagen, die zum Betriebsvermögen (Anlagevermögen) gehören, teils zu betrieblichen, teils zu außerbetrieblichen Zwecken verwendet werden, ist nach den PR 37 B VIII 4 Abs. 2 (RStBl. 38 S. 199, s. Anh. 17) für die Bewertungsfreiheit die Tatsache, daß der Kraftwagen auch zu außerbetrieblichen Zwecken verwendet wird, ohne Belang. Die Aufwendungen für die Anschaffung eines Kraftwagens können demnach im Jahre der Anschaffung auch dann bereits voll abgesetzt werden, wenn der Wagen überwiegend zu betrieblichen und teilweise zu außerbetrieblichen Zwecken verwendet wird. Es gilt jedoch in jedem Jahre der Benutzung außer den anteiligen Fahrkosten ein weiterer Betrag als Entnahme, der der Abnutzung durch Privatfahrten entspricht.

§ 6 KStG. Einkommen.

Patente, deren Schutzfrist nach § 7 des Reichspatentgesetzes 18 Jahre beträgt, werden in kaufmännischen Kreisen vielfach in 5 Jahren abgeschrieben. Sie sind aber nicht allgemein als kurzlebige Wirtschaftsgüter im Sinn des § 6 Ziff. 1 Satz 4 EStG anzusehen (vgl. ErgR 34 A IV 2 Abs. 2, RStBl. 35 S. 786 und VR 37 B VIII 5 Abs. 2, RStBl. 38 S. 200, f. Anh. 17). Bei sonstigen nichtkörperlichen Gegenständen des Anlagevermögens hängt die Behandlung als kurzlebiges Wirtschaftsgut zunächst davon ab, ob sie einer Abnutzung unterliegen. Dies ist beim Geschäfts- oder Firmenwert nicht der Fall. Dagegen können Werte, die durch Ausgaben für Reklame geschaffen werden, zu den kurzlebigen Wirtschaftsgütern gerechnet werden (vgl. VR 37 B VIII 5 Abs. 2 a. a. O.).

Bier-, Wein-, Mineralwasserflaschen usw., die mit Inhalt verkauft und vom Verkäufer nicht zurückgenommen werden, gehören zum Umlaufvermögen. Werden sie dagegen beim Verkauf der Flüssigkeit besonders berechnet oder wird ein Flaschenpfand erhoben und bei Rückgabe der Flaschen der Flaschenpreis erstattet oder erlassen oder das Pfand zurückgezahlt, dann kann der Verkäufer die große Mehrzahl der Flaschen in seinem Betrieb wiederholt verwenden. Die Flaschen sind dann Anlagegüter, die auch einer Abnutzung durch Verschleiß unterliegen. Da die betriebsgewöhnliche Nutzungsdauer dieser Flaschen erfahrungsgemäß fünf Jahre nicht übersteigt, sind sie zu den kurzlebigen Wirtschaftsgütern zu rechnen (vgl. im einzelnen Rderl. RdF. v. 6. 8. 37 S 1430 B — 121 III, RStBl. 37 S. 965; auch RFH. I A 175/37 v. 12. 10. 37, StW. 37 Nr. 557).

c) Durchführung der Absetzung.

aa) Die Vorschrift des § 6 Ziff. 1 Satz 4 EStG bedeutet, daß bei den kurzlebigen Anlagegütern die Absetzung für Abnutzung nicht, wie im § 7 EStG vorgeschrieben, auf die Gesamtdauer der Verwendung oder Nutzung verteilt zu werden braucht, sondern keiner Begrenzung nach oben unterliegt, d. h. es dürfen **höhere Absetzungen für Abnutzung als die gewöhnlichen** vorgenommen werden. Steuerpflichtige, die über eine ordnungsmäßige Buchführung im Sinn des HGB verfügen, können bei kurzlebigen Anlagegütern die Absetzungen für Abnutzung auf einen Zeitraum verteilen, der kürzer ist als die betriebsgewöhnliche Nutzungsdauer. Sie können aber auch die Anschaffungs- oder Herstellungskosten bereits im Jahre der Anschaffung oder Herstellung oder in einem späteren Jahre voll absetzen. Dagegen müssen in jedem Fall mindestens die gewöhnlichen Absetzungen für Abnutzung in der im § 7 EStG vorgeschriebenen Höhe vorgenommen werden. Es ist nicht erlaubt, Absetzungen zu unterlassen, z. B. in Verlustjahren, um sie in späteren Jahren nachzuholen. Ist bei Aufstellung der Handelsbilanz diese Mindestabnutzung unterlassen worden, so hat das Finanzamt die vorgeschriebene Absetzung in der Steuerbilanz von Amts wegen durchzuführen. Diese von der Handelsbilanz abweichende Behandlung der Absetzung für die Steuerbilanz ist insoweit nicht vorzunehmen, als der Wertansatz des Gegenstands in der Steuerbilanz bereits unter dem Betrag liegt, der sich bei normaler Absetzung ab dem Jahre der Anschaffung oder Herstellung als Wert ergeben würde. In diesen Fällen können weitere Absetzungen für Abnutzung so lange unterbleiben, bis bei Fortführung der normalen Absetzungen für Abnutzung sich ein Wert ergäbe, der in der in der Bilanz ausgewiesenen Wert erreichen würde.

Beispiel: Anschaffungskosten eines Gegenstands . . . . 10 000 RM.
betriebsgewöhnliche Nutzungsdauer 5 Jahre,
Abschreibung im Anschaffungsjahr in Übereinstimmung mit der
    Handelsbilanz . . . . 8 000 RM.
Restwert am Ende des ersten Jahres . . . . 2 000 RM.

Im zweiten Jahr wird in der Handelsbilanz jegliche Absetzung für Abnutzung unterlassen. Für die steuerliche Gewinnermittlung besteht kein Grund, eine Absetzung für Abnutzung von Amts wegen vorzunehmen, da der Ansatz von 2 000 RM. bereits unter dem Betrag liegt, der sich bei normaler Absetzung nach § 7 (10 000 RM. — 2 × 2 000 RM. = 6 000 RM.) als Wert ergeben würde. Der Gegenstand ist

§ 6. EStG. Bewertung. Anmerkung 95.

daher in Übereinstimmung mit der Handelsbilanz mit 2 000 RM. (wie im Vorjahre) anzusetzen (Rderl. v. 20. 12. 34 Abschn. III, 2).

Während die Mindestabsetzungen nach § 7 vorgenommen werden müssen, bedeutet die in § 6 Ziff. 1 Satz 4 EStG enthaltene Möglichkeit, höhere Absetzungen als die ordnungsmäßigen vorzunehmen, für den Steuerpflichtigen ein Recht, aber keine Verpflichtung. Die Annahme einer fünfjährigen Nutzungsdauer bei den in der Liste aufgeführten Wirtschaftsgütern berechtigt den Steuerpflichtigen, diese Anlagen in einem kürzeren Zeitraum oder sofort abzusetzen, er ist aber nicht dazu verpflichtet. Auch kann er, wenn der Gegenstand in seinem Betrieb eine längere als fünfjährige Nutzungsdauer hat, eine längere Nutzungsdauer geltend machen und demgemäß eine geringere Absetzung als 20 v. H. vornehmen. Wenn diese geringere Absetzung sich im Rahmen des Vertretbaren hält, wird nicht von Amts wegen für die Steuerbilanz eine Mindestabsetzung durchzuführen sein (vgl. auch ErgR 34 A IV 6, RStBl. 35 S. 788).

bb) Da es sich bei den für die Bewertungsfreiheit in Betracht kommenden Steuerpflichtigen neben den buchführenden Land- und Forstwirten um solche handelt, die ordnungsmäßige Bücher im Sinn des HGB führen, gilt für die Ausübung des Rechts der Bewertungsfreiheit der **Grundsatz der Anpassung der Steuerbilanz an die Handelsbilanz.** Für die Höhe der Absetzung für Abnutzung ist der in der Handelsbilanz abgesetzte Betrag maßgebend. Dies gilt insbesondere auch, wenn die Werte der Steuerbilanz höher sind als die Werte der Handelsbilanz, vgl. § 10 I. EStDV (§ 9 II. EStDV):

„Übersteigen die Werte für kurzlebige Wirtschaftsgüter, die nach den Vorschriften des EStG 1925 zum Zweck der Gewinnermittlung in der Schlußbilanz für das Wirtschaftsjahr 1933 (1932/33) angesetzt sind oder anzusetzen gewesen wären (Altanlagen), die Ansätze in der entsprechenden Handelsbilanz, so ist die Absetzung für Abnutzung nach § 6 Ziff. 1 Satz 4 des Gesetzes nur in der Höhe zulässig, in der sie in der Handelsbilanz vorgenommen wird. Von den danach verbleibenden Beträgen ist die Absetzung für Abnutzung nach Maßgabe der Restnutzungsdauer vorzunehmen. Dabei darf jedoch der Ansatz in der entsprechenden Handelsbilanz nicht unterschritten werden."

Auch im Rderl. v. 20. 12. 34 wird unter Ziff. 3 Abs. 1 darauf hingewiesen, daß der Grundsatz der Maßgeblichkeit der Handelsbilanz für die Steuerbilanz auch für die Behandlung kurzlebiger Wirtschaftsgüter gilt. Es werden dann Beispiele für das Auseinandergehen der Werte in Handels- und Steuerbilanz gebracht:

„Wenn kurzlebige Wirtschaftsgüter des Anlagevermögens bisher in der Steuerbilanz niedriger angesetzt waren als in der Handelsbilanz, so ist ebenfalls die Höhe der in der Handelsbilanz durchgeführten Absetzung für Abnutzung in die Steuerbilanz zu übernehmen.

Beispiel:
Das Wirtschaftsgut ist in der Handelsbilanz für 1933 mit 10 000 RM., in der Steuerbilanz für 1933 mit 8 000 RM. angesetzt. Die Absetzung für Abnutzung beträgt in der Handelsbilanz für 1934 4 000 RM. Demgemäß ist in der Steuerbilanz für 1934 ein Betrag von ebenfalls 4 000 RM. abzusetzen. Der bisherige Betragsunterschied zwischen Handelsbilanz und Steuerbilanz (von 2 000 RM.) bleibt bestehen. Die Angleichung der beiden Bilanzen ergibt sich nach einigen Übergangsjahren von selbst.

Wenn kurzlebige Wirtschaftsgüter des Anlagevermögens bisher in der Steuerbilanz höher angesetzt waren als in der Handelsbilanz, so ist die erhöhte Absetzung für Abnutzung im Sinn des § 6 Ziff. 1 Satz 4 nur in dem Rahmen zulässig, in dem die Absetzung für Abnutzung in der Handelsbilanz erfolgt. Die Absetzungen von dem danach in der Steuerbilanz verbleibenden Wert bemessen sich nach der Restnutzungsdauer des Wirtschaftsguts (§ 7). Als erstes Jahr der Restnutzungsdauer gilt das Jahr 1934 (1933/34). Die Absetzung für 1934 (1933/34) ist demnach eine zweifache.

Beispiel:
Das Wirtschaftsgut ist in der Handelsbilanz für 1933 mit 2 000 RM., in der Steuerbilanz für 1933 mit 20 000 RM. angesetzt. Die Absetzung für Abnutzung beträgt in der Handelsbilanz für 1934 2 000 RM. Dem folgt die Steuerbilanz. Dahinzu kommt die Absetzung von den danach in der Steuerbilanz verbliebenen 18 000 RM. Die Absetzung für 1934 besteht demnach aus zwei Teilen:

a) 2 000 RM. nach § 6 Ziff. 1 Satz 4,
b) 9 000 RM. nach § 6 Ziff. 1 Satz 1 in Verbindung mit § 7 (die Restnutzungsdauer beträgt im vorliegenden Beispiel zwei Jahre ab 1. 1. 34).
In der Steuerbilanz für 1935 sind die restlichen 9 000 RM. voll abzusetzen."

cc) Von der **Bewertungsfreiheit für kurzlebige Wirtschaftsgüter kann mit Wirkung von dem Zeitpunkt ab Gebrauch gemacht** werden, von dem ab die ordnungsmäßigen Absetzungen für Abnutzung des Wirtschaftsguts vorgenommen werden können. Dieser Zeitpunkt fällt mit der Zugehörigkeit des Wirtschaftsguts als solchen zum Anlagevermögen zusammen. Es genügt dazu also weder der Anspruch auf Lieferung dieses Wirtschaftsguts, noch das Vorhandensein von Rohstoffen usw. für das im Betrieb selbst herzustellende Wirtschaftsgut (vgl. unter b Abs. 2). Zum betrieblichen Anlagevermögen gehören Wirtschaftsgüter erst dann, wenn sie angeschafft oder, falls die Herstellung im eigenen Betrieb erfolgt, hergestellt sind. Vor der Anschaffung oder Herstellung dürfen Absetzungen nicht vorgenommen werden. Als Anschaffung gilt nicht die Bestellung, sondern die Lieferung des Gegenstands. Der Zeitpunkt der Zahlung ist für den Begriff der Anschaffung ohne Bedeutung. Eine vor der Lieferung geleistete Anzahlung oder volle Vorauszahlung ist für die Anwendung der Vorschriften über die Bewertungsfreiheit ohne Bedeutung. Anderseits kann von der Bewertungsfreiheit stets Gebrauch gemacht werden, sobald die Lieferung des Wirtschaftsguts stattgefunden hat, und zwar auch dann, wenn noch keinerlei Zahlung erfolgt ist (vgl. auch VR 37 B VIII 3, RStBl. 38 S. 199, s. Anh. 17).

Um einen Mißbrauch der Bewertungsfreiheit zu verhüten, soll sie nach den VR a. a. O. Abs. 2 insoweit keine Anwendung finden, als kurzlebige Wirtschaftsgüter des Anlagevermögens in einem Umfang angeschafft werden, der über die Erfordernisse des Betriebs am Bilanzstichtag hinausgeht.

dd) Für die **Durchführung der erhöhten Absetzungen in besonderen Fällen** hat der RdF. folgende Anweisungen erlassen:

Bei Sammelbewertung: „Vielfach ist bisher für einzelne Gruppen von Wirtschaftsgütern des Anlagevermögens die Absetzung für Abnutzung nach einem einheitlichen Hundertsatz bemessen worden, ohne Rücksicht auf die betriebsgewöhnliche Nutzungsdauer des einzelnen Wirtschaftsguts. Wenn die kurzlebigen Wirtschaftsgüter mit Rücksicht auf die Bewertungsfreiheit nach § 6 Ziff. 1 Satz 4 EStG aus dem bisherigen Sammelkonto ausgesondert werden, so ist folgerichtig für die auf dem bisherigen Konto verbleibenden langlebigen Wirtschaftsgüter eine längere Nutzungsdauer als bisher für die auf dem Sammelkonto verbuchten Wirtschaftsgüter anzunehmen. Der bisherige Hundertsatz für die Absetzung ist daher zu ermäßigen. Bei Wirtschaftsgütern, die in den Listen A und B verzeichnet sind, die aber nicht auf dem Sonderkonto ausgewiesen werden, kann von einer Nutzungsdauer von fünf Jahren auch dann ausgegangen werden, wenn bisher die Absetzungen für Abnutzung nach einer längeren Nutzungsdauer bemessen worden sind; es kann daher der Absetzung für Abnutzung ein Satz von 20 v. H. zugrunde gelegt werden" (VR 34 B II 6 Abs. 4, RStBl. 35 S. 388).

Außerdem wurde in den VR 35 B I 1 c (RStBl. 36 S. 36) Anweisung für die Übertragung von kurzlebigen Wirtschaftsgütern, die bisher als Festwerte (Standardwerte, vgl. unter b Abs. 5) in einem Festwertkonto geführt wurden, auf das Konto kurzlebiger Wirtschaftsgüter gegeben.

d) Buchmäßige Behandlung der kurzlebigen Wirtschaftsgüter des Anlagevermögens.

aa) Formelle Voraussetzung für die erhöhten Absetzungen für Abnutzung von kurzlebigen Wirtschaftsgütern ist die **Führung eines Sonderkontos** nach § 8 I. **EStDVO (§ 8 II. EStDVO):**

„Die Vorschrift des § 6 Ziff. 1 Satz 4 des Gesetzes kann nur angewendet werden, wenn die Anschaffungs- oder Herstellungskosten für kurzlebige Wirtschaftsgüter des Anlagevermögens und die Absetzungen für Abnutzung in der Buchführung auf einem besonderen Konto ausgewiesen werden."

„Die Sonderbehandlung der kurzlebigen Wirtschaftsgüter des Anlagevermögens erfordert, daß diese Güter in der Buchführung von den langlebigen Wirtschaftsgütern des

Anlagevermögens losgelöst werden. Es muß zwischen langlebigen und kurzlebigen Wirtschaftsgütern des Anlagevermögens buchtechnisch so unterschieden werden, daß die Nachprüfung der Absetzungen ohne Schwierigkeit möglich ist. Es muß also ein besonderes „Konto kurzlebiger Wirtschaftsgüter" eingerichtet werden. Auf dieses Konto müssen zunächst die Werte derjenigen Wirtschaftsgüter übertragen werden, die in der Bilanz 1933 oder 1932/33 vorhanden gewesen sind, und dann die Werte derjenigen kurzlebigen Wirtschaftsgüter, die in 1934 oder 1933/34 angeschafft oder hergestellt worden sind. Dann ist dieses Konto laufend mit allen Aufwendungen für die Anschaffung oder Herstellung kurzlebiger Wirtschaftsgüter des Anlagevermögens zu belasten. Am Schluß eines jeden Wirtschaftsjahrs muß dann entschieden werden, inwieweit hinsichtlich der vorhandenen kurzlebigen Wirtschaftsgüter des Anlagevermögens von der Vorschrift des § 6 Ziff. 1 Satz 4 Gebrauch gemacht werden soll und welcher Teil des auf dem Konto kurzlebiger Wirtschaftsgüter sich erweisenden Sollüberschusses demgemäß dem Verlust- und Gewinnkonto in Rechnung gestellt werden soll" (Rderl. v. 20. 12. 34, Abschn. IV).

Das Konto kurzlebiger Wirtschaftsgüter muß demnach einen Bestandteil der kaufmännischen oder landwirtschaftlichen Buchführung bilden. Die Vorschriften des § 131 AktG über die Gliederung der Bilanz werden durch die steuerlichen Vorschriften über das Sonderkonto nicht beeinflußt. Besteht einfache Buchführung, werden also besondere Konten für das Anlagevermögen nicht geführt, genügt ein gesonderter inventarmäßiger Nachweis der kurzlebigen Wirtschaftsgüter (VR 37 B VIII 1 Abs. 2, RStBl. 38 S. 198, s. Anh. 17). Für die Übertragung der kurzlebigen Wirtschaftsgüter auf dieses Konto ist zwischen bereits vorhandenen Beständen und den neu zugegangenen zu unterscheiden.

bb) Die Übertragung bereits vorhandener Bestände kam zunächst bei der ersten Veranlagung nach dem EStG 1934 bezüglich derjenigen kurzlebigen Wirtschaftsgüter in Betracht, die bereits in der Jahresabschlußbilanz für 1933 oder 1932/33 vorhanden war (Altanlagen). Die Übernahme dieser Gegenstände auf das Konto kurzlebiger Wirtschaftsgüter mußte grundsätzlich im Wirtschaftsjahr 1934 geschehen, jedoch war sie ausnahmsweise spätestens bis zum Ende des Kalenderjahrs 1935 gestattet. Weiter können Altanlagen auch nach dem Ende des Kalenderjahrs 1935 auf das Sonderkonto übertragen werden, wenn eine Buchführung nach dem Ende des Kalenderjahrs 1935 eingerichtet wird und wenn nicht schon Ende des Kalenderjahrs 1935 eine Buchführungspflicht bestand. Bei der Übernahme von bereits vorhandenen kurzlebigen Anlagen auf das Sonderkonto dürfen die in Betracht kommenden Anlagen nicht mit zu hohen Anfangswerten angesetzt werden. Um dies zu verhindern, ist bei allen Anlagen, die auf das Sonderkonto übernommen werden müssen, von einer Höchstnutzungsdauer von 5 Jahren auszugehen. Dementsprechend dürfen Wirtschaftsgüter, die schon 5 Jahre oder länger genutzt worden sind, nicht berücksichtigt werden. Die übernahmefähigen Wirtschaftsgüter sind bei der Eröffnung des Sonderkontos ihrer noch vorhandenen Nutzungsdauer entsprechend zu bewerten (vgl. VR 37 B VIII 1 Abs. 5, RStBl. 38 S. 199, s. Anh. 17).

„Die auf das Konto zu übertragenden Anfangsbestände sind in der Regel inventarmäßig auszuscheiden. Muß wegen der praktischen Unmöglichkeit der inventarmäßigen Ausscheidung der Wert der kurzlebigen Wirtschaftsgüter im Verhältnis zum Wert der gesamten Anlagen geschätzt werden und ergibt die Schätzung einen Rahmensatz (z. B. 10 bis 12 v. H. des Gesamtwerts der Anlagen), so ist nicht die obere, sondern die untere Grenze der Schätzung (10 v. H.) der Bemessung des Werts der kurzlebigen Wirtschaftsgüter zugrunde zu legen" (ErgR 34 A IV 3 Abs. 2, RStBl. 35 S. 787).

cc) Für Neuzugänge muß nach der unter aa) wiedergegebenen Anordnung des Erl. v. 20. 12. 34 das Konto kurzlebiger Wirtschaftsgüter laufend mit allen Aufwendungen für die Anschaffung oder Herstellung kurzlebiger Wirtschaftsgüter des Anlagevermögens belastet werden. Erfolgt diese Belastung nicht schon beim Eingang eines kurzlebigen Wirtschaftsguts, dann muß sie bei Verlust des Rechts auf die Bewertungsfreiheit für die Neuzugänge spätestens am Schluß des Wirtschaftsjahrs der Anschaffung oder Herstellung des Gegenstands vorgenommen werden. In dem Fall muß jedoch in der Buchung ersichtlich gemacht werden, um welche Gegenstände es sich im einzelnen handelt, damit eine Nachprüfung ohne Schwierigkeiten möglich ist. Dabei ist es noch als Umbuchung am Schluß des Wirtschaftsjahrs anzusehen, wenn die Gegenstände erst im Rahmen der das Anschaffungsjahr betreffenden Jahresabschlußarbeiten (Buchabschluß) auf das Sonderkonto umgebucht worden sind (Erl. RdF. v. 26. 4. 37 S 1430 B — 121 III, RStBl. 37 S. 589). Ist diese Frist für die Belastung des Kontos in dem Wirtschaftsjahr, in dem das kurzlebige Wirtschaftsgut angeschafft oder hergestellt worden ist, versäumt worden, so kann die Belastung in späteren Wirtschaftsjahren nicht mehr nachgeholt werden (vgl. VR 37 a. a. O. Abs. 3). Die buchmäßige Behandlung der Neuzugänge und die Durchführung der Absetzung für Abnutzung wird in den VR 35 B I 1 Abs. 1 b (RStBl. 36 S. 35) dargestellt.

Wird ein Gegenstand vom Konto kurzlebiger Wirtschaftsgüter auf ein anderes Konto übertragen, weil z. B. die Bewertungsfreiheit für diesen Gegenstand nicht oder nicht mehr beabsprucht werden soll, dann ist eine Rückübertragung auf das Konto kurzlebiger Wirtschaftsgüter in einem späteren Jahr als dem der Anschaffung oder Herstellung (einschließlich Zeitpunkt des Buchabschlusses) nicht mehr möglich. Auch in diesem Fall hat die versäumte Belastung des Sonderkontos den Verlust der Bewertungsfreiheit zur Folge (VR 37 a. a. O. Abs. 4).

Eine Aufteilung des Sonderkontos in verschiedene Konten ist möglich, wenn sich aus der Bezeichnung eines jeden dieser Konten seine Eigenschaft als Konto kurzlebiger Wirtschaftsgüter eindeutig ergibt (VR 37 a. a. O. Abs. 6). Wenn ein Anlagekonto, das unbestritten und zweifelsfrei nur kurzlebige Wirtschaftsgüter enthält, bisher nicht als Konto kurzlebiger Wirtschaftsgüter bezeichnet wurde, so kann diese Bezeichnung nachgeholt werden (VR 37 a. a. O. Abs. 7).

e) Einschränkung der Bewertungsfreiheit.

Nach Art. III des Ges. zur Änderung des EStG v. 1. 2. 38 (RGBl. I S. 99, RStBl. 38 S. 97) wird die Bewertungsfreiheit für kurzlebige Anlagegüter ab 1. 10. 37 nur noch in beschränktem Umfang aufrechterhalten. Art. III a. a. O., der inhaltlich in § 51 Abs. 2 EStG 1938 aufgenommen worden ist, bestimmt:

„§ 6 Ziff. 1 Satz 4 des Einkommensteuergesetzes gilt nur für Wirtschaftsgüter, die vor dem 1. Oktober 1937 bestellt worden sind."

Danach sind Wirtschaftsgüter, die nach dem 30. 9. 37 bestellt worden sind, grundsätzlich von der Bewertungsfreiheit ausgeschlossen. Entscheidend für die Aufrechterhaltung der Bewertungsfreiheit über den 30. 9. 37 hinaus ist die Bestellung vor dem 1. 10. 37, unschädlich ist die Lieferung nach dem 30. 9. 37. Nach den VR 1937 B VIII 6 Abs. 1 (RStBl. 38 S. 200, s. Anh.) gilt für die im eigenen Betrieb hergestellten Wirtschaftsgüter Entsprechendes, wenn mit der Herstellung vor dem 1. 10. 37 begonnen worden ist. In allen Fällen dürfen die Absetzungen erst von der Lieferung ab oder mit der Beendigung der Herstellung vorgenommen werden.

In den VR 37 a. a. O. Abs. 2 wird die Bewertungsfreiheit für kurzlebige Wirtschaftsgüter ohne Rücksicht auf den Zeitpunkt der Bestellung oder Herstellung für folgende Wirtschaftsgüter ohne Einschränkung zugelassen.

1. Lastkraftwagen mit einer Nutzlast von 1,1 t oder mehr,
2. Zugmaschinen und Schlepper,
3. Anhänger (zu den unter Ziff. 1 und 2 bezeichneten Fahrzeugen) mit einer Nutzlast von 1,1 t oder mehr,
4. Kraftomnibusse mit mehr als 16 Sitzplätzen und Kraftomnibusanhänger mit mehr als 16 Sitzplätzen,
5. Beregnungsanlagen in land- und forstwirtschaftlichen Betrieben,
6. alle Wirtschaftsgüter, deren Anschaffungs- oder Herstellungskosten 200 RM. nicht überschreiten.

Wegen der Gründe, die zu der Einschränkung der Bewertungsfreiheit geführt haben, wird auf die Begr. zum Ges. v. 1. 2. 38 1. Allgemeines (RStBl. 38 S. 99) verwiesen.

96. Bewertung bei unentgeltlicher Übertragung.
§ 6 I. EStDVO (§ 6 II. EStDVO):

„Wird ein Betrieb oder ein Teilbetrieb unentgeltlich übertragen, so sind bei der Ermittlung des Gewinns des bisherigen Betriebsinhabers die Wirtschaftsgüter mit den Werten nach § 6 Ziff. 1 bis 3 des Gesetzes anzusetzen. Der Teilwert kann auf Antrag auch dann angesetzt werden, wenn er höher ist als die Anschaffungs- oder Herstellungskosten. Antragsberechtigt ist der bisherige Betriebsinhaber, im Fall der Gesamtrechtsnachfolge der Rechtsnachfolger. Der Rechtsnachfolger ist für den Beginn des Betriebs an die letzten Bilanzansätze des Rechtsvorgängers gebunden.

Werden nur einzelne Wirtschaftsgüter unentgeltlich übertragen, so gilt für den Empfänger als Anschaffungs- oder Herstellungskosten der Betrag, den er für das einzelne Wirtschaftsgut im Zeitpunkt des Empfangs hätte aufwenden müssen."

a) § 6 Abs. 1 I. EStDVO entspricht dem § 20 Abs. 2 EStG 1925 und regelt die Bewertung der Wirtschaftsgüter des Betriebsvermögens für den Fall der **unentgeltlichen Übertragung eines ganzen Betriebs oder eines Teilbetriebs** zum Zweck der Ermittlung des Gewinns des bisherigen Inhabers. Da bei unentgeltlicher Übertragung die Feststellung und Veranlagung eines Veräußerungsgewinns für den letzten Betriebsinhaber ausscheidet, kommt die Vorschrift bei Ermittlung des Gewinns zu Raum, den der letzte Betriebsinhaber in dem der unentgeltlichen Übertragung unmittelbar vorausgehenden Veranlagungszeitraum (unter Umständen Rumpfwirtschaftsjahr) als laufenden gewerblichen Gewinn erzielt hat. Voraussetzung ist zunächst, daß der Betrieb oder ein Teilbetrieb unentgeltlich, also ohne Gegenleistung des Erwerbers, übertragen wird. In der Regel ist dies der Fall der Erbschaft oder Schenkung oder freigebigen Zuwendung (vgl. auch Anm. 134 Abs. 1). Als einen Teilbetrieb hat der RFH. in seiner bisherigen Rechtsprechung zu § 30 EStG 1925 nur einen organisatorisch mit einer gewissen Selbständigkeit ausgestatteten Teil einer Unternehmung, etwa eine Zweigniederlassung, anerkannt (RFH. VI A 1470/29 v. 6. 11. 29, RStBl. 30 S. 39). Dieser liegt dann vor, wenn der Teil des Betriebs nach Art und Umfang der in ihm vorhandenen Betriebsmittel usw. als Teilbetrieb selbständig geführt werden kann. Die Übertragung von Grundstücken und Gebäuden genügt dazu nicht (vgl. RFH. VI A 1440/31 v. 1. 7. 31, RStBl. 31 S. 742, StW. 31 Nr. 954 und die dort genannten Entsch.), wohl aber ist nach RFH. VI A 86/34 v. 17. 10. 34 (StW. 34 Nr. 738) im Pächterinventar eines landwirtschaftlichen Pachtbetriebs ein organischer Betriebsteil zu sehen.

Für den Ansatz der Wirtschaftsgüter am Schluß des letzten (Rumpf-) Wirtschaftsjahrs des bisherigen Betriebsinhabers gelten grundsätzlich die Vorschriften des § 6 Ziff. 1—3 EStG. Jedoch kann auf Antrag auch ein die Anschaffungs- oder Herstellungskosten übersteigender Teilwert angesetzt werden. Diese Vorschrift stellt, abgesehen von der Sonderregelung des § 6 Ziff. 2 Satz 4 EStG, die für nichtabnutzbare Anlagegüter und Umlaufgüter in land- und forstwirtschaftlichen Betrieben gilt, die einzige Ausnahme von dem Grundsatz dar, daß für die Dauer der Zugehörigkeit eines Wirtschaftsguts zu einem Betriebsvermögen die Anschaffungs- oder Herstellungskosten des Wirtschaftsguts dessen steuerlichen Höchstwert bilden. Während die nach den Bilanzansätzen der einzelnen Wirtschaftsgüter bestehenden stillen Rücklagen grundsätzlich erst mit der Veräußerung oder Entnahme, also mit dem Ausscheiden des Wirtschaftsguts aus dem Betriebsvermögen verwirklicht werden dürfen, können im Fall der unentgeltlichen Übertragung des Betriebs die stillen Rücklagen durch Ansatz des die Anschaffungskosten übersteigenden Teilwerts von Besitzposten oder des unter die Anschaffungskosten gesunkenen Teilwerts von Schuldposten mit Wirkung für das letzte Wirtschaftsjahr des unentgeltlich Übertragenden ausgewiesen werden. Die Vorschrift des § 6 I. und II. EStDVO bedeutet damit gleichzeitig eine Ausnahme von dem Verbot der Bilanzierung eines nichtverwirklichten Gewinns und, soweit es sich um Wirtschaftsgüter handelt, die bereits am Schluß des vorangegangenen Wirtschaftsjahrs zum Betriebsvermögen gehört haben, auch eine Durchbrechung des für abnutzbare

Anlagegüter unbeschränkt und für nichtabnutzbare Anlagegüter und Umlaufgüter eingeschränkt geltenden Grundsatzes des Wertzusammenhangs. Von der Verwirklichung eines Gewinns kann deshalb keine Rede sein, weil die mit dem höheren Teilwert angesetzten Wirtschaftsgüter des Betriebsvermögens nicht um den die Anschaffungs- oder Herstellungskosten übersteigenden Teilwert veräußert wurden. Die angesetzten Werte sind in Wirklichkeit im Betrieb noch vorhanden und werden nach Ablauf des Veranlagungszeitraums mit dem Betrieb oder Teilbetrieb unentgeltlich übertragen.

Diese Regelung gilt, wie bereits erwähnt, nur für die Wertansätze in der letzten Bilanz des bisherigen Betriebsinhabers. Sie tritt nur auf Antrag ein, eine Verpflichtung zum Ausweis der vorhandenen stillen Rücklagen besteht nicht. Antragsberechtigt ist der bisherige Betriebsinhaber und bei Gesamtrechtsnachfolge der Rechtsnachfolger. Der Erbe kann also die stillen Rücklagen des auf ihn übergegangenen Betriebsvermögens mit Wirkung für die letzte Einkommensteuerveranlagung des Erblassers ausweisen.

Der Rechtsnachfolger ist nach § 6 Abs. 1 Satz 3 I. und II. EStDVO an die letzten Bilanzansätze des Rechtsvorgängers gebunden (vgl. Anm. 134).

b) § 6 Abs. 2 I. und II. EStDVO regelt die **Anfangswerte einzelner Wirtschaftsgüter, die unentgeltlich übertragen** werden. Als Ersatzwert für die fehlenden Anschaffungskosten werden die Wiederbeschaffungskosten im Zeitpunkt des Empfangs bestimmt. Wegen dieser gedachten Anschaffungskosten vgl. Anm. 105.

C. Die Bewertungsmaßstäbe.

Schrifttum. Knof, Die Anschaffungskosten, DStBl. 36 0220 S. 1; Knof, Die Herstellungskosten, DStBl. 36 0221 S. 1; Willenbrink, Frachtkosten und Herstellungskosten, StW. 36 I Sp. 881; Eckstein, Welche Kosten müssen zu den Herstellungskosten nach § 6 EStG genommen werden, StWarte 37 S. 243; Mirre, Der steuerliche Buchwert, StW. 37 I Sp. 1097.

97. Begriff der Anschaffungskosten.

a) Die **Anschaffungskosten** sind nach der Begr. des Gesetzes „die Kosten des entgeltlichen Erwerbs einschließlich aller Nebenkosten". Der entgeltliche Erwerb eines Wirtschaftsguts des Betriebsvermögens vollzieht sich regelmäßig durch Kauf. Die Gegenleistung des Käufers besteht in der Regel in der Entrichtung des Kaufpreises, sie kann aber auch in der Übernahme von Schulden unter Anrechnung auf den geschuldeten Kaufpreis durch den Käufer oder durch Abtretung von Forderungen an den Verkäufer bestehen (s. Anm. 99). Wird ein Wirtschaftsgut des Betriebsvermögens gegen die Hingabe von anderen Wirtschaftsgütern des Betriebsvermögens erworben, dann liegt ebenfalls ein entgeltlicher Erwerb, und zwar ein Tausch vor (s. Anm. 100). Als Kosten des entgeltlichen Erwerbs kommt beim Kauf der Kaufpreis in Frage, der regelmäßig zahlenmäßig feststeht und unmittelbar als Gegenleistung für den zu erwerbenden Gegenstand aufgewendet wird. Bei Stundung des Kaufpreises kann nach den für die Bewertung von Schulden geltenden Grundsätzen (s. Anm. 126b) die Kaufpreisschuld auch abweichend von ihrem Nennbetrag zu bewerten sein. Der Wertansatz der Kaufpreisschuld ist dann auch als Anschaffungskosten des erworbenen Wirtschaftsguts maßgebend. Besteht beim Erwerb eines Gegenstands der Kaufpreis nicht nur aus einer Barsumme, sondern auch aus der vom Erwerber übernommenen Verpflichtung, an den Verkäufer Jahresteilbeträge in unbestimmter Höhe, z. B. künftige Gewinnanteile zu entrichten, so ist im Jahre der Anschaffung nicht nur der Barpreis, sondern auch die Verpflichtung zu künftigen Zahlungen aus dem Gewinn als Teil der Anschaffungskosten in einem geschätzten Betrag zu berücksichtigen (RFH. I A 104/24 v. 15. 5. 25, E. 16 S. 306, RStBl. 25 S. 140, 141, 210, StW. 25 Nr. 462). Gleichzeitig ist die Verpflichtung unter den Verbindlichkeiten mit dem gleichen Betrag aufzuführen. Unterschiedsbeträge, die sich später zugunsten wie zu Ungunsten der Gesellschaft daraus ergeben, daß die Schuld sich trotz gewissenhafter Schätzung nachträglich als niedriger oder höher herausstellt, betreffen den steuerpflichtigen Gewinn oder Verlust der Gesellschaft in den späteren Wirtschaftsjahren. Wegen

§ 6 EStG. Bewertung. Anmerkung 97.

der Anschaffungs= und Herstellungskosten bei Buchführung in ausländischer Währung s. Anm. 33 Abs. 4 zu § 5 EStG. Beim Erwerb eines Grundstücks in der Zwangsversteigerung bestehen die Anschaffungskosten nicht nur aus dem Meistgebot nebst Kosten, sondern es sind auch etwaige ausgefallene Hypotheken des Erwerbers zu berücksichtigen. Die ausgefallenen Hypotheken des Ersteigerers sind nach RFH. VI A 1440/30 v. 1. 7. 31 (RStBl. 31 S. 742) und I A 242/37 v. 31. 8. 37 (E. 42 S. 74, RStBl. 37 S. 1136, StW. 37 Nr. 514) insoweit als Teil der Anschaffungskosten anzusetzen, als sie nicht bereits im Zeitpunkt des Erwerbs (Zuschlags) wertlos waren, d. h. soweit sie unter Zurechnung der vorhergehenden Belastungen den Wert des Grundstücks nicht übersteigen (ebenso RFH. I 188/37 v. 11. 1. 38, RStBl. 38 S. 508, StW. 38 Nr. 80). Andererseits können aber bei der Zwangsversteigerung die steuerlichen Anschaffungskosten auch niedriger sein als das Meistgebot, nämlich dann, wenn der Erwerber eine eigene Hypothek mit ausgeboten hat, deren anrechnungsfähiger Wert (Teilwert) niedriger war als der bei Feststellung des Meistgebots berücksichtigte Nennbetrag.

b) Unter den **Nebenkosten** sind alle Ausgaben zu verstehen, die aus Anlaß und zum Zweck der Durchführung des Erwerbs des Wirtschaftsguts neben dem eigentlichen Kaufpreis aus dem Betriebsvermögen als mittelbare Kosten des Erwerbs aufgewendet werden müssen. Dazu gehören die anläßlich des Eigentumserwerbs erhobenen Verkehrsteuern, wie beim Erwerb von Grundstücken die Grunderwerbsteuer (RFH. VI A 643/28 v. 13. 6. 28, RStBl. 28 S. 382, StW. 28 Nr. 809) und die Wertzuwachssteuer (RFH. VI A 1668/30 v. 8. 10. 30, RStBl. 31 S. 446, StW. 31 Nr. 106), die Kosten der Beurkundung von Verträgen (RFH. I A a 523/29 v. 26. 11. 29, RStBl. 30 S. 13, StW. 30 Nr. 266) und die vom Käufer zu zahlenden Vermittlungsgebühren wie die Maklerprovision (RFH. VI A 113/30 v. 5. 2. 30, RStBl. 30 S. 328, StW. 30 Nr. 481). Zu den Nebenkosten sind außer diesen notwendigen Aufwendungen auch alle sonstigen Ausgaben zu rechnen, die der Steuerpflichtige zur Durchführung des Erwerbs des Wirtschaftsguts für den Betrieb aufwendet, wie z. B. Abstandsummen, die beim Erwerb eines Geschäftsgebäudes oder bei Mietung von Geschäftsräumen an die bisherigen Mieter der Räume gezahlt werden (RFH. VI A 34/27 v. 9. 2. 27, E. 20 S. 211, RStBl. 27 S. 133, und VI A 1198/29 v. 17. 7. 30, RStBl. 31 S. 7, StW. 30 Nr. 1062). Dagegen brauchen bei Mietung neuer Geschäftsräume nach RFH. VI A 952/28 v. 23. 10. 29 (StW. 30 Nr. 94) Mietzahlungen für abgelöste, leerstehende Räume und Umzugskosten nicht aktiviert zu werden. Weiter sind hierher zu rechnen Aufwendungen zum störungsfreien Erwerb eines Wirtschaftsguts, z. B. die Ausgabe zur Abgeltung des Wertes eines in dem zu erwerbenden Hause betriebenen Verlags, als Teil der Anschaffungskosten des Hauses (RFH. VI A 683/30 v. 30. 4. 30, StW. 30 Nr. 760), die Kosten der Begutachtung eines erst zu erwerbenden Hauses (RFH. VI A 165/31 v. 20. 9. 32, StW. 33 Nr. 32) und Kosten eines Rechtsstreits, die aufgewendet werden, um bestrittenes Eigentum in unbestrittenes zu verwandeln (RFH. I A 182/31 v. 2. 6. 31, StW. 31 Nr. 1060).

Bei beweglichen Gegenständen gehören zu den Nebenkosten auch die Kosten der Verbringung an ihren Bestimmungsort. Führt die Firma den Transport auf eigenen Wagen, Kähnen usw. aus, so kann sie die üblichen Transportkosten zurechnen, wenn sie in erheblichem Maße auch fremde Gegenstände mit ihren Transportmitteln befördert, also gleichzeitig Fuhrunternehmer ist. Ob sonst ein entsprechender Teil für die Unterhaltung des Fuhrparks auf den Transport zu rechnen ist, ist streitig. Im allgemeinen hält man dies im Handel nicht für zulässig. Es erscheint zwar nicht als geboten, aber immerhin nicht als unzulässig, wenn das Unterhalten von Fuhrwerken als eine besondere Abteilung des Geschäfts behandelt wird, die ihre Auslagen den einzelnen anderen Abteilungen belastet und Ausgleich der Einnahmen und Ausgaben erstrebt. Es wird dann bei jedem Transport Warenkonto links — Fuhrparkkonto rechts gebucht. Voraussetzung ist, daß der Fuhrpark im wesentlichen vollständig ausgenutzt wird. Sonst sind derartige Fuhrkosten nicht aktivierbare Generalunkosten. Lagerkosten können nur dann zugerechnet werden, wenn die Ware der Lagerung bedarf, um verkaufsfähig zu werden, also etwa bei jungem Wein. Sie müssen im besonderen für die betreffende Ware ausgegeben sein. Hat eine Firma eigene Lagerräume oder Lagerräume allgemein gemietet, so ist eine Zurechnung an Lagerkosten grundsätzlich ausgeschlossen. Anders höchstens, wenn sie selbst das Lagergewerbe betreibt oder ihre Räume so vollständig ausnützt, daß sie die Lagerkosten tatsächlich angemessen verteilen kann. Verkaufskosten wie Kosten der Reklame, der Reisenden, sind den Anschaffungskosten nicht zuzurechnen. Allenfalls können sie als den Geschäftswert erhöhend aktiviert werden.

In RFH. I A 179/37 v. 29. 6. 37 (RStBl. 37 S. 1019, StW. 37 Nr. 431) werden zu den Anschaffungskosten eines Gebäudes auch alle Aufwendungen gerechnet, die der Erwerber bei oder kurz nach dem Erwerb macht, um das Gebäude in dem für die Zwecke des Unternehmens erforderlichen Zustand zu versetzen. Diese Aufwendungen seien wie die eigentlichen Anschaffungskosten auf die Nutzungsdauer des Gebäudes zu verteilen, ohne daß für die neu erworbenen Gebäude ein laufender Erhaltungsaufwand auszuscheiden sei (ebenso RFH. I A 112/37 v. 13. 4. 37, RStBl. 37 S. 681, StW. 37 Nr. 266). Unter diesem Gesichtspunkt könnte auch nachträglicher Herstellungsaufwand (Instandsetzung) mit den gleichen Folgen angenommen werden.

c) Werden die **Anschaffungskosten eines Wirtschaftsguts nach Ablauf des Wirtschaftsjahrs der Anschaffung herabgesetzt,** so wird dadurch der Gewinn des späteren Wirtschaftsjahrs nicht unter allen Umständen erhöht. Der Gewinn wird nach RFH. VI A 908/35 v. 8. 1. 36 (E. 39 S. 34, RStBl. 36 S. 416, StW. 36 Nr. 130), z. B. dann nicht erhöht, wenn für eine im Betriebsvermögen vorhandene, mit den Anschaffungskosten angesetzte Ware der Anschaffungspreis herabgesetzt wird. In diesem Fall handelt es sich nicht um eine Vermehrung des Betriebsvermögens, sondern um eine Umschichtung (Buchung: x RM Kreditoren- oder Kassenkonto links — Warenkonto rechts). Eine Betriebsvermögensumschichtung liegt vor, solange noch gegenüber der nachträglichen Herabsetzung des Kaufpreises die Anschaffungskosten des Wirtschaftsguts herabgesetzt werden können, wenn also das Wirtschaftsgut im Zeitpunkt der Herabsetzung noch vorhanden und mit den Anschaffungskosten bewertet ist. Daher bedeutet auch die nachträgliche Herabsetzung der Kaufpreisschuld für ein mit den Anschaffungskosten angesetztes Betriebsgrundstück lediglich eine Umschichtung des Betriebsvermögens; denn der Ermäßigung der Schuld entspricht die Ermäßigung der Anschaffungskosten des Grundstücks um den gleichen Betrag. Bei einem Preisnachlaß von 20 000 RM. für eine gegen Einräumung einer Hypothek erworbenes Betriebsgrundstück wäre also zu buchen Grundstückskonto links — Hypothekenkonto rechts 20 000 RM. (s. auch RFH. VI 620/37 v. 18. 11. 37, RStBl. 38 S. 133, StW. 37 Nr. 624). Allerdings muß bei abnutzbaren Anlagegütern berücksichtigt werden, daß in der Zwischenzeit von den höheren Anschaffungskosten Absetzungen gemacht wurden. Der Restwert des Grundstücks muß daher nach den ermäßigten Anschaffungskosten abzüglich der bisherigen (zu hohen) Absetzungen festgestellt werden. Betrifft dagegen die nachträgliche Herabsetzung der Anschaffungskosten bereits mit Gewinn oder Verlust veräußerte Wirtschaftsgüter, dann wirkt sie nach RFH. VI A 908/35 gewinnerhöhend oder verlustmindernd. Der nachträgliche Erlaß einer Kaufpreisschuld wirkt aber auch dann gewinnerhöhend, wenn das Wirtschaftsgut in der Zwischenzeit mit einem unter den ermäßigten Anschaffungskosten liegenden Teilwert angesetzt wurde. In diesem Fall wird durch die nachträgliche Gewinnerhöhung die von den zu hohen Anschaffungskosten vorgenommene Abschreibung auf den Teilwert wieder ausgeglichen. Wegen des Einflusses einer Teilrückzahlung des Grund- oder Stammkapitals einer Kapitalgesellschaft im Abwicklungsverfahren und infolge Kapitalherabsetzung auf die ursprünglichen Anschaffungskosten der Beteiligung vgl. Anm. 114 a, aa Abs. 4

98. Geldbeschaffungskosten.

Wenn zu den Anschaffungskosten alle vom Käufer eines Wirtschaftsguts des Betriebsvermögens zum Erwerb dieses Gutes unmittelbar und mittelbar gemachten

Aufwendungen zu rechnen sind, dann darf dies aber nicht so verstanden werden, daß bei der Berechnung der Anschaffungskosten eines Wirtschaftsguts alle mit der Anschaffung in wirtschaftlichem Zusammenhang stehenden Geschäfte zu berücksichtigen sind. Es kann nicht berücksichtigt werden, daß der Kaufmann vielleicht zum Erwerb des Gegenstands sehr drückende Schulden eingegangen ist und ebenso auch nicht, daß er zur Beschaffung der Mittel ungünstige Veräußerungen vorgenommen hat. Insbesondere können bei den Anschaffungskosten niemals Zinsen in Frage kommen. Hinsichtlich der Zurechnung der Kosten der Geldbeschaffung zu den Anschaffungskosten wird in RFH. I A a 271/29 v. 13. 3. 30 (RStBl. 30 S. 332, StW. 30 Nr. 753) unter Verweisung auf das gesamte handelsrechtliche Schrifttum, das unter den Anschaffungs= oder Herstellungskosten alles verstehe, was der Kaufmann zur Erlangung eines Gegenstands aufwenden müsse, der Grundsatz aufgestellt, daß auch das Darlehensaufgeld (Disagio, Damnum) zu den Anschaffungskosten von GmbH.=Anteilen zu rechnen sei, wenn zum Erwerb dieser Anteile eine Darlehensschuld unter Einräumung eines Aufgelds aufgenommen worden ist. Dagegen wird in RFH. VI A 1031/28 v. 26. 9. 28 (RStBl. 28 S. 363, StW. 28 Nr. 804) die Auffassung vertreten, daß das eingebüßte Aufgeld nicht als Teil der Anschaffungskosten des Gegenstands zu aktivieren ist, auch wenn die Schuld ausschließlich zum Erwerb des Gegenstands aufgenommen worden ist. Es wird darauf hingewiesen, daß es ganz gleich sein müsse, ob ein Kaufmann erst zur Beschaffung seiner Waren seine baren Mittel verwendet habe und infolgedessen zum vorteilhaften Erwerb eines Grundstücks ein Darlehen unter ungünstigen Bedingungen aufnehmen müsse oder erst seine baren Mittel zum Erwerb des Grundstücks benutzen könne und bald darauf zur Beschaffung von Waren teuren Bankkredit in Anspruch nehmen müsse. Unter dem Gesichtspunkt, daß das Aufgeld regelmäßig wirtschaftlich die Bedeutung eines für die Zurverfügungstellung des Geldes erhobenen Zinsabzugs hat, erscheint die letztere Auffassung richtig. Es sind Schuldzinsen, die als Zinsvorauszahlung auf die Laufzeit des Darlehens zu verteilen sind (s. Anm. 126 b). Im übrigen hat der RFH. mit Recht darauf hingewiesen, daß der Zusammenhang der beiden Geschäfte Erwerb eines Gegenstands und Aufnahme einer Schuld nicht so eng ist, daß die Kosten der Beschaffung des Geldes als Anschaffungskosten des mit dem Geld erworbenen Wirtschaftsguts gelten könnten. Sie können daher zunächst als solche dadurch berücksichtigt werden, daß die Darlehensschuld mit den Anschaffungskosten, d. h. mit dem Nennbetrag abzüglich des Aufgelds in die Bilanz eingestellt wird und das allmähliche Anwachsen der Schuld auf den Nennbetrag bis zum Fälligkeitstag durch Einsetzung eines alljährlichen gleichmäßig anwachsenden Schuldpostens ausgedrückt wird.

99. Anschaffungskosten bei Übernahme von Wirtschaftsgütern des Betriebsvermögens oder Verbindlichkeiten unter Anrechnung auf den Kaufpreis.

a) **Wenn eine Schuld, z. B. eine auf dem Grundstück lastende Pfandbriefhypothekenschuld auf den Kaufpreis angerechnet wird,** so ist nach RFH. VI A 499/33 v. 29. 11. 33 (RStBl. 34 S. 357, StW. 34 Nr. 25) für die Bestimmung der Anschaffungskosten des Grundstücks nicht der Nennbetrag der Schuld, sondern deren gemeiner Wert als der wirkliche Wert maßgebend. Die Anschaffungskosten des mit der Hypothek belasteten Grundstücks sind also gleich dem Barpreis + dem gemeinen Wert (Zeitwert) der vom Käufer übernommenen Schuld. Wird die Schuld mit einem höheren oder geringeren Wert als dem gemeinen Wert auf den Kaufpreis angerechnet, so bedeutet das nur, daß die Anschaffungskosten in Wirklichkeit niedriger oder höher sind, als ihn die Beteiligten angeben. Bedenklich ist es dagegen, wenn in RFH. I A 173/34 v. 26. 2. 35 (RStBl. 35 S. 825, StW. 35 Nr. 304) dem Käufer eines mit einer Aufwertungshypothek belasteten Grundstücks bei Anrechnung dieser Hypothek auf den Kaufpreis des Grundstücks gestattet wird, als Anschaffungskosten des Grundstücks neben dem Barpreis den Wert der Aufwertungshypothek nicht nur nach dem gemeinen Wert (Zeitwert), sondern auch nach ihrem Nennbetrag anzusetzen; denn der Nennbetrag kommt nicht ohne weiteres als Wert der Schuld im

Zeitpunkt des Grundstückskaufs in Frage. Dagegen läßt RFH. mit Recht eine spätere Erhöhung des Zeitwerts der Hypothek nicht zu einer entsprechenden Erhöhung des Bilanzansatzes des Grundstücks führen.

b) Wenn **statt Bargeld nicht vollwertige Forderungen zum Nennbetrag in Zahlung gegeben** werden, dann ist der vereinbarte Anschaffungspreis zur Berechnung der Anschaffungskosten um den Minderwert der Forderungen zu kürzen. In diesem Fall sind also die Anschaffungskosten gleich dem Teilwert der in Zahlung gegebenen Forderungen. Dies gilt nach RFH. VI A 118/32 v. 5. 10. 32 (RStBl. 32 S. 1065, StW. 32 Nr. 1149) auch dann, wenn beim Verkauf eines alten Geschäfts und dem Ankauf eines neuen Geschäfts der Verkäufer des letzten die an sich nicht vollwertige Kaufpreisforderung aus dem Verkauf des alten Geschäfts auf den Kaufpreis des neuen zum Nennwert in Zahlung nimmt.

Der Kaufpreis für einen Gegenstand kann auch in der Weise entrichtet werden, daß der vereinbarte Kaufpreis zum Teil durch Barzahlung und zum Teil durch Hingabe eines Gegenstands des Betriebsvermögens unter Anrechnung seines Werts auf den Restkaufpreis entrichtet wird. Nach RFH. VI A 164/29 v. 13. 2. 29 (RStBl. 29 S. 267, StW. 29 Nr. 345) sind in diesem Fall die Anschaffungskosten des erworbenen Gegenstands nach dem Betrag der Geldzahlung zuzüglich des tatsächlichen Wertes, also des Teilwerts des vom Verkäufer in Rechnung genommenen Gegenstands zu bestimmen. Wird z. B. beim Ankauf eines neuen Kraftwagens um den Preis von 11 000 RM. ein mit 1687 RM. zu Buch stehender Kraftwagen des Betriebs mit 3000 RM. auf den Kaufpreis angerechnet, so sind die Anschaffungskosten des neuen Wagens gleich der Barzahlung von 9000 RM. + dem Teilwert des hingegebenen Wagens. Ist dieser höher als sein Buchwert, so kann insoweit ein verwirklichter Gewinn entstehen. (Über die Notwendigkeit der Ausweisung dieses Gewinns nach den für den Tausch geltenden Grundsätzen vgl. Anm. 100 a).

c) Wird ein **Grundstück unter Stundung und geringer Verzinsung eines erheblichen Teiles der Kaufpreisforderung erworben**, dann können nach RFH. I A 34/32 v. 28. 9. 32 (StW. 33 Nr. 135) die Anschaffungskosten des Grundstücks dem bar gezahlten Teil des Kaufpreises zuzüglich des Gegenwartswerts der gestundeten Kaufpreisforderung gleichgesetzt werden. Natürlich ist dann die Kaufpreisschuld auch nur mit dem Gegenwartswert zu passivieren, wobei man zweckmäßig den Nennbetrag einsetzt und für den Minderwert auf der Aktivseite einen Wertberichtigungsposten, der in der Zeit der Unkündbarkeit abzuschreiben ist. Auf diese Weise ergibt sich infolge des Kaufvertrags zunächst weder Gewinn noch Verlust.

100. Anschaffungskosten beim Tausch.

a) Der Tausch ist die Form des entgeltlichen Erwerbs eines Gegenstands, bei der als Entgelt nicht wie beim Kauf Bargeld, sondern eine Sache hingegeben wird. Ein Tausch liegt auch dann noch vor, wenn außer der in Tausch gegebenen Sache noch Bargeld (Aufgeld) geleistet wird. Vom Kauf unter Drangabe eines Gegenstands in Anrechnung auf den vereinbarten Kaufpreis unterscheidet sich der Tausch mit Aufgeld dadurch, daß bei ihm die Sachleistung der wesentliche Teil der Gegenleistung ist und das Bargeld nur zur Ausgleichung des Preises dient, während beim Kauf umgekehrt die Geldleistung die Hauptsache ist (vgl. auch RFH. VI A 1361/29 v. 2. 4. 30, RStBl. 30 S. 363, StW. 30 Nr. 483). Der Einkommensteuersenat des RFH. hat in ständiger Rechtsprechung zum EStG 1925 (im Gegensatz zu der vom Körperschaftsteuersenat in RFH. I A 61/25 v. 14. 7. 25, E. 17 S. 105, RStBl. 25 S. 167, 169, StW. 25 Nr. 647 niedergelegten Ansicht) die Auffassung vertreten, **daß bei Tauschgeschäften als Anschaffungskosten nicht der Buchwert des in Tausch gegebenen Gegenstands, sondern dessen gemeiner Wert (Teilwert) im Zeitpunkt der Hingabe zu gelten habe.** Der Tausch wird also steuerrechtlich so behandelt, als ob der in Tausch gegebene Gegenstand veräußert worden wäre und zwar zu einem seinem Teilwert entsprechenden Betrag. Das hat zur Folge, daß hinsichtlich des

§ 6 KStG. Bewertung. Anmerkung 100.

aus dem Betriebsvermögen ausgeschiedenen Gegenstands die in dem Buchwert vorhandenen stillen Rücklagen durch Ansatz des den Buchwert übersteigenden Teilwerts als Veräußerungspreis des in Tausch gegebenen Gegenstands und gleichzeitig als Anschaffungskosten des eingetauschten Gegenstands aufgedeckt werden und insoweit ein Gewinn in Höhe des Unterschiedsbetrags verwirklicht wird (vgl. auch RFH. VI A 1100/25 v. 20. 1. 26, RStBl. 26 S. 192, StW. 26 Nr. 161). Umgekehrt wird ein Verlust verwirklicht, wenn der Teilwert des in Tausch gegebenen Gegenstands niedriger als sein Buchwert ist. Anderseits wird aber beim Tausch ebenso wie beim Kauf der Umstand, daß der Teilwert des erworbenen Gegenstands höher ist als das Entgelt, steuerlich nicht berücksichtigt. Insoweit handelt es sich beim Tausch und Kauf um noch nicht verwirklichte Gewinne. Ist der Teilwert des eingetauschten Gegenstands niedriger als der für die Anschaffungskosten in Frage kommende Teilwert des in Tausch gegebenen Gegenstands, dann ist der Steuerpflichtige an sich nicht gehindert, den dadurch herbeigeführten, noch nicht verwirklichen Verlust in der Bilanz durch den Ansatz des eingetauschten Gegenstands mit seinem niedrigeren Teilwert auszuweisen. Dagegen muß nach den oben aufgeführten Grundsätzen ein den Teilwert des weggegebenen Gegenstands übersteigender Teilwert des hereingenommenen Gegenstands unberücksichtigt bleiben. Insoweit wird durch den Tausch kein Gewinn verwirklicht, der Steuerpflichtige hat lediglich durch den Eintausch eines höher zu bewertenden Gegenstands ein steuerlich zunächst unbeachtliches gutes Geschäft gemacht.

Wird der Tausch durch Leistung eines **Aufgelds** ausgeführt, dann ist als Anschaffungskosten des eingetauschten Gegenstands nach VI A 1361/29 (s. oben) der Teilwert des in Tausch gegebenen Gegenstands zuzüglich des Barbetrags des gezahlten Aufgelds anzusetzen.

b) Nach der Rechtsprechung des RFH. ist jedoch bei Tauschgeschäften der **eingetauschte Gegenstand nicht in allen Fällen mit dem Teilwert des in Tausch gegebenen Gegenstands anzusetzen.** Es können vielmehr die stillen Rücklagen, die in dem Buchwert des in Tausch gegebenen Gegenstands vorhanden sind, wenn dessen Teilwert bei seinem Ausscheiden aus dem Betriebsvermögen höher ist als der Buchwert, durch Ansatz des eingetauschten Gegenstands mit dem Buchwert des in Tausch gegebenen auf den neuen übertragen und so eine Verwirklichung des durch Veräußerung des alten Gegenstands erzielten Gewinns vermieden werden. Dies ist dann der Fall, wenn der eingetauschte Gegenstand im Betrieb im wesentlichen die gleiche Aufgabe zu erfüllen hat, wie der in Tausch gegebene, wenn er also dem Betrieb als Ersatz des weggegebenen Gegenstands dient (RFH. VI A 1361/29 s. oben und VI A 1796/31 v. 11. 10. 33, StW. 34 Nr. 92). Diese Voraussetzung kann in der Regel nur bei Anlagegütern vorliegen; für Waren wird dies in RFH. VI A 1796/31 mit Recht verneint. Auch beim Austausch von Beteiligungen an Kapitalgesellschaften kann die Verwirklichung des Gewinns verneint werden, wenn die eingetauschten Beteiligungen im Unternehmen den gleichen Zweck zu erfüllen haben wie die weggegebenen (für Austausch von Aktien RFH. I A 384/32 v. 1. 3. 33, RStBl. 33 S. 427, StW. 33 Nr. 527 und für Austausch der Kuxe gegen Aktien bei Umwandlung einer Gewerkschaft in eine AG. RFH. I A 417/28 v. 20. 12. 28, RStBl. 29 S. 66, StW. 29 Nr. 178).

Die gleichen Grundsätze werden in RFH. VI A 1272/32 v. 9. 11. 32 (E. 32 S. 170, RStBl. 33 S. 222, StW. 33 Nr. 206) auch für den Austausch von passiven Wirtschaftsgütern des Betriebsvermögens, nämlich für die Ablösung einer alten Hypothekenschuld durch Aufnahme einer neuen Hypothekenschuld wegen der Ähnlichkeit mit dem Fall des Austausches von Grundstücken, die für den Betrieb die gleiche Bedeutung haben, für anwendbar erklärt. Wenn in diesem Fall die Bewertung der alten Hypothek (Nennbetrag) eine stille Rücklage enthält, weil sie zu einem geringeren Betrag als dem Buchwert abgelöst werden kann, so kann nach der Entsch. bei Ablösung dieser Hypothek durch eine neue wirtschaftlich von einer Verwirklichung dieser stillen Rücklage, die sonst bei Ablösung der Hypothek mit einem geringeren Betrag als ihrem Buchwert in Höhe des Unterschieds eintreten würde, nicht gesprochen werden. Die Aufnahme der neuen Schuld soll weder zu Gewinn noch Verlust führen und der Buchgewinn aus der Ablösung der alten Schuld könne mit den Geldbeschaffungskosten der neuen Schuld unter dem Gesichtspunkt des Tausches ohne Gewinnverwirklichung auszugleichen sein.

Dagegen wurde in RFH. I A 6/34 v. 8. 8. 34 (RStBl. 34 S. 1126, StW. 34 Nr. 689) eine Verwirklichung stiller Rücklagen in dem Fall angenommen, daß eine Gesellschaft ihren Lagerplatz mit einem beträchtlichen Buchgewinn verkaufte und auf 30 Jahre einen Platz pachtete, um dort einen neuzeitlichen Umschlags- und Lagerungsbetrieb zu eröffnen. Zutreffend wird darauf hingewiesen, daß sich die wirtschaftlichen Grundlagen des Betriebs durch die Verlegung vollkommen geändert haben und aus dem Erlös der abgestoßenen Teile des Betriebsvermögens nicht Ersatzgegenstände angeschafft worden sind, die im Betrieb die gleiche Aufgabe, wenn vielleicht auch in verbesserter Form, zu erfüllen haben. Auch die Gleichstellung dieses Falles mit dem Fall der Brandentschädigung hat der RFH. bei freiwilliger Verlegung des Betriebs aus wirtschaftlichen Gründen abgelehnt, da beim Wiederaufbau aus einer Brandentschädigung eine Verwirklichung stiller Rücklagen nur insoweit verneint werde, als durch den Wiederaufbau lediglich die Auswirkungen höherer Gewalt ausgeglichen würden (s. Anm. 104).

101. Begriff der Herstellungskosten.

Unter Herstellungskosten sind nach der Begr. des Gesetzes alle auf die Herstellung eines Gegenstands verwendeten Kosten zu verstehen. Eine genaue Abgrenzung zwischen Anschaffungs- und Herstellungskosten wird praktisch vielfach schwierig sein. Die Anschaffung eines Gegenstands hat die Erlangung der rechtlichen oder wirtschaftlichen Verfügungsbefugnis (regelmäßig Eigentum) des Betriebsinhabers über den angeschafften Gegenstand zum Ziele. Es können nun Zweifel entstehen, wann im Einzelfall das Anschaffungsgeschäft als beendet zu betrachten ist und von wann ab weitere Aufwendungen des Betriebs auf den angeschafften Gegenstand nicht mehr als Nebenkosten zu den Anschaffungskosten, sondern als über den laufenden Erhaltungsaufwand hinausgehende Aufwendungen auf einen Gegenstand des Betriebsvermögens zu den Herstellungskosten zu rechnen sind (vgl. auch Anm. 97 b Abs. 3). Denn Herstellungskosten können nicht nur in dem Regelfall der Erzeugung von Gegenständen mit Mitteln des Betriebs, sondern auch durch Aufwendungen auf einen im Betrieb bereits vorhandenen Gegenstand entstehen. Eine genaue Abgrenzung der Anschaffungskosten und Herstellungskosten in Zweifelsfällen ist aber steuerrechtlich belanglos, da beide Arten von Aufwendungen gleichmäßig zu aktivieren sind, so daß in Zweifelsfällen die Benennung im Ergebnis unerheblich ist.

Herstellungskosten können als „Kosten" nur die zu Lasten des Betriebs auf einen Gegenstand gemachten Aufwendungen (Betriebsausgaben, eingegangene Verbindlichkeiten) sein. Daher scheidet die Berücksichtigung von entgangenem Gewinn oder des Wertes der eigenen Arbeitskraft des Unternehmers ebenso wie auch die Verzinsung des im Betrieb arbeitenden eigenen Kapitals des Unternehmers bei Berechnung der Herstellungskosten aus (RFH. VI A 1789/29 v. 6. 2. 30, RStBl. 30 S. 346, StW. 30 Nr. 468). In Frage kommen in erster Linie die Kosten der zur Herstellung eines Gegenstands verwendeten Roh- und Hilfsstoffe, Betriebsmittel und die unmittelbar zur Herstellung aufgewendeten Löhne einschließlich der sozialen Leistungen des Arbeitgebers wie Versicherungsbeiträge usw. Werden zur Herstellung Gegenstände verwendet, die schon länger zum Betriebsvermögen gehören, so sind diese zur Berechnung der Herstellungskosten mit ihrem Buchwert am Schluß des vorangegangenen Wirtschaftsjahrs anzusetzen. Werden dagegen zur Herstellung erst im Jahre der Herstellung angeschaffte Gegenstände verwendet, dann kommen die Anschaffungskosten dieser Gegenstände als Höchstwert in Betracht, der Unternehmer kann aber auch den niedrigeren Teilwert dieser Gegenstände im Zeitpunkt ihrer Verarbeitung der Selbstkostenrechnung zugrunde legen. Ist das Erzeugnis, z. B. eine Maschine, am Ende eines Wirtschaftsjahrs noch nicht fertiggestellt (halbfertiges Erzeugnis), so ist die fertige Maschine im folgenden Wirtschaftsjahr für die Berechnung der Herstellungskosten mit dem Bilanzwert am Ende des vorangegangenen Jahres zuzüglich der Aufwendungen im abgelaufenen Wirtschaftsjahr anzusetzen.

Zweifelhaft kann sein, inwieweit im übrigen Unkosten des Betriebs den Herstellungskosten zuzurechnen sind. Es ist vielfach in Fabrikbetrieben, im Gegensatz zu Handelsbetrieben, üblich, den Begriff der Generalunkosten möglichst einzuschränken. Es dürfen alle zum Herstellungsvorgang gehörigen Ausgaben den Erzeugnissen verhältnismäßig zugerechnet werden, wie Löhne und Gehälter der Arbeiter, Zeichner, Techniker, einschließlich des Gehalts des technischen Direktors, Lagerkosten für die Zeit der Herstellung, Abnutzung von Maschinen usw. Dagegen nicht die Gehälter für das kaufmännische Personal, die Lagerkosten seit Fertigstellung, die Miete der Konторräume. Nach § 133 Ziff. 1 Abs. 3 AktG (bisher § 261 Ziff. 1 Satz 2 HGB) dürfen bei der Berechnung der Herstellungskosten im angemessenen Umfang Abnützungen und sonstige Wertminderungen und angemessene Anteile an den Betriebs- und Verwaltungskosten eingerechnet werden, die auf den Zeitraum der Herstellung entfallen; Vertriebskosten gelten nicht als Betriebs- und Verwaltungskosten. Man kann zweifeln, ob nach Steuerrecht derartige Kosten zugesetzt werden müssen. Dies dürfte zu bejahen sein. Wenn nach der Gesetzesbegr. unter den Herstellungskosten alle auf die Herstellung verwendeten Kosten zu verstehen sind, dann sind dazu steuerlich auch die durch die Herstellung eines Gegenstands verursachten allgemeinen Unkosten zu rechnen. Es kann deshalb nicht dem Willen des Pflichtigen überlassen bleiben, ob er diese Unkosten zu den Herstellungskosten rechnen will oder nicht. Als solche allgemeinen Unkosten kommen nach der bisherigen Rechtsprechung — allerdings nunmehr als aktivierungspflichtig — in Betracht: nach RFH. I A 245/30 v. 9. 1. 31 (RStBl. 31 S. 307, StW. 31 Nr, 519) die „produktionsbedingten Abschreibungen", wobei unter Abschreibungen sowohl Abnutzungsabsetzungen als auch Abschreibungen im eigentlichen Sinn zu verstehen sein werden, die auf die zur Herstellung der Gegenstände verwendeten Maschinen, Anlagen usw. entfallen; weiter nach RFH. VI A 1789/29 v. 6. 2. 30 (RStBl. 30 S. 346, StW. 30 Nr. 468) ein angemessener Teil der allgemeinen Verwaltungskosten, die unmittelbar zur Herstellung des Gegenstands notwendig sind.

Bei den Herstellungskosten kann auch eine Zurechnung von Zinsen in Frage kommen, z. B. dann, wenn ein Bauwerk 60 000 RM., zahlbar in 6 Teilbeträgen, kosten soll, oder wenn für die zum Bau eines Schiffes erforderlichen Rohstoffe 100 000 RM. ausgegeben sind und das Schiff nach einem Jahre verkaufsfertig ist. Mit Fortschreiten des Baus sind Zinsen der gezahlten Beträge bis zur Fertigstellung des Baus anzusetzen, und zwar soweit man selbst Zinsen aufwenden mußte, diese, soweit das nicht der Fall ist, die Zinsen, die man ohne weiteres hätte erzielen können. Ebenso können im Fall der Herstellung des Schiffes den Herstellungskosten die Zinsen für ein Jahr hinzugerechnet werden und zwar selbst dann, wenn der Unternehmer die 100 000 RM. nicht durch Darlehen aufnahm, sondern aus eigenen Mitteln bestritten hat. Die Zinsrechnung kommt aber immer nur bis zur Fertigstellung des Gegenstands in Frage. Ob überhaupt Zinsen zu den Herstellungskosten zu rechnen sind, ist ebenso wie die Zurechnung der Generalunkosten, Lagerkosten usw. Sache des Ermessens des Betriebsleiters.

Herstellungskosten, die nicht feststellbar sind, sind zu schätzen (vgl. RFH. VI A 1307/32 v. 29. 11. 33 (RStBl. 34 S. 340, StW. 34 Nr. 26). Eine Schätzung kann auch für einzelne Teile der Kostenberechnung, insbesondere bei Zerlegung der Generalunkosten erforderlich werden.

In RFH. VI A 197/36 v. 1. 4. 36 (RStBl. 36 S. 446, StW. 36 Nr. 276) wird ausgeführt, daß die Grundsätze über die Berechnung der Herstellungskosten aus unmittelbaren Herstellungskosten und den zur Herstellung erforderlichen Generalunkosten im allgemeinen auch) dann maßgebend seien, wenn ein Unternehmer, dem der Kaufpreis für eine bestellte, aber noch nicht fertiggestellte Ware voll ausbezahlt sei, in seiner Bilanz gegenüber dem vereinnahmten Kaufpreis seine Verpflichtung zur rückständigen Lieferung passivieren müsse. Zu den noch ausstehenden Kosten seien dann auch die Generalunkosten zu rechnen, soweit sie auf die noch geschuldete Lieferung entfielen. Dagegen könnten für die noch zu leistenden Nebenarbeiten, wie z. B. Aufräumungsarbeiten nur die voraussichtlich entstehenden Löhne mit Sozialzuschlägen usw., nicht aber die anteiligen Generalunkosten passiviert werden.

102. Nachträgliche Anschaffungs- oder Herstellungskosten.

a) Anschaffungs- oder Herstellungskosten können dem Betrieb auch noch in einem späteren Wirtschaftsjahr als dem der Anschaffung oder Herstellung erwachsen. Insbesondere können unter dem Gesichtspunkt des nachträglichen Herstellungsaufwands für einen Gegenstand, der bereits am Schluß des vorangegangenen Wirtschaftsjahrs im Betriebsvermögen vorhanden war, Ausgaben erforderlich werden. Dieser Fall ist vor allem bei den langlebigen Anlagegütern häufig. Weiter gehört auch hierher der Fall, daß sich die Herstellung eines Gegenstands über mehrere Wirtschaftjahre erstreckt (s. Anm. 101 Abs. 2 a. E.). Der nachträgliche Anschaffungs- oder Herstellungsaufwand ist insoweit aktivierungspflichtig, als er über den laufenden Erhaltungsaufwand hinausgeht. Dabei ist es für die Aktivierungspflicht unerheblich, ob der Wert des Anlagegegenstands durch die Aufwendungen erhöht worden ist oder nicht (RFH. VI A 1239/28 v. 21. 11. 28, RStBl. 29 S. 271, StW. 29 Nr. 8). Macht der Pflichtige von seinem Recht, den laufenden Erhaltungsaufwand sofort abzusetzen, keinen Gebrauch, dann ist dieser ebenfalls zu aktivieren, soweit er dem Betrieb über das Wirtschaftsjahr hinaus zugute kommt. Die hiernach zu aktivierenden nachträglichen Aufwendungen müssen dem Buchwert des Wirtschaftsguts, auf das sie gemacht werden, hinzugerechnet werden, und zwar wieder in Höhe des Aufwands einschließlich aller Nebenkosten. Bei Gegenständen, die z. B. aus einem alten Geschäftsraum in einen neuen verbracht werden, setzen sich die Anschaffungs- oder Herstellungskosten aus dem bisherigen Buchwert und den für Abbau, die Verbringung und die Wiederanbringung aufgewendeten Kosten zusammen (RFH. VI A 727/25 v. 7. 7. 26, E. 19 S. 201, RStBl. 26 S. 630, StW. 26 Nr. 427). Der Steuerpflichtige hat nur die Möglichkeit, an Stelle der Zurechnung des nachträglichen Anschaffungs- oder Herstellungsaufwands zum bisherigen Buchwert für das Wirtschaftsgut in dem Zustand, in dem es sich durch die nachträglichen Aufwendungen befindet, den Teilwert anzusetzen, wenn dieser am Schluß des Wirtschaftsjahrs niedriger ist als der Buchwert am Schluß des vorangegangenen Wirtschaftsjahrs zuzüglich dem Betrag der nachträglichen Anschaffungs- oder Herstellungskosten und bei den abnutzbaren Anlagegütern gekürzt um die auf das Wirtschaftsjahr entfallenden Absetzungen für Abnutzung oder Substanzverringerung. Der steuerliche Buchwert ist (s. Anm. 90 b, bb) der Geldbetrag, mit dem das Wirtschaftsgut in der Bilanz vom Schluß des vorangegangenen Wirtschaftsjahrs angesetzt war, und zwar gleichgültig, ob er die Anschaffungs- oder Herstellungskosten, den Teilwert oder einen Zwischenwert darstellt, und — unter der Voraussetzung, daß er selbst nicht zu berichtigen war — ob er richtig oder falsch war. Diesem Buchwert ist eine nachträgliche Anschaffungs- oder Herstellungskosten aktivierungspflichtige Aufwendung hinzuzurechnen. Es kann daher dem RFH. nicht darin beigetreten werden, wenn er in RFH. I A 453/27 v. 8. 5. 28 (E. 23 S. 238, RStBl. 28 S. 210, StW. 28 Nr. 539) die in einem späteren Wirtschaftsjahr nachgeforderte Grunderwerbsteuer als Teil der Anschaffungskosten eines Grundstücks nur dann für aktivierungspflichtig erklärt, wenn das Grundstück in der Zwischenzeit nicht mit dem niedrigeren Teilwert angesetzt worden ist, da dieser durch die Entrichtung der Grunderwerbsteuer nicht mehr geändert werden könne. Für die Frage der Aktivierungspflicht nachträglicher Anschaffungs- oder Herstellungskosten ist es aber ohne Bedeutung, welchen Wert der Buchwert darstellt, und der Teilwert kann nur als

§ 6 EStG. Bewertung. Anmerkung 102.

Gegenwartswert am Schluß des Wirtschaftsjahrs, in dem die nachträgliche Aufwendung erfolgte, von Bedeutung werden. Wird die Grunderwerbsteuer für einen Teil des Kaufpreises hinterzogen, dann kann zunächst nur der tatsächlich entrichtete Steuerbetrag als Nebenkosten des Erwerbs behandelt werden (vgl. Anm. 110a); denn für den hinterzogenen, d. h. absichtlich nicht entrichteten Betrag kann man wohl kaum Passivierungspflicht als Schuld und gleichzeitig Aktivierungspflicht annehmen. Erst mit der Aufdeckung der Hinterziehung ist der hinterzogene Betrag als nachträgliche Anschaffung dem letzten Bilanzansatz des Grundstücks (unter Zerlegung auf Grund und Boden und Gebäude) hinzuzurechnen, wenn nicht der Ansatz eines niedrigeren Teilwerts für das gesamte Grundstück gerechtfertigt und beantragt wird.

b) Häufig werden **bei nachträglichen Aufwendungen auf ein Wirtschaftsgut Teile des Wirtschaftsguts zerstört oder entfernt**, z. B. bei Häusern infolge eines Umbaus oder bei Maschinen oder Anlagen infolge Anbringung von Verbesserungen. Zweifelhaft kann sein, ob der Tatsache der Zerstörung oder Entfernung von Teilen des bisherigen Wirtschaftsguts auch steuerlich bei Feststellung des Wertes für das geänderte Wirtschaftsgut Rechnung getragen werden kann oder muß. Wird ein selbständiges Wirtschaftsgut des Betriebsvermögens, das für den Betrieb nicht mehr brauchbar ist, entfernt und durch ein neues Wirtschaftsgut ersetzt, so entfällt, wenn das alte Wirtschaftsgut am Schluß des vorangegangenen Wirtschaftsjahrs noch einen Buchwert hatte, dieser Buchwert vollständig (Absetzung für außergewöhnliche technische oder wirtschaftliche Abnutzung), anderseits sind die Kosten der Neuanschaffung einschließlich der Kosten der Entfernung des alten Wirtschaftsguts zu aktivieren. Es kann jedoch der Buchwert eines zerstörten Wirtschaftsguts dann als Teil der Anschaffungs- oder Herstellungskosten des neuen Wirtschaftsguts oder sonst aktivierungspflichtig sein, wenn der Kaufmann den Wert eines an sich noch brauchbaren Wirtschaftsguts geopfert hat, weil er von dem gesamten Aufwand einschließlich des vernichteten Wertes einen entsprechenden Nutzen für den Betrieb erwartet. Dieser Grundsatz gilt für die Kosten der mit dem Bauplatz zum Abbruch erworbenen Gebäude (Teil der Bauplatzkosten), er kann aber auch bei Vernichtung von im Betrieb bereits vorhandenen Wirtschaftsgütern Platz greifen (z. B. bei Abbruch eines Gebäudes zur Erstellung einer Neuanlage Buchwert des abgebrochenen Gebäudes als nachträgliche Aufwendung auf den Bauplatz vgl. Anm. 110 b aa Abs. 1).

Ein Gebäude oder eine Maschine oder maschinelle Anlage hat in der Regel nur einen einheitlichen Buchwert, von dem die Absetzungen für Abnutzung oder Substanzverringerung einheitlich nach einer Lebensdauer berechnet werden. Infolgedessen können, wenn einzelne Bestandteile dieses einheitlichen Wirtschaftsguts entfernt und durch neue ersetzt werden, grundsätzlich nicht Teile des Buchwerts von dem bisherigen Buchwert im Weg einer Absetzung für außergewöhnliche Abnutzung abgerechnet und die Kosten des Ersatzes wieder hinzugerechnet werden. Daher wird es in RFH. I A 136/35 v. 23. 7. 35 (RStBl. 35 S. 1198, StW. 35 Nr. 551) bei einem artändernden Umbau des Gebäudes mit Recht abgelehnt, die Herstellungskosten um den Wert der abgerissenen Gebäudeteile zu kürzen, weil zu den Herstellungskosten des umgebauten Gebäudes nicht nur die Abbruchkosten, sondern auch der Buchwert der abgerissenen Gebäudeteile gehöre. Einen Buchwert hat nur das ganze Gebäude, es ist nicht etwa eine Zusammenfassung von Buchwerten der einzelnen Wände, Fußböden usw. oder gar aller einzelnen Mauersteine. Das Einreißen einer Zwischenwand ist deshalb nicht die Vernichtung eines Gegenstands mit besonderem Buchwert, der zu ermitteln und abzusetzen wäre, sondern eine Aufwendung zur Verbesserung des allein einen Buchwert besitzenden Gebäudes.

Der RFH. hat jedoch in einzelnen Fällen Ausnahmen von diesem Grundsatz zugelassen und den Steuerpflichtigen für berechtigt erklärt, insbesondere bei Gebäuden einen dem Gebäudeteil entsprechenden Teil des Buchwerts des Gebäudes zu streichen. In RFH. VI A 320/29 v. 26. 11. 30 (StW. 31 Nr. 173) wurde im Fall des Ersatzes eines Holzdaches durch eine Eisenkonstruktion zugelassen, den Buchwert des alten Daches durch Absetzungen für außergewöhnliche Abnutzung zu beseitigen (also nicht als Teil der Herstellungskosten des neuen Daches zu behandeln), wenn die Ersatzbeschaffung dadurch veranlaßt war, daß der Sturm das Dach zerstört hatte. Der RFH. hat die Streichung des Buchwerts des alten Daches aber auch dann für zulässig angesehen, wenn die Erhaltung des alten Daches unwirtschaftlich erschien und lediglich dahingestellt gelassen, ob ein Kaufmann nach den Grundsätzen ordnungsmäßiger Buchführung verpflichtet sei, den auf den weggefallenen Gegenstand entfallenen Buchwert zu streichen; jedenfalls könne er so verfahren. Ebenso wird in RFH. VI A 1576/30 v. 5. 11. 30 (StW. 31 Nr. 14) in einem Fall, in dem ein Gastwirt einen Teil seines Gesamtgebäudes (Saalbau) zur Errichtung eines größeren Saalbaus abgebrochen hat, angenommen, daß sich der Buchwert des Gesamtgebäudes infolge des teilweisen Abbruchs um den Wert des abgebrochenen Teiles trotz der bisher vorgenommenen Absetzungen für Abnutzung vermindere (also ohne Ausgleich durch Ansatz des Teilbuchwerts als Herstellungskosten). Schließlich wird in RFH. VI A 1983/32 v. 1. 8. 34 (StW. 34 Nr. 591) beim Ersatz der abbruchreifen Holzveranda eines Kinderheims durch einen Steinbau eine Absetzung für außergewöhnliche Abnutzung in Höhe des auf die alte Veranda entfallenden anteiligen Anfangswerts des Gebäudes deshalb als zulässig anerkannt, weil die Veranda in dem Zustand, in dem sie sich befand, für den Betrieb nicht mehr verwendbar, also für den Betrieb verbraucht war. Nach den Ausführungen im vorhergehenden Absatz wird man aber die Absetzung des Teiles eines Buchwerts, wenn man sie überhaupt für Teile eines Wirtschaftsguts als zulässig ansehen will, nur für solche Teile einer als einheitliches Wirtschaftsgut behandelten Anlage zulassen können, die gegenüber dem Wirtschaftsgut eine gewisse Selbständigkeit haben, die sich zum mindesten, wie in dem zuletzt aufgeführten Fall, in einer von der Lebensdauer des Wirtschaftsguts zeitlich wesentlich abweichenden Lebensdauer äußert, so daß dieser Teil des Wirtschaftsguts auch für die Absetzungen für Abnutzung besonders behandelt werden könnte. Weiter dürfte aber die Streichung des Teiles eines einheitlichen Buchwerts ohne besondere Aktivierung als Teil der Anschaffungs- oder Herstellungskosten unter dem Gesichtspunkt der Absetzung für außergewöhnliche Abnutzung nur auf solche Fälle zu beschränken sein, in denen der Steuerpflichtige wie bei der Zerstörung von Teilen des Wirtschaftsguts durch Blitz oder Brand zur Ersatzbeschaffung gezwungen ist, wie es z. B. bei Zerstörung des Hausdaches durch Sturm der Fall ist. Nach der Regel des ersten Absatzes müßten daher alle Fälle behandelt werden, in denen der Steuerpflichtige freiwillig aus wirtschaftlichen Erwägungen an sich noch brauchbare, aber dem Betrieb nicht mehr entsprechende Teile dieses Wirtschaftsguts entfernt und durch besser geeignete Teile ersetzt, also insbesondere bei einer den laufenden Erhaltungsaufwand überschreitenden Vergrößerung oder sonstige Verbesserung, wie z. B. im Fall des erweiterten Saalbaus; denn hier ist insbesondere nach den Grundsätzen ordnungsmäßiger Buchführung zu unterstellen, daß der Steuerpflichtige die freiwillig übernommene Zerstörung eines Teiles des vorhandenen Wirtschaftsguts bewußt bei der Änderung oder Verbesserung in Rechnung gestellt hat. Der Buchwert des entfernten oder zerstörten Teiles gehört deshalb zu den Anschaffungs- oder Herstellungskosten des abgeänderten Wirtschaftsguts und einer Fehlmaßnahme kann nur durch Herabgehen auf den niedrigeren Teilwert Rechnung getragen werden.

c) **Als Beispiele des nachträglichen Anfalls von Anschaffungskosten** im eigentlichen Sinn in einem späteren Wirtschaftsjahr seien erwähnt die Zubußen im Sinn des Gewerkschaftsrechts und freiwillige Zuwendungen von Gesellschaftern einer AG. oder GmbH. an die Gesellschaft. Als nachträgliche Erhöhung der Anschaffungskosten eines Grundstücks ist die in einem späteren Wirtschaftsjahr abgeforderte Nachzahlung an Grunderwerbsteuer zu rechnen, die in RFH. I A 543/27 (s. unter a) behandelt wurde. Eine Hinzurechnung dieser nachträglichen Anschaffungskosten zum Buchwert kann nur unterbleiben, wenn der Steuerpflichtige das Grundstück zum Ende des Wirtschaftsjahrs, in das die Ausgabe fällt, mit einem Teilwert ansetzen kann, der niedriger ist als der um die nachträgliche Ausgabe erhöhte Buchwert. Dabei ist von Bedeutung, daß die nachträglichen Anschaffungskosten als nachträgliche Erhöhung des ursprünglichen Kaufpreises des Wirtschaftsguts die Beschaffenheit des Wirtschaftsguts nicht verändern, was bei dem nachträglichen Herstellungsaufwand, der über den laufenden Erhaltungsaufwand hinausgeht, regelmäßig der Fall ist. Weiter wird in RFH. VI A 1055/31 v. 20. 1. 32 (StW. 32 Nr. 245) mit Recht angenommen, daß eine vom Käufer nachträglich übernommene, auf dem gekauften Grundstück lastende Hypothek, zu deren Löschung sich der Käufer verpflichtet hatte, dann die Anschaffungskosten des Grundstücks nachträglich erhöht, wenn der Verkäufer seiner übernommenen Verpflichtung nicht nachkommt. Das Gleiche gilt auch von der Wertzuwachssteuer, wenn sie der Käufer nachträglich an Stelle des Verkäufers tragen muß. Soweit allerdings der Kaufmann bereits beim Erwerb eines Gegenstands unter Beobachtung der Sorgfalt eines gewissenhaften Kaufmanns mit einer nachträglichen Erhöhung der Anschaffungskosten ernstlich rechnen mußte, war er verpflichtet, in Höhe der mutmaßlichen Nachforderung eine Rückstellung zu machen und anderseits die Anschaffungskosten von Anfang an unter Berücksichtigung dieses Betrags anzusetzen. Ausgehend von dem Gedanken, daß der Steuerpflichtige bei der Anschaffung eine nicht vorauszusehende Inanspruchnahme, z. B. mit Wertzuwachssteuer, im Wirtschaftsjahr der Anschaffung als Last mit 0 RM. bewerten konnte, wird es in RFH. VI A 441/33 v. 4. 4. 33 (RStBl. 33 S. 643, StW. 33 Nr. 387) als zulässig angesehen, daß der Käufer die unerwartet von ihm nachgeforderte, an sich vom Verkäufer geschuldete Wertzuwachssteuer als eine Zufallsaufwendung und damit ohne Aktivierung als Betriebsausgabe behandeln kann. Man könnte aber wohl auch den Standpunkt vertreten, daß die beim Kauf mit Recht auf 0 RM. geschätzte Last erst in einem späteren Wirtschaftsjahr entstanden und als nachträgliche Erhöhung der Anschaffungskosten nach der Regel zu behandeln ist; denn der Rechtsgrund des Entstehens der Last beruht für den Steuerpflichtigen ausschließlich in der früheren Anschaffung des Wirtschaftsguts und der Zusammenhang mit dieser Anschaffung wird für die Dauer der Zugehörigkeit des Wirtschaftsguts zum Betrieb nicht durchbrochen.

103. Ermittlung der Anschaffungs- oder Herstellungskosten bei Zuschüssen Dritter.

a) Für **Baukostenzuschüsse der Mieter** ist nach RFH. VI A 28/31 v. 23. 6. 33 (RStBl. 33 S. 1143, StW. 33 Nr. 636) dem Bauunternehmer, wenn die Gebäude zum Betriebsvermögen gehören, ein Wahlrecht zuzugestehen, ob er als Herstellungskosten des Gebäudes die Baukosten ohne oder mit Abzug der Mieterzuschüsse ansehen will. Da es möglich ist, daß der Bauunternehmer mit der Wirtschaftlichkeit der gesamten Baukosten oder auch der um die Mieterzuschüsse verringerten Baukosten gerechnet hat, soll die Auffassung des Bauunternehmers, der die Sache selbst am besten beurteilen kann, maßgebend sein und seine bilanzmäßige Behandlung der Sache nur beanstandet werden, wenn sie offenbar den Verhältnissen nicht entspricht.

b) Öffentliche Zuschüsse sind nach den ErgR 34 A III (RStBl. 35 S. 786) als Barzuschüsse beim Empfänger als durchlaufende Posten zu behandeln. Das gelte für jegliche Barzuschüsse aus öffentlichen Mitteln. Für Steuerpflichtige, bei denen der Gewinn durch Vermögensvergleich ermittelt werde, ergebe sich daraus, daß in Fällen, in denen mit Hilfe von öffentlichen Zuschüssen Anlagewerte geschaffen worden seien, die Zuschüsse beim Ansatz der Anschaffungskosten außer Betracht zu lassen seien. Es seien für die Bewertung der Anlagen nur die Aufwendungen als Anschaffungskosten zu behandeln, die der Steuerpflichtige selbst aus eigenen Mitteln aufgewendet habe. Würden Zuschüsse zur Deckung von Unkosten verwendet, so dürfe ihre Verausgabung den Gewinn nicht mindern. Die Buchungen hätten demnach zu lauten: bei der Vereinnahmung Kassekonto an Reichszuschußkonto, bei der Verausgabung Reichszuschußkonto an Kassekonto. Diese Anweisung stimmt mit den Grundsätzen überein, die in RFH. VI A 222/32 v. 23. 6. 33 (RStBl. 34 S. 42,

StW. 33 Nr. 643) für die buchmäßige Behandlung eines mit einer Staatsbeihilfe errichteten Wehres aufgestellt hat. Danach kommt es für die Höhe der Herstellungskosten nicht darauf an, was für die Herstellung des Wehres überhaupt ausgegeben ist, sondern darauf, was der Steuerpflichtige aufgewendet hat. War von vornherein ein öffentlicher Zuschuß in bestimmter Höhe zugesagt, so sind nur die gesamten Herstellungskosten abzüglich des zugesagten, zweckgebundenen Betrags zu aktivieren, weil der Pflichtige tatsächlich nur mit diesem Aufwand rechnete, und zwar selbst dann, wenn das Wehr einen seinen Gesamtkosten entsprechenden Wert hat. Hat der Pflichtige das Wehr gebaut, ohne die Höhe des öffentlichen Zuschusses zu kennen, so ist ebenso zu verfahren, wenn er bestimmt mit dem Zuschuß gerechnet hat.

c) Die **Ermittlung der Anschaffungs- oder Herstellungskosten bei Verwendung von durch billige Darlehen beschafften Geldmitteln** wird in RFH. VI A 28/31 v. 23. 6. 33 (RStBl. 33 S. 1143, StW. 33 Nr. 636) behandelt. In der Gewährung eines zinslosen oder niedrig verzinslichen Baudarlehens liege die Zuwendung eines erheblichen Vorteils, und zwar in Höhe des Mehrbetrags des ausgezahlten Betrags gegenüber dem Wert, mit dem die Belastung durch das Darlehen unter Berücksichtigung der Verzinsung und Rückzahlungsbedingungen zu schätzen sei. Den Bauherrn koste der Bau im wirtschaftlichen Sinn nur den Unterschied zwischen den Baukosten und dem Mehrbetrag der Darlehensvaluta gegenüber dem zu schätzenden Wert der Belastung durch das Darlehen, so daß der Bauunternehmer den Bau mit dem um diesen Unterschiedsbetrag ermäßigten Bauaufwand ansetzen dürfe. Nach) RFH. VI A 572/33 v. 8. 11. 33 (RStBl. 34 S. 296, StW. 34 Nr. 19) darf der Neubau nicht ohne Rücksicht auf das mit der Ertragsfähigkeit des Grundstücks unmittelbar zusammenhängende Darlehen bewertet werden. Das Darlehen soll nur mit dem Bauaufwand, der um den Unterschiedsbetrag zwischen dem Nennbetrag des Darlehens und dem wirklichen Wert dieser Belastung gekürzt ist, aktiviert werden, während das Darlehen mit dem Nennbetrag passiviert, aber durch einen aktiven Ausgleichsposten in Höhe des erwähnten Unterschiedsbetrags, der auf die Tilgungszeit verteilt zu Lasten des Gewinns abzuschreiben ist, wertmäßig richtig gestellt wird. Dadurch wird einerseits die Möglichkeit eines Buchverlusts unterbunden und andererseits wird erreicht, daß der Bauaufwand in der Höhe, in der er nach Vorstehendem nicht im Gebäudewert aktiviert werden durfte, gleichwohl zu Lasten des Erfolgs späterer Jahre geht, indem jährliche Abschreibungen auf den aktiven Wertberichtigungsposten erfolgen und damit die Darlehnsschuld von Jahr zu Jahr zu Lasten des Erfolgs sich erhöht.

104. Anschaffungs- oder Herstellungskosten der mit Hilfe einer Brandentschädigung beschafften Ersatzgegenstände.

a) Eine **Hinausschiebung der Verwirklichung stiller Rücklagen**, die der RFH. bei der Ersatzbeschaffung durch Tausch zugelassen hat (vgl. Anm. 100 b), ist durch die Rechtsprechung auch für die mit einer Brandentschädigung beschafften Ersatzgegenstände bewilligt worden. Gegenstände des Betriebsvermögens, die mit Hilfe einer Brandentschädigung als Ersatz für die verbrannten Gegenstände angeschafft wurden, sind mit ihren Anschaffungs- oder Herstellungskosten abzüglich des Teiles der Brandentschädigung, der über den Buchwert der abgebrannten Gegenstände hinausgeht und bis zum Teilwert derselben reicht, zu aktivieren. Es kommen demnach als zu vergleichende Größen in Frage die Anschaffungs- oder Herstellungskosten der Ersatzgegenstände, der Buchwert und der Teilwert der verbrannten Gegenstände. Ist der Teilwert der verbrannten Gegenstände höher als der Buchwert gewesen, dann ist der Mehrbetrag des Teilwerts als stille Rücklage auf die Anschaffungs- oder Herstellungskosten der Ersatzgegenstände durch Kürzung an ihrem Betrag zu übertragen. Dadurch wird erreicht, daß der Anspruch auf die Brandentschädigung bzw. ihre Auszahlung insoweit nicht zu einem Gewinn oder Verlust führt, als die Brandentschädigung nicht den Teilwert der verbrannten Gegenstände übersteigt (RFH. VI A 514/30 v. 2. 4. 30, RStBl. 30 S. 313, StW. 30 Nr. 480,

§ 6 EStG. Bewertung. Anmerkung 104.

I A 88/30 v. 3. 5. 32, RStBl. 32 Nr. 946, VI A 682/33 v. 22. 11. 33, E. 34 S. 324, RStBl. 34 S. 430, StW. 34 Nr. 27, vgl. auch VR 37 B VI 1 Abs. 1 und das dort gegebene Beispiel, RStBl. 38 S. 196, s. Anh. 17). Dem Erfordernis, daß die mit Hilfe der Entschädigung beschafften Gegenstände im Betrieb als Ersatz der durch Brand vernichteten Gegenstände dienen, ist nach RFH. VI A 728/32 v. 13. 7. 32 (E. 31 S. 290, RStBl. 32 S. 880, StW. 32 Nr. 903) nur dann genügt, wenn der neue Gegenstand in technischer und wirtschaftlicher Hinsicht die Lücke ausfüllt, die der Brand verursacht hat. Der neue Gegenstand muß also im Betrieb dieselbe Aufgabe erfüllen wie der verbrannte Gegenstand. Als unschädlich wird dabei mit Recht angesehen, wenn der neue Gegenstand nicht genau wie der abgebrannte beschaffen und den neuesten Fortschritten wirtschaftlicher und technischer Betriebsführung angepaßt wird. Ausschlaggebend ist, daß er im Rahmen des Betriebs den gleichen Zweck zu erfüllen hat. Dies ist nicht mehr der Fall, wenn die durch die Brandentschädigung bezogenen Geldmittel nicht zur Anschaffung von Ersatzgegenständen in diesem Sinn, sondern anderweitig für Anlagezwecke des Betriebs verwendet werden, indem mit ihnen an Stelle einer anderen veralteten Anlage eine neue errichtet wird.

Die Anwendung vorstehender Grundsätze wird in RFH. VI A 682/33 durch Beispiele wie folgt erläutert:

  Buchwert der vernichteten Gegenstände . . . . . 5 000 RM.
  Teilwert der vernichteten Gegenstände. . . . . 15 000 RM.
  stille Rücklagen demnach . . . . 10 000 RM.
  Wiederaufbaukosten . . . . 18 000 RM.

1. Brandentschädigung 15 000 RM. Durch die Brandentschädigung würden also die gesamten stillen Rücklagen aufgedeckt (nämlich Buchwert von 5 000 RM. + 10 000 RM.). Zu aktivieren sind nur 18 000 — (15 000 — 5 000) = 8 000 RM.
2. Brandentschädigung 17 000 RM. Auch in diesem Fall sind durch die Brandentschädigung die gesamten stillen Rücklagen aufgedeckt. Zu aktivieren sind auch nur 18 000 — (15 000 — 5 000) = 8 000 RM.
3. Brandentschädigung 5 000 RM. Hier sind durch die Brandentschädigung keine stillen Rücklagen aufgedeckt (da sie den Buchwert des abgebrannten Gegenstands von 5 000 RM. nicht übersteigt). Zu aktivieren sind die gesamten Wiederaufbaukosten mit 18 000 RM.
4. Brandentschädigung 12 000 RM. In diesem Fall sind die stillen Rücklagen mit 7 000 RM. (12 000 RM. — 5 000 RM. Buchwert) aufgedeckt. Zu aktivieren sind demnach 18 000 — (12 000 — 5 000) = 11 000 RM.

Der Buchwert des abgebrannten Gegenstands kommt stets in Wegfall.

Das Betriebsergebnis würde durch den Brandfall wie folgt beeinflußt werden:

	Vermehrung RM.	Verminderung RM.
Fall 1. Wegfall des Buchwerts		5 000
Einnahme Brandentschädigung	15 000	
Wiederaufbaukosten		18 000
Aktivierung des Ersatzgegenstands	8 000	
	23 000	23 000

  Das Ergebnis wird also nicht beeinflußt.

Fall 2. Wegfall des Buchwerts		5 000
Einnahme Brandentschädigung	17 000	
Wiederaufbaukosten		18 000
Aktivierung	8 000	
	25 000	23 000

  Es entsteht ein Gewinn von 2 000 RM., d. h. um den Betrag, um den bei Brandentschädigungssumme den Teilwert des abgebrannten Gegenstands übersteigt.

§ 6 KStG. Einkommen.

Fall 3. Wegfall des Buchwerts 5 000
    Einnahme Brandentschädigung 5 000
    Wiederaufbaukosten 18 000
    Aktivierung 18 000
                              23 000   23 000

Das Ergebnis des Jahres wird nicht beeinflußt.

Fall 4. Wegfall des Buchwerts 5 000
    Einnahme Brandentschädigung 12 000
    Wiederaufbaukosten 18 000
    Aktivierung 11 000
                              23 000   23 000

Das Ergebnis wird ebenfalls nicht beeinflußt.

Ohne die Übertragung der stillen Rücklagen würde ein Gewinn entstehen, und zwar im Fall 1 von 10 000 RM., im Fall 2 von 12 000 RM. und im Fall 4 von 7 000 RM.

b) Dem unter a) dargestellten Verfahren der Übertragung der in dem Buchwert des vernichteten Gegenstands liegenden stillen Rücklagen kann auch schon dann Rechnung getragen werden, wenn am Ende des **Wirtschaftsjahrs, in dem der Brandschadensfall eingetreten ist, ein Ersatz für die abgebrannten Gegenstände noch nicht beschafft worden** ist. In diesem Fall wird es in RFH. VI A 514/30 (s. unter a, vgl. auch RFH. I A 409/32 v. 20. 12. 33, RStBl. 34 S. 432) für zulässig erklärt, daß zur Vermeidung eines Gewinns aus der Aktivierung der Brandentschädigung ein Passivposten in Höhe der zulässigerweise auf die Ersatzgegenstände übertragbaren stillen Rücklagen in die Bilanz eingestellt wird. Voraussetzung für dieses Verfahren ist aber stets, daß am Ende des Wirtschaftsjahrs, in das der Brand fällt, die Wiederherstellung der abgebrannten Gegenstände in sicherer Aussicht steht (ebenso WR 37 B VI 1 Abs. 2 a. a. O.). Dieser Schuldposten fällt weg, sobald nach Durchführung der Ersatzbeschaffung die Übertragung der stillen Rücklagen durch Kürzung an den Anschaffungs- oder Herstellungskosten der Ersatzgegenstände möglich ist. Sein Wegfall bleibt wegen der gleichzeitigen Kürzung eines Aktivpostens um den gleichen Betrag auf das Ergebnis ohne Einfluß.

In RFH. VI A 393/34 v. 22. 5. 35 (StW. 35 Nr. 539) wird der Standpunkt vertreten, daß für die Höhe der übertragbaren stillen Rücklagen nur der festgestellte und von der Versicherungsgesellschaft endgültig anerkannte Brandentschädigungsanspruch maßgebend sein könne. Der RFH. sieht es deshalb für die Höhe der zu übertragenden stillen Rücklagen als unerheblich an, wenn nach diesem Zeitpunkt die von der Versicherungsgesellschaft anerkannte Forderung des Versicherungsnehmers durch Zahlungsunfähigkeit der Versicherungsgesellschaft ganz oder teilweise verloren geht. Zur Begründung wird angeführt, es sei nicht gerechtfertigt, einen Steuerpflichtigen, der seine Betriebsgegenstände jahrelang gegen Feuersgefahr versichert hat, nach Anerkennung des Entschädigungsanspruchs durch die Versicherungsgesellschaft hinsichtlich der Möglichkeit der Übertragung der stillen Rücklagen beim Verlust der Entschädigungsforderung genau so zu behandeln, wie wenn er überhaupt keine Feuerversicherung abgeschlossen hätte. Es muß aber auch hier für die abgebrannten Gegenstände noch Ersatz beschafft werden. Daß dieser Ersatz aus den Mitteln der Brandentschädigung beschafft wird, ist in diesem Fall unmöglich. Aus diesem Grunde erscheint es aber zum mindesten fraglich, ob die für diesen Fall vertretene Auffassung des RFH. noch dem Grundgedanken gerecht wird, der für die Zulassung der Übertragung der stillen Rücklagen sowohl beim Tausch als auch bei der Brandentschädigung maßgebend war, nämlich daß gerade durch den Tausch oder mit Hilfe der Brandentschädigung für den in Tausch gegebenen oder den vernichteten Gegenstand Ersatz beschafft wird. Dies ist bei Verlust der Forderung auf die Brandentschädigung nicht mehr der Fall.

§ 6 EStG. Bewertung. Anmerkung 104.

c) Wenn die stillen Rücklagen, die im Buchwert des durch Brand vernichteten Gegenstands bis zu dessen höherem Teilwert vorhanden sind, auf die Anschaffungs- oder Herstellungskosten des Ersatzgegenstands übertragen werden, so bedeutet das keine steuerliche Vergünstigung in Form einer Betriebsvermögensverminderung. Es wird vielmehr lediglich die Verwirklichung der stillen Rücklagen bis zur Veräußerung des Ersatzgegenstands hinausgeschoben. Daraus folgt, daß die **Übertragung der stillen Rücklagen nur auf die Anschaffungs- oder Herstellungskosten der Ersatzgegenstände, nicht auf deren niedrigeren Teilwert am Ende des Wirtschaftsjahrs der Beschaffung** zulässig ist. Daher wird es in RFH. VI A 42/34 v. 31. 10. 34 (StW. 34 Nr. 727) mit Recht nicht zugelassen, daß in der auf die Ersatzbeschaffung folgenden Schlußbilanz statt des Gesamtbetrags der Anschaffungs- oder Herstellungskosten der niedrigere Teilwert angesetzt und dann erst von diesem die stille Rücklage als gewinnmindernd abgesetzt wird. Weiter sind für einen Vergleich der Anschaffungs- oder Herstellungskosten mit dem Teilwert der Ersatzgegenstände die um die stillen Rücklagen verkürzten Anschaffungs- oder Herstellungskosten zu verwenden. Liegt der Betrag, mit dem hiernach die Ersatzgegenstände zu aktivieren wären, noch über dem für den Bilanzstichtag maßgebenden Teilwert der Ersatzgegenstände, dann kann der niedrigere Teilwert in die Bilanz eingesetzt werden (vgl. RFH. VI A 514/30). Als Teilwert kommt dabei der Wert in Frage, den der Gegenstand als Ersatz des verbrannten Gegenstands für den Betrieb hat.

Auch die Kosten der Aufräumungsarbeiten, die zur Ermöglichung des Wiederaufbaus eines abgebrannten Gebäudes erforderlich werden, sind nach RFH. VI A 97/29 v. 1. 7. 31 (RStBl. 31 S. 741, StW. 31 Nr. 787) als Teil des Herstellungsaufwands der Ersatzgebäude zu aktivieren. Weil es sich um keinen freiwilligen Abbruch zur Errichtung von Gebäuden, die für den Betrieb besser geeignet sind, handelt, sondern um Ausgaben, die infolge des Brandfalls zwangsläufig erwachsen sind, kann nach der Entsch. in diesem Fall nicht die Vermutung aufgestellt werden, daß sich dieser Teil der Herstellungskosten in dem Teilwert der wieder errichteten Gebäude widerspiegelt. Es könne vielmehr angenommen werden, daß der Teilwert der Ersatzbauten um den Betrag der Aufräumungskosten unter dem Gesamtbetrag der Herstellungskosten liege.

Sind am Schluß eines Wirtschaftsjahrs die Ersatzgegenstände noch nicht beschafft, so kann in der Schlußbilanz dieses Wirtschaftsjahrs nach der gleichen Entsch. der Umstand, daß der Teilwert der im folgenden Wirtschaftsjahr erst noch zu beschaffenden Ersatzgegenstände voraussichtlich hinter den Anschaffungs- oder Herstellungskosten zurückbleiben wird, noch nicht berücksichtigt werden, da es sich dabei um Aufwendungen des folgenden Jahres handelt, deren Erfolg erst zum Schluß des folgenden Jahres zu beurteilen ist. Diese Auffassung erscheint zutreffend und durch sie ist die in RFH. I A 304/29 v. 18. 6. 29 (RStBl. 29 S. 523, StW. 29 Nr. 842) und I A a 137/29 v. 22. 10. 29 (RStBl. 29 S. 618, StW. 30 Nr. 91) vertretene Auffassung als überholt anzusehen, daß dem mutmaßlichen niedrigeren Teilwert der erst in Zukunft zu errichtenden Gebäude ein Einfluß auf die Wertansätze der Schlußbilanz des Wirtschaftsjahrs, in dem der Brandschaden eingetreten ist, einzuräumen sei, sei es daß statt der Versicherungssumme der geringere künftige Teilwert der Gebäude oder ein passiver Ausgleichsposten in Höhe des Unterschieds zwischen dem künftigen Teilwert der Gebäude und der Versicherungssumme als Wiederaufbaulast eingesetzt würde. Das Wirtschaftsgut „Gebäude" ist an diesem Bilanzstichtag noch nicht vorhanden; ein niedrigerer Teilwert kann erst gegenüber dem Herstellungsaufwand, der noch gar nicht feststeht, nicht aber gegenüber der Versicherungssumme oder der Forderung auf ihre Auszahlung geltend gemacht werden. Dagegen könnten nach der Entsch. VI A 97/29 die mutmaßlichen Kosten der am Bilanzstichtag noch ausstehenden Aufräumungsarbeiten als eine auf dem Betrieb ruhende Last, die ihren Entstehungsgrund in einem Betriebsvorgang des abgelaufenen Wirtschaftsjahrs hat, durch Einsetzung eines Schuldpostens berücksichtigt werden.

105. Gedachte (fiktive) Anschaffungs- oder Herstellungskosten.

Gelangt ein Wirtschaftsgut ohne Gegenleistung des Betriebs in das Betriebsvermögen, so ist es als Bestandteil des Betriebsvermögens in der Bilanz auszuweisen, d. h. es muß einen Anfangswert haben, auch wenn der Betrieb zum Erwerb des Gegenstands nichts aufgewendet hat. Soweit es sich um eine Einlage des oder der Inhaber des Betriebs handelt, ist sie nach § 6 Ziff. 5 EStG zu bewerten (s. Anm. 132 b). Für Wirtschaftsgüter, die bisher im Eigentum eines Dritten standen und an den Betrieb ohne Gegenleistung abgegeben werden, sind Anschaffungs- oder Herstellungskosten im Sinn des § 6 Ziff. 1 und 2 EStG nicht vorhanden. In diesem Fall galt nach § 19 Abs. 2 EStG 1925 als Anschaffungs- oder Herstellungspreis der Betrag, der bei den Gegenstand im Zeitpunkt seines Erwerbs durch den Steuerpflichtigen unter gemeingewöhnlichen Verhältnissen hätte aufgewendet werden müssen. Es wurde also unterstellt, daß der Betriebsinhaber das Wirtschaftsgut zu diesen gedachten (fiktiven) Anschaffungs- oder Herstellungskosten erworben hätte. Im EStG 1934 selbst ist eine entsprechende Vorschrift nicht enthalten, dagegen wird in **§ 6 Abs. 2 I. u. II. EStDVO** die Bewertung bei unentgeltlicher Übertragung von Wirtschaftsgütern, wie folgt, geregelt:

„Werden nur einzelne Wirtschaftsgüter unentgeltlich übertragen, so gilt für den Empfänger als Anschaffungs- oder Herstellungskosten der Betrag, den er für das einzelne Wirtschaftsgut im Zeitpunkt des Empfangs hätte aufwenden müssen."

Unentgeltlich ist die Übertragung eines Wirtschaftsguts, wenn sie ohne Gegenleistung, also ohne Aufwendung von Seiten des Betriebs, in den das Wirtschaftsgut gelangt, erfolgt. Diese Vorschrift gilt daher für alle Fälle der Schenkung oder sonstigen freigebigen Zuwendung eines Wirtschaftsguts und für den Erwerb im Erbgang oder durch Verfügung von Todes wegen. Ein unentgeltlicher Erwerb im Sinn der Vorschrift würde aber auch vorliegen beim Erwerb eines Gegenstands gegen eine Verpflichtung, die steuerrechtlich nicht als solche anerkannt und daher nicht zur Einstellung einer Verbindlichkeit in die Bilanz führen kann; nicht dagegen der Erwerb gegen Übernahme von Verpflichtungen oder gegen Überlassung von Gegenständen, die eine sichere Bewertung nicht zulassen. Hier liegt die entgeltliche Übertragung eines Wirtschaftsguts vor, bei der die Gegenleistung des Betriebs zahlenmäßig nicht feststeht. In diesem Fall kann nicht nach § 6 Abs. 2 a. a. O. verfahren werden, sondern die bestehenden Anschaffungs- oder Herstellungskosten des Wirtschaftsguts sind durch Schätzung zu ermitteln, wobei, soweit Tausch in Frage kommt, der Teilwert des in Tausch gegebenen Gegenstands als Anschaffungs- oder Herstellungskosten des eingetauschten Gegenstands zu schätzen ist. Ebensowenig gehört hierher die Veräußerung einer Erfindung, die im Betrieb gemacht wurde, ohne daß dem Betrieb dadurch Kosten entstanden waren. Die Anschaffungs- oder Herstellungskosten und damit der Höchstwert dieser Erfindung betragen 0 RM.; die Anschaffungs- oder Herstellungskosten des gegen die Erfindung eingetauschten Wirtschaftsguts sind gleich dem Teilwert der Erfindung und bedeuten gleichzeitig in voller Höhe steuerpflichtigen Gewinn.

Die gedachten Anschaffungs- oder Herstellungskosten sind bei unentgeltlicher Übertragung für den Zeitpunkt des Empfangs zu ermitteln. Es sind also nicht die Verhältnisse am Bilanzstichtag maßgebend, wenn die Übertragung vorher stattgefunden hat. Als Betrag, der für das Wirtschaftsgut im Zeitpunkt des Empfangs hätte aufgewendet werden müssen, kommen die Beschaffungskosten einschließlich der sonstigen Nebenkosten in Frage, für den Großhändler demnach der Fabrikpreis, für den Kleinhändler der Großhandelspreis. Würde der Erwerb einer Verkehrsteuer (z. B. der Grunderwerbsteuer) unterliegen, so ist die erforderliche Steuer mitzuberücksichtigen. Ebenso sind vermutlich beim Ankauf erforderliche Transportkosten zuzurechnen. Da der so ermittelte Wert die Anschaffungs- oder Herstellungskosten im Sinn des § 6 Ziff. 1 und 2 EStG darstellt, kommt für den Bilanzstichtag der Ansatz des niedrigeren Teilwerts in Frage, wenn die Voraussetzungen dafür vorliegen.

§ 6 EStG. Bewertung. Anmerkung 105—106.

Da bei unentgeltlicher Übertragung eines Wirtschaftsguts eine Gegenleistung des Betriebes fehlt, wirkt sich der Wertansatz in der Schlußbilanz in voller Höhe als Betriebsvermögensvermehrung aus. Darüber, unter welchen Voraussetzungen diese auch steuerrechtlich als Gewinn zu erfassen ist, vgl. Anm. 7 zu § 2 EStG., insbesondere unter c.

Über gedachte Anschaffungs- oder Herstellungskosten bei Einlagen in Kapitalgesellschaften und im Fall der Fusion bei der übernehmenden Gesellschaft vgl. Anm. 132 b Abs. 2 u. 3, im Fall des § 7 I. u. II. EStDVO f. Anm. 132 b Abs. 5. Wegen der Vorschrift des § 7 I. u. II. EStDVO können die gedachten Anschaffungskosten der §§ 107, 108 EStG 1925 unter der Herrschaft des EStG 1934 unter Beachtung des § 4 I. u. II. EStDVO nur noch angewendet werden, wenn der Bilanzansatz eines am 1. 1. 1925 vorhandenen Wirtschaftsguts des Betriebsvermögens nachträglich mit Wirkung für die Endbilanz v. 31. 12. 33 oder des entsprechenden Wirtschaftsjahrs berichtigt wird (vgl. Anm. 12 d zu § 4 EStG).

2. Der Teilwert.

Schrifttum. Reinhardt, Teilwert für Wirtschaftsgüter des Anlagevermögens, DStZ. 35 S.1297; Zitzlaff, Einkommensteuerfragen: I. Teilwert StW. 38 I Sp. 549; Bühler, Übergang zur Gesamtbewertung für den Grundbesitz (Zum Teilwerturteil des RFH. Bd. 43 S. 93), DStBl. 38 0222 S. 11.

106. Begriff des Teilwerts.

Außer den Anschaffungs- oder Herstellungskosten des Wirtschaftsguts kommt nach § 6 Ziff. 1 und 2 EStG als Bewertungsmaßstab noch der Teilwert in Betracht. Der Teilwert wird in § 6 Ziff. 1 Satz 3 EStG wie folgt bestimmt: „Teilwert ist der Betrag, den ein Erwerber des ganzen Betriebs im Rahmen des Gesamtkaufpreises für das einzelne Wirtschaftsgut ansetzen würde; dabei ist davon auszugehen, daß der Erwerber den Betrieb fortführt." Dieser Begriff des Teilwerts ist durch die Rechtsprechung des RFH. zur Bewertungsvorschrift des § 19 Abs. 1 EStG 1925 entwickelt worden, in der die Bewertung zum gemeinen Wert vorgesehen war, der für Gegenstände, die nicht zum Verkauf bestimmt sind, unter dem Gesichtspunkt der Fortführung des Betriebs ermittelt werden sollte. Durch die Bezeichnung Teilwert wird klargestellt, daß das zu bewertende Wirtschaftsgut nicht losgelöst aus der wirtschaftlichen Einheit des Betriebs für sich allein betrachtet und festgestellt werden soll, welcher Preis bei seiner Veräußerung im einzelnen erzielt werden kann (Einzelwert). Es ist vielmehr zu unterstellen, daß die wirtschaftliche Einheit des Betriebs, zu der das zu bewertende Wirtschaftsgut gehört, im ganzen verkauft wird, und zu untersuchen, welcher Teil des Gesamtkaufpreises von einem Erwerber, der den Betrieb unverändert fortführen will, für das Wirtschaftsgut bezahlt wird. Der Wert eines Wirtschaftsguts ist nicht nur von den natürlichen Eigenschaften des Gutes abhängig, er kann auch durch andere Umstände, wie z. B. dem Ort, an dem es sich befindet, beeinflußt sein. Für den Teilwert im Sinn des Gesetzes ist die Tatsache der Zugehörigkeit des Wirtschaftsguts zu einem Betriebsvermögen entscheidend. Es kommt demnach auf den Wert an, den das Wirtschaftsgut als Bestandteil der wirtschaftlichen Einheit des Betriebs hat. Hieraus folgt, daß für die Höhe dieses Wertes nicht allein die Eigenschaften des Wirtschaftsguts selbst maßgebend sind, sondern infolge der Zugehörigkeit des Wirtschaftsguts zum Betrieb auch die Lage des Betriebs und der Nutzen des Wirtschaftsguts innerhalb der Betriebseinheit. Der RFH. hat diese Beziehung des Wirtschaftsguts zum Betrieb in der grundlegenden Entsch. RFH. VI A 575/26 v. 14. 12. 26 (E. 20 S. 87, StW. 27 Nr. 10) wie folgt dargestellt: Sei ein Unternehmen gutgehend und stehe der Gegenstand in einer solchen Beziehung zu ihm, daß es nützlich wäre, ihn im Fall des Verlusts wieder zu beschaffen, so falle der Teilwert mit dem sogen. Wiederbeschaffungswert (Reproduktionswert), d. h. mit dem Betrag der Wiederbeschaffungskosten, zusammen. Es sei zu beachten, daß, wenn der Gegenstand nicht anzuschaffen, sondern erst herzustellen wäre, einerseits der Umstand, daß er bereits vorhanden sei, zu einer

Erhöhung, anderseits der Umstand, daß einigermaßen gleich nützliche Gegenstände vielleicht billiger zu kaufen seien, zu einer Erniedrigung führen müsse. Gehe das Unternehmen nicht gut oder gewähre der Gegenstand nicht den erwähnten Nutzen, so werde der Teilwert zwischen dem Wiederbeschaffungswert und dem Einzelwert liegen oder mit diesem zusammenfallen. Wegen der Ermittlung des Teilwerts schlägt der RFH. vor, festzustellen, welchen Betrag ein Käufer des ganzen Unternehmens vermutlich, genaue Berechnung unterstellt, weniger für das Unternehmen geben würde, wenn das betreffende Wirtschaftsgut nicht zum Unternehmen gehörte.

Aus dieser Begriffsbestimmung des Teilwerts ergibt sich, daß der Teilwert grundsätzlich verschieden ist von dem Begriff des gemeinen Werts im Sinn der allgemeinen Bewertungsvorschriften des RBewG. Wenn nach § 10 Abs. 2 Satz 1 RBewG der gemeine Wert durch den Preis bestimmt wird, der im gewöhnlichen Geschäftsverkehr nach der Beschaffenheit des Wirtschaftsguts bei einer Veräußerung zu erzielen wäre, so handelt es sich um die Bestimmung des Einzelwerts im Sinn der vorstehenden Ausführungen, der äußerstenfalls als unterste Grenze des Teilwerts in Betracht kommen kann. Den Einzelwert eines Wirtschaftsguts und nicht dessen Teilwert betrifft auch die Erwägung, daß es z. B. als neue Maschine mit seinem Ausscheiden aus dem Handel durch den Beginn der Verwendung im Betrieb sofort an Wert verliert und schon nach ganz kurzer Benützung nicht mehr zu den Anschaffungskosten zu veräußern war. Dieser Erfahrungstatsache wurde in RFH. I A 264/27 v. 29. 7. 27 (E. 21 S. 316, RStBl. 27 S. 221) mit Recht jeder Einfluß auf die Ermittlung des Teilwerts abgesprochen, dagegen ist sie für die Bestimmung des Einzelwerts von Bedeutung. Daher entbehrte auch die im Erl. S 2209—1 v. 16. 2. 29 unter A I 4 (RStBl. 29 S. 105) getroffene Anordnung des RdF., daß neu angeschaffte oder neu hergestellte Maschinen oder sonstige Gegenstände des beweglichen Anlagekapitals am Schluß des Jahres der Neuanschaffung wegen des gesunkenen gemeinen Wertes im allgemeinen mit nur 80 v. H. des Anschaffungs- oder Herstellungspreises angesetzt werden konnten, unter dem Gesichtspunkt des Teilwerts der rechtlichen Grundlage. Diese Anordnung wurde durch die VR 34 B II 16 (RStBl. 35 S. 391) mit Recht außer Geltung gesetzt.

107. Grenzen des Teilwerts.
a) Nach der Rechtsprechung des RFH.:
aa) Den **Höchstwert des Teilwerts** hat der RFH. zunächst in ständiger Rechtsprechung für Anlagegüter in dem Betrag gesehen, der am Bilanzstichtag für die Beschaffung des Wirtschaftsguts oder eines für den Betrieb gleich nützlichen Wirtschaftsguts durch den Unternehmer aufgewendet werden müßte, wobei der bisherigen Benutzung des Wirtschaftsguts im Betrieb durch Absetzung eines der bisherigen Abnutzung entsprechenden Betrags Rechnung zu tragen ist (sogen. Wiederbeschaffungskosten), vgl. z. B. die genannte Entsch. VI A 575/26 und RFH. VI A 802/27 v. 14. 12. 27 (E. 22 S. 309, RStBl. 28 S. 108, StW. 28 Nr. 54). In RFH. I A 317/33 v. 29. 6. 34 (StW. 34 Nr. 629) wird die Festsetzung eines über die Wiederbeschaffungskosten hinausgehenden Teilwerts auch nicht mit der Begründung zugelassen, daß das Unternehmen gut gehe. Wohl aber könne die schlechte Geschäftslage und die Tatsache, daß ein Gegenstand für den Betrieb nicht mehr ausgenutzt werden könne, den Ansatz eines unter den Wiederbeschaffungskosten liegenden Teilwerts rechtfertigen. Dieser Grundsatz, den Teilwert von Anlagegütern nach oben in den Wiederbeschaffungskosten zu begrenzen, erleidet durch RFH. VI A 589/35 v. 16. 12. 36 (E. 40 S. 315, RStBl. 37 S. 503, StW. 37 Nr. 94) eine Einschränkung, die für die Gesetzesanwendung von großer Tragweite ist. Danach sind für die Beurteilung, ob der Teilwert von Betriebsgrundstücken unter die Anschaffungskosten gesunken ist, die gesamten Grundstücke und Gebäude des Betriebs als eine Einheit zusammenzufassen. Der RFH. lehnt deshalb den Ansatz eines niedrigeren Teilwerts ab, wenn lediglich die Baukosten (Bauindex) für einzelne Teile dieser Einheit „Betriebsgrundstück" (für bestimmte Zu-

bauten) unter die Herstellungskosten gesunken sind. Die Zusammenfassung der sämtlichen für Betriebszwecke verwendeten Gebäude samt Grund und Boden erscheint insbesondere unter dem Grundgedanken der Teilwertabschreibung, nämlich eine zu hohe Bewertung des Betriebsvermögens zu vermeiden, als gerechtfertigt; denn das Sinken der Baukosten für Teile der Einheit „Betriebsgrundstück" beeinflußt bei fortbestehender Rentierlichkeit des Betriebs und voller Verwendungsfähigkeit des Betriebsgrundstücks für den Betrieb den Teilwert des Betriebsgrundstücks im Rahmen des Gesamtbetriebs nicht. Nach RFH. VI 533/36 v. 19. 1. 38 (E. 43 S. 93, RStBl. 38 S. 179, StW. 38 Nr. 64) kann auch der Teilwert eines Betriebsgrundstücks nicht für Gebäude und Grund und Boden unabhängig voneinander ermittelt werden. Wenn das Gebäude zwar entwertet, aber der Grund und Boden in seinem Wert gestiegen ist, dann ist der Ansatz eines niedrigeren Teilwerts für das Gebäude zu versagen, weil der Teilwert der Einheit „Betriebsgrundstück" nicht gesunken ist (vgl. Zitzlaff, Zur Bestimmung des gemeinen Werts (Teilwerts) von Gebäudegrundstücken, StW. 35 I Sp. 1521). Diese Grundsätze sind nach der Entsch. auch anzuwenden auf Maschinen, die so in Grundstück und Gebäude eingebaut sind, daß sie nicht ohne schwere Verluste davon getrennt werden können, und nach RFH. VI 18/38 v. 6. 4. 38 (RStBl. 38 S. 640, StW. 38 Nr. 349) auch auf die radizierte Apothekengerechtsame, nicht dagegen auf andere Anlagegegenstände, die ohne weiteres ersetzt und aus dem Betrieb entfernt werden können, wie Gerätschaften und ein sehr wesentlicher Teil der Maschinen. Auch hat sich die Zusammenrechnung bei Grundstücken nur auf die wirtschaftlich zusammengehörigen, nicht dagegen auf ein in einiger Entfernung vom Hauptgrundstück liegendes Grundstück, das für den Betrieb keine wesentliche Bedeutung hat, zu erstrecken (s. auch RFH. VI 128/38 v. 27. 4. 38, RStBl. 38 S. 646, StW. 38 Nr. 353). Durch die Zusammenfassung der Betriebsgebäude mit dem Wert von Grund und Boden oder eingebauten Maschinen wird nicht der Grundsatz der Einzelbewertung für Grundstücke, Gebäude usw. und damit deren Eigenschaft als selbständige Wirtschaftsgüter aufgehoben, sondern es wird dadurch nur die Berechnungsgrundlage für die Feststellung gewonnen, ob der Teilwert des einzelnen Wirtschaftsguts unter dessen Anschaffungs- oder Herstellungskosten gesunken ist.

Die Wiederbeschaffungskosten von Anlagegütern sind in der Regel erheblich höher als der Einzelverkaufspreis, der bei einer Veräußerung des Wirtschaftsguts für sich ohne Rücksicht auf die Betriebszugehörigkeit erzielt werden würde. Anderseits hat sich aber der RFH. mit Recht auf den Standpunkt gestellt, daß der Teilwert selbst im ungünstigsten Fall nicht niedriger als der Einzelveräußerungspreis des Wirtschaftsguts ist (vgl. z. B. RFH. VI A 759/27 v. 30. 11. 27, E. 22 S. 211, RStBl. 28 S. 92, StW. 28 Nr. 41). Der niedrigste Wert des Teilwerts ist also in dem in Anm. 106 als Einzelwert bezeichneten Einzelveräußerungspreis des Wirtschaftsguts zu suchen.

bb) Auch für die **Umlaufgüter**, insbesondere die Waren, hat der RFH. in ständiger Rechtsprechung die Wiederbeschaffungskosten als Höchstwert des Teilwerts angesehen (vgl. RFH. VI A 802/27 und I A 190/28 v. 9. 5. 28, E. 23. S. 244, RStBl. 29 S. 522, StW. 28 Nr. 675). In RFH. I A 254/30 v. 22. 10. 31 (RStBl. 32 S. 22, StW. 32 Nr. 167) wird mit Recht hervorgehoben, daß ein Käufer des Unternehmens für Gegenstände des Umlaufvermögens, die rasch umgesetzt werden, den jeweils am Stichtag geltenden Marktpreis anlegen wird, da er regelmäßig in der Lage sein wird, die um den Marktpreis erworbenen Wirtschaftsgüter wieder um den Marktpreis zu veräußern. Jedoch sollten nach dieser Entsch. ebenso wie nach RFH. I A 447/32 v. 20. 6. 34 (RStBl. 34 S. 1077, StW. 34 Nr. 627) Waren und Vorräte mit einem unter dem Marktpreis oder Börsenkurs liegenden Teilwert bewertet werden können, wenn bestimmte Anhaltspunkte dafür geltend gemacht werden können, daß die Preise in absehbarer Zeit unter den am Bilanzstichtag geltenden Marktpreis oder Börsenkurs sinken werden. Dabei ist dann nicht etwa maßgebend, daß beim späteren Verkauf der Vorräte ein z. B. 10 v. H. unter dem

Börsenkurs liegender Preis erzielt würde. Diese Erwägung würde auch in dem Fall überhaupt nicht zutreffen, daß die Vorräte nicht zur Veräußerung, sondern zur Verarbeitung im Betrieb bestimmt sind. Maßgebend ist für den Teilwert, daß ein Käufer des ganzen Unternehmens am Bilanzstichtag für die vorhandenen Vorräte wegen des in Aussicht stehenden Sinkens der Preise keinen höheren als 10 v. H. unter dem Börsenkurs liegenden Kaufpreis angelegt haben würde. Hier handelt es sich um die steuerliche Vorwegnahme eines nach dem Bilanzstichtag möglichen Verlusts, für deren Zulassung eine Grenzziehung nur äußerst schwierig ist. Eine Bewertung, die jede spätere Verlustmöglichkeit ausschließt, kann von der Steuerbehörde nicht zugelassen werden. Der RFH. glaubte, sie auf die Höhe des am Bilanzstichtag wahrscheinlichen Verlusts beschränken zu sollen. Allerdings wird zu fordern sein, daß am Bilanzstichtag bereits bestimmte Tatsachen vorliegen, aus denen auf eine bereits bestehende Entwertung der Vorräte geschlossen werden kann. Auch für Umlaufgüter ist die unterste Grenze des Teilwerts der Einzelveräußerungspreis.

b) Der **Teilwert** als der Wert, der einem Wirtschaftsgut im Rahmen eines bestehenden Betriebs zukommt, findet, wie in der in Anm. 106 Abs. 1 erwähnten Entsch. VI A 575/26 mit Recht hervorgehoben wurde, für die Anlagegüter seine wesentliche Grundlage in der Rentierlichkeit des Betriebs einerseits und in der Nützlichkeit und Bedeutung des Wirtschaftsguts für die Fortführung des Betriebs anderseits (ebenso RFH. VI A 589/35 f. unter a, aa Abs. 1). In der Rechtsprechung des RFH. wurde hinsichtlich der Höchstgrenze des Teilwerts der in der Entsch. VI A 575/26 ausgesprochene Gedanke, daß es eine Erhöhung des Teilwerts, nämlich der Wiederbeschaffungskosten, bedeute, wenn ein Wirtschaftsgut des Anlagevermögens nicht sofort beschafft, sondern erst hergestellt werden müsse, abgesehen von der unter a, aa Abs. 1 behandelten Zusammenfassung der Werte von Betriebsgrundstücken und Grund und Boden usw., nicht in dem Sinn weiter verfolgt, daß der Teilwert eines nützlichen Wirtschaftsguts, dessen Wiederbeschaffung erst nach bestimmter Zeit erfolgen kann und dessen Fehlen bis zu seiner Ersetzung die Rentierlichkeit des Betriebs nachteilig beeinflußt, seine Höchstgrenze in einem über den Wiederbeschaffungskosten liegenden Betrag habe. In RFH. VI A 475/34 v. 26. 6. 35 (RStBl. 35 S. 1496, StW. 35 Nr. 477) wurde zwar anerkannt, daß auch in einem Geschäftsgrundstück selbst eine Art Geschäftswert liegen könne, wenn eine Verlegung des Geschäfts mit einem Abspringen von Kunden verbunden wäre oder die Lage des Grundstücks allein so günstig sei, daß es einen höheren Ankaufspreis wert sei als andere, gleich große Grundstücke. Es wurde aber nicht nur in der unter a, aa erwähnten Entsch. I A 317/33 die auf die gute Rentierlichkeit des Unternehmens gegründete Annahme eines über den Wiederbeschaffungskosten liegenden Teilwerts abgelehnt, sondern darüber hinaus in RFH. VI A 890/34 v. 6. 3. 35 (StW. 35 Nr. 288) der Standpunkt vertreten, daß die Rentabilität eines Unternehmens nicht als ein den gemeinen Wert eines Betriebsgebäudes steigernder Umstand angesehen werden könne; gegebenenfalls wirke sie sich in dem Wert des Grund und Bodens und auch in einem Geschäftswert aus. Dagegen wird in RFH. VI 533/36 (f. unter a, aa) ausgeführt, daß bei rentierenden Betrieben für den Regelfall eine Teilwertabschreibung auf Gebäude (abgesehen vom Fall des Umbaus im ersten Jahr) und eingebaute Maschinen nicht in Betracht kommt. Es läßt sich nicht verkennen, daß der Einfluß der Rentierlichkeit des Unternehmens und der Tatsache, daß ein nur nach längerer Zeit zu ersetzendes Wirtschaftsgut im Betrieb vorhanden ist und dem Betrieb voll nützt, auf die Bestimmung des Teilwerts zahlenmäßig nur schwer dargestellt werden kann. Demgegenüber ist jedoch darauf hinzuweisen, daß es sich hier weniger darum handelt, diese Umstände in einer nur schätzbaren Wertzahl auszudrücken. Vielmehr sind sie als Anhaltspunkte dafür zu verwenden, daß der Teilwert eines in einem gut gehenden Betrieb vorhandenen nützlichen Anlageguts, das bei einem Ausfall nicht sofort ersetzt werden kann und dessen Fehlen die Rentierlichkeit des Betriebs beeinträchtigt, nicht unter die (um die Abnutzungsabsetzungen gekürzten) tatsächlichen Anschaffungs- oder Herstellungskosten gesunken sein kann, auch wenn die Wiederbeschaffungskosten am Bilanzstichtag zweifellos niedriger sind als die Anschaffungs- oder Herstellungskosten. Denn wegen der Rentierlichkeit des Betriebs und des Anlageguts wird der Unternehmer bei einer Veräußerung des ganzen Unternehmens im Gesamtkaufpreis für das Anlagegut zum mindesten den Betrag erlösen, der noch als sein eigener Anschaffungs- oder Herstellungsaufwand im Betrieb vorhanden ist und im Betriebsergebnis eine angemessene Rente abwirft. Anderseits berechnet aber auch der Käufer das für den zu erwerbenden Betrieb anzulegende Kapital nach der Rente, die ihm der Betrieb mutmaßlich auf die Dauer bringen wird. Insofern beeinflußt der in einem gutgehenden Unternehmen vorhandene Geschäftswert auch den Teilwert der betriebsnotwendigen Anlagegüter (vgl. auch Anm. 108 Abs. 2).

Reinhardt (Buchf. I S. 140—151) nimmt für die wesentlichen Gruppen der Wirtschaftsgüter, des Anlagevermögens, die der Abnutzung unterliegen, einen die Wiederbeschaffungskosten übersteigenden Höchstwert des Teilwerts an. Er scheidet die Wirtschaftgüter des Anlagevermögens, die der Abnutzung unterliegen, in zwei Gruppen, nämlich in die täglich ersetzbaren Wirtschaftsgüter und in die betriebsarteigenen Wirtschaftsgüter. Die betriebsarteigenen Wirtschaftsgüter sind solche, deren Ersatz mehr als einen Tag Zeit in Anspruch nimmt und deren unerwartete Ersatznotwendigkeit zu einer Behinderung in der Fortführung des Betriebs in dem bisherigen Umfang und mit den bisherigen Möglichkeiten führen würde. Beispiele: Betriebsgebäude, eingebaute Maschinen, Gleisanlagen und sonstige Maschinen und Anlagen, die für die Zwecke des Betriebs besonders geschaffen sind. Der Einzelveräußerungspreis werde für ein Wirtschaftsgut des Anlagevermögens niemals höher sein als der Betrag der Wiederbeschaffungskosten, es werde aber ein niedrigerer Betrag angenommen werden können, wenn das Wirtschaftsgut zur unbehinderten Fortführung des Betriebs in dem bisherigen Umfang und mit den bisherigen Möglichkeiten nicht erforderlich sei. Für die Höhe der Wiederbeschaffungskosten sei die Frage zu stellen: „Welchen Betrag würde der Erwerber des Betriebs aufwenden, um ein Wirtschaftsgut, das unerwartet ausscheidet, innerhalb so kurzer Frist ersetzt zu erhalten, daß jegliche Behinderung in der Fortführung des Betriebs in dem bisherigen Umfang und mit den bisherigen Möglichkeiten vermieden wird?" Dieser Betrag stimme bei den täglich ersetzbaren Wirtschaftsgütern mit den gewöhnlichen Wiederbeschaffungskosten überein, d. h. den Kosten, die unmittelbar für die Beschaffung eines neuen Wirtschaftsguts der gleichen Art entständen. Bei den betriebsarteigenen Wirtschaftsgütern werde dieser Betrag wesentlich übersteigen, und zwar um den Betrag der außergewöhnlichen Wiederbeschaffungskosten, d. h. um den Betrag, den das Vorhandensein des Wirtschaftsguts im Rahmen des vorhandenen Betriebs wert sei. Dieser Mehrbetrag sei mindestens so groß wie der wirtschaftliche Nachteil, der sich aus dem Nichtvorhandensein des Wirtschaftsguts während der zur Wiederbeschaffung erforderlichen Zeit ergeben würde. Unter dem Gesamtkaufpreis eines Unternehmens im Sinne des § 6 Ziff. 1 Satz 3 EStG sei der Wert des gesamten Betriebsvermögens + Betriebsbestehenswert (Firmenwert) zu verstehen. Komme ein besonderer Betriebsbestehenswert in Ansatz, so finde dieser seine Begründung in den zur Erhöhung des inneren Werts des Betriebs getätigten Ausgaben (Werbezwecke), in dem Vorhandensein des Kundenstammes, des eingeführten Namens der Firma u. a. und in dem Vorhandensein der Betriebseinrichtungen, insbesondere der betriebsarteigenen Wirtschaftsgüter des Anlagevermögens. Aus dieser letzten Tatsache ergebe sich, daß auch der Betriebsbestehenswert als Merkmal für das Vorhandensein von außergewöhnlichen und demgemäß von erhöhten Wiederbeschaffungskosten in Frage kommen könne. Dementsprechend faßt Reinhardt die in Betracht kommenden Werte zusammen in

1. den Einzelveräußerungswert für alle Wirtschaftsgüter des Anlagevermögens, die zur unbehinderten Fortführung des Betriebs in dem bisherigen Umfang und mit den bisherigen Möglichkeiten nicht erforderlich sind;

2. die gewöhnlichen Wiederbeschaffungskosten für alle Wirtschaftsgüter des Anlagevermögens, die zur unbehinderten Fortführung des Betriebs erforderlich, aber täglich ersetzbar sind;

3. erhöhte Wiederbeschaffungskosten für alle betriebsarteigenen Wirtschaftsgüter des Anlagevermögens. Diese erhöhten Wiederbeschaffungskosten setzen sich zusammen aus:

a) den gewöhnlichen Wiederbeschaffungskosten und

b) dem Betrag, der sich als wirtschaftlicher Nachteil für das Unternehmen ergeben würde, wenn das betriebsarteigene Wirtschaftsgut verschwinden würde und nicht innerhalb so kurzer Frist würde ersetzt werden können, daß jegliche Behinderung in der Fortführung des Betriebs in dem bisherigen Umfang und mit den bisherigen Möglichkeiten vermieden würde.

Für die Wirtschaftsgüter des Anlagevermögens, die nicht der Abnutzung unterliegen und für Wirtschaftsgüter des Umlaufvermögens erkennt Reinhardt (a. a. O. S. 168, 169) in Übereinstimmung mit der Rechtsprechung des RFH. die gewöhnlichen Wiederbeschaffungskosten als den Teilwert an.

c) Soweit hiernach die **Höhe der Wiederbeschaffungskosten** als Anhaltspunkt für die Höhe des Teilwerts am Bilanzstichtag zu verwenden ist, sind die Wiederbeschaffungskosten als Kosten der Anschaffung oder Herstellung einschließlich aller Nebenkosten zu ermitteln. Es sind daher ebenso wie bei den gedachten Anschaffungs- oder Herstellungskosten auch die Kosten der Beförderung, der Aufstellung usw. zu berücksichtigen (vgl. Anm. 105). Jedoch muß bei Feststellung des Teilwerts eines abnutzbaren Anlageguts der bisherigen Verwendung im Betrieb dadurch Rechnung getragen werden, daß an den auf den Bilanzstichtag festgestellten Wiederbeschaffungskosten die der bisherigen Nutzungsdauer entsprechenden Absetzungen für Abnutzung gemacht werden und nur der Restbetrag der Wiederbeschaffungskosten als Teilwert angesetzt wird. Bei markt- und börsengängigen Wirtschaftsgütern ist Grundlage der Wiederbeschaffungskosten der Markt- oder Börsenpreis. Sollen bei Umlaufgütern mangels anderer Unterlagen die Wiederbeschaffungskosten aus dem Verkaufspreis ermittelt werden, so sind an diesem die Verkaufsunkosten und auch der Aufschlag für Unternehmergewinn zu kürzen.

108. Vermutung für die Höhe des Teilwerts.

Nach vorstehenden Ausführungen kann ein Teilwert, der niedriger ist als die (erforderlichenfalls um die Absetzungen für Abnutzung gekürzten) tatsächlichen Anschaffungs- und Herstellungskosten, für ein Wirtschaftsgut des Betriebsvermögens nur beim Vorliegen besonderer Umstände vorhanden sein. Im Regelfall besteht hinsichtlich der Höhe des Teilwerts die Vermutung, daß für den Betrieb der Teilwert gleich den Anschaffungs- oder Herstellungskosten ist. Diese Vermutung gilt für den Zeitpunkt der Anschaffung oder Herstellung des Wirtschaftsguts (vgl. die in Anm. 106 Abs. 1 erwähnte Entsch. VI A 575/26, RFH. I A 453/27 v. 8. 5. 28, E. 23 S. 238, RStBl. 28, S. 210, StW. 28 Nr. 539 und I A 297/30 v. 28. 3. 33, RStBl. 33 S. 1259, StW. 33 Nr. 526), und zwar auch oder richtiger gerade dann, wenn der Pflichtige in voller Kenntnis der Sachlage für das Wirtschaftsgut einen höheren als den richtigen Preis bezahlt hat, weil z. B. der Verkäufer in Ausnutzung der Zwangslage des Unternehmers einen erhöhten Preis gefordert hat. Für diesen Fall muß, wie in RFH. VI A 2231/31 v. 30. 8. 32 (RStBl. 33 S. 30, ebenso RFH. VI A 475/34 v. 26. 6. 35, RStBl. 35 S. 1496, StW. 35 Nr. 477) mit Recht betont wird, angenommen werden, daß der Unternehmer gerade aus kaufmännischen Erwägungen den geforderten Überpreis vom Standpunkt einer sachgemäßen Betriebsführung aus als nicht zu hoch angesehen hat. Dieser Grundsatz gilt nach RFH. VI A 587/35 v. 16. 12. 36 (RStBl. 37 S. 106, StW. 37 Nr. 95) auch für ein Hausgrundstück, das zu späterer Verwendung für Betriebszwecke angeschafft wurde. Eine Ausnahme könnte nur dann gemacht werden, wenn sich die Beschaffung des Wirtschaftsguts für den Betrieb einwandfrei als eine **Fehlmaßnahme** erweisen würde (vgl. Anm. 110 c, cc). Die Annahme, daß die Herstellungskosten eines Neubaus dem Teilwert gleichkommen, wird in RFH. I A 252/30 v. 16. 4. 31 (RStBl. 31 S. 354, StW. 31 Nr. 985) auch bei Aufwendungen von Kapitalgesellschaften für soziale Zwecke mit der zutreffenden Begründung bestätigt, es sei anzunehmen, daß Kapitalgesellschaften als Unternehmer im allgemeinen bei Aufwendungen für soziale Zwecke einen den Kosten entsprechenden Nutzen unmittelbar oder mittelbar erwarten, und das Gegenteil, die Betätigung sozialer Gesinnung ohne Nutzen für den Betrieb, müsse im Einzelfall besonders dargetan werden.

Die Vermutung, daß der Teilwert eines Wirtschaftsguts gleich den tatsächlich aufgewendeten Anschaffungs- oder Herstellungskosten ist, gilt aber vor allem für die **Anlagegüter** auch für die **späteren Wirtschaftsjahre**. Die Unterstellung, daß in diesem Fall der Teilwert eines abnutzbaren Anlageguts den um die zwischenzeitlichen Absetzungen gekürzten Anschaffungs- oder Herstellungskosten entspricht, ist nach RFH. VI A 371/30 v. 20. 3. 30 (RStBl. 30 S. 360, StW. 30 Nr. 602) nur zu billigen beim Vorliegen besonderer Umstände, wie der mangelnden Ertragsfähigkeit des Unternehmens, des Sinkens der Wiederbeschaffungskosten unter die tatsächlichen Anschaffungs- oder Herstellungskosten und besonders bei Maschinen bei einer über die Abnutzungsabsetzungen hinausgehenden technischen Entwertung. Dazu ist zunächst zu bemerken, daß, wie auch der RFH. betont, grundsätzlich der technischen Entwertung von Maschinen und Anlagen durch die Bemessung der Absetzung für (technische) Abnutzung nach § 7 EStG erschöpfend Rechnung getragen wird, so daß für den Ansatz eines niedrigeren Teilwerts aus diesem Grunde kein Raum mehr bleibt. Weiter kann, wie in Anm. 107 b Abs. 1 ausgeführt wurde, das Sinken der Wiederbeschaffungskosten regelmäßig nur für den Teilwert der sofort zu beschaffenden Anlagegüter von Bedeutung sein, nicht aber für den Teilwert der erst nach bestimmter Zeit zu beschaffenden Wirtschaftsgüter. Ein Absinken dieses Teilwerts unter die Anschaffungs- oder Herstellungskosten könnte nur dann in Betracht kommen, wenn der Betrieb in seinem bisherigen Umfang und in der Möglichkeit der Ausnützung der vorhandenen Anlagen so eingeschränkt worden ist, daß ein Erwerber des gesamten Unternehmens auch unter dem Gesichtspunkt der Fortführung des Betriebs einen Gesamtkaufpreis zahlen würde, der den Wert des Betriebsvermögens nicht mehr übersteigt. In diesem Fall wäre auch kein besonderer Geschäftswert mehr gegeben, der sich als der Unterschiedsbetrag des Wertes des gesamten Betriebsvermögens gegenüber dem Wert sämtlicher Bestandteile des Betriebsvermögens nach Abzug der Schulden darstellt.

Der Steuerpflichtige kann die Vermutung, daß der Teilwert eines für den Betrieb erworbenen Wirtschaftsguts gleich den Anschaffungs- oder Herstellungskosten sei, **entkräften**. Dabei trifft den Steuerpflichtigen nach RFH. VI A 2231/31 v. 30. 8. 32 (RStBl. 33 S. 30) keine Beweislast im Sinn des bürgerlich-rechtlichen Streitverfahrens. Immerhin muß aber vom Steuerpflichtigen verlangt werden, daß er die Umstände, die nach seiner Auffassung für das Bestehen eines niedrigeren Teilwerts sprechen, darlegt und sie, soweit es ihm möglich ist, belegt oder glaubhaft macht.

109. Ansatz eines zwischen den Anschaffungs- oder Herstellungskosten und dem Teilwert liegenden Wertes (Zwischenwerts).

Schrifttum. Klein, Der Zeitpunkt der Abschreibung auf den niedrigeren Teilwert gemäß § 6 Ziff. 1 EStG und Theis, Nachwort, StWarte 38 S. 11 und 14.

a) Das dem Steuerpflichtigen nach § 6 Ziff. 1 Satz 2 und Ziff. 2 Satz 2 EStG zustehende Recht, für ein Wirtschaftsgut einen unter den Anschaffungs- oder Herstellungskosten liegenden Teilwert anzusetzen, wird zu einer auch nach § 5 Abs. 1 EStG zu beachtenden Pflicht, wenn der Steuerpflichtige als buchführungspflichtiger Kaufmann nach den Grundsätzen ordnungsmäßiger Buchführung zur Einsetzung des niedrigeren Teilwerts gezwungen ist (vgl. Abs. 2). Soweit dies jedoch nicht der Fall ist, steht der Übergang im Ermessen des Steuerpflichtigen. Dies gilt zunächst für die Anlagegüter, für die nach den Grundsätzen ordnungsmäßiger Buchführung auch ein **Zwischenwert** angesetzt werden kann (vgl. auch Reinhardt, Die neuen Steuergesetze S. 86 unter Ziff. 7 Abs. 3). Auch der RFH. hat unter Hinweis auf die in § 261 Ziff. 1 HGB für Anlagegüter ausdrücklich gestattete Verteilung eines Wertverlusts einen den Grundsätzen ordnungsmäßiger Buchführung entsprechenden Wertansatz, der in der Mitte zwischen den Anschaffungs- oder Herstellungskosten und dem Teilwert liegt, steuerrechtlich anerkannt und für die Prüfung als unerheblich angesehen, ob der Steuerpflichtige mit dem Wertansatz die Anschaffungskosten oder den Teilwert wählen wollte (vgl. z. B. RFH. VI A 2002/32 v. 11. 1. 33, RStBl. 33 S. 372, StW. 33 Nr. 277 und für das EStG 1934 VI A 43/37 v. 28. 1. 37, StW. 37 Nr. 142 und VI 630/37 v. 30. 3. 38, E. 43 S. 1, RStBl. 38 S. 629, StW. 38 Nr. 351). Eine Ausnahme sollte nicht nur nach § 261 Ziff. 1 Abs. 2 HGB für Beteiligungen, sondern allgemein für die Anlagegüter dann gelten, wenn ein **Bilanzansatz offensichtlich einen Wert ausweist, den ein sorgfältig denkender Kaufmann nicht verantworten könnte.** Dies ist immer dann der Fall, wenn der Teilwert infolge einer dauernden Entwertung nachhaltig gesunken ist (Abs. 2). Durch § 133 Ziff. 1 und 2 AktG werden die Bewertungsgrundsätze nur insofern geändert, als nach Ziff. 2 a. a. O. für alle dort genannten (nichtabnutzbaren) Anlagegüter und nicht wie bisher nur für Beteiligungen an den höheren Anschaffungs- oder Herstellungskosten nicht mehr festgehalten werden darf, wenn die Grundsätze ordnungsmäßiger Buchführung Abschreibungen oder Wertberichtigungen nötig machen. Steuerlich können mit Recht Bedenken gegen eine willkürliche und bewußte Verteilung eines nichtverwirklichten Verlusts auf mehrere Wirtschaftsjahre erhoben werden. Es wird sich aber doch der Ansatz eines Zwischenwerts, der unter den Anschaffungskosten und über einem nach den Wiederbeschaffungskosten berechneten Teilwert liegt, unter dem Gesichtspunkt rechtfertigen lassen, daß der für den Betrieb zutreffende Teilwert bei Anlagegütern nur schwer zu ermitteln ist und daß daher in den meisten Fällen anzunehmen ist, daß der Teilwert zum mindesten auf die Höhe des Zwischenwerts gesunken ist. Dies gilt z. B. für den in RFH. VI A 2002/32 a. E. erwähnten Fall, in dem eine Verteilung des erkannten Wertunterschieds auch betriebswirtschaftlich (Helpenstein, Die wirtschaftliche und steuerliche Erfolgsbilanz S. 320 ff.) anerkannt wird, wenn sich nämlich, z. B. infolge ähnlicher Verhältnisse bei Wettbewerbsunternehmen, auch das Mißverhältnis zwischen Anschaffungskosten und Teilwert erst allmählich in dem Erfolg oder Mißerfolg des Unternehmens auswirkt.

Der RFH. hat den Zwischenwert mit Recht nicht nur im Fall des § 261 Ziff. 1 Abs. 2 HGB (jetzt § 133 Ziff. 2 Abs. 2 AktG), sondern allgemein für alle Anlagegüter dann abgelehnt, wenn der Ansatz eines über dem Teilwert liegenden Wertes gegen die Grundsätze ordnungsmäßiger Buchführung verstoßen würde, d. h. wenn der Bilanzansatz wegen eines offensichtlichen und nachhaltigen Wertverlusts eine unzulässige Überbewertung darstellen würde. Es kann zweifelhaft sein, ob dieser allgemeine Grundsatz wegen des in § 133 Ziff. 1 AktG gegenüber Ziff. 2 a. a. O. ohne Einschränkung eingeräumten Rechts zur Festhaltung an den Anschaffungs- oder Herstellungskosten auch auf AG. und KoG. a. A. angewandt werden kann. Man kann aber annehmen, daß in diesem Fall das nach den Grundsätzen ordnungsmäßiger Buchführung bestehende Verbot einer offensichtlichen Überbewertung der Sondervorschrift des § 133 Ziff. 1 AktG vorgeht.

b) Der Vorschrift des § 261 Ziff. 2 HGB und des § 133 Abs. 3 AktG, nach der AG. und KoGaA. die **Wirtschaftsgüter des Umlaufvermögens** mit dem Börsen- oder Marktpreis oder dem (Zeit-)Wert ansetzen müssen, wenn dieser niedriger ist als die Anschaffungs- oder Herstellungskosten, entspricht es, wenn der RFH. in der oben erwähnten Entsch. VI A 2002/32 es als allgemeine Bewertungsregel bezeichnet, daß der Grundsatz des Niederstwerts nur für die Umlaufgüter, insbesondere Waren und Wertpapiere gelte (vgl. auch Anm. 93 a Abs. 2). Daher scheidet für die Umlaufgüter der Ansatz eines zwischen den Anschaffungs- oder Herstellungskosten und dem

§ 6 EStG. Bewertung. Anmerkung 109. 357

niedrigeren Teilwert liegenden Zwischenwerts aus. In die Handelsbilanz ebenso wie in die Steuerbilanz muß also der niedrigere Teilwert eingesetzt werden.

Dagegen hat der RFH. in RFH. VI A 594/27 v. 17. 4. 29 (RStBl. 29 S. 449, StW. 29 Nr. 506) nach Einholung eines Gutachtens der Spitzenverbände der deutschen Wirtschaft in Übereinstimmung mit der überwiegend von Sachverständigen vertretenen Auffassung die **Ausweisung der an dem gesunkenen Markt- oder Börsenpreis festgestellten, nichtverwirklichten Verluste bei Bewertung eines Warenlagers** unter folgenden Voraussetzungen nicht gefordert. Danach widerspricht die Bewertung der Waren in Warenhandelsgeschäften (Großhandel und Einzelhandel) mit den über dem gemeinen Wert (Wiederbeschaffungskosten) liegenden Anschaffungskosten nur dann den Grundsätzen ordnungsmäßiger Buchführung, wenn der im regelmäßigen Verkehr am Bilanzstichtag erzielbare Verkaufspreis abzüglich der Verkaufsspesen geringer ist als die Anschaffungskosten, und wenn der Kaufmann bei vorsichtiger Bewertung aller Umstände auch nicht damit rechnen kann, bei späterer Veräußerung die Anschaffungskosten zuzüglich Verkaufsspesen zu erhalten. Oder: Der Kaufmann ist berechtigt, die zum Handel bestimmten Waren trotz den am Bilanzstichtag bestehenden niedrigeren Wiederbeschaffungskosten mit den höheren Anschaffungskosten in der Bilanz zu belassen, wenn sich am Stichtag bereits übersehen läßt, daß im Ergebnis aus der späteren Veräußerung der Waren kein Verlust entsteht. In RFH. VI A 1326/29 v. 25. 2. 31 (E. 28 S. 229, RStBl. 31 S. 318, StW. 31 Nr. 441) wurde dieser Grundsatz unter der gleichen Voraussetzung auch auf solche Warenbestände ausgedehnt, die bereits am Schluß des vorangegangenen Wirtschaftsjahrs vorhanden waren, und wurde auch ein zwischen den Anschaffungs- oder Herstellungskosten und dem niedrigeren Teilwert vom Bilanzstichtag liegender Zwischenwert als zulässiger Bilanzansatz anerkannt. Weiter wurden diese Grundsätze in RFH. VI A 1657/32 v. 30. 5. 33 (E. 33 S. 215, RStBl. 33 S. 1012, StW. 33 Nr. 645) auch auf die Bewertung von Rohstoffen angewandt, wenn der Kaufmann bei vorsichtiger Beurteilung der Verhältnisse am Stichtag und der an diesem zu erwartenden Entwicklung erwarten kann, im Fall des Verkaufs der fertigen Ware die die Wiederbeschaffungskosten übersteigenden Anschaffungskosten der Rohstoffe zuzüglich der Herstellungskosten und der Verkaufskosten zu erlösen. Dagegen ist der Kaufmann nach der letzten Entsch. für solche Umlaufgüter, für die ausgesprochene Börsen- oder Marktpreise bestehen, nach den strengen Regeln des Niederstwerts des § 261 Ziff. 2 HGB (§ 133 Ziff. 3 Abs. 2 AktG) an den Markt- oder Börsenpreis gebunden, falls nicht der objektive Wert der Vorräte am Bilanzstichtag höher ist oder nur vorübergehende, völlig außergewöhnliche Umstände den Börsenkurs oder Marktpreis beeinflußt haben. Der RFH. verweist dazu auf RFH. VI A 844/30 v. 13. 11. 30 (RStBl. 31 S. 110, StW. 31 Nr. 86), wo er zugelassen hat, daß **Wertpapiere eines Bankiers**, also Waren im Einklang mit § 40 Abs. 2 HGB in der Bilanz trotz eines niedrigeren Kurswerts mit den höheren Anschaffungskosten oder einem höheren Buchwert oder auch mit einem zwischen diesem und dem Kurswert liegenden Zwischenwert belassen werden, wenn vorübergehende, völlig außergewöhnliche Umstände den Börsenkurs beeinflussen, ohne daß der innere Wert der Papiere oder die die regelmäßige Preisbildung beeinflussenden Umstände eine Änderung erfahren haben.

In den in Abs. 2 genannten Fällen handelt es sich nicht um den Ansatz von Zwischenwerten, die zwischen den Anschaffungskosten und dem am Bilanzstichtag tatsächlich bestehenden niedrigeren Teilwert liegen. Es liegt also keine Ausnahme von dem allgemeinen Grundsatz des Niederstwerts (Abs. 1) vor. Wenn dabei nach den Grundsätzen ordnungsmäßiger Buchführung für Waren, Rohstoffe ein über den niedrigeren Wiederbeschaffungskosten liegender Wertansatz und für Wertpapiere ein über dem Börsenkurs liegender Wertansatz zugelassen wird, so handelt es sich dabei um den Teilwert, den Waren, Rohstoffe oder Wertpapiere noch für den Betrieb haben und den daher auch ein Erwerber des ganzen Betriebs im Gesamtpreis mitvergüten würde.

§ 6 KStG. Einkommen.

D. Einzelne Wirtschaftsgüter des Betriebsvermögens.

1. Abnutzbare Wirtschaftsgüter des Anlagevermögens.

110. Gebäude.

Schrifttum. Zitzlaff, Zur Bestimmung des gemeinen Wertes (Teilwerts) bei Gebäudegrundstücken, StW. 35 I Sp. 1521.

a) Die **Anschaffungskosten** eines nach 1925 erworbenen Gebäudes setzen sich zusammen aus dem eigentlichen Kaufpreis einschließlich aller Nebenkosten wie Verkehrsteuern, Kosten der Beurkundung des Vertrags und der Eintragung des Erwerbs in das Grundbuch und die Kosten der Vermittlung, soweit sie vom Käufer getragen werden (vgl. Anm. 97 b Abs. 1). Wegen der Behandlung der Nachforderung an Grunderwerbsteuer, auch nach teilweiser Hinterziehung vgl. Anm. 102 a a. E., wegen der unerwarteten Nachforderung an Wertzuwachssteuer vgl. Anm. 102 c a. E. Die Hinzurechnung von Abstandssummen, die an die bisherigen Mieter von Geschäftsräumen für die Freimachung dieser Räume gezahlt werden, zu den Anschaffungskosten ist insbesondere dann erforderlich, wenn die Abstandssummen im Zusammenhang mit dem Erwerb eines Geschäftsgebäudes verausgabt werden (RFH. VI A 1198/29 v. 17. 7. 30 (RStBl. 31 S. 7, StW. 30 Nr. 1062). Wird für ein Grundstück, für das ein Kaufrecht (Optionsrecht) gegen Entgelt eingeräumt ist, später gekauft, so stellen die Zahlungen auf das Kaufrecht nach Ausübung des Kaufrechts einen Teil des eigentlichen Kaufpreises dar und sind dann nach RFH. VI A 1315/31 v. 28. 6. 32 (RStBl. 33 S. 651, StW. 33 Nr. 391) als Teil der Anschaffungskosten des Grundstücks zu behandeln. Wegen der Anschaffungskosten eines im Zwangsversteigerungsverfahren erworbenen Grundstücks vgl. Anm. 97 a, wegen der Behandlung der unmittelbar nach Anschaffung eines Geschäftsgrundstücks gemachten Instandsetzungsaufwendungen als Teil der Anschaffungskosten vgl. Anm. 97 b Abs. 3, wegen der von eingebauten Maschinen und Anlagen insbesondere auch Fahrstuhl- und Sammelheizungsanlagen vgl. Anm. 111 a.

Die Anschaffungskosten für das gesamte bebaute Grundstück sind wegen der Verschiedenheit der Bewertung von Gebäuden (§ 6 Ziff. 1 EStG) und Grund und Boden (§ 6 Ziff. 2 a. a. O.) auf Gebäude und Grund und Boden zu verteilen. § 131 Abs. 1 AktG sieht unter A II Ziff. 1 und 2 nur eine Trennung in bebaute und unbebaute Grundstücke vor und nach § 133 Ziff. 1 AktG können die Anschaffungskosten des Grund und Bodens bebauter und unbebauter Grundstücke durch Absetzung des anteiligen „Wertverlusts" auf die Gesamtdauer der Verwendung verteilt werden. Steuerrechtlich können aber die Anschaffungskosten eines bebauten Grundstücks nur mit dem auf das Gebäude entfallenden Teilbetrag an den Absetzungen für Abnutzung teilnehmen. Nebenkosten des Erwerbs, die sich ebenso wie der eigentliche Kaufpreis auf die wirtschaftliche Einheit des bebauten Grundstücks beziehen, sind mit dem Kaufpreis nach dem Wertverhältnis von Grund und Boden einerseits und Gebäude andererseits auf diese beiden steuerlich selbständigen Anlagegüter zu verteilen. Dazu gehören insbesondere die Kosten der Beurkundung, Eintragung und Vermittlung, die Grunderwerb- und Wertzuwachssteuer. Nebenkosten des Erwerbs, die sich ausschließlich entweder auf Grund und Boden oder auf das Gebäude beziehen, sind auch bei der Zerlegung des Kaufpreises entsprechend zu behandeln. Danach werden die oben genannten Abstandssummen für Freimachung von Geschäftsräumen dem Gebäudeanteil, Straßenbau- und Anliegerbeiträge dagegen dem Anteil von Grund und Boden zuzurechnen sein (s. Anm. 113 a Abs. 2).

b) **Herstellungskosten** kommen bei den Gebäuden zunächst bei Erstellung des Baus selbst (Neubau) und bei Vornahme von baulichen Änderungen an einem vorhandenen Gebäude (Umbau) in Betracht, wobei es für die Aktivierungspflicht des Unternehmers gleichgültig ist, wenn der Neubau auf fremdem Grund und Boden errichtet wird oder ein Umbau oder sonstige bauliche Veränderungen an einem dem Unternehmer nicht gehörenden, z. B. gemieteten Gebäude

§ 6 EStG. Bewertung. Anmerkung 110.

vorgenommen werden (f. Anm. 78 a. E.). Die Abgrenzung zwischen Umbau und Neubau ist für die Feststellung der Höhe der Herstellungskosten wichtig. Ein Umbau wird immer dann vorliegen, wenn an einem Gebäude bauliche Änderungen in der Art vorgenommen werden, daß wesentliche Teile des alten Gebäudes bestehen bleiben. Die Errichtung eines Neubaus wird in RFH. I A 17/32 v. 9. 2. 32 (RStBl. 32 S. 432, StW. 32 Nr. 534) mit Recht dann angenommen, wenn ein altes, baufälliges Gebäude bis auf geringfügige Mauerreste abgebrochen und auf diesen ein neues Gebäude errichtet wird.

aa) Bei Errichtung eines **Neubaus** sind sämtliche zur Erstellung des Neubaus gemachten Aufwendungen den Herstellungskosten zuzurechnen. Wird zur Errichtung eines Neubaus ein bereits vorhandenes, zum Betriebsvermögen gehöriges Gebäude abgerissen, so gehören auch die Kosten des Abbruchs des alten Gebäudes zu den Herstellungskosten des Neubaus. Wird zur Erstellung des Neubaus der Grund und Boden erst erworben, so gehört der für den Grund und Boden gezahlte Kaufpreis einschließlich der Nebenkosten zu den Anschaffungskosten von Grund und Boden. Wenn zur Errichtung des Neubaus ein Grundstück mit aufstehenden Gebäuden, die abgebrochen werden, angekauft wird, sind zu den Anschaffungskosten von Grund und Boden (Bauplatzwert) außer den eigentlichen Anschaffungskosten zu rechnen der Wert des abgebrochenen Gebäudes zuzüglich der Abbruchskosten und der Kosten der Einebnung des Geländes (vgl. RFH. VI A 804, 805/34 v. 19. 12. 34, StW. 35 Nr. 80). In RFH. I A 62/31 v. 27. 9. 32 (RStBl. 32 S. 1072, StW. 33 Nr. 133), in der im übrigen die Abbruchkosten zu den Herstellungskosten eines Neubaus gerechnet werden (vgl. Anm. 113 a), wird die Abschreibung des Wertes der zum Abbruch erworbenen Gebäude deshalb versagt, weil ein Gegenstand, der abgeschrieben werden könnte, nicht aktiviert sei. Es handelt sich jedoch darum, ob der im Gesamtkaufpreis anteilig bezahlte Wert der abzubrechenden Grundstücke aktiviert werden muß, oder unter dem Gesichtspunkt des niedrigeren Teilwerts oder der Absetzungen für Abnutzung (Abbruch!) abgeschrieben werden kann. Die Abschreibung des Wertes des abgebrochenen Gebäudes verbietet sich aber aus der Erwägung, daß dem Steuerpflichtigen allein der Bauplatz außer dem Kaufpreis die Kosten der abzubrechenden Gebäude zuzüglich der Abbruchskosten usw. wert gewesen ist, daß also alle diese Aufwendungen Anschaffungskosten des Bauplatzes sind und nur bei einer Fehlmaßnahme Abschreibung auf einen niedrigeren Teilwert in Frage kommen kann. Diese Behandlung des Buchwerts eines abgerissenen Gebäudes ist auch dann erforderlich, wenn der Kaufmann den Wert eines Betriebsgebäudes zur Erstellung eines für den Betrieb nützlicheren Neubaus usw. bewußt opfert (vgl. Anm. 102 b Abs. 1).

Zu den eigentlichen Kosten des Neubaus als dessen Herstellungskosten sind nach RFH. VI A 26, 27/33 v. 25. 7. 34 (StW. 34 Nr. 589) auch sogenannte **Mehrgründungskosten**, die durch erhebliche Gründungsarbeiten auf dem gerade zur Verfügung stehenden Gelände erwachsen sind, zu rechnen. **Hand- und Spanndienste**, die bei Errichtung eines Gebäudes aus dem Betrieb geleistet werden, sind nach RFH. VI A 1111/31 v. 14. 1. 32 (StW. 32 Nr. 255) dann mit ihrem Wert als Teil der Herstellungskosten des Neubaus zu aktivieren, wenn und soweit sie Kosten verursacht haben, die ohne die Errichtung des Neubaus nicht entstanden wären. Soweit dagegen dem Betrieb für die dabei verwendeten Kräfte auch ohne den Neubau Kosten erwachsen wären, sind sie nicht Teil der Herstellungskosten des Neubaus.

Die Grundsätze über die Aktivierung des gesamten Herstellungsaufwands gelten auch für **behelfsmäßige (provisorische) Bauten**, die z. B. anläßlich eines Brandfalls bis zum Wiederaufbau der abgebrannten Gebäude errichtet werden. Soweit sie mit dem Fortschreiten des Wiederaufbaus für den Betrieb entbehrlich werden, fällt ihr Nutzen für den Betrieb weg. Daher ist nach RFH. VI A 97/29 v. 1. 7. 31 (RStBl. 31 S. 741, StW. 31 Nr. 787) für die Bemessung der Abnutzungsabsetzungen von der voraussichtlichen kurzen Lebensdauer für den Betrieb auszugehen. Wenn sich ihre Verwendungsdauer für den Betrieb nur ganz unerheblich über das Wirtschaftsjahr der Errichtung hinaus erstreckt, können die Herstellungskosten diesem Wirtschaftsjahr ganz (ohne Aktivierung) zur Last gelegt werden.

bb) Der Unterschied zwischen Neubau und **Umbau** bedingt eine unterschiedliche Behandlung der dabei gemachten Aufwendungen. Während beim Neubau sämtliche zu seiner Errichtung gemachten Aufwendungen zu den Herstellungskosten gehören, scheiden beim Umbau diejenigen Ausgaben als Teil der Herstellungskosten aus, die sich als laufender, auf das bereits vorhandene Gebäude gemachter Erhaltungsaufwand darstellen. Soweit die Kosten als laufender Erhaltungsaufwand, d. h. als Aufwendungen auf Anlagegegenstände, die in ungefähr bestimmter Höhe regelmäßig wiederkehren, anzusehen sind, können sie im Wirtschaftsjahr der Verausgabung in voller Höhe unter den Unkosten abgesetzt werden. Dabei darf aber, nach RFH. VI A 1307/30 v. 27. 1. 32 (RStBl. 32 S. 473, StW. 32 Nr. 254) die im Jahr der Verausgabung unterbliebene Absetzung des Erhaltungsaufwands nicht in späteren Wirtschaftsjahren beliebig nachgeholt werden, sondern der aktivierte Erhaltungsaufwand muß dann an den Absetzungen für Abnutzung des Gebäudes teilnehmen. Zur Feststellung des nicht zu aktivierenden, laufenden Erhaltungsaufwands kann bei einem Umbau nicht etwa der Betrag errechnet werden, den eine durchgreifende Ausbesserung des Gebäudes in seinem bisherigen Zustand dann gekostet hätte, wenn der Umbau unterblieben wäre. Nach RFH. VI A 1277/30 v. 29. 10. 30 (RStBl. 31 S. 138) sind Abzüge für Erhaltungsaufwand nur dann zulässig, wenn tatsächlich Aufwendungen für die Erhaltung des alten Bauwerks gemacht wurden, sie sind aber unzulässig, wenn solche Aufwendungen durch den Umbau erspart wurden. Laufender Erhaltungsaufwand kann daher nur im Rahmen der Erhaltung der vom Umbau nicht betroffenen, also stehengebliebenen alten Gebäudeteile z. B. bei Erneuerung des Verputzes, bei Ausbesserung des alten Daches und anderen Instandhaltungsarbeiten in Betracht kommen (vgl. auch RFH. VI A 1983/32 v. 1. 8. 34, StW. 34 Nr. 591). Wenn bei Erweiterung eines Ladens durch Wegreißen von Wänden und Neubeschaffung der Schaufenster im wesentlichen nur Abbruchs- und Neubaukosten entstehen, kann der dadurch etwa ersparte Erhaltungsaufwand z. B. für Neuanstrich der weggerissenen Wände oder Ähnliches nicht zum Abzug zugelassen werden (RFH. VI A 614/31 v. 22. 4. 31, StW. 31 Nr. 716, auch VI A 450/32 v. 13. 4. 32, StW. 32 Nr. 990). Bei einem „artändernden Umbau" (= Neubau) werden in RFH. I A 136/35 v. 23. 7. 35 (RStBl. 35 S. 1198, StW. 35 Nr. 551) die Kosten, weil sie zur Herstellung eines wesensverschiedenen Gegenstands aufgewendet worden sind, auch insoweit zum aktivierungspflichtigen Herstellungsaufwand gerechnet, als sie ohne die Zweckbestimmung der Artänderung die Eigenschaft von laufendem Erhaltungsaufwand gehabt hätten.

Zu den Herstellungskosten des Umbaus gehören außer den eigentlichen, durch den Umbau veranlaßten Ausgaben auch der Buchwert der abgerissenen Gebäudeteile (vgl. auch über Ausnahmen Anm. 102 b) und die Abbruchskosten. Nach RFH. VI A 749/34 v. 7. 8. 35 (RStBl. 35 S. 1208, StW. 35 Nr. 595) sind zu den Umbaukosten als mittelbare Baukosten auch Abstandsgelder zu rechnen, die der Hauseigentümer seinen Mietern zahlt, um sie wegen des geplanten Umbaus zur vorzeitigen Räumung der gemieteten Räume zu veranlassen. Dieser für die Ermittlung der Einkünfte aus Vermietung und Verpachtung aufgestellte Grundsatz gilt auch für die Gewinnermittlung (RFH. I A 136/35, s. oben). Wird zur Durchführung eines Erweiterungsbaus (Umbaus) ein Bauplatz mit aufstehender Scheune gegen Barzahlung und die Verpflichtung, die Scheune an anderer Stelle wieder aufzustellen, erworben, dann sind die Kosten des Abbruchs und Wiederaufbaus der Scheune neben dem eigentlichen Kaufpreis als Anschaffungskosten des Bauplatzes (Grund und Boden) zu behandeln (RFH. VI A 2244/30 v. 18. 2. 31, StW. 31 Nr. 343).

Für die bilanzrechtliche Behandlung der Umbaukosten besteht nach der Rechtsprechung des RFH. (z. B. RFH. VI A 2137/30 v. 2. 3. 32. E. 30 S. 175, RStBl.

§ 6 EStG. Bewertung. Anmerkung 110. 361

32 S. 533, StW. 32 Nr. 433 und I A 73/36 v. 10. 6. 36, RStBl. 36 S. 723, StW. 36 Nr. 346 zu 2) eine Besonderheit darin, daß bei der ersten Bilanzaufstellung nach dem Umbau nicht nur die Herstellungskosten, sondern auch der Teilwert des Umbaus für sich allein zu ermitteln sind und der Steuerpflichtige die Wahl hat, ob er die Herstellungskosten oder den niedrigeren Teilwert dem bisherigen Buchwert hinzurechnen will. Der Umbau ist also am Ende des Wirtschaftsjahrs seiner Vollendung zunächst selbständig zu bewerten, wobei der gesunkene Teilwert des Umbaus vom Bilanzstichtag oder auch der Umstand berücksichtigt werden kann, daß in dem Umbau nachträglich eine Fehlmaßnahme zu erblicken ist. Der Steuerpflichtige ist dann nach der Entsch. an einer Wertabschreibung (gegenüber den Herstellungskosten) des Umbaus auch nicht dadurch gehindert, daß der Teilwert des ganzen Gebäudes einschließlich Umbau immer noch höher zu schätzen ist, als der bisherige Buchwert des Gebäudes zuzüglich Umbaukosten. Es soll dadurch verhindert werden, daß in Fällen, in denen der Buchwert des Gebäudes hinter seinem Teilwert zurückbleibt, ein nichtverwirklichter Gewinn versteuert wird. Im übrigen besteht aber für die Umbaukosten grundsätzlich Aktivierungspflicht und es ist unerheblich, ob und inwieweit der Teilwert des gesamten Gebäudes durch den Umbau höher geworden ist als vorher; eine Abschreibung auf den niedrigeren Teilwert ist nur zulässig, wenn und soweit infolge der Aktivierung der neue Buchwert des ganzen Gebäudes höher ist als der nunmehrige Teilwert. Für die folgenden Wirtschaftsjahre ist der Umbau regelmäßig nicht als besonderes Wirtschaftsgut, sondern als unselbständiger Bestandteil des Gebäudes zu behandeln und die Verteilung der Umbaukosten kann nur entsprechend der Lebensdauer des Betriebsgebäudes selbst erfolgen. Auch ein niedrigerer Teilwert kann nur für das ganze Gebäude einschließlich Umbau festgestellt werden (vgl. unter c, aa). Um ein der besonderen Aktivierung fähiges Wirtschaftsgut handelt es sich beim Umbau dann, wenn der Umbau dem Betrieb nur für eine von der Lebensdauer des Gebäudes erheblich abweichende, kürzere Zeit zugute kommt, so daß nach Ablauf dieser bestimmt anzugebenden oder zu schätzenden Zeit der frühere Zustand des Gebäudes für den Betrieb den gleichen Wert hätte wie der neue. Die Herstellungskosten des Umbaus sind dann auf den kürzeren Zeitraum selbständig zu verteilen und es kann auch nicht eingewendet werden, daß der Neubau nach Ablauf der Zeit noch vorhanden ist; denn es ist nicht nur die technische, sondern auch die wirtschaftliche Abnutzung zu berücksichtigen, die eine Zerstörung nicht voraussetzt. Auch der Teilwert ist für den Umbau selbständig zu ermitteln. Die selbständige Behandlung des Umbaus ist insbesondere bei gewerblichen Umbauten von begrenzter Zeitdauer, auch im Zusammenhang mit Miet- oder Pachtverträgen bei Umbauten des Mieters oder Pächters notwendig (vgl. auch RFH. VI A 1307/30 v. 27. 1. 32, RStBl. 32 S. 473, StW. 32 Nr. 254).

c) **Teilwert.**

aa) Bei Feststellung des Teilwerts von Gebäuden spielt das **Steigen oder Fallen der Baukosten** (Bauindex) gegenüber dem letzten Bilanzstichtag eine erhebliche Rolle. Der Bauindex ist für die Höhe der Wiederbeschaffungskosten maßgebend, so daß ein Sinken der Baukosten unter die um die Absetzungen für Abnutzung gekürzten Anschaffungs- oder Herstellungskosten vielfach als Beweis für den niedrigeren Teilwert des Gebäudes betrachtet wird. Der Ansatz eines mit den gesunkenen Baukosten begründeten Teilwerts kann aber dann im allgemeinen nicht als berechtigt angesehen werden, wenn man die für die Höhe des Teilwerts bestehende Vermutung beachtet, daß in einem gut gehenden Betrieb der Teilwert eines dem Betrieb voll nützlichen Anlagegegenstands immer noch gleich den Anschaffungs- oder Herstellungskosten, gekürzt um die Absetzungen für Abnutzung ist (vgl. Anm. 107 b und 108 Abs. 2 und Reinhardt, Buchf. I S. 149, 150). Auch wird durch die Rechtsprechung, nach der der Teilwert für die Einheit des oder der Betriebsgrundstücke einschließlich Grund und Boden festzustellen ist, die Bedeutung der Baukosten für die Teilwertermittlung wesentlich eingeschränkt (vgl. Anm. 107 a, aa Abs. 1). Das Sinken des Teilwerts unter die Anschaffungs- oder Herstellungskosten wird demnach in der Regel nur mit der geminderten Ertragsfähigkeit des Betriebs und mit der fehlenden Nützlichkeit des Gebäudes für den Betrieb begründet werden können. Wenn für den Fall des Steigens der Grundstückspreise, das lediglich durch die gute Lage der Grundstücke bedingt ist, nach RFH. VI A 435/35 v. 17. 10. 35 (StW. 35 Nr. 700) sich der Wert der Baulichkeiten im allgemeinen nicht erhöht, sondern nur der Wert des Grund und Bodens, so kann mit dieser Begründung auch nicht etwa der Ansatz eines niedrigeren Teilwerts für das Gebäude begehrt werden. Nach RFH. VI 739/37 v. 9. 2. 38 (E. 43 S. 268, RStBl. 38 S. 532, StW. 38 Nr. 182) wird der Teilwert des Geschäftsgrundstücks eines großstädtischen Kaufhauses vielfach im wesentlichen mit dem Verkehrswert zusammenfallen, bei dem regelmäßig auch der Wert des Grundstücks für den Betrieb berücksichtigt wird. In RFH. VI A 122/36 v. 4. 3. 36 (StW. 36 Nr. 230) wird bei einem Betriebsgebäude ein Sinken des Teilwerts unter die Anschaffungs- oder Herstellungskosten nicht deshalb anerkannt, weil der Steuerpflichtige für sein Fabrikgebäude wegen der **Feuergefährlichkeit des** Betriebs keine angemessene Versicherung finden kann und deshalb an Stelle einer Selbstversicherung auf seine Gebäude eine Wertabschreibung vornehmen will. Höchstens in einem schlecht rentierenden Betrieb könne durch die Brandgefahr, die sich in erhöhten Unkosten und damit im Ertrag auswirke, der Teilwert durch die länger dauernde Minderung des Ertrags herabgedrückt werden. Als entscheidendes Merkmal für den gesunkenen Teilwert ist aber dann nicht die Brandgefahr, sondern die nachhaltige Minderung des Ertrags des Unternehmens anzusehen. In der gleichen Entsch. wird auch ein den Teilwert eines Gebäudes mindernder Umstand darin erblickt, daß das Gebäude mit **Schwamm** behaftet ist. Es kann angenommen werden, daß ein Käufer des ganzen Betriebs wegen dieses Mangels für das Gebäude einen geringeren Kaufpreis aufwenden wird, weil er dabei die Kosten der Beseitigung dieses Mangels, die ihn treffen werden, berücksichtigt und weniger bezahlt.

bb) Für die **Höhe des Teilwerts von Neubauten und Umbauten** greift die auch für die sonstige Anschaffung von Anlagegütern gültige Erwägung Platz, daß der Teilwert im allgemeinen den aufgewendeten Kosten entspricht. Dies gilt insbesondere auch für die nicht den unmittelbaren Baukosten zuzurechnenden Kosten, wie für die den bisherigen Mietern gezahlten Entschädigungen, die Abbruchkosten und auch den anteiligen Buchwert abgerissener Gebäudeteile. Eine Streichung des Buchwerts abgerissener Gebäudeteile oder der Nichtansatz der Abbruchkosten als Herstellungskosten kann daher auch nicht unter dem Gesichtspunkt des niedrigeren Teilwerts mit der Begründung begehrt werden, ein Käufer des ganzen Betriebs werde den weggefallenen Buchwert oder die Abbruchkosten nicht ersetzen. Auch für den Teilwert eines umgebauten Gebäudes besteht die Vermutung (vgl. Anm. 108 Abs. 1), daß dieser mindestens gleich dem bisherigen Buchwert des Gebäudes zuzüglich der Umbaukosten und abzüglich der Absetzungen für Abnutzung ist (RFH. I A 136/35 v. 23. 7. 35, RStBl. 35 S. 1198, StW. 35 Nr. 551). Wegen der selbständigen Ermittlung des Teilwerts eines Umbaus im Jahr der Herstellung s. unter b, bb Abs. 3.

cc) Eine Ausnahme von der Aktivierung des gesamten Anschaffungs- oder Herstellungsaufwands gilt nur, wenn sich die Errichtung eines Gebäudes oder der Umbau nachträglich als eine **Fehlmaßnahme** herausstellen. Wenn ein Gebäude ausschließlich zur betrieblichen Nutzung angekauft und erst nach Erwerb festgestellt wird, daß es für den gedachten Zweck nicht geeignet ist, so müssen die Kosten dafür als umsonst aufgewendet angesehen werden und für die Vermutung, daß der Teilwert gleich den Anschaffungskosten ist, ist nach RFH. VI A 1224/28 v. 3. 10. 28 (StW. 29 Nr. 72, ebenso RFH. VI 739/37 f. unter aa) kein Raum mehr. Diese Grundsätze gelten auch für Neu- und Umbauten. Bei Beurteilung des Teilwerts eines umgebauten Gebäudes kann daher nach RFH. VI A 1198/29 v. 17. 7. 30 (RStBl. 31 S. 7, StW. 30 Nr. 1062) nicht die Tatsache als unwesentlich unberücksichtigt bleiben, daß sich bei einem Umbau unvorhergesehen schlechte Fundamente herausgestellt haben, zu deren Beseitigung unvorhergesehene Aufwendungen in bestimmter Höhe notwendig werden und die beim rechtzeitigen Bekanntwerden entweder eine Abstandnahme vom Ankauf des Hauses oder aber Herabsetzung des Kaufpreises zur Folge gehabt hätten. Das Gleiche gilt, wenn bei einem Umbau der Hausschwamm in einem Hause festgestellt oder durch den Umbau eingeschleppt wird. Dieser Umstand wirkt auf den Teilwert des gesamten Gebäudes, nicht etwa auf den Teilwert des Umbaus allein mindernd. Im übrigen muß für den Teilwert eines Umbaus von der Rentierlichkeit des ganzen Unternehmens ausgegangen werden. Die Annahme des niedrigeren Teilwerts eines Neubaus ist nach RFH. VI A 890/34 v. 6. 3. 35 (StW. 35 Nr. 288) auch dann gerechtfertigt, wenn der Neubau die Baufluchtlinie überschreitet und deshalb die Stadtverwaltung befugt ist, die kostenlose Beseitigung eines Teiles des Neubaus zu verlangen. Der Ansatz des niedrigeren Teilwerts eines Umbaus kann nicht damit begründet werden, daß in dem umgebauten Gebäudeteil eine Abteilung des Betriebs untergebracht wird, die dem Betrieb wenig Ertrag bringt, die aber für die erfolgreiche Fortführung des Betriebs im ganzen notwendig ist (z. B. zur Ausschaltung des Wettbewerbs). Der Teilwert eines Neubaus oder Anbaus ist nach RFH. VI A 2627/33 v. 25. 7. 34 (StW. 34 Nr. 589) nicht deshalb niedriger als die Herstellungskosten, weil sich die Maßnahme bisher im Betrieb noch nicht voll ausgewirkt hat. Auch der Umstand, daß der Neubau nicht alsbald mit der Fertigstellung voll in Betrieb genommen werde, beweise nichts, da es durchaus die Regel sei, daß großzügige Betriebe bei einem Erweiterungsbau nicht nur den augenblicklichen Bedarf, sondern — um Störungen des Betriebes usw. zu vermeiden — sogleich den Bedarf der nächsten Zukunft mitberücksichtigten. Deshalb seien aber die Mehrkosten für den zukünftigen Bedarf noch nicht verloren. Nach der gleichen Entsch. kann als Anhaltspunkt für den Teilwert das Verhältnis von Gewinn und Kapital verwendet werden, wobei nicht kleinere Gewinnschwankungen von Bedeutung sind, sondern nur wesentliche Gewinnrückgänge für längere Zeiträume.

Für die bilanzmäßige Behandlung eines werterhöhenden Umbaus nach Absinken des Teilwerts wird in RFH. I A 183/34 v. 18. 10. 34 (StW. 34 Nr. 751) zum mindesten für die vor dem 1. 10. 31 begonnenen Steuerjahre steuerlich zugelassen, daß von der Aktivierung eines werterhöhenden Umbaus auf dem Gebäudekonto abgesehen wird, wenn der Werterhöhung eine entsprechende Minderung des gemeinen (Teil=)Wertes gegenübersteht und deshalb in der Handels- und Steuerbilanz sowohl die Aktivierung als auch eine an sich zulässige Abschreibung unterblieben ist. Im Interesse der Bilanzklarheit wäre es richtig gewesen, wenn die Gesellschaft die Umbaukosten aktiviert und die Wertminderung durch eine besondere Abschreibung berücksichtigt hätte. Nach § 261 a Abs. 3 Satz 1 HGB i. d. F. der Aktienrechtsnovelle und nach § 131 Abs. 4 Satz 2 AktG müssen nunmehr die auf die einzelnen Posten des Anlagevermögens entfallenden Zugänge und Abgänge gesondert aufgeführt werden. Steuerlich ist bei Prüfung der einzelnen Bilanzposten immer nur festzustellen, ob sie in zulässiger Weise bewertet sind oder nicht. Hier lag eine zulässige Bewertung vor. Wenn z. B. die Anschaffung einer Maschine über Unkosten gebucht ist und die Maschine tatsächlich zufällig wertlos geworden ist, hat sich die fehlerhafte Buchung im Ergebnis nicht ausgewirkt.

111. Maschinen und Anlagen.

a) Maschinen und betriebliche Anlagen, die zu ihrer Verwendung für den Betrieb mit dem Grundstück (Grund und Boden oder Gebäude) fest verbunden werden, können steuerrechtlich als selbständige Wirtschaftsgüter behandelt und mit ihren Anschaffungs= oder Herstellungskosten getrennt vom Wert des Grundstücks aktiviert werden, ohne Rücksicht darauf, ob die Maschinen und Anlagen bürgerlich=rechtlich als wesentliche Bestandteile des Grundstücks anzusehen sind oder nicht. Diese Behandlung ist vor allem dann gerechtfertigt, wenn die Verwendungsdauer der Maschinen und Anlagen für den Betrieb von der Lebensdauer des Gebäudes erheblich abweicht. Trotzdem sind aber für die Er-

§ 6 KStG. Einkommen.

mittlung des Teilwerts die Werte von Grundstück und eingebauten Maschinen zusammenzufassen (f. Anm. 107 a, aa Abs. 1). Das Recht des Kaufmanns zur selbständigen Aktivierung von besonderen Betriebsanlagen, wie Kühlanlagen oder einbetonierten Gärbottichen, trotz ihrer festen Verbindung mit dem Betriebsgebäude wird in RFH. VI A 976/29 v. 14. 4. 31 (E. 29 S. 1, RStBl. 31 S. 504, StW. 31 Nr. 710) anerkannt und in RFH. VI A 1416—1418/31 v. 22. 7. 31 (RStBl. 31 S. 824, StW. 31 Nr. 946) für den Fall, daß Maschinen Bestandteile von Gebäuden sind, die getrennte Aktivierung der einzelnen Gegenstände und die getrennte Vornahme der Absetzungen für Abnutzungen in der Regel für notwendig erachtet. Diese Grundsätze hat der RFH. in verschiedenen Entscheidungen (vgl. RFH. I A 192/28 v. 10. 7. 28, RStBl. 28 S. 289, StW. 28 Nr. 852 und VI A 222/33 v. 23. 5. 33, E. 33 S. 350, RStBl. 33 S. 1006, StW. 33 Nr. 709) auch auf Fahrstuhl- und Sammelheizungsanlagen ausgedehnt. Diese Auffassung wurde jedoch in RFH. VI A 221/36 v. 27. 5. 36 (E. 39 S. 277, RStBl. 36 S. 886, StW. 36 Nr. 321) insbesondere auch mit Rücksicht auf die Vereinfachung der Veranlagung nicht mehr aufrecht erhalten, weil das Gebäude für die Absetzungen für Abnutzung nicht in seine einzelnen Bestandteile zerlegt werden darf. Dies gilt auch dann, wenn die Fahrstuhl- oder Sammelheizungsanlagen erst später in das Gebäude eingebaut werden. Dann sind die Anlagekosten dem Gebäudekapital zuzuschlagen und mit diesem für die restliche Lebensdauer des Gebäudes abzusetzen. Alle Kosten für Ersatz, Erneuerung usw. gelten in gleichem Maße wie bei sonstigen Erneuerungen der Gebäude als Erhaltungsaufwand. Eine Ausnahme wird in der Entsch. für den Fall zugelassen, daß es sich um Anlagen handelt, die von vornherein nur für vorübergehende Zeit errichtet werden. Die Grundsätze der Entsch. sollen auch auf Ladeneinbauten angewendet werden, wenn diese nicht nach der Erfahrung nur für eine verhältnismäßig kurze Zeit Wert haben. Die vom RFH. gemachte Einschränkung der oben erwähnten Grundsätze kann, wie die vom RFH. angeführten Beispiele zeigen, nur auf solche Anlagen angewendet werden, die Bestandteile des Gebäudes im eigentlichen Sinn darstellen und als solche den Zwecken des Gebäudes dienen. Unberührt von dieser Entsch. bleibt daher die gesonderte Aktivierung der Maschinen und sonstigen betrieblichen Anlagen, die für betriebliche Zwecke angeschafft werden und lediglich zu ihrer bestimmungsgemäßen Verwendung im Betrieb einer festen Verbindung mit dem Grundstück bedürfen. Auch wenn diese Gegenstände bürgerlich-rechtlich Bestandteile des Grundstücks werden, so bleiben sie doch für den Betrieb selbständige Anlagegüter.

b) Zu den **Anschaffungs- oder Herstellungskosten** von Maschinen gehören außer den eigentlichen, zu ihrer Anschaffung oder Herstellung gemachten Aufwendungen auch die Kosten der Fundamentierung, es sei denn, daß es sich dabei um Reparaturen oder um laufenden Erhaltungsaufwand handelt (RFH. VI A 741/28 v. 8. 8. 28, StW. 28 Nr. 538). Wird ein reparaturbedürftiger Anlagegegenstand (Turbine) nicht ausgebessert, sondern erneuert, so ist nach RFH. VI A 1723/30 v. 17. 6. 31 (StW. 31 Nr. 793) der volle Betrag der Anschaffungskosten zu aktivieren, während der Buchwert des ersetzten Gegenstands wegfällt. Die Kosten, die die Ausbesserung des ersetzten Gegenstands verursacht hätte, können auch nicht unter dem Gesichtspunkt des laufenden Erhaltungsaufwands abgesetzt werden; denn ein laufender Erhaltungsaufwand wird infolge der Entfernung des alten Gegenstands nicht geleistet. Die Annahme laufenden Erhaltungsaufwands wird in RFH. VI A 1849/31 v. 16. 3. 32 (RStBl. 32 S. 515, StW. 32 Nr. 447) mit Recht in dem Fall abgelehnt, daß in einem Gutshaus an Stelle alter Öfen eine Sammelheizung eingerichtet wird. Der volle Anschaffungsaufwand der Heizung ist daher zu aktivieren und zwar nach den Ausführungen unter a) nicht selbständig, sondern unter Hinzurechnung zum Buchwert des Gebäudes. Werden durch das Hereinschaffen von Maschinen oder besonderen Betriebsanlagen Aufwendungen auf das Betriebsgebäude, z. B. durch das Niederreißen und Wiederaufrichten von Wänden, erforderlich, so sind diese nach RFH. VI A 976/29 v. 14. 4. 31 (E. 29 S. 1, RStBl. 31 S. 504, StW. 31 Nr. 710) als Teil der Anschaffungskosten der

Maschinen oder Anlagen zu aktivieren. Die Sache liegt nach Auffassung des RFH. nicht viel anders, wie wenn z. B. wegen Hereinschaffens der Anlagen eine dem Pflichtigen nicht gehörige Einfahrt auf Kosten des Pflichtigen hätte erweitert und später wieder in ihren früheren Zustand hätte versetzt werden müssen. Gleich diesen Transportkosten seien auch die besonders veranlaßten Aufwendungen auf eigene Gebäude als Teil der Anschaffungskosten zu behandeln. Bei Verlegung des Betriebs sind auch die Kosten der Verbringung in die neuen Geschäftsräume (Umzugskosten) als Aufwendungen auf die einzelnen Maschinen und Anlagen den Anschaffungs= oder Herstellungskosten oder dem letzten Buchwert hinzuzurechnen (RFH. VI A 727/25 v. 7. 7. 26, E. 19 S. 201, RStBl. 26 S. 330, StW. 26 Nr. 427). Bei Anschaffung eines Kahnes sind die Kosten für die Vermittlung, die Notariatsgebühren und die Kosten der Eintragung in das Schiffsregister Teile der Anschaffungskosten (RFH. VI A 190/32 v. 30. 8. 32, StW. 32 Nr. 989).

c) Der **Teilwert der Maschinen und Anlagen** wird regelmäßig nach den allgemeinen Grundsätzen über den Teilwert mit den tatsächlichen Anschaffungs= oder Herstellungskosten gekürzt um die Absetzungen für Abnutzung zusammenfallen, solange das Unternehmen gut geht und die Maschine den an sie gestellten Anforderungen voll genügt. Unter dieser Voraussetzung fällt eine geringfügige Senkung der Wiederbeschaffungskosten nicht ins Gewicht (RFH. VI A 589/35 v. 16. 12. 36, E. 40 S. 315, RStBl. 37 S. 503). Dagegen deckt sich der Teilwert nicht mehr mit den Anschaffungskosten, wenn die Anschaffung einer neuen Maschine eine Fehlmaßnahme war. Eine Maschinenanlage, die wegen wirtschaftlicher Einschränkungen des Betriebs seit Jahren uneingebaut lagert und deren Einbau in absehbarer Zeit nicht beabsichtigt ist, kann mit dem vom Schrottpreis abhängigen Materialwert bewertet werden (RFH. I A 169/35 v. 20. 10. 36, StW. 37 Nr. 51). Für den Fall, daß die Anschaffung der neuen Maschine an sich zwar für den Betrieb vorteilhaft war, daß sie aber dem Betrieb insolange nicht voll zugute kommt, als nicht alle Maschinen erneuert worden sind, wird durch diese Tatsache nach RFH. VI A 323/31 v. 9. 7. 31 (RStBl. 31 S. 819, StW. 31 Nr. 792) der Teilwert der neuen Maschine nicht berührt, wohl aber kann der Teilwert der noch vorhandenen alten Maschinen, deren Vorhandensein nunmehr ein wirtschaftliches Hindernis für den Betrieb geworden ist oder die Hindernisse vermehrt hat, gerade durch die Benutzung der neuen Maschine herabgedrückt sein. Wegen der Wechselbeziehungen zwischen der Wirtschaftlichkeit der einzelnen Maschinen und dem Betrieb als Ganzem sieht es der RFH. in der Entsch. auch als zulässig an, daß der Kaufmann seinen Maschinenpark einheitlich betrachtet und auf den ganzen Park abschreibt. Diese Sammelabschreibung könnte aber in ihrer Höhe nur nach der Summe der bei einzelnen Maschinen eingetretenen Entwertung bemessen werden. Es handelt sich also eigentlich um die rechnerische Zusammenfassung der für jede einzelne Maschine festgestellten Wertabschreibung (vgl. Anm. 76 Abs. 2). Nach derselben Entsch. muß für die Höhe der Wertabschreibung die ganze Zukunft entsprechend abgeschätzt werden und darf nicht nur auf das laufende Geschäftsjahr abgestellt werden.

Für die Wertfeststellung der in einem Betrieb vorhandenen Maschinen kommt der technischen Überholung durch neue Erfindungen und sonstige Verbesserungen besondere Bedeutung zu. An sich wird dem Umstand, daß Maschinen infolge Erneuerungen oder Verbesserungen vor der Beendigung ihrer eigentlichen (technischen) Gebrauchsdauer für den Betrieb nicht mehr genügend leistungsfähig und daher zu ersetzen sind, in der Regel bereits bei Bemessung der Absetzungen für wirtschaftliche Abnutzung Rechnung getragen. Soweit dies der Fall ist, ist daher für den Ansatz eines niedrigeren Teilwerts wegen technischer Überalterung kein Raum mehr; denn der voraussichtlich kürzeren wirtschaftlichen Gebrauchsdauer der Maschine wird dann bereits durch höhere Absetzungen für Abnutzung, als sie der technischen Nutzungsdauer der Maschine entsprechen, Rechnung getragen. Ebenso wird der Umstand, daß die Leistungsfähigkeit eines Betriebs stets die Anschaffung der neuzeitlichsten Maschinen erfordert, durch entsprechende Bemessung der Absetzungen für wirtschaftliche Abnutzung und nicht durch Abschreibung auf den Teilwert berücksichtigt (RFH. VI A 142—144/37 v. 28. 4. 37, E. 41 S. 218, RStBl. 37 S. 956, StW. 37 Nr. 318). Eine über Abnutzungsabsetzungen hinausgehende Wertabschreibung ist nach RFH. VI A 371/30 v. 20. 3. 30 (RStBl. 30 S. 360, StW. 30 Nr. 602) nur in Fällen von grundstürzenden Neuerungen möglich. Für die Zulassung einer Wertabschreibung wird entscheidend sein, ob der durch technische Neuerungen eingetretenen Entwertung alter Maschinen bereits durch die Absetzungen für Abnutzung hinreichend Rechnung getragen ist. Sind die danach sich ergebenden Anschaffungs- oder Herstellungskosten noch höher als der (vom Pflichtigen nachzuweisende) Teilwert, dann ist in Höhe des überschießenden Betrags Raum für eine Wertabschreibung. Nur mit dieser Einschränkung kann dem in RFH. I A 408/27 v. 4. 12. 28 (RStBl. 29 S. 79, StW. 29 Nr. 191) aufgestellten Grundsatz beigetreten werden, daß der Wertverlust, den ein Unternehmen infolge der durch die Entwicklung der Verhältnisse eingetretenen, vorzeitigen Veraltung seiner Einrichtungen erleide, eine die Substanz des Gegenstands unberührt lassende Wertminderung darstelle, die durch Ansatz des Teilwerts zu berücksichtigen sei. Wenn und solange ein Unternehmen seine alten Maschinen nicht ersetzt und auch ein Ersatz vor Ablauf der den Abnutzungsabsetzungen zugrunde gelegten Nutzungsdauer nicht wahrscheinlich ist, wird man jedoch, wie der RFH. in VI A 371/30 mit Recht betont hat, grundsätzlich auch nicht annehmen können, daß infolge technischer Erneuerungen auf dem Markte der betreffenden Maschinen der Teilwert der alten Maschinen unter die um die Abnutzungsabsetzungen verminderten Anschaffungskosten herabgesunken ist.

In Fällen der Umstellung eines Betriebs auf eine andere technische Grundlage, in denen z. B. bei Umstellung des Maschinenparks auf elektrische Kraft neue Maschinen eingestellt oder vorhandene Maschinen durch andere Antriebsmöglichkeiten in den Herstellungsgang ergiebiger eingereiht werden sollen, können nach RFH. VI A 2061/32 v. 7. 2. 34 (E. 35 S. 234, RStBl. 34 S. 571, StW. 34 Nr. 291) aus auftretenden Mängeln während der Umstellung nur dann Folgerungen auf einen niedrigeren Teilwert der neu angeschafften oder umgestellten Maschinen gezogen werden, wenn solche Mängel bereits bei der Aufstellung oder während der Umstellung als mutmaßlich dauernde Erscheinung auftreten. Das Vorliegen einer Fehlanschaffung kann daher regelmäßig erst nach Beendigung der Umstellung behauptet werden.

d) Für die **Bahnanlagen**, insbesondere die Gleisanlagen, ergeben sich aus dem Erfordernis, sie zur Sicherung des Verkehrs auf der höchsten Stufe der Gebrauchsfähigkeit zu erhalten, hinsichtlich der steuerrechtlichen Behandlung Besonderheiten. Durch die alljährlich anfallenden Ausbesserungsarbeiten (Ersatz zerbrochener und abgenutzter Schienenteile, verbrauchter Schwellen, Unterhaltung des Unterbaus) wird, wie der RFH. in RFH. VI A 1065/29 v. 4. 3. 31 (RStBl. 31 S. 460, StW. 31 Nr. 783) dargelegt hat, im Lauf der Jahre, solange die Gleisanlage für den Betrieb erforderlich ist und daher beibehalten wird, die ursprüngliche Gleisanlage ganz oder doch in großem Umfang durch eine große Anzahl von Einzelteilen, einzelnen Ausbesserungen ersetzt. Bei derartig ordnungsmäßig unterhaltenen Anlagen trete deshalb ein natürlicher Verschleiß der Anlage im ganzen gesehen überhaupt nicht ein. In solchen Fällen sei daher neben der Zubilligung des laufenden Erhaltungsaufwands für die Vornahme von Abnutzungsabsetzungen mit Rücksicht auf den natürlichen Verschleiß (technische Abnutzung) der Anlage kein Raum mehr. Jedoch können nach RFH. VI A 884, 885/31 v. 6. 5. 31 (RStBl. 31 S. 809, StW. 31 Nr. 784) Absetzungen wegen wirtschaftlicher Abnutzung in Frage kommen, wenn z. B. die Gleisanlage eines Industriewerks infolge Erschöpfung der Vorräte der Werkländereien ihren wirtschaftlichen Nutzen für das Unternehmen abgesehen von ihrem Schrottwert verloren habe. Im übrigen könnten Absetzungen für Abnutzung nur dann zugelassen werden, wenn eine Gleisanlage auch bei ordnungsmäßiger Instandhaltung nach einer größeren Reihe von Jahren auf alle Fälle unter völliger Erneuerung oder gar Verstärkung des Oberbaus

mit neuen Schienen und Schwellen versehen werden müsse, da auch die regel=
mäßig vorzunehmenden Instandhaltungsarbeiten die Anlage nicht vor der all=
mählichen völligen Abnutzung sicherten. Nach RFH. I A 108/33 v. 19. 12. 34
(E. 37 S. 135, RStBl. 35 S. 675, StW. 35 Nr. 172) bedingt es bei Klein= und Privat=
bahnen für die Behandlung der Aufwendungen zur Erhaltung und Erneuerung
der Bahnanlage (insbesondere Gleisanlage) als nicht aktivierungspflichtigen Er=
haltungsaufwand keinen Unterschied, ob die Ausbesserungen und Erneuerungen
durch Auswechselung einzelner Teile des Oberbaus je nach Bedarf erfolgten oder
ob der gesamte Oberbau systematisch bei gleichzeitiger Verstärkung des Unterbaus
und durch Verwendung stärkerer Schienenprofile und dergleichen erneuert werde.
Die Aufwendungen für die Erneuerung der Gleisanlagen seien nur dann als
Herstellungsaufwand zu aktivieren, wenn die Erneuerung eine Wesensänderung
im Rahmen des ganzen Betriebs darstelle, wenn sie etwa durch eine Umstellung
der ganzen Betriebsführung bedingt würde, wenn etwa eine Kleinbahn, die bisher
lediglich dem Nahverkehr gedient habe, ihre Gleisanlage so ausbaue, daß auch
D=Züge auf ihr verkehren könnten. Ebenso können nach RFH. I A 105/33 v. 20. 2. 35
(RStBl. 35 S. 1113, StW. 1935 Nr. 303) Aufwendungen, durch die bisher noch
nicht vorhandene Anlagen neu geschaffen oder bestehende Anlagen erweitert
werden, schon begrifflich nicht als Erhaltungsaufwand angesehen werden; denn
erhalten könne nur werden, was schon vorhanden sei. Nach dieser Rechtsprechung
kann man also Bahnanlagen, insbesondere Gleisanlagen unter den angeführten
Voraussetzungen wie eine Maschine behandeln, die nie durch eine neue ersetzt wird,
bei der vielmehr immer nur Reparaturen vorgenommen werden. Es schadet
sogar nichts, wenn der Unterbau verstärkt wird und stärkere Schienenprofile ver=
wendet werden, solange damit keine Wesensänderung des Betriebs verbunden
ist. Nicht ganz befriedigend erscheint an dieser Regelung, daß bei einer ganz neuen
Anlage, bei der noch keine Erneuerungsaufwendungen anfallen, der an sich so=
fort eintretende natürliche Verschleiß weder durch Abnutzungsabsetzungen berück=
sichtigt, noch durch Ausgabenabzug ausgeglichen werden kann.

112. Geschützte (Patente) und ungeschützte gewerbliche Urheberrechte, Erfindungen und sonstige Rechte.

Schrifttum. Kühn, Die steuerliche Bewertung von Erfindungen (Mustern, Warenzeichen), sowie literarischen und künstlerischen Urheberrechten, StW. 36 I Sp. 1153; Oermann, Die einkommen= steuerrechtliche Behandlung von Erfindungen und Lizenzen, DStZ. 37 S. 1161.

a) Für die **Aktivierung von Patenten** ist nicht Voraussetzung, daß der Kauf=
mann bereits ein Urheberrecht erlangt hat. Nach RFH. VI A 290/27 v. 30. 6. 27
(E. 21 S. 341, RStBl. 27 S. 227, StW. 27 Nr. 403) und VI A 660/31 v. 9. 11. 32
(E. 32 S. 129, RStBl. 33 S. 79, StW. 33 Nr. 37) sind auch noch nicht geschützte
Erfindungen unter der Voraussetzung zu aktivieren, daß die gemachten Aufwen=
dungen einen wirtschaftlichen Nutzen über das Jahr der Aufwendungen hinaus
versprechen. Diese Grundsätze gelten nicht nur für die gegen Entgelt erworbenen
Urheberrechte und Erfindungen, sondern auch für die Bewertung von eigenen
Erfindungen im gewerblichen oder frei beruflichen Betrieb des Erfinders, wobei
vom Standpunkt des vorsichtig überlegenden und vernünftig wirtschaftenden
Kaufmanns aus beurteilt werden muß, ob von den Aufwendungen auf die Er=
findung ein wirtschaftlicher Nutzen über das Aufwendungsjahr hinaus zu erwarten
ist oder nicht. Die Verpflichtung zur Aktivierung der auf Patente gemachten Auf=
wendungen besteht nach RFH. VI A 895/34 v. 28. 11. 34 (RStBl. 35 S. 126,
StW. 35 Nr. 75) auch dann, wenn die Patente die wesentlichen Anlagewerte eines
Unternehmens sind, das ausschließlich der Verwertung eigener Patente dient.
Auch gegen Entgelt erworbene Konstruktionen und Berechnungen sind als ein
selbständig zu aktivierendes Wirtschaftsgut anzusehen, dessen Kosten auf die vor=
aussichtliche Verwendungsdauer für den Betrieb zu verteilen sind (I A 317/30
v. 28. 9. 32, StW. 33 Nr. 131). Auch sonstige, gegen Entgelt erworbene gewerb=
liche Rechte können zu den abnutzbaren Anlagegütern zu rechnen sein (vgl. unter b

Abf. 2), wenn es sich um der selbständigen Bewertung fähige Wirtschaftsgüter und nicht nur um Aufwendungen auf den Geschäftswert handelt.

b) Als **Anschaffungs- oder Herstellungskosten** kommen für die Aktivierung bei den gegen Entgelt erworbenen Urheberrechten der Kaufpreis einschließlich aller Nebenkosten und bei eigenen Erfindungen alle Aufwendungen in Betracht, die der Erfinder in bar oder durch Eingehen von Verbindlichkeiten gemacht hat. Die eigene Arbeitskraft des Erfinders kann nach RFH. VI A 1349/28 v. 8. 5. 29 (RStBl. 29 S. 410, StW. 29 Nr. 497) auch nicht etwa unter dem Gesichtspunkt des Zeitaufwands und der so entgangenen sonstigen Verdienstmöglichkeiten aktiviert werden. Betriebserfindungen, die in einem Unternehmen gemacht werden, sind mit den darauf gemachten Aufwendungen des Betriebs zu aktivieren (RFH. VI A 238/37 v. 12. 5. 37, RStBl. 37 S. 1006). Wenn zur Verbesserung einer gegen Entgelt erworbenen Erfindung Aufwendungen gemacht werden, so sind diese als nachträglicher Herstellungsaufwand den ursprünglichen Anschaffungskosten hinzuzurechnen (RFH. VI A 25/36 v. 11. 3. 36, RStBl. 36 S. 786, StW. 36 Nr. 197). Von der Aktivierungspflicht scheiden alle Aufwendungen aus, die als laufender Erhaltungsaufwand anzusehen sind. Dazu gehören nach der Entsch. VI A 1349/28 die Patentgebühren, die jedes Jahr gezahlt werden müssen, wenn das Schutzrecht nicht verfallen soll. Behandelt der Steuerpflichtige die Patentgebühren nicht als laufenden Erhaltungsaufwand, dann sind diese wie der sonstige Herstellungsaufwand zu aktivieren und zu verteilen (RFH. VI A 48/33 v. 5. 12. 34, StW. 35 Nr. 86). Auszuscheiden von der Aktivierung sind nach RFH. VI A 895/34 (s. unter a) diejenigen Aufwendungen des Betriebs, die nicht mit bestimmten Patenten in Verbindung zu bringen sind. Anderseits können aber auch Aufwendungen für vergebliche Versuche berücksichtigt werden, wenn sie zu einzelnen später patentierten oder sonst gewerblich verwerteten Erfindungen in Beziehung stehen. Wegen der Höhe der Anschaffungskosten eines ungeschützten Urheberrechts, das als Gegenleistung für die Gewährung eines langfristigen, niedrig verzinslichen und ungesicherten Darlehens erworben wurde vgl. RFH. VI A 181/29 (Anm. 118 c, aa Abs. 4).

Obwohl Patente, Erfindungen usw. einer technischen Abnutzung (einem natürlichen Verschleiß) nicht unterliegen, sind sie doch zu den **abnutzbaren Anlagegütern** zu rechnen, da sie regelmäßig für den Betrieb eine auf eine Reihe von Jahren zu erstreckende Gebrauchsdauer haben, innerhalb deren sich ihr Wert für den Betrieb allmählich erschöpft. Sie gehören zu den „sonstigen Wirtschaftsgütern" im Sinn des § 7 Abs. 1 Satz 1 EStG, deren Verwendung oder Nutzung durch den Steuerpflichtigen zur Erzielung von Einkünften sich erfahrungsgemäß auf einen Zeitraum von mehr als einem Jahr erstreckt (vgl. auch RFH. VI A 1/36 v. 12. 2. 36, RStBl. 36 S. 787, StW. 36 Nr. 198), so daß es einer besonderen Benennung der gewerblichen Urheberrechte als abnutzbarer Wirtschaftsgüter wie in § 16 Abs. 3 Satz 1 EStG nicht bedurfte. Hinsichtlich der Nutzungsdauer hat der RFH. für das bisherige Recht anerkannt, daß Patente nicht innerhalb der gesetzlichen 18jährigen Schutzfrist, sondern der kaufmännischen Übung entsprechend in höchstens 5 Jahren völlig abgeschrieben werden könnten (vgl. RFH. VI A 290/27 und 660/31, unter a). Entgegen dieser Rechtsprechung sind jedoch die Patente nach der in den ErgR 34, A IV 2 Abs. 2 (RStBl. 35 S. 786) erteilten Anweisung grundsätzlich als langlebige Wirtschaftsgüter anzusehen (vgl. auch Anm. 95, b unter Einzelfälle Abs. 2).

An sonstigen gewerblichen Rechten wurden als **abnutzbare Anlagegüter** anerkannt Wettbewerbsverbote, das Recht laufende Lieferungsverträge fortzuführen (Abonnentenstamm), das Recht Räume gegen Entschädigung zu nutzen, die von einem Kalibergbauunternehmen erworbenen festbestimmte, veräußerliche und befristete Kaliabsatzquote (vgl. Anm. 81 a). Wenn die Kaliabsatzquote in dem in RFH. I A 66/37 (s. Anm. 81 a) entschiedenen Fall als Entgelt für die Stillegung des eigenen Betriebs erworben wurde, dann sind ihre Anschaffungskosten im Zeitpunkt der Stillegung gleich dem Betrag zu setzen, der bei der Veräußerung der Betriebsanlagen als Buchverlust entstanden ist (Unterschied zwischen Teilwert und Einzelveräußerungspreis). Wenn die Gesellschaft nach der Stillegung in ihrer Bilanz auf der Aktivseite ein diesen Verlust darstellendes Wertminderungskonto führt, so kann dieses als Bewertung der Absatzquote angesehen werden.

c) Hinsichtlich des **Teilwerts von Erfindungen** ist abgesehen von den allgemeinen Merkmalen von Bedeutung, ob die Erfindung im maßgebenden Zeitpunkt schon geschützt ist oder nicht. Wie RFH. VI A 1349/28 (f. unter b Abf. 1) mit Recht betont wird, wird eine Erfindung, für die ein Urheberrecht endgültig und rechtskräftig erteilt ist, regelmäßig viel eher einen Käufer finden, der einen entsprechenden Preis zahlt, als eine Erfindung, die noch ganz ungeschützt ist oder auf Grund gehöriger Anmeldung nur einstweiligen Schutz genießt. Weiter liegt es nach der Entsch. bei selbstgemachten Erfindungen in der Natur der Sache, daß die Steuerbehörde gegenüber einer bestimmten Wertangabe des Erfinders, die nicht unsachlich erscheine und auch nicht etwa von unzutreffender Rechtsanschauung ausgehe, nicht leicht in der Lage sein werde, darzutun, daß der Teilwert der Erfindung noch höher sei, als der Pflichtige annehme.

2. Nichtabnutzbare Wirtschaftsgüter des Anlagevermögens.

113. Grund und Boden.

a) Hinsichtlich der **Anschaffungskosten** von Grund und Boden wird im allgemeinen auf die in Anm. 110 unter a gemachten Ausführungen über die Anschaffungskosten von Gebäuden verwiesen. Beim Erwerb eines bebauten Grundstücks sind die Anschaffungskosten einschließlich aller Nebenkosten anteilig auf Grund und Boden und Gebäude zu verteilen, soweit sie nicht ausschließlich für einen dieser Teile entrichtet werden. Wird ein Grundstück mit aufstehenden Gebäuden, die abgebrochen werden sollen, erworben, dann gehört der Kaufpreis der Gebäude ebenso wie die Kosten ihres Abbruchs und der Einebnung des Bauplatzes zu den Anschaffungskosten von Grund und Boden (vgl. Anm. 110 b, aa), denn diese Aufwendungen sind Kosten der Baureifmachung des Grundstücks. Die in RFH. I A 62/31 v. 27. 9. 32 (RStBl. 32 S. 1072, StW. 33 Nr. 133) vertretene Auffassung, daß die Kosten des Abbruchs der zur Erstellung eines Warenhausneubaus erworbenen Gebäude als Herstellungskosten des Neubaus zu aktivieren seien, so daß sie in Zukunft an den Abnutzungsabsetzungen des Neubaus teilnehmen würden, erscheint deshalb beim Erwerb eines Bauplatzes mit Gebäuden, die zur Durchführung des Neubaus entfernt werden müssen, nicht als zutreffend. Auch für den Fall des Abbruchs eines Gebäudes, das nicht zum Abbruch angekauft, sondern schon längere Zeit im Besitz des Steuerpflichtigen ist und wegen Baufälligkeit oder Unbrauchbarkeit abgebrochen wird, wird es in RFH. I A 245/30 v. 9. 1. 31 (RStBl. 31 S. 307, StW. 31 Nr. 519) als nicht ausgeschlossen angesehen, daß durch den Abbruch der Gebäude ein Wert des nackten Grund und Bodens erzielt wird, der so hoch ist wie der bisherige Gesamtwert des Grundstücks einschließlich Gebäude, so daß keine Absetzungen für Abnutzung für die abgebrochenen Gebäudeteile zu erfolgen haben. Im übrigen wird in RFH. I A 62/31 mit Recht ein Verlust, der dadurch entsteht, daß Straßenland von neu erworbenen Grundstücken abgetreten werden muß, als ein Teil der Anschaffungskosten des Grundstücks, also des Grund und Bodens angesehen, da zu vermuten sei, daß der Gesellschaft das neue Grundstück nicht nur den Kaufpreis einschließlich Nebenkosten, sondern auch den Betrag wert gewesen ist, den sie durch Abtretung des Straßenlandes eingebüßt hat.

Straßenbaubeiträge gehören zu den Anschaffungskosten eines Grundstücks und sind bei bebauten Grundstücken ausschließlich als Aufwendungen auf den Grund und Boden zu behandeln und daher nicht abzusetzen. Nachträglich gezahlte Straßenbaubeträge stellen eine nachträgliche Erhöhung der Anschaffungskosten dar und sind dem letzten Bilanzansatz von Grund und Boden hinzuzurechnen, gleichgültig, ob der Buchwert noch die Anschaffungskosten oder den niedrigeren Teilwert darstellt (RFH. VI A 1398/33 v. 29. 5. 35, StW. 35 Nr. 473 und VI A 1239/28 v.

21. 11. 28, RStBl. 29 S. 271, StW. 29 Nr. 8). Nach den gleichen Grundsätzen sind nach RFH. VI A 755/35 v. 30. 10. 35 (StW. 35 Nr. 712) auch **Anliegerbeiträge** zu behandeln, auch sie sind dem Wert von Grund und Boden zuzuschlagen und der Steuerpflichtige hat nur die Möglichkeit des Ansatzes des gesamten Grund und Bodens mit einem hinter den Anschaffungskosten bzw. dem Buchwert zuzüglich der Anliegerbeiträge zurückbleibenden Teilwert. Nach RFH. VI A 1164/31 v. 2. 8. 32 (StW. 32 Nr. 1017) können Anliegerbeiträge nur dann ausnahmsweise als laufender Erhaltungsaufwand behandelt werden, wenn die Anlieger ständig auch für die Unterhaltung der Straße aufzukommen haben und nicht nur zur Anlegung der Straße herangezogen werden.

b) Der **Teilwert für den Grund und Boden** eines Betriebsgrundstücks kann nach der neueren Rechtsprechung des RFH. nicht für sich allein beurteilt werden, er ist vielmehr für die Einheit des oder der Betriebsgrundstücke im ganzen zu ermitteln (vgl. Anm. 107 a, aa Abs. 1 und 110 c, aa). Für das Bestehen eines unter den Anschaffungskosten liegenden Teilwerts kann beim Erwerb von unbebauten wie auch bei bebauten Grundstücken regelmäßig nicht geltend gemacht werden, der Steuerpflichtige habe sich als Käufer in einer Zwangslage befunden und deshalb einen überteuerten Preis zahlen müssen (RFH. VI A 26, 27/33 v. 25. 7. 34, StW. 34 Nr. 589) oder er habe, um ein passendes Grundstück zu erlangen, auch die aufstehenden Gebäude miterwerben müssen, die er nicht brauche und daher abreißen müsse, und die auf die Gebäude entfallenden Kosten seien deshalb unter dem Gesichtspunkt des niedrigeren Teilwerts des Bauplatzes abzusetzen (RFH. VI A 885/29 v. 28. 11. 29, StW. 30 Nr. 250). Wenn der Steuerpflichtige nicht in der Lage ist nachzuweisen, daß der Erwerb eine Fehlmaßnahme war, spricht die Vermutung dafür, daß er den überhöhten Preis einschließlich aller sonstigen Kosten aufgewendet hat, weil ihm der Grund und Boden nach reiflicher Überlegung den Betrag wert gewesen ist. Deswegen kann ein niedrigerer Teilwert eines angekauften Bauplatzes auch nicht etwa damit begründet werden, daß der Bauplatz keine dem Kaufpreis entsprechende Rente abwerfe. Im Fall von RFH. I A 62/31 (s. unter a Abs. 1) (unentgeltliche Abtretung von Straßenland, dessen Wert den Anschaffungskosten des Grundstücks zuzurechnen ist) kann aus dem gleichen Anlaß auch nicht der Ansatz eines niedrigeren Teilwerts des erworbenen Geländes begehrt werden. Soweit in diesem Fall das Straßengelände nicht nur vom neuen Grundstück, sondern auch von einem bereits vorhandenen Grundstück abgetreten wurde, hat es der RFH. ebenfalls mit Recht abgelehnt, den dadurch etwa entstehenden Verlust bei Ermittlung des Teilwerts des erworbenen Geländes zu berücksichtigen, weil ein Ineinanderrechnen der alten und neuen Grundstücke nicht möglich sei.

114. Beteiligungen.

Schrifttum. Weisensee, Zur Bewertung von Beteiligungen, DStZ. 36 S. 1250; Schmitz, Währungsabwertung und Bewertung von Beteiligungen, DStZ. 37 S. 131; Frank, Die Bewertung unnotierter Anteilspapiere, StW. 38 I Sp. 49; Veiel, Einkommensteuer und Beteiligung, DStZ. 38 S. 637.

a) Allgemeine Grundsätze. Zum Anlagevermögen gehören „Beteiligungen, gleichviel, ob sie in Wertpapieren verkörpert sind oder nicht," und „andere Wertpapiere des Anlagevermögens" (§ 131 Abs. 1 A II Ziff. 6 und 7 AktG). Unter den letzten sind die Wertpapiere zu verstehen, die dauernd dem Betrieb zu dienen bestimmt sind.

aa) Zu den **Anschaffungskosten von Beteiligungen** sind außer dem Erwerbspreis alle Nebenkosten (Kosten für die Beurkundung des Anschaffungsvertrags, Steuern usw.) zu rechnen. Diesen Grundsatz hat der RFH. bisher für GmbH.Anteile und andere Beteiligungen ohne Börsenkurs streng durchgeführt (RFH. I A 523/29 v. 26. 11. 29, RStBl. 30 S. 13, StW. 30 Nr. 266), nicht dagegen für die Anschaffungskosten der Aktien. In RFH. VI A 899/28 v. 13. 12. 28 (RStBl. 29 S. 136, StW. 29 Nr. 15) wird unter Hinweis auf die Regeln ordnungsmäßiger Buchführung und den § 50 Abs. 2 Satz 1 KVG 1925, wonach für die Berechnung

§ 6 EStG. Bewertung. Anmerkung 114.

der Kapitalverkehrsteuer in den der Steuerberechnung zugrunde zu legenden Preis die durch den Abschluß des Geschäfts entstandenen Kosten nicht einzurechnen sind (jetzt § 21 Ziff. 1 Satz 1 KVG 1934), die Auffassung vertreten, daß auch für die Einkommensteuer bei Feststellung der Anschaffungskosten eine Berücksichtigung dieser Kosten nicht erforderlich sei. Im Hinblick darauf, daß der Begriff der Anschaffungskosten nach der Gesetzesbegründung alle Nebenkosten und damit auch die durch den Abschluß eines Wertpapieranschaffungsgeschäfts entstandenen Kosten zu umfassen hat und daß im übrigen die Vorschrift des KVG für die Einkommensteuer nicht maßgebend sein kann, erscheint die Entsch. für den Geltungsbereich des EStG 1934 als überholt. Darüber, daß zu den Anschaffungskosten von Aktien nicht das Darlehensaufgeld, das bei Beschaffung der zum Ankauf der Aktien benötigten Geldmittel durch Darlehensaufnahme eingebüßt wurde, gerechnet werden kann, s. Anm. 98.

Gründet ein Unternehmen eine Zweigniederlassung in Gestalt einer GmbH., so muß es als Gesellschafter der GmbH. die Beteiligung entsprechend seinen Leistungen an die GmbH. aktivieren (Anschaffungskosten). Ist am Schluß des Geschäftsjahrs der Wert der gesamten Beteiligung teilweise oder ganz geschwunden, so ist das Unternehmen berechtigt, den niedrigeren Teilwert der Anteile und der Forderungen, die es gegen die GmbH. hat, anzusetzen, soweit der Gesellschafter sich nicht bei Auflösung der GmbH. für seine Beteiligung und seine Forderungen durch Hereinnahme des restlichen Reinvermögens der GmbH. befriedigen könnte. Dabei hat die Möglichkeit des Rückgriffs auf die Gesellschafter auszuscheiden, weil Gesellschafter in Wirklichkeit nur das Unternehmen allein war und Forderungen eines Kaufmanns an sich selbst keinen Aktivposten der Bilanz bilden können (RFH. VI A 211/33 v. 16. 5. 33, RStBl. 33 S. 1067, StW. 33 Nr. 646).

Der Ansatz eines niedrigeren Wertes als die tatsächlichen Aufwendungen als Anschaffungskosten eines Wertpapiers (Kurses) wird in RFH. VI A 292/28 v. 20. 6. 28 (StW. 28 Nr. 452) für den Fall eines Deckungsgeschäfts zugelassen. Wenn eine Einkaufskommission dadurch ausgeführt wird, daß ein Wertpapier einem nicht zur Veräußerung bestimmten Bestand entnommen und der Bestand alsbald durch Ankauf eines gleichen Wertpapiers ergänzt wird, dann kann das als Ersatz beschaffte Wertpapier mit dem Buchwert des veräußerten Wertpapiers bewertet werden, auch wenn dieser niedriger ist als die tatsächlichen Anschaffungskosten. Es wird also die Nämlichkeit des angeschafften Wertpapiers mit dem verkauften unterstellt (Grundsatz des Tausches Anm. 100 b).

Die Bewertung von Aktien einer in Abwicklung (Liquidation) befindlichen AG. wird in RFH. I A 40/32 v. 24. 4. / 17. 7. 34 (RStBl. 34 S. 1365, StW. 34 Nr. 568) behandelt. Auf die Aktien war ein Abwicklungserlös in Höhe von 50 v. H. ausgeschüttet worden. Der Betrag kann von dem bisherigen Buchwert der Aktien abgezogen werden. Die Aktien sind nach der Abstempelung mit Rücksicht auf den ausgeschütteten Betrag nicht etwa neue Gegenstände, die erstmalig in die Bilanz aufgenommen werden. Immerhin hält es der RFH. wegen des Auseinandergehens der gehörten Sachverständigen nicht für unzulässig, die abgestempelten Aktien mit ihrem höheren Kurswert am Bilanzstichtag zu bewerten. Im Abwicklungsverfahren stellt jede gesellschaftsrechtliche Zuwendung der AG. an die Aktionäre notwendig eine Kapitalrückzahlung dar. Da man natürlich nicht annehmen kann, daß nach Ausschüttung der Hälfte des Nennwerts der Aktien die Hälfte ihres Wertes verwirklicht sei, ist der Tatbestand so aufzufassen, daß sich der Wert der Aktien um den Betrag der Ausschüttung vermindert hat. Für den Geltungsbereich des EStG 1934 kann eine Bewertung der abgestempelten Aktien mit einem Kurswert, der den um die Ausschüttung gekürzten Buchwert übersteigt, nur auf Grund der im EStG 1925 nicht enthaltenen Vorschrift des § 6 Ziff. 2 Satz 3 eintreten. Wenn der Buchwert der Aktien vor der Abstempelung niedriger war als die ursprünglichen Anschaffungskosten der Aktien, so gelten die ursprünglichen Anschaffungskosten gekürzt um die ausgeschüttete Hälfte des Nennbetrags nach der genannten Vorschrift als die herabgesetzten Anschaffungskosten der Beteiligung und damit als die Höchstgrenze, bis zu der ein Kurswert der abgestempelten Aktien, der höher ist als der um die Ausschüttung gekürzte letzte Buchwert der Aktien, als höherer Teilwert eingesetzt werden darf. Nach RFH. I 238/37 v. 12. 4. 38 (E. 43 S. 338, RStBl. 38 S. 605, StW. 38 Nr. 309) bleiben dagegen die ursprünglichen Anschaffungskosten einer Beteiligung an einer Kapitalgesellschaft rechtlich und wirtschaftlich unberührt, wenn das Grund- oder Stammkapital infolge Kapitalherabsetzung teilweise zurückgezahlt wird. Nach Auffassung des RFH. stellt in diesem Fall die Kapitalrückzahlung für den buchführenden Kaufmann einen Ertrag seiner Beteiligung dar, dem gegenüber die Beteiligung lediglich am Schluß des Wirtschaftsjahrs auf einen niedrigeren Teilwert abgeschrieben werden kann (wegen Bedenken vgl. Mirre, Bespr. StW. 38 I Sp. 773).

bb) **Werden auf eine bestehende Beteiligung irgendwelcher Art im Lauf eines Geschäftsjahrs Aufwendungen gemacht**, so sind diese Aufwendungen als nachträgliche Erhöhung der Anschaffungskosten auf Beteiligungskonto unter Hinzurechnung zum bisherigen Buchwert der Beteiligung zu aktivieren, wenn der Kaufmann nicht geltend machen kann, daß der Buchwert der Beteiligung am Schluß des vorangegangenen Wirtschaftsjahrs zuzüglich des Betrags der Aufwendungen am Schluß des Wirtschaftsjahrs höher ist als der Teilwert der Beteiligung. Zu welchem Zweck die Aufwendungen erfolgen, ist gleichgültig. Sie können z. B. von den Gesellschaftern einer GmbH. an diese zur Deckung von Betriebsausgaben (RFH. VI A 21/36 v. 12. 2. 36, RStBl. 36 S. 787, StW. 36 Nr. 236) oder von Verlusten (RFH. VI A 311/37 v. 16. 6. 37, RStBl. 37 S. 1007, StW. 37 Nr. 415) gemacht werden. In allen Fällen liegen in diesen Einlagen der Gesellschafter Aufwendungen zur Verbesserung ihrer in den Gesellschaftsanteilen bestehenden Vermögensrechte vor, wie sie sich im Zeitpunkt der Aufwendungen darstellen. Nach RFH. VI A 639/29 v. 8. 8. 30 (RStBl. 30 S. 707, StW. 30 Nr. 1205) sind auch alle Zuwendungen der Gewerken an die Gewerkschaft, mögen sie freiwillig oder auf Grund eines Zwanges erfolgen, als Kapitaleinlagen aufzufassen und es ist unerheblich, ob sie zur Erweiterung des Betriebs oder zur Deckung von Verlusten erfolgen. Handelt es sich bei den Gewerken um Steuerpflichtige, deren Einkünfte nach dem Gewinn zu ermitteln sind, so besteht hinsichtlich der Aufwendungen Aktivierungspflicht.

Unter Beteiligungen im Sinn vorstehender Ausführungen sind nicht nur unmittelbare Beteiligungen am Grund- oder Stammkapital einer Kapitalgesellschaft zu verstehen, es können darunter auch langfristige Darlehen oder Forderungen fallen. Eine gesellschaftliche Beteiligung ist dann anzunehmen, wenn die Gewährung eines Darlehens oder die Stundung eines solchen oder einer Forderung sich sachlich als Beteiligung an der Gesellschaft darstellt oder der Gesellschafter auf eine ihm gegen die Gesellschaft zustehende Forderung verzichtet (RFH. VI 673/37 v. 1. 12. 37, E. 42 S. 319, RStBl. 38 S. 182, StW. 38 Nr. 21 für Forderungsverzicht, vgl. auch Anm. 15 zu § 1 KStG). Eine Aufwendung auf eine Beteiligung an einer GmbH. wird in RFH. VI A 682/31 v. 28. 10. 31 (RStBl. 32 S. 13, StW. 32 Nr. 8) mit Recht in den Beträgen gesehen, die eine OHG. an eine von ihr allein beherrschte GmbH. als Darlehen zur Anstellung von Versuchen gewährt hat, wenn das Darlehen sachlich einer Beteiligung gleichzustellen ist. Die Darlehensforderung ist dann unter den Debitoren abzubuchen und als Aufwendung auf die Beteiligung ebenso wie seinerzeit die Stammeinlage als Anschaffungskosten für einen Vermögensteil auf Beteiligungskonto zu aktivieren. Ebenso wird in RFH. VI A 1338/29 v. 4. 9. 29 (StW. 29 Nr. 928) eine Aufwendung auf eine GmbH.-Beteiligung darin gesehen, daß ein Großkaufmann einer von ihm allein gegründeten GmbH., die ihm seine Waren abnimmt, einen Preisnachlaß für gelieferte Waren gewährt. Der Preisnachlaß ist gegenüber der GmbH. als gesellschaftliche Einlage ihres Gesellschafters anzusehen und auf Konto GmbH.-Anteile zu buchen. Nach den gleichen Grundsätzen ist auch zu verfahren, wenn mehrere

§ 6 EStG. Bewertung. Anmerkung 114.

Gesellschafter einer Kapitalgesellschaft an die Gesellschaft im Verhältnis ihrer Beteiligung Aufwendungen machen. Dieser Fall wird in RFH. I A 27/30 v. 18. 3./ 5. 6. 30 (StW. 30 Nr. 1032) und im zweiten Rechtszug in RFH. I A 426/31 v. 7. 10. 32 (RStBl. 32 S. 1107, StW. 33 Nr. 126) behandelt. Drei Kapitalgesellschaften hatten als Gründer einer Dachgesellschaft (AG.) dieser wertvollen Aktienbesitz unter dessen gemeinem Wert übertragen. Bei Abgabe des Aktienbesitzes unter dem gemeinen Wert entsteht gegenüber dem richtig angesetzten ursprünglichen gemeinen Wert ein Buchverlust, der durch Erhöhung des Wertes des Aktienbesitzes an der Dachgesellschaft auszugleichen ist. Es liegt wirtschaftlich eine Einlage der Aktionäre bei der Dachgesellschaft vor. Fraglich kann nur sein, ob man den Mehrbetrag des Buchwerts oder des Teilwerts im Zeitpunkt des Verkaufs der Aktien an die Dachgesellschaft über den Wert der Gegenleistung zu aktivieren hat. Die Entsch. läßt dies dahingestellt, sie begnügt sich mit Aktivierung des steuerlichen Buchwerts. Das bedeute noch nicht den Ausweis eines nichtverwirklichten Gewinns. Dies könnte erst dann in Frage kommen, wenn etwa Aktivierung des Mehrbetrags des Teilwerts verlangt würde (vgl. dazu Mirre, Bespr. StW. 1930 I Sp. 782). In RFH. I A 426/31 ist das gegebene Beispiel sehr lehrreich. A, B, C und D seien an einer Gesellschaft E zu je ¼ beteiligt und jeder wende der E 100 000 RM. durch billigen Verkauf von Gegenständen zu. Dann dürfe A nicht sagen, er habe der Gesellschaft zwar 100 000 RM. zugewendet, davon kämen ihm aber nur 25 000 RM. durch Werterhöhung seiner E-Beteiligung zugute; das ganze Geschäft beruhe vielmehr auf einem einheitlichen Plan, jeder habe der Gesellschaft nicht nur 100 000 RM. zugewendet, sondern auch eine Wertsteigerung seiner E-Beteiligung erreicht oder doch erreichen wollen. Es seien also bei jedem die 100 000 RM. dem Buchwert seiner E-Beteiligung zuzurechnen. Wenn etwa einer der E verhältnismäßig mehr zugewendet hat, so kann man bei diesem nicht den ganzen zugewendeten Betrag dem Buchwert der E-Beteiligung zurechnen. Bei den anderen verbleibt es aber bei der Zurechnung des von ihnen zugewendeten Betrags, während es nicht gerechtfertigt wäre, die durch die höhere Zuwendung eines anderen Gesellschafters herbeigeführte höhere Wertsteigerung der E-Beteiligung ihrem Buchwert zuzurechnen.

cc) Hinsichtlich der **Verpflichtung zum Ansatz des niedrigeren Teilwerts** ist zu unterscheiden, ob die Wertpapiere Anlagegüter (Beteiligungen) oder Umlaufgüter sind. Als Anlagegüter können sie trotz niedrigerem Börsen- oder Marktpreis mit dem Anschaffungskosten bewertet werden, wenn nicht die Grundsätze ordnungsmäßiger Buchführung dies wegen einer unverkennbaren Entwertung verbieten. Als Umlaufgüter dagegen müssen sie mit dem unter die Anschaffungskosten gesunkenen Teilwert vom Bilanzstichtag angesetzt werden (s. Anm. 91 a und 93 a); Beispiel: Anschaffungskosten eines Wertpapiers des Anlagevermögens im Jahre 1934 145, Kurswert Ende 1934 140; Bewertung mit 145 ist zulässig. Als Umlaufgut müßte das Wertpapier mit 140 angesetzt werden. Beträgt der Kurswert Ende 1935 143, so ist der gegenüber dem letzten Bilanzansatz erhöhte Teilwertansatz mit 143 handels- und steuerrechtlich zulässig (s. Anm. 91 a Abs. 2).

Die Höhe des Teilwerts von Beteiligungen usw. ist, auch wenn sie als Wertpapiere einen amtlich notierten Kurswert haben, im Gegensatz zu der in RFH. I A 79/31 v. 30. 4. 31 (RStBl. 31 S. 495, StW. 31 Nr. 867) für das EStG 1925 vertretenen Auffassung regelmäßig nicht gleich dem von Zufälligkeiten beeinflußten Börsen- oder Marktpreis. Dies entspricht auch den Grundsätzen ordnungsmäßiger Buchführung; denn § 133 Ziff. 2 AktG macht bei Anlagegütern eine Ausnahme von dem Grundsatz, daß bei Wertpapieren der Börsen- oder Marktpreis am Bilanzstichtag die Höchstgrenze bildet (s. Anm. 91 a), es sei denn, daß eine unverkennbare Entwertung vorliegt (s. Anm. 93 a Abs. 1). Dies gilt nicht nur für Aktienpakete (vgl. unter c), sondern für alle Beteiligungen. Insbesondere wird auch ein Erwerber des Unternehmens zur Fortführung den Umstand berücksichtigen, daß mit der Gesellschaft, an der die Beteiligung besteht, besondere geschäftliche Beziehungen unterhalten werden, die für den Gesellschafter den Wert der Beteiligung über ihren Kurs- oder Marktpreis hinaus erhöhen. In den VR 37 H IV 4 (RStBl. 38 S. 233, s. Anh. 17) wird deshalb auch zum Teilwert von Beteiligungen an neugegründeten Unternehmen, z. B. Zellwollefabriken, ausgeführt, daß für ihre Bewertung als Anlagegüter unter dem Gesichtspunkt des Fortbetriebs des Unternehmens betriebliche oder werterhöhende Umstände wie Sicherung der Rohstoffgrundlage, Ausnutzung der maschinellen Anlagen, Sicherung des Absatzes, Einschränkung des Wettbewerbs usw. maßgebend sein können. Beteiligungen an neugegründeten Unternehmen seien daher in der Regel nicht unter dem Anschaffungspreis zu bewerten. Nach diesen Grundsätzen kann auch der Teilwert von nicht an der Börse zugelassenen Wertpapieren nicht ohne weiteres gleich dem Marktpreis angesetzt werden, den jeder Dritte beim Erwerb des Papiers zur Kapitalanlage bezahlen würde. Mit Recht wird daher auch in RFH. VI A 292/28 v. 20. 6. 28 (StW. 28 Nr. 452) der Teilwert eines Kuxes bei einer Nachfrage zu 2 300 und einem Angebot zu 2 500 mit mindestens 2 300 angenommen, jedoch sei bei Zugehörigkeit zu einem Betriebsvermögen mit einem höheren Teilwert zu rechnen. Es liege nahe, daß bei einer Veräußerung des Geschäfts mehr als der Nachfragekurs bezahlt würde, wenn die Kuxe nicht zum Wiederverkauf angeschafft seien. Nach RFH. I A 79/31 (s. oben) wird der Teilwert von Aktien nicht notwendig durch die Vereinbarung einer Verkaufssperre beeinflußt. Soweit bei einer Beteiligung besondere geschäftliche Beziehungen zwischen dem Gesellschafter und der Gesellschaft fehlen, muß der Teilwert beim Fehlen eines Börsenkurses, also insbesondere für GmbH.-Anteile nach der wirtschaftlichen Lage des Unternehmens, an der die Beteiligung besteht (Vermögen, Umsatz-, Ertragsaussichten), geschätzt werden, wobei nach RFH. I A 361/31 v. 12. 9. 33 (RStBl. 34 S. 859, StW. 34 Nr. 153) nicht nur die bisherigen Gewinnziffern, sondern auch die Zukunftsaussichten zu berücksichtigen sind.

Besitzt eine Gesellschaft sämtliche Anteile an einer anderen Gesellschaft (Mutter- und Tochtergesellschaft), so bleibt sie für die Bewertung ihrer Gesellschaftsanteile an die steuerlichen und handelsrechtlichen Höchstbewertungsvorschriften gebunden. Sie darf nach RFH. I A 268/30 v. 11. 11. 30 (RStBl. 31 S. 26, StW. 31 Nr. 452) die Anteile nicht nach dem wechselnden Reinvermögen der Tochtergesellschaft bewerten. Eine Bewertung nach dem Reinvermögen der Tochtergesellschaft unter dem Gesichtspunkt des niedrigeren Teilwerts ist nur zulässig, wenn der Teilwert niedriger ist als der richtige Wert der Anfangsbilanz. Wenn die Muttergesellschaft außer dem fast ausschließlichen Besitz aller Aktien der Tochtergesellschaft noch Forderungen gegen die Tochtergesellschaft hat, dann kann nach RFH. I A 393/31 v. 31. 10. 33 (RStBl. 34 S. 686) die Muttergesellschaft in ihren Bilanzen die Beteiligung und die Forderungen zusammen mit dem Wert einsetzen, der dem Wert des zu ihrer Deckung vorhandenen Vermögens der Tochtergesellschaft entspricht. Ist die Summe der Buchwerte beider Vermögensgegenstände höher als der wirkliche Gesamtwert, dann kann die Angleichung an diesen durch entsprechende Abschreibungen entweder an den Forderungen oder an der Beteiligung oder an beiden erfolgen.

Zur Frage der Abschreibung auf Schachtelbeteiligungen s. Anm. 4 Abs. 2 zu § 13 KStG.

b) Junge Aktien. Zu den Anschaffungskosten junger Aktien soll nach RFH. I Aa 591/29 v. 2. 7. 30 (RStBl. 30 S. 762, StW. 30 Nr. 1432) beim Bezug der jungen Aktien durch den Besitzer der alten Aktien auch die Wertminderung gehören, die die alten Aktien durch die Ausgabe der jungen erleiden. Es leuchtet ein, daß als Anschaffungskosten junger Aktien nicht bloß der bezahlte Bezugspreis angesehen werden kann; aber einfach die Wertminderung der alten Aktien infolge der Ausgabe zuzurechnen, ist nicht angängig. Unter Umständen würde dann infolge der Ausgabe der jungen Aktien bei dem Aktionär ein Buchgewinn entstehen und man sieht nicht ein, inwiefern ein Gewinn verwirklicht wird. Beispiel: Buchwert

§ 6 EStG. Bewertung. Anmerkung 114.

einer Aktie 150, Einräumung eines Bezugsrechts zu 100, tatsächlicher Wert (Kurswert) der alten Aktie vor Einräumung des Bezugsrechts 250. Infolge der Einräumung des Bezugsrechts wird die alte Aktie auf (250 + 100):2 = 175 entwertet, die Wertminderung beträgt (am Kurswert) 75. Würde man nun die junge Aktie mit 175 und die alte Aktie mit dem bisherigen Buchwert 150 bewerten, weil ihr gemeiner Wert höher ist, so ergäbe sich infolge der Ausübung des Bezugsrechts ein Buchgewinn von 75. Dies wäre richtig, wenn man in der Einräumung eines Bezugsrechts Kapitaleinkünfte des Aktionärs erblickte; dann müßte der Privatmann den Wert des Bezugsrechts mit 75, nämlich (250—100):2 versteuern und dementsprechend müßte sich beim buchführenden Kaufmann ein Gewinn von 75 ergeben, soweit dem nicht eine Abschreibung auf den niedrigeren Teilwert gegenübersteht. Man vergleiche, beim Buchwert 150 ergibt die Ausschüttung einer Dividende von 30 auch beim buchführenden Kaufmann einen Gewinn in dieser Höhe, soweit keine Abschreibung von dem Buchwert 150 auf einen niedrigeren Teilwert möglich ist, also z. B. wenn der wahre Wert vorher 250 war. Wenn man in der Einräumung eines Bezugsrechts kein Kapitaleinkommen sieht (vgl. Anm. 159 c zu § 20 EStG), dann darf ein solcher Gewinn beim buchführenden Kaufmann nicht herauskommen. Man muß sagen, durch Einräumung des Bezugsrechts ist das bisherige Aktienrecht mit dem Buchwert 150 in zwei Teile geteilt, dementsprechend ist auch der Buchwert 150 zu verteilen. Da die alte Aktie 100 — nämlich den Wert des Bezugsrechts zu 100 — mehr wert ist als die junge Aktie, fällt auf jene vom Buchwert 125, auf diese 25. Wird das Bezugsrecht ausgeübt, so wird das Bezugsrecht zum Erwerb verbraucht und die Anschaffungskosten der jungen Aktien berechnen sich danach auf 25 + 100 (vgl. auch Mirre, Bewertung von Bezugsrechten und jungen Aktien in der Bilanz, StW. 1928 Bd. I Sp. 137 ff.).

Daß dieses Ergebnis richtig ist und insbesondere nicht jede durch die Ausgabe junger Aktien herbeigeführte Wertminderung der alten Aktien etwa als Anschaffungskosten der jungen Aktien angesetzt werden kann, ergibt folgende Erwägung. Die alte Aktie stand als gesellschaftliche Beteiligung am Schluß des vorangegangenen Wirtschaftsjahrs mit 150 zu Buch, steuerlicher Anfangswert also 150. Übt der Aktionär das ihm auf Grund seines Aktienbesitzes eingeräumte Bezugsrecht zu 100 aus, dann macht er auf diese Beteiligung eine aktivierungspflichtige Aufwendung zu 100, so daß sich als Wert der Beteiligung am Schluß des Wirtschaftsjahrs ergibt: Buchwert 150 + 100 = 250. Während die Beteiligung zu Beginn des Wirtschaftsjahrs durch eine, nämlich die alte Aktie verkörpert wurde, zerfällt sie nunmehr infolge der Kapitalerhöhung und des Bezugs der jungen Aktie in zwei gleichwertige Aktien. Der steuerliche Wert jeder Aktie beträgt nunmehr 250:2 = 125 wie oben. Dieser Wert ist steuerlich maßgebend und der Aktionär ist nur berechtigt, einen etwa unter 125 liegenden Börsenkurswert der Aktien als niedrigeren Teilwert anzusetzen. Man sieht, daß bei dieser Berechnung ein etwaiger höherer Kurswert der alten Aktie und damit eine im Buchwert vorhandene stille Rücklage überhaupt nicht berücksichtigt werden kann. Beträgt der Kurswert der alten Aktie 250, so bleibt die dann gegenüber dem Buchwert von 150 vorhandene stille Rücklage von 100 steuerlich außer Betracht, sie kann insbesondere nicht etwa beim Bezug der jungen Aktie anteilig mit 50 als Teil der Anschaffungskosten der jungen Aktie verwirklicht werden, wie man aus dem vom RFH. aufgestellten Rechtssatz schließen könnte. Eine Verwirklichung von Gewinn darf schon deshalb nicht eintreten, weil eine Veräußerung des Wirtschaftsguts, in dessen Buchwert die stille Rücklage vorhanden war, nicht stattfindet und weil, soweit eine Übertragung der stillen Rücklage auf die junge Aktie zu unterstellen ist, die junge Aktie zusammen mit der alten Aktie im Betrieb die gleiche Aufgabe zu erfüllen hat wie bisher die alte Aktie allein, nämlich die Verkörperung der Beteiligung an der AG. (Grundsatz des Tausches). Man kann auch noch folgende Gegenprobe unter Berücksichtigung des gemeinen Wertes der alten Aktie machen. War der wirkliche Wert der alten Aktie ursprünglich 250, so ist der wirkliche Wert nach Einräumung des Bezugsrechts 175 und der des

Bezugsrechts 75. Wird nun die alte Aktie zu dem wirklichen Wert verkauft, so ergibt sich immer derselbe Buchgewinn 50, und das ist wirtschaftlich richtig, weil die Endlage in allen 3 Fällen dieselbe ist, der Kaufmann hat nur noch eine Aktie, d. h. die halbe Beteiligung, bei der andern Hälfte der Beteiligung ist der Gewinn verwirklicht.

In allen Fällen, in denen Freiaktien gewährt werden und der Bezug der Freiaktien steuerlich als Dividendenausschüttung an die Aktionäre zu behandeln ist, ist für die Bewertung der Freiaktien beim Aktionär wie folgt zu verfahren: Nach der ständigen Rechtsprechung des RFH. (vgl. RFH. VI A 547/29 v. 28. 11. 29 und 9. 4. 30, RStBl. 30 S. 483, StW. 30 Nr. 612) ist bei Ausgabe von Freiaktien an die Aktionäre zu unterstellen, daß dem Aktionär zunächst ein dem Nennbetrag der Aktien entsprechender Betrag als Dividende zugeflossen und derselbe Betrag von ihm wieder zur Erlangung der Aktie bei der AG. eingezahlt worden ist. Wenn dabei einerseits als Dividende ein so hoher Betrag angesehen werden muß, daß nach Abzug der Kapitalertragsteuer der Nennbetrag der jungen Aktien übrig bleibt (also ungefähr 111% des Nennbetrags als Dividende), so muß anderseits als Aufwendung zur Anschaffung der jungen Aktie der Betrag der unterstellten Einzahlung bei der AG., nämlich 100 v. H. angenommen werden. Das oben gegebene Beispiel ist demnach zur Berechnung der Anschaffungskosten der Freiaktien in gleicher Weise durchzuführen, wie wenn ein Bezugsrecht zu 100 v. H. ausgeübt worden wäre. Läßt ausländisches Aktienrecht zu, den Aktionären unentgeltlich junge Aktien zuzuweisen, so kommt eine Einkommensteuerpflicht des Bezugs der Aktien nach RFH. VI A 179/30 v. 19. 2. 30 (StW. 30 Nr. 613) nicht in Betracht.

c) **Aktienpaket.** Das Aktienpaket ist rein äußerlich nichts als eine größere Menge von gleichen Aktien. Auch sachenrechtlich ist es wohl nichts anderes. Hinterläßt ein Erblasser 400 gleiche Aktien, die mehr als eine Dreiviertelmehrheit bei der Gesellschaft bedeuten und daher zweifellos ein Aktienpaket darstellen, so kann bei der Erbteilung nicht der eine von 4 Miterben verlangen, daß die Aktien im Ganzen zu verkaufen sind, wobei er sie verhältnismäßig billig zu erwerben hofft, weil er allein zur Übernahme des ganzen Pakets bereit ist; sondern jeder Miterbe erhält 100 Aktien und der betreffende Miterbe muß einen höheren Preis anlegen, wenn er die Aktien in seiner Hand vereinigen will. Aber schon bei Kaufverträgen dürfte es für die Frage der Haftung des Verkäufers für Mängel einen Unterschied machen, ob ein Aktienpaket verkauft ist oder nur einige Aktien und bei der Frage der Bewertung leuchtet zunächst folgendes ohne weiteres ein: Das Aktienpaket ist in der richtigen Hand mehr, in der unrichtigen Hand weniger wert als das Vielfache des Wertes der Aktien. Das AktG enthält ebenso wie bisher das HGB keine besondere Vorschrift über die Bewertung von Aktienpaketen, doch ist § 133 Ziff. 2 AktG regelmäßig bei Aktienpaketen anwendbar. Für den Ansatz eines niedrigeren Teilwerts sind daher in der Regel die für Beteiligungen geltenden Grundsätze maßgebend. Es sind nicht die Aktien als eine Mehrzahl gleichartiger Wirtschaftsgüter zu bewerten, sondern Bewertungsgegenstand ist das Aktienpaket als ein **einheitliches Wirtschaftsgut**, nämlich die durch die Aktien verkörperte Beteiligung. Dies ist für die Ermittlung des Teilwerts von besonderer Bedeutung.

Nach RFH. I A 96/33 v. 30. 4. 35 (E. 37 S. 334, RStBl. 35 S. 857, StW. 35 Nr. 371, ebenso RFH. I A 720/28 v. 30. 9. 29, RStBl. 30 S. 92, StW. 29 Nr. 1030 und I A 244/30 v. 10. 3. 31, RStBl. 31 S. 302, StW. 31 Nr. 520) setzt ein in Abweichung vom Kurswert der Aktien zu bewertendes Aktienpaket den Nachweis bestimmter Vorteile voraus, die durch den Erwerb der Aktienmenge erstrebt wurden und in Geld schätzbar sind. Ein derartiger Vorteil sei die Beseitigung oder Einschränkung des Wettbewerbs eines Unternehmens, und es könnten auch mehrere Gesellschaften, die durch das gleiche Wettbewerbsunternehmen gefährdet würden, gemeinsam ein Aktienpaket erwerben. Es bestehe eine Vermutung dafür, daß der erstrebte Vorteil dem Mehrbetrag entsprechen werde, der gegenüber dem Kurse vergütet sei. Daher sei als Teilwert grundsätzlich der gezahlte

§ 6 EStG. Bewertung. Anmerkung 114. 377

Kaufpreis anzusehen. Wenn z. B. bei einem Kurs von 120 für das Aktienpaket 150 gezahlt sind, kann man den Teilwert auf 150 annehmen, es sei denn, daß der Kurs später beträchtlich gefallen und dies nicht auf Kurstreibereien oder auf den Erwerb des Aktienpakets zurückzuführen ist. In RFH. I A 270/28 wird noch zutreffend darauf hingewiesen, daß das, was den Besitzer eines Aktienpakets von dem Besitzer einer Mehrzahl von einzelnen Aktien unterscheide, meist die Absicht sei, die Geschicke der Gesellschaft beherrschend zu bestimmen oder doch maßgebend zu beeinflussen. Eine feste prozentuale Mindestgrenze, bei der die Einzelbewertung aufhöre und die Bewertung unter dem Gesichtspunkt des einheitlichen Aktienpakets einzutreten hätte, könne nicht angenommen werden. Unter Umständen könne auch ein Aktienbesitz von nur 15 v. H. in einer Hand ein hochwertiges Aktienpaket darstellen, wenn der übrige Aktienbesitz in zwei Teilen zu je 40 v. H. in festen Händen und 5 v. H. Streubesitz sind; denn der Inhaber der 15 v. H. werde bei der Veräußerung seines Aktienbesitzes an jeden der beiden Großaktionäre mehr als den dreifachen Betrag des Börsenkurswerts der im freien Verkehr befindlichen Aktien erzielen.

Wenn der mit dem Erwerb des Aktienpakets erstrebte Vorteil erreicht ist, wenn z. B. die Gesellschaft, um deren Aktien es sich handelt, mit der Erwerberin des Aktienpakets eine Vereinbarung über die Einschränkung des gegenseitigen Wettbewerbs abgeschlossen hat, sind nach RFH. I A 96/33 die Aktien trotzdem weiter mit den höheren Anschaffungskosten zu bewerten. Dies erscheint solange als gerechtfertigt, als der Besitz der Aktien erforderlich ist, um ein Wiederaufleben des gefährlichen Wettbewerbs zu verhindern, oder der im Aktienpaket verkörperte Mehrheitsbesitz im allgemeinen oder auch sonstige geschäftliche Beziehungen zur AG. den Ansatz des Pakets mit einem höheren Wert als dem Kurswert rechtfertigen. Liegen diese Voraussetzungen nicht mehr vor, dann läßt sich die Bewertung über Kurswert nicht rechtfertigen, wie man ja auch nichts dagegen machen kann, daß die Gesellschaft die Aktien alsbald zum Kurswert abstößt. Es dürfte zu erwägen sein, ob nicht in derartigen Fällen der Mehrbetrag gegenüber dem Kurswert als Wert der Vereinbarung oder als Geschäftswert zu aktivieren ist. Man denke gerade an den Fall der Stillegung des Betriebs. Eine Gesellschaft kauft die Aktien eines Wettbewerbsunternehmens für eine Million auf und liquidiert es, wobei sie nur 600 000 RM. herausbekommt. Sind nicht 400 000 RM. zur Erlangung eines Geschäftswerts aufgewendet?

d) Beteiligung an einer Personengesellschaft. Gründet eine AG. oder GmbH. mit jemand eine OHG. oder KoG. oder tritt sie in eine Gesellschaft als persönlich haftender Gesellschafter oder Kommanditist ein, so besteht für die Handelsbilanz der Kapitalgesellschaft keine Schwierigkeit. Die Beteiligung an einer Personengesellschaft ist juristisch ein einheitlicher Gegenstand, man kann sie zunächst mit den Aufwendungen, d. h. mit den Anschaffungskosten bewerten und später auf einen geschätzten niedrigeren Teilwert heruntergehen. Zweifeln, ob man bei Gutschrift von Gewinn bei der Personengesellschaft berechtigt ist, in der Handelsbilanz der Kapitalgesellschaft die Beteiligung entsprechend höher zu bewerten, kann man nötigenfalls dadurch begegnen, daß vereinbart wird, in Höhe der Gewinne sollten Forderungen der Gesellschafter gegen die Personengesellschaft entstehen, wie das bei Kommanditbeteiligungen schon im HGB vorgeschrieben ist. Zu beachten ist, daß sich die Beteiligung als persönlich haftender Gesellschafter als ein Gegenstand darstellt, der keineswegs unbedingt einen positiven Wert haben müßte; infolge von Verlusten kann sie auch einen negativen annehmen, sie kann eine schwere Last werden. Man könnte noch fragen: Muß die Kapitalgesellschaft im Fall eines für sie in der Bilanz der Personengesellschaft ausgewiesenen Verlusts den Betrag des Verlusts in ihrer Bilanz von den Anschaffungskosten der Beteiligung abschreiben? Die Frage dürfte zu verneinen sein. Dabei ist davon auszugehen, daß für die Einkommensteuer die persönlich haftenden Gesellschafter einer OHG. und KoG. sowie die Kommanditisten Mitunternehmer des von der Personengesellschaft betriebenen Geschäfts sind (vgl. § 15 Ziff. 2 EStG). Das muß auch gelten, wenn eine Kapitalgesellschaft ein solcher Gesellschafter ist. Zwar steht dann die Beteiligung an der Personengesellschaft in der Bilanz der Kapitalgesellschaft als ein einheitlicher Gegenstand, aber in Wirklichkeit handelt es sich steuerlich um keinen einer Bewertung fähigen Gegenstand, sondern um das Ergebnis der Verrechnung vieler Einzelwerte. Es ist nicht anders, als wenn etwa eine AG. aus irgendwelchen Gründen ein bisher von einem Einzelkaufmann betriebenes Geschäft gekauft hätte, das mit ihrem Hauptbetrieb in keinem Zusammenhang steht und deshalb von einem Geschäftsführer ganz selbständig und mit eigener Buchführung betrieben wird. Wenn die AG. in ihrer Bilanz dieses Geschäft durch Einsetzung eines Postens „Reparaturwerkstätte in X 20 000 RM." berücksichtigt, so handelt es sich bei den 20 000 RM. nicht um eine Bewertung der Reparaturwerkstätte, sondern um das auf Grund einer besonderen Bilanz festgestellte Reinvermögen der Reparaturwerkstätte. Genau so ist es steuerlich bei einem Posten „Beteiligung an der OHG. X 20 000 RM". Auch diese 20 000 RM. stellen keine eigentliche Bewertung der Beteiligung dar, es gibt kein Wahlrecht zwischen den Anschaffungskosten und dem niedrigeren Teilwert der Beteiligung, sondern die 20 000 RM. sind das Ergebnis der von der OHG. aufgestellten Bilanz. Nach § 215 AO wird der einkommensteuerpflichtige und körperschaftsteuerpflichtige Gewinn aus Gewerbebetrieb einheitlich und gesondert festgestellt, wenn an dem Gewinn mehrere beteiligt sind. Dies gilt für die Gesellschafter einer OHG. oder KoG. mit der in RFH. VI A 1163/32 v. 25. 4. 33 (E. 33 S. 234, RStBl. 33 S. 955, StW. 33 Nr. 639) ausgesprochenen Wirkung, daß der Gewerbetreibende, der als Gesellschafter an einer Personengesellschaft beteiligt ist, bei Aufstellung seiner Bilanz an die Gewinnfeststellung bei der Personengesellschaft, insbesondere an die einheitliche Gewinnfeststellung gebunden ist. Die Kapitalgesellschaft als Gesellschafter hat daher ihre Beteiligung an der OHG. oder KoG. nicht selbständig zu bewerten, sondern entsprechend dem bei der einheitlichen Gewinnfeststellung festgestellten Gewinn. Wird für die Kapitalgesellschaft ein Gewinn von 10 000 RM. festgestellt, so hat sie die Beteiligung in ihrer Bilanz mit 20 000 + 10 000 RM. zu bewerten. Natürlich muß ein als Gewinn ausbezahlter Betrag von dem Bilanzwert der Beteiligung wieder abgesetzt werden wie jede Entnahme der Kapitalgesellschaft bei der OHG. Das ist unzweifelhaft, wenn Kapitalgesellschaft und Personengesellschaft dasselbe Wirtschaftsjahr haben. Sind die Wirtschaftsjahre verschieden, so ist maßgebend das Wirtschaftsjahr der Personengesellschaft, das in dem betreffenden Wirtschaftsjahr der Kapitalgesellschaft endet. Bei ungünstiger Entwicklung der Personengesellschaft in der Zeit vom Ende ihres Geschäftsjahrs bis zum Ende des Geschäftsjahrs der Kapitalgesellschaft kann der Minderwert der Beteiligung durch einen passiven Wertberichtigungsposten dargestellt werden. Nach RFH. VI A 1163/32 ist jedoch der Kaufmann als Gesellschafter einer Personengesellschaft nach den Grundsätzen ordnungsmäßiger Buchführung verpflichtet, einen bis zum Bilanzstichtag seines Hauptbetriebs erkannten Verlust der Personengesellschaft in seiner Bilanz durch Aufnahme einer „Rückstellung" in Höhe des geschätzten Verlusts zu berücksichtigen.

Nach RFH. I A 131/33 v. 15. 1. 35 (RStBl. 35 S. 700, StW. 35 Nr. 173) ist der einheitlich festgestellte Verlust in die Bilanz der Kapitalgesellschaft einzusetzen. Es ist im allgemeinen nicht zulässig, außerdem noch eine Abschreibung von dem Wert der Beteiligung zu machen. Der eingesetzte Verlust ist ja schon der die Wertminderung der Beteiligung berücksichtigende Wertberichtigungsposten.

Beispiel: Die AG. A tritt in die OHG. B & Co. mit einer Einlage von 50 000 RM. ein. Sie bewertet zunächst ihre Beteiligung an B & Co. mit 50 000 RM., in der nächsten Handelsbilanz von B & Co. auf den 31. 12. 35 wird für sie ein Gewinn von 6 000 RM. ausgewiesen und dieser Betrag ausbezahlt. Bei der einheitlichen Gewinnfeststellung wird ihr Gewinn jedoch auf 10 000 RM. festgesetzt. Für Ende 1935 ist danach die Beteiligung auf 50 000 + 10 000 RM. zu bewerten. Die im Lauf des Jahres 1936 erfolgende Auszahlung von 6 000 RM. Gewinn der Handelsbilanz von B & Co. ist bei A als Gewinn aus Beteiligung

§ 6 EStG. Bewertung. Anmerkung 114.

zu buchen, der Betrag jedoch trotzdem vom Wert der Beteiligung abzuschreiben; der steuerliche Buchwert der Beteiligung ist also nur noch 54 000 RM. Für 1936 wird bei B & Co. ein Verlust festgestellt, der in Höhe von 57 000 RM. auf A entfällt. Die 57 000 RM. sind auf die Passivseite von A zu setzen, sie bedeuten aber, daß der Bilanzwert der Beteiligung um 57 000 RM. geringer ist als auf der Aktivseite angegeben. Tatsächlich ist jetzt der Bilanzwert der Beteiligung 54 000 — 57 000 = — 3 000 RM., und es ist klar, daß man nicht außerdem noch von den 54 000 RM. der Aktivseite Abschreibungen machen kann. Nur in folgendem Fall ist noch eine Abschreibung von dem auf der Aktivseite stehenden Betrag zulässig. Die AG. A hat zum Erwerb der Beteiligung an B & Co. zwar 50 000 RM. aufgewendet, aber bei B & Co. nur ein Kapitalkonto von 30 000 RM. erhalten, und die Steuerbehörde ist auch nicht von einem höheren Anfangskapital der A bei B & Co. ausgegangen. Im Anfang war also die Bewertung der Beteiligung in der Bilanz von A um 20 000 RM. höher als das Kapitalkonto der A bei B & Co. Der Betrag von 20 000 RM. entspricht den stillen Rücklagen in der Bilanz von B & Co. und sie können abgeschrieben werden, wenn anzunehmen ist, daß die stillen Rücklagen verschwunden sind. Richtiger wäre es jedoch, mit Rücksicht auf den Betrag der Aufwendungen auch das steuerliche Anfangskapital von A bei B & Co. mit 50 000 RM. anzunehmen. Wenn A eine natürliche Person ist, muß man so verfahren, weil sich sonst in keiner Weise auswirkt, daß er nicht 30 000, sondern 50 000 RM. aufgewendet hat.

Eine Abweichung von dem Grundsatz, daß neben der Übernahme des auf die Gesellschaft entfallenden Verlusts der Personengesellschaft keine Abschreibung auf den in der Bilanz aktivierten Wert der Beteiligung vorgenommen werden darf, soll nach der Entsch. dann gerechtfertigt sein, wenn die Beteiligung an der Personengesellschaft bei ihrer ersten Einstellung in die Bilanz der beteiligten Kapitalgesellschaft zulässigerweise höher angesetzt worden wäre, als dies dem damaligen Wert des Reinvermögens der Personengesellschaft entsprochen hätte. Wie jedoch das gegebene Beispiel zeigt, muß eine derartige Abschreibung auch dann für zulässig erachtet werden, wenn unabhängig von dem Verlust eine Entwertung der Beteiligung in der Zwischenzeit bis zum Bilanzstichtag eingetreten ist.

Schließlich wird es in RFH. I A 131/33 nicht als zulässig angesehen, daß die an der Personengesellschaft beteiligte Kapitalgesellschaft an einer Forderung, die ihr am Schluß eines bestimmten Wirtschaftsjahrs gegen die Personengesellschaft zusteht, jedenfalls zu dem Teil, der dem Verhältnis ihrer Beteiligung an der Personengesellschaft entspricht, eine Abschreibung vornimmt, sofern die entsprechende Schuld der Personengesellschaft bei der einheitlichen Gewinnfeststellung für das gleiche Wirtschaftsjahr in voller Höhe berücksichtigt worden ist. Nach der einkommensteuerrechtlichen Behandlung des Gesellschaftsverhältnisses sei der Gesellschafter im Verhältnis seiner Beteiligung hier gewissermaßen Gläubiger und Schuldner in einer Person, so daß insoweit Veränderungen in der Bewertung der Forderung oder Schuld sein steuerpflichtiges Einkommen nicht berühren dürften.

Auch die Beteiligung an einem Preiskartell als einer Gesellschaft bürgerlichen Rechts ist als selbständiges Wirtschaftsgut in der Bilanz zu bewerten, wobei zunächst die tatsächlichen Aufwendungen als Anschaffungskosten maßgebend sind. Für die Feststellung eines niedrigeren Teilwerts ist nach RFH. VI A 932/32 v. 8. 6. 32 (RStBl. 32 S. 948, StW. 32 Nr. 991) nicht unter allen Umständen die Höhe des Guthabens maßgebend, das der Vereinigung zugunsten des Kartellmitglieds ausgewiesen wird.

e) Erwerb von Beteiligungen an Kapitalgesellschaften gegen Einbringung von Sacheinlagen.

aa) Wenn der Inhaber eines Betriebsvermögens Gesellschaftsrechte an einer Kapitalgesellschaft (Aktien, GmbH.-Anteile, Kuxe) dadurch erwirbt, daß er als Entgelt für die empfangenen Gesellschaftsrechte Wirtschaftsgüter seines Betriebsvermögens als Sacheinlage in die Kapitalgesellschaft einbringt, dann handelt es sich für ihn, wirtschaftlich gesehen, um einen Austausch von Wirtschaftsgütern des Betriebsvermögens, wobei die eingetauschten Gesellschaftsrechte an Stelle der hingegebenen Sacheinlagen in sein Betriebsvermögen gelangen. Daher muß auch für die Bewertung der erworbenen Gesellschaftsrechte von den für den Tausch geltenden Grundsätzen ausgegangen werden (vgl. Anm. 100). Danach wären die eingetauschten Aktien oder GmbH.-Anteile grundsätzlich mit dem Teilwert der als Sacheinlage hingegebenen Wirtschaftsgüter des Betriebsvermögens anzusetzen, sodaß durch den Erwerb der Gesellschaftsrechte eine in dem bisherigen Buchwert der Sacheinlage vorhandene stille Rücklage aufgedeckt und in Höhe des Unterschieds zwischen höherem Teilwert und Buchwert Gewinn verwirklicht würde. Dies ist die allgemeine Regel beim Tausch. Darüber hinaus wird in RFH. VI A 1796/31 v. 11. 10. 33 (StW. 34 Nr. 92) für die Veräußerung von Waren gegen Einräumung von Gesellschaftsrechten mit Recht die Auffassung vertreten, daß in diesem Fall eine Gewinnverwirklichung im vollen Umfang nach dem Wert der eingetauschten Gegenstände eintreten müsse. Denn Waren würden hergestellt oder angekauft, um veräußert zu werden. Sobald sie veräußert seien, sei die mit ihrer Anschaffung begonnene Handlung beendigt und es erscheine deshalb betriebswirtschaftlich nicht richtig, die Frage, ob die ganze Handlung mit Gewinn oder Verlust abgeschlossen habe, auf einen späteren Zeitpunkt zu verschieben. Bei Veräußerung von Waren sei deshalb auch im Fall des Tauschvertrags eine vollständige Verwirklichung gegeben und für die Frage, welcher Gewinn oder Verlust erzielt sei, komme es deshalb auf den Wert der dafür erlangten Güter an. In RFH. VI A 434/30 (s. Abs. 3) hat der RFH. weiter darauf hingewiesen, daß bei Gründung einer Kapitalgesellschaft oder einer Kapitalerhöhung gegen Sacheinlagen der Umstand, daß sich die Sacheinlage nicht einfach nach dem Buchwert bereits vorhandener oder im Tauschweg weggegebener Gegenstände der Kapitalgesellschaft richte, die Gefahr einer willkürlichen Hinausschiebung der Steuerpflicht mit sich bringe, die nicht im Sinn einer vernünftigen Anwendung der Grundsätze über die Nichtbesteuerung nichtverwirklichter Gewinne liege. In RFH. VI A 916/34 v. 12. 12. 35 (E. 38 S. 347. RStBl. 36 S. 412, StW. 36 Nr. 74) wird für den Fall des Erwerbs von Gesellschaftsrechten an einer Kapitalgesellschaft durch Einbringung einer aus dem Betriebsvermögen geleisteten Einlage allgemein für erforderlich erachtet, daß der (Teil-)Wert der erworbenen Gesellschaftsrechte mit dem Wert des als Sacheinlage hingegebenen Gegenstands verglichen wird. Selbstverständlich kann unter dem „Wert" des hingegebenen Gegenstands nur der steuerlich maßgebende Wert, also beim Betriebsvermögensvergleich der (richtige) Ansatz in der letzten Vermögensübersicht oder Bilanz verstanden werden. Gerade beim Erwerb von Beteiligungen, die nicht mit besonderen Eigenschaften behaftet sind und deshalb nach der Rechtsprechung zu einer Ausnahme vom Grundsatz der Gewinnverwirklichung Anlaß geben (s. unter bb), erscheint mit Rücksicht auf die Sicherheit und Leichtigkeit der Besteuerung die Annahme einer sofortigen vollen Verwirklichung des Gewinns erforderlich und eine Hinausschiebung nicht vertretbar. Diese Regel kann dann nicht gelten, wenn unter Beachtung der für den Tausch aufgestellten Grundsätze, die im folgenden Abschnitt zu behandeln sind, eine Verwirklichung von Gewinn ausnahmsweise nicht angenommen werden kann.

bb) Entsprechend dem Grundsatz der Hinausschiebung der Gewinnverwirklichung beim Tausch durch Ansatz des erworbenen Wirtschaftsguts mit dem Buchwert des in Tausch gegebenen Wirtschaftsguts (s. Anm. 100 b) können nach RFH. I A 417/28 (s. Anm. 100 b) bei der Umwandlung einer Gewerkschaft in eine AG. die früheren Kuxe und die neuen Aktien wirtschaftlich als die Verkörperung derselben Mitgliedsrechte erscheinen und die neuen Aktien in den Bilanzen buchführender Kaufleute mit dem Buchwert der früheren Kuxe angesetzt werden. Wenn auch im wirtschaftlichen Sinn kein Tausch vorliege, so erscheine doch für die steuerliche Beurteilung als wesentlich, daß es sich bei dem Geschäft um Austausch von Wertpapieren handle, bei denen den eingetauschten Papieren im Betrieb die gleiche Aufgabe zukomme wie den weggegebenen Wertpapieren, nämlich die Verkörperung eines gleichgearteten Gesellschaftsrechts.

cc) Der Grundsatz der Hinausschiebung der Gewinnverwirklichung bleibt auch maßgebend, wenn **ein ganzes Betriebsvermögen oder ein organisch selbständiger Teil eines Betriebsvermögens in eine Kapitalgesellschaft gegen die Gewährung von Gesellschaftsrechten eingebracht** wird. Für den Übergang des ganzen Vermögens einer Kapitalgesellschaft auf einen Anderen mit oder ohne Abwicklung (Verschmelzung oder Umwandlung) gilt die Sonderregelung des § 15 KStG. In den übrigen Fällen, in denen Körperschaften organische Bestandteile ihres Betriebsvermögens auf Kapitalgesellschaften gegen Einräumung von Gesellschaftsrechten übertragen — also auch für Kapitalgesellschaften bei Übertragung von Teilen ihres Betriebsvermögens —, sind die Grundsätze zu beachten, die der RFH. für die Übertragung eines Betriebsvermögens oder eines organischen Teiles aufgestellt hat. In RFH. VI A 434/30 v. 27. 9. 32/9. 5. 33 (E. 33 S. 276, RStBl. 33 S. 999, StW. 33 Nr. 640) kommt der Einkommensteuersenat für die Einbringung des gesamten Betriebsvermögens einer Einzelfirma oder Personengesellschaft in eine neu gegründete oder bereits bestehende Kapitalgesellschaft vom Tauschgedanken ausgehend zu der Auffassung, daß in diesem Fall der bisherige Betriebsinhaber mit der weiteren Fortentwicklung des durch die Kapitalgesellschaft betriebenen Unternehmens durch seine Beteiligung verknüpft bleibt und der Betrieb des bisherigen Einzelunternehmens nur in anderer Form fortgeführt wird. Der Einbringende ist auch nach der Einbringung im wesentlichen Herr des Unternehmens geblieben und als Anschaffungskosten der dem Veräußerer eingeräumten Beteiligung an der Kapitalgesellschaft gilt der Buchwert der eingebrachten Wirtschaftsgüter, wie er sich aus der für die Einkommensteuer maßgebenden (nötigenfalls berichtigten) Schlußbilanz des veräußerten Unternehmens ergibt. Ein Veräußerungsgewinn soll nur dann und insoweit verwirklicht sein, als die Kapitalgesellschaft das eingebrachte Betriebsvermögen mit einem höheren Betrag zu Buch stellt, als es in einer auf den Zeitpunkt der Übertragung aufgestellten, dem EStG entsprechenden Schlußbilanz des Veräußerers zu Buche stand (ebenso RFH. VI A 335/37 v. 21. 7. 37, RStBl. 37 S. 997, StW. 37 Nr. 470). Dann erhöhen sich die Anschaffungskosten um diesen als Veräußerungsgewinn zu versteuernden Unterschiedsbetrag. Die Hinausschiebung der Verwirklichung von Gewinn ist also davon abhängig, daß es sich bei der Einbringung des Betriebsvermögens oder eines organischen Teiles wirtschaftlich um die Fortführung des bisherigen Unternehmens durch die Kapitalgesellschaft unter gleichzeitiger maßgeblicher Beteiligung des bisherigen Gesellschafters an dieser handelt. Nur in diesen Ausnahmefällen ist die sofortige Besteuerung des bei der Veräußerung erzielten Gewinns unterbunden.

Die Hinausschiebung der Gewinnverwirklichung muß aber unterbleiben, wenn die erworbene Beteiligung so gering ist, daß sie dem Erwerber keinen irgendwie ins Gewicht fallenden Einfluß auf die Kapitalgesellschaft einräumt; denn in diesem Fall kann nicht mehr von einer Fortführung des bisherigen Unternehmens lediglich in Form einer juristischen Person gesprochen werden. Eine Hinausschiebung der Gewinnverwirklichung wurde in RFH. I A 384/32 v. 1. 3. 33 (RStBl. 33 S. 427, StW. 33 Nr. 527) auch in einem Fall als zulässig angesehen, in dem eine Holding-Gesellschaft (AG.), die bereits 21,38 v. H. der Aktien einer anderen Holding-Gesellschaft (E-AG.) besaß, die bei einer Kapitalerhöhung der E-AG. herausgegebenen neuen Aktien bezog und dadurch ihren Besitz an E-Aktien auf mehr als 50 v. H. des Grundkapitals erhöhte. Der Gegenwert der Aktien wurde nicht in bar, sondern durch Hingabe von Aktien aus dem Besitz der AG. entrichtet. Nach Auffassung des RFH. hat die AG. durch den Aktientausch und den damit verbundenen Erwerb der Aktienmehrheit mittelbar das, was sie aufgegeben hat, ganz oder zum Teil wieder gewonnen, so daß der Ansatz der neuen E-Aktien mit dem Buchwert der abgegebenen Aktien gerechtfertigt erschien. Er gibt dafür folgendes Beispiel:

Eine Gesellschaft A besitzt 300 Kuxe der Gewerkschaft X. Die AG. B besitzt weiter nichts als ebenfalls 300 Kuxe von X. Die AG. B verdoppelt ihr Aktienkapital und bietet der Gesellschaft A ihre jungen Aktien im Austausch gegen 300 Kuxe der Gewerkschaft X an. Das Geschäft wird so ausgeführt. Dann besitzt A zwar nicht mehr die 300 Kuxe, aber die Hälfte des Aktienkapitals von B, in deren Besitz nunmehr 600 Kuxe sind. Gewinn und Verlust der Gewerkschaft X treffen die Gesellschaft A ebenso, ob sie unmittelbar 300 Kuxe oder mittelbar die Hälfte von 600 Kuxen besitzt; von ganz besonderen Ereignissen, z. B. Einforderung von Zubußen sei bei dieser Betrachtung abgesehen. Der ursprüngliche Gegenstand arbeite, wenn auch in veränderter Rechtsform, wirtschaftlich im wesentlichen in seiner ursprünglichen Bedeutung im Unternehmen der Gesellschaft A weiter.

In RFH. VI A 88/35 v. 25. 3. 36 (StW. 36 Nr. 233) wird schließlich die Annahme einer Verwirklichung von Gewinn dann abgelehnt, wenn bei der Umorganisation eines Konzerns die Vermögenswerte einer KoG. mit ihrem steuerlichen Buchwert auf verschiedene Kapitalgesellschaften mit den gleichen Gesellschaftern überführt werden, wobei es als unschädlich angesehen wird, daß die Überführung der gesamten Vermögenswerte der Personengesellschaft nicht gleichzeitig, sondern wegen der allmählichen Umwandlung des Konzerns in Zeitabständen übertragen wird.

Wenn also eine Gesellschaft Gegenstände im Buchwert von 1 000 000 besitzt, die zurzeit für 2 000 000 veräußert werden könnten, und diese Gegenstände in eine AG. gegen Gewährung von Aktien einbringt, so läßt die Rechtsprechung die Bewertung dieser Aktien mit 1 000 000 dann zu, wenn die Gegenstände bei der AG. auch nur mit 1 000 000 bewertet werden, so daß also bei einer Veräußerung der Gegenstände selbst zu 2 000 000 bei der AG. ein Buchgewinn von 1 000 000 eintreten würde. Nur dann liegt eine bloß formale Änderung vor. Sie setzt voraus, daß die Lage auch bezüglich der Gegenstände selbst unverändert ist, d. h. daß ihre Veräußerung zum jetzigen gemeinen Wert einen Buchgewinn zur Folge hat, wenn auch nicht bei dem bisherigen Besitzer, so doch bei der dazwischengeschobenen AG. Die inländische Steuerpflicht eines solchen Buchgewinns ist aber nicht gegeben, wenn die Gegenstände in eine ausländische AG. eingebracht werden. Dieser Fall wird in RFH. I A 58/34 v. 30. 4. 35 (E. 38 S. 99, RStBl. 35 S. 1208, StW. 35 Nr. 487) behandelt. Eine inländische AG. brachte ihre ausländische Zweigniederlassung in eine neu gegründete ausländische AG. gegen Gewährung von Aktien ein. Sie wollte die erhaltenen Aktien mit dem bisherigen Buchwert der Zweigniederlassung bewerten. Dies hat der RFH. mit Recht abgelehnt. Durch das Einbringen in eine ausländische AG. werde die Verwirklichung der etwa vorhandenen stillen Rücklagen der inländischen Steuerhoheit entzogen. Es müsse deshalb schon in dem Erwerb der Aktien gegen Einbringung der Zweigniederlassung eine Gewinnverwirklichung angenommen werden. Als Anschaffungskosten der Aktien sei der gemeine Wert (Teilwert) der hingegebenen Gegenstände anzusehen. Wenn bei der Gründung andere Gründer sich mit Barleistungen beteiligt hätten, könne man daraus auf den Wert der Aktien und daraus wieder auf den Wert des eingebrachten Vermögens schließen.

Wegen der Bewertung der Einlagen bei der aufnehmenden Kapitalgesellschaft s. Anm. 132 b Abs. 2.

115. Geschäfts- oder Firmenwert.

Schrifttum. Weisensee, Immaterielle Wirtschaftsgüter, DStZ. 36 S. 951.

a) Der **Geschäftswert** (Firmenwert, goodwill, Reinh. Buchf. I S. 146—148: Betriebsbestehenswert) ist gleich dem Mehrwert des ganzen Unternehmens gegenüber der Summe der Teilwerte der dem Unternehmen gewidmeten Wirtschaftsgüter, wobei sowohl die positiven (Besitzposten, Aktiva) wie die negativen Gegenstände (Schulden) zu berücksichtigen sind (RFH. VI A 1630/28 v. 19. 12. 28, StW. 29 Nr. 159). Mit dem Geschäftswert gelangt demnach ein Posten auf die Aktivseite der Bilanz, dem kein einzelnes Wirtschaftsgut entspricht. Der Einwand, die Firma sei als Gegenstand anzusehen, versagt in den Fällen, in denen die Firma nicht weiter fortgeführt wird, wenn beispielsweise das Geschäft eines Wettbewerbers

§ 6 EStG. Bewertung. Anmerkung 115.

übernommen wird. Was soll auch geschehen, wenn der Kaufmann sich nach einiger Zeit entschließt, das Geschäft unter eigenem Namen zu führen? Die Überlassung der Firmenfortführung ist nur ein Mittel zur Erhaltung der Kundschaft, nicht anders wie ein Rundschreiben des Veräußerers an seine Kunden, das ihm geschenkte Vertrauen seinem Nachfolger zuzuwenden. Die sogenannte Kundschaft ist nichts anderes als ein den Wert des ganzen Unternehmens erhöhender Umstand; faßt man alle derartigen Umstände zusammen, so erhöhen sie den Wert der Aktiva. Da aber kein Aktivum höher als mit dem zulässigen Höchstwert bewertet werden kann, so kann ein Betrag übrig bleiben, der keinem Aktivum zuzurechnen ist, das ist der Überschuß des Gesamtwerts gegenüber der Summe der Werte der einzelnen Wirtschaftsgüter. Als solche Umstände, die im Einzelfall diesen Mehrwert = Geschäftswert begründen, können insbesondere in Betracht kommen Kundschaft, besonders günstige Lage des Unternehmens, Reklamewert, Organisation, die alle zusammen die Ertragsfähigkeit des Unternehmens erhöhen. Wenn in RFH. VI A 475/34 v. 26. 6. 35 (RStBl. 35 S. 1496, StW. 35 Nr. 477) anerkannt wurde, daß auch in einem Grundstück selbst eine Art Geschäftswert liegen könne, nämlich dann, wenn sich die Kundschaft des Betriebs so sehr an die bisherigen Geschäftsräume gewöhnt habe, daß eine Verlegung des Geschäfts mit einem Abspringen von Kunden verbunden wäre, so handelt es sich hier um eine werterhöhende Eigenschaft des Grundstücks (vgl. Anm. 107 b). Der dadurch vorhandene Mehrwert ist Teil des Grundstücks(Teil=)werts und bei entgeltlichem Erwerb eines derartigen Grundstücks könnten daher die Anschaffungskosten nicht in solche für das Grundstück und in solche für einen etwaigen Geschäftswert zerlegt werden, sondern müßten in vollem Umfang als Anschaffungskosten des Grundstücks behandelt werden. In Übereinstimmung mit dieser Auffassung wird auch in RFH. VI A 273/27 v. 20. 6. 28 (RStBl. 28 S. 344, StW. 28 Nr. 543) der Grundsatz aufgestellt, bei einem Hotel sei der Geschäftswert so mit dem Grundstück verbunden, daß er als Teil des Grundstückspreises anzusehen und in der Bilanz auszuweisen sei. Ein Geschäftswert kann also regelmäßig begrifflich solange nicht vorliegen, als eine besondere, werterhöhende Eigenschaft mit einem bestimmten Wirtschaftsgut des Betriebsvermögens verknüpft ist. Anderseits wird in RFH. VI A 1495/31 v. 27. 1. 32 (RStBl. 32 S. 463, StW. 32 Nr. 256) zur Natur des Geschäftswerts darauf hingewiesen, daß der Geschäftswert nicht das Gleiche wie die persönlichen Eigenschaften des Unternehmers sei, sondern ein dem Unternehmen als solchem, als wirtschaftlich besonderem Organismus zukommender, ungreifbarer, aber im Geschäftsleben als Wirtschaftsgut anerkannter (Mehr=)Wert, der mit dem Geschäft veräußerlich und übertragbar sei. Daher könne bei einem weithin auf die persönliche Tätigkeit des oder der Unternehmer, auf ihre Gewandtheit im Ausnutzen spekulativer Möglichkeiten und persönlicher Erfahrungen abgestellten Gewerbe, wie z. B. einer Viehagentur, ein beträchtlicher Geschäftswert nicht ohne weitere tatsächliche Feststellungen für möglich gehalten werden.

Ein Unternehmen kann begrifflich nur einen Geschäftswert haben. Nach RFH. VI A 1265/29 v. 29. 7. 31 (E. 29 S. 221, RStBl. 31 S. 852, StW. 31 Nr. 1021) kann jedoch unter besonderen Umständen, insbesondere beim Vorliegen eines selbständigen Teiles eines Gesamtunternehmens, auch die Anerkennung eines besonderen Geschäftswerts für diesen Teil des Unternehmens in Frage kommen, der dann für sich ein einheitliches Wirtschaftsgut bildet und selbständig wie sonst ein Geschäftswert eines Unternehmens zu behandeln ist.

Wenn auch die Kundschaft einer der wesentlichsten Umstände für das Bestehen eines Geschäftswerts ist, so können doch Aufwendungen auf einen „Kundenwert" unter besonderen Voraussetzungen als ein selbständiges Wirtschaftsgut aktivierungspflichtig werden. Dies wird in RFH. VI A 790/33 v. 10. 1. 34 (StW. 34 Nr. 207), VI A 438/33 v. 3. 10. 34 (StW. 34 Nr. 730) und VI A 803/34 v. 12. 12. 35 (StW. 36 Nr. 25) für den entgeltlichen Erwerb des Firmen= und Kundschaftswerts von Zeitschriftenvertriebsunternehmen ausgesprochen. Darnach handelt es sich dabei nicht um den Ankauf der nichtkörperlichen Werte anderer Firmen, sondern um den

Ankauf der einzelnen laufenden Abonnementsverträge, deren Anschaffungskosten entsprechend der Laufzeit der Verträge zu verteilen sind (vgl. Anm. 112 b Abs. 3).

b) Der Geschäftswert, der während des Bestehens eines Unternehmens durch die Geschäftstüchtigkeit seines Inhabers und den dadurch bedingten guten Ruf des Geschäfts geschaffen wird, ist einkommensteuerrechtlich zunächst nicht erfaßbar; er kann nur mittelbar den Teilwert von Anlagegütern beeinflussen (vgl. Anm. 107 b). Selbst wenn ihn der Unternehmer von sich aus mit einem geschätzten Betrag in die Bilanz einstellen würde, könnte dieser Posten für die Steuerbilanz nicht zugelassen werden, da er den Ausweis eines nichtverwirklichten Gewinns darstellen würde. Nach den allgemeinen für die Aktivierung maßgebenden Grundsätzen dürfen auch nichtkörperliche Güter nicht aktiviert werden, soweit keine Aufwendungen für ihren Erwerb gemacht sind (RFH. VI A 899/29 v. 15. 7. 31, RStBl. 31 S. 884, StW. 31 Nr. 941). **Recht und Pflicht zur Aktivierung eines Geschäftswerts** entsteht erst dann, wenn beim Erwerb eines Unternehmens oder auch in einem bestehenden Unternehmen Aufwendungen gemacht worden sind, die sich nicht als Aufwendungen zum Erwerb oder zur Verbesserung eines bestimmten Wirtschaftsguts des Betriebsvermögens oder zur Beseitigung oder Verminderung eines Schuldpostens darstellen und die auch nicht zu den Unkosten des Geschäftsjahrs gerechnet werden können. Unter dieser Voraussetzung sind die Aufwendungen als Anschaffungskosten auf das nichtkörperliche Wirtschaftsgut „Geschäftswert" zu behandeln und die Aktivierung dieser Aufwendungen könnte am Schluß des Geschäftsjahrs ausnahmsweise nur dann unterbleiben, wenn die Aufwendung nachweislich schon bei ihrer Verausgabung als Fehlmaßnahme anzusehen war, wenn z. B. beim Erwerb eines Geschäfts ein besonderer Betrag für einen irrtümlich angenommenen, tatsächlich aber nicht vorhandenen Geschäftswert gezahlt wurde. Eine Kapitalfehlleitung darf beim Erwerb eines ganzen Unternehmens nach RFH. VI A 706/35 v. 17. 10. 35 (StW. 35 Nr. 713) nicht schon dann angenommen werden, wenn der Schluß gerechtfertigt ist, daß sich der Erwerb erst in der Folgezeit rentieren werde; denn nach kaufmännischer Auffassung seien Aufwendungen regelmäßig auch dann zu aktivieren, wenn sie ihren Ertrag erst in späteren Jahren und bei entsprechenden Anstrengungen des Betriebsinhabers finden sollen. Es könne daher gegen die Aktivierung nicht eingewendet werden, daß der Unternehmer durch seine Umsicht und Geschicklichkeit den Betrieb so hoch gebracht habe, daß nach Verlauf einiger Geschäftsjahre tatsächlich der Wert der Aufwendungen gedeckt gewesen sei und daß daher die Werte erst in diesen Geschäftsjahren geschaffen worden seien.

Wird die Aufwendung nicht auf den Geschäftswert allein gemacht, sondern der Geschäftswert zusammen mit anderen Wirtschaftsgütern des Betriebsvermögens erworben, dann ist zur Feststellung der Höhe der Anschaffungskosten des Geschäftswerts eine Aufteilung des Kaufpreises usw. auf die übrigen Wirtschaftsgüter einerseits und auf den Geschäftswert andererseits erforderlich. Dabei ist zunächst der Gesamtpreis auf alle mit dem Geschäft erworbenen Gegenstände und Rechte zu verteilen und ein etwaiger Mehrbetrag als Anschaffungskosten des Geschäftswerts zu behandeln. Dies gilt z. B. beim Ankauf von Waren und Inventar eines aufgelösten Wettbewerbsgeschäfts für den über den Wert der Waren und des Inventars hinausgehenden Teil des Kaufpreises, wenn sich der Käufer aus dieser Aufwendung neben der Übernahme der Sachwerte einen besonderen Vorteil für sein Geschäft versprach (RFH. VI A 434/30 v. 9. 4. 29, RStBl. 30 S. 381, StW. 30 Nr. 759), weiter beim Erwerb eines Geschäftswerts unter gleichzeitiger Abfindung der Aufgabe eines Mietrechts (RFH. VI A 2043/30 v. 10. 12. 30, RStBl. 31 S. 209, StW. 31 Nr. 175) oder unter gleichzeitiger Abfindung für die Abtretung von Rechten aus abgeschlossenen Mietverträgen (RFH. VI A 682/29 v. 26. 11. 30, RStBl. 31 S. 321, StW. 31 Nr. 178). Dagegen ist das Apothekenprivileg ein einheitliches Wirtschaftsgut, das sich nicht in Apothekenbetriebsrecht und Geschäftswert trennen läßt (RFH. VI A 666/32 v. 25. 4. 33, E. 33 S. 98, RStBl. 33 S. 639).

Beim Erwerb eines ganzen Unternehmens gegen einen einheitlichen Anschaffungspreis ist der Kaufpreis bei Aufstellung der Eröffnungsbilanz auf die einzelnen erworbenen Gegenstände zu verteilen, wobei jedoch die einzelnen Wirtschaftsgüter nicht mit höheren Werten als den nach Handels- und Steuerrecht zulässigen, und zwar nach § 6 Ziff. 6 EStG höchstens mit den tatsächlichen Anschaffungs- oder Herstellungskosten angesetzt werden dürfen. Erreicht der gesamte Wert der Aktiven dann den gezahlten Kaufpreis nicht, dann ist nach RFH. I A 235/30 v. 24. 3. 31 (RStBl. 31 S. 304, StW. 31 Nr. 521) für den Überschuß ein besonderer Wert (insbesondere goodwill) anzusetzen. Wird in diesem Fall der Kaufpreis für das Unternehmen in der Handelsbilanz auf die einzelnen Wirtschaftsgüter so verteilt, daß sie zum Teil höher als steuerlich zulässig bewertet sind, dann sind die Werte herabzusetzen und der übrigbleibende Betrag ist im ganzen als Geschäftswert zu aktivieren. Sind die Höchstwerte nicht erreicht und ist trotzdem ein Betrag als Geschäftswert eingesetzt, dann muß man sagen, ein Geschäftswert liegt nur insoweit vor, als der Gesamtkaufpreis die Teilwerte der einzelnen Wirtschaftsgüter übersteigt, deshalb ist der Betrag des Geschäftswerts herabzusetzen und die Ansätze für die einzelnen Wirtschaftsgüter sind zu erhöhen. Um zu vermeiden, daß auf den Geschäftswert eines angekauften Betriebs (durch dessen Zurechnung zu den Anlagegütern) zu Unrecht Abnutzungsabsetzungen und Abschreibungen gemacht werden, soll nach RFH. VI 533/36 (s. Anm. 107 a, aa) bei der Verteilung des Gesamtkaufpreises auf die einzelnen Wirtschaftsgüter zunächst der Geschäftswert ausgeschieden und dann der Restbetrag des Gesamtkaufpreises auf die anderen Wirtschaftsgüter verteilt werden. Wegen der Schwierigkeit einer selbständigen Ermittlung des Geschäftswerts sollen auch hier die bisherigen Buchwerte und die Wiederbeschaffungskosten der Anlagewerte herangezogen werden. Auch bei der Übernahme eines vorübergehend notleidenden Betriebs ist es nach RFH. VI A 706/35 v. 17. 10. 35 (StW. 35 Nr. 713) durchaus möglich, daß der Übernehmer für den Betrieb mehr bezahlt als den Bilanzwert der Firma, weil er die in dem Betrieb steckenden, wenn auch im Augenblick nicht zutage tretenden inneren Werte so hoch einschätzt, daß er glaubt, die Aufwendungen auf diese Werte werden sich rentieren. Wird die Beseitigung eines Wettbewerbsunternehmens durch dessen Ankauf und Stillegung erreicht, dann handelt es sich bei dem über den Gesamtwert des Unternehmens hinaus gezahlten Mehrpreis in erster Linie nicht um den Erwerb einer fremden Kundschaft, sondern um eine Ausgabe zur Verbesserung der Aussichten des eigenen Betriebs. Dies wird bei Bemessung der Abschreibungen von Bedeutung (vgl. RFH. VI A 814/30 v. 26. 11. 30, StW. 31 Nr. 83). Der aktivierte Geschäftswert stellt daher auch nicht den selbständigen Geschäftswert des stillgelegten Unternehmens dar, sondern den Geschäftswert des gesamten eigenen Unternehmens des Erwerbers. Es kann daher für die Folgezeit nicht zwischen dem Geschäftswert des bisherigen Geschäfts und der Steigerung des Geschäftswerts durch Ankauf und Stillegung des angekauften Unternehmens unterschieden werden. Nur für das Jahr der Anschaffung ist nach RFH. VI A 85/33 v. 16. 8. 34 (StW. 34 Nr. 593) eine selbständige Bewertung insoweit möglich, als der Ankauf des Unternehmens als Fehlmaßnahme anzusehen war. Für die folgenden Jahre ist aber der aktivierte Aufwand als der Geschäftswert des gesamten Unternehmens zu behandeln. Dieser Geschäftswert kann sich je nach der weiteren Führung des Betriebs in seiner Größe verändern. Da er aber ein einheitliches Wirtschaftsgut des ganzen Unternehmens ist, bleibt er in seinem Wert von dem Wegfall einzelner ihn begründender Umstände, insbesondere dem Wegfall eines Teiles der Kundschaft des stillgelegten Unternehmens oder Rückgang des Absatzes der von dem Wettbewerbsunternehmen bisher vertriebenen Art von Waren solange unberührt, als die dadurch verursachte Wertminderung wieder durch andere Umstände ausgeglichen wird (vgl. auch RFH. VI A 1265/29 v. 29. 7. 31, E. 29 S. 221, RStBl. 31 S. 852, StW. 31 Nr. 1021).

Von der Aufwendung auf den Geschäftswert in Gestalt des Ankaufs eines Wettbewerbsunternehmens zu einem Überpreis sind nach RFH. VI A 976/33 v. 31. 10. 34 (RStBl. 35 S. 745, StW. 35 Nr. 13) zu unterscheiden Beträge, die zur Abwendung eines Wettbewerbsunternehmens gezahlt werden. Wird nur für eine Reihe von Jahren ein Wettbewerbsverbot vereinbart, so verliert dieses mit dem Ablauf der Jahre unter Umständen jede Wirkung. Der für das Wettbewerbsverbot gezahlte Betrag ist daher keine Aufwendung auf den Geschäftswert des Unternehmens, sondern als ein selbständiges Wirtschaftsgut zu aktivieren und nach dem Verhältnis seiner Entwertung in den einzelnen Jahren abzuschreiben. Ebenso ist nach RFH. VI A 24/35 v. 6. 5. 35 (RStBl. 36 S. 848, StW. 36 Nr. 278) der gegen eine Entschädigung erworbene Rechtsanspruch gegen ein Wettbewerbsunternehmen, in einem bestimmten Gebiet den Wettbewerb zu unterlassen, als selbständiges Wirtschaftsgut zu aktivieren, wenn auch das Wettbewerbsverbot eine Stärkung des Geschäftswerts der berechtigten Firma bedeutet. Wenn beim Erwerb eines Zeitungsunternehmens gegenüber den Teilwerten der dem Betrieb gewidmeten Wirtschaftsgüter des Betriebsvermögens ein Mehrwert vergütet wird, so braucht nach RFH. VI A 1044/30 v. 26. 6. 30 (StW. 30 Nr. 1011) in dem Mehrwert kein vorhandener Geschäftswert abgegolten zu werden, sondern bei Zeitungen mit einem gewissen örtlichen Kundenkreis besteht auch die Möglichkeit, daß durch den Überpreis ein Verlagswert (Zeitungstitel) als besonderes, aktivierungspflichtiges, nichtabnutzbares Wirtschaftsgut gegen Entgelt erworben wurde (s. auch RFH. VI 651/37 v. 18. 11. 37, RStBl. 38 S. 133, StW. 37 Nr. 625).

Wenn aus einer OHG. ein Gesellschafter ausscheidet, so ist die an ihn gezahlte Abfindung als Anschaffungspreis für den Anteil des ausscheidenden Gesellschafters an den Aktiven anzusehen. Erhält er mehr als seinen Kapitalanteil, so können bei der Bemessung der Abfindung in den verschiedenen Aktivposten steckende stille Rücklagen berücksichtigt worden sein (Grundstücke, Waren usw.), es kann darüber hinaus, oder mangels solcher stiller Rücklagen aber auch ein Betrag für die Überlassung des Geschäftswerts gezahlt worden sein (RFH. VI A 489/27 v. 14. 3. 28, RStBl. 28 S. 166, StW. 28 Nr. 235). Ein solcher Mehrbetrag ist nach RFH. VI A 549/34 v. 30. 4. 35 (StW. 35 Nr. 535) zunächst auf die vorhandenen stillen Rücklagen zu verrechnen und erst dann, wenn diese nicht ausreichen, kann angenommen werden, daß er als Geschäftswert gezahlt worden ist, wenn ein solcher bei Übernahme des Anteils vorhanden war. Die an den ausgeschiedenen Gesellschafter bezahlte Abfindung mindert also nicht den Gewinn der verbleibenden Gesellschafter, sondern ist eine aktivierungspflichtige Aufwendung, die in Höhe des Mehrbetrags als Abgeltung für stille Rücklagen bei den zugehörigen Sachkonten (z. B. Maschinenkonto) und im übrigen als Geschäftswert zu aktivieren ist. Nur wenn die dem ausscheidenden Gesellschafter bewilligte Vergütung als die Abfindung eines lästigen Gesellschafters anzusehen ist, ist für den Ansatz eines Aktivums kein Raum, weil die verbleibenden Gesellschafter durch das Ausscheiden des Gesellschafters kein der Aktivierung fähiges Wirtschaftsgut erlangen, sondern lediglich die Befreiung von einer in der Bilanz nicht selbständig erscheinenden Last (RFH. VI A 926/30 v. 23. 3. 32, RStBl. 32 S. 705, StW. 32 Nr. 738). Wird dem ausscheidenden Gesellschafter als Abfindung u. a. eine Beteiligung an dem Gewinn des Unternehmens für die kommenden Geschäftsjahre bewilligt und durch die Einräumung der Gewinnbeteiligung ein vorhandener Geschäftswert abgegolten, so hat nach RFH. VI A 945/31 v. 1. 2. 33 (RStBl. 33 S. 479, StW. 33 Nr. 274) regelmäßig keine sofortige Aktivierung des Geschäftswerts mit entsprechender Passivierung der Gewinnbeteiligungslast, sondern die Aktivierung des Geschäftswerts nach und nach entsprechend der tatsächlichen Gewinnbeteiligung zu erfolgen. Wenn dagegen das Entgelt für den Geschäftswert in einem festen Kaufpreis, in bestimmten festen Jahresraten (unechte Rente) oder auch in Form der echten Rente vereinbart wird, so ist seine Höhe — auch in gewissem Grade bei der echten Rente — im Zeitpunkt der Anschaffung feststellbar und alsbald als Geschäftswert zu aktivieren. Es kann deshalb der Entsch. RFH. I A 276/27 v. 22. 12. 27 (RStBl. 28 S. 49, StW. 28 Nr. 116) nicht beigetreten werden, wenn für den Fall, daß eine AG. das Recht zur Fortführung der Firma von den bisherigen Gesellschaftern einer OHG. gegen Einräumung eines Rentenrechts erwirbt, eine Verpflichtung zur Passivierung der Rentenlast, dagegen nur ein Recht, nicht auch eine Verpflichtung zur Aktivierung des Firmenrechts angenommen wird. Die Aktivierung des Firmenrechts ist unter dem Gesichtspunkt der Behandlung von einander abhängiger Besitz- und Schuldposten notwendig.

Eine als Geschäftswert aktivierungspflichtige Aufwendung liegt auch dann vor, wenn ein Unternehmen die Gefahr eines von einem anderen Unternehmen drohenden Wettbewerbs dadurch beseitigt, daß es sich durch eine **einmalige Ausgabe Verbindung und Einfluß auf dieses Unternehmen** verschafft (RFH. VI A 2068/31 v. 19. 5. 32 (StW. 33 Nr. 205). Der Geschäftswert eines vorhandenen Betriebs kann schließlich auch durch Reklameausgaben erhöht werden, die nach RFH. VI A 1630/28 (f. unter a Abs. 1) meist deshalb nicht zu aktivieren sind, weil sie im allgemeinen nur eine vorübergehende Erhöhung des Geschäftswerts herbeiführen (vgl. auch Anm. 81 b a. E.). Ein während der Pachtzeit erhöhter Geschäftswert kommt nach RFH. VI A 466/32 v. 10. 1. 34 (StW. 34 Nr. 213) bei einem Verkauf regelmäßig dem Eigentümer zugute. Erwirbt also der bisherige Pächter den Pachtbetrieb unter Vereinbarung eines besonderen Entgelts für den vorhandenen Geschäftswert, so kann er gegen die Aktivierung des Geschäftswerts nicht einwenden, daß dieser von ihm selbst als Pächter geschaffen worden sei.

Eine **zeitliche Begrenzung der Aktivierung von Aufwendungen auf einen Geschäftswert** bestand nach dem EStG 1925 insofern, als die vor dem 1. 1. 24 auf einen Geschäftswert gemachten Aufwendungen in die Einkommensteuereröffnungsbilanz 1925 nicht eingestellt werden durften (RFH. VI A 1376/28 v. 13. 12. 28, RStBl. 29 S. 220, StW. 29 Nr. 356).

c) Der Geschäftswert stellt ein **einheitliches Wirtschaftsgut dar, dessen Wert für das Unternehmen sich nicht mit einer gewissen Regelmäßigkeit innerhalb einer ungefähr bestimmbaren Zeit erschöpft.** Daher dürfen nach der ständigen Rechtsprechung des RFH. von einem entgeltlich erworbenen Geschäftswert keine Absetzungen für Abnutzung vorgenommen werden, sondern nur Abschreibungen zum Zweck des Übergangs auf den unter den Anschaffungskosten liegenden Teilwert (vgl. RFH. VI A 1265/29 unter b Abs. 3 und I A 276/27 v. 22. 12. 27, RStBl. 28 S. 49, StW. 28 Nr. 116). An diesem Grundsatz hat der RFH. auch festgehalten, nachdem durch § 261 Ziff. 4 HGB in der Fassung der Aktiennovelle v. 19. 9. 31 (RGBl. I S. 493) zwingend vorgeschrieben worden war, daß ein für den Geschäftswert in die Bilanz eingesetzter Aktivposten durch angemessene jährliche Abschreibungen zu tilgen ist (RFH. VI A 837/31 v. 30. 9. 31, RStBl. 32 S. 339, StW. 31 Nr. 1022 und I A 56/35 v. 7. 7. 35, RStBl. 35 S. 1237, StW. 35 Nr. 621). In Übereinstimmung mit der Auffassung des RFH. wird der Geschäfts- oder Firmenwert in § 6 Ziff. 2 EStG unter den Wirtschaftsgütern des Betriebs, die nicht der Abnutzung unterliegen, besonders aufgeführt. Diese Vorschrift des EStG geht für die Besteuerung auch der Vorschrift des § 133 Ziff. 5 AktG vor, der die gesonderte Aktivierung eines bei entgeltlicher Übernahme eines Unternehmens vergüteten Geschäfts- oder Firmenwerts gestattet, jedoch ebenso wie § 261 Ziff. 4 HGB die Tilgung des eingesetzten Betrags durch angemessene jährliche Abschreibungen oder Wertberichtigungen vorschreibt. Es ist nicht verwunderlich, daß die Auffassung des Handelsrechts und des Steuerrechts verschieden sind. Beim Geschäftswert handelt es sich um etwas unmittelbar nicht Festzustellendes. Wenn das Handelsrecht Abschreibung des Geschäftswerts verlangt, so wohl nicht deshalb, weil es das für theoretisch richtig hält, sondern weil es überhaupt Bedenken tragen muß, Bilanzwerte für Dinge zuzulassen, die sich einer unmittelbaren Feststellung entziehen. Einen körperlichen Gegenstand kann man sehen und untersuchen, den dem Geschäftswert zugrunde liegenden Tatbestand kann man nur erschließen.

Unter b Abs. 3 ist bereits darauf hingewiesen, daß eine **Abschreibung der auf den Geschäftswert gemachten Aufwendung unter dem Gesichtspunkt der Fehlmaßnahme** nur am Schluß des Wirtschaftsjahrs möglich ist, in dem die Aufwendung gemacht wurde, nicht mehr aber in den folgenden Jahren. In den folgenden Jahren kann eine Abschreibung auf den niedrigeren Teilwert von dem aktivierten Betrag nur dann erfolgen, wenn der Teilwert für den Geschäftswert des gesamten Unternehmens geringer ist als der letzte Bilanzansatz. Ausschlaggebend für den Teilwert sind nach RFH. VI A 1121/30 v. 17. 7. 30, RStBl. 30 S. 633, StW. 30 Nr. 1061 und VI A 85/33 v. 16. 8. 34, StW. 34 Nr. 593) die Zukunftsaussichten des Unternehmens: Es ist zu fragen, ob ein Käufer des ganzen Unternehmens außer der Summe der Werte der vorhandenen Gegenstände (Überschuß der Aktiva über die Passiva) noch einen weiteren Betrag für den Geschäftswert vergüten würde, wobei insbesondere darauf abzustellen sein wird, ob der in Zukunft voraussichtlich zu erzielende Gewinn dem angelegten Kapital entspricht. Aus dem Wesen des Geschäftswerts als einer aus verschiedenen Umständen bestehenden Tatsache ergibt sich für die Feststellung des Teilwerts weiter, daß ein Wegfall oder Wechsel einzelner Umstände solange auf die Höhe des Teilwerts ohne Einfluß ist, als infolge anderer, insbesondere dadurch auch neu hinzugetretener Umstände der Geschäftswert unverändert bleibt (s. auch unter b Abs. 3 und RFH. I A 195/34 v. 4. 2. 36, RStBl. 36 S. 281, StW. 36 Nr. 141 für den Wechsel in der Innen= und Außenorganisation eines Versicherungsunternehmens). Dies gilt auch von einem Wechsel in der Kundschaft nach Stillegung des Unternehmens. In RFH. VI A 790/33 v. 10. 1. 34 (StW. 34 Nr. 207) wurde ausgeführt, daß dem Geschäftswert Zugrundeliegende sei die Bekanntheit des Geschäfts und die Verbreitung einer günstigen Meinung über das Geschäft. Aus der Größe der Kundschaft in der Vergangenheit sei lediglich auf den Wert dieser Bekanntheit zu schließen und es sei deswegen gleichgültig, ob sich der Kundenkreis ändere, sofern nur ein Kundenkreis vorhanden sei, aus dem auf das Gleichbleiben des Wertes dieser Bekanntheit geschlossen werden könne. Daher könne sich der Erwerber des Geschäfts nicht darauf berufen, daß die Kunden nach dem Erwerb des Geschäfts zum großen Teil andere seien als die vor dem Erwerb. Dagegen kann der Erwerber eines Geschäfts eine Minderung des Geschäftswerts dann geltend machen, wenn die bisherigen Kunden zu dem von dem bisherigen Inhaber eröffneten Wettbewerbsunternehmen übergehen, ohne daß der Erwerber andere Kunden heranziehen kann.

3. Wirtschaftsgüter des Umlaufvermögens.

116. Waren, Rohstoffe, Halb= und Fertigerzeugnisse.

a) Den **Anschaffungskosten** der Waren, Rohstoffe usw. kommt nach der Neuregelung in § 6 Ziff. 2 EStG noch nachträglich besondere Bedeutung zu, wenn die Warenvorräte mit einem über dem letzten Buchwert liegenden Teilwert (Marktpreis) bewertet werden sollen, der seine Höchstgrenze in den ursprünglichen Anschaffungskosten hat. Die Waren werden regelmäßig durch Sammelbewertung in der Inventur festgestellt und danach in die Bilanz eingestellt (f. Anm. 76 Abs. 2), so daß regelmäßig die Einkaufspreise der einzelnen Waren aus den Handelsbüchern nicht ohne weiteres zu entnehmen sind. Auch nach der VO über die Führung des Wareneingangsbuchs v. 20. 6. 35 (f. Anm. 11 a zu § 4 EStG) sind die im gewerblichen Betrieb zur gewerblichen Weiterveräußerung und gewerblichen Verarbeitung erworbenen Waren (Rohstoffe usw.) nach der Art des Warenpostens (handelsübliche Bezeichnung), für die Sammelbezeichnung genügt, und nach Preis und Warenposten in das Wareneingangsbuch einzutragen, so daß also auch hieraus regelmäßig der Einkaufspreis der einzelnen Ware nicht ohne weiteres festzustellen sein wird. Es kommt dann nur nachträgliche Errechnung nach den vorhandenen buchmäßigen Unterlagen und Belegen in Frage. Nach RFH. VI A 446/29 v. 11. 12. 29 (RStBl. 30 S. 197, StW. 30 Nr. 287) können die Anschaffungskosten von Waren durch Zusatz eines schätzungsweisen Pauschsatzes für Beschaffungskosten zum Fakturenpreis errechnet werden unter der Voraussetzung, daß regelmäßig so verfahren wird. Dabei dürfen nach dem Grundsatz, daß die Kosten des Verkaufs nicht zu den Anschaffungskosten zu rechnen sind (f. Anm. 97 b Abs. 2), in dem Pauschsatz die Unkosten, die den Verkauf betreffen, wie z. B. die Umsatzsteuer, Lohn der Verkäuferinnen, Ladenmiete u. ä. nicht enthalten sein, sondern nur die mit der Beschaffung der Waren verknüpften Unkosten wie Frachten, unter Umständen auch der auf die Warenbeschaffung entfallende Teil der allgemeinen Geschäftsunkosten an Löhnen,

§ 6 EStG. Bewertung. Anmerkung 116.

Porti usw. Weiter ist nach RFH. VI A 586/27 v. 14. 12. 27 (StW. 28 Nr. 55) nichts dagegen einzuwenden, daß die Einkaufspreise der insgesamt vorhandenen Waren in der Weise geschätzt werden, daß zu den ermittelten Einkaufspreisen aller Waren der Verkaufszuschlag gerechnet, dann der erzielte Verkaufspreis abgezogen und von dem Rest ein dem Verkaufszuschlag entsprechender Betrag, z. B. bei einem Verkaufszuschlag von 30 v. H. ein Abschlag von 23 v. H. abgezogen wird. Unter Umständen kann bei einem gemeinsam bewerteten Warenbestand auch die nachträgliche Ermittlung des Wertes des einzelnen Gegenstands, insbesondere der Anschaffungskosten, nach durchschnittlichen Einkaufspreisen erforderlich werden. Ist bei Sammelbewertung eines ganzen Bestands nicht mehr mit Sicherheit festzustellen, zu welchem Kaufabschluß die einzelnen Teile gehören, weil mehrfach Abgänge vorgekommen sind, so bleibt es nur übrig, an Hand der vorgekommenen Kaufabschlüsse einen Durchschnittskaufpreis festzusetzen (vgl. RFH. VI A 108/27 v. 30. 3. 27, E. 21 S. 62, RStBl. 27 S. 161, StW. 27 Nr. 148). Ist nach Sammelbewertung eines Lagers von im wesentlichen gleichartigen Waren (Summe der Anschaffungspreise, gekürzt um eine Sammelabschreibung) der vorjährige Bilanzwert einer einzelnen Ware festzustellen, so muß nach RFH. VI A 118/28 v. 8. 2. 28 (RStBl. 28 S. 342, StW. 28 Nr. 150) nachträglich eine Verteilung des Gesamtwerts auf die einzelnen Gegenstände erfolgen. Dabei soll aber nicht ohne weiteres der Anschaffungswert der einzelnen Ware, gekürzt um den anteiligen Sammelabschlag, genommen werden, sondern wegen des verschiedenen Minderwerts der Waren kann auch der vorjährige Bilanzwert der einzelnen Ware nach den Umständen, die zur Sammelabschreibung geführt haben, im Weg der Schätzung ermittelt werden.

Bei Buchführung in fremder Währung werden die Anschaffungskosten, wenn die Einkaufspreise und der Zeitpunkt der Anschaffung feststehen, nach RFH. VI A 108/27 (s. oben) einfach durch Umrechnung der Einkaufspreise nach den Kursen im Zeitpunkt des Erwerbs berechnet. Bei der oben behandelten Berechnung nach durchschnittlichen Einkaufspreisen können bei Feststellung des Durchschnittspreises auch die verschiedenen Kurse zu den verschiedenen Anschaffungszeiten berücksichtigt werden. Dabei besteht nach der Entsch. kein Anlaß, bei einer Buchführung in fremder Währung nicht zuzulassen, daß die Waren zu den Anschaffungskosten in Reichsmark, d. h. zu dem nach dem Kurse zur Zeit der Anschaffung umgerechneten Preise in fremder Währung bewertet werden.

Wegen der Berechnung der Herstellungskosten von selbst hergestellten Halb- und Fertigerzeugnissen s. Anm. 101.

Vorschüsse auf Waren, die ohne Bezug auf einen bestimmten Abschluß gewährt werden, sind nach RFH. VI A 108/27 Darlehen gleich zu erachten, die später verrechnet werden müssen. Für sie gelten also die Grundsätze über die Bewertung von Forderungen. Für die Leistung von Vorschüssen auf Grund eines Kaufabschlusses gelten die Grundsätze über die Behandlung schwebender Geschäfte (s. Anm. 85). Die Buchung des Vorschusses auf gekaufte Waren bedeutet danach die Bewertung des Anspruchs auf Lieferung der gekauften Ware abzüglich des Restbetrags der Schuld. Wegen der Behandlung der auf Waren geleisteten Vorschüsse s. Anm. 85 d.

b) Gegenüber den Anschaffungs- oder Herstellungskosten von Waren usw. oder gegenüber ihrem letzten Buchwert kann ein niedrigerer **Teilwert** und gegenüber dem letzten Buchwert auch ein höherer Teilwert bis zur Höchstgrenze der Anschaffungs- oder Herstellungskosten angesetzt werden. Regelmäßig kann man annehmen, daß ein Käufer des ganzen Betriebs am Bilanzstichtag für die vorhandenen Waren, Vorräte und Rohstoffe den Einkaufspreis am Stichtag bezahlen würde unter der Voraussetzung, daß der Betrieb gut geht und die Waren usw. selbst keine Eigenschaften aufweisen, die ihre Verkäuflichkeit oder ihre Verwertung im Betrieb beeinträchtigen. Der vom RFH. für das EStG 1925 aufgestellte Grundsatz, daß der Teilwert für die zu einem gewerblichen Betrieb gehörigen Waren grundsätzlich die sogenannten Wiederbeschaffungskosten am Bilanzstichtag nicht übersteigt, gilt auch für die Bewertung nach dem EStG 1934 (vgl. z. B. RFH. VI A 802/27 v. 14. 12. 27, E. 22 S. 309, RStBl. 28 S. 108 und I A 190/28 v. 9. 5. 28, E. 23 S. 244, RStBl. 29 S. 522, StW. 28 Nr. 675). Höchstgrenze des Teilwerts für Waren, Rohstoffe usw. sind also die Wiederbeschaffungskosten am Bilanzstichtag. Etwaige Zuschläge wegen der Zugehörigkeit zu einem gutgehenden Betrieb (s. Anm. 107 b) kommen für Umlaufgüter nicht in Betracht. Besteht für die zu bewertenden Waren am Bilanzstichtag ein Markt- oder Börsenpreis, so bildet dieser die Grundlage für die Bestimmung der Wiederbeschaffungskosten (RFH. I A 254/30 v. 22. 10. 31 (RStBl. 32 S. 22, StW. 32 Nr. 167 und RFH. VI A 1657/32 v. 30. 5. 33 (E. 33 S. 215, RStBl. 33 S. 1012, StW. 33 Nr. 654), denn mehr als den am Stichtag geltenden Markt- oder Börsenpreis wird ein Käufer des ganzen Betriebs für Gegenstände, die zum Umsatz bestimmt sind, nicht zahlen. Der Marktpreis ist nach RFH. VI e A 21/24 v. 18. 10. 24 (E. 14 S. 231, 236, StW. 24 Nr. 529 und StW. 25 Nr. 31) grundsätzlich der Preis, den der Steuerpflichtige am Markt für den Erwerb gleichartiger Bestände aufzuwenden hätte. Er ist demnach verschieden, je nachdem ob der Bestand beim Großhändler oder Kleinhändler zu bewerten ist. Beim Erzeuger soll im allgemeinen der Großhändlerpreis angenommen werden.

Unter besonderen Umständen kann der Teilwert von Waren, Rohstoffen usw. auch unter den Wiederbeschaffungskosten am Bilanzstichtag liegen. Dies ist zunächst der Fall, wenn ein Erwerber des ganzen Betriebs wegen des schlechten Geschäftsgangs einen so geringen Gesamtpreis entrichten würde, daß der auf die Waren usw. entfallende, anteilige Erlös geringer wäre als die Wiederbeschaffungskosten (RFH. VI A 1515/28 v. 11. 1. 29, RStBl. 29 S. 221, StW. 29 Nr. 346). In diesem Fall könnten also auch voll verwendungsfähige Waren und Rohstoffe nicht mit den Wiederbeschaffungskosten angesetzt werden. Der Grund für ein Zurückbleiben des Teilwerts hinter den Wiederbeschaffungskosten liegt weiter vielfach in den Eigenschaften der Waren usw. Beim Grundsatz Teilwert = Wiederbeschaffungskosten wird unterstellt, daß es sich um leicht verkäufliche Waren handelt. Dies ist bei sogen. Ladenhütern (unmodern gewordenen Waren) und auch bei Saisonwaren nach Ablauf der für sie in Frage kommenden Jahreszeit nicht der Fall. In diesem Fall kann zur Ermittlung des Teilwerts von den erzielbaren Verkaufspreisen ausgegangen werden, jedoch ist ein der Spanne zwischen Verkaufspreisen und Einkaufspreisen entsprechender Abschlag zu machen (RFH. VI A 802/27 s. Abs. 1 und VI A 761/27 v. 14. 12. 27, RStBl. 28 S. 95, StW. 78 Nr. 27). Es wird also unterstellt, daß ein Erwerber des ganzen Betriebs für die nicht verkäuflichen Waren nicht etwa deren vollen Verkaufspreis, sondern nur einen Preis anlegen wird, der ihm selbst noch einen Verkauf dieser Waren mit dem im Geschäft üblichen Gewinn ermöglicht. Die Verkäuflichkeit der Waren kann auch dadurch ungünstig beeinflußt werden, daß von ihrer Gattung zuviel Vorräte vorhanden sind (vgl. RFH. VI A 802/27 und VI A 761/27, s. oben). Auch beschädigte oder verdorbene Waren können nicht mehr mit den Wiederbeschaffungskosten bewertet werden (RFH. VI A 116/30 v. 30. 1. 30, RStBl. 30 S. 200, StW. 30 Nr. 288). Eine Bewertung unter dem Börsen- oder Marktpreis wird in RFH. I A 254/30 v. 22. 10. 31 (RStBl. 32 S. 22, StW. 32 Nr. 167) und I A 447/32 v. 20. 6. 34 (RStBl. 34 S. 1077, StW. 34 Nr. 627) dann zugelassen, wenn nach den Verhältnissen des Marktes und nach den alljährlichen Erfahrungen mit einem weiteren Absinken der Kurse oder Marktpreise gerechnet werden muß. Eine entfernte Preissenkungsmöglichkeit genüge noch nicht, sondern es sei nachzuweisen, daß mit einem Fallen der Einkaufspreise in solcher Höhe zu rechnen gewesen sei, daß der Kaufmann keine Aussicht gehabt habe, die Lagerware mindestens zu den Selbstkosten abzugeben (vgl. aber Reinhardt, Buchf. I S. 169, wonach bei Bewertung der nichtabnutzbaren Anlagegüter und der Umlaufgüter bei Feststellung des niedrigeren Teilwerts nur Senkungen berücksichtigt werden dürfen, die bis zum Bilanzstichtag bereits Tatsache geworden sind). Bei gebundenen Inlandspreisen ist nach

§ 6 EStG. Bewertung. Anmerkung 116—117.

RFH. VI A 686—689/32 v. 19. 5. 32 (StW. 32 Nr. 741) von diesen als Wiederbeschaffungskosten auszugehen, wenn der Kaufmann nicht in der Lage ist, zu einem niedrigeren Weltmarktpreis einzukaufen. Anders wäre es, wenn die Preispolitik der Kartelle durch leistungsfähige Außenseiter tatsächlich durchbrochen würde. Nach RFH. VI A 1857/32 v. 28. 6. 33 (RStBl. 34 S. 253, StW. 33 Nr. 644) sind die gebundenen Preise auch dann maßgebend, wenn die Preise gesetzlich zwar erst kurz nach dem Bilanzstichtag herabgesetzt wurden, wenn aber diese allgemeine Herabsetzung der Preise wegen des eingetretenen allgemeinen Preissturzes der nicht an feste Preise gebundenen Waren bereits am Bilanzstichtag von einem vorsichtigen Kaufmann erwartet werden konnte. Unter Umständen kann auch ein bevorstehender Umzug den Teilwert von Warenvorräten nachteilig beeinflussen, wenn die nicht auf das neue Lager zu übernehmenden Waren infolge eines beschleunigten Verkaufs zu einem Preise abgesetzt werden müssen, der nicht mehr die Einkaufspreise und die anteiligen Unkosten deckt (RFH. VI A 477/32 v. 21. 12. 32 (StW. 33 Nr. 275).

Nach dem Grundsatz der Einzelbewertung jedes Wirtschaftsguts (s. Anm. 76) kann bei einem Warenbestand eine berechtigte Wertabschreibung von den Anschaffungskosten einzelner Waren nicht mit der Begründung abgelehnt werden, daß der Teilwert anderer Waren ihre Anschaffungskosten übersteige; denn in diesem Fall, wie in RFH. VI A 1557/30 v. 18. 12. 30 (StW. 31 Nr. 179) mit Recht ausgeführt wird, kann nicht gesagt werden, der Gesamtwert des Warenlagers sei nicht niedriger als die Summe der Anschaffungskosten. Die Werte der einzelnen zu einem Betrieb gehörigen Waren dürfen also nicht durch Ineinanderrechnen ausgeglichen und damit eine berechtigte Abschreibung auf einzelne Waren verhindert werden. Auch gilt der Grundsatz des Wertzusammenhangs nicht etwa für das ganze Warenlager, sondern nur für bestimmte Waren, die bereits am Schluß des vorangegangenen Wirtschaftsjahrs zum Betriebsvermögen gehört haben (RFH. VI A 128, 129/35 v. 6. 5. 36, RStBl. 36 S. 849, StW. 36 Nr. 283).

c) **Nach Handelsrecht muß der buchführungspflichtige Kaufmann den niedrigeren Teilwert in der Bilanz ansetzen,** wenn am Bilanzstichtag der Markt- oder Börsenpreis oder auch der gemeine Wert von Waren usw. unter den Anschaffungs- oder Herstellungskosten liegt. Diese Notwendigkeit besteht auch nach dem AktG fort und gilt auch für die steuerrechtliche Bewertung. Nach RFH. VI A 116/30 v. 30. 1. 30 (RStBl. 30 S. 200, StW. 30 Nr. 288) dürfen Vorräte, die am Stichtag bereits minderwertig waren, nicht mehr mit den Anschaffungskosten angesetzt werden, wenn der Pflichtige gewußt hat oder als vorsichtiger Kaufmann ohne grobe Fahrlässigkeit hätte feststellen müssen, daß die Vorräte zum Teil verdorben oder nicht mehr brauchbar waren und nicht hoffen konnte, sie trotzdem noch ohne Verlust im Betrieb verwenden zu können. Dagegen hat der RFH. dem Kaufmann bei der Bewertung von Waren, Rohstoffen usw. unter Berufung auf die Grundsätze ordnungsmäßiger Buchführung gestattet, einen über den niedrigeren gemeinen Werten (Wiederbeschaffungskosten) vom Stichtag liegenden Wert einzusetzen oder zu belassen, wenn der Kaufmann damit rechnen kann, bei einer späteren Veräußerung der Waren den angesetzten Wert zuzüglich der Verkaufsspesen zu erzielen, vgl. dazu Anm. 109 b, in der auch darauf hingewiesen wird, daß es sich bei dieser Bewertung um den für den Betrieb geltenden Teilwert der Waren handelt.

117. Wertpapiere.

a) **Für die Bewertung von Wertpapieren, die nicht dauernd zum Geschäftsbetrieb bestimmt sind,** gelten die gleichen Grundsätze wie für die Bewertung von Waren (§ 133 Ziff. 3 AktG, s. Anm. 116). Wegen der Anschaffungskosten wird im allgemeinen auf die in Anm. 114 a für die Beteiligungen gemachten Ausführungen verwiesen. Wegen der aus § 133 Ziff. 2 AktG abzuleitenden Verpflichtung zum Ansatz eines niedrigeren Teilwerts und der Möglichkeit des Ansatzes eines über dem Börsenkurs liegenden Teilwerts vgl. Anm. 109 b.

Die wegen der Vorschrift des § 6 Ziff. 2 Satz 3 EStG wichtige Feststellung der Anschaffungskosten von Wertpapieren kann dann schwierig sein, wenn die Wertpapiere gleicher Art zu verschiedenen Zeiten und zu verschiedenen Preisen angekauft sind. Nach RFH. VI A 899/28 v. 13. 12. 28 (RStBl. 29 S. 136, StW. 29 Nr. 15) steht es dem buchführenden Kaufmann, der zu verschiedenen Preisen gekaufte Wertpapiere derselben Art besitzt, frei, beim Verkauf von Wertpapieren dieser Art diejenigen Ankäufe in seinen Büchern anzugeben, denen der Verkauf entsprechen soll, ohne daß er die bei diesen Ankäufen erworbenen Stücke auch tatsächlich liefert. Ist eine entsprechende Buchung beim Verkauf unterlassen, so können bei der Bilanzaufstellung immer die zuletzt vor dem Verkauf angeschafften Stücke als verkauft behandelt werden. Werden Wertpapiere während des laufenden Ertrags= (Dividenden=) oder Zinszeitraums erworben, so drückt sich der erwartete Ertrag bei Wertpapieren mit einem Kurswert, z. B. bei Aktien im Kurswert aus. Das auf den Ertrag entfallende Teilentgelt ist Teil der Anschaffungskosten. Bei festverzinslichen Wertpapieren dagegen werden die Stückzinsen selbständig in Rechnung gestellt, sie gehören also nicht zu den Anschaffungskosten (vgl. auch VR 37 C V 8, RStBl. 38 S. 218 u. Anm. 165 b zu § 20 EStG).

b) Bezüglich der **Bewertung von Wechseln und festverzinslichen Wertpapieren in Bankunternehmen** wird in den VR 37 B VI 3 a (RStBl. 38 S. 197, s. Anh. 17) darauf hingewiesen, daß es bei der Aufstellung der Bankbilanzen üblich und nach betriebswirtschaftlichen Gesichtspunkten nicht zu beanstanden sei, den Diskont vom Anschaffungstag des Wechsels bis zum Bilanzstichtag bei der Bewertung der Wechsel besonders in Ansatz zu bringen. Ähnlich könnten bei festverzinslichen Wertpapieren die Zinsen für nach dem Bilanzstichtag fällige Zinsscheine anteilsmäßig in die Bilanz aufgenommen werden.

Das für die Gemeindeumschuldungsanleihe in § 12 des Gemeindeumschuldungsgesetzes enthaltene Wahlrecht, die Anleihe statt mit dem Kurswert mit dem Nennwert zu bewerten, gilt auch für die Steuerbilanz (vgl. dazu Erl. RdF. v. 18. 3. 38 S 2540 — 8 III, RStBl. 38 S. 355).

Wegen der Bewertung beim Kostgeschäft s. Anm. 86.

Steuergutscheine (s. Anm. 7 des Anhangs zu §§ 6—10 KStG) sind als Inhaberpapiere wie die übrigen Wertpapiere zu bewerten, d. h. mit den Anschaffungskosten oder dem niedrigeren Teilwert vom Bilanzstichtag. Dabei ist zu unterscheiden zwischen den Steuergutscheinen, die der Steuerpflichtige gegen Entgelt erworben hat und solchen, die er vom FA. erhalten hat. Bei den letzten ist § 34 der DB zur Steuergutschein=VO v. 26. 9. 32 (RGBl. I S. 449, 459, RStBl. 32 S. 903) zu beachten. Dieser lautet:

„Bei Steuerpflichtigen, an die Steuergutscheine vom Finanzamt ausgegeben worden sind, ist für die Steuerberechnung im Steuerabschnitt der Ausgabe das auf diese Steuergutscheine entfallende Einkommen nur mit einem Fünftel des Kurswerts dieser Steuergutscheine anzusetzen; maßgebend ist der Börsenkurs am 31. Dezember des Jahres der Ausgabe.

Soweit im übrigen im Zusammenhang mit Steuergutscheinen steuerliche Gewinne oder Verluste entstehen, ist nicht von dem nach Absatz 1 verminderten Wert der Steuergutscheine, sondern stets von dem Wert auszugehen, der sich nach den Vorschriften des Einkommensteuer(Körperschaftsteuer=)gesetzes ergibt."

Der Gewinn, der dem Steuerpflichtigen aus dem Empfang der Steuergutscheine vom FA. (an sich in voller Höhe des Kurswerts vom Tag des Empfangs) erwächst, ist im Ausgabejahr nur in Höhe von einem Fünftel des auf den 31. Dezember des Ausgabejahrs festgestellten Börsenkurses der Steuergutscheine einkommen= oder körperschaftsteuerpflichtig. Es sind daher am Schluß des Wirtschaftsjahrs, in das die Ausgabe fällt, vier Fünftel des Durchschnittskurses vom 31. Dezember des Ausgabejahrs außerhalb der Bilanz vom Geschäftsergebnis als steuerfreier Gewinn abzusetzen. Diese Regelung gilt nur für das Ausgabejahr der Steuergutscheine, und zwar bisher für die Jahre 1932—1935. Da es sich beim Empfang der Steuergutscheine vom Finanzamt um einen unentgeltlichen Erwerb handelt, ist für ihren ersten Ansatz in der Schlußbilanz des Wirtschaftsjahrs, in dem sie ausgegeben wurden, der Börsenkurs vom Tag des Empfangs als gedachte Anschaffungskosten maßgebend. Der RdF. hat jedoch in den VR 33 u. 34 zugelassen, daß der Steuerpflichtige die Steuergutscheine zu dem für den Bilanzstichtag maßgebenden Kurs bilanziert. Dieser würde im Jahre der Ausgabe nach den Grundsätzen ordnungsmäßiger Buchführung nur angesetzt werden können, wenn er als Teilwert niedriger ist als die (gedachten) Anschaffungskosten vom Tag des Empfangs. Für die Bilanzierung der Steuergutscheine in den späteren Wirtschaftsjahren gelten die allgemeinen Vorschriften. Es bestehen weder für die Bewertung noch auch für die Ausschüttungen auf Steuergutscheine steuerliche Erleichterungen. Zu den Einzelheiten über die Behandlung der Steuergutscheine wird auf die Anordnungen hingewiesen, die der RdF. in den VR 33 B I 2 a (RStBl. 34 S. 101 ff.), VR 34 E I (RStBl. 35 S. 398), in den ErgR 34 A V (RStBl. 35 S. 788), in den ErgR 35 A VI (RStBl. 36 S. 631) und in den VR 37 H X 2 (RStBl. 38 S. 234, s. Anh. 17) erlassen hat.

Wegen der Steuergutscheine nach dem Neuen Finanzplan s. Anh. 19.

c) Eigene Aktien, eigene Anteile und eigene Schuldverschreibungen.

Schrifttum. Mirre, Interessante schwierige Fälle bei der steuerlichen Gewinnermittlung: Ziff. 1 Ankauf und Verkauf von Eigen-Aktien, Ziff. 2 Liquidationserlös im Fall des Vorhandenseins eigener Stammanteile der GmbH., DStZ. 36 S. 867.

Eigene Aktien sind im Grunde überhaupt kein Aktivum der Gesellschaft, wirtschaftlich ist jeder Erwerb eigener Aktien eine Beseitigung von Gesellschaftsrechten, jede Veräußerung eigener Aktien eine Neubegründung von Gesellschaftsrechten. Die eigenen Aktien (besser wäre der Ausdruck Eigenaktien, um Mißverständnisse auszuschließen) gelten als wirkliche Aktiva bisweilen auch. Sie gelten grundsätzlich als wirkliche Aktiva, wenn sie gegen entsprechendes Entgelt erworben sind, und zwar deshalb, weil die AG. dann mit ihnen ein gutes oder schlechtes Geschäft gemacht haben kann und es angemessen ist, daß sich der dann erzielte Gewinn oder Verlust körperschaftsteuerlich auswirkt. In diesem Fall sind sie als Umlaufgüter zu bewerten. Im übrigen hat sich die wirtschaftliche Bedeutung der eigenen Aktien auszuwirken, daß sie keine Aktiva sind. Darauf beruht ja z. B., daß, wenn jeder Aktionär die Hälfte seiner Aktien der Gesellschaft unentgeltlich überläßt, keiner der Aktionäre einen Verlust erleidet, weil die in den Händen der Aktionäre verbleibenden Aktien dann doppelt so viel wert sind als vorher. Die Entsch. RFH. I A 217/34 v. 13. 2. 35 (RStBl. 35 S. 773, StW. 35 Nr. 234) prüft genau, ob die eigenen Aktien im wirtschaftlichen Sinn als entgeltlich erworben anzusehen sind. Die AG. X hatte ihr Grundkapital erhöht und die neuen Aktien zum Erwerb des Vermögens mehrerer Gesellschaften mbH. benutzt. Da zum Vermögen der GmbH. X-Aktien gehörten, erwarb die AG. X einen Posten X-Aktien. Es ist durchaus zutreffend, in diesem Fall diese Aktien nicht als entgeltlich erworben anzusehen. Die ganze Verschmelzung hätte so durchgeführt werden können, daß die Gesellschaft nicht in den Besitz eigener Aktien gelangte. Die Entsch. lehnt es auch ab, auf die genannten Aktien eine Abschreibung zuzulassen. Sie hätten eigentlich überhaupt nicht bewertet werden sollen. Vielleicht wäre die Auffassung eine andere, wenn damals eine Hochkonjunktur eingesetzt hätte und die Aktien mit Gewinn verkauft wären. Wenn eine Gesellschaft so bedenkliche Sachen macht wie den Erwerb eigener Aktien, darf sie sich nicht wundern, wenn sie steuerlich dabei schlecht abschneidet. In RFH. I A 268/33 v. 16. 10. 34 (E. 37 S. 73, RStBl. 35 S. 139, StW. 35 Nr. 55) wird zutreffend festgestellt, daß eigene Aktien, die einer AG. von den Aktionären unentgeltlich zur Vernichtung zwecks Durchführung einer Kapitalherabsetzung überlassen werden, bei der AG. nicht zu aktivieren sind. Die Kapitalherabsetzung war in der Weise erfolgt, daß Vorzugsaktien gegen Entgelt erworben und Stammaktien umsonst zur Verfügung gestellt waren und diese Aktien vernichtet wurden. Die Stammaktien waren nicht zu aktivieren, da für sie nichts ausgegeben war. Übrigens wäre auch eine durch ihre Aktivierung eintretende Vermögensvermehrung als auf freiwilligen Leistungen der Gesellschafter beruhend nicht steuerpflichtig, die Vernichtung dieser Aktien ergäbe eine Vermögensminderung, nicht etwa eine Vermögensvermehrung in Höhe des Unterschieds von Nennwert und Buchwert. Bei den Vorzugsaktien war der Erwerbspreis aus dem Gewinn des Jahres bezahlt. Im Ergebnis ist es richtig, daß infolgedessen der Gewinn nicht berührt wird. Der Erwerb beeinflußt den Gewinn nicht, da der Preis zu aktivieren ist. Werden die Aktien dann vernichtet, so tritt eine Verminderung des Reinvermögens ein, die deshalb keinen Verlust bedeutet, weil es sich um einen gesellschaftlichen Vorgang handelt.

Eigene Anteile an Gesellschaften mbH. sind nach den gleichen Grundsätzen wie eigene Aktien zu behandeln. Bei entgeltlichem Erwerb durch die GmbH. sind sie mit dem Entgelt als Anschaffungskosten zu aktivieren. Für die GmbH. bedeutet der Besitz der eigenen Anteile die Möglichkeit, sich durch ihre Ausgabe neues Kapital zuzuführen. Solange diese Möglichkeit besteht, kommt eine Abschreibung der Anschaffungskosten auf den niedrigeren Teilwert nicht in Betracht. (wegen der Möglichkeit, die Abschreibung als verdeckte Gewinnausschüttung zu behandeln vgl. Anm. 158 b, bb zu § 20 EStG). Dagegen entfällt die Möglichkeit der Wiederausgabe der Anteile spätestens mit der Beendigung der Liquidation der GmbH. Mit Recht wird in RFH. I A 242/30 v. 10. 10. 30 (RStBl. 30 S. 670, StW. 30 Nr. 1438) der Standpunkt vertreten, eigene Anteile einer GmbH. seien in der Abwicklungsschlußbilanz mit 0 zu bewerten. Jedoch kann der Begründung, der Wert der eigenen Anteile, der in dem Anfangsvermögen noch realisierbar enthalten gewesen sei, habe sich in der Schlußbilanz mit der Beendigung der Liquidation verflüchtigt, und der vom RFH. gebilligten steuerlichen Auswirkung aus folgenden Erwägungen nicht beigetreten werden: Die Unmöglichkeit der Wiederausgabe der eigenen Anteile bewirkt, daß die GmbH. am Ende der Liquidation als ihr eigener Gesellschafter verschwindet und nur noch über ein um die eigenen Anteile gekürztes Stammkapital verfügt. Das Eintreten dieser Unmöglichkeit ist also einer Kapitalherabsetzung gleichzuerachten. Der dadurch eingetretene Verlust in Höhe des Buchwerts (Anschaffungskosten) der eigenen Anteile in der Abwicklungsanfangsbilanz darf deshalb den steuerpflichtigen Gewinn nicht mindern. Es mußte also das Ergebnis des Betriebsvermögensvergleichs für den Abwicklungszeitraum (Abwicklungserlös) entgegen der Entsch. um den Betrag des Verlusts erhöht werden (ähnlich auch Mirre, Bespr. StW. 30 I, Sp. 1047 ff. und DStZ. 36 S. 869).

Der Erwerb eigener Schuldverschreibungen (Obligationen) hat bürgerlich-rechtlich nicht zur Folge, daß die Schuldverhältnisse erlöschen. Obwohl es eigentlich ein Unding ist, daß jemand sein eigener Schuldner ist und deshalb grundsätzlich der Satz gilt, daß beim Zusammenfallen von Gläubiger und Schuldner das Schuldverhältnis erlischt, ist es anerkannten Rechts, daß Schuldverschreibungen auf den Inhaber auch beim Erwerb durch den Schuldner der Form nach weiterbestehen, was z. B. die Folge hat, daß sie ohne eine sonst erforderliche Genehmigung wieder ausgegeben werden dürfen und daß die Wertpapiersteuer nicht von neuem fällig wird. In RFH. I A 156/33 v. 30. 1. 34 (E. 36 S. 191, RStBl. 34 S. 1010, StW. 34 Nr. 518) wird jedoch ausgeführt, wenn die Obligationen zum Zweck der Tilgung gekauft seien, so seien sie nicht als Aktiva zu behandeln, sondern es sei die ihnen entsprechende Schuld auf der Passivseite zu streichen. Falls die Schuld auf der Passivseite mit dem Nennbetrag berücksichtigt war und der Ankauf, wie häufig, unter pari erfolgte, ergibt sich natürlich ein Buchgewinn. Beim Ankauf z. B. von 10 000 RM. Nennbetrag zu 91 v. H. beträgt der Buchgewinn 900 RM., da nur 9 100 RM. ausgegeben sind und ein Passivum mit dem Buchwert 10 000 RM. wegfällt. Es kommt lediglich darauf an, daß die Gesellschaft die Obligationen zum Zweck der Tilgung gekauft hat. Ob sie sie sofort vernichten durfte oder erst später nach Maßgabe eines Tilgungsplans, ist gleichgültig. Sollten die Obligationen später wider Erwarten doch wieder ausgegeben werden, so würde es sich unter Umständen um nachträglichen Wegfall eines bereits verwirklichten Geschäftsgewinns handeln; es liegt ähnlich, wie wenn ein Gegenstand mit Gewinn an einen zahlungsfähigen Käufer verkauft worden ist und dieser vor der Zahlung unerwarteterweise zahlungsunfähig geworden ist.

118. Forderungen.

Schrifttum. Zitzlaff, Das Delkredere in der Steuerbilanz, StW. 37 I Sp. 953.

a) Allgemeine Aktivierungsgrundsätze. Forderungen sind in der Bilanz nach den Grundsätzen ordnungsmäßiger Buchführung mit ihrem Entstehen auszuweisen, und zwar ohne Rücksicht darauf, wann sie fällig sind; sie sind also regelmäßig zum Schluß des Wirtschaftsjahrs, in dem sie entstanden sind, beim Betriebsvermögensvergleich zu berücksichtigen. Bedingte oder befristete Forderungen sind nicht durchweg nach den für die Wirksamkeit bedingter oder befristeter Rechtsgeschäfte allgemein gültigen Grundsätzen zu behandeln. Danach entstehen Forderungen, deren Eintritt von einer aufschiebenden Bedingung abhängt, erst nach Eintritt der Bedingung und sind sie daher auch erst von diesem Zeitpunkt als Wirtschaftsgüter des Betriebsvermögens zu berücksichtigen. Aufschiebend bedingte Forderungen entstehen bürgerlich-rechtlich erst nach Eintritt der Bedingung (vgl. auch § 4 RBewG), sie sind daher im allgemeinen auch einkommensteuerrechtlich in diesem Zeitpunkt aktivierungspflichtig. Jedoch ist nach den Grundsätzen ordnungsmäßiger Buchführung eine Aktivierung schon vorher möglich, wenn die aufschiebend bedingte Forderung mit einem Betriebsvorgang des abgelaufenen Wirtschaftsjahrs zusammenhängt. Daher hat nach RFH. VI A 924/36 v. 16. 11. 36 (StW. 37 Nr. 87) ein Agent das Recht, seine durch die Zahlung der Käufer bedingten und der Höhe nach noch nicht feststehenden Provisionsforderungen gegen seinen Auftraggeber entweder am Schluß des Geschäftsjahrs, in dem er tätig war, unter Aufnahme einer entsprechenden Rückstellung (Wertabschreibung?) unter die Passiva zu aktivieren oder sie erst nach Beendigung des Schwebezustands, d. h. nach Eintritt der Bedingung durch Zahlung der Käufer zu aktivieren. Eine Verpflichtung zur Aktivierung einer aufschiebend bedingten Forderung wird man nach den Grundsätzen ordnungsmäßiger Buchführung dann annehmen müssen, wenn zur Erlangung der Forderung eine bestimmte Aufwendung des Betriebs (Anschaffungskosten) gemacht ist. Auflösend bedingte Forderungen sind wie unbedingt entstandene Forderungen zu behandeln, die nach Eintritt der auflösenden Bedingung wegfallen (vgl. auch § 5 RBewG). Forderungen, deren Entstehung oder Erlöschen auf einen unbestimmten Zeitpunkt befristet ist, sind gleich den aufschiebend oder auflösend bedingten Forderungen zu behandeln (vgl. auch § 8 RBewG.) Betagte Forderungen, bei denen die Geltendmachung des Anspruchs bis zu einem bestimmten Zeitpunkt hinausgeschoben ist, sind entsprechend der bürgerlich-rechtlichen Beurteilung über den sofortigen Eintritt der Wirksamkeit des Rechtsgeschäfts als sofort entstanden anzusehen und daher regelmäßig zu aktivieren. Eine Ausnahme von diesem Grundsatz soll nach RFH. I A a 724/28 v. 15. 1. 29 (RStBl. 29 S. 323, StW. 29 Nr. 500) nur dann möglich sein, wenn die noch ausstehenden Forderungen wirtschaftlich erst späteren Geschäftsjahren zuzurechnen sind. Für die steuerrechtliche Berücksichtigung einer Forderung genügt es nicht, wenn zum Nachweis ihres Bestehens darauf verwiesen wird, daß sie nach dem Wortlaut eines Vertrags bestanden hat. Nur formell bestehende Ansprüche, die nach der Absicht der Beteiligten nicht ernstlich geltend gemacht werden, können nach RFH. VI A 223/29 v. 20. 2. 29 (RStBl. 29 S. 268, StW. 29 Nr. 384) wirtschaftlich nicht als bestehend angesehen und daher auch nicht aktiviert werden. Ebenso wird es in RFH. VI A 173/27 v. 28. 5. 27 (RStBl. 27 S. 188, StW. 27 Nr. 307) als zulässig angesehen, daß ein Kaufmann die von seinen Schuldnern geforderten Verzugszinsen in seiner Bilanz nicht berücksichtigt, wenn er von der gerichtlichen Geltendmachung der Ansprüche Nachteile befürchtet (und sie deshalb unterläßt). Nach RFH. VI A 940/34 v. 27. 11. 35 (StW. 36 Nr. 27) ist eine für die vorzeitige Auflösung eines Lieferungsvertrags eingeräumte Forderung auf eine Barabfindung auch dann zum Schluß des Wirtschaftsjahrs des Vertragsabschlusses aktivierungsfähig, wenn die Abfindung in 9 jährlichen Teilzahlungen zu zahlen ist, von denen die erste erst im folgenden Geschäftsjahr fällig wurde; denn die Lösung des Lieferungsvertrags und die bedingungslose Einräumung einer Gesamtentschädigung in Höhe der Summe der vereinbarten Jahreszahlungen bewirke die Entstehung des Anspruchs im Zeitpunkt des Vertragsabschlusses und es könne nur die Frage sein, mit welchem Zeitwert der Anspruch zu aktivieren sei. Rückvergütungs= ansprüche, die einem Kaufmann von seinen Lieferanten teils nach dem Jahres= umsatz, teils nach Erledigung der Verträge gewährt werden, werden in RFH. VI A 244—246/33 v. 26. 7. 33, StW. 33 Nr. 635, ebenso RFH. VI A 543/37 v. 29. 6. 37, StW. 37 Nr. 546) mit Recht nur insoweit als aktivierungspflichtig erklärt, als am Bilanzstichtag schon Ansprüche auf Zahlung der Vergütung (nämlich nach dem Umsatz) bestehen. Ansprüche auf Vergütungen, die erst nach Erfüllung von am Bilanzstichtag noch nicht erfüllten Verträgen zu leisten sind oder freiwillig gezahlt werden, sind nicht zu aktivieren, weil am Bilanzstichtag kein Anspruch auf sie be= stand, und zwar bei freiwilligen Vergütungen selbst dann nicht, wenn der Kauf= mann nach den bisher gemachten Erfahrungen mit der Zahlung schon am Stichtag rechnen kann.

Die Aktivierung von Forderungen, die auf Grund der Betriebsvorgänge eines Wirtschaftsjahrs erworben sind, ist nicht davon abhängig, daß die Forderung am Schluß des Wirtschaftsjahrs zahlenmäßig feststeht. Ist dies nicht der Fall, so ist ihr Betrag zu schätzen. In RFH. VI A 1065/29 v. 4. 3. 31 (RStBl. 31 S. 460, StW. 31 Nr. 783) wird das einem Verkaufssyndikat angeschlos= sene Unternehmen für berechtigt erklärt, Forderungen, die ihm am Schluß des Geschäftsjahrs auf Grund seiner Lieferungen des Geschäftsjahrs gegen das Syndikat zustehen und auf Auszahlung des über den Verrechnungspreis der Lieferungen hinaus erzielten Gewinns gehen, auch dann zu aktivieren, wenn die endgültige Abrechnung über die Höhe der Gewinnvergütung erst einige Monate nach Schluß des Geschäftsjahrs erfolgt und die Höhe der Forderung noch nicht genau feststeht. Der Betrag der Forderung ist nach dem mutmaßlichen, auf Grund der Lieferungen an das Syndikat sich ergebenden Betrag zu schätzen. Da es sich um Vergütungen für Leistungen des abgelaufenen Geschäftsjahrs handelt, ist die Aktivierung unter dem Gesichtspunkt der Rechnungsabgrenzung (s. Anm. 87) notwendig. Der Ansatz der Forderung könnte nur dann unterbleiben, wenn das Unternehmen bereits am Bilanzstichtag, z. B. wegen der ihm bekannten Verluste des Syndikats mit einer Nachvergütung auf die Lieferungen des abgelaufenen Geschäftsjahrs nicht mehr rechnen konnte.

b) **Anschaffungskosten.** Für die Bewertung der Forderungen gelten, gleich= gültig, ob sie z. B. als langfristige Darlehensforderungen zu den nichtabnutzbaren Anlagegütern oder als laufende Geschäftsforderungen zu den Umlaufgütern zu rechnen sind, nach § 6 Ziff. 2 EStG die Anschaffungskosten als steuerlicher Höchstwert. Eine Besonderheit der Forderungen besteht darin, daß für sie regel= mäßig Anschaffungskosten im eigentlichen Sinn nicht gegeben sind, es sei denn, daß sie wie ein sonstiges Wirtschaftsgut des Betriebsvermögens gekauft oder ein= getauscht werden. Dann sind die Kosten des Erwerbs die Anschaffungskosten. Die überwiegende Mehrzahl der Forderungen wird aber nicht angeschafft, sondern sie entsteht in Abwicklung des laufenden Geschäftsbetriebs aus der gewerblichen Lieferung oder Leistung an den Kunden oder durch Abschluß eines Vertrags auf Lieferung eines Gegenstands des Anlagevermögens, z. B. einer Maschine. Daraus ergeben sich im wesentlichen zwei Arten von Forderungen, nämlich Forderungen, die auf Bargeld lauten und solche, die auf eine Sachleistung oder sonstige Leistungen gehen. Bei Forderungen, die auf Bargeld lauten, also insbesondere den laufenden Geschäftsforderungen, ist grundsätzlich der Wert vom Zeitpunkt des Entstehens der Forderung (Gegenwartswert oder Zeitwert) an Stelle der fehlenden Anschaffungskosten anzusetzen. Dieser Wert ist insbesondere bei kurzfristigen, laufen= den Geschäftsforderungen gleich dem Nennbetrag und nur beim Vorliegen be= sonderer Umstände kann er niedriger sein, z. B. bei längerer Unkündbarkeit und niedriger oder fehlender Verzinsung. Regelmäßig erfüllt demnach der Nennbetrag der Forderung in diesen Fällen die Aufgabe der Anschaffungskosten; er ist der

§ 6 EStG. Bewertung. Anmerkung 118.

Höchstwert im Sinn der steuerlichen Bewertungsvorschriften und an ihm ist zu messen, ob ein niedriger Teilwert vorliegt oder bis zu welchem Betrag der letzte Buchansatz unter dem Gesichtspunkt des höheren Teilwerts erhöht werden kann. Für Forderungen, die auf Lieferung eines Gegenstands oder eine sonstige Leistung gehen, gelten, soweit sie Ausfluß eines gegenseitigen Vertrags sind, die Grundsätze über die Behandlung schwebender Geschäfte (s. Anm. 85). Nach Erfüllung eines Vertrags z. B. durch Lieferung des bestellten Gegenstands ist an die Stelle der Forderung der gelieferte Gegenstand getreten und nach den für seine Bewertung maßgebenden Grundsätzen anzusetzen. Im übrigen sind Forderungen auf Sachleistungen selbständig zu bewerten. Wird z. B. vereinbart, daß bei Auflösung eines langfristigen Pachtvertrags vom Verpächter eingebrachte Holzmengen oder ihr Wert zur Zeit der Auflösung des Vertrags zurückzugeben sind, so kann nach RFH. VI A 243/35 v. 29. 4. 36 (StW. 36 Nr. 281) für die Bewertung der Holzforderung als einer Sachwertforderung beim Verpächter von dem für den Bilanzstichtag sich ergebenden Preis der Holzmenge ausgegangen werden. Als Anschaffungskosten müßte in diesem Fall für die Holzforderung wohl ihr Wert angesehen werden, der sich nach den im Zeitpunkt des Vertragsabschlusses liegenden Holzpreisen (Wert des hingegebenen Holzes) ergibt.

c) **Teilwert.**

aa) **Als Umstände, die den Teilwert einer Forderung unter ihren Nennbetrag herabdrücken** oder auch ganz beseitigen, kommen in erster Linie Zweifelhaftigkeit der Forderung oder Uneinbringlichkeit in Betracht. Zweifelhafte Forderungen sind nach § 40 Abs. 3 HGB nach ihrem wahrscheinlichen Wert anzusetzen (vgl. auch unter e), uneinbringliche Forderungen sind abzuschreiben. Wenn der Kaufmann nach den Verhältnissen des Schuldners auch nicht mit einer nur teilweisen Befriedigung seiner Forderung mehr rechnen kann, dann darf er diese uneinbringliche Forderung überhaupt nicht mehr als Besitzposten in die Bilanz aufnehmen. Die übrigen Forderungen sind daraufhin zu prüfen, ob und inwieweit auch bei ihnen noch mit Ausfällen zu rechnen ist. Eine Forderung ist nach RFH. VI A 1003/31 v. 9. 3. 32 (StW. 32 Nr. 992), bereits dann als zweifelhaft anzusehen, wenn der vorsichtige Kaufmann bei seinen Schuldnern Merkmale erkennt, die mit Wahrscheinlichkeit auf keinen vollen Eingang der Forderung schließen lassen. Für die Beurteilung der Sicherheit einer Forderung kommt es also auf die Verhältnisse des Schuldners am Bilanzstichtag an. In der Regel werden besondere Umstände wie die Notwendigkeit des Erlasses von Zahlungsbefehlen, Zwangsbeitreibungen und Zahlungseinstellungen beim Gläubiger die Auffassung rechtfertigen, daß seine Forderung ganz oder zum Teil nicht eingehen werden oder der nicht rechtzeitige Eingang seinem Betrieb schaden und zu Kosten und Weiterungen führen werde (RFH. VI A 31/31 v. 15. 1. 31, RStBl. 31 S. 201, StW. 31 Nr. 180). Eine Forderung kann noch nicht als eingegangen angesehen werden, wenn der Schuldner zwar eine bestehende Schuld bezahlt hat, aber gleichzeitig dafür wieder neue Verbindlichkeiten eingegangen ist; nach RFH. VI A 837/30 v. 28. 5. 30 StW. 30 Nr. 1007) kann vielmehr ein Schuldner, der dauernd den gleichen Betrag schuldig bleibt, von Anfang an bezüglich dieses Betrags als unsicher angesehen werden. Wenn die Kunden im allgemeinen jedes Jahr ihre alten Schulden bezahlen und dafür neue durch Einkäufe von Waren eingehen, so handelt es sich nach RFH. VI A 1861/29 v. 13. 11. 29 (StW. 30 Nr. 245) wirtschaftlich um einen dauernden Kredit in bestimmter Höhe und es ist zu prüfen, ob dieser geschuldete Betrag als solcher gefährdet ist. Dabei sind nach RFH. VI A 749/33 v. 17. 10. 34 (StW. 35 Nr. 16) gerade unter dem Gesichtspunkt des Teilwerts bei laufender Kundschaft nicht nur der derzeitige Vermögensstand eines Schuldners, sondern auch die Umsätze, die mit ihm voraussichtlich in Zukunft noch getätigt werden dürften, die Arbeitsfähigkeit und Arbeitswilligkeit und die Zahlungswilligkeit des Schuldners zu berücksichtigen. Gewerbliche Kunden, mit denen der Kaufmann noch längere Jahre Geschäftsbeziehungen voraussichtlich unterhalten wird, könnten für nicht zu hohe Kreditposten auch dann als gut angesehen werden, wenn sie nicht ohne weiteres in der Lage seien, zur Zeit die Schuld abzudecken. Das alles drücke sich in der Bewertung der Außenstände aus, ein Ansatz für Geschäftswert komme daneben nicht in Frage (vgl. auch unter d, aa Abs. 2 a. E. wegen des Begriffs der eingefrorenen Forderungen).

Der Kaufmann kann aber über die Feststellung der im einzelnen als uneinbringlich oder als zweifelhaft anzusehenden Forderungen hinaus noch berücksichtigen, daß er nach den Erfahrungen des Geschäftslebens und nach der Eigenart seines Betriebs und seiner Kundschaft auch für die übrigen Forderungen nicht mit dem Eingang ihres vollen Betrags rechnen kann. Nach RFH. VI A 2229, 2230/31 v. 21. 6. 32 (StW. 32 Nr. 820) ist bereits die Tatsache, daß es sich bei Forderungen um Geschäftsaußenstände handelt, ein besonderer Umstand, der eine mehr oder weniger große Minderwertigkeit der Forderungen gegenüber ihrem Nennwert begründet. Für die Bewertung der Forderungen bei Bewilligung von Teilzahlungen, die insbesondere in Abzahlungsgeschäften üblich sind, kommen nach der Rechtsprechung für den Minderwert der Forderungen gegenüber ihrem Nennwert bei langfristigen Teilzahlungen in erster Linie neben Zinsverlust die die eigentliche Sicherheit der Forderungen angehenden Überlegungen in Frage (vgl. RFH. VI A 2087/29 v. 17. 9. 30, StW. 30 Nr. 1248 und VI A 137/29 v. 10. 4. 29, StW. 29 Nr. 515).

Ebenso wie nach den letzten Entsch. sollen auch nach RFH. VI A 1483—85/30 v. 28. 10. 31, RStBl. 32 S. 144, StW. 32 Nr. 422) bei der Bewertung der Forderungen die Kosten der Einziehung, Mahnung und Beitreibung, Provisionen, Spesen, Verluste an Zwischenpreisen als wertmindernd berücksichtigt werden, ferner können nach RFH. I A 195/27 v. 4. 11. 27 (StW. 27 Nr. 687) auch Preisnachlässe bei früherer Zahlung (Skonti), sonstige Preisunterschiede und Retouren (Warenrücksendungen), nach RFH. VI A 31/31 v. 15. 1. 31 (RStBl. 31 S. 201, StW. 31 Nr. 180) auch Nacharbeiten und Gewährleistungsverpflichtungen, nach RFH. I A a 671/29 v. 3. 12. 29, RStBl. 30 S. 45, StW. 30 Nr. 392) erwartete künftige Abstriche des Schuldners an den Außenständen und nach RFH. VI A 441/30 v. 19. 8. 31 (E. 29 S. 249, RStBl. 31 S. 908, StW. 31 Nr. 943) auch die Belastung mit der künftigen Umsatzsteuer berücksichtigt werden. Diese Tatsachen, die hiernach berücksichtigungsfähig oder -pflichtig sind, berühren den Bestand und damit den eigentlichen Wert der Forderung nicht. Es handelt sich überwiegend um künftige Betriebsausgaben (Kosten der Einziehung, Betriebssteuern usw. oder Abzüge des Schuldners) und bei den Retouren um Rückgängigmachung einer Lieferung. Bei ihrem Eintreten sind sie nicht Forderungsverluste, sondern selbständige Betriebsvorgänge, die mit dem abgelaufenen Wirtschaftsjahr zusammenhängen und daher schon in der Schlußbilanz durch einen selbständigen Schuldposten und nicht durch eine Wertabschreibung an den Forderungen berücksichtigt werden können. Wird die Umsatzsteuer nach den vereinbarten Entgelten entrichtet, dann ist sie für die noch ausstehenden Forderungen aus Lieferungen und Leistungen als Schuld bereits entstanden (vgl. § 3 Abs. 5 Ziff. 4 b StAnpG) und nach dem Nennbetrag der Forderungen zu berechnen.

Forderungen, deren Verzinsung, wie z. B. bei Darlehnsforderungen, nicht aber bei den gewöhnlichen, laufenden Geschäftsforderungen üblich ist, können dann nicht mehr als vollwertig angesehen werden, wenn sie nicht oder nur unter dem üblichen Zinsfuß verzinst werden; denn der entgehende Zins mindert den Zeitwert der Forderung (vgl. auch § 14 Abs. 3 RBewG). Eine gestundete, mit nur $^8/_{10}$ des Reichsbankdiskonts verzinsliche Forderung, ist nach RFH. VI A 437/29 v. 17. 12. 30 (StW. 31 Nr. 443) insbesondere, wenn sich ihre Bezahlung noch auf die lange Dauer von 10 Jahren erstreckt, selbst bei bester Sicherheit nicht mit dem Nennbetrag anzusetzen. Ebensowenig dürfen nach RFH. I A 71/32 v. 10. 1. 33 (RStBl. 33 S. 230, StW. 33 Nr. 433) Anleiheablösungsschuldverschreibungen mit Auslosungsrechten, die nur niedrig verzinst und unter Umständen erst in 30 Jahren mit dem Auslosungsnennwert eingelöst werden, nicht mit 100 v. H. des Auslosungsnennwerts in die Bilanz eingesetzt werden, da es ausgeschlossen erscheint, daß schon heute für das Papier 100 v. H. des Auslosungsnennwerts vergütet oder bei einer Beleihung von einem Darlehnsgeber der Beleihung zugrunde gelegt würden. Wird ein Darlehen gegen die Überlassung eines noch nicht geschützten Urheberrechts zu ungewöhnlich niedrigem Zinsfuß langfristig und ohne Sicherheit gewährt, dann ist die Darlehnsforderung zweifellos von Anfang an minderwertig. Darlehen und Urheberrecht sind nach RFH. VI A 181/29 v. 23. 1. 30 (StW. 30 Nr. 472) zu aktivieren und zwar der Minderwert des Darlehens als Anschaffungskosten des Urheberrechts. Die Verteilung der Darlehnsvaluta auf Entgelt für die Forderung und für das Urheberrecht hat auf den Zeitpunkt der Hingabe des Darlehens zu erfolgen. Tritt später eine weitere Entwertung der Darlehnsforderung ein, so kann nach dem Grundsatz der Einzelbewertung jedes Wirtschaftsguts diese Entwertung nicht mehr nachträglich als Teil der Anschaffungskosten des Urheberrechts behandelt werden, ebenso wie auch eine nachträgliche Entwertung des Urheberrechts nicht mehr die Höhe der Darlehnsforderung beeinflussen kann.

Für die Berechnung des Barwerts (Teilwerts) von unverzinslichen befristeten Forderungen ist nicht die Vorschrift des § 14 Abs. 3 RBewG anzuwenden, nach der der Betrag zu ermitteln ist, der nach Abzug von Jahreszinsen in Höhe von 4 v. H. des Nennwerts bis zur Fälligkeit verbleibt. Unter dem Gesichtspunkt des Teilwerts wird ein Erwerber des ganzen Betriebs die genannten Forderungen nicht nur unter Berücksichtigung von einfachen Zinsen, sondern von Zins und Zinseszinsen bei Berechnung des Gesamtkaufpreises ansetzen. Der Barwert ist daher nicht nach der sogen. Hoffmannschen Formel, sondern unter Benutzung der Tabellen für Zinseszinsen und Rentenrechnung von Spitzer zu berechnen. Ebenso ist der Barwert einer in gleichmäßigen Teilbeträgen abzudeckenden Forderung nach der Rentenformel zu ermitteln (vgl. RFH. VI A 1323/30 v. 10. 2. 32, E. 31 S. 21, RStBl. 32 S. 628, StW. 32 Nr. 927 und VI A 806/34 v. 19. 2. 36, E. 39 S. 160, RStBl. 36 S. 766, StW. 36 Nr. 196).

bb) Minderwert bei bestimmten Arten von Forderungen. Beim Bestehen einer Debitorenversicherung sind nach RFH. VI A 1922/31 v. 28. 10. 31 (RStBl. 32 S. 308, StW. 32 Nr. 242) nicht etwa die Außenstände höher zu bewerten, sondern etwaige bereits entstandene Ansprüche gegen die Versicherungsgesellschaft und auch die Versicherungsprämien zu aktivieren, soweit sie für einen Zeitraum nach dem Bilanzstichtag gezahlt sind. Bedenken bestehen aber dagegen, daß nach RFH. VI A 489/33 v. 3. 5. 34 (StW. 34 Nr. 361) gegen eine schätzungsweise Berücksichtigung der Versicherung bei Bemessung des Delkrederepostens, also bei der Bewertung der Forderungen nichts eingewendet werden soll, wenn der Debitorenversicherung nicht durch die Aktivierung der Prämien und der bereits entstandenen Ansprüche gegen die Versicherungsgesellschaft Rechnung getragen sei. Nach den Grundsätzen ordnungsmäßiger Buchführung müssen die aus einer Schadensversicherung entstandenen Ansprüche als solche und Prämienvorauszahlungen als Posten der Rechnungsabgrenzung aktiviert werden, so daß das vom RFH. für den Ausnahmefall zugelassene Verfahren weder den Grundsätzen ordnungsmäßiger Buchführung, noch dem Erfordernis der Bilanzwahrheit entsprechen dürfte.

Eine durch Wechsel gesicherte Forderung ist grundsätzlich nicht sicherer als eine gewöhnliche Forderung. Der Bildung eines Delkrederepostens für durch Wechsel gesicherte Forderungen steht, wie in RFH. VI A 1509/31 v. 28. 4. 32 (StW. 32 Nr. 621) mit Recht ausgeführt ist, nicht der Umstand entgegen, daß die Schuld des Kunden nach Übersendung eines Wechsels buchmäßig als getilgt behandelt wurde; denn der Kaufmann habe wegen seiner alten Forderung noch keine Bezahlung erhalten, sondern nur eine leicht verwertbare Forderung, die die Möglichkeit der rascheren Beitreibung, aber noch kein Recht auf vorzugsweise Befriedigung gewähre. Nach der Diskontierung besteht die Gefahr, daß der Kaufmann den Wechsel später selbst einlösen muß, weil der Kunde, der ihm den Wechsel ausgehändigt hat, seiner Einlösungspflicht nicht nachkommt. Insoweit handelt es sich nach RFH. VI A 1483—85/30 v. 28. 10. 31 (RStBl. 32 S. 144, StW. 32 Nr. 422) immer noch um ein schwebendes Geschäft bürgschaftsähnlicher Art und der Kaufmann könne die Gefahr dieser Nichteinlösung durch eine entsprechende Rückstellung berücksichtigen. Hat der Kaufmann die durch die Wechseldiskontierung zunächst ausgeglichene Forderung weiter aktiviert und gleichzeitig passiviert, dann könne statt der Rückstellung auch ein Abschlag auf der Aktivseite erfolgen.

Auch für **hypothekarisch gesicherte Forderungen** ist nach RFH. I A 67/31 v. 19. 5. 31 (RStBl. 31 S. 971, StW. 31 Nr. 983), grundsätzlich der Ansatz eines Delkrederepostens zulässig. Ein Unterschied besteht lediglich in der tatsächlichen Beurteilung der Güte der Forderung, insofern die durch Hypotheken, insbesondere durch erststellige gesicherte Forderungen seltener zu Verlusten führen werden als ungesicherte Forderungen.

Für die Bewertung einer **Forderung, über die am Bilanzstichtag ein Rechtsstreit schwebt**, hat der Kaufmann grundsätzlich nach den Aussichten des Rechtsstreits zu beurteilen, ob er die Forderung noch zum Nennwert ansetzen kann. Jedenfalls kann man nicht unbedingt sagen, der Kaufmann habe die Klage für aussichtsreich gehalten, sonst würde er sie nicht erhoben haben. Die Steuerbehörde kann nach RFH. I A 82/34 v. 8. 1. 35 (StW. 35 Nr. 112) nach ihrer eigenen Beurteilung der Aussichten des Rechtsstreits die Bewertung der Forderung durch den Steuerpflichtigen nachprüfen. Wegen der Möglichkeit des Ansatzes eines vorläufigen Bewertungspostens vgl. Anm. 43 c. Ebenso wie der Steuerpflichtige mit der Bewertung einer im Rechtsstreit anhängigen Forderung nicht warten darf, bis der Rechtsstreit entschieden ist, dürfen Forderungen, die der Schuldner bestreitet, bei Zweifelhaftigkeit der Rechtslage nicht etwa sofort abgeschrieben werden, sondern der Steuerpflichtige muß auch in diesem Fall den Wert der Forderung nach seinem Ermessen schätzen (RFH. VI A 564/28 v. 5. 12. 28, StW. 29 Nr. 231).

Für die Bewertung von **Forderungen des Gesellschafters einer Kapitalgesellschaft gegen diese** kann wegen der einkommensteuerrechtlichen Selbständigkeit der Kapitalgesellschaft einer Abschreibung, die der Gesellschafter an seiner Forderung gegen die von ihm beherrschte Kapitalgesellschaft vorgenommen hat, die steuerliche Anerkennung nicht schon deshalb versagt werden, weil die Kapitalgesellschaft vom Gesellschafter wesentlich beherrscht ist. Die Sicherheit solcher Forderungen ist vielmehr nach denselben Gesichtspunkten zu prüfen, nach denen die Sicherheiten von Forderungen im allgemeinen geprüft werden müssen. Daher muß ein an einer GmbH. wesentlich beteiligter Kaufmann nach RFH. VI A 268/27 v. 30. 6. 27 (RStBl. 28 S. 5, StW. 27 Nr. 361) wegen der Minderwertigkeit der Darlehnsforderung einen Buchverlust in Höhe des Minderwerts der Forderung gegenüber dem Darlehnsnennbetrag ausweisen. Jedoch kann nach der Entsch. VI A 1508/32 v. 21. 6. 33 (StW. 33 Nr. 653) der Einfluß des Steuerpflichtigen auf die Kapitalgesellschaft bei Prüfung der Sicherheit eine Rolle spielen, aber entscheidend ist er nicht. Für die Beurteilung kommt es vielmehr in erster Linie auf die wirtschaftliche Lage der Kapitalgesellschaft an. Unzutreffend wäre es nach RFH. I A 208/31 v. 17. 1. 33 (RStBl. 33 S. 331, StW. 33 Nr. 414), aus den engen wirtschaftlichen Beziehungen des herrschenden Gesellschafters zur Gesellschaft, die dem Verhältnis von Muttergesellschaft zur Tochtergesellschaft gleichen, eine Abschreibung der Forderung von einer entsprechenden Ausbuchung der Schuld bei der Kapitalgesellschaft abhängig zu machen. Dies gilt nach RFH. I A 202/35 v. 13. 4. 37 (RStBl. 37 S. 583, StW. 37 Nr. 271) auch für Forderungen und Schulden zwischen einer GmbH. und einer OHG., deren Gesellschafter personengleich sind. Wenn in der Bilanz des herrschenden Betriebs einer natürlichen oder juristischen Person Forderungen gegenüber einer von ihr beherrschten juristischen Person, die Unterbilanz hat, zu bewerten sind, wird in RFH. VI A 682/31 v. 28. 10. 31 (RStBl. 32 S. 13, StW. 32 Nr. 8) und I A 393/31 v. 31. 10. 33 (RStBl. 34 S. 686) eine scharfe Abgrenzung zwischen Beteiligung und Forderung nicht für angezeigt gehalten. Nach der letzten Entsch. kann die herrschende Gesellschaft in ihrer Bilanz die Beteiligung und Forderungen zusammen mit dem Wert des zu ihrer Deckung vorhandenen Vermögens der Untergesellschaft einsetzen und an der Beteiligung oder an der Forderung oder an beiden Werten abschreiben (vgl. Anm. 114 a, cc Abs. 3). Nach diesen Grundsätzen wurde in RFH. VI A 8/35 v. 6. 5. 36 (RStBl. 36 S. 861, StW. 36 Nr. 282) auch die Forderung eines Gesellschafters an eine von ihm beherrschte GmbH. mit Unterbilanz behandelt. Dagegen können nach RFH. I A 193/34 v. 12. 3. 35 (RStBl. 35 S. 894, StW. 35 Nr. 302) Schadensersatzansprüche der Aktionäre gegen die AG. bürgerlich-rechtlich wie steuerrechtlich nicht als Forderungen anerkannt werden. Wenn im Verhältnis einer Muttergesellschaft zu mehreren Tochtergesellschaften zunächst Forderungen gegen eine Schwestergesellschaft bestehen und die Muttergesellschaft bei Abstoßung der Tochtergesellschaft deren Schuld an die andere Tochtergesellschaft übernimmt, so handelt es sich nach RFH. I A a 147/29 v. 2. 12. 30 (RStBl. 31 S. 320, StW. 31 Nr. 372) bei den Forderungen gegen die Schwestergesellschaft einerseits und nach der Schuldübernahme durch die Muttergesellschaft anderseits steuerrechtlich um verschiedene Gegenstände. Bei Schuldübernahme erlischt also im Sinn des Einkommensteuerrechts die alte Forderung und entsteht eine neue, für deren Bewertung ausschließlich die Verhältnisse des neuen Schuldners und nicht etwa die des alten Schuldners maßgebend sind. Ein Minderwert der Forderungen gegen die Muttergesellschaft kann also nicht aus der früheren Zahlungsunfähigkeit der Schwestergesellschaft als der ehemaligen Schuldnerin abgeleitet werden.

Der Grundsatz, daß die Zulässigkeit der vollen oder teilweisen Abschreibung einer uneinbringlichen oder zweifelhaften Forderung beim Gläubiger unabhängig von dem Ansatz oder der Bewertung der entsprechenden Schuld in der Bilanz des Schuldners ist, erleidet nach RFH. I A 131/33 v. 15. 1. 35 (RStBl. 35 S. 700, StW. 35 Nr. 173) eine Ausnahme bei Forderungen des Gesellschafters einer Personengesellschaft gegen die Gesellschaft. Hier sei für das Einkommen- und Körperschaftsteuerrecht der Gesellschafter, der an Stelle der Personengesellschaft Einkommensträger sei, im Verhältnis seiner Beteiligung an der Gesellschaft gewissermaßen Gläubiger und Schuldner in einer Person. Daher dürfe eine Kapitalgesellschaft, die an einer Personengesellschaft mit gleichem Wirtschaftsjahr beteiligt sei, an einer Forderung, die ihr am Schluß eines Wirtschaftsjahrs gegen die Personengesellschaft zustehe, jedenfalls zu dem Teil, der dem Verhältnis ihrer Beteiligung an der Personengesellschaft entspricht, keine Abschreibung vornehmen, sofern die entsprechende Schuld der Personengesellschaft bei der einheitlichen Gewinnfeststellung für das gleiche Wirtschaftsjahr in voller Höhe berücksichtigt worden sei. Auch hinsichtlich des Ansatzes der Forderungen ist also insoweit die einheitliche Gewinnfeststellung der Personengesellschaft für die Aufstellung der Bilanz des Gesellschafters bindend (ebenso RFH. VI A 515, 516/35 v. 16. 9. 36, RStBl. 36 S. 1214, StW. 36 Nr. 500).

d) Berücksichtigung des niedrigeren Teilwerts in der Bilanz.

aa) Für die Berücksichtigung des Minderwerts von Forderungen in der Bilanz gibt es zwei Grundformen, von denen jede für sich allein oder in Verbindung mit der anderen angewendet werden kann. Zunächst kann nach dem Grundsatz der Einzelbewertung der Teilwert jeder einzelnen Forderung für sich festgestellt werden. Der Kaufmann kann dann entweder jede Forderung bereits mit dem niedrigeren Teilwert unter den Aktiven ansetzen oder er kann die Forderungen unter den Aktiven mit ihren vollen Nennbeträgen ausweisen und die in den Büchern besonders ersichtlich gemachten Minderwerte der einzelnen Forderungen für sämtliche Forderungen in einem Betrag als Wertberichtigungsposten in die Passivseite der Bilanz einsetzen. Das zweite Verfahren besteht darin, daß der Kaufmann von einer Einzelbewertung jeder Forderung für sich absieht und gegenüber den mit ihren Nennbeträgen aufgeführten Forderungen eine allgemeine **Pauschalabschreibung** (Delkredereposten) als Wertberichtigungsposten unter den Passiven aufführt (Sammelbewertung vgl. Anm. 77 Abs. 1 u. 2). Dabei kann der Kaufmann für die Bemessung der Pauschalabschreibung von den bekannten zweifelhaften

Forderungen ausgehen, um hieraus auf die notwendige Höhe der Abschreibung zu schließen (vgl. auch RFH. VI A 661/33 v. 31. 10. 34, StW. 35 Nr. 23). Der Kaufmann kann aber auch, wie in RFH. VI A 542/28 v. 10. 7. 29 (StW. 29 Nr. 690) ausgeführt ist, zunächst für die bekannten minderwertigen Forderungen die Höhe der Einzelabschreibung für jede einzelne Forderung feststellen und für alle übrigen Forderungen einen nach den allgemeinen Erfahrungen des Geschäftszweigs sich richtenden Hundertsatz für unbekannte, aber nach der Geschäftserfahrung zu erwartende Ausfälle wegen Uneinbringlichkeit, Zweifelhaftigkeit und sonstiger Umstände ohne Überprüfung des Wertes der einzelnen Forderungen abschreiben. Dann besteht das Verfahren der Einzelbewertung neben dem Verfahren der Sammelbewertung. Der pauschale Wertberichtigungsposten bezieht sich aber nur auf die nach der Geschäftserfahrung am Bilanzstichtag bereits bestehenden Mängel von den einzelnen nicht besonders festzustellenden Forderungen. Dagegen ist eine Rücklage für nur möglicherweise später eintretende Verluste nach RFH. VI A 27/30 v. 28. 8. 30 (StW. 30 Nr. 1063) als reine offene Rücklage anzusehen, die am Gewinn nicht gekürzt werden darf.

Die Besonderheit der Sammelbewertung durch Pauschalabschreibung besteht darin, daß bei ihr der Buchwert der einzelnen Forderung nicht ohne weiteres aus der Buchführung erkennbar ist, ein Umstand, der für den Wertzusammenhang von Bedeutung ist. Dagegen ist es unrichtig, wenn in RFH. VI A 661/33 v. 31. 10. 34 (StW. 35 Nr. 23) die Meinung vertreten wird, beim allgemeinen Delkrederekonto sei kein Einzelbuchwert einer Forderung gegeben. Es handle sich bei diesem nicht so sehr um die rechnerische Zusammenfassung der schätzungsweise ermittelten Minderwerte der einzelnen bestimmten Forderungen, sondern um eine selbständige wirtschaftliche Belastung des Betriebs, die sich ändere und ähnlich etwa wie ein Ansatz für Haftung aus Gewährleistungsansprüchen überhaupt nicht unter das steuerrechtliche Verbot des § 20 EStG 1925 falle. Diese Auffassung von der allgemeinen Delkredereabschreibung als einer Art eines selbständigen passiven Wirtschaftsguts ist weder mit dem Begriff des Wertberichtigungspostens, der lediglich der Berichtigung des Wertes eines Wirtschaftsguts dient und daher nur zusammen mit dem zu berichtigenden Wert beurteilt werden kann, noch mit dem steuerrechtlich maßgebenden Grundsatz der Einzelbewertung, der auch für die Sammelbewertung gilt, vereinbar. Mit Recht führt daher der RFH. in RFH. VI A 892/35 v. 8. 1. 36 (E. 39 S. 58, RStBl. 36 S. 430, StW. 36 Nr. 201) in Abweichung von der in VI A 661/33 vertretenen Auffassung aus, der allgemeine Delkredereposten sei nicht für sich allein, sondern nur im Zusammenhang mit den gegenüberstehenden Forderungen zu betrachten. Es komme sachlich auf den Ansatz der Forderungen nach Abzug des Delkrederes an; für Forderungen, die bereits in der vorhergehenden Bilanz ausgeführt sind, gelte der Grundsatz, des Wertzusammenhangs des § 20 Abs. 1 EStG 1925 (für das geltende Recht f. unter f). Wenn im Lauf des Geschäftsjahrs ein Teil der zu Beginn vorhandenen Forderungen bezahlt oder wegen Uneinbringlichkeit ausgebucht werde, so sei für den Ansatz der noch bestehenden Forderungen in der Schlußbilanz der Delkredereposten verhältnismäßig anzusetzen. Beispiel: Endbilanz I 100 000 RM. Forderungen (Nennbetrag) mit einem Delkredere von 40 v. H. mit 60 000 RM. angesetzt; Endbilanz II nach Wegfall von 60 000 RM. Forderungen durch Bezahlung oder Uneinbringlichkeit Nennbetrag der Restforderungen 40 000 RM., anzusetzen mit 60 v. H. = 24 000 RM. Diese 24 000 RM. sind die aus der Vorjahresbilanz abzuleitenden Buchwerte der alten Forderungen. Nach der Entsch. sind als frühere Forderungen auch die zu betrachten, die im Zusammenhang mit eingefrorenen Forderungen entstehen — z. B., wenn der Kunde die alten Forderungen nur bezahlt, falls er kreditweise neue Ware im gleichen Betrag erhält —.

bb) Für die Bewertung der Forderungen (Außenstände) durch den buchführenden Kaufmann ist nach der Rechtsprechung (vgl. z. B. RFH. VI A 743/31 v. 22. 4. 31, E. 28 S. 289, RStBl. 31 S. 384, StW. 31 Nr. 646 und I A 370/31

v. 12. 5. 32, RStBl. 32 S. 641, StW. 32 Nr. 855) die Auffassung des Kaufmanns für den maßgebenden Stichtag zu beachten, jedoch nur im Rahmen einer sachlichen (objektiven) Nachprüfung der gesamten Tatumstände des Stichtags nach den Grundsätzen ordnungsmäßiger Buchführung (über das Ermessen des Kaufmanns s. auch Anm. 43 a zu § 5 EStG). Wenn dabei der RFH. mehrfach (z. B. RFH. VI A 31/31 v. 15. 1. 31, RStBl. 31 S. 201, StW. 31 Nr. 180) eine Wertabschreibung nur dann als den Grundsätzen ordnungsmäßiger Buchführung widersprechend angesehen hat, wenn auch ein reichlicher Schwarzseher keine Ausfälle befürchten könnte, so könnte immerhin bezweifelt werden, ob die Auffassung eines reichlichen Schwarzsehers noch einer sachlichen Nachprüfung standhalten würde. Die Abschreibungen dürfen vielmehr, wie in RFH. I A 370/31, s. oben, mit Recht betont wird, nicht wesentlich über den Betrag liegen, mit dessen Ausfall bei sachlicher Beurteilung tatsächlich zu rechnen ist, wobei eine angemessene Abschreibung auf solche Forderungen, die am Stichtag selbst noch nicht zweifelhaft waren, zulässig ist. Die Grenze des Ermessens ist nach RFH. VI A 275/29 v. 10. 4. 29 (RStBl. 29 S. 567, StW. 29 Nr. 517) insbesondere auch darin zu sehen, daß sich der Kaufmann mit seiner Bewertung nicht in Widerspruch mit den allgemeinen Erfahrungssätzen setzt. Eine geeignete Grundlage für die sachliche Nachprüfung können nach RFH. VI A 1003/31 v. 9. 3. 32 (StW. 32 Nr. 992) auch die tatsächlichen Ausfälle in den vorhergehenden Jahren bilden, dagegen sei bei Heranziehung der Konkurse der nachfolgenden Jahre als „Wirtschaftsbarometer" Vorsicht geboten.

Bei Aufstellung einer Eröffnungsbilanz muß der Kaufmann für die Bewertung von zweifelhaften Forderungen einen mehr objektiven Maßstab deshalb anlegen, weil der Eröffnungsbilanz wegen des fehlenden Bilanzenzusammenhangs die Zweischneidigkeit fehlt und deshalb ein zu hoher Bilanzansatz sich einseitig zu Gunsten des Steuerpflichtigen auswirkt. Ein sachlicher Bewertungsmaßstab kann nach RFH. VI A 636/31 v. 13. 5. 31 (StW. 31 Nr. 715) etwa danach gefunden werden, wie hoch bei Feststellung des Guthabens eines am Bilanzstichtag ausscheidenden Gesellschafters die Forderung bewertet worden wäre.

cc) Die Bewertung der Sicherheit einer einzelnen Forderung und auch die Bemessung der Pauschalabschreibung bedeuten die **Ausübung des dem sorgfältigen Kaufmann zustehenden Ermessens durch Schätzung im Rahmen sachlicher Nachprüfung.** Innerhalb dieses Rahmens hat der Kaufmann für seine Schätzung freien Spielraum, so daß seine Schätzung handels- und steuerrechtlich nicht beanstandet werden kann. Anderseits ist aber auch der Kaufmann der Steuerbehörde gegenüber an seine einmal ausgeübte Schätzung gebunden. Er kann die Schätzung auch nicht unter dem Gesichtspunkt der Bilanzänderung nachträglich abändern, sondern ein Abgehen von der Schätzung ist nur mit dem Nachweis möglich, daß die Schätzung zum Bilanzstichtag falsch war und daß deshalb die Bilanz insoweit zu berichtigen ist (vgl. dazu Anm. 43 a Abs. 2 zu § 5 EStG). Eine ordnungsmäßige Schätzung des allgemeinen Delkrederepostens wird auch nicht dadurch nachträglich und rückwirkend unzulässig, daß die tatsächliche Entwicklung der Verhältnisse später anders gegangen ist, als der Kaufmann bei sorgfältiger Prüfung am Bilanzstichtag glaubte annehmen zu müssen (RFH. VI A 27/30 v. 28. 8. 30, StW. 30 Nr. 1063). Wenn später tatsächlich noch hin und wieder Zahlungen auf uneinbringliche Forderungen eingehen, so kann das nach RFH. VI A 1624/29 v. 30. 4. 30 (StW. 30 Nr. 1008) höchstens Veranlassung geben, einen je nach den Ermittlungen sich richtenden Teil der als uneinbringlich behandelten Forderungen als nicht hierzu gehörig auszuscheiden, sofern die späteren Eingänge eine Höhe erreichten, aus der geschlossen werden könne, daß die Bewertung mit 0 RM. dem vernünftigen Ermessen eines vorsichtig erwägenden, ordentlichen Kaufmanns widerspreche. Auch in RFH. I A 122/34 v. 4. 9. 34 (RStBl. 34 S. 1442, StW. 34 Nr. 687) wird eine Bilanz deshalb mit Recht nicht als unrichtig angesehen, weil die Delkredereabschreibung zur Deckung der Ausfälle nicht ausreichte.

Nach RFH. VI A 1354/30 v. 27. 8. 30 (RStBl. 31 S. 20, StW. 30 Nr. 1180) ist bei nachträglichem Eingang von Forderungen, die in einer früheren Bilanz irrtümlich als uneinbringlich oder zweifelhaft ganz oder teilweise abgeschrieben waren, eine Berichtigung der Veranlagung des früheren Jahres ausgeschlossen. Wenn ein Kaufmann in einem Jahre einen Außenstand übersehen oder ihn irrigerweise für zweifelhaft gehalten habe und der Betrag in einem späteren Jahre eingehe oder wenn er irrtümlich einen Außenstand, dessen Eingang schon damals unsicher gewesen sei, als vollwertig behandelt habe, so gleiche sich dies infolge der Buchführung ohne weiteres aus. Deshalb seien die nachträglichen Eingänge oder Ausfälle kaufmännisch und steuerrechtlich in der Regel dem Jahre zuzurechnen, in dem die Berichtigung der Buchirrtümer erfolge, wie denn auch der Kaufmann in diesen Fällen nicht die Bilanzen aller dazwischen liegenden Jahre ändern werde.

Die **Pauschalabschreibung** (allgemeiner Delkredereposten) im besonderen wird in der Regel nach einem Hundertsatz des gesamten Nennbetrags der Forderungen geschätzt, wobei der Kaufmann seine tatsächlichen bisherigen Erfahrungen berücksichtigen wird. Grundgedanke der Pauschalabschreibung ist nach RFH. VI A 1054/28 v. 28. 11. 28 (StW. 29 Nr. 67), daß erfahrungsgemäß in dieser Höhe bei den Forderungen Ausfälle einzutreten pflegen. Von diesem Erfahrungssatz könne die Steuerbehörde nur unter ganz besonderen Umständen abweichen, z. B. wenn der Kaufmann nur Forderungen an unbedingt sichere Kunden habe. Sie dürfe aber nicht eine sichere Forderung herausgreifen und den Abzug nicht gestatten; denn es liege im Wesen des Durchschnittssatzes, daß er auf alle Forderungen und damit auch auf die vorhandenen sicheren Forderungen angewendet werde. Ein Kaufmann, der ein Abzahlungsgeschäft betreibt, kann nach RFH. VI A 1585/30 v. 6. 5. 31 (StW. 31 Nr. 713) seine Außenstände zu ihrer Bewertung nach ihrer Güte in Gruppen einteilen und danach in verschiedener Höhe von ihnen abschreiben. Diese Einteilung ist nur zu verwerfen, wenn bei der Zuteilung der Forderungen zu den Gruppen ganz willkürlich verfahren wird.

dd) Der RFH. hat in ständiger Rechtsprechung (vgl. z. B. RFH. VI A 542/28 v. 10. 7. 29, StW. 29 Nr. 690) **für die Bewertung der Forderungen das Erfordernis eines regelmäßigen, grundsätzlich gleichmäßigen Verfahrens** betont (sogen. innere Bilanzstetigkeit oder Bilanzkontinuität, vgl. auch Anm. 36 zu § 5 EStG) und dies nicht nur auf die Bewertungsart (Einzelbewertung oder Sammelbewertung oder Verbindung von beiden) erstreckt, sondern auch für eine Sammelabschreibung verlangt, daß sie nach gleichen Sätzen vorgenommen wird, wenn sich die für die Bewertung maßgebenden Verhältnisse nicht wesentlich geändert haben (vgl. RFH. I A a 420/29 v. 29. 8. 29, RStBl. 29 S. 543, StW. 29 Nr. 778 und I A 291/34 v. 7. 4. 36, RStBl. 36 S. 755, StW. 36 Nr. 296). Wie in Anm. 36 zu § 5 EStG dargelegt ist, kennt das Handelsrecht den Grundsatz der sogen. inneren Bilanzstetigkeit nicht. Der Kaufmann ist also nach Handelsrecht nicht gehindert, der im Lauf des Geschäftsjahrs erworbenen besseren Einsicht über die Verhältnisse der einzelnen Kunden oder des für seinen Geschäftszweig erforderlichen Ansatzes der Außenstände für seine sämtlichen Forderungen, auch soweit sie am Schluß des vorangegangenen Jahres schon vorhanden waren, Rechnung zu tragen. Ihm eine sachlich berechtigte Berichtigung der Forderungsbewertung aus steuerlichen Gründen nur mit dem Hinweis auf das Erfordernis der sogenannten inneren Bilanzstetigkeit zu verbieten, erscheint insbesondere für den Geltungsbereich des EStG 1934 nicht mehr angebracht. Die Begr. zum Gesetz betont das Erfordernis der Anpassung der Steuerbilanz an die Handelsbilanz. Dem gleichen Ziele dient aber auch die steuerliche Anerkennung des sachlich gerechtfertigten Wechsels in der Bilanzierung der Forderungen. Diese Bewertungsfreiheit muß natürlich dort ihre Grenzen finden, wo von ihr ausschließlich aus steuerlichen Gründen, z. B. zum Zweck einer steuerlich günstigen Gewinnverschiebung,

§ 6 EStG. Bewertung. Anmerkung 118.

Gebrauch gemacht wird. Daher verbietet der RFH. ein willkürliches Hin- und Herschwanken in der Delkredereansetzung (vgl. z. B. RFH. VI A 287/37 v. 12. 5. 37, RStBl. 37 S. 932). Ebensowenig kann der Steuerpflichtige einen höheren Abschreibungssatz für seine Forderungen anwenden, um dadurch eine für ihn ungünstige Berichtigung einer Bilanz durch das Finanzamt auszugleichen (vgl. RFH. I A 291/34, s. oben) oder in anderen Bilanzposten vorhandene stille Rücklagen auszugleichen (RFH. I A 138/35 v. 28. 4. 36, RStBl. 36 S. 757, StW. 36 Nr. 295). Der Wechsel muß aus einem, allein aus dem Wert der Forderungen abzuleitenden Grunde sachlich gerechtfertigt werden, um auch steuerlich maßgebend zu sein. Daher wird in RFH. VI A 892/35 v. 8. 1. 36 (StW. 36 Nr. 201) mit Recht für die Bewertung von Forderungen der Grundsatz der inneren Bilanzstetigkeit insofern nicht anerkannt, als im Lauf eines Wirtschaftsjahrs neu hinzugetretene Forderungen für den Schluß dieses Jahres nicht mit dem gleichen Hundertsatz der Wertabschreibung anzusetzen sind wie die bereits zu Beginn vorhandenen Forderungen, sondern zugelassen, daß sie selbständig bewertet werden.

e) Verpflichtung der Berücksichtigung des Minderwerts von Forderungen. Nach § 40 Abs. 3 HGB sind zweifelhafte Forderungen mit ihrem wahrscheinlichen Wert anzusetzen, uneinbringliche Forderungen abzuschreiben. § 131 Abs. 1 AktG rechnet unter A III alle Forderungen zu den Gegenständen des Umlaufvermögens und zwar außer den laufenden Geschäftsforderungen (Ziff. 8 Forderungen auf Grund von Warenlieferungen und Leistungen und Ziff. 7 geleistete Anzahlungen) unter Ziff. 6 insbesondere auch Hypotheken, Grundschulden und Rentenschulden und unter Ziff. 9 auch Forderungen an Konzernunternehmen. Nach Steuerrecht werden die unter Ziff. 6 genannten Forderungen regelmäßig und die unter Ziff. 9 genannten vielfach zu den nichtabnutzbaren Anlagegütern zu rechnen sein. Für die Bewertung ergibt sich aber, daß sämtliche Forderungen nach § 133 Ziff. 3 AktG in der Bilanz mit dem ihnen am Bilanzstichtag zukommenden niedrigsten Wert anzusetzen sind und daß daher insoweit das dem Kaufmann nach § 6 Ziff. 2 EStG zustehende Wahlrecht zwischen Anschaffungskosten und Teilwert bei niedrigerem Teilwert nach den Grundsätzen ordnungsmäßiger Buchführung auf diesen beschränkt bleibt. Es ergibt sich demnach für den Kaufmann die Pflicht, den Minderwert von Forderungen am Schluß des Wirtschaftsjahrs, in dem er eingetreten ist, durch den Ansatz des niedrigeren Teilwerts zu berücksichtigen. Daher gilt auch der vom RFH. für das bisherige Recht vertretene Standpunkt (RFH. I A 479/30 v. 17. 3. 31, RStBl. 31 S. 281, StW. 31 Nr. 517) weiter, daß der Ansatz von Forderungen, bei denen mit Ausfällen gerechnet werden muß, mit dem Nennwert gegen zwingendes Recht (§ 40 Abs. 3 HGB) verstoße und daher zu berichtigen sei (ebenso RFH. I A 471/30 v. 16. 2. 32 (RStBl. 32 S. 335, StW. 32 Nr. 546). Weiter wird in RFH. VI A 1003/31 v. 9. 3. 32 (StW. 32 Nr. 992) mit Recht gefordert, daß diejenigen Wirtschaftsjahre die Ausfälle zu tragen haben, in denen die Forderungen notleidend werden. Die in RFH. VI A 441/30 v. 19. 8. 31 (E. Bd. 29 S. 249, RStBl. 31 S. 908, StW. 31 Nr. 943) enthaltene Bemerkung, daß der Kaufmann Ausfälle und Lasten bei der Bewertung der Außenstände auch erst bei ihrem jeweiligen Eintritt buchmäßig in Erscheinung treten lassen könne, bezieht sich nicht auf die am Bilanzstichtag bereits bestehende Minderwertigkeit von Forderungen wegen Uneinbringlichkeit oder Zweifelhaftigkeit, sondern auf Ausfälle, die wegen der erfahrungsgemäß zu erwartenden Preisnachlässe und wegen der Belastung der Außenstände bei ihrem Eingehen mit der Umsatzsteuer für die Zukunft in sicherer Aussicht stehen. Es handelt sich also insoweit um selbständige Verluste oder Ausgaben, die noch nicht eingetreten, aber bestimmt zu erwarten sind (vgl. unter c, aa Abs. 3).

Dagegen erscheint es mit der vorstehenden, aus den handelsrechtlichen Vorschriften abgeleiteten Bewertungsregel als unvereinbar, daß in RFH. I A 182/32 v. 13. 6. 33 (RStBl. 33 S. 1036, StW. 34 Nr. 148) der Kapitalgesellschaft für die Bewertung der zweifelhaften Forderungen ein Wahlrecht eingeräumt wird, ob sie die Ausfälle bei ihren Forderungen entweder jeweils bei Eintritt der Verluste verbuchen oder jährlich ein den voraussichtlichen Verlusten entsprechendes Delkrederekonto bilden will. An dieser Auffassung wird auch in RFH. I A 122/34 v. 4. 9. 34 (RStBl. 34 S. 1442, StW. 34 Nr. 687) und I A 291/34 v. 7. 4. 36 (RStBl. 36 S. 755, StW. 36 Nr. 296) festgehalten und eine Handelsbilanz, in der keine Delkredereabschreibung erfolgt ist, für nicht grundsätzlich unrichtig erklärt. Dem Kaufmann stehe es frei, Forderungen, deren künftiger Ausfall ihm am Stichtag als wahrscheinlich oder möglich erscheine, zunächst noch mit dem Nennbetrag zu bewerten und die Ausfälle bei diesen Forderungen erst bei Eintritt der Verluste zu buchen oder jährlich einen den voraussichtlich eintretenden Verlusten entsprechenden Delkrederoposten zu bilden. Forderungen, deren künftiger Ausfall am Stichtag als wahrscheinlich oder möglich erscheint, sind zweifelhafte Forderungen und diese müssen nach § 40 Abs. 3 HGB mit ihrem wahrscheinlichen Wert angesetzt werden. Unterläßt der Kaufmann in der Handelsbilanz die vollständige oder teilweise Wertabschreibung auf zweifelhafte Forderungen, dann weist er sein Betriebsvermögen zu hoch aus und seine Bilanz ist unrichtig (RFH. VI A 287/37 v. 12. 5. 37, RStBl. 37 S. 932 unter 2.). Weiter macht er sich nach §. 240 Abs. 1 Ziff. 3 KO wegen unordentlicher Buchführung strafbar (Urteil des RG 5 D 444/35 v. 28. 10. 35, RStBl. 35 S. 1410). Dem Kaufmann muß daher für die Steuerbilanz jederzeit der Nachweis zugelassen werden, daß bestimmte Forderungen am Bilanzstichtag als wertlos und zweifelhaft anzusehen waren, aber trotzdem als vollwertig berücksichtigt sind oder daß nach der allgemeinen Erfahrung, und zwar besonders seines Geschäftszweigs, allgemein mit einer Minderwertigkeit der Forderungen in einem bestimmten Hundertsatz ihres Nennwerts gerechnet werden muß.

f) Wertzusammenhang bei Ansatz eines Wertberichtigungspostens. Wird eine zweifelhafte Forderung von 10 000 RM. durch Ansatz eines Wertberichtigungspostens von 5 000 RM. auf der Passivseite der Schlußbilanz des Wirtschaftsjahrs I mit einem Teilwert von 5 000 RM. bewertet, so wird dadurch das Betriebsvermögen am Ende des Wirtschaftsjahrs I um 5 000 RM. vermindert. Die 5000 RM. auf der Passivseite bedeuten keinen selbständigen Schuldposten, sondern einen unselbständigen, passiven Wertberichtigungsposten, der zu dem Besitzposten Forderung gehört und dessen Bestand allein von dem Bestand des zugehörigen Besitzpostens abhängig ist. Dies ist für den Wertzusammenhang von Bedeutung; denn im Wirtschaftsjahr II ist der Anfangswert der Forderung 10 000 — 5 000 = 5 000 RM. Dieser Grundsatz gilt auch für die Pauschalabschreibung (s. unter d, aa, Abs. 2). Bei Wiedereröffnung der Buchführung im Wirtschaftsjahr II kann die Forderung mit dem Teilwert fortgeführt werden oder unter Beibehaltung des Nennbetrags der Forderung kann der Wertberichtigungsposten der Bilanz auf ein besonderes Wertberichtigungskonto überführt werden, indem er als Minderwert eines Besitzpostens gegenüber seinem Buchwert auf die rechte Seite des Wertberichtigungskontos übertragen wird (s. Anm. 32 b, bb Abs. 2 zu § 5 EStG). Geht dann die Forderung in Höhe des Teilwerts von 5 000 RM. ein, so wird dadurch das Betriebsvermögen nicht verändert, sondern nur umgeschichtet. Da die Forderung auf dem Debitorenkonto noch mit dem Nennbetrag von 10 000 RM. steht, kann die Verbuchung nur unter Heranziehung des Wertberichtigungskontos erfolgen: 5 000 RM. Kassen-(Postscheck-)konto links, 5 000 RM. Wertberichtigungskonto links — 10 000 RM. Debitorenkonto rechts. Wird die Forderung mit 10 000 RM. bezahlt, so tritt gegenüber dem Teilwert von 5 000 RM. eine Vermehrung des Betriebsvermögens um 5 000 RM. ein, die auf dem Verlust- und Gewinnkonto erscheinen muß: daher Buchung ohne Wertberichtigungskonto: 10 000 RM. Kassenkonto links — 5 000 RM. Debitorenkonto rechts, 5 000 RM. Verlust- und Gewinnkonto rechts; bei Führung eines Wertberichtigungskontos: 10 000 RM. Kassenkonto links — Debitorenkonto rechts. Weiter muß aber der auf dem Wertberichtigungskonto rechts vorgetragene Minderwert von 5 000 RM. ausgebucht werden: 5 000 RM. Wertberichtigungskonto links — Verlust= und Gewinnkonto rechts. Eine Tilgung der Forderung mit einem geringeren Betrag als dem Teil=wert vermindert das Betriebsvermögen um den Unterschiedsbetrag. Wenn also nach RFH. VI A 342/29 v. 12. 2. 30 (RStBl. 30 S. 546, StW. 30 Nr. 762) die Auflösung des Delkrederekontos eines Einzelkaufmanns bei Bezahlung der For=derung nicht über das Kapitalkonto, sondern über Verlust= und Gewinnkonto zu erfolgen hat, so ist das dahin zu verstehen, daß beim Einzelkaufmann ebenso wie bei buchführungspflichtigen Körperschaften eine vom berichtigten Wert (Teilwert) der Forderung abweichende Tilgung in Höhe des Unterschiedsbetrags stets über Verlust= und Gewinnkonto oder einem entsprechenden Hilfskonto zu verbuchen ist. Und wenn weiter nach RFH. I A 22/33 v. 18. 4. 34 (RStBl. 34 S. 1106, StW. 34 Nr. 516) das Delkrederekonto, das im neuen Wirtschaftsjahr nicht mehr der Wert=berichtigung dient, dem Bilanzgewinn des neuen Geschäftsjahrs hinzuzurechnen ist, so bedeutet das bilanzrechtlich gesehen, daß der in der Anfangsbilanz noch enthal=tene Wertberichtigungsposten durch seinen Wegfall als Passivposten in der Schluß=bilanz das Betriebsvermögen um seinen Betrag erhöht. Nach Einschränkung des Wertzusammenhangs durch § 6 Ziff. 2 Satz 3 EStG 1934 besteht jetzt auch die Möglichkeit, Forderungen, die bisher als zweifelhaft behandelt wurden und sich als höher= oder vollwertig herausstellen, mit einem höheren, über dem letzten Bilanzansatz liegenden Teilwert bis zur Höchstgrenze der Anschaffungskosten anzusetzen. Der Steuerpflichtige hat also das Recht, die im früheren Wirtschafts=jahr über Verlust= und Gewinnkonto vorgenommene Wertabschreibung wieder über Verlust= und Gewinnkonto rückgängig zu machen und dadurch die Wert=berichtigung zu beseitigen.

g) Einzelfälle.
aa) Forderungen in ausländischer Währung.

Schrifttum. Carius, Währungsforderungen und Währungsschulden in der Steuerbilanz, DStZ. 36 S. 1437.

Forderungen und Schulden in ausländischer Währung müssen nach RFH. I A 170/26 v. 12. 11. 26 (E. 20 S. 17, RStBl. 27 S. 28, StW. 27 Nr. 27) in der Bilanz nicht dadurch besonders kenntlich gemacht werden, daß in der Textspalte oder einer Vorspalte die Devisenbeträge aufgeführt werden; ein Verstoß gegen die Buchführungsregeln läge vielmehr nur vor, wenn sich der Verbleib der Devisen oder die Höhe der für sie hereingenommenen Gegenwerte aus der Buchführung überhaupt nicht ergeben würde. Nach der zum EStG 1925 ergangenen Recht=sprechung sind Forderungen und Schulden in ausländischer Währung in Zeiten fester Währung regelmäßig nach dem Kurse am Bilanzstichtag zu bewerten (vgl. RFH. VI A 108/27 v. 30. 3. 27, E. 21 S. 62, RStBl. 27 S. 161, StW. 27 Nr. 148, I A 63/31 v. 17. 11. 32, E. 32 S. 173, RStBl. 33 S. 31, StW. 33 Nr. 236). Wenn in RFH. VI A 108/ 27 für die im gewöhnlichen Geschäftsverkehr erwor=benen Forderungen und Zahlungsmittel in ausländischer Währung eine Bewer=tung nach den Anschaffungskosten als den Grundsätzen ordnungsmäßiger Buch=führung nicht entsprechend abgelehnt wurde, so erscheint diese Auffassung für das EStG 1934, das die Bewertung nach den Anschaffungskosten als dem Höchstwert ausdrücklich vorschreibt, nicht mehr vertretbar. Bei Forderungen, die nicht gegen Entgelt erworben, sondern durch Abwicklung eines anderen Geschäfts, z. B. einer Lieferung, entstanden sind, muß an die Stelle der Anschaffungskosten der Nenn=wert im Zeitpunkt des Erwerbs der Forderung treten. Die Anschaffungskosten sind dann unter Umrechnung des auf ausländische Währung lautenden Nenn=betrags in Reichsmark nach dem Kurse zu berechnen, der am Tag des Entstehens der Forderung für die ausländische Währung gilt. Sollte im Einzelfall insbe=sondere bei Führung eines laufenden Kontos für einen Kunden, die Ermittlung der Anschaffungskosten wegen verschiedener Stichtage schwierig sein, dann kann die Umrechnung der am Stichtag bestehenden Forderung nach einem Durchschnitts=kurs am Platze sein, wie dies in RFH. VI A 442/26 v. 30. 6. 27 (RStBl. 27 S. 196,

StW. 27 Nr. 360) für die Berechnung der Anschaffungskosten des Bankguthabens in fremder Währung vorgesehen ist. Die auf diese Weise ermittelten Anschaffungskosten stellen den Höchstwert der Forderung für die Dauer ihrer Zugehörigkeit zum Betriebsvermögen dar. Den Grundsatz der Bewertung der Forderungen in ausländischer Währung nach dem Kurswert am Bilanzstichtag wurde in RFH. I A 97/34 v. 4. 9. 34 (RStBl. 34 S. 1366, StW. 34 Nr. 686) auch für den Fall aufrecht erhalten, daß der Gläubiger der Meinung ist, der Kurswert entspreche nicht mehr dem wirklichen Wert; denn beim Kurswert handle es sich um einen im allgemeinen Zahlungsverkehr geltenden Wertmesser, der ohne Rücksicht auf die Lage des Schuldners zur Anwendung kommen müsse. Mit der gleichen Begründung wurde in RFH. I A 139/34 v. 4. 9. 34 (RStBl. 34 S. 1368) eine Rückstellung (= Wertabschreibung) für zu erwartende Kursverluste bei ausländischen Forderungen für unzulässig erachtet, und zwar ohne Rücksicht darauf, ob der Kurs zum Stichtag die Lage der ausländischen Währung mehr oder weniger wahrheitsgetreu widerspiegelte. Wenn es sich bei einem Kurssturz nach dem Bilanzstichtag auch um ein erst nach dem Stichtag eingetretenes Ereignis handelt, so dürfte trotzdem das starre Festhalten an dem Kurse vom Bilanzstichtag dem vorsichtigen Kaufmann dann nicht mehr zugemutet werden können, wenn bereits am Bilanzstichtag eine Abwertung der fremden Währung mit Sicherheit vorauszusehen war. Tritt in einem solchen Fall eine Abwertung der fremden Währung bis zur Bilanzaufstellung ein, dann ist der Kaufmann nach den Grundsätzen ordnungsmäßiger Buchführung als berechtigt anzusehen, den Kursrückgang bereits zum Bilanzstichtag zu berücksichtigen. Es handelt sich dann in diesem Fall nur äußerlich um ein erst nach dem Stichtag eingetretenes Ereignis; der innere Grund für seinen Eintritt lag aber bereits am Stichtag vor.

Vorschüsse auf Waren sind nach RFH. VI A 108/27 (s. oben) bei Buchführung in ausländischer Währung, wenn sie ohne Bezug auf einen bestimmten Abschluß gewährt werden, Darlehen gleich zu erachten, die später verrechnet werden sollen, und daher wie Devisenforderungen zu bewerten. Bei Auszahlungen auf Grund von Kaufabschlüssen muß dagegen beachtet werden, daß beim Empfang der Waren ihr Verkaufspreis unter Berücksichtigung des Kurses zur Zeit der früheren Zahlung zu berechnen ist. Die Buchung des Vorschusses auf gekaufte Waren bedeutet dann rechtlich die Bewertung des Anspruchs auf Lieferung der Waren abzüglich des Restbetrags der Schuld (vgl. Anm. 85 d), so daß der Kaufmann nicht gehindert wäre, falls der Wert der gekauften Waren nach dem Abschluß heruntergegangen sein sollte, die Vorschüsse nach dem nunmehr bestehenden Unterschied zwischen dem Lieferungsanspruch und der Restschuld zu bewerten. In diesem Fall berührt dagegen das spätere Fallen des Kurswerts der ausländischen Währung die Anschaffungskosten nicht. Nur wenn wegen des bestimmten Warenkaufs ein Valutadeckungsgeschäft geschlossen ist, muß dies mitberücksichtigt werden. Beispiel: Ankauf von Weizen, lieferbar in 3 Monaten zu 1 000—1 300 RM. Gleichzeitig Differenzgeschäft 1 000 gegen 1 302 RM. Am Lieferungstag steht die Valuta 1 200 oder 1 400. An Anschaffungskosten sind in jedem Fall 1 302 RM. einzusetzen. Ankauf und Deckungsgeschäft dürfen zusammen weder Gewinn noch Verlust ergeben.

bb) Aufgewertete Forderungen und Schulden. Forderungen und Schulden, die der Aufwertung nach dem Aufwertungsgesetz v. 16. 7. 25 (RGBl. I S. 117) unterlagen, waren nach § 108 Abs. 1 EStG 1925 in der Einkommensteuereröffnungsbilanz mit dem Wert anzusetzen, der sich bei Anwendung der Grundsätze des AufwG für den maßgeblichen Zeitpunkt (§ 104 a. a. O.) ergab. Dadurch sollte verhindert werden, daß die Aufwertung selbst das Einkommen der nach dem EStG 1925 zu veranlagenden Steuerabschnitte beeinflußte. Dieser Grundsatz gilt nicht nur für die gesetzliche, sondern auch für die freiwillige Aufwertung (RFH. VI A 172/27 v. 11. 5. 27, E. 21 S. 165, RStBl. 27 S. 176, StW. 27 Nr. 238). Eine erst im Lauf des Steuerabschnitts vorgenommene Aufwertung sollte also weder zu einer Verminderung noch zu einer Erhöhung des Einkommens führen. Dagegen mußten aufgewertete Forderungen nicht etwa nach § 108 a. a. O. in allen Bilanzen, in denen sie erschienen, mit dem endgültigen Aufwertungsbetrag erscheinen, sondern sie durften jeweils mit dem Wert angesetzt werden, den sie als Forderungen oder Schulden am Bilanzstichtag unter Berücksichtigung der Aufwertungsvereinbarungen oder der Vorschriften des AufwG hatten. Infolge der Unkündbarkeit bis zum 1. 1. 32 (nach dem AufwG) und des niedrigen Zinssatzes war die Belastung des Hypothekenschuldners zunächst geringer als diejenige durch eine gewöhnliche, jederzeit kündbare und nach dem üblichen Zinssatz zu verzinsende Schuld. Dieser Minderbelastung konnte der Schuldner durch Abrechnung der zu ersparenden Zwischenzinsen ausgleichen (gegenüber dem zum vollen Nennbetrag = Rückzahlungsbetrag v. 1. 1. 32 passivierten Schuld Aufnahme eines aktiven Wertberichtigungspostens in Höhe der ersparten Zinsen). Nach der gleichen Bewertungsart war dann auch die Schuld in der Endbilanz um denjenigen Zwischenzinsbetrag zu kürzen, um den die Schuld am Stichtag noch niedriger zu bewerten war als eine gewöhnliche Schuld. Dieses Verfahren war bis zur Fälligkeit der Schuld beizubehalten (RFH. I A 194/28 v. 18. 12. 28, E. 24 S. 267, RStBl. 29 S. 220, StW. 29 Nr. 180). Wegen der allmählichen Annäherung an den Tag der Kündigungsmöglichkeit und an die übliche Verzinsung waren daher Aufwertungsforderungen und -schulden bis zur Fälligkeit jeweils in der Schlußbilanz eines Wirtschaftsjahrs höher zu bewerten als in der Anfangsbilanz dieses Wirtschaftsjahrs (vgl. auch RFH. I A a 411/28 v. 11. 12. 28, RStBl. 29 S. 57, StW. 29 Nr. 293). Nach Eintritt der Fälligkeit war der Rückzahlungsbetrag (Nennbetrag der Aufwertung) maßgebend. Anderseits war aber der Steuerpflichtige auch berechtigt, bereits in die Steuereröffnungsbilanz aufgewertete Forderungen und Schulden mit dem Betrag aufzunehmen, auf den sie tatsächlich aufgewertet worden waren. Wurde die Aufwertung erst in einem späteren Wirtschaftsjahr endgültig durchgeführt, so durfte diese Tatsache nach § 108 Abs. 1 EStG 1925 den Gewinn nicht beeinflussen, d. h. der Aufwertungsbetrag durfte nicht nur in der Schlußbilanz erscheinen, sondern er mußte auch durch Berichtigung der Anfangsbilanz in diese eingesetzt werden (RFH. I A 245/26 v. 29. 3. 27, E. 21 S. 48, RStBl. 27 S. 118, StW. 27 Nr. 335 und I A 13/34 v. 20. 11. 34, StW. 35 Nr. 111). Nach RFH. I A 1/34 v. 6. 2. 34 (RStBl. 34 S. 860, StW. 34 Nr. 372) hatte der Grundsatz des § 108 Abs. 1 EStG 1925 auch dann Anwendung zu finden, wenn die Aufwertungsansprüche mit Erfolg bestritten wurden, so daß die Aufwertung in vollem Umfang unterblieb. Hatte der Schuldner in Befürchtung von Aufwertungsansprüchen die 1923 gelöschten Hypotheken wieder passiviert, so darf nach erfolgreichem Bestreiten der Aufwertung der Wegfall des Passivpostens den Gewinn nicht erhöhen.

III. Verbindlichkeiten.

A. Grundsätze der Passivierung.

Schrifttum. Schmidt, Passivierungsrecht, -zwang, -verbot, DStBl. 35 0203 S. 1; Kratz, Rücklagen, Rückstellungen und Wertberichtigungsposten, DStZ. 36 S. 1235.

„Passivieren" bedeutet die erstmalige Einstellung oder die Erhöhung eines für den Betrieb eine Last darstellenden Bilanzpostens oder eines Wertberichtigungspostens auf der Passivseite der Bilanz, nicht dagegen eine Erhöhung der auf der Passivseite der Bilanz befindlichen Reinvermögensposten (Grund- oder Stammkapital, Rücklagen). Maßgebend für die Passivierung sind die Verhältnisse am Bilanzstichtag.

119. Schulden.

Passivierungspflicht besteht hinsichtlich derjenigen Schulden, die am Bilanzstichtag bereits entstanden sind. Nicht nur nach Steuerrecht, sondern auch nach den Grundsätzen ordnungsmäßiger Buchführung ist der Kaufmann verpflichtet, am Bilanzstichtag entstandene Schulden ohne Rücksicht auf ihre Fälligkeit unter die Passiva der Bilanz einzusetzen, sofern ernstlich mit der Verpflichtung zur Erfüllung der entstandenen Schulden gerechnet werden muß (RFH. VI A 1539/30 v. 14. 1. 31, RStBl. 31 S. 240, StW. 31 Nr. 289). Für die Passivierung macht es daher keinen Unterschied, ob eine entstandene Schuld gestundet ist oder nicht. Vergütungen, die von einer AG. auf Grund der Jahresabschlüsse an ihre Vorstandsmitglieder gewährt werden, müssen am Gewinn des Jahres abgesetzt werden, für das sie gewährt werden, nicht des Jahres, in dem sie bezahlt werden (RFH. I A 191/31 v. 26. 4. 32, StW. 32 Nr. 696), sie sind also in der Schlußbilanz des Jahres, für das sie bewilligt wurden, als Schuld der Gesellschaft auszuweisen. Die von einer Behörde beanspruchte Gebühr wird nach RFH. VI A 857/28 v. 17. 10. 28 (RStBl. 29 S. 447, StW. 28 Nr. 799) nach den Grundsätzen ordnungsmäßiger Buchführung erst von dem Zeitpunkt ab als geschuldet zu betrachten sein, in dem sie von der Behörde abgefordert wurde. Weiter genügt für die Passivierung noch nicht das Bestehen eines Rechtsverhältnisses, z. B. eines auf einem Gute ruhenden Patronats, aus dem für das Gut Verbindlichkeiten, wie die Baulast, entstehen können. Daher wird in RFH. VI A 1375/33 v. 15. 5. 35 (StW. 35 Nr. 399) eine Passivierung der Baulast erst dann als zulässig angesehen, wenn die Verpflichtung zur vollen Tragung der Baulast für die Kirchengemeinde besteht und tatsächlich Verpflichtungen in bestimmter Höhe aus einem Bau erwachsen sind oder wenn bei Bestehen einer subsidiären Baulast feststand, daß und in welcher Höhe das Kirchenvermögen zur Deckung der Baulast unzureichend war. Daß die Höhe einer entstandenen Schuld zahlenmäßig feststeht, ist nicht Voraussetzung der Passivierungspflicht. Ist die Höhe der Schuld nicht bekannt, so muß sie der Kaufmann schätzen. Bestreitet der Kaufmann, der Schuldner einer am Bilanzstichtag bereits entstandenen Verbindlichkeit zu sein, so ist er nach RFH. VI A 354/31 v. 17. 6. 31 (RStBl. 31 S. 674, StW. 31 Nr. 781) trotzdem berechtigt, einen entsprechenden Passivposten einzusetzen. Das Bestreiten könnte nur dann von Bedeutung sein, wenn eine Schuld ganz offenbar nicht bestand und die Ansprüche mutwillig erhoben waren.

Die Passivierung bedingter Schulden richtet sich nicht nach den Vorschriften des RBewG, sondern nach den Grundsätzen ordnungsmäßiger Buchführung und den Vorschriften des EStG und KStG (RFH. I A 180/33 v. 15. 5. 34, RStBl. 34 S. 950, StW. 34 Nr. 497). Dabei sind die Grundsätze über die Aktivierung bedingter Forderungen entsprechend anzuwenden (f. Anm. 118 a Abs. 1). Danach sind insbesondere aufschiebend bedingte Schulden erst nach Eintritt der Bedingung durch Aufnahme einer Rückstellung (f. unter b) passivierungsfähig und -pflichtig. Dies ist vor allem für die Behandlung von Pensionsverpflichtungen gegenüber Gefolgschaftsmitgliedern, die noch im Betrieb Dienste leisten, von Bedeutung (f. Anm. 123). Wurde eine aufschiebend bedingte Last nicht schon vorher durch eine Rückstellung passiviert, dann ist sie nach Eintritt der Bedingung als Schuld passivierungspflichtig (RFH. I A 72/31 v. 20. 10. 31, RStBl. 32 S. 549, StW. 32 Nr. 533, vgl. aber für Pensionslasten Anm. 123 a Abs. 1).

120. Rückstellungen.

a) Bei Aufstellung der Bilanz sind nicht nur die bereits entstandenen Schulden unter die Passiven einzusetzen, sondern der Kaufmann ist auch berechtigt, am Stichtag noch nicht entstandene oder auch rechtlich zweifelhafte Verbindlichkeiten unter bestimmten Voraussetzungen zu berücksichtigen. Nach den Grundsätzen ordnungsmäßiger Buchführung soll der Kaufmann zum Schutze seiner Gläubiger seine Vermögenslage nicht günstiger ausweisen, als sie tatsächlich ist. Er soll deshalb **in seiner Bilanz auch allen Umständen Rechnung tragen, die geeignet sind, die Lage des Unternehmens zu beeinträchtigen:** man spricht in diesem Fall von Rückstellungen. Das Handelsrecht verbietet nach seinen Grundsätzen nicht, Rückstellungen aus ganz unsicheren Gründen zu machen. Das ist für das Steuer-

§ 6 EStG. Bewertung. Anmerkung 120.

recht nicht angängig. Für die steuerrechtliche Anerkennung einer Rückstellung ist maßgebend, ob der Steuerpflichtige als vorsichtiger Kaufmann am Bilanzstichtag aus einem im abgelaufenen Geschäftsjahr eingetretenen Geschäftsvorfall mit einer Ausgabe oder sonstigen Verminderung seines Betriebsvermögens rechnen muß. Eine rechtsverbindliche Verpflichtung ist für die Rückstellung ebenso wenig erforderlich wie, daß die Höhe der mutmaßlichen Ausgabe usw. bereits feststeht und daß der Kaufmann in früheren Bilanzen nach den gleichen Grundsätzen verfahren ist (RFH. VI A 171/26 v. 24. 3. 26, E. 18 S. 313, RStBl. 26 S. 266, 268, StW. 26 Nr. 318 und VI A 121/32 v. 12. 10. 32, RStBl. 32 S. 1077, StW. 32 Nr. 1144). Für die steuerliche Anerkennung einer Rückstellung genügt aber, wie in RFH. VI A 1413/32 v. 12. 7. 33 (StW. 33 Nr. 638) betont wird, nicht jede entfernte Möglichkeit eines Verlusts; der Verlust oder die künftige Ausgabe müsse vielmehr mit einiger Sicherheit oder wenigstens mit einiger Wahrscheinlichkeit erwartet werden können. Als Anhalt kann bei dieser Prüfung nach RFH. VI A 31/31 v. 15. 1. 31 (RStBl. 31 S. 201, StW. 31 Nr. 180) dienen, ob und inwieweit ein Käufer des ganzen Betriebs durch das Drohen der Ausgaben in seinem Gebot beeinflußt worden wäre. In der Entsch. wird neben dem Zusammenhang der künftigen Ausgabe mit dem abgelaufenen Wirtschaftsjahr (z. B. für geleistete Tätigkeit) für die Passivierung als genügend angesehen, daß die Ausgabe nach den Regeln des Arbeitsrechts auch ohne ausdrückliche Zusage oder vertragliche Abweichung gemacht werden müsse und dies schon am Bilanzstichtag in Aussicht zu nehmen gewesen sei.

Bei der Rückstellung handelt es sich um die selbständige Bewertung einer auf dem Betrieb ruhenden Last, nicht um einen unselbständigen Wertberichtigungsposten, der den zu hohen Bilanzansatz eines Wirtschaftsguts ausgleichen soll. Zu Unrecht werden deshalb in RFH. I A 97/34 v. 4. 9. 34 (RStBl. 34 S. 1366, StW. 34 Nr. 686) und I A 139/34 v. 4. 9. 34 (RStBl. 34 S. 1368) Passivposten, die gegenüber den mit dem Kurswert aktivierten Auslandsforderungen wegen zu erwartender Kursverluste eingesetzt waren, als Rückstellungen bezeichnet. Es handelt sich um einen zum Aktivposten „Forderungen" gehörigen Wertberichtigungsposten.

b) Wichtig für die Zulassung einer Rückstellung ist, daß sich die **Rückstellung auf einen Betriebsvorgang des Wirtschaftsjahrs beziehen muß,** in dessen Schlußbilanz sie erstmalig aufgenommen wird. Es ist deshalb ausgeschlossen, Aufwendungen, bei denen diese Voraussetzung fehlt, die also ausschließlich einem künftigen Wirtschaftsjahr zur Last fallen, in der Bilanz durch Einstellung eines Schuldpostens als Verbindlichkeit zu berücksichtigen. Dieser hätte steuerrechtlich lediglich die Bedeutung einer Rücklage für künftige Ausgaben, also der Bildung eines Reinvermögenspostens (Rücklage, Reserve), die den Gewinn des abgelaufenen Jahres nicht beeinflussen darf. Die Rückstellung ist die Bewertung einer am Bilanzstichtag (wenn auch nicht bürgerlich-rechtlich) bestehenden, in ihrem Betrag meist noch nicht feststehenden Schuld oder eines in seiner Höhe meist noch nicht feststehenden Verlusts, eine Rücklage dagegen ist die Berücksichtigung einer erst in ein künftiges Wirtschaftsjahr fallenden Ausgabe (RFH. I A a 643/29 v. 17. 12. 29, RStBl. 30 S. 95, StW. 30 Nr. 265). In den WR 35 C II 3 (RStBl. 36 S. 38) weist der RdF. darauf hin, daß Unternehmer einen Teil ihres Gewinns zur Bildung von „Arbeitskrisenrücklagen" verwenden. Die in Betracht kommenden Teile des Gewinns seien nicht steuerfrei. Es handelt sich hier um Bildung einer Rücklage aus dem Gewinn für künftige mögliche Ausfälle.

Der RFH. hat sich mehrfach mit der Zulässigkeit der Bildung von „Erneuerungsfonds" oder „Reparaturkonten" befaßt. In RFH. I A a 280/29 v. 8. 10. 29 (RStBl. 29 S. 612, StW. 29 Nr. 1029) wird es als ein Fundamentalsatz des Steuerrechts bezeichnet, daß Rückstellungen für künftige Ausgaben (Bildung eines Werkerhaltungskontos zur Erneuerung der Maschinen neben Abschreibungen) nicht steuerfrei seien. Dieser Grundsatz gilt auch dann, wenn am Bilanzstichtag die Ausgabe schon sicher bevorsteht (z. B. infolge behördlicher Anweisung zur Änderung der Abwässerungsanlagen, vgl. I A a 643/29 s. oben) oder ihre Notwendigkeit bereits erkennbar ist (z. B. für künftige, bisher unterlassene Reparaturen an Anlagegegenständen vgl. RFH. I A 309/30 v. 22. 7. 32, RStBl. 32 S. 832, StW. 33 Nr. 127). Allerdings könnte gegenüber I A a 643/29 eingewendet werden, daß die behördliche Anordnung, eine Betriebsanlage unter Aufwand von Unkosten demnächst in einen vorgeschriebenen Zustand zu bringen, für den Betrieb bereits am Schluß des Wirtschaftsjahrs, in dem die Anordnung ergangen ist, eine Last bedeutet, die vom Erwerber des ganzen Unternehmens als kaufpreis= mindernd in Rechnung gestellt würde. Es liegt deshalb nahe, in der behördlichen Anordnung einen die künftige Ausgabe verursachenden Betriebsvorgang zu sehen, der die Aufnahme einer Rückstellung rechtfertigt. Dagegen wird in RFH. VI A 1413/32 v. 13. 7. 33 (E. 34 S. 13, RStBl. 33 S. 1085, StW. 33 Nr. 638) dann, wenn durch behördliche Verfügung die Erneuerung einer Anlage verlangt wird, neben der Abschreibung der alten Anlage bis zum Ablauf der gestellten Frist eine Rückstellung zur Deckung der künftigen Baukosten der neuen Anlage mit Recht als unzulässig erklärt; denn die Rückstellung würde in diesem Fall die künftigen An= schaffungskosten eines zu aktivierenden Wirtschaftsguts darstellen und keine die Unkosten erhöhende Betriebsausgabe. In RFH. I A 218/31 v. 24. 1. 33 (RStBl. 33 S. 337, StW. 33 Nr. 429) wurde einer AG., die im Jahre 1928 ein Betriebsgrundstück verkauft und am 1. 4. 29 räumen mußte, in der Endbilanz 1928 die steuerfreie Rückstellung der bevorstehenden Umzugskosten unter Berufung auf die genannte Rechtsprechung versagt. Der Kaufvertrag war beiderseits im Jahre 1928 erfüllt und die AG. benutzte das verkaufte Grundstück im Mietver= hältnis. Die Verpflichtung zur Räumung eines Grundstücks ist eine Last, die einen Geldwert hat. Weiter hing aber diese geldwerte Last im entschiedenen Fall mit einem Betriebsvorgang des Jahres 1928, nämlich mit dem noch im Jahre 1928 beiderseits erfüllten Kauf, zusammen. Der im Jahre 1928 vereinnahmte Kauf= preis war also noch mit der bevorstehenden Ausgabe der Umzugskosten belastet; das Gleiche wäre bei der noch ausstehenden Kaufpreisforderung bei späterer Be= zahlung des Kaufpreises der Fall gewesen. Nach den oben wiedergegebenen Grund= sätzen wäre daher eine Rückstellung wegen der Umzugskosten berechtigt gewesen. Aus den gleichen Erwägungen wurde in RFH. VI A 477/32 v. 21. 12. 32 (StW. 33 Nr. 275) anläßlich der Verkaufs eines Betriebsgrundstücks eine Rückstellung für die Umzugskosten zugelassen. Die Voraussetzung des erforderlichen Zusammen= hangs der künftigen Ausgabe mit einem bestimmten Betriebsvor= gang des abgelaufenen Jahres ist aber dann nicht erfüllt, wenn die Reparaturbedürftigkeit von Maschinen oder Gebäuden, die im abgelaufenen Jahre infolge der üblichen Benutzung der Gegenstände eingetreten ist, aus irgendwelchen Gründen, z. B. aus Mangel an Mitteln, nicht beseitigt wurde. In diesem Fall wurde eine an sich notwendige Betriebsausgabe unterlassen oder erspart. Ein über die ordnungsmäßige Abnutzung hinausgehender Verschleiß der Anlagegegen= stände könnte lediglich durch Absetzungen für außergewöhnliche Abnutzung oder auch Abschreibung (vgl. auch RFH. I A 309/30), nicht aber durch Zulassung einer Rückstellung in Höhe der mutmaßlichen Reparaturkosten Rechnung getragen werden. Ebensowenig kann unter der Bezeichnung „Gebäudeerneuerungsfonds" eine Rücklage für künftige endgültige Abschreibungsbedürfnisse gebildet werden. Mit Recht wird in RFH. I A 195/34 v. 4. 2. 36 (StW. 36 Nr. 141) ausgesprochen, daß nicht die Bildung oder Erhöhung dieser Rücklage, sondern erst ihre Verwendung zu tatsächlich sachlich gerechtfertigten Abschreibungen den steuerpflichtigen Gewinn mindere. Die Auffassung dieses Postens als Reinvermögenspostens liegt schon der Bezeichnung nach näher und entspricht dem Vorgang bei seiner Bildung. Es nützt auch nichts, daß bei der Bildung des Gebäudeerneuerungsfonds erklärt wird, er werde wegen Entwertung der Gebäude gebildet; denn damit wird nur gesagt, man wolle eine dem Gewinn entsprechende Dividende beschließen, weil die Ge= bäude etwas zu hoch bewertet seien, aber nicht, daß der Bilanzwert der Gebäude um den Betrag niedriger sein solle.

§ 6 EStG. Bewertung. Anmerkung 120.

Aus dem Grundsatz, daß Rückstellungen für Zufallsverluste, deren Eintritt nur möglich, aber ganz ungewiß ist und die ihren Grund nicht in Betriebsvorgängen des abgelaufenen Jahres haben, unzulässig sind, ergibt sich auch der vom RFH. in ständiger Rechtsprechung vertretene Grundsatz, daß Rücklagen, die zur Selbstversicherung, d. h. zur Deckung der im Betrieb etwa selbst eintretenden Schäden, gebildet sind, steuerlich nicht anerkannt werden können. Im Gutachten I D 1/25 v. 24. 3. 25 (E. 16 S. 31, RStBl. 25 S. 92, StW. 25 Nr. 199) wird ausgeführt, daß die vom Selbstversicherten vorgenommene Übertragung bestimmter Beträge auf das Selbstversicherungsrücklagenkonto ein rein innerer Rechnungsvorgang sei, den er jederzeit rückgängig machen könne, während es sich bei der Zahlung der Prämien durch den Fremdversicherten um eine sein Vermögen mindernde Ausgabe handle. Sei der Schadensfall nicht eingetreten, dann habe der Selbstversicherte die Prämie endgültig erspart, der Fremdversicherte sie endgültig verloren (vgl. RFH. I A 67/26 v. 13. 7. 26, E. 19 S. 247, RStBl. 26 S. 314, StW. 26 Nr. 593). In RFH. VI A 642/30 v. 21. 10. 31 RStBl. 32 S. 290, StW. 32 Nr. 243) wird außerdem noch darauf hingewiesen, daß bei der Selbstversicherung der für eine Rückstellung erforderliche Zusammenhang der künftigen Ausgabe mit einem Betriebsvorgang des abgelaufenen Wirtschaftsjahrs dann nicht vorliege, wenn bei Abschluß der Bilanz feststehe, daß der Versicherungsfall im abgelaufenen Jahre nicht eingetreten sei. In der Entsch. wird die Rückstellung für Selbstversicherung auch nicht mit der Begründung als berechtigt anerkannt, daß durch die Tatsache der Nichtversicherung der Teilwert der nichtversicherten Anlagegegenstände und damit der Gesamtwert des Betriebs leide. Der Satz, daß Rückstellungen für eine Selbstversicherung steuerlich nicht anerkannt werden können, kann nach RFH. VI A 1196/31 v. 12. 10. 32 (RStBl. 33 S. 142, StW. 32 Nr. 1145) nicht dadurch umgangen werden, daß eine GmbH. gegründet wird, die, ohne daß dem Betrieb oder den Unternehmern des Betriebs Mittel entzogen werden und ohne daß die GmbH. als Versicherungsunternehmen anerkannt werden könnte, ausschließlich die Selbstversicherung des sie beherrschenden Unternehmens durchführen soll.

Über die Beurteilung der Rückstellungen für künftige Ausgaben nach der dynamischen Bilanzauffassung vgl. Mirre, Bespr. StW. 33 I Sp. 154 ff.

c) Die **erstmalige Einstellung einer Rückstellung für laufende, aus der geschäftlichen Tätigkeit erwachsende Verbindlichkeiten** z. B. für Haftungsverbindlichkeiten ist zulässig, auch wenn der Steuerpflichtige bisher derartige Rückstellungen nicht gemacht hat, sondern die auf Grund seiner Haftung geleisteten Ausgaben über Unkosten verbucht hat. Die in RFH. VI A 1614/32 v. 9. 11. 32 (StW. 33 Nr. 25) aufgestellte Forderung, daß kein willkürlicher Wechsel in der Bewertung vorliegt, ist für Körperschaften regelmäßig ohne Bedeutung. Es handelt sich um den Übergang von einer handels- und steuerrechtlich zulässigen Verbuchungsart zu einer anderen, ebenfalls zulässigen Verbuchungsart. Wenn also keine Gewinnverschiebungen bezweckt werden, ist der Übergang jederzeit zulässig (vgl. auch RFH. VI A 736/33 v. 18. 8. 33, RStBl. 33 S. 1205, StW. 33 Nr. 695), ohne daß jedoch, wie noch in RFH. I A a 72/29 v. 26. 9. 29 (RStBl. 30 S. 68, StW. 30 Nr. 391) gefordert wurde, gleichzeitig mit der Aufnahme einer Rückstellung in die Endbilanz auch für die Anfangsbilanz des Wirtschaftsjahrs entsprechend zu verfahren ist. Denn die Endbilanz des vorangegangenen Wirtschaftsjahrs war nach der bisherigen, zulässigen Verbuchungsart des Steuerpflichtigen richtig und die neue Verbuchungsart ist nur für die Endbilanz des laufenden Geschäftsjahrs maßgebend (vgl. auch RFH. I A 40/31 v. 8. 10. 31, RStBl. 32 S. 20, StW. 32 Nr. 59 und I A 110/36 v. 23. 11. 37, E. 42 S. 328, RStBl. 38 S. 85, StW. 38 Nr. 30 unter I b).

d) Für die **Höhe der Rückstellung** besteht an sich Spielraum für das Ermessen des Kaufmanns (vgl. Anm. 43 a zu § 5 EStG), jedoch muß ihre Bemessung nach RFH. VI A 1614/32 v. 9. 11. 32 (StW. 33 Nr. 25) auch einer sachlichen Nachprüfung standhalten. Maßgebend sei, wie ein objektiv urteilender Kaufmann die

Gefahr einschätze, wobei die Schätzung nach den Verhältnissen vom Bilanzstichtag zu erfolgen habe (RFH. VI A 1142/33 v. 24. 1. 34, RStBl. 34 S. 217, StW. 34 Nr. 219). Die Schätzung der augenblicklichen Belastung durch eine Garantieverpflichtung z. B. hat nach RFH. VI A 1539/30 v. 14. 1. 31 (RStBl. 31 S. 240, StW. 31 Nr. 289) unter Beachtung des Teilwertgedankens nach der Wahrscheinlichkeit des Eintritts des Schadensfalles, nicht nach der Möglichkeit von Schäden, die überhaupt besteht, zu erfolgen. Wenn bei einer Lieferung mit der Möglichkeit eines Schadens von 200 000 RM. gerechnet werden könne, dann könne nicht diese Summe zurückgestellt werden, sondern nur ein Betrag, der der Wahrscheinlichkeit des Eintritts eines Schadens entspricht. Der Wert der Last sei so zu schätzen, wie sie ein Erwerber des ganzen Betriebs schätzen würde. Die Erfahrungen der Vergangenheit im eigenen Betrieb können dabei als Hilfsmittel zur Beurteilung der gegenwärtigen Verhältnisse dienen. Ihnen kommt jedoch nach RFH. VI A 407/27 v. 12. 8. 27 (E. 22 S. 27, RStBl. 28 S. 5, StW. 27 Nr. 405) keine selbständige Bedeutung zu; liegen sie nicht vor oder tritt eine Änderung der Verhältnisse ein, dann ist nach den veränderten Verhältnissen zu schätzen. Nach der letzten Entsch. ist es für die Bemessung der Rückstellung auch unerheblich, wie sich nach einer längeren Zeit — also nicht etwa bis zum Zeitpunkt der Bilanzaufstellung — die Sache darstellt, insbesondere, in welchem Maße der Steuerpflichtige später tatsächlich in Anspruch genommen wurde. Jedoch wurde es in RFH. I A 261/33 v. 9. 4. 35 (RStBl. 35 S. 1398, StW. 35 Nr. 726) mit Recht abgelehnt, bei Neuaufrollung eines Steuerfalls durch Berichtigungsveranlagung auch die von der Gesellschaft gemachte Rückstellung für ein Wagnis (Rechtsstreit) zu erhöhen, obwohl sie inzwischen den Rechtsstreit bereits gewonnen hatte. Es ist zu unterstellen, daß die Gesellschaft im Rahmen ihres Ermessens richtig geschätzt hat und daher die Rückstellung nicht mehr berichtigt werden kann (vgl. Anm. 43 a Abs. 2 zu § 5 EStG). Für die Unzulässigkeit der Erhöhung der Rückstellung kommt es also nicht so sehr darauf an, daß das Wagnis in dem Zeitpunkt, in dem die Erhöhung beantragt wird, überhaupt nicht mehr besteht, sondern vielmehr darauf, daß der günstige Ausgang des Rechtsstreits einen Rückschluß auf die Verhältnisse am Bilanzstichtag gestattet und danach eine Erhöhung der für das Wagnis gemachten Rückstellung verbietet.

e) **Beispiele aus der Rechtsprechung des RFH., in denen Rückstellungen für zulässig erachtet** wurden:

Für die aus der gewerblichen oder beruflichen Tätigkeit entspringende Haftung des Bauunternehmers (RFH. VI A 736/33 v. 18. 8. 33, RStBl. 33 S. 1205, StW. 33 Nr. 695), des Rechtsanwalts und Notars (RFH. VI A 2177/30 v. 9. 3. 32, RStBl. 32 S. 512, StW. 32 Nr. 828), des Gewerbetreibenden für mangelhafte Warenlieferungen (RFH. I A a 72/29 und I A 40/31 s. unter c), des Hausmaklers (RFH. VI A 407/27 s. unter d) und des Versicherungsmaklers für Versehen (RFH. VI A 1142/33 s. unter d); für die Schadenshaftung des Kraftfahrzeughalters (RFH. VI A 1413/32 v. 13. 7. 33, E. 34 S. 13, RStBl. 33 S. 1085, StW. 33 Nr. 638), wobei aber Ansprüche an eine Versicherungsgesellschaft auf Schadensdeckung in gleicher Höhe zu aktivieren sind (s. Anm. 82 Abs. 1), für die Schadenshaftung aus unerlaubten Geschäftshandlungen, durch die für den Betrieb gefährdete Forderungen hereingebracht wurden (RFH. VI A 157/36 v. 18. 3. 36, RStBl. 36 S. 803, StW. 36 Nr. 231: Rückstellung zum mindesten in Höhe der durch das Aufkommen der Forderung verursachten Vermögensvermehrung); für die bei Veräußerung eines Kommanditanteils übernommene Haftung für etwa anhaftende Mängel (RFH. VI A 2025/32 v. 13. 6. 33, RStBl. 33 S. 1014, StW. 33 Nr. 641); für die Gefahr eines schwebenden Rechtsstreits, soweit etwaige Prozeßkosten nicht bereits als wertmindernder Umstand bei der Bewertung anderer Wirtschaftsgüter des Betriebsvermögens, z. B. Forderungen, berücksichtigt wurden (RFH. VI A 1483—85/30 v. 28. 10. 31, RStBl. 32 S. 144, StW. 32 Nr. 422 und I A a 36/29 v. 19. 12. 29 RStBl. 30 S. 113. StW. 30 Nr. 559); für die Gefahr der Inanspruchnahme aus übernommenen

Bürgschaften, wenn daraus durch Rückgriffsrechte nicht gedeckte Verluste zu erwarten sind (RFH. VI A 1483—85/30 f. oben, RFH. VI A 142—144/37 vom 28. 4. 37, E. 41 S. 218, RStBl. 37 S. 956, StW. 37 Nr. 318), auch für Wechselindossamente (VI A 407/27 f. unter d); für die drohende Inanspruchnahme des Kaufmanns als Käufers eines Grundstücks für Wertzuwachssteuer, die vertragsgemäß der Verkäufer zu tragen hatte (RFH. VI A 1055/31 v. 20. 1. 32, StW. 32 Nr. 245); für die Höhe der voraussichtlichen, durch einen Brandschaden verursachten Aufräumungsarbeiten, die am Schluß des Wirtschaftsjahrs, in dem der Brand eingetreten war, noch nicht ausgeführt waren, zu diesem Zeitpunkt (RFH. VI A 97/29 v. 1. 7. 31, RStBl. 31 S. 741, StW. 31 Nr. 787); für Rückvergütungen an die Stadtbierkunden einer Brauerei und für Berufsgenossenschaftsbeiträge RFH. I A 110/36 (f. unter c); wegen der Rückstellungen bei Versicherungsgesellschaften f. Anm. 85 e und Anm. 6 und 7 zu § 11 KStG; wegen der Pensionsrückstellungen f. Anm. 123; wegen der Rückstellungen für die Grunderwerbsteuer der toten Hand f. BR 37 C II 2 (RStBl. 38 S. 206, f. Anh. 17).

121. Verbindlichkeiten, die aus dem Gewinn zu tilgen sind.
Zu den Verbindlichkeiten, die aus dem Gewinn zu tilgen sind, gehören bei Kapitalgesellschaften auch die in den Genußscheinen verbrieften Genußrechte. Genußscheine sind, wenn sie eine Beteiligung am Gewinn und am Abwicklungserlös verkörpern, den Gesellschaftsrechten gleichzuerachten (vgl. Anm. 15 b zu § 1 KStG und Anm. 3 zu § 7 KStG). Dieser Beurteilung entspricht es, daß diese Beteiligungen und insbesondere die aktienähnlichen Genußrechte nicht unter den Passiven der Bilanz erscheinen können; denn ihre Besitzer stehen nicht sonstigen Gläubigern der Gesellschaft gleich. Wenn jedoch bei Ausgabe der Genußscheine von den Erwerbern Einzahlungen (Einlagen) gemacht wurden, so ist dann ein Passivposten zu bilden, wenn und soweit die Beträge nicht zum Ausgleich von Verlusten verwendet werden sollen. Der Passivposten gilt aber nicht als Schuldposten, sondern als Reinvermögensposten, der für die Zulässigkeit von Dividendenverteilungen der gesetzlichen Rücklage (Reservefonds) gleichzustellen ist (vgl. Mirre, Zentralblatt für Handelsrecht 1927 S. 264). Gewähren Genußrechte mehr Ansprüche als die Beteiligung am Gewinn und Abwicklungserlös, sind sie insbesondere ohne Rücksicht auf das Betriebsergebnis zu verzinsen und stehen sie bei der Abwicklung anderen Gläubigern gleich, dann sind sie steuerlich nicht wie gleich Gesellschaftsrechten zu behandeln und insoweit als Verbindlichkeiten passivierungspflichtig. Im Folgenden werden nur solche aus dem Gewinn zu deckende Verbindlichkeiten behandelt, die nach ihrer Ausgestaltung nicht Genußscheine sind und damit nicht Gesellschaftsrechten gleichkommen.

Ein allgemein anerkannter Satz des Bilanzrechts sagt, daß Verbindlichkeiten, die aus dem Reingewinn zu bezahlen sind, nicht als Schulden aufgeführt zu werden brauchen. Der RFH. hat diesen Satz unter Hinweis auf die Rechtsprechung des RG. damit begründet, daß diese Schulden nicht das gegenwärtige Vermögen (Stammvermögen) belasten und daher nicht bilanzierungspflichtig sind (RFH. I A 173/34 v. 26. 2. 35, RStBl. 35 S. 825, StW. 35 Nr. 304 und VI A 1516/29 v. 2. 12. 31, E. 31 S. 1, RStBl. 32 S. 573, StW. 32 Nr. 418). Bei AG. und GmbH. kann man die Sache auch so darstellen, daß man sich die Gesellschaft als ein Lebewesen denkt, dessen Vermögen die Aktionäre (Gesellschafter) unter bestimmten Voraussetzungen durch Beschließen einer Dividende verringern dürfen. Ist die Gesellschaft nun verpflichtet, einen Teil des Reingewinns an gewisse Personen zu zahlen, so braucht sie immer nur ihr Vermögen um so viel zu vermindern, wie die Aktionäre es ohnehin vermindern könnten; diese haben den Nachteil, daß sie bei jedem Jahresabschluß um den genannten Betrag weniger wegnehmen können. Die Verbindlichkeit, einen Teil des Reingewinns zu zahlen, belastet also wirtschaftlich nicht die AG., sondern die Aktionäre. Die Sicherheit der gewöhnlichen Gläubiger der AG. wird also durch eine Verbind-

§ 6 KStG. Einkommen.

lichkeit dieser Art nicht beeinträchtigt. Es ist genau so, als wenn sich die Gesamtheit der Aktionäre persönlich verpflichtet hätte. Es handelt sich danach bei der aus dem Gewinn abzudeckenden Schuld um eine Verbindlichkeit, die zwar besteht, die aber nicht dem gegenwärtigen Vermögen der Kapitalgesell= schaft zur Last fällt und deshalb nicht zu passivieren ist. In RFH. I A 183/31 v. 4. 2. 32 (RStBl. 32 S. 303, StW. 32 Nr. 535) wird für den Fall einer aus künftigem Gewinn zu deckenden Kapitalschuld ausgeführt, erst im Fall des Eintritts der Bedingung liege eine echte Schuld vor, die im Rechtsweg geltend gemacht werden könne; vorher belaste die Schuld rechtlich nur den zukünftigen Gewinn, nicht aber das sonstige Anlage= und Betriebskapital. Es könnte nur eine aufschiebend bedingte Schuld angenommen werden und als Bedingung, deren Eintritt ungewiß ist, wäre dann die Erzielung von Gewinn anzusehen. Man kann aber in der Regel nicht sagen, bei einer Kapitalgesellschaft usw. sei ungewiß, ob sie in Zukunft überhaupt Gewinn erzielen wird, und ebensowenig kann man an= nehmen, daß ein ernsthafter Gläubiger der Rückzahlung einer Schuld aus Mitteln, deren Eingang ungewiß ist, zustimmen wird. Außer bei einem Unternehmen, das ohne Aussicht auf Besserung schlecht geht und dem kein Gläubiger eine Schuld mit der Möglichkeit einer Rückzahlung aus späterem Gewinn einräumen wird, könnte man deshalb auch die Auffassung vertreten, daß die Verbindlichkeit bereits unbedingt besteht, daß sie aber befristet ist bis zu dem Zeitpunkt, in dem vom Schuldner Gewinn erzielt wird. In diesem Zeitpunkt wird die Schuld fällig. Dagegen handelt es sich bei der Vereinbarung, den Mehrerlös, den am Bilanz= stichtag vorhandene Vorräte gegenüber den am Bilanzstichtag zu erzielenden Preisen etwa bringen werden, an einen Dritten abzuführen, dann, wenn nur mit der Möglichkeit einer besseren Verwertung der Vorräte für die Zukunft gerechnet wird, um eine aufschiebend bedingte Last, deren Passivierung aus diesem Grunde unzulässig war (RFH. I A 542/28 v. 28. 5. 29, RStBl. 29 S. 509, StW. 29 Nr. 837). In RFH. I A a 493/29 v. 26. 11. 29 (RStBl. 30 S. 65, StW. 30 Nr. 169) wird die von einer GmbH. bei ihrer Gründung übernommene Verpflichtung, für die Dauer ihres Bestehens an den Gründer der Gesellschaft (Gesellschafter) oder seine Erben vorweg 50 v. H. des nach bestimmten Ausschüttungen verbleibenden Reingewinns zu verteilen, als eine nicht passivierungspflichtige „zeitlich unbegrenzte Last" angesehen, weil angenommen werden könne, daß die Grundsätze ordnungs= mäßiger Buchführung die Bildung und Tilgung eines Passivpostens nicht forderten. Dem ist beizutreten, weil es sich hier ebenfalls um eine aus dem Gewinn zu til= gende Schuld handelt, die nach vorstehenden Ausführungen nicht zu aktivieren ist. Würde der Gründer und Gesellschafter selbst diesen von seinem Geschäftsanteil unabhängigen Gewinn vorausbeziehen, so würde es sich für ihn um ein dem Ge= nußschein ähnliches Recht handeln, das die Gesellschaft nicht belastet, während nach Übergang dieses Rechts auf Nichtgesellschafter (Ehefrau oder Erben) die oben auf= gestellten Grundsätze maßgebend bleiben. Um die Verpflichtung einer Kapital= gesellschaft, den von ihr erzielten Gewinn in bestimmter Weise zu verwenden, handelt es sich auch in dem der Entsch. RFH. I A 231/35 v. 11. 2. 36 (RStBl. 36 S. 284, StW. 36 Nr. 138) zugrunde liegenden Fall einer sogen. Sanierungs= gesellschaft, die als GmbH. von den Hauptgläubigern einer notleidenden OHG. gegründet worden war. Die GmbH. sollte den Betrieb pachten und aus den Über= schüssen die Gläubiger der OHG. befriedigen, nachdem die Geschäftsanteile der Gesellschafter mit 10 v. H. verzinst waren. Nach der Entsch. ist weder die Ver= pflichtung zur Abführung des Gewinns über 10 v. H. zu passivieren, noch ist in der Endbilanz des Geschäftsjahrs zu berücksichtigen, daß ein Teil des Gewinns an die Gläubiger der OHG. abzuführen ist. Man kann sich die Sache wohl so vor= stellen: Außer den Gesellschaftern der GmbH. war an ihr auch noch die OHG., vertreten durch den Treuhänder der Gläubiger, nach Art eines Genußschein= inhabers beteiligt. Ihre Einlage bestand in dem sehr schwer zu bewertenden Ge= schäftswert des Betriebs. Was an Genußscheininhaber abzuführen ist, vermindert jedoch das steuerpflichtige Einkommen der GmbH. nicht. Um eine aus dem Gewinn zu tilgende und daher nicht zu passivierende Verbindlichkeit handelt es sich auch bei der in einem Besserungsschein verbrieften Verpflichtung, nach der ein Schuldner die von seinen Gläubigern erlassenen Forderungen aus späteren Überschüssen seines Betriebs bezahlen soll (RFH. VI A 558/31 v. 15. 2. 33, RStBl. 33 S. 734, StW. 33 Nr. 385 und Anm. 4 a Abs. 3 zu § 9 KStG).

Für die aus dem Gewinn zu tilgende Verbindlichkeit kommt nach RFH. VI A 1516/29 (s. oben) eine Passivierung nur insoweit in Betracht, als ein Gegenwert zur Aktivierung gelangt, wenn also ein aktivierungspflichtiges Wirtschaftsgut gegen die Gewinnbeteiligungslast erworben wurde. Während nach der Entsch. für diesen Fall eine Verpflichtung zu alsbaldiger Aktivierung und Passivierung zum mindesten in der Regel nicht ausgesprochen werden kann, wird in RFH. VI A 945/31 v. 1. 2. 33 (RStBl. 33 S. 479, StW. 33 Nr. 274) die Notwendigkeit der Aktivierung und Passivierung von der Art des als Entgelt erworbenen Wirtschaftsguts abhängig gemacht. Beim Vorhandensein eines Geschäftswerts, der durch die Einräumung der Gewinnbeteiligung an den ausgeschiedenen Gesellschafter einer Personengesellschaft abgegolten wird, ist danach regelmäßig keine sofortige Aktivierung des Geschäftswerts mit entsprechender Passivierung der Gewinnbeteiligungslast vorzunehmen. Der Geschäftswert sei nach und nach entsprechend den tatsächlichen anteiligen Gewinnen zu aktivieren. Sofortige Aktivierung und entsprechende Passivierung könnten in manchen Fällen dann am Platze sein, wenn die Gewinnbeteiligung lediglich gegen Überlassung von Gegenständen mit einem mehr objektiven Verkehrswert (Grundstücke, Maschinen) eingeräumt worden sei. In dem zuletzt genannten Fall muß gegenüber der Verpflichtung zur Aktivierung der gegen die Gewinnbeteiligungslast erworbenen Anlagegüter auch die Verpflichtung zur Passivierung der Last angenommen werden, weil sonst das Vermögen zu günstig ausgewiesen und die Bilanz falsch wird. Dabei kann die Höhe der Schuld nicht unabhängig von den durch sie erlangten Gegenwerten bestimmt werden. Das Passivum vermindert sich dann nach Maßgabe der späteren Zahlungen. Bei einer Vereinbarung z. B., wonach eine Gesellschaft von einem Fremden 50 000 RM. erhält und dafür 100 000 RM. in Hundertsätzen des Reingewinns zurückzuzahlen hat, kann man doch nicht gut sagen, die Gesellschaft habe im Jahre der Vereinbarung einen Gewinn von 50 000 RM. erzielt. Gewiß hat sie, wenn zur Zeit der Vereinbarung eine Unterbilanz von 50 000 RM. vorlag, infolge der Vereinnahmung der 50 000 RM. handelsrechtlich keine Unterbilanz mehr. Aber einen eigentlichen Gewinn hat die Gesellschaft nicht und der Besteuerung sollten nur wirkliche Gewinne unterworfen werden. Für die Steuerbilanz müßte man daher annehmen, daß die Gesellschaft eine Belastung erfahren habe, die mit den Anschaffungskosten von 50 000 RM. zu passivieren und allmählich abzuschreiben war. Die Passivierung war in der Steuerbilanz auch dann und sogar gegen den Willen der Gesellschaft vorzunehmen, wenn, wie wahrscheinlich, in die Handelsbilanz ein Passivum nicht eingestellt ist. Ist dagegen das erworbene Wirtschaftsgut ein nichtkörperlicher Wert wie der Firmenwert, dessen Anschaffungskosten nur nach den gemachten Aufwendungen festgestellt werden können, so ist die allmähliche Aktivierung nach den tatsächlichen Zahlungen erforderlich und genügend, eine Passivierung der Schuld unterbleibt. Nach dem Tatbestand von RFH. I A 89/36 v. 27. 10. 36 (StW. 37 Nr. 54) hatte das Reich 1931 einer Aktienbank zum Zweck der Sanierung Reichsschatzanweisungen mit der Maßgabe zugewendet, daß der Nennbetrag der Schatzanweisungen in bestimmten Hundertsätzen des Reingewinns zu bezahlen sei. Im Fall der Liquidation sollte der noch ungetilgte Betrag sofort fällig werden, jedoch sollten ihm alle sonstigen Schulden der Gesellschaft vorgehen. Nach der Entsch. war die Schuld sofort zu passivieren; denn sie belaste das Stammvermögen, weil bei Liquidation der ungetilgte Betrag ohne Rücksicht auf das Vorhandensein von Reingewinn sofort fällig werde. Man kann sagen, die Parteien hätten ein Darlehen mit günstigen Rückzahlungsbedingungen beabsichtigt und auch ungefähr schätzen können, in welchen Teilbeträgen das Darlehen bezahlt werden würde.

Bei einem Sachdarlehen wurde dann mit Recht dem Besitzposten „Schatzanweisungen" die Rückzahlungsverpflichtung als Schuld gegenübergestellt.

Aus dem Gewinn zu deckende Schulden im Sinn vorstehender Ausführungen liegen nur vor, wenn ihre Bezahlung aus dem vorhandenen Reingewinn, nicht aber aus dem Vermögen z. B. im Fall des Konkurses verlangt werden kann. Hierzu werden in RFH. I A 47/34 v. 23. 7. 35 (StW. 35 Nr. 620) mit Recht nicht Schulden gerechnet, die nur nach dem Bruttogewinn zu berechnen und ohne Rücksicht auf einen verbleibenden Reingewinn aus dem Vermögen zu befriedigen sind. Hier muß die Gesellschaft unter Umständen einen Betrag zahlen, den die Aktionäre nicht wegnehmen könnten; die Schuld ist also passivierungspflichtig. Ebenso wäre auch eine etwaige Verpflichtung zur Abführung eines Teiles des wirklichen Jahreseinkommens — also ohne Rücksicht auf eine bestehende Unterbilanz — zu passivieren. Solche Verpflichtungen scheinen bei AG. jedoch nicht vorzukommen. Weiter ist nach RFH. I A 173/34 v. 26. 2. 35 (RStBl. 35 S. 825, StW. 35 Nr. 304) eine Schuld, deren Bezahlung nur nach Maßgabe der Beträge erfolgen sollte, die dem Schuldner aus einer bestimmten Beteiligung an einer Kapitalgesellschaft zufließen würden, nicht zu den aus dem Reingewinn zu deckenden Schulden zu rechnen und zu passivieren. Auch hier gehört der Gläubiger zu den Konkursgläubigern.

122. Rentenlasten.

Die Behandlung von Verbindlichkeiten zu Rentenleistungen, die bei Übernahme eines Geschäftsbetriebs den früheren Inhabern eingeräumt werden, wurden insbesondere in RFH. VI A 1516/29 v. 2. 12. 31 (E. 31 S. 1, RStBl. 32 S. 573, StW. 32 Nr. 418), VI A 2080/29 v. 23. 3. 32 (StW. 32 Nr. 737), VI A 926/30 v. 23. 3. 32 (RStBl. 32 S. 705, StW. 32 Nr. 738) und VI A 1501/31 v. 16. 11. 32 (RStBl. 33 S. 80, StW. 33 Nr. 23) grundlegend erörtert. Soweit die Renten lediglich aus künftigen Gewinnen zu bestreiten sind, gelten die in Anm. 121 gemachten Ausführungen. Soweit dagegen die Renten als regelmäßig wiederkehrende Bezüge ausbedungen sind, wurden mangels einer allgemeinen, in kaufmännischen Kreisen gleichmäßigen Übung unter Berücksichtigung von zwingenden steuerlichen Gründen folgende Grundsätze aufgestellt (vgl. auch) RFH. VI A 917/33 v. 16. 8. 34, StW. 34 Nr. 592):

„1. Wird einem ausscheidenden Gesellschafter eine vom künftigen Erfolg des Unternehmens abhängige Rente deshalb gewährt, weil sein Anteil an den in den einzelnen Aktiven steckenden stillen Reserven höher ist als sein Kapitalkonto, so besteht sowohl ein Zwang zum Ansatz eines entsprechenden Aktivums als auch ein Zwang zur Ansetzung eines entsprechenden Passivums. Das Gleiche gilt für den Fall, daß die Rente dem ausscheidenden Gesellschafter deshalb eingeräumt wird, weil durch sie — unter Umständen zusammen mit dem vereinbarten festen Kaufpreis — dessen Anteil an dem (immateriellen) Geschäftswert des Unternehmens abgegolten werden soll.

2. Werden einem für die Gesellschaft lästigen Gesellschafter eine Zeitlang laufende Beträge bezahlt, weil er anders nicht aus der Gesellschaft ausgeschieden wäre, dann stellen diese Abfindungen eine Verpflichtung dar, die den Gewinn des Betriebs in dem Geschäftsjahr ihrer Entstehung belastet. Daher ist der kapitalisierte Betrag der Abfindung zu passivieren (vgl. Entsch. VI A 1501/31), ohne daß eine entsprechende Aktivierung zu erfolgen hätte.

3. Werden die laufenden, in bestimmter Höhe vereinbarten Zahlungen vorwiegend aus dem Gedanken einer Versorgung geleistet, dann besteht kein Zwang zur Passivierung der Verpflichtung. Die einzelnen Zahlungen bilden also Betriebsausgaben im Jahre der Zahlung."

Nach RFH. VI A 1, 2/31 v. 28. 6. 32 (RStBl. 32 S. 935, StW. 32 Nr. 902) ist im Fall der Versorgung in der Regel auch eine Passivierung unzulässig; die Jahresrenten mindern voll den laufenden Geschäftsgewinn.

Bei Gründung einer Kapitalgesellschaft haben es die Gründer in der Hand, welche Verbindlichkeiten sie der neuen Gesellschaft als Betriebsschulden auferlegen wollen, ohne daß es auf den Anlaß für die Begründung der Verbindlichkeit entscheidend ankommt. In RFH. I A 124/30 v. 9. 12. 30 (RStBl. 31 S. 264,

StW. 31 Nr. 223) wird mit Recht verlangt, daß auch eine bei Gründung einer GmbH. übernommene Rentenschuld ebenso wie eine Hypothek passiviert wird. Wenn jemand bei Gründung einer GmbH. ein Geschäft einbringt, ist es Sache der Gründer, zu bestimmen, welche Schulden die GmbH. übernehmen soll. Sie braucht die Geschäftsschulden nicht zu übernehmen und kann Schulden übernehmen, die das Geschäft nichts angingen. Ist dieses vereinbart, so handelt es sich fortan für die GmbH. um Betriebsschulden, der Abzug von Zinsen kann nicht deshalb abgelehnt werden, weil die Schuld mit dem Geschäft nichts zu tun hätte. Da die GmbH. nur Betriebsvermögen besitzt, kann sie auch nur Betriebsschulden haben. Übernimmt die GmbH. eine Leibrente, so ist diese in der Eröffnungsbilanz mit ihrem Zeitwert zu passivieren, ihr Passivwert vermindert sich von Jahr zu Jahr, fällt sie sehr früh weg, so ergibt sich ein unter Umständen beträchtlicher Gewinn. Im Ganzen mindern die Rentenzahlungen den Gewinn der GmbH., soweit sie den Wert der Rente zur Zeit der Übernahme übersteigen. Bleiben sie hinter diesem Wert zurück, so war die Übernahme für die GmbH. ein gewinnbringendes Geschäft. Für die Passivierung einer von einer neu gegründeten Kapitalgesellschaft übernommenen Rentenschuld ist es nach diesen Grundsätzen auch ohne Bedeutung, daß es sich um eine Versorgungsrente handelt. Wenn einer Gesellschaft bei ihrer Gründung Verbindlichkeiten auferlegt werden, die von den Gründern als ihre sozialen Pflichten angesehen wurden, so stellen sie, wie in RFH. I A 241/32 v. 13. 2. 34 (RStBl. 34 S. 596 und 837, StW. 34 Nr. 515) ausgeführt wird, für die Gesellschaft einfache Betriebsschulden dar.

Wegen der der Ziff. 1 entsprechenden Einräumung einer Rente als Entgelt für die Übertragung eines Wirtschaftsguts vgl. Anm. 123 b.

Wegen der Bewertung der Rentenlasten vgl. Anm. 129 a.

123. Verpflichtung zur Ruhegehaltszahlung.

Schrifttum. Gebhardt, Ruhegehaltslasten, DStZ. 34 S. 57; Kennerknecht, Die steuerbilanzmäßige Behandlung von Pensionsverpflichtungen bei buchführenden juristischen Personen, Rundschau für GmbH. 35 S. 321; Vangerow, Ruhegehalts-, Renten- und Gewinnbeteiligungslasten, DStZ. 36 S. 1510.

a) In RFH. I A 247, 248/33 v. 3. 7. 34 (E. 36 S. 252, RStBl. 34 S. 1121, StW. 34 Nr. 566) wurde der **Grundsatz aufgestellt, buchführende Kapitalgesellschaften seien zwar berechtigt, aber nicht verpflichtet, künftig erwachsende Pensionslasten durch Einstellung eines Schuldpostens in ihre Handelsbilanz zu berücksichtigen.** In der Entsch. RFH. I A 228/28 v. 11. 12. 28 (E. 24 S. 310, RStBl. 29 S. 227, StW. 29 Nr. 287), auf die zur Begründung verwiesen wird, wird ausgeführt: „Wenn die Angestellten einer Kapitalgesellschaft die Gegenleistung für die von ihnen der Gesellschaft geleisteten Dienste nur zum Teil in barem Gehalt, zum Teil erst nach Beendigung des Dienstverhältnisses in Gestalt der ihnen oder ihren Hinterbliebenen auszuzahlenden Pensionen erhalten, so entspricht es den Grundsätzen ordnungsmäßiger kaufmännischer Buchführung, wenn die Gesellschaft auch diesen Teil der geschuldeten Gegenleistung für bereits empfangene Dienste dem Jahr belastet, in dem die Dienste geleistet worden sind". Ruhegehaltslasten sind vor Eintritt des Versorgungsfalls aufschiebend bedingte Verbindlichkeiten, auf die bilanzrechtlich die allgemeinen Grundsätze über die Behandlung aufschiebend bedingter Lasten nicht angewendet werden können (vgl. Anm. 119 Abs. 2). Das von der Rechtsprechung angenommene Recht zur Aufnahme bzw. zur Erhöhung des für die künftigen Ruhegehaltslasten gebildeten Schuldpostens ist in Anwendung der für die Rückstellung maßgebenden Grundsätze (s. Anm. 120) davon abhängig, daß die künftige Ausgabe mit einem Betriebsvorgang des abgelaufenen Wirtschaftsjahrs zusammenhängt. Dieser ist bei der Verpflichtung zu künftigen Ruhegehaltszahlungen an noch aktive Angestellte in den im abgelaufenen Geschäftsjahr für den Betrieb geleisteten Diensten der Angestellten zu erblicken. Eine das abgelaufene Geschäftsjahr treffende Last kann man mit der Annahme begründen, daß die Dienstleistung des ruhegehaltsberechtigten Angestellten im Betrieb durch die Gehalts- oder Lohnzahlung nur zum Teil abgegolten wurde und daß der Rest der Vergütung im späteren Ruhegehalt besteht. Das Recht und keine Verpflichtung zur Aufnahme einer Pensionsrückstellung kann damit gerechtfertigt werden, daß die Einführung von Pensionsberechtigungen für das Unternehmen nicht nur eine Belastung bedeutet, sondern ihr auch Vorteile (z. B. Anreiz zur Dienstleistung im Betrieb gegen ein verhältnismäßig niedriges Gehalt) bringt und daß daher der Entschluß nicht zu einer sofortigen und damit bilanzierungspflichtigen Vermögensminderung führen darf. Deshalb könnte auch die Ansicht vertreten werden, daß Pensionslasten regelmäßig überhaupt nicht passiviert werden dürfen. Soll von dem Recht der Rückstellung Gebrauch gemacht werden, dann ist von dem Zeitpunkt ab zu beginnen, in dem der beschäftigte Angestellte in die Ruhegehaltsberechtigung oder -anwartschaft eintritt, bei Vereinbarung einer Wartezeit nach deren Ablauf. Eine Nachholung der in früheren Jahren unterlassenen Rückstellungen für Pensionslasten, die damals bereits bestanden, hat der RFH. mit Recht abgelehnt (RFH. I A a 880/28 v. 5. 2. 29, RStBl. 29 S. 331 und I A 110/36 v. 23. 11. 37, E. 42 S. 327, RStBl. 38 S. 85, StW. 38 Nr. 30). Die Anwendung dieses Grundsatzes ist klar, wenn es sich um schon eingetretene Pensionsfälle handelt. Wegen des Beginns in einem nach Einräumung des Pensionsrechts, aber vor Eintritt des Pensionsfalls liegenden Zeitpunkt vgl. Anm. 129 b Abs. 1. Macht die Gesellschaft vom Recht der Aufnahme einer Rückstellung keinen Gebrauch, dann sind nach Eintritt des Pensionsfalls an die ehemaligen Angestellten gezahlte Ruhegehälter im Wirtschaftsjahr ihrer Verausgabung gleich den Gehältern und Löhnen als Unkosten zu behandeln. Der für aufschiebend bedingte Lasten geltende allgemeine Grundsatz, daß die Last mit Eintritt der Bedingung entsteht, ist auch hier einkommensteuerrechtlich nicht maßgebend. Der Kaufmann kann demnach nicht am Schluß des Wirtschaftsjahrs, in dem der Pensionsfall eingetreten ist, die gesamte kapitalisierte Ruhegehaltslast als Rückstellung ansetzen. Dadurch würde das Betriebsvermögen um eine Verbindlichkeit vermindert, die dem Wirtschaftsjahr tatsächlich nicht zur Last fällt. Denn die Pensionslast ist für den Betrieb allmählich mit dem Empfang der Gegenleistung, der Arbeitsleistung des Pensionsberechtigten, auf die bei Eintritt des Versorgungsfalls bestehende Höhe angewachsen. Würde sie in diesem Gesamtbetrag einem einzigen Wirtschaftsjahr zur Last gelegt werden, so würde dadurch das Betriebsvermögen am Schluß dieses Jahres unrichtig ausgewiesen werden. Wegen der Bemessung der Rückstellung vgl. Anm. 129 b.

Da es sich bei der buchmäßigen Behandlung der Pensionslasten um die Ausübung eines dem Kaufmann zustehenden Wahlrechts handelt, ist für die Behandlung in der Steuerbilanz vom Verfahren der Handelsbilanz auszugehen. Hinsichtlich der Höhe der Rückstellung in der Steuerbilanz wird nach RFH. I A 22/37 v. 9. 3. 37 (E. 41 S. 116, RStBl. 37 S. 590, StW. 37 Nr. 208) nicht vorausgesetzt, daß in der Handelsbilanz für das gleiche Jahr mindestens eine gleich hohe Rückstellung gemacht worden ist. Erforderlich sei nur, daß der Gesamtbetrag der bisherigen Rückstellungen in der Steuerbilanz den entsprechenden Rückstellungsbetrag in der Handelsbilanz nicht übersteige. Es müssen also nicht die Änderungen des Postens gegenüber dem Vorjahr in Steuer- und Handelsbilanz übereinstimmen. Wird die Pensionslast in der Handelsbilanz mit einem geringeren Betrag als dem nach versicherungsmathematischen Grundsätzen sich ergebenden berücksichtigt, dann kann in der Steuerbilanz nicht die Erhöhung dieses Postens verlangt werden; denn die Last konnte in der Handelsbilanz in zulässiger Weise auch mit 0 RM. angesetzt werden (vgl. RFH. I A 247, 248/33 f. oben). Wenn Zuwendungen einer Gesellschaft an eine Pensions- oder Unterstützungskasse steuerlich nicht als abzugsfähige Betriebsausgaben anerkannt werden (vgl. Anm. 17 d Abs. 1 zu § 4 EStG), dürfen sie in der Steuerbilanz als Rückstellungen für Pensionsverpflichtungen behandelt werden, soweit sie der Belastung durch begründete Verpflichtungen dieser Art entsprechen (RFH. I A 105/36 v. 13. 4. 37, RStBl. 37 S. 581, StW. 37 Nr. 273 für nicht als Sonderleistungen im Sinn des § 14 Ziff. 2 KStG 1925 anerkannte Zuwendungen).

Schließt eine Gesellschaft wie in dem Fall von RFH. I A 19/32 v. 17. 11. 32 (RStBl. 32 S. 1146, StW. 33 Nr. 129) wegen der ihren Angestellten gegenüber übernommenen Ruhegehaltsverpflichtungen zu ihrer eigenen Rückdeckung eine Versicherung ab, dann kann sie entweder ihre Ruhegehaltslast gegenüber ihren Angestellten passivieren und gleichzeitig den mutmaßlichen Anspruch gegen die Versicherungsgesellschaft aktivieren oder aber sie muß Passivierung und Aktivierung unterlassen. Wenn die Pensionsverpflichtung gegenüber einem Vorstandsmitglied, das gleichzeitig Großaktionär ist, und für den Fall seines Todes gegenüber seiner Witwe übernommen ist, so kommt nach RFH. I A 180/33 v. 15. 5. 34 (RStBl. 34 S. 950, StW. 34 Nr. 497) die Annahme einer verdeckten Gewinnausschüttung in Frage (vgl. auch Anm. 179 c zu § 6 Satz 2 KStG). Ist in der Einräumung des Pensionsanspruchs eine verdeckte Gewinnausschüttung zu erblicken, hat die Gesellschaft die Verpflichtung nicht zu passivieren und sind die späteren Zahlungen nicht als Betriebsausgaben anzusehen.

b) Von dem vorstehend behandelten Recht zur Passivierung einer Ruhegehaltslast ist der Fall zu unterscheiden, in dem **die Verpflichtung zur Zahlung eines Ruhegehalts oder auch einer Rente als Entgelt für den Erwerb von aktivierungspflichtigen Wirtschaftsgütern (auch beim Erwerb eines Betriebs) eingeräumt** wird. In diesem Fall besteht nicht nur die Verpflichtung zur Aktivierung des erworbenen Wirtschaftsguts, sondern es muß die Verpflichtung zur künftigen Renten- oder Ruhegehaltszahlung unter Beachtung der Grundsätze, die für die Behandlung der von einander abhängigen Besitz- und Schuldposten maßgebend sind (vgl. Anm. 82), durch Aufnahme eines Schuldpostens in die Bilanz berücksichtigt werden. Würde die dem aktivierten Wirtschaftsgut gegenüberstehende Verbindlichkeit nicht passiviert, so würde das Betriebsvermögen der Gesellschaft zu hoch, also unrichtig ausgewiesen werden. Die Notwendigkeit der Passivierung der Rentenverpflichtung besteht z. B. in dem in RFH. I A 267/27 v. 22. 11. 27 (RStBl. 27 S. 262, StW. 27 Nr. 672) behandelten Fall, in dem bei Gründung einer AG. den beiden Mitgründern der in die AG. umgewandelten OHG. als Gegenleistung für die Übertragung des Rechts auf Fortführung der Firma der bisherigen OHG. eine Rente zugestanden wurde. In diesem Fall müssen in der Eröffnungsbilanz der AG. Firmenrecht und Rentenverpflichtung erscheinen. Wegen des Ansatzes eines besonderen aktiven „Ausgleichspostens", wenn durch die Passivierung der übernommenen Rentenverpflichtungen das Betriebsvermögen negativ werden würde, vgl. RFH. I A 241/32 und Anm. 88 Abs. 1.

124. Verpflichtung zur entschädigungslosen Auflassung eines Unternehmens.
Wenn die Konzession eines Bahnunternehmens in einem bestimmten Zeitpunkt abläuft und der Unternehmer verpflichtet ist, unter Umständen das Unternehmen entschädigungslos zu überlassen, kann man es dem Unternehmer nach RFH. I A 270/30 v. 22. 12. 31 (RStBl. 32 S. 253, StW. 32 Nr. 539) auch dann, wenn außerdem die Übernahme des Unternehmens gegen Entgelt vorgesehen ist, nicht verwehren, mit Rücksicht auf diese Verpflichtung schon Rückstellungen zu machen, ehe sich übersehen läßt, ob die Möglichkeit eintritt oder nicht. Die Bemessung der Rückstellungen muß nach der Entsch. im allgemeinen dem Unternehmer überlassen bleiben; doch beseitige eine sonstige Unrichtigkeit der Bilanz die Vermutung der Richtigkeit für die ganze Bilanz und damit auch für die Schätzung der Rückstellung durch den Unternehmer, so daß nunmehr die Steuerbehörde selbst zur Schätzung der Rückstellung berechtigt sei. Wenn dagegen ein Straßenbahnunternehmen, das in 25 Jahren unter Umständen zu einem angemessenen Preis abgetreten werden muß, auf einem Amortisationsfonds eine Rückstellung für die Entwertung bildet, die das Unternehmen nach Ansicht des Inhabers infolge der allgemeinen Entwicklung (Überholung durch technische Erneuerungen) bis zu seiner Aufgabe erlitten haben wird, so wird diese Rückstellung in RFH. I A a 401/29 v. 9. 9. 30 (StW. 30 Nr. 1348) mit Recht für unzulässig erklärt; denn eine Ent-

wertung, die lange Zeit nach dem Stichtag möglicherweise eintreten kann, kann nach den für die Rückstellung geltenden Grundsätzen (s. Anm. 120) nicht durch einen steuerfreien Passivposten berücksichtigt werden.

Verweisung.

Wegen der Behandlung
der von Besitzposten abhängigen Schuldposten vgl. Anm. 82,
der Passivierung bei zweiseitigen laufenden Verträgen vgl. Anm. 83,
der Passivierung bei Miet- und Pachtverträgen vgl. Anm. 84,
der Passivierung bei schwebenden Geschäften vgl. Anm. 85,
der Passivierung beim Kostgeschäft vgl. Anm. 86,
der Passivposten, die der Rechnungsabgrenzung dienen (insbesondere Ertragsteuern) vgl. Anm. 87.

B. Bewertung der Verbindlichkeiten.

Schrifttum. Beuck, Schuldenbewertung in der Einkommensteuerbilanz, DStBl. 35 0240 S. 1.

125. Bedeutung des § 6 Ziff. 3 EStG.

Verbindlichkeiten sind nach § 6 Ziff. 3 EStG unter sinngemäßer Anwendung der Vorschriften der Ziff. 2 zu bewerten. Dadurch wird klargestellt, daß Verbindlichkeiten nach den gleichen Regeln wie die in Ziff. 2 genannten nichtabnutzbaren Anlagegüter und die Umlaufgüter zu bewerten sind, ein Grundsatz, der im EStG 1925 nicht enthalten, wohl aber für seinen Geltungsbereich in Einzelfällen bereits durch die Rechtsprechung ausgesprochen worden war. In § 6 Ziff. 2 EStG ist die Bewertung der genannten Wirtschaftsgüter einheitlich geregelt; eine Trennung der Verbindlichkeiten in solche des Anlagevermögens, zu denen die langfristigen Schulden zu rechnen sind, und solche des Umlaufvermögens, zu denen insbesondere die laufenden (kurzfristigen) Geschäftsschulden gehören, ist deshalb für die Bewertung ohne Bedeutung.

Handelsrechtlich wird durch § 40 Abs. 2 HGB allgemein und ohne Einschränkung die Bewertung der Schulden nach dem Stichtagswert (Zeitwert) vorgeschrieben. Bei der sinngemäßen Anwendung der Bewertungsvorschriften des § 6 Ziff. 2 a. a. O. auf die Verbindlichkeiten ist zu beachten, daß die Veränderung des Wertes von Passivposten auf das Betriebsergebnis in umgekehrtem Sinn einwirkt wie die Veränderung des Wertes von Wirtschaftsgütern als Aktivposten. Die Erhöhung eines Passivpostens bedeutet eine Verminderung des Betriebsvermögens und die Verminderung eines Passivpostens eine Vermehrung des Betriebsvermögens. Daher stellt das Sinken des Wertes einer Verbindlichkeit unter ihre Anschaffungskosten einen nichtverwirklichten Gewinn, dagegen das Steigen des Wertes über die Anschaffungskosten hinaus einen nichtverwirklichten Verlust dar. Während die Anschaffungskosten bei Wirtschaftsgütern den steuerrechtlich maßgebenden Höchstwert bilden, sind sie bei Verbindlichkeiten der steuerlich maßgebende Niederstwert. Wenn weiter das Verbot des Ausweises eines nichtverwirklichten Gewinns für die Wirtschaftsgüter den Ansatz eines die Anschaffungskosten übersteigenden Teilwerts ausschließt, so verbietet es andererseits bei Verbindlichkeiten den Ansatz eines niedrigeren Teilwerts. Dem Niederstwertgrundsatz bei Wirtschaftsgütern entspricht demnach der Höchstwertgrundsatz bei Verbindlichkeiten. Insofern ist die nach dem Wortlaut des § 40 Abs. 2 HGB allgemein vorgeschriebene Bewertung der Schulden nach dem Stichtagswert steuerrechtlich nicht maßgebend. Das steuerrechtliche Verbot des Ansatzes eines niedrigeren Teilwerts für Verbindlichkeiten gilt jedoch nach dem in § 6 Ziff. 2 Satz 3 a. a. O. enthaltenen Grundsatz des eingeschränkten Wertzusammenhangs unter der Voraussetzung, daß der letzte Bilanzansatz die Anschaffungskosten der Verbindlichkeit darstellt. Ist dagegen der letzte Bilanzansatz durch Heraufgehen auf einen die Anschaffungskosten übersteigenden Teilwert am

§ 6 EStG. Bewertung. Anmerkung 125—126.

letzten oder einem früheren Bilanzstichtag zustande gekommen, dann ist der Steuerpflichtige unter sinngemäßer Anwendung des § 6 Ziff. 2 Satz 3 a. a. O. berechtigt, den unter diesen Bilanzansatz gesunkenen Teilwert der Verbindlichkeit am Bilanzstichtag, und zwar bis zur Höhe der ursprünglichen Anschaffungskosten der Verbindlichkeit als niederster Wertgrenze anzusetzen. Darüber, daß der Ansatz eines niedrigeren Teilwerts in diesem Fall nicht als Verbuchung eines nichtverwirklichten Gewinns aufzufassen ist, vgl. Anm. 94 Abs. 3. Übersteigt der Teilwert einer Verbindlichkeit am Bilanzstichtag den letzten Bilanzansatz, so kann der Steuerpflichtige unter sinngemäßer Anwendung des § 6 Ziff. 2 Satz 2 a. a. O. an Stelle des letzten Bilanzansatzes den höheren Teilwert einsetzen und dadurch einen nichtverwirklichten Verlust ausweisen. Dann ist es gleichgültig, ob der letzte Bilanzansatz die Anschaffungskosten oder einen Teilwert der Verbindlichkeit bedeutet. Da aber der Kaufmann nach § 40 Abs. 2 HGB die Schulden mit dem Wert am Bilanzstichtag bewerten muß, wird das steuerrechtliche Recht zum Ansatz des höheren Teilwerts für alle buchführungspflichtigen Steuerpflichtigen zu einer auch steuerrechtlich maßgebenden Pflicht.

126. Anschaffungskosten.
a) Anschaffungskosten einer Verbindlichkeit sind der Geldbetrag, der dem Steuerpflichtigen beim Eingehen einer Verbindlichkeit nach Abzug aller ihn treffenden Unkosten zur Verfügung steht (RFH. VI A 759/27 v. 30. 11. 27, E. 22 S. 211, RStBl. 28 S. 92, StW. 28 Nr. 41 und VI A 584/32 v. 23. 5. 33, RStBl. 33 S. 1067, StW. 33 Nr. 648). Anschaffungskosten sind also der bare Gegenwert, der dem Steuerpflichtigen bei Aufnahme der Schuld zufließt. Unter sinngemäßer Anwendung des § 6 Ziff. 2 EStG müssen die Schulden also mindestens mit den Beträgen angesetzt werden, die den Steuerpflichtigen als Gegenwerte zugeflossen sind (vgl. auch BR 37 B VI 4 Abs. 1 mit Beispiel, RStBl. 38 S. 197, s. Anh. 17). Reinhardt Buchf. (I S. 174) bezeichnet diesen Betrag der Anschaffungskosten als den Verfügungsbetrag.

Aus der Begriffsbestimmung der Anschaffungskosten von Verbindlichkeiten ergibt sich, daß nicht bei allen Verbindlichkeiten ebenso wie auch nicht bei allen Forderungen Anschaffungskosten im eigentlichen Sinn vorliegen. Dies ist nur bei Verbindlichkeiten der Fall, die wie z. B. die Aufnahme eines Darlehens ein selbständiges Geschäft, auf Grund dessen der Betrieb Geldmittel erlangt, darstellen, nicht dagegen bei Verbindlichkeiten, die wie die laufenden Geschäftsschulden nicht um ihrer selbst willen eingegangen, sondern nur unselbständige Auswirkung eines anderen Geschäfts z. B. des Ankaufs von Waren oder sonstigen Wirtschaftsgütern sind. Bei den laufenden Geschäftsverbindlichkeiten fehlt es ebenso wie bei den laufenden Geschäftsforderungen an einem Verfügungsbetrag als Anschaffungskosten. Da sie auch regelmäßig nur kurzfristig sind, kommen auch nur jeweils die am Bilanzstichtag bestehenden Verbindlichkeiten für eine Bewertung in Betracht. Hier ist an sich der Wert im Zeitpunkt des Entstehens der Schuld (Zeitwert) als Anschaffungskosten anzusetzen, d. i. regelmäßig der Nennwert dieser Verbindlichkeiten oder aber ausnahmsweise ein höherer oder niedrigerer Zeitwert, wenn dies durch das Vorliegen besonderer Umstände gerechtfertigt ist. Da jedoch im Einzelfall die Feststellung der Zeitwerte aller Schulden im Zeitpunkt ihres Entstehens schwierig sein wird, wird man regelmäßig, soweit nicht die Schulden ohne weiteres mit dem Nennbetrag angesetzt werden können, den Teilwert vom Bilanzstichtag, an dem die Schulden zum ersten Male in der Bilanz erscheinen, auch als Anschaffungskosten ansehen können, wenn nicht Anhaltspunkte für einen abweichenden Teilwert im Zeitpunkt des Entstehens vorliegen. Der Zeitwert im Zeitpunkt des Entstehens der Schulden oder der erste Bilanzansatz, also regelmäßig der Nennbetrag, stellen die Anschaffungskosten im Sinn der Bewertungsvorschriften des § 6 Ziff. 2 und 3 EStG dar. Im gleichen Sinn wurde in RFH. VI A 982/32 v. 16. 6. 32 (RStBl. 32 S. 948, StW. 32 Nr. 823) für das EStG 1925 der Grundsatz aufgestellt, eine Schuld, die mit einem bestimmten

Geldbetrag passiviert sei, dürfe solange, als sich nicht durch einen anderweitigen Geschäftsvorfall (Zahlung oder Erlaß) der Bestand der Schuld geändert habe, in späteren Bilanzen nicht mit einem geringeren Wert angesetzt werden, und zwar auch dann nicht, wenn der Kaufmann selbst der Ansicht ist, daß er wahrscheinlich die Schuld nicht oder nicht im vollen Umfang werde bezahlen müssen. Dieser „Einstandswert" der Schuld sei immer der Nennwert im Zeitpunkt der Entstehung oder erstmaligen Bilanzierung.

Wenn als Anschaffungskosten einer Verbindlichkeit der bare Gegenwert angesehen wird, so hat das zur Folge, daß der Bilanzgewinn zunächst durch die **Aufnahme der Verbindlichkeit nicht beeinflußt** wird. Werden z. B. bei Aufnahme eines auf 5 Jahre unkündbaren Darlehens zum Nennwert (Rückzahlungsbetrag) von 100 000 RM. dem Schuldner nur 96 000 RM. ausbezahlt und betragen die Unkosten des Schuldners 2 000 RM., so betragen die Anschaffungskosten des Darlehens 94 000 RM. Dieser Betrag erscheint unter dem Passiven und entspricht gleichzeitig dem auf der Aktivseite sich auswirkenden „Verfügungsbetrag" von 94 000 RM. Die Aufnahme des Darlehens führt daher beim Schuldner weder zu einem sofortigen Gewinn noch zu einem sofortigen Verlust (vgl. RFH. VI A 1630/28 v. 19. 12. 28, RStBl. 29 S. 139, StW. 29 Nr. 159). Eine Ausnahme von diesem Grundsatz gilt, wenn der Schuldner z. B. eines Darlehens berechtigt ist, einen geringeren Betrag als den empfangenen zurückzuzahlen. Dann ist er nur in Höhe des Rückzahlungsbetrags belastet und in Höhe des Unterschiedsbetrags zwischen dem empfangenen Nennbetrag und dem Rückzahlungsbetrag tritt eine Gewinnverwirklichung im Zeitpunkt des Empfangs des Darlehens ein. Diese Beurteilung gilt für Darlehen aus Sperrmarktguthaben (vgl. VR 37 B VI 2, RStBl. 38 S. 196, f. Anh. 17).

b) Der Geldbetrag, der dem Schuldner bei Aufnahme einer Verbindlichkeit zur Verfügung steht, bleibt dann hinter dem Nennbetrag, den der Schuldner an den Gläubiger bei Fälligkeit zurückzahlen muß, **zurück,** wenn dem Schuldner durch die Aufnahme Unkosten wie Provisionen, Stempel- oder Grundbuchkosten erwachsen sind, und weiter auch, wenn der Gläubiger dem Schuldner nicht den vollen Nennbetrag, sondern einen geringeren Auszahlungsbetrag zur Verfügung stellt und den Unterschiedsbetrag bis zum Nennbetrag einbehält. Die Unkosten werden als Geldbeschaffungskosten, der vom Gläubiger zurückbehaltene Betrag, der regelmäßig als zusätzlicher Zins für die Darlehensgewährung, zum Teil aber auch als Entgelt für die Geldbeschaffung anzusehen ist, wird als Darlehensabgeld (Disagio, auch Damnum) bezeichnet. Geldbeschaffungskosten und Abgeld dürfen nicht im Wirtschaftsjahr der Übernahme der Verbindlichkeiten unter Unkosten voll abgesetzt werden, sie sind vielmehr auf die Jahre von der Aufnahme der Schuld bis zu ihrer Fälligkeit gleichmäßig zu verteilen. Die Verteilung ist Pflicht und nicht nur ein Recht des Steuerpflichtigen (RFH. VI A 909/33 v. 25. 4. 34, E. 36 S. 180, RStBl. 34 Nr. 945, StW. 34 Nr. 488 und I A 27/35 v. 30. 4. 35, RStBl. 35 S. 1001, StW. 35 Nr. 370). Dabei macht es im Gegensatz zu RFH. I A 203/30 v. 21. 6. 32 (RStBl. 32 S. 717) keinen Unterschied, ob das Abgeld (damnum) als ein neben den Zinsen gewährtes Entgelt für die Nutzung des Kapitals oder als Vergütung (Unkosten für die Ermöglichung der Anleihe) anzusehen ist. Darlehensbeschaffungskosten können nach Reinhardt (Buchf. I S. 176) dann im Jahr der Aufnahme des Darlehens voll als Betriebsvermögensverminderung behandelt werden, wenn sie in ihrer Höhe unerheblich sind. Wie unter a) Abs. 3 ausgeführt, bewirkt die Passivierung der Verbindlichkeit mit dem Verfügungsbetrag als Anschaffungskosten, daß der Gewinn im Jahr der Aufnahme der Verbindlichkeit nicht beeinflußt wird. Andererseits mindert aber die Verteilung der Geldbeschaffungskosten und des Darlehensabgelds auf die Laufzeit der Schuld den Gewinn um den auf das einzelne Wirtschaftsjahr entfallenden Teilbetrag mit dem Ergebnis, daß die Schuld selbst in den einzelnen Jahren um diesen Teilbetrag bis auf ihren Nennbetrag (Rückzahlungsbetrag) im Zeitpunkt der Fälligkeit anwächst. Es erhöht sich also gegenüber den Anschaffungskosten der Verbindlichkeit als Niederstwert der Teilwert der Verbindlichkeit von Jahr zu Jahr bis zum Rückzahlungsbetrag als Höchstbetrag. Die Bewertung einer fälligen, in Reichswährung zu entrichtenden Schuld mit einem höheren Wert als dem Nennbetrag wurde in RFH. VI A 242/28 v. 14. 3. 28 (StW. 28 Nr. 236) mit Recht selbst für den Fall abgelehnt, daß bereits am Bilanzstichtag die Schwierigkeit der Beschaffung des erforderlichen Geldes erkennbar war, weil ein höherer Betrag als der Nennbetrag zur Rückzahlung der Schuld nicht erforderlich sei. Eine Verteilung des Unterschiedsbetrags zwischen Anschaffungskosten und Nennbetrag auf eine kürzere Zeit als die Laufzeit der Verbindlichkeit kann dann gerechtfertigt sein, wenn der Steuerpflichtige nachweisen kann, daß er sich an die vertraglich festgesetzte Laufzeit aus besonderen Gründen, z. B. um eine drückende Schuld möglichst bald zu beseitigen, nicht halten und die Schuld schon vor der vertraglichen Fälligkeit zurückzahlen wird (RFH. VI A 1628, 1629/29 v. 23. 10. 29, StW. 29 Nr. 978). Dann erhöhen sich entsprechend der verkürzten Laufzeit die Verteilungsbeträge für das einzelne Wirtschaftsjahr. Entsprechend den Grundsätzen über die Anschaffungskosten einer Verbindlichkeit wurde in RFH. VI A 549/29 v. 10. 7. 29 (StW. 29 Nr. 702) für den Fall, daß ein Kaufmann über Verbindlichkeiten Wechsel unter Hinzurechnung von Zinsen zu den feststehenden Schuldbeträgen ausgestellt hat, die Berechnung des Wertes der Wechselverbindlichkeit nach dem Grundbetrag unter Verteilung der Zinsen auf die Zeit bis zur Fälligkeit als der kaufmännischen Übung entsprechend angesehen. Die Anschaffungskosten der Wechselverbindlichkeit sind also in diesem Fall gleich dem Nennbetrag der Schuld und diese wächst alljährlich unter Hinzurechnung des anteiligen Zinsbetrags bis zur Fälligkeit auf den Rückzahlungsbetrag (Schuld + Gesamtzinsen) an.

Bei der Passivierung einer Schuld, deren Anschaffungskosten niedriger sind als ihr Nennbetrag, und der Verteilung dieses Unterschieds auf die Laufzeit kann buchmäßig in zweifacher Weise verfahren werden. Wenn der Steuerpflichtige die Verbindlichkeit nur mit den niedrigeren Anschaffungskosten passiviert hat, muß er die Anschaffungskosten am Ende jedes folgenden Wirtschaftsjahrs gleichmäßig um den auf das einzelne Wirtschaftsjahr entfallenden Teil des Unterschiedsbetrags erhöhen. In dem unter a Abs. 2 gegebenen Beispiel: 100 000 RM. Nennbetrag, Auszahlungsbetrag 96 000 RM., 2 000 RM. Geldbeschaffungskosten bei fünfjähriger Laufzeit ist die Schuld mit 94 000 RM. passiviert. Auf ein Wirtschaftsjahr entfallen von 4 000 RM. Abgeld 800 RM. und von 2 000 RM. Geldbeschaffungskosten 400 RM. Die Verbindlichkeit ist also am Ende jedes Wirtschaftsjahrs ihrer fünfjährigen Laufzeit um 1 200 RM. zu erhöhen, also mit 95 000 RM. am Ende des 1., mit 96 400 RM. am Ende des 2., mit 97 600 RM. am Ende des 3., mit 98 800 RM. am Ende des 4. und mit 100 000 RM. (Nennbetrag) am Ende des 5. Jahres ihrer Laufzeit zu passivieren. Der Steuerpflichtige kann aber auch die Schuld bereits im Wirtschaftsjahr der Aufnahme mit ihrem vollen Nennbetrag passivieren, zur Richtigstellung dieses zu hohen Passivums muß er aber einen aktiven Wertberichtigungsposten in Höhe des Darlehensabgelds und der Geldbeschaffungskosten einführen. Dieser aktive Wertberichtigungsposten ist dann während der Laufzeit der Verbindlichkeit am Ende jedes einzelnen Jahres um den anteiligen Unterschiedsbetrag zu kürzen, so daß der Wertberichtigungsposten bis zum Ende der Laufzeit der Verbindlichkeit wegfällt und die Schuld mit dem vollen Nennbetrag zu Buch steht (vgl. RFH. VI A 909/33 f. vorigen Abs. und LR 37 B VI 4 Abs. 1 Beispiel, RStBl. 38 S. 197, f. Anh. 17). In dem oben gegebenen Beispiel war die Schuld von Anfang an mit 100 000 RM. zu passivieren und gleichzeitig ein Wertberichtigungsposten von 6 000 RM. unter die Aktiven einzusetzen, der auch während der fünfjährigen Laufzeit der Schuld am Ende jedes Wirtschaftsjahrs um 1 200 RM. vermindert und damit am Ende des 5. Jahres ganz wegfällt. Reinhardt (Buchf. I S. 176) empfiehlt für die buchmäßige Behandlung das zweite Verfahren (Ausweis der Schuld zum Nennbetrag und der erforderlichen Wertberichtigungsposten auf der Aktivseite) und schreibt beim Vorhandensein eines Darlehensabgelds und von Geldbeschaffungskosten für den

Wertberichtigungsposten eine Trennung nach Darlehensbeschaffungskosten und Darlehensabgeld vor. Auch § 133 Ziff. 6 AktG schreibt den Ansatz von Anleihen mit ihrem Rückzahlungsbetrag unter den Passiven vor und gestattet die Aufnahme des Unterschieds zwischen höherem Rückzahlungsbetrag und Ausgabebetrag unter die Aktivposten. Der aktivierte Betrag muß durch jährliche Abschreibungen getilgt werden, die auf die gesamte Laufzeit verteilt werden dürfen.

Im übrigen ist der Steuerpflichtige verpflichtet, an Stelle der Anschaffungskosten einer Verbindlichkeit und in den auf die Schuldaufnahme folgenden Wirtschaftsjahren an Stelle der um den Teilbetrag des Abgelds und der Beschaffungskosten erhöhten Anschaffungskosten den **Teilwert der Verbindlichkeit** anzusetzen, wenn dieser höher ist als die vorgenannten Beträge (vgl. Anm. 125 a. E. und RFH. VI A 584/32 v. 23. 5. 33, RStBl. 33 S. 1067, StW. 33 Nr. 648). Dieser höhere Teilwert kann solange beibehalten werden, bis der nach den Anschaffungskosten errechnete Wert der Verbindlichkeit für das Wirtschaftsjahr unter Zurechnung der auf die einzelnen Jahre entfallenden Teilbeträge von Abgeld und Beschaffungskosten den letzten Bilanzansatz (Teilwert) übersteigt. In diesem Fall muß der nach den Anschaffungskosten berechnete höhere Wert eingesetzt werden.

c) Übernimmt der Käufer eines Gegenstands eine Verbindlichkeit in Anrechnung auf den Kaufpreis, so fehlt es ebenfalls an eigentlichen Anschaffungskosten für die Verbindlichkeit. Nach RFH. VI A 499/33 v. 29. 11. 33 (RStBl. 34 S. 357, StW. 34 Nr. 25) kann als Anschaffungskosten einer auf den Kaufpreis angerechneten Pfandbriefhypothekenschuld nur der Zeitwert, den die Schuld am Stichtag hat, gelten und zwar ohne Rücksicht darauf, mit welchem Betrag die Verbindlichkeit tatsächlich auf den Kaufpreis angerechnet wurde (vgl. Anm. 99 a).

127. Teilwert.

a) Unter sinngemäßer Anwendung des Teilwertsbegriffs des § 6 Ziff. 1 Satz 3 EStG auf Verbindlichkeiten kann man als den **Teilwert einer Verbindlichkeit** den Betrag bezeichnen, mit dem ein Erwerber des ganzen Betriebs zur Fortführung bei Berechnung des Gesamtkaufpreises die Verbindlichkeit als kaufpreismindernd ansetzen würde. Oder der Teilwert einer Verbindlichkeit ist der Betrag, den ein Erwerber des ganzen Betriebs unter dem Gesichtspunkt der Fortführung des Betriebs mehr bezahlen würde, wenn die Verbindlichkeit von ihm nicht übernommen würde. Reinhardt (Buchf. I S. 174) bezeichnet als Teilwert einer Schuld den Betrag, mit dem der Erwerber des ganzen Betriebs die Schuld in der Übernahmebilanz ansetzen würde. Ähnlich bestimmt der RFH. in RFH. VI A 759/27 (s. Anm. 126 a) den Teilwert einer Verbindlichkeit als denjenigen Betrag, um den die wirtschaftliche Einheit des Betriebs mehr wert wäre, wenn die Schuld nicht vorhanden wäre. Das sei niemals mehr als der Wert, der der Schuld an und für sich betrachtet beizumessen wäre (allgemeiner Verkehrswert). Der Betrag könne nur niedriger sein und zwar zum Teil deshalb, weil der Betrieb bisweilen bessere Erfüllungsmöglichkeiten, z. T. deshalb, weil er bisweilen bessere Kreditausnutzungsmöglichkeiten habe. Dagegen könne eine Schuld niemals wegen ihrer Zugehörigkeit zu einem Unternehmen objektiv drückender sein als ohne diese Zugehörigkeit. In diesem Sinn ist es auch zu verstehen, wenn in RFH. VI A 1630/28 v. 19. 12. 28 (RStBl. 29 S. 139, StW. 29 Nr. 159) ausgeführt wird, die Maßgeblichkeit des Teilwerts bedeute bei Schulden, daß sie zu einem Betriebsvermögen gehörig niedriger zu bewerten seien. Der Teilwert einer Verbindlichkeit ist demnach der Betrag, mit dem der Betrieb durch die Verbindlichkeit am Bilanzstichtag tatsächlich belastet wird, der Bar- oder Zeitwert. Daher wird in RFH. VI A 1997/32 v. 16. 8. 34 (StW. 34 Nr. 739) mit Recht ausgeführt, der Ansatz einer Schuld zum Barwert bedeute den Ansatz der Schuld zum Teilwert; denn der Teilwert sei demjenigen Betrag gleichzuerachten, mit dem der Schuldner seine Verpflichtung ablösen könne. Dieser Betrag ist im Regelfall, insbesondere bei den laufenden Geschäftsschulden gleich dem Nennbetrag.

§ 6 EStG. Bewertung. Anmerkung 127.

b) Wie bereits in Anm. 126a ausgeführt, hat bei der Bewertung aller Verbindlichkeiten, für die Anschaffungskosten im eigentlichen Sinn nicht vorhanden sind, der Nennbetrag eine überragende Bedeutung. Mit Recht wird in RFH. VI A 403/29 v. 20. 3. 29 (StW. 29 Nr. 602) der Standpunkt vertreten, daß bei der bilanzmäßigen Bewertung einer Schuld die günstigen **Zahlungsbedingungen** eine wesentlich geringere Rolle spielten. Wenn der Steuerpflichtige sein Geschäft veräußern wolle, erweise sich der hohe Nennbetrag der Schuld als hinderlich, und auch bei Beurteilung seiner Kreditfähigkeit werde mehr auf den Nennbetrag der Schuld als auf die besonderen Bedingungen gesehen. Dagegen kann nach der Entsch. die auffallend niedrig verzinsliche, erst nach langer Zeit (10 Jahre) kündbare Schuld auch, ohne daß dem Schuldner das Recht vorzeitiger Bezahlung zu einem niedrigeren Preise zusteht, als eine Last angesehen werden, die für den Schuldner geringer als mit dem Nennwert zu bewerten ist (ebenso RFH. VI A 1031/28 v. 26. 9. 28, RStBl. 28 S. 363, StW. 28 Nr. 804 für eine 5 Jahre unkündbare Pfandbriefschuld). Der Minderwert gegenüber einer jederzeit kündbaren und zu den üblichen Zinsen verzinslichen Schuld ist nach RFH. I A 194/28 v. 18. 12. 28 (E. 24 S. 267, RStBl. 29 S. 220, StW. 29 Nr. 180) gegenüber dem passivierten Nennbetrag durch Aufnahme eines Gegenpostens (Wertberichtigungspostens) in Höhe der bis zum Zeitpunkt der Fälligkeit zu ersparenden Zinsen darzustellen. Neben Unkündbarkeit und niedriger Verzinsung kann nach RFH. I A 13/34 v. 20. 11. 34 (StW. 35 Nr. 111) als Anhaltspunkt für einen unter dem Nennwert liegenden Teilwert auch der Umstand dienen, daß der Schuldner die Schuld mit einem starken Abschlag zurückzahlen kann. Nach RFH. VI A 909/33 v. 25. 4. 34 (E. 36 S. 180, RStBl. 34 S. 945, StW. 34 Nr. 488) besteht bei einem langfristigen Kredit, der zu den üblichen, nicht außergewöhnlich ungünstigen Bedingungen der Hypothekenbanken aufgenommen ist, keine Veranlassung, von der Regel des Ansatzes der Schuld mit ihren Anschaffungskosten abzuweichen und die Schuld mit einem höheren Teilwert anzusetzen; denn auch ein Erwerber des gesamten Betriebs würde die Schuld, wenn nicht Verbesserungen der Kreditbedingungen einträten, nur mit den Anschaffungskosten berücksichtigen. Für eine fällige, in Reichswährung zu entrichtende Schuld kann kein über den Nennbetrag = Rückzahlungsbetrag hinausgehender Teilwert angesetzt werden; denn nach RFH. VI A 242/28 v. 14. 3. 28 (StW. 28 Nr. 236) ist kein größerer Geldbetrag als der Nennbetrag zur Rückzahlung der Schuld erforderlich, selbst wenn am Bilanzstichtag die Schwierigkeiten der Beschaffung der erforderlichen Geldmittel bereits erkennbar waren. Ebenso entspricht es kaufmännischer Übung, eine 14 Tage nach dem Bilanzstichtag fällige unverzinsliche Schuld mit dem Nennwert einzusetzen (RFH. VI A 549/29 v. 10. 7. 29, RStBl. 29 S. 510, StW. 29 Nr. 702). Eine Erhöhung des Teilwerts einer Schuld kann nach Reinhardt (Buchf. I S. 185) auch nicht damit begründet werden, daß der Zinssatz für diese Schuld höher sei als der Zinssatz, der nach den Zinssenkungsmaßnahmen der Reichsregierung heute üblich sei, und daß deshalb der für den Rest der Laufzeit sich ergebende gesamte Zinsunterschied dem Bilanzansatz der Schuld hinzugerechnet werden könne.

Der Barwert (Teilwert) unverzinslicher befristeter Schulden ist nach den gleichen Grundsätzen wie der Barwert befristeter unverzinslicher Forderungen unter Berücksichtigung von Zins und Zinseszins (unter Benutzung der Tabellen für die Zinseszinsen und Rentenrechnung von Spitzer) zu berechnen (vgl. Anm. 118 c, aa Abs. 5). In RFH. VI 500/37 v. 20. 10. 37, (E. 42, S. 241, RStBl. 38 S. 92, StW. 37 Nr. 631) werden diese Grundsätze auch auf eine langfristige, in Teilbeträgen tilgbare Kaufpreisschuld angewandt, für die kein fester Zinssatz vereinbart war. Der Barwert sei unter Einsetzung eines angemessenen Zinsfußes zu ermitteln. Die einzelnen Jahreszahlungen seien alsdann so zu verteilen, daß in jedem Jahr ein der jeweiligen Höhe des Restkaufpreises entsprechender Zinsbetrag angenommen werde, während der Rest den jeweiligen Kapitalabtrag darstelle.

e) Wenn **ein Schuldner berechtigt ist, eine Schuld entweder in bar oder durch Hingabe von Sachwerten** z. B. **Pfandbriefen zu tilgen,** so kann dieses Wahlrecht des Schuldners die Höhe des Teilwerts der Schuld beeinflussen. Für das geltende Recht ist in diesen Fällen grundsätzlich von dem durch die Schuldaufnahme erlangten baren Gegenwert als Anschaffungskosten der Schuld auszugehen und ein Teilwert dieser Schulden kann nur dann angesetzt werden, wenn er höher ist als der Betrag der Anschaffungskosten. Für die Bestimmung des Teilwerts können die vom RFH. zum EStG 1925 aufgestellten Grundsätze verwendet werden. Bei Berechtigung des Schuldners, eine Roggenpfandbriefschuld in bar oder durch die Hingabe von Roggenpfandbriefen abzutragen, entspricht es nach RFH. VI A 1342/28 v. 11. 1. 29 (RStBl. 29 S. 168, StW. 29 Nr. 229) nicht der Verkehrsauffassung, sie nach der höherwertigen Verbindlichkeit bzw. deren Nennwert, z. B. als höherwertige Roggenschuld zu bewerten, wenn am Bilanzstichtag die beiden Verbindlichkeiten, zwischen denen der Schuldner zu wählen hat, sich in ihrem Wert wesentlich unterscheiden. Ebensowenig seien die Steuerkurswerte der Roggenpfandbriefe maßgebend. Die Belastung durch eine Schuld, die durch Hingabe von Pfandbriefen im Nennwert getilgt werden kann, ist nach RFH. VI A 759/27 v. 30. 11. 27 (E. 22 S. 211, StW. 28 Nr. 41) nicht höher zu veranschlagen, als die Aufwendungen, die zum Erwerb der zur Tilgung erforderlichen Pfandbriefe hätten gemacht werden müssen. Dabei kann der Tageskurs angesetzt werden, wenn die Beschaffung nicht in so großer Menge notwendig ist, daß sie den Kurs beeinflussen würde. Ebenso ist nach RFH. I A 200/32 v. 24. 1. 33 (RStBl. 33 S. 230, StW. 33 Nr. 430) für den Teilwert einer Schuld, die durch auf Zuckerwert gestellte Rentenbriefe abgedeckt werden kann, der unter dem Nennwert der Schuld liegende Börsenkurs der Rentenbriefe auch dann maßgebend sein, wenn der Schuldner sich die Rentenbriefe zur Tilgung der Schuld erst erwerben muß. Sind für einen Teilbetrag der Schuld bereits Rentenbriefe vorhanden, so kann für diese der Buchwert der Rentenbriefe eingesetzt werden. Nach RFH. VI A 1997/32 v. 16. 8. 34 (StW. 34 Nr. 739) sollen die mit der Anschaffung der zur Tilgung erforderlichen Pfandbriefe verbundenen Beschaffungskosten wie Provisionen und Börsenumsatzsteuer außer Betracht bleiben, obwohl sie zu den Anschaffungskosten der Pfandbriefe gehören. Während hiernach bei bestehendem Wahlrecht des Schuldners entsprechend der Verkehrsauffassung immer nur der geringere, zur Tilgung der Schuld erforderliche Betrag als Teilwert angesehen wurde, läßt RFH. VI A 1997/32 bei Wahl des Schuldners zwischen dem nach den Pfandbriefkursen bestimmten Zeitwert und ihrem Barwert den letzten maßgebend sein, „falls dieser am Stichtag nicht niedriger ist". Danach soll also der höhere der beiden Werte als Teilwert angesehen werden. Gegen diese Auffassung bestehen Bedenken, da sie auch nicht unter Berufung auf die Grundsätze ordnungsmäßiger Buchführung berechtigt erscheint. Steht dem Gläubiger das Recht zu, von seinem Schuldner die Tilgung der Schuld entweder in bar oder in Sachwerten zu fordern, dann kann man es dem vorsichtigen Kaufmann nicht verwehren, daß er für die Bewertung der Schuld von der für ihn ungünstigsten Möglichkeit, nämlich der Tilgung nach dem höheren Werte ausgeht. Hat dagegen, wie in den vorliegenden Fällen, der Schuldner selbst das Wahlrecht, so würde es nicht nur der Verkehrsanschauung, sondern auch den Gepflogenheiten des sorgfältig abwägenden Kaufmanns widersprechen, daß er mit der Möglichkeit einer Tilgung durch Entrichtung des höheren Wertes rechnet. Der Ansatz des höheren der beiden Wahlwerte erscheint deshalb selbst dann nicht gerechtfertigt, wenn der niedrigere Teilwert unter den Anschaffungskosten der Verbindlichkeit liegt, der höhere Teilwert z. B. der Barwert aber darüber; denn in dieser Höhe ist der Betrieb, solange das Wahlrecht des Schuldners besteht, durch die Schuld tatsächlich nicht belastet.

Eine GmbH. hatte zwei Pfandbriefhypotheken, zu deren Rückzahlung in Pfandbriefen sie berechtigt war, mit ihren Nennbeträgen abzüglich der Tilgungsbeträge und außerdem noch eine „Kursrückstellung" wegen des höheren Kurs-

§ 6 EStG. Bewertung. Anmerkung 127—128.

werts der zur Tilgung benötigten Pfandbriefe aufgenommen. Sie hatte die Bewertung der Schulden mit dem höheren Teilwert auch beibehalten, als später der Pfandbriefkurs unter den Nennwert gesunken war. In RFH. I A 185/34 v. 19. 12. 34 (RStBl. 35 S. 603) wird die Beibehaltung dieses zu hohen Wertes der Schuld für das EStG 1925 mit Recht gebilligt. Gekürzter Nennwert + Kursrückstellung ergaben den Teilwert der Schuld. Nach § 6 Ziff. 2 Satz 3 EStG 1934 wäre die Gesellschaft bei Sinken des Kurses der Pfandbriefe berechtigt, die Pfandbriefe bis zur steuerlichen Niederstgrenze der Anschaffungskosten mit dem niedrigeren Kurswert anzusetzen.

d) Bei Sachwertschulden, d. h. Schulden, die in Sachwerten zurückzuzahlen sind oder die in einem nach dem Kurse eines bestimmten Sachwerts umgerechneten Betrag zu tilgen sind, ist, wie bereits im vorhergehenden Absatz für den Fall der wahlweisen Rückzahlung in Sachwerten dargelegt wurde, für die Ermittlung des Teilwerts von dem Markt- oder Börsenpreis auszugehen, den die zur Rückzahlung der Schuld benötigten oder für die Berechnung des Rückzahlungsbetrags maßgebenden Sachwerte am Bilanzstichtag haben. (vgl. auch RFH. VI A 499/33 v. 29. 11. 33, RStBl. 34 S. 357, StW. 34 Nr. 25). Jedoch ist nach RFH. I A 34/34 v. 13. 2. 35 (RStBl. 35 S. 890, StW. 35 Nr. 236) für die Ermittlung des Teilwerts einer Sachwertschuld (Zuckerwertanleiheschuld), die in bestimmten jährlichen, nach der Marktnotierung des Sachwerts am Tilgungstag zu berechnenden Raten in bar zu tilgen ist, nicht unbedingt die Marktnotierung für Zucker am Bilanzstichtag maßgebend, weil sie von Zufälligkeiten abhängig ist. Es soll vielmehr der Durchschnitt der Notierungen innerhalb eines längeren Zeitraums, etwa innerhalb des Halbjahrs vor und des Halbjahrs nach dem Bilanzstichtag zugrunde gelegt werden. Hat der Schuldner keinen Rechtsanspruch auf Tilgung durch Hingabe von Sachwertanleihestücken, dann kommt nach der Entsch. der Kurs der Anleihestücke selbst dann nicht in Betracht, wenn die Gläubigerin längere Zeit hindurch die Entrichtung der Tilgungsraten mit Anleihestücken gestattet hat. Die Gläubigerin gestattet eine solche Tilgung, solange ihr das zweckmäßig erscheint, man kann sich also nicht darauf verlassen, daß sie es in Zukunft tun wird. In RFH. VI A 458/33 v. 30. 4. 35 (StW. 35 Nr. 475) wird der Teilwert einer Zuckerwertschuld behandelt, die niedrig verzinslich und innerhalb von 13 Jahren in steigenden Raten, berechnet nach dem jeweiligen Zuckerpreis zu tilgen war. Schon aus diesem Grunde entspreche der Teilwert nicht ohne weiteres der Zuckernotierung vom Bilanzstichtag; die letztere sei vielmehr der Ausgangspunkt für die Ermittlung, aber die späteren Schwankungen des Zuckerpreises seien zu berücksichtigen. Auch könne der Teilwert insbesondere auch dann niedriger als der dem Zuckerpreis entsprechende Betrag sein, wenn es sich um ein langfristiges und niedriger verzinsliches Darlehen handle. In den beiden Fällen handelt es sich um Anleiheschulden, für die nach dem EStG 1934 in erster Linie die Bewertung nach den Anschaffungskosten Platz greift, die nur durch den höheren Teilwert ersetzt werden können.

128. Verbindlichkeiten in fremder Währung (Währungschulden).

Auch für Währungschulden, d. h. Verbindlichkeiten, die entweder in ausländischer Währung zurückzuzahlen sind oder die in ausländischer Währung in Rechnung gestellt und daher umgerechnet nach dem Kurse der ausländischen Währung zu erfüllen sind, sind die Anschaffungskosten der niedrigste Bilanzwert. Wenn Anschaffungskosten im eigentlichen Sinn (vgl. Anm. 126 a) nicht vorliegen, weil die Schuld Ausfluß eines anderen Geschäfts ist, muß regelmäßig der Nennbetrag der Schuld an die Stelle der Anschaffungskosten treten. Zur Berechnung der Anschaffungskosten in Reichswährung ist dann entweder der Betrag, der dem Schuldner zur Verfügung gestellt wurde, nach dem Kurse der fremden Währung vom Tag des Eingangs oder aber der Nennbetrag nach dem Kurse der fremden Währung vom Tag des Entstehens der Schuld in RM. umzurechnen (vgl. auch

Anm. 118 g, aa). Der sich danach ergebende Betrag ist als Anschaffungskosten auch für die späteren Bilanzansätze derselben Schuld Mindestbetrag, der wohl durch Ansatz eines höheren Teilwerts überschritten, aber nicht unterschritten werden darf. Der vom RFH. für das EStG 1925 aufgestellte Satz, daß in Zeiten fester Währung Geschäftsschulden in ausländischer Währung ebenso wie die gleichen Geschäftsforderungen nach dem Kurse vom Bilanzstichtag zu bewerten sind (vgl. die in Anm. 118 g, aa erwähnten Entsch. VI A 108/27 und VI A 442/26), gilt also für das EStG 1934 nur unter Beachtung des Verbots der Bilanzierung eines nichtverwirklichten Gewinns durch Ansatz eines unter die Anschaffungskosten gesunkenen Teilwerts. Dieser Grundsatz wird auch in den VR 37 B VI 4 Abs. 2 (RStBl. 38 S. 197, s. Anh. 17) für Währungsschulden betont und darauf hingewiesen, daß der Schuldner steuerlich berechtigt und im Rahmen der ordnungsmäßigen Buchführung verpflichtet sei, den höheren Teilwert anzusetzen, wenn der Wert der Schuld infolge Währungsänderung über den Betrag des zugeflossenen Gegenwerts hinaus gestiegen sei. Zur Berechnung des Teilwerts könne von dem Devisenkurs, bei Schwankungen der Devisenkurse von dem Durchschnittskurs der Monate, die auf den Schluß des Wirtschaftsjahrs folgten, ausgegangen werden. Auf die beiden Beispiele der VR a. a. O. wird verwiesen.

Für die Höhe des Teilwerts kann also auch der Kursentwicklung, wie sie unmittelbar nach dem Bilanzstichtag bis zur Aufstellung der Bilanz eingetreten ist, durch Ermittlung eines Durchschnittskurses Rechnung getragen werden. Dagegen kann eine Abweichung vom amtlichen Kurswert des Bilanzstichtags für noch nicht fällige Währungsschulden nicht dadurch gerechtfertigt werden, daß der Schuldner die Unmöglichkeit der rechtzeitigen Beschaffung der ausländischen Zahlungsmittel beweist. Die Schwierigkeit der Beschaffung der zur Tilgung einer Schuld benötigten Zahlungsmittel kann die Höhe des Rückzahlungs- oder Ablösungsbetrags der Schuld nicht beeinflussen. Unkosten, die dem Betrieb nach Eintritt der Fälligkeit der Schuld durch die Beschaffungsschwierigkeiten erwachsen, mindern den Gewinn des Wirtschaftsjahrs der Rückzahlung der Schuld, sie können aber, wenn sie bereits in früheren Wirtschaftsjahren vorauszusehen sind, nicht den Gewinn dieser früheren Wirtschaftsjahre mindern, und zwar weder unmittelbar in Form einer Rückstellung (hier Rücklage für eine künftige Ausgabe) noch mittelbar durch Erhöhung des Teilwerts der Schuld. Im übrigen bedeutet die Tatsache, daß eine Schuld noch nicht fällig ist, einen Vorteil für den Betrieb, keinen eine Erhöhung des Teilwerts rechtfertigenden Nachteil. In RFH. I A 63/31 v. 17. 11. 32 (E. 32 S. 173, RStBl. 33 S. 31, StW. 33 Nr. 236) wird der Ansatz einer Rückstellung abgelehnt, durch die eine Gesellschaft den Schwankungen Rechnung tragen wollte, die auch die festeste Währung zwischen den beiden sogen. Goldpunkten im Hinblick auf Angebot und Nachfrage von Devisen zu vollführen pflegt. Die Rückstellung sei nicht als Wertberichtigungsposten anzusehen und nach den tatsächlichen Devisenkursen sei der Wert der Schulden nicht höher, sondern niedriger als der feste Goldumrechnungskurs gewesen.

Wird infolge Sinkens der ausländischen Währung eine Währungsschuld unter Aufwand eines geringeren Betrags an Reichsmark, als sie zu Buch stand, getilgt, so entsteht in Höhe des Unterschieds ein Buchgewinn und, wenn die Anschaffungskosten der Schuld in RM. höher waren als ihr Tilgungsbetrag, in Höhe dieses Unterschieds ein verwirklichter Gewinn. Der Unterschied des Tilgungsbetrags gegenüber dem letzten Bilanzansatz der Schuld wirkt im Wirtschaftsjahr der Tilgung im vollen Umfang gewinnerhöhend. Wird eine mit Darlehensabgeld gewährte Hypothek vorzeitig getilgt, so gilt nach RFH. VI A 419/37 v. 11. 8. 37 (RStBl. 37 S. 1129, StW. 37 Nr. 496) als Währungsgewinn der Unterschied zwischen dem Nennbetrag des Darlehens und dem zur Tilgung aufgewendeten Betrag vermindert um das noch abzuschreibende Darlehnsabgeld. Wenn durch Vereinbarung zwischen inländischem Schuldner und ausländischem Gläubiger eine Währungsschuld in eine Reichsmarkschuld umgewandelt wird und

§ 6 EStG. Bewertung. Anmerkung 128—129.

dabei die Währungschuld zu einem Umrechnungskurs in RM. umgewandelt wird, der niedriger ist als der Kurs, zu dem die Schuld eingegangen wurde, so ist die alte Schuld durch Aufnahme der neuen als getilgt anzusehen. Infolge des niedrigeren Umrechnungskurses hat der Schuldner einen Gewinn erzielt, der in Höhe des Unterschiedsbetrags gegenüber dem letzten Bilanzansatz voll steuerpflichtig ist (vgl. auch Reinhardt, Buchf. I S. 179, 180).

Über den Einfluß des Gesetzes über Abwertungsgewinne v. 23. 12. 36 (RGBl. I S. 1126, RStBl. 37 S. 40) auf die Behandlung der Abwertungsgewinne vgl. die VR 37 B VI 4 Abs. 3 u. 4 (RStBl. 38 S. 198 f. Anh. 17 und I., II., III. u. IV. VO zur Durchführung des Gesetzes über Abwertungsgewinne v. 28. 12. 36 (RGBl. I S. 1151, RStBl. 37 S. 41) v. 20. 3. 37 (RStBl. 37 S. 456) v. 23. 4. 37 (RGBl. I S. 547, RStBl. 37 S. 545)) u. v. 11. 5. 37 (RStBl. 37 S. 624).

Wegen der Behandlung der Währungsgewinne, die bei Land- und Forstwirten durch die Rückzahlung von Hypothekenschulden in Bonds der Amerikaanleihe der deutschen Rentenbank-Kreditanstalt entstehen, vgl. die Anweisung in VR 37 C I 8 (RStBl. 38 S. 203, f. Anh. 17), die als Billigkeitsmaßnahme auf Grund des § 131 AO anzusehen ist (RFH. VI A 419/37 f. Abs. 3).

129. Verpflichtung zu Renten- und Ruhegehaltszahlungen.

a) Rentenverpflichtungen, die an die Lebensdauer des Berechtigten gebunden sind, sind nicht nach der Vorschrift des § 16 RBewG (§ 145 AO a. F.) zu bewerten. Nach den Grundsätzen ordnungsmäßiger Buchführung sind sie nach § 40 Abs. 2 HGB mit dem Werte am Bilanzstichtag anzusetzen, dem steuerrechtlich der Teilwert entspricht. Dieser ist für Rentenverpflichtungen der Kapitalbetrag, für den jeder Dritte, z. B. eine Lebensversicherungsgesellschaft, am Bilanzstichtag die Rentenverpflichtung übernehmen würde (RFH. I A 188/28 v. 20. 11. 28, RStBl. 28 S. 382, StW. 29 Nr. 126 und I A 241/32 v. 13. 2. 34, RStBl. 34 S. 596, 837, StW. 34 Nr. 515). Nach der letzten Entsch. kann die vereinfachte Berechnung nach § 145 AO a. F. (§ 16 RBewG), nach der der Kapitalwert der Leistungen nicht für jedes Lebensjahr, sondern in 10 (5)jährigen Zeiträumen ermittelt wird, nicht ohne Einverständnis der Gesellschaft angewendet werden. In den folgenden Jahren hat grundsätzlich Neuermittlung des Teilwerts zum Bilanzstichtag nach vorstehenden Grundsätzen zu erfolgen, es steht jedoch nach Auffassung des RFH. (RFH. I A 188/28 f. oben und VI A 796, 797/31 v. 15. 4. 31, StW. 31 Nr. 786) dem Steuerpflichtigen frei, statt der besonderen Ermittlung des Teilwerts zu jedem Bilanzstichtag den erstmalig ermittelten Gesamtwert der Verpflichtung in gleichmäßigen, auf die voraussichtliche Dauer der Gesamtverpflichtung verteilten Beträgen abzuschreiben (den Absetzungen ähnliche Tilgung eines schwindenden Passivpostens). Soweit die alljährlich von dem Betriebsinhaber zu leistenden Rentenzahlungen den nach vorstehenden Ausführungen am Passivposten zu tilgenden Betrag übersteigen, mindern sie als Unkosten den Gewinn. Sind Rentenzahlung und Tilgungsbetrag gleich hoch, so bleibt der Gewinn des Jahres durch die Rentenzahlung unbeeinflußt; ist dagegen die Rentenzahlung niedriger als der Tilgungsbetrag (ursprünglich zu hohe Schätzung des Passivums), so entsteht in Höhe des Unterschiedsbetrags ein Gewinn (vgl. auch RFH. I A 267/27 v. 22. 11. 27, RStBl. 27 S. 262, StW. 27 Nr. 672). Wegen der Möglichkeit einer vereinfachten Behandlung von Rückstellung und Rentenzahlung vgl. unter b Abs. 2.

b) Pensionsverpflichtungen sind ebenfalls nicht nach den Vorschriften des RBewG, sondern nach den Grundsätzen ordnungsmäßiger Buchführung zu bewerten, so daß auch aufschiebend bedingte Pensionsverpflichtungen gegenüber noch im Dienst befindlichen Angestellten passiviert werden können (vgl. Anm. 123a und RFH. I A 180/33 v. 15. 5. 34, RStBl. 34 S. 950, StW. 34 Nr. 497). Für die Bewertung der Verpflichtung zur künftigen Ruhegehaltszahlung in diesem Fall hat der RFH. (vgl. z. B. RFH. I A 228/28, f. Anm. 123a) für jeden Angestellten jährlich gleichbleibend als abzugsfähig den Betrag der Jahresprämie anerkannt, die zu zahlen gewesen wäre, wenn die Gesellschaft zur Zeit der Übernahme der Pensionsbestimmung in den Anstellungsvertrag eine Versicherung ihrer Angestellten für den Eintritt des Pensionsfalls abgeschlossen hätte (ebenso RFH. VI A 1626, 1627/32 v. 19. 10. 32, StW. 33 Nr. 22). Gegen den Ansatz der von einer Versicherungsgesellschaft zu fordernden Jahresprämie könnte jedoch eingewendet werden, daß die Höhe dieser Prämie außer durch versicherungstechnische Erwägungen insbesondere auch durch die Verwaltungskosten der Versicherungsgesellschaft beeinflußt wird und daher im allgemeinen für den Betrieb als Rückstellung zu günstig ist. Der Zeitwert der Pensionslast am Schluß eines jeden Wirtschaftsjahrs könnte daher vielleicht richtiger nach dem jeweiligen Rückkaufswert einer bei Vereinbarung der Pensionsberechtigung abgeschlossenen Pensionsversicherung bestimmt werden. Der Grundsatz, daß eine Nachholung unterlassener Rückstellungen in einem späteren Jahre unzulässig ist, kann mittelbar auch dann verletzt werden, wenn, wie in dem in RFH. I A 110/36 v. 23. 11. 37 (E. 42 S. 328, RStBl. 38 S. 85, StW. 38 Nr. 30) entschiedenen Fall, einer Gesellschaft gestattet wird, für einen pensionsberechtigten Angestellten erstmalig in einem späteren Jahre als dem der Vereinbarung der Pensionsberechtigung eine Pensionsrückstellung zu machen. Zweifellos kann die erste Rückstellung im Jahre 10, z. B. nicht auf den Betrag bemessen werden, der bei jährlichen Rückstellungen in den Jahren 1—9 bis dahin erreicht wäre. Wird aber weiter die Pensionsverpflichtung, wie nach dem Tatbestand der Entsch. offenbar geschehen, unter Berücksichtigung des Lebensalters des Berechtigten vom Bilanzstichtag geschätzt, dann wird unterstellt, daß die Anstellung oder Pensionsvereinbarung erst im Jahre 10 erfolgt würde und eine Versicherungsprämie zugrunde gelegt, die höher ist als die Prämie, die nach dem Zeitpunkt der Vereinbarung der Pensionslast zu zahlen wäre. Die Gesellschaft kann also die gesamte Pensionslast in der Restdienstzeit des Angestellten zurückstellen, was dem oben angeführten Grundsatz widerspricht. In Fällen von Bedeutung könnte daher als jährliche Rückstellung nur der Betrag anerkannt werden, der bei sofortigem Beginnen mit Rückstellungen im Jahre 1 für das Jahr 10 anzuerkennen wäre (vgl. auch Mirre, Bespr. StW. 38 I Sp. 117 ff.). In dem Sonderfall, daß eine Versicherungsgesellschaft nur gegen eine Einmalprämie und nicht auch gegen eine laufende Prämie versichern würde, hat der RFH. (vgl. RFH. I A a 164/29 v. 26. 3. 29, RStBl. 29 S. 337, StW. 29 Nr. 570 und I A 22/37 f. Anm. 123 a Abs. 2) sofort eine Rückstellung in Höhe dieser Einmalprämie zugelassen. Diese Ansicht unterliegt erheblichen Bedenken, weil durch sie der Grundsatz verletzt wird, daß einem Wirtschaftsjahr nur der Anteil an der Pensionsverpflichtung zur Last gelegt werden darf, der der im Wirtschaftsjahr geleisteten Arbeit des Berechtigten im Verhältnis zur Gesamtdienstzeit entspricht (vgl. auch Mirre, Bespr. in StW. 37 I Sp. 447) ff.). Die Einmalprämie müßte also steuerlich verteilt werden.

Für die Behandlung der Rückstellung nach Eintritt des Pensionsfalls gibt es zwei Möglichkeiten. Man kann entweder nach versicherungstechnischen Grundsätzen den Wert der restlichen Pensionsverpflichtung zum Schluß jedes Wirtschaftsjahrs neu schätzen, wie es der RFH. auch für Rentenverpflichtungen vorsieht (vgl. unter a) und die tatsächlich geleisteten Pensionszahlungen in Höhe des geschätzten Minderwerts der Verpflichtung über das Pensionsrückstellungskonto und Unterschiedsbeträge über Verlust- und Gewinnkonto abbuchen (vgl. unter a a. E.). Die zweite Möglichkeit wäre, nach Eintritt des Pensionsfalls sämtliche Pensionszahlungen über das Rückstellungskonto (Rückstellungskonto rechts) und damit bis zur Erschöpfung der Rückstellung ohne Auswirkung auf den Gewinn abzubuchen. Enden die Pensionszahlungen vor Erschöpfung des Passivums, so entsteht in Höhe des Restbetrags der Rückstellung ein Buchgewinn, im umgekehrten Fall vermindern die über den Betrag der Rückstellung hinausgehenden Zahlungen als Unkosten den Gewinn. Dieses Verfahren zeichnet sich gegenüber dem ersten Verfahren durch Einfachheit aus und kann nach dem Gedanken der Rückstellung auch nicht als unrichtig bezeichnet werden.

§ 6 EStG. Bewertung. Anmerkung 130—131.

130. Verpflichtung eines Rabattsparvereins zur Einlösung von Rabattsparmarken.
Nach RFH. I A 88/34 v. 19. 6. 34 (RStBl. 34 S. 1043, StW. 34 Nr. 562) ist bei Bewertung der Verpflichtung des Rabattsparvereins, die ausgegebenen Rabattsparmarken einzulösen, zu berücksichtigen, daß erfahrungsgemäß ein Teil der Marken nicht zur Einlösung gebracht wird. Es wurde daher gebilligt, daß der Passivposten „Markeneinlösungsfonds" um 3 v. H. als Wert der verloren gegangenen Marken gekürzt wurde. Weiter wird in RFH. I A 252/32 v. 10. 10. 33 (RStBl. 33 S. 1288) mit Rücksicht darauf, daß der Verein seinen Mitgliedern einen geringeren Betrag als den Nennbetrag der Rabattsparmarken vergütet, als zulässig erachtet, daß beim Rabattsparverein der für die Einlösungsverpflichtung eingesetzte Schuldposten entsprechend der Kürzung mit 95 v. H. des Nennbetrags bewertet wurde, obwohl der Verein den Kunden gegenüber zur vollen Einlösung verpflichtet sei. Mit Recht wird dazu auf die Notwendigkeit der Bewertung nach dem wirklichen Stichtagswert (Teilwert) verwiesen.

131. Verwirklichung von Gewinn und Verlust bei Verbindlichkeiten.
a) Die Aufnahme einer Schuld kann bei Beachtung der Grundsätze über die Anschaffungskosten den Gewinn des Geschäftsjahrs der Aufnahme nicht beeinflussen. Der Ansatz des die Anschaffungskosten übersteigenden Teilwerts der Schuld bedeutet den Ausweis eines nichtverwirklichten Verlusts der durch Herabgehen auf einen niedrigeren Teilwert bis zur Grenze der Anschaffungskosten ganz oder teilweise wieder rückgängig gemacht werden kann (s. Anm. 125). Der Ansatz eines höheren oder niedrigeren Teilwerts der Schuld bedeutet eine andere Bewertung der gleichen Schuld, der Bestand der Schuld selbst bleibt dadurch unberührt. Eine **Verwirklichung von Gewinn oder Verlust kann bei Verbindlichkeiten erst durch Tilgung der Schuld oder durch andere Rechtsgeschäfte eintreten, die ein Erlöschen des Schuldverhältnisses ganz oder teilweise herbeiführen.** Die Tilgung der Schuld durch eine Leistung des Schuldners erfolgt regelmäßig durch Barzahlung, sie kann auch erfolgen durch Hingabe eines anderen Wirtschaftsguts an Zahlungsstatt, durch Aufrechnung, durch Übernahme und Anrechnung der Schuld auf den Kaufpreis eines vom Schuldner verkauften Gegenstands („Ablösung" vgl. RFH. VI A 198/37 v. 26. 5. 37, StW. 37 Nr. 372) und auch durch Übernahme einer neuen Verbindlichkeit durch den Schuldner zum Zweck der Befriedigung des Gläubigers aus der alten Schuld (Umwandlung = Novation). Ein Valorisierungsabkommen (kurzfristige Prolongation) bewirkt nach RFH. I 363/36 v. 22. 2. 38 (E. 43 S. 229, RStBl. 38 S. 509, StW. 38 Nr. 131) keine steuerliche Umwandlung einer Währungschuld, wenn das Währungsrisiko dadurch keine Änderung erfährt. Erlöschen der Schuld ohne Gegenleistung des Schuldners tritt ein durch Erlaß. Vollständiger Erlaß oder Teilerlaß bedeuten Gewinn in Höhe des erlassenen Betrags, wenn es sich nicht um einen Akkord (Schuldennachlaß) des Schuldners mit seinen Gläubigern handelt, der als Sanierungsgewinn steuerfrei ist (vgl. § 11 Ziff. 4 KStG). Alle diese Rechtsgeschäfte treffen die Schuld in ihrem Bestand. Die Tilgung einer Schuld beeinflußt den Gewinn des laufenden Jahres dann nicht, wenn der zur Tilgung aufgewendete Betrag gleich dem wegfallenden Passivposten der Schuld ist. Ob durch die Tilgung einer Schuld Gewinn oder Verlust verwirklicht wird, ist nach dem Verhältnis des zur Tilgung geleisteten Betrags zu den Anschaffungskosten der Schuld zu entscheiden. Je nachdem der Tilgungsbetrag geringer oder höher als die Anschaffungskosten ist, liegt in Höhe des Unterschieds verwirklichter Gewinn oder Verlust vor. Soweit unabhängig davon der letzte Bilanzansatz der Schuld höher (insbesondere höherer Teilwert) oder auch niedriger ist als der Tilgungsbetrag, entsteht durch die Tilgung der Schuld ein Buchgewinn oder Buchverlust. Die für die Tilgung von Schulden geltenden Grundsätze sind auch auf Rückstellungen anzuwenden, die ebenfalls selbständige Verbindlichkeiten darstellen. Wird jedoch eine Rückstellung vor Entstehung der dargestellten Verbindlichkeit wieder aufgelöst, so kann dies nur zu Lasten des Verlust- und Gewinnkontos geschehen (Rückstellungs-

konto links — V. u. G.-Konto rechts). Diese Buchung bedeutet eine Betriebsvermögensvermehrung, durch die die beim Ansatz der Rückstellung ausgewiesene Betriebsvermögensverminderung wieder ausgeglichen wird. Sie ist notwendig und kann nicht durch Verbuchung des Verminderungsbetrags als Ausgabe (verdeckter Gewinn) verhindert werden (RFH. I 279/37 v. 11. 1. 38, RStBl. 38 S. 240, StW. 38 Nr. 79, vgl. dazu Mirre, Bespr. StW. 38 I Sp. 264). Bei teilweiser Tilgung einer Schuld sind auch die Anschaffungskosten entsprechend dem Verhältnis des Tilgungsbetrags zur Gesamtschuld anteilig zu kürzen.

Beispiele: Darlehen zu 100 000 RM., Geldbeschaffungskosten 5 000 RM., Laufzeit 5 Jahre. Bei Tilgung nach 3 Jahren durch Bezahlung des Nennbetrags entfällt das Passivum von 100 000 RM. durch Leistung einer Ausgabe in gleicher Höhe. Außerdem entfällt aber der Wertberichtigungsposten von 2 000 RM. Geldbeschaffungskosten. Im Ergebnis ist also die mit 98 000 RM. zu Buch stehende Schuld durch Bezahlung von 100 000 RM. d. h. mit einem gewinnmindernden Mehraufwand von 2 000 RM. zurückbezahlt worden. Gewährt der Gläubiger für die vorzeitige Tilgung der Schuld einen Nachlaß z. B. von 2 500 RM., dann ist der Rückzahlungsbetrag um 500 RM. niedriger als der Bilanzansatz (Anschaffungskosten) von 98 000 RM., der Unterschiedsbetrag von 500 RM. stellt Gewinn dar. Würde die Schuld nur zur Hälfte mit 50 000 RM. zurückbezahlt, dann vermindert sich das Passivum (Nennbetrag) um den gleichen Betrag, ebenso muß aber auch der Wertberichtigungsposten Geldbeschaffungskosten von 2 000 RM. im gleichen Verhältnis von 1 : 2 nämlich mit 1 000 RM. gekürzt und die restlichen 1 000 RM. mit je 500 RM. auf die letzten beiden Jahre der Laufzeit zur Abschreibung verteilt werden. In diesem Fall ist die mit 49 000 RM. zu Buch stehende Schuld durch Bezahlung von 50 000 RM. getilgt worden, der Unterschied von 1 000 RM. mindert den Gewinn.

b) **Einzelfälle.** Nach RFH. I A 156/33 v. 30. 1. 34 (E. 36 S. 191, RStBl. 34 S. 1010, StW. 34 Nr. 518) ist in dem Ankauf von Teilschuldverschreibungen durch den Schuldner für die Körperschaftsteuer eine Darlehnsrückzahlung zu erblicken, wenn zweifelsfrei feststeht, daß die Teilschuldverschreibungen zum Zweck der Tilgung der Anleiheschuld angeschafft worden sind und keine zuverlässigen Anhaltspunkte dafür gegeben sind, daß die Wertpapiere entgegen den für den Ankauf maßgebenden Absichten des Schuldners doch noch einmal in den Verkehr gelangen werden. Unter dieser Voraussetzung ist der aus dem Ankauf entstehende Gewinn schon für das Geschäftsjahr des Ankaufs, nicht erst für das Geschäftsjahr der Vernichtung der Wertpapiere steuerpflichtig.

Die Ablösung einer Hypothekenschuld durch Aufnahme einer neuen Schuld wird in RFH. VI A 1272/32 v. 9. 11. 32 (E. 32 S. 170, RStBl. 33 S. 222, StW. 33 Nr. 206) behandelt. Wenn der Schuldner durch die Ablösung der mit 1 000 000 RM. zu Buch stehenden alten Schuld durch Bezahlung von 900 000 Reichsmark einen Buchgewinn von 100 000 RM. erzielt und gleichzeitig durch Aufnahme der neuen Schuld im Nennbetrag von 1 000 000 RM. nur einen Gegenwert von 900 000 RM. (Anschaffungskosten) erzielt, dann hat sich nach Auffassung des RFH. an der Lage des Schuldners abgesehen von abweichenden Zahlungsbedingungen nichts geändert. Bei getrennter Behandlung beider Schulden sei bei der alten Schuld ein Buchgewinn von 100 000 RM. und bei der neuen Schuld infolge der Aktivierung der 100 000 RM. ein gleich hoher Verlust entstanden. Bei dieser einheitlichen Transaktion könne nicht von einer Verwirklichung von Gewinn gesprochen werden. Nach den für den Tausch maßgebenden Grundsätzen (Austausch eines passiven Gegenstands gegen einen anderen, der für das Geschäft die gleiche Bedeutung hat wie das alte) sei an die Stelle der alten Hypothek, die mit einem der Höhe der stillen Rücklage entsprechenden Buchgewinn zurückbezahlt worden sei, eine neue Schuld getreten und die in der Bewertung der alten Schuld enthaltene stille Rücklage sei wirtschaftlich nicht verwirklicht. Gegen diese Auffassung bestehen Bedenken. Wenn eine bestehende Schuld durch Bezahlung getilgt wird, wobei die Mittel zur Bezahlung der alten Schuld durch Aufnahme einer neuen, gleich hohen Schuld aufgebracht wurden, gleicht dieser Tatbestand nicht so sehr dem Tausch, für den wesentliches Begriffsmerkmal die Hingabe eines Wirtschaftsguts gegen Erwerb eines anderen Wirtschaftsguts ist, als dem Verkauf eines

Gegenstands und der Verwendung des erzielten Kaufpreises zum Ankauf eines anderen Gegenstands. In diesem Fall ist aber eine Verwirklichung der im Buchwert des alten Gegenstands vorhandenen stillen Rücklagen selbst dann anzunehmen, wenn der neu beschaffte Gegenstand im Betrieb den gleichen Zwecken zu dienen bestimmt ist wie der verkaufte Gegenstand. Ein Austausch von Verbindlichkeiten, der dem Tausch von Anlagegegenständen gleich zu erachten war, könnte nur dann angenommen werden, wenn der Schuldner zum Zweck der Erfüllung des alten Schuldverhältnisses ein neues Schuldverhältnis eingegangen wäre. Die Ähnlichkeit mit dem Tausch besteht im entschiedenen Fall nur im Ergebnis, nicht aber in der Abwicklung der einzelnen Geschäftsvorgänge und in deren Auswirkung auf das Betriebsvermögen. Denn der Betrieb hat sich die zur Tilgung der Schuld erforderlichen Geldmittel unter Eingehung einer neuen Verbindlichkeit (Aufwand) beschafft und die alte Schuld durch Bezahlung, also durch weitere Aufwendungen getilgt. Der durch die Tilgung der alten Schuld erzielte Gewinn ist als verwirklicht anzusehen, andererseits liegt aber bei Aufnahme der neuen Schuld kein Verlust in Höhe der Geldbeschaffungskosten vor. Jedenfalls muß nach dem EStG 1934 die neue Verbindlichkeit mit ihren Anschaffungskosten, d. h. ohne Ausweis eines Verlusts verbucht werden, wenn kein höherer Teilwert vorliegt. Es ist daher nunmehr die vom RFH. als zulässig erachtete Fortführung der neuen Verbindlichkeit mit dem Buchwert von 1 000 000 RM. unter Außerachtlassung der eigentlichen Anschaffungskosten nicht mehr möglich.

Wegen der Verwirklichung von Gewinn bei Umwandlung von Roggen- und Weizenpfandbriefschulden im landwirtschaftlichen Entschuldungsverfahren vgl. VR 35 C I Ziff. 3 (RStBl. 36 S. 37), bei der Tilgung von Währungsschulden vgl. Anm. 128 Abs. 3 und 4 und bei Empfang eines Darlehens aus Sperrmarkguthaben, bei dem der Darlehnsnehmer einen geringeren Reichsmarkbetrag als den empfangenen zurückzuzahlen hat vgl. VR 37 B VI 2 (RStBl. 38 S. 196, s. Anh. 17) und Anm. 126 a Abs. 3.

IV. Entnahmen und Einlagen.

Schrifttum. Zu b Abs. 3 ff.: Mirre, Die Verschmelzung von Körperschaften, DStZ. 30 S. 403; Gebhardt, Fusion (Vereinigung, Verschmelzung) von Aktiengesellschaften und Körperschaftsteuer, StW. 33 I Sp. 1089.

132. a) Entnahmen des Einzelkaufmanns für sich, für seinen Haushalt oder für andere betriebsfremde Zwecke sind mit dem Teilwert anzusetzen (§ 6 Ziff. 4 EStG). Wegen des Begriffs der Entnahmen vgl. Anm. 16 zu § 4 EStG. Die vorgeschriebene Bewertung der Entnahmen mit dem Teilwert hat zur Folge, daß die im Lauf des Geschäftsjahrs dem Betrieb entnommenen Gegenstände und Werte dem Gewinn mit demjenigen Werte hinzuzurechnen sind, der dem Betrieb durch die Entnahme tatsächlich entzogen wurde. Es kommt also nicht auf den Buchwert eines entnommenen Gegenstands an, sondern es ist sein Teilwert für den Zeitpunkt der Entnahme anzusetzen, also bei Umlaufgütern regelmäßig die nach dem Markt- oder Börsenpreis zu bestimmenden Wiederbeschaffungskosten, wenn nicht besondere Umstände die Annahme eines niedrigeren Teilwerts rechtfertigen. Den Entnahmen des Einzelkaufmanns entsprechen bei Körperschaften, insbesondere Kapitalgesellschaften die offenen und verdeckten Gewinnausschüttungen; wegen der Bewertung bei Zuweisung von Sachwerten vgl. Anm. 170 zu § 6 Satz 2 KStG.

b) Einlagen des Einzelkaufmanns sind mit dem Teilwert für den Zeitpunkt der Zuführung, höchstens jedoch mit den tatsächlichen Anschaffungs- oder Herstellungskosten anzusetzen (§ 6 Ziff. 5 EStG). Wegen des Begriffs der Einlagen vgl. Anm. 16 zu § 4 EStG. Auch für die Einlagen ist nicht der Bilanzstichtag als Bewertungszeitpunkt maßgebend, sondern der Zeitpunkt der Überführung in das Betriebsvermögen. Bei Einbringung von Wirtschaftsgütern gelten die Anschaffungskosten als Höchstwert. Wenn abnutzbare Wirtschaftsgüter in einem früheren Jahre als dem der Einbringung angeschafft wurden, ist diesem Umstand bei Feststellung der Anschaffungskosten im Zeitpunkt der Einbringung dadurch Rechnung zu tragen, daß von den Anschaffungskosten die Absetzungen für Abnutzung abgerechnet werden, die dem Zeitraum entsprechen, der seit dem Zeitpunkt der Anschaffung bis zum Zeitpunkt der Einbringung im Verhältnis zur gesamten Anwendungsdauer des Gegenstands verflossen ist. Denn es ist nicht angängig, die der bisherigen außerbetrieblichen Nutzung entsprechenden Abnutzungsabsetzungen durch Ansatz der vollen Anschaffungskosten dem Betrieb zur Last zu legen.

Die Bewertung der Einlagen kommt auch für die Körperschaftsteuer in Frage, wenn die Mitglieder einer Körperschaft, insbesondere die Gesellschafter einer Kapitalgesellschaft dieser Bar- oder Sacheinlagen gegen oder ohne die Gewährung von Gesellschaftsrechten zuführen. Wegen der Bewertung der gegen eine Sacheinlage erworbenen Gesellschaftsrechte beim Gesellschafter vgl. Anm. 114 e. Zwischen der Einlage, die eine natürliche Person in ihren eigenen Betrieb macht, und der von dem Gesellschafter einer Kapitalgesellschaft gemachten Einlage besteht ein wesentlicher Unterschied. Die in den Eigenbetrieb gemachte Einlage bleibt nach wie vor Eigentum des Unternehmers, der sie regelmäßig vorher gegen Entgelt angeschafft oder hergestellt hat. Die einer Kapitalgesellschaft zugeführte Einlage dagegen geht durch die Einbringung in das Eigentum einer von der Person des einbringenden Gesellschafters verschiedenen juristischen Person über. Für den Gesellschafter handelt es sich dabei um eine entgeltliche Zuwendung an die Gesellschaft; denn für das übertragene Vermögen erhält er entweder Gesellschaftsrechte oder eine Vermehrung des Wertes seiner bereits bestehenden Gesellschaftsrechte. Aber auf Seiten der Gesellschaft handelt es sich selbst dann nur um eine Reinvermögensvermehrung, wenn die Gesellschaft für eingebrachte Barbeträge oder Sachwerte Gesellschaftsrechte in einem bestimmten Nennbetrag hingegeben hat. Die für die Einlagen ausgegebenen Gesellschaftsrechte sind nicht als zum Erwerb der Einlagen gemachte Aufwendungen der Gesellschaft und damit ihr Wert nicht als Anschaffungskosten der Einlagen anzusehen. Infolgedessen fehlt bei den Einlagen der Gesellschafter einer Kapitalgesellschaft gegen Gewährung von Gesellschaftsrechten der Bewertungsmaßstab der Anschaffungskosten für die Einlage. An Stelle der Anschaffungskosten sind daher in entsprechender Anwendung des § 6 Abs. 2 I. u. II. EStDVO die gedachten Anschaffungskosten als Höchstbetrag anzusetzen, nämlich der Betrag, den die Kapitalgesellschaft für die Einlage im Zeitpunkt des Empfangs hätte aufwenden müssen. An Stelle dieses Wertes kann die Einlage in entsprechender Anwendung des § 6 Ziff. 5 EStG mit dem niedrigeren Teilwert bewertet werden. Dagegen könnte in der Wiederausgabe von Gesellschaftsrechten gegen Bar- oder Sacheinlagen ein entgeltliches Geschäft der Kapitalgesellschaft dann gesehen werden, wenn die Gesellschaft die Gesellschaftsrechte als eigene Anteile gegen Entgelt erworben hatte. Die Gesellschaft besitzt in dem eigenen Anteil ein aktivierungspflichtiges Umlaufgut (s. Anm. 117 c) und mindestens die Wiederausgabe von Eigenaktien gegen eine Einlage kann als Veräußerungsgeschäft aufgefaßt werden, bei dem Gewinn oder Verlust erzielt werden kann. Bemerkt sei, daß die Wiederausgabe von gegen zureichendes Entgelt erworbenen eigenen Gesellschaftsanteilen auch nicht der Gesellschaftsteuer unterliegt (vgl. § 2 Ziff. 4 KVG).

Für den Fall der Verschmelzung (Fusion) zweier Gesellschaften wurde in RFH. I A 68/32 v. 18. 4. 34 (E. 36 S. 64, RStBl. 34 S. 840, StW.34 Nr. 455) für das KStG 1925 der Grundsatz aufgestellt, daß die dabei übernommenen Gegenstände in der Bilanz der übernehmenden Gesellschaft grundsätzlich nach § 19 EStG 1925 mit dem gemeinen Wert oder dem Anschaffungspreis zu bewerten seien. Ein Anschaffungspreis sei aber dann nicht gegeben, wenn die Verschmelzung in der Weise erfolge, daß eine Gesellschaft ein Unternehmen durch Hingabe von Gesellschaftsrechten aus einer zum Zweck der Verschmelzung vorgenommenen Kapitalerhöhung übernehme. In diesem Fall komme nur der sogenannte fiktive (gedachte) Anschaffungspreis im Sinn des § 19 Abs. 2 Satz 2 a. a. O. in Betracht.

§ 6 EStG. Bewertung. Anmerkung 132.

Doch sei die Gesellschaft nicht gehindert, an Stelle der genannten Werte die niedrigeren Buchwerte der übertragenden Gesellschaft einzusetzen (vgl. auch RFH. I A 360/32 v. 1. 8. 34, RStBl. 34 S. 1376, StW. 35 Nr. 56). Wenn die Kapitalgesellschaft A das Vermögen der Kapitalgesellschaft B erhält, dann liegen Anschaffungskosten des übernommenen Betriebsvermögens nur dann vor, wenn die Gesellschaft es bar bezahlt hat. Der Fall liegt dann nicht anders, als wenn sie von irgendwem Gegenstände gekauft hätte (vgl. auch Anm. 133 b). Soweit sie junge Aktien dafür gibt, entsteht bei ihr eine von neuen Aktionären herbeigeführte Vermögensvermehrung, d. h. eine Einlage, die der Gesellschaftsteuer unterliegt. Einen Gewinn erzielt die Gesellschaft nur, soweit sie die Gegenstände zu einem Preise veräußert, der über dem Wert liegt, den sie zur Zeit des Einbringens hatten. Der RFH. hat also auch für die Einbringung eines ganzen Betriebs gegen die Gewährung von Gesellschaftsrechten bisher grundsätzlich den gemeinen Wert, jedoch höchstens die gedachten Anschaffungskosten für den Zeitpunkt der Einbringung als Wert der „Einlage" bei der übernehmenden Gesellschaft angesehen. Dem entspricht es, wenn die Grundsätze des § 6 Abs. 2 I. u. II. EStDVO auch auf die Übertragung eines ganzen Betriebsvermögens gegen die Gewährung von Gesellschaftsrechten entsprechend angewendet werden und das eingebrachte Betriebsvermögen bei der übernehmenden Gesellschaft mit dem Teilwert und, wenn dieser höher ist als die Wiederbeschaffungskosten im Sinn des § 6 Abs. 2 a. a. O., höchstens mit diesen als gedachten Anschaffungskosten angesetzt wird.

§ 242 AktG bestimmt für den Fall der Verschmelzung von Aktiengesellschaften durch Aufnahme (§ 233 Ziff. 1 a. a. O.), daß die in der Schlußbilanz der übertragenden Gesellschaft angesetzten Werte für die Jahresbilanzen der übernehmenden Gesellschaft als Anschaffungskosten im Sinn des § 133 Nr. 1 bis 3 zu gelten haben, d. h. die letzten Buchwerte der übertragenden AG. sind für die aufnehmende AG. die handelsrechtlichen Höchstwerte. Diese Vorschrift gilt nach § 247 Abs. 1 a. a. O. auch für die Verschmelzung zweier AG. durch Bildung einer neuen AG. (Verschmelzung durch Neubildung § 233 Ziff. 2 a. a. O.), wobei die neue AG. als übernehmend und jede der sich vereinigten Gesellschaften als übertragend gilt, weiter nach § 248 Abs. 1 a. a. O. für die Verschmelzung von Kommanditgesellschaften auf Aktien und von solchen und AG. Diese aktienrechtliche Sondervorschrift ist steuerrechtlich aus folgenden Erwägungen ohne Bedeutung. Zweck der Vorschrift ist nicht etwa, die übernehmende Gesellschaft unter allen Umständen an die Buchwerte der übertragenden Gesellschaft als Höchstwerte für die übernommenen Wirtschaftsgüter des Betriebsvermögens zu binden. Denn § 242 Abs. 2 AktG bestimmt weiter: „Übersteigt der Gesamtnennbetrag oder der höhere Gesamtausgabebetrag der für die Veräußerung des Vermögens der übertragenden Gesellschaft gewährten Aktien die in der Schlußbilanz angesetzten Werte der einzelnen Vermögensgegenstände, so darf der Unterschied, jedoch nur gesondert, unter die Posten des Anlagevermögens aufgenommen werden; der eingesetzte Betrag ist durch angemessene jährliche Abschreibungen zu tilgen." Daraus geht hervor, daß die übernehmende Gesellschaft nicht gehindert ist, den Gesamtausgabebetrag der für das übernommene Betriebsvermögen hingegebenen Aktien höher anzusetzen als die Summe der Buchwerte des aufgenommenen Betriebsvermögens. Dies gilt vor allem, wenn in den letzten Buchwerten der übertragenden Gesellschaft stille Rücklagen vorhanden sind oder ein besonderer, buchmäßig nicht ausgewiesener Geschäftswert besteht. Insofern bedeutet die Vorschrift des Abs. 1 a. a. O. lediglich eine Klarlegung der bisherigen Buchwerte, sie bedeutet aber nicht den Zwang zur Fortführung der Buchwerte im ganzen, wie sie z. B. steuerrechtlich als Sicherung für die spätere Versteuerung des bei der Verschmelzung sich ergebenden Gewinns nach § 15 Abs. 2 Ziff. 2 KStG (vgl. Anm. 5 zu § 15 KStG) zu fordern ist. Wenn daher nach § 242 Abs. 2 AktG ein Unterschiedsbetrag in einem besonderen Aktivposten in die Handelsbilanz eingestellt wird, dann ist steuerrechtlich der Gesamtbetrag (Buchwerte + Sonderposten) als Anschaffungskosten des Betriebsvermögens zu behandeln. Soweit der Unterschiedsbetrag auf vorhandene stille Rücklagen entfiel, sind die Teilbeträge den einzelnen Bilanzposten (Buchwerten z. B. für Gebäude) hinzuzurechnen, ein etwaiger überschießender Betrag wäre ein Geschäftswert. Die im § 242 Abf. 2 a. a. O. angeordnete selbständige Tilgung des angesetzten Unterschiedsbetrags in jährlichen Abschreibungen kann steuerrechtlich nicht anerkannt werden (vgl. Anm. 115 c). Der Grundsatz, daß bei der Verschmelzung zweier Kapitalgesellschaften bei der übernehmenden Gesellschaft auch verwirklichte stille Rücklagen oder ein Geschäftswert besonders anzusetzen sind, greift steuerrechtlich in allen Fällen Platz, in denen die Summe der für die übernehmende Gesellschaft maßgebenden Anfangswerte des übernommenen Betriebsvermögens (Teilwert, höchstens gedachte Anschaffungskosten) hinter dem Werte der für die Einbringung gewährten Gesellschaftsrechte zurückbleibt.

Einen Fall gedachter Anschaffungs- oder Herstellungskosten von Sacheinlagen, die vor dem 1. Januar 1925 angeschafft oder hergestellt worden sind, regelt § 7 I. u. II. EStDVO:

„Führt der Steuerpflichtige dem Betrieb Wirtschaftsgüter zu, die vor dem 1. 1. 25 angeschafft oder hergestellt worden sind, so gilt als Anschaffungs- oder Herstellungskosten der Betrag, den der Steuerpflichtige für die Anschaffung oder Herstellung am 1. 1. 25 hätte aufwenden müssen."

Für Gegenstände, die in der Zeit vom 1. 1. 25 bis zum Inkrafttreten des EStG 1934 angeschafft oder hergestellt worden sind, sind die Anschaffungs- und Herstellungskosten nach den Grundsätzen des EStG 1925 zu ermitteln, die den Grundsätzen des EStG 1934 entsprechen.

Darüber, daß die durch Einlagen der Gesellschafter einer Kapitalgesellschaft herbeigeführte Vermögensvermehrung kein körperschaftsteuerpflichtiger Gewinn ist, vgl. Anm. 8 a zu § 2 EStG und wegen Ausnahme oben Abs. 2. Dies gilt auch für das Ausgabeaufgeld. Weiter darf aber auch der steuerliche Gewinn der Kapitalgesellschaft nicht dadurch beeinflußt werden, daß bei einer aus Anlaß einer Kapitalerhöhung eingebrachten Einlage der nach vorstehenden Grundsätzen anzusetzende Wert der Einlage und der Nennbetrag der neu ausgegebenen Gesellschaftsrechte, der auf der Passivseite der Bilanz erscheinen muß, auseinander gehen. Wenn z. B. der Wert der Einlage höher ist als der Nennbetrag der Kapitalerhöhung, so kann in Höhe des Unterschiedsbetrags kein steuerpflichtiger Gewinn entstehen. Der Unterschiedsbetrag ist vom Bilanzgewinn des Geschäftsjahrs der Einbringung abzurechnen und umgekehrt ist bei geringerem Wert der Einlage der Unterschiedsbetrag hinzuzurechnen.

V. Bewertung bei Eröffnung oder Erwerb eines Betriebs.

133. Eröffnung oder entgeltlicher Erwerb eines Betriebs.

a) Bei **Eröffnung eines Betriebs oder entgeltlichem Erwerb eines Betriebs** sind die Wirtschaftsgüter mit dem Teilwert, höchstens jedoch mit den tatsächlichen Anschaffungs- oder Herstellungskosten anzusetzen (§ 6 Ziff. 6 EStG). Die Vorschrift regelt die erstmalige Bewertung der Wirtschaftsgüter des Betriebsvermögens für das Anfangsvermögen des ersten Wirtschaftsjahrs des eröffneten oder erworbenen Betriebs. Maßgebender Bewertungszeitpunkt ist bei Eröffnung oder Erwerb eines Betriebs der Zeitpunkt der Eröffnung oder des Erwerbs (§ 5 Abs. 1 I u. II. EStDVO). Auch für die Feststellung des Anfangsstands des Betriebsvermögens (Eröffnungsbilanz) gilt der Grundsatz des Niederstwerts: Teilwert, aber höchstens niedrigere Anschaffungs- oder Herstellungskosten, dem für die Verbindlichkeiten der Höchstwertgrundsatz: Teilwert, aber höhere Anschaffungskosten entspricht. Es soll dadurch einer zu hohen Bewertung des Betriebsvermögens am Beginn des ersten Wirtschaftsjahrs vorgebeugt werden, die sich bei der Eröffnungsbilanz einkommensteuerrechtlich nur einseitig zugunsten des Steuerpflichtigen auswirken würde. Der Bewertungsgrundsatz des § 6 Ziff. 6 EStG ist auch für die Wertansätze in der Eröffnungsbilanz einer in die Steuerpflicht neu eintretenden Körperschaft, wie z. B. eines Betriebs gewerblicher Art einer Körperschaft des öffentlichen Rechts entsprechend anzuwenden (RFH. I A 35/37 v. 17. 9. 37, E. 42 S. 112,

RStBl. 37 S. 1210, StW. 37 Nr. 515). Wegen des Fehlens der Zweischneidigkeit in der Eröffnungsbilanz und dem daraus sich ergebenden Grundsatz einer mehr objektiven Bewertung vgl. Anm. 73 zu § 5 EStG.

Geht ein nichtbuchführender Gewerbetreibender zur Buchführung über, so sind die Wirtschaftsgüter des Betriebsvermögens in der Eröffnungsbilanz nach RFH. VI A 210/32 v. 17. 2. 32 (RStBl. 32 S. 400, StW. 32 Nr. 615) mit dem Betrag anzusetzen, mit dem sie vermutlich zu Buch stehen würden, wenn die Buchführung von Anfang an eingerichtet gewesen wäre. Steuerlich ausgewirkt haben sich bis zum Übergang zur Buchführung regelmäßig nur die Absetzungen für Abnutzung. Höchstwert sind daher für die abnutzbaren Anlagegüter die Anschaffungs- oder Herstellungskosten gekürzt um die Absetzungen. Im übrigen kann auch ein niedrigerer Teilwert angesetzt werden. Er muß angesetzt werden, wenn bisher in einer Vermögensübersicht auf den niedrigeren Teilwert abgeschrieben wurde.

Bei entgeltlichem Erwerb eines Betriebs ist der gesamte Kaufpreis des Betriebs auf die einzelnen Bestandteile des Betriebsvermögens zu zerlegen. Ist die Summe der Teilwerte der einzelnen Wirtschaftsgüter des Betriebsvermögens unter Berücksichtigung etwa übernommener Schulden am Stichtag höher als der für den Betrieb bezahlte Erwerbspreis, dann sind die Teilwerte anteilig in demselben Verhältnis zu kürzen, in dem die Summe der Teilwerte zu dem niedrigeren Erwerbspreis steht. Die so ermittelten Werte der Wirtschaftsgüter des Betriebsvermögens sind die unter ihrem Teilwert liegenden Anschaffungskosten, die in die Eröffnungsbilanz aufzunehmen sind. Übersteigt dagegen der Erwerbspreis die Summe der Teilwerte der einzelnen Wirtschaftsgüter des Betriebsvermögens vom Stichtag, dann ist der Unterschiedsbetrag als Geschäftswert unter die Aktiven der Eröffnungsbilanz aufzunehmen (vgl. auch Anm. 115, insbes. unter b).

b) Die in § 6 Ziff. 6 EStG für den entgeltlichen Erwerb eines Betriebs aufgestellten Bewertungsgrundsätze sind auch dann anzuwenden, wenn das **Vermögen einer Kapitalgesellschaft auf eine andere (Verschmelzung [Fusion] oder Umwandlung) gegen Entgelt übertragen wird.** Ist für die Übertragung des Betriebsvermögens der Kapitalgesellschaft wie beim Kauf ein Erwerbspreis bezahlt worden, dann gilt auch für die erstmalige Bewertung des übernommenen Betriebsvermögens der Grundsatz: Teilwert oder niedrigere Anschaffungskosten der einzelnen Wirtschaftsgüter. Nach diesen Grundsätzen ist nunmehr der in der RFH. I A 235/30 v. 24. 3. 31 (RStBl. 31 S. 304, StW. 31 Nr. 521) entschiedene Fall zu behandeln, in dem eine AG. den Betrieb einer anderen Gesellschaft gegen Bezahlung eines Gesamtkaufpreises übernommen hatte. Die vom RFH. geforderte Aufteilung des Gesamtkaufpreises auf die einzelnen Gegenstände des Betriebsvermögens und die Aktivierung eines etwaigen Überschusses des Erwerbspreises über die Summe dieser Werte als Geschäftswert ergibt sich jetzt nach § 6 Ziff. 6 unter Beachtung des Teilwerts der einzelnen Gegenstände am Stichtag.

Wegen der Bewertung eines gegen Gewährung von Gesellschaftsrechten an der übernehmenden Gesellschaft eingebrachten ganzen Betriebs vgl. Anm. 132 b Abs. 3 ff.

134. Unentgeltlicher Erwerb eines Betriebs.

§ 6 Ziff. 6 EStG bestimmt nur die erstmalige Bewertung von Wirtschaftsgütern bei entgeltlichem Erwerb. Den Fall der unentgeltlichen Übertragung eines Betriebs oder Teilbetriebs regelt § 6 Abs. 1 I. u. II. EStDVO, der inhaltlich im wesentlichen den in § 20 Abs. 1 und 2 EStG 1925 enthaltenen Vorschriften entspricht. Von einem Teilbetrieb im Sinn dieser Vorschriften wird man nur sprechen können, wenn es sich um einen organisch selbständigen Teil des bisherigen Betriebs handelt (vgl. Anm. 96 a Abs. 1). Die unentgeltliche Übertragung eines Betriebs umfaßt insbesondere den Erwerb auf Grund von Schenkungen, durch Erbgang und Verfügungen von Todes wegen. Der Erwerb auf Grund einer Schenkung oder einer Verfügung von Todes wegen wird jedoch nicht dadurch zu einem entgeltlichen, daß dem Erwerber bei der im übrigen unentgeltlichen Zuwendung eine Auflage, wie z. B. die Verpflichtung zur Altenteilsleistung oder zum Unterhalt bestimmter Personen gemacht wird (RFH. VI A 360/34 v. 12. 9. 34, E. 37 S. 18, RStBl. 35 S. 157, StW. 34 Nr. 744 und VI A 2012/32 v. 8. 8. 34, StW. 34 Nr. 654). Nach RFH. VI A 1488/31 v. 8. 11. 33 (RStBl. 34 S. 295, StW. 34 Nr. 33) überwiegt bei den Auflagen, die dem Erwerber zugunsten von Angehörigen oder des Übergebers gemacht sind, der Versorgungsgedanke und die Zahlungen auf Grund der Auflage sind nicht zum Erwerb des Betriebs aufgewendet. Jedoch können nach der Entsch. Aufwendungen des Erben oder des Beschenkten ganz oder teilweise ein Entgelt für den Erwerb des Betriebs darstellen, wenn z. B. der Sohn Erbe des Betriebs mit der Verpflichtung geworden ist, zwei Geschwister in Höhe von $^2/_3$ des Betriebswerts abzufinden. Dieser Fall sei der Erbfolge der drei Geschwister und dem Ankauf der Anteile der beiden Geschwister durch den Bruder gleichzuerachten. Der Bruder sei nur zu $^1/_3$ Gesamtrechtsnachfolger des Vaters und im übrigen Sonderrechtsnachfolger seiner Geschwister. In diesem Fall sei er nur mit $^1/_3$ an die Buchansätze des Vaters gebunden und könne die Anteile der Geschwister mit dem Erwerbspreise ansetzen. Diese Unterteilung eines Erwerbs in einem zum Teil entgeltlichen und zum Teil unentgeltlichen ist nach § 6 Abs. 1 I. u. II. EStDVO für die Bewertung nur dann maßgebend, wenn es sich bei dem unentgeltlich erworbenen Teil des Betriebs um einen organisch selbständigen Teil, also um einen Teilbetrieb handelt; denn die Vorschrift ist nur auf den unentgeltlichen Erwerb eines Betriebs oder Teilbetriebs anwendbar. Liegt kein organisch selbständiger Teil des Betriebs vor, dann ist zu trennen zwischen entgeltlich erworbenen Wirtschaftsgütern des Betriebsvermögens (im obigen Beispiel $^2/_3$ des väterlichen Betriebs), für die die allgemeinen Bewertungsregeln gelten, und zwischen unentgeltlich erworbenen Wirtschaftsgütern des Betriebsvermögens (im Beispiel $^1/_3$ des Betriebs als eigener Erbteil des Sohnes), die nach der Regel des § 6 Abs. 2 I. u. II. EStDVO mit den gedachten Anschaffungskosten (Wiederbeschaffungskosten im Zeitpunkt des Erwerbs) anzusetzen sind.

Durch § 6 Abs. 1 Satz 4 I. u. II. EStDVO wird der Rechtsnachfolger an die letzten Bilanzansätze des Rechtsvorgängers gebunden. Bei unentgeltlicher Übertragung eines Betriebs oder Teilbetriebs wird also der Erwerber so behandelt, wie wenn kein Wechsel in der Person des Betriebsinhabers eingetreten wäre. Der Erwerber muß als Rechtsnachfolger die Buchwerte seines Vorgängers in seine Eröffnungsbilanz übernehmen mit der Wirkung, daß Gewinn oder Verlust erst durch eine später vorgenommene Veräußerung verwirklicht werden kann. Ebenso ist der Erwerber gehindert, bereits in der Eröffnungsbilanz etwaige nichtverwirklichte Verluste auszuweisen, indem er einzelne Wirtschaftsgüter des Betriebsvermögens mit ihrem unter den letzten Bilanzansatz gesunkenen Teilwert für den Zeitpunkt des Erwerbs ansetzt. Wegen der Ermittlung des Gewinns des bisherigen Betriebsinhabers vgl. Anm. 96.

5. Abschnitt. Absetzung für Abnutzung oder Substanzverringerung.

§ 7 EStG.

Bei Gebäuden und sonstigen Wirtschaftsgütern, deren Verwendung oder Nutzung durch den Steuerpflichtigen zur Erzielung von Einkünften sich erfahrungsgemäß auf einen Zeitraum von mehr als einem Jahr erstreckt, kann jeweils für ein Jahr der Teil der Anschaffungs- oder Herstellungskosten abgesetzt werden, der bei Verteilung dieser Kosten auf die Gesamtdauer der Verwendung oder Nutzung auf ein Jahr entfällt (Absetzung für Abnutzung). Die Absetzung bemißt sich hierbei nach der betriebsgewöhnlichen Nutzungsdauer des Wirtschaftsguts. Absetzungen für außergewöhnliche technische oder wirtschaftliche Abnutzung sind zulässig.

§ 7 EStG. Absetzung für Abnutzung oder Substanzverringerung. Anm. 135—136.

Bei Bergbauunternehmen, Steinbrüchen und anderen Betrieben, die einen Verbrauch der Substanz mit sich bringen, sind Absetzungen für Substanzverringerung zulässig. Absatz 1 ist entsprechend anzuwenden.

Inhaltsübersicht.

135. Verhältnis zum bisherigen Recht.
136. Zweck der Vorschrift.
137. Bedeutung für die einzelnen Einkunftsarten.
138. Persönlicher Geltungsbereich.
   a) Berechtigte Personen.
   b) Verpflichtung zur Vornahme der Absetzung für Abnutzung.
139. Sachlicher Geltungsbereich.
140. Verwendung oder Nutzung der Wirtschaftsgüter zur Erzielung von Einkünften.
141. Bemessung der Absetzung für Abnutzung.
   a) Verteilung der Anschaffungs- oder Herstellungskosten.
   b) Betriebsgewöhnliche Nutzungsdauer.
      aa) Technische und wirtschaftliche Abnutzung.
      bb) Abgrenzung der wirtschaftlichen Abnutzung gegenüber der Entwertung (Teilwert).
   c) Einzelfälle aus der Rechtsprechung.
      aa) Gebäude.
      bb) Maschinen und Anlagen.

      cc) Gewerbliche Urheberrechte (Patente).
      dd) Aufwendungen auf Miet- und Pachtsachen.
142. Berechnung der auf ein Jahr entfallenden Absetzung für Abnutzung.
   a) Regel: Gleichmäßige Absetzung oder Buchwertabsetzung.
   b) Beginn der Absetzung.
   c) Sammelabsetzung.
   d) Wechsel in der Bemessung der Absetzung (Berichtigung).
   e) Keine Nachholung bewußt unterlassener Absetzungen.
143. Absetzung für außergewöhnliche Abnutzung.
144. Absetzung für Substanzverringerung.
   a) Voraussetzungen.
   b) Berechnung.
   c) Berücksichtigung der Wertminderung des Grundstücks durch den Abbau.
145. Bilanz- und buchmäßige Durchführung der Absetzung für Abnutzung und Substanzverringerung.

Schrifttum. Weißensee, Über Abschreibungen, DStZ. 33 S. 29; Großmann, Das freie Ermessen bei den Abschreibungen, DStZ. 33 S. 432.

135. Verhältnis zum bisherigen Recht.

§ 7 EStG 1934 entspricht dem § 16 Abs. 2—4 EStG 1925. Während in der letzten Vorschrift die Wirtschaftsgüter, für die Absetzungen für Abnutzung zulässig waren, im einzelnen benannt waren, nämlich Maschinen und sonstiges Betriebsinventar, gewerbliche, literarische und künstlerische Urheberrechte, Gebäude, Be- und Entwässerungsanlagen und fischereiwirtschaftliche Anlagen, dehnt § 7 EStG 1934 die Zulässigkeit der Abnutzungsabsetzungen außer bei Gebäuden auf alle sonstigen Wirtschaftsgüter aus, deren Verwendung oder Nutzung durch den Steuerpflichtigen zur Erzielung von Einkünften sich erfahrungsgemäß auf einen Zeitraum von mehr als einem Jahr erstreckt. „§ 7 erweitert den Kreis der Gegenstände, für die Absetzung für Abnutzung zulässig ist, gegenüber der Fassung der bisherigen Rechtsnorm und berücksichtigt ferner die Ergebnisse der Rechtsprechung über den Umfang der Absetzung für Abnutzung. Während früher zweifelhaft war, ob neben der normalen technischen Abnutzung auch die außergewöhnliche technische und wirtschaftliche Abnutzung zu berücksichtigen war, ist jetzt im Anschluß an die Rechtsprechung des Reichsfinanzhofs (zu vgl. z. B. Urteil v. 12. 12. 28 VI A 274/28, RStBl. 29 S. 87) klargestellt, daß die Absetzungen für Abnutzung auch nach außergewöhnlicher technischer und wirtschaftlicher Abnutzung bemessen werden können" (Begr. zu § 7, RStBl. 35 S. 39).

136. Zweck der Vorschrift.

Zweck der Absetzungen für Abnutzung ist das zur Anschaffung oder Herstellung eines abnutzbaren Wirtschaftsguts aufgewendete Kapital auf die einzelnen Wirtschaftsjahre der Nutzung des Wirtschaftsguts zu verteilen und dadurch das Ergebnis dieser Wirtschaftsjahre um den auf sie treffenden Anteil der Anschaffungs- oder Herstellungskosten (Aufzehrung des aufgewendeten Kapitals) zu vermindern. Durch die Vorschrift soll verhindert werden, daß der Steuerpflichtige den Anschaffungs- oder Herstellungsaufwand für das abnutzbare Wirtschaftsgut bereits im Jahre der Anschaffung oder Herstellung voll von seinem Einkommen absetzt und dadurch das Wirtschaftsjahr der Anschaffung oder Herstellung zu Unrecht mit Aufwendungen belastet, die tatsächlich den künftigen Wirtschaftsjahren, in denen das Wirtschaftsgut noch genutzt oder verwendet wird, zur Last fallen. Daher ist der Steuerpflichtige nach der Vorschrift berechtigt und auch verpflichtet, die Anschaffungs- oder Herstellungskosten auf die ganze Zeitdauer der Verwendung oder Nutzung angemessen zu verteilen ohne Rücksicht darauf, ob die Höhe der aufgewendeten Kosten für ihn günstig oder ungünstig war. Es kommt bei dieser Verteilung des Anschaffungs- oder Herstellungsaufwands auch nicht darauf an, ob die nach Abzug der anteiligen Absetzungen für Abnutzung verbleibenden Restanschaffungs- oder Herstellungskosten dem wirklichen Wert (Teilwert) des Wirtschaftsguts am jeweiligen Bilanzstichtag entsprechen. Denn die Abnutzungsabsetzungen haben nicht den Zweck, die tatsächlich eingetretene Wertminderung des abnutzbaren Wirtschaftsguts festzuhalten, sondern sie sollen im Gegenteil der Notwendigkeit überheben, von Jahr zu Jahr eintretende Wertminderungen der Höhe nach festzustellen (RFH. I A 79, 80/30 v. 16. 9. 30, RStBl. 30 S. 717, StW. 30 Nr. 1228), indem die tatsächlich erwachsenen Anschaffungs- oder Herstellungskosten auf die Gesamtheit der Wirtschaftsjahre, in die die Verwendung des Wirtschaftsguts fällt, verteilt werden. Die Höhe der Absetzung für technische und wirtschaftliche Abnutzung ist auch nicht durch den Teilwert nach unten begrenzt (RFH. VI A 142 bis 144/37 v. 28. 4. 37, E. 41 S. 218, RStBl. 37 S. 956, StW. 37 Nr. 318). Wegen des Unterschieds, der zwischen der Absetzung für Abnutzung und der Bildung einer steuerfreien Erneuerungsrücklage, die das EStG nicht kennt, besteht, vgl. Mirre, Bespr. StW. 35 I Sp. 393. Vielfach wird angenommen, daß die Grundsätze ordnungsmäßiger Buchführung und die Vorschriften des HGB für den buchführungspflichtigen Kaufmann nicht so sehr eine bewußte Unterbewertung, sondern zum Schutz der Gläubiger nur eine Überbewertung verbieten, so daß auch eine zu hohe Absetzung von den Anschaffungs- oder Herstellungskosten auf 0 oder auch 1 RM. immer noch mit den Grundsätzen ordnungsmäßiger Buchführung zu vereinbaren sei. Einem solchen Vorgehen wird durch die Vorschrift des § 7 für das Steuerrecht ein Riegel vorgeschoben, indem eine Verteilung der Anschaffungs- oder Herstellungskosten auf die Gesamtdauer der Verwendung oder Nutzung im Betrieb zur Pflicht gemacht wird. Der danach sich ergebende Wert des abnutzbaren Wirtschaftsguts kann für den Stichtag nicht willkürlich, sondern nur bei niedrigerem Teilwert unterschritten werden. Darüber hinaus wird die Vorschrift auch bei den in § 2 Abs. 3 Ziff. 4—7 genannten Einkunftsarten anwendbar, bei denen die Einkünfte der Überschuß der Einnahmen über die Werbungskosten sind (vgl. § 9 Ziff. 6 EStG). Soweit bei diesen Einkunftsarten Gebäude und sonstige Wirtschaftsgüter unter den Voraussetzungen des § 7 zur Erzielung von Einkünften verwendet oder genutzt werden, sind die nach § 7 berechneten Absetzungen für Abnutzung oder Substanzverringerung als Werbungskosten zu behandeln. Dies trifft regelmäßig bei den Einkünften aus Vermietung und Verpachtung hinsichtlich des vermieteten oder verpachteten Gebäudes usw. zu. Auch bei Einkünften aus nichtselbständiger Arbeit sind Abnutzungsabsetzungen als Werbungskosten möglich, wenn ein Angestellter zur Erfüllung seiner dienstlichen Obliegenheiten z. B. einen Kraftwagen halten muß (RFH. VI A 106/35 v. 26. 9. 35, RStBl. 36 S. 61, StW. 35 Nr. 664). Dagegen erscheinen Absetzungen für Abnutzung oder auch Substanzverringerung grundsätzlich ausgeschlossen bei den Einkünften aus Kapitalvermögen.

137. Bedeutung für die einzelnen Einkunftsarten.

Die Bedeutung der Vorschrift des § 7 ist für die Einkunftsarten verschieden, je nachdem es sich um die Ermittlung des Gewinns oder des Überschusses der Einnahmen über die Werbungskosten handelt. Bei Ermittlung des Gewinns

§ 7 EStG. Absetzung für Abnutzung oder Substanzverringerung. Anm. 137—138.

durch Betriebsvermögensvergleich (§§ 4 und 5 EStG) sind die Absetzungen für Abnutzung nur durch die Bewertung des abnutzbaren Wirtschaftsguts mit den Anschaffungs- oder Herstellungskosten, vermindert um die Absetzung für Abnutzung (§ 6 Ziff. 1 a. a. O.), nicht aber durch Abzug des auf das Wirtschaftsjahr entfallenden Teilbetrags der Anschaffungs- oder Herstellungskosten als Betriebsausgaben zu berücksichtigen. Die Anschaffungs- oder Herstellungskosten werden im Jahr der Anschaffung oder Herstellung in voller Höhe als Betriebsausgaben behandelt und anderseits das angeschaffte oder hergestellte Wirtschaftsgut zunächst mit dem gleichen Betrag aktiviert und dieser Posten jeweils um die auf das einzelne Wirtschaftsjahr entfallenden anteiligen Absetzungen für Abnutzung vermindert wird (vgl. auch RFH. VI A 152/27 v. 11. 5. 27, E. 21 S. 163, RStBl. 27 S. 176, StW. 27 Nr. 216). Dadurch, daß das abnutzbare Wirtschaftsgut am Ende eines Wirtschaftsjahrs mit einem um die anteiligen Abnutzungsabsetzungen niedrigeren Wert in der Bilanz erscheint als zu Beginn des Wirtschaftsjahrs, mindern die Absetzungen in der auf das Wirtschaftsjahr entfallenden Höhe das Betriebsvermögen in der Schlußbilanz. Bei den Einkunftsarten, bei denen die Einkünfte der Überschuß der Einnahmen über die Werbungskosten sind, bedeutet die Vorschrift des § 7 mit § 9 Ziff. 6, daß die Absetzungen für Abnutzung in Höhe des auf das einzelne Kalenderjahr entfallenden Teilbetrags der Anschaffungs- oder Herstellungskosten Werbungskosten sind, d. h. Aufwendungen, die zur Erwerbung, Sicherung und Erhaltung der Einnahmen gemacht sind (vgl. auch RFH. VI A 2226/30 v. 1. 7. 31, RStBl. 31 S. 877, StW. 31 Nr. 790). Die Absetzungen für Abnutzung stellen in diesen Fällen auf die Kalenderjahre der Nutzung oder Verwendung verteilte Werbungskosten dar, die im Kalenderjahr der Anschaffung des Wirtschaftsguts verausgabt wurden. Als Verminderung der Einnahmen durch Ausgaben wirken die Absetzungen für Abnutzung aber auch dann, wenn der Gewinn nach § 4 Abs. 2 EStG durch Feststellung des Überschusses der Betriebseinnahmen über die Betriebsausgaben ohne Betriebsvermögensvergleich ermittelt wird. In diesem Fall sind die auf das Wirtschaftsjahr treffenden Absetzungen für Abnutzung als Betriebsausgaben anzusetzen, da ein Wertansatz für das abnutzbare Wirtschaftsgut unterbleibt. Anders nur, wenn eine wirtschaftlich ins Gewicht fallende Schwankung im Betriebsvermögen nach § 4 Abs. 2 Satz 2 a. a. O. durch einen Abschlag deshalb berücksichtigt werden soll, weil ein abnutzbares Wirtschaftsgut eine die Absetzung für (außerordentliche) Abnutzung erheblich übersteigende Entwertung erlitten hat. Wird in diesem Fall der Abschlag durch Vornahme eines Teilbestandsvergleichs für das abnutzbare Wirtschaftsgut ermittelt, so wird man den um die bisherigen Abnutzungsabsetzungen verminderten Anschaffungs- oder Herstellungskosten vom Beginn des Wirtschaftsjahrs den Teilwert vom Schluß des Wirtschaftsjahrs gegenüberstellen. Wird der Unterschiedsbetrag als Entwertung durch Abschlag berücksichtigt, dann ist für die Zulassung der anteiligen Absetzung für Abnutzung in diesem Wirtschaftsjahr kein Raum, da diese sonst doppelt berücksichtigt würde.

Wegen des Unterschieds zwischen Absetzung für Abnutzung und Abschreibung vgl. Anm. 90 c zu § 6 EStG und 141 b, bb.

138. Persönlicher Geltungsbereich.

a) Absetzungen für Abnutzung oder Substanzverringerung sind nur möglich bei den im **Eigentum des Steuerpflichtigen stehenden Wirtschaftsgütern**, dafür aber auch dann, wenn die Benutzung einem anderen zusteht. Daher ist im Fall der Vermietung oder Verpachtung einer abnutzbaren Sache grundsätzlich der Eigentümer als Vermieter oder Verpächter und nicht der Mieter oder Pächter zur Vornahme der Abnutzungsabsetzungen berechtigt (vgl. Anm. 84 c Abs. 2 zu § 6 EStG). Dagegen können Aufwendungen des Mieters oder Pächters auf die Pachtsache längstens bis zum Ende der Miete oder Pacht zu verteilen sein (vgl. Anm. 84 a, b zu § 6 EStG). Ist der Mieter oder Pächter verpflichtet, bei Aufgabe des Mietverhältnisses den alten Zustand wiederherzustellen oder die Abnutzung der Miet- oder Pachtsache zu ersetzen, so kommt für ihn nicht Absetzung, sondern Passivierung des Wertes seiner Verpflichtung in Betracht (vgl. Anm. 84 d zu § 6 EStG). Im Fall des Nießbrauchs hat der Eigentümer das Absetzungsrecht. Es kommt aber auf das wirtschaftliche Eigentum an, d. h. der Steuerpflichtige muß Eigenbesitzer des abnutzbaren Wirtschaftsguts im Sinn des § 11 Ziff. 4 StAnpG sein.

Nach RFH. VI A 1479/32 v. 6. 12. 33 (E. 35 S. 17, RStBl. 34 S. 424, StW. 34 Nr. 88) ist die **doppelte Berücksichtigung** von Aufwendungen auf ein Gebäude durch Absetzungen für Abnutzung **unzulässig**. Wenn eine OHG. aus betrieblicher Notwendigkeit auf ein den Gesellschaftern gehöriges Mietwohngrundstück Umbauaufwendungen macht, die mit einem Betriebsumbau in unmittelbarem Zusammenhang stehen, dann sind diese auf das Grundstück der Gesellschafter gemachten Umbauaufwendungen ein Teil der betrieblichen Umbaukosten und daher bei der OHG. selbst aktivierungs- und absetzungspflichtig. Sie könnten daher nicht bei den Gesellschaftern als Werbungskosten für deren Einkünfte aus Vermietung (Gewerbebetrieb?) berücksichtigt werden. Selbstverständlich darf der Eigentümer eines abnutzbaren Wirtschaftsguts dessen Wert auch ohne einen persönlichen Aufwand dann verteilen, wenn er dieses Wirtschaftsgut **unentgeltlich erworben** hat und in seinem Betrieb oder sonst zur Erzielung von Einkünften benutzt. Dann sind die Absetzungen für Abnutzung nach den gedachten Anschaffungskosten zu berechnen (vgl. Anm. 105 zu § 6 EStG).

b) Die **Vornahme der Absetzung für Abnutzung** bedeutet für den Steuerpflichtigen, soweit es sich um die Ermittlung des Gewinns handelt und daher die Bewertungsvorschrift des § 6 Ziff. 1 EStG Platz greift, nicht nur ein Recht, sondern eine **Pflicht**. Der Wortlaut des § 7 Abs. 1 Satz 1 a. a. O., wonach ... abgesetzt werden „kann", tritt demgegenüber zurück. Die Absetzungen für Abnutzung müssen mindestens in der in § 7 vorgeschriebenen Höhe vorgenommen werden, sie können nicht in einem Jahr unterlassen werden, damit sie später nachgeholt werden (vgl. Anm. 142 e). Wird diese Mindestabsetzung bei Aufstellung der Handelsbilanz unterlassen, dann ist diese von Amts wegen zu berichtigen (vgl. auch RFH. I A 216/35 v. 28. 7. 36, RStBl. 36 S. 989, StW. 36 Nr. 426). Wirtschaftsgüter dürfen am Ende eines Wirtschaftsjahrs höchstens mit den Anschaffungs- oder Herstellungskosten vermindert um die nach § 7 berechneten Absetzungen für Abnutzung, angesetzt werden. Eine Ausnahme von dieser Regel gilt für die sogen. kurzlebigen Wirtschaftsgüter und für alle abnutzbaren Anlagegüter auf Grund der Bewertungsfreiheit nach dem NF. (f. Anh. 19). Macht der Steuerpflichtige von dem Recht, die kurzlebigen Wirtschaftsgüter unabhängig von der Vorschrift des § 7 abzusetzen, keinen Gebrauch oder erfüllt er die dazu erforderlichen Formvorschriften nicht, dann ist er auch bezüglich der kurzlebigen Wirtschaftsgüter an die Vorschriften des § 7 gebunden (vgl. Anm. 95 c, aa zu § 6 EStG). Hat der Steuerpflichtige ein Wirtschaftsgut mit dem niedrigeren Teilwert bewertet, dann darf er in den folgenden Jahren solange von der Absetzung für Abnutzung absehen als der Bilanzansatz den für den späteren Bilanzstichtag maßgebenden Höchstwert (Anschaffungs- oder Herstellungskosten, verringert um die Absetzung für Abnutzung) nicht überschreitet (vgl. Anm. 90 b,bb zu § 6 EStG). Auch wenn die Einkünfte nach dem Einnahmenüberschuß zu ermitteln sind, ist die Vornahme der Abnutzungsabsetzungen insofern nicht in das Belieben des Pflichtigen gestellt, als bewußt unterlassene oder bewußt zu niedrig gewählte Absetzungen in späteren Jahren nicht mehr nachgeholt werden können.

139. Sachlicher Geltungsbereich.

Der Kreis der Wirtschaftsgüter, bei denen Absetzungen für Abnutzung zulässig sind, wird in § 7 bestimmt mit Gebäuden und anderen Wirtschaftsgütern, deren **Verwendung oder Nutzung** durch den Steuerpflichtigen zur Erzielung von Einkünften sich erfahrungsgemäß auf einen Zeitraum von mehr als einem Jahr erstreckt. Dazu gehören zunächst körperliche Gegenstände, die einem durch die Verwendung oder Nutzung verursachten natürlichen (technischen) Verschleiß unterliegen, wie Gebäude, Maschinen, maschinelle und betriebliche Anlagen und sonstiges Betriebsinventar. Ausgeschlossen ist der Grund und Boden, dagegen sind in oder auf dem Grund und Boden errichtete, besondere Anlagen, wie Stauanlagen oder auch Pflanzen- oder Baumanlagen (vgl. Anm. 19 b zu § 4 EStG) abnutzbare Anlagegüter, ebenso Kunststraßen und die wie Gebäude zu behandelnden Brücken und Brunnen (RFH. I A a 610/29 v. 11. 1. 30, RStBl. 30 S. 111, StW. 30 Nr. 386). Absetzungsfähig sind aber auch Aufwendungen zur Anschaffung oder Herstellung von nichtkörperlichen (immateriellen) Wirtschaftsgütern, wie Rechten oder auch Rechtslagen, wenn sie einerseits für den Betrieb länger als ein Jahr verwendungsfähig sind, anderseits aber auch eine zeitlich absehbare Verwendungsdauer haben. Darunter fallen geschützte und ungeschützte gewerbliche Urheberrechte, Erfindungen (vgl. Anm. 112 zu § 6 EStG), Fabrikations- und Betriebsrechte (vgl. RFH. VI A 1/36 v. 12. 2. 36, StW. 36 Nr. 198). Diese Rechte sind zu unterscheiden vom Geschäfts- oder Firmenwert (vgl. Anm. 115 zu § 6 EStG), der in § 6 Ziff. 2 EStG als nichtabnutzbares Anlagegut genannt wird. Beim Geschäftswert fehlt es an einer regelmäßigen Abnutzung, die sich innerhalb einer zeitlich feststellbaren und damit begrenzten Frist vollzieht. Vom Erwerb eines Geschäftswerts sind auch zu unterscheiden der käufliche Erwerb der Kundschaft eines Zeitschriftenunternehmens als der Erwerb der einzelnen Bezugsverträge, deren Anschaffungskosten auf die feststehende oder zu schätzende Laufzeit der einzelnen Verträge durch Absetzungen zu verteilen sind (vgl. Anm. 115 a Abs. 3 zu § 6 EStG). Auch Aufwendungen zur Abwehr eines Wettbewerbsunternehmens (Wettbewerbsverbot) sind keine Aufwendungen auf den Geschäftswert des eigenen Unternehmens, sondern ein der Abnutzung unterliegendes selbständiges Wirtschaftsgut (RFH. VI A 976/33 v. 31. 10. 34, StW. 35 Nr. 13 und Anm. 112 b Abs. 3 zu § 6 EStG). Dagegen scheiden beim Apothekenrecht, gewerblichen Brennrecht und Verlagsrecht die gleichmäßigen Absetzungen für Abnutzung ebenso wie beim Geschäftswert aus. Absetzungen für Abnutzung sind weiter unzulässig für Waren, Vorräte, Beteiligungen und Wertpapiere, einschließlich der Kuxe trotz der in Frage kommenden Erschöpfung des Bergwerks, für Aufwendungen zum Erwerb und zur Verbesserung von Grund und Boden.

Zur Frage, ob auch von einzelnen Teilen eines Wirtschaftsguts Absetzungen, insbesondere für außergewöhnliche Abnutzung zugelassen werden können vgl. Anm. 102 b zu § 6 EStG u. Anm. 141 c, aa Abs. 4.

140. Verwendung oder Nutzung der Wirtschaftsgüter zur Erzielung von Einkünften.

Absetzungen für Abnutzung können nach dem Gesetz nur bei solchen Wirtschaftsgütern gemacht werden, die der Steuerpflichtige zur Erzielung von Einkünften verwendet oder nutzt. Dieses Erfordernis darf nicht wörtlich genommen werden; es wird vielmehr regelmäßig die Zweckbestimmung des Wirtschaftsguts, nämlich zur Erzielung von Einkünften zu dienen, genügen, ohne daß es für die Zulässigkeit der Absetzung auf eine tatsächliche Ingebrauchnahme ankommt. Bei abnutzbaren Wirtschaftsgütern eines Betriebsvermögens ist der Beginn der Zugehörigkeit zum Anlagevermögen des Betriebs gleichzeitig der Zeitpunkt für den Beginn der Abnutzungsabsetzungen. Zum betrieblichen Anlagevermögen gehören die Wirtschaftsgüter erst dann, wenn sie angeschafft oder, falls sie im Betrieb selbst hergestellt werden, hergestellt sind. Dabei kann als Anschaffung erst die Lieferung des Gegenstands angesehen werden, ohne daß es hier auf seine Bezahlung entscheidend ankäme. Wird ein Betriebsgebäude aus Mitteln des Betriebs errichtet oder eine Maschine aus vorhandenen Rohstoffen gebaut, dann sind am Bilanzstichtag die zur Herstellung des abnutzbaren Wirtschaftsguts beschafften Rohstoffe ebensowenig ein der Abnutzung unterliegendes Anlagegut wie etwa die am Bilanzstichtag vorhandenen halbfertigen Maschinen oder der aus eigenen Mitteln hergestellte Rohbau des Betriebsgebäudes. Wenn auch der Rohbau schon vor seiner Fertigstellung im gewissen Umfang einer technischen Abnutzung unterliegt, so kann diesem Umstand trotzdem nicht steuerlich durch Absetzungen Rechnung getragen werden, weil kein Anlagegut vorhanden ist. Rohstoffe, die zur Herstellung von abnutzbaren Anlagegütern im eigenen Betrieb bestimmt sind, und ein aus eigenen Mitteln hergestelltes halbfertiges Anlagegut sind mit den Herstellungskosten zu bewerten, an deren Stelle nur der niedrigere Teilwert vom Bilanzstichtag gesetzt werden kann. Dieser Wert ist nach Fertigstellung des Anlageguts Bestandteil der für die Absetzungen für Abnutzung maßgebenden Anschaffungskosten des fertigen abnutzbaren Wirtschaftsguts. Mit Recht wird in RFH. VI A 1133/30 v. 17. 7. 30 (StW. 30 Nr. 1059) die Auffassung vertreten, daß der Zweck der Absetzungen für Abnutzung, nämlich die Verteilung des erwachsenen Anschaffungs- oder Herstellungsaufwands, so überwiegt, daß es auf eine tatsächliche natürliche Abnutzung des Gegenstands durch Ingebrauchnahme für den Beginn der Absetzung nicht ankomme. Für einen im Wirtschaftsjahr angeschafften Kraftwagen dürfe daher die Absetzung eines Teiles der Anschaffungskosten, welcher der auf das Wirtschaftsjahr entfallenden und mit der Anschaffung (= Lieferung) des Kraftwagens für den Betrieb beginnenden Nutzungsdauer entspreche, nicht mit der Begründung abgelehnt werden, daß der Kraftwagen tatsächlich erst im folgenden Wirtschaftsjahr in Benutzung genommen worden sei. Wenn der mit eigenen Betriebsmitteln hergestellte oder angeschaffte Anlagegegenstand zunächst im Betrieb noch nicht verwendet wird, dann ist der Tatbestand so aufzufassen, daß, wenn auch vielleicht noch nicht die technische Abnutzung, so doch auf jeden Fall seine wirtschaftliche Nutzung begonnen hat. Wenn daher ein Steuerpflichtiger mehrere abnutzbare Wirtschaftsgüter, z. B. 5 Maschinen gleicher Art anschafft, von denen er zunächst nur 4 in Betrieb nehmen kann, dann muß er auch für die fünfte, noch nicht in Gebrauch genommene Maschine die Anschaffungskosten durch Absetzungen verteilen, weil sie im Betrieb als abnutzbares Anlagegut vorhanden ist. Dabei kann die Tatsache, daß sie zunächst nicht in Gebrauch genommen wird, höchstens eine abweichende Bemessung der technischen Lebensdauer gegenüber den vier anderen Maschinen rechtfertigen. Danach kann auch die Tatsache der Stillegung eines abnutzbaren Anlageguts die Fortführung der Absetzungen für Abnutzung nicht beeinflussen. Auch hier könnte eine längere, nicht nur saisonmäßig bedingte Außerbetriebsetzung, mit der bei der ursprünglichen Schätzung der Nutzungsdauer nicht gerechnet wurde, eine Verlängerung der technischen Nutzungsdauer zur Folge haben (vgl. dazu Anm. 141 c bb Abs. 2).

Auch bei den Einkunftsarten, für die die Einkünfte nach dem Überschuß der Einnahmen über die Werbungskosten festzustellen sind, ist der Grundsatz, daß das Wirtschaftsgut zur Erzielung von Einkünften verwendet wird, nicht streng nach dem Wortlaut durchzuführen. Nach RFH. VI A 306/28 v. 10. 10. 28 (StW. 29 Nr. 12) spricht eine Vermutung dafür, daß jeder Eigentümer eines Gebäudes es der Erzielung von Einnahmen dienstbar machen will, sei es durch eigenes Bewohnen, sei es durch Vermietung. Es sei daher grundsätzlich der Zusammenhang der auf ein Gebäude gemachten Aufwendungen mit der Absicht der Einnahmenerzielung aus dem Gebäude gegeben und nur beim Vorliegen besonderer Umstände zu verneinen. Daher hindere die vorübergehende mietfreie Überlassung eines Gebäudes an einen Dritten den Eigentümer nicht, die Werbungskosten und insbesondere Absetzungen für Abnutzung für die Zeit abzuziehen, in der er kein Einkommen bezieht (ebenso RFH. VI A 809/30 v. 5. 11. 30, RStBl. 31 S. 107, StW. 31 Nr. 77). Aus der gleichen Erwägung, daß die auf die Erzielung von Einkünften gerichtete Tätigkeit fortbesteht, wird es in RFH. VI A 1798/30 v. 19. 11. 30 (RStBl. 31 S. 253, StW. 31 Nr. 76) für das Recht des Eigentümers zum Abzug von Werbungskosten einschließlich Absetzungen als unerheblich angesehen, wenn infolge von Störungen (Leerstehen des Gebäudes, Zahlungsunfähigkeit des Mieters) nur Ausgaben entstehen oder wenn sich der Steuerpflichtige und ein Angehöriger in die Nutzung und Verwaltung des Gegenstands derart teilen, daß der Steuerpflichtige ausschließlich die Ausgaben und der Angehörige die Vorteile der Benutzung (durch unentgeltliches Wohnen) hat.

§ 7 EStG. Absetzung für Abnutzung oder Substanzverringerung. Anmerkung 141. 447

141. Bemessung der Absetzungen für Abnutzung.

a) Die Absetzung für Abnutzung wird dadurch vorgenommen, daß jeweils **für ein Jahr der Teil der Anschaffungs- oder Herstellungskosten abgesetzt wird,** der bei Verteilung dieser Kosten auf die Gesamtdauer der Verwendung oder Nutzung auf ein Jahr entfällt. Nach dem Begriff der Absetzung für Abnutzung kann dabei im ganzen nicht mehr als das zur Anschaffung oder Herstellung aufgewendete Kapital als Verzehr oder Verbrauch verteilt werden. Wegen des Begriffs der Anschaffungs- oder Herstellungskosten vgl. Anm. 97—105 zu § 6 EStG. Für die Berechnung des zu verteilenden Gesamtbetrags ist den Anschaffungs- oder Herstellungskosten als Anfangswert des Wirtschaftsguts der Endwert gegenüberzustellen, mit dem das Wirtschaftsgut voraussichtlich aus dem Betriebsvermögen usw. ausscheidet. Nur der Unterschied zwischen Anfangs- und Endwert wird durch die Verwendung oder Nutzung verbraucht und ist daher auf die Gesamtdauer der Verwendung durch die Absetzungen zu verteilen, während der Endwert abzüglich etwaiger Unkosten wieder als Erlös für das abgenutzte Wirtschaftsgut vereinnahmt wird. Als Endwert des Wirtschaftsguts kommt regelmäßig der Schrottwert oder sonstige Veräußerungserlös in Betracht. Im Anschluß an die kaufmännische Geschäftsgebarung hat der RFH. jedoch den Schrottwert nur dann als für die Berechnung der Absetzungen beachtlich erklärt, wenn er im Vergleich zu den Anschaffungs- oder Herstellungskosten des Wirtschaftsguts wirklich ins Gewicht fällt, z. B. bei verhältnismäßig schweren Gegenständen oder solchen aus wertvollen Rohstoffen (RFH. VI A 1866—69/31 v. 19. 5. 32, RStBl. 33 S. 219, StW. 33 Nr. 204 und I A 781/29 v. 30. 9. 30, RStBl. 30 S. 763, StW. 30 Nr. 1349). Nach I A 781/29 hat auch in hochqualifizierten Betrieben, die erfahrungsgemäß grundsätzlich den Gebrauchswert einer Maschine nur zum Teil ausnützen und sie zur weiteren Verwendung an minder qualifizierte Betriebe zu einem erheblichen Teil der Anschaffungskosten verkaufen, die Bemessung der Absetzungen unter Beachtung des Endwerts zu erfolgen. Der Schrottwert ist dabei abzüglich der oft beträchtlichen Abbruchkosten anzusetzen. Im allgemeinen kann aber die Absetzung nach einem Endwert von 0 RM. oder dem Erinnerungsposten ohne Berücksichtigung des Schrottwerts berechnet werden. Der durch die Absetzung zu verteilende Betrag ist also in der Regel gleich den Anschaffungs- oder Herstellungskosten und nur ausnahmsweise gleich den Anschaffungs- oder Herstellungskosten, vermindert um den Endwert.

Wenn danach grundsätzlich die Anschaffungs- oder Herstellungskosten der Höchstbetrag der gesamten, während der Verwendung oder Nutzung vorzunehmenden Absetzungen sind, so bedeutet das noch nicht, daß die jährliche Absetzung stets nach den Anschaffungs- oder Herstellungskosten berechnet werden müßte. Schon mit Rücksicht darauf, daß die Gesamtdauer der Verwendung oder Nutzung eines Wirtschaftsguts vielfach nur durch Schätzung und daher von vornherein nicht immer genau festgesetzt werden kann, ergibt sich häufig die Notwendigkeit, bei Berechnung der Absetzungen jeweils von dem noch nicht getilgten Kapitalanteil auszugehen, der gleich den Anschaffungs- oder Herstellungskosten, vermindert um die bisherigen Absetzungen ist und von dem die Absetzungen nach der nunmehr noch gültigen Restnutzungsdauer vorzunehmen sind. Dieses Verfahren wird insbesondere bei Berichtigung von bisherigen Irrtümern erforderlich (vgl. Anm. 142 d Abs. 1). Außerdem wird in RFH. VI A 2226/30 v. 1. 7. 31 (RStBl. 31 S. 877, StW. 31 Nr. 790) an Hand eines Gutachtens des Deutschen Industrie- und Handelstags unter Berufung auf die kaufmännische Übung auch für das Steuerrecht anerkannt, daß die beiden Arten der Absetzung von den Anschaffungs- oder Herstellungskosten (gleichmäßige Absetzung) und der Absetzung vom Buchwert (Restwert = degressive oder fallende Absetzung) gleichberechtigt nebeneinander stehen. Daher sei unter „Verteilung auf die Gesamtdauer der Verwendung oder Nutzung" im Sinn des § 16 Abs. 2 EStG 1925 nicht unbedingt eine gleichmäßige Verteilung zu verstehen und insbesondere eine Absetzung vom jeweiligen Restwert (Buchwert) nicht ausgeschlossen. Beide Absetzungsarten würden auch wirtschaftlich zum gleichen Ergebnis führen; denn auch durch die Absetzung vom jeweiligen Buchwert werde das Wirtschaftsgut bis zum Ende der Nutzungsdauer auf einen nicht mehr ins Gewicht fallenden Betrag abgesetzt und dadurch der Aufwand für das Wirtschaftsgut auf die Jahre der Verwendung oder Nutzung verteilt. In RFH. VI A 876, 877/31 v. 24. 2. 32 (RStBl. 32 S. 533, StW. 32 Nr. 434) wird auch der Wechsel in der Absetzungsart, nämlich der Übergang von der Absetzung vom jeweiligen Buchwert zu der gleichmäßigen Absetzung von den Anschaffungs- oder Herstellungskosten als zulässig erachtet, wenn im Wechsel kein willkürliches Hin- und Herschwanken liegt. Setzen Steuerpflichtige, deren Einkünfte nach dem Gewinn ermittelt werden, das Wirtschaftsgut an Stelle der um die Absetzungen verminderten Anschaffungs- oder Herstellungskosten mit dem niedrigeren Teilwert oder einem Zwischenwert an, dann sind die Steuerpflichtigen nach RFH. VI A 944/29 v. 17. 10. 29 (RStBl. 29 S. 664, StW. 30 Nr. 19) und I A a 379/29 v. 7. 3. 30 (RStBl. 30 S. 316, StW. 30 Nr. 558) berechtigt, die Absetzungen künftig auch vom Teilwert oder Zwischenwert zu machen. Macht der Steuerpflichtige von diesem Recht keinen Gebrauch, dann dürfen die nach den Anschaffungs- oder Herstellungskosten berechneten Absetzungen erst dann wieder aufgenommen werden, wenn die Anschaffungs- oder Herstellungskosten, vermindert um die zwischenzeitlichen Absetzungen, unter den Betrag des Teilwerts oder Zwischenwerts gesunken sind.

Wenn das Gesetz die Bemessung der Absetzungen für Abnutzung nach den Anschaffungs- oder Herstellungskosten vorschreibt, so folgt daraus, daß die Absetzungen ohne Berücksichtigung der laufenden Instandhaltung des Wirtschaftsguts zu erfolgen haben. Die Instandhaltung ist dabei im Sinn des laufenden Erhaltungsaufwands aufzufassen, d. h. Instandhaltungskosten sind nicht nur solche Ausgaben, die dem Betrieb oder dem zur Erzielung der Einkünfte verwendeten Wirtschaftsgut nicht länger als für das laufende Wirtschafts- oder Kalenderjahr zugute kommen, sondern es sind darunter als laufender Erhaltungsaufwand auch alle Ausgaben zu verstehen, die zwar an sich über das laufende Jahr hinaus wirken, die aber im Rahmen des ganzen Betriebs gesehen als laufende Ausgaben erscheinen, weil sie mit einer gewissen Regelmäßigkeit in ungefähr gleicher Höhe wiederkehren (vgl. Anm. 17 c zu § 4 EStG und RFH. VI A 154/27 v. 28. 5. 27, E. 21 S. 201, RStBl. 27 S. 188, StW. 27 Nr. 310). Die Absetzung für Abnutzung bildet aber einen Ausgleich für den trotz der laufenden Instandhaltung naturgemäß eintretenden Verschleiß (RFH. VI A 884, 885/31 v. 6. 5. 31, RStBl. 31 S. 809, StW. 31 Nr. 784) oder die auf das einzelne Jahr entfallende Aufzehrung des zur Anschaffung oder Herstellung aufgewendeten Kapitals. Die laufende Instandhaltung soll aber nicht den natürlichen Verschleiß des Wirtschaftsguts verhindern, sondern die Anlagegüter, die einer technischen Abnutzung im Sinn eines laufenden Verschleißes unterliegen, laufend ausbessern, damit sie bis zum Zeitpunkt der Beendigung ihrer technischen Abnutzung überhaupt in betriebsfähigem Zustand bleiben. Soweit der Grad der laufenden Instandhaltung die Verwendungsdauer des Wirtschaftsguts, z. B. durch Verlängerung, beeinflußt, ist dies bei Bemessung der Absetzungen für Abnutzung zu berücksichtigen. Wenn weiter in besonderen Fällen, wie bei der Unterhaltung von Gleisanlagen, die laufende Erhaltung zur Folge hat, daß sich die betreffende Anlage als Ganzes betrachtet überhaupt nicht abnutzt, ist eine Absetzung für (technische) Abnutzung nicht mehr zulässig, wohl aber kann noch eine Absetzung unter dem Gesichtspunkt der wirtschaftlichen Abnutzung angebracht sein (vgl. Anm. 111 d zu § 6 EStG). Für die Behandlung des laufenden Erhaltungsaufwands ist jedoch nach RFH. VI A 1307/30 v. 27. 1. 32 (RStBl. 32 S. 473, StW. 32 Nr. 254) zu beachten, daß der Pflichtige berechtigt, aber nicht verpflichtet ist, den dem Betrieb über das Wirtschaftsjahr hinaus nützenden laufenden Erhaltungsaufwand abzusetzen. Daher kann einerseits die Absetzung von im Jahr der Ausgabe unberücksichtigt gebliebenen Erhaltungsaufwand in späteren Jahren nicht beliebig nachgeholt oder die Unterlassung der Absetzung durch besonders hohe Abschreibungen berücksichtigt werden. Soweit anderseits der Pflichtige den laufenden Erhaltungsaufwand nicht

§ 7 EStG. Absetzung für Abnutzung oder Substanzverringerung. Anmerkung 141.

sofort abgesetzt, sondern aktiviert hat, ist der Aufwand als nachträgliche Erhöhung der Anschaffungs- oder Herstellungskosten nach der gesamten Restnutzungsdauer anteilmäßig zu verteilen (f. Anm. 102 a zu § 6 EStG).

b) Betriebsgewöhnliche Nutzungsdauer.

aa) Bei der nach § 7 Abs. 1 Satz 1 vorgeschriebenen Verteilung der Anschaffungs- oder Herstellungskosten auf die Gesamtdauer der Verwendung oder Nutzung bemißt sich die Absetzung **nach der betriebsgewöhnlichen Nutzungsdauer des Wirtschaftsguts** (§ 7 Abs. 1 Satz 2). Unter der betriebsgewöhnlichen Nutzungsdauer ist die Dauer der Verwendung des Gutes im Betrieb des Steuerpflichtigen zu verstehen. Bei Einkunftsarten, die keinen Betrieb voraussetzen, entspricht der betriebsgewöhnlichen Nutzungsdauer die Zeitdauer, in der voraussichtlich das Wirtschaftsgut vom Steuerpflichtigen zur Erzielung der bestimmten Einkünfte, z. B. aus Vermietung und Verpachtung, verwendet wird. Der RFH. hat in seiner Rechtsprechung zum EStG 1925 zwischen technischer und wirtschaftlicher Abnutzung eines Wirtschaftsguts und danach zwischen technischer und wirtschaftlicher Nutzungsdauer unterschieden. Diese Unterscheidung ist in § 7 Abs. 1 Satz 3 EStG 1934 für die außergewöhnliche Abnutzung übernommen worden und gilt auch für die gewöhnliche Absetzung weiter. Unter **technischer Abnutzung** ist der natürliche Verschleiß eines Wirtschaftsguts durch den Gebrauch zu verstehen. Sie bestimmt sich bei einem abnutzbaren Wirtschaftsgut nach der Gesamtdauer, in der das Wirtschaftsgut im Betrieb überhaupt verwendungs- oder nutzungsfähig ist. Zur Bemessung des Abnutzungssatzes nach der technischen Lebensdauer wird nach RFH. VI A 274/28 v. 12. 12. 28 (RStBl. 29 S. 87, StW. 29 Nr. 13) zunächst von der üblichen Lebensdauer auszugehen sein, der Satz könne sich aber für einen bestimmten Betrieb nach oben oder unten verschieben, wenn festgestellt werde, daß das Wirtschaftsgut in einem gegenüber den üblichen Verhältnissen stärkeren oder geringeren Grade beansprucht werde.

In der Entsch. wird weiter ausgeführt, daß der Betriebsinhaber sich bei zu starkem Rückgang der Leistungen des Wirtschaftsguts, z. B. einer Maschine, oder auch bei zu großem weiteren Unterhaltungs- oder Instandsetzungsaufwand aus Gründen der Rentabilität zum Ersatz der Maschine entschließen werde. Hier spielten also neben der Frage des technischen Verschleißes schon wirtschaftliche Erwägungen herein. In vielen Fällen seien aber technische und wirtschaftliche Überlegungen nebeneinander für die Bestimmung des Zeitraums der voraussichtlichen Verwendung der Maschine maßgebend, insbesondere wenn die Leistungsfähigkeit der Maschine den Ansprüchen der Kundschaft des Betriebs nicht mehr genüge. In weiteren Fällen seien schließlich die wirtschaftlichen Erwägungen überwiegend maßgebend, z. B. bei Herstellung von unmodernen Erzeugnissen durch eine noch einwandfrei arbeitende Maschine oder bei Überholung und Unwirtschaftlichkeit der Maschine infolge neuer Erfindungen. Daher sei bei Absetzungen auch die **wirtschaftliche Abnutzung zu berücksichtigen**. Maßgebend für die Verteilung des Aufwands könne hiernach nur der Zeitraum sein, innerhalb dessen ein Gegenstand unter Berücksichtigung der besonderen Umstände des Einzelbetriebs voraussichtlich in diesem Betrieb nutzbringend verwendet werden könne. Die wirtschaftliche Nutzungsdauer eines Gegenstands kann immer nur kürzer sein als die technische Nutzungsdauer, nicht aber länger. Wenn ein Steuerpflichtiger geltend macht, die voraussichtliche Gebrauchsdauer eines Wirtschaftsguts sei kürzer als dessen Lebensdauer im technischen Sinn, so kann dem nach der Entsch. bei Bemessung der Absetzungen nur insoweit Rechnung getragen werden, als auch mit einiger Sicherheit Gewähr dafür geboten ist, daß die tatsächliche Gebrauchsdauer im Betrieb einen kürzeren Zeitraum umfassen wird, als der Lebensdauer entspricht. Soweit hierfür keine allgemeinen Erfahrungen für bestimmte Gruppen von Betriebsgegenständen vorlägen, müsse der Betriebsinhaber mindestens nähere Anhaltspunkte dafür geben, daß der Gegenstand nach Ablauf dieses Zeitraums auch tatsächlich im Betrieb keine weitere Verwendung finden werde (ebenso

RFH. VI A 91/35 v. 12. 12. 35, RStBl. 36 S. 414, StW. 36 Nr. 71, wonach nur unbestimmte Zukunftsaussichten dabei nicht berücksichtigt werden können). Nach RFH. VI A 442/36 v. 3. 2. 37 (E. 41 S. 103, RStBl. 37 S. 909, StW. 37 Nr. 259) richtet sich die Bemessung der Absetzung nicht nach der subjektiven Meinung des Pflichtigen, sondern objektiv nach allgemeinen Erfahrungssätzen. Die wirtschaftliche Nutzungsdauer ist danach zu bestimmen, wie lange ein Wirtschaftsgut im Betrieb nutzbringend verwendet werden kann. Um eine von der technischen Nutzungsdauer abweichende wirtschaftliche Nutzungsdauer einer Anlage (z. B. Tankanlage) handelt es sich auch, wenn die Erneuerung der Anlage durch behördliche Verfügung aus Sicherheitsgründen verlangt wird. Nach RFH. VI A 1413/32 v. 12. 7. 33 (E. 34 S. 13, RStBl. 33 S. 1085, StW. 33 Nr. 638) ist in diesem Fall die Absetzung der alten Anlage bis zum Ablauf der behördlich gestellten Frist gerechtfertigt. Ist die Frist nicht bestimmt, dann kommt Verteilung auf die voraussichtliche Restverwendungsdauer der Anlage in Frage. Würde durch behördliche Anordnung die sofortige Entfernung der Anlage verlangt, so würde eine außergewöhnliche wirtschaftliche Abnutzung vorliegen.

bb) Danach werden bei der **Bemessung der Absetzung nach der wirtschaftlichen Nutzungsdauer** auch Umstände maßgebend, die wie die Nützlichkeit des Wirtschaftsguts für den Betrieb auch gleichzeitig die Höhe des Teilwerts dieses Wirtschaftsguts entscheidend beeinflussen. In RFH. VI A 274/28 f. unter aa Abs. 1) wird darauf hingewiesen, daß, wenn die Absetzungen für Abnutzung nur nach der technischen Nutzungsdauer zugelassen werden könnten, einer etwaigen, durch besondere Umstände veranlaßten kürzeren wirtschaftlichen Nutzungsdauer nur durch den Übergang zum niedrigeren Teilwert Rechnung getragen werden könnte. Wenn aber die Absetzung für Abnutzung nach der wirtschaftlichen Nutzungsdauer eines Wirtschaftsguts für den Betrieb bemessen wird, darf die Tatsache der Wirtschaftlichkeit eines Gegenstands für den Betrieb außer bei der Bemessung der wirtschaftlichen Nutzungsdauer nicht auch noch zur Rechtfertigung eines niedrigeren Teilwerts verwendet werden. In RFH. VI A 371/30 v. 20. 3. 30 (RStBl. 30 S. 360, StW. 30 Nr. 602) wurde deshalb mit Recht hervorgehoben, daß dann, wenn die Absetzungen für Abnutzung nach der voraussichtlichen wirtschaftlichen Nutzungsdauer unter Berücksichtigung der durch technische Fortschritte verringerten Brauchbarkeit von Maschinen berechnet würden, bereits durch die entsprechende höhere Bemessung der jährlichen Absetzungen dem Einfluß der technischen Überholung für den Regelfall (außer bei grundstürzenden Neuerungen) Rechnung getragen sei. Dem entspricht es, wenn u. a. in RFH. VI A 2059/30 v. 26. 11. 30 (StW. 31 Nr. 185) darauf verwiesen wird, daß sich der bei Vornahme richtiger Absetzungen für (wirtschaftliche) Abnutzung sich ergebende Wert von abnutzbaren Anlagegütern regelmäßig mit dem Teilwert decken werde. Im übrigen muß die Berücksichtigung der wirtschaftlichen Entwertung des Wirtschaftsguts bei Bemessung der Absetzungen für Abnutzung auf die Feststellung der kürzeren wirtschaftlichen Nutzungsdauer beschränkt bleiben. Eine weitergehende Berücksichtigung der wirtschaftlichen Abnutzung auf dem Weg der Absetzungen für Abnutzung ist nach RFH. VI A 196/34 v. 5. 12. 34 (RStBl. 35 S. 888, StW. 35 Nr. 89) nicht möglich. Würde man allgemein zulassen, daß der Steuerpflichtige jede aus wirtschaftlichen Gründen eingetretene Entwertung eines Gegenstands durch Vornahme besonderer Absetzungen für Abnutzung zur Geltung bringt, so würde der Unterschied zwischen Abschreibungen wegen Entwertung und Absetzungen für Abnutzung im Widerspruch mit den Absichten des Gesetzes vollkommen verwischt. Denn bei Zulassung von Absetzungen wegen wirtschaftlicher Entwertung würde auch der nach dem Einnahmeüberschuß zu besteuernde Pflichtige eine Entwertung berücksichtigen können, was dem Gesetz widersprechen würde (vgl. auch RFH. VI A 442/36, f. unter aa für Einkünfte aus Vermietung).

Zweifel können auch bestehen, wie in dem Fall zu verfahren ist, daß ein im Betrieb vorhandenes abnutzbares Anlagegut zwar noch voll verwendungs=

fähig ist, daß aber der Betrieb selbst wegen des inzwischen eingetretenen schlechten Geschäftsgangs den Gegenstand nicht mehr verwenden kann, z. B. ein im Betrieb vorhandener Kraftwagen wird wegen Rückgang des Geschäfts stillgelegt. Der Grund für die Zulassung einer wirtschaftlichen Abnutzung liegt, abgesehen von Fällen des Zeitablaufs (Miete, Pacht), regelmäßig in der Beschaffenheit des Wirtschaftsguts, das den vom Betrieb gestellten Ansprüchen nicht oder nicht mehr ausreichend genügt. Wenn aber der Betrieb wegen schlechter Geschäftslage ein Wirtschaftsgut nicht mehr benützen kann und deshalb still legt, dann ist das Wirtschaftsgut für den Betrieb nach wie vor verwendungsfähig geblieben, aber der Betrieb erfüllt nicht mehr die Voraussetzungen für die nutzbringende Verwendung des Wirtschaftsguts. Diesem Umstand kann nicht durch eine Absetzung wegen wirtschaftlicher Abnutzung, sondern nur durch Ansatz des niedrigeren Teilwerts Rechnung getragen werden, da die Rentabilität des Betriebs eine der hauptsächlichsten Grundlagen des Teilwerts ist.

c) Einzelfälle aus der Rechtsprechung.

aa) Gebäude. Wenn beim **Ankauf von Grund und Boden mit aufstehenden Gebäuden** der Grund und Boden allein so viel wert ist wie Grund und Boden und Gebäude zusammen (wegen der Unmöglichkeit, aus dem Gebäude auf die Dauer noch Überschüsse zu erzielen, ist der Bauplatzwert höher als der Ertragswert des Grundstücks mit Gebäude), dann ist nach RFH. VI A 532/33 v. 9. 12. 34 (StW. 35 Nr. 159) davon auszugehen, daß bereits beim Ankauf kein Gebäudewert vorhanden war, von dem Absetzungen vorgenommen werden könnten. Möglich sei auch, daß zwar noch ein Gebäudewert vorhanden, aber niedriger gewesen sei als der vom Pflichtigen angegebene. Ist der Pflichtige beim Ankauf wegen einer angemessenen Verzinsung des angelegten Kapitals mit Recht noch von einem Gebäudewert ausgegangen, hat sich aber die Ertraglosigkeit des Gebäudes erst später herausgestellt, dann ist der Abbruch des Gebäudes im wesentlichen die Folge davon, daß die wirtschaftliche Nutzbarkeit des Gebäudes aufgehört hat. Diesem Umstand ist nach der Entsch. durch Absetzung für außergewöhnliche (weil nicht vorausgesehene) Abnutzung Rechnung zu tragen.

Die Absetzung für Abnutzung vom Friedensfeuerkassenwert der Gebäude ist vom RdF. bei Ermittlung der Miet- und Pachteinkünfte nur zur Verwaltungserleichterung zugelassen worden (vgl. auch VR 37 C VI 2, RStBl. 38 S. 218). Im Rechtsmittelverfahren kann nach RFH. VI A 197/36 v. 1. 4. 36 (RStBl. 36 S. 446, StW. 36 Nr. 276) in der Regel nur die vom Gesetz bestimmte Absetzung in Betracht kommen. Unter dem Gesichtspunkt der Gleichmäßigkeit der Besteuerung kann aber auch der Ansatz des Friedensfeuerkassenwerts gerechtfertigt sein.

Die wirtschaftliche Nutzungsdauer von Gebäuden regelt sich nach RFH. VI A 950/32 v. 8. 6. 32 (RStBl. 32 S. 825, StW. 32 Nr. 739) nicht nach der Nutzungsmöglichkeit schlechthin, sondern nach der betriebswirtschaftlichen Zweckmäßigkeit der Weiterbenutzung. Grenze nach unten sei die Möglichkeit der Nutzung durch andere und schließlich der Abbruchswert. Die Möglichkeit baldigen Abbruchs sei bei der wirtschaftlichen Nutzungsdauer dann nicht zu berücksichtigen, wenn der Abbruch ohne unmittelbare wirtschaftliche Notwendigkeit zur Verbesserung und Erweiterung des Betriebs erfolgen solle. Der Eigentümer muß einer behaupteten wirtschaftlichen Abnutzung erkennbar Rechnung tragen, indem er z. B. nachweisen kann, daß er unter dem Zwang wirtschaftlicher Erwägungen das Haus werde abbrechen müssen; der Hinweis auf moderne Anlagen in ähnlichen Betrieben genügt nicht (RFH. I A 79, 80/30 v. 16. 9. 30, RStBl. 30 S. 717, StW. 30 Nr. 1228). In RFH. VI A 1578/31 v. 17. 2. 32 (StW. 32 Nr. 633) wird der Hinweis als genügend angesehen, daß wegen der Entwicklung im Maschinenbau (Nachfrage nach schwereren Maschinen) der Betrieb in der vorhandenen Montagehalle, die dem bisherigen Fabrikprogramm, der Herstellung leichterer Maschinen, vollauf genügt, in absehbarer Zeit nicht mehr nutzbringend erscheinen werde (ebenso auch für Betriebsgebäude, die nach den allgemeinen wirtschaftlichen Verhältnissen am Betriebsort und der besonderen, auch örtlichen Lage des Betriebs veraltet sind, RFH. VI A 542/29 v. 20. 6. 29, RStBl. 29 S. 474, StW. 29 Nr. 633). In RFH. VI A 542/29 wird auch darauf hingewiesen, daß bei Gebäuden, die zu Miet- oder Eigenwohnzwecken genutzt werden, naturgemäß nur schwer zu sagen sei, ob ihre tatsächliche Inanspruchnahme für diesen Zweck schon vor dem Zeitpunkt aufhören werde, in dem sie infolge ihres natürlichen Verschleißes nicht mehr bewohnt werden könnten, und wann dies der Fall sein werde. Doch dürften auch hier wirtschaftliche Erwägungen, z. B. schlechtere Vermietbarkeit wegen Veraltung, Fehlens von Bad und Balkonen, die Wohnungssuchende bei freier Bewirtschaftung vom Mieten abhalten würden, nicht durch Ablehnung einer kürzeren wirtschaftlichen Nutzungsdauer ganz ausgeschaltet werden.

Voraussetzung für die besondere Berechnung einer wirtschaftlichen Nutzungsdauer von Teilen eines Gebäudes ist deren Selbständigkeit. Der Unwirtschaftlichkeit einzelner unselbständiger Teile eines Gebäudes (z. B. von Garageneinbauten) kann nach RFH. VI A 132/35 v. 2. 10. 35 (RStBl. 36 S. 168, StW. 35 Nr. 656) nicht durch Ansatz einer kürzeren Lebensdauer des ganzen Gebäudes Rechnung getragen werden; denn es ergebe sich daraus höchstens die Möglichkeit eines Umbaus dieses unselbständigen Teiles, der im Gegensatz zu einem Neubau nicht die wirtschaftliche Lebensdauer des ganzen Gebäudes beeinflusse. Bei Gebäuden, die nur teilweise Betriebszwecken dienen, ist die Berechnung der wirtschaftlichen Nutzungsdauer des ganzen Gebäudes nach der Wirtschaftlichkeit des Betriebszwecken dienenden Teiles nach RFH. VI A 1085/28 v. 25. 9. 29 (StW. 29 Nr. 977) davon abhängig, daß die Gebäude ihrer Art nach überwiegend dem Betrieb dienen. Der Eigentümer eines vierstöckigen städtischen Wohngrundstücks, der im Erdgeschoß ein Kaffee betreibe, könne z. B. nicht die Lebensdauer des ganzen Gebäudes nach der Brauchbarkeit des Erdgeschosses für seine Betriebszwecke berechnen. Für ihn komme höchstens eine Sonderaktivierung der besonderen baulichen Betriebseinrichtungen im Erdgeschoß mit kürzerer Nutzungsdauer in Betracht (ebenso RFH. VI A 1897/32 v. 3. 5. 34, StW. 34 Nr. 368), während die Nutzungsdauer des ganzen Gebäudes jedenfalls nicht wesentlich von den Sonderbelangen des Betriebs, sondern von seiner allgemeinen Brauchbarkeit als Wohn- und Geschäftshaus an seinem Standort abhängig sei. Auch nach RFH. VI A 442/36 (s. unter b, aa Abs. 2) kommt eine gesonderte Aktivierung und Verteilung von Einbauten (auch Ladeneinbauten) dann in Betracht, wenn diese nur für verhältnismäßig kurze Zeit einen wirtschaftlichen Wert haben. Wegen der Behandlung von Sammelheizungen und Fahrstuhlanlagen als unselbständigen Gebäudeteilen vgl. Anm. 111 a zu § 6 EStG u. VR 37 C VI 4 (RStBl. 38 S. 220).

bb) Maschinen und Anlagen. Über die **selbständige Behandlung** von eingebauten Maschinen, Anlagen usw. vgl. Anm. 111 a zu § 6 EStG.

Die technische Nutzungsdauer von besonders empfindlichen Maschinen wird von dem Umfang ihrer Inanspruchnahme im Betrieb beeinflußt (RFH. VI A 701/34 v. 3. 10. 34, E. 37 S. 22, RStBl. 35 S. 222, StW. 35 Nr. 14). Daher können solche Maschinen durch starken Rückgang der Beschäftigung (z. B. bei Sinken des Umsatzes auf die Hälfte) oder durch zeitweise Stillegung der Maschinen weniger stark abgenutzt werden als bei ständiger Verwendung. Andererseits wird durch übermäßige Beanspruchung die technische Nutzungsdauer verkürzt (RFH. VI A 142 bis 144/37 s. Anm. 136).

Die wirtschaftliche Nutzungsdauer von Maschinen wird besonders häufig dadurch beeinflußt, daß die Maschinen infolge der stetigen Fortschritte der Technik veralten oder infolge Modewechsels keine marktgängige Ware mehr herstellen können. In RFH. VI A 371/30 v. 20. 3. 30 (RStBl. 30 S. 360, StW. 30 Nr. 602) wird darauf hingewiesen, daß die Überholung durch technische Erneuerungen nicht sofort eine Entwertung (Teilwert!) der Maschinen alter Konstruktion zur Folge habe, sondern bei Bemessung der wirtschaftlichen

Nutzungsdauer zu berücksichtigen sei. Nicht vorhergesehene technische Umwälzungen, die die Wirtschaftlichkeit der vorhandenen Maschinen in erheblichem Umfang beseitigen, können dabei eine Absetzung für außergewöhnliche wirtschaftliche Abnutzung rechtfertigen (s. Anm. 143). Die Tatsache der Stillegung einer Maschine kann nach RFH. VI A 161/31 v. 4. 2. 31 (RStBl. 31 S. 458, StW. 31 Nr. 342) nur dann Anhaltspunkte für die Absetzung für wirtschaftliche Abnutzung ergeben, wenn die Stillegung auf die Unzulänglichkeit oder Unbrauchbarkeit der Maschine für die nach der Sachlage notwendige Herstellungsart zurückzuführen ist. Die Stillegung darf also nicht durch den schlechten Geschäftsgang des Betriebs hervorgerufen sein. Erfordert die Leistungsfähigkeit des Betriebs eine dauernde neuzeitliche Betriebseinrichtung, so kann die dadurch bedingte kürzere Gebrauchsdauer der alten Maschinen eine raschere Absetzung rechtfertigen (RFH. VI A 142—144/37 s. Anm. 136).

Wird bei Anlagen, z. B. bei Gleisanlagen die technische Abnutzung durch den laufenden Erhaltungsaufwand ausgeglichen (vgl. unter a Abs. 3), dann können Absetzungen wegen wirtschaftlicher Abnutzung mit Rücksicht darauf, daß die Anlagen nach Ablauf einer bestimmten Anzahl von Jahren trotz fortbestehender technischer Brauchbarkeit wirtschaftlich wegen Erschöpfung der zu befördernden Vorräte oder Unwirtschaftlichkeit der ganzen Anlage nicht mehr verwendbar sind, zugelassen werden (vgl. Anm. 111 d zu § 6 EStG).

Wenn ein Kraftwagen sowohl für Betriebszwecke als auch für sonstige (private) Zwecke benutzt wird, sind Abnutzungsabsetzungen und feste Kosten der Unterhaltung des Wagens nach RFH. IV A 78/37 v. 14. 10. 37 (RStBl. 37 S. 1243) nur dann in voller Höhe Betriebsausgaben, wenn die private Benutzung nur geringfügig ist und daher diese Kosten nicht nennenswert beeinflußt, im übrigen aber nur mit dem der betrieblichen Benutzung entsprechenden Anteil.

cc) **Gewerbliche Urheberrechte (Patente).** Bei den nichtkörperlichen (immateriellen) Wirtschaftsgütern kann nur eine Absetzung für wirtschaftliche Abnutzung in Frage kommen, da ein natürlicher Verschleiß durch Gebrauch mangels eines körperlichen Stoffes ausscheidet. Die Zeitdauer der nutzbringenden Verwertung für den Betrieb kann nur durch Schätzung ermittelt werden. Für Patente hat der RFH. den allgemeinen kaufmännischen Brauch, die Gebrauchsdauer ungeachtet der nach dem Gesetz laufenden 18jährigen Schutzfrist höchstens mit 5 Jahren anzunehmen, auch steuerlich nicht beanstandet. Jedoch dürfen die Patente nach den ErgR. 35 IV 2 Abs. 2 (RStBl. 35 S. 786) nicht allgemein als kurzlebige Wirtschaftsgüter angesehen werden (vgl. Anm. 112 b Abs. 2 zu § 6 EStG).

dd) **Aufwendungen auf Miet- und Pachtsachen.** Bei Aufwendungen, die der Vermieter oder Mieter auf die Miet- oder Pachtsache macht, sowie bei der wegen eines Mietverhältnisses erfolgten Anschaffung oder Herstellung von Wirtschaftsgütern tritt die technische Nutzungsdauer des vom Vermieter oder Mieter angeschafften oder hergestellten Wirtschaftsguts immer dann hinter die wirtschaftliche Nutzungsdauer zurück, wenn das Wirtschaftsgut mit dem Ende des Miet- oder Pachtverhältnisses für denjenigen, der die Aufwendung gemacht hat, wertlos geworden ist (vgl. Anm. 84 zu § 6 EStG). Dies ist bei den Anschaffungen des Mieters oder Pächters, die sofort oder mit Beendigung des Vertrags in das Eigentum des Vermieters übergehen, stets der Fall. Daher ist auch bei Einrichtungen in gemieteten Räumen für die Bemessung der Absetzungen die Kündigungsmöglichkeit zu berücksichtigen. Muß der Mieter als vorsichtiger Kaufmann eine vorzeitige Kündigung des Mietvertrags befürchten oder annehmen, daß er selbst zur Kündigung gezwungen sein werde, dann kann er nach RFH. VI A 729/30 v. 24. 9. 30 (StW. 30 Nr. 1247) eine entsprechend kürzere wirtschaftliche Nutzungsdauer annehmen. Umgekehrt ist der jeweilige Ablauf der einzelnen Pachtperioden auf die Verteilung der Aufwendungen des Pächters ohne Einfluß, wenn das Pachtverhältnis tatsächlich als Dauerzustand anzusehen ist (RFH. VI A 1573/31 v. 19. 8. 31, E. 29 S. 203, RStBl. 31 S. 925, StW. 31 Nr. 938).

§ 6 KStG. Einkommen.

142. Berechnung der auf ein Jahr entfallenden Absetzung für Abnutzung.

a) Zur **Berechnung der auf ein Wirtschafts- oder Kalenderjahr entfallenden Absetzung** für Abnutzung werden in der Regel die Anschaffungs- oder Herstellungskosten des abnutzbaren Wirtschaftsguts durch die Zahl der Jahre, die als betriebsgewöhnliche Nutzungsdauer ermittelt werden, geteilt, so daß sich alljährlich der gleiche Absetzungsbetrag ergibt. Die vor 1934 getroffene Regelung, daß neu angeschaffte bewegliche Anlagegüter mit 80 v. H. der Anschaffungs-(Herstellungs-)kosten angesetzt werden konnten, gilt nicht mehr (vgl. VR 37 B VII Abs. 2, RStBl. 38 S. 198, s. Anh. 17).

Beispiel: Anschaffungskosten 50 000 RM., betriebsgewöhnliche Nutzungsdauer 10 Jahre, jährlicher Absetzungsbetrag 50 000 : 10 = 5 000 RM. Gebräuchlich ist auch, den Absetzungssatz in einem Hundertsatz auszudrücken; dieser wird festgestellt, indem man die Zahl 100 durch die Zahl der Jahre der betriebsgewöhnlichen Nutzungsdauer teilt, also im Beispiel 100 : 10 = 10, Absetzungssatz 10 v. H. Bei dieser Art der Absetzung wird erreicht, daß der Wert des Anlageguts nach Ablauf der betriebsgewöhnlichen Nutzungsdauer auf 0 RM. oder bei Berücksichtigung eines Schrottwerts auf diesen abgesetzt ist. Wie bereits in Anm. 141 a Abs. 2 unter Hinweis auf RFH. VI A 2226/30 erwähnt wurde, ist jedoch unter der in § 7 vorgeschriebenen Verteilung der Anschaffungs- oder Herstellungskosten auf die Gesamtdauer der Verwendung oder Nutzung keine gleichmäßige Verteilung zu verstehen, wie sie nach RFH. I A 264/27 v. 29. 7. 27 (E. 21 S. 316, RStBl. 27 S. 221) für erforderlich gehalten werden könnte. Nach RFH. VI A 2226/30 ist vielmehr unter Verteilung im Sinn des EStG 1925 nicht nur eine gleichmäßige Verteilung, d. h. eine Verteilung in gleich hohen Beträgen, sondern eine „angemessene Verteilung" zu verstehen. In Anknüpfung an den kaufmännischen Brauch ist die Absetzung vom jeweiligen Restwert (Buchwert) am Beginn des Wirtschaftsjahrs als zulässig anzusehen. Würde die Buchwertabsetzung nach dem von Anfang an festgestellten Absetzungssatz vorgenommen, so würde sich im oben gegebenen Beispiel die Absetzung wie folgt gestalten:

1. Jahr 10 v. H. von 50 000 RM. = 5 000 RM., Restwert 45 000 RM.
2. Jahr 10 v. H. von 45 000 RM. = 4 500 RM., Restwert 40 500 RM.
3. Jahr 10 v. H. von 40 500 RM. = 4 050 RM., Restwert 36 450 RM.

usw. Während bei der Absetzung von den Anschaffungskosten der Buchwert am Ende des 4. Jahres 30 000 RM. beträgt, verbleibt bei der Absetzung vom Buchwert am Ende des 4. Jahres noch ein solcher von 36 450 RM.

Daraus geht hervor, daß bei der Buchwertabsetzung wegen der fortschreitenden Verringerung des Betrags der jährlichen Absetzung (degressive oder fallende Absetzung) das Wirtschaftsgut nach Ablauf der ursprünglich angenommenen betriebsgewöhnlichen Nutzungsdauer nicht auf 0 RM. bzw. den angenommenen Schrottwert abgesetzt ist. Um auch bei der Buchwertabsetzung zu erreichen, daß am Ende der Nutzungsdauer das Wirtschaftsgut auf einen nicht ins Gewicht fallenden Betrag abgesetzt ist, hat der Deutsche Industrie- und Handelstag in seinem in der Entsch. wiedergegebenen Gutachten einen etwa dreimal so hohen Absetzungssatz für erforderlich erachtet als bei der Absetzung von den Anschaffungskosten, also z. B. bei einer Nutzungsdauer von 10 Jahren 30 v. H., von 12 Jahren 25 v. H. usw. Im übrigen wird darauf hingewiesen, daß die Nutzbarkeit (Nutzungsgrad) eines Produktionsmittels in der Regel am größten und sichersten bei der Anschaffung sei und mit der Nutzungsdauer abnehme. Deshalb werde von einer Reihe von Sachverständigen insbesondere für nur zu bestimmten Zwecken angeschaffte Sondermaschinen und Einrichtungen und für einen nur aus einer einzigen oder wenigen Maschinen oder Einrichtungen bestehenden Produktionsapparat gefordert, daß die Absetzung im Anfang der Nutzungsdauer am größten sein und mit der Nutzungsdauer fallen müsse. Diese degressive Absetzung könne entweder durch die Buchwertabsetzung oder durch die Absetzung von den Anschaffungskosten mit fallenden Sätzen erreicht werden. Nach den VR 37 B VII Abs. 1 (RStBl. 38 S. 198, s. Anh. 17) kann auch in Zukunft nach den Grundsätzen von RFH. VI A 2226/30 verfahren

§ 7 EStG. Absetzung für Abnutzung oder Substanzverringerung. Anmerkung 142.

werden. Es sind also auch fallende Absetzungen nach dem jeweiligen Buchwert (Restwert) als Absetzungen im Sinn des § 7 Abf. 1 EStG 1934 zuzulassen. Bemerkt sei, daß auch die Absetzung vom Teilwert als Buchwertabsetzung anzusehen und zuzulassen ist, wenn der Steuerpflichtige in einem Wirtschaftsjahr, das auf das Wirtschaftsjahr, in dem der Teilwert angesetzt wurde, folgt, zu Absetzungen vom Teilwert übergeht (vgl. Anm. 138 b). Bei sämtlichen Arten der Berechnung von Absetzungen ist aber zu beachten, daß die Absetzungen im ganzen immer ihre zahlenmäßige Höchstgrenze im Betrag der Anschaffungs= oder Herstellungskosten des Wirtschaftsguts (nötigenfalls gekürzt um den Endwert [Schrottwert]) haben. Nicht gestattet ist dem Steuerpflichtigen ein willkürlicher Wechsel in den Absetzungsarten; er kann also nicht ohne begründeten Anlaß von der Absetzung nach den Anschaffungs= oder Herstellungskosten zu der Buchwertabsetzung übergehen. Insbesondere ist ausgeschlossen, daß bei der Bemessung der Absetzungen für Abnutzung auf das Ergebnis des Geschäftsjahrs Rücksicht genommen wird. Die nur nach den Grundsätzen ordnungsmäßiger kaufmännischer Buchführung zu rechtfertigende Buchwertabsetzung scheidet für diejenigen Pflichtigen aus, deren Einkünfte nicht durch Betriebsvermögensvergleich (an Hand einer Bilanz oder Vermögensübersicht) ermittelt werden.

b) Die betriebsgewöhnliche Nutzungsdauer eines Wirtschaftsguts kann erst beginnen, wenn das Wirtschaftsgut als abnutzbares Wirtschaftsgut des Anlagevermögens im Betrieb vorhanden ist. Dieser Zeitpunkt ist auch für den Beginn der Absetzungen für Abnutzung maßgebend. Dies ist bei Anschaffung eines Wirtschaftsguts der Zeitpunkt der Lieferung ohne Rücksicht auf die Bezahlung des Kaufpreises und bei den mit eigenen Mitteln des Betriebs hergestellten Wirtschaftsgütern der Zeitpunkt der Fertigstellung (f. Anm. 140). Beginnt die betriebsgewöhnliche Nutzungsdauer eines Wirtschaftsguts während des Laufes eines Wirtschaftsjahrs, so ist für dieses Wirtschaftsjahr nur ein der Verwendungszeit entsprechender Teilbetrag des jährlichen Absetzungsbetrags abzusetzen. Die Notwendigkeit einer entsprechend verkürzten Absetzung wird in RFH. I A 264/27 (f. unter a) mit dem Hinweis anerkannt, daß nach dem Grundsatz nicht die Berechnung der Nutzungsdauer nach vollen Jahren oder Steuerabschnitten gefordert werde. In RFH. I A 216/35 v. 28. 7. 36 (RStBl. 36 S. 989, StW. 36 Nr. 426) wird zugelassen, keine Absetzungen für Abnutzung vorzunehmen, wenn das Anlagegut erst kurz vor dem Bilanzstichtag angeschafft oder hergestellt ist.

c) Wenn auch bei Berechnung der Absetzung für Abnutzung grundsätzlich vom einzelnen Wirtschaftsgut als selbständigen Teil des Betriebsvermögens auszugehen ist, so kann trotzdem der Steuerpflichtige gleichartige Gegenstände, für die auch gleiche betriebsgewöhnliche Nutzungsdauer angenommen werden kann, für die Berechnung der Absetzungen für Abnutzung zusammenfassen und die Absetzung in einem Betrag vornehmen (Sammelabsetzung). Wenn der Steuerpflichtige die Absetzung für Abnutzung verschiedener Gegenstände in der Handelsbilanz in einem Betrag darstellt, dann muß er nach RFH. I A 179/34 v. 30. 10. 34 (StW. 35 Nr. 57) nachweisen, wie sich dieser Betrag auf die einzelnen Gegenstände verteilt. Es handelt sich dann um die rechnerische Zusammenfassung mehrerer Wertberichtigungsposten in einem Betrag. Die Steuerbehörde hat nach der Entsch. in einem solchen Fall den Gesamtbetrag auf die einzelnen Gegenstände zu zerlegen und zu prüfen, ob die geltend gemachten Absetzungen für die einzelnen Gegenstände der Höhe nach zulässig sind. Für den Wertzusammenhang ist daher vom Buchwert des Wirtschaftsguts abzüglich der aus der Sammelabsetzung abzuleitenden Einzelabsetzung auszugehen. Andererseits kann die Steuerbehörde dem Pflichtigen eine Sammelabsetzung, z. B. für sämtliche landwirtschaftlichen Betriebsgebäude, nicht aufzwingen. Der Landwirt hat einen Anspruch darauf, daß die Absetzung für jedes einzelne der landwirtschaftlichen Betriebsgebäude berechnet wird. Die Zugrundelegung einer durchschnittlichen Lebensdauer des gesamten Gebäudebestands kommt nach RFH. VI A 952/34 v. 30. 1. 35 (StW. 35 Nr. 212) nur dann in Betracht, wenn der Steuerpflichtige damit einverstanden ist oder keine genügenden Unterlagen für die Lebensdauer der einzelnen Gebäude beibringt.

d) **Ein Wechsel in der Bemessung der Absetzungen für Abnutzung** eines Wirtschaftsguts wird dann erforderlich, wenn die bisherigen Absetzungen auf Grund einer nicht zutreffenden Nutzungsdauer berechnet wurden. Die gesamte Nutzungsdauer eines Wirtschaftsguts kann immer nur geschätzt werden. Erweist sich diese im guten Glauben vorgenommene Schätzung im Lauf der Nutzung des Wirtschaftsguts im Betrieb als unrichtig, dann muß dieser Irrtum berichtigt werden. Wurden für das Wirtschaftsgut bisher zu niedrige oder zu hohe Absetzungen vorgenommen, dann ist für die Berichtigung der späteren Absetzungen grundsätzlich von dem Teil der Anschaffungs- oder Herstellungskosten, der durch die bisher vorgenommenen Absetzungen noch nicht verbraucht ist, und der nunmehr als richtig erkannten Restnutzungsdauer auszugehen. Dabei kommt es auch hier auf den richtigen Wert am jeweiligen Bilanzstichtag nicht an, sondern nur auf die richtige und restlose Verteilung der Anschaffungs- oder Herstellungskosten (RFH. VI A 1169/32 v. 26. 7. 33, E. 34 S. 60, RStBl. 33 S. 1116, StW. 33 Nr. 710). Nach RFH. VI A 1119/30 v. 17. 12. 30 (RStBl. 31 S. 198, StW. 31 Nr. 288) ist es nicht der Zweck des Gesetzes, gerade für einen einzelnen Steuerabschnitt einen bestimmten Betrag als allein richtig zum Abzug zuzulassen, sondern das Gesamtmaß der Aufwendungen und nur dieses auf eine Summe mehrerer Steuerabschnitte zu verteilen. Der von den bisherigen, als zulässig anerkannten Absetzungen nicht verbrauchte Teil der Anschaffungs- oder Herstellungskosten dürfe daher nicht einfach nachträglich als nicht mehr abzugsfähig behandelt werden mit der Begründung, daß er bei rückschauender Betrachtungsweise schon in Form höherer Absetzungen hätte berücksichtigt werden müssen.

Beispiel: Anschaffungskosten 10 000 RM., ursprünglich angenommene Nutzungsdauer 5 Jahre; nach 2 Jahren stellt sich heraus, daß der Gegenstand mindestens 7 Jahre im Betrieb mit Erfolg verwendet werden wird; verbraucht sind in diesen 2 Jahresabsetzungen von je 2 000 = 4 000 RM. Die Restanschaffungskosten von 6 000 RM. sind zu verteilen auf 5 Jahre, daher berichtigte jährliche Absetzung 1 200 RM.

Nicht zuzulassen ist nach den Entsch., daß ein Pflichtiger durch willkürliche, wechselnde Annahme der Restnutzungsdauer versucht, seine Besteuerung nach Gutdünken zu regeln.

Abgesehen vom Fall der Berichtigung einer ursprünglich unrichtig geschätzten Gesamtnutzungsdauer, ist ein Wechsel in der Bemessung der Absetzungen für Abnutzung auch dann möglich, wenn sich nachträglich die für die Berechnung der Nutzungsdauer maßgebenden Verhältnisse entscheidend geändert haben. Um der Willkür des Pflichtigen in der Bemessung der Nutzungsdauer vorzubeugen, wird in RFH. VI A 701/34 v. 3. 10. 34 (E. 37 S. 22, RStBl. 35 S. 222, StW. 35 Nr. 14) bei gleichbleibenden Verhältnissen in Gewinnbetrieben eine Änderung der vom Steuerpflichtigen früher erkämpften Behandlungsweise für die Zukunft untersagt. Dieser Grundsatz könne aber einen Wechsel im Abnutzungssatz nicht verbieten, wenn eine maßgebende Veränderung der Verhältnisse genügend dargetan werde oder wenn sich nunmehr der Übergang zu einem anderen Absetzungssatz in Anwendung der Grundsätze ordnungsmäßiger Buchführung und des EStG rechtfertigen lasse. Daher kann nach der Entsch. auch bei Änderung des Nutzungsgrads von besonders hochempfindlichen Maschinen oder Anlagen eine Anpassung der Absetzungen für Abnutzung für die Restnutzungsdauer an die veränderten Verhältnisse angebracht sein. Die Berechnung der Absetzung für die Restnutzungsdauer hat in gleicher Weise wie bei der Berichtigung unrichtiger Absetzungen zu erfolgen (Restkapital, verteilt auf die Restnutzungsdauer).

Bewußt zu niedrig vorgenommene Absetzungen für Abnutzung können nach RFH. VI A 864/35 v. 22. 7. 36 (RStBl. 36 S. 1011, StW. 36 Nr. 414) nicht durch Absetzungen vom Restwert nachgeholt werden, sie sind für den Steuerpflichtigen verloren und für die Restnutzungsdauer ist der Wert maßgebend, wie er bei richtiger Vornahme der Absetzungen noch verbleiben würde. Wenn im ge-

§ 7 EStG. Absetzung für Abnutzung oder Substanzverringerung. Anm. 142—143. 457

gebenen Beispiel der Pflichtige wegen schlechten Geschäftsgangs statt einer als richtig erkannten Nutzungsdauer von 10 Jahren nach einer solchen von 20 Jahren von den Anschaffungskosten von 10 000 RM. jährlich nur 500 RM abgesetzt hat und er nach 4 Jahren zur richtigen Absetzung übergehen will, dann steht ihm für die Restnutzungsdauer nicht das bisher noch nicht verbrauchte Anschaffungskapital von 10 000 — 2000 = 8000 RM. zur Verfügung, sondern wegen seiner bewußt falschen Handlungsweise ist der Restwert für die richtige Restnutzungsdauer von 6 Jahren so festzustellen, wie er sich bei Vornahme der richtigen Absetzungen darstellen würde. Es verbleiben daher für die Restnutzungsdauer noch 10 000 — 4 × 1000 = 6000 RM. Die bisher durch Absetzungen noch nicht verbrauchten 2000 RM. hat der Steuerpflichtige endgültig verloren.

Eine Berichtigung der als unrichtig erkannten Nutzungsdauer für die Restnutzung ist schließlich dann ausgeschlossen, wenn das Wirtschaftsgut am Ende des vorangegangenen Wirtschaftsjahrs nach den bisher zu hoch bemessenen Absetzungen bereits auf 0 RM. abgesetzt ist (RFH. VI A 1136/33 v. 13. 2. 35, StW. 35 Nr. 203); denn in diesem Fall fehlt es an einem Restwert, von dem noch nach der berichtigten Restnutzungsdauer abgesetzt werden könnte. Diesen Grundsatz hat der RFH. mit Recht auch für den Fall gelten lassen, daß bisher von zu niedrigen Anschaffungskosten ausgegangen wurde, da auch höhere Anschaffungskosten in der gleichen Zeit auf 0 RM. abgesetzt worden wären. Aus den gleichen Erwägungen müßte auch im Fall von bewußt zu niedrig gewählten Absetzungen im oben genannten Beispiel eine Absetzung von dem Restwert dann unterbleiben, wenn bei richtiger Vornahme der Absetzungen für Abnutzung die gesamten Anschaffungs- oder Herstellungskosten bereits bis zum Beginn des Wirtschaftsjahrs aufgezehrt gewesen wären.

e) Wie der Steuerpflichtige bei bewußt zu niedriger Bemessung der Abnutzungsabsetzungen den zu Unrecht nicht abgesetzten Teil der Anschaffungs- oder Herstellungskosten nicht nachträglich auf die Restnutzungsdauer des Wirtschaftsguts verteilen kann, so gilt **für die bewußte Unterlassung jeglicher Absetzung das Verbot der Nachholung** in späteren Wirtschaftsjahren. Nach RFH. VI A 385/30 v. 20. 5. 31 (RStBl. 31 S. 531, StW. 31 Nr. 950) kann bei nachträglicher Berichtigung einer Eröffnungsbilanz durch Ansatz eines bisher nicht berücksichtigten abnutzbaren Anlageguts der Wert in die Anfangsbilanz des späteren Wirtschaftsjahrs nur vermindert um die Absetzungen für Abnutzung eingesetzt werden, die der Steuerpflichtige bei richtigem Ansatz in der Zwischenzeit hätte machen müssen. Das gleiche gilt für die Berichtigung des Ansatzes eines abnutzbaren Anlageguts in der Anfangsbilanz, wenn die Absetzung bewußt unterlassen oder zu niedrig bemessen wurde und sich dieser unrichtige Bilanzansatz z. B. wegen Verlusts nicht ausgewirkt hat (RFH. I A 307/36 v. 9. 3. 37, RStBl. 37 S. 680, StW. 37 Nr. 213). Die für die dazwischen liegenden Wirtschaftsjahre erforderlichen, aber bewußt unterlassenen Absetzungen hat der Steuerpflichtige endgültig verloren und er kann für die Zukunft nur noch von den restlichen Anschaffungs- oder Herstellungskosten, die sich bei Vergleich der Gesamtnutzungsdauer mit der bereits abgelaufenen Nutzungsdauer ergeben, Absetzungen machen (vgl. auch RFH. VI A 2024/32 v. 8. 8. 34, RStBl. 35 S. 920, StW. 34 Nr. 601 und RFH. VI A 864/35 v. 22. 7. 36, RStBl. 36 S. 1011, StW. 36 Nr. 414). Die Zulassung einer willkürlichen Beschränkung der Absetzungen für Abnutzung auf einen Teil der Gesamtnutzungsdauer würde dem Zweck des Gesetzes, nämlich der Verteilung auf die gesamte Nutzungsdauer unter Festlegung der jährlichen Absetzung auf den nach der Gesamtnutzungsdauer berechneten anteiligen Jahresbetrag, widersprechen.

143. Absetzung für außergewöhnliche Abnutzung.

§ 7 Abs. 1 Satz 3 EStG erklärt Absetzungen für außergewöhnliche Abnutzung als zulässig und zwar nicht nur für außergewöhnliche technische, sondern in Übereinstimmung mit der Rechtsprechung zum EStG 1925 auch für außergewöhnliche wirtschaftliche Abnutzung. Eine außergewöhnliche technische Abnutzung ist bei körperlichen Gegenständen jede über den allmählich eintretenden natürlichen Verschleiß hinausgehende Beschädigung oder Zerstörung, die auf natürliche Ursachen zurückzuführen ist, und mit einer Änderung der Beschaffenheit des Gegenstands verbunden ist, z. B. Beschädigung eines Hauses durch Brand, Blitzschlag, Unwetter, Sturm, Hochwasser oder Hausschwamm (RFH. VI A 1039/29 v. 12. 3. 30, RStBl. 30 S. 270, StW. 30 Nr. 510). Auch die Beschädigung oder Zerstörung eines Gegenstands durch Unfälle, z. B. von Maschinen durch Betriebsunfälle oder eines Kraftwagens durch Kraftwagenunfälle fällt hierunter. Eine außergewöhnliche wirtschaftliche Abnutzung liegt vor, wenn die wirtschaftliche (nutzbringende) Verwendungsfähigkeit eines Wirtschaftsguts für den Betrieb usw. — bei körperlichen Gegenständen trotz Fortbestehens der technischen Verwendungsfähigkeit — durch den Eintritt außergewöhnlicher, regelmäßig nicht vorhergesehener Umstände oder Ereignisse, denen nicht durch die Bemessung der Absetzung für gewöhnliche wirtschaftliche Abnutzung Rechnung getragen wurde, wesentlich beeinträchtigt oder ganz beseitigt wird. Der Pächter ist berechtigt, Aufwendungen für von ihm errichtete Anlagen bis zum Ablauf des Pachtverhältnisses abzusetzen (gewöhnliche wirtschaftliche Abnutzung). Wird aber der Pachtvertrag vorzeitig beendigt, dann ist der Pächter zur Absetzung des vollen Restbetrags seiner Aufwendungen durch Absetzung wegen außergewöhnlicher Abnutzung berechtigt (RFH. VI A 116/29 v. 13. 3. 29, E. 25 S. 151, RStBl. 29 S. 391, StW. 29 Nr. 495). Stellt sich die Ertraglosigkeit eines Gebäudes, für das der Steuerpflichtige zunächst beim Ankauf wegen einer angemessenen Verzinsung des angelegten Kapitals noch mit Recht einen Gebäudewert angenommen hatte, erst später heraus und bricht der Steuerpflichtige das Haus aus diesem Grund ab, dann ist der Abbruch des Gebäudes der Ausdruck des Endes der wirtschaftlichen Nutzbarkeit. Bei noch stehendem Gebäude ist nach RFH. VI A 676/33 v. 3. 10. 34 (RStBl. 35 S. 333, StW. 34 Nr. 656 a) zu schätzen, wann der Abbruch erfolgen wird und der noch nicht getilgte Teil der Anschaffungskosten ist auf diese Restnutzungsdauer zu verteilen (Änderung der Absetzung für gewöhnliche wirtschaftliche Abnutzung für die Restnutzungsdauer). Bezüglich der abgerissenen Gebäude ist aber der Gesamtrest im Jahre des Abbruchs als Absetzung für außergewöhnliche wirtschaftliche Abnutzung abzusetzen, wenn nicht früher absichtlich zu niedrige Absetzungen vorgenommen wurden. In RFH. I A a 685/29 v. 25. 2. 30 (RStBl. 30 S. 334, StW. 30 Nr. 752) wird die Entwicklung und Verbesserung von Textilmaschinen als Ursache einer außergewöhnlichen wirtschaftlichen Abnutzung der in einem Betrieb vorhandenen Maschinen dann anerkannt, wenn diese Entwicklung eine Umwälzung, also außergewöhnlich ist. Es muß aber auch hier gefordert werden, daß die weitere Verwendung der Maschinen für den Betrieb durch die technische Überholung in außergewöhnlicher Weise beeinträchtigt ist, d. h. sofort oder wesentlich früher, als bisher angenommen wurde, beendigt wird. Weiter hat der RFH. eine Absetzung für außergewöhnliche wirtschaftliche Abnutzung auch für einzelne Teile eines Gebäudes zugelassen. Bei Ersatz einer unbrauchbar gewordenen Zentralheizung durch Stockwerksheizung verlieren die noch brauchbaren Teile der Zentralheizung endgültig ihre Eigenschaft als nutzbringende Teile des Hauses. Sie sind durch die Einrichtung der Stockwerksheizung gewissermaßen tatsächlich verbraucht. Das rechtfertigt nach RFH. VI A 786/31 v. 14. 4. 31 (RStBl. 31 S. 454, StW. 31 Nr. 652) eine entsprechende Absetzung unter dem Gesichtspunkt der außergewöhnlichen wirtschaftlichen Abnutzung. Ist die alte Heizanlage bisher von der Absetzung für das ganze Gebäude erfaßt, dann ist der den Absetzungen für Abnutzung unterliegende Gebäudewert wegen der außergewöhnlichen Abnutzung zu kürzen. Der Kürzungsbetrag ergibt sich aus dem Wert, mit dem die alte Heizungsanlage als im Gesamtgebäudewert enthalten gelten kann. Dieser geschätzte Betrag ist abzusetzen. Aus den gleichen Erwägungen wurde in RFH. VI A 1983/32 v. 1. 8. 34 (StW. 34 Nr. 591) beim Abbruch einer alten Holzveranda und deren Ersatz durch einen Steinanbau für den durch die bisherigen Absetzungen noch nicht getilgten Wert (Anteil am Gebäudewert) der alten Holzveranda die Absetzung auf den Nullpunkt durch Absetzung für außergewöhn-

§ 7 EStG. Absetzung für Abnutzung oder Substanzverringerung. Anm. 143—144.

liche Absetzung zugelassen. Diese Grundsätze können sich, wie in Anm. 141 c, aa Abs. 4 ausgeführt, jedoch nur auf solche Teile von Gebäuden erstrecken, die gegenüber dem Gebäude eine gewisse Selbständigkeit haben und daher auch einer besonderen buchmäßigen Behandlung durch getrennte Aktivierung, Absetzung oder Abschreibung fähig sind.

Die Absetzung für außergewöhnliche Abnutzung ist in der Weise durchzuführen, daß derjenige Teil der Anschaffungs- oder Herstellungskosten, der dem im Wirtschaftsjahr oder Kalenderjahr eingebüßten Bruchteil des Wertes entspricht, abgesetzt wird. Die Absetzung muß weiter nach RFH. VI A 1039/29 v. 12. 3. 30 (RStBl. 30 S. 270, StW. 30 Nr. 510) grundsätzlich in dem Jahre durchgeführt werden, in dem die außergewöhnliche Abnutzung eingetreten ist. Wurde die außergewöhnliche Abnutzung erst später entdeckt, dann kann sie noch im Jahre der Entdeckung berücksichtigt werden, dagegen ist die Nachholung in einem nach der Entdeckung liegenden Wirtschaftsjahr nach der Rechtsprechung ausgeschlossen. Wenn also in einem Hause Hausschwamm und Holzfäule entdeckt werden, ist die dieserhalb zulässige Absetzung für außergewöhnliche Abnutzung für das Jahr der Entdeckung zu berücksichtigen (RFH. VI A 522/33 v. 19. 12. 34, StW. 35 Nr. 159). Die außergewöhnliche Abnutzung führt also nur zu einer einmaligen Absetzung.

Die in § 16 Abs. 3 Satz 3 EStG 1925 enthaltene Forderung nach einem besonderen Nachweis der Absetzungen für außergewöhnliche Abnutzung wird in § 7 Abs. 1 Satz 3 EStG 1934 nicht mehr wiederholt. Dies bedeutet jedoch sachlich keine Änderung, da der Steuerpflichtige die behaupteten besonderen Umstände glaubhaft machen muß, wenn er von dem Recht einer Absetzung für außergewöhnliche Abnutzung Gebrauch machen will. In RFH. I A a 685/29 (s. Abs. 1) wird ebenso wie für die Anerkennung einer wirtschaftlichen Abnutzung gefordert, daß der Betriebsinhaber der behaupteten außergewöhnlichen Abnutzung erkennbar Rechnung trägt. Dies ist in dem Sinn zu verstehen, daß die tatsächlich erfolgte Ausschaltung alter, überholter Maschinen als Beweismittel für den Eintritt einer außergewöhnlichen Abnutzung des ganzen Maschinenparks gelten kann (vgl. RFH. VI A 161/31 v. 4. 2. 31, RStBl. 31 S. 458, StW. 31 Nr. 342).

144. Absetzung für Substanzverringerung.

a) Die für die Absetzung für Abnutzung geltenden Grundsätze des § 7 Abs. 1 EStG. sind nach Abs. 2 a. a. O. entsprechend anzuwenden auf die **Absetzungen für Substanzverringerung**, die bei Bergbauunternehmen, Steinbrüchen und anderen Betrieben, die einen Verbrauch der Substanz mit sich bringen, zulässig sind. Der Abnutzung des Wirtschaftsguts entspricht bei der Absetzung für Substanzverringerung der Verbrauch der Substanz an Mineralien, Steinen, Erden. Der Grund für die Einführung dieser Absetzung liegt nicht in der Verringerung des Wertes des Grundstücks als solchen, sondern in dem Verbrauch der in dem Grundstück enthaltenen und nutzbringend zu verwertenden Substanz (RFH. VI A 310/27 v. 28. 3. 28, RStBl. 28 S. 279, StW. 28 Nr. 414). Berechtigt zur Vornahme der Absetzung ist der Eigentümer des die auszubeutenden Vorräte enthaltenden Grundstücks, und zwar gleichgültig, ob der Eigentümer selbst, z. B. als Landwirt, seine Grundstücke in einem der Landwirtschaft angeschlossenen Nebenbetrieb zur Gewinnung von Steinen, Erden usw. verwendet oder zur Ausbeute an einen Dritten verpachtet (RFH. VI A 560/28 v. 17. 7. 29, RStBl. 29 S. 585, StW. 29 Nr. 787, und VI A 585/31 v. 21. 12. 32, RStBl. 33 S. 226, StW. 33 Nr. 283). Dabei sind nach den Entsch. Ausbeuteträge, durch die der Eigentümer eines Grundstücks einem anderen schuldrechtlich die Befugnis zum Ausbau und zur Gewinnung von Torf, Kohlen, Kies und anderen Mineralien einräumt, in der Regel als Pachtverträge zu behandeln. Weiter besteht nach RFH. VI A 1396/33 v. 11. 7. 34 (RStBl. 34 S. 1361, StW. 34 Nr. 598) zwischen dem Abbaurecht, das durch schuldrechtlichen Vertrag geschaffen wurde, und dem Abbaurecht, das vom Grundeigentümer durch Einräumung einer dinglichen Abbaugerechtigkeit begründet wurde, steuerrechtlich kein Unterschied, weil die Lage des Eigentümers wirtschaftlich gesehen in beiden Fällen die gleiche sei. Die Pachtgelder oder die für die Einräumung der dinglichen Abbau= gerechtigkeit gewährten Bezüge sind daher als Einnahmen aus Vermietung und Verpachtung zu behandeln, soweit sie zu keiner anderen Einkunftsart, z. B. dem landwirtschaftlichen oder gewerblichen Gewinn (§ 21 Abs. 3 EStG) gehören (vgl. Anm. 155 a Abs. 1 und 156 b Abs. 3 zu §§ 13—24 EStG).

b) Der **Berechnung der Absetzung für Substanzverringerung** ist der Wert des auszubeutenden Vorrats zugrunde zu legen. Maßgebend sind auch hier die Anschaffungs= oder Herstellungskosten der Substanz oder als Ersatz die gedachten Anschaffungskosten (auch nach §§ 104 ff. EStG 1925, wenn das Grundstück bereits am 1. 1. 25 oder dem entsprechenden Stichtag im Besitz des Eigentümers war und schon damals zum Betrieb gehörte [§ 4 I. u. II. EStDVO]). Wenn die Einkünfte, die ein Landwirt aus der Verpachtung der Ausbeute an Steinen usw. auf einem land= wirtschaftlichen Betriebsgrundstück bezieht, als Pachteinkünfte zu behandeln sind, dann ist für die Berechnung der Absetzungen für Substanzverringerung der Vorrat an Steinen usw. nach RFH. VI A 691/36 v. 26. 5. 37 (E. 41 S. 270, RStBl. 37 S. 987, StW. 37 Nr. 373) als nicht zum landwirtschaftlichen Betriebsvermögen gehörend anzusehen. Wenn das Grundstück bereits vor dem 1. Januar 1925 angeschafft ist, dann sind die Absetzungen für Substanzverringerung nach § 12 Abs. 1 I. EStDVO (= 11 Abs. 1 II. EStDVO) nach den Wiederbeschaffungskosten vom 1. Januar 1925 zu bemessen. Ist das Grundstück mit Substanz zu einem einheitlichen Preise gekauft oder sind die gedachten Anschaffungskosten maßgebend, so können für die Zerlegung des Preises oder Ersatzwerts auf das eigentliche Grundstück und den Vorrat die Grundsätze angewendet werden, die der RFH. bisher für die Ermittlung des Wertes des Vorrats aufgestellt hat. Danach ist der Wert, den das Grundstück mit Rücksicht auf das Vorkommen an Mineralien usw. hat, dem Wert gegenüber= zustellen, den das Grundstück ohne das Vorkommen haben würde. Dieser Unter= schied als Wert des Vorrats ist dann gleich 0, wenn es sich um eine rein zufällige Gelegenheit, z. B. zur Sandverwertung handelt, die regelmäßig wegen der Un= wahrscheinlichkeit dieser Möglichkeit ohne Einfluß auf die Anschaffungskosten des Grundstücks geblieben ist (vgl. RFH. VI A 310/27). In diesem Fall entfällt also von den Anschaffungskosten des Grundstücks kein Teilbetrag auf den Vorrat, so daß kein absetzungsfähiger Wert vorhanden ist. Eine Besonderheit der Berechnung der Ab= setzungen für Substanzverringerung besteht, wie in RFH. VI A 1988/29 v. 25. 6. 30 (RStBl. 30 S. 605, StW. 30 Nr. 1354) ausgeführt wird, darin, daß eine Berech= nung nach der gemeingewöhnlichen Nutzungsdauer dem Zweck, den das Gesetz mit der Zulassung dieser Absetzung, nämlich der allmählichen Erschöpfung des Vorrats Rechnung zu tragen, verfolgt, nicht gerecht wird. Im Schrifttum und im Erl. RdF. v. 3. 4. 26 III e 1900 (RStBl. 26 S. 153) sei anerkannt, daß es ein durch den Begriff der Substanzverringerung bedingtes Erfordernis sei, für die Bemessung der jährlichen Absetzung die jeweilige jährliche Förderung als Rechnungsfaktor einzuschalten. Dabei ist die jährliche Förderung in Ver= hältnis zu setzen zur Gesamtmenge des Vorrats nach der Formel Absetzungssatz $x = $ z. B. $\frac{45\,000 \text{ Jahresförderung}}{900\,000 \text{ Gesamtmenge}} = 1/20$ oder 5 v. H. Von den maßgebenden Anschaffungskosten sind 5 v. H. abzusetzen (vgl. auch RFH. VI A 56, 57/31 v. 20. 5. 31, StW. 31 Nr. 725). Die Schätzung der mutmaßlichen Größe des Gesamt= vorrats kann sich sehr leicht im Verlauf der Ausbeute als unrichtig herausstellen. Eine etwaige Berichtigung für steuerliche Zwecke kann immer nur den bisher nicht verbrauchten Teil der Anschaffungs= oder Herstellungskosten betreffen. Ist der Gesamtvorrat zu hoch geschätzt und wird daher die Ausbeute früher als ur= sprünglich angenommen beendigt, dann ist unter der Voraussetzung, daß keine bewußt unrichtige Schätzung vorlag, die Absetzung des Restbetrags der Anschaf= fungskosten im Wirtschaftsjahr der Einstellung der Ausbeute als Absetzung für außergewöhnliche Substanzverringerung möglich. Da die Sonderabsetzungen für

§ 7 EStG. Absetzung für Abnutzung oder Substanzverringerung. Anm. 144—145.

Substanzverringerung nach der im maßgebenden Wirtschaftsjahr tatsächlich abgebauten Menge an Substanz zu berechnen sind, kommen solche Absetzungen solange nicht in Frage, als überhaupt noch nicht abgebaut wird (RFH. VI A 1396/33 v. 11. 7. 34, RStBl. 34 S. 1361, StW. 34 Nr. 598).

e) Neben den Absetzungen für Substanzverringerung hat der RFH. in besonderen Fällen auch noch eine **Berücksichtigung der Wertminderung,** die das Grundstück selbst durch den Abbau des Vorrats erleidet, als zulässig anerkannt. Nach RFH. VI A 310/27 (s. unter a) kann die Vermögenseinbuße eine doppelte sein: einmal dadurch, daß wegen der Entfernung der Bodenschicht ein Verlust oder eine Verringerung der landwirtschaftlichen oder forstwirtschaftlichen Ertragsfähigkeit des Grundstücks herbeigeführt wird, und weiter dadurch, daß infolge des Abbaus für den Eigentümer des Grundstücks insofern neue Lasten entstehen, als das Grundstück wegen der Gefahr für Dritte eingeebnet oder mit einem Zaun umgeben werden muß. Die Wertminderung sei durch Ermittlung des gemeinen Wertes (Verkaufswerts) des Grundstücks ohne Substanzvorkommen im ursprünglichen Zustand und des gemeinen Wertes (Verkaufswerts) des Grundstücks ohne Substanzvorkommen in dem durch die Substanzentnahme geschaffenen Zustand festzustellen. Der Unterschied stelle den Betrag der Werbungskosten dar, die außer den Absetzungen für Substanzverringerung abzugsfähig seien. Gegen diese Behandlung besteht das Bedenken, daß ein Pflichtiger, dessen Einkünfte nach § 4 EStG ermittelt werden, durch die Berücksichtigung der Wertminderung des Bodens als Aufwand entgegen der Vorschrift des § 4 Abs. 1 Satz 5 EStG mittelbar eine Abschreibung des Grund und Bodens auf einen niedrigeren Teilwert durchführen kann. Wenn daher die Ausbeute innerhalb eines land- oder forstwirtschaftlichen Betriebs erfolgt, müßte der Ausgabenabzug auf die durch sie veranlaßten Aufwendungen beschränkt bleiben. Eine Entwertung des Bodens, der im Vermögensvergleich stets mit dem gleichen Wert zu führen ist, kann dabei nicht als Aufwand berücksichtigt werden. Anderseits müßte aber eine Rückstellung für die Kosten der Einebnung und sonstigen Wiederherstellungsarbeiten zugelassen werden, die nach der Entsch. VI A 560/28 (s. unter a) nicht neben der Entwertung des Grundstücks durch den Abbau berücksichtigt werden sollten. Selbstverständlich kann kein besonderer Ausfall wegen entzogener landwirtschaftlicher Nutzung geltend gemacht werden.

145. Bilanz- und buchmäßige Durchführung der Absetzung für Abnutzung und Substanzverringerung.

Die Absetzung für Abnutzung kann bilanzmäßig entweder durch unmittelbare Kürzung ihres Betrags am Bilanzansatz des abnutzbaren Wirtschaftsguts auf der Aktivseite oder bei unveränderter Belassung des Aktivpostens durch Einsetzung eines Wertberichtigungspostens auf der Passivseite erfolgen. Ein Gebäudeerneuerungsfonds, der von einer buchführenden Gesellschaft aus einem früheren Spezialreservefonds und dem Gewinn der beiden letzten Wirtschaftsjahre als „Spezialreserve für künftige Abschreibungen" gebildet wurde, wurde in RFH. I A 195/34 v. 4. 2. 36 (RStBl. 36 S. 281, StW. 36 Nr. 141) nicht als ein Wertberichtigungsposten, sondern als eine echte Rücklage (Reinvermögensposten) behandelt. Mit Recht hat der RFH. als entscheidend angesehen, wie dieser Erneuerungsfonds gebildet worden ist. Der Wertberichtigungsposten muß zu Lasten des Gewinns des abgelaufenen Geschäftsjahrs in die Bilanz eingestellt werden. Die Bildung eines neuen Reinvermögenspostens durch die Verringerung eines zu Beginn des Wirtschaftsjahrs bereits vorhandenen anderen Reinvermögenspostens in gleicher Höhe (keine Veränderung, sondern nur Umschichtung des Betriebsvermögens) läßt den Gewinn des Jahres unberührt. Über den Anschluß der Steuerbilanz an die Handelsbilanz bezüglich der Absetzungen vgl. Anm. 55c zu § 5 EStG.

Zum buchmäßigen Nachweis der Absetzungen werden in RFH. VI A 876, 877/31 v. 24. 2. 32 (RStBl. 32 S. 533, StW. 32 Nr. 434) folgende Grundsätze aufgestellt: „Eine ganz genaue Absetzung von den Anschaffungs- oder Herstellungskosten ist nur möglich, wenn Inventarbogen für die einzelnen Gegenstände geführt werden oder die Entwicklung des Gesamtanschaffungswerts eines Bilanzpostens in anderer vollkommen einwandfreier Weise dargestellt ist. Da aber eine genaue Feststellung der einzelnen der Abnutzung unterliegenden Gegenstände bei einem größeren Unternehmen nicht möglich ist, muß es genügen, wenn Gegenstände mit etwa gleicher Lebensdauer in Gruppen zusammengefaßt und die Absetzung unter Wahl eines allgemeinen Pauschalsatzes vorgenommen wird. Auch Gegenstände der verschiedensten Art können möglicherweise im Einzelfall entsprechend ihrer Beanspruchung in dem betreffenden Betrieb die gleiche Lebensdauer haben, so daß aus der Zusammenfassung derartiger Gegenstände in Gruppen noch nicht ohne weiteres geschlossen werden kann, daß die Wahl eines einheitlichen Abschreibungssatzes zu wirtschaftlich unrichtigen Ergebnissen führen müßte." Wegen dieser Möglichkeit der Sammelabsetzung, die von einer Gesamtabschreibung auf den Betrieb zu trennen ist, vgl. auch Anm. 142 c.

6. Abschnitt. Überschuß der Einnahmen über die Werbungskosten.

§ 8 EStG.

Einnahmen

"Einnahmen sind alle Güter, die in Geld oder Geldeswert bestehen und dem Steuerpflichtigen im Rahmen einer der Einkunftsarten des § 2 Absatz 3 Ziffern 4 bis 7 zufließen.

Einnahmen, die nicht in Geld bestehen (Wohnung, Kost, Waren und sonstige Sachbezüge), sind mit den üblichen Mittelpreisen des Verbrauchsorts anzusetzen."

§ 9 EStG.

Werbungskosten

"Werbungskosten sind Aufwendungen zur Erwerbung, Sicherung und Erhaltung der Einnahmen. Sie sind bei der Einkunftsart abzuziehen, bei der sie erwachsen sind. Werbungskosten sind auch:

1. Schuldzinsen und auf besonderen Verpflichtungsgründen beruhende Renten und dauernde Lasten, soweit sie mit einer Einkunftsart in wirtschaftlichem Zusammenhang stehen;
2. Steuern vom Grundbesitz, sonstige öffentliche Abgaben und Versicherungsbeiträge, soweit solche Ausgaben sich auf Gebäude oder auf Gegenstände beziehen, die dem Steuerpflichtigen zur Einnahmeerzielung dienen;
3. Beiträge zu Berufsständen und sonstigen Berufsverbänden, deren Zweck nicht auf einen wirtschaftlichen Geschäftsbetrieb gerichtet ist;

....

6. Absetzungen für Abnutzung und für Substanzverringerung (§ 7).''

Inhaltsübersicht.

146. Verhältnis zum bisherigen Recht.
147. Bedeutung für die Körperschaftsteuer.
148. Unterschied gegenüber der Gewinnermittlung.
149. Einnahmen.
150. Werbungskosten.
   a) Begriff.
   b) Unmittelbare Beziehung der Aufwendungen zu den Einnahmen.
   c) Höhe der Werbungskosten.
   d) Werbungskostenabzug.
   e) Besonders genannte Werbungskosten.
      aa) Schuldzinsen, Renten und dauernde Lasten.
      bb) Steuern vom Grundbesitz und sonstige öffentliche Abgaben.
      cc) Beiträge zu Berufsständen und sonstigen Berufsverbänden.
      dd) Absetzungen für Abnutzung und Substanzverringerung.

146. Verhältnis zum bisherigen Recht.

„Die Vorschriften über die Einnahmen und über die Werbungskosten sind in einem besonderen Unterabschnitt mit der Überschrift „Überschuß der Einnahmen über die Werbungskosten" zusammengefaßt. Dies hat seinen Grund darin, daß abweichend von der Begriffsbestimmung im EStG 1925 die Begriffe „Einnahmen" und „Werbungskosten", die früher für alle Einkunftsarten galten, jetzt nur noch für die Einkünfte aus nichtselbständiger Arbeit, aus Kapitalvermögen und aus Vermietung und Verpachtung sowie für die sonstigen Einkünfte im Sinn des § 22 gelten. Diesen Begriffen „Einnahmen" und „Werbungskosten" entsprechen bei den Einkünften aus Land- und Forstwirtschaft, aus Gewerbebetrieb und aus selbständiger Arbeit die Begriffe „Betriebseinnahmen" und „Betriebsausgaben" (vgl. § 4 Abs. 2 und 3).

Was die Werbungskosten im besonderen anlangt, so sind im § 9 Ziff. 3 die Beiträge zu Berufsständen und sonstigen Berufsverbänden, deren Zweck nicht auf einen wirtschaftlichen Geschäftsbetrieb gerichtet ist, jetzt im Gegensatz zu früher (§ 17 Abs. 1 Ziff. 6 EStG 1925) als Werbungskosten behandelt, weil sie ihrer Natur nach zu diesen und nicht zu den Sonderausgaben gehören. In § 9 Ziff. 2, der § 16 Abs. 5 Ziff. 1 EStG 1925 entspricht, sind die Steuern vom Gewerbebetrieb nicht mehr unter den Werbungskosten aufgeführt, weil, wie bereits oben erwähnt, der Begriff Werbungskosten nur für Einkünfte aus nichtselbständiger Arbeit, aus Kapitalvermögen und aus Vermietung und Verpachtung sowie für die sonstigen Einkünfte im Sinn des § 22 gilt; bei diesen Einkünften kommen Gewerbesteuern nicht in Frage.

Die Aufführung der Absetzung für Abnutzung und für Substanzverringerung in § 9 Ziff. 6 war notwendig, weil derartige Absetzungen auch bei den Einkunftsarten vorkommen können, auf die sich § 9 bezieht" (Begr. zu §§ 8 und 9 EStG, RStBl. 35 S. 39).

147. Bedeutung für die Körperschaftsteuer.

Wie auch in der Gesetzesbegründung hervorgehoben (Anm. 146), gelten die Vorschriften der §§ 8 und 9 nur für die in § 2 Abs. 3 Ziff. 4 bis 7 EStG genannten Einkunftsarten, bei denen der Überschuß der Einnahmen über die Werbungskosten als Einkünfte gilt. Daher ist der Geltungsbereich der Vorschriften für die Körperschaftsteuer auf solche Körperschaften beschränkt, die Einkünfte der genannten Einkunftsarten beziehen und nicht nach den Vorschriften des HGB buchführungspflichtig sind (§ 19 I. KStDVO); denn bei diesen sind alle Einkünfte als Einkünfte aus Gewerbebetrieb zu behandeln und nach § 5 EStG unter Anwendung des kaufmännischen Gewinnbegriffs zu ermitteln. Dagegen ist es möglich, daß eine Stiftung oder ein Verein Einkünfte aus Vermietung und Verpachtung oder aus Kapitalvermögen für sich allein oder neben Einkünften aus Land- und Forstwirtschaft oder Gewerbebetrieb bezieht. Die ersten sind dann nach dem Überschuß der Einnahmen über die Werbungskosten festzustellen.

148. Unterschied gegenüber der Gewinnermittlung.

Der wesentliche Unterschied der Ermittlung des Überschusses der Einnahmen über die Werbungskosten gegenüber der Ermittlung des Gewinns nach den §§ 4, 5 EStG besteht darin, daß Wertminderungen bezüglich der Gegenstände, die zur Erzielung der Einkünfte verwendet oder genutzt werden, nicht in Betracht kommen, sondern nur Absetzungen wegen Abnutzung oder Substanzverringerung (Anm. 150 e, dd). Beispiel: Einer Stiftung gehört ein Haus, aus dessen Vermietung sie Einkünfte erzielt. Von den Einnahmen kann sie einen der jährlichen Abnutzung entsprechenden Betrag abziehen, auch einen wegen einer außergewöhnlichen Abnutzung. Nicht aber kann sie einen Abzug mit der Begründung machen, daß der gemeine Wert des Hauses offenbar unter die um die Absetzungen für Abnutzung gekürzten Anschaffungskosten gesunken sei. Anderseits braucht die Stiftung einen Gewinn bei Veräußerung des Grundstücks nicht zu versteuern, es sei denn, daß ein Spekulationsgeschäft im Sinn des § 23 EStG anzunehmen ist. Wegen der Besonderheiten über die Zurechnung von Einnahmen und Ausgaben zu einem Kalenderjahr (Zu- und Abfließen) vgl. Anm. 153 u. 154 zu § 11 EStG und wegen des engeren Begriffs der Werbungskosten gegenüber den Betriebsausgaben Anm. 17a zu § 4 EStG.

149. Einnahmen.

Einnahmen sind nach § 8 Abs. 1 alle in Geld oder Geldeswert bestehenden Güter, und zwar ohne jeden Abzug (Roheinnahmen), die dem Steuerpflichtigen im Rahmen einer der Einkunftsarten des § 2 Abs. 3 Ziff. 4 bis 6 zufließen. Die Einnahmen müssen einer der genannten Einkunftsarten nach der Verkehrsauffassung zugerechnet werden können (vgl. Anm. 3 zu § 2 EStG), wobei es dann für die Besteuerung gleichgültig ist, daß sie aus einer verbotenen oder unsittlichen Betätigung herrühren (vgl. Anm. 4 zu § 2 EStG). Eine Einnahme stellt noch nicht die Einräumung einer reinen Nutzungsberechtigung (Nutzungsmöglichkeit) im rechtlichen oder wirtschaftlichen Sinn dar, wie z. B. die Bestellung eines Nießbrauchs oder die Einräumung eines zinslosen Darlehens; als das Zufließen von Einnahmen können vielmehr nach RFH. VI A 958/29 v. 18. 12. 29 (RStBl. 30 S. 320, StW. 30 Nr. 346) nur die auf Grund der Berechtigung gezogenen Nutzungen angesehen werden. Ebensowenig kann es als Zufluß eines geldwerten Gutes behandelt werden, wenn die Möglichkeit, Einnahmen in Geld oder Geldeswert zu ziehen, nicht ausgenutzt wird; daher ist auch die unentgeltliche Überlassung einer Wohnung durch den Eigentümer an einen Dritten eine in Geldeswert bestehende Einnahme beim Dritten, nicht aber beim Eigentümer, der die Wohnung selbst nicht nutzt. Auch die Ersparung von Ausgaben kann nicht als Einnahme angerechnet werden. Die Nutzung von eigenen Räumen zu Betriebszwecken erspart dem Betrieb die Ausgaben für Mieträume und beeinflußt bereits dadurch und auch nur insoweit das Betriebsergebnis. Zu den Einnahmen gehören auch Beträge, die zunächst nur vorschußweise gezahlt werden. Müssen die Vorschüsse bereits im Kalenderjahr ihrer Vereinnahmung wieder ganz oder teilweise zurückgezahlt werden, dann unterbleibt in Höhe des zurückbezahlten Betrags ihr Ansatz als Einnahme bei der Veranlagung (Zufließen und Abfließen im gleichen Kalenderjahr). Erfolgt die Rückzahlung von Vorschüssen in einem späteren Kalenderjahr als dem der Vereinnahmung, dann fließen die früher zugeflossenen Einnahmen wieder ab und stellen im Jahre der Rückzahlung Werbungskosten dar. Eine Berichtigung der früheren Veranlagung ist wegen der späteren Rückzahlung des Vorschusses ausgeschlossen; denn sie ist nach den Verhältnissen des maßgebenden Kalenderjahrs richtig erfolgt. Die Erstattung von Ausgaben, die als Werbungskosten in Betracht kommen, ist sinngemäß zu behandeln. Werbungskosten, die im Kalenderjahr ihrer Verausgabung wieder durch Vereinnahmung zurückfließen, bleiben unberücksichtigt, dagegen stellt der Rückfluß von in einem vorangegangenen Kalenderjahr abgezogenen Werbungskosten im Kalenderjahr der Vereinnahmung eine steuerpflichtige Einnahme dar.

Geldwerte Güter im Sinn des § 8 Abs. 1 EStG sind die Sachbezüge aller Art. Dazu gehören auch Bezüge in fremder Währung, da unter Geld im Sinn des Gesetzes nur das Geld deutscher Währung zu verstehen ist. Für den Ansatz der in Geldeswert bestehenden Güter findet nach § 8 Abs. 2 EStG eine Art Bewertung statt und zwar nach den üblichen Mittelpreisen des Verbrauchsorts. Bei Körperschaften kommt als Verbrauchsort der Sitz oder Ort der Leitung in Betracht. Für Wertpapiere einschließlich der Steuergutscheine und Bezüge in fremden Währungen ist der Kurswert und beim Fehlen eines solchen der gemeine Wert am Verbrauchsort anzusetzen. Maßgebend für den Wertansatz ist der Zeitpunkt des Zufließens der Sachbezüge.

150. Werbungskosten.

a) Der **Begriff der Werbungskosten**, der nunmehr nur noch für die Einkunftsarten des § 2 Abs. 3 Ziff. 4 bis 7 EStG gilt, wird in § 9 Satz 1 EStG als „Aufwendungen zur Erwerbung, Sicherung und Erhaltung der Einnahmen" festgelegt.

Die Werbungskosten müssen, um abzugsfähig zu sein, mit bestimmten Einnahmen im Zusammenhang stehen, sie müssen zur Erwerbung usw. dieser Einnahmen aufgewendet sein. Dazu genügt nicht die Absicht der Erzielung irgendwelcher Einnahmen, sondern es muß sich um Einnahmen handeln, die zu einer der Einkunftsarten des § 2 Abs. 3 Ziff. 4—7 a. a. O. zu rechnen sind. Einnahmen, deren Zufließen keine Steuerpflicht nach einer der genannten Einkunftsarten auslöst, scheiden aus. Der Steuerpflichtige muß deshalb die Aufwendungen ernstlich zur Erwerbung, Sicherung oder Erhaltung von steuerpflichtigen Einnahmen und nicht nur zur Befriedigung eines persönlichen Bedürfnisses, z. B. aus Liebhaberei, gemacht haben (RFH. VI B 44/25 v. 18. 2. 25, E. 15 S. 291, RStBl. 25 S. 107, StW. 25 Nr. 182). Wegen der Abgrenzung der Liebhaberei gegenüber einer einkommensteuerrechtlich bedeutsamen Betätigung vgl. Anm. 6 zu § 2 EStG. Die Beziehung der Aufwendungen zu steuerpflichtigen Einnahmen fehlt auch bei steuerfreien Vermögensanfällen (vgl. Anm. 7 zu § 2 EStG). Kosten, die im Zusammenhang mit einem Erbanfall entstehen, betreffen in erster Linie einen einkommensteuerfreien Vermögensanfall und erst in zweiter Linie dienen sie der Sicherung der späteren Einkünfte aus der Erbschaft. Sie sind daher keine Werbungskosten (RFH. VI A 1469/30 v. 18. 12. 30, RStBl. 31 S. 381, StW. 31 Nr. 293). Ebensowenig können nach RFH. VI A 261/27 v. 30. 6. 27 (E. 21 S. 244, RStBl. 27 S. 197, StW. 27 Nr. 300) Verluste aus Rennwetten als Werbungskosten geltend gemacht werden, da Gewinne aus Rennwetten unter keine der Einkunftsarten des Gesetzes, auch nicht unter die sonstigen Einkünfte im Sinn des § 22 Ziff. 3 EStG (Einkünfte aus Leistungen) fallen, es sei denn, daß die Wettgewinne in einem Gewerbebetrieb anfallen. Nach RFH. VI A 1332/29 v. 27. 11. 29 (RStBl. 30 S. 61, StW. 30 Nr. 18) können als Werbungskosten auch Aufwendungen anzuerkennen sein, die zur Verminderung abzugsfähiger Ausgaben, im besonderen abzugsfähiger Schuldzinsen gemacht werden, da diese gleichzeitig eine Erhöhung der steuerpflichtigen Einkünfte bewirken. Wegen der Ablösung laufender steuerlich abzugsfähiger Ausgaben s. Anm. 156 d, bb zu § 24 EStG. Werbungskosten sind auch die Abwehrkosten, die zur Verhütung der Erhöhung einer abzugsfähigen Ausgabe gemacht werden (RFH. VI A 576/37 v. 6. 10. 37 (E. 42 S. 214, RStBl. 38 S. 103, StW. 37 Nr. 632). Wegen der Behandlung des Abflusses von bereits in einem vorausgegangenen Kalenderjahr versteuerten Einnahmen als Werbungskosten des späteren Kalenderjahrs vgl. Anm. 149 Abs. 1.

Wenn nach dem Gesetz für die Anerkennung der Werbungskosten eine unmittelbare Beziehung der Aufwendungen zu den steuerpflichtigen Einnahmen verlangt wird, so ist daraus nicht abzuleiten, daß die erstrebten Einnahmen auch tatsächlich in dem Jahre, in dem Aufwendungen gemacht wurden, erzielt wurden (RFH. VI A 505/27 v. 21. 12. 27, E. 22 S. 339, RStBl. 28 S. 108, StW. 28 Nr. 50). Unter der Voraussetzung, daß es sich stets um einen ausreichend klaren Zusammenhang der Ausgaben mit einer bestimmten, in Aussicht genommenen Einkunftsart im Sinn des EStG handelt, können nach RFH. VI A 998/30 v. 5. 8. 30 (RStBl. 31 S. 190, StW. 31 Nr. 1189) auch Aufwendungen abgesetzt werden, die erfolglos gemacht wurden und nicht zu den erstrebten Einnahmen geführt haben. Aufwendungen, mit denen irgend eine noch unsichere Einkunftsart erstrebt wird, können dagegen nach der Entsch. wegen des Fehlens des unmittelbaren Zusammenhangs mit einkommensteuerpflichtigen Einkünften nicht als Werbungskosten anerkannt werden. Weiter können Werbungskosten nicht nur zur Erhaltung einer bereits bestehenden Einkommensquelle gemacht werden, sondern auch zur Schaffung einer neuen Einkommensquelle. Daher sind auch Aufwendungen, die vor Eröffnung der eine Einkunftsart des Gesetzes begründenden Tätigkeit zur Eröffnung dieser Tätigkeit gemacht werden, als Werbungskosten möglich (vgl. RFH. VI A 75/29 v. 17. 10. 29, RStBl. 30 S. 664, StW. 30 Nr. 93, z. B. durch Abtretung eines Geländes zur Sicherstellung von Pachteinnahmen aus dem verbleibenden Gelände auf 10 Jahre), wenn die Aufwendung nicht in erster Linie als Aufwendung auf das vorhandene Vermögen (z. B. durch Erhöhung des Werts des Restgrundstücks als Baugelände) anzusehen ist.

Die Werbungskosten unterscheiden sich durch den für sie erforderlichen engen Zusammenhang mit den steuerpflichtigen Einnahmen grundsätzlich von den Sonderausgaben. Die Sonderausgaben, die durch die besondere Vorschrift des § 10 EStG steuerfrei belassen werden, würden ohne diese sachliche Befreiungsvorschrift als Kosten der Lebensführung oder als Ausgaben, die nicht mit bestimmten Einkünften in einem wirtschaftlichen Zusammenhang stehen, die Verwendung bezogener Einkünfte darstellen und die Höhe des Einkommens nicht beeinflussen können. Ihrem Wesen entsprechend können daher die Sonderausgaben nur vom Einkommen abgezogen werden, während die Werbungskosten entsprechend dem erforderlichen Zusammenhang mit bestimmten Einkünften bei der zugehörigen Einkunftsart berücksichtigt werden müssen und nur in Höhe eines etwaigen Unterschusses (Überschuß der Ausgaben über die Einnahmen) mit dem Ergebnis anderer Einkunftsarten zur Feststellung des Einkommens ausgeglichen werden können (vgl. § 2 Abs. 2 EStG und Anm. 151).

b) Der allgemeine Werbungskostenbegriff als der zur Erwerbung, Sicherung und Erhaltung der Einnahmen gemachten Aufwendungen erfordert eine **unmittelbare Beziehung der Aufwendungen zu den Einnahmen.** Danach ist bei Einkunftsarten, die auf der Nutzung oder Verwendung einer bestimmten Vermögensanlage wie eines Kapital- oder Grundvermögens beruhen, grundsätzlich zwischen den Aufwendungen auf die Vermögensanlage und den zur Erzielung der Einnahmen gemachten Aufwendungen zu unterscheiden. Für das bisherige Recht hat der RFH. in ständiger Rechtsprechung bei Berechnung des Überschusses der Einnahmen über die Ausgaben, auf den nunmehr der Werbungskostenbegriff beschränkt ist, einen unmittelbaren Zusammenhang der zum Abzug begehrten Werbungskosten mit den Einnahmen gefordert und einen nur mittelbaren Zusammenhang mit den Einkünften, wie er z. B. bei einer Aufwendung zur Erhaltung und Sicherung der Vermögenssubstanz besteht, nicht als genügend anerkannt (vgl. RFH. VI A 936/31 v. 8. 7. 31, E. 29 S. 125, RStBl. 31 S. 818, StW. 32 Nr. 131). Das Erfordernis des unmittelbaren Zusammenhangs wurde für die Einkünfte aus Kapitalvermögen streng durchgeführt und es wurden nur solche Ausgaben zu den Werbungskosten gerechnet, die unmittelbar zur Erlangung oder Erhaltung der Einkünfte selbst gemacht sind (Safemiete oder Versicherungsbeiträge), wobei jede einzelne Anlage für sich zu betrachten war (RFH. VI A 1476/28 v. 28. 11. 28, RStBl. 29 S. 65, StW. 29 Nr. 167). Als nicht unmittelbar die Einnahmen berührend und daher nicht als Werbungskosten wurden anerkannt die Aufwendungen zur Erwerbung des Stammrechts (Beteiligung), aus dem die Einnahmen fließen, Verluste aus einer Beteiligung an einer GmbH. oder aus einem Darlehen des Gesellschafters an die GmbH. oder aus Bürgschaftsübernahme der Gesellschafter für die GmbH. sowie Nachschüsse der Gesellschafter an die Kapitalgesellschaft (RFH. VI A 729/28 v. 20. 6. 29, E. 25 S. 255, StW. 29 Nr. 627, VI A 989/28 v. 8. 8. 29, RStBl. 29 S. 588, StW. 29 Nr. 698 und die dort genannten Entsch.). Auch in RFH. I A 377/28 v. 7. 2. 29 (RStBl. 29 S. 193, StW. 29 Nr. 359) wurden als Werbungskosten für Einkünfte aus Kapitalvermögen nicht die Aufwendungen auf die Gesamtheit der Kapitalanlagen oder die einzelnen Kapitalanlagen, sondern nur die Aufwendungen angesehen, die erforderlich sind, um aus der bestehenden einzelnen Kapitalanlage die bestimmungsgemäß aus ihr fließenden Einkünfte zu erhalten. Die Kosten der Verwaltung eines Vermögens können nach RFH. VI A 1503/28 v. 19. 12. 28 (RStBl. 29 S. 140, StW. 29 Nr. 162) und VI A 237/32 v. 23. 6. 33 (RStBl. 34 S. 250, StW. 33 Nr. 700) nur dann als Werbungskosten anerkannt werden, wenn die Fürsorge und Aufsicht zur Erhaltung der Einkünfte bedeutsam im Vordergrund steht. Bei einer kapitalistischen Mehrheitsbeteiligung an zusammenhängenden Konzernunternehmen wurden in RFH VI A 159/36 v. 29. 7. 36 (RStBl. 36 S. 967, StW. 36 Nr. 418) die Verwaltungskosten als Werbungskosten angesehen, weil sich die Verwaltung eines derartigen Kapitalvermögens weithin einem Gewerbebetrieb nähere und die Verwaltung des Stammkapitals als solchen zurücktrete. Weiter wurden in VI A 936/31 (s. oben) für Zinseinkünfte aus einer Hypothek nicht die Kosten eines um die Aufwertung des Kapitals geführten Rechtsstreits als Werbungskosten angesehen. Dagegen läßt sich nach dieser Entsch. für die Einkünfte aus Vermietung und Verpachtung die Trennung zwischen unmittelbarem und mittelbarem Zusammenhang von Aufwendungen und Einnahmen nicht streng aufrecht erhalten, weil es sich um der Abnutzung unterliegende Anlagewerte handle, deren Anschaffungs- oder Herstellungskosten nach den für die Absetzungen für Abnutzung geltenden Grundsätzen auf die ganze Dauer verteilt abzugsfähig sein müßten, auch wenn sich insoweit für den Steuerabschnitt keine besonderen Ausgaben ergäben. Diese Ausgaben beträfen in erster Linie die Anlage und nur mehr oder weniger mittelbar die Einkünfte als solche. Weiter müßten aber auch Kosten aus Streitigkeiten wegen des Gegenstands selbst, die der Sicherung des Anschaffungs- oder Herstellungswerts dienten, verteilt abzugsfähig sein, wenn sie nicht vollständig außer Beziehung zu den Einkünften aus Vermietung und Verpachtung seien. Auch sei der laufende Erhaltungsaufwand, der ebenfalls zunächst die Anlage betreffe, zum alsbaldigen Abzug zuzulassen, ohne daß untersucht werde, ob er unmittelbar auf den Gebrauch des Mieters oder Pächters zurückzuführen sei. Schließlich seien auch Aufwendungen geringer Höhe, die zur Sicherung des Mietgegenstands gemacht würden, ohne Verteilung sofort abzugsfähig, wenn es sich um kleinere Ausgabebeträge handle. Die Absetzungen für Abnutzung und Substanzverringerung gehören nunmehr nach § 9 Ziff. 6 EStG zu den Werbungskosten. Das Vorhandensein eines Betriebs ist in diesem Fall nicht Voraussetzung des Abzugs. Die Erweiterung des Werbungskostenbegriffs, insbesondere für die Einkünfte aus Vermietung und Verpachtung besteht also nach dem EStG 1934 ausschließlich in der Zulassung der Absetzungen für Abnutzung und Substanzverringerung im Sinn des § 7 a. a. O. Die Erweiterung erschöpft sich daher insoweit in der Verteilung des ursprünglichen oder nachträglichen Anschaffungs- oder Herstellungsaufwands auf die Gesamtdauer der Verwendung oder Nutzung, wobei dann auch die Grundsätze über die sofortige Verteilung laufenden Erhaltungsaufwands anwendbar bleiben. Nur insoweit kann daher der in RFH. VI A 13/33 v. 17. 10. 34 (StW. 34 Nr. 735) zum EStG 1925 aufgestellte Satz, der Werbungskostenbegriff nähere sich bei den Einkünften aus Vermietung und Verpachtung den bei den Einkunftsarten des § 6 Abs. 1 Ziff. 1—3 EStG 1925 (§ 2 Abs. 3 Ziff. 1—3 EStG 1934) geltenden Begriff (der Betriebsausgaben), auch für das EStG 1934 aufrecht erhalten werden.

c) Die Höhe der Werbungskosten bestimmt sich nach den tatsächlich geleisteten Aufwendungen. Es kommt daher für ihre Abzugsfähigkeit nicht darauf an, ob die Aufwendungen, sachlich betrachtet, zur Erwerbung usw. der Einnahmen geeignet waren, sondern darauf, wie sie der Steuerpflichtige selbst auffaßte (RFH. VI B 44/25 v. 18. 2. 25, E. 15 S. 291, RStBl. 25 S. 107, StW. 25 Nr. 182). Die Werbungskosten sind deshalb nicht nur die notwendigen, sondern die tatsächlich gemachten Aufwendungen (RFH. VI A 614/28 v. 13. 6. 28, RStBl. 29 S. 35, StW. 28 Nr. 522). Als Werbungskosten kommen die tatsächlich in bar oder in Sachleistungen aufgewendeten Beträge in Betracht, dagegen nicht ersparte Aufwendungen. Eine Berücksichtigung der Aufzehrung der eigenen Arbeitskraft des Steuerpflichtigen wurde in RFH. VI A 255/27 v. 7. 7. 27 (RStBl. 27 S. 199, StW. 27 Nr. 356) mit Recht abgelehnt. Die Sachaufwendungen sind mit den Anschaffungs- oder Herstellungskosten anzusetzen; denn diese stellen den Betrag dar, den der Pflichtige aufgewendet hat. Gleichgültig ist es für die Zulässigkeit des Werbungskostenabzugs, aus welchen Mitteln die verausgabten Beträge stammen. Sie sind auch dann abzusetzen, wenn der Steuerpflichtige das Geld für die Aufwendungen bei einem Dritten entlehnt, oder wenn er es als Vorempfang auf künftige Erbschaft, als Ausstattung oder als Unterhaltszuschuß erhalten hat (RFH. VI A 111/37 v. 10. 2. 37, E. 41 S. 50, RStBl. 37 S. 898, StW. 37 Nr. 145).

d) Die Werbungskosten sind nach § 9 Satz 2 EStG bei der Einkunftsart abzuziehen, bei der sie erwachsen sind. Werbungskosten, die sich auf nicht steuerpflichtige oder ausdrücklich steuerbefreite Einkünfte beziehen, können daher nicht abgezogen werden (vgl. dazu auch das Erfordernis des unmittelbaren wirtschaftlichen Zusammenhangs der Ausgaben mit steuerpflichtigen Einkünften bei nur teilweise steuerpflichtigem Einkommen nach § 13 KStG). Übersteigen die Werbungskosten die Einnahmen (Unterschuß) oder sind bei einer Einkunftsart nur Werbungskosten erwachsen, dann ist der Unterschuß oder der Werbungskostenbetrag nach § 2 Abs. 2 EStG zur Berechnung des Einkommens des Steuerpflichtigen mit den Ergebnissen anderer Einkunftsarten auszugleichen. Wegen des Ausschlusses dieses Ausgleichs in bestimmten Fällen vgl. Anm. 2 zu § 2 EStG.

e) Zu den Werbungskosten gehören nach der besonderen Aufführung in § 9 auch:

aa) „Schuldzinsen und auf besonderen Verpflichtungsgründen beruhende Renten und dauernde Lasten, soweit sie mit einer Einkunftsart in wirtschaftlichem Zusammenhang stehen" (§ 9 Ziff. 1 EStG).

Schuldzinsen sind die regelmäßig in einem Hundertsatz des Kapitals vereinbarten Beträge, die der Schuldner dem Gläubiger als Vergütung für die Überlassung und Belassung des Kapitals zu entrichten hat. Weiter gehören dazu nach RFH. VI A 1332/29 v. 27. 11. 29 (RStBl. 30 S. 61, StW. 30 Nr. 18) auch einmalige, zum Zinsausgleich vorgenommene Abzüge und andere unmittelbare Vergütungen für die Geldüberlassung, die der Schuldner dem Gläubiger leisten muß, wie das sog. damnum (Darlehensaufgeld), das meist eine verschleierte Zinserhöhung darstellt. Als Vergütung für das gewährte Darlehen, damit als Zins im Rechtssinn sind nach RFH. VI A 63/30 v. 22. 1. 30 (RStBl. 30 S. 145, StW. 30 Nr. 349) auch die bei Aufnahme von Bankkredit üblichen Umsatz- und Kreditprovisionen, nicht dagegen die an einen Geldvermittler (als Dritten) gezahlte Provision und die an den Geldgeber unmittelbar gezahlte Abschlußprovision (RFH. VI A 640/30 v. 30. 4. 30 RStBl. 30 S. 437, StW. 30 Nr. 776) zu rechnen. Leistungen an Dritte müssen als Schuldzinsen ausscheiden, weil sie über das Verhältnis von Gläubiger und Schuldner hinausgehen, ebenso alle Leistungen, die sich als Abzahlungen an dem gewährten Kapital selbst darstellen oder solche, die in weiteren selbständigen Tatumständen ihre besondere rechtliche Grundlage haben (vgl. RFH. VI A 1332/29 oben). Der Bürge kann die von ihm für den Hauptschuldner gezahlten Schuldzinsen beim Bestehen des erforderlichen wirtschaftlichen Zusammenhangs mit einer Einkunftsart als Werbungskosten abziehen, sofern sich die Schuldzinsen wirtschaftlich als endgültig von ihm zu bezahlende Schuldzinsen erweisen, die also auf ein letzten Endes von ihm geschuldetes und von ihm zu bezahlendes Kapital entfallen (RFH. VI A 1083/33 v. 7. 3. 34, RStBl. 34 S. 711, StW. 34 Nr. 293). Eine etwaige Ersatzleistung des Hauptschuldners stellt dann eine steuerpflichtige Einnahme dar.

Der Begriff der Rente setzt die Verpflichtung zu wiederkehrenden Leistungen auf Grund eines Rentenstammrechts und für eine gewisse Zeitdauer voraus (RFH. VI A 369/28 v. 30. 1. 29, RStBl. 29 S. 326, StW. 29 Nr. 389). Die einzelnen Rentenleistungen müssen sich als Erträge des Rentenstammrechts darstellen (RFH. VI A 779/30 v. 25. 10. 30, E. 27 S. 265, RStBl. 31 S. 23, StW. 31 Nr. 89). Zur Annahme einer Rente müssen rechtlich bindende gleichförmige Leistungen auf Lebenszeit (Leibrente) oder auf längere Zeit (Zeitrente) zugesichert sein. Daher genügt es nicht, wenn die Leistungen auf eine bestimmte Zeit von wenigen Jahren oder auf eine ihrer Natur nach nur beschränkte Zeitdauer, z. B. des Hochschulstudiums befristet ist (z. B. RFH. VI A 1124/30 v. 28. 7. 30, StW. 30 Nr. 1188). Eine d a u e r n d e L a s t braucht nicht für immer zu bestehen; es genügt auch eine längere Dauer, die allerdings meist unbestimmt sein wird, nicht aber eine bestimmte, auf eine geringere Anzahl von Jahren erstreckte Dauer (RFH. VI A 1124/30 oben und

VI A 420/31 v. 19. 8. 31, RStBl. 31 S. 910). Renten oder dauernde Lasten **müssen auf persönlichen Verpflichtungsgründen beruhen**. Ihre Leistung darf also nicht freiwillig sein, sondern muß auf Grund einer bürgerlich-rechtlichen, öffentlich-rechtlichen oder auch gesetzlichen Verpflichtung erfolgen. Für eine bürgerlich-rechtliche Verpflichtung muß das Rechtsgeschäft in die nach bürgerlichem Recht erforderliche Rechtsform gekleidet sein (z. B. Schenkungsvertrag in gerichtlicher oder notarieller Beurkundung § 518 BGB, Leibrentenvertrag in schriftlicher Form § 761 BGB). Eine Heilung des Mangels der gesetzlich erforderlichen Form durch Erfüllung (bei formloser Schenkung § 518 Abs. 2 BGB) scheidet für die Einkommensteuer aus. Trotz Mangels der Form hat aber der RFH. in ganz besonderen Ausnahmefällen die steuerliche Abzugsfähigkeit dann nicht versagt, wenn sich der Verpflichtete unzweifelhaft durch das formlose Versprechen über eine moralische Verpflichtung hinaus rechtlich zur Erfüllung für verpflichtet gehalten und entsprechend gehandelt hat und wenn ganz besondere Umstände das Fehlen der Rechtsform rechtfertigen (RFH. VI A 403/28 v. 13. 6. 28, StW. 28 Nr. 526, VI A 420/31 v. 19. 8. 31, RStBl. 31 S. 910).

Schuldzinsen, Renten und dauernde Lasten müssen mit einer Einkunftsart des § 2 Ziff. 4—7 EStG in wirtschaftlichem Zusammenhang stehen, um als Werbungskosten abzugsfähig zu sein. Dieser wirtschaftliche Zusammenhang als Werbungskosten wird dadurch hergestellt, daß sie zur Erwerbung, Sicherung und Erhaltung der Einnahmen aufgewendet werden. Nach der Rechtsprechung des RFH. (vgl. RFH. VI A 1332/29 f. Abs. 1) genügt zur Begründung des wirtschaftlichen Zusammenhangs von Schuldzinsen mit Einkünften aus Vermietung und Verpachtung nicht schon, daß es sich um die Verzinsung einer auf einem Grundstück ruhenden Hypothek handelt und das belastete Grundstück Mieteinkünfte abwirft, sondern es bedarf näherer Beziehungen wie etwa der Geldaufnahme zu Aufwendungen auf das Grundstück oder der Übernahme einer Hypothek beim Erwerb. Kosten der Geldbeschaffung sind bei der Besteuerung nach dem Überschuß der Einnahmen über die Werbungskosten Aufwendungen für die Kapitalanlage. Kommen hier schon die Anschaffungskosten nicht unmittelbar als abzugsfähige Werbungskosten in Frage, so gilt das nach RFH. VI A 1332/29 noch viel mehr für die noch weiter außer Zusammenhang stehenden Kosten der Geldbeschaffung (vgl. auch RFH. VI A 942/33 v. 13. 2. 35, StW. 35 Nr. 202 a. E.). Ebensowenig können wegen des Fehlens der unmittelbaren Beziehung zu den Einnahmen Schuldzinsen Werbungskosten für Einkünfte aus nichtselbständiger Arbeit (RFH. VI A 924/32 v. 14. 3. 33, E. 33 S. 44, RStBl. 33 S. 586, StW. 33 Nr. 480) oder für die Einkünfte aus Kapitalvermögen beim Erwerb von Wertpapieren unter Inanspruchnahme von Kredit sein (vgl. RFH. VI A 1118/32 v. 21. 12. 32, RStBl. 33 S. 27). Dagegen können die Schuldzinsen in diesen Fällen regelmäßig als Sonderausgaben nach § 10 Abs. 1 Ziff. 2 EStG in Betracht kommen (vgl. Anm. 151 b).

Schuldzinsen, Renten und dauernde Lasten sind auch wie die sonstigen Werbungskosten mit ihrer Verausgabung abziehbar. Daher wird das sogen. Damnum (Darlehensaufgeld) bei der Versteuerung nach dem Überschuß der Einnahmen über die Werbungskosten als Aufgeld erst im Jahre der Rückzahlung des Darlehnsbetrags (Hypothek) abgezogen (RFH. VI A 127/29 v. 1. 5. 29, RStBl. 29 S. 427, StW. 29 Nr. 496), weil der Schuldner nunmehr über den empfangenen Darlehnsbetrag hinaus den vollen Nennbetrag einschließlich Aufgeld zurückzahlen muß. Dagegen ist das bei Aufnahme einer Hypothek eingeräumte Damnum nach RFH. VI A 969/34 v. 5. 12. 34 (E. 37 S. 103, RStBl. 35 S. 336, StW. 35 Nr. 74) im Fall der Prolongation der Schuld nach Eintritt der Kündbarkeit für den Schuldner als abgeflossen und dem Gläubiger als zugeflossen zu behandeln. Dies gilt für die in bar zu zahlende Schuld. Ist aber der Schuldner zur Zurückzahlung der Schuld in Pfandbriefen berechtigt, dann darf er nach RFH. VI A 942/33 v. 13. 2. 35 (RStBl. 35 S. 825, StW. 35 Nr. 202) nur im Fall der Prolongation das Damnum dann noch nicht abziehen, wenn die Pfandbriefe im Zeitpunkt der Prolongation so niebrig stehen, daß bei einer Rückzahlung in Pfandbriefen nicht mehr als der eigentliche Darlehnsbetrag bezahlt würde. Bei Ablösung dauernder Renten oder Lasten durch Hingabe von Kapital ist der gezahlte Kapitalbetrag für einen Steuerpflichtigen, der nach dem Überschuß der Einnahmen über die Werbungskosten besteuert wird, im Jahre der Bezahlung des Kapitalbetrags voll abzugsfähig (RFH. VI A 1950/30 v. 1. 7. 31, RStBl. 31 S. 668, StW. 31 Nr. 910 und I A 292/33 v. 20. 2. 35, RStBl. 35 S. 873, StW. 35 Nr. 220). Diese Behandlung der Kapitalhingabe, durch die Ausgaben abgelöst werden, als eine einmalige Ausgabe entspricht nach RFH. VI A 1950/30 der in § 24 Ziff. 1 a EStG enthaltenen Regelung einer Kapitalabfindung, die an Stelle laufender Einnahmen tritt. In beiden Fällen unterbleibt eine Verteilung der Kapitalabfindung über mehrere Jahre (f. Anm. 156 d, bb zu § 24 EStG).

bb) Steuern vom Grundbesitz, sonstige öffentliche Abgaben und **Versicherungsbeiträge**, soweit solche Ausgaben sich auf Gebäude oder auf Gegenstände beziehen, die dem Steuerpflichtigen zur Einnahmeerzielung dienen (§ 9 Ziff. 2 EStG). Steuern sind nach § 1 Abs. 1 Satz 1 AO einmalige oder laufende Geldleistungen, die nicht eine Gegenleistung für eine besondere Leistung darstellen und von einem öffentlich-rechtlichen Gemeinwesen zur Erzielung von Einkünften allen auferlegt werden, bei denen der Tatbestand zutrifft, an den das Gesetz die Leistungspflicht knüpft. Steuern vom Grundbesitz sind die bisher nach Landesrecht erhobenen Grund- oder Grundvermögensteuern und Haus- oder Gebäudesteuern und die gemeindlichen Zuschläge dazu sowie die Hauszinssteuer, mit Wirkung vom Rechnungsjahr 1938 (1. 4. 1938) ab die nach dem Grundsteuergesetz v. 1. 12. 36 (RGBl. I S. 986, RStBl. 36 S. 1154) erhobene Grundsteuer. Zu den Versicherungsbeiträgen gehören insbesondere die Beiträge zu Schadensversicherungen aller Art. Der Erzielung von Einnahmen dienen Gebäude, die vom Eigentümer durch Vermieten oder als Eigenwohnhaus genutzt werden. Auch der selbstwohnende Hauseigentümer darf die von ihm entrichtete Hauszinssteuer als Steuer vom Grundbesitz abziehen, er muß aber anderseits auch als Mietwert der Wohnung im eigenen Haus die volle die Hauszinssteuer mitumfassende Bruttomiete bei den Einnahmen einstellen (RFH. VI A 188/27 v. 15. 2. 28, E. 23 S. 21, StW. 28 Nr. 152).

cc) Beiträge zu Berufsständen und sonstigen Berufsverbänden, deren Zweck nicht auf einen wirtschaftlichen Geschäftsbetrieb gerichtet ist (§ 9 Ziff. 3 EStG). Als Berufsverband kann nach RFH. I A 56/27 v. 4. 3. 27 (E. 20 S. 308, RStBl. 27 S. 112, StW. 27 Nr. 326) nur eine Vereinigung angesehen werden, die aus dem Beruf erwachsene Belange ihrer Mitglieder vertritt und die deshalb nur Angehörige desselben Berufs oder doch nahe verwandter, durch natürliche Interessengemeinschaft verknüpfter Berufe zu Mitgliedern zählen wird. Dabei muß nach RFH. I A 116/32 v. 14. 2. 33 (RStBl. 33 S. 680, StW. 33 Nr. 519) die Wahrung der allgemeinen (ideellen) Interessen der Berufsmitglieder im Vordergrund der Verbandstätigkeit stehen, die unmittelbare Förderung der wirtschaftlichen (materiellen) Interessen der Mitglieder darf daneben nur eine untergeordnete Rolle spielen.

dd) Absetzungen für Abnutzung und für Substanzverringerung (§ 9 Ziff. 6 EStG). Wegen der Bedeutung der Absetzungen für Abnutzung als Werbungskosten vgl. unter b, im übrigen Anm. zu § 7 EStG.

7. Abschnitt. Sonderausgaben.
§ 10 EStG 1934.

„**Sonderausgaben, die vom Gesamtbetrag der Einkünfte abzuziehen sind, sind nur die folgenden:**

....

2. Schuldzinsen und auf besonderen Verpflichtungsgründen beruhende Renten und dauernde Lasten, die weder Betriebsausgaben oder Werbungskosten sind noch mit Einkünften in wirtschaftlichem Zusammenhang stehen, die bei der Veranlagung außer Betracht bleiben;

3. Steuern, die von öffentlich-rechtlichen Religionsgesellschaften erhoben werden (Kirchensteuern);

...."

§ 10 EStG 1938.

„Sonderausgaben, die vom Gesamtbetrag der Einkünfte abzuziehen sind, sind nur die folgenden:

....

2. Schuldzinsen und auf besonderen Verpflichtungsgründen beruhende Renten und dauernde Lasten, die weder Betriebsausgaben oder Werbungskosten sind noch mit Einkünften in wirtschaftlichem Zusammenhang stehen, die bei der Veranlagung außer Betracht bleiben;
3. Steuern, die von öffentlich-rechtlichen Religionsgesellschaften erhoben werden (Kirchensteuern). Der Abzug darf 2 v. H. des Gesamtbetrags der Einkünfte (nach Ausgleich mit Verlusten) nicht übersteigen;

....

6. bei buchführenden Land- und Forstwirten und bei Gewerbetreibenden, die Bücher nach den Vorschriften des Handelsgesetzbuchs führen, die in den beiden vorangegangenen Wirtschaftsjahren entstandenen Verluste aus Land- und Forstwirtschaft und aus Gewerbebetrieb, soweit sie nicht bei der Veranlagung für die vorangegangenen Kalenderjahre ausgeglichen oder abgezogen worden sind. Die Höhe des Verlustes ist nach den Vorschriften der §§ 4 bis 7 zu ermitteln.

...."

Inhaltsübersicht.

151. Sonderausgaben.
   a) Begriff und Bedeutung für die Körperschaftsteuer.
   b) Schuldzinsen, Renten und dauernde Lasten.
   c) Kirchensteuern.
   d) Verlustvortrag.

151. Sonderausgaben.

a) Sonderausgaben sind Aufwendungen, die weder als Betriebsausgaben noch als Werbungskosten mit bestimmten Einkünften oder Einnahmen wirtschaftlich zusammenhängen. Sie sind daher nur auf Grund ausdrücklicher Vorschrift abzugsfähig und ihr Abzug ist auf die in § 10 EStG genannten Ausgaben beschränkt. Wegen der Unterscheidung der Sonderausgaben von den Werbungskosten vgl. Anm. 150 a Abs. 4. Für die Körperschaftsteuer kommen die Sonderausgaben des § 10 Abs. 1 Ziff. 2 und 3 EStG 1934 (vgl. auch VR 36 Anl. 3, RStBl. 37 S. 261) bzw. des § 10 Abs. 1 Ziff. 2, 3 und 6 EStG 1938 insoweit in Betracht, als die Ausgaben nicht bereits als Betriebsausgaben oder Werbungskosten abzugsfähig sind (s. unten Abs. 2). Der im § 10 Abs. 3 u. 4 EStG vorgesehene Pauschbetrag für Sonderausgaben im Sinn des Abs. 1 Ziff. 2—5 a. a. O. gilt für die Körperschaftsteuer nicht; denn diese Vorschrift ist in der Erwägung eingeführt, daß bei jedem Steuerpflichtigen Sonderausgaben der genannten Art in gewisser Höhe vorkommen. Dies ist aber bei Körperschaften hinsichtlich der Sonderausgaben nach Ziff. 2 und 3 nicht der Fall. Bei beschränkt Steuerpflichtigen gibt es keinen Abzug von Sonderausgaben (§ 50 Abs. 1 Satz 2 EStG, s. Anm. 14 und 22 zu § 2 KStG).

Schuldzinsen, Renten usw. sowie Kirchensteuern kommen nur insoweit als Sonderausgaben in Betracht, als sie nicht Betriebsausgaben oder Werbungskosten sind. Werden mit Hilfe einer Schuldaufnahme, gleichgültig für welchen Zweck, Wertpapiere angeschafft, die zu einem Betriebsvermögen gehören, dann ist die Schuld ein passives Wirtschaftsgut des Betriebsvermögens und die dafür zu zahlenden Schuldzinsen sind nach § 4 Abs. 3 EStG 1934 Betriebsausgaben, ohne daß zu untersuchen ist, ob sie etwa mit Einkünften zusammenhängen, die bei der Veranlagung außer Betracht bleiben. Diese Untersuchung erfordert das EStG nur bei den Sonderausgaben, nicht aber bei den Betriebsausgaben. Diese Auffassung ist grundsätzlich auch für buchführungspflichtige Körperschaften maßgebend, die nach § 19 I. KStDVO nur Einkünfte aus Gewerbebetrieb beziehen können. Die gesamte Betätigung dieser Körperschaften stellt einen Gewerbebetrieb dar und alle Ausgaben sind grundsätzlich als Betriebsausgaben, nicht als Sonderausgaben abzugsfähig. Wegen der Einschränkung des Ausgabenabzugs durch § 13 KStG s. Anm. 3 zu § 13 KStG. Der Abzug von Schuldzinsen als Sonderausgaben ist daher nur bei Körperschaften, die nicht unter § 19 I. KStDVO fallen, möglich. Kirchensteuern können von den Körperschaften nicht wie von natürlichen Personen auf Grund ihrer persönlichen Zugehörigkeit zu einer öffentlich-rechtlichen Religionsgesellschaft, sondern nur auf Grund des Vorhandenseins eines Betriebs oder eines Grundstücks oder Gebäudes erhoben werden. Bei buchführungspflichtigen Körperschaften sind deshalb die Kirchensteuern stets Betriebsausgaben und bei den übrigen Körperschaften stellen sie regelmäßig Werbungskosten dar, da die Erträge des Grundstücks stets zur Einkunftsart des § 2 Abs. 3 Ziff. 6 EStG gehören werden. Auch nach den VR 37 H IX (RStBl. 38 S. 234, s. Anh. 17) stellen die Kirchensteuern bei Körperschaften, Personenvereinigungen und Vermögensmassen stets Betriebsausgaben (Werbungskosten) dar. Dagegen gilt der Verlustvortrag nach § 10 Abs. 1 Ziff. 6 EStG 1938 auch im vollen Umfang für alle in Betracht kommenden Körperschaften als Sonderausgabe (vgl. Anl. 3 zu VR 37 Ziff. 5, RStBl. 38 S. 239, s. Anh. 17).

b) Schuldzinsen und auf besonderen Verpflichtungsgründen beruhende Renten und dauernde Lasten sind Sonderausgaben, wenn sie weder als Betriebsausgaben oder als Werbungskosten bei der zugehörigen Einkunftsart abzugsfähig sind, noch mit Einkünften in wirtschaftlichem Zusammenhang stehen, die bei der Veranlagung außer Betracht bleiben. Wegen der Begriffe Schuldzinsen, Renten usw. s. Anm. 150 e, aa zu § 9 EStG.

Der wirtschaftliche Zusammenhang mit nicht steuerpflichtigen Einkünften, dessen Bestehen den Abzug von Schuldzinsen usw. als Sonderausgaben ausschließt, ist nicht wie bei den Werbungskosten als unmittelbarer wirtschaftlicher Zusammenhang zu verstehen, es genügt auch der mittelbare wirtschaftliche Zusammenhang. Nach RFH. VI A 1110/28 v. 27. 10. 28 (RStBl. 29 S. 195, StW. 28 Nr. 797) liegt ein wirtschaftlicher Zusammenhang schon dann vor, wenn eine Handlung, wie z. B. die Aufnahme einer Schuld einem wirtschaftlich erstrebten Erfolg zu dienen bestimmt ist, wenn die Handlung also die wirtschaftliche Bedingung für das angestrebte Ziel ist. Es müssen deshalb die zu verzinsende Schuld oder die Rentenschuld oder die dauernde Last nach ihrer Entstehung und Zweckbestimmung mit einem Vermögensgegenstand des Steuerpflichtigen wirtschaftlich verbunden sein. Der Regelfall ist, daß mit Hilfe der Schuld usw. ein Vermögensgegenstand erworben wurde, der zur Erzielung von Einkünften verwendet wird. Auch für die Feststellung des wirtschaftlichen Zusammenhangs ist wie bei der Abgrenzung der Werbungskosten jede einzelne Kapitalanlage für sich zu behandeln (RFH. VI A 383/31 v. 6. 7. 32, StW. 32 Nr. 996).

Der Abzug von Schuldzinsen, Renten oder dauernden Lasten als Sonderausgaben ist ausgeschlossen, wenn sie mit Einkünften im wirtschaftlichen Zusammenhang stehen, die bei der Veranlagung außer Betracht bleiben. Als solche Einkünfte kommen sowohl Vermögensvermehrungen in Betracht, die keine Einkünfte im Sinn des EStG darstellen, als auch Einkünfte, die nach dem EStG oder KStG oder nach sonstigen Vorschriften sachlich befreit sind. Für den Abzug als Sonderausgaben wird nicht schlechthin ein wirtschaftlicher Zusammenhang mit steuerpflichtigen Einkünften gefordert, sondern nur beim Bestehen eines wirtschaftlichen Zusammenhangs der Ausgaben mit bestimmten, nicht steuerpflichtigen Einkünften wird der Abzug versagt. Daher können Schuldzinsen, die überhaupt nicht mit bestimmten Einkünften im wirtschaftlichen Zusammenhang stehen, sondern z. B. die Lebensführung betreffen, als Sonderausgaben abgezogen

§ 10 EStG. Sonderausgaben. Anmerkung 151.

werden. Auch Zinsen von Schulden, die zur Befriedigung einer Liebhaberei (ebenfalls Lebenshaltung) aufgenommen wurden, sind abzugsfähig (RFH. VI A 541/37 v. 6. 10. 37, RStBl. 37 S. 1167, StW. 37 Nr. 548). Dagegen unterbleibt der Sonderausgabenabzug, wenn Schuldzinsen mit Einkünften zusammenhängen, die auf Grund von Doppelbesteuerungsverträgen nicht der Besteuerung im Inland unterliegen, oder wenn Schuldzinsen für ein Darlehen gezahlt werden, mit dessen Hilfe steuerfreie Reichsanleihe erworben wurde (RFH. VI A 26/34 v. 14. 2. 34, RStBl. 34 S. 660, StW. 34 Nr. 216).

Besondere Bedeutung erlangt der wirtschaftliche Zusammenhang bei Schuldzinsen, die für ein zur Anschaffung von Wertpapieren aufgenommenes Darlehen zu zahlen sind. Diese Schuldzinsen sind nicht als Sonderausgaben abziehbar, wenn der Erwerb der Wertpapiere in spekulativer Absicht geschah, um durch die Erhöhung des Wertes der Wertpapiere (Kurssteigerung) eine der Einkommensbesteuerung nicht unterliegende Vermögensvermehrung oder durch Veräußerung der Wertpapiere einen nach § 22 Abs. 1 Ziff. 1 b EStG nicht steuerpflichtigen Veräußerungsgewinn zu erzielen (vgl. RFH. VI A 571/31 v. 26. 3. 31, E. 28 S. 297, RStBl. 31 S. 488, StW. 31 Nr. 346). Auch der Erwerb von Aktien einer Familien-AG. von einem zur Familie gehörenden Vorstandsmitglied ist, wenn der Erwerb zur inneren Festigung des Unternehmens erfolgt, steuerlich zur Steigerung des inneren Wertes des Unternehmens und der Aktien und damit zur Vermehrung des Vermögens des Erwerbers vorgenommen (RFH. VI A 1487/30 v. 9. 10. 30, RStBl. 31 S. 9, StW. 30 Nr. 1251). Diese Grundsätze gelten nach RFH. VI A 571/31 dann nicht, wenn eine solche spekulative Absicht fehlt oder wenn die Möglichkeit eines Spekulationsgewinns hinter den unmittelbaren Zweck des Erwerbs so zurücktritt, daß der wirtschaftliche Zusammenhang zwischen dem Erwerb und der dazu notwendigen Schuldaufnahme einerseits und dem (steuerfreien) Spekulationsgewinn anderseits als unterbrochen angesehen werden muß. Nach RFH. VI A 1466/31 v. 29. 7. 31 (RStBl. 31 S. 889, StW. 31 Nr. 944) sind die Zinsen für die zur Deckung eines Spekulationsgeschäfts aufgenommenen Schulden vom Einkommen auch dann abziehbar, wenn der wirtschaftliche Zusammenhang zwischen der Schuldaufnahme bzw. dem dadurch bedingten Ankaufsgeschäft und der Spekulation vollständig unterbrochen ist, z. B. durch Verkauf des in Spekulationsabsicht erworbenen Gegenstands oder bei endgültigem Fehlschlag der Spekulation. Der wirtschaftliche Zusammenhang wird aber nicht dadurch unterbrochen, daß die Schuld durch eine andere, die ursprüngliche Deckungsschuld ablösende Schuld bei einem Dritten ersetzt wird. Die für den Ankauf von Wertpapieren unter Aufnahme einer Schuld entwickelten Grundsätze gelten auch für festverzinsliche Wertpapiere (RFH. VI A 383/31 v. 6. 7. 32, StW. 32 Nr. 996) und für sonstige Gegenstände, die einen nicht steuerbaren Spekulationsgewinn ermöglichen, z. B. Bauland (RFH. VI A 607/31 v. 22. 4. 31, RStBl. 31 S. 489, StW. 31 Nr. 720).

Auch die in Spekulationsabsicht erworbenen Wertpapiere können die Quelle von steuerpflichtigen Einkünften sein, wenn während der Besitzzeit Dividenden als Einkünfte aus Kapitalvermögen anfallen. In diesem Fall hat der RFH. die Zinsen für die zum Erwerb der Aktien aufgenommene Schuld in der Höhe der im gleichen Kalenderjahr aus den Aktien bezogenen Dividenden als abzugsfähig anerkannt (RFH. VI A 1503/28 v. 19. 12. 28, RStBl. 29 S. 140, StW. 29 Nr. 162 und VI A 1724/31 v. 12. 11. 31, RStBl. 32 S. 135, StW. 32 Nr. 274). Im Fall des wirtschaftlichen Zusammenhangs der Schuldzinsen mit nicht steuerbaren Einkünften ist also ein beschränkter Abzug der Schuldzinsen als Sonderausgaben möglich, wenn der unter Aufnahme der Schuld beschaffte Gegenstand gleichzeitig auch noch steuerpflichtige Einkünfte erbringt. Diese etwaige Verrechnung von Schuldzinsen ist aber nur mit Kapitalerträgen der durch die Schuldaufnahme erworbenen Kapitalanlage selbst möglich, nicht auch mit Erträgen anderer Kapitalanlagen (RFH. I A 186/33 v. 15. 9. 33, RStBl. 33 S. 1119, StW. 34 Nr. 142 und VI A 916/33 v. 4. 7. 34, StW. 34 Nr. 595).

Zu den Schuldzinsen im Sinn vorstehender Ausführungen sind nicht die Reportzinsen bei Spekulationsgeschäften zu rechnen; diese Zinsen bilden wirtschaftlich einen Teil der Anschaffungskosten der Aktien (RFH. VI A 530/32 v. 23. 11. 32, RStBl. 33 S. 51, StW. 33 Nr. 213).

c) Steuern, die von öffentlich-rechtlichen Religionsgesellschaften erhoben werden (Kirchensteuern). Der im § 1 Abs. 1 Satz 1 AO festgelegte Begriff der Steuer ist auch für die Kirchensteuern maßgebend (vgl. Anm. 150 e bb). Kirchensteuern können nur von Religionsgesellschaften erhoben werden, die die Eigenschaft von Körperschaften des öffentlichen Rechts besitzen. Zu den Steuern können auch nach dem Einkommen oder Vermögen der Mitglieder berechnete Beiträge, die unter Verzicht auf die Inanspruchnahme staatlicher Organe erhoben werden, gerechnet werden (RFH. VI A 633/30 v. 13. 7. 32, E. 31 S. 293, RStBl. 32 S. 853, StW. 32 Nr. 911), dagegen fallen nicht darunter freiwillige Leistungen an eine öffentlich-rechtliche Religionsgesellschaft, auch wenn für die freiwillige Gabe auf Grund sittlicher Pflicht eine gewisse Zwangsläufigkeit gegeben ist (RFH. VI A 296/33 v. 4. 4. 33, RStBl. 33 S. 590). Wegen der von den evangelischen Freikirchen in Deutschland erhobenen Beiträge vgl. VR 37 D II Abs. 3 (RStBl. 38 S. 222, s. Anhang 17). Den jüdischen Kultusvereinigungen und ihren Verbänden ist mit Wirkung vom 1. April 1938 an durch das Ges. über die Rechtsverhältnisse der jüdischen Kultusvereinigungen v. 28. 3. 38 (RGBl. I S. 338, RStBl. 38 S. 369) die Stellung von Körperschaften des öffentlichen Rechts entzogen worden. Die jüdischen Kultusvereinigungen und ihre Verbände sind damit auch nicht mehr öffentlich-rechtliche Religionsgesellschaften und die von ihnen erhobenen Abgaben fallen vom 1. 4. 1938 an nicht mehr unter die Kirchensteuern im Sinne des § 10 Abs. 1 Ziff. 3 EStG.

Durch Art. I Ziff. 3 a des Ges. zur Änderung des EStG v. 1. 2. 38 (RGBl. I S. 99, RStBl. 38 S. 97) wurde in § 10 Abs. 1 Ziff. 3 Satz 2 EStG 1938 der Abzug von Kirchensteuern mit Wirkung vom Kalenderjahr 1937 an auf höchstens 2 v. H. des Gesamtbetrags der Einkünfte beschränkt und durch § 1 Ziff. 1 a des Ges. zur Änderung des EStG v. 17. 2. 39 (RGBl. I S. 283, RStBl. 39 S. 305) mit Wirkung für den Veranlagungszeitraum 1939 aufgehoben.

d) Durch Art. I Ziff. 3 des Ges. zur Änderung des EStG v. 1. 2. 38 (RGBl. I S. 99, RStBl. 38 S. 97) wurde für buchführende Land- und Forstwirte und für Gewerbetreibende, die Bücher nach den Vorschriften des HGB führen, der **Verlustabzug** wieder eingeführt. Der Verlustabzug soll nach der Begr. zu Art. I Ziff. 3 b des Ges. v. 1. 2. 38 (RStBl. 38 S. 101) einen gewissen Ausgleich gegenüber der Beseitigung der Bewertungsfreiheit für kurzlebige Wirtschaftsgüter bieten. Da der Verlustabzug nach § 10 Abs. 1 Ziff. 6 EStG 1938 als Sonderausgabe abzugsfähig ist, kommt er nur für unbeschränkt Steuerpflichtige in Betracht.

Der Verlustabzug ist für buchführende Gewerbetreibende und buchführende Land- und Forstwirte zugelassen. „Bei den Gewerbetreibenden muß es sich um Steuerpflichtige handeln, die Bücher nach den Vorschriften des HGB führen, und zwar ohne Rücksicht darauf, ob sie zur Führung von Büchern nach den Vorschriften des HGB verpflichtet sind. Bei den Land- und Forstwirten muß die Buchführung den Erfordernissen des § 11 der I. EStDVO entsprechen" (Begr. a. a. O.). Für die Anerkennung des Verlustabzugs muß die Buchführung so beschaffen sein, daß nach ihr der Verlust einwandfrei berechnet werden kann. Unschädlich sind einzelne Verstöße gegen die Grundsätze ordnungsmäßiger kaufmännischer oder landwirtschaftlicher Buchführung, wenn sie unbeschadet des Buchbeweises im ganzen noch berichtigt werden können, und auch Berichtigungen, die nach den steuerrechtlichen Vorschriften, insbesondere der §§ 4 bis 7 EStG notwendig werden.

Vortragsfähig sind nur die Verluste, die in den beiden letzten Wirtschaftsjahren aus Gewerbebetrieb oder aus Land- und Forstwirtschaft entstanden sind. Unter dem Wirtschaftsjahr ist auch ein Rumpfwirtschaftsjahr zu verstehen (s. Erl. RdF. v. 8. 3. 39 S 2127—60 III, RStBl. 39 S. 433).

§ 11 EStG. Vereinnahmung und Verausgabung. Anmerkung 152. 475

Die Höhe des abzugsfähigen Verlusts ist nach den für die Gewinnermittlung geltenden Vorschriften der §§ 4 bis 7 EStG festzustellen. Er ist also der ordnungsmäßig aufgestellten Steuerbilanz und nicht der Handelsbilanz zu entnehmen. Bei der Errechnung des abzugsfähigen Verlusts ist der Verlust nach der Steuerbilanz zu erhöhen um die nach § 11 Ziff. 1—3 KStG abzugsfähigen Ausgaben und zu vermindern um die nach § 12 Ziff. 1, 2 und 4 KStG nichtabzugsfähigen Ausgaben und um die verdeckten Gewinnausschüttungen. Nicht anzuwenden sind die Vorschriften des § 9 KStG über Abzug der Schachtelgewinne, des § 11 Ziff. 4 KStG über Abzug der Sanierungsgewinne und des § 12 Ziff. 3 KStG über die Nichtabzugsfähigkeit der Aufsichtsratsvergütungen (Erl. v. 8. 3. 39 unter II). Wird der Verlust des Wirtschaftsjahrs durch eine Sanierung beseitigt, die auch steuerrechtlich Befreiung der Vermögensvermehrung von der Einkommen- oder Körperschaftsteuer anerkannt ist, so besteht der durch die Sanierung beseitigte Verlust steuerrechtlich auch nicht mehr im Sinn des Verlustabzugs fort (s. Anm. 12 a zu § 11 KStG). Andererseits schließt die in einem späteren Wirtschaftsjahr erfolgte Sanierung die Anwendung des Verlustabzugs bei der Veranlagung für das Kalenderjahr, in dem das spätere Wirtschaftsjahr endet, aus (RFH. VI A 968/31 v. 21. 10. 31, E. 29 S. 315, RStBl. 31 S. 160, StW. 32 Nr. 1).

Die in den beiden vorangegangenen Wirtschaftsjahren entstandenen Verluste sind nur abzugsfähig, soweit sie nicht bei der Veranlagung für die vorangegangenen Kalenderjahre ausgeglichen oder abgezogen worden sind. Wenn und soweit der Verlust bei der Veranlagung für die vorangegangenen Kalenderjahre, denen das Ergebnis der beiden letzten Wirtschaftsjahre zugrunde gelegt wurde, nach § 2 Abs. 2 EStG mit Einkünften des Steuerpflichtigen aus einer anderen Einkunftsart ausgeglichen wurde, hat er sich steuerlich bereits ausgewirkt und kann nicht mehr vorgetragen werden. Das gleiche gilt, wenn und soweit ein im vorletzten Wirtschaftsjahr erzielter Verlust bei der Veranlagung für das vorangegangene Kalenderjahr als abzugsfähiger Verlust abgezogen wurde.

Die Vorschrift des § 10 Abs. 1 Ziff. 6 EStG 1938 über den Verlustabzug ist nach Art. IV Abs. 1 des Ges. v. 1. 2. 38 erstmalig bei der Veranlagung für das Kalenderjahr 1938 anzuwenden.

8. Abschnitt. Vereinnahmung und Verausgabung.

§ 11 EStG.

„Einnahmen sind innerhalb des Kalenderjahrs bezogen, in dem sie dem Steuerpflichtigen zugeflossen sind. Regelmäßig wiederkehrende Einnahmen, die dem Steuerpflichtigen kurze Zeit vor Beginn oder kurze Zeit nach Beendigung des Kalenderjahrs, zu dem sie wirtschaftlich gehören, zugeflossen sind, gelten als in diesem Kalenderjahr bezogen. Die Vorschriften über die Gewinnermittlung (§ 4 Abs. 1, § 5) bleiben unberührt.

Ausgaben sind für das Kalenderjahr abzusetzen, in dem sie geleistet worden sind. Für regelmäßig wiederkehrende Ausgaben gilt Absatz 1 Satz 2 entsprechend. Die Vorschriften über die Gewinnermittlung (§ 4 Absatz 1, § 5) bleiben unberührt."

Inhaltsübersicht.

152. Verhältnis zum bisherigen Recht und Geltungsbereich.
153. Vereinnahmung.
   a) Zufließen.
   b) Zurechnung der Einnahmen zu einem Kalenderjahr.
   c) Einzelfälle aus der Rechtsprechung.
154. Verausgabung.

152. Verhältnis zum bisherigen Recht und Geltungsbereich.

„§ 11 behandelt die Frage, wann Einnahmen und Ausgaben für Zwecke der Einkommensermittlung zu berücksichtigen sind. Die Vorschrift weicht von § 11 EStG 1925 im wesentlichen nur in der Fassung ab. Zwar kam es nach dem Wortlaut des § 11 EStG 1925 in erster Linie auf die Fälligkeit an. Die Bedeutung der Fälligkeit war aber durch § 11 Absatz 1 Satz 2 EStG 1925 und durch die Rechtsprechung des Reichsfinanzhofs stark eingeschränkt. Im Endergebnis kam es auch nach der bisherigen Vorschrift schon immer auf das Zufließen an, da der Reichsfinanzhof das Fälligwerden im Sinn des § 11 EStG 1925 als eine Unterart des Zufließens ansah (zu vgl. Urteil v. 13. 11. 28 VI A 155/28, E. 24 S. 272 und RSt Bl. 29 S. 224). § 11 des neuen EStG trägt dieser Rechtsentwicklung Rechnung, indem er nur auf das Zufließen abstellt. Ein Wirtschaftsgut ist dem Berechtigten dann zugeflossen, wenn er über das Wirtschaftsgut verfügen kann. Das ist nicht nur dann der Fall, wenn es unmittelbar in das Vermögen des Steuerpflichtigen übergegangen ist, sondern auch dann, wenn die Verwirklichung eines Anspruchs in so greifbare Nähe gerückt und so gesichert ist, daß dies wirtschaftlich dem tatsächlichen Eingang der Leistung gleichzustellen ist, z. B. in der Regel bei Gutschriften.

Die regelmäßig wiederkehrenden Einnahmen, die dem Steuerpflichtigen kurze Zeit vor Beginn oder kurze Zeit nach Beendigung des Kalenderjahres, zu dem sie wirtschaftlich gehören, zufließen, sollen als in diesem Kalenderjahr bezogen gelten. Dies bedeutet eine Ausdehnung der im § 11 Abs. 3 EStG 1925 zunächst nur für den Arbeitslohn gegebenen Vorschriften.

Die Frage, wann ein Betrag als ausgegeben gilt, war im EStG 1925 nur in der Weise geregelt, daß die Vorschriften über Einnahmen als entsprechend anwendbar erklärt waren. Im § 11 Abs. 2 ist klargestellt, daß Ausgaben für das Kalenderjahr abzusetzen sind, in dem sie geleistet worden sind. Geleistet im Sinn dieser Vorschrift sind Ausgaben in dem Zeitpunkt, in dem sie aus dem Vermögen des Steuerpflichtigen herausfließen. Für den Begriff des „Herausfließens" gelten die Ausführungen über den Begriff des „Zufließens" entsprechend.

Durch die Vorschrift des § 11 sollen nach ausdrücklicher Bestimmung die Vorschriften über die Gewinnermittlung (§ 4 Abs. 1, § 5) unberührt bleiben. Danach sind bei Steuerpflichtigen, die als Gewinn den Unterschiedsbetrag zwischen dem Betriebsvermögen am Schluß des Wirtschaftsjahrs und dem Betriebsvermögen am Schluß des vorangegangenen Wirtschaftsjahrs versteuern, die Grundsätze ordnungsmäßiger Buchführung maßgebend. Es kommt also hier darauf an, wann Betriebseinnahmen und Betriebsausgaben in der Buchführung auszuweisen sind" Begr. zu § 11 EStG (RStBl. 35 S. 40 ff.).

Der Geltungsbereich der Vorschrift des § 11 erstreckt sich in der Hauptsache auf die Einkunftsarten des § 2 Abs. 3 Ziff. 4 bis 7 EStG, bei denen die Einkünfte der Überschuß der Einnahmen über die Werbungskosten sind (§ 2 Abs. 4 Ziff. 2 a. a. O.). Für die Ermittlung des Gewinns aus den Einkunftsarten des § 2 Abs. 3 Ziff. 1—3 a. a. O. sind die Grundsätze über Vereinnahmung und Verausgabung nur dann maßgebend, wenn nach § 4 Abs. 2 a. a. O. der Überschuß der Betriebseinnahmen über die Betriebsausgaben angesetzt wird. Während bei der Gewinnermittlung nach § 4 Abs. 1, § 5 EStG nach § 11 Abs. 1 Satz 3 und Abs. 2 Satz 3 a. a. O. für die Zurechnung von Betriebseinnahmen und Betriebsausgaben zu einem Kalender- oder Wirtschaftsjahr die Grundsätze ordnungsmäßiger Buchführung maßgebend sind (s. Anm. 13 Abs. 3 zu 4 EStG), richtet sich im Fall der vereinfachten Gewinnermittlung nach dem Überschuß der Betriebseinnahmen über die Betriebsausgaben, deren Zurechnung zum Kalenderjahr nach dem „Zufließen" und „Abfließen" im Sinn des § 11. Auch die Sonderausgaben sind nach der Regel des § 11 Abs. 2 a. a. O. abzusetzen. Auch nachträgliche landwirtschaftliche, gewerbliche usw. Einnahmen, die nach Veräußerung oder Einstellung des landwirtschaftlichen, gewerblichen usw. Betriebs anfallen, sind regelmäßig nach der Vorschrift des § 11 Abs. 1 bzw. nachträgliche Betriebsausgaben unter der gleichen Voraussetzung nach § 11 Abs. 2 zu berücksichtigen, da in diesen Fällen beim Zu- oder Abfließen außerhalb eines bestehenden Betriebs ein allgemeiner Betriebsvermögensvergleich regelmäßig nicht mehr vorgenommen wird und meist auch nicht mehr vorgenommen werden kann (wegen eines Teilvermögensvergleichs s. Anm. 12 c zu § 4 EStG und Anm. 156 d, aa zu § 24 EStG).

153. Vereinnahmung.

a) Einnahmen fließen dann zu, wenn der Berechtigte die Verfügungsgewalt über das geschuldete Wirtschaftsgut erlangt. Dies ist zunächst dann der Fall, wenn ihm das geschuldete Wirtschaftsgut übereignet oder der geschuldete Betrag in bar ausbezahlt oder an seiner Stelle ein anderes Wirtschaftsgut übergeben wird. Nach RFH. VI A 155/28 v. 13. 11. 28 (E. 24 S. 272, RStBl. 29 S. 224, StW. 29 Nr. 183) genügt für das Zufließen im steuerrechtlichen Sinn auch, daß die Verwirklichung eines Anspruchs in so greifbare Nähe gerückt und so gesichert ist, daß er wirtschaftlich dem tatsächlichen Eingang der Leistung, auf die er gerichtet ist, gleichsteht. Der Verwirklichung eines Anspruchs ist also die sichere Möglichkeit der alsbaldigen Verwirklichung gleichzustellen. Dazu reicht die Einräumung einer Nutzungsberechtigung oder Nutzungsmöglichkeit wie die Bestellung eines Nießbrauchs oder eines zinslosen Darlehens, die zwar ein geldwertes Gut darstellen, nach RFH. VI A 958/29 v. 18. 12. 29 (RStBl. 30 S. 302, StW. 30 Nr. 346) nicht aus. Einnahmen fließen in diesen Fällen erst dann zu, wenn und soweit auf Grund der Nutzungsmöglichkeit tatsächlich Nutzungen gezogen werden. Die Unverzinslichkeit eines Darlehens wirkt sich also nur mittelbar durch Ersparung von Schuldzinsen aus.

Nach vorstehenden Grundsätzen ist zu beurteilen, ob ein Betrag mit der Gutschrift zugeflossen ist. Zinsen fließen nicht nur mit der Barzahlung zu, sondern auch dann, wenn sie auf ein Bankkonto oder sonstiges Konto überwiesen werden und der Gläubiger in der Lage ist, jederzeit über den gutgeschriebenen Betrag zu verfügen. Dann hat der Gläubiger den gutgeschriebenen Betrag zu seiner Verfügung erhalten; der Fall liegt so, als wenn er den Betrag in bar erhalten und zur verzinslichen Anlage bei einer Bank oder Sparkasse einbezahlt hätte. Wird dagegen der geschuldete Betrag nur deshalb gutgeschrieben, weil der Schuldner durch Zahlungsunfähigkeit oder eine auch nur vorübergehende Zahlungsstockung an der Barzahlung verhindert ist, dann erfolgt die Gutschrift nicht im Interesse und zur Verfügung des Gläubigers, sondern ausschließlich im Interesse des Schuldners. Die Gutschrift bedeutet noch kein Zufließen des geschuldeten Betrags, selbst wenn der Schuldner für die Verzögerung der Auszahlung Stundungs- oder Verzugszinsen gewährt (RFH. VI A 750/28 v. 31. 10. 28, RStBl. 29 S. 36, StW. 29 Nr. 65 und VI A 311/27 v. 22. 2. 28, RStBl. 28 S. 177, StW. 28 Nr. 179). Die Stundung des geschuldeten Betrags wegen schlechter Geschäftslage des Schuldners oder der aus dem gleichen Grunde ausgesprochene Verzicht auf die Auszahlung schließen also die Annahme des Zufließens aus (vgl. auch RFH. VI A 310/28 v. 23. 5. 28, RStBl. 28 S. 343, StW. 28 Nr. 511). Anderseits fließt der vom zahlungsfähigen Schuldner im Einvernehmen mit dem Gläubiger gutgeschriebene Betrag auch dann zu, wenn der Gläubiger in der Verfügung über den gutgeschriebenen Betrag dadurch beschränkt ist, daß er nur mit Zustimmung des Schuldners oder zu dessen Gunsten verfügen darf (zur Sicherung einer vertragsmäßigen Beteiligung des Angestellten an späteren Verlusten RFH. VI A 750/28 s. oben, Verfügung über gutgeschriebene Tantieme nur mit Zustimmung der Firma RFH. VI A 129/32 v. 9. 3. 32, RStBl. 32 S. 513, StW. 32 Nr. 896 und VI A 1105/33 v. 7. 11. 34, RStBl. 35 S. 698, StW. 35 Nr. 8, Verfügungsbeschränkung zur Sicherstellung etwaiger Schadensersatzansprüche des Arbeitgebers hinsichtlich der gutgeschriebenen Tantiemen der Reichsbankbeamten bis zur Beendigung des Dienstverhältnisses RFH. VI A 717/31 v. 20. 5. 31, E. 28 S. 336, RStBl. 31 S. 491, StW. 31 Nr. 780).

Nach den gleichen Grundsätzen wie die Gutschrift eines geschuldeten Betrags ist auch das Stehenlassen eines geschuldeten Betrags beim Schuldner zu beurteilen, das regelmäßig mit der Umwandlung (Novation) des stehengebliebenen Betrags in ein Darlehen verbunden ist. Die Umwandlung des stehengebliebenen Gewinnanteils in ein Darlehen bedeutet dann eine Verfügung des Gläubigers und damit Zufließen, wenn das Darlehen bei genügender Zahlungsfähigkeit des Schuldners einer Kapitalanlage gleichzuerachten ist. War dagegen nach

der Lage des Schuldners ein Stehenlassen der Forderung wegen Zahlungs=
unfähigkeit des Schuldners oder wegen sonstiger, aus den Verhältnissen des
Schuldners sich ergebender Umstände für die Zwecke des Schuldners notwendig,
dann handelt es sich um eine erzwungene Stundung, die ein Zufließen ausschließt.
(vgl. für Stehenlassen der Gewinnanteile stiller Gesellschafter RFH. VI A 213/28
v. 24. 1. 29, RStBl. 29 S. 226, StW. 29 Nr. 355 und VI A 382/31 v. 3. 6. 31,
RStBl. 31 S. 531, StW. 31 Nr. 779). Ist vereinbart, daß die Zinsen eines
geschuldeten Kapitals zum Kapital geschlagen werden sollen, so fließen
die Zinsen mit der Hinzurechnung zum Kapital bei Fälligkeit dann zu, wenn sie
der Schuldner beim Verfall hätte bezahlen können. Bei Zahlungsunfähigkeit des
Schuldners wird aber nach RFH. VI A 40/33 v. 7. 11. 34 (RStBl. 35 S. 697,
StW. 35 Nr. 6) trotzdem ein Zufließen dann angenommen werden müssen,
wenn die Zins= und Zinseszinsforderungen durch vollwertige hypothekari=
sche Sicherung gedeckt sind. Von diesem Grundsatz seien aber Ausnahmen mög=
lich, z. B. dann, wenn es dem Gläubiger nicht um die gesicherte Geldanlage zu
tun war, sondern z. B. um die Unterstützung einer Verwandten. Die Sicherung
des geschuldeten Betrags durch Einräumung oder Abtretung einer sicheren Ver=
kehrshypothek durch den Schuldner steht also grundsätzlich der Barzahlung des Be=
trags gleich (vgl. auch RFH. VI A 969/34 v. 5. 12. 34, E. 37 S. 103, RStBl. 35
S. 336, StW. 35 Nr. 74).

Wie der erwähnte Fall der Abtretung einer sicheren Hypothek zeigt, kann die
Bezahlung eines geschuldeten Betrags anstatt durch Barzahlung auch durch
Abtretung sonstiger Wirtschaftsgüter erfolgen. Wenn eine Forderung zur
Erfüllung der Schuld an den Gläubiger an Zahlungsstatt und nicht nur zu dessen
Sicherung zahlungshalber abgetreten wird, fließt dem Gläubiger mit der Ab=
tretung des Wirtschaftsguts der geschuldete Betrag zu (RFH. VI A 1667/32 v.
20. 6. 34, RStBl. 34 S. 1030, StW. 34 Nr. 604). Bei Hingabe sonstiger Ver=
mögenswerte an Zahlungsstatt hat auch hier eine Bewertung nach dem Stichtags=
wert (Zeitpunkt des Zufließens) zu erfolgen (vgl. Anm. 149 Abs. 2 zu § 8 EStG).
Wird dagegen eine Forderung nur zahlungshalber übertragen, so ist für die An=
nahme des Zufließens abzuwarten, welcher Betrag auf Grund der Forderung auf=
gebracht wird. Die Hingabe eines Wechsels erfolgt nach dem Grundsatz des § 364
Abs. 2 BGB regelmäßig zahlungshalber, so daß der geschuldete Betrag erst mit
der Einlösung zufließt. Auch die Hingabe eines Schecks bedeutet noch kein Zu=
fließen, sondern erst dessen Einlösung.

Auch durch Aufrechnung mit einer Gegenforderung kann eine Schuld
getilgt und damit der Gegenwert vereinnahmt werden. Wird der Gewinnanteil des
Gesellschafters einer GmbH. durch Verrechnung zur Tilgung einer Schuld des
Gesellschafters an die GmbH. verwendet, so ist der Gewinnanteil im Jahre der
Verrechnung zugeflossen (RFH. VI A 604/30 v. 25. 2. 31, RStBl. 31 S. 526,
StW. 31 Nr. 340). Eine Ausnahme von diesem Grundsatz soll aber nach RFH. VI A
1685/30 v. 1. 7. 31 (E. 29 S. 107, RStBl. 31 S. 668, StW. 31 Nr. 847) dann gelten,
wenn die Gesellschafter einer GmbH. die Deckung eines Verlusts der Gesellschaft
nach Maßgabe ihrer Beteiligung übernommen haben und dabei die Verrechnung
des den Geschäftsführer treffenden Verlustanteils mit rückständigen Gehalts=
ansprüchen vereinbart wird. Das rückständige Gehalt gelte dann nicht als zu=
geflossen, weil der Geschäftsführer wirtschaftlich auf sein Gehalt verzichtet und sich
wegen dieses Verzichts nicht an der Verlustdeckung beteiligt habe.

Der Schulderlaß kann dann Zufließen von Einnahmen in Höhe des er=
lassenen Wertes bedeuten, wenn und soweit der Gläubiger dem Schuldner durch
den Erlaß tatsächlich einen geldwerten Vorteil zugewendet hat. Hat aber der
Gläubiger selbst seine Forderung ganz oder teilweise als uneinbringlich angesehen,
dann kann insoweit beim Schuldner nicht das Zufließen einer Einnahme unter=
stellt werden. Der Erlaß der Schuld stellt in diesem Fall nach RFH. VI A 696/34
v. 23. 1. 35 (E. 37 S. 246, RStBl. 35 S. 438, StW. 35 Nr. 193 a unter 2) keine
Zuwendung, sondern die bürgerlich=rechtliche und buchmäßige Anerkennung eines

bereits bestehenden Zustands, nämlich der Zahlungsunfähigkeit des Schuldners bar.

b) Die **Zurechnung einer Einnahme zu einem Kalenderjahr** richtet sich nach § 11 Abs. 1 Satz 1 EStG allein nach dem tatsächlichen Vorgang des Zufließens, nicht nach der bürgerlich-rechtlichen Fälligkeit der Schuld. Außerdem ist es grundsätzlich ohne Bedeutung, für welchen Zeitraum ein Betrag bezahlt wird. Dem Geschäftsführer einer Kapitalgesellschaft fließen die Tantiemen in dem Kalenderjahr zu, in dem sie rechnungsmäßig festgestellt und zur Verfügung des Geschäftsführers stehen, auch wenn der Abschluß des Geschäftsjahrs der Kapitalgesellschaft, dessen Gewinn für die Berechnung der Tantieme maßgebend war, und die vergütete Tätigkeit des Geschäftsführers in ein früheres Kalenderjahr fallen (RFH. VI A 473/27 v. 25. 4. 28, RStBl. 28 S. 213, StW. 28 Nr. 512). Auch die Vereinnahmung von Vorschüssen oder Nachzahlungen, die für einen längeren Zeitraum geleistet werden, richtet sich ausschließlich nach dem Zufließen, ohne daß dabei der Zeitraum, für den bezahlt wird, berücksichtigt werden könnte. Zinsen, die nach jahrelanger Weigerung des Schuldners bezahlt werden, fließen im Jahre der Zahlung ohne Rücksicht auf ihre frühere Fälligkeit zu (RFH. VI A 731/33 v. 13. 6. 34, RStBl. 35 S. 920, StW. 34 Nr. 542). Werden zu hohe Vorauszahlungen oder andere als zugeflossen behandelte Beträge in einem späteren Kalenderjahr zurückbezahlt, so bedeutet das das Abfließen im späteren Kalenderjahr, das die frühere Veranlagung nicht beeinflußt. Wenn eine früher vereinnahmte Tantieme im Jahre 1 durch Beschluß der Gesellschafterversammlung widerrufen wird, so fließt die Tantieme ab und die Rückgängigmachung dieses Widerrufs im Jahre 2 bedeutet erneutes Zufließen im Jahre 2 (RFH. VI A 58/31 v. 25. 11. 31, RStBl. 32 S. 623, StW. 32 Nr. 413).

Eine Ausnahme von dem Grundsatz der Vereinnahmung mit dem tatsächlichen Zufließen gilt nach § 11 Abs. 1 Satz 2 EStG für **regelmäßig wiederkehrende Einnahmen.** Diese gelten dann, wenn sie dem Steuerpflichtigen kurze Zeit vor Beginn oder kurze Zeit nach Beendigung des Kalenderjahrs, zu dem sie wirtschaftlich gehören, zugeflossen sind, als in diesem Kalenderjahr bezogen. Zu den regelmäßig wiederkehrenden Einnahmen gehören insbesondere laufende Zinsen, Miet- oder Pachteinnahmen, laufende Lohn- und Gehaltszahlungen (vgl. auch RFH. VI A 1127/28 v. 20. 12. 28, E. 25 S. 1, RStBl. 29 S. 369, StW. 29 Nr. 337). Die wirtschaftliche Zugehörigkeit von Einnahmen zu einem Kalenderjahr bestimmt sich dann danach, für welchen Zeitraum der Betrag geschuldet wird. Als kurze Zeit vor Beginn oder nach Beendigung des Kalenderjahrs wird nur ein Zeitraum von etwa einer Woche zu verstehen sein. Wenn zur Tilgung einer einmaligen Entschädigung für vorzeitiges Ausscheiden aus dem Dienst Ende Dezember ein Scheck hergegeben und der Scheck erst Anfang Januar des folgenden Jahres eingelöst wird, so kann nunmehr im Gegensatz zu der für das EStG 1925 ergangenen Entsch. RFH. VI A 1569/31 v. 2. 9. 31 (StW. 31 Nr. 878) kein Zufließen der Entschädigung im Dezember des vorangegangenen Jahres angenommen werden, da es sich weder um die Auszahlung laufender wiederkehrender Bezüge handelt, noch die Entschädigung nach dem Tatbestand (Abgeltung der Dienste des folgenden Jahres) mit dem abgelaufenen Kalenderjahr wirtschaftlich zusammenhängt.

Darüber, daß bei einheitlicher Feststellung des Einnahmenüberschusses einer Gemeinschaft die Einnahmen und Ausgaben der Gemeinschaft als solcher nicht ohne weiteres als bei jedem einzelnen Teilhaber zugeflossen oder abgeflossen zu behandeln sind, vgl. RFH. VI A 1318/33 v. 8. 1. 36, E. 40 S. 121, RStBl. 36 S. 135, StW. 36 Nr. 117).

c) Einzelfälle aus der Rechtsprechung. Für die Gewinnanteile an Kapitalgesellschaften ist in der Regel das Zufließen an die Gesellschafter mit dem Gewinnverteilungsbeschluß der Gesellschafterversammlung anzunehmen, durch den die Gesellschafter hinsichtlich der ausgeschütteten Beträge Gläubiger der Gesellschaft werden. Der RFH. hat für das bisherige Recht die Fälligkeit infolge des Beschlusses für das Zufließen der Gewinnanteile ohne Rücksicht auf ihre Übertragung auf das Konto der Gesellschafter genügen lassen. Diese Auffassung kann auch nach der Änderung der Fassung des Gesetzes maßgebend sein, da in diesen Fällen regelmäßig die Entstehung des Gewinnanspruchs seiner sofortigen Verwirklichung gleichzuerachten ist. Maßgebend bleibt also, ob die Haupt- oder Gesellschafterversammlung mit rechtsgestaltender Wirkung über die Ausschüttung entschieden hat (RFH. VI A 473/27 v. 25. 4. 28, RStBl. 28 S. 213, StW. 28 Nr. 512), so daß die Gesellschafter auf Grund dieses Beschlusses über den Gewinnanteil verfügen könnten. Für die Vornahme des Steuerabzugs vom Kapitalertrag wird durch § 6 Abs. 2 KapStDVO als Zeitpunkt des Zufließens der Dividenden usw. der Tag festgesetzt, der im Beschluß als Tag der Auszahlung bestimmt worden ist; fehlt es an dieser Bestimmung, dann gilt als Zeitpunkt des Zufließens der Tag nach der Beschlußfassung. Das Zufließen von Vorschüssen ist entsprechend festzustellen (vgl. RFH. VI A 633/31 v. 21. 10. 31, StW. 32 Nr. 2), wobei die Möglichkeit einer Rückforderung des Vorschusses dessen gegenwärtiges Zufließen nicht beeinflußt. Entsprechend den allgemeinen Grundsätzen (s. unter a) hat der RFH. in dem (unter Umständen auch nur stillschweigenden oder auch nur vorübergehenden) Stehenlassen von Gewinnanteilen und in der Gewinngutschrift dann einen Zufluß gesehen, wenn der Gewinn als Anlage ähnlich einem Gesellschaftsanteil oder zur beliebigen Verfügung stehen bleibt. Vorauszusetzen ist, daß die Gesellschaft den Gesellschaftern die Gewinne auf Anfordern zur Verfügung stellen kann. Dies ist nicht nur dann der Fall, wenn die baren Mittel der Gesellschaft die Auszahlung erlauben, sondern auch dann, wenn es die gesamte Lage der Gesellschaft ermöglicht, die Gewinngelder alsbald und ohne wesentliche Schwierigkeit, insbesondere ohne Verwertung unbedingt notwendiger Gegenstände und Gefährdung des ganzen Betriebs, zu beschaffen. Eine solche Möglichkeit bietet insbesondere auch die Inanspruchnahme von bereits zur Verfügung gestellten Krediten (RFH. VI A 2023/32 v. 1. 2. 33, RStBl. 33 S. 324, StW. 33 Nr. 338 und die dort genannten Entsch.). Wenn das Gehalt des geschäftsführenden Einmanngesellschafters einer GmbH. bei der Veranlagung der GmbH. zur Körperschaftsteuer als Betriebsausgabe abgesetzt wird, dann kann der Gesellschafter bei seiner Veranlagung in der Regel nicht geltend machen, das Gehalt sei ihm wegen Zahlungsunfähigkeit der GmbH. nicht zugeflossen (RFH. VI A 780/36 v. 11. 11. 36, RStBl. 37 S. 490, StW. 37 Nr. 26).

Für die Höhe des Gewinnanteils, der den persönlich haftenden Gesellschaftern einer KoGaA. auf Grund ihrer Stellung zufließt, ist nach RFH. VI A 1843/29 v. 4. 12. 29 (RStBl. 30 S. 345, StW. 30 Nr. 358) ausschließlich der Beschluß der Generalversammlung maßgebend. Eine Beanstandung der Gewinnberechnung der Gesellschaft durch die Steuerbehörde ist auf die Höhe des Gewinnanteils ohne Einfluß (Hinweis auf § 15 Ziff. 8 KStG 1925 = § 11 Ziff. 3 KStG 1934 und das Unterbleiben einer den Gewinnanteil des persönlich haftenden Gesellschafters umfassenden einheitlichen Gewinnfeststellung; vgl. Anm. 9 zu § 11 KStG). Obwohl der Gewinnanteil des persönlich haftenden Gesellschafters nach § 15 Ziff. 3 EStG zu den Einkünften aus Gewerbebetrieb gehört, ist er nach der Entsch. nicht in jeder Beziehung als solche zu behandeln und insbesondere nach dem Überschuß der Einnahmen über die Werbungskosten zu ermitteln. Daher ist auch seine Vereinnahmung nach § 11 Abs. 1 EStG zu bestimmen.

Die Beschränkung in der Verwertungsmöglichkeit von Einnahmen durch Devisenvorschriften hindert das Zufließen nicht. Sind einem deutschen Steuerpflichtigen bei einer ausländischen Bank Kapitalerträge gutgeschrieben worden, in deren Verwertung er durch in- und ausländische Devisenvorschriften behindert ist, ist für die Einkommensteuer im Augenblick der Gutschrift ein Zufließen anzunehmen. Der Wert des zugeflossenen Betrags ist jedoch nach dem gemeinen Verkehrswert des Guthabens, auf den die Hemmung in der Verwertung von Einfluß sein kann, zu schätzen; der Tageskurswert der ausländischen Währung ist nicht allein maßgebend (RFH. VI A 474/34 v. 29. 5. 35, E. 38 S. 69, RStBl. 35

S. 1173, StW. 35 Nr. 465). Beträge, die zugunsten eines in Deutschland beschränkt Steuerpflichtigen bei der Konversionskasse für deutsche Auslandsschulden gezahlt werden, sind mit dieser Zahlung dem Auslandsgläubiger zugeflossen. Der Wert des Zuflusses ist unter Berücksichtigung der deutschen Devisengesetzgebung festzustellen (vgl. RFH. IV A 111/37 v. 20. 5. 37, E. 41 S. 245, RStBl. 37 S. 1018 StW. 37 Nr. 509). Im übrigen wird wegen der Zahlungen zugunsten ausländischer Gläubiger an die Konversionskasse für deutsche Auslandsschulden auf die ErgR 34 D IV (RStBl. 35 S. 791 ff., insbesondere wegen des Zufließens bei Aushändigung der Devisen oder Scrips im Zeitpunkt der Aushändigung auf Ziff. 1 Abs. 2 a. a. O.) und auf die BR 35 E. II (RStBl. 36 S. 48 ff., wegen des Zufließens bei Aushändigung von Fundierungsbonds im Zeitpunkt der Aushändigung auf Ziff. 1 Abs. 3 a. a. O.) verwiesen.

Das Darlehensaufgeld (damnum) fließt dem Gläubiger, der nach dem Überschuß der Einnahmen über die Werbungskosten zu besteuern ist, erst mit der Bezahlung zu und die für den Fall der Prolongation geltenden Grundsätze sind auch für die Vereinnahmung maßgebend (vgl. Anm. 150 e, aa Abs. 5 zu § 9 EStG)

Baukostenzuschüsse, die der Mieter dem Vermieter zahlt, fließen bei Steuerpflichtigen, bei denen das Gebäude zum Privatvermögen gehört, nicht als Mieteinnahmen des Jahres der Zahlung zu, sondern sind entsprechend der anteiligen Verrechnung mit der Miete auf die Dauer des Mietvertrags zu verteilen (VI A 712/30 v. 4. 2. 31, E. 28 S. 95, RStBl. 31 S. 275, StW. 31 Nr. 307 und VI A 1949/32 v. 14. 2. 34, E. 35 S. 245, RStBl. 34 S. 606, StW. 34 Nr. 360).

154. Verausgabung.

Ausgaben sind nach § 11 Abs. 2 Satz 1 EStG in dem Kalenderjahr abzusetzen, in dem sie geleistet worden sind. Für die Zurechnung der Ausgaben zu einem Kalenderjahr ist danach ihre Leistung, d. h. das tatsächliche Abfließen, ohne Rücksicht auf ihre Fälligkeit, entscheidend. Die Leistung einer Ausgabe kann nicht nur durch Barzahlung oder Hingabe eines anderen Wirtschaftsguts, sondern auch durch Lastschrift und Zuschlagen zum Kapital erfolgen, wobei die für das Zufließen von Einnahmen geltenden Grundsätze auf das Abfließen von Ausgaben entsprechend anzuwenden sind. Belastung von Zinsen auf einem für den Schuldner bei seinem Gläubiger geführten Konto kann nur dann als Zahlung angesehen werden, wenn nach der Gesamtlage anzuerkennen ist, daß der Schuldner im Zeitpunkt der Belastung auch zur Bezahlung der Zinsen imstande gewesen ist (RFH. VI A 274/35 v. 7. 8. 35, StW. 35 Nr. 588). Unter der Voraussetzung der Zahlungsfähigkeit des Schuldners bei Fälligkeit bedeutet auch das Zuschlagen der Zinsen zum Kapital nicht einfache Stundung = Hinausschiebung der Zahlung, sondern Befreiung von der Schuld (durch Umwandlung) und damit deren Abfließen (RFH. VI A 111/35 v. 7. 8. 35, StW. 35 Nr. 587). Auch die Zinsbelastung bei der Bank ist im allgemeinen als Abfließen anzuerkennen, wenn nicht Überschuldung des Kontoinhabers vorliegt oder zu besorgen ist (RFH. VI A 678/36 v. 16. 9. 36, RStBl. 37 S. 8, StW. 36 Nr. 551). Daran ändert nach der Entsch. auch der Umstand nichts, daß der Kontoinhaber durch Veräußerung von Vermögensgegenständen seine Schuld teilweise abdecken kann, wenn auch dabei in erster Linie die Zinsen und nicht die Hauptschuld abgedeckt würden. Bleibe eine Hauptschuld, die höher sei als die Aktivwerte zurück, so habe die buchmäßige Abdeckung der Zinsen für die Frage des Abfließens keine Bedeutung. Die Zahlungsunfähigkeit des Schuldners steht der Behandlung einer Schuld als verausgabt trotz ihrer bürgerlich-rechtlichen Fälligkeit entgegen. Daher können Zinsen für unbefriedigt gebliebene Konkursforderungen nicht abgezogen werden, wenn nach der wirtschaftlichen Lage des Gemeinschuldners mit einer Bezahlung der Zinsen nicht ernstlich gerechnet werden kann (RFH. VI A 103/30 v. 16. 4. 30 (RStBl. 30 S. 379, StW. 30 Nr. 647).

Die bloße Möglichkeit einer Inanspruchnahme genügt für das Abfließen von Ausgaben ebensowenig wie die Nutzungsmöglichkeit für das Zufließen von Einnahmen. Zinsen, mit deren Verausgabung nicht ernstlich zu rechnen ist, können nicht als geleistet behandelt werden (RFH. VI A 854/28 v. 30. 7. 29, StW. 29 Nr. 686). Auch die Haftung eines Steuerpflichtigen für Schadensersatz, als Bürge usw. schließt zunächst nur die Möglichkeit einer Inanspruchnahme in sich und Ausgaben erwachsen ihm aus der Haftung erst dann, wenn er zur Erfüllung der bestehenden Ersatzpflicht aus seinem Vermögen etwas geleistet hat. Nach RFH. VI A 2321/30 v. 21. 1. 31 (E. 27 S. 349, RStBl. 31 S. 229, StW. 31 Nr. 189) fließen Ausgaben, die der Vorstand einer Gesellschaft an diese aus einer Schadensersatzpflicht heraus zu leisten hat, in dem Kalenderjahr ab, in dem er zur Erfüllung seiner Ersatzpflicht an die Gesellschaft Teile seines Vermögens übertragen oder an solchen Pfand bestellt hat. Die Bestellung einer Hypothek für eine Schuld kann nach RFH. VI A 539/35 v. 31. 7. 35 (RStBl. 35 S. 1487, StW. 35 Nr. 586) dann der Zahlung gleichstehen, wenn mit der Bestellung der Hypothek der ursprüngliche Anspruch des Gläubigers erloschen ist (Umwandlung). Das ist aber nicht der Fall, wenn zur Sicherung einer bestehenden Schuld eine Sicherungshypothek bestellt wird; denn mit der Bestellung einer Sicherheit für die Schuld ist die Ausgabe für den Schuldner noch nicht abgeflossen.

Über das Abfließen früher vereinnahmter Beträge in einem späteren Kalenderjahr vgl. Anm. 153 b Abs. 1. Bereits als Einnahmen versteuerte Mietzinsen können, wenn sie sich in einem späteren Kalenderjahr als endgültig verloren erweisen, in diesem Kalenderjahr als Werbungskosten abgesetzt werden (RFH. VI A 1446/30 v. 24. 9. 30, RStBl. 31 S. 23).

Regelmäßig wiederkehrende Ausgaben sind entsprechend den für regelmäßig wiederkehrende Einnahmen geltenden Grundsätzen des § 11 Abs. 1 Satz 2 zu behandeln (s. Anm. 153 b Abs. 2).

9. Abschnitt. §§ 13—24 EStG.
Inhaltsübersicht.

I. **Bemerkungen zu den §§ 13 bis 24 EStG.**
155. Einkünfte aus Land- und Forstwirtschaft, Gewerbebetrieb und selbständiger Arbeit.
 a) Einkünfte aus Land- und Forstwirtschaft. (§§ 13, 14 EStG).
 b) Einkünfte aus Gewerbebetrieb (§§ 15—17 EStG).
 c) Einkünfte aus selbständiger Arbeit (§ 18 EStG).
156. Einkünfte aus nichtselbständiger Arbeit, Kapitalvermögen, Vermietung und Verpachtung und sonstige Einkünfte.
 a) Einkünfte aus nichtselbständiger Arbeit (§ 19 EStG) und aus Kapitalvermögen (§ 20 EStG).
 b) Einkünfte aus Vermietung und Verpachtung (§ 21 EStG).
 c) Sonstige Einkünfte (§§ 22, 23 EStG).
 d) Gemeinsame Vorschriften (§ 24 EStG).
  aa) Ermittlung der Einkünfte im Fall des § 24 EStG.
  bb) Entsprechende Anwendung des § 24 EStG auf Ausgaben.

II. **Einkünfte aus Kapitalvermögen (§ 20 EStG).**
157. Trennung zwischen Kapital und Ertrag.
 A. Gewinnanteile aller Art, die von juristischen Personen, insbesondere Kapitalgesellschaften, ausgeschüttet werden (§ 20 Abs. 1 Ziff. 1 EStG).
158. Allgemeine Grundsätze.
 a) Begriff des Gewinnanteils.
 b) Zahlungen anläßlich einer Änderung des Aufbaus der Kapitalgesellschaft (Kapitalrückzahlungen).
  aa) Bei Auflösung der Kapitalgesellschaft.
  bb) Bei Aufgabe der Beteiligung, Kapitalherabsetzung, Einziehung der Gesellschaftsrechte und dem Erwerb eigener Anteile durch eine GmbH.
159. Gewinnanteile aus Aktien.
 a) Allgemeines.
 b) Ausschüttungen auf Genußscheine.
 c) Gewährung von Freiaktien.
160. Gewinnanteile aus Anteilen an Gesellschaften mit beschränkter Haftung.
 a) Allgemeines.
 b) Gewinnausschüttung im Zusammenhang mit einer Erhöhung des Grundkapitals.
 c) Gewährung von Freianteilen.
161. Gewinnanteile aus Kuxen und Anteilen an rechtsfähigen bergbautreibenden Vereinigungen.
 a) Kuxe und Anteile an bergbautreibenden Vereinigungen.
 b) Ausbeute als Gewinnanteil.
162. Gewinnanteile aus Anteilen an Erwerbs- und Wirtschaftsgenossenschaften.

§§ 13—24 EStG. Anmerkung 155.

a) Bei Erstreckung des Geschäftsbetriebs über den Kreis der Mitglieder hinaus.
b) Bei Beschränkung des Geschäftsbetriebs auf den Kreis der Mitglieder.
163. Behandlung der bem Anleihestock zugeführten Beträge als Kapitalertrag.
    a) Nach dem Anleihestockgesetz.
    b) Nach dem Kapitalanlagegesetz.
    B. Die in § 20 Abs. 1 Ziff. 2—5 EStG aufgeführten Einkünfte aus Kapitalvermögen und § 20 Abs. 2 EStG.
164. Die übrigen Einkünfte aus Kapitalvermögen
    a) Aus der Beteiligung an einem Handelsgewerbe als stiller Gesellschafter (Ziff. 2).

b) Zinsen aus Hypotheken, Grundschulden und Renten aus Rentenschulden (Ziff. 3).
c) Zinsen aus sonstigen Kapitalforderungen jeder Art (Ziff. 4).
d) Diskontbeträge (Ziff. 5).
165. Sonstige Kapitaleinkünfte (§ 20 Abs. 2 EStG).
    a) Besondere Entgelte oder Vorteile (Ziff. 1).
    b) Aus der Veräußerung von Dividendenscheinen, Zinsscheinen und sonstigen Ansprüchen (Ziff. 2).
166. Zurechnung zu anderen Einkunftsarten (§ 20 Abs. 3 EStG).

I. Bemerkungen zu den §§ 13—24 EStG.

Den in den §§ 13—24 EStG für die einzelnen Einkommensarten gegebenen Vorschriften kommt für die Körperschaftsteuer im Hinblick auf die Vorschrift des § 19 I. KStDVO nur untergeordnete Bedeutung zu. Danach sind bei Steuerpflichtigen, die nach den Vorschriften des HGB zur Führung von Büchern verpflichtet sind, alle Einkünfte als Einkünfte aus Gewerbebetrieb zu behandeln. Diese Vorschrift ist für alle Kapitalgesellschaften, für die Erwerbs- und Wirtschaftsgenossenschaften im Sinn des GenG, die Versicherungsvereine auf Gegenseitigkeit und für sonstige rechtsfähige und nichtrechtsfähige Personenvereinigungen maßgebend, die ein Handelsgewerbe betreiben oder durch Eintragung Vollkaufleute geworden sind. Die nicht für die gewerblichen Einkünfte geltenden Vorschriften des EStG kommen daher nur für alle übrigen Körperschaften, Personenvereinigungen und Vermögensmassen der in § 1 Abs. 1 Ziff. 4—6 KStG bezeichneten Art zur Anwendung, soweit diese Steuerpflichtigen nicht zur Führung von Handelsbüchern verpflichtet sind.

Wegen der allgemeinen Bedeutung der §§ 13—24 EStG vgl. auch Anm. 3a zu § 2 EStG.

155. Einkünfte aus Land- und Forstwirtschaft, Gewerbebetrieb und selbständiger Arbeit.

a) Einkünfte aus Land- und Forstwirtschaft (§§ 13, 14 EStG). Nach der Anl. 3 Ziff. 7a zu VR 37 (RStBl. 38 S. 239, s. Anh. 17) kommen bei der Ermittlung und Veranlagung des Einkommens zur Körperschaftsteuer nur § 13 Abs. 1 und 2 und § 14 Abs. 1 EStG in Betracht. Die Grundsätze über die landwirtschaftliche Einheitssteuer (§ 13 Abs. 3) über den Grenzbetrag und die Ermäßigung oder den Erlaß der Steuer bei Veräußerung des Betriebs oder eines Teilbetriebs (§ 14 Abs. 2 und 3) finden auf Körperschaftsteuerpflichtige keine Anwendung. Einkünfte aus gewerblicher Bodenbewirtschaftung z. B. aus Betrieben zur Gewinnung von Torf, Steinen und Erden sind im Gegensatz zum bisherigen Recht nach § 15 Ziff. 1 EStG Einkünfte aus Gewerbebetrieb, soweit die Betriebe nicht land- oder forstwirtschaftliche Nebenbetriebe sind (s. Anm. 156 b Abs. 3). Die Einkünfte aus land- und forstwirtschaftlichen Nebenbetrieben gehören nach § 13 Abs. 2 Ziff. 1 zu den landwirtschaftlichen Einkünften.

Wegen des land- und forstwirtschaftlichen Wirtschaftsjahrs s. Anm. 10 zu § 5 KStG und Anm. 13 zu § 4 EStG, wegen Fragen der Gewinnermittlung vgl. die Anmerkungen zu § 4 EStG, insbesondere Anm. 19 ff.

Hinsichtlich des Einkommens von Körperschaften, die Land- und Forstwirtschaft betreiben, enthalten die VR 37 H IV 2 (RStBl. 38 S. 233, s. Anh. 17) folgende Anordnung: „Nach § 19 der I. KStDVO sind bei Steuerpflichtigen, die nach den Vorschriften des HGB zur Führung von Büchern verpflichtet sind, alle Einkünfte als Einkünfte aus Gewerbebetrieb zu behandeln, auch wenn sie Land- oder Forstwirtschaft betreiben. Für die Berechnung des Einkommens bei Körperschaften, die Land- oder Forstwirtschaft betreiben, gelten die Grundsätze ordnungsmäßiger landwirtschaftlicher Buchführung. Danach bleibt bei der Ermittlung des Gewinns der Wert des Grund und Bodens außer Ansatz. Diese Anordnung gilt auch für die Abwicklung der Veranlagungen früherer Jahre." Danach müssen die genannten Körperschaften den zum landwirtschaftlichen Betrieb benutzten Grund und Boden in ihren Bilanzen immer mit dem gleichen Wert aufführen und können daher ebensowenig wie buchführende Landwirte den landwirtschaftlichen Betriebsgewinn dadurch beeinflussen, daß sie Grund und Boden mit dem niedrigeren Teilwert ansetzen, wozu sie als buchführende kaufmännische Betriebe an sich berechtigt wären.

b) Einkünfte aus Gewerbebetrieb (§§ 15—17 EStG). Nach der Anl. 3 Ziff. 7 b zu den WR 37 (RStBl. 38 S. 239, s. Anh. 17) kommen für die Körperschaftsteuer der § 15, § 16 Abs. 1 bis 3, § 17 Abs. 1, 2 und 5 EStG zur Anwendung, außerdem nach § 18 I. KStDVO auch der § 18 I. EStDVO (§ 17 II. EStDVO).

Den Begriff des Gewerbebetriebs bestimmt das EStG nicht. Nach der bisherigen Rechtsprechung kann als Gewerbebetrieb jede mit der Absicht der Gewinnerzielung und auf eigene Rechnung und Gefahr vorgenommene selbständige Tätigkeit bezeichnet werden, die sich als Beteiligung am allgemeinen Wirtschaftsverkehr darstellt und weder zum Betrieb der Land- oder Forstwirtschaft gehört, noch unter die selbständige Arbeit fällt (vgl. z. B. RFH. VI A 176/30 v. 4. 2. 31, E. 28 S. 21, RStBl. 31 S. 258 und VI A 1609/32 v. 25. 4. 34, RStBl. 34 S. 902, StW. 34 Nr. 364). Wesentliche Voraussetzung ist die Beteiligung am Verkehr durch eine Tätigkeit, also durch eine nachhaltige Betätigung. Durch dieses Merkmal wird die gewerbliche Tätigkeit gegenüber der Verwaltung von Grund- und Kapitalvermögen abgegrenzt. Der gewerbsmäßige Grundstückshandel erfordert einen höheren Grad der Betätigung als den bloßen Verkauf eines Grundstücks durch den Eigentümer (RFH. VI A 182/36 v. 25. 3. 36, E. 39 S. 190, RStBl. 36 S. 769, StW. 36 Nr. 275), ebenso die gewerbsmäßige Parzellierung landwirtschaftlichen Grundbesitzes gegenüber dem Verkauf landwirtschaftlicher Flächen oder eines Landguts (RFH. VI A 115/36 v. 1. 4. 36, RStBl. 36 S. 1110, StW. 36 Nr. 277 und VI A 667/35 v. 26. 8. 36, RStBl. 36 S. 1113, StW. 36 Nr. 451). Zur Abgrenzung des Gewerbebetriebs gegenüber der Vermietung und Verpachtung ist nach RFH. VI A 495/36 v. 24. 3. 37 (RStBl. 37 S. 939, StW. 37 Nr. 251) erforderlich, daß der Vermieter oder Verpächter eine über das bloße Vermieten oder Verpachten hinausgehende, laufende Verwaltungsarbeit von solchem Ausmaß leistet, daß sie als gewerbliche Tätigkeit erscheint, wie z. B. bei Vermietung von Kontorhäusern oder bei Verpachtung eines ganzen Betriebsvermögens einschließlich der Betriebsgebäude, wenn der Verpächter die laufende Instandhaltung und Erneuerung der Pachtgegenstände übernommen hat. Ein Anhaltspunkt für die gewerbliche Betätigung wird in diesem Fall auch darin bestehen, daß der Verpächter nach außen noch als Gewerbetreibender oder Kaufmann auftritt und seine kaufmännischen Bücher fortführt. Die reine Verwaltung eines auch sehr umfangreichen Kapitalvermögens außerhalb eines bestehenden Betriebs ist regelmäßig kein Gewerbebetrieb. Es muß eine besondere Betätigung des Eigentümers hinzukommen (RFH. VI A 1843/29 v. 4. 12. 29, RStBl. 30 S. 345, StW. 30 Nr. 358), die bloße Spekulation nach dem Kurszettel genügt also nicht. Nach RFH. VI A 159/36 v. 29. 7. 36 (RStBl. 36 S. 967, StW. 36 Nr. 418) nähert sich bei dauernden Mehrheitsbeteiligungen zwar die Verwaltung des Kapitalvermögens weithin einem Gewerbebetrieb, trotzdem wurde aber ein solcher nicht als vorliegend anerkannt. Weiter ist das Hervortreten des gewerblichen Unternehmens im Verkehr als besonderes Merkmal von Bedeutung (RFH. VI A 1609/32, s. oben, für das Ausleihen von Geld durch einen Landwirt). Nicht ist das Handeln des Pflichtigen nach außen im eigenen Namen zu fordern, dagegen stets das Handeln auf eigene Rechnung und Gefahr (VI A 111/34 v. 14. 3. 34, E. 36 S. 20, RStBl. 34

S. 810, StW. 34 Nr. 292). Wegen der Annahme eines Gewerbebetriebs bei der Verwertung von Patenten vgl. Anm. 156 b Abf. 5.

Bei Beteiligung einer Körperschaft usw. an einer Personengesellschaft als Mitunternehmerin im Sinn des § 15 Ziff. 2 EStG ist für die Höhe des auf sie entfallenden gewerblichen Gewinnanteils die einheitliche Gewinnfeststellung maßgebend (f. Anm. 114 d zu § 6 EStG).

Der persönlich haftende Gesellschafter einer KoGaA. ist in dieser Eigenschaft nach § 15 Ziff. 3 EStG selbständiger Gewerbetreibender. Zu seinen Einkünften aus Gewerbebetrieb gehören außer den Gewinnanteilen, die nicht auf Anteile am Grundkapital (Aktien, Genußrechte) entfallen, alle sonstigen Vergütungen, die der persönlich haftende Gesellschafter aus der Gesellschaft zieht, z. B. für seine Tätigkeit im Dienst der Gesellschaft oder für die Hingabe von Darlehen oder Überlassung von Wirtschaftsgütern an die Gesellschaft. Für die Beteiligung als persönlich haftender Gesellschafter ist nicht Voraussetzung, daß sich der Gesellschafter neben einer möglichen Beteiligung an dem in Aktien zerlegten Grundkapital auch noch mit einer weiteren Vermögenseinlage beteiligt hat. Die notwendige vermögensrechtliche Beteiligung des persönlich haftenden Gesellschafters besteht vielmehr in seiner persönlichen Haftung für die Verbindlichkeiten der Gesellschaft (RFH. VI A 1137/33 v. 15. 5. 35, RStBl. 35 S. 1305, StW. 35 Nr. 420). Für die nicht auf das Grundkapital gemachte Einlage des persönlich haftenden Gesellschafters besteht keine aktienrechtliche Bindung, sie kann regelmäßig ohne weiteres erhöht oder herabgesetzt werden (vgl. auch RFH. I A 400/28 v. 13. 3. 29, RStBl. 29 S. 335, StW. 29 Nr. 445). Wegen der handelsrechtlichen Beschränkung der Auszahlung des nicht auf die Aktien entfallenden Gewinnanteils des persönlich haftenden Gesellschafters vgl. § 329 Abf. 1 HGB bzw. § 230 Abf. 1 AktG. Wegen des Abzugs des Gewinnanteils der persönlich haftenden Gesellschafters bei der Körperschaftsteuer und dessen Feststellung vgl. Anm. 153 c Abf. 2 zu § 11 EStG und Anm. 9 zu § 11 KStG.

Die Veräußerung oder Aufgabe eines Gewerbebetriebs im Sinn des § 16 EStG ist die letzte gewerbliche Betätigung des Unternehmers. Ihr entspricht bei den Körperschaften, Personenvereinigungen usw. die Auflösung oder die entgeltliche Übertragung des gesamten Betriebsvermögens, die in den §§ 14 und 15 KStG für den Fall der Auflösung und Abwicklung von Kapitalgesellschaften und der Verschmelzung und Umwandlung von Kapitalgesellschaften geregelt sind. Zu den dem § 16 EStG 1934 entsprechenden §§ 30, 32 EStG 1925 wurde in RFH. I A 193/34 v. 12. 3. 35 (RStBl. 35 S. 894, StW. 35 Nr. 302) ausgeführt, daß bei Kapitalgesellschaften eine Anwendung des §§ 30, 32 a. a. O. nicht in Frage komme, weil bei ihnen die Gesamtheit ihrer Betätigung als ein Betrieb anzusehen sei. Dieser Standpunkt ist zweifellos richtig, die Begründung erscheint jedoch angreifbar. Die Vorschrift des § 16 EStG 1934 soll ebenso wie die des § 30 EStG 1925 nicht etwa den Begriff der gewerblichen Einkünfte durch Hinzufügung der in ihr aufgeführten Gewinne usw. erweitern. Die Veräußerung des Gewerbebetriebs im Ganzen oder eines organischen Teiles oder auch die allmähliche Veräußerung der einzelnen Teile des Betriebsvermögens oder ihre Überführung ins Privatvermögen des Unternehmers ist als letzte gewerbliche Betätigung (bzw. bei Überführung ins Privatvermögen als letzte Entnahme) des Unternehmers einkommensteuerrechtlich noch zur Ausübung des Gewerbebetriebs zu rechnen, ohne daß dies im Gesetz besonders festgelegt werden mußte. Infolgedessen sind auch Verluste, die sich aus der Veräußerung eines Unternehmens im Sinn des § 16 Abf. 1 ergeben, abzugsfähig, wenn die letzten Bilanzansätze nicht bereits unter Berücksichtigung des Veräußerungsergebnisses aufgestellt wurden (RFH. VI A 1295/30 v. 19. 12. 31, RStBl. 32 S. 463, StW. 32 Nr. 262). § 16 Abf. 1—3 EStG bedeutet daher insoweit nur eine Klarstellung und enthält im übrigen sowohl hinsichtlich des Grenzbetrags von 10 000 RM. (Abf. 4) als auch hinsichtlich der Steuerermäßigung (Abf. 5 mit § 34 Abf. 2 Ziff. 2 EStG) eine Steuervergünstigung für natürliche Personen. Die sinngemäße Anwendung dieser Vergünstigung ist für die Körperschaftsteuer wegen des einheitlichen Körperschaftsteuersatzes ausgeschlossen.

§ 17 EStG, durch den der Gewinn aus der Veräußerung einer **wesentlichen Beteiligung an einer Kapitalgesellschaft** zu den Einkünften aus Gewerbebetrieb gerechnet wird, stellt im Gegensatz zu § 16 eine sachliche Erweiterung des Begriffs der gewerblichen Einkünfte in den Fällen dar, in denen die wesentliche Beteiligung nicht zu einem Betriebsvermögen gehört. Ist das letzte der Fall, dann beeinflußt das Ergebnis der Veräußerung jeder Beteiligung ohne weiteres das Betriebsergebnis (vgl. auch RFH. I A 194/28 v. 18. 12. 28, RStBl. 29 S. 220, StW. 29 Nr. 180 und VI A 746/35 v. 23. 10. 35, E. 38 S. 276, StW. 35 Nr. 720). Die Veräußerung einer nicht zu einem Betriebsvermögen gehörenden Beteiligung wäre als Vorgang auf dem Gebiet des Kapitalvermögens ohne die Vorschrift des § 17 steuerfrei, soweit kein Spekulationsgeschäft im Sinn des § 22 EStG vorliegt. § **18 I. EStDVO (§ 17 II. EStDVO)**, der nach § 18 I. KStDVO auch für die Körperschaftsteuer gilt, lautet:

„Anteile an einer Kapitalgesellschaft im Sinn des § 17 des Gesetzes sind Aktien, Anteile an einer Gesellschaft mit beschränkter Haftung, Kuxe, Genußscheine oder ähnliche Beteiligungen sowie Anwartschaften auf solche Beteiligungen.

Als Gewinn aus der Veräußerung eines Anteils an einer Kapitalgesellschaft gilt auch der Gewinn, den der Gesellschafter bei der Auflösung der Kapitalgesellschaft erzielt."

Wegen der Bedeutung des Abs. 2 dieser Vorschrift vgl. Anm. 158 b unter aa) zu § 20 EStG.

c) Die Vorschrift des § 18 EStG über die **Einkünfte aus selbständiger Arbeit** ist für die Körperschaftsteuer ohne Bedeutung. Der Umstand, daß der RFH. die steuerbefreiten Einkünfte von steuerbegünstigten Erwerbs- und Wirtschaftsgenossenschaften für das KStG 1925 als Einkünfte aus sonstiger selbständiger Berufstätigkeit angesehen hat, hat mit der Begriffsbestimmung des § 18 EStG nichts zu tun (Anm. 10 Abs. 2 zu § 23 KStG).

156. Einkünfte aus nichtselbständiger Arbeit, Kapitalvermögen, Vermietung und Verpachtung und sonstige Einkünfte.

a) **Die Einkünfte aus nichtselbständiger Arbeit** im Sinn des § 19 EStG kommen bei Körperschaftsteuerpflichtigen kaum vor. Wegen der Einkünfte aus Kapitalvermögen, die insbesondere auch wegen des Steuerabzugs vom Kapitalertrag von Bedeutung sind, vgl. Anm. 157 ff. zu § 20 EStG.

b) **Einkünfte aus Vermietung und Verpachtung (§ 21 EStG).** Die Einkünfte aus Vermietung und Verpachtung kommen ebenso wie die aus Kapitalvermögen bei nicht buchführungspflichtigen Körperschaften, Personenvereinigungen usw. in Betracht, wenn sie diese Einkünfte außerhalb eines land- oder forstwirtschaftlichen oder gewerblichen Betriebs beziehen.

Die Begriffe der Miete und Pacht sind zwar unter Verwendung der bürgerlich-rechtlichen Grundsätze (§§ 535 ff., 581 ff. BGB) zu bestimmen, jedoch hat das EStG den Begriff der Einkünfte aus Vermietung und Verpachtung in § 21 selbständig und nach der Begr. zu § 21 EStG (RStBl. 35 S. 44) im einzelnen erschöpfend geregelt. Die Aufführung der Einkünfte aus zeitlich begrenzter Überlassung von gewerblichen Erfahrungen war im Hinblick auf die beschränkte Steuerpflicht nach § 49 Ziff. 6 EStG erforderlich. Entgeltliche Überlassung der Nutzung oder des Gebrauchs von Gegenständen, die nicht unter § 21 fallen, wie z. B. die Vermietung von nicht ins Schiffsregister eingetragenen Schiffen oder einzelner Teile eines sog. Sachinbegriffs stellt eine Leistung im Sinn des § 22 Ziff. 3 EStG dar. Soweit sie also außerhalb eines Betriebs erfolgt, liegen Einkünfte aus Leistungen im Sinn dieser Vorschrift vor.

Gegenstand der Vermietung und Verpachtung nach Ziff. 1 ist das unbewegliche Vermögen, wie insbesondere Grundstücke, Gebäude und Gebäudeteile. Auch Substanzausbeuteverträge gehören hierher, durch die der Eigentümer

§§ 13—24 EStG. Anmerkung 156.

eines Grundstücks einem Dritten das Recht zur Gewinnung von Steinen und Erden aus dem Grundstück gegen Entgelt überträgt (RFH. VI A 944/36 v. 23. 12. 36, E. 40 S. 272, RStBl. 37 S. 635, StW. 37 Nr. 81). Die Frage, ob Pachteinkünfte dieser Art in einem landwirtschaftlichen Betrieb anfallen, ist für das EStG 1934 regelmäßig zu verneinen, da ein Betrieb dieser Art als gewerblicher Betrieb anzusehen ist (vgl. Anm. 155a Abs. 1 und RFH. VI A 517/36 v. 28. 4. 37, E. 41 S. 238, RStBl. 37 S. 899, StW. 37 Nr. 321). Für die Behandlung der Pachteinkünfte als Einkünfte des landwirtschaftlichen Betriebs reicht nach RFH. VI A 691/36 v. 26. 5. 37 (E. 41 S. 270, RStBl. 37 S. 987, StW. 37 Nr. 373) die Tatsache, daß sich der Ausbeutevertrag auf ein zum landwirtschaftlichen Betriebsvermögen gehörendes Grundstück erstreckt, nicht aus. Die Verpachtung erfolgt vielmehr nur dann innerhalb des landwirtschaftlichen Betriebs, wenn sie im engsten wirtschaftlichen Zusammenhang mit dem Betrieb steht, wenn also mit der Verpachtung unmittelbar wirtschaftliche Zwecke des Betriebs verfolgt werden. Die entgeltliche Veräußerung der stehenden Ernte (Ernte auf dem Halm) ist nicht Verpachtung, sondern Verkauf (RFH. V A 259/26 v. 20. 5. 26, E. 19 S. 109, RStBl. 26 S. 227, StW. 26 Nr. 402). Dagegen ist der Weidevertrag vom Grasgewinnungsvertrag zu unterscheiden und als Pachtvertrag zu behandeln (RFH. V A 38/28 v. 31. 1. 28, RStBl. 28 S. 105, StW. 28 Nr. 358 und VI A 188/33 v. 26. 6. 35, E. 38 S. 111, RStBl. 35 S. 1420, StW. 35 Nr. 463). Wegen der Schiffe, die in ein Schiffsregister eingetragen sind, f. Anm. 12 Abs. 1 zu § 2 KStG. Zu den grundstücksgleichen Rechten gehören außer den in Ziff. 1 genannten unter anderem Erbbaurechte, Erbpachtrechte, Mineralgewinnungsrechte (Bergrecht, selbständige Berggerechtigkeit vgl. RFH. VI A 944/36 f. oben), das Apothekenprivileg und Fischereirechte.

Unter dem Sachinbegriff im Sinn der Ziff. 2 ist eine Anzahl beweglicher Sachen zu verstehen, die nach ihrer Zweckbestimmung zusammengehören und daher eine wirtschaftliche Einheit darstellen wie z. B. das im Gesetz genannte bewegliche Betriebsvermögen oder das landwirtschaftliche Inventar, das ärztliche Inventar u. a. Die außerbetriebliche Vermietung einzelner Gegenstände ist, wie oben erwähnt, Leistung im Sinn des § 22 Ziff. 3 EStG.

Als Einkünfte aus zeitlich begrenzter Überlassung von Rechten sind insbesondere die Einkünfte aus Überlassung gewerblicher Urheberrechte und gewerblicher Erfahrungen von Bedeutung. Häufig ist die Überlassung geschützter Erfindungen (Patente) zur gewerblichen Nutzung gegen eine Gebühr (Lizenzgebühr), die als Pachteinnahme zu behandeln ist, wenn die Erlaubnis zur gewerblichen Nutzung (Lizenz) nicht durch den Erfinder selbst innerhalb seiner selbständigen Arbeitstätigkeit erteilt wird. Über Beispiele vgl. auch Anm. 12 Abs. 2 und 3 zu § 2 KStG. Die Verwertung der Patente usw. durch den Erfinder selbst ist Ausfluß der selbständigen Arbeit des Erfinders. Wenn dagegen eine Person, die nicht selbst Erfinder ist, eine Erfindung erwirbt und diese nicht nur zur Verwertung an Dritte überläßt, sondern sie durch Versuche und Herstellung von Mustern ausbaut, und für die Verwertung erst brauchbar macht, dann geht diese Tätigkeit über die kapitalistische Auswertung der Erfindung durch Verpachtung hinaus und stellt einen Gewerbebetrieb dar (RFH. VI A 25/36 v. 11. 3. 36 (RStBl. 36 S. 786, StW. 36 Nr. 197).

Der Nutzungswert der Wohnung im eigenen Haus oder einer dem Steuerpflichtigen ganz oder teilweise unentgeltlich überlassenen Wohnung als Teil der Einkünfte aus Vermietung und Verpachtung (§ 21 Abs. 2) ist für die Körperschaftsteuer an sich bedeutungslos; denn der Zweck der Vorschrift ist zur Herbeiführung einer gleichmäßigen Besteuerung auch den Besitzer eines eigenen Wohnhauses oder den Inhaber einer unentgeltlich überlassenen Wohnung mit dem Nutzungswert ihrer Wohnungen, die sich die übrigen Steuerpflichtigen erst gegen Entgelt beschaffen müssen, heranzuziehen. Dieser Grundgedanke trifft aber bei Körperschaftsteuerpflichtigen als juristischen, d. h. durch die Rechtsordnung geschaffenen Personen nicht zu; denn derartige Lebenshaltungskosten wie Wohnungsaufwand gibt es bei ihnen nicht. Nach RFH. I A 170/32 v. 21. 2. 33 (RStBl. 33 S. 404, StW. 33 Nr. 434) muß jedoch auch eine körperschaftsteuerpflichtige Loge, also eine Personenvereinigung, den Mietwert der Räume und Flächen, die sie in ihrem eigenen Grundstück für ihre Zwecke nutzt, bei Errechnung ihres Einkommens ansetzen. Weiter wird in RFH. I A 102/36 v. 3. 11. 36 (E. 40 S. 183, RStBl. 37 S. 350, StW. 37 Nr. 55) die Nutzung der Wohnung im eigenen Haus durch eine Körperschaft dann angenommen, wenn die Körperschaft insbesondere als Stiftung die Wohnungen in einem ihr gehörigen Hause für ihre satzungsmäßigen Zwecke z. B. an Stiftungsinsassen unentgeltlich überläßt. Bei Kapitalgesellschaften und sonstigen Körperschaftsteuerpflichtigen, die einen steuerpflichtigen Betrieb unterhalten und dazu eigene Räume benutzen, kommt der Ansatz des Nutzungswerts dieser Räume nicht in Betracht, sie ersparen vielmehr die Mietausgabe als Unkosten. Wenn ein Verein außerhalb eines Betriebs für seine Vereinszwecke ein Grundstück mietet, ist die Miete bei unbeschränkter Steuerpflicht des Vereins als eine für den satzungsmäßigen Zweck des Vereins geleistete Ausgabe nach § 12 Ziff. 1 KStG nicht abzugsfähig. Fällt die Miete nach Erwerb eines eigenen Hauses weg, dann wäre an sich der steuerliche Ausgleich durch den Wegfall der nichtabzugsfähigen Mietausgabe, also durch Ersparung dieser nichtabzugsfähigen Ausgabe herbeigeführt, ohne daß noch der besondere Ansatz eines Mietwerts erforderlich wäre, wenn man nicht sagen will, der Verein benutze wie eine natürliche Person seine Wohnung im eigenen Haus und müsse deshalb den Mietwert dieser Wohnung ansetzen.

Nach Abs. 3 erfolgt Zurechnung der Einkünfte aus Vermietung und Verpachtung zu den Einkünften aus anderen Einkunftsarten, soweit sie zu diesen gehören.

Wegen der Ermittlung der Einkünfte aus Vermietung und Verpachtung (Überschuß der Einnahmen über die Werbungskosten) vgl. Anm. 146 ff. zu den §§ 8, 9 EStG, wegen der Werbungskosten im besonderen Anm. 150 b a. a. O. und wegen der Absetzung für Abnutzung insbesondere Anm. 137, 140 Abs. 2 und 141 zu § 7 EStG.

e) Sonstige Einkünfte (§§ 22, 23 EStG). Sonstige Einkünfte sind nach § 22 EStG wiederkehrende Bezüge, Einkünfte aus Spekulationsgeschäften und Einkünfte aus Leistungen. Die Steuerpflicht der sonstigen Einkünfte nach den §§ 22 und 23 setzt voraus, daß diese Einkünfte nicht zu anderen Einkunftsarten des § 2 Abs. 3 Ziff. 1—6 EStG gehören.

„Der Begriff der „sonstigen Einkünfte" ist neu gebildet. Er faßt die bisherigen Einkunftsarten „andere wiederkehrende Bezüge" und „sonstige Leistungsgewinne" in einer Einkunftsart zusammen. Sachlich ist an dem Begriff der „wiederkehrenden Bezüge", die die erste Gruppe der sonstigen Einkünfte bilden, nichts geändert; nur bei der dritten Untergruppe „Zuschüsse und Vorteile" ist der Hinweis auf die Steuerpflicht derjenigen Bezüge, auf die ein klagbarer Anspruch nicht besteht, als selbstverständlich weggeblieben. Der Begriff der „sonstigen Leistungsgewinne" ist der Einteilung des bisherigen § 41 folgend in zwei Gruppen, „Einkünfte aus Spekulationsgeschäften", die im § 23 des näheren behandelt sind, und „Einkünfte aus Leistungen" aufgegliedert worden. Die Einkünfte aus Leistungen entsprechen sachlich den Einkünften aus anderer Tätigkeit im Sinn des § 41 Abs. 1 Ziff. 2 EStG 1925. Die Grenze, von der an die Steuerpflicht beginnt, ist jedoch von 500 RM. auf 300 RM. herabgesetzt worden. Neu ist das Verbot, etwaige Verluste aus derartigen Leistungseinkünften mit Einkünften aus anderen Einkunftsarten auszugleichen" (Begr. zu § 22 EStG, RStBl. 35 S. 44).

Die Besteuerung der wiederkehrenden Bezüge knüpft an die äußere Form ihrer Zahlung als wiederkehrende Bezüge an, der Rechtsgrund ihrer Zahlung ist steuerrechtlich belanglos. Wegen des Begriffs der Rente vgl. Anm. 150 e, aa zu § 9 EStG.

Durch die Steuerpflicht der Einkünfte aus Leistungen nach Ziff. 3 werden alle Einkünfte erfaßt, die aus irgendeiner Betätigung im wirtschaftlichen Verkehr erzielt werden und unter keine andere Einkunftsart fallen.

Für die Annahme eines **Spekulationsgeschäfts** (§ 23 EStG) kommt es auf eine Spekulationsabsicht des Steuerpflichtigen nicht an, es genügt vielmehr, wenn sachlich die Voraussetzungen des § 23 Abs. 1 Ziff. 1 und 2 vorliegen. Danach besteht bei Veräußerungsgeschäften, bei denen der Zeitraum zwischen Anschaffung und Veräußerung nicht mehr als zwei Jahre bzw. ein Jahr beträgt oder bei denen die Veräußerung der Wirtschaftsgüter früher erfolgt als der Erwerb, die gesetzliche Vermutung für das Vorliegen eines Spekulationsgeschäfts. Spekulationsgeschäfte liegen nach Abs. 4 nur dann nicht vor, wenn Wirtschaftsgüter veräußert werden, deren Wert bei Einkünften im Sinn des § 2 Abs. 3 Ziff. 1—6 anzusetzen ist. Unter Anschaffung und Veräußerung im Sinn des Gesetzes ist der Abschluß des schuldrechtlichen Vertrags, nicht die tatsächliche Übereignung der Gegenstände zu verstehen. Über Abweichungen gegenüber dem bisherigen Recht wird in der Begr. zu § 23 (RStBl. 35 S. 44) unter anderem ausgeführt: „... Zunächst ist in Abs. 1 Ziff. 1 klargestellt, daß auch Rechte, die den Vorschriften des bürgerlichen Rechts über Grundstücke unterliegen, hinsichtlich der Veräußerung wie Grundstücke zu behandeln sind und daß daher auch die Gewinne aus derartigen Veräußerungsgeschäften nur steuerpflichtig sind, wenn der Zeitraum zwischen dem Erwerb und der Veräußerung der Rechte nicht mehr als zwei Jahre beträgt. Wesentlich umgestaltet sind die Vorschriften über die Spekulationsgewinne bei anderen Wirtschaftsgütern, insbesondere Wertpapieren. Einmal ist hier der Zeitraum, innerhalb dessen Erwerb und Veräußerung vollzogen sein müssen, von drei Monaten auf ein Jahr verlängert worden.... Diese Verlängerung der Frist stellt sich als eine nicht unbeachtliche Verschärfung der Gesetzgebung dar, die aber um deswillen vertretbar ist, weil derartige Spekulationsgewinne besonderer steuerlicher Schonung nicht bedürfen. Um den berechtigten Interessen hinsichtlich der Kurspflege von festverzinslichen Wertpapieren auch hier entgegenzukommen, sind von der Besteuerung der Spekulationsgewinne bei Wertpapieren ausgenommen die Einkünfte aus der Veräußerung von Schuld- und Rentenverschreibungen, von Forderungen, die in ein inländisches öffentliches Schuldbuch eingetragen sind und von Vorzugsaktien der Deutschen Reichsbahn-Gesellschaft. Zu den festverzinslichen Wertpapieren im Sinn dieser Gesetzesvorschrift gehören nach der ausdrücklichen Bestimmung des Gesetzes nicht die sogenannten Wandelanleihen sowie diejenigen Anleihen, bei denen neben der festen Verzinsung eine Zusatzverzinsung, die sich nach der Höhe der Gewinnausschüttungen des Schuldners richtet, eingeräumt ist...." Von den Befreiungen des EStG 1925 ist nur die Steuerfreiheit der kleineren Spekulationsgewinne (Gewinne im Betrag von weniger als 1000 RM.) beibehalten worden (Abs. 4 Satz 1). Verluste aus Spekulationsgeschäften dürfen nur bis zur Höhe des im gleichen Kalenderjahr erzielten Spekulationsgewinnes ausgeglichen werden (Abs. 4 Satz 2).

Wegen der Spekulationsgeschäfte im Kalenderjahr 1934 vgl. § 37 I. EStDVO.

d) Gemeinsame Vorschriften (§ 24 EStG). Wegen der Bedeutung des § 24 vgl. Anm. 3 a zu § 2 EStG.

aa) Die **Ermittlung der Einkünfte** für Entschädigungen im Sinn des § 24 Ziff. 1, die in einem laufenden Betrieb im Sinn des § 2 Abs. 3 Ziff. 1—3 EStG oder innerhalb eines bestehenden Rechtsverhältnisses im Sinn des § 2 Abs. 3 Ziff. 4 bis 6 EStG anfallen, erfolgt nach den für die zutreffende Einkunftsart geltenden Grundsätzen. In den Fällen der Ziff. 2 sind die Einkünfte aus der ehemaligen Tätigkeit oder aus dem früheren Rechtsverhältnis regelmäßig in dem Kalenderjahr, in dem sie zufließen, als Einnahmen aus der zugehörigen Einkunftsart anzusetzen und etwaige Aufwendungen des Empfängers als Betriebsausgaben oder Werbungskosten abzuziehen. Wenn in diesen Fällen auch die Einkünfte aus einer ehemaligen Tätigkeit im Sinn des § 2 Abs. 3 Ziff. 1—3 EStG, bei der als Einkünfte der Gewinn zu ermitteln ist, nicht mehr in einem laufenden Betrieb anfallen, so schließt dieser Umstand doch die Anwendung der für die Gewinnermittlung maßgebenden Grundsätze nicht vollständig aus. Insbesondere kann bei nachträglichen Einkünften aus Gewerbebetrieb oder Land- und Forstwirtschaft ein anteiliger Bestandsvergleich erforderlich werden, wenn sich die nachträglichen Eingänge auf Wirtschaftsgüter beziehen, die bei Aufgabe des Betriebs in der Schlußbilanz für das letzte laufende Geschäftsjahr oder in der Vermögensübersicht am Schluß des letzten laufenden Ermittlungszeitraums mit einem Betrag berücksichtigt waren. Diese Notwendigkeit ergibt sich vor allem, wenn bei Aufgabe des Betriebs einzelne Wirtschaftsgüter des Betriebsvermögens zur nachträglichen gewerblichen oder sonstigen betrieblichen Verwertung zurückbehalten (also nicht ins Privatvermögen überführt) oder wenn bei der Aufgabe vorhandene Schulden zur nachträglichen Bezahlung beibehalten wurden. In diesem Fall ist der für das Wirtschaftsgut nachträglich erzielte Erlös, z. B. der auf die Forderung bezahlte Betrag, der über den letzten Buchwert oder Ansatz im Betriebsvermögensvergleich hinausgeht, in dem Kalenderjahr, in dem er eingeht, als nachträgliche Betriebseinnahme nach Abzug der etwa darauf treffenden nachträglichen Betriebsausgaben zu versteuern (RFH. VI A 109/34 v. 5. 6. 35, RStBl. 35 S. 1356, StW. 35 Nr. 478). Dabei ist aber nach dem Grundsatz der Einzelbewertung auch bei früheren Pauschalabschreibungen auf die Forderungen der anteilige Einzelwert einer zurückbehaltenen Forderung zu ermitteln (vgl. Anm. 118 d, aa Abs. 2 zu § 6 EStG). Ist eine Forderung auf 0 RM. abgeschrieben oder eine Schuld gestrichen, so ist die nachträgliche Zahlung auf die Forderung im vollen Umfang nachträglicher gewerblicher Gewinn oder umgekehrt die Bezahlung der vollen Schuld nachträglicher gewerblicher Verlust. Da der Inhaber des Betriebs mit der Aufgabe des Betriebs regelmäßig nicht mehr Unternehmer ist, haben bis zur Veräußerung des Gegenstands ein laufender Bestandsvergleich und damit auch Absetzungen für Abnutzung zu unterbleiben. Auch das Herabgehen auf den niedrigeren Teilwert kommt nicht mehr in Frage (RFH. VI A 1331/32 v. 11. 10. 34, RStBl. 35 S. 613, StW. 35 Nr. 19). Das Verbot der Absetzungen für Abnutzung ist gerechtfertigt, weil mit der Aufgabe des Betriebs die Verwendung des Wirtschaftsguts für den Betrieb beendet ist. Weiter könnte aber auch nach Aufgabe des Betriebs ein Teilwert im Sinn des § 6 Ziff. 1 Satz 3 EStG unter dem Gesichtspunkt der Fortführung des Betriebs nicht mehr ermittelt werden, sondern höchstens der Einzelveräußerungspreis des zurückbehaltenen Gegenstands.

bb) Die Grundsätze des § 24 Ziff. 1 gelten entsprechend für die **Ablösung laufender, steuerlich abzugsfähiger Ausgaben** durch Hingabe eines Kapitals, das dann im Jahre der Zahlung abzugsfähig ist; das bloße Eingehen einer Schuld genügt nicht (RFH. VI A 1950/30 v. 1. 7. 31, RStBl. 31 S. 668, StW. 31 Nr. 910 und I A 292/33 v. 20. 2. 35, RStBl. 35 S. 873, StW. 35 Nr. 220). Ebenso sind die Grundsätze des § 24 Ziff. 2 für nachträglich anfallende Ausgaben aus einer einmaligen Tätigkeit usw., insbesondere für die nachträgliche Zahlung von Betriebsschulden oder die nachträgliche Leistung sonstiger Betriebsausgaben entsprechend anzuwenden. Wegen des unter Umständen erforderlichen Teilbestandsvergleichs vgl. vorstehenden Absatz und RFH. VI A 1331/32 s. oben.

II. Einkünfte aus Kapitalvermögen.

§ 20 EStG.

(1) Zu den Einkünften aus Kapitalvermögen gehören:
1. **Gewinnanteile (Dividenden), Zinsen, Ausbeuten und sonstige Bezüge aus Aktien, Kuxen, Genußscheinen, Anteilen an Gesellschaften mit beschränkter Haftung, an Erwerbs- und Wirtschaftsgenossenschaften und Kolonialgesellschaften, aus Anteilen an der Reichsbank und an bergbautreibenden Vereinigungen, die die Rechte einer juristischen Person haben;**
2. **Einkünfte aus der Beteiligung an einem Handelsgewerbe als stiller Gesellschafter;**

§ 20 EStG. Einkünfte aus Kapitalvermögen. Anmerkung 157.

3. Zinsen aus Hypotheken und Grundschulden und Renten aus Rentenschulden. Bei Tilgungshypotheken und Tilgungsgrundschulden ist nur der Teil der Zahlung steuerpflichtig, der als Zins auf den jeweiligen Kapitalrest entfällt;
4. Zinsen aus sonstigen Kapitalforderungen jeder Art, z. B. aus Darlehen, Anleihen, Einlagen und Guthaben bei Sparkassen, Banken und anderen Kreditanstalten;
5. Diskontbeträge von Wechseln und Anweisungen einschließlich der Schatzwechsel.

(2) Zu den Einkünften aus Kapitalvermögen gehören auch:
1. besondere Entgelte oder Vorteile, die neben den im Absatz 1 bezeichneten Einkünften oder an deren Stelle gewährt werden;
2. Einkünfte aus der Veräußerung von Dividendenscheinen, Zinsscheinen und sonstigen Ansprüchen, wenn die dazugehörigen Aktien, Schuldverschreibungen oder sonstigen Anteile nicht mitveräußert werden.

(3) Soweit Einkünfte der in den Absätzen 1 und 2 bezeichneten Art zu den Einkünften aus Land- und Forstwirtschaft, aus Gewerbebetrieb, aus selbständiger Arbeit oder aus Vermietung und Verpachtung gehören, sind sie diesen Einkünften zuzurechnen.

Schrifttum. Meilicke, Die einkommensteuerrechtliche Behandlung der Liquidationsraten, StW. 35 I, Sp. 1001; Mirre, Beziehungen zwischen Kapitaleinkommen und gewerblichem Einkommen, DStZ. 37 S. 1037.

157. Trennung zwischen Kapital und Ertrag.

Zur Ermittlung der Einkünfte aus Kapitalvermögen sind als Einnahmen alle geldwerten Vorteile anzusetzen, die ein Steuerpflichtiger aus einem Geldkapital als Eigentümer oder sonstiger Nutzungsberechtigter zieht. Für die Besteuerung ist zwischen dem Ertrag als Frucht des Geldkapitals und dem Kapital als solchem streng zu unterscheiden. Das Schicksal der Kapitalanlage selbst, ihre Entwertung oder auch ihre allmähliche Aufzehrung durch die Nutzung beeinflußt die Besteuerung des Ertrags nicht. Daher sind auch Zinsen, die auf ein völlig wertloses Darlehen gezahlt werden oder Dividenden, die zur Verschleierung einer Unterschlagung von Aktien ausbezahlt werden, steuerpflichtiger Ertrag (RFH. VI A 2071/29 v. 17. 7. 30, RStBl. 30 S. 636, StW. 30 Nr. 1074). Bei der Trennung zwischen Kapital und Ertrag ist nach RFH. VI A 1125/33 v. 14. 3. 34 (RStBl. 34 S. 711, StW. 34 Nr. 288) jede einzelne Kapitalanlage für sich und nicht etwa das gesamte Kapitalvermögen einheitlich zu betrachten. Gewinne, die durch die Verwertung der Kapitalanlage erzielt werden, sind kein Ertrag. Daher ist nach der Entsch. der Gewinn, der durch den Ankauf von Hypotheken unter Nennbetrag und ihre Einziehung zum Nennbetrag erzielt wird, kein Ertrag der Hypothek und eine Steuerpflicht kommt nur unter dem Gesichtspunkt des Spekulationsgeschäfts im Sinn des § 23 EStG in Frage. Ein Ertrag als Frucht der Kapitalanlage liegt auch nicht vor, wenn der Bezieher des Gewinns den Gewinnanspruch entgeltlich ohne die Kapitalanlage erworben hat. Dies ergibt sich aus § 20 Abs. 2 Ziff. 2 EStG, wonach zu den Einkünften aus Kapitalvermögen auch gehören Einkünfte aus der Veräußerung von Dividendenscheinen... und sonstigen Ansprüchen, wenn die dazu gehörigen Aktien... oder sonstigen Anteile nicht mitveräußert werden. Der Veräußerer des Anspruchs auf Dividenden usw. bezieht in dem Entgelt Kapitaleinkünfte und der Erwerber erhält in dem ausbezahlten Gewinnanteil usw. lediglich seine gegen Entgelt erworbene Forderung, also Kapital (vgl. auch RFH. VI A 1208/31 v. 17. 6. 31, RStBl. 31 S. 633, StW. 32 Nr. 464).

Die Rückzahlung von Kapital stellt keinen steuerpflichtigen Ertrag dar (Ausnahme für die Ausbeute s. Anm. 161 b). Jedoch ist als Regel zu unterstellen, daß, wenn Kapitalzahlungen auf mehrere Jahre verteilt werden, bei Bemessung der Teilzahlungen Zinsen berücksichtigt werden. Daher sind bei einem in Teilbeträgen zahlbaren Kapital, z. B. einer gestundeten und in Raten zu tilgenden Kaufpreisforderung die Teilzahlungen in steuerfreie Kapitalrückzahlung und steuerpflichtige Zinsen zu zerlegen, wobei die Ermittlung der gesamten Zinsen durch Errechnung des Barwerts der gesamten Teilbeträge mit Hilfe der Rentenformel (Berechnung von Zinseszinsen) und unter Anwendung des gebräuchlichen Zinssatzes zu erfolgen hat. Zur Feststellung der in den einzelnen Jahreszahlungen enthaltenen Zinsen ist in Abweichung von der bisherigen Rechtsprechung (vgl. z. B. RFH. VI A 1323/30 v. 10. 2. 32, E. 31 S. 21, RStBl. 32 S. 628, StW. 32 Nr. 927), die eine gleichmäßige Verteilung des Gesamtbetrags der Zinsen auf die einzelnen Jahre zuließ, nach RFH. VI 500/37 v. 20. 10. 37, E. 42 S. 241, RStBl. 38 S. 92, StW. 37 Nr. 631) der Barwert des Kaufpreises unter Berücksichtigung eines angemessenen Zinssatzes zu verzinsen und danach die einzelne Jahreszahlung in Zinsen und Kapitalabtrag zu zerlegen. In der ersten Jahreszahlung sind dann die Zinsen für den gesamten Barwert der Schuld enthalten und in den folgenden Zahlungen die Zinsen für den um die Kapitalabträge verminderten Barwert. Der jeweilige Restbetrag stellt die Kapitalrückzahlung dar. Nach RFH. VI A 671/34 v. 29. 5. 35 (StW. 35 Nr. 467) sind auch bei entgeltlich erworbenen Zeitrenten (deren Lauf sich auf einen begrenzten Zeitraum erstreckt) in den Jahreszahlungen regelmäßig Zinsen enthalten, die als Einkünfte aus Kapitalvermögen zu besteuern sind. Wenn ein Privatgläubiger von seinem überschuldeten Schuldner nur einen Teil seiner Forderung ausbezahlt erhält, während der Rest endgültig ausfällt, so sind bürgerlich-rechtlich durch die Zahlung in erster Linie die Zinsen gedeckt. Steuerlich ist jedoch nach RFH VI A 678/36 v. 16. 9. 36 (RStBl. 37 S. 8, StW. 36 Nr. 551) in Anlehnung an die Volks- und Verkehrsauffassung nicht anzunehmen, daß in dem Teilbetrag Zinsen erstattet seien, die beim Gläubiger Zinseinkünfte und beim Schuldner abzugsfähige Ausgaben darstellen würden.

Wegen der Beschränkung des Abzugs der Werbungskosten auf die Ausgaben, die mit den aus der Kapitalanlage gezogenen Einnahmen in unmittelbarem wirtschaftlichem Zusammenhang stehen (vgl. Anm. 150 b zu § 9 EStG).

Die Vorschrift des § 20 Abs. 1 Ziff. 1 EStG deckt sich inhaltlich mit der Vorschrift des § 43 Abs. 1 Ziff. 1 a. a. O., in der für die gleichen inländischen Kapitalerträge die Erhebung der Einkommensteuer durch Abzug vom Kapitalertrag (Kapitalertragsteuer) angeordnet wird. Da in diesem Fall die juristischen Personen als Schuldner der Gewinnanteile usw. auch zur Einbehaltung und Abführung der Kapitalertragsteuer verpflichtet sind (§ 44 EStG), ist für sie die Begriffsbestimmung der Kapitalerträge nach § 20 Abs. 1 Ziff. 1 von besonderer Bedeutung.

158. Allgemeine Grundsätze.

a) Kapitalgesellschaften einschließlich der sonstigen in § 20 Abs. 1 Ziff. 1 genannten juristischen Personen besitzen bürgerlich- und steuerrechtlich eigene Rechtspersönlichkeit und damit eigenes Vermögen. Wenden sie ihren Gesellschaftern oder Mitgliedern Gewinnanteile oder sonstige Bezüge als Ertrag der Gesellschafts- oder Mitgliedsrechte zu, so geht der ausgeschüttete Betrag aus dem Vermögen der Kapitalgesellschaft in das Vermögen der Gesellschafter über. Eine Gewinnausschüttung stellt also stets eine (von den Gesellschaftern selbst beschlossene, vgl. § 126 AktG, § 46 Ziff. 1 GmbHG) Verminderung des Reinvermögens der Kapitalgesellschaft zugunsten des Gesellschafter dar, die trotz der durch sie verursachten Entwertung des Gesellschaftsrechts einkommensteuerpflichtig ist. Eine Gewinnausschüttung liegt nur dann nicht vor, wenn die Verminderung des Reinvermögens der Gesellschaft mit einer Veränderung des Grund- oder Stammkapitals verbunden ist. Unter **Gewinnanteilen** im Sinn des § 20 Abs. 1 Ziff. 1 EStG sind daher alle Zuwendungen zu verstehen, die aus dem Reinvermögen der juristischen Personen unentgeltlich an die Mitglieder gemacht werden, soweit nicht gleichzeitig der rechtliche Aufbau der juristischen Person geändert wird. Dementsprechend kann auch der Begriff der Gewinnaus-

§ 20 EStG. Einkünfte aus Kapitalvermögen. Anmerkung 158.

schüttung bestimmt werden als jede geldwerte Leistung an die Gesellschafter einer Kapitalgesellschaft, durch die das Reinvermögen der Gesellschaft zugunsten der Gesellschafter unbeschadet des Grund- oder Stammkapitals, d. h. ohne förmliche Herabsetzung des Grund- oder Stammkapitals vermindert wird. Dabei ist es gleichgültig, ob die Zuwendung dem Reingewinn der Gesellschaft entspricht oder das Vorhandensein von Rücklagen die Möglichkeit einer Ausschüttung gewährt oder sonstige Umstände die Ausschüttung ermöglichen (z. B. RFH. VI A 1273/31 v. 19. 12. 31, RStBl. 32 S. 293, StW. 32 Nr. 465, I A 239/27 v. 13. 7. 27, RStBl. 27 S. 178, StW. 27 Nr. 455 und VI A 443/34 v. 14. 9. 35, RStBl. 36 S. 121, StW. 35 Nr. 666). Dazu gehören Gewinnausschüttungen aller Art, auch wenn es sich um Scheingewinne handelt und die Gesellschaft mit Verlust arbeitet oder das Vermögen durch die unzulässigen Gewinnausschüttungen aufgezehrt wird (RFH. VI A 198/33 v. 20. 11. 34, StW. 35 Nr. 33). Daher liegt auch dann für die Gesellschafter Kapitalertrag vor, wenn die Gewinnausschüttung einer mit Verlust arbeitenden GmbH. infolge einer Liquidationsentschädigung ermöglicht wird, die nach dem Reichsentlastungsgesetz v. 4. 6. 23 (RGBl. I S. 305) für den Empfänger körperschaftsteuerfrei war (RFH. VI A 1273/31 s. oben). Auch der Vorschuß auf künftigen Gewinn mindert das Reinvermögen der Gesellschaft und die Möglichkeit seiner Rückforderung hindert den gegenwärtigen Zufluß als Kapitalertrag nicht. Wenn eine GmbH. an einen ihrer Gesellschafter einen Betrag zur Abgeltung der Höhe nach noch nicht festgestellter Gewinnansprüche des Gesellschafters zahlt, so ist dieser Betrag nach RFH. VI A 800/29 v. 9. 10. 29 (StW. 29 Nr. 938) beim Gesellschafter als Kapitaleinkünfte zu behandeln. In RFH. VI A 633/31 v. 21. 10. 31 (StW. 32 Nr. 2) wurde daher auch eine vorläufige Gewinnausschüttung nach einem vorläufig festgestellten Gewinnergebnis als Ausschüttung von Gewinnanteilen einer GmbH. behandelt. Danach ist das in der Gewinnausschüttung liegende Rechtsgeschäft der Gesellschafter steuerlich dann zu beachten, wenn die Beteiligten es unter sich gelten lassen und so handeln, wie wenn es gültig oder unanfechtbar wäre.

Voraussetzung für die Besteuerung von Dividenden und sonstigen Vorteilen als Kapitalertrag ist immer, daß dem Empfänger der Leistung das Gesellschaftsrecht, z. B. das Aktienstammrecht zusteht. Wenn bei einer Verschmelzung die Gesellschafter der aufzunehmenden Personengesellschaft Aktien der aufnehmenden AG. erhalten, so ist für die Besteuerung der für das Übergangsjahr auf die Aktien entfallenden Dividende als Kapitalertrag entscheidend, wem die Dividende nach der Vereinbarung als Inhaber der Aktien zustehen sollte. Werden im Verlauf von Streitigkeiten den Empfängern der Aktien noch nachträglich die auf die ursprünglich nicht mitübereigneten Dividendenscheine des Übergangsjahrs entfallenden Dividenden zuerkannt, so kann in dieser Dividende nach RFH. VI A 750/36 v. 7. 10. 36 (StW. 36 Nr. 503) kein Ertrag der Aktien, sondern die nachträgliche Zuwendung von Kapital gesehen werden. Die Steuerpflicht von Dividendeneinnahmen kann nach RFH. VI A 500, 501/33 v. 11. 7. 34 (E. 36 S. 303, RStBl. 34 S. 979, StW. 34 Nr. 582) nicht dadurch umgangen werden, daß die Aktien vor der Hauptversammlung, die über die Höhe der Dividende beschließt, verkauft und nach der Hauptversammlung zu einem vorher vereinbarten Kurs zurückgekauft werden. Die Dividende ist vielmehr abzüglich der durch den Verkauf und Rückkauf entstandenen Unkosten und der an das Bankhaus gewährten Vergütung zu den Kapitaleinkünften zu rechnen. Wegen der Behandlung eines Gesellschafters nach Veräußerung seiner Beteiligung, aber bei Fortbestehen eines Lizenzvertrags mit der Gesellschaft vgl. Anm. 178 c Abs. 2 zu § 6 Abs. 2 RStG.

Eine als Gewinnanteil zu beurteilende Zuwendung der Kapitalgesellschaft an ihre Gesellschafter liegt auch dann vor, wenn die Gesellschaft die Beträge nicht selbst an ihre Gesellschafter auszahlt, sondern sich die Bezahlung durch Vertrag von einem Dritten ausbedingt. Dies ist z. B. dann der Fall, wenn sich eine durch Interessengemeinschaftsvertrag mit der Kapitalgesellschaft verbundene Gesellschaft verpflichtet hat, die den Gesellschaftern der Kapitalgesellschaft zugesicherten Dividenden insoweit zur Verfügung zu stellen, als die eigenen Mittel der Kapitalgesellschaft nicht ausreichen (RFH. I A 179/35 v. 19. 11. 35, StW. 36 Nr. 135 und auch Anm. 168 Abs. 1). Die den Gesellschaftern gezahlten Dividenden sind Ertrag ihrer Beteiligung, selbst wenn sie ihnen von der anderen Gesellschaft unmittelbar und nicht durch die Hand der eigenen Gesellschaft ausbezahlt werden.

Keine Gewinnanteile, die auf Gesellschaftsrechte entfallen, und damit keine Einkünfte aus Kapitalvermögen sind nach RFH. VI A 353/33 v. 20. 12. 33 (RStBl. 34 S. 429, StW. 34 Nr. 206) die Dividenden, die Versicherungsgesellschaften an die Versicherten ausschütten; denn sie werden dem Empfänger nicht deshalb gezahlt, weil er an der Versicherungsgesellschaft mit Kapital beteiligt ist oder eine Kapitalforderung gegen sie hat, sondern weil er bei ihr versichert ist und Prämien an sie zahlt. Sie gehören auch nicht zu sonstigen steuerpflichtigen Einkünften, sondern sind nur bei den Sonderleistungen als Verminderung der Prämienleistung beachtlich.

Wegen des Zeitpunkts der Vereinnahmung der Gewinnanteile an Kapitalgesellschaften vgl. Anm. 153 c Abs. 1 zu § 11 EStG.

b) Entsprechend der Scheidung zwischen Kapital und dem daraus gezogenen Ertrag können nicht als Einkünfte aus Kapitalvermögen diejenigen Beträge angesehen werden, die wegen einer Änderung im Aufbau der Gesellschaft ausbezahlt werden und eine **Rückzahlung des Kapitals,** also des Gesellschaftsanteils oder der Einlage darstellen.

aa) Nach der Rechtsprechung des RFH. zum EStG 1925 war die **Auflösung einer Kapitalgesellschaft** der Veräußerung der Anteile an der Gesellschaft gleichzustellen (z. B. RFH. VI A 151/30 v. 17. 6. 31, RStBl. 31 S. 813, StW. 31 Nr. 796). Dieser Grundsatz ist durch § 18 Abs. 2 I. EStDVO (§ 17 Abs. 2 II. EStDVO) für das EStG 1934 übernommen worden: „Als Gewinn aus der Veräußerung eines Anteils an einer Kapitalgesellschaft gilt auch der Gewinn, den der Gesellschafter bei Auflösung der Kapitalgesellschaft erzielt." Danach ist im Fall der Auflösung einer Kapitalgesellschaft der ausgeschüttete Abwicklungs=(Liquidations) erlös einkommensteuerrechtlich als Veräußerungspreis der Beteiligung zu behandeln und kann als solcher nicht in Kapitalrückzahlung und Gewinnausschüttung zerlegt werden. Es gilt vielmehr der bisher vom RFH. aufgestellte Grundsatz weiter: Bei Auflösung einer Kapitalgesellschaft ist die Auszahlung weder, soweit sie den Nennbetrag des Kapitalanteils oder den Betrag der ursprünglichen Anlage noch, soweit sie die Anschaffungskosten der Anteile für den derzeitigen Besitzer übersteigt, als Einkünfte aus Kapitalvermögen zu behandeln. Der Abwicklungserlös kann daher beim Empfänger zur Einkommensteuer nur herangezogen werden, wenn er an der Gesellschaft wesentlich beteiligt war (§ 17 EStG) oder wenn die Voraussetzungen für ein steuerpflichtiges Spekulationsgeschäft gegeben sind (§ 23 EStG) (vgl. RFH. VI A 151/30 s. oben und VI A 18/34 v. 19. 6. 35, RStBl. 35 S. 1335, StW. 35 Nr. 479 und I A 252/35 v. 14. 7. 36, E. 39 S. 354, RStBl. 36 S. 970, StW. 36 Nr. 464 und Mirre, Bespr. in StW. 1936 Bd. I Sp. 1431 ff.). Erstreckt sich nach Auflösung einer Kapitalgesellschaft die Abwicklung über mehrere Jahre, dann ist nach RFH. VI A 485/36 v. 17. 2. 37 (E. 41 S. 174, RStBl. 37 S. 963, StW. 37 Nr. 202) die Veräußerung der Beteiligung steuerlich regelmäßig im Zeitpunkt der Beendigung der Abwicklung und nur ausnahmsweise in dem Zeitpunkt als durchgeführt anzusehen, in dem schon vorher der Wert der Beteiligung im wesentlichen zurückbezahlt wurde.

Die steuerliche Anerkennung von Ausschüttungen einer Kapitalgesellschaft als steuerfreien Abwicklungserlös setzt eine wirkliche Auflösung und Abwicklung (Liquidation) der Kapitalgesellschaft und nicht nur eine Scheinabwicklung voraus; es muß sich um die ernstliche Durchführung einer beschlossenen Abwicklung handeln. Grundstücks= und ähnliche Gesellschaften können nach RFH. VI A 899/33 v. 14. 3. 34 (RStBl. 35 S. 967, StW. 35 Nr. 334) und VI A 851/35 v. 26. 2. 36 (RStBl. 36 S. 754, StW. 36 Nr. 187) nicht jahre= und jahrzehntelang als sogenannte Liquidations=(Abwicklungs=)gesellschaften geführt werden. Da ihr Zweck

§ 20 EStG. Einkünfte aus Kapitalvermögen. Anmerkung 158.

die Aufteilung und Veräußerung von Grundstücken sei, gehörten die Grundstücksverkäufe bei ihnen zu den laufenden und nicht zu den den Betrieb beendenden Geschäften. Von einer Auflösung könne in solchen Fällen erst dann gesprochen werden, wenn die Grundstücke tatsächlich veräußert seien oder wenn die noch nicht veräußerten Grundstücke an die Gesellschafter verteilt würden und die Gesellschaft tatsächlich dadurch aufgelöst werde. Nach RFH. VI A 851/35 ist für eine Gesellschaft, deren Abwicklung steuerlich nicht anerkannt wird, dann, wenn Beträge über die Gewinne und offenen Rücklagen hinaus ausgeschüttet werden, für die Steuerfreiheit der Ausschüttung als Kapitalrückzahlung förmliche Kapitalherabsetzung erforderlich. Da aber eine Gesellschaft, die ihre Abwicklung zum Handelsregister angemeldet habe, ihr Kapital nicht herabsetzen könne, müsse sie zu diesem Zweck die handelsrechtlichen Voraussetzungen für eine Fortführung der Gesellschaft schaffen, um eine Kapitalherabsetzung vornehmen zu können. Für die Beurteilung der Erlöse aus dem Verkauf von Grundstücken ist auch die spätere Auflösung einer Grundstücks-GmbH. nicht maßgebend, da aus dem Verkauf der Grundstücke nicht auf eine formlose Abwicklung geschlossen werden kann; denn die Gesellschaft kann auch mit dem gleichen oder einem anderen Zweck weiter betrieben werden (RFH. VI A 198/33 v. 20. 11. 34, StW. 35 Nr. 33).

bb) Kapitalrückzahlungen und nicht Ertrag der Beteiligung sind auch die Beträge, die eine Gesellschaft während ihres Bestehens **an einen Gesellschafter als Entgelt für die Aufgabe der Beteiligung** bezahlt. Die Aufgabe kann sich bei Geschäftsanteilen einer GmbH. auch auf einen Teil dieses Geschäftsanteils beziehen. Zunächst kann die Gesellschaft die Beteiligung eines Gesellschafters entgeltlich oder gegen Entgelt einziehen. Erwirbt jedoch eine AG. eigene Aktien bei einem Kurse von 60 v. H. zum Nennwert (zu pari), dann liegt in dem Unterschiedsbetrag zwischen Kurs- und Nennwert keine Kapitalrückzahlung, sondern eine verdeckte Gewinnausschüttung an die bisherigen Aktionäre (RFH. I A 383/30 v. 20. 1. 31, RStBl. 31 S. 282, StW. 31 Nr. 371, vgl. dazu Bespr. von Mirre StW. 1931 Bd. I Sp. 566).

Um nicht steuerpflichtige Kapitalrückzahlungen handelt es sich auch bei den anläßlich einer Kapitalherabsetzung (§§ 288 ff. HGB bzw. § 175 ff. AktG, § 58 GmbHG) vorgenommenen Rückzahlungen aus dem Grund- oder Stammkapital. Durch die Herabsetzung des Grund- oder Stammkapitals wird dessen ziffernmäßige Höhe vermindert, daher ist für sie ein besonderer Gläubigerschutz vorgeschrieben (vgl. § 289 Abs. 2—4 HGB bzw. § 178 AktG, § 58 Abs. 1 GmbHG). Die Herabsetzung des Grundkapitals einer AG. kann nach § 175 Abs. 4 AktG durch Herabsetzung des Nennbetrags der Aktien oder durch Zusammenlegung der Aktien (vgl. auch § 290 HGB bzw. § 179 AktG) oder durch Einziehung von Aktien (s. Abs. 4) erfolgen. Ähnlich kann bei einer GmbH. die Kapitalherabsetzung durch Herabsetzung der Geschäftsanteile um einen bestimmten Hundertsatz oder durch Einziehung ganzer Geschäftsanteile herbeigeführt werden. Es gibt im Grunde zwei Arten der Kapitalherabsetzung, eine mit und eine ohne Zahlung an die Aktionäre. Bei der ersten erhält jeder Aktionär regelmäßig so viel, wie der Nennbetrag beträgt, den er verliert, also z. B. bei Herabstempelung der Aktien von 1000 auf 500 RM. genau 500 RM.; man spricht dann von Zurückzahlung des Grundkapitals. Eine solche Kapitalherabsetzung hat den Zweck, überflüssiges Reinvermögen der Gesellschaft zu beseitigen; z. B. die Gesellschaft hat einen Teil ihres Betriebs verkauft und nicht die Absicht, neue Anlagen zu erwerben. Bei der zweiten, häufigeren Kapitalherabsetzung ist der Zweck, ein günstigeres Verhältnis zwischen Reinvermögen und Grundkapital herbeizuführen. Das Reinvermögen bleibt unverändert, infolge der Verminderung des Grundkapitals bleibt es nicht mehr hinter diesem zurück. Möglich ist auch eine Kapitalherabsetzung, bei der die Aktionäre nur einen Teil des Verlusts an Nennwert ausgezahlt erhalten, etwa Herabstempelung von 1000 auf 500 RM. und Zahlung von 200 RM. an die Aktionäre. Es ist nicht bekannt, ob das schon vorgekommen ist. Nach § 288 Abs. 2 HGB bzw. § 175 Abs. 3 AktG muß in dem Beschluß der Hauptversammlung über die Kapitalherabsetzung zugleich festgesetzt werden, zu welchem Zweck die Herabsetzung stattfindet, namentlich, ob Teile des Grundkapitals an die Aktionäre zurückgezahlt werden sollen. Richtiger wäre es, wenn das Gesetz verlangte, daß in dem Beschluß gesagt werde, inwieweit eine Rückzahlung des Grundkapitals an die Aktionäre erfolgen solle, also entweder Kapitalherabsetzung mit Auszahlung in Höhe der Verminderung des Grundkapitals oder Herabsetzung ohne jede Auszahlung oder Herabsetzung unter Auszahlung eines Hundertsatzes der Verminderung des Grundkapitals. Rückzahlungen aus dem Grund- oder Stammkapital, die mit einer förmlichen Kapitalherabsetzung verbunden sind, sind keine steuerpflichtigen Kapitalerträge. Dagegen sind nach RFH. VI A 443/34 v. 14. 9. 35 (StW. 35 Nr. 666) dann, wenn ein Teil des Vermögens einer GmbH. in eine neu gegründete OHG. unter gleichzeitiger Herabsetzung des Stammkapitals und Ausschüttung eines Teiles des Erlöses an die Gesellschafter der GmbH. eingebracht wird, diejenigen Beträge, die die Gesellschafter über die Herabsetzung des Stammkapitals hinaus erhalten, Kapitalertrag, ohne daß wegen nur teilweiser Auflösung der GmbH. die Grundsätze über die Veräußerung einer wesentlichen Beteiligung angewendet werden können. Nach dem Tatbestand von RFH. I A 233/34 v. 19. 12. 34 (RStBl. 35 S. 679, StW. 35 Nr. 114) war bei einer AG. das Grundkapital durch Abstempelung auf die Hälfte des Nennwerts der Aktien herabgesetzt worden. Der dadurch entstehende Buchgewinn wurde „in voller Höhe zu Sonderabschreibungen verwendet". Daneben wies die Handelsbilanz einen Gewinn von 36 000 RM. aus, der zuzüglich eines Gewinnvortrags von 5000 RM. in einen Spezialreservefonds eingestellt wurde. Eine spätere Generalversammlung beschloß, aus diesem Reservefonds eine Dividende in Höhe von 3 v. H. des herabgesetzten Grundkapitals zu zahlen. Für die Entscheidung, ob die Dividende als Ertrag der Aktien anzusehen ist, läßt der RFH. maßgebend sein, aus welchen Mitteln die Ausschüttung nach der ordnungsgemäß aufgestellten Handelsbilanz stammt. Mit Recht hält er diese Dividende für kapitalertragsteuerpflichtig. Die Gesellschaft hatte keine Unterbilanz, beschloß aber trotzdem eine Kapitalherabsetzung, um die Bilanzwerte, ohne daß eine Unterbilanz entstände, herabsetzen zu können. Es wurde also, juristisch richtig ausgedrückt, gleichzeitig mit der Herabsetzung des Grundkapitals eine gleich hohe Verminderung des bilanzmäßigen Reinvermögens auf Grund von Abschreibungen, die vielleicht nicht unbedingt nötig gewesen wären, ausgewiesen. Der Gewinn von 36 000 RM. war in Wirklichkeit der Gewinn, der sich ergeben hätte, wenn man die Abschreibungen nicht vorgenommen hätte. Er war natürlich nicht körperschaftsteuerpflichtig, weil ihm die viel größeren Verminderungen des Reinvermögens infolge der Abschreibungen gegenüber standen. Trotzdem bildet der an die Aktionäre ausgeschüttete Betrag Kapitalertrag, weil es dabei gleichgültig ist, ob im laufenden Jahr oder überhaupt von der Gesellschaft jemals Gewinne erzielt worden sind. Man hätte die Sache so aufziehen können, daß die Beträge als teilweise Rückzahlung des Grundkapitals erschienen, aber das hat man nicht getan. Zum mindesten mußte das im Beschluß über die Herabsetzung des Grundkapitals ausgesprochen werden, nicht nachher.

Auch in der anläßlich einer Kapitalherabsetzung vorgenommenen Kapitalrückzahlung kann eine Gewinnausschüttung gesehen werden, wenn die Beteiligten durch sie nichts anderes als eine steuerfreie Gewinnausschüttung bezwecken. In diesem Fall kann die handelsrechtlich zulässige Kapitalherabsetzung nach § 1 Abs. 3 bzw. § 6 StAnpG als steuerrechtlich nicht geschehen und an ihrer Stelle eine Gewinnausschüttung an die Gesellschafter angenommen werden. Steuerrechtlich besteht dann das Grund- oder Stammkapital in der vor der Kapitalherabsetzung bestandenen Höhe weiter. In RFH. VI A 899/34 v. 14. 9. 35 (RStBl. 35 S. 1569, StW. 35 Nr. 658) wird verdeckte Gewinnausschüttung angenommen, wenn der Alleingesellschafter einer AG. seine beherrschende Stellung dazu benutzt, um mit Hilfe der Kapitalherabsetzung ein bei der Gesellschaft aufgenommenes Darlehen zu tilgen. Die AG. nahm statt Ausschüttung einer Dividende, mit der der Gesellschafter seine Schuld bei der AG. hätte abzahlen können, eine Kapitalherabsetzung

§ 20 EStG. Einkünfte aus Kapitalvermögen. Anmerkung 158.

unter gleichzeitiger Rückzahlung des Auszahlungsbetrags durch Verrechnung mit ihrer Forderung gegen den Gesellschafter vor. Nach Auffassung des RFH. hätte der natürlichen Entwicklung nicht die Kapitalherabsetzung, sondern die Gewinnausschüttung (Rücklagen über 200 000 RM.) entsprochen und es wurde daher steuerlich nach § 6 StAnpG eine solche angenommen. Nach dem Tatbestand von RFH. VI A 865/34 v. 27. 3. 35 (RStBl. 35 S. 650, StW. 35 Nr. 355) nahmen die Gesellschafter einer Familien-GmbH., nachdem aus den Gewinnen der GmbH. Rücklagen von rund 330 000 RM. gebildet worden waren, eine Kapitalherabsetzung von zunächst 54 000 RM., im nächsten Jahre von 81 000 RM. unter Rückzahlung des Kapitals durch Banküberweisung bzw. Auszahlung vor. Nach Auffassung des RFH. konnte die Kapitalherabsetzung nur den Zweck haben, die aus den Rücklagen mögliche Gewinnausschüttung steuerfrei herbeizuführen. Die nach §§ 1, 6 StAnpG als Gewinnausschüttung behandelte Kapitalrückzahlung kann auch nicht rückgängig gemacht werden; bei Rückgewährung handelt es sich steuerlich um neue Kapitaleinlagen. Vgl. auch RFH. I A 202/35 v. 13. 4. 37 (RStBl. 37 S. 583, StW. 37 Nr. 271) für eine Kapitalherabsetzung mit Kapitalrückzahlung bei einer GmbH. mit zwei Gesellschaftern. Nach RFH. VI A 617/35 v. 27. 1. 37 (RStBl. 37 S. 434, StW. 37 Nr. 269) braucht bei der Kapitalherabsetzung mit Rückzahlung die Absicht der Steuerumgehung nicht den entscheidenden Antrieb zur mißbräuchlichen Gestaltung gegeben haben. In RFH. VI A 934/35 v. 26. 8. 36 (E. 40 S. 69, RStBl. 36 S. 998, StW. 36 Nr. 498) werden diese zunächst auf die Einmann- und Familien-GmbH. beschränkten Grundsätze unter Hinweis auf § 6 StAnpG auch auf die Kapitalherabsetzung einer GmbH. mit 5 Gesellschaftern angewandt, wenn die GmbH. keine oder nur verhältnismäßig geringe Ausschüttungen gemacht hat und dann versucht, die unterlassenen Ausschüttungen durch eine steuerfreie Kapitalherabsetzung nachzuholen.

Die Einziehung (Amortisation) von Gesellschaftsrechten bedeutet sowohl für Aktien (§ 227 HGB bzw. § 192 ff. AktG) als auch für Geschäftsanteile an einer GmbH. (§ 34 GmbHG) die Vernichtung des Gesellschaftsrechts und damit die Verringerung der Zahl der noch verbleibenden Gesellschaftsrechte. Für die AG. ist die Einziehung von Aktien eine der Hauptformen der Herabsetzung des Grundkapitals (vgl. Abs. 2). Auch § 227 Abs. 2 Satz 1 HGB bzw. § 192 Abs. 2 Satz 2 AktG sieht die Einziehung unter gleichzeitiger Herabsetzung des Grundkapitals als Regelfall vor, für den die Gläubigerschutzvorschriften ebenso wie für die Kapitalherabsetzung gelten. Bei den im § 227 Abs. 2 HGB bzw. § 192 Abs. 3 AktG zugelassenen Formen der vereinfachten Einziehung tritt an die Stelle des wegfallenden Grundkapitals in diesen Fällen nach § 227 Abs. 5 HGB ein grundkapitalähnlicher Reservefonds (sog. Einziehungsreserve), d. h. ein Reservefonds, der nur unter Beachtung der Gläubigerschutzvorschriften beseitigt werden kann, und nach § 192 Abs. 5 AktG ist in die gesetzliche Rücklage ein Betrag einzustellen, der dem Gesamtnennbetrag der eingezogenen Aktien gleichkommt. Durch diese Regelung bleibt das Grundkapital der AG. stets gleich dem Nennbetrag der vorhandenen Aktien. Bei der GmbH. dagegen läßt die Einziehung eines Geschäftsanteils grundsätzlich die Höhe des Stammkapitals unberührt. Die Vernichtung des Geschäftsanteils durch Einziehung hat also eine Verringerung der Zahl der vorhandenen Geschäftsanteile unbeschadet der ziffernmäßigen Höhe des Stammkapitals zur Folge. Nach der Einziehung stimmt deshalb der Betrag des Stammkapitals nicht mit der Summe der Nennbeträge der noch vorhandenen Geschäftsanteile überein und die Bedeutung des Stammkapitals liegt daher in seiner Eigenschaft als einer zum Schutz der Gläubiger bestehenden Sperrzahl. Die Einziehung eines Geschäftsanteils ohne eine ziffernmäßige Herabsetzung des Stammkapitals bewirkt demnach, daß der vernichtete Geschäftsanteil den Inhabern der verbleibenden Geschäftsanteile zuwächst. Wenn z. B. bei einer Gesellschaft mit drei Gesellschaftern der Geschäftsanteil eines Gesellschafters durch Einziehung vernichtet wird, dann beträgt nunmehr die Beteiligung der beiden verbleibenden Gesellschafter an dem um die Abfindung des ausgeschiedenen Gesellschafters verminderten Reinvermögen im Fall der Auflösung $\frac{n}{2}$, während sie ohne die Einziehung eines Anteils nur $\frac{n}{3}$ betragen hätte. Wenn die Einziehung des Geschäftsanteils gegen Entgelt erfolgt, ist daher steuerlich der Tatbestand so aufzufassen, daß die GmbH. den verbleibenden Gesellschaftern durch das ausbezahlte Einziehungsentgelt den eingezogenen Anteil anteilig als Erhöhung ihrer Beteiligung zugewendet hat. Der Fall liegt dann genau so, wie wenn die Gesellschafter selbst dem ausscheidenden Gesellschafter seinen Anteil aus eigenen Mitteln abgekauft und von der GmbH. ihre eigenen Aufwendungen durch eine Ausschüttung aus Gewinn oder Rücklagen ersetzt erhalten hätten. Die Zahlung an den ausscheidenden Gesellschafter ist Kapitalrückzahlung, dagegen wäre die Gewinnausschüttung an die verbleibenden Gesellschafter Kapitalertrag. Sie kann aber auch dann angenommen werden, wenn der Weg der entgeltlichen Einziehung von Anteilen durch die Gesellschaft unter Belassung des bisherigen Stammkapitals gewählt wird. Steuerlich sind dann einerseits die Stammanteile der verbleibenden Gesellschafter nach dem bisherigen Stammkapital zu unterstellen. Andererseits ist aber das für die eingezogenen Anteile geleistete Entgelt als Gewinnausschüttung anzusehen. Nach dem Tatbestand von RFH. VI A 354/34 v. 11. 12. 35 (E. 39 S. 27, RStBl. 36 S. 266, StW. 36 Nr. 82) war aus einer GmbH. mit drei Gesellschaftern und einem Stammkapital von 300 000 RM. ein Gesellschafter unter Einziehung seines Anteils gegen Bezahlung von 100 000 RM. durch die Gesellschaft ausgeschieden. Das Stammkapital blieb unverändert, Rücklagen waren nicht vorhanden. In der Schlußbilanz der Gesellschaft wurde unter die Aktiven ein Stammkapital-Einziehungskonto mit 100 000 RM. eingesetzt, das durch spätere Gewinne der Gesellschaft getilgt werden sollte. Im folgenden Geschäftsjahr wurden zu Lasten des aus dem vorjährigen Reingewinn gebildeten Reservekontos 40 000 RM. auf das Stammkapital-Einziehungskonto verbucht, so daß dieses noch einen Bestand von 60 000 RM. hatte. Der Gesellschaftsvertrag sah den Übergang von Rechten und Pflichten aus dem eingezogenen Geschäftsanteil auf die verbleibenden Gesellschafter vor. Der RFH. beurteilte den Fall so, als ob die Gesellschaft zunächst wirtschaftlich ihr Stammkapital herabgesetzt und dann wieder auf den ursprünglichen Betrag erhöht hätte. Die Erhöhung sei nicht durch Barzahlung durchgeführt, sondern unter Verbuchung der Forderung der Gesellschaft gegen die Gesellschafter auf Einzahlung des Restkapitals von 100 000 RM. als Stammeinlage-Einziehungskonto. Die Tilgung dieser Forderung aus dem Reservekonto sei Gewinnausschüttung; denn die Umwandlung von offenen Rücklagen oder Gewinnen in Stammkapital sei Gewinnausschüttung. Jeder der verbleibenden Gesellschafter habe daher 20 000 Reichsmark ausgeschüttet erhalten und die Gesellschaftsanteile seien von 100 000 auf 120 000 RM. erhöht. Nach dem obigen Gedankengang konnte man den Tatbestand auch so erklären: Mangels Rücklagen standen der Gesellschaft keine Mittel zu einer Gewinnausschüttung zur Verfügung. Trotz der entgeltlichen Einziehung des Stammanteils des ausscheidenden Gesellschafters war damit den verbleibenden Gesellschaftern noch kein Ertrag zugeflossen. Das Stammkapital selbst blieb durch die Einziehung unberührt und eine Herabsetzung erfolgte nicht. Der Ausgleich gegenüber der Verminderung der Aktiven um die Auszahlung von 100 000 RM. konnte, da die Herabsetzung einer Rücklage oder auch des Stammkapitals um diesen Betrag nicht in Frage kam, nur durch Einsetzung eines aktiven Postens von 100 000 RM. (Anspruch an die Gesellschafter zur Auffüllung des durch die Auszahlung angegriffenen Stammkapitals) erfolgen. Die teilweise erfolgte Tilgung dieses Postens aus dem Gewinn des abgelaufenen Jahres bedeutet eine Gewinnausschüttung. In der gleichen Entsch. wird noch ein Beispiel der Gewinnausschüttung durch Einziehung von Stammanteilen nach vorheriger Kapitalerhöhung gegeben: Eine GmbH. mit drei Gesellschaftern hat ein Stammkapital von 300 000 RM. und einen Reservefonds 300 000 RM. Die Erhöhung des Stammkapitals durch Verwendung der Reserven wäre Gewinnausschüttung; dann Stammkapital 600 000 RM., Reserve 0 RM. Wird das Stammkapital aber durch Einzahlung der Gesellschafter auf 600 000 RM. erhöht (Stammkapital 600 000 +

300 000 RM. Reservefonds) und werden dann 300 000 RM. Stammanteile zu Lasten des Reservefonds eingezogen und in bar ausbezahlt, dann beträgt das Stammkapital 600 000 RM. (die Einziehung läßt die Höhe des Stammkapitals unberührt vgl. oben) und der Reservefonds 0 RM. In diesem Fall ist die Kapitalerhöhung im sachlichen Ergebnis aus dem Reservefonds erfolgt. Steuerlich wird nach § 6 StAnpG die Einziehung der Stammanteile als nicht geschehen behandelt, diese betragen nach der Einziehung je 100 000 RM., steuerrechtlich aber 200 000 RM. Unter Hinweis auf RFH. VI A 354/34 wird in RFH. I 278/37 v. 1. 2. 38 (RStBl. 38 S. 335, StW. 38 Nr. 188) eine verdeckte Gewinnausschüttung an die verbleibenden Gesellschafter einer GmbH. darin gesehen, daß die GmbH. den Kaufpreis eigener Geschäftsanteile bis auf einen kleinen Restbetrag zu Lasten des Rücklagenkontos abschreibt (vgl. dazu Anm. 160 b). In RFH. VI A 1140/31 v. 30. 11. 32 (RStBl. 33 S. 229, StW. 33 Nr. 223) wurde eine verdeckte Gewinnausschüttung an sämtliche Gesellschafter einer GmbH. dann angenommen, wenn ein gleichmäßiger Bruchteil der Anteile aller Gesellschafter gegen Entgelt unter Verwendung von Reingewinn und ohne Herabsetzung des Stammkapitals eingezogen wird. Die Hingabe des Bruchteils eines Anteils zur Einziehung sei keine Gegenleistung, da nach der Vernichtung der eingezogenen Bruchteile jeder Gesellschafter zum gleichen Bruchteil wie vorher beteiligt sei. Es käme dabei auf die ziffernmäßige Änderung des einzelnen Geschäftsanteils und auf das Verhältnis der Geschäftsanteile zum Stammkapital nicht an, sondern ausschließlich auf das Verhältnis der Anteile zueinander; dies sei aber gleich geblieben. Diese Einziehung wird also steuerrechtlich als nicht geschehen behandelt.

Dem Fall der entgeltlichen Einziehung von Stammanteilen einer GmbH. kann für die Frage der Gewinnausschüttung der entgeltliche Erwerb eigener Anteile durch eine GmbH. dann gleichgestellt werden, wenn die eigenen Anteile von der GmbH. nicht mehr ausgegeben werden sollen. Wurden die eigenen Anteile von der GmbH. nicht zur späteren Wiederausgabe sondern deshalb erworben, um dem oder den übrigen Gesellschaftern die alleinige Herrschaft über die GmbH. zu sichern, dann stellt der zum Ankauf der Anteile aufgewendete Betrag eine Gewinnausschüttung an die verbleibenden Gesellschafter dar (vgl. RFH. VI A 618/37 v. 22. 12. 37, StW. 38 Nr. 68 und RFH. IV 225/37 v. 20. 1. 38, RStBl. 38 S. 435, StW. 38 Nr. 121). Weiter kann aber auch bei dem entgeltlichen Erwerb von eigenen Anteilen einer GmbH. oder von Bruchteilen solcher Anteile in dem an die abtretenden Gesellschafter gezahlten Betrag keine Kapitalrückzahlung, sondern Gewinnausschüttung gesehen werden, wenn eine weitere Verwertung der von der GmbH. erworbenen Anteile nicht mehr zu erwarten ist und durch die Abtretung der Teilanteile an die GmbH. an dem Beteiligungsverhältnis des oder der Gesellschafter nichts geändert wird. Dies gilt nach RFH. VI A 909/35 v. 27. 1. 37 (E. 41 S. 52, RStBl. 37 S. 854, StW. 37 Nr. 150) für den Erwerb eigener Anteile vom alleinigen Gesellschafter und nach RFH. IV A 89/36 v. 9. 9. 37 (StW. 37 Nr. 510) für den gleichmäßigen Erwerb von Teilanteilen der Gesellschafter einer Familien=GmbH. Von Bedeutung kann dabei insbesondere der Umstand sein, daß der GmbH. entsprechende Gewinne zur Ausschüttung zur Verfügung stehen.

159. Gewinnanteile aus Aktien.

a) Die **Aktie** verkörpert die Beteiligung am Grundkapital einer AG. oder KoGaA. Die Inhaber der Aktien werden bei der AG. Aktionäre, bei der KoGaA. dagegen Kommanditaktionäre genannt (§ 219 Abs. 1 AktG). Der oder die persönlich haftenden Gesellschafter einer KoGaA. können daneben auch durch Aktien am Grundkapital beteiligt sein und neben den Einkünften aus Gewerbebetrieb als persönlich haftende Gesellschafter (§ 15 Ziff. 3 EStG) auch Kapitaleinkünfte in den Gewinnanteilen und sonstigen Vorteilen beziehen, die ausschließlich auf ihre Anteile am Grundkapital entfallen (s. Anm. 155 b Abs. 4). Die Erträge der Aktien werden grundsätzlich von der Hauptversammlung als Dividende beschlossen und ausgeschüttet. Steuerpflichtiger Kapitalertrag können nach RFH. I A 122/27 v. 13. 1. 28 (E. 23 S. 59, RStBl. 28 S. 196, StW. 28 Nr. 326) alle geldwerten Vorteile sein, die eine AG. aus ihrem Vermögen den Aktionären wegen ihrer Eigenschaft als Aktieninhaber gewährt, wobei es auf die rechtliche Natur des so Hingegebenen nicht ankommt. Es sei daher gleichgültig, ob Geld oder körperliche Sachen oder ob Wertpapiere, wie Vorratsaktien, oder ob anderweitige Rechte oder sonstige Leistungen irgendwelcher Art gewährt würden. Gleichgültig sei, wie die AG. die an die Aktionäre übertragenen Werte bilanz- und buchmäßig behandelt habe. Daher sei bei anderen als Geldleistungen nicht der Wert maßgebend, mit dem die Gegenstände bei der AG. zur Zeit der Hingabe zu Buch standen. Nicht in Geld bestehende Einnahmen sind dabei nach § 8 Abs. 2 EStG anzusetzen. Neben den sonstigen von der AG. gewährten besonderen Entgelten und Vorteilen gehören zum Ertrag der Aktie nach § 20 Abs. 2 Ziff. 2 EStG auch die Einkünfte aus der Veräußerung von Dividendenscheinen und sonstigen Ansprüchen, wenn die dazu gehörigen Aktien nicht mitveräußert werden. Als Zinsen aus der Beteiligung können die Aktionäre nur die in § 215 Abs. 2 HGB bzw. § 54 Abs. 2 AktG, ausdrücklich zugelassenen sogenannten „Bauzinsen" beziehen, die durch den Gesellschaftsvertrag für den Zeitraum, welchen die Vorbereitung des Unternehmens bis zum Anfang des vollen Betriebs erfordert, in bestimmter Höhe bedungen werden können.

b) Genußscheine sind keine Aktien oder sonstigen Gesellschaftsrechte, sie müssen jedoch als aktienähnliche Urkunden angesehen werden, d. h. als Urkunden, die dieselben Rechte wie Aktien gewähren sollen, soweit sich aus ihnen oder einem Gesetz nichts anderes ergibt (vgl. dazu Anm. 15 b zu § 1 KStG und Mirre, Zentralblatt für Handelsrecht 1927 S. 264). Einer Aktie sind Genußscheine gleichzustellen, wenn mit ihnen das Recht auf Beteiligung am Gewinn und am Liquidationserlös der Kapitalgesellschaft verbunden ist (s. § 7 Satz 2 KStG). Unter dieser Voraussetzung dürfen nach § 7 Satz 2 a. a. O. Ausschüttungen jeder Art das Einkommen nicht mindern, sie sind also einer Gewinnausschüttung gleich zu behandeln. Anderseits stellen sie dann aber auch für den Empfänger steuerpflichtigen Kapitalertrag dar. Diese Behandlung stimmt mit der Rechtsprechung des RFH. zum bisherigen Gesetz überein. In RFH. I A 316/32 v. 17. 4. 34 (E. 36 S. 43, RStBl. 34 S. 773, StW. 34 Nr. 454) wurde der Grundsatz aufgestellt: „Wenn die Rechte von Genußscheinen so gestaltet sind, daß die Steuerkraft der Gesellschaft nicht anders, insbesondere nicht mehr belastet wird als durch die Rechte von Aktionären, dann mindern die Bezüge, die auf die Genußscheine entfallen, nicht das steuerpflichtige Einkommen." Unter dieser Voraussetzung ist daher nach den gleichen Grundsätzen, die für die Inhaber von Aktien gelten, zu beurteilen, ob es sich bei den an die Inhaber von Genußscheinen gezahlten Beträgen um den Ertrag der Genußscheine handelt oder nicht (RFH. VI A 1898/32 v. 16. 5. 34, RStBl. 34 S. 942, StW. 34 Nr. 437). Im Fall von RFH. I A 72/33 v. 30. 9. 33 (RStBl. 34 S. 570) verbrieften die Genußscheine ausschließlich das Recht auf Beteiligung am Gewinn, nicht aber am Abwicklungs-(Liquidations-)erlös oder auf Auszahlung des Nennbetrags unter bestimmten Voraussetzungen. Mit Recht wurde daher die gesamte Abfindung, die die Inhaber der Genußscheine erhielten, von ihrem Standpunkt aus als steuerpflichtiger Ertrag, wenn auch nicht eines Jahres, sondern als der Gesamtertrag des durch die Genußscheine verbrieften Rechts behandelt. Die in den aktienähnlichen Genußscheinen verbrieften Rechte auf Reingewinn und Abwicklungserlös belasten nur den Reingewinn und das Reinvermögen der Kapitalgesellschaft. Ausnahmsweise ist das im Genußschein verbriefte Recht einer gewöhnlichen Kapitalforderung gegen die Gesellschaft gleichzuerachten, wenn es unbedingt und unabhängig von der Erzielung eines Reingewinns eingeräumt ist. Inhaltlich würde es sich dann um keinen Genußschein, sondern um eine für die Kapitalgesellschaft passivierungspflichtige Schuld handeln und die auf diese Schuld gezahlten Beträge wären für die Gesellschaft als Tilgungsbeträge oder Schuldzinsen und die letzten für den Gläubiger als Einkünfte aus Kapitalvermögen im Sinn des § 20 Abs. 1 Ziff. 4 EStG anzusehen. Wegen der Altbesitzgenußrechtscheine vgl. Anm. 164 c Abs. 4.

c) Wenn die Aktionäre neu entstandene (junge) Aktien ihrer AG. erhalten, ohne selbst eine Einlage hierauf gemacht zu haben, muß nach der Rechtsprechung des RFH. unterstellt werden, daß die Gesellschaft selbst den Aktionären die ihnen obliegende Einzahlungspflicht (§ 49 AktG) auf die jungen Aktien abgenommen hat. Der Grund für die Gewährung der **Freiaktien** an die Aktionäre liegt in dieser ihrer Eigenschaft. Die Aktionäre befinden sich dann in der gleichen Lage, wie wenn die zur Einzahlung auf die jungen Aktien erforderlichen Mittel von der Gesellschaft als Dividende ausgeschüttet und von ihnen sofort wieder der AG. als Einlage auf das neu geschaffene Aktienkapital zugeführt worden wären (RFH. VI A 547/29 v. 9. 4. 30, RStBl. 30 S. 483, StW. 30 Nr. 612). In dem Werte der Freiaktien fließt daher den Gesellschaftern ein geldwerter Vorteil als Ertrag ihrer Aktien zu. Dieser Grundsatz gilt nach RFH. VI A 737/36 v. 19. 11. 36 (RStBl. 37 S. 97, StW. 37 Nr. 80) ohne Rücksicht darauf, wie die AG. die Mittel zur Ausgabe der Freiaktien beschafft hat und ob etwa durch ihre Ausgabe eine frühere Kapitalzusammenlegung teilweise rückgängig gemacht werden soll. Für die Höhe des steuerpflichtigen Ertrags ist nach RFH. I A 259/28 v. 20. 12. 28 (E. 24 S. 294, StW. 29 Nr. 175) nicht der Kurswert der Aktien maßgebend, sondern der Betrag, den die AG. den Aktionären im Aufrechnungsweg zur Einzahlung auf das erhöhte Grundkapital zugewendet hat. Das ist mindestens der Nennbetrag der Aktien nach § 184 Abs. 1 HGB (RFH. VI A 198/33 v. 20. 11. 34, StW. 35 Nr. 33). Bei Teildeckung des Aktienbezugspreises durch die AG. kommt als steuerpflichtiger Ertrag nur der Teil in Betracht, den die Gesellschaft ihren Aktionären als Gewinn oder sonstigen Bezug zur Verfügung gestellt hat. Werden die jungen Aktien gegen Verzicht der Aktionäre auf einen ihnen sonst zustehenden Barbonus gewährt, so ist der Wert des Ertrags mindestens gleich dem wegfallenden Barbonus.

Die Gewährung eines bloßen, wenn auch günstigen Bezugsrechts auf junge Aktien an die Aktionäre bedeutet keinen Ertrag der alten Aktien. Nach RFH. I A 259/28 (s. oben) liegt in der Gewährung des Bezugsrechts für die Gesellschaft der Verzicht auf die Verwirklichung eines sich aus dem Kursstand ergebenden möglichen Vorteils. Die Voraussetzung jedes Kapitalertrags ist eine Verminderung des Reinvermögens der Gesellschaft. Jede Kapitalerhöhung unter Ausgabe von jungen Aktien bedeutet eine Verschlechterung des Inhalts der bisher bestehenden Aktienrechte. Da aber gleichzeitig das Reinvermögen der Gesellschaft vermehrt wird, braucht der Wert der Aktienrechte nicht vermindert zu werden. Wegen der fehlenden Vermögensverminderung bei der Gesellschaft kann die Einräumung des Bezugsrechts nicht als Ertrag der alten Aktien angesehen werden (vgl. Mirre, in Zentralblatt für Handelsrecht 1927 S. 260 und Anm. 114 b Abs. 1). Wegen der Möglichkeit einer Gewinnausschüttung durch Einräumung eines Bezugsrechts auf Schuldverschreibungen (Obligationen) vgl. Anm. 181 a Abs. 1 zu § 6 Satz 2 KStG.

Die oben für die Freiaktien aufgestellten Grundsätze gelten nur für junge, d. h. neu geschaffene Aktien, für die die Gesellschaft den Aktionären die Einzahlungspflicht abgenommen haben. Anders liegt es, wenn Aktien, die ausgegeben und von der Gesellschaft zurückerworben waren, von der Gesellschaft unter die Aktionäre verteilt werden. Hier kommt es, wie in RFH. I A 49/33 v. 20. 2. 34 (RStBl. 34 S. 857, StW. 34 Nr. 401) in Übereinstimmung mit RFH. I A 122/27 (s. unter a) angenommen wird, auf den Wert der Aktien an. Der steuerpflichtige Kapitalertrag ist in der Sachleistung zu erblicken. Wenn die Gesellschaft ihre entgeltlich erworbenen Aktien ihnen unentgeltlich oder zu einem wesentlich geringeren Betrag überläßt (vgl. RFH. VI A 1239/33 v. 21. 12. 33 (RStBl. 34 S. 708, StW. 34 Nr. 302), so kann im letzten Fall die dadurch bei der Gesellschaft eingetretene Vermögensverminderung nur insoweit als Gewinn=

ausschüttung an die Aktionäre angesehen werden als der Unterschied zwischen dem Kurswert der Aktien im Zeitpunkt der Übergabe an die Gesellschafter und dem niedrigeren Überlassungswert beträgt. Es erscheint zweifelhaft, ob dies auch gilt, wenn die Aktien der Gesellschaft unentgeltlich zur Verfügung gestellt waren. Da dann ein beim Verkauf erzielter Erlös keinen Gewinn darstellen, sondern der Gesellschaftsteuer unterliegen würde, können die Aktien wohl nicht als wirkliches Vermögen der Gesellschaft angesehen werden und erscheint, in Ermangelung einer Vorschrift, wonach derartige Aktien nur gegen Einzahlung des Nennbetrags ausgegeben werden dürfen, auch eine Kapitalertragsteuerpflicht des Nennbetrags nicht gerechtfertigt. Werden sogenannte Vorratsaktien an die Aktionäre ausgegeben, so kann es sich sowohl um Freiaktien (junge Aktien) oder auch um von der Gesellschaft erworbene eigene Aktien handeln (vgl. RFH. I A 259/28 und I A 49/33 f. oben).

Die Gewährung von Freigenußscheinen ist nach den gleichen Grundsätzen wie die Gewährung von jungen Freiaktien zu behandeln (vgl. Mirre a. a. O. S. 265 und § 1 Abs. 2 KapStDVO entgegen RFH. I A 221/33 v. 24. 10. 33, RStBl. 34 S. 582).

160. Gewinnanteile aus Anteilen an Gesellschaften mit beschränkter Haftung.
a) Als **Gewinnanteil**, der auf die Beteiligung an einer GmbH. entfällt, kommt der ausgeschüttete oder mindestens gutgeschriebene Gewinn, nicht etwa der Gewinn der Gesellschaft selbst in Betracht, auch wenn es sich um den einzigen Gesellschafter (Einmann-GmbH.) oder um einen wesentlich beteiligten Gesellschafter handelt (RFH. VI A 1688/29 v. 4. 12. 29, StW. 30 Nr. 34). Wegen der Unterscheidung zwischen Gewinnausschüttung und Rückzahlung aus dem Stammkapital s. Anm. 158 b. Über die Voraussetzungen, unter denen ein Darlehen der Gesellschafter an die GmbH. steuerlich nicht als solches, sondern als Stammeinlage behandelt werden kann s. Anm. 15 d zu § 1 KStG. Die Folge der Behandlung eines Gesellschafterdarlehens als Stammeinlage ist, daß die für die Darlehensgewährung an die Gesellschafter gezahlten Vergütungen Gewinnausschüttungen darstellen und daher im Gegensatz zu Schuldzinsen den Gewinn der Gesellschaft nicht mindern dürfen. Anderseits sind die Vergütungen bei den Gesellschaftern nicht mehr nach § 20 Abs. 1 Ziff. 4 EStG, sondern nach Ziff. 1 a. a. O. einkommensteuerpflichtig und damit nach § 43 Abs. 1 Ziff. 1 EStG kapitalertragsteuerpflichtig. Im übrigen sind alle Zuwendungen der Gesellschaft an die Gesellschafter auf ihre Eigenschaft als Kapitalertrag unter dem allgemeinen Gesichtspunkt (s. Anm. 158 a) zu prüfen, ob durch sie das Reinvermögen der Gesellschaft ohne eine förmliche Kapitalherabsetzung vermindert wird. Wird von einer GmbH. die vorhandene Gewinnrücklage zur Auffüllung des nur teilweise eingezahlten Stammkapitals unter Verzicht auf die hierwegen bestehende Forderung gegen die Gesellschafter verwendet, so sind die zur Auffüllung der Einlagen verwendeten Beträge nach RFH. VI A 726/31 v. 5. 8. 31 (RStBl. 31 S. 889, StW. 31 Nr. 877) bei den Gesellschaftern als Kapitalerträge zu behandeln; denn die Gesellschafter sind wirtschaftlich in der gleichen Lage, wie wenn die Gewinnrücklage an sie ausgeschüttet und der ausgeschüttete Gewinn von ihnen zur Entrichtung ihrer Einlageschuld an die Gesellschaft verwendet worden wäre. Der RFH. hat daher mit Recht den Satz aufgestellt: Die Verwandlung von offenen Rücklagen in Stammkapital ist Gewinnausschüttung (vgl. RFH. VI A 354/34, s. Anm. 158 b, bb Abs. 4).

b) In RFH. VI A 925/31 v. 13. 5. 31 (E. 28 S. 326, RStBl. 31 S. 531, StW. 31 Nr. 797) wird für das Steuerrecht der im Schrifttum nicht allgemein anerkannte Grundsatz übernommen, daß das Stammkapital der GmbH. nur durch Leistungen der Gesellschafter und nicht etwa aus eigenem Vermögen der Gesellschaft geschaffen werden könne, und dieser Grundsatz auch für die **Erhöhung des Stammkapitals**, die eine zusätzliche Neugründung sei, als maßgebend erklärt. Hieraus wird in RFH. VI A 434/34 v. 17. 7. 35 (E. 38 S. 154, RStBl. 35 S. 1447,

StW. 35 Nr. 594) weiter gefolgert, daß eine GmbH. die bei einer Kapitalerhöhung neu geschaffenen Geschäftsanteile nicht von vornherein selbst übernehmen könne. Das Stammkapital der Gesellschaft wurde von 100 000 auf 300 000 RM. erhöht, wobei vertragsgemäß die neuen Anteile von der Gesellschaft selbst übernommen werden sollten, da der Erwerb aus dem sich bilanzmäßig ergebenden Vermögen der Gesellschaft erfolgt sei. Die Erhöhung des Stammkapitals wurde bilanzmäßig durch Ansatz eines „Kapitaleinzahlungskontos" unter den Aktiven ausgeglichen, das am Schluß des Geschäftsjahrs nach Anrechnung des Jahresgewinns von rund 76 000 RM. noch rund 124 000 RM. betrug und im folgenden Geschäftsjahr nach Anrechnung weiterer Gewinne verschwand. Der RFH. hat mit Recht den Tatbestand so beurteilt, wie wenn zur Durchführung der ernstlich gewollten und angemeldeten Kapitalerhöhung der danach einzig gangbare Weg gewählt worden wäre, nämlich die Ausschüttung des erzielten Gewinns an die Gesellschafter und die Verwendung der ausgeschütteten Beträge zur Tilgung der nach der Kapitalerhöhung bestehenden Einlageschuld der Gesellschafter im Verhältnis ihrer Geschäftsanteile. Wichtig ist, daß ein Zufließen von Kapitaleinkünften steuerlich immer erst dann angenommen werden kann, wenn vorhandene Reinvermögensposten, wie Rücklagen, Gewinnvortrag oder ein erzielter Gewinn die angenommene Ausschüttung an die Gesellschafter auch tatsächlich ermöglicht haben, wie es hier bei den in den nachfolgenden Abschlüssen ausgewiesenen Gewinnen der Fall war. Um wegen der Übernahme der mit der Kapitalerhöhung geschaffenen neuen Anteile durch die GmbH. selbst eine Gewinnausschüttung annehmen zu können, muß wegen der gesetzlichen Unzulässigkeit der Übernahme der Anteile durch die GmbH. steuerlich also ein Dreifaches unterstellt werden können: Ausschüttung des Einzahlungsbetrags durch die GmbH. an die Gesellschafter, Erwerb der neuen Anteile durch die Gesellschafter mit Hilfe der Ausschüttung (Tilgung der auf Grund des Kapitalerhöhungsbeschlusses bestehenden Einzahlungsverpflichtung der Gesellschafter) und unentgeltliche Zurverfügungstellung der neuen Anteile an die GmbH. Kann eine Verminderung des Reinvermögens der GmbH. zugunsten der Gesellschafter weder buchmäßig noch tatsächlich durch Zuweisung von Beträgen aus einem Reinvermögensposten oder aus dem erzielten Gewinn festgestellt werden, dann fehlt die Voraussetzung der Gewinnausschüttung. Diese wurde daher in RFH. VI 602/37 v. 8. 12. 37 (StW. 38 Nr. 18) mit Recht für den Fall abgelehnt, daß der beschlossenen Kapitalerhöhung lediglich durch Heraufsetzung des Stammkapitals und durch Erhöhung des Aktivpostens „Effekten" um den gleichen Betrag Rechnung getragen wurde, während das Reinvermögen buchmäßig und tatsächlich unverändert blieb. Der aktivierte Betrag stellt in diesen Fällen die Forderung der GmbH. gegen ihre Gesellschafter auf Einzahlung der dem erhöhten Kapital entsprechenden neuen Stammeinlagen dar. Eine Aktivierung der durch eine solche Kapitalerhöhung erworbenen eigenen Anteile bei der GmbH. kommt nicht in Frage, da sie diese Anteile nach der Unterstellung von den Gesellschaftern unentgeltlich erworben hat und eigene Anteile einer Kapitalgesellschaft bei dieser nicht schlechthin Besitzposten sind, sondern nur nach entgeltlichem Erwerb (f. Anm. 117 c zu § 6 EStG).

c) Die Gewährung von **Freianteilen** seitens einer GmbH. an ihre Gesellschafter enthält, vom Fall der zulässigen, gültigen und rechtzeitigen Verwendung einer Goldbilanzumstellungsreserve abgesehen, die Zuwendung eines nach § 20 Abs. 1 EStG steuerpflichtigen Vorteils an die Gesellschafter (RFH. VI A 925/31, f. unter b) u. VI A 1933/32 v. 29. 11. 33, RStBl. 34 S. 370), indem steuerlich tatsächlich Ausschüttung von Gewinn oder Rücklagen an die Gesellschafter und Einzahlung des erforderlichen Betrags auf den gewährten Anteil unterstellt wird. Überläßt die GmbH. ihren Gesellschaftern eigene Anteile zu einem niedrigeren Preis als ihren Wert, so ist der Unterschiedsbetrag verdeckter Gewinn. Eine Ausschüttung wird jedoch in RFH. I A 132/37 v. 27. 4. 37 (E. 41 S. 224, RStBl. 37 S. 934, StW. 37 Nr. 328) dann nicht angenommen, wenn der Preis zur Gewinnung neuer Mitglieder (Werbemittel) für die neu eintretenden Gesellschafter niedriger bemessen wurde. Wegen der Behandlung von Genußscheinen, die nach ihrem

Inhalt den Stammanteilen ähnlich sind, f. Anm. 159 b und das Beispiel für die bilanzmäßige Behandlung eines Freianteils in Anm. 4 a zu § 9 KStG.

161. Gewinnanteile aus Kuxen und Anteilen an rechtsfähigen bergbautreibenden Vereinigungen.

a) Kuxe sind die Anteile an bergrechtlichen Gewerkschaften; ihnen stehen nach dem Gesetz gleich die Anteile an bergbautreibenden Vereinigungen, die die Rechte einer juristischen Person haben. Die Vereinigung muß also mit Rechtsfähigkeit ausgestattet sein und es darf sich nicht um eine bloße Mitunternehmerschaft handeln. Für die inländische Besteuerung der Bezüge aus einer ausländischen bergbautreibenden Vereinigung wird in RFH. VI A 899/30 v. 18. 12. 30 (E. 27 S. 303, RStBl. 31 S. 200, StW. 31 Nr. 198) als maßgebend angesehen, ob die ausländische Vereinigung mehr einer deutschen Mitunternehmerschaft (OHG.) oder einer deutschen Kapitalgesellschaft gleicht. Unter die Einkünfte aus Kapitalvermögen fallen danach alle Einkünfte aus einer Beteiligung an einer Gesellschaft, die sich als Früchte einer kapitalistischen Beteiligung, der Hingabe des Geldkapitals an einen anderen zwecks der Erzielung geldwerter Vorteile durch Umtrieb des Kapitals darstellten (vgl. auch Anm. 8 zu § 3 KStG.). Die in einem übertragbaren und marktgängigen Teilrecht bestehende Berechtigung sei nicht mehr Miteigentum am Grundbesitz, sondern eine bewegliche und abtretungsfähige Beteiligung an einer Kapitalgesellschaft geworden (Anteile an einer Gesellschaft, die in Rumänien erdölhaltigen Grundbesitz mittelbar oder unmittelbar auswertet). Eine kapitalistische Beteiligung liegt nach RFH. VI A 273/35 v. 17. 10. 35 (StW. 35 Nr. 704) immer dann vor, wenn der Inhaber von Kapital von vornherein damit rechnet, daß er in der Ausbeute sowohl sein Kapital als auch einen angemessenen Zins, ein Entgelt für die Überlassung der Nutzung des Kapitals an den Empfänger erhalten wird. Eine Ausbeute in diesem Sinn werde aber nur dann angenommen werden können, wenn nach Lage der Verhältnisse die Kapitalausleihung und die Nutzung eine längere Dauer erreichten. Unter dieser Voraussetzung hat der RFH. die Möglichkeit einer nur mittelbaren Beteiligung an einer bergbautreibenden Vereinigung durch Hingabe von Kapital und die Möglichkeit einer steuerpflichtigen Ausbeute aus dieser Beteiligung anerkannt. War dagegen mit einer Ausbeute von nur wenigen Jahren zu rechnen, dann beteiligte sich der Pflichtige durch seine Kapitalleistung zwar nicht als Mitunternehmer oder als Anteilsbesitzer an dem Gewerbe eines anderen, sondern er ließ sein Kapital ähnlich einem Verpächter in Gewinnabsicht in einem fremden Betrieb arbeiten. Ein derartiges Zwischending zwischen den Einkünften aus Kapitalvermögen, aus Verpachtung und aus Gewerbe sei steuerlich als Einkünfte aus Leistungen zu erfassen.

b) Berggewerkschaften verfügen nicht über ein zahlenmäßig feststehendes Grund- oder Stammkapital wie die AG. oder GmbH. Ihrer Eigenschaft als Kapitalgesellschaften entspricht es, daß alle Zuwendungen der Gewerken an die Gewerkschaft als Kapitaleinlage aufzufassen sind ohne Unterschied, ob sie zur Erweiterung des Betriebs oder zur Deckung von Verlusten erfolgen (RFH. VI A 639/29 v. 8. 8. 30, RStBl. 30 S. 707). Die Gewerkschaften ziehen das zum Betrieb erforderliche Kapital je nach Bedarf durch Zubußen von den Gewerken ein und verteilen aber auch häufig als **Ausbeute** nicht nur Gewinn, sondern alles das, was sie gerade entbehren können. Es ist daher bei ihnen vielfach das Natürliche, daß sie den Überschuß der Einnahmen über die Ausgaben unter die Gewerken als Ausbeute verteilen ohne Rücksicht darauf, daß der Gewinn der Gewerkschaft wesentlich geringer ist. Denn bei Berechnung dieses Gewinns sind Absetzungen für Substanzverringerung zu machen. Es läßt sich nicht verkennen, daß sich wirtschaftlich ein Teil der verteilten Ausbeuten als Kapitalrückzahlung darstellt und daher grundsätzlich nicht als Kapitalertrag besteuert werden könnte (vgl. Anm. 157). Wegen der praktischen Unmöglichkeit, bei der Ausbeute der Gewerkschaften zwischen Gewinnausschüttung und Kapitalrückzahlung zu trennen, hat die Rechtsprechung zum EStG 1925 die

Ausbeuten der Gewerkschaften in voller Höhe als ausgeschüttete Gewinnanteile im Sinn des Einkommensteuerrechts angesehen. Eine Ausbeute aus einem Bergwerk stellt danach auch dann Kapitaleinkünfte dar, wenn nach Wegfall der Nutzungen infolge der Erschöpfung des Mineralvorkommens kein Kapital mehr übrig bleibt. Solange das Vorkommen zu einer Nutzung führt und dementsprechend Ausbeuten verteilt werden, handelt es sich nicht um Rückzahlung von Kapital (RFH. VI A 899/30 f. unter a, I A 280/31 v. 9. 2. 32, RStBl. 32 S. 442, StW. 32 Nr. 543, VI A 1906/32 v. 20. 2. 35, StW. 35 Nr. 274, I A 18/34 v. 28. 6. 35, RStBl. 35 S. 1112, StW. 35 Nr. 461). Die letzte Entsch. weist darauf hin, daß, wenn eine AG. die nötigen Abschreibungen unterlasse und auf Kosten des Grundkapitals Dividenden verteile, der Aktionär trotzdem die volle Dividende als Kapitalertrag versteuern müsse. In diesem Fall handelt es sich aber um eine Ungesetzlichkeit der AG. Dagegen ist es nicht zu beanstanden, wenn die Gewerkschaft den Erlös aus dem geförderten Mineral nach Deckung der Förderungskosten als Ausbeute verteilt. So versteuert der Kuxinhaber schließlich den ganzen Substanzwert als Kapitaleinkünfte. Nach dem Wesen des Kapitalertrags kann aber bei Feststellung der Einkünfte aus Kapitalvermögen wegen der strengen Trennung zwischen Anlage und Ertrag die allmähliche Aufzehrung der Anlage nicht berücksichtigt werden. Der Kuxinhaber ist daher in einer ähnlichen Lage wie der Bezieher einer Leibrente, der auch die ganze Rente als Einkünfte versteuern muß, obwohl der Kapitalwert der Rente ständig sinkt und irgendwann ganz wegfällt. Auch Beträge, die der Gewerkschaft von den Gewerken zur Verfügung gestellt worden sind und mit der Ausbeute zurückbezahlt werden, sind als Kapitaleinkünfte zu behandeln, ebenso wie Beträge, die an den Kuxinhaber für eine angebliche Wertminderung ihrer Kuxe bezahlt werden (RFH. I A 555/31 v. 28. 11. 33, RStBl. 34 S. 461). Nur wenn eine Gewerkschaft keinen Abbau mehr betreibt und ihr Vermögen verteilt, kann angenommen werden, daß die als Ausbeute verteilten Beträge in der Hauptsache Kapitalrückzahlung darstellen (RFH. I A 280/31). Da die Behandlung der gesamten Ausbeute als Einkünfte aus Kapitalvermögen in der besonderen Eigenart der Gewerkschaften ihren Grund hat und die Fassung der Vorschrift im EStG 1934 nicht geändert ist, muß auch für das geltende Recht die gesamte verteilte Ausbeute als Kapitalertrag behandelt werden. Eine Ausnahme könnte nach RFH. VI A 910/35 v. 24. 2. 37 (RStBl. 37 S. 868, StW. 37 Nr. 203) vielleicht nur in dem besonderen Fall gerechtfertigt sein, daß eine Gewerkschaft in Verlustjahren vorübergehend Zubußen zur einstweiligen Deckung des Verlusts nach Art kurzfristiger Darlehen mit der Zusage eingezogen hat, die Beträge aus dem Ergebnis der nächsten Gewinnjahre zurückzuzahlen, und diese Zurückzahlung nachweisbar erfolgt. Wenn in RFH. I A 53/35 v. 23. 7. 35 (RStBl. 35 S. 1451, StW. 35 Nr. 618) für die Mindestbesteuerung nach § 10 Abs. 2 a KStG 1925 und in RFH. I A 168/35 v. 17. 3. 36 (RStBl. 36 S. 557, StW. 36 Nr. 209) für den Verlustvortrag eine Unterscheidung zwischen Gewinnausschüttung und Kapitalrückzahlung auch bei den Gewerkschaften für erforderlich gehalten wurde, so konnte dieser Grundsatz nur für die Anwendung der damaligen Ermessensvorschrift der Mindestbesteuerung bzw. für die Berechnung des Verlustvortrags, der die Unterstellung eines entsprechenden Gewerkschaftskapitals erforderlich macht, angewendet werden, er ist aber nicht für die Höhe der tatsächlich geleisteten Gewinnausschüttung als Einkünfte aus Kapitalvermögen der Gewerken maßgebend.

162. Gewinnanteile aus Anteilen an Erwerbs- und Wirtschaftsgenossenschaften.
a) Erwerbs- und Wirtschaftsgenossenschaften, die ihren Geschäftsbetrieb über den Kreis der Mitglieder hinaus erstrecken, waren nach den Vorschriften des KStG 1925, die bis zur gesetzlichen Neuregelung weiter gelten (vgl. § 23 KStG, § 36 I. KStDVO), als Erwerbsgesellschaften im vollen Umfang steuerpflichtig. Unter dieser Voraussetzung sind daher auch die Verhältnisse zwischen Genossenschaft und Genossen nach den für die Kapitalgesellschaften geltenden Grundsätzen zu beurteilen und Gewinnausschüttungen sind alle Zuwendungen an die Genossen, die auch bei den Gesellschaftern einer Kapitalgesellschaft als solche zu behandeln

wären. Hierzu gehören die Gewinnanteile und alle sonstigen Vorteile, die sich nicht als Rückzahlung des Geschäftsanteils des Genossen darstellen. Bei Warenlieferungen einer Kapitalgesellschaft an ihre Gesellschafter ist der Preisunterschied, um den die Gesellschaft die Waren an ihre Gesellschafter niedriger abgibt, als sie es fremden Kunden gegenüber tun würde, ein Ertrag der Beteiligung der Gesellschafter. Ebenso sind auch die Warenlieferungen der Genossenschaft zu behandeln, die an die Genossen zu verbilligten Preisen, z. B. zum Einkaufspreis erfolgen. Das gleiche gilt für die Gewährung einer Kaufpreisrückvergütung (RFH. I A 372/28 v. 26. 2. 29, E. 25 S. 79, RStBl. 29 S. 277, StW. 29 Nr. 433) oder von Warenrabatten bei Konsumgenossenschaften (RFH. I A 342/32 v. 20. 6. 33, RStBl. 33 S. 980, StW. 34 Nr. 140 und I A 26/33 v. 12. 9. 33, RStBl. 33 S. 1203, StW. 34 Nr. 314). Bei der Prüfung, ob Molkereigenossenschaften im Milchgeld verdeckten Gewinn an ihre Genossen verteilen, ist nach RFH. I A 319/32 v. 16. 5. 33 (E. 33 S. 181, RStBl. 33 S. 972, StW. 34 Nr. 511) vom freien Milchpreis der Umgegend und nur im Notfall vom Milchgeld, das benachbarte Molkereien zahlen, auszugehen. Auch in der Bestreitung der Kosten eines Autoausflugs der Mitglieder durch die Genossenschaft liegt verdeckter Gewinn (RFH. I A 296/36 v. 19. 1. 37, E. 40 S. 317, RStBl. 37 S. 428, StW. 37 Nr. 100). Wenn eine Genossenschaft Nichtmitgliedern dieselben Vorteile zuwendet wie ihren Mitgliedern, so kann nach RFH. I A 413/31 v. 28. 2. 33 (RStBl. 33 S. 392, StW. 33 Nr. 516) trotzdem für Genossen beim Vorliegen der sonstigen Voraussetzungen (s. Anm. 162 ff. und 175) eine verdeckte Gewinnausschüttung angenommen werden. Nach den für die Ausgabe von jungen Freiaktien oder Freianteilen geltenden Grundsätzen ist bei Genossenschaften die Umbuchung von Rücklagen in eine Erhöhung der Geschäftsanteile in Höhe des Nennbetrags als Gewinnausschüttung an die einzelnen Genossen anzusehen (RFH. I A 349/32 v. 17. 10. 33, RStBl. 34 S. 359, StW. 34 Nr. 246).

b) Erwerbs- und Wirtschaftsgenossenschaften, die ihren Geschäftsbetrieb auf den Kreis der Mitglieder beschränken, bezwecken in erster Linie die Förderung des Erwerbs oder der Wirtschaft ihrer Mitglieder durch einen gemeinschaftlichen Geschäftsbetrieb und nicht wie die oben erwähnten Genossenschaften die unbeschränkte Beteiligung am freien Wirtschaftsverkehr. Was die Genossenschaft für ihre Genossen durch billigen Warenbezug oder durch sonstige Vorteile, die ihre Tätigkeit gewährt, verdient, bedeutet für die Genossen keinen Gewinn, sondern eine Ersparnis. Diese Ersparnis kann nach der Rechtsprechung des RFH. nur dann als Gewinnausschüttung angesehen werden, wenn sie ihrer wirtschaftlichen Bedeutung nach wie eine echte Gewinnerzielung anzusehen wäre. Ob die Erübrigungen einer solchen Genossenschaft bei ihrer Verteilung an die Genossen als Einkünfte aus Kapitalvermögen anzusehen sind, ist nach RFH. I A 372/28 (s. unter a) danach zu entscheiden, ob die Verteilung der Erübrigungen satzungsgemäß nach dem Verhältnis der Geschäftsanteile der Genossen, d. h. nach kapitalistischen Gesichtspunkten oder nach dem Verhältnis des Warenbezugs erfolgt. Daher sind die Erübrigungen aus dem Warenverkehr, die von Verkaufsgenossenschaften, die die oben genannten Voraussetzungen erfüllen, an die Genossen satzungsgemäß verteilt werden, für die Genossen kein Kapitalertrag (RFH. I A 62/34 v. 29. 5. 34, RStBl. 34 S. 952, StW. 34 Nr. 513). Ebenso wurde in RFH. I A 378/30 v. 16. 9. 32 (RStBl. 32 S. 1025, StW. 33 Nr. 100) auch bei einer Einkaufsgenossenschaft, die ihren Geschäftsbetrieb auf den Kreis der Mitglieder beschränkt, aber einem Revisionsverband nicht angeschlossen ist und daher nach den Vorschriften des KStG 1925 als Erwerbsgesellschaft zu behandeln war, der satzungsgemäß restlos an die Mitglieder nach Maßgabe ihres Umsatzes abzuführende Umsatzbonus steuerlich nicht als Gewinnausschüttung, sondern als bestimmungsgemäße Weiterleitung des von den Lieferanten gewährten Nachlasses an die Genossen angesehen. Weiter wurde unter den gleichen Voraussetzungen in RFH. I A 137/31 v. 27. 9. 33 (RStBl. 34 S. 45) anerkannt, daß dann, wenn bei einer Einkaufsgenossenschaft die von den Genossen im voraus erhobenen Unkostenanteile zum Teil, weil nicht benötigt, zurückvergütet werden, diese auf Grund der Satzung an die Genossen geleisteten

Vergütungen als steuerfreie Zurückerstattung von überzahlten Unkostenanteilen und nicht als Gewinnausschüttung zu behandeln sind.

163. Behandlung der dem Anleihestock zugeführten Beträge als Kapitalertrag.
Schrifttum. Bußmann, Verlängerung des Anleihestockgesetzes und Aufteilung des Anleihestocks DStZ. 38 S. 13.

a) Nach dem Ges. über die Gewinnverteilung bei Kapitalgesellschaften (**Anleihestockgesetz**) v. 4. 12. 34 (RGBl. I S. 1222, RStBl. 35 S. 428, dazu ergangen Ges. zur Änderung des Anleihestockgesetzes v. 9. 12. 37, RGBl. I S. 1340, RStBl. 37 S. 1255, weiter VO. zur Durchführung und Ergänzung des Anleihestockgesetzes v. 27. 2. 35, RGBl. I S. 316, RStBl. 35 S. 429, II. VO. zur Durchführung und Ergänzung des Anleihestockgesetzes v. 18. 4. 35, RGBl. I S. 558, RStBl. 35 S. 681 und III. VO. zur Durchführung und Ergänzung des Anleihestockgesetzes v. 9. 12. 37, RGBl. I 1341, RStBl. 37 S. 1255) haben Kapitalgesellschaften im Sinn des § 2 des Anleihestockgesetzes aus dem Reingewinn, den sie ihren Gesellschaftern zur Verfügung stellen, einen Anleihestock zu bilden (§ 1 a. a. O.). Der für ein Geschäftsjahr bar auszuschüttende Gewinn darf 6 v. H. des eingezahlten Kapitals nicht übersteigen und, wenn im Vorjahr ein Gewinn von mehr als 6 v. H. ausgeschüttet wurde, den gleichen Hundertsatz wie im Vorjahr, höchstens jedoch 8 v. H. betragen, wobei aber bei der Berechnung der Barausschüttung Kapitalherabsetzungen, die im Jahre der Ausschüttung oder in den beiden Vorjahren erfolgt sind, zu berücksichtigen sind (§ 3 a. a. O.). Der den Gesellschaftern zustehende, aber nicht zur baren Ausschüttung gelangende Teil des Reingewinns ist von der Gesellschaft unverzüglich nach der Beschlußfassung über die Gewinnausschüttung der Deutschen Golddiskontbank in Berlin zu überweisen, die den überwiesenen Betrag alsbald für die Gesellschafter in Anleihen des Reichs anzulegen (Anleihestock) und den Anleihestock treuhänderisch für die Gesellschafter zu verwalten hat (§ 4 a. a. O.). Beträge für ausgeloste oder zurückbezahlte Anleihen, die zum Anleihestock gehören, sind unverzüglich wieder für den Anleihestock anzulegen, ebenso Zinserträgnisse des Anleihestocks (§ 5 a. a. O.). Nach der Beschlußfassung über die Verteilung des Gewinns für den ersten Jahresabschluß, auf den das Gesetz keine Anwendung mehr findet (§ 11 a. a. O.), ist der gesamte Anleihestock unter die alsdann gewinnberechtigten Gesellschafter nach den für die Gewinnverteilung geltenden Grundsätzen nach näherer Anordnung des Reichswirtschaftsministers aufzuteilen. Frühere Aufteilung ist bei Konkurs oder Auflösung der Gesellschaft möglich (§ 7 a. a. O.). Das Ges. gilt für den ersten Jahresabschluß, über den nach seinem Inkrafttreten Beschluß gefaßt wird, und für die Abschlüsse der fünf folgenden, einen Zeitraum von mindestens je zwölf Monaten umfassenden Geschäftsjahre (§ 11 Satz 1 a. a. O. i. d. F. des Änd.-Ges. v. 9. 12. 37). Das Gesetz ist am 11. 12. 1934 in Kraft getreten. Anleihestockges. und DVO sind in Anh. 11 a–d abgedruckt.

Die Behandlung der Vorgänge bei der Einkommen- und Körperschaftsteuer ist in Art. 15 Abs. 1 der VO. zur Durchführung und Ergänzung des Anleihestockgesetzes v. 27. 2. 35 und in Art. 15 der III. DVO. v. 9. 12. 37 geregelt. Der bar auszuschüttende Teil des Reingewinns ist nach den allgemeinen Grundsätzen dem Steuerabzug vom Kapitalertrag und der Einkommen- bzw. Körperschaftsteuer bei den Gesellschaftern zu unterwerfen (Art. 15 Abs. 1 a und Ziff. 2 a VO v. 27. 2. 35.) Der in dem Anleihestock anzulegende Teil des Reingewinns ist an dem Tage, an dem er dem Anleihestock überwiesen wird, zur Kapitalertragsteuer für Rechnung der Gesellschafter heranzuziehen. Der an den Anleihestock zu überweisende Betrag vermindert sich um den Steuerabzug (Art. 15 Abs. 1 Ziff. 1 b a. a. O.). Bei der Veranlagung der Gesellschafter zur Einkommensteuer und Körperschaftsteuer ist der in dem Anleihestock angelegte Teil des Reingewinns in dem Kalender- oder Wirtschaftsjahr zugrunde zu legen, in dem der Anleihestock aufzuteilen ist (§ 6 des Ges. i. d. F. des Änd.-Ges. v. 9. 12. 37), und zwar in der bei Aufteilung des Anleihestocks vorhandenen Höhe (einschließlich inzwischen aufgelaufener Zinsen, entstandener Werterhöhungen u. dgl.) zuzüglich des anteiligen

Steuerabzugs vom Kapitalertrag, der bei der Überweisung des im Anleihestock anzulegenden Teiles des Reingewinns vorgenommen worden ist. Dieser anteilige Steuerabzug ist auf die Steuerschuld des Gesellschafters anzurechnen. Der Anspruch auf spätere Zuteilung des in dem Anleihestock angelegten Teiles des Reingewinns ist bei dem Gesellschafter nicht anzusetzen (Art. 15 Abs. 1 Ziff. 2 b a. a. O.). Wegen der Höhe der anzusetzenden Kapitalertragsteuer vgl. Art. 15 der III. DVO v. 9. 12. 37. Nach Art. 16 der VO v. 12. 2. 35 unterliegt der Anleihestock als solcher nicht der Körperschafts-, Gewerbe- oder Vermögensteuer. Aus dieser Regelung ergibt sich, daß die in dem Anleihestock angelegten Teile des Reingewinns mit der Überweisung wie eine Gewinnausschüttung aus dem Vermögen der Kapitalgesellschaft ausgeschieden und daher bei dieser nicht etwa zu aktivieren sind, daß sie aber bei der Veranlagung der Gesellschafter erst mit der Aufteilung des Anleihestocks als zugeflossene Einnahmen aus Kapitalvermögen anzusehen sind. Auf die Ausführungen in den VR 37 C V 2 (RStBl. 38 S. 216, s. Anh. 17) wird verwiesen.

Hinweisung auf Rechtsprechung: Schaffung mehrerer Gattungen von Gesellschaftsanteilen bei GmbH. und Berechnung des Höchstsatzes der Barausschüttung in diesem Fall (RFH. I A 31/36 v. 22. 7. 36, E. 40 S. 4, RStBl. 36 S. 964, StW. 36 Nr. 403); Tag des Gewinnverteilungsbeschlusses als Stichtag für die Vergünstigung bei der Ermittlung des Höchstsatzes der Barausschüttung (RFH. I 346/37 v. 14. 12. 37, E. 43 S. 13, RStBl. 38 S. 191, StW. 38 Nr. 10); Behandlung einer KoG., der eine Muttergesellschaft an einem Teil ihrer Anteile an der Tochtergesellschaft ein Optionsrecht eingeräumt hatte, als Inhaberin der Anteile (RFH. I 264/37 v. 8. 3. 38, E. 43 S. 259, RStBl. 38 S. 370, StW. 38 Nr. 175), Rückwirkende Anwendung der Neufassung des Art. 5 I. DVO durch Art. 12 III. DVO (RFH. I 357/37 v. 18. 1. 38, E. 43 S. 82, RStBl. 38 S. 371, StW. 38 Nr. 176).

Wegen der Behandlung der dem Anleihestock zugeführten Beträge beim Vorliegen von Schachtelbeteiligungen s. Anm. 5 b zu § 9 KStG.

b) Nach dem Gesetz über die Bildung eines Anleihestocks bei Kapitalgesellschaften (**Kapitalanlagegesetz**) v. 29. 3. 34 (RGBl. I S. 295) haben Kapitalgesellschaften unter bestimmten Voraussetzungen, insbesondere wenn der ausgeschüttete Gewinn 6 v. H. des angelegten Kapitals übersteigt, einen Anleihestock zu bilden (§ 1 a. a. O.). Der Anleihestock ist unverzüglich nach dem Beschluß über die Gewinnausschüttung aus Anleihen des Reichs, der Länder oder Gemeinden (Gemeindeverbände) zu bilden, etwaige infolge Auslosung oder Zurückzahlung von Anleihen zurückbezahlte Beträge sind wieder anzulegen (§§ 3, 4 a. a. O.). Der Anleihestock ist in der Jahresbilanz gesondert unter den Aktiven auszuweisen (§ 5 a. a. O.). Der nach dem Kapitalanlagegesetz gebildete Anleihestock bleibt demnach Vermögen der Kapitalgesellschaft, in seiner Bildung ist keine Gewinnausschüttung an die Gesellschafter zu erblicken. Das Kapitalanlagegesetz gilt nur für Kapitalgesellschaften, deren Gesellschaftskapital 100 000 RM. nicht übersteigt, da auf diese Gesellschaften das Anleihestockgesetz keine Anwendung findet. Wird das Gesellschaftskapital nach Inkrafttreten des Anleihestockgesetzes auf 100 000 RM oder einen niedrigeren Betrag herabgesetzt, so ist zur Nichtanwendung des Anleihestockgesetzes die Zustimmung des Reichswirtschaftsministers im Einvernehmen mit dem RdF. erforderlich (Art. 2 Abs. 1 der VO zur Durchführung und Ergänzung des Anleihestockgesetzes v. 27. 2. 35).

B. Die in § 20 Abs. 1 Ziff. 2—5 EStG aufgeführten Einkünfte aus Kapitalvermögen und § 20 Abs. 2 EStG.

164. Die übrigen Einkünfte aus Kapitalvermögen.

a) Zu den **Einkünften aus der Beteiligung an einem Handelsgewerbe als stiller Gesellschafter** (Ziff. 2) gehören nur die Einkünfte, die aus einem typischen stillen Gesellschaftsverhältnis bezogen werden. Handelsrechtlich setzt die stille Be-

§ 20 EStG. Einkünfte aus Kapitalvermögen. Anmerkung 164.

teiligung die Beteiligung am Handelsgewerbe eines anderen durch eine Vermögenseinlage, die in das Eigentum des Unternehmers übergeht, voraus (§ 335 HGB). Steuerrechtlich kommt unbeschadet der bürgerlich-rechtlichen Beurteilung nach der Rechtsprechung des RFH. als stiller Gesellschafter nur der in Frage, der nur am Geschäftserfolg, nicht aber an den Anlagewerten beteiligt ist und daher beim Ausscheiden keinen Anspruch auf ein Auseinandersetzungsguthaben nach Maßgabe seiner Anlage hat. Wer an den Anlagewerten und damit mit seinem Vermögen unmittelbar am Gedeih und Verderb des Geschäfts beteiligt ist und daher bei Auflösung des Verhältnisses nicht nur seine Einlage, sondern einen Anteil an den Anlagewerten des Geschäfts und an einem etwaigen Geschäftswert nach Maßgabe seiner Einlage zurückerhält, ist steuerrechtlich Mitunternehmer (RFH. VI A 163/25 v. 3. 2. 26, E. 18 S. 162, RStBl. 26 S. 231, StW. 26 Nr. 59 und VI A 325/29 v. 1. 5. 29, RStBl. 29 S. 427, StW. 29 Nr. 707). Auf die bürgerlich-rechtliche Beurteilung kommt es nicht an; die Beteiligung an den Anlagewerten begründet nach RFH. VI A 1152/28 v. 15. 1. 30 (RStBl. 30 S. 199, StW. 30 Nr. 297) auch dann, wenn sie auf uneigentlicher stiller Gesellschaft oder einer Gesellschaft des bürgerlichen Rechts beruht, Mitunternehmerschaft und damit Einkünfte aus Gewerbebetrieb. Für die Annahme einer stillen Beteiligung ist stets Voraussetzung die Leistung einer Vermögenseinlage, die für die Annahme einer Mitunternehmerschaft nicht erforderlich ist, und außerdem die Beteiligung am Gewinn, während die Beteiligung am Verlust durch Vertrag ausgeschlossen sein kann (§ 336 Abs. 2 HGB). Eine bloße Umsatzbeteiligung genügt nicht (RFH. VI A 1024/33 v. 16. 8. 34, RStBl. 34 S. 1236, StW. 34 S. 665). Ist der typische stille Gesellschafter vertragsgemäß auch am Verlust des Unternehmens beteiligt, so stellt sich der Aufwand des stillen Gesellschafters für Betriebsverluste, an denen er vertraglich mittragen muß, nach RFH. VI A 422/33 v. 23. 5. 33 (E. 33 S. 272, RStBl. 33 S. 1078, StW. 33 Nr. 703) Werbungskosten der Kapitaleinkünfte dar. Wenn dagegen der nicht vertraglich am Verlust beteiligte stille Gesellschafter seine Vermögenseinlage durch Verlust oder Zusammenbruch des Unternehmens teilweise oder ganz verliert, handelt es sich um einen die Kapitaleinkünfte nicht berührenden Verlust der Anlage. Der auf eine stille Beteiligung entfallende Gewinn fließt regelmäßig mit der Verfügungsmöglichkeit des Berechtigten zu. Für die Vornahme des Steuerabzugs vom Kapitalertrag gilt jedoch nach § 6 Abs. 3 KapStDVO dann, wenn bei Einkünften aus der stillen Beteiligung in dem Beteiligungsvertrag über den Zeitpunkt der Ausschüttung nicht vereinbart ist, als Zeitpunkt des Zufließens des Kapitalertrags der Tag nach der Aufstellung der Bilanz mit der Gewinn- und Verlustrechnung oder einer sonstigen Feststellung des Gewinnanteils des stillen Gesellschafters. Wird der Gewinnanteil vereinbarungsgemäß zum Geschäftsvermögen des Unternehmens geschlagen, dann kann darin eine Erhöhung der Einlage des stillen Gesellschafters gesehen werden, deren Wert dem stillen Gesellschafter im Zeitpunkt der Feststellung seines Gewinnanteils und der Übertragung auf sein Einlagekonto zufließt (vgl. auch RFH. VI A 213/28 v. 14. 1. 29, RStBl. 29 S. 226, StW. 29 Nr. 355); denn damit hat der stille Gesellschafter über seinen Gewinnanteil verfügt (Umwandlung in Einlage oder auch Darlehen).

b) Zinsen aus Hypotheken und Grundschulden und Renten aus Rentenschulden (Ziff. 3). Zu den Zinsen aus Hypotheken gehört als besonderes Entgelt oder Vorteil im Sinn des Abs. 2 Ziff. 1 auch das bei Rückzahlung einer Hypothek im Nennbetrag zu leistende Darlehensaufgeld (Damnum), das dem Schuldner bei Einräumung der Hypothek als Unterschied zwischen Nennbetrag und geringerem Barbetrag (Darlehensabgeld) nicht ausbezahlt wurde. Wegen des Zufließens des Aufgelds vgl. Anm. 153 c Abs. 4 zu § 11 EStG.

c) Zinsen aus sonstigen Kapitalforderungen jeder Art (Ziff. 4). Eine Kapitalforderung ist jede auf Geld lautende Forderung. Verzugszinsen sind nach § 288 BGB bis zur Höhe von 4 v. H. ohne Nachweis eines Schadens zu entrichten und daher insoweit Kapitaleinkünfte. Bei Zubilligung weiterer Ersatzansprüche ist nach RFH. VI A 368/33 v. 23. 3. 33 (RStBl. 33 S. 590) für die Einkommensteuerpflicht des Mehrbetrags der Verzugszinsen über 4 v. H. nachzuweisen, daß der Schaden, zu dessen Ersatz sie gewährt sind, gerade in dem Entgehen einkommensteuerpflichtiger Einkünfte bestanden hat. Nur unter dieser Voraussetzung wäre Steuerpflicht nach § 24 Ziff. 1 a EStG gegeben. Wegen der Zerlegung der auf langjährige, verzinsliche Forderungen zurückgezahlten Beträge in Tilgungsraten und Zinsen vgl. Anm. 157 Abs. 2.

Wegen der Behandlung des Darlehensaufgelds vgl. oben unter b). Hat sich ein Darlehensnehmer dem Darlehensgeber gegenüber zum Ersatz des Vermögensschadens verpflichtet, den dieser dadurch erlitten hat, daß die zum Zweck der Darlehenshingabe verkauften Wertpapiere gestiegen sind (Kursgarantie), so erhält der Darlehensgeber nach RFH. VI A 939/32 v. 16. 5. 33 (RStBl. 33 S. 1005) als Gegenleistung für die Hingabe des Darlehens auch noch die Sicherung gegen einen Vermögensverlust und der hierwegen ausbezahlte Betrag stellt ein besonderes Entgelt im Sinn des Abs. 2 Ziff. 1 dar, das neben der Verzinsung gewährt worden ist. Wegen der steuerlichen Behandlung des Unterschiedsbetrags zwischen dem Ausgabekurs und dem Einlösungskurs bei Rückzahlung oder Umtausch von Anleihen vgl. BR 37 C V 3 (RStBl. 38 S. 217, f. Anh. 17).

Zinsen aus der Deutschen Äußeren Anleihe von 1924 (Dawes-Anleihe), die nicht dem Steuerabzug vom Kapitalertrag unterlagen, sind nach RFH. VI A 1371/33 v. 11. 7. 34 (RStBl. 34 S. 1335) bei unbeschränkt Steuerpflichtigen nicht von der Einkommensteuer befreit. Wegen der Zinsen aus Auslandsanleihen, wegen der Wandelanleihen und Gewinnobligationen und wegen der Zinsen aus Auslosungsrechten vgl. BR 37 C V 5 bis 7 (RStBl. 38 S. 218, f. Anh. 17).

Zu den Einkünften aus Kapitalvermögen im Sinn des § 20 Abs. 1 Ziff. 4 EStG sind auch die Einkünfte zu rechnen, die auf die bei Aufwertung von Industrieobligationen und verwandten Schuldverschreibungen den Altbesitzern gewährten Altbesitzgenußrechtscheine entfallen, vgl. BR 37 C V 4 (RStBl. 38 S. 217, f. Anh. 17).

d) Diskontbeträge (Ziff. 5). Unter Diskont versteht man den Abzug, der bei der Auszahlung einer noch nicht fälligen, unverzinslichen Forderung aus Wechseln oder Anweisungen im Sinn der §§ 783 ff. BGB vom Nennbetrag gemacht wird. Der Diskont ist in diesem Fall ein vorweg in Abzug gebrachter Zins, er fließt durch Nachlaß am Nennwert dem zu, der die Forderung vor Fälligkeit ankauft oder in Zahlung nimmt. Diskontbeträge von Warenwechseln fallen nach § 20 Abs. 3 EStG unter die Einkünfte aus Gewerbebetrieb.

165. Sonstige Kapitaleinkünfte (§ 20 Abs. 2 EStG).

a) Nach § 20 Abs. 2 Ziff. 1 EStG gehören zu den Einkünften aus Kapitalvermögen auch **besondere Entgelte oder Vorteile**, die neben den im Abs. 1 bezeichneten Einkünften oder an deren Stelle gewährt werden. Hierher sind zu rechnen Vorteile jeder Art, die dem Gesellschafter einer Kapitalgesellschaft im Sinn des Abs. 1 Ziff. 1 auf Grund dieses Gesellschaftsverhältnisses von der Kapitalgesellschaft zugewendet werden. Dazu gehört insbesondere die Gewährung von Freiaktien, Freianteilen, Genußscheinen, Sachleistungen, Bonus und ähnlichen Vorteilen. Bestehen die Kapitalerträge nicht in Geld, so sind sie nach § 8 Abs. 2 EStG mit den üblichen Mittelpreisen des Verbrauchsorts anzusetzen (vgl. § 1 Abs. 2 Satz 2—3 KapStDBO und Anm. 149 Abs. 2 zu § 8 EStG und wegen einer als Bonus bezeichneten Ausschüttung RFH. VI A 597/30 v. 16. 4. 30, RStBl. 30 S. 364, StW. 30 Nr. 789). Wenn bei einer echten Verschmelzung zweier Aktiengesellschaften den Aktionären der aufzulösenden Gesellschaft von der aufnehmenden Gesellschaft für den Verzicht auf das Aktienrecht neben der Gewährung einer Aktie der aufnehmenden Gesellschaft bei gleichem Nennwert im Verhältnis 1:1 noch ein Aufgeld in bar ausgezahlt wird, so ist diese Herauszahlung als Kapitalertrag nach Abs. 2 Ziff. 1 einkommen-

§ 20 EStG. Einkünfte aus Kapitalvermögen. Anmerkung 165—166.

steuerpflichtig (RFH. VI A 822/30 v. 6. 10. 32, RStBl. 33 S. 97, StW. 33 Nr. 222). Auch alle Vorteile, die dem Gläubiger neben oder an Stelle von Zinsen vom Schuldner gewährt werden, sind Einkünfte aus Kapitalvermögen. Wegen des Darlehensaufgelds (Damnum) und der Kursgarantie vgl. Anm. 164 b u. c.

b) Zu den Einkünften aus Kapitalvermögen gehören nach § 20 Abs. 2 Ziff. 2 EStG auch die **Einkünfte aus der Veräußerung von Dividendenscheinen, Zinsscheinen und sonstigen Ansprüchen**, wenn die dazu gehörigen Aktien, Schuldverschreibungen oder sonstigen Anteile nicht mitveräußert werden. Werden die dazu gehörigen Aktien und sonstigen Anteile mitveräußert, dann können die Einkünfte aus der Veräußerung der Beteiligung außerhalb eines Betriebsvermögens nur unter dem Gesichtspunkt des Spekulationsgeschäfts (§ 23 EStG) oder der Veräußerung einer wesentlichen Beteiligung (§ 17 a. a. O.) einkommensteuerpflichtig werden. Unter Veräußerung ist jede Abtretung gegen Entgelt zu verstehen. Wird der Anspruch auf künftigen Gewinn durch Schenkung abgetreten, so handelt es sich nach RFH. VI A 805/32 v. 13. 9. 32 (RStBl. 32 S. 1023, StW. 32 Nr. 1002) um eine Verfügung des Schenkers über von ihm bezogene Einkünfte und der Schenker muß die Gewinnausschüttung als eigenen Kapitalertrag versteuern. Werden Wertpapiere mit laufenden Dividenden- oder Zinsscheinen veräußert, so sind die Zinsen, Dividenden und Ausbeuten Kapitaleinkünfte des tatsächlichen Beziehers und der Abzug eines Teiles des Erwerbspreises für die Wertpapiere als Anschaffungskosten des laufenden Gewinnanspruchs ist nicht zulässig (RFH. VI A 1521/29 v. 4. 9. 29, E. 26 S. 9, RStBl. 29 S. 607, StW. 29 Nr. 939). Der Kapitalertrag fließt in voller Höhe dem Erwerber zu.

Diese Grundsätze sollten nach RFH. VI A 958/32 v. 14. 2. 34 (RStBl. 34 S. 581, StW. 34 Nr. 217) und VI A 137/35 v. 5. 8. 36 (RStBl. 36 S. 1132) auch bei der Veräußerung von festverzinslichen Wertpapieren mit laufenden Zinsscheinen für die berechneten Stückzinsen, d. h. für das vom Erwerber an den Veräußerer bezahlte Entgelt für den Zinsanspruch gelten, der in dem laufenden Zinszeitraum der Besitzzeit des oder der Vorbesitzer bis zum Verkauf entspricht und bei festem Zinssatz feststeht. In RFH. IV 76/37 v. 3. 2. 38 (E. 43 S. 210, RStBl. 38 S. 499, StW. 38 Nr. 122) wird jedoch in Übereinstimmung mit dem RdF. (s. BR 37 C V 8, RStBl. 38 S. 218, s. Anh. 17) die Auffassung vertreten, daß die Stückzinsen beim Erwerber des festverzinslichen Wertpapiers Werbungskosten oder der entsprechende, später gezahlte Zins durchlaufende Gelder seien. Der Veräußerer bezieht mit den Stückzinsen unmittelbar Kapitaleinkünfte.

Von den vorstehend genannten Stückzinsen sind zu unterscheiden die Minus- oder Defektivstückzinsen, die derjenige, der ein Wertpapier abgibt, dafür leistet, daß Erwerber den Kauf- oder Zeichnungspreis vor Beginn des Zinsen- oder Dividendenlaufs bezahlt. Diese Minusstückzinsen stellen nach RFH. VI A 745/27 v. 15. 3. 28 (RStBl. 28 S. 184, StW. 28 Nr. 264) einen Nachlaß auf den Kauf- oder Zeichnungspreis des Wertpapiers dar, der im Hinblick darauf gewährt wird, daß der Begeber der Aktien noch keinen Anspruch auf Zahlung des Preises hatte, und sind, auch wenn sie nach einem Hundertsatz des Nennwerts des Wertpapiers berechnet werden, als Nachlaß kein Kapitalertrag.

166. Zurechnung zu anderen Einkunftsarten (§ 20 Abs. 3 EStG).
Soweit die Einkünfte aus Kapitalvermögen der in § 20 Abs. 1 und 2 bezeichneten Art zu den Einkünften aus Land- und Forstwirtschaft, aus Gewerbebetrieb, aus selbständiger Arbeit oder aus Vermietung und Verpachtung gehören, sind sie diesen Einkünften zuzurechnen (§ 20 Abs. 3 EStG). Wenn also das Kapital, das den Kapitalertrag in Gestalt von Gewinnanteilen oder Zinsen bringt, zu einem Betriebsvermögen oder dem der Vermietung oder Verpachtung dienenden Vermögen gehört, sind die Einkünfte aus dem Kapital keine selbständige Einkunftsart im Sinn des § 20 EStG, sondern bei der für das Betriebsvermögen maßgebenden Einkunftsart zu berücksichtigen.

10. Abschnitt. Verdeckte Gewinnausschüttung (§ 6 Satz 2 KStG).

Inhaltsübersicht.

A. Allgemeine Grundsätze.
167. Begriff.
168. Zuwendung an die Gesellschafter oder ihnen nahestehende Personen.
    a) Zuwendungen an die Gesellschafter.
    b) Zuwendungen an den Gesellschaftern nahestehende Personen.
    c) Keine gleichmäßigen Zuwendungen an alle Gesellschafter.
169. Feststellung der verdeckten Gewinnausschüttung.
170. Höhe (Bewertung) der verdeckten Gewinnausschüttung.
171. Bilanzmäßige Behandlung der verdeckten Gewinnausschüttung.
172. Verdeckte Gewinnausschüttung bei den verschiedenen Arten von Körperschaften.

B. Fälle der verdeckten Gewinnausschüttung.
173. Beispiele des § 20 Erste KStDVO.
174. Vereinbarungen über den Gewinn der Gesellschaft.
    a) Keine Vorwegnahme des Gewinns der Gesellschaft durch Vertrag.
    b) Organ-, Kartellverhältnis, Interessengemeinschaft.
175. Verdeckte Gewinnausschüttung im Zusammenhang mit den Gesellschaftsrechten.
176. Darlehen der Gesellschaft an ihre Gesellschafter oder diesen nahestehende Personen.
    a) Entnahme des Darlehensbetrags als verdeckte Gewinnausschüttung.
    b) Verdeckte Gewinnausschüttung bei Ausfall der Darlehensforderung.
    c) Zinsvergünstigungen als verdeckter Gewinn.
177. Darlehen der Gesellschafter an die Kapitalgesellschaft.
    a) Als verdeckte Stammeinlage.
    b) Zu hohe Verzinsung.
178. Pachtverträge zwischen Kapitalgesellschaft und ihren Gesellschaftern.
    a) Pachtvertrag als verschleierte Sachgründung.
    b) Übermäßiger Pachtzins.
    c) Verdeckte Gewinnausschüttung bei entgeltlicher Überlassung gewerblicher Rechte an die Gesellschaft.
179. Dienstverhältnis des Gesellschafters zur Kapitalgesellschaft.
    a) Anerkennung eines Dienstverhältnisses.
    b) Arbeitsvergütung oder verdeckter Gewinn.
    c) Ruhegehaltszahlungen.
    d) Überlassung einer Dienstwohnung.
180. Laufende Lieferungsverträge zwischen Kapitalgesellschaft und ihren Gesellschaftern.
    a) Allgemeines.
    b) Bei Zuckerfabriken.
181. Sonstige Zuwendungen.
    a) Sachzuwendungen.
    b) Barzuwendungen.

Schrifttum. Werneburg, Die Besteuerung der verdeckten Gewinnausschüttung, DStZ. 34 S. 108; Frank, Die positive Bestimmung der Angemessenheit der Gehälter, StW. 34 I Sp. 113; Gebhardt, Verdeckte Gewinnausschüttung DStZ. 36 S. 811; Groener, Behandlung der verdeckten Gewinnausschüttung durch den Körperschaftsteuer- und Einkommensteuerveranlagungsbeamten, StWarte 37 S. 618; Bender, Grundsätzliches zur Frage der verdeckten Gewinnausschüttung, DStZ. 37 S. 653.

A. Allgemeine Grundsätze.

167. Begriff.

Nach § 6 Satz 2 KStG sind bei der Ermittlung des Einkommens auch verdeckte Gewinnausschüttungen zu berücksichtigen. Eine Begriffsbestimmung der verdeckten Gewinnausschüttung gibt das Gesetz nicht. Auch § 20 I. KStDVO führt nur Beispiele für verdeckte Gewinnausschüttungen auf. Gewinnausschüttung ist jede Zuwendung einer Kapitalgesellschaft an ihre Gesellschafter, durch die das Reinvermögen der Gesellschaft ohne förmliche Herabsetzung des Grund- oder Stammkapitals zugunsten der Gesellschafter vermindert wird (vgl. Anm. 158 a zu § 20 EStG). Soweit nicht der rechtliche Aufbau der juristischen Person geändert wird, bedeutet jedenfalls bei der AG. und GmbH. jede unentgeltliche Übertragung von Vermögen der juristischen Person auf die Mitglieder eine Gewinnausschüttung (vgl. auch Mirre, DStZ. 1927 Sp. 948 ff. „Verschleierte Gewinnausschüttungen"). Eine Gewinnausschüttung ist verdeckt oder verschleiert, wenn die Zuwendung an die Gesellschafter in einer Rechtsform durchgeführt wird, die ihre wirkliche Eigenschaft als Gewinnausschüttung nicht erkennen und sie als Verminderung des Betriebsvermögens erscheinen läßt. Die Gewinnausschüttung wird also buchmäßig nicht als solche dargestellt, sondern regelmäßig als eine Betriebsausgabe der Gesellschaft oder sie kann auch durch Aufnahme einer Verbindlichkeit den Gewinn der Gesellschaft mindern. Das Wesen der verdeckten Gewinnausschüttung besteht nach RFH. I A 37/34 v. 9. 7. 35 (RStBl. 35 S. 1128, StW. 35 Nr. 483) darin, daß den Gesellschaftern — unter bestimmten Voraussetzungen auch anderen Personen — von der Gesellschaft Gewinn in einer Form zugeführt wird, in der er nicht als Gewinn erscheint, sondern unter anderen Bezeichnungen verborgen ist; unter den Begriff falle damit im wesentlichen jeder Vorteil, den eine Gesellschaft ihren Gesellschaftern, außer der Dividende, mit Rücksicht auf deren Eigenschaft als Gesellschafter zuwende.

Die Zuwendung verdeckten Gewinns an die Gesellschafter kann in verschiedener Form geschehen. Sie ist als einseitige Leistung von Seiten der Gesellschaft in Gestalt einer unentgeltlichen Zuwendung möglich. Hier wird von Bedeutung, daß es im Verhältnis zwischen Kapitalgesellschaft einerseits und ihren Gesellschaftern andererseits keine Schenkungen gibt. Wendet die Gesellschaft ihren Gesellschaftern etwas ohne Entgelt zu, dann geschieht dies wegen der Gesellschaftereigenschaft der Bedachten, d. h. es wird Gewinn ausgeschüttet. Umgekehrt werden unentgeltliche Zuwendungen der Gesellschafter an die Gesellschaft ausschließlich mit Rücksicht auf die Beteiligung gemacht, es sind also Einlagen der Gesellschafter und nicht Schenkungen an die Gesellschaft. Die verschleierte Dividende ist demnach das Gegenstück zum verschleierten Einbringen im Sinn des § 2 Ziff. 3 KVG. Weiter können aber auch die Zuwendungen der Gesellschaft an ihre Gesellschafter in die Form gegenseitiger Verträge gekleidet sein, indem die Gesellschafter kraft ihrer beherrschenden Stellung die Gesellschaft veranlassen, mit ihnen für die Gesellschaft ungünstige Verträge abzuschließen. Derartige Verträge haben eine Verminderung des ausgewiesenen Gewinns der Gesellschaft zur Folge, die aber steuerrechtlich hinsichtlich des das Angemessene übersteigenden Mehrbetrags nicht anerkannt werden können, weil im wesentlichen die Gesellschafter dadurch nur erhalten, was sie sonst als Dividende ausbezahlt erhielten. Wenn A, der Hauptgesellschafter der Kapitalgesellschaft X, mit dieser einen Vertrag schließt, der ihn selbst begünstigen soll, liegt hinsichtlich des Mehrbetrags verschleierte Dividende vor. Soll andererseits die Gesellschaft X begünstigt werden, so liegt verschleiertes Einbringen vor.

168. Zuwendung an die Gesellschafter oder ihnen nahestehenden Personen.
a) Eine Gewinnausschüttung setzt begrifflich eine **Zuwendung an den Inhaber der Kapitalbeteiligung**, den Gesellschafter der Kapitalgesellschaft, voraus; dies gilt auch für die verdeckte Gewinnausschüttung (f. Anm. 158 a Abf. 2 zu § 20 EStG). Jedoch steht es der Annahme einer verdeckten Gewinnausschüttung nicht entgegen, daß dann, wenn jemand Alleingesellschafter von mehreren GmbH. ist, verdeckte Gewinne auf dem Umweg über eine dieser anderen Gesellschaften zufließen (RFH. I A 466/31 v. 28. 4. 32, RStBl. 32 S. 713, StW. 32 Nr. 686). Wenn A nicht nur Alleininhaber der Anteile von X, sondern auch der GmbH. Y ist und die Gesellschaft X an die Gesellschaft Y eine Zuwendung macht, so gilt der zugewendete Betrag nicht als Betriebsausgabe von X und ist er bei Y keine den Gewinn vermehrende Betriebseinnahme. Man muß annehmen, daß der Betrag von der Gesellschaft X an ihren Gesellschafter A ausgeschüttet und von A bei seiner Gesellschaft Y als nach § 2 Ziff. 3 KVG steuerpflichtige Einlage eingebracht worden ist. Zum Vergleich sei auch hier auf das KVG verwiesen, das in § 4 bezüglich der Einlagen ebenfalls die Steuerpflicht auf Verträge zwischen X und Y ausdehnt, wenn A Gesellschafter von beiden Gesellschaften ist. Die Gesellschaft X kann sich gegenüber der Annahme einer verdeckten Gewinnausschüttung in diesem Fall auch nicht darauf berufen, daß sie von den Beziehungen der aus dem Vertrag berechtigten Gesellschaft Y zu ihrem Gesellschafter A nichts wisse. Wenn es sich um ausländische Firmen handelt, hat sie nach RFH. I A 495/30 v. 12. 11. 31 (RStBl. 32 S. 60, StW. 32 Nr. 163) nachzuweisen, daß Beziehungen nicht bestehen. Aus den gleichen Erwägungen berührt es die Eigenschaft der Gewinnausschüttungen als solche nicht, daß die Aktionäre einer Gesellschaft A die Beträge von einer anderen

AG. B ausbezahlt erhalten, die selbst nahezu sämtliche Aktien der Gesellschaft A besitzt und als Muttergesellschaft gegenüber der Tochtergesellschaft A die Verpflichtung zur Zahlung einer Mindestdividende an die außenstehenden Aktionäre von A übernommen hat (RFH. I A 262/31 v. 28. 1. 32, RStBl. 32 S. 302, StW. 32 Nr. 526, f. auch Anm. 158 a Abs. 3).

Für die Annahme einer Zuwendung an den Gesellschafter der zuwendenden Gesellschaft genügt die Tatsache, daß die zuwendende Gesellschaft und empfangende Gesellschaft zum gleichen Konzern gehören, noch nicht (vgl. RFH. I A 424/31 v. 12. 9. 33, RStBl. 33 S. 1201, StW. 34 Nr. 145); es müßte vielmehr dargelegt werden, inwiefern die Zuwendung an die Konzerngesellschaft dem Gesellschafter der zuwendenden Gesellschaft zugutekommt. Dies ist dann möglich, wenn beide Konzerngesellschaften durch den Gesellschafter so verbunden sind, daß die Zuwendung als Ausschüttung der einen Konzerngesellschaft an ihn und als seine Einlage bei der anderen Konzerngesellschaft aufgefaßt werden kann. Mangels einer gesellschaftlichen Beteiligung des Empfängers der Zuwendung kann im Gegensatz zu RFH. I A 391/31 v. 11. 10. 33 (E. 34 S. 228, RStBl. 34 S. 684) keine verdeckte Gewinnausschüttung angenommen werden, wenn im Organverhältnis die herrschende Gesellschaft der Organgesellschaft dadurch eine Zuwendung macht, daß sie zweifelhafte Forderungen der Organgesellschaft zum Nennwert übernimmt. Es liegt eine verdeckte Einlage der herrschenden Gesellschaft vor (vgl. Anm. 167 Abs. 2).

Im übrigen ist für die Annahme einer verdeckten Gewinnausschüttung auf dem Umweg über andere Gesellschaften nicht Voraussetzung, daß der bedachte Gesellschafter an beiden Gesellschaften allein beteiligt ist. Sollte A nicht alle Anteile von X und Y besitzen, dann muß man eine Ausschüttung der X an den Gesellschafter A allein und ein Einbringen dieses Gesellschafters bei der Y unterstellen; sonst müßte man noch unentgeltliche Zuwendungen von Seiten der übrigen Gesellschafter von X an A annehmen, was von ihnen aber wahrscheinlich gar nicht gewollt ist. Daher ist bei Zuwendung einer GmbH. an eine Familiengesellschaft eine Ausschüttung zugunsten der Gesellschafter der GmbH. anzunehmen, die an der Familiengesellschaft beteiligt sind, wie dies in RFH. I A 3/32 v. 4. 7. 32 (RStBl. 33 S. 1031, StW. 32 Nr. 1178) für die Beziehungen zwischen einer GmbH. und einer KoG. angenommen wurde, wenn der Geschäftsführer und nahezu zu 50 v. H. beteiligte Gesellschafter der GmbH. an der KoG. zusammen mit seinem Schwiegersohn und dessen Bruder beteiligt war.

Wenn eine GmbH. drei AG. als einzige Gesellschafter hat, dann kann nach RFH. I A 110/35 v. 4. 2. 36 (RStBl. 36 S. 157, StW. 36 Nr. 134) auch in den Zuwendungen der GmbH. an die gesetzlichen Vertreter (Vorstandsmitglieder) der AG. verdeckter Gewinn gesehen werden, wenn die den Gesellschaftern (AG.) im Ergebnis zugeflossenen Beträge keine Entgelte für besondere Leistungen der Gesellschafter waren. Wenn weder zu einer Zahlung der GmbH. an die Vorstandsmitglieder ihrer Gesellschafter noch an diese selbst genügend Veranlassung vorlag, dann muß angenommen werden, daß ihren Gesellschaftern (AG.) etwas zugewendet werden sollte. Weshalb nicht an die Gesellschafter selbst, sondern an ihre Vorstandsmitglieder gezahlt wurde, ist für die Besteuerung belanglos.

b) Verdeckte Gewinnausschüttungen können auch **an den Gesellschaftern nahestehende Personen** erfolgen. Zu diesen sind in erster Linie die Familienangehörigen der Gesellschafter und solche Personen zu rechnen, denen eine Zuwendung von Seiten der Gesellschaft ausschließlich wegen ihrer sonstigen persönlichen Beziehungen zu den Gesellschaftern gemacht wird. Nach der Rechtsprechung des RFH. (vgl. RFH. I A 466/31 f. unter a) können solche nahe Beziehungen auch durch den gemeinsamen alleinigen Gesellschafter und Geschäftsführer hergestellt werden, auch sind nach RFH. I A 110/35 (f. unter a) die an einer Gesellschafterfirma (AG.) beteiligten Personen als den Gesellschaftern nahestehend anzusehen. Die Frage, ob auch die gesetzlichen Vertreter (Vorstandsmitglieder) von Gesellschaften, die juristische Personen sind, grundsätzlich als den Gesellschaftern nahestehend im Sinn

§ 6 Satz 2 KStG. Anmerkung 168.

der Rechtsprechung über die verdeckte Gewinnausschüttung anzusehen sind, wurde offen gelassen (vgl. dazu unten). Auch bei Zuwendungen an den Gesellschaftern nahestehende Personen kann eine verdeckte Gewinnausschüttung nur angenommen werden, wenn die Zuwendung so aufgefaßt werden kann, daß sie von der Gesellschaft den Gesellschaftern selbst unmittelbar als Ertrag ihrer Beteiligung gemacht worden ist. Daraus ergibt sich für Körperschaftsteuer und Einkommensteuer eine einheitliche Beurteilung dieser Zuwendung: Sie darf den Gewinn der Körperschaft nicht mindern, ihre Auszahlung an die dem Gesellschafter nahestehende Person löst weiter die Kapitalertragsteuerpflicht zu Lasten des Gesellschafters aus und schließlich ist sie ein Teil der einkommensteuerpflichtigen Kapitaleinkünfte des Gesellschafters, wogegen auch allein der Gesellschafter zur Anrechnung der einbehaltenen Kapitalertragsteuer berechtigt ist. Ob es sich bei der weiter zu unterstellenden Zuwendung von Seiten des Gesellschafters an die ihm nahestehende Person um Schenkung oder um eine Zuwendung aus sonstigen Gründen handelt, ist für diese Beurteilung belanglos. Bedenklich mag es erscheinen, bei einem Darlehen einer Kapitalgesellschaft an den Verwandten eines Gesellschafters eine Zuwendung der Gesellschaft an den Gesellschafter und eine Darlehnsgewährung von diesem an seinen Verwandten zu unterstellen. Es ist das aber nicht erforderlich, da man in einem solchen Fall auch eine Darlehnsgewährung seitens der Gesellschaft an den Gesellschafter und eine Weitergabe an den Verwandten annehmen kann. Auch bei Zuwendungen, die eine Kapitalgesellschaft ohne Gegenleistung an die Gesellschafter oder auch gesetzlichen Vertreter ihrer Gesellschafter, die selbst Kapitalgesellschaften sind, macht, muß für die Annahme einer verdeckten Gewinnausschüttung Zuwendung des Betrags an die Gesellschafter-AG. und von dieser an ihren eigenen Gesellschafter oder ihren gesetzlichen Vertreter unterstellt werden können.

Wenn A Hauptgesellschafter der X=GmbH. ist, seine Kinder Gesellschafter der Y=GmbH. sind, deren Geschäftsführer A ist, und die X der Y unentgeltliche Zuwendungen in Form von Umsatzprovisionen macht, kann nach RFH. I A 124/32 v. 15. 11. 32 (E. 32 S. 85, RStBl. 32 S. 1145, StW. 33 Nr. 108) in der Zuwendung ein verdeckter Gewinn liegen; denn Personen, die den Gesellschaftern nahestehen, könnten auch juristische Personen sein. Nach vorstehenden Ausführungen kann aber von Gewinnausschüttung nur die Rede sein, wenn man eine Zuwendung an den Gesellschafter A der X unterstellt. Man müßte also annehmen: Gewinnausschüttung der X an ihren Gesellschafter A, Zuwendung des ausgeschütteten Betrags durch A an seine Kinder und Einbringung durch diese als Gesellschafter in ihre Gesellschaft Y. Bei dieser Unterstellung ist mit dem RFH. für eine verdeckte Gewinnausschüttung nicht vorauszusetzen, daß die bereicherte Gesellschaft Y die Gewinne an die Personen ausschüttet, um derentwillen sie die Bereicherung erfahren hat. Durch die Gewinnausschüttung bereichert kann aber immer nur der Gesellschafter selbst sein. Nimmt man dagegen lediglich die unentgeltliche Zuwendung der Gesellschaft X an die Gesellschaft Y als gegeben an, dann liegt eine Schenkung der X an Y vor, die ihren Grund in den persönlichen Beziehungen ihres Gesellschafters zu den Gesellschaftern der Y hat und die, weil außerbetrieblich, den Gewinn nicht mindern darf (Verwendung von Gewinn). In diesem Fall fehlt es an einer Zuwendung an den Gesellschafter A und damit an einem Ertrag seines Gesellschaftsrechts (wegen der verschiedenen Möglichkeiten vgl. auch Mirre, Besprechung StW. 1933 Bd. I Sp. 167 ff.).

e) Nicht notwendig ist für die Annahme einer verdeckten Gewinnausschüttung, daß der verdeckt gewährte Vorteil wie die übliche Dividende **gleichmäßig allen Gesellschaftern im festen Verhältnis zum Anteilsbesitz** zugewendet wird; sie kann vielmehr auch vorliegen, wenn nur einigen oder gar einem Gesellschafter oder auch einer den Gesellschaftern nahestehenden Person solche Vorteile gewährt werden (RFH. I A 166/35 v. 19. 12. 35, RStBl. 36 S. 252, StW. 36 Nr. 90 und die dort genannten Entsch.). Ohne diesen Grundsatz würde man mit der Annahme von verdecktem Gewinn insbesondere bei übermäßigen Geschäftsführergehältern, billigen Darlehen, bei Verteilung nach Warenein- oder Verkauf, nach gelieferten Rüben bei Zuckerfabriken u. dgl. nicht weit kommen.

169. Feststellung der verdeckten Gewinnausschüttung.

Für die Feststellung, ob im Einzelfall verdeckter Gewinn ausgeschüttet wird, ist maßgebend, ob den Gesellschaftern oder diesen nahestehenden Personen von ihrer Gesellschaft etwas aus dem Reinvermögen der Gesellschaft ohne Gegenleistung ausschließlich wegen ihrer Gesellschaftereigenschaft zugewendet wird. Dies ist bei unentgeltlich geleisteten Zuwendungen der Fall. In RFH. I 278/37 (f. Anm. 158 b, bb Abs. 4 zu § 20 EStG) wird es als Zuwendung verdeckten Gewinns an den verbleibenden Gesellschafter einer GmbH. aufgefaßt, wenn die GmbH. den Kaufpreis eigener Geschäftsanteile von 80 000 RM. zu Lasten des Rücklagekontos um 74 450 RM. auf 5550 RM. abschreibt. Der Eigenanteil sei durch sein fast völliges Verschwinden aus der Bilanz den verbleibenden Gesellschaftern zugewachsen. Da der Eigenanteil noch mit einem Restwert zu Buch steht, könnte auch eine Teilwertabschreibung vorliegen, also der Ausweis eines nichtverwirklichten Verlusts, der nach § 6 Ziff. 2 Satz 3 EStG durch Ansatz eines höheren Teilwerts rückgängig gemacht werden kann. Zur Annahme einer Zuwendung von Reinvermögen an die Gesellschafter muß eine endgültige Beseitigung der abgeschriebenen Eigenanteile unterstellt werden können (vgl. auch Mirre, Bespr. StW. 38 I Sp. 669). Erhält der Gesellschafter für eine Gegenleistung an die Gesellschaft eine Vergütung, so liegt verdeckter Gewinn insoweit vor, als Leistung und Gegenleistung in keinem richtigen Wertverhältnis, sondern in einem Mißverhältnis zueinander stehen, durch das der Gesellschafter begünstigt wird. Nach der Rechtsprechung des RFH. (vgl. z. B. RFH. I A 284/30 v. 10. 5. 32, RStBl. 32 S. 631, StW. 32 Nr. 1090) wird ein Mißverhältnis in der Regel dann nicht vorliegen, wenn die Bezüge des Gesellschafters nicht die Höhe der Bezüge überschreiten, die einer gesellschaftsfremden Person unter im übrigen gleichen Verhältnissen von der Gesellschaft als Gegenleistung bewilligt würden. Die Frage der Angemessenheit der Bezüge eines Gesellschafters ist oft schwierig zu entscheiden, auch werden insbesondere bei Dienstleistungen eines Gesellschaftergeschäftsführers nicht immer ohne weiteres Anhaltspunkte dafür gegeben sein, was gerade eine fremde Person als angemessene Vergütung erhalten würde. In solchen Fällen kann auch noch als Maßstab das Verhältnis herangezogen werden, in dem die dem Gesellschafter vertraglich zugebilligte Gegenleistung zum mutmaßlichen Gewinn der Gesellschaft steht. Ist die Vergütung so geregelt, daß sie wahrscheinlich auf die Dauer den Gewinn der Gesellschaft ganz oder nahezu aufzehrt, dann kann angenommen werden, daß die Gesellschaft einen solchen Vertrag mit einer fremden Person nicht geschlossen haben würde. Das Verhältnis der Vergütung zum Gewinn der Gesellschaft kann aber nicht nur, wie in RFH. I A a 621/29 v. 15. 1. 30 (RStBl. 30 S. 548, StW. 30 Nr. 389) ausgeführt wird, für die Prüfung der Frage der Angemessenheit von Vorstands- oder Geschäftsführergehältern maßgebend sein, sondern es wird auch bei der Prüfung, ob die Zuwendungen, die den Gesellschaftern auf Grund langfristiger Verträge, z. B. Darlehns- oder Pachtverträge gewährt werden, verdeckten Gewinn darstellen, ein entscheidendes Merkmal abgeben können. Die Angemessenheit von Leistung und Gegenleistung ist nicht danach zu beurteilen, ob sich nachträglich ein Mißverhältnis herausstellt, sondern danach, ob zur Zeit des Abschlusses der betreffenden Vereinbarung ein Mißverhältnis anzunehmen ist. Es kommt also darauf an, ob die Vereinbarung von vornherein die Absicht, dem Gesellschafter etwas zuzuwenden, erkennen ließ (RFH. I A 99/30 v. 2. 12. 30, RStBl. 31 S. 203, StW. 31 Nr. 120). Dienen Aufwendungen einer Gesellschaft nur zum Teil den Belangen der Gesellschafter und zum Teil den Zwecken der Gesellschaft, dann kann nach RFH. I A 166/35 v. 19. 12. 35 (RStBl. 36 S. 252, StW. 36 Nr. 90) nicht die gesamte Aufwendung als verdeckte Gewinnausschüttungen behandelt werden, auch wenn die Aufwendungen überwiegend für den Gesellschafter gemacht sind. Soweit die Aufwendungen

§ 6 Satz 2 KStG. Anmerkung 169—170.

ausschließlich den Zwecken der Gesellschaft dienen, sind sie gesondert als Betriebs=
ausgaben bzw. aktivierungspflichtiger Anschaffungs= oder Herstellungsaufwand zu
behandeln.

Um eine verdeckte Gewinnausschüttung insbesondere auch ihrer Höhe nach
festzustellen, muß die Steuerbehörde berechtigt sein, die bürgerlich=rechtlichen
Formen, die Gesellschaft und Gesellschafter für die Regelung ihrer Beziehungen
gewählt haben, außer Betracht zu lassen und diese entweder überhaupt nicht
anzuerkennen oder aber die Auswirkungen der Verträge und sonstigen Regelungen
auf das Maß zu beschränken, das unter vernünftiger Beurteilung der gesamten
Verhältnisse als berechtigt anerkannt werden muß. Die gesetzliche Handhabe dazu
bietet, wie in Anm. 14 b zu § 1 KStG dargelegt, der allgemeine Beurteilungs=
grundsatz des § 1 Abs. 3 StAnpG (vgl. dazu auch die Beispiele von Reinhardt
in RStBl. 36 S. 1041 (1049 ff.)). Es ist also nicht etwa erforderlich, daß sich die
von den Beteiligten gewählte vertragliche Regelung als ein Mißbrauch von Formen
und Gestaltungsmöglichkeiten des bürgerlichen Rechts im Sinn des § 6 StAnpG
darstellt, die von den Beteiligten bewußt zur Umgehung oder Verminderung der
Steuerpflicht gewählt worden ist. Unter Beachtung der nationalsozialistischen
Weltanschauung und unter Berücksichtigung der Belange der Volksgemeinschaft ist
vielmehr nach § 1 Abs. 3 a. a. O. der wirkliche Sachverhalt festzustellen und danach
zu beurteilen, was im Einzelfall als vertragliche Gegenleistung und was als Ge=
winnausschüttung zu behandeln ist (vgl. auch RFH. VI A 833/36 v. 11. 11. 36, E. 41,
S. 36, RStBl. 37 S. 346, StW. 37 Nr. 130). Es trifft auch die Steuerbehörde nicht
etwa eine Beweislast für das Vorliegen einer verdeckten Gewinnausschüttung.
Die Steuerbehörden haben, wie in RFH. I A 110/35 (s. Anm. 168 a Abs. 4) ausge=
führt wird, den Tatbestand von Amts wegen aufzuklären und die Steuerpflich=
tigen haben ihre Behauptungen zu beweisen, soweit ihnen das zugemutet werden
kann. Es kann aber auch keinem Zweifel unterliegen, daß einer Kapitalgesellschaft
zugemutet werden kann, genau nachzuweisen, aus welchem Grunde sie an einen
Gesellschafter einen bestimmten Betrag gezahlt hat. Die Steuerbehörde muß
danach nicht den von den Beteiligten behaupteten Sachverhalt gegen sich gelten
lassen, wenn sie nicht das Gegenteil nachweisen kann. Wenn vielmehr nach sachlicher
Beurteilung des Tatbestands ein Mißverhältnis zwischen Leistung und Gegen=
leistung festgestellt ist, hat die Gesellschaft nachzuweisen, daß die Bezüge der Ge=
sellschafter eine angemessene Entschädigung sind (vgl. auch RFH. I A 335/26 v.
16. 11. 26, E. 21 S. 1, RStBl. 28 S. 113, StW. 26 Nr. 563). Bei Feststellung des
Sachverhalts kommt auch dem Umstand besondere Bedeutung zu, daß die Rechts=
beziehungen zwischen Gesellschaft und ihren Gesellschaftern insbesondere auch
auch buchmäßig klar und eindeutig zum Ausdruck kommen müssen (s. Anm. 14 c
zu § 1 KStG), wenn sie steuerlich anerkannt werden sollen. Einer Kapitalgesellschaft
kann auch nicht gestattet werden, die buchmäßige Behandlung eines Rechtsgeschäfts
mit ihrem Gesellschafter nachträglich rückgängig zu machen, um durch diese „Stor=
nierung" eine für sie nachteilige steuerliche Auswirkung zu vermeiden (RFH. VI A
1878/31 v. 21. 6. 33, RStBl. 33 S. 1173, StW. 33 Nr. 711).

Weicht die steuerliche Beurteilung des Tatbestands von der ge=
wählten bürgerlich=rechtlichen Form ab, dann ist diese Beurteilung nur für
die Besteuerung maßgebend, sie läßt aber die bürgerlich=rechtliche Gültigkeit der
gewählten Rechtsform unberührt, d. h. nach Steuerrecht und bürgerlichem (Han=
dels=)Recht wird nicht der gleiche Tatbestand unterstellt. Daraus folgt, daß die
steuerrechtliche Beurteilung für die Besteuerung auch in allen ihren Auswirkungen
unabhängig von der bürgerlich=rechtlichen Form und folgerichtig durchgeführt
werden muß.

170. Höhe (Bewertung) der verdeckten Gewinnausschüttung.

Für die Höhe der verdeckten Gewinnausschüttungen ist nach vor=
stehenden Ausführungen der das Angemessene übersteigende Betrag der Zu=
wendung maßgebend. Besteht die Zuwendung nicht in Bargeld, sondern in Sach=

zuwendungen oder sonstigen Leistungen, die dem Betrag nach nicht feststehen, so hat eine Bewertung der Leistung der Gesellschaft an den Gesellschafter zu erfolgen. Die Höhe einer nicht in Bargeld bestehenden Zuwendung ist nach dem Werte festzustellen, den die Gesellschaft selbst durch Zuwendung an den Gesellschafter aufgegeben hat. Dies ist bei allen Wirtschaftsgütern, die von der Gesellschaft selbst genutzt werden können, sei es in ihrem eigenen Betrieb oder durch entgeltliche Überlassung der Nutzung an einen Dritten, der Teilwert im Sinn des § 6 Ziff 1 Satz 3 EStG, der im Zeitpunkt der Zuwendung dem Wirtschaftsgut beizumessen ist. Wenn daher bei Überlassung eines Grundstücks an den Alleingesellschafter zum Buchwert nach RFH. I A 49/32 v. 4. 11. 32 (StW. 33 Nr. 123) für den Wert des verdeckten Gewinns der Verkehrswert, d. h. der Wert, zu dem die Gesellschaft das Grundstück unter gewöhnlichen Umständen veräußern könnte, angesetzt werden soll, so kann dieser Verkehrswert nur für ein Wirtschaftsgut maßgebend sein, das im Betrieb nicht oder nicht mehr benötigt wird und für das deshalb der Einzelveräußerungspreis = Verkehrswert als unterste Grenze des Teilwerts anzusetzen ist. Wenn aber z. B. die Gesellschaft ihrem Gesellschafter eine Maschine, die sie selbst noch im Betrieb nützlich verwenden könnte, unentgeltlich überläßt, dann ist dem Gewinn der Gesellschaft als Wert der verdeckten Gewinnausschüttung nicht etwa der Einzelveräußerungspreis der Maschine hinzuzurechnen, sondern der Teilwert, d. h. der Betrag, den ein Käufer des ganzen Betriebs der Gesellschaft unter dem Gesichtspunkt der Fortführung des Betriebs im Gesamtkaufpreis für die Maschine vergütet haben würde; denn auf diesen höheren Wert hat tatsächlich die Gesellschaft zugunsten ihres Gesellschafters verzichtet. Hiernach ist die verdeckte Gewinnausschüttung nach den gleichen Grundsätzen zu bewerten wie die Entnahme des Einzelkaufmanns oder des Mitunternehmers einer Personengesellschaft nach § 6 Ziff. 4 EStG (wegen der grundsätzlichen Verschiedenheit von Entnahme und Gewinnausschüttung vgl. Anm. 16 Abs. 2 zu § 4 EStG). Für die verdeckte Gewinnausschüttung ergibt sich aber nach ihrem Wesen, daß die Erfassung der von der Kapitalgesellschaft zugunsten der Gesellschafter gemachten gesamten Aufwendungen erfordert, eine Einschränkung der Bewertung nach dem Teilwert. Hat die Gesellschaft in einem Wirtschaftsjahr zugunsten eines Gesellschafters Aufwendungen in bestimmter Höhe, z. B. zur Erstellung oder zum Ausbau einer Villa, die im Eigentum der Gesellschaft bleibt und dem Gesellschafter nur zur unentgeltlichen Benutzung überlassen wird, gemacht, dann sind die von der Gesellschaft tatsächlich gemachten Aufwendungen als verdeckter Gewinn zu behandeln und die Gesellschaft hat nicht das Recht, am Schluß des Wirtschaftsjahrs von den Anschaffungskosten des Baus zu Lasten des Gewinns auf den niedrigeren Teilwert herabzugehen und nur den geringeren Teilwert ihrer Aufwendungen als verdeckten Gewinn zu behandeln (vgl. dazu auch Anm. 179 d). Es gilt also in diesen Fällen der Grundsatz, daß die verdeckte Gewinnausschüttung mit dem Teilwert, mindestens aber mit den von der Gesellschaft im Wirtschaftsjahr tatsächlich gemachten Aufwendungen (bei Sachgütern Anschaffungs- oder Herstellungskosten) zu bewerten ist. Wegen der Verbuchung in diesen Fällen vgl. Anm. 171. Es kommt aber nur auf die zur unmittelbaren Ausführung der Zuwendung an den Gesellschafter gemachten Aufwendungen, nicht etwa auf die in einem früheren Wirtschaftsjahr auf ein Wirtschaftsgut gemachten Anschaffungs- oder Herstellungskosten an. Wendet die Gesellschaft ihrem Gesellschafter ein Wirtschaftsgut zu, das bereits am Schluß des vorangegangenen Wirtschaftsjahrs zu ihrem Betriebsvermögen gehört hat, dann ist als Wert der Zuwendung der Teilwert des Wirtschaftsguts im Zeitpunkt der Zuwendung anzusetzen. Ist dieser niedriger als der letzte Bilanzansatz, dann geht der Unterschiedsbetrag zwischen letztem Bilanzansatz und Teilwert als Wertabschreibung auf ein Wirtschaftsgut des Betriebsvermögens zu Lasten des Gewinns und nur der Teilwert ist verdeckte Gewinnausschüttung.

Die Notwendigkeit, bei der Gesellschaft eine verdeckte Gewinnausschüttung mit dem Teilwert bzw. mit den von der Gesellschaft tatsächlich gemachten Aufwendungen zu bewerten, hat zur Folge, daß die verdeckte Gewinnausschüttung bei der Gesellschaft und beim bedachten Gesellschafter nicht notwendig mit dem gleichen Betrag anzusetzen ist. Der Gesellschafter hat die verdeckte Gewinnausschüttung, die nicht in Geld besteht, nach § 8 Abs. 2 EStG mit den üblichen Mittelpreisen des Verbrauchsorts anzusetzen. Diese werden sich regelmäßig mit dem Verkaufswert oder auch bei Zuwendung nicht betriebsnotwendiger Gegenstände mit dem Einzelveräußerungspreis als dem niedrigsten Ansatz des Teilwerts decken. Ein verschiedener Ansatz kommt aber insbesondere auch bei Zurechnung der von der Gesellschaft für den Gesellschafter gemachten Aufwendungen zum Bilanzgewinn zu Raum. Mit Recht wird hierzu in RFH. I A 166/35 v. 19. 12. 35 (RStBl. 36 S. 252, StW. 36 Nr. 90) ausgeführt, Aufwendungen, die eine Gesellschaft zur Errichtung eines Wohnhauses (Villa) auf dem einem Gesellschafter gehörenden Grundstück mache, seien in voller Höhe verdeckter Gewinn, ohne Rücksicht darauf, wie die mit den Aufwendungen für den Gesellschafter beschafften oder hergestellten Gegenstände bei diesem zu bewerten seien (z. B. nur mit dem Mietwert).

171. Bilanzmäßige Behandlung der verdeckten Gewinnausschüttung.
Nach RFH. I A 426/31 v. 7. 10. 32 (RStBl. 32 S. 1107, StW. 35 Nr. 126) stellen die im Lauf des Wirtschaftsjahrs verdeckt ausgeschütteten Beträge oder Wirtschaftsgüter keinen Aktivposten dar und dürfen daher auch nicht in der Bilanz erscheinen. Denn Werte, die von einer Gesellschaft rechtsverbindlich an die Gesellschafter hingegeben seien, gehörten der Gesellschaft nicht mehr, könnten also bei ihr kein Aktivum bilden. Das ist richtig, nur könnte man auch eine Steuerbilanz unterstellen, die den steuerpflichtigen Gewinn ausweist, indem man die verdeckt ausgeschütteten Beträge als Entnahme auf der Aktivseite zusetzt und dann auf der Passivseite den steuerlichen Gewinn erhält. Dabei bedeutet Entnahme einen negativen Reinvermögensposten, der in der Anfangsbilanz des nächsten Jahres nicht mehr aufzuzählen ist. Aber man kommt zu genau demselben Ergebnis, wenn man die ausgeschütteten Beträge außerhalb der Bilanz dem Reingewinn zurechnet. Hat eine Gesellschaft 40 000 RM. verdeckt verteilt und weist sie 20 000 RM. Verlust aus, so beträgt ihr steuerpflichtiger Gewinn 40 000 — 20 000 = 20 000 RM. und es ist möglich, daß die ausgeschütteten 40 000 RM. der Mindestbesteuerung nach § 17 Abs. 1 Ziff. 1 KStG unterworfen werden. Ist bereits in der Hingabe eines Darlehens an den Gesellschafter verdeckter Gewinn zu erblicken, dann ist der ganze Darlehnsbetrag nach vorstehenden Grundsätzen als ausgeschüttet zu behandeln.

Ist in dem Kaufpreis, den die Gesellschaft einem Gesellschafter für ein von ihm erworbenes Wirtschaftsgut bezahlt hat, verdeckter Gewinn zu erblicken, so kommt nach RFH. I A 237/35 v. 11. 8. 36 (StW. 36 Nr. 465) nur der Kaufpreis nach Abzug des Wertes der verdeckten Gewinnausschüttung als aktivierungspflichtige Anschaffungskosten in Betracht. Bei 200 000 RM. Kaufpreis und 40 000 RM. verdeckter Gewinn ist z. B. ein Grundstück in der Steuerbilanz nicht mit dem vereinbarten Kaufpreis von 200 000 RM. zu bewerten, sondern die Anschaffungskosten betragen steuerlich nur 160 000 RM., auch wenn die Gesellschaft in die Handelsbilanz 200 000 RM. eingesetzt hatte. Andernfalls könnte die Gesellschaft den Betrag der verdeckten Gewinnausschüttung von 40 000 RM. später durch Absetzung für Abnutzung oder durch Abschreibung auf den Teilwert gewinnmindernd absetzen. Wenn eine Gesellschaft ausschließlich für ihren Gesellschafter auf einen ihr gehörenden Gegenstand, z. B. ein Wohnhaus, übermäßige Aufwendungen gemacht hat, für die sie im Fall der Veräußerung des ganzen Betriebs oder auch des Hauses nicht mit Ersatz rechnen kann, dann stellen die übermäßigen Aufwendungen verdeckten Gewinn dar. In diesem Fall ist die Gesellschaft nach RFH. I A 142/32 v. 10. 7. 34 (E. 36 S. 315, RStBl. 34 S. 1138, StW. 34 Nr. 625) berechtigt, das Wohnhaus in der Bilanz mit dem niedrigeren Teilwert anzusetzen. Aber die tatsächlichen Mehraufwendungen (Unterschied zwischen Anschaffungs- oder Herstellungskosten und dem niedrigeren Teilwert) sind dann als verdeckter Gewinn dem übrigen Gewinn hinzuzurechnen. Hat die Gesellschaft 100 000 RM. für die Villa aufgewendet und beträgt der Teilwert nur 80 000 RM., so hat sie ihrem Gesellschafter bereits 20 000 RM durch die Erstellung der Villa, also über den Nutzungswert der Villa hinaus zugewendet, obwohl der Gesellschafter nichts in Händen hat. In den Fällen, in denen also schon der Erwerb oder die Herstellung eines Wirtschaftsguts im Geschäftsinteresse der Gesellschaft nicht zu rechtfertigen ist, ist zu untersuchen, inwieweit der Bilanzgewinn durch diese Maßnahme gemindert wurde, und es sind dann die gesamten übermäßigen Aufwendungen, einschließlich etwaiger Abschreibungen auf den niedrigeren Teilwert des Wirtschaftsguts als verdeckter Gewinn zu behandeln. Sind in einem solchen Fall die außergewöhnlichen Aufwendungen auf den Gegenstand auch zum Teil für eigene Zwecke der Gesellschaft, z. B. zur Kundenwerbung (Reklame), um die bei der Herstellung verwendeten eigenen Erzeugnisse Kunden vorzuführen, gemacht, dann sind nach RFH. I A 166/35 (vgl. Anm. 179 d) die ausschließlich für Gesellschaftszwecke hergestellten Einrichtungen als besondere Anlagen mit ihren Anschaffungs= oder Herstellungskosten bzw. mit dem niedrigeren Teilwert zu aktivieren und unabhängig vom sonstigen Gebäudestand nach ihrer besonderen Verwendungsdauer für den Betrieb abzusetzen.

Zweifelhaft kann sein, wie zu verfahren ist, wenn die Gesellschaft ausschließlich für den Gesellschafter eine Schuld eingeht. Beim Einzelkaufmann oder der Personengesellschaft wird die Schuld, weil aus einem betriebsfremden Vorgang stammend, einfach gestrichen. Bei der Kapitalgesellschaft, die kein Privatleben wie ein Einzelkaufmann hat, besteht die aus einem gesellschaftsfremden Vorgang entstandene Schuld bürgerlich=rechtlich als Betriebsschuld und muß als solche auch von der Gesellschaft verzinst und getilgt werden. Mit RFH. I A 36/28 v. 31. 7. 28 (RStBl. 28 S. 364, StW. 29 Nr. 125) kann man annehmen, daß die Schuld nach den Grundsätzen ordnungsmäßiger Buchführung in der Bilanz auszuweisen ist. Aber alle mit der Schuld zusammenhängenden Vorgänge dürfen den Gewinn der Gesellschaft nicht beeinflussen und soweit die Gesellschaft durch Aufnahme und Verzinsung der Schuld ihr Betriebsvermögen vermindert, sind die Beträge nach den Grundsätzen von Abs. 1 als Gewinnausschüttungen an den Gesellschafter zu behandeln. Umgekehrt würde aber auch ein bei der Tilgung der Schuld gemachter Buchgewinn nicht steuerpflichtig sein.

172. Verdeckte Gewinnausschüttung bei den verschiedenen Arten von Körperschaften.

Verdeckte Gewinnausschüttungen sind am häufigsten bei Kapitalgesellschaften im Sinn des § 1 Abs. 1 Ziff. 1 KStG und hier wieder bei den AG. und GmbH. Sie können aber auch bei anderen Körperschaften und Personenvereinigungen im Sinn des § 1 Abs. 1 a. a. O. vorkommen. Voraussetzung ist dabei, daß der Gewinn der Körperschaft oder Personenvereinigung nach den Vorschriften der §§ 4, 5 EStG ermittelt wird, daß also die Körperschaften usw. einen Betrieb im Sinn des § 2 Abs. 3 Ziff. 1 bis 3 EStG oder auch einen über den Rahmen einer Vermögensverwaltung hinausgehenden wirtschaftlichen Geschäftsbetrieb im Sinn des § 4 Ziff. 6 Satz 2 KStG und § 11 I. KStDVO unterhalten und ihren Mitgliedern schon vor Feststellung des Jahresgewinns Beträge in versteckter Form zuweisen. Bei Erwerbs= und Wirtschaftsgenossenschaften, die ihren Geschäftsbetrieb über den Kreis ihrer Mitglieder hinaus erstrecken, kann insbesondere im Zusammenhang mit dem gemeinsamen Warenbezug oder Verkauf der Erzeugnisse in Gestalt von Kaufpreisrückvergütungen, Vorzugspreisen, aber auch durch Gewährung von Freianteilen Gewinn verdeckt ausgeschüttet werden; eine verdeckte Gewinnausschüttung ist aber auch bei den steuerbegünstigten Genossenschaften möglich (vgl. Anm. 162 zu § 20 EStG). Mit Recht wurden in RFH. I A a 89/29 v. 26. 2. 29 (RStBl. 29 S. 253, StW. 29 Nr. 431) die Grundsätze über die verdeckte Gewinnausschüttung auch auf einen Verein angewendet, der als Erwerbsgesellschaft des KStG 1925 zu behandeln war; unter der Voraus=

§ 6 Satz 2 KStG. Anmerkung 172—174.

setzung, daß eine rechtsfähige oder nichtrechtsfähige Personenvereinigung einen Betrieb im Sinn der obigen Ausführungen unterhält, gilt nunmehr das gleiche. Die Möglichkeit einer verdeckten Gewinnausschüttung wurde schließlich auch im Verhältnis der Körperschaft des öffentlichen Rechts zu ihrem Betrieb gewerblicher Art nach § 1 Abs. 1 Ziff. 6 KStG angenommen, wenn sich die Körperschaft von ihrem Betrieb in verdeckter Form Vorteile gewähren läßt, z. B. zu hohe Bezahlung der eigenen Leistungen der Körperschaft an den Betrieb oder durch zu billige Belieferung der Körperschaft durch den Betrieb (vgl. Anm. 27 c Abs. 2 zu § 1 KStG). Da der in keine private Rechtsform gekleidete Betrieb der Körperschaft nur für die Besteuerung nach § 1 Abs. 1 Ziff. 6 KStG Rechtsperson und die Körperschaft des öffentlichen Rechts alleiniger Unternehmer des Betriebs ist, gleichen diese Fälle der verdeckten Gewinnabführung dem Fall der Entnahme = der verdeckten Gewinnausschüttung an den Einmanngesellschafter bei GmbH. und AG. Verzichtet eine öffentlich-rechtliche Versicherungsanstalt auf Gegenseitigkeit auf die Erhebung der Mitgliederbeiträge für ein bestimmtes Jahr, so ist hierin eine den Mitgliedern gewährte verdeckte Gewinnausschüttung zu erblicken (RFH. I A 278/36 v. 21. 4. 37, E. 41 S. 220, RStBl. 37 S. 911, StW. 37 Nr. 329).

B. Fälle der verdeckten Gewinnausschüttung.

173. Beispiele des § 20 I. KStDVO.

§ 20 I. KStDVO, der Beispiele für verdeckte Gewinnausschüttungen gibt, lautet:

„Bei der Ermittlung des Einkommens und bei der Mindestbesteuerung sind verdeckte Gewinnausschüttungen zu berücksichtigen.

Beispiele:
1. Ein Gesellschafter führt Vorstandsgeschäfte und erhält hierfür ein unangemessen hohes Gehalt.
2. Eine Gesellschaft zahlt an einen Gesellschafter besondere Umsatzvergütungen neben einem angemessenen Gehalt.
3. Ein Gesellschafter erhält ein Darlehen von der Gesellschaft zinslos oder zu einem außergewöhnlich geringen Zinsfuß.
4. Ein Gesellschafter erhält von der Gesellschaft ein Darlehen, obwohl schon bei der Darlehenshingabe mit der Uneinbringlichkeit gerechnet werden muß.
5. Ein Gesellschafter gibt der Gesellschaft ein Darlehen zu einem außerordentlich hohen Zinsfuß.
6. Ein Gesellschafter liefert an die Gesellschaft Waren oder erwirbt von der Gesellschaft Waren und sonstige Wirtschaftsgüter zu ungewöhnlichen Preisen oder erhält besondere Preisnachlässe und Rabatte.
7. Ein Gesellschafter verkauft Aktien an die Gesellschaft zu einem höheren Preis als dem Kurswert, oder die Gesellschaft verkauft Aktien an einen Gesellschafter zu einem niedrigeren Preis als dem Kurswert.
8. Eine Gesellschaft übernimmt zum Vorteil eines Gesellschafters eine Schuld oder sonstige Verpflichtungen, wie Bürgschaften.
9. Eine Gesellschaft verzichtet auf Rechte, die ihr einem Gesellschafter gegenüber zustehen.
10. Ein Dritter, der nicht nur für die Gesellschaft, sondern auch für einen Gesellschafter persönlich tätig ist, erhält hierfür eine Gesamtvergütung, welche die Gesellschaft unter Unkosten verbucht."

174. Vereinbarungen über den Gewinn der Gesellschaft.

a) Eine **Vorwegnahme des Gewinns einer Kapitalgesellschaft durch Verträge mit ihren Gesellschaftern** ist grundsätzlich unzulässig. Wenn A und B eine GmbH. gründen und dabei bestimmen, daß die GmbH. zwar im eigenen Namen, aber nur für Rechnung von A und B Geschäfte machen soll, so ist eine solche Vereinbarung steuerlich unbeachtlich. Der Gewinn aus den Geschäften der GmbH. gilt trotz der Vereinbarung als Gewinn der GmbH. und seine Abführung an die Gesellschafter A und B als verschleierte Dividende. Auch auf Grund einer vielleicht bürgerlichrechtlich anzuerkennenden Schuldverpflichtung darf die Gesellschaft ihren Gesellschaftern nicht vorweg ihre Gewinne zuweisen. Bei der Gründung einer AG. oder GmbH. können die Gesellschafter zwar bestimmen, welche Vermögensgegenstände in die Gesellschaft eingebracht werden sollen oder welche Gegenleistungen die Gesellschaft für die eingebrachten Vermögensgegenstände an den einbringenden Gesellschafter zu entrichten hat. In der Regel werden solche Vereinbarungen steuerlich anzuerkennen sein. Dagegen bestehen, wie der RFH. mehrfach entschieden hat, Bedenken gegen die steuerliche Anerkennung von Verträgen, wonach den Gründern ein Teil des zukünftigen Gewinns zugewiesen wird. Es liegt dies in derselben Linie wie der Grundsatz, daß die auf die Genußscheine entfallenden Dividenden regelmäßig bei der Körperschaftsteuer nicht abzugsfähig sind. Die Gründer einer GmbH. hatten vereinbart, daß sie oder ihre Erben, solange die GmbH. besteht, vorweg die Hälfte des Gewinns erhalten sollten, während die andere Gewinnhälfte an sämtliche Gesellschafter anteilsgemäß verteilt wurde. Wenn alle Bezugsberechtigten noch Gesellschafter der GmbH. sind, ist nach RFH. I A a 493/29 v. 26. 11. 29 (RStBl. 30 S. 65, StW. 30 Nr. 169) für die Frage, ob die vorab zugewiesenen Beträge Unkosten oder verdeckten Gewinn darstellen, zu prüfen, ob es durch vernünftige Erwägungen zu erklären ist, daß die Gesellschaft bei ihrer Gründung noch eine Schuld gegen die Gründer übernommen hatte. Wenn eine GmbH. ausschließlich zur wirtschaftlichen Rettung eines der Gesellschafter mit der Vereinbarung gegründet wird, daß die beiden Gründergesellschafter oder ihre Rechtsnachfolger für ihre bei der Gründung entfaltete Tätigkeit und das dabei übernommene Risiko eine Gründerprovision in Form einer laufenden Gewinnbeteiligung erhalten sollen, so stellt nach RFH. I A 155/28 v. 7. 2. 29 (RStBl. 29 S. 199, StW. 29 Nr. 437) die Gründerprovision für den zu rettenden Gesellschafter Gewinn dar, dagegen kann die Provision des zweiten Gesellschafters, der in erster Linie die Mittel zur Rettung aufgebracht hat, zu den Betriebsausgaben zu rechnen sein. Nach RFH. I A 223/32 v. 24. 7. 34 (E. 36 S. 326, RStBl. 34 S. 1045, StW. 34 Nr. 626) bestehen Bedenken gegen die steuerliche Anerkennung eines Gründungsvertrags, der den Sachgründern neben der Abgeltung ihrer Einlagen durch Gesellschaftsanteile etwa vorweg einen Teil der zukünftigen Gewinne der Gesellschaft zuweist mit der Folge, daß die zugewiesenen Gewinne als Betriebsausgaben oder Tilgungsbeträge steuerfrei sein sollten. In RFH. I A 83/32 v. 20. 9. 32 (RStBl. 32 S. 1026, StW. 32 Nr. 1189) wird der schlüssige Beweis für die Behauptung verlangt, daß sich die Gründer einer AG. neben Gesellschaftsrechten noch Gläubigerrechte, z. B. Gründerrenten in Gestalt von Gewinnanteilen ausbedungen haben. Auch müsse nachgewiesen werden, für welche Leistungen der Gesellschafter die Gläubigerrechte als Entgelt vereinbart seien. Für schwer zu schätzende Werte wie z. B. Patente wird häufig eine Beteiligung am Reingewinn, hier meist nur allerdings auf begrenzte Zeit, gewährt. Zeitlich begrenzte Gewinnbezugsrechte werden aber auf jeden Fall als gesellschaftliche Beteiligungen den Aktienrechten gleichzustellen sein.

Eine verdeckte Gewinnausschüttung kann auch nicht in der Form vorgenommen werden, daß die Gesellschafter einer Gesellschaft bezüglich eines bestimmten Wirtschaftsguts, das zum Betriebsvermögen der Gesellschaft gehört, vereinbaren, daß der auf das Wirtschaftsgut entfallende Gewinn nicht in das Vermögen der Gesellschaft übergeht, sondern ihnen unmittelbar zufließt und daß auch der beim Verkauf des Wirtschaftsguts gegenüber dem Buchwert erzielte Mehrerlös unmittelbar an sie fallen soll. In RFH. I A 145/30 v. 9. 1. 31 S. 385, StW. 31 Nr. 370) wurde eine derartige Vereinbarung der Gesellschafter über eine der GmbH. gehörige Beteiligung als nicht beachtlich und der auf die Beteiligung entfallende Gewinnanteil und der bei der Veräußerung erzielte Mehrerlös gegenüber dem Buchwert als verdeckter Gewinn der beiden Gesellschafter behandelt. Ebenso wurden in RFH. I A 200/36 v. 29. 6. 37 (RStBl. 37 S. 1010, StW. 37 Nr. 432) die den Gesellschaftern einer Kapitalgesellschaft für die Einbringung bestimmter Vermögensgegenstände und Rechte überlassenen Erträgnisse dieser Gegenstände als verdeckter Gewinn behandelt.

§ 6 Satz 2. KStG. Anmerkung 174—175.

b) Eine Ausnahme von vorstehenden Grundsätzen gilt für Gesellschaften, die im **Organverhältnis** stehen. Im Verhältnis von Organgesellschaft zum beherrschenden Unternehmen sind Vereinbarungen, nach denen die Organgesellschaft ihre gesamten Einkünfte an das herrschende Unternehmen abzuführen hat, steuerrechtlich als echte Verbindlichkeiten anzuerkennen, ohne daß hier insoweit eine verdeckte Gewinnausschüttung angenommen werden könnte (vgl. Anm. 11 d, bb zu § 3 KStG). Weiter sind Gewinnvereinbarungen der Gesellschafter steuerlich zulässig, wenn sämtliche Gesellschafter Geschäftsbetriebe haben, ein Kartell schließen und eine Kapitalgesellschaft zum An- oder Verkauf der Rohstoffe oder Erzeugnisse der Gesellschafter gründen. Dann ist die Vereinbarung auch steuerrechtlich anzuerkennen, wonach die Verkaufs-GmbH. ohne eigenen Gewinn für Rechnung der Lieferer handeln soll, auch wenn die GmbH. nicht alle Merkmale einer Organgesellschaft hat (vgl. Anm. 12 zu § 3 KStG). Im übrigen darf eine Kapitalgesellschaft nicht zugunsten eines Gesellschafters von der Erzielung eines Gewinns absehen, ohne daß eine verdeckte Gewinnausschüttung vorliegt. Müßte man nicht eigentlich dann sagen, eine Gesellschaft, die ursprünglich selbständig war, dürfe nicht unentgeltlich als Organ für den Gesellschafter tätig werden, wobei als Maßstab ihr bisheriges Betriebsvermögen anzusehen wäre, für das ein angemessener Ertrag vereinbart werden müßte? Wegen der Schachtelvergünstigung hat die Frage nur Bedeutung für Gesellschaften, deren Geschäftsherren Einzelkaufleute oder OHG. sind, oder falls die herrschende Gesellschaft mit Verlust abgeschlossen hat.

Auch die in Interessengemeinschaftsverträgen getroffenen Gewinnverteilungsabreden sind regelmäßig steuerrechtlich beachtlich, es sei denn, daß die Abreden nicht den Belangen der beteiligten Gesellschaften, sondern in erster Linie den Belangen der Gesellschafter der beteiligten Gesellschaften dienen sollen (vgl. über die Möglichkeit verdeckten Gewinns Anm. 13 zu § 3 KStG). Jedoch kann sich in einem Interessengemeinschaftsvertrag eine Gesellschaft unmittelbar für ihre Gesellschafter Vorteile, z. B. als Mindestdividende in bestimmter Höhe ausbedingen. Hat z. B. eine Gewerkschaft an die Aktionäre der mit ihr verbundenen AG. eine Mindestdividende zu zahlen, so stellen sich die ausgezahlten Beträge bei den Aktionären als Ertrag ihrer Beteiligung dar. Die Zahlungen werden der AG. als Entgelt für die im Gemeinschaftsvertrag der Gewerkschaft eingeräumten Vorteile gewährt, auch wenn sie unmittelbar den Aktionären zufließen. Sie sind daher als Gewinnausschüttung dem Gewinn der AG. zuzurechnen (RFH. I A 378/29 v. 29. 10. 29, RStBl. 29 S. 667, StW. 29 Nr. 1025 und I A 129/32 v. 18. 10. 32, RStBl. 32 S. 1107, StW. 33 Nr. 112). Vereinbaren bei zwei GmbH. mit gleichen Gesellschaftern die Gesellschafter, daß die GmbH. A den Verlust der GmbH. B tragen soll, so liegt mangels Vereinbarung der Unternehmen (GmbH.) selbst kein Interessengemeinschaftsvertrag vor und die von A und B zur Deckung des Verlusts gemachte Zuwendung ist eine verdeckte Gewinnausschüttung der A an ihre Gesellschafter (RFH. I A 261/31 v. 4. 4. 33, RStBl. 33 S. 969, StW. 33 Nr. 522).

175. Verdeckte Gewinnausschüttung im Zusammenhang mit den Gesellschaftsrechten.

Verdeckte Gewinnausschüttungen können erfolgen bei Einräumung oder Erhöhung von Beteiligungen oder auch im Zusammenhang mit dem Erwerb von solchen. Wegen der Möglichkeit einer Gewinnausschüttung durch Zuweisung von jungen Freiaktien und zurückgekaufter alter Aktien an die Aktionäre vgl. Anm. 159 c zu § 20 EStG., wegen der Auffüllung nicht eingezahlten Stammkapitals aus Rücklagen ohne Gewinn und der Gewährung von Freianteilen bei GmbH. vgl. Anm. 160 b u. c zu § 20 EStG.

Beim Erwerb eines Gesellschaftsanteils kann auch insofern eine verdeckte Gewinnausschüttung an den Gesellschafter vorliegen, als die Kapitalgesellschaft zwar nicht den Anteil ganz oder teilweise unentgeltlich zuweist, sondern dem Gesellschafter durch sonstige Aufwendungen den Erwerb ermöglicht, indem sie z. B. ein verzinsliches Darlehen unter Einbuße eines Abgelds aufnimmt und dieses Darlehen dem Gesellschafter, der den Geschäftsanteil eines ausscheidenden Gesellschafters erwerben will, unverzinslich zur Verfügung stellt und das Darlehen im Verhältnis der Zurückzahlung der eigenen Darlehnsschuld streicht. Hier ist nach RFH. I A 6/32 v. 31. 3. 33 (RStBl. 33 S. 907) ein verdeckter Gewinn in Höhe der üblichen Verzinsung des zinslos gewährten Darlehens, zuzüglich dem gestrichenen Tilgungsbetrag und dem auf das Geschäftsjahr entfallenden (abzuschreibenden) Teilbetrag der Geldbeschaffungskosten anzunehmen. Nach RFH. I A 26/34 v. 11. 9. 34 (RStBl. 34 S. 1443, StW. 34 Nr. 688) können auch in den Aufwendungen einer GmbH. zur Entfernung eines Gesellschafters, der den Bestand der Gesellschaft oder doch das Gedeihen der Gesellschaft ernstlich gefährdet als Betriebsausgaben in Betracht kommen. Der Hauptgesellschafter erwarb den Anteil zum Nennwert, während sich die Gesellschaft zur Bezahlung weiterer 7000 RM. verpflichtete. Man könnte sagen, es sei nicht Sache der Gesellschaft, ihren Bestand gegenüber allen ihren Gesellschaftern zu verteidigen. Wird aber eine Gesellschaft von einem einzigen Gesellschafter bedroht, dann wird zu fragen sein, ob die Zahlung der Gesellschaft an den Gesellschafter vor den Gläubigern der Gesellschaft auch dann zu rechtfertigen wäre, wenn die Gesellschaft zur Zeit keine Dividende verteilen könnte. Kann man die Frage bejahen, dann kann ausnahmsweise eine Betriebsausgabe anerkannt werden. Andernfalls wäre steuerrechtlich Auszahlung des Betrags an den Gesellschafter als Ertrag seiner Beteiligung und damit als Gewinn zu unterstellen. Auch in RFH. VI A 552/30 v. 22. 10. 30 (StW. 30 Nr. 1257) ist anerkannt, daß die Beteiligung eines für eine AG. lästigen Aktionärs nicht nur den Wert der Beteiligungen der übrigen Aktionäre, sondern auch das Vermögen der AG. selbst unmittelbar mindere. In diesem Fall kann daher der Erwerb der Aktien der AG. durch deren Direktor auch den Belangen der AG. entsprechen, so daß die teilweise Vergütung des Kaufpreises durch die AG. nicht als verdeckte Gewinnausschüttung anzusehen ist. Die Aufwendung der AG. ist Betriebsausgabe, jedoch kann eine Aktivierung in Frage kommen. Eine verdeckte Gewinnausschüttung liegt weiter nach RFH. VI A 674/30 v. 8. 10. 30 (StW. 30 Nr. 1258) in der Vergütung des Erwerbspreises dann nicht, wenn der Direktor der AG. die Aktien seiner Gesellschaft nur als Treuhänder für die AG. erwirbt. Die beiden letzten Entsch. bedeuten eine Einschränkung des in RFH. VI A 1210/28 v. 16. 1. 29 (StW. 29 Nr. 350) aufgestellten Grundsatzes, daß die AG. nicht die Kosten von Kämpfen der Aktionäre um die Beherrschung der Gesellschaft tragen dürfe und daß daher die Vergütung der Majoritätsgebühr, die die AG. ihrem Direktor zum Erwerb eines in Händen eines Konsortiums befindlichen Pakets ihrer eigenen Aktien gezahlt habe, nicht Betriebsausgabe, sondern verdeckter Gewinn sei. Ausschließlich um die Beherrschung einer GmbH. handelte es sich auch bei dem Tatbestand von RFH. I A a 600/29 v. 7. 3. 30 (RStBl. 30 S. 275, StW. 30 Nr. 864). Eine GmbH. hatte einen eigenen Geschäftsanteil im Nennbetrag von 3000 RM. um 15 000 RM. erworben, 6000 RM. aktiviert und 9000 RM. über Unkosten abgebucht. Zweck des Ankaufs war, der Mehrheit ihrer Gesellschafter gegenüber einem wesentlich beteiligten Gesellschafter die bisherige Stimmenmehrheit zu sichern und zu erhalten. Der RFH. hat die über den Wert des erworbenen Anteils hinausgehende Aufwendung als eine zugunsten der Mehrheit der Gesellschafter geleistete Ausgabe und damit als verdeckten Gewinn angesehen.

Wegen der Möglichkeit einer verdeckten Gewinnausschüttung bei Kapitalrückzahlungen auch im Zusammenhang mit Kapitalherabsetzungen (Einziehung von Gesellschaftsrechten) und bei Erwerb eigener Anteile durch die Kapitalgesellschaft vgl. Anm. 158 b, bb zu § 20 EStG und bei einer Kapitalerhöhung unter Übernahme der neuen Anteile durch die GmbH. vgl. Anm. 160 b zu § 20 EStG.

176. Darlehen der Gesellschaft an ihre Gesellschafter oder diesen nahestehenden Personen.

a) Gewährt ein Einzelkaufmann **aus verwandtschaftlichen Gründen** ein **Darlehen**, dann kann man sagen, es sei nicht als von Betriebswegen gegeben anzu-

§ 6 Satz 2 KStG. Anmerkung 176.

sehen und damit verhindern, daß der Verlust der Forderung das Einkommen mindert. Gibt eine Personengesellschaft, z. B. OHG. einem Verwandten eines oder mehrerer Gesellschafter ein Darlehen, so läßt sich die bürgerlich-rechtliche Zugehörigkeit des Darlehens zum Gesellschaftsvermögen nicht bestreiten. Abweichend vom bürgerlichen Recht muß man daher steuerrechtlich unterstellen, daß es nicht die OHG., sondern die Gesamtheit der Gesellschafter gegeben habe. Beispiel: A gewährte seinem Bruder B aus der Geschäftskasse 10 000 RM. darlehnsweise und bucht Debitoren links — Kasse rechts. Steuerlich wird die Verbuchung Privatkonto links — Kasse rechts für richtig gehalten. Die OHG. A u. Co., Gesellschafter A und B gewährt dem Bruder des A ein Darlehen; Buchung Debitoren links — Kasse rechts. Steuerlich ist zu unterstellen, daß A und B das Geld aus der Geschäftskasse entnommen haben. Kann man aber annehmen, daß jeder gerade die Hälfte des Geldes entnommen hat? Die Rechtsprechung unterstellt jedoch, daß auch B 5000 RM. entnommen und dem Bruder des A darlehnsweise gegeben habe, weil er ein Bruder des Gesellschafters war.

Bei einer Kapitalgesellschaft und insbesondere bei GmbH. ist die Darlehnsgewährung an Verwandte der Gesellschafter häufig und gibt es den Begriff der Entnahme überhaupt nicht. Sind A und B Gesellschafter einer GmbH. und werden einem Bruder des A 10 000 RM. darlehnsweise gegeben, dann müßte man schon eine Ausschüttung von je 5000 RM. an A und B unterstellen, wenn man sich die Auffassung der OHG. zum Muster nehmen wollte. Man müßte also in der Gewährung des Darlehnsbetrags selbst eine Dividendenausschüttung sehen. Ob es möglich ist, in solchen Fällen die Beträge einfach als ausgeschüttet anzusehen, ist in erster Linie für die Einkommensteuer der Gesellschafter von Bedeutung; denn für den Gewinn der GmbH. ist es zunächst gleichgültig, ob sie ihren Gesellschaftern Darlehen gewährt oder ihnen Beträge als Dividende ausschüttet. Der Unterschied könnte jedoch für die Mindestbesteuerung von Bedeutung sein. In RFH. VI A 87/32 v. 29. 11. 33 (RStBl. 34 S. 392, StW. 34 Nr. 103) wird in dem Fall, daß bei zwei Einmanngesellschaften mbH. mit gleichem Gesellschafter die eine der anderen ein Darlehen gewährt, das in den beiden folgenden Jahren völlig erlassen wurde, trotz Verzinsung des Darlehens unterstellt, daß die Hingabe des Darlehns eine einkommensteuerpflichtige Gewinnausschüttung des Darlehnsbetrags an den Alleingesellschafter und die Einbringung dieses Betrags durch den Alleingesellschafter bei der darlehnsnehmenden Gesellschaft vorliegt. Es wird noch mit Recht auf den in RFH. VI A 1222/28 v. 8. 8. 29 (RStBl. 29 S. 556, StW. 29 Nr. 719) aufgestellten Grundsatz verwiesen, daß es insbesondere bei den Geschäften des einzigen Gesellschafters der GmbH. nicht auf die äußere Form ankommt, in die die Geschäfte gekleidet sind, sondern daß das wirtschaftlich erstrebte Ergebnis entscheidend ist. Eine Gewinnausschüttung (bzw. eine Vorwegnahme später zu erwartender Gewinne, die im Jahr der tatsächlichen Entnahme als Kapitaleinkünfte des Gesellschafters zu versteuern sind) wird nach der letzten Entsch. in der Regel dann anzunehmen sein, wenn der alleinige Gesellschafter einer GmbH. der Gesellschaft Beträge zur Bestreitung der laufenden üblichen Lebenshaltung entnimmt, weil das ausgesetzte Gehalt dazu nicht ausreicht, oder wenn der Gesellschafter bei der Entnahme der Beträge nicht die Absicht hatte, diese Gelder dem Betrieb wieder zuzuführen, sei es, daß er sie überhaupt nicht mehr zurückerstatten wollte, sei es, daß er lediglich in späteren Jahren eine Verrechnung der als Darlehen entnommenen Beträge mit den erwarteten Gewinnen der Gesellschaft vornehmen sollte. Dann stellen die entnommenen Beträge bereits mit der Entnahme zugeflossene Vorschüsse auf künftige Gewinne dar. Nach RFH. VI A 833/36 v. 11. 1. 136 (E. 41 S. 36, RStBl. 37 S. 346, StW. 37 Nr. 130) liegt regelmäßig auch in der Entnahme flüssiger Gelder als Darlehen durch den beherrschenden Gesellschafter eine verdeckte Gewinnausschüttung, wenn die Kapitalgesellschaft hohe Gewinne aufgespeichert und trotz Liquidität nicht ausgeschüttet hat. In allen Fällen, in denen also von vorneherein feststeht, daß die Gesellschafter angebliche Darlehen nicht zurückzahlen werden, ist bereits in der Entnahme des Darlehens eine verdeckte Gewinnausschüttung zu erblicken (vgl. auch RFH. VI 696/37 v. 23. 2. 38, (E. 43 S. 239, RStBl. 38 S. 507, StW. 38 Nr. 184). Jedoch soll es nach RFH. I A 137/34 v. 23. 10. 34 (RStBl. 35 S. 589, StW. 35 Nr. 756) bei Darlehen, die eine GmbH. ihren Gesellschaftern gewährt hatte und die bei der nächsten Gewinnverteilung in Anrechnung gebracht werden sollten, aber wegen der in den nächsten Jahren erzielten Verluste den Gesellschaftern unter Abbuchung der Beträge als Verlust erlassen wurden, auf die Willensrichtung der Beteiligten entscheidend ankommen, ob die gewährten Beträge sofort als ausgeschüttet anzusehen sind. Dies wurde wegen der buchmäßigen Behandlung als Darlehen verneint und erst eine Gewinnverteilung im Jahre der Abbuchung angenommen. Es kann aber oft fraglich sein, ob die buchmäßige Behandlung dem wahren Willen der Beteiligten entspricht.

b) Im übrigen hat der RFH. bei Gewährung von Darlehen der Gesellschaft an ihre Gesellschafter **nicht bereits in der Hingabe des Darlehnsbetrags eine verdeckte Gewinnausschüttung** gesehen. Für den Fall, daß eine GmbH. ihren Gesellschaftern Darlehen gewährt, obwohl sie Bedenken gegen deren Zahlungsfähigkeit haben müßte, würde die steuerliche Anerkennung derartiger Darlehen unter Umständen dazu führen, daß die Forderungen später als unbeitreiblich abgeschrieben werden und eine Minderung des Gewinns eintritt. Es kann auch so sein, daß die Zahlungsfähigkeit bei Hingabe des Darlehens noch besteht, die Gesellschaft aber unterlassen hat, die Forderung bei Verschlechterung der Verhältnisse ihres Schuldners rechtzeitig einzuziehen. In beiden Fällen nimmt die Gesellschaft einen Nachteil in Kauf, weil es sich um einen Gesellschafter oder um eine diesem nahestehenden Person handelt. Rein begrifflich müßte man sagen, der Wert der Forderung im Zeitpunkt der Hingabe des Darlehens oder im Zeitpunkt des Eintritts der Zahlungsunfähigkeit sei zu schätzen und der Minderwert gegenüber dem Nennwert (oder dem geringeren Auszahlungsbetrag, z. B. bei Einbehaltung eines Abgelds) gelte als ausgeschüttet. Z. B. Darlehen von 10 000 RM. Abgeld (Damnum) 1000 RM., Wert auf 6000 RM. zu schätzen, folglich sind 9000 — 6000 = 3000 RM. im Zeitpunkt der Hingabe ausgeschüttet. Für die Steuerbilanz müßte man den Anfangswert des Darlehens mit 6000 RM. bewerten und im Fall der Rückzahlung einen Buchgewinn von 4000 (einschließlich Aufgeld) annehmen. In RFH. I A 201/34 v. 26. 3. 35 (RStBl. 35 S. 1064, StW. 35 Nr. 431), I A 2/34 v. 28. 5. 35 (RStBl. 35 S. 1048, StW. 35 Nr. 432) und I A 10/35 v. 12. 11. 35 (StW. 36 Nr. 89) wird aber bei Gewährung von Darlehen durch eine Kapitalgesellschaft an ihre Gesellschafter eine verdeckte Gewinnausschüttung erst angenommen, wenn und soweit der Ausfall der Darlehensforderung eingetreten ist oder in der Bilanz der Gesellschaft berücksichtigt wird. Man kann das vielleicht dahin deuten, es werde ein Rückgriffsrecht der Gesellschaft gegen ihre Gesellschafter unterstellt, auf das bei Berücksichtigung des Ausfalls oder des Minderwerts der Forderung in der Bilanz stillschweigend verzichtet wird. Der RFH. läßt jedoch der Steuerbehörde in den Fällen, in denen bei Hingabe eines Darlehens an die Gesellschafter oder ihnen nahestehende Personen mit einem Ausfall gerechnet werden kann, die Wahl, ob sie den Ausfall im Zeitpunkt seines tatsächlichen Eintretens oder im Zeitpunkt der Berücksichtigung in der Bilanz als verdeckte Gewinnausschüttung behandeln will. Es ist das unter Umständen für die Verjährung wichtig. Wie ist es aber, wenn der Schuldner im Jahre des Ausfalls weder Gesellschafter ist, noch den Gesellschaftern nahesteht? Der Annahme einer verdeckten Gewinnausschüttung von Seiten der Kapitalgesellschaft muß das einkommensteuerrechtliche Zufließen von Kapitaleinkünften an den Gesellschafter entsprechen. Man könnte sich einkommensteuerrechtlich nur mit dem Zufließen von nachträglichen Einkünften aus einer früheren Kapitalbeteiligung im Sinn des § 24 Ziff. 2 EStG helfen.

Gibt eine GmbH einer KoG. ein Darlehen und bestehen zwischen den Inhabern der Personengesellschaft und den Gesellschaftern der GmbH. verwandtschaftliche Beziehungen oder auch zum Teil Personengleichheit, so kann nach RFH. I A 3/32 v. 4. 7. 32 (RStBl. 33 S. 1031, StW. 32

Nr. 1178) eine verdeckte Gewinnausschüttung schon für das Jahr der Darlehns=
gewährung angenommen werden, wenn die Geschäftslage der Darlehnsnehmerin
bereits im Zeitpunkt der Hingabe des Darlehens eine ungünstige war. Als verdeckter
Gewinn ist dann der Unterschied zwischen dem Ausgabebetrag des Darlehens
(nicht schlechthin Nennbetrag, wie die Entsch. meint) und dem wirklichen Wert der
Darlehnsforderung anzusetzen. Für ein späteres Jahr kann nach der Entsch. eine
verdeckte Gewinnausschüttung dann in Betracht kommen, wenn eine Ausbuchung
der Darlehnsforderung zu Unrecht, z. B. deshalb erfolgt ist, weil die KoG. tatsäch=
lich nicht zahlungsunfähig ist. In RFH. I A 63/35 v. 29. 4. 35 (RStBl. 35 S. 941,
StW. 35 Nr. 369) wird es entsprechend der oben wiedergegebenen Auffassung für
den Fall der Gewährung eines Darlehens durch eine GmbH. an eine OHG., an
der die Alleingesellschafter der GmbH. als Mitunternehmer beteiligt war, ab=
gelehnt, bereits in der Hingabe des Darlehens eine verdeckte Gewinnausschüttung
zu sehen. Das FG. hatte dies unter Berufung auf RFH. VI A 1255/32 v. 6. 12. 33
(E. 35 S. 80, RStBl. 34 S. 474, StW. 34 Nr. 91) angenommen. Nach Auffassung
des RFH. kann aber bei Hingabe eines Darlehens durch eine GmbH. anders als
bei Darlehnsgewährung durch eine Personengesellschaft nicht bereits in der Dar=
lehnsgewährung eine Entnahme erblickt werden, sondern die Darlehnsforderung
sei immer Betriebsvermögen, weil die GmbH. nur Betriebsvermögen haben könne.
Eine verdeckte Gewinnausschüttung könne daher nur in dem Verzicht der GmbH.
auf ihre Forderung oder auf ihr Rückgriffsrecht gegen die Inhaber der OHG.
insoweit gesehen werden, als noch mit deren Leistungsfähigkeit zu rechnen war.
Darüber, daß man auch bei Darlehen einer GmbH. an Verwandte von Gesell=
schaftern die bürgerlich=rechtliche Zugehörigkeit des Darlehens zum Vermögen
der GmbH. steuerrechtlich nicht anerkennen könnte, vgl. Mirre, Bespr. StW. 1935 I
Sp. 814.

c) Schließlich ist in der **Gewährung eines unverzinslichen oder zu einem nied=
rigeren als dem üblichen Zinsfuß verzinslichen Darlehens** durch eine Gesellschaft
an ihre Gesellschafter eine verdeckte Gewinnausschüttung dann zu erblicken, wenn
anzunehmen ist, daß eine Person, die weder Gesellschafter ist noch den Gesellschaftern
nahesteht, unter den gleichen Umständen das Darlehen nicht zu solchen Bedingungen
erhalten hätte (RFH. I A 251/28 v. 28. 5. 29, RStBl. 29 S. 389, StW. 29 Nr. 856
und VI A 1149/33 v. 3. 7. 35, E. 38 S. 92, RStBl. 35 S. 1127, StW. 35 Nr. 468).
Die verdeckte Gewinnausschüttung besteht hier in dem Zinsbetrag, den die Gesell=
schaft von den Darlehnsschuldnern wegen ihrer Gesellschaftereigenschaft usw. nicht
erhebt. Nimmt die Gesellschaft selbst Geld gegen Verzinsung auf und gibt sie es
ihren Gesellschaftern oder diesen nahestehenden Personen als Darlehen gegen
geringere Zinsen weiter, so besteht die verdeckte Gewinnausschüttung in dem
Unterschied zwischen den von der Gesellschaft selbst zu zahlenden und den ihr von
den Gesellschaftern gewährten Zinsen (RFH. I A 55/34 v. 11. 12. 34, RStBl. 35
S. 119, StW. 35 Nr. 107). Wenn aber die Gesellschaft Gewinn ausschüttet und
sich die hierzu benötigten Barmittel durch eine zu verzinsende Geldaufnahme be=
schafft, dann bedeutet nach der Entsch. die Zinszahlung der Gesellschaft keinen
Vorteil für die Gesellschafter und somit keine weitere Gewinnausschüttung. Das
steuerrechtliche Zufließen des verdeckten Gewinns ist nach VI A 1149/33
(s. oben) bei unverzinslichen Darlehen in dem Zeitpunkt anzunehmen, in dem bei
Verzinslichkeit der Darlehen die Zinsen üblicherweise fällig geworden wären. Bei
zu gering verzinsten Darlehen ist dagegen wohl zu unterstellen, daß der Unterschieds=
betrag gegenüber den üblichen Zinsen als verdeckter Gewinn in dem Zeitpunkt
zugewendet wird, in dem die vereinbarten zu niedrigen Zinsen bezahlt werden.

177. Darlehen der Gesellschafter an die Kapitalgesellschaft.

a) Darlehen der Gesellschafter an die Gesellschaft können zunächst als **verdeckte
Stammeinlage** behandelt werden. Darüber, unter welchen Voraussetzungen Dar=
lehen oder auch sonstige Gläubigerrechte der Gesellschafter gegenüber der Gesell=
schaft einer Beteiligung gleichgeachtet werden können, vgl. Anm. 15 d zu § 1 KStG.

Die Behandlung von Gesellschafterdarlehen als Stammeinlage hat zur Folge, daß die von der Gesellschaft als Darlehnsschuldnerin gezahlten Zinsen bei der Gewinnermittlung der Gesellschaft nicht abzugsfähig sind, sondern als ausgeschüttete Gewinnanteile den Jahresgewinn nicht mindern dürfen. Beim Gesellschafter wird dadurch zwar die Höhe der steuerpflichtigen Einkünfte aus Kapitalvermögen nicht berührt, wohl aber unterliegt die Gewinnausschüttung nach § 43 Abs. 1 Ziff. 1 EStG. der Kapitalertragsteuer.

b) Eine verdeckte Gewinnausschüttung liegt auch insoweit vor, als eine Kapitalgesellschaft für die **von ihren Gesellschaftern gewährten Darlehen übermäßige Zinsen** zahlt. In dem Fall von RFH. I A 518/31 v. 28. 9. 32 (RStBl. 32 S. 1026, StW. 33 Nr. 114) waren 14 v. H. als Zinsen gezahlt, es war der Verzinsung der jeweilige Debetzins der Banken zugrunde gelegt worden. Die Entsch. meint, es sei zu unterscheiden, ob die Hereinnahme der Darlehen einem wirtschaftlichen Bedürfnis der GmbH. entsprach oder ob die GmbH. ihren Gesellschaftern die Vorteile einer günstigen Kapitalanlage gewähren wollte. Im ersten Fall seien die Zinsen angemessen, die die GmbH. zahlen müßte, wenn sie sich das Geld auf dem freien Geldmarkt beschaffen müßte, im letzten die Zinsen, die die Gesellschaft bei einer anderweitigen Anlage des Kapitals, z. B. bei Banken, erhalten würde. Aber gibt es nicht auch einen Mittelfall, wo gleichzeitig die GmbH. Darlehnssucher und die Gesellschafter Anlagesucher sind und sich ihre Belange begegnen und daher ein in der Mitte liegender Zins angemessen ist? Nach RFH. I A 262/32 v. 17. 1. 33 (StW. 33 Nr. 426) kommt es für die Prüfung, ob die Zinsvergütungen an Gesellschafter für langfristige Darlehen angemessen sind, auf den Zins an, den die Gesellschaft einem Dritten für ein langfristiges Darlehen hätte zahlen müssen. Behält die Gesellschaft die Darlehen ihrer Gesellschafter weiter bei, obwohl sie vorübergehend benötigte Kredite billiger haben könnte, so ist nach der Entsch. anzunehmen, daß sie ihren Gesellschaftern wegen ihrer Gesellschaftereigenschaft in Höhe des Unterschieds zwischen den Kosten der vorübergehenden Kredite und den an die Gesellschafter zu zahlenden Zinsen einen Vorteil zuwenden wollte, der als verdeckte Gewinnausschüttung anzusehen ist.

178. Pachtverträge zwischen Kapitalgesellschaft und ihren Gesellschaftern.

a) Überlassen die Gesellschafter ihrer Kapitalgesellschaft Wirtschaftsgüter des Betriebs durch einen Pachtvertrag zur Nutzung, dann besteht zunächst die Möglichkeit, daß der bürgerlich-rechtlich gültige **Pachtvertrag steuerrechtlich als eine verschleierte Sachgründung behandelt wird.** Über die Voraussetzungen vgl. Anm. 15 d Abs. 4 zu § 1 KStG. Die Folge dieser Beurteilung ist, daß die der Gesellschaft pachtweise überlassenen Wirtschaftsgüter steuerlich als Sacheinlage der Gesellschafter und der vertraglich den Gesellschaftern bezahlte Pachtzins als Ausschüttung von Gewinn zu behandeln ist, die dem Gewinn der Gesellschaft hinzuzurechnen ist.

b) Bei den auch steuerrechtlich maßgebenden Pachtverträgen zwischen Gesellschaft und Gesellschaftern zählt der vereinbarte **Pachtzins bei der Gesellschaft als Pächterin zu den abzugsfähigen Betriebsausgaben, soweit er nicht die Grenze der Angemessenheit übersteigt,** d. h. nicht höher ist als der Betrag, den die Gesellschaft einem an ihr nicht beteiligten Dritten als Pachtzins zahlen würde. Dabei müssen aber neben der ausdrücklich als Pachtzins vereinbarten Leistung auch alle sonstigen Verpflichtungen mit in Rechnung gestellt werden, die die Gesellschaft im Pachtvertrag ihren Gesellschaftern gegenüber übernommen hat (RFH. I A 412/32 v. 30. 1. 34, E. 35 S. 89, RStBl. 34 S. 742, StW. 34 Nr. 450). In dieser Entsch. ist auch eine Sonderabgabe, die eine AG. an die Gemeinde, die ihre sämtlichen Anteile besitzt, zu entrichten hat, und die von der Gemeinde einseitig festgesetzt wird, nicht mehr als vertragsmäßig geschuldeter Pachtzins, sondern als Teil des ausgeschütteten Gewinns behandelt worden. Wenn eine GmbH. einen Betrieb von einer Firma gepachtet hat, deren Inhaber ihr Gesellschafter und dessen Ehefrau sind, dann können in den Aufwendungen, die die GmbH. als Pächterin im

§ 6 Satz 2 KStG. Anmerkung 178.

gepachteten Betrieb ohne vertragliche Verpflichtung gemacht hat, nach RFH. I A 324/31 v. 28. 6. 32 (RStBl. 32 S. 949, StW. 33 Nr. 119) dann Zuwendungen an den Gesellschafter (Verpächter) und damit verdeckte Gewinnausschüttungen gesehen werden, wenn der Pachtvertrag so frühzeitig endet, daß die Aufwendungen der Gesellschaft als Pächterin selbst nicht mehr zugute kommen. Die Entsch. sagt nicht, wie dann zu verfahren ist. Es ist dann wohl nicht die ganze Ausgabe zu aktivieren und zu verteilen, sondern nur der Nutzen, den sie der GmbH. bringt, der Rest ist an sich über Unkosten zu buchen und dem Bilanzgewinn als verdeckte Gewinnausschüttung zuzurechnen.

Für die Frage, ob eine vertragliche Gegenleistung die Grenze der Angemessenheit übersteigt, kann es im Einzelfall erforderlich werden, nicht nur auf die Verhältnisse eines Jahres abzustellen, sondern die Zahlen mehrerer Jahre heranzuziehen oder auch zu untersuchen, wie hoch die Verpflichtung auf die Dauer der vereinbarten Pachtzeit zu veranschlagen ist und wie hoch sich danach die gesamten Leistungen der Pächterin für ein Jahr durchschnittlich darstellen (RFH. I A a 479/29 v. 13. 9. 29, E. 26 S. 69, RStBl. 30 S. 44, StW. 29 Nr. 962 und I A 40/31 v. 8. 10. 31, RStBl. 32 S. 20, StW. 32 Nr. 59).

c) Zu den **Pachtverträgen** sind auch die Verträge zu rechnen, in denen gewerbliche Urheberrechte, gewerbliche Erfahrungen und Gerechtigkeiten einem anderen entgeltlich auf Zeit zur Nutzung überlassen werden (vgl. Anm. 156 b Abs. 5 zu § 21 Abs. 1 Ziff. 3 EStG). Eine verdeckte Gewinnausschüttung kann insoweit vorliegen, als der Pachtpreis (bei Patenten die Lizenzgebühr) höher als angemessen ist (RFH. I A 88/31 v. 16. 6. 31, StW. 32 Nr. 1089). Auch wenn Schutzrechte der Gesellschaft zu Eigentum überlassen werden, ist es nicht ausgeschlossen, daß als Gegenleistung der Gesellschaft das Versprechen jährlicher Zahlungen (Kaufpreisraten) gewährt wird, die in unzutreffender Weise ebenfalls als Lizenzgebühren bezeichnet werden. Verdeckte Gewinnausschüttung liegt dann nur vor, soweit die Gesellschaft einen Preis zu zahlen hat, der den Wert der überlassenen Schutzrechte offensichtlich übersteigt. Auch der Einmanngesellschafter einer GmbH. hat, wie in RFH. I A 533/31 v. 14. 7. 32 (StW. 33 Nr. 122) ausgeführt wird, keine Verpflichtung, der Gesellschaft mehr Rechte unentgeltlich zu überlassen, als es der Gesellschaftsvertrag vorsieht. Dagegen sind unverhältnismäßig hohe Lizenzgebühren eine verdeckte Gewinnausschüttung.

Wenn eine ausländische Gesellschaft einer von ihr in Deutschland gegründeten GmbH. eine Patentlizenz entgeltlich einräumt, kann nach RFH. I A 395/30 v. 12. 11. 31 (RStBl. 32 S. 60, StW. 32 Nr. 163) mit verschleierter Gewinnausschüttung durch zu hohes Entgelt zu rechnen sein. Wenn nun der Gesellschafter seine Beteiligung veräußert, kann weiter infolge der Beziehungen zwischen dem Veräußerer und dem Erwerber (Muttergesellschaft und Tochtergesellschaften derselben Muttergesellschaft usw.) ein an den Veräußerer gezahlter Betrag, als verschleierte Dividende angesehen werden trotzdem dieser nicht mehr Gesellschafter ist. Die GmbH. kann sich auch nicht darauf berufen, daß sie von den Beziehungen zwischen dem Berechtigten, der Lizenzgebühr und ihren Gesellschaftern nichts wisse. Wenn es sich um ausländische Firmen handelt, hat sie nachzuweisen, daß Beziehungen nicht bestehen. Die Entsch. sagt auch mit Recht weiter, bei der Lizenzgebühr könne selbst dann eine verschleierte Dividende vorliegen, wenn zwischen dem Veräußerer und Erwerber der Gesellschaftsanteile keine derartigen Beziehungen beständen. A hat die GmbH. gegründet und mit ihr einen Lizenzvertrag geschlossen, bei dem z. B. 30 v. H. der Lizenzgebühr als verschleierte Dividende anzusehen sind. Steuerrechtlich gilt dann A nicht nur mit seinem bürgerlich-rechtlichen Stammanteil, sondern auch als infolge des Lizenzvertrags an der Gesellschaft X beteiligt. Es ist ähnlich, wie wenn er Genußscheine erhalten hätte (f. Anm. 159 b zu § 20 EStG). Veräußert nun A seinen Stammanteil an B, der selbstverständlich mit Rücksicht auf den Lizenzvertrag wenig dafür bezahlt, so hört A zwar auf, bürgerlich-rechtlicher Gesellschafter von X zu sein, aber von seiner steuerrechtlichen Beteiligung hat er nur einen Teil, vermutlich nur einen ziemlich wertlosen Teil, übertragen. Da A noch weiter steuerrechtlicher Gesellschafter von X ist, gelten trotz der Veräußerung des Stammanteils die 30 v. H. der Lizenzgebühr als verschleierte Dividende. Der ganze Lizenzvertrag gilt eben steuerrechtlich als eine verschleierte Beteiligung.

179. Dienstverhältnis des Gesellschafters zur Kapitalgesellschaft.

a) Die Gesellschafter einer Kapitalgesellschaft können dieser gegenüber in ein **Angestelltenverhältnis** treten (vgl. Anm. 14 a zu § 1 KStG). Der Gesellschafter kann der Gesellschaft seine Arbeitskraft insbesondere als Vorstandsmitglied der AG. oder Geschäftsführer der GmbH. auf Grund eines Dienstvertrags oder auch auf Grund seiner gesellschaftsrechtlichen Stellung zur Verfügung stellen. Im ersten Fall ist eine Vergütung für die Arbeitsleistung grundsätzlich abzugsfähige Betriebsausgabe, im zweiten Fall Gewinnausschüttung. In RFH. I A 126/30 v. 3. 6. 30 (RStBl. 30 S. 440, StW. 30 Nr. 1113) wird davon abgesehen, bei GmbH., deren einziger Gesellschafter zugleich Geschäftsführer ist, eine Vermutung darüber aufzustellen, ob der Geschäftsführer Angestellter ist. Die Frage sei von Fall zu Fall zu prüfen. Das gleiche gilt nach RFH. I A 157/31 v. 1. 12. 31 (RStBl. 32 S. 546, StW. 32 Nr. 527) auch für Gesellschaften, bei denen mehrere Gesellschafter, die miteinander verwandt sind, zugleich Geschäftsführer sind. Nach RFH. I A 18/31 v. 8. 9. 31 (RStBl. 31 S. 741, StW. 31 Nr. 869) hängt es von dem ganzen Geschäftsgebaren ab, ob der Alleingesellschafter und Geschäftsführer einer GmbH. als Angestellter Gehalt bezieht oder ob er als Herr und Nutznießer des Unternehmens tätig wird; auf die Bezeichnung der Bezüge komme es nicht an. Für die steuerliche Anerkennung eines Arbeits- oder Dienstverhältnisses des Gesellschafters zur Gesellschaft ist nach RFH. VI A 141/36 v. 26. 2. 36 (RStBl. 36 S. 682, StW. 36 Nr. 271), auch bei der Einmanngesellschaft mbH. oder bei Ehegattengesellschaft mbH. (auch für die Angestellteneigenschaft des Ehegatten) wie sonst kein besonderer geschäftlicher Arbeitsvertrag nötig. Es wurde bei Auszahlung von monatlichen festen Beträgen und deren Abbuchung über Unkosten die Annahme eines Arbeitsverhältnisses des Gesellschaftergeschäftsführers ohne Rücksicht auf dessen bisherige Beurteilung bestätigt. Unter den gleichen Voraussetzungen wurde in RFH. VI A 451/35 v. 4. 9. 35 (StW. 35 Nr. 661) das Bestehen eines Dienstverhältnisses des Alleingesellschafters einer AG. als Vorstandsmitglied angenommen. Nach RFH. I A 157/31 (s. oben) sollen im Interesse gleichmäßiger Besteuerung einzelne Tatumstände, die gegen die Annahme eines Angestelltenverhältnisses sprechen, nicht zu hoch bewertet werden. Bei der Einmanngesellschaft mbH., deren einziger Geschäftsführer der Gesellschafter ist, kommt man leicht auf den Gedanken, er sei doch nicht als Angestellter anzusehen. RFH. I A 19/32 v. 7. 10. 32 (StW. 33 Nr. 107) bezeichnet das als unbillig. Auch wenn die GmbH. das Vermögen des Gesellschafters verwalte, könne er als Angestellter angesehen werden. Bedenklich erschien dem RFH. allerdings die unregelmäßige Bezahlung der Bezüge und ihre verschiedene Höhe in den früheren Jahren. Nach RFH. I A 425/30 v. 7. 10. 32 (StW. 33 Nr. 121) wird die Nichterhebung von Gehalt öfter bei Einmann- und Ehegattengesellschaften zu finden sein, ohne daß daraus auf eine nur zum Schein getroffene Gehaltsabrede zu schließen wäre. Die Tatsache, daß der Geschäftsführer ganz erhebliche Beträge aus Geschäftsmitteln seiner Tasche zugeführt habe, sei allerdings auffällig und gebe bei nicht ordnungsmäßiger Verbuchung dieser Entnahmen Anlaß zur Prüfung, ob diese Beträge nicht dem Bilanzgewinn der GmbH. hinzuzusetzen seien. Auch die Ehefrau des einzigen Gesellschafters einer GmbH. kann im Betrieb der Gesellschaft gegen Entgelt mitarbeiten und die ihr gezahlte Arbeitsvergütung ist bei der GmbH. abzugsfähige Betriebsausgabe (RFH. I A 18/31 v. 8. 9. 31, RStBl. 31 S. 741, StW. 31 Nr. 869).

Voraussetzung der steuerlichen Anerkennung einer einem Gesellschafter gewährten Vergütung als abzugsfähige Dienstvergütung ist, daß der Gesellschafter für die Gesellschaft auf Grund Dienstvertrags oder mündlicher Vereinbarung oder auch tatsächlich eine üblicherweise zu entlohnende Tätig-

§ 6 Satz 2 KStG. Anmerkung 179.

keit entfaltet hat. Ist dies nicht der Fall, dann sind die Zahlungen an die Gesellschafter in voller Höhe als verdeckte Gewinnausschüttungen anzusehen. In RFH. I A 314/33 v. 25. 7. 34 (RStBl. 34 S. 1363, StW. 35 Nr. 108) werden mit Recht Vergütungen, die eine Gesellschaft an ihre Gesellschafter oder deren Vertreter für die Vertretung der Belange der Gesellschafter in der Generalversammlung zahlt, als verdeckte Gewinne angesehen. Das körperschaftsteuerpflichtige Gebilde, die juristische Person, hat im Grunde kein Interesse daran, daß der einzelne Gesellschafter die Generalversammlung besucht, für sie genügt es vollständig, daß jemand da ist und die Bilanz genehmigt. Deshalb können Vergütungen für Teilnahme an der Generalversammlung nicht als abzugsfähige Ausgaben der Gesellschaft angesehen werden. Man kann auch sagen, wenn nicht einmal Vergütungen an Aufsichtsratsmitglieder abzugsfähig sind, dann kann die Abzugsfähigkeit noch weniger Vergütungen an Gesellschafter zuerkannt werden. Bestellt eine Grundstücksgesellschaft einen vom Sitz der Gesellschaft weit entfernt wohnenden Gesellschafter zum Geschäftsführer, so ist nach RFH. I A 516/31 v. 15. 9. 32 (RStBl. 32 S. 1025, StW. 32 Nr. 1179) zu vermuten, daß die Bestellung aus persönlichen Gründen des Gesellschafters und nicht im Interesse der Gesellschaft erfolgt ist. Werden dem Gesellschafter-Geschäftsführer in diesem Fall Reisespesen für Reisen von seinem Wohnort zum Sitz der Gesellschaft vergütet, so handelt es sich um verdeckte Gewinnausschüttung.

b) Bei Anerkennung eines Dienstverhältnisses des Gesellschafters zur Gesellschaft sind die an den Gesellschafter für seine Dienstleistung gezahlten Beträge bei der Gesellschaft Unkosten, soweit nicht die als **Arbeitsvergütungen behandelten Beträge als verdeckte Gewinnausschüttungen** anzusehen sind. Zur Prüfung dieser Frage ist zunächst der Gesamtbetrag der dem Gesellschafter für seine Dienstleistung gewährten Bezüge festzustellen. Dabei gelten nach RFH. VI A 141/36 (s. oben) und VI A 873, 874/32 v. 2. 6. 32 (StW. 32 Nr. 746) als Arbeitslohn nicht nur die vertraglich ausbedungenen Vorteile, sondern alle sonstigen, die nach der Verkehrsauffassung als Ertrag aus nichtselbständiger Arbeit anzusehen sind (vgl. § 19 Abs. 1 EStG). Als solcher ist der Wert der Sachbezüge, wie z. B. einer Dienstwohnung (vgl. unter d) und nach der letzten Entsch. auch der Wert der Inanspruchnahme des Dienstpersonals und des Autos der Gesellschaft für private Zwecke durch den Geschäftsführer anzusetzen. Gleichgültig ist, wie die Vergütungen bemessen werden, ob nach dem Gewinn oder Umsatz (Umsatzvergütung) oder in von vornherein zahlenmäßig bestimmten Bezügen wie festen Gehältern.

Für die Annahme einer verdeckten Gewinnausschüttung bei Arbeitsvergütungen sind nach der Rechtsprechung des RFH. (RFH. I A 147/27 v. 14. 6. 27, E. 21 S. 275, RStBl. 27 S. 203, StW. 27 Nr. 682 und die dort genannten Entsch.), insbesondere zwei Umstände von Bedeutung, nämlich das Verhältnis der gewährten Gesamtbezüge zu den der Gesellschaft zukommenden Gegenleistungen und weiter das Verhältnis der Vergütungen zu den voraussichtlich erzielbaren Gewinnen der Gesellschaft. Die Frage, ob die dem Gesellschafter gewährten Bezüge angemessen oder übermäßig hoch sind, ist danach zu beurteilen, ob die dem einzelnen Gesellschafter gewährten Gesamtbezüge im richtigen Verhältnis oder im Mißverhältnis zu dem Wert seiner Dienstleistungen stehen. Wie der RFH. annimmt (vgl. z. B. RFH. I A 17/25 b. 5. 6. 25, E. 16 S. 355, RStBl. 25 S. 161, StW. 25 Nr. 474 und I A 284/30 v. 10. 5. 32, RStBl. 32 S. 631, StW. 32 Nr. 1090), wird ein Mißverhältnis in der Regel dann nicht vorliegen, wenn die Bezüge nicht die Höhe der Beträge überschreiten, die einem gesellschaftsfremden Angestellten unter im übrigen gleichen Verhältnissen gewährt worden wäre. Man könnte aber dabei auch auf die Größe der Beteiligung des Gesellschafter-Geschäftsführers usw. besonderen Wert legen. Ist z. B. der Geschäftsführer nur zu $^1/_{10}$ beteiligt und sind die anderen Beteiligten auch mit ihm näher verwandt, so kann man im allgemeinen annehmen, daß seine Bezüge seinen Leistungen entsprechen oder wenigstens nach Ansicht der Beteiligten nur angemessen sind, auch wenn sie verhältnismäßig hoch sind. Daß man einen billigeren Geschäftsführer bekommen könnte, ist kein Grund, eine verdeckte Gewinnausschüttung zu vermuten, weil man nicht weiß, ob der billigere Geschäftsführer dasselbe leisten würde. Für das Verhältnis der Gesamt= bezüge des Gesellschafters zum Wert seiner Dienstleistung kommt es auf die Art der Dienstleistung entscheidend an. Bei verschiedener Tätigkeit mehrerer Geschäfts= führer einer GmbH. muß daher festgestellt werden, wie die Tätigkeit jedes einzelnen zu bewerten und welche Vergütung deshalb für jeden einzelnen angemessen ist (RFH. I A 302/31 v. 15. 3. 32 (RStBl. 32 S. 519, StW. 32 Nr. 690). In einem Mißverhältnis zu den voraussichtlich erzielbaren Gewinnen stehen die den Gesellschaftern gewährten Vergütungen dann, wenn sie so hoch bemessen sind, daß sie dauernd den zu erwartenden Gewinn voraussichtlich voll oder zum großen Teil aufzehren (vgl. RFH. I A 493/31 v. 9. 12. 31, RStBl. 32 S. 299, StW. 32 Nr. 301). Für diese Feststellung soll nach RFH. I A 335/26 v. 16. 11. 26 (E. 21 S. 1, RStBl. 28 S. 113, StW. 26 Nr. 563) regelmäßig das Verhältnis von erheblicher Bedeutung sein, in dem die etwa zugesagten festen Vergütungen zu den Gewinnaussichten der Gesellschaft im Zeitpunkt des Ab= schlusses der Dienstverträge stehen. Auch RFH. I A 157/31 (s. unter a) hat als wesentlich angesehen, daß Gewinn und Gehalt in einem angemessenen Verhältnis stehen: 8000 RM. Gehalt zu 11 300 RM. Gewinn und im nächsten Jahre 22 200 RM : 56 000 RM. sprächen dafür, daß keineswegs der Gewinn der GmbH. über= mäßig gedrückt erscheine. Man kann sagen, daß niemand einem Geschäftsführer so hohe Bezüge gewähren wird, daß sich keine angemessene Verzinsung seines Kapitals ergeben kann. Anderseits wird aber in RFH. I A 315/31 v. 12. 4. 32 (RStBl. 32 S. 521, StW. 32 Nr. 691) mit Recht hervorgehoben, die Feststellung, daß die Vergütungen an die Gesellschafter noch eine verhältnismäßig hohe Verzinsung des Kapitals ermöglichten, genüge für sich allein nicht, um die Vergütungen als an= gemessen anzusehen, sondern der Wert der Einzelleistungen müsse im Einzelfall besonders festgestellt werden. Ist ein Gesellschafter=Geschäftsführer in beträcht= lichem Maß auf Tantiemen angewiesen, dann liegt nach RFH. I 219/37 v. 16. 11. 37 (RStBl. 38 S. 22, StW. 38 Nr. 25) bei sehr erheblichen Bezügen in einem günstigen Geschäftsjahr nicht ohne weiteres verdeckter Gewinn vor; es sei vielmehr bei der Prüfung von der finanziellen Gesamtausstattung des Geschäftsführers während einer größeren Anzahl von Jahren auszugehen.

c) Auch bei **Verträgen, durch die eine Gesellschaft ihren Gesellschaftern oder deren Angehörigen Ruhegehalt, Witwen= oder Waisengelder gewährt (Pensions= verträge)**, ist ebenso wie bei laufenden Dienstverträgen zu prüfen, ob diese von der Gesellschaft auch mit dritten Personen, die nicht Gesellschafter sind und diesen auch nicht nahestehen, unter den gleichen Bedingungen abgeschlossen worden wären. Solche Verträge werden steuerlich insbesondere dann anzuerkennen sein, wenn sie mit Angestellten, die gleichzeitig Gesellschafter sind, nach langer Dienst= leistung geschlossen werden. Sind sie anzuerkennen, dann ist nach RFH. I A 302/31 v. 15. 3. 32 (RStBl. 32 S. 519, StW. 32 Nr. 690) zu prüfen, inwieweit die Gesell= schaft fremden Angestellten die Ruhegehaltsberechtigung auf die Gehälter an= rechnen würde. Einen Anhalt hierfür werde der Betrag bieten, den die Gesellschaft etwa einer Versicherungsgesellschaft zahlen müßte, wenn sie die Ruhegehälter in Form von Versicherungen gewährte. Nur soweit sich die Ruhegehaltsleistung als angemessene Gegenleistung für die (frühere) Dienstleistung des Bedachten darstellt und auch von der Gesellschaft unter denselben Umständen, z. B. gegenüber der Witwe eines unbeteiligten Dritten übernommen worden wäre, stellen die Ruhe= gehaltszahlungen Unkosten dar (RFH. I A 180/33 v. 15. 5. 34, RStBl. 34 S. 950, StW. 34 Nr. 497) und die dort genannten Entsch.). Ruhegehaltsleistungen sind also nur insoweit abzugsfähig, als sie für Dienste gewährt werden, die der Gesellschaft von dem Bedachten oder bei Hinterbliebenen von dem verstorbenen Gesellschafter geleistet worden sind. Dagegen sind Vorteile, die eine Kapital= gesellschaft ihren Vorstandsmitgliedern oder Geschäftsführern, die gleichzeitig Ge= sellschafter sind, für deren frühere Tätigkeit als Inhaber einer von der Gesellschaft übernommenen Firma gewährt werden, nach RFH. I A 140, 141/31 v. 19. 5. 31

(E. 29 S. 3, RStBl. 31 S. 499, StW. 31 Nr. 699) und I A 180/33 (f. oben) grundsätzlich als verdeckte Gewinne anzusehen; denn für diese frühere Tätigkeit können die Vorstandsmitglieder oder Geschäftsführer von ihrer Gesellschaft kein Entgelt verlangen.

Nach den Grundsätzen ordnungsmäßiger Buchführung ist auch die Passivierung von Ruhegehaltsverpflichtungen gegenüber noch im Dienst befindlichen Angestellten zulässig (vgl. Anm. 123 zu § 6 EStG). Wenn in der Einräumung eines Ruhegehaltsanspruchs eine verdeckte Gewinnausschüttung zu erblicken ist, kann die Gesellschaft weder die Verpflichtung passivieren, noch sind die späteren Zahlungen als abzugsfähige Betriebsausgaben anzusehen (vgl. RFH. I A 180/33 f. oben). Stellt eine GmbH. für die spätere Erfüllung von Ruhegehaltsverpflichtungen gegenüber ihrem Gesellschafter-Geschäftsführer in ihrer Bilanzen eine Ruhegehaltsrücklage ein, dann besitzen nach RFH. I A 392/28 v. 4. 6. 29 (RStBl. 29 S. 494, StW. 29 Nr. 847) diese Rücklagen, soweit sie eine übermäßige Ruhegehaltsversorgung gewährleisten sollen, die Rechtsnatur einer Gewinnverteilungsreserve (= Rücklage). Es ist eine echte Rücklage, d. h. ein Reinvermögensposten, der ohne Einfluß auf den zu versteuernden Gewinn nur durch Abzweigung aus diesem oder aus vorhandenen Rücklagen gebildet werden kann. Dem bedachten Gesellschafter fließen mit der Einräumung des Anspruchs auf künftiges Ruhegehalt und auch mit der Bildung der Rücklage bei der Gesellschaft noch keine geldwerten Vorteile zu, sondern der verdeckte Gewinn wird bei ihm erst mit der Auszahlung der übermäßig hohen Ruhegehaltsbeträge als Kapitaleinkünfte einkommensteuerpflichtig. Eine verdeckte Gewinnausschüttung an den Gesellschafter-Geschäftsführer liegt auch vor, wenn die GmbH. an diesen zu Lasten einer Pensionsrückstellung, die sie für den Geschäftsführer zulässigerweise gebildet hat, vor Eintritt des Pensionsfalls einen Betrag auszahlt (RFH. I 279/37 v. 11. 1. 38, RStBl. 38 S. 240, StW. 38 Nr. 79).

d) Zu den Gesamtbezügen, die eine Gesellschaft einem Angestellten, der gleichzeitig Gesellschafter ist, als Entgelt für seine Dienstleistung gewährt, gehört auch **der Wert einer dem Angestellten überlassenen Dienstwohnung.** Nach RFH. VI A 2090/29 v. 22. 1. 30 (E. 26 S. 195, RStBl. 30 S. 378, StW. 30 Nr. 290) sind Dienst- und Werkwohnungen bei den Angestellten nach § 21 EStG 1925 (§ 8 Abs. 2 EStG 1934) nur mit dem Wert anzurechnen, den nach der Auffassung der beteiligten Kreise derartige Angestellte unter Berücksichtigung ihres sonstigen Diensteinkommens für eine solche Wohnung aufzuwenden bereit sind. Es ist also nicht der Betrag der Aufwendungen des Arbeitgebers maßgebend. Bei einer im Verhältnis zu teueren Wohnung ist zu dem nach dem vorstehenden Grundsatz ermittelten Mietwert ein dem Gehalt angemessener Zuschlag für die teuere Wohnung zu machen. Diese für die Bewertung des Sachbezugs beim Angestellten maßgebenden Grundsätze gelten aber, wie in Anm. 170 dargelegt ist, nicht für die Bewertung der Zuwendung an den Gesellschafter bei der Gesellschaft. Maßgebend ist der Wert, auf dessen Eigennutzung die Gesellschaft zugunsten des Gesellschafters verzichtet, also bei einem Mietwohngrundstück, das der Gesellschaft gehört, der Preis, den die Gesellschaft durch Vermietung an einen Dritten erzielen könnte. Hat die Gesellschaft selbst gegen Entgelt gemietet, dann ist mindestens der von ihr gezahlte Mietzins als Aufwendung zugunsten des Gesellschafters zu behandeln. Mit diesen Werten ist die dem Gesellschafterangestellten überlassene Wohnung bei Prüfung der Angemessenheit der Gesamtbezüge anzusetzen. Ein Kaufmann wird, wie in RFH. I A 142/32 v. 10. 7. 34 (E. 36 S. 315, RStBl. 34 S. 1138, StW. 34 Nr. 625) mit Recht ausgeführt wird, den Wert der überlassenen Dienstwohnung auf die Bezüge seines Angestellten anrechnen, also ein um den Wert der Dienstwohnung vermindertes Gehalt bezahlen. Überläßt daher eine Gesellschaft ihrem Gesellschafter-Geschäftsführer neben sonst angemessenen Bezügen eine Dienstwohnung ohne Anrechnung auf diese Bezüge, so wendet sie dem Gesellschafter einen Vorteil zu, den sie einem gesellschaftsfremden Angestellten nicht zukommen lassen würde und der daher verdeckter Gewinn ist. Wenn dem Gesellschafterangestellten als Wohnung eine Villa überlassen wird, die auf dessen Wunsch mit einem über das Übliche hinausgehenden Kostenaufwand besonders vornehm und gut ausgestattet worden ist, dann sind nach der Entsch. bei der Prüfung der Angemessenheit der Bezüge für die Festsetzung des Mietwerts die Grundsätze anzuwenden, die für die Ermittlung des Nutzungswerts eigenbewohnter Einfamilienhäuser aufgestellt worden sind (von der Veranlagung für das Kalenderjahr 1936 ab für Einfamilienhäuser die Durchschnittsätze nach der VO v. 26. 1. 37 vgl. Anm. 4 a zu § 20 KStG). Ist das Einfamilienhaus mit einem unverhältnismäßig hohen Kostenaufwand hergestellt worden, so kann es in der Bilanz der Gesellschaft mit dem niedrigeren Teilwert berücksichtigt werden, der Mehrbetrag der Kosten ist jedoch im Jahre der Herstellung dem Geschäftsführer als verdeckte Gewinnausschüttung zugewendet (vgl. das Beispiel Anm. 171 Abs. 2). Errichtet eine Gesellschaft auf dem ihrem Gesellschafter-Geschäftsführer gehörenden Grundstück ein Einfamilienhaus für diesen, dann können nach RFH. I A 166/35 v. 19. 12. 35 (RStBl. 36 S. 252, StW. 36 Nr. 90) die gesamten Aufwendungen der Gesellschaft verdeckter Gewinn sein, und zwar in voller Höhe und ohne Rücksicht darauf, wie etwa die durch die Aufwendungen beschafften Gegenstände beim Gesellschafter-Geschäftsführer zu bewerten sind. Dies gilt dann, wenn der Geschäftsführer gegen die Gesellschaft keinen dienstvertraglichen Wohnungsanspruch hat. Soweit dagegen die Gesellschaft mit ihren Aufwendungen einer Verpflichtung, dem Geschäftsführer eine Wohnung zur Verfügung zu stellen (im angemessenen Umfang), nachkommt, liegt kein verdeckter Gewinn vor. Eigenzwecke würden bei der Errichtung eines Einfamilienhauses für den Gesellschafter-Geschäftsführer als Dienstwohnung auch insoweit vorliegen, als die Gesellschaft damit Werbezwecke verfolgt. Wenn die Errichtung des Einfamilienhauses auch der angemessenen Abfindung des Wohnungsanspruchs des Geschäftsführers oder auch eigenen Werbezwecken dient, sind die Aufwendungen der Gesellschaft in verdeckte Gewinnausschüttung und Aufwendungen für eigene Zwecke der Gesellschaft zu zerlegen. Die letzten sind hinsichtlich der Abfindung auf die mutmaßliche Wohnungsdauer des Gesellschafter-Geschäftsführers und hinsichtlich der Werbeaufwendungen, die als besondere Anlage zu aktivieren sind, auf die mutmaßliche Nutzungsdauer für die Gesellschaft zu verteilen.

180. Laufende Lieferungsverträge zwischen Kapitalgesellschaft und ihren Gesellschaftern.

a) Die Kapitalgesellschaft kann ihre Gesellschafter auch durch Abschluß von laufenden Lieferungsverträgen, insbesondere über Warenlieferungen, begünstigen. Bei **Warenlieferung einer Kapitalgesellschaft an ihre Gesellschafter** gehört zu den Vorteilen, die den Gesellschaftern lediglich wegen ihrer Gesellschaftereigenschaft gewährt werden, der Preisunterschied, um den die Gesellschaft ihre Waren den Gesellschaftern billiger überläßt als fremden Kunden. Auch Kaufpreisrückvergütungen stellen verdeckten Gewinn dar, es sei denn, daß die Gesellschafter ihrer Gesellschaft besondere geschäftliche Vorteile bieten, die von den Nichtgesellschaftern nicht geboten werden (RFH. I A 372/28 v. 26. 2. 29, E. 25 S. 79, RStBl. 29 S. 277, StW. 29 Nr. 433 und I A a 621/29 v. 15. 1. 30, RStBl. 30 S. 548, StW. 30 Nr. 389). Die Bezeichnung des besonderen Vorteils, der den Gesellschaftern eingeräumt wird, als Umsatzvergütung, Preisnachlaß, Rabatt oder sonstwie, ist nach I A a 621/29 belanglos. Unerheblich sei weiter, ob die Gesellschafter einen Rechtsanspruch auf den Vorteil haben und ob der Preisnachlaß sofort beim Warenbezug oder erst nach Schluß des Wirtschaftsjahrs gewährt werde. Auf das Verhältnis des verdeckten Gewinns zum gesamten Gewinn der Gesellschaft soll es bei dieser Art von Vorteilen nicht ankommen. Für die Höhe des verdeckten Gewinns ist in diesen Fällen nach RFH. I A 376/30 v. 12. 5. 31 (RStBl. 31 S. 498, StW. 31 Nr. 982) nicht ein als angemessen zu unterstellender Preis maßgebend, sondern der Preis, den die Gesellschaft von Nichtgesellschaftern fordert und erhält.

Die Bevorzugung der Gesellschafter bei Warenlieferungen durch die Gesellschaft kann insbesondere häufig bei Erwerbs- und Wirtschaftsgenossenschaften

§ 6 Satz 2 KStG. Anmerkung 180.

vorkommen (s. Anm. 162 zu § 20 EStG), weiter aber auch bei Betrieben von Körperschaften des öffentlichen Rechts im Verhältnis zu dieser (s. Anm. 172).

b) Zu den Gesellschaften, die den größten Teil der von ihnen zu verarbeitenden Stoffe von ihren Gesellschaftern ziemlich gleichmäßig geliefert erhalten, gehören die **Zuckerfabriken.** Hier liegt es nahe, den Gesellschaftern den größten Teil des Gewinns der Gesellschaft dadurch zuzuwenden, daß die gelieferten Zuckerrüben zu teuer bezahlt werden. Die Feststellung, ob den Gesellschaftern einer Zuckerfabrik ein verdeckter Gewinn in Form eines Überpreises für ihre Rübenlieferungen gewährt wurde, ist sehr schwierig. Zuckerrüben vertragen — wirtschaftlich, nicht physisch — keine weite Beförderung und deshalb gibt es für sie keinen allgemeinen Marktpreis, sondern nur Preise für örtlich ziemlich kleine Gebiete. Möglicherweise kommt für ein Gebiet nur eine einzige Fabrik in Frage, die bei Deckung des größten Teiles ihres Bedarfs durch die Gesellschafter den Nichtgesellschaftern den Preis vorschreiben könnte. Zur Bestimmung des angemessenen Preises (Markt= preises) haben sich die Steuerbehörden zunächst auf den Standpunkt gestellt, der von der gleichen Fabrik den Nichtgesellschaftern gewährte Preis sei in der Regel als Marktpreis anzusehen, was die Gesellschafter mehr erhielten, sei verschleierte Dividende. Natürlich wurde berücksichtigt, daß die Gesellschafter regelmäßig etwas ungünstigere Lieferungs= und Zahlungsbedingungen übernommen hatten. Hierzu wird in RFH. I A 39/30 v. 11. 9. 30 (RStBl. 30 S. 688, StW. 30 Nr. 1226) aus= geführt, man könne diese Art der Bestimmung des angemessenen Preises so lange nicht beanstanden, als keine bessere gefunden sei. Es wird weiter aber auch gebilligt, daß bei Zuckerfabriken, die weniger als ein Fünftel ihrer Zuckerrüben von Nicht= gesellschaftern bezogen (Nichtkaufrübenfabriken), der Nichtgesellschaftern gezahlte Preis als Marktpreis nicht anerkannt wurde, sondern sogenannte Hilfspreise fest= gesetzt wurden. Diese stellten den Durchschnitt aus Kaufrübenpreisen dar, die in bestimmten Gegenden von solchen Fabriken gezahlt werden, die mehr als ein Fünftel der benötigten Zuckerrüben von Nichtgesellschaftern bezogen (Kaufrübenfabriken) (vgl. auch RFH. I A 124/31 v. 24. 11. 31, RStBl. 32 S. 577, StW. 32 Nr. 165). Sind mehrere örtliche Rübenpreise vorhanden, weil z. B. die Lieferanten einer Fabrik durch Abwarten bessere Preise erzielt haben, dann sind die von einer Zucker= fabrik an ihre Kaufrübenlieferanten gezahlten Preise insoweit keine Schätzungs= grundlage für den örtlichen Marktpreis, als die Preisfestsetzung auf besonderen Umständen beruht (RFH. I A 285/30 v. 11. 11. 30, StW. 31 Nr. 174).

Das gesamte den Gesellschaftern für ihre Rüben bezahlte Entgelt (Rübengelder einschließlich sonstiger Bar= oder Sachbezüge) ist dem nach vorstehen= den Grundsätzen geschätzten örtlichen Rübenmarktpreis gegenüberzustellen. Auch etwaige Nachzahlungen, die eine Zuckerfabrik nach günstiger Verwertung des aus den Rüben hergestellten Zuckers noch an ihre Gesellschafter leisten muß, gehören zum Entgelt. Die Frage des verdeckten Gewinns hängt dann nach RFH. I A 542/28 v. 28. 5. 29 (RStBl. 29 S. 509, StW. 29 Nr. 837) davon ab, ob die Gesellschaft auch Nichtgesellschaftern als Lieferern von Rüben dieselben Preise einschließlich Nachzahlungen oder niedrigere Preise wie ihren Gesellschaftern zahlen würde. Als Bestandteil des den Gesellschaftern gezahlten Entgelts ist auch die Rücklieferung von Rübenschnitzeln anzusehen, die jedoch für die Frage der verdeckten Gewinn= ausschüttung zunächst für sich betrachtet werden kann. Bevorzugt die Zuckerfabrik ihre Gesellschafter bei Verteilung der Rübenschnitzel gegenüber Lieferern, die Nichtgesellschafter sind, dann kann auch insoweit eine verdeckte Gewinnausschüttung vorliegen. Dabei kann nach RFH. I A 187/32 v. 10. 1. 33 (StW. 33 Nr. 425) der Berechnung auch der Marktpreis der Rübenschnitzel an Stelle eines aus andern Vergleichszahlen ermittelten Futterwerts zugrunde gelegt werden.

Ein verdeckter Gewinn ist aber in dem gesamten Entgelt nur insoweit gewährt, als die den Gesellschaftern gewährten Vorteile, die zunächst als Unterschiedsbetrag zwischen tatsächlichem Entgelt und örtlichem Marktpreis ermittelt sind, die den Gesellschaftern von der Zuckerfabrik etwa auferlegten **Nachteile** übersteigen. Gewöhnlich sind die Gesellschafter zu einer Mindest=

lieferung von Zuckerrüben (Pflichtrüben) verpflichtet, sie dürfen aber mehr Rüben liefern (Überrüben). Wenn sie für Pflichtrüben mehr, für Überrüben aber weniger als den Marktpreis erhalten, gilt nach RFH. I A 173/30 v. 2. 5. 31 (RStBl. 31 S. 497, StW. 31 Nr. 921) der Mehrbetrag für Pflichtrüben abzüglich des Minderbetrags für Überrüben als verschleierte Dividende. Die Verpflichtung, an eine bestimmte Zuckerfabrik und auf längere Dauer zu liefern, kann nach RFH. I A 334/30 v. 28. 4. 31 (RStBl. 31 S. 493, StW. 31 Nr. 866) bis auf weiteres nicht als eine besondere Last berücksichtigt werden, zu deren Ausgleich den Rüben liefernden Gesellschaftern ohne Annahme einer verdeckten Gewinnausschüttung ein höherer Preis als den Lieferern von Kaufrüben bewilligt werden könnte. Das käme nur in Frage, wenn allgemein je nach der Dauer der Rübenlieferungspflicht verschiedene Preise gewährt würden, also z. B. üblich wäre, daß Zuckerfabriken den Rübenlieferern, die Nichtgesellschafter sind, bei Verpflichtung auf mehrere Jahre einen Zuschlag zum sonstigen Rübenpreis bewilligten. Die Rübenanbaupflicht der Gesellschafter von Zuckerfabriken ist nach RFH. I A 54, 55/33 v. 13. 3. 34 (RStBl. 34 S. 715, StW. 34 Nr. 250) auch dann keine steuerlich zu berücksichtigende Last, wenn Nichtgesellschaftern ein Entgelt für mehrjährige Lieferungsverträge angeboten, aber keine Sicherung für den Rübenpreis eingeräumt wird. Denn während der Gesellschafter in der Lage sei, in Ausübung der ihm zustehenden Gesellschafterrechte auf die Gestaltung und Festsetzung des Rübengrundpreises einzuwirken, sei dem Nichtgesellschafter, selbst wenn er das besondere Anbauentgelt erhalte, keinerlei Einfluß auf die Festsetzung des Rübengrundpreises eingeräumt. Häufig werden auch sogenannte Wirtschaftserschwernisse geltend gemacht, die an dem Mehrbetrag des von den rübenliefernden Gesellschaftern vereinnahmten Entgelts gegenüber dem örtlichen Marktpreis abzurechnen seien. Als solche können vorkommen Verluste oder auch erhöhte Kosten durch Früh- oder Spätlieferung oder Kosten des Ausfahrens der Schlammteiche, die den Gesellschaftern in dem Überpreis besonders vergütet werden oder als besondere Aufwendungen erwachsen sind. Diese besonderen Aufwendungen der Gesellschafter sind nicht als Bestandteil des verdeckten Gewinns zu behandeln. Nach RFH. I A 39/30 (s. oben) sind als Aufwendungen für Schlammausfuhr lediglich die dadurch erwachsenen besonderen Kosten, nicht aber die laufenden Kosten der Gespannhaltung zu berücksichtigen, weil die Gespanne auch ohne diese Verpflichtung gehalten werden müßten und die laufenden Unterhaltskosten verursachten. In RFH. I A 334/30 (s. oben) wird es mit Recht abgelehnt, die Verpflichtung des Gesellschafters zum Rübenbau als besondere wirtschaftliche Erschwernis in diesem Sinn anzuerkennen, und wird das für diese angebliche Verpflichtung gezahlte Kulturgeld von 50 RM. je Morgen dem für Rüben bezogenen Entgelt hinzugerechnet.

181. Sonstige Zuwendungen.

a) Sachzuwendungen. Wenn eine AG. ihren Gesellschaftern ein Bezugsrecht auf junge Aktien einräumt, so ist dies bei Berechnung ihres steuerpflichtigen Gewinns nicht zu berücksichtigen, wie auch die Bezugsrechte nicht als Kapitaleinkünfte der Aktionäre gelten (vgl. Anm. 159 c zu § 20 EStG). Es trifft jedoch nicht zu, wenn in RFH. I A 27/30 v. 5. 6. 30 (RStBl. 30 S. 464, StW. 30 Nr. 1032) angenommen wird, bei Einräumung eines Bezugsrechts auf Obligationen sei es ebenso. Gewährt eine Gesellschaft ihren Aktionären ein Bezugsrecht auf Obligationen zu 60 v. H., so liegt insoweit eine verschleierte Dividende vor, als die Gesellschaft unter Berücksichtigung der Verzinsungsbedingungen einen höheren Ausgabepreis erreichen könnte. Konnte sie die Obligationen z. B. zu 93 v. H. ausgeben, so hat sie ihr Reinvermögen um 33 v. H. zugunsten der Aktionäre vermindert. Beizutreten ist der Entsch. darin, daß eine AG., die für Leistungen an eine andere Gesellschaft ihren Aktionären Bezugsrechte auf Aktien oder Obligationen der anderen Gesellschaft ausbedingt, damit eine verschleierte Dividende ausschüttet. Es fragt sich, ob sich der ausgeschüttete Betrag nach den Aufwendungen oder nach dem Wert der Bezugsrechte richtet. Die Entsch. nimmt

§ 6 Satz 2 KStG. Anmerkung 181.

mit Recht das letzte an. Von Bedeutung wird die Frage, wenn eine Gesellschaft A an der Bezugsrechte gewährenden B beteiligt ist. Bezahlt A für die Bezugsrechte, die ihren Aktionären gewährt werden, zuviel, so dient der Mehrbetrag über den Wert der Bezugsrechte zur Verbesserung des Wertes der Aktien von B, die A besitzt und behält; bezahlt A zu wenig oder gar nichts, so vermindert sich der Wert der B-Aktien, die A besitzt, ungefähr um den Wert der Bezugsrechte. In jedem Fall ist es richtig, als verschleierte Dividende den Wert der Bezugsrechte anzusehen.

Überläßt eine Gesellschaft bebaute Grundstücke (Wohnungen) an einen Gesellschafter zur unentgeltlichen Nutzung, so ist regelmäßig der Nutzungswert (Mietwert) der Gebäude verdeckter Gewinn. Anders aber, wenn eine Gesellschaft ein Grundstück erwirbt, mit einer Villa bebauen läßt und ihrem Alleingesellschafter oder einem ihrer Gesellschafter unentgeltlich zur Verfügung stellt. Ist in diesem Fall das Grundstück ausschließlich im Interesse des Gesellschafters und nach dessen Wünschen bebaut worden, dann dürfen, wie in RFH. I A 221/36 v. 11. 8. 36 (StW. 36 Nr. 423) unter Verweisung auf RFH. I A 142/32 (s. Anm. 179 d) ausgeführt ist, die gesamten, ausschließlich im Interesse eines Gesellschafters liegenden Aufwendungen den steuerpflichtigen Gewinn nicht mindern. Es wird deshalb gebilligt, daß alle im Zusammenhang mit dem Erwerb und der Bebauung von Grundstücken gemachten Aufwendungen, soweit sie den Gewinn der Gesellschaft minderten — Absetzungen für Abnutzung, Abschreibungen auf einen geringeren Teilwert und Verlust durch Veräußerung eines Grundstücks — als verdeckte Gewinnausschüttungen angesehen wurden. Es müssen hier zwei Fälle unterschieden werden: a) die Gesellschaft besitzt eine Villa, ohne daß gegen deren Erwerb von Geschäfts wegen etwas einzuwenden gewesen wäre, und stellt sie dem Gesellschafter unentgeltlich zur Verfügung; hier vermindert sie ihr Vermögen zugunsten des Gesellschafters nur um den Mietwert der Villa (s. Anm. 179 d); b) schon der Erwerb oder die Bebauung sind im Geschäftsinteresse nicht zu rechtfertigen; dann ist zu berücksichtigen, inwieweit der Bilanzgewinn durch Erwerb oder Bebauung gemindert ist und es sind insbesondere etwaige Abschreibungen auf den niedrigeren Teilwert dem Bilanzgewinn wieder hinzuzurechnen. Es ist also kein hinter den tatsächlichen Aufwendungen liegender Teilwert maßgebend, sondern die Aufwendungen sind der Mindestwert, mit dem die verdeckte Gewinnausschüttung anzusetzen ist, wohl aber kann ein höherer Teilwert im Zeitpunkt der Zuwendung an den Gesellschafter angesetzt werden.

Eine GmbH. wurde zum Zweck des Erwerbs und der Bebauung eines Wohnhauses für die Gesellschafter gegründet und jeder Geschäftsanteil berechtigte zur Benutzung einer Wohnung. Wenn die Gesellschafter keine Miete zahlen, sondern die durch die Verwaltung und Benutzung des Hauses entstehenden Unkosten tragen, dann ist nach RFH. I A 308/33 v. 11. 12. 34 (RStBl. 35 S. 117) in der Überlassung des Wohnrechts eine verdeckte Gewinnausschüttung insoweit zu erblicken, als die Leistungen der Gesellschafter (Unkostenanteil) einen hinter dem ortsüblichen Mietwert zurückbleibenden Wert haben.

Verdeckte Gewinne sind auch die gesamten Aufwendungen einer Gesellschaft, die zum Umbau eines Stalles in Garagen auf dem der Ehefrau des Gesellschafter-Geschäftsführers gehörigen Grundstück ausschließlich im Interesse des Gesellschafters gemacht wurden (RFH. I A 540/31 v. 14. 7. 32, RStBl. 32 S. 830, StW. 33 Nr. 109); durch die Abbuchung der Aufwendungen über Unkosten habe die Gesellschaft zu erkennen gegeben, daß sie eine Ersatzforderung an die Ehefrau des Gesellschafters nicht zu stellen beabsichtige.

Entnimmt ein Einzelkaufmann einen Gegenstand des Betriebsvermögens, so ist für die Entnahme nicht der Buchwert dieses Gegenstands maßgebend, sondern sein Teilwert, so daß die Entnahme häufig zu einem steuerlichen Buchgewinn führt, obwohl der Gegenstand gar nicht veräußert wird. Noch viel weniger kann eine GmbH. einem Gesellschafter einen Gegenstand zu einem hinter dem Teilwert zurückbleibenden Buchwert überlassen. Dabei ist der Teilwert im Sinn des § 6 Ziff. 1 Satz 3 EStG. zu berücksichtigen, dessen unterste Grenze der

Einzelveräußerungspreis (Verkehrswert) ist; mindestens sind aber die Anschaffungskosten anzusetzen (vgl. Anm. 170 Abs. 1). In RFH. VI A 1121/28 v. 11. 1. 29 (RStBl. 29 S. 325, StW. 29 Nr. 351) wurde bei Überlassung von Aktien durch die Gesellschaft an die Gesellschafter zum Buchwert der Unterschied zwischen Buchwert und Kurswert im Zeitpunkt der Zuwendung mit Recht als verdeckter Gewinn angesehen. Umgekehrt kann einem Gesellschafter durch seine Gesellschaft ein Vorteil auch dadurch zugewendet werden, daß die Gesellschaft dem Gesellschafter einen Gegenstand um einen Preis abkauft, der höher ist als der Wert des Gegenstands für die Gesellschaft. Maßstab, ob ein verdeckter Gewinn vorliegt, ist in diesem Fall nach RFH. I A 237/35 v. 11. 8. 36 (StW. 36 Nr. 465) der Wert, den z. B. ein zu erwerbendes Grundstück für die Gesellschaft hat und nicht etwa der Wert, den die Sache für jedermann hat. Hat der betreffende Gesellschafter fast alle Anteile, so wird man wohl verdeckte Gewinnausschüttung nicht nur dann annehmen, wenn einem Fremden der Preis keinesfalls bewilligt worden wäre, sondern auch schon, wenn er wahrscheinlich nicht bewilligt worden wäre. Verdeckte Gewinnausschüttung ist nicht ohne weiteres zu verneinen, wenn man etwa den Teilwert gleich dem Kaufpreis schätzen könnte; man muß auch berücksichtigen, daß ein Kauflustiger nicht immer gezwungen ist, so viel auszugeben, wie er allenfalls bewilligen könnte. Wenn wirklich der Teilwert für die Gesellschaft erheblich höher ist als der sonst zu erzielende Preis, dürfte der für die Veräußerung vom Gesellschafter an die Gesellschaft angemessene Preis etwa in der Mitte liegen. Ist nicht erheblich mehr vereinbart, erscheint Annahme einer verdeckten Gewinnausschüttung nicht geboten, ist jedoch erheblich mehr vereinbart, kann man die Höhe der verdeckten Gewinnausschüttung nach dem genannten Mittel bemessen. Wegen der Höhe der zu aktivierenden Anschaffungskosten des Gegenstands vgl. Anm. 171 Abs. 2.

Eine Sachzuwendung an die Gesellschafter kann auch in der Abtretung von Geschäftsforderungen durch die Gesellschaft an sie liegen. Nach RFH. VI A 725/34 v. 23. 10. 35 (StW. 35 Nr. 699) hängt es von den Umständen des Einzelfalls ab, ob eine Abtretung im Sinn des Zufließens erst mit dem Eingang der Zahlung bei der Gesellschaft oder aber schon vorher nach Entstehen der Forderung angenommen werden kann. Die Abtretung der Forderung müsse bei einer Familien-GmbH. ihren Niederschlag in der Buchführung der Gesellschaft gefunden haben oder doch in anderer Weise irgendwie belegt sein, z. B. durch Benachrichtigung des Schuldners von der Abtretung. Die Tatsache der Nichtaufnahme der Forderung in die Bilanz spreche noch nicht für eine Abtretung mit Wirkung des Zufließens. Andererseits könnte auch ein verdeckter Gewinn in der Weise ausgeschüttet werden, daß die Gesellschaft Forderungen ihres Gesellschafters zu einem höheren Betrag als ihrem wirklichen Werte, z. B. zweifelhafte Forderungen zum Nennwert übernimmt. Hier liegt der verdeckte Gewinn in dem Unterschiedsbetrag zwischen Nennwert und dem Betrag, den die Gesellschaft dritten, ihr nicht nahestehenden Personen im Zeitpunkt der Übernahme für die Forderung gezahlt haben würde. Wendet umgekehrt das herrschende Unternehmen seiner Organgesellschaft einen Vorteil durch Abnahme zweifelhafter Forderungen zum Nennwert zu, dann liegt in dem Unterschiedsbetrag eine verdeckte Einlage des herrschenden Unternehmens als Gesellschafters (a. M. RFH. I A 391/31 s. 168 a Abs. 2).

Dagegen wurde mit Recht in der Übernahme der Schuld einer Muttergesellschaft durch die Tochtergesellschaft die Zuwendung eines Vorteils an die alleinige Gesellschafterin des Unternehmens und damit verdeckter Gewinn gesehen (RFH. I A 539/31 v. 14. 2. 33, StW. 33 Nr. 420). Die Möglichkeit einer verdeckten Gewinnausschüttung kann auch bei Übernahme einer Schuld durch die Gesellschaft gegenüber einem Dritten liegen, wenn diese Schuldübernahme ausschließlich zugunsten der Gesellschafter erfolgt. Dies ist nach RFH. I A 36/28 v. 31. 7. 28 (RStBl. 28 S. 364, StW. 29 Nr. 125) dann der Fall, wenn die Gesellschaft die Schuld gegenüber einem Dritten, der den Gesellschafter einer GmbH. auf Herausgabe seiner Geschäftsanteile verklagt hat, zur gütlichen

§ 6 Satz 2 KStG. Anmerkung 181.

Beilegung dieses Rechtsstreits übernimmt. Die Erhaltung bestimmter Personen als Gesellschafter gehöre nicht zu den Zwecken der Kapitalgesellschaft; die Schuld sei daher betriebsfremd und könne den Gewinn nicht mindern. Die Schuldübernahme sei steuerlich entweder Kapitalrückzahlung oder verdeckte Gewinnausschüttung. Die Übernahme einer Bürgschaft durch die Gesellschaft zugunsten eines Gesellschafters stellt noch keine verdeckte Gewinnausschüttung dar, da die Übernahme der Bürgschaft noch zu keiner Verminderung des Betriebsvermögens führt. Leistet aber die Gesellschaft aus ihrer Bürgschaftsverpflichtung einen Betrag, so ist dies Gewinnausschüttung an den begünstigten Gesellschafter (RFH. VI A 1962/32 v. 1. 3. 34, StW. 34 Nr. 367).

Erwachsen einer GmbH. dadurch Betriebsausgaben, daß in ihren Gaststätten und sonstigen Betrieben mehrere nicht geschäftsführende Gesellschafter mit ihren Familien zum eigenen Verbrauch durch Selbstverzehr und durch „Traktieren" von Gästen, die Bekannte der Gesellschafter sind, Sachwerte entnehmen und nur zum Schein durch Bons bezahlen, so ist nach RFH. I A 889/29 v. 13. 5. 30 (RStBl. 30 S. 549, StW. 30 Nr. 870) für die Feststellung einer verdeckten Gewinnausschüttung maßgebend, inwieweit die Gesellschafter damit tatsächlich ihre eigenen persönlichen (geschäftlichen und gesellschaftlichen) Vorteile und inwieweit sie Kundenwerbung für die GmbH. bezweckten.

b) Barzuwendungen. Verdeckter Gewinn ist schließlich auch in allen sonstigen, zugunsten des Gesellschafters geleisteten Zahlungen der Gesellschaft zu erblicken, wenn für sie kein entsprechender Gegenwert auch in Gestalt eines Ersatzanspruchs gegen den Gesellschafter aus Geschäftsführung ohne Auftrag (vgl. § 683 BGB) in das Vermögen der Gesellschaft gelangt. Dies gilt von der Bezahlung von Personensteuern des Gesellschafters durch die Gesellschaft, die über Unkostenkonto abgebucht wurden (RFH. VI A 1878/31 v. 21. 6. 33, RStBl. 33 S. 1173, StW. 33 Nr. 711). Spenden zu gemeinnützigen, mildtätigen, kirchlichen und ähnlichen Zwecken sind nach § 12 Ziff. 4 KStG bei der Körperschaft nicht mehr als Ausgaben abzugsfähig. Sie können also keinesfalls den Gewinn einer Kapitalgesellschaft mindern; jedoch ist damit noch nicht gesagt, daß sie auch als verdeckte Gewinnausschüttung an die Gesellschafter zu behandeln seien. Voraussetzung ist, daß die von der Kapitalgesellschaft geleistete Spende dem persönlichen Bedürfnis ihrer Gesellschafter entspricht, wie es nach RFH. I A 200/34 v. 16. 1. 35 (StW. 35 Nr. 235) bei Gesellschaften mit nur wenigen Gesellschaftern und insbesondere Familiengesellschaften angenommen werden kann. In diesem Fall muß jedem Gesellschafter ein entsprechender Teil der Spende als Kapitaleinkünfte angerechnet werden. Unmöglich wird aber in der Regel bei der Spende eines Großunternehmens unterstellt werden können, sie sei für alle Aktionäre erfolgt. Wenn die beiden einzigen Gesellschafter einer GmbH. eine Teilhaberversicherung abschließen, um für den Fall des Todes eines Gesellschafters dem überlebenden Gesellschafter die Erwerbung der Anteile des verstorbenen zu ermöglichen, und wenn die Versicherungsprämien von der Gesellschaft bezahlt werden, dann wendet die GmbH. mit ihrer Zahlung den Gesellschaftern einen geldwerten Vorteil und damit verdeckten Gewinn zu, weil die Versicherung in erster Linie den Belangen der Gesellschafter dient (RFH. VI A 1910/31 v. 19. 10. 32, RStBl. 33 S. 78, StW. 32 Nr. 1152).

§ 7.

Für die Ermittlung des Einkommens ist es ohne Bedeutung, ob das Einkommen verteilt wird oder nicht. Ausschüttungen jeder Art auf Genußscheine, mit denen das Recht auf Beteiligung am Gewinn und am Liquidationserlös der Kapitalgesellschaften verbunden ist, dürfen das Einkommen nicht mindern.

Inhaltsübersicht.

1. Bedeutung und Verhältnis zum bisherigen Recht.
2. Zu Satz 1.
3. Zu Satz 2.

1. Bedeutung und Verhältnis zum bisherigen Recht.

„Im § 7 Satz 1 wird entsprechend dem § 10 Abs. 1 Satz 2 des bisherigen Gesetzes klargestellt, daß es für die Ermittlung des Einkommens ohne Bedeutung ist, ob es verteilt wird oder nicht. Durch Satz 2 wird eine in der Praxis entstandene Zweifelsfrage dahin geklärt, daß Ausschüttungen jeder Art auf Genußscheine, mit denen das Recht auf Beteiligung am Gewinn und am Liquidationserlös verbunden ist, das Einkommen nicht mindern dürfen" (Begr. zu § 7 KStG., RStBl. 35 S. 84).

2. Zu Satz 1.

Die Höhe des zu ermittelnden Einkommens der Körperschaften usw. ist nicht davon abhängig, ob das Einkommen an die Mitglieder der Körperschaften, d. h. die Aktionäre, Gesellschafter, Gewerken, Genossen und Mitglieder von Personenvereinigungen verteilt wird oder nicht. Verteilung bedeutet hier die Verwendung des Einkommens, die grundsätzlich sowohl für Körperschaft- als auch für Einkommensteuer die Ermittlung des Einkommens nicht beeinflussen darf. Das Einkommen ist ohne Rücksicht auf seine spätere Verwendung festzustellen. Durch die Vorschrift des Satz 1 wird ausdrücklich die vom Gesetzgeber beabsichtigte wirtschaftliche Doppelbesteuerung des Einkommens von Körperschaften, nämlich als Einkommen der Körperschaft und bei Ausschüttung oder Verteilung mit dem Zufließen an das Mitglied der Körperschaft (vgl. Anm. 3 zu § 1 KStG), festgelegt. Es sind deshalb auch Vereinbarungen zwischen der Körperschaft und ihren Mitgliedern (Gesellschaftern), wonach diesen der Gewinn der Körperschaft vorab zugewiesen werden soll, grundsätzlich steuerlich unbeachtlich (vgl. Anm. 174 a zu § 6 Satz 2 KStG).

Jedoch können Gewinnverteilungsabreden auch steuerrechtlich maßgebend sein und die Zurechnung des abzuführenden Gewinns zum Einkommen der Körperschaft verbieten. Dies gilt bei Organgesellschaften (auch als geschäftsführende Gesellschaften von Kartellen [Syndikaten] und im Konzernverhältnis, bei Ein- und Verkaufsgesellschaften von Kartellen (Syndikaten), auch wenn sie nicht alle Merkmale der Organgesellschaft aufweisen und schließlich bei Interessengemeinschaften (vgl. dazu Anm. 9—13 zu § 3 KStG und Anm. 174 b zu § 6 Satz 2 KStG). Als weitere Ausnahme ist die Vorschrift über die Befreiung von Stiftungen, die an die Stelle von Familienfideikomissen getreten sind, auf Grund der VO v. 13. 2. 26 (RGBl. I S. 101) anzuführen, die sich als eine sachliche Befreiungsvorschrift für die auf die unbeschränkt einkommensteuerpflichtigen Familienmitglieder verteilten Einkünfte darstellt:

„Ist eine Vermögensmasse, die zu einem standesherrlichen Hausvermögen, einem Familienfideikommiß, einem Lehen oder einem Erbstammgut gehört hat, ganz oder zum Teil nach den für die Ablösung geltenden Vorschriften in eine Stiftung umgewandelt worden, so bleiben bei der Veranlagung einer solchen Stiftung zur Körperschaftsteuer die Einkünfte außer Ansatz, die nach der Stiftungssatzung bezugsberechtigten, unbeschränkt einkommensteuerpflichtigen Familienmitglieder verteilt werden".
Diese VO ist auch bei der Veranlagung für die Kalenderjahre 1936 und 1937 anzuwenden (BR 37 H IV 3, RStBl. 38 S. 233, f. Anh. 17). Weiter bedeutet eine sachliche Steuerbefreiung der an die Berechtigten ausgeschütteten Beträge die Vorschrift des § 1 der VO über die Befreiung der hamburgischen Testamente von der Körperschaftsteuer v. 12. 11. 21 (RStBl. S. 1359), die noch nicht aufgehoben ist:

„Nachlaßmassen, die auf Grund des in Hamburg vor dem Jahre 1900 geltenden Rechts selbständige Rechtspersönlichkeit erlangt haben (Alte hamburgische Testamente), sind von der Körperschaftsteuer befreit, soweit ihre Erträge bei der Veranlagung der Nutzungsberechtigten zur Einkommensteuer nach dem Einkommensteuergesetz als steuerbare Einkünfte in Ansatz zu kommen haben.
Der Absatz 1 gilt nicht für solche hamburgische Testamente, die ein Gewerbe betreiben."

3. Zu Satz 2.

Wegen der Frage, unter welchen Voraussetzungen Genußscheine als Gesellschaftsrechte zu behandeln sind, vgl. Anm. 15 b zu § 1 KStG und wegen der Ausschüttungen auf die Genußscheine als Ertrag des Gesellschaftsrechts vgl. Anm. 159 b zu § 20 EStG.

2. Sachliche Befreiungen.

§ 8.
Bei Personenvereinigungen.

Bei Personenvereinigungen, die unbeschränkt steuerpflichtig sind, bleiben für die Ermittlung des Einkommens die auf Grund der Satzung erhobenen Beiträge der Mitglieder außer Ansatz.

Inhaltsübersicht.
1. Verhältnis zum bisherigen Recht und Bedeutung.
2. Persönlicher Geltungsbereich.
3. Begriff der Mitgliederbeiträge.
   a) Beitrag nach Satzung.
   b) Ausnahme: Leistungsaustausch.
4. Beschränkung des Ausgabenabzugs.

Schrifttum. Oermann, Die Steuerfreiheit der Mitgliederbeiträge nach § 8 KStG, DStZ. 38 S. 493.

1. Verhältnis zum bisherigen Recht und Bedeutung.

„Die Vorschrift entspricht dem § 11 Abs. 1 Ziff 6 des bisherigen Gesetzes. Die Einfügung der Worte „auf Grund der Satzung erhoben" soll eine ungerechtfertigte Ausdehnung des Begriffs „Mitgliederbeiträge" verhindern" (Begr. zu § 8 KStG, RStBl. 35 S. 84).

Es ist eigentlich selbstverständlich, daß die Beiträge der Mitglieder von Personenvereinigungen als satzungsmäßig vorgeschriebene Übertragung von Vermögen der Mitglieder auf ihre Vereinigung nicht zu den Einkünften der Personenvereinigung zu rechnen sind; denn es ist das nur das Gegenstück dazu, daß die Gewinnausschüttungen der Personenvereinigungen an ihre Mitglieder nicht als Betriebsausgaben den steuerpflichtigen Gewinn mindern dürfen.

2. Persönlicher Geltungsbereich.

Unter Personenvereinigungen sind alle Zusammenschlüsse natürlicher oder juristischer Personen zu einer Körperschaft oder auch zu nichtrechtsfähigen Vereinen zu verstehen. Unter die Vorschrift des § 8 fallen daher auch die Kapitalgesellschaften, obwohl bei diesen die Eigenschaft als Personenvereinigungen durch ihren eigentlichen Zweck, die Ausstattung der Kapitalgesellschaften als Rechtspersonen mit dem für ihre Betriebe benötigten Kapital zu ermöglichen, so zurückgedrängt wird, daß sie auch dann noch fortbestehen, wenn als Inhaber des in Anteile zerlegten Grund- und Stammkapitals nur noch eine einzige natürliche oder juristische Person vorhanden ist. Jedoch ist die Bedeutung der Vorschrift für die Kapitalgesellschaften insofern erheblich eingeschränkt, als sie auf alle Zuwendungen der Gesellschafter an die Kapitalgesellschaft keine Anwendung finden kann, die auf gesellschaftsrechtlicher Grundlage, nämlich als Einlagen geleistet werden. Die Einlagen können nach dem allgemeinen Grundsatz, daß gesellschaftsrechtliche Vorgänge die Gewinnermittlung nicht beeinflussen dürfen, keine steuerpflichtige Erhöhung des Betriebsvermögens herbeiführen, und zwar gleichgültig, ob sie nach Gesellschaftsvertrag oder Satzung oder auf Gesellschaftsbeschluß bei Kapitalerhöhung oder aber auch, im Gegensatz zu den Mitgliederbeiträgen, freiwillig ohne satzungsmäßige Verpflichtung geleistet werden (vgl. dazu Anm. 8 a zu § 2 EStG). Mit Recht wird daher in RFH. I A 623/28 v. 14. 11. 29 (E. 26 S. 124, RStBl. 30 S. 41, StW. 30 Nr. 165) auf diesen Unterschied hingewiesen, der zwischen Kapitalgesellschaften und sonstigen Personenvereinigungen besteht, die die Mittel zur Verfolgung ihrer Ziele durch laufende Beiträge ihrer Mitglieder und nicht wie die Kapitalgesellschaft durch Einlagen bei der Errichtung und auch dann nach Bedarf zur Erhöhung oder Wiederauffüllung des Gesellschaftsvermögens erhalten. Nur ausnahmsweise könne eine Kapitalgesellschaft von ihren Mitgliedern kraft Gesellschaftsrechts außer den festen Einlagen laufende Beiträge beziehen, wenn dies im Gesellschaftsvertrag ausdrücklich festgelegt sei (§ 212 HGB, jetzt § 50 AktG betr. Nebenverpflichtungen

§ 8 KStG. Sachliche Befreiungen bei Personenvereinigungen.

der Aktionäre zu wiederkehrenden, nicht in Geld bestehenden Leistungen und § 3 GmbHG). Als Einlagen gelten weiter auch die genossenschaftlichen Einlagen der Mitglieder von Erwerbs- und Wirtschaftsgenossenschaften. Der persönliche Geltungsbereich des § 8 erstreckt sich daher in erster Linie auf rechtsfähige und nichtrechtsfähige Vereine. Auf Versicherungsunternehmen ist § 8 nach § 21 Abs. 2 I. KStDVO nicht anzuwenden. Diese Vorschrift dient nach VR 37 H V Abs. 2 (RStBl. 38 S. 234, s. Anh. 17) lediglich der Klarstellung. Die Beiträge dienen dazu, dem zahlenden Mitglied die Anwartschaft auf die Schadensersatzleistung des Vereins im Schadensfall sicherzustellen. Mitgliederbeiträge sind weiter ausgeschlossen im Verhältnis einer Körperschaft des öffentlichen Rechts und ihrem nach § 1 Abs. 1 Ziff. 6 KStG steuerlich selbständigen Betrieb gewerblicher Art. Liefert der Betrieb bestimmte Beträge an die übergeordnete Körperschaft ab, so handelt es sich um die Verwendung von Einkommen des steuerlich selbständigen Betriebs (RFH. I A 171/33 v. 29. 5. 34, RStBl. 34 S. 875, StW. 34 Nr. 563, I A 95/33 v. 8. 5. 34, RStBl. 34 S. 873, StW. 34 Nr. 448).

3. Begriff der Mitgliederbeiträge.

§ 21 Abs. 1 I. KStDVO bestimmt:

„Mitgliederbeiträge im Sinn des § 8 des Gesetzes sind Beiträge, die die Mitglieder einer Personenvereinigung lediglich in ihrer Eigenschaft als Mitglieder nach den Satzungen zu entrichten verpflichtet sind."

a) Bei dieser **Begriffsbestimmung** ist nach den VR 37 a. a. O. Abs. 1 die Rechtsprechung des RFH. berücksichtigt. Mitgliederbeiträge sind die Beiträge, durch deren Erhebung sich Personenvereinigungen und vor allem Vereine ohne wirtschaftliche Zwecke die Mittel verschaffen, mit denen sie ihre satzungsmäßigen Zwecke für ihre Mitglieder erfüllen (RFH. E. 13 S. 126). Dazu gehören die Eintrittsgelder, laufenden Mitgliederbeiträge und alle sonstigen Beträge, die die Mitglieder als solche nach der Satzung an den Verein zur Erfüllung seiner Zwecke abführen müssen, also auch satzungsmäßig auferlegte Strafen und Verzugszuschläge. Voraussetzung ist aber, daß das Mitglied aus seinem Vermögen etwas an die Personenvereinigung, sei es durch Barzahlung oder durch Abtretung eines Sachwerts, leistet. Wenn z. B. eine ärztliche Verrechnungsstelle, d. h. ein Verein, der die Honorarforderungen der als Mitglieder angeschlossenen Ärzte einzieht, einen Teil der von den Ärzten liquidierten Beträge als Provisionen einbehält, dann liegen Beiträge vor (RFH. I A 347/28 v. 30. 10. 28, E. 24 S. 173, RStBl. 28 S. 369, StW. 29 Nr. 119). Zieht sie dagegen die liquidierten Beträge mit einem Aufschlag ein, so ist der Aufschlag steuerpflichtige Einnahme der Verrechnungsstelle. Im ersten Fall leistet der Arzt mit einem Teil seiner Forderung einen Mitgliedsbeitrag, im zweiten Fall aber nicht. Auf die Eigenschaft der Provision als Mitgliedsbeitrag ist es nach RFH. I A 121/31 v. 10. 11. 32 (RStBl. 32 S. 1141, StW. 33 Nr. 125) ohne Einfluß, daß der Arzt bei Bemessung seiner Forderung die Einziehungskosten mitkalkuliert hat, und ebenso der Umstand, daß sich die Provisionen nach den Honoraren richten und daher die einzelnen Mitglieder verschiedene Beiträge leisten. Gewährt ein Verein seinen Mitgliedern für ihre Einlagen weniger Zins, als sie bei einer öffentlichen Sparkasse an Zinsen erhalten würden, so bedeutet der Verzicht der Mitglieder auf die Zinsen, die ihnen an sich zuständen, eine Bereicherung des Vereins auf Kosten der Mitglieder. Es liegt nach RFH. I A 142/31 v. 13. 10. 31 (RStBl. 31 S. 967, StW. 32 Nr. 49) eine Beitragsleistung der Mitglieder vor. Wenn die Personenvereinigung die durch Mitgliederbeiträge aufgebrachten Beträge verzinslich anlegt, so legt sie ihr eigenes Geld an. Die Zinsen sind Kapitaleinkünfte und nicht Mitgliederbeiträge (RFH. I A 324/30 v. 2. 12. 30, RStBl. 31 S. 115, StW. 31 Nr. 121 und I A 234/32 v. 13. 6. 33, RStBl. 33 S. 682).

In sachlicher Beziehung enthält die Vorschrift des § 8 KStG, wie in Anm. 1 erwähnt, gegenüber der bisherigen Regelung insofern eine Einschränkung, als die Steuerbefreiung nur noch auf die nach der Satzung erhobenen Beiträge der Mitglieder beschränkt ist. Im Zeitpunkt der Erhebung des Beitrags muß also eine satzungsmäßige Verpflichtung der Mitglieder zur Leistung dieses Beitrags bestehen. Soweit daher die nachstehend aufgeführten Entscheidungen des RFH. als Mitgliedsbeitrag im Sinn des bisherigen Rechts auch einen Beitrag angesehen haben, der neben oder an Stelle des in der Satzung vorgeschriebenen Beitrags erhoben wird, könnten derartige Beiträge nunmehr nicht mehr als Mitgliedsbeitrag im Sinn des § 8 anerkannt werden.

b) Die Mitglieder von Personenvereinigungen müssen lediglich in ihrer Eigenschaft als Mitglieder nach den Satzungen zur Entrichtung der Beiträge verpflichtet sein. Die Eigenschaft von Mitgliederbeiträgen ist daher solchen Leistungen der Mitglieder an die Vereinigung abzusprechen, die sich als Gegenleistung für eine Leistung der Vereinigung darstellen. Insoweit sind sie Entgelt und ihre Zahlung beruht nicht lediglich auf der Mitgliedereigenschaft des zahlenden Mitglieds. Wenn die Personenvereinigung ihren Mitgliedern etwas leistet und dafür von ihren Mitgliedern Geldzahlungen empfängt, erzielt die Vereinigung einen Überschuß, wenn sie die Leistungen an ihre Mitglieder weniger kosten, als die Zahlungen der Mitglieder im ganzen betragen. Man könnte nun sagen, der Überschuß beruhe doch immer darauf, daß die Mitglieder mehr zahlten, als nötig sei. Die Mitglieder vergüteten der Vereinigung nicht nur ihre Leistungen, sie wendeten ihr auch mehr oder minder versteckt freiwillige Beiträge zu, die der Verein deshalb nicht durch seinen Betrieb oder seine Betätigung verdient habe. Die den Gegenwert übersteigenden Beträge seien daher steuerfreie Beiträge. Der RFH. hat sich zunächst nicht auf diesen Standpunkt gestellt.

Wie in Anm. 2 ausgeführt, wurde in RFH. I A 623/28 (s. Anm. 2) darauf verwiesen, daß sich die Erwerbsgesellschaften mit Rechtspersönlichkeit die zur Erreichung ihrer wirtschaftlichen Zwecke erforderlichen Mittel durch Kapitaleinlagen und nicht durch laufende Beiträge der Gesellschafter erhalten. In den Leistungen der Gesellschafter Beiträge zu sehen, widerspreche der gesetzlichen Regel; daher seien auch Beiträge nicht zu vermuten. In den Fällen, in denen solche Erwerbsgesellschaften (Kapitalgesellschaften und nicht nach § 4 Abs. 2 KStG 1925 begünstige Erwerbs- und Wirtschaftsgenossenschaften) mit ihren Mitgliedern Leistungen und Gegenleistungen austauschen, sei mindestens bis zum Beweis des Gegenteils anzunehmen, daß die der Gesellschaft zufließende Gegenleistung keinen Gesellschafterbeitrag, sondern eine Einzelvergütung für die Leistung der Erwerbsgesellschaft darstelle. Dabei ist nach RFH. I A 385/30 v. 9. 6. 31 (RStBl. 31 S. 847, StW. 31 Nr. 923) eine Leistung der Gesellschaft, die vergütet werden kann, auch darin zu erblicken, daß die Gesellschaft ihre gesellschaftliche Einrichtung zur Verfügung hält. Weiter gelten die Grundsätze nicht nur, wenn die Beiträge nach Inanspruchnahme der Gesellschaftsleistungen abgestuft sind, sondern in der Regel auch, soweit sie sich nach der Größe der Beteiligung bemessen. Nur wenn die Beiträge ersichtlich den Wert der Leistung der Gesellschafter übersteigen, unterliegt der Mehrbetrag nicht der Körperschaftsteuer, sondern der Gesellschaftsteuer. Stets ist ein Austausch von Leistung und Gegenleistung bei allen Versicherungsunternehmen einschließlich der Versicherungsvereine auf Gegenseitigkeit anzunehmen (s. Anm. 2). Die Leistungen der Mitglieder sind daher niemals steuerfreie Mitgliederbeiträge, gleichgültig, ob sie laufend oder als Eintritts- oder Einkaufsgelder einmalig erhoben werden (RFH. I A 134/36 v. 6. 4. 37, RStBl. 37 S. 900, StW. 37 Nr. 267).

Nach RFH. I A 196/32 v. 6. 12. 32 (E. 32 S. 161, RStBl. 33 S. 329, StW. 33 Nr. 234) gilt die in I A 623/28 für Erwerbsgesellschaften ausgesprochene Vermutung auch für Personenvereinigungen ohne Rechtspersönlichkeit, die einen wirtschaftlichen Geschäftsbetrieb unterhalten und mit ihren Mitgliedern Leistungen und Gegenleistungen austauschen. Mit Recht erachtet der RFH. bei Vereinen mit geselligen Zwecken vorstehende Grundsätze als nicht gerechtfertigt, wohl aber bei Vereinen mit gewerblichen Zwecken. Außerdem sei ein Austausch von Leistungen und Gegenleistungen nicht nur dann anzunehmen, wenn einzelne Leistungen mit Einzelvergütungen abgegolten würden. Leistungen könnten auch in der Weise vergütet werden, daß ein Pauschbetrag für mehrere, insbesondere laufende Leistungen gewährt werde. Auch könne die Höhe der Vergütungen nach dem Umsatz, der mit den von der Gesellschaft gewährten Leistungen erzielt werde, bemessen werden. Unter Hinweis auf vorstehende Grundsätze wurde in RFH. I A 137/33 v. 29. 5. 34 (RStBl. 34 S. 907) der von einer Milchhändlergenossenschaft (Erwerbsgesellschaft) erhobene Aufschlag, der von der Einkaufsgenossenschaft mit 2 Rpf. auf 1 Liter Milch als Unkostenaufschlag von den Mitgliedern erhoben wurde, nicht als Beitrag anerkannt. Andererseits werden in RFH. I A 225/29 v. 19. 11. 29 (RStBl. 30 S. 92, StW. 30 Nr. 168) unter Aufrechterhaltung der grundsätzlichen Auffassung bei Genossenschaften, bei denen das persönliche Moment eine ganz andere Rolle spiele als bei Kapitalgesellschaften, Eintrittsgelder als Beiträge für abzugsfähig erklärt, weil sie nicht unmittelbar Entgelt für eine Gegenleistung der Vereinigung seien. Dagegen wurde eine Zerlegung der von den Vereinigungen erhobenen Beträge ohne weiteres für erforderlich gehalten bei den Provisionen der ärztlichen Verrechnungsstellen (RFH. I A 121/31 s. Abs. 1), die als Entgelt nur insoweit angesehen wurden, als sie durch die Unkosten (Kosten der Rechnungseinziehung) aufgezehrt und nicht für allgemeine Zwecke des Vereins erübrigt wurden. Ebenso sind nach RFH. I A 252/32 v. 10. 10. 33 (RStBl. 33 S. 1288) und I A 231/33 v. 10. 10. 33 (RStBl. 34 S. 493) die Beiträge, die Rabattsparvereine von ihren Mitgliedern durch einen Abzug von 5 v. H. beim Umtausch der vollgeklebten Sparbücher oder durch einen Blockaufschlag erheben, nur insoweit als Mitgliederbeiträge anzusehen, als sie nicht zur Deckung der Unkosten für die Ausgabe der Markenbücher benötigt werden, sondern für allgemeine Zwecke des Vereins dienen, die allen Mitgliedern gleichmäßig zugute kommen. Wenn ein Verein, der keine Erwerbszwecke, sondern z. B. gesellige Zwecke verfolgt, seinen Mitgliedern aus einem von ihm unterhaltenen Weinlager Wein zu einem die Gestehungskosten übersteigenden Preise überläßt, so liegen in Höhe des Aufschlags nicht Mitgliederbeiträge, sondern Entgelte für die Weinlieferung und damit Teile des Kaufpreises vor. An dieser Beurteilung ändert nach RFH. I A 392/36 v. 9. 2. 37 (RStBl. 37 S. 430, StW. 37 Nr. 156) der Umstand nichts, daß der Aufschlag für Vereinszwecke verwendet wird und es erlaubt, die Mitgliederbeiträge niedriger zu halten.

4. Beschränkung des Ausgabenabzugs.

Die unter § 8 fallenden Mitgliederbeiträge bleiben bei Berechnung des Einkommens der Personenvereinigung in voller Höhe außer Ansatz. Der Nichtberücksichtigung der Mitgliederbeiträge entspricht nach der Rechtsprechung des RFH. zum KStG 1925 grundsätzlich die Nichtberücksichtigung derjenigen Ausgaben, die im unmittelbaren oder mittelbaren Zusammenhang mit den Beiträgen stehen (vgl. z. B. RFH. I A 262/28 v. 5. 6. 28, RStBl. 28 S. 288, StW. 28 Nr. 673, I A 442/30 v. 10. 5. 32, RStBl. 32 S. 632, StW. 32 Nr. 1088). Die Beschränkung des Ausgabenabzugs bei steuerfreien Mitgliederbeiträgen ist nunmehr ein Anwendungsfall des § 13 Satz 1 KStG. Stehen die Ausgaben, die mit den steuerfreien Mitgliederbeiträgen unmittelbar wirtschaftlich zusammenhängen, nicht der Höhe nach fest, so sind sie zu schätzen. In RFH. I A 228/33 v. 17. 10. 33 (RStBl. 33 S. 1244) wird die Zerlegung der Ausgaben nach dem Verhältnis der steuerfreien Einnahmen zu den Gesamteinnahmen als Schätzungsmaßstab gebilligt.

§ 9.
Bei Schachtelgesellschaften.

(1) Ist eine unbeschränkt steuerpflichtige Kapitalgesellschaft nachweislich seit Beginn des Wirtschaftsjahrs ununterbrochen an dem Grund- oder Stammkapital einer anderen unbeschränkt steuerpflichtigen Kapitalgesellschaft in

Form von Aktien, Kuxen oder Anteilen mindestens zu einem Viertel unmittelbar beteiligt, so bleiben die auf die Beteiligung entfallenden Gewinnanteile jeder Art außer Ansatz. Ist ein Grund- oder Stammkapital nicht vorhanden, so tritt an seine Stelle das Vermögen, das bei der letzten Veranlagung zur Vermögensteuer festgestellt worden ist.

(2) Soweit die Gewinnanteile außer Ansatz bleiben, ist der Steuerabzug vom Kapitalertrag nicht vorzunehmen.

(3) Diese Vorschriften gelten entsprechend, wenn Reich, Länder, Gemeinden und Gemeindeverbände oder Betriebe von inländischen Körperschaften des öffentlichen Rechts an unbeschränkt steuerpflichtigen Kapitalgesellschaften beteiligt sind.

Inhaltsübersicht.

1. Verhältnis zum bisherigen Recht und Zweck der Vorschrift.
2. Voraussetzungen für die Schachtelvergünstigung in persönlicher Hinsicht.
   a) Für die Obergesellschaft.
   b) Für die Untergesellschaft.
3. Voraussetzungen für die Schachtelvergünstigung hinsichtlich der Beteiligung.
   a) Beteiligung am Grund- oder Stammkapital.
   b) Unmittelbare Beteiligung.
   c) Dauer der Beteiligung.
4. Umfang der Steuerbefreiung.
   a) Gewinnanteile jeder Art.
   b) Ausgeschüttete Gewinnanteile.
   c) Durchführung der Befreiung.
   d) Keine Auswirkung auf die Bewertung der Schachtelbeteiligung und auf die Verwendung der Schachteldividende durch die Obergesellschaft (Mindestbesteuerung).
5. Befreiung von der Kapitalertragsteuer.
   a) Regel.
   b) Behandlung nach dem Anleihestockgesetz.

1. Verhältnis zum bisherigen Recht und Zweck der Vorschrift.

„Um zu klaren Beteiligungs- und Verantwortungsverhältnissen in der Wirtschaft zu kommen, war erwogen worden, die Schachtelvergünstigung (bisher § 11 Abs. 1 Nr. 3 KStG) zu beseitigen oder einzuschränken. Die Frage ist sehr eingehend im Finanzsteuerrechtsausschuß der Akademie für Deutsches Recht erörtert worden. Dort wurde geltend gemacht, daß die völlige Beseitigung oder auch die Einschränkung der bestehenden Schachtelvergünstigung zu einer erheblichen Mehrbelastung der Gesellschaften führen könne. In vielen Fällen sei es gegenwärtig nicht möglich, die Verschachtelungen aufzulösen. Es wurde auch darauf hingewiesen, daß die Aufhebung der Schachtelvergünstigung zu einem stärkeren Zusammenschluß von bisher selbständigen Gesellschaften und damit zu unerwünschter Bildung von Riesenunternehmen führen könne.

Das neue Gesetz läßt die Schachtelvergünstigung bei der Ermittlung des Einkommens (§ 6) in der bisherigen Höhe bestehen. An dem Ziel, das Schachtelprivileg allmählich abzubauen (Reinhardt'scher Steuerreform-Plan Abschnitt IV, RStBl. 34 S. 763) soll festgehalten werden. Im Gegensatz zum bisherigen § 11 Abs. 1 Nr. 3 ist im neuen Gesetz die Beteiligung in Form von Genußscheinen nicht mehr erwähnt worden, weil eine Beteiligung am Grund- oder Stammkapital in Form von Genußscheinen nicht vorkommt.

. . . .

Absatz 2 entspricht dem § 25 des bisherigen Gesetzes.

Absatz 3 entspricht dem § 3 Abs. 3 des bisherigen Gesetzes. Genau genommen handelt es sich nicht um Schachtelgesellschaften, wenn die öffentlich-rechtlichen Körperschaften mindestens zu einem Viertel an einer Kapitalgesellschaft beteiligt sind. Es erschien jedoch zweckmäßig, die Vorschrift hier anzufügen" (Begr. zu § 9 KStG Abs. 1, 2, 4 und 5, RStBl. 35 S. 84).

Wenn eine Kapitalgesellschaft A an dem Vermögen einer Kapitalgesellschaft B beteiligt ist, so werden die von B erzielten Gewinne, soweit sie ausgeschüttet werden, zunächst bei B zur Körperschaftsteuer herangezogen, weiter würden sie aber auch

§ 9 KStG. Sachliche Befreiungen bei Schachtelgesellschaften.

nach der Ausschüttung als Gewinn der Gesellschaft A der Körperschaftsteuer unterliegen. Sie würden also, eine Ausschüttung von A an ihre Gesellschafter unterstellt, zweimal der Körperschaftsteuer unterliegen, bevor sie an die Gesellschafter von A gelangen können, die die Bezüge regelmäßig wiederum als Einkünfte aus Kapitalvermögen zur Einkommen- oder Körperschaftsteuer zu versteuern haben. Die Gesellschafter von A werden also von der für sie eine Objektsteuer darstellenden Körperschaftsteuer doppelt getroffen. Diese Doppelbesteuerung soll unter den Voraussetzungen des § 9 KStG auf diejenigen Fälle beschränkt werden, in denen die Gesellschaft A an der Gesellschaft B nur in geringem Maße beteiligt ist.

2. Voraussetzungen für die Schachtelvergünstigung in persönlicher Hinsicht.

a) Die Gesellschaft, die aus der wesentlichen Beteiligung an einer Kapitalgesellschaft Gewinnanteile bezieht (**Obergesellschaft,** weniger richtig die Bezeichnung Muttergesellschaft, da diese begrifflich die Beteiligung zu 100 v. H. voraussetzt), muß eine unbeschränkt steuerpflichtige Kapitalgesellschaft sein. Sie muß eine Kapitalgesellschaft im Sinn des § 1 Abs. 1 Ziff. 1 KStG sein, eine AG., KoGaA., Kolonialgesellschaft oder bergrechtliche Gewerkschaft, die ihre Geschäftsleitung oder ihren Sitz im Inland hat. Der Kreis der begünstigten Personen ist demnach gegenüber dem bisherigen Gesetz auf Kapitalgesellschaften als Obergesellschaften beschränkt. Nach § 22 Abs. 2 I. KStDVO gilt die Vergünstigung für Schachtelgesellschaften unter den Voraussetzungen des § 9 des Gesetzes und des § 22 Abs. 1 a. a. O. auch für Aktien, Kuxe oder Anteile, die einem unbeschränkt steuerpflichtigen Versicherungsverein auf Gegenseitigkeit gehören (vgl. auch WR 37 H VI Abs. 2, RStBl. 38 S. 234, f. Anh. 17).

Nach § 9 Abs. 3 gelten die Vorschriften über die Schachtelvergünstigung entsprechend, wenn Reich, Länder, Gemeinden und Gemeindeverbände oder Betriebe von inländischen Körperschaften des öffentlichen Rechts an unbeschränkt steuerpflichtigen Kapitalgesellschaften beteiligt sind. Diese dem bisherigen Rechtszustand entsprechende Regelung (§ 3 Abs. 3 KStG 1925) bedeutet, soweit die Betriebe von öffentlich-rechtlichen Körperschaften nicht in die Rechtsform der Kapitalgesellschaft gekleidet sind, eine Ausnahme von dem Grundsatz des Abs. 1 des Gesetzes, daß die Obergesellschaft selbst als Inhaberin der wesentlichen Beteiligung ebenfalls eine Kapitalgesellschaft sein muß. Weiter sind aber auch Reich, Länder, Gemeinden und Gemeindeverbände nicht unbeschränkt steuerpflichtig, sondern nach § 2 Ziff. 2 KStG nur beschränkt mit den inländischen steuerabzugspflichtigen Einkünften, zu denen nach § 43 Abs. 1 Ziff. 1 EStG auch die auf Beteiligungen an Kapitalgesellschaften entfallenden Gewinnanteile gehören. Auch für Betriebe von öffentlich-rechtlichen Körperschaften ist nicht die unbeschränkte Steuerpflicht nach § 1 Abs. 1 Ziff. 6 KStG Voraussetzung für die Schachtelvergünstigung; auch nach § 4 Abs. 1 KStG befreite und daher nur nach § 4 Abs. 1 2. a. a. O. beschränkt steuerpflichtige Betriebe, wie z. B. die Staatsbanken, fallen unter Abs. 3 (RFH. I A 383/36 v. 16. 3. 37, E. 41 S. 153, RStBl. 37 S. 629, StW. 37 Nr. 269). Für öffentlich-rechtliche Versicherungsanstalten gilt die Schachtelvergünstigung ebenfalls auf Grund von Abs. 3 (vgl. WR 37 H VI Abs. 2 Satz 2 a. a. O.).

b) Auch **die Gesellschaft, die die Schachteldividende ausschüttet (Untergesellschaft),** muß eine unbeschränkt steuerpflichtige Kapitalgesellschaft im Sinn des § 1 Abs. 1 Ziff. 1 KStG sein. Die Betriebe von Körperschaften des öffentlichen Rechts können daher als Untergesellschaften nur in Frage kommen, wenn sie in der Rechtsform der Kapitalgesellschaft gegründet sind. Nach dem Zweck der Schachtelvergünstigung, Vermeidung der doppelten Besteuerung der gleichen Gewinnanteile bei zwei Kapitalgesellschaften, muß die Untergesellschaft der inländischen Besteuerung unterliegen. Daher scheiden Beteiligungen an ausländischen Gesellschaften, die im Inland nicht unbeschränkt steuerpflichtig sind, aus. Aus dem gleichen Grund ist weiter die Schachtelvergünstigung nach RFH. I A 70/34 v. 30. 7. 35 (RStBl. 35 S. 1198, StW. 35 Nr. 550) zu versagen, wenn die Untergesellschaft zwar eine inländische Gesellschaft ist, aber durch eine besondere Vorschrift des Gesetzes von der Körperschaftsteuer persönlich befreit ist. Die persönliche Steuerbefreiung ist also dem Mangel der unbeschränkten Steuerpflicht gleichzustellen, nicht aber die sachliche Steuerbefreiung. Denn nach RFH. I A 127/36 v. 22. 9. 36 (E. 40 S. 37, RStBl. 36 S. 1182, StW. 36 Nr. 511) kann die Schachtelvergünstigung nicht versagt werden, wenn die unbeschränkt steuerpflichtige Untergesellschaft auf Grund besonderer Vorschrift für einen Teil ihrer Einkünfte sachliche Steuerbefreiung genießt. Dann seien die von ihr ausgeschütteten Gewinne bei der Obergesellschaft gleichwohl in vollem Umfang, aber auch insoweit steuerfrei, als sie bei der Untergesellschaft nicht zur Körperschaftsteuer herangezogen werden könnten. Als Grund der sachlichen Befreiung können auch Staatsverträge (Doppelbesteuerungsabkommen) in Betracht kommen. Wenn eine inländische GmbH. in Österreich eine Zweigniederlassung unterhält und der auf diese entfallende Teil des Gewinns auf Grund des Doppelbesteuerungsabkommens nicht der deutschen Körperschaftsteuer unterlag, war die Schachtelvergünstigung in voller Höhe gegeben, wenn der Gewinn an zwei inländische AG. ausgeschüttet wurde, die an der GmbH. wesentlich beteiligt waren. Dieser Grundsatz des RFH. verhindert zahlreiche Schwierigkeiten, die bei einer teilweisen Versagung der Vergünstigung auftreten würden und trägt wohl auch dem Gedanken der Doppelbesteuerungsabkommen Rechnung. Wenn der eine Staat darin auf eine nach seinen Vorschriften gerechtfertigte Steuer verzichtet, wäre es nicht billig, daß er unter Umständen auf andere Weise einen Ersatz dafür erhält, daß ihn also der Verzicht nichts kostet.

3. Voraussetzungen für die Schachtelvergünstigung hinsichtlich der Beteiligung. a) Die Beteiligung an dem Grund- oder Stammkapital muß nach § 9 Abs. 1 Satz 1 in Form von Aktien, Kuxen oder Anteilen mindestens ein Viertel betragen. Dies bedeutet bei AG. und KoGaA. die Beteiligung zu einem Viertel des Grundkapitals. Jede Aktie lautet bekanntlich auf einen Nennbetrag, die Summe der Nennbeträge ergibt das Grundkapital. Mindestens ein Viertel dieses Grundkapitals muß die Kapitalgesellschaft usw. in Gestalt von Aktien in Händen haben. Auf den verschiedenen Wert der Stammaktien, Vorzugsaktien usw. kommt es nicht an, ebensowenig darauf, ob die Aktien voll einbezahlt sind oder nicht, und es ist auch ganz gleichgültig, ob die Körperschaft die Aktien nur als Vorratsaktien besitzt wie andererseits, ob die Aktiengesellschaft einen Teil ihrer eigenen Aktien zurückerworben hat. Genußscheine werden nicht selten eine Beteiligung am Grundkapital darstellen, obwohl sie für die Körperschaftsteuer als Gesellschaftsrechte aufzufassen sind, wenn sie eine Beteiligung am Gewinn und Abwicklungserlös verkörpern (vgl. Anm. 15 b zu § 1 KStG und Anm. 159 b zu § 20 EStG). Eine Beteiligung am Abwicklungserlös genügt aber nicht, um sie zu einer Beteiligung am Grundkapital zu machen. Deshalb wird auch in der Begr. zu § 9 KStG (vgl. Anm. 1) hervorgehoben, im neuen Gesetz sei die Beteiligung in Form von Genußscheinen nicht erwähnt worden, weil eine Beteiligung am Grund- oder Stammkapital in Form von Genußscheinen nicht vorkomme. Trotz dieser Rechtslage sollen aber nach RFH. I A 21/37 v. 9. 3. 37 (E. 41, S. 150, RStBl. 37 S. 682, StW. 37 Nr. 268) Genußscheine, mit denen das Recht auf Beteiligung am Gewinn und Abwicklungserlös verbunden ist (§ 7 Satz 2 KStG) und die unter den Voraussetzungen des § 9 Abs. 1 KStG die Schachtelvergünstigung genießen, auch bei Feststellung der Höhe der Beteiligung dem Grund- oder Stammkapital hinzugerechnet werden. Bei der KoGaA. bleiben die Vermögenseinlagen der persönlich haftenden Gesellschafter, die nicht auf das Grundkapital geleistet werden (vgl. § 322 Abs. 2 HGB bzw. § 222 Abs. 2 AktG), für die Feststellung des Grundkapitals und der Höhe der Beteiligung der Schachtelgesellschaft unberücksichtigt. Bei den GmbH. kommt es auf die Beteiligung am Stammkapital an. Jedoch ist nicht immer nur das Verhältnis des Nennbetrags der im Besitz der Schachtelgesellschaft befindlichen Stammanteile zum Nennbetrag des Stammkapitals entscheidend; soweit in sonstigen Forderungsrechten (Darlehen, Pachtrechten) der Gesellschafter für die Körperschaftsteuer verdeckte Stammeinlagen zu sehen sind (vgl. dazu Anm. 15 d zu § 1 KStG), sind sie auch für die Berechnung des Hundertsatzes der Beteiligung der Obergesellschaft durch Hinzurechnung zum Stammkapital und, soweit es sich um Forderungsrechte der Obergesellschaft selbst handelt, auch durch Zurechnung zum Stammanteil dieser Gesellschaft zu berücksichtigen. Bei der GmbH. und Co., die als eine GmbH. angesehen werden soll (vgl. Anm. 15 e zu § 1 KStG), werden die Beteiligungen der Kommanditisten, und zwar nach dem Nennbetrag mitzurechnen sein. Dagegen sind die Vermögenseinlagen der persönlich haftenden Gesellschafter einer solchen anerkannten GmbH. und Co., KoG. nicht als Bestandteile des Stammkapitals zu behandeln.

Bei Kapitalgesellschaften, bei denen ein Grundkapital oder Stammkapital nicht vorhanden ist, tritt nach § 9 Abs. 1 Satz 2 an die Stelle des Grund- oder Stammkapitals das Vermögen, das bei der letzten Veranlagung zur Vermögensteuer festgestellt worden ist. Wegen des Zeitpunkts der letzten Vermögensfeststellung vgl. Anm. 2 c Abs. 3 zu § 17 KStG. Die Vorschrift hat insbesondere Bedeutung für die Berggewerkschaften und andere Bergbau treibende Vereinigungen, die den Kapitalgesellschaften gleichzustellen sind (vgl. Anm. 161 a zu § 20 EStG). Bei Berggewerkschaften und den anderen Kapitalgesellschaften, die kein Grund- oder Stammkapital haben, kommt es auf die Beteiligung am Reinvermögen an, d. h. die die Befreiung in Anspruch nehmende Körperschaft müßte bei einer Abwicklung der Gewerkschaft usw. mindestens ein Viertel des Abwicklungserlöses auf Grund ihrer Beteiligungsrechte (Kuxe usw.) erhalten. Hier werden Genußscheine mit Beteiligung am Abwicklungserlös mitzurechnen sein.

b) Die Kapitalgesellschaft oder Körperschaft des öffentlichen Rechts usw., die die Schachtelvergünstigung beansprucht, muß an der anderen Kapitalgesellschaft **unmittelbar beteiligt** sein, d. h. sie selbst muß in Höhe eines Viertels gewinnbezugsberechtigter Inhaber der Beteiligung (Gesellschafter) sein. Es genügt nicht der Besitz der die Beteiligung verkörpernden Urkunde, sondern die Obergesellschaft muß die Aktien als Eigentümer besitzen oder doch zum mindesten über sie wie ein Eigentümer verfügen können. Ein rechtswirksamer schuldrechtlicher Anspruch auf Überlassung der Aktien genügt ebensowenig wie eine besondere Vereinbarung, durch die das Recht zum Gewinnbezug auf die Obergesellschaft übertragen wird; denn dann bezieht sie die Gewinnanteile nicht kraft eigenen, durch die Beteiligung begründeten Rechts (RFH. I A 304/36 v. 13. 4. 37, RStBl. 37 S. 758, StW. 37 Nr. 272 und I A 230/37 v. 27. 7. 37, E. 42 S. 15, RStBl. 37 S. 1020, StW. 37 Nr. 479). Bei Prüfung dieser Voraussetzung der Vergünstigung darf nur an die Verhältnisse angeknüpft werden, wie sie bei der die Vergünstigung beanspruchenden Kapitalgesellschaft vorliegen, nicht aber an die anderer Steuerpflichtiger. Es ist daher auch selbstverständlich, daß ihr die Besitzzeit ihrer Rechtsvorgänger nicht etwa deshalb zugerechnet werden kann, weil sie in den ersten Gewinnanteilen auch den Gewinn für eine vor ihrem Erwerb liegende Zeit erhält, oder daß etwa ihren Anteilen die anderer Gesellschafter der gleichen Gesellschaft zur Erreichung des Viertels hinzugerechnet werden könnten. Weder eine Vereinbarung noch ein Gemeinschaftsverhältnis irgendwelcher Art zwischen mehreren Körperschaften hat zur Folge, daß die Beteiligungen mehrerer Körperschaften zusammenzurechnen sind. Ist eine öffentlich-rechtliche Körperschaft, z. B. zu mehr als einem Viertel beteiligt, dann genießt sie die Vergünstigung, während durch den Zusammenschluß mehrerer Gemeinden zu einer Gesellschaft bürgerlichen Rechts die Voraussetzungen nicht herbeigeführt würden. Ist weiter eine Gemeinde mit nur 20 v. H. beteiligt und gleichzeitig im Besitz aller Anteile einer GmbH., die zu weiteren 10 v. H. beteiligt ist, dann handelt es sich bezüglich dieser 10 v. H. nur um eine mittelbare Beteiligung und die Befreiung ist nicht anwendbar (RFH. I A 215/31 v. 7. 2. 33, StW. 33 Nr. 415). Diese Grundsätze gelten auch in vollem Umfang für alle in Abs. 3 aufgeführten Körperschaften des öffentlichen Rechts und für Betriebe von öffentlich-rechtlichen Körperschaften. Auch hier ist die Zusammenrechnung von Beteiligungen mehrerer Gemeinden oder von Gemeinden, Gemeindeverbänden und Land usw. ausgeschlossen (RFH. I A 363/26 v. 8. 7. 27, E. 21 S. 331, StW. 27 Nr. 594).

c) Hinsichtlich der **Dauer der Beteiligung** wird in § 9 Abs. 1 Satz 1 gefordert, daß die Beteiligung zu einem Viertel nachweislich **seit Beginn des Wirtschaftsjahrs** und damit mindestens 12 Monate ununterbrochen bestanden hat. Dazu bestimmt **§ 22 Abs. 1 I. KStDVO:**

„Die Vergünstigung für Schachtelgesellschaften nach § 9 des Gesetzes kommt nur für solche Aktien, Kuxe oder Anteile in Betracht, die der unbeschränkt steuerpflichtigen Kapitalgesellschaft ununterbrochen seit mindestens zwölf Monaten vor dem für die Ermittlung des Einkommens maßgebenden Schlußstichtag gehört haben".

Durch diese Vorschrift wird ausgeschlossen, daß auch die Besitzzeit, die ununterbrochen während eines Rumpfwirtschaftsjahrs, also weniger als 12 Monate bestanden hat, zur Inanspruchnahme der Vergünstigung berechtigt und daß etwa durch die willkürliche Einschaltung eines Rumpfwirtschaftsjahrs die Anwendung der Schachtelvergünstigung ermöglicht wird. Sind in einem Wirtschaftsjahr Schachteldividenden angefallen, so kann beim Vorliegen der übrigen Voraussetzungen die Vergünstigung nur bewilligt werden, wenn die wesentliche Beteiligung vom Schlußstichtag des Wirtschaftsjahrs (Ermittlungszeitraum) zurückgerechnet 12 Monate ohne Unterbrechung bestanden hat. Maßgebend ist dabei stets das Wirtschaftsjahr der Obergesellschaft. Sind ihr z. B. in einem infolge Umstellung vom 1. 1. bis 30. 6. 36 laufenden Rumpfwirtschaftsjahr Schachteldividenden zugeflossen, dann muß sie die wesentliche Beteiligung zur Erlangung der Vergünstigung mindestens vom 1. 7. 35 bis 30. 6. 36 und nicht nur vom 1. 1. bis 30. 6. 36 ununterbrochen besessen haben. Der Besitz der Beteiligung beginnt erst mit dem Erwerb der Anteile, nicht etwa mit dem schuldrechtlichen Anspruch auf Übertragung der Anteile. Die Beteiligung muß auch während des ganzen Zeitraums mindestens in Höhe eines Viertels des Grund- oder Stammkapitals oder Vermögens bestanden haben. Dies ist nicht mehr der Fall, wenn die Beteiligung während des maßgeblichen Zeitraums im Lauf der 12 Monate vom Schlußstichtag zurückgerechnet durch eine Kapitalerhöhung auf weniger als ein Viertel herabgedrückt worden ist. Wechselt der Umfang der Beteiligung im Lauf des maßgebenden Zeitraums — eine Kapitalgesellschaft besitzt zu Beginn 3 Anteile an einer GmbH., verkauft einen davon und erwirbt vor dem Schlußstichtag wieder einen weiteren Anteil an der gleichen GmbH. dazu —, so ist die erforderliche Dauer der Beteiligung nur hinsichtlich der beiden Anteile gegeben, die die Kapitalgesellschaft während der 12 Monate ununterbrochen besessen hat. Der Wechsel im Besitz des 3. Anteils schließt seine Berücksichtigung bei Feststellung der Voraussetzungen für die Schachtelvergünstigung aus, denn die Befreiung bezieht sich nicht auf Anteile, die nach Beginn des zwölfmonatigen Zeitraums erworben werden. Eine Ausnahme gilt nur für neue Anteile, die auf Grund von Bezugsrechten für im Besitz befindliche Anteile erworben werden, da es sich in diesem Fall nur um eine Teilung der alten Rechte handelt (vgl. Anm. 114b Abs. 1 zu § 6 EStG). Unschädlich ist weiter ein nach § 26 Abs. 2 KVG börsenumsatzsteuerfreier Austausch von Wertpapieren der gleichen Gattung, der Zug um Zug ohne andere Gegenleistung geschieht, wie auch ein Kostgeschäft. Die empfangenen Stücke gelten im Sinn des Steuerrechts als mit den hingegebenen wesensgleich. Auch beim uneigentlichen Lombardgeschäft ist dies anzunehmen, wohl aber nicht bei der Arbitrage.

4. Umfang der Steuerbefreiung.

a) Liegen die Voraussetzungen der Steuerbefreiung vor, dann **bleiben die auf die Beteiligung entfallenden Gewinnanteile jeder Art außer Ansatz.** Die Befreiung bezieht sich zunächst auf alle Beteiligungsrechte, die in den dem Schlußstichtag vorausgehenden 12 Monaten ununterbrochen im Besitz der begünstigten Körperschaft waren, auch soweit das erforderliche Viertel der Beteiligung überschritten wird, nicht dagegen auf diejenigen Beteiligungen, bei denen die Voraussetzung des zwölfmonatigen ununterbrochenen Besitzes nicht erfüllt sind und die daher auch bei Feststellung der Höhe der Beteiligung außer Betracht bleiben mußten (vgl. Anm. 3 c). Zu den Gewinnanteilen aller Art gehören alle Bezüge die der begünstigten Kapitalgesellschaft usw. auf Grund dieses Beteiligungsrechts als Ertrag der Beteiligung zufließen, und zwar nicht nur die offen ausgeschütteten Gewinne, sondern auch alle verdeckten Gewinnausschüttungen (vgl. über den Begriff des Gewinnanteils an Kapitalgesellschaften Anm. 158—163 zu § 20 EStG und wegen des verdeckten Gewinns Anm. 167 ff. zu § 6 KStG). Gewinnanteile sind demnach alle Beträge, die eine noch nicht in Abwicklung befindliche Kapitalgesellschaft ohne förmliche Herabsetzung des Grund= oder Stammkapitals (Kapitalrückzahlung) an die Gesellschafter auf Grund der begünstigten Beteiligung verteilt.

Beispiel für eine verdeckte Gewinnausschüttung:
Kapitalgesellschaft A besitzt einen Stammanteil der GmbH. B von 40 000 RM. und erhält von B ohne Gegenleistung einen neuen Stammanteil von 20 000 RM. A hat 20 000 RM. als Einkünfte aus Kapitalvermögen (verdeckter Gewinn vgl. Anm. 160 c zu § 20 EStG) bezogen ohne Rücksicht darauf, was der neue Anteil wert ist und daß die beiden Anteile im Grunde nicht mehr wert sind als vorher der eine. Die Unterstellung einer Gewinnausschüttung wirkt sich aber bei der Kapitalgesellschaft A auch bilanzmäßig aus. Angenommen, die Anteile mit 40 000 RM. stehen zu 75 000 RM. zu Buch und es werden Freianteile im Nennwert von 20 000 RM. gewährt. Da Ausschüttung von 20 000 RM. unterstellt wird, ist zu buchen 20 000 RM. Kasse links — Dividendenkonto rechts und, da die 20 000 RM. als zum Erwerb der Anteile eingezahlt zu unterstellen sind, 20 000 RM. Beteiligungskonto links — Kasse rechts. Natürlich kann man einfach nur buchen: 20 000 RM. Beteiligungskonto links — Dividendenkonto rechts. Die Beteiligung an der GmbH. B steht alsdann bei A mit 75 000 + 20 000 = 95 000 RM. zu Buch und, wenn man nur die Bilanz betrachtet, sieht es so aus, als ob sich lediglich der Buchwert der Beteiligung erhöht hätte. Deswegen darf aber nicht von der Schachtelvergünstigung abgesehen werden, wenn die Beteiligung von A an B wesentlich ist. In diesem Fall sind die 20 000 RM. von ihrem Gewinn als Schachteldividende abzuziehen; denn die Erhöhung des Buchwerts beruht nicht auf einer Höherbewertung, sondern auf der Unterstellung einer Dividendenausschüttung und die 20 000 RM. sind selbst dann auf Grund der Schachtelvergünstigung abzuziehen, wenn die Beteiligung in der Bilanz nur mit 75 000 RM. bewertet wird, weil sie tatsächlich nicht mehr wert ist. Es ist dann eben eine Dividende ausgeschüttet und der Wert des alten Anteils natürlich zurückgegangen, und da der bisherige Buchwert keine stille Rücklage enthielt, wirkt sich das entsprechend aus.

Als Gewinnanteile im Sinn der Schachtelvergünstigung werden auch die Ausschüttungen auf Genußscheine unter der Voraussetzung des ununterbrochenen Besitzes mitzuberücksichtigen sein, wenn die ausgeschütteten Beträge nicht bei der Kapitalgesellschaft, die sie ausgegeben hat, vom steuerpflichtigen Gewinn nach Art von Schuldzinsen (wenn auch unrichtiger Weise) abgezogen wurden. Es kann auch nicht etwa unter Hinweis auf den Zweck der Schachtelvergünstigung verlangt werden, daß die ausgeschütteten Gewinnanteile aus einem von der Untergesellschaft versteuerten Gewinn stammen, sondern wie für den Begriff des Gewinnanteils im allgemeinen, ist es auch hier gleichgültig, ob die Untergesellschaft nur einen Scheingewinn oder auch einen Verlust erzielt und trotzdem ihren Gesellschaftern Beträge ausgeschüttet hat. Anderseits können aber nach RFH. I A 27/36 v. 25. 2. 36 (E. 39 S. 117, RStBl. 36 S. 286, StW. 36 Nr. 210) Gewinnanteile im Sinn des § 9 nur solche Beträge sein, die die Kapitalgesellschaft ihren Aktionären oder Gesellschaftern ausschließlich wegen ihrer Eigenschaft als Gesellschafter überläßt. Zahlungen an die Gesellschafter, die auf andere Rechtsgründe als das Gesellschafterverhältnis zurückgehen, sind keine Gewinnausschüttungen, auch wenn Voraussetzung der Zahlungsverpflichtung wie bei Besserungsscheine das Vorhandensein eines Gewinns bei der zahlenden Kapitalgesellschaft ist und die Zahlung tatsächlich aus dem Gewinn erfolgt. Die Besserungsscheine verbriefen zugunsten des Gläubigers, der einen Schuldnachlaß bewilligt hat, ein aufschiebend bedingtes Recht auf Zahlung aus späteren Gewinnen. Ist der Gläubiger der Besserungsscheine daneben an der Schuldnerin auch noch zu mindestens ½ beteiligt, dann sind etwaige Zahlungen auf Grund der Besserungsscheine keine Gewinnanteile, die auf die Beteiligung entfallen; denn sie werden nicht gezahlt, weil die Obergesellschaft die Anteile der Untergesellschaft besitzt, sondern weil eine aufschiebend bedingte Schuld vorlag und die Bedingung ein=

Anmerkung 4.

getreten ist. Wenn ein Organverhältnis die Voraussetzungen für die steuerrechtliche Anerkennung erfüllt, dann sind die Gewinnabmachungen auch steuerrechtlich maßgebend. Wenn eine Kapitalgesellschaft A als beherrschende Gesellschaft alle Anteile der Kapitalgesellschaft B (Organgesellschaft) besitzt und B vertragsgemäß ihren Gewinn an A abführt, dann ist das von der Organgesellschaft erarbeitete Erträgnis unmittelbar Gewinn der beherrschenden Gesellschaft und von einer Anwendung der Schachtelvergünstigung für A kann keine Rede sein (RFH. I A 477/31 v. 12. 7. 32, E. 31 S. 238, RStBl. 32 S. 946, StW. 33 Nr. 124).

b) Die Obergesellschaft bezieht aus ihrer Beteiligung an der Untergesellschaft einen Gewinnanteil erst mit der Zuweisung eines Betrags als Ertrag ihrer Beteiligung. Es sind daher unter den „auf die Beteiligung entfallenden Gewinnanteilen jeder Art" nur die **ausgeschütteten Gewinnanteile** zu verstehen. Dabei ist aber Ausschüttung nicht als Barausschüttung aufzufassen, da durch den Gewinnverteilungsbeschluß der Haupt- oder Gesellschafterversammlung bei der Obergesellschaft als buchführungspflichtigen Kaufmann eine in der Bilanz zu berücksichtigende Forderung zur Entstehung gelangt, die ohne die Schachtelvergünstigung gewinnerhöhend wirken würde. Die tatsächliche Auszahlung oder sonstige Verfügungsmöglichkeit im Sinne des Zufließens von § 11 Abs. 1 EStG ist dagegen maßgebend bei Körperschaften des öffentlichen Rechts, die die Gewinnanteile außerhalb eines Betriebsvermögens als Einkünfte aus Kapitalvermögen beziehen. Dagegen wird in RFH. I A 268/30 v. 11. 11. 30 (RStBl. 31 S. 26, StW. 31 Nr. 452) für die Geltendmachung der Schachtelvergünstigung mit Recht nicht als maßgebend angesehen, daß die Obergesellschaft sämtliche Anteile der Untergesellschaft besitzt und somit als Muttergesellschaft jederzeit durch Gesellschafterbeschluß über die Gewinne ihrer Tochtergesellschaft verfügen könnte. Sie muß tatsächlich durch Beschluß über die Gewinne verfügen und dadurch die Voraussetzungen für die Anwendung der Schachtelvergünstigung schaffen.

c) Der **als Schachteldividende ausgeschüttete Betrag bleibt bei der Gewinnermittlung für die Obergesellschaft außer Ansatz.** Da der Betrag nach den Grundsätzen ordnungsmäßiger Buchführung als Barzahlung unter den Einnahmen oder als Forderung auf Grund des Gewinnverteilungsbeschlusses unter den Aktiven erscheinen muß, ist er bei der Berechnung des steuerpflichtigen Gewinns der Obergesellschaft abzusetzen. Ist für eine (beschränkt steuerpflichtige) Körperschaft des öffentlichen Rechts der Überschuß der Einnahmen über die Werbungskosten aus Kapitalvermögen festzustellen, so bleibt der begünstigte Gewinnanteil als Einnahme außer Ansatz. Anderseits kommen aber auch Ausgaben, die mit der Schachteldividende in unmittelbarem oder mittelbarem wirtschaftlichem Zusammenhang stehen, nicht zum Abzug. In RFH. I A 169/36 v. 22. 9. 36 (E. 40 S. 40, RStBl. 36 S. 1181, StW. 36 Nr. 512) wird mit Recht bei einer Kapitalgesellschaft, die die Schachtelvergünstigung besitzt, angenommen, daß ihr Einkommen im Sinn des § 13 KStG nur zum Teil steuerpflichtig ist, so daß Ausgaben nur insoweit abgezogen werden dürfen, als sie mit steuerpflichtigen Einkünften in unmittelbarem wirtschaftlichem Zusammenhang stehen. Nach der Entsch. ist es für das Verbot des Ausgabenabzugs ohne Bedeutung, ob die Beteiligung in dem Jahre, in dem die Ausgabe zu Unrecht zum Abzug geltend gemacht wird, einen Gewinn abgeworfen hat oder nicht (vgl. dazu Anm. 3 zu § 13 KStG).

d) Der Abzug der steuerfreien Gewinnanteile und das Verbot des Abzugs der mit ihnen unmittelbar zusammenhängenden Ausgaben sind die einzigen Auswirkungen der Schachtelvergünstigung auf die Veranlagung der Obergesellschaft. Insbesondere hat die Schachtelvergünstigung **keine Auswirkung auf die Bewertung der wesentlichen Beteiligung** bei der Obergesellschaft. Wenn z. B. die Anschaffungskosten der Beteiligung (Aktien) 250 RM. waren und auch der letzte Bilanzansatz gleich hoch war, so wird nach Ausschüttung der Dividende von 10 v. H. ein Kursabschlag in gleicher Höhe auf 240 RM. eintreten, mit dem die Aktien von der Obergesellschaft in die Schlußbilanz einzusetzen sind. Trotz dieser bei den Aktien ausgewiesenen Wertminderung ist die Schachteldividende steuerfrei. Verluste der Untergesellschaft können unter Umständen die Bewertung ihrer Anteile bei der Obergesellschaft beeinflussen. Nach RFH. I A 250/37 v. 14. 12. 37 (E. 43 S. 23, RStBl. 38 S. 67, StW. 38 Nr. 26) kann auch die Abschreibung einer Schachtelbeteiligung auf den niedrigeren Teilwert nicht etwa unter Berufung auf § 13 KStG abgelehnt werden. Denn § 9 Abs. 1 befreie nur die Erträge der Beteiligung von der Steuer. Sie selbst sei beim Vermögensvergleich zu berücksichtigen, so daß sich Minderungen oder Erhöhungen ihres Wertes und das Ergebnis einer Veräußerung auf den Vermögensvergleich auswirkten (vgl. auch Anm. 4 Abs. 2 zu § 13 KStG). Im übrigen ist es aber selbstverständlich, daß die Obergesellschaft nicht etwa auf Grund der Schachtelvergünstigung Verluste der Untergesellschaft als ihre eigenen behandeln und von ihrem Gewinn abziehen kann (RFH. I A 58/27 v. 13. 5. 27, E. 21 S. 156, RStBl. 27 S. 188, StW. 27 Nr. 679). Die Gewährung der Schachtelvergünstigung ist schließlich auch nicht davon abhängig, daß die Obergesellschaft die Schachtelgewinne an ihre Gesellschafter ausgeschüttet hat, so daß sie bei diesen selbst ebenfalls noch der Einkommen- oder Körperschaftsteuer unterlagen. Die Verwendung der Schachtelgewinne durch die Obergesellschaft ist nach dem Gesetz auf die Steuerbefreiung ohne Einfluß. Die Obergesellschaft kann sie daher auch zu Rücklagen verwenden usw. Andererseits entspricht es aber auch diesem Grundsatz, wenn beim Fehlen einer dem § 10 Abs. 2 a KStG 1925 entsprechenden Vorschrift im KStG 1934 die Mindestbesteuerung nach § 17 Abs. 1 Ziff. 1 KStG ohne Rücksicht darauf durchzuführen ist, ob die ausgeschütteten Gewinne von der Obergesellschaft als Schachtelgewinne steuerfrei bezogen wurden oder nicht. Nach § 10 Abs. 2 a KStG 1925 blieben bei der Mindestbesteuerung die Vorschriften über die Schachtelvergünstigung unberührt. Eine AG. oder GmbH. konnte also die von ihr bezogene Schachteldividende ausschütten, ohne sich der Gefahr auszusetzen, der Mindestbesteuerung unterworfen zu werden. Aus dem Fehlen dieser Vorschrift im KStG 1934 wird in RFH. I A 7/36 v. 9. 6. 36 (E. 39 S. 285, RStBl. 36 S. 815, StW. 36 Nr. 379) mit Recht geschlossen, daß die Mindestbesteuerung nach § 17 Abs. 1 Ziff. 1 a. a. O. durch die Schachtelvergünstigung nicht mehr ausgeschlossen wird (vgl. auch ErgR 34 E VII Abs. 1, RStBl. 35 S. 798).

5. Befreiung von der Kapitalertragsteuer.

a) Soweit die Gewinnanteile infolge der Schachtelvergünstigung außer Ansatz bleiben, ist nach § 9 Abs. 2 KStG der **Steuerabzug vom Kapitalertrag nicht vorzunehmen.** Dementsprechend wird in § 2 Abs. 1 Ziff. 2 und Abs. 2 KapStDVO angeordnet, daß unter den Voraussetzungen des § 9 KStG von den unter die Schachtelvergünstigung fallenden Kapitalerträgen der Steuerabzug nicht vorzunehmen ist. Ohne die Vorschrift des § 9 Abs. 2 müßte die Kapitalertragsteuer nach § 43 Abs. 1 Ziff. 1 und Abs. 2 EStG erhoben werden und die Schachtelvergünstigung würde dadurch in den Fällen, in denen bei der Veranlagung keine Anrechnung auf die aus sonstigen Einkünften geschuldeten Steuern erfolgen könnte, hinfällig. Während bei der Veranlagung die Schachtelvergünstigung selbst davon abhängig ist, daß die wesentliche Beteiligung bis zum Ende des Wirtschaftsjahrs, in dem der Kapitalertrag zugeflossen ist, 12 Monate ununterbrochen bestanden hat, kann dieses Erfordernis, wie in RFH. I A 287/37 v. 28. 9. 37 (E. 42 S. 149, RStBl. 37 S. 1226, StW. 37 Nr. 559) mit Recht betont wird, für den Steuerabzug vom Kapitalertrag nicht gelten. Denn von einer Voraussetzung, die erst nach dem Zeitpunkt erfüllt werden könnte, in dem der Steuerabzug einzubehalten wäre, könne das Unterlassen des Steuerabzugs nicht abhängig gemacht werden. Die Gewährung der Schachtelvergünstigung setze daher bei der Kapitalertragsteuer lediglich voraus, daß die Obergesellschaft von dem Beginn des Wirtschaftsjahrs an, in dem ihr die Schachtelgewinne zuflössen, bis zum Zeitpunkt dieses Zufließens an dem Kapital der Untergesellschaft wesentlich beteiligt gewesen sei. Danach ist also der Endzeitpunkt für die Dauer der Beteiligung bei der Veranlagung nach Abs. 1 und dem Steuerabzug nach Abs. 2 verschieden. Bei wechselnder

Beteiligung können nach der Entsch. auch beim Steuerabzug nur die Anteile berücksichtigt werden, die die Obergesellschaft vom Beginn des Wirtschaftsjahrs bis zum Zufließen des Gewinnanteils ununterbrochen besessen hat (vgl. Anm. 3 c). Für den Fall der Gründung einer Kapitalgesellschaft ist nach den VR 37 H VI Abs. 1 Satz 2 (RStBl. 38 S. 234, s. Anh. 17) in den ersten zwölf Monaten von den ausgeschütteten Gewinnanteilen der Steuerabzug vom Kapitalertrag stets vorzunehmen, da der Kapitalgesellschaft die Aktien usw. nicht ununterbrochen seit mindestens zwölf Monaten gehört haben. Wurde der Steuerabzug vom Kapitalertrag trotz dem Bestehen der Schachtelvergünstigung vorgenommen, dann kann er nach § 13 KapStDVO erstattet werden, weil er einbehalten und abgeführt worden ist, obwohl eine Verpflichtung hierzu nicht bestand.

b) Eine Abweichung von vorstehenden Grundsätzen ergibt sich jedoch durch die Vorschrift des **Anleihestockgesetzes** (vgl. Anm. 163 a zu § 20 EStG). Der Zeitpunkt der Vornahme des Steuerabzugs vom Kapitalertrag bestimmt sich grundsätzlich nach dem Zeitpunkt, in dem die Kapitalerträge dem Gläubiger, dem Gesellschafter, zufließen (vgl. § 6 KapStDVO). Dieser Zeitpunkt entscheidet auch, für welches Kalenderjahr die Erträge bei der Veranlagung des Gesellschafters als Einnahmen aus Kapitalvermögen zu berücksichtigen sind. Der nach dem Anleihestockgesetz bar auszuschüttende Teil des Reingewinns ist nach Art. 15 Abs. 1 Ziff. 1 a und Ziff. 2 a VO zur Durchführung und Ergänzung des Anleihestockges. v. 27. 2. 35 (RGBl. I S. 316, RStBl. 35 S. 429, s. Anh. 11 b) für Kapitalertragsteuer und Veranlagung bei den Gesellschaftern nach der Regel zu behandeln. Dagegen ist für den in dem Anleihestock anzulegenden Teil des Reingewinns der Steuerabzug vom Kapitalertrag von der Kapitalgesellschaft an dem Tag, an dem dieser Betrag dem Anleihestock überwiesen wird, für Rechnung der Gesellschafter vorzunehmen und der an den Anleihestock zu überweisende Betrag vermindert sich um den Steuerabzug (Art. 15 Abs. 1 Ziff. 1 b). Bei der Veranlagung der Gesellschafter zur Einkommensteuer und Körperschaftsteuer ist der in dem Anleihestock angelegte Teil des Reingewinns in dem Kalenderjahr oder Wirtschaftsjahr der Aufteilung des Anleihestocks zugrunde zu legen und zwar in der bei Aufteilung des Anleihestocks vorhandenen Höhe zuzüglich des anteiligen Steuerabzugs vom Kapitalertrag, der bei Überweisung des im Anleihestock anzulegenden Teiles des Reingewinns vorgenommen worden ist. Dieser anteilige Steuerabzug ist auf die Steuerschuld des Gesellschafters anzurechnen (Art. 15 Abs. 1 Ziff. 2 b a. a. O., vgl. Anm. 163 a Abs. 2 zu § 20 EStG). Wegen der Anrechnung der Kapitalertragsteuer bei der Veranlagung der Gesellschafter vgl. Art. 15 der III. DVO v. 9. 12. 37 (s. Anh. 11 d). Aus der Tatsache, daß hiernach das Jahr, in dem der Steuerabzug vorzunehmen ist, und das Jahr, für das die dem Steuerabzug unterworfenen Gewinnanteile beim Gesellschafter zu veranlagen sind, auseinanderfallen, wird in RFH. I A 256/36 v. 22. 9. 36 (E. 40 S. 42, RStBl. 36 S. 1183, StW. 36 Nr. 466) geschlossen, daß an den Gewinnbeträgen, die in dem Anleihestock anzulegen sind, der Steuerabzug vom Kapitalertrag auch insoweit vorzunehmen ist, als an der überweisungspflichtigen Kapitalgesellschaft Obergesellschaften beteiligt sind, denen nach den Verhältnissen zur Zeit der Überweisung die Schachtelvergünstigung des § 9 Abs. 1 KStG zusteht; die Vorschrift des § 9 Abs. 2 a. a. O. könne in solchen Fällen keine Anwendung finden. Diese Beträge gälten bei den Gesellschaftern nicht als Einkommen des Jahres der Überweisung an den Anleihestock, sondern als Einkommen des Jahres der Aufteilung und sie seien auch an die anderen gewinnberechtigten Gesellschafter aufzuteilen. Dagegen kommen die Vorschriften über den Steuerabzug vom Kapitalertrag und damit auch die Regel des § 9 Abs. 2 KStG für die unter das Anleihestockgesetz fallenden Kapitalerträge dann zu Raum, wenn nach dem Anleihestockgesetz ausnahmsweise die Überweisung von Kapitalerträgen an den Anleihestock trotz dem Vorliegen der gesetzlichen Voraussetzungen unterbleiben darf und daher die Möglichkeit für die Anwendung der oben erwähnten Vorschriften des Art. 15 a. a. O. entfällt (RFH. I A 26/37 v. 2. 2. 37, E. 40 S. 344, RStBl. 37 S. 428, StW. 37 Nr. 157). Eine solche Ausnahme sieht der RFH. in

554 § 10 KStG. Sachliche Befreiungen bei Kapitalverwaltungsgesellschaften.

Art. 3 DVO zum Anleihestockgesetz v. 27. 2. 35, wonach beim Vorliegen eines Schachtelverhältnisses (einer Beteiligung mit mindestens 25 v. H. des Gesellschaftskapitals) die ausschüttende Untergesellschaft unter bestimmten Voraussetzungen die nach dem Gesetz nicht bar auszuschüttenden Gewinnanteile nicht an die Deutsche Golddiskontbank abzuführen braucht, sondern an die anteilsberechtigte Obergesellschaft auszahlen darf. Wird von dieser Ermächtigung Gebrauch gemacht, so findet keine Überweisung an den Anleihestock, sondern Barausschüttung statt, die wie die sonstigen nach den Vorschriften des Anleihestockgesetzes zulässigen bar auszuzahlenden Gewinnanteile nur nach der allgemeinen Regel (vgl. Art. 15 Abs. 1 Ziff. 1 a und 2 a a. a. O.) und damit nach § 9 Abs. 2 KStG behandelt werden kann.

§ 10.
Bei Kapitalverwaltungsgesellschaften.

(1) Für Kapitalgesellschaften kann der Reichsminister der Finanzen besondere Vorschriften erlassen.

(2) Kapitalverwaltungsgesellschaften im Sinn des Absatzes 1 sind Kapitalgesellschaften, die ausschließlich den Erwerb, die Verwaltung und die Veräußerung von Aktien, Kuxen, Anteilen oder Genußscheinen anderer Kapitalgesellschaften oder von Schuldverschreibungen zum Gegenstand haben.

1. Verhältnis zum bisherigen Recht.

„Vorschriften über Kapitalverwaltungsgesellschaften sind in das bisherige Gesetz durch die VO v. 5. 6. 31 (RGBl. I S. 279) und v. 24. 7. 31 (RGBl. I S. 411) eingefügt worden. Infolge der wirtschaftlichen Verhältnisse waren die Vorschriften bisher ohne besondere praktische Bedeutung. Da es nicht ausgeschlossen ist, daß Kapitalverwaltungsgesellschaften in absehbarer Zeit gegründet werden und besondere Vorschriften hierfür erforderlich werden können, ist eine entsprechende Ermächtigung in dem neuen Gesetz vorgesehen. Der Begriff „Kapitalverwaltungsgesellschaften" ist weiter gefaßt als im bisherigen Gesetz, um alle hier auftretenden Fälle berücksichtigen zu können" (Begr. zu § 10 KStG, RStBl. 35 S. 84).

Die bisherigen Vorschriften (§ 11 Abs. 1 Ziff. 3 a, Abs. 2—4 und § 25 a KStG 1925) sahen für Kapitalverwaltungsgesellschaften, die nur AG. unter bestimmten Voraussetzungen sein konnten, eine sachliche Steuerbefreiung vor. Nunmehr handelt es sich um eine Ermächtigung des RdF. zum Erlaß besonderer Vorschriften für den auf Kapitalgesellschaften erweiterten Kreis der Kapitalverwaltungsgesellschaften, deren Verwaltungstätigkeit sich auch nicht mehr wie bisher nur auf „geringe Posten" von Aktien usw. erstrecken darf. Der RdF. hat bisher von der Ermächtigung keinen Gebrauch gemacht.

Anhang zu den §§ 6—10 KStG.
Außerhalb des KStG geregelte Steuerbefreiungen und Steuererleichterungen.

Inhaltsübersicht.

1. Steuerfreie Einkünfte nach § 3 EStG.
2. Verlustvortrag.
3. Steuerlich begünstigte Rücklagen.
4. Steuerfreiheit für Ersatzbeschaffungen.
5. Steuerermäßigung für Instandsetzungen und Ergänzungen an Gebäuden und Gebäudeteilen.
6. Steuerbefreiungen für neu errichtete Wohngebäude.
7. Steuergutscheine für Steuerzahlungen.
8. Arbeitsspende.
9. Zinsvergütungsscheine.
10. Steuervergünstigungen für Aufwendungen zum Zweck des zivilen Luftschutzes und des zivilen Sanitätsdienstes.
11. Steuerfreiheit für Unternehmen zur Entwicklung neuer Herstellungsverfahren oder neuartiger Erzeugnisse.

Anhang zu den §§ 6—10 KStG. Anmerkung 1—4.

12. Gratisbanderolen.
13. Steuervergünstigung bei Umwandlung und Auflösung von Kapitalgesellschaften.
14. Steuerbefreiungen bei Durchführung der Zinsermäßigung.
15. Befreiung von Stiftungen, die an die Stelle von Fideikommissen getreten sind, und der Hamburgischen Testamente.

1. Steuerfreie Einkünfte nach § 3 EStG.

Von den sachlichen Steuerbefreiungen des EStG findet nur die Vorschrift des § 3 Ziff. 10 EStG 1934 (§ 3 Ziff. 11 EStG 1938) auf die Körperschaftsteuer Anwendung (vgl. Anl. 3 Ziff. 2 zu den VR 37, RStBl. 38 S. 238, s. Anh. 17). Danach sind steuerfrei Bezüge aus öffentlichen Mitteln oder aus Mitteln einer öffentlichen Stiftung, die wegen Hilfsbedürftigkeit oder als Beihilfe für Zwecke der Erziehung oder Ausbildung, der Wissenschaft oder Kunst bewilligt werden. Der Grund für die Steuerbefreiung dieser Bezüge liegt in ihrer Zweckbestimmung.

Unter Bezügen sind alle Beträge zu verstehen, die als Einnahmen oder Einkünfte i. S. des EStG angesehen werden können. Darunter fällt auch die von einem Beförderungsunternehmen bereits vereinnahmte, noch nicht an das Reich abgeführte Beförderungsteuer, die vom Reich erlassen wird (RFH. I A 55/28 v. 13. 11. 30, RStBl. 31 S. 262, StW. 31 Nr. 514). Aus öffentlichen Mitteln stammen solche Bezüge, die von einer öffentlich-rechtlichen Körperschaft gewährt werden. Als öffentliche Stiftungen im Sinn des Gesetzes kommen zunächst Stiftungen in Betracht, die selbst öffentlich-rechtliche Körperschaften sind, und weiter auch Stiftungen, die einer öffentlich-rechtlichen Körperschaft gehören oder von einer solchen verwaltet werden. Die Bezüge müssen, um steuerbefreit zu sein, an die Körperschaft mit der im Gesetz geforderten Zweckbestimmung gewährt worden sein. Beihilfen wegen Hilfsbedürftigkeit werden in erster Linie bei natürlichen Personen vorkommen, sie können jedoch auch einer Körperschaft wegen wirtschaftlicher Notlage gewährt werden. Beihilfen für Zwecke der Wissenschaft und Kunst müssen unmittelbar in Verfolgung der genannten Zwecke verwendet werden.

2. Verlustvortrag.

Der Verlustvortrag war nach § 35 I. EStDVO noch bei der Veranlagung für das Kalenderjahr 1934 möglich, in dem Verluste aus 1933 und 1932 bzw. den entsprechenden Wirtschaftsjahren bis zur Hälfte des erzielten Gewinns abgezogen werden konnten (vgl. VR 34 B I 14 und II 14, RStBl. 35 S. 385 und 389). Bei den Veranlagungen für die Kalenderjahre 1935 bis 1937 einschließlich gibt es keinen Verlustvortrag mehr. Wegen der Wiedereinführung des Verlustabzugs von der Veranlagung für das Kalenderjahr 1938 ab vgl. Anm. 151 d zu § 10 EStG.

3. Steuerlich begünstigte Rücklagen.

Durch § 36 I. EStDVO waren steuerbegünstigte Rücklagen bei der Veranlagung für das Kalenderjahr 1934 zugelassen. Diese Vorschrift, die für die Einkommensteuer eine Tarifvergünstigung bedeutet, gilt für die Körperschaftsteuer nicht (vgl. § 18 I. KStDVO).

4. Steuerfreiheit für Ersatzbeschaffungen.

Die Steuerfreiheit für Ersatzbeschaffungen wurde eingeführt durch das Ges. zur Verminderung der Arbeitslosigkeit v. 1. 6. 33 Abschnitt II (RGBl. I S. 323, 324). Dazu sind ergangen: Amtliche Erläuterungen v. 22. 7. 33 (RStBl. 33 S. 721), DVO zum Ges. über Steuerfreiheit für Ersatzbeschaffungen (Verschrottungsverordnung) v. 13. 12. 33 (RGBl. I S. 1071, RStBl. 33 S. 1297), VO des Reichswirtschaftsministers zur Durchführung der Verschrottungs-VO v. 23. 1. 34 (RGBl. I S. 57, RStBl. 34 S. 127), VO über die Aufhebung der Verschrottungs-VO v. 31. 8. 34 (RGBl. I S. 814, RStBl. 34 S. 973), Ergänzungs-VO zum Ges. über Steuerfreiheit für Ersatzbeschaffungen v. 8. 11. 34 (RGBl. I S. 1106, RStBl. 34 S. 1433), Zweite Ergänzungs-VO v. 16. 1. 35 (RGBl. I S. 14, RStBl. 35 S. 89). Erläuterungen dazu sind außer in den erwähnten Amtlichen Erläuterungen in den

VR 33 (RStBl. 34 S. 97) und in dem Rderl. des RdF. v. 4. 4. 34, S. 2209 — 152 III (RStBl. 34 S. 386), weiter in den VR 34 E II (RStBl. 35 S. 398), VR 35 F I (RStBl. 36 S. 49) und ErgR 35 C I (RStBl. 36 S. 636) enthalten.

Die Steuerfreiheit für Ersatzbeschaffungen besteht darin, daß Land- oder Forstwirte, Gewerbetreibende und Angehörige der freien Berufe unter bestimmten Voraussetzungen Aufwendungen für Anschaffung oder Herstellung von beweglichen Anlagegütern im Wirtschaftsjahr der Anschaffung oder Herstellung bei Ermittlung ihres Gewinns zur Einkommen-, Körperschaft- und Gewerbesteuer voll abziehen können. Sie bedeutet also eine Ausnahme von der Aktivierungspflicht und der Regelung der Absetzung für Abnutzung nach §§ 6 Ziff. 1 Satz 1 und Satz 4, 7 EStG. Sie gilt nur für Anschaffungen oder Herstellungen, die nach dem 30. 6. 33 und vor dem 1. 1. 36 vorgenommen wurden.

Eine ähnliche Regelung ist für den Umbau und Neubau von Schiffen in den VR 33 II 1 v (RStBl. 34 S. 180) getroffen.

5. Steuerermäßigung für Instandsetzungen und Ergänzungen an Gebäuden und Gebäudeteilen.

Die Steuerermäßigung ist geregelt durch § 1 des Ges. über Steuererleichterungen v. 15. 7. 33 (RStBl. I S. 491, RStBl. 33 S. 679) und die amtlichen Erläuterungen hierzu v. 20. 8. 33 (RStBl. 33 S. 819), durch die Ergänzungs-VO zum Ges. über Steuererleichterungen v. 20. 4. 34 (RGBl. I S. 318, RStBl. 34 S. 497). Zweifelsfragen werden außer in den erwähnten Amtlichen Erläuterungen in den VR 33 (RStBl. 34 S. 97), in dem Rderl. des RdF. v. 10. 10. 34 S. 2199 — 126 III (RStBl. 34 S. 1117), in den VR 34 E III (RStBl. 35 S. 399), in den ErgR 34 D XIII (RStBl. 35 S. 796), in den VR 35 F II (RStBl. 36 S. 49), in den ErgR 35 C II (RStBl. 36 S. 636) und in dem VR 36 F II (RStBl. 37 S. 252) behandelt.

Die Vergünstigung besteht in einer Ermäßigung der Einkommen- oder Körperschaftsteuerschuld, und zwar in Höhe von 10 v. H. der für Instandsetzungen und Ergänzungen aufgewendeten Beträge. Sie wurde letztmalig bei der Veranlagung für das Kalenderjahr 1935 und zum Ausgleich von Härten ausnahmsweise für 1936 gewährt (vgl. VR 35 F II 3 a.a.O.). Die Arbeiten mußten spätestens am 30. 4. 35 beendet sein (vgl. auch II. Erg.-VO zum Ges. über Steuererleichterungen v. 28. 3. 35, RGBl. I S. 487, RStBl. 35 S. 572).

6. Steuerbefreiungen für neu errichtete Wohngebäude.

Die Neuerrichtung von Wohnungen wurde unter bestimmten Voraussetzungen steuerlich begünstigt. Es sind drei Gruppen zu unterscheiden.

a) Älterer Neuhausbesitz, d. h. Wohngebäude, die in der Zeit vom 1. 9. 24 bis 31. 3. 31 bezugsfertig geworden sind, sind nur nach Landesrecht bezüglich der Grundsteuer begünstigt (vgl. Erl. RdF. v. 30. 10. 33 S 1900 II 1 A — 250 III unter C, RStBl. 33 S. 1131).

b) Mittlerer Neuhausbesitz, d.h. Wohngebäude, die in der Zeit vom 1. 4. 31 bis 31. 3. 34 bezugsfertig geworden sind, sind ohne Rücksicht auf die Art des Wohngebäudes und auf die Größe der Wohnung im vollen Umfang von Einkommen- und Körperschaftsteuer bis zum Schluß des im Kalenderjahr 1938 endenden Steuerabschnitts befreit (§ 14 des Realsteuersenkungsgesetzes v. 1. 12. 30, RGBl. I S. 852, RStBl. 30 S. 982, Ges. betreffend die Steuerbefreiung neu errichteter Wohngebäude v. 15. 7. 33, RGBl. I S. 493, RStBl. 33 S. 678, außerdem Erl. RdF. v. 30. 10. 33 s. oben unter E).

c) Neuester Neuhausbesitz, d. h. Wohngebäude, die nach dem 31. 3. 34 bezugsfertig geworden sind:

aa) Kleinwohnungen, die in der Zeit vom 1. 1. 34 bis zum 31. 3. 36 (verlängert durch Ges. v. 2. 4. 36, RGBl. I S. 344, bis zum 31. 3. 37) bezugsfertig geworden sind, sind nach Abschnitt IV des II. Ges. zur Verminderung der Arbeitslosigkeit v. 21. 9. 33 (RGBl. I S. 651, RStBl. 33 S. 950) und § 11 Abs. 1 der DVO über die Steuerbefreiung für neu errichtete Kleinwohnungen und

Eigenheime v. 26. 10. 33 (RGBl. I S. 773, RStBl. 33 S. 1121) von der Einkommensteuer, jedoch nicht von der Körperschaftsteuer bis zum Schluß des im Kalenderjahr 1938 endenden Steuerabschnitts befreit.

bb) **Eigenheime,** die in der Zeit v. 1. 4. 34 bis 31. 3. 39 bezugsfertig werden, sind nach den gleichen Vorschriften bis zum Schluß des im Kalenderjahr 1943 endenden Steuerabschnitts von der Einkommensteuer, jedoch nicht von der Körperschaftsteuer befreit. Die Frist für das Bezugsfertigwerden der Eigenheime endet nach § 28 des Grundsteuergesetzes v. 1. 12. 36 (RGBl. I S. 986, RStBl. 36 S. 1154) bereits mit dem 30. 9. 37.

Im allgemeinen wird verwiesen auf die VO über den Begriff des Bezugsfertigwerdens v. 18. 5. 34 (RGBl. I S. 395, RStBl. 34 S. 593), auf den bereits erwähnten Erl. RdF. S 1900 II 1 A — 250 III unter A (s. oben), den Ergänzungserl. RdF. v. 18. 11. 33 S 1900 II 1 — 300 III (RStBl. 33 S. 1185), die VO v. 14. 3. 35 (RGBl. I S. 368, RStBl. 35 S. 484), die ErgR 35 C III (RStBl. 36 S. 636) und die VR 36 F III (RStBl. 37 S. 253).

Die Befreiung zu b und c erstreckt sich auf die aus den neu errichteten Wohngebäuden erzielten Einkünfte von der Einkommen- oder Körperschaftsteuer (nur b). Sie hat also die Wirkung einer sachlichen Steuerbefreiung. Anderseits hat sie auch die Nichtabzugsfähigkeit der mit den steuerbefreiten Wohngebäuden zusammenhängenden Ausgaben und die Außerachtlassung etwaiger hieraus stammender Verluste zur Folge (vgl. auch VR 36 F III Ziff. 3 a. a. O.).

7. Steuergutscheine für Steuerzahlungen.

Die Steuergutscheine für Steuerzahlungen wurden eingeführt durch die VO des Reichspräsidenten v. 4. 9. 32 I. Teil Kapitel I (RGBl. I S. 425, dazu ergangen: Durchführungsbestimmungen v. 26. 9. und 31. 10. 32, RGBl. I S. 459, 519). Durch das Ges. zur Änderung der Steuergutschein-VO v. 7. 4. 33 (RGBl. I S. 187) wurde das Recht auf Gewährung von Steuergutscheinen aufgehoben. Über die Behandlung der Steuergutscheine vgl. VR 34 G I 1—4 (RStBl. 35 S. 398).

Die Steuervergünstigung bestand zunächst darin, daß die Einkünfte, die dem Steuerpflichtigen in Gestalt der vom FA. ausgegebenen Steuergutscheine zugeflossen sind, nach § 34 der DB zur Steuergutschein-VO nur in Höhe eines Fünftels des auf den 31. 12. des Ausgabejahrs festgestellten Börsenkurses einkommensteuerpflichtig waren (vgl. im einzelnen Anm. 117 b Abs. 4 zu § 6 EStG). Diese Vergünstigung bezog sich nicht auf Steuergutscheine, die der Steuerpflichtige wie Wertpapiere gekauft hatte. Sie hat auch keinen Einfluß mehr, auf die Steuergutscheine, die auf Grund des Ges. zur Änderung des Anleihestockgesetzes v. 9. 12. 37 (RGBl. I S. 1340, RStBl. 37 S. 1255) und nach der 3. VO zur Durchführung und Ergänzung des Anleihestockgesetzes v. 9. 12. 37 (RGBl. I S. 1341, RStBl. 37 S. 1255) bei der erstmaligen Verteilung des Anleihestocks im Kalenderjahr 1938 an die berechtigten Gesellschafter der Kapitalgesellschaften verteilt werden (s. Anm. 163 a zu § 20 EStG).

Weiter war nach § 35 der DB zur Steuergutschein-VO das Aufgeld, das bei Verwendung der Steuergutscheine zur Zahlung von Reichssteuern in einem bestimmten Hundertsatz des Nennbetrags des Steuergutscheins angerechnet wurde, nicht als Einkünfte im Sinn des § 37 Abs. 1 EStG 1925 (§ 20 Abs. 1 EStG 1934) zu behandeln. Diese Steuerfreiheit des Aufgelds bedeutet ebenso wie die Steuerfreiheit von $^4/_5$ des durch die Ausgabe der Steuergutscheine zugeflossenen Wertes eine sachliche Steuerbefreiung.

8. Arbeitsspende.

Steuerpflichtige, die nach dem Arbeitsspendengesetz v. 1. 6. 33 (RGBl. I S. 324) mit DVO v. 24. 7. 33 (RGBl. I S. 549, vgl. auch Erl. d. RdF. v. 26. 3. 34. RStBl. 34 S. 289) freiwillige Spenden zur Förderung der nationalen Arbeit geleistet hatten, konnten den Annahmewert der Spende noch vom Einkommen des Kalenderjahrs 1934 abziehen, wenn die Spende in einem im Kalenderjahr 1934 endenden Wirtschaftsjahr geleistet worden war. Die Antragsfrist für den Abzug lief am 30. 4. 34 ab (vgl. VR 34 E V, RStBl. 35 S. 400).

9. Zinsvergütungsscheine.

Die steuerliche Behandlung der Zinsvergütungsscheine, die nach dem Gebäudeinstandsetzungsgesetz (Abschn. I des II. Ges. zur Verminderung der Arbeitslosigkeit v. 21. 9. 33, RGBl. I S. 651, RStBl. 33 S. 950) neben Barzuschüssen ausgegeben worden waren und beim Empfänger als Einkünfte aus Vermietung oder soweit sie in einem Betrieb angefallen waren, als landwirtschaftliche oder gewerbliche Einkünfte zu behandeln waren, ist in den VR 33 B I 3 b Ziff. 3 (RStBl. 34 S. 106) und in den VR 34 B III 4 c (RStBl. 35 S. 394) dargestellt worden. Die Zinsvergütungsscheine waren danach mit einem Durchschnittswert, der in einem Hundertsatz ihres Nennbetrags bestimmt wurde, als Einnahme anzusetzen.

10. Steuervergünstigungen für Aufwendungen zum Zweck des zivilen Luftschutzes und des zivilen Sanitätsdienstes.

Nach dem Erl. RdF. v. 10. 10. 33 S 2119 — 86 III (RStBl. 33 S. 1073) sind Aufwendungen für Zwecke des zivilen Luftschutzes und nach dem Erl. v. 27. 1. 34 S 2119 — 443/III (RStBl. 34 S. 128) sind Aufwendungen für Zwecke des zivilen Sanitätsdienstes in Industrie- und Werkbetrieben bei Ermittlung der Einkünfte aus Gewerbebetrieb, Land- und Forstwirtschaft und aus Vermietung und Verpachtung zur Einkommen- und Körperschaftsteuer im Kalender-(Wirtschafts-)jahr der Ausgabe voll abzugsfähig. Die Vergünstigung bedeutet eine Ausnahme von der Aktivierungspflicht. Sie ist auf Grund des § 131 AO getroffen und stellt eine Dauermaßnahme dar. Daneben können noch die Steuererleichterungen für Instandsetzungen und Ergänzungen an Gebäuden Platz greifen. Im übrigen wird auf die VR 34 E IV (RStBl. 35 S. 400) und auf die VR 37 F I (RStBl. 38 S. 228, s. Anh.) verwiesen.

11. Steuerfreiheit für Unternehmen zur Entwicklung neuer Herstellungsverfahren oder neuartiger Erzeugnisse.

In § 3 des Ges. über Steuererleichterungen v. 15. 7. 33 (RGBl. I S. 491, RStBl. 33 S. 679) wird der RdF. ermächtigt, Unternehmen zur Entwicklung neuer Herstellungsverfahren oder zur Herstellung neuartiger Erzeugnisse für eine von ihm zu bestimmende Zeit von den fortlaufenden Steuern des Reichs und der Länder, die vom Einkommen, Ertrag, Vermögen und Umsatz erhoben werden, ganz oder teilweise zu befreien. Zu dieser Vorschrift sind amtliche Erläuterungen ergangen (RStBl. 33 S. 832). Die hiernach ausgesprochenen Steuerbefreiungen haben je nach ihrem Umfang die Bedeutung einer persönlichen oder sachlichen Befreiung.

12. Gratisbanderolen.

Buchgewinne, die bei Herstellern von tabaksteuerpflichtigen Erzeugnissen und den Inhabern von Tabaksteuerlagern dadurch entstanden waren, daß nach dem Ges. zur Änderung des Tabaksteuergesetzes v. 13. 12. 34 (RGBl. I S. 1229) unentgeltlich Steuerzeichen (Gratisbanderolen) abgegeben wurden, konnten nach Art. 2 des Gesetzes dadurch zum Teil unversteuert bleiben, daß die hierauf entfallende Einkommen-, Körperschaft- und Gewerbesteuer ermäßigt oder erlassen wurde.

13. Steuervergünstigung bei Umwandlung und Auflösung von Kapitalgesellschaften.

Hierzu wird auf Anm. 7 und 8 zu § 15 KStG verwiesen.

14. Steuerbefreiungen bei Durchführung der Zinsermäßigung.

Die Entschädigungen, die auf Grund des Ges. zur Durchführung einer Zinsermäßigung bei Kreditanstalten v. 24. 1. 35 (RGBl. I S. 45) und auf Grund des Ges. über Zinsermäßigung bei den öffentlichen Anleihen v. 27. 2. 35 (RGBl. I

S. 286) in Höhe von 2 v. H. des Nennbetrags der Schuldverschreibung oder Anleihe, an deren Inhaber gezahlt worden waren, waren nach besonderen Vorschriften beider Gesetze von der Einkommensteuer befreit. Diese Steuerbefreiung erstreckt sich nach RFH. I A 268/36 v. 22. 9. 36 (E. 40 S. 44, RStBl. 36 S. 1117, StW. 36 Nr. 463) nicht auf die Körperschaftsteuer.

15. Befreiung von Stiftungen, die an die Stelle von Fideikommissen getreten sind, und der Hamburgischen Testamente.
Es handelt sich um sachliche Steuerbefreiungen (s. Anm. 2 Abs. 2 zu § 7 KStG).

3. Abzugsfähige Ausgaben.

§ 11.

Bei Ermittlung des Einkommens sind die folgenden Beträge abzuziehen, soweit sie nicht bereits nach den Vorschriften des Einkommensteuergesetzes abzugsfähige Ausgaben sind:
1. bei Kapitalgesellschaften
    die Kosten der Ausgabe von Aktien und sonstigen Gesellschaftsanteilen, soweit sie nicht aus dem Ausgabeaufgeld gedeckt werden können;
2. bei Versicherungsunternehmen
    Zuführungen zu versicherungstechnischen Rücklagen, soweit sie für die Leistungen aus den am Bilanzstichtag laufenden Versicherungsverträgen erforderlich sind;
3. bei Kommanditgesellschaften auf Aktien
    der Teil des Gewinns, der an persönlich haftende Gesellschafter auf ihre nicht auf das Grundkapital gemachten Einlagen oder als Vergütung (Tantieme) für die Geschäftsführung verteilt wird;
4. Vermögensvermehrungen, die dadurch entstehen, daß Schulden zum Zweck der Sanierung ganz oder teilweise erlassen werden.

Inhaltsübersicht.

1. Verhältnis zum bisherigen Recht.
2. Verhältnis zu den Vorschriften des EStG über abzugsfähige Ausgaben.
    I. Kosten der Ausgabe von Aktien und sonstigen Gesellschaftsanteilen (§ 11 Ziff. 1 KStG).
3. Bedeutung der Vorschrift.
4. Kosten der Ausgabe von Gesellschaftsanteilen an Kapitalgesellschaften.
5. Ausschluß des Abzugs der Ausgabekosten durch die Möglichkeit ihrer Deckung aus dem Ausgabeaufgeld.
    II. Zuführung zu versicherungstechnischen Rücklagen bei Versicherungsunternehmen (§ 11 Ziff. 2 KStG).
6. Bedeutung und persönlicher Geltungsbereich.
7. Die verschiedenen versicherungstechnischen Rücklagen.
    a) Schadenreserve.
    b) Prämienreserve.
    c) Gewinn- (Dividenden-)Reserve der mit Gewinnanteil Versicherten (Überschußrücklage).
    d) Prämienüberträge.
    e) Rücklagen zum Ausgleich des schwankenden Jahresbedarfs.
    f) Sonstige Rücklagen.
    g) Richtsätze.
8. Sonstige Vorschriften zur Einkommensermittlung der Versicherungsunternehmen.
    a) Beitragsrückerstattungen.
    b) Lebensversicherung(Mindestbesteuerung).
    c) Gewinnermittlung bei beschränkt steuerpflichtigen Versicherungsunternehmen.
    d) Ausgaben zur Feuerverhütung als abzugsfähige Ausgaben.
9. III. Gewinnanteile der persönlich haftenden Gesellschafter bei Kommanditgesellschaften auf Aktien (§ 11 Ziff. 3 KStG).
    IV. Sanierungsgewinne (§ 11 Ziff. 4 KStG).
10. Bedeutung und Geltungsbereich.
11. Voraussetzung der sachlichen Befreiung.
    a) Schulderlaß. b) Sanierung.
12. Auswirkung der Befreiung des Sanierungsgewinns.
    a) Bei der laufenden Gewinnermittlung.
    b) Nachträgliche Bezahlung der zur Sanierung erlassenen Schulden.

§ 11 KStG. Abzugsfähige Ausgaben.

1. Verhältnis zum bisherigen Recht.

„Ziff. 1 (Kosten der Ausgabe von Aktien) entspricht dem § 15 Abs. 1 Nr. 4 des bisherigen Gesetzes.

Ziff. 2 regelt die Zuführung zu versicherungstechnischen Rücklagen bei Versicherungsunternehmen. Diese Vorschrift (bisher § 15 Abs. 1 Nr. 6 KStG 1925) ist neu gefaßt, um die Berechtigung zu Rücklagen deutlicher zu umgrenzen.

Ziff. 3 (Abzug bei Kommanditgesellschaften auf Aktien) entspricht dem § 15 Abs. 1 Nr. 8 des bisherigen Gesetzes.

Ziff. 4 ist neu. Abzugsfähig sind die Vermögensmehrungen, die dadurch entstehen, daß Schulden zum Zweck der Sanierung ganz oder teilweise erlassen werden. Die durch Gläubigernachlaß entstandenen Sanierungsgewinne waren bisher nach der Rechtsprechung des Einkommensteuersenats des Reichsfinanzhofs steuerfrei, dagegen nach der Rechtsprechung des Körperschaftsteuersenats des Reichsfinanzhofs steuerpflichtig. In den Fällen, in denen die Heranziehung derartiger Sanierungsgewinne zur Körperschaftsteuer zu unbilligen Härten geführt hat, wurde durch Billigkeitserlaß geholfen. Die neue Vorschrift gewährleistet in dieser Frage die Einheitlichkeit der steuerlichen Behandlung von Einzelpersonen und Körperschaften" (Begr. zu § 11, RStBl. 35 S. 84).

2. Verhältnis zu den Vorschriften des EStG über abzugsfähige Ausgaben.

§ 11 läßt bestimmte Aufwendungen für die Körperschaftsteuer als abzugsfähige Ausgaben zu und ergänzt damit für die unter ihn fallenden Körperschaften die allgemeinen Vorschriften des EStG, die nach § 6 Satz 1 KStG auch für die Einkommensermittlung nach dem KStG gelten. Danach ist für die Körperschaftsteuer in erster Linie maßgebend der Begriff der Betriebsausgaben des § 4 Abs. 1 u. 3 EStG 1934 (§ 4 Abs. 1 und 4 EStG 1938), § 5 Abs. 1 EStG, der nicht nur für alle buchführungspflichtigen Körperschaften, sondern für alle die diejenigen gilt, deren Einkünfte nach § 2 Abs. 4 Ziff. 1 EStG nach dem Gewinn zu ermitteln sind (vgl. Anm. 17 zu § 4 EStG), weiter der Begriff der Werbungskosten des § 9 EStG, der hinsichtlich der Ziff. 1—3 u. 6 a. a. O. auch für Körperschaften gilt, deren Einkünfte nach § 2 Abs. 4 Ziff. 2 EStG nach dem Überschuß der Einnahmen über die Werbungskosten festzustellen sind (vgl. Anm. 150 zu § 9 EStG). Dabei sind zu den Werbungskosten auch die Absetzungen für Abnutzung oder Substanzverringerung zu rechnen (vgl. Anm. 135 ff. zu § 7 EStG). Schließlich gehören hierher die Sonderausgaben nach § 10 Abs. 1 Ziff. 2 EStG (Schuldzinsen, Renten und dauernde Lasten), soweit sie nicht als Betriebsausgaben oder Werbungskosten anzusehen sind, nach § 10 Abs. 1 Ziff. 3 EStG 1934 u. 1938 Kirchensteuern und nach § 10 Abs. 1 Ziff. 6 EStG 1938 der Verlustvortrag (vgl. Anm. 151 zu § 10 EStG). Beschränkt steuerpflichtige Körperschaften können nach § 50 Abs. 1 EStG Werbungskosten nur insoweit abziehen, als sie mit inländischen Einkünften in wirtschaftlichem Zusammenhang stehen (vgl. Anm. 14 zu § 2 KStG).

§ 11 KStG erweitert den Kreis der bereits nach dem EStG abzugsfähigen Ausgaben mit bestimmten Aufwendungen, die, abgesehen von den in Ziff. 4 aufgeführten, nur bei Körperschaften bestimmter Art vorkommen können. Ziff. 1 gilt nur für Kapitalgesellschaften, Ziff. 2 für Versicherungsunternehmen und Ziff. 3 für KoGaA.

I. Kosten der Ausgabe von Aktien und sonstigen Gesellschaftsanteilen
(§ 11 Ziff. 1 KStG).

3. Bedeutung der Vorschrift.

Die Vorschrift behandelt die Kosten der Gründung und der Kapitalerhöhung bei Kapitalgesellschaften (vgl. auch Anm. 79c zu § 6 EStG). Den AG. und KoGaA. ist es handelsrechtlich verboten, die Aufwendungen für die Gründung und die Kapitalbeschaffung in die Handelsbilanz als Aktivposten einzusetzen (§ 261 Ziff. 3 HGB bzw. § 133 Ziff. 4 AktG). Ebenso dürfen bei GmbH. nach § 42 Ziff. 2 GmbHG die Kosten der Organisation und Verwaltung nicht als

Anmerkung 1—3.

Aktiva in die Bilanz eingesetzt werden. Anderseits ist nach § 262 Ziff. 2 HGB bzw. § 130 Abs. 2 Ziff. 2 AktG in die gesetzliche Rücklage (bisher Reservefonds) nicht der gesamte Betrag des Aufgelds einzustellen, sondern nur „der Betrag, der bei der ersten oder einer späteren Ausgabe von Aktien für einen höheren Betrag als den Nennbetrag über diesen und den Betrag der durch die Ausgabe entstehenden Kosten hinaus erzielt wird". Danach werden handelsrechtlich die Kosten der Gründung und Kapitalerhöhung nicht als Einlagen der Gesellschafter behandelt. Die Rechtslage ist vielmehr so aufzufassen, daß die Gesellschaft die Kosten für Rechnung der Einbringenden bezahlt, die ihr den Betrag in dem Übernahmepreis der Gesellschaftsanteile vorschießen. Bei Ausgabe der Gesellschaftsrechte gegen Aufgeld gilt das Aufgeld nur insoweit als gesellschaftliche Einlage, als es nicht zur Deckung der Kosten der Ausgabe dient. Dieser handelsrechtlichen Regelung ist auch das KStG gefolgt. Die Vorschrift der Ziff. 1 entspricht dem § 15 Ziff. 4 KStG 1925, dessen Einfügung der Vertreter der Reichsregierung (Aussch. Bericht S. 11) damit begründet hatte, die Kosten der Ausgabe von Gesellschaftsrechten seien Ausgaben zur Verbesserung des Vermögens und deshalb nicht abzugsfähig, sie dürften auch nach Handelsrecht nicht aktiviert werden; daher sei die ausdrückliche Festlegung ihrer Abzugsfähigkeit gerechtfertigt.

Beispiel: Eine AG. oder GmbH. wird mit einem Grund- oder Stammkapital von 500 000 RM. gegründet, bei Ausgabe der Aktien oder Geschäftsanteile zum Nennwert (zu pari) zahlen die Gesellschafter 500 000 RM. bar ein; die Gesellschaft zahlt alle Gründungskosten. Hat sie am Schluß des 1. Geschäftsjahrs ein Reinvermögen von 540 000 RM., so beträgt ihr steuerpflichtiger Gewinn nur 40 000 RM., wobei es gleichgültig ist, daß der Betriebsgewinn erheblich höher war und lediglich infolge der Bezahlung der Kosten der Ausgabe der Gesellschaftsanteile durch die Gesellschaft der Bilanzgewinn nur 40 000 RM. beträgt. Betrugen die Ausgabekosten 17 500 RM., dann nimmt das Gesetz an, daß die Gesellschaft eigentlich nicht mit 500 000 RM., sondern mit 500 000 RM. — 17 500 RM. = 482 500 RM. beginnt, so daß sie also einen Betriebsgewinn von 57 500 RM. erzielt hat, aber die 17 500 RM. Gründungskosten sollen abzugsfähig sein. Haben die Gesellschafter ein Ausgabeaufgeld (Agio) bezahlt, z. B. für die Gesellschaftsrechte im Nennbetrag von 500 000 RM. 550 000 RM. einbezahlt, dann erfolgt bei einem Grund- oder Stammkapital von 500 000 RM. die Ausgabe der Aktien oder Geschäftsanteile gegen Bezahlung von 550 000 RM. in bar. Beträgt das Reinvermögen der Gesellschaft am Schluß des 1. Geschäftsjahrs 600 000 RM., dann ist der Betriebsgewinn 600 000 — 550 000 = 50 000 RM. Betragen die Ausgabekosten nur 17 500 RM., sind sie also niedriger als das Ausgabeaufgeld von 50 000 RM. und können sie in voller Höhe aus diesem gedeckt werden, dann ist als steuerpflichtiger Gewinn anzusetzen der Bilanzgewinn von 50 000 RM. + 17 500 RM. = 67 500 RM., d. h. als Anfangsvermögen gilt das Reinvermögen von 550 000 RM. abzüglich der Gründungskosten von 17 500 RM. = 532 500 RM. und der steuerpflichtige Gewinn beträgt 600 000 — 532 500 RM. = 67 500 RM. Ist das Ausgabeaufgeld geringer als die Gründungskosten, beträgt es z. B. nur 10 000 RM., dann wären dem (nach Abzug der Gründungskosten errechneten) Bilanzgewinn von 50 000 RM. steuerrechtlich nur 10 000 RM. hinzuzurechnen, die durch das Ausgabeaufgeld gedeckt sind, nicht aber der Restbetrag von 7 500 RM., der nach dem Gesetz abzugsfähig ist.

Der Regelung liegt eben der Gedanke zugrunde, daß die Kapitalgesellschaft mit dem Betrag der tatsächlich geleisteten Einlagen als Aktiven, aber belastet mit den Gründungskosten („Geburtskosten" nach RFH. I A 372/31 vgl. Anm. 4 Abs. 1 ins Leben tritt. Man kann aber nicht gut sagen, für die Gesellschaft lägen Ausgaben zur Geschäftsbegründung oder zur Verbesserung oder Vermehrung des Vermögens vor. Die Gesellschaft bezahlt vielmehr Schulden, die teils infolge ihrer Gründung als eigene entstanden sind (Gesellschaftsteuer), teils von ihr deshalb bezahlt werden müssen, weil ihre Gesellschafter die Aktiva nur belastet mit diesen Schulden eingebracht haben.

Ebenso verhält es sich bei der Kapitalerhöhung. Bei ihr vergrößert sich das Reinvermögen der Gesellschaft, der Betrag der Vermehrung des Reinvermögens durch Kapitalerhöhung unterliegt der Gesellschaftsteuer und nicht der Körperschaftsteuer (vgl. Anm. 8 a zu § 2 EStG). Erfolgt die Kapitalerhöhung zum Nennbetrag, so ist mit einer körperschaftsteuerfreien Vermehrung um den Nennbetrag der

Aktien oder Geschäftsanteile zu rechnen. Erfolgt sie mit Aufgeld über dem Nennbetrag, so ist das Aufgeld als körperschaftsteuerfreie Vermögensvermehrung nur insoweit anzusehen, als ihm nicht die Gründungskosten gegenüber stehen.

4. Kosten der Ausgabe von Gesellschaftsanteilen an Kapitalgesellschaften.
Als abzugsfähige Ausgaben kommen in Betracht die Kosten der Ausgabe von Aktien und sonstigen Gesellschaftsanteilen. Zu den Kosten der Ausgabe von Aktien usw. sind nach RFH. I A 372/31 v. 4. 11. 32 (E. 32 S. 66, RStBl. 32 S. 1108, StW. 33 Nr. 139) alle Beträge zu rechnen, die zur Ingangsetzung des Betriebs und seiner Vorbereitung aufgewendet werden müssen, aber nicht aktiviert werden können. Hierzu gehörten alle Kosten, die aufgewendet werden müßten, damit die Gesellschaft ins Leben treten könne. Der RFH. prägt dafür nach Evers das Wort Geburtskosten der Gesellschaft, wobei zu bemerken ist, daß der Grundsatz nicht bloß für den Fall einer Gründung, sondern auch für den einer Kapitalerhöhung gilt. Zu diesen nicht aktivierungsfähigen Kosten gehören nach der Entsch. sowohl die aus Anlaß der Gründung einer Kapitalgesellschaft zu zahlenden Kapitalverkehrsteuern und die Kosten für die Herstellung der Aktien und sonstiger Gesellschaftsanteile, als auch die Notariats- und Gerichtskosten und Stempel. Nur soweit durch die Aufwendung von Kosten der in Frage stehenden Art etwa Vermögensgegenstände geschaffen würden, die für den Geschäftsbetrieb von Wert seien, seien sie zu den nach § 17 Ziff. 1 KStG 1925 nichtabzugsfähigen Aufwendungen zur Geschäftsbegründung zu rechnen. Derartige Aufwendungen sind nunmehr nach den allgemein für die Aktivierung maßgebenden Grundsätzen zu aktivieren, wenn mit ihnen Vermögenswerte geschaffen werden, die der Gesellschaft über das Jahr der Beschaffung hinaus zugute kommen (vgl. Anm. 79 c zu § 6 EStG). Z. B. könnte beim Sacheinbringen Börsenumsatz- oder Grunderwerbsteuer erhoben werden; diese Steuern sind bei den erworbenen Gegenständen als Anschaffungskosten zu aktivieren und gehören nicht zu den Ausgabekosten (vgl. Anm. 97 b, 110 a, 114 a, aa zu § 6 EStG). Dagegen gehören zu den nicht aktivierungsfähigen Kosten regelmäßig auch die Provisionen an eine Bank für ihre Beratung und die Hergabe von Beratungsräumen wie überhaupt das Entgelt für ihre Mitwirkung bei der Gründung der Gesellschaft, ferner die an die Industrie- und Handelskammer zu zahlenden Gebühren für die Prüfung des Gründungshergangs sowie die Entlohnung der mit der Prüfung beauftragten Person (RFH. I A 106/31 v. 15. 5. 34, RStBl. 34 S. 835, StW. 34 Nr. 519). Zweifelhaft kann sein, inwieweit die Kosten der Einführung der Aktien an der Börse zu den Ausgabekosten gehören. Man könnte sagen, derartige Kosten würden im Interesse der Aktionäre aufgewendet und seien deshalb bei der Gesellschaft als Betriebsausgaben nicht anzuerkennen, so daß es gleichgültig sei, ob sie den Ausgabekosten zuzurechnen sind oder nicht. Aber dieser Standpunkt ist abzulehnen, weil es schließlich für die Gesellschaft als solche nicht ohne Bedeutung ist, ob ihre Aktien an der Börse eingeführt sind oder nicht. Nach RFH. I A 74/31 v. 12. 9. 33 (RStBl. 33 S. 1201, StW. 34 Nr. 156) gehören die Börseneinführungskosten dann zu den Ausgabekosten der Aktien, wenn die Einführung auf Grund einer ausdrücklichen Vereinbarung mit den Übernehmern der Aktien (ebenso RFH. I A 340/32 a. E., s. Anm. 5) oder mit Rücksicht darauf geschieht, daß sie in den Ausgabebedingungen (Bankprospekten) vorgesehen war. Das Gleiche gelte, wenn sich aus der ganzen Sachlage ergebe, daß die Einführung an der Börse im Zusammenhang mit der Ausgabe erfolge.

5. Ausschluß des Abzugs der Ausgabekosten durch die Möglichkeit ihrer Deckung aus dem Ausgabeaufgeld.
Die Kosten der Ausgabe von Gesellschaftsanteilen der Kapitalgesellschaften sind nur insoweit abzugsfähige Ausgaben, als sie nicht aus dem Ausgabeaufgeld gedeckt werden können. Das Ausgabeaufgeld (Emissionsagio) ist der Betrag, den eine Kapitalgesellschaft bei ihrer Gründung oder bei Erhöhung des Grund-

oder Stammkapitals von Erwerbern der Gesellschaftsanteile über den Nennbetrag dieser Anteile hinaus mehr einfordert und erhält. Das Ausgabeaufgeld ist also Teil der gesellschaftlichen Einlage (vgl. Anm. 8 a zu § 2 EStG). Die Feststellung der Höhe des Aufgelds bereitet bei Bareinzahlungen keine Schwierigkeiten, wohl aber bei Einbringung von Vermögensgegenständen gegen Gewährung von Gesellschaftsrechten (Sacheinlagen). Nach RFH. I A 340/32 v. 20. 12. 33 (E. 35 S. 26, RStBl. 34 S. 439, StW. 34 Nr. 399) liegt ein Ausgabeaufgeld vor, wenn als Gegengabe gegen junge Aktien Vermögensgegenstände hereingenommen werden, deren steuerlicher Wert den Nennwert der jungen Aktien übersteigt. Gibt die Gesellschaft 1 Million junge Aktien zu pari gegen Sacheinlagen aus und bewertet sie die Sacheinlagen in steuerlich zulässiger Weise mit im Ganzen 1 100 000 RM., so bedeutet das für die Körperschaftsteuer eine Aktienausgabe mit 100 000 RM. Ausgabeaufgeld, so daß die Ausgabekosten, soweit sie unter 100 000 RM. bleiben und den Bilanzgewinn gemindert haben, ihm wieder zuzurechnen sind. Dabei ist es natürlich gleichgültig, wie die Ausgabekosten bezahlt sind, ob aus schon vorhandenen Mitteln der Gesellschaft oder mit Hilfe von Darlehen. Denn Deckung aus dem Ausgabeaufgeld bedeutet nicht, daß etwa tatsächlich irgend welche Teile des eingebrachten Vermögens zur Bezahlung der Kosten verwendet wurden oder auch nur verwendet werden konnten, sondern lediglich einen gedachten buchmäßigen Vorgang. Wenn bei einer Kapitalerhöhung um 1 000 000 RM. Sacheinlagen eingebracht werden, die buchmäßig mit 1 100 000 RM. bewertet werden können, so ist zunächst zu buchen 1 100 000 RM. verschiedene Bestandskonten links — 1 000 000 RM. an Grundkapitalkonto rechts und 100 000 RM. Agiokonto rechts, worauf es möglich ist, Ausgabekosten bis zu 100 000 RM. zu buchen Agiokonto links — Kasse rechts. Auch in RFH. I A 453/30 v. 28. 5. 31 (RStBl. 31 S. 846, StW. 31 Nr. 918) wird darauf hingewiesen, daß die Möglichkeit der Deckung der Ausgabekosten aus dem Ausgabeaufgeld für die Versagung des Abzugs genügt. Wenn die Organe der Gesellschaft von der Möglichkeit einer solchen Deckung tatsächlich keinen Gebrauch gemacht hätten, so bleibe doch die nach dem Gesetz beachtliche Tatsache bestehen, daß die Deckung aus dem Ausgabeaufgeld möglich gewesen sei.

Hat eine AG. bei einer Kapitalerhöhung, bei der junge Aktien durch ein Übernahmekonsortium ausgegeben wurden, auf Grund ihres Besitzes an alten eigenen Aktien ein Bezugsrecht ausgeübt und 18 000 RM. Nennwert junge Aktien zu 120 v. H. erworben, so ist nach RFH. I A 23/24 v. 24. 4. 34 (RStBl. 34 S. 829, StW. 34 Nr. 456) mit dem Bezug seitens der AG. die Aktienausgabe beendet gewesen. Wenn die AG. später diese Aktien um 160 v. H. veräußert, dann stellt nicht etwa der gesamte Unterschied zum Nennbetrag von 60 v. H. ein bei der Ausgabe erzieltes, nicht körperschaftsteuerpflichtiges Aufgeld dar, sondern der Unterschied zwischen Anschaffungskosten und Veräußerungserlös stellt körperschaftsteuerpflichtigen Gewinn dar, wobei dahingestellt bleiben kann, ob als Anschaffungskosten der jungen Aktien 120 v. H. anzusehen waren. Im übrigen mag zugegeben werden, daß es sich bei dem Erwerb der jungen Aktien durch die AG. selbst zu 120 v. H. wirtschaftlich eigentlich nicht um einen Erwerb, sondern um eine Nichtausgabe der Aktien gehandelt hat. Aber wenn die Sache rechtlich als Erwerb aufgezogen wurde, kann sich die Gesellschaft nicht beklagen, wenn daraus für sie nachteilige Folgerungen gezogen wurden.

II. Zuführungen zu versicherungstechnischen Rücklagen bei Versicherungsunternehmen (§ 11 Ziff. 2 KStG).

6. Bedeutung und persönlicher Geltungsbereich.

Schrifttum. Mehrmann, Die Katastrophenrücklagen der Versicherungsgesellschaften, DStZ. 33 S. 321; Mahn, Die Prämienreserven der Lebensversicherungsunternehmen, StWarte 37 S. 378 und 596; Mahn, Die Rücklage zum Ausgleich des schwankenden Jahresbedarfs in der Steuerbilanz, StWarte 37 S. 223; Mahn, Beitragsrückerstattung der Versicherungsunternehmen und ihre steuerliche Behandlung, StWarte 37 S. 529.

§ 11 KStG. Abzugsfähige Ausgaben.

Versicherungsverträge gehören bis zum Eintritt des Versicherungsfalls zu den schwebenden Geschäften, bei denen, soweit es sich um die Kapitalversicherung handelt, der Versicherungsnehmer durch Prämienzahlungen im Voraus leistet, während eine Verbindlichkeit des Versicherers erst mit dem Eintritt des Versicherungsfalls entsteht. Dieser Tatsache müssen die Versicherungsunternehmen, deren Gewinn nach den allgemeinen Grundsätzen zu ermitteln ist, auch in ihren Bilanzen Rechnung tragen. Sie können also nicht nur die bereits entstandenen Verbindlichkeiten berücksichtigen, sondern sie müssen auch schätzen, wie hoch für den Bilanzstichtag die in den schwebenden Versicherungsverhältnissen bestehende Last anzunehmen ist (vgl. dazu Anm. 85 e Abs. 2 zu § 6 EStG). Wenn durch § 11 Ziff. 2 KStG bei Versicherungsunternehmen Zuführungen zu versicherungstechnischen Rücklagen zu den abzugsfähigen Ausgaben gerechnet werden, soweit sie für die Leistungen aus den am Bilanzstichtag laufenden Versicherungsverträgen erforderlich sind, so bedeutet das nicht etwa eine Erweiterung der für die Passivierung geltenden Grundsätze. Vielmehr sollen durch § 11 Ziff. 2 KStG und die dazu erlassenen Vorschriften der §§ 23—28 I. KStDVO, die nach allgemeinen Grundsätzen als Schuldposten berücksichtigungsfähigen Rücklagen festgelegt und die Höhe der abzugsfähigen Zuführungen zu diesen Rücklagen begrenzt werden. Nach ihnen soll festgestellt werden, ob und in welcher Höhe die mit dem allgemeinen Ausdruck Rücklagen bezeichneten Posten als echte Schuldposten (auch Rückstellungen) oder als Posten, die der Rechnungsabgrenzung dienen, anzuerkennen sind, oder inwieweit sie als Rücklagen im eigentlichen Sinn (Reinvermögensposten), deren Bildung den Gewinn nicht beeinflussen darf, zu behandeln sind. § 11 Ziff. 2 und die dazu erlassenen weiteren Anordnungen geben also die Grundlage für die steuerrechtliche Beurteilung der versicherungstechnischen Rücklagen. Zur Besteuerung der Versicherungsunternehmen ist auch der Rderl. des RdF. v. 25. 7. 36 S 2511 — 45 III (RStBl. 36 S. 825 f. Anh. 18) ergangen.

Die Vorschrift des § 11 Ziff. 2 gilt im Gegensatz zur bisherigen Regelung für alle Versicherungsunternehmen, ohne Rücksicht auf ihre Rechtsform. Die Versicherungsvereine auf Gegenseitigkeit, die nur Mitglieder versichern, waren nach dem KStG 1925 weitgehend begünstigt und die öffentlich-rechtlichen Versicherungsanstalten auf Gegenseitigkeit, die nur Mitglieder versichern, waren steuerfrei. Versicherungsvereine auf Gegenseitigkeit sind nach § 1 Abs. 1 Ziff. 3 KStG und die öffentlich-rechtlichen Versicherungsanstalten nach § 1 Abs. 1 Ziff. 6 a. a. O. voll körperschaftsteuerpflichtig. Nach § 23 I. KStDVO sind die öffentlich-rechtlichen Versicherungsanstalten auch dann unbeschränkt steuerpflichtig, wenn sie mit Zwangs- oder Monopolrechten für ein Gebiet des Deutschen Reichs ausgestattet sind. Die Grundsätze des § 11 Ziff. 2 KStG gelten auch für die beschränkt steuerpflichtigen ausländischen Versicherungsunternehmen bei der gesonderten Ermittlung des technischen Ergebnisses des Inlandsgeschäfts (vgl. Anm. 8 e, aa zu § 2 KStG und Anm. 8 c).

7. Die verschiedenen versicherungstechnischen Rücklagen.
§ 27 Abs. 1 I. KStDVO bestimmt:

„Zuführungen zu versicherungstechnischen Rücklagen (§ 11 Ziff. 2 des Gesetzes) sind insoweit abzugsfähig, als es sich bei diesen Rücklagen um echte Schuldposten oder um Posten handelt, die der Rechnungsabgrenzung dienen. Hierbei dürfen die Rücklagen den Betrag nicht übersteigen, der zur Sicherstellung der Verpflichtungen aus den am Bilanzstichtag bestehenden Versicherungsverträgen erforderlich ist".

Der Satz 1 stellt klar, daß die Zuführungen zu versicherungstechnischen Rücklagen nur unter den allgemeinen, für die Passivierung maßgebenden Voraussetzungen den Gewinn mindern dürfen (vgl. Anm. 6). Satz 2 begrenzt die Höhe, in der die Zuführungen in steuerlich zulässiger Weise unter die Passiva eingestellt werden können. Die echten Schuldposten können am Bilanzstichtag bereits entstandene Verbindlichkeiten darstellen oder auch Rückstellungen für am Bilanzstichtag mit Sicherheit zu erwartende Verbindlichkeiten aus den schwebenden Versicherungsgeschäften, nicht aber Rücklagen im eigentlichen Sinn (vgl. auch Rderl. v. 25. 7. 36 (f. Anm. 6) Abschn. IV Ziff. 1 und 2). Die Zuführungen zu Passivposten der Bilanz können steuerrechtlich immer nur unter Berücksichtigung der Wagnisse erfolgen, die sich für das Versicherungsunternehmen aus den am Bilanzstichtag laufenden Versicherungsverträgen ergeben. Es entscheidet also stets die Bedeutung und der wirkliche Zweck der einzelnen Rücklage und nicht etwa ihre Benennung, selbst wenn diese im Geschäftsplan oder in der Satzung festgelegt ist. Auch kann, wie im erwähnten Rderl. a. a. O. unter 2 hervorgehoben wird, die steuerliche Abzugsfähigkeit der Rücklagen durch Gesetz, Satzung, Geschäftsplan oder Weisung der Aufsichtsbehörde vorgeschrieben sein.

a) Die sogen. **Schadenreserve** ist ein Passivposten für die bis zum Bilanzstichtag eingetretenen, aber von der Gesellschaft noch nicht abgegoltenen Schadensfälle. Es handelt sich also um eine am Bilanzstichtag bereits bestehende Verbindlichkeit, die entweder mit ihrem feststehenden Betrag, oder wenn dieser bestritten oder noch unbekannt ist, in einem geschätzten Betrag in die Bilanz einzusetzen ist (vgl. auch RFH. I A 462/28 v. 29. 1. 29, RStBl. 29 S. 143, StW. 29 Nr. 291).

b) Die **Prämienreserve** bedeutet bei Lebensversicherungen — sie kann auch bei anderen Versicherungszweigen vorkommen — den auf mathematischer Grundlage errechneten Unterschiedsbetrag zwischen dem jetzigen Wert der zukünftigen Leistung der Gesellschaft und dem Gesamtwert der noch ausstehenden Prämien. Es handelt sich also um die Berücksichtigung eines schwebenden Geschäfts. Bei Beginn der Lebensversicherung sind Leistung und Gegenleistung im ganzen als gleich anzusehen. Während aber bei gleichbleibenden Jahresprämien der Versicherungsnehmer zunächst nach Beginn der Versicherung mit seinem Beitrag mehr leistet, als der Gefahr eines Eintritts des Versicherungsfalls in dieser Zeit entsprechen würde, verschieben sich mit jedem Jahre der Versicherungsdauer die Werte zu Ungunsten der Gesellschaft insofern, als die späteren Prämienzahlungen der verstärkten oder ziemlich sicheren Möglichkeit des Eintritts des Versicherungsfalls nicht mehr entsprechen. Daher müssen aus den Prämien von Anfang an Rückstellungen zur Bestreitung des Versicherungsbedarfs der späteren Jahre gebildet werden. Es ist auch bei der Prämienreserve selbstverständlich, daß sie die Bewertung einer Schuld, genauer des Mehrbetrags von Schuld und Forderung bedeutet. Das Gesetz über die privaten Versicherungsunternehmen (Versicherungsaufsichtsgesetz) v. 12. 5. 01 (RGBl. S. 139) enthält in den §§ 56 ff. besondere Vorschriften über die Prämienreserve bei der Lebensversicherung. Nach § 56 Abs. 1 a. a. O. ist die Prämienreserve hinsichtlich der in Kraft stehenden Versicherungsverträge für den Schluß eines jeden Geschäftsjahrs unter Anwendung der nach § 11 angenommenen Rechnungsgrundlagen (der Geschäftsplan muß die Grundsätze für die Berechnung der Prämienreserven vollständig darstellen) getrennt nach den einzelnen Versicherungsarten zu berechnen und zu buchen und die der Berechnung entsprechenden Beträge sind nach § 57 a. a. O. dem Prämienreservefonds unverzüglich zuzuführen. Werden die tatsächlichen Zuführungen diesen Vorschriften entsprechend nach dem Geschäftsplan und unter Berücksichtigung der am Stichtag laufenden Versicherungsverträge ausgeführt, dann werden sie auch steuerrechtlich als dem § 27 Abs. 1 Satz 1 entsprechend anzuerkennen sein.

Die Bemessung der Prämienreserve als des erforderlichen Deckungskapitals kann immer nur unter Berücksichtigung der am Stichtag laufenden Versicherungsverträge erfolgen. Andere Maßstäbe müssen ausscheiden. Daher wird in RFH. I A 272/35 v. 24. 11. 36 (RStBl. 37 S. 351, StW. 37 Nr. 52) die Verteilung eines mit den Versicherungsverträgen nicht unmittelbar zusammenhängenden Verlusts einer Versicherungsgesellschaft auf eine Reihe von Jahren durch Wechsel in der Berechnung der Prämienreserve und der Prämienüberträge (unter d) mit Recht als unzulässig angesehen. Das Reichsaufsichtsamt hatte der Gesellschaft erlaubt, wegen eines durch Zusammenbruch einer anderen Gesellschaft erlittenen hohen Verlusts das versicherungstechnische Deckungskapital (Prämienreserve) statt wie bisher nach einem Zinssatz von 3 v. H. zunächst nach einem höheren Zinssatz zu bemessen, der allmählich ermäßigt werden sollte, bis er nach 15 Jahren wieder 3 v. H. erreicht haben würde. Das Deckungskapital als echter Schuldposten wird daher im Verlustjahr niedriger ausgewiesen, was den bilanzmäßigen Verlust mindert, der auf diese Weise zum Teil auf 15 Jahre verteilt wird. Bei der Bemessung der versicherungstechnischen Reserven handelt es sich um genaue Berechnungen. Wenn einmal ein bestimmter Hundertsatz für angemessen erachtet ist, kann man allenfalls einmal davon abgehen, wenn er tatsächlich für den Ausweis des Vermögensstands zu ungünstig ist. Aber dann ist die Gesellschaft für die Zukunft an den neuen Hundertsatz gebunden. Ganz unmöglich ist es aber, von vornherein ein allmähliches Zurückgehen auf den alten Hundertsatz zu beschließen; denn damit wird zugegeben, daß es sich um keine wirkliche Schätzung handelt, sondern um ein Bilanzmanöver.

c) Gewinn=(Dividenden=)Reserve der mit Gewinnanteil Versicherten (Überschußrücklage): Die Grundsätze und Maßstäbe, nach denen die Versicherten an den Überschüssen des Versicherungsunternehmens teilnehmen, sollen nach § 9 Ziff. 7 des Versicherungsaufsichtsgesetzes in den allgemeinen Versicherungsbedingungen enthalten sein, die als Bestandteil des Geschäftsplans von der Aufsichtsbehörde zu genehmigen sind. Wenn hiernach Gewinnanteile, die vertragsgemäß an die Versicherten auszuzahlen sind oder zur Ermöglichung einer gleichmäßigen Auszahlung in den einzelnen Jahren einem Gewinnreservefonds zugeführt werden (Überschußrücklage), als Gewinnreserven in die Bilanz eingestellt werden, handelt es sich um eine bestehende Schuld. Wegen der Beitragsrückerstattungen auf Grund des Geschäftsergebnisses vgl. § 25 I. KStDVO und Anm. 8 a.

d) Prämienüberträge: Das Versicherungsunternehmen empfängt die Prämien im Voraus für einen bestimmten Zeitraum, der aber nicht mit dem Ende des Geschäftsjahrs, in dem die Zahlung erfolgt, abläuft, vielfach sogar für mehrere Jahre im Voraus. Soweit die Prämien für einen über den Bilanzstichtag hinausgehenden Versicherungszeitraum gezahlt sind, kann das Versicherungsunternehmen die vereinnahmten Beträge nicht einfach als verdiente Einnahmen des abgelaufenen Geschäftsjahrs ansehen. Sie ist vielmehr mit einer allerdings bedingten Schuld belastet, die zu schätzen ist, und zwar im Verhältnis der gezahlten Prämien zu der noch laufenden Zeit des Wagnisses (Risikos). Insoweit bezieht sich die gezahlte Prämie auf das in das künftige oder in die kommenden Geschäftsjahre entfallende Wagnis. Zum Ausgleich des unter den Aktivposten der Bilanz erscheinenden Prämienbetrags oder der Forderung hierauf ist daher ein Posten, der der Rechnungsabgrenzung dient, und zwar hier als Schuldposten, der sogenannte Prämienübertrag in die Bilanz einzustellen. Hat z. B. das Versicherungsunternehmen eine Prämie für die Zeit v. 1. 7.—30. 6. erhalten und ist der 31. 12. der Bilanzstichtag, so wird man den Schuldposten auf die Hälfte der Prämie zu bewerten haben, richtiger etwas niedriger, da in der Prämie auch Unkosten wegen des Versicherungsgeschäfts enthalten sind. (Wegen der grundsätzlichen Beurteilung der Prämienüberträge vgl. auch RFH. I D 1/25 v. 24. 3. 25, E. 16 S. 31, StW. 25 Nr. 427 und RFH. I A 278/36 v. 21. 4. 37, E. 41 S. 220, RStBl. 37 S. 911, StW. 37 Nr. 329).

Die Höhe der steuerlich anzuerkennenden Prämienüberträge als Schuldposten zur Rechnungsabgrenzung könnte am sichersten dadurch ermittelt werden, daß für jede einzelne Versicherung die im Geschäftsjahr vereinnahmten Prämien nach dem Verhältnis der auf das abgelaufene Geschäftsjahr und der auf die folgende Zeit entfallenden Versicherungsdauer verteilt würden. An Stelle dieser Berechnung, die, wie in RFH. I A 181/31 v. 4. 4. 33 (RStBl. 33 S. 966) ausgeführt wird, einen zu großen Aufwand an Zeit und Arbeit erfordert, bedient man sich in der Praxis der Annäherungsberechnungen (Schätzungen). Von diesen komme der Einzelberechnung an Genauigkeit am nächsten das sogenannte Vierundzwanzigstelsystem, bei dem für die Verteilung der Prämieneinnahmen alle in demselben Monat vereinnahmten Prämien als in der Monatsmitte gezahlt behandelt würden, so daß z. B. von den im Januar fälligen Prämien für einjährige Versicherungen noch der Prämienanteil für einen halben Monat, das ist $1/_{24}$ der Jahresprämie durch Rückstellung in das nächste Jahr übertragen würde. Diesem Verfahren wird in der Entsch. der Vorzug gegeben gegenüber einer von der Versicherungsgesellschaft angewandten pauschalen Schätzung, bei der ein bestimmter Hundertsatz der gesamten im Geschäftsjahr vereinnahmten Prämien als Schuldposten in die Bilanz eingestellt wurde. Im RFH. I A 279/34 v. 16. 8. 35 (E. 38 S. 265, RStBl. 35 S. 1340, StW. 35 Nr. 622) wird mit Recht die Frage der Kürzung der Unkosten an den steuerlich anzuerkennenden Prämienüberträgen bezüglich der auf sie entfallenden Abschluß- und Einziehungsprovisionen bejaht. Nach einem dort wiedergegebenen Gutachten des Reichsaufsichtsamts für Privatversicherung ist die Frage, ob nur die um die Vermittlungsgebühren gekürzten Prämienüberträge steuerlich abzugsfähig sind, dann zu bejahen, wenn die anderweiten technischen Reserven der Gesellschaft (Rücklagen, Prämienüberträge selbst) so ausreichend seien, daß es nicht notwendig sei, auch noch durch Unterlassung des Abzugs der Verwaltungskosten weitere Reserven zu schaffen. Bei steuerlich nicht zu beanstandender Schätzung sind also die Prämienüberträge um die auf sie entfallenden Unkosten zu kürzen. Wenn aus den Gründen des Gutachtens eine Kürzung der Unkosten unterbleibt, dann stellt der Unterschiedsbetrag keinen Teil der Prämienüberträge dar, sondern er kann nur andere, bisher nicht berücksichtigte steuerlich zulässige Schuldposten ersetzen.

e) Rücklagen zum Ausgleich des schwankenden Jahresbedarfs. Bei den Rücklagen zum Ausgleich des schwankenden Jahresbedarfs, die häufig auch als Katastrophenreserven bezeichnet werden, handelt es sich um Rückstellungen, die gemacht werden, um die auf Grund der Wahrscheinlichkeitsgesetze eintretenden Schwankungen im Schadensverlauf zu decken. Diese Rücklagen werden von dem Gedanken getragen, daß das Versicherungsunternehmen in Jahren mit wenig Schadensfällen gut daran tut, Rücklagen zu bilden, um in einem immer möglichen schlechteren Jahr, d. h. einem Jahr mit zahlreichen Schadensfällen den an sie gestellten Anforderungen gewachsen zu sein. An sich ist es auch für jeden Kaufmann zweckmäßig, in günstigen Jahren Rückstellungen für schlechtere Jahre zu bilden. Aber diese können steuerlich nicht als gewinnmindernde Rückstellungen anerkannt werden. Anderseits kann aber den Versicherungsunternehmen nach ihrer Eigenart nicht jede Bildung von derartigen Ausgleichsrückstellungen verwehrt werden. Der RFH. hat dies für das bisherige Recht in RFH. I A 181/31 (f. unter d) für den Fall anerkannt, daß eine Versicherungsgesellschaft ein besonders großes Wagnis durch Häufung ländlicher Feuerversicherungen trägt und sie diese größere Gefahr aus Wettbewerbsgründen nicht bei ihren Prämienforderungen berücksichtigen kann.

Der Beschränkung dieser Rücklagen auf das steuerlich zulässige Maß dient nunmehr die Vorschrift des **§ 27 Abs. 2 I. KStDVO**:

„Für die Abzugsfähigkeit der Zuführungen zu Rücklagen zum Ausgleich des schwankenden Jahresbedarfs sind insbesondere die folgenden Voraussetzungen erforderlich:
1. Es muß nach den Erfahrungen in dem betreffenden Versicherungszweig mit erheblichen Schwankungen des Jahresbedarfs zu rechnen sein.
2. Die Schwankungen des Jahresbedarfs dürfen nicht durch die Prämien ausgeglichen werden. Sie müssen aus den am Bilanzstichtag bestehenden Versicherungsverträgen herrühren und dürfen nicht durch Rückversicherungen gedeckt sein."

Im einzelnen wird auf die Ausführungen im Rderl. v. 25. 7. 36 (f. Anm. 6) Abschn. IV, 4 verwiesen. Danach bedeutet das Erfordernis des Abs. 2 Satz 1, daß der Jahresbedarf auch in den ungünstigen Jahren mit hohem Schadensverlauf nicht durch die (für diese Jahre) erhobenen Prämien gedeckt werden darf. Das Versicherungsunternehmen muß also seinen Prämienbedarf so berechnet haben,

§ 11 KStG. Abzugsfähige Ausgaben.

daß die in den Jahren mit geringeren Schadensfällen erhobenen Prämien zum Teil auch zur Bestreitung der Schadensfälle bestimmt sind, die erfahrungsgemäß in einzelnen Jahren in größerem Ausmaß zu erwarten sind. Aus diesem Gedanken heraus ist in guten Jahren eine **Ausgleichsrückstellung** in Höhe der Prämien= überschüsse insoweit gerechtfertigt, als sie nach der Berechnung des Unternehmens zur Schadensdeckung für zu erwartende schlechtere Jahre bestimmt sind. Daraus folgt aber, daß **Katastrophenreserven im eigentlichen Sinn**, d. h. Rück= stellungen für unvorhergesehene, außergewöhnliche Schadensfälle steuerlich bei Versicherungsunternehmen ebensowenig anerkannt werden können wie die oben erwähnte Rückstellung des Kaufmanns für ein zu erwartendes Verlustjahr (vgl. auch unter f).

f) Sonstige Rücklagen: Zuführungen an die unter sonstiger Benennung auf= geführten Rücklagen sind steuerlich danach zu beurteilen, ob die Passivposten nach ihrem wirklichen Zweck ohne Rücksicht auf ihre Benennung echte Verbindlichkeiten oder Schuldposten zur Rechnungsabgrenzung darstellen, die mit den am Bilanz= stichtag bestehenden Versicherungsverträgen zusammenhängen, oder aber eine Rücklage im technischen Sinn, deren Bildung den Gewinn nicht mindern darf. Dabei kommt es nach RFH. I A 279/34 (s. unter d) für die steuerliche Beurteilung der Rücklagen, deren Abzug beansprucht wird, nicht auf ihre Bezeichnung im Ge= schäftsplan oder in der Satzung entscheidend an, sondern nur auf ihre tatsächliche Bestimmung und Verwendung. Zu den echten, nichtabzugsfähigen Rücklagen sind alle Zuführungen zu einem Passivposten zu rechnen, die das Versicherungsunter= nehmen nicht auf Grund einer aus den laufenden Versicherungsverträgen abzu= leitenden Verpflichtung macht, sondern aus den Überlegungen eines ganz vor= sichtigen Kaufmanns, um für die Möglichkeit einer besonders ungünstigen Ent= wicklung des Versicherungsgeschäfts gerüstet zu sein. An abzugsfähigen Rücklagen werden im Rderl. v. 25. 7. 36 (s. Anm. 6) Abschn. IV, 2 a außer den unter a—e aufgeführten noch genannt: Verwaltungskostenrücklagen in der Lebensversiche= rung (als Gegenposten zu den gestundeten Prämien oder als Ergänzungsposten zu den Prämienüberträgen), Stornorücklagen und Wiederinkraftsetzungsrücklagen. Zu den nichtabzugsfähigen Rücklagen gehören nach Abschn. IV 2 b a. a. O. ins= besondere: Sicherheitsrücklagen im Sinn des § 37 des Gesetzes über die Beauf= sichtigung der privaten Versicherungsunternehmungen und Bausparkassen v. 6. 6. 31 (RGBl. I S. 315), vgl. dazu auch RFH. I A 147/33 v. 19. 9. 33 (E. 34 S. 161, RStBl. 33 S. 1203, StW. 34 Nr. 157), Organisationsrücklagen, versicherungs= technische Sicherheitsrücklagen der einzelnen Versicherungszweige, Rücklagen für künftige, möglicherweise eintretende Verluste aus dem technischen Geschäft.

g) Durch § 27 Abs. 3 I. KStDVO wird der RdF. ermächtigt, im Benehmen mit dem Reichswirtschaftsminister **Richtsätze über die steuerlich anzuerkennenden Zuführungen zu versicherungstechnischen Rücklagen** aufzustellen. Auf Grund dieser Ermächtigung sind bisher noch keine Richtsätze aufgestellt worden (vgl. Rderl. v. 25. 7. 36 [s. Anm. 6] Abschn. VI 3).

8. Sonstige Vorschriften über die Einkommensermittlung von Versicherungs= unternehmen.

a) Über die **Beitragsrückerstattungen** (vgl. Anm. 7 c) bestimmt § 25 I. **KStDVO**:

„Für Beitragsrückerstattungen, die auf Grund des Geschäftsergebnisses gewährt werden, gilt das folgende:

1. Beitragsrückerstattungen, die aus dem Lebensversicherungsgeschäft stammen, sind abzugsfähig.

2. Beitragsrückerstattungen, die nicht aus dem Lebensversicherungsgeschäft stammen, sind nur insoweit abzugsfähig, als sie den Überschuß nicht übersteigen, der sich ergeben würde, wenn die auf das Wirtschaftsjahr entfallenden Versicherungsleistungen, Über= träge und Rücklagen sowie die sämtlichen sonstigen persönlichen und sachlichen Betriebs= ausgaben allein aus der auf das Wirtschaftsjahr entfallenden Beitragseinnahme be= stritten worden wären. Die Beitragsrückerstattung muß spätestens bei Genehmigung des

Abschlusses des Wirtschaftsjahrs durch die satzungsmäßig zuständigen Organe mit der Maßgabe beschlossen werden, daß sie auf die binnen Jahresfrist nach der Beschlußfassung fällig werdenden Beiträge anzurechnen oder binnen Jahresfrist nach der Beschlußfassung bar auszuzahlen ist.

Zuführungen zu Rücklagen für Beitragsrückerstattungen sind nur insoweit abzugsfähig, als die ausschließliche Verwendung der Rücklagen für diesen Zweck durch Satzung oder durch geschäftsplanmäßige Erklärung gesichert ist."

Im einzelnen wird hierzu auf die Ausführungen des RdErl. v. 25. 7. 36 (s. Anm. 6) Abschn. II 1—4 verwiesen. Danach kommen Beitragsrückerstattungen bei den Versicherungsvereinen auf Gegenseitigkeit und den öffentlich-rechtlichen Versicherungsanstalten vor, die im Gegensatz zu den Versicherungs-Aktiengesellschaften in ihrer Bilanz keinen Gewinn ausweisen, der unmittelbar der Ermittlung des zu versteuernden Einkommens zugrunde gelegt werden kann. Ein etwaiger Überschuß der Einnahmen über die Ausgaben fließt daher den Versicherungsnehmern in Form von Beitragsrückerstattungen zu. Da sich bei dieser Art von Versicherungsunternehmen nach den allgemeinen Vorschriften kein steuerpflichtiges Einkommen ergibt, sind zur Herbeiführung der steuerlichen Gleichmäßigkeit die Vorschriften des § 25 I. KStDVO über Beitragsrückerstattungen und des § 26 a. a. O. über die Gewinnermittlung bei Lebensversicherungsunternehmen (vgl. unter b) erlassen worden. Die Voraussetzung des § 25 Abs. 1 Ziff. 2 Satz 2 a. a. O. ist nach RFH. I A 107/37 v. 13. 4. 37 (E. 41 S. 199, RStBl. 37 S. 901, StW. 37 Nr. 274) auch dann erfüllt, wenn die zurückzuerstattenden Beträge in der Weise gutgeschrieben werden, daß der Versicherungsnehmer einen Rechtsanspruch auf diese Beträge erwirbt.

Die Sicherung der Verwendung der Rücklagen für Beitragsrückerstattungen wird in § 25 Abs. 2 I. KStDVO nach dem Hinweis im RdErl. Abschn. II Ziff. 4 a. a. O. nur für diese Rücklagen gefordert, nicht aber auch für Zuführungen zu anderen Rücklagen. Weiter gilt die ausschließliche Verwendung der Rücklagen im Sinn der Vorschrift bei dem Lebensversicherungsgeschäft auch dann noch als gesichert, wenn nach der Satzung oder der geschäftsplanmäßigen Erklärung mit Genehmigung der zuständigen Aufsichtsbehörde im Interesse der Versicherten in Ausnahmefällen aus der Rücklage für Beitragsrückerstattungen Beträge zur Abwendung eines Notstands (z. B. Verlustabdeckung) entnommen werden dürfen.

b) Lebensversicherung. Für das Lebensversicherungsgeschäft enthält **§ 26 I. KStDVO** eine Vorschrift über Mindestbesteuerung:

„Bei Versicherungsunternehmen, die das Lebensversicherungsgeschäft betreiben, sind für das Lebensversicherungsgeschäft mindestens fünf vom Hundert des nach den Vorschriften des Einkommensteuergesetzes und des Körperschaftsteuergesetzes ermittelten Gewinns zu versteuern, von denen der auf das Lebensversicherungsgeschäft für die Versicherten bestimmte Anteil noch nicht abgezogen ist. Satz 1 ist nur dann anzuwenden, wenn nicht nach § 17 des Gesetzes ein höheres Mindesteinkommen der Besteuerung zugrunde zu legen ist.

Der Reichsminister der Finanzen kann den im Absatz 1 genannten Hundertsatz im Benehmen mit dem Reichswirtschaftsminister entsprechend der allgemeinen Entwicklung der Versicherungswirtschaft erhöhen oder ermäßigen."

Im einzelnen wird auf die Ausführungen im RdErl. v. 25. 7. 36 (s. Anm. 6) Abschn. II 5 verwiesen. Bei den Versicherungsunternehmen, die das Lebensversicherungsgeschäft betreiben, ist der Gewinn nach den allgemeinen Vorschriften des § 6 KStG, weiter nach § 17 KStG über die Mindestbesteuerung und schließlich nach § 26 Abs. 1 I. KStDVO zu berechnen und der sich dabei ergebende höchste Gewinn ist der Veranlagung zugrunde zu legen. Zur Errechnung des Gesamtüberschusses aus dem Lebensversicherungsgeschäft im Sinn des § 26 Abs. 1 a. a. O. sind dem nach der Steuerbilanz sich ergebenden Gewinn noch die Zuführungen zu den Gewinnreserven der mit Gewinnanteil Versicherten (Überschußrücklage) zuzurechnen, vgl. das Beispiel im RdErl. Wenn das Versicherungsunternehmen außer der Lebensversicherung noch andere Versicherungszweige betreibt, ist § 26 a. a. O. nur für das Lebensversicherungsgeschäft anzuwenden und das für dieses errechnete Einkommen ist mit dem Einkommen aus den anderen Zweigen zusammenzurechnen oder auszugleichen.

c) **Gewinnermittlung bei beschränkt steuerpflichtigen Versicherungsunternehmen** nach § 28 I. KStDVO vgl. Anm. 8 e zu § 2 KStG.

d) **Ausgaben zur Feuerverhütung als abzugsfähige Betriebsausgaben:** Im Rderl. v. 25. 7. 36 (s. Anm. 6) Abschn. VI 1 hat der RdF. sich damit einverstanden erklärt, daß Ausgaben zur Feuerverhütung (z. B. Umbau von Strohdächern oder Beihilfe zur Anschaffung von Motorspritzen) bei der Ermittlung des Einkommens abgezogen werden, soweit sie unmittelbar den eigenen Versicherungsnehmern zugute kommen.

III. Gewinnanteile der persönlich haftenden Gesellschafter bei Kommanditgesellschaften auf Aktien (§ 11 Ziff. 3 KStG).

9. Die Vorschrift des § 11 Ziff. 3 beruht ebenso wie § 15 Ziff. 8 KStG 1925 darauf, daß der Teil des Gewinns, der an persönlich haftende Gesellschafter auf ihre nicht auf das Grundkapital gemachten Einlagen oder als Vergütung (Tantieme) für die Geschäftsführung verteilt wird, bei diesen unmittelbar als gewerblicher Gewinn steuerpflichtig ist. Der persönlich haftende Gesellschafter bezieht nach § 15 Ziff. 3 EStG die dort genannten Gewinnanteile und Vergütungen als Einkünfte aus eigenem Gewerbebetrieb, so daß diese Gewinnanteile nicht auch Bestandteil des gewerblichen Gewinns der KoGaA. selbst sein können (vgl. Anm. 155 b Abs. 4 zu §§ 13—24 EStG). Zu den Vergütungen für die Geschäftsführung gehört nicht nur das Gehalt des persönlich haftenden Gesellschafters, sondern auch ein Ruhegehalt (RFH. I 251/37 v. 21. 12. 37, E. 43 S. 27, RStBl. 38 S. 334, StW. 38 Nr. 81). Abzugsfähig ist aber nur das, was dem persönlich haftenden Gesellschafter auf Grund der Handelsbilanz als Gewinn und Vergütung ausgewiesen wird, nicht etwa das, was ihm auf Grund der Steuerbilanz eigentlich auszuweisen wäre (vgl. Anm. 153 c Abs. 2 zu § 11 EStG). Dies ergibt sich daraus, daß § 11 Ziff. 3 des Gesetzes die verteilten Gewinnanteile als abzugsfähig erklärt und auch daraus, daß keine einheitliche Feststellung des gesamten Gewinns der Gesellschaft einschließlich der auf die persönlich haftenden Gesellschafter entfallenden Gewinnanteile vorgesehen ist. Da der Gewinnanteil des persönlich haftenden Gesellschafters in seiner Höhe von der Bilanz der Gesellschaft abhängig ist, eine Nachprüfung dieses Bilanzgewinns durch die Steuerbehörde für ihn aber ohne Bedeutung ist, können auf die Ermittlung dieser gewerblichen Einkünfte die Vorschriften der §§ 4 und 5 EStG nicht angewendet werden (vgl. RFH. VI A 1843/29 v. 4. 12. 29, RStBl. 30 S. 345, StW. 30 Nr. 358). Soweit persönlich haftende Gesellschafter einer KoGaA. auch Aktien ihrer Gesellschaft besitzen, sind sie steuerrechtlich gleich den Aktionären zu behandeln, d. h. die Gewinnanteile, die auf ihre Aktien entfallen, dürfen nach der Regel des § 7 des Gesetzes die Ermittlung des Gewinns der Gesellschaft nicht beeinflussen und sind daher auch nicht abzugsfähig.

IV. Sanierungsgewinne (§ 11 Ziff. 4 KStG).

Schrifttum. Willenbrink, Der Sanierungsgewinn des Kaufmanns und der Körperschaft StW. 34 I Sp. 1013; Mehrmann, Die steuerliche Behandlung von Abschreibungen, die bei Kapitalherabsetzung zu Lasten des Sanierungsgewinns vorgenommen werden, DStZ. 35 S. 1051; Werthern, Die Abzugsfähigkeit von Zahlungen aus dem Gewinn an frühere Gläubiger, insbesondere auf Grund von Besserungsscheinen, StW. 35 I Sp. 737, 1375; Willenbrink, Zur Frage der Abzugsfähigkeit von Zahlungen aus dem Gewinn an frühere Gläubiger, besonders auf Grund von Besserungsscheinen, StW. 35 I Sp. 1365; Henze, Sanierungsgewinne DStZ. 37 S. 1100.

10. Bedeutung und Geltungsbereich.

Die Vorschrift des § 11 Ziff. 4 ist neu und soll, wie in der Begr. ausgeführt wird (vgl. Anm. 1), die einheitliche Behandlung der Sanierungsgewinne für Einzelpersonen und Körperschaften gewährleisten. Nach der Rechtsprechung des Einkommensteuersenats zum EStG 1925 beruht die Vermögensvermehrung, die beim Schuldner durch den ganz oder teilweise gewährten Verzicht der Gläubiger auf ihre Forderungen zum Zweck der Sanierung eintrat, nicht auf einem Betriebsvorgang; denn bei dem im Zusammenhang mit einer Sanierung vorgenommenen Nachlaß der Schulden handle es sich in dem Sinn um einen betriebsfremden Vorgang, als der Nachlaß nicht im unmittelbaren Zusammenhang mit der werbenden Tätigkeit des Unternehmens und den darauf gerichteten Vorgängen stehe, vielmehr lediglich eine wirtschaftliche Erleichterung der Lage zur Weiterführung der Tätigkeit bezwecke, die einkommensteuerpflichtige Einkünfte bringen solle. Daher könne die an sich durch die Sanierung herbeigeführte Vermögensvermehrung keinen steuerpflichtigen Gewinn herbeiführen (RFH. VI A 97/27 v. 30. 6. 27, E. 21 S. 263, RStBl. 27 S. 177, StW. 27 Nr. 301 und VI A 1499/28 v. 12. 12. 28, RStBl. 29 S. 86, StW. 29 Nr. 186). Dagegen vertrat der Körperschaftsteuersenat des RFH. die Auffassung, daß die Sanierung bei Erwerbsgesellschaften kein betriebsfremder Vorgang sei; denn nach § 13 EStG 1925 sei der nach den Grundsätzen ordnungsmäßiger Buchführung auszuweisende Vermögenszuwachs steuerpflichtig und dazu gehörten auch zufällige Vermögenszugänge mit Ausnahme der Einlagen der Gesellschafter und das, was ihnen gleichzustellen sei, wie das Agio bei Aktienausgabe (RFH. I A 394/27 v. 5. 2. 29, RStBl. 29 S. 228, StW. 29 Nr. 360). Nach § 11 Ziff. 4 KStG sind die Vermögensvermehrungen, die dadurch entstehen, daß Schulden zum Zweck der Sanierung ganz oder teilweise erlassen werden, nunmehr auch für die Körperschaftsteuer bei der Ermittlung des Einkommens abzuziehen.

Das Gesetz spricht nur von den Vermögensvermehrungen, die durch den Schulderlaß der Gläubiger entstanden sind. Die Vorschrift gilt daher in erster Linie für solche Steuerpflichtige, deren Gewinn durch Vornahme eines Betriebsvermögensvergleichs nach §§ 4 u. 5 EStG (Land- und Forstwirtschaft, Gewerbebetrieb und sonstige selbständige Berufstätigkeit) ermittelt wird; denn unter dieser Voraussetzung ergibt sich durch einen Schulderlaß eine Vermehrung des Betriebsvermögens. Diese als Sanierungsgewinn bezeichnete Vermögensvermehrung ist zur Berechnung des steuerpflichtigen Einkommens an dem nach der Bilanz oder dem Vermögensvergleich sich ergebenden Gewinn wieder abzusetzen. Aber auch bei Steuerpflichtigen, bei denen nach § 4 Abs. 2 EStG 1934 (§ 4 Abs. 3 EStG 1938) als Gewinn der Überschuß der Betriebseinnahmen über die Betriebsausgaben angesetzt wird, darf der zum Zweck der Sanierung gewährte Schulderlaß unter Beachtung des § 11 Ziff. 4 weder zum Ansatz einer nicht in Geld bestehenden Betriebseinnahme in Höhe des erlassenen Betrags führen, noch kann die dadurch herbeigeführte Betriebsvermögensvermehrung nach § 4 Abs. 2 Satz 2 EStG 1934 (§ 4 Abs. 3 Satz 2 EStG 1938) durch einen Ausgleichsposten in gleicher Höhe berücksichtigt werden.

11. Voraussetzungen der sachlichen Befreiung.

Die Befreiung der Vermögensvermehrung nach § 11 Ziff. 4 ist davon abhängig, daß einmal der Gesellschaft von ihren Gläubigern Schulden ganz oder teilweise erlassen wurden und daß weiter dieser Erlaß zum Zweck der Sanierung der Gesellschaft erfolgte.

a) Der Schulderlaß bedeutet den vertragsmäßigen Verzicht des Gläubigers auf eine ihm gegen den Schuldner zustehende Forderung und hat nach § 397 Abs. 1 BGB das Erlöschen der Forderung in Höhe des erlassenen Betrags zur Folge. Steuerlicher Maßstab für die Höhe der erlassenen Schuld ist im Fall des § 11 Ziff. 4 der Betrag, mit dem die Schuld am Schluß des vorangegangenen Jahres in der Steuerbilanz bzw. in dem zur Gewinnermittlung festgestellten Betriebsvermögen (Vermögensübersicht) enthalten war, wobei aber etwaige Veränderungen im Stand der Schuld bis zum Zeitpunkt des Erlasses mitzuberücksichtigen sind. Gläubiger kann nur eine an der Gesellschaft nicht beteiligte dritte Person sein. Wenn die Gesellschafter auch steuerrechtlich als Gläubiger ihrer Gesellschaft anzuerkennen sind, z. B. als Gläubiger einer Darlehnsforderung, dann würde der Erlaß dieser Forderung gegenüber der Gesellschaft stets eine gesellschaftliche Einlage bedeuten. Das Gleiche würde für den Schulderlaß durch Personen gelten, die den Gesellschaftern nahestehen und lediglich wegen ihrer persönlichen Beziehungen zu den Gesellschaftern auf ihre Forderung gegen die Gesellschaft verzichten. Auch dann ist Verzicht gegenüber den Gesellschaftern und Einbringung in Höhe des Verzichts durch die Gesellschafter zu unterstellen (vgl. Anm. 8 a zu § 2 EStG).

b) Die Gläubiger müssen den Schulderlaß **zum Zweck der Sanierung** gewährt haben. Diese Voraussetzung liegt dann vor, wenn die Gläubiger auf ihre Forderungen gegen die Gesellschaft ganz oder zum Teil zu dem Zweck verzichten, um die notleidende Gesellschaft als Schuldnerin vor dem Zusammenbruch zu bewahren, um sie zu „sanieren", d. h. wieder gesund, ertragsfähig zu machen und ihr die Fortführung ihres Betriebs auf einer finanziell gefestigten Grundlage zu ermöglichen (RFH. VI A 725/36 v. 16. 12. 36, RStBl. 37 S. 436, StW. 37 Nr. 88 und I A 305/36 v. 2. 3. 37, E. 41 S. 111, RStBl. 37 S. 626, StW. 37 Nr. 209). Wenn in RFH. VI A 725/36 eine „Sanierung" auch darin erblickt wird, daß der Einzelperson das Fortleben und Fortkommen ermöglicht werden soll, sei es, daß der Schuldner nach Aufgabe des notleidenden Betriebs einen neuen eröffnet oder sich in das Privatleben zurückzieht oder in ein Angestelltenverhältnis tritt, so kann dieser Grundsatz nur für natürliche Personen gelten, nicht aber für juristische. Insbesondere bei Kapitalgesellschaften ist Wiedergesundung und Fortbestand der Gesellschaft mit dem Fortbestand des Betriebs der Gesellschaft gleichbedeutend. Deshalb wurde in RFH. I A 257/36 v. 20. 7. 37 (E. 42 S. 41, RStBl. 38 S. 44, StW. 37 Nr. 480) ein Schulderlaß dann nicht als Sanierung anerkannt, wenn er die Gesundung und den Fortbestand des Unternehmens deshalb nicht bezwecken sollte und konnte, weil dieses im Zeitpunkt des Erlasses abwicklungsreif war und nachher alsbald seine Auflösung beschloß. Weiter kann nach der Entsch. im Abwicklungszeitraum die Vorschrift des § 11 Ziff. 4 nicht mehr angewendet werden.

Der Betrieb des Schuldners muß, um sanierungsfähig und -bedürftig zu sein, sich in einer wirtschaftlichen Notlage befinden, die die Gläubiger zu ihrem Gläubigerverzicht veranlaßt. Die Wiedergesundung des schuldnerischen Betriebs muß von den Gläubigern beabsichtigt sein. Diese Voraussetzung wird in RFH. VI A 144/36 v. 11. 11. 36 (StW. 37 Nr. 86) mit Recht für den Fall verneint, daß ein Schuldnachlaß unter der Bedingung der Auszahlung von 5 000 RM. gewährt wird, da der Gläubiger, der den Schuldner vor dem Zusammenbruch bewahren wolle, diesem in der Regel nicht noch flüssige Mittel entziehen werde. Die Frage, ob auch der Verzicht eines oder nur einzelner Gläubiger die Voraussetzung für die Steuerfreiheit des Sanierungsgewinns schaffen kann, wird danach zu entscheiden sein, ob der Gläubigerverzicht tatsächlich geeignet ist, den Betrieb des Schuldners wieder flott zu machen. Dies ist dann der Fall, wenn es sich um den oder die Hauptgläubiger des Schuldners handelt, so daß der Verzicht in seiner Auswirkung einem Gesamtverzicht sämtlicher Gläubiger gleichkommt. Das in RFH. I A 305/36 (s. oben) für den Verzicht eines oder einzelner Gläubiger aufgestellte Erfordernis, daß dem Schulderlaß die Sanierungsabsicht der Gläubiger zugrunde gelegen habe, wird daher dann nicht als ausreichend erachtet, wenn die Forderungen, die von dem oder den Gläubigern erlassen werden, ihrer Höhe nach objektiv nicht geeignet, d. h. zu niedrig sind, um durch ihren Wegfall den Betrieb des Schuldners zu sanieren. Das Endziel der Sanierung, nämlich die Wiederherstellung der Ertragsfähigkeit eines notleidenden Betriebs, liegt dann nicht vor, wenn Abschlüsse lediglich aus geschäftlichem Entgegenkommen aufgehoben werden (RFH. VI A 793/30 v. 10. 12. 30, RStBl. 31 S. 195, StW. 31 Nr. 80), weiter auch dann nicht, wenn ein in ungünstiger wirtschaftlicher Lage befindlicher Steuerpflichtiger durch ein einzelnes Geschäft einen außergewöhnlichen Gewinn macht, z. B. wenn der Schuldner unter Ausnützung des günstigen Kursstandes ausländischer Währung eine Währungsschuld durch Entrichtung eines geringeren Betrags getilgt hat, als sie bei ihm zu Buch stand (RFH. VI A 456/34 v. 30. 1. 35, StW. 35 Nr. 204). Hier liegt weder ein Schulderlaß noch ein Gläubigerverzicht zum Zweck der Sanierung vor, sondern ein durch Schuldtilgung herbeigeführter steuerpflichtiger Währungsgewinn. Auch bedeutet es nach RFH. I A 149/33 v. 27. 2. 34 (RStBl. 34 S. 634, StW. 34 Nr. 319) keine Sanierung, wenn durch einen Interessenvertrag einer Gesellschaft die Deckung von Verlusten zugesichert ist und ein eingetragener Verlust vertragsgemäß gedeckt wird.

Die Frage, ob auch durch den Erlaß von geschuldeten und passivierten Steuerschulden ein steuerfreier Sanierungsgewinn entstehen kann, wird in RFH. I A 168/36 v. 3. 7. 36 (StW. 36 Nr. 378) mit Recht für den Regelfall verneint, weil der Erlaß von Steuern in der Regel nicht die finanzielle Gesundung eines notleidenden Unternehmens bezwecke, sondern den im Einzelfall bestehenden Härten und Unbilligkeiten abhelfen solle. Mit dieser Auffassung stimmt überein, daß in den VR 34 Abschn. B II 13 (RStBl. 35 S. 389) zu Steuerschulden, die zur Förderung des Arbeitsbeschaffungsprogramms der Reichsregierung erlassen wurden und für die in der Bilanz ein Passivposten gebildet war (Umsatz-, Gewerbe-, Grundvermögensteuer usw.), ausgeführt wird, die dadurch frei werdenden Beträge seien in der Regel nicht als steuerfreie Sanierungsgewinne anzusehen und erhöhten daher den Gewinn. Auch wenn ein Erlaß überwiegend mit Rücksicht auf die Vermögenslage des Steuerschuldners erfolgt, spielt der Gedanke, daß der Schuldner dann den Rest der Steuer leichter zahlen werde, meist keine entscheidende Rolle. Aber ausnahmsweise kann der Grund des Erlasses die Absicht sein, den Schuldner vor dem Zusammenbruch zu bewahren. Die Frage ist nur für solche Steuern von Bedeutung, die als abzugsfähige Betriebsausgaben in Frage kommen, nicht dagegen für Personensteuern. Wie bei ihnen die Entstehung der Steuerschuld den Gewinn nicht mindert, darf anderseits der Wegfall der entstandenen und in der vorhergehenden Bilanz bereits berücksichtigten Steuerschuld den Gewinn nicht erhöhen.

12. Auswirkung der Befreiung des Sanierungsgewinns.

a) Bei der **Ermittlung des Gewinns für das Geschäftsjahr, in dem die Sanierung erfolgte,** bleibt die durch den Schulderlaß herbeigeführte Vermögensvermehrung steuerlich außer Ansatz, d. h. sie ist vom Bilanzgewinn abzusetzen. Maßgebend ist bei buchführenden Steuerpflichtigen der Buchgewinn, der durch den Wegfall der Schuld entstanden ist. Durch die Sanierung darf demnach kein körperschaftsteuerpflichtiger Gewinn entstehen. Die Steuerbefreiung erstreckt sich also nur auf den durch den Schulderlaß entstandenen Buchgewinn, nicht dagegen auf Vermögensvermehrungen, die erst später dadurch eintreten, daß bei der Sanierung auch die Zinsen für verbliebene Restschulden ermäßigt wurden (RFH. I 326/37 v. 21. 12. 37, E. 43 S. 47, RStBl. 38 S. 239, StW. 38 Nr. 82). Der Umstand, daß der Schuldner sogenannte „Besserungsscheine" ausstellt, ändert nach RFH. VI A 558/31 v. 15. 2. 33 (RStBl. 33 S. 734, StW. 33 Nr. 385 a) an der Steuerfreiheit des Sanierungsgewinns in voller Höhe nichts. Die aus dem künftigen Gewinn zu tilgenden neuen Schulden sind keine passivierungsfähige Last und die zu ihrer Bezahlung gemachten späteren Aufwendungen mindern den steuerpflichtigen Gewinn nicht (vgl. Anm. 121 Abs. 2 zu § 6 EStG). Anderseits wird aber in RFH. VI A 968/31 v. 21. 10. 31 (E. 29 S. 315, RStBl. 32 S. 160, StW. 32 Nr. 1) der Sanierungsgewinn bei Einzelkaufleuten und OHG. insoweit als einkommensteuerrechtlich beachtlich erklärt, als ein Verlust, der ohne Berücksichtigung der durch die Sanierung herbeigeführten Vermögensvermehrung vorhanden wäre, durch diese Vermögensvermehrung ausgeglichen wird. Insoweit bleibe der Verlust auch steuerrechtlich beseitigt und könne daher gegenüber anderen positiven Einkünften nicht nach § 2 Abs. 2 EStG ausgeglichen und auch nicht nach § 15 Abs. 1 Ziff. 4 EStG 1925 vorgetragen werden. Diese Grundsätze können hinsichtlich der Beseitigung eines Verlusts durch die Sanierung und des Ausschlusses der Zusammenrechnung nach § 2 Abs. 2 EStG auch für die Körperschaftsteuer insoweit Anwendung finden, als es sich um Körperschaften handelt, die Einkünfte aus verschiedenen Einkunftsarten beziehen können und bei denen daher die Einkünfte aus den einzelnen Einkunftsarten nach § 2 Abs. 2 EStG auszugleichen sind. Sie sind aber für alle buchführungspflichtigen Körperschaften, die nur gewerbliche Einkünfte haben können, also insbesondere die Kapitalgesellschaften, nur bezüglich des Verlustvortrags anwendbar. Ein Verlust, der durch die Sanierung beseitigt ist, kann weder ausgeglichen noch vorgetragen werden, denn das steuerlich richtige Anfangsvermögen ist das um die erlassenen Schulden erhöhte Betriebsvermögen am Schluß des Wirtschaftsjahrs.

b) Bezahlt der Steuerpflichtige nachträglich Schulden, die ihm zum Zweck der Sanierung erlassen worden waren, so stellt der bezahlte Betrag keine abzugsfähige Betriebsausgabe dar. Der RFH. hat dies für die Einkommensteuer aus der grundsätzlichen Steuerfreiheit des Sanierungsgewinns gefolgert; auch die nachträgliche Bezahlung einer zum Zweck der Sanierung erlassenen Schuld sei, wie der Sanierungsgewinn, Vorgang außerhalb des Betriebs und daher auf den steuerpflichtigen Gewinn ohne Einfluß und der Tilgungsaufwand sei Verwendung von Einkommen (RFH. VI A 1976/29 v. 3. 12. 30, RStBl. 31 S. 195, StW. 31 Nr. 13 und VI A 1377/31 v. 19. 8. 31, E. 29 S. 189, RStBl. 31 S. 894, StW. 31 Nr. 881). Für die Körperschaftsteuer ist der Sanierungsgewinn auf Grund ausdrücklicher Vorschrift befreit. Wenn daher eine Gesellschaft nachträglich die bei der Sanierung erlassenen Schulden bezahlt, handelt es sich um die Rückgängigmachung der früher nicht steuerpflichtigen Vermögensvermehrung, die Schuld lebt wieder auf und ihre Tilgung darf als Umschichtung des Betriebsvermögens den Gewinn nicht beeinflussen. Man könnte vielleicht auch sagen, wenn die Gesellschaft eine Schuld, die überhaupt nicht mehr als Betriebsschuld besteht, bezahlt, dann ist die Zahlung keine Betriebsausgabe, sondern eine freiwillige Leistung und damit Verwendung von Einkommen. Anders verhält es sich nach RFH. VI A 1976/29 (f. oben) jedoch, wenn der Schuldner für die nachträgliche Entrichtung der erlassenen Schuld ein Entgelt erhält. Dann ist die geleistete Zahlung in erster Linie als Gegenleistung für das empfangene Entgelt anzusehen. Der RFH. gibt dafür das Beispiel: Verkauf eines Grundstücks durch den Gläubiger an den Schuldner um 100 000 RM. unter der Bedingung, daß der Schuldner die beim Akkord ausgefallene Forderung von 20 000 RM. nachträglich bezahlt; geht der Schuldner darauf ein, dann sind die Anschaffungskosten des Grundstücks 120 000 RM. Ausnahmsweise könnte ein Teil des Betrags von 20 000 RM. als nachträgliche Schuldentilgung angesehen werden, wenn der Preis von 120 000 RM. für das Grundstück auffallend hoch wäre. Bei einer Tilgung der alten Schuld gegen Entgelt handelt es sich also grundsätzlich um einen neuen Betriebsvorgang, der lediglich äußerlich in die Form der Tilgung der alten Schuld gekleidet ist. Steuerlich ist daher in erster Linie der neue Betriebsvorgang unter dem Gesichtspunkt von Leistung und Gegenleistung zu prüfen und danach die Frage der Betriebsausgabe und der Aktivierungspflicht etwaiger Aufwendungen zu entscheiden.

4. Nichtabzugsfähige Ausgaben.

§ 12.

Nichtabzugsfähig sind:
1. **die Aufwendungen für die Erfüllung von Zwecken des Steuerpflichtigen, die durch Stiftung, Satzung oder sonstige Verfassung vorgeschrieben sind;**
2. **die Steuern vom Einkommen und die Vermögensteuer;**
3. **die Vergütungen jeder Art, die an Mitglieder des Aufsichtsrats, Verwaltungsrats, Grubenvorstands oder andere mit der Überwachung der Geschäftsführung beauftragte Personen gewährt werden;**
4. **die Ausgaben zu gemeinnützigen, mildtätigen, kirchlichen und ähnlichen Zwecken.**

Anmerkung 1—2. 575

Inhaltsübersicht.

1. Verhältnis zum bisherigen Recht.
   I. Aufwendungen zur Erfüllung der durch Stiftung, Satzung oder sonstige Verfassung vorgeschriebenen Zwecke der steuerpflichtigen Körperschaft (§ 12 Ziff. 1 KStG).
2. Bedeutung u. persönlicher Geltungsbereich.
3. Voraussetzung und Umfang des Abzugsverbots.
   II. Steuern vom Einkommen und Vermögensteuer (§ 12 Ziff. 2 KStG).
4. Bedeutung und sachlicher Geltungsbereich (Personensteuern).
5. Anwendung der Vorschrift (buch- und bilanzmäßige Behandlung).
6. Behandlung erstatteter Personensteuern.
7. Sonstige steuerliche Berücksichtigung von Personensteuern.

III. Vergütungen an Mitglieder des Aufsichtsrats, Verwaltungsrats, Grubenvorstands oder andere mit der Überwachung der Geschäftsführung beauftragte Personen (§ 12 Ziff. 3 KStG).
8. Bedeutung und persönlicher Geltungsbereich der Vorschrift und Übersicht über die Besteuerung der Aufsichtsratsvergütungen.
9. Überwachung der Geschäftsführung.
10. Unter das Abzugsverbot fallende Vergütungen.
11. Durchführung des Abzugsverbots.
    IV. Ausgaben zu gemeinnützigen, mildtätigen, kirchlichen und ähnlichen Zwecken (§ 12 Ziff. 4 KStG).
12. a) Beurteilung der Spenden.
    b) Unter das Abzugsverbot fallende Zwecke.
    c) Spenden.

Schrifttum. Kennerknecht, Nichtabzugsfähige Ausgaben, DStBl. 38 0636 S. 1.

1. Verhältnis zum bisherigen Recht.

„Ziffern 1 bis 3 entsprechen dem § 17 Nr. 2 bis 4 des bisherigen Gesetzes. § 17 Nr. 1 des bisherigen Gesetzes konnte wegfallen, da es selbstverständlich ist, daß Aufwendungen zur Verbesserung und Vermehrung des Vermögens, zur Geschäftsbegründung und Geschäftserweiterung, zu Kapitalanlagen, zur Schuldentilgung usw. bei Ermittlung des Einkommens nicht abgezogen werden dürfen, soweit hier nicht Sondervorschriften (z. B. § 11 Ziff. 1) eingreifen.

Neu ist Ziffer 4. Nicht abzugsfähig sind die Ausgaben zu gemeinnützigen, mildtätigen, kirchlichen und ähnlichen Zwecken. Es handelt sich hier um Verwendung des Einkommens. Hinzuweisen ist in diesem Zusammenhang auf die Ausführungen in dem Reinhardt'schen Steuerreform-Plan Abschnitt I am Ende (RStBl. 34 S. 756, in dem die Gewährung von steuerlichen Erleichterungen für Spenden abgelehnt wird. Aus diesem Grunde ist auch die Vorschrift des § 14 Nr. 1 des bisherigen Gesetzes in das neue Gesetz nicht aufgenommen worden" (Begr. zu § 12 RStBl. 35 S. 85).

I. Aufwendungen für die Erfüllung der durch Stiftung, Satzung oder sonstige Verfassung vorgeschriebenen Zwecke der steuerpflichtigen Körperschaft (§ 12 Ziff. 1 KStG).

2. Bedeutung und persönlicher Geltungsbereich.

Nach § 12 Ziff. 1 sind nichtabzugsfähig die Aufwendungen für die Erfüllung von Zwecken des Steuerpflichtigen, die durch Stiftung, Satzung oder sonstige Verfassung vorgeschrieben sind. Es wäre vorstellbar, daß eine Körperschaft nur den Zweck hätte, durch Verwaltung ihres Vermögens Einnahmen zu erzielen. Eine solche Körperschaft hätte jedoch keinen vernünftigen Sinn; denn in Wirklichkeit wäre das ihr gehörige Vermögen herrenlos. Es gehört deshalb zu einer anzuerkennenden Körperschaft immer eine Bestimmung, wozu ihre Einkünfte zu verwenden sind. Bei AG., GmbH. und anderen Personenvereinigungen bedarf es einer besonderen Bestimmung des Gesellschaftsvertrags usw. nicht. Hier ergibt sich schon aus ihrem Wesen ohne weiteres, daß die Einkünfte den Gesellschaftern zur Verteilung unter sich zur Verfügung stehen. Daraus ergibt sich z. B. auch, daß eine AG., die alle ihre Aktien selbst besitzen sollte, eine sinnlose Form geworden ist und dasselbe gilt, wenn etwa von zwei AG. jede alle Aktien der anderen besitzen sollte. Bei Personenvereinigungen braucht der eigentliche oder Endzweck in der

Satzung nicht erwähnt zu werden, weil er selbstverständlich ist. Alle Körperschaften, die nicht Personenvereinigungen sind, müssen jedoch einen satzungsmäßigen Endzweck haben. Dieser Endzweck gehört zu ihrem Wesen, kann deshalb nicht als Belastung anerkannt werden. Wie keine AG. ein Reinvermögen hätte, wenn man die Rechte ihrer Aktionäre als Lasten behandelte, so hätte auch keine Stiftung ein Reinvermögen, wenn man ihren Endzweck als Belastung ansähe. Ist aber der Stiftungszweck keine Last, so sind auch die Ausgaben zur Erfüllung des Stiftungszwecks keine abzugsfähigen Ausgaben. Das Einkommen ist vielmehr so festzustellen, als ob es keinen Stiftungszweck gäbe. Ist die Stiftung persönlich steuerpflichtig, so ist erst das Einkommen festzustellen, davon die Steuer zu berechnen und was dann übrig bleibt, kann stiftungsgemäß verwendet werden, genau so wie die AG. nur das ausschütten darf, was nach Abzug der Körperschaftsteuer als Gewinn übrig bleibt. Es handelt sich hier um einen typischen Fall der Verwendung von Einkommen, durch die die Höhe des steuerpflichtigen Einkommens nicht beeinflußt werden darf.

Dieser Grundsatz gilt zunächst für alle Körperschaften des privaten Rechts. Bei Kapitalgesellschaften erschöpft sich der Gesellschaftszweck regelmäßig in der Verteilung der Gewinnanteile an die Gesellschafter. Um Verwendung des Gewinns im Sinn vorstehender Ausführungen handelt es sich aber auch dann, wenn eine GmbH. ihren gesamten Gewinn an eine sie wirtschaftlich beherrschende gemeinnützige Stiftung abführen muß (RFH. I A 73/32 v. 11. 4. 33, RStBl. 33 S. 970, StW. 33 Nr. 528). Unter § 12 Ziff. 1 fallen weiter die Ausgaben von persönlich steuerpflichtigen Personenvereinigungen, wenn die Ausgaben der eigentlichen Zweckbestimmung der Vereinigungen dienen und deshalb Verwendung von Einkommen darstellen, so z. B. bei einem Verein zur Unterstützung der gewerblichen Interessen seiner Mitglieder (RFH. I A 288/33 v. 6. 2. 34, RStBl. 34 S. 713), einem Arbeitgeberverband (RFH. I A 234/32 v. 13. 6. 33, RStBl. 33 S. 682), einem Verein zur Pflege des Rennsports (RFH. I A 136/31 v. 13. 6. 33, RStBl. 33 S. 1053) oder einer Karnevalsgesellschaft (RFH. I A a 588/29 v. 5. 11. 29, StW. 29 Nr. 1020). Desgleichen sind bei steuerpflichtigen Stiftungen und anderen Zweckvermögen die Beträge, die satzungsmäßig zu ausschließlich gemeinnützigen oder mildtätigen Zwecken verwendet werden, nach § 12 Ziff. 1 steuerpflichtig (RFH. I A 218/27 v. 19. 7. 27, E. 21 S. 301, RStBl. 27 S. 225, StW. 27 Nr. 676). Das gleiche muß aber auch gelten, wenn eine Körperschaft, die an sich die Voraussetzungen der persönlichen Steuerbefreiung nach § 4 Abs. 1 Ziff. 6 KStG erfüllt, sich die Mittel zu ihrer gemeinnützigen Betätigung durch Unterhaltung eines wirtschaftlichen Geschäftsbetriebs verschafft. Im Gegensatz zum bisherigen Recht ist sie nunmehr mit den Einkünften aus dem wirtschaftlichen Geschäftsbetrieb steuerpflichtig (vgl. auch Anm. 21 c zu § 4 KStG). Werden die Erträgnisse des wirtschaftlichen Geschäftsbetriebs für die gemeinnützigen Zwecke der Körperschaft verwendet, dann handelt es sich auch insoweit um die Verwendung von Einkünften und die dem Stiftungszweck zugeführten Beträge können nicht abgezogen werden (vgl. für das bisherige Recht RFH. I A 267/33 v. 2. 3. 34, E. 36 S. 8, RStBl. 34 S. 631, StW. 34 Nr. 244). Auch bei Körperschaften des öffentlichen Rechts kann Verwendung des Gewinns im Verhältnis zwischen Körperschaft und dem selbständig steuerpflichtigen Betrieb gewerblicher Art vorkommen. Dabei ist es gleichgültig, ob der Betrieb der Körperschaft mit eigener Rechtspersönlichkeit ausgestattet und daher nach dieser z. B. als Kapitalgesellschaft steuerpflichtig ist oder ob er bürgerlich-rechtlich unselbständig ist, aber wirtschaftlich für sich steht und nur steuerrechtlich nach § 1 Abs. 1 Ziff. 6 KStG eigene Rechtspersönlichkeit besitzt. Auch für den öffentlich-rechtlichen Betrieb ist es keine Last, wenn er durch Gesellschaftsvertrag oder sonstige Bestimmung verpflichtet ist, seine Gewinne ganz oder teilweise an die Körperschaft öffentlichen Rechts abzuführen oder auch unmittelbar zu gemeinnützigen Zwecken zu verwenden. Was er in Erfüllung seiner Zweckbestimmung aufzuwenden hat, ist für ihn keine abzugsfähige Ausgabe, sondern Verwendung von Einkommen (vgl. auch Anm. 27 c zu § 1 KStG und RFH. I A

289/31 v. 29. 11. 32, RStBl. 33 S. 51, StW. 33 Nr. 238 und I A 398/32 v. 6. 12. 32, E. 32 S. 166, RStBl. 33 S. 28, StW. 33 Nr. 233).

3. Voraussetzung und Umfang des Abzugsverbots.
Die Zwecke der Körperschaft müssen durch Stiftung, Satzung oder sonstige Verfassung festgelegt sein; bei Kapitalgesellschaften kann das im Gesellschaftsvertrag geschehen. Aufwendungen, die für andere als die durch Stiftung, Satzung usw. vorgeschriebenen Zwecke der Körperschaft gemacht werden, sind daher als abzugsfähig anzuerkennen, wenn sie die Eigenschaft von Betriebsausgaben oder ähnlichen Verminderungen des Betriebsvermögens oder von Werbungskosten oder auch Sonderausgaben haben. In der dem § 12 Ziff. 1 KStG 1934 entsprechenden Vorschrift des § 17 Ziff. 2 KStG 1925 wurden Aufwendungen zur Erfüllung des satzungsmäßigen Zwecks auch insoweit als nichtabzugsfähig erklärt, als „sie zu im § 15 Abs. 1 Nr. 3 des Einkommensteuergesetzes bezeichneten Renten und dauernden Lasten zählen". Der Wegfall dieses Zusatzes in § 12 Ziff. 1 KStG. bedeutet sachlich keine Änderung. Ist der stiftungs- oder satzungsmäßige Zweck einer Körperschaft die Auszahlung von auf besonderen rechtlichen Verpflichtungsgründen beruhenden Renten, dann können die Rentenzahlungen nach § 12 Ziff. 1 nicht abgezogen werden (vgl. auch RFH. I A 14/37 v. 16. 2. 37, E. 41 S. 10, RStBl. 37 S. 462, StW. 37 Nr. 158). Dabei ist es nach der Entsch. gleichgültig, ob die Verpflichtung zur Rentenzahlung erst durch die Errichtung der Stiftung begründet worden ist oder schon vorher, z. B. auf Grund der Bestimmungen eines Testaments bestanden hat. Wesentlich ist, daß dieser Zweck durch die Stiftungssatzung festgelegt ist. Ist dagegen die Rentenzahlung nicht satzungsmäßiger Zweck der Körperschaft oder übernimmt die Körperschaft neben der nach der Satzung ihr obliegenden Rentenlast an bedürftige Personen, z. B. im Zusammenhang mit dem Erwerb eines Wirtschaftsguts eine Rentenverpflichtung, dann ist die Rentenlast, soweit sie mit dem Erwerb des Wirtschaftsguts zusammenhängt, Betriebsschuld und bei der Gewinnermittlung als solche im Betriebsvermögensvergleich zu berücksichtigen. Ebenso sind Rentenzahlungen bei Feststellung des Überschusses der Einnahmen über die Werbungskosten abzugsfähig, wenn sie Werbungskosten darstellen. Im übrigen aber sind die auf besonderen rechtlichen Verpflichtungsgründen beruhenden Renten und dauernden Lasten als Sonderausgaben im Sinn des § 10 Abs. 1 Ziff. 2 EStG stets abzuziehen, sofern sie nicht mit Einkünften im wirtschaftlichen Zusammenhang stehen, die bei der Veranlagung außer Betracht bleiben (vgl. Anm. 2 zu § 11 KStG). Die bisher von der Rechtsprechung über die Abzugsfähigkeit von Rentenleistungen aufgestellten Grundsätze gelten daher auch noch für das neue Recht. Nach RFH. I A 266/30 v. 23. 9. 30 (RStBl. 30 S. 758, StW. 30 Nr. 1292) sind Renten, die nicht den satzungsmäßigen Stiftungszweck einer auf Grund eines Testaments von einem Erben errichteten Stiftung bilden, sondern eine neben dem Stiftungszweck bestehende Belastung der Stiftung darstellen, abzugsfähige Ausgaben. Das gleiche gilt nach RFH. I A 38/32 v. 8. 11. 33 (RStBl. 34 S. 152, StW. 34 Nr. 316), wenn sich der Stifter bei Errichtung einer Stiftung die Erträge an den der Stiftung zugesicherten Vermögenswerten vorbehält.

Unter Aufwendungen zur Erfüllung des satzungsmäßigen Zwecks werden immer Leistungen der Körperschaften, also Bar- oder Sachleistungen zu verstehen sein, die sich beim Vermögensvergleich nicht als Verminderungen des Betriebsvermögens bzw. bei Berechnung des Einnahmeüberschusses nicht als Werbungskosten auswirken dürfen. Es werden dazu auch Abnutzungsabsetzungen als verteilter Anschaffungs- oder Herstellungsaufwand zu rechnen sein, wenn und soweit ein Wirtschaftsgut ausschließlich zur Erfüllung der Satzungszwecke genutzt wird, nicht dagegen reine Wertabschreibungen als Darstellung eines nichtverwirklichten Verlusts. In RFH. I A 102/36 v. 3. 11. 36 (E. 40 S. 183, RStBl. 37 S. 350, StW. 37 Nr. 55) wird es als dem Grundgedanken des § 12 Ziff. 1 entsprechend bezeichnet, daß einer steuerpflichtigen Stiftung der Mietwert eines eigenen Hauses als steuerpflichtige Einkünfte angerechnet wird, wenn sie die Wohnungen zur Erfüllung ihres satzungsmäßigen Zwecks unentgeltlich an Stiftsinsassen überläßt. Hiergegen bestehen Bedenken, weil es sich bei der Überlassung der Wohnung nicht um Aufwendungen, sondern nur um eine unterlassene anderweitige Nutzung oder auch um ersparte Ausgaben handelt (vgl. Anm. 156 b Abs. 6 zu § 21 EStG).

Der Umfang des Abzugsverbots richtet sich nach der Höhe der für die stiftungs- oder satzungsmäßigen Zwecke gemachten Aufwendungen. Zu diesen sind alle durch den genannten Zweck veranlaßten Aufwendungen zu rechnen, gleichgültig, ob sie dem Zweck unmittelbar oder nur mittelbar dienen. Hierzu gehören deshalb z. B. die durch Verfolgung des Satzungszwecks veranlaßten Ausgaben für Löhne und Gehälter und auch Absetzungen für Abnutzung der für Satzungszwecke genutzten abnutzbaren Wirtschaftsgüter wie z. B. des Inventars. Die Gewinnermittlung bzw. die Berechnung des Überschusses der Einnahmen über die Werbungskosten ist so vorzunehmen, wie wenn die Zuführungen an die satzungsmäßigen Zwecke nicht erfolgt wären. Es kann daher dem RFH. nicht beigetreten werden, wenn er in den in Anm. 2 Abs. 2 erwähnten Entsch. RFH. I A 136/31 und I A a 588/29 bei persönlich steuerpflichtigen Vereinen, die sich die Kosten zur Bestreitung ihrer satzungsmäßigen Zwecke zum Teil durch die bei eigenen Veranstaltungen erhobenen Eintrittsgelder beschaffen, zu den nichtabzugsfähigen Aufwendungen nur „den durch die Eintrittsgelder nicht gedeckten Teil der Unkosten" rechnet. Unter den Kosten bzw. Unkosten waren offenbar die Aufwendungen der Vereine zur Erfüllung ihres Satzungszwecks, nämlich die Kosten für die Veranstaltung von Karnevalsfesten bzw. von Pferderennen zu verstehen. Hat also der Verein „Kosten" von 2000 RM., Einnahmen aus Mitgliederbeiträgen von 100 RM. und aus Eintrittsgeldern in Höhe von 1000 RM., dann bezieht er bei persönlicher Steuerpflicht 1000 RM. steuerpflichtige Einnahmen (Mitgliederbeiträge nach § 8 KStG befreit), denen 2000 RM. nichtabzugsfähige Ausgaben gegenüberstehen und der Verein hat nicht etwa nur 1000 RM. (der ungedeckte Kostenteil) nichtabzugsfähige Ausgaben, die bei dieser Berechnung tatsächlich von den Kosten 1000 RM. entgegen § 12 Ziff. 1 KStG als einkommensmindernd angesetzt würden, indem sie die Einnahmen von 1000 RM aufzehren. Bei einem persönlich steuerpflichtigen Tennisklub werden die Kosten der Instandhaltung und Bedienung der Tennisplätze als Aufwendungen für die Erfüllung der Vereinszwecke, nämlich den Vereinsmitgliedern die Ausübung des Tennissports zu ermöglichen, unter § 12 Ziff. 1 fallen. Werden dagegen derartige Verwaltungskosten auch auf einen Platz aufgewendet, der ausschließlich an dritte Personen vermietet wird und nicht von Vereinsmitgliedern benutzt wird, dann sind die aus der Vermietung des Platzes bezogenen Einnahmen steuerpflichtig und die allein zu diesem Zweck aufgewendeten Kosten der Verwaltung des Platzes sind als Werbungskosten dieser Einnahmen anzuerkennen.

II. Steuern vom Einkommen und Vermögensteuer
(§ 12 Ziff. 2 KStG).
4. Bedeutung und sachlicher Geltungsbereich (Personensteuern).

Nach § 12 Ziff. 2 KStG sind nichtabzugsfähig die Steuern vom Einkommen und die Vermögensteuer. Gegenüber dem entsprechenden § 17 Ziff. 3 KStG 1925, der „die von dem Steuerpflichtigen entrichtete Körperschaftsteuer und sonstige Personalsteuern sowie Rücklagen hierfür" als nichtabzugsfähig erklärte, bedeutet die jetzt geltende Bestimmung sachlich keine Änderung. Steuern vom Einkommen und die Vermögensteuer sind die Personensteuern. Im übrigen ist es selbstverständlich, daß nicht nur bei Bezahlung der Personensteuern der entrichtete Betrag nichtabzugsfähig ist, sondern daß auch der steuerpflichtige Gewinn durch die von dem Unternehmen geschuldeten Personensteuern nicht dadurch gemindert werden kann, daß eine Personensteuerschuld oder Rückstellung hierfür als Passivposten in die Bilanz eingestellt wird und in ihrem Betrag den Gewinn schmälert.

Anmerkung 4.

Die Bedeutung der Vorschrift besteht darin, daß die Steuern vom Einkommen und die Vermögensteuer (kurz die Personensteuern) weder Betriebsausgaben noch Werbungskosten sind. Es bestehen daher Bedenken dagegen, daß der RFH. in einigen, zum KStG 1925 ergangenen Urteilen die entrichteten Personensteuern als fingiertes Einkommen oder, wie in RFH. I A a 35/29 v. 17. 10. 29 (E. 26 S. 55, RStBl. 29 S. 611, StW. 29 Nr. 1035) als fiktive Gewinnelemente, die aber nicht der Mindestbesteuerung unterliegen, bezeichnete. Sie sind kein fingiertes Einkommen, sondern ihre Entrichtung darf die Höhe des steuerpflichtigen Gewinns nicht beeinflussen. Der steuerpflichtige Gewinn ist, wie in RFH. I A 81/30 v. 14. 7. 32 (RStBl. 32 S. 737, StW. 32 Nr. 1186) zutreffend ausgeführt wird, so zu berechnen, wie wenn für das Wirtschaftsjahr Personensteuern weder bezahlt noch geschuldet würden. Dabei werden aber von dem Abzugsverbot nicht nur die für das zu veranlagende Wirtschaftsjahr geschuldeten Steuern vom Einkommen und die Vermögensteuer betroffen. Es gilt vielmehr auch für Personensteuern, die für einen vor dem zu veranlagenden Wirtschaftsjahr liegenden Zeitraum oder Stichtag nachgefordert oder entrichtet werden. Wollte man diese Nachforderungen und Rückstände im späteren Wirtschaftsjahr zum Abzug zulassen, dann würde dadurch das gesetzliche Abzugsverbot, das sich im früheren Wirtschaftsjahr mangels Abforderung oder Entrichtung von Personensteuern nicht auswirken konnte, im Zeitpunkt der tatsächlichen Entrichtung hinfällig gemacht werden. Das Gesetz behandelt also die Körperschaften hinsichtlich der Personensteuern genau so wie buchführende Kaufleute, die ihre Personensteuern aus der Geschäftskasse bezahlen. Daraus ergibt sich ohne weiteres, daß stets gerade so viel Personensteuern dem der Steuer unterliegenden Gewinn zuzurechnen sind, wie diese — im Sinn des Steuerrechts zu Unrecht — den Gewinn gemindert haben. Der einzige Unterschied ist, daß die AG., GmbH. nicht anders können, als die Personensteuern aus der Geschäftskasse bezahlen, während der Einzelkaufmann sie aus seiner Privatkasse bezahlen müßte und es deshalb klar ist, daß bei der Bezahlung aus der Geschäftskasse eine Privatentnahme vorliegt.

Als Steuer vom Einkommen kommt bei Körperschaftsteuerpflichtigen die Körperschaftsteuer, und zwar auch in den verschiedenen Erhebungsformen als Körperschaftsteuervorauszahlung oder Kapitalertragsteuer, weiter nach dem Ges. zur Änderung des EStG v. 17. 2. 39 (RGBl. I S. 283, RStBl. 39 S. 305) § 1 Ziff. 1 a die Kirchensteuer ab der Veranlagung für das Kalenderjahr 1939 in Betracht. Unter Vermögensteuer ist nur die Reichsvermögensteuer und nicht etwa eine auf Grund des Vermögens berechnete Realsteuer zu verstehen. Auch die Erbschaftsteuer gehört nicht hierher, ihre Nichtabzugsfähigkeit ergibt sich aus § 13 KStG (vgl. Anm. 1 Abs. 1 zu § 13 KStG). Die Eigenschaft der Einkommen= oder Körperschaftsteuer und auch der Vermögensteuer als Personensteuer wird nicht dadurch beseitigt, daß die Steuern von einem nur beschränkt Steuerpflichtigen erhoben werden und sich dadurch in verschiedener Richtung den Objekt=(Sach=)Steuern nähern (vgl. auch RFH. VI A 707/25 v. 18. 12. 25, RStBl. 26 S. 140, StW. 26 Nr. 34). An sich sind auch ausländische Steuern vom Einkommen und eine ausländische Vermögensteuer Personensteuern im Sinn des Gesetzes. Jedoch sind nach § 15 I. EStDVO (§ 14 II. EStDVO) unbeschränkt Steuerpflichtige, die im Ausland zu einer der Deutschen Einkommensteuer entsprechenden Steuer herangezogen werden, berechtigt, die ausländische Steuer in Höhe des nachweislich gezahlten Betrags vom Gesamtbetrag der Einkünfte abzuziehen, soweit diese Steuer auf Einkünfte entfällt, die der Deutschen Einkommensteuer unterliegen. Dies gilt nicht, soweit die ausländische Steuer auf inländische Einkünfte im Sinn des § 49 EStG entfällt. Danach ist also hinsichtlich der nachweislich gezahlten ausländischen Einkommensteuer bei unbeschränkt Steuerpflichtigen eine Ausnahme von der Regel des § 12 Ziff. 2 KStG zugelassen, wenn dieselben Einkünfte sowohl der Deutschen als auch einer ausländischen Einkommensteuer tatsächlich unterworfen wurden. Dann ist die entrichtete, nicht aber eine geschuldete, ausländische Einkommensteuer Betriebsausgabe oder Teil der Werbungskosten. Dies gilt nicht für die ausländische

Einkommensteuer bei beschränkt Steuerpflichtigen und für die ausländische Vermögensteuer bei beschränkt und unbeschränkt Steuerpflichtigen. Zu beachten ist, daß nur die Personensteuern selbst nichtabzugsfähig sind. Stundungs- oder Verzugszinsen, die als Zinsen der Steuerschuld anzusehen sind, sowie die Zuschläge nach § 168 Abs. 2 AO wegen verspäteter Abgabe der Steuererklärung sind abzugsfähig. Wegen der Zinsen bei Erstattung von Personensteuern vgl. Anm. 6 Abs. 3, wegen der Behandlung der Steuerprozeßkosten vgl. Anm. 17 d Abs. 3 zu § 4 EStG.

Abzugsfähig sind alle Steuern, die als Betriebsausgaben oder Werbungskosten anzusehen sind, insbesondere Realsteuern (Gewerbesteuer, Grundsteuer) und Umsatzsteuer (vgl. Anm. 17 d Abs. 4 zu § 4 EStG und Anm. 150 e, bb zu § 9 EStG). Bei bilanzierenden Gesellschaften wird es, abgesehen von den Personensteuern und solchen Steuerzahlungen, die von einer Gesellschaft für ihre Gesellschafter geleistet werden (Gewinnausschüttung), kaum eine Steuer geben, die nicht als Betriebsausgabe zu buchen wäre, wobei natürlich ihre Aktivierung als Teil der Anschaffungskosten eines Wirtschaftsguts in Betracht kommen kann. Auch eine Wertzuwachssteuer mindert den Bilanzgewinn; das ist anders bei nicht bilanzierenden Körperschaften usw., bei denen die Wertzuwachssteuer nur unter den Werbungskosten abzugsfähig ist, wenn etwa der Veräußerungsgewinn steuerpflichtig ist.

5. Anwendung der Vorschrift (buch- und bilanzmäßige Behandlung).
Der Steuerpflichtige kann bei Ermittlung seines Gewinns so verfahren, daß er sich bei der Bilanzaufstellung um die Vorschrift des § 12 Ziff. 2 KStG nicht kümmert; dann muß er für die Steuer die gezahlten Personensteuern und die für Rückstände eingesetzten Schuldposten dem Gewinn zurechnen. Er bucht also bei der Zahlung zunächst Unkostenkonto links — Kasse rechts und am Schluß des Jahres die geschätzten Rückstände an Personensteuern Verlust- und Gewinnkonto links — Gläubiger (Fiskus) rechts. Für die Bilanz liegen damit in Höhe der Unkosten und der Schuldposten Betriebsvermögensverminderungen vor. Dann sind die auf Unkosten und Verlust- und Gewinnkonto gebuchten Beträge herauszuziehen und ihre Summe ist dem Bilanzgewinn hinzuzusetzen. Dagegen sind Realsteuern und sonstige Betriebssteuern, z. B. Umsatzsteuer, nach diesem Verfahren richtig behandelt. Bemerkt sei, daß die AG. nach § 132 Abs. 1 I Ziff. 5 AktG in der Verlust- und Gewinnrechnung die Steuern vom Einkommen, vom Ertrag und vom Vermögen mit Ausnahme der durch Steuerabzug erhobenen Einkommensteuern auf der Seite der Aufwendungen ausweisen müssen. Steuerlich ist aber dann Bilanzberichtigung hinsichtlich der Personensteuern erforderlich. Auch eine GmbH. würde zweckmäßig die am Schluß des Jahres entstandene Körperschaftsteuerschuld, soweit sie nicht durch anrechnungsfähige Vorauszahlungen gedeckt ist, in der Bilanz berücksichtigen, weil der handelsrechtliche und allein zur Verteilung an die Gesellschafter verfügbare Gewinn um diesen Betrag niedriger ist als der steuerrechtlich richtig berechnete Gewinn (vgl. Mirre in Industrie und Steuer 1935 I S. 187).

Sind dagegen alle Steuern nicht als Betriebsausgaben behandelt worden, dann müssen zur steuerlichen Gewinnermittlung die Steuern, die nicht Personensteuern sind, festgestellt und vom Bilanzgewinn abgezogen werden. Wenn daher z. B. bezahlte Realsteuern unmittelbar auf einem Reserve-(Rücklage-)konto verbucht wurden, muß nach RFH. I A 81/30 (s. Anm. 4) der Bilanzgewinn um den Betrag der abzugsfähigen Steuern besonders gemindert werden. Der besondere Abzug der Steuerzahlung vom Bilanzgewinn ist in diesem Fall erforderlich, weil die Abbuchung des Betrags von einem Reservekonto als einem Reinvermögensposten die Höhe des Gewinns nicht beeinflußt. Dagegen ist die Verbuchung der bezahlten Personensteuern Reservekonto links — Kasse rechts nicht zu beanstanden. War schon in der Schlußbilanz des vorangegangenen Wirtschaftsjahrs ein Personensteuerschuldposten vorhanden, so muß man untersuchen, wie mit ihm verfahren worden ist. Selbstverständlich durfte die Bildung dieses Schuldpostens im Vorjahr nicht den Gewinn beeinflussen. Ist bei der Zahlung einer Personensteuer im laufenden Wirtschaftsjahr gebucht Personensteuerschuldkonto links — Kasse rechts, so ist, ebenso wie bei der Abbuchung vom Reservekonto, der gezahlte Betrag, weil nicht über Unkosten gebucht, dem Bilanzgewinn nicht hinzuzurechnen. Ist das Konto im Lauf des Jahres, weil die Steuerschuld nachträglich sich als niedriger herausstellte, durch die Buchung Schuldkonto links — Verlust- und Gewinnkonto rechts beseitigt, so ist ein Buchgewinn entstanden, den die Gesellschaft nicht zu versteuern hat; der Betrag ist deshalb von dem zuzusetzenden Betrag abzuziehen. Ist das Konto am Schluß des Jahres unberührt, so ist nur seine Erhöhung dem Bilanzgewinn zuzusetzen, seine Erniedrigung aber abzusetzen. Es gilt daher die Regel: Alle Buchungen von Personensteuern auf einem Erfolgskonto links sind zusammenzurechnen, alle Buchungen von Personensteuern auf einem Erfolgskonto rechts sind von der Summe abzuziehen. Das Ergebnis ist der dem Bilanzgewinn hinzuzusetzende Betrag; wenn das Ergebnis negativ sein sollte, dann ist die negative Zahl vom Bilanzgewinn abzuziehen. Es ist dann genau so, wie wenn beim Einzelkaufmann mehr Personensteuern zurückgezahlt sind als aus der Kasse bezahlt.

Klarer erscheint folgendes Verfahren. Man führt ein Konto: „Nichtabzugsfähige Personensteuern". Dieses Konto nimmt alle die Personensteuern betreffenden Beträge auf, die das Reinvermögen berühren, aber nicht über Verlust- und Gewinnkonto gehen sollen, also die Gegenbuchungen der nichtabzugsfähigen Ausgaben und der nicht als Gewinn anzusehenden Einnahmen. Es entspricht dem Privatkonto des Einzelkaufmanns. Dort wird links gebucht, wenn eine Personensteuerschuld als entstanden gebucht wird (Konto links — Steuerschulden rechts), wenn eine nicht gebuchte Personensteuerschuld bezahlt wird (Konto links — Kasse rechts, andernfalls Steuerschulden links — Kasse rechts); rechts, wenn eine gebuchte Personensteuerschuld als nicht bestehend festgestellt oder erlassen wird oder ein Rückforderungsanspruch bezüglich Personensteuern gebucht wird (Steuerschulden links — Konto rechts) oder eine Personensteuer zurückgezahlt wird, ohne daß der Anspruch gebucht war (Kasse links — Konto rechts). Ist beim Abschluß die linke Seite größer als die rechte, so gelangt der Mehrbetrag durch Saldierung auf die linke Seite der Bilanz und heißt dort: nichtabzugsfähige Personensteuern. Bedeutung: Negatives Reinvermögen. Bei der Eröffnungsbilanz des nächsten Jahres wird es deshalb mit dem Reingewinn verrechnet; soweit das nicht möglich ist, von einem Reservefonds abgezogen; soweit auch das nicht möglich ist, bildet es Unterbilanz. Ist die rechte Seite größer, so gelangt der Mehrbetrag auf die rechte Seite der Bilanz und heißt dort etwa: steuerfreier Zugang. Bedeutung positives Reinvermögen, also gleichstehend mit Rücklage und Gewinnvortrag.

6. Behandlung erstatteter Personensteuern.

Die Entrichtung der Personensteuern darf die Ermittlung des steuerpflichtigen Gewinns oder Einkommens nicht beeinflussen. Wenn aber die Gewinnermittlung so zu erfolgen hat, wie wenn keine Personensteuern entrichtet oder geschuldet wären, dann muß auch für den Fall der Zurückerstattung von Personensteuern angenommen werden, daß die Tatsache der Erstattung die Höhe des steuerpflichtigen Gewinns oder Einnahmenüberschusses nicht beeinflussen darf. Hat also der zurückerstattete Personensteuerbetrag als Einnahme den Gewinn erhöht, dann ist dieser Betrag zur Berechnung des steuerpflichtigen Gewinns abzusetzen. Der RFH. hat sich in seiner Rechtsprechung zum EStG 1925 auf den Standpunkt gestellt, daß Einnahmen aus der Erstattung von Personensteuern bei buchführungspflichtigen Körperschaften nur dann steuerfrei zu belassen seien, wenn die Personensteuern, um deren Erstattung es sich handelt, im Jahre ihrer Zahlung tatsächlich dem steuerpflichtigen Einkommen zugerechnet worden seien oder durch Kürzung an dem Verlust dieses Jahres die Steuer für ein folgendes Wirtschaftsjahr erhöht hätten (vgl. RFH. I A 69/33 v. 19. 9. 33, E. 34 S. 117, RStBl. 33 S. 1146, StW. 34

§ 12 KStG. Nichtabzugsfähige Ausgaben.

Nr. 150, I A 148/33 v. 20. 6. 33, RStBl. 33 S. 1022, StW. 34 Nr. 151). Nach RFH. I A 289/33 v. 29. 5. 34 (RStBl. 34 S. 1088, StW. 34 Nr. 520) gilt dies auch für Personensteuern, die aus Billigkeitsgründen erstattet werden. An diesen Grundsätzen wurde zunächst in RFH. I A 23/37 v. 9. 2. 37 (RStBl. 37 S. 621, StW. 37 Nr. 155) auch unter der Herrschaft des EStG und KStG 1934 festgehalten. Unterstellt man, daß im Jahr 1937 einer AG. oder GmbH. eine gezahlte Personensteuer erstattet wird, so ist klar, daß der bilanzmäßige Gewinn um ihren Betrag erhöht wird, außer wenn etwa in der Endbilanz 1936 der Betrag als Forderung berücksichtigt sein sollte; ob dieses möglich ist, mag dahingestellt bleiben. Das Gesetz enthält keine Vorschrift, wonach der erstattete Betrag vom Ergebnis der Formel Endvermögen weniger Anfangsvermögen (vorjähriges Endvermögen) abzuziehen ist. Trotzdem hält die Entsch. einen Abzug unter Umständen für geboten, weil die gezahlte Personensteuer nicht zweimal den steuerpflichtigen Gewinn erhöhen dürfe, einmal im Jahre der Entrichtung und sodann im Jahre der Erstattung. Deshalb sei aber die Freistellung davon abhängig zu machen, daß durch sie tatsächlich eine Doppelbesteuerung der fraglichen Beträge verhindert werde. Ganz überzeugend ist das nicht. Die Steuer sei 1935 für ein zurückliegendes Jahr gefordert, und es sei 1935 ein Jahr mit Gewinn, 1936 ein Jahr mit Verlust. Für die Steuer des Jahres 1935 ist es doch ganz gleichgültig, ob der nachgeforderte Betrag noch im Jahr 1935 gezahlt wird oder erst im Jahr 1936, und im letzten Fall, ob in der Endbilanz 1935 wegen des nachgeforderten Betrags eine Rückstellung gemacht wird oder nicht. Für das Jahr 1937 soll das jedoch einen Unterschied machen. Die Unterscheidung wäre nur dann begründet, wenn die Zahlung im Jahr 1935 den steuerpflichtigen Gewinn des Jahres 1935 erhöht hätte; sie hat ihn aber nur nicht gemindert. Denn wie in Anm. 4 ausgeführt, darf die Entrichtung einer Personensteuer lediglich die steuerliche Gewinnermittlung nicht beeinflussen. Mit Recht wird daher in RFH. I 19/38 v. 8. 2. 38 (E. 43 S. 244, RStBl. 38 S. 494, StW. 38 Nr. 189) die bisherige Auffassung des RFH. aufgegeben und dargelegt, daß unter der Herrschaft des KStG 1934 Einnahmen aus der Erstattung von Personensteuern bei buchführungspflichtigen Körperschaften stets steuerfrei zu lassen sind.

Wenn eine Gesellschaft ihr Vermögen auf eine andere übertragen hat und dieser eine von der ersten gezahlte Personensteuer erstattet wird, dann wird es wohl darauf ankommen, ob wirtschaftlich in der Übertragung des Vermögens eine bloße Änderung der rechtlichen Form der Gesellschaft oder eine entgeltliche Veräußerung zu erblicken ist. Handelt es sich um entgeltlichen Erwerb, so macht die erwerbende Gesellschaft einen Gewinn, wenn ihr eine Personensteuer erstattet wird; sie hat dann den Erstattungsanspruch wie eine gewöhnliche Forderung erworben und an ihr einen Gewinn gemacht.

Werden mit den erstatteten Personensteuern Zinsen vergütet, dann sind beim Vermögensvergleich nur die erstatteten Steuerbeträge außer Ansatz zu lassen, nicht aber die vergüteten Zinsen (RFH. I A 299/36 v. 16. 11. 37, RStBl. 38 S. 15, StW. 37 Nr. 636). Die Entsch. sagt richtig, es sei etwa so anzusehen, als ob die Pflichtige dem Reich ein Darlehen gegeben hätte, dessen Zinsen am Schluß der Laufzeit fällig geworden seien. Nach § 12 StSäumG werden für die Zeit ab 1. Januar 35 auch bei Erstattung keine Steuerzinsen mehr bezahlt.

7. Sonstige steuerliche Berücksichtigung von Personensteuern.

Der Grundsatz, daß die entrichteten Personensteuern die Höhe des steuerpflichtigen Gewinns nicht beeinflussen dürfen, ist auch dann zu beachten, wenn das Einkommen solcher Körperschaften zu ermitteln ist, deren Einkünfte nur zum Teil steuerpflichtig, zum Teil aber steuerbefreit sind. Dies ist z. B. bei Sparkassen, Erwerbs- und Wirtschaftsgenossenschaften und beschränkt steuerpflichtigen Versicherungsgesellschaften der Fall. Wird bei solchen Körperschaften das steuerpflichtige Einkommen durch Schätzung aus dem gesamten Einkommen ermittelt, dann kann fraglich sein, ob die entrichteten Personensteuern dem Gesamtgewinn vor dessen Zerlegung zuzurechnen oder ob, soweit deutsche Personensteuern in Frage kommen, die Zerlegung des Gesamtgewinns ohne Berücksichtigung der deutschen Personensteuern erfolgen soll und die letzten erst dem steuerpflichtigen Gewinnteil zuzurechnen sind. Der RFH. hat zunächst den letzten Weg für richtig gehalten. Nach RFH. I A 28/30 v. 28. 3. 30 (RStBl. 30 S. 278, StW. 30 Nr. 865) sollen bei Sparkassen, die für ihre sparkasseneigenen und sparkassenfremden Geschäfte keine getrennte Buchführung besitzen, deren steuerpflichtiges Einkommen aus sparkassenfremden Geschäften also geschätzt werden muß, die im Lauf des Wirtschaftsjahrs entrichtete Körperschaftsteuer dem steuerpflichtigen Einkommen ganz, Vermögensteuer und Aufbringungsleistungen aber nur anteilig zugerechnet werden. Weiter wurde in RFH. I A 449/32 v. 3. 2. 34 (RStBl. 34 S. 665, StW. 34 Nr. 498) für den Fall, daß das inländische Einkommen einer ausländischen Versicherungsgesellschaft in einem Teilbetrag des Gesamteinkommens der Versicherungsgesellschaft zu ermitteln ist, als erforderlich angesehen, daß von dem Gesamteinkommen zunächst die gezahlten Personensteuern (inländische wie ausländische) ausgeschieden und sodann die in Deutschland gezahlten Personensteuern dem deutschen Teilbetrag des Gesamteinkommens wieder hinzugesetzt wurden. Zunächst ein Beispiel: Gesamtgewinn 80 000 RM., darin nicht enthalten bezahlte Körperschaftsteuer 20 000 RM., Verhältnis des steuerpflichtigen zum steuerfreien Gewinn 1:1. Nach obiger Rechtsprechung wäre zunächst der Gewinn zu 80 000 RM. zu zerlegen im Verhältnis 1:1, ergibt 40 000 RM. steuerpflichtigen Gewinn, der sich durch Hinzurechnung der Personensteuer auf 60 000 RM. erhöht. Der Gesamtgewinn einschließlich Personensteuer wird dann bei einem Verhältnis 1:1 in 40 000 RM. steuerfreien und 60 000 RM. steuerpflichtigen Gewinn zerlegt. Wenn aber der steuerpflichtige Gewinn lediglich durch verhältnismäßige Teilung des Gesamtgewinns ermittelt werden soll, muß bereits der Gesamtgewinn nach den für die Besteuerung maßgebenden Grundsätzen ermittelt werden. Es sind daher bereits zur Feststellung des Gesamtgewinns die davon abgesetzten deutschen und ausländischen Personensteuern zuzurechnen. Das ergibt im Beispiel Gesamtgewinn 80 000 + 20 000 = 100 000 RM., geteilt im Verhältnis 1:1 = 50 000 RM. steuerpflichtigen Gewinn. Nach dem Grundsatz, daß der steuerpflichtige Gewinn so zu ermitteln ist, wie wenn keine Personensteuern gezahlt worden wären, ist bei einem Gesamtgewinn von 100 000 RM., der im Verhältnis von 1:1 zu teilen ist, nur ein steuerpflichtiger Gewinn von 50 000 RM. und nicht der von 60 000 RM. richtig. Es ist daher dem RFH. beizutreten, wenn er in RFH. I A 225/34 v. 3. 12. 35 (RStBl. 36 S. 205, StW. 36 Nr. 40) die in RFH. I A 28/30 (s. oben) vertretenen Grundsätze in einem gleich gelagerten Fall (teilweise steuerpflichtiger Versorgungsbetrieb nach dem KStG 1925) aufgegeben hat. Es sollen vielmehr entweder dem aus dem Gesamtgewinn ohne Personensteuern verhältnismäßig errechneten steuerpflichtigen Reingewinn auch die gezahlten Personensteuern nur in einem nach der gleichen Verhältniszahl berechneten Teilbetrag zugerechnet werden oder aber, was dem oben gegebenen Beispiel entspricht und zum gleichen Ergebnis führt, es soll von vornherein als Gesamtgewinn der „fiktive" Reingewinn, nämlich der Gesamtgewinn zuzüglich der gezahlten Personensteuern, nach der Verhältniszahl zerlegt werden. Dabei kann jedoch der so errechnete Gesamtgewinn steuerlich nicht als „fiktiver", sondern nur als der tatsächliche Gewinn angesehen werden. Nach diesen Grundsätzen sind deutsche und ausländische Personensteuern zu behandeln, die vor Ermittlung des Gesamtgewinns abgesetzt wurden. Dieses Verfahren ist in allen Fällen anzuwenden, in denen bei Körperschaften, deren Einkünfte nur zum Teil steuerpflichtig sind, das steuerpflichtige Einkommen durch Schätzung verhältnismäßig aus dem Gesamteinkommen zu ermitteln ist, wie z. B. bei Sparkassen (vgl. Anm. 10 Abs. 4 zu § 4 KStG), Erwerbs- und Wirtschaftsgenossenschaften, beschränkt steuerpflichtigen Versicherungsunternehmen (vgl. Anm. 8 e, dd zu § 2 KStG). Wird dagegen das steuerpflichtige Einkommen unmittelbar durch Gegenüberstellung der Einnahmen und Ausgaben aus den steuerpflichtigen Einkunftsarten und nicht aus dem gesamten Bilanzgewinn ermittelt, dann ist für die Anwendung vorstehender Grundsätze und auch, wie in RFH. I A 189/35 v. 28. 1. 36 (E. 39 S. 45, RStBl. 36 S. 253, StW. 36 Nr. 140) für eine steuerbegünstigte Genossenschaft ausgeführt wird, für eine Hinzurechnung der Personensteuern kein Raum. Denn in diesem Fall wird der steuerpflichtige Gewinn ohne Rücksicht auf die entrichtete Personensteuer berechnet.

Wegen der Behandlung der Personensteuern einer Organgesellschaft, wenn diese vereinbarungsgemäß von der beherrschenden Gesellschaft getragen werden, vgl. Anm. 10 d, bb Abs. 2 zu § 3 KStG.

III. Vergütungen an Mitgieder des Aufsichtsrats, Verwaltungsrats, Grubenvorstands oder andere mit der Überwachung der Geschäftsführung beauftragte Personen (§ 12 Ziff. 3 KStG).

8. Bedeutung und persönlicher Geltungsbereich der Vorschrift und Übersicht über die Besteuerung der Aufsichtsratsvergütungen.

Die Vorschrift des § 12 Ziff. 3 KStG hat ihren Grund darin, daß die Aufsichtsratstantiemensteuer der früheren Reichsstempelgesetze und der §§ 63 ff. KVG v. 8. 4. 22 (RGBl. S. 345) mittelbar dadurch, daß ihr Abzug bei der Ermittlung des Einkommens der Körperschaft erstmalig durch die gleichlautende Vorschrift des § 17 Ziff. 4 KStG 1925 versagt wurde, aus der Kapitalverkehrsteuer herausgenommen und in die Körperschaftsteuer hineingearbeitet wurde. An sich liegen in den Vergütungen, die an die mit der Überwachung der Geschäftsführung beauftragten Personen bezahlt werden, Betriebsausgaben vor; daher waren sie auch nach der früheren Regelung bei Berechnung der Körperschaftsteuer abzugsfähig. Die Vergütungen unterlagen aber damals der Aufsichtsratssteuer ohne Rücksicht darauf, ob die Körperschaft Einnahmen erzielt hatte. An diesem Rechtszustand ist praktisch nichts geändert. Jetzt sind die Aufsichtsratsvergütungen nach der Vorschrift des § 12 Ziff. 3 KStG nicht mehr abzugsfähig; weiter ist aber durch § 17 Abs. 1 Ziff. 2 KStG. (§ 10 Abs. 2 Satz 1 KStG 1925) bestimmt, daß die in § 12 Ziff. 3 genannten Vergütungen auch als Mindesteinkommen der Besteuerung zugrunde zu legen sind. Durch die Einfügung dieser Vorschrift als Mußvorschrift wird erreicht, daß die Aufsichtsratsvergütungen auf jeden Fall und ohne Rücksicht auf Billigkeit der Körperschaftsteuer unterliegen, auch wenn sie nicht aus dem Gewinn bezahlt werden konnten, also den Gewinn nicht gemindert haben. Die Aufsichtsratsvergütungen sind stets voll zu versteuern, auch wenn die Gesellschaft ein geringeres Einkommen als die Vergütungen oder einen Verlust erzielt hat. Dadurch ersetzen die Vorschriften des § 12 Ziff. 3 und § 17 Abs. 1 Ziff. 2 KStG (ebenso wie die des § 17 Ziff. 4 und § 10 Abs. 2 Satz 1 KStG 1925) in jeder Hinsicht die bisherige Aufsichtsratsteuer. In den der Körperschaftsteuer unterliegenden Gewinnen sind danach die Beträge, die zur Auszahlung der Aufsichtsratstantiemen und der sonstigen, für die Überwachung der Geschäftsführung gewährten Vergütungen verwendet wurden, mitenthalten. Die selbstverständliche Folge dieser gesetzlichen Regelung ist, daß sich eine Körperschaft ihr gegenüber nicht mehr auf die Grundsätze ordnungsmäßiger kaufmännischer Buchführung berufen kann, nach denen sie zu den Unkosten zu rechnen sind (vgl. RFH. I A 149/27 v. 22. 11. 27, E. 22 S. 247, RStBl. 28 S. 27, StW. 28 Nr. 117).

Die Vorschrift des § 17 Ziff. 4 KStG 1925 war auf die von Erwerbsgesellschaften gezahlten Aufsichtsratsvergütungen beschränkt; diese Beschränkung ist in § 12 Ziff. 3 KStG nicht mehr enthalten. Das Abzugsverbot gilt demnach nicht nur für Kapitalgesellschaften und Erwerbs- und Wirtschaftsgenossenschaften, sondern auch für Betriebe gewerblicher Art von Körperschaften des öffentlichen Rechts und für alle Personenvereinigungen des öffentlichen und privaten Rechts, bei denen die Mitglieder nicht als Mitunternehmer anzusehen sind und die daher körperschaftsteuerpflichtig sind.

Die Aufsichtsratsvergütungen unterliegen demnach zunächst bei der Körperschaft, die sie gewährt, der Körperschaftsteuer und auf jeden Fall der Mindestbesteuerung. Bei den Empfängern sind sie, soweit sie nicht zum einkommen= oder körperschaft= steuerpflichtigen Gewinn dieser Personen zu rechnen sind, nach § 18 Abs. 1 Ziff. 3 EStG als Einkünfte aus selbständiger Arbeit steuerpflichtig. Daneben sind sie aber zu Lasten der Empfänger noch durch das Gesetz über die Erhebung einer Abgabe der Aufsichtsratsmitglieder v. 28. 3. 34 (RGBl. I S. 253, RStBl. 34 S. 369) einer besonderen Abgabe in Höhe von 10 v. H. und nach § 3 des Ges. zur Änderung des EStG v. 17. 2. 39 (RGBl. I S. 283, RStBl. 39 S. 305) für Aufsichtsrats= vergütungen, die dem Aufsichtsrat nach dem 31. 3. 39 zufließen 20 v. H. (Abgabe der Aufsichtsratsmitglieder) unterworfen, die nicht erhoben wird, wenn die Vergütung für das einzelne Aufsichtsratsmitglied den Jahresbetrag von 100 RM. nicht über= steigt (§ 1 des Gesetzes). Die Abgabe wird im Steuerabzugsverfahren erhoben (§ 2 des Gesetzes). Die Abgabe der Aufsichtsratsmitglieder ist, wie in der Begr. (RStBl. 34 a. a. O.) ausdrücklich betont wird, aus dem Zusammenhang mit der Einkommensteuer heraus genommen. Ihre Erhebung durch Steuerabzug ist durch die VO über den Steuerabzug von Aufsichtsratsvergütungen v. 31. 3. 39 (RGBl. I S. 601, RStBl. 39 S. 521) geregelt (vgl. Anm. 7 zu § 20 KStG und VR 37 C III 3 (RStBl. 38 S. 207, s. Anh. 17).

9. Überwachung der Geschäftsführung.

Voraussetzung des Abzugsverbots ist, daß die Vergütungen an Mitglieder des Aufsichtsrats, Verwaltungsrats, Grubenvorstands oder andere mit der Über= wachung der Geschäftsführung beauftragte Personen gewährt werden. Die Tätig= keit, die durch die Vergütung abgegolten wird, muß sich als eine Überwachung der Geschäftsführung darstellen oder damit zusammenhängen. Der Aufsichts= rat ist gesetzlich vorgeschrieben für die AG. und die KoGaA. (§§ 190, 243 ff. HGB, §§ 23 ff, 86 ff., § 219 Abs. 3, § 229 AktG). Nach § 246 Abs. 1 Satz 1 HGB hatte der Aufsichtsrat der AG. die Geschäftsführung der Gesellschaft in allen Zweigen der Verwaltung zu überwachen und sich zu dem Zwecke von dem Gang der An= gelegenheiten der Gesellschaft zu unterrichten. Nach § 246 Abs. 3 a. a. O. konnten weitere Obliegenheiten des Aufsichtsrats durch den Gesellschaftsvertrag bestimmt werden. Danach war der Geschäftskreis des Aufsichtsrats nicht ausschließlich auf die Überwachung der Verwaltung beschränkt. Nach § 95 Abs. 1 AktG hat der Auf= sichtsrat der AG. die Geschäftsführung zu überwachen; dazu stehen ihm im einzelnen die auch bisher in § 246 Abs. 1 und 2 HGB vorgesehenen Rechte der Berichts= anforderung vom Vorstand, der Prüfung von Büchern und Vermögensgegen= ständen der Gesellschaft und der Berufung der Hauptversammlung (§ 95 Abs. 2—4 AktG) zu. Wie bisher steht ihm auch die Berichterstattung an die Hauptversammlung und das Recht zur Vertretung der Gesellschaft zu (§§ 246 Abs. 1 Satz 3, 247 HGB, §§ 96, 97 AktG). Nach § 95 Abs. 5 AktG ist aber die Übertragung von Maßnahmen der Geschäftsführung an den Aufsichtsrat ausgeschlossen. Jedoch kann die Satzung oder der Aufsichtsrat bestimmen, daß bestimmte Arten von Geschäften nur mit seiner Zustimmung vorgenommen werden. Als Tätigkeit eines Mitglieds des Aufsichtsrats im Sinn des Abzugsverbots ist, wie auch durch die bisherige Rechtsprechung festgelegt ist (vgl. z. B. RFH. I A 507/27 v. 26. 6. 28, E. 24 S. 11, RStBl. 28 S. 305, StW. 28 Nr. 676), jede Tätigkeit zu verstehen, die in den Rahmen der möglichen Tätigkeit eines Aufsichtsratsmitglieds fällt. Darunter kann auch eine Tätigkeit fallen, die dem Aufsichtsrat neben der ihm nach dem Gesetz unbedingt obliegenden Überwachungstätigkeit übertragen werden kann. Deshalb wurde in der Entsch. eine Zerlegung der Aufsichtsratstätigkeit als solcher in eine steuer= pflichtige Überwachungstätigkeit und in steuerfreie sonstige Aufsichtstätigkeit mit Recht abgelehnt. Steuerlich kommt es lediglich darauf an, daß die Vergütung für eine Tätigkeit gewährt wird, die sich im Rahmen der möglichen Betätigung eines Aufsichtsrats hält. Darunter fällt nach RFH. I A 246/34 v. 19. 12. 35 (StW. 36 Nr. 68) die dem Vorsitzenden des Aufsichtsrats durch Aufsichtsratsbeschluß auferlegte

Verpflichtung, die Verhältnisse der von ihm überwachten AG. und insbesondere die ihrer Tochtergesellschaften besonders zu studieren. Wenn jedoch nach RFH. I A 94, 95/34 v. 19. 11. 35 (RStBl. 36 S. 141, StW. 36 Nr. 143) auch als möglich erachtet wird, daß dem Aufsichtsrat rechtlich oder tatsächlich gewisse Geschäftsführerhandlungen übertragen werden, ohne daß er hierdurch seine Eigenschaft als Überwachungsorgan verliert, so ist zu beachten, daß nach Inkrafttreten des AktG die Übertragung von Maßnahmen der Geschäftsführung auf den Aufsichtsrat durch § 95 Abs. 5 AktG gesetzlich ausgeschlossen wird. Der Aufsichtsrat darf sich dann nur noch im Rahmen der Überwachung mit der Geschäftsführung befassen, wie dies in RFH. VI A 313/33 v. 3. 5. 33 (RStBl. 33 S. 957, StW. 33 Nr. 485) durch laufende Unterrichtung über die Geschäftsvorkommnisse und entsprechende Beeinflussung der Tätigkeit der Geschäftsführer für erforderlich erachtet wird, damit der Aufsichtsrat auch zu den für die Unternehmung bedeutsamen Entscheidungen rechtzeitig vorher Stellung nehmen kann. Jedoch würde eine solche Überschreitung der gesetzlichen Befugnisse des Aufsichtsrats auf die steuerliche Beurteilung der gesamten Vergütung keinen Einfluß haben. Dagegen besteht nach RFH. I A 507/27 (f. oben) keine Steuerpflicht für die Vergütung von Leistungen, die auf Grund besonderer Verträge beschafft werden und die über dasjenige Maß von Tätigkeit hinaus gehen, zu dem das Aufsichtsratsmitglied als solches verpflichtet ist. Es muß sich dann um eine von der Aufsichtsratstätigkeit völlig getrennte Tätigkeit handeln. Daher ist abzugsfähig, was etwa einem Aufsichtsrat für eine besondere Tätigkeit gewährt wird, die zu seinem Beruf gehört (z. B. ein Rechtsanwalt führt Prozesse für eine Gesellschaft, deren Aufsichtsratsmitglied er ist, oder Aufsichtsratsmitgliedern wird eine besondere Vergütung dafür gewährt, daß sie eine Zeit lang die Geschäfte des Vorstands führen). Werden einem Aufsichtsratsmitglied, das gleichzeitig am Kapital der Gesellschaft beteiligt ist, für eine über den Rahmen einer möglichen Aufsichtsratstätigkeit hinausgehende Tätigkeit, die auf Grund besonderer Vereinbarung geleistet wird, als Entgelt besondere Vergütungen geleistet, so fallen diese zwar nicht unter das Abzugsverbot des § 12 Ziff. 3 KStG, jedoch muß dann wegen der Möglichkeit einer verdeckten Gewinnausschüttung an den Empfänger als Gesellschafter die Angemessenheit der Bezüge geprüft werden (RFH. I A 106/36 v. 19. 5. 36, RStBl. 36 S. 648, StW. 36 Nr. 339).

Außer den Mitgliedern des Aufsichtsrats werden in § 12 Ziff. 3 noch die Mitglieder des Verwaltungsrats, Grubenvorstands und sonstige mit der Überwachung der Geschäftsführung beauftragte Personen genannt. Das Erfordernis der „verfassungsmäßigen Bestellung" dieser Personen zur Überwachung der Geschäftsführung, das in § 17 Ziff. 3 KStG 1925 aufgestellt war, ist weggefallen. Es genügt daher der Überwachungsauftrag durch die zuständigen Organe der Gesellschafter oder Mitgliederkörperschaft, z. B. durch einen nach § 46 Ziff. 6 GmbHG. gefaßten Beschluß der Gesellschafter einer GmbH. zur Prüfung und Überwachung der Geschäftsführung. Mitunter wird diese Überwachungstätigkeit wieder besonderen Organen übertragen. Obliegt einem solchen Organ eine Tätigkeit, die noch unter dem Gesichtspunkt der Überwachung vorgenommen werden muß, so fallen die Vergütungen an die Mitglieder des Organs unter § 12 Ziff. 3. Wenn aber neben dem Aufsichtsrat ein Organ besteht, mit dessen Tätigkeit keine Überwachung verknüpft ist, so sind die Mitglieder nicht als zur Überwachung der Geschäftsführung bestellt anzusehen. Als ein neben dem Aufsichtsrat besonders bestelltes Überwachungsorgan ist der auch im Gesetz besonders erwähnte Verwaltungsrat anzusehen, wenn er ebenfalls im wesentlichen oder überwiegend Überwachungstätigkeit und damit eine Tätigkeit ausübt, die im allgemeinen dem Aufsichtsrat mitübertragen zu werden pflegt (vgl. RFH. I A 305/31 v. 23. 2. 32, RStBl. 32 S. 403, StW. 32 Nr. 542). Der Grubenvorstand einer Berggewerkschaft entspricht als gesetzlicher Vertreter der Gewerkschaft gesetzlich dem Vorstand, nicht dem Aufsichtsrat einer AG., tatsächlich betätigt er sich aber häufig mehr wie der Aufsichtsrat. § 12 Ziff. 3 erwähnt deshalb auch die Mitglieder des Grubenvorstands. Es ist daher steuerlich unerheblich, daß der Grubenvorstand gesetzlich eigentlich nicht zur Überwachung, sondern zur Führung der Geschäfte bestellt ist und sich nur freiwillig auf Überwachung der von ihm mit der Führung der Geschäfte beauftragten Personen beschränkt. Die Rechtsprechung des RFH. läßt es vielmehr mit Recht genügen, daß der Grubenvorstand zwar nicht lediglich, aber im wesentlichen die Tätigkeit eines Aufsichtsrats ausübt (RFH. I A 410/30 v. 9. 6. 31, RStBl. 31 S. 555, StW. 31 Nr. 1061 und I A 66/32 v. 25. 10. 32, RStBl. 32 S. 1070, StW. 33 Nr. 137). Nach RFH. VI A 576/32 v. 13. 4. 32 (E. 31 S. 50, RStBl. 32 S. 681, StW. 32 Nr. 781) ist unter den heutigen Verhältnissen der Grubenvorstand grundsätzlich als Überwachungsorgan anzusehen und nur soweit der Geschäftskreis unter den Mitgliedern des Grubenvorstands so verteilt ist, daß zwischen den mit laufender Verwaltung und den mit der bloßen Überwachung betrauten Mitgliedern unterschieden werden kann, sind die ersten den leitenden Angestellten der Gewerkschaft und die letzten den mit der Überwachung beauftragten Personen im Sinn des Gesetzes zuzurechnen. Nach RFH. VI A 313/33 (s. oben) kann auch der Grubenvorstand einer preußischen Berggewerkschaft nach der tatsächlichen Regelung der Verhältnisse dann aufsichtsratsteuerpflichtig sein, wenn daneben noch ein besonderer Aufsichtsrat bestellt ist. Zu den sonstigen, mit der **Überwachung der Geschäftsführung beauftragten Personen** können nach RFH. I A 92/35 v. 21. 6. 35 (RStBl. 35 S. 1435, StW. 35 Nr. 490) neben Verwaltungsräten auch örtliche Ausschüsse und Beiräte zu rechnen sein, wenn ihnen eine Tätigkeit obliegt, die unter dem Gesichtspunkt der Überwachung wahrzunehmen ist. Dies ist jedoch nach der Entsch. nicht der Fall, wenn sich die Tätigkeit eines örtlichen Ausschusses lediglich auf die Beratung bei der Kreditgewährung erstrecken soll, wobei es auch gleichgültig ist, wenn zufällig ein Mitglied des Aufsichtsrats einem solchen Ausschuß angehört. Bei **beschränkt steuerpflichtigen ausländischen Gesellschaften** ist die Tätigkeit der Organe nicht nur nach ausländischem Recht, sondern auch nach der tatsächlichen Ausgestaltung daraufhin zu prüfen, ob sie sich als eine Überwachung der Geschäftsführung darstellt. Vergütungen, die für eine im wesentlichen überwachende Tätigkeit gezahlt werden, fallen unter die Aufsichtsratsvergütungen (vgl. RFH. I A 30/36 v. 25. 5. 37, E. 41 S. 249, RStBl. 37 S. 940, StW. 37 Nr. 383 für den board of directors einer englischen company limited by shares).

10. Unter das Abzugsverbot fallende Vergütungen.

Vergütungen sind alle geldwerten Vorteile, die den Aufsichtsratsmitgliedern oder sonstigen mit der Überwachung der Geschäftsführung beauftragten Personen für diese Tätigkeit gewährt werden. Was alles darunter fallen kann, war für das KStG 1925 in den §§ 18—24 KStDVO 1926 besonders aufgeführt. Da es sich in diesen §§ um allgemein gültige Grundsätze darüber handelte, was als Entgelt für die Ausübung der besonderen Tätigkeit angesehen werden kann, erübrigte sich die Aufnahme dieser Bestimmungen in die neue DVO. Unter die Vergütungen fallen danach alle für die Überwachung der Geschäftsführung oder als Entschädigung für den Wegfall des Entgelts gewährten Leistungen ohne Rücksicht auf ihre Bezeichnung. Die Vergütung kann bestehen in festen Beträgen (Gehältern), in Gewinnanteilen (Tantiemen, deshalb früher häufig Tantiemesteuer genannt), in Tagegeldern, Reisekosten und sonstigen geldwerten Vorteilen. Ein geldwerter Vorteil liegt in der billigen Überlassung junger Aktien an die Aufsichtsratsmitglieder (vgl. RFH. II A 1089/24 v. 20. 3. 25, StW. 25 Nr. 276) und auch darin, daß eine AG. von den Aufsichtsratsmitgliedern wertlose Aktien zu einem Preise von etwa 38 v. H. des Nennwerts erwirbt (RFH. I A 36/34 v. 9. 10. 34, StW. 34 Nr. 762). Soweit tatsächlich der Aufwand ersetzt wird, liegt keine Vergütung vor; daher sind Tagegelder, Reisekostenvergütungen und sonstige Aufwandsentschädigungen nur in Höhe des den tatsächlichen Aufwand übersteigenden Betrags nichtabzugsfähig, dagegen Vergütungen für Zeitversäumnis und für sonstige durch die Überwachungstätigkeit entstandene Schäden oder entgangenen Gewinn in voller Höhe. Als Entgelt für die Aufsichtsratstätigkeit usw. sind auch solche Beträge anzusehen, die im Lauf oder bei Beendigung der Abwicklung der Gesellschaft oder bei Verschmelzung den Aufsichtsratsmitgliedern der übertragenen Gesellschaft von der übernehmenden Gesellschaft gezahlt werden.

Das Abzugsverbot gilt für die die Vergütung gewährende Gesellschaft; daher muß sich die Vergütung vom Standpunkt der sie gewährenden Gesellschaft aus als für die Überwachung der Geschäftsführung bezahlt darstellen. Nach der zur Frage der Mindestbesteuerung ergangenen Entsch. RFH. I A 18/35 v. 28. 5. 35 (E. 38 S. 39, RStBl. 35 S. 923, StW. 35 Nr. 433) hängt deshalb die Beurteilung der Vergütung als Aufsichtsratsvergütung nicht entscheidend davon ab, wem die gezahlten Vergütungen schließlich zugute kommen und wie die Vergütungen in der Hand des Empfängers steuerrechtlich zu beurteilen sind. Eine AG. X entsandte zwei ihrer Vorstandsmitglieder A und B in den Aufsichtsrat der Gesellschaft Y, die zum gleichen Konzern wie die X gehörte. A und B, die im Rahmen der möglichen Betätigung eines Aufsichtsratsmitglieds tätig waren, verzichteten der Y gegenüber auf Aufsichtsratsvergütung, sie erhielten aber von X einen entsprechenden Betrag als Gehalt und die Y zahlte denselben Betrag an die X als Verwaltungskostenbeitrag. Die Entsch. behandelt die Beträge mit Recht bei der Y als Aufsichtsratsvergütungen. Es mag sein, daß A und B mehr im Interesse der X handelten, aber soweit die Y an die X eine Vergütung zahlt, ist das eben für die Y Zahlung einer Aufsichtsratsvergütung.

11. Durchführung des Abzugsverbots.

Das steuerpflichtige Einkommen der Gesellschaft oder Personenvereinigung darf durch die Gewährung einer Aufsichtsratsvergütung nicht gemindert werden. Bei Körperschaften, deren Einkommen (Gewinn) durch einen Betriebsvermögensvergleich ermittelt wird, sind daher Betriebsvermögensverminderungen, die entweder durch die Einsetzung eines Schuldpostens für geschuldete Aufsichtsratsvergütungen oder einer Rückstellung in der Schlußbilanz oder durch Behandlung von gezahlten Aufsichtsratsvergütungen als Betriebsausgaben entstanden sind, durch Hinzurechnung des entsprechenden Betrags zum Bilanzgewinn wieder auszugleichen. Dabei ist es an sich gleichgültig, ob der Schuldposten oder die Betriebsausgaben für das Wirtschaftsjahr mit Recht als solche angesetzt wurden. Nach dem Wortlaut des Gesetzes sind nichtabzugsfähig die Vergütungen, die „gewährt" werden. Daraus kann aber nicht geschlossen werden, daß die Vergütungen erst mit der Gewährung, also der Bezahlung, steuerlich zu berücksichtigen wären. Es handelt sich hier um Vergütungen, die an bestimmte Personen als Entgelt für eine zugunsten der Gesellschaft (der Gesellschafter) geleistete Tätigkeit zu zahlen sind. Derartige Vergütungen sind nach den Grundsätzen ordnungsmäßiger kaufmännischer Buchführung bei der Gesellschaft als Leistungsempfänger und Schuldner der Vergütung demjenigen Geschäftsjahr zur Last zu legen, in dem die abgegoltene Tätigkeit geleistet wurde; denn mit diesem Geschäftsjahr stehen die Vergütungen im wirtschaftlichen Zusammenhang (vgl. Anm. 35 a zu § 5 EStG). Soweit es sich daher nicht um laufende feste Vergütungen handelt, wird der Grundsatz von Bedeutung, daß alles, was die Haupt- oder Gesellschafterversammlung einer Kapitalgesellschaft für das abgelaufene Geschäftsjahr beschließt, als bereits am Ende des Geschäftsjahrs eingetreten gilt. Beschließt also die Gesellschafterversammlung im Jahr 1937 für das Geschäftsjahr 1936 eine Aufsichtsratstantieme von 20 000 RM., so gilt diese Tantieme mit Wirkung für das Geschäftsjahr 1936 beschlossen und hat daher in der Endbilanz 1936 ein Schuldposten von 20 000 RM. zu erscheinen, der aber wegen des Abzugsverbots nicht als solcher, sondern als Reinvermögensposten (Teil des Gewinns) zu behandeln ist. Die Aufsichtsratsmitglieder selbst haben die beschlossene Tantieme erst mit Ausführung des Beschlusses als zugeflossen zu versteuern. Gleichgültig ist, ob die Aufsichtsratsmitglieder einen Rechtsanspruch hatten oder nicht. Etwas anderes kann nur gelten, wenn für ein Geschäftsjahr nachträglich z. B. durch eine außerordentliche Gesellschafterversammlung die Gewährung einer Aufsichtsratstantieme in einem Zeitpunkt beschlossen, in dem dieser Beschluß in der Jahresbilanz nicht mehr berücksichtigt werden kann. Es kann daher der in RFH. I A 160/31 v. 15. 9. 32 (E. 31 S. 353, RStBl. 32 S. 1024, StW. 32 Nr. 1181) vertretenen Auffassung nicht allgemein zugestimmt werden, daß die Gesellschaft Vergütungen, die auf Grund der Jahresabschlüsse an Aufsichtsratsmitglieder usw. verteilt werden, entweder in dem Jahr gebucht werden könnten, für das sie bewilligt sind, oder in dem Jahr, in dem die Vergütung beschlossen wird. Grundsätzlich sind vielmehr die Aufsichtsratsvergütungen bei der bewilligenden Gesellschaft in dem Geschäftsjahr als nichtabzugsfähig zu behandeln, für das sie bewilligt werden.

IV. Ausgaben zu gemeinnützigen, mildtätigen kirchlichen und ähnlichen Zwecken (§ 12 Ziff. 4 KStG).

12. a) Die Vorschrift des § 12 Ziff. 4 KStG ist neu und bedeutet für die Körperschaftsteuer die Abkehr von der bisherigen **Beurteilung von Spenden** für gemeinnützige und mildtätige Zwecke. Nach § 14 Ziff. 1 KStG 1925 waren abzugsfähige Sonderleistungen die Beträge, die nach der Satzung, Stiftung oder sonstigen Verfassung ausschließlich gemeinnützigen oder mildtätigen Zwecken zugeführt wurden. Darüber hinaus erkannte der RFH. in seiner Rechtsprechung bei den Erwerbsgesellschaften im Sinn des KStG 1925 derartige Spenden als Betriebsausgaben an, wenn sie auch nur mittelbar den Belangen der Erwerbsgesellschaft zu dienen bestimmt waren. Der Einkommensteuersenat dagegen lehnte es unter Hinweis auf den Grundsatz der Gleichmäßigkeit und Gerechtigkeit der Besteuerung für den Regelfall ab, Vereinsbeiträge oder Zuwendungen für mildtätige oder gemeinnützige Zwecke beim Gewerbetreibenden oder Angehörigen eines freien Berufs als Betriebsausgaben anzuerkennen (RFH. VI A 170/32 v. 23. 6. 33, RStBl. 33 S. 812, StW. 33 Nr. 686, VI A 1493/30 v. 23. 6. 33, RStBl. 33 S. 811, StW. 33 Nr. 697). Es ergab sich also eine unterschiedliche Behandlung von Spenden, je nachdem es sich um Einzelpersonen oder um Erwerbsgesellschaften als Spender handelte.

Durch § 12 Ziff. 4 KStG wird die Abzugsfähigkeit derartiger Spenden auch für die Körperschaftsteuer ausgeschlossen und damit die Gleichmäßigkeit der steuerlichen Behandlung sichergestellt. Der Grund hierfür ergibt sich daraus, daß nach nationalsozialistischer Auffassung der Spender, der ein Opfer bringen will und soll, nicht als berechtigt anerkannt werden kann, daß er einen Teil seines Opfers tatsächlich durch Gewährung von Steuerfreiheit dem Reich und damit der Allgemeinheit zur Last legt. Der RdF. hat in dem Verfahren zu RFH. I A 59/36 v. 22. 7. 36 (RStBl. 36 S. 898, StW. 36 Nr. 425), das noch die Abzugsfähigkeit von Spenden nach dem KStG 1925 für 1933 betraf, zu dieser Frage u. a. wie folgt, Stellung genommen: „Die steuerliche Behandlung der Spenden, die nach der Machtergreifung gegeben wurden, konnte nicht mehr nach den bisherigen Gesichtspunkten beurteilt werden. Das Spenden war inzwischen ein sozialistisches Bekenntnis des ganzen Volkes geworden. Es war auch für Körperschaften keine geschäftliche Angelegenheit mehr, sondern entsprang einer neuen sittlichen Haltung. Demgemäß zwang die Entwicklung der Verhältnisse dazu, jeden, der freiwillig spendete, gleichgültig, ob natürliche oder juristische Person, steuerlich gleich zu behandeln. Die Spende sollte von allen Steuerpflichtigen aus ihrem Einkommen bezahlt werden. Es mußte vermieden werden, daß bei einer Gruppe von Steuerpflichtigen die Gewährung der Abzugsfähigkeit dazu führte, daß ein Teil der Spende zu Lasten des Reiches ging." Vgl. dazu auch den Reinhardt'schen Steuerreform-Plan unter I (RStBl. 34 S. 753, hier 755, 56), in dem insbesondere auch auf die Gefahren hingewiesen wird, die die Gewährung von Steuervergünstigungen für Spenden zu bestimmten Zwecken für eine ordentliche Steuerwirtschaft und Haushaltwirtschaft bedeuten würde (vgl. auch BR 37 C II 5 (RStBl. 38 S. 207, s. Anh. 17).

b) Das Abzugsverbot erstreckt sich auf **Spenden für gemeinnützige, mildtätige, kirchliche und ähnliche Zwecke.** Es ist also nicht auf die gemeinnützigen, mildtätigen und kirchlichen Zwecke im Sinn des § 4 Abs. 1 Ziff. 6 KStG beschränkt, sondern umfaßt auch Spenden für ähnliche Zwecke. In den VR 37 a. a. O. werden erwähnt, Spenden für das Winterhilfswerk, für die Hitlerspende der Deutschen Wirtschaft, für die SS. und SA., für den Deutschen Luftsportverband, für die Deutschen Jugendherbergen und für sonstige ideale und gemeinnützige Zwecke. Als Werbungskosten abzugsfähig sind dagegen nach § 9 Ziff. 3 EStG die Beiträge zu den Berufsständen und sonstigen Berufsverbänden, deren Zweck nicht auf einen wirtschaftlichen Geschäftsbetrieb gerichtet ist. Soweit Zuwendungen an Pensionskassen und ähnliche Kassen des Betriebs oder an Unterstützungsfonds des Betriebs nicht als Betriebsausgaben anerkannt werden können (vgl. Anm. 17 d Abs. 1 zu § 4 EStG), fallen sie als Aufwendungen für soziale Zwecke ebenfalls unter das Abzugsverbot nach § 12 Ziff. 4.

c) Unter **Spenden** sind Bar- und Sachleistungen jeder Art zu verstehen. Dem Begriff der Spende entspricht es auch, wenn in RFH. I A 183/36 v. 15. 6. 37 (E. 41 S. 277, RStBl. 37 S. 990, StW. 37 Nr. 382) als solche nur freiwillige Leistungen, nicht aber Leistungen, die auf einer rechtlichen Verpflichtung beruhen, angesehen werden. Jedoch darf die Grenze für die Freiwilligkeit nicht zu eng gezogen werden. Daher werden in der Entsch. mit Recht zu den freiwilligen Aufwendungen auch solche gerechnet, die auf Grund einer tatsächlichen oder vermeintlichen moralischen Verpflichtung gemacht werden oder denen sich der Leistende aus sonstigen Gründen nicht entziehen zu können glaubt.

5. Anteilige Abzüge.

§ 13.

Ist das Einkommen nur zu einem Teil steuerpflichtig, so dürfen Ausgaben nur insoweit abgezogen werden, als sie mit steuerpflichtigen Einkünften in unmittelbarem wirtschaftlichem Zusammenhang stehen. Besteht das Einkommen nur aus Einkünften, von denen ein Steuerabzug zu erheben ist (§ 2 Ziffer 2), so ist ein Abzug von Ausgaben nicht zulässig.

Inhaltsübersicht.

1. Bedeutung der Vorschrift.
2. Ausgaben.
3. Unmittelbarer wirtschaftlicher Zusammenhang mit steuerpflichtigen Einkünften.
4. Wirtschaftlicher Zusammenhang von Ausgaben mit steuerfreien Einkünften.

Schrifttum. Heider, Zur steuerlichen Behandlung der Abschreibungen auf Schachtelbeteiligungen, DStZ. 37 S. 1061; Klein, Zur steuerlichen Behandlung von Abschreibungen auf Schachtelbeteiligungen, StW. 37 I Sp. 1285.

1. Bedeutung der Vorschrift.

Nach der Begr. zu § 13 (RStBl. 35 S. 85) entspricht die Vorschrift dem § 16 des bisherigen Gesetzes. § 13 Satz 1 setzt voraus, daß das „Einkommen" nur zu einem Teil steuerpflichtig ist, daß also das Einkommen im Sinn des § 2 Abs. 2 EStG als der Gesamtbetrag aller einer Person zufließenden Einkünfte nicht im vollen Umfang der inländischen Besteuerung unterliegt. Dies ist einmal der Fall bei der nach § 2 Ziff. 1 KStG auf die inländischen Einkünfte beschränkten Steuerpflicht, weiter bei den nach § 4 Ziff. 3, 4, 5 und 6 KStG persönlich befreiten Körperschaften, die aber neben der Befreiung steuerpflichtig sind, soweit bei ihnen bestimmte Voraussetzungen vorliegen. Weiter kann man mit der Rechtsprechung zum bisherigen Gesetz die Voraussetzungen eines beschränkten Ausgabenabzugs auch in den Fällen der sachlichen Steuerbefreiungen nach §§ 8—9 KStG oder sonstigen Vorschriften insoweit als erfüllt ansehen, als die in Frage kommenden steuerpflichtigen Ausgaben, die mit den steuerbefreiten Einkünften im wirtschaftlichen Zusammenhang stehen, nicht abgezogen werden können. Ein weiterer Anwendungsfall ist schließlich der Anfall von Vermögensvermehrungen oder Einnahmen, die begrifflich keine Einkünfte im Sinn des EStG sind und daher bei der Gewinn- oder Einkommensermittlung außer Ansatz bleiben (vgl. Anm. 7 zu § 2 EStG). Hierher gehört insbesondere der Anfall von Erbschaften und Schenkungen, die nicht aus betrieblichen Gründen gemacht werden. Die daraus entstandene Verpflichtung zur Entrichtung der Schenkungs- oder Erbschaftsteuer oder deren Bezahlung dürfen als Schuld oder Betriebsausgabe oder Werbungskosten den Gewinn oder das Einkommen nicht mindern, weil sie mit einer nicht steuerpflichtigen Vermehrung des Betriebs- oder sonstigen Vermögens der Körperschaft zusammenhängen. Auch der Fall, daß die mit einem Wirtschaftsgut zusammenhängenden Einkünfte außer Ansatz bleiben, gehört hierher (s. Anm. 4 Abs. 4.)

Fraglich kann für den vorstehend erwähnten Fall der beschränkten Steuerpflicht nach § 2 Ziff. 1 KStG sein, ob der Vorschrift des § 13 Satz 1 KStG neben der Vorschrift des § 50 Abs. 1 Satz 1 EStG, der auch auf die Körperschaftsteuer Anwendung findet, insofern eine besondere Bedeutung zukommt, als § 13 KStG für den Ausgabenabzug den unmittelbaren wirtschaftlichen Zusammenhang mit den steuerpflichtigen Einkünften erfordert, § 50 Abs. 1 Satz EStG dagegen nur den wirtschaftlichen Zusammenhang mit den inländischen Einkünften. Es ist bereits in Anm. 14 a Abs. 2 zu § 2 KStG ausgeführt, daß, soweit der Werbungskostenabzug in Betracht kommt, zwischen beiden Vorschriften kein Unterschied besteht, da die im § 50 a. a. O. genannten Werbungskosten im Sinn des § 9 EStG begrifflich den unmittelbaren wirtschaftlichen Zusammenhang mit den steuerpflichtigen Einnahmen erfordern. Soweit es sich dagegen um inländische Einkünfte handelt, die nach dem Gewinn zu ermitteln sind, ist für die Abzugsfähigkeit von Aufwendungen erforderlich und ausreichend, daß sie als Betriebsausgaben im Sinn des § 4 Abs. 3 EStG durch den im Inland ausgeübten Betrieb veranlaßt sind (vgl. Anm. 14 a Abs. 2 zu § 2 KStG). § 50 Abs. 1 Satz 2 EStG, der die beschränkt Steuerpflichtigen die Vorschrift des § 10 EStG über Sonderausgaben für nicht anwendbar erklärt, hat auch für die Körperschaftsteuer selbständige Bedeutung.

§ 13 Satz 2 KStG, der im Fall der auf inländische steuerabzugspflichtige Einkünfte beschränkten Steuerpflicht des § 2 Ziff. 2 KStG jeden Ausgabenabzug ausschließt, entspricht im wesentlichen dem § 16 Satz 2 KStG 1925.

2. Ausgaben.

Die Vorschrift spricht von Ausgaben. Da sie sowohl bei der Gewinnermittlung nach den §§ 4, 5 EStG als auch bei der Ermittlung des Überschusses der Einnahmen über die Werbungskosten nach §§ 8, 9 EStG anzuwenden ist, ist der Ausdruck Ausgaben als allgemeiner Oberbegriff anzusehen. Für den Betriebsvermögensvergleich umfaßt er nicht nur Betriebsausgaben, sondern überhaupt alle Verminderungen des Betriebsvermögens, die zur Erzielung der steuerpflichtigen Einkünfte aufgewendet sind. Dabei sind aber grundsätzlich nur die durch tatsächliche Aufwendungen des Betriebs verursachten Vermögensverminderungen zu berücksichtigen. Demnach fallen darunter als verteilter Anschaffungs- oder Herstellungsaufwand Absetzungen für Abnutzung oder Substanzverringerung eines zur Erzielung der Einkünfte verwendeten Wirtschaftsguts, nicht aber Abschreibungen auf einen niedrigeren Teilwert eines solchen Wirtschaftsguts, die den Ausweis eines noch nicht verwirklichten Verlusts und damit noch keine Aufwendung des Betriebs im Sinn einer geleisteten Bar- oder Sachaufwendung darstellen. Es wird deshalb in RFH. I A 250/37 v. 14. 12. 37 (E. 43 S. 23, RStBl. 38 S. 67, StW. 38 Nr. 26) mit Recht abgelehnt, Teilwertabschreibungen auf eine Schachtelbeteiligung als unter das Abzugsverbot des § 13 KStG fallend anzusehen. Eine Ausnahme gilt nur, wenn ein Wirtschaftsgut so zu behandeln ist, als ob es im Betriebsvermögen überhaupt nicht vorhanden wäre. Dann wird das Betriebsergebnis weder durch die Anschaffung des Wirtschaftsguts oder durch nachträgliche Ausgaben für dieses Gut beeinflußt, noch auch durch Wertverluste oder einen bei der Veräußerung erzielten Gewinn oder Verlust (s. Anm. 4 Abs. 4). Bei Berechnung des Einnahmeüberschusses kommen als Ausgaben im Sinn des § 13 die Werbungskosten in Betracht. Bei Sonderausgaben dagegen fehlt stets der in § 13 geforderte unmittelbare wirtschaftliche Zusammenhang mit steuerpflichtigen Einkünften (vgl. Anm. 151 a zu § 10 EStG).

3. Unmittelbarer wirtschaftlicher Zusammenhang mit steuerpflichtigen Einkünften.

Wenn das Einkommen nur zu einem Teil steuerpflichtig ist, dürfen nach § 13 Satz 1 KStG Ausgaben nur insoweit abgezogen werden, als sie mit steuerpflichtigen Einkünften in unmittelbarem Zusammenhang stehen. Bei den Einkunftsarten, bei denen als Einkünfte der Gewinn zu ermitteln ist, liegt der geforderte unmittelbare wirtschaftliche Zusammenhang dann vor, wenn die zum Abzug geltend gemachten Aufwendungen im Sinn der Anm. 2 im Betrieb einer steuerpflichtigen Körperschaft als Betriebsausgaben oder sonstige Verminderungen des Betriebsvermögens zur Erzielung steuerpflichtiger Einkünfte und nicht zur Erzielung von sachlich befreiten Einkünften, z. B. aus einer Schachtelbeteiligung gemacht worden sind. Dabei kann aber kein unmittelbarer wirtschaftlicher Zusammenhang mit Einnahmen verlangt werden, die im abgelaufenen Wirtschaftsjahr tatsächlich erzielt wurden, es genügt der Zusammenhang mit den zu erwartenden Einnahmen eines späteren Wirtschaftsjahrs. Bei den Einkünften, die nach dem Überschuß der Einnahmen über die Werbungskosten zu ermitteln sind, ist der unmittelbare wirtschaftliche Zusammenhang dann gegeben, wenn die Ausgaben im Verhältnis zu den steuerpflichtigen Einkünften die Werbungskosteneigenschaft im Sinn des § 9 EStG haben, wenn sie also zur Erwerbung, Sicherung und Erhaltung der Einnahmen aufgewendet sind oder zu den sonstigen Werbungskosten nach § 9 Ziff. 1, 2, 3 und 6 a. a. O. gehören (vgl. dazu Anm. 150 b und e zu § 9 EStG).

Diese Grundsätze gelten insbesondere für die Ermittlung der inländischen steuerpflichtigen Einkünfte bei beschränkter Steuerpflicht (vgl. im einzelnen Anm. 8 d u. 14 zu § 2 KStG) und für die Ermittlung des steuerpflichtigen Gewinns aus einem steuerpflichtigen Betrieb der in § 4 Ziff. 3, 4, 5 und 6 KStG bezeichneten Körperschaften, Personenvereinigungen usw. Wenn z. B. eine ausschließlich gemeinnützigen Zwecken dienende Personenvereinigung noch einen wirtschaftlichen Geschäftsbetrieb unterhält, der über den Rahmen einer Vermögensverwaltung hinausgeht, z. B. eine Brauerei, dann ist der Gewinn des wirtschaftlichen Geschäftsbetriebs nach den Grundsätzen des § 4 oder § 5 EStG festzustellen. Dabei können aber als abzugsfähige Ausgaben (Betriebsausgaben) nur solche Aufwendungen zugelassen werden, die ausschließlich durch den wirtschaftlichen Geschäftsbetrieb, also zum Zweck der Erzielung der steuerpflichtigen Einkünfte dieses Betriebs erwachsen sind. Es können deshalb Schuldzinsen, die aus einer zwar buchmäßig als Betriebsschuld behandelten Schuldaufnahme herrühren, dann nicht als Betriebsausgaben anerkannt werden, wenn die durch die Schuldaufnahme beschafften Geldmittel tatsächlich den gemeinnützigen Zwecken der Vereinigung, nicht aber den Zwecken des wirtschaftlichen Geschäftsbetriebs zugeführt wurden.

4. Wirtschaftlicher Zusammenhang von Ausgaben mit steuerfreien Einkünften.

Der RFH. hat für das KStG 1925 Ausgaben dann nicht zum Abzug zugelassen, wenn diese Ausgaben im mittelbaren oder unmittelbaren wirtschaftlichen Zusammenhang mit steuerfreien Einkünften standen. In RFH. I A 262/28 v. 5. 6. 28 (RStBl. 28 S. 288, StW. 28 Nr. 673) und I A 101, 102/35 v. 29. 5. 35 (RStBl. 35 S. 1031, StW. 35 Nr. 430) wird zur Begründung dieser Auffassung auf § 15 Abs. 1 Ziff. 3 EStG 1925 (§ 10 Abs. 1 Ziff. 2 EStG 1934) verwiesen, wonach Schuldzinsen, die näher bezeichneten Renten und dauernden Lasten insoweit nicht abgezogen werden konnten, als sie mit Einkünften im wirtschaftlichen Zusammenhang standen, die bei der Einkommensteuer außer Betracht blieben. Das Abzugsverbot für die mit steuerfreien Einkünften unmittelbar oder mittelbar zusammenhängenden Ausgaben ergibt sich jetzt aus § 13 KStG, der für den Ausgabenabzug den unmittelbaren wirtschaftlichen Zusammenhang mit steuerpflichtigen Einkünften fordert.

Als sachlich befreite Einkünfte kommen, wie in Anm. 1 Abs. 1 erwähnt, jetzt insbesondere die nach § 8 KStG befreiten Mitgliederbeiträge der Personenver-

Anmerkung 4.

einigungen und die nach § 9 a. a. O. befreiten Schachteldividenden in Betracht. Nach der zu den §§ 9, 13 KStG 1934 ergangenen Entsch RFH. I A 169/36 v. 22. 9. 36 (E. 40 S. 40, RStBl. 36 S. 1181, StW. 36 Nr. 512) dürfen ebenso wie nach RFH. I A 101, 102/35 (f. oben) Zinsen für eine Schuld, die zum Erwerb einer die Schachtelvergünstigung gewährenden Beteiligung aufgenommen ist, vom steuerpflichtigen Einkommen nicht abgezogen werden, und zwar nach RFH. I A 169/36 auch in solchen Jahren nicht, in denen die Beteiligung keine Gewinne abwirft. Wenn zum Erwerb eines Kapitals eine Schuld aufgenommen wird, dann besteht zwischen dem erworbenen Kapital und der Schuld ein unmittelbarer wirtschaftlicher Zusammenhang, zwischen den Zinsen oder sonstigen Erträgnissen des Kapitals aber und den aus der Geldbeschaffung herrührenden Schuldzinsen und sonstigen Kosten nur ein mittelbarer wirtschaftlicher Zusammenhang; es handelt sich um einen typischen Fall des mittelbaren wirtschaftlichen Zusammenhangs von Einnahmen und Ausgaben (vgl. auch Anm. 150 e, aa Abs. 4 zu § 9 EStG). Da jedoch in diesem Fall für die Schuldzinsen der in § 13 KStG geforderte unmittelbare wirtschaftliche Zusammenhang mit steuerpflichtigen Einkünften fehlt und nur der wirtschaftliche Zusammenhang mit steuerfreien Einkünften besteht, wird für sie der Abzug mit Recht versagt. Dabei ist es in diesem Fall ohne Belang, daß sie bei einer buchführungspflichtigen Körperschaft usw. wie alle Ausgaben die Eigenschaft von Betriebsausgaben haben. Anderseits ist aber die Schachtelbeteiligung ein beim Betriebsvermögensvergleich zu berücksichtigendes Wirtschaftsgut, dessen Erträge lediglich sachlich befreit sind. Nach § 13 KStG sind daher die zur Erzielung der Schachteldividenden gemachten Aufwendungen nicht abzugsfähig, wohl aber sind nach RFH. I A 250/37 (f. Anm. 2) Wertabschreibungen auf die Schachteldividende zulässig, wie auch das Ergebnis einer Veräußerung der Schachtelbeteiligung den steuerpflichtigen Gewinn beeinflußt. Wenn eine Schachteldividende beschlossen und als Forderung gebucht ist, diese aber infolge Konkurses der Gesellschaft ausfällt, dann ist der Verlust an der Dividendenforderung nicht abzugsfähig. Auch ließe sich vielleicht sagen, wenn eine Schachtelbeteiligung zu einem Verlust führe, sei er in Höhe der bezogenen Dividende auf diese zurückzuführen und deshalb nur abzugsfähig, soweit er die steuerfrei bezogenen Dividenden übersteigt.

Mit steuerfreien Mitgliederbeiträgen zusammenhängende Ausgaben eines mit einem Geschäftsbetrieb steuerpflichtigen Vereins wurden für das KStG 1925 in RFH. I A 208/33 v. 10. 10. 33 (RStBl. 34 S. 58, StW. 34 Nr. 143) und solche Ausgaben eines Gläubigerschutzverbands in RFH. I A 442/30 v. 10. 5. 32 (RStBl. 32 S. 632, StW. 32 Nr. 1088) behandelt. Zu den nichtabzugsfähigen Ausgaben gehören in diesem Fall alle Aufwendungen, die der Verein macht, um die Mitglieder zum Eintritt (Werbung) und zur Zahlung der Beiträge zu veranlassen. Wenn nach der letzten Entsch. der Gläubigerschutzverband, dessen satzungsmäßiger Zweck die Wahrnehmung der Belange seiner Mitglieder als Gläubiger bei Zahlungsschwierigkeiten, Zahlungseinstellungen usw. ist, für diesen Zweck Ausgaben aus den Mitgliederbeiträgen leistet, dann können aber im Gegensatz zur Entsch. diese Ausgaben wohl nicht als mit den Mitgliederbeiträgen im wirtschaftlichen Zusammenhang stehend angesehen werden. Die Ausgaben sind nicht zur Erzielung oder Sicherung der steuerfreien Einnahmen gemacht, sondern stellen deren Verwendung dar. Ihre Nichtabzugsfähigkeit gründet sich vielmehr auf § 12 Ziff. 1 KStG, nämlich als Aufwendungen zur Erfüllung der satzungsmäßigen Zwecke des Vereins.

Die Vorschrift des § 4 Abs. 1 Satz 5 EStG, wonach bei der Gewinnermittlung der nicht im Handelsregister eingetragenen Steuerpflichtigen der Wert von Grund und Boden außer Ansatz bleibt, bedeutet, daß alle mit dem Grund und Boden zusammenhängenden Vermehrungen und Verminderungen des Betriebsvermögens unberücksichtigt bleiben. Der Grund und Boden wird also so behandelt, wie wenn er im Betriebsvermögen überhaupt nicht als Wirtschaftsgut vorhanden wäre. Die durch den Grund und Boden verursachten Betriebsausgaben stehen also ebenso wie ein etwaiger am Grund und Boden erlittener Wertverlust oder Veräußerungsverlust im Sinn des § 13 KStG in keinem unmittelbaren wirtschaftlichen Zusammenhang mit steuerpflichtigen Einkünften. Das gleiche gilt, wenn Teile eines Betriebsvermögens auf Grund sonstiger Vorschriften, z. B. nach Doppelbesteuerungsabkommen für die inländische Besteuerung außer Ansatz bleiben.

Ist die Höhe der mit den steuerbefreiten Einkünften unmittelbar zusammenhängenden Ausgaben ziffernmäßig nicht feststellbar, so muß sie geschätzt werden. In RFH. I A 228/33 v. 17. 10. 33 (RStBl. 33 S. 1244) wird die Schätzung dieser Ausgaben eines Grund- und Hausbesitzervereins nach dem Verhältnis der steuerfreien Einnahmen zu den Gesamteinnahmen gebilligt.

6. Auflösung und Abwicklung (Liquidation).

§ 14.

(1) Wird eine Kapitalgesellschaft, die ihre Auflösung beschlossen hat, abgewickelt, so ist der im Zeitraum der Abwicklung erzielte Gewinn der Besteuerung zugrunde zu legen. Der Besteuerungszeitraum soll drei Jahre nicht übersteigen.

(2) Zur Ermittlung des Gewinns im Sinn des Absatzes 1 ist das zur Verteilung kommende Vermögen (Abwicklungs-Endvermögen) dem Vermögen am Schluß des der Auflösung vorangegangenen Wirtschaftsjahrs (Abwicklungs-Anfangsvermögen) gegenüberzustellen.

(3) Von dem Abwicklungs-Endvermögen sind die steuerfreien Vermögenszugänge abzuziehen, die dem Steuerpflichtigen in dem Abwicklungszeitraum zugeflossen sind.

(4) Abwicklungs-Anfangsvermögen ist das Betriebsvermögen, das am Schluß des vorangegangenen Wirtschaftsjahrs der Veranlagung zur Körperschaftsteuer zugrunde lag. Hat der letzten Veranlagung ein Wert des Betriebsvermögens nicht zugrunde gelegen, so tritt an seine Stelle der Betrag des eingezahlten Stammkapitals oder, wenn ein solches nicht vorhanden ist, die Summe der Einlagen oder der Anschaffungs- oder Herstellungspreis im Sinn des Einkommensteuergesetzes. Das Abwicklungs-Anfangsvermögen ist um den Gewinn des vorangegangenen Wirtschaftsjahrs zu kürzen, der im Abwicklungszeitraum ausgeschüttet worden ist.

(5) Auf die Gewinnermittlung sind im übrigen die sonst geltenden Vorschriften anzuwenden.

Inhaltsübersicht.

1. Verhältnis zum bisherigen Recht und erstmalige Anwendung.
2. Bedeutung der Vorschriften der §§ 14, 15 und 16 KStG.
4. Besteuerungszeitraum.
5. Gewinnermittlung.
   a) Abwicklungsanfangsvermögen.
   b) Abwicklungsendvermögen.
   c) Anwendung der allgemeinen Vorschriften.
   d) Beispiel für die Gewinnermittlung.
6. Steuerberechnung bei verschiedenen Steuersätzen.

1. Verhältnis zum bisherigen Recht und erstmalige Anwendung.

Die Vorschrift über die sogenannte Liquidationssteuer entspricht im wesentlichen dem § 18 Abs. 1 KStG 1925. „Im § 14 Abs. 1 Satz 2 ist die Vorschrift neu, daß der Besteuerungszeitraum 3 Jahre nicht übersteigen soll. Diese Vorschrift ist nötig, weil zahlreiche Gesellschaften formell ihre Auflösung und Abwicklung beschlossen, aber weiterhin viele Jahre hindurch ihre Geschäfte in der bisherigen Weise weiter führten. Bisher mußte das Finanzamt entweder den Nachweis führen, daß es sich um eine Scheinliquidation handelte, oder mit der Veranlagung bis zur endgültigen Abwicklung warten. Auf diese Weise zögerte sich die Veranlagung mehrere Jahre hinaus, die vorhandenen Werte wurden aufgezehrt, die Steuer aber nicht bezahlt. Die neue Vorschrift ist eine Sollvorschrift, um dem Finanzamt das Recht zu geben, die Gesellschaften nach Ablauf von 3 Jahren zur Steuer heranzuziehen, andererseits aber die Möglichkeit zu schaffen, den besonderen Verhältnissen des einzelnen Falles auch durch eine weitere Ausdehnung des Besteuerungzeitraums Rechnung zu tragen" (Begr. zu § 14 KStG, RStBl. 35 S. 85).

Während § 18 Abs. 1 KStG 1925 für die Auflösung von Erwerbsgesellschaften und von Betrieben oder Verwaltungen von Körperschaften des öffentlichen Rechts und öffentlichen Betrieben oder Verwaltungen mit eigener Rechtspersönlichkeit galt, ist die Besteuerung nach § 14 KStG 1934 auf Kapitalgesellschaften im Sinn des § 1 Abs. 1 Ziff. 1 a. a. O., die ihre Auflösung beschlossen haben, beschränkt. Zweifelhaft kann sein, ob mit dem Zusatz „die ihre Auflösung beschlossen haben", auch insofern eine Einschränkung der Abwicklungsbesteuerung herbeigeführt werden sollte, als diese im Gegensatz zum bisherigen Gesetz, das von Auflösung ohne Einschränkung sprach, nicht mehr für solche Kapitalgesellschaften Anwendung finden soll, die ohne einen Beschluß der Haupt- oder Gesellschafterversammlung in die Abwicklung getreten sind. Der letztgenannte Fall wird selten eintreten. Unter Beachtung des Zwecks der Vorschrift, nämlich der steuerlichen Erfassung von bisher nichtverwirklichten Gewinnen (vgl. Anm. 2) wird man annehmen müssen, daß der Gesetzgeber nur den Regelfall der Auflösung durch Beschluß aufgeführt hat, ohne dadurch andere Fälle der Abwicklung von der Besteuerung auszunehmen.

Nach § 29 I. KStDVO waren bei der Veranlagung für 1934 auf die Auflösung, Abwicklung, Verschmelzung, Umwandlung und Verlegung in das Ausland noch die Vorschriften des KStG 1925 anzuwenden (§ 18 KStG 1925 statt der §§ 14, 15 des Gesetzes und § 19 KStG 1925 statt des § 16 des Gesetzes). Der abzugsfähige Verlustvortrag war in diesen Fällen nach § 15 Abs. 2 KStG 1925 zu berechnen (vgl. ErgR 34 E VI, RStBl. 35 S. 798).

2. Bedeutung der Vorschriften der §§ 14, 15 und 16 KStG.

Die Vorschriften der §§ 14, 15 u. 16 KStG regeln die Besteuerung von Kapitalgesellschaften bei der Auflösung und Abwicklung (§ 14), bei der Verschmelzung (Fusion) und Umwandlung (§ 15) und bei der Verlegung der Geschäftsleitung einer bisher unbeschränkt steuerpflichtigen Kapitalgesellschaft oder der inländischen Betriebsstätte einer beschränkt steuerpflichtigen Kapitalgesellschaft in das Ausland (§ 16). In allen diesen Fällen ist die letzte Besteuerung der Kapitalgesellschaft bzw. der inländischen Betriebsstätte nach der Regel des § 14 durchzuführen. Dadurch soll sichergestellt werden, daß die Gewinne, die bei der vorausgegangenen Besteuerung des laufenden Gewinns, weil noch nicht verwirklicht, nicht erfaßt wurden, die aber durch die Abwicklung oder durch die Übertragung des ganzen Vermögens der Kapitalgesellschaft verwirklicht wurden, der Körperschaftsteuer unterworfen werden. Die Vorschriften sind also die notwendige Folge der Bewertungsgrundsätze des EStG. Da hiernach eine in einem Jahr eingetretene Wertsteigerung bezüglich des zum Betriebsvermögen gehörenden Wirtschaftsguts grundsätzlich (abgesehen vom Fall des § 6 Ziff. 2 Satz 3 EStG) den Gewinn dieses Jahres nicht berührt, dagegen den Gewinn des Jahres der Veräußerung erhöht, auch wenn in diesem Jahr keine Wertsteigerung, sondern vielleicht sogar ein Wertrückgang eingetreten ist, so wäre es ungerechtfertigt, die bei einer Veräußerung des ganzen Betriebs verwirklichten Wertsteigerungen steuerfrei zu lassen. Der gleiche Zweck, nämlich die steuerliche Erfassung der bisher der inländischen Besteuerung nicht unterworfenen nichtverwirklichten Gewinne, wird auch durch den Ansatz des Vermögens mit dem gemeinen Wert im Fall des § 16 erreicht.

3. Auflösung und Abwicklung.

Die Auflösung einer AG. erfolgt aus den in § 292 HGB bzw. § 203 AktG angegebenen Gründen (Zeitablauf, Beschluß der Hauptversammlung, Eröffnung des Konkurses, Ablehnung der Eröffnung des Konkurses mangels Masse). Weitere

§ 14 KStG. Auflösung und Abwicklung (Liquidation).

Auflösungsgründe sind Verschmelzung (Fusion, vgl. insbesondere § 240 Abf. 4 AktG: Erlöschen der übertragenden Gesellschaft bei Verschmelzung durch Aufnahme und § 247 Abf. 6 AktG: Erlöschen der beiden übertragenden Gesellschaften bei Verschmelzung durch Neubildung mit der Eintragung der Verschmelzung bzw. der neuen Gesellschaft in das Handelsregister) und Entziehung einer etwa erforderlichen behördlichen Erlaubnis zum Fortbestehen, Auflösung aus öffentlich-rechtlichen Gründen, z. B. wegen Gefährdung des Gemeinwohls nach § 288 AktG, nach der herrschenden Meinung auch Einziehung sämtlicher Aktien (§ 227 HGB bzw. § 192 AktG); für die Körperschaftsteuer wird das letzte dann nicht anzunehmen sein, wenn noch Genußscheininhaber vorhanden sind und die Gesellschaft jahrelang abwickelt. Der Auflösung steht eine Eintragung der Nichtigkeit ins Handelsregister mit folgender Abwicklung gleich (vgl. § 311 HGB bzw. § 218 AktG). Keine Auflösung wird dadurch bewirkt, daß eine Person sämtliche Aktien erwirbt (unstreitig). Dasselbe gilt von KoGaA. und GmbH. Die Gründe der Auflösung einer GmbH. ergeben sich aus § 60 GmbHG (Zeitablauf, Beschluß der Gesellschafter, durch gerichtliches Urteil oder durch Entscheidung des Verwaltungsgerichts oder der Verwaltungsbehörde, durch die Eröffnung des Konkursverfahrens), wegen der Eintragung der Nichtigkeit der Gesellschaft vgl. § 77 GmbHG. Bei den Gewerkschaften ist die Frage der Auflösung nach den Vorschriften des BGB zu beurteilen, soweit nicht in den einzelnen Landesgesetzen besonderes bestimmt ist. Insbesondere können die Gewerkschaften meist ihren Sitz nicht in andere Länder des Reichs verlegen, ohne der Auflösung zu verfallen. Anerkannt ist, daß Vereinigung sämtlicher Kuxe in einer Hand keine Auflösung bewirkt. Meistens bewirkt auch die Veräußerung des Bergwerks keine Auflösung, vielfach wird die Form der Gewerkschaft nur gewählt, um andere Geschäfte zu betreiben und Zubußen ausschreiben zu können.

Für die Anwendung des § 14 KStG ist Voraussetzung, daß nach der Auflösung der Kapitalgesellschaft die Abwicklung stattfindet. Das ist nicht der Fall bei der Verschmelzung von AG. durch Aufnahme und durch Neubildung, für die § 15 KStG gilt. Auch das Konkursverfahren ist keine Abwicklung im Sinn des § 14 KStG (f. Anm. 3 Abs. 2 zu § 5 KStG). Zweck der Abwicklung ist die Beendigung der laufenden Geschäfte, Einziehung der Forderungen, Umsetzung des Betriebsvermögens in Geld und Befriedigung der Gläubiger (vgl. § 209 AktG). Das Ziel der Abwicklung ist also die Verwertung und die Verteilung des Gesellschaftsvermögens. Nur wenn eine Abwicklung tatsächlich diesem Zweck dient, kann sie auch steuerrechtlich als solche anerkannt werden. Beteiligt sich dagegen eine Kapitalgesellschaft nach Eintragung der Abwicklung weiterhin am Wirtschaftsleben, dann liegt eine steuerrechtlich nicht beachtliche Scheinabwicklung vor und die bloße Tatsache des Auflösungsbeschlusses und des formellen Eintritts in das Abwicklungsverfahren ist ohne steuerrechtliche Wirkung (vgl. auch RFH. I A 143/28 v. 28. 9. 28, RStBl. 28 S. 366, StW. 29 Nr. 127 und wegen der Scheinabwicklung Anm. 158 b, aa Abs. 2 zu § 20 EStG). Eine Abwicklung ist nach RFH. I A 509/31 v. 20. 9. 32 (StW. 32 Nr. 1190) auch dann als nicht ernstlich gemeint zu behandeln, wenn zwar zunächst die Absicht der Abwicklung bestanden hat, dann aber nicht weiter verfolgt worden ist. Die AG. besaß nur noch ein Grundstück, das sie vermietete. Sie verhandelte zwar mit Grundstücksmaklern, nahm aber sonst keine Handlung vor, durch die das vorhandene Vermögen zum Zweck der Verteilung verwertet wurde. Die Ernstlichkeit der Abwicklung wurde daher verneint. Einer Verzögerung der Abwicklung wird auch durch die Vorschrift des § 14 Abs. 1 KStG vorgebeugt, wonach der Besteuerungszeitraum 3 Jahre nicht übersteigen soll (f. Anm. 4 Abs. 2).

4. Besteuerungszeitraum.

Die Auflösung einer Kapitalgesellschaft mit nachfolgender Abwicklung läßt die persönliche Steuerpflicht der Kapitalgesellschaft unberührt (f. Anm. 30 zu § 1 KStG). Die Besonderheit besteht lediglich darin, daß nur noch ein einziger Besteuerungszeitraum in Frage kommt, der vom Ende des der Auflösung vorangegangenen Wirtschaftsjahrs bis zum Abschluß der Abwicklung reicht. Dies ergibt sich aus § 14 Abs. 1, wonach der im Zeitraum der Abwicklung erzielte Gewinn der Besteuerung zugrunde zu legen ist. Wenn auch hier vom Zeitraum der Abwicklung gesprochen wird, so fällt doch der Beginn des Besteuerungszeitraums regelmäßig dann nicht mit dem Beginn der Abwicklung zusammen, wenn die Auflösung nicht zum Beginn des laufenden Wirtschaftsjahrs, sondern im Lauf des Wirtschaftsjahrs beschlossen wird. Wegen des Fortbestehens der unbeschränkten Steuerpflicht der Kapitalgesellschaft würde der Eintritt in die Abwicklung und Auflösung den Lauf des bisherigen Wirtschaftsjahrs nicht beeinflussen, so daß die Einschaltung eines Rumpfwirtschaftsjahrs bis zum Beginn der Abwicklung kein Anlaß vorliegt. Denn der Fall des § 1 Ziff. 1 I. u. II. EStDVO, daß ein Betrieb aufgegeben wird und deshalb das Wirtschaftsjahr weniger als 12 Monate umfassen darf, ist nicht gegeben. Hierbei ist aber auch die Tatsache, daß die Abwickler für den Beginn der Abwicklung zur Aufstellung einer Eröffnungsbilanz verpflichtet sind (§ 211 Abs. 1 AktG bzw. § 299 Abs. 1 HGB, § 71 Abs. 2 GmbHG), steuerrechtlich ohne Bedeutung, wie auch die handelsrechtliche Verpflichtung zur alljährlichen Bilanzaufstellung während der Abwicklung den Besteuerungszeitraum unberührt läßt. Aus der Bestimmung des § 14 Abs. 2 KStG, wonach als Abwicklungsanfangsvermögen das Vermögen vom Schluß des der Abwicklung vorangegangenen Wirtschaftsjahrs anzusetzen ist, folgt daher, daß der Besteuerungszeitraum für das Abwicklungsverfahren auch dann bereits mit dem Schluß des der Abwicklung vorangegangenen Wirtschaftsjahrs beginnt, wenn die Gesellschaft während eines laufenden Wirtschaftsjahrs in die Abwicklung eintritt. Nur wenn die Abwickler, z. B. auf Grund des § 211 Abs. 1, 2. Halbs. AktG, vom Beginn der Abwicklung ab ein neues, vom bisherigen abweichendes Geschäftsjahr beginnen würden, würde diese Verlegung des Geschäftsjahrs nach § 1 Ziff. 2 I. u. II. EStDVO auch steuerrechtlich beachtlich sein, mit der Folge, daß vom Ende des letzten, der Abwicklung vorausgegangenen Wirtschaftsjahrs bis zum Beginn der Abwicklung ein Rumpfwirtschaftsjahr einzuschalten wäre. Für das Ende des Besteuerungszeitraums ist das Ende der Abwicklung maßgebend. Es ist daher auch für die Besteuerung der Ablauf des zum Schutz der Gesellschaftsgläubiger handelsrechtlich vorgeschriebenen Sperrjahrs (§ 301 HGB bzw. § 213 AktG, § 73 GmbHG) abzuwarten (RFH. I A 463/27 v. 8. 8. 28, RStBl. 28 S. 314, StW. 28 Nr. 851).

Unter der Voraussetzung, daß es sich um keine Scheinabwicklung handelt oder die ernstlich begonnene Abwicklung nicht wieder aufgegeben wird (vgl. Anm. 3 Abs. 2), knüpft hiernach der Besteuerungszeitraum für die Abwicklung an sich auf jeden Fall hinsichtlich des Endes an deren Dauer an. Nach § 14 Abs. 1 Satz 2 KStG soll jedoch der Besteuerungszeitraum 3 Jahre nicht übersteigen. Dadurch werden die FA. in die Lage versetzt, einer nicht gerechtfertigten Verzögerung der Abwicklung entgegenzutreten, indem sie dann, wenn die Abwicklung länger als 3 Jahre dauert, wieder zur laufenden jährlichen Veranlagung der Gesellschaft übergehen (vgl. auch VR 37 H VII Abs. 1, RStBl. 38 S. 234, s. Anh. 17). Vom Beginn des Besteuerungszeitraums (Schluß des der Auflösung vorangegangenen Wirtschaftsjahrs) an gerechnet müssen drei Zeitjahre vergangen sein, ein Rumpfwirtschaftsjahr, das weniger als 12 Monate umfaßt, ist kein Jahr im Sinn der Vorschrift (RFH. I A 50/37 v. 1. 6. 37, E. 41 S. 258, RStBl. 37 S. 967, StW. 37 Nr. 380). Macht das FA. von der Ermächtigung Gebrauch, dann ist bei einer wirklichen Abwicklung der Abwicklungszeitraum nach 3 Jahren als beendigt und die Gesellschaft von diesem Zeitpunkt ab steuerrechtlich wieder als fortbestehend anzusehen. Der Besteuerungszeitraum muß dies 3 Jahre umfassen und die Endbilanz des dreijährigen Abwicklungszeitraums ist dann gleichzeitig Anfangsbilanz für die nun wieder beginnende laufende Besteuerung nach dem normalen Wirtschaftsjahr. Nach den gleichen Grundsätzen ist auch zu verfahren, wenn eine Gesellschaft zunächst ernstlich abwickelt, dann aber die Absicht der Abwicklung aufgibt. Von diesem Zeitpunkt ab ist steuerlich die Abwicklung als beendet zu behandeln.

Während des Laufes des in der Regel 12 Monate übersteigenden Besteuerungszeitraums hat die Gesellschaft keine Steuererklärungen abzugeben

§ 14 KStG. Auflösung und Abwicklung (Liquidation).

und auch trotz der handelsrechtlich bestehenden Verpflichtung zur laufenden Bilanzierung keine Steuerbilanzen einzureichen. Der nach vorstehenden Grundsätzen festgelegte Besteuerungszeitraum ist dann für die letzte Veranlagung der aufgelösten Gesellschaft sowohl Veranlagungszeitraum, für den die Körperschaftsteuer veranlagt wird, als auch Ermittlungszeitraum, nach dessen Ergebnis die Körperschaftsteuer bemessen wird.

5. Gewinnermittlung.

Der im Zeitraum der Abwicklung erzielte Gewinn ist dadurch zu ermitteln, daß das zur Verteilung kommende Vermögen (Abwicklungsendvermögen) dem Vermögen am Schluß der der Auflösung vorangegangenen Wirtschaftsjahrs (Abwicklungsanfangsvermögen) gegenüber gestellt wird (§ 14 Abs. 2 KStG).

a) Das **Abwicklungsanfangsvermögen** ist nach § 14 Abs. 4 Satz 1 KStG das Betriebsvermögen, das am Schluß des vorangegangenen Wirtschaftsjahrs der Veranlagung zur Körperschaftsteuer zugrunde lag. Dadurch wird auch hier der Grundsatz des Bilanzenzusammenhangs gewahrt und die Erfassung der in den letzten Bilanzansätzen vorhandenen stillen Rücklagen sichergestellt (vgl. auch RFH. I A a 845/28 v. 12. 3. 29, RStBl. 29 S. 280, StW. 29 Nr. 447). Die Anfangsbilanz für den Abwicklungsbesteuerungszeitraum ist demnach aus der Schlußbilanz des vorangegangenen Wirtschaftsjahrs durch Vornahme der erforderlichen Zu- und Abrechnungen abzuleiten (vgl. Anm. 71 zu § 5 EStG). Ist z. B. die für das vorangegangene Wirtschaftsjahr bezahlte Körperschaftsteuer, wie in Anm. 5 zu § 12 KStG dargestellt, durch einen Aktivposten berücksichtigt worden, so fällt dieser Posten als verausgabt für die Anfangsbilanz weg. Nach § 14 Abs. 4 Satz 3 KStG ist weiter das Abwicklungsanfangsvermögen um den Gewinn des vorangegangenen Wirtschaftsjahrs zu kürzen, der im Abwicklungszeitraum ausgeschüttet worden ist. Daß die Gewinnausschüttung, die von der Haupt- oder Gesellschafterversammlung gleichzeitig mit der Feststellung des Jahresabschlusses für das abgelaufene Wirtschaftsjahr mit Wirkung für den Schluß dieses Wirtschaftsjahrs beschlossen wird, nicht mehr im Anfangsvermögen des folgenden Wirtschaftsjahrs erscheinen darf, ergibt sich aus den allgemein für die Feststellung der Anfangsbilanz geltenden Grundsätzen (s. oben). Es ist daher anzunehmen, daß sich die Vorschrift des Abs. 4 Satz 3 auf den Fall bezieht, daß der im letzten Wirtschaftsjahr erzielte Gewinn nicht mit Wirkung für das Wirtschaftsjahr ausgeschüttet, sondern vorgetragen wurde. In diesem Fall erscheint er in der Anfangsbilanz des Abwicklungszeitraums als Reinvermögensposten. Wird nach Eintritt in die Abwicklung die Ausschüttung dieses Gewinns beschlossen, so handelt es sich um Rückzahlung von Kapital, d. h. um Verteilung von Vermögen. Würde daher der vorgetragene Gewinn im Abwicklungsanfangsvermögen belassen, so würde er nicht als verteiltes Vermögen berücksichtigt werden und daher der Abwicklungsgewinn um diesen Betrag zu Unrecht gekürzt werden. Dies könnte dann nur durch Zurechnung des verteilten Betrags zum Abwicklungsendvermögen verhindert werden (vgl. unter b Abs. 1 a. E.).

Die Vorschrift des § 4 Abs. 2 KStG gilt, wenn eine Gesellschaft bereits im ersten Jahr nach der Gründung in Abwicklung tritt. In diesem Fall fehlt es an einem bei der letzten Veranlagung festgestellten Wert des Betriebsvermögens. Ist eine Gesellschaft dagegen für das vorangegangene Wirtschaftsjahr wegen Verlusts nicht veranlagt worden, dann ist das Betriebsvermögen am Schluß dieses Wirtschaftsjahrs nachträglich unter Beachtung der steuerrechtlichen Vorschriften festzustellen. Im Fall des Abs. 4 Satz 2 tritt an die Stelle des letzten Betriebsvermögens der Betrag des eingezahlten Grund- oder Stammkapitals oder, wenn kein solches vorhanden ist, die Summe der Einlagen oder der Anschaffungs- oder Herstellungspreise im Sinn des EStG. Bei AG. und GmbH. ist mindestens das eingezahlte Grund- oder Stammkapital vom Verteilungsvermögen abzuziehen. Beispiel: Parigründung mit 1 Million, Auflösung und Verteilung von 1,2 Millionen. Steuerpflichtig 200 000 RM., wozu Vorauszahlungen auf die Körperschaftsteuer und auch verschleierte Dividenden kommen,

Anmerkung 5.

während steuerfreie Vermögenszugänge wie geschenkte Beträge, freiwillige nachträgliche Leistungen der Gesellschafter abgehen. Nicht berücksichtigt wird, daß die Gründung Kosten verursachte (§ 11 Ziff. 1 KStG). Aber wenn es sich um eine Überparigründung handelte, so kann unmöglich, wenn 1,3 Millionen eingezahlt waren und nur 1,2 Millionen zurückgezahlt werden, ein Gewinn von 200 000 RM. versteuert werden. Vielmehr tritt dann an die Stelle des Grundkapitals der eingezahlte Betrag allerdings unter Abzug der Gründungskosten (vgl. Anm. 3 ff. zu § 11 KStG). Bei Sacheinlagen sind die gedachten Anschaffungskosten im Sinn des § 6 Ziff. 2 I. u. II. EStDVO als eingezahlt anzusehen (vgl. Anm. 132 b Abs. 2 zu § 6 EStG). Die letzten sind auch maßgebend, soweit bei Kapitalgesellschaften, die kein Grund- oder Stammkapital haben, wie z. B. Berggewerkschaften, bare Einlagen nicht gemacht sind. Ein tatsächlicher Anschaffungspreis kann wohl nicht in Frage kommen, da ja entweder Gegenstände mit Einlagen bezahlt werden und dann eben die Einlagen als Gründungskapital gelten oder für die Gegenstände Gesellschaftsrechte gewährt sind und dann ein Anschaffungspreis nicht anzunehmen ist. Insoweit als die jetzt aufgelöste Gesellschaft Vermögen einer anderen im Weg der Verschmelzung erworben hat, können als Anschaffungspreis im Sinn der Vorschrift auch die letzten Buchwerte der übertragenden Gesellschaft maßgebend sein.

b) Das **Abwicklungsendvermögen** ist das zur Verteilung kommende Vermögen. Das zu verteilende Aktivvermögen ist dabei mit den Werten vom Zeitpunkt der Verteilung anzusetzen. Als solcher kommt im Hinblick auf die Beendigung der Steuerpflicht der Gesellschaft nicht mehr der Teilwert, sondern der Einzelveräußerungspreis (gemeiner Wert) der einzelnen Vermögensgegenstände, also z. B. bei Wertpapieren, die in Natur verteilt werden, der Kurswert vom Zeitpunkt der Verteilung in Betracht. Bei vorläufigen Verteilungen entscheidet der Zeitpunkt, in dem die Gesellschafter ein wirkliches Gläubigerrecht oder Eigentum erwerben (vgl. hierzu RFH. E. 9 S. 295). Eigene Anteile einer GmbH. sind nach RFH. I A 242/30 v. 10. 10. 30 (RStBl. 30 S. 670, StW. 30 Nr. 1438) in der Abwicklungsschlußbilanz mit 0 zu bewerten. Die mit dem Ende der Abwicklung eingetretene Unmöglichkeit der Wiederausgabe der eigenen Anteile ist einer Einziehung dieser Anteile und einer Herabsetzung des Stammkapitals um den Nennbetrag dieser Anteile gleichzuerachten. Die dadurch verursachte Vermögensverminderung (Wegfall der Anschaffungskosten bei entgeltlich erworbenen eigenen Anteilen) darf den Gewinn nicht berühren (vgl. im einzelnen Anm. 117 c Abs. 2 zu § 6 EStG). Werden während der Abwicklung an die Gesellschafter Beträge verdeckt ausgeschüttet, so liegen zwar keine verdeckten Gewinnausschüttungen vor, wohl aber verdeckte Verteilungen von Vermögen, durch die das Abwicklungsendvermögen vermindert wird. Die verteilten Beträge sind deshalb dem Abwicklungsendvermögen hinzuzurechnen.

Nach § 14 Abs. 3 KStG sind von dem Abwicklungsendvermögen die **steuerfreien Vermögenszugänge** abzuziehen, die dem Steuerpflichtigen in dem Abwicklungszeitraum zugeflossen sind. Dazu gehören Schenkungen, Erbschaften, freiwillige nachträgliche Leistungen der Gesellschafter (vgl. Anm. 7, 8 zu § 2 EStG) und alle Zugänge, die durch das Gesetz sachlich steuerbefreit sind, wie z. B. Schachtelgewinne. Dies entspricht den allgemeinen Grundsätzen der Gewinnermittlung.

c) Soweit durch die Vorschriften des § 14 Abs. 1—4 KStG nicht eine besondere Regelung getroffen ist, sind die **allgemeinen, für die Gewinnermittlung geltenden Vorschriften** auch für die Berechnung der Körperschaftsteuer für den Abwicklungszeitraum maßgebend (§ 14 Abs. 5). Danach tritt insbesondere an die Stelle des nach den §§ 5, 6 EStG maßgebenden Betriebsvermögens am Schluß des Wirtschaftsjahrs das zur Verteilung kommende Vermögen. Dagegen wären die steuerfreien Vermögenszugänge (vgl. oben) auch ohne die Sondervorschrift des § 14 Abs. 3 abzugsfähig. Anzuwenden sind auch die Grundsätze über die nichtabzugsfähigen Ausgaben, wie z. B. Personensteuern (vgl. auch RFH. I A 463/27, f. Anm. 4 Abs. 1). Dagegen kann im Abwicklungszeitraum die Vorschrift des § 11 Ziff. 4 KStG über die Abzugsfähigkeit von Sanierungsgewinnen nicht mehr angewendet

600 § 14 KStG. Auflösung und Abwicklung (Liquidation) Anm. 6.

werden (vgl. Anm. 11 b Abs. 1 zu § 11 KStG). Sollte es sich ausnahmsweise um eine Kapitalgesellschaft handeln, deren Gewinn nach § 4 EStG ermittelt wurde, z. B. um eine kleine, Bergbau treibende Personenvereinigung, so ist auch der Abwicklungsgewinn nach der gleichen Vorschrift unter Ausschaltung des Wertes von Grund und Boden zu berechnen (§ 4 Abs. 1 Satz 5 EStG).

Eine Mindestbesteuerung nach den Ausschüttungen im Sinn des § 17 Abs. 1 Ziff. 1 KStG ist für den Abwicklungszeitraum nicht möglich, da bei einer in Abwicklung befindlichen Kapitalgesellschaft Gewinnausschüttungen nicht mehr vorkommen können (Anm. 158 b, aa zu § 20 EStG und unter b Abs. 1). Dagegen besteht bei einer AG. der Aufsichtsrat auch nach Eintritt in die Abwicklung fort (vgl. §§ 206 Abs. 2, 211 Abs. 2 AktG) und auch leitende Angestellte, wie z. B. die Vorstandsmitglieder als Abwickler (§ 206 Abs. 1 AktG) sind noch vorhanden. Daher besteht noch die Möglichkeit, an Stelle des Abwicklungsgewinns die Aufsichtsrats- und Vorstandsvergütungen nach § 17 Abs. 1 Ziff. 2 und 3 KStG der Besteuerung als Mindesteinkommen zugrunde zu legen. Wegen der Mindestbesteuerung im Verhältnis zu den Steuererleichterungen nach dem UmwStG vgl. Anm. 7 Abs. 3 zu § 17 KStG.

d) **Beispiel für die Gewinnermittlung:**

Bilanz vom Schluß des vorangegangenen Wirtschaftsjahrs (31. 12. 1936):

Aktiva	RM.	Passiva	RM.
	830 000	Grundkapital	500 000
		Gesetzliche Rücklagen	180 000
		Schulden	70 000
		Gewinn	80 000
			830 000

Von dem Gewinn sind 35 000 RM. als Dividende ausgeschüttet, 15 000 RM. als Tantieme verteilt und 30 000 RM. vorgetragen. Die AG. beschließt im Lauf des Wirtschaftsjahrs die Abwicklung, wobei 920 000 RM. verteilt werden. Die Gesellschaft hat inzwischen 30 000 RM. geerbt, unter den Ausgaben sind 15 000 RM. Zahlungen an Personensteuern verbucht, eine Rücklage auf diese von 5 000 RM. kommt nicht zur Verteilung.

Das Abwicklungsanfangsvermögen stellt sich auf Grund der Schlußbilanz 1936 wie folgt dar: Grundkapital 500 000 + gesetzliche Rücklage 180 000 + Gewinnvortrag 30 000 = 710 000 RM. (oder Aktiva 830 000 — Schulden 70 000 — verteilte Dividende und Tantiemen 50 000 = 710 000 RM.).

Das Abwicklungsvermögen beträgt: Verteiltes Vermögen 920 000 + Personensteuern 20 000 = 940 000 RM. — Erbschaft 30 000 = 910 000 RM. Abwicklungsgewinn 910 000 — 710 000 = 200 000 RM. oder bilanzmäßig dargestellt:

Abwicklungsbilanz:

Aktiva	RM.	Passiva	RM.
Verteiltes Vermögen	920 000	Grundkapital	500 000
Personensteuern (einschl. Rücklagen)	20 000	Gesetzliche Rücklage	180 000
		Gewinnvortrag	30 000
		Erbschaft	30 000
		Gewinn	200 000
	940 000		940 000

6. Steuerberechnung bei verschiedenen Steuersätzen.

Wenn sich die Abwicklung (Liquidation) nach § 14 KStG über einen Zeitraum erstreckt, für den auf Grund des Gesetzes zur Änderung des KStG v. 27. 8. 36 (vgl. Anm. 2 zu § 19 KStG) verschiedene Steuersätze gelten, so ist nach den VR 37 H VII Abs. 2 (RStBl. 38 S. 234, s. Anh. 17) unbeschadet der Dauer der Abwicklung und der in diesem Zeitraum angeforderten Vorauszahlungen die Körperschaftsteuer stets nach dem Steuersatz zu bemessen, der für das betreffende Kalenderjahr gilt, in dem die Abwicklung endigt. Sollten sich dabei besondere Härten ergeben, so können im Einzelfall Erleichterungen gewährt werden. Diese Grundsätze gelten

§ 15 KStG. Anmerkung 1.

auch für die erhöhte Körperschaftsteuer der Jahre 1938—1940 auf Grund des Ges. v. 25. 7. 38 (vgl. Anm. 2 b zu § 19 KStG).

Wegen der Steuererleichterungen bei der Umwandlung und Auflösung von Kapitalgesellschaften nach dem Umwandlungssteuergesetz vgl. Anm. 7 und 8 zu § 15 KStG.

7. Verschmelzung (Fusion) und Umwandlung.
§ 15.

(1) Geht das Vermögen einer Kapitalgesellschaft mit oder ohne Abwicklung (Liquidation) auf einen anderen über, so ist § 14 entsprechend anzuwenden. Für die Ermittlung des Gewinns tritt an die Stelle des zur Verteilung kommenden Vermögens der Wert der für die Übertragung des Vermögens gewährten Gegenleistung nach dem Stand im Zeitpunkt der Übertragung.

(2) Der beim Übergang sich ergebende Gewinn scheidet für die Besteuerung insoweit aus, als die folgenden Voraussetzungen erfüllt sind:
1. das Vermögen einer inländischen Kapitalgesellschaft muß als Ganzes auf eine andere inländische Kapitalgesellschaft gegen Gewährung von Gesellschaftsrechten der übernehmenden Gesellschaft übergehen;
2. es muß sichergestellt sein, daß dieser Gewinn später der Körperschaftsteuer unterliegt.

Inhaltsübersicht.

1. Verhältnis zum bisherigen Recht und erstmalige Anwendung.
   I. Besteuerung des Veräußerungsgewinns nach Abs. 1.
2. Übergang des Vermögens als Ganzen.
3. Gewinnermittlung.
   a) Besteuerungszeitraum.
   b) Anfangsvermögen.
   c) Endvermögen.
   d) Anwendung der sonstigen Vorschriften.
   II. Ausnahme von der Besteuerung nach Abs. 2.
4. Verhältnis zum bisherigen Recht.
5. Voraussetzungen der Befreiung des Veräußerungsgewinns.
   a) In persönlicher und sachlicher Hinsicht.
   b) Sicherstellung der späteren Versteuerung des Gewinns.
6. Anwendung der Vorschrift.
   a) Befreiung des Veräußerungsgewinns.
   b) Behandlung eines Veräußerungsverlusts.
   c) Teilweise Befreiung des Veräußerungsgewinns.
   III. Steuererleichterungen bei der Umwandlung und Auflösung von Kapitalgesellschaften.
7. Gesetzliche Grundlagen.
8. Steuererleichterungen bei der Körperschaftsteuer.
   a) Begünstigte Umwandlungen und Auflösungen von Kapitalgesellschaften.
   b) Erleichterungen hinsichtlich der Bewertung und des Steuersatzes.

Schrifttum. Gebhardt, Die Verschmelzung von Kapitalgesellschaften im Steuerrecht, DStZ 36 S. 1179.

1. Verhältnis zum bisherigen Recht und erstmalige Anwendung.

Die Vorschrift des § 15 Abs. 1 entspricht im wesentlichen dem § 18 Abs. 2 KStG 1925. Die Vorschrift des § 15 Abs. 2 ist an die Stelle des § 18 Abs. 3 KStG 1925 getreten und weicht von diesem in wesentlichen Punkten ab. „Bei der Neufassung des § 15 (Verschmelzung und Umwandlung) soll vermieden werden, daß gelegentlich der Verschmelzung und Umwandlung Gewinne der Besteuerung entgehen. Das war nach dem bisherigen Recht möglich" (Begr. zu §§ 14 u. 15 KStG Abs. 3, RStBl. 35 S. 85).

Die Anwendung des § 15 KStG bleibt auf die Übertragung des Vermögens einer Kapitalgesellschaft beschränkt, während die Vorschriften des § 18 Abs. 2 u. 3 KStG 1925 für die Übertragung des Vermögens einer Erwerbsgesellschaft oder eines Betriebs oder einer Verwaltung von Körperschaften des öffentlichen Rechts oder von öffentlichen Betrieben und Verwaltungen mit eigener Rechtspersönlichkeit galten. § 15 ist erstmalig bei der Veranlagung für das Kalenderjahr 1935 anzuwenden (vgl. § 29 I. KStDVO und Anm. 1 Abs. 3 zu § 14 KStG). Wegen der Bedeutung der Vorschrift s. Anm. 2 zu § 14 KStG.

I. Besteuerung des Veräußerungsgewinns nach Abs. 1.
2. Übergang eines Vermögens als Ganzen.

Die Anwendung des § 15 setzt voraus, daß eine unbeschränkt steuerpflichtige Kapitalgesellschaft ihr Vermögen mit oder ohne Abwicklung auf einen anderen überträgt. Übertragung des Vermögens als Ganzen liegt auch dann vor, wenn einzelne im Verhältnis zum ganzen Vermögen unbedeutende Wirtschaftsgüter zurückbehalten werden. Auf wen das Vermögen übergeht, ist bedeutungslos; der Erwerber kann ebenfalls eine Kapitalgesellschaft, eine Personengesellschaft, eine natürliche Person, eine Körperschaft des öffentlichen Rechts oder auch eine beschränkt steuerpflichtige natürliche oder juristische Person sein. Ebenso ist gleichgültig, ob das Vermögen mit oder ohne Abwicklung übertragen wird und ob die Kapitalgesellschaft mit der Übertragung aufgelöst wird (erlöscht) oder nicht. Keine Übertragung des Vermögens ist in der Vereinigung sämtlicher Anteile an einer Kapitalgesellschaft in einer Hand zu erblicken, da dieser Vorgang den Bestand des Vermögens der Kapitalgesellschaft nicht beeinflußt.

Als die wichtigsten Fälle der Übertragung eines ganzen Vermögens nennt die Überschrift des § 15 den Fall der Verschmelzung (Fusion) und Umwandlung. Während die Verschmelzung stets die Auflösung der übertragenden Gesellschaft zur Folge hat (vgl. Anm. 3 Abs. 1 zu § 14 KStG), ist die gesetzlich in besonderen Fällen zugelassene Umwandlung einer Kapitalgesellschaft handelsrechtlich als eine durch Satzungsänderung herbeigeführte Änderung der Rechtsform der fortbestehenden Gesellschaft aufzufassen (Gesamtrechtsnachfolge). Diese handelsrechtliche Beurteilung hat aber nicht zur Folge, daß etwa steuerrechtlich die alte Gesellschaft und die neue Gesellschaft als personengleich anzusehen wären. Steuerrechtlich ist vielmehr durch die Umwandlung eine neue Rechtsperson entstanden, auf die das Vermögen der umgewandelten Gesellschaft übergegangen ist (vgl. auch RFH. I A 107/36 v. 19. 5. 36, RStBl. 36 S. 790, StW. 36 Nr. 337). An diesen Übergang knüpft die Besteuerung nach § 15 KStG an.

Die Verschmelzung (Fusion) war in § 305 HGB für die AG. mit einer anderen AG. oder KoGaA. mit der Möglichkeit des Ausschlusses der Abwicklung nach § 306 HGB vorgesehen. Nach § 233 AktG können AG. unter Ausschluß der Abwicklung vereinigt (verschmolzen) werden, und zwar entweder bei der „Verschmelzung durch Aufnahme" durch Veräußerung des Vermögens der übertragenden Gesellschaft als Ganzen an die übernehmende Gesellschaft gegen Gewährung von Aktien der übernehmenden Gesellschaft (§§ 233 Ziff. 1, 234 ff. AktG) oder bei der „Verschmelzung durch Neubildung" durch Bildung einer neuen AG., auf die das Vermögen jeder der sich vereinigenden Gesellschaften als Ganzes gegen Gewährung von Aktien der neuen Gesellschaft übergeht (§§ 233 Ziff. 2 und 247 ff. AktG). Weiter ist vorgesehen die Verschmelzung (ohne Abwicklung) von KoGaA. mit KoGaA. oder AG. (§ 248 a. a. O.), einer GmbH. mit einer AG. (§ 249 a. a. O. oder mit einer KoGaA. (§ 250 a. a. O.), einer bergrechtlichen Gewerkschaft mit eigener Rechtspersönlichkeit mit einer AG. (§ 251 a. a. O.) oder mit einer KoGaA. (§ 252 a. a. O.).

Als Umwandlung einer Kapitalgesellschaft ohne Abwicklung war in § 332 HGB die der KoGaA. in die AG. vorgesehen, nicht dagegen war die Umwandlung der AG. in die KoGaA. ohne Auflösung und Neugründung möglich (vgl. RGZ. Bd. 129 S. 260). Die Umwandlung der AG. in eine GmbH. war durch §§ 80, 81 GmbHG zugelassen, dagegen erforderte die Umwandlung einer AG. in eine KoGaA. die vorherige Auflösung der AG. Nach dem AktG bewirkt die Umwandlung das Weiterbestehen der umgewandelten Gesellschaft (also ohne Auflösung und

Abwicklung) von der Eintragung der Umwandlung ab (§ 259 AktG) und zwar für die Umwandlung einer AG. in eine KoGaA. (§§ 257 ff. a. a. O.) und umgekehrt (§§ 260 ff. a. a. O.), einer AG. in eine GmbH. (§§ 263 ff. a. a. O.) und umgekehrt (§§ 269 ff.), einer KoGaA. in eine GmbH (§§ 280 ff. a. a. O.), einer bergrechtlichen Gewerkschaft mit eigener Rechtspersönlichkeit in eine AG. (§§ 278 ff. a. a. O.) und in eine KoGaA. (§ 287 a. a. O.). §§ 80, 81 GmbHG sind durch § 25 EinfG AktG v. 30. 1. 37 (RGBl. I S. 166, RStBl. 37 S. 214) aufgehoben. Durch das Umwandlungsgesetz (vgl. Anm. 7) wird schließlich die Umwandlung von Kapitalgesellschaften ohne Auflösung und Abwicklung in die Form der Personengesellschaft oder Einzelfirma ermöglicht.

Im übrigen war die Übertragung des Vermögens einer AG. als Ganzen in § 303 HGB mit nachfolgender Abwicklung und in § 304 HGB im Fall der Verstaatlichung mit der Möglichkeit des Ausschlusses der Abwicklung vorgesehen. Nach dem AktG ist die Übertragung des Vermögens ohne Abwicklung bei Verstaatlichung durch Übertragung des Vermögens einer AG. oder KoGaA. auf das Reich, Land, einen Gemeindeverband oder eine Gemeinde nach § 253 AktG und bei Übertragung des Vermögens einer VersicherungsAG. auf einen Versicherungsverein auf Gegenseitigkeit nach § 254 a. a. O. zulässig. Bei Übertragung des Vermögens einer AG. oder KoGaA. in anderer Weise ist nach § 255 a. a. O. die Abwicklung vorzunehmen, wenn die Auflösung der Gesellschaft beschlossen wird.

3. Gewinnermittlung.

Für die Gewinnermittlung ist nach § 15 Abs. 1 Satz 1 KStG § 14 a. a. O. entsprechend anzuwenden.

a) Der Besteuerungszeitraum gestaltet sich verschieden, je nachdem die Übertragung des Vermögens der Kapitalgesellschaft mit oder ohne Abwicklung stattfindet. Bei Übertragung mit Abwicklung (die übertragende Gesellschaft erwirbt das Entgelt für ihr übertragenes Vermögen selbst) läuft der Besteuerungszeitraum unter entsprechender Anwendung der Grundsätze des § 14 Abs. 1 vom Schluß des letzten, der Auflösung vorangegangenen Wirtschaftsjahrs bis zur Beendigung der Abwicklung. Auch § 14 Abs. 1 Satz 2 findet in diesem Fall Anwendung, d. h. das FA. kann nach Ablauf von 3 Jahren die Gesellschaft wieder laufend jährlich veranlagen, wenn ihm die weitere Verzögerung der Beendigung der Abwicklung ungerechtfertigt erscheint. Findet die Verschmelzung oder Umwandlung ohne Abwicklung statt, so endet der Besteuerungszeitraum im Zeitpunkt der Übertragung des ganzen Vermögens (Zeitpunkt der tatsächlichen Verschmelzung oder Umwandlung). Die vertragliche Rückbeziehung der Wirkungen einer Verschmelzung auf einen früheren Zeitpunkt hat der RFH. entsprechend dem Grundsatz, daß die vereinbarte Rückwirkung von Verträgen steuerlich nicht maßgebend ist, sondern die tatsächliche Gestaltung der Verhältnisse, als steuerlich unbeachtlich erklärt (RFH. I A 68/32 v. 18. 4. 34, E. 36 S. 64, RStBl. 34 S. 840, StW. 34 Nr. 455 und VI A 1331/33 v. 18. 4. 34, E. 36 S. 61, RStBl. 34 S. 943, StW. 34 Nr. 433). Für die Besteuerung ist in diesem Fall als Ende der übertragenden Gesellschaft der Zeitpunkt der Einbringung des Vermögens bei der übertragenden Gesellschaft (das Ende ihrer Betätigung) maßgebend. Überträgt eine Kapitalgesellschaft ihr Vermögen, ohne ihre Auflösung zu beschließen und ohne zu erlöschen, dann stellt die Übertragung des ganzen Vermögens einen Geschäftsvorfall des laufenden Wirtschaftsjahrs dar und das Ergebnis der Übertragung ist zusammen mit dem laufenden Gewinn des Wirtschaftsjahrs festzustellen.

b) Als **Anfangsvermögen** kommt nach § 14 Abs. 2 und 4 KStG das Vermögen in Betracht, das am Schluß des Wirtschaftsjahrs, das der Verschmelzung, Umwandlung oder sonstigen Übertragung des Vermögens vorangegangen ist, der Veranlagung zur Körperschaftsteuer zugrunde gelegen hat oder, wenn die Übertragung des Vermögens im ersten Wirtschaftsjahr nach der Gründung erfolgt, der Betrag des eingezahlten Grund- oder Stammkapitals oder die Summe der Einlagen oder

der Anschaffungs- oder Herstellungspreis. Durch die Verwendung des Endvermögens am Schluß des vorangegangenen Wirtschaftsjahrs als Anfangsvermögen wird erreicht, daß auch der bis zur Übertragung des ganzen Vermögens erzielte laufende Gewinn bei Berechnung des Veräußerungs-(Fusions-)Gewinns insoweit miterfaßt wird, als er sich auf das Übertragungsentgelt ausgewirkt hat. Wegen der gesonderten Erfassung des laufenden Gewinns im Fall des Abs. 2 vgl. Anm. 6 a.

c) Als **Endvermögen** tritt nach § 15 Abs. 1 Satz 2 an die Stelle des zur Verteilung kommenden Vermögens der Wert der für die Übertragung gewährten Gegenleistung nach dem Stand im Zeitpunkt der Übertragung. Wesentlich ist gegenüber der Regelung des § 14, daß hier die Bewertung des Endvermögens bereits an den Zeitpunkt der Übertragung des Vermögens als dem Ende des Besteuerungszeitraums (vgl. unter a) anzuknüpfen ist. Wenn die Abwicklung oder auch die persönliche Steuerpflicht der Kapitalgesellschaft noch über diesen Zeitpunkt hinausgeht, dann kann zwar das Ende des Besteuerungszeitraums auf einen späteren Zeitpunkt fallen, aber eine nach dem Zeitpunkt der Übertragung des Vermögens eingetretene Entwertung der Gegenleistung in der Hand der Kapitalgesellschaft kann bei Berechnung des Veräußerungsgewinns nicht berücksichtigt werden. In der Zeit von der Übertragung bis zum Ende des Besteuerungszeitraums können daher nur noch sonstige, mit dem übertragenen Vermögen und der Gegenleistung nicht zusammenhängende Vorgänge wie z. B. solche, die zurückbehaltene wesentliche Teile des Betriebsvermögens betreffen, oder auch die Leistung von Ausgaben wie die Entrichtung von Personensteuern, bedeutsam werden.

Als Wert kommt der Barwert und, soweit die Gegenleistung nicht in bar, sondern in Sachwerten erfolgt, der gemeine Wert vom Zeitpunkt der Übertragung des Vermögens in Betracht. Mit dem gemeinen Wert sind insbesondere auch im Fall der Verschmelzung oder Umwandlung die Gesellschaftsrechte an der übernehmenden oder neuen Gesellschaft zu bewerten. Selbstverständlich ist, daß die Steuerpflicht auch dann eintritt, wenn die Gesellschafter der Kapitalgesellschaft den Anspruch auf die Gegenleistung für die Übertragung des Vermögens unmittelbar erwerben; eine GmbH. z. B. veräußert ihr Vermögen an einen Einzelkaufmann unter der Bedingung, daß jeder ihrer beiden Gesellschafter von diesem Wertpapiere erhalten soll. Ebenso ist auch das Entgelt steuerpflichtig, das im Weg der Verrechnung geleistet wird. Beispiel: Eine GmbH. überträgt ihr Vermögen auf einen (oder alle) Gesellschafter, der nur die Abfindung der übrigen Gesellschafter übernimmt (bei allen Gesellschaftern, die überhaupt keine Leistung übernehmen). Steuerpflichtig ist auch der Wert des Anteils des übernehmenden Gesellschafters (bei allen Gesellschaftern das ganze Gesellschaftsvermögen).

d) Für die **Gewinnermittlung** sind auch die sonstigen, in § 14 enthaltenen Grundsätze über Zu- und Abrechnungen (§ 14 Abs. 3, Abs. 4 Satz 3) entsprechend anzuwenden und die allgemeinen Vorschriften über die Gewinnermittlung zu beachten (vgl. Anm. 5 c zu § 14 KStG).

II. Ausnahme von der Besteuerung nach Abs. 2.
4. Verhältnis zum bisherigen Recht.

Der in der Begr. betonte Zweck der Neufassung des § 15, nämlich die Beseitigung der nach bisherigem Recht bestehenden Möglichkeit, gelegentlich der Verschmelzung oder Umwandlung Gewinne der Besteuerung zu entziehen, wird durch die Neufassung des § 15 Abs. 2 KStG 1934 gegenüber dem § 18 Abs. 3 KStG 1925 erreicht. § 18 Abs. 3 a. a. O. schloß die Besteuerung schlechthin aus, wenn das Vermögen einer Erwerbsgesellschaft oder eines Betriebs oder einer Verwaltung als Ganzes mit oder ohne Liquidation auf eine andere inländische Erwerbsgesellschaft oder auf eine Körperschaft des öffentlichen Rechts übertragen wurde. Eine

GmbH. z. B. besaß ein nach dem EStG auf 100 000 RM. zu bewertendes Vermögen und veräußerte dieses an eine AG. zum wahren Werte von 250 000 RM. Die AG. stellte das erworbene Vermögen mit den Anschaffungskosten von 250 000 RM. in ihre Bilanz ein und der Erwerb bedeutete für sie weder Gewinn noch Verlust, da sie 250 000 RM. bar bezahlt hatte. Aber der zunächst nichtverwirklichte, durch die Veräußerung von Seiten der GmbH. aber verwirklichte Gewinn von 150 000 RM. war der Körperschaftsteuer dauernd entzogen. Diese Möglichkeit ist durch § 15 Abs. 2 KStG beseitigt.

5. Voraussetzung der Befreiung des Veräußerungsgewinns.

a) Der beim Übergang sich ergebende Gewinn scheidet für die Besteuerung insoweit aus, als das Vermögen einer inländischen Kapitalgesellschaft als Ganzes auf eine andere inländische Kapitalgesellschaft gegen Gewährung von Gesellschaftsrechten der übernehmenden Gesellschaft übergeht (§ 15 Abs. 2 Ziff. 1). In persönlicher Hinsicht müssen also übertragende und übernehmende Gesellschaft inländische Kapitalgesellschaften sein. Sie müssen aber auch persönlich körperschaftsteuerpflichtig sein. Dies ist für die übertragende Gesellschaft selbstverständlich und für die übernehmende Gesellschaft folgt dies aus Ziff. 2; denn nur wenn die Besteuerung des Veräußerungsgewinns bei der übernehmenden Gesellschaft sichergestellt ist, kann die Besteuerung bei der übertragenden Gesellschaft nach Ziff. 2 unterbleiben (vgl. b). Die gesetzlich geforderte Übertragung des Vermögens als Ganzes liegt nach RFH. I A 42/32 v. 13. 3. 34 (RStBl. 34 S. 651) auch dann vor, wenn einzelne Gegenstände von wirtschaftlich unbedeutendem Wert zurückbehalten werden, nicht dagegen, wenn ein bereits vor der Vermögensübertragung verselbständigter Teil des Gesellschaftsvermögens zurückbehalten wird, es sei denn, daß dieser Teil so geringfügig ist, daß über ihn im Einzelfall hinweggesehen werden kann. Die Übertragung des ganzen Vermögens muß weiter gegen Gewährung von Gesellschaftsrechten der übernehmenden Gesellschaft erfolgen. Diese Voraussetzung liegt bei der Verschmelzung stets vor. Wie in Anm. 2 Abs. 2 ausgeführt ist, ist auch die handelsrechtlich geregelte Umwandlung ohne Auflösung und Abwicklung der bisherigen Gesellschaft steuerrechtlich als Beendigung und Neugründung einer Kapitalgesellschaft aufzufassen. Daher ist in den Fällen, in denen bei Umwandlung einer Kapitalgesellschaft in eine andere nach dem AktG die bisherigen Gesellschaftsanteile mit dem Wirksamwerden der Umwandlung zu Gesellschaftsanteilen der neuen Gesellschaft geworden sind (vgl. §§ 265, 274, 279, 281, 285 und 287 AktG), der Tatbestand so aufzufassen, daß die Übertragung des Vermögens der umgewandelten Gesellschaft gegen Gewährung von Gesellschaftsrechten der neuen Gesellschaft geschehen ist.

b) Für die Befreiung muß weiter nach § 15 Abs. 2 KStG **sichergestellt sein, daß der beim Übergang sich ergebende Gewinn später der Körperschaftsteuer unterliegt.** Dazu ist, wie bereits unter a) erwähnt, zunächst erforderlich, daß die übernehmende Kapitalgesellschaft, auf die das Vermögen der übertragenden Gesellschaft als Ganzes übergeht, unbeschränkt körperschaftsteuerpflichtig ist und daher auch ihrerseits bei einer Auflösung usw. hinsichtlich eines etwaigen Veräußerungsgewinns steuerpflichtig ist. Außerdem ist zur Sicherstellung der nachträglichen Versteuerung des bei der Übertragung sich ergebenden Gewinns notwendig, daß die übernehmende Gesellschaft das übernommene Vermögen nicht so bewertet, daß die in den letzten Bilanzansätzen der übertragenden Gesellschaft vorhandenen stillen Rücklagen sofort verwirklicht werden, ohne steuerlich erfaßt zu werden. Dies wäre dadurch möglich, daß die übernehmende Gesellschaft in ihrer Eröffnungsbilanz die übernommenen aktiven Wirtschaftsgüter mit dem den letzten Bilanzansatz der übertragenden Gesellschaft übersteigenden Teilwert vom Zeitpunkt der Übertragung und passive Wirtschaftsgüter mit dem unter dem letzten Bilanzansatz liegenden Teilwert ansetzt. Es muß daher gefordert werden, daß die übernehmende Gesellschaft das Betriebsvermögen der übertragenden Gesellschaft hinsichtlich der Besitzposten höchstens mit dem letzten Bilanzansatz der übertragen-

den Gesellschaft und hinsichtlich der Schuldposten mindestens mit dem letzten Bilanz=
ansatz der übertragenden Gesellschaft erstmalig ansetzt. Soweit von der über=
nehmenden Gesellschaft keine Eröffnungsbilanz aufzustellen ist, weil sie schon
bisher bestand, sind die genannten Werte als steuerliche Anfangshöchstwerte für
den Zeitpunkt des Einbringens der Wirtschaftsgüter in das Betriebsvermögen
maßgebend. Die Sicherstellung wird daher steuerlich nur anerkannt werden kön=
nen, wenn die Gesellschaft durch Handels= und Steuerbilanz nachweisen kann,
daß sie bei den erstmaligen Wertansätzen des übernommenen Betriebsvermögens
diese steuerlichen Grenzwerte nicht überschritten hat. Für die Verschmelzung von
AG. usw. durch Aufnahme und durch Neubildung gelten zwar nach §§ 242 u. 247
Abs. 1 AktG die in der Schlußbilanz der übertragenden Gesellschaft angesetzten
Werte für die Jahresbilanzen der übernehmenden Gesellschaft als Anschaffungs=
kosten. Jedoch ist nach § 242 Abs. 2 a. a. O. der gesonderte Ausweis eines die
Werte der Schlußbilanz übersteigenden Wertes des Gesamtnennbetrags oder des
Gesamtausgabebetrags der für die Übertragung gewährten Aktien zulässig. Macht
die übernehmende Gesellschaft von dem letzten Recht Gebrauch, dann verwirk=
licht sie bereits in der Eröffnungsbilanz bzw. mit dem erstmaligen Ansatz die in den
letzten Bilanzansätzen steckenden stillen Rücklagen und die übertragende Gesellschaft
ist damit von der Steuerbefreiung hinsichtlich des Veräußerungsgewinns nach
§ 15 Abs. 2 ausgeschlossen (s. auch Anm. 132 b zu § 6 EStG).

6. Anwendung der Vorschrift.

a) Sind die Voraussetzungen des Abs. 2 Ziff. 1 u. 2 (Anm. 5) im vollen Umfang
erfüllt, dann scheidet der beim Übergang des Vermögens sich ergebende Gewinn
bei der übertragenden Gesellschaft für die Besteuerung aus. **Die Befreiung er=
streckt sich nur auf den Veräußerungsgewinn.** Löst sich die übertragende Gesell=
schaft mit der Übertragung ihres Vermögens ohne Abwicklung auf, dann hat sie
den laufenden Gewinn, den sie im letzten, vom Schluß des vorangegangenen
Wirtschaftsjahrs bis zur Auflösung und Übertragung laufenden (Rumpf=)Wirt=
schaftsjahr erzielt hat, zu versteuern. Dabei ist eine Schlußbilanz unter Berück=
sichtigung des Betriebsvermögens vom Stande im Zeitpunkt der Übertragung
nach den allgemeinen Vorschriften aufzustellen. Tritt die Gesellschaft mit
der Übertragung in Abwicklung, dann läuft vom Schluß des der Übertragung
vorangegangenen Wirtschaftsjahrs an bis zur Beendigung der Abwicklung der
Abwicklungsbesteuerungszeitraum nach § 14 KStG. Zu § 18 Abs. 3 KStG 1925
wurde in RFH. I A a 111/29 v. 11. 12. 29 (RStBl. 30 S. 110, StW. 30 Nr. 560)
und I A 122/31 v. 15. 5. 34 (RStBl. 34 S. 843, StW. 34 Nr. 521) der Standpunkt
vertreten, daß die Steuerabschnitte durch § 18 Abs. 3 a. a. O. nicht berührt würden.
Wenn die Gesellschaft in Abwicklung trete, so ende mit dem Tag der Auflösung,
sofern diese nicht mit dem Ende des Geschäftsjahrs zusammenfalle, das bisherige
Geschäftsjahr als Rumpfwirtschaftsjahr und damit der laufende Steuerabschnitt.
Als weitere Steuerabschnitte für die auf den Abwicklungsbeginn folgende Zeit
hätten die Abwicklungsgeschäftsjahre zu gelten. Diese Auffassung wird damit be=
gründet, daß mit der Auflösung der Erwerbsgesellschaft ihr Zweck und ihr Betrieb
ende, dessen Ertrag Gegenstand der regelmäßigen Besteuerung sei; die Gesellschaft
führe künftig auch steuerlich ein anderes Dasein als bisher, da ihre regelmäßigen
Einnahmen wegfielen. Gegen diese Auffassung bestehen für das KStG 1934 ins=
besondere auch im Hinblick auf die Vorschrift des § 14 KStG Bedenken. Wie in
Anm. 4 zu § 14 KStG ausgeführt ist, hat die Auflösung der in Abwicklung treten=
den Kapitalgesellschaft steuerrechtlich nicht das Ende ihrer Steuerpflicht zur Folge
und die Abwicklungsgeschäftsjahre sind infolge der Regelung des § 14 steuerrecht=
lich ohne Bedeutung. Wenn aber im Fall des § 15 Abs. 2 KStG die Anwendung
der Besteuerung nach Abs. 1 ausscheidet, dann ist kein Grund ersichtlich, weshalb
bei Auflösung mit Abwicklung nicht das Abwicklungsbesteuerungsverfahren nach
§ 14 a. a. O. eintreten soll. Es müßte daher der Abwicklungsbesteuerungszeitraum
nach § 14 in diesem Fall vom Schluß des letzten, der Abwicklung vorangegangenen

Geschäftsjahrs bis zum Ende der Abwicklung laufen. Bei dieser Veranlagung darf aber der durch die Übertragung des Vermögens erzielte Gewinn nicht mit erfaßt werden.

Beispiel: Eine GmbH. hat ihr Vermögen von 250 000 RM. auf eine AG. gegen Aktien im Werte von 300 000 RM. übertragen und führt nach der Übertragung die begonnene Abwicklung durch. Wenn die AG. die Buchwerte der GmbH. und damit das übertragene Vermögen mit 250 000 RM. übernommen hat, so entfällt nach § 15 Abs. 2 KStG die Besteuerung des Veräußerungsgewinns von 50 000 RM. bei der übertragenden GmbH. Übergibt die GmbH. die Aktien bei Beendigung der Abwicklung ihren Gesellschaftern, dann ist der Wert der Aktien ein Bestandteil des zur Verteilung kommenden Vermögens im Sinn des § 14 Abs. 2 KStG. Ist der Mehrwert gegenüber dem übertragenen Vermögen vom Zeitpunkt der Übertragung (50 000 RM.) noch vorhanden, sind also die Aktien bei der Verteilung noch 300 000 RM. wert, so ist der Mehrwert in voller Höhe am Ergebnis des Vermögensvergleichs nach § 14 zu kürzen. War das letzte rechtskräftig veranlagte Vermögen der GmbH. 200 000 RM. und kamen 350 000 RM. nach Beendigung der Abwicklung zur Verteilung, dann ist in diesem Fall der Abwicklungsgewinn um den Veräußerungsgewinn von 50 000 RM. auf 100 000 RM. zu kürzen. Ebenso ist zu verfahren, wenn der Wert des verteilten Vermögens 300 000 RM. ist; dann ist der Abwicklungsgewinn 100 000 RM. — 50 000 RM. = 50 000 RM. Beträgt dagegen das zur Verteilung kommende Vermögen nur noch 250 000 RM., dann ist der Veräußerungsgewinn nicht mehr vorhanden. Der Abwicklungsgewinn ist auf 250 000 RM. — 200 000 = 50 000 RM. ohne Abzug zu berechnen. Der Veräußerungsgewinn kann also bei der Berechnung des Abwicklungsgewinns nicht berücksichtigt werden, wenn und insoweit er nach der Höhe des zur Verteilung kommenden Vermögens nicht mehr vorhanden ist. Besteht die übertragende Gesellschaft trotz der Übertragung des Vermögens ohne Auflösung weiter, dann hat bei der Veranlagung des im Wirtschaftsjahr der Übertragung erzielten laufenden Gewinns der Veräußerungsgewinn außer Ansatz zu bleiben.

b) Fraglich kann sein, wie **ein durch die Übertragung des Vermögens erzielter Verlust** der übertragenden Gesellschaft zu behandeln ist. Für das KStG 1925 wurde in RFH. I A a 111/29 (s. Abs. 1) die Auffassung vertreten, daß Verluste, die die veräußernde Gesellschaft durch die Übertragung ihres Vermögens erleidet, bei der Gewinnermittlung für den seit der letzten Veranlagung bis zur Auflösung laufenden Steuerabschnitt zu berücksichtigen seien. Die Übertragung des Vermögens im Ganzen ist grundsätzlich als ein Betriebsvorgang, und zwar regelmäßig als der letzte der übertragenden Gesellschaft anzusehen. Dies gilt auch dann, wenn die Gegenleistung für die Übertragung den Gesellschaftern unmittelbar zufließt. Die Gegenleistung ist stets der übertragenden Gesellschaft als Einnahme anzurechnen und daher berührt das Ergebnis dieser Übertragung grundsätzlich auch die Höhe des steuerpflichtigen Gewinns der übertragenden Gesellschaft. Erzielt daher die Gesellschaft bei der Übertragung statt eines Gewinns einen Verlust, so ist dieser Verlust bei Auflösung ohne Abwicklung in voller Höhe gegenüber dem Ergebnis des letzten laufenden Rumpfwirtschaftsjahrs aufzurechnen. Bei Auflösung mit Abwicklung ist der Veräußerungsverlust lediglich ein Betriebsvorgang im Abwicklungszeitraum. Er kann daher nur insoweit gewinnmindernd wirken, als er bis zum Ende des Abwicklungszeitraums fortbestanden hat. Hat z. B. die Gesellschaft ein bereits bei der letzten Veranlagung vorhandenes Vermögen von 250 000 RM. um eine Gegenleistung von 200 000 RM. übertragen, sind aber die empfangenen Aktien bis zur Beendigung der Abwicklung im Kurse auf 300 000 RM. gestiegen, dann ist der Verlust wieder ausgeglichen und kann daher bei der Verteilung der Aktien an die Gesellschafter auch die Berechnung des Abwicklungsgewinns nicht mehr beeinflussen. Das Gleiche gilt, wenn eine Gesellschaft nach der Übertragung fortbesteht.

c) Aus der Fassung des Vordersatzes des Abs. 2 „der Gewinn scheidet für die Besteuerung insoweit aus, als" geht hervor, daß auch eine nur **teilweise Befreiung des Veräußerungsgewinns** zulässig ist, soweit die Voraussetzungen der Ziff. 1 und 2 zum Teil erfüllt sind. Es ist z. B. möglich, daß die Gegenleistung für die Übertragung des Vermögens nur zum Teil in Gesellschaftsrechten der übernehmenden Gesellschaft gewährt wird und zum Teil in bar oder anderen Sachwerten. Dann ist der Veräußerungsgewinn nur zum Teil von der Besteuerung auszuscheiden, der dem Verhältnis des Wertes der übernommenen Gesellschaftsrechte zum Werte des sonstigen Entgelts entspricht. Zweifelhaft erscheint es, ob auch eine nur teilweise Sicherung im Sinn der Ziff. 2 für eine teilweise Befreiung genügen kann. Setzt die übernehmende Gesellschaft nur einen Teil des übernommenen Betriebsvermögens mit höheren Werten an, dann wird sie regelmäßig damit schon alle ihr bekannten stillen Rücklagen aufgedeckt haben. Daher könnte man sagen, die Voraussetzung der Ziff. 2 ist nicht erfüllt. Man könnte aber auch eine Befreiung der übertragenden Gesellschaft insoweit zulassen, als der Veräußerungs= erlös auf die Wirtschaftsgüter entfällt, deren Bilanzwerte von der übernehmenden Gesellschaft unverändert fortgeführt wurden (also Versteuerung der aufgedeckten stillen Rücklagen).

III. Steuererleichterungen bei der Umwandlung und Auflösung von Kapitalgesellschaften.

Schrifttum. Reinhardt, Die neuen gesetzlichen Maßnahmen zur Umwandlung und Auflösung von Kapitalgesellschaften DStZ. 34 S. 521; Ott, Die neuen gesetzlichen Maßnahmen zur Überführung von Kapitalgesellschaften in Personengesellschaften und Einzelunternehmungen, StW. 34 I Sp. 809, 831; Kaemmel, Steuerliche Begünstigungen und Befreiungen bei der Umwandlung und Auflösung von Kapitalgesellschaften, DStZ. 35 S. 429; Kaemmel, Erlaßpraxis und Rechtsentwicklung bei der Auflösung und Umwandlung von Kapitalgesellschaften nach dem Umwandlungssteuergesetz, DStZ. 35 S. 1001; Kaemmel, Steuerliche Zweifelsfragen bei der Umwandlung und Auflösung von Kapitalgesellschaften, DStZ. 35 S. 1197; Ott, Handelsrechtliche und steuerliche Erleichterungen bei der Umwandlung und Auflösung von Kapitalgesellschaften, StW. 36 I Sp., 307; Ott, Die neuen Durchführungsverordnungen zur Umwandlungssteuergesetzgebung, StW. 37 I Sp. 279; Ott, Die letzten Neuerungen im Umwand= lungsrecht, StW. 37 I Sp. 1101; Kaemmel, Neues aus dem Umwandlungsrecht, DStZ. 37 S. 701.

7. Gesetzliche Grundlagen.

Zunächst enthielt die IV. VO des Reichspräsidenten zur Sicherung von Wirt= schaft und Finanzen ... v. 8. 12. 31 (RGBl. I S. 699) im Vierten Teil Kap. I (RGBl. I S. 714) Vorschriften über Steuererleichterungen für die Auflösung von Kapitalgesellschaften (Aufteilungs=VO). Eine Vergünstigung hinsichtlich der Körperschaftsteuer (Liquidationssteuer) war vorgesehen für alle am 10. 12. 31 bestehenden Kapitalgesellschaften, die sich auflösten und ihr ganzes Vermögen auf ihre Gesellschafter übertrugen. Zeitlich war die Aufteilungs=VO beschränkt auf Auflösungen, die in der Zeit v. 1. 1. 32 bis 31. 12. 34, nach der Ergänzungs=VO v. 22. 12. 33 (RGBl. I S. 1113) bis zum 31. 12. 35 stattfanden. Durch das Gesetz über Steuererleichterungen bei der Umwandlung und Auflösung von Kapitalgesellschaften (UmwStG) v. 5. 7. 34 (RGBl. I S. 572, RStBl. 34 S. 804) wurde jedoch die Aufteilungs=VO mit Wirkung v. 7. 7. 34 außer Kraft gesetzt (§ 4 a. a. O.). Dieses Gesetz ist gleichzeitig mit dem Gesetz über die Um= wandlung von Kapitalgesellschaften (UmwG) v. 5. 7. 34 (RGBl. I S. 569, RStBl. 34 S. 801, dazu erlassen I. UmwDVO v. 14. 12. 34, RGBl. I S. 1262, RStBl. 35 S. 454, II. UmwDVO v. 17. 5. 35, RGBl. I S. 721, RStBl. 35 S. 882, die III. UmwDVO v. 2. 12. 36, RGBl. I S. 1003, RStBl. 36 S. 1196 und IV. UmwDVO v. 24. 6. 37, RGBl. I S. 661, RStBl. 37 S. 753) ergangen, das bezweckt „in geeigneten Fällen die Abkehr von anonymen Gesellschaftsformen zu erleichtern und ihre Ersetzung durch Unternehmungen mit Eigenverantwortung des Inhabers zu fördern" (Begr. des Ges., RStBl. 34 S. 804). Daher wird die Umwandlung von AG., KoGaA., GmbH. und bergrechtlichen Gewerkschaften in eine OHG. in eine KoG., in eine Gesellschaft des bürgerlichen Rechts oder in der Weise ermöglicht, daß ihr Vermögen unter Ausschluß der Abwicklung auf den alleinigen Gesellschafter übertragen wird (vgl. auch Anm. 2 Abs. 4). Die Regelung gilt für alle Kapitalgesellschaften, die vor dem 1. 1. 37 entstanden sind (§ 2 IV. UmwDVO). Für die Umwandlung nach Maßgabe des UmwG ordnet § 1 UmwStG für die genannten Kapitalgesellschaften Steuererleichterungen u. a. auch für die Körperschaftsteuer an. Umfang und Art der Steuererleichterungen hat der RdF. auf Grund der ihm in § 5 des Ges. erteilten Ermächtigung durch DVO bestimmt. Die I. UmwStDVO v. 7. 7. 34 (RGBl. I S. 595, RStBl. 34 S. 817) wurde durch die II. UmwStDVO v. 8. 3. 35 (RGBl. I S. 354, RStBl. 35 S. 455) rückwirkend außer Kraft gesetzt, so daß diese DVO die Grundlage für die Anwendung der Steuererleichterungen bildet. Weiter sind ergangen die III. UmwStDVO v. 7. 6. 35 (RGBl. I S. 744, RStBl. 35 S. 833) und die IV. UmwStDVO v. 2. 12. 36 (RGBl. I S. 1006, RStBl. 36 S. 1197), nach der die Steuererleichterungen noch gewährt werden, wenn die Umwandlung und Auflösung bis zum 30. 6. 37 beschlossen wird. Nach der V. UmwStDVO v. 24. 6. 37 (RGBl. I S. 662, RStBl. 37 S. 754) gelten die Vorschriften über Steuererleichterungen auch noch für Umwandlungen oder Auflösungen, die nach dem 30. Juni 1937, aber vor dem 1. Januar 1938 beschlossen werden, Richtlinien enthalten außerdem die Runderlasse des RdF. v. 9. 3. 35 S 5003 A — 30 III (RStBl. 35 S. 449), v. 28. 6. 35 S 5003 A — 38 III (RStBl. 35 S. 944) und v. 25. 9. 37 S 2151 I — 390 III/S 5003 A — 64 III (RStBl. 37 S. 1095). Das UmwG, UmwStG und die UmwStDVO sind im Anhang 12 u. 13 abgedruckt.

8. Steuererleichterungen bei der Körperschaftsteuer.

a) Steuererleichterungen nach dem UmwStG werden zunächst gewährt, wenn **Kapitalgesellschaften**, (AG., KoGaA., GmbH. oder Berggewerkschaften) nach dem UmwG und den DVO dazu in eine Personengesellschaft (OHG., KoG., Gesellschaft des bürgerlichen Rechts) **umgewandelt** werden (§ 1 UmwStG, § 1 II. UmwStDVO). Diese Umwandlung ist einmal möglich durch Übertragung des Vermögens der genannten Kapitalgesellschaften auf eine bereits bestehende Personengesellschaft, wenn sich alle Gesellschaftsanteile oder mindestens 90 v. H. des Grund- oder Stammkapitals der Kapitalgesellschaft in der Hand der Personengesellschaft befinden. Weiter ist die Umwandlung möglich unter gleichzeitiger Errichtung einer Personengesellschaft, an der alle oder die zustimmenden Gesellschafter (Gewerken) der Kapitalgesellschaft, die mindestens 90 v. H. des Grund- oder Stammkapitals der Kapitalgesellschaft besitzen müssen, als Gesellschafter beteiligt sind, und unter gleichzeitiger Übertragung des Vermögens der Kapitalgesellschaft auf die Personengesellschaft. Die Steuererleichterungen werden außerdem gewährt, wenn eine Kapitalgesellschaft auf Grund des UmwG und der DVO dazu in der Weise umgewandelt wird, daß ihr Vermögen unter Ausschluß der Abwicklung auf den alleinigen Gesellschafter (Gewerken) oder den Hauptgesellschafter (mit mindestens 90 v. H. des Grund- oder Stammkapitals) übertragen wird (§ 1 UmwStG, § 9 Abs. 1 II. UmwStDVO). Da es sich hier um Umwandlungen ohne Abwicklung handelt, trifft das UmwStG insoweit die Fälle der Übertragung des Vermögens im Ganzen im Sinn des § 15 Abs. 1 KStG. Zu beachten ist, daß die Steuererleichterungen für Umwandlung von Kapitalgesellschaften in Personengesellschaften nach § 10 Abs. 1 II. UmwStDVO nur für solche Personengesellschaften gelten, die aus natürlichen Personen bestehen, und daß die Steuerschuld nachträglich entsteht, wenn innerhalb zweier Jahre seit der Umwandlung die Gesellschaftsrechte eines Gesellschafters auf eine juristische Person übertragen werden oder wenn innerhalb dieser Frist eine juristische Person als Gesellschafter beitritt. Dagegen wird Steuererleichterung bei der Umwandlung durch Vermögensübertragung auf den alleinigen oder Hauptgesellschafter auch gewährt, wenn dieser Gesellschafter eine juristische Person ist, die bereits am 1. 7. 1934 (bzw. am 1. 1. 37 nach der V. UmwStDVO für nach dem 30. 6. 37 beschlossene Umwandlungen) an der umzuwandelnden Gesellschaft beteiligt ist.

Die Steuererleichterungen sind aber nicht auf die Umwandlungen nach dem UmwG beschränkt, sondern sie werden auch gewährt, wenn eine am 1. Juli 1934 (Stichtag 1. Januar 1937 nach der UmwStDVO für nach dem 30. 6. 37 beschlossene Umwandlungen) bestehende Kapitalgesellschaft aufgelöst und ihr Vermögen im Wege der Abwicklung (Liquidation) auf die Gesellschafter (Gewerken) oder auf den alleinigen Gesellschafter (Gewerken) übertragen wird (§ 2 UmwStG, §§ 2, 9 Abs. 2 II UmwStDVO). Im letzten Fall kann der alleinige oder Hauptgesellschafter auch eine juristische Person sein, die bereits am 1. Juli 1934 (1. Januar 1937 s. oben) als Gesellschafter an der aufgelösten Kapitalgesellschaft beteiligt war (§ 10 Abs. 3 II. UmwStDVO). In diesen Fällen handelt es sich um Auflösung der Kapitalgesellschaft mit Abwicklung im Sinn des § 14 KStG. Die Vorschriften des UmwStG werden durch die Anwendung der Vorschriften der §§ 14—16 KStG nicht berührt (VR 35 J VI, RStBl. 36 S. 55).

Allgemeine Voraussetzung für die Steuererleichterungen ist noch, daß die Wirtschaftsgüter in das im Inland belegenen Betriebsvermögen der aufnehmenden Personengesellschaft oder eines Gesellschafters übernommen werden (§ 7 Abs. 1 u. 2 II. UmwStDVO). Die Vergünstigung gilt demnach auch für beschränkt Steuerpflichtige, wenn sie die Wirtschaftsgüter in ihr im Inland belegenes Betriebsvermögen (inländische Betriebsstätte) übernehmen. Dem entspricht bei Übernahme ins Privatvermögen die Beschränkung der Steuervergünstigung auf unbeschränkt steuerpflichtige Gesellschafter nach § 8 II. UmwStDVO.

b) Die Steuererleichterungen bestehen bei der Körperschaftsteuer in **Vergünstigung bei der Bewertung und in der Gewährung ermäßigter Steuersätze.** Werden bei der Umwandlung oder Auflösung der genannten Kapitalgesellschaften Wirtschaftsgüter, die mindestens seit dem Ende des Wirtschaftsjahrs 1934 (1933/34) zum Betriebsvermögen der Kapitalgesellschaft gehört haben, in das im Inland belegene Betriebsvermögen eines oder mehrerer Gesellschafter (Gewerken) oder einer aus den Gesellschaftern (Gewerken) der Kapitalgesellschaft bestehenden Personengesellschaft übernommen, so sind diese Wirtschaftsgüter bei der Ermittlung des Einkommens für die Körperschaftsteuer bei der Kapitalgesellschaft im Zeitpunkt der Umwandlung oder Auflösung mit den Werten anzusetzen, die sich nach den Vorschriften über die Gewinnermittlung (§ 6 KStG in Verbindung mit den §§ 4 bis 7 EStG) ergeben. Statt dessen können sie mit einem anderen Wert angesetzt werden, höchstens jedoch mit dem Teilwert im Zeitpunkt der Übertragung (§ 7 Abs. 1 Ziff. 1 Satz 1 u. 2 II. UmwStDVO). Dagegen sind die Wirtschaftsgüter, die nach dem Ende des Wirtschaftsjahrs 1934 (1933/34) von der Kapitalgesellschaft angeschafft oder hergestellt worden sind, für den Zeitpunkt der Umwandlung oder Auflösung nach den Vorschriften über die Gewinnermittlung zu bewerten (§ 7 Abs. 2 Ziff. 1 a. a. O.). In beiden Fällen sind die hiernach angesetzten Werte bei der Ermittlung des Einkommens für die Einkommensteuer der Gesellschafter (Gewerken) als Ausgangswerte maßgebend, und zwar ohne Rücksicht auf die Höhe der Anschaffungskosten der Beteiligung (§ 7 Abs. 1 Ziff. 2, Abs. 2 Ziff. 2 II. UmwStDVO). Die Bewertungsfreiheit besteht also für die am Ende des Wirtschaftsjahrs 1934 (1933/34) bereits vorhandenen und bei der Umwandlung oder Auflösung übertragenen Wirtschaftsgüter darin, daß sie in der Umwandlungs- oder Auflösungsbilanz der Kapitalgesellschaft ohne Rücksicht auf die letzten Bilanzansätze (Wertzusammenhang), jedoch höchstens mit dem Teilwert im Zeitpunkt der Übertragung bewertet werden dürfen. Die Gesellschafter der Kapitalgesellschaft können damit die in den letzten Bilanzansätzen der Kapitalgesellschaft vorhandenen stillen Rücklagen bei der letzten Besteuerung der Kapitalgesellschaft offen ausweisen, wenn sie für ihre eigene spätere Einkommensteuer den Ansatz höherer Anfangswerte und die Möglichkeit höherer Abschreibungen und Absetzungen für zweckmäßig erachten. Dieser Ausweis der stillen Rücklagen wird erleichtert durch den für diese Wirtschaftsgüter gewährten ermäßigten Körperschaftsteuersatz (s. unten). Die Vorschrift über die Bewertung der nach dem Ende des Wirtschaftsjahrs 1934 (1933/34) angeschafften oder hergestellten Wirtschaftsgüter kann dann eine Vergünstigung bedeuten, wenn der nach den allgemeinen Vorschriften sich ergebende Wertansatz niedriger ist als der bei der Abwicklung oder Vermögensübertragung nach den §§ 14, 15 KStG anzusetzende Wert des zur Verteilung kommenden Vermögens oder des Wertes der Gegenleistung. Für Umwandlungen oder Auflösungen, die nach dem 31. 12. 36 beschlossen werden, darf nach der IV. UmwStDVO die Bewertungsfreiheit nach § 7 Abs. 1 Ziff. 1 Satz 2 III. UmwStDVO nicht in Anspruch genommen werden 1. für kurzlebige Wirtschaftsgüter im Sinn des § 6 Ziff. 1 Satz 4 EStG, 2. für Ersatzbeschaffungen im Sinn des Abschn. II des Ges. zur Verminderung der Arbeitslosigkeit v. 1. 6. 33 (RGBl. I S. 323, RStBl. 33 S. 461).

Eine Vergünstigung hinsichtlich des Körperschaftsteuersatzes wird nach § 7 Abs. 1 Ziff. 1 Satz 3 II. UmwStDVO gewährt, indem hinsichtlich der bereits am Ende des Wirtschaftsjahrs 1934 (1933/34) vorhandenen Wirtschaftsgüter die Körperschaftsteuer von dem bei der Übertragung entstehenden Gewinn nur in Höhe eines Drittels erhoben wird. Dadurch wird also eine Auswirkung der Ausweisung etwaiger stiller Rücklagen auf die Körperschaftsteuer verhindert. Für die nach dem 31. 12. 34 bzw. dem Ende des Wirtschaftsjahrs 1933/34 angeschafften Wirtschaftsgüter wird kein ermäßigter Steuersatz gewährt. Für die Berechnung der Körperschaftsteuer aus dem durch die Abwicklung bzw. Vermögensübertragung erzielten Gewinn der Kapitalgesellschaft sind daher die Wirtschaftsgüter nach dem Zeitpunkt ihrer Anschaffung oder Herstellung in zwei Gruppen zu teilen, von denen die Gruppe der am 31. 12. 1934 (oder Ende des Wirtschaftsjahrs 1933/34) bereits vorhandenen auch hinsichtlich des Steuersatzes begünstigt ist.

Die Vergünstigung für die Körperschaftsteuer bezieht sich nicht auf den Gewinn, den die Kapitalgesellschaft aus ihrer Betriebsgebarung bis zur Übertragung erzielt hat. Der laufende, seit dem Ende des der Übertragung vorangegangenen Wirtschaftsjahrs erzielte Gewinn ist nach § 7 Abs. 2 II UmwStDVO im vollen Umfang zur Körperschaftsteuer heranzuziehen. Auch wird für die Körperschaftsteuer der aufgelösten Kapitalgesellschaft dann keine Vergünstigung gewährt, wenn bei ihrer Auflösung Wirtschaftsgüter auf einen unbeschränkt steuerpflichtigen Gesellschafter übertragen werden, der sie nicht in ein Betriebsvermögen übernimmt. Nach § 8 Abs. 1 Satz 1 II. UmwStDVO sind bei der Ermittlung des Einkommens für die Körperschaftsteuer alle Wirtschaftsgüter, die nicht in ein Betriebsvermögen übernommen werden, mit dem gemeinen Wert anzusetzen. Der Auflösungsgewinn wird daher, wie auch in § 14 KStG vorgeschrieben, nach dem tatsächlichen Wert der ins Privatvermögen der Gesellschafter übernommenen Wirtschaftsgüter berechnet. Auch eine Ermäßigung des Körperschaftsteuersatzes ist nicht vorgesehen, jedoch hat der RdF. die FÄ. ermächtigt, bei Grundstücksgesellschaften die Körperschaftsteuer von dem Gewinn, der durch die Übertragung der Grundstücke entsteht, auf die Hälfte zu ermäßigen (Rderl. v. 9. 3. 35, Abschn. III 1 Abs. 4, RStBl. 35 S. 451).

Zur Bewertung der übertragenen Wirtschaftsgüter wird auf die in Abschn. III 4 des Rderl. aufgeführten Beispiele hingewiesen.

8. Verlegung der Geschäftsführung ins Ausland.

§ 16.

(1) **Verlegt eine unbeschränkt steuerpflichtige Kapitalgesellschaft ihre Geschäftsleitung und ihren Sitz oder eins von beiden ins Ausland und scheidet sie dadurch aus der unbeschränkten Steuerpflicht aus, so ist § 14 entsprechend anzuwenden. An die Stelle des zur Verteilung kommenden Vermögens tritt der gemeine Wert des vorhandenen Vermögens.**

(2) **Absatz 1 gilt entsprechend, wenn die inländische Betriebsstätte einer beschränkt steuerpflichtigen Kapitalgesellschaft aufgelöst oder ins Ausland verlegt oder ihr Vermögen als Ganzes an einen anderen übertragen wird.**

Inhaltsübersicht.

1. Verhältnis zum bisherigen Recht.
   I. **Beendigung der unbeschränkten Steuerpflicht einer Kapitalgesellschaft (Abs. 1).**
2. Arten der Beendigung der unbeschränkten Steuerpflicht.
   a) Beendigung der inländischen Körperschaftsteuerpflicht.
   b) Eintritt in die beschränkte Steuerpflicht.
3. Gewinnermittlung bei Beendigung der unbeschränkten Steuerpflicht.
   a) Besteuerungszeitraum.
   b) Anfangsvermögen.
   c) Endvermögen und Vermögensvergleich.
   d) Übergang von der unbeschränkten zur beschränkten Körperschaftsteuerpflicht.

§ 16 KStG. Verlegung der Geschäftsführung ins Ausland.

II. Auflösung, Verlegung oder Übertragung des Vermögens einer inländischen Betriebsstätte.
4. Voraussetzungen.
5. Gewinnermittlung.

a) Besteuerungszeitraum.
b) Anfangsvermögen.
c) Endvermögen.
d) Allgemeine Vorschriften.

1. Verhältnis zum bisherigen Recht.

§ 16 KStG 1934 entspricht im wesentlichen dem § 19 KStG 1925 (vgl. Begr. zu § 16 KStG, RStBl. 35 S. 85). Im Gegensatz zu § 19 KStG 1925 ist seine Anwendung jedoch ebenso wie die der Vorschriften der §§ 14, 15 KStG auf Kapitalgesellschaften beschränkt. Er hat mit diesen Vorschriften den Grundgedanken gemeinsam, die bei der bisherigen Besteuerung aufgeschobene Besteuerung nichtverwirklichter Gewinne für den Fall sicherzustellen, daß eine Kapitalgesellschaft durch Verlegung ihrer Geschäftsleitung oder ihres Sitzes aus der unbeschränkten Steuerpflicht ausscheidet oder durch Aufgabe oder Auflösung ihrer inländischen Betriebsstätte aus der beschränkten Steuerpflicht ausscheidet.

§ 16 ist erstmalig bei der Veranlagung für das Kalenderjahr 1935 anzuwenden (§ 29 I. KStDVO, vgl. Anm. 1 Abs. 3 zu § 14 KStG).

I. Beendigung der unbeschränkten Steuerpflicht einer Kapitalgesellschaft (Abs. 1).

2. Arten der Beendigung der unbeschränkten Steuerpflicht.

Das Ausscheiden der Kapitalgesellschaft aus der unbeschränkten Steuerpflicht kann sich in zwei Formen vollziehen:

a) Das Ausscheiden aus der unbeschränkten Körperschaftsteuerpflicht ist das **Ende jeder inländischen Körperschaftsteuerpflicht.** Befand sich bereits die Geschäftsleitung oder der Sitz einer Kapitalgesellschaft im Ausland, so kann die Verlegung des im Inland befindlichen Sitzes oder der im Inland befindlichen Geschäftsleitung die Folge haben, daß die Kapitalgesellschaft fortan überhaupt nicht mehr im Inland steuerpflichtig ist. Dies ist dann der Fall, wenn auch der Betrieb vollständig ins Ausland verlegt wird. Die gleiche Folge tritt ein, wenn unter der gleichen Voraussetzung gleichzeitig Geschäftsleitung und Sitz aus dem Inland in das Ausland verlegt werden.

b) Das Ausscheiden aus der unbeschränkten Körperschaftsteuerpflicht ist mit dem **Eintritt der Kapitalgesellschaft in die beschränkte Steuerpflicht** verbunden. Die Kapitalgesellschaft, die bisher Geschäftsleitung oder Sitz oder beides im Inland hatte, verlegt diese aus dem Inland in das Ausland, so daß sich nunmehr Geschäftsleitung und Sitz im Ausland befinden. Sie errichtet aber im Inland eine Betriebsstätte, so daß sie nunmehr mit ihren inländischen Einkünften aus Gewerbebetrieb nach § 2 Ziff. 1 KStG mit § 49 Ziff. 2 EStG beschränkt steuerpflichtig wird.

3. Gewinnermittlung bei Beendigung der unbeschränkten Steuerpflicht.

Scheidet eine Kapitalgesellschaft in der unter 2. dargelegten Art aus der unbeschränkten Steuerpflicht aus, dann ist nach § 16 Abs. 1 KStG § 14 a. a. O. entsprechend anzuwenden, wobei an die Stelle des zur Verteilung kommenden Vermögens der gemeine Wert des vorhandenen Vermögens tritt.

a) Für die letzte Besteuerung der Kapitalgesellschaft ist danach als Endvermögen das Vermögen anzusetzen, das im Zeitpunkt der Verlegung der Geschäftsleitung oder des Sitzes oder beider in das Ausland vorhanden war. Das bedeutet, daß in in den Anwendungsfällen des § 16 Abs. 1 der **letzte Besteuerungszeitraum** der Kapitalgesellschaft mit der Verlegung endigt. Andererseits beginnt er mit dem Schluß des Wirtschaftsjahrs, das der Verlegung vorangegangen ist; denn in entsprechender Anwendung des § 14 ist als Anfangsvermögen das Vermögen am Schluß des der Verlegung vorangegangenen Wirtschaftsjahrs anzusetzen.

b) Anfangsvermögen ist das Betriebsvermögen, das am Schluß des der Verlegung des Sitzes oder der Geschäftsleitung vorangegangenen Wirtschaftsjahrs der Veranlagung zur Körperschaftsteuer zugrunde gelegen hat. Auch die Ersatzwerte des eingezahlten Grund- oder Stammkapitals oder der Summe der Einlagen oder auch des Anschaffungs- oder Herstellungspreises können hier in entsprechender Anwendung von § 14 Abs. 4 Satz 2 KStG in Betracht kommen. Das Anfangsvermögen ist um den Gewinn des vorangegangenen Wirtschaftsjahrs zu kürzen, wenn dieser in der Zeit vom Schluß des vorangegangenen Wirtschaftsjahrs bis zur Verlegung von Sitz oder Geschäftsleitung ins Ausland ausgeschüttet worden ist (§ 14 Abs. 4 Satz 2 a. a. O., vgl. Anm. 5 a zu § 14).

c) Endvermögen ist das im Zeitpunkt der Verlegung vorhandene Vermögen. Darunter ist das gesamte Vermögen zu verstehen, das der unbeschränkt steuerpflichtigen Kapitalgesellschaft gehört, also das in- und ausländische Vermögen. Auszuscheiden sind hier in entsprechender Anwendung von § 14 Abs. 3 die steuerfreien Vermögenszugänge, die der Kapitalgesellschaft in der Zeit vom Schluß des letzten Wirtschaftsjahrs bis zur Verlegung der Geschäftsleitung oder des Sitzes zugeflossen sind.

Die Bewertung des am Stichtag vorhandenen Vermögens hat nach § 16 Abs. 1 Satz 2 KStG mit dem gemeinen Wert zu erfolgen. Das ganze Vermögen der Kapitalgesellschaft (auch das ausländische) gilt als am Tag der Verlegung zum gemeinen Wert verkauft. Maßgebend ist aber nicht nur die Summe der gemeinen Werte (Einzelveräußerungspreise) der einzelnen vorhandenen Wirtschaftsgüter, sondern der gemeine Wert der wirtschaftlichen Einheit des gesamten Betriebsvermögens, so daß also auch ein Geschäftswert (des ausländischen Geschäfts) mit zu berücksichtigen ist. Nur bei dieser Auslegung ist die Erfassung des gesamten Wertes des Betriebsvermögens der aus der unbeschränkten Steuerpflicht ausscheidenden Kapitalgesellschaft sichergestellt. Es ist also der Preis zu ermitteln, den ein Ausländer beim Erwerb des Betriebs zur Fortführung im Ausland zahlen würde.

Im übrigen ist der Gewinn nach den allgemeinen Vorschriften über die Gewinnermittlung zu berechnen (§ 14 Abs. 5). Es gelten daher auch die Grundsätze über nichtabzugsfähige Ausgaben und bei Gewinnermittlung nach § 4 EStG ist der Wert von Grund und Boden auszuscheiden.

d) Fraglich kann sein, wie nach § 16 KStG zu verfahren ist, **wenn die Kapitalgesellschaft von der unbeschränkten Körperschaftsteuerpflicht zur beschränkten Steuerpflicht übergeht,** indem sie bei Verlegung ihrer Geschäftsleitung oder ihres Sitzes ins Ausland eine aus dem eigenen inländischen Betriebsvermögen ausgestattete inländische Betriebsstätte errichtet (Fall b der Anm. 2). § 19 Abs. 1 Satz 3 KStG 1925 schrieb für diesen Fall vor: „Der nicht auf das letzte Betriebsergebnis entfallende Teil der Steuer bleibt zu dem Betrag unerhoben, der dem Verhältnis des im Inland verbliebenen Vermögens zum gesamten Vermögen der Gesellschaft entspricht". Danach war eine doppelte Rechnung aufzumachen, wenn Vermögen im Inland verblieb. Es war einmal das Betriebsergebnis (laufender Gewinn) bis zur Verlegung zu ermitteln, wie wenn keine Verlegung stattgefunden hätte. Unabhängig davon war weiter eine Berechnung des Veräußerungs-(Verlegungs-)gewinns nach vorstehenden Grundsätzen vorzunehmen. Von diesem Gewinn war nur der Betrag steuerpflichtig, der dem Verhältnis des im Ausland verbrachten Vermögens zum ganzen Vermögen (einschließlich des schon vorher im Ausland befindlichen) entspricht. Das KStG 1934 enthält keine entsprechende Vorschrift; trotzdem soll die Vorschrift des § 16 nach der Begr. dem § 19 KStG 1925 im wesentlichen entsprechen. Nach dem Grundgedanken des Gesetzes, nämlich die bisher nicht versteuerten Wertsteigerungen bei der letzten Möglichkeit der Erfassung zur inländischen Besteuerung heranzuziehen, dürfte die Auffassung gerechtfertigt sein, daß die im Inland verbliebenen Vermögensgegenstände bei der Berechnung des Veräußerungsgewinns nicht mit den gemeinen Werten angesetzt werden müssen, sondern mit den nötigenfalls fortgeschriebenen letzten Bilanzansätzen bewertet werden können, wenn diese der inländischen Betriebsstätte gewidmeten Betriebsvermögensteile in der Eröffnungsbilanz der inländischen Betriebsstätte mit den letzten Bilanzansätzen der Kapitalgesellschaft vom Zeitpunkt der Verlegung fortgeführt werden. Denn unter dieser Voraussetzung ist die nachträgliche Versteuerung stiller Rücklagen gesichert.

II. Auflösung, Verlegung oder Übertragung des Vermögens einer inländischen Betriebsstätte.

4. Voraussetzungen.

Nach § 16 Abf. 2 KStG gilt § 16 Abf. 1 a. a. O. entsprechend, wenn die inländische Betriebsstätte einer beschränkt steuerpflichtigen Kapitalgesellschaft aufgelöst oder ins Ausland verlegt oder ihr Vermögen als Ganzes an einen anderen übertragen wird. Wegen des Begriffs der Betriebsstätte vgl. Anm. 8 b zu § 2 KStG. Auch eine beschränkt steuerpflichtige Kapitalgesellschaft muß die nichtverwirklichten Wertsteigerungen versteuern, wenn sie ihre inländische Betriebsstätte vom Inland in das Ausland verlegt. Aus diesem Zweck der Vorschrift ergibt sich die Behandlung der Auflösung, Verlegung usw. einer Betriebsstätte beim Vorhandensein mehrerer inländischer Betriebsstätten. Hat eine ausländische Kapitalgesellschaft mehrere inländische Betriebsstätten, so bilden die gesamten Vermögen der inländischen Betriebsstätten für die inländische Besteuerung der Kapitalgesellschaft eine Einheit, deren gesamtes Betriebsergebnis die inländischen Einkünfte aus Gewerbebetrieb im Sinn des § 49 Ziff. 2 EStG darstellt. Wird eine von mehreren inländischen Betriebsstätten aufgelöst oder verlegt, das ihr gewidmetes Betriebsvermögen aber auf die anderen inländischen Betriebsstätten der Kapitalgesellschaft übertragen (Zusammenlegung), dann bleibt das bisherige Betriebsvermögen der aufgelösten Betriebsstätte im Inland und für die Anwendung der Vorschrift des § 16 ist nach ihrer Zweckbestimmung kein Anlaß. Wenn dagegen das Betriebsvermögen der aufgelösten oder verlegten Betriebsstätte ins Ausland verbracht wird, dann bleibt zwar beim Vorhandensein mehrerer Betriebsstätten die beschränkte Steuerpflicht der Kapitalgesellschaft immer noch bestehen, aber die Vermögensgegenstände der aufgelösten Betriebsstätte werden der inländischen Besteuerung entzogen; denn das im Ausland befindliche Betriebsvermögen einer nur beschränkt steuerpflichtigen Kapitalgesellschaft kann durch die deutsche Besteuerung nicht mehr erfaßt werden. Das gleiche gilt für eine Auflösung der Betriebsstätte unter Übertragung des Vermögens auf einen anderen. Der Wert des in das Ausland verbrachten oder übertragenen Betriebsvermögensteile ist dann wie bei einer Entnahme des Einzelkaufmanns im Zeitpunkt der Verbringung ins Ausland oder Übertragung mit dem wirklichen (gemeinen) Wert anzusetzen und den letzten Bilanzansätzen gegenüberzustellen. Der Unterschiedsbetrag ist dann bei Berechnung des aus den inländischen Betriebsstätten erzielten laufenden Gewinns als Veräußerungsgewinn zu berücksichtigen.

5. Gewinnermittlung.

a) Wenn die Auflösung, Verlegung oder Übertragung des Vermögens einer inländischen Betriebsstätte die Beendigung der beschränkten Körperschaftsteuerpflicht der Kapitalgesellschaft zur Folge hat, dann endigt damit auch der **Besteuerungszeitraum**. Bei mehreren inländischen Betriebsstätten ist dies erst beim Verschwinden der letzten Betriebsstätte der Fall, wenn die Kapitalgesellschaft nicht neben den inländischen Einkünften aus Gewerbebetrieb sonstige inländische Einkünfte im Sinn des § 49 EStG weiter bezieht.

b) **Anfangsvermögen** ist in entsprechender Anwendung des § 16 Abs. 1 und damit des § 14 das inländische Betriebsvermögen, das am Schluß des der Auflösung, Verlegung oder Übertragung des Vermögens der inländischen Betriebsstätte vorangegangenen Wirtschaftsjahrs der Veranlagung zugrunde gelegen hat. Dies setzt voraus, daß der aus der inländischen Betriebsstätte gezogene gewerbliche

Gewinn durch einen Betriebsvermögensvergleich nach § 4 oder § 5 EStG berechnet worden ist. Ist der inländische Gewinn ohne Betriebsvermögensvergleich ermittelt, insbesondere geschätzt worden, dann liegt ein Anfangswert des Betriebsvermögens nicht vor. Da in diesem Fall auch die Ersatzwerte des § 14 Abs. 4 Satz 2 KStG regelmäßig nicht vorhanden sind, könnte das Betriebsvermögen nur nach den Anschaffungs= oder Herstellungskosten im Sinn der genannten Vorschrift geschätzt werden (vgl. unter d).

c) Als **Endvermögen** ist in entsprechender Anwendung des § 16 Abs. 1 Satz 2 das der aufgelösten oder verlegten inländischen Betriebsstätte gewidmete Betriebsvermögen mit dem gemeinen Wert im Zeitpunkt der Verbringung des Vermögens ins Ausland oder der Übertragung anzusetzen. Bei der entgeltlichen Übertragung des Vermögens als Ganzen ist die Gegenleistung Anhaltspunkt für die Höhe des gemeinen Wertes im Zeitpunkt der Übertragung. Wegen des Falles der Verlegung einer einzigen von mehreren inländischen Betriebsstätten vgl. Anm. 4.

d) Soweit die **Gewinnermittlung** unter Vornahme eines Betriebsvermögensvergleichs nach §§ 4, 5 EStG vorgenommen werden kann, sind auch die allgemeinen Vorschriften über die Gewinnermittlung zu beachten. Ist das Anfangsvermögen beim Fehlen ordnungsmäßiger Grundlagen zu schätzen, dann wird es vielfach zweckmäßiger sein, entweder den mutmaßlichen Veräußerungsgewinn im ganzen zu schätzen oder aber die Körperschaftsteuer in Anwendung des § 50 Abs. 6 EStG in einem Pauschbetrag festzusetzen, weil die gesonderte Berechnung der Einkünfte besonders schwierig ist.

9. Mindestbesteuerung.

§ 17.

(1) Als **Mindesteinkommen** werden der Besteuerung zugrunde gelegt:
1. die Ausschüttungen (auch verdeckte Gewinnausschüttungen), soweit sie mehr als 4 vom Hundert des eingezahlten Grund= oder Stammkapitals oder, wenn ein solches nicht vorhanden ist, des bei der letzten Veranlagung zur Vermögensteuer festgestellten Vermögens betragen, ohne Rücksicht darauf, aus welchen Mitteln die Ausschüttungen stammen;
2. die Vergütungen jeder Art, die an Mitglieder des Aufsichtsrats, Verwaltungsrats, Grubenvorstands oder andere mit der Überwachung der Geschäftsführung beauftragte Personen gewährt werden;
3. die Vergütungen jeder Art, die an Mitglieder des Vorstands oder an andere Angestellte in leitender Stellung für ihre Tätigkeit gewährt werden, soweit die Vergütungen außer Verhältnis zu ihrer Arbeitsleistung stehen.

(2) Die Mindestbesteuerung ist nur dann vorzunehmen, wenn der Gesamtbetrag des Mindesteinkommens höher ist als das nach § 6 ermittelte Einkommen.

Inhaltsübersicht.

1. Verhältnis zum bisherigen Recht, Bedeutung und persönlicher Geltungsbereich.
   I. **Bemessung des Mindesteinkommens.**
2. Ausschüttungen.
   a) Begriff.
   b) Ausgeschüttete Beträge.
   c) Verhältnis der Ausschüttungen zum Grund= oder Stammkapital oder Vermögen.
3. Aufsichtsratsvergütungen.
   a) Begriff.
   b) Gewährte Vergütungen.
4. Vergütungen an Vorstandsmitglieder und andere leitende Angestellte.
   a) Leitende Angestellte.
   b) Verhältnis der Vergütung zur Arbeitsleistung.
   II. **Berechnung des Mindesteinkommens.**
5. Zurechnung der Ausschüttungen und Vergütungen zu einem Kalenderjahr.
6. Mindesteinkommen als Besteuerungsgrundlage.
7. Mindestbesteuerung und Steuererleichterungen.
8. Anrechnung der Kapitalertragsteuer auf die Mindeststeuer.

§ 17 KStG. Mindestbesteuerung.

Schrifttum. Weisensee, Mindestbesteuerung und Abzüge, DStZ. 34 S. 555; Kaemmel, Mindestbesteuerung und Kapitalertrag bei der Umwandlung und Auflösung von Kapitalgesellschaften, DStZ. 35 S. 701; Noortwyk, Die Mindestbesteuerung der Körperschaften, DStZ. 36 S. 839; Bender, Die Mindestbesteuerung der Körperschaften nach dem KStG 1934, StW. 36 I Sp. 449; Kennerknecht, Die Mindestbesteuerung von Gewinnausschüttungen nach dem neuen Körperschaftsteuerrecht, DStBl. 36 0640 S. 1.

1. Verhältnis zum bisherigen Recht, Bedeutung und persönlicher Geltungsbereich.

Die Mindestbesteuerung ist neu geregelt worden. Nach § 10 Abs. 2 KStG 1925 mußte mindestens als Einkommen versteuert werden die Summe der Vergütungen jeder Art, die an Mitglieder des Aufsichtsrats für den Steuerabschnitt gewährt worden waren. Diesem zu versteuernden Mindestbetrag konnte hinzugerechnet werden die Summe der für den Steuerabschnitt ausgeschütteten Gewinnanteile unter bestimmten Voraussetzungen (§ 10 Abs. 2 a. a. O.) und die Summe der Tantiemen, Entschädigungen und Belohnungen, die an Mitglieder des Vorstands und Angestellte in leitender Stellung für den Steuerabschnitt gewährt worden sind, ohne daß sie vertraglich zugesichert waren (§ 10 Abs. 2 b a. a. O.). Bei § 10 Abs. 2 a u. b handelte es sich um eine Kannvorschrift, deren Anwendung nicht gegen die Billigkeit verstoßen durfte und daher im Einzelfall oft umstritten war. „Die bisherige Vorschrift des § 10 Abs. 2 KStG 1925 hat den Steuerpflichtigen und der Verwaltung erhebliche Schwierigkeiten bereitet. Dem neuen Gesetz gemäß (§ 17) werden als Mindesteinkommen die Ausschüttungen zugrunde gelegt, soweit sie mehr als 4 v. H. des eingezahlten Grund- oder Stammkapitals betragen. Insoweit muß die Heranziehung der Ausschüttungen ohne Rücksicht auf die Herkunft der Mittel erfolgen. In voller Höhe werden außerdem die Vergütungen an Mitglieder des Aufsichtsrats und die Vergütungen an Vorstandsmitglieder und an andere Angestellte in leitender Stellung herangezogen, letztere, soweit sie außer Verhältnis zur Arbeitsleistung stehen" (Allgem. Begr. zum KStG 1934 A Ziff. 6, RStBl. 35 S. 82).

Die Bedeutung des § 17 besteht darin, daß durch ihn für die Körperschaftsteuer außer dem Einkommen, das nach den Grundsätzen über die Gewinnermittlung oder nach dem Überschuß der Einnahmen über die Werbungskosten ermittelt wird, noch als weitere Bemessungsgrundlage das Mindesteinkommen aufgestellt wird, das nach der Summe der an bestimmte Personen gewährten Beträge berechnet wird. Die Heranziehung der Ausschüttungen und der an leitende Angestellte gezahlten übermäßigen Vergütungen ist durch den Gedanken gerechtfertigt, daß diese Beträge ein Merkmal für die Leistungsfähigkeit der Körperschaft sind. Ihre Behandlung als Mindesteinkommen entspricht der Verbrauchsbesteuerung des § 48 EStG. Wie es bei natürlichen Personen als Anzeichen einer besonderen Leistungsfähigkeit anzusehen ist, wenn sie mehr verbrauchen, als sie im Jahre einnehmen, so soll es bei Körperschaften als Merkmal einer besonderen Leistungsfähigkeit angesehen werden, wenn sie trotz anscheinend ungünstiger Ergebnisse ihren Gesellschaftern (Mitgliedern) Ausschüttungen über einen bestimmten Betrag hinaus und ihren leitenden Angestellten übermäßige Vergütungen gewähren. Daß die Vergütungen an die Aufsichtsratsmitglieder zum Mindesteinkommen der Körperschaft gerechnet werden, hat seinen Grund in der bereits in Anm. 8 Abs. 1 zu § 12 KStG erwähnten Tatsache, daß die sogen. Tantiemensteuer des KVG in das KStG hineingearbeitet worden ist. Durch die Vorschrift des § 17 Ziff. 2 wird in Ergänzung der Vorschrift des § 12 Ziff. 3 KStG sichergestellt, daß die Aufsichtsratsvergütungen auf jeden Fall der Körperschaftsteuer unterliegen, auch wenn sie nicht aus dem Gewinn bezahlt werden könnten, wenn also die Körperschaft ein niedrigeres Einkommen als die Aufsichtsratsvergütungen oder einen Verlust gehabt hat.

Die Vorschrift über das Mindesteinkommen gilt für alle Körperschaften, bei denen vor allem Ausschüttungen an ihre Mitglieder und die erwähnten Vergütungen vorkommen können, also nicht für die Kapitalgesellschaften, sondern insbesondere auch für steuerpflichtige Erwerbs- und Wirtschaftsgenossenschaften und rechtsfähige und nichtrechtsfähige Personenvereinigungen (vgl. auch Anm. 172

zu § 6 KStG). Sie gilt weiter, wie auch aus § 28 Abs. 4 I. KStDBO hervorgeht, für beschränkt steuerpflichtige Körperschaften (vgl. auch Anm. 8 d, cc zu § 2 KStG und Anm. 6 Abs. 2).

I. Bemessung des Mindesteinkommens.
2. Ausschüttungen.

a) Nach § 17 Abs. 1 Ziff. 1 werden als Mindesteinkommen der Besteuerung zugrunde gelegt die **Ausschüttungen (auch verdeckte Gewinnausschüttungen).** Der Begriff der Ausschüttungen ist für Kapitalgesellschaften und Erwerbs- und Wirtschaftsgenossenschaften gleichbedeutend mit dem Begriff der Gewinnanteile (Dividenden), Zinsen, Ausbeuten und sonstigen Bezügen im Sinn des § 20 Abs. 1 Ziff. 1 EStG (vgl. dazu Anm. 157 ff. zu § 20 EStG). Dazu gehören auch die verdeckten Gewinnausschüttungen, die nach § 6 Satz 2 KStG auch bei Ermittlung des Einkommens zu berücksichtigen sind (vgl. dazu Anm. 167 ff. zu § 6 KStG). Unter Ausschüttungen sind alle den Gesellschaftern gewährten Gewinnanteile und sonstigen mit Rücksicht auf das Gesellschaftsverhältnis gewährten Vorteile zu verstehen, die den Gesellschaftern ohne eine förmliche Herabsetzung des Grund- oder Stammkapitals zugewendet werden. Dazu gehören alle Dividenden und unter sonstiger Benennung gewährten Gewinnanteile, Freiaktien, Freianteile, auch die Ausschüttungen auf Genußscheine im Sinn des § 7 Satz 2 KStG, nicht aber die Einräumung von Bezugsrechten. Nicht genügen Zahlungen auf Grund von Gläubigerrechten der Gesellschafter, auch wenn Voraussetzung der Zahlungsverpflichtung das Vorhandensein des Gewinns bei der Kapitalgesellschaft ist und die Zahlung tatsächlich aus dem Gewinn erfolgt, z. B. bei Zahlungen auf Grund sogenannter Besserungsscheine nach RFH. I A 27/36 v. 25. 2. 36 (E. 39 S. 117, RStBl. 37 S. 286, StW. 36 Nr. 210). Die Vorschrift des § 17 Abs. 1 Ziff. 1 KStG geht der Vorschrift der Ziff. 3 a. a. O. nach RFH. I 63/37 v. 8. 2. 38 (E. 43 S. 193, RStBl. 38 S. 469, StW. 38 Nr. 193) vor. Vergütungen an Gesellschaftergeschäftsführer, die außer Verhältnis zur Arbeitsleistung stehen, sind daher in ihrem Mehrbetrag verdeckte Gewinnausschüttungen. Jedoch ist vorauszusetzen, daß diese Behandlung auch nach dem Umfang der Beteiligung des Gesellschafter-Geschäftsführers möglich ist (s. Anm. 179 b Abs. 2 zu § 6 Abs. 2 KStG). Die Annahme einer Ausschüttung im Sinn der Mindestbesteuerung wird ebenso wie die Annahme einer Gewinnausschüttung nicht dadurch ausgeschlossen, daß die Gewinnanteile nicht unmittelbar von der Gesellschaft selbst, sondern von einem Dritten auf Grund besonderer Vereinbarung mit der Kapitalgesellschaft bezahlt werden (vgl. Anm. 158 a Abs. 3 zu § 20 EStG). Daher sind nach RFH. I A 262/31 v. 28. 1. 32 (RStBl. 32 S. 302, StW. 32 Nr. 526) Zahlungen einer Obergesellschaft an die außenstehenden Aktionäre und Aufsichtsratsmitglieder einer Untergesellschaft, deren Betriebsanlagen an die Obergesellschaft verpachtet sind, zur Mindestbesteuerung bei der Untergesellschaft heranzuziehen, wobei es keinen Unterschied macht, ob die Beträge unmittelbar von der Obergesellschaft oder durch die Hand der Untergesellschaft gezahlt werden.

Für die Annahme einer Ausschüttung ist es nach der Rechtsprechung gleichgültig, ob sie durch Gewinn oder Rücklagen ermöglicht wird oder ob sie den Gesellschaftern beim Vorliegen eines Scheingewinns oder eines Verlusts gewährt wird. Nur die Rückzahlung des einbezahlten Grund- oder Stammkapitals oder sonstigen Kapitals schließt die Annahme einer Ausschüttung aus. Daher kann eine Ausschüttung im Sinn der Vorschrift dann nicht verneint werden, wenn durch sie das Grund- oder Stammkapital „angegriffen" wird. Wenn nämlich eine Ausschüttung zur Folge hat, daß das steuerliche Reinvermögen niedriger wird als das Grund- oder Stammkapital, oder wenn nach der Steuerbilanz schon vorher Unterbilanz vorgelegen hat, dann soll es sich nach RFH. I A 180/31 v. 29. 1. 32 (RStBl. 32 S. 250, StW. 32 Nr. 770) und I A 179/35 v. 19. 11. 35 (StW. 36 Nr. 135) um Rückzahlungen von Grund- oder Stammkapital handeln und eine solche habe nicht als Ausschüttung zu gelten. Wenn eine AG. oder GmbH. eine Ausschüttung beschließt, weil sie zwar handelsrechtlich, aber nicht steuerrechtlich mehr Reinvermögen besitzt als Grund- oder Stammkapital, kann man nicht von einer Rückzahlung des Grund- oder Stammkapitals reden. Der ausgeschüttete Betrag ist aus dem Vermögen der Gesellschaft verschwunden. Aber Grund- oder Stammkapital sind unverändert; denn zu ihrer Herabsetzung gehört ein auf Kapitalherabsetzung gerichteter Beschluß der Gesellschafterversammlung. Nur unter dieser Voraussetzung kann steuerlich eine Rückzahlung von Grund- oder Stammkapital anerkannt werden, sonst handelt es sich um Gewinnausschüttung, auch wenn dadurch das Reinvermögen niedriger wird wie Grund- oder Stammkapital oder der Unterschiedsbetrag, um den das Reinvermögen bereits niedriger ist als Grund- oder Stammkapital, vergrößert wird. Man kann dann wohl sagen, das Grundkapital sei angegriffen, weil das bilanzmäßige Reinvermögen geringer ist als das Grund- oder Stammkapital, aber nicht, das Grund- oder Stammkapital sei zurückgezahlt (vgl. auch Mirre, Bespr. StW. 36 Bd. I Sp. 418). Die Mindestbesteuerung der Ausschüttungen als Mußvorschrift hat nunmehr auch stets Ausschüttungen zu umfassen, die das Kapital „angreifen". Um eine Rückzahlung von Kapital handelte es sich dagegen bei dem in RFH. I A 532/28 v. 28. 1. 30 (E. 26 S. 219, RStBl. 30 S. 165, StW. 30 Nr. 555) entschiedenen Fall, in dem eine als GmbH. behandelte GmbH. u. Co., KoG. vorlag. Wenn bei einer solchen an die Kommanditisten Beträge „ausgeschüttet" werden, obwohl die Gesellschaft keinen Gewinn erzielt hat, so sind die Beträge zu buchen Kapitalkonto der Kommanditisten links — Kasse rechts. Es vermindert sich also das Kapitalkonto der Kommanditisten und die Sache ist so aufzufassen, wie wenn eine GmbH. eine mit Auszahlung an die Gesellschafter verbundene Herabsetzung des Stammkapitals beschlossen hätte. Denn wenn die GmbH. u. Co. steuerlich als eine GmbH. behandelt wird, dann stellen die Einlagen der Kommanditisten steuerlich Stammkapital dar und Zahlungen, die aus den Einlagen erfolgen, sind Rückzahlungen von Stammkapital. Auch Bauzinsen (§ 215 Abs. 2 HGB bzw. § 54 Abs. 2 AktG) können nicht als Ausschüttung behandelt werden, wenn sich ihre Zahlung (mangels Gewinns oder Rücklage) als Rückzahlung von Grundkapital darstellt (RFH. I A 782/29 v. 1. 4. 30, RStBl. 30 S. 315, StW. 30 Nr. 554).

Bei den bergrechtlichen Gewerkschaften fehlt ein zahlenmäßig bestimmtes Grundkapital. Daher sind bei ihnen bis zur Einstellung der Ausbeute grundsätzlich alle Ausschüttungen an die Gewerken als Kapitaleinkünfte zu behandeln, ohne Rücksicht darauf, ob in ihnen Grundkapital oder Zubußen zurückbezahlt werden oder nicht (vgl. Anm. 161 zu § 20 EStG). Für die Kannvorschrift des § 17 Abs. 1 Ziff. 1 KStG 1925 wurde in RFH. I A 53/35 v. 23. 7. 35 (RStBl. 35 S. 1451, StW. 35 Nr. 618) der Grundsatz aufgestellt, daß bei Berggewerkschaften Rückzahlungen aus dem Grundkapital nicht der Mindestbesteuerung nach den Ausschüttungen unterlägen und daß als Grundkapital einer vor Abschluß der Geldentwertungszeit gegründeten Berggewerkschaft der Betrag anzusetzen sei, der bei der Veranlagung für den ersten Steuerabschnitt nach dem KStG 1925 als Anfangsbetriebsvermögen festgestellt worden ist. Nachdem jetzt die Mindestbesteuerung nach den Ausschüttungen zwingend vorgeschrieben ist, sind die Ausschüttungen auch für die Feststellung des Mindesteinkommens nach den gleichen Grundsätzen, wie sie für den Begriff des Gewinnanteils im Sinn des § 20 Abs. 1 Ziff. 1 EStG maßgebend sind, zu ermitteln. Danach scheidet aber die Berücksichtigung einer Kapitalrückzahlung bei Ausbeuten regelmäßig aus. Diese im Wesen der Gewerkschaft begründete Härte könnte nur durch den Gesetzgeber beseitigt werden.

b) Wenn das Gesetz der Mindestbesteuerung die Ausschüttungen unterwirft, dann bedeutet das weiter, daß die Gewinnanteile der unter a bezeichneten Art einschließlich der verdeckten Gewinnausschüttungen den Gesellschaftern und Mitgliedern **ausgeschüttet, d. h. zugewendet** worden sind. Die Beträge müssen den Gesellschaftern in bar oder in Sachbezügen gewährt oder gutgeschrieben oder auf eine sonstige Weise, z. B. durch Aufrechnung mit einer Schuld der Gesellschafter zugewendet worden sein. Eine Ausschüttung in diesem Sinn liegt nicht vor bei den Gewinnanteilen, die auf eigene Aktien oder Geschäftsanteile der Gesellschaft entfallen (RFH. I A 451/32 v. 20. 6. 33, RStBl. 33 S. 984, StW. 34 Nr. 398). Gewinnanteile, die auf eigene, d. h. im Besitz der Kapitalgesellschaft selbst befindliche Gesellschaftsanteile entfallen, sind daher bei der Berechnung des Mindesteinkommens nach den Ausschüttungen nicht mitzurechnen. Tatsächlich vermindert sich auch das Reinvermögen der Gesellschaft nur um die Beträge, die auf die anderen Aktien und Gesellschaftsanteile entfallen. Nach den neueren Vorschriften des Aktienrechts (§ 226 Abs. 5 HGB bzw. § 65 Abs. 7 AktG) nehmen die eigenen Aktien auch an der Gewinnverteilung (Dividendenausschüttung) nicht teil, so daß z. B. bei einem Grundkapital von 1 000 000 und 100 000 RM. eigenen Aktien zum Zurverfügungstehen von 90 000 RM. eine Dividende von 10 v. H. (10 v. H. von 900 000 RM.) und nicht bloß 9 v. H. (9 v. H. von 1 000 000) zulässig ist.

Keine Gewinnanteile der Gesellschafter und damit auch keine Ausschüttungen stellen die Beträge dar, die Kapitalgesellschaften nach dem Kapitalanlagegesetz v. 29. 3. 34 (RStBl. I S. 295) neben der beschlossenen Ausschüttung in Anleihen anzulegen hatten. Dieser Anleihestock ist noch Bestandteil des Gesellschaftsvermögens und daher noch nicht an die Gesellschafter ausgeschüttet. Dagegen wird der nach dem Gesetz über die Gewinnverteilung bei Kapitalgesellschaften (Anleihestockgesetz) v. 4. 12. 34 (RGBl. I S. 1222, RStBl. 35 S. 428) aus dem nicht bar auszuschüttenden Teil des Gewinns gebildete Anleihestock von der Deutschen Golddiskontbank für Rechnung der Gesellschaft und nicht der Gesellschaft verwaltet. Wie auch aus der Regelung der Kapitalertragsteuer hervorgeht, sind die dem Anleihestock zugeführten Beträge aus dem Vermögen der Gesellschaft ausgeschieden und ein etwaiger Zuwachs durch Zinsen und sonstige Werterhöhungen geht zugunsten der Gesellschafter. Daher sind die dem Anleihestock zugeführten Beträge für das Geschäftsjahr, für das sie als Gewinn gewährt werden, als Ausschüttungen im Sinn der Mindestbesteuerung zu behandeln. Denn durch die Überweisung sind sie von der Gesellschaft ausgeschüttet worden und es ist belanglos, daß sie für die Einkommen= oder Körperschaftsteuer der Gesellschafter erst mit der endgültigen Aufteilung des Anleihestocks als vereinnahmt zu behandeln sind (s. Anm. 163 zu § 20 EStG).

Die Ausschüttungen einschließlich der verdeckten Gewinnausschüttungen sind als Mindesteinkommen der Besteuerung zugrunde zu legen ohne Rücksicht darauf, aus welchen Mitteln die Ausschüttungen stammen. Es ist daher gleichgültig, ob die Gesellschaft die Ausschüttungen aus Gewinn oder Rücklagen geleistet oder ob sie trotz Verlust die Ausschüttungen etwa mit Hilfe geliehener Gelder oder sonstwie durchgeführt hat. Entscheidend ist allein, ob und in welcher Höhe die Gesellschaft tatsächlich Ausschüttungen gemacht hat. Daher kann auch die Mindestbesteuerung nach den Ausschüttungen, wie unter a Abs. 2 dargelegt, nicht dadurch in Frage gestellt werden, daß die Ausschüttungen das Grund= oder Stammkapital „angreifen". Wenn durch Beschluß der Gesellschafterversammlung der Gewinn der Handelsbilanz vollständig ausgeschüttet wird, während der Gewinn der Steuerbilanz niedriger ist, war nach der Rechtsprechung zum KStG 1925 (vgl. RFH. I A 257/30 v. 20. 9. 32, StW. 33 Nr. 113 und I A 456/30 v. 28. 9. 32, StW. 33 Nr. 120) die Mindestbesteuerung nach den ausgeschütteten Gewinnanteilen dann als unbillig anzusehen, wenn aus bestimmten Gründen in der Handelsbilanz ein Gewinn ausgewiesen wurde, der tatsächlich keiner war. Nachdem die Vorschrift des § 17 eine Mußvorschrift ist, muß die Mindestbesteuerung nach den tatsächlichen Ausschüttungen durchgeführt werden ohne Rücksicht darauf, welche Erwägungen der Gesellschaft zum Ausweis eines höheren Gewinns und zu dessen Ausschüttung geführt haben. Wegen der Zahlung der Beträge durch Dritte s. unter a Abs. 1.

Der Mindestbesteuerung steht auch nicht der Umstand entgegen, daß die ausgeschütteten Beträge als Einkünfte der ausschüttenden Gesellschaft sachlich steuerbefreit waren. Dies bedeutet insofern eine Änderung gegenüber dem bisherigen

Recht, als bei der Heranziehung der ausgeschütteten Gewinnanteile nach § 10 Abf. 2a KStG 1925 nach ausdrücklicher Anordnung die sachlichen Befreiungsvorschriften des § 11 KStG 1925 unberührt blieben. Diese Vorschrift ist in das neue Gesetz nicht übernommen worden. Wenn also eine Gesellschaft im Wirtschaftsjahr, für das Gewinn ausgeschüttet wird, nur Schachteldividenden bezogen hat, konnte sie diese nach dem früheren Gesetz ausschütten, ohne der Mindestbesteuerung unterworfen zu werden, während sie jetzt bei einer Ausschüttung von z. B. 5 v. H. des Grundkapitals mit 1 v. H. des Grundkapitals zur Mindeststeuer heranzuziehen ist (vgl. ErgR 34 E VII Abs. 1, RStBl. 35 S. 798 und RFH. I A 7/36 v. 9. 6. 36, E. 39 S. 285, RStBl. 36 S. 815, StW. 36 Nr. 379). Ebenso ist es belanglos, wenn die ausgeschütteten Beträge bei der ausschüttenden Gesellschaft auf Grund eines Doppelbesteuerungsabkommens sachlich steuerbefreit waren (RFH. I A 314/36 v. 2. 3. 37, E. 41 S. 113, RStBl. 37 S. 627, StW. 37 Nr. 210). Aus den gleichen Erwägungen ist ein Abzug der nach § 34 StGutschein-DB steuerfreien Einnahmen bei der Mindestbesteuerung nach den Ausschüttungen ausgeschlossen (RFH. I A 75/35 v. 28. 6. 35, E. 38 S. 96, RStBl. 35 S. 1067, StW. 35 Nr. 486 und BR 37 H X 2, RStBl. 38 S. 234, s. Anh. 17).

c) Die Ausschüttungen sind nicht im vollen Umfang der Mindestbesteuerung zugrunde zu legen, sondern nur insoweit, **als sie mehr als 4 v. H. des eingezahlten Grund- oder Stammkapitals** oder, wenn ein solches nicht vorhanden ist, des bei der letzten Veranlagung zur Vermögensteuer festgestellten Vermögens betragen. Ausschüttungen bis zu 4 v. H. des eingezahlten Grund- oder Stammkapitals oder Vermögens sind also stets von der Mindestbesteuerung ausgenommen, während sie insoweit, als sie 4 v. H. übersteigen, als Mindesteinkommen angesetzt werden müssen. Nach der in den BR 37 H X 4 (RStBl. 38 S. 235, s. Anh. 17) gegebenen Anweisung sind die Ausschüttungen in Höhe von 4 v. H. nur aus dem an der Dividende teilnehmenden Grund- oder Stammkapital, nicht aber aus dem gesamten Kapital zu berechnen. Erhalten die Aktionäre oder Anteilseigner mehr als 4 v. H. des an der Ausschüttung teilnehmenden Grund- oder Stammkapitals, so unterliegt dieser Mehrbetrag der Mindestbesteuerung. Dies gilt für die Fälle, daß die Dividende nur an eine Gruppe von Aktionären oder an einen einzelnen Aktionär ausgeschüttet wird, oder daß die Dividende an einzelne Gruppen von Aktionären in verschiedener Höhe ausgeschüttet wird (vgl. die in den BR 37 a. a. O. gegebenen Beispiele).

Für die Berechnung des Betrags von 4 v. H. ist maßgebend das eingezahlte Grund- oder Stammkapital, auf das der Gewinn ausgeschüttet wird. Maßgebend ist dabei nach RFH I 354/37 v. 8. 2. 38 (E. 43 S. 126, StBl. 38 S. 492, StW. 38 Nr. 194) das Kapital im Zeitpunkt der Ausschüttung, nicht etwa das am Schluß des Geschäftsjahrs, für das die Ausschüttung erfolgt. Eine nach der Ausschüttung beschlossene Kapitalerhöhung bleibt daher unberücksichtigt. Das gesamte eingezahlte Grund- oder Stammkapital ist nach RFH. I 63/37 (s. unter a Abs. 1) auch dann maßgebend, wenn der Gewinn nicht an sämtliche Gesellschafter ausgeschüttet wird, es sei denn, daß es verschiedene Gattungen von Aktien oder Anteilen mit verschiedenen Rechten gibt. Dann sind die 4 v. H. für jede Aktiengattung gesondert zu berechnen. Ebenso wie bei Feststellung des Betrags der Ausschüttungen die auf eigene Aktien oder eigene Anteile entfallenden Gewinnanteile außer Ansatz zu bleiben haben, ist auch bei Berechnung des Hundertsatzes vom Grund- oder Stammkapital der auf die eigenen Aktien oder eigenen Anteile entfallende Teil des Kapitals unberücksichtigt zu lassen (BR 37 H X 5 und das dort gegebene Berechnungsbeispiel, RStBl. 38 S. 235, s. Anh. 17). Auch sonst kann steuerrechtlich eine Abweichung von der Höhe des handelsbilanzmäßig ausgewiesenen Grund- oder Stammkapitals notwendig werden. Dem laut Gesellschaftsvertrag sich ergebenden eingezahlten Grund- oder Stammkapital ist nach RFH. I A 19/36 v. 28. 4. 36 (E. 39 S. 219, RStBl. 36 S. 770, StW. 36 Nr. 298) das Genußscheinkapital bei Berechnung des steuerbefreiten Teiles der Ausschüttungen hinzuzurechnen, wenn Ausschüttungen auf Genußscheine im Sinne des § 7 Satz 2

KStG in das Mindesteinkommen eingerechnet werden. Wenn aber die Genuß=
scheine den Aktionären unentgeltlich zugewendet sind, so erscheint es fraglich, ob
eine solche unentgeltliche Zuwendung den Erfolg haben kann, daß infolgedessen
später mehr Dividenden „ungestraft" ausgeschüttet werden können. Man wird
aber sagen können, wenn die Genußscheine unentgeltlich erworben sind, dann ist
nichts auf sie eingezahlt. Daher können sie auch nicht zu dem für die Mindest=
besteuerung maßgebenden Gesellschaftskapital gerechnet werden, wenn nicht vor=
herige verdeckte Gewinnausschüttung und Einzahlung des ausgeschütteten Betrags
auf die Genußscheine unterstellt worden ist. Bei der KoGaA. ist der persönlich
haftende Gesellschafter als Mitunternehmer selbst Gewerbetreibender (vgl. § 15
Ziff. 3 EStG), seine nicht auf das Grundkapital gemachten Einlagen sind daher
nicht Bestandteil des Grundkapitals im Sinn des § 17 Ziff. 1. Das gleiche gilt
für die Kommanditisten einer GmbH u.. Co., KoG, wenn sie steuerlich als solche
anerkannt wird. Wird dagegen die GmbH. u. Co. steuerrechtlich als eine GmbH.
angesehen, dann ist auch die nicht auf das Stammkapital entfallende Einlage
(Kapitalkonto) der Kommanditisten dem Stammkapital der GmbH. hinzuzurechnen;
denn die Kommanditisten gelten dann steuerrechtlich als Gesellschafter der GmbH.
und ihre nicht auf das Stammkapital gemachten Einlagen sind ebenfalls als Stamm=
anteile und daher auch die darauf entfallenden Gewinnanteile wie die der Gesell=
schafter der GmbH. zu behandeln (vgl. Anm. 15 e zu § 1 KStG). Auch verdeckte
Stammeinlagen, z. B. Gesellschafterdarlehen oder sonstige Forderungen sind für
die Zwecke der Mindestbesteuerung zum Grund= oder Stammkapital zu rechnen,
wenn sie sonst für die Körperschaftsteuer als Teil des Grund= oder Stammkapitals
behandelt werden (vgl. Anm. 15 c, d zu § 1 KStG). Nahmen die an sich als Bestand=
teil des steuerlichen Gesellschaftskapitals anzuerkennenden Genußscheine, Einlagen
oder sonstige Rechte der Gesellschafter nicht an der Gewinnausschüttung des Wirt=
schaftsjahrs teil, dann scheiden sie auch für die Berechnung des steuerfreien Teiles
des Mindesteinkommens aus.

Bei Körperschaften ohne festes Grund= oder Stammkapital ist der Betrag des
Vermögens nach der letzten Veranlagung zur Vermögensteuer maß=
gebend. Als letzte Veranlagung kommt die Veranlagung nach dem Stichtag in
Betracht, der dem Ende des für die Körperschaftsteuer maßgebenden Veranlagungs=
zeitraums und bei abweichendem Wirtschaftsjahr dem Ende des Wirtschaftsjahrs
als Ermittlungszeitraums unmittelbar vorausgeht oder mit ihm zusammenfällt.

3. Aufsichtsratsvergütungen.

a) Die Vorschrift des § 17 Abs. 1 Ziff 2 stimmt in ihrer Fassung mit der Vor=
schrift des § 12 Ziff. 3 KStG, die den Abzug der an Mitglieder des Aufsichtsrats
usw. gewährten Vergütungen verbietet, überein. **Der Begriff der Aufsichtsrats=
vergütungen** ist daher in beiden Vorschriften der gleiche. Es wird deshalb auf die
Ausführungen über die Art der vergüteten Tätigkeit und über die unter das Ab=
zugsverbot fallenden Vergütungen (Anm. 9 und 10 zu § 12 KStG) verwiesen. Für
die Heranziehung der Aufsichtsratsvergütungen zur Mindeststeuer ist es gleich=
gültig, ob die gewährten Vergütungen aus eigenen Mitteln der Körperschaft
stammen oder ob sie ihr von einer anderen Gesellschaft zur Verfügung gestellt
wurden. Nach RFH. I A 473/27 v. 11. 10. 28 (RStBl. 28 S. 360, StW. 28 Nr. 846)
sind die dem Aufsichtsrat einer Tochtergesellschaft von der Muttergesellschaft ge=
zahlten Vergütungen Einkommen der Tochtergesellschaft im Sinn des § 10 Abs. 2
Satz 1 KStG 1925 (§ 17 Abs. 1 Ziff. 2 KStG 1934). Erhält die Tochtergesellschaft
die als Vergütung für ihren Aufsichtsrat erforderlichen Mittel von der Mutter=
gesellschaft, dann unterliegen diese Beträge, wenn sie sie ihrem Aufsichtsrat als
Vergütung für das Wirtschaftsjahr gewährt, nach RFH. I A a 866/28 v. 16. 4. 29
(RStBl. 29 S. 344, StW. 29 Nr. 568) der Mindestbesteuerung. Dabei ist es gleich=
gültig, ob die Tochtergesellschaft ein Organ der Muttergesellschaft ist oder nicht.

Unterhält eine ausländische Gesellschaft in Deutschland eine unselbständige
Betriebsstätte, so können die von der Gesellschaft für die Überwachung ihrer Ge=

schäftsführung gezahlten Vergütungen insoweit der Mindestbesteuerung unterworfen werden, als sie anteilig auf die inländische Betriebsstätte entfallen (s. Anm. 6 Abs. 2). Wenn der hoard of directors einer beschränkt steuerpflichtigen englischen company limited by shares die ihm obliegende Geschäftsführung in so weitem Umfang auf managers übertragen hat, daß er selbst im wesentlichen nur die Geschäftsführung überwacht, stellen die an die Mitglieder des board gezahlten Vergütungen nach RFH. I A 30/36 (s. Anm. 9 a. E. zu § 12 KStG) Aufsichtsratsvergütungen dar. Auch eine ausländische AG. (Sitz und Ort der Leitung im Ausland), die zusammen mit einer deutschen AG. im Inland eine OHG. betreibt und daher mit dem aus der OHG. erzielten Gewinn in Deutschland unbeschränkt körperschaftsteuerpflichtig ist, hat nach RFH. I A 395/31 v. 22. 3. 33 (RStBl. 33 S. 1218, StW. 33 Nr. 514) als Einkommen mindestens den auf sie entfallenden Anteil an den Aufsichtsratsvergütungen zu versteuern, die die OHG. für das Wirtschaftsjahr an die Mitglieder des für sie besonders bestellten Aufsichtsrats bezahlt hat. Dieser Teil ist nach dem gleichen Verhältnis zu berechnen, in dem die ausländische AG. nach dem Gesellschaftsvertrag an dem Gewinn der OHG. beteiligt ist. Der so errechnete Anteil ist bei der ausländischen AG. der Mindeststeuer zu unterwerfen, nicht dagegen auch die von ihr selbst an die Mitglieder ihres Aufsichtsrats gezahlten Vergütungen.

b) Die Mindestbesteuerung erstreckt sich ebenso wie das Abzugsverbot des § 12 Ziff. 3 KStG auf die den Mitgliedern des Aufsichtsrats usw. **gewährten Vergütungen** jeder Art. Wenn auch die Vergütungen zur Mindeststeuer grundsätzlich in dem Kalender- oder Wirtschaftsjahr heranzuziehen sind, für das sie gewährt sind (vgl. Anm. 5), so setzt doch die Gewährung einer Vergütung begrifflich nicht nur ihre Bewilligung, sondern auch die nachfolgende Bezahlung voraus. Wenn auch im Regelfall zu unterstellen ist, daß der Bewilligung der Aufsichtsratsvergütung durch die Gesellschafterversammlung die Auszahlung in irgend einer Form folgen wird, so kann doch in besonderen Fällen die Tatsache, daß eine Aufsichtsratsvergütung später nicht ausbezahlt wurde, steuerlich nicht unberücksichtigt bleiben. Aus dem Wesen der Steuerberechnung nach den gezahlten Aufsichtsratsvergütungen als Ersatz für die Aufsichtsratssteuer wird in RFH. I A 99/31 v. 1. 2. 33 (E. 32 S. 313, RStBl. 33 S. 333, StW. 33 Nr. 423) gefolgert, daß eine Steuerpflicht nur in Frage kommt, wenn die Vergütung gezahlt wird oder eine der Zahlung gleichzustellende Handlung, wie unter Umständen eine Gutschrift, Giroüberweisung oder Aufrechnung erfolgt. Werden die Vergütungen zwar festgesetzt, aber wegen der ungünstigen Verhältnisse der Gesellschaft gestundet, so hat das nicht zur Folge, daß für das betreffende Jahr endgültig keine Körperschaftsteuer von den Aufsichtsratsvergütungen zu erheben ist. Wegen der grundsätzlichen Zurechnung der Aufsichtsratsvergütungen zu dem Geschäftsjahr, für das sie gezahlt sind, ist die Steuer im Fall der Stundung vorläufig festzusetzen (§ 100 Abs. 1 AO), und zwar nach den in der Bilanz ausgeworfenen Beträgen. Verzichten die Aufsichtsratsmitglieder schließlich doch auf die ausgeworfenen Beträge, dann ist die Gesellschaft im endgültigen Bescheid freizustellen und die gezahlte Steuer zu erstatten.

4. Vergütungen an Vorstandsmitglieder und andere leitende Angestellte.

Vergütungen jeder Art, die an Mitglieder des Vorstands oder an andere Angestellte in leitender Stellung für ihre Tätigkeit gewährt werden, werden nach § 17 Abs. 1 Ziff. 3 als Mindesteinkommen zugrunde gelegt, soweit die Vergütungen außer Verhältnis zu ihrer Arbeitsleistung stehen.

a) Die Vergütungen müssen an Mitglieder des **Vorstands und andere Angestellte in leitender Stellung** gezahlt sein. Die Stellung des Vorstandsmitglieds ergibt sich aus der Verfassung der Gesellschaft, also nach den Grundsätzen des Handelsrechts (vgl. §§ 231 ff. HGB, §§ 70 ff. AktG). Vorstandsmitglieder sind stets leitende Angestellte im Sinn der Vorschrift. Im übrigen kommt es für den Begriff des leitenden Angestellten nicht auf die Bezeichnung an, sondern auf die tatsächlichen Befugnisse des Angestellten im Betrieb. Der Unterschied des leitenden An-

Anmerkung 3—4.

gestellten gegenüber einem sonstigen Angestellten wird in der Begr. zu § 14 Abs. 3, StAnpG (RStBl. 34 S. 1408), der die Besteuerung der leitenden Angestellten von inländischen Unternehmen regelt, im Anschluß an einen Erlaß des RdF. wie folgt erläutert: „Der wesentlichste Unterschied, der zwischen einem leitenden Angestellten und einem Angestellten in nicht leitender Stellung besteht, liegt darin, daß der leitende Angestellte in der Lage ist, durch seine Maßnahmen in entscheidender Weise auf die geschäftlichen Ergebnisse, ja auf das gesamte Schicksal des Unternehmens einzuwirken". Regelmäßig gehören zu den leitenden Angestellten im Sinn der Vorschrift kraft ihrer handelsrechtlichen Stellung die Prokuristen, die in § 14 Abs. 3 StAnpG mit den Vorstandsmitgliedern als leitende Angestellte besonders erwähnt sind. Im übrigen wird auch nach der Begriffsbestimmung der Begr. des StAnpG für einen leitenden Angestellten zu fordern sein, daß er eine über das Technische hinausgehende, kaufmännische leitende Tätigkeit im Betrieb zu entfalten hat. Daher werden regelmäßig auch die Leiter größerer Zweigstellen des Betriebs hierher zu rechnen sein. Der persönlich haftende Gesellschafter einer KoGaA. kann einkommensteuerrechtlich nicht zu den leitenden Angestellten gerechnet werden; denn nach § 15 Ziff. 3 EStG ist er in dieser Eigenschaft Unternehmer und sind seine Gewinnanteile, soweit sie nicht auf Anteile (Aktien) am Grundkapital entfallen, und die für seine Tätigkeit bezogenen Vergütungen Einkünfte aus Gewerbebetrieb, die nach § 11 Ziff. 3 KStG bei der Ermittlung des Einkommens der Gesellschaft abzugsfähig sind. Diese Auffassung steht nicht im Widerspruch zu der in RFH. III A 376/34 v. 20. 2. 36 (E. 39 S. 124, RStBl. 36 S. 231, StW. 36 Nr. 216) zur unbeschränkten Vermögensteuerpflicht nach § 14 Abs. 3 StAnpG vertretenen Auffassung, daß die Frage, ob der persönlich haftende Gesellschafter einer KoGaA. leitender Angestellter (Vorstandsmitglied) oder Unternehmer sei, nach den Umständen des Einzelfalls, besonders nach dem Inhalt des Gesellschaftsvertrags entschieden werden müsse. Wenn wie in dem entschiedenen Fall ein bisheriger Angestellter in eine bereits bestehende KoGaA. als persönlich haftender Gesellschafter unter Bedingungen aufgenommen wird, die üblicherweise für einen Angestellten, nicht aber für einen persönlich haftenden Gesellschafter gelten, dann würde der neue Gesellschafter unter Umständen auch einkommensteuerrechtlich nicht als Unternehmer, sondern als Angestellter behandelt werden müssen. Es wäre dann auch zu prüfen, ob er leitender Angestellter im Sinn des § 17 Abs. 1 Ziff. 3 KStG ist.

b) Die den leitenden Angestellten gewährten Vergütungen jeder Art sind der Mindestbesteuerung zugrunde zu legen, **soweit sie außer Verhältnis zur Arbeitsleistung der leitenden Angestellten stehen.** Bemerkt sei, daß in § 78 Abs. 1 Satz 1 AktG. dem Aufsichtsrat die Verpflichtung auferlegt wird, dafür zu sorgen, daß die Gesamtbezüge der Vorstandsmitglieder (Gehälter, Gewinnbeteiligungen, Aufwandsentschädigungen, Versicherungsentgelte, Provisionen und Nebenleistungen jeder Art) in einem angemessenen Verhältnis zu den Aufgaben des einzelnen Vorstandsmitglieds und zur Lage der Gesellschaft stehen. Zur Prüfung, ob die den leitenden Angestellten gewährten Vergütungen zum Wert der Arbeitsleistung für den Betrieb in einem angemessenen Verhältnis stehen, sind sämtliche Vergütungen anzusetzen, die einem leitenden Angestellten für das Wirtschaftsjahr gewährt worden sind, ohne Rücksicht darauf, ob die Vergütungen in laufenden Bezügen oder in Tantiemen oder sonstigen einmaligen Geldleistungen oder Sachleistungen und unter welcher Benennung sie gewährt worden sind. Auch Ruhegehaltsbezüge von früheren Vorstandsmitgliedern fallen nach RFH. I 398/37 v. 30. 11. 37 (E. 42 S. 336, RStBl. 38 S. 284, StW. 38 Nr. 54) als Entlohnung der geleisteten Arbeit darunter. Zu berücksichtigen sind aber nur die Vergütungen, die die Angestellten in ihrer Eigenschaft als solche erhalten. Soweit sie gleichzeitig Gesellschafter, z. B. als Geschäftsführer einer GmbH. sind, ist davon auszugehen, daß ihnen übermäßige Vergütungen in ihrer Eigenschaft als Gesellschafter als verdeckte Gewinnausschüttungen zugewendet werden (s. unter 2 a Abs. 1). Für die Prüfung der Angemessenheit der Vergütung fehlt es an dem für die verdeckte Gewinnausschüttung gegebenen Maßstab, ob die Gesellschaft auch einem Dritten unter sonst gleichen Bedingungen die gleiche Vergütung gewährt haben würde; denn die Angestellten sind in diesem Fall für die Gesellschaft Dritte. Es bleibt daher regelmäßig nur der Vergleich mit den Vergütungen, die gleichartige oder ähnliche Betriebe an leitende Beamte in vergleichbarer Stellung bezahlen.

II. Berechnung des Mindesteinkommens und der Mindeststeuer.

5. Zurechnung der Ausschüttungen und Vergütungen zu einem Kalender- oder Wirtschaftsjahr.

Der Grundsatz für die Zurechnung stellt § 30 I. KStDVO auf:

„Die Ausschüttungen und Vergütungen nach § 17 Abs. 1 des Gesetzes sind bei der Besteuerung als Mindesteinkommen dem Kalender- (Wirtschafts-)jahr zuzurechnen, für das sie gewährt sind."

Das Kalenderjahr oder Wirtschaftsjahr, für das die Beträge gewährt sind, ist in der Regel bei Ausschüttungen, die auf Grund des Beschlusses der Gesellschafterversammlung ergehen, und auch bei Vergütungen der Aufsichtsräte und Vorstandsmitglieder ohne weiteres festzustellen. Dagegen wird bei verdeckten Gewinnausschüttungen, die äußerlich nicht als eine für einen bestimmten Zeitraum gewährte Vergütung erscheinen, die Beziehung zu einem bestimmten Jahr, vielleicht von überhöhten Arbeitsvergütungen der Gesellschafter-Geschäftsführer abgesehen, fehlen. Sie werden daher regelmäßig dem Kalender- oder Wirtschaftjahr zuzurechnen sein, in dem sie tatsächlich gewährt wurden.

Die Behandlung von Vergütungen, die nachträglich und mit rückwirkender Kraft gewährt sind, ist in § 30 Abs. 2 I. KStDVO geregelt:

„Werden Vergütungen nach den vorgenannten Vorschriften rückwirkend für bereits abgelaufene Kalender- (Wirtschafts-)jahre nachträglich gewährt, so sind sie für die Berechnung und für den Fall der Besteuerung als Mindesteinkommen dem Kalender- (Wirtschafts-)jahr zuzurechnen, das der Beschlußfassung unmittelbar vorausgeht."

Durch diese Vorschrift soll eine Wiederaufrollung bereits abgeschlossener Veranlagungen vermieden werden (vgl. VR 37 H X 1 Abs. 1 u. 2, RStBl. 38 S. 234, s. Anh. 17).

6. Mindesteinkommen als Besteuerungsgrundlage.

Nach § 17 Abs. 2 ist die Mindestbesteuerung nur dann vorzunehmen, wenn der Gesamtbetrag des Mindesteinkommens höher ist als das nach § 6 ermittelte Einkommen. Es findet demnach eine zweifache Ermittlung der Besteuerungsgrundlage statt. Es ist das Einkommen im Sinn des § 6 KStG unter Anwendung der allgemeinen Vorschriften des EStG und KStG zu berechnen und dann das Mindesteinkommen unter Ansatz der einzelnen Bestandteile nach § 17 Abs. 1. Dazu sind anzusetzen der Betrag der für das maßgebende Kalender- oder Wirtschaftsjahr gewährten Ausschüttungen einschließlich der in diesem Jahr gewährten verdeckten Gewinnausschüttungen, gekürzt um den Betrag von 4 v. H. des eingezahlten Grund- oder Stammkapitals oder der Ersatzwerte, weiter der Betrag der für das maßgebende Kalender- oder Wirtschaftsjahr gewährten Aufsichtsratsvergütungen und der Betrag der für das gleiche Jahr gewährten Vorstandsvergütungen, soweit sie außer Verhältnis zur Arbeitsleistung stehen. Ist die Summe der letzten Beträge höher als das nach § 6 KStG ermittelte Einkommen, dann ist das Mindesteinkommen der Besteuerung zugrunde zu legen. Bei den Versicherungsunternehmen, die das Lebensversicherungsgeschäft betreiben, kommt zu den beiden oben erwähnten Steuerbemessungsgrundlagen noch als dritte die des § 26 I. EStDVO (vgl. Anm. 8 b zu § 11 Ziff. 2 KStG).

Bei beschränkt steuerpflichtigen Körperschaften sind die einzelnen Bestandteile des Mindesteinkommens nach den Verhältnissen des im Inland ausgeübten Betriebs zu ermitteln; denn durch die beschränkte Steuerpflicht soll nur das aus dem Inland bezogene Einkommen erfaßt werden. Vergütungen der Aufsichtsräte und der Vorstandsmitglieder können daher nur insoweit als Mindesteinkommen angesetzt werden, als die durch die Vergütung abgegoltene Tätigkeit dem inländischen Betrieb ganz oder teilweise zugute kam. Kommt die Tätigkeit dem Betrieb der beschränkt steuerpflichtigen Körperschaft im ganzen zugute, dann müssen die dafür gewährten Vergütungen im Schätzungsweg zerlegt werden (f. auch RFH. IA 30/36 Anm. 3 a Abs. 2). Dafür können dieselben Maßstäbe verwendet werden, die auch für die Schätzung des auf eine inländische Betriebsstätte entfallenden Gewinns gelten, wenn eine gesonderte Berechnung nicht möglich ist (vgl. Anm. 8 d, bb Abs. 2 und e, cc zu § 2 KStG). Nach dem gleichen Grundsatz wird in § 28 Abs. 4 I. KStDVO zugelassen, das Mindesteinkommen im Sinn des § 17 KStG bei beschränkt steuerpflichtigen Versicherungsunternehmen nach dem Verhältnis der inländischen Prämieneinnahme zu der Gesamtprämieneinnahme des ganzen Unternehmens zu errechnen. Ist für den inländischen Betrieb ein besonderer Aufsichtsrat bestellt, dann sind die Aufsichtsratsvergütungen nach dem an die Mitglieder dieses Aufsichtsrats gezahlten Betrag anzusetzen, nicht etwa nach den an die Mitglieder eines im Ausland befindlichen Aufsichtsrats gezahlten Vergütungen, der mit der Überwachung des inländischen Betriebs nicht befaßt ist (vgl. RFH. I A 395/31 f. Anm. 3 a). Anteilige Zerlegung auf inländischen und ausländischen Betrieb wird stets bei den Ausschüttungen erforderlich sein.

7. Mindestbesteuerung und Steuererleichterungen.

Steuererleichterungen, die sich nach Art der sachlichen Steuerbefreiungen unmittelbar auf die Höhe des steuerpflichtigen Einkommens und insbesondere auch buch- oder bilanzmäßig auswirken, können ebenso wie der Umstand, daß Ausschüttungen aus steuerbefreiten Einkünften herrühren (vgl. Anm. 2 b Abs. 4), bei der Mindestbesteuerung nicht berücksichtigt werden. Denn der Zweck der Mindestbesteuerung ist, unabhängig von dem nach den allgemeinen Vorschriften ermittelten steuerpflichtigen Einkommen bestimmte Ausschüttungen und Vergütungen zur Steuer heranzuziehen. Da sich die Bewertungsfreiheit für kurzlebige Wirtschaftsgüter des Anlagevermögens (§ 6 Ziff. 1 Satz 4 EStG, § 6 KStG) buch- und bilanzmäßig auswirkt, können die danach zulässigen Absetzungen bei der Mindestbesteuerung nicht besonders berücksichtigt werden (VR 37 H X 3, RStBl. 38 S. 234, f. Anh. 17). Nach dem Ges. über Steuerfreiheit für Ersatzbeschaffungen v. 1. 6. 33 (RGBl. I S. 721, RStBl. 33 S. 462) können Aufwendungen für Ersatzbeschaffungen bei der Ermittlung des Gewinns für die Einkommen- und Körperschaft- und Gewerbesteuer im Wirtschaftsjahr der Anschaffung oder Herstellung voll abgezogen werden. In den VR 35 J VII 3 (RStBl. 36 S. 58) wurde darauf hingewiesen, daß es sich, streng genommen, dabei nicht um Steuerfreiheit, sondern um eine Vorwegnahme künftiger Abschreibungen handle. Auch die Steuerfreiheit für Ersatzbeschaffungen wirke sich buch- und bilanzmäßig bei der Berechnung des steuerpflichtigen Einkommens aus. Die Aufwendungen für Ersatzbeschaffungen könnten daher bei der Mindestbesteuerung nicht besonders berücksichtigt werden.

Dagegen sind Steuererleichterungen, durch die eine Ermäßigung der Steuer gewährt werden, auch bei der Mindestbesteuerung zu berücksichtigen. § 1 des Ges. über Steuererleichterungen v. 15. 7. 33 (RGBl. I S. 491, RStBl. 33 S. 679) und die dazu ergangene Ergänzungs-VO v. 20. 4. 34 (RGBl. I S. 318, RStBl. 34 S. 497) sehen eine Ermäßigung der Einkommen- und Körperschaftsteuerschuld um 10 v. H. der Aufwendungen für Instandsetzungs- und Ergänzungsarbeiten an Gebäuden oder Gebäudeteilen vor. Die Steuerermäßigung kommt also nicht buch- und bilanzmäßig zum Ausdruck. Daher ist auch die aus dem Mindesteinkommen im Sinn des § 17 Abs. 1 Ziff. 1—3 KStG berechnete Steuerschuld um 10 v. H. der Aufwendungen für Instandsetzungs- und Ergänzungsarbeiten zu ermäßigen (VR 35 J VII 2, RStBl. 36 S. 56). Nach den VR 36 G X 1 Abs. 3 Satz 3 und 4 (RStBl. 37 S. 258) ist im Hinblick auf den Zweck der Steuerermäßigungen für Instandsetzungen und Ergänzungen an Betriebsgebäuden nach § 1 des Ges. v. 15. 7. 33 nichts dagegen einzuwenden, daß die Ermäßigung auch bei der Mindestbesteuerung von ausgeschütteten Aufsichtsratsvergütungen gewährt wird, soweit die Veranlagungen noch nicht rechtskräftig abgeschlossen sind.

Gegenüber den Steuererleichterungen, die nach dem UmwStG und den DVO dazu bei der Umwandlung und Auflösung von Kapitalgesellschaften gewährt werden (vgl. Anm. 7, 8 zu § 15 KStG), ist nach dem Rderl. des RdF. v. 28. 6. 35 S 5003 A — 38 III, Ziff. 2 (RStBl. 35 S. 944) für die Mindestbesteuerung kein Raum. Eine Gewinnausschüttung als Maßstab der Mindestbesteuerung scheidet bei Auflösung einer Kapitalgesellschaft für den Abwicklungszeitraum begrifflich aus (vgl. Anm. 5 c Abs. 2 zu § 14 KStG). Auch nach dem Rderl. des RdF. v. 25. 9. 37 (S 2151 I — 390 III/S 5003 A — 64 III) D II 5 b Abs. 3 und 4 (RStBl. 37 S. 1099) sind die Vorschriften über die Mindestbesteuerung hinsichtlich des übertragenen Vermögens bei der aufgelösten oder umgewandelten Kapitalgesellschaft nicht anzuwenden. Dabei hat die Mindestbesteuerung nach Gewinnausschüttungen im Sinn des § 17 Abs. 1 Ziff. 1 KStG auch insoweit zu unterbleiben, als der Umwandlungsgewinn und offene Rücklagen mitübertragen werden oder mit dem Vermögen der umgewandelten oder aufgelösten Kapitalgesellschaft der letzte laufende Gewinn (Betriebsgebarungsgewinn) übertragen wird. Dagegen unterliegen die im letzten Wirtschaftsjahr von der umgewandelten oder aufgelösten Kapitalgesellschaft gezahlten Aufsichtsratsvergütungen und Vorstandsbezüge (§ 17 Abs. 1 Ziff. 3 KStG) auch im Fall der Umwandlung der Mindestbesteuerung.

8. Anrechnung der Kapitalertragsteuer auf die Mindeststeuer.

Nach § 47 Abs. 1 Ziff. 2 EStG werden auf die Einkommensteuerschuld die durch Steuerabzug einbehaltenen Beträge angerechnet, soweit sie auf die im Kalenderjahr bezogenen Einkünfte entfallen. Diese Vorschrift gilt nach § 20 KStG auch für die Veranlagung zur Körperschaftsteuer (vgl. Anm. 8 b zu § 20 KStG) und ist auch dann anzuwenden, wenn der Besteuerung das Mindesteinkommen im Sinn des § 17 KStG zugrunde gelegt wurde. Eine Ausnahme gilt jedoch nach RFH. I A 331/32 v. 1. 3. 33 (E. 32 S. 344, RStBl. 33 S. 903, StW. 33 Nr. 427) für die Mindeststeuer, die nach den gewährten Aufsichtsratsvergütungen berechnet ist. Nach dem mit der Einbeziehung der Aufsichtsratsvergütungen in das Mindesteinkommen verfolgten Zweck, nämlich die frühere Aufsichtsratsteuer zu ersetzen, hat der RFH. es als unzulässig angesehen, daß einbehaltene Steuerabzüge vom Kapitalertrag auf die Mindeststeuer, soweit sie auf gewährte Aufsichtsratsvergütungen entfällt, angerechnet werden. Diese Rechtsprechung gilt auch zu § 17 Abs. 1 Ziff. 2 (VR 37 H X 1 Abs. 3, RStBl. 38 S. 234, f. Anh. 17).

III. Steuertarif.

§ 18.

Abrundung.

Zur Berechnung der Körperschaftsteuer wird das Einkommen auf volle 10 Reichsmark nach unten abgerundet.

Die Vorschrift entspricht dem § 20 des bisherigen Gesetzes.

Unter dem Einkommen ist der Gesamtbetrag der Einkünfte im Sinn des § 2 Abs. 1 EStG zu verstehen, jedoch fällt auch das Mindesteinkommen nach § 17 KStG unter die Abrundungsvorschrift, wenn es der Besteuerung zugrunde gelegt wird. Dadurch werden Beträge unter 10 RM. bei der Körperschaftsteuerberechnung nicht berücksichtigt.

Einen steuerfreien Einkommensteil, der nach dem EStG 1934 für die Einkommensteuer in die Einkommensteuertabelle eingearbeitet und daher aus dem EStG nicht mehr besonders zu entnehmen ist (vgl. Begr. zu § 32 EStG Abs. 2, RStBl. 35 S. 49), gibt es bei der Körperschaftsteuer nicht.

§ 19

(in der Fassung des Ges. zur Änderung des KStG v. 27. 8. 36).

Steuersätze.

(1) Die Körperschaftsteuer beträgt 30 vom Hundert des Einkommens.
(2) Die Körperschaftsteuer beträgt 15 vom Hundert des Einkommens:
1. bei Kreditanstalten des öffentlichen Rechts für Einkünfte aus dem langfristigen Kommunalkredit-, Realkredit- und Meliorationskreditgeschäft;
2. bei reinen Hypothekenbanken,
   bei gemischten Hypothekenbanken für die Einkünfte aus den im § 5 des Hypothekenbankgesetzes genannten Geschäften,
   bei Schiffspfandbriefbanken.

(3) Die Körperschaftsteuer für Einkünfte, die dem Steuerabzug unterliegen, ist durch den Steuerabzug abgegolten, wenn der Bezieher der Einkünfte nur beschränkt körperschaftsteuerpflichtig ist und die Einkünfte nicht in einem inländischen gewerblichen, land- oder forstwirtschaftlichen Betrieb angefallen sind.

Inhaltsübersicht.

1. Verhältnis zum bisherigen Recht.
2. Erhöhung des Steuersatzes.
   a) Durch das Gesetz vom 27. 8. 1936.
   b) Durch das Gesetz vom 25. 7. 1938.
3. Übersicht über die seit dem Inkrafttreten des Gesetzes geltenden Steuersätze.
4. Allgemeiner Steuersatz (Abs. 1).
5. Der ermäßigte Steuersatz (Abs. 2).
   a) Allgemeines.
   b) Bei Kreditanstalten des öffentlichen Rechts.
   c) Bei Hypothekenbanken und Schiffspfandbriefbanken.
   d) Ausscheidung der im Steuersatz begünstigten Einkünfte.
6. Abgeltung der Körperschaftsteuer durch den Steuerabzug (Abs. 3).
7. Sonstige Steuerermäßigungen.

1. Verhältnis zum bisherigen Recht.

Das KStG 1925 enthielt neben den Steuersätzen von 20 v. H. und 10 v. H. des Einkommens noch einen gestaffelten Tarif für GmbH. und kleine Erwerbs- und Wirtschaftsgenossenschaften zwischen 10 und 20 v. H. § 19 KStG 1934 in d. F. v. 16. 10. 34 sah in seinem Abs. 1 den allgemeinen Steuersatz von 20 v. H. und in seinem Abs. 2 den Steuersatz von 10 v. H. vor. Die Begr. zu § 19 (RStBl. 35 S. 85) lautet: „Der Steuersatz soll grundsätzlich 20 v. H. betragen. Insoweit tritt gegenüber dem bisherigen Zustand keine Änderung ein. Ein ermäßigter Steuersatz soll wie bisher für die Hypothekenbanken und Schiffspfandbriefbanken gelten. Die im bisherigen § 21 Nr. 3 c enthaltenen Worte „der Staatsaufsicht unterliegenden" und „unter Staatsaufsicht stehenden" konnten wegfallen, da alle Hypothekenbanken und Schiffspfandbriefbanken der Reichsaufsicht unterliegen. Der gleiche Steuersatz von 10 v. H. gilt für die öffentlich-rechtlichen Kreditanstalten hinsichtlich der Einkünfte aus dem langfristigen Kommunalkredit-, Realkredit- und Meliorationskreditgeschäft (vgl. allgemeine Begründung Ziff. 2 Abs. 4). Hier kommen insbesondere Landschaften und Stadtschaften, Pfandbriefämter, auch Landesbanken (Provinzialbanken) und Girozentralen in Frage. Die Kredite müssen „langfristig" sein; der Begriff wird in den Durchführungsbestimmungen erläutert werden. In bestimmten Fällen, in denen der Bezieher von steuerpflichtigen Einkünften nur beschränkt körperschaftsteuerpflichtig ist, soll die Körperschaftsteuer durch den Steuerabzug abgegolten sein. Die früher bestehenden sonstigen Vergünstigungen im Steuersatz (z. B. für kleine Gesellschaften mit beschränkter Haftung) sind in das neue Gesetz nicht übernommen."

2. Erhöhung des Steuersatzes.

a) **Durch das Ges. zur Änderung des Körperschaftsteuergesetzes v. 27. 8. 36** (RGBl. I S. 701, RStBl. 1936 S. 873, f. S. 8) wurde der allgemeine Steuersatz in § 19 Abs. 1 KStG auf 30 v. H. und der Steuersatz in § 19 Abs. 2 a. a. O. auf 15 v. H. des Einkommens mit Wirkung für die Vorauszahlungen und die Veranlagungen für das Kalenderjahr 1936 erhöht (Art. 1 u. 5 a. a. O.). Der erhöhte Steuersatz gilt nach Art. 2 auch für die Körperschaften, Personenvereinigungen und Vermögensmassen, bei denen bisher die Anwendung von Vorschriften des KStG 1925 zugelassen war. Bei der Veranlagung für das Kalenderjahr 1936 wird nach der Sondervorschrift des Art. 3 a. a. O. der Steuersatz noch nicht nach Art. 1 um die Hälfte, sondern nur um ein Viertel erhöht, demnach in den Fällen des Abs. 1 auf 25 v. H. und in den Fällen des Abs. 2 auf 12,5 v. H. Nach Art. 4 a. a. O. erhöhen sich die Vorauszahlungen, die am 10. September 1936 bis zur Bekanntgabe des Körperschaftsteuerbescheids 1936 fällig werden, um die Hälfte. Nach der Begr. zum Ges. v. 27. 8. 36 (RStBl. 36 S. 873) ist die Erhöhung des Körperschaftsteuersatzes fiskalisch bedingt, allgemein politisch notwendig und steuerpolitisch gerechtfertigt. Insbesondere sollte dadurch die bei Kapitalgesellschaften (im Gegensatz zu Einzelkaufleuten und Personengesellschaften) bestehende Möglichkeit, die durch den Wirtschaftsaufschwung gestiegenen Gewinne unter Versteuerung mit nur 20 v. H. aufzuspeichern, beseitigt und der darin liegende Anreiz, die Form der anonymen Kapitalgesellschaft aus Steuerersparnisgründen zu wählen, abgeschwächt werden.

b) Durch das Gesetz zur Erhöhung der Körperschaftsteuer für die Jahre 1938 bis 1940 v. 25. 7. 38 (RGBl. I S. 952, RStBl. 38 S. 729, f. S. 9), das nicht das Land Österreich betrifft, wird für Körperschaften, deren Einkommen den Betrag von 100 000 RM. übersteigt, der allgemeine Steuersatz von 30 v. H. für das Kalenderjahr 1938 auf 35 v. H. und für die Kalenderjahre 1939 und 1940 auf 40 v. H. und der ermäßigte Steuersatz von 15 v. H. für das Kalenderjahr 1938 auf 17,5 v. H. und für die Kalenderjahre 1939 und 1940 auf 20 v. H. erhöht. (§ 1 a. a. O.). Die Vorauszahlungen, die ab 10. September 1938 bis zur Bekanntgabe des Körperschaftsteuerbescheids für 1938 fällig waren, werden um ein Drittel erhöht (§ 2 a. a. O.). In dem zum Gesetz ergangenen RdErl. RdF. v. 31. 7. 38 S 2400 - 10 III (RStBl. 38 S. 737) wird u. a. darauf hingewiesen, daß unter dem Einkommen im Sinn des Gesetzes das abgerundete steuerpflichtige Einkommen nach § 6 KStG oder das Mindesteinkommen nach § 17 KStG zu verstehen ist. Bei Erhebung der Körperschaftsteuer in Pauschbeträgen tritt die erhöhte Steuerpflicht ein, wenn nach dem normalen Steuersatz (30 v. H.) die Körperschaftsteuer 30 000 RM. übersteigt. Maßgebend ist weiter das für das Kalenderjahr ermittelte Einkommen, wobei im Fall des gekürzten oder verlängerten Ermittlungszeitraums bei Bemessung der 100 000 RM.-Grenze nicht auf volle 12 Monate umzurechnen ist. Zur Vermeidung von Härten bei geringfügiger Überschreitung der 100 000 RM.-Grenze wird nach § 131 AO bestimmt, daß die erhöhte (zusätzliche) Körperschaftsteuer nur insoweit erhoben wird, als sie aus der Hälfte des den Betrag von 100 000 RM. überschreitenden Einkommens gedeckt werden kann.

3. Übersicht über die seit dem Inkrafttreten des Gesetzes geltenden Steuersätze.

	1934, 1935	1936	ab 1937	für Körperschaften mit Einkommen über 100 000 RM 1938	1939	1940
a) **Allgemeiner Steuersatz** (§ 19 Abs. 1)	20 v. H.	25 v. H.	30 v. H.	35 v. H.	40 v. H.	40 v. H.
b) **Ermäßigter Steuersatz** (§ 19 Abs. 2)	10 v. H.	12,5 v. H.	15 v. H.	17,5 v. H.	20 v. H.	20 v. H.

c) Anwendung des erhöhten Steuersatzes bei Körperschaften, bei denen die Anwendung der Vorschriften des KStG 1925 zugelassen war (Art. 2 des Ges. v. 27. 8. 36).

Anmerkung 3—5.

Nach der Begr. zu Art. 2 a. a. O. (RStBl. 36 S. 874) wird auch in diesen Fällen die Erhöhung des Körperschaftsteuersatzes gegenüber den bisherigen Steuersätzen nicht mehr als die Hälfte (für 1936 ein Viertel) betragen. Die dabei in Aussicht gestellte Anordnung an die FÄ. ist im Rderl. des RdF. v. 28. 8. 36/ S 2400 — 10 III unter II (RStBl. 36 S. 874) ergangen. „Bei der Veranlagung von Erwerbs- und Wirtschaftsgenossenschaften sind für die Kalenderjahre 1936 und 1937 im allgemeinen noch die Vorschriften des Körperschaftsteuergesetzes v. 10. 8. 25 anzuwenden (Hinweis auf die ErgR 35 E V S. 33, RStBl. 36 S. 640). Demgemäß gelten für die Erwerbs- und Wirtschaftsgenossenschaften auch noch die Steuersätze des § 21 KStG 1925... Für Erwerbs- und Wirtschaftsgenossenschaften ergibt sich demgemäß das folgende:

1. Die Steuer beträgt
a) bei Erwerbs- und Wirtschaftsgenossenschaften, die mit ihrem gesamten Einkommen steuerpflichtig sind, grundsätzlich 30 v. H. (für 1936 25 v. H.),
bei sog. kleinen Genossenschaften (Vermögen bis zu 50 000 RM.), jedoch nicht mehr als die nach § 21 Nr. 2 KStG 1925 jeweils zu errechnende Steuer zuzüglich der Hälfte (für 1936 zuzüglich ein Viertel),
b) bei steuerbegünstigten Genossenschaften (§ 4 Abs. 2 b KStG 1925), d. h. bei Genossenschaften, deren Geschäftsbetrieb sich auf den Kreis der Mitglieder beschränkt und die daher nur mit Einkünften aus Land- und Forstwirtschaft, aus Kapitalvermögen und aus Vermietung und Verpachtung steuerpflichtig sind, 15 v. H. (für 1936 nur 12,5 v. H.).

2. Erwerbs- und Wirtschaftsgenossenschaften, die nach dem KStG 1925 steuerbefreit sind, werden durch das neue Gesetz nicht belastet. Sie bleiben vielmehr bis zur Neuordnung der Genossenschaftsbesteuerung (für die Kalenderjahre 1936 und 1937) steuerfrei.

3. Die Ausführungen unter 1 und 2 gelten auch)
a) für Zentralen von Genossenschaften (§ 4 Abs. 2 c KStG 1925) und
b) für Personenvereinigungen, die den steuerbegünstigten Erwerbs- und Wirtschaftsgenossenschaften gleichgestellt sind (§ 4 Abs. 2 b KStG 1925), z. B. Molkereivereinigungen und Molkereigenossenschaften (§ 14 KStDVO 1926)."
Vorstehende Regelung gilt nur bis zur Veranlagung für das Kalenderjahr 1937.

4. Allgemeiner Steuersatz (Abs. 1).

Der allgemeine Steuersatz von 20 v. H. für 1934 und 1935, von 25 v. H. für 1936 und von 30 v. H. ab 1937 (einschließlich des erhöhten Steuersatzes von 35 v. H. für 1938 und von 40 v. H. für 1939 und 1940 für Einkommen von über 100 000 RM.) gilt für alle unbeschränkt und beschränkt steuerpflichtigen Körperschaften mit Ausnahme der in § 19 Abs. 2 und 3 aufgeführten und der bis auf weiteres nach den Vorschriften des KStG 1925 zu besteuernden Erwerbs- und Wirtschaftsgenossenschaften (vgl. für diese Anm. 3 c). Die Steuer ist aus dem nach § 18 KStG abgerundeten Einkommen oder Mindesteinkommen zu berechnen.

5. Der ermäßigte Steuersatz (Abs. 2).

a) Der ermäßigte Steuersatz von 10 v. H. für 1934 und 1935, 12,5 v. H. für 1936 und 15 v. H. ab 1937 (einschließlich des erhöhten Steuersatzes von 17,5 v. H. für 1938 und von 20 v. H. für 1939 und 1940 für Einkommen von über 100 000 RM.) ist bei der Steuerberechnung **für die in Abs. 2 aufgeführten Körperschaften** anzuwenden. Bei den in Ziff. 1 genannten Kreditanstalten des öffentlichen Rechts und den in Ziff. 2 genannten gemischten Hypothekenbanken unterliegen nur bestimmte Einkünfte dem ermäßigten Steuersatz, die sonstigen Einkünfte aber dem allgemeinen Steuersatz. Dagegen ist bei den reinen Hypothekenbanken und den Schiffspfandbriefbanken nach Ziff. 2 das gesamte Einkommen nach dem ermäßigten Steuersatz zu versteuern, wobei es ebenfalls keinen Unterschied bedingt, ob der Besteuerung das Einkommen oder Mindesteinkommen im Sinn des § 17 KStG zugrunde gelegt wird.

§ 19 KStG. Steuersätze.

b) Die Körperschaftsteuer beträgt 15 v. H. des Einkommens bei **Kreditanstalten des öffentlichen Rechts** für Einkünfte aus dem langfristigen Kommunalkredit-, Realkredit- und Meliorationskreditgeschäft (§ 19 Abs. 2 Ziff. 1).

Kreditanstalten des öffentlichen Rechts sind Anstalten (Betriebe) von Körperschaften des öffentlichen Rechts (Reich, Ländern, Gemeinden, Gemeindeverbänden) oder Anstalten mit eigener öffentlich-rechtlicher Rechtspersönlichkeit, deren Aufgabe die Gewährung von Krediten ist. Von den Kreditanstalten des öffentlichen Rechts sind durch § 4 Abs. 1 Ziff. 2 u. 3 KStG von der unbeschränkten Steuerpflicht befreit die Reichsbank, die Deutsche Rentenbank, die Deutsche Rentenbank-Kreditanstalt und die Staatsbanken, soweit sie Aufgaben staatswirtschaftlicher Art erfüllen. Dagegen kommen für die Anwendung des ermäßigten Steuersatzes, weil nicht persönlich befreit, in Frage die Bank für Deutsche Industrieobligationen, die Deutsche Golddiskontbank, die Landesbanken (Provinzialbanken), Pfandbriefämter, Girozentralen, Girokassen, Kommunalbanken, Kreisbanken, Stadtbanken, Landschaften und Stadtschaften. Die öffentlichen Sparkassen gehören begrifflich nicht zu den Kreditanstalten des öffentlichen Rechts, weil ihre Hauptaufgabe nicht die Kreditgewährung, sondern die Hereinnahme von Spargeldern ist. Wie jedoch in Anm. 7 zu § 4 KStG dargelegt ist, fällt auch das Ausleihen der hereingenommenen Spargelder unter den eigentlichen Sparverkehr. Da aber die Sparkassen mit den auf den eigentlichen Sparverkehr entfallenden Einkünften befreit sind, erübrigt sich die Begünstigung der von öffentlichen Sparkassen gegebenen, unter Ziff. 1 erwähnten Kredite durch Aufführung der öffentlichen Sparkassen. Kreditanstalten des öffentlichen Rechts, die sich auf die im § 5 des Hypothekenbankgesetzes genannten Geschäfte beschränken, sind nach § 31 Abs. 2 I. KStDVO wie reine Hypothekenbanken zu behandeln (vgl. unter c Abs. 2).

Dem ermäßigten Steuersatz unterliegen die Einkünfte der öffentlich-rechtlichen Kreditanstalten aus langfristigen Krediten besonderer Art. „Langfristige Kredite im Sinn des § 19 Abs. 2 Ziff. 1 des Gesetzes sind nur solche Kredite, die nicht binnen 4 Jahren rückzahlbar sind" (§ 31 Abs. 1 I. KStDVO). Langfristig in diesem Sinn sind nur solche Kredite, bei denen von vornherein vereinbart ist, daß sie nicht binnen 4 Jahren rückzahlbar sind (PR 37 H XI Abs. 1 RStBl. 38 S. 235, f. Anh. 17).

Das begünstigte, langfristige Kreditgeschäft muß zum Gegenstand haben den Kommunal-, Real- oder Meliorationskredit. Unter dem Kommunalkreditgeschäft ist nach dem zum gleichlautenden § 21 Ziff. 3 e KStG 1925 (Fassung der VO v. 1. 12. 30) ergangenen Gutachten des RFH. I D 3/31 v. 12. 1. 32 (E. 30 S. 218, RStBl. 32 S. 400, StW. 32 Nr. 776) nicht nur die Kreditgewährung an Gemeinden und Gemeindeverbände, sondern auch an andere Körperschaften des öffentlichen Rechts zu verstehen. Auch genüge die volle Gewährleistung für die Darlehnsforderung durch eine Körperschaft des öffentlichen Rechts, was bei Gewährung von Kredit an Sparkassen mit eigener Rechtspersönlichkeit von Bedeutung ist. Das Gutachten hält auch den Erwerb (nicht bloß den ersten bei der Ausgabe) von Schuldverschreibungen des Reichs, der Länder, der inländischen Gemeinden und Gemeindeverbände und von Kreditanstalten solcher Körperschaften für begünstigt, und zwar sowohl die Erträge wie auch etwaige Veräußerungsgewinne, während Veräußerungsverluste das begünstigte Einkommen mindern. Die Beleihung solcher Schuldverschreibungen ist begünstigt, wenn der Verpfänder eine öffentlich-rechtliche Körperschaft ist. Weitere Aktivgeschäfte kommen nicht in Betracht. Nach RFH. I A 142, 143/35 v. 29. 10. 35 (RStBl. 35 S. 1517, StW. 35 Nr. 727) fällt die Gewährung eines Darlehens an eine AG., deren sämtliche Aktien in den Händen einer Stadtgemeinde sind, nicht unter den Begriff des Kommunalkreditgeschäfts. Der Besitz sämtlicher Aktien sei einer Bürgschaft der Stadt für den Kredit nicht gleichzustellen.

Wegen des Begriffs des Realkreditgeschäfts vgl. Anm. 9 c zu § 4 KStG.

Unter Meliorationskredit ist der zur Verbesserung des Bodens, z. B. zur Urbarmachung bisherigen Ödlands oder zur Verbesserung von Kulturland gewährte Kredit zu verstehen.

Anmerkung 5.

Wegen Aufteilung der Einkünfte in steuerbegünstigte und solche, die unter den allgemeinen Steuersatz fallen, vgl. unter d.

c) Der ermäßigte Steuersatz nach § 19 Abs. 2 Ziff. 2 ist anzuwenden bei reinen Hypothekenbanken, bei gemischten Hypothekenbanken für die Einkünfte aus den im § 5 des Hypothekenbankgesetzes genannten Einkünften und bei Schiffspfandbriefbanken.

Die reinen Hypothekenbanken sind nur die dem Hypothekenbankgesetz v. 13. 7. 1899 (RGBl. S. 375) in der Fassung des Ges. v. 14. 7. 23 (RGBl. I S. 635) unterliegenden Hypothekenbanken und zwar nach § 1 a. a. O. nur AG. und KoGaA., bei denen der Gegenstand des Unternehmens in der hypothekarischen Beleihung von Grundstücken und der Ausgabe von Schuldverschreibungen auf Grund der erworbenen Hypotheken besteht. Sie unterliegen wie auch die Schiffspfandbriefbanken der Reichsaufsicht (vgl. Begr. zu § 19, Anm. 1), und zwar nach der VO v. 28. 9. 34 (RGBl. I S. 863) seit dem 1. Oktober 1934 der Aufsicht des Reichswirtschaftsministers. Ein rechtsfähiger Verein des bürgerlichen Rechts kann nach RFH. I A 104/36 v. 21. 4. 36 (E. 39 S. 216, RStBl. 36 S. 697, StW. 36 Nr. 229) auch dann nicht als Hypothekenbank angesehen werden, wenn er seine Tätigkeit ausschließlich auf die für die Hypothekenbanken nach § 5 des Hypothekenbankgesetzes zulässigen Geschäfte beschränkt. Die reinen Hypothekenbanken müssen ihre Geschäfte auf die in **§ 5 des Hypothekenbankgesetzes** genannten Geschäfte beschränken. Dieser hat nach den Gesetzen vom 26. 1. 26 (RGBl. I S. 97) und vom 29. 3. 30 (RGBl. I S. 108) folgende Fassung:

„Die Hypothekenbanken dürfen außer der Gewährung hypothekarischer Darlehen und der Ausgabe von Hypothekenpfandbriefen nur folgende Geschäfte betreiben:
1. den Erwerb, die Veräußerung und die Beleihung von Hypotheken;
2. die Gewährung nicht hypothekarischer Darlehen an inländische Körperschaften des öffentlichen Rechts oder gegen Übernahme der vollen Gewährleistung durch eine solche Körperschaft und die Ausgabe von Schuldverschreibungen auf Grund der so erworbenen Forderungen;
3. die Gewährung von Darlehen an inländische Kleinbahnunternehmungen gegen Verpfändung der Bahn und die Ausgabe von Schuldverschreibungen auf Grund der so erworbenen Forderungen;
4. den kommissionsweisen Ankauf und Verkauf von Wertpapieren, jedoch unter Ausschluß von Zeitgeschäften;
5. die Annahme von Geld oder anderen Sachen zur Hinterlegung, jedoch mit der Maßgabe, daß der Gesamtbetrag des hinterlegten Geldes die Hälfte des eingezahlten Grundkapitals nicht übersteigen darf;
6. die Besorgung der Einziehung von Wechseln, Anweisungen und ähnlichen Papieren;
7. die Aufnahme von Darlehen bei der Deutschen Rentenbank-Kreditanstalt zwecks Gewährung hypothekarischer Darlehen und die Bestellung von Sicherheiten für diese Darlehen.

Verfügbares Geld dürfen die Hypothekenbanken nutzbar machen durch Hinterlegung bei geeigneten Bankhäusern, durch Ankauf ihrer Hypothekenpfandbriefe und ihrer gemäß Abs. 1 Nr. 2, 3 ausgegebenen Schuldverschreibungen, durch Ankauf solcher Wechsel und Wertpapiere, welche nach den Vorschriften des Bankgesetzes vom 14. März 1875 von der Reichsbank angekauft werden dürfen, sowie durch Beleihung von Wertpapieren nach einer von der Hypothekenbank aufzustellenden Anweisung. Die Anweisung hat die beleihungsfähigen Papiere und die zulässige Höhe der Beleihung festzusetzen.

Der Erwerb von Grundstücken ist den Hypothekenbanken nur zur Verhütung von Verlusten an Hypotheken oder zur Beschaffung von Geschäftsräumen gestattet. In Ansehung eines solchen Erwerbes stehen in jedem Bundesstaate Hypothekenbanken, die in dem Gebiet eines anderen Bundesstaates ihren Sitz haben, den einheimischen Hypothekenbanken gleich."

Kreditanstalten des öffentlichen Rechts, die sich auf die in § 5 des Hypothekenbankgesetzes genannten Geschäfte beschränken, sind wie reine Hypothekenbanken zu behandeln (§ 31 Abs. 2 I. KStDVO), d. h. sie unterliegen wie die reinen Hypothekenbanken mit ihren gesamten Einkünften dem ermäßigten Steuersatz von 15 v. H. (vgl. VR 37 H XI Abs. 2, RStBl. 38 S. 235, f. Anh. 17). Eine Kreditanstalt des öffentlichen Rechts, die satzungsgemäß berechtigt ist, zur Ausübung der ihr obliegenden Tätigkeit bei der Reichsbank, bei anderen öffentlichen

Kassen oder bei Banken Darlehen aufzunehmen, beschränkt sich nach RFH. I A 386/36 v. 16. 2. 37 (E. 41 S. 55, RStBl. 37 S. 460, StW. 37 Nr. 211) nicht auf die in § 5 des Hypothekenbankgesetzes genannten Geschäfte — vgl. § 5 Abs. 1 Ziff. 7 a. a. O. — und kann daher steuerlich nicht wie eine reine Hypothekenbank behandelt werden.

Gemischte Hypothekenbanken sind solche, die bereits vor dem Inkrafttreten des Hypothekenbankgesetzes bestanden und nach § 46 a. a. O. an die Beschränkungen des § 5 nicht gebunden sind. Sie sind jedoch mit den Einkünften, die sie aus den in § 5 des Hypothekenbankgesetzes genannten Geschäften erzielt haben, nur dem ermäßigten Steuersatz von 15 v. H. unterworfen. Wegen der Trennung der Einkünfte vgl. unter d.

Schiffspfandbriefbanken, die Darlehen gegen Verpfändung von Schiffen gewähren und auf Grund der erworbenen Pfandrechte Schuldverschreibungen ausgeben (Schiffspfandbriefe), unterliegen nach dem Schiffsbankgesetz v. 14. 8. 33 (RGBl. I S. 583) der Reichsaufsicht des Reichswirtschaftsministers (nach der unter Abs. 2 erwähnten VO v. 28. 9. 34). Als Schiffspfandbriefbanken kommen in Betracht die Deutsche Schiffspfandbriefbank in Berlin, die Deutsche Schiffskreditbank in Duisburg und die Deutsche Schiffsbeleihungsbank in Hamburg. Ihre gesamten Einkünfte unterliegen dem ermäßigten Steuersatz von 15 v. H.

d) Kreditanstalten des öffentlichen Rechts mit Ausnahme derjenigen, die nur die in § 5 des Hypothekenbankgesetzes genannten Geschäfte betreiben, und die gemischten Hypothekenbanken unterliegen nur mit den in § 19 Abs. 2 Ziff. 1 und 2 bezeichneten Einkünften dem ermäßigten Steuersatz von 15 v. H., während sie ihre übrigen Einkünfte nach dem allgemeinen Steuersatz von 30 v. H. zu versteuern haben. Es hat daher bei ihnen für die Steuerberechnung eine **Ausscheidung der im Steuersatz begünstigten Einkünfte** zu erfolgen. Unter Einkünften ist, da es sich nur um Kapitalgesellschaften oder um gewerbliche Betriebe handelt, der Gewinn im Sinn der §§ 4—7 EStG zu verstehen. Eine getrennte Berechnung der Einkünfte aus den steuerbegünstigten Geschäften und den nicht steuerbegünstigten Geschäften ist regelmäßig nicht möglich, da eine buchmäßige Trennung nicht stattfindet. Es bleibt daher nur die schätzungsweise Zerlegung der gesamten Einkünfte. In dem Gutachten des RFH. I D 3/31 (s. Anm. 5 b Abs. 4) wird darauf hingewiesen, daß auch dann, wenn die Roheinnahmen aus den steuerbegünstigten Geschäften feststünden, doch nicht die ihnen gegenüberstehenden Betriebsausgaben ohne weiteres ermittelt werden könnten, weil die Kreditanstalten des öffentlichen Rechts auch für das dem steuerbegünstigten Geschäft dienende Passivgeschäft keine getrennte Buchführung hätten. Regelmäßig bleibt daher nur übrig, die begünstigten Einkünfte zu schätzen, und zwar im allgemeinen durch Teilung der Reineinkünfte im Verhältnis der begünstigten zu den nicht begünstigten Roheinnahmen. Zur Verbesserung des Ergebnisses der Schätzung sind nach RFH. I A 276/34 v. 30. 7. 35 (RStBl. 35 S. 1162, StW. 35 Nr. 552) bei der Schätzung des steuerbegünstigten und des nicht steuerbegünstigten Teiles der Einkünfte einer öffentlich-rechtlichen Kreditanstalt Sondergewinne und Sonderverluste erheblichen Umfangs bei demjenigen Teil der Einkünfte besonders zu berücksichtigen, dem sie nach der Art der Geschäfte, aus denen sie stammen, zuzurechnen sind. Unbedeutende Sondergewinne und Sonderverluste müssen außer Acht gelassen werden. Auch wird bei der Berücksichtigung von Gewinngeschäften eine Absetzung der Roheinnahmen aus solchen Geschäften von der Summe der Roheinnahmen vor der Aufteilung nicht als erforderlich erachtet, da dadurch nur unwesentliche Verschiebungen eintreten würden. Auch das Mindesteinkommen, das an Stelle des tatsächlich erzielten Einkommens der Veranlagung zugrunde gelegt wird, ist nach dem gleichen Schlüssel wie der tatsächliche Gewinn zu zerlegen. Hat die Körperschaft bei einer der zu trennenden Einkunftsarten nachweisbar einen Verlust gehabt — bei Zerlegung des Gewinns nach den Roheinnahmen kann sich kein Verlust ergeben —, dann ist das gesamte Einkommen nach dem für die Einkunftsart, die keinen Verlust ergeben hat, geltenden Steuersatz zu veranlagen.

6. Abgeltung der Körperschaftsteuer durch den Steuerabzug (Abs. 3).

Nach § 19 Abs. 3 KStG ist die Körperschaftsteuer für Einkünfte, die dem Steuerabzug unterliegen, durch den Steuerabzug abgegolten, wenn der Bezieher der Einkünfte nur beschränkt körperschaftsteuerpflichtig ist und die Einkünfte nicht in einem inländischen gewerblichen, land- oder forstwirtschaftlichen Betrieb angefallen sind. In Betracht kommen steuerabzugspflichtige Kapitalerträge, von denen die Kapitalertragsteuer nach § 44 Abs. 1 Satz 1 EStG mit 10 v. H. vorzunehmen ist. Dieser Hundertsatz wird durch die Erhöhung des Körperschaftsteuersatzes nicht berührt. Vgl. im übrigen Anm. 18 zu § 2 KStG, auch wegen der Bedeutung der Übergangsvorschrift des § 32 I. KStDVO. Für Aufsichtsratsvergütungen beträgt der Steuerabzug ab 1. 4. 39 20 v. H. (s. Anm. 7 zu § 20 KStG).

7. Sonstige Steuerermäßigungen.

Außerhalb des KStG werden Steuerermäßigungen gewährt:

Durch § 1 des Ges. über Steuererleichterungen v. 15. 7. 33 und die dazu ergangene Ergänzungs-VO v. 20. 4. 34, wonach die Einkommen- und Körperschaftsteuer um 10 v. H. der Aufwendungen für Instandsetzungs- und Ergänzungsarbeiten an Gebäuden und Gebäudeteilen gewährt wird (vgl. Anm. 5 des Anhangs zu §§ 6—10 und Anm. 7 Abs. 2 zu § 17 KStG);

durch das UmwStG in den Fällen der Umwandlung und Auflösung von Kapitalgesellschaften, wonach die Einkommen- oder Körperschaftsteuer von dem bei der Umwandlung oder Auflösung erzielten Gewinn unter bestimmten Voraussetzungen nur zu einem Drittel erhoben wird (vgl. Anm. 8 b zu § 15 KStG).

IV. Veranlagung und Entrichtung der Steuer.

§ 20.

Allgemeines.

Auf die Veranlagung zur Körperschaftsteuer und auf die Entrichtung der Körperschaftsteuer sind entsprechend die Vorschriften anzuwenden, die für die Einkommensteuer gelten.

Inhaltsübersicht.

1. Allgemeines.
   I. Veranlagung.
2. Veranlagung für das Kalenderjahr.
   a) Veranlagung für die Vergangenheit.
   b) Beginn und Wegfall der persönlichen Steuerpflicht.
   c) Unterbleiben der Veranlagung.
3. Steuererklärung.
   a) Steuererklärungspflicht.
   b) Form, Frist und Inhalt der Steuererklärung.
4. Steuerfestsetzung.
   a) Durch Ermittlung oder Schätzung der Besteuerungsgrundlagen oder Pauschbesteuerung.
   b) Einheitliche Feststellung der Einkünfte.
   c) Steuerbescheid.
   d) Entstehung der Steuerschuld.
   II. Entrichtung der Steuer.
5. Vorauszahlungen.
   a) Bemessung und Entrichtung.
   b) Vorauszahlungen in besonderen Fällen.
   c) Erhöhung und Herabsetzung der Vorauszahlungen.
   d) Allgemeine Grundsätze.
6. Steuerabzug vom Kapitalertrag (Kapitalertragsteuer).
   a) Steuerabzugspflichtige Kapitalerträge.
      aa) Verhältnis zum bisherigen Recht.
      bb) Sachliches Geltungsgebiet.
      cc) Befreiungen von der Kapitalertragsteuer.
   b) Bemessung und Entrichtung der Kapitalertragsteuer.
      aa) Berechnung.
      bb) Entrichtung.
      cc) Erstattung der Kapitalertragsteuer.
      dd) Rechtsmittel.
7. Steuerabzug von sonstigen Einkünften.
8. Abschlußzahlung.
   a) Bedeutung und Verhältnis zum bisherigen Recht.
   b) Anrechnungen.
   c) Bekanntgabe und Entrichtung der Abschlußzahlung, Aufrechnung.
   d) Ausgleichung von Überzahlungen.
   e) Entstehung der Steuerschuld, Verzinsung, Säumniszuschlag.

§ 20 KStG. Veranlagung und Entrichtung der Steuer.

1. Allgemeines.

„Auf die Veranlagung und Entrichtung sind die Vorschriften anzuwenden, die für die Einkommensteuer gelten. Da einige Vorschriften des EStG ihrem Wortlaut nach nicht auf die Körperschaftsteuer passen, mußte eine entsprechende Anwendung vorgesehen werden" (Begr. zu § 20 KStG, RStBl. 35 S. 85).

Nach der Anlage 3 zu den BR 37 (RStBl. 38 S. 238, s. Anh. 17) kommen bei der Veranlagung des Einkommens zur Körperschaftsteuer nach § 20 KStG folgende Vorschriften des EStG in Betracht: § 25, § 29, § 30, § 31, §§ 35 bis 37, § 43, § 44, § 45, § 47, § 49, § 50 Abs. 1, 2, 5 und 6, § 51 Abs. 2. Dazu kommen noch die auf die Veranlagung und Entrichtung bezüglichen Vorschriften der §§ 29 bis 31 I. EStDVO (§§ 29, 30 II. EStDVO) und § 35 I. EStDVO, die nach § 18 I. KStDVO auf die Veranlagung zur Körperschaftsteuer anzuwenden sind.

Wegen der Erhebung der Mehreinkommensteuer von Körperschaften s. Anh. 19.

I. Veranlagung.
2. Veranlagung für das Kalenderjahr.

§ 25 EStG bestimmt:

„Die Einkommensteuer wird nach Ablauf des Kalenderjahrs nach dem Einkommen veranlagt, das der Steuerpflichtige in diesem Kalenderjahr bezogen hat, soweit nicht nach § 46 eine Veranlagung unterbleibt.

Hat die Steuerpflicht nicht während des vollen Kalenderjahrs bestanden, so wird das während der Dauer der Steuerpflicht bezogene Einkommen zugrunde gelegt. In diesem Fall kann die Veranlagung bei Wegfall der Steuerpflicht sofort vorgenommen werden."

a) Nach der Begr. zu § 25 EStG (RStBl. 35 S. 45) ist bei der Neugestaltung des Gesetzes die Frage eingehend geprüft worden, ob an dem bisherigen **System der Veranlagung für die Vergangenheit**, verbunden mit Vorauszahlungen, festgehalten werden soll oder ob zu dem System der Veranlagung für die Zukunft, das die frühere preußische Gesetzgebung beherrschte, zurückgekehrt werden soll. Es werden dann die wesentlichen Gründe dafür aufgeführt, weshalb an dem System der Veranlagung für die Vergangenheit, verbunden mit Vorauszahlungen, festgehalten wurde. „Das im § 25 des neuen Einkommensteuergesetzes vorgesehene Veranlagungssystem ist wegen des Übergangs zur Besteuerung nach dem Kalenderjahr einfacher als das bisherige System (zu vgl. den letzten Absatz der Begr. zu § 2). Es hat auch den Vorteil, daß die Abrechnung der Vorauszahlungen vereinfacht wird. Während früher die Vorauszahlungen teils nach dem Kalenderjahr, teils nach den vom Kalenderjahr abweichenden Wirtschaftsjahren abzurechnen waren, ist jetzt ausschließlich das Kalenderjahr maßgebend. Die in einem Kalenderjahr entrichteten Vorauszahlungen werden auch dann der Abrechnung zugrunde gelegt, wenn das Wirtschaftsjahr des Steuerpflichtigen vom Kalenderjahr abweicht." Der erwähnte Absatz der Begr. zu § 2 EStG ist in Anm. 1 zu § 5 KStG wiedergegeben.

Die Regel des § 25 Abs. 1 EStG bedeutet für die Körperschaftsteuer, daß die Körperschaftsteuer nach Ablauf des Kalenderjahrs nach dem Einkommen veranlagt wird, das die steuerpflichtige Körperschaft in diesem Kalenderjahr bezogen hat. Sie legt also „die Veranlagung für das Kalenderjahr" fest, d. h. das Kalenderjahr ist der Erhebungszeitraum. Wie das Einkommen, das der Steuerpflichtige in dem gleichen Kalenderjahr bezogen hat, auch bei etwaigem abweichenden Wirtschaftsjahr als Steuerbemessungsgrundlage zu berechnen ist, ist in § 5 KStG bestimmt. Das Kalenderjahr ist nunmehr grundsätzlich einheitlicher Veranlagungszeitraum, d. h. sowohl Ermittlungs- als auch Erhebungszeitraum, vgl. dazu Anm. 2 zu § 5 KStG.

b) Bei **Beginn und Wegfall der persönlichen Steuerpflicht** im Lauf des Kalenderjahrs umfaßt der Ermittlungszeitraum notwendig einen Zeitraum von weniger als 12 Monaten. Nach § 25 Abs. 2 Satz 1 EStG wird in diesem Fall das während der Dauer der Steuerpflicht bezogene Einkommen der Veranlagung zugrunde gelegt. Wenn auch das Gesetz nicht ausdrücklich die Verkürzung des

Veranlagungszeitraums anordnet, d. h. formell eine Veranlagung für das ganze abgelaufene Kalenderjahr erfolgen kann, so erstreckt sich doch tatsächlich die Veranlagung nur auf den Zeitraum, während dessen die Steuerpflicht bestanden hat. Daneben kann auch nach Abs. 2 Satz 2 a. a. O. bei Wegfall der Steuerpflicht die Veranlagung sofort vorgenommen werden, d. h. es braucht nicht erst noch der Ablauf des Kalenderjahrs abgewartet werden. Die Verkürzung des Veranlagungszeitraums ist auch bei Eintritt in die persönliche Steuerpflicht für die Festsetzung der künftigen Vorauszahlungen von Bedeutung. Vgl. im übrigen Anm. 3 zu § 5 KStG.

c) Nach § 25 Abs. 1 EStG wird die Einkommensteuer nach Ablauf des Kalenderjahrs veranlagt, soweit nicht nach § 46 eine Veranlagung unterbleibt. § 46 regelt das **Unterbleiben der Veranlagung** von Einkünften, von denen ein Steuerabzug vorgenommen worden ist, zur Einkommensteuer, wobei insbesondere nur für die Einkommensteuer in Betracht kommende Gesichtspunkte maßgebend waren. Die Regelung des § 46 EStG hat daher für die Körperschaftsteuer keine Geltung (vgl. auch Anlage 3 zu VR 37, s. Anm. 1). Dagegen unterbleibt eine Veranlagung zur Körperschaftsteuer, wenn diese nach § 19 Abs. 3 KStG durch den Steuerabzug abgegolten ist. Dies gilt für steuerabzugspflichtige Einkünfte, wenn der Bezieher nur beschränkt körperschaftsteuerpflichtig ist und die Einkünfte nicht in einem inländischen gewerblichen, land- oder forstwirtschaftlichen Betrieb angefallen sind (s. Anm. 6 zu § 19 KStG).

3. Steuererklärung.

a) Grundlage der Berechnung des Einkommens bildet regelmäßig die von der steuerpflichtigen Körperschaft für das Kalenderjahr abgegebene **Steuererklärung**. Die Verpflichtung zur Abgabe der Steuererklärung ist in den §§ 33, 34 I. KStDVO geregelt.

§ 33 I. **KStDVO** lautet:

„Unbeschränkt Körperschaftsteuerpflichtige haben eine Steuererklärung über sämtliche Einkünfte abzugeben.

Beschränkt Körperschaftsteuerpflichtige (§ 2 Ziff. 1 des Gesetzes) haben eine Steuererklärung über die inländischen Einkünfte abzugeben.

Eine Steuererklärung ist auch abzugeben:
1. beim Wegfall der Steuerpflicht, insbesondere auch bei der Umwandlung;
2. beim Übergang von der beschränkten zur unbeschränkten und beim Übergang von der unbeschränkten zur beschränkten Steuerpflicht.

Außer den in den Absätzen 1 bis 3 genannten Fällen haben eine Steuererklärung abzugeben alle Körperschaften, Personenvereinigungen und Vermögensmassen, die hierzu vom Finanzamt besonders aufgefordert werden."

Bei der Körperschaftsteuer besteht also grundsätzlich für alle Körperschaftsteuerpflichtigen die Steuererklärungspflicht. Von der Anforderung einer Steuererklärung kann nach dem VR 37 H XII 1 (RStBl. 38 S. 235, s. Anh. 17) abgesehen werden bei Körperschaften, Personenvereinigungen und Vermögensmassen, deren Steuerfreiheit sich unmittelbar aus dem Gesetz ergibt und nicht von besonderen Voraussetzungen abhängt, und bei Körperschaften, Personenvereinigungen und Vermögensmassen, die nur unter besonderen Voraussetzungen von der Körperschaftsteuer befreit sind, dann, wenn das Finanzamt die Voraussetzungen der Steuerfreiheit in vollem Umfang als gegeben ansieht. Bestehen Zweifel hinsichtlich der Steuerpflicht, so kann das Finanzamt die Abgabe einer Steuererklärung verlangen (§§ 166, 167 AO).

Die Steuererklärungspflicht im Falle der einheitlichen Feststellung der Einkünfte (vgl. Anm. 4 b) ist in § 34 I. **KStDVO** geregelt:

„Soweit Einkünfte einheitlich festzustellen sind, sind die zur Geschäftsführung oder Vertretung der Gesellschaft oder Gemeinschaft befugten Personen zur Abgabe einer Erklärung über die Einkünfte der Beteiligten verpflichtet."

b) Für **Form und Inhalt der Steuererklärungen** sind folgende Vorschriften maßgebend: Nach § 168 Abs. 1 AO können die Steuerpflichtigen die Steuererklärungen schriftlich einreichen oder mündlich vor dem Finanzamt abgeben. Zur schriftlichen Abgabe der Steuererklärungen bestimmt § 35 Abs. 1 I. KStDVO:

„Die Erklärungen nach den §§ 33, 34 sind, wenn sie schriftlich abgegeben werden, unter Verwendung der amtlichen Vordrucke abzugeben."

Die Frist zur Abgabe der Steuererklärung richtet sich nach § 167 Abs. 3 u. 4 AO: Die Steuererklärungen für die Einkommensteuer, Körperschaftsteuer und Umsatzsteuer sind, sofern nicht der RdF. etwas anderes bestimmt, bis zum Ende des Monats Februar abzugeben. Das FA. kann verlangen, daß ein Steuerpflichtiger, dessen Wirtschaftsjahr nicht mit dem Kalenderjahr zusammenfällt, die Steuererklärung spätestens zwei Monate nach Abschluß des Wirtschaftsjahrs abgibt (§ 167 Abs. 3 AO). Das FA. kann die Steuererklärungsfrist in einzelnen Fällen verlängern. Es kann bei laufend veranlagten Steuern Steuerpflichtigen, die eine umfangreiche Buchführung haben, Fristverlängerung auch mit Wirkung für die späteren Jahre bewilligen. Die Bewilligung ist für die späteren Jahre jederzeit widerruflich (§ 167 Abs. 4 Sätze 1 bis 3 AO). Wenn die Steuerpflichtigen die Frist zur Abgabe der Steuererklärung nicht wahren, kann ihnen das FA. nach § 168 Abs. 2 AO einen Zuschlag bis zu 10 v. H. der endgültig festgesetzten Steuer auferlegen. Das Finanzamt hat den Zuschlag zu unterlassen oder zurückzunehmen, wenn die Versäumnis entschuldbar erscheint. Bisher wurde die Frist zur Abgabe der Einkommen=, Körperschaft= und Umsatzsteuererklärungen durch den RdF. besonders angeordnet.

Über den Inhalt der Steuererklärungen bestimmt § 166 AO:

„Bei Steuererklärungen (Erklärungen, die nach Vorschrift der Gesetze oder Ausführungsbestimmungen als Unterlage für die Festsetzung von Besteuerungsgrundlagen oder für die Festsetzung einer Steuer dienen), hat der Steuerpflichtige zu versichern, daß er die Angaben nach bestem Wissen und Gewissen gemacht hat. Die Erklärungen sind nach Form und Inhalt so abzugeben, wie es das Finanzamt nach den Gesetzen und Ausführungsbestimmungen vorschreibt. Die Versicherung kann nach Anordnung des Finanzamts allgemein abgegeben werden...

Bei der Ausfüllung von Vordrucken sind alle Fragen zu beantworten. Die Fragen und Antworten sind so zu fassen, daß die Prüfung, was steuerpflichtig ist und was nicht, dem Finanzamt ermöglicht wird. In den Vordrucken ist zu betonen, daß diese Prüfung dem Finanzamt, nicht dem Steuerpflichtigen zusteht. Den Steuererklärungen sind die Unterlagen beizufügen, die nach den Gesetzen und Ausführungsbestimmungen gefordert werden. Wenn diese Unterlagen in Bescheinigungen bestehen, die von anderer Seite zu erteilen sind, sind die beteiligten Stellen verpflichtet, sie auszustellen.

Auf Verlangen haben die Steuerpflichtigen auch bei anderen Erklärungen, Anmeldungen, Anzeigen und Auskünften zu versichern, daß sie die Angaben nach bestem Wissen und Gewissen gemacht haben."

Die Vorlage von Bilanzen, Verlust= und Gewinnrechnungen, die nach § 172 Abs. 1 AO auf Verlangen einzureichen sind, wird für die Zwecke der Körperschaftsteuer durch § 35 Abs. 2 I. KStDVO allgemein angeordnet:

„Steuerpflichtige, die nach den Vorschriften des Handelsgesetzbuches oder auf Grund anderer gesetzlicher Vorschriften Bücher führen und regelmäßig Abschlüsse machen, haben der Steuererklärung eine Abschrift der unverkürzten Bilanz, der Verlust= und Gewinnübersicht, und wenn ein Jahresbericht (Geschäftsbericht) vorliegt, auch diesen beizufügen."

Die Vorschrift gilt nicht nur für die nach Handelsrecht buchführungspflichtigen Körperschaften, sondern für alle, die tatsächlich eine ordnungsmäßige kaufmännische Buchführung im Sinn des HGB besitzen und regelmäßig Abschlüsse machen.

4. Steuerfestsetzung.

a) Für die Berechnung des Einkommens auf Grund der Steuererklärung und für die Festsetzung der Steuer gelten die Vorschriften der §§ 204—227 AO über das Ermittlungs= und Festsetzungsverfahren. Soweit das FA. die Besteuerungsgrundlagen nicht ermitteln oder berechnen kann, hat es sie zu schätzen (vgl. § 217 AO und Anm. 11 c zu § 4 EStG). Bei der Schätzung kommt als weiteres Hilfsmittel für die Berechnung der Besteuerungsgrundlagen, hier des Einkommens

Anmerkung 4.

oder seiner Ermittlungsgrundlagen, die Verwendung von Durchschnittsätzen in Frage. § 29 EStG lautet:

„Durchschnittsätze können aufgestellt werden:
1. für die Ermittlung des Gewinns aus Land= und Forstwirtschaft, aus Gewerbebetrieb oder aus selbständiger Arbeit;
2. für die Ermittlung des Überschusses der Einnahmen über die Werbungskosten bei Vermietung und Verpachtung.

Die aufgestellten Durchschnittsätze sind zugrunde zu legen:
1. der Gewinnermittlung, wenn
a) der Umsatz die vom Reichsminister der Finanzen bestimmte Grenze nicht übersteigt und
b) ordnungsmäßige Bücher nicht geführt werden oder die Bücher sachliche Unrichtigkeit vermuten lassen;
2. der Ermittlung der Einkünfte aus Vermietung und Verpachtung, wenn die Werbungskosten nicht ordnungsmäßig aufgezeichnet werden oder die Aufzeichnungen sachliche Unrichtigkeit vermuten lassen.

Der Nutzungswert der Wohnung im eigenen Haus kann in einem Hundertsatz des zuletzt festgestellten Einheitswerts des Grundstücks bemessen werden.

Der Steuerpflichtige kann nicht einwenden, daß die Durchschnittsätze zu hoch festgesetzt sind."

In der Begr. zu § 29 EStG (RStBl. 35 S. 46) wird u. a. darauf hingewiesen, daß dem Reich dort, wo es erforderlich ist, die Möglichkeit gegeben wird, Steuerpflichtige nach rechtsverbindlichen Durchschnittsätzen heranzuziehen. „Der erforderliche freie Spielraum ist dadurch gegeben, daß einmal die Aufstellung von Durchschnittsätzen nicht zwingend vorgeschrieben ist, und daß zum anderen etwaige Durchschnittsätze der Gewinnermittlung nur in bestimmten Gruppen von Fällen zugrunde gelegt werden dürfen, nämlich bei kleineren Gewerbetreibenden und kleineren Landwirten, deren Umsatz eine bestimmte Höhe nicht überschreitet und bei denen ordnungsmäßige Bücher nicht geführt werden oder die Bücher sachliche Unrichtigkeit vermuten lassen. Für die Zugrundelegung der Durchschnittsätze bei Einkünften aus Vermietung und Verpachtung genügt die eine Voraussetzung, daß die Werbungskosten nicht ordnungsmäßig aufgezeichnet werden oder die Aufzeichnungen sachliche Unrichtigkeiten vermuten lassen. Die bedeutsamste Neuerung ... ist die Bestimmung, daß die Durchschnittsätze bereits dann anzuwenden sind, wenn sachliche Unrichtigkeit der Bücher oder Aufzeichnungen vermutet wird. Damit ist den Steuerbehörden ein scharfes Mittel in die Hand gegeben. An die Stelle der individuellen Ermittlung der Einkünfte tritt dann in derartigen Fällen die Festsetzung nach Durchschnittsätzen. Im Interesse der Rechtssicherheit und im Interesse der Steuerpflichtigen ist die Festsetzung und Anwendung der Durchschnittsätze in verschiedener Hinsicht beschränkt ... Die Durchschnittsätze werden so zu bemessen sein, daß Härten möglichst vermieden werden und die Verhältnisse des Einzelfalls, soweit dies mit Durchschnittsätzen überhaupt verträglich ist, möglichst berücksichtigt werden können. Es werden daher Rahmensätze aufgestellt werden, innerhalb deren die Einkünfte im Einzelfall nach Abwägung aller Umstände geschätzt werden. Wenn auch nach § 29 Abs. 4 der Steuerpflichtige im Veranlagungs= und Rechtsmittelverfahren nichts gegen die Höhe der Durchschnittsätze einwenden kann, so ist er doch andererseits durch Aufstellung von Rahmensätzen im erforderlichen Umfang gegen eine allzu schematische Anwendung der Durchschnittsätze geschützt. Im Rahmen der Durchschnittsätze hat er die Möglichkeit, gegebenenfalls im Rechtsmittelweg einen Mißbrauch des Ermessens bei der Anwendung des Durchschnittsatzes geltend zu machen."

Bis jetzt sind Durchschnittsätze auf Grund des § 12 AO und des § 29 EStG aufgestellt durch die VO über die Aufstellung von Durchschnittsätzen für die Ermittlung des Gewinns aus Land= und Forstwirtschaft v. 31. 12. 36 (RGBl. 37 I S. 1, RStBl. 37 S. 33, dazu Begleiterlaß des RdF. v. 31. 12. 36 S 2142 — 85 III, RStBl. 37 S. 35) und durch die VO über die Bemessung des Nutzungswerts der Wohnung im eigenen Einfamilienhaus v. 26. 1. 37 (RGBl. I S. 99, RStBl. 37 S. 161, dazu Begleiterlaß des RdF. v. 26. 1. 37 S 2182 — 90 III, RStBl. 37

S. 161). Von diesen Durchschnittsätzen haben für die Körperschaftsteuer nur die ersten bei nicht buchführungspflichtigen und tatsächlich nichtbuchführenden Körperschaften mit einem land- oder forstwirtschaftlichen Betrieb Bedeutung.

Neben den Durchschnittsätzen kommen als Hilfsmittel für die Ermittlung und Berechnung der Besteuerungsgrundlagen noch die Richtsätze in Betracht, und zwar bei nichtbuchführenden Land- und Forstwirten, deren Gewinn nicht nach der oben genannten VO nach Durchschnittsätzen zu ermitteln ist, und bei Ermittlung der Einkünfte aus Gewerbebetrieb, wenn der Steuerpflichtige nicht nach den §§ 160, 161 AO verpflichtet ist, Bücher zu führen und auf Grund jährlicher Bestandsaufnahmen regelmäßig Abschlüsse zu machen (vgl. dazu VR 37 C I 11 und C II 1, RStBl. 38 S. 204, 205, s. Anh. 17). Die Richtsätze haben in Gegensatz zu den Durchschnittsätzen nicht rechtsverbindliche Kraft, sie haben jedoch als allgemeiner Schätzungsmaßstab unter dem Gesichtspunkt der Gleichmäßigkeit der Besteuerung besondere Bedeutung.

An Stelle der Ermittlung der Besteuerungsgrundlage im einzelnen kann auch Pauschbesteuerung erfolgen, vgl. § 21 KStG und die Anm. dazu.

b) Nach § 215 Abs. 2 AO hat eine **einheitliche und gesonderte Feststellung der Einkünfte** zu erfolgen für die einkommensteuerpflichtigen und körperschaftsteuerpflichtigen Einkünfte (Gewinn oder Überschuß der Einnahmen über die Werbungskosten)

1. aus Land- und Forstwirtschaft,
2. aus Gewerbebetrieb,
3. aus selbständiger Arbeit,
4. aus Vermietung und Verpachtung unbeweglichen Vermögens,

wenn an den Einkünften mehrere beteiligt sind. Werden zusammen mit Einkünften, für die eine einheitliche Feststellung nach Absatz 2 stattfindet, andere gemeinschaftliche Einkünfte, insbesondere Einkünfte aus Kapitalvermögen, verwaltet, so sollen nach § 215 Abs. 3 AO auch diese anderen Einkünfte einheitlich festgestellt werden. Die Vorschriften des Abs. 2 über die einheitliche Feststellung finden nach § 215 Abs. 4 AO keine Anwendung, wenn das unbewegliche Vermögen (Abs. 2 Ziff. 1 und 4) weder im Inland belegen noch in ein inländisches öffentliches Buch oder Register eingetragen ist oder wenn die Gesellschaft oder die Gemeinschaft (Abs. 2 Ziff. 2) weder ihre Geschäftsleitung noch ihren Sitz im Inland hat. Auch sonst kann von der Anwendung des Absatzes 2 abgesehen werden, wenn es sich um Fälle von geringerer Bedeutung handelt. Der notwendige Inhalt eines Feststellungsbescheids, der nach § 213 Abs. 2 AO auch bei der Vereinigung mit der Steuerfestsetzung in einem Bescheid eine selbständige, mit Rechtsmitteln selbständig anfechtbare Entscheidung ist, ergibt sich aus § 216 AO.; insbesondere ist nach § 216 Abs. 1 Ziff. 2 AO eine Feststellung darüber zu treffen, wem im Fall des § 215 Abs. 2 a. a. O. die Einkünfte zuzurechnen sind und wie sich bei der Beteiligung mehrerer der festgestellte Betrag auf die einzelnen Beteiligten verteilt. Die in den Feststellungsbescheiden getroffenen Feststellungen werden den Steuerbescheiden zugrunde gelegt, auch wenn die Feststellungsbescheide noch nicht unanfechtbar geworden sind (§ 218 Abs. 1 AO). Bei nachträglicher Änderung der im Feststellungsbescheid enthaltenen Feststellung durch Rechtsmittelentscheidung oder Berichtigungsfeststellung werden noch rechtskräftige oder noch nicht rechtskräftige Bescheide, die auf den bisherigen Feststellungsbescheid beruhen, von Amts wegen durch neue Bescheide ersetzt, die der Änderung Rechnung tragen (§ 218 Abs. 4 AO). Wegen der Bedeutung der einheitlichen Gewinnfeststellung bei Beteiligung an einer Personengesellschaft s. Anm. 114 d zu § 6 EStG.

c) Die auf Grund der Besteuerungsgrundlage (Einkommen) zu berechnende Steuer wird vom Finanzamt durch **Steuerbescheid** festgesetzt (§ 210 Abs. 1 AO), der für die Steuern vom Einkommen nach § 210 b Abs. 1 Satz 1 AO schriftlich erteilt wird. Auf Bescheide, die auf Freistellung von Steuern lauten, finden die Vorschriften, die für Steuerbescheide gelten, nur insoweit Anwendung, als dies durch gesetzliche Vorschrift ausdrücklich bestimmt ist (§ 219 Abs. 3 AO). Der nach den Steuergesetzen schriftlich zu erteilende Steuerbescheid muß nach § 211 Abs. 1 AO die Höhe der Steuer enthalten. Als Rechtsmittelverfahren ist gegen Steuerbescheide und Feststellungsbescheide nach § 228 Ziff. 1 AO das Berufungsverfahren mit Einspruch, Berufung oder Sprungberufung ohne Einspruchsverfahren und Rechtsbeschwerde gegeben (vgl. Dritter Abschnitt des Zweiten Teiles der AO).

d) Unabhängig von der Festsetzung der Steuer durch Steuerbescheid vollzieht sich die **Entstehung der Steuerschuld** nach **§ 3 StAnpG** (s. auch Anm. 6 zu § 1 KStG). Dieser lautet in den hier maßgebenden Absätzen 1, 2 und 5:

„Die Steuerschuld entsteht, sobald der Tatbestand verwirklicht ist, an den das Gesetz die Steuer knüpft.

Auf die Entstehung der Steuerschuld ist es ohne Einfluß, ob und wann die Steuer festgesetzt wird und wann die Steuer zu entrichten (wann sie fällig) ist.

....

Beispiele und Ergänzungen zu den Absätzen 1 und 2: Die Steuerschuld entsteht:
1. bei der Einkommensteuer und bei der Körperschaftsteuer:
a) für Steuerabzugsbeträge:
im Zeitpunkt des Zufließens der steuerabzugspflichtigen Einkünfte;
b) für Vorauszahlungen:
mit Beginn des Kalendervierteljahrs, für das die Vorauszahlungen zu entrichten sind, oder, wenn die Steuerpflicht erst im Lauf des Kalendervierteljahrs begründet wird, mit Begründung der Steuerpflicht;
c) für die veranlagte Steuer:
mit Ablauf des Kalenderjahrs, für das die Veranlagung vorgenommen wird, soweit nicht die Steuerschuld nach Buchstabe a oder nach Buchstabe b schon früher entstanden ist."

In der Begr. zu § 3 StAnpG (RStBl. 34 S. 1398) wird darauf hingewiesen, daß der § 3 Abs. 5 a. a. O. nicht nur Beispiele, sondern auch Ergänzungen zu § 3 Abs. 1 enthält, d. h. Vorschriften, die von dem § 3 Abs. 1 abweichen. Derartige im § 3 Abs. 5 enthaltene Abweichungen gehen dem Grundsatz des § 3 Abs. 1 vor. „Die Einkommensteuer und die Körperschaftsteuer sind mit ihren Steuerabzügen, Vorauszahlungen und Abschlußzahlungen so ausgestaltet, daß man, soweit es sich um die Entstehung der Steuerschuld handelt, nicht von einer einheitlichen Steuerschuld und daher auch nicht von einem einheitlichen Entstehungszeitpunkt sprechen kann. Demgemäß sind im § 3 Abs. 5 Ziff. 1 StAnpG die Entstehungszeitpunkte für die Steuerabzugsbeträge (insbesondere für die Steuerabzüge vom Arbeitslohn und vom Kapitalertrag), für die Vorauszahlungen und für die Abschlußzahlungen besonders bestimmt."

II. Entrichtung der Steuer.

Die laufende Körperschaftsteuer wird ebenso wie die laufende Einkommensteuer durch Entrichtung von Vorauszahlungen auf die nachträglich zu veranlagende Steuerschuld oder durch Einbehaltung eines Steuerabzugs (insbesondere vom Kapitalertrag) erhoben. Nach Ablauf des Kalenderjahrs wird die für das Kalenderjahr geschuldete Steuer veranlagt und auf die veranlagte Steuer werden die einbehaltenen Steuerabzugsbeträge und geleisteten Vorauszahlungen angerechnet. Es gibt also drei Arten der Entrichtung von Körperschaftsteuer, nämlich durch Vorauszahlungen, durch Steuerabzug und durch Abschlußzahlung.

5. Vorauszahlungen.
a) Bemessung und Entrichtung der Vorauszahlungen.
§ 35 EStG 1934:

„Der Steuerpflichtige hat am 10. März, 10. Juni, 10. September und 10. Dezember Vorauszahlungen auf die Einkommensteuer zu entrichten. Jede Vorauszahlung beträgt ein Viertel der zuletzt veranlagten Einkommensteuer. Steuerpflichtige, deren Einkünfte überwiegend aus Land- und Forstwirtschaft herrühren, haben am 10. März und am 10. Juni Vorauszahlungen in Höhe eines Viertels und am 10. Dezember eine Vorauszahlung in Höhe der Hälfte der zuletzt veranlagten Einkommensteuer zu entrichten.

Sind in dem der Veranlagung zugrunde gelegten Einkommen Einkünfte enthalten, von denen ein Steuerabzug (§§ 38 bis 45) vorgenommen worden ist, so bemessen sich die Vorauszahlungen nach dem Betrag, um den die festgesetzte Einkommensteuerschuld die Summe der nach § 47 Absatz 1 Ziffer 2 angerechneten Steuerabzüge übersteigt."

Dazu führt die Begr. zu § 35 EStG (RStBl. 35 S. 53) aus: „Das Gesetz hält grundsätzlich an dem Vorauszahlungssystem fest. Die Vorauszahlungen sind dieselben geblieben, wie sie in der VO des RdF. v. 5. 3. 32 (RMin.Bl. S. 98, RStBl. S. 257) festgelegt waren. Eine Neuregelung ist nur für Steuerpflichtige getroffen, deren Einkünfte überwiegend aus Land- und Forstwirtschaft herrühren. An Stelle der bisherigen Termine vom 15. November, 15. Februar und 15. Mai sind jetzt der 10. Dezember, 10. März und 10. Juli getreten. Damit ist eine Angleichung an die Vorauszahlungstermine für die übrigen veranlagten Steuerpflichtigen gegeben. § 35 Abs. 2 entspricht dem bisherigen § 96 ohne sachliche Änderung."

Die Fälligkeitstage für Vorauszahlungen nach § 35 EStG gelten auch für Körperschaftsteuerpflichtige. Nach § 18 I. KStDVO sind bei der Körperschaftsteuer auch die Vorschriften der §§ 29—31 I. EStDVO anzuwenden.

§ 29 I. EStDVO regelt die Vorauszahlungen für die Forstwirte:

„Steuerpflichtige, deren Einkünfte überwiegend aus Forstwirtschaft herrühren, haben am 10. März, 10. Juli, 10. September und 10. Dezember Vorauszahlungen in Höhe eines Viertels der zuletzt veranlagten Einkommensteuer zu entrichten."

§ 30 I. EStDVO enthält eine Ermächtigung zur anderweitigen Festsetzung von Fälligkeitstagen für Vorauszahlungen:

„Die Präsidenten der Landesfinanzämter werden ermächtigt, für Betriebe des Gartenbaus (insbesondere Obst und Gemüsebaus) und der Weidewirtschaft die Fälligkeitstage für die Vorauszahlungen und die Verteilung der Vorauszahlungen auf die einzelnen Fälligkeitstage abweichend von § 35 Abs. 1 des Gesetzes zu bestimmen."

Wird von dieser Ermächtigung Gebrauch gemacht, so sind nach den WR 34 F 10 Abs. 8 (RStBl. 35 S. 407) für das Kalenderjahr regelmäßig vier Fälligkeitstage, nicht drei, zu bestimmen.

In § 35 **EStG 1938** wurde die Vorschrift des § 35 Abs. 1 Satz 3 EStG 1934 über die Vorauszahlungen der Land- und Forstwirte gestrichen und diese ebenso wie die Vorschriften des § 29 und § 30 I. EStDVO in § 29 II. EStDVO übernommen.

Die Höhe der Vorauszahlungen bemißt sich, von dem Fall einer anderweitigen Festsetzung (vgl. unter b) abgesehen, nach der Höhe der zuletzt veranlagten Körperschaftsteuerschuld, die bis zum Erlaß des Steuerbescheids für das folgende Kalenderjahr maßgebend ist. Dabei ist nicht erforderlich, daß der letzte Steuerbescheid am Fälligkeitstag der Vorauszahlung bereits rechtskräftig ist. Dem Kalenderjahr sind jeweils die Vorauszahlungen zuzurechnen, die an den in dieses Kalenderjahr fallenden Vorauszahlungstagen oder bei Stundung oder Beitreibung für diese Fälligkeitstage nachträglich geleistet oder erhoben wurden. Bei Änderung der veranlagten Steuerschuld im Rechtsmittelverfahren gilt die Änderung hinsichtlich der nach dem Steuerbescheid zu leistenden Vorauszahlungen nicht mit rückwirkender Kraft (RFH. VI A 664/27 v. 23. 5. 28, RStBl. 28 S. 263, StW. 28 Nr. 580). Die an den einzelnen Fälligkeitstagen zu entrichtende Vorauszahlung beträgt jeweils ein Viertel der zuletzt veranlagten Steuerschuld (bei Landwirten am 10. Dezember ½), die aber um die auf die veranlagte Steuerschuld angerechneten Steuerabzugsbeträge nach § 35 Abs. 2 EStG zu kürzen ist.

Eine Besonderheit ergab sich für die Körperschaftsteuervorauszahlungen 1936 auf Grund des G. zur Änderung des KStG v. 27. 8. 36 (RGBl. I S. 701, RStBl. 36 S. 873, vgl. Anm. 2 zu § 19 KStG). Nach Art. 4 a. a. O. erhöhten sich die Vorauszahlungen, die bis zur Bekanntgabe des Körperschaftsteuerbescheids für 1936 fällig wurden, um die Hälfte. Durch diese Erhöhung um die Hälfte wurde erreicht, daß die Vorauszahlungen der voraussichtlichen endgültigen Steuerschuld für 1937 angepaßt wurden. Da in dem Steuerbescheid für 1936 bereits eine Erhöhung der Körperschaftsteuer für 1936 um ein Viertel (von 20 v. H. auf 25 v. H.) enthalten war, waren die weiteren Vorauszahlungen nur noch um ein Fünftel (von 25 v. H. auf 30 v. H.) zu erhöhen (vgl. RderL. des RdF. v. 28. 8. 36 S 2400

Anmerkung 5.

— 10 III unter III, RStBl. 36 S. 874 und VR 36 G XII 2 a und b und die dort gegebenen Beispiele, RStBl. 37 S. 259).

Abrundung und Kleinbetrag bei Vorauszahlungen regelt § 31 I. EStDVO (§ 30 II. EStDVO), der ebenfalls für die Körperschaftsteuer gilt:

„Der Jahresbetrag der Einkommensteuervorauszahlungen ist auf einen durch vier teilbaren vollen Reichsmarkbetrag nach unten abzurunden. Vorauszahlungen werden nur erhoben, wenn sie vierteljährlich zwei Reichsmark übersteigen."

Die nach dem Gesetz v. 27. 8. 36 (s. vorherigen Absatz) erhöhten vierteljährlichen Vorauszahlungsbeträge, die ab 10. 9. 36 bzw. auf Grund des Steuerbescheids für 1935 zu leisten sind, sind nach dem Rderl. des RdF. v. 28. 8. 36 (s. vorheriger Absatz) unter III B Ziff. 3 auf volle Reichsmark nach unten abzurunden.

b) Vorauszahlungen in besonderen Fällen.

§ 36 EStG 1934:

„Ist die Steuerpflicht erst im Lauf eines Kalenderjahrs begründet worden, so sind die Vorauszahlungen, die bis zum Empfang des ersten Steuerbescheids zu entrichten sind, nach dem Einkommen festzusetzen, das in den auf die Begründung der Steuerpflicht folgenden zwölf Monaten voraussichtlich erzielt werden wird.

Ist der Zeitraum, für den ein Steuerbescheid erteilt wird, kürzer als ein Kalenderjahr (Abs. 1), so sind die künftigen Vorauszahlungen nach der Steuer festzusetzen, die sich ergibt, wenn das dem Steuerbescheid zugrunde liegende Einkommen in ein Jahreseinkommen umgerechnet wird."

Durch Art. I Ziff. 7 des Gesetzes zur Änderung des EStG v. 1. 2. 38 (RGBl. I S. 99, RStBl. 38 S. 97) erhielt **§ 36 Abs. 1 EStG (1938)** folgende Fassung:

„Ist die Steuerpflicht erst im Laufe eines Kalenderjahrs begründet worden, so sind die Vorauszahlungen, die bis zum Empfang des ersten Steuerbescheids zu entrichten sind, nach dem Steuerbetrag zu bemessen, der sich bei der ersten Veranlagung nach § 25 nach Anrechnung der Steuerabzüge voraussichtlich ergeben wird."

Unter der Begründung der Steuerpflicht im Sinn des Abs. 1 ist der Fall zu verstehen, daß eine Körperschaft, die bisher überhaupt nicht körperschaftsteuerpflichtig war, entweder unbeschränkt oder beschränkt steuerpflichtig wird. Da in diesem Fall eine veranlagte Steuerschuld, nach der die Vorauszahlungen bemessen werden können, fehlt, muß die Vorauszahlungsschuld durch einen besonderen Vorauszahlungsbescheid festgesetzt werden. Beim Übergang von der unbeschränkten Steuerpflicht und umgekehrt (vgl. Anm. 4 zu § 2 KStG) bedarf es in allen Fällen keiner besonderen Festsetzung von Vorauszahlungen, in denen bereits auf Grund der bisherigen Steuerpflicht auch die Vorauszahlungspflicht besteht, wenn also nicht nur steuerabzugspflichtiges Einkommen bezogen wurde. Jedoch sehen die VR 37 (s. unter c Abs. 2) in dem Fall, daß ein Steuerpflichtiger, der bisher nur steuerabzugspflichtige Einkünfte bezogen hat, auch nicht steuerabzugspflichtige Einkünfte bezieht, für die erstmalige Festsetzung von Vorauszahlungen die sinngemäße Anwendung von § 37 Abs. 1 EStG vor. Ebenso könnte auch sonst beim Wechsel in der Steuerpflicht wegen der Änderung der Einkommensverhältnisse eine anderweitige Festsetzung der Vorauszahlungen nach § 37 EStG in Frage kommen.

Bemessungsgrundlage für die festzusetzenden Vorauszahlungen bildet nach § 36 Abs. 1 EStG 1934 das Einkommen, das in den auf die Begründung der Steuerpflicht folgenden 12 Monaten erzielt werden wird. Dieses kann nur durch Schätzung ermittelt werden. Als Fälligkeitstage der zu leistenden Vorauszahlungen kommen die auf die Gründung zeitlich folgenden Fälligkeitstage des § 35 EStG bzw. § 29 I. u. II. EStDVO in Betracht. Ist eine Kapitalgesellschaft zum 1. 8. 37 gegründet und wird das mutmaßliche Einkommen der ersten 12 Monate auf 10 000 RM. geschätzt, dann beträgt die Jahressteuer 3 000 RM. Daraus sind an Vorauszahlungen zu leisten 750 RM. vierteljährlich, und zwar beginnend mit dem 10. September 1937. Schließt die Gesellschaft mit dem Kalenderjahr ab, dann wird noch die am 10. Dezember 1937 geleistete Vorauszahlung auf die Steuerschuld für das Kalenderjahr 1937 bezahlt, während die Vorauszahlung vom

10. März 1938 bereits auf die Steuerschuld für das Kalenderjahr 1938 geleistet wird. Die im Vorauszahlungsbescheid festgesetzten Vorauszahlungen sind maßgebend bis zur Zustellung des ersten Steuerbescheids, der für das Kalenderjahr 1937 zu erteilen ist. In § 36 Abs. 1 EStG 1938, der erstmalig bei der Veranlagung für das Kalenderjahr 1937 anzuwenden ist, wird nicht mehr auf das Einkommen, sondern auf die bei der ersten Veranlagung sich ergebende Einkommensteuer abgestellt.

Wird die Steuerpflicht in den Fällen des Abs. 1 nicht zum Beginn eines Kalenderjahrs, sondern im Lauf des Kalenderjahrs begründet, dann wird dem ersten Steuerbescheid, der nach Begründung der Steuerpflicht erteilt wird, das Einkommen eines kürzeren Zeitraums als eines Kalenderjahrs zugrunde gelegt. In diesem Fall sind die künftigen Vorauszahlungen nach Abs. 2 nach einer Steuer zu berechnen, die sich ergibt, wenn das dem Steuerbescheid zugrunde liegende Einkommen in ein Jahreseinkommen umgerechnet wird. Diese Umrechnung ist erforderlich, weil die nach dem ersten Steuerbescheid berechneten Vorauszahlungen nicht zur Deckung einer aus einem Ermittlungszeitraum von 12 Monaten sich ergebenden Jahressteuerschuld ausreichen würden. Würde also in dem im vorhergehenden Abs. gegebenen Beispiel der erste Steuerbescheid nach einem Einkommen von 5 000 RM. auf 1 500 RM. lauten, dann wäre zur Berechnung der Vorauszahlungen wie folgt zu verfahren: 5 000 RM. Einkommen für die Zeit v. 1. 8. bis 31. 12. 37 sind ⁵/₁₂ eines Jahreseinkommens, Jahreseinkommen also 12 000 RM.; Steuerschuld 3 600 RM., daher vierteljährliche Vorauszahlung 900 RM. Von dem auf die Zustellung des Steuerbescheids folgenden Vorauszahlungstermin an ist demnach von der Gesellschaft eine Vorauszahlung von 900 RM. vierteljährlich abzufordern.

c) Erhöhung und Herabsetzung von Vorauszahlungen.

§ 37 EStG 1934:

„Die Vorauszahlungen können erhöht werden, wenn die Einkünfte, die nicht dem Steuerabzug unterliegen, voraussichtlich um mehr als ein Fünftel, mindestens aber um 2 000 RM., höher sein werden als die der letzten Veranlagung zugrunde gelegten Einkünfte, die nicht dem Steuerabzug unterlegen haben.

Die Vorauszahlungen können herabgesetzt werden, wenn der Steuerpflichtige glaubhaft macht, daß seine Einkünfte, die nicht dem Steuerabzug unterliegen, voraussichtlich um mehr als ein Fünftel, mindestens aber um 1 000 RM., niedriger sein werden als die der letzten Veranlagung zugrunde gelegten Einkünfte, die nicht dem Steuerabzug unterlegen haben."

Durch Art. I Ziff. 8 des Gesetzes zur Änderung des EStG v. 1. 2. 38 (RGBl. I S. 99, RStBl. 38 S. 97) erhielt § 37 EStG 1934 folgende Fassung:

§ 37 EStG 1938:

„Die Vorauszahlungen können erhöht werden, wenn die um die Steuerabzüge verminderte Einkommensteuer voraussichtlich um mehr als ein Fünftel mindestens aber um 300 Reichsmark höher sein wird als die zuletzt festgesetzte und um die angerechneten Steuerabzüge verminderte Einkommensteuer.

Die Vorauszahlungen können herabgesetzt werden, wenn der Steuerpflichtige glaubhaft macht, daß die um die Steuerabzüge verminderte Einkommensteuer voraussichtlich um mehr als ein Fünftel, mindestens aber um 100 Reichsmark niedriger sein wird als die zuletzt festgesetzte und um die angerechneten Steuerabzüge verminderte Einkommensteuer."

§ 37 EStG dient ebenso wie § 36 EStG der Anpassung der Vorauszahlungen an die erst festzusetzende Steuerschuld des Kalenderjahrs, auf die sie angerechnet werden. Dies geschieht durch Erhöhung bzw. Herabsetzung der im letzten Steuerbescheid festgesetzten Vorauszahlungen. „§ 37 regelt die Erhöhung und Herabsetzung der Vorauszahlungen. Soweit es sich um die Erhöhung der Vorauszahlungen handelt, entspricht die Neuregelung in vollem Umfang der bisherigen. Die Möglichkeit, Vorauszahlungen herabzusetzen, ist neu. Bisher war nach § 100 EStG 1925 nur die Stundung des auf den wahrscheinlichen Betrag der Verminderung

Anmerkung 5—6. 643

des Einkommens entfallenden Teils der Vorauszahlungen möglich. Hier hatten sich Schwierigkeiten systematischer und technischer Art ergeben. Die Möglichkeit, die Vorauszahlungen herabzusetzen, entspricht den Wünschen der Steuerpflichtigen und auch den Bedürfnissen der Verwaltung" (Begr. zu § 37 EStG, RStBl. 35 S. 53).

Für die Anwendung des § 37 ist Voraussetzung, daß sich die mutmaßlichen Einkünfte des Steuerpflichtigen, die nicht steuerabzugspflichtig sind, gegenüber den zuletzt veranlagten nicht steuerabzugspflichtigen Einkünften mindestens um den im Gesetz genannten Betrag erhöhen oder vermindern. In § 37 EStG 1938 wird die Erhöhung und Herabsetzung der Vorauszahlungen nicht mehr wie bisher von einer entsprechenden Veränderung des Einkommens, sondern von einer voraussichtlichen Erhöhung oder Verminderung der Einkommensteuer abhängig gemacht. Diese Änderung, die erstmalig bei der Veranlagung für das Kalenderjahr 1937 anzuwenden ist, ist in erster Linie für die Einkommensteuer von Bedeutung (vgl. Begr. zu Art. I Ziff. 7 u. 8 des Gesetzes v. 1. 2. 38, RStBl. 38 S. 102), nicht aber für die Körperschaftsteuer, die in einem festen Hundertsatz des festgestellten Einkommens erhoben wird. Als Anwendungsfälle der Vorschrift werden in den PR 37 E VII (RStBl. 38 S. 228, s. Anh. 17) noch folgende aufgeführt:

„Die Vorschrift des § 37 Abs. 1 EStG, betreffend Erhöhung von Vorauszahlungen ist sinngemäß auch anzuwenden, a) wenn ein Steuerpflichtiger, der bisher nur steuerabzugspflichtige Einkünfte bezogen hat, nunmehr auch nicht steuerabzugspflichtige Einkünfte bezieht, für die erstmalige Festsetzung von Vorauszahlungen, b) wenn ein Steuerpflichtiger, der zu einer Einkommensteuer bisher nicht veranlagt worden ist, Einkünfte von mehr als 2 000 RM. bezieht und dadurch eine Einkommensteuerschuld entsteht. Die Vorschrift des § 37 EStG stellt eine Kannvorschrift dar. Sie ist nur in wirklich lohnenden Fällen anzuwenden."

Darüber, ob im Einzelfall eine anderweitige Festsetzung der Vorauszahlungen erfolgen soll, hat das FA. nach § 2 StAnpG nach seinem Ermessen zu entscheiden.

Die anderweitige Festsetzung der Vorauszahlungen kann bereits in dem für das abgelaufene Kalenderjahr erlassenen Steuerbescheid oder auch in einem besonderen Voraussetzungsbescheid erfolgen.

d) Allgemeine Grundsätze für Vorauszahlungen. Wegen der Entstehung der Steuerschuld bei Vorauszahlungen auf die Einkommen- und Körperschaftsteuer vgl. Anm. 4 d. Die Fälligkeit ist durch § 35 EStG festgelegt, sie kann durch Stundung hinausgeschoben werden. Stundungszinsen werden für die Körperschaftsteuervorauszahlungen für die Zeit ab 1. Januar 1935 ebensowenig erhoben wie Verzugszinsen bei nicht rechtzeitiger Entrichtung der Vorauszahlungen (§ 20 Abs. 1 und 2 StAnpG, § 10 und § 9 des Steuersäumnisgesetzes v. 24. 12. 34, RGBl. I S. 1271). Dagegen ist für die nach dem 31. Dezember 34 fälligen Vorauszahlungen bei nicht rechtzeitiger Entrichtung nach den §§ 1 bis 3 a. a. O. ein Säumniszuschlag von 2 v. H. des rückständigen Steuerbetrags, der auf volle 10 RM. nach unten abzurunden ist, zu berechnen.

Als Rechtsmittel gegen die Anforderung von Vorauszahlungen ist nach § 237 AO nur die Beschwerde an den Oberfinanzpräsidenten gegeben, gegen dessen Beschwerdeentscheidung nach § 304 Abs. 4 AO keine Beschwerde mehr zulässig ist.

6. Steuerabzug vom Kapitalertrag (Kapitalertragsteuer).

a) Steuerabzugspflichtige Kapitalerträge.

§ 43 EStG:

„Bei den folgenden inländischen Kapitalerträgen wird die Einkommensteuer durch Abzug vom Kapitalertrag (Kapitalertragsteuer) erhoben:
1. Gewinnanteilen (Dividenden), Zinsen, Ausbeuten, und sonstigen Bezügen aus Aktien, Kuxen, Genußscheinen, Anteilen an Gesellschaften mit beschränkter Haftung, an Erwerbs- und Wirtschaftsgenossenschaften und Kolonialgesellschaften, aus Anteilen an der Reichsbank und an bergbautreibenden Vereinigungen, die die Rechte einer juristischen

Person haben. Ausgenommen sind die Dividenden aus Vorzugsaktien der Deutschen Reichsbahn-Gesellschaft;

2. Einkünften aus der Beteiligung an einem Handelsgewerbe als stiller Gesellschafter.

Steuerabzugspflichtige Kapitalerträge sind auch besondere Entgelte oder Vorteile, die neben den im Absatz 1 bezeichneten Kapitalerträgen oder an deren Stelle gewährt werden.

Kapitalerträge sind als inländische anzusehen, wenn der Schuldner Wohnsitz, Geschäftsleitung oder Sitz im Inland hat."

aa) Der Steuerabzug vom Kapitalertrag ist eine **Form der Erhebung der Einkommen- und Körperschaftsteuer.** Er nähert sich aber in seiner Ausgestaltung einer Objektsteuer, da er ohne Rücksicht auf die persönlichen Verhältnisse des Gläubigers erhoben und grundsätzlich nicht erstattet wird (vgl. § 47 Abs. 3 Satz 2 EStG und Anm. 8 d). Als Erhebungsform der Einkommen- und Körperschaftsteuer ist er nach § 47 Abs. 1 Ziff. 1 EStG auf die für das Kalenderjahr festgesetzte Steuerschuld anzurechnen. Über das Verhältnis zum bisherigen Recht führt die Begr. zu § 43 EStG u. a. aus: „Die Erhebung der Einkommensteuer bei einer Reihe von Kapitalerträgen an der Quelle durch Steuerabzug vom Kapitalertrag hat sich bewährt. Es ist deshalb auch im neuen EStG an diesem Verfahren festgehalten worden. Auch der Kreis der steuerabzugspflichtigen Kapitalerträge hat sich gegenüber dem im § 83 EStG 1925 in der Fassung der VO über die Aufhebung des Steuerabzugs vom Kapitalertrag und der beschränkten Steuerpflicht bei festverzinslichen Wertpapieren v. 16. 10. 30 (RGBl. I S. 464) nur wenig verändert. Neu ist die Wiedereinführung des Steuerabzugs bei Bezügen aus Anteilen an Gesellschaften mit beschränkter Haftung. In das EStG 1925 war der Steuerabzug lediglich mit Rücksicht auf die Steuerermäßigungsvorschrift des § 57 nicht aufgenommen worden. Da eine dem § 57 des EStG 1925 entsprechende Vorschrift im neuen EStG nicht enthalten ist, war es im Interesse einer gleichmäßigen Erfassung aller Steuerpflichtigen und einer möglichst weitgehenden Erhebung der Steuer an der Quelle zweckmäßig, den Steuerabzug von Bezügen aus Anteilen an Gesellschaften mit beschränkter Haftung wieder einzuführen. Die Kapitalerträge aus festverzinslichen Wertpapieren sind ebenso wie in der zuletzt geltenden Fassung des EStG 1925 dem Steuerabzug vom Kapitalertrag nicht unterworfen... Hinsichtlich des Steuerabzugs von Zinsen aus Anteilen an Genossenschaften weist das neue EStG gegenüber dem § 83 EStG 1925 eine kleine Änderung auf. Diese Zinsen unterlagen bisher dem Steuerabzug nur, wenn sie je Mitglied und Jahr 10 RM. überstiegen. Diese Einschränkung ist im Interesse der Vereinfachung und gleichmäßigen Erfassung nicht übernommen. § 84 EStG 1925 schrieb vor, daß der Steuerabzug nicht vorzunehmen war von Zinsen, Dividenden und sonstigen Gewinnbeträgen der im § 83 Abs. 1 Ziff. 1 EStG 1925 bezeichneten Art, sofern Gläubiger und Schuldner die gleiche Person waren. Diese Vorschrift ist im Gesetz entbehrlich; sie wird in die Durchführungsverordnung aufgenommen werden.

Zur Durchführung der Vorschriften über die Erhebung der Einkommen- und Körperschaftsteuer durch Abzug vom Kapitalertrag ist die VO zur Durchführung des Steuerabzugs vom Kapitalertrag (Kapitalertragsteuer) — Kapitalertragsteuer-Durchführungsverordnung — (KapStDVO) v. 22. 12. 34 (RMBl. 35 S. 18, RStBl. 35 S. 17, s. Anh. 14) ergangen.

bb) Der Kreis der steuerabzugspflichtigen Kapitalerträge des § 43 Abs. 1 Ziff. 1 EStG deckt sich mit den in § 20 Abs. 1 Ziff. 1 EStG aufgeführten Einkünften aus Kapitalvermögen mit Ausnahme der Dividenden aus Vorzugsaktien der Deutschen Reichsbahngesellschaft (§ 43 Abs. 1 Ziff. 1 a. E.). Die Kapitalerträge, die begrifflich unter die Gewinnanteile aller Art aus Beteiligungen an Kapitalgesellschaften, Erwerbs- und Wirtschaftsgenossenschaften, an der Reichsbank und rechtsfähigen, bergbautreibenden Vereinigungen entfallen, unterliegen also mit der erwähnten Ausnahme dem Steuerabzug vom Kapitalertrag (vgl. Anm. 158 bis 162 zu § 20 EStG). Ebenso entspricht der Begriff der Einkünfte aus der Beteiligung an einem Handelsgewerbe als stiller Gesellschafter in § 43 Abs. 1 Ziff. 2 EStG dem des § 20 Abs. 1 Ziff. 2 EStG (s. Anm. 164a zu § 20 EStG). Hierzu kommen als abzugspflichtige Kapitalerträge nach § 1 Abs. 1 Ziff. 3 KapStDVO „Zinsen aus Teilschuldverschreibungen, bei denen neben der festen Verzinsung ein Recht auf Umtausch in Gesellschaftsanteile (Wandelanleihen) und eine Zusatz= verzinsung, die sich nach der Höhe der Gewinnausschüttungen des Schuldners richtet (Gewinnobligationen), eingeräumt ist. Die Zinsen aus Teilschuldverschrei= bungen unterliegen der Kapitalertragsteuer jedoch nicht, wenn der Zinsfuß nur vorübergehend herabgesetzt und gleichzeitig eine von dem jeweiligen Gewinn= ergebnis des Unternehmens abhängige Zusatzverzinsung bis zur Höhe des ur= sprünglichen Zinsfußes festgelegt worden ist." Auf die in der VO gegebenen Bei= spiele für Zusatzverzinsung und für die Ausnahme wird verwiesen (s. Anh. 14). Die hiernach angeordnete Abzugspflicht für Wertpapiere mit Zusatzverzinsung entspricht der bisherigen Rechtsprechung (vgl. RFH. Gutachten I D 1/31 v. 2. 6. 31, E. 29 S. 68, RStBl. 31 S. 558, StW. 31 Nr. 1094, RFH. I A 276/32 v. 20. 9. 32, RStBl. 32 S. 1071, StW. 32 Nr. 1163). Nach der letzten Entsch. unterliegen die Gewinnobligationen der Kapitalertragsteuer für den festen Zins auch dann, wenn der Zusatzzins tatsächlich nicht gewährt wird.

§ 43 Abs. 2 EStG, wonach steuerabzugspflichtige Kapitalerträge auch beson= dere Entgelte und Vorteile sind, die neben den im Absatz 1 bezeichneten Kapitalerträgen oder an deren Stelle gewährt werden, deckt sich inhaltlich mit der Vorschrift des § 20 Abs. 2 Ziff. 1 EStG (vgl. Anm. 165 Abs. 1 zu § 20 EStG).

Die Abzugspflicht nach § 43 erstreckt sich nur auf inländische Kapital= erträge. Kapitalerträge sind nach § 1 Abs. 3 KapStDVO als inländische anzu= sehen, wenn der Schuldner Wohnsitz, Geschäftsleitung oder Sitz im Inland hat. Wegen des Begriffes des Wohnsitzes vgl. § 13 StAnpG und Anm. 11a, aa Abs. 2 zu § 2 KStG, der Geschäftsleitung oder des Sitzes vgl. § 15 StAnpG und Anm. 7 u. 8 zu § 1 KStG.

cc) Befreiungen von der Kapitalertragsteuer.
§ 2 KapStDVO:

„Der Steuerabzug ist nicht vorzunehmen:
1. wenn Gläubiger und Schuldner der Kapitalerträge im Zeitpunkt des Zufließens die gleiche Person sind;
2. wenn einer unbeschränkt steuerpflichtigen Kapitalgesellschaft Kapitalerträge aus Aktien, Kuxen oder Anteilen einer anderen unbeschränkt steuerpflichtigen Kapitalgesell= schaft zufließen und die Gläubigerin nachweislich ununterbrochen seit Beginn ihres Wirt= schaftsjahrs, in dem ihr der Kapitalertrag zufließt, unmittelbar an dem Grund= oder Stammkapital der anderen Kapitalgesellschaft mindestens zu einem Viertel beteiligt ist (§ 9 Absätze 1 und 2 des KStG).
Die Vorschriften des Absatzes 1 Ziffer 2 gelten entsprechend bei Kapitalerträgen, die dem Reich, den Ländern, Gemeinden und Gemeindeverbänden oder Betrieben von in= ländischen Körperschaften des öffentlichen Rechts aus der Beteiligung an unbeschränkt steuerpflichtigen Kapitalgesellschaften zufließen (§ 9 Absatz 3 des KStG)."

Der Steuerabzug ist nicht vorzunehmen, wenn Gläubiger und Schuldner die gleiche Person sind. Kommt es nun darauf an, wem das Gesellschaftsrecht oder darauf, wem das Recht auf die Dividende zusteht, oder kommt es auf beides an? Nach RFH. I A 382/31 v. 5. 12. 33 (E. 34 S. 348, RStBl. 34 S. 431, StW. 34 Nr. 402) fällt der Steuerabzug nur dann weg, wenn der Gesellschaft sowohl das Aktienrecht als auch das Recht auf den Dividendenbezug zusteht. In dem entschiedenen Fall hatte die Gesellschaft eigene Aktien ohne den laufenden Dividendenschein er= worben. Die Dividenden waren also dem Verkäufer auszuzahlen. Es befremdet etwas, daß auch im umgekehrten Fall der Steuerabzug vorzunehmen ist, d. h. wenn etwa die Gesellschaft eigene Aktien ohne den laufenden Dividendenschein veräußert hat. Das liegt aber daran, daß ein Unterbleiben des Steuerabzugs die Ausnahme bilden soll. Stammrecht und Dividendenbezugsrecht müssen der gleichen Person zustehen, wenn der Steuerabzug unterbleiben soll.

Dabei kommt es nicht entscheidend darauf an, daß Gläubiger und Schuldner verschiedene Personen im Sinn des bürgerlichen Rechts sind, sondern darauf, daß sie einkommen- und körperschaftsteuerrechtlich als zwei selbständige Personen aufzufassen sind. Wenn eine inländische AG. steuerrechtlich als Zweigniederlassung ihrer ausländischen Muttergesellschaft behandelt wird, dann unterliegen nach RFH. I A 198/36 v. 22. 7. 36 (E. 39 S. 300, RStBl. 36 S. 899, StW. 36 Nr. 428) die von der inländischen Gesellschaft an die ausländische Muttergesellschaft ausgeschütteten Dividenden nicht der Kapitalertragsteuer. Wenn die Tochtergesellschaft für das Steuerrecht überhaupt nicht als bestehend anerkannt wird, kann man auch nicht die Dividendenausschüttung steuerlich als solche behandeln. Die bürgerlich-rechtliche Dividendenausschüttung ist dann steuerlich eine Überführung von Vermögen der inländischen Zweigniederlassung an die ausländische Hauptniederlassung. Es liegt also hier steuerlich nur eine Person vor, wo bürgerlich-rechtlich zwei Personen gegeben sind, wie umgekehrt bei den nach § 1 Abs. 1 Ziff. 6 KStG persönlich steuerpflichtigen Betrieben gewerblicher Art von Körperschaften des öffentlichen Rechts steuerlich zwei Personen, die öffentlich-rechtliche Körperschaft selbst und ihr Betrieb, vorliegen, während bürgerlich-rechtlich nur eine Person vorhanden ist. Daher sind im Verhältnis der öffentlich-rechtlichen Körperschaft zu ihrem Betrieb gewerblicher Art Dividendenausschüttungen steuerabzugspflichtig (vgl. auch RFH. I A 445/27 v. 14. 2. 28, E. 23 S. 29, RStBl. 28 S. 138, StW. 28 Nr. 315). Auch Sparkassen von Körperschaften des öffentlichen Rechts sind gegenüber der Körperschaft, der sie angehören, steuerlich selbständig (RFH. I A 84/32 v. 25. 10. 32, RStBl. 33 S. 336, StW. 33 Nr. 101). Ebensowenig sind Mutter- und Tochtergesellschaft (RFH. I A 25/28 v. 25. 9. 28, E. 24 S. 125, RStBl. 29 S. 57, StW. 29 Nr. 128) oder im Organverhältnis beherrschende Gesellschaft und Organgesellschaft (RFH. I A a 201/29 v. 4. 6. 29, RStBl. 29 S. 447, StW. 29 Nr. 854) körperschaftsteuerrechtlich die gleiche Person. Auch das Treuhandverhältnis begründet keine Personengleichheit zwischen Treugeber und Treuhänder. Dabei ist das Stammrecht und auch das Dividendenbezugsrecht, soweit hinsichtlich des letzten nichts anderes vereinbart ist, nach § 11 Ziff. 2 und 3 StAnpG dem Treugeber zuzurechnen. Insoweit ist aber das Treuhandverhältnis bereits im Steuerabzugsverfahren und nicht, wie aus RFH. I A 212/33 v. 31. 10. 33 (E. 34 S. 279) geschlossen werden kann, erst im Veranlagungsverfahren zu beachten. Wenn eine AG. von ihren Großaktionären eigene Aktien leihweise, d. h. als Aktien-(Sach-)Darlehen empfangen hat, um sie auf Verlangen einer Geldgeberin übereignen zu können, dann haben bei einer Dividendenausschüttung während des Bestehens des Darlehensvertrags nicht ohne weiteres die Aktionäre als Darlehensgeber den Anspruch auf die Dividende. Das ist vielmehr nur dann der Fall, wenn man annimmt, bis zur Veräußerung der Aktien durch den Darlehensnehmer habe eigentlich noch kein Darlehen bestanden, sei der Darlehensnehmer nur treuhänderischer Eigentümer und wirtschaftlicher Eigentümer der Darlehensgeber gewesen. Für diese Annahme sprach in dem Fall von RFH. I A 199/35 v. 19. 11. 35 (RStBl. 36 S. 433, StW. 36 Nr. 92) die Vereinbarung, daß das Stammrecht aus den übereigneten Aktien den Darlehensgebern (Großaktionären) zustehen sollte; alle anderen Vereinbarungen ebenso wie die bilanzmäßige Behandlung bei der Gesellschaft besagten nichts (vgl. dazu Mirre, Bespr. in StW. 36 I Sp. 261 ff.). Entscheidend für das Bestehen der Personengleichheit zwischen Gläubiger und Schuldner der Kapitalerträge sind nach § 2 Abs. 1 Ziff. 1 die Verhältnisse im Zeitpunkt des Zufließens der Kapitalerträge. Daher ist ein Besitzwechsel innerhalb des Gewinn- oder Zinszeitraums, für den der Kapitalertrag ausbezahlt wird, für den Steuerabzug belanglos.

Der Steuerabzug vom Kapitalertrag unterbleibt nach § 2 Abs. 1 Ziff. 2 KapStDVO auch, wenn die Voraussetzungen für die Schachtelvergünstigungen nach § 9 Abs. 1 und 2 KStG vorliegen. Hierzu wird auf die Anm. 5 zu § 9 KStG und § 22 I. KStDVO verwiesen. Zur Wahrung der nach § 22 Abs. 1 I. KStDVO geforderten Besitzzeit von mindestens 12 Monaten wird in den VR

37 H VI Abf. 1 (RStBl. 38 S. 234, f. Anh. 17) für den Fall der Gründung einer Kapitalgesellschaft angeordnet, daß in den ersten 12 Monaten von den ausgeschütteten Gewinnanteilen der Steuerabzug vom Kapitalertrag stets vorzunehmen ist, da der Kapitalgesellschaft die Aktien usw. nicht ununterbrochen mindestens seit 12 Monaten gehört haben. Es sind also in diesen Fällen bereits für die Durchführung des Steuerabzugs die Voraussetzungen der sachlichen Steuerbefreiung des § 9 KStG zu prüfen. Die Schachtelvergünstigung kommt nach § 2 Abf. 2 KapStDVO entsprechend der Vorschrift des § 9 Abf. 3 KStG auch für die Kapitalertragsteuer dem Reich, den Ländern, Gemeinden und Gemeindeverbänden oder Betrieben inländischer Körperschaften des öffentlichen Rechts zugute, wenn die Kapitalerträge auf wesentliche Beteiligungen an unbeschränkt steuerpflichtigen Kapitalgesellschaften entfallen. Wegen der Vornahme des Steuerabzugs vom Kapitalertrag an den Gewinnbeträgen, die nach den Vorschriften des Anleihestockgesetzes der Deutschen Golddiskontbank zu überweisen sind (vgl. Anm. 163 a zu § 20 EStG), im Verhältnis zur Schachtelvergünstigung vgl. Anm. 5 b zu § 9 KStG.

Die Befreiungen vom Steuerabzug vom Kapitalertrag sind in § 2 KapStDVO ausschließlich geregelt. Daher können sie insbesondere auch nicht mit dem Hinweis auf die persönliche Steuerbefreiung einer Körperschaft als Bezieherin der Kapitalerträge begehrt werden (vgl. auch RFH. I A 321/32 v. 17. 1. 34, RStBl. 34 S. 905, StW. 34 Nr. 394). In diesen Fällen greift vielmehr die beschränkte Steuerpflicht nach § 2 Ziff. 2 KStG und die Abgeltung der Körperschaftsteuer durch den Steuerabzug vom Kapitalertrag nach § 19 Abf. 3 KStG Platz.

b) Bemessung und Entrichtung der Kapitalertragsteuer.
§ 44 EStG:
„Der Schuldner hat die Kapitalertragsteuer mit 10 vom Hundert der Kapitalerträge für den Gläubiger einzubehalten. Er hat den Steuerabzug in dem Zeitpunkt vorzunehmen, in dem die Kapitalerträge dem Gläubiger zufließen, und die einbehaltenen Steuerabzüge innerhalb einer Woche an das Finanzamt abzuführen. Der Steuerabzug ist auch dann vorzunehmen, wenn die Kapitalerträge beim Gläubiger zu den Einkünften aus Land- und Forstwirtschaft, aus Gewerbebetrieb, aus selbständiger Arbeit oder aus Vermietung und Verpachtung gehören.

Dem Steuerabzug unterliegen die vollen Kapitalerträge ohne Abzug.
Der Gläubiger haftet neben dem Schuldner für die Kapitalertragsteuer nur,
1. wenn der Schuldner die Kapitalerträge nicht vorschriftsmäßig gekürzt hat oder
2. wenn der Gläubiger weiß, daß der Schuldner die einbehaltene Kapitalertragsteuer nicht vorschriftsmäßig abgeführt hat, und dies dem Finanzamt nicht unverzüglich mitteilt."

Über das Verhältnis zum bisherigen Recht führt die Begr. zu § 44 EStG (RStBl. 35 S. 57) aus: „Nach § 44 ist der Steuerabzug in dem Zeitpunkt vorzunehmen, in dem die Kapitalerträge dem Gläubiger zufließen. Diese Vorschrift entspricht dem § 11 Abf. 1 des Gesetzes, wonach Einnahmen innerhalb des Kalenderjahrs bezogen sind, in dem sie dem Steuerpflichtigen zufließen. Über den Begriff des Zufließens kann auf die Begründung zu § 11 hingewiesen werden. Daraus ergibt sich, daß sich wegen des Zeitpunkts, in welchem der Steuerabzug vorzunehmen ist, gegenüber dem bisherigen § 86, der auf die Fälligkeit des Kapitalertrags abstellte, nichts Wesentliches geändert hat. Im übrigen bedurfte es einer dem § 86 Satz 2 entsprechenden Vorschrift nicht, da der Steuerabzug vorzunehmen ist, sobald der Gläubiger über den Kapitalertrag verfügen kann, und die einbehaltene Steuer innerhalb einer Woche an das Finanzamt abzuführen ist. Im Interesse des leichteren Zuflusses von ausländischem Kapital war durch § 87 EStG 1925 bestimmt, daß in den Fällen, in denen der Schuldner zugunsten eines Gläubigers die Steuer übernimmt, der im Inland weder Wohnsitz noch Sitz noch Ort der Leitung hatte, die Steuer so zu berechnen ist, als ob diese Vereinbarung nicht getroffen wäre. Die Folge davon war, daß in diesen Fällen der inländische Schuldner nur 10 v. H. des tatsächlich ausgezahlten Betrags abzuführen hätte, während in den Fällen, in denen der Schuldner einem inländischen Gläubiger gegenüber die

Steuer übernommen hatte, 11,11 v. H. des ausgezahlten Betrags im Weg des Steuerabzugs zu entrichten waren. Es ist kein Grund mehr vorhanden, die Vorschrift des § 87 EStG 1925 in das neue EStG zu übernehmen. Es ist also in Zukunft die übernommene Steuer immer als Nebenleistung des Schuldners (§ 43 Abs. 2) dem ausgezahlten Kapitalertrag hinzuzurechnen und der Steuerabzug nach dem Gesamtbetrag zu berechnen. Auf den tatsächlich ausgezahlten Betrag umgerechnet, ergibt sich ein Steuersatz von 11,11 v. H. dieses Betrags."

aa) **Berechnung der Kapitalertragsteuer.** Die Höhe des Steuerabzugs beträgt 10 v. H. der vollen Kapitalerträge. Betriebsausgaben, Werbungskosten, Sonderausgaben und Steuern dürfen nicht abgezogen werden (§ 44 Abs. 1 Satz 1 EStG, § 3 Abs. 1 KapStDVO). Bei Übernahme der Steuer zugunsten eines Gläubigers ist nach **§ 3 Abs. 2 KapStDVO** zu verfahren:

„Übernimmt der Schuldner der Kapitalerträge die Kapitalertragsteuer zugunsten eines Gläubigers, so ist der übernommene Betrag als Leistung des Schuldners dem Kapitalertrag hinzuzurechnen. Der Steuerabzug ist somit von der Gesamtsumme vorzunehmen. Auf den tatsächlich ausgezahlten Kapitalertrag umgerechnet, ergibt das einen Steuerabzug von 11,11 v. H. oder $1/9$ des ausgezahlten Betrags."

Es wird auf das dem § 3 a. a. O. angefügte Beispiel verwiesen (s. Anh. 14). Der Steuerabzug ist unter Zusammenrechnung aller von einem Schuldner zum gleichen Zeitpunkt abzuführenden Steuerbeträge auf den nächsten, durch 5 Reichspfennig teilbaren Betrag nach unten abzurunden (§ 4 KapStDVO).

bb) **Entrichtung der Kapitalertragsteuer.** Die Verpflichtung zur Vornahme des Steuerabzugs obliegt dem Schuldner des Kapitalertrags, der dem Reich neben dem Gläubiger als dem eigentlichen Schuldner der Kapitalertragsteuer für die Einbehaltung und Abführung der Kapitalertragsteuer haftet (§ 44 Abs. 1 Satz 1 und Abs. 3 EStG, § 5 KapStDVO).

Der Steuerabzug ist in dem Zeitpunkt vorzunehmen, in dem die Kapitalerträge dem Gläubiger zufließen (§ 44 Abs. 1 Satz 2 EStG, § 6 Abs. 1 KapStDVO). Wegen des Begriffs des Zufließens Anm. 152, 153 zu § 11 EStG. Über den Zeitpunkt des Zufließens in besonderen Fällen bestimmen **§ 6 Absätze 2 u. 3 KStDVO:**

„Gewinnanteile (Dividenden) und andere Kapitalerträge, deren Ausschüttung von einer Körperschaft beschlossen wird, fließen dem Gläubiger an dem Tag zu (Absatz 1), der im Beschluß als der Tag der Auszahlung bestimmt worden ist. Ist die Ausschüttung nur festgesetzt, ohne daß über den Zeitpunkt der Auszahlung ein Beschluß gefaßt worden ist, so gilt als Zeitpunkt des Zufließens der Tag nach der Beschlußfassung.

Ist bei Einkünften aus der Beteiligung an einem Handelsgewerbe als stiller Gesellschafter in dem Beteiligungsvertrag über den Zeitpunkt der Ausschüttung keine Vereinbarung getroffen, so gilt als Zeitpunkt des Zufließens des Kapitalertrags der Tag nach der Aufstellung der Bilanz mit der Gewinn- und Verlustrechnung oder einer sonstigen Feststellung des Gewinnanteils des stillen Gesellschafters. Die Kapitalertragsteuer ist jedoch spätestens 6 Monate nach Schluß des Kalender- oder Wirtschaftsjahrs, für das der Kapitalertrag ausgeschüttet oder gutgeschrieben werden soll, abzuführen."

Bei Stundung der Kapitalerträge ordnet **§ 7 KapStDVO** an:

„Haben Gläubiger und Schuldner vor dem Zufließen ausdrücklich Stundung des Kapitalertrags vereinbart, weil der Schuldner vorübergehend zur Zahlung nicht in der Lage ist, so ist der Steuerabzug erst mit Ablauf der Stundungsfrist vorzunehmen.

Als Stundung im Sinn des Absatzes 1 gilt es nicht, wenn der Kapitalertrag dem Gläubiger gutgeschrieben wird oder der nicht ausgezahlte Kapitalertrag als Erhöhung der Einlage oder als Darlehen anzusehen ist."

An einem Fälligkeitstag der Kapitalertragsteuer fehlt es nach RFH. VI A 1149/33 v. 3. 7. 35 (E. 38 S. 92, RStBl. 35 S. 1127, StW. 35 Nr. 468) auch im Fall der verdeckten Gewinnausschüttung durch Gewährung eines zinslosen Darlehens an den Gesellschafter nicht, wenn auch in diesem Fall kein Fälligkeitstag (für die ersparten Zinsen) im streng bürgerlich-rechtlichen Sinn besteht. Mangels näherer Vereinbarungen über die Höhe und Dauer des Darlehens müsse die Fälligkeit des verdeckt ausgeschütteten Gewinns für den Zeitpunkt angenommen werden, in dem bei Verzinslichkeit der Darlehen die Zinsen üblicherweise fällig gewesen wären.

Wegen der Behandlung der dem Anleihestock überwiesenen Kapitalerträge vgl. Anm. 163a Abs. 2 zu § 20 EStG.

Wegen der Abführung der Kapitalertragsteuer und der Überwachung des Steuerabzugs vgl. §§ 8 bis 12 KapStDVO (s. Anh. 14).

cc) **Erstattung der Kapitalertragsteuer.** Nach § 13 KapStDVO wird die Kapitalertragsteuer von dem Finanzamt, an das sie abgeführt worden ist, dem **Schuldner** auf Antrag erstattet, wenn sie einbehalten und abgeführt worden ist, obwohl eine Verpflichtung hierzu nicht bestand. Der Gläubiger als der eigentliche Steuerschuldner hat nach § 152 Abs. 1 u. 2 Ziff. 1 AO einen Anspruch auf Erstattung einer zu Unrecht einbehaltenen und abgeführten Kapitalertragsteuer, nämlich „wenn eine Steuer für Rechnung eines Steuerpflichtigen ohne Mitwirkung des Steuerpflichtigen oder seines Vertreters zu Unrecht entrichtet worden ist."

dd) **Rechtsmittel.** Die Anforderung der zu Unrecht nicht abgeführten Kapitalertragsteuer ist im Berufungsverfahren anfechtbar; ebenso ist der Erstattungsanspruch im Berufungsverfahren verfolgbar.

7. Steuerabzug von sonstigen Einkünften.
§ 45 EStG:

„Der Reichsminister der Finanzen kann bestimmen, inwieweit bei anderen Einkünften als Einkünften aus nichtselbständiger Arbeit (§ 38) und Kapitalerträgen (§ 43) die Steuer im Abzugsverfahren zu erheben ist."

§ 45 begrenzt im Gegensatz zu § 88a EStG 1925 die Ermächtigung des RdF. nicht mehr auf beschränkt steuerpflichtige Einkünfte, sondern erweitert sie auf alle Einkünfte, die nicht bereits nach dem Gesetz dem Steuerabzug unterliegen (vgl. Begr. zu § 45 EStG, RStBl. 35 S. 57).

Auf Grund des § 45 wurden erlassen die VO über den Steuerabzug von Einkünften bei beschränkt Steuerpflichtigen v. 6. 2. 35 (RGBl. I S. 160, RStBl. 35 S. 214, s. Anh. 15) und die VO über den Steuerabzug von Aufsichtsratsvergütungen v. 31. 3. 39 (RGBl. I S. 691, RStBl. 39 S. 521, s. Anh. 16). Die VO über den Steuerabzug von Einkünften bei beschränkt Steuerpflichtigen regelt den Steuerabzug von Einkünften aus selbständiger Berufstätigkeit und aus der zeitlich begrenzten Überlassung von literarischen oder künstlerischen Urheberrechten (vgl. die Ausführungen in VR 34 D 6, RStBl. 35 S. 396). Sie ersetzt die DB über den Steuerabzug von beschränkt steuerpflichtigen Einkünften v. 23. 12. 32 (RGBl. 33 I S. 6, RStBl. 32 S. 1163) und findet auf Vergütungen Anwendung, die den Gläubigern nach dem 31. 12. 34 zufließen. Die VO über den Steuerabzug von Aufsichtsratsvergütungen dient in erster Linie der Durchführung des Gesetzes über die Erhebung einer Abgabe der Aufsichtsratsmitglieder v. 28. 3. 34 (RGBl. I S. 253, RStBl. 34 S. 369). Bei unbeschränkt steuerpflichtigen Aufsichtsratsmitgliedern wird durch den Steuerabzug nur die Abgabe für Aufsichtsratsmitglieder erhoben, dagegen bei beschränkt steuerpflichtigen Aufsichtsratsmitgliedern neben der Abgabe auch die Einkommensteuer (vgl. § 3 der VO). Durch § 3 des Ges. zur Änderung des EStG v. 17. 2. 39 (RGBl. I S. 283, RStBl. 39 S. 305) wurde bei der Abgabe der Aufsichtsratsmitglieder der Steuersatz für Aufsichtsratsvergütungen, die dem Aufsichtsratsmitglied nach dem 31. 3. 39 zufließen, von 10 v. H. auf 20 v. H. erhöht. Im übrigen wird auf VR 37 C III 3 (RStBl. 38 S. 207, s. Anh. 17 verwiesen.

8. Abschlußzahlung.
§ 47 EStG:

„Auf die Einkommensteuerschuld werden angerechnet:
1. die für das Kalenderjahr entrichteten Vorauszahlungen,

§ 20 KStG. Veranlagung und Entrichtung der Steuer.

2. die durch Steuerabzug einbehaltenen Beträge, soweit sie auf die im Kalenderjahr bezogenen Einkünfte entfallen.

Ist die Einkommensteuerschuld größer als die Summe der Beträge, die nach Absatz 1 anzurechnen sind, so ist der Unterschiedsbetrag innerhalb eines Monats nach Bekanntgabe des Steuerbescheids zu entrichten (Abschlußzahlung). Der Teil der Abschlußzahlung, der den im Kalenderjahr fällig gewordenen, aber nicht entrichteten Vorauszahlungen entspricht, ist sofort zu entrichten.

Ist die Einkommensteuerschuld kleiner als die Summe der Beträge, die nach Absatz 1 anzurechnen sind, so wird der Unterschiedsbetrag nach Bekanntgabe des Steuerbescheids durch Aufrechnung oder Zurückzahlung ausgeglichen. Beträge, die durch Steuerabzug einbehalten worden sind, werden nicht erstattet."

a) Über Bedeutung und Verhältnis zum bisherigen Recht wird in der Begr. zu § 47 EStG (RStBl. 35 S. 58) ausgeführt: „Aus dem Vorauszahlungs- und Steuerabzugssystem folgt, daß nach Abschluß der Veranlagungen die durch die entrichteten Vorauszahlungen und die Steuerabzüge nicht gedeckte Steuerschuld als Abschlußzahlung entrichtet werden muß. Die Abschlußzahlung ist im Anschluß an die Vorschrift des § 102 EStG 1925 geregelt. Was die Erstattung etwa zuviel entrichteter Beträge betrifft, so ist das neue Gesetz auch hier der bisherigen Regelung gefolgt, wonach einbehaltene Steuerabzugsbeträge nicht erstattet werden dürfen. Die Beibehaltung dieser Regelung war aus Gründen der Verwaltungsvereinfachung erforderlich. Klargestellt ist im § 47, daß die für ein Kalenderjahr geschuldeten, aber bis zur Zustellung des Steuerbescheids für dieses Kalenderjahr nicht entrichteten Vorauszahlungen auch ein Teil der Abschlußzahlung sind. Hinsichtlich der Fälligkeit dieses Teils der Abschlußzahlung entspricht die Regelung der im EStG 1925."

b) Die im Gesetz vorgesehene dreifache Erhebungsform der Einkommen- und Körperschaftsteuer (vgl. oben II Vorb. vor Anm. 5) macht die **Anrechnung der entrichteten Vorauszahlungen und Steuerabzugsbeträge** auf die Jahressteuerschuld notwendig. Daher werden nach § 47 Abs. 1 EStG auf die Einkommen- und Körperschaftsteuerschuld die für das Kalenderjahr entrichteten Vorauszahlungen (Ziff. 1) und die durch den Steuerabzug einbehaltenen Beträge, soweit sie auf die im Kalenderjahr bezogenen Einkünfte entfallen (Ziff. 2) angerechnet. Zur Anrechnung kommen die Vorauszahlungsbeträge, deren Fälligkeitstage in das Kalenderjahr, für das die Veranlagung erfolgt, fielen ohne Rücksicht darauf, wann die Vorauszahlungen tatsächlich entrichtet wurden. Die anzurechnenden Steuerabzugsbeträge müssen von den im Kalenderjahr bezogenen Einkünften einbehalten worden sein. Sind die steuerabzugspflichtigen Einkünfte in einem gewerblichen oder land- oder forstwirtschaftlichen Betrieb angefallen, für den nach § 2 Abs. 5 EStG der Gewinn nach einem vom Kalenderjahr abweichenden Wirtschaftsjahr zu ermitteln ist, so sind auch der Veranlagung für das Kalenderjahr die steuerabzugspflichtigen Einkünfte zugrunde zu legen, die in dem abweichenden Wirtschaftsjahr, dessen Ende in den Veranlagungszeitraum (Kalenderjahr) fällt, bezogen wurden. Daher können auch auf die Körperschaftsteuerschuld nur die Steuerabzugsbeträge angerechnet werden, die von den im Wirtschaftsjahr bezogenen steuerabzugspflichtigen Einkünften einbehalten wurden. Ebenso wie es für die Anrechnung der Steuerabzugsbeträge auf die Einkommensteuerschuld ohne Bedeutung ist, daß der Einkommensbesteuerung an Stelle des tatsächlich bezogenen Einkommens der Verbrauch des Steuerpflichtigen zugrunde gelegt wurde, so sind auch auf die Körperschaftsteuerschuld die Steuerabzugsbeträge dann anzurechnen, wenn die Steuer nach dem Mindesteinkommen (§ 17 KStG) berechnet wurde (RFH. I A 331/32 v. 1. 3. 33, E. 32 S. 344, RStBl. 33 S. 903, StW. 33 Nr. 427) oder wenn die Körperschaftsteuer in einem Pauschbetrag festgesetzt wurde.

Die Anrechnung des Steuerabzugs vom Kapitalertrag auf die Körperschaftsteuerschuld ist nach RFH. I A 331/32 (f. vorigen Absatz) insoweit ausgeschlossen, als Mindeststeuer nach den gewährten Aufsichtsratsvergütungen festgesetzt wurde. Dies hat der RFH. mit Recht aus der Einführung der §§ 10 Abf. 2 Satz 1, 17 Ziff. 4 KStG 25 als Ersatz für die frühere Aufsichtsratssteuer (vgl. Anm. 8 Abf. 1 zu § 12 KStG u. VR 37 H X 1 Abf. 3, RStBl. 38 S. 234, f. Anh. 17) gefolgert. In RFH. I A 297/33 v. 23. 10. 34 (E. 37 S. 48, RStBl. 35 S. 588, StW. 35 Nr. 52) wird folgerichtig eine Anrechnung auf die Körperschaftsteuer auch insoweit abgelehnt, als sie durch Nichtabzugsfähigkeit von Aufsichtsratsvergütungen veranlaßt ist (vgl. VR 37 H XII 2, RStBl. 38 S. 236, f. Anh. 17); z. B. Einkommen 20 000 RM., daher Steuer 6 000 RM., Aufsichtsratsvergütungen 6 000 RM., Steuerabzug vom Kapitalertrag 3 000 RM. Es sind ohne Berücksichtigung des Steuerabzugs zu erheben 30 v. H. von 6 000 RM. = 1 800 RM., also nur 1 200 RM. auf die Körperschaftsteuer anzurechnen.

c) Die **Abschlußzahlung**, d. h. der Mehrbetrag der Körperschaftsteuerschuld gegenüber den nach Abf. 1 anzurechnenden Beträgen, ist innerhalb eines Monats nach Bekanntgabe des Steuerbescheids zu entrichten (§ 47 Abf. 2 Satz 1). Die Bekanntgabe des nach § 210 b AO schriftlich zu erteilenden Körperschaftsteuerbescheids erfolgt nach § 211 Abf. 3 AO durch Zustellung (wegen der Arten der Zustellung vgl. §§ 88--90 AO und wegen der Übersendung durch einfachen Brief die VO über Vereinfachungen bei der Zusendung von Bescheiden im Besteuerungsverfahren v. 11. 12. 32, RStBl. 32 S. 1126). Der Steuerbescheid wird durch die Bekanntgabe dem Steuerpflichtigen gegenüber wirksam (§ 91 Abf. 1 AO). Der Teil der Vorauszahlungen, der im Kalenderjahr fällig geworden, aber nicht entrichtet worden ist, ist nach § 47 Abf. 2 Satz 2 Bestandteil der Abschlußzahlung und sofort zu entrichten.

Einwendungen gegen die Höhe der angerechneten Beträge betreffen nicht die Höhe und Rechtmäßigkeit der Festsetzung der Steuer, sondern ihre Entrichtung. Daher können die angerechneten Beträge auch nach Rechtskraft des Steuerbescheids noch innerhalb der Verjährungsfrist berichtigt werden, ohne daß die Berichtigung der angerechneten Beträge von den Voraussetzungen der Berichtigungsveranlagung nach § 222 AO abhängig wäre (RFH. VI A 1220/33 v. 15. 11. 33, RStBl. 33 S. 1250, I A 248/35 v. 17. 3. 36, RStBl. 36 S. 298, StW. 36 Nr. 177). Der Steuerpflichtige hat nach RFH. VI A 627/27 v. 15. 3. 28 (E. 23 S. 191, RStBl. 28 S. 265, StW. 26 Nr. 376) bei ungenügender Anrechnung von anrechnungspflichtigen Beträgen einen im ordentlichen Rechtsmittelverfahren verfolgbaren Anspruch auf Erstattung überzahlter Beträge bzw. bei noch nicht erfolgter Zahlung auf die Feststellung, daß nicht gezahlt zu werden braucht. Wird gegen die Höhe der Körperschaftsteuerschuld das ordentliche Rechtsmittelverfahren beschritten, dann kann nach RFH. I A 331/32 (f. unter b Abf. 1) in diesem Rechtsmittelverfahren auch der Anspruch auf Anrechnung von Steuerabzugsbeträgen geltend gemacht werden. Auch die nach Rechtskraft der Steuerfestsetzung geänderte Anrechnung kann nach RFH. 1220/33 (f. oben) im Berufungsverfahren angefochten werden. Diese Anfechtungsmöglichkeit hält der RFH. insbesondere auch deshalb für zulässig, weil in § 125 AO der Erlaß besonderer Abrechnungsbescheide vorgesehen ist, für deren Anfechtung ausdrücklich das ordentliche Rechtsmittelverfahren vorgesehen ist (§ 235 Ziff. 6 AO).

d) Ist die Körperschaftsteuerschuld kleiner als die Summe der nach Abf. 1 angerechneten Beträge, dann ist der **Unterschiedsbetrag** nach Bekanntgabe des Steuerbescheids nach § 47 Abf. 3 durch Aufrechnung oder Zurückzahlung auszugleichen. Beträge, die durch Steuerabzug einbehalten worden sind, werden jedoch nicht erstattet. Überzahlungen sind, soweit sie auf Vorauszahlungen entfallen, demnach zu erstatten, bzw. auf andere Steuerschulden des Steuerpflichtigen in Anrechnung zu bringen (Aufrechnung vgl. § 124 AO). Nach dem Gutachten des RFH. Gr. S. D 6/32 v. 14. 5. 34 (E. 36 S. 138, RStBl. 34 S. 643, StW. 34 Nr. 424) kann gegenüber dem rechtskräftig festgestellten Anspruch auf Erstattung von Einkommensteuer sowohl das Finanzamt als auch der Steuerpflichtige aufrechnen, wenn gegen den Steuerpflichtigen fällige Steueransprüche aus Landes-, Gemeinde- oder Kirchensteuern oder aus anderen unter § 18 Ziff. 5 AO fallenden öffentlich-rechtlichen Abgaben, deren Verwaltung (insbesondere deren Erhebung) dem Finanzamt obliegt, aufrechnen. Dieser Grundsatz gilt auch für die Körperschaftsteuer.

e) **Wegen der Entstehung der Steuerschuld** für die Abschlußzahlung vgl. Anm. 4 d, wegen der Verzinsung und des Säumniszuschlags gilt das zu den Vorauszahlungen Gesagte, vgl. Anm. 5 d.

§ 21.
Pauschbesteuerung.

Das Finanzamt kann die Körperschaftsteuer in einem Pauschbetrag festsetzen, wenn das steuerpflichtige Einkommen offenbar geringfügig ist und die genaue Ermittlung dieses Einkommens zu einer unverhältnismäßig großen Verwaltungsarbeit führen würde.

Inhaltsübersicht.

1. Bedeutung der Vorschrift.
2. Anwendungsfälle der Pauschbesteuerung, die nach § 20 KStG auch für die Körperschaftsteuer gelten.
   a) Bei Auslandsbeziehungen nach § 30 EStG.
   b) Bei Zuzug aus dem Ausland nach § 31 Ziff. 1 EStG.
   c) Im Fall der beschränkten Steuerpflicht nach § 50 Abs. 5 EStG.
3. Pauschbesteuerung nach § 21 KStG.
4. Allgemeine Grundsätze.

Schrifttum. Frank, Pauschalierung und Pauschalfestsetzung im neuen Reichssteuerrecht, StW. 35 I Sp. 1101; Frank, Wirtschaftliche Fragen der Pauschbesteuerung, StW. 35 I Sp. 1253.

1. Bedeutung der Vorschrift.

„Eine Pauschbesteuerung ist bereits im neuen Einkommensteuergesetz vorgesehen, und zwar im § 30 bei Auslandsbeziehungen, im § 31 Ziff. 1 bei Zuzug aus dem Ausland und im § 50 Abs. 5 bei beschränkt Steuerpflichtigen. Diese Vorschriften über Pauschbesteuerung finden auch auf Körperschaften, Personenvereinigungen und Vermögensmassen Anwendung. Das ergibt sich aus § 20. Einem Bedürfnis der Verwaltung entspricht es, für die Körperschaftsteuer eine Pauschbesteuerung auch dann zuzulassen, wenn das steuerpflichtige Einkommen offenbar geringfügig ist und die genaue Ermittlung des Einkommens zu einer unverhältnismäßig großen Verwaltungsarbeit führen würde. Diese Vorschrift wird vielfach für kleine Vereine angewendet werden können" (Begr. zu § 21 KStG, RStBl. 35 S. 86).

2. Anwendungsfälle der Pauschbesteuerung, die nach § 20 KStG auch für die Körperschaftsteuer gelten.

a) Bei Auslandsbeziehungen nach § 30 EStG. Die Vorschrift gilt gleicherweise für beschränkt Steuerpflichtige wie für unbeschränkt Steuerpflichtige. Im einzelnen wird auf Anm. 16 zu § 2 KStG verwiesen.

b) Bei Zuzug aus dem Ausland nach § 31 Ziff. 1 EStG.

„Der Reichsminister der Finanzen kann
1. die Einkommensteuer bei Personen, die durch Zuzug aus dem Ausland unbeschränkt steuerpflichtig werden, bis zur Dauer von 10 Jahren seit Begründung der unbeschränkten Steuerpflicht in einem Pauschbetrag festsetzen, ..."

„§ 31 Ziff. 1 ermöglicht eine bevorzugte einkommensteuerliche Behandlung der Personen, die durch Zuzug aus dem Ausland unbeschränkt steuerpflichtig werden. Ihre Begründung findet die Vorschrift vor allem in dem Wunsch, Auslandsdeutschen, die in die Heimat zurückkehren möchten, und Ausländern, die sich in Deutschland niederlassen möchten, den Zuzug durch bevorzugte Behandlung möglichst zu erleichtern. Gegenüber dem früheren Rechtszustand ist eine Erweiterung dadurch erreicht, daß Pauschbeträge jetzt bis zur Dauer von 10 Jahren seit Begründung der unbeschränkten Steuerpflicht festgesetzt werden können" (Begr. zu § 31 Ziff. 1 EStG, RStBl. 35 S. 48).

Die unbeschränkte Steuerpflicht von Körperschaften tritt durch die Begründung eines Sitzes oder Ortes der Geschäftsleitung im Inland ein.

§ 22 KStG. 653

c) **Im Fall der beschränkten Steuerpflicht nach § 50 Abs. 5 EStG** vgl. Anm. 17 zu § 2 KStG.

3. Pauschbesteuerung nach § 21 KStG.

Die Pauschbesteuerung kann nach der Vorschrift gegenüber allen Körperschaftsteuerpflichtigen angewendet werden, wenn in sachlicher Hinsicht die beiden geforderten Voraussetzungen vorliegen, nämlich, daß das steuerpflichtige Einkommen offenbar geringfügig ist und daß die genaue Ermittlung des Einkommens zu einer unverhältnismäßig großen Verwaltungsarbeit führen würde. Als Anwendungsfall erwähnt die Gesetzesbegründung (vgl. Anm. 1) die Besteuerung kleiner Vereine.

4. Allgemeine Grundsätze.

Die Frage, ob im Einzelfall die Pauschbesteuerung Platz zu greifen hat, ist sowohl in den Fällen des EStG als auch im Fall des § 21 KStG eine Ermessensentscheidung, die das FA., im Fall des § 30 EStG der OFPräs. und im Fall des § 31 Ziff. 1 EStG der RdF. nach den Grundsätzen des § 2 StAnpG zu treffen hat. Die Verfügung, durch die eine Pauschsteuer vom FA. festgesetzt wird, ist ein Steuerbescheid im Sinn des § 211 AO, der nach § 228 Ziff. 1 AO im Berufungsverfahren anfechtbar ist. Das gleiche gilt für den nach § 30 EStG erlassenen Steuerbescheid des OFPräs. mit der Maßgabe, daß gegen ihn nach § 236 Abs. 2 AO der Einspruch beim OFPräs. und unter Ausfall des Berufungsverfahrens vor dem FG. die Rechtsbeschwerde beim RFH. zu erheben ist. Gegenüber dem Steuerbescheid des RdF. (§ 31 Ziff. 1 EStG) fehlt es an einer übergeordneten Rechtsstufe. In rechtlicher Hinsicht kann gegen die Pauschbesteuerung nur eingewendet werden, daß es jeweils an den sachlichen Voraussetzungen ihrer Anwendung fehlt, d. h. daß sie sich nicht in den Grenzen hält, die das Gesetz dem Ermessen zieht (§ 2 Abs. 1 StAnpG). Auf diese Frage bleibt auch die Nachprüfung durch den RFH. nach § 297 AO beschränkt.

V. Übergangs- und Schlußvorschriften.

§ 22.
Ausdehnung des Kreises der Steuerpflichtigen.

Der Reichsminister der Finanzen wird ermächtigt, andere Personenvereinigungen als die im § 1 genannten für unbeschränkt steuerpflichtig zu erklären und ihre Besteuerung zu regeln.

„Die Vorschrift ist neu. Im § 1 Abs. 1 Ziff. 5 des neuen Gesetzes fehlen — abweichend von § 5 des bisherigen Gesetzes — die „nicht rechtsfähigen Personenvereinigungen". Dadurch soll zum Ausdruck gebracht werden, daß offene Handelsgesellschaften, Kommanditgesellschaften, Gesellschaften des bürgerlichen Rechts, Gemeinschaften usw. grundsätzlich nicht der Körperschaftsteuer unterliegen. Andererseits gibt es aber auch Fälle, in denen Gesellschaften des bürgerlichen Rechts, Gemeinschaften usw. als solche eine so erhebliche Rolle im Wirtschaftsleben spielen, daß ihre Heranziehung zur Körperschaftsteuer gerechtfertigt ist. Daher ist der Reichsminister der Finanzen in § 22 ermächtigt worden, andere Personenvereinigungen als die im § 1 genannten für unbeschränkt steuerpflichtig zu erklären und ihre Besteuerung zu regeln. Die Frage kann bei der Körperschaftsteuer besondere Bedeutung für die Besteuerung der Kartelle, Syndikate und Interessengemeinschaften gewinnen, wenn diese als bürgerlich-rechtliche Gesellschaften gegründet sind, ihre persönliche Steuerpflicht bestreiten und auch das Einkommen bei den Mitgliedern nicht hinreichend erfaßt wird. Die Vorschrift soll auch die Möglichkeit geben, Gebilde wie die GmbH. und Co. (Kommanditgesellschaft) wie eine Kapitalgesellschaft zur Körperschaftsteuer heranzuziehen" (Begr. zu § 22 KStG, RStBl. 35 S. 86).

§ 23 KStG. Genossenschaften.

Der RdF. hat von der gesetzlichen Ermächtigung bisher noch keinen Gebrauch gemacht.

Wegen der Abgrenzung des (körperschaftsteuerpflichtigen) nichtrechtsfähigen Vereins gegenüber den Gesellschaften bürgerlichen Rechts vgl. Anm. 4 ff. zu § 3 KStG, wegen der Kartelle und Syndikate Anm. 9 und 12 zu § 3 KStG, wegen der Interessengemeinschaften Anm. 13 zu § 3 KStG und wegen der GmbH. u. Co., Kommanditgesellschaft Anm. 15 e zu § 1 KStG.

§ 23.
Genossenschaften.

Der Reichsminister der Finanzen wird ermächtigt, für bestimmte Gruppen von Erwerbs- und Wirtschaftsgenossenschaften eine Befreiung von der Körperschaftsteuer oder die Anwendung eines ermäßigten Steuersatzes vorzuschreiben oder die Ermittlung ihres Einkommens besonders zu regeln.

Inhaltsübersicht.

1. Regelung für die Kalenderjahre 1934 bis 1939.
2. Übersicht über die persönliche und sachliche Geltung der Übergangsregelung.
   a) Persönliche Geltung.
   b) Sachliche Geltung.
      I. Kreis der steuerbegünstigten Genossenschaften und Genossenschaftszentralen nach dem KStG 1925.
3. Vorschriften des KStG 1925.
4. Eigenschaft als Erwerbs- und Wirtschaftsgenossenschaft.
5. Anschluß an einen Revisionsverband.
6. Beschränkung des Geschäftsbetriebs auf den Kreis der Mitglieder.
   a) Mitgliedergeschäfte als Hauptgeschäfte.
   b) Erlaubte Gegengeschäfte.
   c) Neben- oder Hilfsgeschäfte.
   d) Übergangsregelung.
8. Zentralen von Genossenschaften.
   a) Tätigkeit als Zentrale.
   b) Genossen der Zentrale.
   c) Geschäftsbetrieb.
      II. Besteuerung der begünstigten Genossenschaften und Genossenschaftszentralen.
9. Maßgebende Vorschriften.
10. Die steuerbefreiten Einkünfte.
11. Die steuerpflichtigen Einkünfte.
12. Ermittlung der steuerpflichtigen Einkünfte und Steuerfestsetzung.
    a) Ermittlung.
    b) Berechnung der Steuer.
      III. Sonstige Regelung.
13. Sparkassen von Genossenschaften.
14. Die nicht steuerbegünstigten Genossenschaften und Zentralen von Genossenschaften.

Schrifttum. Jähnle, Besonderheiten bei der Besteuerung der Einkommen der Genossenschaften und Genossenschaftszentralen, StWarte 37 S. 334; Binder, Die Körperschaftsteuerpflicht und die Gewerbesteuerpflicht der Erwerbs- und Wirtschaftsgenossenschaften, DStZ. 37 S. 677.

1. Regelung für die Kalenderjahre 1934 bis 1939.

Erwerbs- und Wirtschaftsgenossenschaften sind nach § 1 Abs. 1 Ziff. 2 KStG für voll steuerpflichtig erklärt, vgl. auch Anm. 17 zu § 1 KStG. Grundgedanke dieser Regelung ist, daß Gewinne, die sich aus einer Beteiligung am Wirtschaftsleben ergeben, einheitlich zur Besteuerung herangezogen werden müssen und mit Rücksicht auf gesunde Wettbewerbsverhältnisse nicht ausschließlich wegen der Rechtsform des Unternehmens der Besteuerung entzogen werden dürfen (vgl. Reinhardt, Die neuen Steuergesetze, S. 176). § 23 KStG ermächtigt den RdF., für bestimmte Gruppen von Erwerbs- und Wirtschaftsgenossenschaften eine Befreiung von der Körperschaftsteuer oder die Anwendung eines ermäßigten Steuersatzes vorzuschreiben oder die Ermittlung ihres Einkommens besonders zu regeln. Der RdF. hat bisher von dieser Ermächtigung noch keinen Gebrauch gemacht. In den BR 34 G 14 (RStBl. 35 S. 409) wird darauf hingewiesen, daß die Anpassung der Genossenschaften an die Grundsätze des Nationalsozialismus noch nicht abgeschlossen ist; es solle deshalb mit der endgültigen Regelung der Besteuerung noch gewartet werden. Auf Grund des § 23 und des § 24 Abs. 2 des Gesetzes wird daher in **§ 36 I. KStDVO** angeordnet:

„Für Erwerbs- und Wirtschaftsgenossenschaften und für Zentralen von Genossenschaften, auch wenn sie nicht eingetragene Genossenschaften sind, sind bei der Veranlagung für die Kalenderjahre 1934 und 1935 die Vorschriften des Körperschaftsteuergesetzes v. 10. August 1925 anzuwenden."

Hinsichtlich der Veranlagungen für die Kalenderjahre 1936 und 1937 hat der RdF. in den **ErgR 35** E V (RStBl. 36 S. 640, vgl. auch VR 37 H XIII Abs. 1, RStBl. 38 S. 236, s. Anh. 17) bestimmt:

„Die künftige steuerliche Behandlung der Genossenschaften kann noch nicht geregelt werden. Die Beratungen über ein neues Genossenschaftsgesetz sind noch nicht abgeschlossen. Ich bestimme daher § 12 AO und § 24 Abs. 2 KStG 1934 gemäß:

Für Erwerbs- und Wirtschaftsgenossenschaften und für Zentralen von Genossenschaften, auch wenn sie nicht eingetragene Genossenschaften sind, gelten bei der Veranlagung für die Kalenderjahre 1936 und 1937 noch die Vorschriften des Körperschaftsteuergesetzes v. 10. 8. 25 mit den folgenden Änderungen:

Bei der Veranlagung für die Kalenderjahre 1936 und 1937 sind nicht mehr anzuwenden:
1. die Vorschrift über den Verlustvortrag (§ 15 Abs. 2 KStG 1925),
2. die Vorschrift über die Schachtelvergünstigung (§ 11 Absatz 1 Nr. 3 KStG 1925).

Es gelten dagegen die Vorschriften über die Bewertungsfreiheit für kurzlebige Wirtschaftsgüter (§ 6 KStG 1934, § 6 Ziff. 1 EStG 1934)."

Hinsichtlich der Veranlagung der Erwerbs- und Wirtschaftsgenossenschaften und der Zentralen von Genossenschaften für die Kalenderjahre 1938 und 1939 wird in den **VR 37** H XIII Abs. 2 (RStBl. 38 S. 236, s. Anh. 17) bestimmt:

„Für die Jahre 1938 und 1939 wird § 12 AO und § 24 Abs. 2 KStG gemäß bestimmt: Auf Erwerbs- und Wirtschaftsgenossenschaften und auf Zentralen von Genossenschaften, auch wenn diese nicht eingetragene Genossenschaften sind, sind bei der Veranlagung für die Kalenderjahre 1938 und 1939 noch die Vorschriften des § 2 Nr. 1, des § 4 Abs. 2 b und c und des § 11 Abs. 1 Nr. 2 und 4 KStG 1925 anzuwenden. Im übrigen gelten die Vorschriften des KStG 1934."

Es wird dann noch darauf hingewiesen, daß bei den Erwerbs- und Wirtschaftsgenossenschaften, die einem Revisionsverband (Prüfungsverband) angeschlossen sind und deren Geschäftsbetrieb sich auf den Kreis der Mitglieder beschränkt, und den Zentralen der Genossenschaften im Sinn des § 4 Abs. 2 c KStG 1925 nur die Einkünfte aus Land- und Forstwirtschaft, aus Kapitalvermögen und aus Vermietung und Verpachtung im Sinn des § 6 Abs. 1 Nr. 1, 5 und 6 EStG 1925 körperschaftsteuerpflichtig sind und daß weiter bei Sparkassen unbeschränkt steuerpflichtiger Genossenschaften und Genossenschaftszentralen der Teil der Einkünfte außer Ansatz bleibt, der auf den eigentlichen Sparkassenverkehr entfällt, mit Ausnahme der nach § 83 EStG 1925 steuerabzugspflichtigen Kapitalerträge.

2. Übersicht über die persönliche und sachliche Geltung der Übergangsregelung.

a) Die Regelung gilt für Erwerbs- und Wirtschaftsgenossenschaften im Sinn des Genossenschaftsgesetzes und zwar nach der Fassung des § 36 I. KStDVO sowohl für steuerbegünstigte Genossenschaften und Genossenschaftszentralen im Sinn des § 4 Abs. 2 b und c KStG 1925 als auch für die voll steuerpflichtigen Genossenschaften usw. § 36 a. a. O. erstreckt aber die Regelung auch auf Erwerbs- und Wirtschaftsgenossenschaften und Zentralen von Genossenschaften, die nicht eingetragene Genossenschaften sind. Weiter gilt die Regelung nach den VR 34 G XIV Abs. 2 (RStBl. 35 S. 409) auch für Steuerpflichtige, die auf Grund des KStG 1925 durch besondere Anordnung den steuerbegünstigten Genossenschaften gleichgestellt sind (§ 14 KStDVO 1926, vgl. Anm. 4).

b) Bei den vorstehend genannten Genossenschaften und Genossenschaftszentralen gestaltet sich die Übergangsregelung für die Kalenderjahre 1934 bis 1939 wie folgt:

Für die **Kalenderjahre 1934 bis 1939 einschließlich** ist die persönliche bzw. sachliche Befreiung wegen Beschränkung des Geschäftsbetriebs auf den Kreis der Mitglieder und die sachliche Steuerpflicht der steuerbegünstigten Genossenschaften und Genossenschaftszentralen nach § 2 Ziff. 1, § 4 Abs. 2 b und c und § 11 Abs. 1 Ziff. 2 und 4 KStG 1925 zu beurteilen.

§ 23 KStG. Genossenschaften.

Für die Kalenderjahre 1934 und 1935 waren im übrigen bei der Gewinnermittlung der steuerbegünstigten und nichtsteuerbegünstigten Genossenschaften und Genossenschaftszentralen die Vorschriften des KStG 1925 und des EStG 1925 einschließlich der Tarifvorschriften anzuwenden. Dagegen waren bereits mit Wirkung vom Kalenderjahr 1934 ab die Vorschriften des KStG 1934 über den Veranlagungszeitraum (§ 5 a. a. O.) und über die Vorauszahlungen und Abschlußzahlungen (§ 20 a. a. O.) und die Übergangsvorschriften des § 25 a. a. O. anzuwenden (VR 34 G XIV Abs. 2, RStBl. 35 S. 409). Für die Kalenderjahre 1934 und 1935 war deshalb die Anrechnungsfähigkeit eines Verlustvortrags nach § 15 Abs. 2 KStG 1925 zu entscheiden und die Bewertungsfreiheit für kurzlebige Anlagegüter nach § 6 Ziff. 1 EStG 1934 noch nicht anwendbar (ErgR 34 E VIII Abs. 1, RStBl. 35 S. 798 und VR 35 B I 1 d, RStBl. 36 S. 36).

Bei der Veranlagung für die Kalenderjahre 1936 und 1937 galt im allgemeinen die Regelung für die Kalenderjahre 1934 und 1935, jedoch waren nach der Anordnung des RdF nicht mehr anzuwenden die Vorschriften des KStG 1925 über den Verlustvortrag und die Schachtelvergünstigung, dagegen waren anzuwenden die Vorschriften des EStG 1934 über die Bewertungsfreiheit bei kurzlebigen Anlagegütern (VR 36 G XIII Abs. 1, RStBl. 37 S. 259).

Bei der Veranlagung für die Kalenderjahre 1938 und 1939 sind außer den in Abs. 1 genannten Vorschriften des KStG 1925 ausschließlich die Vorschriften des KStG 1934 und EStG 1934 anzuwenden. Es sind deshalb insbesondere die nichtsteuerbegünstigten Genossenschaften und Genossenschaftszentralen im vollen Umfang nach den geltenden Gesetzen zu behandeln (VR 37 H XIII Abs. 2, RStBl. 39 S. 236, s. Anh. 17).

I. Kreis der steuerbegünstigten Genossenschaften und Genossenschaftszentralen nach dem KStG 1925.

3. Vorschriften des KStG 1925.

Erwerbs- und Wirtschaftsgenossenschaften gehörten an sich zu den Erwerbsgesellschaften im Sinn des § 4 Abs. 1 KStG 1925, die nach § 2 Ziff. 1 a. a. O. unbeschränkt körperschaftsteuerpflichtig waren. Jedoch bestimmte **§ 4 Abs. 2 KStG 1925:**

„Nicht zu den Erwerbsgesellschaften gehören jedoch
. . . .
b) die einem Revisionsverband angeschlossenen Erwerbs- und Wirtschaftsgenossenschaften, deren Geschäftsbetrieb sich auf den Kreis der Mitglieder beschränkt; der Reichsminister der Finanzen kann solchen Genossenschaften andere Personenvereinigungen gleichstellen, die ihnen wirtschaftlich ähnlich sind,
c) die in ihrer Hauptbestimmung als Zentralen der Genossenschaften wirkenden eingetragenen Genossenschaften, Gesellschaften mit beschränkter Haftung und Aktiengesellschaften, deren Genossen (Gesellschafter) ausschließlich oder doch überwiegend die unter b) bezeichneten Genossenschaften sind und deren Geschäftsbetrieb sich im wesentlichen auf die angeschlossenen Mitglieder und deren Einzelmitglieder beschränkt."

4. Eigenschaft als Erwerbs- und Wirtschaftsgenossenschaft.

Als Erwerbs- und Wirtschaftsgenossenschaften im Sinn der Vorschrift waren nach RFH. I A 35/31 v. 28. 5. 31 (RStBl. 31 S. 650, StW. 31 Nr. 919) nur Genossenschaften im technischen Sinn anzusehen, d. h. Genossenschaften, die entweder nach dem Gesetz über die Erwerbs- und Wirtschaftsgenossenschaften Rechtsfähigkeit erlangt haben oder die als Erwerbs- und Wirtschaftsgenossenschaften auf Grund der früheren Landesgesetze nach Art. 164 ff. EGBGB bestehen geblieben sind (vgl. auch RFH. I A 236/36 v. 9. 3. 37, E. 41 S. 148, RStBl. 37 S. 628, StW. 37 Nr. 270). Personenvereinigungen, die den Genossenschaften nur wirtschaftlich ähnlich sind, stand die Steuervergünstigung nicht zu, sie waren als Vereine zu behandeln. Sie konnten nur durch besondere Vorschriften echten Genossenschaften gleichgestellt werden, wie dies durch **§ 14 KStDB 1926** geschehen ist:

„Den Erwerbs- und Wirtschaftsgenossenschaften im Sinne des § 4 Abs. 2 b des KStG werden gleichgestellt rechtsfähige Molkereivereinigungen und Molkereigenossenschaften, die nicht im Genossenschaftsregister eingetragen sind und einem Revisionsverband nicht angehören, sofern sie hinsichtlich ihres Betriebs und ihrer Buch- und Rechnungsführung satzungsmäßig der Aufsicht einer zuständigen amtlichen Berufsvertretung unterstehen und sofern ihr Geschäftsbetrieb sich auf den Kreis der Mitglieder beschränkt."

Die Genossenschaften im Sinn vorstehender Ausführungen müssen nach RFH. I A 227/31 v. 8. 3. 33 (RStBl. 33 S. 257, StW. 33 Nr. 416) und I A a 26/29 v. 20. 3. 30 (RStBl. 30 S. 277, StW. 30 Nr. 858) auch dem Erfordernis des § 1 GenG (s. Anm. 17 zu § 1 KStG) genügen, um steuerbegünstigt zu sein. Es muß ein gemeinschaftlicher Geschäftsbetrieb bestehen, durch den der Erwerb oder die Wirtschaft der Mitglieder der Genossenschaft gefördert werden soll (Doppeleigenschaft der Genossen als Unternehmer und Kunden, vgl. RFH. E. 24 S. 212). Dazu reicht z. B. nicht aus, daß eine Milchverwertungsgenossenschaft ihr Käsereigebäude mit Einrichtung an eine Firma verpachtet, auch wenn die Genossen auf Grund eines Vertrags zwischen der Firma und der Genossenschaft ihre Milch an die Pächterin liefern. Eine Genossenschaft, die für eigene Rechnung Häuser baut und Wohnungen und Läden an Nichtmitglieder vermietet, ist ebenfalls nicht steuerbegünstigt. Sie muß entweder zur Beschaffung von Wohnungen für ihre Mitglieder errichtet werden oder als Produktionsgenossenschaft zur Förderung des Erwerbs ihrer Mitglieder, d. h. von Architekten und Bauhandwerkern Häuser herstellen und verkaufen (RFH. I A 393/21 v. 3. 2. 34, E. 35 S. 267, RStBl. 34 S. 618, StW. 34 Nr. 396).

5. Anschluß an einen Revisionsverband.

Unter dem gesetzlich geforderten Anschluß an einen Revisionsverband (Prüfungsverband) ist der Anschluß an einen genossenschaftlichen Revisionsverband zu verstehen, doch genügt nach RFH. I A 394/31 v. 29. 2. 32 (E. 30 S. 235, RStBl. 32 S. 438, StW. 32 Nr. 766) auch der Anschluß an einen anderen Revisionsverband der eine ähnliche durchgreifende und regelmäßige Prüfung wie ein genossenschaftlicher Revisionsverband gewährleistet. Durch das Gesetz v. 30. 10. 34 (RGBl. I S. 1077) wurden die §§ 53 ff. GenG mit Wirkung v. 15. 12. 34 ab neu gefaßt (VO v. 4. 12. 34 RGBl. I S. 1227). Danach müssen die Genossenschaften, auf die das GenG anzuwenden ist, einem Revisionsverband angehören. Das Fehlen des Revisionsverbands macht die Genossenschaften zu Erwerbsgesellschaften (RFH. I A 151/28 v. 6. 11. 28, E. 24 S. 212, RStBl. 28 S. 382, StW. 29 Nr. 117), d. h. sie sind voll steuerpflichtig.

6. Beschränkung des Geschäftsbetriebs auf den Kreis der Mitglieder.

Zur Nachprüfung, ob die Genossenschaften ihren Geschäftsbetrieb auf den Kreis der Mitglieder beschränken, sind 3 Arten von Geschäften zu unterscheiden: die Hauptgeschäfte (Mitgliedergeschäfte, die grundsätzlich nur mit Genossen vorgenommen werden dürfen), die Gegengeschäfte, bei denen diese Beschränkung zur Erfüllung des Hauptzwecks nicht aufrechterhalten werden kann, und die Neben- oder Hilfsgeschäfte.

a) Die **Mitgliedergeschäfte als Hauptgeschäfte** ergeben sich aus dem satzungsmäßigen Zweck der Genossenschaft. Die Genossenschaft muß ihre sämtlichen Zwecke in der Satzung festlegen, wenn sie nicht als Erwerbsgesellschaft behandelt werden soll (RFH. I A 410/32 v. 11. 7. 33, RStBl. 33 S. 1056). Für die Feststellung des Hauptzwecks ist nach RFH. I A 189/35 v. 28. 1. 36 (E. 39 S. 45, RStBl. 36 S. 253, StW. 36 Nr. 140) neben der Satzung auch die tatsächliche Betätigung der Genossenschaft entscheidend. Nach der Entsch. kann eine Genossenschaft zwei gleichwertige Hauptzwecke verfolgen, also z. B. gleichzeitig Konsumverein und Sparkasse sein. Wenn das zwar in der Satzung stehe, die Genossenschaft aber tatsächlich die eine Betätigung dem Ziel der Hauptbetätigung, z. B. der Warenbeschaffung und Warenverteilung unterordne, sei sie jedoch nur ein Konsumverein und dürfe sie Spareinlagen nur zur Beschaffung der hierfür erforderlichen Mittel hereinnehmen. Ausnahmsweise können Brauch und Herkommen eine satzungsmäßige Bestimmung ersetzen, wenn es sich um einen allgemeinen Brauch bei bestimmten Genossenschaftsarten, nicht jedoch bei einzelnen Genossenschaften eines engeren Wirtschaftsgebiets handelt (RFH. I A 262/33 v. 5. 12. 34, RStBl. 35 S. 660, StW. 35 Nr. 106).

An den Hauptgeschäften (Mitgliedergeschäften) der Genossenschaft dürfen grundsätzlich keine Nichtmitglieder teilnehmen. Die Vorschriften des § 8 GenG, nach denen der Geschäftsverkehr auf Nichtmitglieder erstreckt werden kann, sind steuerlich nicht maßgebend (RFH. I A 397/31 v. 1. 12. 31, RStBl. 32 S. 248, StW. 32 Nr. 521 und I A 133/33 v. 8. 11. 33, E. 34 S. 280, RStBl. 33 S. 1320, StW. 34 Nr. 313). Auch die Vorschrift des § 153 Abs. 2 GenG über die Straffreiheit von Mitgliedern eines Konsumvereins bei Abgabe von Waren in Speiseanstalten zum alsbaldigen Genuß ist steuerlich belanglos. Ein Konsumverein wird deshalb steuerpflichtig, wenn er Waren an eine Genossenschaft geliefert hat, die eine jedermann zugängliche Gastwirtschaft betrieb, auch wenn diese die Waren nur zur Beköstigung ihrer Angestellten verwandte (RFH. I A 552/31 v. 16. 9. 32, E. 31 S. 326, RStBl. 32 S. 1067, StW. 32 Nr. 1174). Auch dürfen die Genossenschaften bei Verlust der Steuervergünstigung nicht solche Genossen beliefern, von denen sie wissen, daß diese die Waren in bestimmungswidriger Weise, nämlich zur Lieferung an Nichtgenossen verwenden (RFH. I A 39/34 v. 28. 11. 34, StW. 35 Nr. 105 für eine Elektrizitätsgenossenschaft und I A 133/33 s. oben für eine landwirtschaftliche Bezugs- und Absatzgenossenschaft). Bei einer Kreditgenossenschaft darf der Kredit auch nicht über das Konto eines Mitglieds an andere Personen, die nicht Genossen sind, gewährt werden (RFH. I A 394/30 v. 24. 2. 31, RStBl. 31 S. 278, StW. 31 Nr. 830). Unschädlich ist lediglich die Abwicklung alter Geschäftsbeziehungen mit Nichtmitgliedern, die ausschließlich die Folge eines Hinausgehens über den Kreis der Mitglieder in früheren Geschäftsjahren sind (RFH. I A 172/34 v. 28. 9. 34, RStBl. 35 S. 588, StW. 34 Nr. 755). Nach RFH. I A 39/33 v. 17. 1. 34 (E. 35 S. 196, RStBl. 34 S. 616, StW. 34 Nr. 395) sind Geschäfte einer Genossenschaft mit noch nicht eingetragenen Beitrittswilligen dann unschädlich, wenn die Genossenschaft unverzüglich die Anmeldungen dem Gericht zur Eintragung in die Genossenliste einreicht. Nach RFH. I A 126/33 v. 8. 12. 36 (RStBl. 37 S. 341, StW. 37 Nr. 48) ist es dagegen nicht zulässig, die Anmeldungen zu sammeln und alle drei Monate gesammelt einzureichen. Ausnahmsweise können Hauptgeschäfte, die aus zwingendem Anlaß mit Nichtmitgliedern vorgenommen werden, unter dem Gesichtspunkt des Nebengeschäfts steuerlich unschädlich sein (vgl. unter c).

Wenn eine juristische Person Mitglied einer Genossenschaft ist, muß sich das Hauptgeschäft ihr gegenüber nur auf die allerengste Verwaltung der juristischen Person erstrecken. Diese selbst muß der Verbraucher sein, dagegen dürfen nicht ihre Anstalten oder ihre Angestellten usw. als solche auftreten. Daher darf nach RFH. I A 434/31 v. 28. 1. 32 (RStBl. 32 S. 248, StW. 32 Nr. 522) eine Gemeinde Bedarfsgegenstände wie Kohle, Reinigungsmittel, Tinte, Papier usw. für ihren eigenen Bürobetrieb beziehen, nicht aber Lebens- und Genußmittel, weil eine juristische Person diese für sich selbst nicht benötigt (ebenso u. a. RFH. I A 213/33 v. 27. 2. 34, E. 35 S. 275, RStBl. 34 S. 619, StW. 34 Nr. 238). Die Gemeinde darf auch nicht für ihre Krankenhäuser oder Schulen Bedarfsgegenstände kaufen. Daher geht auch ein Konsumverein, dessen Zweck die Förderung der Hauswirtschaft seiner Mitglieder ist, durch die Belieferung der Mitglieder eines zu seinen Genossen gehörenden Vereins über den Kreis der Mitglieder hinaus (RFH. I A 220/30 v. 4. 9. 30, RStBl. 30 S. 712, StW. 30 Nr. 1287).

b) Erlaubte Gegengeschäfte sind solche Geschäfte, die zur Erreichung des Genossenschaftszwecks unbedingt notwendig sind und diesem Zweck auch unmittelbar dienen. Die erlaubten Gegengeschäfte sind notwendig zur Vorbereitung oder Abwicklung der Mitgliedergeschäfte und können daher grundsätzlich nur mit Nichtmitgliedern abgeschlossen werden. Geschäfte mit Nichtmitgliedern, die der Genossenschaft lediglich Geldmittel zur Förderung oder Erreichung ihres Satzungszwecks verschaffen sollen, gehören nach RFH. I A 201/33 v. 19. 6. 34 (RStBl. 34 S. 1042, StW. 34 Nr. 564) nicht hierzu. Bei einer Konsumgenossenschaft ist das Hauptgeschäft der Verkauf von billigen Waren an die Mitglieder, das Gegengeschäft der Einkauf dieser Waren von Nichtmitgliedern. Jedoch wurde in RFH. I A 201/32 v. 7. 2. 33 (RStBl. 33 S. 374, StW. 33 Nr. 417) und I A 189/35 (f. unter a) im Gegensatz zu I A 201/33 (f. oben) bei einem Konsumverein auch die Annahme von Spareinlagen noch als zulässiges Gegengeschäft zur Beschaffung der erforderlichen Geldmittel angesehen und ihre Annahme auch von Nichtmitgliedern in der für den Geschäftsbetrieb erforderlichen Höhe zugelassen. In RFH. I A 345/32 v. 22. 3. 33 (RStBl. 33 S. 649, StW. 33 Nr. 515) wurde für eine Konsumgenossenschaft ein erlaubtes Gegengeschäft auch in der Beteiligung an einer Kapitalgesellschaft dann gesehen, wenn durch die Beteiligung lediglich der billige Bezug eines ihrer Bedarfsgegenstände gesichert werden sollte. Eine genossenschaftliche Sparkasse darf Spareinlagen nur von Genossen annehmen, aber im Gegengeschäft die Gelder an Nichtmitglieder verleihen. Eine Kreditgenossenschaft darf umgekehrt Geld von Nichtmitgliedern hereinnehmen, aber nur Kredit an die Genossen gewähren. Auch darf sie im wirtschaftlich gebotenen Umfang einen Teil der hereingenommenen Gelder bei Banken anlegen, um gegenüber den Hereingebern zahlungsfähig zu sein (RFH. I A 11/33 v. 16. 10. 34, StW. 35 Nr. 51). Bei einer Absatzgenossenschaft darf gerade nur der Ankauf von den Genossen erfolgen, der Verkauf dagegen an Nichtmitglieder. Bei Einkaufsgenossenschaften ist das Hauptgeschäft die Belieferung der Mitglieder mit den benötigten Rohstoffen, die von Nichtmitgliedern im Gegengeschäft beschafft werden müssen.

c) **Nebengeschäfte** sind solche Geschäfte mit Nichtmitgliedern, die ohne Gegengeschäfte in Verfolgung des Hauptzwecks der Genossenschaft abgeschlossen werden müssen. Der Begriff der Nebengeschäfte deckt sich im allgemeinen mit dem Begriff der Hilfsgeschäfte, unter denen im Gegensatz zu den eigentlichen (Haupt-)Geschäften des Unternehmens solche Geschäfte verstanden werden, die wie z. B. die Veräußerung eines Anlageguts (Inventars usw.) gelegentlich im Betrieb erforderlich werden und dem Hauptzweck des Betriebs dienen. Um steuerlich unschädlich zu sein, muß der Abschluß des Nebengeschäfts im Einzelfall aus besonderer zwingender Veranlassung geboten sein. Dies ist z. B. bei einer Absatzgenossenschaft (Erzeugergenossenschaft) dann der Fall, wenn das Nebengeschäft die Gegengeschäfte wie den Absatz der Milch durch Hinzukauf fremder Butter sichern und damit den Hauptzweck des Unternehmens ermöglichen soll (RFH. I A 477/27 v. 20. 3. 28, E. 23 S. 103, RStBl. 28 S. 138, StW. 28 Nr. 319 und I A 372/28 v. 26. 2. 29, E. 25, S. 79, RStBl. 29 S. 277, StW. 29 Nr. 433). Der Kreis der Nebengeschäfte darf nicht über das unbedingt notwendige Maß hinaus erstreckt werden. Nach RFH. I A 372/28 ist ein strenger Maßstab anzulegen und verliert eine Genossenschaft die Steuervergünstigung bereits durch ein einziges Nebengeschäft, das nicht aus zwingender Veranlassung abgeschlossen wurde. Zu den Mitteln vorteilhafter Verwertung der Erzeugnisse der Genossen gehören nach RFH. I A 477/27 nicht die spekulativen Mittel. Daher sind bei einer einzelnen Absatzgenossenschaft die Preisstützungskäufe keine erlaubten Gegengeschäfte mit Nichtmitgliedern (RFH. I A 112/30 v. 5. 2. 31, E. 28 S. 32, RStBl. 31 S. 206, StW. 31 Nr. 369). Bei Molkereigenossenschaften (Einkaufsgenossenschaften) ist der Zukauf von Milch und Milcherzeugnissen als steuerlich unschädliches Nebengeschäft nur in solchen Monaten anzuerkennen, in denen die Milchablieferung unter dem monatlichen Durchschnitt der 4 milchärmsten Monate des Vorjahrs liegt (RFH. I A 319/32 v. 16. 5. 33, E. 33 S. 181, RStBl. 33 S. 972, StW. 34 Nr. 511). Eine Schweinemästerei ist nach RFH. I A 301/28 v. 19. 2. 29 (RStBl. 29 S. 202, StW. 29 Nr. 432) nur insoweit ein unschädliches Hilfsgeschäft einer Molkereigenossenschaft, als sie der Verwertung der in dem regelmäßigen Molkereibetrieb anfallenden Nebenerzeugnisse dient. Nebengeschäfte, die nicht aus zwingendem Anlaß zur Sicherung des Hauptzwecks abgeschlossen wurden, werden auch nicht dadurch zulässig, daß sie aus sozialen Gründen vorgenommen wurden oder daß sie nicht auf Gewinnerzielung gerichtet waren und mit ihnen kein oder nur ein geringfügiger geschäftlicher Vorteil verbunden war oder ein dabei etwa erzielter Gewinn die steuerliche Mehrbelastung nicht aufwiegt (RFH. I A 61/37 v. 23. 2. 37, RStBl. 37 S. 900, StW. 37 Nr. 206). Daher verliert eine Genossenschaft die Steuervergünstigung, wenn sie aus dem Ausland eingeführtes Schmalz und Speck im Rahmen der Marktordnung an Nichtmitglieder verteilt.

d) Übergangsregelung. Einzelne Genossenschaften, die bisher ihren Geschäftsbetrieb auf den Kreis der Mitglieder beschränkten (sog. steuerbegünstigte Genossenschaften) sind vom Beginn der Kalenderjahre 1935 oder 1936 an bis zur Bekanntgabe der ErgR 34 mit einigen Geschäften über den Kreis der Mitglieder deshalb hinausgegangen, weil sie mit der Einführung der vollen Steuerpflicht für die Erwerbs- und Wirtschaftsgenossenschaften nach § 1 Abs. 1 Ziff. 2 KStG gerechnet hatten. Nach dem Erscheinen der I. KStDVO und der ErgR 34 haben diese Genossenschaften ihren Geschäftsbetrieb wieder auf den Kreis der Mitglieder beschränkt. In diesen besonders gelagerten Fällen können nach den ErgR 34 E VIII Abs. 2 (RStBl. 35 S. 798) und den WR 36 G XIII Abs. 2 (RStBl. 37 S. 262) die Steuervergünstigungen nach dem KStG 1925 weiter gewährt werden. Voraussetzung ist jedoch, daß andere Gründe für das Hinausgehen über den Kreis der Mitglieder nicht vorhanden waren, und daß der Umfang der Nichtmitgliedergeschäfte in dieser Zeit nur unbedeutend war.

7. Zentralen von Genossenschaften.

Steuerbegünstigt sind nach § 4 Abs. 2 c KStG 1925 weiter die als **Zentralen wirkenden eingetragenen Genossenschaften, GmbH. und AG.**, deren Genossen ausschließlich oder doch überwiegend die unter § 4 Abs. 2 b a. a. O. bezeichneten Genossenschaften sind und deren Geschäftsbetrieb sich im wesentlichen auf die angeschlossenen Mitglieder und deren Einzelmitglieder erstreckt. Die Steuervergünstigung wird in persönlicher Hinsicht an drei Voraussetzungen geknüpft, an deren Vorliegen aber nicht die ganz strengen Anforderungen wie bei den steuerbegünstigten Genossenschaften unter b gestellt werden. Daher dürfen nach RFH. I A 342/32 v. 20. 6. 33 (RStBl. 33 S. 980, StW. 34 Nr. 140) die Tatbestände der beiden Begünstigungsvorschriften des § 4 Abs. 2 b u. c a. a. O. nicht miteinander vermengt werden. Eine Genossenschaft könne nicht teils als begünstigte Genossenschaft nach b und teils als Genossenschaftszentrale nach c behandelt werden.

a) Es muß **eine in ihrer Hauptbestimmung als Zentrale wirkende Genossenschaft, GmbH. oder AG** vorliegen. Diesem Erfordernis wird eine Genossenschaft nur gerecht, wenn sie sich ihrem Wesen nach, insbesondere nach der ganzen Art ihrer Aufgaben und ihrer Betätigung von den Einzelgenossenschaften abhebt. Dabei muß sich die Tatsache, daß die Genossenschaft usw. als Zentrale wirkt, nach RFH. I A 112/30 v. 5. 2. 31 (E. 28 S. 32, RStBl. 31 S. 206, StW. 31 Nr. 369) auch in ihrem Mitgliederstand ausprägen, d. h. die Mitglieder müssen im wesentlichen überwiegend steuerbegünstigte Genossenschaften sein und die Zentrale muß sich durch regelmäßige Überwachungen darüber unterrichten, ob dies der Fall ist.

b) Die **Genossen (Gesellschafter) der Zentrale** müssen ausschließlich oder doch überwiegend die unter § 4 Abs. 2 b KStG 1925 bezeichneten steuerbegünstigten Genossenschaften sein. Dies ist nach RFH. I A 112/30 (s. unter a) nicht so aufzufassen, daß diese Genossen nur um eine Kleinigkeit zu überwiegen brauchen. Überwiegend bedeutet soviel wie im wesentlichen. Bei der Abwägung, ob und in welchem Umfang die steuerbegünstigten Genossenschaften überwiegen, könne die Größe der einzelnen Genossenschaft, wie sie im Besitz von Geschäftsanteilen zum Ausdruck komme, berücksichtigt werden. Nach RFH. I A 26/31 v. 9. 6. 31 (RStBl. 31 S. 503, StW. 31 Nr. 862) können auch andere Körperschaften als Genossenschaften, insbes. kleine Vereine die Mitglieder von Genossenschaftszentralen sein. Der Geschäftsverkehr mit den Einzelmitgliedern dieser Nichtgenossenschaften dürfen aber nicht einen Umfang annehmen, daß die Hauptbestimmung, als Zentrale der Genossenschaften zu wirken, dadurch gestört werde.

c) Der **Geschäftsbetrieb der Genossenschaftszentrale** muß sich im wesentlichen auf die angeschlossenen Mitglieder und deren Einzelmitglieder beschränken. Die Hauptbestimmung der Genossenschaft usw. als Zentrale muß auch in ihrem Geschäftsbetrieb gewahrt bleiben. Dies ist nicht mehr der Fall, wenn sie im wesentlichen Nichtmitgliedergeschäfte tätigt, und damit ihren Geschäftsbetrieb über den Kreis der Mitglieder hinaus erstreckt. Jedoch verliert die Genossenschaftszentrale im Gegensatz zur Regelung für die steuerbegünstigten Genossenschaften die Steuervergünstigung noch nicht, wenn trotz des Geschäftsverkehrs mit Nichtmitgliedern ihre Eigenschaft als Genossenschaftszentrale im wesentlichen gewahrt bleibt (RFH. I A 391/30 v. 12. 5. 32, RStBl. 32 S. 634, StW. 32 Nr. 852).

II. Besteuerung der begünstigten Genossenschaften und Genossenschaftszentralen.

8. Maßgebende Vorschriften.

§ 11 Ziff. 4 KtG 1925 bestimmt:

„Bei Ermittlung des Einkommens bleiben im Falle der unbeschränkten Steuerpflicht neben den im § 8 EStG bezeichneten Einkünften außer Ansatz:

. . . .

4. bei den im § 4 Abs. 2 unter a bis c bezeichneten Steuerpflichtigen Einkünfte der im § 6 Abs. 1 Nr. 2 bis 4, 7, 8 des EStG bezeichneten Art."

Die steuerbegünstigten Genossenschaften und Genossenschaftszentralen waren demnach nur körperschaftsteuerpflichtig mit den Einkünften aus dem Betrieb von Landwirtschaft, Forstwirtschaft, Gartenbau und sonstiger nicht gewerblicher Bodenbewirtschaftung (§ 6 Abs. 1 Nr. 1 EStG 1925), mit den Einkünften aus Kapitalvermögen (Nr. 6 a. a. O.) und mit den Einkünften aus Vermietung und Verpachtung von unbeweglichem Vermögen, Sachinbegriffen und Rechten einschließlich des Mietwerts der eigenen Wohnung (Nr. 7 a. a. O.).

Diese Vorschriften sind auch noch bei der Veranlagung der begünstigten Genossenschaften für die Kalenderjahre 1934 bis 1939 anzuwenden.

9. Die steuerbefreiten Einkünfte.

Die unter § 4 Abs. 2 b u. c KStG fallenden Genossenschaften und Genossenschaftszentralen waren im Fall der unbeschränkten Steuerpflicht mit den Einkünften aus Gewerbebetrieb, aus sonstiger selbständiger Berufstätigkeit, mit anderen wiederkehrenden Bezügen und sonstigen Leistungsgewinnen von der Körperschaftsteuer befreit. Die Begünstigung wirkte sich in erster Linie dahin aus, daß der Gewinn der Genossenschaften aus ihrem Geschäftsbetrieb, der sich auf den Kreis der Mitglieder beschränkte, steuerbefreit war. Die steuerbefreiten Einkünfte konnten auch nicht durch die Mindestbesteuerung zur Körperschaftsteuer herangezogen werden (RFH. I A 372/26 v. 30. 11. 26, E. 20 S. 130, RStBl. 27 S. 70).

Der RFH. hat in seiner Rechtsprechung zum KStG 1925 die Auffassung vertreten, daß die aus dem satzungsmäßigen Betrieb einer Genossenschaft gezogenen Einkünfte unter den Voraussetzungen des § 4 Abs. 2 b u. c a. a. O. nicht Einkünfte aus Gewerbebetrieb, sondern solche aus sonstiger selbständiger Berufstätigkeit seien; denn einer Genossenschaft, deren Geschäftsbetrieb auf die Mitglieder beschränkt werde, fehle ein wesentliches Merkmal des Gewerbebetriebs, nämlich die Absicht der Gewinnerzielung (RFH. I A 79/24 v. 9. 1. 25, E. 15 S. 347, StW. 25 Nr. 223). Eine Gewinnerzielung, d. h. eine Ansammlung von Mitteln zur Ausschüttung an die Genossen werde nicht erstrebt, die Ausschüttung erfolge lediglich nach den von den einzelnen Mitgliedern getätigten Umsätzen als Erfüllung satzungsmäßigen Anspruchs. Ob das immer zutrifft, ist zweifelhaft. Die Tätigkeit einer Genossenschaft bildet zwar einen einheitlichen Betrieb, der RFH. sieht aber trotz seines Aussehens in ihm keine gewerbliche, sondern selbständige Berufstätigkeit. Es unterliegt aber andererseits keinem Zweifel, daß die Tätigkeit einer Genossenschaft mit der sonstigen selbständigen Berufstätigkeit bzw. der selbständigen Arbeit i. S. des § 18 EStG 1934, unter die nur die Einkünfte aus ganz bestimmten Berufen bzw. aus besonders gearteten Tätigkeiten fallen, nichts gemeinsam hat. Der Betrieb der Genossenschaft ist dagegen zur Erzielung wirtschaftlicher Vorteile für die Genossen bestimmt und dürfte damit mehr dem Begriff des wirtschaftlichen Geschäftsbetriebs i. S. des § 4 Abs. 1 Ziff. 6 KStG nahekommen, für den ebenfalls die Absicht der Gewinnerzielung nicht vorausgesetzt ist (§ 11 Abf. 1 I. KStDVO) und für die trotzdem die Grundsätze für die gewerbliche Gewinnermittlung anzuwenden sind. Im Ergebnis erscheint jedoch für die Anwendung der Steuerbefreiungsvorschriften die Unterscheidung, ob die befreiten Einkünfte aus Gewerbebetrieb oder aus sonstiger selbständiger Berufstätigkeit stammen, als bedeutungslos. Allerdings konnten Einkünfte aus Kapitalvermögen nach § 37 Abs. 3 EStG 1925 nur einem gewerblichen Betrieb zugerechnet werden und nicht, wie die Einkünfte aus Vermietung, auch den Einkünften aus sonstiger selbständiger Berufstätigkeit (vgl. § 38 Abs. 4 EStG 1925; dagegen aber RFH. I A 212/27 v. 5. 7. 27, E. 21 S. 281, RStBl. 27 S. 217 u. a.).

Die Steuerbefreiung hat dagegen nicht die Befreiung etwaiger in dem Geschäftsbetrieb anfallender Kapitaleinkünfte von dem Steuerabzug vom Kapitalertrag zur Folge; denn auf diesen ist die sachliche Befreiung dieser Einkünfte wie auch die persönliche Befreiung des Beziehers ohne Einfluß (RFH. I A 212/27 f. oben und I A 186/31 v. 8. 9. 31, RStBl. 32 S. 1024, StW. 32 Nr. 162).

10. Die steuerpflichtigen Einkünfte.

Steuerpflichtige Einkünfte (vgl. Anm. 9) einer begünstigten Genossenschaft können im allgemeinen nur dann vorkommen, wenn die Genossenschaft Vermögen besitzt, das mit ihrem eigentlichen, satzungsmäßigen Geschäftsbetrieb nichts zu tun hat. Ist der Zweck der Genossenschaft die Herstellung und Vermietung von Wohnhäusern an die Genossen, dann sind die Mieteinnahmen keine steuerpflichtigen Einkünfte aus Vermietung (RFH. I A 46/31 v. 9. 6. 31, StW. 32 Nr. 298), ebenso die von einer Genossenschaft zur Verpachtung von Schrebergärten erzielten Pachteinnahmen (RFH. I A 348/30 v. 21. 4. 31, RStBl. 31 S. 389, StW. 31 Nr. 1104). Bezieht dagegen die Genossenschaft Mieteinnahmen außerhalb ihres satzungsmäßigen Geschäftsbetriebs, dann ist sie mit ihnen steuerpflichtig (RFH. I A 265/32 v. 21. 12. 32, E. 32 S. 194, RStBl. 33 S. 81, StW. 33 Nr. 428). Als steuerfreie Einkünfte können dabei nur solche Einkünfte anerkannt werden, die sich unmittelbar aus der Verfolgung der eigentlichen Zwecke der Genossenschaft ergeben. Mittelbarer Zusammenhang genügt nicht. Daher wurden in RFH. I A 164/33 v. 12. 9. 33 (E. 34 S. 116, RStBl. 33 S. 1145, StW. 34 Nr. 141) auch die Einkünfte aus Werkwohnungen für steuerpflichtig erklärt, auch wenn das Wohnen eines Angestellten auf dem Betriebsgrundstück für den Betrieb nützlich ist. Ebenso wurden in RFH. I A 194/33 v. 25. 7. 34 (E. 36 S. 335, RStBl. 34 S. 990, StW. 34 Nr. 623) bei einer steuerbegünstigten Genossenschaft Zinseinnahmen aus Hypotheken auch dann für steuerpflichtig erklärt, wenn die Hypothek für Schadensersatzansprüche gegen einen Geschäftsführer bestellt wurde, also mittelbar mit dem Geschäftsbetrieb zusammenhing.

Wegen der Möglichkeit von Gewinnausschüttungen bei steuerbegünstigten Genossenschaften im besonderen vgl. Anm. 162 b zu § 20 EStG.

11. Ermittlung der steuerpflichtigen Einkünfte und Steuerfestsetzung.

a) Die **Ermittlung der steuerpflichtigen Einkünfte** hat nach den für die betreffende Einkunftsart geltenden Vorschriften, also für die land- und forstwirtschaftlichen Einkünfte nach dem Gewinn, im übrigen nach dem Überschuß der Einnahmen über die Werbungskosten zu erfolgen. Wenn daher eine steuerbegünstigte Genossenschaft ihre gesamten steuerbefreiten und steuerpflichtigen Einkünfte in ihren Bilanzen ausweist, sind die steuerpflichtigen Einnahmen und die abzugsfähigen Ausgaben besonders festzustellen. Personensteuern sind nur durch Hinzurechnung zu berücksichtigen, wenn sie an den steuerpflichtigen Einnahmen gekürzt wurden (RFH. I A 189/35 v. 28. 1. 36, E. 39 S. 45, RStBl. 36 S. 253, StW. 36 Nr. 140).

Dabei waren bei den Veranlagungen für die Kalenderjahre 1934 bis 1937 grundsätzlich noch die Vorschriften des KStG 25 bzw. EStG 25 anzuwenden (vgl. insbesondere auch wegen der Ausnahme hinsichtlich des Verlustvortrags für 1936 und 1937 Anm. 1 u. 2 b). Lediglich der Besteuerungszeitraum richtete sich nach

Anmerkung 10—13. 663

dem KStG 1934. Für die steuerbegünstigten Genossenschaften kam daher auch noch die Vorschrift des **§ 15 Ziff. 5 KStG 1925** in Betracht:

„Neben den Werbungskosten... dürfen bei der Ermittlung des Einkommens abgezogen werden:
. . . .
5. bei den in § 4 Abs. 2 unter a bis c bezeichneten Steuerpflichtigen Beträge, die aus den Einkünften aus Land- und Forstwirtschaft, aus Kapitalvermögen oder aus Vermietung und Verpachtung von unbeweglichem Vermögen... zur Deckung von Betriebsverlusten des Steuerabschnitts verwendet werden."
Es mußte sich um Deckung von Betriebsverlusten bei den befreiten Einkunftsarten aus dem Gewinn bzw. den Einnahmeüberschüssen der steuerpflichtigen Einkunftsarten handeln.

b) Zur **Berechnung der Steuer** aus den steuerpflichtigen Einkünften war für die Veranlagung der Kalenderjahre 1934 bis 1937 noch von der Tarifvorschrift des § 21 KStG 1925 auszugehen. Nach § 21 Nr. 3 a. a. O. betrug die Körperschaftsteuer bei den im § 2 Nr. 2, § 4 Abs. 2 bezeichneten Steuerpflichtigen 10 v. H. Durch das Gesetz zur Änderung des KStG v. 27. 8. 36 (s. Anm. 2 zu § 19 KStG) wurde jedoch auch dieser Steuersatz erhöht (vgl. Art. 2 a. a. O.), und zwar für 1936 auf 12,5 v. H. und für 1937 auf 15 v. H. (vgl. Anm. 3 zu § 19 KStG). Lediglich die Vorauszahlungen und Abschlußzahlung sind nach den Vorschriften des EStG 1934 festzusetzen.

III. Sonstige Regelung.
12. Sparkassen von Genossenschaften.

Für die Sparkassen von Genossenschaften und Genossenschaftszentralen gilt bei der Veranlagung für die Kalenderjahre 1934 bis 1939 noch die sachliche Befreiungsvorschrift des **§ 11 Abs. 1 Ziff. 2 KStG 1925:**

„Bei Ermittlung der Einnahmen bleiben im Fall der unbeschränkten Steuerpflicht... außer Ansatz:
2.... bei den Sparkassen der Genossenschaften und Genossenschaftszentralen (§ 4 Abs. 2 c) der Teil der Einkünfte, der auf den eigentlichen Sparkassenverkehr entfällt, mit Ausnahme der im § 83 EStG bezeichneten Kapitalerträge."

Eine „Sparkasse" liegt nach der Rechtsprechung nur vor, wenn sich die Sparkasseneinrichtung als besondere Einrichtung unter verwaltungsmäßiger Trennung der Sparkassengelder und Sparkassengeschäfte von den übrigen Geldern und Geschäften aus dem Gesamtbetrieb der Genossenschaft so heraushebt, daß festgestellt werden kann, welche bestimmten Einkünfte zum Sparkassenbetrieb gehören (s. z. B. RFH. I A 117/35 v. 11. 7. 35, RStBl. 35 S. 1161, StW. 35 Nr. 484, I A 226/34 v. 28. 1. 36, RStBl. 36 S. 156, StW. 36 Nr. 139). Wegen des Begriffs des eigentlichen Sparkassenverkehrs nach dem KStG 1925 s. Anm. 9 zu § 4 KStG. Die Kapitalerträge des § 83 EStG 1925 waren die steuerabzugspflichtigen Kapitalerträge, nämlich die Gewinnanteile aus der Beteiligung an Kapitalgesellschaften, mit Ausnahme der GmbH., sowie die Einkünfte aus der Beteiligung an einem Handelsgewerbe als stiller Gesellschafter.

13. Die nicht steuerbegünstigten Genossenschaften und Zentralen von Genossenschaften.

Persönliche oder sachliche Steuerbefreiung dieser Genossenschaften usw. ist für die Kalenderjahre 1934 bis 1939 nach den Vorschriften des KStG 1925 zu beurteilen. Der Gewinn ist für die Jahre 1934 bis 1937 mit den in Anm. 2 b bezeichneten Ausnahmen nach dem KStG 1925 und EStG 1925 zu ermitteln, von dem Kalenderjahr 1938 ab sind in vollem Umfang die Vorschriften des KStG 1934 anzuwenden.

Bei der Steuerberechnung ist für die Jahre 1934 bis 1937 noch der ermäßigte Staffeltarif des **§ 21 Ziff. 2 KStG 1925** anzuwenden:

„Die Körperschaftsteuer beträgt:
. . . .

2. bei Gesellschaften mit beschränkter Haftung und bei Erwerbs- und Wirtschaftsgenossenschaften, die nicht unter § 4 Abs. 2 fallen, sofern der Sitz oder der Ort der Leitung im Inlande liegt und weder das Stammkapital oder die Summe der Einlagen noch das bei der letzten Veranlagung zur Vermögensteuer festgestellte Vermögen den Betrag von 50 000 RM. übersteigt,

für die ersten angefangenen oder vollen 8 000 RM. des Einkommens 10 v. H.,
für die weiteren angefangenen oder vollen 4 000 RM. des Einkommens 12½ v. H.,
für die weiteren angefangenen oder vollen 4 000 RM. des Einkommens 20 v. H.,
für die weiteren angefangenen oder vollen 8 000 RM. des Einkommens 25 v. H.,
für alle weiteren Beträge 30 v. H. mit der Maßgabe, daß die Steuer 20 v. H. des gesamten Einkommens nicht übersteigen darf,
bei den übrigen Gesellschaften mit beschränkter Haftung und nicht unter § 4 Abs. 2 fallenden Erwerbs- und Wirtschaftsgenossenschaften
20 v. H. des Einkommens.

Als Stammkapital im Sinne dieser Vorschrift gelten auch die im § 6 des KVG v. 8. 4. 22 (RGBl. I S. 354) zu a, b bezeichneten Zahlungen und Leistungen sowie die im § 6 des genannten Gesetzes zu c bezeichneten Darlehen und Forderungen."

Der ermäßigte Tarif war nach Art. 2 des Gesetzes zur Änderung des KStG v. 27. 8. 36 (vgl. Anm. 2 zu § 19 KStG) für das Kalenderjahr 1936 um ein Viertel und für das Jahr 1937 um die Hälfte zu erhöhen (vgl. Anm. 3 zu § 19 KStG). Von dem Kalenderjahr 1937 gilt auch für diese Genossenschaften der Tarif des KStG 1934.

§ 24.
Inkrafttreten.

(1) Das Gesetz ist erstmalig auf Veranlagungen für das Kalenderjahr 1934 anzuwenden.

(2) Der Reichsminister der Finanzen wird ermächtigt, einzelne Vorschriften des Gesetzes erst für spätere Veranlagungen in Kraft zu setzen und für die Übergangszeit die Anwendung von Vorschriften des Körperschaftsteuergesetzes vom 10. August 1925 (Reichsgesetzbl. I S. 208) zuzulassen.

Inhaltsübersicht.

1. Bedeutung.
2. Absatz 2.
3. Inkrafttreten im Saarland.
4. Inkrafttreten im Land Österreich und in den sudetendeutschen Gebieten.

1. Bedeutung.

„Das Gesetz soll erstmalig auf Veranlagungen für das Kalenderjahr 1934 angewendet werden. Der Reichsminister der Finanzen ist jedoch ermächtigt, einzelne Vorschriften erst für spätere Veranlagungen in Kraft zu setzen und für die Übergangszeit die Anwendung der bisherigen Vorschriften zuzulassen. Das kommt insbesondere für Genossenschaften in Betracht" (Begr. zu § 24, RStBl. 35 S. 86).

Der erste Besteuerungszeitraum nach dem KStG 1934 ist das Kalenderjahr 1934. Auch für Steuerpflichtige, die bisher für einen vom Kalenderjahr abweichenden „Steuerabschnitt" im Sinn des KStG 1925, also zuletzt für einen im Kalenderjahr 1933 endenden Steuerabschnitt veranlagt wurden, beginnt der erste Besteuerungszeitraum nach dem KStG 1934 am 1. 1. 34. Für diese Steuerpflichtigen gilt die Übergangsregelung des § 25 KStG 1934. Die Vorschriften über den Steuerabzug vom Kapitalertrag und von sonstigen Einkünften werden erst auf die Einkünfte angewendet, die den Steuerpflichtigen nach dem 31. Dezember 1934 zufließen (§ 20 KStG mit § 51 Abs. 3 EStG 1934).

2. Absatz 2.

Auf Grund der Ermächtigung in Abs. 2 hat der RdF. für die Übergangszeit folgende Anordnungen getroffen:

a) Nach § 17 I. KStDVO sind bei der Veranlagung für die Kalenderjahre 1934 und 1935 für Pensions-, Witwen-, Waisen-, Sterbe-, Kranken- und Unterstützungslassen und sonstige Hilfskassen für Fälle der Not oder Arbeitslosigkeit die Steuerbefreiungsvorschriften des § 9 Abs. 1 Nr. 10 KStG 1925 anzuwenden (vgl. Anm. 25e zu § 4 KStG). Diese Übergangsvorschrift ist nach den VR 36 G III 3 Abs. 3 (RStBl. 37 S. 256, s. auch VR 37 H III 1 a Abs. 3, RStBl. 38 S. 233, s. Anh. 17) auch für die Kalenderjahre 1936 bis 1938 anzuwenden.

b) Nach § 18 I. KStDVO mit § 35 I. EStDVO ist der Verlustvortrag nach § 15 Abs. 1 Nr. 4 EStG 1925 bei der Ermittlung des Einkommens für 1934 in eingeschränktem Maße zugelassen (vgl. Anhang zu §§ 6—10 KStG Anm. 2).

c) Nach § 29 I. KStDVO sind auf die Auflösung und Abwicklung (Liquidation), Verschmelzung (Fusion), Umwandlung und Verlegung ins Ausland bei der Veranlagung 1934 die Vorschriften des KStG 1925 anzuwenden (vgl. Anm. 1 Abs. 3 zu § 14 KStG).

d) Nach § 36 I. KStDVO sind für Erwerbs- und Wirtschaftsgenossenschaften und für Zentralen von Genossenschaften, auch wenn sie nicht eingetragene Genossenschaften sind, bei der Veranlagung für die Kalenderjahre 1934 und 1935 die Vorschriften des KStG 1925 anzuwenden. Die Geltung dieser Vorschrift wurde mit Einschränkungen auf die Veranlagungen für die Kalenderjahre 1936 bis 1939 erstreckt (vgl. Anm. 1 zu § 23 KStG).

3. Inkrafttreten im Saarland.

Das Saargebiet untersteht ab 1. März 1935 wieder der deutschen Steuerhoheit. Eine vorläufige Regelung wurde durch die VO über das ab 1. 3. 35 im Saarland geltende Steuerrecht auf dem Gebiet der Besitz- und Verkehrsteuern vom 26. 2. 35 (RGBl. I S. 298, RStBl. 35 S. 329) getroffen und durch die VO über die Einkommensbesteuerung im Verhältnis zwischen dem Saarland und dem übrigen Deutschland v. 6. 8. 35 (RGBl. I S. 1086, RStBl. 35 S. 1073) ein Zusammentreffen der deutschen und der saarländischen Einkommen- und Körperschaftsteuer verhindert. Nach § 1 der VO über die Einführung von Reichssteuern im Saarland v. 12. 12. 35 (RGBl. I S. 1517, RStBl. 35 S. 1553) sind das EStG und KStG und die DVO dazu erstmalig auf Veranlagungen für das Kalenderjahr 1935 anzuwenden. Der Steuerabzug vom Kapitalertrag und die KapStDVO, der Steuerabzug von sonstigen Einkünften und die Abgabe der Aufsichtsratsmitglieder sind auf Einkünfte anzuwenden, die nach dem 31. 12. 35 zufließen (§§ 5 und 6 a. a. O.). Die Steuerfreiheit für Ersatzbeschaffungen gilt für Ersatzbeschaffungen, bei denen der neue Gegenstand nach dem 31. 12. 35 und vor dem 1. 1. 37 angeschafft oder hergestellt worden ist (§ 7 a. a. O.). Steuerermäßigungen für Instandsetzungen und Ergänzungen an Gebäuden sind bei der Veranlagung zur Einkommen- und Körperschaftsteuer für die Kalenderjahre 1936 und 1937 zu gewähren, soweit Instandsetzungen und Ergänzungen an Gebäuden und Gebäudeteilen in der Zeit v. 1. 1. bis 31. 12. 1936 begonnen und beendet worden sind (§ 8 a. a. O.). Das Gesetz über Steuererleichterungen bei Umwandlung und Auflösung von Kapitalgesellschaften und die II. und III. DVO UmwStG waren nach § 9 a. a. O. anzuwenden auf Kapitalgesellschaften usw., die am 1. 11. 1935 (Stichtag) bestehen und ihre Umwandlung und Auflösung in der Zeit vom 1. 1. bis 31. 12. 1936 beschließen. Nach § 21 Ziff. 4 a. a. O. traten mit Wirkung ab 1. 1. 36 die Vorschriften über die Steuerfreiheit für neue Unternehmen in Kraft. Weiter sind u. a. ergangen die VO über die Einführung der Steuerbefreiung für neuerrichtete Kleinwohnungen und Eigenheime im Saarland v. 17. 4. 35 (RGBl. I S. 537, RStBl. 35 S. 649) und die VO zur Einführung des Kapitalanlagegesetzes und des Anleihestockgesetzes im Saarland v. 17. 7. 35 (RGBl. I S. 1029, RStBl. 35 S. 1025).

4. Inkrafttreten im Land Österreich, in den sudetendeutschen Gebieten und im Memelland.

Durch das Ges. über die Wiedervereinigung Österreichs mit dem Deutschen Reich v. 13. 3. 38 (RGBl. I S. 237) ist Österreich ein Land des Deutschen Reichs geworden. Nach Art. II dieses Ges. gelten die deutschen Reichsgesetze in Österreich erst, wenn sie durch den Führer und Reichskanzler oder den von ihm ermächtigten Reichsminister eingeführt werden. Das KStG mit der Änderung des Ges. v. 27. 8. 36 (s. Anm. 2 a zu § 19 KStG), das Ges. zur Erhöhung der KStG für die Jahre 1938—1940 v. 25. 7. 38 (s. Anm. 2 b zu § 19 KStG) und die I. KStDVO wurden durch § 11 der VII. VO zur Einführung steuerrechtlicher Vorschriften im Land Österreich (Einführungs-VO v. 17. 12. 38 (RGBl. I S. 1817, RStBl. 38 S. 1161) mit der Maßgabe in Kraft gesetzt, daß das KStG und die I. KStDVO in Österreich erstmalig auf Veranlagungen für das Kalenderjahr 1938 anzuwenden sind (§ 12 Abs. 1 VO). Das Ges. v. 25. 7. 38 ist auf Veranlagungen für das Kalenderjahr 1938 noch nicht anzuwenden (§ 12 Abs. 2 VO). Für Sparkassen und Genossenschaften gelten bei der Veranlagung für das Kalenderjahr 1938 noch die bisherigen Vorschriften (§ 12 Abs. 3 VO). Mit dem Körperschaftsteuerrecht sind nach § 16 I. Einführungs-VO v. 14. 4. 38 (RGBl. I S. 389, RStBl. 38 S. 425) auch die Vorschriften der AO und des StAnpG anzuwenden. Durch § 1 der VII. Einführungs-VO wurden außerdem in Kraft gesetzt das EStG, die II. EStDVO, die KapSt-DVO, die VO über den Steuerabzug von Einkünften bei beschränkt Steuerpflichtigen (s. Anm. 7 zu § 20 KStG), das Gesetz über die Erhebung einer Abgabe der Aufsichtsratsmitglieder, die VO über den Steuerabzug von Aufsichtsratsvergütungen (s. Anm. 7 zu § 20 KStG und § 3 des Ges. über Steuererleichterungen v. 15. 7. 33 (s. Anm. 11 Anh. zu §§ 6—10 KStG) und zwar die Vorschriften über Steuerabzüge ab 1. 1. 39. Die Umstellung der Inventare und Bilanzen der Kaufleute und des Stammkapitals (einschließlich Aktien und Anteilen) der Kapitalgesellschaften auf RM. ist durch die VO über Reichsmarkeröffnungsbilanzen und Umstellungsmaßnahmen im Lande Österreich (Umstellungs-VO) v. 2. 8. 38 (RGBl. I S. 982, RStBl. 38 S. 754) geregelt. Steuererleichterungen bei der Umwandlung und Auflösung von Kapitalgesellschaften in Österreich werden nach den Grundsätzen des Erl. RdF. v. 24. 11. 38 (S 2151 I — 395 III/S 5003 A — 83 III, RStBl. 38 S. 1097) gewährt. Die VO über die Führung eines Wareneingangsbuchs und die Warenausgangs-VO (s. Anm. 11 a zu § 4 EStG) treten nach der VI. Einführungs-VO v. 13. 12. 38 (RGBl. I S. 1813, RStBl. 38 S. 1153) in Österreich am 1. 1. 39 in Kraft. Das Anleihestockgesetz wurde in Österreich durch VO v. 28. 2. 39 (RGBl. I S. 363, RStBl. 39 S. 374) eingeführt. Für Erwerbs- und Wirtschaftsgenossenschaften enthält der Erl. RdF. v. 15. 3. 39 (S 2600—35 III, RStBl. 39 S. 475) eine Übergangsregelung.

In den sudetendeutschen Gebieten wurden durch § 1 der IV. VO zur Einführung steuerrechtlicher Vorschriften in den sud. Geb. v. 21. 12. 38 (RGBl. I S. 1837, RStBl. 38 S .1178) das EStG und die sonstigen oben genannten Vorschriften, die durch § 1 der VII. Einf.-VO in Österreich eingeführt wurden, in Kraft gesetzt und durch § 12 der VI. Einf.-VO die VO über die Führung eines Wareneingangsbuchs und die Warenausgangs-VO. Das KStG mit den Ges. v. 28. 8. 36 und v. 25. 7. 38 und die I. KStDVO wurde durch die XI. VO z. Einführung steuerrechtlicher Vorschriften in d. sud. Geb. v. 11. 4. 39 (RGBl. I S. 802, RStBl. 39 S. 628) mit Wirkung für die Veranlagung für das Kalenderjahr 1939 eingeführt (dazu Erl. RdF. v. 18. 4. 39 S 2600 — 40 III, RStBl. 39 S. 629). Die Umstellung der Bilanzen und des Kapitals der Kapitalgesellschaften usw. ist in der VO über Reichsmarkeröffnungsbilanzen und Umstellungsmaßnahmen (Umstellungs-VO) v. 9. 2. 39 (RGBl. I S. 169, RStBl. 39 S. 289) geregelt. Die II. VO zur Einführ. handelsrechtl. Vorschriften v. 9. 2. 39 (RGBl. I S. 176, RStBl. 39 S. 293) betrifft insbesondere die Einführung des AktG. Steuererleichterungen bei der Umwandlung und Auflösung von Kapitalgesellschaften regelt der Erl. RdF. v. 21. 4. 39 S 2151 I — 550 III (RStBl. 39 S. 602).

Das Memelland ist nach § 1 des Ges. v. 23. 3. 39 (RGBl. I S. 559, RStBl. 39 S. 494) wieder Bestandteil des Deutschen Reichs. Nach § 2 der VO zur Einführ. v. Reichssteuerrecht im Memelland v. 29. 4. 39 (RGBl. I S. 870, RStBl. 39 S. 660) treten ab 1. 1. 1940 das gesamte Einkommen- und Körperschaftsteuerrecht einschließlich der Besteuerung der Aufsichtsratsvergütungen in Kraft. Weiter ist er-

§ 25 KStG. Anmerkung 1—2.

gangen die VO über Reichsmarkeröffnungsbilanzen und Umstellungsmaßnahmen im Memelland (Umstellungs-VO) v. 5. 5. 39 (RGBl. I S. 897, RStBl. 39 S. 692).

§ 25.

(1) Bei Steuerpflichtigen, bei denen die Körperschaftsteuer für einen vom Kalenderjahr 1933 abweichenden Steuerabschnitt festgesetzt worden ist, erhöht sich die Körperschaftsteuerschuld für das Kalenderjahr 1934 um ein Zwölftel für jeden Monat, der seit dem Ende des Steuerabschnitts 1932/33 bis zum 31. Dezember 1933 verstrichen ist.

(2) Auf die nach Absatz 1 erhöhte Steuerschuld werden angerechnet:
1. die für die Zeit seit dem Ende des Steuerabschnitts 1932/33 bis zum Ende des Kalenderjahrs 1934 entrichteten Vorauszahlungen;
2. die durch Steuerabzug einbehaltenen Beträge, soweit sie auf die in der Zeit seit dem Ende des Steuerabschnitts 1932/33 bis zum Ende des Kalenderjahrs 1934 bezogenen Einkünfte entfallen.

Inhaltsübersicht.
1. Bedeutung.   2. Voraussetzung der Anwendung der Vorschrift.   3. Anwendung der Vorschrift.

1. Bedeutung.

„Die Vorschrift regelt die Ausgleichszahlung, die infolge der Umstellung der Veranlagung auf das Kalenderjahr (an Stelle des bisherigen Steuerabschnitts) notwendig wird. Sie entspricht dem § 53 des neuen EStG" (Begr. zu § 25 KStG, RStBl. 35 S. 86). „Für den Übergang ergeben sich gewisse Schwierigkeiten infolge des Ersatzes des Steuerabschnitts durch das Kalenderjahr. Bei Steuerpflichtigen, die bisher einen vom Kalenderjahr abweichenden Steuerabschnitt hatten, würde sich beim Übergang zur Neuregelung nach § 2 Abs. 5 und § 25 ohne die besondere Vorschrift des § 53 die eigentümliche Folge ergeben haben, daß ein Teil der Vorauszahlungen gesetzmäßig gar nicht hätte verrechnet werden können und daher hätte erstattet werden müssen. Um diesen steuerpolitisch unerwünschten Zustand auszuräumen, bestimmt das Gesetz, daß sich in derartigen Fällen die Einkommensteuerschuld um ein Zwölftel für jeden Monat erhöht, der seit dem Ende des Steuerabschnitts 1932/33 bis zum 31. Dezember 1933 verstrichen ist" (Begr. zu §§ 51 bis 53 EStG Abs. 3, RStBl. 35 S. 60).

2. Voraussetzung der Anwendung der Vorschrift.

Wenn auch durch die Vorschrift nach der Begründung in erster Linie die Erstattung von Vorauszahlungen vermieden werden soll, die von dem Steuerpflichtigen für die Zeit nach Ablauf eines im Kalenderjahr 1933 beendeten Wirtschaftsjahrs bis zum Beginn des Kalenderjahrs 1934, also z. B. für die Zeit vom 1. 7. bis 31. 12. 33 geleistet wurden, so ist die tatsächliche Entrichtung von Vorauszahlungen für diese Zeit im Gesetz nicht gefordert. Verlangt ist vielmehr, daß die Körperschaftsteuer für einen vom Kalenderjahr 1933 abweichenden Steuerabschnitt festgesetzt worden ist. Dieser Voraussetzung ist nach RFH. I A 20/36 v. 4. 2. 36 (E. 39 S. 66, RStBl. 36 S. 419, StW. 36 Nr. 144) genügt, wenn eine Veranlagung zur Körperschaftsteuer stattgefunden hat, auch wenn hierbei ein Freistellungsbescheid ergangen ist. Ist dagegen kein förmlicher Feststellungsbescheid und auch keine Mitteilung über die Freistellung ergangen, sondern nur ein Aktenvermerk über die Steuerfreiheit erfolgt, dann fehlt es nach RFH. I A 74/37 v. 21. 4. 37 (E. 41 S. 204, RStBl. 37 S. 933, StW. 37 Nr. 330) an einer Festsetzung der Körperschaftsteuer im Sinn des Abs. 1. Die Erhöhung der Körperschaftsteuerschuld für 1934 tritt daher nach der Entsch. nicht ein, wenn Körperschaftsteuerpflichtige erst nach Ablauf der Geltungsdauer des KStG 1925 in die Steuerpflicht eingetreten sind (nach dem 31. 12. 33) oder wenn nach dem KStG 1925 persönlich befreite Körperschaften unter der Herrschaft des KStG 1934 steuerpflichtig werden oder auch), wenn eine nach dem KStG 1925 bestehende sachliche Befreiung die vollständige Steuerfreiheit der Körperschaft zur Folge hatte und diese nunmehr durch das KStG 1934 beseitigt ist. Voraussetzung ist aber im letzten Fall, wie bereits erwähnt, daß bei einem vom Kalenderjahr abweichendem Wirtschaftsjahr für das letzte im Kalenderjahr 1933 abgeschlossene Wirtschaftsjahr kein Freistellungsbescheid und keine Mitteilung über die Freistellung erteilt wurde. Die Anwendung des § 25 wird nach RFH. I A 7/36 v. 9. 6. 36 (E. 39 S. 285, RStBl. 36 S. 815, StW. 36 S. 379) nicht dadurch rechtlich ausgeschlossen oder eingeschränkt, daß nach dem KStG 1934 im Gegensatz zum KStG 1925 die Schachtelvergünstigung die Mindestbesteuerung nach § 17 Abs .1 Ziff. 1 KStG 1934 nicht mehr ausschließt (vgl. Anm. 2 c Abs. 4 zu § 17 KStG).

Die Vorschrift ist auch auf Erwerbs- und Wirtschaftsgenossenschaften anzuwenden (vgl. Anm. 2 zu § 23 KStG).

3. Anwendung der Vorschrift.

Beim Vorliegen der Voraussetzungen des Abs. 1 erhöht sich die Körperschaftsteuerschuld für das Kalenderjahr 1934 für jeden Monat, der seit dem Ende des Steuerabschnitts 1932/33 bis zum 31. 12. 33 verstrichen ist, um ein Zwölftel, also z. B. für die Zeit vom 1. 7. bis 31. 12. 33 um 6/12. Ohne diese Maßnahme würde eine Besteuerung für den zwischen dem letzten Steuerabschnitt und dem Beginn des Kalenderjahrs 1934 liegenden Zeitraum ausfallen. Hat der Steuerpflichtige Anspruch auf Steuererleichterungen nach dem Ges. über Steuererleichterungen v. 15. 7. 33 und der ErgVO v. 20. 4. 34 (vgl. Anm. 2 Anhang zu §§ 6—10 KStG), dann ist die Steuerschuld erst um die Zuschläge nach § 25 Abs. 1 zu erhöhen und dann die erhöhte Steuerschuld um 10 v. H. der Aufwendungen für Instandsetzungs- und Ergänzungsarbeiten zu ermäßigen (RFH. I A 80/36 v. 28. 4. 36, E. 39 S. 226, RStBl. 36 S. 708, StW. 36 Nr. 300). Auf die nach Abs. 1 erhöhte Steuerschuld sind nach Abs. 2 die für die Zeit seit dem Ende des Steuerabschnitts 1932/33 bis zum Ende des Kalenderjahrs entrichteten Vorauszahlungen und die einbehaltenen Steuerabzugsbeträge anzurechnen soweit sie auf die in der Zeit seit dem Ende des Steuerabschnitts 1932/33 bis zum Ende des Kalenderjahrs 1934 bezogenen Einkünfte entfallen.

Der Ausgleich von Härten, die bei Anwendung des § 53 EStG entstehen können, ist vom RdF in den Veranlagungs- und Ergänzungsrichtlinien für 1934 und 1935 geregelt worden. Nach den ErgR 35 E VI (RStBl. 36 S. 640) ist der RdF. mit der entsprechenden Anwendung der für die Einkommensteuer ergangenen Bestimmungen auf die Fälle des § 25 KStG einverstanden. Die Bestimmungen betreffen den Fall des Erlöschens der persönlichen Steuerpflicht nach dem 31. Dezember 1933 und vor dem 1. Januar 1935, den Fall des Bezugs außerordentlicher Einkünfte im Sinn des § 34 EStG im Kalenderjahr 1934 (VR 34 F 7, RStBl. 35 S. 402), weiter die Fälle der Eröffnung eines Betriebs mit abweichendem Wirtschaftsjahr im Jahr 1933, der Erzielung wesentlich höherer Einkünfte im Jahr 1934, als die im Ausgleichszeitraum bezogenen Einkünfte, auf ein Jahr umgerechnet, betragen haben, der Bildung steuerbegünstigter Rücklagen im Jahr 1934, des Bezugs von Gewinnen aus der Veräußerung zwangsbewirtschafteter Grundstücke, der Erhebung einer ermäßigten Einkommen-(Körperschaft-)steuer beim Gesellschafter nach § 7 Abs. 1 und 2 der II. UmwStDVO (vgl. Anm. 8 b Abs. 2 zu § 15 KStG) durch ErgR 34 D XVII (RStBl. 35 S. 796) und schließlich für den Fall der Umstellung eines vom Kalenderjahr abweichenden Wirtschaftsjahrs im Lauf des Kalenderjahrs 1935 oder eines späteren Kalenderjahrs und für den Fall der Aufgabe oder Übertragung eines Betriebs und des Ausscheidens aus der persönlichen Steuerpflicht, wenn bei der Veranlagung für das Jahr der Aufgabe der Gewinn ebenfalls für einen 12 Monate übersteigenden Zeitraum zugrunde zu legen ist (VR 35 C II 5, RStBl. 36 S. 38, VR 36 B I Abs. 2, RStBl. 37 S. 218).

Nach Rderl. RdF. v. 7. 1. 39 S 2209 — 455 III (RStBl. 39 S. 122) gelten die Ausführungen in den VR 36 B I Abs. 2 für das Kalenderjahr 1937 und die folgenden Jahre nicht mehr.

C. Anhang.
Gesetze, Verordnungen, Erlasse.

1. Erste Verordnung zur Durchführung des Körperschaftsteuergesetzes
(Erste KStDVO)
Vom 6. Februar 1935
(RGBl. I S. 163, RStBl. 35 S. 217)

Auf Grund des § 12 der Reichsabgabenordnung in der Fassung des Steueranpassungsgesetzes vom 16. Oktober 1934 (Reichsgesetzbl. I S. 925) und auf Grund des § 4 Absatz 1 Ziffer 7 und des § 24 Absatz 2 des Körperschaftsteuergesetzes vom 16. Oktober 1934 (Reichsgesetzbl. I S. 1031) wird hiermit verordnet:

Zu § 1 Absatz 5 Ziffer 6 des Gesetzes
§ 1
Betriebe gewerblicher Art von Körperschaften des öffentlichen Rechts

(1) Zu den Betrieben gewerblicher Art von Körperschaften des öffentlichen Rechts gehören alle Einrichtungen, die einer nachhaltigen wirtschaftlichen Tätigkeit zur Erzielung von Einnahmen oder anderen wirtschaftlichen Vorteilen dienen. Die Absicht, Gewinne zu erzielen, ist nicht erforderlich.

(2) Die Einrichtung ist als Betrieb gewerblicher Art nur dann steuerpflichtig, wenn sie sich innerhalb der Gesamtbetätigung der Körperschaft wirtschaftlich heraushebt. Diese wirtschaftliche Selbständigkeit kann in einer besonderen Leitung, in einem geschlossenen Geschäftskreis, in der Buchführung oder in einem ähnlichen auf eine Einheit hindeutenden Merkmal bestehen. Daß die Bücher bei einer anderen Verwaltung geführt werden, ist unerheblich.

(3) Die Verpachtung eines Betriebs, der nach den Absätzen 1 und 2 steuerpflichtig wäre, wenn er vom Verpächter unmittelbar betrieben würde, steht einem Betrieb gewerblicher Art gleich. Das gleiche gilt für jede andere entgeltliche Überlassung von Einrichtungen, Anlagen oder Rechten zu Betriebszwecken dieser Art.

§ 2
Versorgungsbetriebe

(1) Zu den Betrieben gewerblicher Art gehören auch die Betriebe, die der Versorgung der Bevölkerung mit Wasser, Gas, Elektrizität oder Wärme, dem öffentlichen Verkehr oder dem Hafenbetrieb dienen.

(2) Die Körperschaftsteuer der öffentlichen Versorgungsbetriebe wird nach Maßgabe des § 39 des Steueranpassungsgesetzes vom 16. Oktober 1934 und der §§ 38 bis 40 dieser Verordnung den Körperschaften überwiesen, denen die Erträge dieser Betriebe zufließen.

§ 3
Land- und forstwirtschaftliche Betriebe

Land- und forstwirtschaftliche Betriebe von Körperschaften des öffentlichen Rechts sind steuerfrei.

§ 4
Hoheitsbetriebe

(1) Betriebe von Körperschaften des öffentlichen Rechts, die überwiegend der Ausübung der öffentlichen Gewalt dienen (Hoheitsbetriebe), gehören nicht zu den Betrieben gewerblicher Art. Eine Ausübung der öffentlichen Gewalt ist insbesondere anzunehmen, wenn es sich um Leistungen handelt, zu deren Annahme der Leistungsempfänger auf Grund gesetzlicher oder behördlicher Anordnung verpflichtet ist. Hierher gehören z. B. Forschungsanstalten, Wetterwarten, Schlachthöfe, Friedhöfe, Anstalten zur Nahrungsmittelunter-

suchung, zur Desinfektion, zur Leichenverbrennung, zur Müllbeseitigung, zur Straßenreinigung und zur Abführung von Spülwasser und Abfällen.

(2) Die Steuerpflicht der Versorgungsbetriebe (§ 2 Absatz 1) und der öffentlich-rechtlichen Versicherungsanstalten (§§ 23 ff.) bleibt unberührt.

§ 5
Rechtsform

(1) Ein Betrieb gewerblicher Art ist auch dann unbeschränkt steuerpflichtig, wenn er selbst eine Körperschaft des öffentlichen Rechts ist.

(2) Betriebe, die in eine privatrechtliche Form gekleidet sind, werden nach den für diese Rechtsform geltenden Vorschriften besteuert.

§ 6
Eintritt in die Steuerpflicht

Wird ein Betrieb gewerblicher Art erst nach den Vorschriften des Körperschaftsteuergesetzes vom 16. Oktober 1934 steuerpflichtig, so ist der Unterschiedsbetrag zwischen dem Betriebsvermögen am Schluß des Wirtschaftsjahrs und dem Betriebsvermögen am Schluß des vorangegangenen Wirtschaftsjahrs (§ 4 des Einkommensteuergesetzes) festzustellen. Die hierbei zu vergleichenden Betriebsvermögen sind nach den gleichen Grundsätzen zu ermitteln.

Zu § 4 Absatz 1 Ziffer 4 des Gesetzes
Sparkassen
§ 7

Die öffentlichen oder unter Staatsaufsicht stehenden Sparkassen sind von der Körperschaftsteuer befreit, soweit sie der Pflege des eigentlichen Sparverkehrs dienen. Sie sind steuerpflichtig mit den Geschäften, die der Pflege des eigentlichen Sparverk(?) dienen.

§ 8
Übergangsregelung

Zur Ermittlung der steuerfreien und steuerpflichtigen Geschäfte sind bei der Veranlagung für das Kalenderjahr 1934 anzuwenden

a) die Verordnung über die Abgrenzung des eigentlichen Sparkassenverkehrs im Sinn der Reichssteuergesetze (Sparkassenverordnung) vom 22. März 1938 (Reichsgesetzbl. I S. 109),

b) die Verordnung über die Sicherung der von Sparkassen im eigentlichen Sparkassenverkehr gewährten Personalkredite (Kreditsicherungsverordnung) vom 4. Mai 1928 (Reichsgesetzbl. I S. 155).

Zu § 4 Absatz 1 Ziffer 6 des Gesetzes
Körperschaften, die kirchlichen, gemeinnützigen oder mildtätigen Zwecken dienen
§ 9
Allgemeines

(1) Körperschaften, Personenvereinigungen und Vermögensmassen (Körperschaften), sind von der Körperschaftsteuer befreit, wenn sie nach der Satzung, Stiftung oder sonstigen Verfassung und nach ihrer tatsächlichen Geschäftsführung ausschließlich und unmittelbar kirchlichen, gemeinnützigen oder mildtätigen Zwecken dienen. Unterhalten sie einen wirtschaftlichen Geschäftsbetrieb, der über den Rahmen einer Vermögensverwaltung hinausgeht, so sind sie insoweit steuerpflichtig (§ 4 Absatz 1 Ziffer 6 des Gesetzes).

(2) Ob ein Zweck als kirchlich, gemeinnützig oder mildtätig anzusehen ist, bestimmt sich nach den §§ 17 bis 19 des Steueranpassungsgesetzes vom 16. Oktober 1934.

(3) Ob eine Körperschaft ausschließlich den vorgenannten Zwecken dient, bestimmt sich nach § 10 dieser Verordnung.

(4) Für die Frage, ob ein wirtschaftlicher Geschäftsbetrieb vorliegt, gilt § 11 dieser Verordnung.

§ 10
Ausschließlichkeit

(1) Ausschließlich dient eine Körperschaft kirchlichen, gemeinnützigen oder mildtätigen Zwecken nur dann, wenn sie andere als die in den §§ 17 bis 19 des Steueranpassungsgesetzes bezeichneten Zwecke nicht verfolgt und außerdem die folgenden Voraussetzungen erfüllt:

1. Der Anteil der Mitglieder oder Gesellschafter (Mitglieder) am Reingewinn darf satzungsmäßig und tatsächlich vier vom Hundert der eingezahlten Kapitalanteile

und, bei nicht voll eingezahlten Kapitalanteilen, vier vom Hundert der Einlagen nicht übersteigen. Außerdem muß sichergestellt sein, daß den Mitgliedern sonstige Vermögensvorteile nicht zugewendet werden.

Es darf niemand durch unverhältnismäßig hohe Vergütungen (z. B. Aufsichtsratsvergütungen, Vorstandsgehälter) oder durch Verwaltungsausgaben, die dem Zweck der Körperschaft fremd sind, begünstigt werden.

3. Es muß satzungsmäßig vorgeschrieben und tatsächlich sichergestellt sein,
   a) daß die Mitglieder bei ihrem Ausscheiden oder bei Auflösung der Körperschaft nicht mehr als ihre Kapitalanteile und, wenn die Kapitalanteile nicht voll eingezahlt sind, nicht mehr als die Einlagen zurückerhalten;
   b) daß bei Auflösung der Körperschaft oder bei Wegfall der bisherigen Zwecke das Vermögen der Körperschaft für kirchliche, gemeinnützige oder mildtätige Zwecke verwendet wird, soweit es in diesem Zeitpunkt die Kapitalanteile der Mitglieder und, bei nicht voll eingezahlten Kapitalanteilen, die eingezahlten Einlagen übersteigt.

(2) Bei einer Körperschaft, die vor dem 30. November 1923 errichtet worden ist, tritt an die Stelle des Kapitalanteils (Absatz 1 Ziffern 1 und 3) der Goldwert der eingezahlten Einlagen, wenn dieser niedriger ist als der Kapitalanteil.

§ 11
Wirtschaftlicher Geschäftsbetrieb

(1) Ein wirtschaftlicher Geschäftsbetrieb ist eine planmäßige wirtschaftliche Tätigkeit zur Erzielung von Einnahmen oder anderen wirtschaftlichen Vorteilen, die über eine einmalige Betätigung hinausgeht. Die Absicht, Gewinn zu erzielen, ist nicht erforderlich.

(2) Ein wirtschaftlicher Geschäftsbetrieb, der über den Rahmen einer Vermögensverwaltung hinausgeht, liegt stets vor bei Kreditinstituten, Versicherungsunternehmen, Pensions-, Witwen-, Waisen-, Sterbe-, Kranken-, Unterstützungskassen und sonstigen Hilfskassen für Fälle der Not oder Arbeitslosigkeit.

§ 12
Wohnungs- und Siedlungsunternehmen

Von der Körperschaftsteuer sind befreit:
1. Wohnungsunternehmen, solange sie auf Grund der Gemeinnützigkeitsverordnung vom 1. Dezember 1930 (Reichsgesetzbl. I S. 593) und der sie ergänzenden Vorschriften als gemeinnützig anerkannt sind,
2. Unternehmen, solange sie als Organe der staatlichen Wohnungspolitik (§ 28 der Gemeinnützigkeitsverordnung) anerkannt sind,
3. die von den zuständigen Landesbehörden begründeten oder anerkannten gemeinnützigen Siedlungsunternehmen im Sinn des Reichssiedlungsgesetzes,
4. die von den obersten Landesbehörden zur Ausgabe von Heimstätten zugelassenen gemeinnützigen Unternehmen im Sinn des Reichsheimstättengesetzes.

Zu § 4 Absatz 1 Ziffer 7 des Gesetzes
Pensionskassen und ähnliche Kassen

§ 13
Allgemeines

Rechtsfähige Pensionskassen und ähnliche rechtsfähige Kassen (rechtsfähige Witwen-, Waisen-, Sterbe-, Kranken-, Unterstützungskassen und sonstige rechtsfähige Hilfskassen für Fälle der Not oder Arbeitslosigkeit) sind von der Körperschaftsteuer unter den folgenden Voraussetzungen befreit:

1. Die Kasse muß für Zugehörige oder frühere Zugehörige eines einzelnen wirtschaftlichen Geschäftsbetriebs oder mehrerer wirtschaftlich miteinander verbundener Geschäftsbetriebe bestimmt sein. Zu den Zugehörigen im Sinn dieser Bestimmung rechnen auch deren Angehörige (§ 10 des Steueranpassungsgesetzes).
2. Die Mehrzahl der Personen, denen die Leistungen der Kasse zugute kommen sollen (Leistungsempfänger), darf sich nicht aus dem Unternehmer oder dessen Angehörigen und bei Gesellschaften nicht aus den Gesellschaftern oder deren Angehörigen zusammensetzen.
3. Bei Auflösung der Kasse darf ihr Vermögen satzungsmäßig nur den Leistungsempfängern oder deren Angehörigen zufallen oder für ausschließlich gemeinnützige oder mildtätige Zwecke verwendet werden.

4. Außerdem müssen bei Kassen mit Rechtsanspruch der Leistungsempfänger die Voraussetzungen der §§ 14, 16, bei Kassen ohne Rechtsanspruch der Leistungsempfänger die Voraussetzungen der §§ 15, 16 erfüllt sein.

§ 14
Kassen mit Rechtsanspruch der Leistungsempfänger

Für rechtsfähige Pensionskassen und ähnliche rechtsfähige Kassen, die den Leistungsempfängern einen Rechtsanspruch gewähren, müssen außer den im § 13 genannten noch die folgenden Voraussetzungen erfüllt sein:

1. Die Kasse muß als Versicherungsunternehmen nach dem Gesetz über die Beaufsichtigung der privaten Versicherungsunternehmungen und Bausparkassen vom 6. Juni 1931 (Reichsgesetzbl. I S. 315) oder als öffentlich-rechtliche Versicherungsanstalt beaufsichtigt werden.
2. Der Betrieb der Kasse muß nach dem Geschäftsplan als soziale Einrichtung sichergestellt sein. Eine soziale Einrichtung im Sinn dieser Bestimmung liegt insbesondere dann nicht vor, wenn
   a) das Arbeitseinkommen der Mehrzahl der Leistungsempfänger den Betrag von 6000 RM. jährlich übersteigt
   oder
   b) die Leistungen der Kasse die folgenden Beträge übersteigen:
   als Pension 4000 RM. jährlich,
   als Witwengeld 3000 RM. jährlich,
   als Waisengeld 1200 RM. jährlich für jede Waise,
   als Sterbegeld 500 RM. als Gesamtleistung.

§ 15
Kassen ohne Rechtsanspruch der Leistungsempfänger

Für rechtsfähige Unterstützungskassen und sonstige rechtsfähige Hilfskassen für Fälle der Not oder Arbeitslosigkeit, die den Leistungsempfängern keinen Rechtsanspruch gewähren, müssen außer den im § 13 genannten noch die folgenden Voraussetzungen erfüllt sein:

1. Die ausschließliche und unmittelbare Verwendung des Vermögens und der Einkünfte der Kasse muß satzungsmäßig und tatsächlich für die Zwecke der Kasse dauernd gesichert sein.
2. Die Gefolgschaft darf zu laufenden Beiträgen oder zu sonstigen Zuschüssen nicht verpflichtet sein.
3. Der Gefolgschaft oder den Vertrauensmännern der Gefolgschaft muß satzungsmäßig und tatsächlich das Recht zustehen, an der Verwaltung sämtlicher Beträge, die der Kasse zufließen, beratend mitzuwirken.

§ 16
Erfüllung der Voraussetzungen

Werden die in den §§ 13 bis 15 genannten Voraussetzungen erst im Lauf eines Kalender-(Wirtschafts-)jahrs erfüllt, so tritt die Steuerbefreiung erst mit dem Beginn des folgenden Kalender-(Wirtschafts-)jahrs ein.

§ 17
Übergangsvorschrift

Bei der Veranlagung für die Kalenderjahre 1934 und 1935 sind für Pensions-, Witwen-, Waisen-, Sterbe-, Kranken- und Unterstützungskassen und sonstige Hilfskassen für Fälle der Not oder Arbeitslosigkeit die Steuerbefreiungsvorschriften des § 9 Absatz 1 Nr. 10 des Körperschaftsteuergesetzes vom 10. August 1925 (Reichsgesetzbl. I S. 208) anzuwenden.

Zu den §§ 5 bis 7 des Gesetzes
Einkommen
§ 18
Allgemeines

Auf die Veranlagung zur Körperschaftsteuer sind die §§ 1, 2, 4 bis 12, 15, 18, 29 bis 31, 33, 35, 37 der Ersten Verordnung zur Durchführung des Einkommensteuergesetzes vom 6. Februar 1935 (Reichsgesetzbl. I S. 153) anzuwenden.

§ 19

Bei Steuerpflichtigen, die nach den Vorschriften des Handelsgesetzbuchs zur Führung von Büchern verpflichtet sind, sind alle Einkünfte als Einkünfte aus Gewerbebetrieb zu behandeln.

§ 20
Verdeckte Gewinnausschüttungen

Bei der Ermittlung des Einkommens und bei der Mindestbesteuerung sind verdeckte Gewinnausschüttungen zu berücksichtigen.

Beispiele:
1. Ein Gesellschafter führt Vorstandsgeschäfte und erhält hierfür ein unangemessen hohes Gehalt.
2. Eine Gesellschaft zahlt an einen Gesellschafter besondere Umsatzvergütungen neben einem angemessenen Gehalt.
3. Ein Gesellschafter erhält ein Darlehn von der Gesellschaft zinslos oder zu einem außergewöhnlich geringen Zinsfuß.
4. Ein Gesellschafter erhält von der Gesellschaft ein Darlehn, obwohl schon bei der Darlehnshingabe mit der Uneinbringlichkeit gerechnet werden muß.
5. Ein Gesellschafter gibt der Gesellschaft ein Darlehn zu einem außerordentlich hohen Zinsfuß.
6. Ein Gesellschafter liefert an die Gesellschaft Waren oder erwirbt von der Gesellschaft Waren und sonstige Wirtschaftsgüter zu ungewöhnlichen Preisen oder erhält besondere Preisnachlässe und Rabatte.
7. Ein Gesellschafter verkauft Aktien an die Gesellschaft zu einem höheren Preis als dem Kurswert, oder die Gesellschaft verkauft Aktien an einen Gesellschafter zu einem niedrigeren Preis als dem Kurswert.
8. Eine Gesellschaft übernimmt zum Vorteil eines Gesellschafters eine Schuld oder sonstige Verpflichtungen, wie Bürgschaften.
9. Eine Gesellschaft verzichtet auf Rechte, die ihr einem Gesellschafter gegenüber zustehen.
10. Ein Dritter, der nicht nur für die Gesellschaft, sondern auch für einen Gesellschafter persönlich tätig ist, erhält hierfür eine Gesamtvergütung, welche die Gesellschaft unter Unkosten verbucht.

Zu § 8 des Gesetzes
§ 21
Mitgliederbeiträge

(1) Mitgliederbeiträge im Sinn des § 8 des Gesetzes sind Beiträge, die die Mitglieder einer Personenvereinigung lediglich in ihrer Eigenschaft als Mitglieder nach den Satzungen zu entrichten verpflichtet sind.

(2) Für Versicherungsunternehmen ist die Vorschrift des § 8 des Gesetzes nicht anzuwenden.

Zu § 9 des Gesetzes
§ 22
Schachtelgesellschaften

(1) Die Vergünstigung für Schachtelgesellschaften nach § 9 des Gesetzes kommt nur für solche Aktien, Kuxe oder Anteile in Betracht, die der unbeschränkt steuerpflichtigen Kapitalgesellschaft ununterbrochen seit mindestens zwölf Monaten vor dem für die Ermittlung des Einkommens maßgebenden Schlußstichtag gehört haben.

(2) Die Vergünstigung für Schachtelgesellschaften gilt unter den Voraussetzungen des § 9 des Gesetzes und des vorstehenden Absatzes 1 auch für Aktien, Kuxe oder Anteile, die einem unbeschränkt steuerpflichtigen Versicherungsverein auf Gegenseitigkeit gehören.

Zu § 11 Ziffer 2 des Gesetzes
Versicherungsunternehmen
§ 23
Öffentlich-rechtliche Versicherungsanstalten.

Öffentlich-rechtliche Versicherungsanstalten sind auch dann unbeschränkt steuerpflichtig, wenn sie mit Zwangs- oder Monopolrechten für ein Gebiet des Deutschen Reichs ausgestattet sind.

§ 24
Ermittlung des Einkommens

Bei der Ermittlung des Einkommens von Versicherungsunternehmen sind die Bestimmungen der §§ 25 bis 28 anzuwenden.

§ 25
Beitragsrückerstattung

(1) Für Beitragsrückerstattungen, die auf Grund des Geschäftsergebnisses gewährt werden, gilt das folgende:
1. Beitragsrückerstattungen, die aus dem Lebensversicherungsgeschäft stammen, sind abzugsfähig.
2. Beitragsrückerstattungen, die nicht aus dem Lebensversicherungsgeschäft stammen, sind nur insoweit abzugsfähig, als sie den Überschuß nicht übersteigen, der sich ergeben würde, wenn die auf das Wirtschaftsjahr entfallenden Versicherungsleistungen, Überträge und Rücklagen sowie die sämtlichen sonstigen persönlichen und sachlichen Betriebsausgaben allein aus der auf das Wirtschaftsjahr entfallenden Beitragseinnahme bestritten worden wären. Die Beitragsrückerstattung muß spätestens bei Genehmigung des Abschlusses des Wirtschaftsjahrs durch die satzungsmäßig zuständigen Organe mit der Maßgabe beschlossen werden, daß sie auf die binnen Jahresfrist nach der Beschlußfassung fällig werdenden Beiträge anzurechnen oder binnen Jahresfrist nach der Beschlußfassung bar auszuzahlen ist.

(2) Zuführungen zu Rücklagen für Beitragsrückerstattungen sind nur insoweit abzugsfähig, als die ausschließliche Verwendung der Rücklagen für diesen Zweck durch Satzung oder durch geschäftsplanmäßige Erklärung gesichert ist.

§ 26
Lebensversicherung

(1) Bei Versicherungsunternehmen, die das Lebensversicherungsgeschäft allein oder neben anderen Versicherungszweigen betreiben, sind für das Lebensversicherungsgeschäft mindestens fünf vom Hundert des nach den Vorschriften des Einkommensteuergesetzes und des Körperschaftsteuergesetzes ermittelten Gewinns zu versteuern, von dem der bei dem Lebensversicherungsgeschäft für die Versicherten bestimmte Anteil noch nicht abgezogen ist. Satz 1 ist nur dann anzuwenden, wenn nicht nach § 17 des Gesetzes ein höheres Mindesteinkommen der Besteuerung zugrunde zu legen ist.

(2) Der Reichsminister der Finanzen kann den im Absatz 1 genannten Hundertsatz im Benehmen mit dem Reichswirtschaftsminister entsprechend der allgemeinen Entwicklung der Versicherungswirtschaft erhöhen oder ermäßigen.

§ 27
Versicherungstechnische Rücklagen

(1) Zuführungen zu versicherungstechnischen Rücklagen (§ 11 Ziffer 2 des Gesetzes) sind insoweit abzugsfähig, als es sich bei diesen Rücklagen um echte Schuldposten oder um Posten handelt, die der Rechnungsabgrenzung dienen. Hierbei dürfen die Rücklagen den Betrag nicht übersteigen, der zur Sicherstellung der Verpflichtungen aus den am Bilanzstichtag bestehenden Versicherungsverträgen erforderlich ist.

(2) Für die Abzugsfähigkeit der Zuführungen zu Rücklagen zum Ausgleich des schwankenden Jahresbedarfs sind insbesondere die folgenden Voraussetzungen erforderlich:
1. Es muß nach den Erfahrungen in dem betreffenden Versicherungszweig mit erheblichen Schwankungen des Jahresbedarfs zu rechnen sein.
2. Die Schwankungen des Jahresbedarfs dürfen nicht durch die Prämien ausgeglichen werden. Sie müssen aus den am Bilanzstichtag bestehenden Versicherungsverträgen herrühren und dürfen nicht durch Rückversicherungen gedeckt sein.

(3) Der Reichsminister der Finanzen kann im Benehmen mit dem Reichswirtschaftsminister Richtsätze über die steuerlich anzuerkennenden Zuführungen zu versicherungstechnischen Rücklagen aufstellen.

§ 28
Beschränkt steuerpflichtige Versicherungsunternehmen

(1) Bei beschränkt steuerpflichtigen Versicherungsunternehmen ist, wenn für das inländische Versicherungsgeschäft eine steuerlich einwandfreie gesonderte Ermittlung des Inlandseinkommens möglich ist, für die Berechnung des inländischen steuerpflichtigen Einkommens von dem technischen Ergebnis des inländischen Versicherungsgeschäfts auszugehen. Hinzuzurechnen ist der dem Inlandsgeschäft entsprechende Anteil an den Vermögenserträgen des Gesamtunternehmens. Abzuziehen ist der dem inländischen Versicherungsgeschäft entsprechende Anteil an den Generalunkosten des Gesamtunternehmens, soweit sie nicht im technischen Ergebnis des inländischen Versicherungsgeschäfts enthalten sind.

(2) Wenn für das inländische Versicherungsgeschäft eine steuerlich einwandfreie gesonderte Ermittlung des Inlandseinkommens nicht möglich ist, so ist als inländisches steuerpflichtiges Einkommen der dem Verhältnis der inländischen Prämieneinnahme zur Ge-

samtprämieneinnahme entsprechende Teil des ausgewiesenen Gewinns des Gesamtunternehmens zugrunde zu legen.

(3) Dem nach den Absätzen 1 und 2 berechneten Betrag sind die nach dem Gesetz und dieser Verordnung nicht abzugsfähigen Ausgaben hinzuzurechnen.

(4) Das Mindesteinkommen, das nach § 17 des Gesetzes der Besteuerung zugrunde gelegt wird, kann bei beschränkt steuerpflichtigen Versicherungsunternehmen nach dem Verhältnis der inländischen Prämieneinnahme zu der Gesamtprämieneinnahme des ganzen Unternehmens errechnet werden.

Zu den §§ 14 bis 16 des Gesetzes

§ 29
Übergangsregelung bei Liquidation und Fusion

Auf die Auflösung und Abwicklung (Liquidation), Verschmelzung (Fusion), Umwandlung und Verlegung ins Ausland sind bei der Veranlagung 1934 die Vorschriften des Körperschaftsteuergesetzes vom 10. August 1925 anzuwenden.

Zu § 17 des Gesetzes

§ 30
Mindestbesteuerung

(1) Die Ausschüttungen und Vergütungen nach § 17 Absatz 1 des Gesetzes sind bei der Besteuerung als Mindesteinkommen dem Kalender- (Wirtschafts-) jahr zuzurechnen, für das sie gewährt worden sind.

(2) Werden Vergütungen nach den vorgenannten Vorschriften rückwirkend für bereits abgelaufene Kalender- (Wirtschafts-) jahre nachträglich gewährt, so sind sie für die Berechnung und für den Fall der Besteuerung als Mindesteinkommen dem Kalender- (Wirtschafts-) jahr zuzurechnen, das der Beschlußfassung unmittelbar vorausgeht.

Zu § 19 des Gesetzes

§ 31
Steuersatz für Kreditanstalten

(1) Langfristige Kredite im Sinn des § 19 Absatz 2 Ziffer 1 des Gesetzes sind nur solche Kredite, die nicht binnen vier Jahren rückzahlbar sind.

(2) Kreditanstalten des öffentlichen Rechts, die sich auf die im § 5 des Hypothekenbankgesetzes genannten Geschäfte beschränken, sind wie reine Hypothekenbanken zu behandeln.

§ 32
Abgeltung

Gewinnanteile und sonstige Bezüge, die beschränkt Steuerpflichtigen aus Anteilen an einer Gesellschaft mit beschränkter Haftung bis zum 31. Dezember 1934 zufließen, unterliegen einem Steuersatz von zehn vom Hundert, es sei denn, daß sie in einem inländischen gewerblichen, land- oder forstwirtschaftlichen Betrieb angefallen sind.

Zu § 20 des Gesetzes
Steuererklärung

§ 33

(1) Unbeschränkt Körperschaftsteuerpflichtige haben eine Steuererklärung über sämtliche Einkünfte abzugeben.

(2) Beschränkt Körperschaftsteuerpflichtige (§ 2 Ziffer 1 des Gesetzes) haben eine Steuererklärung über die inländischen Einkünfte abzugeben.

(3) Eine Steuererklärung ist auch abzugeben:
1. beim Wegfall der Steuerpflicht, insbesondere auch bei der Umwandlung;
2. beim Übergang von der beschränkten zur unbeschränkten und beim Übergang von der unbeschränkten zur beschränkten Steuerpflicht.

(4) Außer den in den Absätzen 1 bis 3 genannten Fällen haben eine Steuererklärung abzugeben alle Körperschaften, Personenvereinigungen und Vermögensmassen, die hierzu vom Finanzamt besonders aufgefordert werden.

§ 34

Soweit Einkünfte einheitlich festzustellen sind, sind die zur Geschäftsführung oder Vertretung der Gesellschaft oder Gemeinschaft befugten Personen zur Abgabe einer Erklärung über die Einkünfte der Beteiligten verpflichtet.

§ 35
(1) Die Erklärungen nach den §§ 33, 34 sind, wenn sie schriftlich abgegeben werden, unter Verwendung der amtlichen Vordrucke abzugeben.

(2) Steuerpflichtige, die nach den Vorschriften des Handelsgesetzbuchs oder auf Grund anderer gesetzlicher Vorschriften Bücher führen und regelmäßig Abschlüsse machen, haben der Steuererklärung eine Abschrift der unverkürzten Bilanz, der Verlust- und Gewinnübersicht, und wenn ein Jahresbericht (Geschäftsbericht) vorliegt, auch diesen beizufügen

Zu § 23 und § 24 Absatz 2 des Gesetzes
Genossenschaften
§ 36
Für Erwerbs- und Wirtschaftsgenossenschaften und für Zentralen von Genossenschaften auch wenn sie nicht eingetragene Genossenschaften sind, sind bei der Veranlagung für die Kalenderjahre 1934 und 1935 die Vorschriften des Körperschaftsteuergesetzes vom 10. August 1925 anzuwenden.

Zum Steueranpassungsgesetz
§ 37
Geltung von Vorschriften des Steueranpassungsgesetzes

§§ 9, 10, 17 bis 19 des Steueranpassungsgesetzes gelten bereits für die Veranlagung zur Körperschaftsteuer für das Kalenderjahr 1934.

Finanzausgleich bei öffentlichen Versorgungsbetrieben
§ 38
(1) Die Körperschaftsteuer der öffentlichen Versorgungsbetriebe wird den Körperschaften, denen die Erträge dieser Betriebe zufließen, nur dann überwiesen, wenn die im § 39 des Steueranpassungsgesetzes aufgestellten Voraussetzungen während des ganzen Kalender-(Wirtschafts-)jahrs gegeben waren. Ein Überweisungsanspruch kann nur bis zum Ablauf von sechs Monaten seit Entrichtung der Körperschaftsteuer geltend gemacht werden.

(2) Als öffentlich gelten auch solche Versorgungsbetriebe, deren Anteile den im § 39 Absatz 2 des Steueranpassungsgesetzes genannten Körperschaften nur mittelbar gehören und deren Erträge diesen Körperschaften nur mittelbar zufließen.

(3) Soweit die Körperschaftsteuer der öffentlichen Versorgungsbetriebe auf Einkünfte entfällt, die dem Steuerabzug unterliegen, wird der im Wege des Steuerabzugs einbehaltene Betrag nicht überwiesen.

§ 39
(1) Unter den Voraussetzungen des § 39 des Steueranpassungsgesetzes können die Entrichtung der Körperschaftsteuer und ihre Überweisung dadurch ersetzt werden, daß der öffentliche Versorgungsbetrieb dem Finanzamt eine Quittung der überweisungsberechtigten Körperschaft oder der mehreren überweisungsberechtigten Körperschaften über den Empfang der Körperschaftsteuer einreicht. Ist das Finanzamt der Auffassung, daß die Voraussetzungen des § 39 des Steueranpassungsgesetzes nicht gegeben sind, so erteilt es darüber dem Versorgungsbetrieb und den Ausstellern der Quittung einen schriftlichen Bescheid.

(2) Wird die Körperschaftsteuer nicht nach Absatz 1 beglichen, sondern in anderer Weise (zum Beispiel durch Zahlung oder Aufrechnung) an das Finanzamt (Finanzkasse) entrichtet, so hat das Finanzamt auf Antrag eine Entscheidung darüber zu treffen, ob die Voraussetzungen des § 39 des Steueranpassungsgesetzes gegeben sind. Antragsberechtigt ist jede Körperschaft, die Anspruch auf Überweisung der Körperschaftsteuer erhebt.

(3) Auf die Entscheidungen, die nach den Absätzen 1 und 2 ergehen, finden, soweit nichts anderes bestimmt ist, die verfahrensrechtlichen Vorschriften Anwendung, die für die Entscheidungen über Vergütungsansprüche gelten.

§ 40
(1) Besteht unter mehreren Körperschaften Streit, welche Körperschaft oder mit welchem Anteil eine Körperschaft überweisungsberechtigt ist, so entscheidet hierüber auf Antrag das Finanzamt. Die in der Reichsabgabenordnung enthaltenen Vorschriften über das Zerlegungsverfahren (§§ 382 bis 390) finden Anwendung. Das Reich ist (außer in den Fällen des § 384 Ziffer 4 der Reichsabgabenordnung) am Zerlegungsverfahren auch dann beteiligt, wenn es am Versorgungsbetrieb beteiligt ist.

Anhang 2. StAnpG. 677

(2) Kommt es bei der Entscheidung (Absatz 1) auf eine Vorfrage an, über die ein Gericht oder eine Verwaltungsbehörde zu befinden hat, so kann das Finanzamt seine Entscheidung aussetzen, bis die Vorfrage endgültig entschieden ist.

Inkrafttreten
§ 41

Diese Verordnung gilt erstmalig für die Veranlagung zur Körperschaftsteuer für das Kalenderjahr 1934.

2. Steueranpassungsgesetz
Vom 16. Oktober 1934
(RGBl. I S. 925, RStBl. 34 S. 1149)

(Auszug)

Die Reichsregierung hat das folgende Gesetz beschlossen, das hierdurch verkündet wird:

Abschnitt I
Allgemeines Steuerrecht
Unterabschnitt 1
Auslegung
§ 1

(1) Die Steuergesetze sind nach nationalsozialistischer Weltanschauung auszulegen.
(2) Dabei sind die Volksanschauung, der Zweck und die wirtschaftliche Bedeutung der Steuergesetze und die Entwicklung der Verhältnisse zu berücksichtigen.
(3) Entsprechendes gilt für die Beurteilung von Tatbeständen.

Unterabschnitt 2
Ermessen
§ 2

(1) Entscheidungen, die die Behörden nach ihrem Ermessen zu treffen haben (Ermessens-Entscheidungen), müssen sich in den Grenzen halten, die das Gesetz dem Ermessen zieht.
(2) Innerhalb dieser Grenzen sind Ermessens-Entscheidungen nach Billigkeit und Zweckmäßigkeit zu treffen.
(3) Fragen der Billigkeit und der Zweckmäßigkeit sind nach nationalsozialistischer Weltanschauung zu beurteilen.

Unterabschnitt 3
Steuerschuld
§ 3

(1) Die Steuerschuld entsteht, sobald der Tatbestand verwirklicht ist, an den das Gesetz die Steuer knüpft.
(2) Auf die Entstehung der Steuerschuld ist es ohne Einfluß, ob und wann die Steuer festgesetzt wird und wann die Steuer zu entrichten (wann sie fällig) ist.
(3) Die Absätze 1 und 2 gelten sinngemäß für andere Leistungen, die auf Grund der Steuergesetze geschuldet werden.
(4) Bei Verschollenen gilt, soweit es sich um Entstehung, Umfang und Beendigung einer Steuerschuld handelt, der Tag, mit dessen Ablauf das Ausschlußurteil rechtskräftig wird, als Todestag.
(5) Beispiele und Ergänzungen zu den Absätzen 1 und 2: Die Steuerschuld entsteht:
1. bei der Einkommensteuer und bei der Körperschaftsteuer:
 a) für Steuerabzugsbeträge:
   im Zeitpunkt des Zufließens der steuerabzugspflichtigen Einkünfte;
 b) für Vorauszahlungen:
   mit Beginn des Kalendervierteljahrs, für das die Vorauszahlungen zu entrichten sind, oder, wenn die Steuerpflicht erst im Lauf des Kalendervierteljahrs begründet wird, mit Begründung der Steuerpflicht;

c) für die veranlagte Steuer:

mit Ablauf des Kalenderjahrs, für das die Veranlagung vorgenommen wird, soweit nicht die Steuerschuld nach Buchstabe a oder nach Buchstabe b schon früher entstanden ist;

2. bei der Vermögensteuer und bei der Grundsteuer:

mit Beginn des Kalenderjahrs, in das der Beginn des Rechnungsjahrs fällt, für das die Steuer erhoben wird;

3. bei der Gewerbesteuer:

mit Beginn des Rechnungsjahrs, für das die Steuer erhoben wird;

4. bei der Umsatzsteuer für Lieferungen und sonstige Leistungen:

a) im Fall der Besteuerung nach vereinnahmten Entgelten:

mit Ablauf des Voranmeldungszeitraums, in dem die Entgelte vereinnahmt worden sind;

b) im Fall der Besteuerung nach vereinbarten Entgelten:

mit Ablauf des Voranmeldungszeitraums, in dem die Lieferungen oder sonstigen Leistungen ausgeführt worden sind;

5. bei den Zöllen:

a) für Einfuhrzölle:

in dem Zeitpunkt, in dem einfuhrzollpflichtige Waren zum freien Verkehr oder zu einem Zollvormerkverfahren abgefertigt werden oder in dem über solche Waren erstmalig vorschriftswidrig so verfügt wird, als wären sie im freien Verkehr;

b) für Ausfuhrzölle:

in dem Zeitpunkt, in dem ausfuhrzollpflichtige Waren zur Ausfuhr in Zollausland, Freibezirke oder Freizonen oder zum Zwischenauslandsverkehr abgefertigt oder ohne Zollabfertigung in Zollausland, Freibezirke oder Freizonen verbracht werden;

6. bei der Biersteuer für das im Geltungsbereich des Biersteuergesetzes hergestellte Bier:

sobald das Bier aus der Brauerei entfernt oder in der Brauerei getrunken wird.

§ 4

(1) Bedingte Steuerschulden, bedingte Steuerbefreiungen, bedingte Steuerermäßigungen und sonstige bedingte Steuervergünstigungen sind im Zweifel auflösend bedingt.

(2) Tritt eine Bedingung ein, unter der die Steuerschuld, die Steuerbefreiung, die Steuerermäßigung oder die sonstige Steuervergünstigung wegfällt, so sind Steuerfestsetzungen und Steuerfeststellungen, bei denen der Eintritt der Bedingung nicht berücksichtigt ist, zurückzunehmen oder zu ändern, bisher unterbliebene Steuerfestsetzungen und Steuerfeststellungen nachzuholen und zuviel gezahlte Steuern zu erstatten. Nach Ablauf des Jahrs, das auf den Eintritt der Bedingung folgt, kann der Steuerpflichtige die Zurücknahme oder Änderung der Steuerfestsetzung oder Steuerfeststellung und die Erstattung nicht mehr verlangen.

(3) Entsprechendes (Absatz 2) gilt:

1. wenn Erzeugnisse oder Waren, für die eine bedingte Steuerschuld entstanden ist, untergehen, bevor es sich entschieden hat, ob die Bedingung eintritt;
2. wenn ein Merkmal, dessen Vorliegen das Gesetz für die Steuerschuld, für die Steuerbefreiung, für eine Steuerermäßigung oder für eine sonstige Steuervergünstigung fordert, nachträglich mit Wirkung für die Vergangenheit weggefallen ist.

§ 5

(1) Scheingeschäfte und andere Scheinhandlungen (zum Beispiel die Begründung oder die Beibehaltung eines Scheinwohnsitzes) sind für die Besteuerung ohne Bedeutung. Wird durch ein Scheingeschäft ein anderes Rechtsgeschäft verdeckt, so ist das verdeckte Rechtsgeschäft für die Besteuerung maßgebend.

(2) Die Besteuerung wird nicht dadurch ausgeschlossen, daß ein Verhalten (ein Tun oder ein Unterlassen), das den steuerpflichtigen Tatbestand erfüllt oder einen Teil des steuerpflichtigen Tatbestands bildet, gegen ein gesetzliches Gebot oder Verbot oder gegen die guten Sitten verstößt.

(3) Ist ein Rechtsgeschäft wegen eines Formmangels oder wegen eines Mangels der Geschäftsfähigkeit oder der Rechtsfähigkeit nichtig, so ist dies für die Besteuerung insoweit und so lange ohne Bedeutung, als die Beteiligten das wirtschaftliche Ergebnis des Rechtsgeschäfts eintreten und bestehen lassen.

(4) Ist ein Rechtsgeschäft anfechtbar, so ist dies für die Besteuerung insoweit und so lange ohne Bedeutung, als nicht die Anfechtung mit Erfolg durchgeführt ist.

(5) Soweit in den Fällen des Absatzes 3 das bereits eingetretene wirtschaftliche Ergebnis des nichtigen Rechtsgeschäfts nachträglich wieder beseitigt oder in den Fällen des Absatzes 4 das anfechtbare Rechtsgeschäft mit Erfolg angefochten worden ist, sind Steuerfestsetzungen und Steuerfeststellungen, die auf Grund des nichtigen oder anfechtbaren Rechtsgeschäfts erfolgt sind, zurückzunehmen oder zu ändern und entrichtete Steuern zu erstatten. Nach Ablauf des Jahrs, das auf die Beseitigung des wirtschaftlichen Ergebnisses oder auf die erfolgreiche Durchführung der Anfechtung folgt, kann der Steuerpflichtige die Zurücknahme der Steuerfestsetzung oder Steuerfeststellung und die Erstattung nicht mehr verlangen.

(6) Sondervorschriften, die in Steuergesetzen enthalten sind, bleiben unberührt.

§ 6

(1) Durch Mißbrauch von Formen und Gestaltungsmöglichkeiten des bürgerlichen Rechts kann die Steuerpflicht nicht umgangen oder gemindert werden.

(2) Liegt ein Mißbrauch vor, so sind die Steuern so zu erheben, wie sie bei einer den wirtschaftlichen Vorgängen, Tatsachen und Verhältnissen angemessenen rechtlichen Gestaltung zu erheben wären.

(3) Steuern, die auf Grund der für unwirksam zu erachtenden Maßnahmen etwa entrichtet worden sind, werden auf den Betrag, der nach Absatz 2 zu entrichten ist, und auf andere Rückstände des Steuerpflichtigen angerechnet und, soweit eine solche Anrechnung nicht möglich ist, erstattet. Nach Ablauf des Jahrs, das auf die endgültige Feststellung der Unwirksamkeit folgt, kann der Steuerpflichtige die Anrechnung oder Erstattung nicht mehr verlangen.

§ 7

(1) Personen, die dieselbe steuerrechtliche Leistung schulden oder nebeneinander für dieselbe steuerrechtliche Leistung haften, sind Gesamtschuldner.

(2) Personen, die zusammen zu veranlagen oder gemeinsam zu einer Steuer heranzuziehen sind, sind Gesamtschuldner. Dies gilt auch dann, wenn eine oder mehrere dieser Personen bei getrennter Veranlagung oder getrennter Heranziehung steuerfrei wären.

(3) Jeder Gesamtschuldner schuldet die ganze Leistung. Dem Finanzamt steht es frei, an welchen Gesamtschuldner es sich halten will. Es kann die geschuldete Leistung von jedem Gesamtschuldner ganz oder zu einem Teil fordern.

(4) Zahlung (Entrichtung) durch einen Gesamtschuldner kommt den anderen Gesamtschuldnern zustatten. Bis zur Entrichtung des ganzen Betrags bleiben alle Gesamtschuldner verpflichtet.

(5) Ist keine Zahlungspflicht, sondern eine andere Pflicht zu erfüllen (zum Beispiel Auskunft zu erteilen), so kommt Pflichterfüllung durch einen Gesamtschuldner den anderen Gesamtschuldnern dann nicht zustatten, wenn es für das Finanzamt von Wert ist, daß die Pflicht auch von den anderen Gesamtschuldnern erfüllt wird.

(6) Steuerrechtliche Sondervorschriften, die von Absatz 1 oder von Absatz 3 Sätzen 2 und 3 abweichen, bleiben unberührt.

§ 8

(1) Bei Gesamtrechtsnachfolge (zum Beispiel bei Erbfolge oder bei Verschmelzung von Gesellschaften) geht die Steuerschuld des Rechtsvorgängers auf den Rechtsnachfolger über.

(2) Erben haften für die aus dem Nachlaß zu entrichtenden Steuern wie für Nachlaßverbindlichkeiten nach bürgerlichem Recht. Die §§ 105, 106, 109 und 117 der Reichsabgabenordnung und die Sondervorschriften, die in Steuergesetzen enthalten sind, bleiben unberührt.

(3) Sind bei Herstellung steuerpflichtiger Erzeugnisse mehrere Betriebe beteiligt, so geht die Steuerschuld auf jeden folgenden an der Herstellung beteiligten Betriebsinhaber über.

(4) Werden Erzeugnisse oder Waren, für die unter einer Bedingung eine Steuervergünstigung gewährt worden ist, ordnungsmäßig weitergegeben, so geht die bedingte Steuerschuld auf jeden folgenden Erwerber über.

Unterabschnitt 4

Steuerbefreiung

§ 9

Von den Steuern vom Einkommen und vom Vermögen sind Personen, Personenvereinigungen, Körperschaften und Vermögensmassen insoweit befreit, als ihnen ein Anspruch auf Befreiung von diesen Steuern zusteht.

1. nach allgemeinen völkerrechtlichen Grundsätzen unter Wahrung der Gegenseitigkeit oder
2. nach besonderer Vereinbarung mit anderen Staaten.

....

Unterabschnitt 6

Zurechnung

§ 11

Für die Zurechnung bei der Besteuerung gelten, soweit nichts anderes bestimmt ist, die folgenden Vorschriften:
1. Wirtschaftsgüter, die zum Zweck der Sicherung übereignet worden sind, werden dem Veräußerer zugerechnet.
2. Wirtschaftsgüter, die zu treuen Händen (entgeltlich oder unentgeltlich) übereignet worden sind, werden dem Treugeber zugerechnet.
3. Wirtschaftsgüter, die durch einen Treuhänder zu treuen Händen für einen Treugeber erworben worden sind, werden dem Treugeber zugerechnet.
4. Wirtschaftsgüter, die jemand in Eigenbesitz hat, werden dem Eigenbesitzer zugerechnet. Eigenbesitzer ist, wer ein Wirtschaftsgut als ihm gehörig besitzt.
5. Wirtschaftsgüter, die mehreren zur gesamten Hand zustehen, werden den Beteiligten so zugerechnet, als wären die Beteiligten nach Bruchteilen berechtigt. Die Höhe der Bruchteile ist nach den Anteilen zu bestimmen, zu denen die Beteiligten an dem Vermögen zur gesamten Hand berechtigt sind, oder nach Verhältnis dessen, was ihnen bei Auflösung der Gemeinschaft zufallen würde.

§ 12

(1) Vermögen und Einkommen einer Familienstiftung, die von einem unbeschränkt Steuerpflichtigen errichtet worden ist und ihre Geschäftsleitung und ihren Sitz im Ausland hat, werden dem Errichter der Familienstiftung, solange er unbeschränkt steuerpflichtig ist, sonst den Bezugsberechtigten zugerechnet. Dabei ist es einerlei, ob die Familienstiftung ihr Einkommen ausgeschüttet oder behalten hat. Die Sätze 1 und 2 gelten nicht für die Erbschaftsteuer.

(2) Familienstiftungen sind solche Stiftungen, bei denen der Stifter, seine Angehörigen und deren Abkömmlinge zu mehr als der Hälfte bezugsberechtigt sind. Den Stiftungen stehen sonstige Zweckvermögen und rechtsfähige oder nichtrechtsfähige Personenvereinigungen gleich.

(3) Hat ein Unternehmen oder eine Körperschaft oder eine Personenvereinigung (zum Beispiel eine Gesellschaft) eine Stiftung errichtet, die ihre Geschäftsleitung und ihren Sitz im Ausland hat, so wird die Stiftung wie eine Familienstiftung behandelt, wenn der Stifter, seine Gesellschafter, Mitglieder, leitenden Angestellten (insbesondere Vorstandsmitglieder und Prokuristen) und die Angehörigen dieser Personen zu mehr als der Hälfte bezugsberechtigt sind.

Unterabschnitt 7

Wohnsitz. Gewöhnlicher Aufenthalt

§ 13

Einen Wohnsitz im Sinn der Steuergesetze hat jemand dort, wo er eine Wohnung innehat unter Umständen, die darauf schließen lassen, daß er die Wohnung beibehalten und benutzen wird.

§ 14

(1) Den gewöhnlichen Aufenthalt im Sinn der Steuergesetze hat jemand dort, wo er sich unter Umständen aufhält, die erkennen lassen, daß er an diesem Ort oder in diesem Land nicht nur vorübergehend verweilt. Unbeschränkte Steuerpflicht tritt jedoch stets dann ein, wenn der Aufenthalt im Inland länger als sechs Monate dauert. In diesem Fall erstreckt sich die Steuerpflicht auch auf die ersten sechs Monate.

(2) Auslandsbeamte werden im Sinn des Einkommensteuergesetzes und des Vermögensteuergesetzes wie Personen behandelt, die ihren gewöhnlichen Aufenthalt an dem Ort haben, an dem sich die inländische öffentliche Kasse befindet, die die Dienstbezüge des Auslandsbeamten zu zahlen hat. Das gleiche gilt für die Ehefrau eines Auslandsbeamten, sofern sie nicht von dem Ehemann dauernd getrennt lebt, und für minderjährige Kinder eines Auslandsbeamten, die zu seinem Haushalt gehören. Als Auslandsbeamte im Sinn der Steuergesetze gelten: unmittelbare und mittelbare Beamte des Deutschen Reichs, An-

gehörige der Deutschen Wehrmacht und Beamte der Deutschen Reichsbahn-Gesellschaft und der Reichsbank, die ihren Dienstort im Ausland haben. Wahlkonsuln gelten nicht als Beamte im Sinn dieser Vorschrift.

(3) Die Inhaber und die leitenden Angestellten (insbesondere Vorstandsmitglieder und Prokuristen) eines inländischen Unternehmens (eines Unternehmens, das seine Geschäftsleitung oder seinen Sitz im Inland hat) werden, auch wenn sie sich nicht im Inland aufhalten, im Sinn der Steuergesetze (mit Ausnahme des Erbschaftsteuergesetzes und des Reichsfluchtsteuergesetzes) wie Personen behandelt, die ihren gewöhnlichen Aufenthalt an dem Ort haben, an dem sich die Geschäftsleitung oder der Sitz des inländischen Unternehmens befindet. Das gleiche gilt für Mitglieder des Aufsichtsrats oder Verwaltungsrats eines inländischen Unternehmens, wenn sie sich an der Geschäftsführung des inländischen Unternehmens wesentlich beteiligen, zum Beispiel dadurch, daß sie Geschäfte eines Vorstandsmitglieds (sei es auch nur vertretungsweise oder vorübergehend oder einmalig) führen. Unbeschränkte Steuerpflicht tritt bei den Steuern vom Einkommen jeweils für das Kalenderjahr, bei der Vermögensteuer jeweils für das Rechnungsjahr ein, in welchem die Eigenschaft als Inhaber oder leitender Angestellter (Satz 1) bestanden hat oder die im Satz 2 bezeichnete Tätigkeit (sei es auch nur vertretungsweise oder vorübergehend oder einmalig) ausgeübt worden ist.

Unterabschnitt 8
Geschäftsleitung. Sitz. Betriebstätte

§ 15

(1) Geschäftsleitung im Sinn der Steuergesetze ist der Mittelpunkt der geschäftlichen Oberleitung.

(2) Hat eine Körperschaft oder Personenvereinigung, die nach bürgerlichem Recht selbständig ist, die sich aber wirtschaftlich als ein in der Gliederung eines Unternehmens gesondert geführter Betrieb darstellt, weder ihre Geschäftsleitung noch ihren Sitz im Inland, so wird sie im Sinn der Steuergesetze so behandelt, als befände sich ihre Geschäftsleitung an dem Ort, an dem
1. die beherrschende natürliche Person:
    ihren Wohnsitz oder, wenn ein Wohnsitz im Inland fehlt, ihren gewöhnlichen Aufenthalt,
2. die beherrschende Körperschaft, Personenvereinigung oder Vermögensmasse:
    ihre Geschäftsleitung oder, wenn eine Geschäftsleitung im Inland fehlt, ihren Sitz hat.

(3) Den Sitz im Sinn der Steuergesetze hat eine Körperschaft, Personenvereinigung oder Vermögensmasse an dem Ort, der durch Gesellschaftsvertrag, Vereinssatzung, Stiftungsgeschäft oder dergleichen bestimmt ist. Fehlt es an einer solchen Bestimmung, so gilt als Sitz der Ort, an dem sich die Geschäftsleitung befindet oder die Verwaltung geführt wird.

§ 16

(1) Betriebstätte im Sinn der Steuergesetze ist jede feste örtliche Anlage oder Einrichtung, die der Ausübung des Betriebs eines stehenden Gewerbes dient.

(2) Als Betriebstätten gelten:
1. die Stätte, an der sich die Geschäftsleitung befindet;
2. Zweigniederlassungen, Fabrikationsstätten, Warenlager, Ein- und Verkaufstellen, Landungsbrücken (Anlegestellen von Schiffahrtsgesellschaften), Kontore und sonstige Geschäftseinrichtungen, die dem Unternehmer (Mitunternehmer) oder seinem ständigen Vertreter (zum Beispiel einem Prokuristen) zur Ausübung des Gewerbes dienen;
3. Bauausführungen, deren Dauer zwölf Monate überstiegen hat oder voraussichtlich übersteigen wird.

(3) Ein Eisenbahnunternehmen hat eine Betriebstätte nur in den Gemeinden, in denen sich der Sitz der Verwaltung, eine Station oder eine für sich bestehende Betrieb- oder Werkstätte oder eine sonstige gewerbliche Anlage befindet, ein Bergbauunternehmen nur in den Gemeinden, in denen sich oberirdische Anlagen befinden, in welchen eine gewerbliche Tätigkeit entfaltet wird.

(4) Ein Unternehmen, das der Versorgung mit Gas, Wasser, Elektrizität oder Wärme dient, hat keine Betriebstätte in den Gemeinden, durch die nur eine Zuleitung geführt, in denen aber Gas, Wasser, Elektrizität oder Wärme nicht abgegeben wird.

Unterabschnitt 9
Gemeinnützige, mildtätige und kirchliche Zwecke
§ 17

(1) Gemeinnützig sind solche Zwecke, durch deren Erfüllung ausschließlich und unmittelbar die Allgemeinheit gefördert wird.

(2) Eine Förderung der Allgemeinheit ist nur anzunehmen, wenn die Tätigkeit dem gemeinen Besten, das heißt dem Wohl der Deutschen Volksgemeinschaft auf materiellem, geistigem oder sittlichem Gebiet, nutzt. Ob dies der Fall ist, beantwortet sich nach den Anschauungen der Volksgesamtheit.

(3) Unter den Voraussetzungen des Absatzes 2 sind als Förderung der Allgemeinheit anzuerkennen insbesondere:
1. die Förderung der öffentlichen Gesundheitspflege, der Jugendpflege und Jugendfürsorge sowie der körperlichen Ertüchtigung des Volks durch Leibesübungen (Turnen, Spiel, Sport);
2. die Förderung der Wissenschaft, Kunst und Religion, der Erziehung, Volks- und Berufsbildung, der Denkmalpflege, Heimatpflege, Heimatkunde und des Deutschen Volkstums im Ausland. Hierunter fällt auch die Förderung derjenigen Theater, die im öffentlichen Interesse von einer Körperschaft des öffentlichen Rechts geführt oder unterhalten werden.

(4) Ein Personenkreis ist nicht als Allgemeinheit anzuerkennen, wenn er durch ein engeres Band, wie Zugehörigkeit zu einer Familie, zu einem Familienverband oder zu einem Verein mit geschlossener Mitgliederzahl, durch Anstellung an einer bestimmten Anstalt und dergleichen fest abgeschlossen ist oder wenn infolge seiner Abgrenzung nach örtlichen oder beruflichen Merkmalen, nach Stand oder Religionsbekenntnis oder nach mehreren dieser Merkmale die Zahl der in Betracht kommenden Personen dauernd nur klein sein kann.

(5) Gemeinnützigkeit liegt nicht vor, wenn eine Tätigkeit nur den Belangen bestimmter Personen oder eines engeren Kreises von Personen dient oder in erster Linie eigenwirtschaftliche Zwecke (zum Beispiel gewerbliche Zwecke oder sonstige Erwerbszwecke) verfolgt.

(6) Der Umstand, daß die Erträge eines Unternehmens einer Körperschaft des öffentlichen Rechts (zum Beispiel dem Reich, einer Gemeinde oder einem Gemeindeverband) zufließen, bedeutet für sich allein noch keine unmittelbare Förderung der Allgemeinheit.

§ 18

(2) Mildtätig sind solche Zwecke, die ausschließlich und unmittelbar darauf gerichtet sind, bedürftige Deutsche Volksgenossen zu unterstützen.

(2) Bedürftig sind solche Personen, die infolge ihrer wirtschaftlichen Lage der Hilfe bedürfen.

(3) Mildtätigen Zwecken dienen insbesondere Betriebe und Verwaltungen, die ausschließlich zur persönlichen und wirtschaftlichen Hilfeleistung für bedürftige Personen bestimmt sind.

§ 19

(1) Kirchlich sind solche Zwecke, durch deren Erfüllung eine christliche Religionsgesellschaft des öffentlichen Rechts ausschließlich und unmittelbar gefördert wird.

(2) Zu diesen Zwecken gehören insbesondere die Errichtung, Ausschmückung und Unterhaltung von Gotteshäusern und kirchlichen Gemeindehäusern, die Abhaltung des Gottesdienstes, die Ausbildung von Geistlichen, die Erteilung von Religionsunterricht, die Beerdigung und die Pflege des Andenkens der Toten, ferner die Verwaltung des Kirchenvermögens, die Besoldung der Geistlichen, Kirchenbeamten und Kirchendiener, die Alters- und Invalidenversorgung für diese Personen und die Versorgung ihrer Witwen und Waisen.

Unterabschnitt 10
Steuerzinsen
§ 20*

(1) Das Reich erhebt bei Reichssteuern weder Verzugszinsen noch Aufschubzinsen.

(2) Bei Einkommensteuer, Körperschaftsteuer, Vermögensteuer und Umsatzsteuer erhebt das Reich auch keine Stundungzinsen. Bei anderen Steuern werden, sofern nicht das Finanzamt im einzelnen Fall zinslose Stundung bewilligt, Stundungzinsen erhoben. Ihre Höhe bestimmt das Finanzamt unter Berücksichtigung der jeweiligen Lage des einzelnen Falls.

(3) Das Reich zahlt keine Steuerzinsen (weder bei Erstattung oder Vergütung noch bei Hinterlegung baren Geldes).

---
* Siehe das Steuersäumnisgesetz vom 24. Dezember 1934 (RGBl. I S. 1271).

Anhang 3 EStG 1938.

Abschnitt IX
Inkrafttreten
§ 46

Es treten in Kraft:
1. der § 1, der § 21 Ziffern 3, 35 und 40, die §§ 22 bis 41, die §§ 43 und 44, der § 45 Absatz 1 und der § 46:
mit der Verkündung;
2. die übrigen Vorschriften dieses Gesetzes:
am 1. Januar 1935.

3. Einkommensteuergesetz
(EStG 1938)
Vom 6. Februar 1938*
(RGBl. I S. 121, RStBl. 38 S. 113.)
(Auszug)

. . . .

II. Einkommen
1. Einkunftsarten, Einkünfte, Einkommen
§ 2

(1) Die Einkommensteuer bemißt sich nach dem Einkommen, das der Steuerpflichtige innerhalb eines Kalenderjahrs bezogen hat.
(2) Einkommen ist der Gesamtbetrag der Einkünfte aus den im Absatz 3 bezeichneten Einkunftsarten nach Ausgleich mit Verlusten, die sich aus einzelnen Einkunftsarten ergeben, und nach Abzug der Sonderausgaben (§ 10).
(3) Der Einkommensteuer unterliegen nur:
1. Einkünfte aus Land- und Forstwirtschaft,
2. Einkünfte aus Gewerbebetrieb,
3. Einkünfte aus selbständiger Arbeit,
4. Einkünfte aus nichtselbständiger Arbeit,
5. Einkünfte aus Kapitalvermögen,
6. Einkünfte aus Vermietung und Verpachtung,
7. sonstige Einkünfte im Sinn des § 22.
Zu welcher Einkunftsart die Einkünfte im einzelnen Fall gehören, bestimmt sich nach den §§ 13 bis 24, in Zweifelsfällen nach der Verkehrsauffassung.
(4) Einkünfte im Sinn des Absatzes 3 sind:
1. bei Land- und Forstwirtschaft, Gewerbebetrieb und selbständiger Arbeit der Gewinn (§§ 4 bis 7);
2. bei den anderen Einkunftsarten der Überschuß der Einnahmen über die Werbungskosten (§§ 8 und 9).
(5) Bei Land- und Forstwirten und bei Gewerbetreibenden, deren Firma im Handelsregister eingetragen ist und die Bücher nach den Vorschriften des Handelsgesetzbuchs ordnungsmäßig führen, gilt der Gewinn aus Land- und Forstwirtschaft oder aus Gewerbebetrieb als in dem Kalenderjahr bezogen, in dem das Wirtschaftsjahr endet. Als Wirtschaftsjahr gilt:
1. bei Land- und Forstwirten, gleichviel ob sie Bücher führen oder nicht, der Zeitraum vom 1. Juli bis zum 30. Juni;
2. bei Gewerbetreibenden der Zeitraum, für den sie regelmäßig Abschlüsse machen.

2. Steuerfreie Einkünfte
§ 3

Steuerfrei sind:
. . . .
**11. Bezüge aus öffentlichen Mitteln oder aus Mitteln einer öffentlichen Stiftung, die wegen Hilfsbedürftigkeit oder als Beihilfe für Zwecke der Erziehung oder Ausbildung, der Wissenschaft oder Kunst bewilligt werden;
. . . .

---
* An die Stelle des EStG 1938 tritt mit Wirkung für den Veranlagungszeitraum 1939 das Einkommensteuergesetz (EStG 1939) v. 27. Febr. 1939 (RGBl. I S. 297, RStBl. 39 S. 337). Über Abweichungen vom EStG 1938 s. die Fußnoten zu den Paragraphen.
** = § 3 Ziff. 12 EStG 1939.

3. Gewinn

§ 4
Gewinnbegriff im allgemeinen

(1) Gewinn ist der Unterschiedsbetrag zwischen dem Betriebsvermögen am Schluß des Wirtschaftsjahrs und dem Betriebsvermögen am Schluß des vorangegangenen Wirtschaftsjahrs, vermehrt um den Wert der Entnahmen und vermindert um den Wert der Einlagen. Entnahmen sind alle Wirtschaftsgüter (Barentnahmen, Waren, Erzeugnisse, Nutzungen und Leistungen), die der Steuerpflichtige dem Betrieb für sich, für seinen Haushalt oder für andere betriebsfremde Zwecke im Lauf des Wirtschaftsjahrs entnommen hat. Einlagen sind alle Wirtschaftgüter (Bareinzahlungen und sonstige Wirtschaftsgüter), die der Steuerpflichtige dem Betrieb im Lauf des Wirtschaftsjahrs zugeführt hat. Bei der Ermittlung des Gewinns sind die Vorschriften über die Betriebsausgaben (Absatz 4) und über die Bewertung (§ 6) zu befolgen. Der Wert des Grund und Bodens, der zum Anlagevermögen gehört, bleibt außer Ansatz.

(2) Der Steuerpflichtige darf die Vermögensübersicht (Bilanz) auch nach ihrer Einreichung beim Finanzamt ändern, soweit sie den Grundsätzen ordnungsmäßiger Buchführung unter Befolgung der Vorschriften dieses Gesetzes nicht entspricht. Darüber hinaus ist eine Änderung der Vermögensübersicht (Bilanz) nur mit Zustimmung des Finanzamts, im Rechtsmittelverfahren mit Zustimmung der Rechtsmittelbehörde zulässig.

(3) Weicht das Betriebsvermögen am Schluß des einzelnen Wirtschaftsjahrs vom Betriebsvermögen am Schluß des vorangegangenen Wirtschaftsjahrs in der Regel nicht wesentlich ab, so kann als Gewinn der Überschuß der Betriebseinnahmen über die Betriebsausgaben angesetzt werden. Dabei können wirtschaftlich ins Gewicht fallende Schwankungen im Betriebsvermögen, die in einem Wirtschaftsjahr ausnahmsweise auftreten, durch Zuschläge oder Abschläge berücksichtigt werden.

(4) Betriebsausgaben sind die Aufwendungen, die durch den Betrieb veranlaßt sind.

§ 5
Gewinn bei Vollkaufleuten

Bei Gewerbetreibenden, deren Firma im Handelsregister eingetragen ist, ist für den Schluß des Wirtschaftsjahrs das Betriebsvermögen anzusetzen (§ 4 Absatz 1 Satz 1), das nach den Grundsätzen ordnungsmäßiger Buchführung auszuweisen ist. Die Vorschriften über die Entnahmen und die Einlagen (§ 4 Absatz 1), über die Zulässigkeit der Bilanzänderung (§ 4 Absatz 2), über die Betriebsausgaben (§ 4 Absatz 4) und über die Bewertung (§ 6) sind zu befolgen.

§ 6
Bewertung

Für die Bewertung der einzelnen Wirtschaftsgüter, die dem Betrieb dienen, gilt das folgende:

1. Wirtschaftsgüter des Anlagevermögens, die der Abnutzung unterliegen, sind mit den Anschaffungs- oder Herstellungskosten, vermindert um die Absetzungen für Abnutzung nach § 7, anzusetzen. Ist der Teilwert niedriger, so kann dieser angesetzt werden. Teilwert ist der Betrag, den ein Erwerber des ganzen Betriebs im Rahmen des Gesamtkaufpreises für das einzelne Wirtschaftsgut ansetzen würde; dabei ist davon auszugehen, daß der Erwerber den Betrieb fortführt. Bei Wirtschaftsgütern des Anlagevermögens, deren betriebsgewöhnliche Nutzungsdauer erfahrungsgemäß fünf Jahre nicht übersteigt, dürfen buchführende Land- und Forstwirte sowie Gewerbetreibende und Angehörige der freien Berufe, die Bücher nach den Vorschriften des Handelsgesetzbuchs ordnungsmäßig führen, die Absetzungen für Abnutzung höher als nach § 7 und ohne Rücksicht auf den Teilwert bemessen. Bei Wirtschaftsgütern, die bereits am Schluß des vorangegangenen Wirtschaftsjahrs zum Anlagevermögen des Steuerpflichtigen gehört haben, darf der Bilanzansatz nicht über den letzten Bilanzansatz hinausgehen.

2. Andere als die in Ziffer 1 bezeichneten Wirtschaftsgüter des Betriebs (Grund und Boden, Beteiligungen, Geschäfts- oder Firmenwert, Umlaufsvermögen) sind mit den Anschaffungs- oder Herstellungskosten anzusetzen. Statt der Anschaffungs- oder Herstellungskosten kann der niedrigere Teilwert (Ziffer 1 Satz 3) angesetzt werden. Bei Wirtschaftsgütern, die bereits am Schluß des vorangegangenen Wirtschaftsjahrs zum Betriebsvermögen gehört haben, kann der Steuerpflichtige in den folgenden Wirtschaftsjahren den Teilwert auch dann ansetzen, wenn er höher ist als der letzte Bilanzansatz; es dürfen jedoch höchstens die Anschaffungs- oder Herstellungskosten angesetzt

werden. Bei land= und forstwirtschaftlichen Betrieben ist auch der Ansatz des höheren Teilwerts zulässig, wenn das den Grundsätzen ordnungsmäßiger Buchführung entspricht.
3. Verbindlichkeiten sind unter sinngemäßer Anwendung der Vorschriften der Ziffer 2 anzusetzen.
4. Entnahmen des Steuerpflichtigen für sich, für seinen Haushalt oder für andere betriebsfremde Zwecke sind mit dem Teilwert anzusetzen.
5. Einlagen sind mit dem Teilwert für den Zeitpunkt der Zuführung, höchstens jedoch mit den tatsächlichen Anschaffungs= oder Herstellungskosten anzusetzen.
6. Bei Eröffnung eines Betriebs oder entgeltlichem Erwerb eines Betriebs sind die Wirtschaftsgüter mit dem Teilwert, höchstens jedoch mit den tatsächlichen Anschaffungs= oder Herstellungskosten anzusetzen.

§ 7
Absetzung für Abnutzung oder Substanzverringerung

(1) Bei Gebäuden und sonstigen Wirtschaftsgütern, deren Verwendung oder Nutzung durch den Steuerpflichtigen zur Erzielung von Einkünften sich erfahrungsgemäß auf einen Zeitraum von mehr als einem Jahr erstreckt, kann jeweils für ein Jahr der Teil der Anschaffungs= oder Herstellungskosten abgesetzt werden, der bei Verteilung dieser Kosten auf die Gesamtdauer der Verwendung oder Nutzung auf ein Jahr entfällt (Absetzung für Abnutzung). Die Absetzung bemißt sich hierbei nach der betriebsgewöhnlichen Nutzungsdauer des Wirtschaftsguts. Absetzungen für außergewöhnliche technische oder wirtschaftliche Abnutzung sind zulässig.

(2) Bei Bergbauunternehmen, Steinbrüchen und anderen Betrieben, die einen Verbrauch der Substanz mit sich bringen, sind Absetzungen für Substanzverringerung zulässig. Absatz 1 ist entsprechend anzuwenden.

4. Überschuß der Einnahmen über die Werbungskosten
§ 8
Einnahmen

(1) Einnahmen sind alle Güter, die in Geld oder Geldeswert bestehen und dem Steuerpflichtigen im Rahmen einer der Einkunftsarten des § 2 Absatz 3 Ziffern 4 bis 7 zufließen.

(2) Einnahmen, die nicht in Geld bestehen (Wohnung, Kost, Waren und sonstige Sachbezüge), sind mit den üblichen Mittelpreisen des Verbrauchsorts anzusetzen.

§ 9
Werbungskosten

Werbungskosten sind Aufwendungen zur Erwerbung, Sicherung und Erhaltung der Einnahmen. Sie sind bei der Einkunftsart abzuziehen, bei der sie erwachsen sind. Werbungskosten sind auch:
1. Schuldzinsen und auf besonderen Verpflichtungsgründen beruhende Renten und dauernde Lasten, soweit sie mit einer Einkunftsart in wirtschaftlichem Zusammenhang stehen;
2. Steuern vom Grundbesitz, sonstige öffentliche Abgaben und Versicherungsbeiträge, soweit solche Ausgaben sich auf Gebäude oder auf Gegenstände beziehen, die dem Steuerpflichtigen zur Einnahmeerzielung dienen;
3. Beiträge zu Berufsständen und sonstigen Berufsverbänden, deren Zweck nicht auf einen wirtschaftlichen Geschäftsbetrieb gerichtet ist;
4. notwendige Aufwendungen des Steuerpflichtigen für Fahrten zwischen Wohnung und Arbeitsstätte;
5. Aufwendungen für Arbeitsmittel (Werkzeuge und Berufskleidung);
6. Absetzungen für Abnutzung und für Substanzverringerung (§ 7).

5. Sonderausgaben
§ 10

(1) Sonderausgaben, die vom Gesamtbetrag der Einkünfte abzuziehen sind, sind nur die folgenden:
....
*2. Schuldzinsen und auf besonderen Verpflichtungsgründen beruhende Renten und dauernde Lasten, die weder Betriebsausgaben oder Werbungskosten sind noch mit Einkünften in wirtschaftlichem Zusammenhang stehen, die bei der Veranlagung außer Betracht bleiben;

---
* = § 10 Abs. 1 Ziff. 1 EStG. 1939.

* 3. Steuern, die von öffentlich-rechtlichen Religionsgesellschaften erhoben werden (Kirchensteuern). Der Abzug darf zwei vom Hundert des Gesamtbetrags der Einkünfte (nach Ausgleich mit Verlusten) nicht übersteigen;

....

** 6. bei buchführenden Land- und Forstwirten und bei Gewerbetreibenden, die Bücher nach den Vorschriften des Handelsgesetzbuchs führen, die in den beiden vorangegangenen Wirtschaftsjahren entstandenen Verluste aus Land- und Forstwirtschaft und aus Gewerbebetrieb, soweit sie nicht bei der Veranlagung für die vorangegangenen Kalenderjahre ausgeglichen oder abgezogen worden sind. Die Höhe des Verlustes ist nach den Vorschriften der §§ 4 bis 7 zu ermitteln.

....

6. Vereinnahmung und Verausgabung

§ 11

(1) Einnahmen sind innerhalb des Kalenderjahrs bezogen, in dem sie dem Steuerpflichtigen zugeflossen sind. Regelmäßig wiederkehrende Einnahmen, die dem Steuerpflichtigen kurze Zeit vor Beginn oder kurze Zeit nach Beendigung des Kalenderjahrs, zu dem sie wirtschaftlich gehören, zugeflossen sind, gelten als in diesem Kalenderjahr bezogen. Die Vorschriften über die Gewinnermittlung (§ 4 Absatz 1, § 5) bleiben unberührt.

(2) Ausgaben sind für das Kalenderjahr abzuziehen, in dem sie geleistet worden sind. Für regelmäßig wiederkehrende Ausgaben gilt Absatz 1 Satz 2 entsprechend. Die Vorschriften über die Gewinnermittlung (§ 4 Absatz 1, § 5) bleiben unberührt.

....

8. Die einzelnen Einkunftsarten

a) Land- und Forstwirtschaft (§ 2 Absatz 3 Ziffer 1)

§ 13
Einkünfte aus Land- und Forstwirtschaft

(1) Einkünfte aus Land- und Forstwirtschaft sind:
1. Einkünfte aus dem Betrieb von Landwirtschaft, Forstwirtschaft, Weinbau, Gartenbau, Obstbau, Gemüsebau, Baumschulen und aus allen Betrieben, die Pflanzen und Pflanzenteile mit Hilfe der Naturkräfte gewinnen;
2. Einkünfte aus Tierzucht, Viehmästereien, Abmelkställen, Geflügelfarmen und ähnlichen Betrieben, wenn zur Tierzucht oder Tierhaltung überwiegend Erzeugnisse verwendet werden, die im eigenen land- und forstwirtschaftlichen Betrieb gewonnen sind;
3. Einkünfte aus Binnenfischerei, Fischzucht und Teichwirtschaft;
4. Einkünfte aus Jagd, wenn diese mit dem Betrieb einer Landwirtschaft oder einer Forstwirtschaft in Zusammenhang steht.

(2) Zu den Einkünften im Sinn des Absatzes 1 gehören auch:
1. Einkünfte aus einem land- und forstwirtschaftlichen Nebenbetrieb. Als Nebenbetrieb gilt ein Betrieb, der dem land- und forstwirtschaftlichen Hauptbetrieb zu dienen bestimmt ist;
2. Der Nutzungswert der Wohnung des Steuerpflichtigen, wenn die Wohnung die bei Betrieben gleicher Art übliche Größe nicht überschreitet.

(3) Einkünfte aus Land- und Forstwirtschaft werden in vollem Umfang zur Einkommensteuer herangezogen, wenn das Einkommen den Betrag von 8000 Reichsmark übersteigt. Wenn das Einkommen diesen Betrag nicht übersteigt, so werden die Einkünfte aus Land- und Forstwirtschaft zur Einkommensteuer nur herangezogen, soweit sie den Betrag von 3000 Reichsmark übersteigen. Verluste aus Land- und Forstwirtschaft dürfen bei Ermittlung des Einkommens nur ausgeglichen (§ 2 Absatz 2) oder vorgetragen (§ 10 Absatz 1 Ziffer 6) werden, wenn sie 1000 Reichsmark übersteigen.

§ 14
Veräußerung des Betriebs

(1) Zu den Einkünften aus Land- und Forstwirtschaft gehören auch Gewinne, die bei der Veräußerung oder Aufgabe eines land- und forstwirtschaftlichen Betriebs oder Teilbetriebs erzielt werden. Veräußerungsgewinn ist der Betrag, um den der Veräußerungspreis nach Abzug der Veräußerungskosten den Wert des Betriebsvermögens übersteigt, der nach § 4 Absatz 1 für den Zeitpunkt der Veräußerung ermittelt wird.

---
* Zu § 10 EStG 1939 gestrichen.
** § 10 Abs. 1 Ziff. 4 EStG 1939.

(2) Die Steuerpflicht tritt nur ein, wenn der Veräußerungsgewinn bei der Veräußerung des ganzen Betriebs den Betrag von 10 000 Reichsmark und bei Veräußerung eines Teilbetriebs den entsprechenden Teil von 10 000 Reichsmark übersteigt.

(3) Die Einkommensteuer vom Veräußerungsgewinn wird auf Antrag ermäßigt oder erlassen, wenn der Steuerpflichtige den veräußerten Betrieb oder Teilbetrieb innerhalb der letzten drei Jahre vor der Veräußerung erworben und infolge des Erwerbs Erbschaftsteuer entrichtet hat.

b) Gewerbebetrieb (§ 2 Absatz 3 Ziffer 2)

§ 15
Einkünfte aus Gewerbebetrieb

Einkünfte aus Gewerbebetrieb sind:
1. Einkünfte aus gewerblichen Unternehmen. Dazu gehören auch Einkünfte aus gewerblicher Bodenbewirtschaftung, z. B. aus Bergbauunternehmen und aus Betrieben zur Gewinnung von Torf, Steinen und Erden, soweit sie nicht land- oder forstwirtschaftliche Nebenbetriebe sind;
2. die Gewinnanteile der Gesellschafter einer offenen Handelsgesellschaft, einer Kommanditgesellschaft und einer anderen Gesellschaft, bei der der Gesellschafter als Unternehmer (Mitunternehmer) anzusehen ist, und die Vergütungen, die der Gesellschafter von der Gesellschaft für seine Tätigkeit im Dienst der Gesellschaft oder für die Hingabe von Darlehen oder für die Überlassung von Wirtschaftsgütern bezogen hat;
3. die Gewinnanteile der persönlich haftenden Gesellschafter einer Kommanditgesellschaft auf Aktien, soweit sie nicht auf Anteile am Grundkapital entfallen, und die Vergütungen, die der persönlich haftende Gesellschafter von der Gesellschaft für seine Tätigkeit im Dienst der Gesellschaft oder für die Hingabe von Darlehen oder für die Überlassung von Wirtschaftsgütern bezogen hat.

§ 16
Veräußerung des Betriebs

(1) Zu den Einkünften aus Gewerbebetrieb gehören auch Gewinne, die erzielt werden bei der Veräußerung
1. des ganzen Gewerbebetriebs oder eines Teilbetriebs;
2. des Anteils eines Gesellschafters, der als Unternehmer (Mitunternehmer) des Betriebs anzusehen ist (§ 15 Ziffer 2);
3. des Anteils eines persönlich haftenden Gesellschafters einer Kommanditgesellschaft auf Aktien (§ 15 Ziffer 3).

(2) Veräußerungsgewinn im Sinne des Absatzes 1 ist der Betrag, um den der Veräußerungspreis nach Abzug der Veräußerungskosten den Wert des Betriebsvermögens (Absatz 1 Ziffer 1) oder den Wert des Anteils am Betriebsvermögen (Absatz 1 Ziffern 2 und 3) übersteigt. Der Wert des Betriebsvermögens oder des Anteils ist für den Zeitpunkt der Veräußerung nach § 4 Absatz 1 oder nach § 5 zu ermitteln.

(3) Als Veräußerung gilt auch die Aufgabe des Gewerbebetriebs. Werden die einzelnen dem Betrieb gewidmeten Wirtschaftsgüter im Rahmen der Aufgabe des Betriebs veräußert, so sind die Veräußerungspreise anzusetzen. Werden die Wirtschaftsgüter nicht veräußert, so ist der gemeine Wert im Zeitpunkt der Aufgabe anzusetzen. Bei Aufgabe eines Gewerbebetriebs, an dem mehrere Personen beteiligt waren, ist für jeden einzelnen Beteiligten der gemeine Wert der Wirtschaftsgüter anzusetzen, die er bei der Auseinandersetzung erhalten hat.

(4) Die Steuerpflicht tritt nur ein, wenn der Veräußerungsgewinn bei der Veräußerung des ganzen Gewerbebetriebs (Absatz 1 Ziffer 1) den Betrag von 10 000 Reichsmark und bei der Veräußerung eines Teilbetriebs oder eines Anteils am Betriebsvermögen (Absatz 1 Ziffern 2 und 3) den entsprechenden Teil von 10 000 Reichsmark übersteigt.

(5) Die Einkommensteuer vom Veräußerungsgewinn wird auf Antrag ermäßigt oder erlassen, wenn der Steuerpflichtige den veräußerten Betrieb oder Teilbetrieb oder den veräußerten Anteil am Betriebsvermögen innerhalb der letzten drei Jahre vor der Veräußerung erworben und infolge des Erwerbs Erbschaftsteuer entrichtet hat.

§ 17
Veräußerung wesentlicher Beteiligungen

(1) Zu den Einkünften aus Gewerbebetrieb gehört auch der Gewinn aus der Veräußerung eines Anteils an einer Kapitalgesellschaft, wenn der Veräußerer am Kapital

der Gesellschaft wesentlich beteiligt war und der veräußerte Anteil eins vom Hundert des Grund- oder Stammkapitals der Gesellschaft übersteigt. Eine wesentliche Beteiligung ist gegeben, wenn der Veräußerer allein oder mit seinen Angehörigen an der Kapitalgesellschaft zu mehr als einem Viertel unmittelbar oder mittelbar, z. B. durch Treuhänder oder durch eine Kapitalgesellschaft, innerhalb der letzten fünf Jahre beteiligt war.

(2) Veräußerungsgewinn im Sinn des Absatzes 1 ist der Betrag, um den der Veräußerungspreis nach Abzug der Veräußerungskosten die Anschaffungskosten übersteigt.

(3) Die Steuerpflicht tritt nur ein, wenn der Veräußerungsgewinn den dem veräußerten Anteil an der Kapitalgesellschaft entsprechenden Teil von 10 000 Reichsmark übersteigt.

(4) Die Einkommensteuer vom Veräußerungsgewinn wird auf Antrag ermäßigt oder erlassen, wenn der Steuerpflichtige den veräußerten Anteil an der Kapitalgesellschaft innerhalb der letzten drei Jahre vor der Veräußerung erworben und infolge des Erwerbs Erbschaftsteuer entrichtet hat.

(5) Verluste, die bei der Veräußerung von Anteilen an einer Kapitalgesellschaft entstanden sind, dürfen bei Ermittlung des Einkommens nicht ausgeglichen werden (§ 2 Absatz 2).

c) **Selbständige Arbeit** (§ 2 Absatz 3 Ziffer 3)

§ 18

(1) Einkünfte aus selbständiger Arbeit sind:
1. Einkünfte aus freien Berufen. Zu den freien Berufen gehören insbesondere die wissenschaftliche, künstlerische, schriftstellerische, unterrichtende oder erzieherische Tätigkeit, die Berufstätigkeit der Ärzte, Rechtsanwälte und Notare, der Ingenieure, der Architekten, der Handelschemiker, der Heilkundigen, der Dentisten, der Landmesser, der Wirtschaftsprüfer, der Steuerberater, der Buchsachverständigen und ähnlicher Berufe;
2. Einkünfte der Einnehmer einer staatlichen Lotterie, wenn sie nicht Einkünfte aus Gewerbebetrieb sind;
3. Einkünfte aus sonstiger selbständiger Arbeit, z. B. Vergütungen für die Vollstreckung von Testamenten, für Vermögensverwaltung und für die Tätigkeit als Aufsichtsratsmitglied.

(2) Einkünfte nach Absatz 1 sind auch dann steuerpflichtig, wenn es sich nur um eine vorübergehende Tätigkeit handelt.

(3) Zu den Einkünften aus selbständiger Arbeit gehören auch Gewinne, die bei der Veräußerung des der selbständigen Arbeit dienenden Vermögens oder bei Aufgabe der Tätigkeit erzielt werden. Die Einkommensteuer von Gewinnen im Sinn des Satzes 1 wird auf Antrag ermäßigt oder erlassen, wenn der Steuerpflichtige das veräußerte Vermögen innerhalb der letzten drei Jahre vor der Veräußerung erworben und infolge des Erwerbs Erbschaftsteuer entrichtet hat.

d) **Nichtselbständige Arbeit** (§ 2 Absatz 3 Ziffer 4)

§ 19

(1) Zu den Einkünften aus nichtselbständiger Arbeit gehören:
1. Gehälter, Löhne, Gratifikationen, Tantiemen und andere Bezüge und Vorteile, die für eine Beschäftigung im öffentlichen oder privaten Dienst gewährt werden;
2. Wartegelder, Ruhegelder, Witwen- und Waisengelder und andere Bezüge und Vorteile aus früheren Dienstleistungen.

Es ist gleichgültig, ob es sich um laufende oder um einmalige Bezüge handelt und ob ein Rechtsanspruch auf sie besteht.

(2) Zu den Einkünften aus nichtselbständiger Arbeit gehören nicht:
1. durchlaufende Gelder und Beträge, durch die Auslagen des Arbeitnehmers für den Arbeitgeber ersetzt werden;
2. die Beträge, die den in privatem Dienst angestellten Personen für Reisekosten und Fahrtauslagen gezahlt werden, soweit sie die tatsächlichen Aufwendungen nicht übersteigen.

e) **Kapitalvermögen** (§ 2 Absatz 3 Ziffer 5)

§ 20

(1) Zu den Einkünften aus Kapitalvermögen gehören:
1. Gewinnanteile (Dividenden), Zinsen, Ausbeuten und sonstige Bezüge aus Aktien, Kuxen, Genußscheinen, Anteilen an Gesellschaften mit beschränkter Haftung, an Erwerbs- und Wirtschaftsgenossenschaften und Kolonialgesellschaften, aus Anteilen

an der Reichsbank und an bergbautreibenden Vereinigungen, die die Rechte einer juristischen Person haben;
2. Einkünfte aus der Beteiligung an einem Handelsgewerbe als stiller Gesellschafter;
3. Zinsen aus Hypotheken und Grundschulden und Renten aus Rentenschulden. Bei Tilgungshypotheken und Tilgungsgrundschulden ist nur der Teil der Zahlung steuerpflichtig, der als Zins auf den jeweiligen Kapitalrest entfällt;
4. Zinsen aus sonstigen Kapitalforderungen jeder Art, z. B. aus Darlehen, Anleihen, Einlagen und Guthaben bei Sparkassen, Banken und anderen Kreditanstalten;
5. Diskontbeträge von Wechseln und Anweisungen einschließlich der Schatzwechsel.

(2) Zu den Einkünften aus Kapitalvermögen gehören auch:
1. besondere Entgelte oder Vorteile, die neben den im Absatz 1 bezeichneten Einkünften oder an deren Stelle gewährt werden;
2. Einkünfte aus der Veräußerung von Dividendenscheinen, Zinsscheinen und sonstigen Ansprüchen, wenn die dazugehörigen Aktien, Schuldverschreibungen oder sonstigen Anteile nicht mitveräußert werden.

(3) Soweit Einkünfte der in den Absätzen 1 und 2 bezeichneten Art zu den Einkünften aus Land- und Forstwirtschaft, aus Gewerbebetrieb, aus selbständiger Arbeit oder aus Vermietung und Verpachtung gehören, sind sie diesen Einkünften zuzurechnen.

f) Vermietung und Verpachtung (§ 2 Absatz 3 Ziffer 6)
§ 21

(1) Einkünfte aus Vermietung und Verpachtung sind:
1. Einkünfte aus Vermietung und Verpachtung von unbeweglichem Vermögen, insbesondere von Grundstücken, Gebäuden, Gebäudeteilen, Schiffen, die in ein Schiffsregister eingetragen sind, und Rechten, die den Vorschriften des bürgerlichen Rechts über Grundstücke unterliegen (z. B. Erbbaurecht, Erbpachtrecht, Mineralgewinnungsrecht);
2. Einkünfte aus Vermietung und Verpachtung von Sachinbegriffen, insbesondere von beweglichem Betriebsvermögen;
3. Einkünfte aus zeitlich begrenzter Überlassung von Rechten, insbesondere von schriftstellerischen, künstlerischen und gewerblichen Urheberrechten, von gewerblichen Erfahrungen und von Gerechtigkeiten und Gefällen;
4. Einkünfte aus der Veräußerung von Miet- und Pachtzinsforderungen, auch dann, wenn die Einkünfte im Veräußerungspreis von Grundstücken enthalten sind und die Miet- oder Pachtzinsen sich auf einen Zeitraum beziehen, in dem der Veräußerer noch Besitzer war.

(2) Zu den Einkünften aus Vermietung und Verpachtung gehört auch der Nutzungswert der Wohnung im eigenen Haus oder der Nutzungswert einer dem Steuerpflichtigen ganz oder teilweise unentgeltlich überlassenen Wohnung einschließlich der zugehörigen sonstigen Räume und Gärten.

(3) Einkünfte der in den Absätzen 1 und 2 bezeichneten Art sind Einkünften aus anderen Einkunftsarten zuzurechnen, soweit sie zu diesen gehören.

g) Sonstige Einkünfte (§ 2 Absatz 3 Ziffer 7)
§ 22
Arten der sonstigen Einkünfte

Sonstige Einkünfte sind:
1. wiederkehrende Bezüge, soweit sie nicht zu anderen Einkunftsarten (§ 2 Absatz 3 Ziffern 1 bis 6) gehören, insbesondere
   a) vererbliche Renten,
   b) Leibrenten, Zeitrenten und andere unvererbliche Renten,
   c) Zuschüsse und sonstige Vorteile, die als wiederkehrende Bezüge gewährt werden. Ist die Zuwendung freiwillig oder an eine gesetzlich unterhaltsberechtigte Person gewährt, so ist sie nicht dem Empfänger zuzurechnen, wenn der Geber unbeschränkt steuerpflichtig ist;
2. Einkünfte aus Spekulationsgeschäften im Sinn des § 23;
3. Einkünfte aus Leistungen, soweit sie weder zu anderen Einkunftsarten (§ 2 Absatz 3 Ziffern 1 bis 6) noch zu den Einkünften im Sinn der Ziffer 1 oder Ziffer 2 gehören, z. B. Einkünfte aus gelegentlichen Vermittlungen und aus der Vermietung beweglicher Gegenstände. Solche Einkünfte sind nicht steuerpflichtig, wenn sie weniger als 300 Reichsmark im Kalenderjahr betragen haben. Übersteigen die Werbungskosten die Einnahmen, so darf der übersteigende Betrag bei Ermittlung des Einkommens nicht ausgeglichen (§ 2 Absatz 2) werden.

Mirre-Dreutter, Körperschaftsteuergesetz

§ 23
Spekulationsgeschäfte

(1) Spekulationsgeschäfte (§ 22 Ziffer 2) sind:
1. Veräußerungsgeschäfte, bei denen der Zeitraum zwischen Anschaffung und Veräußerung beträgt:
   a) bei Grundstücken und Rechten, die den Vorschriften des bürgerlichen Rechts über Grundstücke unterliegen (z. B. Erbbaurecht, Erbpachtrecht, Mineralgewinnungsrecht), nicht mehr als zwei Jahre,
   b) bei anderen Wirtschaftsgütern, insbesondere bei Wertpapieren, nicht mehr als ein Jahr;
2. Veräußerungsgeschäfte, bei denen die Veräußerung der Wirtschaftsgüter früher erfolgt als der Erwerb.

(2) Außer Ansatz bleiben die Einkünfte aus der Veräußerung von:
1. Schuld- und Rentenverschreibungen von Schuldnern, die Wohnsitz, Geschäftsleitung oder Sitz im Inland haben, es sei denn, daß bei ihnen neben der festen Verzinsung ein Recht auf Umtausch in Gesellschaftsanteile (Wandelanleihen) oder eine Zusatzverzinsung, die sich nach der Höhe der Gewinnausschüttungen des Schuldners richtet, eingeräumt ist oder daß sie von dem Steuerpflichtigen im Ausland erworben worden sind;
2. Forderungen, die in ein inländisches öffentliches Schuldbuch eingetragen sind;
3. Vorzugsaktien der Deutschen Reichsbahn.

(3) Spekulationsgeschäfte liegen nicht vor, wenn Wirtschaftsgüter veräußert werden, deren Wert bei Einkünften im Sinn des § 2 Absatz 3 Ziffern 1 bis 6 anzusetzen ist.

(4) Gewinn oder Verlust aus Spekulationsgeschäften ist der Unterschied zwischen dem Veräußerungspreis einerseits und den Anschaffungs- oder Herstellungskosten und den Werbungskosten andererseits. Gewinne aus Spekulationsgeschäften bleiben steuerfrei, wenn der aus Spekulationsgeschäften erzielte Gesamtgewinn im Kalenderjahr weniger als 1000 Reichsmark betragen hat. Verluste aus Spekulationsgeschäften dürfen nur bis zur Höhe des Spekulationsgewinns, den der Steuerpflichtige im gleichen Kalenderjahr erzielt hat, ausgeglichen werden.

h) Gemeinsame Vorschriften
§ 24

Zu den Einkünften im Sinn des § 2 Absatz 3 gehören auch:
1. Entschädigungen, die gewährt worden sind
   a) als Ersatz für entgangene oder entgehende Einnahmen oder
   b) für die Aufgabe oder Nichtausübung einer Tätigkeit, für die Aufgabe einer Gewinnbeteiligung oder einer Anwartschaft auf eine solche;
2. Einkünfte aus einer ehemaligen Tätigkeit im Sinn des § 2 Absatz 3 Ziffern 1 bis 4 oder aus einem früheren Rechtsverhältnis im Sinn des § 2 Absatz 3 Ziffern 5 bis 7, und zwar auch dann, wenn sie dem Steuerpflichtigen als Rechtsnachfolger zufließen.

III. Veranlagung
§ 25
Veranlagung für das Kalenderjahr

(1) Die Einkommensteuer wird nach Ablauf des Kalenderjahrs nach dem Einkommen veranlagt, das der Steuerpflichtige in diesem Kalenderjahr bezogen hat, soweit nicht nach § 46 eine Veranlagung unterbleibt.

(2) Hat die Steuerpflicht nicht während des vollen Kalenderjahrs bestanden, so wird das während der Dauer der Steuerpflicht bezogene Einkommen zugrunde gelegt. In diesem Fall kann die Veranlagung bei Wegfall der Steuerpflicht sofort vorgenommen werden.

. . . .

§ 29
Durchschnittsätze

(1) Durchschnittsätze können aufgestellt werden:
1. für die Ermittlung des Gewinns aus Land- und Forstwirtschaft, aus Gewerbebetrieb oder aus selbständiger Arbeit;
2. für die Ermittlung des Überschusses der Einnahmen über die Werbungskosten bei Vermietung und Verpachtung.

(2) Die aufgestellten Durchschnittsätze sind zugrunde zu legen:
1. der Gewinnermittlung, wenn
   a) der Umsatz die vom Reichsminister der Finanzen bestimmte Grenze nicht übersteigt und
   b) ordnungsmäßige Bücher nicht geführt werden oder die Bücher sachliche Unrichtigkeit vermuten lassen;
2. der Ermittlung der Einkünfte aus Vermietung und Verpachtung, wenn die Werbungskosten nicht ordnungsmäßig aufgezeichnet werden oder die Aufzeichnungen sachliche Unrichtigkeit vermuten lassen.

(3) Der Nutzungswert der Wohnung im eigenen Haus kann in einem Hundertsatz des zuletzt festgestellten Einheitswerts des Grundstücks bemessen werden.

(4) Der Steuerpflichtige kann nicht einwenden, daß die Durchschnittsätze zu hoch festgesetzt seien.

§ 30
Besteuerung bei Auslandsbeziehungen

Der Oberfinanzpräsident kann bei Einkünften aus Land- und Forstwirtschaft, aus Gewerbebetrieb oder aus selbständiger Arbeit ohne Rücksicht auf das ausgewiesene Ergebnis die Einkommensteuer in einem Pauschbetrag festsetzen, wenn besondere unmittelbare oder mittelbare wirtschaftliche Beziehungen des Betriebs zu einer Person, die im Inland entweder nicht oder nur beschränkt steuerpflichtig ist, eine Gewinnminderung ermöglichen. Der Oberfinanzpräsident entscheidet nach seinem Ermessen.

§ 31
Pauschbesteuerung

Der Reichsminister der Finanzen kann
1. die Einkommensteuer bei Personen, die durch Zuzug aus dem Ausland unbeschränkt steuerpflichtig werden, bis zur Dauer von zehn Jahren seit Begründung der unbeschränkten Steuerpflicht in einem Pauschbetrag festsetzen,
2. die Besteuerung der Auslandsbeamten abweichend von den allgemeinen Vorschriften regeln.

....

V. Entrichtung der Steuer
1. Vorauszahlungen
§ 35 *
Bemessung und Entrichtung der Vorauszahlungen

(1) Der Steuerpflichtige hat am 10. März, 10. Juni, 10. September und 10. Dezember Vorauszahlungen auf die Einkommensteuer zu entrichten. Jede Vorauszahlung beträgt ein Viertel der zuletzt veranlagten Einkommensteuer.

(2) Sind in dem der Veranlagung zugrunde gelegten Einkommen Einkünfte enthalten, von denen ein Steuerabzug (§§ 38 bis 45) vorgenommen worden ist, so bemessen sich die Vorauszahlungen nach dem Betrag, um den die festgesetzte Einkommensteuerschuld die Summe der nach § 47 Absatz 1 Ziffer 2 angerechneten Steuerabzüge übersteigt.

§ 36 **
Vorauszahlungen in besonderen Fällen

(1) Ist die Steuerpflicht erst im Laufe eines Kalenderjahrs begründet worden, so sind die Vorauszahlungen, die bis zum Empfang des ersten Steuerbescheids zu entrichten sind, nach dem Steuerbetrag zu bemessen, der sich bei der ersten Veranlagung nach § 25 nach Anrechnung der Steuerabzüge voraussichtlich ergeben wird.

(2) Ist der Zeitraum, für den ein Steuerbescheid erteilt wird, kürzer als ein Kalenderjahr (Absatz 1), so sind die künftigen Vorauszahlungen nach der Steuer festzusetzen, die sich ergibt, wenn das dem Steuerbescheid zugrunde liegende Einkommen in ein Jahreseinkommen umgerechnet wird.

§ 37
Erhöhung und Herabsetzung von Vorauszahlungen

(1) Die Vorauszahlungen können erhöht werden, wenn die um die Steuerabzüge verminderte Einkommensteuer voraussichtlich um mehr als ein Fünftel, mindestens aber

---
* § 35 Abs. 1 Satz 1 EStG. 1938 = § 35 Abs. 1 EStG 1939. § 35 Abs. 2 EStG 1939 lautet: „Jede Vorauszahlung beträgt ein Viertel der zuletzt veranlagten, um die angerechneten Steuerabzüge (§ 47 Abs. 1 Ziff. 2) verminderten Einkommensteuer."

** Inhaltlich = § 36 EStG 1939 „Vorauszahlungen bei Eintritt in die Steuerpflicht."

um 300 Reichsmark höher sein wird als die zuletzt festgesetzte und um die angerechneten Steuerabzüge verminderte Einkommensteuer.

(2) Die Vorauszahlungen können herabgesetzt werden, wenn der Steuerpflichtige glaubhaft macht, daß die um die Steuerabzüge verminderte Einkommensteuer voraussichtlich um mehr als ein Fünftel, mindestens aber um 100 Reichsmark niedriger sein wird als die zuletzt festgesetzte und um die angerechneten Steuerabzüge verminderte Einkommensteuer.

. . . .

3. Steuerabzug vom Kapitalertrag (Kapitalertragsteuer)

§ 43
Steuerabzugspflichtige Kapitalerträge

(1) Bei den folgenden inländischen Kapitalerträgen wird die Einkommensteuer durch Abzug vom Kapitalertrag (Kapitalertragsteuer) erhoben:
1. Gewinnanteilen (Dividenden), Zinsen, Ausbeuten und sonstigen Bezügen aus Aktien, Kuxen, Genußscheinen, Anteilen an Gesellschaften mit beschränkter Haftung, an Erwerbs- und Wirtschaftsgenossenschaften und Kolonialgesellschaften, aus Anteilen an der Reichsbank und an bergbautreibenden Vereinigungen, die die Rechte einer juristischen Person haben. Ausgenommen sind die Dividenden aus Vorzugsaktien der Deutschen Reichsbahn;
2. Einkünften aus der Beteiligung an einem Handelsgewerbe als stiller Gesellschafter.

(2) Steuerabzugspflichtige Kapitalerträge sind auch besondere Entgelte oder Vorteile, die neben den im Absatz 1 bezeichneten Kapitalerträgen oder an deren Stelle gewährt werden.

(2) Kapitalerträge sind als inländische anzusehen, wenn der Schuldner Wohnsitz, Geschäftsleitung oder Sitz im Inland hat.

§ 44
Bemessung und Entrichtung der Kapitalertragsteuer

(1) Der Schuldner hat die Kapitalertragsteuer mit 10 vom Hundert der Kapitalerträge für den Gläubiger einzubehalten. Er hat den Steuerabzug in dem Zeitpunkt vorzunehmen, in dem die Kapitalerträge dem Gläubiger zufließen, und die einbehaltenen Steuerabzüge innerhalb einer Woche an das Finanzamt abzuführen. Der Steuerabzug ist auch dann vorzunehmen, wenn die Kapitalerträge beim Gläubiger zu den Einkünften aus Land- und Forstwirtschaft, aus Gewerbebetrieb, aus selbständiger Arbeit oder aus Vermietung und Verpachtung gehören.

(2) Dem Steuerabzug unterliegen die vollen Kapitalerträge ohne Abzug.

(3) Der Gläubiger haftet neben dem Schuldner für die Kapitalertragsteuer nur,
1. wenn der Schuldner die Kapitalerträge nicht vorschriftsmäßig gekürzt hat oder
2. wenn der Gläubiger weiß, daß der Schuldner die einbehaltene Kapitalertragsteuer nicht vorschriftsmäßig abgeführt hat, und dies dem Finanzamt nicht unverzüglich mitteilt.

4. Steuerabzug von sonstigen Einkünften

§ 45 *

Der Reichsminister der Finanzen kann bestimmen, inwieweit bei anderen Einkünften als Einkünften aus nichtselbständiger Arbeit (§ 38) und Kapitalerträgen (§ 43) die Steuer im Abzugsverfahren zu erheben ist.

. . . .

6. Abschlußzahlung

§ 47

(1) Auf die Einkommensteuerschuld werden angerechnet:
1. die für das Kalenderjahr entrichteten Vorauszahlungen,
2. die durch Steuerabzug einbehaltenen Beträge, soweit sie auf die im Kalenderjahr bezogenen Einkünfte entfallen.

(2) Ist die Einkommensteuerschuld größer als die Summe der Beträge, die nach Absatz 1 anzurechnen sind, so ist der Unterschiedsbetrag innerhalb eines Monats nach Bekanntgabe des Steuerbescheids zu entrichten (Abschlußzahlung). Der Teil der Abschlußzahlung, der den im Kalenderjahr fällig gewordenen, aber nicht entrichteten Vorauszahlungen entspricht, ist sofort zu entrichten.

(3) Ist die Einkommensteuerschuld kleiner als die Summe der Beträge, die nach Absatz 1

---

* Entfällt im EStG 1939 als „überholt durch § 12 Abs. 1 Satz 3 der Reichsabgabenordnung."

EStG 1938. 693

anzurechnen sind, so wird der Unterschiedsbetrag nach Bekanntgabe des Steuerbescheids durch Aufrechnung oder Zurückzahlung ausgeglichen. Beträge, die durch Steuerabzug einbehalten worden sind, werden nicht erstattet.

....

VII. Besteuerung beschränkt Steuerpflichtiger
§ 49
Beschränkt steuerpflichtige Einkünfte

Inländische Einkünfte im Sinn der beschränkten Einkommensteuerpflicht (§ 1 Absatz 2) sind:
1. Einkünfte aus einer im Inland betriebenen Land- und Forstwirtschaft (§§ 13, 14)
2. Einkünfte aus Gewerbebetrieb (§§ 15, 16), für den im Inland eine Betriebstätte unterhalten wird oder ein ständiger Vertreter bestellt ist, und Einkünfte aus der Veräußerung eines Anteils an einer inländischen Kapitalgesellschaft (§ 17);
3. Einkünfte aus selbständiger Arbeit (§ 18), die im Inland ausgeübt oder verwertet wird oder worden ist;
4. Einkünfte aus nichtselbständiger Arbeit (§ 19), die im Inland ausgeübt oder verwertet wird oder worden ist, und Einkünfte, die aus inländischen öffentlichen Kassen einschließlich der Kassen der Deutschen Reichsbahn und der Reichsbank mit Rücksicht auf ein gegenwärtiges oder früheres Dienstverhältnis gewährt werden;
5. Einkünfte aus Kapitalvermögen im Sinn des § 20 Absatz 1 Ziffern 1 und 2, wenn der Schuldner Wohnsitz, Geschäftsleitung oder Sitz im Inland hat, und Einkünfte im Sinn des § 20 Absatz 1 Ziffern 3 und 4, wenn das Kapitalvermögen durch inländischen Grundbesitz, durch inländische Rechte, die den Vorschriften des bürgerlichen Rechts über Grundstücke unterliegen, oder durch Schiffe, die in ein inländisches Schiffsregister eingetragen sind, unmittelbar oder mittelbar gesichert ist. Ausgenommen sind die Dividenden aus Vorzugsaktien der Deutschen Reichsbahn und Zinsen aus Anleihen und Forderungen, die in ein öffentliches Schuldbuch eingetragen sind oder über die Teilschuldverschreibungen ausgegeben sind. Die Einkünfte aus Teilschuldverschreibungen unterliegen aber der beschränkten Steuerpflicht, wenn bei ihnen neben der festen Verzinsung ein Recht auf Umtausch in Gesellschaftsanteile (Wandelanleihen) oder eine Zusatzverzinsung eingeräumt ist, die sich nach der Höhe der Gewinnausschüttungen des Schuldners richtet (Gewinnobligationen), und wenn der Schuldner Wohnsitz, Geschäftsleitung oder Sitz im Inland hat;
6. Einkünfte aus Vermietung und Verpachtung (§ 21), wenn das unbewegliche Vermögen, die Sachinbegriffe oder Rechte im Inland belegen oder in ein inländisches öffentliches Buch oder Register eingetragen sind oder in einer inländischen Betriebstätte verwertet werden;
7. sonstige Einkünfte im Sinn des § 22 Ziffer 1, soweit sie dem Steuerabzug unterworfen werden (§ 45);
8. sonstige Einkünfte im Sinn des § 22 Ziffer 2, soweit es sich um Spekulationsgeschäfte mit inländischen Grundstücken oder mit inländischen Rechten handelt, die den Vorschriften des bürgerlichen Rechts über Grundstücke unterliegen.

§ 50
Sondervorschriften für beschränkt Steuerpflichtige

(1) Beschränkt Steuerpflichtige dürfen Werbungskosten (§ 9)nur insoweit abziehen, als sie mit inländischen Einkünften in wirtschaftlichem Zusammenhang stehen. Die Vorschriften des § 10 (Sonderausgaben), des § 33 (Außergewöhnliche Belastungen) und des § 34 (Steuersätze bei außerordentlichen Einkünften) sind nicht anwendbar.

(2) Bei Einkünften, die dem Steuerabzug unterliegen, und bei Einkünften im Sinn des § 20 Absatz 1 Ziffern 3 und 4 ist für beschränkt Steuerpflichtige ein Ausgleich (§ 2 Absatz 2) mit Verlusten aus anderen Einkunftsarten nicht zulässig.

(3) Die Einkommensteuer bemißt sich bei beschränkt Steuerpflichtigen, die veranlagt werden, nach Spalte 4 der Einkommensteuertabelle (Anlage 1). Sie beträgt aber mindestens 10 vom Hundert der Einkünfte.

(4) Die Einkommensteuer für Einkünfte, die dem Steuerabzug vom Arbeitslohn oder vom Kapitalertrag unterliegen, gilt bei beschränkt Steuerpflichtigen durch den Steuerabzug als abgegolten, wenn die Einkünfte nicht Betriebseinnahmen eines inländischen Betriebs sind. Die Höhe der Lohnsteuer bestimmt der Reichsminister der Finanzen.

(5) Das Finanzamt kann die Einkommensteuer bei beschränkt Steuerpflichtigen ganz oder zum Teil erlassen oder in einem Pauschbetrag festsetzen, wenn es aus volkswirtschaftlichen Gründen zweckmäßig ist oder eine gesonderte Berechnung der Einkünfte besonders schwierig ist.

(6) Das Finanzamt kann die Einkommensteuer von beschränkt steuerpflichtigen Einkünften, soweit diese nicht bereits nach §§ 38 bis 45 dem Steuerabzug unterliegen, im Weg des Steuerabzugs erheben, wenn dies zur Sicherstellung des Steueranspruchs zweckmäßig ist. Das Finanzamt bestimmt hierbei die Höhe des Steuerabzugs.

VIII. Schlußvorschrift
§ 51 *

....

(2) Die Bewertungsfreiheit für kurzlebige Wirtschaftsgüter des Anlagevermögens (§ 6 Ziffer 1 Satz 4) gilt nur für Wirtschaftsgüter, die vor dem 1. Oktober 1937 bestellt worden sind.

4. Zweite Verordnung zur Durchführung des Einkommensteuergesetzes
(Zweite EStDVO)
Vom 6. Februar 1938 **
(RGBl. I S. 143, RStBl. 38 S. 129)

(Auszug)

Auf Grund der §§ 12 und 13 der Reichsabgabenordnung wird hierdurch verordnet:

Zu § 2 Absatz 2 des Gesetzes
§ 1 (§ 1 EStDB 1939)
Wirtschaftsjahr[1]

Das Wirtschaftsjahr umfaßt einen Zeitraum von zwölf Monaten. Es darf einen Zeitraum von weniger als zwölf Monaten nur umfassen, wenn
1. ein Betrieb eröffnet oder aufgegeben wird oder
2. ein Steuerpflichtiger von regelmäßigen Abschlüssen auf einen bestimmten Tag zu regelmäßigen Abschlüssen auf einen anderen bestimmten Tag übergeht.

§ 2 (§ 2 EStDB 1939)
Wirtschaftsjahr bei Einkünften aus Land- und Forstwirtschaft.

(1) Bei Land- und Forstwirten, die für ein Wirtschaftsjahr regelmäßig Abschlüsse in der Zeit vom 24. Juni bis 6. Juli einschließlich auf einen anderen Tag als den 30. Juni machen, gilt dieses Wirtschaftsjahr als Wirtschaftsjahr im Sinn des § 2 Absatz 5 Ziffer 1 des Gesetzes.

(2) Bei Gewinn aus reiner Weidewirtschaft und reiner Viehzucht gilt als Wirtschaftsjahr der Zeitraum vom 1. Mai bis 30. April. Der Begriff der reinen Weidewirtschaft schließt nicht aus, daß neben Weide und Wiese auch in geringem Umfang Ackerland bewirtschaftet wird.

(3) Die Oberfinanzpräsidenten werden ermächtigt, bei Land- und Forstwirten für bestimmte Betriebsarten und für bestimmte Gebiete an Stelle der Wirtschaftsjahre, die im § 2 Absatz 5 Ziffer 1 des Gesetzes und in den vorstehenden Absätzen 1 und 2 genannt sind, einen anderen zwölfmonatigen Zeitraum zu bestimmen, wenn dies aus wirtschaftlichen Gründen nach der besonderen Gestaltung der Betriebe erforderlich ist. Die Bestimmung ist ortsüblich bekanntzumachen. Eine Bestimmung im Sinn des Satzes 1 kann auch im Einzelfall getroffen werden.

....

---

* § 51 Abs. 2 EStG 1939: „Die Bewertungsfreiheit für kurzlebige Wirtschaftsgüter des Anlagevermögens (§ 6 Ziff. 1 Satz 4) gilt nur für Wirtschaftsgüter, die vor dem 1. Okt. 1937 bestellt worden sind."
** An die Stelle dieser VO treten ab dem Veranlagungszeitraum 1939 die Durchführungsbestimmungen zu EStG (EStDB 1939) vom 17. März 39 (RGBl. I S. 503, RStBl. 39 S. 457). Die entsprechenden Paragraphen der EStDB 1939 sind in Klammern beigefügt.

Zu den §§ 4 bis 6 des Gesetzes

§ 4
Fortführung der Bilanzwerte

Bei Ermittlung des Gewinns nach §§ 4 und 5 des Gesetzes für das Wirtschaftsjahr 1934 (1933/34) und die folgenden Wirtschaftsjahre ist für den Schluß des Wirtschaftsjahrs 1933 (1932/33) von dem Betriebsvermögen auszugehen, das nach den Vorschriften des Einkommensteuergesetzes vom 10. August 1925 festgestellt ist oder festzustellen gewesen wäre.

§ 5 (§ 4 EStDB 1939)
Eröffnung und Aufgabe eines Betriebs

(1) Wird ein Betrieb eröffnet oder erworben, so tritt an die Stelle des Schlusses des vorangegangenen Wirtschaftsjahrs der Zeitpunkt der Eröffnung oder des Erwerbs.

(2) Wird ein Betrieb aufgegeben oder veräußert, so tritt für die Berechnung des Gewinns aus diesem Betrieb an die Stelle des Schlusses des Wirtschaftsjahrs der Zeitpunkt der Aufgabe oder Veräußerung.

§ 6 (§ 5 EStDB 1939)
Bewertung bei unentgeltlicher Übertragung

(1) Wird ein Betrieb oder ein Teilbetrieb unentgeltlich übertragen, so sind bei der Ermittlung des Gewinns des bisherigen Betriebsinhabers die Wirtschaftsgüter mit den Werten nach § 6 Ziffern 1 bis 3 des Gesetzes anzusetzen. Der Teilwert kann auf Antrag auch dann angesetzt werden, wenn er höher ist als die Anschaffungs- oder Herstellungskosten. Antragsberechtigt ist der bisherige Betriebsinhaber, im Fall der Gesamtrechtsnachfolge der Rechtsnachfolger. Der Rechtsnachfolger ist für den Beginn des Betriebs an die letzten Bilanzansätze des Rechtsvorgängers gebunden.

(2) Werden nur einzelne Wirtschaftsgüter unentgeltlich übertragen, so gilt für den Empfänger als Anschaffungs- oder Herstellungskosten der Betrag, den er für das einzelne Wirtschaftsgut im Zeitpunkt des Empfangs hätte aufwenden müssen.

§ 7 (§ 6 EStDB 1939)
Einlagen

Führt der Steuerpflichtige dem Betrieb Wirtschaftsgüter zu, die vor dem 1. Januar 1925 angeschafft oder hergestellt worden sind, so gilt als Anschaffungs- oder Herstellungskosten der Betrag, den der Steuerpflichtige für die Anschaffung am 1. Januar 1925 hätte aufwenden müssen.

§ 8 (§ 7 EStDB 1939)
Kurzlebige Wirtschaftsgüter, Sonderkonto

Die Vorschrift des § 6 Ziffer 1 Satz 4 des Gesetzes kann nur angewendet werden, wenn die Anschaffungs- oder Herstellungskosten für kurzlebige Wirtschaftsgüter und die Absetzungen für Abnutzung in der Buchführung auf einem besonderen Konto ausgewiesen werden.

§ 9
Kurzlebige Wirtschaftsgüter, Altanlagen

Übersteigen die Werte für kurzlebige Wirtschaftsgüter, die nach den Vorschriften des Einkommensteuergesetzes 1925 zum Zweck der Gewinnermittlung in der Schlußbilanz für das Wirtschaftsjahr 1933 (1932/33) angesetzt sind oder anzusetzen gewesen wären (Altanlagen), die Ansätze in der entsprechenden Handelsbilanz, so ist die Absetzung für Abnutzung nach § 6 Ziffer 1 Satz 4 des Gesetzes nur in der Höhe zulässig, in der sie in der Handelsbilanz vorgenommen wird. Von den danach verbleibenden Beträgen ist die Absetzung für Abnutzung nach Maßgabe der Restnutzungsdauer vorzunehmen; Dabei darf jedoch der Ansatz in der entsprechenden Handelsbilanz nicht unterschritten werden.

§ 10 (§ 8 EStDB 1939)
Buchführende Land- und Forstwirte

Als buchführende Land- und Forstwirte gelten diejenigen Land- und Forstwirte, die über den Betrieb der Land- und Forstwirtschaft Bücher nach der Verordnung über landwirtschaftliche Buchführung vom 5. Juli 1935 (Reichsgesetzbl. I S. 908, Reichssteuerbl. 1935 S. 955) ordnungsmäßig führen.

Zu § 9 des Gesetzes
§ 11 (§ 9 EStDB 1939)
Absetzungen für Abnutzung oder Substanzverringerung

(1) Bei Gebäuden und sonstigen Wirtschaftsgütern, die vor dem 1. Januar 1925 angeschafft, hergestellt oder unentgeltlich erworben worden sind und nicht zu einem Betriebsvermögen gehören, gilt für die Bemessung der Absetzung für Abnutzung oder Substanzverringerung als Anschaffungs- oder Herstellungskosten der Betrag, den der Steuerpflichtige für die Anschaffung am 1. Januar 1925 hätte aufwenden müssen.

(2) Bei Gebäuden und sonstigen Wirtschaftsgütern, die nach dem 31. Dezember 1924 unentgeltlich erworben worden sind und nicht zu einem Betriebsvermögen gehören, gilt für die Bemessung der Absetzung für Abnutzung oder Substanzverringerung als Anschaffungs- oder Herstellungskosten der Betrag, den der Steuerpflichtige für die Anschaffung im Zeitpunkt des Erwerbs hätte aufwenden müssen.

....

Zu § 12 des Gesetzes
§ 14 (§ 11 EStDB 1939)
Abzugsfähigkeit ausländischer Einkommensteuer

Unbeschränkt Steuerpflichtige, die im Ausland zu einer der Deutschen Einkommensteuer entsprechenden Steuer herangezogen werden, können die ausländische Steuer in Höhe des nachweislich gezahlten Betrags vom Gesamtbetrag der Einkünfte abziehen, soweit diese Steuer auf Einkünfte entfällt, die der Deutschen Einkommensteuer unterliegen. Dies gilt nicht, soweit die ausländische Steuer auf inländische Einkünfte im Sinn des § 49 des Gesetzes entfällt.

Zu § 14 des Gesetzes
§ 15
Gewinn aus der Veräußerung eines land- und forstwirtschaftlichen Betriebs

Land- und Forstwirte, die ihren Betrieb oder einen Teilbetrieb vor dem 1. Januar 1938 veräußern, werden wegen des bei der Veräußerung erzielten Gewinns zur Einkommensteuer nur herangezogen,
1. wenn der Betrieb oder der Teilbetrieb nach dem 31. Dezember 1924 entgeltlich erworben ist, oder
2. wenn mit dem Betrieb oder dem Teilbetrieb in unverhältnismäßig großem Umfang schlagreifes Holz oder andere zur Fortführung des Betriebs nicht erforderliche Wirtschaftsgüter veräußert worden sind.

....

Zu § 17 des Gesetzes
§ 17 (§ 12 EStDB 1939)
Veräußerung wesentlicher Beteiligung

(1) Anteile an einer Kapitalgesellschaft im Sinn des § 17 des Gesetzes sind Aktien, Anteile an einer Gesellschaft mit beschränkter Haftung, Kuxe, Genußscheine oder ähnliche Beteiligungen sowie Anwartschaften auf solche Beteiligungen.

(2) Als Gewinn aus der Veräußerung eines Anteils an einer Kapitalgesellschaft gilt auch der Gewinn, den der Gesellschafter bei Auflösung der Kapitalgesellschaft erzielt.

....

Zu § 35 des Gesetzes
§ 29 (§ 23 EStDB 1939)
Vorauszahlungen der Land- und Forstwirte

(1) Steuerpflichtige, deren Einkünfte überwiegend aus Land- und Forstwirtschaft herrühren, haben am 10. März und am 10. Juni Vorauszahlungen in Höhe eines Viertels und am 10. Dezember eine Vorauszahlung in Höhe der Hälfte der zuletzt veranlagten Einkommensteuer zu entrichten. Steuerpflichtige, deren Einkünfte überwiegend aus Forstwirtschaft herrühren, haben dagegen die Vorauszahlungen an den im § 35 Absatz 1 des Gesetzes bestimmten Fälligkeitstagen in Höhe je eines Viertels der zuletzt veranlagten Einkommensteuer zu entrichten.

(2) Für Betriebe des Gartenbaus (insbesondere des Obst- und Gemüsebaus) und der Weidewirtschaft können die Oberfinanzpräsidenten die Fälligkeitstage für die Vorauszahlungen und die Verteilung der Vorauszahlungen auf die einzelnen Fälligkeitstage abweichend von Absatz 1 Satz 1 bestimmen.

Anhang 5. Sparkassen-VO. 697

§ 30 (§ 24 EStDV 1939)
Abrundung und Kleinbetrag bei Vorauszahlungen
(1) Der Jahresbetrag der Einkommensteuervorauszahlungen ist auf einen durch vier teilbaren vollen Reichsmarkbetrag nach unten abzurunden.
(2) Vorauszahlungen werden nur erhoben, wenn sie vierteljährlich mindestens 3 Reichsmark betragen.
. . . .

Zu § 49 des Gesetzes
§ 32
Inkrafttreten
Diese Verordnung gilt erstmalig für die Veranlagung zur Einkommensteuer für das Kalenderjahr 1937. Mit dieser Wirkung tritt sie an die Stelle der Ersten Verordnung zur Durchführung des Einkommensteuergesetzes vom 6. Februar 1935 (Reichsgesetzbl. I S. 153).

5. Verordnung über die Abgrenzung des eigentlichen Sparkassenverkehrs im Sinne der Reichssteuergesetze (Sparkassenverordnung — SpKV —)
Vom 22. März 1928 (RGBl. I S. 109)

Auf Grund des § 9 Abs. 1 Nr. 4 des Körperschaftsteuergesetzes vom 10. August 1925 (RGBl. I S. 208) und des § 4 Abs. 1 Nr. 4 des Vermögensteuergesetzes vom 10. August 1925 (RGBl. I S. 233) wird mit Zustimmung des Reichsrats bestimmt:

§ 1
(1) Zum eigentlichen Sparkassenverkehr im Sinne des § 9 Abs. 1 Nr. 4, § 11 Nr. 2 des Körperschaftsteuergesetzes, § 4 Abs. 1 Nr. 4 des Vermögensteuergesetzes gehören insbesondere:
1. die Annahme und die Auszahlung von Spareinlagen,
2. die Verwahrung und Verwaltung von Wertpapieren und anderen Wertgegenständen,
3. die Vermietung von Sicherheitsfächern,
4. der Kontokorrentverkehr, sofern er jedoch mit Krediteinräumung verbunden ist, nur unter den Voraussetzungen der Nr. 7,
5. die Einlösung fälliger Zins- und Gewinnanteile,
6. der Ein- und Auszahlungsverkehr für fremde Rechnung (Giro- und Scheckverkehr),
7. die Anlegung der Sparkassenbestände. Hierzu gehört die Einräumung von Personalkredit an den Mittelstand (Mittelstandskredit), soweit
    a) der Kredit durch Sicherungshypothek, durch Faustpfand, durch eine oder mehrere Bürgschaften oder durch Dreimonatswechsel mit einem oder mehreren anderen wechselmäßig Haftenden nach den näheren, vom Reichsminister der Finanzen mit Zustimmung des Reichsrats zu erlassenden Bestimmungen gesichert ist, oder
    b) der Gesamtbetrag der ungesicherten Krediteinräumungen fünf vom Hundert der im Depositen-, Giro- und Kontokorrentverkehr bei der Sparkasse vorhandenen Guthaben nicht übersteigt.
(2) Zum eigentlichen Sparkassenverkehr gehören insbesondere nicht:
1. der Ankauf von Wertpapieren ohne sofortige Barzahlung,
2. der Verkauf von Wertpapieren ohne sofortige Hinterlegung,
3. der An- und Verkauf von ausländischen Zahlungsmitteln für fremde Rechnung,
4. die Einräumung von Personalkredit, soweit die in Abs. 1 Nr. 7 bezeichneten Voraussetzungen nicht gegeben sind,
5. Geldgeschäfte spekulativen Charakters.

§ 2
Diese Verordnung gilt erstmals mit Wirkung für die erste Veranlagung nach dem Körperschaftsteuergesetze vom 10. August 1925 und für die erste Veranlagung nach dem Vermögensteuergesetze vom 10. August 1925.

6. Verordnung über die Sicherung der von Sparkassen im eigentlichen Sparkassenverkehr gewährten Personalkredite (Kreditsicherungsverordnung — KSV —)

Vom 4. Mai 1928 (RGBl. I S. 155)

Auf Grund des § 9 Abs. 1 Nr. 4 des Körperschaftsteuergesetzes vom 10. August 1925 (RGBl. I S. 208), des § 4 Abs. 1 Nr. 4 des Vermögensteuergesetzes vom 10. August 1925 (RGBl. I S. 233) und des § 1 Abs. 1 Nr. 7 Buchst. a der Verordnung über die Abgrenzung des eigentlichen Sparkassenverkehrs im Sinne der Reichssteuergesetze (Sparkassenverordnung) vom 22. März 1928 (RGBl. I S. 109) wird mit Zustimmung des Reichsrats bestimmt:

§ 1

Ein von öffentlichen oder dem öffentlichen Verkehre dienenden Sparkassen an den Mittelstand eingeräumter Personalkredit (Mittelstandskredit) gilt nur dann als gesichert im Sinne des § 1 Abs. 1 Nr. 7 Buchst. a der Sparkassenverordnung, wenn er unter Beachtung der Vorschriften der §§ 2 bis 5 gewährt wird.

§ 2
Darlehen gegen Sicherungshypothek

Darlehen können gegen Bestellung von Sicherungshypotheken gewährt werden, die den für Sparkassen im Realkreditgeschäfte allgemein geltenden Grundsätzen entsprechen.

§ 3
Darlehen gegen Verpfändung von beweglichen Sachen und Rechten

Darlehen, die jederzeit zurückgefordert werden können, sind zulässig gegen Verpfändung

a) beweglicher Pfänder (Lombardgeschäft) nach den für die Reichsbank gemäß § 21 Abs. 1 Ziffer 3 a bis c des Bankgesetzes vom 30. August 1924 (RGBl. II, S. 235) geltenden Bestimmungen. Außerdem sind die Schuldverschreibungen des Reichs, der Länder, der inländischen Gemeinden, Gemeindeverbände und öffentlich-rechtlichen Körperschaften sämtlich bis zu 80 v. H. ihres Kurswerts beleihungsfähig. Eine Beleihung von Aktien darf nur nach den für Staatsbanken jeweils geltenden Bestimmungen oder, soweit solche nicht vorhanden sind, nach den von der Landeszentralbehörde erlassenen Bestimmungen, aber nur bis zu drei Vierteln des nach diesen jeweils geltenden Beleihungssatzes erfolgen. Sinkt der Kurs, so ist das Pfand entsprechend zu ergänzen;

b) von Sparbüchern deutscher öffentlicher Sparkassen, einschließlich der eigenen, bis zur Höhe des eingezahlten Betrages. Das Darlehen darf nicht ausgezahlt werden, bevor die Sparkasse, die das Sparbuch ausgestellt hat, durch den Einleger von der Verpfändung benachrichtigt ist und hiervon unter Bestätigung der Richtigkeit des Sparguthabens Mitteilung gemacht hat. Sparbücher über 20 000 RM. dürfen nur beliehen werden, wenn der Vorstand der Sparkasse, die das Buch ausgestellt hat, die Ordnungsmäßigkeit der Einlage bescheinigt;

c) von Hypothekenforderungen, Grundschulden und Rentenschulden, die den für Sparkassen im Realkreditgeschäft allgemein geltenden Grundsätzen entsprechen;

d) von Forderungen aus Lebensversicherungen in Deutschland zugelassener Gesellschaften, jedoch nur bis zu 80 v. H. des jeweiligen Rückkaufwertes;

e) von Wechseln, die den Voraussetzungen des § 5 Abs. 2 entsprechen (Wechsellombard);

f) von anderen Forderungen, deren Sicherung den Vorschriften der §§ 2 bis 5 entspricht, bis zu 90 v. H. des Nennwertes;

g) von Kaufmannswaren, insbesondere des mittleren und Kleingewerbestandes, die im Inlande lagern und nicht dem Verderben unterliegen, bis zu 30 v. H. des von einem vereidigten Handelskammersachverständigen festgestellten jeweiligen Handelswertes.

§ 4
Darlehen gegen Bürgschaft

Darlehen gegen Schuldschein können auf höchstens 6 Monate oder als Tilgungsdarlehen auf längere Zeit, jedoch mit dem Vorbehalt einer jederzeit zulässigen Kündigung von 14 Tagen, gewährt werden, wenn eine oder mehrere sichere Personen für Kapital, Zinsen und Kosten als Selbstschuldner bürgen oder mithaften.

Anhang 7. VO über landwirtschaftliche Buchführung. 699

§ 5
Darlehen gegen Wechsel

(1) Darlehen gegen Wechsel dürfen nur gewährt werden, wenn neben dem Darlehnsnehmer noch eine oder mehrere sichere Personen wechselmäßig haften. Der Wechsel muß auf die Sparkasse (als Remittenten oder Indossator) lauten und spätestens drei Monate nach dem Datum der Ausstellung zahlbar gestellt sein.

(2) Kredite durch Diskontierung von Wechseln dürfen nur gewährt werden, wenn die Wechsel in Deutschland zahlbar und innerhalb von drei Monaten nach dem Tage des Ankaufs fällig sind. Die Wechsel müssen gute Handelswechsel sein und die Unterschriften von möglichst drei, mindestens aber zwei sicheren und als zahlungsfähig bekannten Verpflichteten tragen.

§ 6
Ungesicherte Kredite

Personalkredite, die nicht nach den Vorschriften der §§ 2 bis 5 gesichert sind, z. B. Darlehen gegen einfachen Handschein ohne weitere Sicherheit, gelten als ungesichert im Sinne des § 1 Abs. 1 Nr. 7 Buchst. b der Sparkassenverordnung. Sie müssen jederzeit fristlos kündbar sein.

§ 7

Diese Verordnung gilt erstmals mit Wirkung für die erste Veranlagung nach dem Körperschaftsteuergesetze vom 10. August 1925 und für die erste Veranlagung nach dem Vermögensteuergesetze vom 10. August 1925.

7. Verordnung über landwirtschaftliche Buchführung
Vom 5. Juli 1935
(RGBl. I S. 908, RStBl. 35 S. 955)

Auf Grund des § 12 der Reichsabgabenordnung in der Fassung des Steueranpassungsgesetzes vom 16. Oktober 1934 (Reichsgesetzbl. I S. 925) wird hiermit verordnet:

Beginn und Ende der Buchführungspflicht

§ 1

(1) Die Buchführungspflicht nach § 161 der Reichsabgabenordnung beginnt für Land- und Forstwirte mit dem Anfang des für die Gewinnermittlung bei der Einkommensteuer oder Körperschaftsteuer maßgebenden Wirtschaftsjahrs, das auf den Zeitpunkt folgt, an dem erstmalig bei einer Veranlagung zur Einkommensteuer oder Körperschaftsteuer oder Umsatzsteuer oder bei einer Einheitswertfeststellung oder bei einem Rechtsmittelverfahren, das eine derartige Veranlagung oder Feststellung betrifft, festgestellt worden ist, daß eine der im § 161 Absatz 1 Ziffer 1 Buchstaben a oder c oder e der Reichsabgabenordnung bezeichneten Voraussetzungen vorliegt.

(2) Erstmalig für die Zeit vom 1. Juli 1935 ab sind Land- und Forstwirte buchführungspflichtig, die nach den Feststellungen, die zuletzt vor dem 1. Juli 1935 bei einer Veranlagung zur Einkommensteuer oder Körperschaftsteuer oder Umsatzsteuer oder bei einer Einheitswertfeststellung oder einem eine solche Veranlagung oder Feststellung betreffenden Rechtsmittelverfahren getroffen worden sind, eine der im § 161 Absatz 1 Ziffer 1 Buchstaben a oder c oder e der Reichsabgabenordnung bezeichneten Voraussetzungen erfüllen.

(3) Die Buchführungspflicht fällt wieder weg, wenn sich auf Grund einer Veranlagung zur Einkommensteuer, Körperschaftsteuer oder Umsatzsteuer oder auf Grund einer Einheitswertfeststellung oder auf Grund eines eine solche Veranlagung oder Feststellung betreffenden Rechtsmittelverfahrens ergibt, daß bei dem Land- und Forstwirt keine der im § 161 Absatz 1 Ziffer 1 Buchstaben a oder c oder e der Reichsabgabenordnung bezeichneten Voraussetzungen vorgelegen hat. Der Wegfall der Buchführungspflicht wird wirksam mit dem Beginn des Wirtschaftsjahrs, das auf den Zeitpunkt folgt, an dem die Feststellung getroffen worden ist.

(4) Eine Feststellung im Sinn der Absätze 1 bis 3 gilt dann als getroffen, wenn der Bescheid, der die Feststellung enthält (z. B. der Steuerbescheid, der Feststellungsbescheid, der Berichtigungsbescheid oder die Rechtsmittelentscheidung) bekanntgegeben worden ist, und zwar entweder dem Steuerpflichtigen oder einer Person, die berechtigt ist, den Bescheid für den Steuerpflichtigen entgegenzunehmen.

(5) Für den Beginn und den Wegfall der Buchführungspflicht kommt es nicht darauf an, ob die im Veranlagungsverfahren oder Feststellungsverfahren oder Rechtsmittelverfahren getroffenen Feststellungen bereits rechtskräftig geworden sind.

Ordnungsmäßigkeit der Buchführung

§ 2

(1) Der Gewinn ist auf Grund des Abschlusses der Bücher zu ermitteln, wenn der Steuerpflichtige nach den Vorschriften der §§ 161, 162 der Reichsabgabenordnung und nach den Vorschriften dieser Verordnung über den Betrieb der Land- und Forstwirtschaft ordnungsmäßige, den Gewinn nachweisende Bücher führt.

(2) Die Bücher gelten vorbehaltlich der sachlichen Richtigkeit als ordnungsmäßig, wenn sie:
1. alle Betriebsvorgänge, insbesondere auch die Entnahmen und die Einlagen im Sinn des § 4 des Einkommensteuergesetzes, nach bestimmten Grundsätzen und nach der Zeitfolge geordnet, mit ihrem Geldwert ausweisen,
2. auf Grund einer jährlichen Bestandsaufnahme die Änderungen im Wert und in der Zusammensetzung des Betriebsvermögens darstellen. Die Bestandsaufnahme braucht sich nicht auf das stehende Holz zu erstrecken,
3. den Vorschriften der nachfolgenden §§ 3 bis 5 dieser Verordnung genügen.

(3) Zu den Entnahmen im Sinn des Absatzes 2 gehört der Eigenverbrauch. Der Eigenverbrauch kann bei kleineren Betrieben von den laufenden Eintragungen ausgenommen und am Schluß jedes Monats in einem geschätzten Betrage aufgeführt werden, wenn er insbesondere durch die Angabe der Zahl der täglich verpflegten Personen näher erläutert wird. Die Oberfinanzpräsidenten setzen für ihre Bezirke Pauschsätze für den Eigenverbrauch fest und bestimmen nach Anhörung des Landesbauernführers, welche Betriebe im Sinn dieser Vorschrift als kleinere Betriebe anzusehen sind.

§ 3

Ein bestimmtes Buchführungssystem ist nicht vorgeschrieben. Ordnungsmäßig ist auch eine Buchführung, bei der die Bücher ganz oder zum Teil außerhalb des Betriebs geführt werden (Fernbuchführung). Liegt eine Fernbuchführung vor, so müssen die von dem Steuerpflichtigen im Betrieb selbst vorgenommenen Grundbuchungen (z. B. Eintragungen in das Tagebuch oder Kassenbuch, Aufzeichnungen für die Buchstelle, Wochenberichte usw.) den Regeln ordnungsmäßiger landwirtschaftlicher Buchführung entsprechen.

Zusammenstellungen und Verzeichnisse über das Vermögen, die Grundstücke und den Anbau

§ 4

(1) Unmittelbar nach Schluß des Wirtschaftsjahrs sind zu fertigen:
1. ein Vermögensverzeichnis, in dem die Wirtschaftsgüter des Anlage- und Umlaufvermögens einschließlich der Vorräte, Forderungen, Schulden, Barbestände u. dgl. aufzuführen sind;
2. eine Vermögenszusammenstellung.

(2) Die Betriebsgrundstücke sind nach der Nutzungsart geordnet außerhalb des Vermögensverzeichnisses gesondert in einem Grundstücksverzeichnis aufzuführen. In dem Grundstücksverzeichnis ist anzugeben, welche Grundstücke im Eigentum des Land- und Forstwirts stehen, welche Grundstücke gepachtet und welche Grundstücke verpachtet sind.

(3) Außer dem Vermögensverzeichnis und dem Grundstücksverzeichnis ist ein Anbau- und Ernteverzeichnis zu führen. Aus dem Anbau- und Ernteverzeichnis muß sich ergeben, mit welchen Fruchtarten usw. die selbstbewirtschafteten Flächen im abgelaufenen Wirtschaftsjahr bestellt waren und welche Mengenerträge sie gebracht haben.

(4) Vermögensverzeichnis, Grundstücksverzeichnis und Anbauverzeichnis können verbunden werden.

Viehregister, Naturalienregister und Lohnregister

§ 5

(1) Neben der fortlaufenden Aufzeichnung aller Betriebsvorgänge sind ein Viehregister, ein Naturalienregister und ein Lohnregister zu führen.

(2) Das Viehregister weist die Zug- und Nutzviehbestände zu Beginn des Wirtschaftsjahrs, die Zugänge (Zukäufe, Geburten), die Abgänge (Verkäufe, Todesfälle, Schlachtungen) und alle sonstigen Veränderungen (Versetzungen) im Lauf des Wirtschaftsjahrs und die Bestände am Schluß des Wirtschaftsjahrs nach.

(3) Das Naturalienregister weist die Bestände an Erzeugnissen der verschiedenen Betriebszweige der Land- und Forstwirtschaft am Anfang des Wirtschaftsjahrs, ihre Zu- und Abgänge unter Angabe ihrer Herkunft und Verwendung und die Bestände am Schluß des Wirtschaftsjahrs nach.

(4) In dem Lohnregister sind laufend die Barlöhne und Sachbezüge (Deputate), die den im Betrieb beschäftigten Arbeitern und Arbeiterinnen gewährt werden, einzutragen.

§ 6

Die vorstehende Verordnung gilt erstmals für das landwirtschaftliche Wirtschaftsjahr 1935/36.

8. Verordnung über die Führung eines Wareneingangsbuchs
Vom 20. Juni 1935
(RGBl. I S. 752, RStBl. 35 S. 881)

Auf Grund des § 12 der Reichsabgabenordnung wird verordnet:

§ 1

(1) Gewerbliche Unternehmer (selbständige Handel- oder Gewerbetreibende einschließlich der selbständigen Handwerker jeder Art) sind verpflichtet, für steuerliche Zwecke ein Wareneingangsbuch zu führen.

(2) Von der Verpflichtung zur Führung eines Wareneingangsbuchs sind befreit:
1. diejenigen gewerblichen Unternehmer, die zur Führung von Handelsbüchern (§ 38 Absatz 1 des Handelsgesetzbuchs) verpflichtet sind und solche ordnungsmäßig führen;
2. diejenigen gewerblichen Unternehmer, die durch eine andere gesetzliche Vorschrift zur Führung von gleichwertigen (dem Wareneingangsbuch im wesentlichen entsprechenden) Büchern verpflichtet sind und solche ordnungsmäßig führen.

(3) In das Wareneingangsbuch sind diejenigen Waren (einschließlich der Rohstoffe, Halberzeugnisse, Hilfsstoffe und Zutaten) einzutragen, die der gewerbliche Unternehmer zur gewerblichen Weiterveräußerung oder zur gewerblichen Vermittelung erwirbt. Waren, die nach der Art des Betriebs üblicherweise für den Betrieb, und zwar zur gewerblichen Weiterveräußerung oder zur gewerblichen Vermittelung, erworben werden, sind auch dann einzutragen, wenn sie für betriebsfremde Zwecke verwendet werden.

(4) Die Eintragung in das Wareneingangsbuch ist vorzunehmen, einerlei ob
1. der Lieferer der Waren ein Unternehmer oder ein Nichtunternehmer ist;
2. die Waren unverändert oder nach Bearbeitung oder Verarbeitung weiterveräußert werden;
3. der gewerbliche Unternehmer die Waren entgeltlich oder unentgeltlich, auf Ziel, gegen Kasse, durch Tausch oder auf Gegenrechnung erwirbt;
4. der gewerbliche Unternehmer Eigentümer oder unmittelbarer Besitzer der Waren wird, oder ob er an den Waren weder Eigentum noch unmittelbaren Besitz erlangt;
5. der gewerbliche Unternehmer die Waren auf eigene oder auf fremde Rechnung erwirbt.

(5) Das Wareneingangsbuch muß über jeden Posten, der im Absatz 3 bezeichneten Waren die folgenden Angaben enthalten:
1. fortlaufende Nummer der Eintragung;
2. Tag, an dem der gewerbliche Unternehmer den Warenposten erwirbt (das Eigentum, den unmittelbaren Besitz oder die Verfügungsmacht erlangt);
3. Name (Firma) und Anschrift des Lieferers;
4. Art des Warenpostens (handelsübliche Bezeichnung). Sammelbezeichnung (zum Beispiel: Kolonialwaren, Kurzwaren, Eisenwaren) genügt;
5. Preis des Warenpostens;
6. wenn ein Beleg (zum Beispiel eine Rechnung, eine Quittung, ein Kassenzettel, ein Frachtbrief, ein Lieferschein oder eine Nachnahmekarte) erteilt worden ist:
Angabe, wo (zum Beispiel unter welcher Nummer der Belegsammlung) der Beleg aufbewahrt wird.

(6) Die Eintragungen in das Wareneingangsbuch sind laufend, und zwar noch an dem Tag zu machen, an dem der gewerbliche Unternehmer den Warenposten erwirbt (das Eigentum, den unmittelbaren Besitz oder die Verfügungsmacht erlangt). Gleichzeitig ist auf dem Beleg, wenn ein solcher erteilt worden ist, die fortlaufende Nummer, unter der der Warenposten im Wareneingangsbuch eingetragen ist, zu vermerken.

(7) Der gewerbliche Unternehmer hat die Beträge monatlich und jährlich zusammenzurechnen.

(8) Das Wareneingangsbuch und die dazu gehörenden Belege müssen zehn Jahre lang aufbewahrt werden.

(9) Das Finanzamt kann unter Abweichung von den Absätzen 1 bis 8 für einzelne Fälle Erleichterungen bewilligen. Eine solche Bewilligung kann jederzeit zurückgenommen werden, auch wenn das bei der Bewilligung nicht vorbehalten worden ist.

(10) Zuwiderhandlungen gegen diese Verordnung sind nach § 413 der Reichsabgabenordnung strafbar, wenn nicht nach anderen Vorschriften (zum Beispiel nach § 396 oder nach § 402 der Reichsabgabenordnung) eine schwerere Strafe verwirkt ist. Außerdem findet, wenn dieser Verordnung zuwidergehandelt worden ist, eine Schätzung nach § 217 der Reichsabgabenordnung statt.

(11) Sonstige Buchführungs- und Aufzeichnungspflichten bleiben unberührt.

§ 2

Diese Verordnung tritt am 1. Oktober 1935 in Kraft.

9. Verordnung über die Verbuchung des Warenausgangs (Warenausgangsverordnung)
Vom 20. Juni 1936
(RGBl. I S. 507, RStBl. 36 S. 687)

Auf Grund des § 12 der Reichsabgabenordnung wird verordnet:

§ 1

(1) Großhändler (Absatz 2) sind verpflichtet, für steuerliche Zwecke den Warenausgang (Absätze 3 und 4) zu verbuchen.

(2) Großhändler im Sinn dieser Verordnung sind diejenigen gewerblichen Unternehmer, die an andere gewerbliche Unternehmer Waren zur gewerblichen Weiterveräußerung liefern.

(3) Waren, die ein Großhändler an einen anderen gewerblichen Unternehmer zur gewerblichen Weiterveräußerung liefert, müssen als Warenausgänge verbucht werden, wenn die Lieferung erfolgt:
1. auf Rechnung (auf Ziel, auf Kredit, auf Abrechnung, auf Gegenrechnung), durch Tausch oder unentgeltlich oder
2. gegen Zahlung (gegen bar, gegen Kasse), wenn eine der folgenden Voraussetzungen gegeben ist:
   a) Der Großhändler gewährt dem Erwerber einen Preisnachlaß (Zwischenrabatt, Rabatt für Weiterverarbeiter) oder einen Preis, der niedriger ist als der Preis für Verbraucher;
   b) Der Großhändler überbringt oder übersendet die Ware dem Erwerber in dessen Betrieb (Geschäftsraum, Lagerraum, Werkstatt oder sonstige Betriebstätte). Der Überbringung oder Übersendung in den Betrieb des Erwerbers steht es gleich, wenn der Großhändler die Ware aus seinem Betrieb hinausbringt oder hinaussendet und der Erwerber die Ware außerhalb seiner Betriebstätte von dem Großhändler erwirbt.

(4) Die Verbuchung des Warenausgangs ist vorzunehmen, einerlei ob
1. die zur Weiterveräußerung bestimmten Waren beim Erwerber unverändert bleiben oder bearbeitet oder verarbeitet werden;
2. der Erwerber Eigentümer oder unmittelbarer Besitzer der Waren wird oder ob er an den Waren weder Eigentum noch unmittelbaren Besitz erlangt;
3. der Erwerber die Waren auf eigene oder auf fremde Rechnung erwirbt.

(5) Bei der Verbuchung des Warenausgangs sind für jeden Posten der im Absatz 3 bezeichneten Waren die folgenden Angaben zu machen:
1. Tag, an dem der Großhändler den Warenposten an den Erwerber liefert;
2. Name (Firma) und Anschrift des Erwerbers;
3. Art des Warenpostens (handelsübliche Bezeichnung). Sammelbezeichnung (zum Beispiel: Kolonialwaren, Kurzwaren, Eisenwaren) genügt;

Anhang 10. Liste kurzlebiger Wirtschaftsgüter. 703

4. Preis des Warenpostens.

(6) Der Großhändler hat über jeden Warenposten, der als Warenausgang zu verbuchen ist, dem Erwerber einen Beleg (zum Beispiel eine Rechnung, eine Quittung, einen Kassenzettel oder einen Lieferschein) zu erteilen. Der Beleg muß die im Absatz 5 bezeichneten Angaben und den Namen (die Firma) und die Anschrift des Großhändlers enthalten.

(7) Die Verbuchung des Warenausgangs und die Erteilung des Belegs haben spätestens bei Lieferung der Ware zu erfolgen.

(8) Die Buchungen über den Warenausgang sind zehn Jahre lang aufzubewahren.

(9) Das Finanzamt kann unter Abweichung von den Absätzen 1 bis 8 für einzelne Fälle Erleichterungen bewilligen. Eine solche Bewilligung kann jederzeit zurückgenommen werden, auch wenn das bei der Bewilligung nicht vorbehalten worden ist.

(10) Zuwiderhandlungen gegen diese Verordnung sind nach § 413 der Reichsabgabenordnung strafbar, wenn nicht nach anderen Vorschriften (zum Beispiel nach § 396 oder nach § 402 der Reichsabgabenordnung eine schwerere Strafe verwirkt ist. Außerdem findet, wenn dieser Verordnung zuwidergehandelt worden ist, Schätzung nach § 217 der Reichsabgabenordnung statt.

(11) Sonstige Buchführungs- und Aufzeichnungspflichten bleiben unberührt.

§ 2.

Diese Verordnung tritt am 1. Oktober 1936 in Kraft.

10. Liste kurzlebiger Wirtschaftsgüter des Anlagevermögens
im Sinn des § 6 Ziff. 1 Satz 4 EStG 1934
(RStBl. 35 S. 3 ff.)

Inhaltsverzeichnis

A. Liste kurzlebiger Wirtschaftsgüter des Anlagevermögens, die bei einer Mehrzahl von Wirtschaftszweigen vorkommen 704
B. Liste kurzlebiger Wirtschaftsgüter des Anlagevermögens für bestimmte Gewerbegruppen (Statistisches Jahrbuch für das Deutsche Reich 1929 S. 101 ff.) und für die Landwirtschaft 705
    I. Nichtlandwirtschaftliche Gärtnerei und Tierzucht 705
    II. Hochseefischerei 705
    III. Bergbau, Salinenwesen und Torfgräberei 705
    IV. Industrie der Steine und Erden 707
    V. Eisen- und Metallgewinnung 709
    VI. Herstellung von Eisen-, Stahl- und Metallwaren 711
    VII. Maschinen-, Apparate- und Fahrzeugbau 712
    VIII. Elektrotechnische Industrie, Feinmechanik und Optik 713
    IX. Chemische Industrie 713
    X. Textilindustrie 715
    XI. Papierindustrie und Vervielfältigungsgewerbe 716
    XII. Lederindustrie 716
    XIII. Kautschuk- und Asbestindustrie 717
    XIV. Holz- und Schnitzstoffgewerbe 717
    XV. Musikinstrumenten- und Spielwarenindustrie 717
    XVI. Nahrung- und Genußmittelgewerbe 718
    XVII. Bekleidungsgewerbe 719
    XVIII. Baugewerbe 719
    XIX. Wasser-, Gas- und Elektrizitätsgewinnung und -versorgung . . 719
    XX. Handelsgewerbe 720
    XXI. Versicherungswesen 720
    XXII. Verkehrswesen 720
    XXIII. Gast- und Schankwirtschaftsgewerbe 720
    XXIV. Theater-, Musik-, Sport- und Schaustellungsgewerbe 721
    XXV. Gewerblich betriebener Unterricht 721
    XXVI. Gesundheitswesen und hygienische Gewerbe 721
    ferner: Land- und Forstwirtschaft sowie Gärtnerei und Weinbau . . 722

A. Liste kurzlebiger Wirtschaftsgüter des Anlagevermögens, die bei einer Mehrzahl von Wirtschaftszweigen vorkommen.

Akkumulatoren-Batterien
Apparate
    Diktier-
    Lichtpause-
    Spritz-
    Schweiß-
    Vervielfältigungs-
Baracken
    Holz-, transportable
Bohrhämmer
Bottiche, Holz-
Buchungsmaschinen unter 3 000 RM.
    Anschaffungskosten
Büromaschinen
Bulldogg
Decken
    Pferde-
    Wagen-
    Waggon-
Dekorationsausstattung
Drahtzäune
Elektrowerkzeuge
Fahrzeuge aller Art mit Ausnahme von Schiffen, Lokomotiven
Feldbahndrehscheiben
    -weichen
Feldschmieden
Fernschreiber
Filtrieranlagen
Flugzeuge
Flugzeugmotore
Formen
Formkästen
Galvanische Anlagen
Gasschutzgeräte
Gesenke
Gießformen
Gummiwaren
Handkreissägen
Heizungsanlagen
    automatische
    elektrische
Karren aller Art
Kassen
    Registrier-
Kastenkipper
Kastenkippwagen
Kesselreinigungsapparate
Kocheinrichtungen
Kohlenförderbänder
Koksbrecher
Krafträder
Kraftwagen
    Last- einschl. Anhänger
    Personen-
Laboratoriumseinrichtungsgegenstände, kleinere

Lautsprecheranlagen
Lichtanlagen
    Neon-
    Reklame-
Lichtpauseapparate
Lufterhitzer
Luftfilteranlagen
Markisenanlagen
Modelle
Motoren, bis 10 PS, und in Naß- und chemischen Betrieben
Niethämmer
Öfen, transportable
Pendelkreissägen
Pferde
Planen (Wagen)
Polstersachen
Präzisionswerkzeuge
Preßluft-
    hämmer
    leitungen
    schläuche
    stampfer
Rechenmaschinen
Regale
Registrierkassen
Reinigungsgeräte (z. B. Staubsauger, Klopfmaschinen)
Reklamegegenstände
Rettungsgeräte
Rohrleitungen (in Wasser- und Säurewerkstätten)
Rundfunkanlagen
Rundfunkgeräte
Sanitätshilfsgeräte
Spritzapparate
Schaufensterdekorationen
Schaufenstereinrichtungen
Schlackenbrecher
Schlauchleitungen
Schleifsteine
Schmelztiegel
Schneidbrennergeräte
Schnitte
Schränke für Werkzeuge
Schreibmaschinen
Schweißapparate, autogene
Stanzen
Stellagen
Stemmhämmer
Traktoren
Transparente
Transport-
    fässer
    karren
    kisten
    räder

Treibriemen
Trecker
Vervielfältigungsapparate
Wäsche
Werkzeuge
  Hand-
Präzisions-
Stanz-
Werkzeugmaschinen für Präzisionsarbeiten, Feinmechanik und Holzbearbeitung
Zugmaschinen

B. Liste kurzlebiger Wirtschaftsgüter des Anlagevermögens für bestimmte Gewerbegruppen (Statistisches Jahrbuch) für das Deutsche Reich 1929 S. 101 ff.) und für die Landwirtschaft.

I. Nichtlandwirtschaftliche Gärtnerei und Tierzucht

Apparate zur Schädlingsbekämpfung
Beizapparate für Saatgut
Düngerstreumaschinen
Futterdämpfer
Motorfräse
Motorhacke
Motorpflug
Separatoren (Milchschleuder, Zentrifugen)

II. Hochseefischerei

Fanggeräte
Fischereinetze (Logger-, Herings-, Schleppnetze)
Fischkästen aus Holz
Fischschotten
Scheerbretter
Tauwerk

III. Bergbau, Salinenwesen und Torfgräberei

Abbauhämmer
Abwurfklappen
Ammoniaksättiger, Zentrifugenvorrichtung der
Ammoniaksäure-Pumpen
Ankerständer
Apparate in Bromfabriken
Aschetransporteinrichtungen
Aschetransportwagen
Aufschiebevorrichtungen
Aufstoßvorrichtungen
Aufziehvorrichtungen
Ausrüstungsgegenstände der Grubenseil- und Kettenbahnen mit Ausnahme der Antriebmaschinen
Bandanlagen (bewegliche) im Tage- und Tiefbau
Betonbrecher
Betonbecher
Betonmischmaschinen
Blas- und Schleuderversatzmaschinen
Bodenablaßventile
Bohrgeräte (Gestänge, Meißel usw.)
Bohrhämmer
Bohrrohre
Bohrschläuche
Brechkoks-Abriebsiebbleche
Bremsberg-Senkwerkschalen
Bremshaspel
Brems- und Förderhaspel, kleine
Drehroste
Drehtische
Elektrokarren
Elektromotore, soweit sie Säureeinflüssen ausgesetzt sind, und unter Tage
Elevatoren
Entphenolungsanlagen, Maschinen und Apparate
Erzwaschkästen aus Holz
Fahrdrahtstützen und Zubehör
Feuerlöscher
Feuerwehrgeräte, kleine
Förderhaspel, kleine, ausgenommen die großen Blindschachthaspeln zur Seilfahrt
Förderschalen
Förderseile
Gasschneidemaschinen
Gerenne für Säuren und Laugen
Gesteinsbohrer
Gesteinsstaubmühlen
Gezähe
Gezähekisten
Gießpfannen
Gießplatten
Gitterventilatoren
Grubenbeleuchtung, elektrische
Grubenkabel
Grubenlampen
Grubenrettungswesen, Einrichtungen für das
Gummitransportbänder
Gurtbandtransportanlagen, nur das Band, nicht die ganze Anlage
Hähne, heizbare
Härteöfen
Häspel (kleinere)
Halden-Rückverladeeinrichtungen
Heizrohre und Heizschlangen in Laugenvorwärmern
Heizschlangen des Heißwasserofens
— im Naphthalinwäscher
— im Teerhochbehälter
— in der Benzolblase
— in der Naphthalinblase
Hochofenbestandteile in der Hauptfeuerzone, wie
  Gichtverschluß und Gichtgasleitungen
  Düsenstöcke

Windformen
Kühlkästen usw.
Hochofenfutter
Hochofenzustellung
Holzhunde
Holzwagen
Injektoren für Säure und Laugen
Installationsanlagen für Be- und Entwässerung
Kabel der Grubenbaue
Kabel von den Kabelbaggern (Preis 8—15 000 RM)
Kippeinrichtungen
Klassiersiebe
Kleinventilatoren
Koepescheiben
Kohlen-Vergebrecher
Kohlenbrecher
Kohlendrehbohrmaschinen
Kohlenmühlen
Kohlensägen
Kohlenschneider
Kohlenwaschapparate
Kokillen
Koksbrecher-Werke
Koksbrechringe
Kokskühlkammer-Schieberdeckel
Koksseparation, Antriebmaschinen (Motoren)
Kokssiebe
Koksstreuer der Generatoren
Kondensatleitungen
Kondenstöpfe
Kratzförderer
Kratz- und Transportbänder
Kreiselwipper
Kreuzungen für Abraum und Grube
Kristallisationskästen aus Holz
Kühler für die Säureregenerieranlage
Kühlerrohre
Kühlschlangen
Kühlschiffer aus Holz
Kühl- und Verladebänder
Kugelmühlen
Laugenbehälter
Laugenbottiche
Laugenpumpen
Laugenrinnen
Laugenrohrleitungen
Laugetrommel
Lesebänder
Luftkompressor
Luftreinigungsapparate
Luftumlaufapparate
Lutten
Luttenventilatoren
Mahlwalzen für Walzenstühle
Matrizen für Brikettpressen
Mischschnecken
Mörtelmischmaschinen
Pferde
Planierungspflüge
Platten

Präzisionswerkzeugmaschinen
Preßluftbohrer
Preßluftpumpen
Preßluftleitungen
Preßluftmesser
Prusenwalzen
Raupwinden
Rohrleitungen
Rohrsalzbrecher
Rollenroste
Rollochverschlüsse
Rührwerke
Rutschen und Rutschmotore (Schüttelrutschen, Bunkerverschlüsse)
Sättigereinsätze
Säurefeste Ausmauerung der Benzolwäscher
Salzpfannen
Salzpoketiermaschinen
Salzverblaseapparate
Sandstrahlgebläse
Sanitätseinrichtungen
Seilbahnseile
Selbstentlader aus Holz
Sichteranlagen
Siebeeinrichtungen
Sortiersiebe
Speisewasserreinigungsanlage
Spezialaufbereitungsanlagen für Erz
Spritzkästen
Spülköpfe
Spülversatzanlagen
Spülversatzleitungen
Schachtsignalanlagen
Schaltanlagen unter Tage
Schießapparate
Schleudermühlen
Schleuderversatzmaschinen
Schlotterlüfter
Schmelzofenausmauerung mit Leitungen u. dgl.
Schmelztiegel
Schneidehämmer
Schrämmaschinen
Schrapperanlagen
Schubkarren- und Muldenkipper
Schüttelrinnen
Schwelglocken in Schwelöfen
Schwenkbühnen
Schwingsiebbleche
Schwingsiebe
Stapelförderkörbe
Stapelkörbe
Steigleitungen
Steigrohre (Kokerei)
Steigrohrventile (Kokerei)
Tauchringe der Generatoren
Teerblasen
Teerpumpen
Tiefpumpenantriebe mit Gestänge und Steigerohren
Torkretiermaschinen
Transmissionsteile

Transportbänder
Transportschnecken
Trommelsichter
Unterseile
Untertagebänder
Verbaustempel, eiserne und andere
Verladezahnbänder
Versatzmaschinen einschl. Rohrleitungen
Versatzwagen
Verteilerstellen
Vibratoren
Vorgelege (Zahnrad- und Riemen-
  vorgelege)
Vortriebsmaschinen
Wettertüröffner
Winden
Zentrifugen für Säure und Laugen
Zündmaschinen
Zugseile

IV. Industrie der Steine und Erden
Absprengmaschinen der Isolierflaschen-
  fabriken und Glasschleifereien
Antriebsseile und -riemen
Arbeitsgeräte der Steinbrucharbeiter
Ardometer
Asphaltkocher
Auftreiber
Auftreibmaschinen
Baggerseile
Batterien
Becherschleifeinrichtungen
Bedruckmaschinen für Porzellan
Belegeanlagen
Betonplattenpresse
Betriebsgeräte, wie Trockenrähmchen in
  der grobkeramischen Industrie
Biegeöfen in Glashütten
Blechölmaschinen
Bohlenbelege jeder Art
Bohrgeräte jeder Art
Boord-Mörser
Bottiche
Brechbacken für Steinbrecher
Brecher
Brenner-Kontrollapparate
Brennkapseln
Brennofenausstattung
Brennofenfutter aus Chamotte
Brennofenventile
Bronzescheiben zu Diamantsägemaschinen
Bruchhölzer
Buden aus Holz, soweit sie dauerndem
  Platzwechsel und Umbau unterliegen
Convoyor
Decken für Rohlinge
Diamantpudermaschine
  mit Puderrollen
  mit Puderwalzen
Drahtseil der Aufziehvorrichtungen
Drahtseilsägen
Drehscheibe, Drehscheibenbeläge

Drehrostgeneratoren
Drehwannen
Dynamometer
Einlagebleche und Schmalzkörbe
Einrichtungsgegenstände in der Glas-
  industrie
Einsatzwagen für Kanaltunnelöfen
Einschmelzbrenner
Eintraggabeln
Eintragvorrichtungen
Elektrische Anlagen und Freileitungen, die
  der Witterung ausgesetzt sind
Elektrische Heizapparate
Elektrische Installationen
Elektrische Sprengeinrichtungen
Elektrische Zuschmelzapparate für Thermo-
  meter
Ersatzteile in Brecherwerken
Fabrikinventar in der Glasindustrie
— in der keramischen Industrie
Feldbahngleise und -weichen bei Stein-
  bruchbetrieben
Feldbahnwagen aus Holz und Eisenblech
Feuerungsglocken für Zugluftregulierung
  in Brennöfen
Filterplatten
Filterpressen
Filzwalzen
Flaschen zur Aufbewahrung von Ätz-
  säuren
Flaschenformen, soweit es sich um Flaschen
  handelt, die Modeeinflüssen unterliegen
Förderseile
Formen und Modelle
Formen für Kalkerzeugnisse
Formsteinmaschinen
Freileitungen, elektrische, die der Witterung
  ausgesetzt sind
Galvanische Bäder und Scheuertrommeln
Gammen
Gasöfen für Diamantschleiferei
Gemengekästen
Geschwindigkeitsbegrenzer
Gesteinbohrer und Bohrmaschinen
Gießanlagen
Gipsarbeitsformen für Porzellandreherei
  und -gießerei
Gipsmodelle
Glashäfen
Glasmacherpfeifen und Pfeifenrohre
Glasofen mit Generatorenanlage
Glasscheren, Messer und sonstige typische
  Werkzeuge der Glasindustrie
Glasschmelzhafen-Ofenanlage
Glasschneidegeräte
Glaswannen
Glaswaschbürsten
Gleismaterial in der Grube
Grubenhölzer in der Kaolinerzeugung
Grubenkleidung in der Kaolinerzeugung
Grubenlampen aller Art
Gummihandschuhe für Ätzereien
Gurtförderer

Hafenbutten
Hafenöfen
Handspritzwagen
Heizelemente für Securit-Betrieb
Heizschächte und -roste
Hitzdrahtmanometer
Holzrahmen für Trockeneinrichtungen
Irisöfen
Justierapparate
Kabelleitungen
Kapseldrehmaschinen
Kapselker
Kapseln der feinkeramischen Industrie
Kasten aus Eisen für Schmelzmuffeln
Kastenbeschicker
Kleinbahnmaterial
Kohlenstaubbrenner
Kollergänge, kleine
Kollersiebe
Kompressortankwagen
Kranketten
Kranseile
Kupplungen
Laufwerke der Drahtseilbahn
Ledermanschetten für hydraulische Pressen
Loch-an-Loch-Bohrapparat
Lufthämmer
Mahlkörper aus Stein und Metall (auch Mahlplatten für Koller)
Malermuffeln
Manschetten
Massebottiche
Massekästen
Massesiebe
Matrizen zum Stanzen von Porzellan
Matrizenbürsten
Meßgeräte aus Holz und Eisenblech
Meßinstrumente in der Glasindustrie
— in der Kalkindustrie
— in der Zementindustrie
Mühlenpanzerungen in der Zementindustrie
Muffelwinden
Mundstücke aller Art
Mundstücke für Naßpressen
Oberöfen in Glashütten
Ofenanlagen in der Glasindustrie
— in der keramischen Industrie ohne Fundamente und Eisenkonstruktionen
Ofenausmauerung
Ofenbühnen
Ofenmeßgeräte
Panzerplatten an Zementmühlen
Plankenbretter
Plattentransporttische
Polier- und Schleifmaschinen
Pressen für Kalkerzeugnisse
— für Platten
Preßformen
Preßluftgeräte
Preßöfen in Glashütten
Putzmaschinen

Pyrometer
Quecksilber- und Quarzglaslampen
Quetschwelle
Radsätze für Laufkatzen und Schwebebahnen
Rangierseile
Rauchgasprüfungsapparat
Rauchkanalschieber
— in der grobkeramischen Industrie
Rauchschutzgerät
Reibdoppen
Röhrendrehbänder für feuerfeste Platten
Röhrenprüfstand
Rührquirle
Rüttelsiebanlage für Koksaufwertung
Rundbeschicker
Rutschen
Sandöfen
Sandraspler
Sandtrockentrommeln
Sauerstoffgerät
Saugplatten
Seile und Ketten für Krananlagen und Seilwinden
Seilrollen
Senköfen in Glashütten
Siebanlagen
Siebezylinder für Plattenrohrmaschinen
Siebtrommeln
Siederohre
Sortiertische
Sortiertrommeln samt Ersatzteilen
Spannungsprüfer
Spezialpreßmaschinen
Spezialwerkzeuge in der Glasindustrie
Spieße
Spindeln
Sprengeinrichtungen, elektrische
Sprengpumpe mit Sprengzylinder
Spritzapparate
Schablonen aus Stahlblech für die Porzellandreherei
Schachtgleisanlagen
Schamottekapseln zum Brennen von Porzellan
Schamotte-Tonschneider
Schieberluftpumpen
Schlagwerke
Schlammpumpen
Schlamm-Schmirgelklassierungen
Schlauchleitungen für Brand- und Luftschutz
Schleifdoppen
Schleifereiwerkzeuge
Schleiferbänke
Schleiferkübel
Schleifscheiben (Hand- und Maschinenschleiferei)
Schleif- und Polierständer
Schleifsteine
Schmelzkörbe
Schmelzöfen
Schmelzwannen

Liste kurzlebiger Wirtschaftsgüter. 709

Schmirgelscheiben
Schneckenbetrieb für Abfall-Laufbereiter
Schneid- und Schweißanlagen
Schneid- und Schweißgeräte
Schneidebrenner
Schneidestangen
Schöpfkellen
Schreibdiamanten
Schürapparate
Schütt- und Lochdeckel für eiserne Brennöfen
Schütt- und Locheinsätze für eiserne Brennöfen
Schüttelrinnen
Schurscheibenbeläge
Schweiß- und Schneideanlagen
Stähle für Fallbäranlagen
Stahlplatten zum Eingravieren von Dekorationen (Stahldruckerei)
Steinbearbeitungswerkzeuge für Handbetrieb
Steinbohrer
Steinbruchwerkzeuge jeder Art
Steinebretter in Trockenhütten
Steinfräse
Steinmetzblöcke
Steinmetzwinkel
Steinschlägerbuden und sonstige Buden aus Holz, soweit sie dauerndem Platzwechsel und Umbau unterliegen
Steinwalzen
Stempel
Stockhämmerfräser
Strahlungspyrometer
Streköfen in Glashütten
Streichformen für Handstrichbetriebe
Streichgeräte für Handstrichbetriebe
Streichtische für Handstrichbetriebe
Strohmatten für Rohlinge
Tassendrehmaschinen
Temperatur-Meßinstrumente
Temperöfen in Glashütten
Thermo-Hygrograph
Tonaufbereitungsmaschinen
Tonkolbenpumpen
Tonmühle-Einbauten
Tragrahmen für künstliche Trocknung
Transportbänder
Transportschnecken
Trockengestelle
Trockenkammern
Trockenrähmchen
Trockenvorrichtungen
Trommelfutter
Trommelmühlen mit Porzellan- oder Hartsteingutkörpern
Uebersetzungsgetriebe (moderne)
Verschmelzmaschinen zum Verschmelzen von Randrändern
Vibratoren
Vorrichtmaschinen
Vorrichtungen für die Zuführung von Gießschlicker, Glasur und Materialien

Wärmeabsaugvorrichtungen (nur bewegliche Teile)
Walzen in der Ziegelindustrie
Wannen aus Blech und Holz für Glasiererei, Buntdruckerei usw.
Wannenöfen in Glashütten
Weichen und Feldbahngleise
Werkzeuge jeder Art einschl. Steinbearbeitungswerkzeuge für den Handbetrieb
Ziegelformen
Ziegelpressen
— für Mauersteine
Zubehörteile zu Hammermühlen
— zu Kugelmühlen
— zu Maxecon-Mühlen
— zu Ofenanlagen in der keramischen Industrie
— zu Steinbrechern
— zu Walzwerken

V. Eisen- und Metallgewinnung

Abbauhämmer
Abgratmaschinen
Anspitzwalzmaschinen
Ausmauerung der Cupolöfen
Autogene Schweißanlagen
Bänder
Bandstrahlgefäße
Becherwerke
Beizanlagen
Beizbottiche
Beizkörbe
Beizleitungen
Beizmaschinen
Beizsteintröge
Beschneidekissen
Betonmischmaschinen
Blechwaschmaschinen
Bleipumpen (für flüssiges Blei)
Brecheranlagen
Bronziermaschinen (kleinere)
Chargiermulden
Desintegratoren für Naßgasreinigung
Diesenstöcke
Dorne und Ziehstangen
Dreschmaschinen
Drehofen-Ausmauerung
Drehrostgeneratoren
Düsenstöcke
Einlaufschüsse der Drehöfen und Auslaufschüsse
— der Kühltrommeln
Einsätze für Schlackensteinpressen
Emaille-Glühkästen
Emaille-Mühlen nebst Sieben
Emaille-Spritzanlagen
Entzündungsmaschinen
Fallhämmer
Feilmaschinen
Feuerfeste Ausmauerungen zu Glühöfen, Siemens-Martin-Öfen
Flammöfen-Ausmauerung
Fließbandanlagen

Förderwagen
Formen
Formkästen
Formplatten
Formrahmen
Galvanisiererei-Einrichtung
Gasventilatoren
Gesenke
Gichtverschluß und -gasleitungen
Gießereigeräte (Löffel, Eimer usw.)
Gießformen (für Rohblöcke und Formstücke)
Gießpfannen für Stahl
Gießplatten
Gießwagen
Glühbehälter mit Zubehör
Glühkästen zum Glühen des Walzgutes
Glühöfenausmauerung
Glühpfannen
Glühtöpfe
Glühwagen
Granuliermaschinen
Graviermaschinen
Gummitransportbänder
Gußöfen
Gußpfannen
Gußtiegel
Gußtrommeln
Handschleifmaschinen
Härtekästen für Schlackensteinfabrikation
Haspeln (Drahtwalzwerke)
Hebezeuge in der Glüherei
Heißwindschieber
Hochfrequenzöfen
Hochleistungskaltsägen
Hochtourige Spezialhämmer
Induktionsöfen
Kaltmutternpressen
Kernkästen
Kernpressen
Kernspindeln
Kernstopfmaschinen
Kleinrüttler
Knickwalzmaschinen für Bandeisen
Kohlenmahlanlagen für Drehrohröfen
Kokillen
Kokillenputzmaschinen
Kokskörbe für Gießereibeheizung
Kollergänge
Konverterausmauerung
Kristallisiergefäße und Bottiche
Kugelmühlen
Kühlkästen
Lackiermaschinen (kleinere)
Laufwerke der Kräne
Laugenpumpen und -gefäße
Lichtbogenöfen
Luftfilter
Lufthämmer
Mahlanlagen für Schlacke
Matrizen
Meß- und Prüfungsinstrumente
Metallschmelzöfen

Mischtrommeln für Schlackensteinfabrikation
Nickelbad-Bottiche
Nietenwärmer
Normalisieröfen
Ölpumpen
Pfannen für Schlacke
Pilgerwalzen für Rohrwalzwerke
Planscheiben
Präzisionsmetallschleifmaschinen
Präzisionswerkzeugmaschinen
Preßlufthämmer und -stampfer
Preßluftschleifmaschinen
Profilwalzen
Pumpen für Säure und Laugen
Putzkammern
Putzmaschinen
Putztrommeln
Pyrometeranlagen
Quetschen
Rast und Schacht in Hochöfen
Reduktionsgetriebe für Drehöfen
Reduktionsöfenausmauerung
Ringdraht-Drücker
Roheisenpfannen
Rostöfen
Rütteltrommeln
Rutschen
Säurefräser
Säurepumpen und Leitungen
Säurewannen und -kästen
Sandbecherwerke
Sandförderbänder
Sandkämmer
Sandmühlen
Sandschleuder
Sandstrahlgebläse
Setzmaschinen
Siebmaschinen
Spannvorrichtungen
Spezialmaschinen für Schleuderguß
— für Sprungfedern
Spulmaschinen
Schachtöfen
Scheuermaschinen
Schläuche für Trockengasreinigung
Schlagmaschinen
Schleifblöcke
Schleifleitungen
Schleifscheiben
Schleudergußmaschinen
Schleudermaschinen
Schmelzkessel
Schmelz- und Brennöfenausmauerung
Schmelztiegel
Schneckentransporte
Schnitte
Schrämmaschinen
Schutzauskleidungen in Laugebottichen
Schweißmaschinen (elektrische und autogene)
Schweißumformer
Stampfmaschinen

Liste kurzlebiger Wirtschaftsgüter.

Steinbrecher
Steinmühlen
Stichlochstopfmaschinen
Tempertöpfe
Tiegel
Tiegelschmelzöfen
Transportanlagen, autogene
Transportbänder für Brikettieranlagen
Transportvorrichtungen für glühende Blöcke
Trockenöfen
Überhitzer von Dampfkesseln
Verdampfer
Verzinkungs- und Verzinnungsanlagen
Verzinn-, Verzink- und Verbleipfannen
Walzen (gewöhnliche) in Walzwerken
Warmmutternpressen
Warm- und Kaltstahlsägen
Waschmaschinen
Wasseraufbereitungsanlagen
Weichen
Wellenanspitzmaschinen
Winden
Windformer
Zeichenmaschinen
Zementmühlen
Zentrifugalpumpen für Säuren
Ziehwerkzeuge
Zirkularscheren für Bandeisen

VI. Herstellung von Eisen- Stahl- und Metallwaren

Behälter aus keramischer Masse
— aus säurefesten Metallen
Beizgefäße aus Holz und Steingut
Beizkörbe
Beiztröge
Blechwaschmaschinen
Bogensägen
Bohrlehren (Schablonen zur Herstellung von Maschinen und Maschinenersatzteilen)
Bohrvorrichtungen
Elektrolyse-Einrichtungen (wie Bäderwannen u. dgl. ausschl. elektrischen Maschinen)
Formkästen
Formrahmen
Fräsmaschinen, leichte (bei Metallwarenfabrik)
Galvanische Bäder (Trommel- und Ringbäder)
Gasbrenner für Schmelzöfen
Gasnietöfen
Gebläse
Gießkasten
Gießkokillen
Gießpfannen
Glühanlagen
Glühkisten
Glühöfen und Hartöfen für Gas und elektrischen Strom
Glühtöpfe

Glühtransportwagen
Häkelnadelautomaten
Hobelmaschinen für Stahl
Hochtourige Spezialmaschinen
Industrieöfen, im Feuer liegende Teile von —, Ölbrenner, Ziegel, Roste und Feuergeschränke
Kessel aus säurefesten Metallen
Kistenverschlußapparate
Kleinbearbeitungsmaschinen für Bleche
Kompressoren und Sandstrahlgebläse
Lackiertrommeln
Lötgeräte
Lötmaschine, Spezial-
Mahlmaschinen
Muffelöfen im Emaillierwerk
Ölbehälter
Präzisionsdrehbänke
Präzisionswerkzeugmaschinen (Hobel-, Säge-, Stoß-, Feil- und Fräsmaschinen)
Putztrommeln
Rachenlehren
Reibahle
Reinigungsapparate für Metallwaren
Rohrbürsten
Rohrschneider
Säurebäder mit Zubehör
Säurebehälter
Säurebottiche für Beizereien
Säurepumpen
Seile
Spezialfräsmaschinen für Uhrgehäuse
Spezialmaschinen, hochtourige
Spezialsegmentwalzwerke
Spezialwerkzeugmaschinen
Spritzgußformen
Spritzpistolen
Spülbottiche
Scheuertrommeln und -fässer
Schmirgelscheiben
Schmirgelsteine
Schneideapparate, autogene
Schneidemaschinen, Gas- (Schneidebrenner)
Schneidepistolen
Schnellbohrmaschinen
Schnelldrehbänke
Schnellgangstahlbearbeitungsmaschinen
Schnitte und Stanzen aus Edelstahl als Maschinenteile bzw. -werkzeuge zum Pressen, Prägen, Stanzen
Schraubenwalzmaschine
Schwabbelscheiben
Schweißpistolen
Stahlprägestempel
Stangen
Stanzautomaten
Stanzen
Stanz- und Ziehwerkzeuge
Stauchmaschine
Steinzeugventilatoren
Steinzeugwannen
Transportkästen aus Eisen und Holz

Transportkarren
Transportkörbe
Transportwagen
Wärmeöfen zum Glühen von Röhren
Werkzeugmaschinen, feinmechanische (Feil- und Sägemaschinen)
Zangen
Zinkerei-Einrichtungen (wie Zinkkessel usw.)

VII. Maschinen-, Apparate- und Fahrzeugbau

Akku-Anlagen
Anlaßöfen
Anwärmeöfen
Auskochanlagen
Automaten, einspindelige
—, komplizierte
—, mehrspindelige
— und Halbautomaten
   Räder-
   Sonder-
Acetylengasentwickler
Acetylengas-Erzeugungsapparate für Schweißanlagen
Bädereinrichtungen für Vernickelung und Verchromung
Becherwerke
Beizanlagen
Beizbottiche
Beizbehälter
Beizmaschinen
Bolzenpressen
Brechmaschinen für Korunt und Silizium
Drehscheiben
Druckpumpen für Säuren
Einsatzöfen (ohne Mauerwerk)
Eisenscheren
Elektroöfen
Elektrozüge
Exzenter-Stanzmaschinen
Fallwerke
Farbspritzanlagen und Apparate
Farbspritzapparate
Federhämmer
Feinmeßeinrichtungen (Lehren, Meßwerkzeuge, Meßgeräte)
Feinmeßgeräte
Feinwaagen
Feldschmieden
Feldschmieden, transportable
Feuerbrücken
Galvanische Bäder mit Zubehör
Galvanisieranlagen
Halbautomaten und automatische Drehbänke für Maschinenfabriken
Handbohrmaschinen
Härteöfen
Heizöfen, elektrische
Hellingseile für Kabelkrananlagen, Trossen und Tauwerk
Hochtourige Maschinen für Leichtmetallbearbeitung (ab 3 000 Touren aufwärts)
Imprägnierkörbe (Isolierrohrfabrikation)

Kastenwagen
Kernblasmaschinen
Kernstoffmaschinen
Kondensatoren als Phasenschieber an elektrischen Generatoren
Kurbeltafelscheren
Lackspritzanlagen
Meßinstrumente
Mischmaschinen für Emaille
Motorenprüfstände
Oxydieranlagen
Pendelsäge
Plattenformmaschinen
Preßlufttölbrenner
Prüfstationen für Druck und Zug
Putzereimaschinen
Pyrometeranlagen
Rollfässer, auch eiserne
Rüttelformmaschinen
Säurebehälter
Sandaufbereitungsmaschinen
Sandmischmaschinen
Sandschleudermaschinen
Sandspritztrommel
Sandstrahlanlagen
Sandstrahlgebläse
—, stationäre
Siebmaschinen
Siebwerke
Spezialbohrmaschinen für Feinmechanik
Spezialwerkzeugmaschinen
Spritzanlagen
Spritzgußmaschinen
Spritzmaschinen für Farben und Lacke
Schalennietfeuer
Schaltkupplungen
Schiebebühnen
Schiebekarren
Schleifautomaten
Schleifböcke
Schmelz- und Glühöfen
Schmelztiegel
Schmiedeöfen
Schneckenpressen, automatisch
Schneckenräder bis 1000 mm ⌀ (Aufzugwerke)
Schnellauf-Tischbohrmaschinen
Schneideapparate, autogene
Schneidemaschinen, Gas- (Schneidebrenner)
Schneidanlagen
Schraubenautomaten
Schraubenschlitzmaschinen
Stahlpanzersägen
Stanzautomaten
Tafelscheren
Temperaturmeßeinrichtungen
Tischhandfräsmaschinen (soweit hochtourig)
Trennmaschinen (für Wärmetrennung)
Trockenofenanlagen
Ventilatoren
Ventilschleifmaschinen

Liste kurzlebiger Wirtschaftsgüter. 713

Verchromungsanlagen
Verkupferungsanlagen
Vernickelungsanlagen
Versilberungsanlagen
Verzinnungsanlagen
Vollgatter
Warmpresserei
Warmmutternpressen
Wärmeöfen
Weichen
Winkelmesser

VIII. Elektrotechnische Industrie Feinmechanik und Optik

Augenränderwickelmaschinen
Automaten
    Bohr=
    Fräs=
    Spezial=
    Stanz=
Bakelite-Formen
Beizanlagen
Bleigießkessel
Bleipumpen
Bleischmelzöfen
Bohrautomaten
Elektrohubwagen
Entfettungs- (Trichlor-) Anlagen
Façonautomaten
Fassonwalzen
Förderbänder
Förderständer
Formationströge
Galvanisieranlagen
Galvanisiertrommeln
Gießböcke
Glühöfen für Gas und Öl
Hämmermaschinen
Hochleitungs-Fassondrehautomaten
Kabeltrommeln
Kalibriermaschinen
Kapper
Kocher, elektrische
Kochgrubeneinrichtung
Laugepumpen
Legierkessel
Maschinen für torische Gläser
Messebeförderungswagen mit Bleiblech=
    auskleidung
Mischmaschinen
Ölbäder
Perforiermaschinen
Plattenbeförderungsgestelle, =wagen
Plattentrockengestelle
Plattenwaschmaschinen
Poliermaschinen
Poliermotoren
Präzisionsmeßinstrumente
Pumpen
    Blei=
    Lauge=
    Säure=
Reduzierautomaten

Reduzierofenanlagen
Sandstrahlgebläse
Säureabfüllbottiche
Säurebottiche mit Bleiblechauskleidung
Säuredruckbehälter (Montejus)
Säuremischbottiche
Säurepumpen
Säurerohrleitungen
Säuretankanlagen
Spannrollen
Spezialautomaten
Spritzformen
Sulfatierbottiche mit Bleiblechauskleidung
Schmirgelfässer
Schnellflechtmaschinen
Schraubenautomaten (4 mm)
Schüttelmaschinen
Temperaturenanzeiger
Tischbohrmaschinen, Schnellauf=
Transportbänder
Trennmaschinen
Trix-Einbaumaschinen
Trockenkammereinrichtung
Trockenpressen
Trockenschleuder
Verchromungsanlagen
Vernickelungsanlagen, galvanische
Waschmaschinen
Wasserbottiche mit Bleiblechauskleidung
Wasserzersetzungsanlagen, elektrolytische
    mit Diaphragmen
Widerstände, elektrische

IX. Chemische Industrie

Abbaumaschinen
Abfüllmaschinen
Abkühlmaschinen für pulverförmige, stark
    angreifende Chemikalien
Ablaugegefäße
Absaugvorrichtungen
Acetylengasentwickler
Aggregieranlagen
Alkohol-Rektifizierapparate
Ansatzapparate
Apparate
    für Bearbeitung mit säure= und alkali=
        haltigen Substanzen
    für die Verarbeitung von Spinn=
        lösungen (Kunstseide usw.)
Armaturen
Atmungsapparate
Aschepumpen
Auflösebehälter für Eisenvitriol
Auflösekessel für Eisenvitriol u. dgl.
Aufschlußbirne
Aufschlußwaage, automatische
Auslüterungsapparate
Autoklaven, Hochdruck=
Azetonretorten
Azotiereinsätze
Azotieröfen
Backenbrecher
Baskowagen bzw. Mischpfannen

Bleibehälter
Bleileitungen
Bleirinnen
Bleischlangen
Bottiche
Brechanlagen
Brenntrommeln
Carbonisatoren
Condensationsanlage
Cyclomotorengetriebe
Dampfpumpen
Dephlegmotoren
Desodorisierungsanlage für Öle
Destillierblasen, direkt befeuerte
Destillierkessel
Dextrinröstpfannen
Druckgefäße
Druckluftanlagen
Duplexmonoapparate
Eindampfapparate, Blei-
Eintopfbottiche für Unterlaugen
Eisenfässer
Elektrische Gurtförderer
Fettpumpen
Fettsäuredestillationsanlage
Fettsäurekochereimaschinen
Fettsäurevorratsbehälter (aus Blei und Holz)
Fettspaltungseindampfanlage
Fettschmierapparate
Filter
Filterpressen
Filterpressenrahmen
Filtriervorrichtungen
Fülltüren
Gasgeneratoren
Gasmasken
Gefrieranlage
Gesteinsbohrmaschinen
Gesteinszerkleinerungsmaschinen
Glasbehälter
Glasleitungen
Glasschmelzöfen
Glühöfen
Glühretorten
Greifer
Griffinmühle
Härteprüfer
Hammermühlen
Haspelapparate (Kunstseide)
Heißabfüllautomaten
Hochleistungs-Dozierwagen, automatische
Holzkalkzersetzer
Hubwagen
Hunde im Wasserglas (Ofenbetrieb)
Kälteisolierungen
Kammern aus Holz für Filterpressen
Kanettiermaschinen (zur Veredelung von Kunstseide)
Kapselkolonnen
Kollergänge
Kollophlegmühlen
Kontaktöfen mit Reaktionstemperatur über 500° Celsius
Kratzenförderer
Kreiselpumpen aus Hartblei
Kreppmaschinen (zur Veredelung von Kunstseide)
Kristallisierpfannen für Eisenvitriol u. dgl.
Kühlpfannen
Kühlplatten
Kühlschlangen
Kühltrommeln
Kugelmühlenauspanzerung
Lagerballonflaschen
Laugengefäße
Laugenkühlgefäße
Laugepumpen
Laugentrommeln
Leitungen (für Bearbeitung von sauren und alkalischen Substanzen)
Lösemaschinen
Lösetrommeln
Mörtelmaschinen
Mühlen für Hartgestein
Naßelevatoren
Naßschnecken
Öfen für ätzende Säuren
Ölkühler
Ofenschnauzen der Karbidöfen
Pumpen
    Fett-
    Kreisel- aus Hartblei
    Lauge-
    Säure-
    Säurezentrifugal-
Rahmen aus Holz für Filterpressen
Reaktionsgefäße mit direkter Feuerung
Retorten zur Herstellung von Schwefelsäure, Salpeter und Salzsäure
Retorten, Verkohlungs-
Rohrleitungen für Säuren u. dgl.
Rohrmühlenauspanzerung
Rohrschlangen
Sättiger
Säurekästen
Säurekreiselpumpen
Säurelagerbehälter
Säurepumpen
Säurezentrifugalpumpen
Siebmaschinen
Siederohre in Verdampfern
Sodawannen
Spinnmaschinen
Spulmaschinen (zur Veredelung von Kunstseide)
Scheidekästen
Schlagkreuzmühlen
Schlammpumpen
Schmelzöfen
Schmiedeöfen
Schrappen
Schüttelrutschen für Förderanlage
Schüttelsiebe
Schweißgeräte
Steinzeugapparate
Steinzeugwannen

Strangpressen
Ströderwäscher
Tonapparatur für Retorten
Trichtermühlen für Chemikalien
Trockenapparate (Kunstseide)
Überhitzrohre
Unterlaugenbehälter
Verdampfer
Verkohlungsretorten
Versuchsapparaturen
Vibrationssichter
Wärmeaustauschapparate
Waschmaschinen
    für Kunstseide und Kunstspinnfasern Tri=
Wasserröhrenkühler, bei erhöhter Temperatur betriebene
Zentrifugalpumpen
Zentrifugen
Zerkleinerungsmaschinen
Zersetzungsgefäße
Zinkbehälter

X. Textilindustrie
Abnehmergarnituren, =bänder
Abschneidemaschinen
Andrehmaschinen
Bestickmaschinen
Blaugasapparate
Bleichereianlagen, bestehend aus Bottichen, Bleichkesseln mit Saugleitung, Pumpen, Vorwärmern und Siebmänteln, Vakuumbleichapparaten u. ä.
Breitsäure= und Waschmaschinen
Breitseifmaschinen
Breitwaschkästen
Cardengarnituren
Chenilleschneidemaschinen
Chlormaschinen, =leitungen
Dämpfapparate
Druckstöcke für Handdruckerei
Einführungsapparate der Spannrahmenmaschinen
Einführungslattentücher
Färbereianlagen: (Farbflotte) Farbtrogchassis, Farbkochkesselbatterien, Farbensiebmaschinen, Färbehacken, Färbeküchen, Färbenstempel, Farbkästen, Farbmühlen, Kufen, Jigger, Unterflottenjigger, Cops- und Kreuzspulfärbeapparate, Kontinuefärbemaschine, Schaumfärbeapparate, Farben-Analysatoren, Klotzmaschinen, Kalorimeter, Paddingmaschinen, Indigo-Kontinueküpen und =kästen, Passiermaschinen
Fahrböcke
Feuchthaltekästen, =apparate
Flechtmaschinen (Bastfaser)
Fußstrickmaschinen, automatisch
Garndämpfapparate
Haarfärbeapparate
Haarfärbemischer
Häkelmaschinen (Muschelhäkelmaschinen)
Harnische am Jaquardstuhl
Harweg-Strangfärbeapparate
Heizanlagen in Naßbetrieben, elektrisch
Hilfsmoletten=, platten=, walzen
Holzspindeln
Hülsenaufsteckapparate
Jaquardkarten
Karbonisiertrommeln
Kartengarnituren=, =apparate=, =ketten=, =schlagmaschinen
Kartenkopiermaschinen
Kettelmaschinen
Kettenstichnähmaschinen
Klöppelmaschinen
Knickmaschinen (Flachsbearbeitung)
Koch- und Fixiermaschinen
Kufen aus Holz
Laugenkessel
Laugen- und Säure-Imprägniermaschinen
Liniermaschinen
Matherplat (Schnelldämpfer) bei Wollmusselinebearbeitung und Essigsäuredämpfung
Meß- und Prüfapparate
Molettiermaschinen
Nadelbretter, =ketten, =tische
Nähmaschinen (Naßnähmaschinen und Schnelläufer)
Naßbürstenmaschinen
Naßchlormaschinen
Northropschützenkörper
Palmer-Breitstreckapparate
Pantschmaschinen
Paraffineure
Passiermaschinen (Farben)
Pedalin-Umspinnmaschinen
Pelztücher
Pflatsch- und Klotzmaschinen
Pikiermaschinen
Platiniermesser
Plattiermaschinen
Plüschwalzen
Prüftische
Rauhmaschinen: Walzen und Trommeln zu —
Releviermaschinen
Rollstuhlsystem von Leitwalzen
Rollwaschkasten
Routiniermaschinen
Rührwerke und Rührstäbe
Säuremaschinen, =dämpfer, =pumpen
Seifmaschinen
Sengmaschinen
Siebmaschinen
Spitzenmaschinen, einfädige
Spulenkisten, =kästen, =bretter
Spul- und Spindelantriebräder
Schablioniermaschinen
Schermaschinen: sämtliche Ersatzteile zu —
Schlichtbottiche
Schlichtekocher aus Holz
Schmirgelmaschinen
Schneckenräder

Schnelldämpfer
Schützenblockapparate
Schutzbretter, -gitter
Schutzkästen der Schermaschine
Stärkmaschinen
Steigplattentücher
Steppmaschinen
Strangfärbküchen
Strangimprägniermaschinen
Strangquetschmaschinen
Strangsäuremaschinen (Holz)
Strangwaschmaschinen (Holz)
Strumpfformen
Tröge für Appreturmasse
Variaminblau-Färbemaschinen
Verzierungsmaschinen (hochtourige, Muschelhäkelmaschinen, Crochettemaschinen)
Vierfarbenperrotinen
Wärmeanlagen in Naßbetrieben, elektrische
Waschmaschinen
Wechselapparate
Wickelmaschinen
Wringmaschinen
Zentrifugen (für Säure)
Zettelbäume
Zugvorrichtungen (der Jaquardstühle)
Zweinadelmaschinen

XI. Papierindustrie und Vervielfältigungsgewerbe

Ablaugepumpen
Egoutteure (Wasserzeichen)
Filterpressen (Farbenfabrikation)
Filze
Gaufriermaschinen
Gummiwalzen
Holländergarnituren
Kalandersätze
Kaolintransportanlagen
Kaolinwasserpumpen
Kiesbrecher
Kocherausmauerung
Kocherrohrleitungen für Chlorwasser und Holzaufbereitung
Kohlenstaubmühlen
Koksbrecher
Laugenbehälter
Laugepumpen
Matrizen für Setzmaschinen
Musterdruckwalzen
Musterzeichnungen
Naßfilze
Presseurgummiwalzen
Raffineursteine
Reinigungsmaschinen für Papier und Lumpen
Röstöfenausmauerung
Rohrleitungen für Chlorwasser und Schwefelsäure
Rohrleitungen für Holz- und Zellulosemasse
Rollmaschinen
Säuretüren
Säurewannen
Schälmaschinen
Schleifereisägen
Schleifsteine für Holzschliffserzeugung
Schneidemesser
Schriften (Akzidenzschriften, Ausschlußmaterial, Auszeichnungsschriften, Bleiregletten, Brotschriften, Einfassungen, Inseratschriften, Kursivschriften, Messinglinien, Messingschriften, Monotypeschriften, Ziereinfassungen, Zierschriften)
Schüttelapparate
Schwefelkiesöfen
Stoffpumpen
Tangierfelle
Transportbänder für Holz, Holzstoff, Zellstoff, Papier
Trockenfilze
Uniformen für Zeitungshändler
Vignetten
Werkzeuge und Ersatzteile für Papiermaschinen (z. B. Walzen, Siebe, Filze, Sauer usw.)
Zuteilungsapparat
Zylinder zum Eindicken von Holzstoff

XII. Lederindustrie

Äscherrührwerke und Äscherhaspeln, Äscherpumpe
Automatische Werkzeugmaschinen
Bronzemesserwalzen
Brühenleitungen mit Pumpen und Vorwärmern
Deckeldurchnähmaschine
Dolierräder
Druckknopfmaschinen
Einbrennkessel
Entfleischmaschinen
Extraktlöebottiche
Fässer (Auswasch-, Färb-, Gerb-, Walk- und Beizfässer, Chromgerbfässer mit Hilfskuppelungen und Transmissionen, Chromfärbfässer)
Farbmühlen und Farbgefäße
Farbstreichmaschinen
Flechten
Geleise innerhalb der Wasserwerkwerkstatt und Gerberei
Gerbgruben aus Holz
Gerbertafeln
Gosibretter für Herstellung von Gold- und Silberleder
Haarwaschmaschinen
Häutewagen zur Abwalkpresse
Holzbottiche
Holzhaspeln in Gerberei und Wasserwerkstatt
Hubwagen
Kante-Nähmaschinen
Kantenleimer
Klärbassins
Kübelgeschirr

Läutertonnen mit elektrischem Antrieb
Lattenrahmen
Lederböcke
Leimkessel
Leitungen für Gerbbrühen
Nähmaschinen
Nähmaschinen-Obergestell
Nähkloben
Nährosse
Prägeplatten
Prägestempel und Matrizen
Preßplatten
Pumpen für Brühen
Rindenschneider
Rohrleitungen aller Art aus Eisen in nassen oder säurehaltigen Werkstätten
Rührwerke (soweit sie mit Bleiflüssigkeiten, Säuren und Salzlaugen in Berührung kommen)
Spritzpistolen
Schabmaschenzylinder und Schabbäume
Scherdegen
Schlammabfuhrwagen
Schläuche für Brühen
Schleifsteine
Schneidbretter
Stoffzuschneidemaschinen
Temperaturregler
Transmissionen in nassen oder säurehaltigen Werkstätten
Transporteinrichtungen im Naßbetrieb
Vorwärmer und Pumpen
Waagen in der Wasserwerkstatt
Warmluftgebläse
Weichbottiche
Wollwäschen
Zentrifugen (soweit sie in Berührung mit Beiz- und Bleichflüssigkeit kommen)

XIII. Kautschuk- und Asbestindustrie
Auskochkorbe
Ballpressen, heizbare
Gummibearbeitungswerkzeuge
Heizschläuche
Klischees
Laboratoriumseinrichtung, soweit aus Glas oder sonst leicht zerbrechlich
Lackierwerkzeuge
Lacktöpfe
Leisten
Lösungstöpfe
Spritzpistolen
Schablonen
Scheren
Schriften
Stanzen
Stanzmesser
Stoffaufhängeapparate
Waschmaschinen

XIV. Holz- und Schnitzstoffgewerbe
Abhängekettensägen
Abschermaschinen
Aluminiumeinlagen für Leimpressen
Aluminiumeinlagen für Furnierpressen
Automatische Werkzeugmaschinen
Beizbehälter
Brennkästen
Drehschleifsteine
Einziehmaschinen (für Bürsten)
Elektrische Handbohrmaschinen
Elektrische Wärm- und Heizeinrichtungen
Elektrowerkzeuge mit Kurzschlußmotoren
Elektro-Kettenabhängesägen
Farbbottiche
Farbspritzapparate
Flechtmaschinen (in Korbfabriken)
Fräsmaschinen für Formen, die der Mode unterworfen sind
Frässchablonen
Gatterangeln
Handkettensägen
Handschleifapparate
Kettenbohrmaschinen
Kettenfräsen
Kettensägen
Knechte
Lamellenseiher
Leimkocher
Leimpressen
Motorkettensägen
Ofenmaschinen
Patentschneidemaschinen (Spankorb-fabriken)
Pendelsägen
Plafondbürstenpressen
Profilfräser
Sprossenstanzen
Schutzvorrichtungen und -verschläge aus Holz (Sägewerke)
Stammkettensägen
Stanzschablonen
Transporteure
Vorschubwalzen bei Vollgatter
Werkzeugmaschinen, automatische
Winden
Zapfenschläger

XV. Musikinstrumenten- und Spielwarenindustrie
Galvanisierungsanlagen
Galvanoplastische Anlagen nebst Zubehör
Galvanos
Heftmaschinen für Gußkörper
Holzschnitte
Holztafeln
Klischees
Leimöfen
Leim- und Wasserkessel
Mikrophone
Motoren und Leitungen (elektrische) in nassen und säurehaltigen Räumen
Patronen-Leitspindelbänke
Präzisions-Rillapparate
Säurebottiche
Säuremaschinen in Holz oder Metall

Spritzanlagen
Schallplatten-Aufnahmeapparate
Schallplatten-Matern und -Matrizen
Schallplatten-Vorführ- (Vorspiel-)
 Apparate
Schnitte
Stanzen
Stimmkästen
Tonabnehmer
Trockenöfen
Wachskochkessel
Wasserkessel

XVI. Nahrungs- und Genußmittelgewerbe

Abdrehmaschinen
Abfüllschläuche
Agraffiermaschinen
Anschlagmaschinen
Anschwänzapparate
Asbestfabrikate
Aufziehapparate
Ausblasevorrichtungen
Ausleuchtapparate
Ausspritzapparate
Austragekästen, -körbe, -kiepen
Batteriefüller
Betonbildner zur Herstellung von Gärungsessig
Bierleitungen
Bierzapfapparate
Brandeisen
Brennpressen und Brennmaschinen für Kisten
Bürstenauswaschsieb für Kartoffelreibsel
Bürstmaschinen
Butterfertiger
Dampfschläuche
Darmschleim-Maschinen
Eichplatten
Einfalltrichter und Zuführungsleitungen aus Holz
Einweichräder
Eismaschinen für Speiseeis
Eisschwimmer
Eiswagen
Eiszellen
Entgrätungsmaschinen
Entkarbonisierungsanlagen
Entpichanlagen und -maschinen
Essigpumpen
Expellerpressen
Faßausleuchtapparate
Faßausspritzapparate
Faßentspundmaschinen
Filter
Filterglocken
Filterpatronen
Filtersäcke
Fischbratmaschinen
Fischkochmaschinen
Fischwaschmaschinen
Flaschenversandkisten

Flaschenverschlußmaschinen
Fleischkästen und -mulden
Fleischwolf
Formkästen und Modelle
Füllmaschinen
Gärbottich-Krücken
Gartenstühle
Gartentische
Gazebespannungen
Gebinde
Gewürzmühlen
Gießpfannen
Griebenpressen
Handsiebmaschinen
Hefeapparate und Einrichtungen, die der Herstellung und Verarbeitung dienen
Hölzerne Fluten für Naßstärke
Holzfässer
Hopfenentlauger
Hopfenseiher
Isobarometer
Kaffeemühlen mit direktem Motorenantrieb
Kandiskristallierkübel
Kapselmaschinen
Keimapparate
Klopftische
Kochkessel, einwandige
Kondenstöpfe
Korkendämpf- und -waschapparate
Korkenwaschmaschinen
Korkmaschinen
Kornprüfer
Kübelpackmaschinen
Kühlschiffseiher
Lakespritzen
Mandelschälmaschinen
Mayonnaiserührmaschinen
Mineralwasserapparate
Molkerei-Kleingeräte
Oleopressen
Pecheinspritzapparate
Pechkessel (Brauindustrie)
Pfannkuchenkessel
Räucherküchen, bewegliche
Räucheröfen
Räucherwagen
Raffiniersiebe für Ausscheidung der Faser aus der Naßstärke
Reib- und Schneidemaschinen
Röstpfannen
Spirituskühler
Spülbottiche
Spül- und Reinigungsbecken
Spundapparate
Syphons
Schinkenkocher
Schlagbesen mit elektrischem Antrieb
Schlagmühlen zum Zerkleinern von Stroh und Spreu
Schlauchwindeapparate
Staubfilter
Tabakmaschinen kleinerer Art
Teigspritzen

Teigwannen
Tellerwalzen
Trubabsetzgefäße
Überziehapparate
Überziehbecken
Verkapselmaschinen
Verschneidböcke
Wärmepfannen
Wagenplane
Waggon- und Wagenheizapparate
Walzen
Wannen
Wickelmaschinen für Rollschinken
Wiegemesserklötze
Wirtschafts- und Bettwäsche
Wurstkessel
Zigarettentrocknungsanlage
Zuckerhutformen
Zuckermeßapparate

XVII. Bekleidungsgewerbe
Abfalllederverwendungsmaschinen
Aufrauhwalzen
Automatische Hänge
Destillierblasen aus Eisen oder Kupfer zum Destillieren von Waschmitteln
Eckkragenpressen
Elektromotore, die Wasser- und Säuredämpfen ausgesetzt sind
Entstaubungsanlagen
Farbbarken, Bottiche, Wannen aus Holz
Fellwender
Fließbandanlagen (Schuhindustrie)
Formen (für Boden- und Oberleder)
Kantumheftmaschinen
Kappenschärfmaschinen (Schuhindustrie)
Kettelmaschinen
Knopflochsturzmaschinen
Kompressoren
Kraftbetriebstische
Kurbelmaschinen
Laufkatzen, die Wasser- und Säuredämpfen ausgesetzt sind
Lewismaschinen
Lochmaschinen
Luftpumpen
Maschiniermaschinen
Motore (Kleinmotore, Motore, die Wasser- und Säuredämpfen ausgesetzt sind, Motore bis 10 PS)
Nadelsaummaschinen
Nähmaschinen
Ösen- und Hakenmaschinen
Paspelliermaschinen
Perforiermaschinen
Pikiermaschinen
Poliermaschinen
Preßgasmotoren für Bügelei
Riegelmaschinen (Konfektion)
Rißmaschinen
Rollschäfte
Rumpfpressen
Säummaschinen

Sattelpressen
Saugpreßmaschinen
Siebmaschinen für Spänesieber
Sohlenglätte
Spritzapparate
Schaufensterdekorationen
Scheermaschinen
Scheiben (Bürsten-, Lappen- und Polierscheiben)
Schleifapparate
Schleudermaschinen
Schnittfräse
Schnurstichmaschinen
Stärkemaschinen
Staffiermaschinen
Stanzklotzabrichtapparate
Stempelaufdruckmaschinen
Stempelmaschinen
Steppstichmaschinen
Streckmaschinen
Strickmaschinen
Strumpftrockner
Tacksheber
Transportkörbe
Transportkisten
Transportwagen (im Betriebe)
Umstechmaschinen
Verriegelmaschinen
Wachspuppen für Vorführräume
Wäsche- und Schleudersäcke
Wannen
Waschkörbe (-säcke, -schäffer, -tische, -tröge)
Wickelmaschinen
Zählmaschinen
Zickzackmaschinen
Zuschneidemaschinen (Bandmesser)
Zweinadelmaschinen
Zwickständer

XVIII. Baugewerbe
(einschl. der Baunebengewerbe)
Asphaltgroßgeräte
Baubuden
Bauhölzer (z. B. Schalbretter, Absteifhölzer)
Betonmischmaschinen
Bohlenfahrten
Feldbahnloren (auch -kipper)
Holzschwellen für Gleisanlagen
Kipper
Lokomobilen (Benzolbetrieb)
Mörtelmischmaschinen
Pumpen (einschl. Rohre und Armaturen)
Rüstzeug (Bretter, Stangen, Steifen usw.)
Spundwände
Schalungen
Straßenwalzen (Benzolbetrieb)

XIX. Wasser-, Gas- und Elektrizitätsgewinnung und -versorgung
Behälter für Ammoniak, Säuren und Laugen
Geräte für Instandhaltung von Tiefbauten eines Wasserkraftwerkes

Holzmasten
Kleingeräte aus Glas, Gummi u. dgl.
Kleingleichrichter
Meß-, Prüf- und Eichgeräte, kleinere, für Zähler, Reparaturwerkstätten usw.
Meßinstrumente, kleinere, für Dampf, Wasser, Flüssigkeiten und Gase
Pumpanlagen für Säuren und Basen

XX. Handelsgewerbe
1. Handel
Abrichter
Analysenapparate
Aufnahmebogenlampen
Ausstattungsgegenstände für Verkaufsräume (Wandbespannungen usw.)
Ausstellungsgegenstände aus Glas, Porzellan, Steingut, Pappe, Wachs, Holz
Büsten
Dosierapparate
Fallwerke
Gardinenvorführapparate
Gleichrichter
Kaffeebrühmaschinen
Kohlenbunker aus Holz
Kompressoren
Lagerschließen und Setzlatten
Leckbutten
Marktkarren
Mayonnaiserührmaschinen
Meßgeräte
Mischmaschinen (automatische)
Nähmaschinen
Öfen (elektrische und Gasöfen der Bananenreifanlagen)
Ölfüllapparate
Öltuchenbrecher
Öltransformatoren
Pickeisen
Reichsgetreideprober
Reinigungs- und Sortiermaschinen
Reklameeinrichtungen (Dekorationen, Puppen, Teppiche, Läuferbelag, Fensterbehänge, Polstermöbel)
Röntgenapparate für Fußdurchleuchtungen
Siebanlagen
Sortiermaschinen (automatische)
Speiseeismaschinen
Spezialbohr-, Spezialpoliermotörchen (Juweliere)
Spillanlagen
Spritzmaschinen für Plakatmalerei
Schaufensterbeleuchtungen
Teppiche
Teppichklopfmaschinen
Transmissionsanlagen
Transportbänder, -fässer (Eichen und Kastanien), -kannen, -kisten, -körbe, -säcke
Traubenmühlen und Abbeermaschinen einfacher Art
Wachsfiguren und Modelle
Warenauszeichnungsmaschinen
Warmwasserbehälter (klein)

2. Spedition
Bandförderer, fahrbarer
Elevatorbecher
Ferntermograph
Förderkübel
Gurtbeförderer (fahrbarer)
Kübel (Kohlenbunker)
Maisbrechanlagen
Meß- und Mischapparate für Getreide
Packdecken
Speicherei-Aspirateur
Spitzmaschinen für Getreide
Transportbänder
Transportutensilien
Verholspille
Wagenplanen
Walzenstuhl

3. Kühlhäuser und Eisfabriken
Eiszellen
Kondensatorenanlagen, im Freien befindliche

XXI. Versicherungswesen

XXII. Verkehrswesen
Ausrüstung der Bahn- und Schiffsbediensteten, wie Dienstkleidung, Fahrscheintaschen
Autobusse
Gleisbauwerkzeuge
Schiffsmaterial (Bürsten, Quasten, Pinsel, Laternen, Drahtseile usw., Einrichtungsgegenstände der Kabinen und Kajüten)
Steuerinventar, alles, z. B. eiserne Kübel, Haken, Netze, Stroppen, Ketten, Platten usw.

XXIII. Gast- und Schankwirtschaftsgewerbe
Bestecke
Bettvorlagen
Divandecken
Fässer
Gardinen
Gartenmöbel
Geschirr
Haus- und Küchengeräte (Ausnahme: Geräte aus Kupfer)
Klein- und Polstermöbel
Kochgeschirre (Töpfe und Pfannen)
Kochplatten, elektrische
Korbmöbel
Küchengeräte (Ausnahme: Geräte aus Kupfer)
Läufer
Matratzen
Nickelzeug
Noten
Polstermöbel
Porzellan für Küche und Restaurationsbetrieb

Reinigungsapparate
Silber- und Nickelzeug
Spülkästen
Schallplatten
Stühle
Tabletts
Wäsche — Bettwäsche, Handtücher, Tisch-
Wirtschaftsgeräte [wäsche

XXIV. Theater-, Musik-, Sport- und Schaustellungsgewerbe

Abhörtische
Beleuchtungsanlagen für Filmaufnahmen, z. B. Jupiter- und Sofittenlampen, Scheinwerfer, Kabel usw.
Bildaufnahme-Kameras
Bildwand
Brandschutzeinrichtungen für Filmvorführungen
Brüstungsabdeckung mit Mohairplüsch
Bühnenbeleuchtungsapparate
Bühneneinrichtungen
Bühnenvorhänge
Dekorationsstoffe für Filmbauten
Elektrische Meßgeräte
Entwicklungsmaschinen
Filmbauten im Gelände
Filmkopien
Filmkopier-Automaten
Filmschränke
Filmvorführungsapparate
Fräsmaschinen
Fundus (Kulissen, leichte Möbel, Wände, Attrappen, Requisiten, Kostüme, Perücken usw.)
Gleichrichter
Hauptvorhang
Lautsprecheranlage
Leihglasbestände für Filmbauten
Leihhölzer für Filmbauten
Lichtbestimmungsmaschinen
Lichtmaschinen
Malerspritzen
Meßtische
Mikrophonkabel
Mischanlagen
Noten
Notenpulte
Photoapparate
Projektionsapparate
Putzmaschinenanlage
Reporter-Aufnahmeapparaturen, auf Autos montiert
Schallplatten
Schalttafeln
Stoffbespannung für Logentrennwände (Theater-Inneneinrichtung)
— in den Gängen (Theater-Inneneinrichtung)
Teppiche, Läufer und sonstiger Fußbodenbelag
Tonfilmvorführungsapparate
Tonkopiermaschinen

Transformatoren für Saalbeleuchtung
Übertragungsanlagen, z. B. für Vorträge im Theater, Rundfunk usw.
Umformer
Umroller
Vollautomatische Werkzeugmaschinen (insbesondere Fräsmaschinen)
Vorführungsapparate
— ohne Tonfilmanlage
Vorhänge
Waschmaschinen
Widerstände

XXV. Gewerblich betriebener Unterricht

XXVI. Gesundheitswesen und hygienische Gewerbe

Abdampfschalen aus Glas, Porzellan, Emaille, Kunstmasse
Abkanter, rotierender
Apothekerstandgefäße aus Porzellan, Glas und Blech
Apothekerwaagen
Apparaturen im Laboratorium
Ausstellungszylinder
Bechergläser
Berufskleidung
Bestrahlungslampen
Bettfeder-Reinigungsmaschinen
Blutdruckmeßapparate
Brenner aller Art — Spiritus-, Benzin-, Gas-, elektrische
Bunsenbrenner
Cystoskope
Dauerwellenapparate
Emulsionsmaschinen
Gärungssaccharometer
Gewürzmühlen
Gummiwasserkissen
Gußformen für Suppositorien und Vaginalkugeln, auch Stäbchen
Haarschneider, elektrische
Handwaagen
Hartstoffstandgefäße
Haushaltungs- und Küchengeräte
Heißluftduschen
Heizkissen
Infundierapparate
Infundierbüchsen
Infundiergefäße aus Porzellan
Inhalatoren
Katheter
Kleininstrumentarium
Kollierapparate
Küchengeräte
Massageapparate
Mensuren aus Glas, Porzellan, Emaille, Kunstmasse
Meßzylinder
Mutterkornmühle
Pantostat

Perkolatoren aller Art
Personenwaagen (Feder- und Zeiger-
hebelwaagen Toledo-Garbens)
Pillenmaschinen, auch aus Holz
Preßbeutel
Preßrotor
Pulsschreibapparate
Rezepturmaschinen
Röntgenröhren
Salbenmühlen
Seihfilter
Solluxlampen
Speifontänen
Suberidringe
Suppositorienpresse
Sterilisierapparate
Tablettenpressen
Trockenhauben
Wärmflaschen aus Gummi
Wäsche
Wäschereiinventar
Warmwasserbereiter
Warmwasserkessel

Land- und Forstwirtschaft sowie Gärtnerei und Weinbau
Apparate zur Schädlingsbekämpfung (Garten-, Baumspritzen)
Beizapparate für Saatgut
Düngerstreumaschinen
Futterdämpfer (Kartoffeldämpfer)
Kartoffelrodemaschinen (Kartoffelgräber)
Kartoffelreiben
Mähdrescher
Melkmaschinen (einschl. Elektromotor)
Motorfräsen (Boden-, Plantagen-, Guts-
fräsen)
Motorhacken
Motorpflüge ohne Anhänger bzw. Pflug-
körper
Motorseilwinden (Winzerbank)
Raupenschlepper
Rübenerntemaschinen
Separatoren (Milchschleuder, Zentrifugen)
Stubbenrodemaschinen

11a. Gesetz über die Gewinnverteilung bei Kapitalgesellschaften (Anleihestockgesetz)

vom 4. Dezember 1934 (RGBl. I S. 1222, RStBl. 35 S. 428) in der Fassung des Ges. zur Änderung des Anleihestockgesetzes vom 9. Dezember 1937 (RGBl. I S. 1340, RStBl. 37 S. 1255).

§ 1
Kapitalgesellschaften (§ 2) haben aus dem Reingewinn, den sie ihren Gesellschaftern zur Verfügung stellen, einen Anleihestock (§ 4) nach Maßgabe der folgenden Bestimmungen zu bilden.

§ 2
Kapitalgesellschaften im Sinne des Gesetzes sind Aktiengesellschaften, Kommanditgesellschaften auf Aktien, Gesellschaften mit beschränkter Haftung, Kolonialgesellschaften, bergrechtliche Gewerkschaften sowie andere juristische Personen des öffentlichen und privaten Rechts, falls sie Erwerbszwecke verfolgen und die Mitglieder ihre Anteile an dem Vermögen der juristischen Personen an Dritte übertragen können, jedoch mit Ausnahme der eingetragenen Genossenschaften, der Versicherungsvereine auf Gegenseitigkeit und von anderen rechtsfähigen Vereinen.

§ 3
Der für ein Geschäftsjahr bar auszuschüttende Gewinn darf 6 vom Hundert des eingezahlten Kapitals nicht überschreiten. Ist im Vorjahre ein Gewinn von mehr als 6 vom Hundert ausgeschüttet worden, so darf der Gewinn bis zu dem gleichen Hundertsatz wie im Vorjahre ausgeschüttet werden, die Barausschüttung darf jedoch in diesem Falle 8 vom Hundert nicht übersteigen. Wenn in dem Jahre, für das der Reingewinn ausgeschüttet wird, oder in den beiden Vorjahren das Kapital herabgesetzt worden war, so wird der Hundertsatz unter Berücksichtigung des Betrages, um den das Kapital herabgesetzt ist, berechnet.

§ 4
(1) Der den Gesellschaftern zustehende, aber nicht zur baren Ausschüttung gelangende Teil des Reingewinns ist von der Gesellschaft unverzüglich nach der Beschlußfassung über die Gewinnausschüttung der Deutschen Golddiskontbank in Berlin zu überweisen. Die Bank hat den überwiesenen Betrag alsbald für die Gesellschafter in Anleihen des Reichs anzulegen (Anleihestock) und den Anleihestock treuhänderisch für die Gesellschafter zu verwalten. Die der Bank überwiesenen Teile des Reingewinns sowie der Anleihestock unterliegen nicht der Zwangsvollstreckung; weder die Gesellschaft noch die Gesellschafter können darüber verfügen.

(2) Den Anleihen des Reichs stehen Anleihen gleich, deren Verzinsung von dem Reich gewährleistet ist, oder bei denen das Reich die zur Sicherung des Dienstes der Anleihe erforderlichen Beträge dem Anleiheschuldner im Falle eines Verzugs des Aufbringungspflichtigen überweist.

(3) Versicherungsunternehmungen, bei denen das Gesellschaftskapital nicht voll eingezahlt ist, können bei der Beschlußfassung über die Gewinnausschüttung bestimmen, daß der den Gesellschaftern zustehende, aber nicht zur baren Ausschüttung gelangende Teil des Reingewinns statt für die Bildung des Anleihestockes zur Einzahlung auf das Gesellschaftskapital zu verwenden sei.

§ 5

Werden Anleihen, die zum Anleihestock gehören, ausgelost oder zurückgezahlt, so hat die Deutsche Golddiskontbank die zurückgezahlten Beträge unverzüglich für den Anleihestock wieder anzulegen. Das gleiche gilt für die Zinserträgnisse des Anleihestocks.

§ 6

(1) Nach der Beschlußfassung über den Abschluß für das vierte Geschäftsjahr, auf den das Gesetz Anwendung findet, sowie nach der Beschlußfassung über den Abschluß für das erste Geschäftsjahr, auf das das Gesetz keine Anwendung mehr findet (§ 11), ist der gesamte Anleihestock unter die alsdann gewinnberechtigten Gesellschafter nach den für die Gewinnverteilung geltenden Grundsätzen der Gesellschaft nach näherer Anordnung des Reichswirtschaftsministers aufzuteilen. Der Reichswirtschaftsminister kann auch bestimmen, daß an Stelle der Mittel des Anleihestocks Werte anderer Art oder Geld verteilt werden; er kann den Zeitpunkt für die Aufteilung anders festsetzen.

(2) Gerät eine Gesellschaft in Konkurs oder wird sie in sonstiger Weise aufgelöst, so kann der Anleihestock aufgeteilt werden, bevor die Sperrfrist gemäß Abs. 1 abgelaufen ist; in diesem Falle kann die Fortsetzung der Gesellschaft nur mit Genehmigung des Reichswirtschaftsministers beschlossen werden.

§ 7

(1) Die Gesellschafter sind zur Erstattung der Gewinnteile verpflichtet, die ihnen den Vorschriften dieses Gesetzes zuwider bar ausbezahlt worden sind.

(2) Die gesetzlichen Vertreter einer Kapitalgesellschaft, die den ihnen nach diesem Gesetz obliegenden Verpflichtungen zuwiderhandeln, haften der Gesellschaft für den daraus entstehenden Schaden.

§ 8

Aus einem Vertrage, in dem eine Gewinnausschüttung in bestimmter Höhe gewährleistet ist, können insoweit keine Ansprüche hergeleitet werden, als an Stelle der Barausschüttung des Gewinns seine Überweisung an die Deutsche Golddiskontbank gemäß § 4 erfolgt.

§ 9

(1) Die gesetzlichen Vertreter von Kapitalgesellschaften, die den Vorschriften der §§ 3, 4 zuwiderhandeln, werden mit Gefängnis und Geldstrafe oder einer dieser Strafen bestraft.

(2) Die Strafverfolgung tritt nur auf Antrag des Reichswirtschaftsministers ein.

§ 10

Der Reichswirtschaftsminister wird ermächtigt,
a) im Einvernehmen mit dem Reichsminister der Justiz und dem Reichsminister der Finanzen zur Durchführung und Ergänzung dieses Gesetzes Rechtsverordnungen und allgemeine Verwaltungsvorschriften zu erlassen. Er kann darin anordnen, daß und in welchem Umfange bei Zuwiderhandlungen gegen die von ihm erlassenen Bestimmungen die im § 9 angedrohten Strafen Anwendung finden,
b) im Einvernehmen mit dem Reichsminister der Finanzen im Einzelfalle, insbesondere für Zwecke der Arbeitsbeschaffung, Ausnahmen von den Bestimmungen dieses Gesetzes zuzulassen.

§ 11

Das Gesetz gilt für den ersten Jahresabschluß, über den nach dem Inkrafttreten dieses Gesetzes von den zuständigen Gesellschaftsorganen Beschluß gefaßt wird, und für die Abschlüsse der fünf folgenden, einen Zeitraum von mindestens je zwölf Monaten umfassenden Geschäftsjahre. Soweit dieses Gesetz gilt, findet das Kapitalanlagegesetz vom 29. März 1934 (RGBl. I S. 295) keine Anwendung.

11b. Verordnung zur Durchführung und Ergänzung des Anleihestockgesetzes

vom 27. Februar 1935 (RGBl. I S. 316, RStBl. 35 S. 429) in der Fassung der II. und III. Verordnung zur Durchführung und Ergänzung des Anleihestockgesetzes (s. Anhang 11 c und d).

Auf Grund des § 10 des Gesetzes über die Gewinnverteilung bei Kapitalgesellschaften (Anleihestockgesetz) vom 4. Dezember 1934 (RGBl. I S. 1222) wird folgendes verordnet:

Artikel 1

Die Vorschriften über die Bildung des Anleihestocks gelten sinngemäß

a) für Genußscheine, die an der Verteilung des Reingewinns teilnehmen, soweit sie nicht nach §§ 37 ff. des Aufwertungsgesetzes vom 16. Juli 1925 (RGBl. I S. 117) entstanden sind,

b) für Schuldverschreibungen, bei denen neben der festen Verzinsung ein Recht auf eine Zusatzverzinsung, die sich nach der Höhe der Gewinnausschüttungen des Schuldners richtet, eingeräumt ist, insoweit, als der im Jahr zu vergütende Zins infolge des Gewinnzuschlags über die im § 3 des Gesetzes bestimmten Hundertsätze hinausgeht.

Artikel 2

(1) Das Gesetz gilt nicht für Gesellschaften, deren Gesellschaftskapital 100 000 Reichsmark nicht übersteigt. Wird das Gesellschaftskapital nach dem Inkrafttreten des Gesetzes auf 100 000 Reichsmark oder einen niedrigeren Betrag herabgesetzt, gilt die Vorschrift des Satzes 1 nur, wenn der Reichswirtschaftsminister im Einvernehmen mit dem Reichsminister der Finanzen zustimmt.

(2) Ist für den Fall, daß der in einem Geschäftsjahr ausgeschüttete Gewinn einen bestimmten Hundertsatz des eingezahlten Kapitals nicht erreicht, den Gesellschaftern vor dem Inkrafttreten dieser Verordnung zugesagt, daß ihnen die in einem Geschäftsjahr an dem zugesagten Gewinne fehlenden Beträge aus den Gewinnen eines späteren Geschäftsjahres nachgezahlt werden, so findet auf eine solche Nachzahlung das Gesetz keine Anwendung; für Nachzahlungen für Geschäftsjahre, auf die das Gesetz Anwendung findet, gilt § 3 des Gesetzes sinngemäß.

(3) Das Gesetz findet keine Anwendung, wenn eine Kapitalgesellschaft zufolge einer vor dem Inkrafttreten des Gesetzes begründeten Verpflichtung ihren gesamten Gewinn an Dritte abführt. Gleiches gilt für mit Zustimmung des Reichswirtschaftsministers und des Reichsministers der Finanzen später übernommene derartige Verpflichtungen.

Artikel 3

(1) Wenn eine inländische Kapitalgesellschaft an einer anderen Kapitalgesellschaft mit mindestens 25 vom Hundert des Gesellschaftskapitals dieser Gesellschaft beteiligt ist, so kann diese Gesellschaft von einer Überweisung der auf die Beteiligung entfallenden, nach dem Gesetz aber nicht bar zahlbaren Gewinnanteile an die Deutsche Golddiskontbank absehen, solange die beteiligte Gesellschaft ihre Beteiligung bei der Deutschen Golddiskontbank oder mit deren Einverständnis bei einer anderen Stelle hinterlegt hat. Die Hinterlegung hat mit der Maßgabe zu erfolgen, daß die Rücknahme der hinterlegten Anteile erst nach erfolgter Aufteilung des Anleihestocks oder vorher in dem Falle zulässig sein soll, daß die auf die Beteiligung entfallenden Gewinnanteile (Satz 1) der Deutschen Golddiskontbank überwiesen worden sind. Die Geltendmachung der Gesellschaftsrechte soll durch die Hinterlegung der Gesellschaftsanteile nicht beeinträchtigt werden. Können die Anteile nicht hinterlegt werden, so sind sie der Deutschen Golddiskontbank oder mit deren Einverständnis einer anderen Stelle als Treuhänder abzutreten. Die Deutsche Golddiskontbank kann die beteiligte Gesellschaft von der treuhänderischen Abtretung befreien, wenn diese unverhältnismäßig hohe Kosten und Unzuträglichkeiten verursachen würde und ausreichende Gewähr besteht, daß der mit der Abtretung verfolgte Zweck auch bei Anwendung anderer Maßnahmen erreicht wird.

(2) Wenn das Reich, ein Land, eine Gemeinde oder ein Gemeindeverband an einer Kapitalgesellschaft beteiligt sind, gelten die Bestimmungen des Absatzes 1 sinngemäß, auch wenn die Beteiligung weniger als 25 vom Hundert des Gesellschaftskapitals beträgt. Der Reichswirtschaftsminister wird ermächtigt, im Einvernehmen mit dem Reichsminister der Finanzen und dem für die Aufsicht zuständigen Reichsminister diese Vorschriften auch auf sonstige Körperschaften, Anstalten und Stiftungen des öffentlichen Rechts für anwendbar zu erklären.

DVO zum Anleihestockgesetz. 725

Artikel 4

(1) Unter Reingewinn, der den Gesellschaftern zur Verfügung gestellt wird (§ 1 des Gesetzes), sind Zuwendungen jeder Art zu verstehen, die den Gesellschaftern (Aktionären von Aktiengesellschaften und Kommanditgesellschaften auf Aktien, Gesellschaftern von Gesellschaften mit beschränkter Haftung, Gewerken usw.) gemacht werden, mögen sie aus dem in dem Geschäftsjahre erzielten Gewinn oder aus Reserven oder Gewinnvorträgen früherer Jahre stammen.

(2) Als Reingewinn, der den Gesellschaftern zur Verfügung gestellt wird, gilt auch ein der Körperschaftsteuer unterliegender verdeckter Gewinn, wenn die Regelung, auf Grund der dieser Gewinn ausgeschüttet wird, nicht bereits vor dem Inkrafttreten des Anleihestockgesetzes getroffen worden ist, und darüber eine schriftliche Abmachung oder eine Sitzungsniederschrift des beschließenden Organs der Gesellschaft aus dieser Zeit vorhanden ist.

(3) Eine Ausbeute, die von bergrechtlichen Gewerkschaften verteilt wird, ist als Gewinnausschüttung insoweit anzusehen, als sie bei der Veranlagung der Gewerken zur Einkommensteuer oder Körperschaftsteuer steuerpflichtiges Einkommen darstellt. Dabei findet § 9 Abs. 1 des Körperschaftsteuergesetzes vom 16. Oktober 1934 (RGBl. I S. 1031) keine Anwendung.

(4) Junge Aktien, Genußscheine und ähnliche Rechte dürfen unbeschadet der Rechtswirksamkeit der Begebung nur mit Genehmigung des Reichswirtschaftsministers ausgegeben werden. Zur Ausgabe von jungen Aktien und Geschäftsanteilen bedarf es der Genehmigung nicht, wenn die Kapitalerhöhung gleichzeitig oder in unmittelbarem Zusammenhange mit einer nicht durch Rückzahlung des Gesellschaftskapitals oder Befreiung der Gesellschafter von der Verpflichtung zur Leistung von Einlagen erfolgenden Kapitalherabsetzung vorgenommen wird und der Betrag der Kapitalerhöhung den Betrag, um den das Gesellschaftskapital herabgesetzt wird, nicht übersteigt.

Artikel 5

(1) Bei Gewerkschaften und anderen Kapitalgesellschaften, für die ein festes Gesellschaftskapital nicht vorgeschrieben ist, ist für die Ermittlung des Kapitals von dem Einheitswertbescheid auszugehen. Maßgebend ist der letzte Einheitswertbescheid, der vor dem Tage der ersten Beschlußfassung über die Gewinnverteilung nach Ablauf des Geschäftsjahrs ergangen ist, auch wenn er noch nicht rechtskräftig geworden ist. Ist der Feststellungszeitpunkt dieses Bescheids nicht der dem Beschlußfassungstage nächstliegende Zeitpunkt, für den ein Feststellungsbescheid ergangen ist, so bleibt er unberücksichtigt. Für die Zwecke des Anleihestockgesetzes ist der Einheitswert wie folgt zu ändern:

1. Dem Einheitswert ist hinzuzurechnen der Wert der Beteiligungen, die gemäß § 60 Abs. 1 des Reichsbewertungsgesetzes vom 6. Oktober 1934 (Reichsgesetzbl. I S. 1035) außer Ansatz geblieben sind.
2. Vom Einheitswert sind abzusetzen:
    a) die Schulden, die mit den nach Ziffer 1 hinzugerechneten Beteiligungen in wirtschaftlichem Zusammenhang stehen und bei der Feststellung des Einheitswerts unberücksichtigt geblieben sind (§ 62 Abs. 1 in Verbindung mit § 60 Abs. 1 des Reichsbewertungsgesetzes);
    b) der Betrag, mit dem eigene Anteile bei der Feststellung des Einheitswerts in Ansatz gebracht worden sind, soweit sie bei Ablauf des maßgebenden Geschäftsjahrs sich noch im Besitz der Gesellschaft befinden oder eingezogen sind;
    c) der Betrag, mit dem eine Verpflichtung zur Leistung von Einlagen bei der Feststellung des Einheitswerts in Ansatz gebracht worden ist, soweit bis zum Ablauf des maßgeblichen Geschäftsjahrs die Einlagen noch nicht geleistet worden sind;
    d) der Betrag, der in der Zeit von dem für die Einheitsbewertung maßgeblichen Bewertungsstichtag bis zum Ablauf des Geschäftsjahrs im Zusammenhang mit einer Kapitalherabsetzung an die Gesellschafter zurückgezahlt oder für den Erwerb von eingezogenen eigenen Anteilen aufgewandt worden ist;
    e) der Erwerbspreis von eigenen Anteilen, die nach dem für die Einheitsbewertung maßgeblichen Bewertungsstichtag von der Gesellschaft erworben worden sind, soweit sich diese Anteile bei Ablauf des maßgebenden Geschäftsjahrs noch im Besitz der Gesellschaft befinden.

(2) Bei Gesellschaften der im Abs. 1 Satz 1 bezeichneten Art, die Handelsbilanzen aufstellen, sind von dem für die Zwecke des Anleihestockgesetzes geänderten Einheitswert (Abs. 1) die in der für den Bewertungsstichtag aufgestellten Handelsbilanz ausgewiesenen offenen Reserven abzusetzen; ist am gleichen Stichtag eine Handelsbilanz nicht aufgestellt, so tritt an ihre Stelle die auf den nächstvorangegangenen Stichtag aufgestellte Handels-

bilanz. Die Gesellschaft kann auch an Stelle der in der Handelsbilanz ausgewiesenen offenen Reserven einen Betrag absetzen, der 20 vom Hundert des der Berechnung zugrunde liegenden Reinvermögens entspricht.

(3) Bei der Berechnung der auf den einzelnen Anteil entfallenden Barausschüttung sind die gewinnberechtigten Gesellschaftsanteile zu berücksichtigen, die am Schluß des maßgeblichen Geschäftsjahrs sich im Umlauf befunden haben. Artikel 3 Abs. 1 der Zweiten Verordnung zur Durchführung und Ergänzung des Anleihestockgesetzes vom 18. April 1935 (Reichsgesetzbl. I S. 558, Reichssteuerbl. 1935 S. 681) findet insoweit keine Anwendung.

(4) Andere als die im Abs. 1 bezeichneten Gesellschaften, bei denen das Gesellschaftskapital kleiner ist als der nach den Absätzen 1 und 2 maßgebende Betrag, sind berechtigt, für die Zwecke des Gesetzes diesen der Berechnung des zu verteilenden Reingewinns zugrunde zu legen. Auf Gesellschaften, deren Anteile zum amtlichen Handel an einer deutschen Börse zugelassen sind oder im Freiverkehr gehandelt werden, findet Satz 1 keine Anwendung.

(5) Wenn die Vorschriften der Absätze 1 bis 3 als Berechnungsgrundlage für die Ausschüttung des Gewinns dienen, so sind auch für die Ermittlung des Hundertsatzes für die Ausschüttung des Vorjahrs (§ 3 Satz 2 des Gesetzes) die Absätze 1 bis 3 anzuwenden.

Artikel 6
Wenn ein Geschäftsjahr weniger oder mehr als 12 Monate umfaßt, so wird die auf 12 Monate entfallende Gewinnausschüttung verhältnismäßig bestimmt.

Artikel 7
(1) Die Vorschrift des § 3 Satz 3 des Gesetzes findet keine Anwendung, soweit auf Grund der Kapitalherabsetzung Kapital an die Gesellschafter zurückgezahlt worden ist oder die Gesellschafter von der Verpflichtung zur Leistung von Einlagen befreit worden sind. Ist die Kapitalherabsetzung durch Einziehung eigener Aktien oder Geschäftsanteile erfolgt, so bleibt bei der Berechnung des Hundertsatzes nach § 3 des Gesetzes der für den Erwerb der Aktien oder Geschäftsanteile aufgewandte Betrag unberücksichtigt.

(2) Bei bergrechtlichen Gewerkschaften gilt als Kapitalherabsetzung eine Minderung des Kapitalkontos, soweit sie nicht auf einer Kapitalrückzahlung an die Gewerken oder auf der Befreiung der Gewerken von der Verpflichtung zur Zahlung von Zubußen beruht.

Artikel 8
(1) Auch für eigene Anteile hat die Gesellschaft den Gewinnbetrag der Deutschen Golddiskontbank zu überweisen, der sonst den Gesellschaftern zusteht, aber nach § 3 des Gesetzes nicht bar auszuschütten ist. § 226 Abs. 5 des Handelsgesetzbuches findet insoweit keine Anwendung.

(2) Die Gesellschaft kann die Überweisung durch die Hinterlegung der Anteile und, wenn diese nicht möglich ist, durch ihre Abtretung abwenden. Artikel 3 Abs. 1 gilt sinngemäß.

(3) Auf Anteile, die auf Grund einer Vereinbarung vom Bezug eines Gewinnes ausgeschlossen sind, finden die Vorschriften der Absätze 1 und 2 entsprechende Anwendung.

Artikel 9
Handelt es sich im Falle des § 4 Abs. 3 des Gesetzes um eine Aktiengesellschaft, bei der neben voll eingezahlten Aktien eine oder mehrere Gattungen von nicht voll eingezahlten Aktien ausgegeben sind, so sind zur Beschlußfassung darüber, ob der nicht zur baren Ausschüttung gelangende Teil des Reingewinns statt für die Bildung des Anleihestocks zur Einzahlung auf das Gesellschaftskapital zu verwenden sei, nur die Aktionäre der nicht voll eingezahlten Aktiengattungen berechtigt.

Artikel 10
(1) Die Gesellschaften haben die Bilanz sowie die Gewinn- und Verlustrechnung unverzüglich nach ihrer Genehmigung durch die zuständigen Gesellschaftsorgane dem zuständigen Finanzamt zu übersenden und anzugeben, ob eine Überweisung von Gewinnteilen an die Deutsche Golddiskontbank erfolgen wird. In diesem Fall ist eine Aufstellung beizufügen, aus der sich der Betrag der Überweisung und die Art, wie er errechnet worden ist, ergibt. Eine Abschrift der Aufstellung ist der Deutschen Golddiskontbank zuzuleiten; dabei ist ihr die Festsetzung des abführungspflichtigen Betrags und das für den Steuerabzug vom Kapitalertrag zuständige Finanzamt anzugeben.

(2) Auf bergrechtliche Gewerkschaften findet Abs. 1 in dem Falle sinngemäß Anwendung, daß die Verteilung von Ausbeute beschlossen worden ist. Sie haben in jedem Fall anzugeben, ob die Verteilung der Ausbeute aus dem Gewinn erfolgt (Artikel 4 Abs. 3)

ober ob sie eine Kapitalrückzahlung darstellt. In diesem Fall ist weiter mitzuteilen, ob in dem abgelaufenen Jahre Gewinne gemacht und wie sie verwendet worden sind.

(3) Wenn von der Gesellschaft zum Anleihestock Beträge abzuführen sind, die den Gesellschaftern nicht im Verhältnis zu ihrer Kapitalbeteiligung zustehen, so hat die Gesellschaft dem Finanzamt und der Deutschen Golddiskontbank anzugeben, für wessen Rechnung diese Beträge hinterlegt werden.

(4) Die Befolgung der Pflichten nach den Absätzen 1 bis 3 kann der Reichswirtschaftsminister durch Ordnungsstrafen bis zu 10 000 Reichsmark erzwingen. Die Ordnungsstrafen werden von den Finanzämtern wie Reichssteuern beigetrieben.

Artikel 11

(1) Die Deutsche Golddiskontbank macht sich unter Berücksichtigung der Lage des Kreditmarktes schlüssig, wann und in welcher Gattung der zugelassenen Wertpapiere sie die ihr überwiesenen oder sonst für den Anleihestock zur Verfügung stehenden Mittel anlegt; sie ist berechtigt, die Art der Anlegung zu ändern.

(2) Die Deutsche Golddiskontbank hat der Gesellschaft den Eingang der Überweisung für den Anleihestock zu bestätigen und das zuständige Finanzamt entsprechend zu benachrichten. Sie hat ferner der Gesellschaft mitzuteilen, in welcher Weise sie den überwiesenen Betrag angelegt hat; sie hat ihr von jeder Veränderung in der Anlage Mitteilung zu machen.

(3) Die der Bank durch die Verwaltung und Verwahrung entstehenden Kosten und die für die Mühewaltung berechneten Gebühren gehen zu Lasten des Anleihestocks. Der Gesellschaft ist von den Belastungen Mitteilung zu machen.

Artikel 12

Die Gesellschaft hat alljährlich auf den Schluß des Geschäftsjahres in dem Geschäftsbericht bekanntzumachen den Betrag, den sie für den Anleihestock abgeführt hat, für wessen Rechnung die Abführung geschehen ist und in welcher Weise die Deutsche Golddiskontbank den Betrag angelegt hat. Wird ein Geschäftsbericht nicht erstattet, so hat die Bekanntmachung in einem der für die Bekanntmachungen der Gesellschaft vorgesehenen Blätter oder durch Benachrichtigung der einzelnen Gesellschafter und derjenigen zu erfolgen, für deren Rechnung die Beträge an den Anleihestock abgeführt sind. In diesem Falle genügt es, wenn jedem Berechtigten eine entsprechende Mitteilung gemacht wird.

Artikel 13

(1) Die Finanzämter haben mit der Buch- und Betriebsprüfung eine Prüfung zu verbinden, ob die Gesellschaft den Vorschriften des Gesetzes oder den zu seiner Durchführung erlassenen Vorschriften nachgekommen ist.

(2) Ist nach der Auffassung des Finanzamts die Gesellschaft diesen Verpflichtungen, soweit sie sich auf die Überweisung von Gewinnanteilen an die Deutsche Golddiskontbank beziehen, nicht oder nicht in ausreichendem Maße nachgekommen, so setzt das Finanzamt den zu überweisenden Betrag fest.

(3) Gegen die Festsetzung des Finanzamts steht der Gesellschaft die Berufung an das Finanzgericht zu.

(4) Die Berufung ist binnen einem Monat nach Zustellung des Festsetzungsbescheides bei dem Finanzamt, dessen Festsetzung angefochten wird, schriftlich einzulegen.

(5) Gegen das Urteil des Finanzgerichts ist die Rechtsbeschwerde zugelassen.

(6) Auf das Rechtsmittelverfahren und die Kosten dieses Verfahrens finden die Reichsabgabenordnung und die zu ihrer Durchführung ergangenen und noch ergehenden Verordnungen entsprechende Anwendung.

(7) Sind Gesellschaftern oder Dritten den Vorschriften des Gesetzes zuwider Gewinnanteile bar ausgezahlt worden, so kann das Finanzamt auch diesen gegenüber den Betrag festsetzen, den sie gemäß § 7 des Gesetzes der Gesellschaft zu erstatten haben. Gegen die Festsetzung ist die Berufung zulässig; die Vorschriften der Absätze 3 bis 6 gelten sinngemäß. Das Rechtsmittel steht den Gesellschaften oder Dritten zu, gegen die sich die Festsetzung richtet.

Artikel 14

Unterbleibt die Überweisung an die Deutsche Golddiskontbank, obwohl über den Betrag den die Gesellschaft zur Bildung des Anleihestocks zu zahlen hat, kein Streit besteht, oder ist der Betrag rechtskräftig festgestellt, so kann der Betrag von den Finanzämtern wie Reichssteuern beigetrieben werden. Die Finanzämter haben den eingezogenen Betrag der Deutschen Golddiskontbank zu überweisen.

Artikel 15

(1) Für die Behandlung der Gewinnausschüttung bei der Einkommensteuer und bei der Körperschaftsteuer der Gesellschafter gilt das Folgende:
1. Der Steuerabzug vom Kapitalertrag ist von der Kapitalgesellschaft vorzunehmen
   a) von dem bar ausgeschütteten Teil des Reingewinns (§ 3 des Gesetzes) an dem Tag, der für die Ausschüttung durch Beschluß der Vertretung der Kapitalgesellschaft ausdrücklich festgesetzt worden ist, oder, wenn ein Tag für die Ausschüttung nicht ausdrücklich festgesetzt worden ist, an dem Tag, der auf die Beschlußfassung über die Gewinnausschüttung folgt. Der Steuerabzug ist für Rechnung und zu Lasten der Gesellschafter vorzunehmen;
   b) von dem in dem Anleihestock anzulegenden Teil des Reingewinns (§ 4 des Gesetzes) an dem Tag, an dem dieser Betrag dem Anleihestock überwiesen wird. Der Steuerabzug vom Kapitalertrag ist für Rechnung der Gesellschafter vorzunehmen. Der an den Anleihestock zu überweisende Betrag vermindert sich um den Steuerabzug.
2. Bei der Veranlagung der Gesellschafter zur Einkommensteuer und zur Körperschaftsteuer sind zugrunde zu legen
   a) der bar ausgeschüttete Teil des Reingewinns (§ 3 des Gesetzes) in dem Kalenderjahr oder Wirtschaftsjahr, in dem er zugeflossen ist. Auf die Steuerschuld ist der vom bar ausgeschütteten Reingewinn vorgenommene Steuerabzug vom Kapitalertrag anzurechnen (vgl. 1 a);
   b) der in dem Anleihestock angelegte Teil des Reingewinns (§ 4 des Gesetzes) in dem Kalenderjahr oder Wirtschaftsjahr, in dem der Anleihestock aufgeteilt wird (§ 6 des Gesetzes), und zwar in der bei Aufteilung des Anleihestocks vorhandenen Höhe (einschließlich inzwischen aufgelaufener Zinsen, entstandener Werterhöhungen u. dgl.) zuzüglich des anteiligen Steuerabzugs vom Kapitalertrag, der bei Überweisung in dem Anleihestock anzulegenden Teils des Reingewinns vorgenommen worden ist (vgl. 1 b). Dieser anteilige Steuerabzug ist auf die Steuerschuld des Gesellschafters anzurechnen. Der Anspruch auf spätere Zuteilung des in dem Anleihestock angelegten Teils des Reingewinns ist bei dem Gesellschafter nicht anzusetzen.

(2) Die Deutsche Golddiskontbank ist verpflichtet, bei Verteilung des Anleihestocks diejenigen Bescheinigungen auszustellen, die nach näherer Anordnung des Reichswirtschaftsministers und des Reichsministers der Finanzen im steuerlichen Interesse und zur Geltendmachung des Steuerabzuges vom Kapitalertrag erforderlich sind.

Artikel 16

Der Anleihestock als solcher unterliegt nicht der Körperschaftsteuer, Gewerbesteuer und Vermögensteuer.

Artikel 17

Unterliegen Anschaffungsgeschäfte über Wertpapiere (§ 4 des Gesetzes) der Börsenumsatzsteuer, so ist die Börsenumsatzsteuer aus Mitteln des Anleihestocks zu Lasten der Gesellschafter zu entrichten. Dies gilt nicht, soweit der andere Vertragsteil die Börsenumsatzsteuer vertraglich übernommen oder handelsüblich zu tragen hat.

Artikel 18

(1) Die gesetzlichen Vertreter von Kapitalgesellschaften, die dem Artikel 4 Abs. 4 zuwiderhandeln, werden mit Gefängnis bis zu einem Jahre und mit Geldstrafe oder mit einer dieser Strafen bestraft.

(2) Die Strafverfolgung tritt nur auf Antrag des Reichswirtschaftsministers ein.

Artikel 19

Der Reichswirtschaftsminister kann im Einvernehmen mit dem Reichsminister der Finanzen Ausnahmen von den Bestimmungen dieser Verordnung zulassen.

Artikel 20

Diese Verordnung tritt mit Wirkung vom 11. Dezember 1934 in Kraft.

11c. Zweite Verordnung zur Durchführung und Ergänzung des Anleihestockgesetzes

vom 18. April 1935 (RGBl. I S. 558, RStBl. 35, S. 681).

Auf Grund des § 10 des Gesetzes über die Gewinnverteilung bei Kapitalgesellschaften (Anleihestockgesetz) vom 4. Dezember 1934 (Reichsgesetzblatt I S. 1222) wird folgendes verordnet:

Anhang 11d. Dritte DVO zum Anleihestockgesetz.

Artikel 1
Die Verordnung zur Durchführung und Ergänzung des Anleihestockgesetzes vom 27. Februar 1935 (Reichsgesetzbl. I S. 316) wird wie folgt ergänzt:
....

Artikel 2
Ist die Kapitalherabsetzung erst nach Ablauf des Geschäftsjahrs, für dessen Abschluß sie erstmalig maßgebend sein soll, beschlossen oder im Register eingetragen worden, so ist das Jahr, für dessen Abschluß die Herabsetzung erstmalig maßgebend war, bei der Berechnung der Jahre gemäß § 3 Satz 3 des Gesetzes mitzuzählen.

Artikel 3
(1) Sind nicht alle Anteile des Gesellschaftskapitals gewinnberechtigt, so ist für die Gewinnberechnung der Hundertsatz maßgebend, der sich bei Berücksichtigung des gewinnberechtigten Gesellschaftskapitals ergibt.

(2) Bestehen bei einer Kapitalgesellschaft mehrere Gattungen von Gesellschaftsanteilen und wird der Hundertsatz für den den Gesellschaftern zur Verfügung gestellten Gewinn für die einzelnen Gattungen verschieden bemessen, so ist für jede Gattung gesondert nach § 3 des Gesetzes zu verfahren.

Artikel 4
Auf Gesellschaften, deren Gesellschaftskapital 100 000 Reichsmark nicht übersteigt, findet das Kapitalanlagegesetz vom 29. März 1934 (Reichsgesetzbl. I S. 295) Anwendung, wenn die Voraussetzungen dieses Gesetzes gegeben sind.

Artikel 5
(1) Die gesetzlichen Vertreter von Kapitalgesellschaften, die einer gegenüber der Deutschen Golddiskontbank gemäß Artikel 3 Abs. 1 Satz 5 der Verordnung zur Durchführung und Ergänzung des Anleihestockgesetzes vom 27. Februar 1935 (Reichsgesetzbl. I S. 316) (vgl. Artikel 1 Nr. 1) übernommenen Verpflichtung zuwiderhandeln, werden mit Gefängnis bis zu einem Jahre und mit Geldstrafe oder mit einer dieser Strafen bestraft.

(2) Die Strafverfolgung tritt nur auf Antrag des Reichswirtschaftsministers ein.

Artikel 6
Diese Verordnung mit Ausnahme von Artikel 5 tritt mit Wirkung vom 11. Dezember 1934 und Artikel 5 mit dem auf die Verkündung der Verordnung folgenden Tag in Kraft.

11d. Dritte Verordnung zur Durchführung und Ergänzung des Anleihestockgesetzes
vom 9. Dezember 1937 (RGBl. I S. 1341, RStBl. 37 S. 1255).

Auf Grund des § 6 Abs. 1 und des § 10 des Gesetzes über die Gewinnverteilung bei Kapitalgesellschaften (Anleihestockgesetz) vom 4. Dezember 1934 (Reichsgesetzbl. I S. 1222, Reichssteuerbl. 1935 S. 428) in der Fassung des Gesetzes zur Änderung des Anleihestockgesetzes vom 9. Dezember 1937 (Reichsgesetzbl. I S. 1340, Reichssteuerbl. 1937 S. 1255) wird folgendes verordnet:

Erster Abschnitt
Verteilung des Anleihestocks

Artikel 1
Für die Verteilung des Anleihestocks, die nach der Beschlußfassung über den Abschluß für das vierte unter das Anleihestockgesetz fallende Geschäftsjahr stattfindet, gelten die Bestimmungen der Artikel 2 bis 10.

Artikel 2
(1) Das Reich übernimmt mit Wirkung vom Tage des Inkrafttretens dieser Verordnung von der Deutschen Golddiskontbank die Wertpapiere des Anleihestocks zu ihrem Kurswert am Tage der Übernahme im Tausch gegen Steuergutscheine, die zu ihrem Nennbetrag angerechnet werden. Die Steuergutscheine gelten als Teil des Anleihestocks.

(2) Der Umtausch umfaßt nicht die Wertpapiere, die als Anleihestock für Rechnung einer Gesellschaft auf Grund einer besonderen Anordnung oder Vereinbarung von der

Deutschen Golddiskontbank angeschafft worden sind, sofern nicht nach der getroffenen Anordnung oder der Vereinbarung die Rückgabe zur Zeit der allgemeinen Auflösung des Anleihestocks und in der dafür allgemein vorgeschriebenen Weise erfolgen sollte.

Artikel 3

(1) Die Steuergutscheine werden von den Finanzkassen des Reichs bei der Einzahlung von Reichssteuern, die bei den Finanzkassen zu entrichten sind, mit Ausnahme der Lohnsteuer und der Kapitalertragsteuer, zum Nennwert von den im Abs. 2 genannten Zeitpunkten an angerechnet. Zu den Steuern, bei deren Entrichtung Steuergutscheine in Anrechnung genommen werden, rechnen auch Zinsen, Säumniszuschläge und Zuschläge nach § 168 Abs. 2 der Reichsabgabenordnung vom 22. Mai 1931 (Reichsgesetzbl. I S. 161).

(2) Die Steuergutscheine lauten auf den Inhaber. Sie werden in Blöcken von 100, 1000 und 5000 Reichsmark ausgegeben, in denen jeweils fünf Steuergutscheine im Betrage von je 20, 200 und 1000 Reichsmark zusammengefaßt sind. Von diesen fünf Steuergutscheinen kann der erste (rot) ab 1. April 1941, der zweite (blau) ab 1. April 1942, der dritte (grün) ab 1. April 1943, der vierte (dunkelgelb) ab 1. April 1944 und der fünfte (violett) ab 1. April 1945 in Anrechnung gegeben werden. Letzter Zeitpunkt, an dem sie in Anrechnung genommen werden, ist für alle Steuergutscheine der 31. März 1946. Der Reichswirtschaftsminister kann im Einvernehmen mit dem Reichsminister der Finanzen in besonderen Fällen auch Blöcke mit Steuergutscheinen, die auf einen anderen Nennbetrag lauten, zulassen.

(3) Den Gesellschaftern dürfen nur vollständige Blöcke ausgehändigt werden.

(4) Die Steuergutscheinblöcke sind an jeder deutschen Börse zum Börsenhandel zugelassen. Zum Zweck der Einführung an der Börse werden dem Börsenvorstand die Merkmale der einzuführenden Steuergutscheinblöcke mitgeteilt. Die Veröffentlichung eines Prospekts ist nicht erforderlich.

(5) Ist der Steuerbetrag, bei dessen Entrichtung ein Steuerpflichtiger Steuergutscheine in Anrechnung geben will, niedriger als der Anrechnungswert des Steuergutscheins, so darf der Unterschiedsbetrag dem Steuerpflichtigen nicht bar ausgezahlt werden. Der Steuerpflichtige kann jedoch beantragen, daß der Unterschiedsbetrag auf die bei dieser Finanzkasse künftig fällig werdenden Reichssteuern, mit Ausnahme der Lohnsteuer und Kapitalertragsteuer, angerechnet wird.

(6) Von der Annahme sind Steuergutscheine, die durch Abschneiden der linken oberen Ecke entwertet worden sind, sowie wesentlich beschädigte Steuergutscheine, die eine Prüfung auf ihre Echtheit nicht mehr zulassen, ausgeschlossen. Für verlorengegangene und sonst abhanden gekommene Steuergutscheine wird kein Ersatz gewährt.

(7) Der Reichsminister der Finanzen wird ermächtigt, zuzulassen, daß die Finanzkassen auch noch nach dem 31. März 1946 Steuergutscheine in Anrechnung nehmen.

(8) Die im § 1 des Gesetzes über den Schutz des zur Anfertigung von Schuldurkunden des Reichs und der Länder verwendeten Papiers gegen unbefugte Nachahmung vom 3. Juli 1925 (Reichsgesetzbl. I S. 93) vorgesehene Erlaubnis wird hinsichtlich des zur Anfertigung von Steuergutscheinen zu verwendenden Papiers vom Reichsminister der Finanzen erteilt.

(9) Die Vorschriften der §§ 146 bis 148, 151, 152 und § 360 Nrn. 4 bis 6 des Strafgesetzbuchs sowie des im Abs. 8 genannten Gesetzes über den Schutz des zur Anfertigung von Schuldurkunden des Reichs und der Länder verwendeten Papiers gegen unbefugte Nachahmung finden auf Steuergutscheine Anwendung.

(10) Die für die Herstellung und Ausgestaltung der Steuergutscheine erforderlichen Anordnungen trifft der Reichsminister der Finanzen.

Artikel 4

Nach der Beschlußfassung über den Jahresabschluß für das vierte unter das Anleihestockgesetz fallende Geschäftsjahr wird der auf Grund gesetzlicher Bestimmung errichtete Anleihestock aufgelöst. Die Verpflichtung der Gesellschaft, auch in dem Jahr, in dem der Anleihestock aufgelöst wird, unter den gesetzlichen Voraussetzungen Überweisungen für den Anleihestock vorzunehmen, wird hierdurch nicht berührt.

Artikel 5

Die Deutsche Golddiskontbank überläßt der Gesellschaft auf ihren Antrag den Anleihestock, wenn für sie das vierte unter das Anleihestockgesetz fallende Geschäftsjahr abgelaufen ist. Die Deutsche Golddiskontbank kann dabei von den Wünschen der Gesellschaft bezüglich der Höhe des Nennbetrags der zuzuteilenden Steuergutscheine abweichen. Mit der Aushändigung der Steuergutscheine an die Gesellschaft hat die Deutsche Golddiskontbank ihre Verpflichtung aus dem Anleihestockgesetz gegenüber den Gesellschaftern erfüllt.

Artikel 6.

(1) Die Verteilung des Anleihestocks ist von der Gesellschaft vorzunehmen, deren Gesellschaftern der Anleihestock zusteht.

(2) Die Gesellschaft hat die Verteilung des Anleihestocks unverzüglich nach der Beschlußfassung über den Jahresabschluß für das vierte unter das Anleihestockgesetz fallende Geschäftsjahr tunlich zusammen mit der Ausschüttung des Gewinns für das abgelaufene Geschäftsjahr vorzunehmen.

(3) Die von der Deutschen Golddiskontbank überlassenen Steuergutscheine sind von der Gesellschaft bis zur Verteilung getrennt von ihren sonstigen Beständen zu verwahren und rechnen gegenüber den Gläubigern der Gesellschaft nicht zum Vermögen der Gesellschaft.

(4) Die Gesellschaft ist befugt, die Steuergutscheine für Rechnung der Gesellschafter zu veräußern oder für eigene Rechnung zu übernehmen. Im letzteren Fall ist nach dem Kurs abzurechnen, zu dem die Steuergutscheine an der Berliner Börse zwei Wochen vor dem Tage gehandelt worden sind, an dem über den Jahresabschluß Beschluß gefaßt wird. War dieser Tag kein Börsentag, so ist der erste diesem vorausgehende Börsentag maßgebend. Stellt bei Aktiengesellschaften die Hauptversammlung den Jahresabschluß nicht fest, so beginnt die Frist mit dem Tage der ordentlichen Hauptversammlung. An die Stelle der Steuergutscheine tritt ihr Erlös. Soweit die Forderung eines Gesellschafters in den von der Deutschen Golddiskontbank gelieferten Steuergutscheinen nicht darstellbar ist, hat die Gesellschaft die Steuergutscheine zu verkaufen oder selbst zu übernehmen.

Artikel 7

(1) Die Mittel des Anleihestocks sind unter die bei seiner Auflösung gewinnberechtigten Gesellschafter nach den für die Gewinnverteilung geltenden Bestimmungen zu verteilen. Ist für eine einzelne Gattung von Gesellschaftern, für einzelne Gesellschafter oder für Dritte ein besonderer Anleihestock errichtet worden, so ist dieser Anleihestock nur unter die Personen zu verteilen, für die er bei seiner Errichtung bestimmt worden war. Nach der Überweisung von Gewinnteilen für den Anleihestock entstandene Gesellschaftsrechte sind bei ihrer Verteilung nur zu berücksichtigen, wenn bei der Ausgabe der neuen Gesellschaftsrechte beabsichtigt war, sie in jeder Hinsicht den alten gleichzustellen. Diese Gleichstellung gilt als beabsichtigt bei Aktien, die an der Börse zur gleichen Notiz gehandelt werden.

(2) Ist der Anspruch auf Berücksichtigung bei der Verteilung des Anleihestocks nicht durch Vorlage eines Gewinnanteilscheins oder ähnlicher Scheine nachzuweisen und ist das Gesellschaftsrecht nach dem für die Aufteilung des Anleihestocks maßgeblichen Zeitpunkt, aber vor seiner Befriedigung auf einen anderen übergegangen, so ist der Erwerber des Gesellschaftsrechts zur Empfangnahme der Anleihestockmittel berechtigt.

(3) Auch eigene Anteile der Gesellschaft sind vorbehaltlich der Vorschrift des Absatzes 5 bei der Verteilung des Anleihestocks zu berücksichtigen. § 65 Abs. 7 des Aktiengesetzes vom 30. Januar 1937 (Reichsgesetzbl. I S. 107, Reichssteuerbl. 1937 S. 177, 632) findet insoweit keine Anwendung.

(4) Die von der Gesellschaft auf vereinbarungsgemäß vom Gewinnbezug ausgeschlossene Anteile gemäß Artikel 8 Abs. 3 der Durchführungsverordnung vom 27. Februar 1935 (Reichsgesetzbl. I S. 316, Reichssteuerbl. 1935 S. 429) in der Fassung der Verordnung vom 18. April 1935 (Reichsgesetzbl. I S. 558, Reichssteuerbl. 1935 S. 681) für den Anleihestock überwiesenen Gewinnanteile stehen bei der Verteilung des Anleihestocks der Gesellschaft zu, wenn die Vereinbarung über die Ausschließung vom Gewinn bei der Verteilung des Anleihestocks noch besteht.

(5) Gesellschafter, deren Beteiligung an der Gesellschaft nach Artikel 3 und Artikel 8 der im Abs. 4 genannten Durchführungsverordnung hinterlegt oder in sonstiger Weise sichergestellt worden ist, sind bei der Verteilung des Anleihestocks nicht zu berücksichtigen.

(6) Die Gesellschaft darf sich keine Entschädigung für die Verteilung des Anleihestocks berechnen.

Artikel 8

Die Ansprüche der Gesellschafter gegenüber der Gesellschaft aus der Verwaltung und Verteilung des Anleihestocks verjähren in vier Jahren. Im übrigen gelten die Vorschriften des Bürgerlichen Gesetzbuchs sinngemäß.

Artikel 9

Die Artikel 1 bis 8 finden sinngemäß auch auf einen für die Inhaber von Genußrechten oder Gewinnschuldverschreibungen errichteten Anleihestock Anwendung.

Dritte DVO zum Anleihestockgesetz. Anhang 11 d.

Artikel 10
Ein für Rechnung der Gesellschaft errichteter Anleihestock ist der Gesellschaft auf Antrag zu überlassen, sobald die Zeit, für die der Anleihestock zu unterhalten war, abgelaufen ist. Sollte die Auflösung des Anleihestocks gleichzeitig mit dem gesetzlich gebildeten Anleihestock erfolgen, so kann er nach Beendigung des vierten unter das Anleihestockgesetz fallenden Geschäftsjahrs schon vor der Beschlußfassung über den Jahresabschluß aufgelöst werden.

Artikel 11
Wird der Anleihestock wegen Konkurses der Gesellschaft oder aus einem sonstigen Grunde vorzeitig aufgelöst (§ 6 Abs. 2 des Gesetzes), so gelten die Artikel 2, 3, 5 Sätze 2 und 3, Artikel 6 mit Ausnahme des Absatzes 4 Sätze 2 bis 4 und Artikel 7 bis 9 sinngemäß.

Zweiter Abschnitt
A. Änderung geltender Bestimmungen
Artikel 12
Die Verordnung zur Durchführung und Ergänzung des Anleihestockgesetzes vom 27. Februar 1935 (Reichsgesetzbl. I S. 316, Reichssteuerbl. 1935 S. 429) in der Fassung der Verordnung vom 18. April 1935 (Reichsgesetzbl. I S. 558, Reichssteuerbl. 1935 S. 681) wird wie folgt geändert:
Artikel 5 erhält folgende Fassung: ....

B. Sonstige Vorschriften
Artikel 13
Werden den Gesellschaftern auf ihren Gesellschaftsanteil unmittelbar von einem Dritten auf Grund eines Vertrags Zahlungen geleistet, so unterliegen diese der Anleihestockpflicht, auch wenn die Voraussetzungen des Artikels 2 Abs. 3 der Durchführungsverordnung vom 27. Februar 1935 vorliegen. Sind in solchen Fällen schon vor dem Inkrafttreten dieser Verordnung Gewinnteile der Deutschen Golddiskontbank überwiesen worden, so behält es hierbei sein Bewenden.

Artikel 14
Eine Gesellschaft, die verspätet (§ 4 Abs. 1 Satz 1 des Gesetzes) die geschuldete Zahlung leistet, hat die Schuld für die Dauer des Verzugs mit 5 vom Hundert zu verzinsen. Gleiches gilt für die Verpflichtung der Gesellschafter, die gemäß § 7 Abs. 1 des Gesetzes der Gesellschaft Gewinnteile zu erstatten haben. Der Reichswirtschaftsminister kann den Zinssatz ändern.

Artikel 15
(1) Bei der Veranlagung der Gesellschafter zur Einkommensteuer und Körperschaftsteuer ist regelmäßig davon auszugehen, daß die Kapitalertragsteuer im Betrage von einem Neuntel der bei der Aufteilung des Anleihestocks den Gesellschaftern zufließenden Beträge für Rechnung der Gesellschafter an das Finanzamt abgeführt ist. Dies gilt nicht für solche Beträge, die auf Grund einer besonderen Vereinbarung oder Anordnung für Rechnung der Gesellschaft von der Deutschen Golddiskontbank verwaltet werden.
(2) Soweit die bei Aufteilung des Anleihestocks den Gesellschaften zufließenden Beträge bei der Ermittlung des körperschaftsteuerpflichtigen Einkommens nicht in Ansatz zu bringen sind, ist die für die Überweisung der Gesellschaft an die Deutsche Golddiskontbank an das Finanzamt abgeführte Kapitalertragsteuer bei der Entrichtung der Körperschaftsteuer für das Wirtschaftsjahr anzurechnen, in dem der Anleihestock aufgeteilt wird.

Artikel 16
Der Reichswirtschaftsminister kann im Einvernehmen mit dem Reichsminister der Finanzen Ausnahmen von den Bestimmungen dieser Verordnung zulassen.

Artikel 17
(1) Wer einer dem Reichswirtschaftsminister gegenüber bei der Erteilung der Genehmigung zur Ausgabe von jungen Aktien, Genußscheinen und ähnlichen Rechten gemäß Artikel 4 Abs. 4 der Ersten Verordnung zur Durchführung und Ergänzung des Anleihestockgesetzes vom 27. Februar 1935 (Reichsgesetzbl. I S. 316, Reichssteuerbl. 1935 S. 429) übernommenen Verpflichtung oder den Vorschriften über die Auflösung des Anleihestocks zuwiderhandelt, wird mit Gefängnis bis zu einem Jahr und mit Geldstrafe oder mit einer dieser Strafen bestraft.
(2) Die Strafverfolgung tritt nur auf Antrag des Reichswirtschaftsministers ein.

12. Gesetz über die Umwandlung von Kapitalgesellschaften
Vom 5. Juli 1934
(RGBl. I S. 569, RStBl. 34 S. 801)

Um in geeigneten Fällen die Abkehr von anonymen Kapitalformen zur Eigenverantwortung des Unternehmers zu erleichtern, hat die Reichsregierung das folgende Gesetz beschlossen, das hiermit verkündet wird:

§ 1
(1) Eine Aktiengesellschaft, eine Kommanditgesellschaft auf Aktien oder eine Gesellschaft mit beschränkter Haftung kann nach Maßgabe der folgenden Vorschriften in eine offene Handelsgesellschaft, in eine Kommanditgesellschaft oder in der Weise umgewandelt werden, daß ihr Vermögen unter Ausschluß der Liquidation auf den alleinigen Gesellschafter übertragen wird.

(2) Die Vorschriften dieses Gesetzes finden keine Anwendung auf die Umwandlung von Gesellschaften, die nach dem 1. Juli 1934 entstanden sind. Die Umwandlung kann nur bis zum 31. Dezember 1936 beschlossen werden.

Erster Abschnitt
Umwandlung von Aktiengesellschaften
1. Umwandlung durch Übertragung des Vermögens auf eine bestehende offene Handelsgesellschaft

§ 2
Die Generalversammlung einer Aktiengesellschaft kann die Übertragung des Vermögens auf eine offene Handelsgesellschaft beschließen, wenn sich alle Aktien in der Hand der offenen Handelsgesellschaft befinden (Umwandlung); eines besonderen Veräußerungsvertrages bedarf es nicht.

§ 3
Der Vorstand der Aktiengesellschaft hat die Umwandlung zur Eintragung in das Handelsregister anzumelden. Der Anmeldung sind eine Ausfertigung des Protokolls und die der Umwandlung zugrunde gelegte Bilanz beizufügen.

§ 4
Mit der Eintragung geht das Vermögen der Aktiengesellschaft einschließlich der Schulden auf die offene Handelsgesellschaft über. Die Aktiengesellschaft ist damit aufgelöst. Einer besonderen Eintragung der Auflösung bedarf es nicht.

§ 5
(1) Mit der Auflösung der Aktiengesellschaft erlischt die Firma.

(2) Führt die offene Handelsgesellschaft das von der Aktiengesellschaft betriebene Handelsgeschäft weiter, so kann sie ihrer Firma einen das Nachfolgeverhältnis andeutenden Zusatz beifügen. Die Vorschriften des § 22 des Handelsgesetzbuchs finden keine Anwendung.

§ 6
Den Gläubigern der Aktiengesellschaft, die sich binnen sechs Monaten nach der Bekanntmachung der Eintragung des Umwandlungsbeschlusses in das Handelsregister zu diesem Zwecke melden, ist Sicherheit zu leisten, soweit sie nicht Befriedigung verlangen können. Die Gläubiger sind in der Bekanntmachung der Eintragung auf dieses Recht hinzuweisen.

§ 7
(1) Die geschäftsführenden Gesellschafter der offenen Handelsgesellschaft haben das Vermögen der Aktiengesellschaft getrennt zu verwalten.

(2) Die beiden Vermögen dürfen erst vereinigt werden, wenn sechs Monate nach der Bekanntmachung der Eintragung des Umwandlungsbeschlusses verstrichen sind und nur unter Beachtung der nach § 6 für die Befriedigung und Sicherstellung der Gläubiger geltenden Vorschriften.

(3) Der bisherige Gerichtsstand der Aktiengesellschaft bleibt bis dahin bestehen.

(4) Bis zu demselben Zeitpunkt gilt im Verhältnis der Gläubiger der Aktiengesellschaft zu der offenen Handelsgesellschaft und deren übrigen Gläubigern sowie zu den Privatgläubigern der Gesellschafter das übernommene Vermögen noch als Vermögen der Aktiengesellschaft. Zahlungen aus dem übernommenen Vermögen an die Gesellschafter oder

Entnahmen, die zu Lasten des Kapitalanteils oder des Reingewinnes erfolgen oder eine Verteilung des Gesellschaftsvermögens enthalten, sind bis zu diesem Zeitpunkt unzulässig.

2. Umwandlung durch Übertragung des Vermögens auf den alleinigen Gesellschafter

§ 8

(1) Wird das Vermögen einer Aktiengesellschaft, deren Aktien sich in einer Hand befinden, auf den alleinigen Gesellschafter übertragen, so finden die Vorschriften der §§ 2 bis 7 mit der Maßgabe entsprechende Anwendung, daß an die Stelle der offenen Handelsgesellschaft und der geschäftsführenden Gesellschafter der übernehmende Gesellschafter tritt.

(2) Entnahmen aus dem übernommenen Vermögen sind unzulässig, solange die beiden Vermögen nicht vereinigt werden dürfen.

3. Umwandlung unter gleichzeitiger Errichtung einer offenen Handelsgesellschaft

§ 9

Die Generalversammlung einer Aktiengesellschaft kann die Errichtung einer offenen Handelsgesellschaft, an der alle Aktionäre als Gesellschafter beteiligt sind, und zugleich die Übertragung des Vermögens der Aktiengesellschaft auf die offene Handelsgesellschaft beschließen (Umwandlung). Die Vorschriften der §§ 2 bis 7 finden Anwendung; außerdem gelten die folgenden besonderen Vorschriften.

§ 10

(1) Dem Umwandlungsbeschluß müssen alle anwesenden Aktionäre zustimmen. Er bedarf zu seiner Wirksamkeit auch der Zustimmung der nicht erschienenen Aktionäre, die gerichtlich oder notariell beurkundet werden muß.

(2) In dem Beschluß sind die Firma und der Ort, wo die offene Handelsgesellschaft ihren Sitz hat, festzusetzen und die weiteren zur Durchführung der Umwandlung und der Errichtung der Gesellschaft erforderlichen Maßnahmen zu treffen.

(3) Die Firma muß den Vorschriften für die Firmen der offenen Handelgesellschaft entsprechen. Die Vorschriften des § 5 Abs. 2 bleiben unberührt.

§ 11

(1) Der Anmeldung des Umwandlungsbeschlusses ist ferner eine Ausfertigung der Zustimmungserklärung der nicht erschienenen Aktionäre sowie eine von den Anmeldenden unterschriebene Liste beizufügen, aus der die Gesellschafter der offenen Handelsgesellschaft mit Namen, Vornamen, Stand und Wohnort ersichtlich sind.

(2) Die offene Handelsgesellschaft entsteht mit der Eintragung des Umwandlungsbeschlusses; sie ist von Amts wegen in das Handelsregister einzutragen.

(3) Die Gesellschafter, welche die offene Handelsgesellschaft vertreten sollen, haben die Firma nebst ihrer Unterschrift zur Aufbewahrung bei dem Gericht zu zeichnen.

4. Umwandlung in eine Kommanditgesellschaft

§ 12

Auf die Umwandlung einer Aktiengesellschaft in eine Kommanditgesellschaft finden die Vorschriften der §§ 2 bis 7 und 9 bis 11 entsprechende Anwendung. Beschließt die Generalversammlung die Errichtung einer Kommanditgesellschaft, so muß der Umwandlungsbeschluß außer den im § 10 vorgesehenen Angaben die Bezeichnung der Kommanditisten und den Betrag der Einlage eines jeden von ihnen enthalten.

Zweiter Abschnitt
Umwandlung von Kommanditgesellschaften auf Aktien

§ 13

Auf die Umwandlung einer Kommanditgesellschaft auf Aktien finden die Vorschriften des Ersten Abschnitts entsprechende Anwendung. Der Beschluß der Generalversammlung bedarf auch der Zustimmung der persönlich haftenden Gesellschafter, die gerichtlich oder notariell beurkundet werden muß.

Dritter Abschnitt
Umwandlung von Gesellschaften mit beschränkter Haftung

§ 14

Auf die Umwandlung einer Gesellschaft mit beschränkter Haftung finden die Vorschriften des Ersten Abschnitts entsprechende Anwendung. Die Umwandlung kann nur in einer

Gesellschafterversammlung und nur mit Zustimmung aller Gesellschafter beschlossen werden. Der Beschluß sowie die Zustimmung der nicht erschienenen Gesellschafter muß gerichtlich oder notariell beurkundet werden.

Vierter Abschnitt
Strafvorschrift
§ 15

Wer den Vorschriften der § 7 Abs. 1, Abs. 2, Abs. 4 Satz 2, § 8 Abs. 2 zuwiderhandelt, wird mit Gefängnis und Geldstrafe oder einer dieser Strafen bestraft.

Schlußbestimmung
§ 16

Der Reichsminister der Justiz erläßt die zur Durchführung dieses Gesetzes erforderlichen Rechts- und Verwaltungsvorschriften. Soweit er es zur Erreichung des Zwecks des Gesetzes für erforderlich hält, insbesondere um in anderen als den im § 1 bezeichneten Fällen die Umwandlung zu erleichtern, kann er allgemeine Vorschriften ergänzenden und abweichenden Inhalts treffen.

13a. Gesetz über Steuererleichterungen bei der Umwandlung und Auflösung von Kapitalgesellschaften.
Vom 5. Juli 1934
(RGBl. I S. 572, RStBl. 38 S. 804)

Die Reichsregierung hat das folgende Gesetz beschlossen, das hierdurch verkündet wird:

§ 1

Wird eine Aktiengesellschaft, eine Kommanditgesellschaft auf Aktien oder eine Gesellschaft mit beschränkter Haftung auf Grund des Gesetzes über die Umwandlung von Kapitalgesellschaften vom 5. Juli 1934 (Reichsgesetzbl. I S. 569) in eine offene Handelsgesellschaft, in eine Kommanditgesellschaft oder in der Weise umgewandelt, daß ihr Vermögen unter Ausschluß der Liquidation auf den alleinigen Gesellschafter übertragen wird, so werden Steuererleichterungen bei den folgenden Steuern gewährt:
1. Gesellschaftsteuer,
2. Grunderwerbsteuer einschließlich der Zuschläge,
3. Wertzuwachssteuer,
4. Steuer der Gemeinden (Gemeindeverbände) vom Zubehör (Gewerbeanschaffungssteuer),
5. Umsatzsteuer,
6. Einkommensteuer,
7. Körperschaftsteuer,
8. Gewerbesteuer.

§ 2

Die Vorschrift des § 1 gilt entsprechend, wenn eine Aktiengesellschaft, eine Kommanditgesellschaft auf Aktien oder eine Gesellschaft mit beschränkter Haftung aufgelöst und ihr Vermögen im Weg der Liquidation auf die Gesellschafter übertragen wird.

§ 3

Die Vorschriften der §§ 1 und 2 sind nur anzuwenden auf Aktiengesellschaften, Kommanditgesellschaften auf Aktien und Gesellschaften mit beschränkter Haftung, die am 1. Juli 1934 bestanden haben und ihre Umwandlung oder Auflösung bis zum 31. Dezember 1936 beschließen.

§ 4

Die Vorschriften der Verordnung des Reichspräsidenten vom 8. Dezember 1931 Vierter Teil Kapitel 1 über steuerliche Erleichterungen für die Aufteilung von Gesellschaften (Reichsgesetzbl. I S. 699, 714) und die Verordnung zur Ergänzung der Aufteilungsverordnung vom 2.. Dezember 1933 (Reichsgesetzbl. I S. 1113) treten außer Kraft.

§ 5

Der Reichsminister der Finanzen erläßt die zur Durchführung dieses Gesetzes erforderlichen Rechts- und Verwaltungsvorschriften und, soweit er es zur Erreichung des Zwecks des Gesetzes für erforderlich hält, allgemeine Vorschriften ergänzenden und abweichenden Inhalts.

13b. Zweite Durchführungsverordnung zum Umwandlungs-Steuergesetz
Vom 8. März 1935
(RGBl. I S. 354, RStBl. 38 S. 455)

Auf Grund des § 5 des Gesetzes über Steuererleichterungen bei der Umwandlung und Auflösung von Kapitalgesellschaften (Umwandlungs-Steuergesetz) vom 5. Juli 1934 (Reichsgesetzbl. I S. 572) wird das Folgende bestimmt:

§ 1
Umwandlung

(1) Steuererleichterungen werden gewährt, wenn eine Aktiengesellschaft auf Grund des Gesetzes über die Umwandlung von Kapitalgesellschaften (Umwandlungsgesetz) vom 5. Juli 1934 (Reichsgesetzbl. I S. 569) und der Durchführungsverordnung zum Umwandlungsgesetz vom 14. Dezember 1934 (Reichsgesetzbl. I S. 1262)[2] in eine Personalgesellschaft umgewandelt wird.

(2) Personalgesellschaften im Sinn dieser Verordnung sind offene Handelsgesellschaften Kommanditgesellschaften und Gesellschaften des bürgerlichen Rechts.

§ 2
Auflösung

Steuererleichterungen werden auch gewährt, wenn eine am 1. Juli 1934 (Stichtag) bestehende Aktiengesellschaft aufgelöst und ihr Vermögen im Weg der Liquidation auf die Gesellschafter übertragen wird. Das gleiche gilt, wenn das Vermögen einer Aktiengesellschaft, die vor dem Stichtag aufgelöst worden ist, nach dem Stichtag im Weg der Liquidation auf die Gesellschafter übertragen wird.

§ 3
Gesellschaftsteuer

Wird eine Aktiengesellschaft unter gleichzeitiger Errichtung einer Personalgesellschaft umgewandelt, so wird eine Gesellschaftsteuer nach dem Kapitalverkehrsteuergesetz vom 22. Mai 1931 für die Errichtung der Personalgesellschaft nicht erhoben.

§ 4
Grunderwerbsteuer

(1) Wird eine Aktiengesellschaft unter gleichzeitiger Errichtung einer Personalgesellschaft umgewandelt und gehen bei der Umwandlung Grundstücke auf die Personalgesellschaft über, so wird die Grunderwerbsteuer nur erhoben, soweit die einzelnen Gesellschafter am Vermögen der Personalgesellschaft in einem höheren Verhältnis beteiligt sind, als sie am Stichtag an der Aktiengesellschaft beteiligt waren.

(2) Wird eine Aktiengesellschaft durch Übertragung des Vermögens auf eine bestehende Personalgesellschaft umgewandelt und gehen bei der Umwandlung Grundstücke über, so wird die Grunderwerbsteuer nur erhoben, soweit die einzelnen Gesellschafter der Personalgesellschaft an deren Vermögen im Zeitpunkt der Umwandlung in einem höheren Verhältnis als am Stichtag beteiligt sind.

(3) Wird eine Aktiengesellschaft aufgelöst und werden bei der Liquidation Grundstücke auf die Gesellschafter übertragen, so wird die Grunderwerbsteuer nur erhoben, soweit der einzelne Gesellschafter an Grundstücken oder Grundstücksbruchteilen mehr erhält, als seinem Beteiligungsverhältnis an der Aktiengesellschaft am Stichtag entspricht.

§ 5
Zuschläge zur Grunderwerbsteuer, Wertzuwachssteuer, Gewerbeanschaffungssteuer

Soweit nach § 4 die Grunderwerbsteuer nicht erhoben wird, werden auch die Zuschläge zur Grunderwerbsteuer und die Wertzuwachssteuer nicht erhoben. Entsprechendes gilt für die Steuer der Gemeinden (Gemeindeverbände) vom Zubehör (Gewerbeanschaffungssteuer).

§ 6
Umsatzsteuer

Wird bei der Umwandlung oder Auflösung einer Aktiengesellschaft ihr Vermögen auf eine Personalgesellschaft oder auf die Gesellschafter übertragen, so wird die Umsatzsteuer nicht erhoben.

§ 7
Körperschaftsteuer, Einkommensteuer und Gewerbesteuer

(1) Werden bei der Umwandlung oder Auflösung einer Aktiengesellschaft Wirtschaftsgüter, die mindestens seit dem Ende des Wirtschaftsjahrs 1934 (1933/34) zum Betriebsvermögen der Aktiengesellschaft gehört haben, in das im Inland belegene Betriebsvermögen eines oder mehrerer Gesellschafter oder einer aus Gesellschaftern der Aktiengesellschaft bestehenden Personalgesellschaft übernommen, so gilt das Folgende:
1. Bei der Ermittlung des Einkommens für die Körperschaftsteuer sind diese Wirtschaftsgüter bei der Aktiengesellschaft im Zeitpunkt der Umwandlung oder Auflösung mit den Werten anzusetzen, die sich nach den Vorschriften über die Gewinnermittlung (§ 6 des Körperschaftsteuergesetzes in Verbindung mit §§ 4 bis 7 des Einkommensteuergesetzes) ergeben. Statt dessen können sie mit einem anderen Wert angesetzt werden, höchstens jedoch mit dem Teilwert im Zeitpunkt der Übertragung. Die Körperschaftsteuer von dem bei der Übertragung entstehenden Gewinn wird nur in Höhe eines Drittels erhoben.
2. Bei der Ermittlung des Einkommens für die Einkommensteuer des Gesellschafters sind die nach Ziffer 1 angesetzten Werte als Ausgangswerte maßgebend, und zwar ohne Rücksicht auf die Höhe der Anschaffungskosten der Beteiligung. Eine durch die Übertragung entstehende Einkommensteuer wird nach § 34 Absatz 1 des Einkommensteuergesetzes berechnet und in Höhe eines Drittels erhoben.
3. Bei der Ermittlung des Gewerbeertrags für die Gewerbesteuer des Gesellschafters oder der Personalgesellschaft sind die nach Ziffer 1 Sätze 1 und 2 angesetzten Werte als Ausgangswerte maßgebend. Eine durch die Übertragung entstehende Gewerbesteuer wird nur in Höhe eines Drittels erhoben.

(2) Werden bei der Umwandlung oder Auflösung einer Aktiengesellschaft Wirtschaftsgüter, die nach dem Ende des Wirtschaftsjahrs 1934 (1933/34) von der Aktiengesellschaft angeschafft oder hergestellt worden sind, in das im Inland belegene Betriebsvermögen eines oder mehrerer Gesellschafter oder einer aus Gesellschaftern der Aktiengesellschaft bestehenden Personalgesellschaft übernommen, so gilt das Folgende:
1. Bei der Ermittlung des Einkommens für die Körperschaftsteuer sind diese Wirtschaftsgüter bei der Aktiengesellschaft im Zeitpunkt der Umwandlung oder Auflösung mit den Werten anzusetzen, die sich nach den Vorschriften über die Gewinnermittlung (§ 6 des Körperschaftsteuergesetzes in Verbindung mit den §§ 4 bis 7 des Einkommensteuergesetzes) ergeben.
2. Bei der Ermittlung des Einkommens für die Einkommensteuer des Gesellschafters sind die nach Ziffer 1 angesetzten Werte als Ausgangswerte maßgebend, und zwar ohne Rücksicht auf die Höhe der Anschaffungskosten der Beteiligung. Eine durch die Übertragung entstehende Einkommensteuer wird nach § 34 Absatz 1 des Einkommensteuergesetzes berechnet und in Höhe eines Drittels erhoben.
3. Bei der Ermittlung des Gewerbeertrags für die Gewerbesteuer des Gesellschafters oder der Personalgesellschaft sind die nach Ziffer 1 angesetzten Werte als Ausgangswerte maßgebend. Eine durch die Übertragung entstehende Gewerbesteuer wird nur in Höhe eines Drittels erhoben.

(3) Der bis zur Übertragung aus der Betriebsgebarung der Aktiengesellschaft sich ergebende Gewinn wird nach den allgemeinen Vorschriften in vollem Umfang zur Körperschaftsteuer herangezogen. Steht dem Gesellschafter der umgewandelten oder aufgelösten Aktiengesellschaft aus seiner Beteiligung vor der Umwandlung oder Auflösung ein Gewinnanteil zu, so unterliegt dieser der Einkommensteuer nach den allgemeinen Vorschriften.

§ 8
Sonderfälle bei der Körperschaftsteuer und Einkommensteuer

(1) Werden bei Auflösung einer Aktiengesellschaft Wirtschaftsgüter auf einen unbeschränkt steuerpflichtigen Gesellschafter übertragen, der sie nicht in ein Betriebsvermögen übernimmt, so ist bei der Ermittlung des Einkommens für die Körperschaftsteuer für alle Wirtschaftsgüter, die nicht in ein Betriebsvermögen übernommen werden, der gemeine Wert anzusetzen. Eine infolge der Übertragung entstehende Einkommensteuer wird nicht

erhoben. Voraussetzung ist, daß die Wirtschaftsgüter seit dem Ende des Wirtschaftsjahrs 1934 (Wirtschaftsjahrs 1933/34) zum Betriebsvermögen der Aktiengesellschaft oder, im Fall der Gesamtrechtsnachfolge, eines Rechtsnachfolgers gehört haben.

(2) Bei der künftigen Veranlagung des übernehmenden Gesellschafters zur Einkommensteuer ist für die Bemessung der Absetzung für Abnutzung von dem gemeinen Wert des Wirtschaftsguts im Zeitpunkt der Auflösung der Aktiengesellschaft auszugehen.

§ 9
Übertragung auf den alleinigen Gesellschafter oder den Hauptgesellschafter

(1) Die Vorschriften über Steuererleichterungen bei der Umwandlung von Aktiengesellschaften in Personalgesellschaften gelten sinngemäß, wenn eine Aktiengesellschaft auf Grund des Umwandlungsgesetzes und der Durchführungsverordnung zum Umwandlungsgesetz in der Weise umgewandelt wird, daß ihr Vermögen unter Ausschluß der Liquidation auf den alleinigen Gesellschafter oder den Hauptgesellschafter übertragen wird.

(2) Die Vorschriften über Steuererleichterungen bei der Auflösung von Aktiengesellschaften gelten sinngemäß, wenn das Vermögen der Aktiengesellschaft im Wege der Liquidation auf den alleinigen Gesellschafter übertragen wird.

§ 10
Beteiligung juristischer Personen

(1) Die Steuererleichterungen für die Umwandlung von Aktiengesellschaften in Personalgesellschaften gelten nur für solche Personalgesellschaften, die aus natürlichen Personen bestehen. Die Steuerschuld entsteht nachträglich, wenn innerhalb zweier Jahre seit der Umwandlung die Gesellschaftsrechte eines Gesellschafters auf eine juristische Person übertragen werden oder wenn innerhalb dieser Frist eine juristische Person als Gesellschafter beitritt. In diesen Fällen wird die Steuer mit der Entstehung der Steuerschuld fällig.

(2) Die Steuererleichterungen, die für die Umwandlung einer Aktiengesellschaft durch Übertragung des Vermögens auf den alleinigen Gesellschafter oder den Hauptgesellschafter gelten, werden auch gewährt, wenn der alleinige Gesellschafter oder der Hauptgesellschafter eine juristische Person ist, die bereits am 1. Juli 1934 (Stichtag) als Gesellschafter an der umzuwandelnden Aktiengesellschaft beteiligt war.

(3) Die Steuererleichterungen, die für die Auflösung einer Aktiengesellschaft gelten, werden auch gewährt, wenn der alleinige Gesellschafter oder die Gesellschafter, die das Vermögen der Aktiengesellschaft bei der Liquidation übernehmen, juristische Personen sind, die bereits am Stichtag als Gesellschafter an der Gesellschaft beteiligt waren.

§ 11
Andere Gesellschaften

(1) Die Vorschriften über Steuererleichterungen bei der Umwandlung von Aktiengesellschaften gelten auch bei der Umwandlung von Kommanditgesellschaften auf Aktien und Gesellschaften mit beschränkter Haftung.

(2) Die Vorschriften über Steuererleichterungen bei der Auflösung von Aktiengesellschaften gelten auch bei der Auflösung von Kommanditgesellschaften auf Aktien, Gesellschaften mit beschränkter Haftung und bergrechtlichen Gewerkschaften.

§ 12
Geltungsdauer

Die Vorschriften über Steuererleichterungen bei der Umwandlung oder Auflösung von Gesellschaften gelten nicht für Gesellschaften, die nach dem 1. Juli 1934 entstanden sind. Sie gelten nur für solche Gesellschaften, die ihre Umwandlung oder Auflösung bis zum 31. Dezember 1936 beschließen.

§ 13
Inkrafttreten

(1) Diese Verordnung tritt mit Wirkung vom 7. Juli 1934 in Kraft.

(2) Die erste Durchführungsverordnung zum Gesetz über Steuererleichterungen bei der Umwandlung und Auflösung von Kapitalgesellschaften vom 7. Juli 1934 (Reichsgesetzbl. I S. 595) wird aufgehoben.

13c. Dritte Durchführungsverordnung zum Umwandlungs-Steuergesetz
Vom 7. Juni 1935
(RGBl. I S. 744, RStBl. 35 S. 833)

Auf Grund des § 5 des Umwandlungssteuergesetzes vom 5. Juli 1934 (RGBl. I S. 572). wird das folgende bestimmt:

§ 1
Umwandlung von bergrechtlichen Gewerkschaften

Wird eine bergrechtliche Gewerkschaft auf Grund der Zweiten Durchführungsverordnung zum Umwandlungsgesetz vom 17. Mai 1935 (RGBl. I S. 721) umgewandelt, so gelten die Vorschriften des Umwandlungssteuergesetzes vom 5. Juli 1934 (RGBl. I S. 572) und der Zweiten Durchführungsverordnung zum Umwandlungssteuergesetz vom 8. März 1935 (RGBl. I S. 354) über Steuererleichterungen bei der Umwandlung von Aktiengesellschaften sinngemäß.

§ 2
Inkrafttreten

Diese Verordnung tritt mit Wirkung vom 5. Juni 1935 in Kraft.

13d. Vierte Durchführungsverordnung zum Umwandlungs-Steuergesetz
Vom 2. Dezember 1936
(RGBl. I S. 1006, RStBl. 36 S. 1197)

Die Steuererleichterungen des Umwandlungs-Steuergesetzes und der Durchführungsverordnungen zu diesem Gesetz werden auch gewährt, wenn die Umwandlung oder Auflösung bis zum 30. Juni 1937 beschlossen wird. Dies gilt mit der Maßgabe, daß bei Umwandlungen oder Auflösungen, die nach dem 31. Dezember 1936 beschlossen werden, die Bewertungsfreiheit nach § 7 Absatz 1 Ziffer 1 Satz 2 der Zweiten Durchführungsverordnung nicht in Anspruch genommen werden darf:
1. für kurzlebige Wirtschaftsgüter im Sinn des § 6 Ziffer 1 Satz 4 des Einkommensteuergesetzes;
2. für Ersatzbeschaffungen im Sinn des Abschnitt II des Gesetzes zur Verminderung der Arbeitslosigkeit vom 1. Juni 1933 (Reichsgesetzbl. I S. 323).

13e. Fünfte Durchführungsverordnung zum Umwandlungs-Steuergesetz
Vom 24. Juni 1937
(RGBl. I S. 662, RStBl. 37, S. 754)

§ 1
(betrifft Wertzuwachssteuer)

§ 2
Die Steuererleichterungen des Umwandlungs-Steuergesetzes und der Durchführungsverordnungen zu diesem Gesetz werden auch dann gewährt, wenn die Umwandlung oder Auflösung nach dem 30. Juni 1937, aber vor dem 1. Januar 1938 beschlossen wird. Dies gilt mit der Maßgabe, daß bei Umwandlungen oder Auflösungen, die nach dem 30. Juni 1937 beschlossen werden, als Stichtag an die Stelle des 1. Juli 1934 (§ 3 des Umwandlungs-Steuergesetzes, §§ 2, 4, 10, 12 der Zweiten Durchführungsverordnung dazu) der 1. Januar 1937 tritt.

14. Verordnung zur Durchführung des Steuerabzuges vom Kapitalertrag (Kapitalertragsteuer)
Kapitalertragsteuer – Durchführungsverordnung (KapStDVO)
Vom 22. Dezember 1934
(RMinBl. 35 S. 18, RStBl. 35 S. 17)

Auf Grund des § 12 der Reichsabgabenordnung in der Fassung des § 21 Ziffer 3 des Steueranpassungsgesetzes vom 16. Oktober 1934 (RGBl. I S. 925) wird zur Durchführung der Vorschriften über die Erhebung der Einkommensteuer und der Körperschaftsteuer durch Abzug vom Kapitalertrag (Kapitalertragsteuer) folgendes verordnet:

I. Steuerabzugspflichtige Kapitalerträge

Abzugspflichtige Kapitalerträge, allgemein

§ 1

(1) Die folgenden inländischen Kapitalerträge (§ 43 des Einkommensteuergesetzes) unterliegen dem Steuerabzug vom Kapitalertrag (Kapitalertragsteuer):

1. Gewinnanteile (Dividenden), Zinsen, Ausbeuten und sonstige Bezüge aus Aktien, Kuxen, Genußscheinen, Anteilen an Gesellschaften mit beschränkter Haftung, an Erwerbs- und Wirtschaftsgenossenschaften und Kolonialgesellschaften, aus Anteilen an der Reichsbank und an bergbautreibenden Vereinigungen, die die Rechte einer juristischen Person haben. Ausgenommen sind die Dividenden aus Vorzugsaktien der Deutschen Reichsbahn-Gesellschaft;
2. Einkünfte aus der Beteiligung an einem Handelsgewerbe als stiller Gesellschafter;
3. Zinsen aus Teilschuldverschreibungen, bei denen neben der festen Verzinsung ein Recht auf Umtausch in Gesellschaftsanteile (Wandelanleihen) oder eine Zusatzverzinsung, die sich nach der Höhe der Gewinnausschüttungen des Schuldners richtet (Gewinnobligationen), eingeräumt ist. Die Zinsen aus Teilschuldverschreibungen unterliegen der Kapitalertragsteuer jedoch nicht, wenn der Zinsfuß nur vorübergehend herabgesetzt und gleichzeitig eine von dem jeweiligen Gewinnergebnis des Unternehmens abhängige Zusatzverzinsung bis zur Höhe des ursprünglichen Zinsfußes festgelegt worden ist.

Beispiel für Zusatzverzinsung:
Die Anleihebedingungen einer Aktiengesellschaft enthalten folgende Bestimmungen: Die Teilschuldverschreibungen sind vom 1. Januar 1933 ab mit jährlich 6. v. H. zu verzinsen. Wenn auf die Aktien des Unternehmens ein Gewinnanteil (Dividende) von mehr als 10 v. H. verteilt wird, erhöht sich die Verzinsung der Teilschuldverschreibungen für das betreffende Geschäftsjahr um ½ v. H. für jedes Mehrprozent Gewinnanteil (Dividende).

Beispiel für die Ausnahme:
Die Generalversammlung einer Aktiengesellschaft hat den Zinsfuß, der nach den Anleihebedingungen 6 v. H. beträgt, für die Zeit vom 1. Januar 1932 bis 31. Dezember 1940 auf 4 v. H. mit folgender Einschränkung herabgesetzt:
Wenn auf die Aktien des Unternehmens in einem Geschäftsjahr ein Gewinnanteil (Dividende) von mehr als 8 v. H. verteilt wird, erhöht sich der Zinsfuß der Teilschuldverschreibungen um ½ v. H. für jedes Mehrprozent Gewinnanteil (Dividende) bis zum Höchstbetrag von 6 v. H.

(2) Steuerabzugspflichtige Kapitalerträge sind auch besondere Entgelte oder Vorteile, die neben den im Absatz 1 bezeichneten Kapitalerträgen oder an deren Stelle gewährt werden. Zu den besonderen Entgelten oder Vorteilen gehören z. B. Gewährung von Freianteilen, Genußscheinen, Sachleistungen, Bonus und ähnliches. Bestehen die Kapitalerträge nicht in Geld, so sind sie mit den üblichen Mittelpreisen des Verbrauchsorts anzusetzen (§ 8 Absatz 2 des Einkommensteuergesetzes).

(3) Kapitalerträge sind als inländische anzusehen, wenn der Schuldner Wohnsitz, Geschäftsleitung oder Sitz im Inland hat.

(4) Der Steuerabzug ist auch dann vorzunehmen, wenn die Kapitalerträge beim Gläubiger zu den Einkünften aus Land- und Forstwirtschaft, aus Gewerbebetrieb, aus selbständiger Arbeit oder aus Vermietung und Verpachtung gehören.

II. Befreiung von der Kapitalertragsteuer

§ 2   Befreiungen

(1) Der Steuerabzug ist nicht vorzunehmen:
1. wenn Gläubiger und Schuldner der Kapitalerträge im Zeitpunkt des Zufließens die gleiche Person sind;
2. wenn einer unbeschränkt steuerpflichtigen Kapitalgesellschaft Kapitalerträge aus Aktien, Kuxen oder Anteilen einer anderen unbeschränkt steuerpflichtigen Kapitalgesellschaft zufließen und die Gläubigerin nachweislich ununterbrochen seit Beginn ihres Wirtschaftsjahrs, in dem ihr der Kapitalertrag zufließt, unmittelbar an dem Grund- oder Stammkapital der anderen Kapitalgesellschaft mindestens zu einem Viertel beteiligt ist (§ 9 Absätze 1 und 2 des Körperschaftsteuergesetzes).

(2) Die Vorschriften des Absatzes 1 Ziffer 2 gelten entsprechend bei Kapitalerträgen, die dem Reich, den Ländern, Gemeinden und Gemeindeverbänden oder Betrieben von inländischen Körperschaften des öffentlichen Rechts aus der Beteiligung an unbeschränkt steuerpflichtigen Kapitalgesellschaften zufließen (§ 9 Absatz 3 des Körperschaftsteuergesetzes).

III. Berechnung des Steuerabzugs

§ 3   Höhe des Steuerabzugs

(1) Der Steuerabzug beträgt 10 vom Hundert der vollen Kapitalerträge. Betriebsausgaben, Werbungskosten, Sonderausgaben und Steuern dürfen nicht abgezogen werden.

Bei Übernahme der Steuer zugunsten des Gläubigers

(2) Übernimmt der Schuldner der Kapitalerträge die Kapitalertragsteuer zugunsten eines Gläubigers, so ist der übernommene Betrag als Leistung des Schuldners dem Kapitalertrag hinzuzurechnen. Der Steuerabzug ist somit von der Gesamtsumme vorzunehmen. Auf den tatsächlich ausgezahlten Kapitalertrag umgerechnet, ergibt das einen Steuerabzug von 11,11 v. H. oder $^1/_9$ des ausgezahlten Betrags.

Beispiel:
Eine Aktiengesellschaft will auf 2 Millionen RM. Aktienkapital einen Gewinnanteil (Dividende) von 5 v. H. ausschütten. Um den Gewinnanteil (Dividende) den Gläubigern unverkürzt zukommen zu lassen, übernimmt die Gesellschaft die Kapitalertragsteuer. Dann zahlt die Gesellschaft 100 000 RM. aus. Ihre Leistung an den Gläubiger erhöht sich jedoch um den Betrag der Kapitalertragsteuer. Zu der Ausschüttung von 100 000 RM. sind also 10 000 RM. Kapitalertragsteuer hinzuzurechnen. Das ergibt 110 000 RM. Von 110 000 RM. beträgt aber die Kapitalertragsteuer 11 000 RM. Wenn der Schuldner nun 100 000 RM. auszahlt und dazu 11 000 RM. Kapitalertragsteuer übernimmt, so ergibt das 111 000 RM. Die hiervon zu entrichtenden 10 v. H. betragen aber 11 100 RM. Die Rechnung setzt sich weiter fort, so daß als gesamte Leistung des Schuldners ein Betrag von 111 111 RM. anzusehen ist. Hiervon beträgt die Kapitalertragsteuer 11 111 RM.

Zu dem gleichen Ergebnis gelangt man, wenn man davon ausgeht, daß dem Gläubiger nur der neunfache Betrag der Kapitalertragsteuer verbleiben darf. Die Kapitalertragsteuer muß also $^1/_9$ der tatsächlichen Ausschüttung ausmachen. 100 : 9 = 11,11 v. H.

§ 4   Abrundung

(1) Der Steuerbetrag ist auf den nächsten durch 5 Reichspfennig teilbaren Betrag nach unten abzurunden.

(2) Die Abrundung ist bei der Endsumme vorzunehmen, d. h. nach Zusammenrechnung aller Steuerbeträge, die ein Schuldner zum gleichen Zeitpunkt abzuführen hat.

IV. Vornahme des Steuerabzugs

§ 5   Einbehaltung, Haftung

(1) Der Schuldner der Kapitalerträge hat den Steuerabzug vom Kapitalertrag für Rechnung des Gläubigers vorzunehmen. Er haftet dem Reich für die Einbehaltung und Entrichtung der Kapitalertragsteuer neben dem Gläubiger.

(2) Der Gläubiger haftet neben dem Schuldner für die Kapitalertragsteuer nur,
1. wenn der Schuldner die Kapitalerträge nicht vorschriftsmäßig gekürzt hat oder
2. wenn der Gläubiger weiß, daß der Schuldner die einbehaltene Kapitalertragsteuer nicht vorschriftsmäßig abgeführt hat, und das dem Finanzamt nicht unverzüglich mitteilt.

Zeitpunkt des Steuerabzugs, allgemein

§ 6

(1) Der Schuldner der Kapitalerträge hat den Steuerabzug in dem Zeitpunkt vorzunehmen, in dem die Kapitalerträge dem Gläubiger zufließen.

In besonderen Fällen

(2) Gewinnanteile (Dividenden) und andere Kapitalerträge, deren Ausschüttung von einer Körperschaft beschlossen wird, fließen dem Gläubiger an dem Tag zu (Absatz 1), der im Beschluß als Tag der Auszahlung bestimmt worden ist. Ist die Ausschüttung nur festgesetzt, ohne daß über den Zeitpunkt der Auszahlung ein Beschluß gefaßt worden ist, so gilt als Zeitpunkt des Zufließens der Tag nach der Beschlußfassung.

(3) Ist bei Einkünften aus der Beteiligung an einem Handelsgewerbe als stiller Gesellschafter in dem Beteiligungsvertrag über den Zeitpunkt der Ausschüttung keine Vereinbarung getroffen, so gilt als Zeitpunkt des Zufließens des Kapitalertrags der Tag nach der Aufstellung der Bilanz mit der Gewinn- und Verlustrechnung oder einer sonstigen Feststellung des Gewinnanteils des stillen Gesellschafters. Die Kapitalertragsteuer ist jedoch spätestens sechs Monate nach Schluß des Kalender- oder Wirtschaftsjahrs, für das der Kapitalertrag ausgeschüttet oder gutgeschrieben werden soll, abzuführen.

Bei Stundung der Kapitalerträge

§ 7

(1) Haben Gläubiger und Schuldner vor dem Zufließen ausdrücklich Stundung des Kapitalertrags vereinbart, weil der Schuldner vorübergehend zur Zahlung nicht in der Lage ist, so ist der Steuerabzug erst mit Ablauf der Stundungsfrist vorzunehmen.

(2) Als Stundung im Sinn des Absatzes 1 gilt es nicht, wenn der Kapitalertrag dem Gläubiger gutgeschrieben oder der nicht ausgezahlte Kapitalertrag als Erhöhung der Einlage oder als Darlehn anzusehen ist.

V. Abführung der Kapitalertragsteuer

Zeitpunkt der Abführung

§ 8

(1) Der Schuldner der Kapitalerträge hat die einbehaltenen Steuerbeträge unter der Bezeichnung „Kapitalertragsteuer" binnen einer Woche nach dem Zufließen der Kapitalerträge abzuführen, und zwar auch dann, wenn der Gläubiger die Einforderung des Kapitalertrags (z. B. die Einlösung der Gewinnanteilscheine) unterläßt.

Zuständigkeit

(2) Die Kapitalertragsteuer ist an das Finanzamt (Finanzkasse) abzuführen, das für die Besteuerung des Schuldners nach dem Einkommen zuständig ist.

Kapitalertragsteueranmeldung

§ 9.

(1) Der Schuldner der Kapitalerträge hat innerhalb der im § 8 Absatz 1 festgesetzten Frist dem Finanzamt eine Anmeldung nach Muster 1 einzureichen.

(2) Bei Einkünften aus der Beteiligung an einem Handelsgewerbe als stiller Gesellschafter ist die Anmeldung nach Muster 2 in doppelter Ausfertigung einzureichen.

(3) Die Anmeldung ist binnen einer Woche nach dem Zufließen der Kapitalerträge auch dann einzureichen, wenn auf Grund des § 2 ein Steuerabzug nicht vorzunehmen ist. Der Grund für die Nichtabführung ist anzugeben.

(4) Die Anmeldung ist mit der Versicherung zu versehen, daß die Angaben vollständig und richtig sind. Die Anmeldung ist von dem Schuldner der Kapitalerträge oder einer Person, die zu seiner Vertretung berechtigt ist, zu unterschreiben.

Kapitalertragsteuerbescheinigung

§ 10

(1) Der Schuldner der Kapitalerträge ist verpflichtet, dem Gläubiger eine Bescheinigung über die Höhe der Kapitalerträge, des Steuerbetrags, über den Zahlungstag und über die Zeit, für welche die Kapitalerträge gezahlt sind, zu erteilen und hierin das Finanzamt (Finanzkasse), an das der Steuerbetrag abgeführt ist, anzugeben.

(2) Diese Verpflichtung des Schuldners entfällt, wenn die Kapitalerträge für seine Rechnung durch eine Bank oder sonstige Kreditanstalt gezahlt werden und wenn über die Zahlung eine Bestätigung erteilt wird.

VI. Überwachung des Steuerabzugs

Überwachung

§ 11

(1) Das Finanzamt überwacht die rechtzeitige und vollständige Abführung der Kapitalertragsteuer an Hand der Kapitalertragsteuerliste.

(2) Bei der Veranlagung der Einkommensteuer, Körperschaftsteuer und Vermögensteuer und bei allen örtlichen Prüfungen (Buchprüfung, Nachschau, Lohnsteueraußenkontrolle usw.), die bei dem Schuldner vorgenommen werden, ist auch zu prüfen, ob die Kapitalertragsteuer ordnungsmäßig einbehalten und abgeführt worden ist.

§ 12   Nachforderung, Haftungsbescheid

(1) Ist die Kapitalertragsteuer nicht ordnungsmäßig berechnet oder abgeführt, so hat das Finanzamt von dem Schuldner oder von dem Gläubiger (§ 5 Absatz 2) den fehlenden Betrag durch Haftungsbescheid anzufordern.

(2) Der Zustellung des Haftungsbescheids an den Schuldner bedarf es nicht, wenn er die einbehaltene Kapitalertragsteuer richtig angemeldet hat (§ 9) oder wenn er vor dem Finanzamt oder dem Prüfungsbeamten des Finanzamts seine Verpflichtung zur Zahlung der Kapitalertragsteuer schriftlich anerkannt hat.

VII. Erstattung der Kapitalertragsteuer

§ 13   Erstattung

Die Kapitalertragsteuer wird von dem Finanzamt, an das sie abgeführt worden ist, dem Schuldner auf Antrag erstattet, wenn sie einbehalten und abgeführt worden ist, obwohl eine Verpflichtung hierzu nicht bestand.

VIII. Schlußbestimmungen

§ 14

Diese Verordnung tritt am 1. Januar 1935 in Kraft und findet erstmalig auf die Kapitalerträge Anwendung, die nach dem 31. Dezember 1934 zufließen.

15. Verordnung über den Steuerabzug von Einkünften bei beschränkt Steuerpflichtigen
Vom 6. Februar 1935
(RGBl. I S. 160, RStBl. 35 S. 214)

Auf Grund der §§ 12 und 13 der Reichsabgabenordnung in der Fassung des Steueranpassungsgesetzes vom 16. Oktober 1934 (Reichsgesetzbl. I S. 925) und des § 45 des Einkommensteuergesetzes vom 16. Oktober 1934 (Reichsgesetzbl. I S. 1005) wird hierdurch verordnet:

I. Steuerabzugspflichtige Einkünfte

§ 1

Die Einkommensteuer (Körperschaftsteuer) wird bei Einkünften aus selbständiger literarischer (schriftstellerischer) oder künstlerischer Tätigkeit, die im Inland ausgeübt oder verwertet wird oder worden ist, und bei Einkünften aus zeitlich begrenzter Überlassung von literarischen (schriftstellerischen) oder künstlerischen Urheberrechten durch Steuerabzug erhoben, wenn der Bezieher der Einkünfte beschränkt steuerpflichtig ist.

§ 2

Als literarische und künstlerische Urheberrechte im Sinn des § 1 gelten Rechte, die nach Maßgabe des Gesetzes, betreffend das Urheberrecht an Werken der Literatur und der Tonkunst, vom 19. Juni 1901 (Reichsgesetzbl. S. 227) und des Gesetzes, betreffend das Urheberrecht an Werken der bildenden Künste und der Photographie, vom 9. Januar 1907 (Reichsgesetzbl. S. 7) — beide Gesetze in der Fassung des Gesetzes vom 22. Mai 1910 zur Ausführung der revidierten Berner Übereinkunft zum Schutze von Werken der Literatur und Kunst vom 13. November 1908 (Reichsgesetzbl. 1910 S. 793) und des Gesetzes zur Verlängerung der Schutzfristen im Urheberrecht vom 13. Dezember 1934 (Reichsgesetzbl. II S. 1395) — geschützt sind.

II. Vornahme des Steuerabzugs

§ 3

(1) Der Schuldner hat für Rechnung des beschränkt steuerpflichtigen Gläubigers den Steuerabzug in dem Zeitpunkt vorzunehmen, in dem die Vergütung dem Gläubiger zufließt.

(2) Die Vergütung fließt dem Gläubiger zu:
1. im Fall der Zahlung oder Gutschrift: bei Zahlung oder Gutschrift,
2. im Fall der Hinausschiebung der Zahlung im Interesse des Schuldners: spätestens bei Zahlung, Verrechnung, Gutschrift,
3. im Fall der Gewährung von Vorschüssen: bei Zahlung oder Verrechnung.

§ 4

Der Steuerabzug beträgt 10 vom Hundert des vollen Betrags der Einnahmen (Betriebseinnahmen). Abzüge (z. B. für Werbungskosten, Betriebsausgaben, Sonderausgaben und Steuern) dürfen nicht gemacht werden. Übernimmt der Schuldner die Steuer zugunsten des Gläubigers, so ist der übernommene Betrag der Vergütung hinzuzurechnen. Der Steuerabzug ist dann von der Gesamtsumme vorzunehmen. Auf die tatsächlich ausgezahlte Vergütung umgerechnet, ergibt das einen Steuerabzug von 11,11 vom Hundert des tatsächlich ausgezahlten Betrags.

§ 5

Der Schuldner ist von der Verpflichtung zum Steuerabzug befreit, wenn er die geschuldeten Vergütungen auf Grund eines Übereinkommens nicht an den beschränkt steuerpflichtigen Gläubiger, sondern an die Staatlich genehmigte Gesellschaft zur Verwertung musikalischer Urheberrechte (Stagma) oder an die Anstalt für mechanisch-musikalische Rechte (Ammre) oder an eine andere vom Reichsminister der Finanzen zu bestimmende Stelle abführt. In diesem Fall hat die Stelle den Steuerabzug vorzunehmen.

§ 6

(1) Der Schuldner hat die einbehaltene Steuer unter der Bezeichnung „Steuerabzug von beschränkt steuerpflichtigen Einkünften" an das für seine Besteuerung nach dem Einkommen zuständige Finanzamt (Finanzkasse) ohne Bezeichnung des Gläubigers abzuführen. Sind Steuerabzüge für mehrere Gläubiger vorgenommen, so ist der Gesamtbetrag in einer Summe ohne Bezeichnung der einzelnen Gläubiger abzuführen.

(2) Die innerhalb eines Kalendervierteljahrs einbehaltenen Steuern sind jeweils nach Ablauf des Kalendervierteljahrs abzuführen, und zwar bis zum 10. des folgenden Kalendermonats.

§ 7

Nach Ablauf jedes Kalendervierteljahrs hat der Schuldner bis zum 10. des folgenden Kalendermonats dem nach § 6 zuständigen Finanzamt die Höhe der steuerabzugspflichtigen Vergütungen und die Höhe des Steuerabzugs mitzuteilen. Die Mitteilung ist von dem Schuldner oder seinem Vertreter zu unterschreiben.

§ 8

Der Schuldner hat die steuerabzugspflichtigen Vergütungen in Reichsmark laufend aufzuzeichnen. Die Aufzeichnungen müssen den Zeitpunkt der Zahlung, der Gutschrift, der Verrechnung usw. sowie die Höhe und den Zeitpunkt der Abführung der einbehaltenen Steuer erkennen lassen. Das nach § 6 zuständige Finanzamt kann den Schuldner ganz oder teilweise von der Aufzeichnungspflicht befreien, soweit ihm nach der Art seines Betriebs die Vornahme der Aufzeichnungen nicht zugemutet werden kann.

§ 9

Bei der Veranlagung der Einkommensteuer und Körperschaftsteuer und bei örtlichen Prüfungen (Buch- und Betriebsprüfung, Nachschau usw.), die bei dem Schuldner vorgenommen werden, ist auch zu prüfen, ob der Steuerabzug von beschränkt steuerpflichtigen Einkünften ordnungsmäßig einbehalten und abgeführt worden ist.

§ 10

(1) Der Schuldner (in den Fällen des § 5 die dort bezeichnete Stelle) haftet für die Einbehaltung und Abführung der Steuer neben dem Gläubiger.

(2) Der Gläubiger haftet neben dem Schuldner für die Steuer nur,
1. wenn der Schuldner die geschuldete Vergütung nicht vorschriftsmäßig gekürzt hat oder
2. wenn der Gläubiger weiß, daß der Schuldner (in den Fällen des § 5 die dort bezeichnete Stelle) den einbehaltenen Steuerabzug nicht vorschriftsmäßig abgeführt hat und dies dem Finanzamt nicht unverzüglich mitteilt.

§ 11

(1) Ist die Steuer nicht ordnungsmäßig einbehalten oder abgeführt, so hat das Finanzamt von dem Schuldner (in den Fällen des § 5 von der dort bezeichneten Stelle) oder von dem Gläubiger (§ 10 Absatz 2) die Steuer durch Haftungsbescheid anzufordern.

(2) Der Zustellung des Haftungsbescheids an den Schuldner bedarf es nicht, wenn er die einbehaltene Steuer dem Finanzamt ordnungsmäßig mitgeteilt hat (§ 7) oder wenn

er vor dem Finanzamt oder dem Prüfungsbeamten des Finanzamts seine Verpflichtung zur Zahlung der Steuer schriftlich anerkannt hat.

§ 12

Ein Steuerabzug ist nicht vorzunehmen, wenn nach einem zwischen dem Deutschen Reich und einem anderen Staat geschlossenen Abkommen zur Vermeidung von Doppelbesteuerung der Gläubiger im Deutschen Reich zur Einkommensteuer (Körperschaftsteuer) nicht heranzuziehen ist.

§ 13

Die Einkommensteuer (Körperschaftsteuer) gilt für die im § 1 bezeichneten Einkünfte als durch den Steuerabzug abgegolten, es sei denn, daß sie in einem inländischen gewerblichen Betrieb anfallen.

III. Schlußbestimmungen

§ 14

(1) Diese Verordnung tritt an die Stelle der Durchführungsbestimmungen über den Steuerabzug von beschränkt steuerpflichtigen Einkünften vom 23. Dezember 1932 (Reichsgesetzbl. 1933 I S. 6) und ist auf Vergütungen anzuwenden, die den Gläubigern nach dem 31. Dezember 1934 zufließen.

(2) Die Einkommensteuer (Körperschaftsteuer), die für das Kalenderjahr 1934 nach den im Absatz 1 bezeichneten Durchführungsbestimmungen vom 23. Dezember 1932 erhoben worden ist, gilt als durch den Steuerabzug abgegolten, es sei denn, daß die Einkünfte in einem inländischen gewerblichen Betrieb anfallen.

16. Verordnung über den Steuerabzug von Aufsichtsratsvergütungen
Vom 31. März 1939
(RGBl. I S. 691, RStBl. 39 S. 521)

Zur Durchführung des Gesetzes über die Erhebung einer Abgabe der Aufsichtsratsmitglieder vom 28. März 1934 (Reichsgesetzbl. I S. 253) in der Fassung der Vorschriften im § 3 und im § 4 Absatz 2 des Gesetzes zur Änderung des Einkommensteuergesetzes vom 17. Februar 1939 (Reichsgesetzbl. I S. 283) und zur Durchführung des Einkommensteuergesetzes vom 27. Februar 1939 (Reichsgesetzbl. I S. 297) wird auf Grund der §§ 12 und 13 der Reichsabgabenordnung hierdurch verordnet:

§ 1

(1) Inländische Aktiengesellschaften, Kommanditgesellschaften auf Aktien, Berggewerkschaften, Gesellschaften mit beschränkter Haftung und sonstige Kapitalgesellschaften, Genossenschaften und Personenvereinigungen des privaten und des öffentlichen Rechts, bei denen die Gesellschafter nicht als Unternehmer (Mitunternehmer) anzusehen sind, und ähnliche Unternehmen haben von Vergütungen jeder Art, die sie an die zur Überwachung der Geschäftsführung bestimmten Personen, insbesondere an Mitglieder des Aufsichtsrats, des Grubenvorstands, des Gewerkschaftsrats, des Verwaltungsrats (Aufsichtsratsmitglieder) gewähren (Aufsichtsratsvergütungen), einen Steuerabzug in Höhe der im § 3 bezeichneten Hundertsätze für Rechnung des Aufsichtsratsmitglieds vorzunehmen.

(2) Inländisch sind solche Unternehmen, die ihre Geschäftsleitung oder ihren Sitz im Inland haben.

(3) Ein Steuerabzug nach dieser Verordnung ist nicht vorzunehmen, wenn die Vergütung für das einzelne Aufsichtsratsmitglied den Jahresbetrag von einhundert Reichsmark nicht übersteigt.

§ 2

(1) Dem Steuerabzug unterliegt der volle Betrag der Aufsichtsratsvergütungen ohne jeden Abzug. Werden Reisekosten (Tagegelder und Fahrtauslagen) besonders gewährt, so gehören sie zu den Aufsichtsratsvergütungen nur insoweit, als sie die tatsächlichen Auslagen übersteigen.

(2) Die Aufsichtsratsvergütungen unterliegen dem Steuerabzug ohne Rücksicht darauf, ob das Aufsichtsratsmitglied verpflichtet ist, sie an eine andere Stelle abzuführen.

§ 3

(1) Bei unbeschränkt steuerpflichtigen Aufsichtsratsmitgliedern wird durch den Steuerabzug nur die Abgabe der Aufsichtsratsmitglieder erhoben. Der Steuerabzug beträgt:
20 vom Hundert der Aufsichtsratsvergütung, wenn der Empfänger die Steuer trägt,
25 vom Hundert des an das Aufsichtsratsmitglied tatsächlich ausgezahlten Betrags wenn das Unternehmen die Steuer übernimmt.

(2) Bei beschränkt steuerpflichtigen Aufsichtsratsmitgliedern wird durch den Steuerabzug neben der Abgabe der Aufsichtsratsmitglieder auch Einkommensteuer erhoben. Der Steuerabzug beträgt:
28 vom Hundert der Aufsichtsratsvergütung, wenn der Empfänger die Steuern trägt,
38,88 vom Hundert des an das Aufsichtsratsmitglied tatsächlich ausgezahlten Betrags, wenn das Unternehmen die Steuern übernimmt.

§ 4

Steuerschuldner ist beim Steuerabzug von Aufsichtsratsvergütungen das Aufsichtsratsmitglied. Das Unternehmen haftet aber dem Reich für die Einbehaltung und Abführung der Steuern. Das Aufsichtsratsmitglied (Steuerschuldner) wird nur in Anspruch genommen,
1. wenn das Unternehmen die Aufsichtsratsvergütung nicht vorschriftsmäßig gekürzt hat oder
2. wenn das Aufsichtsratsmitglied weiß, daß das Unternehmen die einbehaltenen Steuern nicht vorschriftsmäßig abgeführt hat (§ 5 Absatz 3), und dies dem Finanzamt nicht unverzüglich mitteilt.

§ 5

(1) Das Unternehmen hat den Steuerabzug in dem Zeitpunkt vorzunehmen, in dem die Aufsichtsratsvergütung dem Aufsichtsrat zufließt. Das Unternehmen hat den Steuerabzug auch dann vorzunehmen, wenn das Aufsichtsratmitglied die Aufsichtsratsvergütung nicht einfordert.

(2) Das Unternehmen hat dem für seine Einkommensbesteuerung zuständigen Finanzamt innerhalb einer Woche nach dem Zeitpunkt, in dem die Aufsichtsratsvergütung dem Aufsichtsratsmitglied zugeflossen ist, eine Anmeldung nach dem beigefügten Muster zu übersenden. Die Anmeldung muß von einem zur Vertretung des Unternehmens Berechtigten unterschrieben sein. Vordrucke zu Anmeldungen werden den Unternehmen auf Antrag vom Finanzamt kostenlos geliefert.

(3) Das Unternehmen hat die einbehaltenen Steuern unter der Bezeichnung „Steuerabzug von Aufsichtsratsvergütungen" innerhalb der im Absatz 2 bezeichneten Frist an das Finanzamt (Finanzkasse) abzuführen.

§ 6

(1) Das Unternehmen hat die Aufsichtsratsvergütungen besonders aufzuzeichnen. Aus den Aufzeichnungen müssen ersichtlich sein: Name und Wohnung des Aufsichtsratsmitglieds, Höhe der Aufsichtsratsvergütung, Tag, an dem die Vergütung dem Aufsichtsratsmitglied zugeflossen ist, Höhe der einbehaltenen Steuern und Zeitpunkt der Abführung der Steuern.

(2) Bei der Veranlagung zur Körperschaftsteuer und bei örtlichen Prüfungen (Betriebsprüfung, Lohnsteueraußenprüfung usw.), die bei den Unternehmen vorgenommen werden, ist auch zu prüfen, ob der Steuerabzug ordnungsmäßig vorgenommen ist und die einbehaltenen Steuern richtig und rechtzeitig abgeführt worden sind.

§ 7

(1) Die Abgabe der Aufsichtsratsmitglieder ist bei unbeschränkt und bei beschränkt steuerpflichtigen Aufsichtsratsmitgliedern durch den Steuerabzug abgegolten.

(2) Die Einkommensteuer für die Aufsichtsratsvergütung ist bei beschränkt steuerpflichtigen Aufsichtsratsmitgliedern abgegolten, wenn die von dem einzelnen Unternehmen an das beschränkt steuerpflichtige Aufsichtsratsmitglied gezahlte Aufsichtsratsvergütung im Kalenderjahr den Betrag von 5 300 Reichsmark nicht erreicht. Andernfalls ist das Aufsichtsratsmitglied zur Einkommensteuer zu veranlagen.

§ 8

(1) Im Fall der Veranlagung des Aufsichtsratsmitglieds zur Einkommensteuer wird bei der Ermittlung der Einkünfte die um die einbehaltene Abgabe der Aufsichtsratsmit=

glieder gekürzte Vergütung angesetzt. Das ist bei unbeschränkt steuerpflichtigen Aufsichtsratsmitgliedern der tatsächlich ausgezahlte Betrag, bei beschränkt steuerpflichtigen Aufsichtsratsmitgliedern der tatsächlich ausgezahlte Betrag zuzüglich 11,11 vom Hundert.

(2) Bei beschränkt steuerpflichtigen Aufsichtsratsmitgliedern wird die durch Steuerabzug einbehaltene Einkommensteuer (§ 3 Absatz 2) auf die veranlagte Einkommensteuerschuld angerechnet. Die anzurechnende Einkommensteuer beträgt:

8 vom Hundert der Aufsichtsratsvergütung, wenn das Aufsichtsratsmitglied die Steuer trägt,

11,11 vom Hundert des an das Aufsichtsratsmitglied ausgezahlten Betrags, wenn das Unternehmen die Steuer übernommen hat.

(3) Die Abgabe der Aufsichtsratsmitglieder wird weder bei unbeschränkt noch bei beschränkt steuerpflichtigen Aufsichtsratsmitgliedern auf die Einkommensteuerschuld angerechnet.

§ 9

(1) Diese Verordnung tritt im Altreichsgebiet an die Stelle der Verordnung über den Steuerabzug von Aufsichtsratsvergütungen vom 6. Februar 1935 (Reichsgesetzbl. I S. 161). Sie gilt für die Aufsichtsratsvergütungen, die den Aufsichtsratsmitgliedern von Unternehmen, deren Geschäftsleitung oder Sitz sich im Altreichsgebiet befindet, nach dem 31. März 1939 zufließen.

(2) Die Inkraftsetzung dieser Verordnung für das Land Österreich und für die sudetendeutschen Gebiete bleibt vorbehalten.

17. Richtlinien für die Veranlagung zur Einkommensteuer und Körperschaftsteuer für 1937

(VR für 1937)

(Auszug)

Rderl. des RdF vom 15. Februar 1938 (S 2209—410 III)
(RStBl. 38 S. 193)

Inhaltsübersicht

A. Einführung 749
B. Gewinnermittlung
   I. Abweichendes Wirtschaftsjahr 750
   II. Zugehörigkeit von Grundstücken und Gebäuden zum Betriebsvermögen 750
   III. Bilanzberichtigung und Bilanzänderung 751
   IV. Zum Gewinnbegriff nach § 4 Absatz 2 EStG. 752
   V. Bedeutung der Eintragung in das Handelsregister . . . 752
   VI. Bewertung 752
      1. Brandschäden 752
      2. Darlehen aus Sperrmarkguthaben 753
      3. Bewertung verschiedener Wirtschaftsgüter 753
      4. Bewertung der Schulden 754
   VII. Absetzungen für Abnutzung, Abschreibungen 755
   VIII. Kurzlebige Wirtschaftsgüter 755
      1. Buchführung und Sonderkonto 755
      2. Hauptbetriebe und Nebenbetriebe 757
      3. Anschaffung und Lieferung 757
      4. Höhe der Absetzung 757
      5. Liste kurzlebiger Wirtschaftsgüter 757
      6. Aufrechterhaltung der Bewertungsfreiheit in beschränktem Umfang . 758
C. Einzelne Einkunftsarten
   Vorbemerkung: Abgrenzung der Betriebsausgaben und Werbungskosten von den Kosten der Lebensführung 759
   I. Einkünfte aus Land- und Forstwirtschaft 760
      1. Begriff und Umfang 760

>   2. Abzüge für Mitarbeit von Kindern 761
>   3. Aufwendungen für Bodenverbesserungen 761
>   4. Zinserleichterung für den landwirtschaftlichen Realkredit 762
>   5. Richtlinien für Viehbewertung 762
>   6. Hochwasserentschädigungen 763
>   7. Landbeschaffung für Zwecke der Wehrmacht 763
>   8. Währungsgewinne 763
>   9. Außerordentliche Waldnutzungen 763
>   10. Spenden zu wohltätigen und gemeinnützigen Zwecken 764
>   11. Durchschnittsätze und Richtsätze 764
>   II. Einkünfte aus Gewerbebetrieb 765
>   1. Richtsätze 765
>   2. Grunderwerbsteuer 767
>   3. Veräußerungsgewinn 767
>   4. Buchmachergehilfen 767
>   5. Spenden zu wohltätigen und gemeinnützigen Zwecken 768
>   III. Einkünfte aus selbständiger Arbeit 768
>   3. Abgabe der Aufsichtsratsmitglieder 768
>   ....
>   V. Einkünfte aus Kapitalvermögen 769
>   1. Freianteile 769
>   2. Anleihestock 769
>   3. Steuerliche Behandlung des Unterschiedsbetrags zwischen dem Ausgabekurs und dem Einlösungskurs bei Rückzahlung oder Umtausch von Anleihen 770
>   4. Altbesitzgenußrechtscheine 771
>   5. Zinsen aus Auslandsanleihen 771
>   6. Wandelanleihen und Gewinnobligationen 771
>   7. Zinsen aus Auslosungsrechten 771
>   8. Stückzinsen 771
>   ....

F. Steuererleichterungen
>   I. Luftschutz- und Sanitätsdienst 772
>   1. Ziviler Luftschutz 772
>   2. Ziviler Sanitätsdienst 772
>   II. Steuerbefreiung für neu errichtete Wohngebäude 772
>   1. Mittlerer Neuhausbesitz 772
>   2. Neuester Neuhausbesitz 773
>   3. Wirkung der Steuerbefreiung 773

G. Beschränkte Steuerpflicht
>   I. Beschränkte Steuerpflicht bei Einkünften aus Gewerbebetrieb 773
>   ....

H. Einzelheiten für die Körperschaftsteuer
>   I. Betriebe gewerblicher Art von Körperschaften des öffentlichen Rechts 774
>   1. Allgemeines 774
>   2. Wirtschaftsjahr 774
>   3. Überweisung der Körperschaftsteuer der öffentlichen Versorgungsbetriebe 774
>   a) Allgemeines 774
>   b) Verpachtung 775
>   c) Kleinbeträge 775
>   4. Jagdgenossenschaften des öffentlichen Rechts 777
>   II. Sparkassen 777
>   III. Pensionskassen und ähnliche Kassen 778
>   1. Die Kassen selbst 778
>   a) Pensionskassen und ähnliche Kassen 778
>   b) Unterstützungsfonds 779
>   2. Zuwendungen 779
>   a) an Pensionskassen und ähnliche Kassen 779
>   b) an Unterstützungsfonds 779

IV. Einkommen 779
   1. Allgemeines...................... 779
   2. Einkommen von Körperschaften, die Land- oder Forstwirtschaft betreiben.......................... 780
   3. Stiftungen, die an die Stelle von Familien-Fideikommissen getreten sind............................ 780
   4. Beteiligungen an neugegründeten Unternehmen.......... 780
   5. Entschädigung für Zinsermäßigung bei Anleihen......... 780
   6. Verlustvortrag 780
V. Mitgliederbeiträge 780
VI. Schachtelgesellschaften................. 781
VII. Auflösung und Abwicklung (Liquidation), Verschmelzung (Fusion), Umwandlung und Verlegung der Geschäftsleitung ins Ausland........................... 781
VIII. Versicherungsunternehmen 781
IX. Abzugsfähigkeit der Kirchensteuer............ 781
X. Mindestbesteuerung 781
   1. Allgemeines...................... 781
   2. Steuergutscheine.................... 781
   3. Kurzlebige Wirtschaftsgüter.............. 782
   4. Berechnung des Mindesteinkommens........... 782
   5. Eigene Aktien oder eigene Anteile............ 782
   6. Verdeckte Gewinnausschüttungen............ 783
XI. Steuersatz......................... 783
XII. Veranlagung und Entrichtung der Körperschaftsteuer 783
   1. Steuererklärung.................... 783
   2. Entrichtung der Steuer................. 783
XIII. Genossenschaften..................... 783

Anlagen

3. Zusammenstellung der Vorschriften des EStG, die gemäß §§ 6 und 20 KStG bei der Ermittlung und Veranlagung des Einkommens der Körperschaften, Personenvereinigungen und Vermögensmassen anzuwenden sind 784

A. Einführung

Inhalt und Aufbau der Veranlagungsrichtlinien

Die nachstehenden Veranlagungsrichtlinien (VR für 1937) behandeln Zweifelsfragen und Auslegungsfragen, die sich bei der praktischen Anwendung des Einkommensteuergesetzes und des Körperschaftsteuergesetzes ergeben haben und einer allgemeinen Regelung bedürfen. Zum überwiegenden Teil sind die Erläuterungen und Verwaltungsanordnungen unverändert aus den VR vom 30. Januar 1937 (künftig „VR für 1936" bezeichnet) übernommen worden. Änderungen und Ergänzungen der bisherigen Richtlinien sind nachstehend am Rand durch einen senkrechten Strich bezeichnet.

In die VR für 1937 sind nicht aufgenommen worden:
1. Erläuterungen und Verwaltungsanordnungen zu Fragen, die in den bisherigen VR behandelt waren, jetzt aber durch das EStG oder durch die Zweite EStDV geregelt sind (z. B. Vorschriften über die Abrundung des Einkommens bei Einordnung in die Stufen der Einkommensteuertabelle, über Sonderbelastungsmindestgrenzen für die Anwendung des § 33 EStG, über die Behandlung lediger Männer im Alter von mehr als 65 Jahren usw.).
2. Erläuterungen und Verwaltungsanordnungen zu Fragen, die durch Sondererlasse geklärt werden sollen (z. B. Erläuterungen und Anordnungen über Ausgleichsposten in Rumpfwirtschaftsjahren bei land- und forstwirtschaftlichen Betrieben, über Veräußerung und Aufgabe eines land- und forstwirtschaftlichen Betriebs).
3. Erläuterungen und Verwaltungsanordnungen zu Vorschriften und Bestimmungen, die infolge Zeitablaufs, Änderung oder Außerkraftsetzung ihre praktische Bedeutung verloren haben oder für die Zukunft als erledigt gelten können (z. B. Erläuterungen und Anordnungen zur Frage der Steuerermäßigung für Instandsetzungen und Ergänzungen an Gebäuden). Die einschlägigen Erläuterungen und Anweisungen

4. in früheren VR gelten für die vergangene Zeit weiter und sind bei Nach- und Berichtigungsveranlagungen und im Rechtsmittelverfahren zu beachten.
Erläuterungen und Verwaltungsanordnungen zu Vorschriften, die erstmalig bei der Veranlagung zur Einkommensteuer und Körperschaftsteuer für 1938 zu beachten sind (z. B. die Vorschriften über den Verlustvortrag, § 10 Absatz 1 Ziffer 6 EStG 1938).

Die VR geben keine systematische Darstellung des Einkommensteuerrechts und des Körperschaftsteuerrechts und sind auch kein vollständiges Erläuterungsbuch, sie behandeln vielmehr nur solche Fragen, die einer allgemeinen Regelung für die Verwaltung bedürfen. Trotz dieser Einschränkungen sind die VR verhältnismäßig umfangreich. Im Hinblick darauf ersuche ich die Oberfinanzpräsidenten, Ergänzungen im allgemeinen nicht herauszugeben. Ausnahmen sind nur zulässig, soweit es sich um Fragen handelt, die in den VR nicht behandelt sind, aber für den Oberfinanzbezirk gleichmäßig geregelt werden müssen.

B. Gewinnermittlung

B I. Abweichendes Wirtschaftsjahr

Die Vorschrift des § 2 Absatz 5 EStG 1938 erstreckt sich bei Gewerbetreibenden nur auf solche, deren Firma im Handelsregister eingetragen ist und die Bücher nach den Vorschriften des Handelsgesetzbuchs ordnungsmäßig führen. Bei allen anderen Gewerbetreibenden kann der steuerlichen Gewinnermittlung nur der im Kalenderjahr erzielte Gewinn zugrunde gelegt werden. Wenn daher Gewerbetreibende, die Bücher nach den Vorschriften des Handelsgesetzbuchs führen, ohne dazu verpflichtet zu sein, Abschlüsse auf einen anderen Zeitpunkt als den 31. Dezember machen, so ist das Ergebnis dieses abweichenden Wirtschaftsjahrs für die steuerliche Gewinnermittlung nicht maßgebend. Diese Steuerpflichtigen müssen ihre Buchführung auf das Kalenderjahr umstellen, wenn sie in Zukunft nach den Ergebnissen ihrer Buchführung besteuert werden wollen.

B II. Zugehörigkeit von Grundstücken und Gebäuden zum Betriebsvermögen

(1) Welche Wirtschaftsgüter für die Einkommensteuer dem Betriebsvermögen zuzurechnen sind, ergibt sich in den meisten Fällen aus ihrer tatsächlichen Beziehung zum Betrieb. Grundstücke und Gebäude, die Betriebszwecken dienen, z. B. Fabrikgrundstücke, landwirtschaftliche Grundstücke u. dgl., sind notwendiges Betriebsvermögen.

(2) Wird ein Grundstück teilweise betrieblich und teilweise privat genutzt, so gehört nach der zum EStG 1925 ergangenen Rechtsprechung des RFH der betrieblich genutzte Grundstücksteil einkommensteuerrechtlich stets zum Betriebsvermögen. Auf diese Rechtsprechung ist die Änderung der Rechtslage hinsichtlich der Betriebsgrundstücke im RBewG 1934 gegenüber dem vorher geltenden Rechtszustand ohne Einfluß geblieben. Der Grundstücksteil bildet notwendiges Betriebsvermögen, auch wenn der betrieblich genutzte Teil nur die Hälfte oder weniger als die Hälfte des Werts des Grundstücks umfaßt. Nur in den Fällen, in denen der betrieblich genutzte Teil des Grundstücks im Verhältnis zum Gesamtwert des Grundstücks von untergeordneter Bedeutung ist, ist von einer Zurechnung dieses Teils des Grundstücks zum Betriebsvermögen abzusehen (siehe auch RFH-Urteil im RStBl. 1936 S. 278). Ein Grundstücksteil wird in der Regel als Teil von untergeordneter Bedeutung angesehen werden können, wenn sein Wert nicht mehr als ein Fünftel des Werts des Grundstücks ausmacht und den Betrag von 10 000 RM nicht übersteigt.

(3) Andererseits ist zu beachten, daß der Vollkaufmann auch den nichtgewerblich genutzten Teil des Grundstücks in sein Betriebsvermögen aufnehmen kann. Das muß er dann in seiner Buchführung und Bilanz einwandfrei zum Ausdruck bringen. Bei Grundstücken, die teils gewerblichen Zwecken, teils eigenen Wohnzwecken des Betriebsinhabers dienen, kann der Vollkaufmann den Wohnzwecken dienenden Teil in der Regel nur dann in das Betriebsvermögen aufnehmen, wenn dieser Teil dem Wert nach weniger als die Hälfte des Gesamtwerts des Grundstücks ausmacht.

(4) Bei Beziehern von gewerblichen Einkünften, die nicht Vollkaufleute sind, und bei Beziehern von Einkünften aus selbständiger Arbeit bildet der nicht betrieblich genutzte Teil eines Grundstücks im allgemeinen notwendiges Privatvermögen.

(5) Bei Landwirten ist die Wohnung im Betriebsgebäude grundsätzlich als zum Betrieb gehörig anzusehen, wenn sie die bei Betrieben gleicher Art übliche Größe nicht überschreitet.

(6) Die Grundsätze in den Absätzen 1 bis 5 gelten auch für die Behandlung von Grundstücken und Gebäuden bei Personengesellschaften, insbesondere von solchen Grundstücken und Gebäuden, die nicht der Gesamtheit der Gesellschafter, sondern nur einem oder mehreren (aber nicht sämtlichen) Gesellschaftern gehören (vgl. RStBl. 1932

S. 388 und 624), aber ganz oder teilweise für Zwecke der Personengesellschaft genutzt werden. Hier ist entscheidend, ob das Grundstück eine wesentliche Grundlage des Unternehmens bildet (RStBl. 1932 S. 388). Trifft dies zu, so ist es nach Maßgabe der Ausführungen im Absatz 2 als notwendiges Betriebsvermögen zu behandeln. Nicht für die Einkommensteuer zu verwenden sind die für die Einheitsbewertung geltenden abweichenden Vorschriften des § 49 RBewDB 1935, wonach ein Grundstück, das mehreren Personen gehört, stets zum Grundvermögen zu rechnen ist, ohne Rücksicht darauf, in welchem Umfang es einem gewerblichen Betrieb der Beteiligten dient.

(7) Die auf den gewerblich genutzten Teil entfallenden Unkosten sind stets als Betriebsausgaben zu behandeln, und zwar auch dann, wenn der gewerblich genutzte Teil des Grundstücks oder Gebäudes, weil er im Verhältnis zum Gesamtwert des Grundstücks oder Gebäudes von untergeordneter Bedeutung ist, nicht zum Betriebsvermögen gerechnet wird.

(8) Soweit der Grundstücksteil dem Betriebsvermögen zugerechnet wird, ist er wie jedes andere Wirtschaftsgut zu bewerten. Einnahmen aus derartigen Grundstücksteilen (Gebäudeteilen) stellen Betriebseinnahmen dar.

(9) Bei dem sogenannten mittleren und neuesten Neuhausbesitz gehören die Ausgaben (bare Hausunkosten, Absetzungen für Abnutzung und gegebenenfalls Abschreibungen auf den Teilwert), die auf den zu Wohnzwecken genutzten Teil eines von der Einkommensteuer befreiten Gebäudes entfallen, niemals zu den Betriebsausgaben. Dies gilt auch dann, wenn der Kaufmann das Gebäude buchmäßig als Betriebsvermögen führt (Hinweis auf das Urteil des RFH. vom 28. Oktober 1936 VI A 836/36, amtl. Slg. Bd. 40 S. 158, RStBl. 1937 S. 95).

(10) Wird ein Grundstück, das einem oder mehreren (aber nicht sämtlichen) Gesellschaftern einer Personengesellschaft gehört, ganz oder zum Teil von der Personengesellschaft gegen Entgelt für Betriebszwecke genutzt, so darf das Entgelt, das die Gesellschaft an Gesellschafter entrichtet, bei der einheitlichen Gewinnfeststellung nicht als Betriebsausgabe abgesetzt werden; denn die Vergütung, die ein Gesellschafter für die Überlassung von Wirtschaftsgütern erhält, gehört zu seinem Gewinnanteil (§ 15 Ziffer 2 EStG). Bei der Ermittlung der Gewinnanteile der einzelnen Gesellschafter ist die Tatsache, daß der Gesellschafter neben seinem vertragsmäßigen Gewinnanteil noch eine Vergütung für die Überlassung des Grundstücks erhält, zu berücksichtigen. Die dem Gesellschafter infolge der Überlassung des Gebäudes oder Grundstücks an die Gesellschaft erwachsenden Aufwendungen sind als Betriebsausgaben bei der Berechnung seines Gewinnanteils abzusetzen.

B III. Bilanzberichtigung und Bilanzänderung

(1) Gemäß § 4 Absatz 2 EStG 1938 (bisher § 5 Absatz 2 EStG 1934) darf der Steuerpflichtige die Vermögensübersicht (Bilanz) auch nach ihrer Einreichung beim Finanzamt unter bestimmten Voraussetzungen ändern. Obwohl nur von „ändern" die Rede ist, muß zwischen Bilanzberichtigung und Bilanzänderung unterschieden werden. Die Fassung „ändern" deckt sowohl die Berichtigung als auch die Änderung.

(2) Eine Bilanzberichtigung setzt voraus, daß die Bilanzansätze unrichtig sind, d. h. gegen zwingende Vorschriften des Steuerrechts in ihrer Verbindung mit den Vorschriften des Handelsrechts verstoßen, z. B. wenn in der Bilanz Waren mit einem die Anschaffungskosten übersteigenden Wert angesetzt sind oder ein Schuldposten versehentlich unter Aktiva oder ein Besitzposten unter Passiva aufgenommen worden ist. Es handelt sich also bei der Bilanzberichtigung um die Beseitigung einer steuerlichen Unrichtigkeit, die in der Bilanz enthalten ist. Bei der Bilanzänderung handelt es sich dagegen darum, daß ein Ansatz, der steuerrechtlich und handelsrechtlich zulässig ist, durch einen anderen, aber ebenfalls zulässigen Ansatz ersetzt wird.

(3) Zwischen Bilanzberichtigung und Bilanzänderung besteht für das Verfahren folgender Unterschied: Für Bilanzberichtigung genügt die einseitige Entschließung des Steuerpflichtigen und deren Mitteilung an das Finanzamt; einer Zustimmung des Finanzamts oder der Rechtsmittelbehörde bedarf es nicht. Dagegen sind Bilanzänderungen nur mit Zustimmung des Finanzamts, im Rechtsmittelverfahren nur mit Zustimmung der Rechtsmittelbehörde zulässig. Bilanzänderungen können nur vor Rechtskraft der Veranlagung, spätestens bis zum Erlaß des Finanzgerichtsurteils (Berufungsentscheidung) geltend gemacht werden.

(4) Für Bilanzänderungen ist die Zustimmung des Finanzamts oder der Rechtsmittelbehörde nicht nur erforderlich für buchführungspflichtige Kaufleute, sondern auch für Gewerbetreibende, die Bücher nach den Vorschriften des Handelsgesetzbuchs tatsächlich führen, ohne dazu verpflichtet zu sein und auch für buch=

führende Land- und Forstwirte sowie für selbständig Tätige, insbesondere buchführende Angehörige der freien Berufe. Das ergibt sich aus der Aufnahme der bisher im § 5 EStG 1934 enthaltenen Vorschriften über die Bilanzänderung in den § 4 EStG 1938.

(5) Ob einer Bilanzänderung zugestimmt werden kann, ist nach § 2 StAnpG zu entscheiden. Dieser Vorschrift widerspricht es z. B., die Zustimmung zu erteilen, wenn der Steuerpflichtige im Lauf des Veranlagungs- oder Rechtsmittelverfahrens gegenüber der vom Finanzamt beabsichtigten Erhöhung eines Wertansatzes die an sich zulässige Herabsetzung eines anderen Wertansatzes verlangt (RFH-Urteil vom 1. Juli 1936 VI A 491/36, RStBl. 1936 S. 779). In derartigen Fällen ist die Zustimmung zur Bilanzänderung zu versagen. Da § 4 Absatz 2 Satz 2 EStG 1938 nur für die Zwecke der Besteuerung gilt, wird die Frage, ob und inwieweit eine Änderung der Bilanz nach Handelsrecht zulässig ist, dadurch nicht berührt. Allgemein ist zu sagen, daß wirtschaftlich begründete Bilanzänderungen außerordentlich selten sind.

B IV. Zum Gewinnbegriff nach § 4 Abs. 3 EStG

(1) Wenn das Betriebsvermögen am Schluß des einzelnen Wirtschaftsjahrs vom Betriebsvermögen am Schluß des vorangegangenen Wirtschaftsjahrs in der Regel nicht wesentlich abweicht, kann § 4 Absatz 3 EStG gemäß als Gewinn der Überschuß der Betriebseinnahmen über die Betriebsausgaben angesetzt werden. Dabei können die wirtschaftlich ins Gewicht fallenden Schwankungen im Betriebsvermögen, die in einem Wirtschaftsjahr ausnahmsweise auftreten, durch Zuschläge oder Abschläge berücksichtigt werden. Hier sind unter Betriebsvermögen die dem Betrieb gewidmeten Wirtschaftsgüter mit Ausnahme des Kassenbestands, der Bank- und Postscheckguthaben usw. zu verstehen. Schwankungen im Betriebsvermögen im Sinn dieser Vorschrift sind nicht Schwankungen in der Zusammensetzung des Vermögens, sondern nur solche im Wert des Vermögens. Bei Entscheidung der Frage, ob wirtschaftlich ins Gewicht fallende Schwankungen im Wert des Vermögens vorliegen, darf nicht kleinlich verfahren werden. Eine „wirtschaftlich ins Gewicht fallende Schwankung" ist nur dann anzunehmen, wenn der Wert des Betriebsvermögens um etwa die Hälfte oder mehr höher oder niedriger ist als der Wert des Betriebsvermögens, das am Schluß des vorangegangenen Wirtschaftsjahrs vorhanden gewesen ist.

(2) Geht der Steuerpflichtige, der seinen Gewinn bisher nach § 4 Absatz 3 ermittelt hat, zur Ermittlung nach § 4 Absatz 1 (Vermögensvergleich) über, so ist bei dem erstmaligen Bestandsvergleich die bisherige steuerliche Erfassung oder Nichterfassung von Betriebsvorgängen zu berücksichtigen. Insbesondere ist der Wert der Warenforderungen und der Warenbestände (unter Absetzung des Wertes der Warenschulden) im Zeitpunkt des Übergangs zum Vermögensvergleich dem buchmäßigen Gewinn des ersten Gewinnermittlungszeitraums hinzuzurechnen. Wenn sich dadurch ein verhältnismäßig hoher Gewinn ergibt, so bestehen keine Bedenken, die steuerliche Belastung durch Gewährung von Stundung auf einen längeren Zeitraum zu verteilen.

B V. Bedeutung der Eintragung in das Handelsregister

Bisher war die Gewinnermittlung nach den Vorschriften des § 5 EStG 1934 durchzuführen, wenn der Steuerpflichtige verpflichtet war, Bücher nach den Vorschriften des Handelsgesetzbuchs zu führen. In Zukunft (erstmalig für die Veranlagung für das Kalenderjahr 1937) findet § 5 EStG 1938 nur auf solche Gewerbetreibende Anwendung, die tatsächlich in das Handelsregister eingetragen sind. Die Frage, ob es sich tatsächlich um Gewerbetreibende handelt, beurteilt sich nicht nach der Eintragung in das Handelsregister, sondern nach § 15 EStG 1938. Es kann vorkommen, daß trotz der Eintragung in das Handelsregister ein Gewerbebetrieb nicht anzunehmen ist (z. B. wenn ein Saatzuchtbetrieb, der in das Handelsregister eingetragen ist, steuerrechtlich zur Land- und Forstwirtschaft gehört).

B VI. Bewertung

B VI 1. Brandschäden

(1) Zur Frage der steuerlichen Behandlung der Entschädigungen, die bei Brandfällen gewährt werden, hat sich der Reichsfinanzhof in den Urteilen vom 2. April 1930 VI A 514/30 (RStBl. 1930 S. 313), vom 22. Dezember 1933 VI A 682/33 (RStBl. 1934 S. 430) und vom 20. Dezember 1933 I A 409/32 (RStBl. 1934 S. 432) geäußert. Danach tritt durch den Anspruch auf Brandentschädigung eine Verwirklichung der in den verbrannten Gegenständen (insbesondere des Anlagekapitals) steckenden stillen Rücklagen grundsätzlich nicht ein, soweit für sie Ersatz beschafft wird. Die stillen Rücklagen sind in Höhe des Betrags, der sich infolge der Brandentschädigung rein buchmäßig als Gewinn ergeben würde, d. h. in Höhe des Unterschieds zwischen Buchwert und der Entschädigung für die

verbrannten Gegenstände, auf die Bewertung der Ersatzgegenstände zu übertragen. Das hat in der Weise zu geschehen, daß die Ersatzgegenstände nur mit ihrem Anschaffungs- oder Herstellungspreis abzüglich der übertragbaren stillen Rücklagen aktiviert werden.

Beispiel:
Der Buchwert eines abgebrannten Stallgebäudes beträgt	50 000 RM
Als Brandentschädigung erhält der Landwirt	100 000 „
Die stille Rücklage beträgt	50 000 „
Die Herstellungskosten für das neue Stallgebäude betragen	120 000 „
Mithin ist das neue Stallgebäude zu aktivieren mit	70 000 „

(2) Hat am Ende des Wirtschaftsjahrs, in das der Brand fällt, eine Ersatzbeschaffung noch nicht stattgefunden, so ist, wenn die Ersatzbeschaffung in sicherer Aussicht steht, ein entsprechender Schuldposten einzusetzen.

B VI 2. Darlehen aus Sperrmarktguthaben

(1) In vielen Fällen sind in der letzten Zeit Darlehen aus Sperrmarktguthaben gegeben worden, bei denen der Darlehnsnehmer einen geringeren Reichsmarkbetrag als den empfangenen zurückzuzahlen hat. Solche Verträge sind meist mit der Erfüllung bestimmter Verpflichtungen, insbesondere mit der Verpflichtung zur Errichtung von Gebäuden, verbunden.

Beispiel: Ein Devisenausländer, der über ein Sperrmarktkonto von 100 000 RM verfügt, gewährt einem Deviseninländer mit Zustimmung der zuständigen Devisenbehörden ein Darlehen von 100 000 RM. Der Darlehnsempfänger hat nur 70 000 RM zurückzuzahlen, übernimmt aber die Verpflichtung, innerhalb einer bestimmten Zeit ein Gebäude im Wert von 100 000 RM zu errichten.

(2) Die Aufnahme einer Reichsmarkschuld, von der sich der Darlehnsnehmer dadurch befreien kann, daß er einen geringeren Reichsmarkbetrag als den empfangenen zurückzahlt, bedeutet grundsätzlich eine Belastung nur in Höhe des Rückzahlungsbetrags. Es tritt eine Gewinnverwirklichung in Höhe des Unterschiedsbetrags zwischen dem Nennbetrag der empfangenen Reichsmarksumme und dem Nennbetrag der Rückzahlungssumme im Zeitpunkt des Darlehnsempfangs ein. Dabei ist aber zu beachten, daß beim Vorliegen einer bestimmten Verpflichtung, wie der oben im Beispiel erwähnten Verpflichtung zur Errichtung eines Gebäudes, die daraus dem Darlehnsnehmer erwachsende Belastung berücksichtigt werden muß. Das geschieht durch Aufnahme eines entsprechenden Betrags in die Bilanzschulden. Demgemäß findet auch in Höhe dieses Betrags nur eine Betriebsvermögensumschichtung statt. Es bestehen keine Bedenken, diese Verpflichtung in Höhe des Unterschiedsbetrags zwischen dem Nennbetrag der Empfangssumme und dem Nennbetrag der Rückzahlungssumme anzunehmen. Nach Fertigstellung des Baues wäre an sich die Bauverpflichtung, da gegenstandslos geworden, als Betriebsvermögenserhöhung dem Verlust- und Gewinnkonto zu entlasten. Der Betrag kann jedoch durch das Konto, auf dem die Bauverpflichtung ausgewiesen ist, dem Baukonto entlastet werden, so daß der für die steuerliche Gewinnermittlung maßgebende Anfangswert des Gebäudes im Beispielfall dann 70 000 RM statt 100 000 RM beträgt. Absetzungen für Abnutzung dürfen demgemäß nur von einem Anfangswert von 70 000 RM gemacht werden.

B VI 3. Bewertung verschiedener Wirtschaftsgüter

B VI 3a) Bewertung von Wechseln und festverzinslichen Wertpapieren in Bankunternehmen

Das Wechseldiskontgeschäft spielt bei den Privatbanken eine große Rolle. Die Art der Bewertung der Wechselbestände ist für den Erfolg der Banken von wesentlicher Bedeutung. Es ist bei der Aufstellung der Bankbilanzen üblich und nach betriebswirtschaftlichen Grundsätzen nicht zu beanstanden, daß den Diskont vom Anschaffungstag des Wechsels bis zum Bilanzstichtag bei der Bewertung der Wechsel besonders in Ansatz gebracht wird. Entsprechend können die Zinsen festverzinslicher Wertpapiere (auch der sogenannten Auslosungsanleihen) behandelt werden.

B VI 3b) Bewertung von Anzahlungen

(1) In vielen Fällen werden auf bestellte Waren oder sonstige Gegenstände, die für das Betriebsvermögen erworben werden, vor der Lieferung Anzahlungen geleistet (z. B. durch Banküberweisung, Wechsel, Abtretung von Forderungen u. dgl.). Fallen Anzahlung und Lieferung des bestellten Gegenstands in verschiedene Wirtschaftsjahre, so ist das ohne Wirkung auf die Höhe des Gewinns dieser verschiedenen Wirtschaftsjahre; denn nach den Regeln ordnungsmäßiger Buchführung handelt es sich bei einer solchen Vorauszahlung

nicht um eine Betriebsvermögensveränderung, sondern nur um eine Betriebsvermögensumschichtung. Im Fall des Empfangs einer Vorauszahlung steht der Erhöhung des in Betracht kommenden Besitzpostens (Postscheckkonto, Bankkonto, Wechselkonto o. dgl.) die Erhöhung oder Entstehung eines entsprechenden Schuldpostens gegenüber. Diese Erhöhung oder Entstehung des Schuldpostens besteht darin, daß das Konto des Kunden, der die Vorauszahlung geleistet hat, entlastet wird. Im Fall der Leistung einer Vorauszahlung steht der Verminderung des in Betracht kommenden Besitzpostens (Postscheckkonto, Bankkonto o. dgl.) die Erhöhung oder Entstehung eines anderen Besitzpostens oder die Verminderung eines Schuldpostens in gleicher Höhe gegenüber. In der Regel werden die Vorauszahlungen nicht über besondere Sachkonten geführt, sondern es erscheint nur das Kundenkonto mit einem entsprechend niedrigeren Betrag auf der Besitzseite und das Lieferantenkonto mit einem entsprechend niedrigeren Betrag auf der Schuldenseite.

(2) Diese Grundsätze gelten auch bei Anzahlungen auf kurzlebige Wirtschaftsgüter des Anlagevermögens, deren Absetzung vor dem Zeitpunkt der Lieferung nicht zulässig ist.

B VI 3 c) Richtlinien für Viehbewertung
Hinweis auf Abschnitt C I 5 (S. 762).

B VI 4. Bewertung der Schulden

(1) Schulden sind unter sinngemäßer Anwendung der Vorschriften des § 6 Ziffer 2 EStG anzusetzen (§ 6 Ziffer 3). Sie müssen also mindestens mit den Beträgen angesetzt werden, die dem Steuerpflichtigen als Gegenwert zugeflossen sind.

Beispiel: Ein Steuerpflichtiger nimmt ein Darlehen im Nennbetrag von 100 000 RM auf, erhält aber nur 95 000 RM ausgezahlt. Die Darlehnsschuld ist daher mit mindestens 95 000 RM anzusetzen. Die restlichen 5000 RM verteilen sich auf die Laufzeit der Schuld. Um den auf das einzelne Jahr entfallenden Anteil erhöht sich der jeweilige Ansatz in der Bilanz. Dieses Ergebnis kann auch dadurch erreicht werden, daß der Nennbetrag der Schuld unter den Schuldposten angesetzt und für das Darlehensabgeld (Damnum) ein Disagiokonto unter den Besitzposten geführt wird, das entsprechend der Laufzeit abzuschreiben ist.

(2) Auch bei der Bewertung von Währungsschulden (d. h. Verbindlichkeiten, die in ausländischer Währung oder zum Kurs einer ausländischen Währung zu erfüllen sind) muß mindestens der Betrag in Reichsmark angesetzt werden, der dem Steuerpflichtigen als Gegenwert zugeflossen ist. Wenn infolge einer Veränderung der ausländischen Währung der Wert dieser Schuld sinkt, so darf die Schuld bis zur Erfüllung oder Ablösung nicht niedriger bewertet werden als mit dem zugeflossenen Gegenwert. Steigt infolge einer Währungsänderung der Wert der Schuld, so ist der Schuldner steuerlich berechtigt (und im Rahmen der ordnungsmäßigen Buchführung verpflichtet), den höheren Teilwert anzusetzen. Zur Berechnung des Teilwerts kann der Steuerpflichtige von dem Devisenkurs, bei Schwankungen der Devisenkurse von dem Durchschnittskurs der Monate, die auf den Schluß des Wirtschaftsjahrs folgen, ausgehen.

Beispiele:
A. Im Laufe des Jahres 1932 ist eine Schuld in Höhe von 100 000 $
aufgenommen worden, Kurs 4,20. Zugeflossener Betrag . . . . . 420 000 RM
Kurs des Dollars am 31. Dezember 1932 4,20, Bilanzansatz für den
31. Dezember 1932 . . . . 420 000 „
Kurs des Dollars am 31. Dezember 1933 2,69, Bilanzansatz für den
31. Dezember 1933 . . . . 420 000 „
Kurs des Dollars am 31. Dezember 1934 2,485, Bilanzansatz für den
31. Dezember 1934 . . . . 420 000 „
B. Im Laufe des Jahres 1933 ist eine Schuld in Höhe von 100 000 $
aufgenommen worden, Kurs 2,40. Zugeflossener Betrag . . . . . 240 000 „
Durchschnittkurs des Dollars für den 31. Dezember 1933 (nach den
Kursen der Monate Januar bis März 1934) angenommen 2,70,
Bilanzansatz für den 31. Dezember 1933 . . . . 270 000 „
Kurs des Dollars am 31. Dezember 1934 2,485.
Die Schuld kann mit dem Tageskurs angesetzt werden.
Der Ansatz liegt über dem Betrag, der in 1933 zugeflossen ist, aber
unter dem vorjährigen Bilanzwert . . . . 248 500 „
Bei einem weiteren Sinken des Kurses ist ein Heruntergehen unter
den Betrag von 240 000 RM. nicht zulässig.

(3) In diesem Zusammenhang taucht die Frage auf, ob und wie das Gesetz über Abwertungsgewinne vom 23. Dezember 1936 (RGBl. I S. 1126) die Gewinnermitt-

lung beeinflußt. Abwertungsgewinne im Sinn des Gesetzes entstehen hauptsächlich bei der Erfüllung von Verbindlichkeiten, die auf eine abgewertete ausländische Währung lauten oder deren Höhe sich nach einer solchen bestimmt, vorausgesetzt, daß sie nicht aus dem Waren- und Dienstleistungsverkehr, sondern aus dem Kapitalverkehr herrühren. Der Erfüllung steht die Befreiung von der Schuld gleich. Abwertungsgewinn ist der Unterschied zwischen dem Reichsmarkgegenwert der Verbindlichkeit bei ihrer Entstehung und dem Reichsmarkgegenwert bei der Befreiung. Er fällt an, wenn nach Deutschem Recht die Befreiung des Schuldners eingetreten ist. Im allgemeinen sind drei Viertel des Gewinns abzuliefern. Näheres siehe Erste DVO vom 28. Dezember 1936 (RGBl. I S. 1151).

(4) Mehrfach haben Schuldner bereits vor Inkrafttreten des Gesetzes über Abwertungsgewinne in ihrer Handelsbilanz eine Währungsschuld wegen der Abwertung niedriger bewertet als bisher und infolgedessen buchmäßig einen Währungsgewinn erzielt, obwohl sie noch nicht von der Schuld befreit waren. Für diese Fälle bestimmt die Vierte DVO (RGBl. I S. 587, RStBl. 1937 S. 624) mit Rücksicht darauf, daß drei Viertel des Abwertungsgewinns bei Befreiung von der Schuld abzuführen sind, daß die Abführungsverpflichtung durch eine Rückstellung auf der Passivseite zu berücksichtigen ist, daß auf der Aktivseite ein gleich hoher Ausgleichsposten zu bilden ist und daß dieser Ausgleichsposten nach den Regeln ordnungsmäßiger Buchführung bis zur Fälligkeit der Schuld zu tilgen ist. Diese Regelung wird für die Steuerbilanz nicht übernommen. Für die steuerliche Beurteilung gilt das folgende. Da die Ablieferungspflicht mit der Erfüllung der Verpflichtung oder mit der Befreiung von der Verpflichtung eintritt, übt sie bis zu diesem Zeitpunkt keinen Einfluß auf die Bewertung der Schuld aus. Die Ablieferung stellt steuerlich eine Betriebsausgabe dar. Falls am Schluß des maßgeblichen Wirtschaftsjahrs ein Abwertungsgewinn entstanden, die Ablieferung aber noch nicht erfolgt ist, so ist die Ablieferungspflicht als Schuld in der Bilanz auszuweisen. Vor diesem Zeitpunkt ist eine Passivierung der Ablieferungsverpflichtung nicht zulässig. Es ist aber zu beachten, daß nur Abwertungsgewinne aus Verbindlichkeiten des Kapitalverkehrs, nicht auch des Waren- oder Dienstleistungsverkehrs, ablieferungspflichtig sind und daß ein Teil des Abwertungsgewinns dem Schuldner verbleibt und sich gewinnerhöhend oder verlustmindernd auswirkt.

B VII. Absetzungen für Abnutzung, Abschreibungen

(1) Die Frage, ob die Anschaffungs- oder Herstellungskosten in gleich großen Teilbeträgen auf die Gesamtdauer der Verwendung oder Nutzung durch den Steuerpflichtigen verteilt werden müssen, oder ob die Absetzungen für Abnutzung nach dem jeweiligen Buchwert (Restwert) bemessen werden können (degressive Abschreibung), ist bereits unter der Herrschaft des EStG 1925 durch Urteil des RFH. vom 1. Juli 1931 VI A 2226/30 (RStBl. 1931 S. 877) entschieden. Das Urteil vertritt den Standpunkt, daß die Vornahme von Absetzungen vom Buchwert (degressive Abschreibung) dem Gesetz nicht widerspreche, daß aber ein willkürlicher Wechsel in den Absetzungsarten nicht zugelassen sei. Diese Rechtsprechung gilt weiter.

(2) Die vor 1934 getroffenen Anordnungen, wonach neu angeschaffte oder neu hergestellte Maschinen oder sonstige Gegenstände des beweglichen Anlagekapitals im allgemeinen mit 80 vom Hundert der Anschaffungs-(Herstellungs-)kosten angesetzt werden konnten, gelten nicht mehr.

(3) Vielfach ist bisher für einzelne Gruppen von Wirtschaftsgütern des Anlagevermögens die Absetzung für Abnutzung nach einem einheitlichen Hundertsatz bemessen worden, ohne Rücksicht auf die betriebsgewöhnliche Nutzungsdauer des einzelnen Wirtschaftsguts. Wenn kurzlebige Wirtschaftsgüter mit Rücksicht auf die Bewertungsfreiheit aus dem bisherigen Sammelkonto ausgesondert werden, so ist folgerichtig für die auf dem bisherigen Konto verbleibenden langlebigen Wirtschaftsgüter eine längere Nutzungsdauer als bisher für die auf dem Sammelkonto verbuchten Wirtschaftsgüter anzunehmen. Der bisherige Hundertsatz für die Absetzung ist daher zu ermäßigen.

B VIII. Kurzlebige Wirtschaftsgüter
B VIII 1. Buchführung und Sonderkonto

(1) Voraussetzung für die Inanspruchnahme der Bewertungsfreiheit für kurzlebige Wirtschaftsgüter ist, daß ordnungsmäßig Bücher geführt werden, die den Vorschriften des HGB entsprechen. Dabei ist für das Konto kurzlebiger Wirtschaftsgüter formelle und sachliche Ordnungsmäßigkeit notwendig. Für die anderen Teile der Buchführung genügt dagegen das Vorhandensein einer formell ordnungsmäßigen Buchführung, wenn nicht etwa die ganze Buchführung wegen schwerwiegender sachlicher Mängel verworfen

wird. Eine Buchführung, wie sie nach den vorläufigen Richtlinien vom 22. 6. 1932 (RStBl. 1932 S. 613) in erleichterter Form für die Angehörigen der freien Berufe zugelassen ist, ist keine ordnungsmäßige Buchführung, die den Vorschriften des HGB entspricht. Angehörige der freien Berufe können daher die Bewertungsfreiheit für kurzlebige Wirtschaftsgüter des Anlagevermögens nur in dem seltenen Fall in Anspruch nehmen, daß sie eine den Vorschriften des HGB entsprechende Buchführung eingerichtet haben.

(2) Das Konto kurzlebiger Wirtschaftsgüter muß Bestandteil der kaufmännischen (oder landwirtschaftlichen) Buchführung sein. Soweit einfache Buchführung besteht, also besondere Konten für das Anlagevermögen nicht geführt werden, genügt ein gesonderter inventarmäßiger Nachweis der kurzlebigen Wirtschaftsgüter. Die Vorschriften des Handelsrechts für die Gliederung der Bilanz (§ 131 Aktiengesetz) werden durch die steuerlichen Vorschriften über das Konto kurzlebiger Wirtschaftsgüter nicht beeinflußt.

(3) In der Regel wird buchmäßig wie folgt vorzugehen sein: Beim Eingang eines kurzlebigen Wirtschaftsguts wird das Konto kurzlebiger Wirtschaftsgüter mit den Anschaffungs- oder Herstellungskosten belastet. Erst bei Aufstellung der Jahresschlußbilanz wird entschieden, ob und inwieweit von der Bewertungsfreiheit nach § 6 Ziffer 1 Satz 4 EStG Gebrauch gemacht werden soll. Der Betrag der Absetzungen für Abnutzungen muß mindestens den Erfordernissen des § 7 EStG entsprechen, kann jedoch im Rahmen der Bewertungsfreiheit darüber hinausgehen. Es ist auch zulässig, aber nicht zweckmäßig, wenn mit Zugängen, die im Laufe des Wirtschaftsjahrs vorkommen, ein anderes Konto als das Konto kurzlebiger Wirtschaftsgüter belastet wird und wenn dann am Schluß des Jahres eine Übertragung von diesem Konto auf das Konto kurzlebiger Wirtschaftsgüter vorgenommen wird. In diesem Fall muß bei der Übertragung ersichtlich gemacht werden, um welchen Gegenstand es sich handelt, damit eine Nachprüfung ohne Schwierigkeit möglich ist.

(4) Wenn umgekehrt verfahren wird, wenn nämlich ein Gegenstand vom Konto kurzlebiger Wirtschaftsgüter auf ein anderes Konto übertragen wird, weil etwa der Steuerpflichtige für diesen Gegenstand Bewertungsfreiheit nicht oder nicht mehr beanspruchen möchte, so ist eine Rückübertragung kurzlebiger Wirtschaftsgüter in einem späteren Jahr nicht möglich; denn Voraussetzung für die Inanspruchnahme der Bewertungsfreiheit ist, daß das Konto kurzlebiger Wirtschaftsgüter spätestens am Schluß desjenigen Jahrs, in dem das betreffende Wirtschaftsgut angeschafft oder hergestellt worden ist, mit den Anschaffungs- oder Herstellungskosten belastet worden ist und bis zur Inanspruchnahme der Bewertungsfreiheit belastet geblieben ist. Eine versäumte Belastung des Kontos in dem Wirtschaftsjahr, in dem die Wirtschaftsgüter angeschafft worden sind, kann in späteren Wirtschaftsjahren nicht mehr nachgeholt werden.

(5) Kurzlebige Wirtschaftsgüter, die bereits in der Bilanz für 1933 oder 1932/33 vorhanden waren (Altanlagen), und die Zugänge im Wirtschaftsjahr 1934 (1933/34) mußten spätestens bis zum Ende des Kalenderjahrs 1935 auf das Konto kurzlebiger Wirtschaftsgüter übertragen werden. Eine Ausnahme gilt lediglich für den Fall, daß der Steuerpflichtige nach Ende des Kalenderjahrs 1935 eine ordnungsmäßige Buchführung eingerichtet hat, unter der Voraussetzung, daß vor Ende des Kalenderjahrs 1935 eine Buchführungspflicht noch nicht bestand. In diesem Fall können die bei Eröffnung der Buchführung vorhandenen kurzlebigen Wirtschaftsgüter einschließlich der Altanlagen auf das Sonderkonto übernommen werden. Dabei ist dafür zu sorgen, daß die in Betracht kommenden Anlagen nicht mit zu hohen Anfangswerten angesetzt werden. Um dies zu verhindern, ist bei allen Gegenständen, die auf das Sonderkonto übernommen werden sollen, von einer Höchstnutzungsdauer von fünf Jahren auszugehen. Dementsprechend dürfen Wirtschaftsgüter, die schon fünf Jahre oder länger benutzt worden sind, nicht berücksichtigt werden. Die übernahmefähigen Wirtschaftsgüter sind bei der Eröffnung des Sonderkontos ihrer noch vorhandenen Nutzungsdauer entsprechend zu bewerten.

(6) Das Konto kurzlebiger Wirtschaftsgüter kann, wenn es aus irgendwelchen Gründen zweckmäßig erscheint, in verschiedene Konten aufgeteilt werden. Es muß jedoch aus der Bezeichnung jedes dieser Konten sich in aller Eindeutigkeit ergeben, daß es sich um ein Konto kurzlebiger Wirtschaftsgüter handelt.

(7) Enthält ein Anlagekonto nur kurzlebige Wirtschaftsgüter, hat der Steuerpflichtige es aber bisher unterlassen, dieses Konto als Konto kurzlebiger Wirtschaftsgüter zu bezeichnen, so ist nichts dagegen einzuwenden, wenn dem Pflichtigen die Nachholung dieser Bezeichnung gestattet wird. Dabei kommen nur solche Fälle in Betracht, in denen kein Streit und keine Ungewißheit darüber besteht oder bestehen kann, daß außer den zweifellos kurzlebigen Wirtschaftsgütern andere Anlagegegenstände auf dem Konto nicht verbucht sind.

B VIII 2. Hauptbetriebe und Nebenbetriebe

Unterhält ein gewerbliches Unternehmen (z. B. der chemischen Industrie) in Zusammenhang mit seinem Hauptbetrieb einen Nebenbetrieb, der zu einer anderen Gewerbegruppe gehört als der Hauptbetrieb (z. B. eine Tischlerei), so sind die in dem Nebenbetrieb gebuchten Wirtschaftsgüter steuerlich nach den Grundsätzen zu behandeln, die der Liste der kurzlebigen Wirtschaftsgüter gemäß für die Gewerbegruppe des Nebenbetriebs gelten. In diesen Fällen empfiehlt es sich aber, getrennt von dem für den Hauptbetrieb eingerichteten Konto kurzlebiger Wirtschaftsgüter, auch für den Nebenbetrieb ein solches Sonderkonto zu führen.

B VIII 3. Anschaffung und Lieferung

(1) Wie oben erwähnt, muß das Konto kurzlebiger Wirtschaftsgüter spätestens am Schluß desjenigen Jahrs, in dem das betreffende Wirtschaftsgut angeschafft oder hergestellt worden ist, mit den Anschaffungs- oder Herstellungskosten belastet werden. Vor der Anschaffung oder Herstellung dürfen Absetzungen nicht vorgenommen werden. Als Anschaffung gilt nicht die Bestellung, sondern die Lieferung des Gegenstandes. Der Zeitpunkt der Zahlung ist für den Begriff der Anschaffung ohne Bedeutung. Ebenso kommt eine Anzahlung oder volle Vorauszahlung als Voraussetzung für die Anwendung der Vorschriften über die Bewertungsfreiheit nicht in Betracht. Von § 6 Ziffer 1 Satz 4 EStG kann Gebrauch gemacht werden, sobald die Lieferung des Wirtschaftsguts stattgefunden hat, und zwar auch dann, wenn noch keinerlei Zahlung erfolgt ist.

(2) Die Bewertungsfreiheit nach § 6 Ziffer 1 Satz 4 EStG darf nicht mißbraucht werden. Sie findet insoweit keine Anwendung, als kurzlebige Wirtschaftsgüter des Anlagevermögens in einem Umfang angeschafft werden, der über die Erfordernisse des Betriebs am Bilanzstichtag hinausgeht.

B VIII 4. Höhe der Absetzung

(1) Die Annahme einer fünfjährigen Nutzungsdauer bei den in der Liste kurzlebiger Wirtschaftsgüter bezeichneten Wirtschaftsgütern gibt dem Steuerpflichtigen ein Recht auf die im § 6 Ziffer 1 Satz 4 EStG zugelassene Bewertungsfreiheit. Wenn allerdings in einem oder anderem Fall feststeht, daß die betriebsgewöhnliche Nutzungsdauer wesentlich größer als fünf Jahre, und zwar mindestens zehn Jahre groß sein wird, so kann § 1 StAnpG gemäß, wonach bei der Beurteilung von Tatbeständen der Zweck und die wirtschaftliche Bedeutung der Steuergesetze zu berücksichtigen sind, die Bewertungsfreiheit abgelehnt werden. Die Ausführungen im Abschnitt II 1 Absatz 3 des Erlasses über die kurzlebigen Wirtschaftsgüter vom 20. Dezember 1934 (RStBl. 1935 S. 1) sind § 1 StAnpG gemäß im obigen Sinne auszulegen.

(2) Oft werden Kraftwagen, die zum Betriebsvermögen (Anlagevermögen) gehören, teils zu betrieblichen, teils zu außerbetrieblichen Zwecken verwendet. Die Ausgaben für Unterhalt, Fahrkosten u. dgl. werden dann als Betriebsausgaben nur in der Höhe anerkannt, in der sie tatsächlich durch den Betrieb veranlaßt worden sind. Soweit sie über diesen Rahmen hinausgehen, kommen sie als Privatentnahme in Betracht. Für die Bewertungsfreiheit ist die Tatsache, daß der Kraftwagen auch zu außerbetrieblichen Zwecken verwendet wird, ohne Belang. Die Aufwendungen für die Anschaffung eines Kraftwagens können demnach im Jahr der Anschaffung auch dann bereits voll abgesetzt werden, wenn der Wagen teilweise zu außerbetrieblichen Zwecken (zu Privatzwecken) verwendet wird. Voraussetzung für die Inanspruchnahme der Bewertungsfreiheit ist lediglich, daß der Wagen zum Betriebsvermögen des Steuerpflichtigen gehört, also aus Betriebsmitteln angeschafft worden ist, dem vorgeschriebenen Sonderkonto belastet ist und überwiegend Zwecken des Betriebs dient.

B VIII 5. Liste kurzlebiger Wirtschaftsgüter

(1) Der Umstand, daß ein Wirtschaftsgut in irgendeiner Gruppe der Abteilung B der „Liste kurzlebiger Wirtschaftsgüter des Anlagevermögens" bezeichnet ist, reicht nicht aus, dieses Wirtschaftsgut auch für andere Wirtschaftszweige als kurzlebig zu behandeln. Für andere Wirtschaftszweige ist ein besonderer Nachweis der Kurzlebigkeit erforderlich. Bestehen Zweifel darüber, zu welchem Wirtschaftszweig ein Unternehmen gehört, so ist entscheidend, welcher Wirtschaftsgruppe das Unternehmen im organisatorischen Aufbau der Deutschen Wirtschaft eingegliedert ist, erforderlichenfalls ist der Führer der betreffenden Wirtschaftsgruppe gutachtlich zu hören.

(2) Nicht zu den kurzlebigen Wirtschaftsgütern gehören Patente, obwohl nach kaufmännischer Übung im allgemeinen eine Absetzung im Laufe von fünf Jahren erfolgt, und der Betriebsbestehenswert (Geschäftswert), der einer Abnutzung überhaupt nicht unterliegt. Dagegen können Werte, die durch Ausgaben für Reklame geschaffen werden, zu den kurzlebigen Wirtschaftsgütern gerechnet werden.

(3) Zu Abschnitt A der Liste
1. Bücher, die zur Errichtung oder Erweiterung von Werkbüchereien beschafft werden, sind kurzlebige Wirtschaftsgüter.
2. Büromaschinen. Hierher gehören auch Adressiermaschinen.
3. Fahrzeuge aller Art mit Ausnahme von Schiffen und Lokomotiven. In diese Gruppe gehören auch landwirtschaftliche Ackerwagen und Aluminiumkesselwagen der chemischen Industrie, die letzteren, soweit sie vorwiegend zur Beförderung von ätzenden Flüssigkeiten, Säuren u. dgl. benutzt werden. Eisenbahnwagen sind keine kurzlebigen Wirtschaftsgüter.
4. Heizungsanlagen (automatische, elektrische). Hierzu gehören nicht auch die Anlagen zur Erzeugung, Weiterleitung und Abgabe der Wärme, z. B. Heizkessel, Leitungen, Heizkörper, sondern nur die Vorrichtungen zur selbsttätigen Regelung der Wärme.
5. Pferde sind in gewerblichen Betrieben, nicht dagegen in land- und forstwirtschaftlichen Betrieben als kurzlebige Wirtschaftsgüter anzuerkennen.
6. Schaufenstereinrichtungen und Markisenanlagen. Einzelteile einer Schaufenstereinrichtung, z. B. Parkettböden, Seiten- und Rückwände des Schaufensters, sind auch dann kurzlebige Wirtschaftsgüter, wenn sie mit dem Gebäude fest verbunden sind. Das gilt auch für Markisenanlagen, die in der Liste A besonders bezeichnet sind.
7. Werkzeugmaschinen für Holzbearbeitung. Die Sammelbezeichnung „Werkzeugmaschinen für Holzbearbeitung" ist nicht so zu verstehen, als seien alle Holzbearbeitungsmaschinen kurzlebige Wirtschaftsgüter. Es gelten hier vielmehr die Ausführungen oben im Unterabschnitt 4 „Höhe der Absetzung" Seite 757).

(4) Zu Abschnitt B der Liste
1. Gewerbegruppen X und XVII (Textilindustrie und Bekleidungsgewerbe) — Strickmaschinen. Die Rundstrickmaschinen (Interlockmaschinen, Feinrippmaschinen usw.) zählen nicht zu den in den Gewerbegruppen X und XVII bezeichneten kurzlebigen Fußstrickmaschinen und Strickmaschinen.
2. Gewerbegruppe XIX (Wasser-, Gas- und Elektrizitätsgewinnung und -versorgung) — Wasser- und Gasmesser. Die bei den Verbrauchern aufgestellten Wasser- und Gasmesser der Werke gehören zu den kurzlebigen Wirtschaftsgütern, wenn die Anschaffungs- oder Herstellungskosten 200 Reichsmark übersteigen.
3. Gewerbegruppe XX (Handelsgewerbe) — Reinigungs- und Sortiermaschinen. Getreideentstaubungs- und -reinigungsmaschinen sind kurzlebige Wirtschaftsgüter. — Vorführwagen bei Kraftwagenhändlern sind keine kurzlebigen Wirtschaftsgüter.
4. Land- und Forstwirtschaft sowie Gärtnerei und Weinbau. Zuchttiere (Zuchthengste, Zuchtbullen, Zuchtschafböcke usw.) sind keine kurzlebigen Wirtschaftsgüter.

B VIII 6. Aufrechterhaltung der Bewertungsfreiheit in beschränktem Umfang

(1) Nach Artikel III des Gesetzes zur Änderung des Einkommensteuergesetzes vom 1. Februar 1938 darf von der Bewertungsfreiheit kein Gebrauch gemacht werden für kurzlebige Wirtschaftsgüter, die nach dem 30. September 1937 bestellt worden sind. Die Bewertungsfreiheit bleibt in vollem Umfang erhalten für alle Wirtschaftsgüter, die vor dem 1. Oktober 1937 bestellt sind, auch wenn sie nach dem 30. September 1937 geliefert werden. Entsprechendes gilt für Wirtschaftsgüter, die im eigenen Betrieb hergestellt werden, wenn mit der Herstellung nachweislich vor dem 1. Oktober 1937 begonnen worden ist. Auch in solchen Fällen dürfen Absetzungen vor der Anschaffung oder Herstellung nicht vorgenommen werden. Als Anschaffung gilt dabei nicht die Bestellung, sondern nach Abschnitt B VIII 3 Absatz 1 die Lieferung des Gegenstands.

(2) Abweichend von dieser Regelung kann die Bewertungsfreiheit für kurzlebige Wirtschaftsgüter ohne Rücksicht auf den Zeitpunkt der Bestellung oder der Herstellung in Anspruch genommen werden für
1. Lastkraftwagen mit einer Nutzlast von 1,1 t oder mehr,
2. Zugmaschinen und Schlepper,
3. Anhänger (zu den unter Ziffern 1 und 2 bezeichneten Fahrzeugen) mit einer Nutzlast von 1,1 t oder mehr,
4. Kraftomnibusse mit mehr als 16 Sitzplätzen und Kraftomnibusanhänger mit mehr als 16 Sitzplätzen,
5. Beregnungsanlagen in land- und forstwirtschaftlichen Betrieben,
6. alle Wirtschaftsgüter, deren Anschaffungs- oder Herstellungskosten 200 Reichsmark nicht überschreiten.

C. Einzelne Einkunftsarten

Vorbemerkung
Abgrenzung der Betriebsausgaben und Werbungskosten von den Kosten der Lebensführung

(1) Aufwendungen für Ernährung, Kleidung und Wohnung sind in der Hauptsache Kosten der Lebensführung im Sinn des § 12 EStG. Besteht bei solchen Aufwendungen ein Zusammenhang mit der gewerblichen (beruflichen) Tätigkeit, so werden sie vom Steuerpflichtigen oft in ihrem vollen Umfang als Ausgaben für betriebliche (berufliche) Zwecke geltend gemacht. Es muß hier geprüft werden, ob ein Teil der Aufwendungen ausschließlich betrieblichen (beruflichen) Zwecken dient und nichts mit dem Privatleben zu tun hat. Läßt sich dieser Teil von den Aufwendungen, die ganz oder teilweise der privaten Lebensführung gedient haben, einwandfrei trennen, so sind die Aufwendungen insoweit als Betriebsausgaben (Werbungskosten) zu berücksichtigen. Der zu berücksichtigende Teil der Aufwendungen kann gegebenenfalls geschätzt werden. Läßt sich aber eine Trennung nicht durchführen, so gehört der gesamte Betrag derartiger Aufwendungen nach § 12 Ziffer 1 EStG zu den nichtabzugsfähigen Ausgaben.

(2) Bei der Bewirtung und Unterhaltung von Geschäftsfreunden und deren Angehörigen im Haushalt des Steuerpflichtigen ist eine solche Trennung nicht möglich. Hier muß der gesamte Betrag der Aufwendungen nach § 12 EStG als zur privaten Lebensführung gehörig betrachtet werden. Erfolgt aber die Bewirtung und Unterhaltung eines Geschäftsfreundes und seiner Angehörigen außerhalb des Haushalts, so werden die Aufwendungen für den Geschäftsfreund und seine Angehörigen in der Regel als Betriebsausgaben (Werbungskosten) anzuerkennen sein, weil sie in der Regel ausschließlich betrieblichen (beruflichen) Zwecken dienen. Bei den Ausgaben für den Verzehr und die Unterhaltung des Steuerpflichtigen selbst und seiner Angehörigen anläßlich derartiger Bewirtung von Geschäftsfreunden außerhalb des Haushalts wirken jedoch im allgemeinen Gründe der privaten Lebensführung und betriebliche (berufliche) Gründe so zusammen, daß eine einwandfreie Trennung nicht möglich ist. Solche Ausgaben können daher in der Regel nicht als abzugsfähige Betriebsausgaben (Werbungskosten) anerkannt werden. Eine Ausnahme von diesem Grundsatz bilden die Fälle, in denen Personen zu Erlangung von Bestellungen auf Getränke und Lebensmittel Gast- und Schankwirtschaften besuchen und dort über den normalen Verzehr hinaus Speisen und Getränke zu sich nehmen. Solche Ausgaben sind nicht mehr als Kosten der privaten Lebensführung anzusehen, sondern als Aufwendungen, die im betrieblichen (beruflichen) Interesse vorgenommen sind.

(3) Die gleichen Grundsätze gelten für Geschäftsreisen von Unternehmern. Aufwendungen für solche Geschäftsreisen (Kosten der Fahrt, Verpflegung, Unterbringung u. dgl.) sind abzugsfähig, wenn die Reise ausschließlich für betriebliche (berufliche) Zwecke unternommen worden ist. Eine Trennung der Aufwendungen im Hinblick darauf, daß auch Beträge für die persönliche Verpflegung in den Aufwendungen enthalten sind, kommt nicht in Betracht, da die Geschäftsreise als solche mit dem Privatleben nichts zu tun hat. Jedoch sind in einem solchen Fall die Haushaltsersparnisse (Absatz 4) zu berücksichtigen. Wird die Reise nicht nur aus betrieblichen (beruflichen), sondern auch aus privaten Gründen unternommen, muß eine einwandfreie Trennung der Aufwendungen vorgenommen werden. Wenn das nicht möglich ist, kommen die gesamten Aufwendungen als Betriebsausgaben (Werbungskosten) nicht in Betracht.

Beispiel: Ein Berliner Fabrikant fährt nach München, um dort Abschlüsse für die von ihm hergestellten Waren zu tätigen und Kunden aufzusuchen. Am Wochenende unternimmt er aus privaten Gründen einen Ausflug in die Berge. Am Anfang der nächsten Woche setzt er dann die geschäftlichen Besprechungen fort und kehrt nach deren Abschluß nach Berlin zurück. Als Kosten der privaten Lebensführung werden in diesem Zusammenhang die Kosten anzusehen sein, die durch den Wochenendaufenthalt im Gebirge entstanden sind (Fahrt-, Verpflegungs-, Unterkunfts- und sonstige Kosten), die übrigen Kosten (Fahrt nach München, Aufenthalt dort, etwaige Bewirtung von Geschäftsfreunden) sind, unter Berücksichtigung der Haushaltsersparnisse, als Betriebsausgaben zu berücksichtigen.

(4) Soweit nach den Ausführungen im Absatz 3 Aufwendungen für eine Geschäftsreise als Betriebsausgaben in Frage kommen, sind für die Feststellung der Haushaltsersparnis die Bestimmungen in § 4 Ziffer 2 der Zweiten LStDVO entsprechend anzuwenden (Hinweis auf Abschnitt C IV 2 f).

Beispiel: Ein verheirateter Fabrikant hat für eine fünftägige Reise seinem Betrieb insgesamt 350 RM entnommen und nur 250 RM (einschließl. 50 RM Fahrtkosten) als für Geschäftszwecke ausgegeben glaubhaft gemacht. In Höhe der nicht glaubhaft gemachten 100 RM kommen Betriebsausgaben nicht in Betracht. Der verbleibende Betrag von 250 RM. ist noch um die Haushaltsersparnis zu kürzen. Ist der Fabrikant nach seinen Einkommensverhältnissen mit einem Beamten der Reisekostenstufe I a (Durchschnittsgehalt 21 000 RM) zu vergleichen, so ist für jeden Reisetag eine Haushaltsersparnis von 20 v. H. von 12 RM (Tagegeld des vergleichbaren Beamten) = 2,40 RM anzunehmen.

Da es sich bei den Haushaltsersparnissen meist um Beträge handelt, die den Gewinn nur unwesentlich beeinflussen, ist bei Unternehmern von ihrer Berücksichtigung abzusehen, wenn insgesamt nicht mehr als 50 Reisetage im Jahr in Betracht kommen.

C I. Einkünfte aus Land- und Forstwirtschaft

C I 1. Begriff und Umfang

(1) § 13 Absatz 1 Ziffer 1 EStG gemäß gehören zu den Einkünften aus Land- und Forstwirtschaft die Einkünfte aus allen Betrieben, die Pflanzen und Pflanzenteile mit Hilfe der Naturkräfte gewinnen. Dazu gehören auch Einkünfte aus Samenzucht, Hopfenbau, Pilzzucht in Kellern und Pflanzenzucht in Gewächshäusern.

(2) Einkünfte aus Tierzucht und Tierhaltung gehören § 13 Absatz 1 Ziffer 2 EStG gemäß dann zu den Einkünften aus Land- und Forstwirtschaft, wenn zur Tierzucht oder Tierhaltung überwiegend Erzeugnisse verwendet werden, die im eigenen landwirtschaftlichen Betrieb gewonnen sind.

(3) Bei Erfüllung dieser Voraussetzung fallen darunter auch Einkünfte aus Pelztierfarmen. Für die Frage, ob zur Tierzucht oder Tierhaltung überwiegend Erzeugnisse aus dem eigenen landwirtschaftlichen Betrieb verwendet werden, wird es im wesentlichen auf die Deckung des Bedarfs an Futter ankommen. Es ist deshalb in Zweifelsfällen zu untersuchen, welcher Futterbedarf in dem Betrieb besteht und inwieweit der Bedarf aus eigenen Erzeugnissen oder durch Zukauf von Futtermitteln gedeckt wird. Den Vergleichsmaßstab kann die Menge der Futtermittel allein nicht bilden, da die Futtermittel weder im Preis noch im Nährgehalt einander gleich sind. Es ist deshalb grundsätzlich von dem Wert (Preis) der Futtermittel auszugehen, da auch der Vergleich nach dem Nährgehalt annähernd zu dem gleichen Ergebnis führt. Wenn danach im Gesamtergebnis der Wert der Futtermittel eigener Erzeugung den Wert der zugekauften Futtermittel übersteigt, so sind die Einkünfte aus dem Betrieb den Einkünften aus Land- und Forstwirtschaft zuzurechnen.

(4) Bei Hühnerfarmen ist bisher oft zweifelhaft geworden, ob die Voraussetzung zutrifft. Zur Vereinfachung des Veranlagungsverfahrens ist nach den von mir vorgenommenen Berechnungen davon auszugehen, daß zur Deckung des gesamten Futterbedarfs für ein ausgewachsenes Huhn bei einem Hektarsatz (§ 38 RBewG) von 1000 RM mindestens 60 qm landwirtschaftliche Fläche erforderlich sind. Bei einem Hektarsatz von 2000 RM würden danach mindestens 30 qm gebraucht werden. Dabei ist der Futterbedarf einer normalen Anzahl von Junghühnern und Küken mitberücksichtigt. Da die Futtermittel nur überwiegend im eigenen Betrieb gewonnen zu sein brauchen, sind die Einkünfte aus einer Hühnerfarm schon dann als Einkünfte aus Land- und Forstwirtschaft zu behandeln, wenn für ein Huhn bei einem Hektarsatz von 1000 RM eine landwirtschaftliche Fläche von mehr als 30 qm, bei einem Hektarsatz von 2000 RM eine solche von mehr als 15 qm vorhanden ist. Die Einkünfte sind somit dann als Einkünfte aus Land- und Forstwirtschaft anzusehen, wenn auf jedes ausgewachsene Huhn eine landwirtschaftliche Fläche entfällt, die einen Vergleichswert (§ 39 RBewG) von 3 RM hat. Anders ausgedrückt: Der Vergleichswert der gesamten landwirtschaftlichen Fläche muß mehr als das Dreifache der Anzahl der Hühner betragen. Bei dieser Berechnung ist kein Unterschied zu machen, ob die zum Betrieb gehörige Fläche landwirtschaftlich bestellt wird oder als Auslauf für die Hühner dient.

(5) Einkünfte aus Wanderschäfereien und aus Bienenzucht sind in jedem Fall als Einkünfte aus Land- und Forstwirtschaft anzusehen. Es kommt bei der Bienenzucht nicht darauf an, ob die Bienen in Zusammenhang mit einem sonstigen land- und forstwirtschaftlichen Betrieb gehalten werden.

(6) Bei den Einkünften aus Binnenfischerei, Fischzucht und Teichwirtschaft (§ 13 Absatz 1 Ziffer 3 EStG) ist es gleichgültig, ob die Binnenfischerei, Fischzucht oder Teichwirtschaft in eigenen oder gepachteten Binnengewässern betrieben wird. Einkünfte aus Küstenfischerei und Hochseefischerei sind Einkünfte aus Gewerbebetrieb.

(7) § 13 Absatz 2 Ziffer 1 EStG gemäß gehören zu den Einkünften aus Land- und Forstwirtschaft auch Einkünfte aus einem land- und forstwirtschaftlichen Nebenbetrieb. Als Nebenbetrieb gilt ein Betrieb, der dem land- und forstwirtschaftlichen Hauptbetrieb zu dienen bestimmt ist. Die Nebenbetriebe können Verarbeitungsbetriebe oder Substanzbetriebe sein.

(8) Verarbeitungsbetriebe sind solche Betriebe, die die Erzeugnisse des landwirtschaftlichen Hauptbetriebs verwerten oder verarbeiten, mit der Maßgabe, daß die aus der Verwertung oder Verarbeitung sich ergebenden Erzeugnisse entweder an Dritte veräußert oder in der Wirtschaft des Hauptbetriebs verwendet werden. Beispiel: Molkerei, die nur oder überwiegend Milch aus dem Hauptbetrieb verarbeitet. Durch einen Zukauf von landwirtschaftlichen Erzeugnissen zur Verarbeitung wird dem Betrieb die Eigenschaft eines landwirtschaftlichen Nebenbetriebs nicht genommen, wenn der Zukauf im Verhältnis zu den verarbeiteten eigenen Erzeugnissen nicht bedeutend ist. Erfolgt aber ein Zukauf dauernd in nicht unbedeutendem Umfang, so wird anzunehmen sein, daß es dem Betriebsinhaber weniger darauf ankommt, dem land- und forstwirtschaftlichen Hauptbetrieb zu dienen, als darauf, möglichst hohe Erträgnisse zu erzielen.

(9) Substanzbetriebe sind solche Betriebe, die aus dem Boden des landwirtschaftlichen Hauptbetriebs Substanz entnehmen und die dabei gewonnenen Erzeugnisse ausschließlich oder überwiegend im Hauptbetrieb verwenden, z. B. Steinbrüche, Kiesgruben.

(10) Die Frage, ob es sich um einen landwirtschaftlichen Nebenbetrieb oder um einen gewerblichen Betrieb handelt, kann im Zusammenhang mit dem Bau der Reichsautobahnen in einzelnen Fällen eine gewisse Bedeutung erlangen. Wenn z. B. Landwirte in großem Umfang Stoffe (Material) aus eigenen Kiesgruben, Steinbrüchen usw. für den Bau einer Reichsautobahn liefern, so handelt es sich in der Regel nicht um einen land- und forstwirtschaftlichen Nebenbetrieb, sondern um einen selbständigen Gewerbebetrieb. In den Fällen, in denen es sich jedoch nur um vorübergehende Ausbeute handelt, die im nächsten Jahr voraussichtlich nicht mehr gewonnen wird, können derartige Gewinne als land- und forstwirtschaftliche Gewinne behandelt werden.

(11) Bei beiden Arten von in Betracht kommenden Nebenbetrieben können auch die Höhe des angelegten Kapitals im Verhältnis zum Wert des land- und forstwirtschaftlichen Betriebs und eine etwaige Eintragung im Handelsregister Merkmale für die Frage bieten, ob es sich um Nebenbetriebe im Sinn des § 13 Absatz 2 Ziffer 1 EStG handelt. Im übrigen sind die Verhältnisse des einzelnen Falls und die Verkehrsanschauung maßgebend.

(12) Einkünfte aus Vermietung und Verpachtung sind dann Einkünften aus Land- und Forstwirtschaft zuzurechnen, wenn sie in einem land- und forstwirtschaftlichen Betrieb anfallen (§ 21 Absatz 3 EStG). Das ist aber nur dann der Fall, wenn die Verpachtung eine Maßnahme innerhalb des eigenen Betriebs oder durch den eigenen Betrieb bedingt ist, nicht aber, wenn sie neben dem eigenen Betrieb selbständig einhergeht. Maßgebend sind hier die Verhältnisse im einzelnen Fall. Bei Prüfung der Frage ist mit Rücksicht auf § 13 Absatz 3 EStG ein strenger Maßstab anzulegen. Nach der Rechtsprechung des RFH (vgl. insbesondere Urteil vom 6. Mai 1936 VI A 318/36, RStBl. 1936 S. 985) kommt eine Zurechnung zu den Einkünften aus Land- und Forstwirtschaft nur in Betracht, wenn die Verpachtung in engstem wirtschaftlichen Zusammenhang mit dem Betrieb steht, wenn also mit der Verpachtung wirtschaftliche Zwecke des Betriebs verfolgt werden. Diese Voraussetzung ist z. B. dann gegeben, wenn Grundstücke an Arbeitnehmer verpachtet werden, die dadurch mit dem Betrieb in Verbindung gebracht und veranlaßt werden sollen, ständig in dem Arbeitsverhältnis zu verbleiben. Darüber hinaus wird nur in besonderen Ausnahmefällen ein Anfall der Pachteinnahmen im landwirtschaftlichen Betrieb angenommen werden können. Voraussetzung ist dabei aber immer, daß im Verhältnis zum landwirtschaftlich selbstgenutzten Teil der verpachtete Teil nur geringe Bedeutung hat.

C I 2. Abzüge für Mitarbeit von Kindern
Nach der Rechtsprechung des Reichsfinanzhofs ist in der Land- und Forstwirtschaft ein Dienstverhältnis zwischen Vater und Kindern in der Regel nicht anzunehmen. Deshalb sind auch Zuwendungen an volljährige Kinder (Naturalleistungen, Taschengeld) bei der Ermittlung des Gewinns an sich nicht abzugsfähig. Ich bin jedoch aus Billigkeitsgründen damit einverstanden, daß Land- und Forstwirte für im Betrieb tätige Kinder, für die ihnen Kinderermäßigung nicht mehr zusteht, einen Betrag in Höhe der Hälfte des ortsüblichen Arbeitslohns eines volljährigen Knechts oder einer volljährigen Magd bei der Ermittlung des Gewinns absetzen (vgl. § 4 Absatz 2 der Verordnung über die Aufstellung von Durchschnittsätzen für die Ermittlung des Gewinns aus Land- und Forstwirtschaft vom 31. Dezember 1936).

C I 3. Aufwendungen für Bodenverbesserungen
(1) Bei den Bodenverbesserungen sind zwei Gruppen zu unterscheiden:
1. solche, die für größere Gebiete durch Genossenschaften durchgeführt worden sind,
2. solche, die von einzelnen Landwirten auf eigenem Grund und Boden durchgeführt werden.

In dem unter Ziffer 1 bezeichneten Fall hat der einzelne Landwirt in der Regel laufende Beiträge zu zahlen. Diese Beiträge sind Betriebsausgaben im Sinn des § 4 Absatz 4 EStG. Werden Bodenverbesserungen durch einen einzelnen Landwirt auf eigenem Grund und Boden durchgeführt, so sind die laufenden Ausgaben für die Instandhaltung der Verbesserungsanlagen Betriebsausgaben. Das gleiche gilt für Flurbereinigungskosten.

(2) Die Aufwendungen für erstmalige Anlagen (Pumpen, Stauanlagen, Drainagen usw.) müssen aktiviert werden, soweit nicht Bewertungsfreiheit nach § 6 Ziffer 1 Satz 4 EStG besteht und beansprucht wird.

C I 4. Zinserleichterung für den landwirtschaftlichen Realkredit

(1) Durch die Verordnung des Reichspräsidenten über die Zinserleichterung für den landwirtschaftlichen Realkredit vom 27. September 1932 (RGBl. I S. 480) sind — mit gewissen Ausnahmen — die Zinsen einer Forderung, die durch eine Hypothek an einem landwirtschaftlichen, forstwirtschaftlichen oder gärtnerischen Grundstück gesichert ist, soweit sie für die Zeit vom 1. Oktober 1932 bis zum 30. September 1934 geschuldet wurden, um 2. v. H., jedoch nicht unter 4 v. H., herabgesetzt worden. Um den Betrag, um den die Zinsen auf Grund der Verordnung herabgesetzt sind, hat sich § 7 der Verordnung gemäß der Kapitalbetrag der Forderung erhöht. Diese unverzinsliche Zusatzforderung ist bei Rückzahlung der Forderung (Hypothek) zahlbar.

(2) Beim Schuldner der Forderung ist eine Zusatzschuld entstanden. Diese Zusatzschuld war in der Buchführung in dem Zeitpunkt auszuweisen, in dem der Schuldner den Verfügungsbetrag erhalten hat. Als Verfügungsbetrag ist der Betrag der ersparten Zinsen anzusehen. Die Zinsersparnis erstreckt sich auf die Zeit vom 1. Oktober 1932 bis zum 30. September 1934. Die Zusatzschuld war deshalb bei einem Wirtschaftsjahr vom 1. Juli bis 30. Juni in Höhe von $^3/_8$ der insgesamt ersparten Zinsen in der Endbilanz vom 30. Juni 1933, in Höhe von $^4/_8$ in der Endbilanz vom 30. Juni 1934 und in Höhe von $^1/_8$ in der Endbilanz von 30. Juni 1935 auszuweisen.

(3) Diese Rechtslage ist in den Ergänzungsrichtlinien für 1935 dargestellt. Steuerpflichtige, die die Zusatzschuld nicht diesen Ausführungen entsprechend in die Endbilanzen 1932/33 bis 1934/35 aufgenommen haben, dürfen die Passivierung der Zusatzschuld nicht in der Endbilanz 1935/36 nachholen. Die Endbilanzen der vorhergehenden drei Wirtschaftsjahre müssen berichtigt werden. Wenn diese Berichtigung vorgenommen wird, kann mit Rücksicht darauf, daß die Ergänzungsrichtlinien 1935 dem Steuerpflichtigen erst im Juni 1936 bekannt geworden sind, aus Billigkeitsgründen Einkommensteuer insoweit erlassen werden, als sie für die drei einzelnen Jahre niedriger festzusetzen gewesen wäre, wenn die einzelnen Teilbeträge der Zusatzschuld diesen Ausführungen entsprechend behandelt worden wären.

(2) Nach § 7 der Verordnung vom 27. September 1932 ermäßigt sich die Zusatzforderung des Gläubigers und dementsprechend auch die Zusatzschuld des Schuldners, wenn die Stammforderung (Hypothek) auf Verlangen des Gläubigers vor dem 1. April 1940 zurückgezahlt wird. Die Ermäßigung beträgt, wenn die Rückzahlung erfolgt:
in der Zeit vom 1. April 1939 bis zum 31. März 1940 ein Viertel,
in der Zeit vom 1. April 1938 bis zum 31. März 1939 die Hälfte,
in der Zeit vom 1. April 1937 bis zum 31. März 1938 drei Viertel.
Erfolgt die Rückzahlung vor dem 1. April 1937, so fällt die Zusatzforderung (Zusatzschuld) fort. Die Ermäßigung oder das Fortfallen der zusätzlichen Schuld wirken gewinnerhöhend.

C I 5. Richtlinien für Viehbewertung

(1) Die Viehdurchschnittswerte, die nach früheren Anweisungen auf Grund des § 46 EStG 1925 von den Oberfinanzpräsidenten festgesetzt waren, sind für den Schluß des Wirtschaftsjahrs 1932/33 gesenkt worden. Es war dem Landwirt überlassen, von der Senkung entweder für den Schluß des Wirtschaftsjahrs 1932/33 oder für den Schluß des Wirtschaftsjahrs 1933/34 Gebrauch zu machen. Die Möglichkeit eines Herabgehens auf die gesenkten Durchschnittswerte war ausdrücklich auf eines der beiden Wirtschaftsjahre 1932/33 und 1933/34 beschränkt. Die Senkung beruhte auf dem damaligen erheblichen Rückgang der Viehpreise. Inzwischen sind die Viehpreise wieder gestiegen. Es ist deshalb unzulässig, daß Landwirte, die etwa von der Senkung, die für die Wirtschaftsjahre 1932/33 oder 1933/34 zugelassen war, keinen Gebrauch gemacht haben, diese für den Schluß eines späteren Wirtschaftsjahrs nachholen. Noch weniger können in der Regel Werte in Frage kommen, die niedriger als die gesenkten Werte sind. Die Durchschnittswerte, die ab dem Wirtschaftsjahr 1933/34 zwar ihre rechtsverbindliche Kraft verloren haben, aber als „Richtlinien" weiter anzuwenden sind, stellen Schätzungswerte dar, die in der Regel den Teil-

werten im Sinn des § 6 EStG entsprechen. Im übrigen liegt es im Wesen der Bewertung nach Richtlinien, daß einzelne Wertschwankungen, die sich im Laufe der Jahre automatisch ausgleichen, bei der Bewertung an den einzelnen Bilanzstichtagen unberücksichtigt bleiben müssen (vgl. Urteil vom 29. Januar 1936 VI A 889/34, amtl. Slg. Bd. 39 S. 82, RStBl. 1936 S. 752).

(2) Nach den von den Oberfinanzpräsidenten festgesetzten Viehdurchschnittswerten kann das lebende Inventar auch bei Eröffnung eines Betriebs oder bei Beginn der Buchführungspflicht ohne Rücksicht auf die tatsächlichen Anschaffungskosten in der Eröffnungsbilanz angesetzt werden. Hierdurch werden Härten vermieden, die dadurch entstehen, daß die Anschaffungskosten unter den Durchschnittswerten liegen und sich infolgedessen im ersten Wirtschaftsjahr ein erheblicher Gewinn ergibt, wenn für den Schluß des Wirtschaftsjahrs die Durchschnittswerte angesetzt werden. Solche Fälle können aber nur selten vorkommen, da erhebliche Wertunterschiede zwischen Anschaffungskosten und den Durchschnittswerten in der Regel nicht bestehen werden. Hierbei ist zu berücksichtigen, daß die Anschaffungskosten nicht allein aus den Kosten des Erwerbs der Tiere bestehen, sondern auch die Kosten der Aufzucht vom Tag des Erwerbs bis zur Aufnahme in die Bilanz umfassen.

C I 6. Hochwasserentschädigungen
Hochwasserentschädigungen aus öffentlichen Mitteln sind steuerfreie Einkünfte im Sinn des § 3 Ziffer 11 EStG, wenn eine Verpflichtung zur Rückzahlung nicht besteht. Sind die Beträge zurückzuzahlen, so sind sie wie empfangene Darlehen zu behandeln.

C I 7. Landbeschaffung für Zwecke der Wehrmacht
Geschäfte und Verhandlungen, welche der Durchführung der Landbeschaffung oder der Umsiedlung nach Maßgabe des Gesetzes über die Landbeschaffung für Zwecke der Wehrmacht vom 29. März 1935 (RGBl. I S. 467) dienen, sind von allen Gebühren, Stempelabgaben und Steuern des Reichs, der Länder und der sonstigen öffentlichen Körperschaften befreit (§ 33 der Verordnung zur Durchführung und Ergänzung des Gesetzes, RGBl. I S. 1097). Diese Befreiung erstreckt sich nicht auf die Einkommensteuer.

C I 8. Währungsgewinne
(1) Die Deutsche Rentenbank-Kreditanstalt hat die Beträge, die ihr aus ihren Amerika-Anleihen zugeflossen sind, an Landwirte gegen Bestellung von Hypotheken ausgegeben. Die Hypothekenschuldner sind zur Rückzahlung der Hypothekenschuld vor Fälligkeit in Bonds der Amerika-Anleihe der Deutschen Rentenbank-Kreditanstalt berechtigt. Die Genehmigung zum Erwerb derartiger Bonds aus deutschem Besitz oder zum Ankauf solcher Bonds im Inland und zur Verfügung über die auf diese Weise beschafften Papiere wird Landwirten von den Devisenstellen unter bestimmten Voraussetzungen erteilt. Zur Hingabe von Darlehen an land- und forstwirtschaftliche Betriebe gegen Bestellung von Hypotheken wurde u. a. auch der Erlös aus der mit 6½ v. H. verzinslichen Deutschen Landesbankenzentrale-Umschuldungsanleihe von 1928, zu deren Verbriefung Bonds ausgegeben wurden, benutzt. Die Darlehen können durch die Bonds abgelöst werden. Auf Grund des § 131 Absatz 1 AO kann die Einkommensteuer, die auf den Gewinn aus der Tilgung der vorbezeichneten Schulden durch Dollarbonds oder Bonds der Deutschen Landesbankenzentrale-Umschuldungsanleihe von 1928 entfällt, erlassen werden, wenn die Erhebung der Steuer für diese Gewinne eine Härte bedeuten würde. Der Erlaß kann in der Weise durchgeführt werden, daß der Währungsgewinn von dem an sich der Besteuerung zugrunde zu legenden Einkommen abgesetzt wird.

(2) Auch für diejenigen Fälle, in denen es sich nicht um Hypotheken der oben bezeichneten Art, sondern um andere Hypotheken oder Grundschulden handelt, die durch Pfandbriefe abgelöst werden können, sind die Finanzämter zu entsprechendem Verfahren ermächtigt.

C I 9. Außerordentliche Waldnutzungen
(1) Als außerordentliche Waldnutzung gelten nach § 34 Absatz 3 EStG ohne Unterschied der Betriebsart alle aus wirtschaftlichen Gründen gebotenen Nutzungen, die über die nach forstwirtschaftlichen Grundsätzen nachhaltig zu erzielenden jährlichen regelmäßigen Nutzungen hinausgehen.

(2) Eine Nutzung ist dann „aus wirtschaftlichen Gründen geboten", wenn sie der Steuerpflichtige zwangsläufig zur Deckung eines Kapitalbedarfs ausgeführt hat, der im forstwirtschaftlichen Betrieb oder in dem vom Waldbesitzer gleichzeitig unterhaltenen landwirtschaftlichen Betrieb oder auch in der Privatwirtschaft des Steuerpflichtigen infolge bestimmter Umstände eingetreten ist (Urteil vom 29. Januar 1936 VI A 889/34, amtl. Slg. Bd. 39 S. 82, RStBl. 1936 S. 752). Solche Gründe sind z. B.

1. außerordentliche Aufwendungen für Unterhalt von Kindern und besonderer Kapitalbedarf, der durch eine einmalige Abgabe, etwa bei der Erbschaftsteuer, entsteht,

2. der durch Brand, Bodenverbesserung oder Ödlandkultivierung verursachte Bedarf an Bauholz und Kapital,

3. Verluste oder auch ungenügende Einnahmen eines vom Waldbesitzer gleichzeitig unterhaltenen anderen Betriebs, wenn die durch die außerordentliche Waldnutzung gewonnenen Mittel dem notleidenden Betrieb zur Befriedigung des dort vorhandenen Kapitalbedarfs zugeleitet werden.

Wirtschaftliche Gründe im Sinn des § 34 Absatz 3 EStG liegen nicht vor, wenn der Mehreinschlag vorgenommen wird, weil Einschläge entgegen dem Betriebsplan in den letzten Jahren ganz oder zum Teil unterblieben sind. Das gleiche gilt, wenn eine außerordentliche Waldnutzung zum Zweck der Erzielung eines angemessenen Gewinns für die Gesamtheit der Betriebe eines Steuerpflichtigen vorgenommen wird.

(3) Der Reichsforstmeister und Preußische Landesforstmeister hat für die Forstwirtschaftsjahre 1934/35 und 1935/36 einen Holzeinschlag von 150 v. H. für die staatlichen Forsten angeordnet. Das ist eine Überschreitung der jährlichen regelmäßigen Nutzung um 50 v. H. Die Anordnung bezweckt, den Holzbedarf in möglichst weitem Umfang aus deutschen Wäldern zu decken und Devisen zu sparen. Der Reichsbauernführer hat auch die privaten Waldbesitzer angeregt, im Sinne der Anordnung zu handeln. Viele Forstwirte sind dieser Anregung gefolgt. Außerdem sind durch die Verordnungen zur Verstärkung des Holzeinschlags vom 15. Dezember 1936 (RGBl. I S. 1018) und vom 26. Juni 1937 (RGBl. I S. 752), die vom Reichsforstmeister auf Grund der Verordnung des Beauftragten für den Vierjahresplan zur verstärkten Deckung des Rohstoffbedarfs an Holz vom 7. Dezember 1936 (RGBl. I S. 1011) erlassen sind, für Waldungen jeder Besitzart ein Holzeinschlag von 150 v. H. für die Forstwirtschaftsjahre 1936/37 und 1937/38 angeordnet. Die im Wirtschaftsjahr 1935/36 auf Grund der Anregung des Reichsbauernführers und in den Wirtschaftsjahren 1936/37 und 1937/38 auf Grund der Verordnungen vom 15. Dezember 1936 und 26. Juni 1937 vorgenommenen Mehreinschläge können als außerordentliche Waldnutzungen im Sinn des § 34 Absatz 3 EStG behandelt werden. Das gilt auch für Waldeigentümer, die nicht zu Mehreinschlägen verpflichtet sind, diese aber freiwillig vornehmen. Auf die Einkünfte aus derartigen Nutzungen sind deshalb, wenn ein Bestandsvergleich für das stehende Holz nicht vorgenommen wird, bei der Einkommensteuer die ermäßigten Steuersätze des § 34 Absatz 1 EStG anzuwenden.

(4) Nach § 1 des Forstlichen Artgesetzes vom 13. Dezember 1934 (RGBl. I S. 1236), sind Waldbesitzer zur Sicherung der Erhaltung und Nachzucht hochwertigen Erbguts des deutschen Waldes verpflichtet, rassisch minderwertige Bestände auszumerzen. Überhiebe die in Durchführung dieses Gesetzes vorgenommen werden, können als außerordentliche Waldnutzungen im Sinne des § 34 Absatz 3 EStG behandelt werden, wenn ein Bestandsvergleich für das stehende Holz nicht vorgenommen wird.

(5) Für Einkünfte aus außerordentlichen Waldnutzungen ist die Einkommensteuer auf 10 vom Hundert, bei Ledigen auf 12 vom Hundert zu bemessen. Für Einkünfte aus Waldnutzungen infolge höherer Gewalt (Eis-, Schnee-, Windbruch, Insektenfraß oder Brand) ist die Einkommensteuer auf 5 vom Hundert, bei Ledigen auf 6 vom Hundert zu bemessen.

C I 10. Spenden zu wohltätigen und gemeinnützigen Zwecken
Hinweis auf Abschnitt C II 5 (S. 768)

C I 11. Durchschnittsätze und Richtsätze

(1) Bei nichtbuchführenden Land- und Forstwirten ist der Gewinn aus solchen Betrieben, die bei der Einheitsbewertung als landwirtschaftliche Betriebe bewertet worden sind, nach der Verordnung über die Aufstellung von Durchschnittsätzen für die Ermittlung des Gewinns aus Land- und Forstwirtschaft vom 31. Dezember 1936 (RGBl. 1937 I S. 1, RStBl. 1937 S. 33) zu ermitteln, wenn der Steuerpflichtige nicht zur Führung von Büchern verpflichtet ist und der Umsatz die von den Oberfinanzpräsidenten zu bestimmende Grenze, die auf höchstens 40 000 RM festgesetzt werden darf, nicht übersteigt (Hinweis auf die bezeichnete Verordnung und den Begleiterlaß vom 31. Dezember 1936 S 2142 — 85 III, RStBl. 1937 S. 35).

(2) Bei nichtbuchführenden Land- und Forstwirten, deren Gewinn nicht nach der bezeichneten Verordnung zu ermitteln ist, ist der Gewinn nach Richtsätzen zu ermitteln, wenn der Steuerpflichtige nicht zur Führung von Büchern verpflichtet ist. In Betracht kommen hier insbesondere Betriebe, die bei der Einheitsbewertung nicht als landwirtschaftliche Betriebe behandelt worden sind, sondern z. B. als Forstbetriebe, Weinbaubetriebe usw.

(3) Bei Land- und Forstwirten, die zur Buchführung verpflichtet sind, ordnungsmäßige Bücher aber nicht führen, ist der Gewinn im Einzelfall zu schätzen.

C II. Einkünfte aus Gewerbebetrieb
C II 1. Richtsätze
C II 1a) Aufstellung und Anwendung von Richtsätzen

(1) Es ist Aufgabe der Oberfinanzpräsidenten, für ihren Bezirk die Richtsätze aufzustellen. Es ist zweckmäßig, daß benachbarte Oberfinanzpräsidenten sich zu Gruppen zusammenschließen und einheitliche Richtsätze aufstellen, soweit die wirtschaftlichen Verhältnisse der Bezirke es ermöglichen. Die Oberfinanzpräsidenten haben im Laufe des Kalenderjahrs geeignetes Material, insbesondere über Preisbildung, Marktordnung, Konjunkturentwicklung und wirtschaftliche Veränderungen aller Art, zu sammeln. Die Erfahrungen der Finanzämter, besonders dort, wo für die einzelnen Gruppen von Steuerpflichtigen sogenannte Vorortfinanzämter bestehen, sind möglichst zu verwerten. Es sind auch die Berufsstände, gegebenenfalls ihre Untergliederungen, und Berufsverbände, soweit ihre Zuziehung Erfolg verspricht, zu hören. Daneben können andere Sachverständige, Vertrauenspersonen, Gemeindebehörden usw. beteiligt werden.

(2) Die Richtsätze sind für den ganzen Oberfinanzbezirk grundsätzlich einheitlich aufzustellen. Vor der endgültigen Aufstellung haben die Oberfinanzpräsidenten durch Fühlungnahme mit den Nachbaroberfinanzpräsidenten für die Angleichung der Sätze zu sorgen.

(3) Liegen für Teilbezirke besondere Verhältnisse vor, so können die Oberfinanzpräsidenten besondere Richtsätze mit Wirkung für diese Gebiete aufstellen oder, wenn es sich um kleine, abgeschlossene Gebiete handelt, die Aufstellung dem Vorsteher eines Finanzamts übertragen.

(4) Soweit der durchschnittliche Gewinn einer Anzahl von Richtbetrieben die Grundlage für die Richtsätze bilden soll, ist besonders darauf zu achten, daß diese Betriebe steuerlich unbedingt zuverlässig sind, einwandfreie Aufzeichnungen haben und nach ihrer Größe (Umsatz) zu den Betrieben gehören, für die die Aufstellung von Richtsätzen in Betracht kommt (Hinweis auf Absatz 5) oder die annähernd an die Grenze herankommen. Alle außergewöhnlichen Merkmale sind auszuschließen. Es muß sich das Durchschnittsgewinnergebnis für den normalen Betrieb ergeben. Die Ergebnisse der Buchführung von Betrieben können nur in den Fällen verwertet werden, in denen die Gewinnverhältnisse dieser Betriebe ungefähr mit den Gewinnverhältnissen der Betriebe übereinstimmen, für die ihrer Größe nach Richtsätze aufzustellen und anzuwenden sind.

(5) Die Aufstellung von Richtsätzen ist auf diejenigen Betriebsgrößen zu beschränken, bei denen die Betriebe untereinander vergleichbar sind. Dadurch ergibt sich bereits eine Begrenzung des Kreises der Steuerpflichtigen, für den Richtsätze aufgestellt werden können. Im übrigen dürfen die Umsatzgrenzen den Umsatz nicht übersteigen, der einem Gewerbeertrag von 6000 RM entspricht. Für Steuerpflichtige mit jährlichen Umsätzen von mehr als 200000 RM sollen Richtsätze überhaupt nicht aufgestellt werden. Da bei der späteren Anwendung des Richtsatzes den Verhältnissen des einzelnen Gewerbetreibenden zu entsprechen ist (Hinweis auf Absatz 6), werden in der Regel sowohl bei den Rohgewinnsätzen als auch bei den Halbreingewinn= oder Reingewinnsätzen (Hinweis auf den folgenden Unterabschnitt b) Rahmensätze (Hinweis auf Absatz 8) nicht entbehrt werden können.

(6) Die Anwendung des Richtsatzes auf den einzelnen Gewerbetreibenden darf nicht schematisch erfolgen, sondern soll zum Ziel der Veranlagung, die tatsächlichen Einkünfte festzustellen, möglichst nahekommen.

(7) Die Richtsätze sind nicht anzuwenden auf Steuerpflichtige, die nach §§ 160 und 161 AO verpflichtet sind, Bücher zu führen, und auf Grund jährlicher Bestandsaufnahmen regelmäßige Abschlüsse machen, auch dann nicht, wenn solche Steuerpflichtige ihrer Verpflichtung zu ordnungsmäßiger Buchführung nicht nachgekommen sind. In Fällen der letzteren Art ist der Gewinn durch Einzelschätzung zu ermitteln. Ob und inwieweit die Richtsätze Anhaltspunkte für die Schätzung bieten können, ist nach Lage des einzelnen Falls zu entscheiden.

(8) Die Durchschnittssätze sind als Rahmensätze auszugestalten. Der Rahmen ist möglichst eng zu halten. Nur bei Handwerksbetrieben kann der Rahmen im Hinblick auf die sehr verschiedene Gestaltung der Betriebe etwas weiter gespannt werden. Maßgebend bei der Bildung des Rahmens werden hauptsächlich der Standort (Stadt oder Land) und die Anzahl der beschäftigten Personen sein müssen. Bei Anwendung des Rahmensatzes sind außer der Lage des Betriebs im Standort die Kaufkraft und Zahlungsfähigkeit des Kundenkreises, die persönlichen Eigenschaften des Steuerpflichtigen (Geschäftstüchtigkeit, Mitarbeit von Familienangehörigen, Beliebtheit bei den Kunden, Zuverlässigkeit usw.) und der Geschäftskreis des Betriebs (Selbstanfertigung, Instandsetzung, Handel) zu berücksichtigen.

(9) Die Aufstellung besonderer Richtsätze für gemischte Betriebe wird sich im allgemeinen nicht empfehlen. Gemischte Betriebe sind solche Betriebe, bei denen Handel

und Handwerk zugleich (z. B. Verkauf von Schuhwaren und Vornahme von Instand=
setzungen) vorliegen oder die verschiedenen Handelszweige in einem Geschäft
betreiben (z. B. Handel mit photographischen Artikeln und mit Rundfunkapparaten). Es
wird hier zweckmäßig sein, je nach dem Anteil des Umsatzes die Richtsätze für die verschie=
denen Erwerbszweige anzuwenden, in denen der Steuerpflichtige sich betätigt. Die Ver=
teilung der Umsätze wird erforderlichenfalls überschläglich zu ermitteln sein. Dabei wird
das Wareneingangsbuch eine geeignete Grundlage bilden.

C II 1 b) Rohgewinnsätze, Reingewinnsätze, Halbreingewinnsätze

(1) Die Rohgewinnsätze, Reingewinnsätze und Halbreingewinnsätze haben den Umsatz
zur Grundlage und werden regelmäßig in Hundertsätzen des Umsatzes ausgedrückt. Sie
unterscheiden sich voneinander dadurch, daß bei ihrer Bildung die Betriebsausgaben
in verschiedenem Umfang berücksichtigt sind. Es bleibt dem Oberfinanzpräsidenten
überlassen, für einen bestimmten Wirtschaftszweig Rohgewinnsätze, Reingewinnsätze oder
Halbreingewinnsätze aufzustellen und anzuwenden. In den meisten Oberfinanzbezirken
sind mit den Reingewinnsätzen besonders gute Erfahrungen gemacht worden. Es ist
jedoch mit Rücksicht darauf, daß die Richtsätze nur ein Hilfsmittel für die zutreffende
Ermittlung des Gewinns bilden, eingehend zu prüfen, ob in Zukunft nicht in weiterem Um=
fang die in Absatz 4 behandelten Halbreingewinnsätze aufzustellen sind. Rohgewinnsätze,
Reingewinnsätze oder Halbreingewinnsätze kommen hauptsächlich bei Handwerkern und
Kleingewerbetreibenden in Betracht.

(2) Bei den „Rohgewinnsätzen" sind lediglich die Waren= und Materialbeschaffungs=
kosten abzugelten. Unter „Rohgewinn" ist das Mehr des Umsatzes (der Summe der
vereinnahmten Entgelte und des Eigenverbrauchs) über die Summe der Waren= und
Materialbeschaffungskosten und der Nebenspesen, soweit diese auf die gegebene
Umsatzsumme entfallen, zu verstehen. Nebenspesen in diesem Sinn sind die bis zur Ein=
lagerung entstehenden Kosten, z. B. Fracht= und Rollgelder, etwaige Einfuhrzölle
u. dgl. Alle anderen Betriebsausgaben, wie z. B. Ausgaben für Miete der Geschäfts=
räume, Löhne, Schuldzinsen, Heizung, Beleuchtung, abzugsfähige Steuern (Umsatzsteuer,
Steuer vom Gewerbebetrieb und vom Grundbesitz) sind bei der Aufstellung des Rohgewinn=
satzes nicht zu berücksichtigen. Sie müssen bei der Ermittlung des steuerpflichtigen Gewinns
im einzelnen Fall festgestellt und vom Rohgewinn abgezogen werden. Bei der Auf=
stellung von „Rohgewinnsätzen" ist zu beachten, daß in das Wareneingangsbuch lediglich
der Einkaufspreis eingetragen wird, daß aber auch die Nebenspesen eingetragen
werden können. Wenn die Nebenspesen nicht aus dem Wareneingangsbuch festgestellt
werden können, so sind sie auf Grund der sonstigen Unterlagen zu ermitteln. Betriebs=
gewöhnliche Verluste durch Warenschwund, Eintrocknung, Modewechsel, Verwiegen,
Vermessen usw. sind bereits bei der Aufstellung der Rohgewinnsätze zu berücksichtigen.
Beträge hierfür sind daher später bei der Gewinnberechnung im einzelnen Fall nicht mehr
abzuziehen.

(3) Bei Aufstellung von „Reingewinnsätzen" sind sämtliche Betriebsausgaben,
mit Ausnahme der Zinsen für langfristige Betriebsschulden, zu berücksichtigen. Dabei ist
davon auszugehen, daß das Gewerbe oder Handwerk in gemieteten oder ge=
pachteten Räumen betrieben wird. Finden die Richtsätze auf Gewerbetreibende Anwen=
dung, deren Betrieb im eigenen Haus geführt wird, so sind Zuschläge festzusetzen. In den
Zuschlägen muß der reine Mietwert der Geschäftsräume, d. h. der Rohmietwert abzüglich
der auf diese Räume entfallenden Ausgaben (einschließlich der anteiligen abzugsfähigen
Steuern und des anteiligen Betrags für die Gebäudeabnutzung), zum Ausdruck kommen.
Bei der Aufstellung der Reingewinnsätze ist zu unterstellen, daß der Unternehmer im
Betrieb tätig ist. Bei kleinen Betrieben wird in der Regel angenommen werden können,
daß auch die Familienangehörigen mitarbeiten. Bei den anderen Betrieben ist
vorauszusetzen, daß fremde Arbeitskräfte verwendet werden. Bei der Anwendung
der Reingewinnsätze ist dann in Fällen, in denen der Unternehmer nicht fremde Arbeits=
kräfte, sondern nicht entlohnte eigene Familienangehörige beschäftigt, ein höhe=
rer Rahmensatz zu wählen. Die Zinsen für kurzfristige Betriebsschulden sind
bereits im Reingewinnsatz zu berücksichtigen. Zinsen für langfristige Betriebsschulden
sind, wie bereits oben ausgeführt, bei der Anwendung der Richtsätze in der nachgewiesenen
Höhe besonders abzuziehen. Als langfristige Betriebsschulden in diesem Sinn gelten
im allgemeinen solche Schulden, die für einen längeren Zeitraum (für mindestens ein Jahr)
aufgenommen worden sind.

(4) Bei den sogenannten „Halbreingewinnsätzen" handelt es sich um eine Abart
der Rohgewinnsätze. In den Rohgewinnsätzen sind lediglich die Waren= und Material=
beschaffungskosten einschließlich der Nebenspesen zu berücksichtigen (Hinweis auf Ab=
satz 2). Bei der Aufstellung der Halbreingewinnsätze sind ausgehend vom Umsatz sämtliche

Betriebsausgaben mit Ausnahme derjenigen abzuziehen, die vom Steuerpflichtigen ohne Schwierigkeit und einwandfrei nachgewiesen werden können. Bei den letzteren handelt es sich um die Löhne (Gehälter), die Miete (Pacht) für die Geschäftsräume, die Gewerbesteuer und etwaige Zinsen für langfristige Betriebsschulden. Diese Betriebsausgaben müssen von dem Steuerpflichtigen im einzelnen geltend gemacht und bei der Veranlagung besonders abgezogen werden. Dadurch, daß derartige Ausgaben, wie Löhne, Miete, Steuern und Zinsen für langfristige Betriebsschulden, in ihrer tatsächlichen Höhe abgezogen werden, werden Fehlerquellen (z. B. verschiedene Höhe der Geschäftsmiete bei sonst gleichliegenden Betrieben) ausgeschaltet, die sich bei Zugrundelegung von Reingewinnsätzen besonders bei der Gewinnermittlung für kleinere Betriebe auswirken können. Bei Betrieben, die im eigenen Haus geführt werden, sind die auf die gewerblich genutzten Räume entfallenden Unkosten einschließlich der anteiligen Absetzung für Abnutzung des Gebäudes abzuziehen. Die Ermittlung dieser Unkosten bereitet keine besonderen Schwierigkeiten, weil die gesamten Hausunkosten ohnedies bei der Ermittlung der Einkünfte aus Vermietung und Verpachtung festgestellt werden müssen.

C II 2. Grunderwerbsteuer
Rücklagen für die Grunderwerbsteuer der toten Hand sind infolge der zunächst unbegrenzten Aussetzung der Erhebung dieser Steuer nach dem Gesetz vom 22. Februar 1934 (RGBl. I S. 123) nicht mehr erforderlich. Die bisher steuerlich anerkannten Rücklagen für solche Zwecke können im Hinblick auf § 4 der Zweiten EStDVO weitergeführt werden. Aufgelöst werden können diese Rücklagen erst dann, wenn die Steuerpflicht nach § 10 Absatz 1 des Grunderwerbsteuergesetzes vom 12. September 1919 (RGBl. I S. 116/117) nicht nur hinausgeschoben, sondern endgültig aufgehoben wird.

C II 3. Veräußerungsgewinn
C II 3a) Veräußerung des Betriebs
(1) Die Bedeutung des § 16 EStG liegt im wesentlichen auf tariflichem Gebiete. Die Veräußerung eines Betriebs, Teilbetriebs oder Mitunternehmeranteils ist an sich als Auflösung der stillen Reserven des Betriebs ein gewinnverwirklichender Betriebsvorgang. Durch § 16 EStG werden aber Veräußerungsgewinne von nicht mehr als 10 000 RM (bzw. dem entsprechenden Teilbetrag bei Veräußerung eines Teilbetriebs oder Betriebsanteils) freigestellt und Veräußerungsgewinne, die diese Grenze übersteigen, als außerordentliche Einkünfte im Sinn des § 64 steuerlich voll begünstigt.
(2) Verluste aus Betriebsveräußerungen sind bei der Ermittlung des Gewinns aus Gewerbebetrieb und bei der Ermittlung des Einkommens auszugleichen.

C II 3b) Veräußerung wesentlicher Beteiligungen
(1) Die Veräußerung wesentlicher Beteiligungen wäre ohne die Vorschrift des § 17 EStG nur steuerpflichtig, wenn die Beteiligung zum Betriebsvermögen eines Gewerbetreibenden gehört hätte oder wenn bei der Veräußerung der wesentlichen Beteiligung Voraussetzungen des § 23 EStG (Spekulationsgeschäft) erfüllt wären. Die Steuerpflicht dieser Fälle sollte durch § 17 nicht eingeschränkt werden. Wenn also wesentliche Beteiligungen im Sinn des § 17 veräußert werden, die Bestandteile eines Betriebsvermögens waren oder deren Veräußerung sich als Veräußerungsgeschäft im Sinn des § 23 darstellt, so gelangen § 17 und § 34 nicht zur Anwendung.
(2) Verluste aus der Veräußerung von wesentlichen Beteiligungen dürfen § 17 Absatz 5 gemäß bei Ermittlung des Einkommens nicht ausgeglichen werden. Beim Vorliegen mehrerer Veräußerungsgeschäfte ist jedes einzelne Veräußerungsgeschäft für sich zu betrachten. Ein Verlust bei dem einen Veräußerungsgeschäft darf mit dem Gewinn aus dem anderen Veräußerungsgeschäft nicht verrechnet werden.
(3) Als Veräußerungskosten im Sinn des § 17 Absatz 2 können nur solche Aufwendungen geltend gemacht werden, die in unmittelbarer Beziehung zum einzelnen Veräußerungsgeschäft stehen (siehe RStBl. 1933 S. 225). Schuldzinsen für Bankkredite, mit deren Hilfe die Beteiligung erworben ist, sind bei Ermittlung des Veräußerungsgewinns insoweit abzugsfähig, als sie nicht schon in vorangegangenen Jahren bei der Ermittlung der Einkünfte abgezogen worden sind (siehe RStBl. 1931 S. 487).

C II 4. Buchmachergehilfen
(1) Bei Buchmachergehilfen ist es oft zweifelhaft, ob sie als selbständig oder nichtselbständig anzusehen sind. Um eine einheitliche Beurteilung herbeizuführen, hat der Reichs- und Preußische Minister für Ernährung und Landwirtschaft durch Runderlaß vom 11. 11. 1936 III 3615 bestimmt, daß ab 1. Januar 1937 zwischen den Buchmachern und den benjenigen Buchmachergehilfen, „die nicht in eigenen Läden schreiben, schriftliche Einzelarbeitsverträge mit folgenden grundsätzlichen Bestimmungen abzuschließen sind:

I. 1. Sämtliche Unkosten der Annahmestelle (Haupt- oder Nebenstelle) trägt der Buchmacher.
2. Alle auch in der Nebenstelle tätigen Hilfskräfte sind vom Buchmacher anzustellen und zu bezahlen.
3. Das geschäftliche Risiko trägt der Buchmacher.
4. Als Dienstvergütung ist vom Buchmacher ein festes Monatsgehalt zu zahlen; daneben kann eine Umsatzprovision und gegebenenfalls auch eine Gewinnbeteiligung gewährt werden.
5. Der Gehilfe ist verpflichtet, den Weisungen des Buchmachers Folge zu leisten.
6. Der Gehilfe ist verpflichtet, sich während der festgesetzten Dienstzeit in der Annahmestelle aufzuhalten.
II. Die Regelung der Arbeitsbedingungen im einzelnen, wie Arbeitszeit, Mehrarbeit, Urlaub, Kündigung, Gehaltshöhe usw. bleibt der freien Vereinbarung zwischen Buchmacher und Buchmachergehilfe überlassen, soweit nicht gesetzliche Bestimmungen, Verwaltungsanordnungen und Tarifordnungen dem entgegenstehen."

(2) Buchmachergehilfen, bei deren Arbeitsverhältnis die in Absatz 1 genannten Voraussetzungen erfüllt sind, sind als Arbeitnehmer zu behandeln. Buchmachergehilfen, die in eigenen Läden schreiben, werden in der Regel als selbständig anzusehen sein (Urteil des Reichsfinanzhofs vom 26. Januar 1927 VI A 12/27, RStBl. 1927 S. 109).

C II 5. Spenden zu wohltätigen und gemeinnützigen Zwecken

Der Reichsfinanzhof hat zum EStG 1925 in zwei grundlegenden Urteilen vom 23. Juni 1933 VI A 1493/30 und VI A 170/32 (RStBl. 1933 S. 811, 812) den Grundsatz aufgestellt, daß Spenden an wohltätige und gemeinnützige Vereine oder für wohltätige und gemeinnützige Zwecke grundsätzlich keine „Werbungskosten" für Gewerbetreibende und Angehörige freier Berufe bilden. Unter Berücksichtigung der in diesen Urteilen zum Ausdruck gebrachten Auffassung läßt es sich auch unter der Herrschaft des neuen EStG nicht vertreten, Beiträge zu idealen, gemeinnützigen oder sozialen Zwecken bei der Berechnung des steuerpflichtigen Einkommens zum Abzug zuzulassen. Gewährung von Abzugsfähigkeit würde bedeuten, daß einen Teil der Spende das Reich zu seinen Lasten nimmt. Das würde nicht nur dem Wesen der Spende widersprechen, sondern auch die Einnahmenseite des Reichshaushalts in nicht zu verantwortender Weise beeinträchtigen. Aus dieser grundsätzlichen Einstellung ergibt sich, daß Spenden für das Winterhilfswerk, für die Hitlerspende der Deutschen Wirtschaft, für die SS und SA, für den Deutschen Luftsportverband, für die Deutschen Jugendherbergen und für sonstige ideale und gemeinnützige Zwecke bei der Einkommensteuer und Körperschaftsteuer nicht abzugsfähig sind.

C III. Einkünfte aus selbständiger Arbeit
. . . .

C III 3. Abgabe der Aufsichtsratsmitglieder

(1) Die Abgabe der Aufsichtsratsmitglieder (Gesetz vom 28. März 1934, RGBl. I S. 253, RStBl. 1934 S. 369) wird grundsätzlich durch Steuerabzug erhoben (Verordnung über den Steuerabzug von Aufsichtsratsvergütungen vom 6. Februar 1935, RGBl. I S. 161, RStBl. 1935 S. 216). Den Steuerabzug haben alle inländischen Kapitalgesellschaften, Genossenschaften und Personenvereinigungen des privaten und öffentlichen Rechts, bei denen die Gesellschafter nicht als Unternehmer (Mitunternehmer) anzusehen sind und ähnliche Unternehmen vorzunehmen. Dazu gehören auch die Kreditanstalten des öffentlichen Rechts (vgl. Urteil vom 26. Oktober 1933 VI A 1548/32, amtl. Slg. Bd. 34 S. 222, RStBl. 1934 S. 138) und die Deutsche Reichsbahn.

(2) Der Abgabe der Aufsichtsratsmitglieder unterliegen auch Aufsichtsratsmitglieder von ausländischen Unternehmen, d. h. von Unternehmen, die weder ihre Geschäftsleitung noch ihren Sitz im Inland haben. Da diese Unternehmen aber der deutschen Steuerhoheit nicht unterliegen, ist in diesen Fällen die Erhebung der Abgabe durch Steuerabzug nicht möglich. Die Abgabe muß deshalb durch das für die Einkommensteuerveranlagung des Aufsichtsratsmitglieds zuständige Finanzamt gleichzeitig mit der Einkommensteuer festgesetzt und angefordert werden. Der Einkommensteuerberechnungsbogen und der Einkommensteuerbescheid sind in diesem Fall entsprechend zu ergänzen. Es ist angefragt worden, ob die so festgesetzte Abgabe erst bei Ermittlung der Einkünfte für das Jahr, in dem die Abgabe entrichtet wird, oder schon bei der Ermittlung der Einkünfte für das Kalenderjahr abgezogen werden darf, für das die Abgabe festgesetzt wird. Sie darf aus Vereinfachungsgründen bereits für das Kalenderjahr abgezogen werden, für das sie festgesetzt wird.

(3) Die Abgabe der Aufsichtsratsmitglieder wird nach § 1 Absatz 2 des Gesetzes vom

28. März 1934 nicht erhoben, wenn die Vergütung (einschl. etwa übernommener Steuern) für das einzelne Aufsichtsratsmitglied den Jahresbetrag von 100 RM nicht übersteigt. Diese Bestimmung bezieht sich an sich nicht auf die Erhebung von Einkommensteuer im Weg des Steuerabzugs bei beschränkt steuerpflichtigen Aufsichtsratsmitgliedern. Aus Gründen der Verwaltungsvereinfachung kann jedoch in derartigen Fällen auch von der Einbehaltung eines Steuerabzugs für die Einkommensteuer abgesehen werden.

(4) Nach § 10 Absatz 1 der Verordnung vom 6. Februar 1935 wird bei beschränkt steuerpflichtigen Aufsichtsratsmitgliedern künftig die Aufsichtsratsvergütung der Veranlagung zur Einkommensteuer mit zugrunde gelegt, wenn der von dem einzelnen Unternehmen an das Aufsichtsratsmitglied gezahlte Betrag im Kalenderjahr den Betrag von 8000 RM übersteigt. Ist diese Voraussetzung nicht gegeben, so kann die Veranlagung auch nicht auf Antrag des Steuerpflichtigen stattfinden. Die Einkommensteuer für die Aufsichtsratsvergütung gilt vielmehr dann in jedem Fall als durch den Steuerabzug abgegolten.
. . . .

C V. Einkünfte aus Kapitalvermögen
C V 1. Freianteile

Zu den Einkünften aus Kapitalvermögen gehören auch besondere Entgelte oder Vorteile, die neben den im § 20 Absatz 1 EStG bezeichneten Einkünften oder an deren Stelle gewährt werden (§ 20 Absatz 2 Ziffer 1 EStG). Hierunter fallen insbesondere Freianteile und sonstige Freianteile (Hinweis auf § 1 Absatz 2 KapStDVO). Für die Steuerpflicht der Freianteile ist es ohne Bedeutung, ob etwa durch ihre Ausgabe eine früher vorgenommene Kapitalzusammenlegung ganz oder teilweise wieder rückgängig gemacht werden sollte (Hinweis auf Urteil des Reichsfinanzhofs vom 19. November 1936 VI A 737/36, RStBl. 1937 S. 97).

C V 2. Anleihestock

(1) Nach dem Anleihestockgesetz vom 4. Dezember 1934 (RGBl I S. 1222, RStBl 1935 S. 428) in der Fassung des Änderungsgesetzes vom 9. Dezember 1937 (RGBl I S. 1340, RStBl 1937 S. 1255) dürfen Kapitalgesellschaften (§ 2 des Gesetzes) von dem Reingewinn, den sie ihren Gesellschaftern zur Verfügung stellen, nur bestimmte Hundertsätze (§ 3 des Gesetzes) in bar an die Gesellschafter ausschütten. Der über die zulässige Barausschüttung hinausgehende, den Gesellschaftern zustehende Gewinn ist von der Gesellschaft an die Deutsche Golddiskontbank zu überweisen. Diese hat den überwiesenen Betrag für die Gesellschafter in einem Anleihestock anzulegen und treuhänderisch für die Gesellschafter zu verwalten.

(2) Das Gesetz ist am 11. Dezember 1934 in Kraft getreten und gilt für den ersten Jahresabschluß, über den nach dem Inkrafttreten des Gesetzes von den zuständigen Gesellschaftsorganen Beschluß gefaßt wird, und für die Abschlüsse der fünf folgenden Geschäftsjahre, insgesamt also für sechs Geschäftsjahre (§ 11 des Gesetzes). Nach der Beschlußfassung über den Abschluß für das vierte Geschäftsjahr, auf das das Gesetz Anwendung findet, sowie nach der Beschlußfassung über den Abschluß für das erste Geschäftsjahr, auf das das Gesetz keine Anwendung mehr findet, wird der gesamte Anleihestock unter die alsdann gewinnberechtigten Gesellschafter aufgeteilt (§ 6 des Gesetzes). Vor der Verteilung des Anleihestocks, die nach der Beschlußfassung über den Abschluß für das vierte unter das Anleihestockgesetz fallende Geschäftsjahr stattfindet, tauscht das Reich die Wertpapiere des Anleihestocks gegen Steuergutscheine ein (Artikel 2 der Dritten Verordnung zur Durchführung und Ergänzung des Anleihestockgesetzes vom 9. Dezember 1937, RGBl I S. 1341, RStBl 1937 S. 1255). Die Steuergutscheine werden in der Zeit vom 1. April 1941 bis 31. März 1946 bei der Einzahlung von Reichssteuern zum Nennwert angerechnet (Artikel 3 der Dritten Verordnung). An Stelle der angelegten Wertpapiere werden den Gesellschaftern also Steuergutscheine überwiesen, oder, wenn die Gesellschaft die Steuergutscheine für eigene Rechnung übernimmt oder sie für Rechnung der Gesellschafter veräußert, bares Geld ausgeschüttet (Artikel 6 der Dritten Verordnung).

(3) Für die steuerliche Behandlung der bezeichneten Vorgänge sind Artikel 15 Absatz 1 der Verordnung zur Durchführung und Ergänzung des Anleihestockgesetzes vom 27. Februar 1935 (RGBl I S. 316, RStBl 1935 S. 429) und Artikel 15 der Dritten Verordnung zur Durchführung und Ergänzung des Anleihestockgesetzes vom 9. Dezember 1937 maßgebend. Diese Bestimmungen lauten:

Artikel 15 Absatz 1 der Verordnung vom 27. Februar 1935

„(1) Für die Behandlung der Gewinnausschüttung bei der Einkommensteuer und bei der Körperschaftsteuer der Gesellschafter gilt das folgende:

1. Der Steuerabzug vom Kapitalertrag ist von der Kapitalgesellschaft vorzunehmen
   a) von dem bar ausgeschütteten Teil des Reingewinns (§ 3 des Gesetzes) an dem Tag, der für die Ausschüttung durch Beschluß der Vertretung der Kapitalgesellschaft ausdrücklich festgesetzt worden ist, oder, wenn ein Tag für die Ausschüttung nicht ausdrücklich festgesetzt worden ist, an dem Tag, der auf die Beschlußfassung über die Gewinnausschüttung folgt. Der Steuerabzug ist für Rechnung und zu Lasten der Gesellschafter vorzunehmen;
   b) von dem in dem Anleihestock anzulegenden Teil des Reingewinns (§ 4 des Gesetzes) an dem Tag, an dem dieser Betrag dem Anleihestock überwiesen wird. Der Steuerabzug vom Kapitalertrag ist für Rechnung der Gesellschafter vorzunehmen. Der an den Anleihestock zu überweisende Betrag vermindert sich um den Steuerabzug.
2. Bei der Veranlagung der Gesellschafter zur Einkommensteuer und zur Körperschaftsteuer sind zugrunde zu legen
   a) der bar ausgeschüttete Teil des Reingewinns (§ 3 des Gesetzes) in dem Kalenderjahr oder Wirtschaftsjahr, in dem er zugeflossen ist. Auf die Steuerschuld ist der vom bar ausgeschütteten Reingewinn vorgenommene Steuerabzug vom Kapitalertrag anzurechnen (vgl. 1 a);
   b) der in dem Anleihestock angelegte Teil des Reingewinns (§ 4 des Gesetzes) in dem Kalenderjahr oder Wirtschaftsjahr, in dem der Anleihestock aufgeteilt wird (§ 6 des Gesetzes), und zwar in der bei Aufteilung des Anleihestocks vorhandenen Höhe (einschließlich inzwischen aufgelaufener Zinsen, entstandener Werterhöhungen u. dgl.) zuzüglich des anteiligen Steuerabzugs vom Kapitalertrag, der bei Überweisung des im Anleihestock anzulegenden Teils des Reingewinns vorgenommen worden ist (vgl. 1 b). Dieser anteilige Steuerabzug ist auf die Steuerschuld des Gesellschafters anzurechnen. Der Anspruch auf spätere Zuteilung des in dem Anleihestock angelegten Teils des Reingewinns ist bei dem Gesellschafter nicht anzusetzen."

Artikel 15 der Verordnung vom 9. Dezember 1937

„(1) Bei der Veranlagung der Gesellschafter zur Einkommensteuer und Körperschaftsteuer ist regelmäßig davon auszugehen, daß die Kapitalertragsteuer im Betrag von einem Neuntel der bei der Aufteilung des Anleihestocks den Gesellschaftern zufließenden Beträge für Rechnung der Gesellschafter an das Finanzamt abgeführt ist. Dies gilt nicht für solche Beträge, die auf Grund einer besonderen Vereinbarung oder Anordnung für Rechnung der Gesellschaft von der Deutschen Golddiskontbank verwaltet werden.

(2) Soweit die bei Aufteilung des Anleihestocks den Gesellschaftern zufließenden Beträge bei der Ermittlung des körperschaftsteuerlichen Einkommens nicht in Ansatz zu bringen sind, ist die für die Überweisung der Gesellschaft an die Deutsche Golddiskontbank an das Finanzamt abgeführte Kapitalertragsteuer bei der Entrichtung der Körperschaftsteuer für das Wirtschaftsjahr anzurechnen, in dem der Anleihestock aufgeteilt wird."

Hiernach sind die bei Aufteilung aus dem Anleihestock ausgeschütteten Beträge bei der Veranlagung der Gesellschafter wie folgt zu behandeln: Bei der Ermittlung der Einkünfte sind anzusetzen die an die Gesellschafter ausgegebenen Steuergutscheine und die an sie bar ausgeschütteten Beträge zuzüglich eines Neuntels des Werts der Steuergutscheine und der Barausschüttungen. Im Jahr 1937 kommen als Ausschüttungen aus dem Anleihestock nur Barausschüttungen in Betracht, weil Steuergutscheine bisher noch nicht ausgegeben worden sind. Für 1937 bestehen somit die den Gesellschaftern bei der Aufteilung des Anleihestocks zugeflossenen Einnahmen aus dem an sie tatsächlich bar ausgeschütteten Betrag zuzüglich eines Neuntels dieses Betrags. Dieses Neuntel ist auf die festgesetzte Steuerschuld anzurechnen. Die in Artikel 15 Absatz 2 der Durchführungsverordnung vom 17. Februar 1935 ursprünglich vorgesehenen Bescheinigungen der Deutschen Golddiskontbank über die Höhe der abgeführten Kapitalertragsteuer sind daher nicht mehr erforderlich. Bei Aushändigung von Steuergutscheinen, die für 1937 noch nicht in Betracht kommt, ist für die Höhe der einkommensteuerlich anzusetzenden Beträge der Kurs am Tag der Aushändigung maßgebend. Zur Vereinfachung werde ich für die Veranlagungen für spätere Jahre Durchschnittskurse festsetzen, zu denen in einem Jahr ausgehändigten Steuergutscheine angesetzt werden können.

C V 3. Steuerliche Behandlung des Unterschiedsbetrags zwischen dem Ausgabekurs und dem Einlösungskurs bei Rückzahlung oder Umtausch von Anleihen

(1) Im Zuge der Zinsherabsetzung sind Anleihen, insbesondere Industrieobligationen, zwecks Umtausch in niedriger verzinsliche Anleihen zur Rückzahlung gekündigt worden. Der Einlösungskurs dieser Anleihen liegt in der Regel erheblich über dem Ausgabekurs.

Es kann zweifelhaft sein, ob der Unterschiedsbetrag bei privaten Gläubigern zu den Einkünften aus Kapitalvermögen gehört. Diese Frage braucht nicht weiter geprüft zu werden. Zur Förderung der Zinsherabsetzung ist bei privaten Gläubigern von einer Heranziehung des Unterschiedsbetrags zur Einkommensteuer abzusehen. In den Fällen, in denen die zurückgezahlten Anleihen mit Zusatzverzinsung versehen waren, ist deshalb auch vom Steuerabzug vom Kapitalertrag abzusehen.

(2) Diejenigen Gläubiger, die im Umtausch gegen die alten Anleihestücke neue niedriger verzinsliche Schuldverschreibungen erwerben, erhalten oft eine besondere „Vergütung", die meist etwa ½ v. H. beträgt. Die „Vergütung" stellt für diese Gläubiger eine Ermäßigung des Anschaffungspreises für die neuen Schuldverschreibungen dar.

C V 4. Altbesitzgenußrechtscheine

Bei der Aufwertung von Industrieobligationen und verwandten Schuldverschreibungen ist den Altbesitzern (Personen, die die Industrieobligationen vor dem 1. Juli 1920 erworben und bis zur Aufwertungsanmeldung behalten haben) neben der eigentlichen Aufwertung) in der Regel 15 v. H. ihres Goldmarkbetrages) ein Genußrecht gewährt worden. Das Genußrecht, dessen Nennbetrag 10 v. H. des Goldmarkbetrags der unaufgewerteten Schuldverschreibung beträgt, wird mit höchstens 3½ v. H. des Nennbetrags verzinst (vgl. Verordnung vom 25. September 1934, RGBl I S. 848). Über das Genußrecht ist ein besonderer, von der Industrieobligation getrennter Genußschein ausgegeben worden. Die Einkünfte, die auf solche „Altbesitzgenußrechtscheine" bezogen werden, gelten als Einkünfte im Sinn des § 20 Absatz 1 Ziffer 4 EStG. Sie unterliegen nicht dem Steuerabzug vom Kapitalertrag. Einkünfte aus der Veräußerung von derartigen Genußrechtscheinen bleiben für die Berechnung des Gewinns bei Spekulationsgeschäften außer Ansatz (§ 23 Absatz 2 EStG).

C V 5. Zinsen aus Auslandsanleihen

Die Zinsen aus Auslandsanleihen, die auf Grund des § 115 EStG 1925 und des § 30 Absatz 1 KStG 1925 oder auf Grund des § 131 AO für die Dauer der Laufzeit oder für einen kürzeren Zeitraum steuerlich begünstigt sind, unterliegen der Steuerpflicht, wenn die Zinsen unbeschränkt Steuerpflichtigen zufließen, gleichgültig, ob sich die Stücke im Inland oder im Auslande befinden. Ist die steuerlich begünstigte Auslandsanleihe ganz oder zum Teil in Schuldverschreibungen umgetauscht worden, die im Inland zahlbar sind, so wird die steuerliche Begünstigung den neuen Schuldverschreibungen nicht gewährt.

C V 6. Wandelanleihen und Gewinnobligationen

Die Kapitalerträge aus festverzinslichen Wertpapieren unterliegen der Kapitalertragsteuer nicht. Ist aber bei Teilschuldverschreibungen neben der festen Verzinsung ein Recht auf Umtausch in Gesellschaftsanteile (Wandelanleihen) oder eine Zusatzverzinsung, die sich nach der Höhe der Gewinnausschüttungen des Schuldners richtet (Gewinnobligationen), eingeräumt, so unterliegen die Zinsen nach § 1 Absatz 1 Ziffer 3 KapStDBO in voller Höhe dem Steuerabzug, und zwar auch dann, wenn die Zusatzverzinsung in Wirklichkeit nicht gewährt wird.

C V 7. Zinsen aus Auslosungsrechten

Zinsen, die nach den §§ 14, 34 und 43 des Gesetzes über die Ablösung öffentlicher Anleihen vom 16. Juli 1925 (RGBl I S. 137) in der Fassung des Gesetzes vom 23. März 1934 (RGBl I S. 232) bei der Einlösung von Auslosungsrechten bezogen werden, sind nach § 34 Absatz 2 Ziffer 4 EStG außerordentliche Einkünfte. Bei diesen Einkünften ist die Einkommensteuer auf 10 v. H., bei Ledigen auf 12 v. H. festzusetzen. Zu beachten ist, daß die Tarifermäßigung nach § 34 EStG nicht in Betracht kommt, wenn die Zinsen in einem Betrieb anfallen.

C V 8. Stückzinsen

(1) Beim Kauf von Wertpapieren wird das Entgelt u. a. dadurch beeinflußt, daß der Zeitraum, für den der nächste Ertrag des Wertpapiers gezahlt wird, bereits zu laufen begonnen hat. Dieser Umstand drückt sich bei einem Teil der Wertpapiere, z. B. bei Aktien, im Kurswert aus. Bei inländischen festverzinslichen Wertpapieren sind dagegen nach §§ 4 bis 7 der Bekanntmachung des Bundesrats, betr. die Feststellung des Börsenpreises von Wertpapieren, vom 21. November 1912 (RGBl S. 537) in der Fassung der Verordnung vom 2. Mai 1925 (RGBl I S. 73) Stückzinsen nach dem Zinsfuß, mit dem das Wertpapier zu verzinsen ist, zu berechnen. Der Käufer eines Wertpapiers, bei dem sich der erwartete Ertrag im Kurswert des Wertpapiers ausdrückt (z. B. Aktie), ist nicht berechtigt, von dem ihm später zufließenden Ertrag (z. B. Dividende) den beim Kauf des Wertpapiers wegen der erwarteten Dividende entrichteten Mehrpreis abzusetzen.

Dieses Teilentgelt gehört mit zum Kaufpreis für das Wertpapier. Bei privaten Käufern wirkt sich der Kauf einkommensteuerlich nicht aus, da er Vermögensveränderung darstellt.

(2) Nach der bisherigen Rechtsprechung darf aber auch der Käufer eines festverzinslichen Wertpapiers, bei dem Stückzinsen besonders berechnet sind, die entrichteten Stückzinsen von den Einnahmen bei späterer Einlösung des Zinsscheins nicht absetzen (RFH-Urteile vom 4. September 1929 VI A 1521/29, Band 26 S. 9, RStBl 1929 S. 607, vom 14. Februar 1934 VI A 958/32, RStBl 1934 S. 581, und vom 5. August 1936 VI A 137/35, RStBl 1936 S. 1132). Diese bisher auch von mir geteilte Auffassung entspricht nicht mehr der Volksanschauung (§ 1 StAnpG). Das ist auch die Ansicht des Reichsfinanzhofs. Die Volksanschauung sieht die besonders berechneten Stückzinsen als Kapitalerträge des Veräußerers, dem sie tatsächlich zufließen, und als Aufwendungen des Käufers zur Erwerbung von Zinseinnahmen an. Die bisherige Regelung, nach der der Veräußerer die besonders berechneten und von ihm vereinnahmten Stückzinsen nicht zu versteuern brauchte und dem Käufer der Abzug dieser Stückzinsen verwehrt war, kann danach nicht aufrechterhalten werden. In Zukunft ist vielmehr so zu verfahren, daß der Käufer von Wertpapieren, soweit ihm beim Kauf Stückzinsen besonders zu berechnen waren und tatsächlich berechnet worden sind, die entrichteten Stückzinsen als Werbungskosten absetzen kann und der Veräußerer diese Stückzinsen als Einkünfte zu versteuern hat.

....

F. Steuererleichterungen
F I. Luftschutz- und Sanitätsdienst
F I 1. Ziviler Luftschutz

Alle Aufwendungen, die Zwecken des zivilen Luftschutzes dienen, können bei Ermittlung der Einkünfte aus Gewerbebetrieb, aus Land- und Forstwirtschaft und aus Vermietung und Verpachtung von unbeweglichem Vermögen (einschließlich des Mietwerts der Wohnung im eigenen Haus) für Zwecke der Einkommensteuer und Körperschaftsteuer im Kalenderjahr (Wirtschaftsjahr) der Ausgabe voll abgesetzt werden. Als Aufwendungen, die Zwecken des zivilen Luftschutzes dienen, sind nur Aufwendungen anzusehen, die ausschließlich durch Zwecke des Luftschutzes, nicht durch betriebliche Zwecke veranlaßt worden sind. Die Abzugsfähigkeit der Aufwendungen wird nicht dadurch berührt, daß die geschaffenen Anlagen später für Betriebszwecke mitbenutzt werden. Zu den abzugsfähigen Aufwendungen gehören z. B. Aufwendungen der Gewerbetreibenden, Landwirte und Hausbesitzer für den Schutz der Familie, des Personals, der Anlagen, der Gebäude u. dgl. Einmalige Zuwendungen an den Reichsluftschutzbund und Mitgliedsbeiträge an den Reichsluftschutzbund oder andere Verbände, die Zwecken des zivilen Luftschutzes dienen, sind nicht abzugsfähig. Aufwendungen für Maßnahmen oder Anlagen, die nur mittelbar mit dem Luftschutz in Verbindung stehen, sind ebenfalls nicht abzugsfähig (z. B. eine Lederfabrik, die bisher den Dachstock ihrer Fabrikgebäude zu Fabrikations- und Trockenzwecken benutzte, erbaut jetzt neue Trockenräume).

F I 2. Ziviler Sanitätsdienst

Aufwendungen, die Zwecken des zivilen Sanitätsdienstes in Industrie- und Werkbetrieben dienen, können bei Ermittlung der Einkünfte aus Gewerbebetrieb, aus Land- und Forstwirtschaft und aus Vermietung und Verpachtung von unbeweglichem Vermögen (einschließlich des Mietwerts der Wohnung im eigenen Haus) für Zwecke der Einkommensteuer und Körperschaftsteuer im Kalenderjahr (Wirtschaftsjahr) der Ausgabe voll abgesetzt werden. Die Aufwendungen müssen, entsprechend wie unter Ziffer 1, durch Zwecke des zivilen Sanitätsdienstes, nicht durch betriebliche Zwecke veranlaßt worden sein.

F II. Steuerbefreiung für neu errichtete Wohngebäude
F II 1. Mittlerer Neuhausbesitz

Nach § 14 des Realsteuersenkungsgesetzes vom 1. Dezember 1930 (Kapitel I des Vierten Teils der Verordnung des Reichspräsidenten vom 1. Dezember 1930, RGBl I S. 517, RStBl S. 982) sind Wohnungsneubauten, die in der Zeit vom 1. April 1931 bis 31. März 1934 bezugsfertig geworden sind, von der Grundsteuer der Länder und Gemeinden und von der Einkommensteuer, Körperschaftsteuer, Vermögensteuer und Aufbringungsumlage befreit. Diese Steuerbefreiungsvorschriften sind durch das Gesetz, betreffend die Steuerbefreiung für neu errichtete Wohngebäude vom 15. Juli 1933 (RGBl I S. 493, RStBl S. 678), in der Weise ergänzt worden, daß Wohngebäude, die im Kalenderjahr 1933 im Rohbau vollendet und bis zum 31. Mai 1934 bezugsfertig geworden sind, als bis zum 31. März 1934 bezugsfertig geworden anzusehen sind.

F II 2. Neuester Neuhausbesitz

(1) Nach Abschnitt IV des Zweiten Gesetzes zur Verminderung der Arbeitslosigkeit vom 21. September 1933 (RGBl I S. 651) und der hierzu ergangenen Durchführungsverordnung vom 26. Oktober 1933 (RGBl I S. 773, RStBl S. 1121) sind Wohnungsneubauten steuerlich begünstigt, die nach § 4 oder § 5 der bezeichneten Durchführungsverordnung als Kleinwohnungen oder Eigenheime gelten. Es waren ursprünglich befreit: Kleinwohnungen, die in der Zeit vom 1. April 1934 bis 31. März 1936 bezugsfertig geworden sind und Eigenheime, die in der Zeit vom 1. April 1934 bis 31. März 1939 bezugsfertig geworden sind.

(2) Durch das Gesetz zur Änderung der Vorschriften über die Steuerbefreiung des Neuhausbesitzes vom 2. April 1936 (RGBl I S. 344) ist die Frist, innerhalb deren die Kleinwohnungen bezugsfertig geworden sein müssen, bis zum 31. März 1937 verlängert. Kleinwohnungen, die bis zum 31. Mai 1937 bezugsfertig werden, am 31. Dezember 1936 aber schon im Rohbau vollendet waren, gelten als bis zum 31. März 1937 bezugsfertig geworden. Durch § 28 des Grundsteuergesetzes vom 1. Dezember 1936 (RGBl I S. 986, RStBl S. 1154) ist die Frist, innerhalb deren die Eigenheime bezugsfertig werden müssen, wenn für sie Steuerbefreiung gewährt werden soll, verkürzt. Danach sind Eigenheime nur noch dann steuerbegünstigt, wenn sie bis zum 30. September 1937 bezugsfertig werden.

(3) Bei dem neuesten Neuhausbesitz erstreckt sich die Steuerbefreiung auf die volle Einkommensteuer, volle Vermögensteuer, volle Grundsteuer des Landes und die halbe Grundsteuer der Gemeinden (Gemeindeverbände). Eine Befreiung von der Körperschaftsteuer kommt hier gegenüber dem mittleren Neuhausbesitz überhaupt nicht in Betracht.

F II 3. Wirkung der Steuerbefreiung

(1) Die Steuerbefreiung hat folgende Wirkung:
a) Die Einkünfte aus den Wohngebäuden bleiben bei Ermittlung des steuerpflichtigen Einkommens außer Ansatz. Naturgemäß kann die Befreiung solcher Einkünfte erst mit ihrem Bezug beginnen. Befreit sind danach nicht Einkünfte, die erzielt worden sind, bevor die Gebäude bezugsfertig waren, z. B. durch Verpachtung eines Teils der zukünftigen Hofräume zu Lagerzwecken.
b) Die Ausgaben, die mit den steuerbefreiten Wohngebäuden in wirtschaftlichem Zusammenhang stehen, sind bei Ermittlung des steuerpflichtigen Einkommens nicht abzugsfähig.
c) Etwaige Verluste aus den steuerbefreiten Wohngebäuden können bei Ermittlung des Einkommens nicht berücksichtigt werden.

Die Bestimmung, daß Ausgaben und Verluste, die mit den steuerbefreiten Wohngebäuden in wirtschaftlichem Zusammenhang stehen, bei Ermittlung des Einkommens nicht berücksichtigt werden dürfen, gilt auch dann, wenn ein Kaufmann das steuerbefreite Gebäude buchmäßig als Betriebsvermögen führt (Hinweis auf Abschnitt B II, S. 750).

(2) Aus der Bestimmung, daß Ausgaben, die mit den steuerbefreiten Wohngebäuden in wirtschaftlichem Zusammenhang stehen, bei der Ermittlung des steuerpflichtigen Einkommens nicht abzugsfähig sind, können sich für den Steuerpflichtigen dann Härten ergeben, wenn er in dem steuerbefreiten Haus einen gewerblichen Betrieb unterhält oder eine selbständige Arbeit ausübt. Der Steuerpflichtige kann die auf den Gewerbebetrieb oder auf die selbständige Arbeit entfallenden Gebäudeunkosten, die bei Ermittlung der Einkünfte aus Gewerbebetrieb oder selbständiger Arbeit abziehen dürfte, wenn das Haus nicht steuerbefreit wäre, wegen der Steuerbefreiung nicht als Betriebsausgaben behandeln. Das gleiche gilt für Zinsen von Schulden, die mit dem Gebäude in wirtschaftlichem Zusammenhang stehen (z. B. einer Schuld, die zur Beschaffung oder Erhaltung des Gebäudes aufgenommen worden ist). Dieser Nachteil kann einer Aufhebung der Steuerbefreiung gleichkommen und den Gebäudeeigentümer unter Umständen sogar schlechter stellen als er stehen würde, wenn das Haus nicht steuerbefreit wäre. Zur Vermeidung dieses Nachteils können in Fällen der bezeichneten Art die Gebäudeunkosten und Schuldzinsen, soweit sie auf den Gewerbebetrieb oder die selbständige Arbeit entfallen, bei Ermittlung der Einkünfte abgezogen werden.

G. Beschränkte Steuerpflicht

G I. Beschränkte Steuerpflicht bei Einkünften aus Gewerbebetrieb

Einkünfte aus Gewerbebetrieb sind auch dann beschränkt einkommensteuerpflichtig, wenn im Inland keine Betriebstätte unterhalten wird, sondern lediglich ein ständiger Vertreter für den Gewerbebetrieb bestellt ist (§ 49 Ziffer 2 EStG). Soweit die Besteuerung ausländischer Unternehmen, die im Inland keine Betriebstätte, aber einen ständigen Vertreter unterhalten, nicht durch ein Doppelbesteuerungsabkommen geregelt ist, sind die Einkommensteuerveranlagungen (Körperschaftsteuerveranlagungen) dieser Firmen für das Kalenderjahr 1937 und die folgenden Jahre auf Antrag auszusetzen, wenn der ständige Vertreter als Großhändler, Handelsagent oder Kommissionär im deutschen Handelsregister eingetragen ist. Die Veranlagung ist nicht auszusetzen, wenn der ständige Vertreter Angestellter der ausländischen Firma ist oder wenn die ausländische Firma schon bisher (spätestens also für das Kalenderjahr 1936) zur Einkommensteuer oder Körperschaftsteuer herangezogen worden ist.

. . . .

H. Einzelheiten für die Körperschaftsteuer

H I. Betriebe gewerblicher Art von Körperschaften des öffentlichen Rechts

H I 1. Allgemeines

(1) Es kann im Einzelfall streitig sein, ob es sich um einen „Versorgungsbetrieb" handelt. Für die Beurteilung dieser Frage ist bis auf weiteres von dem bisherigen Rechtszustand auszugehen.

(2) Land- und forstwirtschaftliche Betriebe von Körperschaften des öffentlichen Rechts sind, soweit sie sich nicht in privatrechtlicher Form befinden, steuerfrei (§ 3 der Ersten KStDVO), auch die Nebenbetriebe. Wegen des Begriffs „Nebenbetrieb" Hinweis auf Abschnitt C I 1 Absätze 7 bis 11 (S. 202), Land- und forstwirtschaftliche Einkünfte, die in einem Betrieb gewerblicher Art anfallen, sind steuerpflichtig, wenn nicht durch die land- und forstwirtschaftlichen Einkünfte der Betrieb zu einem land- und forstwirtschaftlichen Betrieb — sei es Hauptbetrieb oder Nebenbetrieb — wird.

(3) § 4 der Ersten KStDVO enthält Beispiele für Hoheitsbetriebe. Zu den Hoheitsbetrieben gehören auch die Betriebe der öffentlich-rechtlichen Träger der Reichsversicherung (Sozialversicherung). Unterhält ein Hoheitsbetrieb einen Betrieb gewerblicher Art (z. B. eine Kantine, eine Verkaufsstelle, ein Erholungsheim), so ist dieser Betrieb steuerpflichtig.

H I 2. Wirtschaftsjahr

(1) Öffentliche Betriebe stellen ihre Abschlüsse nach der Haushaltsatzung vielfach auf das Rechnungsjahr ab. Soweit es sich hierbei um Betriebe handelt, die nach den Vorschriften des Handelsgesetzbuchs zur Führung von Büchern verpflichtet sind und solche tatsächlich ordnungsmäßig führen, gilt der Gewinn aus Gewerbebetrieb § 5 Absatz 2 KStG gemäß als in dem Kalenderjahr bezogen, in dem das Wirtschaftsjahr endet.

(2) Bei kleineren Betrieben und Stiftungen, die von einer öffentlich-rechtlichen Körperschaft verwaltet werden, und bei Verbänden oder Vereinen, die einer öffentlich-rechtlichen Körperschaft angeschlossen sind oder von einer solchen verwaltet werden, wird in der Regel Buchführungspflicht nach den Vorschriften des Handelsgesetzbuchs nicht vorliegen. Diese Betriebe sind an sich § 5 Absatz 1 KStG gemäß nach dem Einkommen im Kalenderjahr zu besteuern. Mit Rücksicht darauf, daß diese Betriebe gezwungen sind, ihre Abschlüsse abweichend vom Kalenderjahr aufzustellen, bestehen keine Bedenken, daß bei ihnen die Regelung des § 5 Absatz 2 KStG entsprechend angewendet wird. Diese Regelung gilt auch für die Dampfkesselüberwachungsvereine, die durch Anordnung von Aufsichtsbehörden gezwungen sind, ihre Abschlüsse abweichend vom Kalenderjahr aufzustellen.

H I 3. Überweisung der Körperschaftsteuer der öffentlichen Versorgungsbetriebe

H I 3a) Allgemeines

(1) § 39 StAnpG gemäß wird das Aufkommen an Körperschaftsteuer der öffentlichen Versorgungsbetriebe den Körperschaften überwiesen, denen die Erträge dieser Betriebe zufließen. Fließen die Erträge eines öffentlichen Versorgungsbetriebs mehreren Körperschaften zu, so wird das Steueraufkommen auf diese Körperschaften nach dem Verhältnis ihrer Ertragsbeteiligung verteilt (§ 39 Absatz 1 Satz 2 StAnpG).

(2) An öffentlichen Versorgungsbetrieben sind oft Unternehmen beteiligt, die stark verschachtelt sind. In diesen Fällen bereitet die Aufstellung des Zerlegungsplans Schwierigkeiten, wenn keine Klarheit darüber besteht, ob der letzte Anteilseigner eine Gebietskörperschaft (ein Zweckverband) ist.

(3) Voraussetzung für die Überweisung der Körperschaftsteuer ist der einwandfreie Nachweis, daß alle Anteile — unmittelbar oder mittelbar — Gebietskörperschaften (Zweckverbänden) gehören und diesen die Erträge zufließen. Wird der Nachweis nicht geführt, so darf das Finanzamt die Körperschaftsteuer nicht überweisen.

(4) Es kommt vor, daß eine Gebietskörperschaft (ein Zweckverband) zwar an einem Versorgungsbetrieb beteiligt, nicht aber auch dividendenberechtigt ist. In dem Fall darf ihr die Körperschaftsteuer nicht überwiesen werden. Voraussetzung für die Überweisung ist, daß die Dividendenberechtigung der Gebietskörperschaft (des Zweckverbands) nicht ausgeschlossen ist.

(5) Ist eine Gebietskörperschaft (ein Zweckverband) nicht dividendenberechtigt, so wächst ihr Körperschaftsteueranteil den anderen Gesellschaftern in demselben Verhältnis zu wie der auf sie entfallende Gewinn.

Beispiel: An einem Versorgungsbetrieb (A. G.) sind 4 Gemeinden (A bis D) zu gleichen Teilen beteiligt.

Gewinn 1937 = 120 000 RM,
Körperschaftsteuer = 36 000 RM
Es erhalten:
A. an Gewinn 40 000 RM, an Körperschaftsteuer 12 000 RM
B.   "   "   40 000 " , "   "   12 000 "
C.   "   "   40 000 " , "   "   12 000 "
D.   "   "   0 " , "   "   0 "
zusammen.....120 000 RM,   zusammen ......36 000 RM.

Ist keiner der Gesellschafter dividendenberechtigt, so darf auch keine Körperschaftsteuer überwiesen werden.

(6) Wird die Höhe der Steuer bestritten, so sind vor Rechtskraft der Veranlagung nur die unstreitigen Beträge zu überweisen. Sollten besondere Gründe vorliegen, so ist nichts dagegen einzuwenden, wenn das Finanzamt ausnahmsweise den ganzen Steuerbetrag, d. h. auch den streitigen Steuerbetrag, überweist. In dem Fall hat das Finanzamt der überweisungsberechtigten Gebietskörperschaft (dem Zweckverband) mitzuteilen:

„Gegen den Steuerbescheid hat der Steuerpflichtige Rechtsmittel eingelegt. Wird die Steuer herabgesetzt, so hat die Gebietskörperschaft (das Land, die Gemeinde, der Gemeindeverband) oder der Zweckverband den zuviel erhaltenen Betrag zurückzuzahlen."

H I 3 b) Verpachtung

Es sind Zweifel darüber entstanden, ob die Körperschaftsteuer auch dann der Körperschaft überwiesen werden muß, wenn diese den öffentlichen Versorgungsbetrieb nicht selbst betreibt, sondern ihn verpachtet hat. Es handelt sich hier nicht um Einkommen aus einem Versorgungsbetrieb, sondern um Einkommen aus Verpachtung. Es ist jedoch nichts dagegen einzuwenden, daß die Körperschaftsteuer für das Einkommen aus Verpachtung eines öffentlichen Versorgungsbetriebs im gleichen Umfang überwiesen wird wie die Körperschaftsteuer für den öffentlichen Versorgungsbetrieb. Voraussetzung ist allerdings, daß es sich um die Verpachtung eines Betriebs handelt, der öffentlicher Versorgungsbetrieb wäre, wenn er vom Verpächter unmittelbar betrieben würde.

H I 3 c) Kleinbeträge

(1) Es gibt Fälle, in denen an der Körperschaftsteuer eines öffentlichen Versorgungsbetriebs mehrere Körperschaften überweisungsberechtigt sind. In diesen Fällen ist zur Vereinfachung der Berechnung die Einführung eines Mindestbetrags für den Überweisungsanteil erforderlich. Es ist wie folgt zu verfahren:

Sind mehrere Körperschaften überweisungsberechtigt und beträgt der Körperschaftsteueranteil einer Körperschaft weniger als 100 Reichsmark, so wird der Betrag insoweit nicht überwiesen, sondern als Aufkommen an Körperschaftsteuer im Sinn des § 22 des Finanzausgleichsgesetzes behandelt (vgl. Beispiel A). Ist eine überweisungsberechtigte Körperschaft an dem öffentlichen Versorgungsbetrieb unmittelbar und mittelbar mehrfach beteiligt, so daß sich ihr Anteil an der Körperschaftsteuer aus mehreren Teilbeträgen zusammensetzt, so gilt die Mindestgrenze von 100 Reichsmark für jeden Teilbetrag (vgl. Beispiel B).

(2) Die nicht zu überweisenden Kleinbeträge hat der Versorgungsbetrieb an die Finanzkasse zu entrichten. Insoweit ist also das Quittungsverfahren nicht anzuwenden. Die Kleinbeträge sind den Beträgen nicht hinzuzurechnen, die in den Einnahmenachweisungen und Einnahmeübersichten A nachrichtlich besonders anzugeben sind (Hinweis auf Abschnitt IV des Runderlasses vom 14. Juni 1935 S 1611 — 171 I, RStBl 1935 S. 853).

Beispiel A:

Gaswerk-AG.

Aktienkapital . . . . 1 000 000 RM
Körperschaftsteuer . . . .   8 000 „

Aktionäre	Beteiligung RM	Körperschaft-steueranteil RM
1	2	3
Land A	500 000	4 000
Gemeinde B...........	480 000	3 840
„ C	12 500	100
„ D	7 500	60
Zusammen	1 000 000	8 000

Der auf die Gemeinde D entfallende Betrag von **60** Reichsmark ist nicht zu überweisen, sondern an die Finanzkasse zu entrichten und von dieser wie die allgemeine Körperschaftsteuer zu behandeln.

Beispiel B:

I. Elektrizitätswerk-AG.

Aktienkapital . . . . 1 000 000 RM
Körperschaftsteuer . . . .   8 000 „

Lfd. Nr.	Aktionäre	Be-teiligung RM	Körper-schaft-steueranteil RM	Be-merkungen
1	2	3	4	5
1	Land A	500 000	4 000	Hinweis auf Beispiel B II
2	Stromversorgungs-AG.	480 000	3 840	
3	Gemeinde B.........	12 500	100	
4	„ C	7 500	60	
	Zusammen	1 000 000	8 000	

II. Stromversorgungs-AG.

Aktienkapital . . . . 2 400 000 RM
Körperschaftsteueranteil . . . .   3 840 „
(Hinweis auf Beispiel B I lfde. Nr. 2 Sp. 4)

Lfd. Nr.	Aktionäre	Be-teiligung RM	Körper-schaft-steueranteil RM	Be-merkungen
1	2	3	4	5
1	Überlandwerk-GmbH ..	1 200 000	1 920	Hinweis auf Beispiel B III
2	Kreis D	1 087 500	1 740	
3	Gemeinde B..........	50 000	80	
4	„ E	62 500	100	
	Zusammen	2 400 000	3 840	

III. Überlandwerk-GmbH.

Stammkapital .... 600 000 RM
Körperschaftsteueranteil .... 1 920 „
(Hinweis auf Beispiel B II lfde. Nr. 1 Sp. 4)

Lfd.	Gesellschafter	Einlage RM	Körperschaft-steueranteil RM
1	2	3	4
1	Land A	25 000	80
2	Gemeinde C	500 000	1 600
3	„ F	75 000	240
	Zusammen	600 000	1 920

Die folgenden Beträge sind nicht zu überweisen, sondern an die Finanzkasse zu entrichten und von dieser wie die allgemeine Körperschaftsteuer zu behandeln:

I. lfd. Nr. 4 (Gemeinde C) .... = 60 RM
II. „   „   3   „   B) .... = 80 „
III. „   „   1 (Land A) .... = 80 „
Zusammen ... 220 RM

H I 4. Jagdgenossenschaften des öffentlichen Rechts

Es sind Zweifel entstanden, ob die Jagdgenossenschaften des öffentlichen Rechts § 1 Absatz 1 Ziffer 6 KStG gemäß unbeschränkt körperschaftsteuerpflichtig sind. Die Tätigkeit der Jagdgenossenschaften des öffentlichen Rechts ist als land- und forstwirtschaftlicher Betrieb anzusehen, der § 3 der Ersten KStDVO gemäß steuerfrei ist.

H II. Sparkassen

(1) Dem KStG 1925 gemäß waren die öffentlichen oder dem öffentlichen Verkehr dienenden Sparkassen, die sich auf die Pflege des eigentlichen Sparkassenverkehrs beschränkten, von der Körperschaftsteuer befreit. Nach dem KStG 1934 sind die öffentlichen oder unter Staatsaufsicht stehenden Sparkassen von der Körperschaftsteuer befreit, soweit sie der Pflege des eigentlichen Sparverkehrs dienen.

(2) In § 8 der Ersten KStDVO und in den Veranlagungsrichtlinien für 1934 und 1935 ist bestimmt worden, daß zur Ermittlung des steuerfreien und der steuerpflichtigen Geschäfte noch die Sparkassenverordnung vom 22. März 1928 und die Kreditsicherungsverordnung vom 4. Mai 1928 und die dazu ergangenen Verwaltungsanordnungen, insbesondere der Runderlaß vom 4. Mai 1928 III e 6900 anzuwenden seien. Der Unterschied zwischen „Sparverkehr" und „Sparkassenverkehr" war demnach bei den Veranlagungen für 1934 und 1935 ohne Bedeutung.

(3) Erstmals bei der Veranlagung für 1936 waren die öffentlichen oder unter Staatsaufsicht stehenden Sparkassen nur noch insoweit von der Körperschaftsteuer befreit, als sie der Pflege des eigentlichen Sparverkehrs dienen. Mit den Geschäften, die der Pflege des eigentlichen Sparverkehrs nicht dienen, sind sie steuerpflichtig.

(4) Was unter „Sparverkehr" zu verstehen ist, ist in den §§ 22 ff. des Reichsgesetzes über das Kreditwesen (KWG) vom 5. Dezember 1934 (RGBl I S. 1203) bestimmt. Spareinlagen sind demnach Geldeinlagen auf Konten, die nicht den Zwecken des Zahlungsverkehrs, sondern der Anlage dienen und als solche, insbesondere durch Ausfertigung von Sparbüchern, gekennzeichnet sind. Im § 25 KWG ist bestimmt:

„Kreditinstitute, welche Spareinlagen annehmen, sind verpflichtet, das Spargeschäft (Spareinlagen und die zu ihrer Deckung bestimmten Anlagen) in der Buchführung von den übrigen Geschäft getrennt zu führen sowie in den Monatsausweisen, in den Jahresbilanzen und in den Gewinn- und Verlustrechnungen gesondert auszuweisen; in den Jahresabschlüssen müssen sämtliche Kosten des Spargeschäfts ersichtlich gemacht werden."

Nähere Bestimmungen zur Durchführung des § 25 KWG sind noch nicht erlassen.

(5) Solange die getrennte Buchführung für die Geschäfte des eigentlichen Sparverkehrs nicht allgemein durchgeführt ist, erscheint es zweckmäßig, bei der Ausgliederung des steuerpflichtigen Teils des Gewinns von der Schuldenseite der Bilanz auszugehen. Demgemäß gilt als Gewinn aus den Geschäften, die dem eigentlichen Sparverkehr nicht dienen, der Teil des Gesamtgewinns, der sich aus dem Verhältnis ergibt, in dem

die nicht in Spareinlagen bestehenden Einlagen und die eingegangenen Verbindlichkeiten einerseits und die gesamten Einlagen und die eingegangenen Verbindlichkeiten andererseits stehen.

(6) Zur Feststellung des steuerpflichtigen Teils des Gesamtgewinns wird bestimmt:
1. der Gesamtgewinn ist nach den Vorschriften des Körperschaftsteuergesetzes zu ermitteln.
2. Bei der Ermittlung des steuerpflichtigen Anteils am Gesamtgewinn ist von der steuerlichen Betriebsergebnisbilanz am Schluß des Wirtschaftsjahrs auszugehen (für 1937 also von der Steuerbilanz auf 31. Dezember 1937). Die Schuldenseite dieser Bilanz ist nach den für die Vermögensteuer in dem Runderlaß vom 8. August 1935 S 3300—530 III unter Ziffer 13 (RStBl 1935 S. 1074, 1079) aufgestellten Grundsätzen in „Spareinlagen", in „nicht in Spareinlagen bestehende Verbindlichkeiten" und in „sonstige Verbindlichkeiten" aufzuteilen.
3. Der steuerpflichtige Teil des Gesamtgewinns ergibt sich aus dem Verhältnis, in dem die nicht in Spareinlagen bestehenden Einlagen und die eingegangenen Verbindlichkeiten einerseits zu den gesamten Einlagen und den eingegangenen Verbindlichkeiten andererseits stehen.

Beispiel:

Steuerlich ermittelter Gesamtgewinn		120 000 RM
1. Schuldenseite der Bilanz (Bilanzsumme)		12 520 000 RM
Spareinlagen (§§ 22 und 23 KWG)	10 000 000 RM	
Nicht in Spareinlagen bestehende Einlagen (z. B. Depositen-, Giro-, Kontokorrenteinlagen)	1 500 000 „	
Eingegangene Verbindlichkeiten (z. B. Akzepte, langfristige Anleihen, Hypotheken)	500 000 „	
Freie Rücklagen	400 000 „	
Gewinn	120 000 „	
Schuldenseite der Bilanz		12 520 000 RM
2. Aufteilung der Schuldenposten		
a) Nicht in Spareinlagen bestehende Einlagen		1 500 000 RM
Eingegangene Verbindlichkeiten		500 000 „
		2 000 000 RM
b) Gesamte Einlagen	(10 000 000 RM	
	+ 1 500 000 „)	11 500 000 RM
Eingegangene Verbindlichkeiten		500 000 „
		12 000 000 RM

Der steuerpflichtige Gewinn ergibt sich aus dem Verhältnis von 2 000 000 RM : 12 000 000 RM = 1/6. Steuerpflichtiger Gewinn demgemäß 1/6 von 120 000 = 20 000 RM

(7) Es kann vorkommen, daß die einzelnen Schuldenposten einer Sparkasse am Stichtag von dem Jahresdurchschnitt erheblich abweichen. In diesen Fällen kann auf Grund der Zweimonatsbilanzen der Sparkasse ausnahmsweise der Jahresdurchschnitt der einzelnen Schuldenposten festgestellt und der Aufteilung zugrunde gelegt werden.

H III. Pensionskassen und ähnliche Kassen

H III 1. Die Kassen selbst

H III 1a) Pensionskassen und ähnliche Kassen

(1) Pensionskassen und ähnliche Kassen sind von der Körperschaftsteuer befreit, wenn sie die Voraussetzungen erfüllen, die in §§ 13 bis 15 der Ersten KStDVO aufgestellt sind. Diese Voraussetzungen müssen bei Beginn des Kalenderjahrs (Wirtschaftsjahrs) gegeben sein, für die die Steuerbefreiung geltend gemacht wird. Werden die Voraussetzungen erst im Lauf eines Kalenderjahrs (Wirtschaftsjahrs) erfüllt, so tritt die Steuerbefreiung erst mit dem Beginn des folgenden Kalenderjahrs (Wirtschaftsjahrs) ein (§ 16 der Ersten KStDVO).

(2) Kassen, die im Kalenderjahr 1936 gegründet sind und die neuen Voraussetzungen für die Steuerbefreiung erfüllen, sind schon bei der Veranlagung für das Kalenderjahr 1936 als steuerfrei zu behandeln. Damit hat also die grundsätzliche Anordnung, daß die Erfüllung der Voraussetzungen erst für das folgende Jahr wirksam wird, für die Fälle keine Bedeutung, in denen die Kassen im Kalenderjahr 1936 gegründet worden sind. Hierbei ist zu beachten:

a) Die Erleichterung gilt nicht nur für neugegründete Kassen, sondern auch für bereits bestehende Kassen, die erst im Lauf des Kalenderjahrs 1936 umgestellt worden sind. Voraussetzung ist, daß die bestehenden Kassen nach den bisherigen Vorschriften von der Körperschaftsteuer befreit waren;
b) die Gründung oder Umstellung der Kasse muß für das Kalenderjahr 1935 (Wirtschaftsjahr 1934/35) oder für das Kalenderjahr 1936 (Wirtschaftsjahr 1935/36) beschlossen worden sein;
c) es ist nicht notwendig, daß der Beschluß über die Gründung oder Umstellung der Kasse gleichzeitig mit dem Beschluß über das Geschäftsergebnis des Unternehmens gefaßt wird;
d) in jedem Fall müssen die Unternehmen und die Kassen bis zum 31. Dezember 1936 alle Maßnahmen getroffen haben, um die für die Steuerfreiheit vorgesehenen Voraussetzungen zu erfüllen.

Entsprechendes gilt für die in den Kalenderjahren **1937** und **1938** gegründeten und umgestellten Kassen.

(3) Die Voraussetzungen für die Steuerfreiheit der rechtsfähigen Pensionskassen und ähnlichen rechtsfähigen Kassen (§§ 13 bis 15 der Ersten KStDBO) erfordern eine lange Frist für die Umstellung dieser Kassen. Die beteiligten Wirtschaftskreise haben gebeten, diesen Schwierigkeiten zu entsprechen. Es ist eine Verlängerung der Übergangsvorschrift (§ 17 der Ersten KStDBO) erforderlich. Bei der Veranlagung zur Körperschaftsteuer für die Kalenderjahre **1936** bis **1938** sind daher noch die Steuerbefreiungsvorschriften des § 9 Absatz 1 Nr. 10 KStG 1925 anzuwenden. Hiernach sind steuerfrei:

Rechtsfähige Pensions-, Witwen-, Waisen-, Sterbe-, Kranken-, Unterstützungs- und sonstige Hilfskassen für Fälle der Not oder der Arbeitslosigkeit; das gleiche gilt für nichtrechtsfähige Kassen dieser Art, wenn die dauernde Verwendung der Einkünfte für die Zwecke der Kassen und für den Fall der Auflösung einer Kasse die Verwendung ihres Kapitals für entsprechende Zwecke gesichert ist.

Diese Steuerfreiheit gilt nur für Kassen, die am 1. Januar 1936 bereits bestanden und auch schon damals die Voraussetzungen des § 9 Absatz 1 Nr. 10 KStG 1925 erfüllt haben.

H III 1 b) Unterstützungsfonds

Unterstützungsfonds, die nach dem Körperschaftsteuergesetz 1925 als steuerfrei anerkannt worden sind, dürfen auch bei der Veranlagung für die Kalenderjahre **1936** bis **1938** steuerfrei bleiben, wenn die Voraussetzungen, die dem Körperschaftsteuergesetz 1925 gemäß erforderlich waren, unverändert fortbestehen und die Fonds nur zu den Zwecken verwendet werden, für die sie bestimmt sind.

H III 2. Zuwendungen

H III 2 a) an Pensionskassen und ähnlichen Kassen

Zuwendungen an Pensions-, Unterstützungs- und Wohlfahrtskassen des Betriebs des Steuerpflichtigen können bei der Ermittlung des Gewinns für die Kalenderjahre **1936** bis **1938** schon dann als Betriebsausgaben im Sinn des § 4 Absatz 3 EStG 1934 (§ 4 Absatz 4 EStG 1938) abgezogen werden, wenn die dauernde Verwendung für die Zwecke der Kassen gesichert ist (vgl. die ähnliche Vorschrift des § 17 Absatz 1 Ziffer 7 EStG 1925). Diese Voraussetzung ist stets gegeben bei den Leistungen an Pensionskassen und ähnlichen Kassen, die von der Körperschaftsteuer befreit sind.

H III 2 b) an Unterstützungsfonds

Zuwendungen an Unterstützungsfonds des Betriebs des Steuerpflichtigen können als Betriebsausgaben in der Höhe anerkannt werden, in der aus den Fonds in demselben Wirtschaftsjahr an Gefolgschaftsmitglieder oder ehemalige Gefolgschaftsmitglieder des Betriebs Zuwendungen gewährt werden. Darüber hinaus können Zuwendungen an Unterstützungsfonds nicht als Betriebsausgaben angesehen werden.

H IV. Einkommen.

H IV 1. Allgemeines.

Auf die Ermittlung und Veranlagung des Einkommens finden §§ 6 und 20 KStG gemäß die Vorschriften des EStG Anwendung. Die Vorschriften des EStG, die für die Körperschaftsteuer in Betracht kommen, sind in der Anlage zusammengestellt. Die Vorschriften der Ersten EStDBO, die auch für die Körperschaftsteuer gelten, sind im § 18 der Ersten KStDBO bezeichnet. An Stelle der im § 18 der Ersten KStDBO aufgezählten Vorschriften der Ersten EStDBO sind erstmalig für die Veranlagung zur Körperschaftsteuer für das Kalenderjahr 1937 die §§ 1, 2, 4 bis 11, 14, 17, 29 und 30 der Zweiten EStDBO anzuwenden. In sachlicher Hinsicht hat sich dadurch keine Änderung ergeben.

H IV 2. Einkommen von Körperschaften, die Land- oder Forstwirtschaft betreiben
(1) Nach § 19 der Ersten KStDVO sind bei Steuerpflichtigen, die nach den Vorschriften des Handelsgesetzbuchs zur Führung von Büchern verpflichtet sind, alle Einkünfte als Einkünfte aus Gewerbebetrieb zu behandeln, auch wenn sie Land- oder Forstwirtschaft betreiben.

(2) Für die Berechnung des Einkommens bei Körperschaften, die Land- oder Forstwirtschaft betreiben, gelten die Grundsätze ordnungsmäßiger landwirtschaftlicher Buchführung. Danach bleibt bei der Ermittlung des Gewinns der Wert des Grund und Bodens außer Ansatz. Diese Anordnung gilt auch für die Abwicklung von Veranlagungen früherer Jahre.

H IV 3. Stiftungen die an die Stelle von Familien-Fideikommissen getreten sind
Die Verordnung vom 13. Februar 1926 (RGBl I S. 101) bestimmt:
„Ist eine Vermögensmasse, die zu einem standesherrlichen Hausvermögen, einem Familien-Fideikommiß, einem Lehen oder einem Erbstammgut gehört hat, ganz oder zum Teil nach den für die Ablösung geltenden Vorschriften in eine Stiftung umgewandelt worden, so bleiben bei der Veranlagung einer solchen Stiftung zur Körperschaftsteuer die Einkünfte außer Ansatz, die an die nach der Stiftungssatzung bezugsberechtigten, unbeschränkt einkommensteuerpflichtigen Familienmitglieder verteilt werden."
Diese Verordnung ist auch bei der Veranlagung für die Kalenderjahre **1936** und **1937** anzuwenden.

H IV 4. Beteiligungen an neugegründeten Unternehmen
Die Beteiligungen an Unternehmen sind mit den Anschaffungs- oder Herstellungskosten anzusetzen. Statt der Anschaffungs- oder Herstellungskosten kann der niedrigere Teilwert (§ 6 Ziffer 1 Satz 3 EStG) angesetzt werden. Es sind Zweifel entstanden, ob der Teilwert der Beteiligungen an neugegründeten Unternehmen, z. B. Zellwollefabriken, niedriger ist als die Anschaffungs- oder Herstellungskosten. Die Beteiligungen an diesen Unternehmen haben ihrer Natur nach den Charakter von Anlagekapital. Beim Anlagekapital gilt in der Regel steuerlich der Grundsatz, daß die Bewertung nicht unter dem Gesichtspunkt der sofortigen Veräußerung des Gegenstands, sondern des Fortbetriebs des Unternehmens vorzunehmen sei. Hierbei können folgende betriebliche und werterhöhende Umstände eintreten:
a) Sicherung der Rohstoffgrundlage,
b) Erhalten eines geschulten Arbeiterstandes,
c) Ausnutzen der maschinellen Anlagen,
d) Sicherung des Absatzes (durch Absatzgarantien und Preisgarantien),
e) Einschränkung des Wettbewerbs und dadurch Freiwerden von Unternehmerarbeitskraft und Unternehmergeld für eine erhöhte verbesserte und verbilligte Herstellung von Gütern.

Es besteht daher in der Regel kein Anlaß, die Beteiligungen an neugegründeten Unternehmen unter dem Anschaffungspreis zu bewerten. Diese Ausführungen gelten auch für die Einkommensteuer.

H IV 5. Entschädigung für Zinsermäßigung bei Anleihen
Die einmaligen Entschädigungen, die gemäß § 2 des Gesetzes über die Durchführung einer Zinsermäßigung bei Kreditanstalten vom 24. Januar 1935 (RGBl I S. 45) und gemäß §§ 4 und 13 des Gesetzes über Zinsermäßigung bei den öffentlichen Anleihen vom 27. Februar 1935 (RGBl I S. 286) gewährt werden, unterliegen gemäß § 10 des Gesetzes vom 24. Januar 1935 und § 11 des Gesetzes vom 27. Februar 1935 nicht der Einkommensteuer. Für die Körperschaftsteuer ist in beiden Gesetzen eine entsprechende Regelung nicht getroffen. Die Entschädigungen sind daher von der Körperschaftsteuer nicht befreit. Hinweis auf das Urteil des Reichsfinanzhofs vom 22. September 1936, RStBl 1936 S. 1117.

H IV 6. Verlustvortrag
Der Verlustvortrag (§ 10 Absatz 1 Ziffer 6 EStG 1938) gilt § 6 KStG gemäß auch für Körperschaften. Inwieweit die Sondervorschriften des KStG bei Ermittlung des Verlustvortrags Anwendung finden, wird später bestimmt werden.

H V. Mitgliederbeiträge
(1) Bei der Begriffsbestimmung über Mitgliederbeiträge ist die Rechtsprechung des Reichsfinanzhofs berücksichtigt.

(2) Die Vorschrift des § 21 Absatz 2 der Ersten KStDVO dient lediglich der Klarstellung. Auch Versicherungsunternehmen, insbesondere Versicherungsvereine auf Gegenseitigkeit, erheben Beiträge. Diese Beiträge sind aber nicht Mitgliederbeiträge im Sinn des § 8 KStG.

H VI. Schachtelgesellschaften
(1) § 22 Absatz 1 der Ersten KStDVO gemäß kommt die Vergünstigung für Schachtelgesellschaften nur für solche Aktien, Kuxe oder Anteile in Betracht, die der unbeschränkt steuerpflichtigen Kapitalgesellschaft ununterbrochen seit mindestens zwölf Monaten vor dem für die Ermittlung des Einkommens maßgebenden Schlußstichtag gehört haben. Wird eine Kapitalgesellschaft gegründet, so ist in den ersten zwölf Monaten von den ausgeschütteten Gewinnanteilen der Steuerabzug stets vorzunehmen, da der Kapitalgesellschaft die Aktien usw. nicht ununterbrochen seit mindestens zwölf Monaten gehört haben.

(2) Durch § 22 Absatz 2 der Ersten KStDVO wird die Schachtelvergünstigung, die an sich nur für unbeschränkt steuerpflichtige Kapitalgesellschaften gilt, auf die Versicherungsvereine auf Gegenseitigkeit ausgedehnt. Für öffentlich-rechtliche Versicherungsanstalten ist eine besondere Vorschrift nicht erforderlich; für sie gilt die Schachtelvergünstigung bereits auf Grund des § 9 Absatz 3 KStG.

H VII. Auflösung und Abwicklung (Liquidation), Verschmelzung (Fusion), Umwandlung und Verlegung der Geschäftsleitung ins Ausland
(1) § 14 Absatz 1 Satz 2 KStG gemäß soll der Besteuerungszeitraum bei Auflösung und Abwicklung (Liquidation) drei Jahre nicht übersteigen. Dauert die Abwicklung länger als drei Jahre, so kann das Finanzamt wieder zur normalen jährlichen Veranlagung übergehen.

(2) Es sind Zweifel entstanden, welcher Körperschaftsteuersatz anzuwenden ist, wenn sich die Abwicklung (Liquidation) § 14 KStG gemäß über einen Zeitraum erstreckt, für den auf Grund des Gesetzes zur Änderung des Körperschaftsteuergesetzes vom 27. August 1936 (RGBl I S. 701, RStBl S. 873) verschiedene Steuersätze gelten. Unbeschadet der Dauer der Abwicklung und der in diesem Zeitraum angeforderten Vorauszahlungen ist die Körperschaftsteuer stets nach dem Steuersatz zu bemessen, der für das betreffende Kalenderjahr gilt, in dem die Abwicklung endigt. Sollten sich dabei besondere Härten ergeben, so können im Einzelfall Erleichterungen gewährt werden.

H VIII. Versicherungsunternehmen
Wegen der besonderen Vorschriften über die Besteuerung der Versicherungsunternehmen Hinweis auf den Runderlaß vom 25. Juli 1936 S 2511—45 III, RStBl 1936 S. 825.

H IX. Abzugsfähigkeit der Kirchensteuer
Steuern, die durch öffentlich-rechtliche Religionsgesellschaften erhoben werden (Kirchensteuern), stellen bei Körperschaften, Personenvereinigungen und Vermögensmassen stets Betriebsausgaben (Werbungskosten) dar. Sie sind demgemäß in voller Höhe abzugsfähig.

H X. Mindestbesteuerung
H X 1. Allgemeines
(1) Ausschüttungen und Vergütungen sind bei der Mindestbesteuerung demjenigen Kalender- (Wirtschafts-) Jahr zuzurechnen, für das sie gewährt worden sind (§ 30 Absatz 1 der Ersten KStDVO).

(2) § 30 Absatz 2 der Ersten KStDVO enthält eine besondere Bestimmung für Fälle, in denen für bereits abgelaufene Kalender- (Wirtschafts-) Jahre Ausschüttungen und Vergütungen nachträglich gewährt werden. In solchen Fällen sind Vergütungen der in Betracht kommenden Art dem Kalender- (Wirtschafts-) Jahr zuzurechnen, das der Beschlußfassung unmittelbar vorangeht. Dadurch soll eine Wiederaufrollung bereits abgeschlossener Veranlagungen vermieden werden.

(3) Nach der bisherigen Rechtsprechung des Reichsfinanzhofs (Urteil vom 1. März 1933 I A 331/32, RStBl 1933 S. 903) dürfen auf die Mindeststeuer, soweit sie auf gewährte Aufsichtsratsvergütungen entfällt (§ 10 Absatz 2 Satz 1 KStG 1925), einbehaltene Steuerabzüge vom Kapitalertrag nicht angerechnet werden. Diese Rechtsprechung gilt auch zu § 17 Absatz 1 Ziffer 2 KStG.

H X 2. Steuergutscheine
Nach § 34 der Durchführungsbestimmungen zur Steuergutscheinverordnung vom 26. September 1932 (RGBl I S. 449, 459, RStBl 1932 S. 903) ist für die Steuerberechnung im Steuerabschnitt der Ausgabe das in diesen Steuergutscheinen beruhende Einkommen mit einem Fünftel des Kurswerts dieser Steuergutscheine anzusetzen. Erfolgen Ausschüttungen, die aus der Verwertung von Steuergutscheinen herrühren, oder durch Steuergutscheine ermöglicht worden sind, so besteht kein Anlaß, hierfür Steuererleichterung zu gewähren. Die Ausschüttungen sind also zur Mindestbesteuerung heranzuziehen (Urteil des RFH vom 28. Juni 1935, Slg. Bd. 38 S. 96, RStBl. 1935 S. 1067).

H X 3. Kurzlebige Wirtschaftsgüter

Auch die Bewertungsfreiheit für kurzlebige Wirtschaftsgüter des Anlagevermögens (§ 6 Ziffer 1 Satz 4 EStG, § 6 KStG) wirkt sich buch- und bilanzmäßig aus. Absetzungen nach § 6 Ziffer 1 Satz 4 EStG können demnach ebenfalls bei der Mindestbesteuerung nicht besonders berücksichtigt werden.

H X 4. Berechnung des Mindesteinkommens

Es kommt vor, daß einzelne Gattungen von Aktien oder Anteilen verschiedene Rechte haben, namentlich bei der Verteilung des Gewinns (siehe z. B. § 11 Aktiengesetz vom 30. Januar 1937, RGBl. I S. 107, RStBl. 1937 S. 177). In diesen Fällen sind Zweifel entstanden, ob die Ausschüttungen in Höhe von 4 v. H. § 17 Absatz 1 Ziffer 1 KStG gemäß nur aus dem an der Dividende teilnehmenden Kapital oder aus dem gesamten Grund- oder Stammkapital zu berechnen sind. Werden auf derartige Gruppen von Aktien oder Anteilen mehr als 4 v. H. ausgeschüttet, so soll dieser Mehrbetrag der Mindestbesteuerung unterliegen. Es kommen die folgenden Fälle in Betracht:

a) Die Dividende wird nur an eine Gruppe von Aktionären oder an einen einzelnen Aktionär ausgeschüttet. Die Mindestbesteuerung ist vorzunehmen, wenn die Ausschüttung 4 v. H. des anteiligen Grund- oder Stammkapitals übersteigt.

Beispiel:
Grundkapital einer AktG.	1 Mill. RM
davon Stammkapital	800 000 RM
Vorzugsaktien	200 000 „
An Dividenden wurden ausgeschüttet:	
auf die Vorzugsaktien 7 v. H.	14 000 RM
auf die Stammaktien	0 „
Berechnung der Mindeststeuer:	
Ausschüttung	14 000 RM
4 v. H. aus dem anteiligen Grundkapital (200 000 RM)	8 000 „
Mindesteinkommen	6 000 RM
Mindeststeuer	1 800 RM

b) Die Dividende wird an einzelne Gruppen von Aktionären in verschiedener Höhe ausgeschüttet. Die Mindestbesteuerung ist vorzunehmen, soweit die Ausschüttung 4 v. H. des anteiligen Grund- und Stammkapitals übersteigt.

Beispiel:
Grundkapital einer AktG.	2 Mill. RM
davon Stammaktien	1 600 000 RM
Vorzugsaktien	400 000 „
An Dividenden wurden ausgeschüttet:	
2 v. H. auf die Stammaktien	32 000 RM
7 v. H. auf die Vorzugsaktien	28 000 „
Zusammen	60 000 RM
Berechnung der Mindeststeuer:	
Ausschüttung auf Vorzugsaktien	28 000 RM
4 v. H. des anteiligen Grundkapitals (400 000 RM)	16 000 „
Mindesteinkommen	12 000 RM
Mindeststeuer	3 600 RM

H X 5. Eigene Aktien oder eigene Anteile

(1) Es bestehen Zweifel, wie zu verfahren ist, wenn eine Kapitalgesellschaft mehr als 4 v. H. ihres Grund- oder Stammkapitals ausschüttet, jedoch die in ihrem Besitz befindlichen eigenen Aktien oder Anteile bei Berechnung der Ausschüttung außer Ansatz läßt.

(2) Nach Sinn und Zweck der Vorschriften über die Mindestbesteuerung sollen alle Ausschüttungen der Steuer unterworfen werden, die das Unternehmen über 4 v. H. hinaus seinen Aktionären zuwendet. Bei Berechnung des Mindesteinkommens bleiben demgemäß die eigenen Aktien oder Anteile unberücksichtigt.

Beispiel:
Grundkapital	100 000 RM
davon eigene Aktien	10 000 „
Ausgeschüttet werden 10 v. H. aus	90 000 RM

Berechnung der Mindeststeuer:

10 v. H. aus 90 000 RM	9 000 RM
davon ab 4 v. H. aus 90 000 RM	3 600 „
Mindesteinkommen	5 400 RM
Mindeststeuer	1 620 RM

H X 6. Verdeckte Gewinnausschüttungen

In § 20 Ziffer 1 der Ersten KStDVO ist das Beispiel einer verdeckten Gewinnausschüttung angeführt:

Ein Gesellschafter führt Vorstandsgeschäfte und erhält hierfür ein unangemessen hohes Gehalt.

Es fragt sich, ob Vergütungen, die außer Verhältnis zur Arbeitsleistung stehen und an Mitglieder des Vorstands oder an andere Angestellte in leitender Stellung, die zugleich Gesellschafter sind, gewährt werden,

§ 17 Absatz 1 Ziffer 1 KStG oder
§ 17 Absatz 1 Ziffer 3 KStG gemäß zu besteuern sind.

§ 17 Absatz 1 Ziffer 1 KStG gemäß gehören zu den Ausschüttungen auch die verdeckten Gewinnausschüttungen. Sie sind für die Mindestbesteuerung wie die offenen Ausschüttungen zu behandeln. Demgemäß dürfen sie nur insoweit der Mindestbesteuerung zugrunde gelegt werden, als sie 4 vom Hundert des gesamten eingezahlten Grund- oder Stammkapitals übersteigen.

H XI. Steuersatz

(1) Durch den ermäßigten Steuersatz von 10 v. H. für 1934 und 1935, von 12,5 v. H. für 1936 und von 15 v. H. ab 1937 (§ 19 Absatz 2 Ziffer 1 KStG und Artikel 3 Ziffer 2 des Gesetzes zur Änderung des KStG vom 27. August 1936) wird das langfristige Kreditgeschäft begünstigt. Langfristig in diesem Sinn sind nur solche Kredite, bei denen von vornherein vereinbart ist, daß sie nicht binnen vier Jahren rückzahlbar sind.

(2) Der ermäßigte Steuersatz wird im Hinblick auf die Begünstigung der Hypothekenbanken auch den Kreditanstalten des öffentlichen Rechts, die sich auf die sogenannten reinen Hypothekenbankgeschäfte (§ 5 des Hypothekenbankgesetzes) beschränken, zugestanden.

H XII. Veranlagung und Entrichtung der Körperschaftsteuer

H XII 1. Steuererklärung

(1) Von der Anforderung einer Steuererklärung kann abgesehen werden bei Körperschaften, Personenvereinigungen und Vermögensmassen, deren Steuerfreiheit sich unmittelbar aus dem Gesetz ergibt und nicht von besonderen Voraussetzungen abhängt.

(2) Bei den Körperschaften, Personenvereinigungen und Vermögensmassen, die nur unter besonderen Voraussetzungen von der Steuer befreit sind, kann von der Anforderung einer Steuererklärung dann Abstand genommen werden, wenn das Finanzamt die Voraussetzungen der Steuerfreiheit in vollem Umfang als gegeben ansieht.

(3) Bestehen Zweifel hinsichtlich der Steuerpflicht, so kann das Finanzamt die Abgabe einer Steuererklärung verlangen (§§ 166, 167 AO). Es ist jedoch zweckmäßig, in solchen Fällen zunächst die Abgabe einer Erklärung über die für die Beurteilung der Steuerpflicht wesentlichen Tatsachen zu verlangen. Führen die angestellten Ermittlungen nicht zu der erforderlichen Klarheit, so ist die Abgabe einer Steuererklärung zu verlangen.

H XII 2. Entrichtung der Steuer

Nach der bisherigen Rechtsprechung des Reichsfinanzhofs (Urteil vom 23. Oktober 1934 I A 297/33, RStBl. 1935 S. 588) ist im Fall der Erfolgsbesteuerung die Anrechnung der einbehaltenen Steuerabzüge vom Kapitalertrag auf den Teil der veranlagten Körperschaftsteuer nicht zulässig, der auf die gewährten Aufsichtsratsvergütungen entfällt. Diese Rechtsprechung gilt auch zu § 17 Absatz 1 Ziffer 2 KStG. Hinweis auf Abschnitt H X 1 Absatz 3 (Seite 781).

H XIII. Genossenschaften

(1) Die künftige steuerliche Behandlung der Genossenschaften kann noch nicht geregelt werden. Die Beratungen über ein neues Genossenschaftsgesetz sind noch nicht abgeschlossen. § 12 AO und § 24 Absatz 2 KStG gemäß ist bestimmt worden:

Für Erwerbs- und Wirtschaftsgenossenschaften und für Zentralen von Genossenschaften, auch wenn sie nicht eingetragene Genossenschaften sind, gelten bei der Veranlagung für für die Kalenderjahre 1936 und 1937 noch die Vorschriften des Körperschaftsteuergesetzes vom 10. August 1925 mit den folgenden Änderungen:

Anhang 17.

Bei der Veranlagung für die Kalenderjahre 1936 und 1937 sind nicht mehr anzuwenden:
1. die Vorschrift über den Verlustvortrag (§ 15 KStG 1925, § 15 Absatz 1 Nr. 4 EStG 1925),
2. die Vorschrift über die Schachtelvergünstigung (§ 11 Absatz 1 Nr. 3 KStG 1925). Es gelten dagegen die Vorschriften über die Bewertungsfreiheit für kurzlebige Wirtschaftsgüter (§ 6 KStG 1934, § 6 Ziffer 1 EStG 1934).

(2) Für die Jahre 1938 und 1939 wird § 12 AO und § 24 Absatz 2 KStG gemäß bestimmt: Auf Erwerbs- und Wirtschaftsgenossenschaften und auf Zentralen von Genossenschaften, auch wenn diese nicht eingetragene Genossenschaften sind, sind bei der Veranlagung für die Kalenderjahre 1938 und 1939 noch die Vorschriften des § 2 Nr. 1, des § 4 Absatz 2 b und c und des § 11 Absatz 1 Nr. 2 und 4 KStG 1925 anzuwenden. Im übrigen gelten die Vorschriften des KStG 1934.

Hieraus ergibt sich das folgende:
a) Bei den Erwerbs- und Wirtschaftsgenossenschaften, die einem Revisionsverband (Prüfungsverband) angeschlossen sind und deren Geschäftsbetrieb sich auf den Kreis der Mitglieder beschränkt, sind nur die Einkünfte aus Land- und Forstwirtschaft aus Kapitalvermögen und aus Vermietung und Verpachtung im Sinn des § 6 Absatz 1 Nr. 1, 5 und 6 EStG 1925 körperschaftsteuerpflichtig.
b) Das gleiche gilt für die in ihrer Hauptbestimmung als Zentralen der Genossenschaften wirkenden eingetragenen Genossenschaften, Gesellschaften mit beschränkter Haftung und Aktiengesellschaften, deren Genossen (Gesellschafter) ausschließlich oder doch überwiegend die im § 4 Absatz 2 b KStG 1925 bezeichneten Genossenschaften sind und deren Geschäftsbetrieb sich im wesentlichen auf die angeschlossenen Mitglieder und deren Einzelmitglieder beschränkt.
c) Bei Sparkassen unbeschränkt steuerpflichtiger Genossenschaften und Genossenschaftszentralen (§ 4 Absatz 2 c KStG 1925) bleibt bei Ermittlung des Einkommens außer Ansatz:
der Teil der Einkünfte, der auf den eigentlichen Sparkassenverkehr entfällt, mit Ausnahme der in § 83 des Einkommensteuergesetzes 1925 bezeichneten Kapitalerträge.

. . . .

Anlage 3

Bei der Ermittlung und Veranlagung des Einkommens zur Körperschaftsteuer kommen §§ 6 und 20 des Körperschaftsteuergesetzes vom 16. Oktober 1934 (RGBl. I S. 1031) gemäß folgende Vorschriften des Einkommensteuergesetzes 1938 (RGBl. I S. 121) in Betracht:

1. Einkunftsarten, Einkünfte, Einkommen . . . . § 2 Absätze 2 bis 5
2. Steuerfreie Einkünfte . . . . § 3 Ziffer 11
3. Gewinn:
  a) Gewinnbegriff im allgemeinen . . . . § 4
  b) Gewinn bei Vollkaufleuten . . . . § 5
  c) Bewertung . . . . § 6
  d) Absetzung für Abnutzung oder Substanzverringerung . . . . § 7
4. Überschuß der Einnahmen über die Werbungskosten:
  a) Einnahmen . . . . § 8
  b) Werbungskosten . . . . § 9 Ziffern 1 bis 3 und 6
5. Sonderausgaben . . . . § 10 Absatz 1 Ziffer 6
6. Vereinnahmung und Verausgabung . . . . § 11
7. Die einzelnen Einkunftsarten:
  a) Land- und Forstwirtschaft:
    1. Einkünfte aus Land- und Forstwirtschaft . . . . § 13 Absätze 1 und 2
    2. Veräußerung des Betriebs . . . . § 14 Absatz 1
  b) Gewerbebetrieb:
    1. Einkünfte aus Gewerbebetrieb . . . . § 15
    2. Veräußerung des Betriebs . . . . § 16 Absätze 1 bis 3
    3. Veräußerung wesentlicher Beteiligungen . . . . § 17 Absätze 1, 2 und 3
  c) Selbständige Arbeit . . . . § 18
  d) Nichtselbständige Arbeit . . . . § 19
  e) Kapitalvermögen . . . . § 20
  f) Vermietung und Verpachtung . . . . § 21

Anhang 18. Erl. RdF. v. 25. 7. 36 betr. Körperschaftsteuer der Versich.unternehmen. 785

    g) Sonstige Einkünfte:
       1. Arten der sonstigen Einkünfte . . . . § 22
       2. Spekulationsgeschäfte . . . . § 23
    h) Gemeinsame Vorschriften . . . . § 24
 8. Veranlagung für das Kalenderjahr . . . . § 25
 9. Durchschnittsätze . . . . § 29
10. Besteuerung bei Auslandsbeziehungen . . . . § 30
11. Pauschbesteuerung . . . . § 31
12. Vorauszahlungen:
    a) Bemessung und Entrichtung der Vorauszahlungen . . . . § 35
    b) Vorauszahlungen in besonderen Fällen . . . . § 36
    c) Erhöhung und Herabsetzung von Vorauszahlungen . . . . § 37
13. Steuerabzug vom Kapitalertrag (Kapitalertragsteuer):
    a) Steuerabzugspflichtige Kapitalerträge . . . . § 43
    b) Bemessung und Entrichtung der Kapitalertragsteuer . . . . § 44
14. Steuerabzug von sonstigen Einkünften . . . . § 45
15. Abschlußzahlung . . . . § 47
16. Besteuerung beschränkt Steuerpflichtiger:
    a) Beschränkt steuerpflichtige Einkünfte . . . . § 49
    b) Sondervorschriften . . . . § 50 Absätze 1, 2, 5 und 6
17. Bewertungsfreiheit für kurzlebige Wirtschaftsgüter des Anlagevermögens § 51 Absatz 2

18. Körperschaftsteuer und Vermögensteuer der Versicherungsunternehmen

Rderl. des RdF. vom 25. Juli 1936 (S 2511 — 45 III/S 3202 — 15 III)
(RStBl. 36 S. 825)
(Auszug)

I. Rechtsgrundlage

Die besonderen Vorschriften über die Besteuerung der Versicherungsunternehmen befinden sich für die Körperschaftsteuer im § 11 Ziffer 2 KStG 1934 und in den §§ 23 bis 28 der Ersten KStDVO, für die Vermögensteuer (Einheitsbewertung) im § 62 Absatz 2 RBewG 1934 und § 53 RBewDB 1935.

1. Körperschaftsteuer

Die Vorschrift des § 11 Ziffer 2 KStG 1934 über die abzugsfähigen Zuführungen zu versicherungstechnischen Rücklagen bei Versicherungsunternehmen ist an die Stelle der Vorschriften des § 15 Ziffern 6 und 7 KStG 1925 getreten.

Die Vorschrift des § 11 Ziffer 2 KStG 1934 hat den Zweck, die allgemeinen steuerlichen Ermittlungsvorschriften für das Sondergebiet der Versicherungsunternehmen fortzuentwickeln und die Berechtigung zu diesen Abzügen schärfer zu umgrenzen.

Diese Vorschrift gilt für sämtliche Versicherungsunternehmen, ohne Rücksicht auf die Rechtsform (Versicherungsunternehmen des öffentlichen Rechts und des privaten Rechts, Aktiengesellschaften und Versicherungsvereine auf Gegenseitigkeit). Sie gibt die Grundlage für die steuerrechtliche Beurteilung der versicherungstechnischen Rücklagen. Dadurch werden die abzugsfähigen versicherungstechnischen Rücklagen an sich festgelegt, außerdem wird die Höhe der abzugsfähigen Zuführungen zu diesen Rücklagen begrenzt. Abzugsfähig sind nicht sämtliche versicherungstechnischen Rücklagen, sondern nur diejenigen, die nach den allgemeinen steuerrechtlichen Grundsätzen als echte Schuldposten oder als Posten, die der Rechnungsabgrenzung dienen, anzusehen sind. Auch dürfen die Rücklagen und die Zuführungen hierzu nicht höher bemessen werden, als zur Erfüllung derjenigen Versicherungsverpflichtungen notwendig ist, die aus den am Bilanzstichtag laufenden Versicherungsverträgen herrühren.

Bereits nach den Vorschriften zum Körperschaftsteuergesetz 1925 ergaben sich infolge der Eigenart des Versicherungsgeschäfts, nämlich bei der Art der Buchführung und der Bilanzierung und durch die Überschußverteilung Schwierigkeiten für die steuerliche Beurteilung gewisser versicherungstechnischer Vorgänge. Hinzu kommt, daß die Versicherungsvereine auf Gegenseitigkeit und die öffentlich-rechtlichen Versicherungsanstalten nunmehr steuerlich ebenso behandelt werden sollen wie die übrigen Versicherungsunternehmen, die in Form einer Kapitalgesellschaft betrieben werden. Es war daher eine Regelung für die folgenden Gebiete notwendig:

a) steuerliche Behandlung der Beitragsrückerstattungen (§ 25 Erste KStDVO);
b) steuerliche Behandlung der Versicherungsunternehmen, die das Lebensversicherungsgeschäft betreiben (§ 26 Erste KStDVO);
c) steuerliche Behandlung der versicherungstechnischen Rücklagen (§ 27 Absatz 1 Erste KStDVO);
d) Voraussetzungen für die Abzugsfähigkeit der Rücklagen zum Ausgleich des schwankenden Jahresbedarfs (§ 27 Absatz 2 Erste KStDVO);
e) Ermittlung des steuerpflichtigen Einkommens bei beschränkt steuerpflichtigen Versicherungsunternehmen (§ 28 Erste KStDVO).

II. Behandlung der Beitragsrückerstattungen bei der Ermittlung des Gewinns
Zu §§ 25, 26 der Ersten KStDVO
1. Allgemeines

Die Versicherungsvereine auf Gegenseitigkeit und die öffentlich-rechtlichen Versicherungsanstalten weisen im Gegensatz zu den Versicherungsaktiengesellschaften in ihrer Bilanz keinen Gewinn aus, der unmittelbar der Ermittlung des zu versteuernden Einkommens zugrunde gelegt werden kann. Soweit daher nicht ein Vorbeitrag oder nach Schluß des Geschäftsjahrs ein Nachschuß erhoben wird, fließt ein etwaiger Überschuß der Einnahmen über die Ausgaben den Versicherungsnehmern, gewöhnlich in Form von Beitragsrückerstattungen, zu. Es ergibt sich also bei dieser Art von Versicherungsunternehmen (abgesehen von Zuführungen zu Kapitalansammlungen oder steuerlichen Berichtigungen einzelner Bilanzposten) nach den allgemeinen Vorschriften kein steuerpflichtiges Einkommen. Damit dem Gedanken der steuerlichen Gleichmäßigkeit auf diesem Gebiet entsprochen wird, sind folgenden Bestimmungen ergangen:
a) § 25 der Ersten KStDVO über Beitragsrückerstattungen,
b) § 26 der Ersten KStDVO über die Gewinnermittlung bei Versicherungsunternehmen, die das Lebensversicherungsgeschäft betreiben.

2. Beitragsrückerstattungen bei der Lebensversicherung

Beitragsrückerstattungen, die aus dem Lebensversicherungsgeschäft stammen, sind abzugsfähig (§ 25 Absatz 1 Ziffer 1 Erste KStDVO). Über Sondervorschriften für Lebensversicherungen Hinweis auf Ziffer 5.

3. Beitragsrückerstattungen, die nicht aus dem Lebensversicherungsgeschäft stammen

(1) Beitragsrückerstattungen, die nicht aus dem Lebensversicherungsgeschäft stammen, sind nur insoweit abzugsfähig, als sie unmittelbar aus den Beiträgen des Wirtschaftsjahrs herrühren, das für die Besteuerung in Betracht kommt (z. B. Beitragsrückerstattungen aus der Krankenversicherung, Unfallversicherung, Haftpflichtversicherung, Sachversicherung). Durch diese Vorschrift sollen die Beitragsrückerstattungen aus Kapitalerträgen und sonstigen Einnahmen außerhalb des versicherungstechnischen Geschäfts oder aus Kapitalansammlungen der Besteuerung unterworfen werden. Entsprechend der Vorschrift des § 25 Absatz 1 Ziffer 2 der Ersten KStDVO ist daher das steuerpflichtige Einkommen der Versicherungsvereine auf Gegenseitigkeit und öffentlich-rechtlichen Versicherungsanstalten, die die Krankenversicherung, Unfallversicherung, Haftpflichtversicherung, Sachversicherung betreiben, wie folgt festzustellen:

Zunächst ist der Überschuß des betreffenden Wirtschaftsjahrs an Hand von Steuerbilanzen oder auch von steuerlichen Verlust- und Gewinnübersichten zu ermitteln. Hierbei sind die Vorschriften über die Abzugsfähigkeit der Rücklagen für Beitragsrückerstattungen und über die steuerliche Behandlung der versicherungstechnischen Rücklagen zu beachten. Sind von dem so ermittelten Überschuß Beitragsrückerstattungen vorgenommen, so ist der Teil festzustellen, der § 25 Absatz 1 Ziffer 2 der Ersten KStDVO gemäß abzugsfähig ist. Dieser Teil der Beitragsrückerstattungen wird in der Weise ermittelt, daß den auf das Wirtschaftsjahr entfallenden Beitragseinnahmen sämtliche Ausgaben des technischen Geschäfts sowie sämtliche sonstigen persönlichen und sachlichen Betriebsausgaben gegenübergestellt werden. Nur bis zur Höhe des Überschusses der Beitragseinnahmen sind die Beitragsrückerstattungen abzugsfähig. Der abzugsfähige Teil der Beitragsrückerstattungen wird um so größer sein, je höher der Überschuß der Beitragseinnahmen über die das Wirtschaftsjahr betreffenden Ausgaben ist. Die Rückgewährung der Beiträge muß spätestens bei Genehmigung des Abschlusses des Wirtschaftsjahrs beschlossen sein. In dem Beschluß muß auch zum Ausdruck gebracht sein, daß die Beitragsrückerstattungen auf die binnen Jahresfrist nach der Beschlußfassung fällig werdenden Beiträge anzurechnen oder binnen Jahresfrist nach der Beschlußfassung bar auszuzahlen sind. Werden die zurückzuerstattenden Beiträge in der Weise gutgeschrieben, daß der Versicherungsnehmer einen Rechtsanspruch auf diese Beiträge erwirbt, so ist die Gutschrift der Anrechnung auf fällig werdende Beiträge oder der Barauszahlung gleichzusetzen.

(2) Bei Versicherungsunternehmen, die in die Form von Versicherungsaktiengesellschaften oder Versicherungsgesellschaften mbH gekleidet sind und die Beitragsrückerstattungen vorgenommen haben, ist der abzugsfähige Teil der Beitragsrückerstattungen in der gleichen Weise festzustellen.

Beispiel für die Ermittlung des abzugsfähigen Teils der Beitragsrückerstattungen:

a) Überschuß laut Handelsbilanz . . . . 100 000 RM
 davon Beitragsrückerstattungen an die Versicherungsnehmer im Sinn
 des § 25 Absatz 1 Ziffer 2 Satz 2 der Ersten KStDVO . . . . 80 000 „
b) Festgestellter steuerlicher Überschuß . . . . 120 000 „
c) Der nach § 25 Absatz 1 Ziffer 2 Satz 1 der Ersten KStDVO zu ermittelnde Betriebsüberschuß wird in der Regel auf Grund der Verlust- und Gewinnübersicht in folgender Weise berechnet (hierbei sind die Beträge auf den Selbstbehalt abgestellt, d. h. von diesen Beträgen ist der Anteil der Rückversicherer bereits abgezogen):

Einnahmen:
Schadenreserve aus dem Vorjahr . . . . 110 000 RM
Prämienübertrag aus dem Vorjahr . . . . . . 240 000 „
Sonstige abzugsfähige versicherungstechnische Rücklagen aus dem Vorjahr . . . . 150 000 „
Beitragseinnahmen . . . . 840 000 „
 1 340 000 RM

Ausgaben:
Prämienübertrag . . . . 280 000 RM
Schadenreserve. . . . . 120 000 „
Sonstige abzugsfähige versicherungstechnische Rücklagen . . . . 210 000 „
Schadenzahlungen . . . . 340 000 „
Betriebsausgaben jeder Art . . . . 360 000 „
Betriebsüberschuß . . . . 30 000 „
 1 340 000 RM

Der als letzter Posten unter den Ausgaben ausgewiesene Betriebsüberschuß von . . . . 30 000 RM
ist der steuerlich abzugsfähige Teil der Beitragsrückerstattungen. Da die geleisteten Beitragsrückerstattungen wie unter a) angeführt, 80 000 RM betragen, der steuerlich abzugsfähige Teil der Beitragsrückerstattungen jedoch nur 30 000 RM beträgt, stammen die restlichen 50 000 RM nicht aus dem Betriebsüberschuß, sondern aus aufgelösten Reserven (Kapitalansammlungen) oder aus Einnahmen außerhalb des Betriebsüberschusses (z. B. Zins- oder Dividendeneinkünften). Diese 50 000 RM sind daher nicht abzugsfähig.

d) Berechnung des steuerpflichtigen Einkommens: steuerlicher Überschuß
 (zu vgl. b) . . . . 120 000 RM
 davon ab: steuerlich abzugsfähiger Teil der Beitragsrückerstattungen
 (zu vgl. Betriebsüberschuß unter c) . . . . 30 000 „
 somit steuerpflichtiges Einkommen . . . . 90 000 RM

4. Rücklagen für Beitragsrückerstattungen.

(1) § 25 Absatz 2 der Ersten KStDVO gemäß sind die Zuführungen zu Rücklagen für Beitragsrückerstattungen nur insoweit abzugsfähig, als ihre ausschließliche Verwendung der Rücklagen für diesen Zweck durch Satzung oder durch geschäftsplanmäßige Erklärung gesichert ist. Die Vorschrift bezieht sich nicht auf die Zuführungen zu anderen Rücklagen, auch wenn diese Rücklagen satzungsmäßig oder durch geschäftsplanmäßige Erklärung für bestimmte Zwecke verwendet werden.

(2) Die ausschließliche Verwendung der Rücklagen im Sinn des § 25 Absatz 2 der Ersten KStDVL gilt bei dem Lebensversicherungsgeschäft auch dann noch als gesichert, wenn nach der Satzung oder der geschäftsplanmäßigen Erklärung mit Genehmigung der zuständigen Aufsichtsbehörde im Interesse der Versicherten in Ausnahmefällen aus der Rücklage für Beitragsrückerstattungen Beträge zur Abwendung eines Notstands (z. B. Verlustabdeckung) entnommen werden dürfen.

5. Lebensversicherung

Im § 26 der Ersten KStDVO ist für Versicherungsunternehmen, die das Lebensversicherungsgeschäft betreiben, eine besondere Art der Besteuerung eingeführt worden. Sie wirkt sich stets dann aus, wenn nach den allgemeinen Vorschriften über die Ermittlung des Einkommens (§ 6 KStG 1934) oder nach § 17 KStG 1934 (Mindestbesteuerung des Gesamtunternehmens) sich nicht eine höhere Körperschaftsteuer ergibt. Diese besondere Besteuerungsart besteht darin, daß von dem Gesamtüberschuß aus dem Lebensversicherungsgeschäft bis auf weiteres 5 v. H. als Einkommen angesehen werden, das der Besteuerung zugrunde zu legen ist. Gesamtüberschuß aus dem Lebensversicherungsgeschäft ist der Betrag, der auf Grund der Steuerbilanz ermittelt worden ist und in dem noch die Zuführungen zu den Gewinnreserven der mit Gewinnanteil Versicherten (Überschußrücklage) enthalten sind.

Beispiel:
a) Überschuß auf Grund der Steuerbilanz (einschließlich Bilanzberichtigung von 30 000 RM) . . . . 40 000 RM
b) Überschuß laut Handelsbilanz (davon 990 000 RM der Überschußrücklage zugeführt, echte Reserve 10 000 RM) . . . . 1 000 000 „
c) Berechnung des steuerlichen Gesamtüberschusses
 Überschuß laut Steuerbilanz (a) . . . . . . 40 000 RM
 dazu aus dem Überschuß der Handelsbilanz (b) der
 Überschußrücklage zugeführt . . . . 990 000 „
 steuerlicher Gesamtüberschuß . . . . 1 030 000 „
d) Davon 5 v. H. als steuerpflichtiges Einkommen nach § 26 der Ersten KStDVO . . . . 51 500 „
e) Da im vorliegenden Fall die Steuerbilanz nur ein steuerpflichtiges Einkommen von 40 000 RM (a) ergibt, das Einkommen nach § 26 der Ersten KStDVO sich auf 51 500 RM (d) berechnet, ist dieses der Besteuerung zugrunde zu legen.

In dem Beispiel ist davon ausgegangen, daß auch die Mindestbesteuerung nach § 17 KStG 1934 einen geringeren Steuerbetrag ergeben würde, als die Besteuerung nach § 26 der Ersten KStDVO.

(2) Ebenso wie die Lebensversicherung ist auch eine mit der Lebensversicherung verbundene Unfallzusatzversicherung zu behandeln.

(3) Betreibt das Versicherungsunternehmen neben der Lebensversicherung auch noch andere Versicherungszweige, z. B. die Krankenversicherung oder die Unfall- und Haftpflichtversicherung, so ist die Vorschrift des § 26 der Ersten KStDVO nur für das Ergebnis aus dem Lebensversicherungsgeschäft anzuwenden. Bei der Ermittlung des Einkommens für das gesamte Unternehmen ist das nach § 26 der Ersten KStDVO errechnete Einkommen mit dem Einkommen aus den anderen Versicherungszweigen zusammenzurechnen oder auszugleichen.

IV. Behandlung der versicherungstechnischen Rücklagen

Zu § 27 Absätze 1 und 2 der Ersten KStDVO — § 53 Absätze 1 und 2 RBewDV 1935

1. Begriff

Der Fachausdruck „Versicherungstechnische Rücklagen" umfaßt sowohl echte Rücklagen (Reserven), d. s. Passivposten, die am Stichtag weder dem Grund noch der Höhe nach eine Versicherungsverpflichtung bedeuten, als auch Rückstellungen, welche wirtschaftlich in dem abzuschließenden Bilanzzeitraum als Belastung anzuerkennen sind. Diese versicherungstechnischen Rücklagen werden von den Versicherungsunternehmen nach Gesetz, Satzung, Geschäftsplan oder nach anerkannten Grundsätzen der Versicherungswirtschaft gestellt oder sie sind durch Weisung der Aufsichtsbehörden vorgeschrieben, um die gegenüber den Versicherten bestehenden Verpflichtungen erfüllen zu können.

Erl. RdF. v. 25. 7. 36 betr. Körperschaftsteuer der Versicherungsunternehmen.

2. Grenze der Abzugsfähigkeit nach der Art der Rücklagen

Bei der Ermittlung des steuerpflichtigen Einkommens und des Vermögens dürfen nicht sämtliche Zuführungen zu versicherungstechnischen Rücklagen oder sämtliche versicherungstechnische Rücklagen abgezogen werden. Abzugsfähig sind nur diejenigen, die nach den allgemeinen steuerrechtlichen Grundsätzen als echte Schuldposten oder als Posten, die der Rechnungsabgrenzung dienen, anzusehen sind. Unter den versicherungstechnischen Rücklagen ist hiernach zwischen den abzugsfähigen Rücklagen und den nichtabzugsfähigen Rücklagen zu unterscheiden. Die steuerliche Abzugsfähigkeit der Rücklagen kann nicht allein damit begründet werden, daß die Rücklagen durch Gesetz, Satzung, Geschäftsplan oder Weisung der Aufsichtsbehörde vorgeschrieben sind.

a) Zu den abzugsfähigen Rücklagen gehören insbesondere:
Prämienreserven,
Prämienüberträge,
Schadenreserven,
Gewinnreserven der mit Gewinnanteil Versicherten (Überschußrücklagen),
Rücklagen zum Ausgleich des schwankenden Jahresbedarfs,
Verwaltungskostenrücklagen in der Lebensversicherung (als Gegenposten zu den gestundeten Prämien oder als Ergänzungsposten zu den Prämienüberträgen),
Stornorücklagen,
Wiederinkraftsetzungsrücklagen.
Wegen der Höhe des Abzugs, Hinweis auf Ziffer 3.

b) Zu den nichtabzugsfähigen Rücklagen gehören insbesondere:
Sicherheitsrücklagen im Sinn des § 37 des Gesetzes über die Beaufsichtigung der privaten Versicherungsunternehmungen und Bausparkassen vom 6. Juni 1931 (RGBl. I S. 315), vgl. dazu auch das U. des RFH in RStBl. 1933 S. 1203 Nr. 984 insbesondere S. 1204 rechte Sp. Absatz 2,
Organisationsrücklagen,
Versicherungstechnische Sicherheitsrücklagen der einzelnen Versicherungszweige,
Rücklagen für künftige, möglicherweise eintretende Verluste aus dem technischen Geschäft.

3. Grenze der Abzugsfähigkeit nach der Höhe der Rücklagen

Für die versicherungstechnischen Rücklagen, die hiernach abzugsfähig sind, ist die Höhe des Abzugs durch § 27 Absatz 1 Satz 2 der Ersten KStDVO und § 53 Absatz 1 Satz 2 RBewDB 1935 näher umgrenzt. Der Abzug darf hiernach „den Betrag nicht übersteigen, der zur Sicherstellung der Verpflichtungen aus den am Bilanzstichtag (Bewertungsstichtag) bestehenden Versicherungsverträgen erforderlich ist". Wegen der Sonderbehandlung der Rücklagen für Beitragsrückerstattungen bei der Einheitsbewertung Hinweis auf Abschnitt III.

4. Rücklagen zum Ausgleich des schwankenden Jahresbedarfs

Eine Besonderheit bildet die Rücklage zum Ausgleich des schwankenden Jahresbedarfs. Es handelt sich dabei um Rückstellungen, die gemacht werden, um die auf Grund der Wahrscheinlichkeitsgesetze eintretenden Schwankungen im Schadensverlauf zu decken. Um entscheiden zu können, ob eine Rücklage für den schwankenden Jahresbedarf überhaupt in Frage kommt, müssen nach § 27 Absatz 2 der Ersten KStDVO und § 53 Absatz 2 RBewDB 1935 insbesondere folgende Voraussetzungen erfüllt sein:

a) Nach den Erfahrungen in dem betreffenden Versicherungszweig muß mit erheblichen Schwankungen des Jahresbedarfs zu rechnen sein. Das kann insbesondere für die Hagelversicherung zutreffen. Ob erhebliche Schwankungen im Schadensverlauf vorliegen, kann an Hand des bei dem betreffenden Versicherungsunternehmen vorhandenen statistischen Materials festgestellt werden. Es ist unter Zugrundelegung einer angemessen großen Zeitspanne für jedes Jahr das Verhältnis der jeweiligen Gesamtschadensumme zur Gesamtversicherungssumme festzustellen. Ist das nicht möglich, so ist das Verhältnis der jeweiligen Gesamtschadensumme zur Gesamtprämieneinnahme zugrunde zu legen. Aus den Verhältniszahlen der einzelnen Jahre ist der Durchschnittschadensatz zu errechnen und sodann festzustellen, welche Abweichungen nach oben sich in den der Berechnung zugrunde liegenden Jahren von diesem Durchschnittschadensatz ergeben haben. Diese Abweichungen bieten einen Anhaltspunkt für die Beurteilung der Frage, ob in dem betreffenden Versicherungszweig bei dem betreffenden Versicherungsunternehmen überhaupt Schwankungen vorliegen und ob diese Schwankungen erheblich sind.

Für sämtliche in Betracht kommenden Versicherungszweige ist zu beachten, daß das statistische Material nur dann sichere Schlüsse auf die Schwankungen des Jahresbedarfs zuläßt, wenn es einen längeren Zeitraum umfaßt.

b) Die Schwankungen im Jahresbedarf dürfen durch die Prämien nicht ausgeglichen werden. Die Rücklage zum Ausgleich des schwankenden Jahresbedarfs darf z. B. nicht steuerfrei gebildet werden, wenn der Jahresbedarf auch in den ungünstigen Jahren mit hohem Schadensverlauf durch die erhobene Prämie gedeckt wird. Unter Prämien sind bei den Versicherungsvereinen auf Gegenseitigkeit und öffentlich=rechtlichen Versicherungsanstalten nur die Vorbeiträge (ohne die Nachschüsse) zu verstehen.

c) Die Schwankungen des Jahresbedarfs müssen aus den am Bilanzstichtag oder Bewertungstichtag bestehenden Versicherungsverträgen herrühren. Für die Beurteilung, ob diese Voraussetzungen vorliegen, kann im allgemeinen der jeweilige Versicherungsbestand als eine einzige, einheitliche Versicherung mit unbegrenzter Laufzeit angesehen werden. Dies wird besonders für diejenigen Versicherungszweige zutreffen, bei denen der größte Teil der Versicherungen regelmäßig bei Ablauf verlängert wird (z. B. in der Hagel- und Feuerversicherung). Nicht darunter fallen Versicherungszweige, bei denen hauptsächlich kurzfristige, einmalige Versicherungen abgeschlossen werden. Für diese Versicherungen ist keine Rücklage zum Ausgleich des schwankenden Jahresbedarfs zu bilden.

d) Die Schwankungen im Jahresbedarf dürfen nicht durch die Rückversicherung gedeckt sein. Ob und in welchem Maße die Schwankungen des Jahresbedarfs durch Rückversicherung gedeckt sind, kann an Hand des betreffenden statistischen Materials festgestellt werden. Stellt man die Schwankungen aus dem Gesamtgeschäft den Schwankungen des Eigenbehalts gegenüber, so gewinnt man einen Überblick, ob durch die Rückversicherung die Schwankungen im Schadensverlauf zu einem Teil oder sogar in vollem Umfange aufgefangen worden sind. Werden die Schwankungen in vollem Umfang aufgefangen, so ist die Voraussetzung für die Bildung der Rücklage zum Ausgleich des schwankenden Jahresbedarfs nicht gegeben.

Sind die Voraussetzungen für die Bildung der Rücklage gegeben, so ist für die Bemessung der Rücklage zum Ausgleich des schwankenden Jahresbedarfs der Umfang der Rückversicherung nach dem Verhältnis des Rückversicherungsbeitrags zum Gesamtbeitrag oder nach dem Verhältnis der in Rückversicherung gegebenen Versicherungssumme zur Gesamtversicherungssumme zu berücksichtigen. Im übrigen sind für die endgültige Höhe der Rücklage zum Ausgleich des schwankenden Jahresbedarfs auch die gesamten Rückversicherungsverhältnisse zu beachten.

V. Beschränkt steuerpflichtige Versicherungsunternehmen
Zu § 28 der Ersten KStDVO

(1) Bei beschränkt steuerpflichtigen Versicherungsunternehmen wird für das inländische Geschäft das technische Ergebnis, das auch als Betriebsergebnis oder industrielles Ergebnis bezeichnet wird, an Hand von besonderen Verlust- und Gewinnübersichten ermittelt. In der Regel werden diese Verlust- und Gewinnübersichten in der Sachversicherung folgende Einnahmeposten und Ausgabeposten enthalten:

Einnahmen:
1. Prämienüberträge für eigene Rechnung, aus dem Vorjahr
2. Schadenreserven für eigene Rechnung aus dem Vorjahr
3. Sonstige technische Reserven aus dem Vorjahr
4. Prämieneinnahmen
5. Nebenleistungen
6. Rückversicherungsprovisionen.

Ausgaben:
1. Rückversicherungsprämien
2. Bezahlte Schäden für eigene Rechnung
3. Provisionen und Verwaltungskosten des inländischen Geschäfts
4. Schadenreserven für eigene Rechnung
5. Prämienüberträge für eigene Rechnung
6. Sonstige technische Reserven.

In der Lebensversicherung sind außerdem noch die diesem Versicherungszweig eigenen Einnahmeposten und Ausgabeposten, wie Prämienreserven, Gewinnreserven der mit Gewinnanteil Versicherten, gestundete Beiträge, Verwaltungskostenrücklagen, Kapitalerträge aus dem technischen Geschäft zu berücksichtigen.

Anhang 19a. Gesetz über die Finanzierung nationalpolitischer Aufgaben des Reichs.

(2) Von den unter Einnahmen und Ausgaben aufgeführten Posten können einzelne Posten geschätzt werden. Diese geschätzten Posten dürfen aber nicht zu zahlreich und so groß sein, daß sie das ganze Bild bestimmen. Die geschätzten Posten müssen im Verhältnis zu den Rechnungsposten von untergeordneter Bedeutung sein.

(3) Die gesonderte Verlust- und Gewinnübersicht für das inländische Geschäft wird in der Regel auf den Selbstbehalt abgestellt. Hierbei ist jedoch das Ergebnis aus der Rückversicherung mitzuerfassen. Es müssen also unter den Einnahmen die Vergütungen der Rückversicherer (z. B. Rückversicherungsprovisionen) mitenthalten sein.

(4) Die abzugsfähigen versicherungstechnischen Rücklagen und die Zuführungen hierzu sind nach den Grundsätzen des inländischen Steuerrechts anzusetzen.

(5) Dem so ermittelten technischen Ergebnis ist dann der dem Inlandsgeschäft entsprechende Anteil an den Vermögenserträgen des Gesamtunternehmens hinzuzurechnen. Abzuziehen ist hiervon der dem inländischen Versicherungsgeschäft entsprechende Anteil an den Generalunkosten des gesamten Unternehmens, soweit sie nicht im technischen Ergebnis bereits enthalten sind. Die aufzuteilenden Beträge sind im Verhältnis der inländischen Prämieneinnahme zur Gesamtprämieneinnahme festzustellen.

(6) Wird das steuerpflichtige Einkommen eines beschränkt steuerpflichtigen Versicherungsunternehmens von dem Gesamtgewinn im Verhältnis der inländischen Prämieneinnahme zur Gesamtprämieneinnahme ermittelt (§ 28 Absatz 2 Erste KStDVO), so sind dem Bilanzgewinn die Zuführungen zu echten Reserven, die auch aus dem Geschäftsbericht ersichtlich sind, hinzuzurechnen.

VI. Einzelfragen

1. Ausgaben zur Feuerverhütung bei der Ermittlung des Einkommens

Es sind Zweifel entstanden, ob Ausgaben zur Feuerverhütung (z. B. Umbau von Strohdächern oder Beihilfe zur Anschaffung von Motorspritzen) als abzugsfähige Betriebsausgaben angesehen werden können. Ich erkläre mich bis auf weiteres damit einverstanden, daß Ausgaben dieser Art bei der Ermittlung des Einkommens abgezogen werden, soweit sie unmittelbar den eigenen Versicherungsnehmern zugute kommen.

. . . .

3. Richtsätze

Durch § 27 Absatz 3 der Ersten KStDVO und § 53 Absatz 3 RBewDB 1935 ist der Reichsminister der Finanzen ermächtigt, im Benehmen mit dem Reichswirtschaftsminister Richtsätze über die steuerlich anzuerkennenden versicherungstechnischen Rücklagen und die Zuführungen hierzu aufzustellen. Das vorliegende Material reicht zur Zeit für die Aufstellung dieser Richtsätze nicht aus. Erhebungen sind im Gange. Die Veranlagungen zur Körperschaftsteuer und die Feststellung des Einheitswerts des Betriebsvermögens sind daher bis auf weiteres ohne solche Richtsätze durchzuführen.

19a. Gesetz über die Finanzierung nationalpolitischer Aufgaben des Reichs (Neuer Finanzplan — NF —).
Vom 20. März 1939
(RGBl. I S. 561, RStBl. 39 S. 473)

Die Reichsregierung hat das folgende Gesetz beschlossen, das hierdurch verkündet wird:

Abschnitt I
Steuergutscheine

§ 1
Ausstattung der Steuergutscheine

(1) Der Reichsminister der Finanzen wird ermächtigt, für den im § 2 bezeichneten Zweck Steuergutscheine auszugeben.

(2) Die Steuergutscheine werden zum Nennbetrag ausgegeben, und zwar in zwei Ausstattungen (I und II).

(3) Die Steuergutscheine I werden von den Finanzkassen und Zollkassen des Reichs ab dem siebenten Monat nach dem Ausgabemonat bei der Entrichtung von Reichssteuern zum Nennbetrag in Zahlung genommen.

(4) Die Steuergutscheine II werden von den Finanzkassen und Zollkassen des Reichs ab dem siebenunddreißigsten Monat nach dem Ausgabemonat bei der Entrichtung von Reichssteuern zu 112 vom Hundert des Nennbetrags in Zahlung genommen.

§ 2
Steuergutscheine bei Bezahlung von Lieferungen

(1) Das Reich, die Länder, die Gemeinden und die Gemeindeverbände, die Reichsbahn, die Reichspost, das Unternehmen Reichsautobahnen und andere vom Reichsminister der Finanzen bezeichnete juristische Personen oder ähnliche Gebilde bezahlen Lieferungen und sonstige Leistungen gewerblicher Unternehmer in Höhe von 40 vom Hundert des Rechnungsbetrags in Steuergutscheinen, und zwar je zur Hälfte in Steuergutscheinen I und II.

(2) Juristische Personen des Privatrechts, gewerbliche Einzelunternehmer und Unternehmergemeinschaften (zum Beispiel Offene Handelsgesellschaften und Kommanditgesellschaften) sind berechtigt, Lieferungen und sonstige Leistungen gewerblicher Unternehmer bis zu 40 vom Hundert des Rechnungsbetrags in Steuergutscheinen zu bezahlen.

(3) Absätze 1 und 2 gelten nicht für den Spitzenbetrag, der nach Teilung des Rechnungsbetrags durch 500 verbleibt.

§ 3
Bewertungsfreiheit auf Grund von Steuergutscheinen I

(1) Die gewerblichen Unternehmer können in Höhe von 20 vom Hundert des Gesamtbetrags der Steuergutscheine I, die ihnen in den letzten zehn Monaten des Wirtschaftsjahrs ununterbrochen gehört haben, Bewertungsfreiheit für die abnutzbaren Wirtschaftsgüter des betrieblichen Anlagevermögens in Anspruch nehmen, und zwar für die Steuern vom Einkommen und vom Ertrag.

(2) Für Wirtschaftsjahre, die im Kalenderjahr 1939 enden, genügt es, daß dem Steuerpflichtigen die Steuergutscheine I in den letzten sechs Monaten des Wirtschaftsjahrs ununterbrochen gehört haben.

(3) Für Wirtschaftsjahre, die weniger als zehn Monate (in den Fällen des Absatzes 2 weniger als sechs Monate) umfassen, genügt es, daß dem Steuerpflichtigen die Steuergutscheine I bis zum Ende des Wirtschaftsjahrs und mindestens zehn Monate (in den Fällen des Absatzes 2 mindestens sechs Monate) ununterbrochen gehört haben.

(4) Der Hundertsatz (20 vom Hundert), der Absatz 1 gemäß für die Bewertungsfreiheit maßgebend ist, erhöht sich:
1. auf 25 vom Hundert,
    wenn die Steuergutscheine I dem gewerblichen Unternehmer weitere zwölf Monate lang ununterbrochen gehört haben;
2. auf 30 vom Hundert,
    wenn die Steuergutscheine I dem gewerblichen Unternehmer abermals zwölf Monate lang ununterbrochen gehört haben;
3. auf 35 vom Hundert,
    wenn die Steuergutscheine I dem gewerblichen Unternehmer abermals weitere zwölf Monate lang ununterbrochen gehört haben.

(5) Der Hundertsatz, der den Absätzen 1 und 4 gemäß für die Bewertungsfreiheit maßgebend ist, erhöht sich bei gewerblichen Unternehmern der Ausfuhrindustrie um 10 vom Hundert, wenn der Ausfuhrumsatz mindestens 25 vom Hundert ihres Gesamtumsatzes beträgt. Der Reichsminister der Finanzen wird ermächtigt, für den Ausfuhrhandel eine entsprechende Vergünstigung zu treffen.

(6) Vom Gesamtbetrag der Steuergutscheine I, der die Grundlage der Bewertungsfreiheit bildet (Absatz 1), ist der Betrag abzuziehen, um den sich der Nennwert des Bestands an Schuldverschreibungen und verzinslichen Schatzanweisungen des Reichs, der Reichsbahn und der Reichspost während des Wirtschaftsjahrs (im Fall des Absatzes 2 seit Inkrafttreten des Gesetzes und im Fall des Absatzes 3 während der beiden Wirtschaftsjahre, soweit diese in den Zeitraum ab Inkrafttreten des Gesetzes fallen) vermindert hat.

Abschnitt II
Ausgleich des Ausfalls an Einnahmen
§ 4

Der Ausfall an Einnahmen, der durch die Inzahlungnahme von Steuergutscheinen (§ 1 Absätze 3 und 4) entsteht, wird ausgeglichen:

Gesetz über die Finanzierung nationalpolitischer Aufgaben des Reichs. 793

1. durch das Mehraufkommen an Steuern, das aus der Durchführung der nationalpolitischen Aufgaben des Reichs zu erwarten ist;
2. durch Erhebung einer Mehreinkommensteuer (§§ 5 bis 10);
3. durch Einsparungen bei den Ausgaben der öffentlichen Verwaltung.

Abschnitt III
Mehreinkommensteuer
§ 5
Steuerpflicht

(1) Das Reich erhebt laufend eine Steuer vom Mehreinkommen (Mehreinkommensteuer). Die Mehreinkommensteuer wird jeweils für ein Kalenderjahr, erstmals für das Kalenderjahr 1939, erhoben.

(2) Der Mehreinkommensteuer unterliegen diejenigen Einkommensteuerpflichtigen und Körperschaftsteuerpflichtigen, die ein steuerpflichtiges Mehreinkommen (§§ 6 und 7) erzielt haben.

§ 6
Mehreinkommen

Mehreinkommen ist der Betrag, um den das im Vorjahr erzielte steuerpflichtige Einkommen höher ist als das steuerpflichtige Einkommen in dem Jahr, das dem Vorjahr vorangegangen ist.

Beispiel:
Das Mehreinkommen, das der Mehreinkommensteuer für das Kalenderjahr 1939 unterliegt, ist der Betrag, um den das im Kalenderjahr 1938 (Zweitjahr) erzielte Einkommen höher ist als das im Kalenderjahr 1937 (Erstjahr) erzielte Einkommen.

§ 7
Steuerpflichtiges Mehreinkommen

Steuerpflichtiges Mehreinkommen ist das Mehreinkommen (§ 6), vermindert um:
1. das im Zweitjahr erzielte Mehr an land- und forstwirtschaftlichen Einkünften;
2. das im Zweitjahr erzielte Mehr an außerordentlichen Einkünften (§ 34 des Einkommensteuergesetzes), soweit sie nicht zu dem Zweitjahr in Beziehung stehen;
3. die im Zweitjahr erzielten Einkünfte aus denjenigen Erbschaften, Schenkungen und anderen einmaligen Vermögensanfällen, die der Steuerpflichtige im Zweitjahr gehabt hat;
4. die Beträge, die der Steuerpflichtige im Zweitjahr für notwendige Erweiterungen des abnutzbaren betrieblichen Anlagevermögens aufgewendet hat. Hat der Steuerpflichtige im Zweitjahr für die Erweiterungen Absetzungen oder Abschreibungen vorgenommen, so mindert sich der in Satz 1 vorgesehene Abzug entsprechend;
5. die Mehrbeträge, die nach einer Tarifordnung oder Besoldungsordnung einem Arbeitnehmer im Zweitjahr deshalb zugeflossen sind, weil er entweder ein höheres Alter (Dienstalter) oder eine höher bewertete Stellung erreicht hat (Beförderung) oder weil die Zahl seiner Familienmitglieder sich erhöht hat;
6. den Betrag, in dessen Höhe der Steuerpflichtige im Erstjahr Bewertungsfreiheit nach § 3 in Anspruch genommen hat. Hat der Steuerpflichtige sowohl im Erstjahr als auch im Zweitjahr Bewertungsfreiheit nach § 3 in Anspruch genommen, so wird nur der Betrag abgezogen, um den die in Anspruch genommene Bewertungsfreiheit im Erstjahr höher war als im Zweitjahr;
7. den Betrag, in dessen Höhe der Steuerpflichtige im Zweitjahr Absetzungen für Abnutzung (§ 7 des Einkommensteuergesetzes) hätte in Anspruch nehmen können, wenn er nicht im Erstjahr oder in einem früheren Jahr Bewertungsfreiheit nach § 3 in Anspruch genommen hätte;
8. den Betrag von 600 Reichsmark. Dieser Betrag erhöht sich, wenn das Einkommen im Erstjahr den Betrag von 2400 Reichsmark nicht erreicht hat, um den Unterschiedsbetrag zwischen diesem Betrag und dem im Erstjahr erzielten Einkommen;
9. den Betrag, um den das Einkommen, das im Jahr 1939 erzielt wird, sich dadurch erhöht, daß die §§ 10 und 46 des Einkommensteuergesetzes durch das Gesetz vom 17. Februar 1939 (Reichsgesetzbl. I S. 283) geändert worden sind. Dieser Abzug gilt nur für die Mehreinkommensteuer 1940.

§ 8
Steuersatz

Die Mehreinkommensteuer beträgt 30 vom Hundert des steuerpflichtigen Mehreinkommens.

§ 9
Festsetzung und Fälligkeit

(1) Die Mehreinkommensteuer wird durch Steuerbescheid festgesetzt, soweit sie nicht nach Anordnung des Reichsministers der Finanzen durch Steuerabzug vom Arbeitslohn zu erheben ist.

(2) Die durch Steuerbescheid festgesetzte Mehreinkommensteuer ist in vier gleichen Teilbeträgen am 10. März, 10. Juni, 10. September und 10. Dezember zu entrichten. Der erste Teilbetrag ist am 10. September 1939 zu entrichten.

§ 10
Abzugsfähigkeit der Mehreinkommensteuer

Die Mehreinkommensteuer ist bei Ermittlung des steuerpflichtigen Einkommens voll abzugsfähig. Sie ist bei Ermittlung des steuerpflichtigen Gewerbeertrags insoweit abzugsfähig, als sie auf den Gewinn aus Gewerbebetrieb entfällt.

Abschnitt IV
Schlußvorschriften

§ 11
Durchführungsbestimmungen

Der Reichsminister der Finanzen wird ermächtigt, zur Durchführung und Ergänzung der §§ 1 und 2 Rechtsverordnungen und Verwaltungsvorschriften zu erlassen. Er kann insbesondere über die Frage, welcher Teil des Rechnungsbetrags in Steuergutscheinen zu bezahlen ist oder bezahlt werden darf, eine von § 2 abweichende Regelung treffen.

§ 12
Inkrafttreten

(1) Der Reichsminister der Finanzen bestimmt, wann § 2 des Gesetzes in Kraft tritt.

(2) Die §§ 1 bis 3 und der § 11 gelten auch im Land Österreich und in den sudetendeutschen Gebieten. Die Inkraftsetzung der §§ 5 bis 10 im Land Österreich und in den sudetendeutschen Gebieten bleibt vorbehalten.

19 b. Durchführungsverordnung zum Neuen Finanzplan (NFDVO)
Vom 26. April 1939
(RGBl. I S. 829, RStBl. 39 S. 617).

Auf Grund des § 11 des Gesetzes über die Finanzierung nationalpolitischer Aufgaben des Reichs (Neuer Finanzplan — NF —) vom 20. März 1939 (Reichsgesetzbl. I S. 561) und auf Grund der §§ 12 und 13 der Reichsabgabenordnung wird hierdurch verordnet:

Zu Abschnitt I
Steuergutscheine

Zu § 1 des Gesetzes
§ 1
Ausstattung der Steuergutscheine

(1) Die Steuergutscheine werden in zwei Ausstattungen ausgegeben: Steuergutscheine I und Steuergutscheine II (Muster 1 und 2). Sie lauten auf 100, 200, 500, 1000, 2000, 5000, und 10 000 Reichsmark. Die Einführung von Steuergutscheinen, die auf andere Beträge lauten, bleiben vorbehalten.

(2) Die Steuergutscheine sind Inhaberpapiere.

Durchführungsverordnung zum Neuen Finanzplan.

(3) Die Steuergutscheine, die auf 100, 200, 500, 1000, 2000 und 5000 Reichsmark lauten, werden zu Blöcken von je 20 Stück, die Steuergutscheine, die auf 10 000 Reichsmark lauten, zu Blöcken von je 10 Stück zusammengefaßt.

§ 2
Auslieferung der Steuergutscheine

(1) Die Dienststellen des Reichs und die Nationalsozialistische Deutsche Arbeiterpartei erhalten die erforderlichen Steuergutscheine durch die vom Reichsminister der Finanzen bestimmten Stellen.

(2) Die Länder, die Gemeinden, die Gemeindeverbände, die Reichsbahn, die Reichspost, das Unternehmen Reichsautobahnen und die vom Reichsminister der Finanzen bezeichneten juristischen Personen und ähnlichen Gebilde, die Lieferungen und sonstige Leistungen gewerblicher Unternehmer zu bezahlen haben, beziehen die Steuergutscheine gegen sofortige Bezahlung von den vom Reichsminister der Finanzen bezeichneten Stellen. Der Reichsminister der Finanzen kann anordnen, daß Stellen mit erheblichem Zahlungsverkehr, die Steuergutscheine in vollen Blöcken beziehen, nur die von ihnen in Zahlung gegebenen Steuergutscheine, und zwar monatlich oder in kürzeren Zeitabschnitten, zu bezahlen haben. Diese Stellen haben den vom Reichsminister der Finanzen beauftragten Dienststellen der Reichsfinanzverwaltung auf Verlangen nachzuweisen, in welchem Betrag sie in dem abgelaufenen Zeitabschnitt Steuergutscheine in Zahlung gegeben haben.

§ 3
Verwendung der Steuergutscheine

(1) Die Steuergutscheine werden von dem darauf bezeichneten Monat ab von allen Finanzkassen und Zollkassen des Reichs bei der Entrichtung von Reichssteuern in Zahlung genommen, Steuergutscheine I zu ihrem Nennwert, Steuergutscheine II zu 112 vom Hundert ihres Nennwerts. Steuergutscheine, die entwertet oder so beschädigt sind, daß die Prüfung ihrer Echtheit oder des Zeitpunkts ihrer Einlösbarkeit nicht möglich ist, und unvollständig ausgefüllte Steuergutscheine werden nicht in Zahlung genommen.

(2) Steuergutscheine können bei den Finanzkassen in Steuergutscheine, die nicht früher einlösbar sind, umgetauscht werden. Der Umtausch von Steuergutscheinen in Steuergutscheine anderer Wertklassen ist zulässig. Der Umtausch von Steuergutscheinen I in Steuergutscheine II und umgekehrt ist unzulässig. Der Umtausch ist ausgeschlossen, wenn die Steuergutscheine entwertet oder so beschädigt sind, daß die Prüfung ihrer Echtheit oder des Zeitpunkts ihrer Einlösbarkeit nicht mehr möglich ist, oder wenn sie unvollständig ausgefüllt sind.

§ 4
Abhandengekommene Steuergutscheine

Das Reich gewährt keinen Ersatz für Steuergutscheine, die verloren gegangen oder sonst abhanden gekommen sind. Die Einleitung eines gerichtlichen Aufgebotsverfahrens ist ausgeschlossen.

Zu § 2 des Gesetzes

§ 5
NSDAP

Die Nationalsozialistische Deutsche Arbeiterpartei steht bei der Anwendung des Gesetzes dem Reich gleich.

§ 6
Zur Bezahlung in Steuergutscheinen verpflichtete Stellen

(1) Zur Bezahlung in Steuergutscheinen sind außer den Stellen, die im § 2 Absatz 1 des Gesetzes bezeichnet sind, verpflichtet:
1. die der Nationalsozialistischen Deutschen Arbeiterpartei angeschlossenen Verbände;
2. der Reichsnährstand;
3. die Reichswirtschaftskammer, die Industrie- und Handelskammern und die Handwerkskammern;
4. der Deutsche Gemeindetag;
5. die Zweckverbände;
6. die Versorgungsbetriebe, die in privatrechtlicher Form geführt werden, wenn die Mehrheit der Anteile an diesen Betrieben dem Reich, einem Land, einer Gemeinde,

einem Gemeindeverband oder einem Zweckverband oder einigen gemeinsam unmittelbar oder mittelbar gehört;

7. die Religionsgesellschaften öffentlichen Rechts und solche Körperschaften, Personenvereinigungen und Vermögensmassen, die Zwecken dienen, durch deren Erfüllung eine Religionsgesellschaft öffentlichen Rechts unmittelbar gefördert wird.

(2) Der Reichsminister der Finanzen kann durch Bekanntmachung im Reichsanzeiger weitere juristische Personen und ähnliche Gebilde verpflichten, nach § 2 Absatz 1 des Gesetzes zu verfahren.

(3) Die Reichsmonopolverwaltung für Branntwein ist von der Verpflichtung zur Bezahlung in Steuergutscheinen ausgenommen.

§ 7
Begriff „gewerbliche Unternehmer"

Gewerbliche Unternehmer sind natürliche Personen, Körperschaften, Personenvereinigungen und Vermögensmassen, die Einkünfte aus Gewerbebetrieb haben. Die Reichsbahn, die Reichspost und die Reichsmonopolverwaltung für Branntwein sind nicht zur Annahme von Steuergutscheinen an Zahlungstatt verpflichtet.

§ 8
Verfahren bei der Bezahlung in Steuergutscheinen durch die dazu verpflichteten Stellen

(1) Die Finanzkasse hat bei der Auslieferung der Steuergutscheine an die Kassen, die auf Grund von § 2 des Gesetzes verpflichtet sind, in Steuergutscheinen zu bezahlen (auszahlende Kassen), die Bezeichnung des Monats, in dem die Einlösung der Steuergutscheine frühestens zulässig ist, handschriftlich mit Tinte oder mit einem unzerstörbaren Stempelaufdruck in die dafür bestimmte Zeile einzutragen, und zwar die Bezeichnung des Monats in Buchstaben, die Bezeichnung des Jahres in Ziffern. Diese Eintragung hat nicht die Finanzkasse, sondern die auszahlende Kasse vorzunehmen, wenn sie die Steuergutscheine in vollen Blöcken ohne sofortige Bezahlung des Gegenwerts bezieht.

(2) Die auszahlende Kasse hat in das dafür bestimmte Feld des Steuergutscheins ihren Dienststempel zu setzen. Führt die Kasse keinen Dienststempel, so sind die Steuergutscheine mit dem Dienststempel der Behörde oder Stelle zu versehen, zu der die Kasse gehört. Führt auch diese Behörde oder Stelle keinen Dienststempel, so hat die Finanzkasse den Steuergutschein bei der Auslieferung an die auszahlende Kasse mit ihrem Dienststempel zu versehen. In diesem Fall ist unterhalb des Stempelabdrucks der Finanzkasse die Bezeichnung der auszahlenden Kasse einzufügen.

(3) Bei der Übergabe oder Übersendung der Steuergutscheine auf Grund von § 2 Absatz 1 des Gesetzes hat die auszahlende Kasse auf dem Stamm der Steuergutscheine zu bescheinigen, welchem Gläubiger und an welchem Tag der Steuergutschein übergeben oder übersandt worden ist. Sind der Kasse, die in Steuergutscheinen bezahlt, die Steuergutscheine nicht in vollen Blöcken geliefert worden, so hat die beliefernde Finanzkasse auf jedem Stamm zu bescheinigen, welcher Kasse und an welchem Tag der zugehörige Steuergutschein ausgeliefert worden ist.

(4) Bei der Bezahlung in Steuergutscheinen auf Grund von § 2 Absatz 1 des Gesetzes hat die auszahlende Kasse die Stückelung so zu wählen, daß die Zahl der Steuergutscheine, die einem Gläubiger zu übergeben oder zu übersenden sind, möglichst klein ist. Der Gläubiger kann eine andere Stückelung verlangen.

(5) Die Stellen, die zur Bezahlung in Steuergutscheinen verpflichtet sind, bezahlen nur mit solchen Steuergutscheinen, mit denen sie § 2 dieser Verordnung gemäß beliefert worden sind, oder die sie auf Grund von § 2 Absatz 2 des Gesetzes an Zahlungstatt erhalten haben.

§ 9
Sachliche Regelung der Bezahlung in Steuergutscheinen

(1) Bei der Bezahlung in Steuergutscheinen auf Grund von § 2 des Gesetzes sind an Zahlungstatt anzunehmen:
1. die Steuergutscheine I zum Nennbetrag,
2. die Steuergutscheine II im Ausgabemonat und im folgenden Kalendermonat zum Nennbetrag, in den weiteren Kalendermonaten zuzüglich eines Aufgelds. Das Aufgeld beträgt im zweiten Kalendermonat nach dem Ausgabemonat ein Drittel vom Hundert des Nennbetrags. Es erhöht sich mit Beginn eines jeden weiteren Kalendermonats bis einschließlich des siebenunddreißigsten Kalendermonats um ein weiteres

Drittel vom Hundert des Nennbetrags. Auf den in Steuergutscheinen zu bezahlenden Rechnungsbetrag ist nur der Nennbetrag der Steuergutscheine anzurechnen. Das Aufgeld ist mit dem in Geld zu vergütenden Rechnungsteilbetrag zu verrechnen.

(2) Die im § 2 des Gesetzes vorgesehene Bezahlung in Steuergutscheinen II ist nur bis zum Ablauf des sechsunddreißigsten Kalendermonats nach dem Ausgabemonat des einzelnen Steuergutscheins zulässig.

(3) Auf die Bezahlung in Steuergutscheinen finden die Vorschriften über die Geldübermittlung Anwendung.

(4) Der Hingabe von Steuergutscheinen an Zahlungsstatt steht die Verschaffung des Miteigentums an den Steuergutscheinen gleich, die zum Sammelbestand einer Wertpapiersammelbank gehören.

(5) Das Entgelt gilt für steuerliche Zwecke in dem Zeitpunkt als vereinnahmt, in dem die Steuergutscheine dem Unternehmer zugeflossen sind.

§ 10
Ausnahmen für Personen ohne Betriebstätte im Reichsgebiet und für ausländische Waren

(1) An Gläubiger, die keine Betriebstätte im Reichsgebiet haben, darf in Steuergutscheinen nicht bezahlt werden.

(2) Gewerbliche Unternehmer, die keine Betriebstätte im Reichsgebiet haben, sind nicht berechtigt, in Steuergutscheinen zu bezahlen.

(3) Auf die Lieferung von Erzeugnissen einer ausländischen Volkswirtschaft, die im Reichsgebiet weder bearbeitet noch verarbeitet worden sind, finden die Vorschriften des § 2 des Gesetzes nicht Anwendung.

§ 11
Keine Bezahlung in Steuergutscheinen im Geld-, Kapital- und Wertzeichenverkehr

Die Entgelte, die mit der Gewährung von Krediten und Bürgschaften und mit der Übertragung von Geldforderungen (z. B. Wechseln und Schecken), von Wertpapieren und Anteilen an Gesellschaften und sonstigen Vereinigungen verbunden sind, und die Übertragung von Banknoten, Papiergeld, Geldsorten und inländischen amtlichen Wertzeichen gelten nicht als Lieferungen und Leistungen im Sinn des § 2 des Gesetzes.

§ 12
Übertragung des Anspruchs auf Steuergutscheine

Der Anspruch auf Steuergutscheine ist übertragbar. § 2 des Gesetzes gilt auch, wenn der Anspruch auf den Gegenwert einer Lieferung oder sonstigen Leistung eines gewerblichen Unternehmers abgetreten, gepfändet oder verpfändet worden ist.

§ 13
Begriff „Rechnungsbetrag", Fälligkeitsregelung, Zusammenfassung der von derselben Kasse am gleichen Tag zu leistenden Zahlungen

(1) Als Rechnungsbetrag im Sinn des § 2 des Gesetzes gilt der an einen Unternehmer für einen Auftrag oder auf Grund eines sonstigen Vertrags insgesamt zu zahlende Betrag. Sind mindestens 500 Reichsmark zu zahlen und werden Teilzahlungen geleistet, so ist bei deren Fälligkeit Zahlung nur auf den durch 500 teilbaren Betrag zu leisten. Der verbleibende Spitzenbetrag ist jeweils der nächsten Teilzahlung hinzuzurechnen. Er wird spätestens mit der letzten Teilzahlung fällig.

(2) Aufträge über eine einheitliche Lieferung oder Leistung dürfen von den zur Bezahlung in Steuergutscheinen verpflichteten Stellen nicht zerlegt werden, um den in Steuergutscheinen zu bezahlenden Rechnungsteilbetrag auszuschließen oder zu vermindern.

(3) Der Berechnung des in Steuergutscheinen zu bezahlenden Betrags ist die Summe der Zahlungen zugrunde zu legen, die am gleichen Tag von derselben Kasse an einen Unternehmer zu leisten sind.

§ 14
Entscheidung in Streitfällen

In Streitfällen darüber, ob eine Behörde, ein Unternehmer oder eine Stelle auf Grund von § 2 Absätzen 1 und 2 des Gesetzes zur Inzahlunggabe von Steuergutscheinen berechtigt oder zur Inzahlungnahme von Steuergutscheinen verpflichtet ist, entscheidet der Reichsminister der Finanzen oder eine durch diesen bestimmte Stelle.

Anhang 19b.

§ 15
Befreiung von der Börsenumsatzsteuer
Anschaffungsgeschäfte über Steuergutscheine unterliegen nicht der Börsenumsatzsteuer.

§ 16
Strafrechtlicher Schutz der Steuergutscheine
(1) Die §§ 146 bis 148, 151, 152 und 360 Ziffern 4 bis 6 des Strafgesetzbuchs und das Gesetz über den Schutz des zur Anfertigung von Schuldurkunden des Reichs und der Länder verwendeten Papiers gegen unbefugte Nachahmung vom 3. Juli 1925 (Reichsgesetzbl. I S. 93) finden auf Steuergutscheine Anwendung.
(2) Die Erlaubnis, die im § 1 des Gesetzes über den Schutz des zur Anfertigung von Schuldurkunden des Reichs und der Länder verwendeten Papiers gegen unbefugte Nachahmung vom 3. Juli 1925 (Reichsgesetzbl. I S. 93) vorgesehen ist, steht hinsichtlich des zur Anfertigung von Steuergutscheinen verwendeten Papiers dem Reichsminister der Finanzen zu.

§ 17
Rechnungsbeträge, auf die die Vorschriften über die Bezahlung in Steuergutscheinen erstmals Anwendung finden
§ 2 des Gesetzes findet auf Rechnungsbeträge Anwendung, die nach dem 31. März 1939 fällig geworden sind, soweit sie nicht am 30. April 1939 bereits bezahlt sind.

Zu § 3 des Gesetzes

Bewertungsfreiheit auf Grund von Steuergutscheinen I

§ 18
Begriff der Bewertungsfreiheit
(1) Die Bewertungsfreiheit berechtigt, neben den Absetzungen und Abschreibungen, die im Einkommensteuergesetz und im Körperschaftsteuergesetz vorgesehen sind, Sonderabschreibungen im Rahmen des § 3 des Gesetzes ohne Rücksicht auf die Nutzungsdauer und den Teilwert vorzunehmen. Es ist belanglos, wann die Wirtschaftsgüter angeschafft oder hergestellt worden sind.
(2) Die Bewertungsfreiheit gilt erstmals für Wirtschaftsjahre, die im Kalenderjahr 1939 enden.

§ 19
Begriff der abnutzbaren Wirtschaftsgüter
(1) Zu den abnutzbaren Wirtschaftsgütern des betrieblichen Anlagevermögens gehören alle Wirtschaftsgüter, die sich durch ihre betriebliche Nutzung technisch oder wirtschaftlich verbrauchen und bei denen dieser Verbrauch erfahrungsgemäß länger als ein Jahr dauert (zum Beispiel: Gebäude, Maschinen, Einrichtungsgegenstände, Patentrechte, im Abbau befindliche Substanz bei Bergbauunternehmen, Steinbrüchen, Sand-, Ton- und Kiesgruben). Der Begriff der abnutzbaren Wirtschaftsgüter ist demgemäß der gleiche wie im Einkommensteuerrecht und Körperschaftsteuerrecht.
(2) Zu den abnutzbaren Wirtschaftsgütern des betrieblichen Anlagevermögens gehören zum Beispiel nicht: Grund und Boden, noch nicht in Abbau befindliche Felder beim Bergbau, Beteiligungen, Betriebsbestehenswert (Geschäftswert), Apothekenrecht.

§ 20
Persönliche Voraussetzungen
Bewertungsfreiheit haben nur gewerbliche Unternehmer im Sinn des § 7 dieser Verordnung.

§ 21
Sachliche Voraussetzungen
(1) Die Bewertungsfreiheit ist abhängig von der Höhe des Bestands an Steuergutscheinen I, die dem gewerblichen Unternehmer in dem Zeitraum ununterbrochen gehört haben, den das Gesetz vorschreibt. Es ist der niedrigste Bestand in diesem Zeitraum maßgebend.
(2) Es ist belanglos, ob die Steuergutscheine als Entgelt für Lieferung oder sonstige

Leistungen eines gewerblichen Unternehmens oder auf andere Art (zum Beispiel durch Kauf, Erbschaft oder Schenkung) erworben sind.

(3) Die Bewertungsfreiheit wird nicht beeinträchtigt durch den Umtausch von Steuergutscheinen.

§ 22
Formelle Voraussetzungen

(1) Der gewerbliche Unternehmer muß ordnungsmäßige Bücher führen.

(2) Es ist nicht erforderlich, daß die Wirtschaftsgüter, für die Bewertungsfreiheit in Anspruch genommen wird, auf einem besonderen Konto geführt werden. Die Sonderabschreibungen sind auf einem „Abschreibungskonto NF" auszuweisen.

(3) Die Sonderabschreibung ist steuerlich nur in der Höhe zulässig, in der sie in der Handelsbilanz vorgenommen wird. Diese Einschränkung gilt nicht, soweit die Buchwerte der abnutzbaren Wirtschaftsgüter in der Steuerbilanz höher sind als in der Handelsbilanz.

§ 23
Nachweis des ununterbrochenen Eigentums

(1) Die Steuergutscheine I sind in der ordnungsmäßigen Buchführung auf einem „Steuergutscheinkonto I" auszuweisen. Daneben ist ein Bestandsbuch für die Steuergutscheine I zu führen. Aus dem Bestandsbuch muß ersichtlich sein,
a) wann und von wem der Steuerpflichtige die Steuergutscheine I erhalten hat,
b) wann und an wen der Steuerpflichtige die Steuergutscheine I weitergegeben hat,
c) wie hoch der jeweilige Bestand (Nennbetrag) ist.

(2) Soweit der Steuerpflichtige Steuergutscheine I einem Kreditinstitut übergeben hat, kann er den Nachweis durch eine Bescheinigung des Kreditinstituts führen.

§ 24
Erweiterte Bewertungsfreiheit für die Ausfuhrindustrie

(1) Die Bewertungsfreiheit ist für die gewerblichen Unternehmer der Ausfuhrindustrie, die unmittelbar oder mittelbar zum Anfall von Devisen beitragen, erweitert.

(2) Voraussetzung für die Inanspruchnahme der erweiterten Bewertungsfreiheit ist, daß der Ausfuhrumsatz im Kalenderjahr mindestens 25 vom Hundert des Gesamtumsatzes beträgt.

(3) Ob diese Mindestgrenze erreicht wird, ist der Umsatzsteuerveranlagung zu entnehmen. Darüber hinaus kann der Steuerpflichtige nachweisen, daß er weitere Geschäfte für ausländische Rechnung getätigt hat.

(4) Zur Ausfuhr rechnen auch die mittelbaren Ausfuhrgeschäfte gewerblicher Hersteller, wenn die folgenden Voraussetzungen gegeben sind:
1. Die Abnehmer müssen die ihnen von den gewerblichen Herstellern gelieferten Gegenstände ausgeführt haben;
2. Den Abnehmern muß wegen dieser Ausfuhrgeschäfte eine Ausfuhrhändlervergütung zustehen (§§ 66 bis 72 Umsatzsteuerdurchführungsbestimmungen);
3. Die gewerblichen Hersteller müssen das Vorliegen der unter Ziffern 1 und 2 bezeichneten Voraussetzungen durch Bescheinigung ihrer Abnehmer nachweisen. Liegt unmittelbare Versendung ins Ausland durch die Hersteller vor, so kann das Vorliegen der Voraussetzungen unter Ziffer 1 durch Versendungsbelege nachgewiesen werden.

(5) Unschädlich ist, wenn bei der mittelbaren Ausfuhr zwischen Abnehmer und Hersteller ein Lieferungssyndikat eingeschaltet ist.

(6) Weist der Steuerpflichtige weitere Ausfuhrgeschäfte nach (Absätze 3 bis 5), so ist für die Berechnung auch von einem entsprechend erhöhten Gesamtumsatz auszugehen.

§ 25
Bewertungsfreiheit bei Erhöhung des Ausfuhrumsatzes der Ausfuhrindustrie

(1) Erreicht der Ausfuhrumsatz nicht die im Gesetz vorgesehene Mindestgrenze von 25 vom Hundert des Gesamtumsatzes, hat sich aber der Ausfuhrumsatz gegenüber dem Ausfuhrumsatz des vorangegangenen Kalenderjahrs erhöht, so erhöht sich die Bewertungsfreiheit für jede vollen 2 vom Hundert der Ausfuhrsteigerung um 1 vom Hundert des Bestands an Steuergutscheinen, höchstens jedoch um 10 vom Hundert des Bestands an Steuergutscheinen.

(2) Für die Ermittlung des Ausfuhrumsatzes gelten die Bestimmungen des § 24 Absätze 3 bis 6.

§ 26
Vergünstigung für den Ausfuhrhandel

(1) Den Unternehmern des Ausfuhrhandels steht die Bewertungsfreiheit im gleichen Umfang zu wie den Unternehmern der Ausfuhrindustrie, wenn der Ausfuhrumsatz (einschließlich des Transithandels) im Kalenderjahr mindestens 25 vom Hundert des Gesamtumsatzes beträgt.

(2) Soweit diese Unternehmer von der Bewertungsfreiheit für die abnutzbaren Wirtschaftsgüter des betrieblichen Anlagevermögens nicht in ausreichendem Umfang Gebrauch machen können, dürfen sie an Stelle der ihnen zusätzlich zustehenden Bewertungsfreiheit einen Abzug vom steuerpflichtigen Gewinn außerhalb der Bilanz vornehmen. Die Höhe des Abzugs richtet sich nach dem Bestand an Steuergutscheinen I, die dem gewerblichen Unternehmer in dem Zeitraum ununterbrochen gehört haben, den das Gesetz vorschreibt. Der Abzug beträgt 10 vom Hundert des Bestands an Steuergutscheinen I, wenn der Ausfuhrumsatz mindestens 25 vom Hundert des Gesamtumsatzes beträgt.

(3) Wird diese Mindestgrenze von den um Absatz 2 Satz 1 genannten Unternehmern nicht erreicht, so wird ein Gewinnabzug beim Vorliegen einer Ausfuhrsteigerung (§ 25) gewährt. Dieser beträgt für jede vollen 2 vom Hundert der Ausfuhrsteigerung 1 vom Hundert des Bestands an Steuergutscheinen, höchstens jedoch 10 vom Hundert des Bestands an Steuergutscheinen.

§ 27
Verminderung des Bestands an Reichsanleihen

(1) Zur Ermittlung des Betrags, der § 3 Absatz 6 des Gesetzes gemäß abzuziehen ist, ist vom Nennbetrag des Bestands an Reichsanleihen usw. zu Beginn des Zeitraums der Nennbetrag des geringsten Bestands während des Zeitraums abzuziehen. Der Grund der Bestandsverminderung ist belanglos.

(2) Das Gesetz ist am 25. März 1939 in Kraft getreten. Mit diesem Tag beginnt der im § 3 Absatz 6 des Gesetzes bezeichnete Zeitraum, soweit für seinen Beginn das Inkrafttreten des Gesetzes maßgebend ist.

(3) Beispiel:

a) Bestand an Reichsanleihen am 25. März 1939	100 000 RM.
Niedrigster Bestand während des Wirtschaftsjahrs	70 000 RM.
Verminderung um	30 000 RM.
b) Niedrigster Bestand an Steuergutscheinen im Wirtschaftsjahr	150 000 RM.
Verminderung des Bestands an Reichsanleihen	30 000 RM.
Die Bewertungsfreiheit besteht für	120 000 RM.

Sonderabschreibung: 20 vom Hundert von 120 000 RM. = 24 000 RM.

(4) Eine Verminderung, die infolge Einlösung von Schuldverschreibungen oder Schatzanweisungen eintritt, bleibt außer Betracht, wenn der Nennbetrag des Bestands innerhalb von zehn Tagen, nachdem der Einlösungsbetrag dem Unternehmer zugeflossen ist, wieder aufgefüllt wird.

(5) Den Schuldverschreibungen und verzinslichen Schatzanweisungen des Reichs stehen die in das Reichsschuldbuch eingetragenen Buchschulden des Reichs (Reichsschuldbuchforderungen) gleich.

(6) § 3 Absatz 6 des Gesetzes findet keine Anwendung auf Kreditinstitute, die Bank- oder Sparkassengeschäfte (§ 1 des Reichsgesetzes über das Kreditwesen vom 5. Dezember 1934, Reichsgesetzbl. I S. 1203) als Hauptgeschäftszweig betreiben, mit Ausnahme der Grundkreditinstitute.

Zu Abschnitt III §§ 5 bis 10
Mehreinkommensteuer für 1939

§ 28
Persönliche Steuerpflicht

Mehreinkommensteuerpflichtig sind unbeschränkt und beschränkt Einkommensteuerpflichtige und Körperschaftsteuerpflichtige.

§ 29
Einkommen

Zu dem steuerpflichtigen Einkommen im Sinn des Gesetzes gehört auch das zur Körperschaftsteuer herangezogene Mindesteinkommen (§ 17 des Körperschaftsteuergesetzes).

§ 30
Grundlage

Bei Steuerpflichtigen, die zur Einkommensteuer oder Körperschaftsteuer veranlagt worden sind, ist von dem veranlagten Einkommen auszugehen. Dabei ist der für die Veranlagung festgestellte Betrag des Einkommens maßgebend.

§ 31
Besondere Berechnung des Mehreinkommens

(1) Bei der Berechnung des Mehreinkommens sind außergewöhnliche Verhältnisse zu berücksichtigen.

(2) Die außergewöhnlichen Verhältnisse werden durch Zurechnungen und Abrechnungen beim Einkommen des Erstjahrs berücksichtigt.

§ 32
Außergewöhnliche Verhältnisse

(1) Außergewöhnliche Verhältnisse, die zu einer besonderen Berechnung des Mehreinkommens führen, sind zum Beispiel die folgenden:
1. Übergang von der beschränkten Steuerpflicht zur unbeschränkten Steuerpflicht oder umgekehrt,
2. Begründung oder Auflösung einer Haushaltsgemeinschaft,
3. Einführung oder Aufhebung sachlicher Steuerbefreiungen (zum Beispiel Steuerfreiheit für die Einkünfte aus Neuhausbesitz oder Begünstigung von Genossenschaften),
4. verkürzte Veranlagungszeiträume (zum Beispiel durch Eintritt in die Steuerpflicht oder Ausscheiden aus der Steuerpflicht),
5. Fälle, in denen Einkünfte bei der Veranlagung mit dem Gewinn für einen kürzeren oder längeren Zeitraum als für ein Jahr oder infolge Änderung der Gewinnberechnungsart nach besonderen Zu- oder Abrechnungen angesetzt sind (zum Beispiel Übergang von der Überschußrechnung zur ordnungsmäßigen Buchführung oder Umstellung des Wirtschaftsjahrs).

(2) Außergewöhnliche Verhältnisse, die eine besondere Berechnung des Mehreinkommens rechtfertigen, kann das Finanzamt auf Antrag des Steuerpflichtigen auch dann anerkennen, wenn wegen der Art des Berufs oder aus anderen Gründen in der Zugrundelegung des vollen Mehreinkommens eine unbillige Härte gegeben sein würde.

§ 33
Schwankendes Einkommen

Auf Antrag des Steuerpflichtigen ist für die Berechnung des Mehreinkommens an Stelle des Kalenderjahrs 1937 als Erstjahr das Kalenderjahr 1936 oder das Kalenderjahr 1935 zugrunde zu legen.

§ 34
Verlustabzug

Ist das Einkommen des Erstjahrs bei der Veranlagung zur Einkommensteuer oder Körperschaftsteuer durch einen Verlustabzug gemindert worden, so gilt als Einkommen des Erstjahrs das Einkommen vor Abzug des Verlustes.

§ 35
Zuweisungen an Pensions- und Unterstützungskassen

(1) Für die Berechnung des Mehreinkommens darf im Zweitjahr kein höherer Betrag für die Zuweisungen an Pensions- und Unterstützungskassen abgesetzt werden als im Erstjahr.

(2) Ist im Zweitjahr erstmals eine Zuweisung an eine neu gegründete Pensions- oder Unterstützungskasse gemacht worden oder hat sich die Zahl der Gefolgschaftsmitglieder im

Zweitjahr gegenüber dem Erstjahr erhöht, so kann ein angemessener Betrag oder entsprechender Mehrbetrag zugelassen werden.

§ 36
Umwandlung, Zusammenschluß und Aufteilung

(1) Im Fall der Umwandlung ist für die Berechnung des Mehreinkommens als Einkommen im Erstjahr der Betrag anzusetzen, den das Unternehmen in seiner früheren Form erzielt hat.

(2) Im Fall des Zusammenschlusses mehrerer Unternehmen sind für die Berechnung des Mehreinkommens als Einkommen im Erstjahr die Beträge anzusetzen, die die Unternehmen in ihrer früheren Form erzielt haben.

(3) Im Fall der Aufteilung eines Unternehmens in mehrere Unternehmen ist das Einkommen des früheren Unternehmens entsprechend aufzuteilen.

§ 37
Schachtelgesellschaften

(1) Bei Schachtelgesellschaften (§ 9 des Körperschaftsteuergesetzes) bleiben für die Berechnung des Mehreinkommens im Erstjahr und im Zweitjahr die Gewinnanteile aus der Schachtelbeteiligung wie bei der Körperschaftsteuerveranlagung außer Ansatz.

(2) Hat die Schachtelbeteiligung im Erstjahr noch nicht bestanden, oder besteht die Schachtelbeteiligung im Zweitjahr nicht mehr, so werden die auf die Beteiligung entfallenden Gewinne für die Berechnung des Mehreinkommens weder im Erstjahr noch im Zweitjahr ausgeschieden.

§ 38
Organgesellschaften

Ist im Zweitjahr bei Organverhältnissen durch Abschluß, Änderung oder Aufhebung eines Gewinnabführungsvertrags die Grundlage für die Feststellung des Mehreinkommens verändert worden, so sind für die Berechnung des Mehreinkommens Zurechnungen oder Abrechnungen vorzunehmen, die die Auswirkungen dieser Veränderungen für die Berechnung des Mehreinkommens ausgleichen.

Zu § 7 des Gesetzes
(Verminderung des Mehreinkommens)

Zu § 7 Ziffer 1
§ 39
Land- und Forstwirtschaft

(1) Das Mehreinkommen wird durch ein Weniger an land- und forstwirtschaftlichen Einkünften im Zweitjahr gegenüber dem Erstjahr vermindert.

(2) Aufwendungen zu notwendigen Erweiterungen eines land- und forstwirtschaftlichen Betriebs sind bei der Berechnung eines steuerpflichtigen Mehreinkommens nicht abzugsfähig.

Zu § 7 Ziffer 2
§ 40
Außerordentliche Einkünfte

(1) Fallen außerordentliche Einkünfte im Sinn des § 34 Absatzes 2 Ziffern 1, 3 und 4 des Einkommensteuergesetzes im Erstjahr oder im Zweitjahr an, so ist nur der mit dem Erstjahr oder Zweitjahr in Beziehung stehende Teil der Einkünfte anzusetzen. Außerordentliche Einkünfte stehen zu dem Jahr, in dem sie erzielt werden, mit dem Teil nicht in Beziehung, der als Entgelt für frühere oder spätere Jahre bestimmt oder anzusehen ist.

(2) Veräußerungsgewinne im Sinn des § 34 Absatzes 2 Ziffer 2 des Einkommensteuergesetzes und im Sinn der §§ 14, 15 und 16 des Körperschaftsteuergesetzes, die im Erstjahr oder im Zweitjahr anfallen, bleiben außer Ansatz. Das gilt auch für Ausschüttungen aus dem Anleihestock.

Zu § 7 Ziffer 3
§ 41
Einkünfte aus einmaligen Vermögensanfällen

(1) Zu den Einkünften aus einmaligen Vermögensanfällen gehören auch die Einkünfte aus Aussteuern, Ausstattungen, Lotteriegewinnen, Kapitalempfängen auf Grund von

Lebensversicherungen, Kapitalabfindungen, die als Entschädigung für Unfälle und Körperverletzungen bezahlt werden, Kapitalabfindungen auf Grund der Reichsversicherung, der Beamtenpensionsgesetze und der Militärversorgung.

(2) Zu den Einkünften aus Erbschaften, Schenkungen und anderen einmaligen Vermögensanfällen gehören auch die Einkünfte, die der Steuerpflichtige mittelbar auf Grund einer Erbschaft oder eines anderen einmaligen Vermögensanfalls bezogen hat.

(3) Die Einkünfte im Zweitjahr sind nur insoweit abzusetzen, als sie die aus dem angefallenen Vermögen erzielten Einkünfte im Erstjahr nicht übersteigen.

Zu § 7 Ziffer 4
§ 42
Notwendige Erweiterungen des betrieblichen Anlagevermögens

(1) Ob notwendige Erweiterungen vorliegen, ist nicht vom Standpunkt des einzelnen Steuerpflichtigen, sondern vom Standpunkt der Deutschen Volkswirtschaft unter Berücksichtigung der Belange der Wehrmacht und der Aufgaben des Vierjahresplans zu entscheiden. Eine notwendige Erweiterung des abnutzbaren betrieblichen Anlagevermögens liegt nur vor, wenn dadurch unmittelbar eine Erhöhung der Erzeugung von Gütern oder eine Erhöhung der Leistungskraft eines Betriebs bezweckt wird.

(2) Als Erweiterungen gelten nicht Ersatzbeschaffungen und Instandsetzungen, auch wenn sie dem technischen Fortschritt angepaßt sind.

(3) Für den Abzug ist der Betrag maßgebend, mit dem die Erweiterungen in die Steuerbilanz aufgenommen worden sind.

Zu § 7 Ziffer 6
§ 43
Abzug für Bewertungsfreiheit bei kurzlebigen Wirtschaftsgütern

(1) Hat der Steuerpflichtige im Erstjahr Bewertungsfreiheit für kurzlebige Wirtschaftsgüter in Anspruch genommen, so vermindert sich das Mehreinkommen um den Betrag der in Anspruch genommenen Bewertungsfreiheit, gekürzt um die Absetzungen nach § 7 des Einkommensteuergesetzes, die der Steuerpflichtige ohne Inanspruchnahme der Bewertungsfreiheit hätte vornehmen können.

(2) Hat der Steuerpflichtige auch im Zweitjahr von der Bewertungsfreiheit für kurzlebige Wirtschaftsgüter Gebrauch gemacht, so wird nur der Unterschiedsbetrag abgezogen, um den der nach Absatz 1 berechnete Betrag der Bewertungsfreiheit im Erstjahr höher war als der nach Absatz 1 berechnete Betrag der Bewertungsfreiheit im Zweitjahr.

Zu § 7 Ziffer 8
§ 44
Angenommenes Einkommen des Erstjahrs in der Übergangszeit

Für die Berechnung der Mehreinkommensteuer 1939 und 1940 ist als Einkommen des Erstjahrs in jedem Fall mindestens ein Betrag von 6000 Reichsmark zugrunde zu legen.

§ 45
Freibetrag

Bei der Veranlagung zur Mehreinkommensteuer 1939 und 1940 vermindert sich das steuerpflichtige Mehreinkommen um den Betrag von 1200 Reichsmark (Freibetrag).

§ 46
Erhöhung des Freibetrags bei Kinderreichen

Der Freibetrag erhöht sich für das dritte und jedes weitere Kind, für das dem Steuerpflichtigen bei der Veranlagung für das Zweitjahr Kinderermäßigung zustand, um je 900 Reichsmark.

Zu §§ 8 bis 10 des Gesetzes
§ 47
Steuersatz

Der Steuersatz wird für die Mehreinkommensteuer 1939 und 1940 auf 15 vom Hundert ermäßigt.

§ 48
Abzugsfähigkeit der Mehreinkommensteuer
Die Vorschrift über die Abzugsfähigkeit der Mehreinkommensteuer (§ 10 des Gesetzes) ist nicht anzuwenden, solange der ermäßigte Steuersatz von 15 vom Hundert gilt.

§ 49
Fälligkeit
(1) Die Mehreinkommensteuer 1939 ist in drei gleichen Teilbeträgen am 10. September 1939, 10. Dezember 1939 und 10. März 1940 zu entrichten.

(2) Die Mehreinkommensteuer 1940 ist in vier gleichen Teilbeträgen am 10. Juni 1940, 10. September 1940, 10. Dezember 1940 und 10. März 1941 zu entrichten.

§ 50
Verfahren
(1) Das Mehreinkommen ist auf Grund der vorhandenen Unterlagen zu ermitteln.

(2) Das Finanzamt kann den Steuerpflichtigen zu einer besonderen Erklärung über sein Mehreinkommen innerhalb einer vom Finanzamt zu bestimmenden Frist auffordern.

19c. Bedeutung des Neuen Finanzplans für die Körperschaftsteuerpflichtigen.

Schrifttum. Reinhardt, Der Neue Finanzplan, RStBl. 39 S. 489; Reinhardt, Die Durchführungsverordnung zum Neuen Finanzplan, RStBl. 39 S. 633.

Inhaltsübersicht.

I. Steuergutscheine.
1. Erwerb von Steuergutscheinen auf Grund des NF.
2. Bewertungsfreiheit auf Grund der Steuergutscheine I.
   a) Begriff der Bewertungsfreiheit.
   b) Persönlicher Geltungsbereich.
   c) Sachlicher Geltungsbereich.
   d) Umfang der Bewertungsfreiheit.
   e) Voraussetzungen der Bewertungsfreiheit.
      aa) Bestand an Steuergutscheinen I.
      bb) Formelle Voraussetzungen.
   f) Erweiterte Bewertungsfreiheit.
      aa) Für Ausfuhrindustrie.
      bb) Für Ausfuhrhandel.

II. Mehreinkommensteuer.
1. Persönliche Steuerpflicht und Wesen der Mehreinkommensteuer.
2. Sachliche Steuerpflicht.
   a) Mehreinkommen.
   b) Steuerpflichtiges Mehreinkommen.
      aa) Berücksichtigung außergewöhnlicher Verhältnisse.
      bb) Einkommen des Erstjahrs oder Zweitjahrs in Sonderfällen.
      cc) Verminderungen des Mehreinkommens.
3. Steuersatz.
4. Festsetzung und Fälligkeit.
5. Abzugsfähigkeit der Mehreinkommensteuer.

III. Inkrafttreten des NF.

I. Steuergutscheine.
1. Erwerb von Steuergutscheinen auf Grund des NF.

Nach § 2 Abs. 1 NF sind das Reich, die Länder, die übrigen genannten öffentlich-rechtlichen Körperschaften sowie andere durch den RdF bezeichnete juristische Personen verpflichtet, Lieferungen und sonstige Leistungen an gewerbliche Unternehmer in Höhe von 40 v. H. des Rechnungsbetrags in Steuergutscheinen zu bezahlen. Weiter sind nach § 2 Abs. 2 NF juristische Personen des Privatrechts, gewerbliche Einzelunternehmer und Unternehmergemeinschaften berechtigt, Lieferungen und sonstige Leistungen gewerblicher Unternehmer bis zu 40 v. H. des Rechnungsbetrags in Steuergutscheinen zu bezahlen. Ausgenommen von dieser Regelung sind die in § 10 NFDVO genannten Personen und die in § 11 NFDVO genannten Entgelte. In den Fällen des § 2 NF vereinnahmen die gewerblichen Unternehmer die Steuergutscheine als Teilentgelt für gewerbliche Lieferungen oder Leistungen an Zahlungsstatt.

Für die Bewertung der vereinnahmten Steuergutscheine beim Unternehmer gelten an sich die Grundsätze über die Anrechnung von Sachwerten auf den Verkaufs- oder Lieferungspreis (s. Anm. 99 b Abs. 2 zu § 6 EStG). Die Steuergutscheine I sind aber nach § 9 Abs. 1 Ziff. 1 NFDVO zum Nennbetrag auf den Rechnungsbetrag an-

Bedeutung des Neuen Finanzplans für die Körperschaftsteuerpflichtigen. 805

zurechnen, d. h. der Nennbetrag stellt für den gewerblichen Unternehmer, der die Steuergutscheine I an Zahlungstatt erhält, die Anschaffungskosten der Steuergutscheine I als Wirtschaftsgüter des Betriebsvermögens dar. Das Gleiche gilt für die Steuergutscheine II, wenn sie im Ausgabemonat oder im folgenden Kalendermonat zum Nennbetrag angerechnet werden. Werden sie aber nach § 9 Abs. 1 Ziff. 2 NFDVO in den späteren Kalendermonaten auf den Rechnungsbetrag mit einem Aufgeld angerechnet, so erhöhen sich die Anschaffungskosten der an Zahlungstatt empfangenen Steuergutscheine II um das Aufgeld. Die Steuergutscheine I werden nach § 1 Abs. 3 NF ab dem 7. Monat nach dem Ausgabemonat bei der Entrichtung von Reichssteuern zum Nennbetrag in Zahlung genommen und können nach § 9 Abs. 1 Ziff. 1 NFDVO auch vom gewerblichen Unternehmer selbst zur Bezahlung von gewerblichen Lieferungen oder Leistungen zum Nennbetrag an Zahlungstatt weitergegeben werden. Geschieht dies, so wird dadurch nach dem Maßstab der Anschaffungskosten weder ein Gewinn noch ein Verlust verwirklicht. Soweit im übrigen Steuergutscheine I oder II von gewerblichen Unternehmern durch Kauf erworben werden, bildet der Kaufpreis die Anschaffungskosten, denen gegenüber ein niedriger Börsenkurs als Teilwert in Betracht kommen könnte. An den nach vorstehenden Grundsätzen ermittelten Anschaffungskosten ist auch festzustellen, ob bei Verwendung der Steuergutscheine II zu Steuerzahlungen oder zur Bezahlung von Lieferungen gewerblicher Unternehmer mit dem gesetzlich vorgeschriebenen Aufgeld bis zu 12 v. H. des Nennbetrags ein Gewinn entsteht.

2. Bewertungsfreiheit auf Grund der Steuergutscheine I.

a) Begriff der Bewertungsfreiheit. Die Bewertungsfreiheit nach § 3 NF besteht darin, daß für die Steuern vom Einkommen und vom Ertrag neben den Absetzungen und Abschreibungen, die im EStG und KStG vorgesehen sind, Sonderabschreibungen ohne Rücksicht auf die Nutzungsdauer und den Teilwert der abnutzbaren Wirtschaftsgüter und ohne Rücksicht auf den Zeitpunkt der Anschaffung oder Herstellung der Wirtschaftsgüter gemacht werden dürfen (§ 18 Abs. 1 NFDVO). Die Bewertungsfreiheit stellt eine Ausnahme vom Grundsatz des § 6 Ziff. 1 Satz 2 EStG (Teilwert als Niederstwert der abnutzbaren Anlagegüter) und von der in § 7 EStG angeordneten Verteilung der Anschaffungs- oder Herstellungskosten auf die gesamte Nutzungsdauer dar. Die Höhe der Sonderabschreibung wird nur durch den gesetzlich vorgeschriebenen Hundertsatz des Bestands an Steuergutscheinen I einerseits und durch den steuerlich richtigen Gesamtwert der Bestände an abnutzbaren Anlagegütern andererseits begrenzt. Die Bewertungsfreiheit wird stets neben der normalen Absetzung für Abnutzung gewährt. Außerdem können die Absetzungen für Abnutzung in den Wirtschaftsjahren, die sich der Sonderabschreibung anschließen, in der Höhe vorgenommen werden, die sich ohne Sonderabschreibung ergeben würde (Erl. RdF. S 2801/21 III vom 29. 4. 1939 RStBl. 39 S. 681). Es muß also nicht der nach Abzug der Sonderabschreibung verbleibende Restwert auf die Restnutzungsdauer verteilt werden, sondern die Absetzung kann weiter nach den ursprünglichen Anschaffungskosten vorgenommen werden, selbstverständlich unter der Voraussetzung, daß der nach der Sonderabschreibung verbleibende Restwert noch mindestens dem jährlichen Absetzungsbetrag gleichkommt.

b) Persönlicher Geltungsbereich. Bewertungsfreiheit auf Grund von Steuergutscheinen I können nach § 3 Abs. 1 NF die gewerblichen Unternehmer in Anspruch nehmen. Gewerbliche Unternehmer sind nach § 7 Satz 1 NFDVO natürliche Personen, Körperschaften, Personenvereinigungen und Vermögensmassen, die Einkünfte aus Gewerbebetrieb beziehen. Es ist der Begriff des Gewerbebetriebs im einkommensteuerrechtlichen Sinn maßgebend (s. Anm. 155 b zu § 15 EStG). Hierunter fallen alle steuerpflichtigen Körperschaften, die nach den Vorschriften des HGB zur Führung von Büchern verpflichtet sind und bei denen deshalb nach § 19 I. KStDVO alle Einkünfte als Einkünfte aus Gewerbebetrieb zu behandeln sind. Weiter gehören hierzu alle übrigen Körperschaften, Personenvereinigungen und Vermögensmassen, die einen Gewerbebetrieb unterhalten. Betriebe gewerblicher Art im Sinn des § 1 Ziff. 6 KStG und persönlich befreite Körperschaften im Sinn des § 4 Abs. 1 Ziff. 6 KStG, die einen wirtschaftlichen Geschäftsbetrieb unterhalten, können daher die Steuerbefreiung in Anspruch nehmen, wenn Gegenstand ihres Unternehmens ein Gewerbebetrieb im Sinn des EStG ist.

c) Sachlicher Geltungsbereich. Die Bewertungsfreiheit erstreckt sich nach § 3 Abs. 1 NF auf die abnutzbaren Wirtschaftsgüter des betrieblichen Anlagevermögens. Nach § 19 Abs. 1 Satz 2 NFDVO ist der Begriff der abnutzbaren Anlagegüter der gleiche wie im Einkommen- und Körperschaftsteuerrecht. Es wird deshalb auf die Ausführungen in Anm. 139 zu § 7 EStG sowie auf die Beispiele in § 19 Abs. 1 und 2 NFDVO verwiesen.

d) Umfang der Bewertungsfreiheit. Die Höhe der Sonderabschreibung beträgt nach § 3 Abs. 1 RF 20 v. H. des Gesamtbetrags der Steuergutscheine I, die den gewerblichen Unternehmern in den letzten 10 Monaten des Wirtschaftsjahrs ununterbrochen gehört haben. Berechnungsgrundlage für die Sonderabschreibung ist der Bestand an Steuergutscheinen I, nach dem Nennbetrag berechnet. An diesem Gesamtbetrag ist nach § 3 Abs. 6 RF (s. auch § 27 RFDBO) der Betrag abzuziehen, um den sich der Nennwert des Bestands an Schuldverschreibungen und verzinslichen Schatzanweisungen des Reichs, der Reichsbahn, der Reichspost während des Wirtschaftsjahrs vermindert hat. Die Besitzdauer der Steuergutscheine I muß sich für die im Kalenderjahr 1939 endenden Wirtschaftsjahre auf die letzten 6 Monate des Wirtschaftsjahrs erstreckt haben (§ 3 Abs. 2 RF). In Wirtschaftsjahren von weniger als 10 Monaten (im Kalenderjahr 1939 von weniger als 6 Monaten) müssen die Steuergutscheine dem Steuerpflichtigen bis zum Ende des Wirtschaftsjahrs mindestens 10 Monate (im Kalenderjahr 1939 mindestens 6 Monate) gehört haben (§ 3 Abs. 3 RF).

Der Hundertsatz der Sonderabschreibung von 20 v. H. erhöht sich nach § 3 Abs. 4 RF für jede weiteren 12 Monate des ununterbrochenen Besitzes um 5 v. H. auf 25, 30 und höchstens 35 v. H. Wegen des Abschreibungssatzes für Ausfuhrindustrie und Ausfuhrhandels s. unter f.

Wie der gewerbliche Unternehmer die nach vorstehenden Grundsätzen errechnete Sonderabschreibung auf die einzelnen im Betrieb vorhandenen Anlagegüter verteilt, ist gleichgültig. Die Sonderabschreibung wird also nach Art einer Sammelabschreibung auf die gesamten vorhandenen abnutzbaren Anlagegüter vorgenommen. Die von der Sonderabschreibung betroffenen Wirtschaftsgüter sind auch nicht auf einem besonderen Konto zuzuführen.

e) Voraussetzungen der Bewertungsfreiheit.

aa) Die Bewertungsfreiheit ist *sachlich* abhängig von der Höhe des Bestands an Steuergutscheinen I, die dem gewerblichen Unternehmer in dem vorgeschriebenen Zeitraum ununterbrochen gehört haben. Es ist der niedrigste Bestand in diesem Zeitraum maßgebend (§ 21 Abs. 1 RFDBO). Belanglos ist die Art des Erwerbs der Steuergutscheine I — auch gekaufte Steuergutscheine I berechtigen zur Sonderabschreibung —, auch unterbricht der Umtausch von Steuergutscheinen I nicht den Besitz (§ 21 Abs. 2 und 3 RFDBO).

bb) Formelle Voraussetzung der Bewertungsfreiheit ist zunächst, daß der Unternehmer ordnungsmäßige Bücher führt (§ 22 Abs. 1 RFDBO). Es muß eine ordnungsmäßige Buchführung vorliegen, deren Ergebnis der Gewinnermittlung für den Veranlagungszeitraum zugrunde gelegt wird (s. Anm. 5 zu § 5 KStG und Anm. 11 b und c zu § 4 EStG). Einzelne, insbesondere formelle Verstöße, die berichtigt werden, bleiben außer Betracht. Die Wirtschaftsgüter, für die Bewertungsfreiheit beansprucht wird, brauchen nicht auf einem besonderen Konto geführt zu werden, jedoch sind die Sonderabschreibungen auf einem besonderen „Abschreibungskonto RF" auszuweisen (§ 22 Abs. 2 RFDBO). Die Sonderabschreibung ist weiter der Höhe nach an ihren Ansatz in der Handelsbilanz gebunden, wenn nicht die Buchwerte der abnutzbaren Wirtschaftsgüter in der Steuerbilanz höher sind als in der Handelsbilanz (§ 22 Abs. 3 RFDBO). Zum Nachweis des ununterbrochenen Besitzes sind die Steuergutscheine I in der ordnungsmäßigen Buchführung auf einem „Steuergutscheinkonto I" auszuweisen. Daneben ist ein Bestandsbuch mit den vorgeschriebenen Angaben zu führen (§ 23 Abs. 1 RFDBO). Sind die Steuergutscheine einem Kreditinstitut übergeben, genügt für den Nachweis die Bescheinigung des Kreditinstituts (§ 23 Abs. 2 RFDBO).

f) Erweiterte Bewertungsfreiheit für die Ausfuhrindustrie und Vergünstigung für den Ausfuhrhandel.

aa) Nach § 3 Abs. 5 RF erhöht sich der Hundertsatz des § 3 Abs. 1 und 4 RF bei **gewerblichen Unternehmern der Ausfuhrindustrie** um 10 v. H. auf 30, 35, 40 und höchstens 45 v. H., wenn der Ausfuhrumsatz mindestens 25 v. H. ihres Gesamtumsatzes beträgt. Diese Mindestgrenze des Ausfuhrumsatzes ist der Umsatzsteuerveranlagung zu entnehmen, jedoch kann der Steuerpflichtige weitere Ausfuhrgeschäfte nachweisen (§ 24 Abs. 3 und 5 RFDBO). Zur Ausfuhr rechnen auch die mittelbaren Ausfuhrgeschäfte gewerblicher Hersteller, wenn die im § 24 Abs. 4 RFDBO geforderten Voraussetzungen erfüllt sind. Die Einschaltung eines Lieferungssyndikats bei der mittelbaren Ausfuhr ist unschädlich (§ 24 Abs. 5 RFDBO). Weist der Steuerpflichtige die genannten weiteren Ausfuhrgeschäfte nach, so ist für die Berechnung auch von einem entsprechend erhöhten Gesamtumsatz auszugehen (§ 24 Abs. 6 RFDBO).

Erreicht der Ausfuhrumsatz zwar nicht 25 v. H. des Gesamtumsatzes, hat er sich aber gegenüber dem Ausfuhrumsatz des vorangegangenen Kalenderjahrs erhöht, so erhöht sich nach § 25 NFDVO die Bewertungsfreiheit von 20 v. H. für jede vollen 2 v. H. der Ausfuhrsteigerung um 1 v. H. des Bestands an Steuergutscheinen I, höchstens jedoch um 10 v. H. des Bestands an Steuergutscheinen I. Auf die Beispiele in RStBl. 39 S. 635 wird verwiesen.

bb) Den **Unternehmern des Ausfuhrhandels** steht nach § 26 Abs. 1 NFDVO die Bewertungsfreiheit im gleichen Umfang wie den Unternehmern der Ausfuhrindustrie zu, wenn der Ausfuhrhandel einschl. des Transithandels im Kalenderjahr mindestens 25 v. H. des Gesamtumsatzes beträgt. Soweit diese Unternehmer von der Bewertungsfreiheit für die abnutzbaren Anlagegüter nicht in ausreichendem Umfang Gebrauch machen können, dürfen sie an Stelle der ihnen zusätzlich zustehenden Bewertungsfreiheit einen Abzug vom steuerpflichtigen Gewinn außerhalb der Bilanz machen, und zwar in Höhe von 10 v. H. des während der gesetzlichen Frist vorhandenen Bestands an Steuergutscheinen I, wenn der Ausfuhrumsatz mindestens 25 v. H. des Gesamtumsatzes beträgt (§ 26 Abs. 2 NFDVO). Der Ausfuhrhändler muß also zunächst von der Bewertungsfreiheit Gebrauch machen, und nur den von der Sonderabschreibung nicht verbrauchten Restbetrag darf er außerhalb der Bilanz am steuerpflichtigen Gewinn absetzen (s. das Beispiel in RStBl. 39 S. 635).

Wird die Mindestgrenze des Ausfuhrumsatzes nicht erreicht, dann wird beim Vorliegen einer Ausfuhrsteigerung ein Gewinnabzug in Höhe von 1 v. H. des Bestands an Steuergutscheinen I für jede vollen 2 v. H. der Ausfuhrsteigerung, höchstens jedoch von 10 v. H. des Bestands an Steuergutscheinen I gewährt (§ 36 Abs. 3 NFDVO).

II. Mehreinkommensteuer

1. Persönliche Steuerpflicht und Wesen der Mehreinkommensteuer.

Der Mehreinkommensteuer, die jeweils laufend für ein Kalenderjahr erhoben wird, unterliegen unbeschränkt und beschränkt Einkommensteuerpflichtige und Körperschaftsteuerpflichtige, die ein steuerpflichtiges Mehreinkommen erzielt haben (§ 5 NF, § 28 NFDVO). Der Kreis der unter die Mehreinkommensteuer fallenden Personen deckt sich mit dem nach dem EStG oder KStG steuerpflichtigen Personenkreis.

Die Mehreinkommensteuer stellt demnach eine Einkommensteuer dar, die von den Körperschaftsteuerpflichtigen zusätzlich zur Körperschaftsteuer erhoben wird. Sie ist eine Personensteuer, die nach der Vorschrift des § 10 NF bei der Ermittlung des steuerpflichtigen Einkommens für die Veranlagung zur Körperschaftsteuer voll abzugsfähig ist. Wegen der Aufhebung des Abzugs für 1939 und 1940 siehe unter 5.

2. Sachliche Steuerpflicht.

a) Mehreinkommen ist nach § 6 NF der Betrag, um den das im Vorjahr (Zweitjahr) erzielte Einkommen höher ist als das steuerpflichtige Einkommen in dem Jahr, das dem Vorjahr vorangegangen ist (Erstjahr). Das Mehreinkommen ist also gleich dem Einkommen des Zweitjahrs gekürzt um das Einkommen des Erstjahrs (siehe das Beispiel in § 6 NF). Bei Steuerpflichtigen, die zur Körperschaftsteuer veranlagt wurden, ist für das Einkommen des Erst- und Zweitjahrs von dem veranlagten Einkommen auszugehen (§ 30 Satz 1 NFDVO). Daraus folgt, daß für die Mehreinkommensteuer auch das der Körperschaftsteuerveranlagung zugrunde gelegte Mindesteinkommen im Sinn des § 17 KStG (§ 29 NFDVO) und unter der gleichen Voraussetzung auch das Mindesteinkommen der Lebensversicherungsunternehmen nach § 26 Abs. 1 I. KStDVO zu verwenden ist. Der für die Veranlagung festgestellte Betrag des Einkommens, der nach § 30 Satz 2 NFDVO maßgebend ist, ist das bei der Körperschaftsteuerveranlagung angesetzte Einkommen mit den nach dem KStG und dem EStG vorgenommenen Zu- und Abrechnungen und sonstigen Berichtigungen. Ist eine Veranlagung zur Körperschaftsteuer unterblieben, so muß das Einkommen zur Ermittlung des Mehreinkommens unter Beachtung der Vorschriften des KStG und EStG ermittelt werden.

Nach § 33 NFDVO ist auf Antrag des Steuerpflichtigen für die Berechnung des Mehreinkommens an Stelle des Kalenderjahrs 1937 als Erstjahr das Kalenderjahr 1936 oder 1935 zugrunde zu legen. Der Steuerpflichtige kann also für die erste Veranlagung der Mehreinkommensteuer bei schwankendem Einkommen das für ihn günstigste (höchste) Einkommen des Erstjahrs nehmen. Diese Vorschrift gilt nach Erl. RdF. vom 29. 4. 39 S 2801 21 III (RStBl. 39 S. 681) auch für Fälle einer nur einmaligen Schwankung.

b) Aus dem nach vorstehenden Grundsätzen berechneten Mehreinkommen ist das **steuerpflichtige Mehreinkommen** nach den Sondervorschriften des NF und der NFDVO festzustellen.

aa) Nach § 32 NFDVO sind **außergewöhnliche Verhältnisse** zu berücksichtigen. Als solche kommen für Körperschaftsteuerpflichtige die im § 32 Abs. 1 Ziff. 1, 3 bis 5 und Abs. 2 NFDVO aufgeführten Fälle in Betracht, nämlich der Übergang von der beschränkten zur unbeschränkten Steuerpflicht oder umgekehrt (Ziff. 1; siehe Anm. 4 zu § 2 KStG), die Einführung oder Aufhebung sachlicher Steuerbefreiungen (Ziff. 3), verkürzte Veranlagungszeiträume (Ziff. 4; siehe Anm. 3 zu § 5 KStG), Fälle, in denen Einkünfte bei der Veranlagung mit dem Gewinn für einen kürzeren oder längeren Zeitraum als für ein Jahr oder infolge Änderung der Gewinnberechnungsart nach besonderen Zu- und Abrechnungen angesetzt sind (Ziff. 5) und die besondere Berechnung des Mehreinkommens aus Billigkeitsgründen auf Antrag des Steuerpflichtigen (Abs. 2). Die Einkünfte werden mit dem Gewinn für einen längeren Zeitraum als 1 Jahr angesetzt (Ziff. 5), wenn bei Aufgabe des Betriebs oder Verlegung des Geschäftsjahrs in einem Kalenderjahr zwei Wirtschaftsjahre enden (siehe Anm. 8 b und c zu § 5 KStG). Für einen kürzeren Zeitraum als 1 Jahr wird der Gewinn bei Eröffnung oder Aufgabe des Betriebs oder bei Verlegung des Geschäftsjahrs angesetzt (siehe Anm. 8 zu § 5 KStG). Besondere Zu- und Abrechnungen zum Gewinn infolge Änderung der Gewinnberechnungsart (Ziff. 5) kommen beim Wechsel in den Gewinnermittlungsarten des § 4 Abs. 1 und 3 EStG vor (siehe Anm. 23 zu § 4 EStG).

Nach § 31 Abs. 2 NFDVO werden die außergewöhnlichen Verhältnisse durch Zu- und Abrechnungen beim Einkommen des Erstjahrs berücksichtigt. Das Einkommen des Erstjahrs ist also stets dem Einkommen des Zweitjahrs anzupassen einerlei, ob die außergewöhnlichen Verhältnisse das Einkommen des Erstjahrs oder des Zweitjahrs beeinflußt haben. Wenn z. B. im Zweitjahr ein verkürzter Ermittlungszeitraum (Rumpfwirtschaftsjahr) vorliegt, ist nicht etwa das Einkommen des Zweitjahrs auf 12 Monate umzurechnen, sondern das Einkommen des 12 Monate umfassenden Erstjahrs ist bei einem Rumpfwirtschaftsjahr von z. B. 6 Monaten ebenfalls auf ein Einkommen von 6 Monaten umzurechnen.

bb) §§ 34 bis 38 NFDVO regeln das **Einkommen des Erstjahrs oder Zweitjahrs in Sonderfällen**.

Hat bei der Körperschaftsteuerveranlagung ein Verlustabzug das Einkommen des Erstjahrs gemindert, so gilt als Einkommen des Erstjahrs das Einkommen vor Abzug des Verlustvortrags (§ 34 NFDVO). Bei Verlustabzug im Zweitjahr verbleibt es bei dem um den Abzug verminderten Einkommen des Zweitjahrs.

Durch § 35 NFDVO werden die Zuweisungen an Pensions- und Unterstützungskassen für das Einkommen des Zweitjahrs auf die Höhe der gleichen Zuweisungen im Erstjahr beschränkt (Abs. 1) mit der Möglichkeit, die erstmalige Zuweisung im Zweitjahr oder die Erhöhung der Zahl der Gefolgschaftsmitglieder im Zweitjahr durch einen angemessenen (Mehr-)Betrag zu berücksichtigen (Abs. 2).

Bei Umwandlung, Zusammenschluß und Aufteilung von Unternehmen ist nach § 36 NFDVO das Einkommen im Erstjahr nach dem Einkommen des oder der Unternehmen in ursprünglichem Zustand anzusehen.

Nach § 37 NFDVO gilt die Schachtelvergünstigung (§ 9 KStG) grundsätzlich auch für die Berechnung des Mehreinkommens, wenn die Schachtelbeteiligung im Erstjahr und Zweitjahr bestanden hat. Hat sie dagegen nur im Erstjahr oder nur im Zweitjahr bestanden, wird der Schachtelgewinn nicht ausgeschieden.

§ 38 NFDVO regelt für Organgesellschaften den Ausgleich von Veränderungen, die im Zweitjahr durch Abschluß, Aufhebung oder Änderung des Gewinnabführungsvertrags im Einkommen der Organgesellschaft eingetreten sind, durch Zu- oder Abrechnung.

cc) § 7 NF ordnet **Verminderungen des Mehreinkommens** an, von denen für Körperschaftsteuerpflichtige die Ziffern 1, 2, 3, 4, 6, 7 und 8 gelten. Das Mehreinkommen wird vermindert

um das im Zweitjahr erzielte Mehr an land- und forstwirtschaftlichen Einkünften (§ 7 Ziff. 1), weiter nach § 39 Abs. 1 NFDVO auch um ein Weniger an land- und forstwirtschaftlichen Einkünften im Zweitjahr gegenüber dem Erstjahr; Aufwendungen zu notwendigen Erweiterungen des land- und forstwirtschaftlichen Betriebs sind jedoch nicht abzugsfähig (§ 39 Abs. 2 NFDVO);

um die im Erstjahr oder im Zweitjahr angefallenen Veräußerungsgewinne im Sinn der §§ 14—16 KStG und um die Ausschüttungen aus dem Anleihestock (Ziff. 2 mit § 40 Abs. 2 NFDVO);

Bedeutung des Neuen Finanzplans für die Körperschaftsteuerpflichtigen. 809

um die Einkünfte aus den im Zweitjahr angefallenen einmaligen Vermögensanfällen (Ziff. 3, § 41 NFDVO) oder um den Mehrbetrag dieser Einkünfte im Zweitjahr gegenüber den gleichen Einkünften im Erstjahr (§ 41 Abs. 3 NFDVO);

um die Aufwendungen, die der Steuerpflichtige im Zweitjahr auf notwendige Erweiterungen des abnutzbaren betrieblichen Anlagevermögens gemacht hat, gekürzt um die im Zweitjahr vorgenommenen Absetzungen oder Abschreibungen an diesen Aufwendungen (Ziff. 4, § 42 NFDVO); als Erweiterungen gelten nicht Ersatzbeschaffungen und Instandsetzungen (§ 42 Abs. 3 NFDVO);

um den Betrag, in dessen Höhe der Steuerpflichtige im Erstjahr Bewertungsfreiheit auf Grund von Steuergutscheinen (§ 3 NF) in Anspruch genommen hat, und bei Sonderabschreibungen im Erst- und Zweitjahr um den Mehrbetrag der Sonderabschreibung im Erstjahr (Ziff. 6);

um den Betrag, in dessen Höhe der Steuerpflichtige im Erstjahr Bewertungsfreiheit für kurzlebige Wirtschaftsgüter in Anspruch genommen hat, unter Kürzung der Absetzungen für Abnutzung, die der Steuerpflichtige nach § 7 EStG ohne Inanspruchnahme der Bewertungsfreiheit hätte vornehmen können; bei Inanspruchnahme der Bewertungsfreiheit im Erst- und Zweitjahr um den Mehrbetrag der Abschreibung im Erstjahr (§ 43 NFDVO);

um den Betrag, in dessen Höhe der Steuerpflichtige im Zweitjahr Absetzungen für Abnutzung (§ 7 EStG) hätte in Anspruch nehmen können, wenn er nicht im Erstjahr oder in einem früheren Jahr Bewertungsfreiheit nach § 3 NF in Anspruch genommen hätte (Ziff. 7);

um den Freibetrag von 600 RM.; dieser ist um den Unterschiedsbetrag zwischen 2400 RM. und dem Einkommen des Erstjahrs zu erhöhen, wenn das Einkommen im Erstjahr den Betrag von 2400 RM. nicht erreicht hat (Ziff. 8).

Nach der Übergangsregelung der §§ 44, 45 NFDVO wird für die Berechnung der Mehreinkommensteuer 1939 und 1940 als Einkommen des Erstjahrs in jedem Fall mindestens ein Betrag von 6000 RM. angenommen (§ 44) und das steuerpflichtige Mehreinkommen um den Freibetrag von 1200 RM. vermindert (§ 45). Es kommen also für die Mehreinkommensteuer 1939 und 1940 nur Körperschaften in Betracht, die in den Jahren 1938 und 1939 als Zweitjahren ein Einkommen von mehr als 7200 RM. gehabt haben.

1. Steuersatz.

Der Steuersatz der Mehreinkommensteuer beträgt nach § 8 NF 30 v. H. des steuerpflichtigen Mehreinkommens, nach § 47 NFDVO jedoch für die Mehreinkommensteuer 1939 und 1940 nur 15 v. H.

4. Festsetzung und Fälligkeit.

Die Mehreinkommensteuer wird erforderlichenfalls nach Einforderung einer besonderen Erklärung des Steuerpflichtigen (§ 50 Abs. 2 NFDVO) durch Steuerbescheid festgesetzt, soweit der RdF. nicht Erhebung durch Steuerabzug anordnet (§ 9 Abs. 1 NF).

Die durch Steuerbescheid festgesetzte Mehreinkommensteuer ist an 4 Fälligkeitstagen zu entrichten (§ 9 Abs. 2 NF). Wegen der Fälligkeit der Mehreinkommensteuer 1939 und 1940 s. § 49 NFDVO.

5. Abzugsfähigkeit der Mehreinkommensteuer.

Die Mehreinkommensteuer ist bei Ermittlung des steuerpflichtigen Einkommens für die Veranlagung zur Körperschaftsteuer voll abzugsfähig (§ 10 NF). Nach § 48 NFDVO ist jedoch die Vorschrift des § 10 NF nicht anzuwenden, solange der ermäßigte Steuersatz von 15 v. H. gilt, also nach § 47 NFDVO für 1939 und 1940.

III. Inkrafttreten der Vorschriften des NF.

Die Vorschriften über die Bewertungsfreiheit auf Grund von Steuergutscheinen I gelten erstmals für die Wirtschaftsjahre, die im Kalenderjahr 1939 enden (§ 18 Abs. 2 NF) und zwar auch in Österreich und in den sudetendeutschen Gebieten (§ 12 Abs. 1 und 2 Satz 1 NF). Die Mehreinkommensteuer wird erstmals für das Kalenderjahr 1939 erhoben (§ 5 Abs. 1 Satz 2 NF), wobei das Einkommen des Jahres 1938 als Einkommen des Zweitjahrs und das Einkommen des Jahres 1937 als das des Erstjahrs zugrunde zu legen ist. Wegen der Übergangsregelung bei schwankendem Einkommen s. unter 2 a. Die Inkraftsetzung der Mehreinkommensteuer in Österreich und in den sudetendeutschen Gebieten bleibt vorbehalten (§ 12 Abs. 2 Satz 2 NF).

Schlagwörterverzeichnis.

A

Abbaurecht 459.
Abbruch
 von Gebäuden, Bauplatzwert 359.
 eines Gebäudes = Ende der wirtschaftlichen Nutzung 458.
Abbruchswert 447.
Abfindung
 für stille Beteiligung 76.
 des Gesellschafters einer OHG. (Geschäftswert und stille Rücklagen) 386.
 des lästigen Gesellschafters einer OHG. 386.
Abfließen f. Verausgabung.
Abgaben, Öffentliche —, Werbungskosten 462, 470.
Abgeltung
 der Körperschaftsteuer für steuerabzugspflichtige Einkünfte 627, 633.
 des Steueranspruchs bei beschränkter Steuerpflicht 86, 89.
 Keine Veranlagung bei — des Steueranspruchs 635.
Ablehnung der Rechtsform der Kapitalgesellschaft 33.
Ablösung
 abzugsfähiger Ausgaben 490.
 einer Hypothekenschuld durch Aufnahme einer neuen 434.
 einer Schuld 433.
Abnahme eines Bauwerks 303.
Abnutzbare Wirtschaftsgüter des Anlagevermögens
 Beginn der Zugehörigkeit zum Betriebsvermögen 445.
 Bewertungsfreiheit auf Grund von Steuergutscheinen I 792, 798, 805.
 Bewertungsvorschriften 311.
 Kreis der — 444.
 Nichtkörperliche Wirtschaftsgüter als — 444.
 Patente als — 368.
 Rohstoffe, Halberzeugnisse keine — 446.
 Übergang zum Teilwert 320.
 Verwendung zur Erzielung von Einkünften 446.
Abnutzung f. Absetzung.
Abonnentenstamm, Aktivierung 291, 292,
Abrundung [368.
 des Einkommens 626.
 der Vorauszahlungen auf Körperschaftsteuer 641.

Absatzgenossenschaft 35.
 Gegengeschäfte 659.
 Hauptgeschäfte 658.
Abschlag wegen Schwankungen im Betriebsvermögen 205.
Abschlußzahlung
 Entrichtung 651.
 Entstehung d. Steuerschuld für die — 652.
 auf Körperschaftsteuerschuld 649.
Abschreibung (f. auch Teilwert)
 Bedeutung 225.
 Begriff 314.
 auf Schachtelbeteiligung 552.
Abschreibungskonto RF 799, 806.
Absetzung für Abnutzung (f. auch Substanzverringerung)
 Abzug der durch Sonderabschreibung nach RF vorweggenommenen Absetzung am Mehreinkommen 793, 809.
 Anpassung der Steuerbilanz an die Handelsbilanz hinsichtlich der — 252.
 bei Änderung der Verhältnisse 456.
 für außergewöhnliche Abnutzung 457.
 Beginn 455.
 Bemessung 447.
 Berechnung der jährlichen — 454.
 Berichtigung unrichtiger — 456.
 keine Berichtigung der — von auf 0 RM. abgesetzten Werten 457.
 beim Betriebsvermögensvergleich 278, 443.
 bilanzmäßige Durchführung 461.
 von einem fehlerhaften Bilanzposten 274.
 bei Einlagen 436.
 Endwert 447.
 Erhöhte — bei kurzlebigen Wirtschaftsgütern 323.
 fallende (degressive) — 447.
 vom Friedensfeuerkassenwert 451.
 von Gebäuden 451.
 persönlicher Geltungsbereich 443.
 sachlicher Geltungsbereich (abnutzbare Wirtschaftsgüter) 444.
 keine — vom Geschäftswert 387.
 bei Gewinnermittlung nach Betriebseinnahmeüberschuß 204, 443.
 und laufende Instandhaltung 448.
 bei teils gewerblich genutzten Kraftwagen 453.
 keine mehrfache — 444.
 bei Aufwendungen auf Miet- und Pachtsachen 453.

Schlagwörterverzeichnis.

Absetzung
keine Nachholung bewußt zu niedrig gemachter — 456.
keine Nachholung bewußt unterlassener — 457.
Pflicht zur Vornahme 444.
Sammel — 455.
Absetzung für technische Abnutzung 449.
vom Teilwert 448, 455.
beim Überschuß der Einnahmen über Werbungskosten 443.
bei gewerblichen Urheberrechten und Patenten 453.
durch Verteilung der Anschaffungs- oder Herstellungskosten 454.
Vornahme der — 440.
Wechsel in den Absetzungswerten 455.
Wechsel in der Bemessung 456.
als Werbungskosten 462, 470.
Wesen 314.
Absetzung für wirtschaftliche Abnutzung 449.
Absetzung für wirtschaftliche Abnutzung und Teilwert 449.
Zweck 441.
vom Zwischenwert 448.
Abstandsgelder, Aktivierung 292.
Abstandssummen
als Anschaffungskosten 333.
als Anschaffungskosten von Gebäuden 358.
Abstriche des Schuldners und Forderungsbewertung 398.
Abwehrkosten
Allgemeine — keine Aktivierung 293.
als Betriebsausgaben 194.
als Werbungskosten 465.
Abwertungsgewinne, Gesetz über 431.
Abwicklung der Kapitalgesellschaft
Aktien einer AG. in Abwicklung, Bewertung 371.
Begriff 596.
Besteuerung bei Auflösung und — 594.
Besteuerungszeitraum 594, 596.
Beginn und Ende des Besteuerungszeitraums 597.
Wahrung des Bilanzenzusammenhangs 598.
Fortbestehen der Kapitalgesellschaft bei — 55.
Keine Gewinnausschüttung bei — 598.
Gewinnermittlung 594, 598.
— im Jahr der Gründung der Gesellschaft 598.
Kapitalrückzahlung 371, 494.
Konkursverfahren keine — 596.
Mindestbesteuerung 600.
Kein Sanierungsgewinn bei — 599.
Steuerberechnung 600.
Tatsächliche — 494.
Verschmelzung und Umwandlung der Kapitalgesellschaft mit — 603.
Abwicklungs-Anfangsvermögen 594, **598.**
bei Abwicklung im Gründungsjahr 598.

Abwicklungs-Endvermögen 594, **599.**
Bewertung 599.
Zurechnung verdeckter Kapitalrückzahlungen 599.
Abwicklungsschlußbilanz, eigene Anteile 394.
Abzug der Mehreinkommensteuer am stpfl. Einkommen 794, 804, 809.
Adressenmaterial, Aktivierung 292.
Agent
Warenlager bei — Betriebstätte 65.
als ständiger Vertreter 67.
Agio f. Aufgeld.
Akademie für Deutsches Recht 43.
Aktien (f. auch Eigenaktien, Freiaktien, Junge Aktien, Vorratsaktien).
einer AG. in Abwicklung, Bewertung 371.
Aktienpaket, Bewertung 376.
Anschaffungskosten junger — bei Bezugsrecht 375.
Börseneinführungskosten der — Ausgabekosten 562.
Eigene, Bewertung 393.
Einfluß der Dividende auf Aktienkurs 392, 551.
Einziehung 497.
Freiaktien, Anschaffungskosten 376.
Genußschein, aktienähnlich 500.
Gewinnanteile 499.
Herabsetzung des Nennbetrags 495.
Herstellungskosten der — Ausgabekosten 562.
Junge, Bewertung 374.
Kosten der Ausgabe von — abzugsfähig 559.
Zusammenlegung 495.
Aktiengesellschaft
in Abwicklung, Aktienbewertung 371.
Änderung der Handelsbilanz 263.
Auflösung 595.
Aufsichtsrat 585.
Begriff 14, 23.
Buchführung und Jahresabschluß 213.
Gemeinnützigkeit 132.
Gewinnanteil aus Beteiligung an — 499.
Reinvermögen in der Bilanz 234.
Schadenersatzanspruch der Aktionäre gegen — 401.
Vergütungen an Aufsichtsratsmitglieder nicht abzugsfähig 574, 584.
Zuwendung an gesetzl. Vertreter verdeckter Gewinn 514.
Aktienpaket, Bewertung 376.
Aktivantizipationen 308.
Aktivierung
der eigenen Aktien, Anteile usw. 393.
allmähliche — eines nichtkörperlichen Wirtschaftsguts bei Erwerb gegen Gewinnbeteiligung 417.
Begriff 193.
Beispiele 291.
bei abhängigen Besitz- und Schuldposten 293.

Aktivierung
nach Grundsätzen ordnungsmäßiger Buchführung 288.
bei Erwerb gegen Gewinnbeteiligung 417.
bei Erwerb von Wirtschaftsgütern gegen Ruhegehaltslast 421.
von Forderungen 395.
Gegenstand 290.
bei schwebenden Geschäften 301.
Keine — nach Steuerrecht 289.
bei Miet- und Pachtverträgen 296.
Steuerrechtl. Pflicht zur — 288.
bei zweiseitigen, laufenden Verträgen 295.

Aktivposten s. Besitzposten.

Alkoholmißbrauch Verein gegen —, Befreiung 127.

Allgemeinheit, Förderung der, s. Gemeinnützige Zwecke.

Altanlagen als kurzlebige Wirtschaftsgüter 325.

Altbesitzgenußrechtscheine 510.

Altersheime, Befreiung 128.

Altersversorgung, Verpflichtung zur — und Versicherungsverträge 293.

Amerikaanleihe, Rückzahlung von Hypothekenschulden in — 431.

Amerikanisches Recht, Korporationsrecht nach — 59.

Änderung (s. auch Bilanzänderung).
der Absetzungsart hinsichtlich der Werte 455.
der Bemessung der Absetzung für Abnutzung 456.
eines Wirtschaftsguts und Bewertung 317.

Anfangsvermögen
Berichtigung 270.
Feststellung aus dem Endvermögen des vorangegangenen Wirtschaftsjahrs 268.

Anfechtbare Rechtsgeschäfte, Besteuerung 172.

Anfechtbarkeit der Handelsbilanz 258.

Angestellte
Mindestbesteuerung nach Vergütung leitender — 615, **622**.
Persönlich haftender Gesellschafter der KoGaA. kein leitender — 623.
Prokuristen als leitende — 623.

Angleichung, nachträgliche — der Steuerbilanz an die Handelsbilanz 254.

Anlage der Sparkassenbestände 118.

Anlagen
Anschaffungs- und Herstellungskosten 364.
Bahn- und Gleisanlagen 366.
betriebliche —, Bewertung 363.
Selbständigkeit eingebauter — 363.
Technische Abnutzung und laufender Erhaltungsaufwand 453.
Technische Nutzungsdauer 452.
Teilwert 365.
Wirtschaftliche Nutzungsdauer 452.

Anlagevermögen
Aktivierung 288.
Bewertung 278, 279.
Bewertungsvorschriften 311.
Grenzen des Teilwerts 350, 351.
Wirtschaftsgüter des — 311.
Zwischenwert 355.

Anleihe
Deutsche Äußere — 510.
Rückzahlung oder Umtausch 510.

Anleihestock
Aktivierung 291.
Anrechnung der Kapitalertragsteuer bei Verteilung des — 508.
Kein Ansatz der Ausschüttungen aus dem — beim Mehreinkommen 802, 808.
Aufteilung 507.
kein Besitzposten der Kapitalgesellschaften 508.
Bildung 507.
nach Kapitalanlagegesetz 508.
nach Kapitalanlagegesetz, Besitzposten der Kapitalgesellschaft 508.
Kapitalertragsteuer bei Zuweisung an — 507.

Anleihestockgesetz 507, Text 722.
Behandlung des Schachtelgewinns 553.
VO. zur Durchführung und Ergänzung des — v. 27. 2. 35, Text 724.
II. VO. zur Durchführung und Ergänzung des — v. 18. 4. 35, Text 728.
III. VO. zur Durchführung und Ergänzung des — v. 9. 12. 37, Text 729.

Anliegerbeiträge 369.

Anpassung
Nachträgliche — der Steuerbilanz an die Handelsbilanz 253.
der Steuerbilanz an die Handelsbilanz 248.

Anrechnung
Einwendung gegen die Höhe der Anrechnungsbeträge 651.
Erstattungsanspruch bei ungenügender — 651.
Keine — der Kapitalertragsteuer bei Mindeststeuer nach Aufsichtsratsvergütungen 650, 651.
der Vorauszahlungen und Steuerabzugsbeträge auf Steuerschuld 650.

Anschaffungsgeschäft, Kosten des — der Beteiligung 370.

Anschaffungskosten
bei Anrechnung von Wirtschaftsgütern auf den Kaufpreis 335.
Ansatz 278, 279.
Begriff 332.
der Beteiligungen 370.
bei Brandentschädigung 344.
der Forderungen 396.
der Gebäude 358.
Gedachte (fiktive) 348.
Geldbeschaffungskosten als 334.
des Geschäfts- oder Firmenwerts 384.

Anschaffungskosten
von Grund und Boden 369.
bei nachträglicher Herabsetzung des Kauf=
preises 334.
der Maschinen und Anlagen 364.
Nachträgliche 340, 342, 343.
Nachträgliche — der Beteiligungen 372.
der Patente, gewerbl. Urheberrechte, Er=
findungen 367.
beim Tausch 336.
der Verbindlichkeiten 423.
Verteilung der — durch Absetzung für
Abnutzung 454.
der Waren, Rohstoffe, Halb= und Fertig=
erzeugnisse 388.
der Wertpapiere 391.
eines Wirtschaftsguts bei verdecktem Ge=
winn 519.
bei Zerstörung oder Entfernung eines
Wirtschaftsguts 341.
bei Zuschüssen Dritter 343.

Anstalt, Nichtrechtsfähige, Körperschaft=
steuerpflicht 14, 90, 110.

Anstalt, Rechtsfähige, Begriff 37.

Anteile (s. auch Geschäftsanteil).
Abschreibung des Kaufpreises eigener — 516.
Eigene — in Abwicklungsschlußbilanz 393.
Eigene — an GmbH. 393.
Entgeltl. Erwerb eigener — durch GmbH. 499.
Gewinnanteile an eigenen — keine Aus=
schüttung im Sinne der Mindestbesteue=
rung 619.
Keine Berücksichtigung des auf eigene —
entfallenden Stammkapitals bei Min=
destbelastung 620.
Vereinigung sämtlicher — der Kapitalge=
sellschaft in einer Hand keine Vermögens=
übertragung 602.

**Anteiliger Ausgabenabzug bei teilweise
steuerpflichtigen Einkommen 590.**
Begriff der Ausgabe 591.
Schätzung der nichtabzugsfähigen Aus=
gaben 594.
Unmittelbarer wirtschaftlicher Zusam=
menhang der Ausgabe mit steuer=
pflichtigen Einkünften 592.
Wirtschaftlicher Zusammenhang der Aus=
gabe mit nicht steuerpflichtigen Ein=
künften 592.

Antizipative Besitz= und Schuldposten 308.

Anzahlung
Bewertung der — auf Waren usw. 304.
auf Ersatzbeschaffungen 304.
auf gekaufte Waren 303, 389.
auf Waren bei Buchführung in ausländi=
scher Währung 408.

Apothekenprivileg
Aktivierung 292.
Zusammenfassung von Grundstück und
radiziertem — für Teilwertermittlung 351.

Arbeitskraft
des Erfinders keine Herstellungskosten 368.
des Steuerpflichtigen keine Werbungs=
kosten 467.
des Unternehmers keine Herstellungskosten 338.

Arbeitskrisenrücklage 411.

Arbeitsspende 557.

Artändernder Umbau 360.

Ärztliche Verrechnungsstelle
steuerfreie Mitgliederbeiträge oder Gegen=
leistung bei — 542, 544.

Aufbewahrung der Bücher und Belege 212, 218.

Aufbringungsumlage, Betriebsausgabe 197.

Aufgabe
der Beteiligung an Kapitalgesellschaft 495.
eines Betriebs, Rumpfwirtschaftsjahr 161.
eines Gewerbebetriebs 485.
Verpflichtung zur entschädigungslosen —
des Betriebs 421.

Aufgeld (s. auch Darlehensaufgeld).
Annahme der Steuergutscheine II an Zah=
lungstatt mit — 792, 795, 796, 805.
Ausgabe — (Agio) 179.
Tausch mit —, Anschaffungskosten 337.
bei Verschmelzung, Gewinnanteil 510.

Aufgewertete Forderungen und Schulden 408.

Aufklärung
Pflicht zur — des Steuerpflichtigen 219.
erhöhte Pflicht zur — beschränkt Steuer=
pflichtiger 71, 85.

Auflage
und Zweckzuwendung 40.
Stiftung mit staatl. — zur Rentenzah=
lung 136.

Auflösung einer Kapitalgesellschaft
Begriff 494.
Besteuerung bei — und Abwicklung 594.
Besteuerung bei — und Abwicklung der AG. 595.
Besteuerung bei — und Abwicklung der GmbH. 596.
Rückzahlung des Kapitals bei — 494.
Steuererleichterungen bei — 608.

Aufräumungsarbeiten
Kosten 347.
Rückstellung für — 415.

Aufrechnung, Vereinnahmung 478.

Aufrechnung, Ausgleich von Steuer=Über=
zahlungen durch — 651.

Aufsichtsrat der AG.
Tätigkeit 585.
Vergütungen an Mitglieder nichtabzugs=
fähig 574, **584.**

Aufsichtsratstantiemensteuer 584.

Aufsichtsratsvergütungen
Abgabe von den — 649.
Keine Anrechnung der Kapitalertragsteuer
bei Mindeststeuer nach — 650.

Aufsichtsratsvergütungen
Besteuerung 584.
Besteuerung bei ausländ. Gesellschaften 587.
Maßgeblichkeit des Beschlusses der Hauptversammlung 588.
Mindestbesteuerung nach — 615, 621.
Steuerabzug von den — 649.

Aufstellung, Kosten der — von Maschinen usw. 365.

Aufteilung
Mehreinkommen bei — des Unternehmens in mehrere Unternehmen 802, 808.

Aufteilungs-BO 608.

Auftrag und Zweckzuwendung 40.

Aufwendungen zur Erfüllung des Satzungszwecks 574, 575, **577**.

Ausbeute
Verteilte — als Gewinnanteil 504, 618.
—Verträge = Pachtverträge 459.

Ausfälle wegen Preisnachlaß usw. und Forderungsbewertung 398, 405.

Ausfuhrhandel Vergünstigung für — nach RF 792, 800, 807.

Ausfuhrindustrie
Erweiterte Bewertungsfreiheit für — nach RF 792, 799, 806.
Ausfuhr 799, 806.
Ausfuhrumsatz 799
Bewertungsfreiheit bei Erhöhung des Ausfuhrumsatzes 799, 806.

Ausgabe von Aktien und sonstigen Gesellschaftsrechten
Beendigung 563.
Börsenumsatz- und Grunderwerbsteuer bei Sacheinbringen keine Kosten der — 562.
Deckung der Kosten aus dem Ausgabeaufgeld 562, 563.
Höhe der Kosten 562.
Kosten abzugsfähig 559, 560.
Notariats-, Gerichtskosten, Stempel als Kosten der — 562.

Ausgabeaufgeld (Agio)
Begriff 179, 562.
Deckung der Ausgabekosten von Gesellschaftsrechten aus dem — 562, 563.
Einlage der Gesellschafter 561, 563.
kein Gewinn 438.

Ausgaben
Ablösung abzugsfähiger — 490.
Kein Abzug der mit Mitgliederbeiträgen zusammenhängenden — 544, **592**.
Kein Abzug der mit Schachtelgewinn zusammenhängenden — 551, **593**.
Abzugsfähige — 559.
Gewinnanteil des persönlich haftenden Gesellschafters der KoGaA. 559, 570.
Kosten der Ausgabe von Gesellschaftsanteilen 449, 560.
Rücklagen bei Versicherungsunternehmen 559, 563.
Sanierungsgewinne 459, 570.
Zuführungen zu versicherungstechnischen Rücklagen bei Versicherungsunternehmen 559, 563.
Anteiliger Abzug von — bei beschränkter Steuerpflicht 81, 592.
Anteiliger Abzug von — bei Unterhaltung eines wirtschaftlichen Geschäftsbetriebs 592.
Aufwendung zur Verminderung abzugsfähiger — als Werbungskosten 465.
Begriff der — für gemeinnützige usw. Zwecke 590.
für gemeinnützige, mildtätige, kirchliche Zwecke nicht abzugsfähig 574, **589**.
Künftige — und Forderungsbewertung 398, 405.
Nachträglich anfallende — 490.
Nichtabzugsfähige — 574.
— und Anfangsvermögen 270.
Aufwendungen zur Erfüllung des Satzungszwecks 574, 575.
Ausgaben zu gemeinnützigen, usw. Zwecken 574, 589.
Steuern von Einkommen und Vermögensteuer 574, 579.
Vergütungen an die mit Überwachung der Geschäftsführung betrauten Personen 574, 584.
Regelmäßig wiederkehrende — 475, **481**.
Verbot des Abzugs von — bei beschränkt. Steuerpflicht aus inländischen steuerabzugspflichtigen Einkünften 88, 591.
Zurechnung von — zum Kalenderjahr 475, **481**.

Ausgleich
Kein — einzelner Bilanzposten durch Bilanzänderung 264.
von Steuer-Überzahlungen 651.
Kein — von Unterschieden zwisch. Steuerbilanz und Handelsbilanz 249.

Ausgleich der Einkünfte
zur Berechnung des Einkommens 166, 169.
eingeschränkter — bei beschränkter Steuerpflicht 83.
kein — hinsichtl. des durch Sanierung beseitigten Verlusts 573.

Ausgleichsposten
bei landwirtschaftlichen Rumpfwirtschaftsjahren 201.
für Schwankungen im Betriebsvermögen s. Zu- und Abschlag.
sogenannte, Bedeutung 309.

Ausgleichszahlung für das Kalenderjahr 1934 667.
Härteausgleich 668.
Voraussetzung 667.

Ausland
Pauschbesteuerung bei Zuzug aus dem — 652.
Verlegung der Geschäftsführung der Kapitalgesellschaft ins — 611.
Verlegung der inländischen Betriebsstätte der Kapitalgesellschaft ins — 611, **614**.

Ausländische Gesellschaft
Buchführungspflicht 156.
Einbringung in — 382.
Mindestbesteuerung nach Aufsichtsratsvergütungen 621.
Keine Schachtelvergünstigung bei — als Untergesellschaft 546.
Vergütung für Überwachung der Geschäftsführung 587.
Ausländische
Gesellschaftsformen 95.
Rechtsformen von Körperschaften 22, 59.
Ausländisches Recht, Juristische Person des — 60.
Auslandsanleihen 510.
Auslandsbeziehungen, Pauschbesteuerung bei — 84, 652.
Auslegung der Steuergesetze 11.
Auslosungsrechte 510.
Ausschließlichkeit der Verfolgung gemeinnütziger, mildtätiger oder kirchlicher Zwecke 135.
Ausschüttungen im Sinn der Mindestbesteuerung
Bauzinsen keine — 618.
Begriff 617.
bei bergrechtlichen Gewerkschaften 618.
Gewinnanteil auf eigene Aktien und Anteile keine — 619.
Übermäßige Vergütung an Gesellschafter-Geschäftsführer 617.
Zahlung auf Gläubigerrecht und Besserungsschein keine — 617.
Zuweisung an Anleihestock als — 619.
Ausstellungsunternehmen, Befreiung 128, 132.
Auswirkung eines fehlerhaften Bilanzansatzes
Keine — 273.
Mittelbare — 274.
Unmittelbare — 276.
Außergewöhnliche Abnützung
Absetzung für — 457.
Durchführung der Absetzung für — 459.
Fälle der Absetzung für — 458.
Nachweispflicht des Steuerpflichtigen 459.
Außergewöhnliche Verhältnisse
Berücksichtigung bei Berechnung des Mehreinkommens 801, 808.
Automobilklub, Befreiung 132.

B
Badeanstalt, Befreiung 128.
Bahnanlagen, Bewertung 366.
Bank für deutsche Industrieobligationen, Steuerpflicht 114, 115.
Bankunternehmen
Bewertung von Wechseln und festverzinsl. Wertpapieren in — 392.
Wertpapiere bei —, Bewertung 357.
Barer Gegenwert von Verbindlichkeiten als Anschaffungskosten 423.

Barwert
der Gegenleistung bei Verschmelzung und Umwandlung 604.
unverzinslicher, befristeter Schulden 427.
von Verbindlichkeiten 424.
von Verbindlichkeiten als Teilwert 426.
Barzuwendungen an Gesellschafter, verdeckter Gewinn 539.
Bauausführung
Betriebstätte 64.
durch Gesellschaft für Gesellschafter 537.
als schwebendes Geschäft 303.
Bauindex s. Baukosten.
Baukosten, Sinken der — und Teilwert 361.
Baukostenzuschüsse
der Mieter 343.
Vereinnahmung der — bei Verrechnung 481.
Bauplatz
Erhöhung des —werts durch Abbruch von Gebäuden 359.
Wert des — höher als Gebäudewert 451.
Bausparkassen keine Sparkassen 117.
Bauwerk, Gewinnverwirklichung bei — 303.
Bauzinsen
bei AG. 500.
keine Ausschüttung 618.
Bedingte Forderung 395.
Bedürftigkeit i. S. der mildtätigen Zwecke 133.
Beförderungskosten s. Transportkosten.
Befreiung, persönliche
des Betriebs gewerbl. Art einer öffentlichrechtlichen Körperschaft 47.
keine — bei steuerabzugspflichtigen Einkünften 112, 150.
Körperschaften mit kirchlichen, gemeinnützigen oder mildtätigen Zwecken 112, 125.
Außerhalb des KStG geregelte — 150.
Öffentlich-rechtliche Kreditanstalten 112, 115.
Realgemeinden 112, 124.
Rechtsfähige soziale Kassen 112, 145.
Keine Schachtelvergünstigung bei — der Untergesellschaft 547.
Öffentliche Sparkassen 112, 116.
keine — neben Steuerpflicht 114.
keine — bei beschränkt Steuerpflichtigen 113, 150.
Befreiung, sachliche
bei Genossenschaften und Genossenschaftszentralen 661.
der Gewinnanteile bei Schachtelgesellschaften 544.
bei Kapitalverwaltungsgesellschaften 554.
außerhalb des KStG 554.
und Mindestbesteuerung 619.
der Mitgliederbeiträge von Personenvereinigungen 541.
bei Sparkassen von Genossenschaften 663.
Befristete Forderung 395, 399.

Behörde, Verein der Angehörigen einer —, keine Befreiung 131, 132.
Beitragsrückerstattungen bei Versicherungsunternehmen 568.
Beitreibungskosten und Forderungsbewertung 398.
Bekanntgabe des Steuerbescheids 651.
Bekommt Rechnung 223.
Bergbautreibende Vereinigungen
Begriff der rechtsfähigen — 504.
Gewinnanteil aus Anteilen an — 504.
Mittelbare Beteiligung an — 504.
Schachtelbeteiligung bei — 548.
Bergbauunternehmen
Absetzung für Substanzverringerung 459.
Betriebstätten 67.
Berggewerkschaft
Ausschüttungen im Sinn der Mindestbesteuerung bei — 618.
Gewinnanteile an — 504.
Grubenvorstand einer preuß. — 586.
Kapitalrückzahlung bei — 505.
Schachtelbeteiligung bei — 548.
Berichtigung (s. auch Bilanzberichtigung).
der Absetzung bei nachträglicher Änderung der Verhältnisse 456.
unrichtiger Absetzung für Abnutzung 456.
keine — der Absetzung für Abnutzung eines auf 0 abgesetzten Wirtschaftsguts 457.
des Betriebsvermögens am Schluß des vorangegangenen Wirtschaftsjahrs 270.
Berufsgenossenschaft als öffentlich-rechtliche Körperschaft 43.
Berufsstände, Beiträge zu — als Werbungskosten 462, 470.
Berufsverbände
Beiträge zu — als Werbungskosten 462, 470.
öffentlich-rechtliche, Befreiung 115.
sonstige, Steuerpflicht 114.
Beschädigung durch Brand, Naturgewalten 458.
Beschränkte Steuerpflicht 56.
Abgeltung und Sicherstellung des Steueranspruchs 86.
Abzug anteiliger Generalunkosten 72.
Begriff 57.
Betriebsausgaben bei — 73, 81.
beschränkt steuerpflichtige Einkünfte s. Inländische Einkünfte.
Besteuerung beim Übergang zur — durch Verlegung der Geschäftsführung der Kapitalgesellschaft ins Ausland 612, 613.
Entstehung 58.
Entstehung der — für ausländische Körperschaften 58.
Ermittlung des Einkommens 83.
mit inländischen steuerabzugpflichtigen Einkünften 87.
Kapitalstock für Inlandsgeschäft von Versicherungsunternehmen 72.
Mindestbesteuerung 70, 625.
der öffentlich-rechtlichen Körperschaften 56, 87.
Pauschbesteuerung 84, 86.
Schachtelvergünstigung für öffentlich-rechtliche Körperschaften bei — 88, 546.
Steuererklärungs-Pflicht bei — 635.
Steuererklärungs-Pflicht beim Übergang von der — zur unbeschränkten 635.
Steuererlaß 86.
Übergang von der — zur unbeschränkten und umgekehrt und Veranlagungszeitraum 59.
Übergang von der — zur unbeschränkten und umgekehrt bei Mehreinkommensteuer 801, 808.
aus Veräußerung eines Anteils an inländischer Kapitalgesellschaft 68.
Verteilung des Gesamtgewinns durch Schätzung 69.
Werbungskosten bei — 81.
Wesen 57.
Zurechnung von Wirtschaftsgütern zum inländischen Betriebsvermögen 69.
Zusammentreffen der — nach § 2 Ziff. 1 und 2 89.
Beschränkt Steuerpflichtige, Steuerabzug von Einkünften — 649.
Beseitigung eines Wirtschaftsguts, Bewertung 341.
Besserungsscheine
Ausstellung von — und Sanierung 573.
keine Passivierung 417.
Zahlungen auf — keine Gewinnanteile 550.
Besitzposten
Abhängige — und Schuldposten 293 ff.
der Bilanz 231.
negative 232.
Bestandsaufnahme (s. Inventur).
Stehendes Holz in — des Forstwirts 166.
Unterlassung der — 157.
Bestandsbuch für Steuergutscheine I 799, 806.
Bestandskonto 223, **224.**
Bestandsvergleich s. Betriebsvermögensvergleich.
Beteiligung
Aktienpaket, Bewertung 377.
Anschaffungskosten 370.
Nachträgliche Anschaffungskosten 372.
als notwendiges Betriebsvermögen 191, 192.
Bewertung 370.
Dauer der — bei Schachtelvergünstigung 549.
Verdeckter Gewinn und — der Gesellschafter 514.
Junge Aktien, Bewertung 374.
an Kapitalgesellschaft, Aufgabe der — 495.

Beteiligung
an Kapitalgesellschaft, Erwerb gegen Sacheinlage 379.
kapitalistische — an bergbautreibenden Vereinigungen 504.
an Personengesellschaft, Bewertung 376.
am Reinvermögen bei Schachtelvergünstigung 545, 548.
Teilwert 373.
Unmittelbare — bei Schachtelvergünstigung 548.
Veräußerung der wesentl. — an Kapitalgesellschaft 486, 511.
Wesentliche — bei Schachtelvergünstigung 547.
Zubußen und Einlagen als nachträgliche Anschaffungskosten der — 342.

Betrieb gewerblicher Art von Körperschaften des öffentlichen Rechts 14.
Aufwendung zur Erfüllung des Satzungszwecks nicht abzugsfähig 576.
Befreiung wegen Gemeinnützigkeit usw.
Begriff 41, **43.** [47.
Betriebsvermögen — 51.
Einkommensermittlung 53.
Ermittlungszeitraum 54.
Gelegentl. wirtschaftliche Betätigung kein — 44.
Generalunkosten — 52.
Gewinnabführung durch — an öffentlich-rechtliche Körperschaften 52.
Löhne und Gehälter 52.
als nichtrechtsfähige Personenvereinigung 45.
Organverhältnis des — zur öffentlich-rechtlichen Körperschaft 102.
in privater Rechtsform 43, 44.
Rechnungsjahr als Ermittlungszeitraum 54.
Rechtsform 44.
Schachtelvergünstigung 545, 546.
Keine entgeltliche schuldrechtliche Überlassung des Betriebsvermögens an steuerbefreiter — 45. [51.
steuerliche Selbständigkeit 43, 50.
Veräußerung von Wirtschaftsgütern 52.
Verdeckte Gewinnausschüttung 53, 521.
Verpachtung 45.
Versorgungsbetriebe 47.
Keine Verzinsung des Eigenkapitals 51.
Wirtschaftsjahr 155.
Zuweisung von Schulden und Lasten an — 52.

Betriebsausgaben
Abgrenzung gegenüber Entnahmen (Gewinnausschüttungen) 195.
Abzug bei beschränkt Steuerpflichtigen 81.
Abzug der — bei beschränkt steuerpflichtigen Versicherungsunternehmen 73.
Aufwendungen zur Vermehrung des Betriebsvermögens als — 196.
Ausgaben für Feuerverhütung als — 570.
nach Beendigung des Betriebs 195, 490.

Begriff 181, 182, **194.**
vor Eröffnung des Betriebs 195.
laufende — 196, 289.
Überschuß der Betriebseinnahmen über die 181, 182.

Betriebseinnahmen
Begriff 198.
Berücksichtigung von Schwankungen im Betriebsvermögen 205.
Feststellung 204.
Persönlicher Geltungsbereich 203.
Nachträgliche — 490.
Übergang zum Vermögensvergleich 206.
Überschuß der — über die Betriebsausgaben 181, 182, **203** ff.

Betriebseinrichtung, Kosten der —, Aktivierung 290.

Betriebserfindungen 368.

Betriebsergebnisteilkonten 224.

Betriebsgewöhnliche Nutzungsdauer 440, **449.**

Betriebsrechte
Bewertung 368.
Gewerbliche, Aktivierung 292.

Betriebstätte
Anfall gewerbl. Einkünfte ohne inländische — 74, 81.
Begriff 65.
Besteuerung bei Verlegung, Auflösung der inländischen — 611, 614.
Inländischer Kapitalertrag bei Bestehen einer inländischen gewerblichen — 75.
Regelung in Doppelbesteuerungsabkommen 67.
Verwertung von gewerbl. Erfahrungen in inländischer — 80.

Betriebsteuern
als Betriebsausgaben 197, 580.
Nachforderung von — 198.

Betriebsvergleich innerer und äußerer 187.

Betriebsvermögen
Abgrenzung des — gegenüber sonstigem Vermögen 190.
Begriff 190.
Beteiligungen als — 192.
Diensterfindungen als — 191.
notwendiges — 191, 192.
am Schluß des Wirtschaftsjahrs 181, **187,** 208, **245.**
am Schluß des vorangegangenen Wirtschaftsjahrs 181, **188,** 208, **266.**
Zugehörigkeit zum — 190.

Betriebsvermögenskonto 224.

Betriebsvermögensteilkonto 224.

Betriebsvermögensvergleich
Gewinnermittlung durch — 181, 182, **187,** 208, **241.**
Stehender Wald bei — 203.
Teil— für nachträgliche Einkünfte 188, 476, 490.
Übergang vom — zur Gewinnermittlung nach Betriebseinnahmeüberschuß 206.

Mirre-Dreutter, Körperschaftsteuergesetz

Betriebsvorgänge
Anpassung der Steuerbilanz an die Handelsbilanz hinsichtlich der — 250.
Belege für — 222.
Übergangsposten 229.
Zugehörigkeit zu — 220.
Zurechnung zum Wirtschaftsjahr 190, 228.
Zusammenhang einer Rückstellung mit — 411.
Beurkundungskosten
als Anschaffungskosten 333.
Beurteilung von Tatbeständen
bei Befreiung wegen Gemeinnützigkeit usw. 125.
bei Berichtigung der Anfangsbilanz 271.
bei Bilanzberichtigung 259.
bei Gesellschafterdarlehen 29.
bei verdeckter Gewinnausschüttung 517.
Grundsatz 13.
von Pachtgesellschaften 35.
bei Rechtsbeziehungen zwischen Kapitalgesellschaft und ihren Gesellschaftern 25.
— bei Zurechnung von Einkünften 171.
Beweiskraft einer Buchführung 185.
Bewertung
der abnutzbaren Anlagegüter 278, **311**.
des Abwicklungs-Endvermögens 599.
Allgemeine Grundsätze 284.
bei Auflösung einer inländischen Betriebsstätte 615.
der Bestandsposten in der Handelsbilanz 235.
der Beteiligungen 370.
Beurteilung von Unsicherheiten 237.
Bewertungsmaßstäbe 332.
Anschaffungskosten 332.
Herstellungskosten 338.
Teilwert 349.
Bewertungsvorschriften 311.
der Einlagen 279, **435**.
der Entnahmen 279, **435**.
bei entgeltlichem Erwerb eines Betriebs 279, **438**.
bei Eröffnung eines Betriebs 279, **438**.
bei unentgeltlichem Erwerb eines Betriebs 439.
der Forderungen 395.
der Gebäude 358.
des Geschäfts- oder Firmenwerts 382.
der verdeckten Gewinnausschüttung 518.
von Grund und Boden 369.
bei Inventar und Bilanz nach HGB 212, 236.
der Maschinen und Anlagen 363.
der nichtabnutzbaren Anlagegüter 279, **314**.
der Patente, gewerbl. Urheberrechte, Erfindungen und sonstigen Rechte 367.
der Sachbezüge der Gesellschafter als verdeckter Gewinn 537.
der Schachtelbeteiligung 551, 593.
der Umlaufgüter 279, 314.
der Verbindlichkeiten 279, **422**.
bei Verlegung der Geschäftsführung der Kapitalgesellschaft ins Ausland 613.
verschiedene — des verdeckten Gewinns bei Gesellschaft und Gesellschafter 519.
des Verschmelzungs-Endvermögens 604.
der Waren, Rohstoffe, Halb- und Fertigerzeugnisse 388.
der Wertpapiere 391.
der Wirtschaftsgüter des Betriebsvermögens 278.
Bewertungsfreiheit
bei kurzlebigen Wirtschaftsgütern s. diese.
auf Grund von Steuergutscheinen I 792, 798, 805.
Begriff 798, 805.
Erweiterte — für Ausfuhrindustrie 792, 799, 806.
Formelle Voraussetzungen für — 799, 806.
Nachweis des Eigentums an Steuergutscheinen I 799, 806.
Höhe der Sonderabschreibung 792, 798, 806.
Persönliche Voraussetzung 798, 805.
in Rumpfwirtschaftsjahren 792, 806.
Vergünstigung für Ausfuhrhandel 792, 800, 807.
Verminderung des Bestands an Reichsanleihen usw. und — 792, 800, 806.
Bewertungskonto 225.
Bezugsrecht
Anschaffungskosten junger Aktien bei — 375.
auf junge Aktien kein Kapitalertrag 501.
Einräumung des — auf Aktien einer anderen Gesellschaft verdeckter Gewinn 536.
Einräumung eines — 375.
auf Schuldverschreibungen 501, **536.**
Bilanz (s. auch Handelsbilanz, Steuerbilanz).
Aufstellung bei Buchführung in ausländischer Währung 227.
Aufstellung nach HGB 212, **226.**
Begriff 226.
Berücksichtigung des Teilwerts von Forderungen in — 401.
Absetzung für Abnutzung in — 461.
in Buchform 227.
Eröffnungsbilanz 277.
Freianteile an GmbH. in — des Gesellschafters 504, **550.**
Handelsbilanz 231.
Arten der Bilanzposten 231.
Bewertung 235.
Bilanzstichtag 236.
Entwicklung nach Bilanzstichtag 239.
Reinvermögen 233.
Rücklagen 233.
Unsicherheiten (Ermessen) 237.
Vermutung der Richtigkeit 240.
Jahresbilanz nach AktG
Gliederung 214.
Wertansätze 216.

Bilanz
Jahresbilanz nach GmbHG 217.
Nichtabzugsfähige Personensteuern in — 580.
Pflicht zur Vorlage einer — 219, 636.
Schuld der Gesellschaft als verdeckter Gewinn in — 520.
Stetigkeit der Bilanzgebarung 229.
Umbau in der — 360, 363.
Unterlassung der Aufstellung der — 157.
Verdeckter Gewinn in — der Gesellschaft 519.

Bilanzänderung
Abhängigkeit der — von Änderung der Handelsbilanz 262.
Abweichende Schätzung von Forderungen keine — 403.
keine Ausdehnung der — auf Anfangsbilanz 265, 271.
kein Ausgleich einzelner Bilanzopsten durch — 265.
Begriff 261.
— in der Eröffnungsbilanz 266, 278.
Persönlicher Geltungsbereich 183.
— bei Wiederaufrollung rechtskräftiger Veranlagungen 265.
Zulässigkeit 182, 183, 208, 210, **261.**
Zustimmung des FA. zur — 263.

Bilanzansatz, letzter, s. Buchwert.

Bilanzauffassungen
Dynamische Bilanz 244.
Organische Bilanz 242.

Bilanzberichtigung
von Amtswegen 259.
hinsichtlich der Anfangsbilanz 270.
Begriff 256.
Durchführung 261.
hinsichtlich der Eröffnungsbilanz 278.
Nachweis der Unrichtigkeit der Bilanz 260.
Voraussetzungen 257.

Bilanzenzusammenhang
bei Abwicklungsbesteuerung der Kapitalgesellschaft 598.
Ausnahmen vom Grundsatz des — 270.
Bedeutung 267.
Begriff 188, 266.
bei Eröffnungsbilanz kein — 277.

Bilanzidentität s. Bilanzenzusammenhang.

Bilanzierungsgrundsätze
Anpassung der Steuerbilanz an die Handelsbilanz hinsichtlich der — 250.

Bilanzkontinuität
allgemeine (s. Bilanzenzusammenhang) 210, 266.
sog. innere — (Bilanzstetigkeit) 229.

Bilanzkonto 226.

Bilanzposten
Anpassung der einzelnen — in Steuerbilanz und Handelsbilanz 248.
Arten 231.
Bezeichnung 244.

Bilanzstetigkeit
Begriff **267,** 284.
hinsichtlich der Bilanzgebarung 229.
Innere — bei Forderungsbewertung? 404.

Bilanzstichtag
Berücksichtigung der Entwicklung nach dem — 239.
Maßgeblichkeit 236.
Wirkung des Gesellschafterbeschlusses auf — 237.

Bilanzwahrheit, Grundsatz der — 220, 259.

Bodenbewirtschaftung, gewerbliche, Gewerbebetrieb 483.

Bodenverbesserungen, Kosten der — 200.

Bonus als Sachbezug 510.

Börsenpreis 216.
als Teilwert 316, 320.

Börsenumsatzsteuer bei Sacheinbringen keine Ausgabekosten des Gesellschaftsanteils 562.

Brandentschädigung
Anschaffungs- oder Herstellungskosten der Ersatzgegenstände bei — 344.
Kosten der Aufräumungsarbeiten 347.
Übertragung der stillen Rücklagen auf Ersatzgegenstände 344.
Verlust des Anspruchs auf — 346.

Branntweinbezugsrecht, Aktivierung 292.
Brennrecht, gewerbliches, Aktivierung 292.
Bruchteile, Beteiligung nach — 21.
Buchabschluß, Durchführung 158, 226.
Buchführung (s. auch Buchführungspflicht)
Abschluß bei — in ausländ. Währung 227.
Anschaffungskosten von Waren bei — in fremder Währung 389.
Anzahlungen auf Waren bei — in ausländ. Währung 408.
Bewertung bei Übergang zur — 439.
Buchabschluß 158.
Doppelte — 222.
Einfache — 220, 222.
Einrichtung der —, Rumpfwirtschaftsjahr 164.
Ergänzende Schätzung bei Mängeln der — 157, 186.
Eröffnung der — und regelmäßige Abschlüsse 158.
Formverstöße in — 186.
Grundsätze ordnungsmäßiger — 211.
Aktivierung nach — 288.
Bedeutung 267.
Verhältnis zu den Gewinnermittlungsvorschriften 241.
Handelsrechtliche Verpflichtung zur — 155.
ohne handelsrechtliche Buchführungspflicht
Jahresabschluß 226. [165.
Inventur 227.
Mängel 186.
Maßgeblichkeit des Wirtschaftsjahrs bei ordnungsmäßiger — 152, 155.
Nachträglicher Abschluß 240.

Schlagwörterverzeichnis.

Buchführung
Nachweis der Absetzung für Abnutzung in der — 461.
Ordnungsmäßige — 156.
Ordnungsmäßige — Voraussetzung der Bewertungsfreiheit für Steuergutscheine I 799, 806.
Regelmäßiger Abschluß 157.
Regelmäßiger Abschluß bei Eröffnung des Betriebs oder Übergang zur — 158.
Steuerliche Vermutung ordnungsmäßiger Führung 219, **240**.
Strafbarer Tatbestand der unordentlichen — 260.
Übergang zur (Buchführung) nach Versteuerung des Betriebseinnahmenüberschusses 207.
VO über landwirtschaftliche — 166.
Verwerfung einer formell ordnungsmäßigen — 186.
Vollständigkeit und Richtigkeit 220.

Buchführungspflicht
ausländischer Gesellschaften 156.
Gewinnermittlung bei handelsrechtlicher — 208, 211.
der Handelsgesellschaften 155.
nach Handelsrecht 155.
Handelsrechtliche — auch steuerrechtliche Pflicht 218.
Inhalt der handelsrechtlichen — 211.
für Aktiengesellschaften 213.
Ergänzung durch steuerrechtliche Vorschriften 218.
für Gesellschaften mit beschränkter Haftung 217.
für Kaufleute 211.
Inhalt der steuerrechtlichen — 185, **218**.
steuerrechtliche — 184, 218.

Buchgewinn
Abzug des durch Sanierung entstandenen — 573.
aus gesellschaftlichen Einlagen nicht steuerpflichtig 178.
aus Kapitalzusammenlegung oder Kapitalherabsetzung nicht steuerpflichtig 180.

Buchungssatz 223, 224.

Buchwert
Absetzung für Abn. vom — 254, **447, 454**.
Begriff 313.
Einheitlicher — für Gebäude, Maschinen, Anlagen 341.
von Forderungen bei Pauschalabschreibung 402.
Fortführung der Buchwerte bei Verschmelzung 605.
abgerissener Gebäudeteile Herstellungskosten bei Umbau 360.
abgerissener Gebäudeteile im Teilwert von Um- und Neubau 362.
einer ersetzten Maschine usw. 364.
eines Restgrundstücks bei Teilung 319.
Steuerlicher — 291.

Streichung des Teiles eines — 342.
Zurechnung des — bei Zerstörung oder Beseitigung einer Wirtschaftsguts 341.
Zurechnungen zum — 340.

Bürge
Haftung des — keine Verausgabung 481.
Vom — bezahlte Schuldzinsen als Werbungskosten 468.

Bürgschaft
der Gesellschaft für ihre Gesellschafter 539.
Rückstellung für Gefahr aus — 415.
Verpflichtung aus — und Rückgriffsrecht 294.

C

Creditreform, Verein —, Befreiung 132.

D

Damnum s. Darlehensaufgeld, Darlehensabgeld.

Dampfkesselüberwachungsverein
keine Befreiung 131.
Verein 43.
Wirtschaftsjahr 156.

Dänemark 61.

Danzig 61.

Darlehen
Anschaffungs- oder Herstellungskosten bei Aufnahme billiger — 344.
als Beteiligung, Bewertung 372.
zwischen 2 Einmanngesellschaften 255.
der Gesellschafter an Kapitalgesellschaft, Verdeckter Gewinn bei — 527.
der Gesellschafter einer Kapitalgesellschaft als Gesellschaftsrechte **29,** 502, 527, 547.
der Kapitalgesellschaft an ihre Gesellschafter, Verdeckter Gewinn 525.
der Personengesellschaft an Gesellschafter 525.
partiarisches — als stille Beteiligung 75.
zwischen Personengesellschaft und Kapitalgesellschaft mit gleichen Gesellschaftern 526.
Tilgung eines — des Einmanngesellschafters durch Kapitalherabsetzung 496.

Darlehensabgeld
bei Bewertung der Verbindlichkeit 424.
buchmäßige Behandlung 425.
Verteilung 424.

Darlehensaufgeld
Anschaffungskosten bei — 335.
bei Beteiligung 371.
bei Prolongation 469.
als Schuldzinsen 468.
Verausgabung des — als Werbungskosten 469.
Vereinnahmung des — durch Gläubiger 481, 509.

Debitorenversicherung
Forderungsbewertung bei — 399.

Deckungsgeschäft
Anschaffungskosten der Beteiligung bei — 371.

Defektivstückzinsen 511.
Delkrederekonto, Bedeutung 225.
Delkrederposten (s. auch Forderung).
Bindung des Steuerpflichtigen an die Schätzung des — in der Handelsbilanz 257, 261.
Nachweis der Unrichtigkeit der Schätzung des — 260.
Deutsche Äußere Anleihe 510.
Deutsche Filmakademie 43.
Deutscher Gemeindetag 43.
Deutsche Reichsbahngesellschaft
Vorzugsaktien der — nicht kapitalertragsteuerpflichtig 644.
Deutschtum im Ausland
Förderung des —, Befreiung 128.
Devisenvorschriften und Vereinnahmung 480.
Diensterfindungen eines Angestellten notwendiges Betriebsvermögen 191.
Dienstverhältnis
der Ehefrau des einzigen Gesellschafters zur Gesellschaft 530.
des Gesellschafters der Kapitalgesellschaft zur Gesellschaft —, Verdeckter Gewinn 530.
des Gesellschafters einer Einmann- oder Ehegattengesellschaft 530.
Dienstwohnung des Gesellschafter-Geschäftsführers, verdeckter Gewinn 533.
Disagio s. Darlehensabgeld.
Diskont Begriff 510.
Diskontbeträge 510.
Dividendenschuld einer Kapitalgesellschaft 269.
Dividendenschein
Veräußerung 511.
Veräußerung des Wertpapiers mit laufendem — 511.
Doppelbesteuerung
wirtschaftliche — des Einkommens der Körperschaften 17.
Abkommen zur Vermeidung 60, 67.
Vermeidung der — 91.
Doppelte Buchführung 222.
Grundsatz 223.
Durchlaufende Gelder
Begriff 199.
bei Gewinnermittlung 199.
bei Organgesellschaft 107.
Durchschnittsätze 637.
Dynamische Bilanz 244.

E

Effektenkontren 223.
Ehefrau des Gesellschafters einer Kapitalgesellschaft als deren Angestellte 24, 530.
Ehemalige Tätigkeit, Einkünfte aus — 170, 489.
Eigenaktien
Bewertung 393.
Einziehung und Vernichtung 180.

Gewinnanteil an — keine Ausschüttung i. S. der Mindestbesteuerung 619.
Gewinn auf — 269.
Gewinn bei Wiederausgabe entgeltlich erworbener — 178, **436.**
Keine Berücksichtigung des auf — entfallenden Grundkapitals bei Mindestbesteuerung 620.
Überlassung zurückerworbener — als Gewinnanteil 501.
Wesen 393.
Wiederausgabe 178, 436.
Eigenbesitzer, Zurechnung der Einkünfte 169.
Eigenkapital, Keine Verzinsung des — bei Betrieb gewerblicher Art 51.
Eigentum
Aktivierung von Aufwendungen auf fremdes — 289, 297.
Wirtschaftliches — des Pächters 300, 301.
Eigennützige Betätigung, keine Gemeinnützigkeit bei — 131.
Eigenwirtschaftliche Zwecke der Körperschaft nicht gemeinnützig 133.
Einbringung in Kapitalgesellschaften
von Bar- und Sacheinlagen 177.
eines Betriebs oder Teilbetriebs, Bewertung beim Einbringenden 381.
eines Betriebs (Verschmelzung), Bewertung beim Empfänger 436.
von Einlagen, Bewertung beim Empfänger 279, 436.
in ausländische Gesellschaft 382.
von Sacheinlagen, Bewertung beim Einbringenden 379.
Einfache Buchführung 220, 222.
Einheitliche Feststellung
keine Berichtigung der Anfangsbilanz nach — von Verlust 272.
der Einkünfte 638.
von Gewinn und Verlust bei Personengesellschaften 378.
Keine — des Gewinns der KoGaU. 570.
Vereinnahmung bei — des Einnahmenüberschusses 479.
Einkaufsgenossenschaft 109.
Gegengeschäfte 659.
Nebengeschäfte 659.
Umsatzbonus 506.
Einkaufsgesellschaft von Kartell (Syndikat) 106.
Einkommen 152, 166.
Angenommenes — des Erstjahrs bei Mehreinkommen 803, 807.
Begriff 166, 167, 169.
Steuern vom —, nicht abzugsfähig 579 (s. Personensteuern).
Einkommensbesteuerung der Körperschaften, Überblick 10.
Einkommensermittlung s. auch Gewinnermittlung.
bei beschränkter Steuerpflicht 80.

Einkommensteuergesetz 1925, Maßgeblichkeit der Werte nach dem — bei Berichtigung der Anfangsbilanz 189.
Einkommensteuergesetz vom 6. 2. 38 Auszug 683.
II. VO zur Durchführung des —, Auszug 694.
Einkommensteuergesetz 1939 683.
Durchführungsbestimmungen (EStDV. 1939) 694.
Einkünfte
Inländische s. diese.
Abgrenzung gegenüber Liebhaberei 173.
Arten 166.
Begriff 170.
bei buchführungspflichtiger Körperschaft alle — gewerblich 175.
Nachträgliche betriebliche — 188.
sonstige 488.
Einmalige Vermögensanfälle als — 174.
Einlage
im Anfangsvermögen 269.
Aufgeld der Gesellschafter der Kapitalgesellschaft 561, 563.
Begriff 181, 193.
Bewertung der — beim Einbringenden 370, 379.
Bewertung der — beim Empfänger 279, **435.**
als entgeltlicher Erwerb des Gesellschafters 370, 372, 436.
Erwerb von Gesellschaftsanteilen gegen Sach— 379.
bei Erwerbs- und Wirtschaftsgenossenschaften 542.
der Gesellschafter einer Kapitalgesellschaft 178, 370, 541.
bei Gewinnermittlung 181, 194, 208.
Gründungskosten und Kosten der Kapitalerhöhung keine — 561.
bei Kapitalgesellschaft als nachträgliche Anschaffungskosten 342, 372.
des stillen Gesellschafters 509.
Verdeckte — 179, 514.
Einmanngesellschaft
Steuerrechtliche Anerkennung 34, 53, 541.
Änderung der Handelsbilanz 263.
Darlehen zwischen zwei —, Verdeckter Gewinn 525.
Dienstverhältnis des Gesellschafters bei — 530.
Ehefrau des Gesellschafters der — als deren Arbeitnehmer 530.
Entnahmen aus der — 525.
Gewinnanteil aus —mbH. 502.
Gewinnausschüttung durch Kapitalherabsetzung bei — 496.
Pachtvertrag zwischen — und Gesellschafter über gewerbliche Rechte 529.
Einnahme (s. auch Vereinnahmung).
Begriff 462, **464.**
Nutzungsmöglichkeit keine — 464.
Regelmäßig wiederkehrende — 475, **479.**

Sachbezüge als — 464.
Überschuß der — über die Werbungskosten 462.
Unmittelbare Beziehung der Werbungskosten zu — 466.
Vorschüsse als — 464.
Zurechnung der — zum Kalenderjahr 475, **479.**
Zurückzahlung früherer —, Verausgabung 482.
Ein- und Verkaufsgesellschaften von Kartellen (Syndikaten) s. Syndikat.
Ein- und Verkaufstellen, Betriebstätte 64.
Einzelbewertung
von Forderungen 401.
Grundsatz der — 285.
neben Sammelbewertung von Forderungen 402.
Einzelveräußerungspreis
Begriff 349, 350.
als Mindestwert des Teilwerts 351, 352, 353.
Einzelwert s. Einzelveräußerungspreis.
Einziehung
von Aktien 497.
von Anteilen an Kapitalgesellschaften 495.
von Geschäftsanteilen an GmbH. 497.
Gewinnausschüttung bei — von Anteilen an Kapitalgesellschaft 497.
gleichmäßiger Teile aller GmbH.-Anteile 498.
Einziehungskosten und Forderungsbewertung 398.
Eiserner Bestand
bilanzrechtlich 243.
(Inventar) 290, 294, 300.
Entnahme
im Anfangsvermögen 269.
Begriff 181, **193.**
Bewertung 279, **435.**
aus der Einmanngesellschaft 525.
als Darlehen des herrschenden Gesellschafters 525.
bei Gewinnermittlung 181, 193, 208.
von Sachwerten 435.
Entrichtung
der Abschlußzahlung 651.
der Kapitalertragsteuer 648.
Entrichtung der Körperschaftsteuer 639.
durch Abschlußzahlung 651.
3 Arten 639.
durch Steuerabzug 643.
durch Vorauszahlungen 639.
Entschädigung
für Aufgabe der Tätigkeit 170, 489.
für entgangene Einnahmen 170, 489.
für vorzeitige Lösung eines Mietvertrags 310.
Entstehung der Körperschaftsteuerschuld 18, **639,** 643, 652.
Erbengemeinschaft kein nichtrechtsfähiger Verein 39.

Erbschaft
Ausgaben anläßlich — keine Werbungskosten 465.
als Einkünfte 174, 176, 177.
Erde, Betrieb zur Gewinnung von —
Absetzung für Substanzverringerung 441, **459.**
Gewerbebetrieb 483.
Erfahrungen, gewerbliche
Überlassung — (beschränkt Steuerpflichtige) 79.
zeitlich begrenzte Überlassung 487.
Pachtvertrag über — zwischen Kapitalgesellschaft und Gesellschaftern 529.
Erfindungen
Bewertung 367.
Überlassung von — 487.
Ungeschützte — 369.
Verwertung 487.
Erfolgskonto 223, **224.**
Ergänzung
Steuerermäßigung für — an Gebäuden 556.
Erhaltungsaufwand s. Laufender —.
Erhebungszeitraum 153.
Erhöhung der Vorauszahlung auf Körperschaftsteuer 642.
Erholungsheime
Befreiung 128.
kein Hoheitsbetrieb 46.
Erklärung über das Mehreinkommen 804, 809.
Erlaß
einer Kaufpreisschuld, Anschaffungskosten und Gewinn 334.
einer Schuld 433.
einer Schuld, Vereinnahmung 478.
von Schulden zur Sanierung 571.
der Steuer bei beschränkt Steuerpflichtigen 86.
von Steuerschulden zur Sanierung 573.
Ermäßigung
der Körperschaftsteuer nach Gesetz über Steuererleichterungen 556, 625, 633.
der Körperschaftsteuer nach UmwStG. **611, 633.**
Ermessen des Kaufmanns
bei Beurteilung von Unsicherheiten in der Bilanz 237.
bei Einrichtung der Buchführung 220.
Einschränkung des — für Eröffnungsbilanz 278.
bei Forderungsbewertung 402.
bei Rückstellungen 413.
Ermittlung des Mehreinkommens 804.
Ermittlungszeitraum 153.
Erneuerung, Pflicht des Pächters zur — 297.
Erneuerungsrücklage 297, 411, 412.
Ernte s. Stehende Ernte.
Eröffnung eines Betriebs,
Bewertung der Wirtschaftsgüter bei — 279, **438.**

Werbungskosten vor — einer Tätigkeit 465.
Wirtschaftsjahr 160.
Eröffnungsbilanz
Aufstellung 231, **277.**
Bedeutung der kaufmännischen — 256.
Berichtigung 278.
Bewertung in — 438.
Bewertung in — bei Übergang zur Buchführung 439.
Bilanzänderung in der — 266, 278.
Einschränkung des Ermessens des Kaufmanns für — 278.
Forderungen in — 403.
Geschäftswert in — 384.
Ersatzbeschaffungen
Anzahlung auf — 304.
mit Brandentschädigung 344.
Steuerfreiheit für — 555.
Steuerfreiheit für — und Mindestbesteuerung 625.
Ersatzgegenstände, Bewertung der mit einer Brandentschädigung beschafften — 344.
Erstattung
Anspruch auf — bei ungenügender Anrechnung 651.
der Kapitalertragsteuer 649.
von Personensteuern 581.
von Steuer-Überzahlungen 651.
überzahlter Beträge 651.
Erweiterung
Abzug für notwendige — des abnutzbaren betrieblichen Anlagevermögens am Mehreinkommen 793, 803, 808.
Erwerb, Entgeltlicher
Bewertung bei — eines Betriebs 279, **438.**
Teilweise — eines Betriebs 440.
Zerlegung des Kaufpreises bei — 384, 439.
Erwerbs- und Wirtschaftsgenossenschaften
Absetzung für kurzlebige Wirtschaftsgüter bei — 323.
Anschluß der — an Revisionsverband 657.
Begriff 14, **35.**
Beschränkung des Geschäftsbetriebs der — auf die Mitglieder 657.
Besteuerung 654.
Erlaubte Gegengeschäfte 658.
Ermittlung der steuerpflichtigen Einkünfte 662.
Gemeinnützigkeit 132.
Gewinnanteile aus — 505.
Hauptgeschäfte 657.
Kaufpreisrückvergütungen der — 506.
nach KStG 1925 656.
Nebengeschäfte (Hilfsgeschäfte) 659.
Nichtsteuerbegünstigte — 663.
Preisnachlässe (Rabatte) der — 506.
Sparkassen von — 663.
Steuerbegünstigte — nach KStG 1925 656.

Erwerbs- und Wirtschaftsgenossenschaften
Steuerbefreite Einkünfte 661.
Steuerberechnung und Steuersatz für steuerbegünstigte — 663.
Steuerpflichtige Einkünfte 662.
Steuersatz für nichtsteuerbegünstigte — 664.
Übergangsregelung für — 654.
Übergangsregelung hinsichtlich des Mitgliederkreises 660.
Umwandlung von Rücklagen in Erhöhung der Geschäftsanteile 506.
Verdeckter Gewinn bei — 520.

Erwerb, unentgeltlicher (f. auch Übertragung).
Bewertung bei — eines Betriebs beim Empfänger 439.
Bindung des Empfängers an die Bilanzansätze des Vorgängers 440.
Fälle des — eines Betriebs 439.
teilweise — eines Betriebs 440.

Erwerbszwecke, Förderung der — der Mitglieder nicht gemeinnützig 131.

Erzeugergenossenschaft 35.

Erzeugnisse betriebliche, Bewertung 338, **388**.

F

Fahrstuhlanlage, Teil des Gebäudes 364.
Fallende Absetzung für Abnutzung 447, 454.
Fälligkeit der Mehreinkommensteuer 794, 804, 809.
Familienfideikommisse
als Stiftung 41.
Stiftungen an Stelle von —, Befreiung 540.
Familiengesellschaft
steuerliche Anerkennung 33.
Dienstverhältnis des Gesellschafters zur — 530.
Familienstiftung 41.
Fehlerausgleichskonto 310.
Fehlerquelle, Berichtigung zurück bis zur — 271.
Fehlmaßnahme
bei Errichtung von Gebäuden 362.
und Geschäftswert 387.
Teilwert bei — 355.
Feldinventar, landwirtschaftliches 202.
Fertigerzeugnisse
Bewertung 388.
Herstellungskosten 338.
Festsetzung der Mehreinkommensteuer 794, 809.
Feststellung f. Einheitliche —.
Festwert
Absetzung für kurzlebige Wirtschaftsgüter bei — 325, 328.
Begriff 290.
buchmäßige Behandlung 290.
Feuerbestattungsverein, Befreiung 127.

Feuerverhütung, Ausgaben für — abzugsfähig 570.
Fiktive Anschaffungskosten f. Gedachte —.
Finnland 61.
Firmenwert f. Geschäftswert.
Flaschen als kurzlebiges Wirtschaftsgut 326.
Fonds, Begriff 150.
Forderung
Abtretung von Geschäfts— der Gesellschaft an Gesellschafter 538.
Änderung der Schätzung der — keine Bilanzänderung 403.
Aktivierung von — 395.
Anschaffungskosten 396.
Anschaffungskosten bei Hingabe einer — 336.
Anzahlungen bei Buchführung in ausländischer Währung 407.
Aufwertungsforderungen und —Schulden 409.
Ausfälle wegen Preisnachlaß usw. 405.
Bedingte — 395.
Befristete — 395, 399.
Bewertung 395.
Bewertung bei Debitorenversicherung 399.
Bewertung der — bei Schuldübernahme 401.
Buchwert der — bei Pauschalabschreibung 402.
Ermessen des Kaufmanns bei Forderungsbewertung 402.
in Eröffnungsbilanz 403.
des Gesellschafters der Personengesellschaft gegen diese 401.
des Gesellschafters gegen seine Kapitalgesellschaft 400.
der GmbH. auf Einzahlung des Kapitals 503.
auf Gewinnbeteiligung als Gesellschaftsrechte an Kapitalgesellschaft 28.
Höhe der Pauschalabschreibung 404.
durch Hypotheken gesicherte — 400.
Innere Bilanzstetigkeit beim Ansatz der — 404.
künftige Ausgaben und Bewertung der — 398.
zwischen Mutter- und Tochtergesellschaft 400, 401.
Nachträglicher Eingang abgeschriebener Forderungen 403.
Nennbetrag als Anschaffungskosten 396.
Pflicht zum Ansatz des niedrigeren Teilwerts 405.
Rechtshängige — 400.
auf Rückvergütung 396.
Sachwertforderung 397.
Schadensersatzanspruch der Aktionäre gegen AG. keine — 401.
Schätzung 403.
— und Schulden zwischen GmbH. und OHG. mit gleichen Gesellschaftern 400.
Teilwert 397.

Forderung
Teilwertansatz für — in der Bilanz 401.
Buchwert der — 402.
Einzelbewertung 401.
Pauschalabschreibung 401.
durch Verbindung von Einzel- und Pauschalabschreibung 402.
Wertzusammenhang bei Pauschalabschreibung 402.
Übernahme der — des Gesellschafters durch die Gesellschaft zu Überpreis 538.
Unverzinsliche, befristete —, Barwert 399.
Uneinbringliche — 397.
Verzinsung der —, Einfluß auf Bewertung 398.
in ausländischer Währung 407.
durch Wechsel gesicherte — 399.
Wegfall des Wertberichtigungspostens 407.
Wertzusammenhang bei Wertberichtigungsposten 406.
Zweifelhafte — 397.

Forstgenossenschaften, Befreiung 112, 124.

Forstwirtschaft (s. auch Land- und Forstwirtschaft).
Einkünfte aus — 483.
Stehender Wald in Bestandsaufnahme bei — 166.
Stehender Wald im Betriebsvermögensvergleich bei — 202.
als Vermögensverwaltung 142.
Vorauszahlungstage für — 640.

Frankreich 61.

Freiaktien
Anschaffungskosten 376.
als Gewinnanteil **501**, 510.
Gewährung unter Befreiung von Einzahlungspflicht 501.
Nennbetrag der — als Kapitalertrag 501.

Freianteile
Behandlung der — in Bilanz des Gesellschafters 504, **550.**
an GmbH. **503**, 510.

Freibetrag, Abzug eines — am Mehreinkommen 794, 803, 809.

Freigenußscheine 502, 503.

Freiveranlagung, Berichtigung der Anfangsbilanz nach — 272.

Friedensfeuerkassenwert von Gebäuden 451.

Fusion s. Verschmelzung.

G

Garantieverpflichtung s. Haftungsverpflichtung.

Gartenbau
Vorauszahlungstage für 640.

Gebäude
Absetzung für Abnutzung 451.
Anschaffungskosten 358.
Höherer Bauplatzwert als Wert des —451.
Behelfsmäßige 359.
Bewertung 358.
Fahrstuhl- und Sammelheizungsanlage Teil des — 364.
Friedensfeuerkassenwert 451.
auf fremdem Grund 358.
Herstellungskosten 358.
Wirtschaftliche Nutzungsdauer 451.
besondere wirtschaftliche Nutzungsdauer von Teilen der — 452.
Selbständigkeit von baulichen Betriebseinrichtungen der — 452.
Teilwert 361.
Verteilung der Anschaffungskosten auf Grundstück und — 358.
Zusammenfassung von — und Grundstücken des Betriebs zur Teilwertermittlung 350.

Gebäudesteuer, Werbungskosten 470.

Gebäudeentschuldungssteuer, Betriebsausgabe 198.

Gebühr als Verbindlichkeit 410.

Gedachte Anschaffungs- oder Herstellungskosten
Begriff 348.
für Einlagen 436.
Nebenkosten als — 348.
der bei Verschmelzung übernommenen Wirtschaftsgüter 436.

Gefälligkeitsakzept, Recht und Verpflichtung aus 294.

Gegengeschäfte, erlaubte
der Absatzgenossenschaft 659.
der Einkaufsgenossenschaft 659.
der Genossenschaften 658.
der genossenschaftlichen Sparkasse 659.
der Konsumgenossenschaften 659.
der Kreditgenossenschaften 659.

Gegenleistung der Mitglieder von Personenvereinigung kein Mitgliederbeitrag 543.

Gegenwartswert s. Zeitwert.

Geldbeschaffung, Schuldzinsen aus — bei beschränkt Steuerpflichtigen 82.

Geldbeschaffungskosten
keine Anschaffungskosten 334.
bei Verbindlichkeiten 424.
keine Werbungskosten 469.

Geldwerte Güter 464.

Gemeinden (Gemeindeverbände)
Befreiung 41, 42.
Beschränkte Steuerpflicht 87.
Hoheitsbetrieb der — 46.
Marktbetrieb oder Markthallenbetrieb der — 46.
Mehrere Betriebe gewerblicher Art der — 51.
Schachtelvergünstigung für 545, 546.

Gemeindeumschuldungsanleihe, Bewertung 392.

Gemeiner Wert (s. auch Einzelveräußerungspreis)
Begriff 350.
der Gegenleistung bei Verschmelzung und Umwandlung 604.

Gemeiner Wert
bei Verlegung der Geschäftsführung ins Ausland oder Auflösung der inländischen Betriebsstätte 613, 615.

Gemeinnützige Zwecke
Abführung des Ertrags an öffentlich-rechtliche Körperschaft keine — 129.
Ausgabe zu — nicht abzugsfähig 574, 589.
Ausschließlichkeit 135.
Befreiung 112, 125, 126.
Begriff 126.
Steuerpflicht bei Unterhaltung eines wirtschaftlichen Geschäftsbetriebs 141.
Tatsächliche Geschäftsführung 140.
Unmittelbarkeit 138.
Unmittelbare Erfüllung der — durch Geschäftsbetrieb 143.
Zuführung der Mittel an andere zu — 138.

Gemeinschaft zur gesamten Hand keine Körperschaft 37.

Gemischtes Konto 223, **225.**

Generalunkosten
als Anschaffungskosten 339.
Anteilige — bei beschränkter Steuerpflicht 72.
bei Betrieb gewerblicher Art 52.
bei Gewinnermittlung aus inländischem Gewerbebetrieb 69.

Genossenschaften s. Erwerbs- und Wirtschaftsgenossenschaften
Gemeinnützigkeit 132.
Sparkassen der — und Genossenschaftszentralen 116.

Genossenschaftsregister, Eintragung ins — 35.

Genossenschaftszentralen
Begriff 660.
Besteuerung 661.
Geschäftsbetrieb 661.
Mitglieder 660.
Nichtsteuerbegünstigte — 663.
Rechtsform 660.
Sparkassen der — 116.
Steuerbefreite Einkünfte 661.
Steuerbegünstigte — nach KStG 1925 656.
Steuerberechnung und Steuersatz für steuerbegünstigte — 663.
Steuerpflichtige Einkünfte 662.
Steuersatz für nicht steuerbegünstigte — 664.
Übergangsregelung für — 654.

Genußrechte (s. Genußscheine)
Begriff 27.
als Kapitalforderung gegen Kapitalgesellschaft 500.

Genußscheine (s. Genußrechte)
wann aktienähnlich? 500.
Gewinnanteile auf **500,** 539.
Genußschein-Kapital als Grund- oder Stammkapital i. S. der Mindestbesteuerung 620.

Passivierung bei 415.
Schachtelvergünstigung für Ausschüttung auf 550.

Gesamtabschreibung, Verbot 287.

Gesamtergebnis, Berücksichtigung des — bei Berichtigung der Anfangsbilanz 276.

Gesamthandsgemeinschaft
Begriff 21.
Ende 56.
Nichtrechtsfähiger Verein als — 37, 92.

Geschäftsanteil
Eigene — in Abwicklungsschlußbilanz 393.
Eigene — der GmbH. 393.
Einziehung gleicher Teile aller — b. GmbH. 499.
Entgeltlicher Erwerb eigener — durch GmbH. 499.
Erhöhung der — der Genossenschaft aus Rücklagen 506.
Gewinnausschüttung bei Erwerb eigener — der GmbH. 499.
an GmbH., Einziehung 497.
Keine Übernahme neuer — durch GmbH. 503.
Verdeckter Gewinn durch Abschreibung des Kaufpreises eigener — 516.

Geschäftsbetrieb, Wirtschaftlicher
von Körperschaften, die gemeinnützigen, mildtätigen oder kirchlichen Zwecken dienen 141.
Begriff 141.
Betriebsvermögen 144.
Ermittlung der steuerpflichtigen Einkünfte 144.
Mitglieder der Körperschaft als Angestellte im — 145.
Planmäßigkeit der Tätigkeit 141.
Sachbezüge der Körperschafts-Mitglieder als Löhne des — 145.
Sachentnahme der Körperschaft aus ihrem — 145.
Steuerpflicht 143.
Unmittelbare Erfüllung der steuerbefreiten Zwecke durch — 143.
Reine Vermögensverwaltung kein — 142.

Geschäftsbetrieb
Beschränkung des — der Genossenschaften auf die Mitglieder 657.
der Genossenschaftszentralen 661.
Übergangsregelung hinsichtlich Ausdehnung des — der Genossenschaften 660.

Geschäftseinrichtung, Betriebsstätte 64.

Geschäftsfreundebuch 221, 224.

Geschäftsführer
Dienstwohnung des Gesellschafter- 533.
Einmanngesellschafter als — 530.
Gesellschafter als —, verdeckter Gewinn 530.
Gesellschafter von Ehegattengesellschaft als — 530.

Geschäftsführer
Kasse zur Versorgung der —, Befreiung 147.
Passivierung des Ruhegehaltsanspruchs des Gesellschafter — 533.
Tantiemen der Gesellschafter— 532.
Übermäßige Vergütung der Gesellschafter- — 531.
Übermäßige Vergütung des Gesellschafter- — Ausschüttung 617.

Geschäftsführung
Aufsichtsrat und — der AG. 586.
Tatsächliche — bei Befreiung 140.
Überwachung der — 585.
Überwachung der — einer ausländischen Gesellschaft 587.
Vergütungen an die mit Überwachung der — betrauten Personen, nicht abzugsfähig 574, **584.**

Geschäftsjahr
Dauer nach HGB 212.
Verlegung des —, Wirtschaftsjahr 162.

Geschäftsleitung
Begriff 19.
bei abhängigen Körperschaften 20.

Geschäftswert
keine Absetzungen vom — 387.
Aktivierung 384.
Anschaffungskosten — bei Einräumung einer Gewinnbeteiligung 386.
Ansatz des — bei Verlegung der Geschäftsführung ins Ausland 613.
beim Ausscheiden eines Gesellschafters aus OHG. 386.
Begriff 382.
besonderer — für Teil eines Unternehmens 383.
in Eröffnungsbilanz 384.
Erwerb eines — gegen Gewinnbeteiligung 417.
Feststellung der Anschaffungskosten 384.
Fehlmaßnahme und — 387.
auf Grundstück 383.
Teilwert 387.
bei Verpachtung entstandener — 387.
eines stillgelegten Wettbewerbsunternehmens 385.

Gesellschaft des bürgerlichen Rechts
Interessengemeinschaft als 110.
kein nichtrechtsfähiger Verein 39.

Gesellschaft mit beschränkter Haftung
Auflösung 596.
Beginn der Steuerpflicht 54.
Begriff 14, 23.
Buchführung und Jahresabschluß 217.
u. Co. Kommanditgesellschaft 12, **31.**
Darlehen als Stammeinlage bei — 502, 527.
Eigene Anteile an —, Bewertung 393.
Einlage des persönlich haftenden Gesellschafters der — u. Co., KoG. bei Mindestbesteuerung 621.
Forderung der — auf Einzahlung des Kapitals 503.
Forderung zwischen — und OHG. mit gleichen Gesellschaftern 400.
Gemeinnützigkeit 132.
Gewährung von Freianteilen der — 503.
Gewährung von Freigenußscheinen der — 503.
Gewinnanteil aus Anteilen an — 502.
Kapitaleinzahlungsforderung der — gegen Gesellschafter 503.
Reinvermögen in der Bilanz 234.
Teilhaberversicherung der Gesellschafter der — als verdeckter Gewinn 539.
Keine Übernahme neuer Anteile durch — bei Kapitalerhöhung 503.

Gesellschafter der Kapitalgesellschaft
Aufgabe der Beteiligung des — 495.
Darlehen der — als Stammkapital 29.
Dienstverhältnis zwischen Kapitalgesellschaft und —, verdeckter Gewinn 530.
Einlagen der —, 178, 370.
Forderung des — gegen diese 400.
Gründerprovision und Gründerrenten für die — 522.
Klarheit der Rechtsbeziehungen zur Gesellschaft 26, 517.
Nachträgliche Einlagen des — 372.
Rechtsbeziehungen zwischen — und Kapitalgesellschaft 25.
— als Steuerpflichtiger statt der Kapitalgesellschaft 33, 34.
Steuerrechtlicher — wegen Gewinnbeteiligung 529.
Trennung zwischen — und Kapitalgesellschaft 24.
Verdeckter Gewinn an den — nahestehende Personen 514.
Verdeckter Gewinn durch Darlehen der Gesellschaft an — 524.
Verdeckter Gewinn bei Entfernung eines — 524.

Gesellschafter, persönlich haftender — der KoGaA.
kein leitender Angestellter i. S. der Mindestbesteuerung 623.
Einlage des — und Mindestbesteuerung 621.

Gesellschafter, persönlich haftender der KoGaA.
Gewinnanteil 485.
Gewinnanteil, Vereinnahmung 480.
Voraussetzung der Beteiligung als 485.

Gesellschafter der OHG.
Abfindung eines lästigen — 386.
Ausscheiden eines — 386.
Bewertung der Beteiligung des — 376.
Forderung des — gegen diese 401.

Gesellschafterversammlung der Kapitalgesellschaft
Abweichung der Handelsbilanz vom Beschluß der — 247.
Von der — beschlossene Handelsbilanz 246.

Gesellschaftsrechte an Kapitalgesellschaften
Begriff 27.
Darlehen der Gesellschafter 29.
Einziehung von — 495, **497**.
Erwerb von — gegen Einbringung eines Betriebs 381.
Erwerb von — gegen Sacheinlagen 379.
Genußrechte 27.
Kapitalertrag nur beim Inhaber der — 493.
Kommanditanteile als — 31.
Kosten der Ausgabe von —, abzugsfähig 559.
sonstige Rechte auf Beteiligung am Gewinn 27.
Übernahme eines Betriebs gegen —, Bewertung beim Übernehmer 436, 439.
Verdeckter Gewinn beim Erwerb von — 523.
Verdeckter Gewinn beim Inhaber des — 513.
Verschmelzung einer Kapitalgesellschaft gegen — 601, **605**.
Wiederausgabe eigener — als entgeltliches Geschäft 436.

Gesellschaftsrechtliche Vorgänge
bei Kapitalgesellschaften (Einlagen, Kapitalherabsetzung) ohne Einfluß auf den Gewinn 177.

Gesetz zur Änderung des KStG v. 27. 8. 36 627, Text 8.

Gesetz zur Erhöhung der Körperschaftsteuer für 1938 bis 1940 628, Text 9.

Gewährleistungsverpflichtung und Forderungsbewertung 398.

Gewerbebetrieb
Abgrenzung der Einkünfte aus — gegen Liebhaberei 173, 174.
Begriff 484.
Einkünfte aus — 484.
Einkünfte aus — des persönlich haftenden Gesellschafters der KoGaA. 485.
Einkünfte aus inländischem — (beschränkte Steuerpflicht) 62, **64**.
Nachträgliche Einkünfte aus — 188, 490.
Nachträgliche Einkünfte aus — Ermittlung 188, 490.
Nachträgliche Einkünfte aus — Vereinnahmung oder Leistung 476.
Nur Einkünfte aus — bei buchführungspflichtiger Körperschaft 175.
des Erfinders 487.
Grundstückshandel 484.
einer Körperschaft als Mitunternehmerin
Parzellierung als — 484.   [485.
Spekulation nach Kurszettel 484.
Veräußerung der wesentlichen Beteiligung an Kapitalgesellschaften, Einkünfte aus — 486.
Veräußerung oder Aufgabe 485.
Verkauf landwirtschaftlicher Flächen 484.
Vermietung von Kontorhäusern 484.

Verpachtung eines Betriebsvermögens als — 484.
Verwaltung von Patenten 485.

Gewerbesteuer
als Betriebsausgabe 197, 580.
Nachforderungen an — als Betriebsausgabe 198.

Gewerblicher Art, Betriebe s. diese

Gewerbefreiheit, Allgemeine, keine Aktivierung 293.

Gewerkschaften, bergrechtliche 14, 23.

Gewinn
Abführung des — des Betriebs gewerblicher Art an öffentlich-rechtliche Körperschaften 52.
im Abschluß der AG. 216, 234.
Anschaffungskosten des Geschäftswerts bei Beteiligung am — 386.
Aufnahme einer Verbindlichkeit und — 424.
Begriff im allgemeinen 181, 184, 187.
Einheitliche Festsetzung von — 378, 638.
entgangener — keine Herstellungskosten 338.
bei buchführungspflichtigen Kaufleuten 208, **241**.
Aus — zu tilgende Verbindlichkeiten, Passivierung 415.
Keine Vorwegnahme des — der Kapitalgesellschaft durch Vereinbarungen 522.

Gewinnabführungsvertrag s. Gewinnvereinbarung

Gewinnanteil
an Erwerbs- und Wirtschaftsgenossenschaften 505.
aus Kuxen 504.
des stillen Gesellschafters 508.

Gewinnanteil an Kapitalgesellschaften
Begriff des — 492.
aus Aktien 499.
Auszahlung des — durch Dritte 493.
Dividenden der Versicherungsgesellschaften an Versicherte kein — 494.
— bei Einziehung von Gesellschaftsanteilen 498.
— bei entgeltlichem Erwerb eigener Anteile 499.
aus GmbH.-Anteilen 502.
— nur beim Inhaber des Gesellschaftsrechts Kapitalertrag 493.
— bei Kapitalherabsetzung 496, 497.
Kapitalrückzahlung bei Auflösung der Gesellschaft kein — 494.
Kapitalrückzahlung bei Aufgabe des Gesellschaftsrechts kein — 495.
als Einkünfte aus Kapitalvermögen 492.
aus Kuxen 504.
Rückzahlung aus Grund- oder Stammkapital kein — 496.
Vereinnahmung des — 479, 494.
Vorläufige Gewinnausschüttung 493.
Vorschuß auf Gewinn 480, 493.

Gewinnanteil des persönlich haftenden Gesellschafters der KoGaA.
Abzug 559, 570.
Vereinnahmung 480.
Gewinnausschüttung (s. auch Gewinnanteil)
keine — im Abwicklungsverfahren 598.
bei Einziehung von Anteilen an Kapitalgesellschaften 497.
bei Erwerb eigener Anteile durch GmbH. 499.
bei Feststellung des Anfangsvermögens 269.
bei Kapitalerhöhung der GmbH. 503.
bei Kapitalherabsetzung 496.
Schachtelvergünstigung für — 549.
Umwandlung von Rücklagen in Stammkapital 502.
Verdeckte — s. diese
Vorläufige — 493.
Gewinnbeteiligungslast
Passivierung einer — bei Aktivierung eines Gegenwerts 417.
allmähliche Passivierung der — bei Erwerb eines Geschäftswerts gegen — 417.
keine Passivierung 415.
Gewinnbezugsrechte = Gesellschaftsrechte 522.
Gewinnermittlung (s. auch Gewinn)
bei Abwicklung der Kapitalgesellschaft 594, **598.**
im allgemeinen 181.
des Betriebs gewerblicher Art einer öffentlich-rechtlichen Körperschaft 53.
aus inländischem Gewerbebetrieb bei beschränkter Steuerpflicht 68.
bei buchführungspflichtigen Kaufleuten 208, **241.**
Gewinnformel 244.
Gewinnobligationen
Einkünfte aus (Beschränkte Steuerpflicht) 63, 76.
Kapitalertragsteuerpflicht 645.
Zinsen aus — 510.
Gewinnpoolungsvertrag 110.
Gewinnreserve der mit Gewinnanteil Versicherten 566.
Gewinnvereinbarung
bei Interessengemeinschaft 110, 523.
zwischen Kapitalgesellschaft und ihren Gesellschaftern
bei Ein- und Verkaufsgesellschaften (Syndikat) 108, 523.
beim Organverhältnis 101, 103, 523.
Verdeckter Gewinn durch — 521.
Gewinnvortrag im Abschluß der AG. 216, 234.
Gibt Rechnung 223.
Girokassen
Steuerpflicht 115, 129.
keine Sparkassen 117.

Gläubigerrechte
auf Gewinnbeteiligung als Gesellschaftsrechte an Kapitalgesellschaft 28.
Sonstige — gegen Kapitalgesellschaft als Beteiligung 31.
Gleisanlagen, Bewertung 366.
Golddiskontbank, Deutsche, Steuerpflicht 114, 115.
Grabpflege als Stiftungszweck 136.
Grasgewinnungsvertrag 487.
Gratisaktien, siehe Freiaktien.
Gratisbanderolen, Steuerbegünstigung bei 558.
Großbritannien 61.
Grubenvorstand
einer preuß. Berggewerkschaft 587.
Mindestbesteuerung nach Vergütungen des — 615, **621.**
als Überwachungsorgan 586.
Vergütung an Mitglieder des — nicht abzugsfähig 574, 584.
Grundbesitz, Steuern vom — Werbungskosten 462, 470.
Grundbücher
Buchung in — 221, 222.
Grunderwerbsteuer
als Anschaffungskosten 333.
Hinterzogene — als Anschaffungskosten 341.
Nachgeforderte — als nachträgliche Anschaffungskosten 340.
Rückstellung für — der toten Hand 415.
bei Sacheinbringen keine Ausgabekosten des Gesellschaftsanteils 562.
Grundkapital
der AG. 214, 234.
Beteiligung am — für Schachtelvergünstigung 544, 547.
Herabsetzung des — der AG. 495.
i. S. der Mindestbesteuerung 615, **620.**
Grundschulden
Einkünfte aus (beschränkte Steuerpflicht) 76.
Sicherung von Forderung durch — auf inländischem Grundbesitz (beschränkte Steuerpflicht) 77.
Verpfändung von — zur Sicherung (beschränkte Steuerpflicht) 77.
Zinsen aus 509.
Grundsteuer
als Betriebsausgabe 580.
Werbungskosten 470.
Grundstücke (s. auch Grund und Boden)
Zusammenfassung von — und eingebauten Maschinen zur Teilwertermittlung 351.
Zusammenfassung von — und Gebäuden des Betriebs zur Teilwertermittlung 350.
Zusammenfassung von — und radiziertem Apothekenrecht zur Teilwertermittlung 351.

Grundstücksgesellschaften
Abwicklung von — 494.
Steuerermäßigung für — bei Umwandlung oder Auflösung 611.
Grundstücksgleiche Rechte
Begriff 487.
Beschränkte Steuerpflicht aus — 62, 78.
Grund und Boden
Anschaffungskosten von — bei Abbruch von Gebäuden 359.
Mit — zusammenhängende Ausgaben bei Gewinnermittlung nach § 4 EStG nicht abzugsfähig 593.
Außer Ansatzlassen des — bei der Gewinnermittlung 181, 182, 183, 191, **199**.
Außeransatzlassen des — bei Körperschaften, die Land- und Forstwirtschaftsbetrieben 484.
Berücksichtigung besonderer Anlagen 199, **200**.
Berücksichtigung einer Wertminderung von — neben Absetzung für Substanzverringerung 461.
Bewertung 369.
Teil des Betriebsvermögens und Ansatz in der Vermögensübersicht 200.
Verteilung der Anschaffungskosten auf — und Gebäude 358.
Grundstückshandel, Gewerbsmäßiger 484.
Gründungskosten
bei Abwicklung im Gründungsjahr 599.
keine Einlage der Gesellschafter 560.
der Kapitalgesellschaft, Aktivierung 290.
der Kapitalgesellschaft, abzugsfähige Ausgabe 560.
Grundvermögensteuer, Werbungskosten 470.
Gütergemeinschaft, eheliche, kein nichtrechtsfähiger Verein 39.
Gutschrift, Vereinnahmung 477.

H

Haftung
des Bürgen keine Verausgabung 482.
beschränkte — von Mitunternehmern 112.
dingliche — inländischen Grundbesitzes für Forderung (beschränkte Steuerpflicht) 77.
aus unerlaubten Handlungen 414.
Rückstellung für berufliche oder gewerbliche — 414.
für Schaden 414.
aus Veräußerung eines Kommanditanteils 414.
Haftungsverpflichtung (s. auch Gewährleistung und Haftung).
Rückstellung für — 413.
Schätzung einer — 414.
Wechsel in der Buchungsart 265.
Halberzeugnisse
Bewertung 388.
Herstellungskosten 338.

Halbfertige Anlagegüter, keine Absetzung für Abnutzung 446.
Hamburgische Testamente, Befreiung 540.
Handelsbilanz
Maßgeblichkeit der — für Sonderabschreibung nach NJ 799, 806.
Nachträgliche Angleichung der Steuerbilanz an die — 253.
Anpassung der Steuerbilanz an die 248, **250,** 283, 327, 420.
Grenzen der Anpassung 252.
der Kapitalgesellschaften 246.
Nichtigkeit oder Anfechtbarkeit 258.
Unrichtigkeit 257.
Verhältnis der — zur Steuerbilanz 242, **245**.
Verwendung der — 210.
Wesen 231.
Handelsbrauch 220.
Handelsbücher (s. auch Buchführung)
Führung 211.
Handelsgesellschaften
Buchführungspflicht 155.
Handelsregister, Eintragung der Firma im —, Gewinnermittlung 208, 211.
Hand- und Spanndienste als Herstellungskosten 359.
Handwerkskammer 43.
Hauberggenossenschaften
Befreiung 112, 124.
Hauptgeschäfte
der Absatzgenossenschaft 658.
der Genossenschaft mit juristischer Person als Mitglied 658.
der Konsumgenossenschaft 658.
der Kreditgenossenschaft 658.
(Mitgliedergeschäfte) der Genossenschaft 657.
Hauptversammlung der AG., Feststellung des Jahresabschlusses 213.
Hausschwamm
Absetzung für außergewöhnliche Abnutzung 458, 459.
Teilwert 362, 363.
Haussteuer, Werbungskosten 470.
Hauszinssteuer, Werbungskosten 470.
Heilweise, Verein zur Anwendung einer neuen —, Befreiung 127.
Heimatpflege und Heimatkunde, Förderung der —, Befreiung 128, 133.
Herabsetzung (s. Kapitalherabsetzung)
des Nennbetrags von Aktien 495.
der Vorauszahlung auf Körperschaftsteuer 642.
Hereingeber s. Kostgeschäft
Hereinnehmer s. Kostgeschäft
Herkommen an Stelle der Satzung der Körperschaft 139.
Herrschendes Unternehmen
im Organverhältnis 100.
Mehrheit von — 101.
Herstellungskosten
Ansatz 278, 279.

Herstellungskosten
Begriff 332, **338.**
der Gebäude 358.
Gedachte (fiktive) — 348.
Generalunkosten als — 339.
der Maschinen und Anlagen 364.
Nachträgliche — 340.
der Patente usw. 367.
Schätzung 339.
eines Umbaus 360.
Verteilung der — durch Absetzung für Abnutzung 454.
bei Verwendung im Betrieb vorhandener Gegenstände 338.
der Waren, Halb- und Fertigerzeugnisse 338, 388.
der mit Brandentschädigung hergestellten Wirtschaftsgüter 344, 347.
bei Zerstörung eines Wirtschaftsguts 341.
bei Zuschüssen Dritter 343.
Herstellungsverfahren, Neue s. Unternehmen
Hilfsbedürftigkeit, Bezüge wegen 555.
Hilfsbücher 223.
Hilfsgeschäft
Begriff 659.
Einnahme aus — 198.
der Genossenschaften 659.
Hilfskasse für Fälle der Not
Befreiung 112, 145.
Begriff 146.
Historisches Gebilde
als Körperschaft des öffentlichen Rechts 42.
Satzung der — bei Befreiung 139.
Höchstwert
für abnutzbare Anlagegüter 313.
für nichtabnutzbare Anlagegüter und Umlaufgüter 316.
in Eröffnungsbilanz 438.
Grundsatz des — bei Verbindlichkeiten 422.
Hoheitsbetrieb 45.
Hypothek
Bestellung der — als Verausgabung 482.
Bestellung der —, Vereinnahmung 478.
Einkünfte aus—(beschränkte Steuerpflicht) 76.
Durch — gesicherte Forderung, Bewertung 400.
auf inländischem Grundstück, Zinsenabzug bei beschränkter Steuerpflicht 82.
inländische — unter Stillhalteabkommen (beschränkte Steuerpflicht) 78.
Stille Rücklage bei —schuld 434.
Sicherung einer Forderung durch — auf inländischen Grundbesitz (beschränkte Steuerpflicht) 77.
Verpfändung von — zur Sicherung (beschränkte Steuerpflicht) 78.
Zinsen aus 509.
Hypothekenbanken
Öffentlich-rechtliche Kreditanstalten als reine — 631.
Steuerpflicht 115.

Ermäßigter Steuersatz für gemischte — 627, 632.
Ermäßigter Steuersatz für reine — 627, 631.

J
Industrie- und Handelskammer 43.
Inkrafttreten
des KStG 1934 664.
des KStG 1934 im Memelland 666.
des KStG 1934 im Land Österreich 666.
des KStG 1934 im Saarland 665.
des KStG 1934 in den sudetendeutschen Gebieten 666.
Inländische Einkünfte
Anfall gewerblicher Einkünfte ohne inländische Betriebstätte 74, 81
Abzug von Schuldzinsen 82.
Beschränkte Steuerpflicht aus — 56.
im Sinn der beschränkten Steuerpflicht 56, **62.**
— aus Land- und Forstwirtschaft 62, 63.
— aus Gewerbebetrieb 62 ,**64.**
— aus selbständiger Arbeit 63, 74.
— aus nichtselbständiger Arbeit, 63, 74.
— aus Kapitalvermögen 63, **74.**
— aus Vermietung und Verpachtung 63, **78.**
— aus sonstigen Einkünften 63, 80.
Ermittlung der inländischen Einkünfte
— allgemein 80.
— aus Gewerbebetrieb 68.
— von beschränkt steuerpflichtigen Versicherungsunternehmen 71.
Inländische steuerabzugspflichtige Einkünfte 56, **87.**
Geltungsbereich 87, 88.
Abgeltung des Steueranspruchs 89.
Verbot des Ausgabenabzugs 88.
Instandhaltung, Pflicht des Pächters zu — 297.
Instandsetzung
Steuerermäßigung für — an Gebäuden 556.
Steuerermäßigung für — an Gebäuden und Mindestbesteuerung 625.
Instandsetzungskosten als Anschaffungskosten 334.
Interessengemeinschaft 95, **109.**
Begriff 96.
Gewinnvereinbarungen bei — 110.
keine Mitunternehmerschaft 110.
Inventar
Aufstellung nach HGB 212, **226.**
Aufstellung bei Warenlager 212.
Begriff 226.
Inventur (Bestandsaufnahme)
Begriff 226.
Ordnungsmäßigkeit 227.
Vornahme 227.
Isteinnahmen, Betriebseinnahmenüberschuß nach — 204.
Italien 61.

J

Jagdrecht, Verpachtung eines — 79.
Jahresabschluß
der Aktiengesellschaften 213.
Aufstellung 226.
der Gesellschaften mit beschränkter Haftung 217.
der Kaufleute 212.
von Unternehmen des Reichs, eines Landes usw. 213.
Japan 61.
Jüdische Kultusvereinigungen 42.
Junge Aktien
Bewertung 374.
Bezugsrecht auf — 501.
Gewährung — als Freiaktien 501.
Juristische Person
ausländischen Rechts 60.
als Gesellschafter einer umzuwandelnden Kapitalgesellschaft 609.
als Mitglied eines nichtrechtsfähigen Vereins 38.
des privaten Rechts 14, **37**.
des privaten und öffentlichen Rechts als Vollkaufmann 155.

K

Kalenderjahr
Ausgleichszahlung 1934 bei Umstellung der Veranlagung auf das — 667.
als Veranlagungszeitraum 152, **153**, 634.
Zurechnung von Ausgaben zum — 475, **481**.
Zurechnung von Einnahmen zum — 475, **479**.
Kaliabsatzquote, Aktivierung 292, 369.
Kameralistische Buchführung 185.
Kanada 61.
Kantine
kein Hoheitsbetrieb 46.
Verpachtung 47.
Kapital
Verausgabung durch Zuschlagen zum — 481.
Zurechnung der Zinsen zum —, Vereinnahmung 478.
Kapitalanlage, Aufwendung auf — keine Werbungskosten 466.
Kapitalanlagegesetz 508.
Kapitaleinziehungskonto 498.
Kapitalempfänge als Einkünfte 174.
Kapitalentwertungskonto, steuerliches 247.
Kapitalerhöhung
die Ausgabe von jungen Aktien 501.
Einziehung von Stammanteilen nach — 498.
Gewinnausschüttung bei — der GmbH. 503.
Keine — unter Übernahme der neuen Anteile durch GmbH. 503.
Kosten der — keine Einlagen der Gesellschafter 560.

Kapitalertragsteuer
Anrechnung von — bei Verteilung des Anleihestocks 508.
Keine Anrechnung der — bei Mindeststeuer nach Aufsichtsratsvergütungen 626, 650, 651.
Befreiung des Schachtelgewinns von — 552.
Befreiung von der — bei Schachtelvergünstigung 646.
Befreiung von der — bei Personengleichheit von Gläubiger und Schuldner 645.
Berechnung 648.
Entrichtung 648.
Entrichtung bei Stundung der Kapitalerträge 648.
Erhebung 643.
Erstattung 649.
Fälligkeit der — bei verdeckter Gewinnausschüttung 648.
der — unterliegende Kapitalerträge 644.
Rechtsmittel der — 649.
als Objektsteuer 58.
bei Zuweisung an Anleihestock 507.
Kapitalertragsteuer-Durchführungs-VO
v. 22. 12. 34, Text 740.
Kapitalgesellschaft
Anfangsvermögen bei Gewinnermittlung der — 269.
Aufgabe der Beteiligung an — 495.
Auflösung und Abwicklung 594.
Aufwendungen zur Erfüllung des Gesellschaftszwecks nichtabzugsfähig 576.
Beginn der Steuerpflicht 54.
Einmanngesellschaft 34.
Einkünfte bei buchführungspflichtiger — 174.
Ende der Steuerpflicht 55.
Erwerb von Beteiligungen an — gegen Sacheinlage 379.
Forderung des Gesellschafters der — gegen diese 400.
Fortbestehen der — bei Abwicklung 55.
Gesellschaftsrechte an — 27.
Verdeckter Gewinn bei — 520.
Gewinnanteil an —, Begriff 492.
Gewinnvereinbarungen der — mit ihren Gesellschaftern 101, 108, 110.
Bei Gründung der — übernommene Rentenlast 418.
Gründungskosten der —, Aktivierung 290.
Handelsbilanz 246.
Maßgeblichkeit der Rechtsform bei — 23.
Steuerliche Nichtanerkennung 32.
als Objekt der Gesellschafter 25, 28, 234.
als Personenvereinigung 541.
Pflicht der — zum Ansatz des Teilwerts der Forderungen 406.
Rechtsbeziehungen zwischen — und ihren Gesellschaftern 25.
Rückgängigmachung von Rechtsbeziehungen 26.
Keine Rückwirkung der Gründung 55.

Kapitalgesellschaft
Steuerpflicht vor der Eintragung 54, 55.
Trennung zwischen — und ihren Gesellschaftern 24.
als Treuhänder oder Kommissionär der Gesellschafter 24.
unbeschränkt steuerpflichtige —en als Schachtelgesellschaften 546.
Veränderung des Betriebsvermögens von — auf gesellschaftsrechtlicher Grundlage 177, 541.
Veräußerung der wesentlichen Beteiligung an — 486.
Vereinnahmung des Gewinnanteils an — 479.
Verschmelzung und Umwandlung 601.
Vorschüsse auf Gewinnanteile an — 480.

Kapitalherabsetzung bei Kapitalgesellschaften
bei AG. und GmbH. 495.
Arten 495.
kein steuerpflichtiger Gewinn aus — 180.
kein Gewinnanteil bei — 495.
Verdeckter Gewinn bei — 496, 497.

Kapitalistische Beteiligung
Begriff 504.
der Mitglieder einer Personenvereinigung 93, 111.

Kapitalkonto
Änderung des — der Kapitalgesellschaft und Anfangsvermögen 270.
Bedeutung 224.

Kapitalrückzahlung
der AG. in Abwicklung 371.
bei Auflösung einer Kapitalgesellschaft 494.
bei Berggewerkschaft 505.
Verdeckte — im Abwicklungsverfahren 598, 599.
Zerlegung der — in Zinsen und Tilgung 492.

Kapitalstock beschränkt steuerpflichtiger Versicherungsunternehmen 72.

Kapitalverkehrsteuer als Kosten der Ausgabe von Gesellschaftsanteilen 562.

Kapitalverkehrsteuergesetz, Verhältnis zum KStG 27, 30, 178.

Kapitalvermögen
Einkünfte aus inländischem — 63, 74.
Einkünfte aus inländischem — bei Bestehen einer inländischen gewerblichen Betriebsstätte 75.
Befreite Einkünfte aus inländischem — 78.
Einkünfte aus — 490.
Sonstige Einkünfte aus — 510.
Gewinnanteil an Kapitalgesellschaft als Einkünfte aus — 492.
Kapitalrückzahlung kein Ertrag des — 491.
Sachbezüge als Einkünfte aus — 510.
Sicherung des — durch inländischen Grundbesitz usw. 74.
Trennung zwischen Kapital und Ertrag beim — 491.

Werbungskosten bei Einkünften aus — 466.
Zerlegung in Kapitalrückzahlung und Zinsen des — 492.

Kapitalversicherung 305, 306.

Kapitalverwaltungsgesellschaft
Befreiung bei 554.
Begriff 554.

Kapitalzusammenlegung, kein steuerpflichtiger Gewinn aus — 180.

Karteiform, Buchführung in 220.

Kartell 95.
(s. auch Syndikat)
Begriff **96**, 106.

Kasse, Begriff der nichtrechtsfähigen Wohlfahrts — 149.

Kassenbestand 221, Einbeziehung in den Betriebsvermögensvergleich 183.

Kassenbuch 221.

Katastrophenreserven bei Versicherungsunternehmen 567, 568.

Kaufmann (s. auch Vollkaufmann), buchführungspflichtiger, Gewinnermittlung 208, 211.

Kaufpreis
Nachträgliche Herabsetzung oder Erlaß, Anschaffungskosten bei — 334.
Rückvergütung des — bei Genossenschaften 506.
—srückvergütung verdeckter Gewinn 534.
Stundung des —, Anschaffungskosten 336.
Zerlegung des — bei entgeltlichem Erwerb eines Betriebs 439.

Kaufrecht, Zahlung auf — als Anschaffungskosten 358.

Kirchensteuer
Betriebsausgabe 198.
Personensteuer 579.
Sonderausgaben 471, **474**.
Werbungskosten 198.

Kirchliche Zwecke
Ausgaben zu — nichtabzugsfähig 574, **589**.
den — dienende Körperschaften, Befreiung 112, 124, **134**.
Ausschließlichkeit 135.
Tatsächliche Geschäftsführung 140.
Kirchliche Liebestätigkeit 135.
Mission 135.
Orden und Religiöse Genossenschaften 135.
i. S. der christlichen Religionsgesellschaften des öffentlichen Rechts 134.
Steuerpflicht bei Unterhaltung eines wirtschaftlichen Geschäftsbetriebs 141.
Unmittelbarkeit 138.

Kleiderkassen
von Behörden 47.
von Behörden nicht gemeinnützig 132.

Kleinbetrag für Vorauszahlung auf Körperschaftsteuer 641.

Klosterbetriebe, Steuerpflicht 138, 143.

Kohlenabraum als Vorausleistung 309.

Kollektivbewertung s. Sammelbewertung.

Mirre-Dreutter, Körperschaftsteuergesetz

Kolonialgesellschaft 14, 23.
Kommanditaktionär 499.
Kommanditanteile als Gesellschaftsrechte an Kapitalgesellschaft 31.
Kommanditgesellschaft (s. auch Personengesellschaften).
 Begriff 23.
 Beteiligung an —, Bewertung 377.
 Haftung bei Veräußerung des Anteils an — 414.
 nicht körperschaftsteuerpflichtig 92.
Kommanditgesellschaft auf Aktien
 Abzug des Gewinnanteils des persönlich haftenden Gesellschafters der — 559, **570.**
 Begriff 23, 24.
 keine einheitliche Feststellung des Gewinns der — 570.
 Persönlich haftender Gesellschafter der — Einkünfte 485.
 Vereinnahmung des Gewinnanteils des persönlich haftenden Gesellschafters der — 480.
Kommende Geschäftszeit, Forderungen und Schulden an die — 309.
Kommunalbanken, Steuerpflicht 115.
Kommunalkredit
 Begriff 630.
 Ermäßigter Steuersatz für Einkünfte aus dem —geschäft 627, **630.**
Konkurrenzverbot, Aktivierung 291.
Konkurs
 Eröffnung des — und Veranlagungszeitraum 154.
 Fortbestehen der Steuerpflicht im —verfahren 56.
 —Verfahren keine Abwicklung der Kapitalgesellschaft 596.
Konkursmasse kein Zweckvermögen 40.
Konsortium 95, Begriff 96.
Konstruktionen, Bewertung 367.
Konsumgenossenschaft
 Gegengeschäfte 659.
 Hauptgeschäfte 658.
Konsumverein
 Befreiung 132.
 als Genossenschaft 35.
Konto (s. auch Bestands-, Erfolgs- und Gemischtes —).
 Erfolgs— 224.
 Bestands— 224.
 Bewertungs— 225.
 Gemischtes — 225.
 — nichtabzugsfähige Personensteuern 581.
 Wertberichtigungs— 225.
Kontor, Betriebstätte 64.
Kontorhäuser, Vermietung 484.
Kontrareserve 233.
Konversionskasse für deutsche Auslandsschulden
 Befreiung 151.
 Vereinnahmung bei Zahlung an — 481.

Konzern 95, 109.
 Begriff 97, 98.
 Zugehörigkeit einer inländischen Kapitalgesellschaft zu ausländischem — 66.
Konzerngesellschaft, Verdeckter Gewinn bei Zuwendung an — 514.
Konzernunternehmen 97, 98.
Körperschaft
 Abführung der Erträge an — des öffentlichen Rechts nicht gemeinnützig 129.
 Einkünfte bei buchführungspflichtiger — des Landesrechts 42.   [174.
 des öffentlichen Rechts s. Öffentliches Recht.
Körperschaftsteuer
 Abgeltung der — durch Steuerabzug 86, 89, 633.
 als Einkommensteuer 15.
 als Personensteuer 16.
 Steuergegenstand der — 18.
 Veranlagung und Entrichtung 633.
Körperschaftsteuergesetz v. 16.10.34, Text 1.
 Inkrafttreten 664.
 I. VO zur Durchführung des — v. 6. 2. 35, Text 669.
Körperschaftsteuerpflicht
 Beginn 54.
 Einheitlich Beurteilung 111.
 Ende 55.
Korporationsrecht amerikanischen Rechts 59.
Korporationsrechte in Preußen 42.
Korrespondentreeder 94.
Kostgeschäft
 Begriff 306.
 buchmäßige Behandlung 307.
 Erfüllung beim — 307.
 beim Hereingeber 307.
 beim Hereinnehmer 306.
 bei Schachtelbeteiligung 549.
Kraftwagen
 als kurzlebige Wirtschaftsgüter 325.
 teils gewerblich genutzte — 453.
Krankenanstalten, Befreiung 128, **143.**
Krankenkasse
 Befreiung 112, 145.
 öffentlich-rechtliche Körperschaft 43.
Kreditanstalten, Öffentlich-rechtliche
 Persönliche Befreiung 115.
 Begriff 630.
 nicht gemeinnützig 129.
 als reine Hypothekenbanken 631.
 Öffentliche Sparkassen keine — 630.
 Ermäßigter Steuersatz für 627, 630.
 wirtschaftlicher Geschäftsbetrieb 144.
Kreditgenossenschaft
 Gegengeschäfte 659.
 Hauptgeschäfte 658.
 keine Sparkasse 117.
Kreditgeschäft s. Langfristig.
Kreditinstitute
 nicht gemeinnützig 129.
 wirtschaftlicher Geschäftsbetrieb 144.

Kreditprovision der Bank Schuldzinsen 468.
Kreditsicherungsverordnung 117, 119, Text 698.
Kreisbanken, Steuerpflicht 115.
Kundschaft 383.
Kunst
Beihilfen für Zwecke der — 555.
Förderung der bildenden —, Befreiung 128.
Kunstgewerbe, Förderung des deutschen —, Befreiung 128.
Kurs
bei Bewertung von Währungsforderungen 407.
bei Bewertung von Währungsschulden 430.
Einfluß der Dividenden auf — der Aktien 392, 551.
für Wertpapiere und fremde Währung als Sachbezüge 464.
Kursabschlag der Aktien nach Dividendenausschüttung 551.
Kursgarantie 510.
Kursrückstellung 428.
Kursunterschied bei Rückzahlung oder Umtausch von Anleihen 510.
Kurzlebige Wirtschaftsgüter
Abzug der Absetzung für — am Mehreinkommen 803, 809.
Bewertungsfreiheit für — und Mindestbesteuerung 625.
Bewertungsvorschrift für — 311, 312, **323**.
Buchmäßige Behandlung 328.
Durchführung der Absetzung 326.
Einschränkung der Bewertungsfreiheit für — 330.
Liste der — 324.
Voraussetzung der Bewertungsfreiheit für — 323.
Kuxe, Gewinnanteile aus — 504.

L

Ladenhüter 390.
Lagerbücher 223.
Lagerkosten als Anschaffungskosten 333.
Landesbanken, Steuerpflicht 115.
Länder
Befreiung 41, 42.
Beschränkte Steuerpflicht 56, **87**.
Schachtelvergünstigung für — 88, 545, 546.
Landesrentenbank, preußische, Befreiung 151.
Landschaften
öffentlich-rechtliche Körperschaften 43.
Steuerpflicht 115.
Landungsbrücken als inländische Betriebsstätte 65.
Land- und Forstwirtschaft
Abgrenzung der Einkünfte aus — gegen Liebhaberei 173.
Ansatz eines die Anschaffungs- oder Herstellungskosten übersteigenden Teilwerts 315.
Betrieb der — wirtschaftlicher Geschäftsbetrieb 143.
—licher Betrieb einer öffentlich-rechtlichen Körperschaft 45.
Einkünfte aus — 483.
inländische Einkünfte aus — 62, 63.
Nachträgliche Einkünfte aus — Ermittlung 188, 490.
Nachträgliche Einkünfte aus — Vereinnahmung oder Leistung 476.
Körperschaft, die — betreibt, Gewinnermittlung 483.
VO über landwirtschaftliche Buchführung 166.
Vorauszahlungstage für — 639.
Wirtschaftsjahr 165, 166.
Land- und forstwirtschaftliche Einkünfte
Abzug des Mehrs an — am Mehreinkommen 793, 802, 808.
Landwirtschaftliche Buchführung
Grundsätze ordnungsmäßiger — 166, 484.
VO über — 166.
VO über — vom 5. 7. 35, Text 699.
Landwirtschaftliche Grundstücksflächen
Kein Ansatz — beim Betriebsvermögensvergleich buchführungspflichtige Körperschaften 483.
Verkauf 484.
Landwirtschaftskammer 43.
Langfristige Kreditgeschäfte, Ermäßigter Steuersatz für — 627, **630**.
Last, dauernde
Ablösung — als Werbungskosten 470.
Begriff 468.
als Sonderausgaben 470, **472**.
als Werbungskosten 462, **468**.
Wirtschaftlicher Zusammenhang mit Einkunftsart 469.
Lastschrift, Verausgabung 481.
Laubgenossenschaften, Befreiung 112, 124.
Laufender Erhaltungsaufwand (s. auch laufende Betriebsausgaben).
und Absetzung für Abnutzung 448.
technische Abnutzung und — bei Maschinen und Anlagen 453.
bei Bahn- und Gleisanlagen 366.
Begriff 196.
bei Einkünften aus Vermietung und Verpachtung 467.
bei Maschinen und Anlagen 364.
bei Umbau 360.
Lebensversicherung
Aktivierung und Passivierung bei — als Kapitalversicherung 305.
Mindestbesteuerung für —sunternehmen 569, 624.
Verwaltungskostenrücklagen 568.
Leibrente 468.
Leistungen, Einkünfte aus — 488, 489.
Lesezirkelunternehmen, Aktivierung bei — 292.

Lichtbildbühne, gemeindliche —, Befreiung 128.
Liebestätigkeit, kirchliche — 135.
Liebhaberei
Abgrenzung der Einkunftsarten gegen — 173.
Ausgaben für — keine Werbungskosten 465. [473.
Schuldzinsen für — (Sonderausgabe)
Lieferungsvertrag
Laufender — zwischen Zuckerfabriken und ihren Gesellschaftern 535.
Verdeckter Gewinn bei — zwischen Kapitalgesellschaft und Gesellschaftern 534.
Liste kurzlebiger Wirtschaftsgüter des Anlagevermögens, Abdruck 703.
Liquidation s. Abwicklung.
Lizenz
Einkünfte aus — 487.
Einkünfte aus — (beschränkte Steuerpflicht) 79.
einer ausländischen Gesellschaft an inländische Tochtergesellschaft, verdeckter Gewinn 529.
Lizenzvertrag
keine stille Beteiligung 76.
Einkünfte aus — (beschränkte Steuerpflicht) 79.
Löhne
bei Betrieb gewerblicher Art 52.
Bezüge der Körperschafts-Mitglieder als — des wirtschaftlichen Geschäftsbetriebs 145.
Löschung der Kapitalgesellschaft im Handelsregister 55.
Loseblattbuchführung 220.
Lotteriegewinne als Einkünfte 174, 177.
Lotterieunternehmen, staatliche, Befreiung 112, 115.
Luftschutz, Aufwendungen für den zivilen — 558.

M

Marktbetrieb der Gemeinde, Hoheitsbetrieb 46.
Markthallenbetrieb, städtischer, Befreiung 128, 133.
Marktpreis 216.
als Teilwert 316.
Maschinen
Anschaffungs- und Herstellungskosten 364.
Ausgleich technischer Abnützung b. laufenden Erhaltungsaufwand 453.
Bewertung 363.
Selbständigkeit eingebauter — 363.
Stillegung 453.
Technische Nutzungsdauer 452.
Technische Überholung 365.
Teilwert 365.
Wirtschaftliche Nutzungsdauer 452.
Zusammenfassung von Grundstück und eingebauten — zur Teilwertermittlung 351.

Mehreinkommen i. S. der Mehreinkommensteuer nach NF 793, 801, 807.
Begriff 793, 801, 807,
Verminderung des Mehreinkommens bei Absetzung für kurzlebige Wirtschaftsgüter 803, 809.
bei Abzug für Bewertungsfreiheit auf Grund von Steuergutscheinen I 793, 809.
um außerordentliche Einkünfte (Veräußerungsgewinne) 793, 802, 808.
um Einkünfte aus einmaligen Vermögensanfällen 793, 802, 808.
um das Mehr an land- und forstwirtschaftlichen Einkünften 793, 802, 808.
um notwendige Erweiterungen des betriebl. Anlagevermögens 793, 803, 808.
Mehreinkommensteuer nach NF 793, 800, 807.
Abzugsfähigkeit 794, 804, 809.
Außergewöhnliche Verhältnisse 801, 808.
Ermittlungsverfahren für — 804, 809.
Fälligkeit 794, 804, 809.
Festsetzung 794, 809.
Freibetrag 793, 803, 809.
Mehreinkommen 793, 801, 807.
bei Organgesellschaften 802, 808.
bei Schachtelgesellschaften 802, 808.
bei schwankendem Einkommen 801, 807.
Steuersatz 794, 803, 809.
Steuerpflicht 793, 800, 807.
bei Umwandlung, Zusammenschluß und Aufteilung 802, 808.
bei Verlustabzug 801, 808.
Verminderung des Mehreinkommens 793, 802, 808.
bei Zuweisungen an Pensions- und Unterstützungskassen 802, 808.
Mehrgründungskosten von Gebäuden 359.
Melioration s. Bodenverbesserung.
Meliorationskreditgeschäft, Ermäßigter Steuersatz für Einkünfte aus — 627, **630.**
Memelland, Inkrafttreten des KStG 1934 im — 666.
Metaverbindung
Begriff 96.
zwischen inländischen und ausländischen Unternehmen 67.
Mieter s. Pächter.
Baukostenzuschüsse der — 343.
Mietrecht, Aktivierung 292, 295.
Mietsache, Aufwendungen auf —, Verteilung 453.
Mietverträge s. Pachtverträge.
Mietzahlung als Anschaffungskosten 333.
Milcheinzugsrecht, Aktivierung 292.
Milchversorgungsgesellschaft keine Befreiung 131.
Mildtätige Zwecke
Ausgaben zu — nichtabzugsfähig 574, 589.

Schlagwörterverzeichnis.

Mildtätige Zwecke
Den — dienende Körperschaften, Befreiung 112, 125, 133.
Ausschließlichkeit 135.
Steuerpflicht bei Unterhaltung eines wirtschaftlichen Geschäftsbetriebs 141.
Tatsächliche Geschäftsführung 140.
Unmittelbarkeit 138.
Mindestbesteuerung
bei Abwicklungsbesteuerung 600.
und Anrechnung der Kapitalertragsteuer 626.
Berechnung des Mindesteinkommens 624.
Berichtigung der Anfangsbilanz nach — 272.
Keine — der befreiten Einkünfte von Genossenschaften und Genossenschaftszentralen 661.
bei Gewinnermittlung aus inländischem Gewerbebetrieb 70.
bei Lebensversicherungsunternehmen 569, 624.
bei Organgesellschaften 105.
und Steuererleichterungen 625.
bei Umwandlung und Auflösung von Kapitalgesellschaften 626.
bei beschränkt steuerpflichtigen Versicherungsunternehmen 74.
Zugehöriges Wirtschaftsjahr 624.
Mindestbesteuerung nach Ausschüttungen 615, **617.**
Keine — bei Abwicklung der Kapitalgesellschaft 600.
ohne Rücksicht auf sachliche Befreiung 619.
Begriff Ausschüttung s. diese.
Einlage des persönlich haftenden Gesellschafters der KoGaA. und GmbH. u. Co. 621.
nach tatsächlicher Gewinnzuweisung 618.
Höhe des Grund- oder Stammkapitals 620.
Hundertsatz vom Grund- oder Stammkapital 615, **620.**
Hundertsatz vom letzten Vermögen 615, **621.**
ohne Rücksicht auf Unterbilanz 617.
Mindestbesteuerung nach Vergütungen an Mitglieder des Aufsichtsrats und sonstiger Überwachungsorgane 615, **621.**
bei Abwicklung der Kapitalgesellschaft 600.
Keine Anrechnung der Kapitalertragsteuer bei — 626, 650, 651.
bei ausländischer Gesellschaft mit inländischer Betriebstätte 621.
Durch Gesellschafterversammlung gewährte Vergütungen 622.
bei Umwandlung und Auflösung von Kapitalgesellschaften 626.
Vergütung für Überwachung der Geschäftsführung 621.
Mindestbesteuerung nach übermäßigen Vergütungen an Vorstandsmitglieder und andere leitende Personen 615, **622.**
bei Abwicklung der Kapitalgesellschaft 600.
Leitende Angestellte 622.
Gesamtbezüge 623.
bei Umwandlung und Auflösung von Kapitalgesellschaft 626.
Mindesteinkommen bei Mehreinkommensteuer 801.
Minusstückzinsen 511.
Mission kirchlicher Zweck 135.
Mißbrauch von Rechtsformen **14, 33,** 172.
Mißverhältnis
der Dienstvergütung des Gesellschafters zum Gewinn der Gesellschaft 532.
der entgeltlichen Zuwendung der Gesellschaft an Gesellschafter 516.
Miteigentum keine Personenvereinigung 38.
Beteiligung als —srecht 94.
Mitglieder
Anteile der — am Gewinn und Vermögen der steuerbefreiten Körperschaft 135.
Beschränkung des Geschäftsbetriebs der Genossenschaft auf die — 657.
Förderung der Erwerbszwecke der — nicht gemeinnützig 131.
—sgeschäfte der Genossenschaft 658.
der Körperschaft als Angestellte ihres wirtschaftlichen Geschäftsbetriebs 145.
Sachbezüge der — der Körperschaft als Löhne des wirtschaftlichen Geschäftsbetriebs 145.
Mitgliederbeiträge bei Personenvereinigungen
kein Abzug von mit — zusammenhängenden Ausgaben 544, **592.**
Sachliche Befreiung 541.
Begriff 542.
bei Betrieben gewerblicher Art als Personenvereinigung 45.
Gegenleistung bei Leistungsaustausch keine — 543.
bei Rabattsparverein 544.
Zinsen keine — 542.
Mittelpreis des Verbrauchsorts 462, 464, 510.
Mittelsperson, Einkünfte der — bei Zweckvermögen 110.
Mittelstandskredit 120.
Mitunternehmer
Abgrenzung zwischen —n und Mitgliedern eines körperschaftsteuerpflichtigen Vereins 93.
persönlich haftende Gesellschafter einer KoGaA. und der GmbH. u. Co. KoG. als — 94.
Interessengemeinschaft keine —schaft 110.
Körperschaft als — 485.
Mitglieder einer Personenvereinigung als —, Steuerpflicht 92, 111.
Partenreeder als — 94.
Unterscheidung des — vom stillen Gesellschafter 509.

Mitunternehmerschaft von Minderkaufleuten und Handwerkern nicht körperschaftsteuerpflichtig 92.
Molkereigenossenschaft, Gewinnanteil aus — 506.
Monopolverwaltungen des Reichs, Befreiung 112, 115.
Muttergesellschaft
Beteiligung und Forderungen bei — und Tochtergesellschaft 99.
Bewertung der Anteile an Tochtergesellschaft nebst Forderungen 374.
Forderungen zwischen — und Tochtergesellschaft 400.
Kapitalerträge zwischen — und Tochtergesellschaft 99.
Keine Personengleichheit von — und Tochtergesellschaft 646.
Steuerliche Selbständigkeit von — und Tochtergesellschaft 99.
Unkostenbeitrag der — an Tochtergesellschaft 99.
Verhältnis von — und Tochtergesellschaft 98.

N
Nachforderung
an Gewerbesteuer, Behandlung 198.
an Personensteuern nicht abzugsfähig 579.
Nachholung
Keine — bewußt unterlassener Absetzung für Abnutzung 457.
Keine — bewußt zu niedriger Absetzung für Abnutzung 456.
Nachprüfung, Pflicht des FA. zur — der Steuererklärungen nebst Unterlagen (Bilanz) 259.
Nachträgliche Anschaffungs- oder Herstellungskosten
Begriff 340.
bei Beteiligung 372.
Zubußen und Einlagen als — Anschaffungskosten einer Beteiligung 342.
Nachträgliche Betriebsausgaben 490.
Nachträgliche Betriebseinnahmen 490.
Nachträgliche Bezahlung der durch Sanierung erlassenen Schuld 574.
Nachträgliche Einkünfte
betriebliche — Gewinnermittlung 188, **490.**
betriebliche — Vereinnahmung oder Leistung 476.
Nachträglicher Eingang abgeschriebener Forderungen 403.
Nachweispflicht
des Betriebsinhabers für wirtschaftliche Abnutzung 449.
des Steuerpflichtigen für außergewöhnliche Abnutzung 459.
Nachzahlung, Vereinnahmung 479.
Nahestehende Personen, Verdeckter Gewinn an den Gesellschaftern — 514.
Nämlichkeit eines Wirtschaftsguts 317.

Nationalsozialistische Deutsche Arbeiterpartei 43.
Nationalsozialistische Weltanschauung 11.
Nebenbetrieb
Begriff 125.
Einnahmen aus — 198.
Nebenkosten
der Anschaffung einer Beteiligung 370.
der Anschaffung eines Wirtschaftsguts 332.
Nebengeschäfte
Begriff 659.
(Hilfsgeschäfte) der Genossenschaft 659.
bei Molkerei- (Einkaufs-)Genossenschaft 659.
Rennbetrag
Annahme der Steuergutscheine I an Zahlungstatt zum — 791, 796, 805.
Ausgabe der Steuergutscheine I und II zum — 791, 804.
Barwert von Verbindlichkeiten unter — 424.
der Forderung als Anschaffungskosten 396.
junger Freiaktien als Kapitalertrag 501.
Herabsetzung des — von Aktien 495.
von Verbindlichkeiten als Anschaffungskosten 423.
von Währungsforderungen 407.
Neubau
Begriff 359.
Herstellungskosten 359.
Teilwert 362.
Neuer Finanzplan
Gesetz über die Finanzierung nationalpolitischer Aufgaben des Reichs (Neuer Finanzplan) vom 20. 3. 39, Text 791.
Durchführungs-BO. zum Neuen Finanzplan vom 26. 4. 39, Text 794.
Bewertungsfreiheit nach — 792, 798, 805.
Mehreinkommensteuer nach — 793, 800, 807.
Steuergutscheine nach — 791, 794, 804.
Neuhausbesitz
Älterer — 556.
Mittlerer — 556.
Neuester — 556.
Nichtabnutzbare Wirtschaftsgüter des Anlagevermögens
Berichtigung der Ansätze von — in der Anfangsbilanz 273.
Bewertungsvorschriften 314.
Übergang zum Teilwert 320.
Nichtabzugsfähige Ausgaben s. Ausgaben.
Nichtkörperliches Wirtschaftsgut
als abnutzbares Anlagegut 444.
Aktivierung 291.
Erwerb eines — geg. Gewinnbeteiligung 417.
Richtige Rechtsgeschäfte, Besteuerung 172.
Nichtigkeit der Handelsbilanz 258.
Nichtselbständige Arbeit
Beschränkte Steuerpflicht der Einkünfte aus — 74.

Schlagwörterverzeichnis.

Nichtselbständige Arbeit
Einkünfte aus — 486.
keine Einkünfte aus — der Organgesellschaft 100.
Nichtverwirklichter Gewinn
Ausweis von — 331.
beim Tausch 337.
Verbot des Ausweises von — 317, **321**.
und Verlust bei Verbindlichkeiten 422.
Nichtverwirklichter Verlust
Ausweis des — 321.
Rückgängigmachung des Ausweises von — 317.
beim Tausch 337.
bei Verbindlichkeiten 422.
Niederstwert
für abnutzbare Anlagegüter 313.
für nichtabnutzbare Anlagegüter und Umlaufgüter 316.
Ausnahme für land= und forstwirtschaftliche Betriebe 315.
in Eröffnungsbilanz 438.
der verdeckten Gewinnausschüttung 518.
bei Verbindlichkeiten 422.
Nießbrauch oder sonstiges Nutzungsrecht
Zurechnung des Einkommens und der Einkünfte 169, 170.
Nießbraucher, Einkünfte 169, 170.
Novation s. Umwandlung.
Nutzungsberechtigung keine Einnahme 464.
Nutzungsdauer
Besondere wirtschaftliche — von baulichen Betriebseinrichtungen 452.
Besondere wirtschaftliche — von Gebäudeteilen 452.
betriebsgewöhnliche — und Absetzung für Abnutzung 449.
technische — 449.
Technische — von Maschinen 452.
wirtschaftliche — 449.
Wirtschaftliche — von Gebäuden 451, 458.
Wirtschaftliche — von Maschinen 452.

O

Obergesellschaft bei Schachtelgesellschaften 546.
Reich, Länder, Gemeinden usw. als — 545, 546.
Versicherungsverein a. G. als — 546.
Objektsteuer, Kapitalertragsteuer als — 58.
Obligation s. Schuldverschreibung.
Offene Handelsgesellschaft (s. auch Personengesellschaft).
Abfindung eines lästigen Gesellschafters 386.
Ausscheiden des Gesellschafters einer — 386.
Begriff 23.
Beteiligung an —, Bewertung 377.
Forderung zwischen — und GmbH. mit gleichen Gesellschaftern 400.
nicht körperschaftsteuerpflichtig 92.

Öffentliche Gewalt
Ausübung 45.
überwiegende Ausübung 47.
Öffentliche Mittel, Bezüge aus — 555.
Öffentliche Zuschüsse, Anschaffungskosten bei — 343.
Öffentlicher Verkehr 49.
Öffentliches Buch oder Register, Eintragung in ein inländisches — 62, 79.
Öffentliches Recht, Körperschaften des
Abführung des Ertrags des Unternehmens an —, Gemeinnützigkeit 129.
des ausländischen ö. R. 42.
Begriff 42.
Beschränkte Steuerpflicht 56, **87.**
Betriebe gewerblicher Art von — s. Betriebe gew. —.
Betriebe, Verwaltungen und Vereine, von — verwaltet, Wirtschaftsjahr 155.
Schachtelvergünstigung bei beschränkter Steuerpflicht der — 545, 546.
Öffentlich=rechtliche Aufgaben, Erfüllung — 46.
Offizierskleiderkasse, Befreiung 132.
Offiziersverein zur Linderung der Not des Offiziersstandes, Befreiung 128, 130.
Optionsrecht s. auch Kaufrecht.
Aktivierung 292.
Orden
und sonstige religiöse Genossenschaften, Befreiung 135.
—s=Mitglieder als Angestellte im wirtschaftlichen Geschäftsbetrieb 145.
Ordnungsmäßige Buchführung s. Buchführung.
Ordnungstrafe keine Betriebsausgabe 195.
Organgesellschaft
Änderung des Gewinnabführungsvertrags bei — und Mehreinkommen 802, 808.
Anerkennung der — für ein Wirtschaftsjahr 102.
Aufsichtsratsvergütungen 104.
Begriff 101.
Durchlaufende Gelder bei — 107.
Eigenes Einkommen 103.
Folgen für die Körperschaftsteuer 102.
Gewinn 102.
Selbständigkeit 102.
mit herrschender Gesellschaft nicht personengleich 646.
bei Mehrheit von Dienstherren 101.
Organeigenschaft für Teil der — 105.
Personensteuern 103.
herrschendes Unternehmen 101.
Organisationskosten, Aktivierung 290.
Organisationsrücklagen der Versicherungsunternehmen 568.
Organische Bilanz 242.
Organtheorie 100.
Organverhältnis (s. Organgesellschaft).
Gesellschaftergleichheit kein — 100.
Gewinn nach Einzelbilanzen der Gesellschaften im — 104.

Organverhältnis
Keine Personengleichheit im — 646.
Schachtelvergünstigung bei — 551.
Schulden und Forderungen beim — 105.
und Umsatzsteuer 100.
Vereinigung sämtlicher Anteile in einer Hand kein — 100.
Österreich, Inkrafttreten des KStG 1934 im Land — 666.

P

Pächter
Aktivierung und Passivierung beim — 296.
Entschädigung für Bestellungsarbeiten 202.
Landwirtschaftlicher — Rumpfwirtschaftsjahr 201.
Rückgabepflicht 294.
Pachtgesellschaften, Anerkennung 34.
Pachtrecht in der Bilanz 297, 299.
Pachtvertrag
Aktivierung und Passivierung beim — 296.
Ausbeutevertrag als — 459.
Verdeckter Gewinn durch — zwischen Kapitalgesellschaft und Gesellschaftern 528.
zwischen Kapitalgesellschaft und Gesellschaftern über Wirtschaftsgüter des Betriebsvermögens als verschleierte Sachgründung 31.
über gewerbliche Rechte und Erfahrungen zwischen Kapitalgesellschaft und Gesellschaftern 529.
Partenreeder 94.
Partiarisches Darlehen 75.
Parzellierung, Gewerbebetrieb 484.
Passivantizipationen 308.
Passivierung
und Aktivierung bei Erwerb von Wirtschaftsgütern geg. Gewinnbeteiligung 417.
Begriff 193.
von Besserungsscheinen 415.
bei Erwerb von Wirtschaftsgütern geg. Ruhegehaltslast 421.
von Genußscheinen 415.
bei schwebenden Geschäften 301.
Grundsätze 409.
bei Miet- und Pachtverträgen 296.
von Rentenlasten 418.
Keine — der Rübenanbaupflicht der Gesellschafter von Zuckerfabriken 536.
des Ruhegehaltsanspruchs des Gesellschafter-Geschäftsführers 533.
von Ruhegehaltsverpflichtungen 419.
bei abhängigen Schuld- und Besitzposten 293.
der aus dem Gewinn zu tilgenden Verbindlichkeiten 415.
der Verpflichtung zur entschädigungslosen Aufgabe des Betriebs 421.
bei zweiseitigen, laufenden Verträgen 295.
Passivposten s. Schuldposten.

Patent
als abnutzbares Anlagegut 453.
Bewertung 367.
Überlassung von — (Lizenzen), (beschr. Steuerpflicht) 79.
Überlassung von — 487.
Verwertung der —, Gewerbebetrieb 485.
als kurzlebiges Wirtschaftsgut 326.
Patentgebühren 368.
Patronatslast 410.
Pauschalabschreibung
neben Einzelabschreibung auf Forderungen 402.
auf Forderungen 401.
Höhe der — auf Forderungen 404.
Wertzusammenhang bei — auf Forderungen 402.
Pauschalbesteuerung
bei Auslandsbeziehungen beschränkt und unbeschränkt Steuerpflichtiger **84,** 652.
bei geringfügigem Einkommen und schwieriger Ermittlung 652, 653.
Grundsätze für — 653.
Steuerfestsetzung durch — 638, **652.**
beschränkt Steuerpflichtiger 86, 653.
bei Zuzug aus dem Ausland 652.
Pensionskassen (s. auch Soziale Kassen).
Befreiung 112, 145.
Begriff 146.
Zuweisung an — und Mehreinkommen 801, 808.
Zuwendungen an — des Betriebs als Betriebsausgaben 196.
Zuwendungen an — des Betriebs nichtabzugsfähig 590.
Pensionslast s. Ruhegehaltsverpflichtung.
Personalkredit 120
Personengesellschaft
Begriff 23.
Beteiligung an —, Bewertung 377.
Beteiligung einer Körperschaft an — 485.
Darlehen der — an ihre Gesellschafter 525.
Darlehen zwischen — und Kapitalgesellschaft mit gleichen Gesellschaftern 526.
Einheitliche Feststellung von Gewinn oder Verlust 378.
Forderung des Gesellschafters der — gegen diese 401.
romanischen Rechts 93.
Personengleichheit von Gläubiger und Schuldner
Befreiung von Kapitalertragsteuer bei — 645.
Keine — von Mutter- und Tochtergesellschaft 646.
Keine — von herrschender und Organgesellschaft 646.
Keine — von Treugeber und Treuhänder 646.
Voraussetzung 646.
bei inländischer Zweigniederlassung der ausländischen Gesellschaft 646.
Personenkonten 224.

Personenkreis
Bei Beschränkung auf eng begrenzten — keine Gemeinnützigkeit 130.
Mildtätigkeit 133.

Personensteuern
als nichtabzugsfähige Ausgaben 574, **579**.
Begriff Personensteuern 578.
buch- und bilanzmäßige Behandlung der nichtabzugsfähigen Personensteuern 580.
Kirchensteuer als — 579.
Nachforderungen an — nicht abzugsfähig 579.
bei teils befreiten und teils steuerpflichtigen Einkünften
bei beschränkt Steuerpflichtigen 70, 73, 582.
der Genossenschaften 582, 662.
einer Sparkasse 123, 582.
Berücksichtigung der in- und ausländischen — bei Gewinnermittlung (beschränkt Steuerpflichtiger) 70.
Erstattete — nicht steuerpflichtig 581.
bei Gewinnermittlung beschränkt steuerpflichtiger Versicherungsunternehmen 73.
Konto nichtabzugsfähiger — 581.
beim Organverhältnis 103, 584.
Realsteuern keine — 579.
Verzugs-, Stundungszinsen aus — abzugsfähig 580.
Zinsen aus erstatteten — steuerpflichtig 582.

Personenvereinigung (s. Verein).
Aufwendung zur Erfüllung des Satzungszwecks der — nicht abzugsfähig 576.
einheitliche Beurteilung der Steuerpflicht 111.
Nichtrechtsfähige —, Körperschaftsteuerpflicht 90.
Sachliche Befreiung der Mitgliederbeiträge bei — 541.
Begriff 541.
Kapitalgesellschaft als — 541.
Verdeckter Gewinn bei — 520.

Persönlich haftender Gesellschafter der KoGaA.
Abzug des Gewinnanteils des — bei der KoGaA. 559, **570**.
Beteiligung des — mit Aktien 499.
Einkünfte 485.
Vereinnahmung des Gewinnanteils 480.

Pfandbriefschulden
Bewertung 428.
Roggen- und Weizen— 435.

Pferdezuchtverein, Befreiung 128.
Pflanzenkulturen bei Gewinnermittlung 201.
Polen 61.
Post-, Spar- und Darlehensverein, Befreiung 132.
Prämienreserve
bei Kapitalversicherung 305.
als Rückstellung der Versicherungsunternehmen 565.

Prämienüberträge
bei Kapitalversicherung 305.
Posten zur Rechnungsabgrenzung 566.
Schätzung 566.
Vierundzwanzigstelsystem 567.

Preiskartell (s. auch Kartell).
Beteiligung an — 379.

Preisnachlässe
und Forderungsbewertung 398, 405.
der Genossenschaften 506.
an Gesellschafter als verdeckter Gewinn 534.

Privatnotenbanken 116.
Privatvermögen, notwendiges 191.
Prokurist leitender Angestellter i. S. der Mindestbesteuerung 623.
Provisionen der Banken als Ausgabekosten 562.

Prozeßkosten
als Anschaffungskosten 333.
als Betriebsausgaben 197.
wegen Grund und Boden 200.
für das Kapital, keine Werbungskosten 467.
kein selbständiges Wirtschaftsgut 293.

R

Rabattsparverein
keine Befreiung 131.
steuerfreie Mitgliederbeiträge bei — 544.
Verpflichtung zur Einlösung der Rabattsparmarken 433.
wirtschaftlicher Geschäftsbetrieb 144.

Realgemeinden, Befreiung 112, 124.
Realkredit
Begriff 121.
Ermäßigter Steuersatz für Einkünfte aus dem —geschäft 627, 630.

Realsteuer
abzugsfähige Betriebsausgabe 197, 579, 580.
Wesen 58.

Rechnungen, Buchung der empfangenen — 221.

Rechnungsabgrenzung
Bilanzposten zur — 228, **308**.
kleinere Übergangsposten 229.

Rechnungsjahr als Ermittlungszeitraum bei Betrieb gewerblicher Art 54.
Rechnungsüberschuß 224, 285.
Rechnungsverkehrsübersicht 223.

Rechte
aller Art, Aktivierung 291.
Gewerbliche —, Bewertung 368.
Pachtverträge über gewerbliche — zwischen Kapitalgesellschaft und Gesellschafter 529.
Überlassung von im Inland eingetragenen — (beschränkte Steuerpflicht) 63, **79**.
Zeitlich begrenzte Überlassung von — 487.

Rechtsform,
Ablehnung der — der Kapitalgesellschaft 33.
Ausländische — von Körperschaften 22, 59.
früheren Rechts 42, 95.
von Gesellschaften ausländischen Rechts 95.
Maßgeblichkeit der — der Kapitalgesellschaft 23.
Rechtshängige Forderung, Bewertung 400.
Rechtslagen, Aktivierung 291.
Rechtsmittel
gegen Anforderung und bei Erstattung der Kapitalertragsteuer 649.
gegen Festsetzung einer Pauschsteuer 653.
gegen Festsetzung der Vorauszahlungen 643.
gegen die Höhe der angerechneten Beträge 651.
gegen Steuerbescheid 639.
Rechtsnachfolger, Bindung an Bilanz des Rechtsvorgängers bei unentgeltlichem Erwerb eines Betriebs 440.
Rechtstreit (s. Prozeß, Rechtshängig), Rückstellung für schwebenden — 414.
Registrierkasse 221, 222.
Reich
Befreiung 41, 42.
Beschränkte Steuerpflicht 56, 87.
Schachtelvergünstigung für — 88, 545, 546.
Reichsapothekerkammer 43.
Reichsärztekammer 43.
Reichsautobahnen, Unternehmen
Befreiung 112, 115.
öffentlich-rechtliche Körperschaft 43.
Reichsbahn, Deutsche, Befreiung 112, 115.
Reichsbank, Befreiung 112, 115.
Reichsbankanteile, Einkünfte aus — (beschränkte Steuerpflicht) 78.
Reichsbewertungsgesetz für Gewinnermittlung nicht maßgebend 285, 410.
Reichskulturkammer 43.
Reichsnährstand 43.
Reichsnotarkammer 43.
Reichsparteitag, Zweckverband, Befreiung 151.
Reichspost Deutsche, Befreiung 112, 115.
Reichsrechtsanwaltskammer 43.
Reinvermögen
in der Bilanz 321.
bilanzmäßiges und tatsächliches — 232.
Darstellung des — 244.
Darstellung in der Bilanz 233.
Endvermögen als — 244.
Tatsächliches — als Anfangsvermögen 268.
Reinvermögensposten 231.
negative — 232.
Rücklage als — 411.
Verdeckter Gewinn als negativer — 519.
Reisekosten, Aktivierung 292.

Reisender kein ständiger Vertreter 67.
Reklamekosten
als kurzlebiges Wirtschaftsgut 326.
in Warenhandelsunternehmen 293.
Reklametafeln, Aktivierung 292.
Religion, Förderung der — gemeinnützig 126, **134.**
Religionsgesellschaften, christliche
des öffentlichen Rechts 42.
Förderung der — (kirchliche Zwecke) 134.
Renten
Ablösung von — als Werbungskosten 470.
Begriff 468.
Leib— 468.
als Sonderausgaben 470, **472.**
als Werbungskosten 462, **468.**
Wirtschaftlicher Zusammenhang mit Einkünften 469.
Zeit— 468.
Rentenbank Deutsche, Befreiung 112, 115.
Rentenbank-Kreditanstalt Deutsche, Befreiung 112, 115.
Rentenlast
Bewertung 431.
bei Gründung einer Kapitalgesellschaft 418.
Passivierung 418.
bei Übernahme eines Gewerbebetriebs 418.
Rentenschulden
Rente aus — 509.
Rente aus — (beschränkte Steuerpflicht) 76.
Reparaturkosten, keine Rückstellung für — 411, 412.
Reportgelder 307.
Reportgeschäft 306.
Reportzinsen bei Spekulationsgeschäft 474.
Reserve(fonds) s. Rücklage.
Restwert, Absetzung vom — 447, 454.
Revisionsverband, Anschluß der Genossenschaft an — 657.
Rezept, Verwertung von — (beschränkte Steuerpflicht) 80.
Richtsätze 638.
Rohstoffe
keine Absetzung für Abnutzung 446.
Bewertung 388.
Rohstoffverein 35.
Rübenanbaupflicht keine Verbindlichkeit 536.
Rückdeckung für Ruhegehaltslast 421.
Rückgängigmachung
von Buchungen 222.
von Rechtsbeziehungen zwischen Kapitalgesellschaft und Gesellschaftern 26.
Rückgriffsrecht, aus Bürgschaft, Aktivierung 294.
Rückkaufswert von Versicherungen
Aktivierung 294, 305.
als Bewertungsmaßstab für Ruhegehaltslast 432.

Rücklagen
Auffüllung des Stammkapitals aus — als Gewinnanteil 502.
zum Ausgleich des schwankenden Jahresbedarfs bei Versicherungsunternehmen [567.
Auflösung 232.
gesetzliche, der AG. 214.
für künftige Ausgaben 411.
für künftige Verluste bei Versicherungsunternehmen 568.
offene — 232.
zur Selbstversicherung 413.
Sonstige — bei Versicherungsunternehmen 568.
Steuerlich begünstigte 555.
stille — 232.
Umwandlung von Rücklagen in Erhöhung der Geschäftsanteile bei Genossenschaft 506.
Versicherungstechnische — 559, **563**.

Rückstellung
Ansatz einer — 413.
Auflösung 433.
Begriff 410.
wegen behördlicher Anordnung 412.
Beispiele für — 414.
Bindung an die Handelsbilanz hinsichtlich 251.
Ermessen des Kaufmanns bei — 413.
für Haftungsverbindlichkeit 413.
Höhe 413.
keine Nachholung unterlassener — 432.
keine Ruhegehaltslast nach Eintritt des Pensionsfalls 432.
für künftige Ruhegehaltslasten 419.
Schätzung einer Haftungsverpflichtung 414.
für Umzugskosten 412.
wegen Unsicherheit der Bewertung 239.
Keine — für künftige Verluste 567, 568.
bei Versicherungsunternehmen 564.
Zusammenhang mit Betriebsvorgang 411.

Rückvergütung
Aktivierung des Anspruchs auf — 396.
Kaufpreis— der Genossenschaften 506.
Rückstellung für Verbindlichkeit zur — 415.

Rückwirkung
keine — der Gründung von Kapitalgesellschaften 55.
keine — der Verschmelzung oder Umwandlung der Kapitalgesellschaft 603.
des Wegfalls eines Tatbestandsmerkmals 173, 268.

Rückzahlung (s. auch Kapitalrückzahlung).
früherer Einnahmen, Verausgabung 482.
von Kapital kein Ertrag 491.
von Vorschüssen, Werbungskosten 464.

Ruhegehalt an Gesellschafter, verdeckter Gewinn 532.

Ruhegehaltsverpflichtung
Behandlung der Rückstellung nach Eintritt des Pensionsfalls 432.
Berücksichtigung einer Rückdeckung für — 421.
Bewertung 431.
Bindung an die Handelsbilanz hinsichtlich der — 420.
nach Eintritt des Ruhegehaltsfalls 420.
Erwerb von Wirtschaftsgütern gegen — 421.
keine Nachholung von Rückstellungen für — 432.
Passivierung 419.
Passivierung der — der Kapitalgesellschaft gegenüber dem Gesellschafter-Geschäftsführer 533.
Rückkaufswert 432.
Rückstellung für künftige — 419.
Wartezeit — 420.

Rumänien 61.

Rumpfwirtschaftsjahr
im Abwicklungs-Besteuerungszeitraum 597.
bei Aufgabe des Betriebs 160.
Bewertungsfreiheit auf Grund von Steuergutscheinen I in — 792, 806.
Dauer der Schachtelbeteiligung bei — 549.
bei Einrichtung einer Buchführung 164.
bei Eröffnung des Betriebs 160.
Landwirtschaftliches — 201.
bei Verlegung des Abschlußstichtags 162.

S

Saarland, Inkrafttreten des KStG 1934 im — 665.

Sachaufwendungen als Werbungskosten 467.

Sachbezüge
Bewertung der — als verdeckter Gewinn 537.
als Einnahmen 464.
als Kapitalertrag 510.
der Körperschafts-Mitglieder als Löhne des wirtschaftlichen Geschäftsbetriebs 145.

Sachdarlehen, Aktivierung und Passivierung bei — 295, 301.

Sacheinlage, Erwerb einer Beteiligung an Kapitalgesellschaft gegen — 379.

Sachentnahmen der Körperschaft aus dem wirtschaftlichen Geschäftsbetrieb 145.

Sachgründung
Verschleierte — 528.
Verschleierte — durch Pachtverträge 31.

Sachinbegriff
Begriff 487.
Schiff kein — 79.

Sachliche Steuerbefreiung
Einführung und Aufhebung — und Mehreinkommen 801, 808.
bei der Körperschaftsteuer 541.
bei Kapitalverwaltungsgesellschaften 554.
nach § 3 EStG 555.
bei Personenvereinigungen 541.
bei Schachtelgesellschaften 544.

Sachsteuern 57/58.
Sachwert, Tilgung von Verbindlichkeiten durch —, Bewertung 428.
Sachwertforderung (s. Sachdarlehen). Bewertung 397.
Sachwertschulden (s. Sachdarlehen). Bewertung 429.
Saisonwaren, Bewertung 390.
Saldo 224, 285.
Sammelabschreibung
bei Maschinen 365.
Zulässigkeit 286.
Sammelabsetzung für Abnutzung 455.
Sammelbewertung
Absetzung für kurzlebige Wirtschaftsgüter bei — 328.
Anschaffungskosten von Waren bei — 389.
Begriff 285.
neben Einzelbewertung der Forderungen von Forderungen 401. [402.
Sammelheizungsanlage, Teil des Gebäudes 363.
Sammelvermögen 39.
Sanierung
Keine — im Abwicklungsverfahren 572, 599.
Abzug des durch — entstandenen Buchgewinns 573.
Kein Abzug des durch — beseitigten Verlusts in späteren Jahren 574.
Kein Ausgleich des durch — beseitigten Verlusts 573.
und Ausstellung von Besserungsscheinen 573.
als betriebsfremder Vorgang des Schuldners 175, **571.**
Erlaß von Steuerschulden zur —? 573.
Nachträgliche Bezahlung der durch — erlassenen Schuld 574.
Schulderlaß zur — 571.
Vermögensvermehrung durch — nicht steuerpflichtig 571.
Sanierungsgewinn, Abzugsfähigkeit 559, 570.
Sanitätsdienst, Aufwendungen für den zivilen — 558.
Satzung einer Körperschaft
Erfüllung der durch — vorgeschriebenen Zwecke 574, **577.**
Gewinnanteile der Mitglieder nach — 137, 139.
Maßgebend — vom Ende des Veranlagungszeitraums für Steuerbefreiung 139.
Sicherung der Verwendung des Vermögens für steuerbegünstigte Zwecke 136, 137, **139.**
langjährige Übung an Stelle der — 139.
Säumniszuschlag
Abzugsfähigkeit 195.
bei Vorauszahlungen 643.
Segelsportverein, Befreiung 128.

Selbständige Arbeit
Befreite Einkünfte der Genossenschaften als Einkünfte aus — 661.
Beschränkt steuerpflichtige Einkünfte aus Einkünfte aus — 486. [— 74.
des Erfinders 487.
Selbständigkeit
Steuerliche — des Betriebs gewerblicher Art 50.
Wirtschaftliche — des Betriebs gewerblicher Art 43.
Selbstversicherung
bilanzrechtlich 244.
Keine Abschreibung statt — 362.
keine Rückstellung für — 413.
Sicherstellung des Steueranspruchs bei beschränkter Steuerpflicht 86.
Sicherung
der späteren Besteuerung des Verschmelzungsgewinns der Kapitalgesellschaft 605.
des Kapitalvermögens durch inländischen Grundbesitz usw. (beschränkte Steuerpflicht) 76.
der Verwendung des Vermögens für steuerbegünstigte Zwecke (satzungsmäßig und tatsächlich) 137.
Sicherungsrücklagen der Versicherungsunternehmen 568.
Sicherungsübereignung, Zurechnung der Einkünfte bei — 169.
Siedlungsbank, Deutsche, Befreiung 151.
Siedlungsunternehmen, Gemeinnützige [145.
Sitz
bei abhängigen Körperschaften 20.
Begriff 21.
Skontren 223.
Solleinnahmen, Betriebseinnahmenüberschuß nach — 205.
Sonderabschreibung
Abzug der — auf Grund von Steuergutscheinen I am Mehreinkommen 793, 809.
nach RF (Bewertungsfreiheit) 792, 798,
Sonderausgaben [805.
Abzug der 470.
Kirchensteuern 471, **474.**
Schuldzinsen, Renten, dauernde Lasten als — 471.
Unterschied von Werbungskosten 466.
Verlustabzug — 471, **474.**
Zusammenhang von — mit nicht steuerpflichtigen Einkünften 472.
Sonderkonto für kurzlebige Wirtschaftsgüter 328.
Sowjetrußland 61.
Soziale Kassen
Befreiung 112, **145.**
Begriff 146.
Voraussetzung der Befreiung 147.
Voraussetzung der Befreiung bei Rechtsanspruch der Leistungsempfänger 148.
ohne Rechtsanspruch 148.

Schlagwörterverzeichnis.

Soziale Kassen
wirtschaftlicher Geschäftsbetrieb bei — 144.
Zuwendungen an — des Betriebs als Betriebsausgaben 196.
Zuwendungen an — des Betriebs nichtabzugsfähig 590.
Soziale Zwecke, Ausgaben für — nichtabzugsfähig 574, **589.**
Spareinlagen 118.
Sparkasse
Begriff der — der Genossenschaft 663.
Gegengeschäfte der genossenschaftlichen — 659.
von Genossenschaften, Besteuerung der — 116, 663.
Öffentlich-rechtliche — 88.
Sparkassen, Öffentliche
Befreiung 116.
Begriff 117.
nicht gemeinnützig 119, 129.
Gewinnermittlung 122.
keine Kreditanstalten des öffentlichen Rechts 630.
Sparkassenverkehr nach dem KStG 1925 119.
Sparverkehr 118.
Sparkassenbestände, Anlegung 118, 121.
Sparkassenverkehr, Eigentlicher — nach dem KStG 1925 119.
Sparkassenverordnung 117, 119, Text 697.
Sparverkehr, eigentlicher 118.
Spediteur
Warenlager bei —, Betriebstätte 65.
als ständiger Vertreter 67.
Speiseanstalt, Befreiung 128.
Spekulation
Anschaffung von Wertpapieren zur —, Schuldzinsenabzug 473.
nach Kurszettel, nicht gewerblich — 484.
Spekulationsgeschäft
Einkünfte aus — 489.
über inländische Grundstücke (beschränkte Steuerpflicht) 63, 80.
Reportzinsen bei — 474.
Verluste aus —, Abzug 489.
Spenden
Begriff 590.
Beurteilung 589.
der Gesellschaft zu gemeinnützigen usw. Zwecken als verdeckter Gewinn 539.
zu sozialen Zwecken nichtabzugsfähig 574, **589.**
Sperrjahr 55.
Sperrmarkguthaben 424.
Darlehen aus 435.
Spielbanken, Öffentliche, Befreiung 151.
Stundung des Kaufpreises, Anschaffungskosten bei — 332.
Substanzänderung eines Wirtschaftsguts 318.
Substanzausbeutevertrag, Pachtvertrag 486.

Substanzverringerung, Absetzung für Berechnung 460.
Berücksichtigung der Wertminderung des Grundstücks neben — 461.
Bilanzmäßige Durchführung 461.
Gegenstand 441, **459.**
Vornahme 441, **459.**
Sudetendeutsche Gebiete, Inkrafttreten des KStG 1934 in den — 666.
Syndikat
Begriff 95, **96,** 106.
Ein- und Verkaufsgesellschaft des — Eigenes Einkommen 108.
Einkaufsgenossenschaften 109.
Steuerliche Selbständigkeit 106.
Voraussetzung der Anerkennung 109.
Treuhandbesitz der geschäftsführenden GmbH. des — am gebundenen Vermögen 107.
Systematische Bücher 222.
Begriff 223.

Sch

Schachtelbeteiligung
Abschreibung auf — 552, 593.
Bewertung 551.
Dauer 549.
Keine Kapitalertragsteuerpflicht bei — 646.
Mehreinkommen bei — in einem Jahre 802, 808.
Schuldzinsen für — nicht abzugsfähig 593.
Unmittelbare — 548.
Voraussetzung der — für Schachtelvergünstigung 547.
bei Wertpapieraustausch 549.
Schachtelgesellschaften (s. auch Ober- und Untergesellschaft)
Mehreinkommen bei — 802, 808.
Sachliche Befreiung bei — 544.
Voraussetzung hinsichtlich der — für Schachtelvergünstigung 546.
Schachtelgewinn
Mit — zusammenhängende Ausgaben nichtabzugsfähig 593.
Ausgeschüttete Gewinnanteile als 551.
Befreiung 549.
Befreiung des — von Kapitalertragsteuer 552.
Behandlung des — nach Anleihestockgesetz 553.
Zahlung auf Besserungsschein kein — 550.
bei Feststellung des Anfangsvermögens 270.
Ausschüttung auf Genußschein als — 550.
im Organverhältnis 551.
Verwendung 552.
Schachtelvergünstigung
und Anleihestock 508.
keine Auswirkung der — auf Bewertung der Schachtelbeteiligung 551.
bei Organgesellschaften 105.
für Reich, Länder, Gemeinden usw. bei beschränkter Steuerpflicht 88.

Schachtelvergünstigung
Umfang 549.
Voraussetzung de r— hinsichtlich der Beteiligung 547.
Voraussetzung der — hinsichtlich der Obergesellschaft 546.
Voraussetzung der — hinsichtlich der Untergesellschaft 546.
Schadenersatzansprüche der Aktionäre gegen AG. 401.
Schadenreserve, Schuldposten der Versicherungsunternehmen 565.
Schadensersatzleistung
kein Kapitalertrag 509.
Zugänge infolge —, Betriebseinnahmen 199, 200.
Schadensversicherung
Anspruch aus — und Schadensverpflichtung 294, 305, 306.
Beiträge zu —, Werbungskosten 470.
Schankerlaubnis, persönliche, keine Aktivierung 293.
Schatzanweisungen des Reichs usw., Verminderung des Bestands an —, RJ 792, 800, 806.
Schätzung
Änderung der — bei Forderungsbewertung keine Bilanzänderung 403.
der nichtabzugsfähigen Ausgaben bei anteiligem Abzug 594.
Berichtigung der Anfangsbilanz nach — 272.
der Besteuerungsgrundlagen 185.
Bindung an die — in der Handelsbilanz 250.
— des Delkrederepostens in der Handelsbilanz 257, 250, 261, **403,** 404.
des Einkommens 636.
des Gewinns aus inländischer Betriebsstätte 69.
des Gewinns buchführungspflichtiger Kaufleute 241.
des inländischen Gewinns beschränkt steuerpflichtiger Versicherungsunternehmen 72.
wegen Mängel der Buchführung 186.
bei ordnungsmäßiger Buchführung 186.
der Prämienüberträge von Versicherungsunternehmen 566.
von Rückstellungen 414.
Übergang zum Betriebsvermögensvergleich nach — des Gewinns 207.
Schaufensterbenutzung, Recht zur —, Aktivierung 292.
Scheck, Hingabe von, Vereinnahmung 478.
Scheinabwicklung der Kapitalgesellschaft 494, 594, 596.
Scheingeschäfte und Scheinhandlungen, Besteuerung 172.
Scheingründung von Kapitalgesellschaften 33.
Schenkungen als Einkünfte 174, 176.

Schiff
ausländisches 63, 79.
Eingetragenes — 487.
Schiffspfandbriefbanken, Ermäßigter Steuersatz für — 627, 632.
Schiffsregister, inländisches
in — eingetragene Schiffe 487.
Sicherung von Forderung durch ein im — eingetragenes Schiff (beschränkte Steuerpflicht) 76.
Schlachthaus, Befreiung 131.
Schlachthof, Befreiung 128, 131.
Schmiergelder als Betriebsausgaben 197.
Schrottwert 447.
Schuldbuch, Öffentliches, Eintragung von Forderungen in — (beschränkte Steuerpflicht) 76.
Schuldaufnahme als verdeckter Gewinn, Bilanz 520.
Schulden s. Verbindlichkeiten.
Schulderlaß zur Sanierung 571.
Schuldposten
abhängige Besitzposten und — 293.
der Bilanz 231.
negative — 232.
Schuldübernahme
Anschaffungskosten 335.
und Forderungsbewertung 401.
der Gesellschaft zugunsten des Gesellschafters 538.
Nachträgliche — als Anschaffungskosten 343.
der Tochtergesellschaft für Muttergesellschaft 538.
Schuldverschreibungen
Bezugsrecht auf 501, **536.**
Eigene —, Bewertung 394.
des Reichs usw., Verminderung des Bestands an, RJ 792, 800, 806.
Schuldzinsen
Ablösung von — als Werbungskosten 470.
Begriff 468.
von Bürgen gezahlte — als Werbungskosten 468.
für Darlehen zur Beschaffung von Spekulationspapieren 473.
Darlehensaufgeld als — 468.
bei Ermittlung der inländischen Einkünfte (beschränkte Steuerpflicht) 82.
für Lebensführung 473.
für Liebhaberei 473.
als Sonderausgaben 470, **472.**
Verausgabung der — 469.
als Werbungskosten 462, **468.**
Wirtschaftlicher Zusammenhang mit Einkünften 470.
Zusammenhang mit nicht steuerpflichtigen Einkünften 471, **472,** 592, 593.
Schwankender Jahresbedarf, Rücklagen zum Ausgleich des — bei Versicherungsnehmen 567.
Schwankendes Einkommen, Mehreinkommen bei — 801, 807.

Schwankungen im Betriebsvermögen, Berücksichtigung durch Zu= und Abschläge bei Gewinnermittlung nach Betriebseinnahmenüberschuß 205.
Schwebende Geschäfte
Aktivierung un Passivierung bei 301.
Begriff 301.
Kostgeschäft als — 306.
Teilerfüllung bei — 302.
Verbuchung der — 302.
Schweden 61.
Schweiz 61.

St

Staatsbanken
Befreiung 115.
beschränkte Steuerpflicht 88.
Stadtbanken, Steuerpflicht 115.
Stadtschaften, Steuerpflicht 115.
Stammeinlage, Darlehen als — bei GmbH. 502, 527.
Stammkapital
Auffüllung des — aus Rücklagen 502.
Beteiligung am — für Schachtelvergünstigung 544, 547.
Erhöhung des — 502.
der GmbH. 218, 234.
Herabsetzung des — der GmbH. 495.
i. S. der Mindestbesteuerung 615, **620.**
Standardwert s. Festwert.
Ständiger Vertreter
Aussetzung der Veranlagung bei Großhändler, Handelsagenten oder Kommissionär als — 68.
Begriff des — 67.
Begründung der beschränkten Steuerpflicht durch — 62, **67.**
Reisender kein — 67.
Spediteur, Agent als — 67.
Stehende Ernte
bei Gewinnermittlung 201, 202.
Veräußerung der — 487.
Stehender Wald
in Bestandsaufnahme des Forstwirts 166.
im Betriebsvermögensvergleich 203.
Stehendes Holz s. Wald.
Stehenlassen einer Schuld, Vereinnahmung 477.
Steine, Betrieb zur Gewinnung von —
Absetzung für Substanzverringerung 441, **459.**
Gewerbebetrieb 483.
Steinbrüche, Absetzung für Substanzverringerung bei 441, 459.
Sterbekassen
Befreiung 112, 145.
Begriff 146.
Stetigkeit der Bilanzgebarung 229.
Steuer, Begriff 470.
Steuerabschnitt 152.
Umstellung der Veranlagung für 1934 bei einem vom Kalenderjahr abweichenden — 667.
im übrigen s. Veranlagungszeitraum.
Steuerabzug
Anrechnung der —beträge auf Steuerschuld 650.
Keine Anrechnung des — vom Kapitalertrag bei Mindeststeuer nach Aufsichtsratsvergütungen 650.
von Aufsichtsratsvergütungen 649.
von Einkünften beschränkt Steuerpflichtiger 649.
vom Kapitalertrag s. Kapitalertragsteuer.
Nachträgliche Abforderung des — bei beschränkt Steuerpflichtigen 87.
VO. über den — von Aufsichtsratsvergütungen v. 31. 3. 39, Text 745.
VO. über den — von Einkünften bei beschränkt Steuerpflichtigen v. 6. 2. 35, Text 743.
Steueranpassungsgesetz v. 16. 10. 34, Auszug 677.
Steueranspruch
Abgeltung des — bei beschränkter Steuerpflicht 86, 89.
Abgeltung des — bei steuerabzugspflichtigen Einkünften 627, 633.
Sicherstellung des — bei beschränkter Steuerpflicht 86.
Steuerbefreiung s. Befreiung.
außerhalb des KStG 554.
Steuerberatung, Kosten der — als Betriebsausgaben 197.
Steuerbescheid 638.
Bekanntgabe des — 651.
Erteilung des — 638.
Rechtsmittel gegen — 639.
Steuerbilanz
Anpassung der — an die Handelsbilanz **248,** 283, 327, 420.
Grenzen der Anpassung 252.
Nachträgliche Angleichung der — an die Handelsbilanz 253.
Verhältnis zur Handelsbilanz 242, **245.**
Steuererklärung
Frist zur Abgabe der — 636.
Form der — 636.
Inhalt der — 636.
Pflicht zur Abgabe der — 635.
Steuererleichterungen bei Umwandlung und Auflösung von Kapitalgesellschaften 608.
Steuerfestsetzung 636.
Steuergegenstand der Körperschaftsteuer 18.
Steuergutscheine
Bewertungsfreiheit auf Grund von — I 792, 798, 805.
Nach neuem Finanzplan 791, 794, 804.
Annahme an Zahlungstatt der Entrichtung von Reichssteuern zum Nennbetrag (Steuergutscheine I) 791, 795, 805.
mit Aufgeld 792, 795, 805.

Steuergutscheine
Ausgabe zum Nennbetrag 791, 804.
Bezahlung von Lieferungen in — an Zahlungsstatt 792, 795, 804.
Umtausch 795, 799, 806.
als Sachbezüge 464.
nach —BO, Bewertung 392, **557.**

Steuergutscheinkonto I 799, 806.

Steuerpflicht (s. auch Körperschaftsteuerpflicht und beschränkte Steuerpflicht).
Abgrenzung der persönlichen — 90.
Beginn der— der GmbH. 54.
Beginn der — für handelsrechtliche Gesellschaften 55.
Begriff 17.
persönliche — 14, 18.
Rechtsbegriffliche Voraussetzungen der Körperschaft— 21.
Steuererklärungspflicht bei Übergang von der unbeschränkten — zur beschränkten und umgekehrt 635.
unbeschränkte — 14, **18.**
Veranlagungszeitraum bei Beginn und Ende der — 153. 634.
Vorauszahlung bei Begründung der — 641.
Wechsel in beschränkter und unbeschränkter — 59.

Steuerpflichtige, Ausdehnung des Kreises der — 653.

Steuerprozeß, Kosten eines — als Betriebsausgaben 197.

Steuersatz
Allgemeiner — 627, 629.
Berechnung der Abwicklungsteuer bei verschiedenem — 600.
Ermäßigter — 627, 629.
Feststellung der unter den ermäßigten — fallenden Einkünfte 632.
für steuerbegünstigte Genossenschaften und Genossenschaftszentralen 663.
für nicht steuerbegünstigte Genossenschaften und Genossenschaftszentralen 664.
bei reinen Hypothekenbanken 627, 631.
bei gemischten Hypothekenbanken 627, 632.
bei Kreditanstalten des öffentlichen Rechts 627, 630.
der Körperschaftsteuer 627.
der Mehreinkommensteuer 794, 804, 809.
bei Schiffspfandbriefbanken 627, 632.

Steuerschuld
Anrechnung der Vorauszahlungen und Steuerabzugsbeträge auf Jahres- 650.
Ausgleich der — durch Aufrechnung oder Zurückzahlung 651.
Entstehung der Körperschaft-18, **639,** 652.
Entstehung der — bei Vorauszahlungen 643.
Erlaß von Steuerschulden zur Sanierung 573.

Steuervergünstigungen außerhalb des KStG 554.

Stiftung
mit staatlicher Auflage zur Rentenzahlung, Gemeinnützigkeit 136.
Aufwendung zur Erfüllung der durch — der Körperschaft vorgeschriebenen Zwecke 574, 577.
Ende der Steuerpflicht 56.
nichtrechtsfähige — 37, **39,** 91.
rechtsfähige und nichtrechtsfähige — 14, 22.
rechtsfähige — 37.
öffentliche — (bayr. Recht) 42.
an Stelle von Familienfideikommissen, Befreiung 540.
in Verwaltung öffentlich-rechtlicher Körperschaft, abweichendes Wirtschaftsjahr 155.
Zurechnung des Einkommens von nichtrechtsfähigen — 110, 111.

Stille Beteiligung
Beschränkte Steuerpflicht aus — 75.
als Gesellschaftsrecht an Kapitalgesellschaft 28.

Stille Gesellschaft, keine Körperschaft 37.

Stiller Gesellschafter
Begriff des 509.
Beteiligung als — als Beteiligung an Kapitalgesellschaft 28.
Beteiligung an inländischem Handelsgewerbe als — 75.
Beteiligung des — am Verlust 509.
Einkünfte des — 508.
Einlage des — 509.
Partiarisches Darlehen als Beteiligung als — (beschränkte Steuerpflicht) 75.
Stehenlassen des Gewinnanteils des —, Vereinnahmung 509.

Stillhalteabkommen, Hypotheken unter — (beschränkte Steuerpflicht) 78.

Stillegung einer Maschine 453.

Stille Rücklage
Begriff 232.
Übertragung der — bei Ersatzbeschaffung mit Brandentschädigung 344.
Übertragung — beim Tausch 337.
Verwirklichung — beim Ausscheiden des Gesellschafters einer OHG. 386.
Verwirklichung — beim Tausch 337.

Stornierung s. Rückgängigmachung.

Stornorücklagen der Versicherungsunternehmen 568.

Strafen, keine Betriebsausgaben 195.

Straßenbaubeiträge 369.

Stückzinsen
keine Anschaffungskosten des Wertpapiers 392.
bei Erwerb des festverzinslichen Wertpapiers Werbungskosten 511.

Stundung, Kapitalsteuerpflicht bei — der Kapitalertragsteuer 648.

Stundungszinsen
bei Körperschaftsteuervorauszahlungen 643.
für Personensteuern abzugsfähig. 580.

T

Tagebuch 221.
Tantieme des Gesellschafter-Geschäftsführers 532.
Tatbestand
Beurteilung 13.
Feststellung des maßgebenden — in besonderen Fällen 172.
Te... ndsm... nal, Wegfall eines — 1..., 268.
Tausch
Anschaffungskosten beim — 336.
mit Aufgeld, Anschaffungskosten 337.
Begriff 336.
Erfüllung beim — 304.
Technische Abnutzung (s. auch Nutzungsdauer) 449.
Ausgleich der — bei Anlagen 453.
von Maschinen 452.
Technisches Ergebnis beschränkt steuerpflichtiger Versicherungsunternehmen 71.
Technische Veraltung von Maschinen 365.
Teil eines Wirtschaftsguts, Bewertung des — bei Teilung 318.
Teilbestandsvergleich s. Teilvermögensvergleich.
Teilbeträge in unbestimmter Höhe, Anschaffungskosten bei 332.
Teilbetrieb
Begriff 439.
Unentgeltlicher Erwerb eines — 439.
Veräußerung eines — 485.
Teilhaberversicherung der Gesellschafter der GmbH., verdeckter Gewinn 539.
Teilschuldverschreibungen
Ankauf von — durch Schuldner 434.
Einkünfte aus — (beschränkte Steuerpflicht) 63, 76.
Teilvermögensvergleich bei nachträglichen betrieblichen Einkünften 188, 476, 490.
Teilwert
Absetzung für Abnutzung vom — 448, 455.
und Absetzung für wirtschaftliche Abnutzung 450.
Ansatz 278, 279, **311**.
Ansatz des höheren — nach UmwStG 610.
Ansatz des höheren — bei Verbindlichkeiten 423.
Ansatz eines zwischen den Anschaffungs- und Herstellungskosten und dem — liegenden Zwischenwerts 355.
Bar- oder Zeitwert von Verbindlichkeiten als — 426.
Begriff 278, **349**.
von Beteiligungen 373.
Einheit von Betriebsgrundstücken und Gebäuden für —. 350.
Einheit von Grundstücken mit eingebauten Maschinen für — 351.
Einheit von Grundstück und radiziertem Apothekenrecht für — 351.

Teilwert

von Erfindungen (Patenten), gewerblichen Urheberrechten 369.
bei Fehlmaßnahmen 355.
der Forderungen 397.
von Gebäuden 361.
des Geschäfts-(Firmen-)werts 387.
von Grund und Boden 370.
Höchstwert des — von Anlagegütern 350.
Höchstwert des — von Umlaufgütern 351.
von Maschinen und Anlagen 365.
Merkmale für — 352.
von Neubau 362.
Niederstwert des — von Anlagegütern 351.
Niederstwert des — von Umlaufgütern 351.
von Sachzuwendungen als verdeckter Gewinn 538.
Gezahlter Überpreis als — 354.
von Umbau 361, 362.
von Verbindlichkeiten 426.
der verdeckten Gewinnausschüttung 518.
Vermutung für die Höhe des — 354.
Verpflichtung zum Ansatz des — von Forderungen 405.
Verpflichtung zum Ansatz des höheren — von Verbindlichkeiten 426.
der Waren, Rohstoffe, Halb- und Fertigerzeugnisse 389.
der Wertpapiere 391.
über den Wiederbeschaffungskosten bei Umlaufgütern 357.
des hingegebenen Wirtschaftsguts als Anschaffungskosten beim Tausch 336.
Zeitpunkt des Übergangs zum — 319, 373.
Termingeschäft 307.
Theater, städtische, Befreiung 128.
Tilgung
von Schulden 433.
Teilweise — von Schulden 434.
von Währungsschulden 435.
Zerlegung einer Zahlung in Zinsen und — 492, 510.
Tochtergesellschaft (s. auch Muttergesellschaft)
Begriff 98.
Einkünfte der — bei Vergütung des Aufsichtsrats der — durch Muttergesellschaft 621.
noch nicht Organgesellschaft 101.
Patentlizenz einer ausländischen Gesellschaft an inländische — 529.
Steuerliche Selbständigkeit 99.
Übernahme der Schuld der Muttergesellschaft durch — verdeckter Gewinn 539.
Torfgewinnung 483.
Transitorische Posten 308.
Transportkosten als Anschaffungskosten 333, 365.
Treuhandbesitz der geschäftsführenden GmbH. des Syndikats am gebundenen Vermögen 107.

Treuhandverhältnis
Keine Personengleichheit im — 646.
Zurechnung der Einkünfte bei — 169.
Treu und Glauben 12, 259, 271, 274, 275 (s. auch Beurteilung).
Trust 97.
Tschechoslowakische Republik 61.
Turnverein
Befreiung 128.
mit Gastwirtschaft 143.

U
Übergang
auf einen anderen Abschlußtag 162.
zum Betriebsvermögensvergleich 206.
zur Buchführung 164.
von der unbeschränkten zur beschränkten Steuerpflicht und umgekehrt 59.
Übergangsposten, kleinere, Verbuchung 229, 309.
Überpreis
Bezahlter — als Teilwert 354.
Von Zuckerfabriken gewährter — 535.
Überschuß der Einnahmen über Werbungs= kosten 171, 462.
Überschußrücklage bei Versicherungsunter= nehmen 566.
Übertragung
Besteuerung bei — des Vermögens der inländischen Betriebstätte 611, 614.
Entgeltliche — des Vermögens einer Ka= pitalgesellschaft auf eine andere 439.
Unentgeltliche — eines Betriebs, Be= wertung beim Übertragenden 313, **331.**
Unentgeltliche — von Wirtschaftsgütern, Bewertung beim Empfänger 331, 332.
des Vermögens einer Kapitalgesellschaft 601 (s. auch Umwandlung und Ver= schmelzung)
mit oder ohne Abwicklung 603.
unter Fortbestand der Kapitalgesellschaft 603.
gegen Gewährung von Gesellschafts= rechten 605.
des Vermögens im ganzen 602.
Überwachung
der Geschäftsführung 585.
Mindestbesteuerung nach Vergütungen an die mit der — der Geschäftsführung be= trauten Personen 615, **621.**
Vergütungen an die mit — der Geschäfts= führung betrauten Personen nicht ab= zugsfähig 574, **584.**
Umbau
„Artändernder" — 360.
Begriff 358.
Bilanzrechtliche Behandlung des — 360, 363.
Buchwert abgerissener Teile als Herstel= lungskosten 360.
laufender Erhaltungsaufwand bei — 360.
Gesonderte Ermittlung des Teilwerts des — 361.

Herstellungskosten 360.
Teilwert 362.
als selbständiges Wirtschaftsgut 361.
Umgründung, Kosten der fehlgeschlagenen — als Betriebsausgaben 198.
Umlaufvermögen
Aktivierung 288.
Bewertung 279, **388.**
Bewertungsvorschriften für — 314.
Grenzen des Teilwerts bei — 351.
Übergang zum Teilwert 320.
Wirtschaftsgüter des — 311.
kein Zwischenwert bei — 356.
Umsatzbonus bei Einkaufsgenossenschaft 506.
Umsatzprovision der Bank Schuldzinsen 468.
Umsatzsteuer
Betriebsausgabe 197. 580.
Beurteilung der Organverhältnisse bei der — 100.
künftige — und Forderungsbewertung 398.
Umschuldungsverband Deutscher Gemein= den, Befreiung 151.
Umstellung
des Betriebs und Bewertung der Ma= schinen usw, 365.
der Veranlagung auf das Kalenderjahr (1934) 667.
Umtausch der Steuergutscheine I und II 795, 799, 806.
Umwandlung
unter Hypothekenbestellung, Verausgabung 482.
Mehreinkommen bei — des Unternehmens 802, 808.
von Rücklagen in Stammkapital 502, 506.
einer Schuld 433.
einer Schuld, Vereinnahmung 477.
Umwandlung der Kapitalgesellschaft
Anfangsvermögen bei — 603.
Ausnahme von der Besteuerung des —s= Gewinns 601, 604.
Besteuerung bei — 601
Besteuerungszeitraum bei 603.
Bewertung des Endvermögens (gemeiner Wert der Gegenleistung) 604.
Endvermögen bei — 604.
Gewinnermittlung 604.
Sicherung der späteren Besteuerung des Übertragungsgewinns 605.
Steuererleichterungen bei — 608.
steuerrechtlich Schaffung neuer Rechts= person 602.
Teilweise Befreiung des —s=Gewinns 607.
nach Umwandlungsgesetz 609.
durch — erzielter Verlust 607.
Vornahme der — 602.
Umwandlungsgesetz 603, **608,** Text 733, Durchführungs=VO 608.

Umwandlungssteuergesetz 608, Text 735.
II. Durchführungs-VO zum — 608, Text 736.
III. Durchführungs-VO zum — 609, Text 739.
IV. Durchführungs-VO zum — 609, Text 739.
V. Durchführungs-VO zum — 609, Text 739.
Umzugskosten, Rückstellung für 412.
Unbeschränkte Steuerpflicht (s. auch Steuerpflicht).
Begriff 14, **18**.
Ende der — durch Verlegung der Geschäftsführung ins Ausland 611, 612.
Steuererklärungspflicht bei — 635.
Steuererklärungspflicht beim Übergang von der — zur beschränkten Steuerpflicht 635.
Übergang von der — zur beschränkten 59, 612, 613.
Uneinbringliche Forderungen
Bewertung 397.
Nachträglicher Eingang 403.
Unentgeltlicher Erwerb, s. Übertragung.
Ungarn 61.
Unmittelbarkeit der Förderung der steuerbegünstigten Zwecke bei Befreiung 138.
Unrichtigkeit, sachliche — der Handelsbilanz 257.
Unsittliche oder verbotene Handlungen, Einkünfte aus — 172.
Unterbilanz
Bedeutung 226, 232, 234, 244.
Beseitigung einer — 247.
und Mindestbesteuerung 617.
Untergesellschaft
bei Schachtelgesellschaften 546.
Nicht unbeschränkt steuerpflichtige Kapitalgesellschaften keine — 547.
Unterkunftsheime, Befreiung 128.
Unternehmen
zur Entwicklung neuer Herstellungsverfahren, Befreiung 151, **558**.
Zusammenschlüsse von — 95.
Unterstützungsfonds
nach KStG 1925 150.
Zuwendungen an — des Betriebs als Betriebsausgaben 197.
Unterstützungskassen (s. auch Soziale Kassen).
Befreiung 112, 145.
Zuweisung an — und Mehreinkommen 801, 808.
Zuwendungen an — als Betriebsausgaben 196.
Zuwendungen an — nichtabzugsfähig 590.
Unverzinsliche Forderung, Barwert 399.
Unverzinsliche Verbindlichkeit, Barwert 427.
Uraufzeichnungen der Bestandsaufnahme 228.

Urheberrechte, Gewerbliche
als abnutzbare Anlagegüter 453.
Bewertung 367.

V

Veraltete Maschinen usw. 365.
Veranlagung
bei Beginn und Wegfall der persönlichen Steuerpflicht 634.
nach Durchschnittsätzen 637.
für das Kalenderjahr 634.
der Körperschaftsteuer 633.
durch Pauschsteuerung 638.
nach Richtsätzen 638.
durch Schätzung 636.
Unterbleiben der — bei Abgeltung der Steuer durch Steuerabzug 635.
Veranlagungsrichtlinien für 1937, Auszug 747.
Veranlagungszeitraum (s. auch Kalenderjahr)
bei Abwicklung der Kapitalgesellschaft 594, **596**.
— nicht über 3 Jahre bei Abwicklung 597.
bei Auflösung oder Verlegung einer inländischen Betriebstätte 614.
Beginn des — bei Abwicklung 597.
bei Beginn und Wegfall der persönlichen Steuerpflicht 153, 634.
Ende des — bei Abwicklung 597.
Ende mehrerer Wirtschaftsjahre im — 161, 163.
von weniger als 12 Monaten 153.
Verkürzter — und Mehreinkommen 801, 808.
bei Verlegung der Geschäftsführung der Kapitalgesellschaft ins Ausland 612.
bei Verschmelzung und Umwandlung der Kapitalgesellschaft 603.
beim Wechsel von beschränkter und unbeschränkter Steuerpflicht 59.
Verausgabung
des Darlehensaufgelds 469.
durch Leisten der Ausgaben 475, **481**.
Möglichkeit der Inanspruchnahme keine — 481.
Regelmäßig wiederkehrende Ausgaben 475, 482.
Rückzahlungen als — 482.
von Schuldzinsen, Renten usw. 469.
Umwandlung einer Schuld als — 482.
Veräußerung
des Anteils an inländischen Kapitalgesellschaften (beschränkte Steuerpflicht) 68.
der wesentlichen Beteiligung an Kapitalgesellschaften 486, 511.
von Dividenden- und Zinsscheinen 511.
eines Gewerbebetriebs 485.
von Wertpapieren mit Dividenden- und Zinsscheinen 511.
von festverzinslichen Wertpapieren mit Zinsschein 511.

Veräußerungsgewinn, Kein Ansatz der —e aus § 14—16 KStG beim Mehreinkommen 802, 808.
Verbindlichkeiten
Ablösung von — 433, 434.
aktiver Wertberichtigungsposten bei — 425.
Ansatz des höheren Teilwerts von — 423.
Anschaffungskosten der — 423.
Aufnahme von — 424.
Austausch von — 337.
Barer Gegenwert = Anschaffungskosten 423.
Barwert oder Zeitwert = Teilwert 426.
Barwert hinter Nennbetrag 424.
Barwert unverzinslicher, befristeter — 427.
Bewertung der — 409, **422.**
Darlehensabgeld, Verteilung der — 424.
Einfluß der Zahlungsbedingungen 427.
Erlaß von — 433.
Erlaß zur Sanierung 433.
Erlöschen der — 433.
Geldbeschaffungskosten bei — 424.
Aus Gewinn zu tilgende —, Passivierung 415.
Grundsätze der Passivierung von — 409.
Bedingte 410.
Entstandene 409.
Rückstellungen 410.
Höchstwert 422.
Nennbetrag 423, 427.
Nichtverwirklichter Gewinn und Verlust bei Niederstwert 422. [— 422.
Pflicht zum Ansatz des höheren Teilwerts von — 426.
Rentenverpflichtungen als — 418.
Rentenverpflichtungen, Bewertung 431.
Ruhegehaltsverpflichtungen als — 419.
Ruhegehaltsverpflichtungen, Bewertung 431.
Sachwertschulden als — 429.
Teiltilgung einer — 434.
Teilwert der — 426.
Tilgung von — durch Sachwerte 428.
Umwandlung von — 433.
Verwirklichter Gewinn und Verlust bei — 430, **433.**
in fremder Währung 429.
bei Ausstellung von Wechseln 425.
eingeschränkter Wertzusammenhang bei — 422.
Verbrauchsort, Mittelpreise des 462, 464, 510.
Verdeckte Gewinnausschüttung
bei Abschreibung des Kaufpreises eigener Anteile 516.
an Alleingesellschafter mehrerer Gesellschaften 513.
Ansatz der — beim Gesellschafter 519.
Verhältnis der — zum Anteilsbesitz der Gesellschafter 515.
durch Barzuwendungen 539.
Begriff der — 512.
Beispiele für — 521.

Berücksichtigung der — 166, **512.**
des Betriebs gewerblicher Art einer öffentlich-rechtlichen Körperschaft an diese 53, 521.
Beurteilung der — 517.
keine Beweislast der Steuerbehörde für — 517.
Behandlung der — in Bilanz 519.
durch Darlehen an die Gesellschafter 524.
durch Darlehen der Gesellschafter 527.
bei Dienstverhältnis zwischen Kapitalgesellschaft und Gesellschafter 530.
bei entgeltlicher Zuwendung 516.
Fälligkeit der Kapitalertragsteuer bei — 648.
Feststellung der — 516.
hinsichtlich des Gesellschaftsrechts 523.
an gesetzliche Vertreter der AG. 514.
Höhe der — 517.
an Inhaber des Gesellschaftsrechts 513.
bei Interessengemeinschaftsverträgen 110.
an juristische Personen als nahestehende Personen 515.
an Konzerngesellschaft 514.
bei den Körperschaftsarten 520.
bei laufenden Lieferungsverträgen zwischen Kapitalgesellschaft und Gesellschaftern 534.
Mindestwert der — 518.
Mißverhältnis der Zuwendung zur Gegenleistung 516.
zwischen Mutter- und Tochtergesellschaft 99.
an den Gesellschaftern nahestehende Personen 514.
als negativer Reinvermögensposten der Gesellschaft 519.
bei Pachtverträgen zwischen Kapitalgesellschaft und Gesellschaftern 528.
durch Sachzuwendungen 536.
durch Schuldaufnahme der Gesellschaft, Bilanz 520.
Teilwert der — 518.
Unentgeltliche Zuwendung als 516.
durch Vereinbarungen über den Gewinn 521.
Verhältnis zum Gewinn der Gesellschaft 516.
hinsichtlich eines bestimmten Wirtschaftsguts 522.
Zeitpunkt der — bei Darlehen an die Gesellschafter 526.
der Zuckerfabrik an ihre Gesellschafter 535.
Verdeckte Stammeinlage, Gesellschafterdarlehen als — 30.
Verein
Befreiung der Mitgliederbeiträge 542.
Leistungsaustausch zwischen — und Mitgliedern 543.
in Verwaltung öffentlich-rechtlicher Körperschaften, abweichendes Wirtschaftsjahr 155.
Verein, Nichtrechtsfähiger 14, 90.
Begriff 37.

Verein, nichtrechtsfähiger
Handelsgesellschaft vor Eintragung als — 55.
Juristische Person als Mitglied des — 37.
kein Vollkaufmann 156.
Verdeckter Gewinn bei — 521.

Verein, Rechtsfähiger
Begriff 37.
Ende der Steuerpflicht 56.
Verdeckter Gewinn bei — 520.

Vereinigte Staaten von Nordamerika 61.

Vereinnahmung
durch Abtretung an Zahlungsstatt — 478.
bei Annahme von Steuergutscheinen I und II 797.
durch Aufrechnung 478.
des Darlehnsaufgeld durch Gläubiger 481.
bei einheitlicher Feststellung des Einnahmeüberschusses 479.
von Gewinnanteilen an Kapitalgesellschaft **479**, 494.
von Gewinnanteilen des persönlich haftenden Gesellschafters einer KoGaA. 480.
durch Gutschrift 477.
Kalenderjahr der — 479.
durch Schulderlaß 478.
bei Sicherung durch Hypothek 478.
bei Stehenlassen des Gewinnanteils des stillen Gesellschafters 509.
durch Stehenlassen der Schuld 477.
durch Umwandlung (Novation) 477.
bei Verrechnung von Baukostenzuschüssen des Mieters 481.
bei Verwertungsbeschränkung durch Devisenvorschriften 480.
von Vorschüssen oder Nachzahlungen 479.
Hingabe von Wechsel oder Scheck keine — 478.
von regelmäßig wiederkehrenden Einkünften 475.
mit Zufließen 475, **477**.
durch Zurechnung der Zinsen zum Kapital 478.

Verfügungsbetrag von Verbindlichkeiten 423.

Vergütung
Begriff — der Überwachungsorgane 587.
der zur Überwachung der Geschäftsführung bestellten Personen nichtabzugsfähig 574, 584.

Verkaufsgesellschaft von Kartell (Syndikat) 106.

Verkaufskartell s. Syndikat.

Verkaufsstelle kein Hoheitsbetrieb 46.

Verkehrsauffassung bei Feststellung der Einkunftsart 171, 464.

Verkehrsteuern als Anschaffungskosten 333.

Verkehrswert von Grundstücken 362.

Verlagswert 292.

Verlegung
des Abschlußstichtags, Rumpfwirtschaftsjahr 162.

Besteuerung bei — der Geschäftsführung der Kapitalgesellschaft ins Ausland 611.
Anfangsvermögen 613.
Besteuerungszeitraum 612.
Bewertung 613.
Endvermögen 613.
Übergang zur beschränkten Steuerpflicht 613.
Besteuerung bei — der inländischen Betriebstätte 611, 614.

Verlust
im Abschluß der AG. 216, 234.
Abzug des — als Sonderausgabe 471, **474**.
Abzug von — aus Spekulationsgeschäft 489.
Berichtigung der Anfangsbilanz nach — 273.
keine Berichtigung der Anfangsbilanz nach einheitlicher Verlustfeststellung 272.
Beteiligung des stillen Gesellschafters am — 509.
Einheitliche Feststellung von — 378.
bei Verschmelzung oder Umwandlung der Kapitalgesellschaft 607.

Verlustabzug
Berechnung des Mehreinkommens nach Höhe des — 475. [— 801, 808.
kein — hinsichtlich des durch Sanierung beseitigten Verlusts 573.
als Sonderausgabe 471, **474**, 555.
Zeitliche Beschränkung des — 474.

Verlust- und Gewinnrechnung
der AG., Gliederung 215.
Aufstellung der —, Bedeutung 227.
Bedeutung 224.
Vorlage der 219, 636.

Verlust- und Gewinnkonto (s. Verlust- und Gewinnrechnung).

Verlustvortrag (s. auch Verlustabzug)
im Abschluß der AG. 216, 234.
nach EStG 1925 555.
Unterschied vom Ausgleich der Einkünfte

Vermieter s. Verpächter. [169.

Vermietung und Verpachtung
Einkünfte aus — 486.
Einkünfte aus inländischer — 63, 78.
laufender Erhaltungsaufwand bei — 467
Ermittlung der Einkünfte aus — 488.
Gegenstand der — 486.
Substanzausbeutevertrag als — 486.
Überlassung von gewerblichen Rechten und Erfahrungen als — (beschränkte Steuerpflicht) 79.
Verwertung von gewerblichen Erfahrungen im Inland als — (beschränkte Steuerpflicht) 80.
Weidevertrag = Pachtvertrag 487.
Werbungskosten bei — 467.
Wohnung im eigenen Haus 487.
zeitlich begrenzte Überlassung von Rechten als — 487.

Vermittlungsgebühren als Anschaffungskosten 333.

Vermögen, Beteiligung am — bei Schachtelvergünstigung 545, 548.
Vermögensanfälle
steuerfreie — im Abwicklungsverfahren 599.
Abzug der Einkünfte aus einmaligen — am Mehreinkommen 793, 802, 808.
als Einkünfte 174.
Vermögensanlage, Aufwendungen auf — keine Werbungskosten 466.
Vermögensteuer
nicht abzugsfähig 574, 579 (f. Personensteuern).
letzte Veranlagung zur — i. S. der Mindestbesteuerung 621.
Vermögensübersicht
Änderung der — 182, 183.
Persönlicher Geltungsbereich der Grundsätze über Änderung der — 183.
Vermögensverwaltung
Forstwirtschaftlicher Betrieb als — 142.
Reine — und Befreiung 142.
Verpachtung des landwirtschaftlichen oder gewerblichen Betriebs als — 142.
Vermutung
für Höhe des Teilwerts 354.
der Richtigkeit von Buchführung und Bilanz 219, 240.
Veröffentlichung des Jahresabschlusses der AG. 217, 248.
Verpächter
Absetzung für kurzlebige Wirtschaftsgüter beim — 323.
Aktivierung und Passivierung beim — 298.
Verpachtung (f. auch Vermietung)
des Betriebs gewerblicher Art einer öffentlich-rechtlichen Körperschaft 45.
eines ganzen Betriebs 484.
Während der — entstandener Geschäftswert 387.
des landwirtschaftlichen oder gewerblichen Betriebs 142.
eines Versorgungsbetriebs 50.
Verschlechterung eines Wirtschaftsguts 318.
Verschmelzung
—s-Anfangsvermögen 603.
Bei — gewährtes Aufgeld 510.
durch Aufnahme 437, 602.
Ausnahme von der Besteuerung des —s-Gewinns 601, 604.
Teilweise Befreiung des —s-Gewinns 607.
Besteuerung bei — von Kapitalgesellschaften 601.
Besteuerungszeitraum bei — 603.
Bewertung bei — nach AktG 216
Bewertung des Endvermögens 604.
Bewertung der bei — übernommenen Wirtschaftsgüter 436.
—s-Endvermögen 604.
Gewinnermittlung 604.
von Kapitalgesellschaften, Bewertung 436.
durch Neubildung 437, 602.
Offenlegung der Buchwerte der übertragenden Gesellschaft 437.
Keine zeitliche Rückwirkung der — 603.
Sicherung der späteren Besteuerung des Übertragungsgewinns 605.
unter entgeltlicher Übertragung 439.
Durch — erzielter Verlust 607.
Versicherungsanstalt
öffentlich-rechtliche Körperschaft 43.
Steuerpflicht der öffentlich-rechtlichen 114.
Versicherungsbeiträge, Werbungskosten 462, 470.
Versicherungsprämien
buchtechnische Behandlung der — 305.
bei Kapitalversicherung 305.
bei Schadensversicherung 305.
Versicherungstechnische Rücklagen bei Versicherungsunternehmen, Zuführungen an — als abzugsfähige Ausgaben 559, 563.
Versicherungsunternehmen
Betriebstätte der — 64.
keine Befreiung der Mitgliederbeiträge bei — 542.
Dividende an Versicherte kein Gewinnanteil 494.
Einkommensermittlung bei — 568.
nicht gemeinnützig 129.
wirtschaftlicher Geschäftsbetrieb 144.
Gewinnermittlung beschränkt steuerpflichtiger — **71,** 570.
Inländischer Kapitalstock der beschränkt steuerpflichtigen — 72.
Leistungsaustausch zwischen — und Mitgliedern 543.
Runderlaß des RdF. betr. Körperschaftsteuer der — v. 25. 7. 36, Auszug 785.
Versicherungstechnische Rücklagen bei — 559, 563.
Versicherungsvereine auf Gegenseitigkeit
Begriff 36.   [14.
Leistungsaustausch zwischen — und Mitgliedern 543.
Schachtelvergünstigung für — 545, 546.
Versicherungsverträge
Ansprüche aus — und Versorgungspflichten 293.
Laufende — als schwebende Geschäfte **305,** 564.
Versorgungsbetriebe
Begriff 47, **48.**
nicht gemeinnützig 130.
Verpachtung eines — 50.
Überweisung der Körperschaftsteuer der — 50.
Verstaatlichung einer AG. 603.
Verteilung des Einkommens der Körperschaft und Gewinn 539.
Vertreter
Geschäftsleitung nicht beim gesetzlichen — einer ausländischen Gesellschaft 19.
ständiger — im Inland (beschränkte Steuerpflicht) 67.

Vertreter
Zuwendung an gesetzlichen — der AG.
als verdeckter Gewinn 514.
Verwaltungskosten eines Vermögens als Werbungskosten 466.
Verwaltungskostenbeitrag der Hypothekenbanken 295.
Verwaltungsrat
Mindestbesteuerung nach Vergütungen des 615, **621**.
als Überwachungsorgan 586.
Vergütungen an Mitglieder des — nichtabzugsfähig 574, **584**.
Verwirklichung von Gewinn (s. auch Nichtverwirklichter Gewinn)
bei Erwerb einer Beteiligung gegen Sacheinlage 380.
Grundsatz 321.
Hinausschiebung der — bei Einbringung eines Betriebs gegen Beteiligung 381.
beim Kostgeschäft 307.
bei Verbindlichkeiten 433.
bei zweiseitigen Verträgen 303, 304.
Verwirklichung von Verlust (s. auch Nichtverwirklichter Verlust)
Grundsatz 321.
bei Verbindlichkeiten 433.
Verzinsung
Einfluß auf Forderungsbewertung 398.
Einfluß auf Bewertung von Verbindlichkeiten 427.
Verzugszinsen
als Kapitalzinsen 509.
bei Körperschaftsteuervorauszahlungen 643.
für Personensteuern abzugsfähig 580.
Veterinärklinik, Befreiung 128.
Vierundzwanzigstelsystem für Prämienüberträge der Versicherungsunternehmen 567.
Völkerrechtliche Gründe, Befreiung aus 150.
Volksanschauung 12, 127.
Volksküche, gemeinnützig 144.
Vollkaufmann
Juristische Person des privaten und öffentlichen Rechts als — 155.
Nichtrechtsfähige Personenvereinigung kein — 156.
Voraus, kein — bei Gewinnermittlung aus inländischem Gewerbebetrieb für ausländische Hauptniederlassung 70.
Vorauszahlung
bei Lieferungs- und Leistungsverträgen 302.
auf Miete oder Pacht 296, 308, 309.
Vorauszahlungen auf Körperschaftsteuer
Abrundung 641.
Anrechnung der — auf Steuerschuld 650.
bei Begründung der Steuerpflicht 641.
Bemessung besonderer — 641.
Entrichtung 639.
Entstehung der Steuerschuld bei — 643.

Erhöhung 642.
in besonderen Fällen 641.
Fälligkeitstage 639.
Herabsetzung 642.
Höhe 640.
Kleinbetrag der — 641.
Rechtsmittel gegen Festsetzung der — 643.
Säumniszuschlag bei 643.
Stundungs- und Verzugszinsen bei — 643.
Vorlage von Bilanzen und sonstigen Unterlagen 219, 636.
Vorläufige Veranlagung wegen Unsicherheit der Bewertung 238.
Vorratsaktien, Überlassung von, Gewinnanteil 502.
Vorschuß (s. Anzahlung)
als Einnahmen 464.
auf Gewinnanteil 480, 493.
Rückzahlung des — als Werbungskosten 464.
Vereinnahmung des — 479.
Vorstand der AG., Jahresabschluß 213.
Vorstandsmitglied
Gesellschafter als —, Verdeckter Gewinn 530.
Kasse zur Versorgung der, Befreiung 147.
Mindestbesteuerung nach Vergütungen der —er 615, **622**.

W

Wagnis der Versicherungsunternehmen, Berücksichtigung 565.
Währung
Anschaffungskosten von Waren bei Buchführung in fremder — 389.
Anzahlungen auf Waren bei Buchführung in ausländischer — 408.
Bezüge in fremder —, Sachbezüge 464.
Buchführung in ausländischer —, Buchabschluß 227.
Forderungen in ausländischer — 407.
Verbindlichkeiten in fremder — 429.
Währungsschuld
Bewertung 429.
Darstellung in der Bilanz 291.
Tilgung einer — 435.
Waisenhäuser, Befreiung 128.
Waisenkassen
Befreiung 112, 145.
Begriff 146.
Wald
Stehender — in Bestandsaufnahme 166.
Stehender — bei Gewinnermittlung 202.
Waldgenossenschaften, Befreiung 112, 124.
Wandelanleihen
Einkünfte aus (beschränkte Steuerpflicht) 63, 76.
Kapitalertragsteuerpflicht 645.
Zinsen aus — 510.
Waren
Anschaffungskosten 388.
Anschaffungskosten bei Buchführung in fremder Währung 389.

Waren
Anzahlung (Vorschüsse) auf — 303, 304, 389.
Anzahlung auf — bei Buchführung in ausländischer Währung 408.
Bewertung 388.
Herstellungskosten 389.
Sammelbewertung von 286, 389.
Teilwert 389.
Teilwert von — über Wiederbeschaffungskosten 357.
Verkauf auf Kredit, Verbuchung 186.
Wertzusammenhang bei — 391.
Wiederbeschaffungskosten 390.
Warenausgang, Verbuchung des, Pflicht zur 185, 219.
Warenausgangs-BO v. 20. 6. 36, Text 702.
Wareneingangsbuch
Pflicht zur Führung des — 185, 219.
BO über die Führung eines — v. 20. 6. 35, Text 701.
Warenhandelsgeschäft, Erfüllung bei — 303, 304.
Warenhandelsunternehmen, Reklamekosten 293.
Warenkonto, Führung als gemischtes oder Bestandskonto 225.
Warenlager
jährliche Inventuraufstellung bei — 212.
als inländische Betriebstätte 65.
bei Spediteur oder Agenten als Betriebstätte 65.
Warenrabatt der Genossenschaften 506.
Warenskontren 223.
Warenzeichen, entgeltliche Überlassung (beschränkte Steuerpflicht) 79.
Wartezeit bei Ruhegehaltsverpflichtung 420.
Wassernutzungsrecht, Aktivierung 292.
Wasserwerk, Gemeinnützigkeit 131.
Wechsel
Bewertung der — in Bankunternehmen 392.
Bewertung von —-Verbindlichkeiten 425.
Durch — gesicherte Forderung, Bewertung 399.
Hingabe, Vereinnahmung 478.
Weidevertrag 487.
Weidewirtschaft, Vorauszahlungstage für 640.
Weinbaubetriebe, Bewertung von Weinvorräten 315.
Werberat der deutschen Wirtschaft, Befreiung 151.
Werbungskosten
Ablösung dauernder Lasten usw. als — 470.
Absetzungen für Abnutzung als — 470.
Abwurfkosten als — 465.
Abzug bei beschränkt Steuerpflichtigen 81.
Abzug bei der zugehörigen Einkaufsart 468.
Ansatz der Sachaufwendungen als — 467.
ersparte Aufwendungen keine — 467.
Aufwendung zur Verminderung abzugsfähiger Ausgaben als — 465.
Aufwendung auf Vermögensanlage keine — 466.
Begriff 462, 465.
Berufsverbandsbeiträge als — 470.
Unmittelbare Beziehung der — zu bestimmten Einnahmen 465, 466.
bei Einkünften aus Kapitalvermögen 466.
bei Einkünften aus Vermietung und Verpachtung 467.
vor Eröffnung einer Tätigkeit 465.
Geldbeschaffungskosten keine — 469.
Höhe 467.
Dauernde Lasten als — 468.
Öffentliche Abgaben als — 470.
Renten als — 468.
Schuldzinsen als — 468.
Schuldzinsen des Bürgen als — 468.
Steuern von Grundbesitz als — 470.
Überschuß der Einnahmen über die — 462.
Unterschied von Sonderausgaben 466.
Versicherungsbeiträge als — 470.
Zusammenhang der Schuldzinsen usw. mit einer Einkunftsart 469.
Wert
Anpassung der Steuerbilanz an die Handelsbilanz hinsichtlich der — 250.
Begriff 235.
Gegenwartswert 235.
Historischer — 235.
Wertberichtigungskonten, Bedeutung 225.
Wertberichtigungsposten
Aktiver — bei Aufwertungshypothek 409.
Aktiver — bei Verbindlichkeiten 425.
der Bilanz 232, 291.
Wegfall des — für Forderungen 407.
Wertzusammenhang bei — für Forderungen 406.
Wertpapiere
Austausch von — und Schachtelbeteiligung 549.
Bewertung 391.
Eigene Aktien, Eigene Anteile, Eigene Schuldverschreibungen 393.
Erwerb festverzinslicher —, Stückzinsen Werbungskosten 511.
Feststellung der Anschaffungskosten von — 392.
festverzinsliche — in Bankunternehmen, Bewertung 392.
als Sachbezüge 464.
Schuldzinsen zur Beschaffung von — in Spekulationsabsicht 473.
Teilwert von — eines Bankiers über Wiederbeschaffungskosten 357.
Veräußerung von — mit laufenden Dividenden- und Zinsscheinen 511.
Veräußerung von festverzinslichen — mit Zinsschein 511.
mit Zusatzverzinsung, Kapitalsteuerpflicht 645.

Wertzusammenhang
Begriff 312.
Durchbrechung des — nach UmwStG 610.
Eingeschränkter — 315, 316.
Eingeschränkter — bei Verbindlichkeiten 422.
Nämlichkeit des Wirtschaftsguts für — 317.
bei Pauschalabschreibung auf Forderungen 402, 406.
bei Waren 391.
Wertzuwachssteuer
als Anschaffungskosten 333, 343.
Rückstellung für 415.
Wettbewerbsunternehmen
Einfluß auf — und Geschäftswert 387.
Geschäftswert nach Stillegung von — 385.
Wettbewerbsverbot, Aktivierung 291, 368.
Wiederausgabe entgeltlich erworbener Eigenaktien 178.
Wiederbeschaffungskosten
als gedachte Anschaffungskosten 348.
von Entnahmen 435.
erhöhte 354.
gewöhnliche 354.
als Teilwert 350.
Teilwert von Waren über — 357.
der bei Verschmelzung übernommenen Wirtschaftsgüter 436.
von Waren 390.
Wiederinkraftsetzungsrücklagen der Versicherungsunternehmen 568.
Wiederkehrende Ausgaben, Regelmäßig — 475, **482.**
Wiederkehrende Bezüge als Einkünfte 489.
Wiederkehrende Einkünfte, Regelmäßig — 475, **479.**
Wirtschaftliche Abnutzung (s. auch Nutzungsdauer) 449.
Absetzung für — und Teilwert 450.
von Maschinen 452. [449.
Nachweispflicht des Betriebsinhabers für — von gewerblichen Urheberrechten und Patenten 453.
Wirtschaftlicher Geschäftsbetrieb s. Geschäftsbetrieb.
Wirtschaftserschwernisse der Gesellschafter von Zuckerfabriken 536.
Wirtschaftsgut des Betriebsvermögens (s. auch Anlagevermögen, Umlaufvermögen, Abnutzbare Wirtschaftsgüter, Kurzlebige —, Nichtkörperliche —)
Begriff 192, 291.
Geschäftswert als einheitliches — 387.
Umbau als selbständiges — 361.
Wirtschaftsjahr
Abweichendes — kleiner Betriebe, Stiftungen und Vereine in Verwaltung öffentlich-rechtlicher Körperschaften 155.
bei Betriebseröffnung und Aufgabe 189.
bei Buchführung ohne handelsrechtliche Buchführungspflicht 165.
Ende mehrerer —e im Kalenderjahr 161, 163.
im Sinn des allgemeinen Gewinnbegriffs 189.
vom Kalenderjahr abweichendes — 152, 153, **155, 159.**
bei landführenden Körperschaften, die Land- und Forstwirtschaft betreiben 165.
Land- und forstwirtschaftliches — 165, 166.
Verkürzung des —
bei Aufgabe eines Betriebs 161.
bei Eröffnung eines Betriebs 160.
bei Übergang zur Buchführung 164.
bei Verlegung des Geschäftsjahrs 162.
Zurechnung von Betriebsvorgängen zum — 190.
Zurechnung des Mindesteinkommens zum — 624.
Wissenschaft, Beihilfen für Zwecke der — 555.
Witwenkassen
Befreiung 112, 145.
Begriff 146.
Witwen- und Waisengelder an Angehörige der Gesellschafter, verdeckter Gewinn 532.
Wohlfahrtskasse, nichtrechtsfähige nach KStG 1925 149.
Wohngebäude, Steuerbefreiung für neu errichtete — 556.
Wohnrecht, Überlassung des — an Gesellschafter 537.
Wohnsitz, Begriff 75.
Wohnung (s. auch Dienstwohnung)
im eigenen Haus, Mietwert bei Körperschaften 487.
Überlassung einer — an Gesellschafter 537.
Wohnungsunternehmen, Gemeinnützige 145.

3

Zahlungsbedingungen
und Forderungsbewertung 398.
und Bewertung von Verbindlichkeiten 427.
Zahlungshalber
Abtretung —, keine Vereinnahmung 478.
Hingabe des Schecks — keine Vereinnahmung 478.
Hingabe des Wechsels — keine Vereinnahmung 478.
Zahlungstatt, Abtretung an —, Vereinnahmung 478.
Zapfstellen für Treibstoff, als Betriebstätten 65.
Zeitgeschäft s. Termingeschäft.
Zeitrente 468.
Zeitschriftenvertrieb, Aufwendung für laufende Lieferungsverträge 291.
Zeitungsverlag wirtschaftlicher Geschäftsbetrieb 144.
Zeitwert
als Teilwert 316, 320.
der Verbindlichkeiten 422, 426.
Zerstörung eines Wirtschaftsguts, Bewertung 341.

Zinsen
Diskontbeträge als — 510.
Ersparte — bei Darlehen an die Gesellschafter verdeckter Gewinn 527.
des eigenen Kapitals keine Herstellungskosten 338.
als Herstellungskosten 339.
aus Kapitalforderungen jeder Art 509.
aus Kapitalforderungen (beschränkte Steuerpflicht) 76.
keine Mitgliederbeiträge bei Personenvereinigungen 542.
aus erstatteten Personensteuern steuerpflichtig 582.
übermäßige Zinsen für Gesellschafterdarlehen, verdeckter Gewinn 528.
Zurechnung der — zum Kapital, Vereinnahmung 478.
Zerlegung einer Zahlung in Zinsen und Tilgung 492, 510.

Zinsermäßigung, Steuerbefreiung bei — 558.

Zinsschein
Veräußerung 511.
Veräußerung des Wertpapiers mit laufendem — 511.

Zinsvergütungsscheine, Behandlung 558.

Zubußen
an Berggewerkschaften 504.
Nachträgliche — als Anschaffungskosten 342.

Zuckerfabrik
Laufender Lieferungsvertrag zwischen — und Gesellschaftern, verdeckter Gewinn 535.
Rübenanbaupflicht der Gesellschafter der — 536. [535.
Gewährung eines Überpreises durch — Wirtschaftserschwernisse der Gesellschafter der — 536.

Zufließen s. Vereinnahmung.

Zündwarenmonopolgesellschaft, Befreiung 151.

Zusammenhang
Unmittelbarer — der Werbungskosten mit Einnahmen 466.
Wirtschaftlicher — von Schuldzinsen, Renten und Lasten mit nicht steuerpflichtigen Einkünften 471, 471.

Zusammenfassung, rechnerische — gleichartiger Wirtschaftsgüter in der Bilanz 285.

Zusammenlegung von Aktien 495.

Zusammenschluß
Mehreinkommen bei — von Unternehmen 802, 808.
von Unternehmen 95.

Zusatzverzinsung s. Wertpapiere.

Zuschlag wegen verspäteter Steuer-Erklärungsabgabe 580.

Zuschlag wegen Schwankungen im Betriebsvermögen
bei Gewinnermittlung nach Betriebseinnahmenüberschuß 205.
kein — bei Sanierung 571.

Zuschüsse
Anschaffungs- oder Herstellungskosten bei — Dritter 343.
der Mieter zu Baukosten 343.
Öffentliche — 343.

Zwangsinnungen, Betriebe von — nicht befreit 131.

Zwangsversteigerung, Anschaffungskosten bei Erwerb in — 333, 358.

Zweckvermögen, nichtrechtsfähiges
anderes — 39, 90.
Aufwendung zur Erfüllung des Stiftungszwecks nichtabzugsfähig 576.
Einheitliche Beurteilung der Steuerpflicht 112.
Ende der Steuerpflicht 56.
als Körperschaft 39.
Körperschaftsteuerpflicht 90.
Konkursmasse kein — 40.
Einkünfte der Mittelsperson bei — 110.
Sicherung der Verwendung von — 39.
bei Vermögen zur Verwendung für bestimmte Personen 40.
bei mehreren Verwendungszwecken 39.
bei Zweckzuwendung im Sinn des ErbStG 40.
Zurechnung des Einkommens an andere Personen 110, 111.

Zweckzuwendung
und Auflage 40.
und Auftrag 40.
als Zweckvermögen 40.

Zweifelhafte Forderungen (s. Forderungen)
Ansatz mit Nennbetrag strafbar 260.
Nachträglicher Eingang 403.

Zweigniederlassung
Begriff der — nach Handelsrecht 156.
Betriebstätte 64.
Gründung einer —, Anschaffungskosten der Beteiligung 371.
inländische — einer ausländischen Kapitalgesellschaft als Betriebstätte 66.
Keine Personengleichheit bei inländischer — der ausländischen Kapitalgesellschaft 646.

Zweischneidigkeit der Endbilanz 267.

Zweiseitige Verträge, Aktivierung und Passivierung bei 293, **295.**

Zwischenwert
bei abnutzbaren Anlagegütern 313.
Absetzung für Abnutzung vom — 448.
zwischen Anschaffungs- oder Herstellungskosten und Teilwert 355.
kein — bei nachhaltiger Entwertung 356.
kein — bei Umlaufgütern 356.

CPSIA information can be obtained
at www.ICGtesting.com
Printed in the USA
LVHW041033151218
600592LV00001B/289/P